Stashak
Adams' Lahmheit bei Pferden

Mitarbeiter

Robert A. Kainer, DVM, MS
Professor of Anatomy, Department of Anatomy, College of Veterinary Medicine and Biomedical Sciences, Colorado State University, Fort Collins, Colorado

Jack L. Lebel, DVM, MS, PhD
Diplomate American College of Veterinary Radiology; Professor of Radiology, Department of Radiology and Radiation Biology, College of Veterinary Medicine and Biomedical Sciences, Colorado State University, Fort Collins, Colorado

Lon D. Lewis, DVM, PhD
Clinical Nutritionist, Mark Morris Associates, Topeka, Kansas

C. Wayne McIlwraith, BVSc, MS, PhD, MRCVS
Diplomate American College of Veterinary Surgeons; Professor of Surgery, Department of Clinical Sciences, College of Veterinary Medicine and Biomedical Sciences, Colorado State University, Fort Collins, Colorado

Alan J. Nixon, BVSc, MS
Diplomate American College of Veterinary Surgeons; Assistant Professor of Surgery, Department of Surgical Sciences, College of Veterinary Medicine, University of Florida, Gainesville, Florida

Richard D. Park, DVM, PhD
Diplomate American College of Radiology; Professor of Radiology, Department of Radiology and Radiation Biology; Head, Section of Radiology, Veterinary Teaching Hospital, College of Veterinary Medicine and Biomedical Sciences, Colorado State University, Fort Collins, Colorado

A. Simon Turner, BVSc, MS
Diplomate American College of Veterinary Surgeons; Professor of Surgery, Department of Clinical Sciences, College of Veterinary Medicine and Biomedical Sciences, Colorado State University, Fort Collins, Colorado

Adams' Lahmheit bei Pferden

von Ted S. Stashak, DVM, MS

Diplomate American College of Veterinary Surgeons;
Professor of Surgery, Department of Clinical Sciences,
College of Veterinary Medicine and Biomedical Sciences,
Colorado State University, Fort Collins, Colorado

4. Auflage

Wissenschaftliche Leitung der Übersetzung:
Univ.-Prof. Dr. H. Wissdorf
Anatomisches Institut der Tierärztlichen Hochschule Hannover

Übersetzer:
Tierärztin U. Gierig · Cand. med. vet. B. Leopold-Keighley
Dr. B. Otto · Drs. B. u. C. Poulsen Nautrup
PD. Dr. E. Isenbügel

Verlag M. & H. Schaper · Alfeld - Hannover

CIP-Titelaufnahme der Deutschen Bibliothek
Adams' Lahmheit bei Pferden / Von Ted S. Stashak. Wiss.
Leitung d. Übers.: H. Wissdorf, Übers.: U. Gierig . . . [Mitarb.
Robert A. Kainer . . .]. – 4. Aufl. – Alfeld; Hannover: Schaper,
1989
 Einheitssacht.: Adams' lameness in horses
 ISBN 3-7944-0203-0
NE: Stashak, Ted S. [Bearb.] Adams, Ora R.: Lahmheit bei
 Pferden; Lahmheit bei Pferden; EST

Titel der amerikanischen Originalausgabe:
Adams' LAMENESS IN HORSES
  LEA & FEBIGER
  Philadelphia, Pennsylvenia, USA.

Das Werk ist urheberrechtlich geschützt. Die dadurch begründeten Rechte, insbesondere die der Übersetzung, des Nachdrucks, des Vortrags, der Entnahme von Abbildungen, der Funksendung, der Wiedergabe auf photomechanischem oder ähnlichem Wege und der Speicherung in Datenverarbeitungsanlagen, bleiben, auch bei nur auszugsweiser Verwertung, vorbehalten. Werden einzelne Vervielfältigungsstücke in dem nach § 54 Abs. 1 UrhG zulässigen Umfang für gewerbliche Zwecke hergestellt, ist an den Verlag die nach § 54 Abs. 2 UrhG zu zahlende Vergütung zu entrichten, über deren Höhe der Verlag Auskunft gibt.

© 1989 by Verlag M. & H. Schaper · Alfeld (Leine) - Hannover · Printed in Western Germany
Herstellung: Dobler-Druck GmbH & Co KG, Alfeld (Leine)

ISBN 3-7944-0203-0

O. R. Adams

In Ermangelung eines aktuellen Lehrbuches über Lahmheiten und Hufbeschlag entschloß sich Dr. O. R. Adams im Jahr 1957, seine eigenen Aufzeichnungen über Lahmheiten und Hufbeschlag mit der Unterstützung seiner Studenten an der Colorado State University zusammenzustellen. Dieses Material war die Basis für die Vorlesung und die Übungen über Lahmheiten beim Pferd. Während sich Dr. Adams zu einem Studienaufenthalt in Kenia befand, wurden Kopien dieser Aufzeichnungen an Professoren in anderen Universitäten geschickt, um deren Ansicht darüber zu erfahren. Die Resonanz war so positiv, daß Dr. Adams, als er aus Kenia zurückkehrte, vom Verlag Lea & Febiger ermutigt wurde, diese Aufzeichnungen zu einem Lehrbuch zu vervollständigen.

Die erste Auflage von *Lahmheiten bei Pferden* wurde 1962 veröffentlicht, obwohl sich zu diesem Zeitpunkt bereits neue Erkenntnisse und Entwicklungen abzeichneten. In dem steten Bemühen, die jeweils nächste Auflage zu verbessern, wurde mit der Überarbeitung schon begonnen, während sich die vorherige noch im Druck befand.

Dr. Adams' Liebe zu Pferden sowie der Stolz auf seinen Beruf als Veterinärmediziner werden auch in dieser neuen von Dr. Ted Stashak hervorragend überarbeiteten Auflage deutlich.

Nancy M. Adams

Widmung

*Meiner Frau Gloria und meinen Kindern Angela, Stephanie und Ryan
für ihr Verständnis und für ihre Unterstützung.*

Meinen Eltern für ihre Anregung und zur Erinnerung an Dr. O. R. ADAMS.

Vorwort

Als Mr. George Mundorff, Redakteur des Verlages Lea & Febiger, mich fragte, ob ich an einer Überarbeitung der dritten Auflage des Buches „Lahmheit bei Pferden" von Dr. O. R. Adams interessiert sei, war ich darüber begeistert. Allerdings war ich mir über die Aufgabe, die mir bevorstand, nicht ganz im klaren. In den vorhergegangenen drei Auflagen ist es Dr. Adams gelungen, das schwierige Thema der Diagnostik und Behandlung von Lahmheiten in einer einzigartigen Weise darzustellen, die bei Tierärzten, Pferdebesitzern, Trainern und Schmieden gleichermaßen Anklang gefunden hat. Ohne Zweifel hat er dieses Gebiet stärker beeinflußt als irgend ein anderer in der heutigen Zeit. Ich war sehr glücklich, die Zeit meines „internship" und meines „residency" im Fachbereich Chirurgie unter seiner Leitung an der Colorado State University verbringen zu dürfen. Sein nie endender Wissensdurst, seine Freundschaft und seine Liebe zur Veterinärmedizin haben mich bei den Bemühungen um dieses Buch beflügelt. Ich hoffe, daß ich seinem Andenken gerecht werden konnte und daß er auf diese vierte Auflage stolz gewesen wäre.

Nach ausführlichen Besprechungen mit dem Verlag Lea & Febiger und mit Unterstützung von Mrs. Nancy Adams, der Witwe von Dr. Adams, habe ich bei der Überarbeitung einige grundlegende formale Änderungen vorgenommen. Dazu gehörten die Beteiligung neuer Autoren, Änderungen in der Reihenfolge und der Darstellung der Kapitel, die Einführung einiger neuer und das Weglassen einiger älterer Kapitel sowie die Veränderung von einer Monographie hin zu einem Referenztext. Da die vierte Auflage die Universität, an der Dr. Adams arbeitete und lehrte, repräsentieren sollte, wählte ich in erster Linie Autoren aus unserer Fakultät entsprechend ihrer Fähigkeit, ein breitgefächertes und fundiertes Wissen für den Leser darzustellen.

Mit dem Gedanken, diese Abhandlung über Lahmheiten so zu gliedern, wie auch die Lahmheitsuntersuchung selbst gegliedert ist, habe ich die Reihenfolge der Kapitel verändert. Kapitel 1 beschäftigt sich mit der funktionellen Anatomie des Bewegungsapparates beim Pferd und stellt eine vollständige Überarbeitung des Kapitels 2 der vorhergehenden Auflage dar. Dr. Kainer beschreibt die anatomischen Verhältnisse jeder Lokalisation, beginnend mit dem distalen Teil der Schultergliedmaße und dann proximal fortschreitend. In gleicher Weise wird die Beckengliedmaße abgehandelt. Die Nomenklatur mag älteren Absolventen der veterinärmedizinischen Fakultäten in Amerika verwirrend erscheinen. Jüngeren Kollegen sowie den Tierärzten aus dem Ausland ist diese Terminologie jedoch geläufig. Wir waren der Ansicht, es sei an der Zeit, diese Änderung einzuführen, da die neuere Nomenklatur nun seit mindestens vier Jahren verwendet wird. Ältere Begriffe werden jedoch zusätzlich angegeben.

Das Kapitel 2 befaßt sich ähnlich wie in der vorhergehenden Auflage mit dem Zusammenhang zwischen Gliedmaßenstellung und Lahmheit. Das ehemalige Kapitel 3 „Die Ganzheitsuntersuchung" wurde in die Neuauflage nicht mehr aufgenommen, da es viele Aspekte enthielt, die nichts mit der Lahmheitsuntersuchung zu tun hatten, und da dieses Thema so umfassend ist, daß es in einem eigenen Buch abgehandelt werden kann. Das Kapitel 3 in der vorliegenden Auflage befaßt sich mit der Lahmheitsdiagnostik. Nach der Definition des Begriffes „Lahmheit" und nach der Erläuterung, wie man feststellt, welche Gliedmaße lahm ist, beginnt die Beschreibung der klinischen Untersuchung distal an der Schultergliedmaße und wird nach proximal fortgesetzt. Dabei werden die für den untersuchten Bereich typischen Symptome besonders betont. Dem schließen sich Beschreibungen und Zeichnungen von Leitungs- und Gelenkanästhesien an.

Der nächste logische Schritt in der Lahmheitsdiagnostik ist die Röntgenuntersuchung, die in Kapitel 4 abgehandelt wird. Dieses Kapitel ist so umfassend, daß bis jetzt nichts Vergleichbares in einem Lehrbuch veröffentlicht wurde. Der Text und die Zeichnungen sollten jede Frage beantworten, die der Leser im Hinblick auf Aufnahmetechniken und Interpretation von Röntgenbildern haben könnte. Die Illustrationen stellen die einzelnen, abhängig von der Aufnahmerichtung verschieden aussehenden Strukturen deutlich dar und sind so beschriftet, daß diese Strukturen leicht den anatomischen Grundlagen zugeordnet werden können.

Die Kapitel 5 bis 7 sind neu. In Kapitel 5 wird auf einmalige, nirgendwo anders zu findende Weise die Rolle erörtert, welche die Ernährung bei der Entwicklung und bei Erkrankungen des Bewegungsapparates spielt. Dr. Lewis bietet einen umfassenden Überblick über speziell ernährungsbedingte Störungen, ihre Ursachen und ihre Behandlung während aller Wachstumsphasen beim Fohlen und jungen Pferd, bei der tragenden und laktierenden Stute und beim ausgewachsenen Leistungspferd. Diese Kenntnisse sind sowohl für den Reiter und Züchter als auch für den Tierarzt von Nutzen. Das von Dr. Turner verfaßte Kapitel 6 beginnt mit einer kurzen Übersicht über die enchondrale Ossifikation und befaßt sich dann mit Erkrankungen, die das Skelett und die Muskulatur betreffen, sowie mit deren Behandlung. In Kapitel 7 beschreibt Dr. McIlwraith die Entwicklung der anatomischen Grundlagen von Gelenken und benachbarten Strukturen, Krankheitsverläufe, klinische Symptome und

Behandlungsmethoden. Diese beiden Kapitel stellen umfassende Übersichten mit besonderer Betonung der Pathogenese und der Pathobiologie der Erkrankungen dar. Sie sind mit zahlreichen Literaturhinweisen ausgestattet und werden vor allem für die Tierärzte von Interesse sein.

Das Kapitel 8 über die Lahmheiten ist vollständig überarbeitet worden und informiert den Leser über neuere Erkrankungen ebenso wie über neue Untersuchungsergebnisse und neue Behandlungsmethoden für schon länger bekannte Krankheitsbilder. Anders als in vorhergegangenen Auflagen ist alles mit zahlreichen Literaturhinweisen versehen. Jedes Thema beginnt mit dem Hinweis auf besondere Rassen-, Geschlechts- oder Altersdispositionen. Die Form des Kapitels wurde dahingehend verändert, daß die Beschreibung mit den Erkrankungen im distalen Gliedmaßenbereich beginnt und in proximaler Richtung fortgesetzt wird, was mit der Reihenfolge übereinstimmt, in der die meisten Pferdepraktiker eine systematische Untersuchung durchführen. Spezielle Erkrankungen einer jeden Region werden gesondert erörtert. Dieses Kapitel sollte, obwohl es zahlreiche Literaturhinweise enthält und sehr wissenschaftlich geschrieben ist, sowohl für den Reiter und Züchter als auch für den Tierarzt von Interesse sein. Dr. Allen Nixon bin ich besonders dankbar für seinen umfassenden und tiefgreifenden Überblick über Diagnose und Behandlung der spinalen Ataxie beim Pferd. Seine Darstellung ist klar und gut illustriert, so daß dem Leser die Unterscheidung der Erkrankungen, die dieses Syndrom verursachen, ermöglicht wird.

Die Kapitel 9 bis 12 wurden in erster Linie für Reiter, Züchter und Schmiede geschrieben, obwohl sie auch für Tierärzte, vor allem Pferdepraktiker, von Interesse sind. Ich habe diese Kapitel auf den neuesten Stand gebracht und aufgeführt, worauf der Pferdebesitzer achten sollte, damit das Pferd korrekt ausgeschnitten und beschlagen wird. Kapitel 13 befaßt sich mit den Gangarten und ist insgesamt unverändert übernommen worden. Kapitel 14 „Formen der Therapie" wurde aktualisiert und enthält eine ausführliche Übersicht über die externe Fixation. Dieses Kapitel richtet sich vor allem an Tierärzte, obwohl es dem Pferdebesitzer auch eine Einsicht in die unterschiedlichen auszuwählenden Behandlungsmethoden ermöglicht.

Der große Zuwachs an Literatur auf dem Gebiet der Erkrankungen des Bewegungsapparates beim Pferd und die Forderungen, die gleichermaßen an Autoren und Herausgeber gestellt werden, machen deutlich, daß die Umwandlung von einer Monographie in einen Referenztext zeitgemäß war. Dabei haben sich die Autoren bemüht, die neuesten Informationen zu verarbeiten. Wie bei jedem großen Text ist es jedoch so, daß Autoren und Herausgeber in gewisser Weise enttäuscht sind, da ein Teil dieser Informationen zum Zeitpunkt der Veröffentlichung bereits veraltet ist. Mit wenigen Ausnahmen sind keine Hinweise auf Literatur, die nach 1984 erschienen ist, enthalten. In einigen Fällen veränderten 1985 erschienene Publikationen die Ansichten so stark, daß sie nicht außer acht gelassen werden konnten. Somit wurden diese Veröffentlichungen in das vorliegende Buch aufgenommen.

Dr. Robert Kainer, Professor für Anatomie und Autor des ersten Kapitels, bin ich dankbar dafür, daß er sich die Zeit genommen hat, die in diesem Buch verwendete Nomenklatur Korrektur zu lesen und mich entsprechend zu beraten. Besonders gedankt sei auch Dr. A. S. Turner für die Korrekturen und Kommentare im Kapitel 8. Die hervorragenden Beiträge aller Autoren müssen gewürdigt werden. Weiterhin möchte ich Dr. Robert Perce (Kalifornien) und Mr. Richard Klemish (Hufschmied, Colorado) für ihre Beratung bei den Kapiteln danken, die sich mit dem Zubereiten der Hufe und dem Hufbeschlag befassen. Die vielen zusätzlichen Abbildungen sind den Bemühungen der Abteilung für biomedizinische Medien der Colorado State University zu verdanken. Mr. Tom McCracken und Mr. John Dougherty danke ich für die kompetente Zusammenarbeit bei der Entstehung der Zeichnungen, Mr. Al Kilminster und Mr. David Clack für die hervorragenden Fotografien. Der Umschlagentwurf stammt von Mr. Dave Carlson.

Der größte Teil des Manuskriptes wurde von Mrs. Helen Acevedo geschrieben. Ihre Ausdauer und Geduld bei den zahlreichen Korrekturen, die zur Fertigstellung dieses Textes erforderlich waren, seien dankbar anerkannt.

Ebenso gilt mein Dank den vielen Kollegen, die sich die Zeit nahmen, über bestimmte Themen persönlich mit mir zu sprechen. Besonders zu erwähnen sind hier Dr. Jörg Auer (Texas), Dr. Peter Haynes (Louisiana), Dr. Larry Bramlage (Ohio), Dr. Joe Foerner (Illinois), Dr. Dallas Goble (Tennessee), Dr. Robert Baker (Southern California), Dr. Robert Copelan (Kentucky) und der verstorbene Dr. Scott Leith (Southern California).

Mr. Christian C. Febiger Spahr Jr., Verleger von Veterinärliteratur, Mr. George Mundorff, leitender Redakteur, Mr. Tom Colaiezzi, Produktionsleiter, Ms. Constance Marino und Mrs. Dorothy Di Rienzi, leitende Verlagsmitarbeiterinnen, sowie sämtliche Mitarbeiter vom Verlag Lea & Febiger waren bei der Vorbereitung dieses Buches besonders hilfreich. Ich bin dankbar für ihre Unterstützung und ihre Hinweise. Ich wünsche mir, daß dieses Buch für alle, die es lesen, von Nutzen ist. Weiterhin hoffe ich auf Resonanz in Form von Korrekturen und Anregungen für eine weitere Überarbeitung.

Fort Collins, Colorado

TED S. STASHAK

Vorwort zur deutschen Ausgabe

Das in 4. Auflage vorliegende Fachbuch ist vom Herausgeberstab vollständig überarbeitet worden.
Für die Übersetzer, Tierärztin Frau U. Gierig (Kapitel 3, 6, 8, Seite 486–551, 9–12 und Index), Frau cand. med. vet. B. Leopold-Keighley (Kapitel 1, 2 und 5), Tierärztin Frau Dr. B. Otto (Kapitel 8, Seite 551–785), Tierärztinnen Drs. B. und C. Poulsen Nautrup (Kapitel 4, 7 und 14), Herrn PD Dr. E. Isenbügel (Kapitel 13) und mich, stellte die Übersetzung eine Herausforderung dar, die wir gern angenommen haben. Wir sind der Meinung, daß die Aussagen dieses Buches auch für die im deutschsprachigen Raum tätigen Tierärzte einen fachlichen Gewinn bringen. Während der Übersetzung ergaben sich einige Probleme, z. B. durch nur für die USA zutreffende Angaben. So ist der Begriff „Standardbred-Pferd" stehengeblieben. Er umfaßt sowohl Traber als auch Passer, die in Amerika Rennen laufen. Weitere typisch amerikanische Pferderassen, wie z. B. das Quarter Horse, finden bei uns immer mehr Freunde. Durch ihre spezifische Nutzung als Westernpferde und die damit verbundenen Belastungen zeigen sie typische Erkrankungen, über die in dem vorliegenden Buch berichtet wird.
Der Text des Kapitels über die Anatomie von Gliedmaßen und Rumpf beginnt z. B. an den Gliedmaßen mit der Beschreibung im Bereich der Zehe und stellt dann die weiter proximal gelegenen Abschnitte dar. Diese Art der topographischen Aufzeichnung ist für deutsche Leser ungewöhnlich, entspricht aber dem Untersuchungsgang. Sie hilft außerdem dem praktizierenden Tierarzt, sich schnell über alle anatomischen Strukturen einer Region zu informieren, besonders da diese von allen Seiten vorgestellt werden. Venen werden häufig in Flußrichtung des Blutes beschrieben, während die anderen Strukturen in distaler Richtung verlaufend beschrieben werden.
Soweit es möglich war, wurden deutsche Begriffe gewählt und die Fachtermini der Nomina Anatomica Veterinaria (1983) in Klammern angefügt. Abkürzungen wurden vermieden. Bei den Röntgenaufnahmen wurde der Begriff „oblique" durch schräg übersetzt, das „O" aber in den international anerkannten Abkürzungen belassen.
Einige Ausdrücke wie Slab- und Chip-Fraktur haben sich im deutschen veterinärmedizinischen Sprachgebrauch so eingebürgert, daß sie übernommen wurden. Weitere Fachtermini aus dem englischen Sprachgebrauch, die auch im deutschen Schrifttum Verwendung finden, wurden in Klammern angefügt. Fußnoten mit Anschriften von Herstellern wurden, soweit es möglich war, an deutsche Belange angepaßt.
Einzelne der aufgeführten Medikamente sind durch [H] gekennzeichnet, d. h. sie sind in der Bundesrepublik Deutschland nicht speziell für das Pferd zugelassen, aber z. B. für die Humanmedizin. Einige von diesen sind als Vergleichspräparate erfolgreich in den USA bei Equiden eingesetzt worden. Es müssen deshalb vom Leser stets die arzneimittelrechtlichen Bestimmungen seines Landes beachtet werden, da Pferde der Lebensmittelgewinnung zugeführt werden können.
Die Berücksichtigung dieser Tatsache erfolgte aufgrund einer von zahlreichen kritischen Anregungen von Frau Dr. Cordula Poulsen Nautrup, der ich für ihre stets gezeigte Diskussionsbereitschaft danken möchte.
Herr Professor Dr. B. Hertsch, Klinik für Pferde der Tierärztlichen Hochschule Hannover, hat durch seine kollegiale Unterstützung geholfen, manches Übersetzungsproblem zu lösen. Ihm gilt unser aller Dank.
Meine Anerkennung gilt den Übersetzern für die geleistete Arbeit, wobei ich das Bemühen um eine leicht verständliche deutsche Fassung besonders hervorheben möchte. Herrn PD Dr. E. Isenbügel, Zürich, bin ich zu besonderem Dank verpflichtet, da er mit der ihm eigenen Akribie das Gangartenkapitel übersetzt hat. Seine weit über die Grenzen der Schweiz anerkannten Fachkenntnisse garantieren eine korrekte Abfassung.
Frau Dagmar Severin hat mit viel Geduld und in unermüdlichem Einsatz die Dinge erledigt, die als „zahlreiche Kleinigkeiten" bei einer so umfassenden Arbeit anfallen, und außerdem die Überprüfung des Index übernommen. Dafür möchte ich ihr ganz herzlich danken.
Möge dieses Fachbuch den Anforderungen der Leser entsprechen und ihnen bei ihren Bemühungen, Pferde zu heilen, von Nutzen sein.

HORST WISSDORF

Inhaltsverzeichnis

1. Kapitel: Funktionelle Anatomie des Bewegungsapparates
Von Robert A. Kainer

Nomenklatur und gebräuchliche Bezeichnungen ... 1
Schultergliedmaße ... 1
Zehe und Fesselgelenkbereich (Regio metacarpophalangea) ... 1
Mittelfußbereich (Regio metacarpi) ... 18
Vorderfußwurzelbereich (Regio carpi) ... 21
Unterarmbereich (Regio antebrachii) ... 24
Ellbogengelenkbereich (Regio cubiti) ... 31
Oberarm- und Schulterbereich (Regio brachii und Regio scapularis) ... 31
Lymphabfluß ... 37
Halteapparat der Schultergliedmaße ... 37
Epiphysenfugenschluß ... 38
Beckengliedmaße ... 38
Zehe und Fesselgelenkbereich (Regio metatarsophalangea) ... 38
Mittelfußbereich (Regio metatarsi) ... 42
Hinterfußwurzelbereich (Regio tarsi) ... 43
Unterschenkelbereich (Regio cruris) ... 51
Kniebereich (Regio genus) ... 56
Oberschenkel- und Hüftgelenkbereich (Regio femoris und Regio articularis coxae) ... 60
Lymphabfluß ... 68
Halteapparat der Beckengliedmaße ... 68
Epiphysenfugenschluß ... 68
Anteil des Rumpfes an der Bewegung ... 70

2. Kapitel: Beziehungen zwischen Exterieur und Lahmheit
Von Ted S. Stashak

Einführung ... 71
Körperbau ... 72
Regelmäßigkeit des Körperbaues ... 72
Schwerpunkt des Pferdes ... 74
Stellung der Gliedmaßen ... 75
Schultergliedmaße ... 75
Fehler in der Stellung der Schultergliedmaße ... 77
Beckengliedmaße ... 88
Fehler in der Stellung der Beckengliedmaße ... 88
Beurteilung der Gliedmaßenstellung unter Berücksichtigung gutachtlicher Fragestellungen ... 90
Hufform ... 91
Huf- und Fesselstand ... 91
Standfläche des Hufes ... 93
Einfluß der Hufform auf die Schrittlänge und die Art der Schrittführung ... 93
Vorderhuf ... 94
Hinterhuf ... 95
Abweichungen in der Hufform ... 95

3. Kapitel: Lahmheitsdiagnostik
Von Ted S. Stashak

Definition des Begriffs Lahmheit ... 100
Arten der Lahmheit ... 100
Gliedmaßenführung ... 101
Anamnese ... 102
Untersuchungsmethoden ... 103
Adspektorische Untersuchung ... 103
Palpatorische Untersuchung und Provokationsproben ... 107
Bewertung spezifischer Befunde ... 133
Einsatz von Lokalanästhetika für diagnostische Anästhesien ... 134
Röntgenologische Untersuchung ... 151
Zusätzliche Untersuchungsmethoden ... 151

4. Kapitel: Radiologische Untersuchungen
Von Richard D. Park und Jack L. Lebel

Röntgenausrüstung ... 157
Röntgengeräte ... 157
Röntgenzubehör ... 159
Dunkelkammereinrichtung ... 166
Strahlenschutz ... 168
Betriebsdaten ... 169
Spezielle röntgenologische Untersuchungen ... 170
Kontrastmittelinjektion über einen Drainage- oder Fistelkanal ... 170
Arthrographie ... 171
Röntgenologische Sehnendarstellung ... 172
Myelographie ... 174
Weitere bildgebende Verfahren ... 174
Xeroradiographie ... 174
Thermographie ... 175
Sonographie ... 175
Szintigraphie (nuklearmedizinische Darstellung) ... 176
Prinzipien der Interpretation röntgenologischer Darstellungen ... 176
Röntgenologische Darstellung von Weichteilgeweben ... 177
Röntgenologische Darstellung von Knochen ... 178
Röntgenologische Darstellung von echten Gelenken ... 182
Röntgenanatomie für die Lahmheitsuntersuchung ... 187

5. Kapitel: Einfluß der Ernährung auf die Entwicklung des Bewegungsapparates und seine Erkrankungen
Von Lon D. Lewis

Einfluß der Fütterung auf Stute und Fohlen 271
Unzureichende Futteraufnahme 271
Übermäßige Futteraufnahme 271
Imbalancen in der Proteinversorgung 272
Einfluß der Ernährung der Stute auf das Saugfohlen . 272
Imbalancen in der Mineralstoffversorgung 273
Vitaminmangel 276
Heranwachsende Pferde 276
Ursachen für Störungen der enchondralen Ossifikation 276
Ernährung bei Störungen der enchondralen Ossifikation 280
Erhaltungs- und Leistungsbedarf erwachsener Pferde 280
Wasser- und Elektrolytmangel, Energiedefizit 281
Ernährungsbedingter sekundärer Hyperparathyreoidismus 284
Imbalancen in der Versorgung mit Vitamin D 285
Imbalancen in der Versorgung mit Vitamin A 287
Selenvergiftung 287
Fluorose 289

6. Kapitel: Krankheiten der Knochen und Muskeln
Von Simon Turner

Postnatale Entwicklung und Wachstum von Skelett und Muskulatur 293
Morphologie der Epiphysenfuge (Physis) 294
Biomechanische Vorgänge in der Epiphysenfuge (Physis) 296
Umbauvorgänge am Ende der Wachstumsphase ... 297
Auswirkungen mechanischer Insulte auf die Epiphyse: Verletzungen der Epiphyse 297
Verletzungen der Epiphysenfugen 297
Klinische Aspekte der Knochenheilung und Reparation von Frakturen 299
Frakturen als Lahmheitsursache 299
Frakturheilung 300
Kompressionsosteosynthese 300
Lokale und systemische Knochenerkrankungen ... 304
Infektiöse Ostitis und Osteomyelitis 304
Infektiöse Ostitis 304
Osteomyelitis 305
Weitere Knochenerkrankungen 308
Osteoporose 308
Osteodystrophie 310
Fluorose 311
Multiple kartilaginäre Exostosen (erbliche multiple Exostosen, Chondrodysplasie, Chondromatose) . 312
Tumoröse Kalzinose 314
Osteodystrophia fibrosa 314
Hypertrophische Osteopathie (Hypertrophische pulmonale Osteoarthropathie, Marie-Bamberger-Syndrom) 316
Gliedmaßenfehlstellungen bei Fohlen aufgrund von Störungen im Längenwachstum der Knochen . 320
Erkrankungen der Muskulatur 324
Einführung 324
Langsam kontrahierende Fasern (Typ 1) 324
Schnell kontrahierende Fasern (Typ 2a und 2b) .. 324
Reaktionen der Muskulatur auf Verletzungen 325
Degeneration 325
Regeneration 326
Atrophie 326
Verkalkungen und Verknöcherung von Muskeln . 327
Physikalische Schädigungen der Muskeln 328
Störungen der Blutversorgung der Muskeln 328
Diagnostik von Muskelerkrankungen 330
Allgemeine klinische Untersuchung 330
Labordiagnostik 330
Elektromyographie (EMG) 330
Biopsie 330
Systemische Muskelerkrankungen 331
Belastungsbedingte Myopathien 331
Weitere Myopathien 334
Ernährungsbedingte Myopathie 334
Generalisierte Myopathie im Zusammenhang mit längerem Festliegen oder nach einer Narkose ... 334
Myotonia congenita 336

7. Kapitel: Erkrankungen der Gelenke, Sehnen, Bänder sowie ihrer Hilfseinrichtungen
Von C. Wayne McIlwraith

Gelenkerkrankungen 339
Anatomie und Physiologie der Gelenke 339
Einteilung der Gelenke 339
Makroskopische Anatomie 339
Aufbau und Funktion der Synovialmembran (Stratum synoviale) 340
Bau und Funktion des Gelenkknorpels 342
Gleitfähigkeit und Stoßdämpfung 343
Prä- und postnatale Entwicklung 344
Pathophysiologie der Gelenke einschließlich ihrer Reaktion auf Schädigung und Verletzung 345
Gelenkkapsel und Entzündung 345
Morphologische und biochemische Reaktionen des Gelenkknorpels auf eine Schädigung 346
Diagnose der Gelenkerkrankungen 347
Klinische Untersuchung 347
Röntgenuntersuchung 348
Arthroskopie 349
Analyse der Synovia 352
Spezielle Gelenkerkrankungen 357
Idiopathische Synovialitis (Kreuzgalle und andere Gelenkgallen) 357
Traumatische Arthritiden 360
Traumatische Synovialitis und Kapsulitis (Typ 1 der traumatischen Arthritiden) 360
Chronisch proliferative Synovialitis (Synovialitis villosa) 369

Distorsionen und Luxationen
(Typ 2A der traumatischen Arthritiden) 370
Meniskusriß (Typ 2B der traumatischen
Arthritiden) 374
Intraartikuläre Frakturen (Typ 2C der
traumatischen Arthritiden) 375
Degenerative Gelenkerkrankungen
(Osteoarthritiden) 384
Osteochondrose 396
Unvollständige oder fehlerhafte Ossifikation
der Karpal- oder Tarsalknochen 419
Osteochondromatosis der Synovialmembran 422
Infektiöse Arthritiden 423
Synovialhernie, Ganglion und Synovialfistel 433
Immunvermittelte Gelenkerkrankungen 435
Angeborene Gelenkmißbildungen 435
Tumoren 437

**Krankheiten und Veränderungen der Sehnen,
Bänder und Sehnenscheiden** 447
Anatomie 447
Morphologie der Sehnen 447
Hilfseinrichtungen der Sehne 448
Blutversorgung der Sehnen 448
Mechanische Eigenschaften der Sehne 449
Reaktionen auf Verletzungen der Sehnen
und Heilung 449
Entwicklungsstörungen der Sehnen und Bänder . . . 450
Schlaffe und schwache Beugesehnen bei Fohlen . . 450
Hochgradige Hyperextension beim Fohlen 451
Sehnenkontrakturen oder Beugeanomalien
einschließlich Sehnenstelzfuß 451
Kongenitale Beugeanomalien einschließlich
Sehnenstelzfuß. 451
Erworbene Beugeanomalien einschließlich
Sehnenstelzfuß. 454
Ruptur der Sehne des Musculus extensor digitalis
communis 463
Traumatische Veränderungen an Sehnen und
Bändern 463
Überdehnung 463
Tendinitis, Tendosynovitis und Desmitis 463
Konstriktion von oder durch Ligamenta anularia
bzw. Retinacula 468
Entzündung des Musculus interosseus medius . . . 469
Abrißfrakturen 470
Traumatische Sehnenruptur 470
Degenerationsbedingte Sehnenruptur 471
Traumatische Rupturen des Fesseltrag-
apparates 471
Durchtrennte Sehnen 472
Tendosynovitis/Tendovaginitis 475
Idiopathische Tendosynovitis 475
Akute Tendosynovitis 476
Chronische Tendosynovitis 477
Septische (Infektiöse) Tendosynovitis 477
Eröffnung von Sehnenscheiden 477
Luxation von Sehnen 478
Tumoren 478
Ossifikation der Sehnen 478
Synovialganglion, -hernie oder -fistel im
Zusammenhang mit Sehnenscheiden 479
**Erkrankungen der Schleimbeutel und
periartikulären Gewebe** 481
Anatomie und Physiologie 481
Bursitis 483
Traumatische Bursitis 483
Septische (Infektiöse) Bursitis 484
Schleimbeutelfistel 485

8. Kapitel: Lahmheit
Von TED S. STASHAK

Huf 486
Hufrehe 486
Podotrochlose-Syndrom 499
Strahlbeinfrakturen 514
Einseitiger Trachtenzwang 515
Ostitis des Hufbeines 517
Subchondrale Knochenzysten im Hufbein 519
Hufbeinfrakturen 521
Frakturen des Processus extensorius des Hufbeines . 526
Exostosen am Processus extensorius des Hufbeines
(„buttress foot") 528
Nageltrittverletzungen/Penetrierende Verletzungen
des Hufes 529
Hufknorpelnekrose bzw. Hufknorpelfistel 532
Hufabszeß/Hufgeschwür (Pododermatitis purulenta) 534
Hufknorpelverknöcherung 537
Steingallen 538
Hufkrebs 540
Strahlfäule 540
Keratome und Hornsäulen 541
Selenvergiftung (Selenose) 541
Lose Wand/getrennte Wand im Trachtenbereich . . 543
Vorder-, Seiten- und Trachtenwandhornspalten . . . 544
Vertikale Zusammenhangstrennungen in der
Verbindungsschicht 551
Fessel 551
Schale 551
Luxation und Subluxation des Krongelenkes 558
Kronbeinfrakturen 560
Sagittal- und Trümmerfrakturen des Fesselbeines . . 563
Entzündung der distalen Gleichbeinbänder 566
Rachitische Schale 568
Fesselgelenk (Articulatio metacarpo- bzw.
metatarsophalangea 568
Chip-Frakturen (Absprengungsfrakturen) des
Fesselbeines im Gelenkbereich 568
Gleichbeinfrakturen 573
Gleichbeinlahmheit (Sesamoiditis) 582
Traumatische Arthritis des Fesselgelenkes
(„osselets") 584
Verletzungsbedingte Ruptur des Fesseltrag-
apparates 584
Laterale bzw. mediale Luxation des Fesselgelenkes . 587
Fehlstellungen im Fesselgelenk 590
Striktur des Fesselringbandes (Ligamentum anulare
palmare bzw. plantare) 593

Metakarpus und Metatarsus 596
Periostitis und Frakturen dorsal am Metakarpus
("Bucked shins", "Shin splints") und streßbedingte
Frakturen 596
Kondylusfrakturen des Os metacarpale III bzw. des
Os metatarsale III 601
Frakturen des Os metacarpale III bzw. des
Os metatarsale III 606
Gliedmaßenfehlstellungen in der Diaphyse des
Os metacarpale III bzw. des Os metatarsale III . . 610
Überbeine 612
Griffelbeinfrakturen 615
Erkrankung des Musculus interosseus medius
in seinem Ursprungsbereich 622
Tendinitis des Musculus interosseus medius 624

Karpus 624
Fehlstellungen im Karpalgelenk (Valgus- und
Varusstellung, mediale und laterale Abweichung
des Karpalgelenkes) 624
Rückbiegigkeit (Beugefehlstellung des Karpus) . . . 641
Ruptur der Sehne des gemeinsamen Zehenstreckers,
Musculus extensor digitalis communis 643
Sehnenkontrakturen und Beugefehlstellungen 645
Hygrom des Karpalgelenkes 645
Karpalgelenksfrakturen 647
Karpalgelenksluxationen 657
Karpaltunnelsyndrom ("Carpal Canal Syndrome") . 659
Frakturen des Os carpi accessorium 661

Antebrachium 663
Osteochondrome am distalen Ende des Radius . . . 663
Zerrung des Unterstützungsbandes der
oberflächlichen Beugesehne 665
Radiusfrakturen 667

Ellbogenbereich 670
Ulnafrakturen 670
Ruptur des Ligamentum collaterale mediale des
Ellbogengelenkes 674
Bursitis am Ellbogenhöcker (Stollbeule) 675

Humerus 675
Humerusfrakturen 675
Radialislähmung 678

Schulterbereich 679
Entzündung der Bursa intertubercularis 679
Verknöcherungen in der Sehne des
Musculus biceps brachii 681
Entzündung der Bursa subtendinea des
Musculus infraspinatus 683
Osteochondrose des Schultergelenkes 683
Entzündung des Schultergelenkes (Omarthritis) . . . 687
Luxation des Schultergelenkes 688
Lähmung des Nervus suprascapularis (Atrophie der
Musculi supraspinatus und infraspinatus)
("Sweeny") 689
Skapulafrakturen 691
Frakturen des Tuberculum supraglenoidale 692
Ruptur des Musculus serratus ventralis 693

Tarsus 694
Knochenspat (Osteoarthritis/Degenerative
Erkrankungen der drei distalen Tarsalgelenks-
abteilungen) 694
Bursitis bzw. Tendinitis des medialen Schenkels des
Musculus tibialis cranialis
("Tarsitis-distalis-Syndrom" der Traber) 704
Kreuzgalle (Idiopathische Synovialitis des
Tarsokruralgelenkes) 706
Blutspat ("Blood spavin") 708
Unsichtbarer Spat ("Occult spavin"/"Blind spavin") . 708
Osteochondrosis dissecans im Tarsokuralgelenk
(Tibiotarsalgelenk) 709
Keilförmige Frakturen (Slab-Frakturen) des
Os tarsi centrale und des Os tarsale III 710
Frakturen im Sprunggelenk 711
Frakturen des Kalkaneus 713
Luxationen des Sprunggelenkes 715
Hasenhacke 715
Piephacke 718
Dislokation der oberflächlichen Beugesehne vom
Sprunggelenkhöcker (Luxation der oberflächlichen
Beugesehne) 718
Kurbengalle 720
Ruptur des Musculus peroneus (fibularis) tertius . . 720
Verkürzung des Musculus peroneus (fibularis)
tertius 721
Ruptur des Fersensehnenstranges 722
Ruptur der Sehne des Musculus gastrocnemius . . . 722
Hahnentritt bzw. Zuckfuß ("Stringhalt") 723
Streukrampf ("Shivering") 725

Tibia 726
Frakturen 726
Osteochondrosis (Abrißfraktur) der Tuberositas
tibiae 729
Diastasenbildung der Fibula 730
Fibrosierende und ossifizierende Myopathie 730

Knie 733
Lahmheiten des Kniegelenkes (Gonitis) 733
Proximale Patellafixation (Patellaluxation) 737
Chondromalazie der Patella 741
Distale Patellaluxation 741
Patellasubluxation und -ektopie 741
Fraktur der Patella 743

Femur 744
Frakturen 744
Lähmung des Nervus femoralis 746
Bursitis des Schleimbeutels über dem
Trochanter major 747

Hüftgelenk 748
Ruptur des Ligamentum capitis ossis femoris 748
Luxation des Hüftgelenkes 748
Hüftgelenksdysplasie 750

Becken 750
Intermittierendes Hinken (Thrombose der Aorta
abdominalis oder der Arteriae iliacae externae) . . 750
Beckenfrakturen 752
Subluxation des Kreuzdarmbeingelenkes 753

Brust- und Lendenwirbelsäule 757
Rückenbeschwerden 757
Kontakt der Dornfortsätze der Brust- bzw.
Lendenwirbel miteinander 760

Muskelschäden:
Myositis der Musculi psoas major und minor
sowie des Musculus longissimus dorsi 761
Muskeldystrophie 762
Sehnen 762
Anatomie und Heilung der Sehnen 762
Ruptur der Sehnen der Zehenstrecker von
Schulter- bzw. Beckengliedmaße 764
Ruptur der Sehnen der Zehenbeuger von Schulter-
bzw. Beckengliedmaße 764
Idiopathische Synovialitis 767
Gallen („Windpuffs", „Windgalls") 767
Verletzungen 767
Spinale Ataxie („Wobbler") (A. J. Nixon) 772
Fehlentwicklung der Halswirbel 772
Durch Protozoen bedingte Myeloenzephalitis . . . 778
Degenerative Myeloenzephalopathie 778
Equines Herpesvirus 1 (EHV-1) 778
Vergiftungen mit Sorghum-Spezies (Sudangras) . . . 779
Osteomyelitis der Wirbel und Eiterungen im
Epiduralraum 779
Spinale Nematodiasis 779
Wirbelfrakturen 779

9. Kapitel: Hufeisen und Hufnägel
Von TED S. STASHAK

Hufeisen 786
Hufnägel 787
Einfluß des Beschlaggewichtes 788
Spezialbeschläge/orthopädische Beschläge 788
Im Hufbeschlag verwendete Einlagen 793

10. Kapitel: Zubereitung und Beschlag des regelmäßigen Hufes
Von TED S. STASHAK

Zubereitung des regelmäßigen Hufes 796
Beschlag des regelmäßigen Hufes 799
Überprüfen des neuen Beschlages 803
Fesselstand/Zehenachse 803
Ausführung des Beschlages 803
Abnehmen von Hufeisen 804

11. Kapitel: Folgen unsachgemäßer Zubereitung des Hufes oder unsachgemäßen Beschlages
Von TED S. STASHAK

**Stellung des Hufes zum Fesselstand:
Betrachtung von vorn und von hinten** 807
**Stellung des Hufes zum Fesselstand:
Betrachtung von der Seite** 808
Unsachgemäßer Beschlag 810

12. Kapitel: Hufkorrektur und orthopädischer Beschlag
Von TED S. STASHAK

**Korrekturmöglichkeiten bei unregelmäßiger
Gliedmaßenführung** 813
Hufkorrektur durch Ausschneiden 815

Spezialbeschläge/orthopädische Beschläge 816
Hufeisen mit geradem Vorderteil oder mit
angeschliffener Zehenrichtung 816
Geschlossene Hufeisen/Stegeisen 816
Aufnageln von Hufeisen in Gegenrichtung 816
Aufzüge/Kappen 817
Trailer (lyraförmige Verlängerungen
der Schenkelenden) 817
Erhöhung der Eisenschenkel 817
Breitschenkelhufeisen 817
Abdachung der Sohlenfläche 818
Beschläge zum Aufkleben 818
Umverteilung der Belastung an der Bodenfläche
des Eisens 818
**Veränderungen, die Hufkorrekturen oder
orthopädischen Beschlag erfordern** 819
Bodenweit-zehenweite Stellung der Schulter-
gliedmaßen und möglicher Korrekturbeschlag . . . 819
Bodeneng-zehenweite Stellung der Schulter-
gliedmaßen mit Füßen auf der äußeren Hufwand
und möglicher Korrekturbeschlag 822
Bodeneng-zehenenge Stellung der Schulter-
gliedmaßen und möglicher Korrekturbeschlag . . . 823
Bodenweit-zehenenge Stellung der Schulter-
gliedmaßen mit Füßen auf der inneren Hufwand
und möglicher Korrekturbeschlag 824
Lange Zehen und untergeschobene Trachten
und möglicher Korrekturbeschlag 824
Beschlag bei Trachtenzwanghuf 825
Beschlag bei Schale 827
Beschlag bei Hufknorpelverknöcherung 827
Beschlag beim Podotrochlose-Syndrom 827
Beschlag bei Hufrehe 827
Beschlag bei kuhhessiger Stellung 827
Beschlag bei Spat 828
Diagonales Einhauen und möglicher Korrektur-
beschlag 828
Greifen und möglicher Korrekturbeschlag 829
Anschlagen im Ellbogenbereich und möglicher
Korrekturbeschlag 830
Streichen und möglicher Korrekturbeschlag 830
Beschlag bei Steingallen 831
Beschlag bei Zehen- und Seitenwandhornspalten . . 831
Beschlag bei Kronbereichverletzungen 831
Beschlag bei Entzündungen oder Verletzungen
der Beugesehnen 832
Beschlag beim Flachhuf 832
Beschlag beim Vollhuf 832

13. Kapitel: Die vier Grundgangarten
Von O. R. ADAMS

Schritt 834
Flat-Foot Walk (Tennessee Walking Horse, USA) . 834
Running Walk (Tennessee Walking Horse, USA) . . 834
Tölt (Islandpferd) 834
Rack oder Singlefoot 835
Trab 836
Foxtrott 836
Galopp 837
Canter 837

Paß. 838
Amble 839
Rückwärtsrichten 839

14. Kapitel: Therapieverfahren
Von Ted S. Stashak

Physikalische Therapie. 840
Kälte. 840
Wärme (Thermotherapie) 840
    Oberflächenwärme 841
    Tiefenwärme. 841
Massage 842
Induktionsstrom 842
Bewegung 842
Weitere Therapieverfahren 843
Ruhigstellung 843
Ruhigstellung einzelner Gließmaßenabschnitte . . . 844
    Watteverbände 844
    Schienen. 845
    Gips-, Fiberglas- bzw. Kunststoffverbände 847
Reiztherapie 856
    Hyperämisierende Medikamente 856
    Blister und Zugpflaster 858
    Therapeutisches Brennen (Kauterisation) 859
    Kontraindikationen für das Brennen 860
    Instrumentarium zum Brennen 860
Kryotherapie. 863
Strahlentherapie 863
Röntgenbestrahlung 864
Akupunktur 864
Lasertherapie 864
Elektrostimulation, elektromagnetische Felder
und Magnettherapie 864
    Elektrostimulation. 865
    Elektromagnetische Felder 865
    Magnettherapie 865
Packungen oder Kataplasmen 866
Applikation entzündungshemmender Mittel. 866
    Steroide mit antiinflammatorischer Wirkung . . . 866
    Nichtsteroidale Antiphlogistika 870
    Weitere Medikamente mit antiphlogistischer
    Wirkung. 872

Sachverzeichnis 879

Funktionelle Anatomie des Bewegungsapparates

Robert A. Kainer

Nomenklatur und gebräuchliche Bezeichnungen

Treffende und logische Bezeichnungen für die Körperteile des Pferdes sowie Lage- und Richtungsbezeichnungen sind das Resultat der Arbeit verschiedener Ausschüsse für Nomenklatur (Nomina Anatomica Veterinaria).[15] Aber auch Begriffe der älteren Terminologie sind noch gebräuchlich. Während beispielsweise „Schultergliedmaße" und „Beckengliedmaße" die genauen anatomischen Bezeichnungen darstellen, sind die Begriffe „Vorhand" und „Nachhand" allgemein üblich. Strahlbein und distales Sesambein, Hufgelenk und drittes Zehengelenk sowie Fesselgelenk und erstes Zehengelenk sind anerkannte Synonyme. Es ist zweckmäßig, auch mit den älteren Begriffen vertraut zu sein. Einige dieser Bezeichnungen sind jedoch dermaßen veraltet, daß sie zur allgemeinen Verwirrung bei der Darstellung struktureller Prinzipien beitragen. Solche Bezeichnungen sollten daher vermieden werden. Anerkannte Synonyme werden in diesem Buch in Klammern gesetzt, und beide Begriffe können wahlweise verwendet werden.

Wie in Abbildung 1.1 zu erkennen, haben die Lagebezeichnungen die Endung -al, die Richtungsbezeichnungen werden im deutschen Sprachraum aber außerdem oft noch durch Hinzufügen des Wortes „nach" gekennzeichnet; so kann eine Struktur z. B. nach distal verlaufen. Bei Richtungsangaben, die zwischen zwei Hauptrichtungen liegen, werden die Begriffe zusammengesetzt; z. B. proximodistal. Die Bezeichnungen anterior und posterior werden mit Ausnahme des Auges bei Quadrupeden nicht gebraucht. Die Begriffe kranial und kaudal bezeichnen Strukturen proximal des Unterarm-Vorderfußwurzelgelenkes (Articulatio antebrachiocarpea) beziehungsweise des Unterschenkel-Hinterfußwurzelgelenkes (Articulatio tarsocruralis). Distal dieser Gelenke sind dorsal und palmar (Schultergliedmaße) beziehungsweise plantar (Beckengliedmaße) die korrekten Bezeichnungen. Das Adjektiv solar wird für Strukturen benutzt, die entweder auf der Palmar- bzw. Plantarfläche der Phalanx distalis oder der Sohlenfläche des Hufes liegen.

Schultergliedmaße
Zehe und Fesselgelenkbereich (Regio metacarpophalangea)

Die Zehe des Pferdes besteht aus der Phalanx distalis (Hufbein), der Phalanx media (Kronbein) und der Phalanx proximalis (Fesselbein) sowie aus benachbarten Strukturen (Abb. 1.2). Das Fesselgelenk umfaßt die Articulatio metacarpophalangea (Röhrbein, Fesselbein und Gleichbeine) und die die Knochen umgebenden Strukturen.

Zehenendorgan

Das Zehenendorgan besteht aus dem Hornschuh und den von ihm umschlossenen Strukturen: der Huflederhaut (Corium ungulae), der Hufunterhaut (Tela subcutanea), der Phalanx distalis (Hufbein), dem Großteil der Hufknorpel, der Articulatio interphalangea distalis (Hufgelenk), dem distalen Ende der Phalanx media (Kronbein), dem distalen Sesambein (Strahlbein), der Bursa podotrochlearis, verschiedenen Bändern, den Endsehnen des Musculus extensor digitalis communis und der tiefen Beugesehne sowie Blutgefäßen und Nerven.

Der Hornschuh geht zum größten Teil aus der Epidermis der Krone hervor. In diesem Bereich setzt sich das Korium der Haut in die Lederhaut des Hufes fort. Die Bereiche des Koriums werden nach dem Teil des Hornschuhes benannt, unter dem sie liegen: Saumlederhaut mit Ballenlederhaut, Kronlederhaut, Wandlederhaut, Strahllederhaut und Sohlenlederhaut.

Bestimmte Abschnitte des Hornschuhes dienen dem Schutz der darunterliegenden Strukturen und sorgen für die Stoßdämpfung beim Fußen. Bei Betrachtung der Fußungsfläche des Hufes sind die Sohlenfläche, die Trachten, die Eckstreben, der Strahl und die Bodenfläche der Wand (Abb. 1.3) zu erkennen. Die Fußungsfläche des Vorderhufes ist breiter als die des Hinterhufes und spiegelt die Form der distalen Fläche des umschlossenen Hufbeins wider.

Die Hornschuhwand erstreckt sich vom Boden nach proximal bis zum Kronrand, wo das weiche, oft weiße Kronhorn am Kronrand in die Epidermis der Haut übergeht. Die Wand ist unterteilt in die dorsale Zehenspitze, den medialen und lateralen Seitenteil und in die abgerundeten Trachten, die sich von den Seitenteilen aus palmar erstrecken und in den Eckstreben fortsetzen (Abb. 1.3 und 1.4).

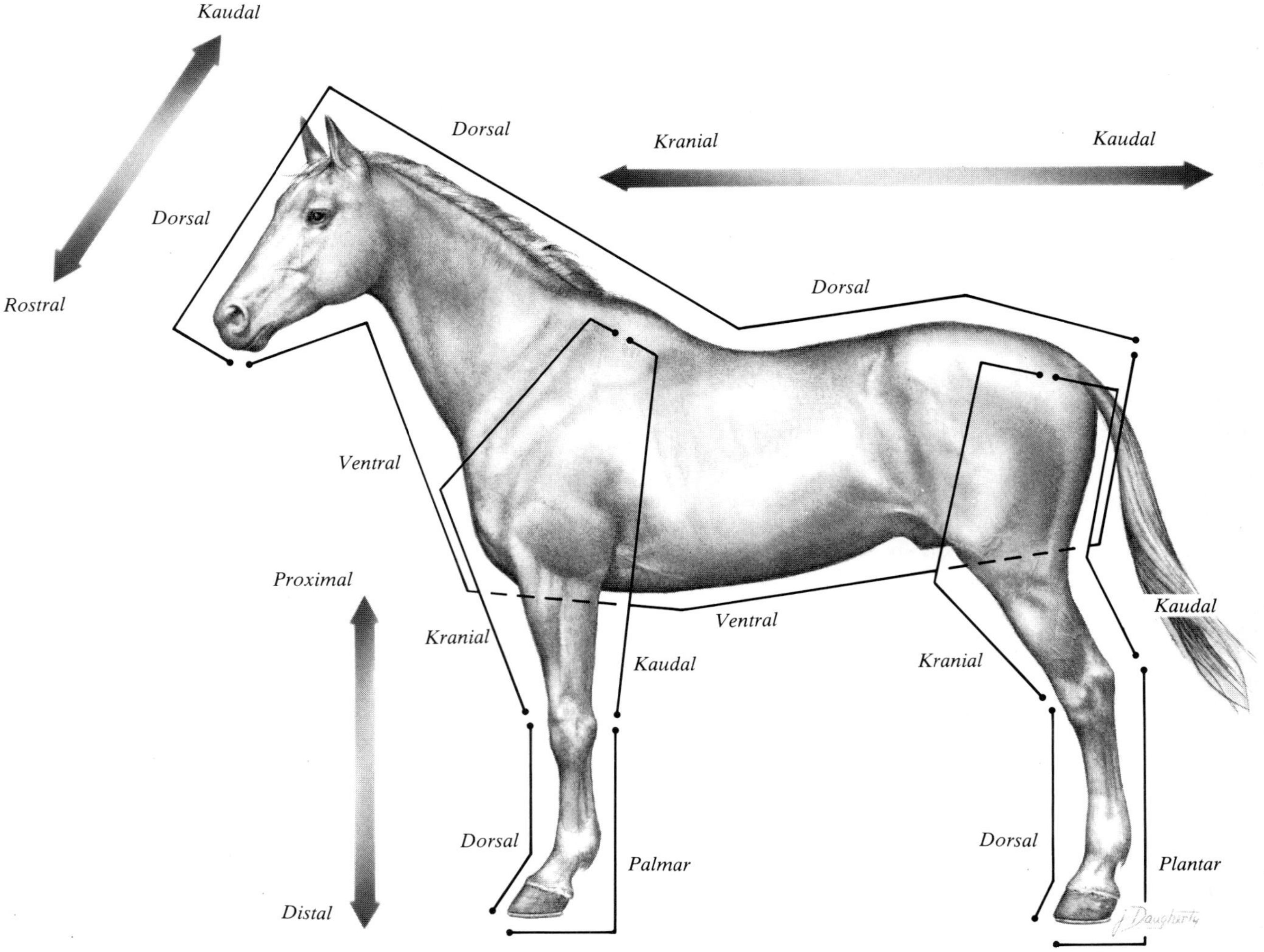

Abb. 1.1: Lagebezeichnungen am Tierkörper.

Von der kräftigen Zehenspitze ausgehend, wird die Hornschuhwand zu den Trachten hin fortschreitend dünner und elastischer. Im Bereich des Trachten-Eckstrebenwinkels nimmt sie wieder an Stärke zu. Die Wand verläuft auf der lateralen Seite des Hufes normalerweise flacher, so daß der Winkel lateral kleiner als medial ist. Der Winkel zwischen der dorsalen Fläche der Zehenspitze und der Sohlenfläche beträgt am Vorderhuf zwischen 48 und 60 Grad.[26]

Durch die Ausrichtung der Hornröhrchen entstehen auf der glatten Oberfläche der Wand feine, proximodistal verlaufende Linien (Abb. 1.5). Unterschiedliche Wachstumsraten des vom Kronrand herunterwachsenden Hornes der Wand sind für die Bildung glatter, parallel zum Kronrand verlaufender Ringe verantwortlich.

Das fibröse Bindegewebe des Koriums enthält Blutgefäße und Nerven. Seine Aufgaben sind die nutritive Versorgung sowie die Verankerung des darüberliegenden Stratum germinativum, das eine Schicht des mehrschichtigen Plattenepithels der hornschuhbildenden Epidermis darstellt. Die Basalschicht (Stratum basale) des Stratum germinativum besteht aus einer einschichtigen Lage zylindrischer Zellen. Das Stratum spinosum wird durch eine oder mehrere Schichten polyedrischer Zellen im Verlauf der Verhornung (Keratinisierung) gebildet.[11] Die oberste Schicht der Hufepidermis ist das Stratum corneum, dessen kernlose, keratinhaltige und nach oben hin abschilfernde Zellen einen höheren Schwefelgehalt aufweisen als das weiche Keratin der Hautepidermis. Die Zellen der Hufepidermis bilden Blättchenhorn, Zwischenhorn oder Röhrchenhorn, je nach Konformation der darunterliegenden Lederhaut. Das verhornte Stratum corneum, und somit ein Großteil der Epidermis des Hufes, besitzt keine Nervenendigungen; es ist der „empfindungslose" Teil des Hufes. Einige wenige sensorische Nervenendigungen dringen vom Korium aus zwischen die Zellen des Stratum germinativum der Epidermis vor. Zusätzlich zur sensorischen Innervation verlaufen im Korium auch sympathische Nervenendigungen, die die Blutgefäße motorisch innervieren.

Die Hufwand besteht aus drei Schichten: der Deck- oder Glasurschicht, der Schutzschicht und der Verbindungsschicht[11] (Abb. 1.5). Die Glasurschicht ist eine dünne Hornschicht, die vom Saum je nach Alter der Schicht unterschiedlich weit distal verläuft.

Kapitel 1: Funktionelle Anatomie des Bewegungsapparates 3

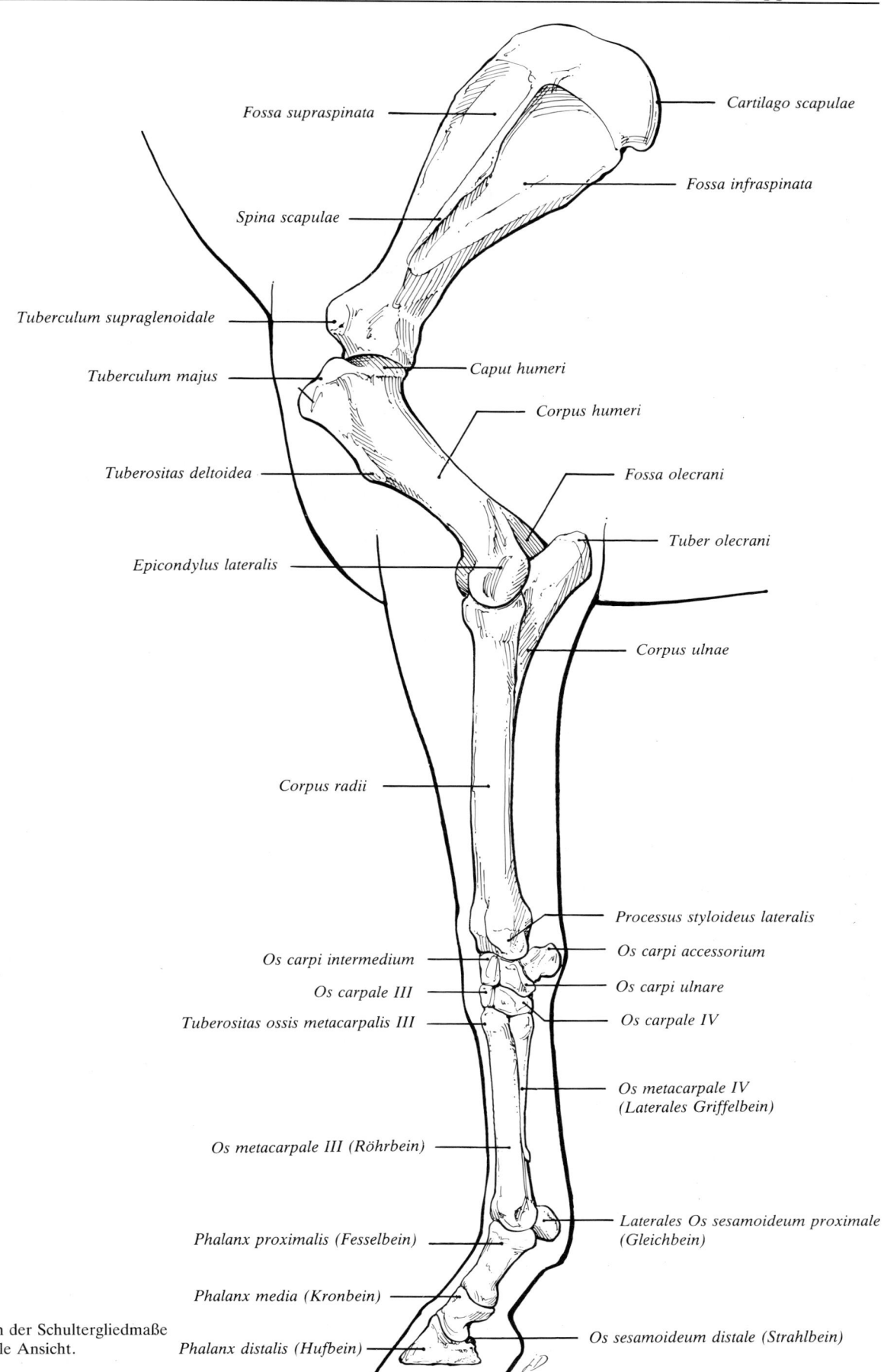

Abb. 1.2: Knochen der Schultergliedmaße des Pferdes, laterale Ansicht.

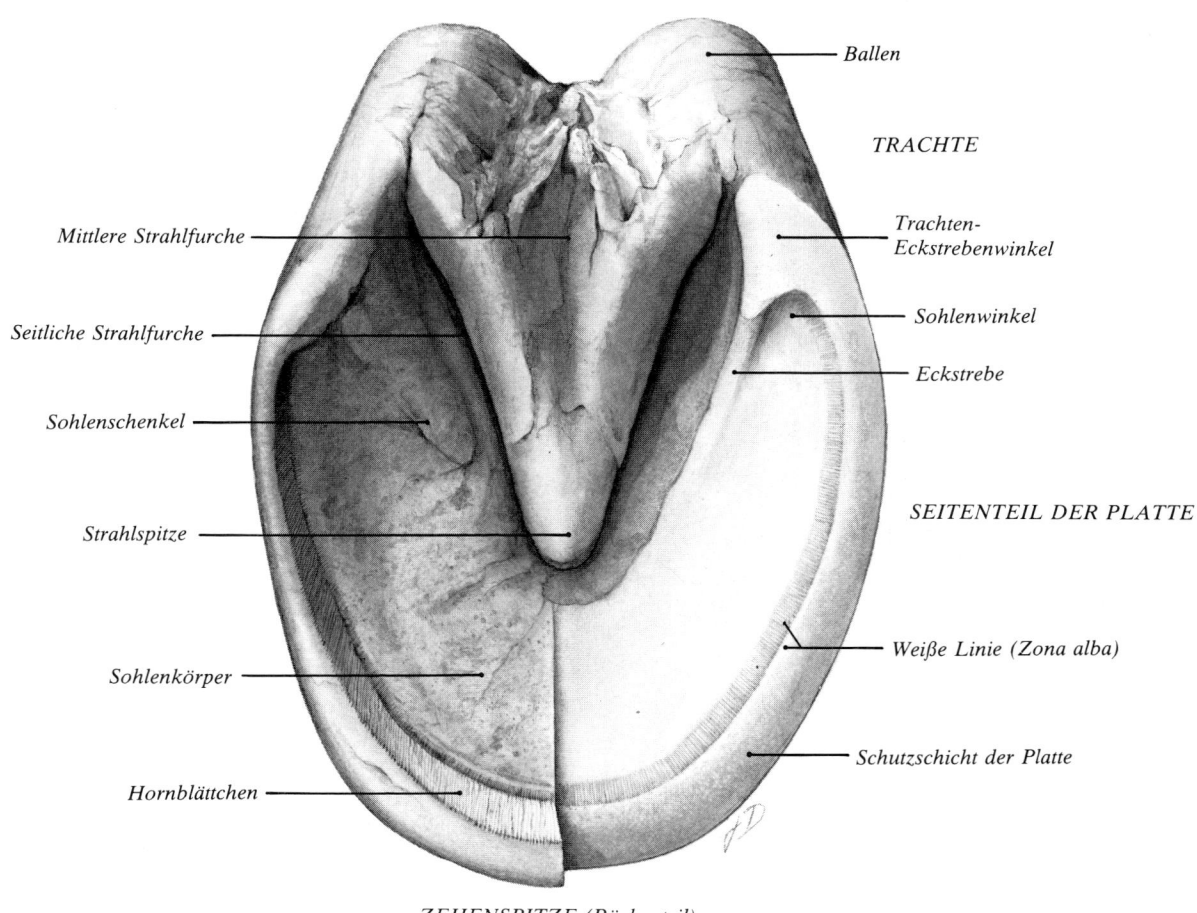

Abb. 1.3: Sohlenfläche des Hufes. Die rechte Hälfte wurde beschnitten, um die Bildung der weißen Linie (Zona alba) durch die Hornblättchen darzustellen.

Die Schutzschicht ist die stärkste Schicht und besteht aus Zwischenröhrchenhorn. Die Hornröhrchen werden durch das Stratum germinativum der Kronepidermis gebildet, die die langen Zotten der Kronlederhaut bedeckt.[1]
Zwischen den Hornröhrchen entsteht das Zwischenhorn. Die Verbindung der Zotten der Kronlederhaut und der Epidermisröhrchen läßt sich durch die Betrachtung der Kronrinne, die die Kronlederhaut aufnimmt, darstellen. In der Kronrinne befinden sich feine Vertiefungen für die Zotten der Kronlederhaut. Distal der Kronrinne greifen etwa 600 primäre Hornblättchen der Verbindungsschicht zwischen die primären Lederhautblättchen (Abb. 1.4 und 1.5). Jedes Primärblättchen trägt ungefähr 100 mikroskopisch kleine Sekundärblättchen, die für eine weitere Verbindung von Hornschuh und Lederhaut sorgen (Abb. 1.6).

Hinsichtlich der Begriffe „sensitive" und „insensitive Lamellen" herrscht einige Verwirrung. Strenggenommen sind die keratinisierten Anteile der obersten Schichten der Epidermis insensitiv; das Stratum germinativum der Epidermis, das die Verbindungsschicht bildet, und die bindegewebige Lederhaut sind „sensitiv". Wesentlich genauer sind dagegen die Adjektive epidermal für insensitiv und dermal für sensitiv.[24]

Eine ähnliche Beziehung wie zwischen Kronepidermis und Kronlederhaut existiert auch zwischen Saumepidermis

Kapitel 1: Funktionelle Anatomie des Bewegungsapparates

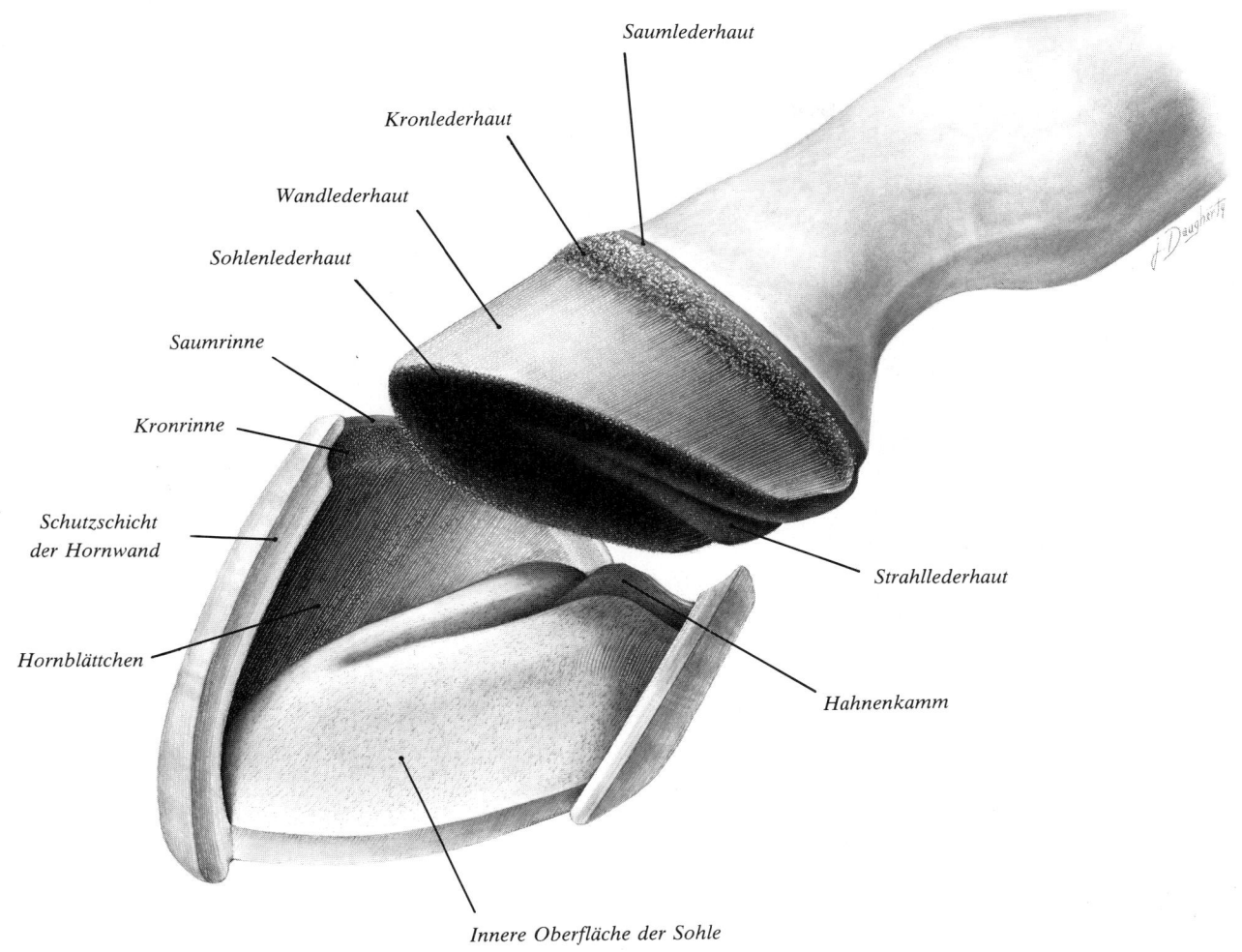

Abb. 1.4: Darstellung des ausgeschuhten Hufes und der unter der Hornkapsel gelegenen Lederhautbezirke.

und Saumlederhaut. Der Saum besteht aus weicherem, hellen Horn. Er liegt distal der kutanen Epidermis und stellt einen zirkulären, sich über den Ballen verbreiternden Streifen dar.

Der Hornschuh wächst primär vom Stratum germinativum der Kronepidermis aus in Richtung Boden. Während der Großteil der Epidermisblättchen anfänglich nur eine minimale Verhornung aufweist, verhornen die Primärblättchen während des Wachstums nach distal.[5] Traumatisierung oder Entzündungen in diesem Bereich stimulieren die Verhornung, d. h. die Bildung von Hufhorn. Die zottentragenden Enden der Lederhautblättchen bilden vermehrt pigmentiertes Horn, welches die Zwischenräume zwischen den distalen Enden der Epidermisblättchen ausfüllt. Untersuchungen der Ultrastruktur haben gezeigt, daß in den Zellen der epidermalen Sekundärblättchen der Verbindungsschicht keine fortschreitende Verhornung stattfindet und daß sich während des Wachstums des Hornschuhes die epidermalen Primärblättchen in Richtung auf die epidermalen Sekundärblättchen bewegen, indem sie Desmosomen zwischen den beiden Zellpopulationen zerstören.[13] Lichtmikroskopisch nicht mehr darstellbare zapfenförmige Protuberanzen der Lederhaut verstärken die Haftung zwischen Huflederhaut (Korium) und Hufepidermis.[24] Diese Strukturen und die innige Verbindung zwischen der Lederhaut und dem Periost des Hufbeines halten und stützen den Knochen und tragen zur Stoßdämpfung und Blutzirkulation bei.

Die Wachstumsrate des Hornschuhes beträgt etwa 6 mm/Monat. Die Zehenspitze des Hornschuhes erneuert sich demnach alle neun bis zwölf Monate. In kälteren Klimata ist das Wachstum verlangsamt. Ebenfalls langsamer wächst der Hornschuh bei Trockenheit, da es dann an der entsprechenden Feuchtigkeit im Hornschuh mangelt. Das Wachstum erfolgt gleichmäßig von der Krone distal, so daß die Trachten immer jüngeres Horn erhalten. Dadurch hat das Horn hier die größte Elastizität und ermöglicht ein Auseinanderweichen der Trachten bei Belastung.

Die Schutzschicht kann pigmentiert oder unpigmentiert sein. Unpigmentierte Hufe sind entgegen der landläufigen Meinung nicht weniger hart als pigmentierte Hufe. Pigmentierte und unpigmentierte Hufe zeigen keine Unterschiede hinsichtlich ihres Verhaltens bei Belastung und ihrer physikalischen Eigenschaften.[12]

Kapitel 1: Funktionelle Anatomie des Bewegungsapparates

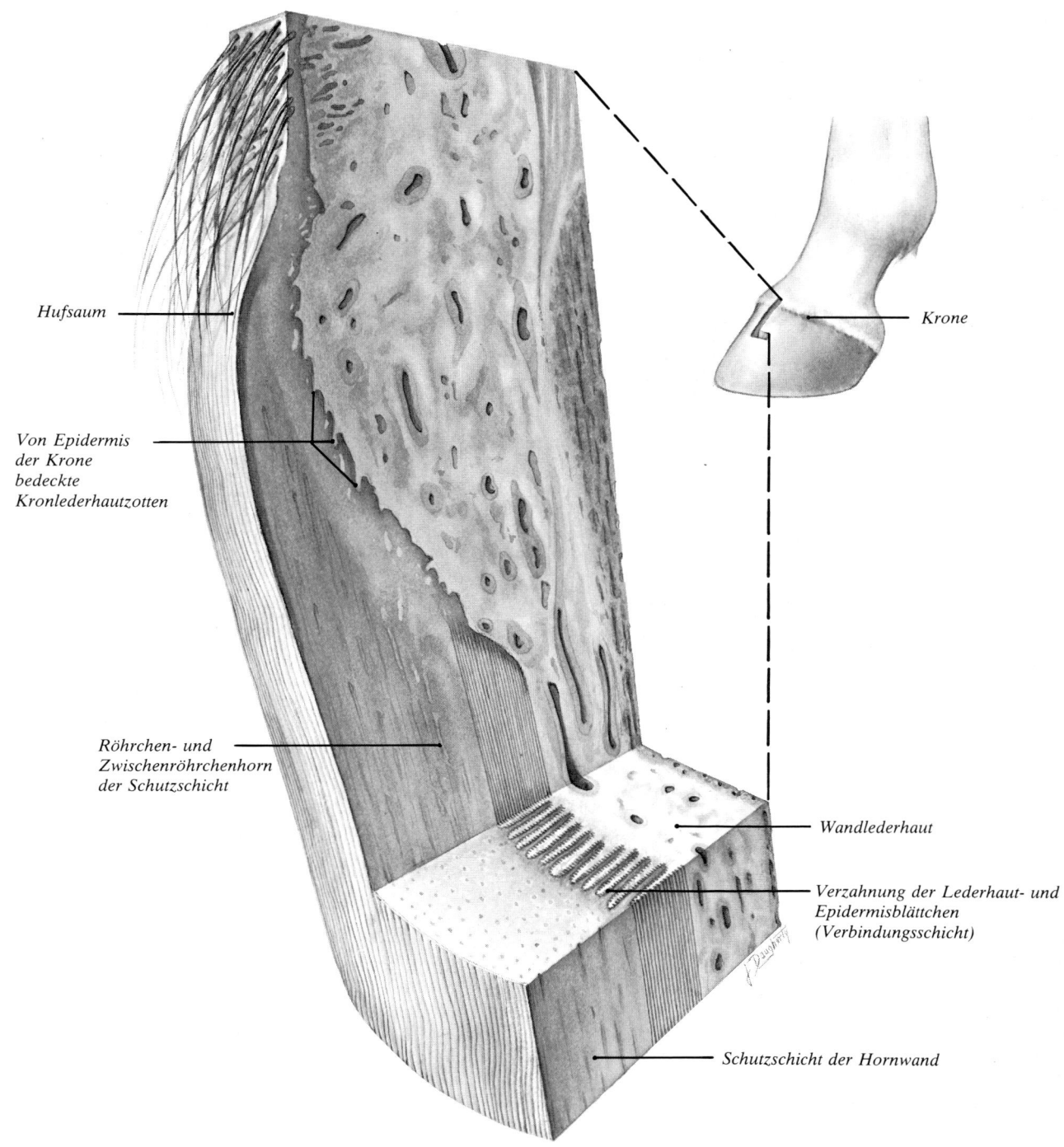

Abb. 1.5: Dreidimensionale Darstellung der Krone und der Hufwand.

Die leicht konkav geformte Sohle des Hufes trägt mit Ausnahme des Bereiches nahe der weißen Linie (Zona alba) keine Gewichtslast. Sie ist jedoch einer Gewichtsbelastung von innen ausgesetzt, die von der Sohlenfläche des Hufbeines über die Lederhaut übertragen wird. Der entsprechend belastete Bereich ist der durch die Wand und die Eckstrebe gebildete Sohlenwinkel. Zwei Sohlenschenkel verlaufen vom Sohlenkörper zu den Sohlenwinkeln.

An der nicht abgenutzten und nicht ausgeschnittenen Hufwand sind an ihrer Innenfläche in Richtung Sohle distal fortschreitend verhornte Blättchen zu erkennen (Abb. 1.3). Am ausgeschnittenen Hornschuh wird die Zona alba sichtbar, die in das Sohlenhorn übergeht und die sich aus den unpigmentierten Hornblättchen der Verbindungsschicht und den pigmentierten Hornröhrchen über den endständigen Papillen der Lederhaut zusammensetzt.

Kapitel 1: Funktionelle Anatomie des Bewegungsapparates

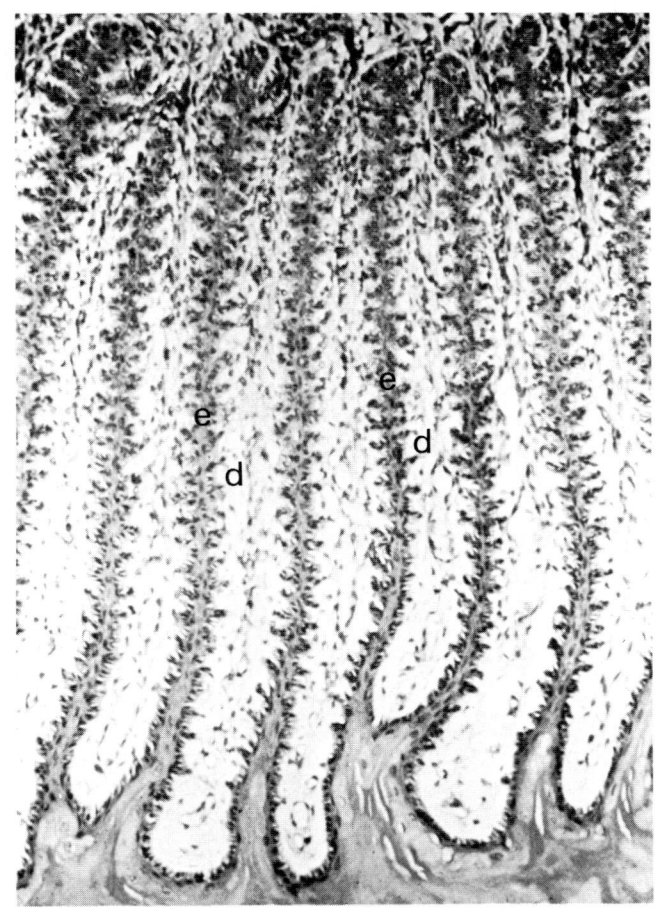

Abb. 1.6: Mikrofoto eines Horizontalschnittes durch den fetalen Huf. Verzahnung der Epidermisblättchen (e) und der Lederhautblättchen (d). Beachte die kleinen Sekundärblättchen.

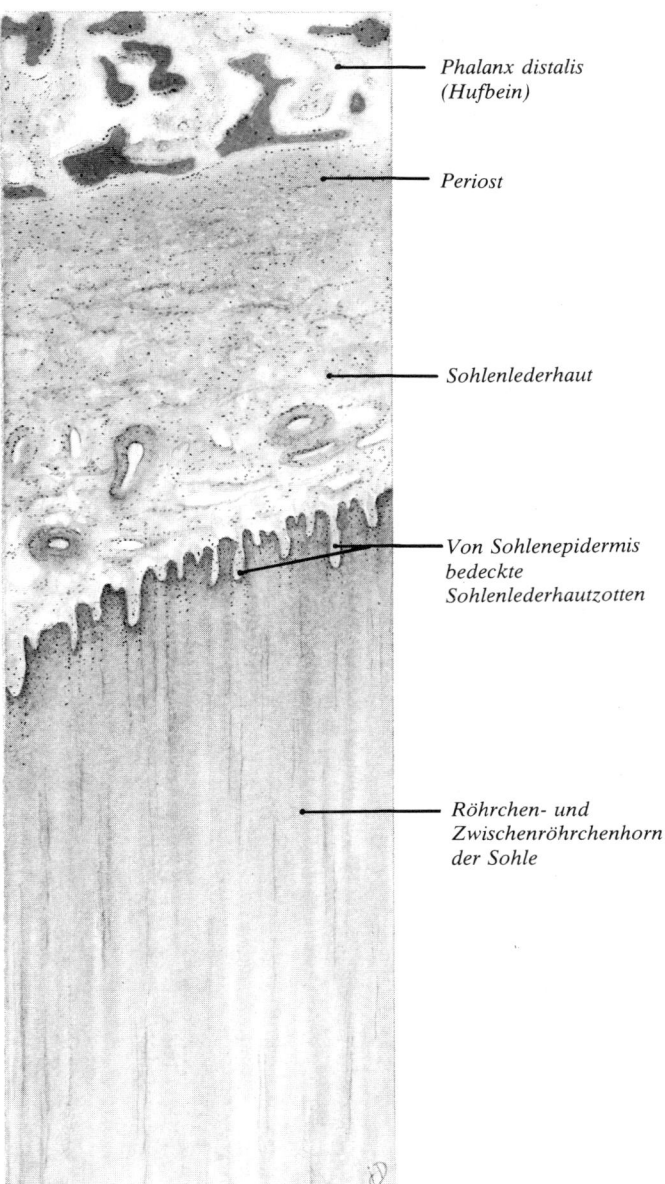

Abb. 1.7: Histologie der Verbindungen zwischen Periost, Lederhaut und Sohlenhorn.

Die empfindliche Lederhaut liegt unmittelbar am Innenrand der weißen Linie, die als Grenze für das Anbringen von Hufnägeln und als Orientierung für die Festlegung des notwendigen Winkels der Nagelung dient.

Die Hornröhrchen der Sohle sind vertikal ausgerichtet, entsprechend der Richtung der Lederhautzotten. Zwischenhorn verbindet die Hornröhrchen. Diese Struktur entsteht durch die Verbindung von Sohlenlederhaut und Sohlenepithel (Abb. 1.7). In Bodennähe rollen sich die Röhrchen auf, so daß es hier zu einer Selbstbegrenzung des Wachstums und zu einer Abschilferung der oberflächlichen Schichten kommt. Zu ungefähr einem Drittel besteht die Sohle aus Wasser.[23]

Der Strahl (Cuneus ungulae) ist eine keilförmige Masse aus verhorntem mehrschichtigen Plattenepithel, das durch den hohen Wasseranteil von 50 % eine geringere Härte als das übrige Hufhorn besitzt.[23] Merokrine Drüsen geben ihr Sekret an die Oberfläche der mittleren Strahlfurche ab. Die Fußungsfläche des Strahles besteht aus der Strahlspitze und einer mittleren Strahlfurche, die von den beiden Strahlschenkeln begrenzt wird. Der proximal hervortretende Hahnenkamm (Spina cunei) hat Verbindung zum Strahlkissen. Die seitlichen Strahlfurchen trennen die Strahlschenkel von den Eckstreben und der Sohle. Die palmaren Anteile des Strahles gehen in die Ballen über. Die Zotten der Strahllederhaut sind etwas länger als die der Sohlenlederhaut.

Das dichte, weiße, fibröse Bindegewebe der Lederhaut enthält viele elastische Fasern, ist stark vaskularisiert und reich innerviert. Von den Dorsal- und Palmarästen der Zehenarterien sowie vom Arcus terminalis nehmen eine Vielzahl kleiner Arterien ihren Ausgang. Sie verlaufen zum Teil in kleinen Kanälen, die ihrerseits von einem im Hufbein gelegenen halbmondförmigen Kanal abzweigen (Abb. 1.8).

Die Kron- und Saumlederhaut sowie das Stratum germinativum der Kron- und Saumepidermis bilden das Saumband.

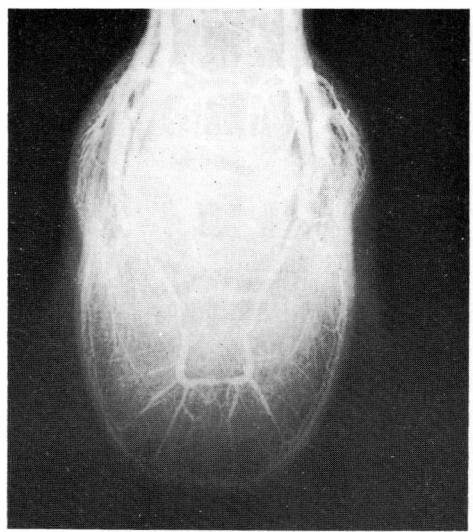 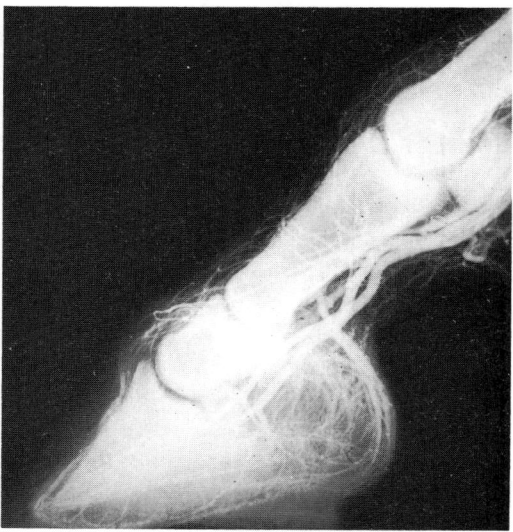

Abb. 1.8: Angiogramme des Fußes nach intraarterieller Injektion eines Kontrastmittels.

In der Tiefe formt die unter dem Saumband liegende Subkutis das hochgradig elastische Kronpolster und das Saumpolster. Saumpolster und Kronpolster bilden zusammen eine Vorwölbung, die der epidermalen Saum- und der Kronrinne angepaßt ist. Ein Teil des koronären Venenplexus liegt im Kronpolster. Der koronäre Venenplexus erhält sein Blut aus dem in der Wandlederhaut gelegenen dorsalen Venenplexus.

Die dem Hufbein benachbarte Lederhaut verbindet sich innig mit dem Periost und sorgt so, besonders im Wandbereich, für eine Verbindung des Hornschuhes mit dem Knochen.

Der mediale und laterale Hufknorpel liegen unter der Huflederhaut und der Haut, und ihre abaxialen Flächen sind durch den koronären Venenplexus bedeckt. Sie haben rhomboide Form und reichen vom jeweiligen Astwinkel des Hufbeines proximal über den Kronrand des Hufes, wo sie palpiert werden können. Die Axialflächen der Hufknorpel sind konkav, die Abaxialflächen konvex. Distal, wo die Hufknorpel mit dem Hufbein verwachsen sind, nehmen sie an Stärke zu. Ballenwärts konvergieren die Hufknorpel. Die palmare Hälfte jedes Hufknorpels besitzt Löcher, durch die einige Verbindungsäste von palmaren Venen zum koronaren Venenplexus ziehen.

Vier Bänder halten den Hufknorpel in seiner Position (Abb. 1.9):

1. Ein kurzes, starkes Band verläuft von der Dorsalfläche des Kronbeines zum dorsalen Anteil des Hufknorpels (Ligamentum chondrocoronale laterale bzw. mediale).
2. Ein schlecht zu isolierendes, elastisches Band wendet sich von der Seitenfläche des Fesselbeines zur proximalen Begrenzung des Hufknorpels und gibt zusätzlich einen Anteil an das Strahlkissen ab (Ligamentum compedochondroungulare laterale bzw. mediale).
3. Einige kurze Fasern verbinden den distalen Teil des Knorpels mit dem Hufbein (Ligamentum chondroungulare collaterale laterale bzw. mediale).
4. Ein weiteres Band wendet sich vom dorsalen Anteil des Knorpels zur Insertionsstelle der Endsehne des Musculus extensor digitalis communis. Zusätzlich dienen die dorsalen Anteile der Hufknorpel der partiellen Insertion der entsprechenden Seitenbänder des Hufgelenkes.

Die Hufknorpel bestehen bei jungen Pferden aus hyalinem Knorpel und bei Pferden mittleren Alters aus Faserknorpel. Bei älteren Pferden neigt der Knorpel zur Ossifikation, so daß Verknöcherungen des Hufknorpels auftreten.

Der Raum zwischen den Hufknorpeln wird außer von den Ballenpolstern auch durch das Strahlpolster ausgefüllt. Beide Polster werden durch eine stark umgestaltete Subkutis gebildet und bestehen aus einem Maschenwerk von kollagenen und elastischen Fasern, Fettgewebedepots und wenig Faserknorpel. Die Polster werden nur von einigen wenigen Blutgefäßen durchzogen. An seiner Oberfläche nimmt das Strahlpolster Verbindung zur Strahllederhaut auf und umschließt somit den Hahnenkamm (Abb. 1.10). Proximodorsal ist das Strahlpolster mit dem distalen Abschnitt der Sohlenbinde verwachsen. Die Spitze des keilförmigen Strahlpolsters ist mit der tiefen Beugesehne dort verschmolzen, wo sich diese an ihrem Ansatz an der Linea semilunaris der Facies solearis des Hufbeines verbreitert. Die Basis des Strahlpolsters wölbt sich in Richtung auf die Ballen vor, die oberflächlich durch eine flache Rinne voneinander getrennt sind. Die Struktur und die Verankerung des Strahlpolsters sind Hinweise auf seine stoßdämpfende Funktion.

Die am Hufbein inserierende tiefe Beugesehne wird durch die Sohlenbinde fixiert. Die Sohlenbinde besteht aus einem Anteil der tiefen Fußfaszie, gibt dem Endabschnitt der Sehne Halt und verläuft proximodorsal, um sich beiderseits des Fesselbeines anzuheften (Abb. 1.11). In der Tiefe verläuft die Sehne über das schiffchenförmige Strahlbein (Os sesamoideum distale).

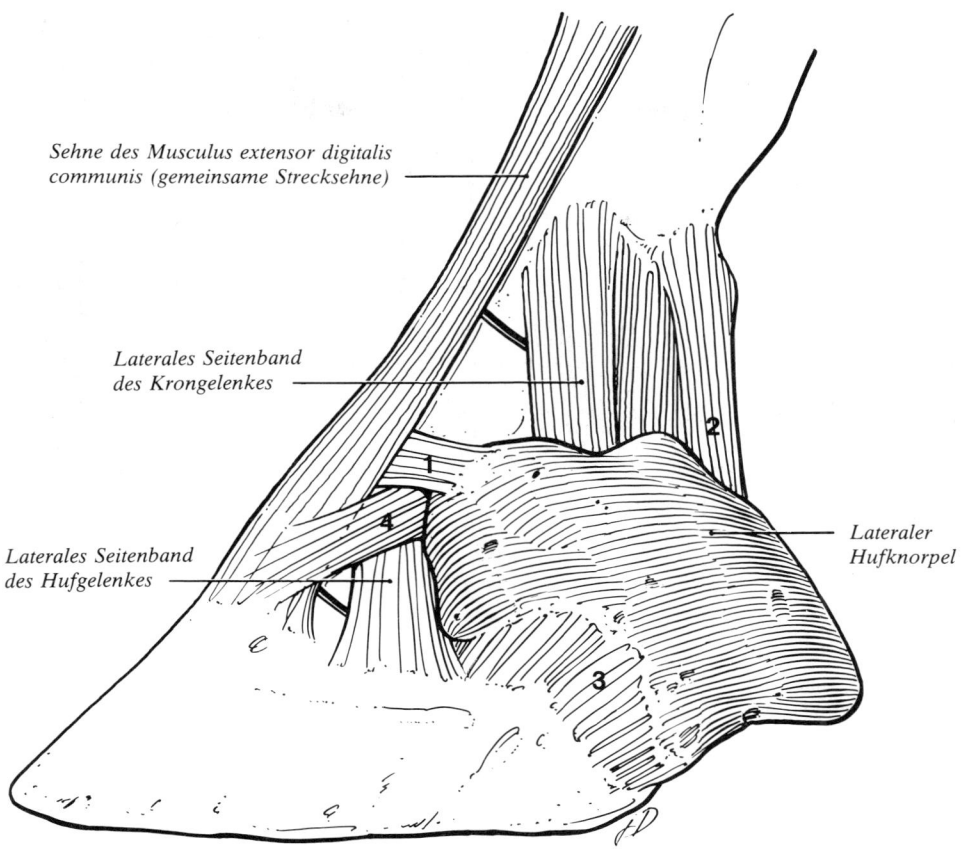

Abb. 1.9: Haltebänder des Hufknorpels (1–4); Erläuterungen siehe Seite 8.

Dabei gibt das Strahlbein der Sehne in ihrem Verlauf zu ihrer Insertionsstelle am Hufbein eine andere Richtung. Der Hufrollenschleimbeutel (Bursa podotrochlearis) liegt zwischen der Sehne und der mit Faserknorpel bedeckten Gleitfläche des Strahlbeines und dient als Polster für die über das Strahlbein gleitende Sehne (Abb. 1.10). Von außen betrachtet, liegt die Bursa podotrochlearis etwa in der Tiefe des mittleren Drittels des Strahles parallel zum Kronrand und auf Höhe der Seitenteile der Platte.
Die proximale Begrenzung des Strahlbeines (Margo proximalis) trägt eine Rinne mit Löchern, die dem Eintritt kleiner Gefäße dienen. Der Margo distalis artikuliert mittels einer schmalen, länglichen Fläche mit dem Hufbein. Palmar dieser Gelenkfläche befindet sich am Margo distalis eine Vertiefung mit einigen großen Löchern (Canales sesamoidales). Zwei konkave Bezirke auf der Facies articularis des Strahlbeines artikulieren mit der distalen Gelenkfläche des Kronbeines und bilden somit einen Teil der Gelenkvertiefung des Hufgelenkes (Articulatio interphalangea distalis). Das Strahlbein besitzt drei Haltebänder. Die paarigen Seitenbänder des Strahlbeines (Fesselbein-Strahlbein-Hufbeinband, Ligamentum sesamoideum collaterale laterale bzw. mediale) verlaufen vom distalen Ende des Fesselbeines jederseits dorsal der Seitenbänder des Fesselgelenkes entspringend (Abb. 1.12), ziehen in einer seitlichen Rinne des Kronbeines schräg distal und inserieren seitlich und am proximalen Rand des Strahlbeines, wobei sie jeweils noch einen Anteil zum gleichseitigen Hufknorpel und Astwinkel des Hufbeines abgeben. Distal wird das Strahlbein durch das Strahlbein-Hufbeinband (Ligamentum sesamoideum distale impar) fixiert, eine fibröse Platte, die von der distalen Begrenzung des Strahlbeines zur Facies flexoria des Hufbeines, einer palmar der Insertionsstelle der tiefen Beugesehne gelegenen Stelle, zieht (Abb. 1.12).
Die distale Gelenkfläche des Kronbeines, die Gelenkfläche des Hufbeines und die beiden Gelenkflächen des Strahlbeines bilden zusammen das Hufgelenk, das ein Sattelgelenk ist. Die kurzen Seitenbänder verlaufen vom distalen Ende des Kronbeines distal in die Tiefe und finden an jeder Seite des Hufbeines und dem dorsalen Anteil der jeweiligen Hufknorpel Ansatz.
Eine kleine dorsale Aussackung der Gelenkkapsel des Hufgelenkes hat Verbindung zu der gemeinsamen Strecksehne. Die palmare Aussackung ist größer und reicht proximal bis zur Mitte des Kronbeines und bis an eine transversal verlaufende Sehne, den Kronbeinschenkel der tiefen Beugesehne, der die Gelenkkapsel von der gemeinsamen digitalen Sehnenscheide der Beugesehnen trennt (Abb. 1.10).

10 Kapitel 1: Funktionelle Anatomie des Bewegungsapparates

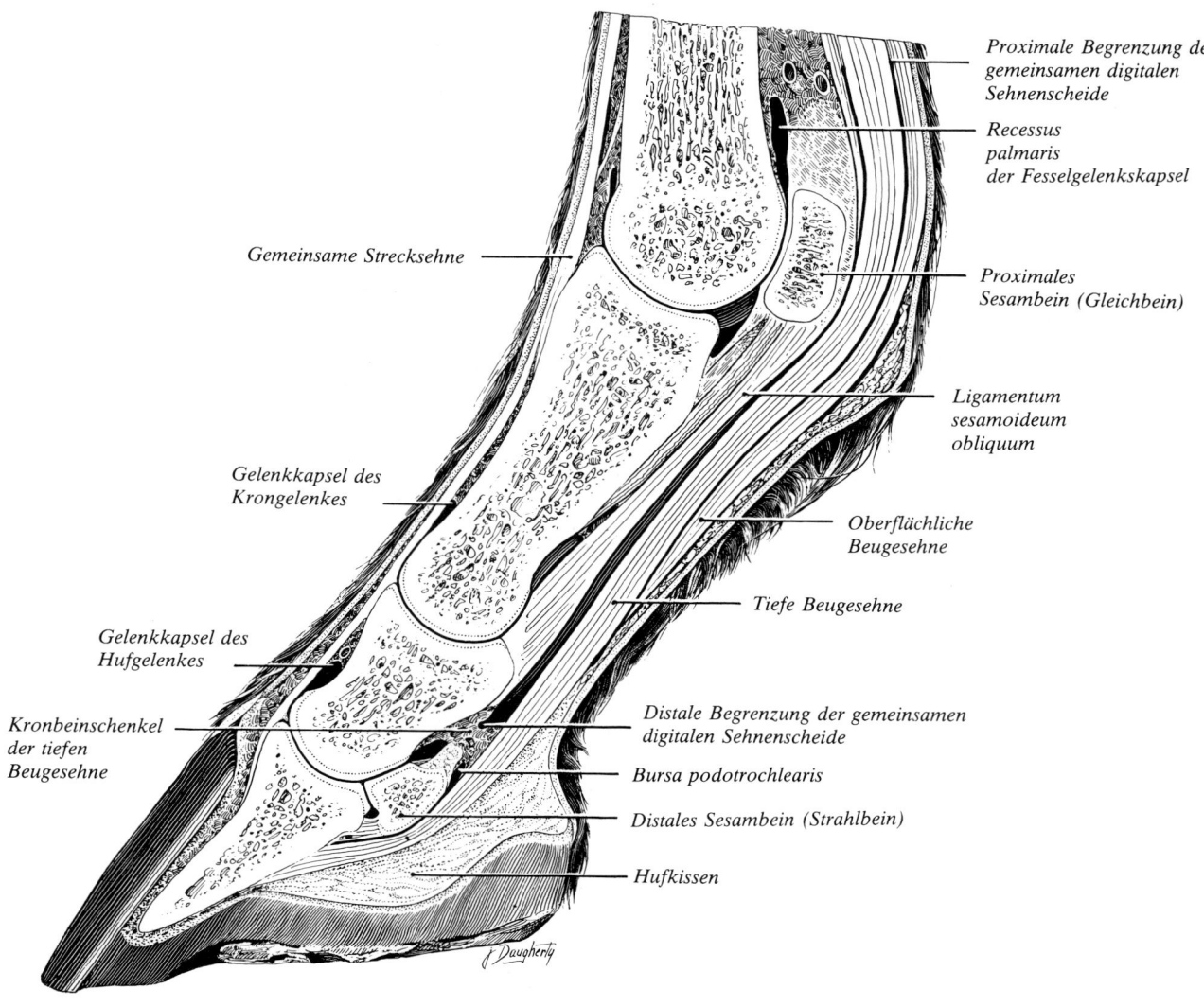

Abb. 1.10: Parasagittaler Schnitt durch Fessel und Zehe.

Die medial und lateral gelegenen Aussackungen der Hufgelenkkapsel sind, besonders in Beugestellung des Gelenkes, den beiden Hufknorpeln palmar der Seitenbänder direkt benachbart.[6]

Die Endsehne des Musculus extensor digitalis communis inseriert am Processus extensorius des Hufbeines. Jeweils ein Band der beiden Hufknorpel strahlt an der Insertionsstelle mit ein.

Krongelenkbereich (Regio interphalangea proximalis)

In der Fesselbeuge liegt in der Tiefe unter der Haut und der oberflächlichen Faszie die vierzipflige Fesselplatte, die die oberflächliche Beugesehne in ihrer Lage hält und sich bis an die mediale und laterale Begrenzung des Fesselbeines erstreckt. Dort, wo sich diese fibröse, aus der tiefen Faszie stammende Platte in zwei Anteile aufteilt, bedeckt sie die oberflächliche Beugesehne. Gleichzeitig fixiert sie auch die tiefe Beugesehne.

Die beiden deutlich erkennbaren, glänzenden Spornsehnen ziehen vom Sporn dorsodistal bis in die Haut der Fesselbeuge. Jede Spornsehne verläuft schräg direkt unter der Haut über die vierzipflige Fesselplatte, den Endabschnitt der oberflächlichen Beugesehne und die Arteriae digitales palmares lateralis und medialis sowie die Nervi digitales palmares lateralis und medialis. In ihrem Endabschnitt verbreitert sich die jeweilige Spornsehne und verbindet sich mit der Sohlenbinde. Von den Zehennerven lassen sich die Spornsehnen durch ihre dichte Struktur und ihre glänzende Oberfläche unterscheiden (Abb. 1.13).

Die Endsehne des Musculus flexor digitalis superficialis spaltet sich an ihrer Insertionsstelle in zwei Endschenkel, die sich jederseits an der distalen Begrenzung des Fesselbeines und der proximalen Begrenzung des Kronbeines

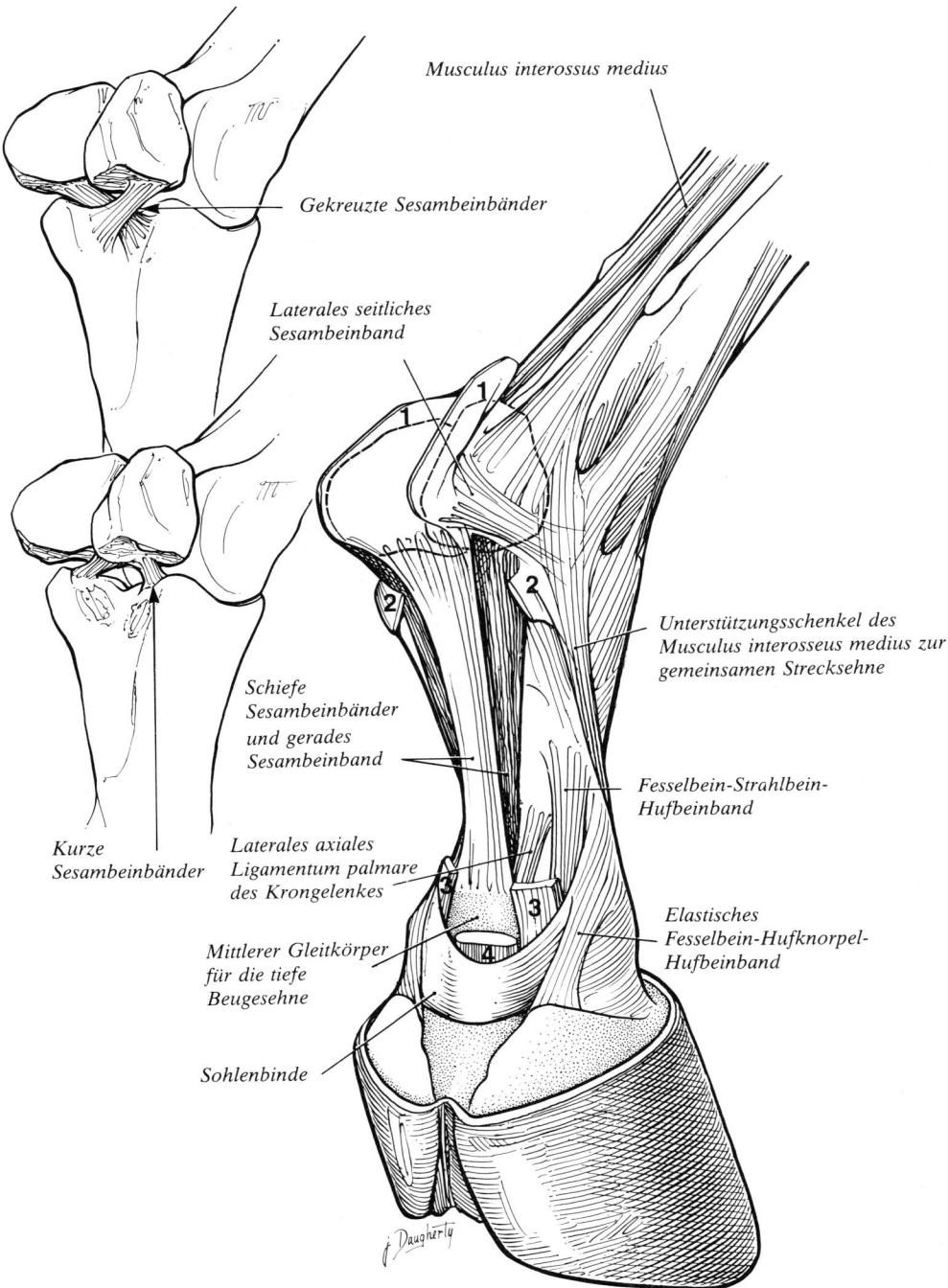

Abb. 1.11: Darstellung der Sesambeinbänder. Die in das Ligamentum metacarpointersesamoideum eingebetteten proximalen Sesambeine sind gestrichelt eingezeichnet. Zahlen kennzeichnen die durchtrennten Stümpfe des Fesselringbandes (1), der vierzipfligen Fesselplatte (2, nur proximal dargestellt), der oberflächlichen Beugesehne (3) und der tiefen Beugesehne (4).

palmar der Seitenbänder des Krongelenkes anheften (Abb. 1.11).
Die Endsehne des Musculus flexor digitalis profundus verläuft zwischen den beiden Anteilen der oberflächlichen Beugesehne. Die tiefe und die oberflächliche Beugesehne, letztere einschließlich ihrer zwei Endschenkel, werden von einer gemeinsamen Sehnenscheide umgeben, wobei die tiefe Beugesehne bis in Höhe ihres Kronbeinschenkels mit eingeschlossen wird (Abb. 1.10). Der Kronbeinschenkel der tiefen Beugesehne ist eine sehnige Abspaltung und heftet sich in halber Höhe des Kronbeines palmar an diesem an.
Unter der tiefen Beugesehne verlaufen drei Sesambeinbänder von der Basis der beiden Gleichbeine distal.

Das oberflächliche gerade Sesambeinband (Ligamentum sesamoideum rectum) heftet sich distal des proximalen Gleitkörpers für die Beugesehnen an der proximalen Begrenzung palmar am Kronbein an; die beiden schiefen Sesambeinbänder (Ligamenta sesamoidea obliqua) inserieren distal an der Fesselbeinleiste; die gekreuzten Sesambeinbänder (Ligamenta sesamoidea cruciata) verlaufen jeweils von der Gleichbeinbasis kontralateral zu den Bandhöckern des Fesselbeines (Abb. 1.11).

Jeweils ein kurzes Sesambeinband (Ligamentum sesamoideum breve) verläuft lateral und medial von der Dorsalfläche der Basis des zugehörigen Gleichbeines zur palmaren Begrenzung der Gelenkfläche des Fesselbeines (Abb. 1.11).

Der Musculus interosseus medius gibt, von der abaxialen Fläche des jeweiligen Gleichbeines ausgehend, in dorsodistaler Richtung jeweils einen Schenkel nach dorsal an die Endsehne des Musculus extensor digitalis communis ab. Beide Schenkel laufen schräg über das Fesselbein und strahlen nahe seinem distalen Ende in die gemeinsame Strecksehne ein. Der jeden Schenkel unterlagernde geräumige Schleimbeutel kann aufgrund seiner Ausdehnung auch als Sehnenscheide angesehen werden.[6]

Im dorsalen Bereich heftet sich die Endsehne des Musculus extensor digitalis communis während ihres Verlaufes zu ihrem endgültigen Ansatz am Processus extensorius des Hufbeines noch dorsal und proximal an Fesselbein und Kronbein an. Häufig unterlagert ein Schleimbeutel die gemeinsame Strecksehne dort, wo die Unterstützungsschenkel des Musculus interosseus medius einstrahlen. Die Endsehne des Musculus extensor digitalis lateralis inseriert lateral der Anheftungsstelle der gemeinsamen Strecksehne proximal an der Dorsalfläche des Fesselbeines.

Das Krongelenk (Articulatio interphalangea proximalis) wird durch die beiden konvexen Gelenkflächen distal am Fesselbein und die beiden flachen, konkaven Gelenkflächen proximal am Kronbein sowie den mittleren Gleitkörper (Scutum medium) für die Beugesehnen gebildet.

Die Knochen des Krongelenkes werden durch zwei kurze Seitenbänder und vier palmare Bänder verbunden. Die Seitenbänder verbinden die distalen Gelenkflächen des Fesselbeines mit den proximalen Gelenkflächen des Kronbeines. Sie ziehen in vertikaler Richtung zwischen den Bandhöckern der Knochen und nicht etwa parallel zur Zehenachse. Zwei axial gelegene Palmarbänder verlaufen von den Fesselbeinleisten zum palmaren Rand der proximalen Begrenzung des Kronbeines; die beiden abaxialen Palmarbänder ziehen von der Mitte der Fesselbeinränder zur Palmarfläche des proximalen Kronbeinendes. Die axialen Palmarbänder verschmelzen teilweise mit Anteilen des geraden Sesambeinbandes zum Scutum medium und sind häufig in ihrer Gesamtheit schlecht zu isolieren.

Die Gelenkkapsel des Krongelenkes ist mit der gemeinsamen Strecksehne dorsal verwachsen und dort einer Gelenkpunktion am besten zugänglich (Abb. 1.10). Die Gelenkkapsel ist auch mit den Seitenbändern verwachsen. Der palmare Abschnitt der Gelenkkapsel reicht etwas nach proximal bis an die Endschenkel der oberflächlichen Beugesehne und das gerade Sesambeinband, so daß eine Aufteilung in eine mediale und laterale Abteilung zustande kommt.

Fesselgelenkbereich (Regio metacarpophalangea)
An der Schultergliedmaße wird die Region um das Fesselgelenk (Articulatio metacarpophalangea) als Fessel bezeichnet. Eine ins Auge fallende Struktur an der Palmarfläche der Fessel ist der Sporn, ein verhorntes kutanes Gebilde. Seine Basis ist Ursprung für die beiden distal divergierend verlaufenden Spornsehnen.

Das Fesselringband (Ligamentum anulare palmare) liegt in der Tiefe unter der Haut und der oberflächlichen Faszie und fixiert die Beugesehnen und ihre gemeinsame Sehnenscheide auf dem proximalen Gleitkörper über den Gleichbeinen. Das Fesselringband ist mit der oberflächlichen Beugesehne und auf der Palmarfläche der Gleichbeine mit dem jeweiligen seitlichen Sesambeinband an seiner Insertionsstelle am Gleichbein verwachsen. Distal hat das Fesselringband Verbindung mit der vierzipfligen Fesselplatte.

Der proximale Gleitkörper (Scutum proximale) besteht aus Faserknorpel und wird durch das Ligamentum palmare gebildet. Es bedeckt die den Beugesehnen zugewandten Flächen der Gleichbeine. Der proximale Gleitkörper nimmt die tiefe Beugesehne auf. Unmittelbar proximal des durch das Ligamentum anulare palmare und den proximalen Gleitkörper geformten Kanales perforiert die tiefe Beugesehne die oberflächliche Beugesehne, die an dieser Stelle eine rundliche Öffnung hat.

Die gemeinsame Strecksehne und die Endsehne des Musculus extensor digitalis lateralis ziehen dorsal über das Fesselgelenk. Zwischen jeder Sehne und dem darunterliegenden Gelenk befindet sich ein Schleimbeutel. Lateral am Fesselgelenk, proximal der Unterstützungsschenkel des Musculus interosseus medius zur gemeinsamen Strecksehne sowie auf der Palmarfläche des Fesselgelenkes können kleine, aber miteinander kommunizierende Schleimbeutel vorhanden sein.[16]

Das Fesselgelenk wird durch das distale Ende des dritten Metakarpalknochens, das proximale Ende des Fesselbeines, die beiden Gleichbeine und das breite, aus Faserknorpel bestehende Ligamentum metacarpointersesamoideum, in das die beiden Gleichbeine eingebettet sind, gebildet. Die in etwa zylindrisch geformte Gelenkfläche des dritten Metakarpalknochens wird durch einen Sagittalkamm in zwei ungleiche Teile unterteilt und paßt sich in die entsprechende Gelenkvertiefung, die durch das Fesselbein, die Gleichbeine und das Ligamentum metacarpointersesamoideum gebildet wird, ein. Letzteres hat dorsal eine Vertiefung für den Sagittalkamm des dritten Metakarpalknochens.

Die Seitenbänder des Fesselgelenkes verlaufen von den Bandhöckern und -gruben des dritten Metakarpalknochens jederseits distal. Der oberflächliche Anteil eines jeweiligen Bandes hat distal Verbindung zum Rand der Gelenkfläche des Fesselbeines; der kürzere, kräftigere tiefer gelegene Anteil inseriert an der Abaxialfläche des benachbarten Gleichbeines und dem Fesselbein.

Der palmare Anteil der Gelenkkapsel des Fesselgelenkes ist dickwandiger und größer als der dorsale Anteil. Am distalen Ende des dritten Metakarpalknochens und auf der verdickten Gelenkkapsel liegt stets ein die Beugesehnen unterlagernder Schleimbeutel, der unter Umständen mit der Gelenkkapsel kommuniziert.[16] Ein palmarer Endblindsack der Gelenkkapsel erstreckt sich proximal zwischen dem dritten Metakarpalknochen und dem Musculus interosseus medius. Er ist palpierbar und bei Vorliegen einer Entzündung des Gelenkes sogar sichtbar, wobei er dann vermehrt mit Synovialflüssigkeit gefüllt ist. Die Gelenkkapsel wird beidseitig durch die Seitenbänder und dorsal ebenfalls durch mit der gemeinsamen Strecksehne verwachsene Faszienzüge verstärkt.

Ein Halteapparat, der Teil des Fesseltragapparates ist, sorgt für die Stabilisierung des Fesselgelenkes auch während der Bewegung. Er besteht aus dem Musculus interosseus medius und seinen Unterstützungsschenkeln zur gemeinsamen Strecksehne sowie aus den distalen Sesambeinbändern, die von der Basis der Gleichbeine distal an das Fessel- bzw. Kronbein verlaufen. Dabei können die in den proximalen Gleitkörper eingebetteten Gleichbeine als Unterbrechung dieser fortlaufenden Bänderstruktur betrachtet werden.

Blutgefäße von Zehe und Fesselgelenkbereich

An der Schultergliedmaße erfolgt die arterielle Versorgung der Zehe und der Fessel hauptsächlich durch die Arteria digitalis palmaris communis II, die sich im distalen Viertel des Metakarpus zwischen den Beugesehnen und dem Musculus interosseus medius gelegen in die mediale und laterale Zehenarterie verzweigt. Eine Anastomose aus dem Zusammenfluß der Arteriae metacarpeae palmares II und III (Arcus palmaris profundus distalis) vereinigt sich mit dem Anfangsteil der Arteria digitalis lateralis unter Ausbildung des Arcus palmaris superficialis. Äste aus diesem Bogen versorgen das Fesselgelenk (Abb. 1.15). Alle Zehenarterien liegen im proximalen Teil der Fessel direkt unter der oberflächlichen Faszie. Die Zehenarterie liegt palmar der begleitenden Vene zwischen dem gleichseitigen Nervus digitalis palmaris und seinem Ramus dorsalis (Abb. 1.13 und 1.14). In ihrem Verlauf nach distal über die Wölbung der Fessel gibt jede Zehenarterie Äste an das Fesselgelenk, an die Streck- und Beugesehnen, die gemeinsame digitale Sehnenscheide sowie an Bänder, Faszie und Haut ab.

In halber Höhe des Fesselbeines geben die Zehenarterien einen Ramus palmaris phalangis proximalis ab, aus dem unmittelbar ein Ramus dorsalis entspringt. Durch Anastomosen der kontralateralen Palmar- und Dorsaläste entsteht um das Fesselbein ein arterieller Ring, der die Versorgung des Fesselbeines und der benachbarten Strukturen übernimmt (Abb. 1.12). Der palmare Ast jeder Zehenarterie verläuft zwischen dem Knochen und den Beugesehnen. Die Vereinigungsstelle mit dem kontralateralen Gefäß liegt zwischen den schiefen Sesambeinbändern und dem geraden Sesambeinband. Der Vereinigungspunkt des Dorsalastes mit dem Kontralateralgefäß liegt unter der gemeinsamen Strecksehne. Direkt distal einer durch das Krongelenk gedachten horizontalen Linie gibt jede Zehenarterie einen Ast an das Ballenpolster ab (Ramus tori digitalis). Aus diesem Ramus entspringen Äste für die Haut, das Strahlpolster sowie für die Strahl- und Ballenlederhaut. Ein kleiner, aber gut erkennbarer Ast, die Kronpolsterarterie (Arteria coronalis), entspringt aus der Zehenarterie oder dem Ramus tori digitalis. Äste der Kronpolsterarterie versorgen den Trachtenbereich sowie die Saumlederhaut und anastomosieren mit den feinen Verzweigungen des Ramus dorsalis im Bereich des Kronbeines.

Die Rami dorsales im Bereich des Kronbeines haben ihren Ursprung aus den gleichseitigen Zehenarterien in Höhe der unteren Hälfte des Kronbeines. Durch Anastomosenbildung entsteht unter der gemeinsamen Strecksehne ein arterieller Ring. Diese Gefäßstruktur gibt Äste an das Hufgelenk, die gemeinsame Strecksehne, die Saum- und Kronlederhaut sowie an die Faszie und die Haut ab. Der Ramus palmaris phalangis intermediae, der aus der Zehenarterie in Höhe des Kronbeines abzweigt, anastomosiert dort, wo sich die beiden seitlichen Haltebänder des Strahlbeines (Fesselbein-Strahlbein-Hufbeinband) untereinander und mit dem Strahlbein selbst verbinden mit dem der Gegenseite. Äste der palmaren Kronbeinarterien bilden innerhalb der miteinander verwachsenen seitlichen Haltebänder des Strahlbeines proximale Strahlbeinarterien (Proximal navicular plexus). Von dort aus dringen fünf bis neun Endäste von proximal in das Strahlbein ein, die die Blutversorgung des proximalen Drittels des Knochens übernehmen (Abb. 1.12).[3,8]

Weitere Aufzweigungen der Palmaräste bilden gemeinsam mit kleinen Arterienästen aus jeder Zehenarterie einen kollateralen Arcus proximalis. Diese Gefäße versorgen das Kronbein.

Im Bereich des Fußes, den seitlichen Strahlbeinrändern gegenüberliegend gibt die entsprechende Zehenarterie jeweils einen Ramus dorsalis an das Hufbein ab. An der Basis der Astwinkel des Hufbeines entläßt der Dorsalast einen Ramus palmaris phalangis distalis, der das Strahlpolster und die Strahllederhaut versorgt. Der Ramus dorsalis selbst tritt durch ein Foramen bzw. die Incisura processus palmaris und verzweigt sich auf der Dorsalfläche des Hufbeines. Ein Ast versorgt die Lederhaut im Trachtenbereich und die Seitenwandlederhaut; ein anderer Ast verläuft im Sulcus parietalis des Hufbeines dorsal, versorgt die Lederhaut im Bereich der Zehenspitze und vereinigt sich nach seiner Aufzweigung mit der Arteria marginis solearis sowie Ästen der Kronpolsterarterie.

14 Kapitel 1: Funktionelle Anatomie des Bewegungsapparates

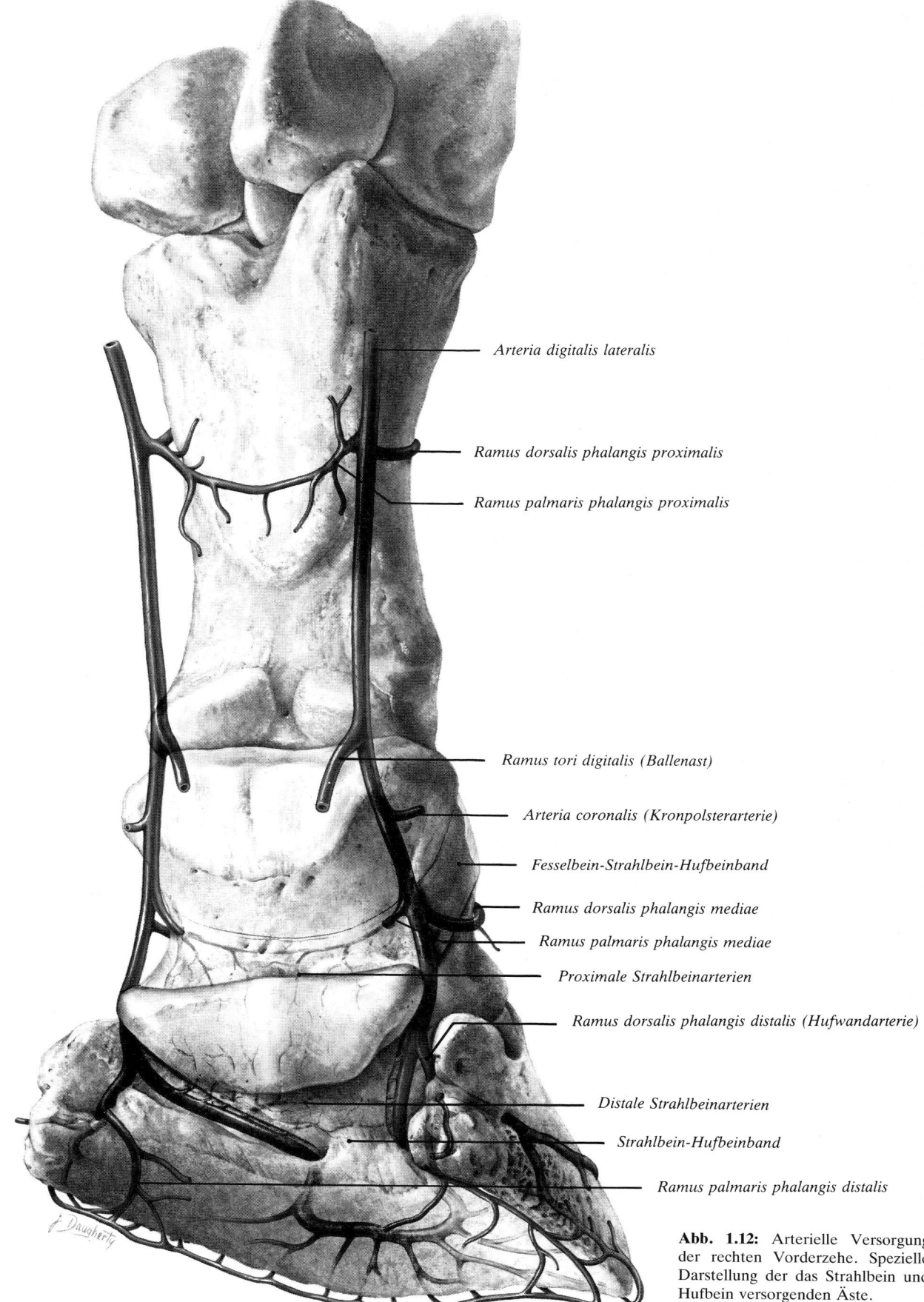

Abb. 1.12: Arterielle Versorgung der rechten Vorderzehe. Spezielle Darstellung der das Strahlbein und Hufbein versorgenden Äste.

Unmittelbar distal der seitlichen Strahlbeinränder entläßt die gleichseitige Zehenarterie eine bis drei kleine Arterien, die sich nochmals in insgesamt drei bis sechs Ästchen verzweigen. Diese Endaufzweigungen dringen in den Margo distalis des Strahlbeines nahe seinen seitlichen Rändern ein (Abb. 1.12).[8]

Die Arteria digitalis lateralis und die Arteria digitalis medialis verlaufen im Sulcus solearis auf der Sohlenfläche des Hufbeines weiter. Jede Arterie gibt einen Ast in das Strahlbein-Hufbeinband ab (Distal navicular plexus). Von diesen distalen Strahlbeinarterien dringen sechs bis neun Äste von distal in das Strahlbein ein, die in den Canales sesamoidales verlaufen. Von hier aus versorgen Arteriolen radiär die distalen zwei Drittel des Strahlbeines.[8]

Jede Zehenarterie tritt dann durch das Foramen soleare in das Hufbein und anastomosiert mit der kontralateralen Zehenarterie, so daß der Arcus terminalis entsteht, der im Canalis solearis des Hufbeines verläuft (Abb. 1.8 und 1.12). Vom Arcus terminalis aus ziehen Verzweigungen in den Knochen, wobei einige Äste auf die Parietalfläche des Hufbeines treten und dort die Lederhaut versorgen. Einige distal ziehende Äste vereinigen sich am Margo solearis mit der deutlich hervortretenden Arteria marginis solearis. Diese und alle anderen die Lederhaut versorgenden Äste bilden durch ihre Anastomosen ein ausgedehntes Netzwerk.

Drei venöse Plexus sorgen im Bereich der Lederhaut für den Blutabfluß:

1. ein dorsales Venennetz in der Wandlederhaut,
2. das durch die Venae coronales gebildete Venennetz in der Kronlederhaut, welches sich proximal bis an den Kronrand erstreckt (Abb. 1.13 und 1.14),
3. ein palmares Sohlennetz, das durch Ästchen aus der Sohlenlederhaut, aus der Strahllederhaut und aus dem Ballen- und Strahlpolster sowie durch Ästchen, die von der Axialfläche der Hufknorpel her einstrahlen, gebildet wird.

Venöse Gefäße, die durch Öffnungen im Hufknorpel hindurchtreten, verbinden das Venennetz der Kronlederhaut mit dem Sohlennetz.[24] An der proximalen Begrenzung jedes Hufknorpels vereinigt sich der Zusammenfluß der drei Venenplexus mit der Vena digitalis lateralis bzw. medialis. Aus jedem Foramen soleare treten je zwei venöse Äste. Einer dieser Äste liegt abaxial, der andere dorsal der gleichseitigen Zehenarterie, beide vereinigen sich in Höhe des Strahlbeines zu einer gemeinsamen Vena digitalis. Venöse Äste, die die arteriellen Zuflüsse zu den proximalen und distalen Strahlbeinarterien begleiten, vereinigen sich mit dem abaxialen Venenast. Die Venae digitales liegen dorsal der gleichseitigen Arterien und erhalten während ihres Verlaufes nach proximal noch Zuflüsse aus den die korrespondierenden Zehenarterien begleitenden venösen Ästen.

Nerven von Zehe und Fesselgelenkbereich

Die Nervi palmares lateralis und medialis geben während ihres Verlaufes zur proximalen Wölbung der Fessel kleine Äste an das Fesselgelenk und die Beugesehnen ab. Ihre Fortsetzung sind die Nervi digitales palmares lateralis bzw. medialis. Jeder dieser Nerven gibt unmittelbar einen Ramus dorsalis ab (Abb. 1.13 und 1.14). Die begleitende Zehenarterie tritt zwischen den dorsalen Ast und die palmare Fortsetzung des Nervs. Der dorsale Ast zieht zwischen der Arteria und Vena digitalis lateralis bzw. medialis distal. Etwa auf halber Höhe der Fesselbeuge teilt sich der Nerv auf, wobei der Hauptanteil, auf der Vena digitalis lateralis bzw. medialis liegend, dorsal verläuft. Bei etwa einem Drittel der Fälle gibt der Nervus digitalis palmaris aus seiner Dorsalwand noch einen Ramus intermedius ab.[14] Der Ramus dorsalis und der Ramus intermedius sorgen für die sensorische und vasomotorische Innervation der Haut im Bereich der Fessel, des dorsalen Anteiles des Fesselgelenkes, der dorsalen Anteile von Kron- und Hufgelenk, der Kronlederhaut, der dorsalen Anteile der Wand- und Sohlenlederhaut sowie der dorsalen Anteile des Hufknorpels.

Der Nervus digitalis palmaris setzt sich mit seinem stärksten Anteil palmar und parallel zur gleichseitigen Zehenarterie distal fort. Nerv und Arterie liegen unter der Spornsehne, die schräg nach distal über das Krongelenk zieht. In ihrem weiteren Verlauf liegt die Spornsehne unter der Vena digitalis palmaris und verbreitet sich dann zu ihrem Ansatz an der Sohlenbinde. Der Nervus digitalis palmaris lateralis gibt hin und wieder einen die laterale Spornsehne perforierenden Ast ab (Abb. 1.14).

Die palmaren Fortsetzungen der Nervi digitales palmares innervieren die Gelenkkapsel des Fesselgelenkes. Sie ziehen weiter distal und versorgen die palmaren Strukturelemente der Zehe: die Haut, die Gelenkkapsel des Fesselgelenkes, die gemeinsame digitale Sehnenscheide und die Beugesehnen, die distalen Gleichbeinbänder, die Gelenkkapsel des Hufgelenkes, das Strahlbein und seine Bänder, die Bursa podotrochlearis, den palmaren Anteil der Hufknorpel, einen Teil der Wandlederhaut, die Sohlen- und Strahllederhaut und das Ballen- und Strahlpolster. Die Innervation der übrigen Hautabschnitte im Bereich der Fessel wird dorsomedial durch die Endäste des Nervus cutaneus antebrachii medialis und dorsolateral durch den Ramus dorsalis des Nervus ulnaris übernommen.

Die Nervi metacarpei palmares lateralis und medialis geben zunächst Äste an die Gelenkkapsel des Fesselgelenkes ab, treten dann unmittelbar distal der Griffelbeinknöpfchen an die Oberfläche und verästeln sich in der oberflächlichen Faszie des Kronbereiches. In einigen Fällen zieht ein Endast des Nervus metacarpeus palmaris medialis distal in den Saumbereich (Abb. 1.13).[10,17] Obwohl ihre Innervationsgebiete überlappen, gibt es zwischen den Nervi metacarpei palmares und den Dorsalästen der Nervi digitales palmares keine Verbindung.[20] Als gelegentliche Variante tritt ein palmar ziehender Ast des Nervus palmaris medialis distal am Metakarpus auf, der palmar des Nervus palmaris medialis verläuft und bis an das Ballenpolster reicht (Abb. 1.13). Als weitere Variante kann der Nervus palmaris lateralis proximal in Höhe des Metakarpus einen Ast abgeben, der schräg über das Fesselgelenk bis an das Saumband zieht (Abb. 1.14).

Elektrophysiologische Untersuchungen bestätigen, daß an der Schultergliedmaße Reize an der medialen Hälfte von

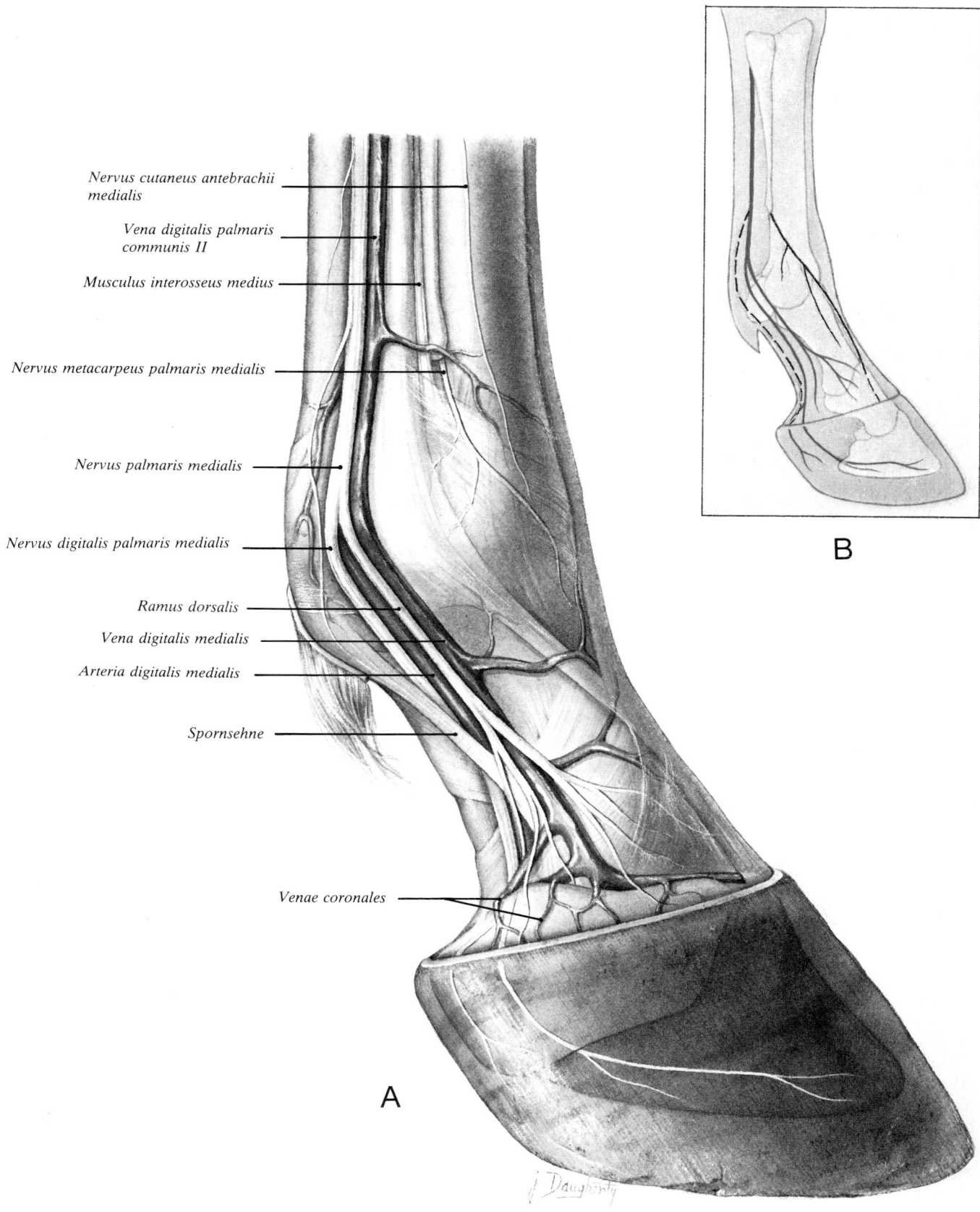

Abb. 1.13: A Mediale Ansicht des distalen Metakarpus, der Fessel und der Zehe nach Abtragung der Haut und der oberflächlichen Faszie. **B** Verlauf der wichtigsten Nerven, variierender Verlauf gestrichelt eingezeichnet. Schematische Darstellung.

Kapitel 1: Funktionelle Anatomie des Bewegungsapparates 17

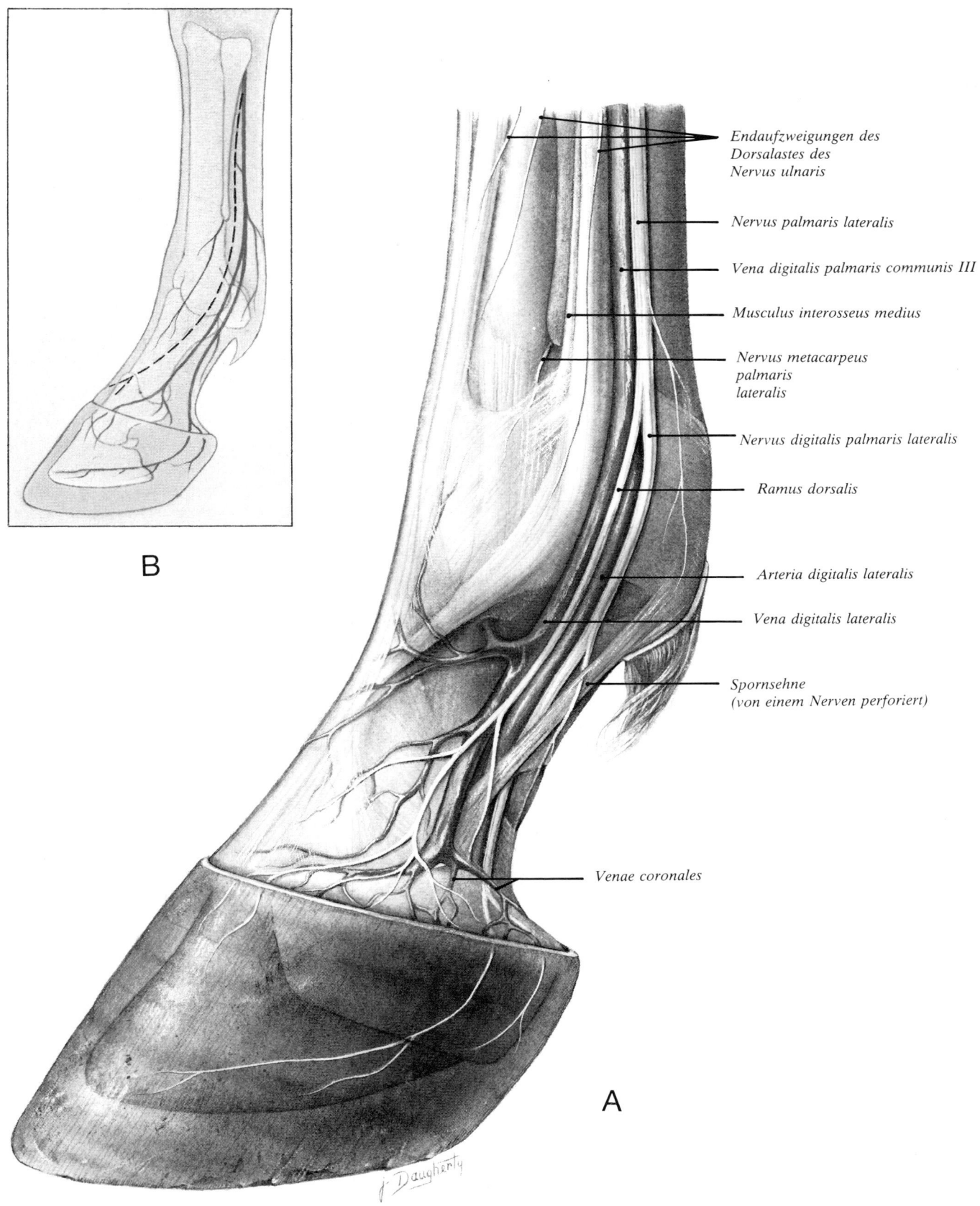

Abb. 1.14: A Laterale Ansicht des distalen Metakarpus, der Fessel und der Zehe nach Abtragung der Haut und der oberflächlichen Faszie.
B Verlauf der wichtigsten Nerven, variierender Verlauf gestrichelt eingezeichnet. Schematische Darstellung.

Zehe und Fessel über den Nervus medianus fortgeleitet werden; Reize an der lateralen Hälfte werden sowohl durch den Nervus medianus als auch durch den Nervus ulnaris weitergeleitet.

Funktionen von Zehe und Fesselgelenkbereich

Im Stand und besonders in Extensionsstellung werden Fessel und Zehe durch den Fesseltragapparat (bestehend aus: Musculus interosseus medius, Ligamentum palmare sowie den distalen Sesambeinbändern), die Beuge- und Strecksehnen sowie die Seitenbänder der Gelenke fixiert. Die Schultergliedmaßen tragen mehr Gewicht als die Beckengliedmaßen, da der Körperschwerpunkt in dem Schnittpunkt einer durch das Schultergelenk führenden waagerechten Ebene mit einer Transversalebene durch den 15. Brustwirbel und mit der Sagittalebene liegt.[21] An der Schultergliedmaße hat das Fesselgelenk dorsal einen Winkel von etwa 140 Grad. Der von der Zehe mit dem Boden gebildete Winkel liegt zwischen 48 und 60 Grad und beträgt im Mittel 53,6 Grad.[26] Der Winkel zwischen der Trachtenwand und dem Boden ist etwa 100 Grad groß, wobei er medial etwas kleiner ist.

Die Bewegungsfunktionen der Zehe und des Fesselgelenkes beinhalten die für die Fortbewegung so wichtige Beugung, die Streckung in der Stützphase beim Abheben der Gliedmaße vom Boden, die Stoßdämpfung beim Fußen und die Rückkehr zur normalen Stellung aus der Streckphase.

Während der Beugung von Zehe und Fesselgelenk wird hauptsächlich das Fesselgelenk bewegt; die geringste Bewegung ist im Krongelenk zu beobachten; eine Bewegung des Hufgelenkes kommt nur gelegentlich vor. Obwohl das Krongelenk ein Sattelgelenk ist, wodurch Beugung und Streckung nur begrenzt möglich sind, können durch Manipulation in Beugestellung auch eine seitliche Flexion und eine Rotation erzeugt werden.

Durch die Kontraktion der Musculi extensores digitales communis und lateralis werden kurz vor dem Aufsetzen des Hufes Knochen und Gelenke des Fußes ausgerichtet. Beim Fußen des unbeschlagenen Hufes haben als erstes die Trachten Bodenkontakt, erst dann folgen die Eckstreben, die Seitenteile der Platte und die Zehenspitze in der genannten Reihenfolge. Das Auseinanderweichen der Trachten wird durch die Elastizität der Hornschuhwand, die von der Zehenspitze in Richtung auf die Trachten dünner wird, ermöglicht. Der größte Anteil der Stoßwirkung wird durch die Hornschuhwand aufgenommen, wobei durch die Kompression der Wand Spannung auf die ineinander verzahnten Hornblättchen und Lederhautblättchen ausgeübt wird, die sich auf diese Weise auf das Periost des Hufbeines fortsetzt. Der axiale Kompressionsdruck wird durch die Phalangen weitergeleitet. Die nach innen gewölbte Sohle trägt wenig zur Stoßdämpfung bei, sie wird aber durch den Druck des Hufbeines geringgradig abgeflacht, was eine Ausdehnung der Seitenteile der Platte hervorruft. Die Stellung der Eckstreben begrenzt die Ausdehnung der Sohle auf ein Minimum. Durch ein Nachgeben des Strahlbeines in palmarodistaler Richtung, wobei seine Seitenbänder angespannt werden und das Strahlbein Druck auf die Bursa podotrochlearis und die tiefe Beugesehne ausübt, kommt es zu einer Absenkung des Hufgelenkes. Die Stoßdämpfung wird ferner durch den Strahl bewirkt, der den Druck auf das Strahlkissen und die Hufknorpel verteilt.

Durch das Auseinanderweichen des Hornschuhes und der Hufknorpel nach den Seiten kommt es zu einer Kompression der digitalen Venennetze, wodurch Blut proximal in die Venae digitales gedrückt wird. Die hydraulische Stoßdämpfung durch das Blut in den Gefäßen verstärkt die direkte Stoßdämpfung durch den Strahl und das Strahlkissen sowie die Federwirkung der Hornschuhwand.

Während der Erschütterung sorgen die vier Palmarbänder des Krongelenkes, das gerade Sesambeinband sowie die tiefe Beugesehne für die notwendige Spannung zur Verhütung einer weiteren Hyperextension des Fesselgelenkes. Durch Kontraktion des Musculus flexor digitalis superficialis wird seine Endsehne, die am distalen Ende des Fesselbeines und am proximalen Ende des Kronbeines inseriert, angespannt, so daß eine weitere Bewegung des Krongelenkes verhindert wird.

Der Fesseltragapparat und die Beugesehnen verhüten eine weitere Hyperextension des Fesselgelenkes beim Fußen. Trotzdem ist im Galopp, wenn die gesamte Gewichtslast für einen kurzen Moment nur von einer Schultergliedmaße getragen wird, ein starkes Durchtreten im Fesselgelenk zu beobachten. Dabei berührt die Palmarfläche der Fessel fast den Boden, und das Hufgelenk wird durch Einwirkung der tiefen Beugesehne gebeugt.

Mittelfußbereich (Regio metacarpi)

Der Metakarpus des Pferdes besteht aus dem langen dritten Metakarpalknochen (Röhrbein) und dem zweiten (medial) und vierten (lateral) kleinen Metakarpalknochen (Griffelbeine) sowie den ihnen benachbarten Strukturen. Der dreiseitige Schaft der Griffelbeine ist an seiner rauhen Seite durch das Ligamentum metacarpeum interosseum am Röhrbein fixiert. Die Kortikalis der abgerundeten Dorsalfläche der Griffelbeine ist stärker als die Kortikalis der konkaven Palmarflächen. Länge und Biegung der Schäfte sowie die Größe der freien distalen Enden (Griffelbeinknöpfchen) sind unterschiedlich. Die proximalen Enden der drei Metakarpalknochen artikulieren mit der distalen Reihe der Vorderfußwurzelknochen, wobei das Os metacarpale II mit den Ossa carpalia II und III, das Os metacarpale III mit den Ossa carpalia II, III und IV und das Os metacarpale IV mit dem Os carpale IV artikuliert.

Dorsale Ansicht

Die Blutversorgung der Haut, der Faszie und der Strecksehnen auf der Dorsalfläche des Metakarpus erfolgt durch die kleinen Arteriae metacarpeae dorsales, die aus dem Rete carpi dorsale stammen und zwischen dem Röhrbein und dem jeweiligen medialen bzw. lateralen Griffelbein distal ziehen.

Die Innervation dieser Region wird durch den Nervus cutaneus antebrachii medialis (Abb. 1.13 und 1.17) und den Ramus dorsalis des Nervus ulnaris (Abb. 1.15 und 1.19) übernommen. In der Tiefe unter der Haut zieht die zunächst über die Mitte des Fesselgelenkes laufende Hauptendsehne des Musculus extensor digitalis communis proximolateral über die Dorsalfläche des Os metacarpale III. Proximal liegen die Hauptendsehne und die sie begleitende Endsehne des Phillipsschen Muskels lateral der Insertionsstelle des Musculus extensor carpi radialis an der Tuberositas ossis metacarpalis III (Abb. 1.17). Die Endsehne des Musculus extensor digitalis lateralis liegt lateral der Endsehne des Musculus extensor digitalis communis, und die als Phillipsscher Muskel bezeichnete Abspaltung vereinigt sich in der Regel mit der Endsehne des Musculus extensor digitalis lateralis. Gelegentlich nimmt der Phillipssche Muskel auch einen eigenständigen Verlauf in Richtung auf das Fesselgelenk. Ein starkes fibröses Band vom Os carpi accessorium verstärkt die Endsehne des Musculus extensor digitalis lateralis, die auf der lateralen Fläche des Karpus dorsodistal zieht (Abb. 1.19).

Mediale und laterale Ansicht

Die in der Fesselregion gelegene Vena digitalis medialis entläßt nach proximal die Vena digitalis palmaris communis II in die Unterhautfaszie der Medialfläche des Metakarpus. In der distalen Hälfte des Metakarpus steht die Vene palmar in Beziehung zum Nervus palmaris medialis (Abb. 1.13); in der proximalen Hälfte des Metakarpus liegt die große Arteria palmaris digitalis communis II palmar der Vene (Abb. 1.15). Ähnliche Verhältnisse liegen auf der lateralen Fläche des Metakarpus vor, mit dem Unterschied, daß die sehr kleine Arteria digitalis palmaris communis III nicht deutlich zwischen Vene und Nerv liegt. Etwa auf halber Höhe des Metakarpus gibt der Nervus palmaris medialis einen Ramus communicans ab, der in der Unterhautfaszie schräg distolateral zieht und die Beugesehnen überkreuzt, um sich dann mit dem Nervus palmaris lateralis etwa auf der Mitte des Metakarpus zu vereinigen. Proximal des Verbindungsastes gibt der Nervus palmaris medialis keine Hautäste ab.[4] Die Nervi palmares versorgen die Beugesehnen und die darüberliegende Haut. Sie liegen zwischen der dorsalen Begrenzung der tiefen Beugesehne und der seitlichen Begrenzung des Musculus interosseus medius. Aufzweigungen des Dorsalastes des Nervus ulnaris verästeln sich in der Faszie und der Haut der lateralen Fläche des Metakarpus. Äste des Nervus cutaneus antebrachii medialis versorgen die Haut medial und dorsal am Metakarpus, wobei der lange dorsale Ast bis in die Haut dorsomedial an der Fessel reicht.

Palmare Ansicht

Die oberflächliche Beugesehne liegt auf der gesamten Länge des Metakarpus in der Tiefe unter der Haut und der Unterhautfaszie und hat oberflächlich mit dem Ramus communicans des Nervus palmaris medialis sowie in der Tiefe mit der tiefen Beugesehne Kontakt. Letztere liegt wiederum der Oberfläche des Musculus interosseus auf. Die gemeinsame Karpalbeugesehnenscheide erstreckt sich distal bis etwa zur Mitte des Metakarpus und umschließt beide Beugesehnen. Auf dieser Höhe erhält die tiefe Beugesehne ein Unterstützungsband (Ligamentum accessorium), das aus dem Ligamentum carpi radiatum hervorgeht (Abb. 1.22). Zwei fibröse Stränge, die Musculi lumbricales medialis und lateralis, haben ihren Ursprung jederseits der tiefen Beugesehne und inserieren unter dem Sporn. Die gemeinsame digitale Sehnenscheide der Beugesehnen reicht bis zum distalen Viertel des Metakarpus nach proximal (Abb. 1.10).

Der Musculus interosseus medius sowie die rudimentären Musculi interossei medialis und lateralis liegen in einer Rinne, die vom Os metacarpale III und von den Axialflächen der Ossa metacarpalia II und IV gebildet wird. Der Musculus interosseus medius hat seinen Ursprung an der distalen Reihe der Vorderfußwurzelknochen und dem proximalen Ende des Röhrbeines (Abb. 1.16). Der proximale Abschnitt des Musculus interosseus medius hat eine zentrale Vertiefung für eine kleinere Erhebung auf der Palmarfläche des Röhrbeines, so daß durch die stärkeren seitlichen Abschnitte der Eindruck eines zweigeteilten Ursprungs entsteht. Im distalen Viertel des Metakarpus teilt sich der Musculus interosseus medius in zwei divergierende Anteile (Abb. 1.15). Jeder Anteil reicht bis zur abaxialen Fläche des gleichseitigen Gleichbeines, und es wird jeweils ein Unterstützungsschenkel zur gemeinsamen Strecksehne abgegeben. Die beiden kleinen Musculi interossei medialis und lateralis haben ihren Ursprung an den Griffelbeinen und inserieren mit feinen, aber festen Fasern an der Faszie im Bereich der Fessel. Die Nervi metacarpei palmares medialis und lateralis und die sie begleitenden Blutgefäße liegen in der durch das Röhrbein und die Griffelbeine gebildeten Rinne (Abb. 1.16). Die beiden Nerven entspringen aus dem tiefen Ast des Nervus palmaris lateralis (Ramus profundus des Ramus palmaris des Nervus ulnaris), der Äste an die Musculi interossei abgibt, den Musculus interosseus medius perforiert und sich dann in die Nervi metacarpei palmares medialis und lateralis aufteilt. Nach Abgabe von Ästen an das Fesselgelenk tritt jeder Nervus metacarpeus palmaris distal des distalen Endes des jeweiligen Griffelbeines (Griffelbeinknöpfchen) an die Oberfläche und verzweigt sich in der Faszie und der Haut im Kronbereich (Abb. 1.13).

Die Arteriae metacarpeae palmares entspringen aus dem Arcus palmaris profundus (proximalis), einem Gefäßbogen aus dem Ramus profundus des Ramus palmaris der Arteria mediana und dem Ramus palmaris profundus der Arteria radialis, der nach Überkreuzung des Musculus interosseus medius den Ursprung der Arteria digitalis palmaris communis III entläßt (Abb. 1.15).

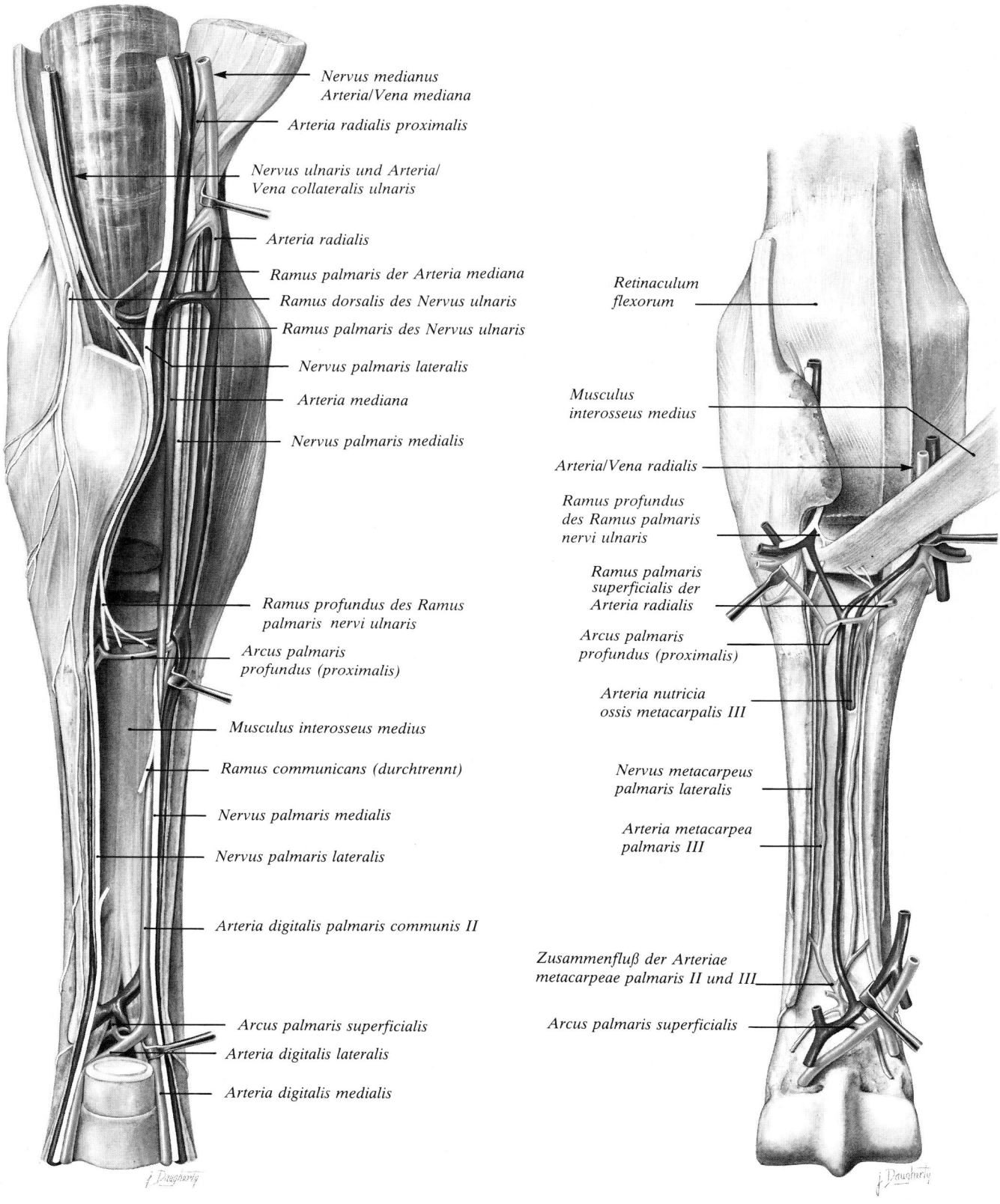

Abb. 1.15: Kaudalansicht des linken Karpus und Metakarpus nach Abtragen eines Großteiles der Beugesehne.

Abb. 1.16: Tiefe Präparation des linken Karpus und Metakarpus, Kaudalansicht. Die Arteria digitalis palmaris communis II wurde abgetragen.

Teile des Arcus palmaris profundus (proximalis) verlaufen zwischen dem Ligamentum accessorium der tiefen Beugesehne und dem Musculus interosseus medius; ein kleinerer, inkonstanter, transversal verlaufender Ast liegt in der Tiefe unter dem Musculus interosseus medius auf dem Os metacarpale III. Ein deutlich hervortretender Ast der Arteria digitalis palmaris communis II verbindet sich ebenfalls mit dem Arcus palmaris profundus und über diesen mit der Arteria radialis (Abb. 1.16). Die Arteria metacarpea palmaris medialis entläßt eine nutritive Arterie für das Os metacarpale III und danach oftmals noch eine Arteria metacarpea palmaris media. Kleine Äste der Arteriae metacarpeae palmares medialis und lateralis treten durch interossäre Zwischenräume, um sich dann mit den Arteriae metacarpeae dorsales medialis und lateralis zu vereinigen. Im distalen Viertel des Metakarpus schließen sich die Arteriae metacarpeae palmares medialis und lateralis zum Arcus palmaris profundus (distalis) zusammen. Ein von diesem Arcus ausgehender Ast zieht zur Arteria digitalis lateralis und formt den Arcus palmaris superficialis.

Eine einzelne lange Vena metacarpea palmaris verläuft proximal zum korrespondierenden venösen Zusammenfluß.

Abweichungen von der beschriebenen Gefäßstruktur sind zwar möglich, sie sind jedoch ohne klinische Bedeutung.

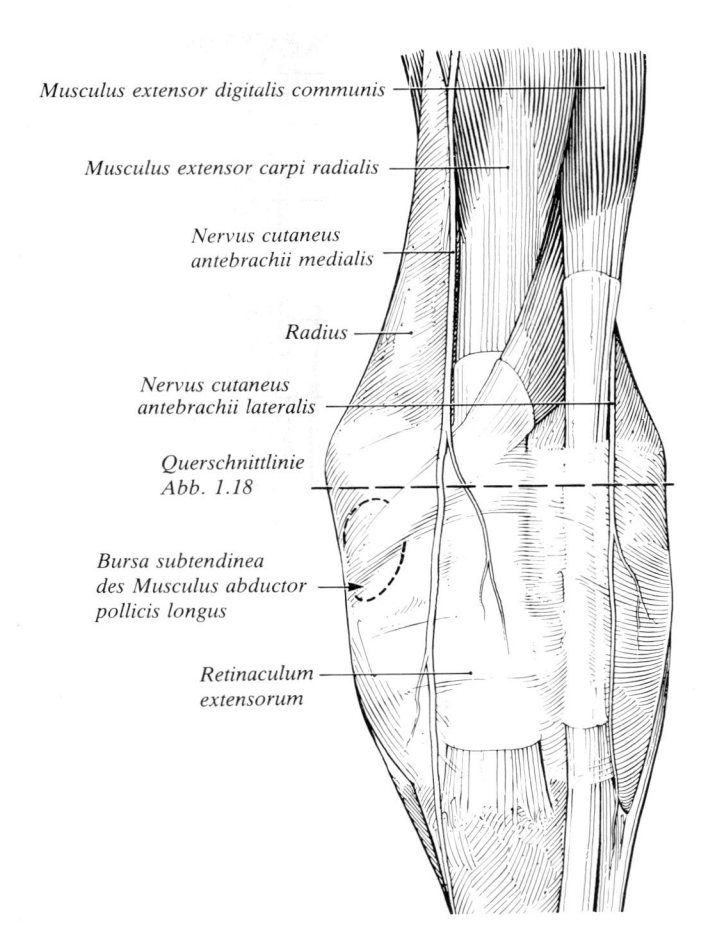

Abb. 1.17: Dorsale Ansicht des linken Karpus.

Vorderfußwurzelbereich (Regio carpi)

Der Karpus besteht aus den Vorderfußwurzelknochen (Ossa carpi radiale, intermedium, ulnare und accessorium in der proximalen Reihe; Ossa carpalia I, II, III und IV in der distalen Reihe), dem distalen Ende des Radius (einschließlich der mit ihm verwachsenen Ulna), den proximalen Enden der drei Ossa metacarpalia sowie aus den die Knochen umgebenden Strukturen.

Dorsale Ansicht

Ein in der Haut der dorsalen Fläche des Karpus gelegenes Gefäßnetz, das Rete carpi dorsale, wird durch Äste der Arteriae interossea cranialis, transversa cubiti und radialis gebildet. Die Nervi cutanei antebrachii medialis und lateralis geben Äste an die mediale und dorsale Seite des Karpus ab. Die Sehnenscheiden des Musculus extensor carpi radialis, des Musculus extensor pollicis longus und die Strecker der Zehe werden längs ihres Verlaufes durch die tiefe Faszie und durch das Retinaculum extensorum fibrös umhüllt. Die Sehnenscheiden der gemeinsamen Strecksehne und der Sehne des Musculus extensor pollicis longus erstrecken sich von den Articulationes carpometacarpeae bis etwa 6 bis 8 cm oberhalb des Karpus (Abb. 1.17).

Zwischen der von einer Sehnenscheide umhüllten Endsehne des Musculus extensor digitalis pollicis longus und dem medialen Seitenband des Karpalgelenkes liegt ein Schleimbeutel (Bursa subtendinea), der die proximal gerichtete Bewegung der Sehne während der Beugung ermöglicht.[19] Bei den meisten Pferden unter zwei Jahren stellt der Schleimbeutel eine eigenständige synoviale Struktur dar; bei älteren Pferden kommuniziert sie mit der benachbarten Sehnenscheide. Der Phillippsche Muskel liegt in derselben Sehnenscheide wie die Endsehne des Musculus extensor digitalis communis; seine kleine Endsehne kann jedoch entweder palmar ziehen und sich mit der Endsehne des Musculus extensor digitalis lateralis vereinigen oder zwischen den Strecksehnen distal zur Fessel verlaufen. Die Sehnenscheide des Musculus extensor carpi radialis reicht nur bis zur Mitte des Karpus, wobei die Sehne sich in ihrem weiteren Verlauf zu ihrer Insertionsstelle an der Tuberositas ossis metacarpalis III zunächst noch dem Retinaculum extensorum anheftet.

In der Tiefe stellt das Retinaculum extensorum den gemeinsamen fibrösen Teil der dorsalen Gelenkkapsel des Karpalgelenkes dar. Das Retinaculum extensorum hat Verbindung zum Radius, zu den Ligamenta intercarpea dorsalia und den Ligamenta carpometacarpea dorsalia, den Ossa carpalia sowie dem Os metacarpale III. Lateral und medial verschmilzt es mit den Seitenbändern des Karpalgelenkes.

Die oberflächlichen Strukturen lateral am Karpalgelenk werden durch Äste der Arteria interossea cranialis versorgt. Die Arteria radialis proximalis und die Arteria digitalis palmaris communis III vaskularisieren tieferliegende Strukturen. Der dorsale Ast des Nervus ulnaris tritt entweder zwischen der Endsehne des Musculus flexor carpi ulnaris und der kurzen Endsehne des Musculus extensor carpi ulnaris oder zwischen den beiden Endsehnen des letztgenannten Muskels an die Oberfläche (Abb. 1.15 und 1.19).

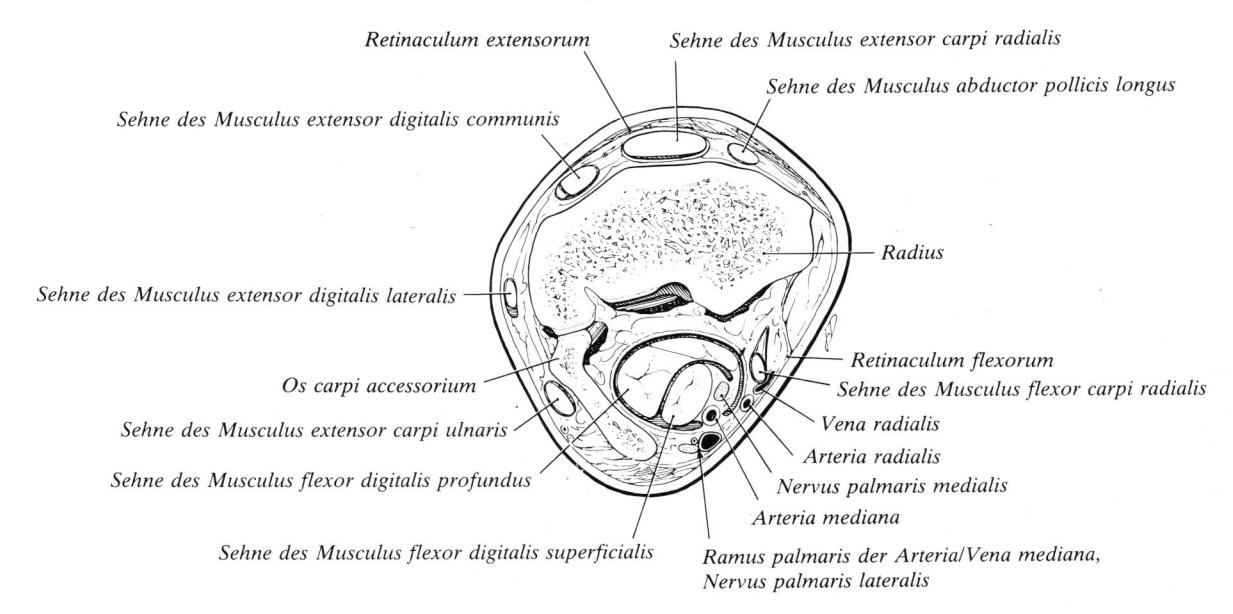

Abb. 1.18: Querschnitt durch den linken Unterarm unmittelbar proximal der Articulatio antebrachiocarpea.

Beschriftungen:
- *Retinaculum extensorum*
- *Sehne des Musculus extensor carpi radialis*
- *Sehne des Musculus abductor pollicis longus*
- *Sehne des Musculus extensor digitalis communis*
- *Radius*
- *Sehne des Musculus extensor digitalis lateralis*
- *Retinaculum flexorum*
- *Sehne des Musculus flexor carpi radialis*
- *Os carpi accessorium*
- *Vena radialis*
- *Sehne des Musculus extensor carpi ulnaris*
- *Arteria radialis*
- *Sehne des Musculus flexor digitalis profundus*
- *Nervus palmaris medialis*
- *Arteria mediana*
- *Sehne des Musculus flexor digitalis superficialis*
- *Ramus palmaris der Arteria/Vena mediana, Nervus palmaris lateralis*

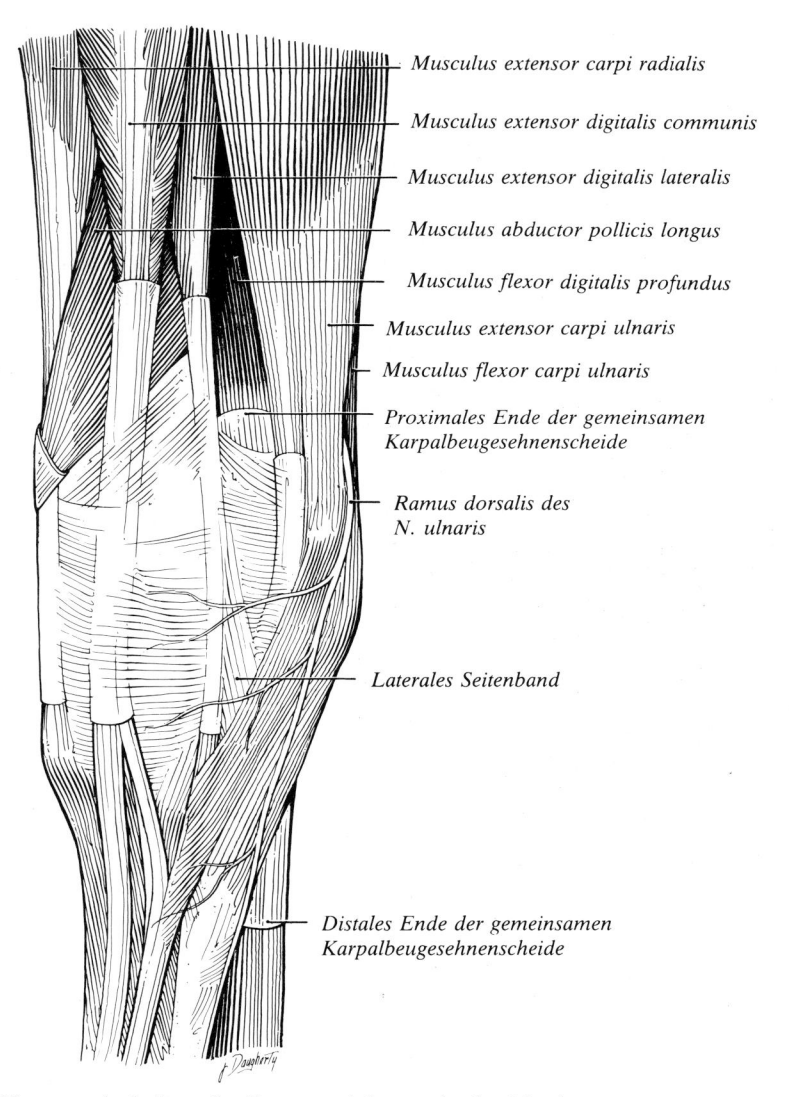

Abb. 1.19: Laterale Ansicht des linken distalen Unterarmabschnittes, des Karpus und des proximalen Metakarpus.

Beschriftungen:
- *Musculus extensor carpi radialis*
- *Musculus extensor digitalis communis*
- *Musculus extensor digitalis lateralis*
- *Musculus abductor pollicis longus*
- *Musculus flexor digitalis profundus*
- *Musculus extensor carpi ulnaris*
- *Musculus flexor carpi ulnaris*
- *Proximales Ende der gemeinsamen Karpalbeugesehnenscheide*
- *Ramus dorsalis des N. ulnaris*
- *Laterales Seitenband*
- *Distales Ende der gemeinsamen Karpalbeugesehnenscheide*

Längs seines Verlaufes nach distal gibt der Nerv Äste an die Faszie und die Haut auf der dorsalen und lateralen Fläche des Karpus ab.

Laterale Ansicht

Das Ligamentum collaterale laterale des Karpalgelenkes zieht vom Processus styloideus des Radius unmittelbar distal der Rinne für die Sehne des Musculus extensor digitalis lateralis nach distal (Abb. 1.20). Der oberflächliche Anteil des Bandes inseriert distal am Os metacarpale IV und zu einem Teil auch am Os metacarpale III. Der tiefe Anteil des Bandes inseriert am Os carpi ulnare. Die Endsehne des Musculus extensor digitalis lateralis läuft zusammen mit ihrer Sehnenscheide durch einen von dem oberflächlichen und dem tiefen Anteil des Seitenbandes gebildeten Kanal.

Palmar des Ligamentum collaterale laterale des Karpalgelenkes liegen die vier Bänder des Os carpi accessorium. Diese nach ihrer Insertionsstelle benannten Bänder sind von proximal nach distal das Ligamentum accessorioulnare, das Ligamentum accessoriocarpoulnare, das Ligamentum accessorioquartale und das Ligamentum accessoriometacarpale (Abb. 1.20). Außerdem stehen die Endsehnen zweier Muskeln mit dem Os carpi accessorium in Beziehung. Die kurze Sehne des Musculus extensor carpi ulnaris inseriert an der proximalen und lateralen Fläche des Knochens. Die Endsehne des Musculus flexor carpi ulnaris inseriert am proximalen Rand des Os carpi accessorium und verschmilzt palmar mit dem Retinaculum flexorum. Die lange Endsehne des Musculus extensor carpi ulnaris, die in einer Sehnenscheide liegt, läuft in einer Rinne über die laterale Fläche des Os carpi accessorium distal, wo sie am proximalen Ende des Os metacarpale IV inseriert. Proximal liegt zwischen der langen Endsehne des Musculus extensor carpi ulnaris und dem Processus styloideus lateralis des Radius eine lateropalmare Aussackung der Gelenkkapsel der Articulatio antebrachiocarpea. Zwischen dem Os carpi accessorium und der Endsehne des Musculus extensor digitalis lateralis ist ein fibröses Band ausgespannt.

Mediale Ansicht

Auf der medialen Seite des Karpus werden Haut und Faszie von Ästen der Arteria radialis versorgt. Die Innervation wird vom Nervus cutaneus antebrachii medialis übernommen.

Das Ligamentum collaterale mediale des Karpalgelenkes hat seinen Ursprung am Processus styloideus medialis des Radius und verbreitert sich nach distal, wo es an den proximalen Enden der Ossa metacarpalia II und III inseriert. Am Os carpi radiale sowie an den Ossa carpalia II und III heften sich ebenfalls Faserbündel an (Abb. 1.21). Palmar vereinigen sich die Bänder mit dem Retinaculum flexorum. An der Verbindungsstelle ist ein Kanal ausgebildet, durch den die Endsehne des Musculus flexor carpi radialis mitsamt ihrer Sehnenscheide verläuft und am proximalen Ende des Os metacarpale II inseriert. Das inkonstant ausgebildete Os carpale I kann in dem palmaren Anteil des dem Os carpale II benachbarten Ligamentum collaterale mediale des Karpalgelenkes liegen.

Palmare Ansicht

Das Retinaculum flexorum ist ein breites fibröses Band, das vom Ligamentum collaterale mediale des Karpalgelenkes bis zum Os carpi accessorium reicht, den Sulcus carpi überspannt und somit den Canalis carpi bildet (Abb. 1.18). Der Canalis carpi wird durch fibröses Bindegewebe ausgefüllt, in dem diverse durch den Kanal laufende Strukturen liegen. Die Arteria mediana und die Vena radialis liegen palmar der Sehne des Musculus flexor carpi radialis; der Nervus palmaris lateralis und der kleine arterielle Ramus palmaris liegen neben der mediopalmaren Fläche des Os carpi accessorium, das in den tiefen Anteil des Retinaculum flexorum eingebettet ist. Die Vena digitalis palmaris communis II liegt palmar der Sehne des Musculus flexor digitalis superficialis.

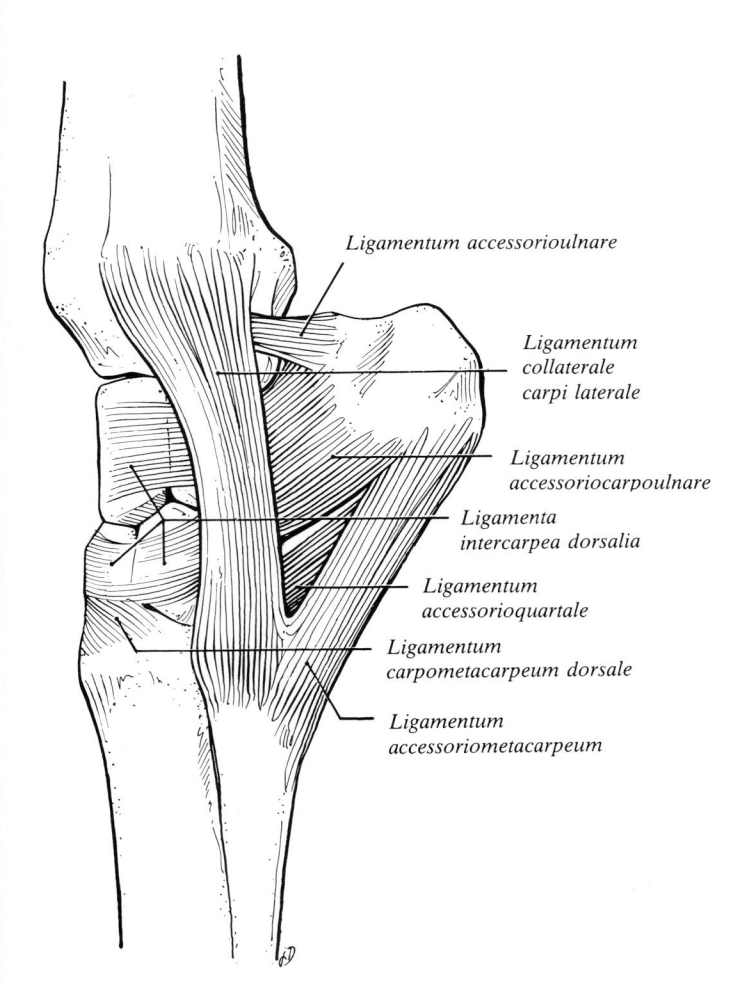

Abb. 1.20: Darstellung des Bandapparates des Karpus, laterale Ansicht.

24 Kapitel 1: Funktionelle Anatomie des Bewegungsapparates

Os carpi accessorium

Os carpi intermedium

Ligamentum collaterale carpi mediale

Os carpi radiale

Os carpale III

Os metacarpale IV

Os metacarpale III

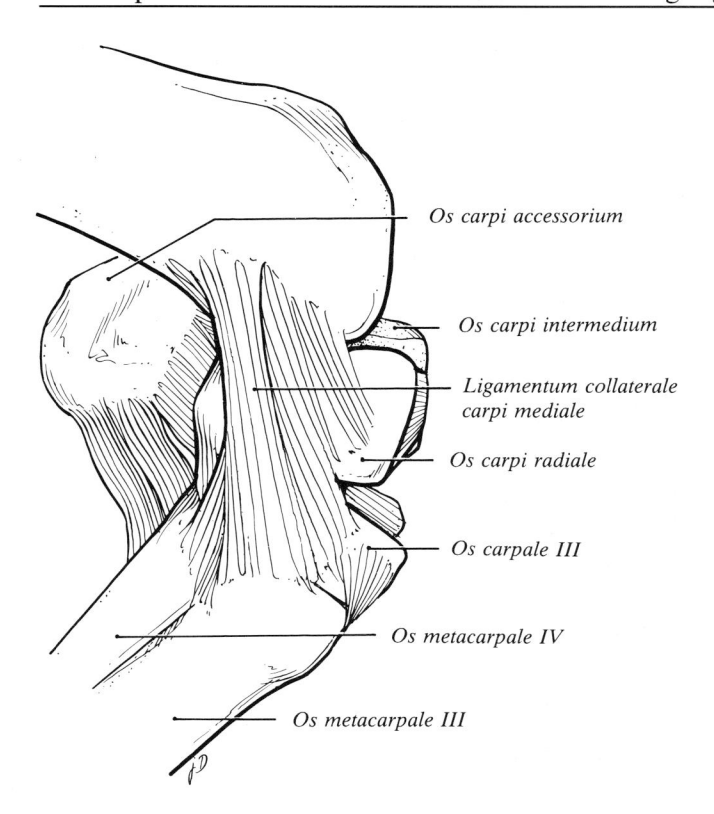

Abb. 1.21: Darstellung des Bandapparates des Karpus, mediale Ansicht.

Zwei Strukturen, die große Arteria digitalis palmaris communis II und der Nervus palmaris medialis, liegen medial der Endsehnen der Musculi flexores digitales superficialis und profundus. Die beiden Sehnen sind von der gemeinsamen karpalen Sehnenscheide umhüllt, die von 8 bis 10 cm proximal des Karpus bis zur Mitte des Metakarpus nach distal reicht (Abb. 1.19).

Die palmaren Bänder des Bandapparates des Karpus bilden die dorsale Wand des Canalis carpi, wobei der tiefe Anteil des Kanales den palmaren Teil der gemeinsamen fibrösen Gelenkkapsel des Karpus darstellt. Die Gelenkkapsel ist mit den drei Ligamenta radiocarpea palmaria, den drei palmaren Ligamenta intercarpea, den vier palmaren Ligamenta carpometacarpea und den palmaren Flächen der Karpalknochen verwachsen. Distal der palmaren Bänder des Karpus hat das Ligamentum accessorium des Musculus flexor digitalis profundus seinen Ursprung, das in der Mitte des Metakarpus mit der Sehne des genannten Muskels verschmilzt.

Proximal des Karpus, am Unterarm, anastomosiert in der Tiefe unter dem Musculus flexor carpi ulnaris die Arteria collateralis ulnaris mit den Ramus palmaris aus der Arteria mediana und bilden so ein oberhalb des Karpus gelegenes Gefäßnetz (Abb. 1.15). Die palmare Fläche des Karpalgelenkes wird arteriell über den Ramus carpeus palmaris der Arteria radialis proximalis und den Ramus palmaris der Arteria mediana versorgt. Dieser zieht nach distal bis nahe des proximalen Endes des Os metacarpale IV, wo er sich an der Bildung des Arcus palmaris profundus (proximalis) beteiligt. Um den medialen Rand des Karpus wendet sich der Ramus carpeus dorsalis der Arteria radialis, um sich an der Bildung des Rete carpi dorsale zu beteiligen.

Vorderfußwurzelgelenk (Articulatio carpi)

Das Unterarm-Vorderfußwurzelgelenk (Articulatio antebrachiocarpea), das Radius (Articulatio radiocarpea) und Ulna (Articulatio ulnocarpea) mit der proximalen Reihe der Karpalknochen verbindet sowie das Vorderfußwurzel-Mittelgelenk (Articulatio mediocarpea) sind Wechselgelenke. Im Gegensatz dazu handelt es sich bei den Vorderfußwurzel-Mittelfußgelenken (Articulationes carpometacarpeae), die die distale Reihe der Karpalknochen und die drei Metakarpalknochen miteinander verbinden, um straffe Gelenke, die nur eine geringe Beweglichkeit besitzen. Eine große radiokarpale Ausbuchtung, die in der Tiefe unter der fibrösen Gelenkkapsel liegt, reicht, soweit es die interkarpalen Bänder erlauben, zwischen die Karpalknochen der proximalen Reihe und umschließt auch die durch das Os carpi accessorium gebildeten Gelenkverbindungen. Ferner liegt eine lateropalmare Aussackung zwischen der langen Endsehne des Musculus extensor carpi ulnaris und dem Processus styloideus lateralis des Radius. Der mittlere Gelenkspalt des Karpalgelenkes kommuniziert mit dem distalen Gelenkspalt zwischen den Ossa carpalia III und IV.

Die Articulationes antebrachiocarpea und mediocarpea werden durch die gleichzeitige Kontraktion der Musculi flexor carpi radialis, flexor carpi ulnaris und extensor carpi ulnaris gebeugt; die Streckung erfolgt durch die Musculi extensor carpi radialis und abductor pollicis longus. Die abgeflachten proximalen Gelenkflächen der Karpalknochen und die palmaren Bänder dienen der Verhütung einer Hyperextension der beiden obengenannten Gelenke.

In Streckstellung wird der Karpus dorsal durch die Endsehne des Musculus extensor carpi radialis und palmar durch die beiden sehnenartigen Unterstützungsbänder der oberflächlichen und der tiefen Beugesehne fixiert. Das Ligamentum accessorium der oberflächlichen Beugesehne (eigentlich ein Caput radiale) ist ein flaches fibröses Band, das an einer Rauhigkeit kaudomedial und distal am Radius seinen Ursprung hat und sich mit der Endsehne des Caput humerale unter dem proximalen Teil des Retinaculum flexorum vereinigt (Abb. 1.22). Das Ligamentum accessorium der tiefen Beugesehne verläuft vom Retinaculum flexorum distal und vereinigt sich mit der Endsehne des Musculus flexor digitalis profundus nahe der Mitte des Metakarpus.

Unterarmbereich (Regio antebrachii)

Der Unterarm (Antebrachium) besteht aus dem Radius, der Ulna und den die Knochen umgebenden Muskeln, Blutgefäßen, Nerven sowie der Haut. Der Muskelbauch des Musculus extensor carpi radialis zeichnet sich unter der Haut der kranialen Seite deutlich ab.

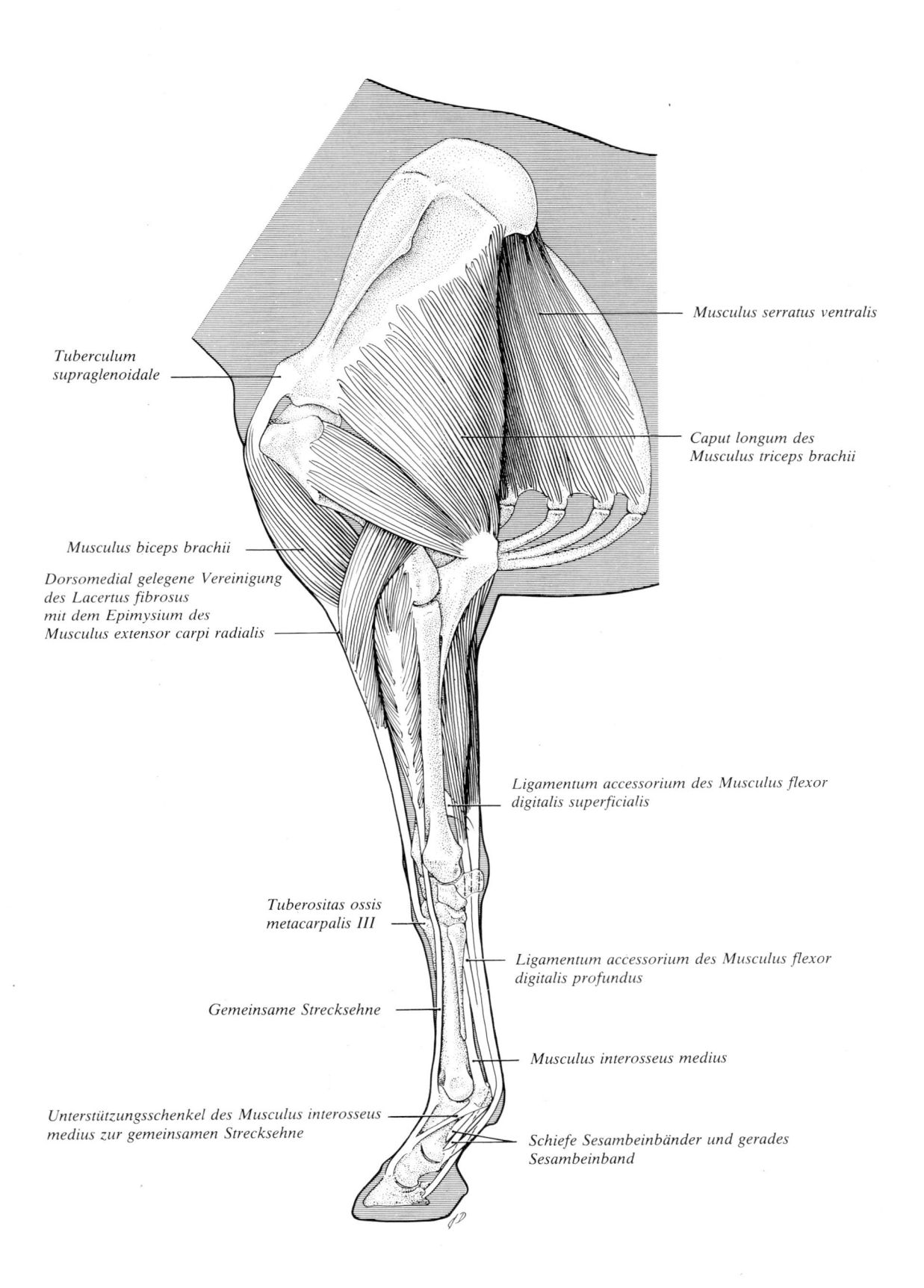

Kapitel 1: Funktionelle Anatomie des Bewegungsapparates 25

Abb. 1.22: Halteapparat der Schultergliedmaße.

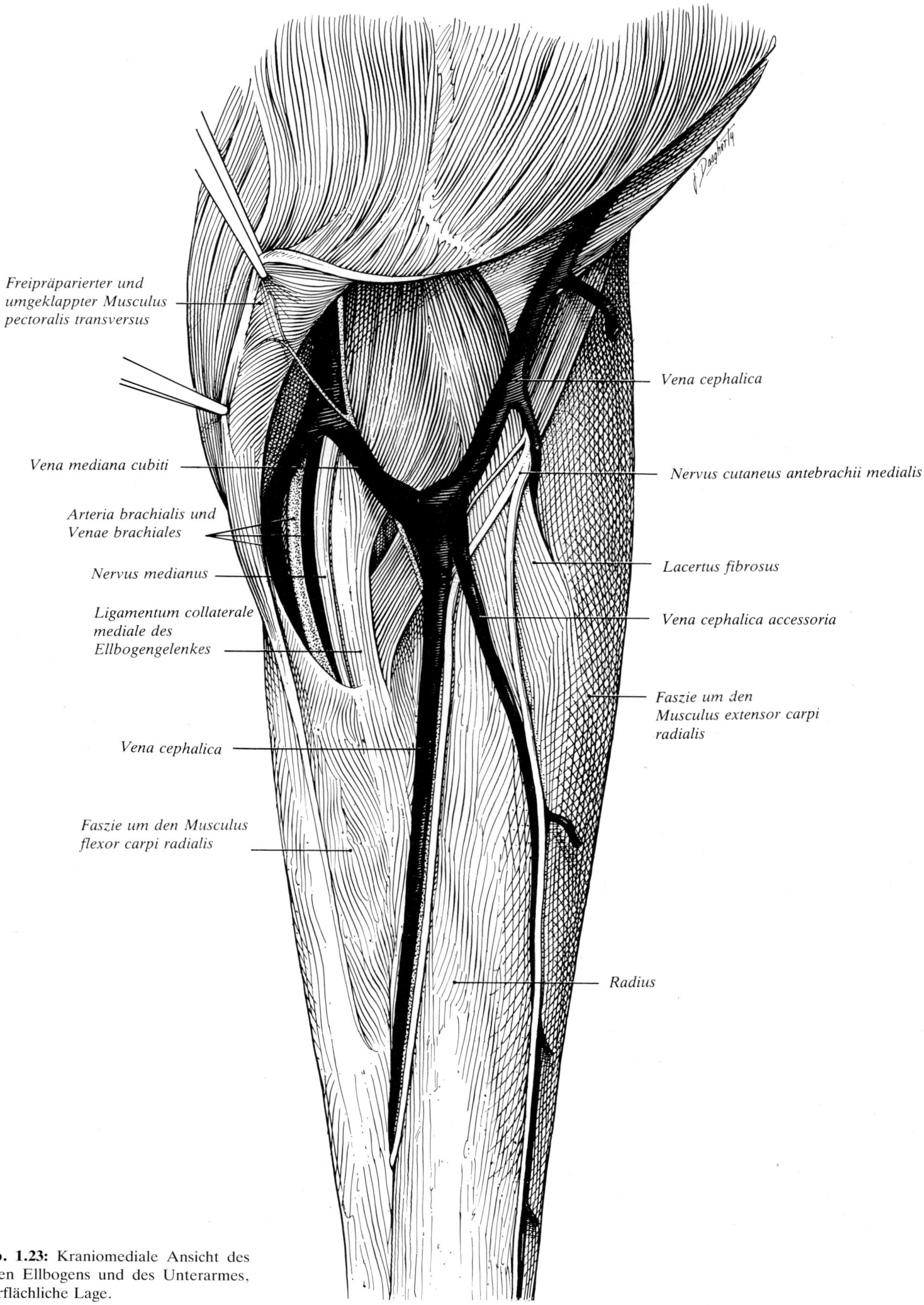

26 Kapitel 1: Funktionelle Anatomie des Bewegungsapparates

Freipräparierter und umgeklappter Musculus pectoralis transversus

Vena mediana cubiti

Arteria brachialis und Venae brachiales

Nervus medianus

Ligamentum collaterale mediale des Ellbogengelenkes

Vena cephalica

Faszie um den Musculus flexor carpi radialis

Vena cephalica

Nervus cutaneus antebrachii medialis

Lacertus fibrosus

Vena cephalica accessoria

Faszie um den Musculus extensor carpi radialis

Radius

Abb. 1.23: Kraniomediale Ansicht des linken Ellbogens und des Unterarmes, oberflächliche Lage.

Die Kastanie, eine verhornte Struktur der Haut, liegt medial auf der Haut im distalen Drittel des Unterarmes. Es wird angenommen, daß die Kastanie ein Rudiment der 1. Zehe ist.

Oberflächliche Nerven und Blutgefäße

Am Unterarm überlappen sich die Versorgungsgebiete der benachbarten sensorischen Hautäste der Nervi axillaris, radialis, musculocutaneus und ulnaris beträchtlich.[2] Der Nervus axillaris gibt Äste an die kraniolaterale Seite des Unterarmes ab. Sein Endabschnitt ist der Nervus cutaneus antebrachii cranialis, der die Insertionsstelle des Musculus cleidobrachialis überkreuzt und distal in der über dem Musculus extensor carpi radialis liegenden Faszie verläuft.

Der Nervus cutaneus antebrachii lateralis entspringt aus dem oberflächlichen Ast des Nervus radialis, und zwar dort, wo letzterer zwischen dem Musculus extensor carpi radialis und dem Caput laterale des Musculus triceps brachii verläuft (Abb. 1.26). Der Nervus cutaneus antebrachii lateralis innerviert längs seines subkutanen Verlaufes die Haut distal am kraniolateralen Teil des Unterarmes. Die Endaufzweigungen reichen häufig bis zu Karpus und proximalem Metakarpus (Abb. 1.17).

Der Nervus cutaneus antebrachii medialis verläuft laterodistal vom Nervus musculocutaneus. Er zieht subkutan über den Endabschnitt des Musculus biceps brachii und verläuft dann medial des Lacertus fibrosus. Letzterer verschmilzt mit der Unterarmfaszie und verbindet sich dann mit der Sehne des Musculus extensor carpi radialis. Dort, wo der Nerv zunächst die kraniale Begrenzung und dann die mediale Fläche des Lacertus fibrosus überkreuzt und sich in seine zwei Hauptäste aufteilt, ist er leicht zu palpieren (Abb. 1.23). Der stärkere Ast begleitet die vom venösen Rete carpi dorsale aufsteigende Vena cephalica accessoria. Der Nerv verläuft dann weiter auf der dorsomedialen Fläche von Karpus und Metakarpus distal zum Fesselgelenk. Der schwächere Ast begleitet die Vena cephalica, die aus der Vena radialis kommend zwischen dem Musculus flexor carpi radialis und dem Radius proximal zieht und dann schräg über die nur von Haut bedeckte mediale Seite des Radius verläuft. Dieser letztgenannte Ast übernimmt die sensorische Innervation der Haut an der medialen Seite des Karpus. Obwohl der Nervus cutaneus antebrachii medialis in erster Linie sensorische Fasern besitzt, gibt dieser Ast auch motorische Fasern an den Musculus pectoralis transversus ab.

Die Vena cephalica steigt über die kraniale Grenze des Musculus pectoralis transversus auf und erreicht die seitliche Brustfurche, die von den Musculi pectoralis descendens und cleidobrachialis gebildet wird. Die Vena cephalica wird in der seitlichen Brustfurche von einer kleinen Arterie, dem Ramus deltoideus der Arteria cervicalis superficialis, begleitet. Unter dem Schutz des Musculus cutaneus colli mündet die Vena cephalica in die Vena jugularis externa oder gelegentlich auch in die Vena subclavia. Die Vena cephalica accessoria mündet in die Vena cephalica nach deren Trennung von der Vena mediana cubiti (Abb. 1.23). Die Vena mediana cubiti zieht proximokaudal über die kurze mediale Ansatzfläche des Musculus biceps brachii am Radius, überkreuzt den Nervus medianus und die Arteria brachialis und mündet dann im distalen Viertel des Oberarmes in die Vena brachialis, wo sie vom Musculus pectoralis profundus medial überdeckt wird. Auf halber Höhe kann ein starker, zwischen dem Radius und dem Musculus flexor carpi radialis hervortretender Ast in die Vena mediana cubiti einmünden.

Der Nervus cutaneus antebrachii caudalis tritt als Hautast des Nervus ulnaris durch den Endabschnitt des Musculus pectoralis transversus und verzweigt sich auf der kaudalen Seite des Unterarmes in der oberflächlichen Faszie.

Faszien und Muskeln

Unter der Haut und der oberflächlichen Unterarmfaszie (in die der Musculus pectoralis transversus einstrahlt) umhüllt die tiefe Unterarmfaszie alle Unterarmmuskeln. An ihr inserieren medial der Musculus tensor fasciae antebrachii, lateral der Musculus cleidobrachialis und kranial der Musculus biceps brachii mit seinem Lacertus fibrosus. Auf der medialen Fläche des Radius verschmilzt die tiefe Faszie mit dem Periost, im Ellbogenbereich mit den Seitenbändern und Knochenvorsprüngen. Die Strecker werden von der Faszie straffer umhüllt als die Beuger. Ein intermuskuläres Septum spaltet sich von der Faszie zwischen die Musculi extensores digitales communis und lateralis ab. Ein weiteres Blatt schiebt sich zwischen die Musculi extensor digitalis communis und extensor carpi radialis, und ein drittes Septum liegt zwischen den Musculi flexores carpi radialis und ulnaris.

Strecker. Zur Gruppe der Strecker des Unterarmes gehören vier Muskeln. Der Musculus extensor digitalis lateralis liegt unter der tiefen Faszie Radius und Ulna auf und wird kaudal vom Musculus extensor carpi ulnaris und kranial vom Musculus extensor digitalis communis begrenzt (Abb. 1.24). Im Gegensatz zum Musculus extensor digitalis lateralis, der seinen Ursprung von Radius, Ulna, dem lateralen Seitenband des Ellbogengelenkes und dem intermuskulären Septum der tiefen Faszie nimmt, findet sich der Ursprung des Hauptanteiles des Musculus extensor digitalis communis (Caput humerale) in der Fossa radialis und einer benachbarten Rauhigkeit am Humerus. Weitere Ursprungsgebiete sind die Ulna, die tiefe Faszie, die laterale Fläche des Radius und das laterale Seitenband. Die kleine Endsehne des Phillippsschen Muskels begleitet die Hauptsehne, und beide Sehnen werden bereits oberhalb des Karpus von ihrer gemeinsamen Sehnenscheide umschlossen.

Der Musculus extensor carpi radialis ist der größte Streckmuskel am Unterarm. Er entspringt proximal, ebenso wie

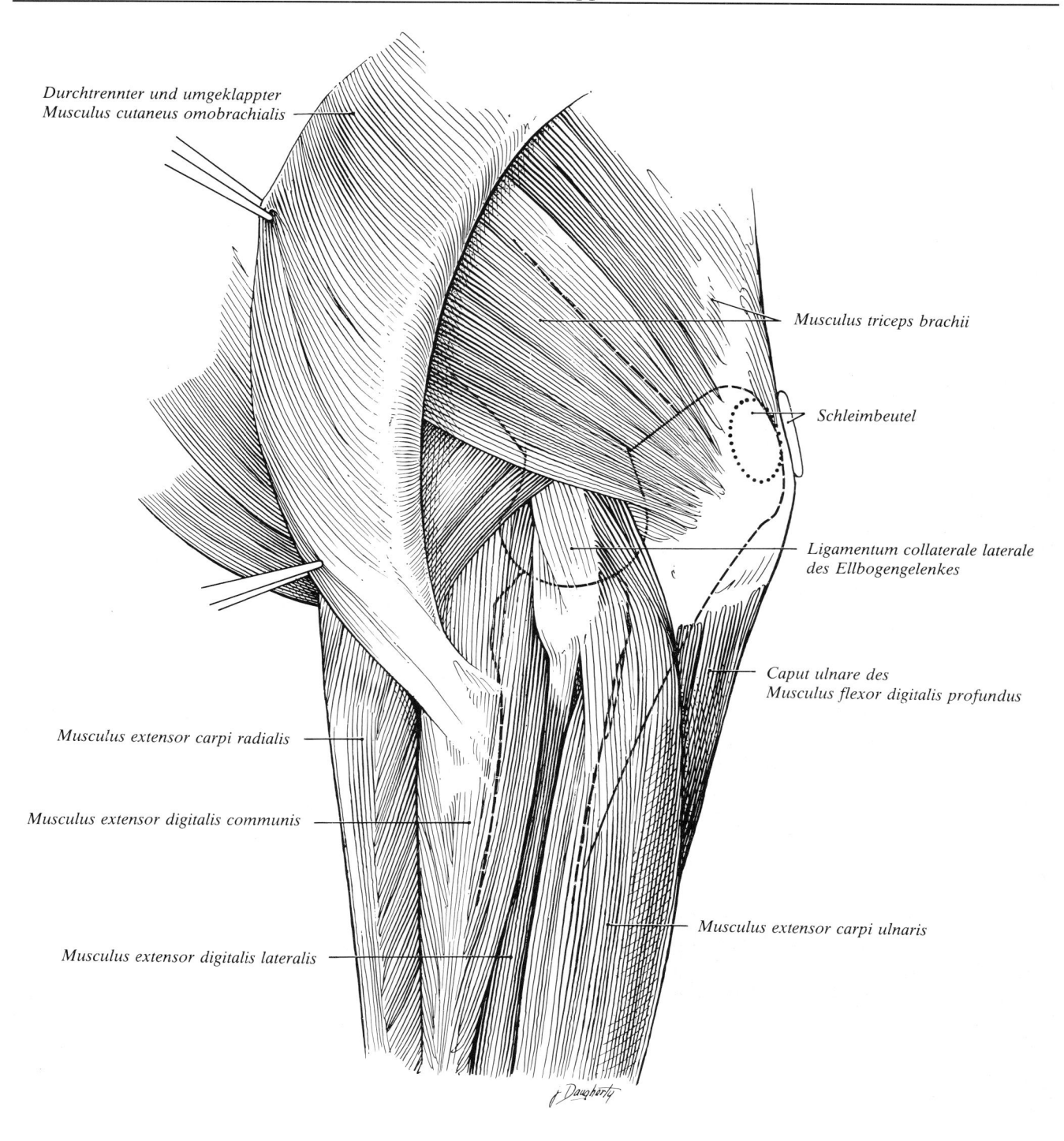

28　Kapitel 1: Funktionelle Anatomie des Bewegungsapparates

Abb. 1.24: Laterale Ansicht des linken Ellbogens. Das distale Ende des Humerus, das proximale Ende des Radius sowie die Ulna sind gestrichelt eingezeichnet.

die Ursprungssehne des Musculus extensor digitalis communis, am Epicondylus lateralis und der Fossa radialis des Humerus sowie an der Gelenkkapsel des Ellbogengelenkes, der tiefen Faszie und dem Faszienblatt zwischen beiden Muskeln. Die starke Sehne verschmilzt mit der tiefen Unterarmfaszie distal der Stelle, an der der Lacertus fibrosus einstrahlt (Abb. 1.23 und 1.26). Quer über die Endsehne des Musculus extensor carpi radialis verläuft eine weitere Sehne. Diese schräg verlaufende Sehne ist die Endsehne des kleinsten der Streckmuskeln, des Musculus abductor pollicis longus, der an der lateralen Fläche der distalen Hälfte des Radius entspringt. Längs seines schrägen Verlaufes liegt er zunächst unter dem Musculus extensor digitalis communis. Seine Sehne überkreuzt dann die

Kapitel 1: Funktionelle Anatomie des Bewegungsapparates 29

Bursa subligamentosa supraspinalis (Widerristschleimbeutel)

Musculus semispinalis capitis

Ligamentum dorsoscapulare

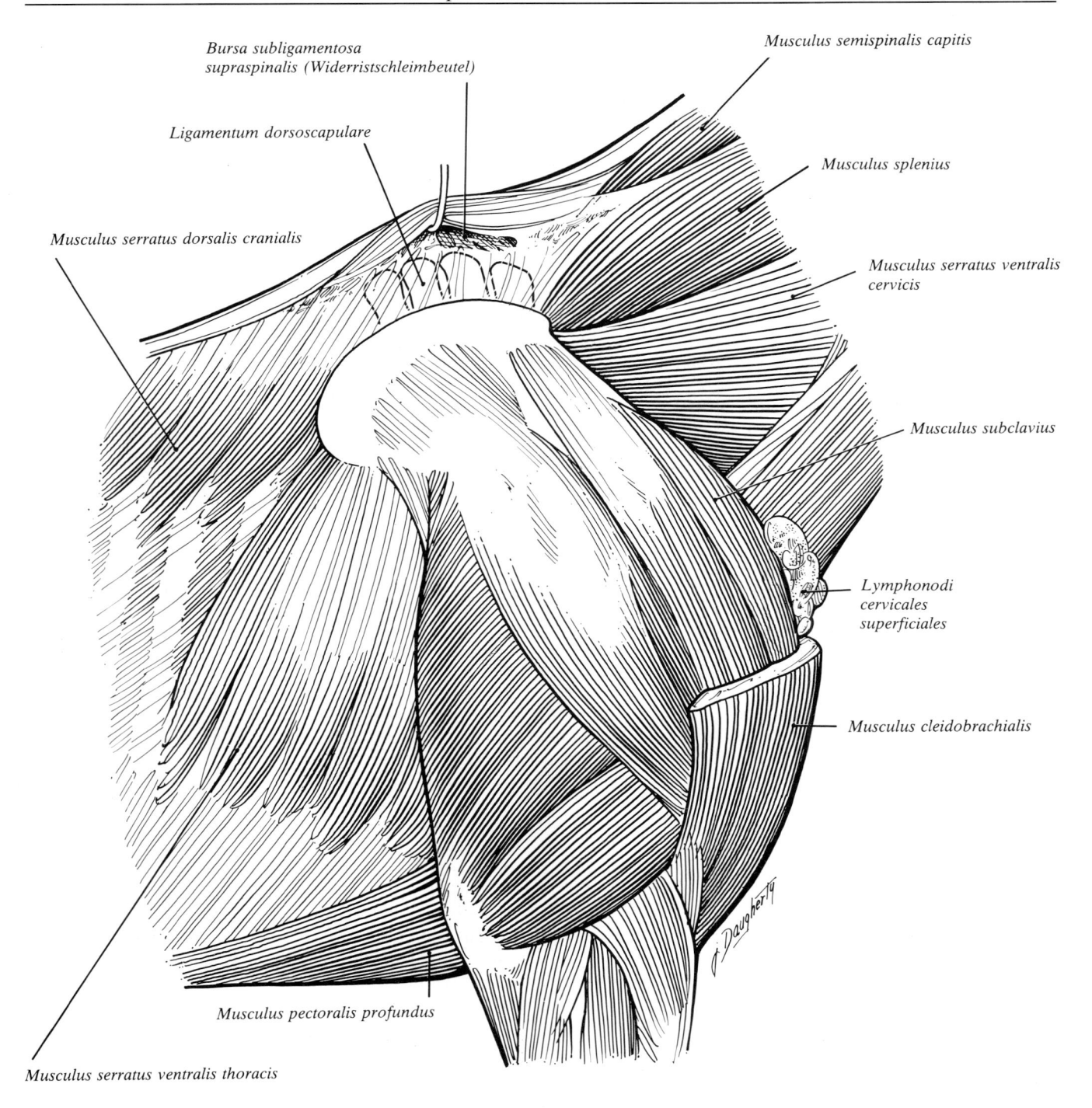

Musculus splenius

Musculus serratus dorsalis cranialis

Musculus serratus ventralis cervicis

Musculus subclavius

Lymphonodi cervicales superficiales

Musculus cleidobrachialis

Musculus pectoralis profundus

Musculus serratus ventralis thoracis

Abb. 1.25: Laterale Ansicht der rechten Schulterregion und des Ligamentum dorsoscapulare. Die Dornfortsätze des zweiten bis fünften Brustwirbels sind gestrichelt eingezeichnet.

Sehne des Musculus extensor carpi radialis. Die Sehnenscheide der Endsehne hat dort Verbindung zum Retinaculum extensorum, wo sie quer über den Karpus zu ihrer Insertionsstelle am Köpfchen des medialen Griffelbeines zieht. Auf der medialen Fläche des Karpus ist die Sehne mit ihrer Sehnenscheide innig mit einem Schleimbeutel verbunden, der bei älteren Pferden gewöhnlich mit der Sehnenscheide kommuniziert.[19] Die Endsehne des Musculus extensor digitalis communis verläuft in ihrer Sehnenscheide in einer Rinne am distalen Ende des Radius.

Beuger. Der Musculus flexor carpi radialis liegt der kaudomedialen Fläche des Radius auf (Abb. 1.23 und 1.27). Er entspringt am medialen Epikondylus des Humerus und inseriert am medialen Griffelbeinköpfchen. Der

Musculus flexor carpi ulnaris, der kaudal und zu einem Teil unter dem Musculus flexor carpi radialis liegt, hat ein Caput ulnare mit Ursprung am Olekranon sowie ein Caput humerale mit Ursprung am medialen Epikondylus des Humerus und zieht zum Os carpi accessorium. Kaudal des Musculus flexor carpi ulnaris liegt der Muskelbauch des Musculus extensor carpi ulnaris, der seinen Ursprung am lateralen Epikondylus des Humerus kaudal des Ligamentum collaterale laterale des Ellbogengelenkes hat. Der Muskel zieht distal und inseriert an der proximalen und lateralen Fläche des Os carpi accessorium sowie mit einer langen, von einer Sehnenscheide umhüllten Sehne am Köpfchen des lateralen Griffelbeines. Der proximale Anteil des Muskels ist in Höhe des Ellbogengelenkes von einem Schleimbeutel unterlagert, der mit der Gelenkkapsel kommuniziert. Die genannten Muskeln sind Beuger des Karpalgelenkes und Strecker des Ellbogengelenkes. Dies gilt auch für den Musculus extensor carpi ulnaris, obgleich dieser morphologisch ein Strecker des Karpalgelenkes ist und vom Nervus radialis innerviert wird.

Das Caput humerale des Musculus flexor digitalis superficialis hat seinen Ursprung am medialen Epikondylus des Humerus und liegt medial des Caput ulnare des Musculus flexor digitalis profundus (der an seinem Ursprung an der medialen Fläche des Olekranons noch relativ oberflächlich liegt) und dem des Musculus flexor carpi ulnaris. Der Muskelbauch des Musculus flexor digitalis superficialis schmiegt sich flach an den großen, zum Teil 3-geteilten Muskelbauch des Musculus flexor digitalis profundus. In die Sehne des Caput humerale des Musculus flexor digitalis superficialis strahlt unter dem proximalen Anteil des Retinaculum flexorum ein flaches, breites Band, das Ligamentum accessorium (radialer Anteil des Muskels) ein, das seinen Ursprung an einer Erhebung kaudomedial am distalen Ende des Radius hat (Abb. 1.22).

Die lange, deutlich erkennbare Sehne des Caput ulnare des Musculus flexor digitalis profundus vereinigt sich auf Höhe der Articulatio antebrachiocarpea mit der Hauptsehne des großen Caput humerale unmittelbar proximal der Stelle, wo die gemeinsame Sehne zusammen mit der Sehne des Musculus flexor digitalis superficialis von der gemeinsamen karpalen Sehnenscheide umhüllt wird. Wo vorhanden, vereinigt sich auch die kleine Sehne des schwächeren radialen Anteiles des Musculus flexor digitalis profundus an dieser Stelle mit der Hauptsehne. Der inkonstante radiale Anteil hat seinen Ursprung an der mittleren Hälfte der Kaudalfläche des Radius und der dem Caput humerale benachbarten Fläche der Ulna. Das vom medialen Epikondylus des Humerus distal ziehende Caput humerale wird von einer Ausbuchtung der Gelenkkapsel des Ellbogengelenkes unterlagert.

Nerven und tiefe Gefäße
Der Ramus profundus des Nervus radialis verläuft über die Beugefläche des Ellbogens und gibt Äste an die Streckmuskeln des Oberarmes sowie an den Musculus extensor carpi ulnaris ab.

Der von der Arteria und Vena collateralis ulnaris begleitete Nervus ulnaris läuft medial über das Caput mediale des Musculus triceps brachii quer über den medialen Epikondylus des Humerus, zieht dann schräg kaudodistal über den Ellbogen und verläuft weiter zwischen dem Caput ulnare des Musculus flexor carpi ulnaris und dem Caput ulnare des Musculus flexor digitalis profundus. Der Nervus ulnaris gibt Äste an diese beiden Muskeln sowie an den Musculus flexor digitalis superficialis ab. Von hier aus zieht der Nerv unter der tiefen Unterarmfaszie zunächst medial des Caput ulnare des Musculus flexor digitalis profundus und dann, auf der Oberfläche des Musculus flexor digitalis superficialis liegend, distal. Der Nervus ulnaris verläuft weiter zwischen dem letztgenannten Muskel und dem Musculus extensor carpi ulnaris und schließlich zwischen den Musculi extensor carpi ulnaris und flexor carpi ulnaris in der Nähe ihrer Insertionsstellen. Hier teilt sich der Nervus ulnaris in seinen Ramus dorsalis und seinen Ramus palmaris.

Distal des Ellbogens liegt der Nervus medianus längs der kaudalen Begrenzung des langen Anteiles des Ligamentum collaterale mediale des Ellbogengelenkes und schmiegt sich einem kranial der Arteria brachialis gelegenen Ast der Vena brachialis an (Abb. 1.23). Diese strukturelle Beziehung setzt sich distal bis unterhalb der Stelle fort, wo die Arteria brachialis die Arteria interossea communis abgibt und zur Arteria mediana wird. Proximal am Unterarm gibt der Nervus medianus Äste an den Musculus flexor carpi radialis, das Caput humerale und das Caput radiale des Musculus flexor digitalis profundus sowie an das Periost von Radius und Ulna ab. Ungefähr auf halber Höhe des Unterarmes teilt sich der Nervus medianus in die Nervi palmares medialis und lateralis, die bis zu ihrer Aufteilung im distalen Viertel des Unterarmes in einer gemeinsamen Nervenscheide verlaufen. Der Nervus palmaris medialis zieht distal in den Canalis carpi; der Nervus palmaris lateralis nimmt den Ramus palmaris des Nervus ulnaris auf und verläuft im Retinaculum flexorum distal (Abb. 1.15).

Die Arteria interossea communis entläßt zunächst die kleine Arteria interossea caudalis und zieht dann unter Abgabe von nutritiven Arterien für Radius und Ulna durch das Spatium interosseum antebrachii. Die Arteria interossea cranialis stellt die größte Fortsetzung der Arteria interossea communis dar. Gemeinsam mit der Arteria transversa cubiti versorgen Äste der Arteria interossea cranialis den kranialen und medialen Teil des Unterarmes. Distal des Ursprungs der Arteria interossea communis verläuft die Fortsetzung der Arteria brachialis, die Arteria mediana, zwischen dem Musculus flexor carpi radialis und der kaudomedialen Fläche des Radius. Distal am Unterarm wendet sich die Arteria mediana schräg kaudal und entläßt die Arteria radialis proximalis, ein kleines Gefäß, das auf dem Radius distal an die palmare Fläche des Karpus verläuft. Die Arteria mediana teilt sich am distalen Ende des Unterarmes in ihre drei Endarterien, die kräftige Arteria digitalis palmaris communis II, den Ramus palmaris, aus dem der Ramus superficialis die um vieles schwächere Arteria digitalis palmaris communis III entläßt und die medial gelegene Arteria radialis.

Zwei Venae medianae begleiten die Arteria mediana sowie den Nervus medianus: die proximale Fortsetzung der Vena digitalis palmaris communis III, die kaudal der Arterie liegt, sowie eine kranial der Arterie verlaufende Vene, die durch Zusammenfluß venöser Äste aus dem Bereich der kaudal am Antebrachium gelegenen Muskeln gebildet wird.

Beziehungen zwischen Radius und Ulna

Beim Fohlen verbindet die Membrana interossea des Unterarmes den Schaft der Ulna distal und proximal des Spatium interosseum antebrachii mit dem Radius. Beim jungen Pferd kommt es zu einer Verknöcherung des Bandes distal des Spatium interosseum antebrachii, der proximale Abschnitt verknöchert jedoch erst bei sehr alten Pferden.[6] Proximal des Spatium interosseum antebrachii ist das Ligamentum radioulnare zwischen den Rändern der Ulna und der kaudalen Fläche des Radius ausgebildet, das das proximale Radioulnargelenk stabilisiert.

Ellbogengelenkbereich (Regio cubiti)

Die das Ellbogengelenk des Pferdes umgebende Muskelgruppe besteht aus zwei Hauptbeugern, dem Musculus biceps brachii und dem Musculus brachialis, unterstützt durch die Musculi extensor carpi radialis und extensor digitalis communis, sowie aus drei Hauptstreckern, den Musculi tensor fasciae antebrachii, triceps brachii und anconaeus, unterstützt durch die Beuger von Karpalgelenk und Zehe.

Kranial überquert der Endabschnitt des Musculus biceps brachii das Gelenk, wobei seine lange Endsehne, der Lacertus fibrosus, mit dem Musculus extensor carpi radialis verschmilzt und seine kurze Endsehne sich an der Tuberositas radii und an dem Ligamentum collaterale mediale des Ellbogengelenkes anheftet (Abb. 1.27). Der Endabschnitt des Musculus brachialis verläuft spiralig im Sulcus musculi brachialis um den Humerus und zieht zwischen den Musculi biceps brachii und extensor carpi radialis zu seiner Insertionsstelle am medialen Rand des Radius unter dem langen Anteil des Ligamentum collaterale mediale des Ellbogengelenkes (Abb. 1.23). Beim Pferd ist das Ligamentum collaterale mediale dem Musculus pronator teres gleichzusetzen. Zwischen der Sehne und dem Seitenband befindet sich ein Schleimbeutel.[16]

Auf der medialen Fläche des Ellbogengelenkes liegen lateral des Musculus pectoralis transversus und kaudal des Ligamentum collaterale mediale des Ellbogengelenkes der Nervus medianus, beide Anteile der Vena brachialis und die Arteria brachialis (Abb. 1.23). Der in der Tiefe gelegene kurze Anteil des medialen Seitenbandes heftet sich an der Tuberositas radii an. Proximokaudal des Gelenkes verlaufen die Arteria und Vena collateralis ulnaris sowie der Nervus ulnaris und sein Hautast (Nervus cutaneus antebrachii caudalis) schräg zwischen dem Caput mediale des Musculus triceps brachii und dem Musculus tensor fasciae antebrachii.

Die drei Hauptstrecker des Ellbogengelenkes inserieren alle am Tuber olecrani der Ulna; in der Tiefe liegt eine Bursa subtendinea unter der Endsehne des Caput longum des massigen Musculus triceps brachii[16] (Abb. 1.24). Der medial gelegene Musculus tensor fasciae antebrachii inseriert ebenfalls an der tiefen Unterarmfaszie und spannt diese. Medial des Musculus triceps brachii hat in der Tiefe der kleine Musculus anconaeus an der kaudalen Fläche des Humerus seinen Ursprung. Er bedeckt die Fossa olecrani und inseriert an der Gelenkkapsel des Ellbogengelenkes, wodurch er die Kapsel bei gestrecktem Gelenk anhebt und am Olekranon.

Lateral ist das Ellbogengelenk durch den distalen Abschnitt des Musculus cutaneus omobrachialis bedeckt. Ein kurzes, kräftiges Ligamentum collaterale laterale ist zwischen dem lateral gelegenen Bandhöcker des Radius und dem lateralen Epikondylus des Humerus ausgebildet. Die tiefe Faszie bedeckt die Muskelansätze, verankert sich an den knöchernen Anteilen und verbindet sich ferner mit dem Ligamentum collaterale laterale. Faszienzüge strahlen in die Tiefe und verschmelzen mit dem kranialen Teil der Gelenkkapsel. Die Gelenkkapsel wird kaudal dünner, reicht bis in die Fossa olecrani und ist hier von Fettgewebe und lateral von dem Musculus anconaeus bedeckt. Sie hat ferner Verbindung zum Musculus anconaeus und den Sehnen der umliegenden Muskeln. Gelenkkapselaussackungen reichen distal bis unter die Ursprungssehnen der Musculi extensor carpi ulnaris und flexores digitales. Die Gelenkkapsel schließt das Radioulnargelenk mit ein. Kranial wird das Ellbogengelenk durch die Arteria transversa cubiti und kaudal durch einen Ast der Arteria collateralis ulnaris versorgt.

Die Fovea capitis radii und die Incisura trochlearis ulnae artikulieren mit der Trochlea des Humerus in Form eines Scharniergelenkes. Der kraniale Gelenkwinkel beträgt ungefähr 150 Grad mit einem Aktionsradius von bis zu 60 Grad. Bei der Beugung wird der Unterarm durch die leicht schräge Bewegungsachse des Ellbogengelenkes lateral bewegt.[6]

Oberarm- und Schulterbereich (Regio brachii und Regio scapularis)

Der Bereich um den Humerus wird als Oberarm bezeichnet. Die Schulter setzt sich aus dem Schultergelenk (Articulatio humeri) und der Region um die Skapula, die sich dorsal mit dem Widerrist verbindet, zusammen. Im Gegensatz zur oberflächlichen Faszie der Schulter, die sich als subskapuläres Faszienblatt auf die mediale Seite umschlägt, umgibt das kräftige, tiefe Blatt straff die Muskeln am Schulterblatt und spaltet weiterhin intermuskuläre Septen ab, die an der Spina scapulae sowie an den Schulterblatträndern anheften. In der die laterale Seite der Schulterregion und des Oberarmes bedeckenden oberflächlichen Faszie findet sich der Musculus cutaneus omobrachialis, der seinerseits auf der tiefen Faszie über der lateralen Muskulatur liegt und bis zum Ellbogengelenk distal reicht (Abb. 1.24). Der Muskel wird durch den Nervus intercostobrachialis innerviert. Die sensorische Innervation der Haut dieser Region wird von den Rami brachiales der Nervi axillaris und radialis übernommen. Die oberflächlich gelegenen Blutgefäße stammen aus der Arteria und Vena circumflexa humeri caudalis.

Der Musculus cleidobrachialis des Musculus brachiocephalicus bedeckt die kraniolaterale Fläche des Schultergelenkes und die das Gelenk umgebenden Strukturen. Er inseriert an der Tuberositas deltoidea, der Crista humeri und der Oberarmfaszie (Abb. 1.25).

32 Kapitel 1: Funktionelle Anatomie des Bewegungsapparates

Durchtrennter und umgeklappter Musculus teres minor

Musculus deltoideus (durchtrennt)

Gelenkkapsel des Schultergelenkes

Musculus supraspinatus

Musculus infraspinatus (zurückgezogen)

Musculus infraspinatus

Musculus subclavius

Nervus radialis

Caput laterale des Musculus triceps brachii (durchtrennt)

Musculus deltoideus

Nervus cutaneus antebrachii cranialis

Musculus cleidobrachialis (durchtrennt)

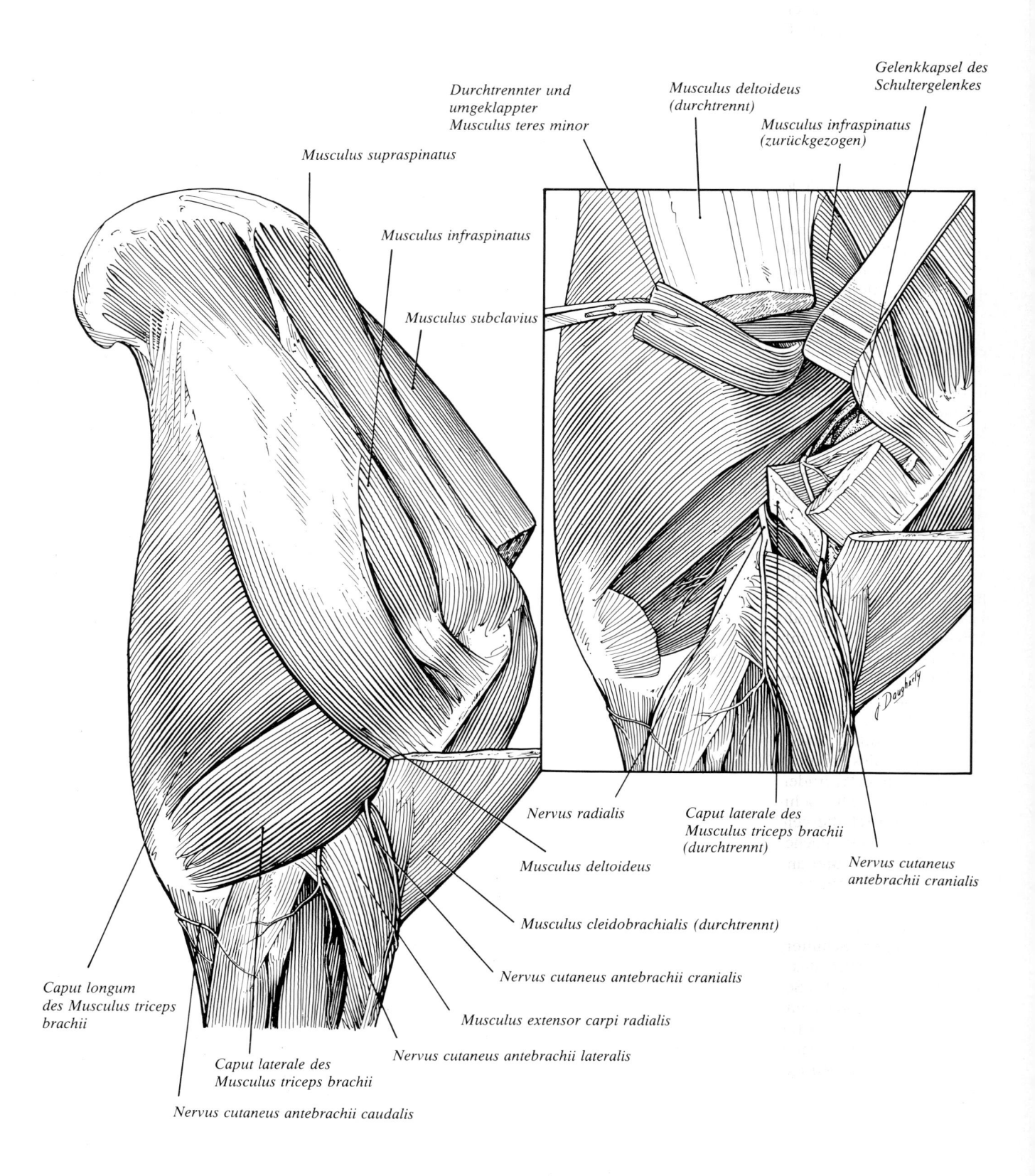

Nervus cutaneus antebrachii cranialis

Musculus extensor carpi radialis

Caput longum des Musculus triceps brachii

Nervus cutaneus antebrachii lateralis

Caput laterale des Musculus triceps brachii

Nervus cutaneus antebrachii caudalis

Abb. 1.26: Laterale Ansicht der rechten Schulterregion. Der Ausschnitt zeigt die tiefe Präparation des Schultergelenkbereiches.

Bei festgestelltem Kopf und Hals ist dieser Muskel ein Strecker des Schultergelenkes, der die Schultergliedmaße kranial führt. Über die Oberarmfaszie streckt er ferner das Ellbogengelenk.

Übernahme der Funktion von Seitenbändern des Schultergelenkes durch Endsehnen von Muskeln

Die kräftige, zum Teil knorpelige Sehne des Musculus biceps brachii hat kranial am Tuberculum supraglenoidale der Skapula ihren Ursprung und verläuft im Sulcus intertubercularis humeri distal. Ein sehniges, vom Musculus pectoralis profundus stammendes Band ist zwischen dem Tuberculum minus und dem Tuberculum majus ausgespannt und hält so die Sehne des Musculus biceps brachii in ihrer Lage. Unter und seitlich der Sehne liegt die Bursa intertubercularis. Die die Muskeln umhüllenden Faszienblätter heften sich an die Tuberkula des Humerus. Nach distal ist der Muskel von passiv tragfähigen Sehneneinlagerungen durchsetzt. Zusätzlich zu seiner Funktion als Beuger des Ellbogengelenkes fixiert der Musculus biceps brachii im Stand das Ellbogen- und das Schultergelenk. Er wird vom Nervus musculocutaneus innerviert.

Der Musculus supraspinatus, der seinen Ursprung in der Fossa supraspinata, an der Spina scapulae und dem Cartilago scapulae hat, teilt sich weiter distal und inseriert am Tuberculum majus und Tuberculum minus des Humerus. Zusammen mit der Sehne des Musculus biceps brachii übernimmt er die kraniale Fixation des Schultergelenkes. Lateral zieht der Musculus infraspinatus vom Cartilago scapulae und der Fossa infraspinata distal und inseriert an der Pars caudalis des Tuberculum majus sowie an der Facies musculi infraspinati distal der Insertionsstelle des Musculus supraspinatus (Abb. 1.26). Die zum Teil knorpelige Endsehne wird durch Fettgewebe und die konstante Bursa subtendinea musculi infraspinati, die mit der Gelenkkapsel des Schultergelenkes kommunizieren kann, von der sie unterlagernden Pars caudalis des Tuberculum majus getrennt. Die Sehne stellt die wichtigste laterale Fixierung des Schultergelenkes dar. Der Musculus teres minor, ein kleiner, flacher Muskel mit Ursprung an der Fossa infraspinata und an der kaudalen Grenze sowie an einer kleinen Erhebung am distalen Ende der Scapula, inseriert proximal der Tuberositas deltoidea und an letzterer selbst. Er übernimmt eine Hilfsfunktion bei der lateralen Fixierung des Schultergelenkes (Abb. 1.26). Der laterale Ansatz des Musculus supraspinatus trägt ebenfalls zur lateralen Fixierung des Schultergelenkes bei.

Der Musculus supraspinatus ist ein Strecker des Schultergelenkes; der Musculus teres minor beugt das Gelenk und abduziert den Oberarm gemeinsam mit dem Musculus infraspinatus. Der Musculus infraspinatus bewirkt ferner eine Rotation des Oberarmes über lateral. Die Musculi supraspinatus und infraspinatus werden durch den Nervus suprascapularis innerviert. Dieser tritt zwischen den Musculi subscapularis und supraspinatus an die Oberfläche, wendet sich um das distale Viertel des Margo cranialis scapulae und erreicht schließlich die Fossa supraspinata. Der Nerv verläuft weiter zur Fossa infraspinata, wo er mit der Abgabe von Ästen an den Musculus infraspinatus endet.

Medial wird das Schultergelenk durch den Musculus subscapularis fixiert. Dieser ist ein Adduktor des Oberarmes, hat seinen Ursprung in der Fossa subscapularis der Skapula und inseriert an der Pars caudalis des Tuberculum minus des Humerus. Kaudal wird das Schultergelenk durch das Caput longum des Musculus triceps brachii fixiert, der als einziger Anteil des Muskels von der Skapula kommt.

Beuger des Schultergelenkes

Zusätzlich zum Caput longum des Musculus triceps brachii existieren noch vier weitere Beuger des Schultergelenkes: lateral die Musculi deltoideus und teres minor (der gleichzeitig den Oberarm abduziert), medial die Musculi teres major und coracobrachialis (der gleichzeitig den Oberarm adduziert) sowie der Musculus latissimus dorsi. Die erstgenannten drei Muskeln werden von Ästen des Nervus axillaris, der Musculus coracobrachialis vom Nervus musculocutaneus und der Musculus latissimus dorsi vom Nervus thoracodorsalis innerviert.

Der aponeurotische Ursprung des Musculus deltoideus liegt am proximalen Teil des Margo caudalis der Skapula sowie an der Spina scapulae und bezieht auch den Musculus infraspinatus mit ein (Abb. 1.26). Der Muskel verläuft in einer Rinne auf der lateralen Fläche des Musculus triceps brachii sowie teilweise auf den Musculi infraspinatus und teres minor und zieht distal zu seinen Insertionsstellen an der Tuberositas deltoidea des Humerus und der Oberarmfaszie.

Der Musculus teres minor fixiert zusammen mit den anderen Muskeln das Schultergelenk.

Der Musculus teres major zieht vom Angulus caudalis und dem benachbarten Margo caudalis der Skapula über die mediale Fläche des Musculus triceps brachii zur Tuberositas teres major des Humerus, wo er gemeinsam mit dem Musculus latissimus dorsi inseriert (Abb. 1.27).

Der Processus coracoideus ist der Ursprungsbereich des Musculus coracobrachialis, der die mediale Fläche des Schultergelenkes und des proximalen Oberarmes bedeckt und unmittelbar proximal der Tuberositas teres major sowie in der Mitte der kranialen Fläche des Humerus inseriert. Zwischen der Ursprungssehne des Musculus coracobrachialis und der Endsehne des Musculus subscapularis liegt ein Schleimbeutel.

Der dünne Musculus omohyoideus entspringt mit einer breiten Aponeurose nahe dem Schultergelenk aus der Fascia subscapularis. Er verläuft schräg über das Collum humeri und inseriert am Basihyoideum. Seine Aufgabe ist nicht die Bewegung der Schulter, sondern er fungiert als Rückzieher von Zungenbein und Zunge.

Schultergelenk (Articulatio humeri)

Das Schultergelenk ist chirurgisch durch Freilegen und Zurückziehen des kranialen Randes des Musculus deltoideus zugänglich, wobei der darunterliegende Musculus teres minor sichtbar wird.

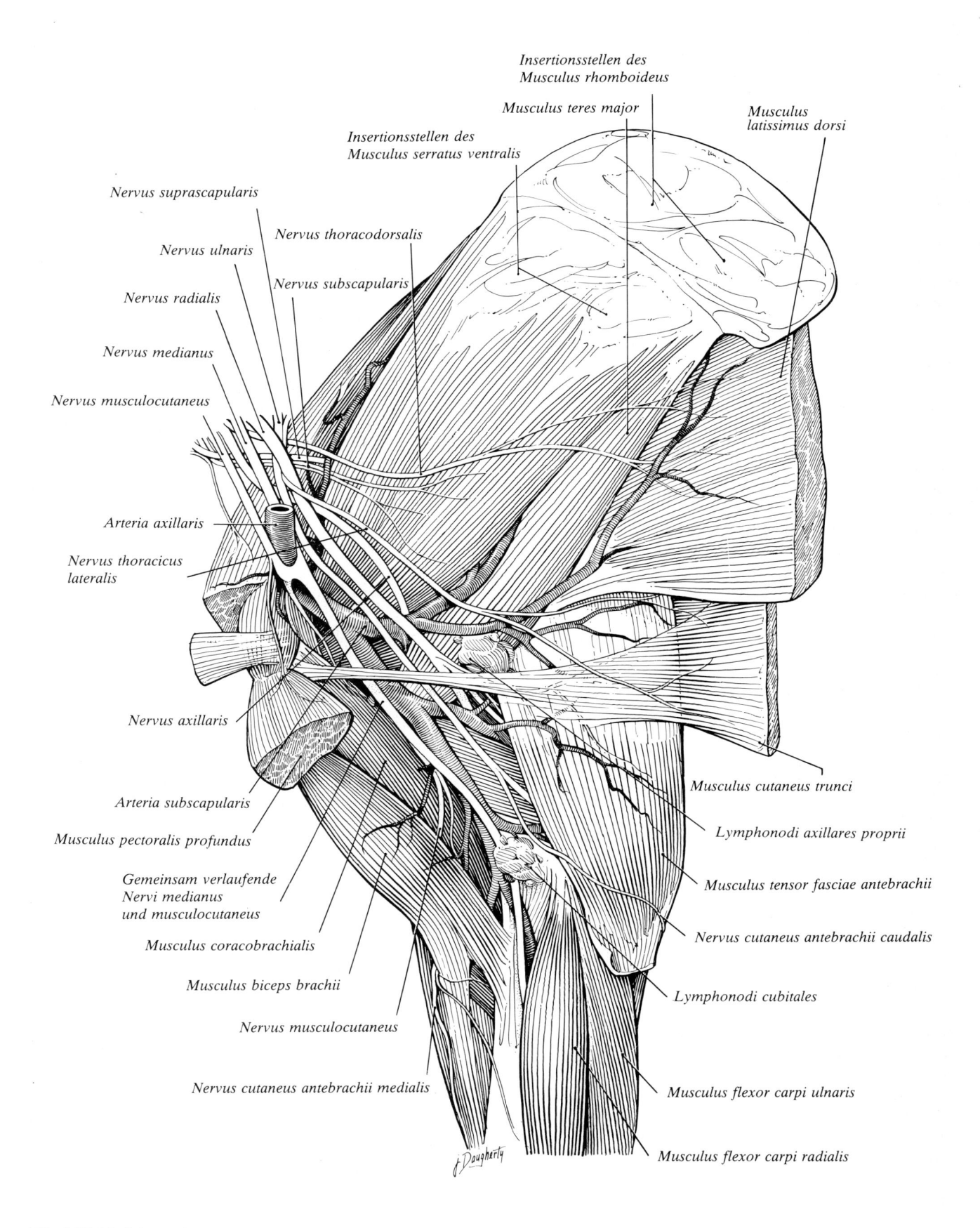

34 Kapitel 1: Funktionelle Anatomie des Bewegungsapparates

Abb. 1.27: Mediale Ansicht der linken Schulter, des Oberarmes und des proximalen Abschnittes des Unterarmes.

Die Endsehne des Musculus teres minor kann dann nahe der Insertionsstelle am Humerus durchtrennt werden, so daß der Muskel zur Freilegung des Schultergelenkes abpräpariert und dorsal umgeklappt werden kann (Abb. 1.26).

Der fibröse Anteil der geräumigen Gelenkkapsel des Schultergelenkes reicht jeweils 2 cm über die Ränder der Gelenkflächen hinaus. Zwei elastische Ligamenta glenohumeralia verlaufen divergierend vom Tuberculum supraglenoidale zum Humerus und verstärken so die Gelenkkapsel. Der sehr kleine Musculus articularis humeri liegt auf der Beugeseite der Gelenkkapsel. Dieser Muskel entspringt kaudal dicht über dem Pfannenrand des Schulterblattes, perforiert den Ursprungsteil des Musculus brachialis und inseriert an der kaudalen Fläche des Humerus unmittelbar distal des Caput humeri. Der Musculus articularis humeri wird vom Nervus axillaris innerviert und fungiert während der Beugung des Schultergelenkes als Spanner der Gelenkkapsel.

Innerhalb des Schultergelenkes ist die Gelenkfläche des Humerus etwa zweimal so groß wie die Fläche der Pfanne der Skapula, selbst bei Einbeziehung der zusätzlichen Fläche, die durch den sich an die Pfanne anschließenden Rand gebildet wird. Das Schultergelenk ist ein Kugelgelenk, erhält aber durch die umliegenden Muskeln große Stabilität. Die wichtigsten Bewegungen sind Beugung und Streckung des Gelenkes. Im Stand beträgt der Beugewinkel des Schultergelenkes zwischen 120 und 130 Grad. Während der Streckung des Gelenkes vergrößert sich der Winkel bis auf etwa 145 Grad; bei gebeugtem Gelenk verringert er sich auf 80 Grad.[6] Die umliegenden Muskeln begrenzen eine mögliche Abduktion und Adduktion. Eine Rotation ist fast nicht möglich.

Schultergürtel

Der Schultergürtel des Pferdes besteht nur aus Muskeln und Bändern. Die Strukturelemente des Schultergürtels verbinden die Schulter, den Ober- und den Unterarm mit dem Rumpf, dem Hals und dem Kopf.

Muskeln. Der breite, dreieckige Musculus trapezius liegt unter der Haut der Schulterblattgegend und bedeckt Teile der acht unter ihm liegenden Muskeln. Die Pars cervicalis des Musculus trapezius kommt mit einer dünnen Aponeurose vom Ligamentum nuchae und inseriert an der Spina scapulae und der Schulter-Oberarmfaszie. Der ventrale Rand des Muskels ist durch die Halsfaszie eng mit dem Musculus omotransversarius verbunden. Die Aponeurose der Pars thoracis des Musculus trapezius kommt im Bereich des dritten bis zehnten Brustwirbels vom Ligamentum supraspinale, und der Muskel inseriert am Tuber spinae scapulae. Die beiden Anteile des Musculus trapezius sind aponeurotisch miteinander verbunden. Der Muskel wird vom Nervus accessorius und den Dorsalästen der benachbarten Thorakalnerven innerviert. Seine Funktion besteht in einer Anhebung der Schulter sowie in der Bewegung der Schulter entweder nach kranial oder kaudal, je nachdem, ob sich der zervikale oder thorakale Anteil kontrahiert.

Medial des Musculus trapezius liegt der Musculus rhomboideus cervicis mit Ursprung am Nackenstrang. Der Musculus rhomboideus thoracis hat seinen Ursprung an der dorsalen Oberfläche des Ligamentum dorsoscapulare. Beide Anteile inserieren an der medialen Fläche des Cartilago scapulae (Abb. 1.27).

Der Musculus rhomboideus wird durch das ihn umhüllende Faszienblatt von den umgebenden Strukturen getrennt. Beide Muskelanteile werden vom 6. und 7. Halsnerv sowie von den Dorsalästen der dem Musculus rhomboideus thoracis benachbarten Nerven innerviert. Der Musculus rhomboideus zieht die Schulterblattbasis kraniodorsal, und der zervikale Anteil fungiert bei festgestellter Gliedmaße zusammen mit anderen Muskeln außerdem als Heber des Kopfes.

Der breiteste Muskel der Schultergürtelmuskulatur, der Musculus latissimus dorsi, hat etwa die Form eines rechtwinkligen Dreiecks, wobei die Basis des Dreiecks in einer breiten Aponeurose an der Fascia thoracolumbalis entspringt. Der Muskel ist zunächst dünn, verdickt sich aber während seines Verlaufes auf das Caput longum des Musculus triceps brachii zu, um dann medial von diesem in eine flache gemeinsame Endsehne mit dem Musculus teres major auszulaufen (Abb. 1.27). Die Endsehne zieht zur Tuberositas teres major am Humerus und nimmt Verbindung zur dünnen Sehne des Musculus cutaneus trunci auf, die sich am Tuberculum minus des Humerus anheftet. Die gemeinsame Endsehne der Musculi latissimus dorsi und teres major ist zugleich Ursprung des kranialen Anteiles des Musculus tensor fasciae antebrachii.

Die Muskeln, die in der Hauptsache zur Befestigung der Schultergliedmaße an Rumpf und Hals (Synsarkose) beitragen, sind von medial nach lateral der Musculus serratus ventralis, die vier Musculi pectorales, der Musculus brachiocephalicus und der Musculus omotransversarius.

Der Musculus serratus ventralis cervicis wendet sich von den Querfortsätzen der letzten vier Halswirbel zur kranialen Facies serrata auf der medialen Fläche der Skapula und dem benachbarten Cartilago scapulae; der Musculus serratus ventralis thoracis zieht von den lateralen Flächen der ersten acht oder neun Rippen konvergierend dorsal zur kaudalen Facies serrata der Skapula und ebenfalls zum benachbarten Cartilago scapulae. Die Ansätze des Musculus serratus ventralis an der Skapula sind von elastischen, vom ventralen Abschnitt des Ligamentum dorsoscapulare stammenden Lamellen durchzogen (Abb. 1.27). Die beiden Anteile des Muskels bilden zusammen mit dem Musculus serratus ventralis der anderen Seite eine zwischen den beiden Schultergliedmaßen angeordnete Aufhängevorrichtung für den Thorax. Kontrahieren sich beide Muskeln, so wird der Thorax angehoben; bei individueller Kontraktion des jeweiligen Muskels wird das Gewicht des Rumpfes auf die gleichseitige Gliedmaße verlagert. In der Bewegung zieht der Halsteil den Margo dorsalis der Skapula nach kranial, der thorakale Anteil dagegen bewegt die Skapula nach kaudal. Bei festgestellter Gliedmaße fungiert der Musculus serratus cervicis als Heber oder Seitwärtszieher des Halses. Die Innervation wird vom Nervus thoracicus longus und von Ästen des 5. bis 8. Halsnervs übernommen.

Alle vier Brustmuskeln entspringen am Sternum. Die beiden oberflächlich gelegenen Brustmuskeln sind
1. der Musculus pectoralis descendens, der vom Knorpel des Manubrium sterni zur Tuberositas deltoidea, der Crista humeri und der Fascia brachii zieht, und
2. der Musculus pectoralis transversus, der an der Ventralfläche des Brustbeines zwischen dem 1. und 6. Rippenknorpel seinen Ursprung hat und an der Fascia antebrachii an der medialen Fläche des Unterarmes sowie an der Crista humeri inseriert.

Der drittgrößte Brustmuskel ist der Musculus pectoralis profundus (Abb. 1.25). Er verkehrt zwischen seinen Ursprungsflächen am Schaufelknorpel, der Ventralfläche des Brustbeines, den Rippenknorpeln der 4. bis 9. Rippe sowie der Tunica flava abdominis und seinen Insertionsstellen am kranialen Teil der Tubercula majus und minus humeri sowie an der Ursprungssehne des Musculus coracobrachialis. Ein zwischen dem Tuberculum majus und minus verlaufendes Band trägt zur Stabilisierung der darunterliegenden Sehne des Musculus biceps brachii bei.

Der 4., der Musculus subclavius, hat seinen Ursprung an den Rippenknorpeln der ersten vier Rippen sowie an der kranialen Hälfte des Brustbeines und endet in einer Aponeurose auf dem dorsalen Anteil des Musculus supraspinatus in dessen Epimysium und in der Fascia superficialis der Schultergegend (Abb. 1.25 und 1.26).

Die beiden zuerst genannten oberflächlichen Brustmuskeln adduzieren die Schultergliedmaße und spannen die Fascia antebrachii. Der Musculus pectoralis profundus und der Musculus subclavius adduzieren ebenfalls die Gliedmaße und ziehen zusätzlich den Rumpf bei vorgeführter und gleichzeitig festgestellter Gliedmaße nach vorn. Die Innervation dieser Muskeln erfolgt durch die Nervi pectorales craniales und caudales, unter Mitwirkung des Nervus musculocutaneus und von Nervi intercostales.

Wie bereits erwähnt, zieht der Musculus cleidobrachialis als Anteil des Musculus brachiocephalicus vom sehnigen Schlüsselbeinstreifen an den Oberarm. Der Musculus cleidomastoideus, der ebenfalls einen Anteil des Musculus brachiocephalicus darstellt, liegt zwischen dem Schlüsselbeinstreifen und dem Processus mastoideus des Schläfenbeines sowie der Crista nuchae und bedeckt dorsal einen Teil des Musculus omotransversarius. Dieser Muskel entspringt an den Querfortsätzen des 2., 3. und 4. Halswirbels und inseriert an der Crista humeri sowie an der Schulter- und Oberarmfaszie. Längs seines Verlaufes am dorsalen Rand des Musculus brachiocephalicus zum Buggelenk bedeckt der Musculus omotransversarius Teile des Musculus omohyoideus, des Musculus serratus ventralis cervicis, des Musculus subclavius und des Musculus biceps brachii. Der Dorsalast des Nervus accessorius perforiert den Musculus omotransversarius und verläuft dann zwischen diesem und dem Musculus trapezius.

Ligamentum dorsoscapulare. Das Ligamentum dorsoscapulare, das einen verstärkten Anteil der Fascia thoracolumbalis darstellt und seinen Ursprung an den Dornfortsätzen des 2. bis 5. Brustwirbels ventral des Funiculus nuchae (Nackenband) hat, trägt ebenfalls zur Befestigung der Schulter am Rumpf bei. Dem Ursprung des Ligamentum dorsoscapulare benachbart liegt die Bursa subligamentosa supraspinalis, die die Dornfortsätze des 2. und 3. Brustwirbels bedeckt (Abb. 1.25) und die sich manchmal bis über den Dornfortsatz des vierten Brustwirbels ausdehnt. Der Musculus rhomboideus thoracis entspringt an der Oberfläche des dorsalen Anteiles des Ligamentum dorsoscapulare. Am kranialen Rand dieses Bandes hat der Musculus splenius seinen Ursprung, und der Musculus semispinalis capitis heftet sich an die Medialfläche des Bandes an. Einige elastische Lamellen, die dem dünneren, ventralen Anteil des Bandes entstammen, verlaufen zwischen den Ansätzen des Musculus serratus ventralis an die mediale Fläche der Skapula. Ein oberflächlicher Anteil des Bandes gewährt dem Musculus serratus dorsalis Ursprung, ein mittlerer Anteil verläuft zwischen dem Musculus longissimus thoracis und dem Musculus iliocostalis thoracis, und ein tiefer Anteil zieht zwischen dem Musculus longissimus thoracis und dem Musculus spinalis thoracis zu den Querfortsätzen des 1. bis 7. Brustwirbels. An diesem Anteil inseriert medial der Musculus semispinalis capitis.

Nerven und Blutgefäße

Die für die Versorgung der Schultergliedmaße zuständigen großen Blutgefäße und Nerven finden sich an der medialen Seite von Schulter und Oberarm (Abb. 1.27). Die Arteria und Vena suprascapularis begleiten den Nervus suprascapularis und verlaufen zwischen den kranialen Begrenzungen der Musculi subscapularis und supraspularis lateral. Der Nerv wird längs seines Verlaufes um den kranialen Rand der Skapula von fibrösem Bindegewebe bedeckt. Der Nervus medianus zieht medial in Richtung auf die Arteria axillaris und bildet distal der Arterie durch seine Vereinigung mit dem Nervus musculocutaneus die Ansa axillaris. Proximale Anteile des Nervus musculocutaneus innervieren den Musculus coracobrachialis sowie den Musculus biceps brachii. Distal der Ansa axillaris verlaufen der Nervus medianus und der Nervus musculocutaneus in einer gemeinsamen Bindegewebsscheide. Beide schlagen kranial um und wenden sich kranial der Vena brachialis und medial der Arteria brachialis distal. Auf der Hälfte des Oberarmes teilt sich der Nervus musculocutaneus in einen distalen Ast, der den Musculus brachialis versorgt, sowie in den Nervus cutaneus antebrachii medialis, der spiralig um den Musculus biceps brachii zu dessen Lacertus fibrosus zieht. Der Nervus medianus überkreuzt nochmals die Arteria brachialis und verläuft dann kaudal dieser Arterie.

Der Nervus axillaris zieht schräg über die mediale Fläche des Musculus subscapularis und verläuft dann gemeinsam mit der großen Arteria und Vena subscapularis, die aus der Arteria bzw. Vena axillaris hervorgehen, zwischen dem Musculus subscapularis und dem Musculus teres major nach lateral. Der Nervus axillaris wird im weiteren Verlauf von der Arteria circumflexa humeri caudalis, die einen Ast der Arteria subscapularis darstellt, begleitet.

Zwei Nerven des Plexus brachialis verlaufen mehr oder weniger parallel nach kaudal: der Nervus thoracodorsalis, der den Musculus latissimus dorsi innerviert, und der Nervus thoracicus lateralis, der Äste an die Hautmuskeln und die Haut abgibt. Der Nervus thoracodorsalis wird dabei von der gleichnamigen Arterie und Vene begleitet, die der Arteria bzw. Vena subscapularis entstammen.

Die unter der Haut stark hervortretende Vena thoracica superficialis sowie eine kleinere, aus der Arteria thoracodorsalis stammende Arterie begleiten den Nervus thoracicus lateralis in kaudaler Richtung.

Der kräftige Nervus radialis und der kleinere Nervus ulnaris verlaufen eng benachbart medial der Arteria subscapularis, dann lateral der Vena thoracica externa und schließlich kaudal der Vena brachialis in kaudodistaler Richtung. Nach Abgabe eines Astes an den Musculus tensor fasciae antebrachii wendet sich der Nervus radialis zwischen dem Musculus teres major und den Capita mediale und longum des Musculus triceps brachii nach lateral zum Sulcus musculi brachialis des Humerus, wo er sich der kaudalen Fläche des Musculus brachialis anschmiegt. Im Sulcus musculi brachialis gibt er laterale Hautäste an die kaudodistale Fläche des Oberarmes sowie Muskeläste an den Musculus triceps brachii und den Musculus anconaeus ab. Unmittelbar proximal der Beugefläche des Ellbogengelenkes teilt sich der Nervus radialis in einen tiefen und einen oberflächlichen Ast. Der tiefe Ast versorgt den Musculus extensor carpi ulnaris sowie die Strecker des Karpalgelenkes und der Zehe. Der oberflächliche Ast verläuft in lateraler Richtung zwischen dem Caput laterale des Musculus triceps brachii und dem Musculus extensor carpi radialis und wird von der Arteria transversa cubiti begleitet. Der Nervus cutaneus antebrachii lateralis tritt als eigenständiger Nerv durch den distalen Anteil des Caput laterale des Musculus triceps brachii und übernimmt die sensorische Innervation der Faszie und der Haut an der lateralen Fläche des Unterarmes (Abb. 1.26).

Der Nervus ulnaris verläßt seine dem Nervus radialis benachbarte Position zwischen der Arteria und Vena axillaris und verläuft lateral der Vene in kaudodistaler Richtung im Winkel zur Oberarmmitte. Am kranialen Rand des Musculus tensor fasciae antebrachii entläßt der Nervus ulnaris den Nervus cutaneus antebrachii caudalis, der dann in kaudodistaler Richtung über die mediale Fläche des Muskels zieht. Der Hauptast des Nervus ulnaris setzt seinen Verlauf zwischen dem Musculus tensor fasciae antebrachii und dem Caput mediale des Musculus triceps brachii fort und wird dort von der Arteria und Vena collateralis ulnaris begleitet. Die Nerven und Blutgefäße überkreuzen dann den medialen Epikondylus des Humerus.

Die kurze Arteria und Vena axillaris entlassen vier Äste: die Arteriae und Venae suprascapularis, thoracica externa, subscapularis und circumflexa humeri cranialis. Ursprung und Verlauf der Arteria und Vena thoracica externa zeigen eine hohe Variabilität. Sie können aus Gefäßen entspringen, die der Arteria und Vena axillaris benachbart sind. Die Arteriae und Venae thoracodorsalis, circumflexa humeri caudalis und circumflexa scapulae sind Äste der Arteria bzw. Vena subscapularis. Ein lateraler Ast der Arteria circumflexa scapulae entläßt eine nutritive Arterie für das Schulterblatt.

Die Arteria und Vena axillaris setzen sich nach Abzweigung der Arteria und Vena circumflexa humeri cranialis als Vena und Arteria brachialis fort. Diese entlassen zunächst kaudal am Oberarm die Arteria und Vena profunda brachii und dann, jeweils entgegengesetzt, kaudal die Arteria und Vena collateralis ulnaris sowie kranial die Arteria und Vena bicipitalis. Kranial zweigen ferner die Arteria und Vena transversa cubiti ab, die in laterodistaler Richtung lateral des Musculus biceps brachii und des Musculus brachialis zur kranialen Fläche des Ellbogengelenkes verlaufen. Die Arteria nutricia humeri kann entweder aus dem proximalen Anteil der Arteria collateralis ulnaris oder aus der Arteria brachialis stammen.

Die Blutversorgung der medial und kranial gelegenen Schultermuskulatur erfolgt durch aus dem Truncus costocervicalis stammende Gefäßäste sowie durch die Arteria cervicalis profunda und die Arteria cervicalis superficialis. Letztere entläßt einen präskapulären Ast, der durch das Lymphocentrum cervicale superficiale tritt, sowie einen Ramus deltoideus, der über den Musculus subclavius zieht, um dann eventuell in der seitlichen Brustfurche zusammen mit der Vena cephalica zu verlaufen.

Lymphabfluß

Das Lymphocentrum axillare besteht aus den Lymphonodi axillares proprii, axillares primae costae und cubitales.

Bei den Lymphonodi cubitales handelt es sich um eine Gruppe kleinerer Lymphknoten verschiedener Größe, die unmittelbar proximal des Ellbogengelenkes, medial der Arteria und Vena brachialis und des Nervus medianus, kaudal des Musculus biceps brachii und kranial des Musculus tensor fasciae antebrachii gelegen sind (Abb. 1.27). Sie erhalten Zufluß aus der Region distal des Ellbogengelenkes. Die Vasa efferentia aus den Lymphonodi cubitales fließen den Lymphonodi axillares proprii zu, die eine Ansammlung vieler kleiner Lymphknoten auf der medialen Fläche des Musculus teres major darstellen und in deren Nachbarschaft auch der Ursprung der Arteria subscapularis liegt. Die Lymphonodi axillares proprii erhalten weitere Zuflüsse aus den Muskeln des Oberarmes und der Schulter sowie aus der diese Körperregionen bedeckenden Haut und der Haut der benachbarten ventrolateralen Rumpfpartie. Die Vasa efferentia der Lymphonodi axillares proprii fließen den kleinen Lymphonodi axillares primae costae zu. Von hier ziehen Vasa efferentia zu den Lymphonodi cervicales profundi caudales.

Das Einzugsgebiet der Lymphknoten des Lymphocentrum cervicale superficiale, die am kranialen Rand des Musculus subclavius liegen, umfaßt die Haut der gesamten Schultergliedmaße und des dorsolateralen Rumpfes, verschiedene Muskeln der Schulter, des Ober- und Unterarmes sowie die Zehengelenke, das Karpalgelenk und das Schultergelenk (Abb. 1.25). Sie unterstützen den durch die zahlreichen Lymphknoten der drei das Lymphocentrum axillare bildenden Gruppen gewährten Lymphabfluß. Von den Lymphonodi cervicales superficiales stammende Vasa efferentia fließen entweder den Lymphonodi cervicales profundi caudales zu oder münden direkt in die Vena jugularis externa.[6]

Halteapparat der Schultergliedmaße

Der Halteapparat der Schultergliedmaße besteht aus denjenigen Bändern, Sehnen und Muskeln, die im Stand für die Feststellung der Gelenke sorgen, wodurch das Pferd im Stehen und daher mit einem Minimum an Muskelbeanspruchung schlafen kann (Abb. 1.22).

Von den vier straff über das Krongelenk verlaufenden palmaren Bändern bilden die beiden axialen mit dem geraden Sesambeinband den mittleren Gleitkörper, der gemeinsam mit der tiefen Beugesehne das Krongelenk stabilisiert und so einer Hyperextension entgegenwirkt. Die oberflächliche Beugesehne verhindert bei der im Stand am Krongelenk auftretenden Spannung eine Beugung des Gelenkes, indem sie von palmar her Druck ausübt.

Eine kontinuierliche ligamentöse Einheit verläuft vom proximalen Ende des Os metacarpale III zum Fesselbein und zum Kronbein. Dieser sogenannte Fesselträger besteht aus dem Musculus interosseus medius, dem Ligamentum metacarpointersesamoideum, den mittleren Sesambeinbändern mit den darin eingebetteten Gleichbeinen sowie den drei distalen Sesambeinbändern. Der Fesselträger verhindert eine extreme Hyperextension des Fesselgelenkes. Zusätzlicher Halt wird durch die Beugesehnen gegeben, und zwar durch die oberflächliche Beugesehne im Bereich zwischen ihrem Ligamentum accessorium, das am Radius entspringt, und dem Fessel- sowie Kronbein. Die tiefe Beugesehne fixiert das Fesselgelenk zwischen ihrem Ligamentum accessorium, das distal des Karpus entspringt, und ihrem Ansatz am Hufbein.

Die Fixation des Karpus erfolgt durch die palmaren Bänder des Karpalgelenkes und die Form der Gelenkflächen der Knochen dieses Gelenkes. Die im Canalis carpi verlaufenden Beugesehnen und die dorsal gelegenen Strecksehnen, insbesondere die Sehne des Musculus extensor carpi radialis, verleihen dem Karpalgelenk weitere Stabilität.

Ein gewisser Muskeltonus ist zwar in allen Muskeln der Schultergliedmaße stets und auch in Ruhe vorhanden, die durch das Caput longum des Musculus triceps brachii erzeugte Spannung ist jedoch essentiell für die Fixation des Ellbogengelenkes in Streckstellung, da die Beugung dieses Gelenkes ein Kollabieren der Schultergliedmaße zur Folge hätte.[18] Das Ellbogengelenk wird ferner durch seine Seitenbänder sowie durch die umgebenden Muskeln mit Ursprung am Oberarm stabilisiert.

Die Ursprungssehne des Musculus biceps brachii und sein distal und oberflächlich gelegener Lacertus fibrosus, der mit der Sehne des Musculus extensor carpi radiale verschmilzt, bilden eine fortlaufende sehnige Struktur zwischen dem Tuberculum supraglenoidale der Skapula und der Tuberositas ossis metacarpalis III. Diese Konstruktion verhindert eine durch das Gewicht des Rumpfes hervorgerufene und durch die Anheftungsstellen des Musculus serratus ventralis sowie durch das Ligamentum dorsoscapulare bewirkte Beugung des Schultergelenkes. Der kräftige mediale Schenkel der Endsehne des Musculus biceps brachii trägt ebenfalls zu einer Stabilisierung des Ellbogengelenkes bei, und die Endsehne des Musculus extensor carpi radialis verhindert auf der anderen Seite eine Beugung im Karpalgelenk.

Epiphysenfugenschluß

Über die genauen Zeitpunkte des Schlusses der einzelnen Epiphysenfugen beim Pferd finden sich in der Literatur verschiedene Angaben.[6] Tabelle 1.1 faßt die auf radiologischen Untersuchungen sowie auf anatomischen Präparationen und histologischen Untersuchungen basierenden Ergebnisse verschiedener Autoren zusammen.

Beckengliedmaße

Zehe und Fesselgelenkbereich

Der Hinterhuf ist schmaler als der Vorderhuf, und seine Form korrespondiert mit dem vom Hornschuh umschlossenen Hufbein. Die Processus plantares dieses Knochens stehen näher zusammen und sind schwächer ausgebildet; die Facies solearis ist stärker konkav. Im Vergleich zum Vorderfuß ist der von der Zehe des Hinterfußes mit dem Boden gebildete Winkel etwas größer. Er variiert zwischen 50 und 62 Grad und beträgt im Durchschnitt 55,4 Grad.[26] Das Kronbein ist schmaler und länger, das Fesselbein etwas kürzer als an der Schultergliedmaße (Abb. 1.28).

Tabelle 1.1: Epiphysenfugenschluß an der Schultergliedmaße des Pferdes

Skapula	Os metacarpale III
proximal* 36 Monate und später	proximal ante partum
distal 9–18 Monate	distal 6–18 Monate
Humerus	Fesselbein
proximal 26–42 Monate	proximal 6–15 Monate
distal 11–34 Monate	distal ante partum bis zu einem Monat post partum
Radius	Kronbein
proximal 11–25 Monate	proximal 6–15 Monate
distal 22–42 Monate	distal ante partum bis zu einer Woche post partum
Ulna	Hufbein
proximal 27–42 Monate	proximal ante partum
distal 2–12 Monate	
(bei einigen Tieren bis zum 4. Lebensjahr)	

* Ossifikationszentrum

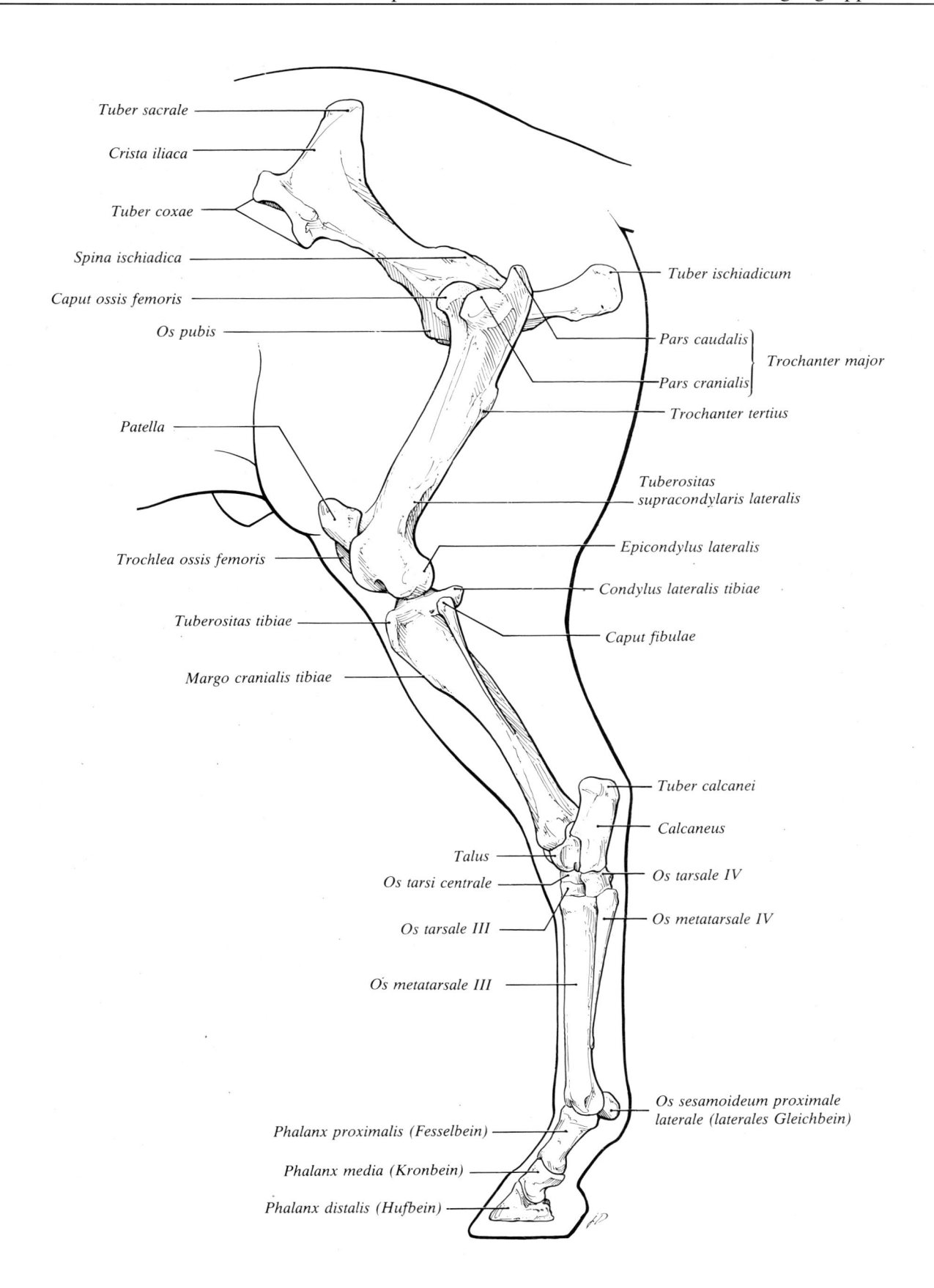

Kapitel 1: Funktionelle Anatomie des Bewegungsapparates 39

Abb. 1.28: Knochen der Beckengliedmaße; laterale Ansicht.

40 Kapitel 1: Funktionelle Anatomie des Bewegungsapparates

Die Endsehne des Musculus extensor digitalis longus inseriert an den Dorsalflächen von Fessel- und Kronbein sowie am Processus extensorius des Hufbeines, die Endsehne des Musculus extensor digitalis lateralis inseriert aber gewöhnlich im Gegensatz zu den Verhältnissen an der Schultergliedmaße nicht am Fesselbein. Die Beugesehnen, Sehnenscheiden und Schleimbeutel an der Beckengliedmaße unterscheiden sich nicht wesentlich von denen der Schultergliedmaße. Der Fesselträger und die Konstruktion des Fesselgelenkes zeigen im Vergleich zur Schultergliedmaße ebenfalls keine wesentlichen Unterschiede mit Ausnahme des dorsalen Fesselgelenkwinkels, der mit 145 Grad um etwa 5 Grad größer ist als an der Schultergliedmaße.

Blutgefäße und Nerven von Zehe und Fesselgelenkbereich

Die Blutversorgung der Fesselregion und der Zehe wird in der Hauptsache durch den Ramus perforans distalis III (die distal gerichtete Fortsetzung der Arteria metatarsea dorsalis III) übernommen, der sich mit den Arteriae metatarseae plantares II und III verbindet und sich dann distoplantar am Metatarsus in die Arteria digitalis plantaris lateralis und die Arteria digitalis plantaris medialis teilt. Außerdem erfolgt zusätzlich noch eine Versorgung durch die Arteriae digitales plantares communis II und III (Abb. 1.29). Die von den Zehenarterien abgehenden Äste entsprechen in ihrem Verlauf weitgehend den Verhältnissen an der Schultergliedmaße, mit Ausnahme der Versorgung des Strahlbeines. Im Gegensatz zu den Arterien des proximalen Strahlbeinplexus (Proximal navicular plexus) an der Schultergliedmaße, die alle ihren Ursprung in den palmar gelegenen Arterien am Kronbein haben, kommen die entsprechenden Arterien an der Beckengliedmaße zur einen Hälfte aus plantar gelegenen Arterien am Kronbein, zur anderen Hälfte jedoch aus einem Ramus collateralis dieser Arterien. Deutlicher wird der Unterschied zur Schultergliedmaße jedoch durch die weit größere Anzahl von Blutgefäßen, die vom distalen Strahlbeinplexus in den distalen Rand des Strahlbeines eintreten.[8]

Der venöse Abfluß an der Hinterzehe ist ähnlich wie an der Vorderzehe. Von der Vena digitalis medialis fließt venöses Blut zur Vena digitalis plantaris communis II; die Vena digitalis plantaris communis III erhält venösen Zufluß aus der Vena digitalis lateralis.

Das Innervationsmuster der sensiblen Nervi digitales plantares und metatarsei plantares an Zehe und Fessel der Beckengliedmaße ähnelt dem der korrespondierenden Nerven an der Schultergliedmaße. Es gibt jedoch einige Unterschiede. Die Dorsaläste der jeweiligen Nervi digitales plantares werden weiter distal als die entsprechenden Dorsaläste an der Schultergliedmaße abgegeben. Die aus dem Nervus peroneus (fibularis) profundus stammenden Nervi metatarsei dorsales II (medialis) und III (lateralis) verlaufen subkutan in distaler Richtung parallel zu und

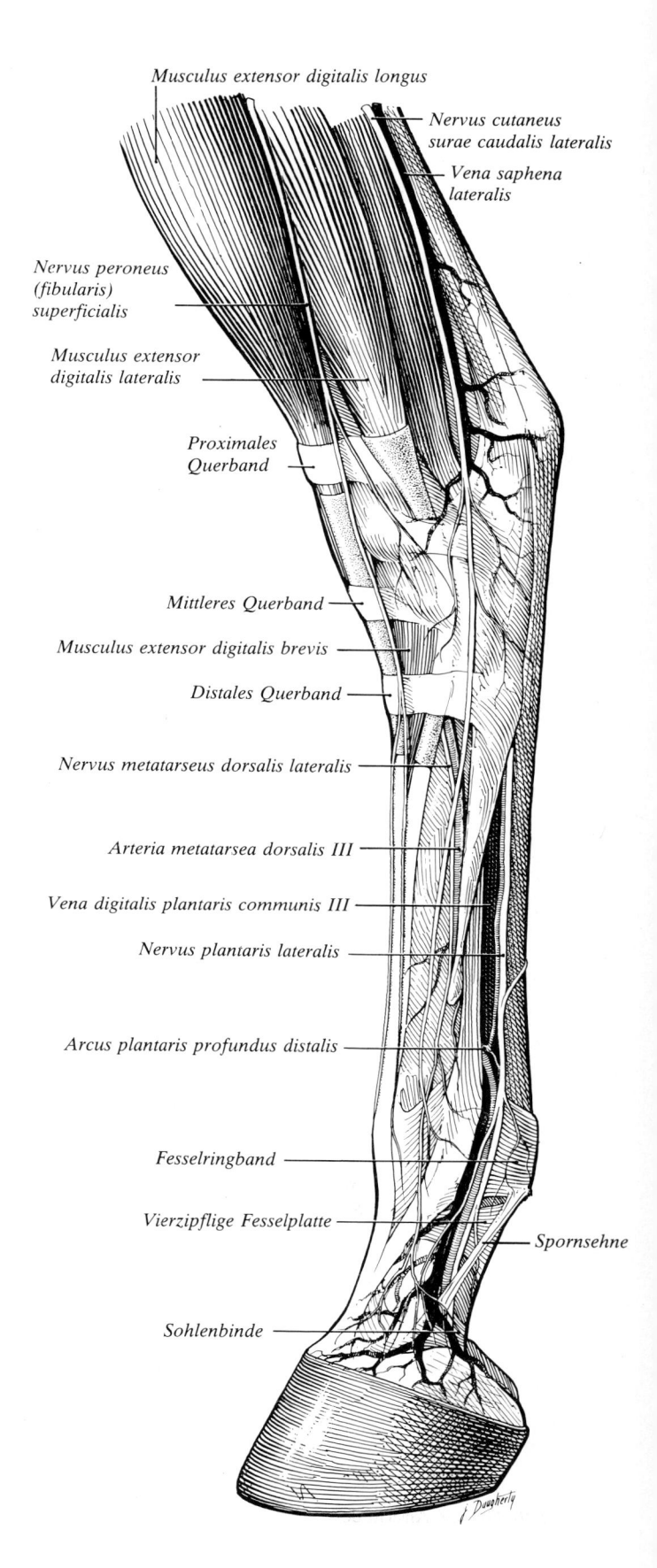

Abb. 1.29: Laterale Ansicht des distalen Abschnittes des linken Unterschenkels und Fußes. Die Haut und ein Teil der Faszie wurden entfernt.

Kapitel 1: Funktionelle Anatomie des Bewegungsapparates 41

- Nervus saphenus
- Musculus flexor digitalis medialis
- Tendo calcaneus communis (Fersensehnenstrang)
- Ramus cranialis der Vena saphena medialis
- Musculus flexor digitalis lateralis
- Gemeinsame Sehnenscheide der Musculi flexor digitalis lateralis und tibialis caudalis
- Proximales Querband
- Sehne des Musculus peroneus (fibularis) tertius
- Medialer Endschenkel des Musculus tibialis cranialis (Spatsehne)
- Lateraler Endschenkel des Musculus tibialis cranialis
- Distales Querband
- Oberflächliche Beugesehne
- Nervus plantaris medialis
- Nervus metatarseus dorsalis medialis
- Ramus communicans
- Vena digitalis dorsalis communis II an der Einmündung in die Vena digitalis plantaris communis II
- Gemeinsame Strecksehne
- Nervus digitalis plantaris medialis
- Ramus dorsalis des Nervus digitalis plantaris medialis
- Arteria digitalis medialis
- Vena digitalis medialis
- Nervus digitalis plantaris medialis

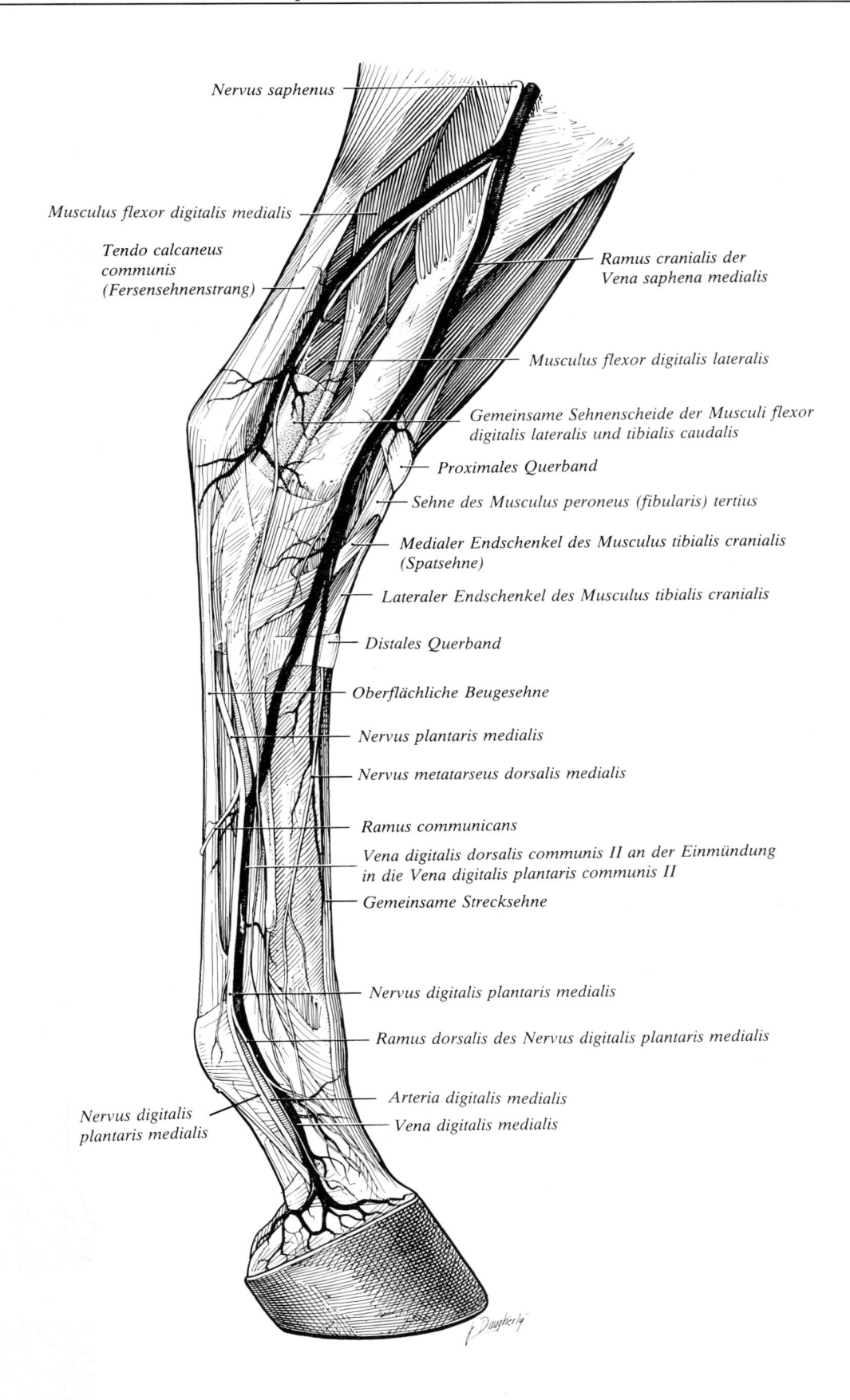

Abb. 1.30: Mediale Ansicht des distalen Abschnittes des linken Unterschenkels und Fußes. Die Haut und ein Teil der Faszie wurden entfernt.

dorsal der Nervi metatarsei plantares II (medialis) und III (lateralis) (Abb. 1.29 und 1.30). Der Nervus metatarseus plantaris lateralis ist der kürzeste dieser vier Nerven und verläuft in distaler Richtung über das Fesselgelenk zur lateralen Fläche des Krongelenkes. Der Nervus metatarseus plantaris medialis kann den Kronrand erreichen; beide Nervi metatarsei dorsales setzen sich dagegen bis in die Wandlederhaut fort.[9] Zwischen den Nervi metatarsei dorsales und plantares gibt es manchmal Verbindungsäste. Die Innervation der Haut im Bereich des Fesselgelenkes wird durch die Endaufzweigungen des Nervus saphenus (medial), des Nervus peroneus (fibularis) superficialis (dorsal und lateral) sowie durch den Nervus cutaneus surae caudalis lateralis (dorsolateral) vervollständigt.

Mittelfußbereich (Regio metatarsi)

Der Metatarsus des Pferdes ist um etwa 16 % länger als der Metakarpus, und das Os metatarsale III besitzt einen runderen Querschnitt als das Os metacarpale III. Das Os metatarsale IV (laterales Griffelbein) und dabei insbesondere das Griffelbeinköpfchen ist größer als das Os metatarsale II (mediales Griffelbein).

Dorsale Ansicht

Drei oberflächlich gelegene Nerven übernehmen die sensible Innervation der Haut an der dorsalen, lateralen und medialen Fläche des Hintermittelfußes. Dorsolateral reichen die beiden Endaufzweigungen des Nervus peroneus (fibularis) superficialis bis an das Fesselgelenk. Der Endast des Nervus cutaneus surae caudalis lateralis zeigt einen schrägen Verlauf von der Lateralfläche des Sprunggelenkes über den dorsolateralen Teil des Os metatarsale III bis in die Haut im Bereich des Fesselgelenkes, und der Endast des Nervus saphenus versorgt medial die Haut vom Metatarsus bis zum Fesselgelenk.

Die Vena digitalis dorsalis communis II stellt die proximale Fortsetzung der Vena digitalis plantaris communis II dar und entspringt aus einem venösen Gefäßbogen proximal der Gleichbeine. Zunächst verläuft die Vena digitalis dorsalis communis II am medialen Rand des Musculus interosseus medius, sie zieht dann weiter in einer Rinne über den proximalen Teil der Dorsalfläche des Os metatarsale III zum Sprunggelenk, von wo aus sie sich in den Ramus cranialis der Vena saphena medialis fortsetzt.

Die Vena metatarsea dorsalis II ist mehr zentral gelegen und wendet sich medial der Endsehne des Musculus extensor digitalis longus in proximaler Richtung zu ihrer Vereinigungsstelle mit dem Ramus cranialis der Vena saphena medialis oder aber mit der Vena dorsalis pedis.

In einer Rinne zwischen dem Os metatarsale II und dem Os metatarsale III verläuft distal des dorsal am Tarsus gelegenen arteriellen Netzes die kleine Arteria metatarsea dorsalis II.

Die Endsehne des Musculus extensor digitalis longus verläuft unter der Haut und der Faszie auf der dorsalen Fläche des Os metatarsale III über die gesamte Länge des Metatarsus. Im proximalen Drittel des Metatarsus vereinigt sich die Sehne des Musculus extensor digitalis lateralis mit der Sehne des Musculus extensor digitalis longus. In seltenen Fällen zeigt die Sehne des Musculus extensor digitalis lateralis einen eigenständigen Verlauf zum Fesselbein. Der durch die Vereinigungsstellen der beiden Sehnen gebildete Winkel wird durch den dünnen, dreieckigen Musculus extensor digitalis brevis ausgefüllt. Dieser Muskel entspringt am lateralen Seitenband des Sprunggelenkes, am lateralen Schenkel der Endsehne des Musculus fibularis tertius sowie am mittleren Querband und inseriert an den beiden langen Zehenstreckern, mit denen er zusammenwirkt. Der Musculus extensor digitalis brevis steht in inniger Verbindung mit der Endaufzweigung des Nervus peroneus (fibularis) profundus, und zwar an dessen Aufteilungsstelle in die Nervi metatarsei dorsales II (medialis) und III (lateralis). Er hat ferner Lagebeziehung zu der Arteria metatarsea dorsalis III und dem distalen Abschnitt der Gelenkkapsel des Sprunggelenkes. Seine motorische Innervation erfolgt durch Äste der Nervi metatarsei dorsales. Im proximalen Drittel des Metatarsus werden alle Strecker der Zehe durch das distale Querband fixiert (Abb. 1.29).

Unter dem unteren Rand des distalen Querbandes tritt die große Arteria metatarsea dorsalis III hervor und beschreibt in distaler Richtung einen schrägen Verlauf in der von dem Os metatarsale III und Os metatarsale IV gebildeten Rinne. Die Arterie wird durch eine sehr kleine Vene sowie durch den Nervus metatarseus dorsalis III, der am Dorsalrand der Arterie liegt, begleitet. Der Endast des Nervus cutaneus surae caudalis überkreuzt die Arteria metatarsea dorsalis III lateral (Abb. 1.29). Weiter distal verläuft die Arterie zwischen dem Os metatarsale III und dem Os metatarsale IV und setzt sich in der Tiefe als Ramus perforans distalis fort, der die Arteriae metatarseae plantares II und III aufnimmt und sich dann im distalen Viertel des Metatarsus und etwas plantar am Os metatarsale III in die Arteria digitalis medialis und die Arteria digitalis lateralis aufteilt. Der Nervus metatarseus dorsalis lateralis bleibt weiter oberflächlich, zieht in dorsodistaler Richtung bis zum Fesselgelenk und dann weiter in der dorsalen Faszie des Kronbereiches, um sich schließlich in der Wandlederhaut zu verzweigen.

Der etwas stärkere Nervus metatarseus dorsalis medialis entsendet sensorische Fasern an die Gelenkkapsel des Sprunggelenkes und einen motorischen Ast für den Musculus extensor digitalis brevis. Der Nerv tritt unter dem medialen Rand der Endsehne des Musculus extensor digitalis longus hervor, verläuft schräg zwischen der Sehne und dem Os metatarsale II (mediales Griffelbein) und teilt sich weiter distal in gleicher Weise wie der Nervus metatarseus dorsalis lateralis auf (Abb. 1.30).

Laterale und mediale Ansicht

Die Nervi plantares lateralis und medialis liegen plantar der sie begleitenden Venen und Arterien entlang dem jeweiligen lateralen oder medialen Rand der tiefen Beugesehne (Abb. 1.29 und 1.30).

Diese Nerven versorgen die lateral, medial und plantar gelegenen Strukturen am Metatarsus. Der Nervus plantaris lateralis tritt zwischen den beiden Beugesehnen auf die laterale Seite und zieht bis an die lateralen Begrenzungen der beiden Sehnen. Der Nerv ist hier durch sehr starkes fibröses Bindegewebe bedeckt und entläßt an dieser Stelle seinen Ramus profundus, aus dem die in der Tiefe gelegenen Nervi metatarsei plantares lateralis und medialis hervorgehen, deren Verlauf dem der Nervi metacarpei palmares an der Schultergliedmaße homolog ist. Etwa ab der Mitte des Metatarsus entläßt der Nervus plantaris medialis den Ramus communicans, der plantar in laterodistaler Richtung schräg über die oberflächliche Beugesehne verläuft und sich im distalen Viertel des Metatarsus mit dem Nervus plantaris lateralis vereinigt. Der Ramus communicans ist im allgemeinen schwächer als sein Gegenstück an der Schultergliedmaße oder kann auch ganz fehlen.

Die schwachen Arteriae digitales plantares communis II (medialis) und III (lateralis) verlaufen beiderseits zum distalen Ende des Metatarsus, wo sie Äste an die jeweilige Zehenarterie abgeben. Der in Höhe des Tarsalgelenkes gelegene Arcus plantaris profundus (proximalis) erhält hauptsächlich Zufluß aus dem Ramus perforans proximalis (Arteria tarsea perforans), der der Arteria dorsalis pedis entstammt, und ferner aus den Rami profundi der Arteriae plantares.

Plantare Ansicht

Das Verzweigungsmuster der in distaler Richtung dorsal des Musculus interosseus medius verlaufenden Arteriae metatarseae plantares medialis und lateralis ähnelt dem der entsprechenden Gefäße am Metakarpus. Auch die oberflächliche Beugesehne zeigt keine Unterschiede zu den Verhältnissen an der Schultergliedmaße. Im Bereich des Fesselgelenkes wird die oberflächliche Beugesehne durch die tiefe Beugesehne perforiert. Im proximalen Drittel des Metatarsus vereinigt sich die Sehne des Musculus flexor digitalis medialis (medialer Anteil des Musculus flexor digitalis profundus) mit der Hauptsehne des Musculus flexor digitalis profundus. Ein schwaches Unterstützungsband für die tiefe Beugesehne isoliert sich aus dem plantaren Anteil der fibrösen Gelenkkapsel des Sprunggelenkes (Abb. 1.48). Dieses Unterstützungsband kann fehlen bzw. fehlt bei Ponys und Maultieren fast immer. Im Bereich des Metatarsus finden sich ferner noch die kleinen Musculi interossei mediales und laterales sowie die Musculi lumbricales.

Hinterfußwurzelbereich (Regio tarsi)

Die Knochen des Tarsus sind der Talus, der Kalkaneus sowie das Os tarsi centrale, die miteinander verschmolzenen Ossa tarsalia I und II sowie die Ossa tarsalia III und IV (Abb. 1.48). Proximal bildet die Trochlea des Talus mit der Cochlea tibiae das Tarsokruralgelenk (Articulatio tarsocruralis); distal bildet die distale Reihe der Ossa tarsalia mit den drei Ossa metatarsalia die Articulationes tarsometatarseae. Diese Knochenverbindungen und die beiden Hinterfußwurzel-Mittelgelenke (Articulatio talocalcaneocentralis et calcaneoquartalis und Articulatio centrodistalis) werden gemeinsam durch lange Seitenbänder fixiert. Blutgefäße, Nerven sowie die Sehnen der Zehen- und Unterschenkelmuskulatur laufen über den Tarsus und/oder heften sich ihm an.

Dorsale Ansicht

Der lange Ramus cranialis der Vena saphena medialis kommt aus der Vena digitalis dorsalis communis II, verläuft in proximaler Richtung in der oberflächlichen Faszie und überkreuzt die mediodorsale Fläche des Tarsus auf der Aussackung der Gelenkkapsel der Articulatio tarsocruralis liegend (Abb. 1.31 und 1.33). Ein Ramus anastomoticus verbindet dorsal die Vena saphena medialis unmittelbar proximal der Articulatio tarsocruralis mit der mehr in der Tiefe gelegenen Vena tibialis cranialis. Letztere stellt die proximale Fortsetzung der Vena dorsalis pedis dar. Der Nervus peroneus (fibularis) superficialis liegt lateral und parallel zur Endsehne des Musculus extensor digitalis longus in der Faszie. Das derbe mittlere Querband, isoliert sich aus dem lateralen Schenkel der Endsehne des Musculus peroneus (fibularis) tertius, umschließt die in ihrer Sehnenscheide verlaufende Sehne des Musculus extensor digitalis longus und heftet sich dem Kalkaneus an. Der starke dorsale Anteil der Fascia dorsalis pedis verbindet sich unmittelbar distal der Articulationes tarsometatarseae mit der Sehne des Musculus extensor digitalis longus. Seine Sehnenscheide erstreckt sich vom Malleolus lateralis der Tibia distal bis fast zur Vereinigungsstelle dieser Sehne mit der Endsehne des Musculus extensor digitalis lateralis (Abb. 1.29). Die Sehne des Musculus extensor digitalis longus liegt unmittelbar lateral der palpierbaren medialen Kante der Trochlea tali. Der proximale Anteil des Musculus extensor digitalis brevis bedeckt die Gelenkkapsel des Tarsalgelenkes, die Arteria tarsea lateralis, die ihn versorgt, die Arteria dorsalis pedis, die sich distal in die Arteria metatarsea dorsalis III fortsetzt, sowie die Endaufzweigung des Nervus peroneus (fibularis) profundus, der sich hier in die beiden Nervi metatarsei dorsales aufteilt (Abb. 1.31).

Die Endsehne des Musculus peroneus (fibularis) tertius liegt während ihres Verlaufes über die dorsale Fläche des Tarsokruralgelenkes und über den Tarsus auf der Sehne des Musculus tibialis cranialis (Abb. 1.31, 1.32 und 1.34). Sie bildet im weiteren eine Manschette um die Sehne des Musculus tibialis cranialis und seine Sehnenscheide. Die Sehne des Musculus tibialis cranialis spaltet sich nach Durchtritt durch diese Manschette in einen lateralen (dorsalen) Schenkel, der sich dem Os metatarsale III anheftet, und in einen stärkeren medialen Schenkel (Spatsehne), der schräg in mediodistaler Richtung lateral des oberflächlichen Anteiles des langen medialen Seitenbandes des Sprunggelenkes verläuft und sich mit dem Os tarsale I verbindet. Zwischen der Spatsehne und dem medialen Seitenband liegt ein ausgedehnter Schleimbeutel.

Nach Bildung der genannten Manschette und Durchtritt der Sehne des Musculus tibialis cranialis durch diese teilt sich die Endsehne des Musculus peroneus (fibularis) tertius in zwei Schenkel. Der dorsale Schenkel verläuft lateral der Spatsehne und heftet sich dem Os tarsale II und dem Os metatarsale III medial des lateralen (dorsalen) Schenkels der Endsehne des Musculus tibialis cranialis an (Abb. 1.31). Der laterale Schenkel verläuft in distaler

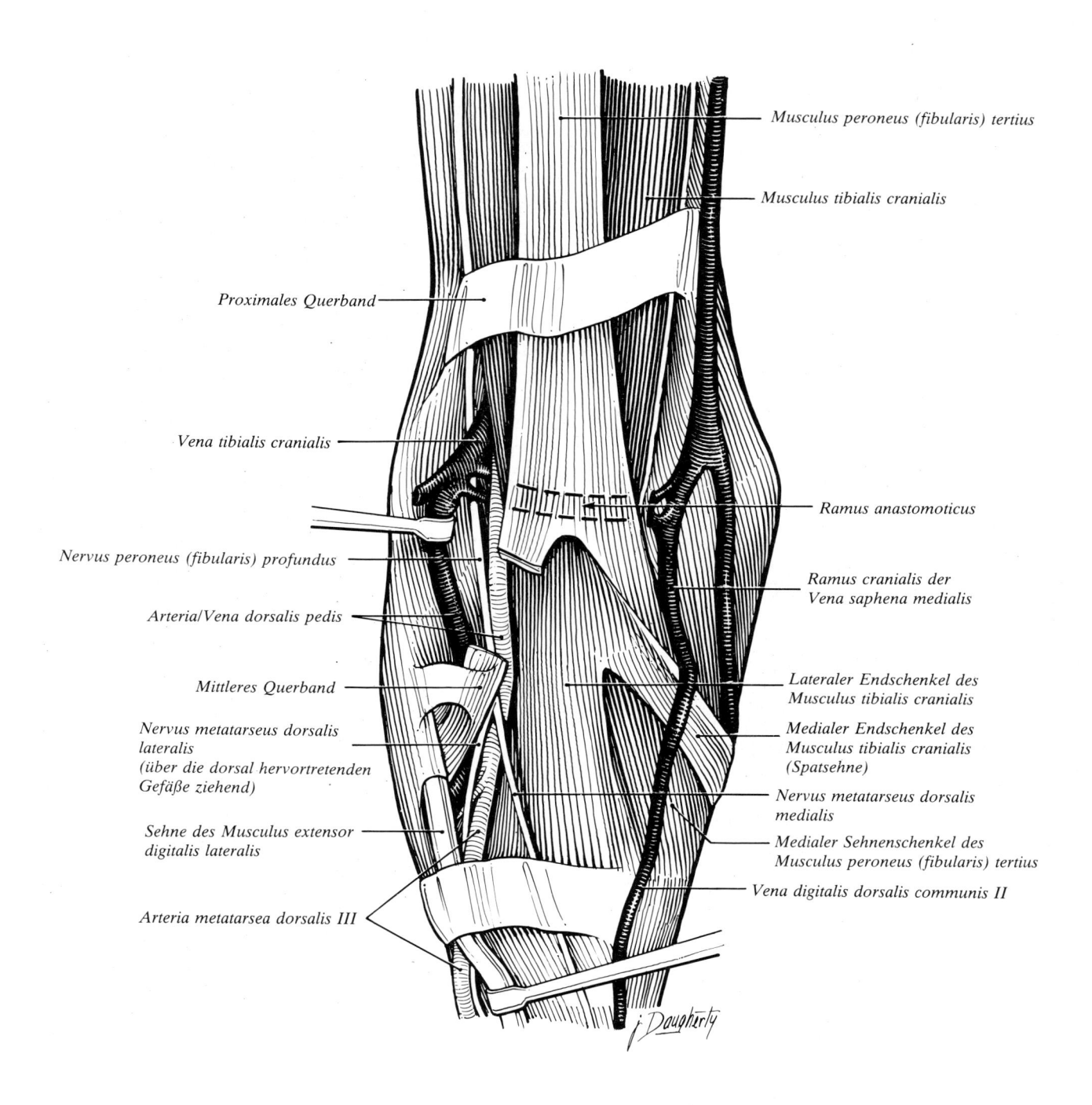

Abb. 1.31: Dorsale Ansicht des rechten Tarsus. Die Musculi extensores digitales longus und brevis wurden entfernt. Der laterale Sehnenschenkel des Musculus peroneus (fibularis) tertius wurde abgesetzt. Man beachte seine Verbindung zum mittleren Querband.

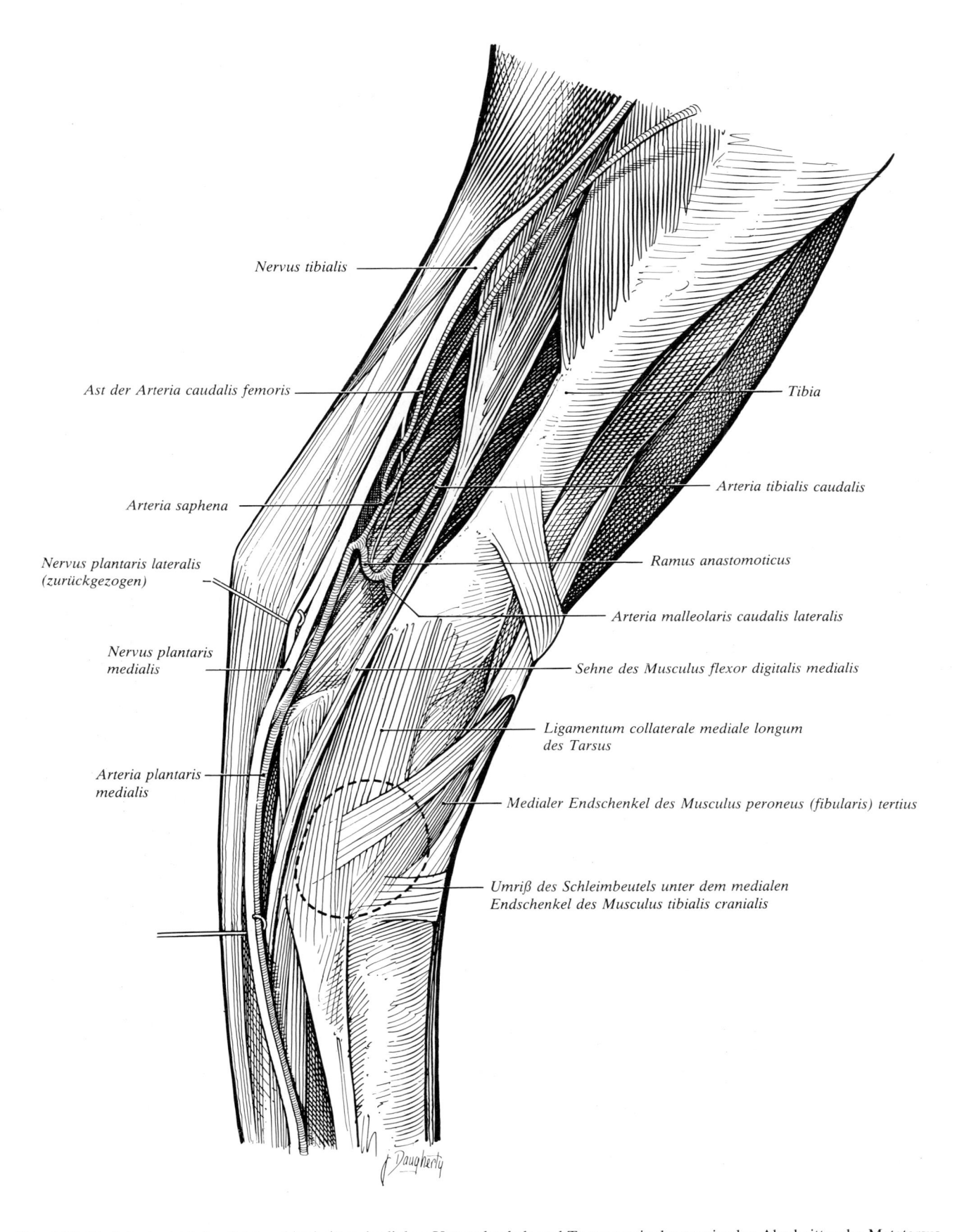

Abb. 1.32: Mediale Ansicht des distalen Abschnittes des linken Unterschenkels und Tarsus sowie des proximalen Abschnittes des Metatarsus.

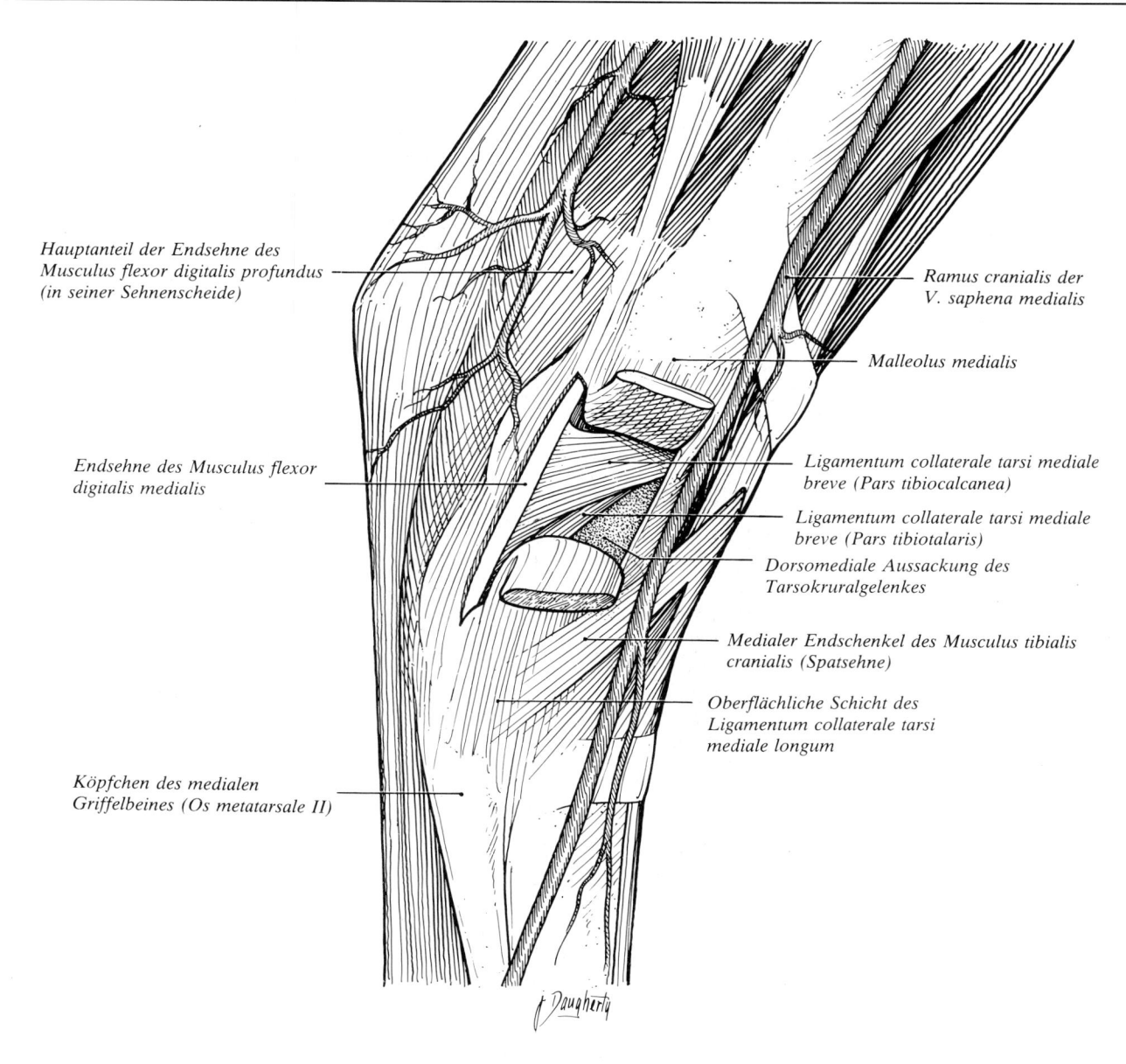

Abb. 1.33: Mediale Ansicht des linken Tarsus. Das Ligamentum collaterale mediale longum wurde durchtrennt und umgeklappt. Die Sehnenscheide der Endsehne des Musculus flexor digitalis longus wurde geöffnet.

Richtung in der Tiefe medial der Sehne des Musculus extensor digitalis longus, verschmilzt mit dem mittleren Querband und zieht weiter lateral, distal der lateralen Kante der Trochlea tali. Es erfolgt dann eine Aufteilung dieses Sehnenschenkels in zwei Anteile, die sich dem Kalkaneus und dem Os tarsale IV anheften (Abb. 1.37).

Die Arteria tibialis cranialis, die das Hauptgefäß für die Versorgung des Fußes (Tarsus, Metatarsus und Zehe) darstellt, setzt sich etwa auf Höhe des Tarsokruralgelenkes in die Arteria dorsalis pedis fort (Abb. 1.31). Kleine Äste der Arteria dorsalis pedis bilden in der Fascia dorsalis pedis ein arterielles Netzwerk. Die Arteriae tarseae medialis und lateralis stellen kleine Abzweigungen aus der Arteria dorsalis pedis dar und versorgen jeweils eine Seite des Tarsus. Die Arteria dorsalis pedis gibt, bevor sie sich in die Arteria metatarsea dorsalis III fortsetzt, die Arteria tarsea perforans ab, die den durch das Os tarsi centrale sowie die Ossa tarsalia III und IV gebildeten Gefäßkanal durchzieht. Dieser Ast fließt dem Arcus plantaris profundus (proximalis) zu. Korrespondierende Venen begleiten die Arterien.

Laterale Ansicht

Die Innervation der lateralen Fläche des Tarsus erfolgt durch den Nervus cutaneus surae caudalis, der oberflächlich über den Kalkaneus zieht, sowie durch den mehr dorsal gelegenen Nervus peroneus (fibularis) superficialis (Abb. 1.29).

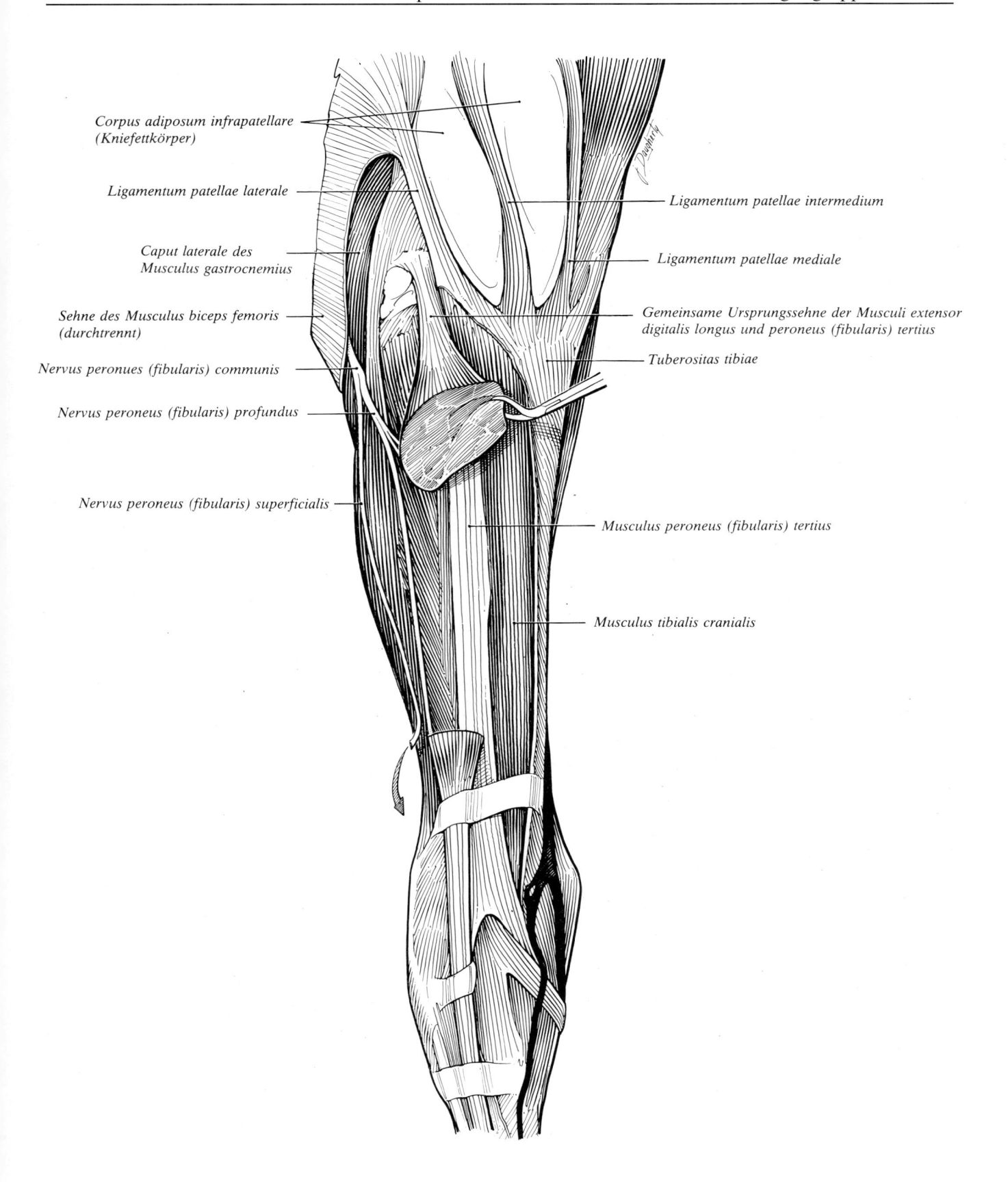

Abb. 1.34: Dorsale Ansicht der rechten Knieregion, des rechten Unterschenkels und Tarsus. Der Muskelbauch des Musculus extensor digitalis longus wurde entfernt. Die Fortsetzung des Nervus peroneus (fibularis) superficialis wurde mit der Faszie entfernt (Pfeil).

Labels (linke Seite, von oben):
- *Corpus adiposum infrapatellare (Kniefettkörper)*
- *Ligamentum patellae laterale*
- *Caput laterale des Musculus gastrocnemius*
- *Sehne des Musculus biceps femoris (durchtrennt)*
- *Nervus peronues (fibularis) communis*
- *Nervus peroneus (fibularis) profundus*
- *Nervus peroneus (fibularis) superficialis*

Labels (rechte Seite, von oben):
- *Ligamentum patellae intermedium*
- *Ligamentum patellae mediale*
- *Gemeinsame Ursprungssehne der Musculi extensor digitalis longus und peroneus (fibularis) tertius*
- *Tuberositas tibiae*
- *Musculus peroneus (fibularis) tertius*
- *Musculus tibialis cranialis*

Die von ihrer Sehnenscheide umhüllte Sehne des Musculus extensor digitalis lateralis wird durch ein fibröses Band in einer Sehnenrinne am lateralen Malleolus der Tibia fixiert, tritt dann in einen Faszientunnel im langen lateralen Seitenband des Tarsalgelenkes und verläuft weiter schräg in dorsodistaler Richtung. Ihre Sehnenscheide reicht von unmittelbar proximal des lateralen Malleolus bis etwa auf die Hälfte der Strecke zwischen dem oberen Rand des distalen Querbandes und der Vereinigungsstelle der Sehne mit der Endsehne des Musculus extensor digitalis longus. Plantar der Sehne des Musculus extensor digitalis lateralis tritt die lateroplantare Aussackung der Gelenkkapsel des Tarsokruralgelenkes zwischen dem lateralen Malleolus und dem Kalkaneus hervor.

Mediale Ansicht

Die aus Horn bestehende Kastanie, die als Rudiment der ersten Zehe gilt, liegt in der Haut an der mediodistalen Fläche des Tarsus. Die sensorische Innervation der medialen Seite des Tarsus erfolgt durch die kranialen und kaudalen Äste des Nervus saphenus sowie durch den Nervus tibialis. Der starke Ramus cranialis der Vena saphena medialis verläuft subkutan proximodistal über die mediodistale Aussackung der Gelenkkapsel des Tarsokruralgelenkes (Abb. 1.33). In Höhe des medialen Malleolus der Tibia entläßt die Vena saphena medialis in der Tiefe einen Ramus anastomoticus zur Vena tibialis cranialis. Der Ramus caudalis der Vena saphena medialis erhält Zufluß aus venösen Gefäßen, die auf der medialen und plantaren Seite des Sprunggelenkes liegen.

An der medialen Fläche des Sprunggelenkes ist die zu ihrer Insertionsstelle am Os tarsale I ziehende Spatsehne (medialer Schenkel der Endsehne des Musculus tibialis cranialis) gut palpierbar. Normalerweise ist der zwischen der Spatsehne und dem distalen Anteil des langen medialen Seitenbandes liegende Schleimbeutel hier jedoch nicht zu palpieren (Abb. 1.32). Die Endsehne des Musculus flexor digitalis medialis (medialer Anteil des Musculus flexor digitalis profundus) verläuft plantar des medialen Seitenbandes durch einen von der Faszie gebildeten Tunnel. In Höhe des distalen Viertels der Tibia beginnt ihre Sehnenscheide, die bis zur Vereinigungsstelle der Sehne mit der Hauptsehne des Musculus flexor digitalis profundus reicht. Wenig plantar der Endsehne des Musculus flexor digitalis longus und proximal des Sustentaculum tali des Kalkaneus etwa in Höhe des medialen Malleolus der Tibia befindet sich die medioplantare Aussackung der Gelenkkapsel des Tarsokruralgelenkes.

Die Fascia plantaris bildet durch Abgabe starker Faserzüge das Retinaculum flexorum, das die auf dem Sustentaculum tali des Kalkaneus liegende Vertiefung überbrückt. Dadurch entsteht ein Tunnel, in welchem der Hauptanteil der Sehne des Musculus flexor digitalis profundus verläuft. Die Sehnenscheide der letztgenannten Sehne reicht von dicht proximal des medialen Malleolus der Tibia bis zum proximalen Viertel des Metatarsus (Abb. 1.30). Der in Höhe des Sprunggelenkes durch Aufnahme des Ramus anastomoticus der Arteria tibialis caudalis etwas stärkere Ast der Arteria saphena zieht mit der Sehne distal und stellt einen gemeinsamen Gefäßstamm dar (Abb. 1.32).

Dieser Gefäßstamm teilt sich in die Arteria plantaris lateralis und in die Arteria plantaris medialis. Die Hauptsehne des Musculus flexor digitalis profundus wird auf der Sehnengleitfläche des Sustentaculum tali lateral von den in der distalen Unterschenkelregion aus dem Nervus tibialis hervorgehenden Nervi plantares medialis und lateralis begleitet (Abb. 1.32). In Höhe der Articulationes tarsometatarseae verlaufen der Nervus plantaris medialis und die Arteria plantaris medialis schräg über die plantare Fläche der tiefen Beugesehne, d. h. zwischen oberflächlicher und tiefer Beugesehne, zu deren medialem Rand.

Plantare Ansicht

In Höhe des distalen Drittels des Unterschenkels wendet sich die Sehne des Musculus flexor digitalis superficialis unter Bildung des Tendo plantaris von medial auf die Sehne des Musculus gastrocnemius und verläuft, oberflächlich liegend, zum Fersenbeinhöcker (Abb. 1.30). Hier verbreitet sie sich zur Fersenbeinkappe, die sich am Fersenbeinhöcker anheftet und in die auch der von den Fersenbeinsehnen der Musculi biceps femoris und semitendinosus gebildete Tendo accessorius, der ebenfalls am Tuber calcanei anheftet, einstrahlt. Die Fortsetzung des Musculus flexor digitalis superficialis (oberflächliche Beugesehne) verjüngt sich anschließend und liegt in ihrem weiteren Verlauf nach distal oberflächlich auf dem Ligamentum plantare longum. Die Achillessehne (Tendo gastrocnemius), die die Endsehne des Musculus gastrocnemius darstellt, liegt unterhalb (dorsal) des Tendo plantaris und inseriert plantar am Tuber calcanei. Unmittelbar proximal des Tarsus befindet sich ein langgestreckter Schleimbeutel zwischen Tendo plantaris und Achillessehne. Ein etwas kleinerer Schleimbeutel findet sich zwischen der oberflächlichen Beugesehne und dem Tuber calcanei. Beide Schleimbeutel kommunizieren gewöhnlich über die laterale Fläche der Achillessehne (Tendo gastrocnemius) hinweg.[21] In Höhe des Tuber calcanei findet sich gelegentlich über der Fersenbeinkappe ein inkonstanter subkutaner Schleimbeutel.

Das Ligamentum plantare longum heftet sich laterodorsal der oberflächlichen Beugesehne an der plantaren Fläche des Kalkaneus an und endet distal am Os tarsale IV sowie am lateralen Griffelbeinköpfchen (Abb. 1.36).

Sprunggelenk (Articulatio tarsi)

Der wesentliche Bestandteil des zusammengesetzten Tarsalgelenkes ist das Tarsokruralgelenk, das aufgrund der Form seiner Gelenkflächen ein Scharniergelenk darstellt und wegen seines Federns aus oder in die Streckstellung auch als Schnappgelenk bezeichnet wird. Tiefe Rinnen auf der Gelenkfläche der Kochlea am distalen Tibiaende artikulieren mit der doppelt so großen Gelenkfläche der Trochlea tali in einem dorsolateralen Winkel von 12 bis 15 Grad zur Sagittalebene der Gliedmaße.[6] Die beiden Hinterfußwurzel-Mittelgelenke (Articulatio talocalcaneocentralis et calcaneoquartalis und Articulatio centrodistalis) sowie die Hinterfußwurzel-Mittelfußgelenke (Articulationes tarsometatarseae) stellen straffe Gelenke mit nur geringer Beweglichkeit dar.

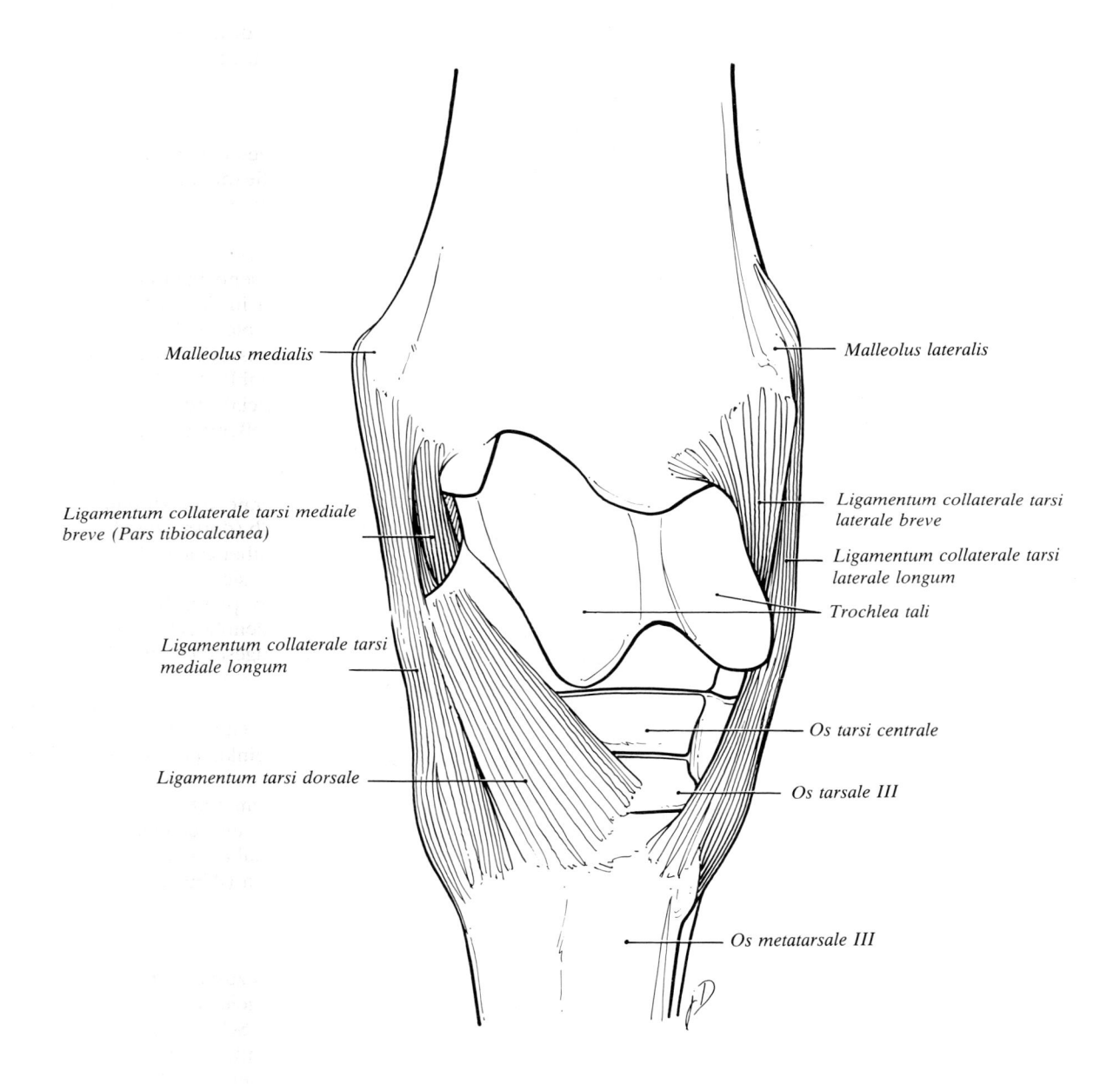

Abb. 1.35: Dorsale Ansicht der Bänder eines rechten Sprunggelenkes.

Auf jeder Seite des Sprunggelenkes finden sich je ein langes sowie drei kurze Seitenbänder.[25] Das Ligamentum collaterale laterale longum, das einen ovalen Querschnitt besitzt, ist zwischen dem lateralen Malleolus der Tibia kaudal der Rinne für die Sehne des Musculus extensor digitalis lateralis und dem Kalkaneus, dem Os tarsale IV, dem Talus sowie den Ossa metatarsalia III und IV ausgebildet (Abb. 1.35 und 1.36). Der Faszientunnel für die Sehne des Musculus extensor digitalis lateralis strahlt in den dorsalen Rand des Ligamentum collaterale laterale longum ein. Beim Fohlen ist der Faszientunnel jedoch eine von dem Ligamentum collaterale laterale longum getrennt verlaufende Struktur.[25] Die drei kurzen lateralen Seitenbänder sind in ihrem Ursprungsbereich am lateralen Malleolus der Tibia kranial der Rinne für die Sehne des Musculus extensor digitalis lateralis miteinander verbunden. Der oberflächliche Anteil, dessen Fasern spiralig um 180 Grad gedreht sind, heftet sich distoplantar sowohl

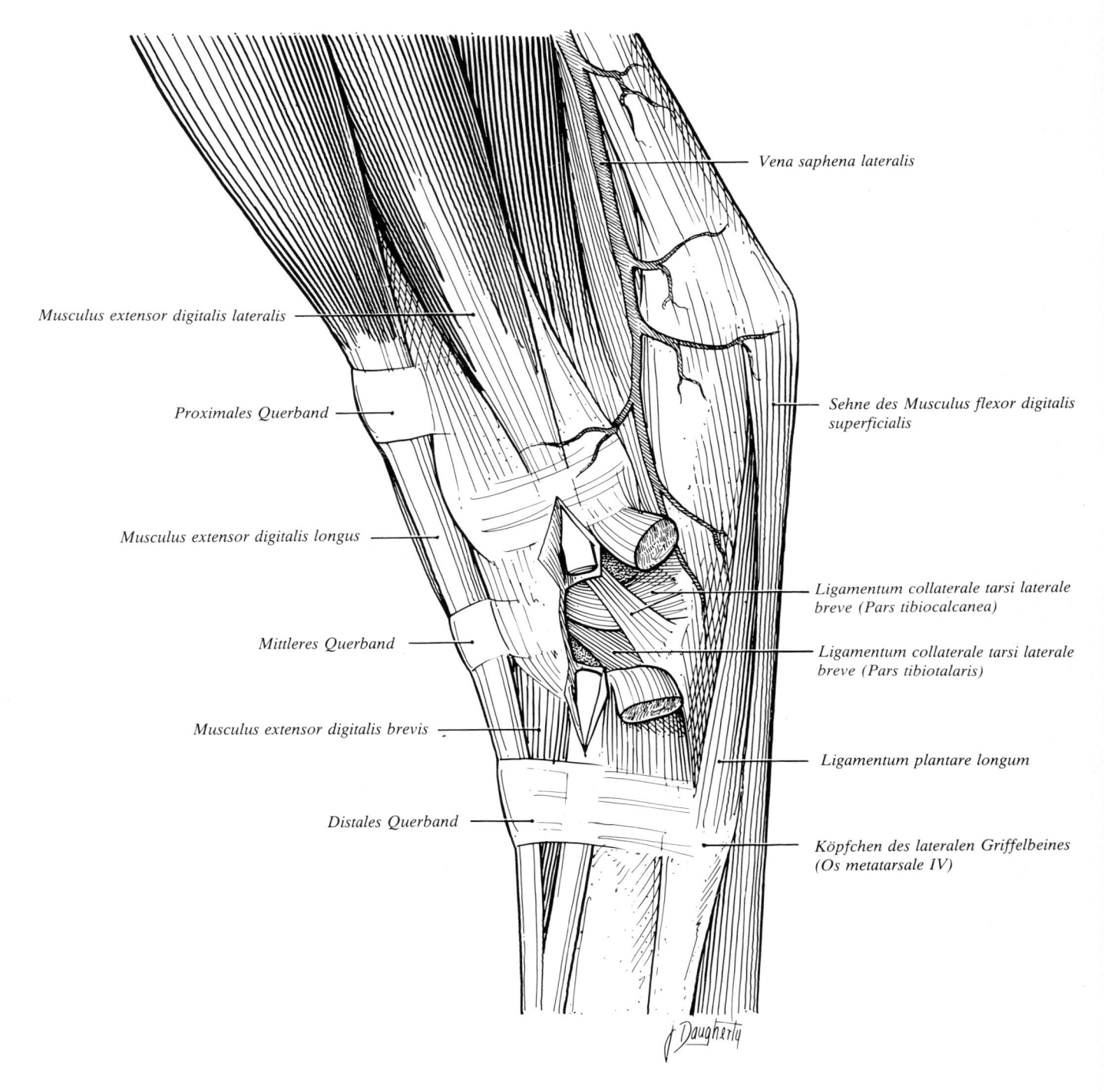

Abb. 1.36: Laterale Ansicht des linken Tarsus. Das Ligamentum collaterale laterale longum wurde durchtrennt und umgeklappt. Ein Teil der Sehne des Musculus extensor digitalis lateralis wurde entfernt.

am Talus als auch am Kalkaneus an. Im Gegensatz dazu inserieren das mittlere und das in der Tiefe gelegene distale kurze Seitenband allein an der lateralen Fläche des Talus (Abb. 1.36).

Das Ligamentum collaterale mediale longum des Sprunggelenkes ist weniger gut abgegrenzt als das laterale Seitenband. Es verläuft von seinem Ursprung am medialen Malleolus der Tibia dorsal der Rinne für die Sehne des Musculus flexor digitalis longus in distaler Richtung und teilt sich auf Höhe der proximalen Begrenzung des unter der Spatsehne liegenden Schleimbeutels und entlang seines dorsalen Randes in zwei Anteile (Abb. 1.33 und 1.35). Der oberflächliche Anteil zieht über die Spatsehne hinweg und heftet sich den miteinander verschmolzenen Ossa tarsalia I und II und den proximalen Enden der Ossa metatarsalia II und III unmittelbar distal des die Spatsehne unterlagernden Schleimbeutels an. Der tiefe Anteil inseriert distal am Bandhöcker des Talus sowie am Os tarsi centrale und am Os tarsale III. Der plantare Rand des Bandes strahlt außerdem in die über dem Sustentaculum tali liegende tiefe Faszie und in das Ligamentum metatarseum interosseum ein, das zwischen den Ossa metatarsalia II und III ausgespannt ist. Die im Bereich des plantaren Randes des Ligamentum collaterale mediale longum und des oberflächlichen kurzen medialen Seitenbandes liegende Faszie bildet zusammen mit der das Sustentaculum tali überziehenden Faszie den Faszientunnel für die Endsehne des Musculus flexor digitalis longus.

Das flache, oberflächliche kurze mediale Seitenband ist zwischen dem medialen Malleolus der Tibia und den medialen Bandhöckern des Talus und ihrer Umgebung ausgespannt (Abb. 1.33). Das mittlere kurze mediale Seitenband verläuft schräg vom medialen Malleolus der Tibia zum Sustentaculum tali und dem Os tarsi centrale. Seine Position an der medialen Fläche des Talus zwischen den beiden Bandhöckern wechselt je nach der Bewegungsrichtung des Gelenkes. Der kleinste Anteil, das tiefe, kurze mediale Seitenband, verläuft schräg vom distalen Rand des medialen Malleolus der Tibia zu der zwischen den beiden Bandhöckern des Talus liegenden Vertiefung.

Das Ligamentum tarsi dorsale verbreitert sich, vom distalen Bandhöcker des Talus ausgehend, fächerförmig in distaler Richtung und heftet sich an dem Os tarsi centrale und dem Os tarsale III sowie an den Ossa metatarsalia II und III an (Abb. 1.35). Das Ligamentum tarsi plantare entspringt an der plantaren Fläche des Tuber calcanei und inseriert am Os tarsale IV sowie am Os metatarsale IV. Kleinere, schlecht abgrenzbare Bänder verbinden die benachbarten Tarsalknochen.

Die genannten Bänder sind innig mit dem fibrösen Anteil der Gelenkkapsel des Tarsalgelenkes verwachsen. Die Gelenkkapselwand ist dorsal am dünnsten und in ihren plantaren und distalen Anteilen dicker. Der in die Kapselwand eingelagerte Knorpel im Bereich der Rinne am Sustentaculum tali bildet eine glatte Gleitfläche für die in der Rinne verlaufende tiefe Beugesehne. Weiter distal isoliert sich das Unterstützungsband der tiefen Beugesehne aus der fibrösen Gelenkkapsel.

Die große Gelenkhöhle des Tarsokruralgelenkes bildet in den bandfreien Bereichen drei Aussackungen: eine dorsomediale Aussackung, die die größte Bucht darstellt, eine medioplantare Aussackung sowie eine lateroplantare Aussackung. Das proximale Hinterfußwurzel-Mittelgelenk wird proximal durch den Talus und den Kalkaneus sowie distal durch das Os tarsi centrale und das Os tarsale IV gebildet. Seine Gelenkhöhle kann mit der Gelenkhöhle des Tarsokruralgelenkes kommunizieren. Das Stratum synoviale des distalen Hinterfußwurzel-Mittelgelenkes produziert Synovia für seine proximal vom Os tarsi centrale und distal von den Ossa tarsalia I + II und III begrenzte Gelenkhöhle. Dieses Gelenk kann mit den Articulationes tarsometatarseae kommunizieren, außer in Fällen, in denen Knochenverwachsungen zwischen dem Os tarsi centrale und dem Os tarsale III vorliegen. Je nach angewandter Technik wurde bei 8,3 bis 23,8 % der untersuchten Fälle eine solche Verbindung der Gelenkhöhlen nachgewiesen.[22] Injizierte Flüssigkeiten fließen durch den Spalt zwischen dem Os tarsale III und den miteinander verschmolzenen Ossa tarsalia I und II hindurch. Die Articulationes tarsometatarseae werden von den Tarsalknochen der distalen Reihe und den Metatarsalknochen begrenzt.[6]

Bewegungsmöglichkeiten des Sprunggelenkes

Die Beugung des Tarsalgelenkes erfolgt durch die Kontraktion des Musculus tibialis cranialis sowie durch die passive Zugwirkung des sehnigen Musculus peroneus (fibularis) tertius. Die Streckung des Gelenkes wird durch Kontraktion der Musculi gastrocnemius, biceps femoris und semitendinosus sowie durch den passiven Zug des sehnigen Musculus flexor digitalis superficialis bewirkt. Bei angewinkeltem Kniekehlgelenk beugt der Musculus peroneus (fibularis) tertius durch seinen Ursprung in der Fossa extensoria des Os femoris und seine Insertionsstellen an der lateralen Fläche des Tarsus und der dorsalen Fläche des Os metatarsale III gleichzeitig passiv das Tarsokruralgelenk. Der Musculus flexor digitalis superficialis hat seinen Ursprung in der Fossa supracondylaris des Os femoris und inseriert zunächst am Tuber calcanei. Dieser Anteil des Musculus flexor digitalis superficialis streckt bei gestrecktem Kniekehlgelenk passiv das Tarsokruralgelenk. Die beiden sehnigen Muskeln mit ihrer passiven Funktion bilden die sogenannte Spannsägenkonstruktion (Abb. 1.37).

Im Stand beträgt der dorsal gelegene Beugewinkel des Sprunggelenkes etwa 150 Grad.[6] Bei gebeugtem Tarsokruralgelenk zeigt der Fuß aufgrund der Gelenkkonstruktion etwas lateral. Durch die Spannung der drei kurzen medialen Seitenbänder kommt es auf dem Weg von maximaler Streckung zu maximaler Beugung etwa ab dem ersten Drittel der Wegstrecke zu einer Schnappbewegung.[25]

Unterschenkelbereich (Regio cruris)

Als Crus oder Unterschenkel wird die Region der Beckengliedmaße bezeichnet, in welcher Tibia und Fibula lokalisiert sind. Der Unterschenkel erstreckt sich dementsprechend vom Tarsokruralgelenk bis zum Kniegelenk. Das seitlich abgeflachte proximale Fibulaende artikuliert mit dem lateralen Kondylus der Tibia.

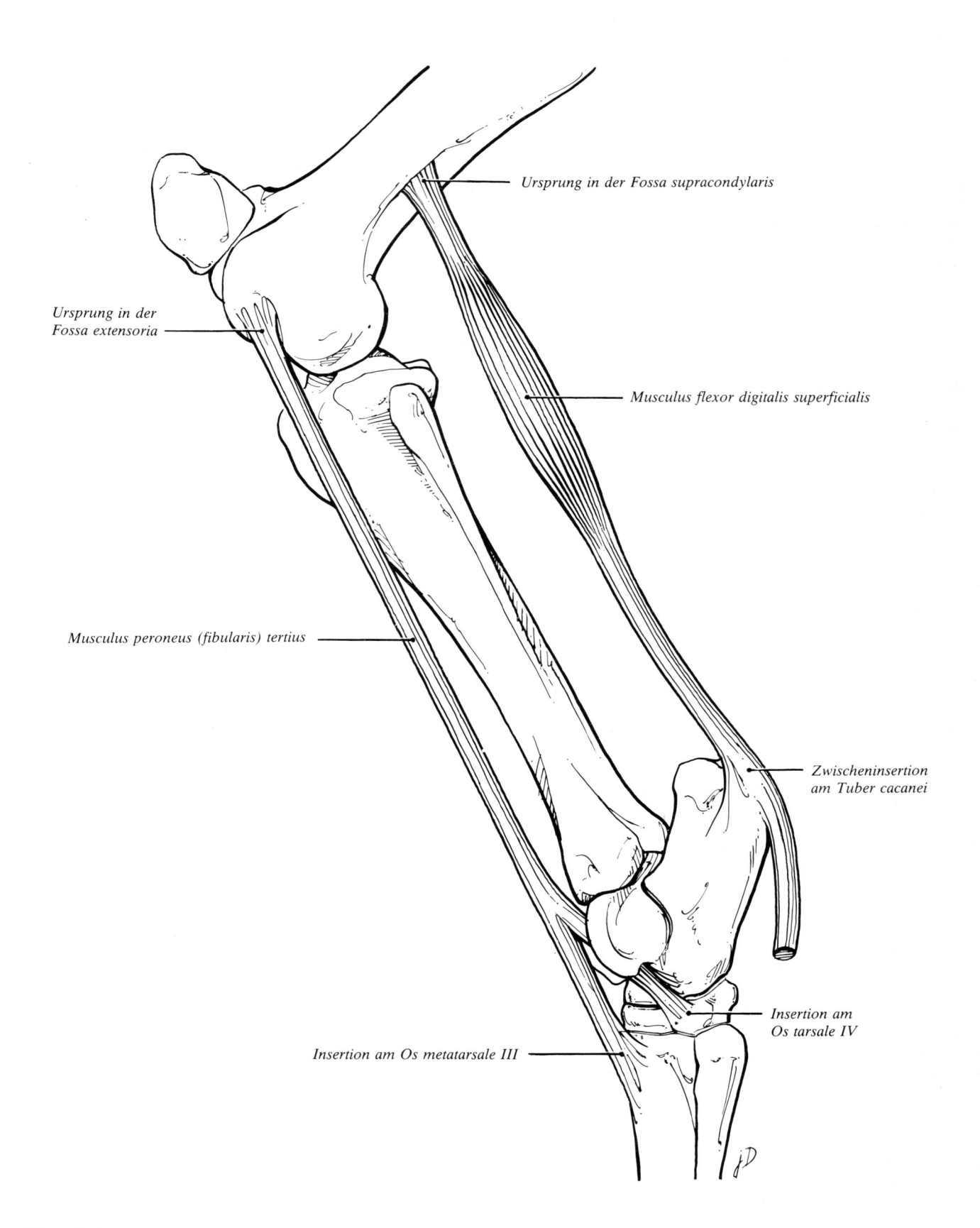

52   Kapitel 1: Funktionelle Anatomie des Bewegungsapparates

Abb. 1.37: Laterale Ansicht der Spannsägenkonstruktion, linke Beckengliedmaße.

Distal und zu ihrem freien Ende hin verjüngt sich die Fibula und endet in Höhe der distalen Hälfte beziehungsweise der distalen zwei Drittel der Tibia in einem schwachen Band (Abb. 1.28 und 1.37). Zwischen den beiden Knochen ist die Membrana interossea cruris ausgebildet. Durch den proximalen Teil dieses Bandes treten die Arteria und Vena tibialis cranialis hindurch.

Unter der Haut und der oberflächlichen Faszie umschließt die tiefe Fascia cruris den gesamten Gliedmaßenabschnitt. Ihr oberflächliches Blatt ist die Fortsetzung der Fascia femoralis; ihr mittleres Blatt hat Verbindung zu den vom Oberschenkel distal ziehenden Sehnen. Beide Faszienblätter sind an mehreren Stellen miteinander verschmolzen. Die Fascia cruris verbindet sich mit dem medialen und dem lateralen Ligamentum patellae und heftet sich etwa auf halber Höhe an die kraniale und mediale Fläche der Tibia an. Kaudal verbindet sich die Fascia cruris mit den Fersenbeinsehnen des Musculus biceps femoris und des Musculus semitendinosus, die sich unter der Achillessehne am Tuber calcanei anheften. Medial der beiden genannten Faszienblätter umhüllt ein tiefes Faszienblatt die Muskulatur. Von lateral tritt ein intermuskuläres Septum zwischen den Musculus extensor digitalis longus und den Musculus extensor digitalis lateralis; ein weiteres Septum schiebt sich zwischen den Musculus extensor digitalis lateralis und den Musculus flexor digitalis profundus.

Kraniale Ansicht

Der Bauch des Musculus extensor digitalis longus zeichnet sich unter der Haut der kraniolateralen Fläche des Unterschenkels deutlich ab. Er entspringt gemeinsam mit dem Musculus peroneus (fibularis) tertius in der Fossa extensoria des Os femoris, und ihre gemeinsame Ursprungssehne zieht durch den Sulcus extensorius tibiae nach distal. Der Musculus extensor digitalis longus steht kaudal in enger topographischer Beziehung mit dem sehnigen Musculus peroneus (fibularis) tertius sowie dem fleischigen Musculus tibialis cranialis und kaudolateral mit dem Musculus extensor digitalis lateralis, von dem er durch ein deutliches intermuskuläres Septum getrennt ist. Der Nervus peroneus (fibularis) superficialis verläuft zuerst distal in der Rinne zwischen den Zehenstreckern und dann im Winkel kranial in Richtung auf das Sprunggelenk. Der Nervus peroneus (fibularis) profundus zieht in der Tiefe zwischen den beiden Muskeln auf der kranialen Fläche des intermuskulären Septums entlang. An seinem Ursprung entsendet dieser Nerv Äste an die Zehenstrecker sowie an den Musculus peroneus (fibularis) tertius und den Musculus tibialis cranialis (Abb. 1.34 und 1.38).

Der Musculus tibialis cranialis hat seinen Ursprung an der Tuberositas tibiae, dem Margo cranialis tibiae, dem lateralen Kondylus der Tibia und der Fibula sowie an der Fascia cruris und bedeckt die kraniolaterale Fläche der Tibia (Abb. 1.34). Er liegt kaudal des Musculus peroneus (fibularis) tertius und steht mit diesem in inniger Verbindung. Die Arteria tibialis cranialis tritt durch das Spatium interosseum cruris und wird längs ihres Verlaufes in distaler Richtung medial des Musculus tibialis cranialis von zwei korrespondierenden Venen begleitet.

Laterale Ansicht

Der Nervus cutaneus surae caudalis geht grundsätzlich aus dem Nervus tibialis hervor (Abb. 1.39). Gemeinsam mit der Vena saphena lateralis (die proximal in die Vena caudalis femoris mündet) zieht der Nerv lateral über den Musculus gastrocnemius. Nerv und Vene verlaufen dann medial der Fascia cruris und der Fersenbeinsehne des Musculus biceps femoris zum distalen Drittel des Unterschenkels, wo der Nerv die Fascia cruris perforiert und sich in mehrere Äste aufteilt, von denen einer über das Sprunggelenk zum Metatarsus verläuft (Abb. 1.29). Die mittlere Endsehne des Musculus biceps femoris zieht über das proximale Drittel der lateralen Fläche des Unterschenkels und heftet sich an das kraniale Ende der Tibia. Die Fersenbeinsehne des Muskels zieht zum Tuber calcanei. In der Tiefe medial des Endabschnittes des mittleren Anteiles des Musculus biceps femoris überkreuzt der Nervus peroneus (fibularis) communis das Caput laterale des Musculus gastrocnemius und teilt sich in den Nervus peroneus (fibularis) superficialis und den Nervus peroneus (fibularis) profundus (Abb. 1.38). Kaudal dieser beiden Nervenäste befindet sich der Musculus extensor digitalis lateralis, der seinen Ursprung an der Fibula, der Membrana interossea cruris, der lateralen Fläche der Tibia sowie dem Ligamentum collaterale laterale des Kniekehlgelenkes hat. Der laterale Anteil des in der Tiefe gelegenen Musculus flexor digitalis profundus, der Musculus flexor hallucis longus, findet sich kaudal des Muskelbauches des Musculus extensor digitalis lateralis.

Das Caput laterale des Musculus gastrocnemius hat seinen Ursprung an der Tuberositas supracondylaris lateralis des Os femoris. Unter der Fascia cruris und in der proximalen Hälfte des Unterschenkels liegt der kleine Musculus soleus, der an der Fibula entspringt, zunächst an der lateralen Fläche des Musculus gastrocnemius entlangzieht und sich dann mit dem Tendo gastrocnemius (Achillessehne) vereinigt (Abb. 1.38).

Mediale Ansicht

Die mediale Fläche der Tibia ist fast auf der gesamten Länge ausschließlich von Haut und Faszie bedeckt (Abb. 1.30). Die sensorische Innervation der medialen und kranialen Fläche des Unterschenkels erfolgt durch eine große Anzahl von Ästen des Nervus saphenus, der sich in der oberflächlichen Faszie verzweigt. Die distale Fortsetzung dieses Nervs folgt dem kräftigen Ramus cranialis der Vena saphena medialis, der schräg über die mediale Fläche der Tibia verläuft. Der kleinere Ramus caudalis der Vena saphena medialis, der von der Arteria saphena begleitet wird, kreuzt den Unterschenkel medial des Musculus flexor digitalis longus und vereinigt sich medial der Insertionsstelle des Musculus semitendinosus an der Tibia mit dem Ramus cranialis der Vena saphena medialis.

Unter der Fascia cruris und kaudal des Ramus caudalis der Vena saphena medialis verläuft der Nervus tibialis zusammen mit Ästen der Arteria und Vena caudalis femoris in distaler Richtung. Dieser Nerv ist von einem gesonderten Faszienblatt umschlossen und teilt sich etwa eine Hand-

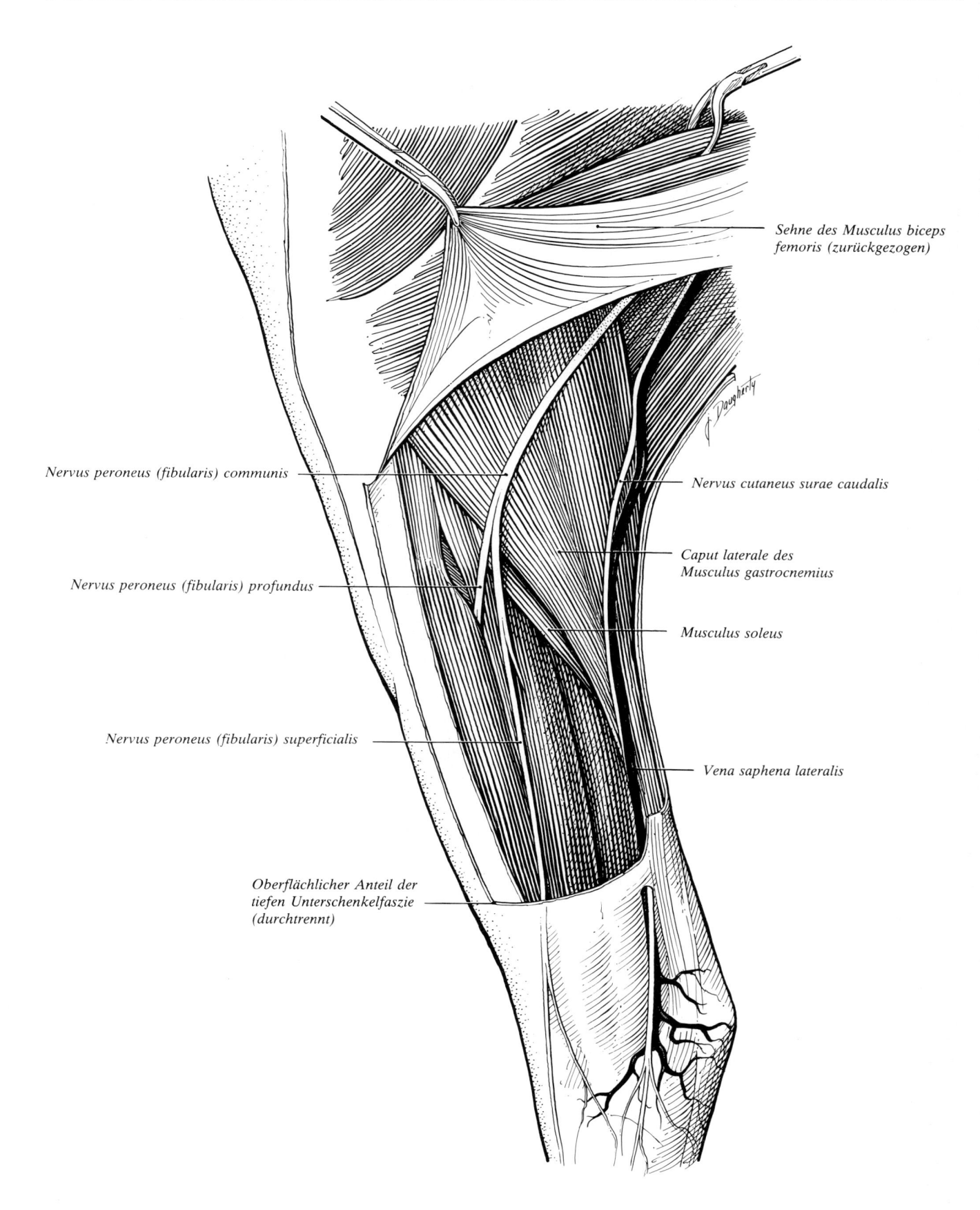

Abb. 1.38: Oberflächliche Präparation der linken Knieregion, des linken Unterschenkels und Tarsus, Lateralansicht.

Labels:
- Sehne des Musculus biceps femoris (zurückgezogen)
- Nervus peroneus (fibularis) communis
- Nervus peroneus (fibularis) profundus
- Nervus peroneus (fibularis) superficialis
- Oberflächlicher Anteil der tiefen Unterschenkelfaszie (durchtrennt)
- Nervus cutaneus surae caudalis
- Caput laterale des Musculus gastrocnemius
- Musculus soleus
- Vena saphena lateralis

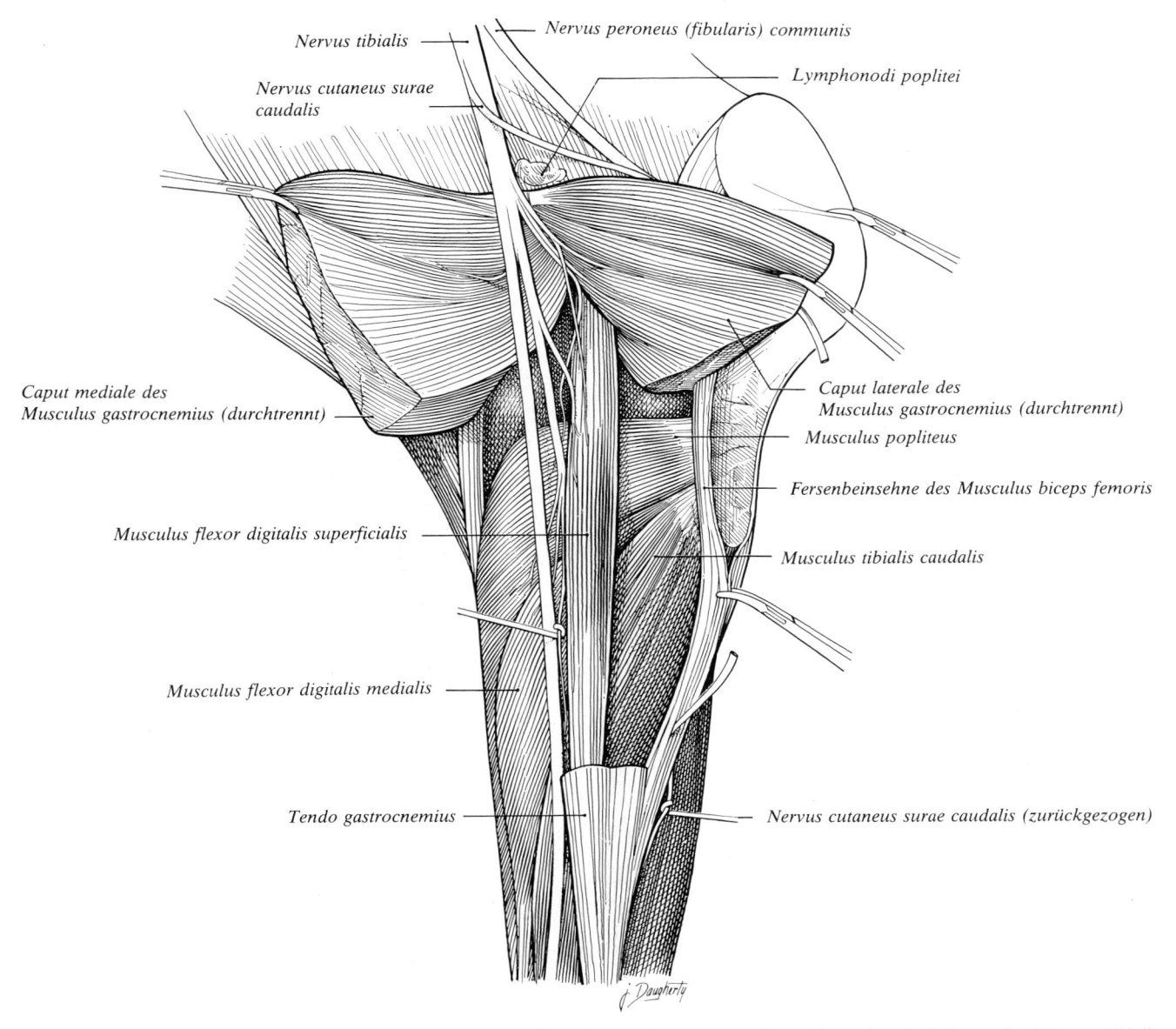

Kapitel 1: Funktionelle Anatomie des Bewegungsapparates 55

Abb. 1.39: Präparation der rechten Knieregion und des rechten Unterschenkels mit Darstellung der Aufteilung des Nervus tibialis, Kaudalansicht.

breit proximal des Tuber calcanei in die Nervi plantares medialis und lateralis. Beide Nerven verlaufen, dicht nebeneinander liegend, zum Tarsus, wo sie sich trennen.

Die Arteria und Vena tibialis caudalis liegen unter der Sehne des Musculus flexor digitalis medialis, die einen schrägen Verlauf in distaler Richtung zeigt. Weiter distal anastomosieren die Arteria und Vena tibialis caudalis medial der tiefen Beugesehne mit dem Ramus caudalis der Arteria saphena bzw. dem Ramus caudalis der Vena saphena medialis. Proximal tritt die Sehne des Musculus semitendinosus auf das Caput mediale des Musculus gastrocnemius. Die Sehne des Musculus gastrocnemius windet sich von lateral um den Tendo plantaris des Musculus flexor digitalis superficialis.

Kaudale Ansicht

Die beiden Köpfe des Musculus gastrocnemius, die ihren Ursprung an der Tuberositas supracondylaris des Os femoris haben, umschließen den rundlichen, meist sehnigen Musculus flexor digitalis superficialis. Seine Sehne schlägt sich von medial auf die Sehne des Musculus gastrocnemius um. In der Tiefe an der kaudalen Fläche der Tibia entspringen die drei Köpfe des Musculus flexor digitalis profundus am lateralen Kondylus der Tibia bzw. an der Membrana interossea cruris und der Fibula (Abb. 1.40). Der Musculus flexor digitalis medialis verläuft schräg lateromedial in einer Rinne, die proximomedial durch den Musculus popliteus und laterodistal durch den Musculus flexor digitalis lateralis als tiefer Anteil des Musculus flexor digitalis profundus begrenzt wird.

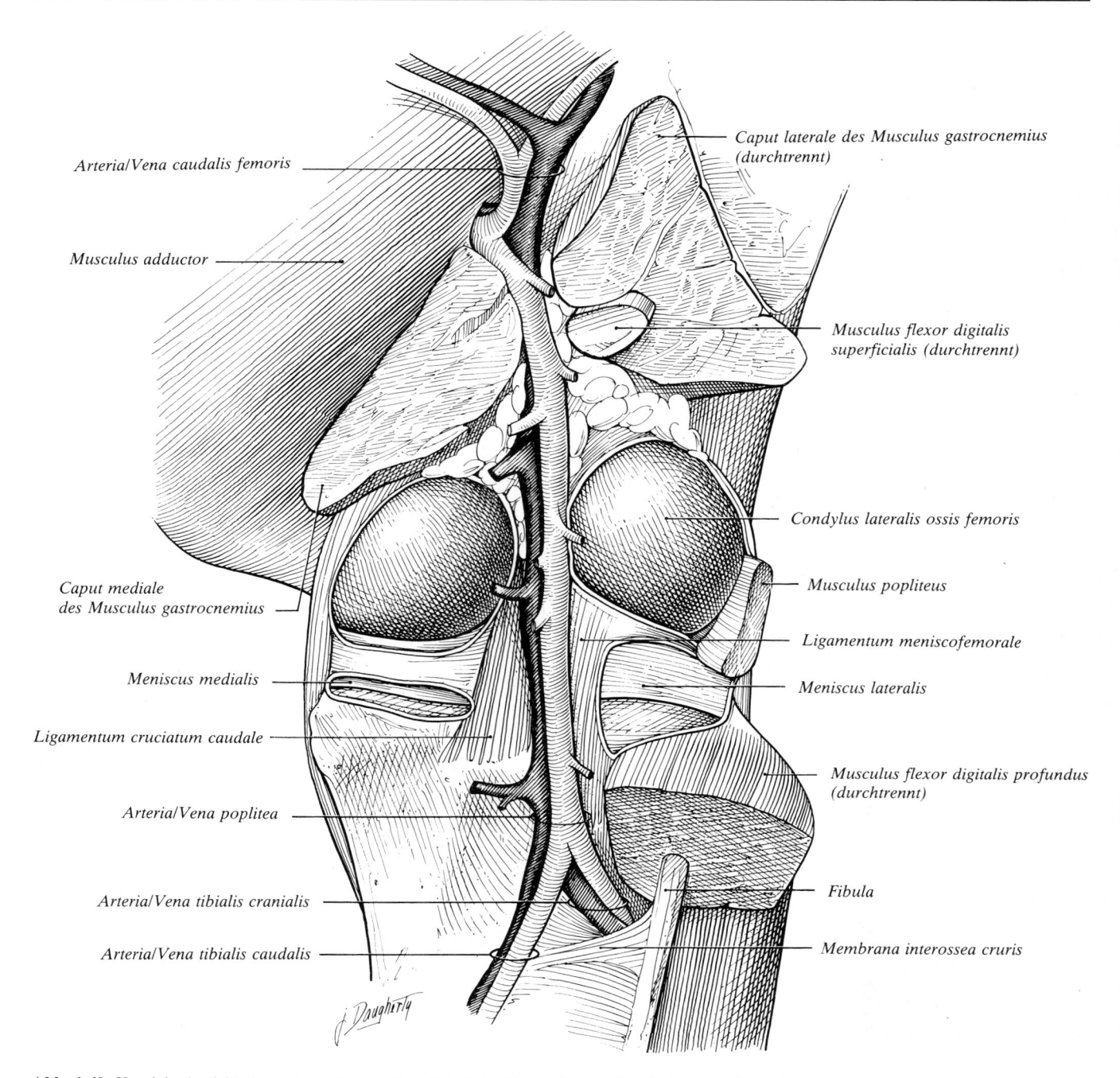

Abb. 1.40: Kaudale Ansicht der rechten Knieregion. Die Gelenkkapsel des Kniegelenkes wurde geöffnet.

Der Musculus tibialis caudalis ist in der Tiefe mit dem Musculus flexor hallucis longus, dem er kaudal aufliegt, verwachsen.

Im distalen Drittel des Unterschenkels vereinigt sich die flache Sehne des Musculus tibialis caudalis mit der kräftigeren Sehne des Musculus flexor digitalis lateralis. Die Sehne des Musculus flexor digitalis medialis zieht getrennt über die mediale Fläche des Sprunggelenkes und vereinigt sich erst am Metatarsus mit der gemeinsamen Endsehne der beiden anderen Anteile zur tiefen Beugesehne.

Kniebereich (Regio genus)

Das Knie des Pferdes besteht aus dem Kniegelenk (Kniekehlgelenk und Kniescheibengelenk) und den das Gelenk umgebenden Strukturen.

Kraniale Ansicht

Die Innervation der Haut der kranialen Knieregion wird durch die Endaufzweigungen des Nervus cutaneus femoris lateralis sowie durch den Ramus cutaneus lateralis des Nervus iliohypogastricus übernommen.

Unter der Haut befinden sich die drei Kniescheibenbänder (Ligamenta patellae), die von der Patella her divergierenden Verlauf zu ihren Anheftungsstellen an der Tuberositas tibiae zeigen. Ein ausgedehnter Kniefettkörper (Corpus adiposum infrapatellare) liegt zwischen diesen Bändern und der Gelenkkapsel des Kniescheibengelenkes (Abb. 1.34). Die Bänder werden von dem Fettgewebe umhüllt. Der Raum zwischen dem medialen und dem mittleren Kniescheibenband ist größer als der Abstand zwischen dem mittleren und dem lateralen Kniescheibenband. Dieser Unterschied spiegelt den Ursprung des medialen Kniescheibenbandes wider. Die Fibrocartilago parapatellaris stellt einen länglichen Fortsatz dar, dessen Lage medial der Patella so beschaffen ist, daß seine Fortsetzung, das mediale Kniescheibenband, zunächst proximal und erst dann medial des medialen Rollkammes der Trochlea ossis femoris verläuft. Das mediale Kniescheibenband, nunmehr dünner als die anderen beiden Kniescheibenbänder, heftet sich medial der Tuberositas tibiae an. Das mittlere Kniescheibenband wird während seines Verlaufes von der Patella zur Tuberositas tibiae von zwei Schleimbeuteln unterlagert, von denen der eine zwischen dem proximalen Anteil des Bandes und der Spitze (Apex) der Patella und der andere zwischen dem Band und dem proximalen Abschnitt der Tuberositas tibiae liegt. Das von der kraniolateralen Oberfläche der Patella mediodistal ziehende laterale Kniescheibenband dient unmittelbar vor seiner Insertion an der Tuberositas tibiae als Ansatz für die mittlere Endsehne des Musculus biceps femoris und für die Fascia lata. Die kraniale Endsehne des Musculus biceps femoris reicht bis zur kranialen Fläche der Patella.

Die Basis der Patella, ihre kraniale Fläche und ihr medialer Rand sowie die Fibrocartilago parapatellaris und die Gelenkkapsel des Kniescheibengelenkes dienen als Insertionsstellen für den Musculus quadriceps femoris.

Laterale Ansicht

Unter der Haut stellen die drei Endäste des Musculus biceps femoris und kaudal der Musculus semitendinosus den Hauptanteil der lateralen Knieregion dar. Die kraniale Endsehne des Musculus biceps femoris inseriert am lateralen Kniescheibenband sowie an der Patella. Die mittlere Endsehne dieses Muskels zieht in kraniodistaler Richtung zum Margo cranialis der Tibia. Auf der kranialen Fläche des Knies erstreckt sich die Fascia lata distal und heftet sich an das laterale Kniescheibenband an.

Die oberflächliche Innervation dieser Region wird durch Äste mehrerer Nerven übernommen:
1. durch die Rami laterales des Nervus iliohypogastricus und des Nervus ilioinguinalis;
2. durch den Nervus cutaneus surae lateralis, der einen Abzweig des Nervus peroneus (fibularis) communis darstellt und zwischen der mittleren und kaudalen Endsehne des Musculus biceps femoris hervortritt;
3. durch den Nervus cutaneus surae caudalis, der aus dem Nervus tibialis hervorgeht; und
4. durch die Endaufzweigungen des Nervus cutaneus femoris caudalis, der aus dem Plexus sacralis abzweigt.

Nach Zurückklappen des distalen Abschnittes des Musculus biceps femoris wird sichtbar, daß das Ligamentum femoropatellare laterale vom lateralen Epikondylus des Os femoris schräg zum lateralen Rand der Patella verläuft (Abb. 1.41).

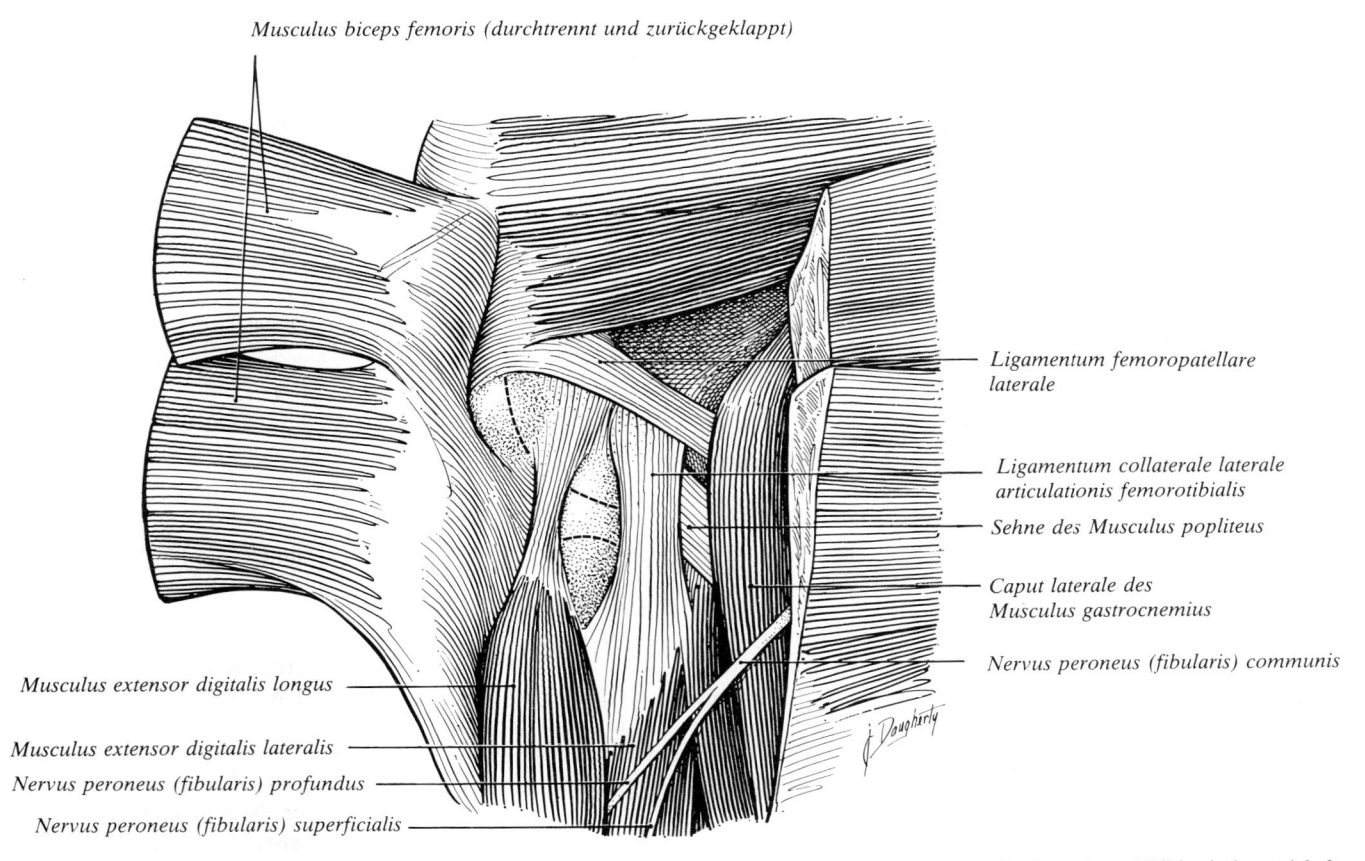

Abb. 1.41: Laterale Ansicht der tiefen Präparation der linken Knieregion. Die Flächen der Kondylen von Os femoris und Tibia sind gestrichelt eingezeichnet.

Der Nervus peroneus (fibularis) communis sowie weiter kaudal der Nervus cutaneus surae caudalis und die Vena saphena lateralis, die sich proximal in die Vena caudalis femoris fortsetzt, ziehen lateral über das Caput laterale des Musculus gastrocnemius. Das starke laterale Seitenband des Kniekehlgelenkes ist zwischen dem lateralen Epikondylus des Femur und dem Caput fibulae ausgespannt und bedeckt die Ursprungssehne des Musculus popliteus, der ebenfalls am lateralen Epikondylus des Femur entspringt. Unter dieser Sehne liegt eine laterale Aussackung der Gelenkkapsel des Kniekehlgelenkes. Die gemeinsame Ursprungssehne des Musculus extensor digitalis longus und des Musculus peroneus (fibularis) tertius entspringt in der Fossa extensoria distal am lateralen Epikondylus des Os femoris. Die Sehne wird durch eine langgestreckte laterale Aussackung der Gelenkkapsel des Kniekehlgelenkes unterlagert.

Kaudale Ansicht

Unter der Haut und der Faszie der kaudalen Knieregion, die durch Äste des Nervus cutaneus femoris caudalis innerviert werden, bedeckt der kraniale Endast des Musculus biceps femoris das Caput laterale des Musculus gastrocnemius. Die mittlere Endsehne des Musculus biceps femoris inseriert am Margo cranialis der Tibia, während die Fersenbeinsehne dieses Muskels in distaler Richtung weiterzieht. Der Musculus semitendinosus verläuft lateromedial, heftet sich von medial am Margo cranialis der Tibia an und zieht mit seiner Fersenbeinsehne weiter in distaler Richtung zum Tuber calcanei, wobei er das Caput mediale des Musculus gastrocnemius bedeckt. Die Endsehnen des kleineren Caput mediale und des größeren Caput laterale des Musculus gastrocnemius vereinigen sich zur Achillessehne und verbinden sich außerdem mit dem Tendo plantaris des Musculus flexor digitalis superficialis.
Die Trennung der beiden Köpfe des Musculus gastrocnemius legt den strangartigen Musculus flexor digitalis superficialis frei, der zwischen den beiden Köpfen in der Fossa supracondylaris des Os femoris entspringt und dessen Anfangsteil vom Caput laterale des Musculus gastrocnemius umschlossen wird.
Nach Abgabe des Nervus cutaneus surae caudalis verläuft der Nervus tibialis in distaler Richtung zwischen den beiden Köpfen des Musculus gastrocnemius medial vom Musculus flexor digitalis superficialis. Muskeläste des Nervus tibialis innervieren die Musculi gastrocnemius, soleus, flexor digitalis superficialis flexor digitalis profundus und popliteus (Abb. 1.39). Die Arteria und Vena femoralis gehen nach Abgabe der Arteria und Vena caudalis femoris in die Arteria und Vena poplitea über, die zwischen den beiden Köpfen des Musculus gastrocnemius verlaufen und über die kaudale Fläche des Kniegelenkes ziehen (Abb. 1.40). Distal des Gelenkes erfolgt eine Aufteilung der Arteria und Vena poplitea in die Arteriae und Venae tibialis cranialis und tibialis caudalis. Die größeren kranialen Gefäße, die die Hauptblutversorgung des Fußes übernehmen, ziehen lateral in das Spatium interosseum cruris; die kleineren kaudalen Gefäße verlaufen weiter in distaler Richtung zwischen der Tibia und dem Musculus popliteus.

Dieser dreieckige Muskel entspringt am lateralen Epikondylus des Os femoris und wendet sich von dort aus mediodistal (Abb. 1.39). Seine Ursprungssehne liegt medial des lateralen Seitenbandes des Kniekehlgelenkes und wird in der Tiefe durch eine längliche Fortsetzung der lateralen Aussackung der Gelenkkapsel des Kniekehlgelenkes, den Recessus subpopliteus, unterlagert (Abb. 1.41). Der Musculus popliteus verbreitert sich fächerförmig, inseriert medial an der kaudalen Fläche der Tibia und berührt dabei den Musculus flexor digitalis medialis von medial.

Mediale Ansicht

Die Haut und die Faszie medial am Knie werden durch den Nervus saphenus sowie durch den Nervus cutaneus femoris lateralis innerviert. Die Arteria saphena und die Vena saphena medialis sowie der Nervus saphenus verlaufen oberflächlich in dieser Region. Kranial heftet sich der subfaszial gelegene Musculus vastus medialis der Fibrocartilago parapatellaris, dem medialen Rand der Patella sowie dem medialen Kniescheibenband an. Er stellt einen Teil des Musculus quadriceps femoris dar. Der bandartige Musculus sartorius inseriert am medialen Kniescheibenband und an der Tuberositas tibiae. Kaudal des Musculus sartorius inseriert der Musculus gracilis ebenfalls am medialen Kniescheibenband, am medialen Seitenband des Kniekehlgelenkes sowie an der Fascia cruris (Abb. 1.42). Ein schwächerer Anteil des medialen Seitenbandes des Kniekehlgelenkes verläuft vom medialen Epikondylus des Os femoris bis unmittelbar distal des Randes des medialen Epikondylus der Tibia und gibt dabei Fasern an den Meniscus medialis des Kniekehlgelenkes ab (Abb. 1.42). An dem genannten Band sowie am medialen Epikondylus des Os femoris inseriert auch der Musculus adductor. Das Ligamentum femoropatellare mediale ist ebenfalls schwächer als sein laterales Gegenstück, verläuft vom medialen Epikondylus des Os femoris kranioproximal bis zur Fibrocartilago parapatellaris und ist mit der Gelenkkapsel des Kniescheibengelenkes verschmolzen.

Kniegelenk (Articulatio genus)

Die beiden Anteile des Kniegelenkes, das Kniescheibengelenk (Articulatio femoropatellaris), das ein Schlittengelenk ist, und das Kniekehlgelenk (Articulatio femorotibialis), ein inkongruentes Spiralgelenk, bilden einen Ginglymus.

Kniescheibengelenk (Articulatio femoropatellaris)

Bei der Patella handelt es sich prinzipiell um ein Sesambein, das in die Endsehne des Musculus quadriceps femoris eingelagert ist. Diese wird durch die seitlichen Kniescheibenbänder in ihrer Funktion unterstützt. Wie bereits erwähnt, geben die dünnen Ligamenta femoropatellaria dem Kniescheibengelenk seitlich nur schwachen Halt.
Die dünnwandige, geräumige Gelenkkapsel heftet sich peripher an den Rand der Trochlea des Os femoris, während sie an der Patella dicht am Rand der Facies articularis inseriert. Eine Aussackung buchtet sich in proximaler Richtung unter den Fettkörper des Knies und den distalen Abschnitt des Musculus quadriceps femoris aus. Das

Musculus rectus femoris

Musculus sartorius (durchtrennt)

Musculus gracilis (durchtrennt)

Musculus vastus medialis

Musculus adductor

Ligamentum femoropatellare mediale

Meniscus medialis

Musculus semimembranosus

Ligamentum collaterale mediale articulationis femorotibialis

Musculus semitendinosus

Ligamentum patellae mediale

Sehne des Musculus gracilis (durchtrennt)

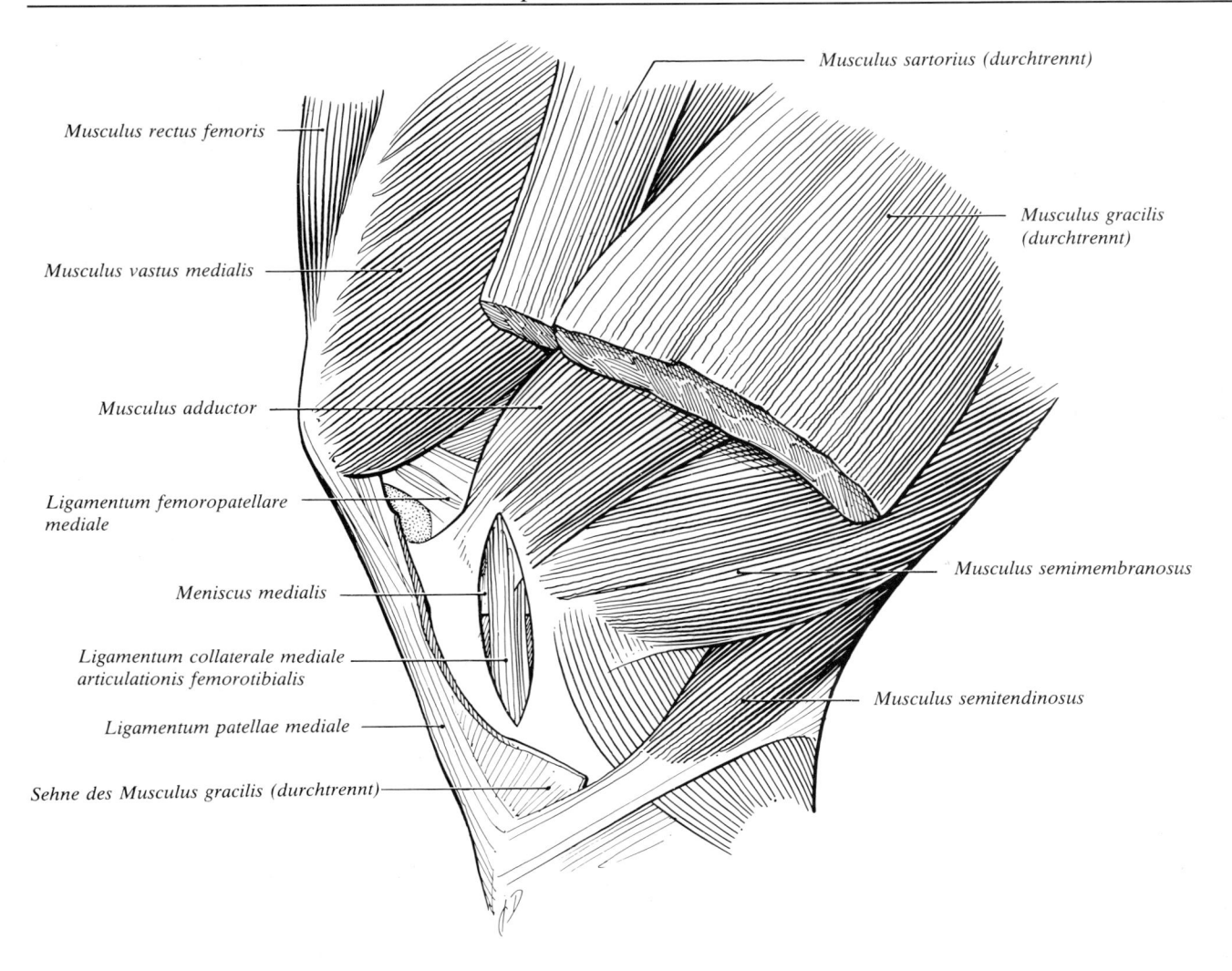

Abb. 1.42: Mediale Ansicht der tiefen Präparation der rechten Knieregion. Die Sehne des Musculus adductor wurde zur Darstellung des Ligamentum collaterale mediale gefenstert.

distale Ende der Gelenkkapsel des Kniescheibengelenkes reicht bis an die Gelenkkapsel des Kniekehlgelenkes und kommuniziert bei den meisten Pferden mit der medialen Aussackung des Kniekehlgelenkes über eine schmale, zum Teil von einer Gelenkkapselfalte bedeckte, 10 bis 15 mm lange Öffnung. Die Gelenkkapsel des Kniescheibengelenkes und die laterale Aussackung des Kniekehlgelenkes können ebenfalls über eine kleinere Öffnung miteinander in Verbindung stehen. Der Musculus vastus intermedius, der einen Anteil des Musculus quadriceps femoris darstellt, heftet sich teilweise an der Gelenkkapsel des Kniescheibengelenkes an und wirkt so bei gestrecktem Gelenk als Kapselspanner.

Die Facies articularis der Patella ist trotz der medialen Vergrößerung durch die Fibrocartilago parapatellaris und einen kleineren lateral gelegenen knorpeligen Streifen wesentlich kleiner als die Fläche der Trochlea des Os femoris. Die größere Gleitfläche der Trochlea ossis femoris ermöglicht die proximodistalen Bewegungen der Patella. Eine tiefe Furche trennt den medialen Rollkamm der Trochlea von ihrem kleineren etwas weiter distal beginnenden lateralen Rollkamm. Beide Rollkämme zeigen eine leicht schräge Ausrichtung nach lateral. Der große, abgerundete mediale Rollkamm ist bis weit nach proximal und medial von Gelenkknorpel überzogen; der etwas gleichmäßiger geformte laterale Rollkamm ist auf seiner lateralen Fläche nur geringgradig von Knorpel bedeckt. Während der Beugung des Kniegelenkes bewegt sich die Patella auf der entsprechend größeren Gelenkfläche der Trochlea ossis femoris in proximaler Richtung, wobei es zu wechselndem Kontakt von Patella und Trochlea ossis femoris kommt. In Ruhestellung wird die Patella durch die Fibrocartilago parapatellaris und das mediale Kniescheibenband mit ihrer schmalen distalen Gelenkfläche auf dem verdickten Ende des medialen Rollkammes, der „Nase", fixiert.[21]

Kniekehlgelenk (Articulatio femorotibialis)

Das Kniekehlgelenk besitzt zwei gekreuzte Bänder, die Ligamenta cruciata craniale und caudale, die außerhalb der Gelenkkapsel im Zentrum des Gelenkes liegen.

Kapitel 1: Funktionelle Anatomie des Bewegungsapparates

Zwei aus Faserknorpel bestehende Menisken sind zum Teil zwischen die Gelenkflächen von Os femoris und Tibia eingeschoben, wodurch jede Aussackung partiell unterteilt wird. Die Gelenkkapsel erstreckt sich von einer Linie, die etwa 1 cm vom proximalen Rand des Gelenkknorpels des medialen Kondylus des Os femoris und weniger als 1 cm vom Gelenkknorpel des lateralen Kondylus entfernt liegt, nach distal. Sie verbindet sich zunächst mit den peripheren Rändern der Menisken und dann mit den Rändern der Artikulationsflächen der Kondylen der Tibia. Der fibröse Anteil der Gelenkkapsel ist kaudal stärker als kranial und heftet sich auch an die Ligamenta cruciata genus an. Der mediale und laterale Anteil der Gelenkkapsel kommunizieren nur sehr selten miteinander, der mediale hat aber gewöhnlich Verbindung zur Gelenkkapsel des Kniescheibengelenkes, aber auch der laterale kann mit der Gelenkkapsel des Kniescheibengelenkes kommunizieren. Ein von dem lateralen Anteil ausgehender Recessus subpopliteus umschließt die Ursprungssehne des Musculus popliteus, eine weitere Aussackung unterlagert die gemeinsame Ursprungssehne des Musculus extensor digitalis longus und des Musculus peroneus (fibularis) tertius.

Die beiden faserknorpeligen Menisken sind etwa halbmondförmig und peripher dicker als an ihrer konkaven Innenseite. Ihre proximalen Flächen sind konkav und somit den konvexen Kondylen des Os femoris angepaßt. Distal sind sie den peripheren Anteilen der Gelenkflächen der Kondylen der Tibia entsprechend geformt. Kranial und kaudal ist jeder Meniskus durch kraniale und kaudale Bänder an der Tibia befestigt, und ein Ligamentum meniscofemorale fixiert die kaudale Fläche des lateralen Meniskus an der interkondylaren Fläche des medialen Femurknorrens (Abb. 1.40).

Os femoris und Tibia werden durch die medialen und lateralen Seitenbänder und zusätzlich durch die beiden gekreuzten Bänder (Ligamenta cruciata genus), die sich zentral im Kniekehlgelenk zwischen den beiden Gelenkkapseln überkreuzen, miteinander verbunden. Das Ligamentum cruciatum caudale, das größere der beiden Bänder, verläuft in kaudodistaler Richtung von der kraniomedialen Fläche der Fossa intercondylaris zur Incisura poplitea der Tibia, wobei es den medialen Anteil des Ligamentum cruciatum craniale direkt kreuzt. Das Ligamentum cruciatum craniale verläuft in kraniodistaler Richtung von der kaudolateralen Wand der Fossa intercondylaris zur Area intercondylaris centralis tibiae, die zwischen den Gelenkflächen der Kondylen liegt.

Die Blutversorgung des Kniegelenkes erfolgt hauptsächlich durch Äste der Arteria genus descendens, die aus der Arteria femoralis entspringt, medial vom Musculus sartorius bedeckt wird und dem Musculus vastus medialis benachbart zur medialen Fläche des Kniegelenkes zieht.

Bewegungsmöglichkeiten des Kniegelenkes

Der Beugewinkel des Kniegelenkes beträgt im Stand bei auf der „Nase" des medialen Rollkammes der Trochlea ossis femoris eingehakter Patella etwa 150 Grad. Der Musculus quadriceps femoris ist in dieser Position relativ wenig kontrahiert. Die Streckung des Kniegelenkes durch Kontraktion der Musculi quadriceps femoris und tensor fasciae latae sowie der kranialen Endsehne des Musculus biceps femoris und durch die passive Zugwirkung des Musculus peroneus (fibularis) tertius wird durch die Seitenbänder und die gekreuzten Bänder kontrolliert. Bei maximal gestrecktem Kniegelenk ist eine geringfügige Drehung des Unterschenkels nach außen möglich. Die Beugung des Gelenkes durch den Musculus semitendinosus, die mittlere Endsehne des Musculus biceps femoris, die Musculi popliteus und gastrocnemius sowie durch die passive Zugwirkung des Musculus flexor digitalis superficialis wird nur durch die kaudal gelegenen Muskelmassen eingeschränkt. Während der Beugung wird der Unterschenkel etwas nach medial eingedreht, und die Kondylen des Os femoris einschließlich der Menisken bewegen sich auf den Kondylen der Tibia leicht kaudal, wobei die Bewegung im Bereich der lateralen Flächen etwas stärker ist.

Bei vermehrter Verlagerung des Gewichtes auf eine der Beckengliedmaßen wird die belastete Gliedmaße leicht gebeugt, während die Gliedmaße der anderen Seite auf der Hufspitze ruht („Schildern" des Pferdes). Dabei steht das Becken schräg, so daß die Hüfte auf der belasteten Seite höher ist als auf der unbelasteten Seite. Das Knie der belasteten Gliedmaße wird durch eine geringfügige Rotation der Patella nach medial passiv fixiert, da das mediale Kniescheibenband und die Fibrocartilago parapatellaris weiter kaudal verlagert werden und so am proximalen Teil (der „Nase") des medialen Rollkammes der Trochlea festhaken. Das mediale Kniescheibenband ist dann etwa doppelt so weit von der Kranialfläche des medialen Rollkammes entfernt wie zu Beginn des Festhakens. Unter Beteiligung des mittleren Kniescheibenbandes entsteht bei diesem Vorgang eine Halteschlaufe. Durch diese passive Arretierung, die die anderen Elemente des Halteapparates noch unterstützen, wird an der belasteten Beckengliedmaße nur eine ganz geringfügige Muskelarbeit benötigt, während die andere Gliedmaße ruht. Bei Wechsel der Stellung gleitet die Patella von der „Nase" des medialen Rollkammes herunter.

Oberschenkel- und Hüftgelenkbereich (Regio femoris und Regio articularis coxae)

Der Oberschenkel besteht aus dem Os femoris sowie aus den ihm benachbarten Strukturen. Die das Hüftgelenk umgebenden Strukturen und die auf das Hüftgelenk wirkenden Muskeln bilden zusammen die Hüfte.

Laterale Ansicht

Die oberflächliche Innervation lateral an Oberschenkel und Hüfte wird durch die Rami laterales des Nervus iliohypogastricus und des Nervus ilioinguinalis sowie durch den Nervus cutaneus femoris caudalis und die Rami dorsales der Lumbal- und Sakralnerven übernommen.[7]

Zur oberflächlichen lateral gelegenen Muskulatur von Oberschenkel und Hüfte gehören von kaudal nach kranial: die Musculi semitendinosus, biceps femoris, glutaeus superficialis, glutaeus medius und tensor fasciae latae. Sowohl der Musculus semitendinosus als auch der Musculus biceps femoris haben jeweils einen Beckenkopf und einen Wirbelkopf. Der Musculus semitendinosus entspringt am ersten und zweiten Schwanzwirbel sowie an der Schwanzfaszie, der Musculus biceps femoris hat seinen Ursprung am Ligamentum sacroiliacum dorsale sowie an der Fascia glutaea und ebenfalls an der Schwanzfaszie. Das die beiden Muskeln trennende intermuskuläre Septum ist nach außen hin durch eine deutlich sichtbare Rinne gekennzeichnet.

Die starke Fascia glutaea ist Ursprungsbereich des langen kaudalen Anteiles und des kranialen Anteiles des Musculus glutaeus superficialis und vereinigt beide Anteile miteinander. Weitere Ursprungsbereiche sind das Tuber coxae und die Crista iliaca sowie das intermuskuläre Septum zwischen dem kranialen Anteil des Musculus glutaeus superficialis und dem Musculus tensor fasciae latae. Die beiden Anteile des Musculus glutaeus superficialis vereinigen sich zu einer kräftigen Sehne, die am Trochanter tertius des Os femoris inseriert. Der Musculus glutaeus medius, der sich kaudal der Aponeurose des Musculus longissimus lumborum in distaler Richtung ausdehnt, stellt den Hauptmuskelanteil dieser Region dar. Sein Ursprung liegt auf der Facies glutaea des Ilium, am Tuber coxae und am Tuber sacrale, am Ligamentum sacrotuberale latum sowie dem Ligamentum sacroiliacum dorsale und der Fascia glutaea. Distal inseriert der Muskel an der Pars caudalis des Trochanter major ossis femoris, an einer Leiste distal des Trochanter major sowie an der lateralen Fläche der Crista intertrochanterica.

Der Musculus tensor fasciae latae entspringt am Tuber coxae und verläuft fächerförmig in distaler Richtung. Er strahlt in die Fascia lata. Ein intermuskuläres Septum

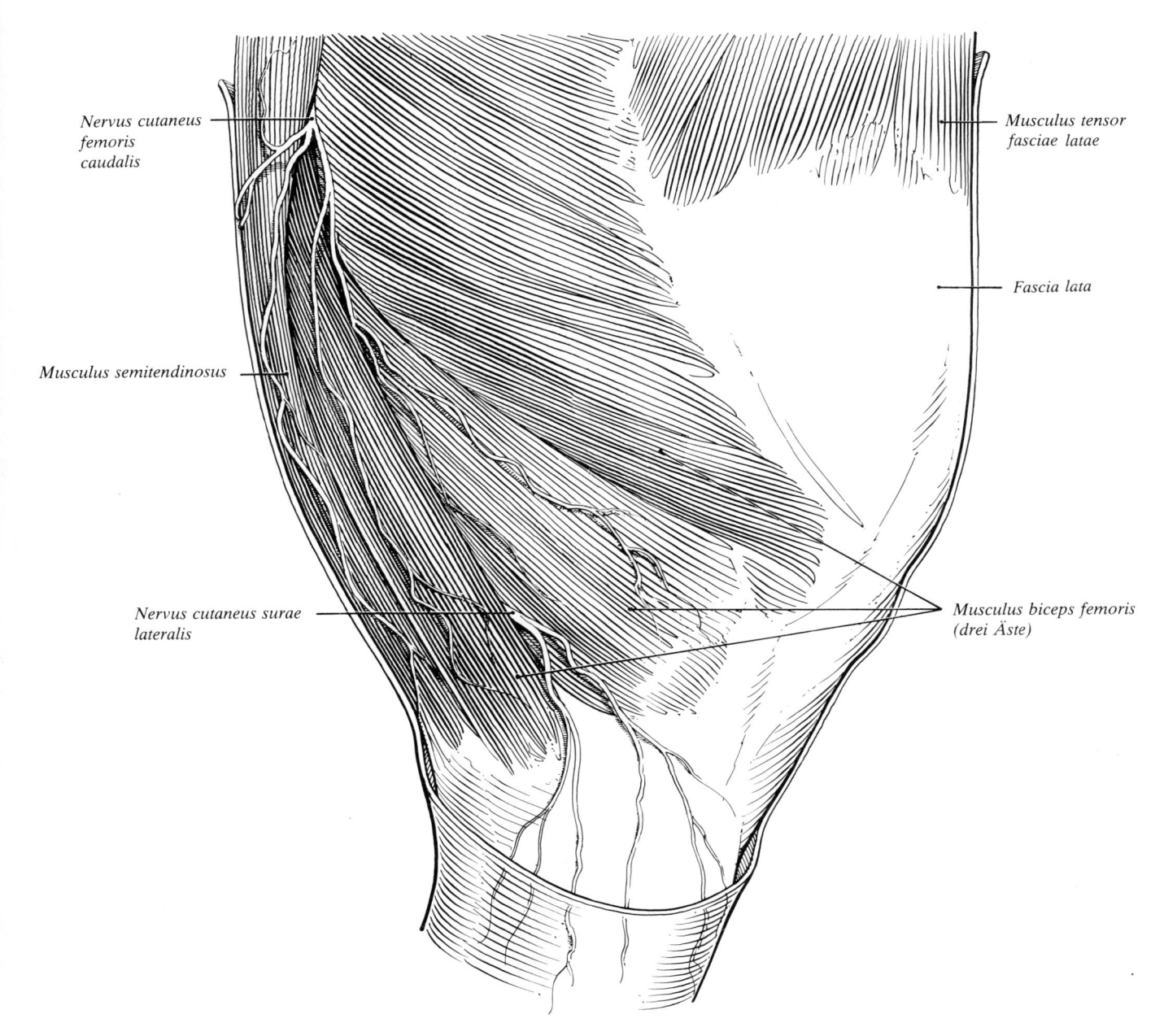

Abb. 1.43: Laterale Ansicht des rechten Knie- und Oberschenkelbereichs nach Abtragung der Haut.

62 Kapitel 1: Funktionelle Anatomie des Bewegungsapparates

M. glutaeus superficialis (kaudaler Anteil, durchtrennt)

Hauptanteil des Musculus glutaeus medius (durchtrennt und zum Teil entfernt)

Musculus glutaeus accessorius

Bursa trochanterica

Musculus tensor fasciae latae

Musculus glutaeus superficialis (durchtrennt)

Fascia lata

Musculus biceps femoris (zurückgezogen)

Musculus semitendinosus

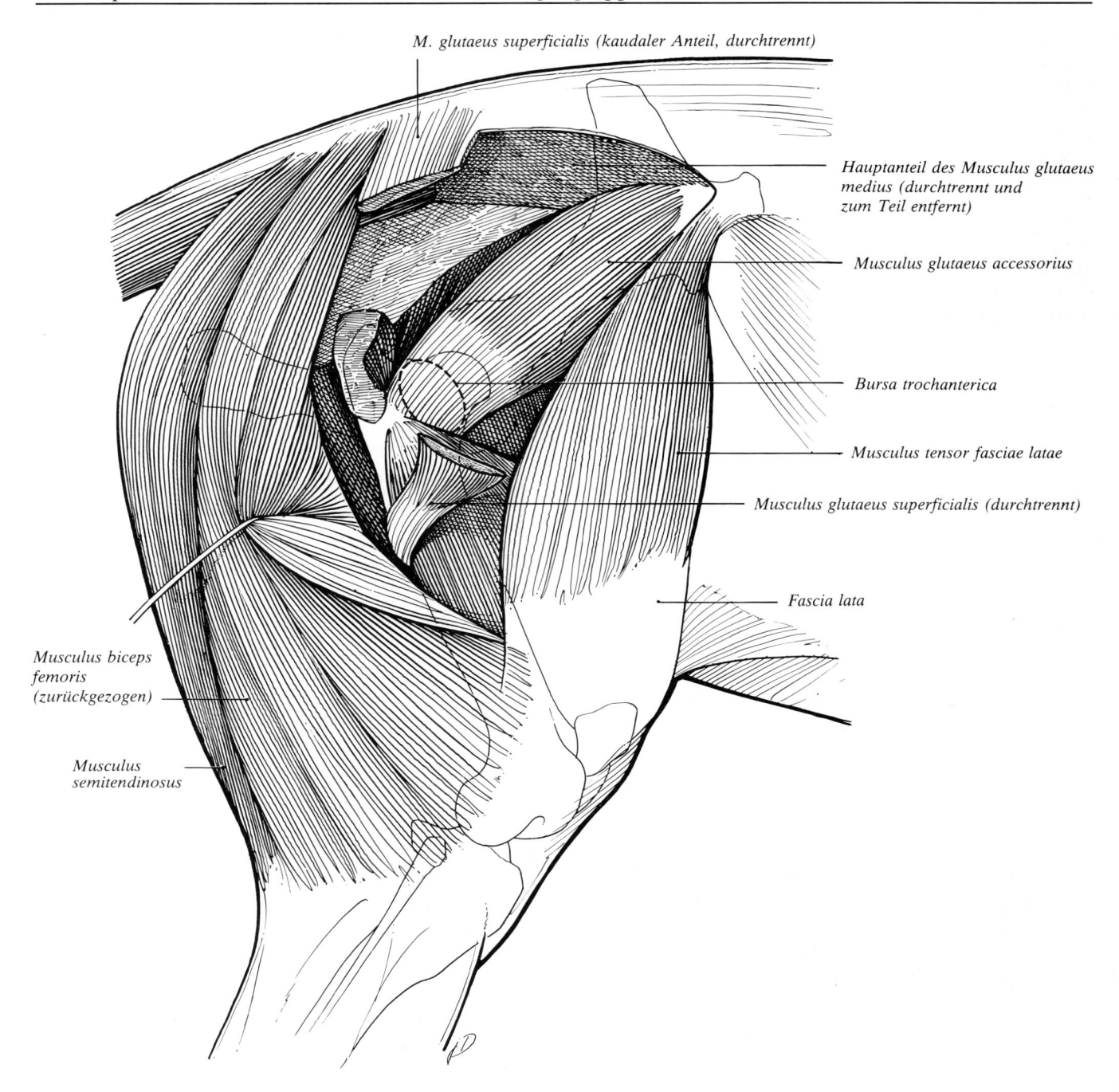

Abb. 1.44: Laterale Ansicht des rechten Oberschenkels und der rechten Hüfte. Der Musculus glutaeus superficialis sowie der Musculus glutaeus medius wurden größtenteils entfernt.

verbindet den kaudalen Anteil des Musculus tensor fasciae latae mit dem kranialen Anteil des Musculus glutaeus superficialis. Die Fascia lata (die auch durch den Musculus biceps femoris gespannt wird) heftet sich der Patella sowie dem lateralen und dem mittleren Kniescheibenband an (Abb. 1.43). Bei dem die Musculi biceps femoris und semitendinosus trennenden intermuskulären Septum, den zwischen den drei Anteilen des Musculus biceps femoris liegenden Septen und dem Septum zwischen den Musculi biceps femoris und vastus lateralis handelt es sich jeweils um Blätter der Fascia lata.

Lateral an der Hüfte liegen in der Tiefe der kleinere tiefe Anteil des Musculus glutaeus medius, der Musculus glutaeus accessorius, dessen breite, kräftige Sehne über die Pars cranialis des Trochanter major zur Crista intertrochanterica zieht und dort inseriert. Ein großer Schleimbeutel, die Bursa trochanterica, liegt zwischen der Sehne und dem die konvexe Fläche des Trochanter major bedeckenden Knorpel (Abb. 1.44). Der kleine Musculus glutaeus profundus ist vom kaudalen Anteil des Musculus glutaeus medius bedeckt, entspringt an der Spina ischiadica sowie am Corpus ossis ilii und inseriert medial an der

Pars cranialis des Trochanter major (Abb. 1.45). Dieser Muskel bedeckt das Hüftgelenk und zum Teil auch den Musculus articularis coxae und den Musculus rectus femoris. Gewöhnlich wird die Endsehne des Musculus glutaeus profundus durch einen Schleimbeutel unterlagert.[16]

Der Hauptanteil des spindelförmigen Musculus articularis coxae hat seinen Ursprung proximal der lateralen Ursprungssehne des Musculus rectus femoris am Ilium, und ein zweiter Kopf kommt häufig zwischen der lateralen und medialen Ursprungssehne des Musculus rectus femoris vor (Abb. 1.45). Der Musculus articularis coxae liegt lateral über dem Hüftgelenk und inseriert distal der Pars cranialis des Trochanter major. Er gibt Fasern an die Gelenkkapsel des Hüftgelenkes ab.

An der kaudalen Fläche des proximalen Endes des Os femoris liegen die Musculi gemelli, obturatorius externus und obturatorius internus, die am Os ischii (Sitzbein), Os pubis (Schambein) und am Os ilium (Darmbein) entspringen und in der Fossa trochanterica inserieren. Der Musculus quadratus femoris hat seinen Ursprung an der Ventralfläche des Sitzbeines und inseriert wenig distal der Fossa trochanterica.

Ein breites Band aus dichtem weißen, fibrösen Bindegewebe, das Ligamentum sacrotuberale latum, bildet den Hauptanteil der lateralen Begrenzung der Beckenhöhle.

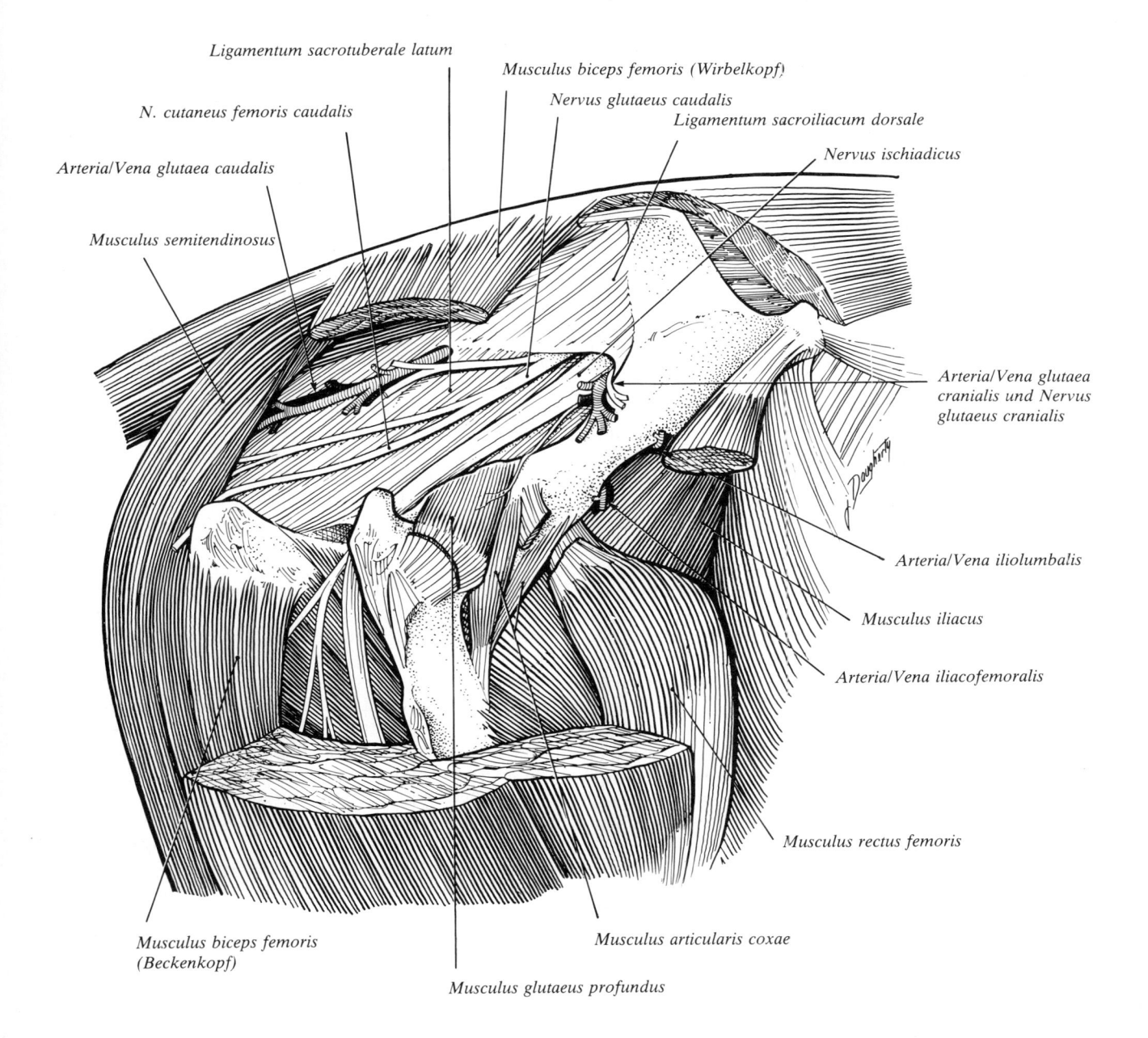

Abb. 1.45: Tiefe Präparation der rechten Hüfte, Lateralansicht.

Dieses Band verläuft von der dorsalen Fläche des Kreuzbeines und den zwei ersten Schwanzwirbeln ventral zur Spina ischiadica und zum Tuber ischiadicum. Der ventrale Rand des Ligamentum sacrotuberale latum ist an der Bildung des durch Bindegewebe verschlossenen Foramen ischiadicum minus, der kraniale Rand an der Bildung des Foramen ischiadicum majus beteiligt. Das Ligamentum sacroiliacum dorsale besteht aus zwei Teilen: einem zwischen dem Tuber sacrale und den Enden der Processus spinosi des Kreuzbeines ausgespannten bandartigen Anteil und einem dreieckigen Anteil, der die Fläche zwischen dem Tuber sacrale und dem benachbarten Darmbeinflügel einerseits und dem lateralen Kreuzbeinrand andererseits ausfüllt. Der letztgenannte Anteil verbindet sich ventral mit dem Ligamentum sacrotuberale latum.

Äste der Arteria und Vena glutaea cranialis sowie der Nervus glutaeus cranialis treten durch das Foramen ischiadicum majus und versorgen die Glutäenmuskulatur, den Musculus tensor fasciae latae und den Musculus articularis coxae. Die Arteria und Vena glutaea caudalis und der Nervus glutaeus caudalis perforieren das Ligamentum sacrotuberale latum dorsal des Nervus ischiadicus. Der Nervus glutaeus caudalis teilt sich in zwei Nervenstämme auf. Äste des dorsalen Nervenstammes innervieren den Musculus biceps femoris, den Musculus glutaeus medius sowie den Hauptanteil des Musculus glutaeus superficialis. Nach Abgabe eines Muskelastes an den Musculus semitendinosus setzt sich der ventrale Nervenstamm als Nervus cutaneus femoris caudalis distal fort. Letzterer tritt durch den Musculus biceps femoris hindurch, verläuft danach zwischen dem Musculus biceps femoris und dem Musculus semitendinosus und verzweigt sich subkutan lateral und kaudal an Oberschenkel und Hüfte. Die Muskeln dieser Region werden durch Äste der Arteria und Vena glutaea caudalis versorgt, wobei die Arteria glutaea caudalis mit den Arteriae circumflexa femoris medialis, caudalis femoris und obturatoria anastomosiert. Ferner findet sich hier die Arteria pudenda interna im Ligamentum sacrotuberale latum und an seiner Innenfläche. Die Arteria und Vena iliolumbalis (aus der Arteria und Vena glutaea cranialis) verlaufen lateral zwischen dem Musculus iliacus und dem Ilium und geben Äste für den Musculus iliopsoas und den Musculus longissimus lumborum ab. Die Gefäße verlaufen dann um den lateralen Rand des Iliums herum, und ihre Äste versorgen den Musculus glutaeus medius, diesen bis in seine Lendenzacke, und den Musculus tensor fasciae latae.

Der große, flache Nervus ischiadicus tritt durch das Foramen ischiadicum majus und verläuft in kaudoventraler Richtung zunächst auf dem Ligamentum sacrotuberale latum und dann auf dem Ursprung des Musculus glutaeus profundus. Er zieht dann weiter in distaler Richtung über die Musculi gemelli, die Sehne des Musculus obturatorius internus und den Musculus quadratus femoris, wobei er Muskeläste an diese abgibt. Aus der Ventralfläche des Nervs isoliert sich ein starker Ast, dessen Aufzweigungen den Musculus semimembranosus sowie die Beckenköpfe des Musculus biceps femoris und des Musculus semitendinosus innervieren. Der Nervus ischiadicus zieht in distaler Richtung zwischen den Musculi semimembranosus, semitendinosus und adductor (medial) und dem Musculus biceps femoris (lateral) entlang. Nach Abzweigung des Nervus peroneus (fibularis) communis bildet der Nervus tibialis, der zwischen den beiden Köpfen des Musculus gastrocnemius liegt, die distale Fortsetzung des Nervus ischiadicus.

Mediale Ansicht

Die oberflächliche Innervation medial am Oberschenkel wird durch den Nervus cutaneus femoris lateralis, die Rami cutanei ventrales der Nervi iliohypogastricus, ilioinguinalis und den Ramus femoralis des Nervus genitofemoralis sowie durch Äste der Nervi cutaneus femoris caudalis und saphenus übernommen.[7]

Die große Vena saphena medialis wird von der kleinen Arteria saphena und dem Nervus saphenus begleitet. Sie verläuft subkutan in kranioproximaler Richtung auf dem kranialen Anteil des Musculus gracilis und weiter zwischen dem Musculus gracilis und dem Musculus sartorius, um sich im Schenkelspalt (Canalis femoralis) mit der Vena femoralis zu vereinigen. Lateral der Fascia femoralis medialis bedeckt der breite Musculus gracilis fast die gesamte mediale Fläche des Oberschenkels. Er entspringt aponeurotisch mit einem kräftigen unpaaren Tendo symphysialis an der Beckensymphyse und am Ligamentum accessorium ossis femoris. Der Muskelbauch endet distal in einer breiten Aponeurose, die in die Fascia cruris einstrahlt. Der schmale Musculus sartorius entspringt an der Sehne des Musculus psoas minor sowie an der Fascia iliaca. Er inseriert am Knie, wo er mit der Endsehne des Musculus gracilis verschmilzt.

Lateral des Musculus gracilis liegt der zylindrische Musculus pectineus. Dieser Muskel hat seinen Ursprung am kranialen Schambeinrand, am Tendo symphysialis und am Ligamentum accessorium ossis femoris. Der Musculus pectineus inseriert distal am medialen Rand des Os femoris nahe dem Eintritt der aus der Arteria femoralis oder der Arteria caudalis femoris abzweigenden nutritiven Arterie in das Foramen nutricium ossis femoris. Der Schenkelspalt (Canalis femoralis) wird kaudal durch den Musculus pectineus, kranial durch den Musculus sartorius, lateral durch den Musculus vastus medialis und den Musculus iliopsoas (ein Zusammenschluß der Musculi iliacus und psoas major) und medial durch die Fascia femoralis und den kranialen Rand des Musculus gracilis begrenzt. Im Schenkelspalt verlaufen die Arteria und Vena femoralis sowie der Nervus saphenus (aus dem Nervus femoralis). Eine langgestreckte Reihe von einzelnen Lymphknoten des Lymphocentrum inguinale profundum ist in das den Schenkelspalt ausfüllende Fettgewebe eingebettet. Der Nervus saphenus gibt noch im Schenkelspalt einen motorischen Ast für den Musculus sartorius ab (Abb. 1.46).

Kaudal des Musculus pectineus und des Musculus vastus medialis liegt der starke, etwa pyramidenförmige Musculus adductor, der an der ventralen Sitzbein- und Schambeinfläche sowie der Ursprungsregion des Musculus gracilis entspringt und vom Trochanter minor bis zum medialen Epikondylus des Os femoris sowie am medialen Seitenband des Kniekehlgelenkes inseriert. Der Nervus obturatorius verläuft durch den kranialen Abschnitt des Foramen obturatum und durch den Musculus obturatorius externus hindurch. Seine Äste innervieren die Musculi obturatorius externus, adductor, pectineus und gracilis (Abb. 1.46). Äste der aus der Arteria glutaea cranialis entspringenden Arteria obturatoria übernehmen die Blutversorgung der Muskeln dieser Region.

Kraniale Ansicht
Der Musculus quadriceps femoris, der Musculus articularis coxae und der Musculus sartorius liegen kranial im Bereich von Oberschenkel und Hüfte. Der Musculus articularis coxae ist auch in der lateralen Ansicht, der Musculus sartorius von medial sichtbar. Zusätzlich zieht der Musculus iliacus kranial über diesen Bereich und umhüllt dabei den Musculus psoas major. Beide Muskeln werden gemeinsam als Musculus iliopsoas bezeichnet. Sie laufen in einer gemeinsamen Endsehne aus, die am Trochanter minor Ansatz findet. Der Musculus psoas major entspringt an den letzten beiden Rippen und den Querfortsätzen der Lendenwirbel; der Musculus iliacus hat mit seinem starken Anteil Ursprung an der Facies iliaca des Darmbeines, ventral am Ligamentum sacroiliacum, seine kleinere Portion kommt von der Darmbeinsäule, dem Kreuzbein sowie der Sehne des Musculus psoas minor.
Drei Köpfe des Musculus quadriceps femoris (Musculus vastus lateralis, Musculus vastus intermedius und Musculus vastus medialis) haben ihren Ursprung am Schaft des Os femoris. Der vierte Kopf, der Musculus rectus femoris, hat zwei Ursprungssehnen, von denen eine in einer medial gelegenen Vertiefung am Ilium kraniodorsal des Azetabulums und die zweite in einer etwa auf gleicher Höhe lateral gelegenen Vertiefung am Ilium entspringt (Abb. 1.45). Medial der lateralen Ursprungssehne findet sich regelmäßig ein Schleimbeutel.[16] Alle vier Köpfe des Musculus quadriceps femoris inserieren an der Patella. Die Endsehnen der Musculi rectus femoris, vastus lateralis und vastus medialis werden in der Regel in der Nähe ihrer Ansatzstellen von Schleimbeuteln unterlagert.
Der Nervus femoralis verläuft zunächst zwischen dem Musculus psoas minor (ein kleiner Muskel, der von den Wirbelkörpern der Lendenwirbel zum Os ilium zieht) und dem Musculus psoas major und dann zwischen dem Musculus iliopsoas und dem Musculus sartorius. Er gibt Äste für den Musculus iliopsoas (der außerdem noch durch die Nervi lumbales innerviert wird) und für die vier Köpfe des Musculus quadriceps ab.

Kaudale Ansicht
Die Innervation der Haut kaudal am Oberschenkel und im kaudalen Hüftgelenkbereich wird hauptsächlich vom Nervus cutaneus femoris caudalis übernommen. Der Nervus rectalis caudalis hat ein kleines dorsal gelegenes Versorgungsgebiet. Unter der Haut und der Faszie bildet der Musculus semimembranosus zusammen mit dem Musculus semitendinosus und der lateral angrenzenden kaudalen Endsehne des Musculus biceps femoris sowie dem medial gelegenen Musculus gracilis die Hauptmuskelmasse dieser Region. Der Wirbelkopf des Musculus semimembranosus hat seinen Ursprung am kaudalen Rand des Ligamentum sacrotuberale latum. Der dickere Beckenkopf dieses Muskels kommt ventral vom Tuber ischiadicum. Der starke, etwa dreieckige Muskelbauch des Musculus semimembranosus läuft in eine flache Endsehne aus, die am medialen Epikondylus des Os femoris inseriert.

Gefäßversorgung
Die Arteria iliaca externa gibt vor Durchtritt durch den Schenkelring (Anulus femoralis; Lacuna vasorum) die Arteria profunda femoris ab. Sie selbst setzt sich in die Arteria femoralis fort. Diese Arterie verläuft zunächst zwischen dem Musculus sartorius und dem Musculus iliopsoas und dann zwischen letzterem und dem Musculus pectineus. Nach Abgabe kleiner Äste an das Lymphocentrum inguinale profundum zweigt aus der Arteria profunda femoris der starke Truncus pudendoepigastricus ab. Dieser teilt sich in die kranial ziehende Arteria epigastrica caudalis und in die Arteria pudenda externa. Nach der Abzweigung des Truncus pudendoepigastricus setzt die Arteria circumflexa femoris medialis die Arteria profunda femoris in kaudaler Richtung ventral des Schambeines fort. Sie versorgt die Musculi iliopsoas, pectineus, adductor (durch welchen sie hindurchtritt) und den Musculus semitendinosus (in dem ihre Endaufzweigungen liegen). An das Lymphocentrum inguinale profundum, an den Musculus gracilis und an den Musculus quadratus femoris werden ebenfalls Äste abgegeben. Die Arterien werden von gleichnamigen Venen begleitet.
Im Schenkelspalt verläuft die Arteria femoralis in distaler Richtung zwischen der kranial von ihr gelegenen Vena femoralis und dem kaudal von ihr befindlichen Nervus saphenus (Abb. 1.46). Noch im Schenkelspalt gibt die Arteria femoralis die Arteria circumflexa femoris lateralis ab, die zunächst in kraniodistaler Richtung zwischen dem Musculus sartorius und dem Musculus iliopsoas verläuft, dann in den Musculus quadriceps femoris eintritt und schließlich zwischen dem Musculus vastus medialis und dem Musculus rectus femoris weiterzieht.
Die Arteria femoralis versorgt durch ihre direkten Äste die in dieser Region gelegenen Muskeln. Am distalen Ende des Schenkelspaltes zweigt die Arteria saphena aus der Arteria femoralis ab und tritt aus dem Schenkelspalt aus. Sie zieht zwischen dem Musculus gracilis und dem Musculus sartorius entlang. Die subkutan gelegene Arterie verläuft weiter in kaudodistaler Richtung, wobei sie kranial der wesentlich stärkeren Vena saphena medialis gelegen ist. Arterie und Vene werden auf ihrem Verlauf in kaudodistaler Richtung und über die Sehne des Musculus gracilis vom Nervus saphenus begleitet. In Höhe der Endsehne des Musculus semitendinosus teilt sich sowohl die Arterie als auch die Vene jeweils in einen Ramus cranialis und einen Ramus caudalis. Während ihres Verlaufes versorgt die Arteria saphena die Musculi sartorius, gracilis und adductor sowie die Faszie und die Haut.
Der nächste Abzweig der Arteria femoralis ist eine nutritive Arterie für das Os femoris. Die starke Arteria genus descendens isoliert sich kranial aus der Arteria femoralis. Im distalen Drittel des Oberschenkels verläuft die Arteria genus descendens in kraniodistaler Richtung zwischen dem Musculus sartorius und den Musculi vastus medialis und adductor und übernimmt dabei die Versorgung der genannten Muskeln. Ihre Endäste ziehen zum Kniegelenk und versorgen unter anderem das Kniescheiben- und das Kniekehlgelenk.
Aus der kaudalen Wand der Arteria femoralis entspringt als letztes die Arteria caudalis femoris. Der Endast der Arteria femoralis verläuft zwischen den Capita mediale und laterale des Musculus gastrocnemius als Arteria poplitea (Abb. 1.40). Die Arteria caudalis femoris wendet sich

66　Kapitel 1: Funktionelle Anatomie des Bewegungsapparates

Ligamentum accessorium ossis femoris

Ligamentum capitis ossis femoris

Ligamentum transversum acetabuli

Ansatz der Gelenkkapsel

B

Tendo symphysialis (durchtrennt)

Musculus pectineus (durchtrennt)

Lymphonodi inguinales profundi

Arteria/Vena femoralis

Musculus sartorius (durchtrennt)

Ligamentum accessorium ossis femoris

Ligamentum transversum acetabuli

Arteria/Vena obturatoria und N. obturatorius

Musculus obturatorius externus

Musculus adductor (durchtrennt)

A

Musculus sartorius (durchtrennt)

Nervus saphenus

Musculus pectineus

Gelenkkapsel

Musculus gracilis (durchtrennt)

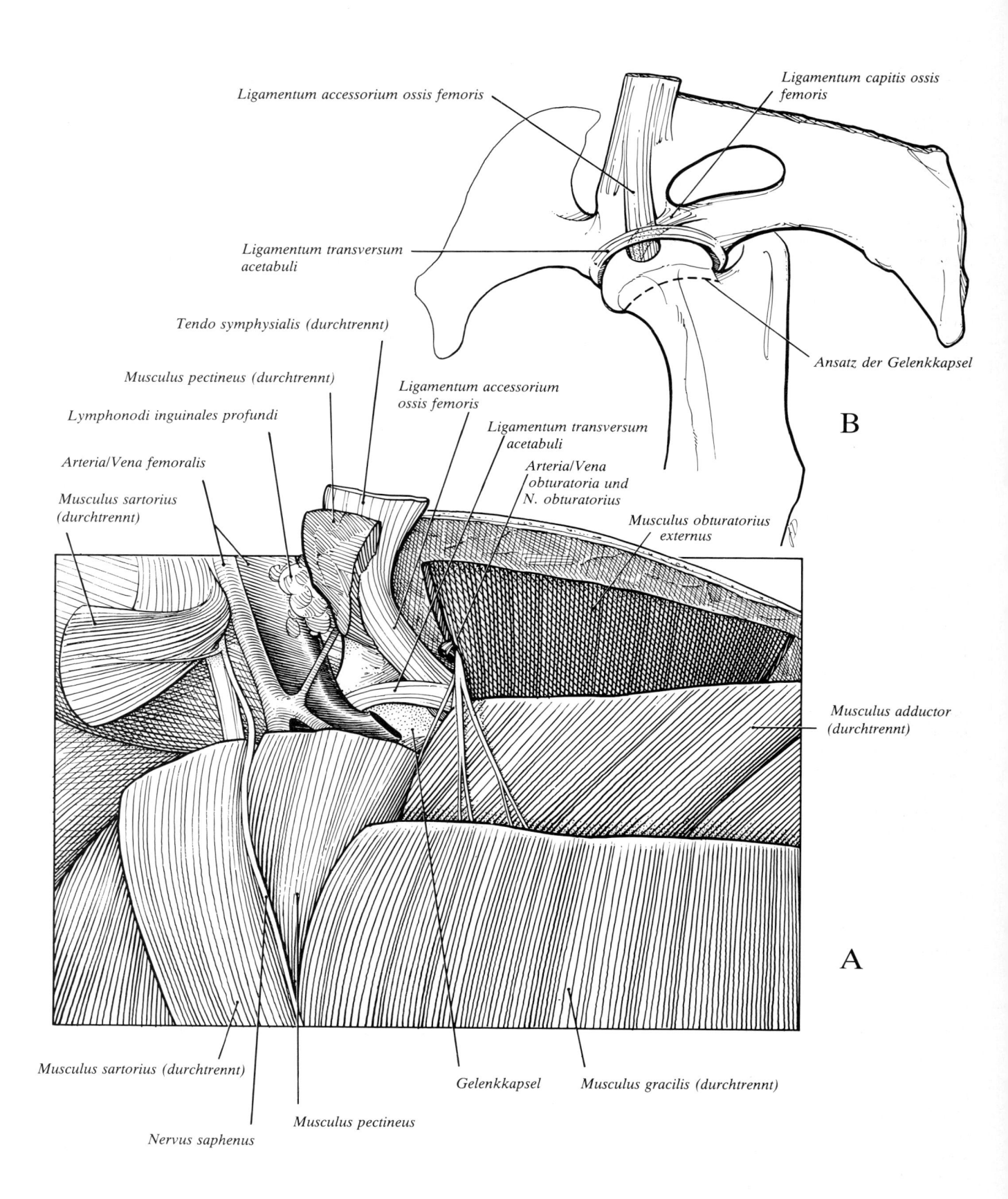

Abb. 1.46: A Tiefe Präparation der rechten Hüfte. **B** Ventromediale Ansicht der Bänder des Hüftgelenkes.

über eine kurze Strecke in kaudaler Richtung und gibt dabei Muskeläste für den Musculus flexor digitalis superficialis und den Musculus gastrocnemius ab.
Ein Ast verläuft in distaler Richtung zum Unterschenkel, wo er sich mit einem Ast der Arteria tibialis caudalis vereinigt. Die Arteria caudalis femoris teilt sich dann in einen aufsteigenden und einen absteigenden Ast. Der aufsteigende Ast verläuft zwischen dem Musculus semimembranosus und dem Musculus adductor in proximaler Richtung, versorgt dabei die genannten Muskeln und gibt auch Äste für das Caput laterale des Musculus gastrocnemius sowie für den Musculus vastus lateralis, den Musculus biceps femoris und den Musculus semitendinosus ab. Der absteigende Ast der Arteria caudalis femoris zieht zusammen mit der Vena saphena lateralis in kaudodistaler Richtung über das Caput laterale des Musculus gastrocnemius. Die Arterie ändert ihre Richtung und wendet sich zwischen dem Musculus semitendinosus und dem Musculus biceps femoris proximal, wobei Äste für die genannten Muskeln und für das kleine Lymphocentrum popliteum abgegeben werden. Ein weiterer Ast kann proximal ziehen, ist dabei nahe dem Nervus ischiadicus gelegen und anastomosiert mit einem Ast der Arteria obturatoria. Ein in distaler Richtung verlaufender Ast versorgt beide Köpfe des Musculus gastrocnemius sowie den Musculus flexor digitalis superficialis und vereinigt sich weiter distal mit der Arteria saphena (Abb. 1.32).

Hüftgelenk (Articulatio coxae)

Darmbein, Sitzbein und Schambein bilden dort, wo sich die drei Knochen des Beckens treffen, das Azetabulum des Os coxae. Die Facies lunata, eine mondsichelartige Gelenkfläche, in der als Bandgrube die Fossa acetabuli liegt, artikuliert mit dem Caput ossis femoris. Die Rundung des Azetabulums hat einen etwas größeren Durchmesser als die des Caput ossis femoris. Eine faserknorpelige Lippe, das Labrum acetabulare, vergrößert den knöchernen Rand des Azetabulums. Das Ligamentum transversum acetabuli ist zwischen dem Labrum acetabulare und der medial gelegenen Incisura acetabuli ausgespannt und liegt quer über zwei von der Fovea capitis ossis femoris kommenden Bändern (Abb. 1.46). Das kürzere der beiden Bänder (Ligamentum capitis ossis femoris) hat seinen Ursprung an der kranial gelegenen schmalen Spitze der Fovea capitis und inseriert in der Fossa acetabuli. Das starke Ligamentum accessorium ossis femoris entspringt kaudal am breiteren, peripheren Rand der Fovea capitis und zieht durch die Incisura acetabuli in kraniomedioventraler Richtung zum Ligamentum pubicum craniale. Dieses Band verschmilzt mit dem Tendo symphysialis. Zuvor entspringen an ihm noch Teile des Musculus gracilis und des Musculus pectineus. Das Ligamentum accessorium ossis femoris tritt unter den Haustieren nur bei Equiden auf.
Der Rauminhalt der geräumigen Gelenkkapsel des Hüftgelenkes beträgt bei einem durchschnittlich großen Pferd etwa 50 ml.[27] Die Kapselwand ist mit dem Labrum acetabulare und mit dem Collum ossis femoris einige Millimeter vom Rand des Caput ossis femoris verwachsen (Abb. 1.46). Die im Gelenk liegenden Bänder werden vom Stratum synoviale umhüllt. Eine Aussackung des Stratum synoviale tritt durch die Incisura acetabuli und liegt dann zwischen dem Ligamentum accessorium ossis femoris und dem Os pubis. Eine kleine Aussackung unterlagert ebenfalls das Ligamentum capitis ossis femoris. Die fibröse Gelenkkapsel wird lateral und kranial durch dicke kollagene Faserzüge verstärkt. Sie ist mit dem Epimysium der Musculi obturatorius externus und glutaeus profundus innig verbunden. Dorsal wird die Gelenkkapsel von Fettgewebe bedeckt. Der Musculus articularis coxae liegt auf der lateralen Seite des Hüftgelenkes und gibt einige Fasern an die Gelenkkapsel ab. Während der Beugung des Hüftgelenkes kann der Musculus articularis coxae als Kapselspanner wirken.

Bewegungsmöglichkeiten des Hüftgelenkes

Da das Hüftgelenk als Nußgelenk (Enarthrosis sphaeroidea) in geringem Ausmaß Rotationsbewegungen zuläßt, sind die Hauptbewegungsrichtungen die Beugung und Streckung des Gelenkes. Bei Equiden wird die Abduktion der Gliedmaße durch das Ligamentum capitis ossis femoris und das Ligamentum accessorium ossis femoris eingeschränkt. Die Adduktion wird durch die Anheftung der Glutäenmuskulatur am Os femoris gehemmt. Im Stand liegt der kaudolaterale Teil des Femurkopfes außerhalb des Azetabulums. Dabei ist das Hüftgelenk leicht gebeugt, und der Beugewinkel beträgt etwa 115 Grad. Der Winkel zwischen maximaler Beugung und maximaler Streckung beträgt nur 60 Grad.[27]
Als Beuger des Hüftgelenkes fungieren die Musculi glutaeus superficialis, tensor fasciae latae, rectus femoris, iliopsoas, sartorius und pectineus. Die Streckung des Hüftgelenkes wird durch Kontraktion der Musculi glutaeus medius, biceps femoris, semitendinosus, semimembranosus, adductor und quadratus femoris bewirkt. Die Adduktion der Gliedmaße erfolgt durch die Musculi gracilis, sartorius, adductor, pectineus, quadratus femoris und obturatorius externus. Eine geringgradige Abduktion der Gliedmaße wird durch die drei Muskeln der Glutäengruppe bewirkt. Eine Auswärtsdrehung des Oberschenkels wird durch die Musculi iliopsoas, obturatorius externus und obturatorius internus sowie durch die Musculi gemelli ermöglicht. Durch gemeinsame Aktion der Musculi adductor und glutaeus profundus ist auch eine Rotation nach medial möglich.

Kreuzdarmbeingelenk (Articulatio sacroiliaca)

Das nahezu unbewegliche Kreuzdarmbeingelenk, das aufgrund der vorhandenen Gelenkkapsel sowie der Tatsache, daß die rauhen Gelenkflächen des Kreuz- und Darmbeines dünn mit hyalinem Knorpel überzogen sind, zu den Gelenken gerechnet wird, ist ein straffes Gelenk (Abb. 1.47). Die Gelenkhöhle ist nur spaltförmig und kann von dichten, weißen fibrösen Bindegewebszügen durchzogen sein.[6] Mit zunehmendem Alter wird die Rauhigkeit der Gelenkflächen größer. Das Gelenk erhält durch die es umgebenden straffen Faserzüge des Ligamentum sacroiliacum ventrale Stabilität.

Beckensymphyse

Die medialen Ränder des Scham- und Sitzbeines der jeweiligen Seite treffen sich ventral in der Beckensymphyse. Bei jungen Tieren verbindet Faserknorpel die Knochen. Später entsteht durch eine kraniokaudal fortschreitende Ossifikation des Knorpels eine Synostose.

Lymphabfluß

Zwei Lymphozentren sind an der Beckengliedmaße am Lymphabfluß beteiligt. Das Lymphocentrum popliteum besteht aus wenigen kleinen Lymphonodi poplitei profundi, die, eingebettet in Fettgewebe, zwischen dem Musculus biceps femoris und dem Musculus semitendinosus nahe dem Nervus tibialis und unmittelbar vor Eintritt des Nervs zwischen die beiden Köpfe des Musculus gastrocnemius liegen (Abb. 1.40). Die Lymphknoten können aber auch fehlen. Das Einzugsgebiet der Lymphonodi poplitei umfaßt den distal des Lymphozentrums gelegenen Teil der Gliedmaße. Ihre Vasa efferentia verlaufen proximal zu dem im Schenkelspalt (Canalis femoralis) gelegenen Lymphocentrum inguinale profundum.

Zusätzlich zu den Zuflüssen aus dem Lymphocentrum popliteum erhalten die zahlreichen Lymphknoten des Lymphocentrum inguinale profundum auch noch Lymphe von dem kaudalen Anteil der Leibeswand und den Lymphonodi inguinales superficiales. Der Lymphabfluß aus dem Lymphocentrum inguinale profundum erfolgt in Richtung auf die Lymphonodi iliaci mediales.

Halteapparat der Beckengliedmaße
(Abb. 1.48)

Bei Belastung einer Beckengliedmaße beim „Schildern" ziehen der Musculus quadriceps femoris und der Musculus tensor fasciae latae die Patella, die Fibrocartilago parapatellaris und das mediale Kniescheibenband über den medialen Rollkamm der Trochlea des Os femoris proximal, so daß die Patella auf der „Nase" des medialen Rollkammes passiv einhakt. Die gleichsinnige Arretierung des Sprunggelenkes erfolgt mittels der Spannsägenkonstruktion (bestehend aus dem kranial gelegenen Musculus peroneus (fibularis) tertius, der vom Os femoris zur lateralen Seite des Tarsus und proximal an den Metatarsus zieht, und dem kaudal gelegenen Tendo plantaris des Musculus digitalis superficialis, der vom Os femoris zum Tuber calcanei verläuft). Die Beibehaltung dieser die Beugung von Knie- und Tarsalgelenk verhindernden Arretierung erfordert nur minimale Muskelkraft. Distal des Sprunggelenkes wird der Fuß plantar durch die Beugesehnen unterstützt. Die Sehne des Musculus flexor digitalis superficialis verläuft vom Tuber calcanei in distaler Richtung, und die Sehne des Musculus flexor digitalis profundus erhält etwa auf der Mitte des Metatarsus ihr Unterstützungsband, das sich aus der kräftigen plantaren Wand der Gelenkkapsel des Tarsalgelenkes isoliert. Eine

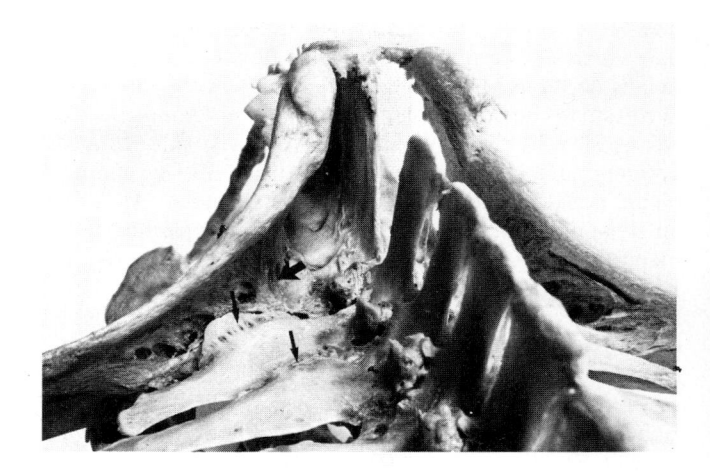

Abb. 1.47: Aufnahme einer Präparation des Kreuzdarmbeingelenkes (Articulatio sacroiliaca, großer Pfeil) und der Articulationes intertransversariae (kleine Pfeile). Kraniodorsale Ansicht.

weitere Hyperextension des Fesselgelenkes während der arretierten Stellung wird durch die beiden Beugesehnen auf ihrem Weg zu den Ansatzstellen, die beiden Unterstützungsschenkel des Musculus interosseus medius, die sich von den Gleichbeinen zur Sehne des Musculus extensor digitalis longus erstrecken, sowie durch die Sesambeinbänder, insbesondere durch die drei distalen Sesambeinbänder, verhindert.

Epiphysenfugenschluß

Tabelle 1.2 gibt einen Überblick, innerhalb welcher Zeiträume der Schluß der Epiphysenfugen an der Beckengliedmaße erfolgt.[6]

Tabelle 1.2:
Epiphysenfugenschluß an der Beckengliedmaße des Pferdes[6]

Os ilium, Os ischium, Os pubis	10–12 Monate
Apophysen der Crista iliaca, des Tuber coxae, des Tuber ischiadicum und des Corpus ossis pubis	4½–5 Jahre
Os femoris	
Proximal	36–42 Monate
Distal	22–42 Monate
Tibia	
Proximal	36–42 Monate
Distal	17–24 Monate
Fibula	
Proximal	3½ Jahre
Distal (Malleolus lateralis tibiae)	3–24 Monate
Kalkaneus	19–36 Monate

(Die Zeiträume für den Schluß der Epiphysenfugen der distal des Tarsus befindlichen Knochen liegen etwa im Bereich der für die Epiphysenfugen distal des Karpus angegebenen Zeiten.)

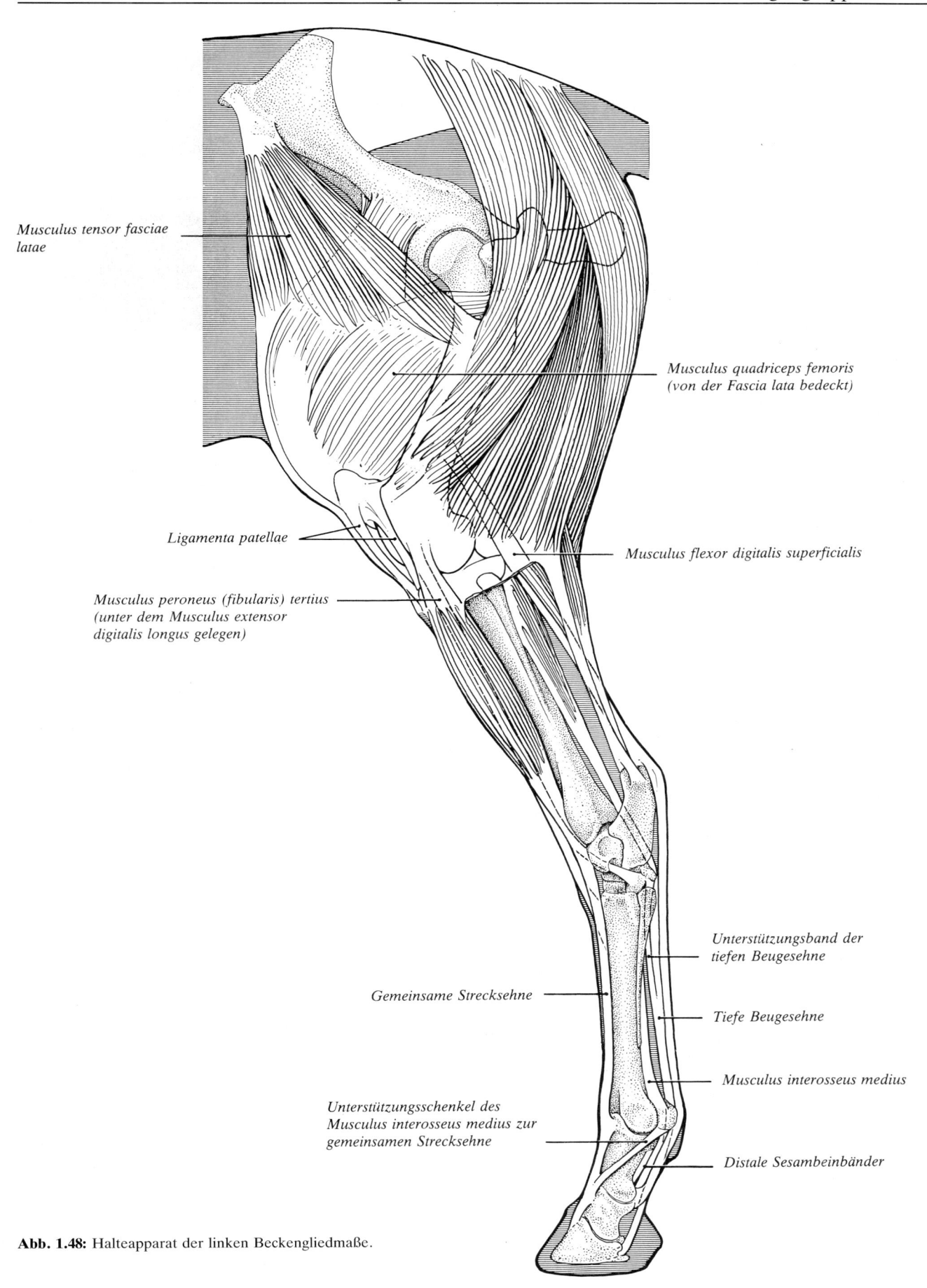

Kapitel 1: Funktionelle Anatomie des Bewegungsapparates

Musculus tensor fasciae latae

Musculus quadriceps femoris (von der Fascia lata bedeckt)

Ligamenta patellae

Musculus flexor digitalis superficialis

Musculus peroneus (fibularis) tertius (unter dem Musculus extensor digitalis longus gelegen)

Unterstützungsband der tiefen Beugesehne

Gemeinsame Strecksehne

Tiefe Beugesehne

Musculus interosseus medius

Unterstützungsschenkel des Musculus interosseus medius zur gemeinsamen Strecksehne

Distale Sesambeinbänder

Abb. 1.48: Halteapparat der linken Beckengliedmaße.

Anteil des Rumpfes an der Bewegung

Die hypaxialen Muskeln des Stammes (Musculus psoas minor, Musculus quadratus lumborum und die vier Bauchmuskeln der jeweiligen Seite) bewirken gemeinsam eine Aufbiegung der Wirbelsäule während des Galopps. Die epaxialen Muskeln des Rumpfes und des Halses (von lateral nach medial die Musculi iliocostales, der Musculus longissimus sowie der Musculus transverso spinalis) stellen die Strecker der Wirbelsäule dar. Bei einseitiger Kontraktion wirken die hypaxialen und die epaxialen Muskeln des Stammes als Seitwärtszieher von Rumpf und Hals.

Mit Ausnahme der Articulatio atlantoaxialis zwischen den beiden ersten Halswirbeln (Zapfengelenk) erlauben alle anderen gelenkigen Verbindungen der Wirbel sowohl eine dorsoventrale Auf- und Durchbiegung als auch eine seitliche Biegung und sogar eine gewisse Rotation. Diese Bewegungen sind zwar in den einzelnen Gelenken nur in beschränktem Umfang möglich; gesamthaft gesehen, besitzt die Wirbelsäule jedoch eine beträchtliche Flexibilität. Die faserknorpeligen Zwischenwirbelscheiben (Disci intervertebrales, mit einem peripheren Anulus fibrosus und dem zentralen Nucleus pulposus) liegen jeweils zwischen benachbarten Wirbelkörpern. Die Verbindungen der Wirbel untereinander werden daher als Symphyses intervertebrales bezeichnet. Gelenkhöhlen befinden sich zwischen dem Wirbelkörper des letzten Hals- und dem des ersten Brustwirbels sowie zwischen dem des letzten Lendenwirbels und dem des ersten Kreuzwirbels. Die beiden längs verlaufenden, den Wirbelkörpern dorsal beziehungsweise ventral aufliegenden Ligamenta longitudinalia dorsale und ventrale sorgen für die Stabilität der Wirbelsäule. Im Halsbereich ist das Ligamentum longitudinale dorsale nur schwach ausgebildet und verschmilzt mit dem Periost. Im Bereich des Thorax werden die Zwischenwirbelscheiben durch die Ligamenta intercapitalia, die zwischen den kontralateralen Rippenköpfen verkehren, von dorsal her fixiert. Die Verbindungen der Processus articulares zweier Wirbel miteinander sind echte Gelenke; sie stellen im Bereich der Hals- und Brustwirbelsäule Schiebegelenke und im Bereich der Lendenwirbelsäule Zapfengelenke dar. Zwischen den Querfortsätzen des fünften und sechsten Lendenwirbels und den Querfortsätzen des sechsten Lendenwirbels und den Alae ossis sacri sind ebenfalls echte Gelenke ausgebildet (Abb. 1.47).

Ausgewählte Literatur

1. BANKS, W. J.: Applied Veterinary Histology. Baltimore, Williams & Wilkins Co., 1981.
2. BLYTHE, L. L., and KITCHELL, R. L.: Electrophysiologic studies of the thoracic limb of the horse. Am. J. Vet. Res., **43**: 1511, 1982.
3. COLLES, C. M., und HICKMAN, J.: The arterial supply of the navicular bone and its variation in navicular disease. Eq. Vet. J., **9**: 150, 1977.
4. DERKSEN, F. G.: Diagnostic local anaesthesia of the equine front limb. Eq. Pract., **2**: 41, 1980.
5. ERNST, R.: Die Bedeutung der Wandepidermis (Hyponychium) des Pferdehufes für die Hornbildung. Acta anat., **22**: 15, 1954.
6. GETTY, R.: Sisson and Grossman's The Anatomy of the Domestic Animals. 5th Ed. Vol. 1. Philadelphia, W. B. Saunders Co., 1975.
7. GRAU, H.: Die Hautinnervation an den Gliedmaßen des Pferdes. Arch. wiss. prakt. Tierheilk., **69**: 96, 1935.
8. JAMES, P. T., KEMLER, A. G., and SMALLWOOD, J. E.: The arterial supply to the distal sesamoid bones of the equine thoracic and pelvic limbs. J. Vet. Orthoped., **2**: 38, 1983.
9. KOCH, T.: Nervenversorgung der Hinterzehe des Pferdes. Berl. Münchn. Tierärztl. Wsch., **28**: 440, 1939.
10. KOCH, T.: Über die Nervenversorgung der Gliedmaßenspitzen des Pferdes. Tierärztl. Rundsch., **44**: 333, 1938.
11. KRÖLLING, O., und GRAU, H.: Lehrbuch der Histologie und vergleichenden mikroskopischen Anatomie der Haustiere. 10. Aufl., Berlin, P. Parey, 1960.
12. LANDEAU, L. J., BARNETT, D. J., and BATTERMAN, S. C.: Mechanical properties of equine hooves. Am. J. Vet. Res., **44**: 100, 1983.
13. LEACH, D. H., and OLIPHANT, L. W.: Ultrastructure of the equine hoof wall secondary epidermal lamellae. Am. J. Vet. Res., **44**: 1561, 1983.
14. NILSSON, S. A.: Bidrag till kannedomen om fotens innervation hos hast. (Englische Zusammenfassung). Skand. Vet. Tidskr. **38**: 401, 1948.
15. Nomina Anatomica Veterinaria: World Association of Veterinary Anatomists. 3rd Ed., 1983.
16. OTTAWAY, C. A., and WORDEN, A. N.: Bursae and tendon sheaths of the horse. Vet. Rec., **52**: 477, 1940.
17. POHLMEYER, K., und REDECKER, R.: Die für die Klinik bedeutsamen Nerven an den Gliedmaßen des Pferdes einschließlich möglicher Varianten. Dtsch. Tierärztl. Wschr., **81**: 501, 1974.
18. PREUSS, F., und EGGERS, H.: Zur Radialislähmung des Pferdes. Tierärztl. Umsch., **6**: 435, 1951.
19. SACK, W. O.: Subtendinous bursa on the medial aspect of the equine carpus. J. Am. Vet. Med. Assoc., **168**: 315, 1976.
20. SACK, W. O.: Nerve distribution in the metacarpus and front digit of the horse. J. Am. Vet. Med. Assoc., **167**: 298, 1975.
21. SACK, W. O., and HABEL, R. E.: Rooney's Guide to the Dissection of the Horse. Ithaca, Veterinary Textbooks, 1977.
22. SACK, W. O., and ORSINI, P. G.: Distal intertarsal and tarsometatarsal joints in the horse: communication and injection sites. J. Am. Vet. Med. Assoc., **179**: 355, 1981.
23. SMITH, F.: A Manual of Veterinary Physiology. 4th Ed. London, Balliere, Tindall and Cox, 1912.
24. STUMP, J. E.: Anatomy of the normal equine foot, including microscopic features of the laminar region. J. Am. Vet. Med. Assoc., **151**: 1588, 1967.
25. UPDIKE, S. J.: Functional anatomy of the equine tarsocrural collateral ligaments. Am. J. Vet. Res., **45**: 867, 1984.
26. WRIGHT, C.: Unveröffentlichte Daten, 1983.
27. ZIETZSCHMANN, D., ACKERKNECHT, E., und GRAU, H.: In: (Ellenberger, W. und H. Baum Hrsg.): Handbuch der vergleichenden Anatomie der Haustiere. 18. Aufl., Berlin, Springer Verlag, 1977.

Beziehungen zwischen Exterieur und Lahmheit

Ted S. Stashak

Unter Exterieur wird die äußere Gestalt oder Körperform verstanden. Diese Definition kann dahingehend erweitert werden, daß auch die Beziehung zwischen Gestalt und Funktion miterfaßt wird. Das Exterieur unserer heutigen Pferde ist das Ergebnis natürlicher Selektion sowie der Anforderungen des Menschen an das Pferd. Die natürliche Selektion wählte aus einer Rasse die Tiere mit den bei den bestehenden Klimaschwankungen und Bodenverhältnissen besten Überlebenschancen aus. Anfangs züchtete der Mensch das Pferd nur in Hinblick auf die täglich anfallenden Arbeiten. Innerhalb kurzer Zeit erfolgte die Ausprägung gewisser Merkmale, die zur Überlegenheit eines bestimmten Pferdetyps mit einem hohen Leistungsstandard führte. Die Summe der vererbbaren Merkmale eines Tieres bzw. einer Rasse, in der sich ihre Eignung für bestimmte Aufgaben ausdrückt, wird als Exterieur definiert.

Die Grundlage für die Fortbewegung eines Pferdes ist sein Körperbau. Das Pferd ist ein Nutztier, und sein Wert wird vom Zustand seiner Gliedmaßen bestimmt. Fehlerhafte Gliedmaßenstellungen verstärken bestimmte Lahmheitsformen und können in einigen Fällen die tatsächliche Lahmheitsursache sein. Die Proportionen von Körper und Gliedmaßen spielen eine maßgebliche Rolle für die wechselseitige Beeinflussung der Gliedmaßen in der Bewegung. Oft bestimmt der Körperbau als maßgeblicher Faktor für ein gesundes Fundament die Nutzungszeit eines Pferdes. Nur sehr wenige Pferde weisen ein fehlerfreies Exterieur auf. Bei der Auswahl der Elterntiere muß das Exterieur dennoch berücksichtigt werden, da Tiere mit schwerwiegenden Schwächen von der Zucht auszuschließen sind.

Die Bewegungsdynamik des Pferdes wird von zahlreichen Faktoren, wie z. B. Gesundheit, Ernährung, Training, Kondition und Körperbau, beeinflußt. Das Exterieur ist dabei der einzige Faktor, der nicht in großem Umfang veränderbar ist, da es eine hohe Erblichkeit aufweist. Sowohl für den Tierarzt als auch für den Pferdezüchter ist diese Tatsache wichtig, da es in beider gemeinsamer Verantwortung liegt, für einen bestimmten Leistungsstandard Empfehlungen auszusprechen bzw. auf diese hin zu züchten.

Weit verbreitet sind Dispositionen für Podotrochlose, Spat, Frakturen der Karpalknochen, Hasenhacke und proximale Patellafixation. Gliedmaßenfehlstellungen, die zu Bewegungsabweichungen in der Schwebephase führen, sind in hohem Maße erblich und deshalb sowohl beim Pferdekauf als auch bei der Prüfung eines Hengstes oder einer Stute auf Zuchttauglichkeit als unerwünscht zu beurteilen. Wenn möglich, sollte die Auswahl der Elterntiere so erfolgen, daß Schwächen von Hengst oder Stute ausgeglichen werden, um so die Konstitution der Nachkommen zu verbessern.

In der Exterieurbeurteilung eines Pferdes gibt es weitere Faktoren, die die korrekte Beurteilung erschweren. Es heißt, „Schnelligkeit ist das beste Merkmal eines Pferdes", und in der Tat ist Schnelligkeit ein wichtiger Gesichtspunkt. Wenn ein Pferd zwar Schnelligkeit, trotzdem aber körperliche Mängel aufweist, kann es auf Dauer kein Rennpferd sein. Wenn es jedoch Schnelligkeit und gleichzeitig ein korrektes Exterieur besitzt, das nicht für Störungen und Lahmheiten anfällig ist, wird es mit höherer Wahrscheinlichkeit längerfristig als Rennpferd eingesetzt werden können. Ein anderer Faktor ist das sogenannte „Feuer" eines Pferdes. Dies könnte treffender mit „Ehrgeiz" bezeichnet werden, und einige Pferde haben wirklich mehr Gefühl für Wettkampfsituationen als andere. Dieser Ehrgeiz ermöglicht es an Lahmheiten leidenden Pferden, einen Wettkampf durchzustehen und zu gewinnen. Das gleiche Phänomen zeigt sich auch bei arbeitenden Rodeopferden, die ihre Arbeit problemlos verrichten und dann aus der Arena hinken. Die beste Kombination sind ein gutes Exterieur, Schnelligkeit und Feuer.

Da der Pferdepraktiker häufig gebeten wird, Pferdebesitzern geeignete Zuchtpaarungen zu empfehlen, die Auswahl der für bestimmte Aufgaben geeigneten Pferde durchzuführen, Pferde anzukaufen sowie Lahmheiten zu diagnostizieren und zu beurteilen, muß ein warnendes Wort an die jungen Tierärzte gerichtet werden, die nur darauf brennen, ihr neu erworbenes Wissen über Zusammenhang zwischen Körperbau und Lahmheiten anzubringen. Das Exterieur eines Pferdes kann für den Besitzer ein sehr heikles Thema sein. Beiläufige Äußerungen über mangelhafte Konstitution in einem Gespräch, das gar nichts mit dem eigentlichen Lahmheitsproblem zu tun hat, werden oft sehr persönlich genommen und mißfallen den meisten Pferdebesitzern. Da viele Pferde konstitutionelle Mängel haben und trotzdem den Anforderungen durchaus gewachsen sind, sollte der Tierarzt besser mögliche Prognosen nicht äußern, außer wenn er zur Lahmheitsdiagnostik hinzugezogen wird. Dies soll nicht heißen, daß einem Tierbesitzer, dessen Pferd aufgrund mangelhafter Konstitution ein Lahmheitsproblem hat oder der wegen Ankaufsuntersuchungen anfragt, diese Befunde nicht mitgeteilt werden sollten.

Abb. 2.1: Durchschnittspferd. Körper und Gliedmaßen sollten gut proportioniert sein.

Körperbau (Abb. 2.1)

Die verschiedenen Rassen unterscheiden sich im Exterieur. Diesem Umstand muß bei der Beurteilung eines Pferdes Rechnung getragen werden. Ein Araber hat zum Beispiel einen kürzeren Rücken als ein Vollblüter; Quarter Horses bestimmter Abstammungslinien haben einen kürzeren, schwereren Rumpf und kürzere Gliedmaßen als Vollblüter. In einigen Abstammungslinien des Quarter Horse war die Einkreuzung von Vollblütern so intensiv, daß die Nachkommen kaum von Vollblütern zu unterscheiden sind. Sogar in der Vollblutzucht gibt es Exterieurunterschiede zwischen amerikanischen, englischen und französischen Abstammungslinien.

Regelmäßigkeit des Körperbaues

Obwohl der Verwendungszweck, die Gestalt und auch der Pferdetyp von einer Rasse zur anderen variieren, ist dennoch festzustellen, daß in der Definition des Rassestandards die Regelmäßigkeit des Körperbaues einen gemeinsamen zentralen Punkt darstellt. Zur Beurteilung dieses Gesichtspunktes erfolgt eine Einteilung des Pferdekörpers in drei gleiche Abschnitte, indem eine gedachte senkrechte Hilfslinie vom Ellbogenhöcker zum höchsten Punkt des Widerristes und eine weitere senkrechte Hilfslinie vom Tuber coxae zur kranialen Fläche des Kniegelenkes gezogen wird (Abb. 2.2 unten). Diese Linien sollten im rechten Winkel zum Boden verlaufen und den Körper in die Anteile Vor-, Mittel- und Hinterhand unterteilen. Eine vom Buggelenk zur Mitte des Kniegelenkes gedachte Linie sollte horizontal ausgerichtet sein (Abb. 2.2 unten), wobei der Rumpf gleichfalls axial ausgerichtet ist. Bei Sicht von oben auf das Tier sollte eine gedachte Linie vom Widerrist über die Mitte des Rückens den Pferdekörper grob in Hälften unterteilen (Abb. 2.2 oben).

Kopf und Hals dienen dem Rumpf als vordere Konsole, bei der der Kopf das Gegengewicht zum Körper am Ende des Halses darstellt. Aufgrund dieser Verhältnisse ist ein

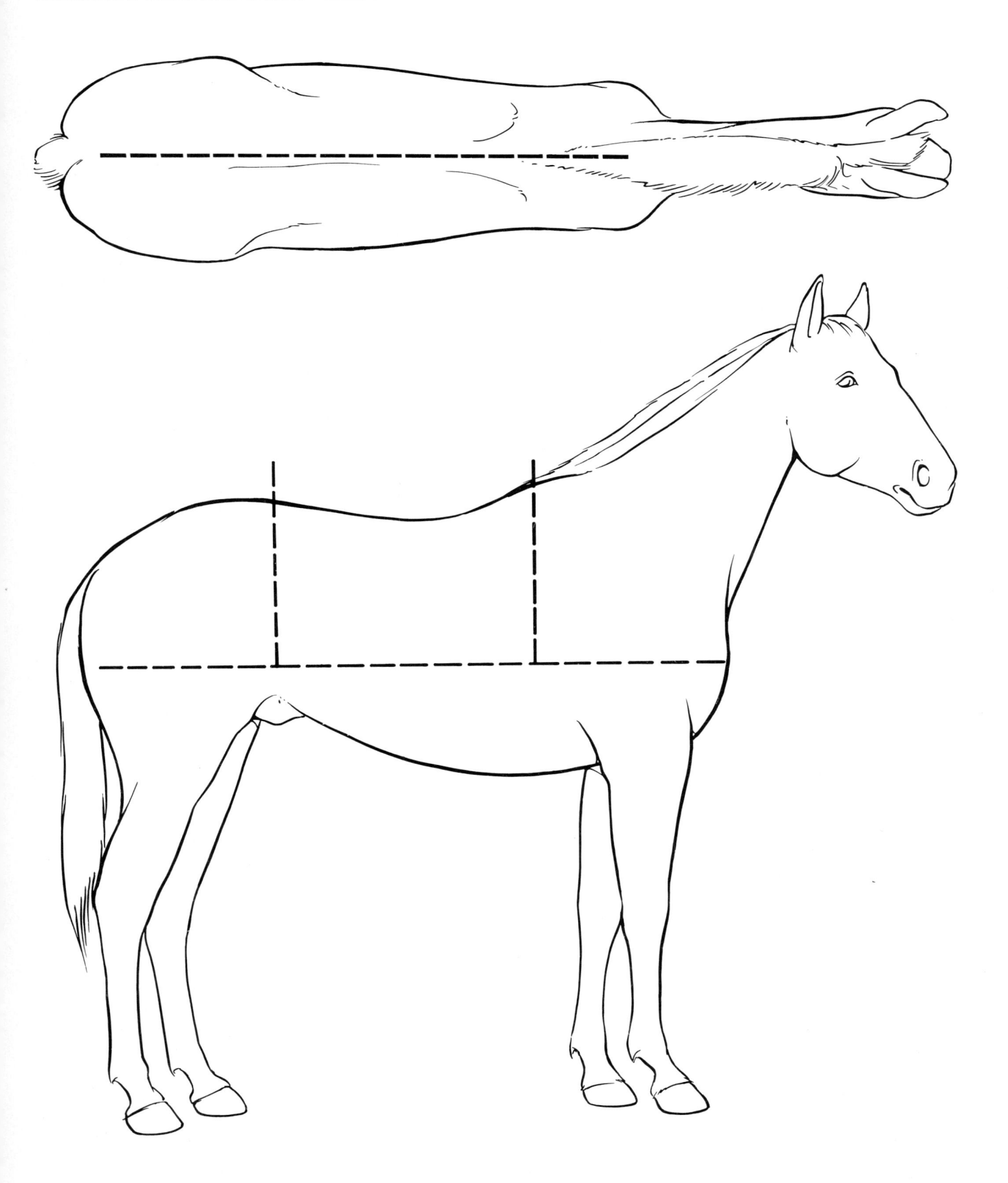

Kapitel 2: Beziehungen zwischen Exterieur und Lahmheit 73

Abb. 2.2: *Unten* Die Beurteilung der Proportionen setzt voraus, daß der Körper optisch in drei gleiche Teile zerlegt wird. *Oben* Feststellung der axialen Ausrichtung. Eine Linie, die von der Mitte des Widerristes über die Mitte des Rückens verläuft, teilt den Körper in Hälften.

Abb. 2.3: Schwerpunkt des Pferdes

Pferd mit langem, schlankem Hals wünschenswerter als ein Pferd mit kurzem, dickem Hals. Der Kopf darf aber nicht übergroß sein, da er sonst ein zu hohes Gewicht auf die vordere Konsole verlagert.

Schwerpunkt des Pferdes

Der Schwerpunkt hat größte Bedeutung, da er das Massenzentrum des Gesamtkörpers darstellt. Selbst wenn sich die Lage des Schwerpunktes mit der Körpergestalt ändert, liegt er trotzdem in der Mitte des Brustkorbes, etwas kaudal der die Vor- von der Mittelhand trennenden Linie (Abb. 2.3). Da der Schwerpunkt näher an der Vorhand liegt, tragen die Schultergliedmaßen 60 bis 65 % des Körpergewichtes. Dieser Umstand hat eine Mehrbelastung der Schultergliedmaße zur Folge, die sich in einem vermehrten Auftreten von Lahmheiten an diesen Gliedmaßen äußert. Ein überbautes Pferd, bei dem die Kruppe höher ist als der Widerrist, hat den zusätzlichen Nachteil, daß sein Schwerpunkt noch weiter nach vorn verlagert wird.

Auch Rechteckpferde entwickeln unter Umständen eine derart schwingende Fortbewegung, daß die Gliedmaßenbewegungen beträchtlich verändert werden. Solche Pferde neigen zum plötzlichen Tempowechsel, zum Anschlagen, zum diagonalen Einhauen (Greifen) und zu Erkrankungen des Rückens, die durch Muskel- und Bänderzerrungen bedingt sind. Quadratpferde mit relativ zu langen Gliedmaßen neigen zum gleichseitigen Greifen, Anschlagen mit dem Vorderhuf an die Dorsalfläche der gleichseitigen Beckengliedmaße und zu Erkrankungen der Wirbelsäule im Rückenbereich. Für jede Rasse gibt es jedoch bestimmte Merkmale, und der Tierarzt muß mit diesen Rassemerkmalen vertraut sein. Der Körper muß gefallen, in Ausgewogenheit zu den Gliedmaßen stehen und sollte wohlproportioniert sein. Der Bau des Rumpfes verursacht im allgemeinen keine Lahmheiten, weshalb sich die weiterführenden Erörterungen dieses Kapitels allein auf die Gliedmaßenstellung beziehen.

Stellung der Gliedmaßen

Zur Beurteilung der Gliedmaßen muß das Pferd aus angemessener Entfernung sowie aus der Nähe beurteilt werden. Die Beurteilung erfolgt in Ruhe und in der Bewegung. Der Tierarzt sollte entscheiden, ob die Fehlstellung eines Pferdes ihre Ursache schon distal an den Gliedmaßen hat oder erst an der Hüfte und/oder den Schultergelenken lokalisiert ist. Die Beine sollten gut zu Höhe, Tiefe und Länge des Rumpfes passen. Da der Schub der Beckengliedmaße auf die Schultergliedmaße wirkt, wird eine vollkommen regelmäßige Stellung gefordert.

Die Gliedmaßenstellung hat ebenfalls Einfluß auf die Form der Zehe, ihre Abnutzung, die Lastverteilung und die Schwebephase in der Bewegung. Eine fehlerhafte Stellung der Gliedmaßen ist für sich allein nicht krankhaft (mit Ausnahme der Hasenhacke), aber sie sollte als Frühzeichen einer Erkrankung oder zumindest als Zeichen einer Überbelastung verstanden werden. Fehlerhaft stehende Gliedmaßen erhöhen die Anfälligkeit des Pferdes für viele Lahmheiten, die sich bei korrekter Gliedmaßenstellung nicht entwickeln würden.

Oftmals läßt sich eine gegenseitige Beeinflussung der Gliedmaßen bei Beobachtung des Tieres in Schritt und Trab feststellen. In den schnellen Gangarten ist es schwierig, Abweichungen wahrzunehmen, da das Auge die schnellen Bewegungen der Gliedmaße nicht verfolgen kann. Rennpferde haben bei guter Körperkonstitution selten Probleme mit dem gegenseitigen Touchieren der Gliedmaßen. Sind jedoch bereits leichte Konstitutionsmängel vorhanden, so können gegenseitige Behinderungen der Gliedmaßen auftreten, die bei geringerer Belastung nicht zur Ausbildung kämen. Bei schnellen Wendungen, wie sie bei „Barrel Race"*, „Cutting"*, „Pole Bending"* und „Reining"* vorkommen, kann auch ein Pferd mit fehlerfreier Gliedmaßenstellung streichen oder greifen.

Eine vorschnelle Diagnose allein aus den Befunden der Gliedmaßenstellung eines Pferdes in Ruhe ist nicht ausreichend. Das Pferd sollte zuerst in Bewegung auf hartem Untergrund beobachtet werden, um die Zehen beim Abfußen vom Boden, beim Vorführen und beim Aufsetzen verfolgen zu können. Auf weichem Untergrund oder auf Gras kann diese Beurteilung nicht vorgenommen werden. Fehler resultieren häufig daraus, daß Pferde ohne vorherige Untersuchung in der Bewegung vorschnell beurteilt werden.

* Wettkampfformen des Westernreitens.

Schultergliedmaße

Die Schultergliedmaßen tragen ca. 60 bis 65 % des Körpergewichtes. Dieser Anteil kann sich mit der Körperform des Pferdes ändern, bei dem Kopf, Hals, Bauch und Kruppe von der Norm abweichende Ausbildungen haben können. Die Schultergliedmaßen sind durch Erschütterung und Trauma vermehrt Verletzungen ausgesetzt, da sie nicht nur das Gewicht des sich bewegenden Körpers tragen, sondern auch die Beckengliedmaßen in ihrem Vorschub unterstützen. Die korrekte oder perfekte Stellung umfaßt passende Länge und richtige Winkelung der Knochen. Ein Pferd kann von einem Standpunkt aus eine gute und von einem anderen Standpunkt aus eine mangelhafte Stellung aufweisen bzw. eine regelmäßige und eine mangelhaft gestellte Schultergliedmaße besitzen.

Die Beurteilung der Stellung der Schultergliedmaße sollte zuerst bei gleichmäßig auf Schulter- und Beckengliedmaße verteiltem Gewicht und dann in der Bewegung vorgenommen werden. In Ruhe erfolgt die Untersuchung zunächst aus angemessener Entfernung und erst dann folgt die spezielle Untersuchung der Gliedmaßen aus der Nähe. Bei korrekter Gliedmaßenstellung wird kein Gliedmaßenabschnitt übermäßig beansprucht.

Kraniale Ansicht (Abb. 2.4 A)

Beide Beine sollten gerade sein und das Gewicht gleichmäßig tragen. Eine Senkrechte durch die Mitte des Schultergelenkes muß die Gliedmaße halbieren. Dabei soll der Brustkorb gut entwickelt und bemuskelt sein. Die Hufe müssen nach vorn weisen, und die Zehen sollten am Boden den gleichen Abstand haben wie der freie Teil der Gliedmaße in Höhe des Brustkorbes.

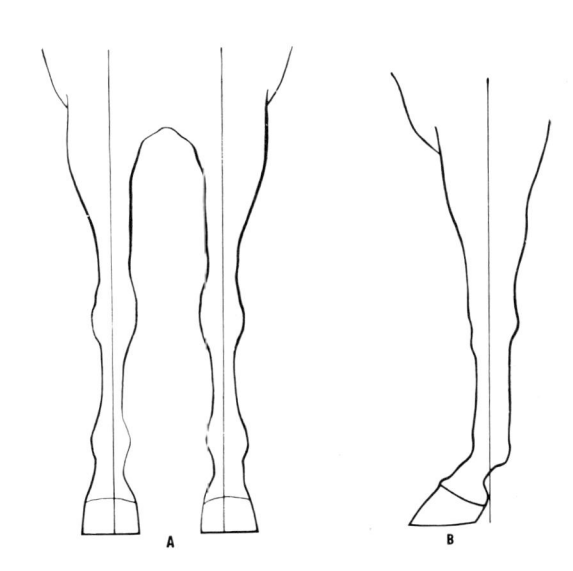

Abb. 2.4: Kraniale (**A**) und laterale (**B**) Ansicht einer regelmäßig gestellten Schultergliedmaße. **A** Die Gliedmaße wird durch eine senkrechte Linie halbiert. **B** Die Gliedmaße wird durch eine Senkrechte durch das Tuber spinae scapulae bis zum Fesselgelenk geteilt. Diese berührt kaudal den Ballen.

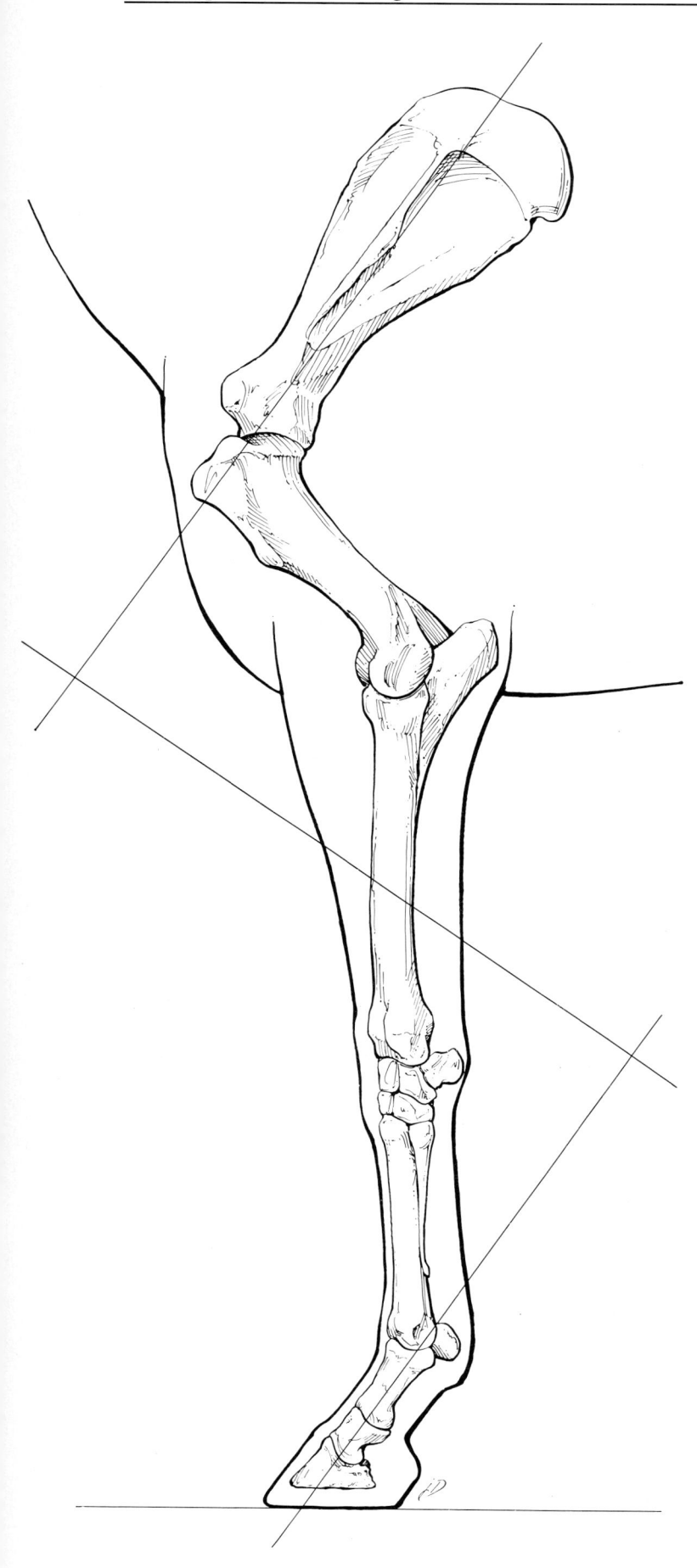

Bei seitlicher Abweichung der Schultergliedmaße von der Senkrechten tritt eine Überbeanspruchung der Seitenbänder der Scharniergelenke auf. Die beiden Karpalgelenke müssen gleichmäßig belastet sein und dürfen weder X- noch O-Beinigkeit zeigen. Das Röhrbein muß sich in der Mitte distal vom Karpus befinden und sollte nicht lateral versetzt sein („bench knees").

Laterale Ansicht (Abb. 2.1 und 2.4 B)

Die Schulter sollte schräg gelagert sein. Eine Senkrechte durch das Tuber spinae scapulae sollte die Schultergliedmaße bis zum Fesselgelenk halbieren und den Ballen kaudal berühren. Das Vorderfußwurzelgelenk darf dabei weder Vorbiegigkeit noch Rückbiegigkeit zeigen. Außerdem sollte die Muskulatur des Unterarmes gut entwickelt sein und die Gliedmaße im Gleichgewicht halten. Das Gebiet unmittelbar distal der Vorderfußwurzel darf weder dorsal noch palmar eingezogen sein („cut out under the knees"; „tied-in knees"), und die Hufwand sollte die gleiche Richtung aufweisen wie die Zehenachse.

Länge und Winkelung von Skapula und Humerus in Relation zum Rumpf sollten auf maximalen Hub, größte Beschleunigung der Gliedmaße und beste Stoßdämpfung ausgelegt sein. Skapula und Humerus müssen so lang sein, daß die distalen Gliedmaßenabschnitte eine passende Ausrichtung erfahren; distal davon muß die Gliedmaße jedoch kurz genug sein, um schnelle, synchrone Bewegungen zu ermöglichen. Je steiler die Schulter, desto häufiger berühren die Vorderfüße den Boden bei der Fortbewegung und desto weniger Erschütterungen werden abgefangen. Eine sehr steil gestellte Schulter führt zu einer vermehrten Beanspruchung, Belastung und Erschütterung der distalen Gliedmaßenabschnitte. Eine stärker gewinkelte Schulter führt dagegen zu verminderter Belastung, geringerer Beanspruchung und geringerer Einwirkung von Stoßkräften auf die distalen Schultergliedmaßenabschnitte (Abb. 2.5). Eine weitere erwähnenswerte Eigenschaft des Schultergelenkes ist seine Aufhängung durch die umgebenden Muskeln und Sehnen. Diese rein muskulöse Fixierung gibt dem Gelenk Halt und gewährt ihm gleichzeitig Bewegungsfreiheit in der Hangbeinphase. Da diese muskulöse Befestigung so überaus wichtig ist, muß ein Pferd in diesem Bereich eine gut ausgeprägte Muskulatur besitzen. Der von Humerus und Radius sowie Ulna am Ellbogengelenk gebildete Winkel darf sich zwischen 120 und 150 Grad bewegen. Ein Gelenk mit stärkerer Streckung (größerer Winkelung) verursacht einen kurzen, abgehackten Gang und verstärkt die Stoßbelastung der distalen Gliedmaßenabschnitte. Radius und Ulna müssen ausreichend lang sein, um eine gute Funktion der Muskeln zu gewährleisten.

Bei korrekter Stellung sollte die Gliedmaße vom Ellbogen bis zur Fessel eine Säule bilden. Diese Form wird die axial senkrechten Drücke gleichmäßig auf alle knöchernen Strukturen verteilen. Falls die Knochen von dieser Stel-

Abb. 2.5: Die Schrägstellung der Schulter beeinflußt in der Regel die Fesselung. Je steiler die Schulter, desto steiler die Fesselung.

lung abweichen, werden sich auf einer Seite komprimierende Kräfte konzentrieren, so daß auf der gegenüberliegenden Seite Zugkräfte entstehen, die eine vermehrte Beanspruchung und Belastung zur Folge haben.
Das Vorderfußwurzelgelenk ist ein zusammengesetztes Gelenk, welches zwischen zwei langen Knochen liegt. Seine Hauptaufgaben sind:
1. Beugung,
2. Stoßdämpfung und
3. Streckung.
Die Beugung geschieht hauptsächlich im Unterarm-Fußwurzelgelenk und im Fußwurzel-Mittelgelenk. Stöße werden von allen drei Karpalgelenksabteilungen aufgefangen, und die Streckung kommt durch einen Fixierungsmechanismus zustande, welcher in Funktion tritt, während sich das Pferd in der Stütz- und Streckphase eines Schrittes befindet. Diese Funktionen machen es erforderlich, daß sich die Karpalknochen exakt auf einer Achse mit Radius, Ulna und Röhrbein befinden. Außerdem sollten sie eine ausreichende Größe haben, um bei entsprechender Krafteinwirkung genügend Stabilität zu gewährleisten. Da Beugung und Streckung wichtige Funktionen des Karpalgelenkes sind, muß die Muskulatur des Unterarmes gut entwickelt sein, um diese Aufgaben erfüllen zu können.
Der Fesselgelenkswinkel, der von Röhrbein und Fesselbein sowie den Gleichbeinen gebildet wird, darf circa 125 bis 135 Grad betragen. Der Winkel zwischen Boden und Zehenachse beträgt 45 bis 50 Grad. Der Fesselgelenkswinkel muß so bemessen sein, daß eine gute Stoßdämpfung gewährleistet ist. Je kürzer Kronbein und Fesselbein und je steiler die Fessel, desto größer sind die auf die Zehe wirkenden axialen Druckkräfte.
Der Hornschuh und damit die Zehe sollte ausreichend groß, gut geformt und von ausreichender Festigkeit sein, um das Körpergewicht aufnehmen und Stöße abfangen zu können. Dies ist erforderlich, damit in der Vorwärtsbewegung der nötige Schub gewährleistet ist, normaler Verschleiß auftritt und das Blut aus der Zehe nach proximal befördert wird (Hufmechanismus).

Fehler in der Stellung der Schultergliedmaße

Bodenenge Stellung (Abb. 2.6)

Bei Betrachtung von vorn ist der Abstand der Mittellinien beider Zehen in Bodennähe geringer als der Abstand dieser Mittellinien in Höhe des Brustkorbes am Übergang der Gliedmaße zum Rumpf. Diese Stellung tritt häufig bei Pferden wie dem Quarter Horse auf, die einen großen Brustkorb und eine gut entwickelte Pektoralismuskulatur besitzen. Sie kann von zehenenger oder zehenweiter Stellung begleitet sein.
Eine bodenenge Stellung hat zur Folge, daß das Pferd die Außenseite der Gliedmaße mehr als die Innenseite belastet, da bei bodenenger Stellung keine andere Möglichkeit zur Aufnahme des Gewichtes besteht. Daraus folgt unabhängig von zehenenger oder zehenweiter Stellung, daß das Pferd mit der Außenkante der Zehe zuerst fußt und diese verstärkt belastet. Die Außenseite der Zehe und die der Gliedmaße ist dadurch verstärkter Belastung ausgesetzt. Gelenksgallen des Fesselgelenkes, laterale Kron-

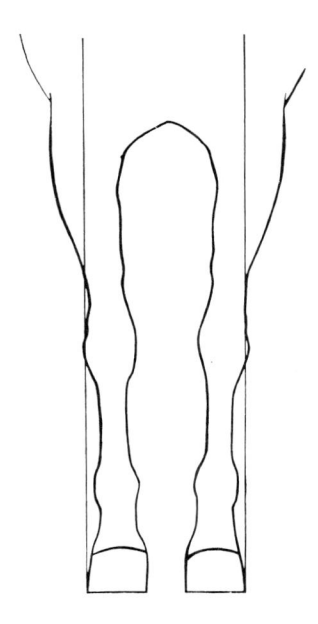

Abb. 2.6: Bodenenge Stellung. Der Abstand der durch den Gliedmaßenursprung geführten Mittellinien ist größer als der Hufabstand am Boden.

gelenksschale, laterale Hufknorpelverknöcherungen und Quetschungen der Trachtenwand sind pathologische Befunde, die häufig mit diesem Umstand korrelieren. Da in nahezu allen Fällen die bodenenge Stellung das Tier zwingt, zuerst auf der Außenwand des Hufes zu fußen, unabhängig davon, ob die Zehen zehenweit stehen, muß eine entsprechende Korrektur durch Abtragen der Innenwand erfolgen.

Bodenweite Stellung (Abb. 2.7)

Von vorn betrachtet, haben die Mittellinien der Gliedmaßen bei dieser Stellung am Boden einen größeren Abstand als im Gliedmaßenbereich am Brustkorb. Diese Form findet sich im allgemeinen bei schmalbrüstigen Pferden, wie dem American Saddlebred oder dem Tennessee Walking Horse. Bei bodenweiter Stellung der Schultergliedmaßen neigt das Pferd häufig zu zehenweiter Stellung. Bodenweit-zehenweite Stellung verursacht meist eine gegen die stützende Gliedmaße gerichtete Bewegung („winging") der vorgeführten Gliedmaße (Abb. 2.8 A und B und Abb. 2.9).
Die bodenweite Stellung zwingt das Pferd, die Innenkante der Zehe mit mehr Gewicht zu belasten als die Außenseite. Weil das Körpergewicht auch unter diesen Umständen gleichmäßig verteilt wird, muß das Pferd, ganz im Gegensatz zur oben beschriebenen bodenengen Gliedmaßenstellung, auf der Innenkante der Zehe fußen. Folglich ist bei bodenweiter Stellung der Gliedmaßen die Innenseite der Gliedmaßen den größten Belastungen ausgesetzt. Infolge dieser Stellung zählen Gallen (idiopathische Synovialitis/Kapsulitis) des Fesselgelenkes, mediale Krongelenksschale und mediale Hufknorpelverknöcherungen zu den üblichen pathologischen Befunden.

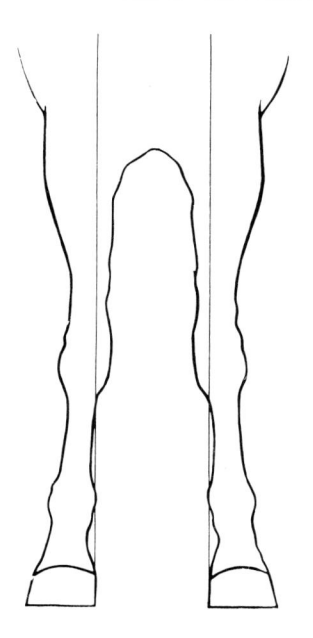

Abb. 2.7: Bodenweite Stellung. Der Abstand der durch den Gliedmaßenursprung geführten Mittellinien ist kleiner als der Hufabstand am Boden.

Unabhängig davon, ob zehenweit oder zeheneng, wird das Pferd bei bodenweiter Stellung der Gliedmaßen fast immer gezwungen sein, zuerst auf der Innenkante des Hufes zu fußen. Die Korrektur erfordert hier besonders das Abtragen der Außenwand.

Zehenenge Stellung (Abb. 2.10 und 2.11)

Von vorn betrachtet, weisen die Zehen bei zehenenger Stellung aufeinander zu. Diese Fußstellung ist angeboren. Die Gliedmaße kann dabei zusätzlich über ihre gesamte Länge, d. h. vom Brustkorb bis zum Fesselgelenk, gekrümmt sein oder nur von der Fessel ab distal. Diese Stellung wird meistens von bodenenger Stellung begleitet, tritt jedoch selten im Zusammenhang mit bodenweiter Stellung auf. Beim Fohlen kann diese Fehlstellung durch geeignetes Zurichten des Hufes teilweise korrigiert werden. Junge Pferde sollten einen orthopädischen Beschlag bekommen, um eine Verschlimmerung der Fehlstellung zu verhindern. Diese Pferde tendieren zu einem bügelnden Gang (Abb. 2.8 C und 2.12). Bügeln ist eine nach außen gerichtete Ablenkung des vorgeführten Fußes. Dabei bricht die Zehe über die Außenseite aus und fußt zuerst auf der Außenkante des Hufes. Ein zeheneng ste-

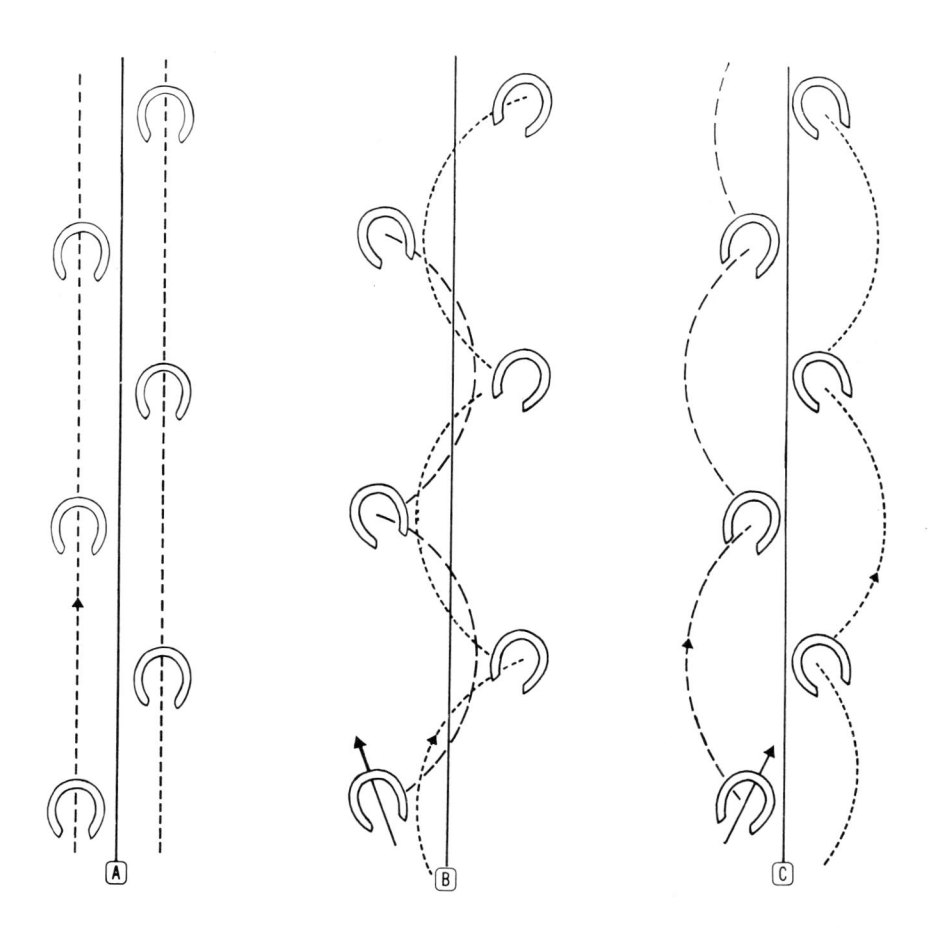

Abb. 2.8: Störung der Gliedmaßenführung durch zehenweite oder zehenenge Stellung. **A** Normales Vorführen der Gliedmaße. **B** Gliedmaßenführung bei zehenweiter Stellung. **C** Gliedmaßenführung bei zehenenger Stellung.

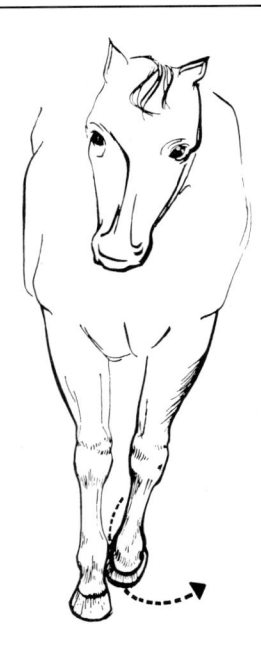

Abb. 2.9: Durch zehenweite Stellung verursachtes Streichen kann zu Behinderungen des Bewegungsablaufes führen.

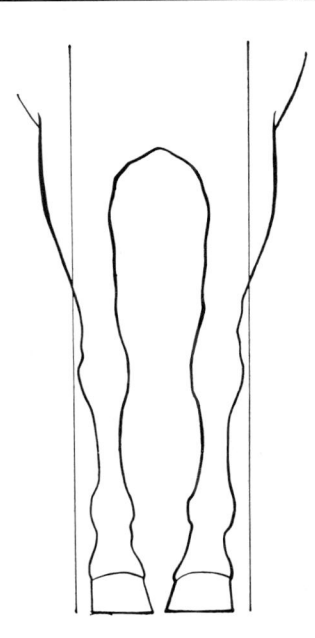

Abb. 2.10: Bodeneng-zehenenge Stellung der Gliedmaßen.

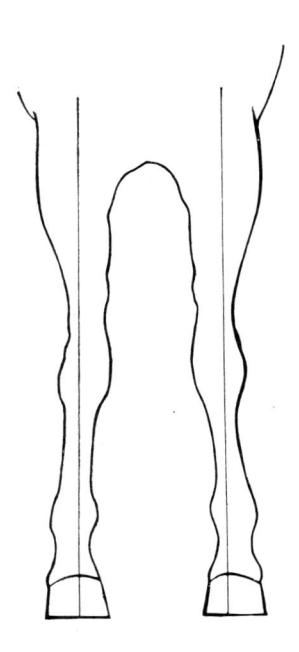

Abb. 2.11: Bodenweit-zehenenge Stellung der Gliedmaßen.

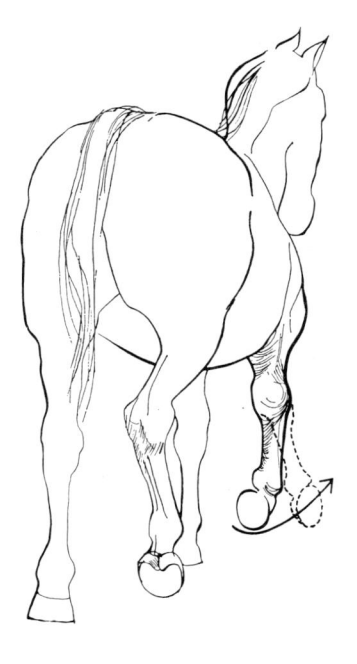

Abb. 2.12: Führen der Gliedmaße außen um die stützende Gliedmaße herum. Sie geht mit zehenenger Stellung einher.

hendes Pferd wird gewöhnlich die Gliedmaßen mit bügelndem Gang führen, unabhängig von der bodenengen oder bodenweiten Stellung. Bei Abweichungen des Fußes distal des Fesselgelenkes nach medial (Varusstellung) ist es möglich, daß das Pferd die Zehe nach innen und nicht nach außen führt. Diese Komplikation der bodenengzehenengen Stellung kann Störungen verursachen, die speziell das Fesselgelenk betreffen, wodurch es zu Schäden am medialen Gleichbein kommt.

Zehenweite Stellung (Abb. 2.13 und 2.14)
Bei Betrachtung von vorn weisen die Zehen auseinander. Diese Fehlstellung ist im allgemeinen angeboren und fast immer die Folge einer vollständigen Verkrümmung der Gliedmaßen von ihrem Ursprung an nach distal. In wenigen Fällen tritt bei dieser Stellung als Komplikation eine Rotation des Fesselgelenkes auf, die zusätzlich noch von bodenweiter oder bodenenger Gliedmaßenstellung begleitet sein kann. Im gleichen Maße wie bei der zehenengen

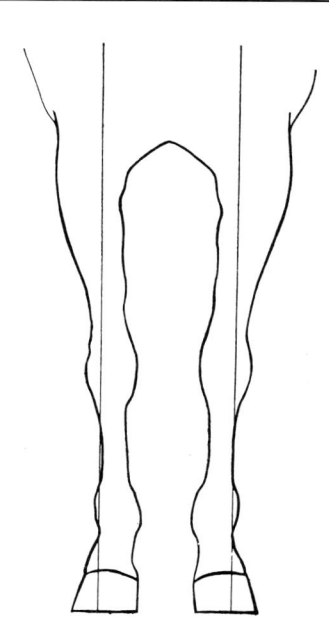

Abb. 2.13: Bodeneng-zehenweite Stellung.

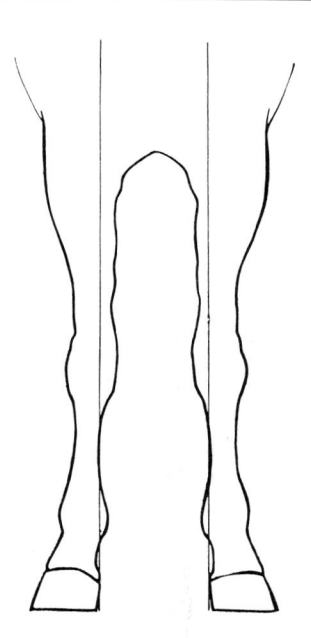

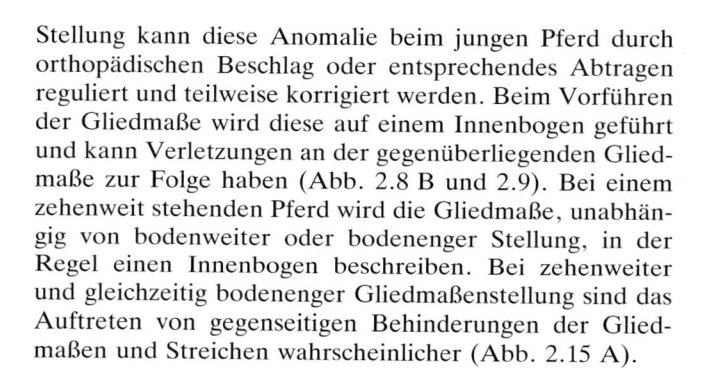

Abb. 2.14: Bodenweit-zehenweite Stellung.

Stellung kann diese Anomalie beim jungen Pferd durch orthopädischen Beschlag oder entsprechendes Abtragen reguliert und teilweise korrigiert werden. Beim Vorführen der Gliedmaße wird diese auf einem Innenbogen geführt und kann Verletzungen an der gegenüberliegenden Gliedmaße zur Folge haben (Abb. 2.8 B und 2.9). Bei einem zehenweit stehenden Pferd wird die Gliedmaße, unabhängig von bodenweiter oder bodenenger Stellung, in der Regel einen Innenbogen beschreiben. Bei zehenweiter und gleichzeitig bodenenger Gliedmaßenstellung sind das Auftreten von gegenseitigen Behinderungen der Gliedmaßen und Streichen wahrscheinlicher (Abb. 2.15 A).

Bodeneng-zehenenge Stellung (Abb. 2.10)

Die bodeneng-zehenenge Stellung verursacht eine außerordentlich starke Dehnung der lateralen Seitenbänder von Fessel- und Krongelenk. Diese Fehlstellung wird häufig begleitet von pathologischen Befunden wie Gelenksgallen, lateraler Schale und lateralen Hufknorpelverknöcherungen. Diese sind die Folge mechanischer Dehnung aufgrund bodenenger Stellung und ebenso Folge einer Überbelastung der lateralen Wand des Hufes. Bei der Untersuchung des Hufes ist dieser lateral vermehrt abgenutzt, da dort zuerst gefußt wird, was eine stärkere Belastung dieser Hufseite zur Folge hat. Zur Korrektur ist eine Abtragung der Innenwand erforderlich. Bodeneng-zehenenge Gliedmaßenstellung verursacht in der Regel eine bügelnde Bewegung des Fußes (Abb. 2.8 C und 2.12). Diese bodeneng-zehenenge Stellungsanomalie tritt sehr häufig auf.

Bodeneng-zehenweite Stellung (Abb. 2.13)

Die bodeneng-zehenweite Stellung ist eine der ungünstigsten Fehlstellungen der Schultergliedmaße. Pferde, die diese Stellung aufweisen, sind selten den Belastungen schwerer Arbeit gewachsen. Die eng gestellten Gliedmaßen behindern sich in den meisten Fällen gegenseitig in der Bewegung. Dies wird noch verstärkt durch die Tendenz, die Zehe in Richtung auf das Stützbein vorzuführen. Die bodenenge Stellung der Gliedmaße führt, wie bei bodeneng-zehenenger Stellung, zur Verlagerung des Gewichtes auf die Außenwand. Der Huf bricht nach außen aus, schwingt nach innen und fußt auf der Außenkante. Diese Stellung führt zu starker Belastung der Gliedmaße distal des Fesselgelenkes. Der sogenannte „Tanzmeisterschritt" (Schnüren) ist ein typisches Merkmal dieser Fehlstellung (Abb. 2.15 A). Der orthopädische Hufbeschlag ist dem bei der bodeneng-zehenengen Stellung ähnlich, da hier der Fuß ebenfalls zuerst auf der Außenwand aufsetzt. Der Fuß sollte während der Vorführphase genauestens beurteilt werden, um das Ausmaß der notwendigen Korrekturen abzusichern (Abb. 2.15 B). Diese umfassen in der Regel eine Kürzung der Innenwand des Hufes.

Berührungen können zu Verletzungen an der medialen Seite des Röhrbeines, zu Frakturen des medialen Griffelbeines und in seltenen Fällen zu Frakturen des medialen Gleichbeines führen. Die Diagnostik dieser Behinderungen der Gliedmaßenbewegungen wird auf Seite 105 besprochen. Die Erörterungen zum orthopädischen Hufbeschlag folgen auf den Seiten 813 bis 833.

Bodenweit-zehenweite Stellung (Abb. 2.14)

Wenn ein Pferd bodenweit fußt, so liegt gewöhnlich auch eine zehenweite Stellung vor. Die bodenweite Stellung der Gliedmaßen führt zu größten Belastungen auf der Innenseite. Dies hat eine vermehrte Dehnung des medialen Seitenbandes von Fessel- bzw. Krongelenk zur Folge. Laterale Schale des Krongelenkes und mediale Hufknorpelverknöcherungen sind häufig damit verbunden. Bei dieser Fehlstellung bricht der Fuß meist über die

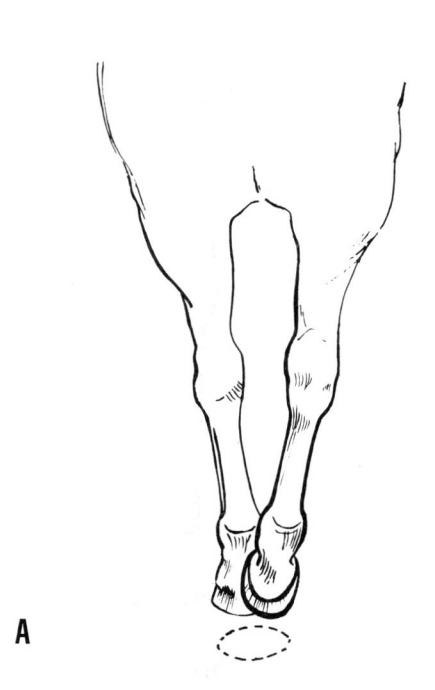

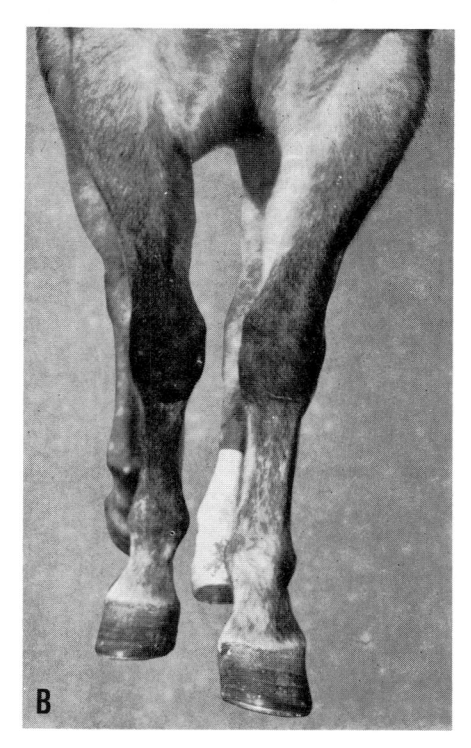

Abb. 2.15: A Schnüren. Bei Pferden mit bodeneng-zehenweiter Stellung findet sich häufig das Vorstellen der vorgeführten Gliedmaße direkt vor die stützende Gliedmaße. Dabei wird der Fuß innen gegen die stützende Gliedmaße vorgeführt und mehr oder weniger direkt vor dem stützenden Fuß aufgesetzt. Als Folge der Bewegungsbeeinträchtigung führt dies in seltenen Fällen zum Stolpern. **B** Bodeneng-zehenweite Stellung. Das linke Vorderbein setzt dabei in für diese Stellung typischer Weise auf der Außenkante auf. Darüber hinaus ist in geringem Umfang ein Vorsetzen der vorgeführten Gliedmaße vor das Stützbein sichtbar.

Innenkante des Hufes aus, wird gegen die stützende Gliedmaße vorgeführt und fußt zuerst mit dem medialen Hufrand. Dies bedeutet, daß die Korrektur gerade entgegengesetzt zu der der bodeneng-zehenweiten Fehlstellung erfolgen muß. Deshalb wird die Außenkante des Hufes gekürzt. Im Zusammenhang mit den gegenseitigen Behinderungen der Gliedmaßenaktion treten häufig Überbeine und Streichstellen am medialen Röhrbein und Frakturen des medialen Griffelbeines auf.

Bodenweit-zehenenge Stellung (Abb. 2.11)

Diese Stellung kommt zwar selten vor, tritt aber dennoch hin und wieder auf. Die bodenweite Stellung belastet die Innenseite der Gliedmaße am meisten und hat die gleichen pathologischen Veränderungen, die auch aus einer bodenweit-zehenweiten Stellung resultieren, zur Folge. In der Regel wird das mit bodenweit-zehenenger Fehlstellung behaftete Pferd einen bügelnden Gang zeigen, obwohl es über die mediale Zehenspitzenkante abfußt und auf der Innenkante des Hufes aufsetzt.

Es besteht stets die Möglichkeit, daß andere Gliedmaßenfehler insbesondere distal des Fesselgelenkes die Bewegung des Fußes in der Weise beeinflussen, daß das oben Beschriebene nicht mehr zutrifft. Zu diesen Fehlstellungen gehört auch die Rotation des Fesselgelenkes, die dazu führt, daß die Gliedmaße bei bodeneng-zehenenger Stellung gegen das Stützbein geführt wird. Diese Abweichungen sind selten, und da sie nicht alle aufgeführt werden können, soll hier auf eine weiterführende Erläuterung verzichtet werden. Die Grundsätze des richtigen Zurichtens und Beschlages der Hufe sind nach ausreichender Beurteilung der Gliedmaße in der Hangbeinphase auch auf diese Varianten anzuwenden. Auf jeden Fall sollte der Tierarzt bei der Beurteilung der Gliedmaßenführung auf die richtige Fußung achten, um exakte Empfehlungen für die Korrektur geben zu können.

Vorsetzen der vorgeführten Gliedmaße vor das Stützbein (Schnüren)
(Abb. 2.15 A)

Einige Pferde, insbesondere solche mit bodeneng-zehenweiter Stellung, neigen dazu, das Hangbein direkt vor das Stützbein zu setzen. Dies ist eine unerwünschte Abweichung, da sie zum Aufeinanderstoßen der Gliedmaßen und somit zum Stolpern führen kann.

Vorbiegigkeit im Vorderfußwurzelgelenk
(Abb. 2.16 A und 2.17)

Die Vorbiegigkeit des Vorderfußwurzelgelenkes bzw. des Karpus ist Zeichen eines schwachen Baues dieses Gelenkes, und die Gliedmaßen bleiben unter Belastung selten ohne Beschwerden. Bei dieser Stellung tritt eine vermehrte Spannung am proximalen und distalen Unterstützungsband, an den proximalen, mittleren und distalen Bändern des Os carpi accessorium, des weiteren am Reti-

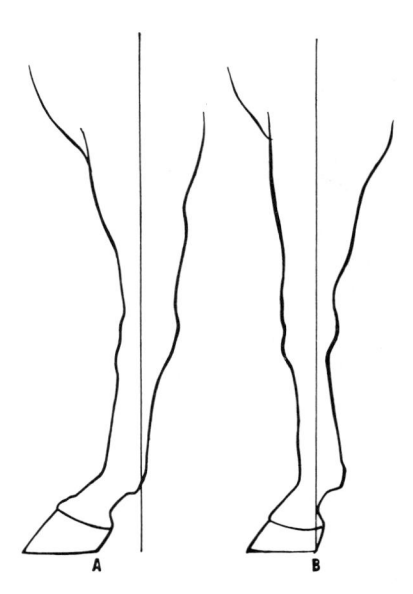

Abb. 2.16: Beispiele fehlerhafter Gliedmaßenstellung. **A** Vorbiegigkeit, Überdehnung der Vorderfußwurzel nach kaudal. **B** Rückbiegigkeit, Einknickung der Vorderfußwurzel nach kranial.

naculum flexorum und an der palmaren Gelenkkapselaussackung des Unterarm-Vorderfußwurzelgelenkes auf. Es erhöht sich damit auch der Druck auf die dorsalen Flächen der Vorderfußwurzelknochen. Häufig sind Chip-Frakturen des Os carpale III sowie der Ossa carpi radiale und intermedium festzustellen (Abb. 2.18 und 2.19). Kleinere Chip-Frakturen am Radius treten häufig auf (siehe Seite 667 bis 670).

Der Winkel zwischen Os carpi accessorium und der kaudalen Fläche des Radius ist bei jungen Pferden vergrößert. Suprakarpalexostosen können im kaudalen Bereich des medialen Bandhöckers an der distalen Radiusmetaphyse auftreten.

Rückbiegigkeit des Karpalgelenkes
(Abb. 2.16 B)

Bei Rückbiegigkeit ist der Karpus leicht kranial gewinkelt, aber diese Abweichung verursacht weniger Probleme als die oben beschriebene Vorbiegigkeit. Rückbiegigkeit des Karpus ist Folge einer Verkürzung der Unterarmbeuger, insbesondere des als Beuger wirkenden Musculus extensor carpi ulnaris, des Musculus flexor carpi ulnaris und des Musculus flexor carpi radialis. Die Gleichbeine, die oberflächliche Beugesehne, der Musculus extensor carpi radialis und der Musculus interosseus medius sind dabei besonders gespannt. Diese Gliedmaßenstellung ist häufig bereits bei der Geburt vorhanden, korrigiert sich aber in weniger schweren Fällen in den ersten drei Lebensmonaten von selbst. Angeborene Formen dieser Stellung liegen nahezu immer beidseitig vor und können von einem Überköten im Fesselgelenk begleitet sein. Rückbiegigkeit kann häufig gemeinsam mit einer vergrößerten Epiphyse und distalen Metaphyse des Radius auftreten.

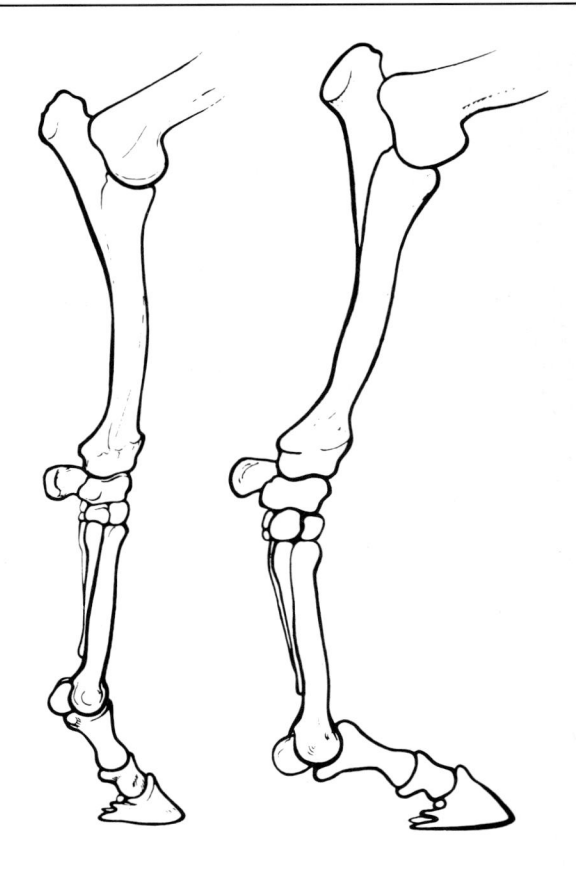

Abb. 2.17: Beispiele für eine normale (links) und eine vorbiegige (rechts) Stellung der Schultergliedmaße (mit Genehmigung von Dr. W. BERKLEY).

X-Beinigkeit (Valgusstellung) (Abb. 2.20 B)

Die Einknickung der Karpalgelenke nach medial kann das Ergebnis von Unregelmäßigkeiten in der distalen Epiphysenfuge und Epiphyse des Radius sein, oder sie resultiert aus einer abnormen Entwicklung der Karpalknochen und Griffelbeine. Als weitere Ursache kommt eine übermäßige Beweglichkeit der Karpalgelenke in Betracht. Diese Knickung führt zu einer erhöhten Dehnung der medialen Seitenbänder des Karpus mit vermehrtem Druck auf die lateral gelegenen Gelenkoberflächen. In unterschiedlichem Umfang werden Belastungen auf die proximal und distal vom Karpus gelegenen Gelenke übertragen. In der Regel wird dieser Befund von Auswärtsdrehungen des Röhrbeines, des Fesselgelenkes und der Zehe in unterschiedlichem Grade begleitet (siehe Seite 624 bis 640).

O-Beinigkeit (Varusstellung)
(Abb. 2.20 A)

Bei O-Beinigkeit wird bei Betrachtung von vorn eine Winkelung der Karpalgelenke nach lateral festgestellt. Diese Stellungsanomalie kann im Zusammenhang mit einer bodeneng-zehenengen Gliedmaßenstellung auf-

Abb. 2.18: Fotografie eines Vollblutpferdes im Zieleinlauf eines Rennens. Beachte die kaudal gerichtete Überdehnung des Karpus, die zu Chip-Frakturen an den Karpalknochen führen kann. Zeigt ein Pferd diese Überdehnung bereits vor Ermüdung der Gliedmaße, wobei diese ebenfalls diese Stellung einnimmt, so ist die Möglichkeit einer Chip-Fraktur an den Karpalknochen weitaus wahrscheinlicher (mit Genehmigung von Dr. W. BERKLEY).

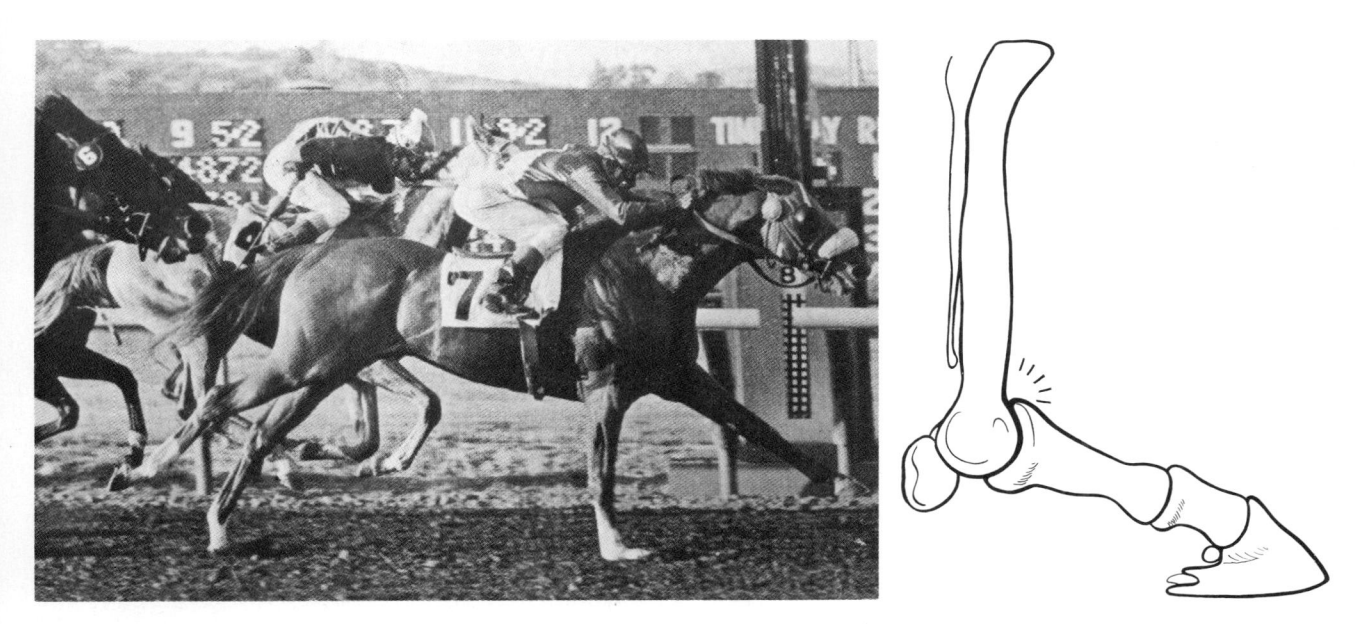

Abb. 2.19: Fotografie eines Vollblutpferdes im Zieleinlauf eines Rennens. Beachte die Durchbiegung des Karpus und die extreme Durchtrittigkeit der Fessel. Bei einer solchen Stellung der Fessel ist eine Chip-Fraktur am proximalen Ende des Fesselbeines möglich (mit Genehmigung von Dr. W. BERKLEY).

treten. Dabei kommt es zu vermehrtem Zug an den lateralen Oberflächen der Gliedmaßen, insbesondere am lateralen Seitenband des Karpus. Auf die medialen Oberflächen aller Karpalgelenksabschnitte werden gleichzeitig erhöhte Druckkräfte wirksam und führen besonders an den medial gelegenen Karpalknochen zu steigender Belastung (siehe Seite 624 bis 641).

Unregelmäßiges Profil des Karpus

Dieser Befund wird besonders in Ansicht von der Seite erkennbar (Abb. 2.21). Durch die Unregelmäßigkeit wird der Eindruck vermittelt, daß die Karpalgelenke nicht vollkommen geschlossen sind. Dieser Befund wird meist bei jungen Pferden (ca. ein bis drei Jahre alt) erhoben, bevor das Tier ausgewachsen ist.

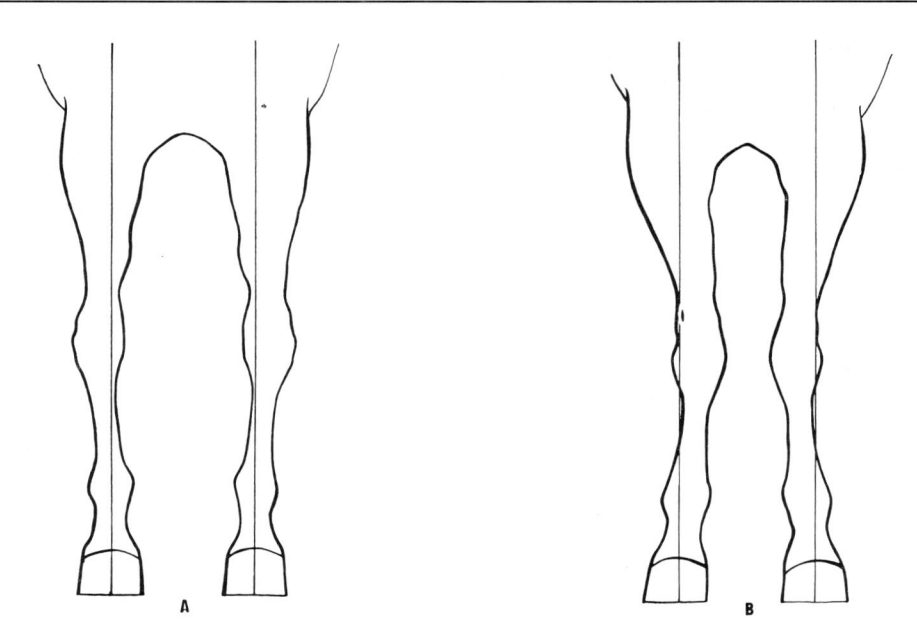

84   Kapitel 2: Beziehungen zwischen Exterieur und Lahmheit

Abb. 2.20: Beispiele für Gliedmaßenfehlstellungen. Vergleiche mit Abb. 2.4 **A**. **A** O-Beinigkeit. **B** X-Beinigkeit.

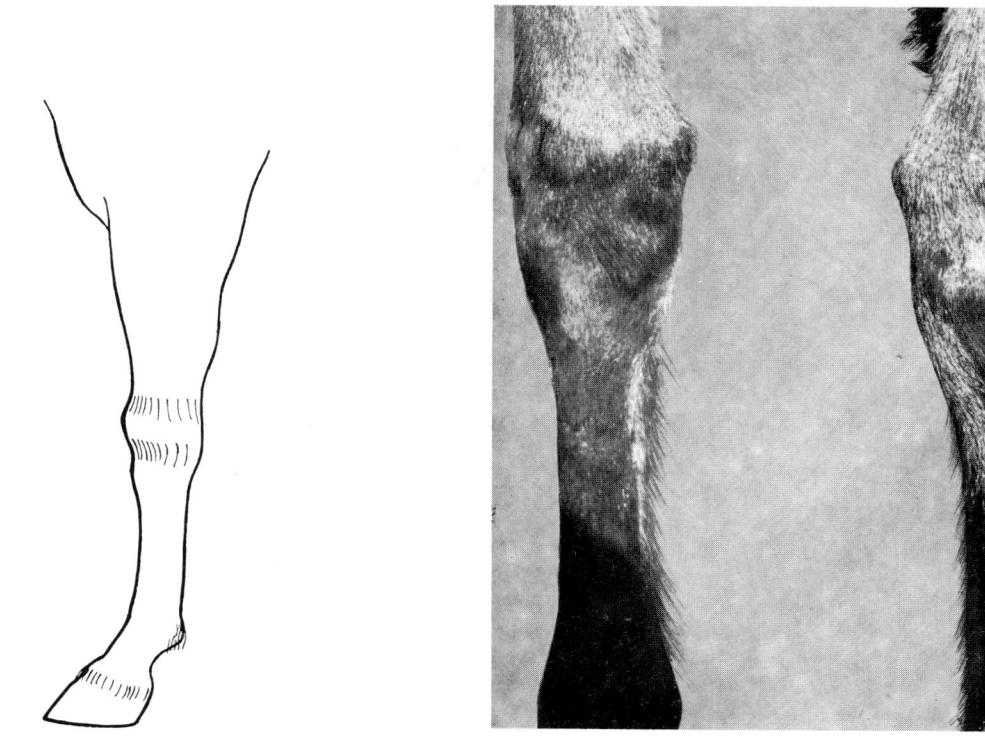

Abb. 2.21: Unregelmäßiges Profil des Karpus. Lateralansicht. Dieses Erscheinungsbild ist Folge einer vergrößerten distalen Epiphysenfuge am Radius und einer Umfangsvermehrung des Vorderfußwurzelgelenkes.

Kapitel 2: Beziehungen zwischen Exterieur und Lahmheit

Die Unregelmäßigkeit tritt dabei oft im Zusammenhang mit einer Epiphysitis auf. Sobald das Pferd ausgewachsen ist, nehmen die Gelenke in vielen Fällen eine korrektere Form an. Der oben zitierte Befund wird häufig für eine Fehlstellung gehalten, die ihre Ursache in Verletzungen der Karpalgelenke hat. Aufgrund von empirischen Beobachtungen kann dies nicht ausgeschlossen werden. Röntgenologisch lassen sich an dieser Unregelmäßigkeit der Karpalgelenke jedoch keine markanten Veränderungen erkennen.

Lateraler Versatz der Metakarpalknochen
(Abb. 2.22)

Bei dieser Stellung ist das Röhrbein lateral versetzt und weicht von der geraden Linie ab, die es mit dem Radius bilden müßte. Diese Stellung wird sichtbar, wenn die Gliedmaße von vorn betrachtet wird. Sie ist angeboren und sollte als mangelhaft beurteilt werden. Dabei steht das mediale Griffelbein unter größerer Belastung als gewöhnlich, und es treten gehäuft Überbeine auf. Das mediale Griffelbein trägt normalerweise mehr Gewicht als das laterale, da es im Gegensatz zur schrägen Artikulationsfläche des lateralen Griffelbeines über eine ebene proximale Gelenkfläche verfügt. Bei lateral versetztem Röhrbein wird das mediale Griffelbein darüber hinaus mit noch mehr Gewicht belastet. Daraus folgt, daß das Ligamentum metacarpeum interosseum stärker belastet wird, was die Bildung von Überbeinen prädisponiert.

Einschnürung des Röhrbeines palmarodistal vom Karpus (Abb. 2.23 B)

In Ansicht von der Seite scheinen die Beugesehnen kurz unterhalb vom Karpus dem Röhrbein zu eng anzuliegen.

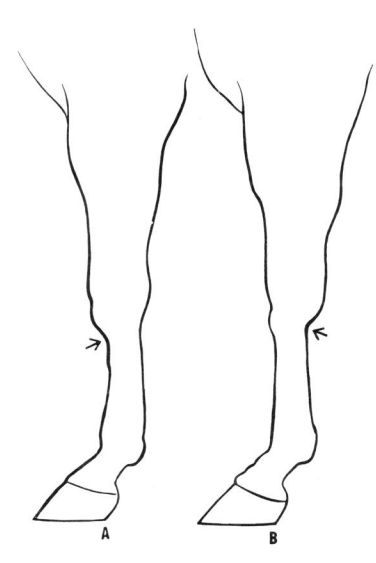

Abb. 2.23: Beispiele für mangelhafte Gliedmaßenform. **A** Das dorsodistal eingeschnürte Vorderfußwurzelgelenk (siehe Pfeil). **B** Das palmarodistal eingeschnürte Vorderfußwurzelgelenk (siehe Pfeil).

Dies ist ein Entwicklungsfehler und beeinträchtigt die freie Beweglichkeit der Gliedmaße. Ein stark ausgeprägter Fesselkopf kann fälschlicherweise eine Einschnürung des Vorderfußwurzelgelenkes vortäuschen.

Einschnürung des Röhrbeines dorsodistal vom Karpus
(Abb. 2.23 A)

Von der Seite betrachtet, zeigt sich bei dieser Fehlstellung auf der Dorsalseite des Röhrbeines ein Absatz unmittelbar distal des Karpus. Diese Gliedmaßenstellung ist grundlegend fehlerhaft.

Rückständigkeit der Schultergliedmaße
(Abb. 2.24 A)

Bei dieser Gliedmaßenfehlstellung ist die gesamte Schultergliedmaße vom Ellbogengelenk abwärts hinter die Senkrechte versetzt und erscheint bei Ansicht von der Seite zu weit unter den Körper gestellt. Dies kann aber auch das Symptom einer Erkrankung sein und muß keine Fehlstellung sein.

Bei dieser Stellung ist die Unterstützungsfläche verkleinert, wodurch die Schultergliedmaßen überbelastet werden. Insbesondere wird die Vorführphase verkürzt, da das Stützbein ein zu hohes Gewicht tragen muß. Die Gliedmaße muß früher fußen. Deshalb ist der Bogen, den der Huf beim Vorführen beschreibt, abgeflacht. Dabei kann das Pferd dann stolpern, da die Schritte bei flacherem Bogen schneller werden und der Fuß zu nah am Boden vorgeführt wird. Insgesamt verursacht diese Stellung eine Überbelastung und Ermüdung der Knochen, Bänder und Sehnen. Dabei ist die Geschwindigkeit vermindert, und das Pferd stürzt leicht.

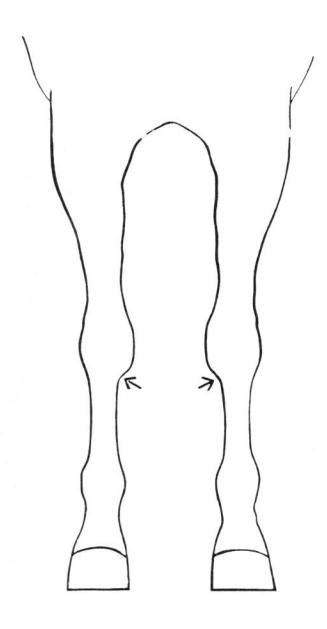

Abb. 2.22: Lateraler Versatz der Metakarpalknochen. Beachte die zu weit nach lateral versetzten Metakarpalknochen.

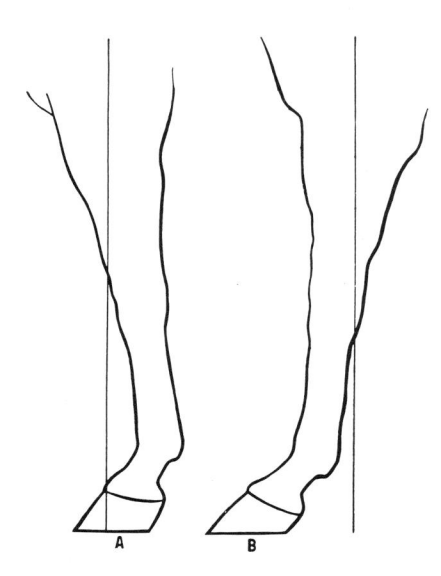

Abb. 2.24: Beispiele für fehlerhafte Stellungen. **A** Rückständigkeit der Schultergliedmaße. **B** Vorständigkeit der Schultergliedmaße.

Ein Pferd mit dieser Stellung zeigt eine vermehrte Anfälligkeit für traumatisch bedingte Arthritiden des Fesselgelenkes, Schale des Krongelenkes und auch für Podotrochlose. Dieser Typ von Gliedmaßenfehlstellung ist oft vergesellschaftet mit einer bodeneng-zehenengen Stellung und tritt meistens bei Pferden mit kurzen Gliedmaßen und kräftiger Gliedmaßen- und Rumpfmuskulatur auf. Eine steile Schulter ist ebenfalls eine typische Erscheinung dieser Fesselung.

Lange, abfallende Fessel
(Abb. 2.26 und 2.36 B)

Eine lange, abfallende Fessel ist gekennzeichnet durch einen normalen oder verringerten Winkel zwischen Vorderzehe und Boden (45 Grad oder geringer), wobei die Fessel im Verhältnis zur Gliedmaße zu lang ist. Dieser Fehler führt zu Verletzungen der Beugesehnen und Frakturen der Gleichbeine sowie zu entzündlichen Prozessen im Musculus interosseus medius.

Vorständigkeit der Schultergliedmaße
(Abb. 2.24 B)

Hier sind die Verhältnisse genau umgekehrt zur oben beschriebenen rückständigen Stellung. Bei Ansicht von der Seite ist die gesamte Schultergliedmaße vom Rumpf bis zum Boden zu weit kranial gestellt. Dies kann aber auch Symptom für die verschiedensten pathologischen Zustände sein, wie z. B. beidseitige Hufrollenentzündung und Hufrehe.

Lange, steile Fessel (Abb. 2.25 C)

Die Disposition für Verletzungen des Fesselgelenkes und des Strahlbeines ist bei dieser Stellung erhöht. Die Stoßkräfte können in diesem Gebiet verstärkt angreifen, da der Dämpfungsmechanismus der normal gestellten Fessel nicht gegeben ist. Bei dieser Zehenstellung sind sowohl traumatisch bedingte Arthritiden als auch Podotrochlose übliche Befunde. Beide Veränderungen können gleichzeitig auftreten. Die Belastungen ähnen denen bei kurzer, steiler Fesselung (Abb. 2.25 B), pathologische Veränderungen am Krongelenk sind jedoch selten.

Der Druck auf die Strahlbeinregion wird oft durch den Versuch des Hufschmiedes, die Stellung des Hufes zum Fesselstand passend zu machen, erhöht. Dies verursacht in Höhe des Kronrandes einen Knick in der Zehenachse (Abb. 2.27). Diese Stellung wird häufig bei Vollblütern und Quarter Horses im Renneinsatz diagnostiziert.

Kurze, steile Fessel (Abb. 2.25 B)

Die kurze, steile Fessel verstärkt die Stoßwirkung auf das Fesselgelenk, das Krongelenk sowie auf das Strahlbein.

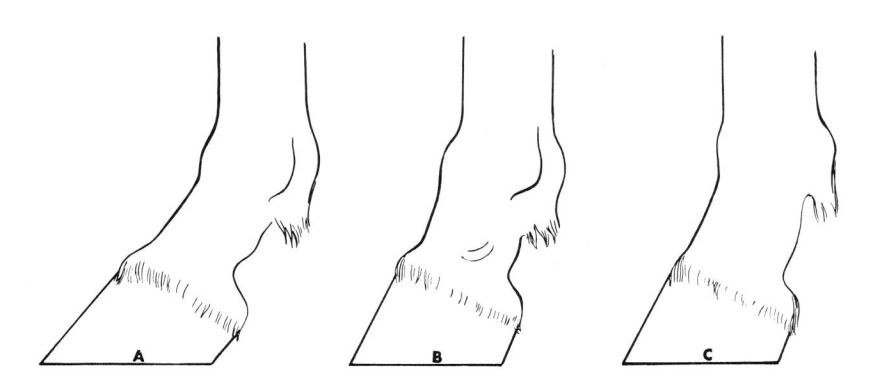

Abb. 2.25: Beispiele für Stellungen des Fesselgelenkes. **A** Normale Stellung: Huf passend zum Fesselstand. **B** Kurze, steile Fessel. Sie erhöht die Anfälligkeit für Verletzungen des Fesselgelenkes und führt zu Krongelenksschale sowie Podotrochlose. **C** Lange, steile Fessel. Sie prädisponiert zu Verletzungen des Fesselgelenkes und Podotrochlose. Diese Haltung scheint nicht zu einer erhöhten Rate von Krongelenksschale zu führen wie **B**.

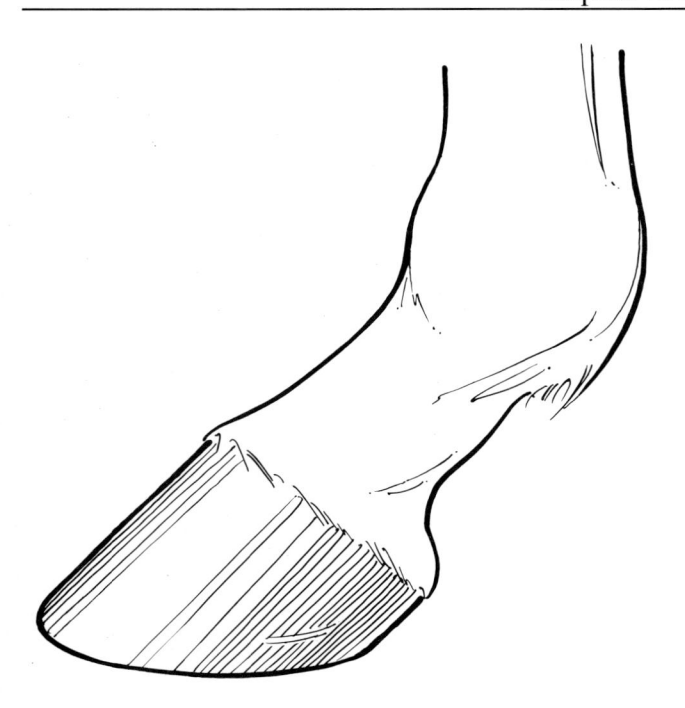

Kapitel 2: Beziehungen zwischen Exterieur und Lahmheit 87

Abb. 2.26: Beispiel für eine lange, weiche Fessel. Der Winkel der Zehenachse mit der Hufsohle ist verringert (weniger als 45 Grad an der Schultergliedmaße und weniger als 50 Grad an der Beckengliedmaße).

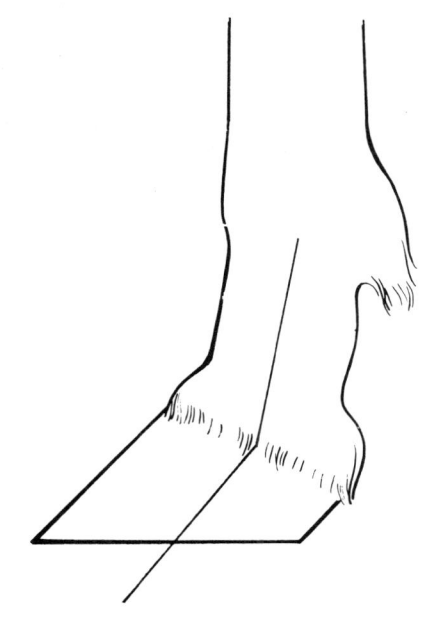

Abb. 2.27: Lange, steile Fessel mit einem Knick in der Zehenachse, bedingt durch Abflachung der Trachten zur Herstellung einer normalen Winkelung der Hufwand. Durch vermehrten Druck der tiefen Beugesehne auf das Strahlbein wird die Belastung auf die Strahlbeinregion verstärkt. Ein derart unkorrektes Zurichten wird häufig bei dem Versuch beobachtet, den Huf passend zum Fesselstand herzurichten.

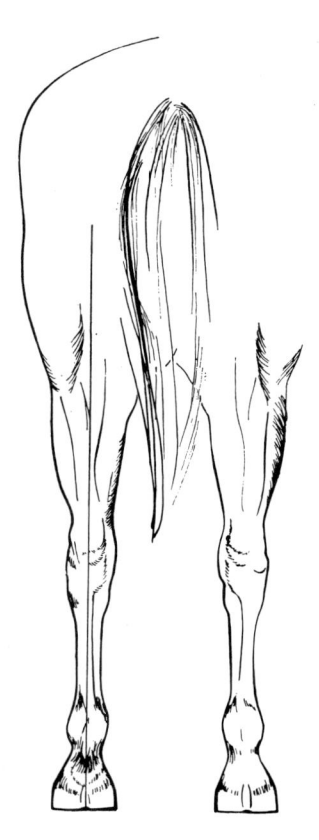

Abb. 2.28: Kaudalansicht einer regelmäßig gestellten Beckengliedmaße. Eine Senkrechte durch den Sitzbeinhöcker verläuft durch die Mitte der Gliedmaße.

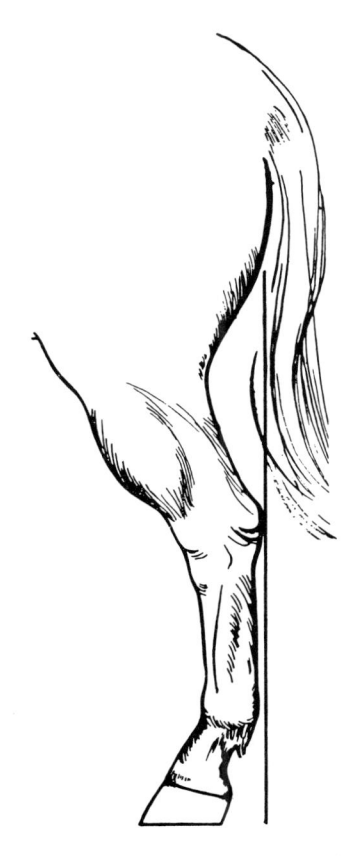

Abb. 2.29: Seitenansicht einer regelmäßig gestellten Beckengliedmaße. Eine Senkrechte durch den Sitzbeinhöcker verläuft knapp kaudal und parallel des Metatarsus.

Beckengliedmaße (Abb. 2.1, 2.28 und 2.29)

Obwohl die Beckengliedmaße für Lahmheiten weniger anfällig ist als die Schultergliedmaße, hat die Gliedmaßenkonstitution große Bedeutung für das Auftreten von Hasenhacke, proximaler Patellafixation und einigen Spatformen, so daß Merkmale einer regelmäßig gestellten Beckengliedmaße von Wichtigkeit sind.

Kaudalansicht

Von kaudal sollte die Gliedmaße ein wohlproportioniertes, ausgewogenes Bild bieten. Das Sprunggelenk muß ausreichend kräftig sein, um das Körpergewicht abzufangen, sollte dabei aber dennoch distal glatt und sich verjüngend auslaufen. Die Zwischenschenkelmuskulatur sollte sich bis an die Medialseite des Unterschenkels hinunterziehen, um die Tibia nicht zu dünn erscheinen zu lassen. Eine senkrechte Linie durch das Tuber ischiadicum verläuft durch die Mitte der Gliedmaße (Abb. 2.28). So werden eine gleichmäßige Gewichtsverteilung und Belastung der Knochen sowie eine ausgeglichene Anspannung der Seitenbänder erreicht.

Lateralansicht

Auch in der Ansicht von der Seite muß die Gliedmaße ein ausgewogenes Bild bieten. Dabei sollte die Muskulatur nicht abrupt am Kniegelenk enden, sondern sich über die Tibia hinaus bis an das Sprunggelenk ausdehnen. Die Öffnungswinkel von Knie- und Sprunggelenk dürfen weder zu groß noch zu klein sein. Zu stark gestreckte Knie- und Sprunggelenke sind möglicherweise die Ursache für Sprunggelenksgallen bzw. eine proximale Patellafixation. Dagegen kann eine zu starke Beugung des Sprunggelenkes im Stand (vorbiegige, säbelbeinige Stellung) zu Hasenhacke und zur Bildung von Spat bzw. Kreuzgallen führen. Durch die Spannsägenkonstruktion kommt es zu einer gleichgerichteten Veränderung der Winkel von Knie- und Sprunggelenk. Eine Senkrechte durch den Sitzbeinhöcker sollte den Fersenhöcker berühren, parallel zur Plantarfläche des Metatarsus verlaufen und den Boden ca. 7,5 bis 10 Zentimeter hinter dem Ballen berühren (Abb. 2.29). Das Lot durch das Hüftgelenk soll in der Mitte zwischen Zehenspitze und Trachte verlaufen. Diese Gliedmaßenwinkelung ist durch orthopädischen Beschlag oder andere Maßnahmen nicht zu beeinflussen.

Bei Beurteilung von vorn verändert sich die Perspektive dermaßen, daß die Beckengliedmaßen bodeneng zu stehen scheinen. Diese sollten daher zunächst von hinten betrachtet werden, bevor ihre Stellung genau beurteilt wird.

Fehler in der Stellung der Beckengliedmaße

Bodenenge Stellung (Abb. 2.30)

Charakteristisch für die bodenenge Stellung in der Ansicht von hinten ist, daß der Abstand zwischen den Mittellinien

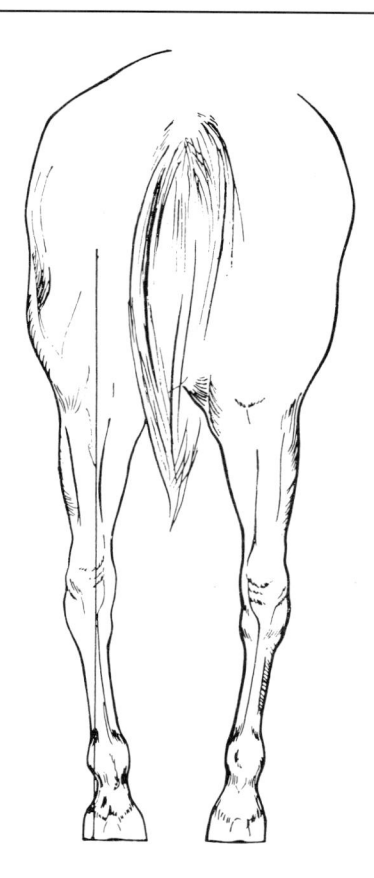

Abb. 2.30: Bodenenge Stellung an den Beckengliedmaßen. Sie wird oft von O-Beinigkeit begleitet. Vergleiche Abb. 2.28.

durch die Hufe geringer ist als der Abstand der Mittellinien durch die Gliedmaße in der Höhe des Oberschenkels. Diese Fehlstellung kommt häufig bei stark bemuskelten Pferden vor und führt zu vermehrter Anspannung der Lateralseite der Knochen, Bänder und Gelenke. Dabei kann entweder eine normale oder eine zehenenge Stellung vorliegen. Bodenenge Gliedmaßenstellung wird zusätzlich oft noch von O-Beinigkeit begleitet. In diesem Falle sind die Beine häufig bis zum Sprunggelenk senkrecht gestellt und weichen distal davon nach innen ab. Falls ein Pferd eine regelmäßige Stellung der Schultergliedmaße hat und die Beckengliedmaße bodeneng steht, bestehen vielfältige Möglichkeiten der Beeinträchtigung des Bewegungsablaufes durch gegenseitige Behinderung der Gliedmaßen.

Bodenweite Stellung (Abb. 2.31)

Bodenweit heißt, daß der Abstand der Mittellinien durch die Hufe größer ist als der Abstand in Höhe des Oberschenkels. An den Beckengliedmaßen kommt bodenweite Stellung nicht so häufig vor wie an den Schultergliedmaßen. Kuhhessigkeit ist dabei noch die am häufigsten auftretende bodenweite Stellung an den Beckengliedmaßen.

Abb. 2.31: Kuhhessigkeit, verbunden mit bodenweiter Stellung. Diese Pferde haben bis zu den Sprunggelenken eine bodenenge und von da ab nach distal eine bodenweite Stellung. Vergleiche Abb. 2.28.

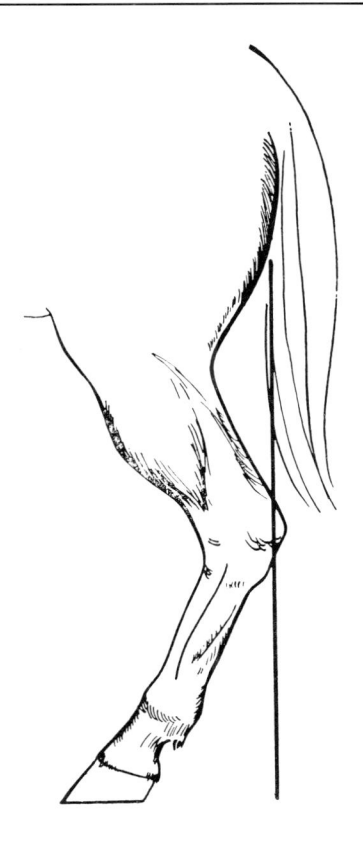

Abb. 2.32: Säbelbeinigkeit oder Vorbiegigkeit. Beachte die extreme Winkelung des Sprunggelenkes. Vergleiche Abb. 2.29.

Kuhhessige Stellung
(Valgusstellung der Sprunggelenke)
(Abb. 2.31)

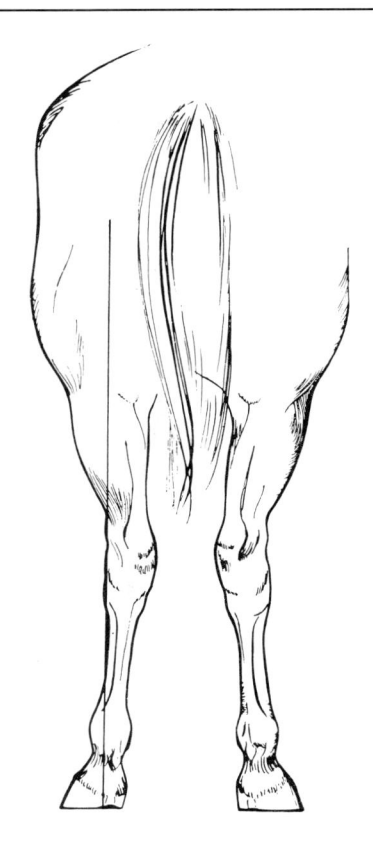

Bei kuhhessiger Stellung sind die Beckengliedmaßen vom Oberschenkel bis zum Sprunggelenk bodeneng und von da ab nach distal bodenweit gestellt. Die Kuhhessigkeit ist eine häufig auftretende Fehlstellung. Bei ihr stehen die Sprunggelenke sehr eng und weisen aufeinander zu, während die distalen Abschnitte der Gliedmaßen auseinanderweichen (X-Beinigkeit). Das Pferd kann dabei bei Betrachtung von der Seite eine säbelbeinige Stellung zeigen. Die kuhhessige Stellung ist eine der ungünstigsten Stellungen für die Beckengliedmaße, da die starke Anspannung der medialen Sprunggelenkanteile zu Spaterkrankungen führen kann.

Säbelbeinigkeit
(Varusstellung der Sprunggelenke)
(Abb 2.32)

In der Ansicht von der Seite fällt eine verringerte Sprunggelenkwinkelung auf, bei der die Gliedmaßen vom Sprunggelenk an untergestellt sind. Dabei ist die Spannung auf der Plantarfläche des Sprunggelenkes, insbesondere am Ligamentum plantare longum, erhöht. Ein Pferd mit diesem Befund ist für Hasenhacke prädisponiert. Deshalb wird die Gliedmaßenstellung selbst häufig ebenfalls als Hasenhacke bezeichnet, da sie oft mit Verletzungen des Ligamentum plantare longum einhergeht.

Bodenenge Stellung an der Beckengliedmaße distal des Fesselgelenkes

Bei dieser Fehlstellung wird eine vermehrte Spannung auf die lateralen Seitenbänder von Fessel-, Kron- und Hufgelenk ausgeübt. Knochen und Sehnen sind gleichermaßen belastet.

Überstreckte Beckengliedmaße
(Abb. 2.33)

In der Ansicht von der Seite fällt die geringe Winkelung im Kniegelenk auf, die zu einer gleichsinnigen Streckung des Sprunggelenkes führt. Diese Stellung ist disponierend für Kreuzgalle und proximale Patellafixation. Durch die starke Streckung des Sprunggelenkes erhöht sich die Spannung auf der Dorsalfläche der Gelenkkapsel, was Irritationen und eine chronische Dehnung der gesamten Gelenkkapsel durch vermehrte Synoviafüllung hervorruft. Durch starke Belastung können bei dieser Fehlstellung sehr leicht Verletzungen auftreten. Mangelhafte Winkelung geht oft einher mit proximaler Patellafixation. Zu steile Fesselstellung findet sich ebenfalls.

Rückständigkeit der Beckengliedmaße
(Abb. 2.35)

Bei der Rückständigkeit der Beckengliedmaße ist diese, bei der Betrachtung von der Seite, zu weit kaudal gestellt. Eine vom Hüftgelenk ausgehende senkrechte Linie berührt die Zehenspitze oder vor dieser den Boden, statt die Zehe in der Mitte zwischen Ballen und Zehenspitze zu treffen. Dies ist begleitet von einer über die Norm hinausgehenden Hyperextension der Fessel.

Beurteilung der Gliedmaßenstellung unter Berücksichtigung gutachtlicher Fragestellungen

In Gutachten, die über Pferde angefertigt werden, müssen die Vorzüge eines Tieres den auftretenden Mängeln gegenübergestellt werden. Eine zügige Untersuchung läßt sich dabei nur dann erfolgreich durchführen, wenn die grundsätzlichen Merkmale einer korrekten Stellung bekannt sind. Bei der Abwägung der unerwünschten Stellungen gegeneinander sollten die folgenden Faktoren Berücksichtigung finden:

Schultergliedmaße

1. *Bodeneng-zehenweite Stellung.* Diese Stellungsanomalie verursacht durchweg mehr Probleme in der Bewegung als andere Fehlstellungen. Sie ist als unerwünscht zu beurteilen, da die verstärkte Neigung zum Streichen zu Läsionen an der Medialfläche des Röhrbeines, zur Fraktur des medialen Griffelbeines oder manchmal auch zur Fraktur des medialen Gleichbeines führen kann, indem die mediale Hufwand des vorgeführten Beines die genannten Strukturen verletzt.

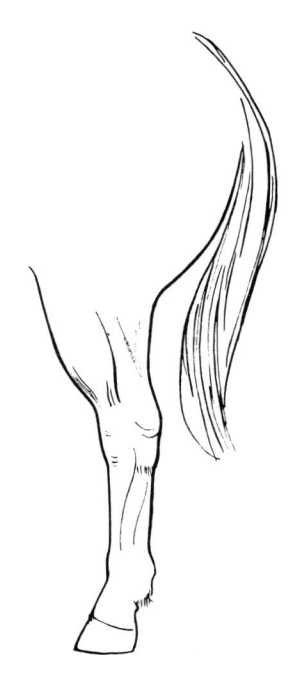

Abb. 2.33: Übermäßig steile Stellung der Beckengliedmaße. Die Winkelung von Sprung- und Kniegelenk ist zu gering.

Vorständigkeit der Beckengliedmaße
(Abb. 2.34)

Bei Betrachtung von der Seite ist die gesamte Gliedmaße weit vorgestellt oder es besteht Säbelbeinigkeit. Eine senkrechte Linie vom Tuber ischiadicum berührt den Boden weit kaudal vom Huf.

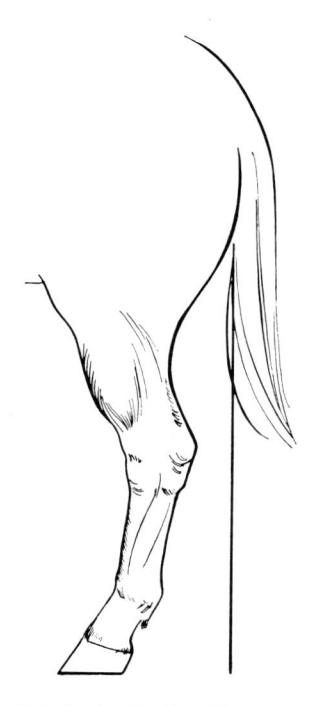

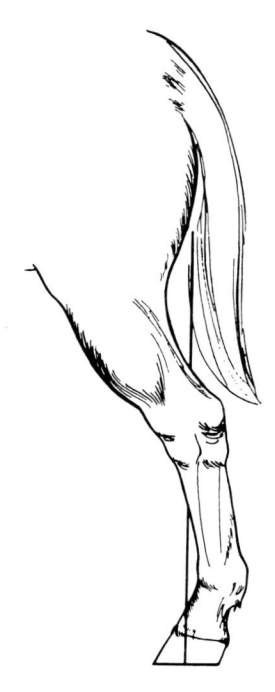

Abb. 2.34: Vorständigkeit der Beckengliedmaße. Vergleiche mit Abb. 2.29.

Abb. 2.35: Rückständigkeit der Beckengliedmaße. Vergleiche mit Abb. 2.29.

2. *Bodenweit-zehenweite Stellung.* Auch diese Fehlstellung führt zum Streichen, obwohl sich die Zehen aufgrund der mechanischen Trennung durch die bodenweite Stellung nicht berühren. Der Fuß wird jedoch nach innen geführt und berührt häufig das Stützbein, was die gleichen Folgen wie bei der bodeneng-zehenweiten Stellung hervorruft. Beide Stellungen sind ungünstiger zu beurteilen als die bodeneng-zehenenge Stellung.

3. *Bodeneng-zehenenge Stellung.* Obwohl sehr nachteilig, ist dieser Fehler weniger gravierend als die beiden oben genannten. Der Fuß bewegt sich im allgemeinen auf einem Außenbogen und verursacht keine Probleme durch Streichen. Es ergeben sich eher Probleme durch vermehrte Belastung der lateralen Seitenbänder, der lateralen Gelenkflächen und des lateralen Hufknorpels.

4. *Rückbiegigkeit der Karpalgelenke.* Die leichte Form der beidseitigen Rückbiegigkeit der Karpalgelenke tritt vor allem als Folge einer Verkürzung der Beuger des Karpalgelenkes im Fohlenalter auf. In der leichten Form verursacht diese Stellung nur geringe Belastungen für die Gliedmaße. Die ausgeprägte Form ist bei dieser Fehlstellung aufgrund der oben beschriebenen Belastungen sehr nachteilig. Eine einseitige Rückbiegigkeit im Karpalgelenk ist zu beanstanden, da pathologische Veränderungen an der Gliedmaße möglich sind. Die geringgradige Form der beidseitigen Rückbiegigkeit ist nicht so schwerwiegend wie die Vorbiegigkeit der Karpalgelenke.

5. *Vorbiegigkeit der Karpalgelenke.* Dies ist eine besonders schwerwiegende Fehlstellung, die bei Belastung das Risiko für Frakturen der Karpalknochen signifikant erhöht. Sie muß kritischer beurteilt werden als die geringgradige Form der Rückbiegigkeit.

6. *O-Beinigkeit der Schultergliedmaße.* Diese Gliedmaßenstellung ist als unerwünscht zu beurteilen, da sie das Auftreten von Überbeinen an der medialen Seite begünstigt und eine ungleiche Verteilung des Drucks auf die Karpalknochen verursacht.

Beckengliedmaße

1. *Überstreckte Gliedmaße.* Diese Konstitution der Beckengliedmaße erhöht die Anfälligkeit für Kreuzgalle und proximale Patellafixation, ist jedoch weniger zu bemängeln als die Säbelbeinigkeit.

2. *Säbelbeinigkeit.* Dieser Stellungsfehler zieht vor allem Spaterkrankungen nach sich. Zusätzlich tritt Hasenhacke als Folge vermehrter Belastung der Beugesehnen durch übermäßige Winkelung der Sprunggelenke auf. Häufig ist Säbelbeinigkeit mit kuhhessiger Stellung verbunden, und beide zusammen stellen eine schwere Fehlstellung der Beckengliedmaße dar.

3. *Kuhhessige Stellung.* Kuhhessige Stellung ist bei vielen Pferden in gewissem Umfang zu finden und stellt keinen ernsthaften Mangel dar, solange sie geringgradig ist und nicht von weiteren sich negativ auswirkenden Befunden begleitet wird. Bei hochgradiger Ausbildung sollte diese Fehlstellung jedoch beanstandet werden. Ein gleichzeitiges Auftreten von Säbelbeinigkeit und kuhhessiger Stellung ist sehr ungünstig zu beurteilen.

Hufform

Eine einwandfreie Hufform ist Voraussetzung für eine normale Arbeitsleistung eines Pferdes. Eine normale Nutzung des Tieres ist bei mangelhafter Ausbildung der Hufform unmöglich, unabhängig von der Konstitution anderer Körperabschnitte. Diese Tatsache veranlaßte zu dem Sprichwort: „Kein Strahl, kein Huf – kein Huf, kein Pferd." Da der Huf ein Spiegel schlechter Gliedmaßenkonstruktion ist, muß die Gliedmaße fehlerfrei sein, um eine korrekte Hufform zu gewährleisten.

Der Aufbau der Pferdehufe zeigt große qualitative Unterschiede. Die Hufwand muß kräftig genug sein, um das Gewicht des Pferdes ohne übermäßige Belastungen tragen zu können. Sie muß der Austrockung widerstehen, elastisch sein und ein normales Wachstum aufweisen. Die Sohle muß stark genug sein, um Quetschungen standhalten können, und sollte eine durchschnittliche Abnutzung zeigen. Der große, kräftige Strahl sollte bei guter Ausbildung der Eckstrebe die Sohle halbieren, wobei die Strahlspitze zur Hufspitze zeigen muß.

Bei einigen Pferderassen, wie dem American Saddlebred und dem Tennessee Walking Horse, wird der Huf in eine unnatürliche Form gezwungen. Aufgrund der sehr speziellen Anforderungen an die Gangarten dieser Pferde ist eine übermäßige Verlängerung der Hufwand sogar erwünscht. Dies führt zu Trachtenzwang und macht die Pferde anfällig für Sehnenverletzungen, für Strahlfäule und für Zwanghuf. Diese unnatürliche Zurichtung kompliziert vorhandene Mängel, wie bodenweit-zehenweite Stellung des Fußes, und korreliert mit häufigem Auftreten von Schale des Krongelenkes und Verknöcherung des Hufknorpels. Pferde mit diesem Fehler bleiben selten frei von gesundheitlichen Schäden, da fundamentale Prinzipien der Orthopädie verletzt wurden.

Quarter Horses und Vollblüter haben oft zu kleine Hufe, die für das Gewicht des Tieres zu schwach sind. Dieser Umstand ist durch Züchtung verstärkt worden. Obwohl diese Hufform dem Tier ein gefälliges Aussehen verleiht, wird der Fuß verstärkt Erschütterungen ausgesetzt, da sich der Druck auf eine kleinere Fläche verteilen muß. Daraus resultiert ein vermehrtes Auftreten von Lahmheiten, wie z. B. Hufrollenerkrankungen.

Huf- und Fesselstand

Von vorn und von der Seite gesehen, ist die Zehenachse eine gedachte Linie durch die Mitte des Kronbeines. Diese Hilfslinie teilt das Fesselbein und das Kronbein bei beiden Ansichten in gleiche Teile (Abb. 2.36 A und 2.37).

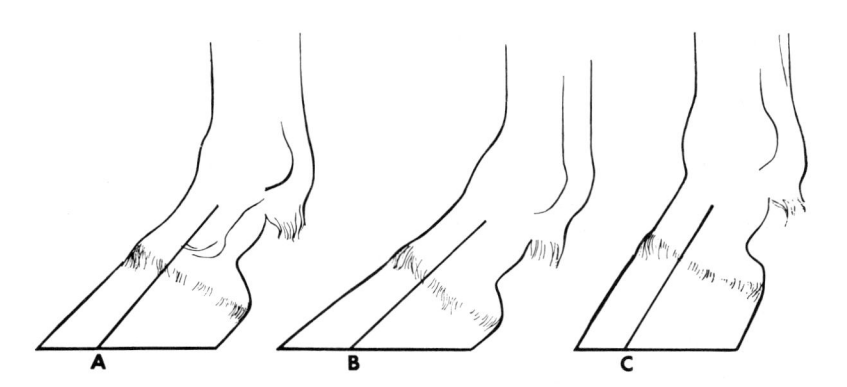

92 Kapitel 2: Beziehungen zwischen Exterieur und Lahmheit

Abb. 2.36: Seitliche Ansicht von Huf und Fessel. **A** Huf passend zum Fesselstand (ca. 47 Grad). **B** Zu flacher Winkel von Huf- und Zehenachse (weniger als 45 Grad am Vorderhuf und weniger als 50 Grad am Hinterhuf, der Huf ist zu spitz). **C** Zu steiler Winkel von Huf- und Zehenachse (mehr als 50 Grad am Vorderhuf und mehr als 55 Grad am Hinterhuf, der Huf ist zu stumpf).

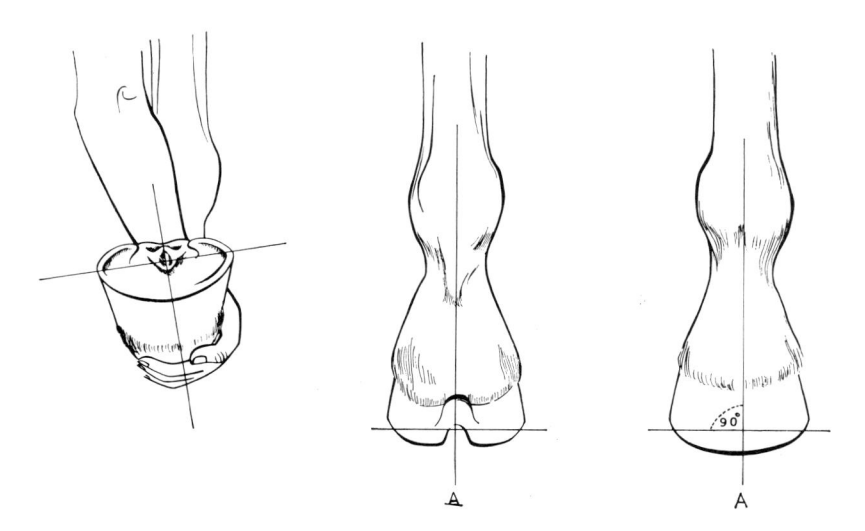

Abb. 2.37: Hilfslinie A gibt die Lage der Zehenachse bei kranialer oder kaudaler Ansicht wieder. Die Linie muß gerade sein und darf keine seitliche Knickung distal des Fesselgelenkes aufweisen. Die die Zehenachse in Bodennähe schneidende Linie zeigt die Lage der Fußungsfläche. Bei regelmäßiger Ausbildung des Hufes kreuzen sich diese Linien bei Ansicht von vorn und hinten im rechten Winkel. Bei angehobenem Fuß muß eine gedachte Hilfslinie durch die Mitte von Huf und Kronbein eine zweite Hilfslinie kreuzen, die durch die weiteste Stelle des Hufes verläuft. Wenn beide Linien zueinander nicht im rechten Winkel stehen, so ist der Huf unregelmäßig und muß korrigiert werden.

Die Hufachse bildet bei Ansicht von der Seite eine direkte Fortsetzung der Zehenachse und sollte den gleichen Winkel zum Boden haben wie diese.

Bei Ansicht von vorn ist die Hufachse eine gedachte Linie durch die Hufspitze. Sie zieht vom Kronrand zur Fußungsfläche der Zehe und setzt sich proximal in die Kronbeinachse fort. Dabei bilden Kronbeinachse und Hufachse bei Ansicht von oder von vorn der Seite eine durchgehende Linie (Abb. 2.36 A und 2.37). Der Winkel zwischen Hufsohle und dorsaler Hufwand muß, von der Seite gesehen, mit dem Winkel der Zehenachse übereinstimmen. Bei Betrachtung von der Seite bildet die normale dorsale Hufwand der Schultergliedmaße mit der Sohle einen Winkel von 45 bis 50 Grad, und die dorsale Hufwand der Beckengliedmaße bildet mit der Sohle dorsal einen Winkel von 50 bis 55 Grad. Der Hufrücken-Hufsohlenwinkel kann mit einem Winkelmesser ermittelt werden (Abb. 2.38). Mit Hilfe einer Tastlehre läßt sich die Länge zwischen Kronrand und Tragrand bestimmen. Dabei besteht bei den verschiedenen Rassen eine große Schwankungsbreite.

Eine zu flach oder zu steil gestellte Zehe kann pathologische Veränderungen nach sich ziehen. Im Idealfall sollte die Zehenachse parallel zur dorsalen Fläche der Hufwand verlaufen (Abb. 2.36). Wenn Huf oder Zehe von der Seite gesehen zu flach oder zu steil gestellt sind, die Achsen jedoch eine durchgehende Linie ohne Knickung bilden, sollte auf orthopädische Korrektur dieser Winkelung verzichtet werden (Abb. 2.36 B und C), da tiefgreifende korrektive Eingriffe im allgemeinen nur zu pathologischen Veränderungen führen (Abb. 2.27).

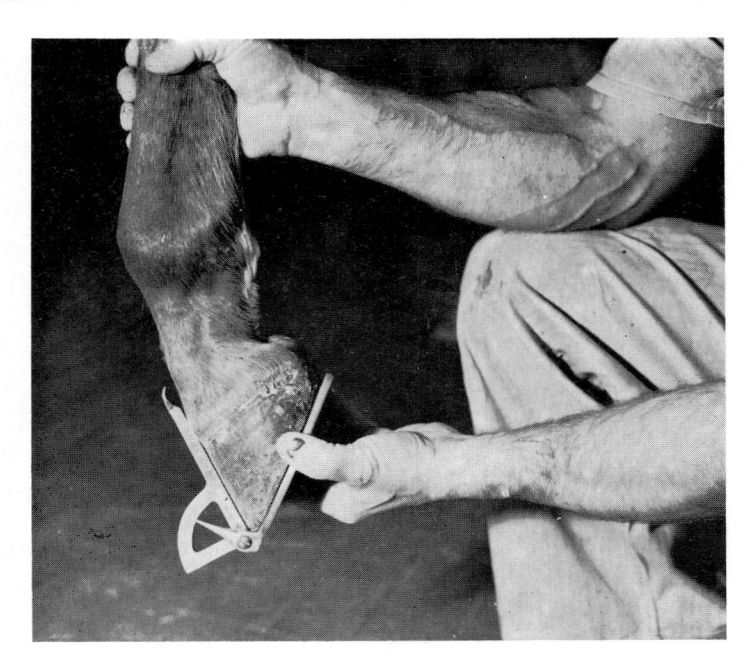

Abb. 2.38: Gebrauch des Hufwinkelmessers.

Wenn aber die Zehenachse gebrochen ist, d. h. der Huf nicht zum Fesselstand paßt, muß eine Korrektur durch Zurichten oder orthopädischen Hufbeschlag durchgeführt werden, um die Richtung der Zehenachse an die Richtung der dorsalen Hufwand anzupassen (Abb. 2.39).

Standfläche des Hufes

Die mediale und die laterale Wand haben bei einem Huf mit horizontaler Fußungsfläche gleiche Höhen. Um die Lage der Sohlenfläche relativ zum Fuß bestimmen zu können, muß der Huf so angewinkelt gehalten werden, daß eine Betrachtung der Sohle in Richtung der Längsachse möglich ist (Abb. 2.40). Eine gedachte Hilfslinie durch die Zehenachse muß eine zweite Hilfslinie, die die Fußungsfläche der Eckstrebenwinkel berührt, im rechten Winkel schneiden (Abb. 2.40). Eine horizontale Fußungsfläche zeigt an, daß das Pferd den Huf gleichmäßig belastet. Bei einem Pferd mit vermehrter Belastung der Innenseite der Gliedmaße kann die mediale Hufwand niedriger sein, während bei einem Pferd mit vermehrter Belastung der lateralen Seite des Hufes die Außenwand stärker abgenutzt sein kann. Die Fußungsfläche kann dabei ausreichend plan für den Hufbeschlag sein und dennoch von ihrer horizontalen Ausrichtung abweichen. Ein normaler Hufbeschlag ist unter diesen Umständen möglicherweise von Übel, und es sollte daher eine horizontale Ausrichtung der Hufsohle angestrebt werden, auch wenn dazu einseitig ein Leder zwischen Sohle und Eisen eingelegt werden muß (siehe Seite 819, 823, 824).

Einfluß der Hufform auf die Schrittlänge und die Art der Schrittführung

Bei Betrachtung von der Seite sollte der Huf beim Vorführen direkt über die Zehenspitze angehoben werden, in einem normalen gleichmäßigen Bogen vorgeführt werden und dann breitflächig auf dem Boden aufsetzen. Dabei sollten die Trachten kurz vor der Zehenspitze aufgesetzt werden und das Gewicht auf der Strahlspitze ruhen. Bei normaler Hufform erreicht der Huf in dem Moment den höchsten Punkt des Bogens, in dem das Hangbein am Stützbein vorbeigeführt wird (Abb. 2.41 A).

Ist der Huf eines Pferdes zu lang und besitzt flache Trachten, so ist der Winkel zwischen dorsaler Hufwand und Hufsohle gewöhnlich kleiner als 45 Grad (Abb. 2.36 B). Eine lange Hufwand führt zu einem verzögerten Anheben des Fußes, da sie wie ein verlängerter Hebelarm wirkt. Durch das verzögerte Anheben erreicht der Huf beim Vorführen den höchsten Punkt des Bogens schon vor dem Vorbeiführen am Standbein (Abb. 2.41 B). Sollte bei dieser Hufform eine parallelgerichtete Stellung von Zehenachse und dorsaler Hufwand vorliegen, so hat das Pferd oft eine abfallende Schulter. Eine abfallende Schulter und flache Fesselung führen bei Pferden häufig zu einem federnden Gang.

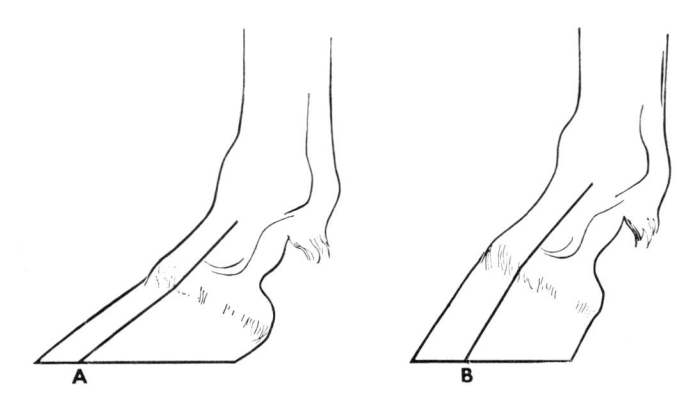

Abb. 2.39: Beispiel für gebrochene Achsen von Huf und Fessel. **A** Abgeknickte Zehenachse aufgrund eines zu langen Hufes und zu flacher Trachten. **B** Abgeknickte Zehenachse aufgrund eines zu kurzen Hufes und zu hoher Trachten.

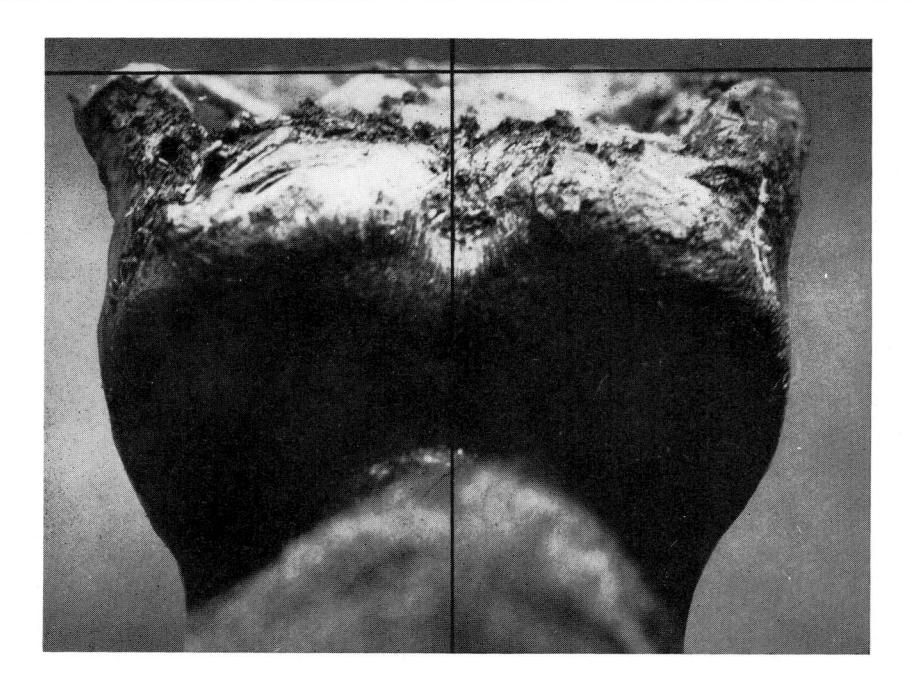

94 Kapitel 2: Beziehungen zwischen Exterieur und Lahmheit

Abb. 2.40: Graphische Darstellung einer horizontalen Fußungsfläche. Eine gedachte, die Gliedmaße in der Länge teilende Hilfslinie und eine Querlinie durch die Eckstrebenwinkel kreuzen sich im rechten Winkel. Bei Neigung der Querlinie weicht der Huf von der Idealstellung ab.

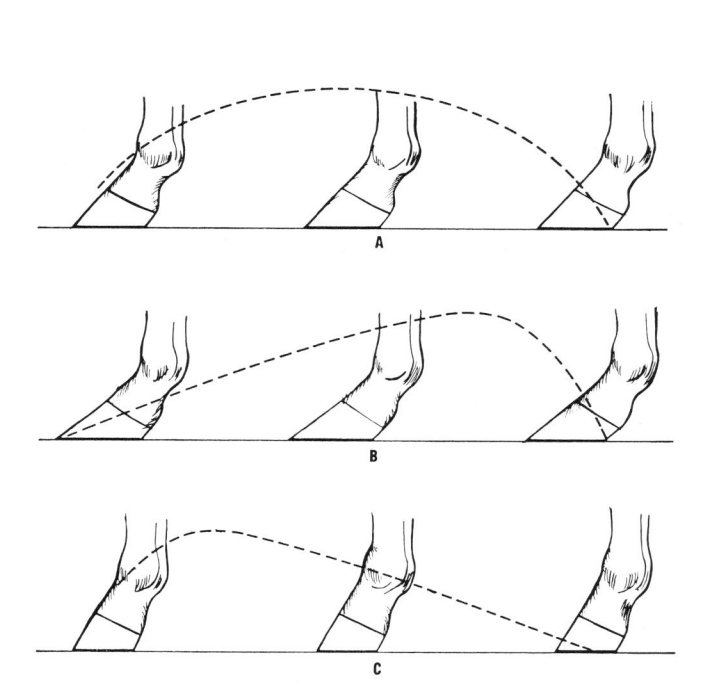

Abb. 2.41: Beispiele für Vorführmöglichkeiten des Fußes. **A** Vorführen des Fußes, wenn der Huf zum Fesselstand paßt. Die maximale Höhe des Bogens, auf dem die Gliedmaße vorgeführt wird, liegt auf Höhe der stützenden Gliedmaße. **B** Vorführen eines spitzen Hufes mit langer Hufwand und flachen Trachten. Der höchste Punkt des Bogens liegt kaudal der stützenden Gliedmaße. **C** Vorführphase eines stumpfen Hufes mit kurzer Hufwand und hohen Trachten. Der höchste Punkt des Bogens liegt vor der stützenden Gliedmaße.

Bei einem langen Huf und flachen Trachten liegt der Schwerpunkt kranial der Strahlspitze. Die zusätzlichen Anstrengungen, die zur Überwindung des verlängerten Hebelarmes nötig sind, bewirken im Vergleich zu einem Pferd mit normalen Hufen einen langen, raumgreifenden Schritt. Um diesen Effekt zu verstärken, wird bei Trabern und Pferden mit Paßgang häufig bewußt die lange Hufform angestrebt. Durch einen langen Huf wird jedoch die Belastung der Beugesehnen, des Musculus interosseus medius und der Gleichbeine verstärkt.

Hat ein Pferd einen kurzen Huf und hohe Trachten, so wird der Huf rasch vorgeführt und erreicht beim Vorführen der Gliedmaße den höchsten Punkt des Bogens erst kranial des Stützbeines (Abb. 2.41 C). Der Huf setzt in einem steilen Winkel auf, wodurch der Reiter unbequem sitzt. Eine steile Hufstellung wird in der Regel von einer steilen Schulter begleitet.

Bei kurzem Huf und hohen Trachten liegt der Schwerpunkt hinter der Strahlspitze, wodurch die Belastung der Beugesehnen und der Gleichbeine verringert wird. Es kommt jedoch zu einer verstärkten Stoßbelastung im distalen Gliedmaßenabschnitt, die das Auftreten von Krongelenksschalen, Podotrochlose und traumatisch bedingten Arthritiden des Fesselgelenkes fördert. Die Schrittlänge eines Pferdes mit kurzen Hufen ist verkürzt.

Vorderhuf (Abb. 2.42)

Der ideale Vorderhuf muß rund und im Trachtenbereich breit ausgebildet sein. Dabei müssen die Trachten gut mit der Hufform harmonieren.

Die Eckstreben sollten kräftig sein. Die Hufwand sollte an der Zehenspitze die größte Stärke aufweisen und sich in

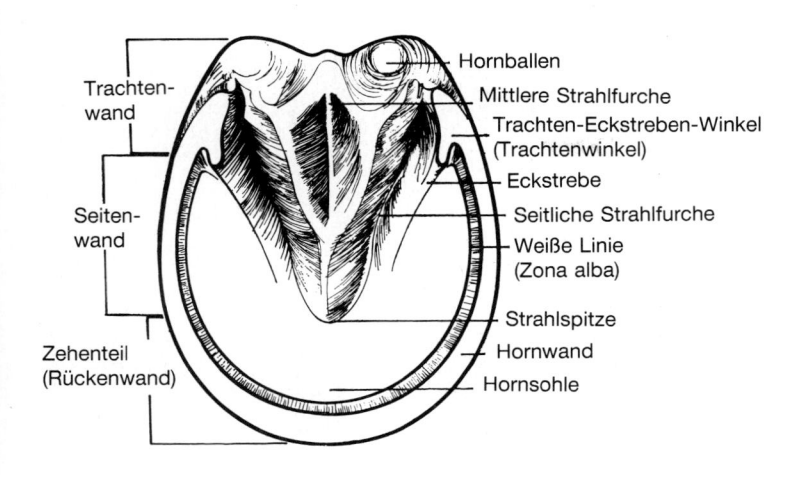

Abb. 2.42: Normal geformter Vorderhuf.

Richtung auf die Trachten verjüngen. Dabei sollte die Medialwand des Hornschuhes steiler als die Lateralwand stehen.

Die Hufsohle sollte von medial nach lateral und von dorsal nach palmar mäßig konkav ausgeformt sein, da eine zu starke Konkavität eine der Hauptursachen für chronische Huferkrankungen ist. Die Hufsohle darf auf hartem Untergrund keinen Dauerkontakt mit dem Boden haben, da sie primär keine tragende Funktion besitzt.

Der Hufrücken und die Zehenachse des Vorderhufes sollten mit der Hufsohle je einen Winkel von 45 bis 50 Grad bilden. Der Winkel zwischen Trachte und Hufsohle muß mit dem Winkel zwischen dorsaler Hufwand und Hufsohle korrespondieren, und die Wand darf in diesem Bereich keine Defekte aufweisen. Die Abnutzungserscheinungen am Huf sollen zeigen, daß das Tier den Huf über die Zehenspitze abrollt und nicht über die mediale bzw. die laterale Seite. Die Gleichmäßigkeit der Abnutzung der Hufwand zeigt die gleichmäßige Belastung der Gliedmaße an.

Der Strahl sollte groß und gut entwickelt sein, über eine gut ausgeprägte mittlere Strahlfurche verfügen und normale Konsistenz sowie eine gute Elastizität und einen entsprechenden Feuchtigkeitsgehalt besitzen. Er sollte die Hufsohle in zwei nahezu gleiche Abschnitte teilen, wobei die Strahlspitze zur Spitze des Hufes zeigen muß. Ungleiche Aufteilung der beiden Anteile kann ein Anzeichen für eine möglicherweise bodenweite bzw. bodenenge Stellung sein.

Hinterhuf (Abb. 2.43)

Der Huf der Beckengliedmaße hat eine mehr längsovale Form als der Huf der Schultergliedmaße. Die Abnutzungserscheinungen geben Aufschluß darüber, ob der Huf über die Spitze angehoben wird. Der Strahl sollte die Sohle in Hälften teilen. Der Winkel zwischen Hufrücken und Hufsohle sollte ca. 50 bis 55 Grad betragen, die Hufwand selbst darf keine Defekte aufweisen und soll medial und lateral gleichmäßig belastet sein. Die Form der Hufsohle ist, wie beim Vorderhuf von medial nach lateral und von dorsal nach plantar, konkav, wobei sie in der Regel konkaver als die Hufsohle der Schultergliedmaße ausgebildet ist.

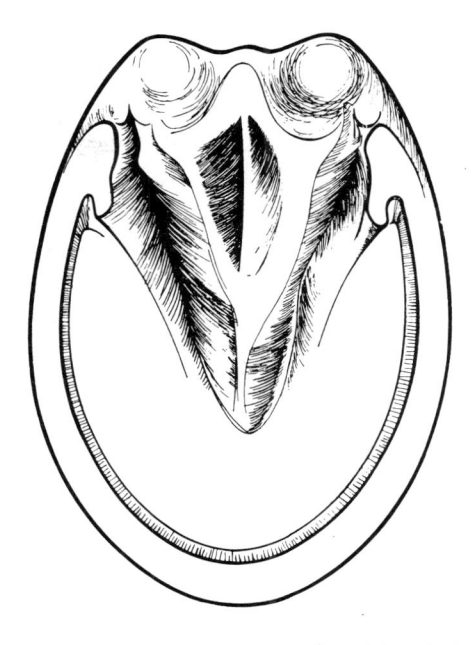

Abb. 2.43: Normal geformter Hinterhuf. Vergleiche Abbildung 2.42. Der Huf ist längsovaler als der Vorderhuf.

Abweichungen in der Hufform

Flachhuf

Beim Flachhuf fehlt die natürlicherweise auftretende Konkavität der Hufsohle. Diese Fehlentwicklung tritt nicht beim normal geformten Huf leichter Pferderassen auf, kennzeichnet jedoch die Hufe einiger schwerer Rassen. Dieser Fehler kann erblich bedingt sein und findet sich häufiger am Vorderhuf als am Hinterhuf. Vielfach versucht das Pferd, auf dem Ballen zu fußen, um den vermehrten Druck auf die Sohle zu verringern. Sohlenquetschungen und die sich daraus entwickelnden Lahmheiten sind häufige Folgeerscheinungen. Es besteht keine Therapiemöglichkeit, lediglich ein korrektiver Hufbeschlag ist möglich, um eine Verschlimmerung des Zustandes zu vermeiden.

Vollhuf

Bei Absenkung der Sohle auf oder unter das Niveau des Tragrandes liegt ein Vollhuf vor. Die Hufsohle ist flach, und es fehlt jegliche Konkavität, in manchen Fällen ist sie sogar konvex. Diese Form ist Folge der chronischen Hufrehe und wird von einer starken zirkulären, für die Hufrehe charakteristischen Ringbildung in der Hufwand begleitet (Abb. 2.44).

Unter diesen Umständen ist die Hufsohle nicht nur flach, sondern sie ist auch dicker als normal und setzt sich aus dicken Hornschichten zusammen. Bei Entfernung dieser Hornschichten tritt rosagefärbtes Sohlenhorn hervor. Die Färbung wird durch die geringe Distanz zur gut durchbluteten Lederhaut hervorgerufen. In manchen Fällen entwickelt sich zwischen diesen Hornschichten eine der Strahlfäule ähnelnde Infektion, die bis in die Sohlenlederhaut reichen kann.

Der Vollhuf wird gewöhnlich von einer Rotation des Hufbeines begleitet (Abb. 2.45), die in manchen Fällen so stark sein kann, daß bei Entfernung der oberflächlichen Sohlenschichten die Spitze des Hufbeines sichtbar wird.

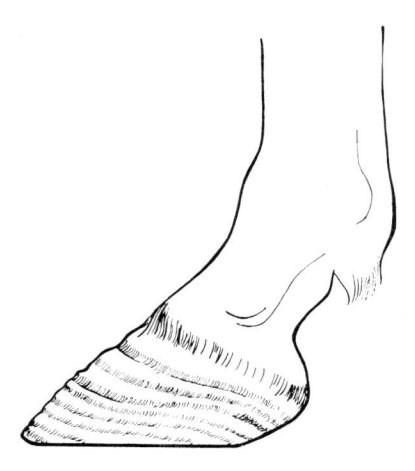

Abb. 2.44: Zirkuläre Ringe in der Hufwand als Folge chronischer Hufrehe.

Wenn die Sohle unter das Niveau des Tragrandes absinkt, muß dieser Huf besonders sorgfältig zubereitet werden, um den Durchbruch des Hufbeines durch die Hufsohle zu verhindern.

Der Vollhuf stellt immer ein ernst zu nehmendes Problem dar, und in den meisten Fällen kann das Pferd nicht auf hartem Untergrund gearbeitet werden. Im Falle eines Hufbeindurchbruches durch die Hufsohle oder einer durch die Sohle aufsteigenden Infektion hat eine Behandlung oft fast keine Aussicht auf Erfolg (siehe Seite 486, 490, 491; Seite 529 bis 532).

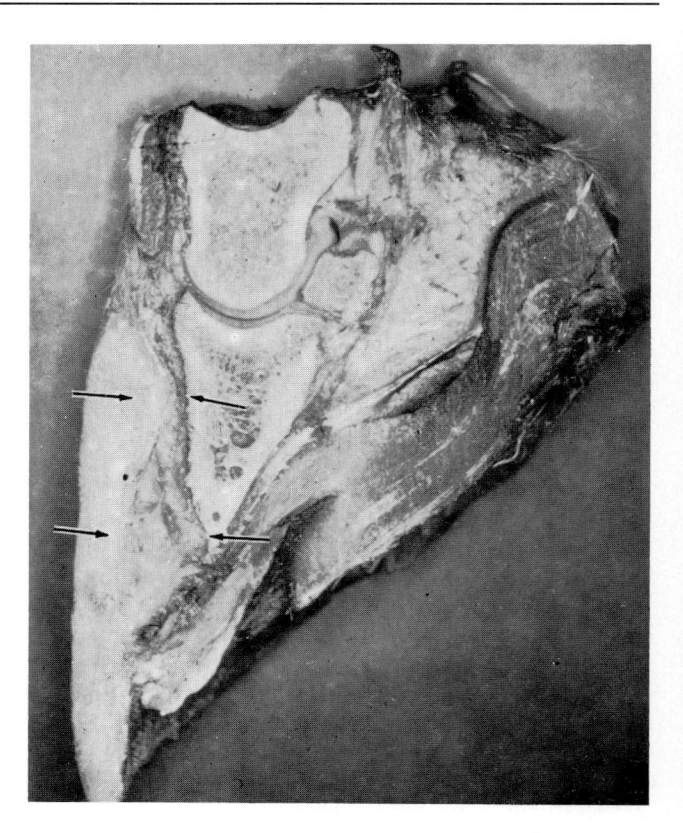

Abb. 2.45: Rotation des Hufbeines. Der Abstand zwischen den unteren Pfeilen ist größer als der Abstand zwischen den oberen Pfeilen. Diese Diskrepanz ist eine Folge der Hufbeinrotation bei chronischer Hufrehe.

Zwanghuf bzw. Trachtenzwanghuf
(Abb. 2.46)

Beim Zwanghuf ist der Hornschuh schmaler als normal. Dies gilt insbesondere für die hintere Hälfte des Hufes. Ein Zwanghuf tritt häufiger am Vorderhuf als am Hinterhuf und sowohl ein- als auch beidseitig auf. Beim Kronenzwanghuf findet sich im Kronbereich der Trachten eine Verengung des Hornschuhes unmittelbar distal des Kronrandes. Die Unterteilung in Zwanghuf und Kronenzwanghuf wird jedoch nur rein theoretisch getroffen.

Es sollte berücksichtigt werden, daß bei manchen Pferderassen die normale Hufform mehr längs- als rundoval ist. Ein enger Huf ist nicht notwendigerweise als Zwanghuf zu bezeichnen. Esel bzw. Maultier haben physiologischerweise einen Huf, der beim Pferd als Zwanghuf bezeichnet würde. Der Zwanghuf tritt als Befund häufig beim Tennessee Walking Horse und beim American Seddlebred auf, wenn diese für Schauvorführungen eingesetzt werden. Die Hufwand wird bei diesen Pferden extrem lang gelassen, so daß der Strahl keinen Gegendruck vom Boden erhält.

Insbesondere unkorrekter bzw. unnötiger Hufbeschlag kann zum Zwanghuf führen. Auch Lahmheiten beliebiger Genese können das Pferd dazu veranlassen, seine Gliedmaßen weniger stark zu belasten, was dann die gleichen Folgen hat. Möglicherweise liegen in manchen Fällen auch heriditäre Gründe für einen Zwanghuf vor.

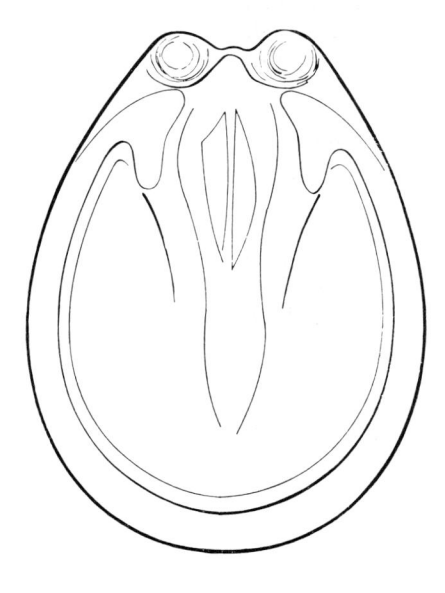

Abb. 2.46: Trachtenzwanghuf. Beachte das Engerwerden des Hufes im Trachten- und Wandbereich. Vergleiche Abb. 2.42.

Das Risiko des Entstehens eines Zwanghufes besteht ebenfalls, wenn der Huf extremer Trockenheit ausgesetzt ist, insbesondere bei Pferden, die erst auf feuchten Weiden und dann bei heißem Wetter in trockenen Klimata gehalten werden.

Wenn echter Hufzwang auftritt, so sollte er immer als pathologisch angesehen werden. Die Korrektur eines in zwei bis drei Monaten zu geringer Abnutzung entstandenen Zwanghufes kann zwei Jahre oder länger dauern.

Der Zwanghuf wird häufig von einer extrem konkaven Sohlenfläche in dorsopalmarer/plantarer oder mediolateraler Richtung begleitet. Wenn sich die Trachtenwand weit untergeschoben hat, kann der vermehrte Druck auf das Hufbein eine Lahmheit verursachen.

Die Diagnose stützt sich auf das Erscheinungsbild des Hufes, der sehr eng stehende Trachten sowie einen retrahierten, atrophischen Strahl aufweist. Zur Feststellung eines Zwanghufes sollten beide Seiten miteinander verglichen werden, wobei zu berücksichtigen ist, daß beidseitige Podotrochlose bzw. beidseitiger mangelhafter Hufbeschlag zum Zwanghuf an beiden Vorderhufen führen kann.

Der wichtigste Gesichtspunkt bei der Diagnose dieses Fehlers ist die Feststellung der Ursache. Zwanghuf kann durch mehrmaliges unkorrektes Beschlagen verursacht werden, ohne daß Lahmheiten beobachtet wurden. Beim Auftreten von Lahmheiten muß die Ursache gefunden und abgestellt werden. In schweren Fällen können sich die Eckstreben berühren. Im atrophischen Strahl kann sich Strahlfäule ausbreiten. Eine fortgesetzte, langandauernde verminderte Nutzung des Hufes führt zu einer Verhärtung und Austrocknung von Hufwand, Hufsohle und Strahl und läßt sich dann schwer korrigieren.

Ein lange bestehender Zwanghuf kann zur Deformation des Hufbeines und so zur Veränderung seiner rundlichen Form führen. Dabei kommt es zu einer Atrophie der Hufballen und zum Verlust ihrer Federungseigenschaften. Somit entfällt der Schutzmechanismus für die tiefe Beugesehne und das Strahlbein. Das Risiko einer Erkrankung an Podotrochlose erhöht sich dadurch. Der Kronbereich ist davon in gleichem Maße betroffen.

Einseitiger Zwanghuf

Bei manchen Pferden tritt ein einseitiger Zwanghuf auf. Dieser ist oft schon bei der Geburt vorhanden, es ist jedoch nichts über die Erblichkeit dieser Hufform bekannt. Der einseitige Zwanghuf stellt einen unerwünschten Befund dar, obwohl an der betroffenen Gliedmaße nicht in jedem Fall eine Lahmheit auftreten muß.

Sprödes Hufhorn

Sprödes Hufhorn steht oft mit einer zu geringen Luftfeuchtigkeit und zu trockenem Boden in Zusammenhang. Es kommt häufig zu Komplikationen in Form von Rissen in der dorsalen und seitlichen Hufwand bzw. Brüchen des Wandhornes. Um der Austrocknung entgegenzuwirken, sind tägliche Behandlungen mit feuchtigkeitskonservierenden Mitteln wie Lanolin, Fischöl, Kiefernöl, Olivenöl oder anderen im Handel erhältlichen Produkten erforderlich. Möglicherweise ist ein unterstützender Hufbeschlag notwendig, um Brüche in der Hufwand zu verhindern. Unter Umständen kann das Verfüttern von Gelatine die Hornqualität verbessern.

Bearbeitungsfehler der dorsalen Hufwand („bull-nosed foot") (Abb. 2.47)

Mit „bull-nosed" wird ein Huf bezeichnet, dessen dorsale Hufhornfläche beim Aufpassen des Beschlages zu stark abgeraspelt wurde. Erfolgt dies wiederholt, so ergeben sich daraus häufig pathologische Veränderungen.

Exostose am Processus extensorius des Hufbeines („buttress foot") (Abb. 2.48)

Es handelt sich um eine Exostosenbildung am Processus extensorius des Hufbeines. Diese kann entweder ein einfaches Überbein am Processus extensorius sein oder nach Fraktur des Processus extensorius entstehen (Abb. 2.49).

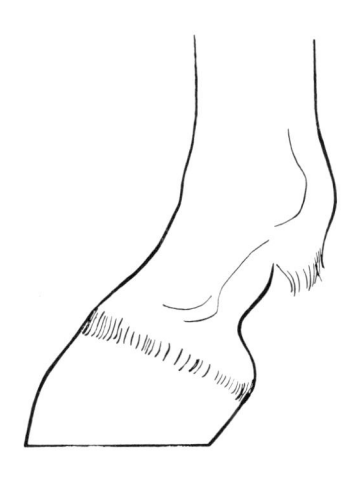

Abb. 2.47: Bearbeitungsfehler der dorsalen Hufwand („bull-nosed foot").

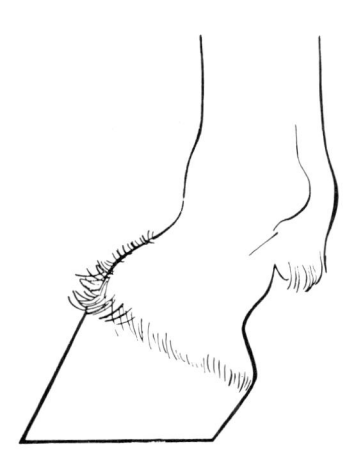

Abb. 2.48: Exostosen am Processus extensorius des Hufbeines („buttress foot").

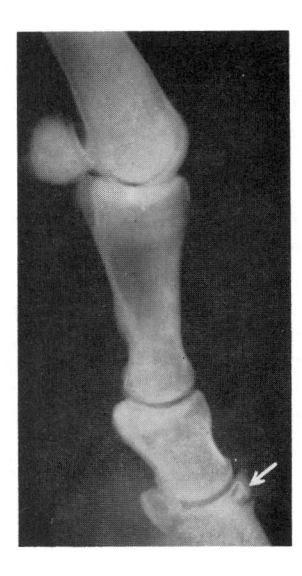

Abb. 2.49: Fraktur des Processus extensorius am Hufbein (Pfeil). Diese Fraktur ist bei dorsopalmarem (-plantarem) Strahlengang nicht sichtbar (CARLSON, W. D., and GILLETTE, E. C.: Veterinary Radiology. Philadelphia, Lea & Febiger, 1966).

Als Folge tritt häufig dorsal am Kronwulst eine Schwellung auf. Chronische Entzündungen führen als Folge des deformierenden Wachstums zu einer kantigen Ausformung des Hornschuhes vom Kronwulst bis zum Sohlenrand.

Ringbildung in der Hufwand

Es gibt normale Ringbildungen, die durch Witterungseinflüsse und Futterwechsel entstehen. Die Hufrehe ist die häufigste Ursache einer pathologischen Ringbildung (Abb. 2.44). Breite, vereinzelt auftretende Ringe sind meist die Folge einer kurzen, fieberhaften Immunantwort auf eine Allgemeinerkrankung, wie zum Beispiel bei Auftreten einer Pneumonie, aber auch das scharfe Einreiben des Saumbereichs mit Jod oder anderen Präparaten erzeugt Linien im Hufhorn. Geschwungene Linien im Bereich der Trachten und der seitlichen Hufwand können Zeichen einer chronischen Huferkrankung sein. Eine Hufgelenkschale verursacht ebenfalls eine Ringbildung am Hufhorn. Darüber hinaus können auch Futterwechsel, entzündliche Prozesse im Huf bzw. am Kronsaum oder Temperaturerhöhungen über mehrere Tage aufgrund einer Allgemeinerkrankung zur Entstehung von Ringen in der Hufwand beitragen. An den Linien selbst ist keine Behandlung angezeigt, obwohl der Huf manchmal aus ästhetischen Gründen bearbeitet wird, um die Linien zu entfernen. Diese Behandlung bedingt jedoch die Entfernung der äußeren Schutzschicht und führt zu einer Austrocknung der Wand.

Dünne Hufwand und dünne Sohle

Dünne Hufwand und Sohle treten häufig gemeinsam auf und sind erblich. Der Huf sieht äußerlich normal geformt aus, nutzt sich jedoch schneller ab bzw. zeigt ein für den Schutz der Sohle vor zu starkem Druck unzureichendes Längenwachstum. Dieser Strukturmangel findet sich häufig an den Trachtenwänden, wobei die Zehenachse durch zu flache Trachten geknickt ist (Abb. 2.39 A).

Die Sohle ist sehr empfindlich, und nach dem Hufausschneiden treten häufig Lahmheiten auf. Die Untersuchung der Sohle mit einer Hufzange zeigt in den meisten Fällen ein dünnes, leicht zu komprimierendes Sohlenhorn. Die Druckprobe am verletzten Sohlenhorn hat häufig schmerzbedingte Abwehrreaktionen zur Folge.

Die Behandlung umfaßt eine Anregung des Hornwachstums und einen abnutzungsmindernden Hufbeschlag. Milde Irritantia wie Jodtinktur, die äußerlich am Kronsaum aufgetragen werden, können das Hornwachstum stimulieren. Wenn das Pferd unbeschlagen bleiben kann, sollte soviel Wand wie möglich erhalten werden. Da sich das Horn sehr schnell abnutzt, kommt es nicht zu übermäßigem Wachstum der Hufwand. In manchen Fällen kann es erforderlich sein, die Hufeisen mit Leder oder Neolit zu unterlegen, um verletzungsbedingte Lahmheiten zu verhindern. Um eine Knickung der Zehenachse zu korrigieren, muß die Trachtenwand zur Unterstützung manchmal mit Leder unterlegt werden.

Der Pferdehuf läßt sich oftmals in seiner Härte verbessern, wenn das Tier unbeschlagen auf die Weide gelassen wird. Dadurch wird der Huf nach einer gewissen Zeit widerstandsfähiger gegen Verletzungen, obwohl das Tier zu dünne Hufwände und Sohlen hat. Sechs Monate auf unebenem Boden erhöhen die Widerstandskraft des Hornschuhes gegenüber Prellungen und Zusammenhangstrennungen (Hornspalt, Hornkluft) beträchtlich. Auch bei diesem Huf ist eine regelmäßige Pflege erforderlich, damit die Form erhalten bleibt und Wandbrüche vermieden werden. Die Verfütterung von Gelatine kann zur Verbesserung der Hornqualität beitragen.

Bockhuf

Beim Bockhuf bildet die dorsale Hufwand mit der Sohle einen Winkel von mehr als 60 Grad. Bei einseitigem Auftreten des Bockhufes ist die Ursache eine Verletzung, die zu einer verringerten Belastung der Gliedmaße geführt hat. Bei beidseitigem Bockhuf liegt eine hereditäre Ursache oder ein Mangel an Futterinhaltsstoffen vor. Die Anomalie tritt nach einer Veränderung des Beugeapparates und damit einhergehender Verkürzung der tiefen Beugesehne auf. Auch die oberflächliche Beugesehne und der Musculus interosseus medius können an diesen Prozessen beteiligt sein. Während der Trächtigkeit können futterbedingte Mangelzustände zu Bockhufbildung führen. Nach Verletzungen begünstigen die verminderte Belastung der Gliedmaße und die daraus resultierende Verkürzung der Sehnen das Entstehen des Bockhufes.

Pferde mit ausgeprägten Bockhufen sind für die Nutzung als Reitpferd ungeeignet, da sie einen unerwünscht harten Gang zeigen. Infolge einer Verkürzung der oberflächlichen Beugesehne stolpern die Pferde vermehrt. Wenn diätetische Mängel vorhanden sind, müssen diese beseitigt werden. Bei Verdacht auf Erblichkeit dieses Merkmales sollte diese Zuchtlinie von der Zucht ausgeschlossen werden.

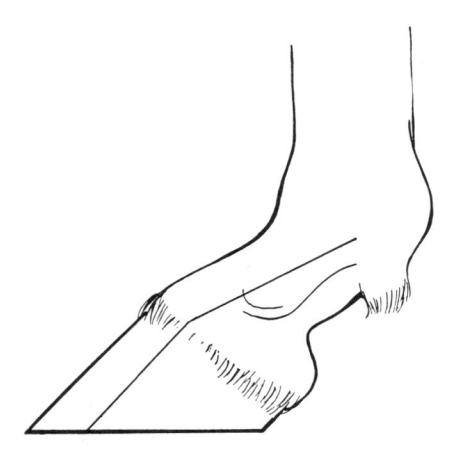

Abb. 2.50: Beugestellung im Hufgelenk. Die Zehenachse ist nach dorsal gebrochen.

Bärentatzigkeit (Abb. 2.50)

Bei bärentatzigen Zehen hat der Kronbereich einen flacheren Winkel als die dorsale Hufwand. Das bedeutet eine Knickung der Zehenachse am Kronsaum.

Diese Stellungsanomalie kann an Vorder- und Hinterhuf auftreten und verursacht eine vermehrte Belastung der Beugesehnen, der Gleichbeine und der distalen Gleichbeinbänder. Manchmal kann es zu einer vermehrten Belastung der Sehne des gemeinsamen Zehenstreckers kommen. Eine Korrektur ist kaum möglich, versucht werden kann allenfalls eine Veränderung der Hufachse durch Kürzen der Trachten, wobei die Winkelung der Fessel jedoch keine Veränderung erfährt. Der Winkel zwischen dorsaler Hufwand und Hufsohle sollte dabei auf nicht unter 45 Grad gekürzt werden.

Weiterführende Literatur

ADAMS, O. R.: Lameness in Horses. 3rd Ed. Philadelphia, Lea & Febiger, 1974.

AXE, J. W.: The Horse in Health and Disease. Vol. I and II. London, Gresham Publishing Co., 1906.

BEEMAN, G. M.: Conformation. Part 1. Am. Quarter Horse J., **25** (3): 82, 1972.

BEEMAN, G. M.: Conformation. Part 2. Am. Quarter Horse J., **25** (4): 46, 1973.

BEEMAN, G. M.: Correlation of defects in conformation to pathology in the horse. Proc. 19th Ann. AAEP, 1983, p. 177.

BRITTON, J. W.: Conformation and lameness. Calif. Thoroughbred, **33** (6): 502, 1961.

CHURCHILL, E. A.: Lameness in the standardbred. *In* Care and Training of the Trotter and Pacer. Columbus, Ohio, U. S. Trotting Assoc., 1968, p. 794.

DAVIDSON, A. H.: Some relationships of conformation to lameness and the evaluation of potential. Proc. 16th Ann. AAEP, 1970, pp. 399–404.

GOLDSCHMIDT, S. G.: An Eye for a Horse. New York, Charles Scribner's Sons, 1933.

HAUGHTON, W. R.: Selecting the yearling. *In* Care and Training of the Trotter and Pacer. Columbus, Ohio, U. S. Trotting Assoc., 1968, p. 74.

KNEZEVIC, P.: Measuring of strain in the hoof capsule of the horse. Proc. 12th Ann. AAEP, 1966, pp. 293–295.

McKILLIP, M. H.: Lameness, consideration of predisposing causes as an aid in diagnosis. Am. J. Vet. Med., **14**: 270, 1918–1919.

PRITCHARD, C. C.: Relationship between conformation and lameness in the equine foot. Auburn Vet., **22** (1): 11, 1965.

RUSSELL, W.: Scientific Horseshoeing. 10th Ed. Cincinnati, C. J. Krenbiel & Co., 1907.

SIMPSON, J. F., Sr.: The theory of shoeing and balancing. *In* Care and Training of the Trotter and Pacer. Columbus, Ohio, U. S. Trotting Assoc., 1968.

SMITH, F.: A Manual of Veterinary Physiology. 5th Ed. Chicago, Alex Eger and Co., Inc., 1921.

STUMP, J. E.: Anatomy of the normal equine foot, including microscopic features of the laminar region. J. Am. Vet. Med. Assoc., **151** (12): 1588, 1967.

TAYLOR, A. M., et al.: Action of certain joints in the legs of the horse measured electrogoniometrically. Am. J. Vet. Res., **27** (116): 85, 1966.

Lahmheitsdiagnostik

Ted S. Stashak

Definition des Begriffes Lahmheit

Lahmheit ist ein Zeichen für eine struktur- oder funktionsbedingte Störung, die eine oder mehrere Gliedmaßen betrifft und im Stand oder in der Bewegung sichtbar wird. Sie wird manchmal auch als Hinken bezeichnet. Lahmheit kann verschiedene Ursachen haben: Trauma, angeborene oder erworbene Anomalien, Infektionen, metabolische Störungen, Erkrankungen des Kreislaufapparates oder des Nervensystems oder jede Kombination dieser Faktoren. Die Lahmheitsdiagnostik erfordert detaillierte Kenntnisse der Anatomie und der Physiologie der Gliedmaßenbewegungen sowie Verständnis für die geometrische Konstruktion und die sich daraus ergebenden Kräfte. Der Untersucher muß ferner in der Lage sein, zwischen durch Schmerzen bedingter Lahmheit und nicht auf Schmerzen beruhenden Bewegungsstörungen zu unterscheiden, die oft als mechanische Lahmheit bezeichnet werden. Selbst bei Erfüllung all dieser Voraussetzungen sind sich auch erfahrene Praktiker bei der Lahmheitsdiagnostik des öfteren nicht einig. Für den jungen Tierarzt können solche Situationen kritisch sein, da eine falsche Diagnose oft den erfolgreichen Aufbau einer Praxis sehr erschwert. In diesem Fall muß daher ganz besonders gelten, niemals eine Entscheidung zu äußern, solange sie nicht absolut sicher feststeht.

Arten der Lahmheit

Nach DOLLAR (O'CONNOR, 1952) werden folgende Lahmheiten unterschieden:
1. *Stützbeinlahmheit*: Diese wird während der Belastung der Gliedmaße oder beim Fußen deutlich. Als Ursachen für diese Art der Lahmheit kommen Schäden an Knochen, Gelenken, Seitenbändern oder motorischen Nerven oder am Huf selbst in Frage.
2. *Hangbeinlahmheit*: Diese Lahmheit zeigt sich während des Vorführens der Gliedmaße. Als Ursachen kommen pathologische Veränderungen an Gelenkkapseln, Muskeln, Sehnen, Sehnenscheiden oder Schleimbeuteln in Betracht.
3. *Gemischte Lahmheit*: Diese Lahmheit ist sowohl während der Hangbein- als auch während der Stützbeinphase erkennbar. Bei der gemischten Lahmheit kann jede Kombination der für die Hangbein- und Stützbeinlahmheit verantwortlichen Ursachen vorliegen.
Die Einordnung einer Lahmheit als Stützbein-, Hangbein- oder gemischte Lahmheit erfolgt durch die Beobachtung des Bewegungsablaufes aus einiger Entfernung. Der Tierarzt kann diese Einteilung als ein Hilfsmittel für die Diagnostik nutzen, er darf sich aber nicht absolut darauf verlassen. Faktoren, die zu einer Stützbeinlahmheit führen, veranlassen u. U. das Pferd zu Veränderungen der Gliedmaßenführung, um die Gliedmaße zum Zeitpunkt des Fußens zu schonen. Dadurch kann irrtümlich eine Hangbeinlahmheit diagnostiziert werden.
4. *Begleitende Lahmheit*: Durch schmerzhafte Zustände an einer Gliedmaße ergibt sich eine ungleiche Gewichtsverteilung auf eine oder mehrere der anderen Gliedmaßen, wodurch es zu einer Lahmheit auf einer vorher gesunden Gliedmaße kommen kann. Eine relativ geringfügige Veränderung an einer Gliedmaße kann z. B. eine schwerwiegendere Schädigung an derselben Gliedmaße oder an dem gegenüberliegenden Bein hervorrufen. ROONEY[37] beschreibt Beispiele für eine Vorhandlahmheit, die zu Lahmheit auf der anderen Schultergliedmaße führte, sowie für eine Nachhandlahmheit, die eine Lahmheit auf der gleichseitigen Schultergliedmaße bedingte; des weiteren stellt er dann fest, daß eine Vorhandlahmheit nie die Ursache einer Nachhandlahmheit ist und daß es bei einer Nachhandlahmheit nie zu einer begleitenden Lahmheit auf der gegenüberliegenden Beckengliedmaße kommt. Nach Erfahrung des Autors tritt sehr häufig infolge einer Vorhandlahmheit eine begleitende Lahmheit der anderen Schultergliedmaße auf. Beispielsweise kann durch eine Lahmheit auf der linken Schultergliedmaße die rechte Schultergliedmaße derart belastet werden, daß hier eine Lahmheit entsteht. Selbst geringfügige Veränderungen in der Belastung der Gliedmaßen können besonders bei Zurücklegen langer Strecken in hohem Tempo zu begleitender Lahmheit führen. Das Unterstützungsband der tiefen Beugesehne, die Sesambeine sind wohl die am häufigsten betroffenen Strukturen. Allerdings brechen sich Pferde, die leicht vorbiegig stehen, oft beide Karpalgelenke exakt an der gleichen Stelle, eventuell dadurch bedingt, daß es nach der Fraktur in einem Karpalgelenk zu ungleich höherer Belastung des anderen Karpalgelenkes kommt. Bei Vorliegen einer Vorhandlahmheit belastet das Pferd oft die andere Schultergliedmaße stärker, um die kranke Gliedmaße zu schonen. Die sich aus der ungleichen Gewichtsverteilung ergebende Überbelastung der bisher gesunden Schultergliedmaße kann zu Schäden an dieser führen. Des weiteren ist immer zu bedenken, daß sich an einer Gliedmaße, an der bereits ein geringfügiger Schaden vorliegt, eine zusätzliche Lahmheit entwickeln kann. Die Ursache einer begleitenden Lahmheit ist die Überlastung einer gesunden Gliedmaße infolge des Versuches, die kranke Gliedmaße zu schonen. Im Falle einer neuen Verletzung einer bereits vorher geschädigten Gliedmaße liegt die Ursache in der unphysiologischen Belastung bis dahin gesunder Strukturen in dem Versuch, einen schmerzhaften Bereich dieser Gliedmaße zu schonen. Durch die so entstehende Überlagerung von Symptomen wird die Diagnostik sehr erschwert. Ein Pferd mit Podotrochlose z. B. fußt in der Regel zuerst mit dem vorderen Bereich des Hufes. Dieses konstante Fußen auf dem Zehenspitzenbereich kann zu Quetschungen der Sohle im vorderen Teil des Hufes führen und röntgenologisch sichtbare Veränderungen im Sinne einer Ostitis des Hufbeines bedingen. Im Extremfall kann diese Schädigung des Zehenspitzenbereiches so schmerzhaft sein, daß das Pferd ausschließlich auf den Trachten fußt, da die Quetschung im Zehenspitzenbereich mehr Schmerzen bereitet als der Hufrollenbereich. Andererseits kann ein

Pferd auf dem vorderen Bereich des Hufes fußen, wenn eine Empfindlichkeit im Trachtenbereich besteht; es kann dann in der Folge zu einer Überlastung des Unterstützungsbandes der tiefen Beugesehne kommen.

Gliedmaßenführung

Die Art der Gliedmaßenführung ist ebenfalls von Bedeutung für die Lahmheitsdiagnostik. Beim Beurteilen der Gliedmaßenführung sind folgende Kriterien zu beachten:
1. *Phasen der Gliedmaßenführung* (Abb. 3.1): Bei der Gliedmaßenführung ist eine kraniale und eine kaudale Phase zu beobachten. Die kraniale Phase umfaßt den Teil, in dem die Gliedmaße sich vor dem Hufabdruck der gegenüberliegenden Gliedmaße befindet, die kaudale Phase geht bis zu diesem Trittsiegel. Bei Vorliegen einer Lahmheit kann die kraniale oder kaudale Phase verkürzt sein, obwohl bei geradeaus gehendem Pferd die Gliedmaße insgesamt die gleiche Schrittlänge erreichen muß wie die gegenüberliegende Gliedmaße. Bei einer Verkürzung der kranialen Phase muß die kaudale Phase kompensatorisch verlängert sein und umgekehrt. Wenn diese kompensatorische Verlängerung der kranialen oder kaudalen Phase nicht erfolgt, weicht das Pferd von der geraden Laufrichtung ab und geht mit gebogenem statt mit gerade gerichtetem Körper.

Veränderungen der Gliedmaßenführung sind am besten von der Seite aus zu beurteilen. Ursachen für eine Verkürzung der kranialen Phase sind z. B. Podotrochlose (Schultergliedmaßen), Chip-Frakturen in den Gelenken, degenerative Veränderungen von Gelenken, Traumata an den Strecksehnen, Schulterlahmheiten und Gonitis oder Spat an der Beckengliedmaße. Eine Verkürzung der kaudalen Phase kann durch Einschnürungen durch die palmaren oder plantaren Fesselringbänder, durch Tendinitis bzw. Tendosynovitis der Beugesehnen bedingt sein.

2. *Betrachtung der Gliedmaßenführung von der Seite* (Abb. 3.2): Der beim Vorführen der Gliedmaße normalerweise beschriebene Bogen verändert sich, wenn irgendwo in der Gliedmaße ein schmerzhafter Prozeß vorliegt. Bei der Betrachtung von der Seite aus wird der von einer Gliedmaße beschriebene Bogen mit dem der gegenüberliegenden Gliedmaße verglichen. In manchen Fällen ist der Bogen bei beiden Schultergliedmaßen (beidseitige Podotrochlose oder Hufrehe) oder bei beiden Beckengliedmaßen (beidseitiger Spat) verändert. Bei den Beckengliedmaßen kann der Bogen so weit verändert sein, daß die Zehenwand beim Vorführen der Gliedmaße über den Boden schleift (Spat oder Gonitis), weil das Kniegelenk und das Sprunggelenk weniger gebeugt werden. Bei Podotrochlose, Hufrehe, Nageltrittverletzungen, degenerativen Veränderungen der Zehengelenke und ähnlichen Veränderungen ist der Bogen flacher, da sich das Pferd bemüht, den Schmerz beim Fußen zu verringern. Bei schmerzhaften Prozessen am Karpus wird der Bogen flacher, weil der Karpus weniger stark gebeugt wird.

Die meisten Pferde, die einen flacheren Bogen beim Vorführen der Gliedmaße aufweisen, zeigen auch Veränderungen bezüglich der Phasen der Gliedmaßenführung. Bei geringgradigen Veränderungen des Bogens, den die Hintergliedmaße beim Vorführen beschreibt, ist es manchmal hilfreich, das Pferd von hinten zu beobachten. So besteht die Möglichkeit, abzuschätzen und zu vergleichen, wie lange die Hufsohle für den Untersucher sichtbar ist.

3. *Betrachtung der Gliedmaßenführung von hinten*: Wenn der Huf in einem Bogen gegen die unterstützende Gliedmaße vorgeführt wird, neigt das Pferd u. U. zum Streichen. Es besteht die Gefahr einer Fraktur des medialen Griffelbeines oder von schmerzhaften Verletzungen des Karpus. Wenn der Huf im Bogen um die stützende Gliedmaße herumgeführt wird (Bügeln), ergeben sich normalerweise keine spezifischen Probleme.

4. *Fußung*: Bei Vorliegen einer schmerzhaften Veränderung im Bereich des Hufes zeigt das Pferd in der Regel den Schmerz dadurch, daß es sein Gewicht auf die anderen Bereiche des Hufes verlagert. Bei Pferden mit Hufrollenentzündung z. B. liegt der stärkste Schmerz in der Nähe der Trachten; der Huf wird daher mit der Spitze zuerst aufgesetzt. Bei einer Nageltrittverletzung im vorderen Teil des Hufes wird der Trachtenbereich vermehrt belastet. Wenn die Läsion den lateralen Teil der Sohle betrifft, wird der mediale Teil des Hufes vermehrt belastet und umgekehrt.

5. *Winkelung in den Gelenken*: Die Winkelung in den Gelenken ist am besten von der Seite aus zu beurteilen. Veränderungen können Auswirkungen auf die beim Vorführen der Gliedmaßen zu beobachtende Bogenlinie sowie auf die Phasen der Gliedmaßenführung haben. In manchen Fällen kompensieren die Pferde die Winke-

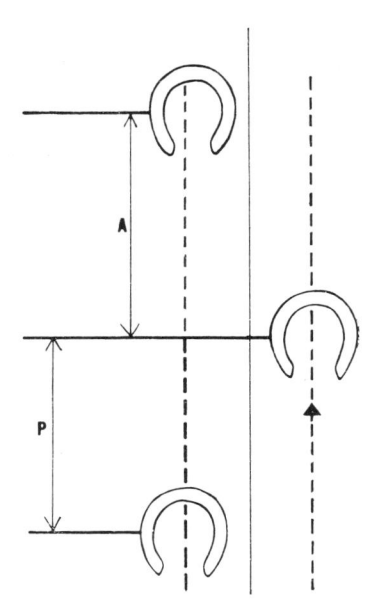

Abb. 3.1: Phasen der Gliedmaßenführung. **A** Kraniale Phase, diejenige Hälfte des Schrittes, die vor dem Hufabdruck der gegenüberliegenden Gliedmaße liegt. **P** Kaudale Phase, also die Hälfte des Schrittes, die hinter dem Hufabdruck der gegenüberliegenden Gliedmaße liegt.

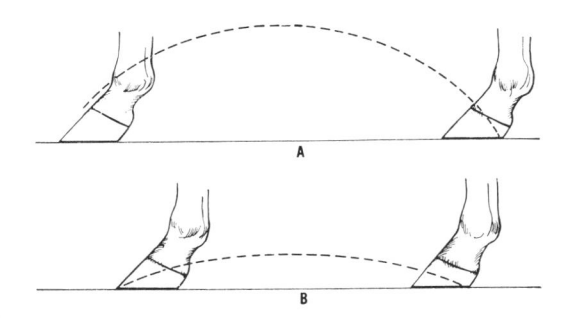

Abb. 3.2: Betrachtung der Gliedmaßenführung von der Seite. **A** Normaler Bogen beim Vorführen der Gliedmaße. **B** Flacher Bogen beim Vorführen der Gliedmaße, bedingt durch zu geringe Beugung der Gelenke, an Schulter- oder Beckengliedmaßen.

lung durch vermehrte Beugung der nicht betroffenen Gliedmaße. Die Gliedmaßen werden daher bezüglich der Winkelung in den Gelenken verglichen und der Grad der Winkelung beurteilt. In anderen Fällen, wie z. B. bei Vorliegen von Spat, ist eine mangelhafte Beugung im Tarsalgelenk oft schon deutlich sichtbar, wenn der beim Vorführen der Gliedmaße beschriebene Bogen nur geringgradig flacher und die kraniale Phase des Schrittes nur leicht verkürzt ist.

6. *Symmetrie der Kruppenmuskulatur*: Zur Beurteilung einer Nachhandlahmheit ist es oft hilfreich, das Pferd von hinten zu betrachten. Hier ist zu beurteilen, ob beide Kruppenhälften gleich hoch liegen und sich in der Bewegung gleich verhalten. Diese Befunde sind mit Veränderungen im Zusammenhang zu sehen, die bei der Betrachtung der Gliedmaßenführung von der Seite aus festgestellt wurden (Einzelheiten siehe Seite 105 und 106, Untersuchung der Nachhand).

Der Großteil der Lahmheiten betrifft die Vorhand, von diesen wiederum haben 95 % ihre Ursache im Bereich des distalen Abschnittes der Gliedmaße bis einschließlich des Karpus. Es kommen etwa drei Fälle von Vorhandlahmheit auf eine Nachhandlahmheit. Beim Standardbred-Pferd allerdings betreffen etwa 40 % der Lahmheiten die Nachhand, ein Ergebnis des diesen Pferden eigenen ausgewogenen Ganges. Das häufigere Auftreten von Vorhandlahmheiten hängt damit zusammen, daß etwa 60 bis 65 % des gesamten Körpergewichtes des Pferdes auf der Vorhand liegen und diese daher wesentlich mehr Belastung auszuhalten hat als die Nachhand. Diese allein ist für die Vorwärtsbewegung verantwortlich, während die Vorhand die Stöße beim Fußen auffängt. An der Nachhand treten die meisten Lahmheiten im Bereich von Sprunggelenk und Kniegelenk auf. Es ist unbedingt zu berücksichtigen, daß ein Pferd auf mehr als einem Bein lahmen oder an dem lahmen Bein mehr als eine pathologische Veränderung haben kann. Der Tierarzt muß außerdem bedenken, *daß eine Lahmheit, die von einem Bereich einer Gliedmaße ausgeht, zu einer Schädigung weiterer Strukturen desselben Beines oder zu einer Schädigung der gegenüberliegenden Gliedmaße führen kann, da das Pferd versucht, den zuerst veränderten Bereich zu entlasten.*

Die bei Pferden auftretenden Lahmheiten hängen außerdem von der Art der geleisteten Arbeit ab. Obwohl es relativ häufig Abweichungen von diesen Regeln gibt, soll zunächst auf die oft im Zusammenhang mit der Verwendung der Pferde auftretenden Lahmheiten hingewiesen werden: Bei Vollblütern sind Karpitis, Frakturen im Bereich des Karpus, Verletzungen des Fesselgelenkes (traumatisch bedingte Arthritis), Verletzungen der Sehnen und des Unterstützungsbandes der tiefen Beugesehne sowie Verletzungen der Sesambeine häufig. Beim Quarter Horse, das für Barrel Race, Calf Roping, Reining und Cutting* eingesetzt wird, sind Schale, Frakturen der Zehenknochen (Fessel-, Kron- und Hufbein), Hufknorpelverknöcherung und Spat verbreitet. Hufrollenentzündung tritt in beiden Gruppen gleichermaßen auf. Der Tierarzt sollte diese Zusammenhänge bei der Lahmheitsdiagnostik vor Augen haben und zunächst die typischen Lokalisationen sowie die am häufigsten auftretenden Lahmheiten auszuschließen versuchen. In jedem Fall sollte die Möglichkeit, daß die Lahmheit vom Huf ausgehen könnte, in die Überlegungen einbezogen und nach entsprechender Untersuchung gegebenenfalls ausgeschlossen werden.

* Turnierdisziplinen beim Westernreiten

Bei jeder Lahmheitsuntersuchung sollten die am häufigsten auftretenden Faktoren als erstes untersucht werden. Erfahrungsgemäß liegt bei 95 % der Vorhandlahmheiten die Ursache im distalen Bereich der Gliedmaßen bis einschließlich des Karpus. Daher sollten bei Vorliegen einer Vorhandlahmheit sämtliche regelmäßig auftretenden Lahmheiten im Bereich distal vom Karpus ausgeschlossen werden, bevor andere Ursachen in Erwägung gezogen werden, es sei denn, daß andere Veränderungen offensichtlich sind. An der Nachhand betreffen etwa 80 % der auftretenden Lahmheiten das Sprunggelenk oder das Kniegelenk. Hier werden daher nach einer ersten Untersuchung des Hufes und des distalen Bereiches der Gliedmaße einschließlich der Untersuchung mit der Hufzange das Sprunggelenk und das Kniegelenk besonders beachtet, bis man Veränderungen dieser beiden Gelenke als Lahmheitsursache sicher ausschließen kann. Bei schwierigen Fällen ist die Durchführung einer Leitungsanästhesie sehr hilfreich.

Weitere Faktoren kommen als Lahmheitsursachen in Frage.[27,28] Unsachgemäßer Hufbeschlag z. B. kann Lahmheit verursachen. Das Beschlagen ist lediglich zur Unterstützung der natürlichen Bewegung sinnvoll. Unsachgemäßer Beschlag kann besonders bei Bewegung in höherem Tempo zu Lahmheit führen. Die Beschaffenheit des Bodens, auf dem das Pferd läuft, ist häufig für das Auftreten einer Lahmheit mitverantwortlich. Zu weicher, zu harter, schlüpfriger oder steiniger Boden kann bestehende strukturelle Schwächen fördern oder ein alleiniger Grund für eine Lahmheit sein. Ermüdung der Muskulatur ist einer der wichtigsten prädisponierenden Faktoren für das Auftreten einer Lahmheit. Selbst bei Pferden, die keine besonderen strukturellen Schwächen aufweisen, kann die Ermüdung der Muskulatur zu einer Erschlaffung der Sehnen und Bänder führen und u. U. eine Prädisposition für Knochenbrüche, Gelenkverletzungen oder Verstauchungen sein. Ungenügende Kondition von Pferden ist ein häufig vorliegender Faktor, und viele Trainer verstehen die Problematik, die mit dem Training von Pferden in dieser Beziehung verbunden ist, nicht vollständig. Das Alter des Pferdes ist oft ein prädisponierender Faktor für das Auftreten von Lahmheiten. Dadurch, daß Rennen hauptsächlich für Zweijährige ausgeschrieben werden, entstehen viele Lahmheiten, die bei älteren, ausgereifteren Pferden nicht auftreten würden. Ein noch in der Entwicklung befindliches Skelettsystem ist nicht in der Lage, die Belastung durch kontinuierlich hohe Geschwindigkeit auszuhalten. Dieses Problem wird bestehenbleiben, solange weiterhin besonders die Zweijährigen in Rennen eingesetzt werden.

Anamnese

Bei jeder Lahmheit sollte versucht werden, die Krankheitsgeschichte genau zu ermitteln. In manchen Fällen ist der Vorbericht unzureichend, weil der Besitzer entweder das Tier gerade erst gekauft hat oder weil er absichtlich versucht, die Krankheitsgeschichte zu verfälschen (besonders was die bisherige Dauer der Lahmheit angeht), oder weil er wirklich glaubt, das Tier lahme auf einem anderen Bein. Etwaige Verfälschungen der Krankheitsgeschichte sind in den meisten Fällen keine arglistige Täuschung; der Besitzer gibt oft nur nicht gern zu, daß er nicht schneller den Tierarzt geholt hat. Der erfolgreiche Tierarzt erwirbt rasch die Fähigkeit, die notwendigen Informationen auf eine dem jeweiligen Besitzer angepaßte Weise zu erhalten. So können direkte Fragen oder leise Andeutungen Fakten ans Licht bringen, deren Kenntnis für die Diagnostik

unerläßlich ist. Folgende Fragen sind im Vorbericht unbedingt zu beantworten:
1. *Seit wann besteht die Lahmheit?* Wenn die Lahmheit seit einem Monat oder länger besteht, kann ein chronischer Zustand vorliegen, da strukturelle Veränderungen stattgefunden haben können, die nicht reversibel sind und so eine vollständige Wiederherstellung unwahrscheinlich machen. Die Prognose ist in diesen Fällen in der Regel vorsichtig zu stellen. Der Tierarzt sollte dabei bedenken, daß ein junges Pferd bessere Chancen hat, nach chronischen Veränderungen wiederhergestellt zu werden, als ein älteres Tier.
2. *Ist das Pferd seit Bestehen dieser Lahmheit gearbeitet worden oder nicht?* Hat sich die Lahmheit verstärkt, ist sie gleich geblieben oder hat sich der Zustand gebessert? Wenn sich die Lahmheit deutlich gebessert hat, ist die Prognose in der Regel günstiger, als wenn der Zustand erhalten geblieben ist oder sich verschlechtert hat.
3. *Wodurch wurde die Lahmheit verursacht?* Möglicherweise kann der Besitzer eine Angabe machen, daß er z. B. einen eingetretenen Nagel aus dem Huf entfernt oder daß er gesehen hat, wie es zu einer Verletzung kam. In diesem Rahmen sollte auch beschrieben werden, wie sich die Lahmheit beim ersten Auftreten äußerte. Wenn die Lahmheit anfangs akut war, kann dies auf eine bestimmte Veränderung hinweisen, z. B. eine Hufbeinfraktur; wenn sich die Lahmheit langsam entwickelte, kann eine arthritische Veränderung vorliegen.
4. *Läuft sich das Pferd ein?* In diesem Fall können Schäden an der Muskulatur oder Veränderungen im Sinne einer Arthritis (z. B. Spat) zugrunde liegen.
5. *Stolpert das Pferd?* Stolpern kann auftreten, wenn die synergistische Wirkung der Beuge- und Strecksehnen beeinträchtigt wird. Außerdem kann es ein Zeichen dafür sein, daß das Tier beim Belasten der Trachten Schmerz empfindet, wie z. B. bei Hufrollenentzündung oder Nageltrittverletzungen im Trachtenbereich. Das Tier versucht dann, auf dem vorderen Bereich des Hufes zu fußen, was zu Stolpern Anlaß gibt. Schmerzhafte Zustände am Karpus oder eine Ruptur des Musculus extensor carpi radialis können die einwandfreie Beugung und Streckung der Gliedmaße derart beeinträchtigen, daß das Pferd zu stolpern anfängt. Solche Veränderungen müssen daher ausgeschlossen werden. In diesem Zusammenhang sollte auch an spinale Ataxie gedacht werden.
6. *Wie ist das Pferd behandelt worden, und welchen Erfolg hatte die Behandlung?* Diese Faktoren können die Prognose beeinflussen. Wenn der Besitzer z. B. versucht hat, synoviale Strukturen zu punktieren, kann sich eine septische Arthritis oder Tendosynovitis entwickeln. Wenn bestimmte nach Anweisung durchgeführte Behandlungsmethoden erfolglos geblieben sind, ist die Prognose vorsichtig zu stellen, da auch die Ergebnisse weiterer Behandlungen möglicherweise unbefriedigend sind. Es ist für die Diagnostik von entscheidender Bedeutung herauszufinden, ob das Pferd parenteral mit Kortikosteroiden oder anderen entzündungshemmenden Substanzen behandelt worden ist. Deren Anwendung kaschiert die Symptome und vermittelt den falschen Eindruck einer Heilung. Durch intraartikuläre Injektionen von Kortikosteroiden kann bei unsachgemäßer Durchführung eine septische Arthritis hervorgerufen werden. Falls eine schmerzhafte Schwellung eines Gelenkes vorliegt, muß geschickt nach dieser möglichen Komplikation gefragt werden.
7. *Wann ist das Pferd beschlagen worden?* Manchmal ist ein Nagel in die Lederhaut eingetrieben und dann entfernt worden. In diesem Fall zeigen sich die Anzeichen einer Infektion oft erst nach mehreren Tagen. In anderen Fällen wurde der falsch eingeschlagene Nagel an seinem Platz belassen. In diesem Fall ist das Eisen unbedingt abzunehmen, um diese mögliche Lahmheitsursache zu beseitigen. Falls ein Nagel nicht in die Lederhaut eingedrungen ist, aber nahe daran vorbeigeht, kann durch den Druck auf die Lederhaut eine Lahmheit hervorgerufen werden. Diese Situation wird als Nageldruck bezeichnet und ist durch Herausziehen des Nagels zu beheben.

Untersuchungsmethoden
Adspektorische Untersuchung
Adspektion in Ruhe
Das Pferd wird zunächst im Stand sorgfältig adspektorisch untersucht. Dies soll erst aus einiger Entfernung, dann aus der Nähe erfolgen, wobei das Pferd von allen Seiten zu betrachten ist. Um Zeit zu sparen, kann diese Untersuchung erfolgen, während der Besitzer die Krankheitsgeschichte erzählt. Aus der Entfernung wird der Typ des Pferdes bestimmt (schwer, leicht), die Stellung der Gliedmaßen beurteilt und der Allgemeinzustand sowie Veränderungen bezüglich der Haltung, der Gewichtsverteilung und das eventuelle Schonen einer Gliedmaße beobachtet. Wenn das Pferd z. B. mit vorgebeugtem Karpalgelenk und angehobenen Trachten steht, sollten der Karpus, die palmaren Strukturen im Bereich des Fesselgelenkes und der Trachtenbereich des Hufes gründlich untersucht werden. Wenn das Pferd das betroffene Bein schont, d. h. nur mit der Hufspitze aufsetzt, kann eine Hufrollenentzündung oder eine Fraktur des Processus extensorius des Hufbeines vorliegen. Wenn eine Schultergliedmaße kaudal gestellt und im Karpalgelenk gebeugt ist und das Pferd nur auf der Hufspitze fußt, ist die Untersuchung der entsprechenden Schulter für die Diagnostik besonders wichtig. Eine vom Ellbogengelenk ausgehende Lahmheit äußert sich häufig in gestreckter Haltung des Unterarmes bei gebeugtem Vorderfußwurzelgelenk, der Huf steht auf gleicher Höhe mit dem gegenüberliegenden Fuß oder weiter kaudal. Außerdem fällt beim Betrachten auf, daß der betroffene Ellbogen in Relation zum Rumpf des Pferdes ungewöhnlich tief liegt („dropped elbow"). Wenn die Gliedmaße überhaupt nicht belastet wird, kommen Frakturen, Nageltrittverletzungen, ernsthaftere Verstauchungen und eine septische Arthritis oder Phlegmone als Lahmheitsursachen in Betracht.
Der Tierarzt kann die oben angegebenen Befunde mit den normalerweise bei der Untersuchung der Gliedmaßen feststellbaren Verhältnissen vergleichen. Im Normalfall ist das Gewicht gleichmäßig auf beide Schultergliedmaßen verteilt, und die Gliedmaßen stehen genau auf gleicher Höhe. Bei Veränderungen, die beide Schultergliedmaßen gleichermaßen betreffen, tritt das Pferd ständig von einem Bein auf das andere, oder beide Schultergliedmaßen werden zu weit nach vorn gestellt. Diese Stellung wird als „vorständig" bezeichnet. Das häufige Verlagern des Gewichtes von einem Bein auf das andere ist bei der Nachhand normal. Wenn ein Pferd immer dieselbe Beckengliedmaße entlastet und sie freiwillig nicht längere Zeit belastet oder überhaupt nicht bereit ist, diese Gliedmaße zu belasten, sollte der Tierarzt an die Möglichkeit einer auf dieser Seite bestehenden Nachhandlahmheit denken.
Bei der Betrachtung aus der Nähe wird jedes Bein kritisch untersucht und mit dem gegenüberliegenden Bein verglichen. Die Hufe werden auf unregelmäßige Abnutzung, Hornspalten und Verengungen im Trachtenbereich unter-

sucht. Sämtliche Gelenke und Sehnen werden adspektorisch auf Umfangsvermehrungen untersucht, und die Muskulatur von Gliedmaßen, Rücken und Rumpf wird bezüglich Umfangsvermehrungen oder Atrophie überprüft.

Jede festgestellte Unregelmäßigkeit ist während der Adspektion in der Bewegung und bei der palpatorischen Untersuchung als Lahmheitsursache auszuschließen.

Adspektion in der Bewegung
Als nächstes erfolgt die adspektorische Untersuchung in der Bewegung aus einiger Entfernung. In den meisten Fällen ist es von Vorteil, zunächst die Schulter- und dann die Beckengliedmaßen zu untersuchen. Sobald der Untersucher gelernt hat, erst alle Gliedmaßen gleichzeitig und dann die einzelnen Gliedmaßen beobachten und beurteilen zu können, wird die Lahmheitsdiagnostik wesentlich einfacher. Bei beschlagenen Pferden sollten die Hufeisen vor der Untersuchung abgenommen werden.

Der Hauptzweck beim Vorführen des Pferdes besteht in der Erkennung des betroffenen Beines oder gegebenenfalls der betroffenen Beine und in der Beurteilung des Grades der Lahmheit und der Bewegungsstörungen. Zu diesem Zweck wird das Pferd im Schritt, im Trab und dann in manchen Fällen im Galopp, ausgebunden oder unter dem Sattel, beobachtet. Eine ordnungsgemäße Untersuchung schließt die Beobachtung des Pferdes von vorn, von der Seite und von hinten ein. Vorhandlahmheiten sind in der Regel am besten von vorn oder von der Seite zu sehen, Nachhandlahmheiten von der Seite oder von hinten. Der Untersucher achtet auf folgende Einzelheiten: Nicken des Kopfes, Verkürzung des Ganges, Abweichungen bezüglich der Höhe der beim Vorführen der Gliedmaßen beschriebenen Bögen, Abweichungen der Gliedmaßen von der Bewegungsrichtung während der Vorführphase, Verhältnis der kranialen zur kaudalen Phase bei der Gliedmaßenführung, Winkelung der Gelenke, Stellung der Hufe zueinander und zum Rumpf des Pferdes, Symmetrie der Kruppenmuskulatur in der Ruhe und im Bewegungsablauf. Um diese Veränderungen im Bewegungsablauf sehen zu können, sollte das Pferd am besten aus einiger Entfernung betrachtet werden. Zunächst wird das Verhalten aller vier Gliedmaßen beurteilt. Das betroffene Bein wird identifiziert und genau beobachtet, dann mit dem gegenüberliegenden Bein verglichen. Bei geringgradigen Bewegungsstörungen kann es notwendig sein, das Verhalten der beiden Gliedmaßen durch mehrmaliges abwechselndes Betrachten erst des einen, dann des anderen Beines zu vergleichen. Manchmal kann es von Vorteil sein, neben, hinter oder vor dem Pferd mitzulaufen, um besser vergleichen zu können.

Vorführen des Pferdes. Der Vorführende spielt durch seine Hilfe eine sehr wichtige Rolle in der Lahmheitsdiagnostik. Die Pferde sollen in der Regel am relativ langen Zügel geführt werden, der Kopf soll sich in einer Geraden mit dem Rumpf befinden, und das Tempo beim Vorführen soll möglichst gering sein. Wenn dem Pferd erlaubt wird, Kopf und Hals zur Seite zu nehmen, ergibt dies einen unregelmäßigen Gang. Wenn der Vorführende das Pferd zu kurz hält, ist geringfügiges Kopfnicken kaum zu sehen. Das Beobachten des Pferdes in schnellem Trab oder Galopp erschwert die Beobachtung der einzelnen Gliedmaßen; in einigen Fällen kann es aber hilfreich sein, um neurologisch bedingte Störungen zu erkennen, da diese Art der Bewegung ein höheres Maß an Koordination erfordert.

Auswahl des Untergrundes. In den meisten Fällen ist es von Vorteil, die Pferde bei der Lahmheitsuntersuchung auf hartem Boden zu bewegen. Der harte Boden führt zu stärkeren Erschütterungen, außerdem erlaubt er dem Untersucher, den Bewegungsablauf nicht nur zu beobachten, sondern sich auch nach dem Klang des Hufschlages zu richten. In der Regel besteht ein deutlicher Unterschied zwischen dem Klang beim Aufsetzen des kranken und des gesunden Beines. Das Aufsetzen des lahmen Beines geschieht leiser, da das betroffene Bein weniger belastet wird. Andererseits ergibt sich beim Fußen des gesunden Beines ein lauteres Geräusch, da dieses Bein vermehrt belastet wird. Dies gilt sowohl für die Schulter- als auch für die Beckengliedmaßen. Da es für harten Boden typisch ist, daß kein Druck auf Sohle und Strahl ausgeübt wird, können Pferde, bei denen der Verdacht auf Ursachen im Huf selbst besteht, auf Kies- bzw. Sandboden vorgeführt werden, um die Lahmheit zu verstärken. Dies gilt besonders für Pferde mit chronischen symmetrischen Veränderungen im Bereich der Hufe. Beim Vorführen auf Asphalt kann das Pferd bei steifem, schlurfendem Gang noch recht geringfügige Beschwerden zeigen. Bei Vorführen auf Kies- bzw. Sandboden wird dann die beidseitige Lahmheit offensichtlich. Die Stellung der Hufe zueinander und zum Rumpf des Pferdes ist ebenfalls am besten auf hartem Boden zu beurteilen, da in weichem Boden die Hufe teilweise verdeckt werden und ihre Position dann schlechter zu sehen ist.

Untersuchung der Schultergliedmaßen. Bei Vorliegen einer Vorhandlahmheit senkt sich der Pferdekopf, wenn das gesunde Bein den Boden berührt, und hebt sich, wenn der erkrankte Huf bzw. die lahme Gliedmaße belastet wird. Wenn keine akute Lahmheit besteht, soll das Pferd für die Lahmheitsdiagnostik im Trab vorgeführt werden. Die meisten Lahmheiten, die im Schritt sichtbar sind, verstärken sich im Trab, da dann nur ein anderes Bein gleichzeitig mit dem lahmen Bein am Boden ist und belastet werden kann. Im Trab ist darauf zu achten, daß nicht irrtümlich eine Lahmheit auf der linken Beckengliedmaße als eine solche auf der linken Schultergliedmaße oder eine Lahmheit auf der rechten Beckengliedmaße als eine solche auf der rechten Schultergliedmaße angesprochen wird. Dies kann durchaus geschehen, da ein Pferd mit einer Nachhandlahmheit im Trab oft die gesunde gegenüberliegende Schultergliedmaße vermehrt belastet. Beispielsweise wird ein Pferd, das hinten links lahm geht, im Trab oft die rechte Schultergliedmaße vermehrt belasten. Auf hartem Boden wird so der Eindruck erweckt, daß das Pferd die linke Schultergliedmaße entlastet, was auf eine Lahmheit auf diesem Bein hindeutet. Manchmal wird eine Lahmheit auf der linken Beckengliedmaße mit einer Lahmheit auf der rechten Schultergliedmaße verwechselt. Dies geschieht in der Regel dann, wenn im Trab kein oder nur geringes Kopfnicken zu beobachten ist. Das gleichzeitig fußende diagonale Beinpaar (hinten rechts, vorn links) tritt mit solcher Wucht und so laut auf, daß es den Anschein hat, das Pferd lahme auf der rechten Schultergliedmaße. Die meisten Irrtümer kommen beim Beobachten des Pferdes von der Seite vor. Beim Beurteilen von hinten wäre die Asymmetrie der Kruppe als typisches Kennzeichen der Nachhandlahmheit deutlich. Das Kopfnicken kann auch bei Betroffensein beider Schultergliedmaßen oder bei geringgradiger Lahmheit fehlen.

Im normalen Bewegungsablauf wird beim Vorführen der Gliedmaße zunächst der Trachtenbereich des Hufes angehoben. Der Trachtenbereich berührt dann normalerweise den Boden wieder, kurz bevor der vordere Teil des Hornschuhes fußt. Wenn durch die Erschütterung im Trachtenbereich Schmerzen verursacht werden, wird das Pferd versuchen, auf der Hufspitze zu fußen, wie bei Hufrollenentzündung oder bei Nagelttrittverletzungen im Trachtenbereich. Wenn im Huf diffuse schmerzhafte Prozesse bestehen, wie z. B. bei Hufrehe, fußt das Pferd extrem vorsichtig auf dem Trachtenbereich, um auf diese Weise Erschütterungen der Sohlenfläche des Hufes zu vermeiden. Ebenso zeigt das Pferd Trachtenfußung, wenn es im vorderen Bereich des Hufes Schmerzen hat. Wenn der laterale Bereich des Hufes schmerzhaft ist, wird der mediale Bereich vermehrt belastet. Im allgemeinen wird bei krankhaften Veränderungen im vorderen Bereich des Hufes oder im Bereich der Beugeseite der Gliedmaße die kaudale Phase, bei Veränderungen im Bereich der Trachten oder der Streckseite der Gliedmaße die kraniale Phase der Gliedmaßenführung verkürzt. Beachtung verdient ferner der Bogen, den die Gliedmaße beim Vorführen beschreibt (Abb. 3.2). Dieser ist bei der Schultergliedmaße zu flach, wenn die Beugung von Schulter-, Karpal- oder Fesselgelenk infolge von Schmerzen oder mechanischen Behinderungen beeinträchtigt ist. Verminderte Beweglichkeit in diesen Gelenken führt außerdem zu einer Verkürzung der kranialen und Verlängerung der kaudalen Phase beim Vorführen der Gliedmaße. Bei Schulterlahmheiten wird das Schultergelenk in der Regel während des Vorführens der Gliedmaße weniger bewegt, das Pferd hebt seinen Kopf deutlich an und wendet ihn u. U. zur gesunden Seite hin. Der steife Gang, den ein Pferd mit Veränderungen an beiden Vorderhufen zeigt, kann dazu führen, daß fälschlich eine Schulterlahmheit diagnostiziert wird.

Wenn der Verdacht besteht, daß ein Pferd sich in der Bewegung anschlägt, dies aber durch Beobachtung nicht eindeutig ermittelt werden kann, ist eine Überprüfung durch Aufbringen von Kreide auf die Hufwand möglich; wenn das Pferd sich nun anschlägt, werden die entsprechenden Stellen durch das Haftenbleiben der Kreide sichtbar. Dieses Vorgehen ist bei Schulter- und Beckengliedmaßen möglich.

Die Bewegungsstörungen, die durch Anschlagen an die Gliedmaßen gekennzeichnet sind, werden folgendermaßen definiert:

1. *Anschlagen* („brushing"): Dieser Begriff bezeichnet allgemein die bei Bewegungsstörungen wie Greifen oder Streichen auftretenden Kontakte zwischen den Gliedmaßen.
2. *Diagonales Einhauen* („cross-firing"): Diese Bewegungsstörung betrifft in der Regel Paßgänger und besteht aus Berührungen zwischen sich diagonal gegenüberliegenden Gliedmaßen. In der Regel treten die Pferde mit der Innenseite des Hinterhufes von innen in die Trachten des gegenüberliegenden Vorderhufes (Abb. 3.3 B).
3. *Anschlagen im Ellbogenbereich* („elbow hitting"): Dieser Ausdruck bezeichnet das Anschlagen im Ellbogenbereich durch das Eisen derselben Gliedmaße. Es kommt fast nur bei Pferden vor, die mit zusätzlichen Gewichten an den Eisen beschlagen sind.
4. *Greifen in die Sohlenfläche* („forging"): Die Spitze des Hinterhufes tritt in die Sohlenfläche des gleichseitigen Vorderhufes (Abb. 3.3 C).
5. *Anschlagen im Bereich des Karpalgelenkes* („knee hitting"): Dies ist eine Form des Streichens, die meist bei Standardbred-Pferden beobachtet wird.
6. *Streichen* („interfering"): Diese Bewegungsstörungen kommen an Schulter- und Beckengliedmaßen vor. Die Pferde schlagen sich mit der vorschwingenden Gliedmaße gegen die Innenseite der gegenüberliegenden stützenden Gliedmaße. Der betroffene Bereich reicht vom Kronsaum bis zum Röhrbein.
7. *Greifen in die Trachten oder Ballen bzw. in die Schenkelenden der Eisen* („overreaching"): Die Spitze des Hinterhufes schlägt an den gleichseitigen Vorderhuf, meist in die Trachten. Der Hinterhuf wird schneller vorgeführt als beim Greifen in die Sohlenfläche und trifft so in die Ballengegend des Vorderhufes. Die Spitze des Hinterhufes kann auch auf die Schenkelenden des gleichseitigen Vordereisens treten und so das Eisen abreißen (Abb. 3.3 D).

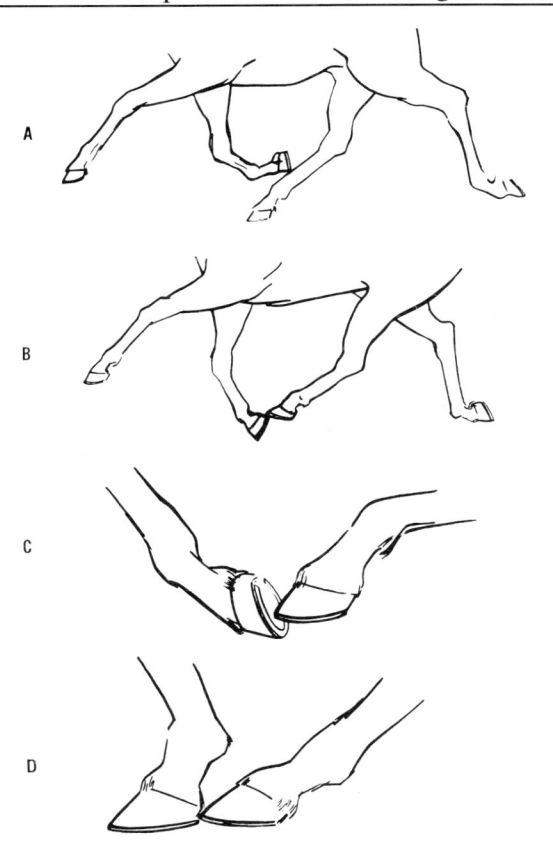

Abb. 3.3: A Beispiel für Anschlagen mit dem Vorderhuf an die Dorsalfläche der gleichseitigen Beckengliedmaße („scalping"). Die Spitze des Vorderhufes schlägt im Bereich von Fessel oder Metatarsus an die Dorsalfläche der gleichseitigen Beckengliedmaße. **B** Beispiel für „diagonales Einhauen". Das Pferd tritt mit der Innenseite des Hinterhufes von innen an den gegenüberliegenden Vorderhuf. Dies kommt bei Paßgängern vor. **C** Beispiel für Greifen in die Sohlenfläche. Die Spitze des Hinterhufes tritt in die Sohlenfläche des gleichseitigen Vorderhufes. **D** Beispiel für Greifen in die Schenkelenden. Greifen als Ursache für das Abreißen des Vordereisens.

8. *Anschlagen mit dem Vorderhuf an die Dorsalfläche der gleichseitigen Beckengliedmaße* („scalping"): Hierbei schlägt die Spitze des Vorderhufes im Saumbereich oder oberhalb von diesem an die gleichseitige Beckengliedmaße. Das Pferd kann sich an der Dorsalfläche der Fessel oder des Hintermittelfußes anschlagen. Diese Bewegungsstörung tritt in der Regel bei Trabern auf (Abb. 3.3 A).
9. *Einhauen* („Speedy cutting"): Der Begriff des „speedy cutting" ist schwierig zu definieren, da seine Bedeutung offensichtlich nicht eindeutig festgelegt ist. Teilweise wird er synonym mit dem Begriff „Diagonales Einhauen" verwendet. In anderen Fällen bezeichnet er ein Anschlagen mit der Außenseite des Hinterhufes innen an der gleichseitigen Schultergliedmaße. Da der Begriff nicht eindeutig festgelegt ist, kann er wörtlich als jede Form des Anschlagens an den Gliedmaßen verstanden werden, die in den schnelleren Gangarten auftritt.

Anschlagen an den Gliedmaßen kann bei Pferden mit regelmäßiger Stellung eine Folge der Verwendung zu bestimmten Arbeiten sein, bei denen schnelle Gewichtsverlagerungen verlangt werden und das Pferd demzufolge leicht aus dem Gleichgewicht kommen kann. Hier kommen zum Beispiel Barrel Race, Cutting, Pole Bending oder Reining in Betracht.

Untersuchung der Beckengliedmaßen. Bei der Beobachtung der Beckengliedmaßen in der Bewegung kann der Bogen, den die Gliedmaße beim Vorführen beschreibt, am besten von der Seite beurteilt werden (Abb. 3.2). Veränderungen im Bereich von Sprung- und Kniegelenk führen zu einem flacheren Bogen und damit zu einer Verkürzung der kranialen und kompensatorischen Verlängerung der kaudalen Phase bei der Gliedmaßenführung. Durch die Wirkung der Spannsägenkonstruktion ist eine unvollständige Beugung sowohl für Veränderungen im Bereich des Sprunggelenkes als auch für solche des Kniegelenkes typisch. Die Spitze des Hufes wird bei Veränderungen im Sprunggelenk oder Kniegelenk oft extrem abgelaufen („dubbed off"). Durch den flachen Bogen beim Vorführen der Gliedmaße wird häufig Staub aufgewirbelt, oder es werden kleine Steinchen weggestoßen.

Bewegungen von Kopf und Hals können zwar von hinten gesehen werden, sind aber am besten im Trab bei Betrachtung von der Seite zu beurteilen. Bei geringgradigen Nachhandlahmheiten sind häufig keine abnormen Bewegungen von Kopf und Hals festzustellen. Bei mittel- oder hochgradiger Lahmheit werden Kopf und Hals beim Fußen der gesunden Gliedmaße angehoben und beim Fußen der Gliedmaße, auf der das Pferd lahmt, gesenkt. In sehr schweren Fällen werden nicht nur Kopf und Hals gesenkt, sondern das Pferd streckt den Kopf zusätzlich weit vor. Das Senken von Kopf und Hals vermindert die Belastung der betroffenen Beckengliedmaße während der Stützbeinphase.

Von hinten werden die Symmetrie und die Dauer der Kruppenbewegungen beurteilt. Dies erfolgt am besten auf ebenem Untergrund. Der Untersucher muß so stehen, daß er die Konturen der Kruppenmuskulatur sehen kann. Wenn die Kruppe in der Bewegung auf beiden Seiten die gleiche Höhe erreicht, bedeutet das einerseits, daß beide Gliedmaßen gleich hoch angehoben werden. Andererseits ist die Dauer des Anhebens einer Seite abhängig von der Belastung dieser Gliedmaße mit entsprechender Kontraktion der Kruppenmuskulatur während der Bewegung der Gliedmaße von kranial nach kaudal im Verlauf der Stützbeinphase. Bei schmerzhaften Zuständen versuchen die meisten Pferde, die betroffene Gliedmaße möglichst schnell wieder zu entlasten. Die Kruppenmuskulatur kontrahiert sich dann nur kurzzeitig, und damit wird auch die Kruppe nur kurz angehoben. Demgegenüber sind in bezug auf die Höhe, die die Kruppe in der Bewegung erreicht, drei verschiedene Grade zu unterscheiden:

1. Verminderte Höhe und kürzere Dauer des Anhebens der Kruppe, meistens bei Pferden, die während der Hangbeinphase der Gliedmaße Schmerzen empfinden. Häufig sind hier Strukturen oberhalb des Kniegelenkes betroffen. Diese Bewegungsstörungen werden in Verbindung mit Atrophie der Muskulatur in der Regel bei vom Hüftgelenk ausgehenden Lahmheiten beobachtet.
2. Symmetrie bezüglich der beim Anheben der Kruppe erreichten Höhe, aber geringere Dauer des Anhebens. Diese Situation liegt häufig bei geringgradigen Nachhandlahmheiten vor. Kopfnicken wird in der Regel nicht beobachtet. Eventuelle Veränderungen bezüglich der Höhe des Bogens, den die Gliedmaße beim Vorführen beschreibt, bezüglich der Phasen der Gliedmaßenführung oder bezüglich der Beugung der Gelenke sind geringgradig.
3. Verstärktes Anheben der Kruppe („hip hike"), wobei die betroffene Gliedmaße höher gehoben wird als die gesunde, während die Dauer des Anhebens der betroffenen Gliedmaße kürzer ist. Dies wird in der Regel bei Pferden beobachtet, die während der Stützbeinphase Schmerzen empfinden. Kopfnicken ist in unterschiedlicher Intensität zu beobachten. Die Höhe des beim Vorführen der Gliedmaße beschriebenen Bogens, die Phasen der Gliedmaßenführung und die Beugung der Gelenke sind meist verändert. Nach der adspektorischen Untersuchung in der Bewegung sollte der Untersucher relativ sicher sein, welche Gliedmaße betroffen ist oder gegebenenfalls welche Gliedmaßen betroffen sind.

Lahmheitsgrade

Der Grad der Lahmheit sollte festgestellt werden. Manchmal erscheint bereits die Einteilung in geringgradig, mittelgradig und hochgradig als ausreichend. Eine objektivere Feststellung unter Verwendung eines Schemas kann aber sinnvoller sein. Ein Einteilungsschema ist nicht nur deshalb hilfreich, weil es die Lahmheitsgrade deutlich festlegt. Es vereinfacht auch die Anfertigung von Aufzeichnungen und ermöglicht es dem Untersucher, zu einem späteren Zeitpunkt die Besserung zu beurteilen. Es ist nicht von Bedeutung, welches Einteilungssystem Verwendung findet, es muß nur jeder Grad des Systems deutlich von den anderen differenziert sein. Ein Einteilungssystem mit vier Graden hat sich nach Ansicht des Autors am besten bewährt.

Grad 1. Lahmheit ist nicht im Schritt, wohl aber im Trab zu beobachten. Typisch für die Vorhandlahmheit ist, daß das Pferd beim Fußen der gesunden Gliedmaße den Kopf senkt und ihn beim Fußen der erkrankten Gliedmaße zur normalen Höhe hebt. Bei einer Nachhandlahmheit sind eine leichte Asymmetrie bezüglich des Anhebens der Kruppe sowie eine kürzere Dauer des Anhebens der Kruppe festzustellen. Hier sind die Bewegungen von Kopf und Hals nicht verändert. Beim Vorführen auf hartem Boden, wie z. B. Asphalt, lassen sich am Klang des Hufschlages Unterschiede feststellen, das Geräusch beim Fußen der gesunden Gliedmaße ist lauter. Dieser Grad der Lahmheit ist typisch für chronische, nichtprogressive Erkrankungen oder für Pferde, die vor der Lahmheitsuntersuchung längere Zeit Ruhe gehabt haben.

Grad 2. Im Schritt ist eine Bewegungsstörung sichtbar; es ist aber kein deutliches Kopfnicken damit verbunden. Im Trab wird die Lahmheit deutlich, und Kopf und Hals werden beim Fußen der betroffenen Schultergliedmaße angehoben. Das Anheben von Kopf und Hals ist ein Versuch, die Belastung der Gliedmaße während der Stützbeinphase zu vermindern. Bei einer Nachhandlahmheit sind die Asymmetrie der Kruppenbewegung und die Verkürzung der Dauer des Anhebens deutlicher. Der Kopf wird leicht gesenkt, wenn die gegenüberliegende Schultergliedmaße fußt. Dies vermindert die Belastung der betroffenen Beckengliedmaße.

Grad 3. Die Lahmheit ist im Schritt wie im Trab offensichtlich. Das Anheben von Kopf und Hals während der Stützbeinphase der betroffenen Schultergliedmaße ist das vorherrschende Symptom bei der Vorhandlahmheit. Bei der Nachhandlahmheit ist im Trab deutliches Kopfnicken zu beobachten, wenn die gegenüberliegende Schultergliedmaße fußt.

Grad 4. Das Pferd belastet die betroffene Gliedmaße nicht. Die beiden letzten Grade (Grad 3 und Grad 4) sind oft bei Frakturen, Hufabszessen, hochgradiger Tendinitis oder septischer Arthritis zu beobachten.

Der Grad der Lahmheit wird in den Aufzeichnungen festgehalten und bei erneuten Untersuchungen als objektiver Bezugswert verwendet. Wenn z. B. ein Pferd erstmalig wegen einer Lahmheit zweiten Grades auf der rechten Schultergliedmaße untersucht wird, die sich durch Verkürzung der kranialen Phase beim Vorführen der Gliedmaße auszeichnet und die Lahmheit sich zu einer Lahmheit dritten Grades verstärkt, wenn das Pferd nach rechts gewendet wird, kann dies folgendermaßen notiert werden: Lahmheit zweiten Grades vorn rechts (VR), verkürzte kraniale Phase (VKP), Verstärkung zu einer Lahmheit dritten Grades in Rechtswendung. Bei Kenntnis dieser Einteilungen kann der Schreibaufwand, der für späteres Verständnis notwendig ist, beträchtlich reduziert werden. Außerdem liefert dieses System objektive Informationen betreffs der Schwere und des Charakters der Lahmheit.

Palpatorische Untersuchung und Provokationsproben

Nach Beobachtung des Tieres aus einiger Entfernung werden die Gliedmaßen im einzelnen durch Palpation und selbstverständlich auch adspektorisch untersucht. Bei der palpatorischen Untersuchung ist systematisch vorzugehen, damit nichts übersehen wird. Sie beginnt an der Hufsohle; in der Folge wird die gesamte Gliedmaße untersucht.

Untersuchung der Schultergliedmaßen

Huf. Der Huf der lahmen Gliedmaße sollte bezüglich seiner Größe und Form mit dem Huf der gegenüberliegenden Gliedmaße verglichen werden. Der Untersucher achtet auf Asymmetrie in der Hufgröße, abnorme Abnutzung des Hufes, Ringbildung, Trachtenzwang, einseitigen Trachtenzwang mit Verschieben der Ballen gegeneinander, Hornwandspalten und Umfangsvermehrungen, die in erster Linie im Saumbereich auftreten.[25] Asymmetrie bezüglich der Größe der Hufe kann traumatisch bedingt sein; es kann aufgrund fehlender Belastung zu einer Zwanghufbildung kommen, und es können angeborene oder erworbene Defekte vorliegen. Im allgemeinen ist die Gliedmaße mit dem kleinsten Huf diejenige, auf der das Pferd lahmt. Ringbildung kann an einem (traumatisch bedingt) oder beiden Hufen (Selenvergiftung, Hufrehe oder Ergebnis einer generalisierten systemischen Erkrankung) auftreten. Die Ringbildung ist nicht immer mit Lahmheit verbunden. Trachtenzwang wird oft fehlinterpretiert, ist in den meisten Fällen durch verminderte Gewichtsübernahme der betroffenen Gliedmaße bedingt und nicht die eigentliche Ursache der Lahmheit. Die adspektorische Untersuchung auf Trachtenzwang ist am besten durchzuführen, indem der Untersucher neben der Flanke des Pferdes steht und die Ballen beider Hufe gleichzeitig betrachtet. Objektivere Abschätzungen können erreicht werden, indem die Weite der Hufballen mit den Fingern gemessen wird. Asymmetrie in der Höhe der Ballen wird vermerkt.[27] Dies ist meist eine Folge unsachgemäßer Hufzubereitung und unsachgemäßen Beschlages.[26] Hornwandspalten müssen nicht notwendigerweise mit Lahmheit verbunden sein. Ihre Beteiligung muß aber durch eine Hufzangenuntersuchung und diagnostische Anästhesien ausgeschlossen werden. Umfangsvermehrungen im Bereich der Krone können durch oberflächliche Narbenbildung beispielsweise infolge von Drahtverletzungen oder durch ständige Reizung während der Arbeit entstehen; es kann sich um Keratome oder Dermatitiden handeln; auch Erkrankungen tieferer Strukturen des Hufes können sich so äußern (z. B. Steingallen, Hufknorpelnekrose).

Nach oberflächlicher Reinigung der Sohle wird jede abnorme Abnutzung beachtet. Trachtenzwang und Atrophie des Strahles werden notiert. Wenn die Ballen enger als gewöhnlich sind, steht dies in Zusammenhang mit Veränderungen, die zu geringerer Belastung dieser Gliedmaße geführt haben, oder mit unsachgemäßer Hufzubereitung und unsachgemäßem Beschlag. In der Regel liegt bei einem Trachtenzwang auch eine Atrophie des Strahles vor. Dennoch ist das gleichzeitige Vorliegen hochgradiger Atrophie des Strahles bei Trachtenzwang häufig Kennzeichen für bereits langes Bestehen des Podotrochlose-Syndroms, weil die Spitze des Hufes in dem Versuch, die Trachten während der Stützbeinphase zu entlasten, früher fußt als die Trachten. Die Form der Sohle wird beurteilt. Eine leicht konkave Form ist normal. Einige Pferde haben Flachhufe und sind daher prädisponiert für Schäden an der Sohle. Eine konvexe Krümmung der Sohle dorsal der Strahlspitze ist als abnorm zu betrachten und kann mit einer Rotation des Hufbeines zusammenhängen. In Fällen, in denen der Huf längere Zeit nicht ausgeschnitten worden ist, sollte dies jetzt getan werden. Manchmal muß hier nur die Sohle oberflächlich mit dem Hufmesser etwas geebnet werden; in anderen Fällen muß der Huf großzügiger ausgeschnitten werden. Dabei können Verfärbungen der Sohle oder der weißen Linie (Zona alba) festgestellt werden. Manchmal kann die Ursache der Lahmheit damit ermittelt werden (z. B. ein Holzstück, Abb. 3.4, oder ein Nagel, der sich im Strahl festgeklemmt hat oder eitriger Ausfluß aus einem Loch in der Sohle). Loses Horn vom Strahl muß entfernt und der Strahl selbst geglättet werden; Anzeichen von Strahlfäule müssen beachtet werden.

Anschließend werden die gesamte Sohle und der Bereich des Strahles systematisch mit der Hufuntersuchungszange abgedrückt (Abb. 3.5). Bei einem sehr empfindlichen Pferd muß die Untersuchung u. U. mit wenig Druck beginnen, und der Druck kann erst allmählich gesteigert werden. Der Untersucher versucht, empfindliche Bereiche des Hufes zu identifizieren und genau zu lokalisieren. Das hört sich einfach an, erfordert aber Erfahrung. Die Ansatzstelle der Hufuntersuchungszange außen an der Hufwand muß ständig überprüft werden, damit kein Druck auf den Hufsaum ausgeübt wird. In diesem Fall würde nämlich der Eindruck erweckt, daß eine erhöhte Sensibilität vorliegt. In der Regel wird hier am lateralen oder medialen Sohlenwinkel begonnen; die Untersuchungszange wird im Laufe der Untersuchung so lange um jeweils 2 bis 3 cm versetzt, bis die gesamte Sohle untersucht worden ist. Danach wird Druck auf das mittlere Drittel des Strahles und schließlich auf die Trachten gegeneinander ausgeübt. Wenn ein empfindlicher Bereich gefunden wird, ist es unbedingt notwendig, sich zu vergewissern, daß es sich um echte Empfindlichkeit handelt, die auf Schmerzen zurückzuführen ist, und nicht um eine bloße Unmutsäußerung des Pferdes. Um eine echte Empfindlichkeit zu erkennen, wird die Stelle wiederholt in Abständen mit der Hufuntersuchungszange abgedrückt, wobei die gleichbleibende, nicht nachlassende Reaktion sich immer durch reflexartiges Wegziehen der Gliedmaße in Abhängigkeit vom Druck der Untersuchungszange äußert. Der Druck, der aufgewandt werden muß, um eine Reaktion hervorzurufen, variiert stark. Er ist abhängig von der Dicke der Sohle und der Schmerzhaftigkeit des Prozesses. Die Ergebnisse der Hufzangenuntersuchung sollten immer mit den Ergebnissen verglichen werden, die bei der Untersuchung der gegenüberliegenden Gliedmaße zu erhalten sind. Im allgemeinen läßt diffuse Empfindlichkeit an der gesamten Sohle an folgende Veränderungen denken: Sagittalfrakturen des Hufbeines, diffuse Pododermatitis, diffuse Ostitis des Hufbeines und in manchen Fällen Hufrehe. Abgegrenzte, empfindliche Bereiche werden bei Steingallen, Quetschungen der Sohle, Hufbeinfrakturen ohne Beteiligung von Gelenken, Nageltrittverletzungen und Hufabszessen ermittelt. Empfindlichkeit bei der Hufzangenuntersuchung über dem mittleren Drittel des Strahles weist in der Regel auf Podotrochlose oder auf einseitigen Trachtenzwang hin (Abb. 3.6). Empfindlichkeit an anderen Stellen des Strahles ist in der Regel auf Nageltrittverletzungen zurückzuführen. In jedem anderen empfindlichen Bereich, in dem Zusammenhangstrennungen oder Verfärbungen der Sohle vorliegen, sollte das

108　Kapitel 3: Lahmheitsdiagnostik

Horn sorgfältig mit einem Hufmesser abgetragen werden, bis gesundes Gewebe zutage tritt. Wenn Verdacht auf Podotrochlose besteht, können weitere Provokationsproben durchgeführt werden. Hierzu kann ein Keil unter den Strahl des betroffenen Hufes gelegt und die gegenüberliegende Gliedmaße aufgehoben werden. Nach einer Minute wird dann das Pferd vorgetrabt. Eine Verstärkung der Lahmheit ist als positiver Ausfall der Probe zu werten. Eine weitere Möglichkeit liegt darin, den vorderen Teil des Hufes gegenüber den Trachten zu erhöhen, indem z. B. ein Keil unter die Zehenspitze des Hufes gelegt wird. Dies verstärkt den Zug an der tiefen Beugesehne, wodurch der Druck auf das Strahlbein gesteigert wird. Die gegenüberliegende Gliedmaße wird eine Minute lang aufgehalten, danach wird das Pferd vorgetrabt. Eine Verstärkung der Lahmheit legt den Verdacht auf Podotrochlose oder Schmerzen im Trachtenbereich nahe.

Nach Absetzen des Hufes auf den Boden wird nun mit der Hufuntersuchungszange an die Hufwand geklopft. Schmerzen bei dieser Untersuchung können auf Hufrehe oder einen Hufabszeß hinweisen. Hohler Klang beim Beklopfen der Zehenwand kann Zeichen einer Zusammenhangstrennung zwischen den sensiblen und den nichtsensiblen Schichten der Hufwand sein. Die Hufwand wird auf Hornspalten untersucht, die bis in die empfindlichen Schichten reichen können (durchdringende Hornspalten). Diese kommen meistens im Zehenspitzenbereich oder an der Seitenwand vor. Ferner verdienen ungleichmäßige Abnutzung und außergewöhnliche Trockenheit der Hufe Beachtung. Eine Einziehung (konkave Krümmung) des Zehenrückens weist auf eine Rotation des Hufbeines hin.

Der Saumbereich wird palpatorisch auf vermehrte Wärme, Umfangsvermehrungen und Druckempfindlichkeit untersucht. Die Temperatur in diesem Bereich ist bei beidseitig bestehender Hufrehe allgemein erhöht. Bei Vorliegen von Frakturen des Processus extensorius des Hufbeines (Abb. 3.7) ist die Umfangsvermehrung auf die Umgebung des Processus extensorius beschränkt, und die tiefe Palpation in diesem Bereich ist schmerzhaft. Eine derbe, nichtschmerzhafte Umfangsvermehrung mit rauhem Haarkleid im Bereich des Processus extensorius kann auf eine sich entwickelnde Hufgelenkschale hinweisen. Das Vorliegen einer lokalisierten, schmerzhaften Umfangsvermehrung, eventuell in Zusammenhang mit einer Fistelöffnung, in der Mitte der Seitenwand deutet auf einen Hufabszeß hin (Abb. 3.8). Wenn sowohl der Saumbereich als auch das darüberliegende Gewebe diffus vermehrt warm und schmerzhaft sind, kommen differentialdiagnostisch Hufknorpelnekrose, Hufknorpelverknöcherung und Keratome in Frage. Vermehrte Wärme und Schmerzhaftigkeit bei einer einseitigen Umfangsvermehrung im Bereich eines der Ballen weisen auf einen Hufabszeß hin (Abb. 3.9). Hufabszesse ohne Beteiligung der weißen Linie brechen in der Regel schließlich in der Ballenregion nach oben durch. Davon ausgenommen sind

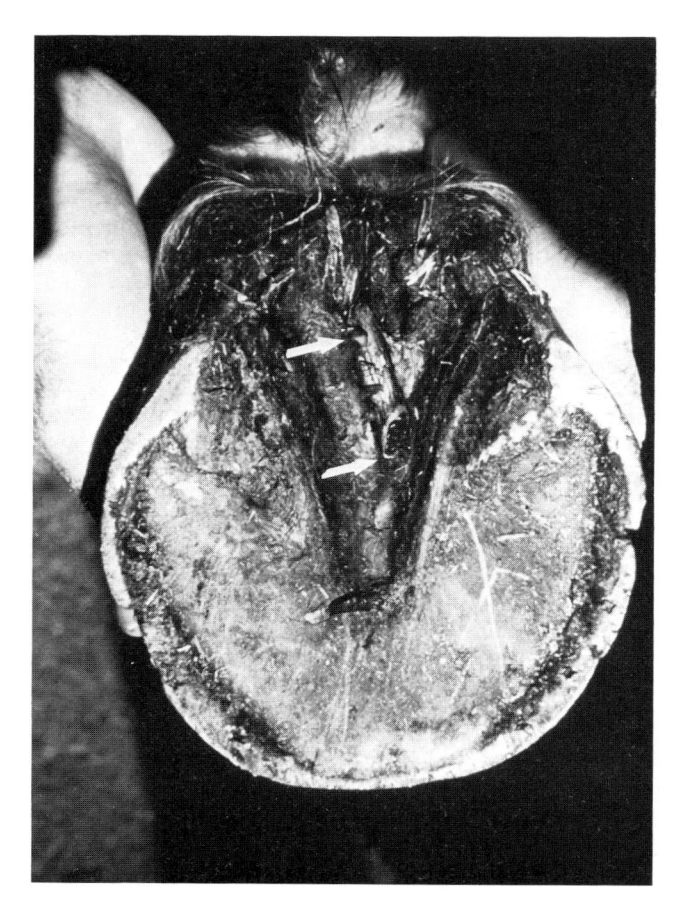

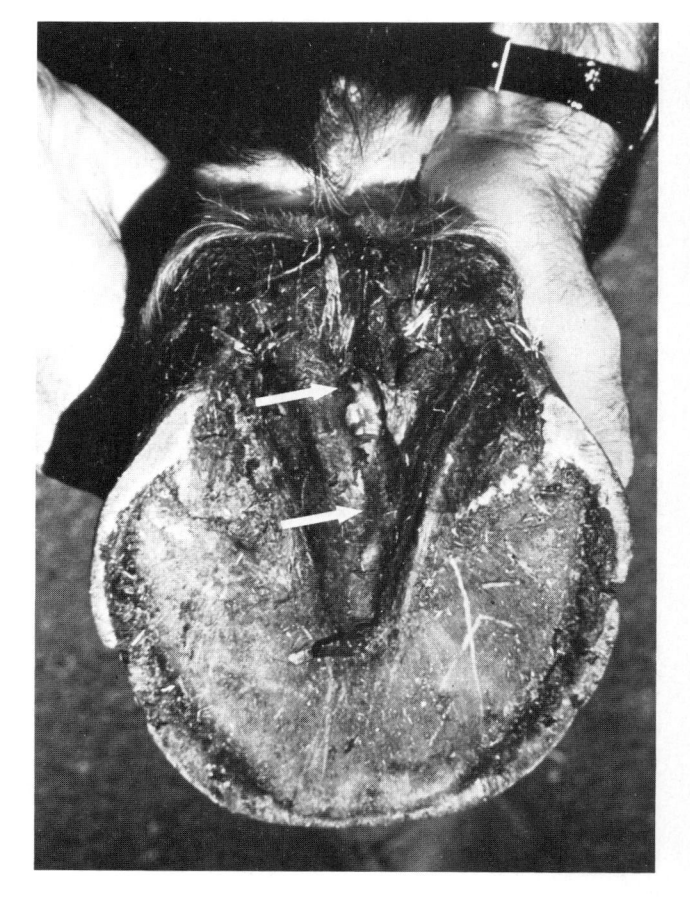

Abb. 3.4: Dieses Pferd wurde mit einer seit drei Wochen bestehenden Nachhandlahmheit vorgestellt. **A** Die Untersuchung der Sohlenfläche des Hufes zeigte ein im Strahl eingeklemmtes Holzstück (Pfeile). **B** Strahl nach Entfernen des Holzstückes. Die empfindliche Lederhaut liegt frei (Pfeile).

Nageltrittverletzungen des Hufrollenschleimbeutels. Wenn ein kleines Einstichloch in der Sohle zu finden ist, werden durch Druck mit der Hufuntersuchungszange oft nicht nur Schmerzreaktionen hervorgerufen, sondern es wird häufig auch der für einen Hufabszeß typische Eiter aus dem Loch herausgedrückt.

Fessel. Die dorsale, mediale und laterale Oberfläche des Krongelenkes (Articulatio interphalangea proximalis manus) wird palpatorisch auf Umfangsvermehrungen oder Bereiche leicht erhöhter Temperatur untersucht, die eventuell auf Schale hinweisen können (Abb. 3.10). Wenn es nicht sicher ist, ob eine Umfangsvermehrung vorliegt, wird die Fessel der gegenüberliegenden Gliedmaße vergleichend untersucht. Es ist allerdings nicht ungewöhnlich, daß die Breite der beiden Krongelenke unterschiedlich ist. Dieser leichte Unterschied ist oft Folge von ungleicher Entwicklung der Zehenknochen oder von Weichteilschwellungen. Bei aufgehobener Gliedmaße werden die distalen Sesambeinbänder und die oberflächliche sowie die tiefe Beugesehne durch tiefe Palpation mit den Daumen auf Schmerzhaftigkeit untersucht (Abb. 3.11).[28] Tendinitis oder Tendosynovitis der tiefen Beugesehne zeigt sich durch eine Umfangsvermehrung der Sehne an ihrer Sehnenscheide distal des Fesselringbandes. Tiefe Palpation der medialen und lateralen Begrenzung der Tuberositas flexoria des Kronbeines ist bei Vorliegen von Frakturen schmerzhaft. Nun nimmt der Untersucher den Fesselkopf zwischen die Knie und den Huf in beide Hände und dreht die Gliedmaße im Krongelenk. Schmerzreaktionen weisen auf das Vorliegen von degenerativen Gelenkerkrankungen (Gelenkschale) oder von Frakturen von Fessel- oder Kronbein hin. Bei Vorliegen von Frakturen kann Krepitation in unterschiedlicher Intensität gefühlt werden. Das Ausmaß ist von der Anzahl der Knochenfragmente abhängig. Die Funktion der lateralen und medialen Seitenbänder des Krongelenkes wird überprüft, indem eine Hand die Fessel lateral oder medial oberhalb des Krongelenkes faßt und die andere Hand den Huf nach dieser Seite zieht (Abb. 3.12). Diese Biegung im Gelenk spannt das Seitenband vermehrt an. Schmerzen können auf eine Bänderdehnung, eine durch Überdehnung entstandene Fraktur oder auf Schale ohne Gelenkbeteiligung hinweisen.

Fesselkopf. Die dorsale Oberfläche des Fesselgelenkes (Articulatio metacarpophalangea) wird auf Verdickungen der Gelenkkapsel und auf Umfangsvermehrungen unter-

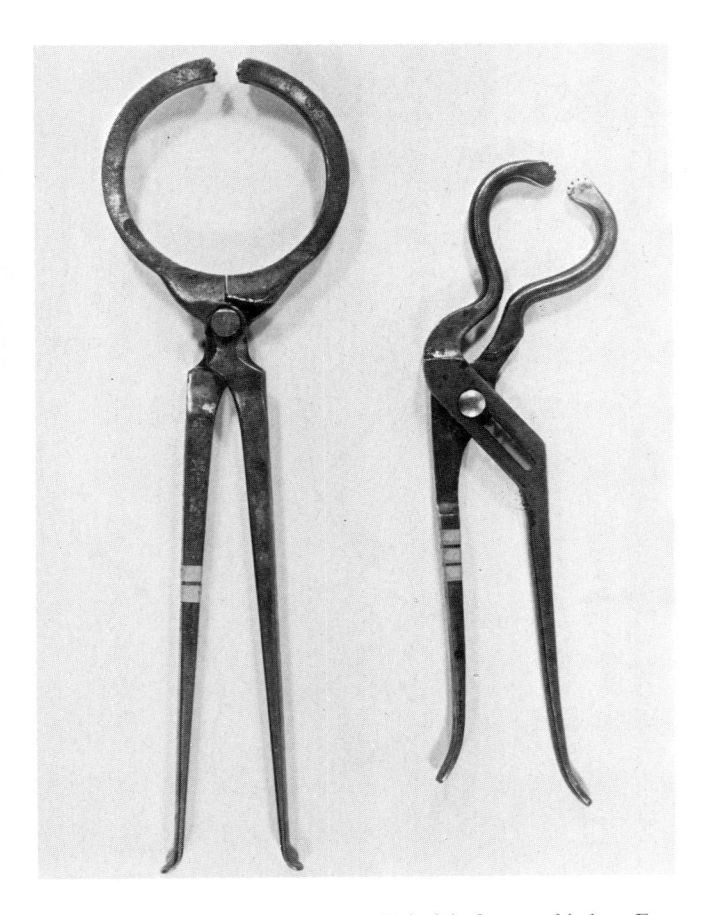

Abb. 3.5: Hufuntersuchungszangen. Beispiele für verschiedene Formen. *Rechts* modifizierte Rohrzange. *Links* Standardmodell einer Hufuntersuchungszange (GE Forge & Tool works. Arroyo Grande, CA 93420) (vergleichbar z. B. Hauptner Hufuntersuchungszange Nr. 40450).

Abb. 3.6: Die Hufuntersuchungszange wird über dem mittleren Drittel des Strahles angesetzt, um direkten Druck auf die Strahlbeinregion auszuüben.

110 Kapitel 3: Lahmheitsdiagnostik

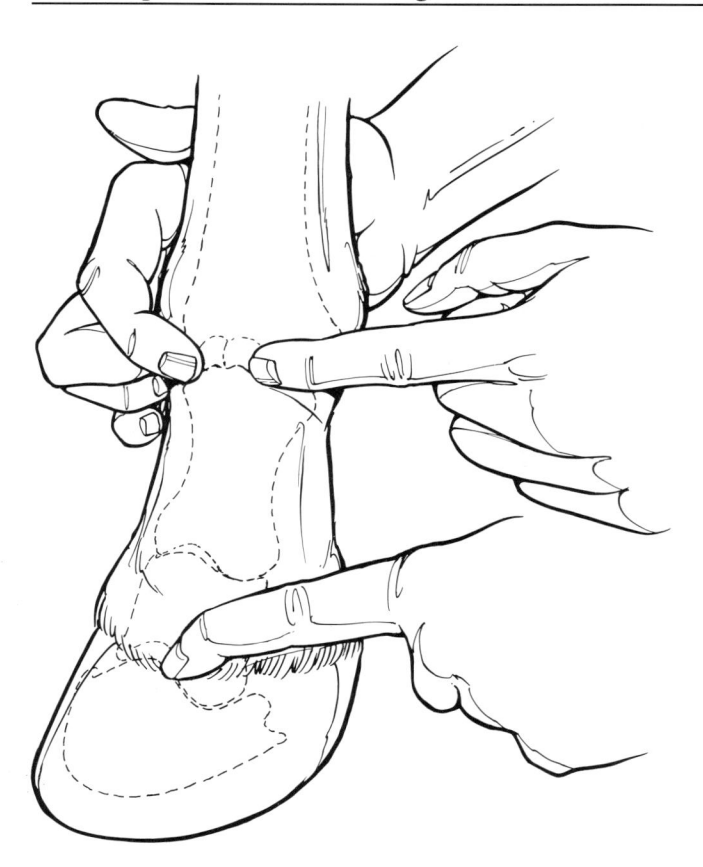

Abb. 3.7: Der untere Finger bezeichnet die Lokalisation der Umfangsvermehrung und Schmerzhaftigkeit bei Frakturen des Processus extensorius des Hufbeines. Die oberen Finger liegen dorsal im Bereich des Fesselgelenkes, um eine vermehrte Füllung des Gelenkes oder Verdickungen der Gelenkkapsel festzustellen.

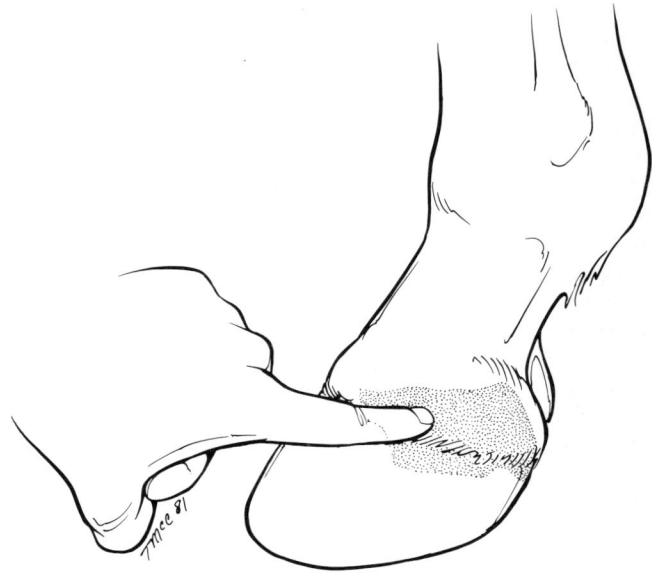

Abb. 3.8: Durchbruchstelle des Eiters bei Hufabszessen und/oder Hufknorpelnekrose. Vermehrte Wärme und eine Umfangsvermehrung sind festzustellen; oft zeigt das Tier hier eitrigen Ausfluß aus einem Fistelkanal.

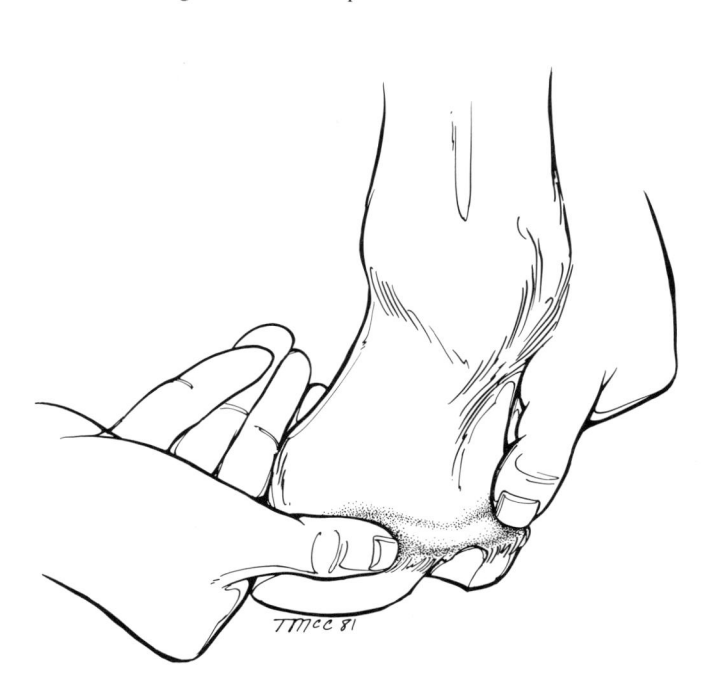

Abb. 3.9: Palpation der Ballen zur Feststellung von vermehrter Wärme, Schmerzhaftigkeit oder Umfangsvermehrung bei Vorliegen eines Hufabszesses.

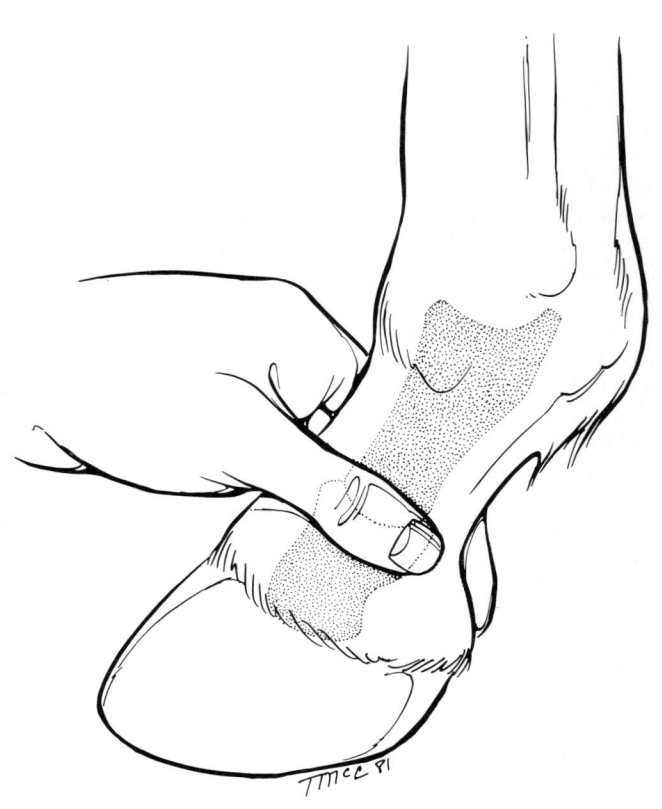

Abb. 3.10: Palpation der Fessel, besonders des Krongelenkes. Umfangsvermehrungen in diesem Bereich geben oft einen Hinweis auf hohe Schale.

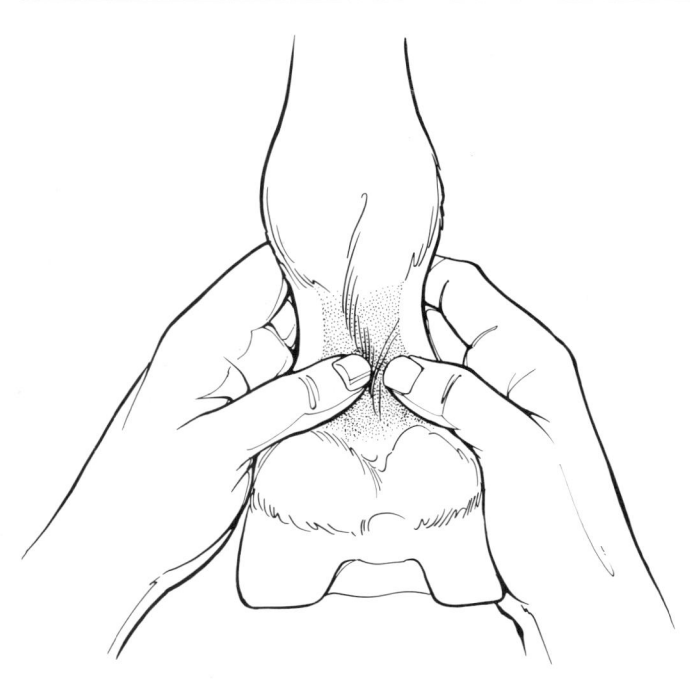

Abb. 3.11: Palpation der distalen Gleichbeinbänder und der oberflächlichen und tiefen Beugesehne an der Palmarfläche der Fessel.

sucht. Diese können auf chronische, proliferierende Synovialitis/Kapsulitis (traumatische Arthritis des Fesselgelenkes („osselets" oder Synovialitis villosa), Chip-Frakturen des Fesselbeines oder sonstige lange bestehende Gelenkfrakturen hinweisen (Abb. 3.7). Der proximopalmare Endblindsack des Fesselgelenkes wird auf vermehrte Füllung untersucht (Abb. 3.13). Diese kann unabhängig von pathologischen Veränderungen vorliegen, z. B. bei idiopathischer Synovialitis (Gallen), kann bei einseitigem Vorliegen aber auf Frakturen in diesem Gelenk hinweisen.[2] Der laterale und der mediale Endschenkel des Musculus interosseus medius werden kurz über ihrer Ansatzstelle an den Gleichbeinen durch Druck untersucht. Schmerzen bei dieser Untersuchung deuten möglicherweise auf Desmitis, Gleichbeinlahmheiten oder apikale Chip-Frakturen der Gleichbeine hin. Die Sehnen des oberflächlichen und des tiefen Zehenbeugers sowie ihre gemeinsame digitale Sehnenscheide werden auf vermehrte Wärme, Schmerzhaftigkeit und Umfangsvermehrungen palpiert (Abb. 3.14). Solche Veränderungen können ein Zeichen für Tendinitis, Synovialitis oder Tendosynovitis sein. Bei Turnierpferden ist häufig die gemeinsame digitale Sehnenscheide der beiden Beugesehnen an allen vier Gliedmaßen etwas vermehrt gefüllt. Diese Veränderungen werden allgemein als Gallen bezeichnet. Das Fesselringband wird auf Vorliegen einer Striktur untersucht. Bei aufgehobener Gliedmaße werden mit den Fingern die Basis, die abaxialen und apikalen Anteile der Gleichbeine abgetastet (Abb. 3.15). Empfindlichkeit und Schmerzen können auf eine Fraktur in dieser Region hinweisen. Die Rotationsprobe und die Untersuchung der Seitenbänder des Gelenkes erfolgen in ähnlicher Weise wie beim Krongelenk (Abb. 3.12). Schmerzen bei diesen Provokationsproben haben entsprechende Ursachen. Zusätzlich zu diesen Untersuchungen wird das Fesselgelenk wiederholt kurzzeitig gebeugt, um dabei auftretende Schmerzen fest-

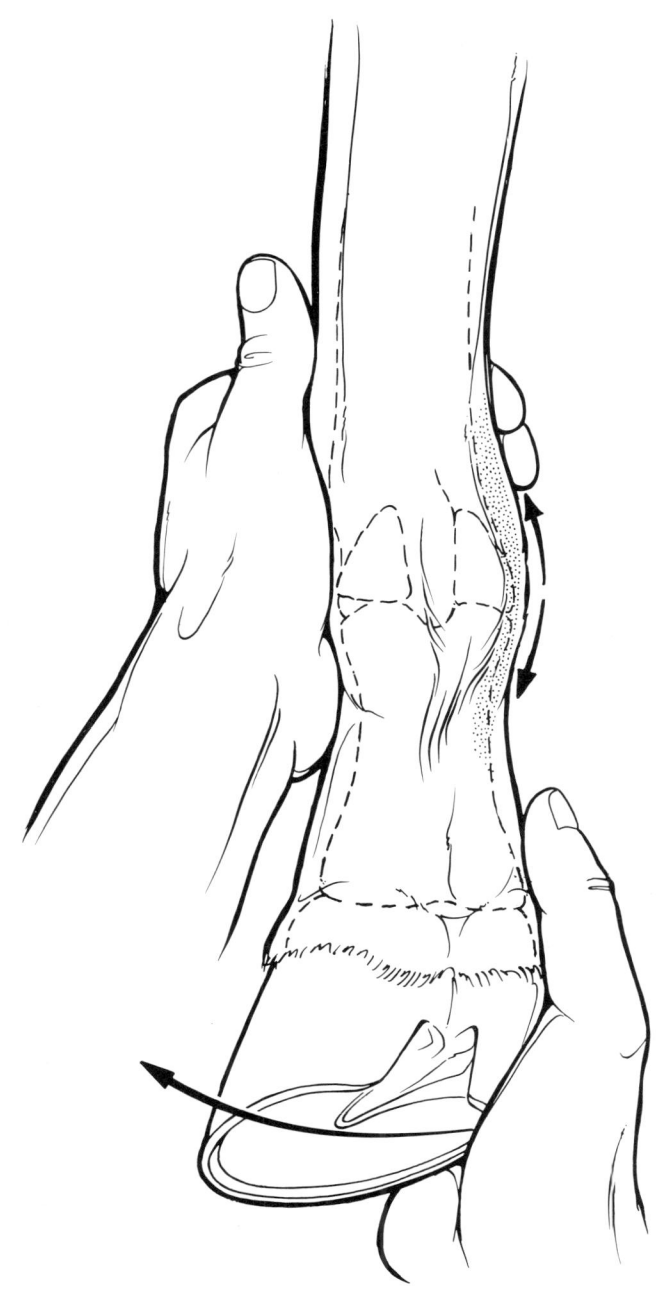

Abb. 3.12: Die Seitenbänder der Zehengelenke (Fessel-, Kron- und Hufgelenk) werden angespannt, um eventuell vorliegende, durch Überdehnungen entstandene traumatische Schäden festzustellen.

stellen und die erreichbare Beugung abschätzen zu können. Dazu wird die Gliedmaße im Karpalgelenk soweit wie möglich gestreckt, während das Fesselgelenk gebeugt wird. Eine Hand muß dabei auf der Fessel liegen (Abb. 3.16). Bei dieser Technik wird nur das Fesselgelenk gebeugt. Wenn das wiederholte Beugen des Fesselgelenkes schmerzhaft ist, wird eine Beugeprobe durchgeführt, indem das Gelenk für eine bis anderthalb Minuten in dieser Position gehalten wird, wonach das Pferd vorgetrabt und die Lahmheit beurteilt wird.[29] Eine deutliche

112 Kapitel 3: Lahmheitsdiagnostik

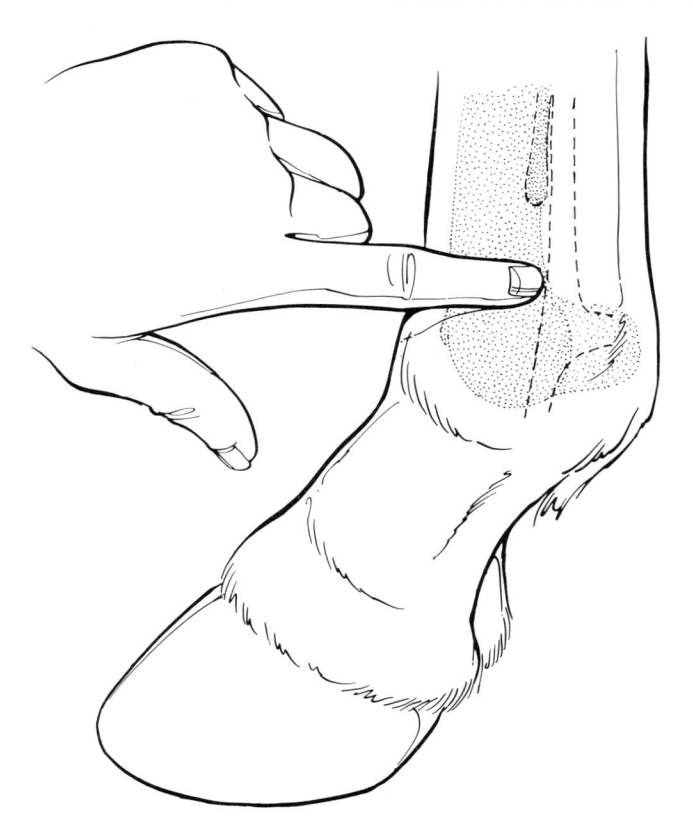

Abb. 3.13: Lage des proximopalmaren Endblindsackes des Fesselgelenkes. Eine Umfangsvermehrung an dieser Stelle ist Folge eines Ergusses im Gelenk und wird allgemein als Fesselgelenksgalle bezeichnet.

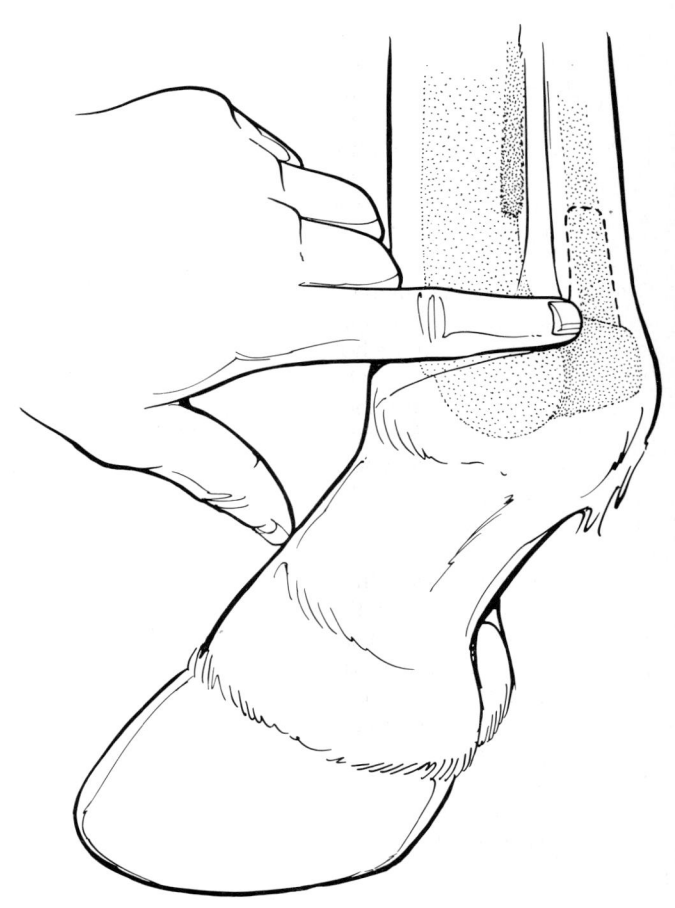

Abb. 3.14: Palpation der gemeinsamen digitalen Sehnenscheide der oberflächlichen und tiefen Beugesehne. Eine vermehrte Füllung dieser Sehnenscheide wird als Sehnenscheidengalle bezeichnet.

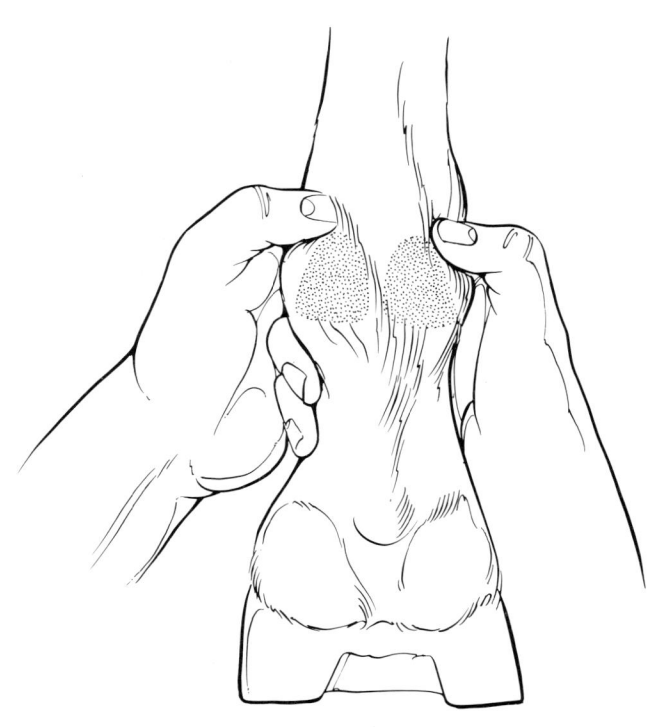

Abb. 3.15: Druck mit den Fingern auf die Spitzen der Gleichbeine an der Palmarfläche des Fesselkopfes. Schmerzhaftigkeit in diesem Bereich kann auf Frakturen an der Spitze der Gleichbeine hinweisen. Die Palmarfläche und die Basis der Gleichbeine werden ebenfalls durch Palpation untersucht.

Verstärkung der Lahmheit bei verminderter Beugung des Gelenkes kann auf Synovialitis/Kapsulitis dieses Gelenkes hinweisen, ferner auf Gelenkfrakturen, degenerative Gelenkerkrankungen oder Osteochondrose (bei jungen Tieren) des Fesselgelenkes.[19] Wenn das Pferd nicht lahm geht, werden alle drei Zehengelenke gebeugt, indem mit einer Hand das Karpalgelenk fixiert wird und die andere Hand den Huf an seiner Spitze faßt und von hier aus die Zehe beugt (Abb. 3.17). Wenn diese Manipulation Schmerzen hervorruft, kann der Untersucher Verdacht auf Veränderungen im Huf- oder Krongelenk hegen. Bei positivem Ausfall der Provokationsproben sollte jeweils die vergleichende Untersuchung der gegenüberliegenden Gliedmaße erfolgen.

Metakarpus. Die Strecksehnen an der Dorsalfläche des Os metacarpale III (Röhrbein) werden palpatorisch auf Umfangsvermehrung und Schmerzhaftigkeit sowie mit Daumen und Zeigefinger auf Verschieblichkeit bzw. Adhäsionen untersucht. Dies ist besonders dann von Bedeutung, wenn der Vorbericht Hinweise auf ein Trauma an der Dorsalfläche des Os metacarpale III gibt, wenn das Fesselgelenk in der Bewegung weniger stark gebeugt wird oder wenn die Beugeprobe des Fesselgelenkes positiv ausfällt. Bei Wunden an der Dorsalfläche des

Os metacarpale III sind oft die Strecksehnen und das Periost mit betroffen, und es kommt im Rahmen der Narbenbildung zu Verwachsungen sowohl mit dem umgebenden Weichteilgewebe als auch mit dem Knochen. Umschriebene Bereiche mit vermehrter Wärme, Schmerzhaftigkeit und Umfangsvermehrung im mittleren Drittel der Dorsalfläche des Röhrbeines können einen Hinweis auf Periostitis und Frakturen in diesem Bereich geben (Abb. 3.18).[19]

Die Griffelbeine (Os metacarpale II bzw. IV) werden in ihrer gesamten Länge palpiert. Dies erfolgt erst bei belasteter, dann bei aufgehobener und im Fesselgelenk gebeugter Gliedmaße. Zur Untersuchung der Palmar- und Medialflächen der Griffelbeine wird der Musculus interosseus medius zur anderen Seite gedrückt (Abb. 3.19). Vermehrte Wärme, Schmerzhaftigkeit und Umfangsvermehrung können auf Griffelbeinfrakturen oder Überbeine hinweisen. An den Schultergliedmaßen sind meistens die medialen, an den Beckengliedmaßen die lateralen Griffelbeine betroffen. Eine chronische Griffelbeinfraktur in Verbindung mit einer auffälligen Umfangsvermehrung und Schmerzhaftigkeit mit dem Vorbericht wiederkehrender Fistelbildung weist in der Regel auf Bestehen eines Knochensequesters hin. Überbeine kommen meist bei jungen Pferden am proximalen Drittel des medialen Griffelbeines vor. Häufig bestehen auch nichtschmerzhafte Zubildungen an den Griffelbeinen. Diese sind wahrscheinlich auf länger zurückliegende traumatische Schädigungen zurückzuführen.

Musculus interosseus medius. Dieser Muskel liegt palmar dem Os metacarpale III direkt an. Er sollte sowohl bei belasteter als auch bei aufgehobener Gliedmaße palpiert werden. Durch tiefe Palpation mit Daumen und Zeigefinger sind Umfangsvermehrung und Schmerzhaftigkeit zu erkennen. Schäden kommen in der Regel in Höhe des distalen Drittels des Metakarpus vor und betreffen die Endschenkel des Musculus interosseus medius. Auch in Verbindung mit einer durch Kallusbildung heilenden Griffelbeinfraktur an einer beliebigen Stelle des Metakarpus kann eine Desmitis bestehen. Bei angebeugter Gliedmaße kann der Ursprungsbereich des Musculus interosseus medius am Röhrbein mit den Daumen beider Hände von lateral und medial palpiert werden (Abb. 3.20). Ein Wegziehen der Gliedmaße als Schmerzreaktion kann auf eine Zerrung am Ursprung des Musculus interosseus medius, eventuell in Verbindung mit einer Abrißfraktur, hinweisen.[5]

Unterstützungsband (Ligamentum accessorium) der tiefen Beugesehne. Das Unterstützungsband der tiefen Beugesehne entspringt aus dem Ligamentum carpi radiatum und verbindet sich ungefähr auf halber Höhe des Metakarpus mit der tiefen Beugesehne.[17] Ein schmerzhafter, entzündlicher Prozeß am Unterstützungsband der tiefen Beugesehne, der durch palpatorische Untersuchung festzustellen ist, wird als Desmitis des Unterstützungsbandes der tiefen Beugesehne bezeichnet.

Beugesehnen. Die tiefe und die oberflächliche Beugesehne liegen palmar des Musculus interosseus medius

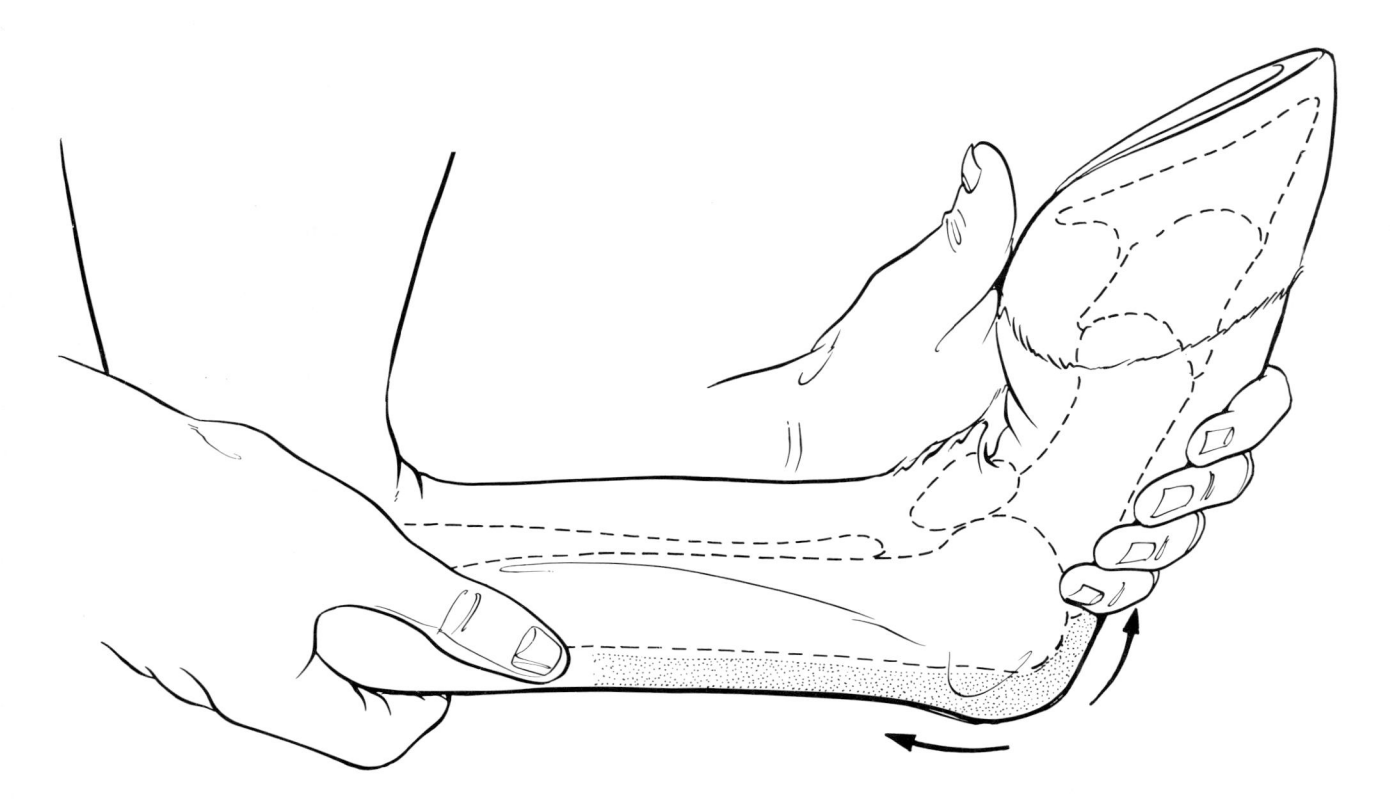

Abb. 3.16: Bei der Fesselgelenkbeugeprobe wird die Gliedmaße im Karpalgelenk gestreckt und im Fesselgelenk gebeugt. Die Hand, welche die Beugung ausführt, liegt dabei auf der Dorsalfläche der Fessel. Das Fesselgelenk wird für eine Minute gebeugt und die Lahmheit beim anschließenden Vortraben beurteilt. Ein positiver Ausfall der Probe kann auf Veränderungen im Fesselgelenk hinweisen.

direkt aufeinander. Das proximale Drittel der Beugesehnen (im Bereich des Karpus) und ihr distales Drittel (im Bereich des Fesselkopfes) sind von Sehnenscheiden umschlossen, während das mittlere Drittel lediglich von Peritendineum bedeckt ist. Alle Bereiche werden sorgfältig palpatorisch auf Schmerzhaftigkeit, Umfangsvermehrung und vermehrte Wärme untersucht und das Ausmaß der Spannung bei Vorliegen eines Sehnenstelzfußes abgeschätzt. Die Palpation wird zunächst bei belasteter Gliedmaße durchgeführt. Dies ermöglicht dem Untersucher die Feststellung, welche Strukturen von einer Entzündung betroffen oder welche Strukturen am stärksten angespannt sind. Es ist häufig hilfreich, mit einer Hand gegen die dorsale Fläche des Os metacarpale III zu drücken und die Sehnen mit der anderen Hand zu palpieren. Danach wird die Dorsalfläche der Gliedmaße bei gebeugtem Fesselgelenk mit einer Hand fixiert, während Daumen und Zeigefinger der anderen Hand versuchen, die oberflächliche Beugesehne gegen die tiefe Beugesehne zu verschieben und von dieser zu trennen (Abb. 3.21). Normalerweise können die Sehnen leicht voneinander unterschieden und abgehoben werden. Bei Vorliegen pathologischer Veränderungen wird es dem Untersucher durch Adhäsionen zwischen den Sehnen und durch Verdickungen der Sehnen unmöglich gemacht, sie voneinander zu trennen. Schäden an diesen Strukturen führen zu einer Tendinitis, Synovialitis oder zu einer Kombination dieser beiden Zustände, die als Tendosynovitis bezeichnet wird. Bei einer akuten oder subakuten Tendinitis, Synovialitis und/oder Tendosynovitis liegt eine schmerzhafte Umfangsvermehrung bei minimaler Formveränderung der Sehne und der Sehnenscheide vor. Bei einer chronischen Tendinitis, Synovialitis oder Tendosynovitis besteht eine derbe, manchmal schmerzhafte Umfangsvermehrung mit oder ohne vermehrte Wärmebildung, mit Formveränderungen der Sehne und Verdickung der Sehnenscheide („Bogen in der Sehne").

Karpus. Der Karpus wird adspektorisch auf Umfangsvermehrungen an seiner Dorsal- und Palmarfläche untersucht. Lokalisierte Umfangsvermehrungen im Bereich dieser Gelenkspalten (Articulatio antebrachiocarpea und Articulatio mediocarpea) kommen meist medial der Sehne des Musculus extensor carpi radialis vor und weisen auf Chip-Frakturen hin. Eher diffuse Umfangsvermehrungen im Bereich der Karpalgelenke können auf Synovialitis/Kapsulitis, Slab-Frakturen in diesen Gelenken, degenerative Gelenkerkrankungen oder proliferierende Exostosen (Karpitis) hinweisen.[4] Die Sehnenscheiden der Strecksehnen, die über dem Karpus liegen, können ebenfalls Umfangsvermehrungen aufweisen. Dies kann ein

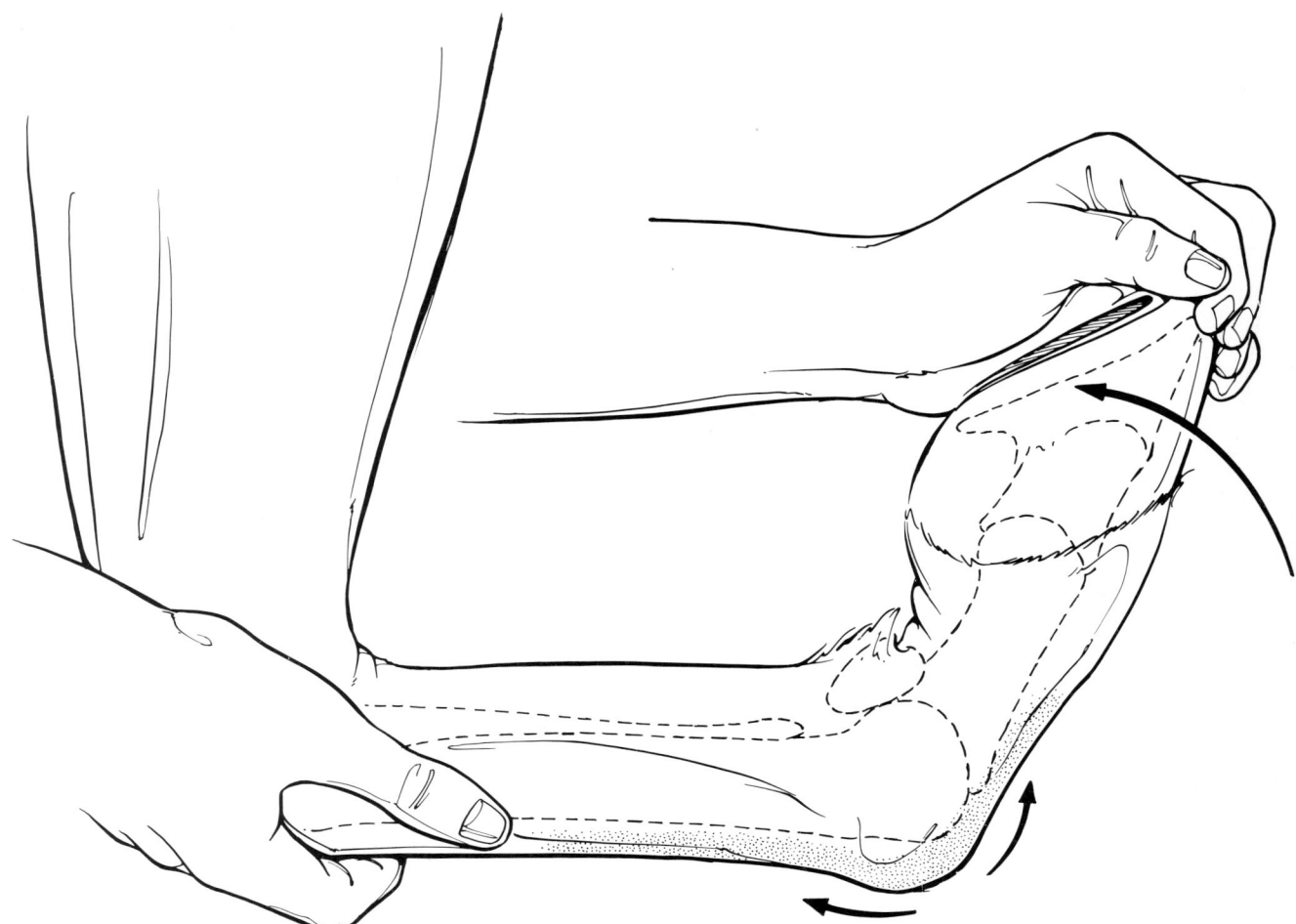

Abb. 3.17: Alle drei Zehengelenke (Fessel-, Kron- und Hufgelenk) werden gebeugt. Eine Schmerzreaktion kann von jedem dieser Gelenke ausgehen.

Zeichen für Synovialitis oder Tendosynovitis und/oder eine Sehnenruptur sein. Davon betroffen ist hauptsächlich die gemeinsame Strecksehne bei Fohlen (Abb. 3.22). Eine diffuse, fluktuierende Umfangsvermehrung an der Dorsalfläche des Karpus liegt bei akuten Hämatomen/Seromen oder bei chronischen Hygromen vor (Abb. 3.23). Umfangsvermehrungen an der Palmarfläche des Karpus, proximal und medial des Os carpi accessorium, können auf Frakturen des Os carpi accessorium, auf eine Tendosynovitis (Karpaltunnelsyndrom)[24] oder auf die Bildung von Osteochondromen kaudodistal am Radius hinweisen (Abb. 3.24). Diese Bereiche werden einzeln palpiert. Fluktuierende Umfangsvermehrungen an der Dorsalfläche des Karpus können Anzeichen für Hygrome und/oder eine Tendosynovitis sein. Bei diesen Veränderungen kann es notwendig sein, die überschüssige Flüssigkeit mittels einer Kanüle abzulassen, bevor die endgültige Palpation durchgeführt werden kann. Dies ist besonders auch für die Diagnostik von Bedeutung. Das Abfließen von frischem Blut würde z. B. für das Vorliegen eines Hämatoms sprechen; eine mehr seröse Flüssigkeit bei allgemeiner Umfangsvermehrung des Gewebes wäre bezeichnend für ein Hygrom. Bei einer Synovialitis der Sehnenscheide der Strecksehnen kann der Untersucher nach Drainage der Sehnenscheide beurteilen, ob eine Tendinitis oder Ruptur

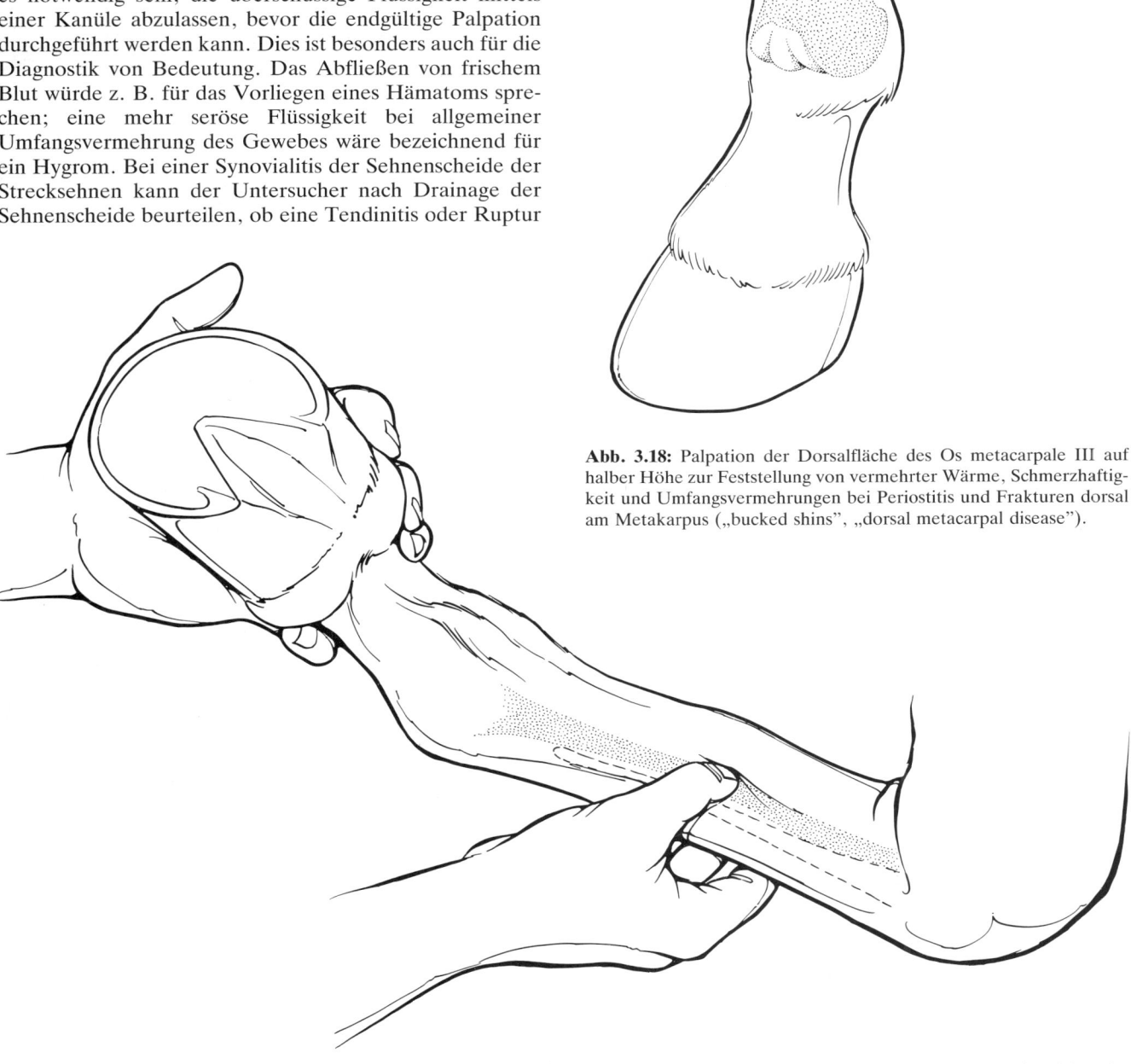

Abb. 3.18: Palpation der Dorsalfläche des Os metacarpale III auf halber Höhe zur Feststellung von vermehrter Wärme, Schmerzhaftigkeit und Umfangsvermehrungen bei Periostitis und Frakturen dorsal am Metakarpus („bucked shins", „dorsal metacarpal disease").

Abb. 3.19: Palpation der medialen (axialen) Flächen der Griffelbeine. Das Fesselgelenk muß dazu gebeugt werden, um den Musculus interosseus medius zu entspannen.

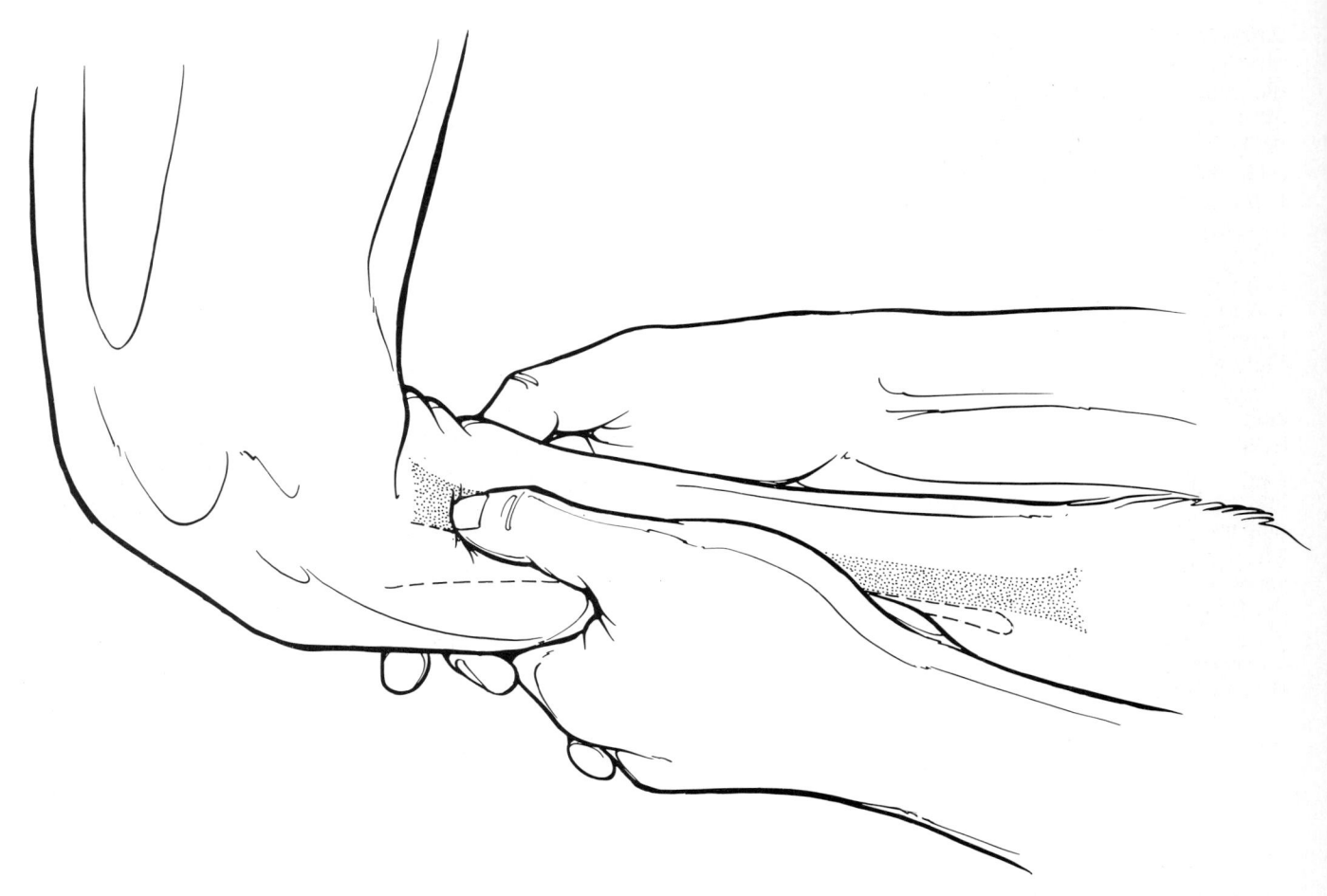

Abb. 3.20: Palpation des Musculus interosseus medius an seinem Ursprung proximal an der Palmarfläche des Os metacarpale III und der distalen Reihe der Karpalknochen. Eine Schmerzreaktion kann Hinweis auf eine traumatische Schädigung infolge Überdehnung und/oder auf eine Abrißfraktur sein.

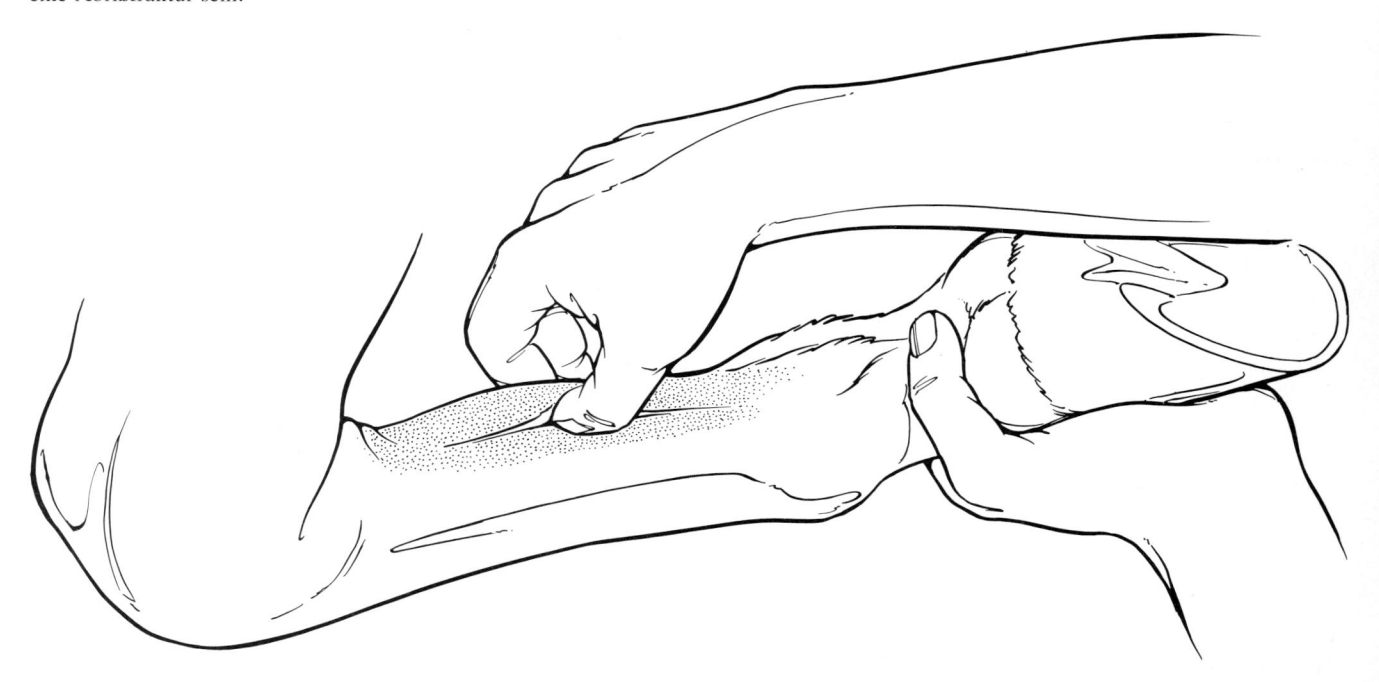

Abb. 3.21: Palpation der Beugesehnen bei gebeugtem Fesselgelenk. So können die oberflächliche und die tiefe Beugesehne voneinander abgehoben werden. Wenn sie nicht leicht voneinander zu trennen sind, liegen höchstwahrscheinlich Adhäsionen zwischen den beiden Sehnen vor: Es handelt sich um einen Sehnenschaden („bowed tendon").

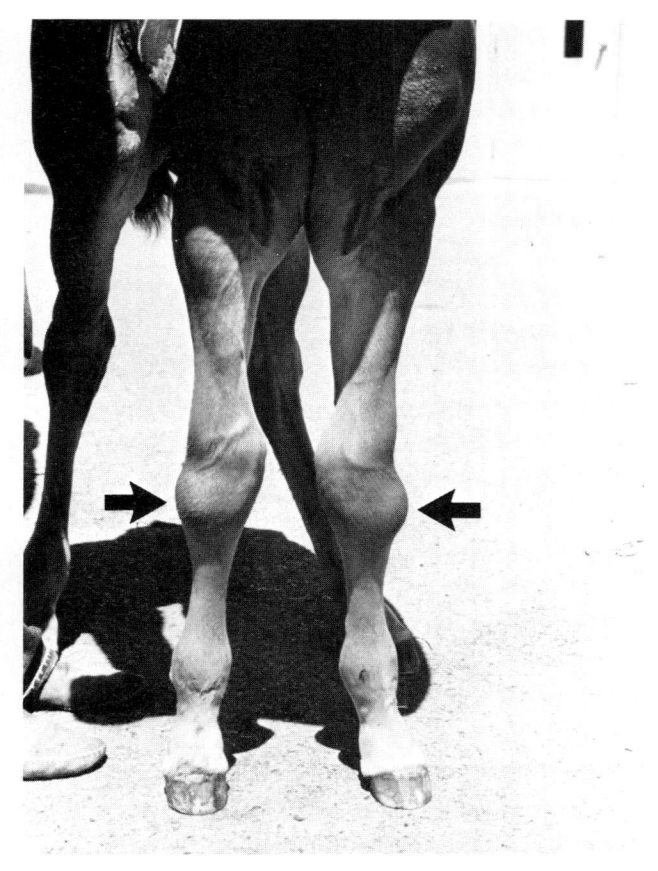

Abb. 3.22: Ruptur der Sehne des gemeinsamen Zehenstreckers bei einem Fohlen: typische Anschwellung an der Dorsalfläche des Karpus (Pfeile).

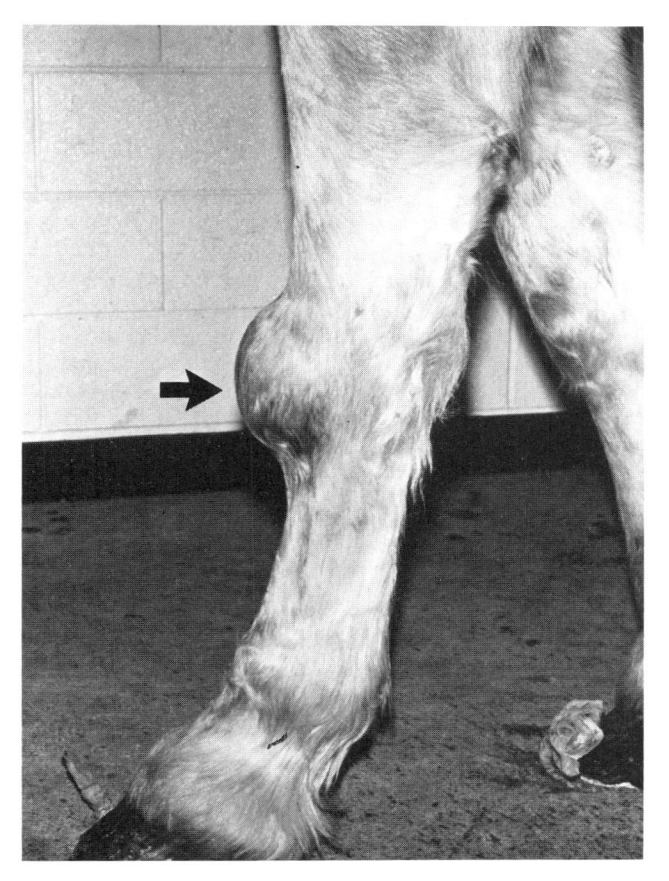

Abb. 3.23: Hygrom: Typische Anschwellung an der Dorsalfläche des Karpus (Pfeil).

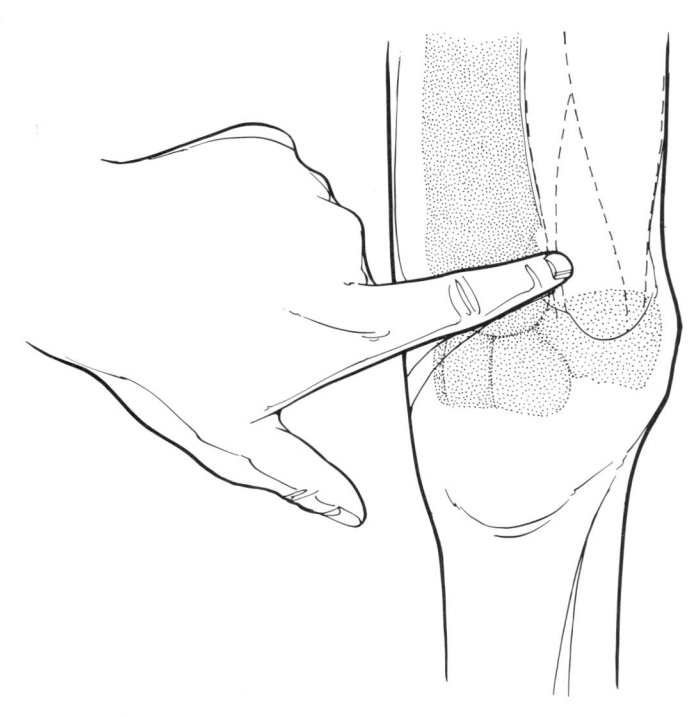

Abb. 3.24: Lage des Karpaltunnels. Umfangsvermehrungen können bei Tendosynovitis, Frakturen des Os carpi accessorium oder bei Osteochondromen am distalen Ende des Radius auftreten. Ebenso kann ein Karpaltunnelsyndrom vorliegen.

der Strecksehne vorliegt. Die Untersuchung der Karpalgelenke und der Karpalknochen sowie des Os carpi accessorium ist am besten bei gebeugtem Karpalgelenk durchzuführen. Zunächst wird beurteilt, wie weit der Karpus gebeugt werden kann. In den meisten Fällen nähert sich die Beugeseite des Metakarpus derjenigen des Unterarmes, wenn der Karpus bei einem gesunden Pferd gebeugt wird (Abb. 3.25). In Fällen stärkerer Lahmheit in Verbindung mit diffuser Schwellung des Gelenkes sollte das Gelenk sehr langsam gebeugt werden. Bei schnellem Beugen des Gelenkes kann es bei sehr schmerzhaften Zuständen, wie z. B. bei Slab-Frakturen des Os carpale III, zu Widersetzlichkeit des Pferdes kommen und dadurch zu Verletzungsgefahr für das Pferd und den Untersucher. Wenn das Gelenk nicht vollständig gebeugt werden kann und das Pferd Schmerzen hat, können akute Synovialitis/Kapsulitis, Chip- oder Slab-Frakturen, Tendinitis oder Tendosynovitis vorliegen. Eine nur unvollständig durchführbare Beugung des Gelenkes ohne Schmerzhaftigkeit liegt bei chronischen degenerativen Gelenkerkrankungen und bei proliferierenden Exostosen vor. Nach Abschätzen der erreichbaren Beugung wird eine Rotationsprobe des Karpus durchgeführt, indem der Metakarpus lateral und medial bewegt wird (Abb. 3.26 und 3.27). Schmerzreaktionen können bei allen akuten Veränderungen und bei Schäden an den Seitenbändern auftreten. Bei gebeugtem Karpalgelenk werden die dorsalen Gelenkränder der Karpalknochen durch tiefe Palpation mit dem Daumen untersucht (Abb. 3.28). Die Lokalisation von Chip- und/oder Slab-Frakturen kann oft auf diese Weise erkannt werden.

Es ist wichtig, gleichbleibende reflexartige Schmerzreaktionen bei wiederholtem Druck zu erkennen. Bei weiterhin gebeugtem Karpalgelenk ist das Os carpi accessorium zu untersuchen. Bei entspanntem Musculus extensor carpi ulnaris und Musculus flexor carpi ulnaris können Frakturen des Os carpi accessorium palpiert werden (Abb. 3.29). In manchen Fällen sind auch Osteochondrome am kaudodistalen Ende des Radius palpierbar. Dies ist aber vom Grad der vorliegenden Synovialitis abhängig.

Unterarm (Antebrachium). Die Weichteilgewebe zwischen Karpus und Ellbogen werden auf Entzündungserscheinungen untersucht. Im Einzelfall, wenn eine hochgradige Entzündung vorliegt und eine Stichverletzung vermutet wird, ist es hilfreich, die Haare über diesem Bereich zu scheren. Eine derbe Umfangsvermehrung im Bereich der Beugemuskeln kann bei einer fibrosierenden oder ossifizierenden Myopathie dieser Strukturen vorliegen. Das distale Ende des Radius wird palpatorisch auf Schrägfrakturen untersucht, die bis in die Articulatio antebrachiocarpea reichen können, sowie auf Abrißfrakturen im Bereich der Seitenbänder.

Ellbogen. Die Weichteilgewebe in der Umgebung des Ellbogengelenkes werden palpiert. Eine feste, in der Regel nicht schmerzhafte, fluktuierende Umfangsvermehrung am Ellbogenhöcker besteht bei einer Stollbeule (Hygrom der Bursa subcutanea olecrani). Bei stärkeren Anschwellungen und Entlastungshaltung des Ellbogens („dropped elbow") liegt vermutlich eine Fraktur der Ulna oder des Ellbogenhöckers vor. Wenn bei einer Olekranonfraktur keine Verschiebung der Bruchenden gegeneinander erfolgt ist, können durch Aufheben der Gliedmaße und Strecken des Gelenkes Schmerzreaktionen ausgelöst werden (Abb. 3.30). Auch Manipulationen am Ellbogenhöcker selbst können Hinweise geben. Die Funktion der Seitenbänder des Ellbogengelenkes und eventuell vorliegende Humerusfrakturen können durch Abduktion und Adduktion der Gliedmaße ermittelt werden (Abb. 3.26 und 3.27). Dies ist natürlich keine selektive Untersuchung, da auch das Schultergelenk bewegt wird. Bei Humerusfrakturen kann allerdings Krepitation in Verbindung mit hochgradigen Schmerzreaktionen auftreten. Eine Mahnung zur Vorsicht: Diese Probe sollte bei Verdacht auf eine Humerusfraktur nur mit wenig Druck durchgeführt werden. Das Anlegen eines Ohres oder besser eines Stethoskops in diesem Bereich erleichtert die Feststellung von Krepitation. Die Achsel wird palpatorisch auf Entzündungserscheinungen untersucht, die auf Rupturen des Musculus serratus ventralis hinweisen können.

Schulter. Die Weichteilgewebe in der Umgebung des Schultergelenkes werden adspektorisch und palpatorisch auf Vorliegen von Umfangsvermehrungen oder Atrophie untersucht. Besondere Aufmerksamkeit gilt dem Bereich der Bursa intertubercularis. Durch tiefe Palpation mit den Fingern wird versucht, Schmerzreaktionen auszulösen (Abb. 3.31). Bei Schmerzen in Verbindung mit dieser Untersuchung kann eine Bursitis oder eine Verknöcherung der Bursa intertubercularis und der Sehne des Musculus biceps brachii vorliegen. Eine andere Provokationsprobe bei der Untersuchung dieses Bereiches der Schultergliedmaße besteht im Beugen des Schultergelenkes.

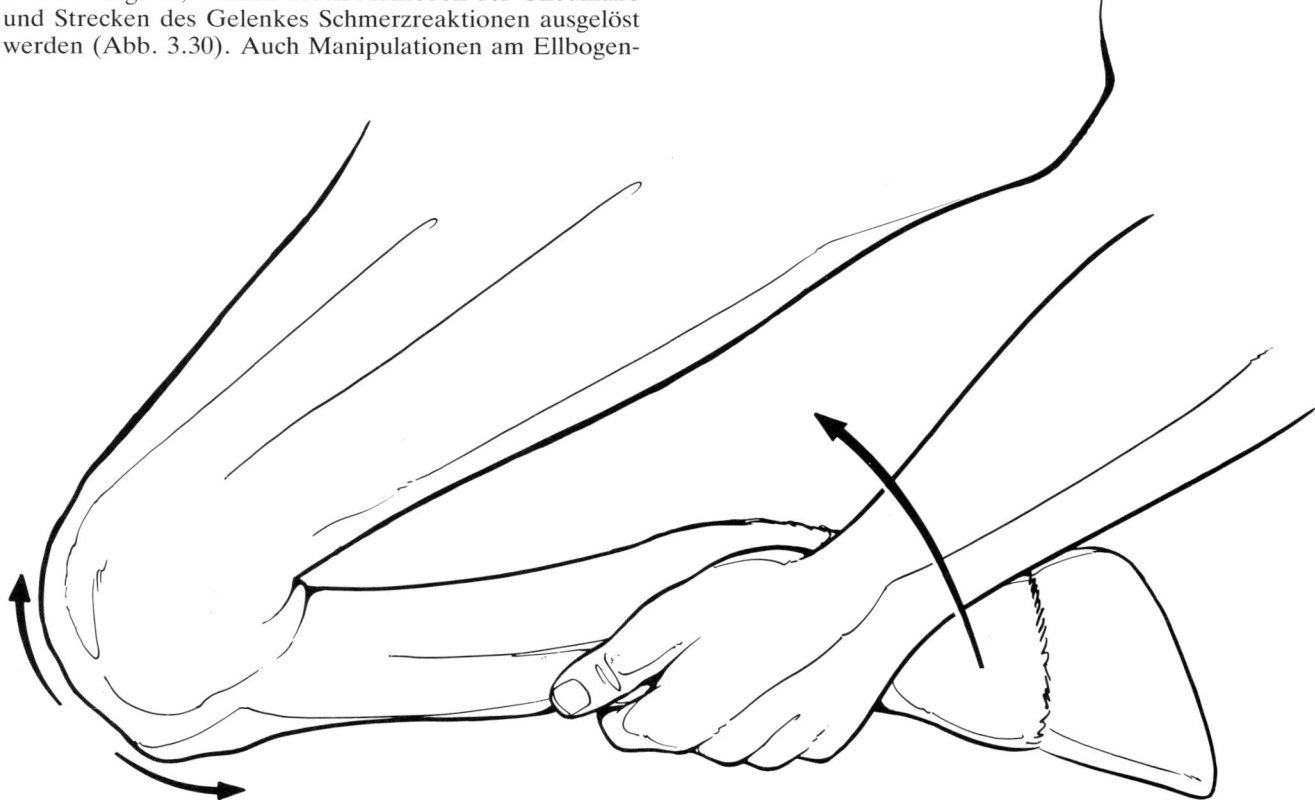

Abb. 3.25: Der Karpus wird gebeugt, um eventuelle Schmerzreaktionen zu erkennen. Dies sollte langsam geschehen, wenn Verdacht auf Slab-Frakturen der Karpalknochen oder auf akute Synovialitis/Kapsulitis besteht. Beim gesunden Pferd läßt sich die Beugeseite des Metakarpus derjenigen des Unterarmes annähern.

Kapitel 3: Lahmheitsdiagnostik 119

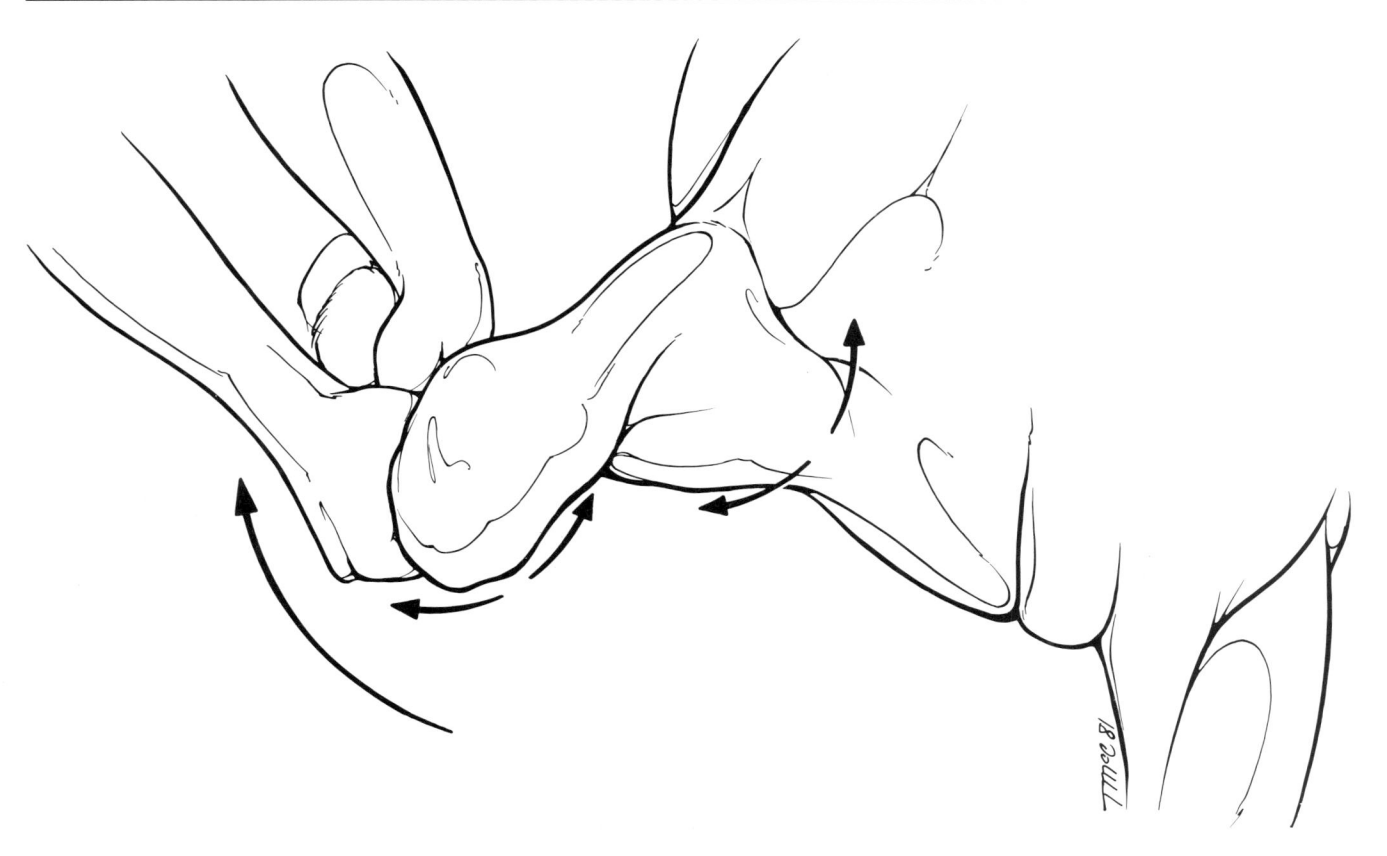

Abb. 3.26: Dehnung der medialen Seitenbänder durch Abduktion von Ellbogengelenk und Karpus. Schmerzreaktionen können auf traumatisch bedingte Schäden durch Zerrungen oder Dehnungen hinweisen.

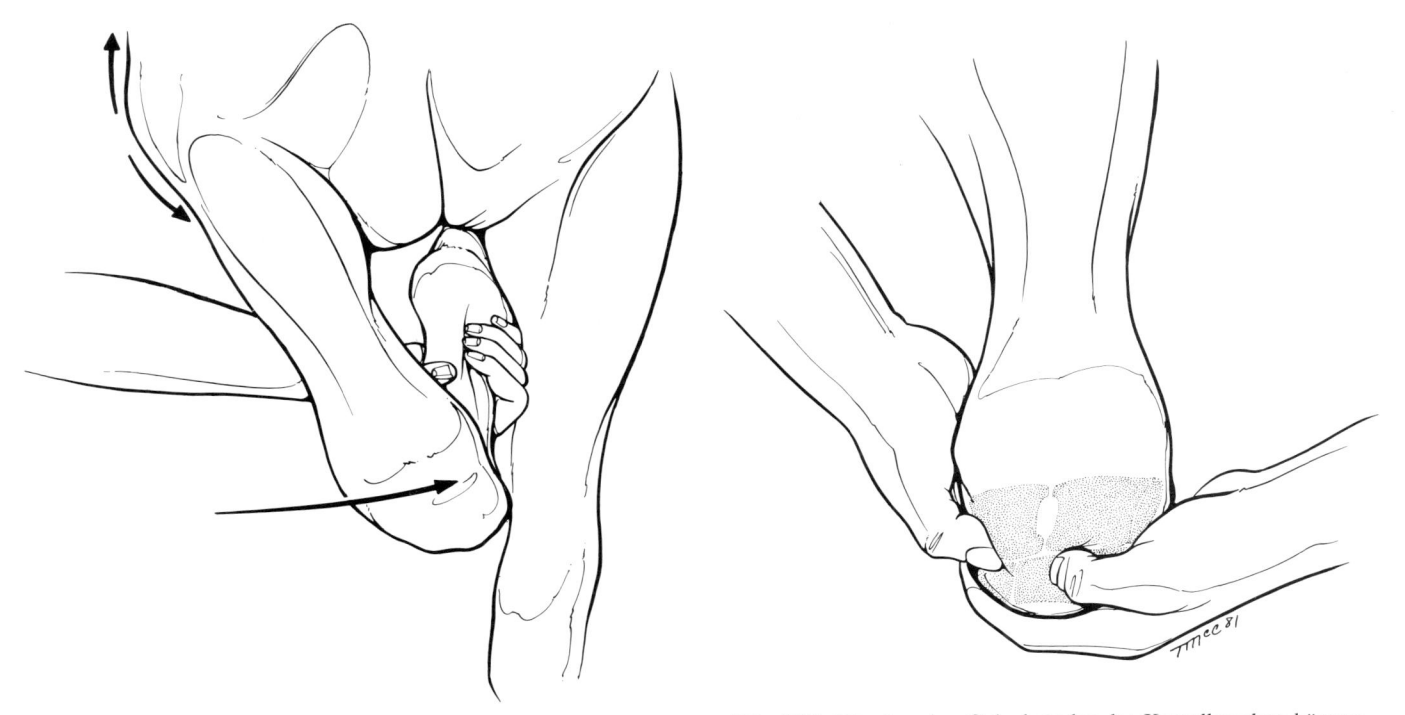

Abb. 3.27: Dehnung der lateralen Seitenbänder durch Adduktion von Ellbogengelenk und Karpus. Schmerzreaktionen können auf traumatische Schäden durch Zerrungen oder Dehnungen hinweisen.

Abb. 3.28: Die dorsalen Gelenkränder der Karpalknochen können bei gebeugtem Karpus palpiert werden. Schmerzhaftigkeit kann auf Vorliegen von Chip-Frakturen im Karpalgelenk und/oder auf akute Synovialitis/Kapsulitis hinweisen.

Hierzu faßt eine Hand den Ellbogenhöcker, und die Gliedmaße wird gleichzeitig kaudal gezogen (Abb. 3.32). Bei Vorliegen von Veränderungen ruft diese Untersuchung Schmerzreaktionen hervor. Diese Technik kann auch für eine Beugeprobe genutzt werden. Dazu wird die genannte Stellung für eine bis anderthalb Minuten beibehalten, wonach das Pferd vorgetrabt wird. Dabei wird die Lahmheit beurteilt. Junge Pferde, die in der Bewegung eine deutliche Schulterlahmheit und bei der Untersuchung verschiedengradige Schmerzäußerungen zeigen, können an einer Osteochondrose des Schultergelenkes leiden.[30] Ebenso führen degenerative Veränderungen im Schultergelenk sowie Frakturen der Skapula oder im proximalen Bereich des Humerus bei der Manipulation zu Schmerzäußerungen. Auch die Untersuchungstechnik, die oben für das Ellbogengelenk beschrieben wurde, führt zu Schmerzreaktionen, besonders wenn eine Fraktur oder Läsion im Gelenk vorliegt (Abb. 3.28).

Skapula. Der Musculus infraspinatus und der Musculus supraspinatus werden adspektorisch auf Atrophie untersucht, die bei Lähmung des Nervus suprascapularis vorliegen würde, sowie auf Umfangsvermehrungen, die bei Frakturen infolge äußerer Gewalteinwirkung zu beobachten wären. Tiefe Palpation und Manipulation mit zusätzlichem Einsatz eines Stethoskops sind in der Regel notwendig, um diese Frakturen sicher festzustellen. Streckung und Beugung sowie Abduktion und Adduktion des Schultergelenkes sind schmerzhaft.

Untersuchung der Beckengliedmaßen

Die Untersuchung der Beckengliedmaßen erfolgt bis zur Höhe des Sprunggelenkes analog zur Untersuchung der Schultergliedmaßen.

Sprunggelenk (Tarsus). Bei der adspektorischen und palpatorischen Untersuchung des Sprunggelenkes sind zu beachten:

1. Umfangsvermehrungen des Unterschenkel-Hinterfußwurzelgelenkes (Articulatio tarsocruralis) bei z. B. Synovialitis (Kreuzgalle),
2. Verdickung der fibrösen Schicht der Gelenkkapsel (Kapsulitis),
3. knöcherne Proliferationen an den distalen Gelenkreihen (Spat),
4. Umfangsvermehrungen der gemeinsamen Sehnenscheide des Musculus flexor digitalis lateralis und Musculus tibialis caudalis (Kurbengalle, „thorough-pin"),

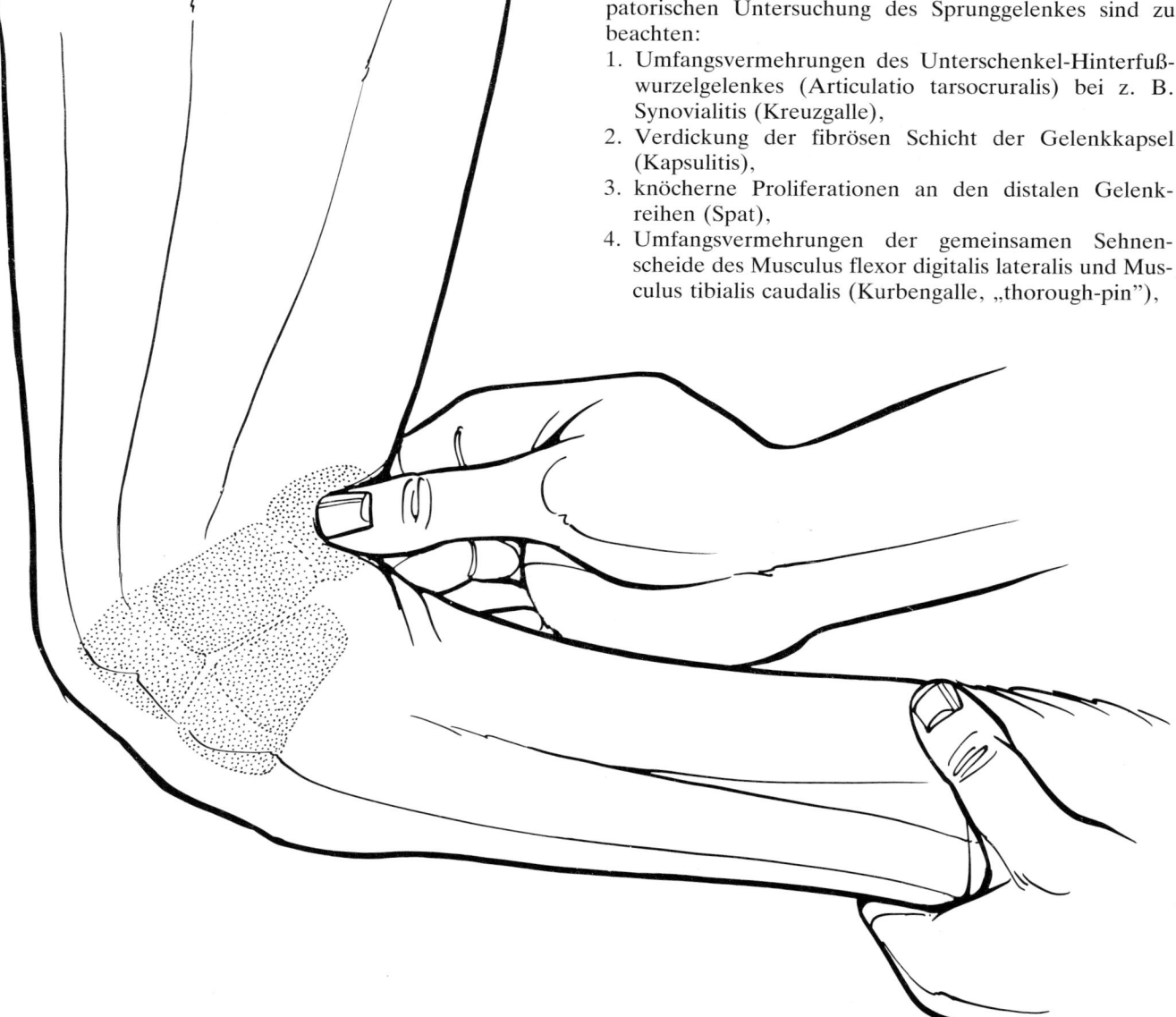

Abb. 3.29: Palpation des Os carpi accessorium zur Diagnose von Frakturen. Dies geschieht am besten bei gebeugtem Karpus, um die Spannung an den Ansätzen der Sehnen des Musculus extensor carpi ulnaris und des Musculus flexor carpi ulnaris zu reduzieren.

5. Entzündung des Ligamentum plantare longum (Hasenhacke),
6. Dislokation der oberflächlichen Beugesehne vom Sprunggelenkhöcker und
7. Piephacke.

Eine Bursitis der Bursa subtendinea musculi tibialis cranialis unter dem medialen Endschenkel des Musculus tibialis cranialis oder eine Tarsitis der distalen Sprunggelenkabteilungen sind erst durch Beugeproben und diagnostische Anästhesien der synovialen Strukturen festzustellen.[15,16]

Allgemein sind drei Arten von Umfangsvermehrungen in den Weichteilgeweben des Tarsus zu unterscheiden. Die erste ist als vermehrte Füllung des Unterschenkel-Hinterfußwurzelgelenkes zu palpieren. Diese beruht auf einer Synovialitis und wird als Kreuzgalle bezeichnet. Eine Synovialitis kann allein oder in Verbindung mit einer Osteochondrosis dissecans des mittleren Gelenkkammes der Tibia oder der Rollkämme des Talus (Os tarsi tibiale) und/oder zusammen mit intraartikulären Chip-Frakturen vorkommen. In der Regel kann der Gelenkerguß durch Druck auf die dorsomediale Aussackung verlagert werden, so daß er die plantarolaterale Ausbuchtung dieser Gelenkkapsel vermehrt füllt und umgekehrt (Abb. 3.33). Die zweite Art der Umfangsvermehrungen (Kapsulitis) ist eine palpierbare derbe Verdickung der Gelenkkapsel; es ist hier in der Regel nicht möglich, die Synovia aus einer Aussackung des Gelenkes in die andere zu drücken. Die Derbheit ergibt sich aus dem Übergreifen einer Synovialitis oder aus primärer Entzündung der fibrösen Schicht der Gelenkkapsel (Kapsulitis). Chronische Synovialitis infolge degenerativer Gelenkerkrankungen, chronische interartikuläre Frakturen und traumatische Schädigung der fibrösen Schicht der Gelenkkapsel durch Dehnungen können die Ursachen sein. Bei hochgradiger Lahmheit sollte auch an eine chronische septische Arthritis gedacht werden. Die dritte Art der Umfangsvermehrung ist eine derbe, diffuse Schwellung der gesamten Sprunggelenkgegend.

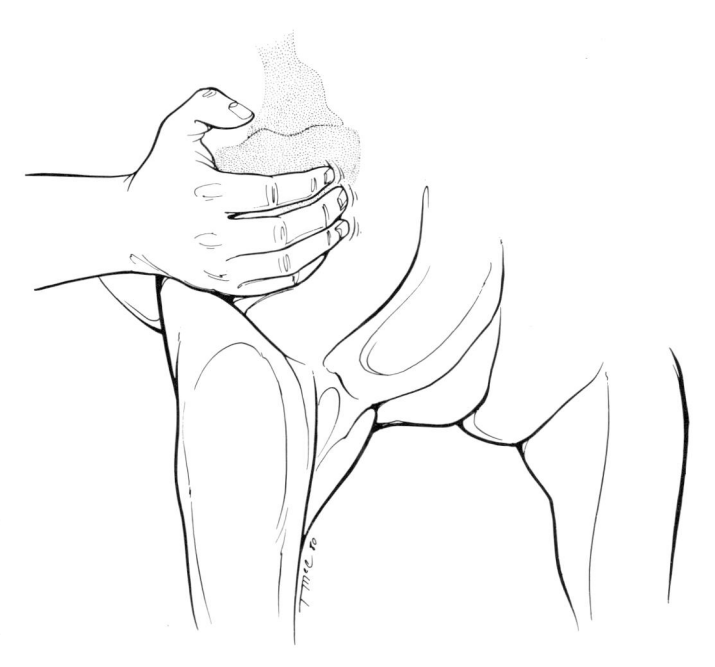

Abb. 3.31: Palpation im Bereich der Bugspitze kann Schmerzen infolge einer Entzündung der Bursa intertubercularis oder infolge von Verknöcherung der Sehne der Musculus biceps brachii und der Bursa intertubercularis hervorrufen.

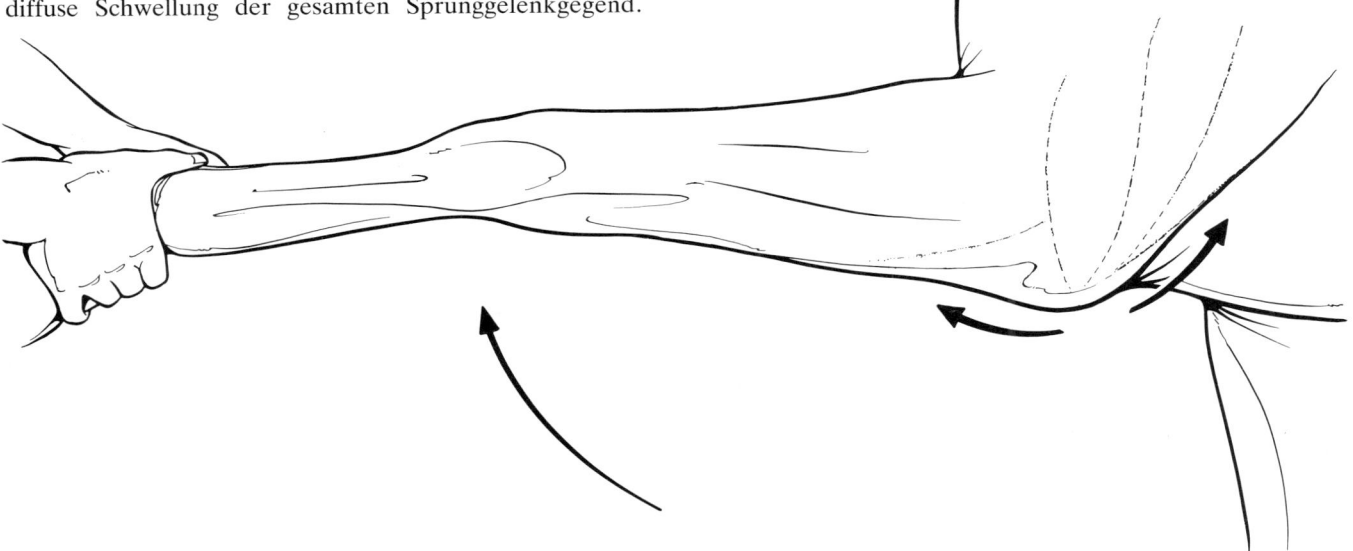

Abb. 3.30: Aufheben der Gliedmaße in Streckstellung der distalen Gliedmaßenabschnitte. Durch das Beugen des Ellbogengelenkes wird die Sehne des Musculus triceps brachii an ihrer Ansatzstelle am Ellbogenhöcker vermehrt gespannt. Schmerzreaktionen bei dieser Manipulation können auf eine Fraktur des Ellbogenhöckers (Tuber olecrani) ohne Verschiebung der Bruchenden hindeuten. Wenn zusätzlich der Ellbogen gebeugt und hochgehoben wird, indem die Hände auf der kaudalen Oberfläche (Beugeseite) des Unterarmes statt an den distalen Gliedmaßenabschnitten anfassen, dient dies zur Streckung des Schultergelenkes. Schmerzreaktionen rufen Verdacht auf Veränderungen im Schultergelenk hervor (z. B. Osteochondrose oder Skapulafrakturen).

122 Kapitel 3: Lahmheitsdiagnostik

Dies ist meist eine Folge starker traumatischer Schädigung der fibrösen Schicht der Gelenkkapsel sowie der umgebenden Bänder durch Überdehnung. Im allgemeinen nimmt die erreichbare Beugung des Sprunggelenkes mit höherem Grad der Entzündung ab.

Die distalen Sprunggelenkabteilungen (wie das untere Hinterfußwurzelmittelgelenk – Articulatio centrodistalis – und die Hinterfußwurzel-Mittelfußgelenke – Articulationes tarsometatarseae –) werden auf der medialen Seite palpiert (Abb. 3.34). Beim gesunden Pferd finden sich hier abgerundete Konturen, die sich bis zum Übergang zu den distalen Sprunggelenkabteilungen und zum Metatarsus verjüngen. Dies kann von hinten leicht durch Adspektion beurteilt sowie von der Seite palpiert werden. Wenn dieser Bereich (recht-)eckig und/oder derber erscheint und nichtschmerzhafte Verdickungen vorhanden sind, ergibt sich der Verdacht auf degenerative Gelenkerkrankungen der Articulatio centrodistalis und/oder der Articulationes tarsometatarseae (Spat).

Die Sehnenscheide der Sehne des tiefen Zehenbeugers wird adspektorisch und palpatorisch auf Umfangsvermehrungen untersucht. Derartige Veränderungen sind Folge von Synovialitis oder Tendosynovitis der gemeinsamen Sehnenscheide des Musculus flexor digitalis lateralis und des Musculus tibialis caudalis und der Sehne in diesem Bereich (Kurbengalle) (Abb. 3.35). Hier sollte erwähnt werden, daß diese Veränderung selten zu Lahmheit führt. Die Plantarfläche des Kalkaneus wird auf Entzündung des Ligamentum plantare longum (Hasenhacke), Dislokation der oberflächlichen Beugesehne vom Sprunggelenkhöcker und auf flüssigkeitsgefüllte Umfangsvermehrungen im proximalen Bereich untersucht, die als Piephacke bezeichnet werden (Abb. 3.36).

In den meisten Fällen wird jetzt die Palpation der Beckengliedmaße weitergeführt. Da sie aber in engem Zusammenhang mit bisher Besprochenem steht, soll zunächst die Beugeprobe der oberen Gelenke der Beckengliedmaße („Sprunggelenkbeugeprobe", „Spatbeugeprobe")

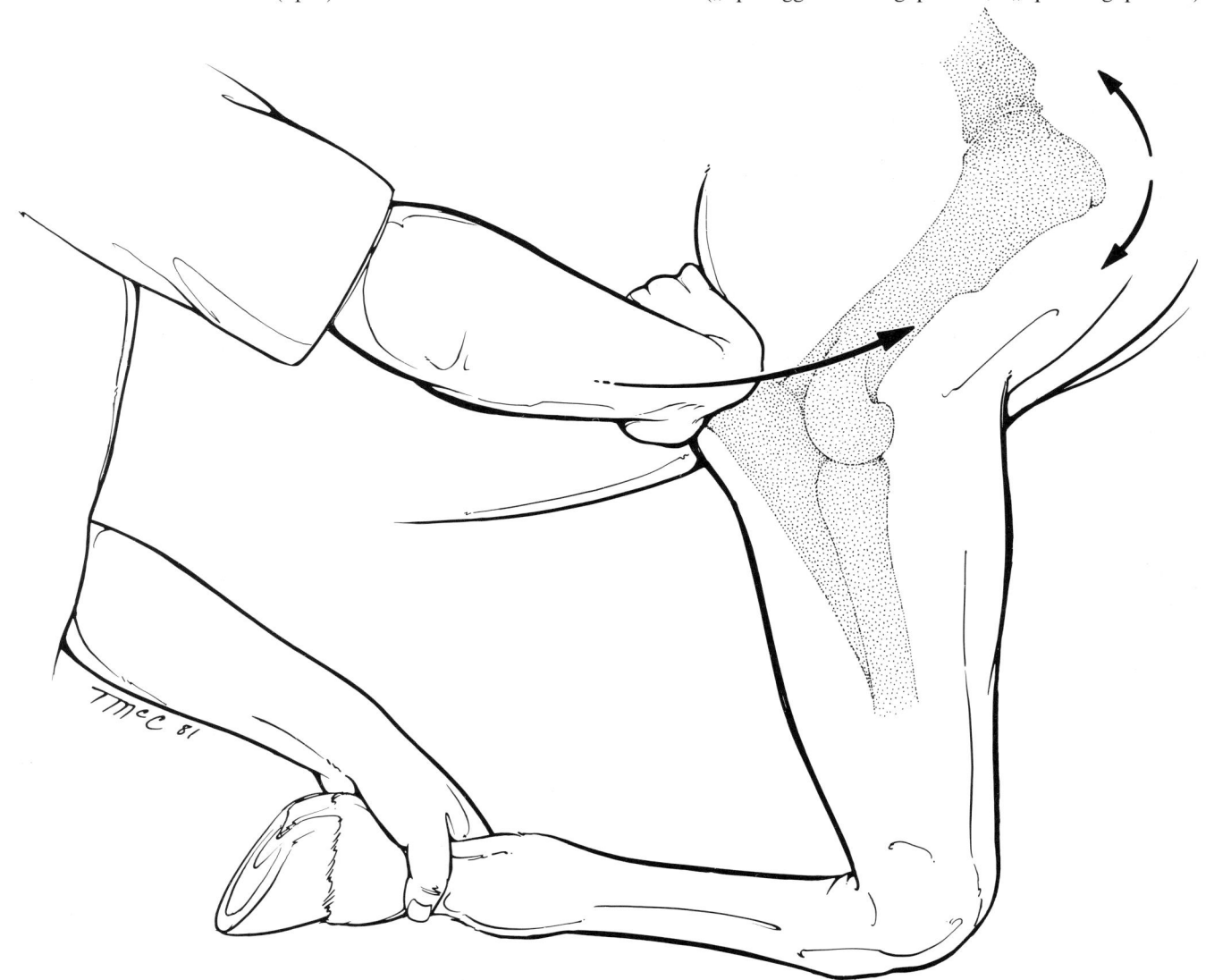

Abb. 3.32: Darstellung einer anderen Provokationsprobe der synovialen Strukturen im Bereich des Schultergelenkes. Das Schultergelenk wird gebeugt und die Sehne des Musculus biceps brachii vermehrt gespannt, um Druck auf die Bursa intertubercularis auszuüben. Pferde mit einer Entzündung der Bursa intertubercularis leisten bei Beugung des Schultergelenkes erheblichen Widerstand, wie auch Pferde mit Frakturen des Tuberculum supraglenoidale. Dieselbe Technik kann für eine Beugeprobe genutzt werden, indem die Gliedmaße für eine bis anderthalb Minuten in dieser Stellung gehalten wird.

Kapitel 3: Lahmheitsdiagnostik 123

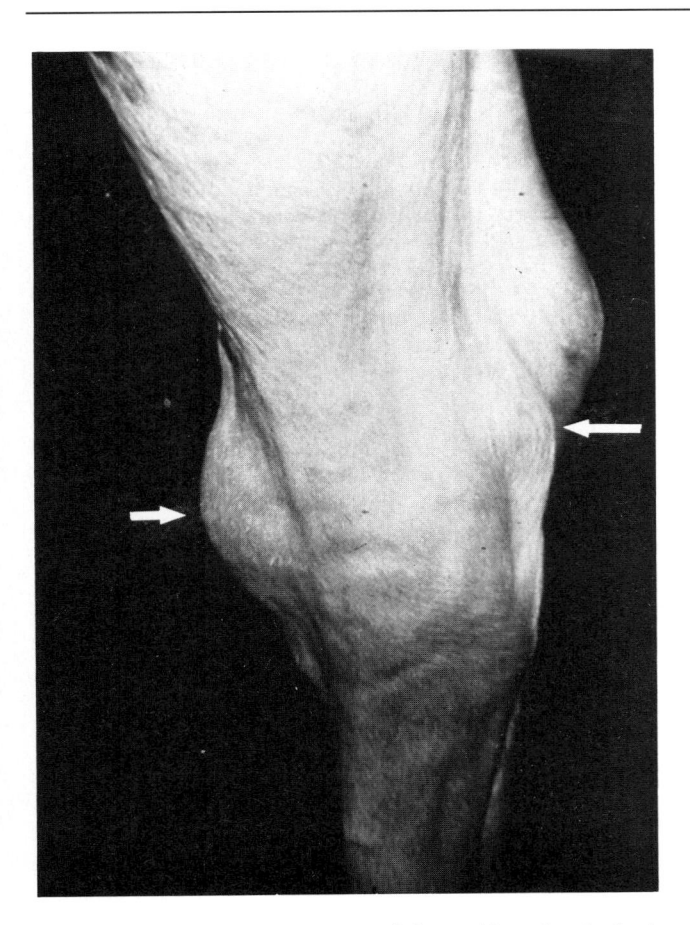

Abb. 3.33: Vermehrte Füllung der medialen und lateralen Ausbuchtungen der Sprunggelenkkapsel bei einem Pferd mit Kreuzgalle (Pfeile).

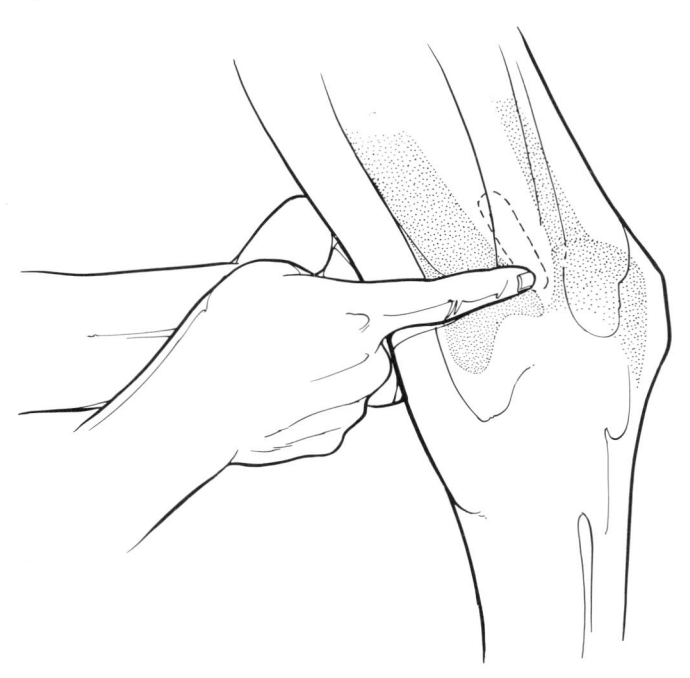

Abb. 3.34: Palpation medial im Bereich der distalen Sprunggelenkabteilungen. In diesem Bereich ist bei Spaterkrankungen die derbe Umfangsvermehrung zu palpieren, die dem Sprunggelenk das eckige Aussehen gibt.

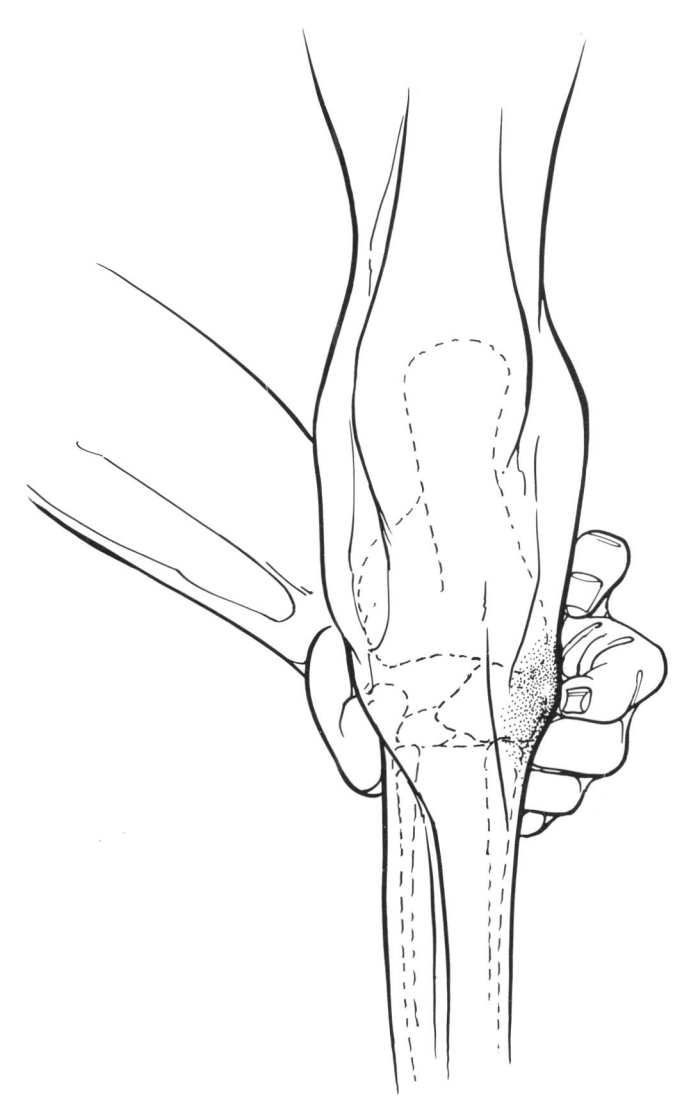

Abb. 3.35: An dieser Stelle tritt häufig eine Tendosynovitis der gemeinsamen Sehnenscheide des Musculus flexor digitalis lateralis und des Musculus tibialis caudalis auf. Eine vermehrte Füllung/Umfangsvermehrung dieser Sehnenscheide wird als Kurbengalle („thorough-pin") bezeichnet.

besprochen werden. Dazu fassen beide Hände die Plantarfläche des Metatarsus im distalen Drittel, wobei besonders darauf zu achten ist, nicht im Bereich der Sesambeine anzufassen. Der Fuß wird aufgehoben, um das Sprunggelenk zu beugen (Abb. 3.37). Die Position der Hände und der Druck des Griffes sind von Bedeutung. Diese Probe soll nicht derart durchgeführt werden, daß der Huf festgehalten wird, wobei Kron- und Fesselgelenk gebeugt werden, und auch nicht, indem die Gliedmaße in der Fessel oder im Bereich der Gleichbeine festgehalten wird. Der Untersucher soll die Gliedmaße lose in der Hand halten. Ein fester Griff kann genügend Druck auf die Beugesehnen und den Musculus interosseus medius bewirken, um das Pferd zum Wegziehen der Gliedmaße zu veranlassen und somit einen positiven Ausfall der Probe zu bedingen. Eine andere Möglichkeit besteht darin, die Hufspitze festzuhalten, so daß Kron- und Hufgelenk gestreckt und das Sprunggelenk gebeugt werden. Häufig ist es von Vorteil, den Tarsus nur allmählich im Verlauf von 15 bis 30 Sekunden bis zum Erreichen der maximalen Flexion zu beugen. Dies gibt empfindlichen Pferden oder Pferden, die dabei Schmerzen empfinden, die Möglichkeit, sich auf die Beugung einzustellen. Falls das Pferd auszuweichen versucht, indem es sich nach der anderen Seite lehnt, kann es von Nutzen sein, das Pferd direkt neben eine feste Stützgelegenheit (z. B. eine Wand oder einen Zaun) zu stellen oder einen Helfer von der entsprechenden Seite gegen den Hüfthöcker drücken zu lassen, um das Pferd im Gleichgewicht zu halten. Nach Erreichen der vollständigen Beugung wird das Sprunggelenk für eine bis anderthalb Minuten in dieser Stellung gehalten. Wenn das Pferd das Bein gewaltsam streckt, ist es am besten, ganz von vorn zu beginnen. Gegen Ende der für die Beugeprobe vorgesehenen Zeit sollte der Führer des Pferdes die Führleine locker lassen. Dies ist wichtig, weil derjenige, der die Beugeprobe durchführt, das Pferd zum Antraben veranlassen sollte. Allzuoft nämlich scheut das Pferd, wenn der Führer versucht, es zum Antreten aufzufordern, und bleibt statt dessen stehen oder weicht zurück. Im Idealfall haben der Untersucher und der Führer des Pferdes für die Durchführung der Beugeprobe einen Ort gewählt, von dem aus das Pferd in einer geraden Linie vorgetrabt werden kann. Der Untersucher fordert das Pferd durch einen leichten Schlag auf den Rumpf zum Antreten auf. Die meisten Pferde sind dabei recht willig. Es gibt aber auch Situationen, in denen dieses Vorgehen nicht angebracht ist. Erfahrung ist notwendig, da das Pferd nach einem zu harten Schlag leicht angaloppiert und so die Bewertung der Beugeprobe unmöglich macht. In den meisten Fällen sind die ersten Tritte, die das Pferd nach der Beugeprobe macht, entscheidend. Ein positiver Ausfall der Beugeprobe zeigt sich durch stärkere Asymmetrie in der Kruppenbewegung, durch deutlichere Abflachung des Bogens, den die Gliedmaße beim Vorführen beschreibt, und durch eine Verkürzung der kranialen Phase der Gliedmaßenführung. In der Regel wird das Pferd bei positivem Ausfall der Probe sehr kurze Tritte zeigen und die Hufspitze der betroffenen Gliedmaße vermehrt belasten. Bei palpatorisch nicht feststellbaren entzündlichen Erkrankungen der distalen Sprunggelenkabteilungen (Tarsitis und Bursitis) ist die Verstärkung der Lahmheit manchmal nur während der ersten drei bis zehn Tritte zu beobachten, das Pferd zeigt danach bereits wieder seinen ursprünglichen Gang. Länger anhaltende Lahmheit ist bei degenerativen Gelenkerkrankungen (Spat), unvollständigen Tibiafrakturen, Gelenkfrakturen und Synovialitis/Kapsulitis festzustellen. Bei Vorliegen einer Osteochondrosis dissecans wird die Lahmheit nach der „Sprunggelenkbeugeprobe" nicht in allen Fällen deutlicher. Wenn der Ausfall dieser Probe nicht sicher zu beurteilen ist, sollte sie wiederholt werden. Zwei der häufigsten Fehler bei der Durchführung sind die unvollständige Beugung des Sprunggelenkes sowie unangemessenes, zu starkes Antreiben des Pferdes beim Vortraben, so daß es scheut, statt ruhig anzutraben. Da das Hüftgelenk, das Kniegelenk und in geringerem Grad auch die Zehengelenke gebeugt werden, ermöglicht diese Beugeprobe nicht die definitive Beurteilung ausschließlich des Sprunggelenkes. Aus diesem Grund müssen vor Durchführung der „Sprunggelenkbeugeprobe" diese anderen Gelenke untersucht werden. Wenn das Pferd im Laufe der klinischen Untersuchung Anzeichen für eine Ruptur der Sehne des Musculus peroneus (fibularis) tertius zeigt, kann der Versuch unternommen werden, die Gliedmaße im Sprunggelenk zu strecken. Bei Vorliegen einer Ruptur kann bei gebeugtem Kniegelenk das Sprunggelenk gestreckt werden, und die Gastroknemius-Sehne legt sich in charakteristische Falten (Abb. 3.38).

Tibia. Die Tibia ist aus allen Richtungen adspektorisch auf Umfangsvermehrungen zu untersuchen. Danach erfolgt eine tiefe Palpation. Entzündungen im Bereich des medialen Epikondylus am distalen Ende der Tibia können bei Frakturen oder nach Anschlagen des Knochens und/oder bei Dehnungen des medialen Seitenbandes auftreten. Bei einer schmerzhaften Umfangsvermehrung bei tiefer Palpation im distalen Drittel der Tibia in Zusammenhang mit Schmerzen im proximalen Bereich der Tibia, bei gleichzeitig bestehender deutlicher Lahmheit und einer positiven „Sprunggelenkbeugeprobe" sollte der Untersucher unbedingt an die Möglichkeit einer unvollständigen Tibiafraktur denken. Bei einer vollständigen Tibiafraktur wird die Gliedmaße nicht mehr belastet. Es liegt eine deutliche

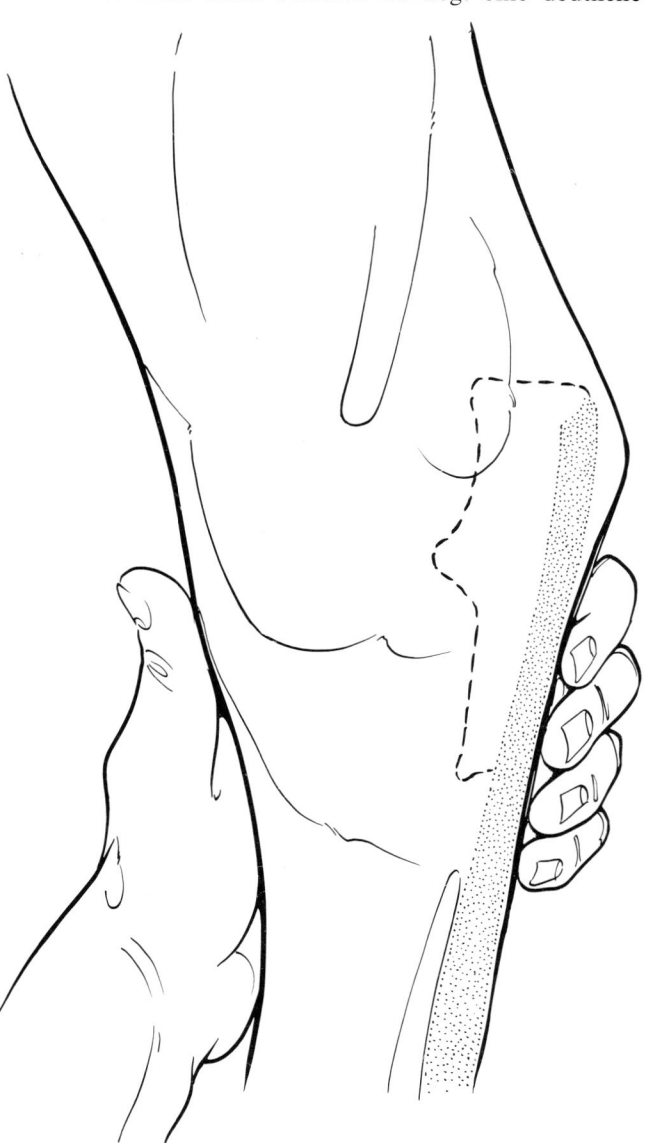

Abb. 3.36: Palpation des Ligamentum plantare longum an der Plantarfläche des Kalkaneus. Umfangsvermehrungen in diesem Bereich werden als Hasenhacke bezeichnet. Bei Fohlen mit ähnlichen Umfangsvermehrungen („curby appearance") kann ein Vorfall des Os tarsi centrale und des Os tarsale III vorliegen.

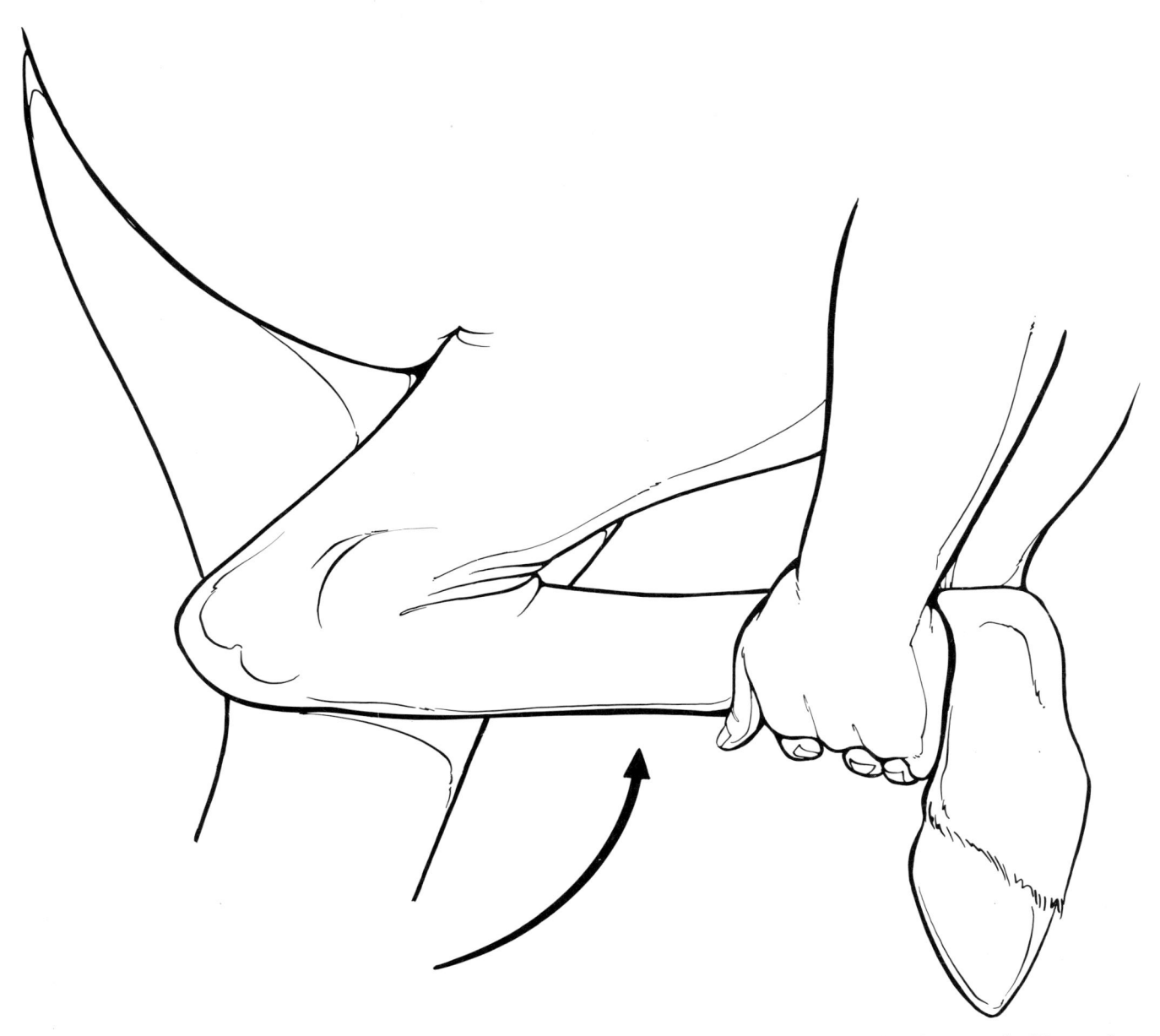

Abb. 3.37: Sprunggelenkbeugeprobe („Spatbeugeprobe"). Die Beckengliedmaße wird gebeugt, so daß sich der Metatarsus der Waagerechten nähert. Die Gliedmaße wird für eine bis anderthalb Minuten in dieser Stellung gehalten, danach wird das Pferd vorgetrabt. Eine eventuelle Verstärkung der Lahmheit wird festgestellt. Eine Verstärkung der Lahmheit wird als positiver Ausfall der Probe gewertet. Dies ist aber nicht pathognomonisch für Spat, da auch das Kniegelenk und das Fesselgelenk gebeugt werden.

Umfangsvermehrung vor; bei Palpation und weiteren Manipulationen ist Krepitation festzustellen. Die Gliedmaße erscheint außerdem durch Verschiebung der Bruchenden gegeneinander verkürzt. Umfangsvermehrungen und Fehlstellungen der Gliedmaße in Knie- und Sprunggelenk sind bei Frakturen der Tibiaepiphysen häufig.

Kniegelenk. Das Kniegelenk wird adspektorisch auf Umfangsvermehrungen und auf Atrophie der umliegenden Muskelgruppen untersucht. Von lateral ist eine eventuelle Vorwölbung der Gelenkkapsel des Kniescheibengelenkes erkennbar (Abb. 3.39). Als nächstes werden die drei distalen Kniescheibenbänder durch tiefe Palpation auf Desmitis untersucht. Der Bereich des medialen Kniescheibenbandes wird auf Narbenbildung kontrolliert, die auf eine Desmotomie zurückzuführen sein kann. Das Kniescheibengelenk wird auf vermehrte Füllung und Kapsulitis (Gonitis) palpiert. Wenn eine Synovialitis/Kapsulitis in der Kapsel des Kniescheibengelenkes vorliegt, weist dies auf pathologische Veränderungen im Kniescheibengelenk oder in der medialen Abteilung des Kniekehlgelenkes hin. Die Ergebnisse dieser Untersuchung werden mit den an der anderen Gliedmaße erhobenen Befunden verglichen. Im allgemeinen sind die vermehrte Füllung des Gelenkes und die Verdickung der Gelenkkapsel um so deutlicher, je schwerer die vorliegenden pathologischen Veränderungen sind. Eine leicht vermehrte Füllung des Gelenkes und geringgradige Kapsulitis sind bei Pferden, die sich in intensivem Training befinden, normal. Diese Veränderungen können auch bei einer habituellen dorsalen Patellafixation vorliegen. Hochgradig vermehrte Füllung des Kniescheibengelenkes in Verbindung mit deutlicher Kapsulitis deutet eher auf einen Kreuzbandriß,

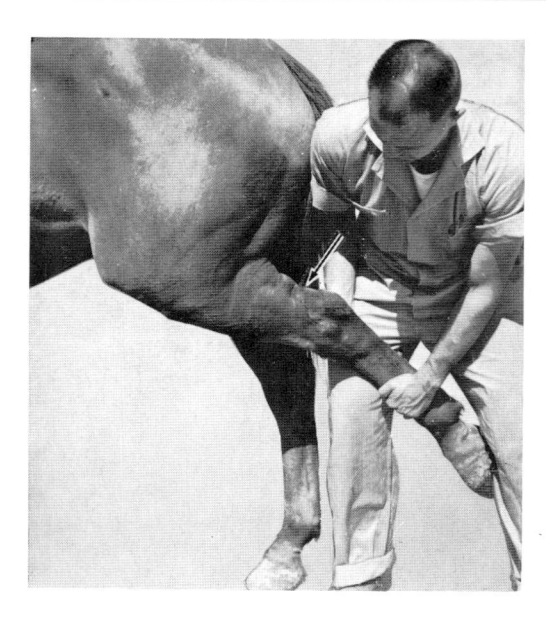

Abb. 3.38: Ruptur der Sehne des Musculus peroneus tertius. Der Pfeil weist auf die Faltenbildung in der Achillessehne beim Strecken der Gliedmaße hin. Es fällt auf, daß das Sprunggelenk gestreckt ist, während gleichzeitig das Kniegelenk gebeugt ist. Dies ist bei einer normalen Gliedmaße unmöglich.

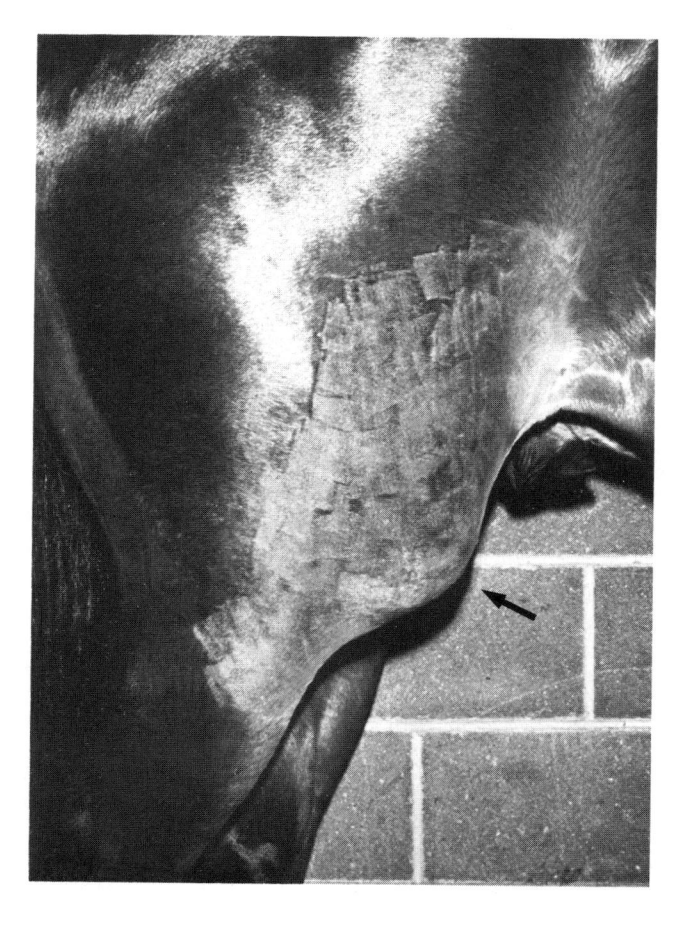

Abb. 3.39: Lateralansicht. Die Umfangsvermehrung der Kapsel des Kniescheibengelenkes weist auf eine Gonitis hin (Pfeil).

einen Meniskusschaden, Dehnung und/oder Riß des medialen Seitenbandes, Gelenkfrakturen, degenerative Gelenkerkrankungen oder Osteochondrosis dissecans des lateralen Rollkammes hin. Die Patella sollte palpatorisch auf Entzündungen in den umgebenden Geweben sowie auf Krepitation untersucht werden, welche auf eine Fraktur hinweisen kann. Ebenso sind Dislokationen der Patella festzustellen.

Zu den bei der Untersuchung des Kniegelenkes verwendeten Provokationsproben gehören die Untersuchung auf Dislokation der Patella, die Funktionsproben der Kreuzbänder und die Beurteilung des medialen Seitenbandes. Bei der Untersuchung auf Dislokation der Patella liegt die Basis der Patella zwischen Daumen und Zeigefinger. Nun wird versucht, das mediale Kniescheibenband über den medialen Rollkamm einzuhaken, indem die Patella proximal und lateral gedrückt wird. Viele Pferde sind hierbei empfindlich und versuchen, das Kniegelenk zu beugen, um die erzwungene Dislokation der Patella nach proximal zu verhindern. Manche Pferde versuchen zu schlagen. Daher ist es hilfreich, den Schweif mit einer Hand zu fassen, um das Pferd zum Belasten der zu untersuchenden Gliedmaße zu zwingen. Manchmal ist es von Vorteil, das Pferd mit der anderen Seite gegen einen festen Gegenstand zu stellen, damit es nicht in diese Richtung ausweichen kann. Wenn die Kniescheibe sich leicht proximal verlagern läßt und deutlich einhakt, wird das Pferd im Schritt vom Untersucher weggeführt und dabei wird die Reaktion beurteilt. Bei vollständiger dorsaler Fixation der Patella ist das Pferd nicht in der Lage, das Kniegelenk zu beugen, und zieht die Gliedmaße in Streckstellung nach (Abb. 3.40 B). Wenn die Patella leicht zu verlagern ist, aber nicht einhakt, wenn Krepitation und eine Umfangsvermehrung der Gelenkkapsel des Kniescheibengelenkes vorliegen und wenn außerdem vermehrte Abnutzung des vorderen Hufbereiches festzustellen ist (Anlaufen einer Zehenrichtung), sollte die Möglichkeit in die Überlegungen einbezogen werden, daß eine habituelle Patellafixation vorliegt. Manchmal führt die acht- bis zehnmalige Wiederholung der Verlagerung der Kniescheibe zu verstärkter Lahmheit auf der betroffenen Gliedmaße.

Für die Durchführung der Kreuzbandprobe gibt es zwei Methoden. Bei der ersten Methode steht der Untersucher hinter dem Pferd, nimmt seine Arme um die Gliedmaße und verschränkt die Hände vor dem proximalen Ende der Tibia (Abb. 3.41). Er stemmt ein oder beide Knie gegen die Plantarfläche des Kalkaneus und stellt seinen Fuß mit der Spitze hinter die Mitte des Hufes. Auf diese Weise stabilisiert er die Gliedmaße und verhindert, geschlagen zu werden. In dieser Stellung zieht der Untersucher die Tibia ruckartig kaudal und läßt sie dann wieder kranial schnellen, wobei er auf abnorme Beweglichkeit oder Krepitation achtet, welche auf einen Kreuzbandschaden hinweisen würde. Bei einem Riß des kaudalen Kreuzbandes sind die Beweglichkeit und die Krepitation zu fühlen, während die Tibia nach kaudal gezogen wird. Bei einem Riß des kranialen Kreuzbandes ist die abnorme Beweglichkeit als ein Gleiten in kranialer Richtung zu bemerken („cranial drawer sign"). In vielen Fällen ist bei dieser Probe lediglich eine allgemeine abnorme Beweglichkeit festzustellen, und es ist schwer zu entscheiden, ob dies bei der Verlagerung der Tibia nach kranial oder kaudal zu fühlen ist. Bei einem gesunden Pferd ist selbstverständlich keine derartige Beweglichkeit in diesem Gelenk zu verzeichnen. Diese Provokationsprobe wird nicht routinemäßig bei allen Pferden durchgeführt, sondern nur, wenn die Lahmheit so stark ist, daß die Möglichkeit eines Risses

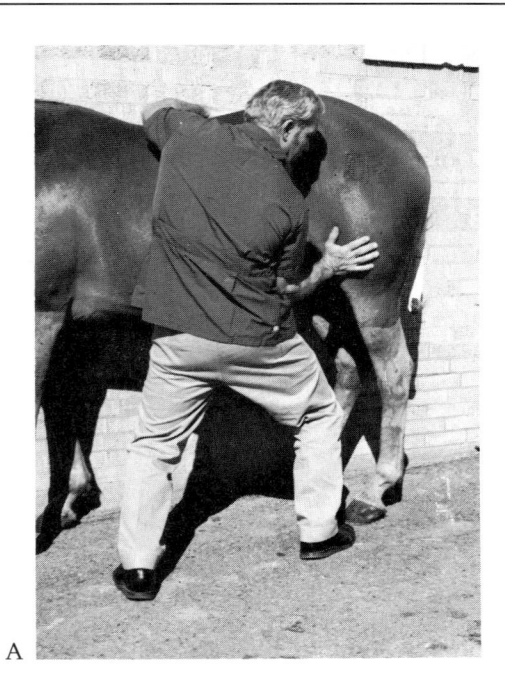

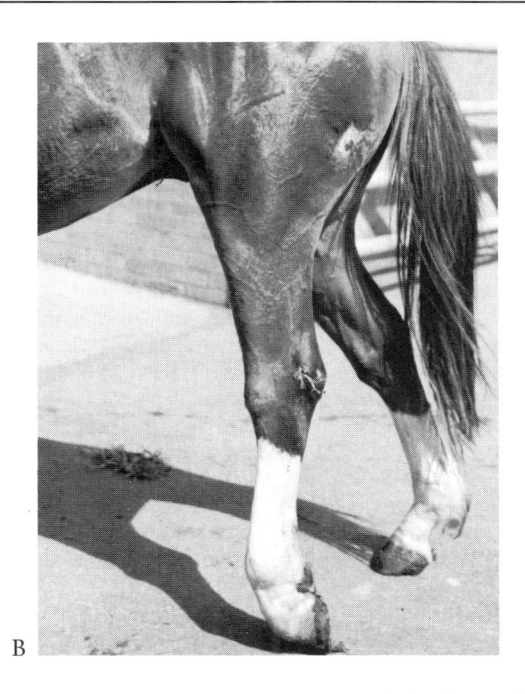

Abb. 3.40: A Stellung, um die Patella nach dorsolateral zu drücken, als Hilfsmittel für die Diagnose der dorsalen Patellafixation. **B** Typische Haltung der Gliedmaße bei dorsaler Fixation der Patella: Streckung von Knie- und Sprunggelenk sowie Beugung des Fesselgelenkes sind deutlich zu sehen.

des kranialen Kreuzbandes in die Überlegungen einbezogen werden muß. Dennoch ist die Probe in diesen Fällen für die Diagnose von Bedeutung.
Bei der zweiten Kreuzbandprobe steht der Untersucher direkt vor der betroffenen Gliedmaße. Er legt eine Hand proximal auf die Tuberositas tibiae, drückt diese so schnell und kräftig wie möglich nach hinten und läßt sie dann los. Mit der anderen Hand zieht er den Schweif zu dieser Seite, um das Pferd zum Belasten der Gliedmaße zu zwingen. Die durch den Druck auf die Tibia kaudal und beim Zurückschnellen kranial wirkenden Kräfte belasten das kraniale und kaudale Kreuzband (Abb. 3.42). Diese Manipulation wird 20- bis 25mal wiederholt, danach wird der Grad der Lahmheit beim Vortraben beobachtet. Falls eine Hilfsperson zur Verfügung steht, sollte diese die gleichseitige Schultergliedmaße aufhalten. Eine Verstärkung der Lahmheit kann auf eine Dehnung eines Kreuzbandes hinweisen, andere Komplexe, wie z. B. degenerative Gelenkerkrankungen, Gelenkfrakturen oder Schäden am medialen Meniskus, können jedoch so nicht ausgeschlossen werden.[16]
Die Funktion des medialen Seitenbandes wird überprüft, indem der Untersucher seine Schulter von lateral gegen das Kniescheibengelenk stemmt und die Gliedmaße im distalen Bereich faßt und abduziert (Abb. 3.43). Auch hierbei gibt es zwei Möglichkeiten. Bei einer Ruptur des medialen Seitenbandes ruft diese Provokationsprobe in der Regel so starke Schmerzen hervor, daß das Pferd zur anderen Seite kippt. Dehnungen des Bandes dagegen äußern sich durch Verstärkung der Lahmheit beim Vortraben, nachdem die Gliedmaße fünf- bis zehnmal abduziert worden ist. Bei Schäden am medialen Meniskus liegen oft gleichzeitig Rupturen des kranialen Kreuzbandes und des medialen Seitenbandes vor („terrible triad"). Wie zu erwarten ist, gehen diese Pferde im allgemeinen

Abb. 3.41: Provokationsprobe bei Verdacht auf eine Ruptur des kranialen Kreuzbandes. Das Knie des Untersuchers liegt hinter dem Sprunggelenkhöcker, und der proximale Anteil der Tibia wird ruckartig kaudal gezogen (Pfeil). Jede abnorme Beweglichkeit oder Krepitation, die festzustellen ist, während die Tibia kaudal gezogen wird oder kranial gleitet, weist auf eine Ruptur des kranialen und möglicherweise auch des kaudalen Kreuzbandes hin. Normalerweise können die Enden von Tibia und Femur nicht gegeneinander verschoben werden.

stark lahm, die Lahmheit läßt sich als Lahmheit dritten oder vierten Grades einstufen. Das laterale Seitenband wird überprüft, indem die Gliedmaße medial gedrückt wird.

Schließlich werden der Musculus semimembranosus und der Musculus semitendinosus auf Anzeichen derber Narbenbildungen palpiert, die auf eine fibrosierende oder ossifizierende Myopathie hinweisen würden.

Oberschenkel. Die das Os femoris umgebenden Muskeln werden auf Entzündungssymptome und auf Atrophie untersucht. Durch Palpation der Arteria femoralis an der medialen Seite des Oberschenkels in der Rinne zwischen dem Musculus sartorius (kranial) und dem Musculus pectineus (kaudal) wird die Pulsqualität beurteilt. Wenn der Puls nur schwach oder gar nicht feststellbar ist, kann dies durch eine Thrombose der Arteria iliaca externa begründet sein. Schmerzreaktionen bei Druck auf den Trochanter major sollten Verdacht auf Bursitis trochanterica („whorlbone disease") wecken. Standardbred-Pferde mit schmerzhaften Prozessen in diesem Bereich können gleichzeitig Veränderungen im Bereich von Sprunggelenk und Kniegelenk aufweisen.[16] Vollständige Femurfrakturen führen zu einer hochgradigen Lahmheit ohne Belastung der betroffenen Gliedmaße und zu Anschwellungen. Krepitation ist manchmal schwierig festzustellen, und es ist häufig von Vorteil, ein Stethoskop in dem Bereich anzulegen, wo eine Fraktur vermutet wird, um jede eventuell hörbare Krepitation festzustellen. Besonders Oberschenkelhalsfrakturen sind oft schwierig zu diagnostizieren. Wenn sie allerdings schon kurz nach dem Entstehen der Fraktur untersucht werden, wird die damit verbundene Anschwellung auf den Hüftbereich beschränkt sein, und Rotation im Hüftgelenk ist leichter möglich als im normalen Zustand. Eine röntgenologische Untersuchung ist hier sicherlich von großer Bedeutung.

Hüfte. Die Hüfte wird auf Asymmetrie und auf möglicherweise vorliegende, einzelne Muskelgruppen betreffende Muskelatrophie untersucht. Der Untersucher kann die Position des Trochanter major ossis femoris in Relation zu den anderen Strukturen abschätzen, indem er mit den Fingern und Händen die Entfernung vom Sitzbeinhöcker zum Trochanter major und vom Tuber sacrale zum Trochanter major mißt. Bei einer Hüftgelenksluxation werden die Ergebnisse dieser Messungen ungleich sein. Da der Femurkopf in der Regel vom Azetabulum kranial und dorsal luxiert ist, wird die Entfernung zwischen dem Sitzbeinhöcker und dem Trochanter major im Vergleich mit der anderen Seite größer sein, während die Entfernung zwischen dem Hüfthöcker und dem Trochanter major kleiner sein wird. Im Schritt geht das Pferd mit auswärts gestelltem Knie, einwärts gedrehtem Sprunggelenkhöcker und zehenweit. Außerdem fällt häufig eine deutliche Verkürzung der Gliedmaße auf, das Pferd „fällt" auf die betroffene Gliedmaße. Im Stand steht diese Gliedmaße bei Betrachtung von der Seite steiler als die kontralaterale Gliedmaße. Bei der Untersuchung ist eine Rotation der Gliedmaße nach medial nicht möglich. Bei einer Ruptur des Ligamentum capitis ossis femoris ohne Luxation des Hüftgelenkes fallen ebenfalls in der Bewegung das auswärts gestellte Knie, der einwärts gedrehte Sprunggelenkhöcker und die zehenweite Stellung auf. Durch Aufheben der Gliedmaße am Metatarsus wird das Hüftgelenk gestreckt, gebeugt und abduziert. Außerdem kann das Hüftgelenk mehrmals gebeugt und gleichzeitig mit einem Stethoskop auskultiert werden, um etwaige Krepitation festzustellen. Bei Vorliegen von Krepitation sollte der Untersucher bei einer hochgradigen Lahmheit ohne Belastung der Gliedmaße an eine Oberschenkelhalsfraktur, ferner an Azetabulumfrakturen und/oder an degenerative Gelenkerkrankungen denken. Es ist wichtig, die an einer Seite festgestellten Geräusche mit denen zu vergleichen, die an der anderen Seite zu verzeichnen sind. Manchmal ist es außerdem hilfreich, das Gebiet über dem Hüftgelenk zu auskultieren, während das Pferd im Schritt geht. Es ist dabei aber von Bedeutung, daß der Untersucher nur diejenigen Geräusche als abnorm interpretiert, die in dieser Region auftreten, während der Huf, vom Boden abgehoben, sich in der Hangbeinphase befindet. Während des Fußens und während des weiteren Ablaufes der Stützphase bis zum erneuten Abheben der Gliedmaße ist eine Unzahl von Geräuschen zu verzeichnen. Diese sind schwierig zu interpretieren. Die wahrgenommenen abnormen Geräusche sollten mit den Geräuschen bei der Untersuchung der anderen Seite verglichen werden. Bei Verdacht auf eine Fraktur im Azetabulum kann diese eventuell durch rektale Untersuchung dieses Bereiches diagnostiziert werden.

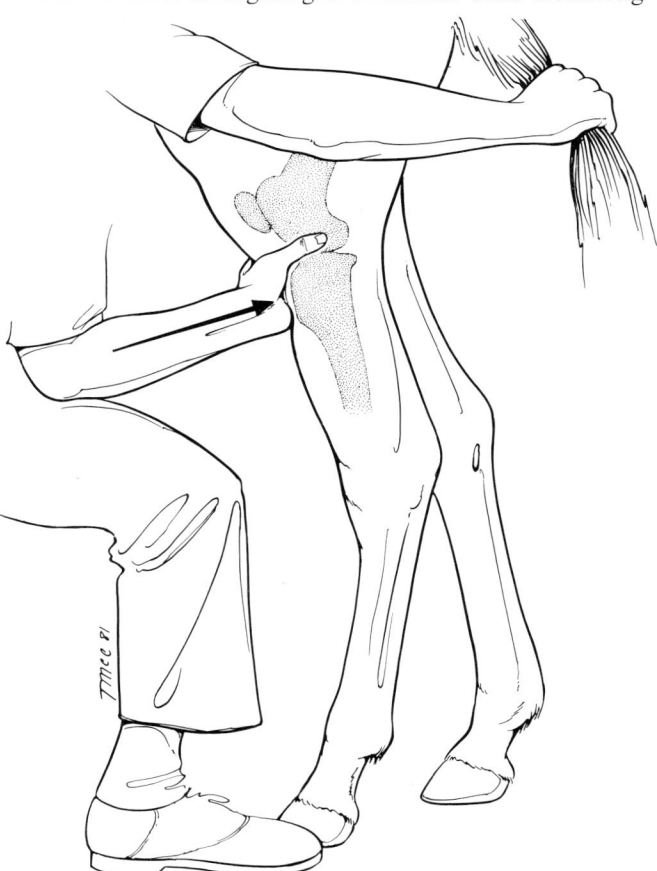

Abb. 3.42: Funktionsprobe der Kreuzbänder. Der Untersucher steht direkt vor dem Kniegelenk. Eine Hand liegt auf dem proximalen Abschnitt der Tibia, drückt diese kaudal und läßt sie wieder los. Dies soll ca. 20- bis 25mal wiederholt werden. Während dieser Manipulation wird der Schweif des Pferdes zu der Seite gezogen, auf welcher der Untersucher steht. So wird das Pferd zum Belasten dieser Gliedmaße gezwungen. Bei einem Kreuzbandriß sind abnorme Beweglichkeit und starke Schmerzhaftigkeit im Gelenk zu verzeichnen. Bei einer Dehnung des kranialen Kreuzbandes ist eine Verstärkung der Lahmheit beim anschließenden Vortraben zu beobachten.

Becken. Das Becken wird von außen untersucht. Zunächst wird die Symmetrie der Hüfthöcker und Sitzbeinhöcker beider Seiten beurteilt. Bei Asymmetrie der Hüfthöcker oder der Sitzbeinhöcker sollte der Untersucher an Frakturen dieser Knochenvorsprünge denken. Wenn bei einer Stute das perivaginale Gewebe angeschwollen ist und ein Ödem der vaginalen Mukosa vorliegt, könnte eine Fraktur der Beckensymphyse bestehen. Dies kann bei der Stute durch eine vaginale Untersuchung bestätigt werden, während eine Hilfsperson die Beckengliedmaße bewegt. Bei einer Fraktur können Krepitation und die Beweglichkeit der Anteile des Schambeins

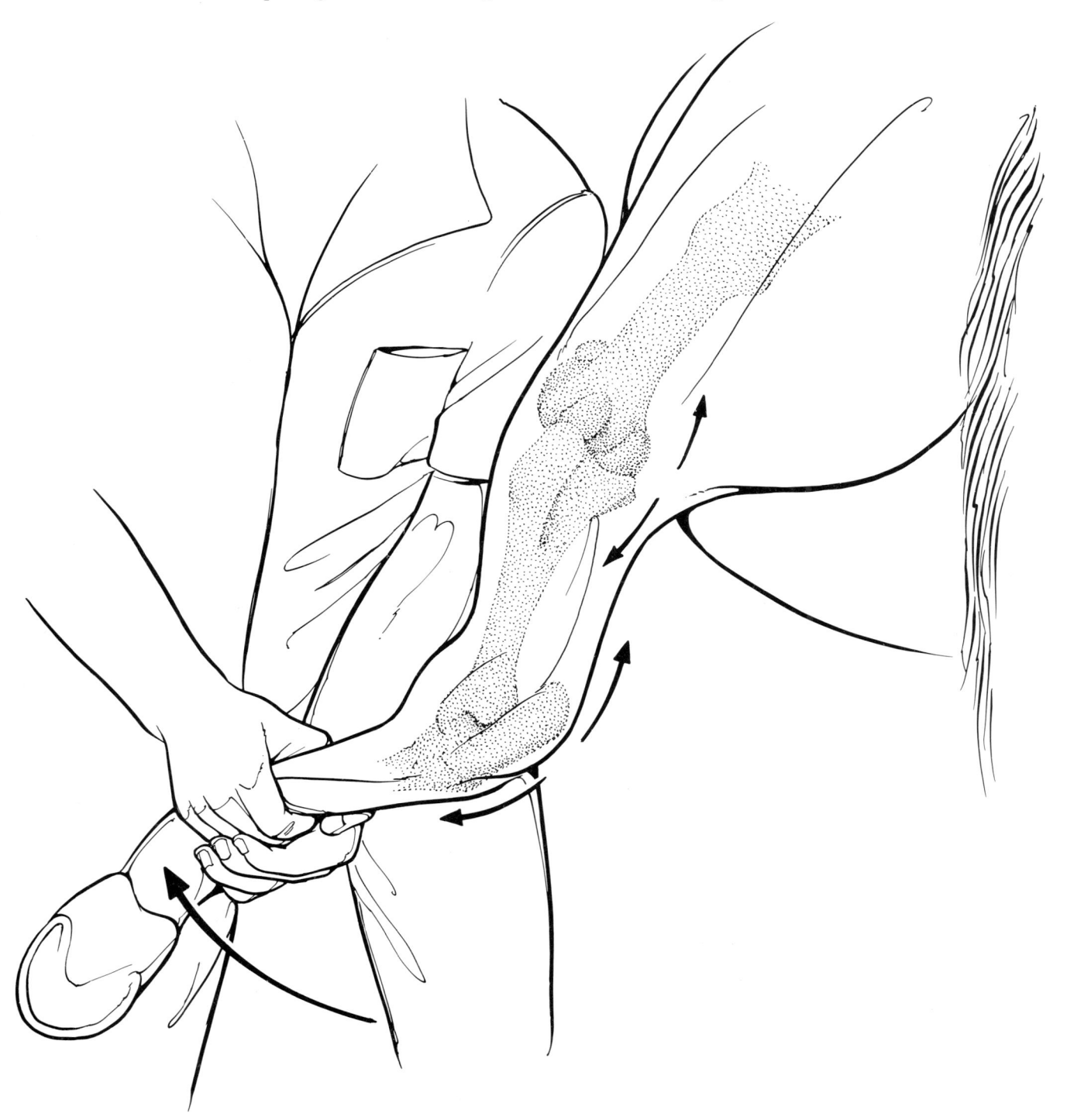

Abb. 3.43: Provokationsprobe zur Belastung der medialen Seitenbänder von Sprunggelenk und Kniegelenk. Als Variation kann eine Hand medial an das distale Ende der Tibia fassen, um hauptsächlich das mediale Seitenband des Kniegelenkes zu dehnen. Andererseits kann der Untersucher selektiv das mediale Seitenband des Sprunggelenkes dehnen, indem er seine Schulter gegen den mittleren Bereich der Tibia stemmt, während beide Hände distal am Metatarsus anfassen. Schmerzreaktionen können auf traumatische Schäden durch Bänderdehnungen hinweisen.

130　Kapitel 3: Lahmheitsdiagnostik

gegeneinander palpatorisch festgestellt werden. Frakturen von Hüftbein oder Azetabulum können außerdem durch eine rektale Untersuchung festgestellt werden. Die Besprechung dieser Untersuchungstechnik erfolgt später ausführlicher (siehe Seite 132 bis 134).

Untersuchung des Rückens
Zunächst werden die Reaktionen des Pferdes eingeschätzt, indem der Untersucher mit den Fingerspitzen beider Hände sanft vom Widerrist bis zur Schweifrübe den Rücken entlangfährt. Sehr empfindliche Pferde mit dünner Haut werden dabei versuchen, sich diesem Druck zu entziehen. Solange keine dramatische Reaktion wie Steigen, Schlagen oder Ausweichen erfolgt, sollte dies nicht als klinisch bedeutsam bewertet werden. Jede Muskelschwellung, Atrophie oder Asymmetrie wird vermerkt. Anschließend wird mit flach zusammengelegten Fingern in der gleichen Weise festerer Druck auf die Rückenmuskeln ausgeübt (Abb. 3.44). Die meisten Pferde reagieren auf diesen Druck in der Lendengegend mit Durchbiegen der Wirbelsäule nach ventral. Nach einigen Wiederholungen aber läßt diese Reaktion nach, und das Ausweichen

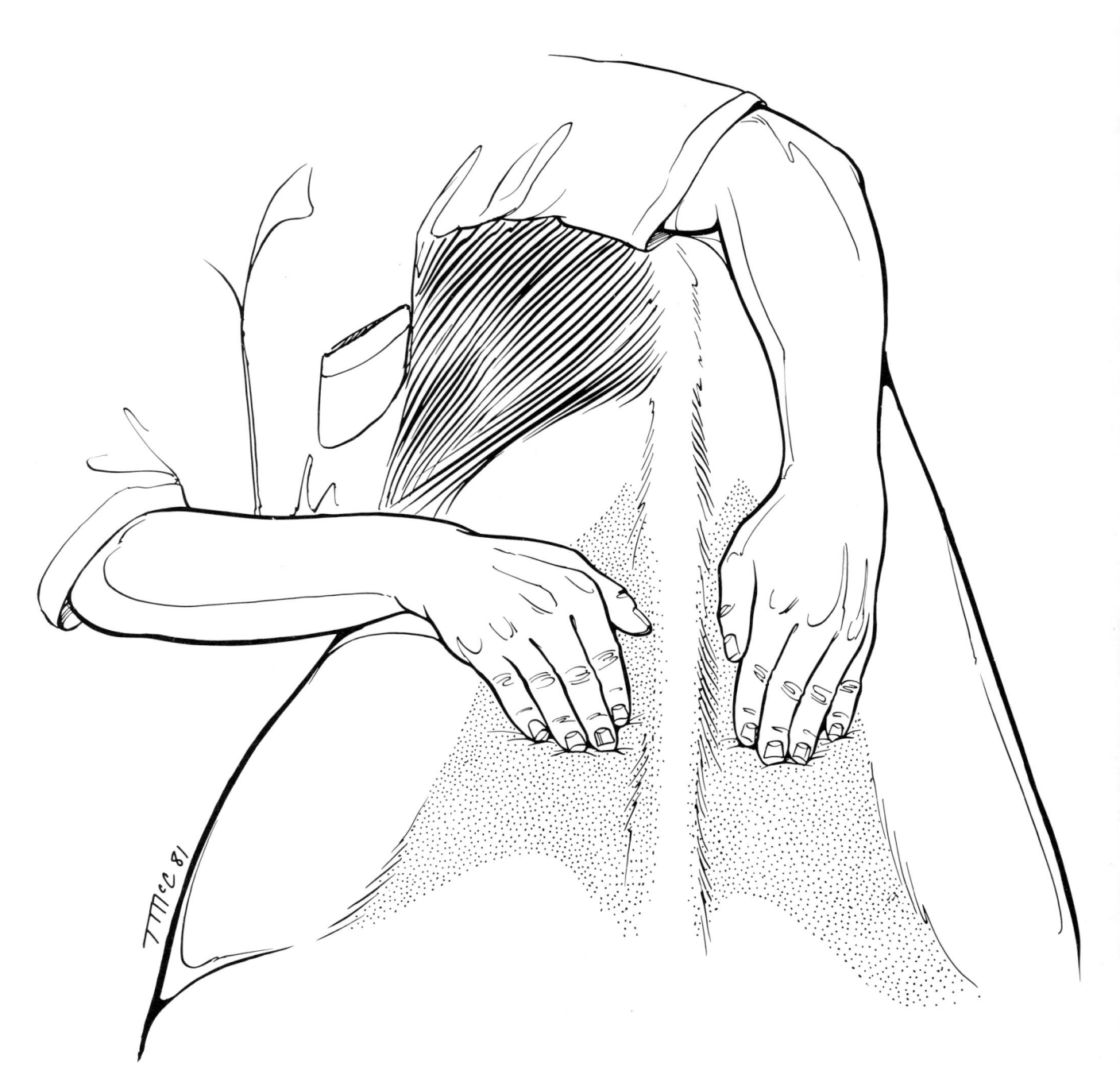

Abb. 3.44: Durch festen Druck werden die Rückenmuskeln in ihrer gesamten Länge vom Widerrist bis zum Tuber sacrale auf Schmerzreaktionen untersucht. Es ist zu beachten, daß die Finger hierbei flach gehalten werden.

ist nicht weiter auffällig. Besondere Aufmerksamkeit gilt den Ansätzen des Musculus longissimus am zweiten und dritten Kreuzwirbel. Dies ist besonders bei Wagenpferden von Bedeutung.[21] Bei Pferden, die empfindlich zu sein scheinen, muß der Druck, den die Finger ausüben, langsam gesteigert werden. Wenn die Empfindlichkeit im Rücken bestehen bleibt und die Reaktionen kaum nachlassen, ist dieser Befund klinisch signifikant. Wie bei den anderen Proben reagiert auch hier jedes Tier verschieden. Die Einschätzung leichterer Fälle erfordert daher einige klinische Erfahrung. Manchmal ist statt des Ausweichens eine Verhärtung (Muskelspasmen) des Musculus longissimus festzustellen. Dies bedeutet normalerweise, daß das Pferd versucht, die Wirbelsäule durch Muskelanspannung zu fixieren, da das Durchbiegen nach ventral und das Ausweichen bei Druck schmerzhaft sind. Als nächstes werden die Kuppen der Dornfortsätze an den Brustwirbeln auf ihre axiale Ausrichtung, Erhebungen oder Senkungen und die Abstände zwischen den Dornfortsätzen palpiert (Abb. 3.45). Abweichungen von der linearen Ausrichtung können auf das Vorliegen von Frakturen, Luxationen, Subluxationen oder auf das gegenseitige Berühren von Dornfortsätzen hinweisen.

Beugeproben und weitere Provokationsproben. Durch diese Proben ermittelt der Untersucher die Bereitschaft des Pferdes, seine Brust- und Lendenwirbelsäule ventral, dorsal und lateral zu biegen.[21] Die Fähigkeit des Pferdes, die Wirbelsäule ventral durchzubiegen, kann durch wiederholtes Kneifen des Pferdes am Übergang von den Brustwirbeln zu den Lendenwirbeln ermittelt werden. Ein Durchbiegen des Rückens nach dorsal ist durch Kneifen in die Kruppe oder mittels eines stumpfen Gegenstandes, der über diesen Bereich geführt wird, zu erreichen (Abb. 3.46). Dies führt zu einem Aufwölben der Wirbelsäule im Übergang von den Brustwirbeln zu den Lendenwirbeln sowie zu einem Einziehen der Kruppengegend. Die seitliche Biegung der Wirbelsäule erfolgt als Reaktion auf festes Streichen über die seitliche Muskulatur der Lendengegend und/oder den Brustbereich. Dies erfolgt nacheinander von beiden Seiten unter Verwendung eines

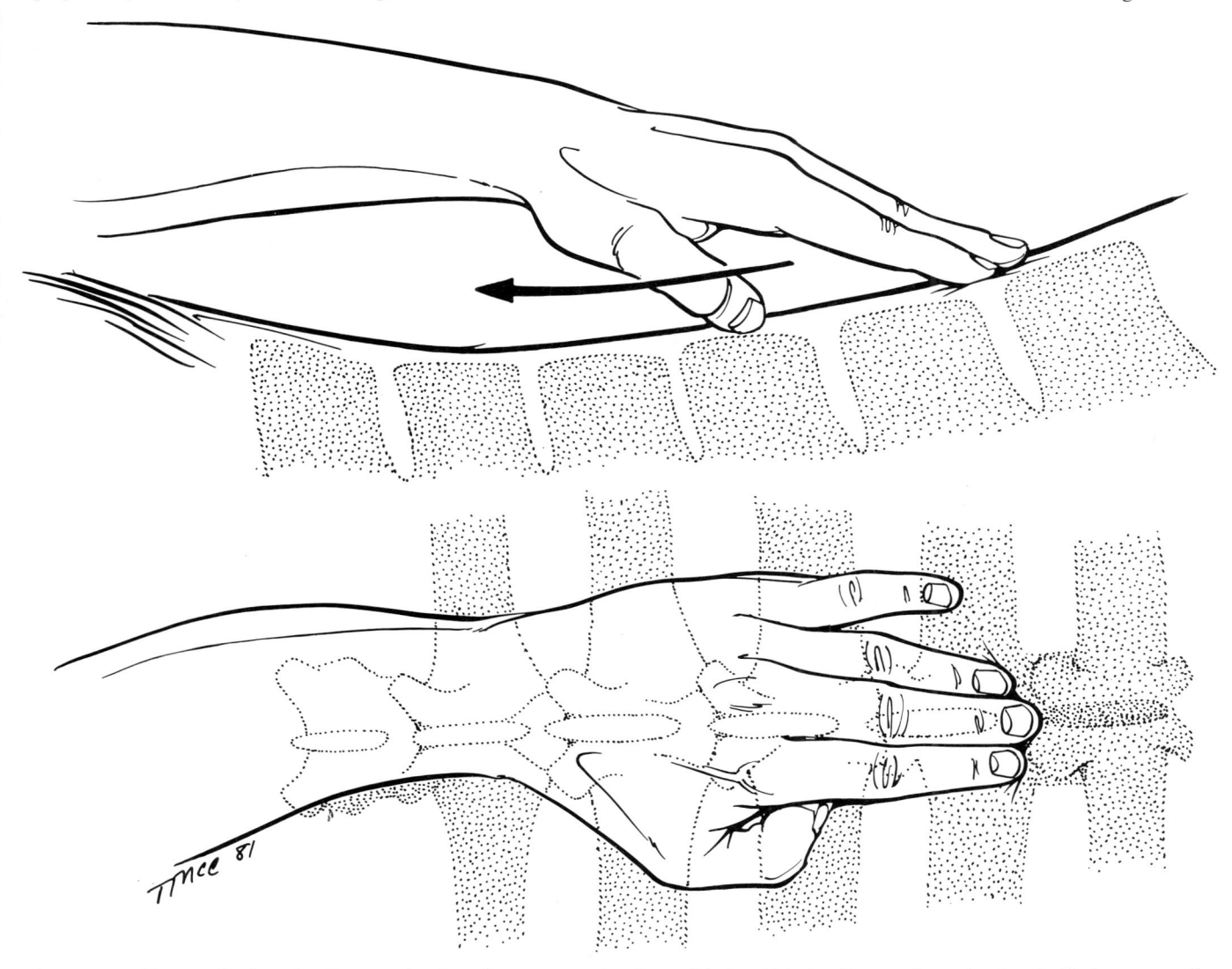

Abb. 3.45: Oben: Palpation der Kuppen der Dornfortsätze an den Brustwirbeln. Ziel der Untersuchung ist das Auffinden eventuell vorhandener Senkungen oder Erhebungen, die auf Subluxationen oder Frakturen hinweisen können. **Unten:** Palpation der Dornfortsätze der Brustwirbel. Beurteilung der axialen Ausrichtung.

stumpfen Gegenstandes (Abb. 3.47). Die Reaktion beim Überprüfen der Hautsensibilität durch Verwendung eines scharfen Gegenstandes führt eher zum Ausweichen als zu einem Biegen der Wirbelsäule und ist hier nicht erwünscht. Die Pferde leisten dieser Probe häufig Widerstand, und die erwünschte Biegung kann nicht beobachtet werden. Widerstand des Pferdes gegen das Biegen der Wirbelsäule in Verbindung mit Anspannung der Muskulatur und Verhärtung des Rückens weist oft auf Schäden der Weichteilgewebe oder der Knochen in der Brust- und Lendenwirbelsäule hin. Manchmal kann die Lokalisation der schmerzhaften Veränderungen durch selektiven Druck mit den Fingern ermittelt werden, häufig aber müssen Röntgenaufnahmen von diesem Bereich angefertigt werden. Anheben des Schweifes veranlaßt das Pferd in der Regel, die Kruppe einzuziehen. Bei Veränderungen im Bereich der Kreuz- oder Schwanzwirbel dagegen führt das Anheben des Schweifes oft zu einem Herausstellen der Nachhand.

In allen Fällen, in denen Veränderungen im proximalen Bereich der Beckengliedmaßen oder Rückenbeschwerden vermutet werden, sollte eine rektale Untersuchung durchgeführt werden, um Luxationen oder Frakturen der Kreuzwirbel und Frakturen des Beckens auszuschließen. Häufig ist bei Pferden mit Myositis die rektale Palpation der inneren Lendenmuskulatur schmerzhaft.

Rektale Untersuchung. Die rektale Untersuchung kann ein wichtiger Teil der Lahmheitsuntersuchung sein. Dies gilt besonders dann, wenn Myositis, Wirbelfrakturen, Thrombosen der Arteriae iliacae externae oder Beckenfrakturen vermutet werden. Das Pferd wird zunächst im Stand, von kranial nach kaudal vorgehend, untersucht. Der Musculus iliopsoas wird kranial des Beckenrandes palpiert (Abb. 3.48). Bei Schmerzreaktionen, wenn das Pferd sich verkrampft (die Muskeln anspannt), kommen lokale Myopathien oder Frakturen der Lendenwirbel als Ursachen in Frage. In manchen Fällen sind Anschwellungen ventral der Frakturstellen vorhanden. Die Aorta abdominalis wird auf Pulsation untersucht. Wenn an einer der Arteriae iliacae externae der Puls kaum fühlbar ist, liegt möglicherweise eine Thrombose vor. Bei älteren Pferden sollten die Lymphknoten im Lendenbereich auf Asymmetrie untersucht werden. Diese könnte besonders bei wenig pigmentierten Pferden auf metastasierende Tumoren hinweisen. Die Symmetrie sämtlicher Strukturen im Bereich des Beckens ist durch vergleichende Palpation beider Seiten zu beurteilen (Abb. 3.49). Bei Frakturen des Darmbeines mit Verschiebung der Bruchenden liegt eine deutliche Asymmetrie vor. Wenn Haarrisse im Becken vorhanden sind, kann durch passives Bewegen der Gliedmaßen eventuell Krepitation hervorgerufen werden, oder die Bruchstücke verlagern sich genügend, so daß der Bruch mit den Fingern palpiert werden kann. Die Ventralfläche der Wirbelkörper der Kreuzwirbel wird auf Abweichungen von der Längsachse und auf etwaige Senkungen oder Erhebungen untersucht, die auf Frakturen oder Subluxationen hinweisen können. Wenn jetzt noch Zweifel bestehen, wird die Untersuchung fortgesetzt, indem das Pferd wiederholt durch abwechselnden Druck auf die Hüfthöcker veranlaßt wird, sein Gewicht von

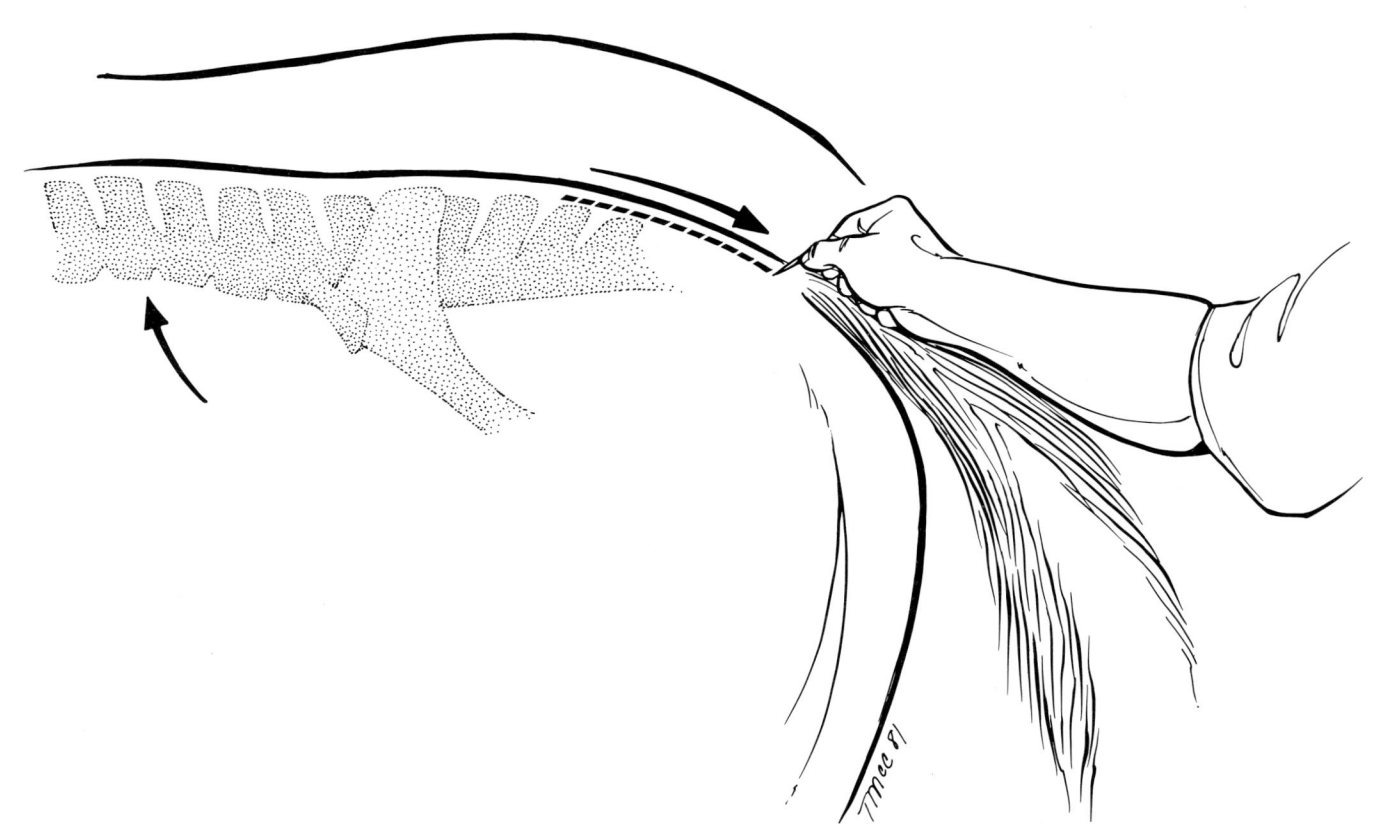

Abb. 3.46: Ein stumpfer Gegenstand, wie z. B. ein Kugelschreiber, wird über die Kruppe geführt, um das Pferd zum Aufwölben des Rückens zu veranlassen. Widerstreben des Pferdes, die Wirbelsäule dorsal zu biegen, kann auf Veränderungen der Weichteilgewebe oder der Wirbelsäule im Rückenbereich hinweisen.

einer Beckengliedmaße auf die andere zu verlagern. In einigen Fällen ist es von Vorteil, das Pferd im Schritt führen zu lassen, während die Hand immer noch im Rektum bleibt, um pathologische Befunde festzustellen.

Spinale Ataxie („sway response"). Das Pferd wird auf Vorliegen einer Nachhandschwäche untersucht, die Hinweis auf eine Ataxie sein könnte. Hierzu kann das Pferd entweder von einer zur anderen Seite gedrückt oder am Schweif gezogen werden. Gesunde Pferde leisten diesem Druck Widerstand bzw. ziehen kräftig dagegen. Pferde, die an einer Ataxie leiden, erscheinen relativ schwach und leisten dem Schwanken von einer Seite zur anderen wenig Widerstand.

Bewertung spezifischer Befunde

Hyperthermie ist am besten zu beurteilen, indem das betreffende Gebiet mit dem Handrücken geprüft wird. Das Ergebnis wird mit dem an der anderen Gliedmaße erhobenen verglichen. Dabei ist zu bedenken, daß sich ein Bereich, der geschoren worden ist, wärmer anfühlt als ein nichtgeschorener Bereich und daß eine Gliedmaße, die von der Sonne beschienen wird, wärmer erscheint.

Krepitation kann in normalen Gelenken hervorgerufen werden, und die Beweglichkeit in den Kron- und Hufgelenken verschiedener Pferde kann unterschiedlich sein. Die an der kranken Gliedmaße erhobenen Befunde sollten grundsätzlich mit den an der gegenüberliegenden Gliedmaße erhobenen Befunden verglichen werden, um festzustellen, ob Unregelmäßigkeiten vorliegen.

Bei Untersuchung der gleichen Bereiche beider Gliedmaßen können gleich geartete Abwehrreaktionen auftreten. In diesen Fällen ist zu entscheiden, ob es sich um echte Schmerzreaktionen oder um Widersetzlichkeit aus Nervosität handelt. Junge Pferde sind schwieriger zu untersuchen als im Umgang mit dem Menschen vertraute und

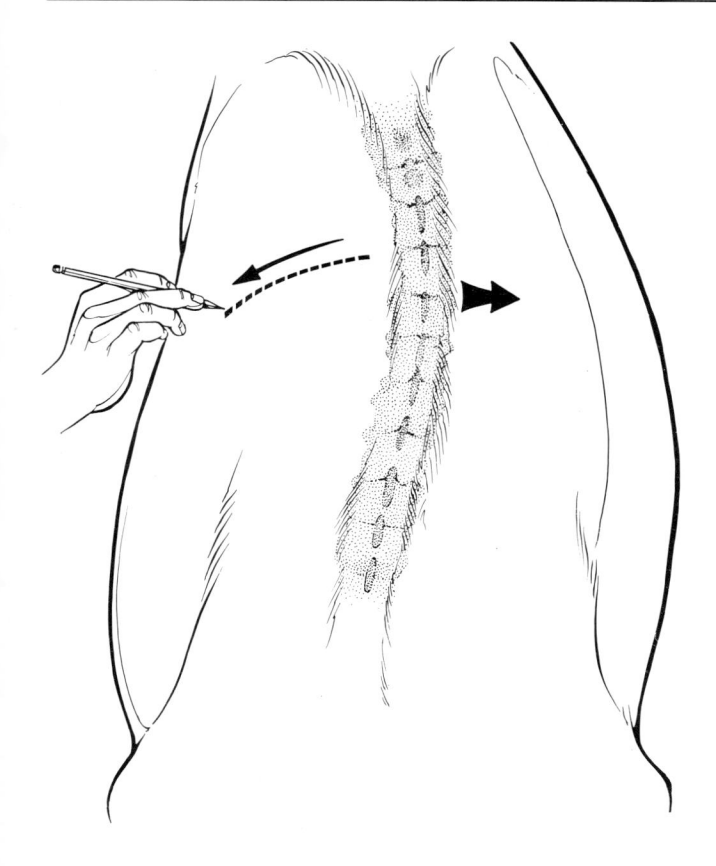

Abb. 3.47: Die seitliche Biegsamkeit der Wirbelsäule wird überprüft, indem der Untersucher lateral in der Rücken- und Lendengegend mit einem stumpfen Gegenstand wie z. B. einem Kugelschreiber entlangstreicht. Gesunde Pferde reagieren hierauf in der Regel sehr deutlich und biegen sich bereitwillig.

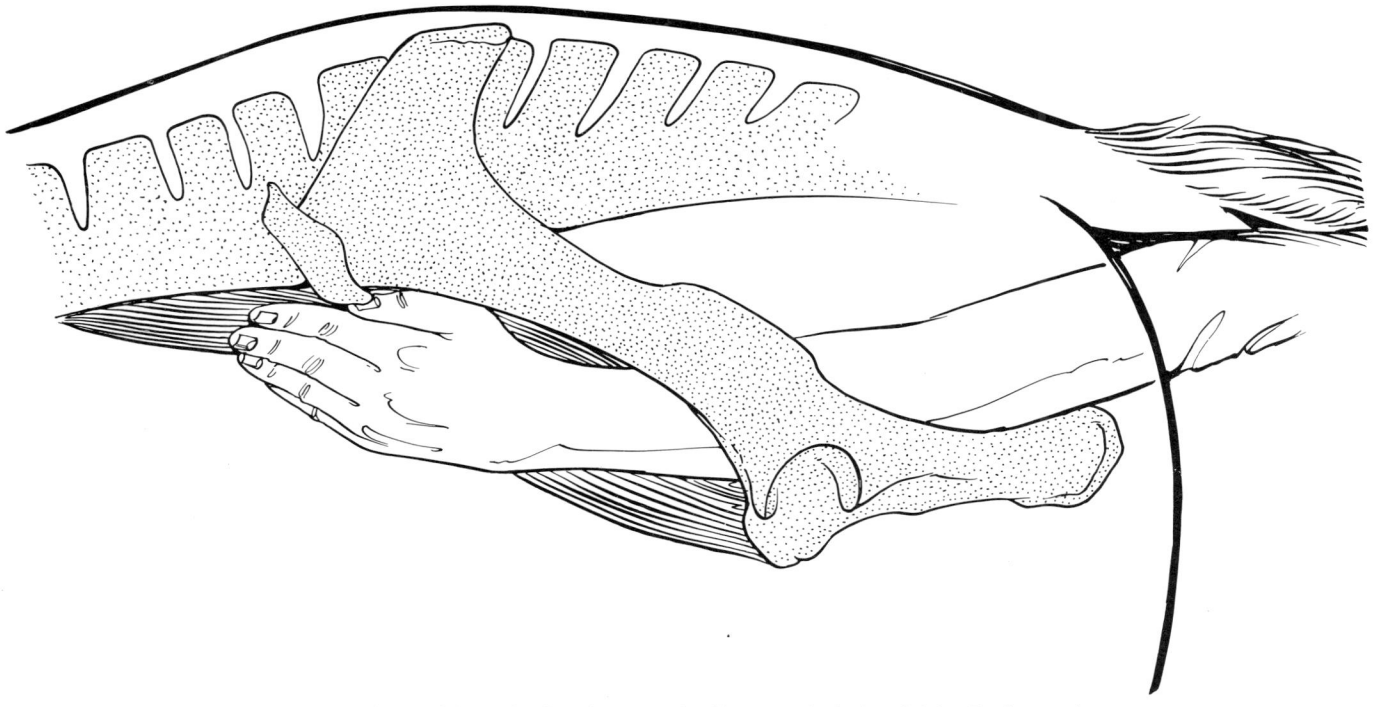

Abb. 3.48: Rektale Untersuchung, Seitenansicht. Palpation des Musculus iliopsoas direkt kranial des Beckenrandes.

134 Kapitel 3: Lahmheitsdiagnostik

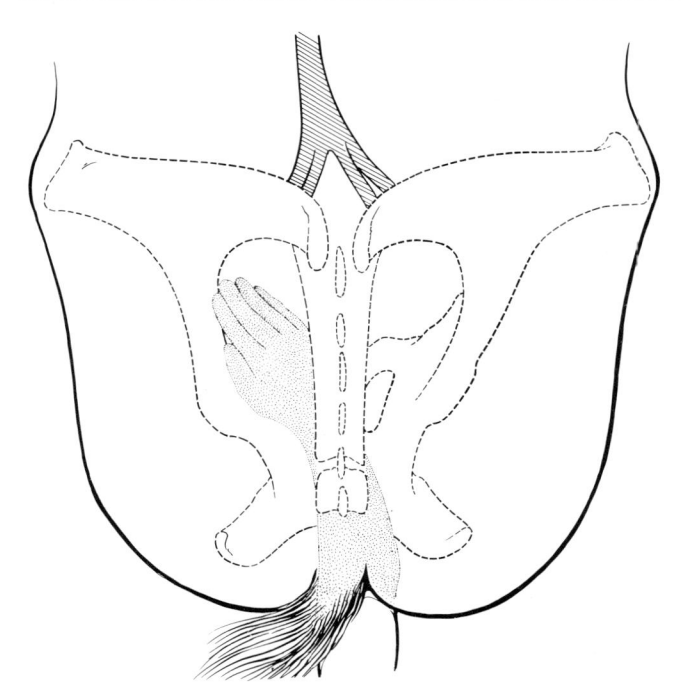

Abb. 3.49: Rektale Untersuchung, Dorsalansicht. Die Symmetrie des Beckens wird beurteilt. Beide Seiten werden miteinander verglichen. Das Becken wird außerdem palpatorisch auf Krepitation untersucht, während das Pferd veranlaßt wird, entweder im Stehen oder während der Bewegung sein Gewicht von einer Beckengliedmaße auf die andere zu verlagern.

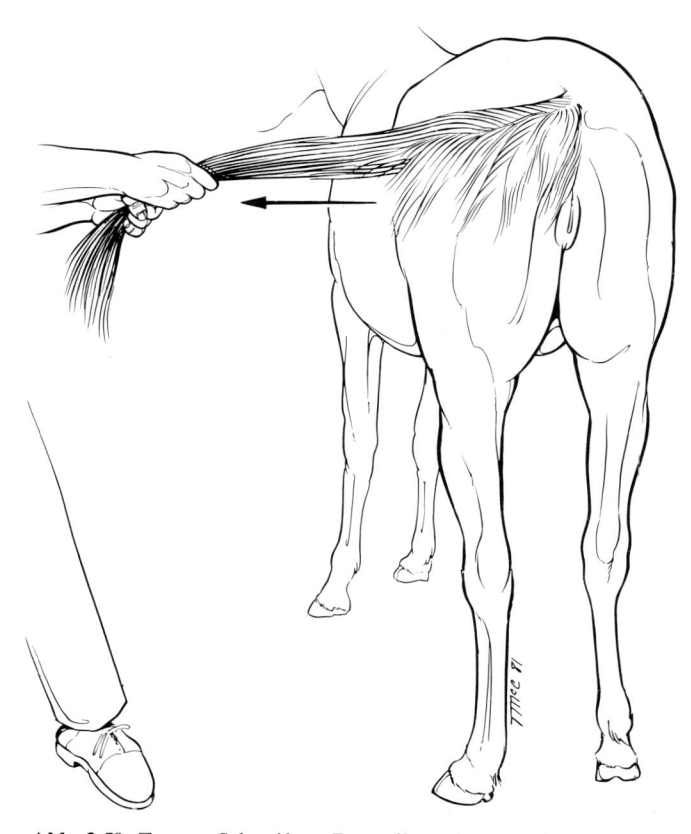

Abb. 3.50: Zug am Schweif zur Beurteilung der Reaktion. Gesunde Pferde leisten Widerstand, während bei Vorliegen einer Ataxie („wobblers") das Pferd dem Zug mehr oder weniger leicht nachgibt.

gehorsame Pferde. Aber auch das nervöse Temperament älterer Pferde kann die Durchführung der Untersuchungen erschweren. Daher sollten Nervosität oder Furcht des Pferdes in gewissem Maße berücksichtigt werden. Medikamentelle Ruhigstellung kann zur Durchführung einer gründlichen Untersuchung notwendig oder zumindest hilfreich sein.

Die Bedeutung von Umfangsvermehrungen an den Gliedmaßen kann nicht allein durch Palpation abgeklärt werden. Ebenso wie die Nähe solcher Veränderungen zu Gelenken oder anderen Strukturen ist aber auch ihre Bedeutung durch sorgfältige Untersuchung möglichst genau zu ermitteln.

Einsatz von Lokalanästhetika für diagnostische Anästhesien

Die lokale Anästhesie einzelner Strukturen wird in der Pferdepraxis im allgemeinen deshalb verwendet, weil sie es ermöglicht, die Lokalisation einer oder mehrerer schmerzhafter Veränderungen zu identifizieren, wenn keine offensichtlichen pathologischen Veränderungen vorliegen.[1,5,6,9,11,16,20,23,28,40,43–52] Auch besteht so die Möglichkeit, einem Besitzer, der andere Veränderungen als Lahmheitsursache vermutet, die Richtigkeit der Diagnose zu beweisen. Die Anästhesie kann als Leitungsanästhesie (perineurale Infiltrationsanästhesie), als Ringblock (zirkuläre Umspritzung), als direkte Infiltrationsanästhesie eines sensiblen Gebietes oder durch Anästhesie synovialer Strukturen (Gelenkkapseln, Schleimbeutel und Sehnenscheiden) erfolgen. Die Leitungsanästhesie und die zirkuläre Umspritzung werden benutzt, um die Lokalisation der schmerzhaften Vorgänge, die zur Lahmheit führen, zu bestimmen. Sie müssen daher in systematischer Folge durchgeführt werden, indem die erste Anästhesie am distalen Ende der Gliedmaße gesetzt wird und sich die weiteren Anästhesien proximal anschließen. Die beiden anderen Methoden, die direkte Infiltrationsanästhesie sensibler Gebiete und die Anästhesie synovialer Strukturen, werden verwendet, um die Bedeutung spezifischer Strukturen als Ursachen der bestehenden Lahmheit zu ermitteln.[11] Sobald der Bereich bekannt ist, in dem die schmerzhaften Prozesse liegen, und die Lahmheit durch eine Anästhesie beseitigt ist, sollte eine gründliche röntgenologische Untersuchung dieses Gebietes erfolgen.

Für diagnostische Anästhesien sollte in jedem Fall die kleinstmögliche Menge Anästhetikum benutzt werden, um das Gewebe möglichst wenig zu reizen. Manche Praktiker ziehen es vor, Kortikosteroide im Mengenverhältnis 1:10 zuzugeben, um die reizende Wirkung der Lokalanästhetika zu verringern. Dies hat sich aber als für den Normalfall nicht notwendig erwiesen und ist nicht unbedingt zu empfehlen. Zur Vermeidung von Infektionen sollte die Injektionsstelle durch Scheren der Haare und Auftragen eines Antiseptikums vorbereitet werden. Die Injektionsstelle für eine Anästhesie synovialer Strukturen sollte außerdem rasiert werden. Da die Injektionsstelle vor Einstich der Kanüle palpiert werden muß, sollten die Hände entweder mit antiseptischer Seife gewaschen und mit 70%igem Alkohol desinfiziert werden, oder es sollten sterile Handschuhe getragen werden. Für die Anästhesie synovialer Strukturen sind in jedem Fall sterile Handschuhe zu benutzen. Ebenso müssen sterile Nadeln und Spritzen verwendet werden. Diese dürfen nur mit sterilen

Handschuhen angefaßt werden. Außerdem ist eine noch originalverschlossene Flasche Lokalanästhetikum zu verwenden.
Zur Durchführung der Lokalanästhesie sollte das Pferd durch eine Hilfsperson am Halfter gehalten werden. Die Hilfsperson steht dabei auf derselben Seite des Pferdes wie der Tierarzt. Ebenso ist es sehr hilfreich, dem Pferd eine Oberlippenbremse aufzusetzen. Auf diese Weise wird die Gliedmaße während des Einstechens der Nadel und während der Injektion des Anästhetikums möglichst wenig bewegt. Schnelle Bewegungen könnten zu Verletzungen des Tierarztes und der Hilfsperson und zum Abbrechen der Kanüle führen. Zwangsmaßnahmen, um den Patienten ruhig zu halten, sind besonders bei der Anästhesie synovialer Strukturen von Bedeutung. Für diagnostische Anästhesien an der Beckengliedmaße ist es sinnvoll, den Schweif zu bandagieren und ihn im Einzelfall auszubinden. Der Tierarzt sollte immer eine solche Stellung wählen, daß möglichst wenig Verletzungsgefahr besteht, wenn das Pferd eine schnelle Abwehrbewegung macht. In den meisten Fällen wird nach raschem Einstechen der Kanüle die Spritze aufgesetzt, sobald die Abwehrbewegungen aufhören. Die Spritze wird sachte auf den Konus der Kanüle aufgeschoben und nur so fest aufgesetzt, daß hier bei Druck auf den Kolben der Spritze kein Lokalanästhetikum verlorengeht. Sie muß aber so lose sitzen, daß sie sehr schnell wieder von der Nadel getrennt werden kann. Mit einiger Erfahrung entwickelt der Praktiker einen sechsten Sinn für die Reaktionen des Tieres auf diese Maßnahmen. Das Anästhetikum sollte langsam injiziert werden. Bei stärkerem Widerstand ist es oft hilfreich, die Kanüle ein wenig herauszuziehen und dann von neuem zu versuchen, sie vorzuschieben. In diesem Fall sollte der Einstich der Nadel gleichzeitig mit der Injektion einer kleinen Menge Anästhetikum erfolgen. Für die Anästhesie synovialer Strukturen wird vor der Injektion des Anästhetikums zunächst die entsprechende Menge Synovialflüssigkeit entfernt.
Die am häufigsten verwendeten Lokalanästhetika sind 2%iges Lidocainhydrochlorid (Xylocain®) und 2%iges Mepivacainhydrochlorid (Meaverin®). Diese Lösungen wirken sehr gut und schnell, sind aber stark reizend. Daher sollten nur möglichst geringe Mengen verwendet werden. Eine 2%ige Lösung von Procainhydrochlorid kann ebenfalls verwendet werden, ist aber nicht so stark wirksam. Außerdem hat Procain keine lokale Wirkung und ist daher nicht für diagnostische Anästhesien synovialer Strukturen verwendbar. Auf die Verwendung von Lokalanästhetika, die Adrenalin enthalten, sollte verzichtet werden, da dies zu Hautnekrosen an der Injektionsstelle führen kann.

Leitungsanästhesien
Leitungsanästhesien und zirkuläre Umspritzungen (Ringblocks) können dann hilfreich sein, wenn der Tierarzt die Gliedmaße ermittelt hat, auf der das Pferd lahmt, aber entweder nicht genau festzustellen ist, von welchem Bereich die Lahmheit ausgeht, oder die Möglichkeit besteht, daß in mehreren Bereichen der Gliedmaße schmerzhafte Zustände bestehen. Selbst wenn eine verdächtige Region ermittelt worden ist, ist es oft wünschenswert, sie zu anästhesieren. So kann der Untersucher absolut sicher sein, daß die Lahmheit nur aus diesem Bereich kommt. Es ist nicht ungewöhnlich, daß mehrere Bereiche einer Gliedmaße oder mehrere Gliedmaßen zu dem Gesamtbild der Lahmheit beitragen. In diesen Fällen kann mit Hilfe der diagnostischen Anästhesien beurteilt werden, in welchem Ausmaß die einzelnen Bereiche an der Lahmheit beteiligt sind.
Für die korrekte Interpretation einer Leitungsanästhesie muß der Untersucher über fundierte Kenntnisse der Neuroanatomie der betroffenen Region verfügen sowie über die Grenzen von Leitungsanästhesien und zirkulären Umspritzungen Bescheid wissen. In den meisten Fällen wird die Leitungsanästhesie schrittweise, am distalen Gliedmaßenende in der Peripherie beginnend und proximal fortschreitend, durchgeführt. Je weiter distal die Injektionsstelle an einem Nerv liegt, desto genauer ist der Bereich festgelegt, der anästhesiert wird. Zirkuläre Umspritzungen können in Verbindung mit Leitungsanästhesien angewandt werden, um den schmerzhaften Bereich genauer zu lokalisieren. Sie sind aber in den meisten Fällen nicht notwendig. Der Fesselringblock ist wahrscheinlich der nützlichste Ringblock, da er alle Strukturen erfaßt, die distal von diesem Ring liegen. In der Vergangenheit wurde angenommen, daß zirkuläre Umspritzungen notwendig seien, weil distal von der lokalen Anästhesiestelle einige Oberflächensensibilität erhalten geblieben war.[11] Infolge besseren Verständnisses der Neuroanatomie wurde dann aber festgestellt, daß alle tiefen Strukturen distal der Injektionsstelle durch die Leitungsanästhesie erfaßt werden. Die einzigen Ausnahmen hiervon bilden die Fälle, in denen zusätzliche Nerven existieren. Außerdem ermöglicht ein Ringblock in Höhe des Krongelenkes eine genauere Auswertung, da die Nerven sich von palmar bzw. plantar aufteilen und schräg distal zur Dorsalfläche der Gliedmaße verlaufen.
Traditionell ist der Sitz von Leitungsanästhesien und zirkulären Umspritzungen durch Überprüfung der Oberflächensensibilität distal der Injektionsstelle beurteilt worden. Im Laufe der Zeit haben aber die meisten Praktiker festgestellt, daß dies nicht immer ein verläßlicher Anhaltspunkt ist. In einer ganzen Anzahl von Fällen nämlich bleibt die Oberflächensensibilität erhalten, während Provokationsproben, die vorher positive Reaktionen hervorriefen (z. B. Hufzangenuntersuchung, tiefe Palpation und Beugung) nun negativ ausfallen. Auch lahmt das Pferd beim Vortraben nicht mehr. Deshalb ist es erforderlich, alle diese Untersuchungen durchzuführen, bevor sicher zu beurteilen ist, ob die Leitungsanästhesie oder der Ringblock Erfolg hatte. Eine Mahnung zur Vorsicht gilt dem Gebrauch spitzer Gegenstände wie Kanülen oder Nägel, um die Oberflächensensibilität zu prüfen. Ein junger Praktiker, der diese Technik zur Überprüfung der Sensibilität verwendete, hatte lediglich den Erfolg, daß das Pferd den Fuß hob und ihn schnell auf den Fuß des Untersuchers setzte, was zu einer gebrochenen Zehe führte. Daher ist es besser, einen stumpfen Gegenstand wie z. B. einen Kugelschreiber zu verwenden und diesen, statt damit zu stoßen, erst vorsichtig aufzusetzen und dann den Druck zu verstärken. Die meisten Pferde reagieren darauf recht gut, besonders solche, welche nicht vollständig anästhesiert sind. Leitungsanästhesien und zirkuläre Umspritzungen werden an Schulter- und Beckengliedmaßen distal von Karpus und Tarsus auf die gleiche Art durchgeführt, weil die Neuroanatomie hier, mit einigen Ausnahmen, ähnlich ist.
Schultergliedmaße. Anästhesie der Nervi digitales palmares. Medialer und lateraler Nervus digitalis palmaris liegen

jeweils direkt palmar der entsprechenden Arterie und Vene proximal des Krongelenkes am Dorsalrand der oberflächlichen Beugesehne und distal des Krongelenkes entlang der tiefen Beugesehne. Die perineurale Anästhesie des Nervus digitalis palmaris erfolgt in der Regel bei aufgehobener Gliedmaße. Manche Tierärzte stehen dabei mit dem Rücken zur Nachhand des Tieres und fixieren den Huf zwischen den Knien. Andere halten lieber die Fessel mit einer Hand, während sie mit der anderen Hand die Injektion durchführen und dabei entweder seitlich oder vor der Gliedmaße stehen. Bewährt hat sich, lateral von der Gliedmaße zu hocken. Die linke Hand stützt die Fessel, und der linke Zeigefinger markiert die Injektionsstellen. Bei dieser Handhabung ist es leicht, die Arterie und die Vene zur Seite zu rollen, um den Nerv in seinem Verlauf entlang des Dorsalrandes der Beugesehnen zu isolieren. In den meisten Fällen werden die Nervi digitales palmares etwa auf halber Höhe der Fessel anästhesiert, zwischen der Gegend direkt proximal des Krongelenkes und dem Bereich proximal der Hufknorpel (Abb. 3.51 A). Einige Praktiker legen Wert darauf, den Nerv möglichst weit distal zu anästhesieren. Dies soll nach Möglichkeit vermeiden, daß die Dorsaläste der Nervi digitales palmares mit anästhesiert werden (Abb. 3.51 B). Zusätzlich kann die Injektionsstelle durch Aufsuchen der Rinne zwischen der Spornsehne und den Beugesehnen ausfindig gemacht werden. Die Spornsehne ist durch aufwärts gerichteten Druck auf den Sporn darzustellen. Dadurch spannt sie sich an und ist dann leicht zu palpieren. Eine 0,5/15-mm-Kanüle wird eingestochen, und 1,5 bis 2,0 ml eines Lokalanästhetikums werden perineural injiziert. Wenn sehr starker Druck notwendig ist, um das Anästhetikum zu injizieren, liegt die Spitze der Kanüle wahrscheinlich in der Beugesehne. In diesem Fall sollte sie etwas zurückgezogen und von neuem vorgeschoben werden. Da in diesem Bereich viel Bindegewebe liegt, ist es außerdem sinnvoll, während des Herausziehens der Nadel eine geringe Menge Lokalanästhetikum zu injizieren. Die zusätzliche Injektion von 0,5 ml Lokalanästhetikum am lateralen Rand der Beugesehnen wird sämtliche kleineren Nerven erfassen, die sich in Richtung auf die Palmarfläche der Sehne aufteilen. Die Injektion einer zu großen Menge eines Lokalanästhetikums kann die Nervi digitales dorsales mit anästhesieren. Eine alternative Technik für die Anästhesie der Nervi digitales palmares besteht darin, eine 0,9 mm starke Kanüle von der Palmarfläche der Beugesehnen aus auf halber Höhe der Fessel einzustechen und lateral und medial vorzuschieben, um diese Nerven zu anästhesieren.

Die klinisch bedeutsamen Strukturen, die durch die bilaterale Anästhesie der Nervi digitales palmares erfaßt werden, sind in Tabelle 3.1 zusammengefaßt. Nach ca. drei bis fünf Minuten wird der Sitz der Anästhesie durch Testen der oberflächlichen und der tiefen Sensibilität in der Ballenregion mit einem stumpfen Gegenstand überprüft. Dies erfolgt zunächst mit sanftem Druck, dann wird der Druck gesteigert, um die Sensibilität in der Tiefe zu beurteilen. Wenn die Hautsensibilität aufgehoben ist, sind die in Tabelle 3.1 genannten wichtigen Strukturen mit einiger Sicherheit anästhesiert. Dennoch ist es sinnvoll, jetzt Provokationsproben und/oder eine Hufzangenuntersuchung oder eine tiefe Palpation des schmerzhaften Bereiches durchzuführen. Bei Verdacht auf Vorliegen von Podotrochlose z. B. wird die Hufuntersuchungszange über dem mittleren Drittel des Strahles angesetzt. Wenn die Anästhesie vollständig ist, sollte die Hufzangenuntersuchung nicht zu Schmerzreaktionen führen. Ebenso ist es ratsam, die Ausdehnung der Betäubung durch Überprüfen der Hautsensibilität an der Dorsalfläche der Fessel zu ermitteln und die Hufuntersuchungszange auch an der Sohle anzusetzen. Es ist erstaunlich, bei wie vielen Pferden durch diese Anästhesie die gesamte Sohle betroffen ist.

Nach Beurteilung des Sitzes der Anästhesie wird das Pferd in der Form bewegt, wie es bei der vorangegangenen Untersuchung bewegt worden ist, um die Lahmheit zu beurteilen. In Fällen von Podotrochlose, die in der Regel beidseitig besteht, wird die Lahmheit oft auf die andere Schultergliedmaße überspringen. Andere Veränderungen in diesem Bereich, wie Frakturen eines Hufbeinastes, Hufabszesse, Ostitis des Hufbeines und Steingallen, liegen in der Regel nur an einer Gliedmaße vor, und die Lahmheit sollte hier völlig verschwunden sein. Wenn sich die Lahmheit durch Anästhesie des medialen und lateralen Nervus digitalis palmaris zwar gebessert hat, aber nicht verschwunden ist, kann der Tierarzt abschätzen, wie groß der Erfolg einer Neurektomie dieser Nerven für dieses Pferd wäre. Aus mehreren Gründen wird ein Pferd mit Podotrochlose nach Anästhesie oder Neurektomie der Nervi digitales palmares nicht völlig gleichmäßig gehen:[1]

1. *Bindegewebige Adhäsionen zwischen dem Strahlbein und der tiefen Beugesehne:* Bei Vorliegen von Adhäsionen zwischen der tiefen Beugesehne und dem Strahlbein ist es für das Pferd fast unmöglich, seinen Gang zu ändern. Dieser Gang wird sich durch Schmerzfreiheit nach Anästhesie der Nervi digitales palmares etwas bessern, das Pferd wird aber trotzdem den Huf noch mit der Spitze zuerst aufsetzen, und bei der Gliedmaßenführung ist weiterhin die kraniale Phase verkürzt. Dies ist eine mechanische Behinderung im Gang und kann durch eine Anästhesie nicht beeinflußt werden.

2. *Mögliche Arthritis des Hufgelenkes:* In schweren Fällen von Podotrochlose können die degenerativen Veränderungen auch das Hufgelenk einbeziehen. Dann kann die Leitungsanästhesie der Nervi digitales palmares lediglich eine Besserung der Lahmheit bewirken. Durch intraartikuläre Injektion von Lokalanästhetika in das Hufgelenk kann dieses anästhesiert werden. Wenn die Lahmheit nun vollständig verschwunden ist, kann mit einiger Sicherheit angenommen werden, daß eine Arthritis des Hufgelenkes vorliegt. In diesem Fall wäre mittels einer Neurektomie der Nervi digitales palmares nur ein Teilerfolg zu erzielen, da die Veränderungen im Hufgelenk weiterhin schmerzhaft wären.

3. *Zusätzliche Nervenversorgung durch Äste der Rami dorsales oder der Nervi digitales palmares:* Manchmal sind die zusätzlichen Äste der Nervi digitales palmares eigenständig genug, um dieser speziellen diagnostischen Anästhesie zu entgehen. In anderen Fällen teilt sich einer der dorsalen Äste und gibt Palmaräste an die Strahlbeinregion ab. In jedem dieser Fälle ist die zusätzliche Nervenversorgung Ursache für den nur teilweise positiven Ausfall der Anästhesie der Nervi digitales palmares. Solange nicht die gesamte Nervenversorgung der Strahlbeingegend unterbrochen wird, kann die Neurektomie der Nervi digitales palmares keinen befriedigenden Erfolg erzielen. Zusätz-

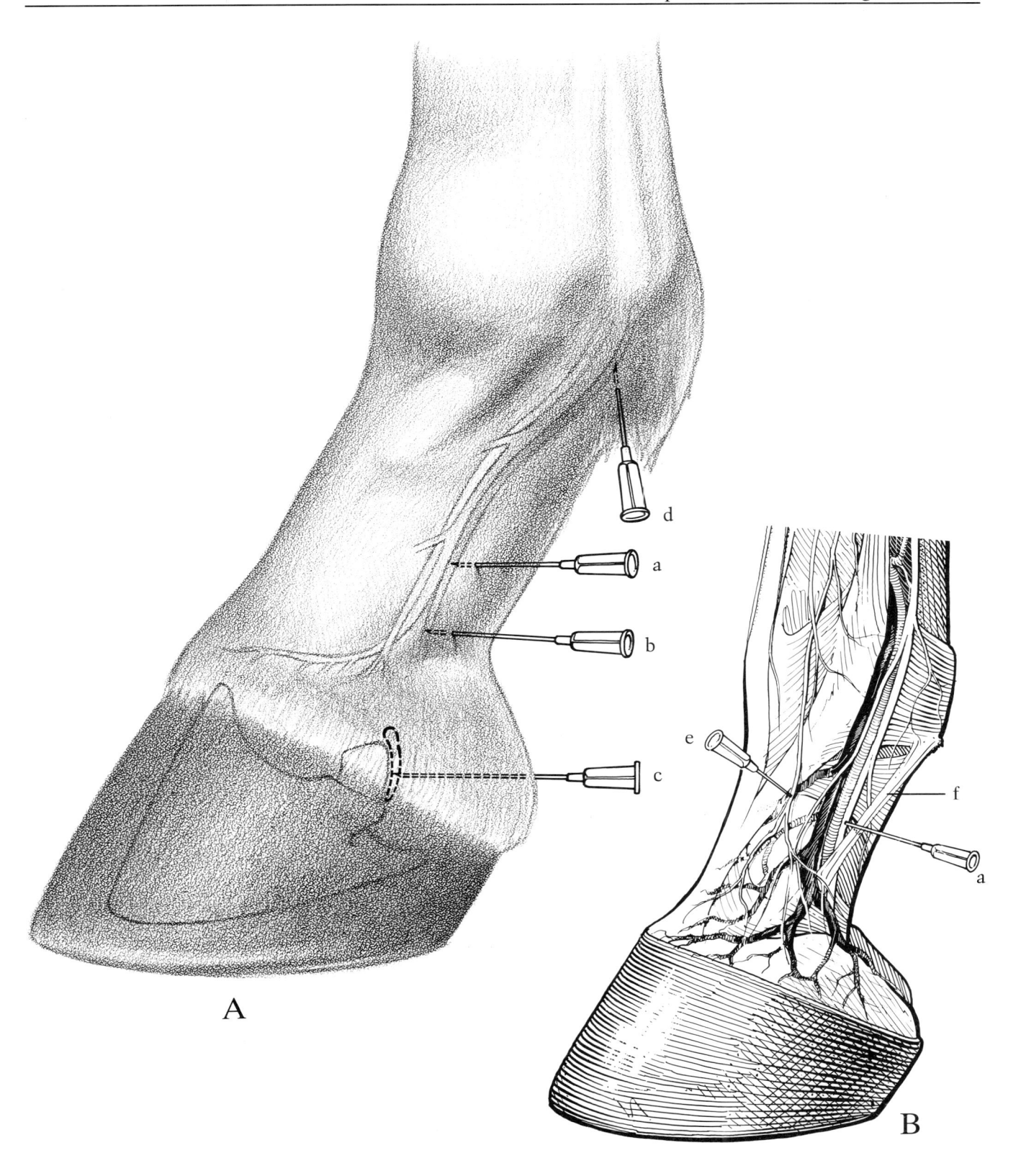

Abb. 3.51: A: a Injektionsstelle für die Anästhesie des Nervus digitalis palmaris lateralis bzw. medialis auf halber Höhe der Fessel; **b** Injektionsstelle für die Anästhesie des Nervus digitalis palmaris in der Fesselbeuge, soweit distal wie möglich; **c** Injektionsstelle zum Erreichen des Hufrollenschleimbeutels; **d** Injektionsstelle für die Anästhesie des Nervus digitalis palmaris an der Basis der Gleichbeine. **B: a** Injektionsstelle für die Anästhesie des Nervus digitalis plantaris lateralis; **e** Injektionsstelle für die Anästhesie des Nervus metatarseus dorsalis lateralis, hervorgegangen aus dem Nervus peroneus (fibularis) profundus; **f** Spornsehne.

Tab. 3.1: Wichtige Strukturen, die durch die Anästhesie der Nervi digitales palmares medialis und lateralis desensibilisiert werden

Strahlbein (Os sesamoideum distale)
Hufrollenschleimbeutel (Bursa podotrochlearis)
Distale Sesambeinbänder (Ligamentum sesamoideum rectum, Ligamenta sesamoidea obliqua und cruciata)
Distale Teile der oberflächlichen und tiefen Beugesehne und ihre gemeinsame digitale Sehnenscheide (Sehnen des Musculus flexor digitalis superficialis und des Musculus flexor digitalis profundus)
Hufpolster (Strahl-/Hufkissen)
Strahllederhaut
Palmares Drittel der Wandlederhaut und der Sohlenlederhaut
Palmarfläche der beiden distalen Zehengelenke (Articulationes interphalangeae proximalis und distalis)
Palmares Drittel des Hufbeines (Os ungulare)

liche Äste der Nervi digitales palmares können in der Regel während der Operation ausfindig gemacht werden. Ein eventuell vorhandener palmarer Ast aus einer Aufteilung des Nervus digitalis dorsalis lateralis bzw. medialis muß einzeln aufgesucht werden. Gelegentlich geht ein Ast des Nervus palmaris medialis vom distalen Ende des Metakarpus aus palmar ab und läuft dann palmar des Nervus digitalis palmaris medialis. Bei Rennpferden sollte ein eventuell vorhandener Dorsalast des Nervus digitalis palmaris nicht durchtrennt werden.

4. *Quetschungen im vorderen Bereich der Sohle:* In schweren Fällen des Podotrochlose-Syndroms zieht sich das Pferd durch das Landen auf der Hufspitze Quetschungen der Sohlenlederhaut in diesem Bereich zu. In diesem Fall ergibt die Hufzangenuntersuchung normalerweise Schmerzhaftigkeit im vorderen Bereich der Sohle. Dieser Befund ist zu bedenken, wenn eine Neurektomie der Nervi digitales palmares durchgeführt wird. Die durch die Quetschung der Sohlenlederhaut hervorgerufene Lahmheit kann auch nach Ausschalten der Nervi digitales palmares bestehen bleiben.

5. *Begleitende traumatische Arthritis des Fesselgelenkes:* Bei zu steiler Stellung der Fessel besteht eine Prädisposition zu traumatischer Arthritis des Fesselgelenkes. Podotrochlose und eine traumatische Arthritis des Fesselgelenkes können gleichzeitig vorliegen. Eine intraartikuläre Anästhesie in die proximopalmare Aussackung des Fesselgelenkes nach Anästhesie der Nervi digitales palmares zeigt, in welchem Ausmaß die Lahmheit durch diese beiden Veränderungen bedingt wird. Daneben können auch weitere schmerzhafte Prozesse bestehen.

6. *Nicht richtig wirkende oder unvollständige Anästhesie:* Die Hautempfindlichkeit kann medial und lateral am selben Fuß sowie mit dem gegenüberliegenden Fuß verglichen werden. Ebenso kann eine Hufuntersuchungszange eingesetzt werden. Wenn über dem mittleren Drittel des Strahles noch Druckempfindlichkeit besteht, sitzt die Anästhesie nicht richtig. In diesem Fall sollte die Anästhesie nach erneuter Orientierung wiederholt werden.

Fesselringblock. Wenn das Pferd nach der Anästhesie der Nervi digitales palmares weiter lahmt, kann ein Fesselringblock durchgeführt werden. Hierzu wurde früher ein vollständiger Ring von Depots mit Lokalanästhetika knapp oberhalb des Krongelenkes angelegt.[1] Bei besserer Kenntnis des Nervenverlaufes in diesem Bereich ist leicht einzusehen, daß mit einer Anästhesie der Nervi digitales palmares an der Basis der Gleichbeine im Prinzip die gleiche Wirkung erzielt wird. Diese Anästhesie ist außerdem leichter durchzuführen und erfordert eine geringere Menge Anästhetikum. Der Vollständigkeit halber soll hier aber auch der Fesselringblock beschrieben werden. Nach der Leitungsanästhesie der Nervi digitales palmares werden 3 bis 5 ml Lokalanästhetikum subkutan lateral und medial von den entsprechenden Nervi digitales palmares und dorsal bis etwa auf Höhe der medialen und lateralen Seitenbänder verteilt. Dadurch werden die Dorsaläste der Nervi digitales palmares wirkungsvoll anästhesiert. Diese Anästhesie kann sowohl bei voll belasteter als auch bei aufgehobener Gliedmaße durchgeführt werden. Diese Nerven versorgen alle tiefen Strukturen distal der Anästhesiestelle. Der Fesselringblock erfaßt auch einige Endäste der Nervi metacarpei palmares medialis und lateralis. In das subkutane Gewebe an der Palmarfläche der Beugesehne sollten ebenfalls 2 bis 3 ml Anästhetikum injiziert werden.

Anästhesie der Nervi digitales palmares an der Basis der Gleichbeine. Die Arteria digitalis, die Vena digitalis und der Nervus digitalis palmaris sind leicht an der seitlichen Oberfläche der Gleichbeine zu palpieren. Bei aufgehobener Gliedmaße, wobei der Fesselkopf in der Handfläche liegt, sind die Vena und Arteria digitalis palmaris zu identifizieren, und der Nervus digitalis palmaris kann isoliert werden, indem er mit dem Daumen oder Zeigefinger von diesen anderen Strukturen weggerollt wird. An dieser Stelle des Nervs können mit einer 0,5/15-mm-Kanüle leicht 3 bis 5 ml Lokalanästhetikum direkt perineural injiziert und der Nerv so anästhesiert werden (Abb. 3.51 d). Die Anästhesie der Nervi digitales palmares an dieser Stelle bewirkt die Empfindungslosigkeit aller weiter distal gelegenen tiefen Strukturen (Tab. 3.1 und Tab. 3.2).[4,17] Drei bis fünf Minuten nach der Injektion wird der Sitz der Anästhesie überprüft. Hierzu finden die gleichen Methoden Anwendung, die weiter oben für die Anästhesie der Nervi digitales palmares beschrieben wurden. Im allgemeinen ist die Hautsensibilität an der Dorsalfläche der Zehe erhalten. Dies bedeutet aber nicht, daß die Zehenknochen und alle anderen tiefen Strukturen nicht anästhesiert sind. Die Nervenversorgung der Haut erfolgt über die Nervi metacarpei palmares medialis und lateralis.[11,39] Tierärzte, die mit dieser Anästhesie vertraut sind, ziehen sie im allgemeinen dem Fesselringblock vor, da die Anästhesie an der Basis der Gleichbeine leichter und schneller durchzuführen ist und weniger Anästhetikum benötigt wird. Ein Nachteil dieser Anästhesie ist, daß ein größerer Bereich (manchmal auch das Krongelenk) anästhesiert wird als bei einem tiefen Fesselringblock, der knapp oberhalb der Hufknorpel gerade eben auf Höhe des Krongelenkes durchgeführt wird. Daher kann es in Fällen,

Tab. 3.2: Wichtige Strukturen, die durch die Anästhesie des Nervus digitalis palmaris an der Basis der Gleichbeine desensibilisiert werden

Alle drei Zehenknochen (Os compedale, Os coronale, Os ungulare)
Kron- und Hufgelenk (Articulationes interphalangeae proximalis und distalis)
Wandlederhaut und Sohlenlederhaut
Unterstützungsäste des Musculus interosseus medius an die gemeinsame Strecksehne
Gemeinsame Strecksehne (Sehne des Musculus extensor digitalis communis)

Kapitel 3: Lahmheitsdiagnostik 139

in denen röntgenologisch keine Veränderungen nachweisbar sind, von Vorteil sein, den Fesselringblock später nachzuholen. Dadurch können Veränderungen im Bereich von Huf und Kronbein deutlicher identifiziert werden.

Tiefe Anästhesie der Nervi palmares und der Nervi metacarpei palmares (tiefe Vierpunktanästhesie, Vierpunktanästhesie oberhalb des Fesselkopfes). Der nächste Schritt zur Lokalisation der Lahmheitsursache, wenn die Ergebnisse der Anästhesie der Nervi digitales palmares auf Höhe des Krongelenkes oder der Gleichbeine und der Fesselringblock negativ waren, ist die Anästhesie der Nervi palmares und der Nervi metacarpei palmares auf Höhe des medialen und lateralen Griffelbeinknöpfchens (Abb. 3.52 A). Die Nervi palmares medialis und lateralis liegen zwischen dem Musculus interosseus medius und der tiefen Beugesehne. Da sie gemeinsam mit den Venen verlaufen, liegen diese Nerven näher an der tiefen Beugesehne direkt an deren Dorsalrand. Sie liegen relativ tief, können aber in der Regel mit einer 0,5/15-mm-Kanüle erreicht werden. Dort wird ein Depot von 3,0 ml Lokalanästhetikum gesetzt. Auch hier ist es ratsam, während des Zurückziehens der Nadel noch etwas Lokalanästhetikum zu injizieren. Diese Anästhesie allein reicht zur vollständigen Anästhesie des Fesselgelenkes nicht aus. Die tiefen Strukturen des Fesselkopfes werden nämlich durch zwei zusätzliche Nerven, die Nervi metacarpei palmares medialis und lateralis, innerviert.[11,18,39] Diese Nerven laufen parallel zu den Griffelbeinen und tief unter diesen und sind nur selten durch einen Ringblock auf dieser Höhe wirksam zu anästhesieren.[4] Die Anästhesie dieser Nerven ist am besten durch Infiltration von 3,0 ml Lokalanästhetikum durch eine 0,5 mm starke Kanüle in der Umgebung der Nerven an der Stelle zu erreichen, wo sie unter den Griffelbeinknöpfchen hervortreten (Abb. 3.52 **b**). An dieser Stelle verlaufen die Nerven direkt unter der Oberfläche und sind leicht zu anästhesieren.

Sowohl die Anästhesie der Nervi palmares als auch die Anästhesie der Nervi metacarpei palmares ist am besten bei voll belasteter Gliedmaße durchzuführen, wobei das Pferd durch eine Oberlippenbremse abgelenkt wird. Die Anästhesie der lateralen und medialen Anteile dieser Nerven (als Vierpunktanästhesie bezeichnet) betäubt wirksam die tiefen Strukturen des Fesselkopfes. An der Dorsalfläche des Fesselkopfes kann aufgrund der sensorischen Versorgung durch den Nervus cutaneus antebrachii medius als Hautast des Nervus musculocutaneus die Hautsensibilität erhalten sein.[39] Ein Ringblock auf dieser Höhe schaltet lediglich die Hautsensibilität aus. Die Überprüfung des Sitzes dieser Anästhesien sollte die Hautsensibilität der weiter distal gelegenen Bereiche, die Beugung des Fesselgelenkes, wenn diese vorher schmerzhaft war, und das Bewegen des Pferdes umfassen. Wenn das Pferd nun klar geht, sollte eine gründliche röntgenologische Untersuchung des Fesselkopfes erfolgen (Abb. 3.53 und 3.54).

Hohe Anästhesie der Nervi palmares und der Nervi metacarpei palmares (hohe Vierpunktanästhesie). Wenn das Pferd nach der Vierpunktanästhesie oberhalb des Fessel-

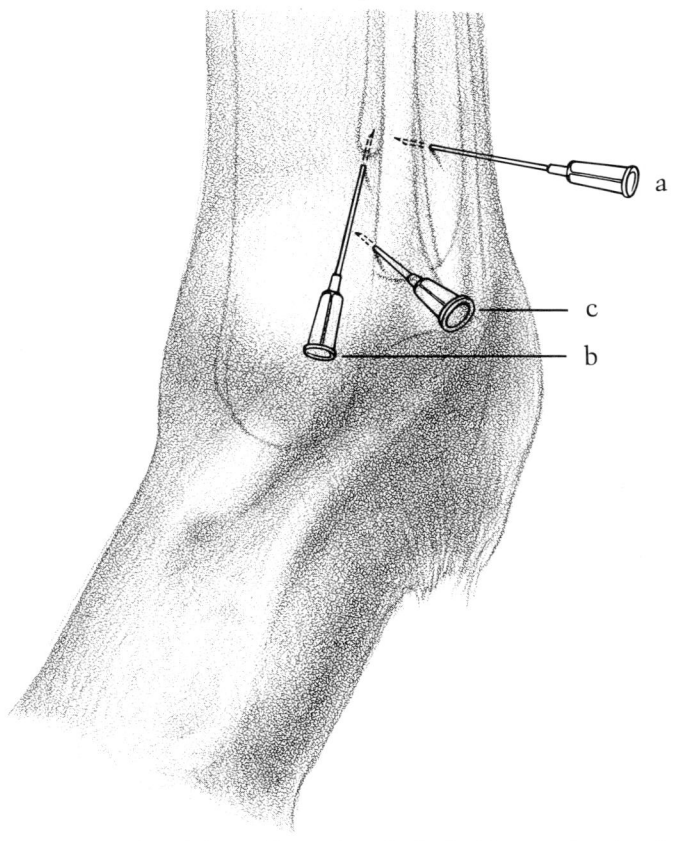

Abb. 3.52: a Injektionsstelle zur Anästhesie des Nervus palmaris auf Höhe der Griffelbeinknöpfchen. **b** Injektionsstelle zur Anästhesie des Nervus metacarpeus palmaris auf Höhe der Griffelbeinknöpfchen. **c** Injektionsstelle für die intraartikuläre Anästhesie des Fesselgelenkes. Der Einstich erfolgt in die proximopalmare bzw. proximoplantare Aussackung der Gelenkkapsel.

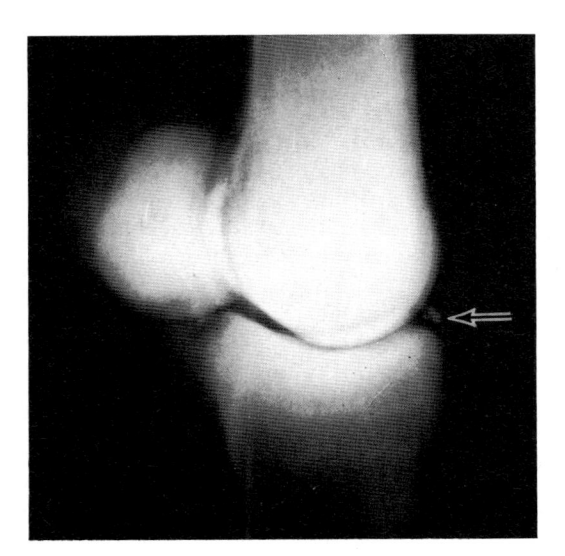

Abb. 3.53: Röntgenaufnahme eines kleinen Chips bei einer Absprengungsfraktur des Fesselbeines (Pfeil). Bei dieser Schädigung ist in der Regel durch eine einfache Anästhesie der Nervi palmares lateralis und medialis keine Schmerzfreiheit zu erreichen. Erst die komplette tiefe Vierpunktanästhesie oberhalb des Fesselkopfes bewirkt vollständige Empfindungslosigkeit in diesem Bereich. Eine weitere Möglichkeit zur Anästhesie dieses Bereiches ist eine intraartikuläre Anästhesie des Fesselgelenkes (Abb. 3.52 c und 3.59 c) (aus ADAMS, O. R.: Chip fractures of the first phalanx in the metacarpophalangeal fetlock joint. J. Am. Vet. Med. Assoc., 148: 360, 1966).

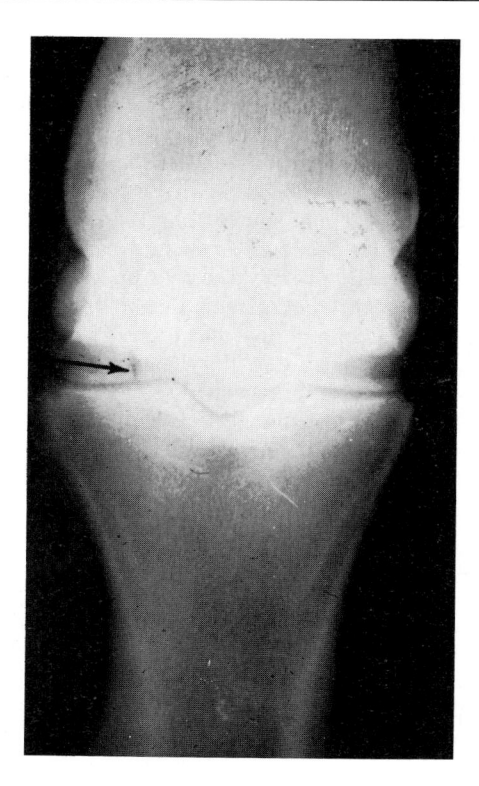

Abb. 3.54: Ein Beispiel für eine Fraktur des Os metacarpale III mit Beteiligung des Fesselgelenkes (Pfeil). Bei dieser Veränderung liegt möglicherweise nur eine sehr geringgradige Schwellung vor, und die Schmerzhaftigkeit ist durch eine einfache Anästhesie der Nervi palmares nicht auszuschalten. Eine tiefe Vierpunktanästhesie oberhalb des Fesselkopfes oder eine intraartikuläre Anästhesie des Fesselgelenkes kann erforderlich sein, um diese Ursache der Schmerzhaftigkeit eindeutig zu lokalisieren.

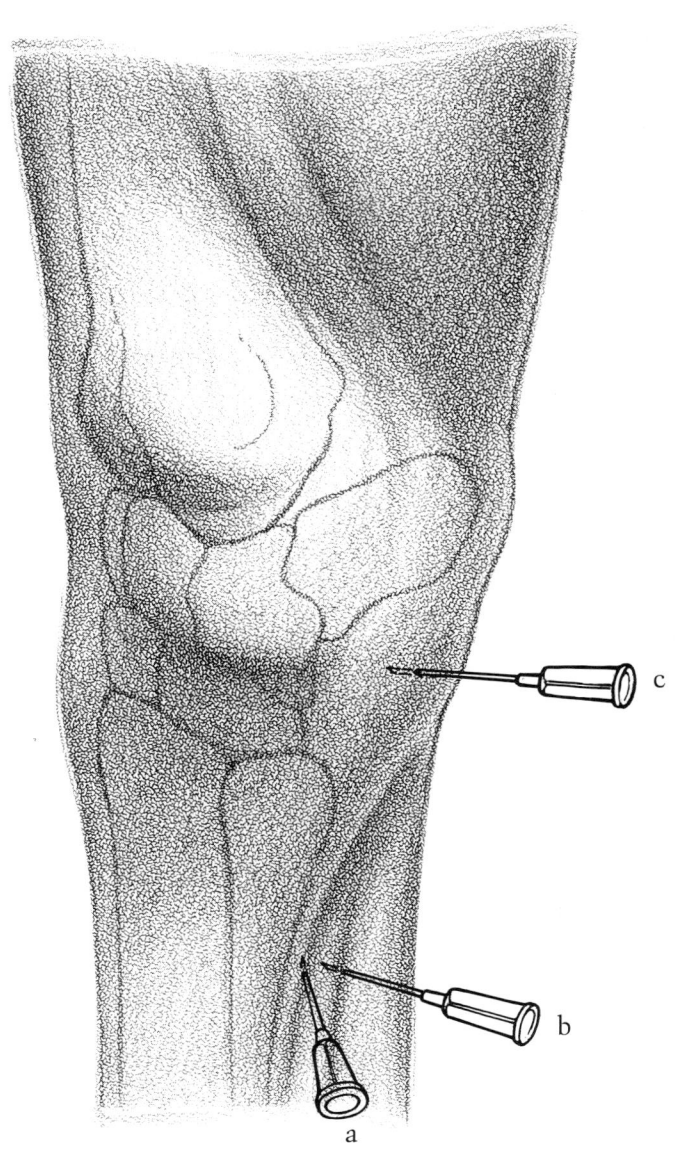

Abb. 3.55: Hohe Vierpunktanästhesie. Die Spitzen der beiden Kanülen (**a** und **b**) liegen lateral und medial, um die Nervi palmares zu anästhesieren. Die Stelle für die Anästhesie der Nervi metacarpei palmares ist nicht bezeichnet. Sie liegt palmar in der Rinne entlang den Griffelbeinen. **c** Position der Kanüle für die Leitungsanästhesie des Nervus palmaris lateralis.

kopfes weiter lahmt, wird eine hohe Anästhesie der Nervi palmares und Nervi metacarpei palmares durchgeführt. Die hohe Anästhesie der Nervi palmares erfolgt unterhalb des Karpus und oberhalb des Ramus communicans der Palmarnerven in der Rinne zwischen dem Musculus interosseus medius und der tiefen Beugesehne. Die Nerven sind von dicken Faszien bedeckt, liegen palmar der Vene und Arterie und schmiegen sich an die dorsale, laterale bzw. mediale Oberfläche der tiefen Beugesehne. Auch diese Anästhesie wird bei belasteter Gliedmaße durchgeführt. Eine 0,5/15-mm-Kanüle wird durch die dicke Faszie bis in die unmittelbare Nähe des Nerven vorgeschoben (Abb. 3.55). 5,0 ml Lokalanästhetikum werden dort deponiert, und dies wird auf der anderen Seite wiederholt. Diese Injektionen führen nicht zu einer vollständigen Anästhesie aller tiefen Strukturen am Metakarpus.[11] Die Nervi metacarpei palmares medialis und lateralis innervieren die Ligamenta metacarpea palmaria zwischen den Griffelbeinen und dem Röhrbein, die Musculi interossei lateralis und medialis und den Musculus interosseus medius.[11,39] Die Nervi metacarpei palmares verlaufen zwischen den Griffelbeinen und dem Röhrbein und können jeweils durch Infiltration von 3 bis 5 ml Lokalanästhetikum zwischen das Röhrbein, den Musculus interosseus medius und das jeweilige Griffelbein anästhesiert werden. Diese vier Injektionen führen gemeinsam zu einer wirksamen Desensibilisierung der tiefen Strukturen des Metakarpus mit Ausnahme des proximalen Anteiles des Musculus interosseus medius. Eine Alternative bietet die Anästhesie des Nervus palmaris lateralis auf Höhe der Articulatio mediocarpea proximal der Abgabestelle des aus dem Ramus palmaris nervi ulnaris stammenden tiefen Astes, aus dem die Nervi metacarpei palmares hervorgehen (Abb. 3.55 **c**). Diese Anästhesie wird auf Seite 141 besprochen. Bei Pferden, die nach dieser Anästhesie klar gehen, muß eine gründliche röntgenologische Untersuchung des Metakarpus erfolgen.

Anästhesie am Ursprung des Musculus interosseus medius. Der Ursprung des Musculus interosseus medius wird durch Äste des Nervus metacarpeus palmaris lateralis innerviert.[39] Da dieser Nerv auf Höhe der Articulatio mediocarpea aus dem Ramus palmaris des Nervus ulnaris hervorgeht und durch eine hohe Vierpunktanästhesie nicht wirksam anästhesiert wird, ist eine lokale Infiltrationsanästhesie am Ursprung des Musculus interosseus medius notwendig, um hier die Schmerzempfindlichkeit auszuschalten. Die aufgehobene Gliedmaße wird dazu mit gebeugtem Karpus und gestrecktem Fesselgelenk fixiert. Eine 0,7/25-mm-Kanüle wird zwischen dem Musculus interosseus medius und dem Ursprung des Unterstützungsbandes der tiefen Beugesehne eingestochen. Sie wird, wie in der Abbildung 3.56 (a und b) bezeichnet, in Richtung des Ursprungs des Musculus interosseus medius vorgeschoben, und hier werden insgesamt 6 ml Lokalanästhetikum injiziert. Die Anästhesie erfolgt lateral und medial auf die gleiche Weise. Sie wird als eine lokale Infiltrationsanästhesie und nicht als eine Leitungsanästhesie interpretiert. Wenn diese Anästhesie allein ohne die vorhergehenden Anästhesien oder in Zusammenhang mit Anästhesien distal dieser Stelle durchgeführt wird, sollte die Hautsensibilität in diesem Bereich erhalten bleiben. Diese lokale Infiltration ist von Bedeutung für die Diagnose von Schäden am Ursprung des Musculus interosseus medius (Zerrungen oder Abrißfrakturen).[5] Eine alternative Infiltrationstechnik ist die Anästhesie des Nervus palmaris lateralis auf Höhe des Vorderfußwurzel-Mittelgelenkes (Articulatio mediocarpea).[51]

Anästhesie des Nervus palmaris lateralis auf Höhe des Vorderfußwurzel-Mittelgelenkes (Articulatio mediocarpea). Bei Pferden, die nach der hohen Vierpunktanästhesie nicht klar gehen, können Veränderungen am Ursprung des Musculus interosseus medius oder an den proximalen Enden der Griffelbeine vorliegen. Schmerzfreiheit an diesen Strukturen kann durch Anästhesie des Nervus palmaris lateralis auf Höhe der Articulatio mediocarpea erreicht werden, also oberhalb der Abzweigung der Nervenäste, die diese Strukturen versorgen. Der Nervus palmaris lateralis geht unterschiedlich weit proximal des Karpus aus Anteilen des Nervus medianus und des Ramus palmaris nervi ulnaris hervor. Er verläuft in dorsolateraler Richtung distal zum Os carpi accessorium und zieht dann entlang des palmarodistalen Randes des Ligamentum accessoriometacarpeum. Am proximalen Ende des lateralen Griffelbeines gibt der Ulnarisanteil des Nervus palmaris lateralis einen tiefen Ast ab, dessen Aufzweigungen den Ursprung des Musculus interosseus medius versorgen sowie die Nervi metacarpei lateralis und medialis bilden.
Der Nervus palmaris lateralis wird durch 5 ml Lokalanästhetikum anästhesiert. Diese werden durch eine 0,9/25-mm-Kanüle in der Mitte zwischen dem distalen Rand des Os carpi accessorium und dem lateralen Griffelbeinköpfchen am palmaren Rand des Ligamentum accessoriometacarpeum injiziert (Abb. 3.55 c und Abb. 3.56 c). Die Kanüle muß an dieser Stelle das 2 bis 3 mm starke Retinaculum flexorum des Karpus durchdringen.[51] Wenn diese Anästhesie in Verbindung mit der hohen Anästhesie der Nervi palmares medialis und lateralis knapp unterhalb des Karpus durchgeführt wird, werden die tiefen und oberflächlichen Strukturen distal der Injektionsstellen anästhesiert. Dies schließt den proximalen Bereich der Griffelbeine und den Ursprung des Musculus interosseus medius ein.

Anästhesie des Nervus medianus, des Nervus ulnaris und der Äste des Nervus cutaneus antebrachii. Leitungsanästhesien werden meist auf Höhe des Karpus durchgeführt. Weiter oberhalb wird in der Regel die intraartikuläre Anästhesie der einzelnen Gelenke gewählt. Dennoch kann der gesamte Vorderfuß (Karpus, Metakarpus und Zehe) durch Anästhesie des Nervus medianus, des Nervus ulnaris und des Nervus cutaneus antebrachii medialis

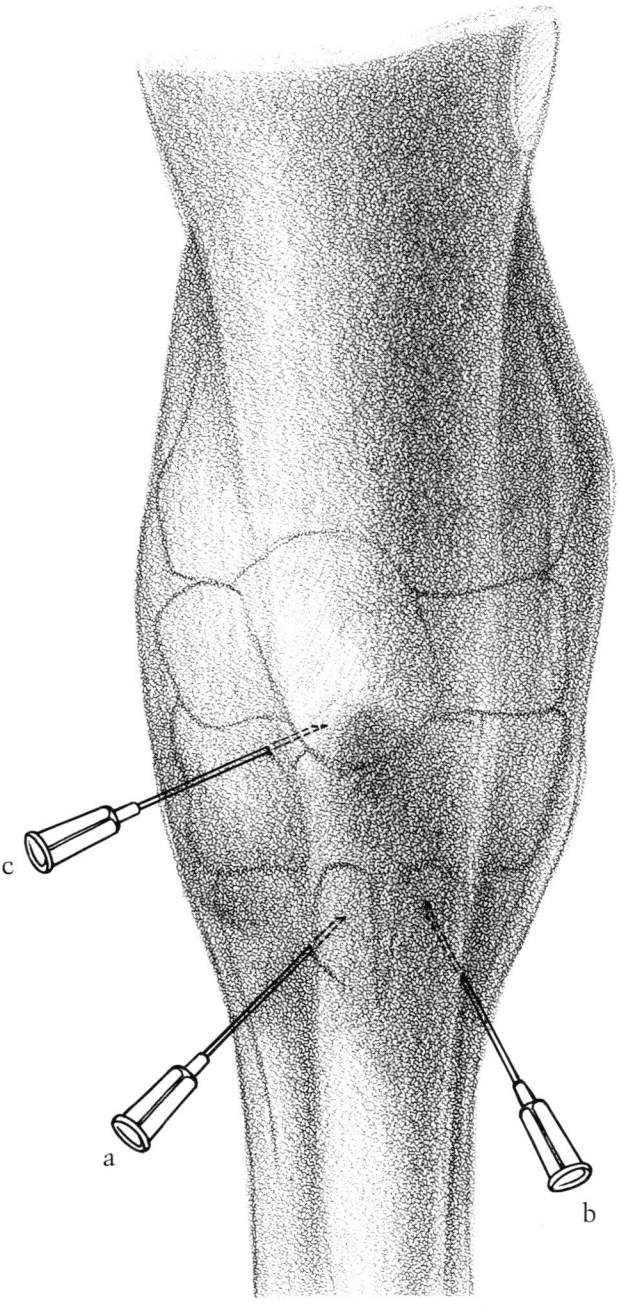

Abb. 3.56: Karpalgelenk, Palmaransicht a und b: Position der Kanülen für die direkte Infiltrationsanästhesie des Ursprungsbereiches des Musculus interosseus medius am proximalen Ende des Os metacarpale III. c: Position der Kanüle für die Leitungsanästhesie des Nervus palmaris lateralis auf Höhe des Vorderfußwurzel-Mittelgelenkes (Articulatio mediocarpea).

anästhesiert werden. Dieses Vorgehen kann die Lokalisation einer Lahmheitsursache in Schulter oder Ellbogen ermöglichen, wenn die anderen Anästhesien negativ ausgefallen sind. In den meisten Fällen sollte es aber möglich sein, den Ursprung der Lahmheit ohne Verwendung dieser Anästhesien zu erkennen.

Der Nervus medianus wird an der Kaudalfläche des Radius kranial vom Ursprung des Musculus flexor carpi radialis anästhesiert (Abb. 3.57 **a**). Der Einstich der Kanüle erfolgt etwa 5 cm distal des Ellbogengelenkes am Übergang des Musculus pectoralis transversus in die Fascia antebrachii. An dieser Stelle liegt der Nerv ziemlich weit oberflächlich direkt auf der Kaudalfläche des Radius. Eine 0,9/50- bis 65-mm-Kanüle wird schräg durch Haut und Faszie etwa 2,5 bis 4,0 cm tief eingestochen. Die Kanüle sollte möglichst dicht am Radius liegen, um eine Verletzung der kaudal des Nerven liegenden Arteria und Vena mediana zu vermeiden.[17] 10 bis 20 ml Lokalanästhetikum werden benötigt. Die Anästhesie dieses Nervs allein hat kaum größere Wirkung als die Anästhesie der Nervi palmares medialis und lateralis.

Die beiden Äste des Nervus cutaneus antebrachii medialis werden an der Medialfläche des Unterarmes auf halber Höhe zwischen Ellbogen und Karpus, direkt kranial der Vena cephalica (Abb. 3.57 A/b; B/b_2) und direkt kranial der Vena cephalica accessoria (Abb. 3.57 B/b_1) anästhesiert. Der Nerv liegt in der Regel subkutan; sein Verlauf kann allerdings individuell unterschiedlich sein. Es ist daher am besten, das subkutane Gewebe sowohl kranial als auch kaudal der Vena cephalica zu anästhesieren. Die lokale Infiltration von 5 ml Lokalanästhetikum reicht hierzu in der Regel aus. Alternativ kann der Nervus cutaneus antebrachii medialis dort anästhesiert werden, wo er vor seiner Aufzweigung den Lacertus fibrosus kreuzt (Abb. 3.57 B/b).

Der Nervus ulnaris wird etwa 5 cm proximal des Os carpi accessorium an der Kaudalfläche des Unterarmes anästhesiert (Abb. 3.57 A/c). Durch sorgfältige Palpation ist hier eine Rinne zwischen dem Musculus flexor carpi ulnaris und dem Musculus extensor carpi ulnaris festzustellen. Die Kanüle wird durch die Haut und die Faszie zum Nerv vorgeschoben. Obwohl dieser Nerv in unterschiedlicher Tiefe verläuft, liegt er in der Regel zwischen 1,0 und 1,5 cm unter der Hautoberfläche. Durch Verwendung von mindestens 10 ml Lokalanästhetikum und deren Verteilung in der Tiefe und weiter an der Oberfläche kann in der Regel eine vollständige Anästhesie erreicht werden. Die Anästhesie des Nervus ulnaris schaltet die Innervation der Haut an der lateralen Seite der Schultergliedmaße distal der Injektionsstelle bis hinunter zum Fesselkopf aus. Bei Schäden am Os carpi accessorium und den umgebenden Strukturen sowie am Musculus interosseus medius wird hierdurch ebenfalls eine teilweise Schmerzausschaltung erreicht. Bei Pferden, die nach Anästhesie dieser Nerven klar gehen, ist eine gründliche röntgenologische Untersuchung des Karpus und der umgebenden Strukturen erforderlich.

Beckengliedmaße. Wenn es nach Adspektion und Provokationsproben so aussieht, als ob die Lahmheit von einer der Beckengliedmaßen ausgeht, kann der schmerzhafte Bereich mit Hilfe von Leitungsanästhesien identifiziert werden. Da die Neuroanatomie der Beckengliedmaße distal des Tarsus weitestgehend der der Schultergliedmaße distal des Karpus entspricht, ist auch die Technik der Leitungsanästhesien ähnlich. Da aber die aus dem Nervus peroneus (fibularis) profundus hervorgehenden Nervi metatarsei dorsales medialis (II) und lateralis (III) dorsomedial und dorsolateral über Metatarsus und Zehe laufen (Abb. 3.51 B/e), ist es erforderlich, daß bei der Anästhesie der Nervi digitales plantares in der Fesselbeuge oder an der Basis der Gleichbeine oder bei der hohen bzw. tiefen Vierpunktanästhesie der Plantarnerven durch zusätzliche Injektionen an der Dorsalfläche der Gliedmaße alle distal der Injektionsstelle gelegenen Strukturen anästhesiert werden (siehe Seite 15 bis 20, Neuroanatomie). Diagnostische Anästhesien proximal des Metatarsus werden in der Regel als intraartikuläre Anästhesien der einzelnen Gelenke oder als intrasynoviale Anästhesie des Schleimbeutels unter dem medialen Schenkel des Musculus tibialis cranialis durchgeführt. Dennoch besteht die Möglichkeit, die Schmerzempfindlichkeit der Tarsalknochen und -gelenke mittels einer Leitungsanästhesie auszuschalten. Bei der Beschäftigung des Tierarztes mit der Nachhand des Pferdes ist besondere Vorsicht bezüglich der Fixation des Patienten und der Stellung des Untersuchers notwendig, um Verletzungen zu vermeiden. In jedem Fall sollte dem Pferd eine Oberlippenbremse aufgesetzt werden, und der Vorführende sollte sich auf derselben Seite des Pferdes befinden wie der Tierarzt. In den meisten Fällen ist es am günstigsten, während der Durchführung der Leitungsanästhesie ganz dicht neben dem Pferd zu stehen, wobei das Pferd diese Gliedmaße belasten sollte.

Nervus tibialis. Dieser Nerv wird gleichzeitig mit den Nervi peronei (fibulares) profundus und superficialis bei der Diagnostik von Sprunggelenkslahmheiten anästhesiert. Die Injektion erfolgt etwa 10 cm oberhalb des Sprunggelenkhöckers an der medialen Seite der Gliedmaße zwischen der Achillessehne und der tiefen Beugesehne (Abb. 3.58 A). Bei belasteter Gliedmaße liegt der Nerv nahe dem Kaudalrand der tiefen Beugesehne. Indem das Gewicht des Pferdes zur anderen Seite gedrückt wird, kann der Nerv in der Tiefe kranial der Achillessehne mit Daumen und Zeigefinger erfaßt werden. Er liegt hier mit einem Durchmesser von ca. 6 mm direkt am Kaudalrand der tiefen Beugesehne. In Abhängigkeit vom Temperament des Pferdes kann zu diesen Manipulationen eine Sedierung notwendig sein. Eine Oberlippenbremse sollte normalerweise als Routinemaßnahme zum Schutz des Tierarztes verwendet werden. Von zwei Standorten aus ist die Anästhesie dieses Nervs möglich:

1. Der Tierarzt steht auf der lateralen Seite der zu behandelnden Gliedmaße.
2. Der Tierarzt steht auf der lateralen Seite der anderen Gliedmaße und greift an dieser vorbei, um die Kanüle einzustechen.

Die Auswahl der Methode hängt jeweils von dem Pferd und von den Erfahrungen ab, die der betreffende Tierarzt damit gemacht hat. Ein Bereich etwa 10 cm oberhalb des Sprunggelenkhöckers wird geschoren, rasiert und zur Injektion vorbereitet. Zunächst wird eine 0,5 mm starke Kanüle durch die Haut über dem Nerv eingestochen, und eine kleine Menge Lokalanästhetikum wird intrakutan und subkutan verteilt. Dies erleichtert den folgenden Einstich der größeren 1,2/40-mm-Kanüle. Diese wird durch die Haut vorgeschoben, und wenn die Kanüle die den Nerv umgebende Faszie durchstochen hat, werden

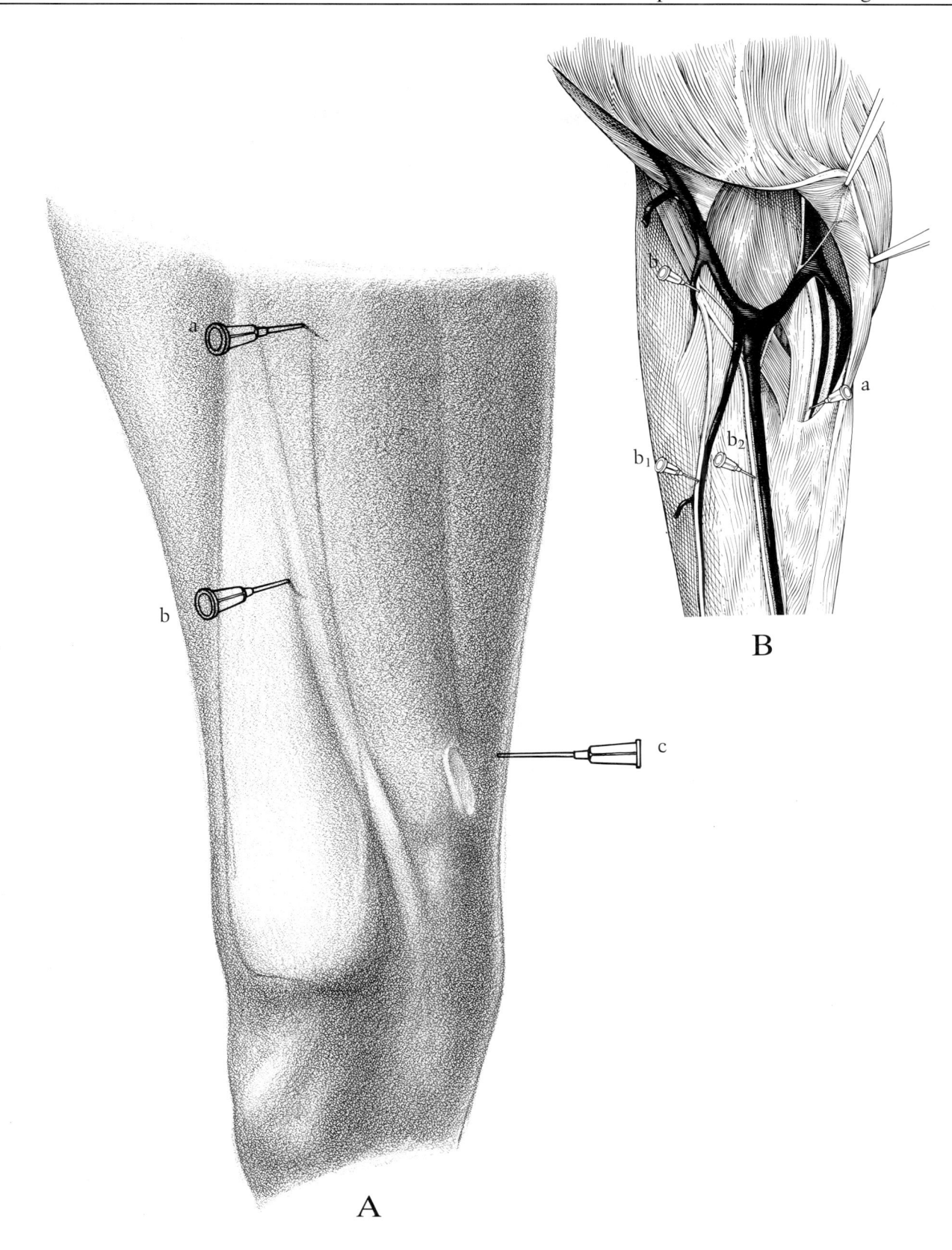

Abb. 3.57: A: a Position der Kanüle zur Anästhesie des Nervus medianus. **b** Position der Kanüle zur Anästhesie des Nervus cutaneus antebrachii medialis. **c** Position der Kanüle zur Leitungsanästhesie des Nervus ulnaris. **B: a** Injektionsstelle für die Anästhesie des Nervus medianus. **b** Injektionsstelle für die Anästhesie des Nervus cutaneus antebrachii medialis über dem Lacertus fibrosus. Diese Anästhesie erfaßt sowohl den kranialen (b_1) als auch den kaudalen (b_2) Ast.

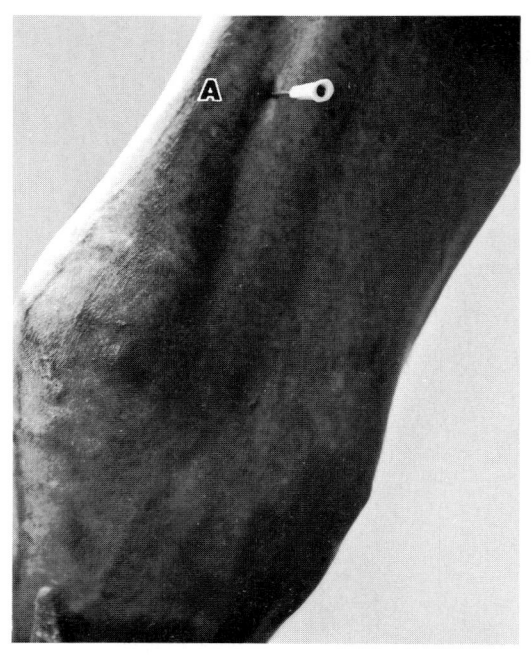

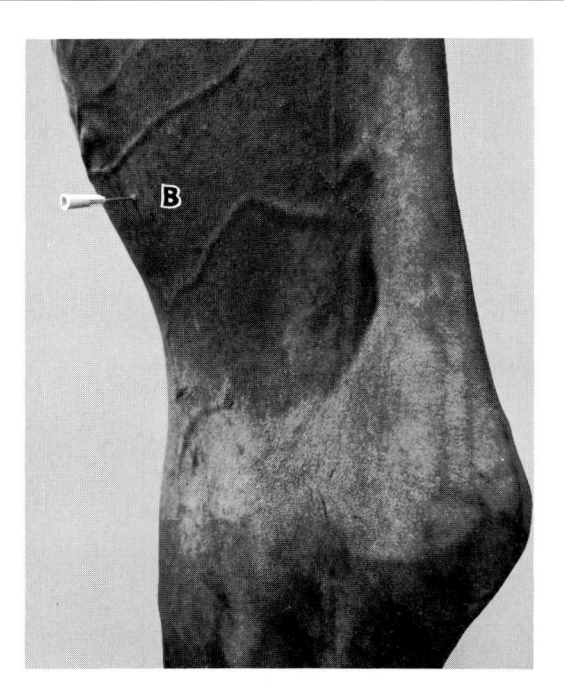

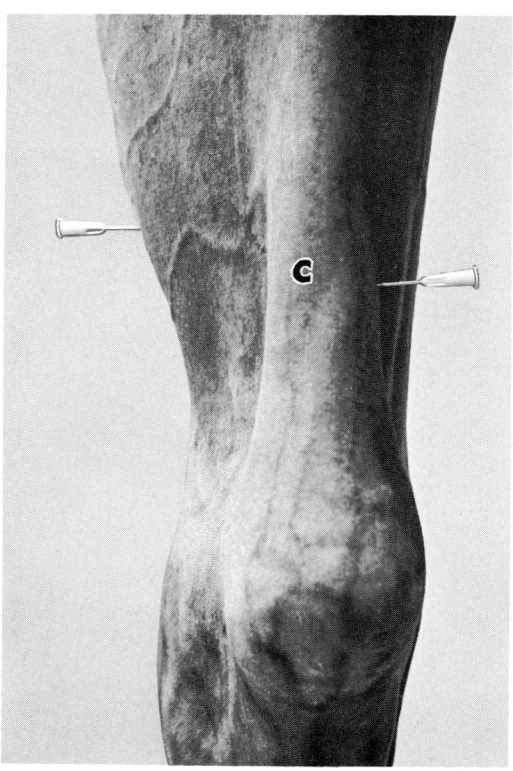

Abb. 3.58: Anästhesie des Nervus tibialis und des Nervus peroneus (fibularis) profundus. **A** Lokalistion einer 1,2/40-mm-Kanüle zur Anästhesie des Nervus tibialis medial an der linken Beckengliedmaße. **B** 1,2/50-mm-Kanüle zwischen dem langen und dem lateralen Zehenstrecker der linken Beckengliedmaße. Lokalisation zur Anästhesie des Nervus peroneus (fibularis) profundus. **C** Kaudalansicht mit der Position der Kanülen für die oben aufgeführten Anästhesien etwa 10 cm oberhalb des Sprunggelenkhöckers.

bei der Diagnostik von Sprunggelenkslahmheiten, besonders von Spat, durchgeführt. Die Injektion erfolgt direkt distal der am deutlichsten vortretenden Anteile der Muskelbäuche des langen Zehenstreckers (Musculus extensor digitalis longus) und des lateralen Zehenstreckers (Musculus extensor digitalis lateralis) in der zwischen diesen liegenden Rinne. Diese Stelle befindet sich in der Regel etwa 10 cm oberhalb des Sprunggelenkhöckers an der lateralen Seite der Gliedmaße (Abb. 3.58 B). Der Nervus peroneus (fibularis) profundus ist nahe dem lateralen Rand des Musculus tibialis cranialis dicht an der Tibia zu finden. Der Nervus peroneus (fibularis) superficialis verläuft etwas kaudal des Septums zwischen den beiden Zehenstreckern und weiter oberflächlich. Die Rinne zwischen diesen beiden Muskeln wird aufgesucht. Der Bereich wird geschoren, rasiert und zur Injektion vorbereitet. Die Notwendigkeit einer Sedation ist von dem jeweiligen Tier abhängig. Zum Schutz des Operateurs sollte eine Oberlippenbremse benutzt werden. Eine 0,5 mm starke Kanüle wird durch die Haut in die Rinne zwischen den beiden Muskeln vorgeschoben. Dabei wird eine kleine Menge Lokalanästhetikum intrakutan und subkutan injiziert, um den Einstich einer größeren Nadel zu erleichtern. Eine 1,2/50-mm-Kanüle wird dann an derselben Stelle in leicht kaudaler Richtung eingestochen. Die Kanüle wird so weit vorgeschoben, daß die Spitze an den lateralen Rand des Musculus tibialis cranialis zu liegen kommt. Zur Anästhesie des Nervus peroneus (fibularis) profundus werden 10 bis 15 ml Lokalanästhetikum an den inneren Oberflächen der beiden Strecker und am lateralen

15 bis 25 ml Lokalanästhetikum injiziert. Während der Injektion wird die Lage der Kanüle mehrmals verändert, so daß der gesamte Bereich oberflächlich, tief, kaudal und kranial ausreichend anästhesiert wird. Hierbei ist immer darauf zu achten, daß nicht durch plötzliche Bewegungen des Pferdes die Kanüle abbricht.

Anästhesie der Nervi peronei (fibulares) profundus und superficialis. Die Anästhesie dieser Nerven wird in der Regel gleichzeitig mit der Anästhesie des Nervus tibialis

Rand des Musculus tibialis cranialis nahe der Tibia verteilt. Die Kanüle wird dann zurückgezogen, und 10 bis 15 ml Lokalanästhetikum werden weiter oberflächlich injiziert. Dabei wird die Spitze der Kanüle kranial und kaudal vorgeschoben, um sicherzugehen, daß der Nervus peroneus (fibularis) superficialis anästhesiert wird. Dieser Nerv kann in unterschiedlicher Tiefe liegen. Daher sollte die Injektion einen Tiefenbereich von 0,6 cm bis mindestens 2,5 cm umfassen.

Nach Anästhesie der Nervi peronei (fibulares) superficialis und profundus haben einige Pferde Schwierigkeiten, die Zehen zu strecken.

Ringblocks (zirkuläre Umspritzungen)

Zirkuläre Umspritzungen werden im allgemeinen als Anästhesien der Nervi digitales palmares knapp oberhalb des Krongelenkes, als tiefe Anästhesien der Nervi palmares auf Höhe der Griffelbeinknöpfchen oder als hohe Anästhesien der Nervi palmares sowie der Nervi metacarpei palmares bzw. der Nervi metatarsei plantares knapp unterhalb des Karpus bzw. Tarsus durchgeführt. Die Kenntnis der Neuroanatomie der von den Leitungsanästhesien betroffenen Strukturen läßt aber den Schluß zu, daß sie nur äußerst selten notwendig sind. In zwei Fällen können sie besonders nützlich sein. Hier wäre zunächst der Fall zu nennen, daß zusätzliche Nerven vorhanden sind, die durch die Leitungsanästhesien nicht erfaßt werden. Von Nutzen ist diese Anästhesie auch in Form eines tiefen Fesselringblockes, der eine sicherere Diagnose von Hufproblemen ermöglicht als die Anästhesie der Nervi digitales palmares an der Basis der Gleichbeine.[11]

Direkte Infiltrationsanästhesie sensibler Gebiete

Die direkte Infiltrationsanästhesie kann überall dort eingesetzt werden, wo sensible Gebiete an Ansätzen von Bändern oder Sehnen (beispielsweise am Musculus interosseus medius), an den Kreuzdarmbeinbändern oder an Knochenvorsprüngen (beispielsweise an Überbeinen oder Schwellungen) liegen. Dieser Bereich wird direkt mit Lokalanästhetikum infiltriert. In den meisten Fällen erlaubt diese Anästhesie dem Untersucher, die Beteiligung der schmerzhaften Region am Gesamtbild der Lahmheit sicherer zu beurteilen. Die im Einzelfall benötigte Menge an Lokalanästhetikum hängt von der Lokalisation und der Ausdehnung des betroffenen Gebietes ab.

Anästhesie synovialer Strukturen

Die Anästhesie synovialer Strukturen spielt eine große Rolle in der Lahmheitsdiagnostik.[1,6,11,23,24,40,42,47–52] Sie ist indiziert, wenn der Verdacht besteht, daß spezifische synoviale Strukturen, wie Gelenkkapseln, Sehnenscheiden oder Schleimbeutel, am Gesamtbild der Lahmheit beteiligt sind. Intraartikuläre Anästhesien werden meist bei den Gelenken proximal von Metakarpus und Metatarsus durchgeführt. Dennoch können auch intraartikuläre Anästhesien der distalen Gelenke in Verbindung mit Leitungsanästhesien oder allein durchgeführt werden, wenn der Untersucher mit größerer Sicherheit wissen will, wie weit die einzelnen Gelenke ursächlich an der Lahmheit beteiligt sind. Häufig wird der Tierarzt intraartikuläre Anästhesien der Zehengelenke durchführen, wenn durch eine Leitungsanästhesie die Lahmheit verschwunden ist, aber die röntgenologische Untersuchung keinen Hinweis auf Beteiligung des Gelenkes gegeben hat. Wenn der Praktiker nicht mit dem Aufsuchen der Injektionsstellen anhand der anatomischen Strukturen vertraut ist, ist es hilfreich, sich diese an einem zerlegten Kadaver erneut vor Augen zu führen und an einem lebenden Tier, das zur Euthanasie bestimmt ist, die Technik zu üben. Dies erhöht die eigene Sicherheit und macht die Injektionstechniken geläufig. Das Arbeiten an einem lebenden Tier vermittelt dem Tierarzt außerdem Verständnis für die Position des Tieres und die eigene Stellung. Bei jeder intraartikulären Injektion muß unbedingt eine Beschädigung der Knorpeloberfläche vermieden werden, und plötzliche Bewegungen, die ein Abbrechen der Kanüle bewirken könnten, sind auszuschalten. In den meisten Fällen wird eine korrekt aufgesetzte Oberlippenbremse zur Fixation genügen. Bei besonders unruhigen Pferden kann es ratsam sein, eine kleine Menge Lokalanästhetikum durch eine dünne Kanüle in die oberflächlich über der Gelenkkapsel gelegenen Strukturen zu injizieren. Dies verringert die Abwehrversuche bei der intraartikulären Injektion mit einer dickeren Kanüle. Einige Praktiker setzen zum Einstechen der Kanüle eine leere Spritze auf die Kanüle auf. Diese Technik ist umständlich, und es ist besser, die Kanüle allein einzustechen. Sobald die Kanüle die Gelenkkapsel erreicht hat, wird Synovia für Laboruntersuchungen gewonnen. Außerdem wird die Viskosität der Synovia geprüft, indem der Untersucher diese zwischen Daumen und Zeigefinger Fäden ziehen läßt. Die Synovia soll frei ablaufen, bis sie nur noch langsam tropfenweise herausquillt oder bis soviel Synovia abgelaufen ist, wie der zu injizierenden Flüssigkeitsmenge entspricht. Dann wird die Spritze auf den mit den Fingern fixierten Konus der Kanüle aufgesetzt, und das Anästhetikum wird so schnell wie möglich injiziert. Die Gelenke der Schulter- und Beckengliedmaße, in welche intraartikuläre Anästhesien durchgeführt werden, sind in Tabelle 3.3 aufgeführt. Die Anästhesie wird erst nach etwa 20 bis 30 Minuten beurteilt. Für die Beurteilung der Wirkung sollte das

---

Tabelle 3.3: Gelenke der Schulter- und Beckengliedmaßen, in welche intraartikuläre Injektionen durchgeführt werden.

Schulter- und Beckengliedmaßen
Hufgelenk, Articulatio interphalangea distalis manus bzw. pedis
Krongelenk, Articulatio interphalangea proximalis manus bzw. pedis
Fesselgelenk
    Articulatio metacarpophalangea (Schultergliedmaße)
    Articulatio metatarsophalangea (Beckengliedmaße)

Schultergliedmaße
Karpalgelenk/Vorderfußwurzelgelenk, Articulatio carpi
Ellbogengelenk, Articulatio cubiti
Schultergelenk/Buggelenk, Articulatio humeri

Beckengliedmaße
Tarsalgelenk/Sprunggelenk, Articulatio tarsi
Kniekehlgelenk, Articulatio femorotibialis (laterale und mediale Abteilung) und Kniescheibengelenk, Articulatio femoropatellaris
Hüftgelenk, Articulatio coxae
Kreuzdarmbeingelenk, Articulatio sacroiliaca (selten)

146   Kapitel 3: Lahmheitsdiagnostik

Pferd wieder genauso bewegt werden, wie es vorher zur Beurteilung der Lahmheit bewegt wurde, und die Provokationsprobe, die den Untersucher auf die entsprechende Region aufmerksam gemacht hat, sollte wiederholt werden. Es ist von klinischer Bedeutung, sich zu vergegenwärtigen, daß oberflächliche Strukturen im Bereich der anästhesierten Gelenkkapsel (Sehnen, Bänder und der innerhalb der Gelenkkapsel gelegene subchondrale Knochen) nicht mit anästhesiert werden.[11]

Die Anästhesie weiterer synovialer Strukturen, das heißt die Anästhesie von Sehnenscheiden und Schleimbeuteln, wird weniger häufig durchgeführt, kann aber auf ähnliche Weise erfolgen wie die intraartikuläre Anästhesie. Die Sehnenscheiden und Schleimbeutel, die hier im allgemeinen in Betracht kommen, sind in Tabelle 3.4 aufgeführt.

Schultergliedmaße

Hufrollenschleimbeutel (Bursa podotrochlearis). Die Injektion in den Hufrollenschleimbeutel erfolgt von der Fesselbeuge von einem Punkt zwischen den Ballen an der Basis der Ballenfurche (-grube) aus. Zunächst wird an dieser Stelle 1 ml Lokalanästhetikum mit einer 0,5/15-mm-Kanüle in das subkutane Gewebe injiziert. Dann wird eine 0,9/50-mm-Kanüle an derselben Stelle eingestochen und nach dorsal entlang der Mittellinie und parallel zur Sohle so weit vorgeschoben, bis sie auf Knochen trifft (Abb. 3.51 A/c). Dabei ist die Bursa durchstochen worden, und die Kanüle ist auf der anderen Seite schon wieder herausgetreten. Daher wird sie nun etwas zurückgezogen, und 5 ml Lokalanästhetikum werden injiziert.[7,42,47,51]

Hufgelenk. Die Injektionsstelle für das Hufgelenk liegt an der Dorsalfläche der Zehe 1 cm oberhalb des Kronsaumes und 1,5 cm lateral oder medial der Hufmitte. Eine 1,2/40- oder 0,9/25-mm-Kanüle wird vertikal eingestochen und distal, etwas nach innen und auf die Mittellinie zu vorgeschoben, um die Gelenkkapsel an der Kante des Processus extensorius zu punktieren (Abb. 3.59 a). 5 ml Lokalanästhetikum werden hier injiziert.

Krongelenk. Die Injektionsstelle für das Krongelenk liegt median etwa 0,5 cm dorsal einer imaginären Linie zwischen den medialen und lateralen proximalen Bandhöckern des Kronbeines. Die Kanüle wird mediodistal und auf den Knochen gerichtet eingestochen, um die Gelenkkapsel unterhalb der Strecksehne zu punktieren (Abb. 3.59 b). Hier werden 5 ml Lokalanästhetikum injiziert.

Fesselgelenk. Die Injektion erfolgt mit einer 1,2/40- oder 0,9/25-mm-Kanüle in die palmare bzw. plantare Aus-

Tabelle 3.4: Sehnenscheiden und Schleimbeutel, in welche diagnostische Anästhesien durchgeführt werden

Schultergliedmaße
  Bursa intertubercularis
  Gemeinsame proximale (Karpalbeuge-)Sehnenscheide der oberflächlichen und tiefen Beugesehne
  Gemeinsame digitale (Fesselbeuge-)Sehnenscheide der oberflächlichen und tiefen Beugesehne
  Hufrollenschleimbeutel (Bursa podotrochlearis)
Beckengliedmaße
  Bursa trochanterica musculi glutei medii
  Schleimbeutel unter dem medialen Endschenkel des Musculus tibialis cranialis
  Sehnenscheide des Musculus flexor digitalis lateralis (am Sprunggelenk)
  Gemeinsame digitale (Fesselbeuge-)Sehnenscheide der oberflächlichen und tiefen Beugesehne

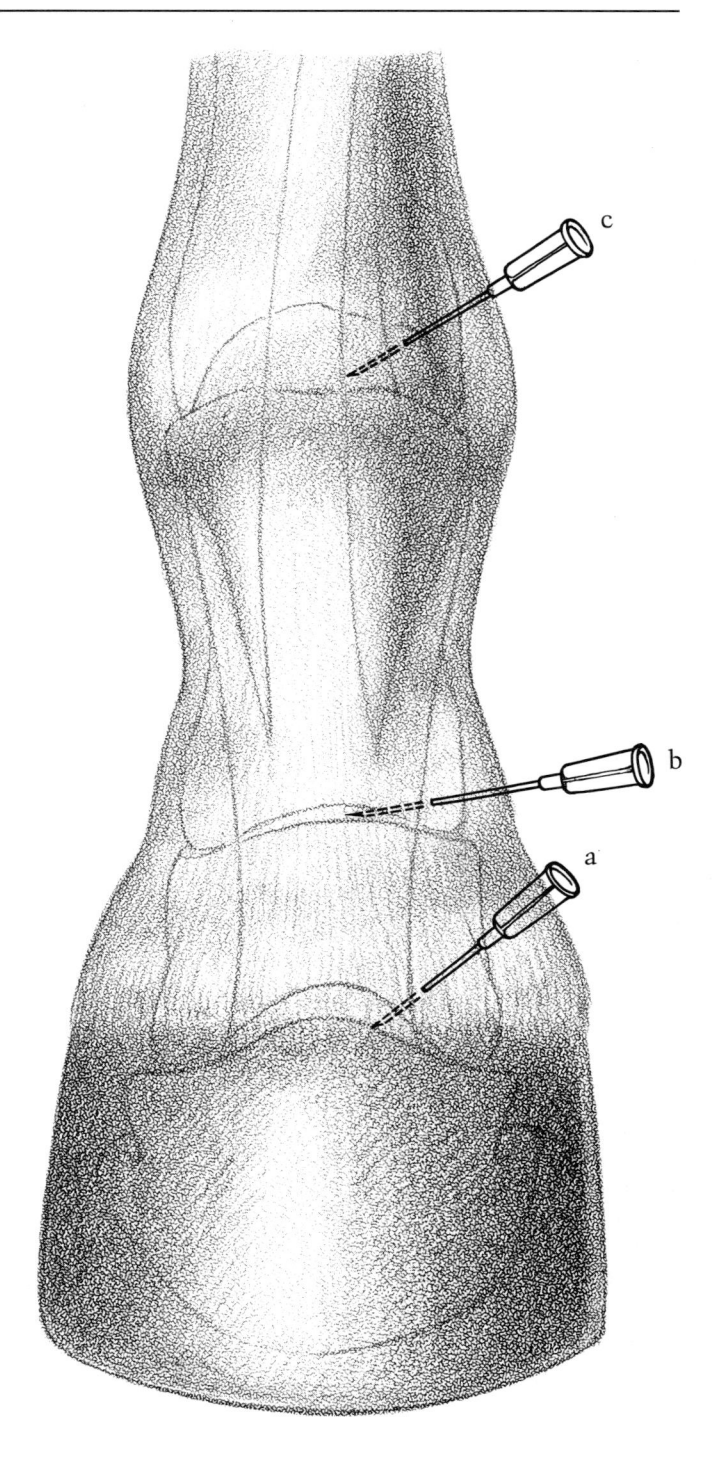

Abb. 3.59: Intraartikuläre Anästhesien des Fessel-, Kron- und Hufgelenkes (Ansicht von dorsal). **a** Position der Kanüle direkt lateral der Strecksehne zur Anästhesie des Hufgelenkes. **b** Position der Kanüle zur Anästhesie des Krongelenkes. **c** Dorsaler Einstich der Kanüle zur intraartikulären Anästhesie des Fesselgelenkes.

sackung der Gelenkkapsel oder von dorsal. Die Begrenzung der palmaren bzw. plantaren Aussackung des Fesselgelenkes sind distal der apikale Rand der Gleichbeine, dorsal die Griffelbeinknöpfchen und das Röhrbein sowie palmar bzw. plantar der Musculus interosseus medius.

Bei Injektionen in die palmare (plantare) Aussackung des Fesselgelenkes sollte das Tier am besten die Gliedmaße voll belasten; dadurch wird die Gelenkkapsel erweitert und ist so leichter aufzufinden. Die Kanüle wird in der Mitte der Aussackung angesetzt und von lateral nach medial vorgeschoben, bis die Gelenkkapsel durchstochen ist. Normalerweise erscheint die palmare Aussackung des Gelenkes als eine Einziehung, und es kann schwierig sein, überhaupt Synovia zu gewinnen oder Injektionen durchzuführen. Eine andere Stelle zur Injektion in das Fesselgelenk liegt an dessen Dorsalfläche. Der Untersucher setzt den Huf des Pferdes mit der Sohle auf sein Knie, was verschiedene Grade der Beugung des Fesselgelenkes zuläßt. Die Kanüle wird dann schräg entweder lateral oder medial der Strecksehnen in das Gelenk vorgeschoben (Abb. 3.59 c). Hier werden 5 bis 7 ml Lokalanästhetikum injiziert.

Karpalgelenk. Sowohl in den oberen Gelenkspalt (Articulatio antebrachiocarpea) als auch in den mittleren Gelenkspalt (Articulatio mediocarpea) sind Injektionen recht leicht durchzuführen. Da die Articulatio mediocarpea und die Articulationes carpometacarpeae kommunizieren, wirken Anästhetika, die in die Articulatio mediocarpea injiziert werden, ebenfalls auf die Articulationes carpometacarpeae.

Zur Injektion in die Articulatio antebrachiocarpea wird der Karpus gebeugt, um die Gelenkspalten zu öffnen. Die Injektion erfolgt in der Einziehung entweder lateral oder medial der Sehne des Musculus extensor carpi radialis (Abb. 3.60 a). Beim Einstich von lateral ist darauf zu achten, daß die Sehne des gemeinsamen Zehenstreckers unversehrt bleibt. Die Injektion erfolgt mit einer 0,9/25-mm-Kanüle. Da die Oberfläche der Karpalknochen angewinkelt ist, ist es ratsam, die Kanüle etwas proximal gerichtet einzustechen, um eine Verletzung des Gelenkknorpels durch die Kanüle zu vermeiden. 10 ml Anästhetikum werden injiziert, nachdem ein Teil der Synovia entfernt worden ist.

Die Gelenkkapsel der Articulatio mediocarpea ist dorsal oder lateropalmar für Injektionen zugänglich. Der dorsale Einstich erfolgt sehr ähnlich dem, der für die Injektion in die Articulatio antebrachiocarpea beschrieben wurde (Abb. 3.60 b). Der Einstich von lateropalmar kann Verwendung finden, wenn die Gelenkkapsel der Articulatio mediocarpea erweitert ist (Abb. 3.61). Die an dieser Stelle oberflächlich liegende Gelenkkapsel wölbt sich hierbei palmar und lateral auf das Os carpi ulnare und das Os carpale IV vor. Die Injektion erfolgt bei belasteter Gliedmaße mit einer 0,9/25-mm-Kanüle. Nach Ablaufenlassen der Synovia werden 10 bis 15 ml Lokalanästhetikum injiziert.

Ellbogengelenk. Die Injektion in das Ellbogengelenk erfolgt kranial oder kaudal seines lateralen Seitenbandes. Beim Einstich von kranial orientiert sich der Untersucher durch Palpation des lateralen Epikondylus des Humerus und des lateralen Bandhöckers am proximalen Ende des Radius. Die Injektionsstelle liegt direkt distal des Epicondylus lateralis etwa 3,5 cm proximal des lateralen Bandhöckers und 2,5 cm kranial von diesem. Eine 1,2/65-mm-Kanüle wird dann medial und leicht kaudal gerichtet bis zur Tiefe von 5 bis 6 cm vorgeschoben.[12] Zur Durchführung des kaudalen Einstiches werden bei der Orientie-

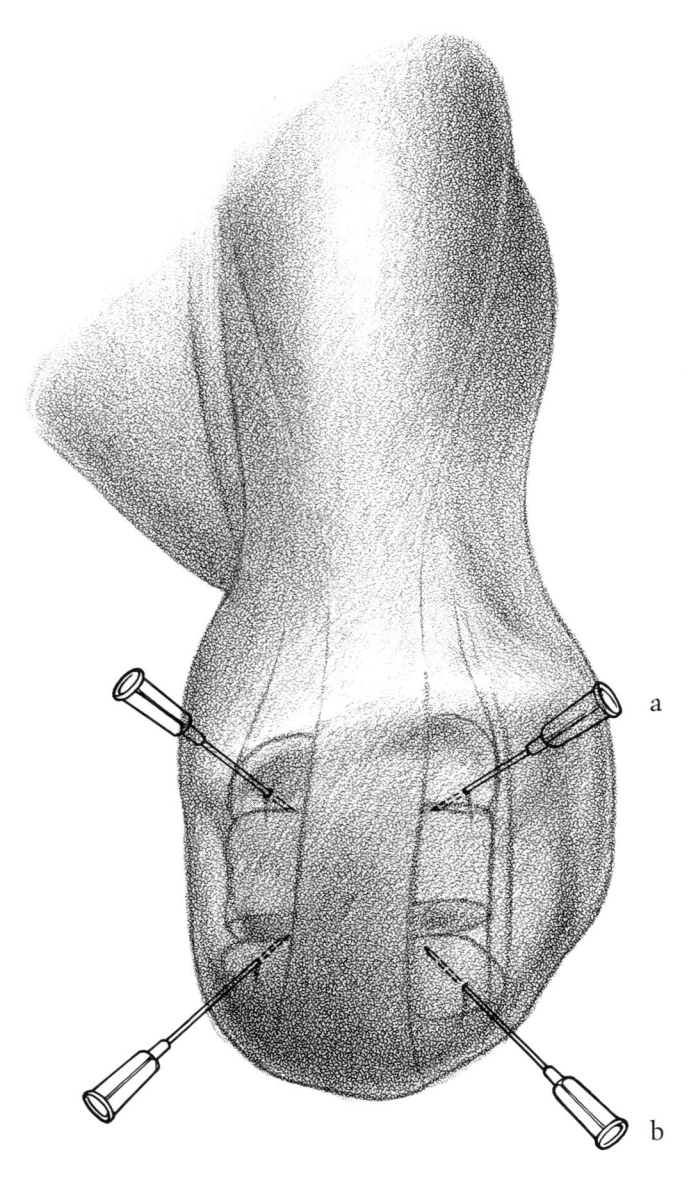

Abb. 3.60: Injektionsstellen am Karpus (Dorsalansicht). **a** Die Kanüle kann zum Erreichen der Articulatio antebrachiocarpea lateral oder medial der Sehne des Musculus extensor carpi radialis eingestochen werden. Beim Einstich von lateral ist darauf zu achten, daß die Sehne des Musculus extensor digitalis communis unversehrt bleibt. **b** Position der Kanülen lateral und medial der Sehne des Musculus extensor carpi radialis (zur Injektion in die Articulatio mediocarpea). Jede dieser Einstichstellen kann benutzt werden.

rung dieselben Strukturen berücksichtigt. Die Nadel wird aber kaudal des Seitenbandes eingestochen und punktiert den Schleimbeutel unter der Ursprungssehne des Musculus extensor carpi ulnaris, die mit der Gelenkkapsel des Ellbogengelenkes kommuniziert (Abb. 3.62 a). In beiden Fällen wird eine 1,2/65-mm-Kanüle verwendet, und es werden 10 ml Lokalanästhetikum injiziert.

Bursa subcutanea olecrani. Eine 1,2/40-mm-Kanüle wird schräg von der kaudalen Oberfläche des Tuber olecrani aus vorgeschoben (Abb. 3.62 b). 3 bis 5 ml Lokalanästhetikum können injiziert werden. Diese Anästhesie wird selten durchgeführt.

148 Kapitel 3: Lahmheitsdiagnostik

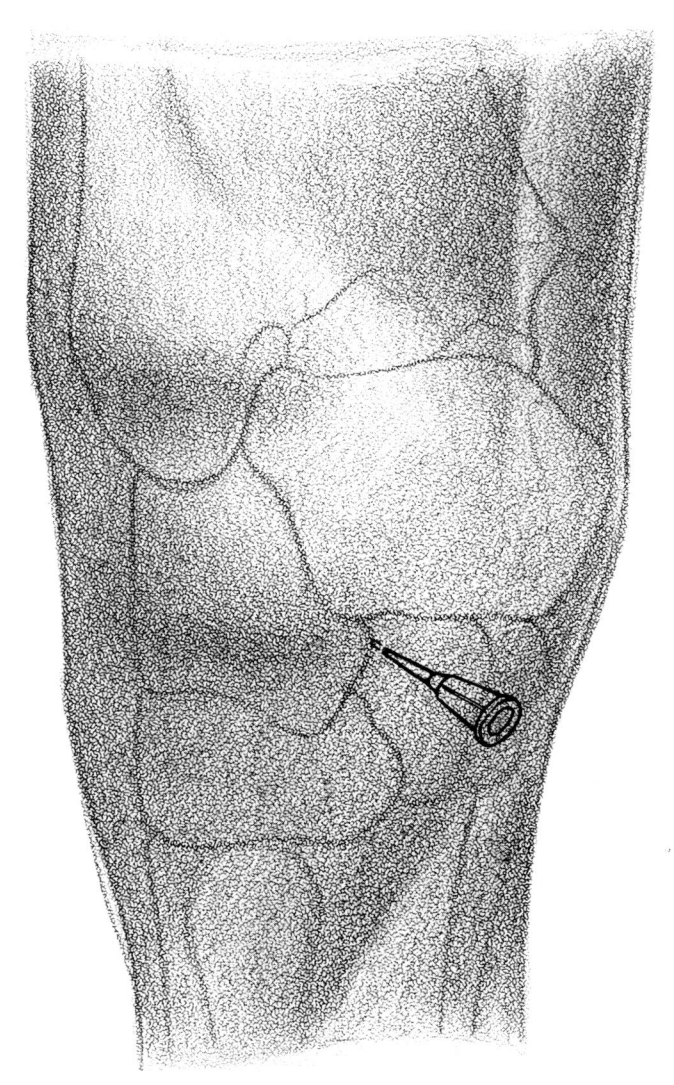

Abb. 3.61: Alternative Technik zur Injektion in die Articulatio mediocarpea. Position der Kanüle in der lateropalmaren Aussackung dieser Gelenkkapsel.

Schultergelenk. Die Injektionsstelle liegt in der Einziehung zwischen der Pars cranialis und der Pars caudalis des Tuberculum majus des Humerus. Die Pars caudalis ist am einfachsten zu palpieren, und durch tiefen Druck mit den Fingern kann eine Einziehung 3,5 bis 4,0 cm kranial der Pars caudalis palpiert werden. Eine 1,2/90-mm-Kanüle (Spinalpunktions-Kanüle) wird in dieser Einziehung eingestochen und in horizontaler Ebene kaudomedial im Winkel von 45 Grad zum Rumpf des Tieres vorgeschoben. In einer Tiefe von 5 bis 7 cm wird die Gelenkkapsel punktiert. Synovia wird aspiriert, und etwa 10 bis 20 ml Anästhetikum werden injiziert (Abb. 3.63 **a**).

Bursa intertubercularis. Die Pars cranialis des Tuberculum majus des Humerus wird palpiert, wie oben beschrieben. Die Injektionsstelle liegt etwa 3,5 cm distal dieses Höckers an der lateralen Kante des Musculus biceps brachii. Eine 1,2/65-mm-Kanüle wird eingestochen und proximomedial bis zur Tiefe von etwa 3,5 bis 5,0 cm vorgeschoben. Die Seite des Kanülenschaftes sollte am Knochen verlaufen. 5 bis 10 ml Lokalanästhetikum werden injiziert (Abb. 3.63 **b**).

Beckengliedmaße. Die Injektionsstellen für intraartikuläre Anästhesien der Zehengelenke sind die gleichen wie bei der Schultergliedmaße.

Sprunggelenk. Das Tarsalgelenk besitzt insgesamt vier horizontale Gelenksspalten mit eigenen Gelenkkapseln: das Unterschenkel-Hinterfußwurzelgelenk (Articulatio tarsocruralis), das obere (Articulatio talocalcaneocentralis et calcaneoquartalis) und untere (Articulatio centrodistalis) Hinterfußwurzel-Mittelgelenk und die Hinterfußwurzel-Mittelfußgelenke (Articulationes tarsometatarseae). Das Unterschenkel-Hinterfußwurzelgelenk besitzt die größte Gelenkkapsel und kommuniziert mit dem oberen Hinterfußwurzel-Mittelgelenk. Eine 0,9/25-mm-Kanüle wird verwendet, um das Unterschenkel-Hinterfußwurzelgelenk an seiner dorsomedialen Fläche knapp distal und dorsal des Malleolus medialis der Tibia und plantar des kranialen Astes der Vena saphena medialis zu punktieren (Abb. 3.64 **a**). Nach Ablaufenlassen von Synovia werden 20 ml Lokalanästhetikum injiziert. Dies anästhesiert das Unterschenkel-Hinterfußwurzelgelenk und das obere Hinterfußwurzel-Mittelgelenk.

Bis vor kurzem gab es keine Methode, Injektionen in die beiden distalen Gelenkspalten des Sprunggelenkes durchzuführen.[6,16,40,48] Durch intensive Studien ist jetzt aber eine verläßliche Methode für Injektionen in diese Gelenke entwickelt worden.[40] Die oben beschriebene Technik umfaßt den Einstich einer 0,5/15-mm-Kanüle von dorsomedial in das untere Hinterfußwurzel-Mittelgelenk und in die Hinterfußwurzel-Mittelfußgelenke. Es wurde davon ausgegangen, daß diese Gelenke miteinander kommunizieren, so daß durch die Injektion in eines dieser Gelenke auch das andere anästhesiert würde. Nun ist aber bewiesen worden, daß diese Gelenke nur in etwa 8 bis 9 % der Fälle kommunizieren, obwohl dieser Prozentsatz durch Steigerung des Injektionsdrucks auf 24 % verbessert werden kann. Ebenso sind die Genauigkeit der Plazierung der Kanüle und die Fähigkeit dieser Kanülen, die Gelenkkapseln des distalen Hinterfußwurzel-Mittelgelenkes und der Hinterfußwurzel-Mittelfußgelenke zu durchstechen, in Frage gestellt worden.[40] Durch die Unterstützung erfahrener Praktiker wurde jetzt herausgefunden, daß in einer begrenzten Anzahl von Fällen die Kanülen falsch plaziert worden waren. Ebenso erschien der Durchmesser einer 0,5 mm starken Kanüle größer als die Weite der Gelenkspalten an diesen Stellen. Die folgenden Empfehlungen sind die besten Injektionsstellen für separate Injektionen in diese Gelenke.

Die Injektion in das distale Hinterfußwurzel-Mittelgelenk erfolgt von der medialen Seite aus. Eine 0,7/25-mm-Kanüle wird proximal in die Lücke eingestochen, die zwischen den verschmolzenen Os tarsale I et II, dem Os tarsale III und dem Os tarsi centrale gebildet wird. Die Kanüle wird fast bis zur Mitte des Gelenkes vorgeschoben. Dadurch bleibt die Kanülenspitze im Gelenksspalt (Abb. 3.64 **b**).[40] Die Injektion in die Hinterfußwurzel-Mittelfußgelenke erfolgt am besten von lateroplantar zwischen dem lateralen Griffelbeinköpfchen und dem Os tarsale IV. Eine 0,7/25-mm-Kanüle wird in einer nahezu sagittalen Ebene eingestochen und in dorsodistaler Richtung vorgeschoben (Abb. 3.65).[2,8] 5 ml Lokalanästhetikum werden für jede dieser beiden Anästhesien injiziert.

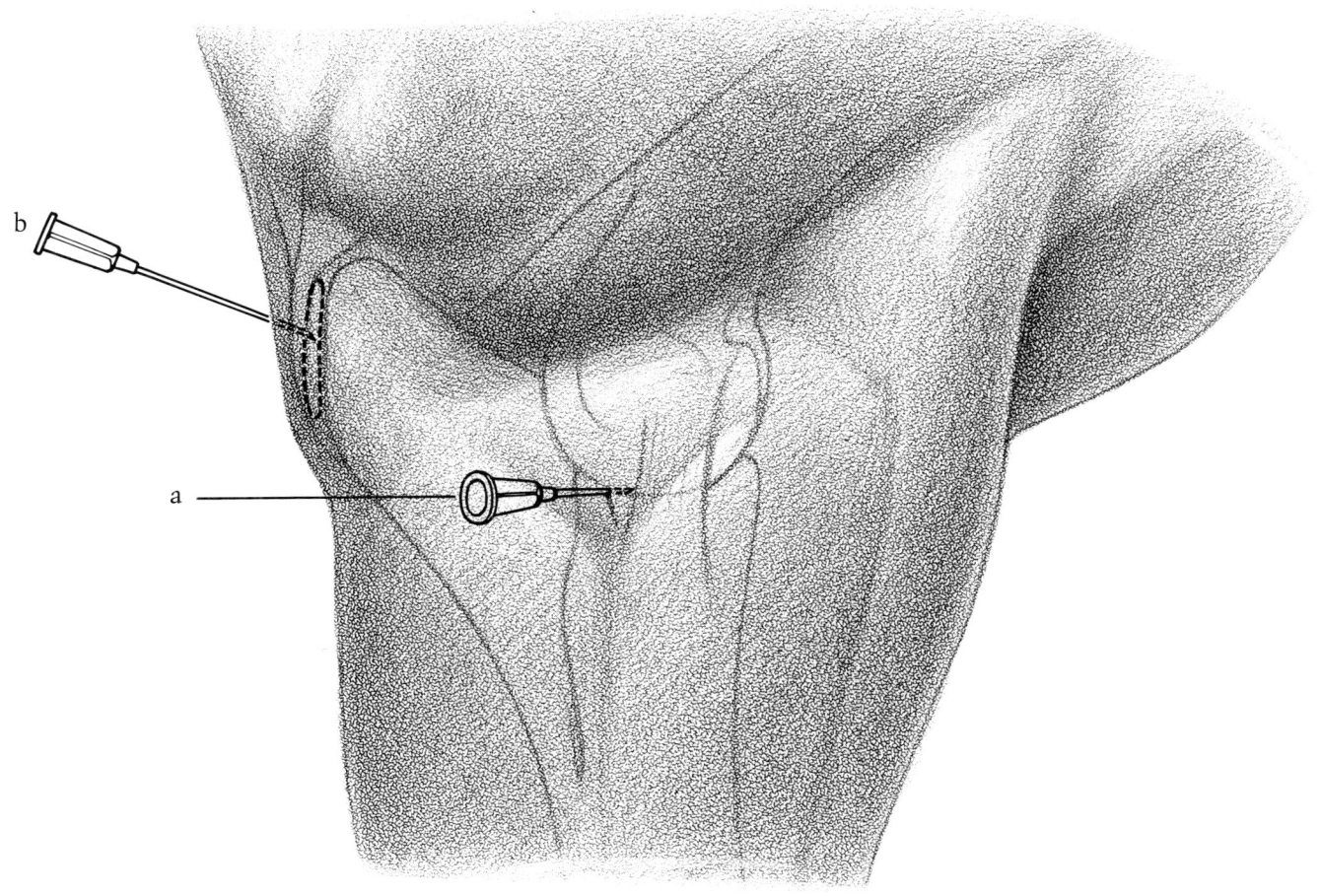

Abb. 3.62: Ellbogengelenk, Lateralansicht. Die Injektion in dieses Gelenk kann sehr schwierig sein. **a** Die Kanüle liegt kaudal des Ligamentum collaterale laterale und ist in den Schleimbeutel vorgeschoben, der unter der Ursprungssehne des Musculus extensor carpi ulnaris liegt und mit der Gelenkkapsel kommuniziert. **b** Position der Kanüle in der Bursa subcutanea olecrani.

Schleimbeutel unter dem medialen Endschenkel des Musculus tibialis cranialis. Dieser Schleimbeutel liegt an der medialen Fläche des Sprunggelenkes zwischen dem Ligamentum collaterale mediale und dem medialen Endschenkel des Musculus tibialis cranialis. Eine 0,7/22-mm-Kanüle wird unter dem distalen Rand der Endsehne des Musculus tibialis cranialis eingestochen, und 8 bis 10 ml Lokalanästhetikum werden injiziert (Abb. 3.64 c).[15,16]

Kniegelenk. Das Kniegelenk besteht aus dem Kniescheibengelenk (Articulatio femoropatellaris) und dem Kniekehlgelenk (Articulatio femorotibialis). Das Kniekehlgelenk hat eine mediale und eine laterale Abteilung. In den meisten Fällen kommuniziert die Gelenkhöhle des Kniescheibengelenkes mit der medialen Abteilung des Kniekehlgelenkes. Gelegentlich ist sie auch mit der lateralen Abteilung des Kniekehlgelenkes verbunden.[17] Bei Vorliegen von Entzündungen allerdings werden diese Öffnungen in der Regel verlegt. Daher sollten in jede Gelenkabteilung einzeln 10 bis 20 ml Anästhetikum injiziert werden, um sicherzugehen, daß die Anästhesie sitzt.[7,47,51]
Die Gelenkkapsel des Kniescheibengelenkes kann leicht durch einen Einstich lateral oder medial des mittleren Kniescheibenbandes erreicht werden. Eine 1,2/50-mm-Kanüle wird dorsal unter die Kniescheibe bis zu einer Tiefe von 3 bis 5 cm vorgeschoben (Abb. 3.66 a). Falls eine deutliche Umfangsvermehrung dieser Gelenkkapsel besteht, kann der Untersucher 30 bis 50 ml Synovia ablaufen lassen oder aspirieren. Wenn dagegen keine Umfangsvermehrung vorliegt, kann kaum Flüssigkeit gewonnen werden. Sobald die Kanüle in der richtigen Position ist, werden 20 ml Lokalanästhetikum injiziert.
Die laterale Abteilung des Kniekehlgelenkes wird mit einer 1,2/75-mm-Kanüle erreicht, indem direkt kaudal des lateralen Kniescheibenbandes eingestochen wird (Abb. 3.66 b). Alternativ kann die Kanüle direkt proximal der Tibia zwischen dem Ligamentum collaterale laterale des Kniekehlgelenkes und der Ursprungssehne des Musculus extensor digitalis longus langsam vorgeschoben werden, bis die Gelenkkapsel erreicht ist. Weiteres Vorschieben führt zu Anstechen des Meniskus und zu Schmerzreaktionen. 10 bis 20 ml Lokalanästhetikum werden injiziert.
Die Injektion in die mediale Abteilung des Kniekehlgelenkes erfolgt mit einer 1,2/75-mm-Kanüle zwischen dem medialen Kniescheibenband und dem Ligamentum collaterale mediale (Abb. 3.66 c).[17] Eine weitere Möglichkeit ist die Injektion direkt proximal der Tibia im Zwischenraum zwischen dem medialen und dem mittleren Kniescheibenband. Die Kanüle wird bis zu einer Tiefe von 4 bis 6 cm vorgeschoben.[3] 20 ml Lokalanästhetikum werden

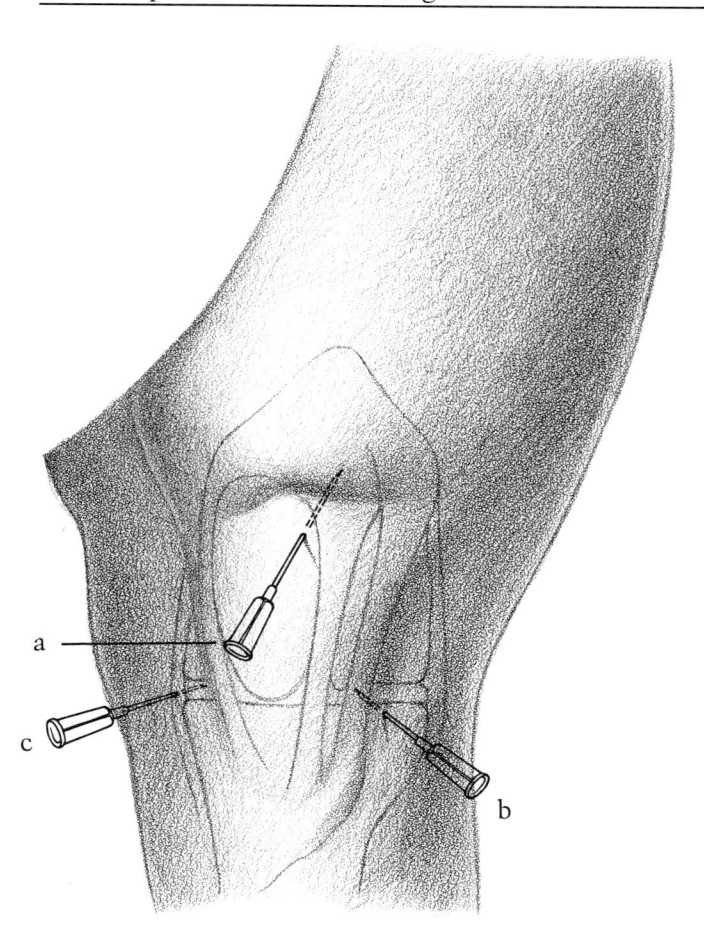

Abb. 3.66: Kniegelenk, Kranialansicht. **a** Die Kanüle wurde zum Erreichen des Kniescheibengelenkes medial des mittleren Kniescheibenbandes eingestochen. **b** Position der Kanüle direkt kaudal des lateralen Kniescheibenbandes zur Injektion in die laterale Abteilung des Kniekehlgelenkes. **c** Position der Kanüle zur Injektion in die mediale Abteilung des Kniekehlgelenkes.

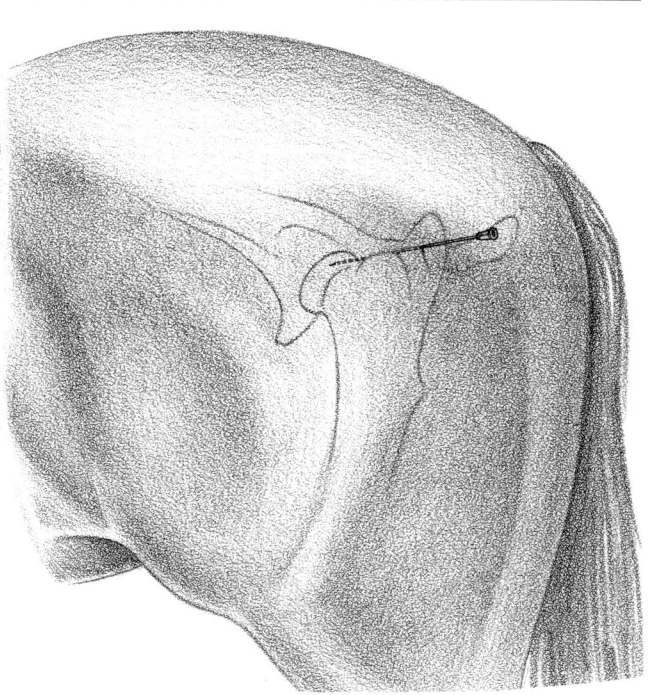

Abb. 3.67: Position der Kanüle im Hüftgelenk. Die Kanüle wird in der Incisura trochanterica eingestochen und in horizontaler Richtung in einem Winkel von 45 Grad zur Längsachse kraniomedial vorgeschoben.

In der letzten Zeit ist die Thermographie in der Humanmedizin in großem Rahmen anerkannt worden. Sie wird für die Diagnose von Krebs, von Erkrankungen der Augen, von Thrombosen tiefer Gefäße, von traumatischer Schädigung der Gefäße im Gehirn und bei chronischen Entzündungsprozessen eingesetzt. Ebenso wird diese Technik in der Sportmedizin, für die Beurteilung des Heilungsvorganges,[33,34] und für die Erkennung von Erkrankungen sowohl des Skeletts als auch der Muskulatur sowie zur Diagnose neurologischer Störungen eingesetzt. In der letzten Zeit sind Berichte über den Einsatz dieser Technik in der Veterinärmedizin in der Literatur veröffentlicht worden.[10,33–35,43] Die Thermographie hat sich bei der Diagnose von Podotrochlose, Hufabszessen, Tendinitis, Osteoarthritis, Subluxation des dritten Lendenwirbels, Arthritis und des Horner-Syndroms (okulopupilläres Syndrom) beim Pferd bewährt. Entzündungsvorgänge in einer überdehnten Sehne können ein bis zwei Wochen früher erkannt werden als durch eine routinemäßige klinische Untersuchung.[33,34]

Die Thermographie kann an jedem Abschnitt des Körpers angewandt werden, ihre größte Bedeutung hat sie aber wahrscheinlich als Hilfsmittel in der Lahmheitsdiagnostik. Der Infrarotaufzeichner (Scanner) sollte 1,80 bis 2,40 m von dem Pferd entfernt und senkrecht zu der Gliedmaße aufgestellt werden. Am häufigsten werden Aufnahmen von lateral, medial, dorsal und palmar bzw. plantar gemacht. Diese werden mit den analogen Bereichen der kontralateralen Gliedmaße verglichen, und Veränderungen der Temperaturwerte werden festgestellt.

Der Vorteil der Thermographie besteht darin, daß sie leicht durchzuführen und für den Untersucher sowie für das Pferd unschädlich ist. Der größte Wert für die Diagnostik liegt im Erkennen von Entzündungsprozessen in einem sehr frühen Stadium, vor der Entwicklung klinischer Symptome. Der größte Nachteil sind die hohen Anschaffungskosten für die Geräte.[35]

Tragbares Infrarotthermometer

Das tragbare Infrarotthermometer ist ein in der Hand zu haltender Infrarotstrahlungsdetektor, der es dem Untersucher ermöglicht, bequem die Körperoberflächentemperatur des Pferdes festzustellen. Ein tragbares Infrarotthermometer* wandelt die Energie der Infrarotstrahlung in elektrische Signale um, die verstärkt und auf einer Temperaturskala angezeigt werden.[31,32] Die Spitze des Instruments wird auf die zu untersuchende Stelle gerichtet, und die Temperatur wird einfach nach Knopfdruck abgelesen. PALMER gab folgende Empfehlungen für die Verwendung des Infrarotthermometers:[31]

1. Die Untersuchung sollte in einem geschlossenen Raum unter Ausschluß von Zugluft oder direkter Sonneneinstrahlung durchgeführt werden, da die Körperoberflächentemperatur durch Wärmeaustausch mit der Umgebung oder durch die ultraviolette Strahlung des Sonnenlichtes verändert wird.

* MiKron 25 portable infrared thermometer: MiKron Instrument Company Incorporated, Ridgewood, New Jersey.

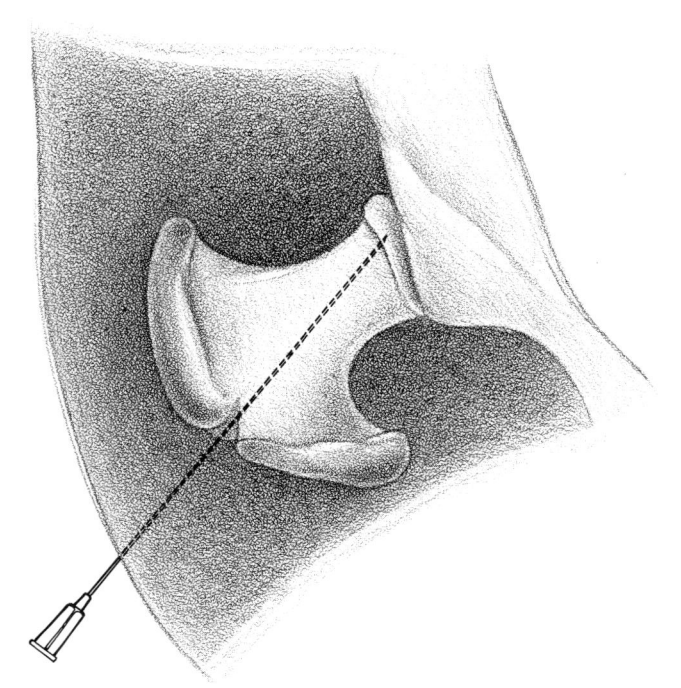

Abb. 3.68: Hüftgelenk, Dorsalansicht. Die Kanüle wird zwischen Pars cranialis und Pars caudalis des Trochanter major eingestochen und im Winkel von 45 Grad vorgeschoben, um das Hüftgelenk zu erreichen.

2. Der für die Untersuchung gewählte Raum sollte kühler sein als die Körperoberflächentemperatur, so daß ein guter Temperaturgradient zwischen dem Patienten und seiner Umgebung besteht.
3. Zwischen dem Patienten und dem Thermometer sollte während der Untersuchung ein konstanter Abstand von 1 cm eingehalten werden, so daß die gemessene Temperatur immer auf eine gleichgroße Fläche zu beziehen ist.
4. Bandagen, Decken und andere Abdeckungen sollten 30 Minuten vor der Untersuchung entfernt werden, so daß der Bereich genügend abkühlen kann.
5. Die Gliedmaße sollte vor der Untersuchung gesäubert und getrocknet werden. Schmutz und Schorf auf der Gliedmaße verändern die Infrarotstrahlung, während Feuchtigkeit den lokalen Wärmeverlust durch Verdunstungskälte erhöht.

Die Interpretation der Ergebnisse beruht zum Großteil auf dem Vergleich der Temperaturwerte an analogen Bereichen des Körpers. Beim Pferd sind die an den distalen Extremitätenabschnitten gemessenen Temperaturwerte sowohl an rechtem und linkem Bein als auch zwischen Schulter- und Beckengliedmaßen recht gut vergleichbar.[33,34] Temperaturunterschiede von weniger als 1 °C zwischen analogen Bereichen sind als normal anzusehen. Temperaturunterschiede von mehr als 1 °C allerdings können genauere Nachprüfungen erfordern. Temperaturunterschiede von bis zu 8 °C sind bei Sepsis und anderen schweren Entzündungsprozessen nicht ungewöhnlich.

Die Infrarotthermometrie hat eine Vielzahl klinischer Einsatzmöglichkeiten:
1. Früherkennung von Entzündungen der Weichteilgewebe und Knochen;
2. Früherkennung von Erkrankungen sowohl des Skeletts als auch der Muskulatur bei Turnierpferden, so daß Behandlung, Ruhe und eine kritische Überprüfung der Trainingsweise veranlaßt werden können, bevor es zum Ausfall des Pferdes kommt;
3. quantitative Beurteilung des Therapieerfolges und Aufzeichnung des postoperativen Verlaufes.

Zusammenfassend ergibt sich daraus, daß die Infrarotthermometrie eine einfache nichtinvasive Methode zur Feststellung der Körperoberflächentemperatur ist. Sie ist nicht als Ersatz anderer diagnostischer Methoden gedacht, sondern ist eher eine wertvolle zusätzliche Maßnahme, die dem Untersucher das Erkennen im Anfangsstadium befindlicher Entzündungsprozesse an den Gliedmaßen erlaubt. Dies gibt dem Tierarzt die Möglichkeit, eine Behandlung durchzuführen oder das Trainingsprogramm zu korrigieren, bevor Skelett und Muskulatur des Tieres größere Schäden erleiden.

Angiographie

Angiographie ist eine Technik, bei der Röntgenkontrastmittel in eine Arterie oder Vene injiziert werden, um das Strömungsverhalten des Blutes auf dem Weg zu Skelett und Muskulatur oder zu anderen Organsystemen zu beurteilen. Die Verteilung des Kontrastmittels wird durch einzelne oder Verlaufsröntgenaufnahmen bzw. durch röntgenologische Darstellung von Fluoreszenz aufgezeichnet. Mittels dieser Technik können anatomische Veränderungen und ihre Ursachen identifiziert werden.[41] Die Pferde werden in der Regel in Narkose gelegt, und die am besten zugängliche Arterie wird aufgesucht. Nach aseptischer Vorbereitung des Bereiches über dem Gefäß wird dieses entweder durch perkutane Punktion oder nach chirurgischer Freilegung katheterisiert. Bei einem Pferd von 450 kg KGW werden 20 ml Kontrastmittel für die angiographische Untersuchung innerhalb von zwei bis drei Sekunden injiziert, und zwei bis vier Sekunden nach Ende der Injektion werden Röntgenaufnahmen gemacht.[9] Diese Technik kann für die Beurteilung von Veränderungen in der Blutversorgung der Gliedmaße nützlich sein, die zu Lahmheit führen und auf Trauma (Drahtverletzungen), Hufrehe oder auf Vorliegen des Karpaltunnelsyndroms beruhen können.

Telemetrische Messungen bei Zerrungen von Knochen und Hufkapsel sowie bei der Bewegung der Gelenke

Telemetrische Messungen von Zerrungen der Knochen können durch chirurgische Implantation von Dehnmeßstreifen an der Oberfläche eines Knochens ermöglicht werden. Dabei werden mittels eines drahtlosen telemetrischen Systems Knochenzerrungen aufgezeichnet.[45] Diese Technik erlaubt dem Forscher, den Bewegungsablauf in schnellen Gangarten und während des Überwindens verschiedener Hindernisse zu untersuchen. Die hierbei gewonnenen Erkenntnisse sollten auf Dauer ein besseres Verständnis für die Pathogenese von Frakturen beim Pferd liefern.

Diese Dehnmeßstreifen sind auch auf die Oberfläche der Hornkapsel aufgebracht worden, um direkt die Elastizität der Hufwand und indirekt die Kompression zu messen.[22] Ebenso ist die Telemetrie für ergometrische Messungen der Beugewinkel der Gelenke eingesetzt worden. Hierzu sind Elektrogoniometer (Elgons) über dem zu untersuchenden Gelenk ausgerichtet und mit Klebeband befestigt worden. Im Augenblick wird diese Technik hauptsächlich in Forschungsinstituten genutzt und hat sehr geringe Bedeutung für den praktizierenden Tierarzt.

Kinematographie

Kinematographie unter Verwendung einer Hochfrequenzkamera ermöglicht eine Aufzeichnung der Bewegungen des Pferdes in den verschiedenen Gangarten.[35,36] Hierzu kann das Pferd bei laufender Kamera in den verschiedenen Gangarten bewegt werden. Der Film wird anschließend abgespielt und beurteilt. Eine wissenschaftlich besser fundierte Methode besteht darin, Markierungen an anatomischen Strukturen der Gliedmaßen anzubringen und das Pferd auf ebenem Boden über eine genau festgelegte Strecke zu bewegen. Die Hochfrequenzkamera kann senkrecht zu der Vorführbahn aufgestellt werden, so daß Aufnahmen auf der gesamten Strecke möglich sind. Die gleichzeitige Aufzeichnung des Bewegungsablaufes mit zwei weiteren Kameras am Anfang und am Ende der Vorführbahn ermöglicht eine dreidimensionale Analyse. Der Film läuft etwa fünfmal so schnell wie ein normaler Film, so daß die Bewegungen des Pferdes fünfmal langsamer erscheinen, als sie wirklich sind. Die Analyse beruht auf der Aufzeichnung der Position sämtlicher Markierungen der anatomischen Verhältnisse auf jedem Bild während eines vollständigen Schrittes. Dadurch können die Länge und die Geschwindigkeit des Trittes, die Höhe des beim Vorführen der Gliedmaße beschriebenen Bogens, Abweichungen von der normalen Fußung, Abweichungen von der normalen Vorführrichtung der Gliedmaße, die Beschleunigung und die linearen sowie die von dieser Richtung abweichenden Bewegungsimpulse bestimmt werden.[35,36]

Diese Technik eignet sich hervorragend zur Analyse des Bewegungsablaufes. Die Entwicklung von Computerprogrammen zur Analyse der Filme hat eine schnelle und vollständige Analyse aller aufgezeichneten Daten des Bewegungsablaufes beim Pferd ermöglicht. Diese Technik hat zwei wesentliche Nachteile:
1. die Verzögerung durch die Entwicklung des Filmes und
2. die Tatsache, daß die Markierungen im proximalen Bereich der Gliedmaße durch die Bewegung schnell verschoben werden und daher nicht so genau sind wie die Markierungen an den distalen Extremitätenabschnitten.[35,36]

Elektrogoniometrie in der Analyse der Lahmheit

Elektrogoniometer (Elgons) werden verwendet, um die Veränderung der Gelenkwinkelung während der Bewegung zu messen und eine fortlaufende Aufzeichnung (Goniogramm) zu erstellen. Die Elgons werden an den Gliedmaßen befestigt. Sie verzeichnen Beugung und Streckung als Verlagerungen nach oben und unten. Dies ermöglicht die quantitative und qualitative Bestimmung der Bewegungen normaler und pathologisch veränderter Gelenke. Bei korrekter Durchführung sind die Abweichungen bei der Aufzeichnung des Bewegungsablaufes geringer als ein Grad.[3,35,36]

Die Elgons werden über die Mitte des zu beurteilenden Gelenkes ausgerichtet und mit Klebeband befestigt, die Drähte werden am Sattel befestigt. Die Aufzeichnung mittels eines Oszillographen kann durch weitere Leitungen erfolgen, die vom Sattel zu dem Aufzeichnungsgerät führen oder drahtlos durch Funkübertragung. Ein großer Vorteil der telemetrischen Messungen besteht darin, daß das Pferd sich während der Aufzeichnungen freier bewegen kann.

Die Vorteile der Elektrogoniometrie liegen in der gleichzeitigen Aufzeichnung der Bewegungsabläufe in den Gelenken, der Amplitude, der Schrittlänge, der von der Richtung der Fortbewegung abweichenden Bewegungsimpulse, der Beschleunigung und der für einen Tritt benötigten Gesamtzeit.[36] Die Nachteile sind, daß die Elektrogoniometrie sich bei Fehlen der telemetrischen Übermittlung auf die Analyse in Schritt und Trab beschränken muß. Außerdem können sich falsche Ergebnisse bei den Aufzeichnungen ergeben, wenn die Elgons aufgrund von Bewegungen der Haut oberhalb von Karpus oder Tarsus zu liegen kommen.[35,36] Die Interpretation der Goniogramme ist nicht einfach, und sie erlauben keine direkte Darstellung des Bewegungsablaufes während der Bewegung.[35,36] Zur Beurteilung geringgradiger Lahmheiten hat sich die Kombination von Elektrogoniometrie und Kinematographie bewährt.

Dynamographie

Dynamographie beinhaltet die Verwendung von Kraftmeßvorrichtungen, die das Ausmaß und die Richtung der Kräfte aufzeichnen, die beim Aufsetzen des Hufes auf den Boden einwirken. Zur Zeit werden hier vor allem Kraftmeßplatten verwendet, die in die Vorführbahn eingebaut sind. Wenn der Huf auf einer solchen Kraftmeßplatte aufsetzt, wird die durch das Gewicht hervorgerufene Deformation in Messungen der Belastung umgewandelt. Die Belastung wird in Prozent des Körpergewichtes für die Einwirkung in vertikaler, kranialer, kaudaler, horizontaler, lateraler und medialer Richtung aufgezeichnet. Die vertikal einwirkenden Kräfte ergeben sich aus dem Körpergewicht während der Unterstützungsphase der Gliedmaßenführung. Die lateral und medial einwirkenden Kräfte sind Folgen des Fußens des Hufes, eventueller Rotationsbewegungen der Gliedmaße und der Bewegungsrichtung.[35]

Der Vorteil der Dynamographie ist, daß die einwirkenden Belastungskräfte während der Bewegung aufgezeichnet werden. Der Nachteil ist, daß die Pferde dazu neigen, ein Fußen auf der Platte zu vermeiden, auch wenn die Oberfläche getarnt ist.[35]

Knochenszintigraphie

Die Knochenszintigraphie ist ein empfindliche Methode zur Früherkennung von gesteigertem Knochenumbau und von Knochenzubildungen.[12] Knochenverletzungen, die erst Tage später oder gar nicht röntgenologisch darstellbar sein würden, können durch Knochenszintigraphie 12 bis 24 Stunden nach Auftreten der Verletzung identifiziert werden. Außerdem bietet diese Technik eine objektivere und genauere Grundlage für die Prognose von Frakturheilungen.[12]

Technetium 99 ist das am häufigsten verwendete Radioisotop. Es verbindet sich mit dem Pyrophosphat oder Methylendiphosphat. Nach intravenöser Infusion verbinden sich die Substanzen innerhalb von 30 Minuten mit dem Knochen und sind aus den Weichteilgeweben nach zwei Stunden verschwunden, so daß dann ein deutliches Bild zu erhalten ist. In den meisten Fällen wird die Darstellung der Knochen mit einer Gammakamera (Szintillationskamera) zwei bis fünf Stunden nach der Injektion dieses Mittels durchgeführt.

Die Gammakamera besteht aus einem Kollimator, der die Gammastrahlen in einem strahlenempfindlichen Kristall (Natriumjodid) sammelt. So wird die Position der ankommenden Gammastrahlen bestimmt.

Positiv ist hierbei, daß die Knochenszintigraphie ein sehr empfindlicher Indikator für Veränderungen im Metabolismus der Knochen ist. Sie macht daher häufig einen Schaden sichtbar, der durch die normale Röntgentechnik nicht darstellbar ist. Die Nachteile sind die hohen Kosten der Geräte und die sachgemäße Ausrüstung zum Umgang mit den Isotopen sowie die Ausbildung des Personals und der Erwerb der entsprechenden Lizenzen.[3] Zur Zeit sind Gammakameras zwei- bis fünfmal so teuer wie vergleichbare Röntgengeräte. Auf diesem Gebiet werden neue Ausbildungsprogramme entwickelt, um Interessenten mit dieser speziellen Technik vertraut zu machen.[12]

Arthroskopie
Der Wert und die Technik der Arthroskopie werden auf Seite 349 bis 353 und 383 bis 384 vorgestellt.

Literaturangaben

1. ADAMS, O. R.: Local anesthesia as an aid in equine lameness diagnosis. Norden News, **40**: 20, 1966.
2. ADAMS, O. R.: Chip fractures of the first phalanx and the metacarpophalangeal (fetlock) joint. J. Am. Vet. Med. Assoc., **148**: 360, 1966.
3. ADRIAN, M., et al.: Electrogoniometric analysis of equine metacarpophalangeal joint lameness. Am. J. Vet. Res., **38**: 431, 1977.
4. AUER, J.: Diseases of the carpus. Vet. Clin. North Am. (Large Anim. Pract.), **2**: 81, 1982.
5. BRAMLAGE, L. R., GABEL, A. A., and HACKETT, R. P.: Avulsion fractures of the origin of the suspensory ligament in the horse. J. Am. Vet. Med. Assoc., **176**: 1004, 1980.
6. BROWN, M. P., and VALKO, K.: A technique for intraarticular injection of the equine tarsometatarsal joint. VM/SAC, **75**: 265, 1980.
7. BYARS, T. D., and BROWN, C.: Equine arthrocentesis. Eq. Pract., **4**: 28, 1982.
8. CHENOT, A.: Clinical study of lameness. Am. Vet. Rev., **28**: 806, 1904.
9. DELAHANTY, D. D.: Manipulation procedures in detecting horse lameness. Cornell Vet., **64**: 443, 1974.
10. DELAHANTY, D. D.: Thermography in equine medicine. J. Am. Vet. Assoc., **147**: 235, 1965.
11. DERKSEN, E. J.: Diagnostic local anesthesia of the equine front limb. Eq. Pract., **2**: 41, 1980.
12. DEVOUS, M. D., and BAUM, J. L.: Bone scintigraphy. In Equine Medicine and Surgery. 3rd Ed. Edited by R. A. Mansmann, and E. S. McAllister. Santa Barbara, American Veterinary Publications, 1982, p. 958.
13. FOWLER, W. J. R.: Diagnosis and treatment of lameness. Can. J. Comp. Med., **4**: 249, 1940.
14. FOWLER, W. J. R.: Diagnosis and treatment of lameness. Can. J. Comp. Med., **3**: 91, 1939.
15. GABEL, A. A.: Lameness caused by inflammation of the distal hock. Vet. Clin. North Am. (Large Anim. Pract.), **2**: 101, 1982.
16. GABEL, A. A.: Diagnosis and relative incidence and probable cause of cunean tendon bursitis-tarsitis of standardbred horses. J. Am. Med. Assoc., **175**: 1079, 1979.
17. GOSHAL, N. G.: Nervous system. In Anatomy of Domestic Animals. 5th Ed. Edited by R. Getty. Philadelphia, W. B. Saunders Co., 1975.
18. GRAB, B. W., et al.: Clinical approach to determine the contribution of the palmar and palmar metacarpal nerves to the innervation of the equine fetlock joint. Am. J. Vet. Res., **41**: 940, 1980.
19. HAYNES, P. F.: Diseases of the metacarpophalangeal joint and metacarpus. Vet. Clin. North Am. (Large Anim. Pract.), **2**: 33, 1982.
20. HEAVNER, J. E.: Local anesthetics. Symposium on equine anesthesia. Vet. Clin. North Am. (Large Anim. Pract.), **3**: 209, 1981.
21. JEFFCOTT, L. B.: Diagnosis of back problems in the horse. Continuing education, **3**: 134, 1981.
22. KNEZEVIC, P.: Measuring of strain in the hoof capsule of the horse. Proc. 12th Ann. AAEP, 1966, p. 293.
23. LINDSAY, W. A., TAYLOR, S. D., and WATTERS, J. W.: Selective intraarticular anesthesia as an aid in diagnosis of bone spavin. J. Am. Vet. Assoc., **178**: 297, 1981.
24. MacKAY-SMITH, M. P., et al.: Carpal canal syndrome in horses. J. Am. Vet. Assoc., **160**: 93, 1972.
25. MILNE, F. J.: Examination and diagnosis of foot lameness. J. Am. Vet. Med. Assoc., **15**: 1599, 1967.
26. MOYER, W.: Corrective shoeing. Vet. Clin. North Am. (Large Anim. Pract.), **2**: 3, 1982.
27. MOYER, W., and ANDERSON, J. P.: Sheared heels: Diagnosis and treatment. J. Am. Vet. Med. Assoc., **166**: 53, 1975.
28. MOYER, W., and RAKER, C. W.: Diseases of the suspensory apparatus. Vet. Clin. North Am. (Large Anim. Pract.), **2**: 61, 1982.
29. NILSSON, G.: Some procedures and tools in the diagnostics of distal equine lameness. Acta Vet. Scand., **44**: 66, 1973.
30. NYACK, B., et al.: Osteochondrosis of the shoulder joint of the horse. Cornell Vet., **71**: 149, 1981.
31. PALMER, S. E.: Use of the infrared thermometer as a means of measuring limb surface temperature in the horse. Am. J. Vet. Res., **42**: 105, 1981.
32. PALMER, S. E.: Use of the portable infrared thermometer in equine practice. Proc. 26th Ann. AAEP, 1980, p. 327.
33. PUROHIT, R. C.: The diagnostic value of thermography in equine medicine. Proc. 26th Ann. AAEP, 1980, p. 317.
34. PUROHIT, R. C., and McCOY, M. D.: Thermography in the diagnosis of inflammatory processes in the horse. Am. J. Vet. Res., **41**: 1167, 1980.
35. RATZLAFF, M. H.: Cinematography, electrogoniometry, thermography and dynamography. In Equine Medicine and Surgery. 3rd Ed. Edited by R. A. Mansmann, and E. J. McAllister. Santa Barbara, American Veterinary Publications, 1982, p. 954.
36. RATZLAFF, M. H., et al.: Evaluation of equine locomotion using electrogoniometry and cinematography: Research and clinical application. Proc. 25th Ann. AAEP, 1979, p. 381.
37. ROONEY, J. R.: Biomechanics of Lameness in Horses. Baltimore, Williams & Wilkins Co., 1969.
38. ROSE, R. J., and FRAUENFELDER, H. C.: Arthrocentesis in the horse. Eq. Vet. J., **14**: 173, 1982.
39. SACK, W. O.: Nerve distribution in the metacarpus and front digit of the horse. J. Am. Vet. Med. Assoc., **167**: 298, 1975.
40. SACK, W. O., and ORSINI, P. G.: Distal intertarsal and tarsometatarsal joints in the horse: Communication and injection sites. J. Am. Vet. Med. Assoc., **179**: 355, 1981.
41. SCOTT, E. A., SANDLER, G. A. and SHIRES, M. H.: Angiography as a diagnostic technique in the equine. J. Eq. Med. Surg., **2**: 270, 1978.

42. SCRUTCHFIELD, W. L.: Injection of the navicular bursa. The Sol. West. Vet., **30:** 161, 1977.
43. STROMBERG, B.: The use of thermography in equine orthopedics. J. Am. Vet. Radiol. Soc., **15:** 94, 1974.
44. STROMBERG, B.: Thermography of the superficial flexor tendon in race horse. Acta Radiol. (Suppl.), **319:** 295, 1972.
45. SUMMER-SMITH, G., et al.: Telemetric measurements of strain in the metacarpus of the horse: A pilot study. Am. J. Vet. Res., **38:** 1675, 1977.
46. SZABUNIEWICZ, M.: Use of the hoof hammer in diagnosing lameness. VM/SAC, **64:** 618, 1969.
47. VAN KRUININGEN, H. J.: Practical techniques for making injections into joints and bursa of the horse. J. Am. Vet. Med. Assoc., **143:** 1079, 1963.
48. VAN PELT, R. W.: Arthrocentesis and injection of the equine tarsus. J. Am. Vet. Med. Assoc., **148:** 367, 1966.
49. VAN PELT, R. W.: Intra-articular injection of the equine stifle for therapeutic and diagnostic purposes. J. Am. Vet. Med. Assoc., **147:** 490, 1965.
50. VAN PELT, R. W.: Intra-articular injection of equine carpus and fetlock. J. Am. Vet. Med. Assoc., **140:** 1181, 1962.
51. WHEAT, J. D., and JONES, K.: Selected techniques of regional anesthesia: Symposium on equine anesthesia. Vet. Clin. North Am. (Large Anim. Pract.), **3:** 223, 1981.
52. WORTHMAN, R. P.: Diagnostic anesthetic injections. *In* Equine Medicine and Surgery. 3rd Ed. Edited by R. A. Mansmann, and E. S. McAllister. Santa Barbara, American Veterinary Publications, 1981, p. 947.

Radiologische Untersuchungen

Richard D. Park und Jack L. Lebel

In den vergangenen Jahren hat sich die Röntgenuntersuchung, im Rahmen der tierärztlichen Lahmheitsdiagnose und -prognose beim Pferd, zu einem praktikablen Routineverfahren entwickelt. Obwohl die Röntgenuntersuchung eine wichtige diagnostische Hilfe darstellt, sollte sie nur in Verbindung mit einer sorgfältigen Anamneseerhebung, Allgemeinuntersuchung und weiteren speziellen diagnostischen Prüfungen angewendet werden.

Die Röntgenaufnahme bleibt als Teil der Patientenakte Eigentum des Tierarztes. Da Röntgenbilder für den Vergleich mit zukünftigen Befunden oder zur Dokumentation einer forensisch einwandfreien Therapie herangezogen werden können, sollte die Ablage der Aufnahmen, im Hinblick auf einen erneuten Rückgriff sowie eine Bezugnahme, methodisch erfolgen.

Kenntnisse über Röntgengeräte, Untersuchungstechniken, Zubehör, Dunkelkammereinrichtungen sowie -verfahren, Strahlenschutz, Röntgenanatomie und grundlegende Prinzipien der Interpretation radiologischer Darstellungen stellen eine unbedingte Voraussetzung für die Ausführung diagnostisch-röntgenologischer Untersuchungen dar. Zu häufig wird dieses Basiswissen mit der Folge vernachlässigt, daß die erhobenen röntgenologischen Befunde nur mittelmäßig sind. Da aber qualitativ minderwertige Röntgenbilder zu Fehldiagnosen und -schlüssen führen, gilt auch für die Radiologie in der Pferdeheilkunde: „Keine Röntgenaufnahme ist besser als eine schlechte".

In diesem Kapitel sollen die Röntgenausrüstung, der Strahlenschutz, spezielle röntgenologische Untersuchungen, weitere bildgebende Verfahren sowie Interpretationsprinzipien, soweit sie die Röntgenologie beim Pferd betreffen, vorgestellt werden. Anhand von Abbildungen werden röntgenologische Routineuntersuchungen und die sich daraus ergebende Röntgenanatomie der Gliedmaßen vom Pferd aufgezeigt.

Röntgenausrüstung

Die Anfertigung qualitativ hochwertiger Röntgenbilder erfolgt in Abhängigkeit vom Röntgengerät, vom Röntgenzubehör, von der Dunkelkammereinrichtung und von der Strahlenschutzausrüstung. Darüber hinaus sind Kenntnisse über die Röntgenausrüstung notwendig, um Röntgenaufnahmen gefahrlos zu erstellen. Gleichzeitig sichern angemessene Sorgfalt und Wartung eine lange Lebensdauer der relativ teuren Röntgenausrüstung.

Röntgengeräte

Das Röntgengerät bildet den finanziell und technisch aufwendigsten Teil der Röntgenausrüstung für die Anwendung beim Pferd. Da eine detaillierte Beschreibung der physikalischen und theoretischen Grundlagen der Röntgengeräte bzw. -röhren den Rahmen dieses Buches sprengen würde, soll hier nur auf empfehlenswerte Literatur, die diese Thematik behandelt, verwiesen werden.[6,7,9,30]

Für verschiedene Aufnahmen kann unter mehreren veränderlichen Größen am Röntgengerät ausgewählt werden. Im allgemeinen bilden Milliampere (mA), Belichtungszeit und Spannungspotential (kV) die Variablen, die am Schalttisch oder Generator einzustellen sind (Abb. 4.1).

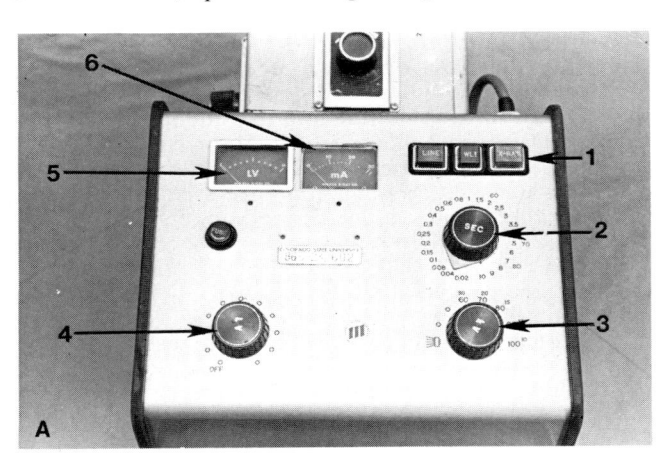

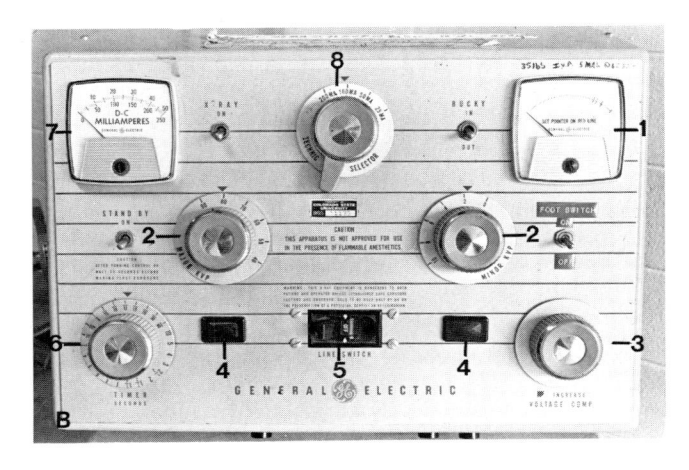

Abb. 4.1: A Schalttisch eines transportablen 30-mA-Röntgengerätes: 1. Kontrollampen, 2. Zeitschalter, 3. kV-, mA-Schalter, 4. Hauptschalter und Korrekturknopf für Netzspannung, 5. Netzspannungsanzeige, 6. mA-Anzeige. **B** Schalttisch eines beweglichen 200-mA-Röntgengerätes: 1. Netzspannungsanzeige, 2. kV-Schalter, 3. Korrekturknopf für Netzspannung, 4. Kontrollampen, 5. Hauptschalter, 6. Zeitschalter, 7. mA-Anzeige, 8. mA-Schalter.

Der Fokus-Film-Abstand (FFA) dagegen sollte konstant gehalten und zur Erzielung gleichmäßiger Ergebnisse vor jeder Belichtung nachgemessen werden. Die Begrenzung des Primärstrahlenbündels bleibt, in Abhängigkeit von der verwendeten Blendenart, ebenfalls konstant oder wird beim Wechseln der Kassettengröße neu eingestellt.

Der Röhrenstrom, gemessen in Milliampere, ist direkt proportional zur Anzahl der pro Sekunde durch die Röntgenröhre fließenden Elektronen und bestimmt somit letztendlich die Quantität der von der Röntgenröhre produzierten Röntgenstrahlen.

Eine weitere wichtige Variable in der Röntgenologie bildet die Belichtungszeit, die wegen der patientenbedingten Schwierigkeiten sowie der Kassettenbewegung eine Zehntelsekunde oder, wenn möglich, weniger betragen sollte. Zur Einhaltung dieser Zeiten kommen sowohl elektronische als auch mechanische Zeitschaltuhren zur Anwendung. Dabei sind elektronische Zeitgeber besonders zur exakten Einstellung von Belichtungszeiten kürzer als eine Zehntelsekunde geeignet. Derart kurze Belichtungszeiten können mit den weniger genau arbeitenden mechanischen Zeitschaltuhren nicht erreicht werden. Letztere funktionieren nach dem Prinzip eines Rücklauffederwerkes: Nach Betätigung des Zeitschalters wird die Einstellmarke mittels einer Feder von der vorgewählten Zeit in die Ausgangsposition zurückgeführt und beendet so die Belichtung. Für den Einsatz bei Röntgenuntersuchungen beim Pferd ist aufgrund der größeren Genauigkeit eine elektronische Zeitschaltuhr empfehlenswert.

Da die Strahlenmenge einer Exposition durch die Belichtungszeit (s) und den Röhrenstrom (mA) festgelegt wird, ist sie direkt proportional dem Produkt aus Stromstärke und Belichtungszeit, d. h. dem Milliamperesekundenprodukt (mAs).

$1/10$ s × 10 mA = 1,0 mAs
$1/10$ s × 15 mA = 1,5 mAs
$1/5$ s × 10 mA = 2,0 mAs

Die Spannung (kV) bestimmt die Qualität, d. h. die Energie der erzeugten Röntgenstrahlen. Für die Gliedmaßendarstellung erwachsener Pferde eignen sich Spannungen zwischen 70 kV und 90 kV am besten.

Unter dem Fokus-Film-Abstand (FFA) wird die Entfernung zwischen dem Brennfleck der Röntgenröhre und dem Film verstanden. Ist die Lage des Brennflecks nicht, wie allgemein üblich, an der Gehäuseaußenseite der Röntgenröhre gekennzeichnet, so kann das ungefähre Zentrum des Gehäuses als Brennflecklokalisation angenommen werden. Da sich die Intensität der Röntgenstrahlung umgekehrt proportional zum Quadrat der Entfernung verhält, stellt ein konstanter Fokus-Film-Abstand eine unbedingte Voraussetzung für die Vermeidung ungleichmäßiger Belichtungen dar. Bereits geringe Verschiebungen des Fokus-Film-Abstandes können gravierende Belichtungsänderungen zur Folge haben. Wird z. B. der Fokus-Film-Abstand von 90 cm auf 100 cm vergrößert, so muß die Belichtung um 23,5 % erhöht werden. Mit anderen Worten: Werden bei einem Fokus-Film-Abstand von 90 cm gute Belichtungen mit 10 mAs erzielt, so sind bei einem Fokus-Film-Abstand von 100 cm für entsprechende Ergebnisse 12,35 mAs erforderlich. Zwei verschiedene Methoden zur Bestimmung bzw. Überprüfung des Fokus-Film-Abstandes vor jeder neuen Aufnahme sind in den Abbildungen 4.2 und 4.3 aufgezeigt. Für einfache und schnelle Messungen des Fokus-Film-Abstandes kommen Leichtmetallstäbe oder Bandmaße in Frage. Ferner eignen sich für die exakte Wiedereinstellung eines vorher festgelegten Fokus-Film-Abstandes sorgfältig justierte Lichtquellen mit konvergierenden Lichtstrahlen. Der Fokus-Film-Abstand sollte für die röntgenologische Darstellung der Gliedmaßen von Pferden zwischen 85 cm und

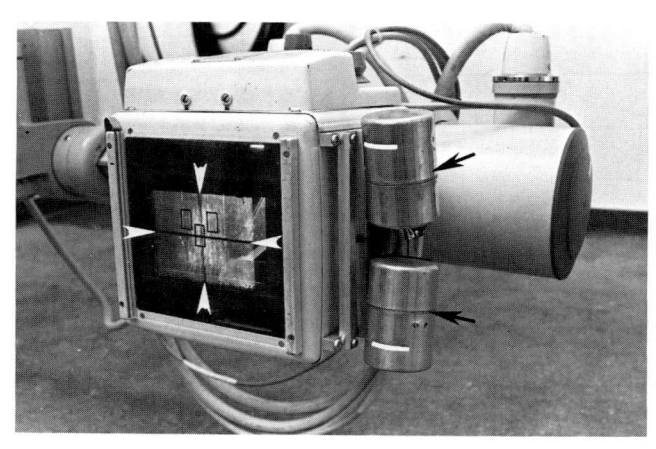

Abb. 4.2: Regulierbare Tiefenblende mit Lichtvisier-Einrichtung. Die Einblendung des Primärstrahlenbündels erfolgt durch verstellbare Bleiplatten im Kollimator. Durch eine Lichtquelle in dieser Blendenapparatur können die Begrenzungen des Primärstrahlenfeldes sichtbar gemacht werden (weiße Pfeile). Zwei weitere Lichtquellen für die Einstellung des Fokus-Film-Abstandes befinden sich in den Behältern seitlich an der Blendenvorrichtung (schwarze Pfeile).

100 cm (36″ und 40″), nicht aber unter 60 cm (24″) liegen, da ein derartig kurzer Fokus-Film-Abstand (unter 60 cm) zur Vergrößerung des Objektes und auf der Röntgenaufnahme zur Unschärfe mit geringer Detailauflösung führt. Dagegen kann ein Fokus-Film-Abstand größer als 100 cm nur dann zur Anwendung kommen, wenn die Belichtungszeiten dadurch nicht übermäßig lang werden.

Eine weitere unbedingt notwendige Maßnahme, die auch dem Strahlenschutz dient, ist die Eingrenzung des Primärstrahlenbündels auf die jeweilige Größe der verwendeten Kassette. Die Einblendung sollte vor jeder Aufnahme kontrolliert und gegebenenfalls neu eingestellt werden. Verwendung finden sowohl festinstallierte zylinder- oder kegelförmige Bleituben als auch regulierbare Tiefenblenden (Abb. 4.2). Der Nachteil der erstgenannten fixen Blenden besteht in der Unmöglichkeit, sie den unterschiedlichen Kassettengrößen anzupassen. Dagegen enthalten Tiefenblenden, die in der Röntgenologie beim Pferd benutzt werden sollten, häufig eine eingebaute Lichtquelle, die das eingegrenzte Primärstrahlenfeld auf die Kassette projiziert und so sichtbar macht. Diese regulierbaren Tiefenblenden mit Lichtvisier-Einrichtung können an den meisten Röntgengeräten angebracht werden.

Welcher Gerätetyp am besten für die röntgenologische Diagnostik beim Pferd geeignet ist, hängt von der Organisation der Praxis – Ambulanz gegenüber Klinikbetrieb, ab. Grundsätzlich sollten die Eigenschaften des Röntgengerätes den unterschiedlichen Praxissituationen gerecht werden. Dabei sind allerdings Kompromisse und Zugeständnisse, z. B. niedrigere mA- und kV-Werte für größere Beweglichkeit, unumgänglich. Das ideale Röntgengerät für die diagnostische Anwendung beim Pferd soll folgende Eigenschaften besitzen:

1. einfach und geräuschlos beweglich mit einer Röntgenröhre, die bis auf den Boden bzw. Untergrund zu verschieben ist,
2. regulierbare, unabhängig voneinander einstellbare mA- und kV-Werte,
3. genaue Zeitschaltuhr für Belichtungszeiten von einer Zehntelsekunde und kürzer,
4. ein Stativ für die Röntgenröhre, so daß deren manuelle Fixierung während der Aufnahme entfällt,
5. Voltmeter und -regler für die Netzspannung,
6. Einblendung des Primärstrahlenbündels, bevorzugt durch eine regulierbare Tiefenblende,
7. frei von elektrischen sowie Strahlenrisiken.

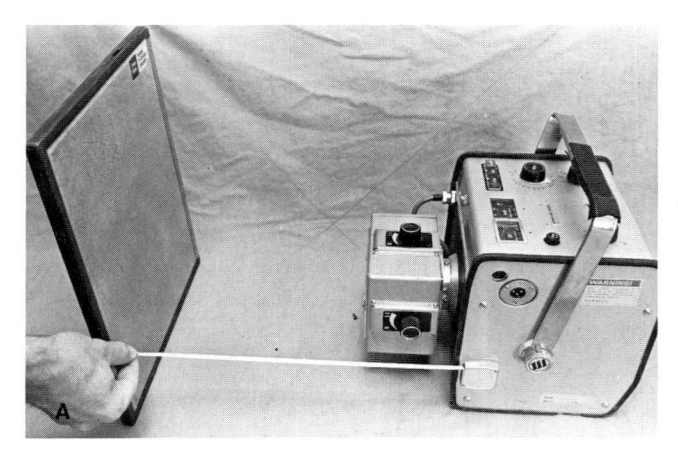

Abb. 4.3: Methoden zur Bestimmung des Fokus-Film-Abstandes (FFA). **A** Bandmaß, mit dem einige transportable Röntgengeräte ausgestattet sind. **B** und **C** System mit zwei konvergierenden Lichtlinien. **B** Wenn die Kassette außerhalb des vorher bestimmten Fokus-Film-Abstandes liegt, werden zwei getrennte Lichtlinien projiziert (Pfeile). **C** Hält die Kassette dagegen exakt den festgelegten Fokus-Film-Abstand ein, ist nur eine Linie zu sehen (Pfeile). Die Lichtquellen befinden sich in den in Abb. 4.2 dargestellten Behältern (schwarze Pfeile).

Für die röntgenologische Untersuchung beim Pferd werden transportable, bewegliche und stationäre Röntgengeräte benutzt (Abb. 4.4). Diese drei Klassen unterscheiden sich hinsichtlich Größe und Kapazität. So weisen die kleinen transportablen Geräte maximale Röhrenströme von 15 mA auf, während die großen stationären 2000 mA erzeugen.

Transportable Röntgengeräte sind besonders gut für den ambulanten Außeneinsatz geeignet, da sie leicht sind (ca. 7 bis 20 kg) und sich problemlos für den Transport verstauen lassen. Trotz ihres geringen Gewichtes und ihrer großen Beweglichkeit sollten sie mit einem Standstativ oder einem anderen mechanischen Haltesystem Verwendung finden. Die maximalen Betriebswerte variieren bei den transportablen Geräten zwischen 10 und 30 mA sowie 45 und 100 kV. Obwohl die unabhängige Einstellung der mA- und kV-Werte wünschenswert ist, haben manche Geräte entweder festinstallierte mA- und/oder kV-Werte oder voneinander abhängige Einstellmöglichkeiten für mA und kV. Letzteres bedeutet, daß z. B. bei 30 mA die Spannung maximal 60 kV betragen kann und umgekehrt bei 90 oder 100 kV der Röhrenstrom auf maximal 10 mA limitiert ist. Aufgrund dieser gegenseitigen Abhängigkeit oder der festen Installation der mA- bzw. kV-Werte sind genügende Filmschwärzung und ausreichende Gewebedurchdringung oft nicht mehr mit Belichtungszeiten von einer Zehntelsekunde oder kürzer zu erzielen. Die Möglichkeit für den Netzangleich bildet auch bei transportablen Geräten eine wünschenswerte Einrichtung. Besonders unter Feldbedingungen erweist sich der Netzangleich als wichtig, z. B. wenn es nach gleichzeitigem Anschluß mehrerer Elektrogeräte zu Schwankungen der Netzspannung kommt oder wenn bei Verwendung eines langen Verlängerungskabels ein Spannungsabfall ausgeglichen werden muß.

Bewegliche Röntgengeräte eignen sich besonders für Untersuchungen in der Klinik. Sie sind – obwohl weniger mobil als die transportablen Geräte – immer noch leicht und leise beweglich. Die mA-Werte liegen im Bereich zwischen 15 bis 30 mA und 100 bis 300 mA. Die Röntgenröhre sollte entlang einer senkrechten Ebene bis zum Fußboden verschiebbar sein. Um das zu erreichen, sind u. U. Modifikationen in der Mechanik notwendig. Die Zeitschaltuhren der beweglichen Röntgengeräte gestatten gewöhnlich Belichtungszeiten bis zu $1/60$ oder $1/120$ Sekunde. Stationäre Röntgengeräte sind im allgemeinen an Deckenstativen befestigt, so daß ihre Nutzung auf einen einzigen Raum beschränkt bleibt. Da diese Anlagen mit extrem leistungsstarken Transformatoren verbunden werden können, liefern sie Röhrenströme von 2000 mA. Die an Deckenstativen aufgehängten Röntgenröhren sind beweglich und durch magnetische Sperrvorrichtungen während der Aufnahmen zu arretieren. Auch hier sollte die Röntgenröhre bis zum Boden herabzuführen sein. Diese Röntgenapparaturen mit der Möglichkeit, sehr hohe mA-Werte einzustellen, benötigen für die röntgenologische Darstellung der Gliedmaßen von Pferden so extrem kurze Belichtungszeiten, daß die meisten Bewegungsartefakte ausgeschlossen werden.

Röntgenzubehör

Das Röntgenzubehör für die Untersuchungen der Gliedmaßen von Pferden muß spezielle Bedingungen erfüllen. Eine hochwertige, gepflegte Zubehörausrüstung ist eine Voraussetzung dafür, daß gute Röntgenaufnahmen sicher erstellt werden können. Das Röntgenzubehör besteht aus

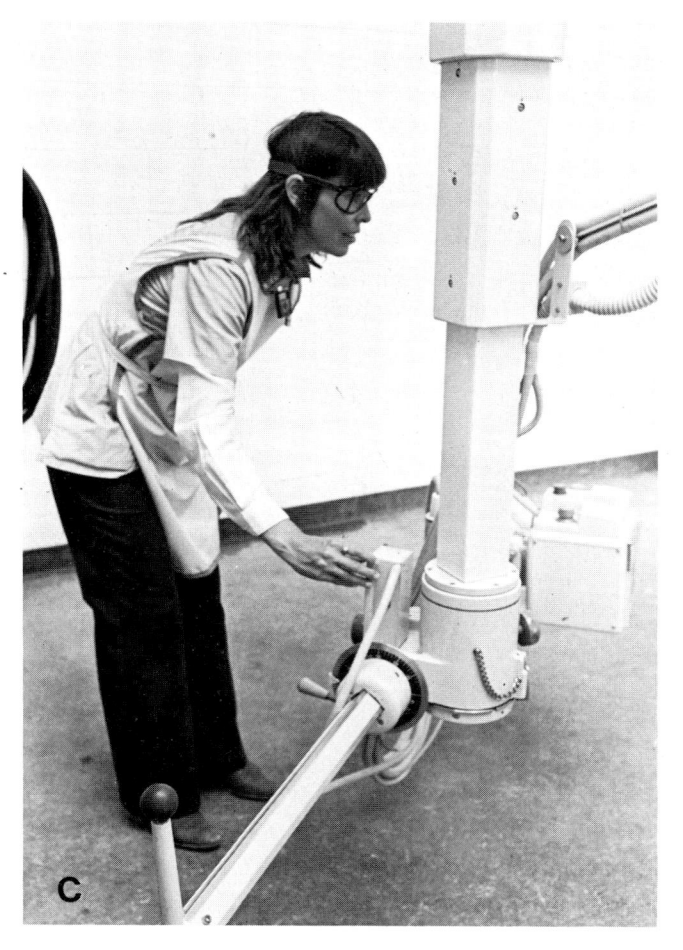

Abb. 4.4: Röntgengerätetypen, die in der Röntgenologie beim Pferd angewendet werden. **A** Transportables Röntgengerät (30 mA, 90 kV). **B** Bewegliches Röntgengerät (200 mA). **C** Stationäres bzw. am Deckenstativ befestigtes Röntgengerät mit hoher Leistung (2000 mA). Jedes Gerät hat Eigenschaften, die zu berücksichtigen sind, damit es der jeweiligen Praxissituation gerecht wird.

Röntgenfilme

Sowohl Folien- als auch folienlose Röntgenfilme sind erhältlich. Die Nutzung folienloser Filme erfolgt entweder mit einer Pappkassette oder in lichtdichten Papiertüten einzeln verpackt. Einerseits verfügt der folienlose Film über eine ausgezeichnete Detailauflösung und einen guten Belichtungsspielraum, andererseits benötigt er aber für ausreichende Filmschwärzung hohe Expositionswerte und ist deshalb für die Röntgendiagnostik beim Pferd nicht zu empfehlen. Derart hohe Belichtungswerte führen zu unnötiger Strahlenexponierung des Personals und vermehrten Bewegungsartefakten.

Folienfilme werden in Verbindung mit Röntgenverstärkerfolien verwendet. Verschiedene Filmtypen und -marken sind im Handel erhältlich. Für die röntgenologische Darstellung der Pferdegliedmaßen eignet sich im allgemeinen ein Film mit mittlerer Empfindlichkeit und großem Belichtungsspielraum. Ein Film mit großem Belichtungsspielraum ermöglicht, trotz bestehender Belichtungsunterschiede zwischen den Röntgengeräten, gleichmäßige Röntgenaufnahmen und verfügt außerdem über einen größeren Kontrastumfang. Letzterer bedingt die bessere optische Darstellung sowohl von Weichteilgeweben als auch von Knochen innerhalb derselben Röntgenaufnahme.

Röntgenfilmen, Röntgenkassetten, Verstärkerfolien, Rastern, Bleimarkierungen sowie Beschriftungssystemen, Kassettenhalterungen, Lagerungshilfen und Röntgenfilm-Betrachtungsgeräten. Während das meiste Zubehör im Handel käuflich zu erwerben ist, müssen einige Teile, wie Kassettenhalterungen und Lagerungshilfen, den besonderen Anforderungen beim Pferd entsprechen und selbst hergestellt werden.

Röntgenkassetten

Kassetten, die für die Röntgenuntersuchungen beim Pferd eingesetzt werden, sollten widerstandsfähig und haltbar, die Scharniere und Verschlußvorrichtungen leicht beweglich sein. Um Lichteinfall mit folgender Filmbelichtung zu verhindern, ist ferner eine Schaumstoff- bzw. Filzeinlage als rückwärtige Abdichtung der Kassette sinnvoll.
Für die Gliedmaßendarstellung des Pferdes erweisen sich folgende Kassettengrößen als besonders geeignet: 18 x 24 cm^2, 24 x 30 cm^2, 20 x 40 cm^2 und 30 x 40 cm^2. Dabei genügen die 18 x 24 cm^2 großen Kassetten den Anforderungen der meisten Untersuchungen. Kassetten der Größe 24 x 30 cm^2 sind für die Darstellung des Tarsal-, Knie-, Ellbogen- und Schultergelenkes am günstigsten, während 20 x 40 cm^2 große Kassetten für Metakarpal- bzw. Metatarsaluntersuchungen sowie für die Bewertung von Gliedmaßenveränderungen bei Jungtieren gebräuchlich sind.
Angemessene Pflege der Kassetten verlängert ihre Nutzungsdauer. Entsprechend muß, wenn möglich, grobe Behandlung vermieden werden. Außerdem sollten Blut, Wasser oder andere Verschmutzungen tunlichst von der Kassettenoberfläche entfernt werden. Wenn in einer extrem staubigen oder schmutzigen Umgebung gearbeitet wird, kann die Kassette in eine kleine Plastiktüte gelegt werden, um beim Öffnen das Eindringen von Staub, Schmutz oder anderen Verunreinigungen zu vermeiden.

Röntgenverstärkerfolien

Geringe technische Qualität der Aufnahme ist häufig die Folge, wenn alte oder minderwertige Verstärkerfolien zur Anwendung kommen. Eine wichtige Voraussetzung zur Verbesserung der Technik bilden also Kenntnisse über Verstärkerfolien.
Ihr Grundprinzip besteht darin, die Energie der Röntgenstrahlen in sichtbares Licht umzuwandeln, das dieselben Informationen wie die ursprüngliche Röntgenstrahlung enthält. Gleichzeitig wird bei dieser Konvertierung das latente Bild verstärkt, so daß für eine richtige Belichtung nur $\frac{1}{10}$ bis $\frac{1}{40}$ der ohne Verstärkersystem benötigten Belichtungszeiten gebraucht werden.
Folgende Faktoren sind beim Erwerb einer Verstärkerfolie zu berücksichtigen: Kosten, Verstärkungsgrad und Bildqualität.[28]
Verstärkungsgrad und Zeichenschärfe verhalten sich gegensinnig, d. h., feinzeichnende Folien weisen eine geringe Verstärkung auf, während umgekehrt hochverstärkende Folien eine mäßige Zeichenschärfe besitzen. Dafür erfordern hochverstärkende Folien für eine ausreichende Belichtung nur kleine Belichtungswerte. Bei der Auswahl der richtigen Verstärkerfolie sind also die Leistung des zur Verfügung stehenden Röntgengerätes, der Strahlenschutz des Personals, die Art der vorwiegend durchzuführenden Untersuchungen und individuelle Präferenzen zu berücksichtigen.
Die potentiell erreichbare Bildqualität sollte von vornherein bei allen verwendeten Verstärkerfolien durch die visuelle Begutachtung der Folien, durch die Kontrolle des Kontaktes zwischen Folie und Film sowie durch die Feststellung des Verstärkungsgrades abgeschätzt werden.
Die Folienoberfläche sollte sich bei einer makroskopischen Betrachtung oder nach Anfertigung einer Probebelichtung frei von Kratzern, Flecken oder Verfärbungen darstellen.
Der Kontakt zwischen Folie und Film läßt sich mittels einer Aufnahme überprüfen, die nach Auflegen eines feinmaschigen Drahtnetzes oder gleichmäßig verteilter Büroklammern auf die Außenseite der Kassette angefertigt wird (Abb. 4.5). Weist der auf diese Art belichtete Film Gebiete mit geringer Zeichenschärfe auf, so deutet das auf einen nicht zu akzeptierenden ungenügenden Folien-Film-Kontakt hin.
Die Verstärkungsleistung bzw. der Belichtungsumfang sollte für jede Folie mit Hilfe eines Aluminium-Stufenkeiles festgestellt werden. Dabei wird von jeder Kassette mit aufgelegtem Aluminium-Stufenkeil eine Aufnahme mit identischen Belichtungswerten angefertigt (Abb. 4.6). Um gleichmäßig belichtete Röntgenaufnahmen zu erhalten, darf die Anzahl der auf den Filmen abgebildeten Stufen um nicht mehr als um eine variieren. Da die Verstärkerleistung der Folien mit zunehmendem Alter abnimmt, erweist sich diese Prüfung besonders beim Kauf von gebrauchten Folien als wichtig, da verschiedene Verstärkungsgrade auch bei gleicher Strahlenexposition zu unterschiedlichen Filmdichten führen.
Zur Verlängerung der Lebensdauer der Folien bildet die gute Wartung eine wichtige Voraussetzung. Das bedeutet, die Reinigung sollte regelmäßig nach Plan unter Verwendung einer kommerziell erhältlichen speziellen Folien-Reinigungslösung erfolgen. Andere Reinigungsmittel bergen die Gefahr, die Folien chemisch anzugreifen oder in anderer Form zu zerstören.
Um schmutzige Folien herauszufinden, werden diese, nachdem sie auf der Oberfläche am Rande numeriert wurden und die gleiche Zahl auf die Kassette gelegt wurde, probeweise geröntgt. Mit Hilfe dieses Kennzeichnungssystems können Schmutzpartikel auf den so beschrifteten Folien, anhand von unbelichteten Stellen auf den entsprechenden Filmen, erkannt und sofort entfernt werden. Angemessen gepflegte Folien halten länger und erhöhen die Qualität der Röntgenaufnahmen.
Für die Anwendung im Rahmen der Röntgendiagnostik beim Pferd kommen entweder Calcium-Wolframat-Verstärkerfolien oder Folien aus seltenen Erden in Betracht. In den vergangenen Jahren wurden vorwiegend Calcium-Wolframat-Folien, die mit unterschiedlicher Verstärkerleistung erhältlich sind, benutzt (Tabelle 4.1). Erst in der letzten Zeit entwickelten mehrere Firmen Folien aus seltenen Erden in verschiedenen Verstärkungskombinationen (Tabelle 4.2). Im Vergleich mit Calcium-Wolframat-Folien besitzen Seltene-Erden-Folien bei gleicher Zeichenschärfe eine größere Verstärkerwirkung. Sie benötigen zum Teil zwölffach kürzere Belichtungszeiten als entsprechende Calcium-Wolframat-Folien. Im folgenden sind einige Vorteile der Verstärkerfolien aus seltenen Erden aufgeführt:[14]

1. Abhängig vom Verstärkungsgrad der benutzten Folie kann die Strahlenexposition des Personals um 40 bis 60 % herabgesetzt werden.
2. Die diagnostische Kapazität von Röntgengeräten mit geringer mA-Leistung kann erhöht werden, z. B. kann ein 30-mA-Gerät die Möglichkeiten einer 60- bis 80-mA-Röntgenapparatur erhalten. Letzteres ist besonders für die Röntgenuntersuchungen beim Pferd von Bedeutung, da in großem Umfang transportable Röntgengeräte mit geringer mA-Leistung eingesetzt werden.
3. Verminderte Betriebsbeanspruchung des Generators und der Röntgenröhre. Dies führt zu einer verlängerten Lebensdauer sowohl der Röhre als auch des gesamten Gerätes und stellt somit einen wirtschaftlichen Vorteil für den Tierarzt dar.

162　Kapitel 4: Radiologische Untersuchungen

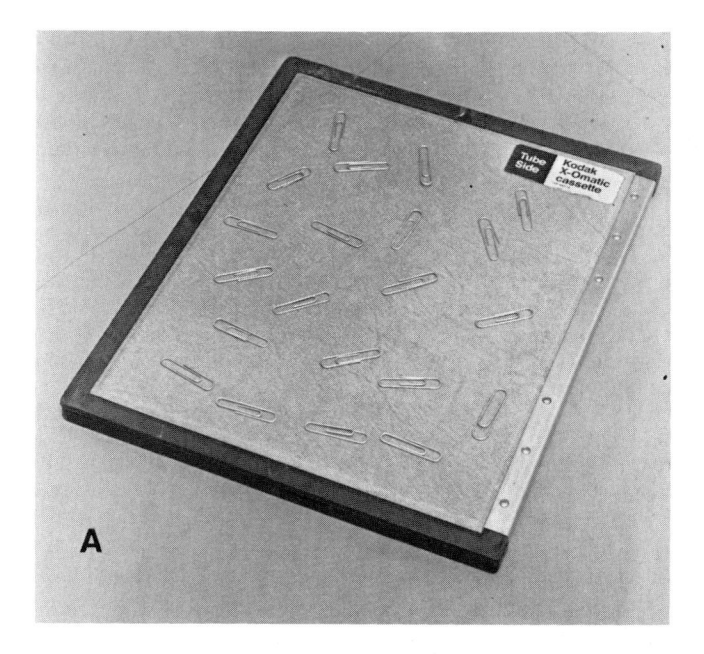

Abb. 4.5: Zwei Methoden zur Feststellung des Folien-Film-Kontaktes. **A** Röntgenkassette mit auf der Oberfläche verteilten Büroklammern. **B** Röntgenkassette mit darübergelegtem, feinmaschigem Drahtnetz. Nach dem Röntgen dieser Gegenstände wird ihre Zeichenschärfe beurteilt. **C** und **D** Die gleichmäßige und prägnante Zeichenschärfe jeder Büroklammer und des gesamten Drahtnetzes auf den Röntgenaufnahmen zeigen den guten Folien-Film-Kontakt an.

4. Kürzere Belichtungszeiten, die die beim Pferd häufigen Bewegungsartefakte verringern.
5. Die Verwendung eines kleineren Fokus ist bei Geräten, bei denen zwischen mehreren Brennpunkten ausgewählt werden kann, möglich und verbessert die Detailauflösung.
6. Unterschiedlich verstärkende Folien gestatten eine größere Flexibilität bei der Untersuchung. Der Verstärkungsgrad der Folien sollte auf die Leistung des verwendeten Röntgengerätes und auf die durchzuführenden Untersuchungen abgestimmt werden.

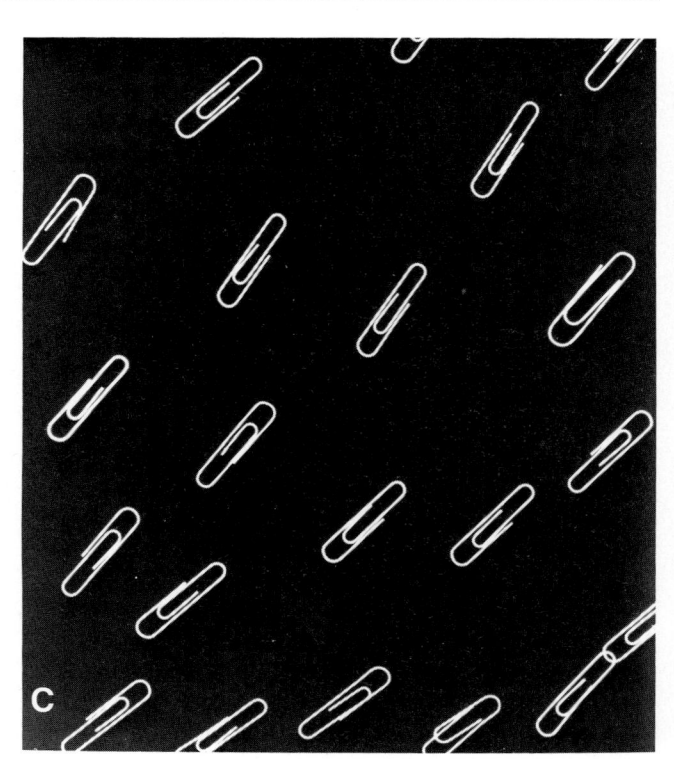

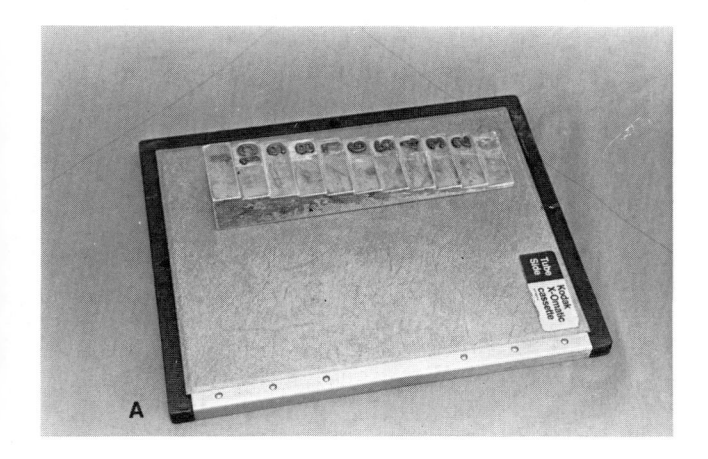

Abb. 4.6: Prüfung der Leistungsfähigkeit der Röntgen-Verstärkerfolien. **A.** Aluminium-Stufenkeil, der nach Auflegen auf eine Kassette geröntgt wird, um den Wirkungsgrad verschiedener Folien vergleichen zu können. **B.** Zwei Röntgenaufnahmen mit Stufenkeil nach Verwendung derselben Belichtungswerte. Die voneinander abweichende Anzahl sichtbarer Stufen veranschaulicht nicht übereinstimmende Verstärkungsgrade, d. h. verschiedene Leistungsfähigkeiten der Folien. Aufgrund der hier deutlichen Unterschiede müssen die Belichtungsfaktoren des Röntgengerätes dem Verstärkungsgrad der jeweiligen Folie angepaßt werden, um vergleichbare Ergebnisse zu erhalten.

Tabelle 4.1: Allgemeines Beispiel für die relative Verstärkung von Calcium-Wolframat-Verstärkerfolien.

Verstärkungsgrad*	Relativer mAs-Faktor
sehr schwach (ultrafeinzeichnend)	4,0
schwach (feinzeichnend)	2,0
mittel (universal)	1,0
hoch (hochverstärkend)	0,75
sehr hoch (ultrahochverstärkend)	0,50

* Die einzelnen Herstellerfirmen geben unterschiedliche Bezeichnungen für die einzelnen Verstärkungsgrade an.

Tabelle 4.2: Beispiele für einige Film-Folien-Kombinationen mit Verstärkerfolien aus seltenen Erden.

	Folie	Film
3M	Trimax 2	XM
	Trimax 4	XDA, XLA
	Trimax 8	XUD
	Trimax 16	
Kodak	LANEX-Fine C-2/C-3	T-MAT G
	LANEX-Medium C-2/C-3	T-MAT L
	LANEX-Regular C-2/C-3	T-MAT H

Feinzeichnende oder Universalfolien, d. h. Folien mit schwacher oder mittlerer Verstärkung, eignen sich, in Abhängigkeit von der Leistung des Röntgengerätes, zur Untersuchung der Pferdegliedmaßen. Universal- und hochverstärkende Kurzzeitfolien können für dickere Körperteile verwendet werden. Auch hier muß der Verstärkungsgrad der Folie auf die potentielle Leistung des benutzten Röntgengerätes abgestimmt sein.

Die Nachteile der Verstärkerfolien aus seltenen Erden sind im folgenden aufgelistet:

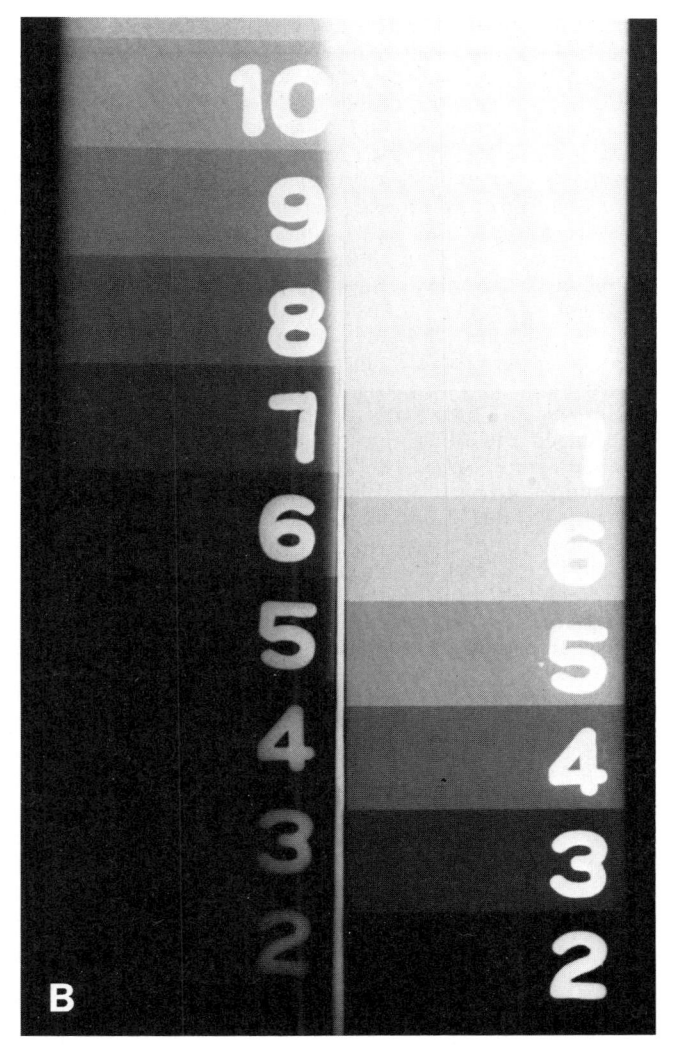

1. Das Auftreten von Quantenrauschen, das sich als sogenanntes Hintergrundrauschen auf Röntgenfilmen darstellt. Quantenrauschen beruht auf einer ungleichmäßigen Belichtung des Röntgenfilmes aufgrund statistischer Schwankungen innerhalb des Röntgenstrahles.
2. Die meisten Foliensysteme aus seltenen Erden emittieren grünes Licht und brauchen deshalb Spezialfilme und besonderen Lichtschutz.
3. Umfangreichere Wertetabellen werden benötigt, da Folien aus seltenen Erden weniger empfindlich gegenüber Streustrahlen sind und ein Verstärkungsmaximum bei 80 kV aufweisen.

Folien aus seltenen Erden sind teurer als Calcium-Wolframat-Folien.

Unter Berücksichtigung aller Vor- und Nachteile sollte für die Röntgenuntersuchung beim Pferd den Folien aus seltenen Erden der Vorzug gegenüber den Calcium-Wolframat-Folien gegeben werden.

Raster

Röntgen-Raster bestehen aus einem flachen Aluminiumgehäuse, das feine Bleilamellen enthält, die durch einen strahlendurchlässigen Stoff voneinander getrennt werden.

Die Eigenschaften eines Rasters werden durch das Schachtverhältnis, die Zahl der Linien pro Zentimeter und den Rastertyp charakterisiert. Das Schachtverhältnis gibt die Beziehung der Lamellenhöhe zur Breite des interlamellären Raumes an und variiert im allgemeinen zwischen 5:1 und 16:1. Unter Linien pro Zentimeter wird die Anzahl der Bleilamellen pro Zentimeter verstanden. Je mehr Linien pro Zentimeter vorhanden sind, um so weniger treten diese auf dem belichteten Röntgenfilm in Erscheinung. Die Einteilung der Rastertypen erfolgt in Abhängigkeit von der Längsausrichtung der Bleilamellen. Es können Parallel-, fokussierte oder Kreuzraster unterschieden werden. Die hier aufgeführten Eigenschaften müssen vor dem Erwerb eines Rasters in Betracht gezogen werden.

Raster dienen dazu, Streustrahlen, die aus verschiedenen Richtungen auf den Film treffen und diesen belichten, herabzusetzen. Streustrahlung führt zu Grauschleierbildung und Unschärfe mit geringer Detailauflösung, d. h., derartige Röntgenaufnahmen erscheinen flau und besitzen wenig Kontrast.

Für die Röntgenuntersuchung beim Pferd werden vorwiegend nichtbewegte Raster verwendet (Abb. 4.7). Das Raster kann entweder auf die Kassette gelegt oder fest in der Kassette selbst bzw. in der Kassettenhalterung angebracht werden. Aufnahmen von über 12 cm dicken Geweben, d. h. Darstellungen der Gliedmaßen oberhalb des Karpal- bzw. Tarsalgelenkes, erfolgen am besten unter Verwendung eines Rasters. Für die Röntgendiagnostik des Hufes bewährt sich ebenfalls ein Raster, wenn der Film unter den Huf gelegt wird. Auch bei Verwendung eines Wasserbades für die Hufuntersuchung ist ein Raster zur Filterung der zusätzlichen Streustrahlung durch das Wasser notwendig.

Für die röntgenologische Darstellung der Gliedmaßen von Pferden kommt ein fokussiertes Raster für 100 cm Fokus-Film-Abstand mit 8:1-Schachtverhältnis und 30 Linien pro Zentimeter in Frage. Bei der Verwendung von leistungsschwächeren Röntgengeräten können zur Herabsetzung der Belichtungszeiten Raster mit kleinerem Schachtverhältnis und/oder weniger Linien pro Zentimeter benutzt werden.

Für beste Ergebnisse bei der Untersuchung des Beckens sind Kreuzraster mit 10:1- oder 12:1-Schachtverhältnis erforderlich. Die Vorteile der Rasteranwendung bestehen in der Verbesserung der Detailauflösung und der Kontraststeigerung, die die diagnostische Qualität der Röntgenaufnahmen erhöhen.

Nachteile der Raster sind hohe Kosten, vermehrte Strahlenbelastung des Personals und die Notwendigkeit, die Röntgenstrahlung exakt zu zentrieren, um die Absorption der Primärstrahlung weitgehend zu verhindern. Die nötige Zunahme der Belichtungsfaktoren ist besonders in der Pferdeheilkunde von Bedeutung, da hier die Nutzung von Röntgengeräten mit geringer Leistung weit verbreitet ist. Röntgenstrahl und Lage des Rasters müssen derart aufeinander abgestimmt sein, daß das Raster senkrecht zum Röntgenstrahl liegt und, bei Verwendung eines fokussierten Rasters, der Zentralstrahl zusätzlich direkt das Rasterzentrum trifft. Falsche Einstellung führt zur Absorption der Primärstrahlung und damit zu kaum beurteilbaren Röntgenaufnahmen.

Bleimarkierungen und Beschriftungssysteme für Röntgenfilme

Angemessene, deutliche Beschriftung des Röntgenfilmes ist unbedingt notwendig, wird aber häufig in der Pferde-

Abb. 4.7: Nichtbewegtes Raster, das für die Röntgendarstellung dickerer Körperteile wie Knie-, Schulter-, Ellbogengelenk oder Becken über die Kassettenoberfläche geschoben werden kann.

röntgenologie wenig beachtet. Die ordnungsgemäße Kennzeichnung bildet die Voraussetzung für folgende vergleichende Untersuchungen und dient als Beleg, wann, wo und bei wem welche Untersuchung durchgeführt wurde. Eine derartige sorgfältige und dauerhaft angelegte Dokumentation auf den Röntgenfilmen wird besonders beim Auftreten rechtlicher Probleme benötigt.

Die Röntgenaufnahmen sollten mit dem Namen des Tierarztes, der Klinik bzw. dem Ort ihrer Anfertigung, dem Datum und dem Namen oder der Nummer des Tieres versehen und außerdem der untersuchte Bereich bereits zum Zeitpunkt der Belichtung gekennzeichnet werden.

Für die Beschriftung der Filme erweisen sich bleiimprägnierte Spezial-Schreibbänder, Bleibuchstaben und/oder -zahlen sowie Aufbelichtungs-Beschriftungssysteme (Abb. 4.8) als brauchbar. Unzureichende Kennzeichnungen sind dagegen Klebestreifen und -marken.

Eine wiederverwendbare Bleimarke, die den Namen des Tierarztes etc. enthält, sollte zusammen mit bleiimprägnierten Schreibbändern oder Bleibuchstaben verwendet werden. Diese Markierungssysteme werden vor der Röntgenaufnahme auf die Kassettenoberfläche gelegt.

Für die Kennzeichnung mit einem Aufbelichtungs-Beschriftungssystem muß während der Röntgenaufnahme eine Ecke bzw. ein Streifen auf der Kassette mit Blei abgedeckt werden. Anschließend wird dieser Bereich mit den entsprechenden auf eine Karte geschriebenen oder getippten Informationen im Aufbelichtungsapparat belichtet.

Zusätzlich zu diesen Beschriftungen, die der Identifikation des Röntgenfilmes dienen, sollten der untersuchte Körperteil und die dargestellte Ansicht mit Bleibuchstaben oder anderen kommerziell erhältlichen Bleimarkierungen charakterisiert werden.[23] Das bedeutet, daß bei allen Untersuchungen das geröntgte Gebiet mit L (links) oder R (rechts) und bei Gliedmaßendarstellungen distal des Karpal- bzw. Tarsalgelenkes mit vorn bzw. hinten gekennzeichnet werden sollte. Grundsätzlich müssen diese essentiellen Informationen, unabhängig von dem verwendeten System, in deutlich lesbarer Form auf dem fertig entwickelten Röntgenfilm vorhanden sein.

Kassettenhalterungen und Fixierungshilfen

Kassettenhalterungen und Fixierungshilfen dienen dem Strahlenschutz und vereinfachen die Reproduktion bestimmter Ansichten oder Projektionen eines untersuchten Körperteiles. Kassettenhalterungen und Blöcke erlau-

Kapitel 4: Radiologische Untersuchungen 165

Abb. 4.8: A Beschriftungssysteme zur Film- und Patientenkennzeichnung: a. bleiimprägnierte Spezial-Schreibbänder, b. Bleibuchstaben und c. Karte für die Verwendung im Aufbelichtungs-Beschriftungssystem. **B** Aufbelichtung-Beschriftungsgerät. **C** Röntgenaufnahmen mit a. bleiimprägniertem Schreibband, b. Bleibuchstaben und c. Kennzeichnung im Aufbelichtungs-Beschriftungsapparat.

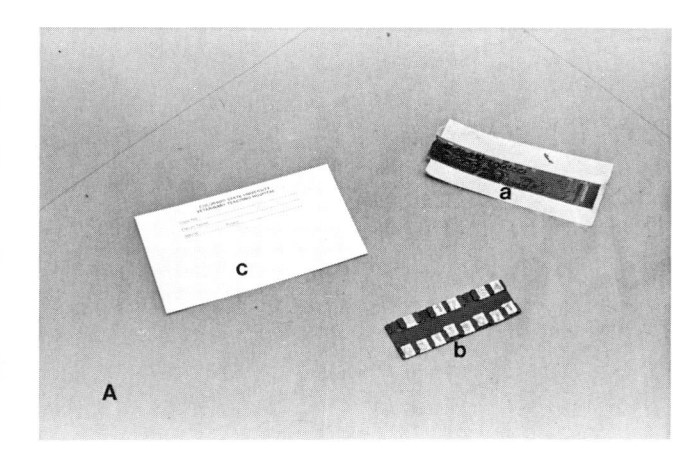

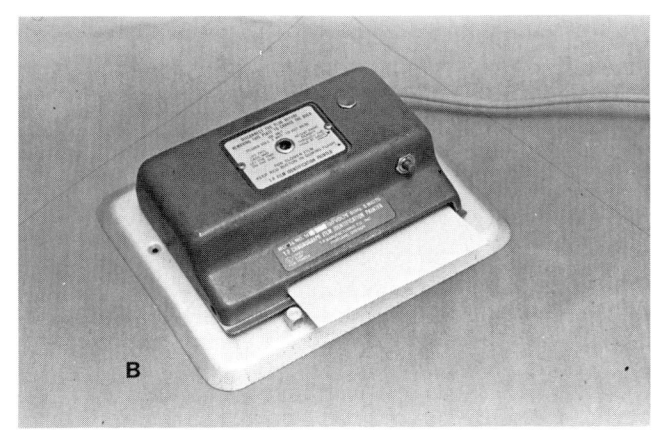

ben, die Kassetten in bestimmte Stellungen zu verbringen, ohne daß die mit Bleihandschuhen geschützten Hände der Person, die den Film hält, in den Bereich der Primärstrahlung kommen. Folgende Kassettenhalterungen und Fixierungshilfen werden für die Gliedmaßenuntersuchungen beim Pferd benötigt: Kassettenhalterung mit Griff, Kassettenhalterung zum Auffangen größerer Gewichte bei Hufstudien, ein Holzblock zur Lagerung der Kassetten und eventuell ein Wasserbad für den Huf.
Kassettenhalterungen können aus Aluminium oder Holz hergestellt werden (Abb. 4.9). Ein Holzblock mit zwei verschiedenen Furchen in der Oberfläche findet Verwendung für Untersuchungen der Zehenknochen und des Strahlbeines (Abb. 4.10). Eine extra stabile Kassettenhalterung zum Abfangen größerer Gewichte oder ein Wasserbad kann weiterhin für bestimmte Befunderhebungen an den Zehenknochen, einschließlich des Strahlbeines, benutzt werden, um die Kassette vor einer Schädigung durch die direkte Belastung mit der Masse des Pferdes zu schützen (Abb. 4.11).
Durch diese Fixierungshilfen sind die Untersuchungen der Gliedmaßen übereinstimmend reproduzierbar und sicher durchführbar.

Betrachtungsgeräte

Die gesamte röntgenologische Untersuchung ist vergeblich, wenn die Aufnahme nicht adäquat ausgewertet werden kann oder bei ungenügender Beleuchtung betrachtet werden muß.
Zur notwendigen Röntgenausrüstung gehören ein gewöhnliches Röntgenbetrachtungsgerät und ein zweites

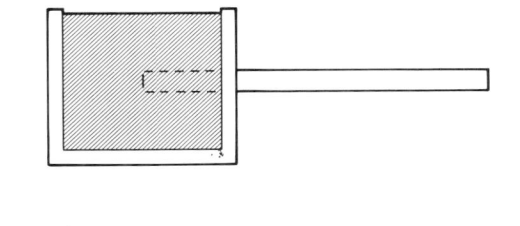

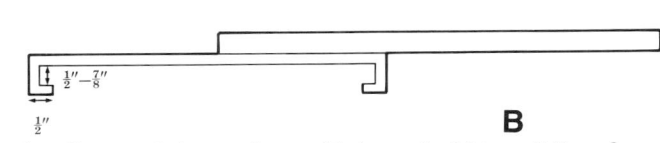

Abb. 4.9: A Kassettenhalterung mit Griff. **B** Geometrische Darstellung einer Kassettenhalterung in verschiedenen Ansichten mit Bemaßung. (1″ = 1 inch = 2,54 cm).

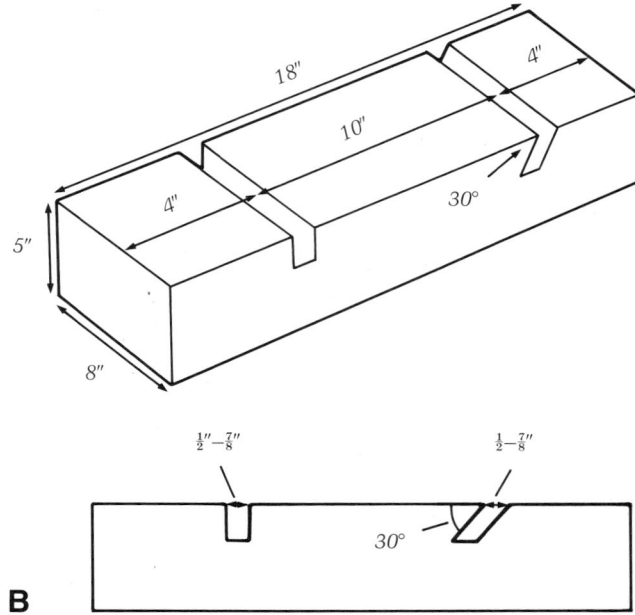

Abb. 4.10: **A** Holzblock zum Fixieren einer Röntgenkassette. **B** Geometrische Darstellung des Holzblockes in verschiedenen Ansichten mit Bemaßung. (1″ = 1 inch = 2,54 cm).

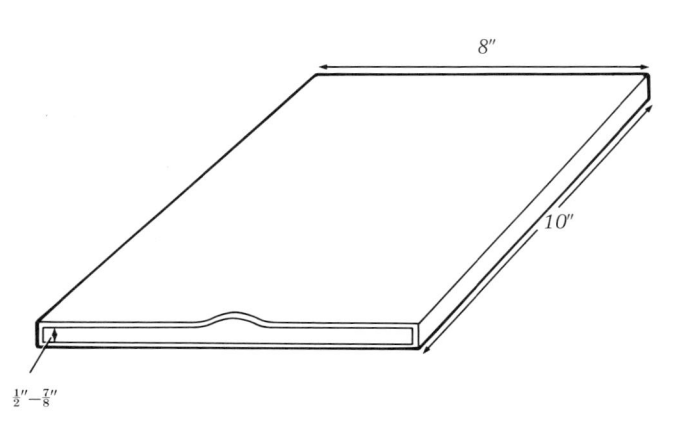

Abb. 4.11: Geometrische Darstellung einer verstärkten Kassettenhalterung zum Auffangen größerer Gewichte. (1″ = 1 inch = 2,54 cm). Eine 1 mm dicke Bleiplatte kann zusätzlich auf dem Boden oder an der Unterseite der Kassette angebracht werden, um eine Streustrahlenreflexion am Untergrund auf den Röntgenfilm zu verhindern. Die Rückstreustrahlung führt zur Grauschleierbildung auf der Röntgenaufnahme.

mit besonders hoher Leuchtdichte (Abb. 4.12), mit dem jede richtig belichtete Aufnahme geprüft werden sollte, da Strukturen der Weichteilgewebe und geringgradige Knochenveränderungen nur mit einer besonders hellen Lichtquelle und nicht mit den üblichen Betrachtungsgeräten erkannt werden können. Die Betrachtungsgeräte sollten an einem Platz mit regulierbarem externen Lichteinfall installiert sein.

Dunkelkammereinrichtung

Über die Grundausrüstung einer Dunkelkammer, die Filmverarbeitung und die Zusammensetzung der Entwickler- bzw. Fixierlösungen finden sich an anderer Stelle genügend Informationen,[7,9,30] so daß sie in diesem Abschnitt nicht weiter erläutert werden. Hier soll nur auf allgemeines Mißmanagement und mögliche Unterlassungsfehler bei der Filmverarbeitung hingewiesen werden. Minderwertige Röntgenaufnahmen sind häufig die Folge von inkonsequenten Dunkelkammertechniken und -verfahren. Wechselnde Ergebnisse resultieren aus Nichtgebrauch der notwendigen Dunkelkammereinrichtungen oder -verfahren sowie aus mangelhafter Pflege und Überwachung der Lösungen. Zur Dunkelkammerausrüstung, die oft vernachlässigt oder nicht umfassend genutzt wird, gehören unbedingt qualitativ hochwertige Entwicklertanks, Thermometer und Signaluhr (Abb. 4.13). Die Tanks sollten mit fließendem Wasser, dessen Temperatur über ein Mischventil regulierbar ist, versehen sein. Bei richtigem Einsatz der Entwicklertanks einschließlich Thermometer und Signaluhr können die beiden Variablen in der Filmverarbeitung, Zeit und Temperatur, exakt überwacht werden (Tabelle 4.3).[34]

Abb. 4.12: Röntgenbetrachtungsgerät mit hoher Leuchtdichte zur Prüfung von Gebieten mit großer Schwärzung auf dem Röntgenfilm.

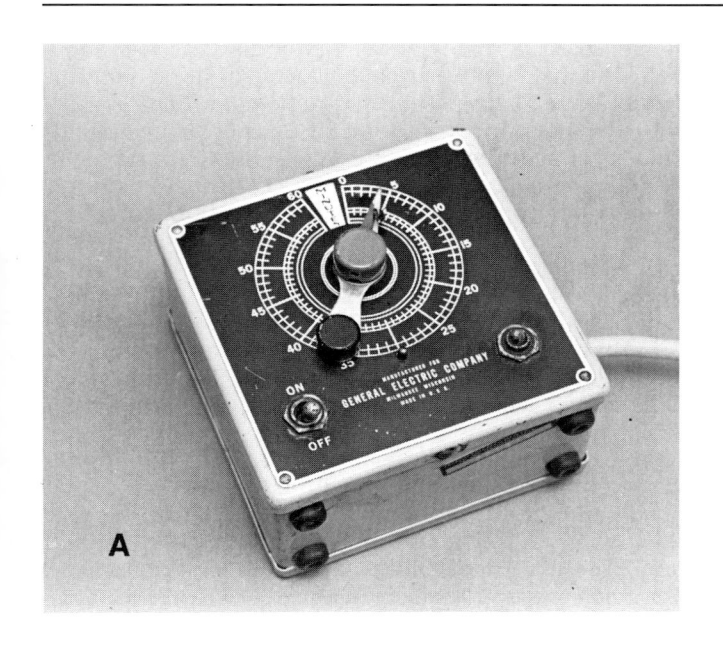

Abb. 4.13: Signaluhr (A) und Thermometer (B) für genaue Zeit- und Temperaturmessungen bei der Filmentwicklung.

Tabelle 4.3: Zeit- und Temperaturwerte für die Entwicklung von Röntgenfilmen.

Temperatur	Entwicklungszeit in Minuten
15,5 °C (60 °F)	8,5
18,5 °C (65 °F)	6,0
20,0 °C (68 °F)	5,0
21,0 °C (70 °F)	4,5
24,0 °C (75 °F)	3,5

Die speziellen Empfehlungen für die verschiedenen Filmtypen, die von den Herstellern gegeben werden, sollten berücksichtigt werden.

Zusätzlich zu der oben beschriebenen Dunkelkammereinrichtung sollte die umsichtige Wartung der Lösungen nicht vernachlässigt werden. Letztere gibt die Gewähr, daß die Entwickler- sowie Fixierlösungen ihre volle chemische Wirksamkeit besitzen, und setzt so die Anzahl unterentwickelter oder ungenügend fixierter Filme herab. Obwohl mehrere verschiedene Methoden angewandt werden können, stellt die Regenerierung ein einfaches, aber gut wirksames Verfahren dar, dessen Anwendung im folgenden erläutert wird:

1. Die Filme werden im Anschluß an die Entwickler- bzw. Fixierlösung in ein Wasserbad verbracht. Reste der jeweils anderen Lösung dürfen nicht mit dem Film in Entwickler- oder Fixierbad gelangen.
2. Bei Absinken des Flüssigkeitsspiegels in den Tanks wird die entsprechende Regeneratorlösung zum Ausgleich des Flüssigkeitsverlustes hinzugegeben.
3. Die Lösungen sollten in dreimonatigen Abständen erneuert und die Tanks gereinigt werden.

Eine zweite Methode zur Überwachung der Chemikalien besteht im Vergleich der Entwicklungsergebnisse von identisch belichteten Filmstreifen. Der erste Filmstreifen wird direkt nach dem Neuansatz der Lösungen entwickelt. In der Folgezeit werden weitere, exakt genauso belichtete und verarbeitete Teststreifen entwickelt und mit dem ersten Original verglichen. Ist der Vergleichsstreifen sichtbar heller als der erste, sollten die Lösungen ausgewechselt werden.

Automatische Entwicklungsmaschinen sind im Handel und, wenn wirtschaftlich vertretbar, empfehlenswert. Die maschinelle Filmverarbeitung ermöglicht eine größere Gleichmäßigkeit in der Entwicklung und erhöht die Filmqualität. Gleichzeitig wird die für die Filmverarbeitung benötigte Zeit herabgesetzt. Als Folge dieser Zeitersparnis, der bequemen Handhabung und der verbesserten Filmqualität steigt gewöhnlich die Anzahl der röntgenologischen Untersuchungen in einer Praxis.

Allerdings ist der Erwerb einer Entwicklungsmaschine in den meisten Praxen wirtschaftlich nicht angebracht. Vor der Anschaffung einer derartigen Maschine sollten einerseits die bequeme Handhabung und andererseits der Kaufpreis, die Installations- und Wartungskosten sowie die Instandhaltung mit den Kosten der manuellen Entwicklungstechnik verglichen werden.

Verschiedene kleine Tischmodelle sind erhältlich (Abb. 4.14). Sie benötigen nur geringe oder keine Umbauten bei der Installation und sind billiger als die großen stationären Standgeräte. Auch die meisten kleinen Entwicklungsmaschinen verarbeiten alle Filmgrößen und brauchen nur wenig mehr Zeit für die Filmentwicklung, d. h. zwei bis drei Minuten. Für die Spurensicherung in der Kriminaltechnik sowie für die Produktionskontrolle und zerstörungsfreie Werkstoffprüfung wird ein transportables Röntgen-Sofortbild-System angeboten, das ohne Dunkelkammer und ohne Naßprozeß arbeitet.* Dieses Verfahren, das auch im Rahmen der Pferdeambulanz angewendet werden kann, bietet den Vorteil, Filme direkt an Ort und Stelle zu entwickeln, hat aber die Nachteile, daß die Filme teurer und der Kontrastumfang geringer ist.

Automatische Filmentwicklungsmaschinen sind empfehlenswert, wenn die Aufnahmefrequenz und die Gegebenheiten ihre Anschaffung rechtfertigen.

---

* TPX Röntgen-Sofortbild-System, Polaroid GmbH, Sprendlinger Landstr. 109, 6050 Offenbach am Main 4.

Abb. 4.14. Röntgenentwicklungsmaschine, Tischgerät.

Strahlenschutz

Mit steigender Verbreitung und vermehrter Anwendung der Röntgentechnik in der Pferdepraxis wird auch die Beachtung des Strahlenschutzes immer wichtiger. Grundregeln des Strahlenschutzes werden häufig wegen mangelnder Kenntnisse der biologischen Strahlenschäden sowie der Strahlenschutzmaßnahmen und fehlender Ausrüstung nicht befolgt; oder Strahlenschutzpraktiken werden vernachlässigt, da sie zuviel Zeit und Aufwand erfordern. Grundsätzlich rechtfertigt aber keine der hier aufgeführten Entschuldigungen eine Nichteinhaltung der Strahlenschutzregeln und den unbedachten, gefährlichen Einsatz der Röntgenstrahlen.

Tierärzte in der Pferdepraxis können mit niedrigen Röntgendosen über lange Zeiträume in Kontakt kommen. Besonders gefährdet sind die Extremitäten und der Kopf, d. h., Hände, Füße und Augen sind Bereiche für chronische Strahlenschäden. Diese können z. B. als Abflachung der Fältchen in der Fingerkuppe, als Furchenbildung der Nägel oder in einigen fortgeschrittenen Fällen in Form eines Hautkarzinoms in Erscheinung treten. Derartige Veränderungen sind die Folge von Mißachtung der routinemäßigen Anwendung von Strahlenschutzmaßnahmen.

Unbedingt zu beachtende Grundsätze des Strahlenschutzes sind:
1. Vergrößerung des Abstandes zwischen Strahlenquelle (Röntgenröhre) und Personal,
2. Verwendung von Schutzbarrieren,
3. Verkleinerung der Belichtungsfaktoren und
4. Benutzung eines Strahlenüberwachungssystemes.

Eine größere Entfernung zwischen Röntgenquelle und Menschen kann durch folgende Maßnahmen erreicht werden: Alle nicht an der Untersuchung beteiligten Personen müssen die unmittelbare Gefahrenzone verlassen, Kassettenhalterungen und Fixierungshilfen kommen zum Einsatz, unduldsame Tiere werden sediert oder narkotisiert, die Röntgenröhre wird an einem Standstativ oder einem anderen Trägersystem befestigt, der Auslöser über eine ein bis zwei Meter lange Verlängerungsschnur bedient; kein Körperteil der anwesenden Personen darf in den Bereich der Primärstrahlung gelangen.

Schutzbarrieren, z. B. Wände oder Bleischirme, sollten in der Praxis immer benutzt werden. Die Festlegung der Wanddicke kann bei Um- oder Neubau nach den Angaben eines in diesem Fachgebiet tätigen Physikers erfolgen. Ist der Aufenthalt in Tiernähe während der Röntgenaufnahme unumgänglich, so sollten Bleischürzen und -handschuhe getragen werden, die in bestimmten Zeitabständen geröngtgt werden sollten, um eventuelle Risse oder Löcher in dem bleiimprägnierten Stoff herauszufinden (Abb. 4.15).

Die Kombination empfindlicher Filme mit hochverstärkenden Folien und die Verringerung des Fokus-Film-Abstandes ermöglichen die Herabsetzung der Belichtungsfaktoren. Wie bereits aufgezeigt, sollte allerdings zur Erzielung guter Aufnahmen der Fokus-Film-Abstand auf keinen Fall kleiner als 60 cm, besser nicht kürzer als 85 cm sein.

Strahlenüberwachungssysteme müssen überall, wo geröntgt wird, angewendet werden. Diese Systeme zeigen nicht nur die Belastung durch die Röntgenstrahlung, sondern auch die natürliche Strahlenexposition an und ermöglichen so die ständige Kontrolle der Wirksamkeit der Schutzmaßnahmen. Filmdosimeter einschließlich des dazugehörigen Service werden kommerziell angeboten, wobei für die meisten Praxen eine vierteljährliche Auswertung der Filmplaketten ausreicht.

Die sichere Arbeit am Röntgengerät, d. h. im Kontrollbereich, setzt das Vorhandensein von Kassettenhalterungen, Bleischürzen und -handschuhen, Aluminiumfiltern und einstellbaren Tiefenblenden mit Lichtvisiereinrichtung voraus. Kassettenhalterungen ersetzen die direkte manuelle Fixation des Filmes während der Aufnahme und vergrößern so den Abstand zwischen den Händen und der Röntgenstrahlung. Kassettenhalterungen, die in verschiedenen Formen käuflich zu erwerben sind (Abb. 4.9, 4.10, 4.11), sollten widerstandsfähig und leicht sein.[24]

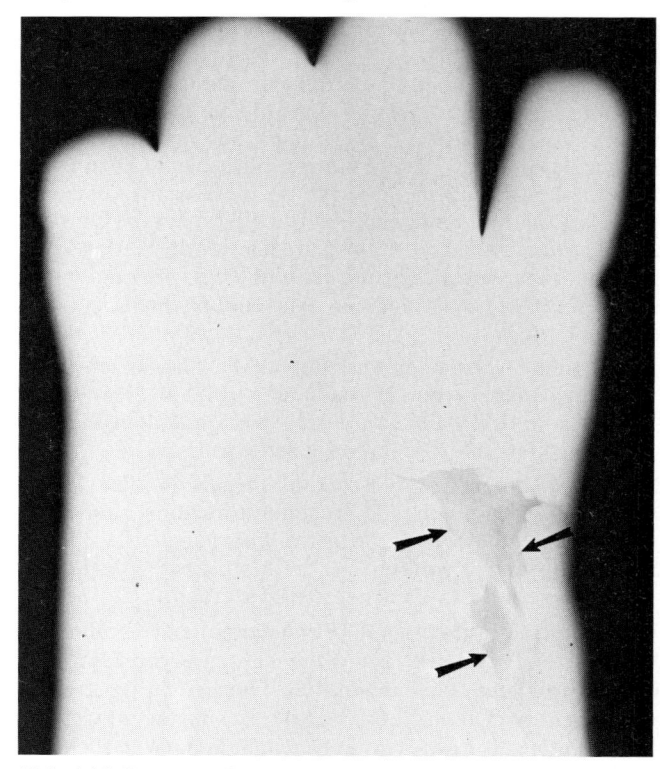

Abb. 4.15: Röntgenaufnahme von einem schadhaften Bleihandschuh mit einem Loch im bleihaltigen Stoff (Pfeile).

Kapitel 4: Radiologische Untersuchungen 169

Alle Personen, die bei der Röntgenuntersuchung assistieren, sollten Bleischürzen und -handschuhe tragen. Diese müssen mindestens einen Bleigleichwert von 0,25 mm, wenn möglich von 0,5 mm aufweisen. Das sorgfältige Aufhängen der Bleischürzen und -handschuhe nach Gebrauch verlängert ihre Lebensdauer, indem es sie vor Rissen und Löchern (Abb. 4.15), die durch grobe Behandlung entstehen, bewahrt. Bleischürzen und -handschuhe schützen vor Sekundär- und Streustrahlung, nicht aber vor der Primärstrahlung.

Die Filtration der Primärstrahlung sollte mit mindestens 2,5 mm Aluminium erfolgen. Dies erhöht die Energie (Härte) der Röntgennutzstrahlung und reduziert den Anteil an energieärmerer (weicher) Strahlung, was zu einer Herabsetzung der Streustrahlenbelastung des in der Nähe befindlichen Personals führt. Ein entsprechender Härtungsfilter sollte zusätzlich am Strahlenaustrittsfenster der Röntgenröhre angebracht werden.

Eine Einrichtung zur Einblendung des Primärstrahlenbündels (Abb. 4.2) stellt eine wichtige, oft aber nicht beachtete Komponente der Strahlenschutzausrüstung dar, da die Größe des Nutzstrahlenbündels entscheidend die Strahlendosis, die die Hände treffen kann, beeinflußt.[36] Verschiedene Blendenvorrichtungen sind erhältlich. Sowohl festinstallierte zylinder- oder kegelförmige Bleituben als auch regulierbare Tiefenblenden erfüllen diesen Zweck. Dabei ermöglichen einstellbare Tiefenblenden mit Lichtvisiereinrichtung die exakte Eingrenzung der Primärstrahlen auf die Kassettengröße, unabhängig vom Fokus-Film-Abstand. Die Lichtvisiereinrichtung unterstützt die Anpassung der Primärstrahlung an die Kassettengröße. Grundsätzlich sollte jedes Röntgengerät mit einer Einblendvorrichtung, noch besser mit einer Lichtvisier-Tiefenblende, ausgestattet sein.

Zusammenfassend dienen folgende unbedingt zu beachtende Regeln der Verbesserung des Strahlenschutzes:[24,32]

1. Die manuelle Fixation der Kassette während der Aufnahme sollte immer vermieden werden, indem dafür Kassettenhalterungen eingesetzt und bei Bedarf die Tiere narkotisiert werden.
2. Alle Personen, die nicht bei den Röntgenuntersuchungen benötigt werden, sollten die direkte Gefahrenzone verlassen.
3. Die an den Röntgenuntersuchungen beteiligten Personen sollten Bleihandschuhe und Bleischürzen tragen.
4. Eine Vorrichtung zur Einblendung der Primärstrahlung, bevorzugt eine Lichtvisier-Tiefenblende, sollte benutzt werden.
5. Ein Härtungsfilter für die Primärstrahlung mit einem Aluminiumgleichwert von 2,5 mm sollte zur Anwendung kommen.
6. Das Personal, das die Kassettenhalterungen fixiert, sollte, wenn möglich, wechseln, so daß nicht immer dieselbe Person diese Tätigkeit ausführt.
7. Personen unter 18 Jahren oder schwangere Frauen dürfen nicht bei Röntgenuntersuchungen anwesend sein.
8. Hochverstärkende Folien, bevorzugt Folien aus seltenen Erden, sollten benutzt werden.
9. Gleichmäßige Röntgenbelichtungen und Dunkelkammertechniken sollten angestrebt werden, da die Wiederholung von Röntgenaufnahmen zur unnötigen Strahlenbelastung des Personals führt.
10. Strahlenüberwachungssysteme müssen verwendet werden.

Der aufsichtführende Tierarzt ist für die Einhaltung der Strahlenschutzmaßnahmen durch seine Angestellten verantwortlich. Die Bereitstellung der notwendigen Strahlenschutzeinrichtungen und die Befolgung der oben aufgestellten Regeln bieten die Sicherheit, daß die in der Röntgenverordnung vom 8. Januar 1987 festgelegten höchstzulässigen Dosen nicht überschritten werden.[16]

Betriebsdaten

Die Betriebsdaten sollten für jede Röntgenapparatur festgelegt werden, da alle Röntgengeräte unterschiedliche Belichtungscharakteristiken aufweisen (Abb. 4.16). Eine Tabelle mit den Betriebsdaten ermöglicht übereinstimmende Belichtungsfaktoren und vermindert so die Anzahl der zu wiederholenden Aufnahmen. Dadurch werden die Strahlenexposition des Personals und die Kosten für Röntgenfilme herabgesetzt.

Zur Aufstellung der Betriebsdaten-Tabelle müssen einige Größen als konstant vorausgesetzt werden. Entsprechend verlieren die Tabellen bei Veränderung dieser Variablen ihre Gültigkeit. Die folgende Auflistung enthält die als konstant vorauszusetzenden Größen: Fokus-Film-Abstand, Filmverarbeitung, Netzspannung, Verstärkerfolie einschließlich Röntgenfilm, Art der Einblendung sowie Stärke der Filterung der Primärstrahlung.

Bei der Aufstellung der Betriebsdaten für Untersuchungen an den Gliedmaßen von Pferden sind einige Grundregeln und Prinzipien zu beachten:

1. Die Belichtungszeit sollte so kurz wie möglich sein, um Bewegungsartefakte einzuschränken.
2. Bei Benutzung relativ leistungsschwacher Röntgenapparaturen sollten die mA-Werte so groß wie möglich gewählt werden, d. h., bei transportablen und beweglichen Geräten sollte im allgemeinen die größtmögliche mA-Einstellung verwendet werden.
3. Die kV-Werte sollten für die meisten Untersuchungen zwischen 70 und 90 kV liegen.

Das Verändern der Belichtungsfaktoren ist beim Einrichten und Benutzen einer Betriebsdaten-Tabelle häufig nicht zu umgehen. Soll die Röntgenbelichtung durch Umstellen der mAs-Werte verdoppelt bzw. halbiert werden, so müssen entweder die mA-Werte oder die Zeit verdoppelt bzw. halbiert werden. Erfolgt die Verdoppelung bzw. Halbierung der Expositionsdaten über die kV-Werte, so werden zum bzw. vom ursprünglichen kV-Wert ungefähr 10% addiert bzw. subtrahiert.

Identische Belichtungen

80 kV	15 mA	0,10 s	1,50 mAs
90 kV	15 mA	0,05 s	0,75 mAs
70 kV	30 mA	0,10 s	3,00 mAs
70 kV	15 mA	0,20 s	3,00 mAs

Entsprechende Betriebsdaten werden für die Anwendung mit oder ohne Raster formuliert. Aufgrund der geringen Dicke der Gliedmaßen ist ein Raster für die meisten Untersuchungen in diesem Bereich nicht nötig. Erfolgt aber eine Aufnahme mit einem Raster, so müssen die Belichtungsfaktoren in Abhängigkeit von den Raster-

Tabelle 4.4: Betriebsdaten

Beispiel: Anhand der Probeaufnahmen festgelegte Belichtungswerte.
  Karpus 70 kV, 1,5 mAs
Differenzierte Belichtungswerte für Aufnahmen vom Karpus unter
  Berücksichtigung verschiedener Ansichten
  Dorsopalmar 70 kV, 1,5 mAs
  Dorsolateral-palmaromedial obliquus (D45L-PaMO) 70 kV,
  1,5 mAs
  Dorsomedial-palmarolateral obliquus (D45M-PaLO) 70 kV,
  1,5 mAs
  Lateromedial 75 kV, 1,5 mAs
  Gebeugt lateromedial 75 kV, 1,5 mAs
  Die mAs- oder kV-Werte können den Kontrastvorstellungen ange-
  paßt werden.
  Beispiel: Karpus 70 kV, 1,5 mAs gute Probebelichtung
    60 kV, 3,0 mAs Film mit größerem Kontrast
      (deutliche Schwarz-Weiß-Grenzen)
    80 kV, 0,75 mAs Film mit weniger Kontrast
      (mehr Graustufen)

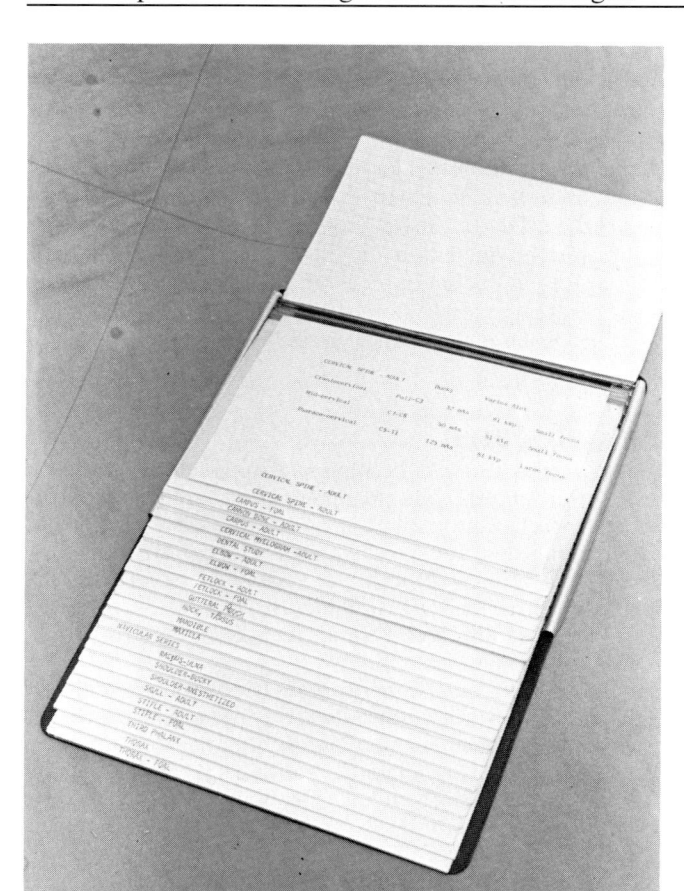

Abb. 4.16: Betriebsdaten-Tabelle für Untersuchungen beim Pferd. Durch die Einteilung nach Untersuchungsabschnitten läßt sich ein einfaches und übersichtliches Nachschlagewerk erstellen.

eigenschaften, wie Rastertyp, Schachtverhältnis und Linien pro Zentimeter, erhöht werden.

Um die geeignetsten Belichtungen herauszufinden, sollte von jedem Körperteil eine Probeaufnahme angefertigt werden. Für Fesselgelenk (Articulatio metacarpophalangea), Hufbein (Phalanx distalis), Metakarpus und Metatarsus können für eine Röntgenaufnahme ohne Raster und bei Verwendung einer konventionellen Universalfolie 1,5 mAs und 80 kV als Richtwerte angenommen werden. Wenig größer sollte die Grundbelichtung für Untersuchungen am Karpal- oder Tarsalgelenk ausfallen, während sie für die dorsopalmare bzw. dorsoplantare Darstellung des Hufbeins um die Hälfte verkleinert wird. Im allgemeinen sollten drei Probebelichtungen erfolgen: die erste mit dem empirisch festgelegten Richtwert, die zweite mit halbiertem und die dritte mit verdoppeltem Ausgangswert. Sind alle drei Aufnahmen zu hell (unterbelichtet) oder zu dunkel (überbelichtet), müssen die vorgegebenen Belichtungsfaktoren entsprechend geändert und die drei Aufnahmen wiederholt werden. Auf einem guten Film sind sowohl Weichteilgewebe als auch Knochen ohne Zuhilfenahme einer besonders hellen Lichtquelle sichtbar und die Knochentrabekel beurteilbar. Um dies zu erreichen, sollten eventuell eine etwas dunklere und eine etwas hellere Probebelichtung angefertigt werden. Sind die richtigen Belichtungswerte für einen Körperteil herausgefunden, so werden diese in die Betriebsdaten-Tabelle übernommen. Mit etwas zusätzlicher Arbeit kann die Tabelle noch um die Belichtungswerte für unterschiedliche Ansichten erweitert werden (Tabelle 4.4).

Die Betriebsdaten sollten für ein mittelgroßes Pferd aufgestellt werden. Das bedeutet, daß gute Aufnahmen von kleineren bzw. größeren Pferden eine entsprechende Änderung der Belichtungsfaktoren erfahren müssen.

Spezielle röntgenologische Untersuchungen

Für spezielle röntgenologische Untersuchungen werden Kontrastmittel verwendet, um so Veränderungen, die klinisch oder röntgenologisch in Erscheinung treten, aber sich in einer Übersichtsaufnahme nicht deutlich darstellen, besser beurteilen zu können. Positive Kontrastmittel aus Jodverbindungen sind für spezielle Untersuchungen im Rahmen der Lahmheitsdiagnostik beim Pferd am gebräuchlichsten. Die benötigten Lösungen sind in injektionsfähiger Form im Handel (Tabelle 4.5). Die Negativ-Kontrastdarstellung mit gasförmigen Stoffen, über die zwar berichtet worden ist,[1] hat in der Pferdepraxis keine Verbreitung und routinemäßige Anwendung gefunden. Obwohl Zahl und Art der in Frage kommenden, weiterführenden speziellen Untersuchungsmethoden bei Lahmheiten der Pferde begrenzt sind, können diese wenigen bei indizierter und sorgfältiger Anwendung unschätzbare Informationen geben. Zu den am häufigsten angewendeten Verfahren gehören die Röntgendarstellungen nach Injektionen über einen Drainage- oder Fistelkanal, die Arthro- und die Myelographie. Die röntgenologische Sehnendarstellung wird beschrieben, ist aber wenig gebräuchlich.[33,35]

Kontrastmittelinjektion über einen Drainage- oder Fistelkanal

Ein chronischer Fistelkanal tritt bei Vorliegen von Fremdkörpern oder Knochensequestern, bei chronischen Infektionen oder nach Gewebsnekrosen auf. Zuerst wird von dem entsprechenden Gebiet eine Übersichtsaufnahme angefertigt. Kann auf dieser die Ursache nicht eindeutig identifiziert werden, sollte eine Kontrastdarstellung zur Erzielung weiterer diagnostischer Informationen erfolgen. Die Technik sieht eine möglichst sterile Injektion des wasserlöslichen, jodhaltigen Kontrastmittels über den Fistelkanal vor.

Kapitel 4: Radiologische Untersuchungen

Tabelle 4.5: Organische Jodverbindungen als Kontrastmittel

Handelsname	Freiname		Hersteller
Conray 30	30 %	Megluminiotalamat	Byk Gulden+
Conray 60	60 %	Megluminiotalamat	Byk Gulden+
Rayvist 180	41 %	Megluminioglicinat	Schering*
Rayvist 235	53,5 %	Megluminioglicinat	Schering*
Urovison-Na	50 %	Natriumamidotrizoat	Schering*
Urografin 60 %	52 %	Megluminamidotrizoat	Schering*
	+ 8 %	Natriumamidotrizoat	Schering*
Urografin 76	66 %	Megluminamidotrizoat	Schering*
	+10 %	Natriumamidotrizoat	Schering*

+ Byk Gulden Lomberg Chemische Fabrik GmbH, Postfach 65 00, Byk-Gulden-Str. 2, 7750 Konstanz.
* Schering AG, Pharma Deutschland, Medizin Diagnostika, Postfach 65 03 11, 1000 Berlin 65.

Der Vorzug des wasserlöslichen Kontrastmaterials gegenüber einem auf öliger Basis besteht in der geringeren Viskosität und der besseren Penetration durch einen bereits länger bestehenden Fistelkanal. Entsprechend liegt der Nachteil in dem schnellen Ab- und Zurückfließen des wasserlöslichen Mittels nach der Injektion.
Letzteres kann durch Verwendung eines Katheters mit aufblasbarer Manschette oder vor der Injektion durch Einführen eines Polyethylenschlauches in den Fistelkanal (Abb. 4.17) verhindert werden. Eine optimale Füllung wird erreicht, wenn die Kontrastmittelinjektion unter Druck erfolgt. Dabei ist ein Verschluß der Fistelöffnung notwendig. Vor der Aufnahme muß unbedingt noch ausgelaufenes Kontrastmittel auf der Haut entfernt werden. Das zu beurteilende Gebiet sollte in zwei verschiedenen Ansichten abgebildet werden.

Die Ursache, Lage und Ausdehnung des Fistelkanales kann mit Hilfe des Kontrastmittels vor der operativen Exploration festgestellt werden. Nichtmetallische Fremdkörper wie z. B. Holzsplitter weisen auf Röntgenaufnahmen annähernd die gleiche Schattendichte wie Muskelgewebe auf. Werden diese Fremdkörper aber von dem stark strahlenabsorbierenden Kontrastmaterial eingeschlossen, so bilden sie sich als aufgehellter Bereich mit deutlichen Begrenzungen ab (Abb. 4.18).

Arthrographie

Auch die Arthrographie stellt ein relativ einfaches Verfahren dar. Zu den klinischen Indikationen dieser Untersuchung gehören spezielle Fälle von chronischen Gelenkschwellungen mit oder ohne Lahmheit, wenn der Verdacht auf Veränderungen am Gelenkknorpel, am subchondralen Knochen und an der Synovialmembran eine weitergehende Beurteilung erfordert. Dicke und Unversehrtheit des Gelenkknorpels können durch die Darstellung seiner Umrisse mit positivem Kontrastmaterial kenntlich und Knorpelfrakturen sowie -defekte sichtbar gemacht werden (Abb. 4.19). Weiterhin ermöglicht die Arthrographie die Diagnose von Gelenkkapselrissen, Proliferationen der Synovialmembran sowie pathologischen Schleimbeutelformen mit eventuellen Gelenkverbindungen (Abb. 4.20).
Vor der Gelenkpunktion ist die Lokalanästhesie des darüberliegenden Gewebes empfehlenswert. Abhängig von der Gelenkausdehnung und der Größe des Tieres werden fünf bis 20 ml einer wasserlöslichen, ungefähr 25%igen Jodlösung injiziert. Wenn möglich, sollte vor der Kontrastmittelgabe die gleiche Menge an Gelenkflüssigkeit entnommen werden. Anschließend wird das Gelenk kurz gebeugt und gestreckt, um Synovia und Kontrastmittel gut zu durchmischen, und sofort darauf wird die Röntgen-

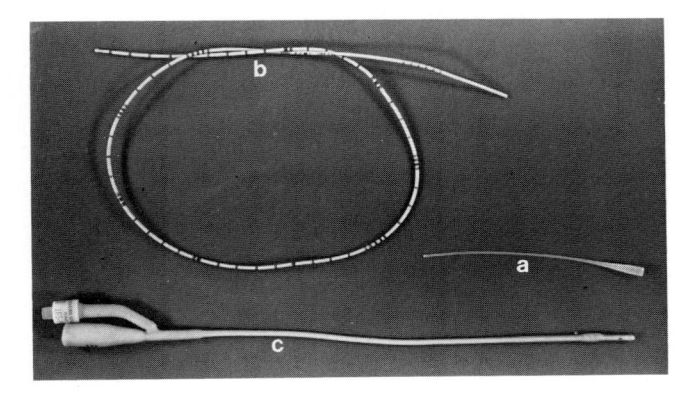

Abb. 4.17: Verschiedene Katheter für die Injektionen über einen Drainage- oder Fistelkanal. **a** Kater-Katheter, **b** Harnleiterkatheter, **c** Foley-Katheter mit aufblasbarem Ballon zum internen Verschluß des Kanales während der Kontrastmittelinjektion.

172   Kapitel 4: Radiologische Untersuchungen

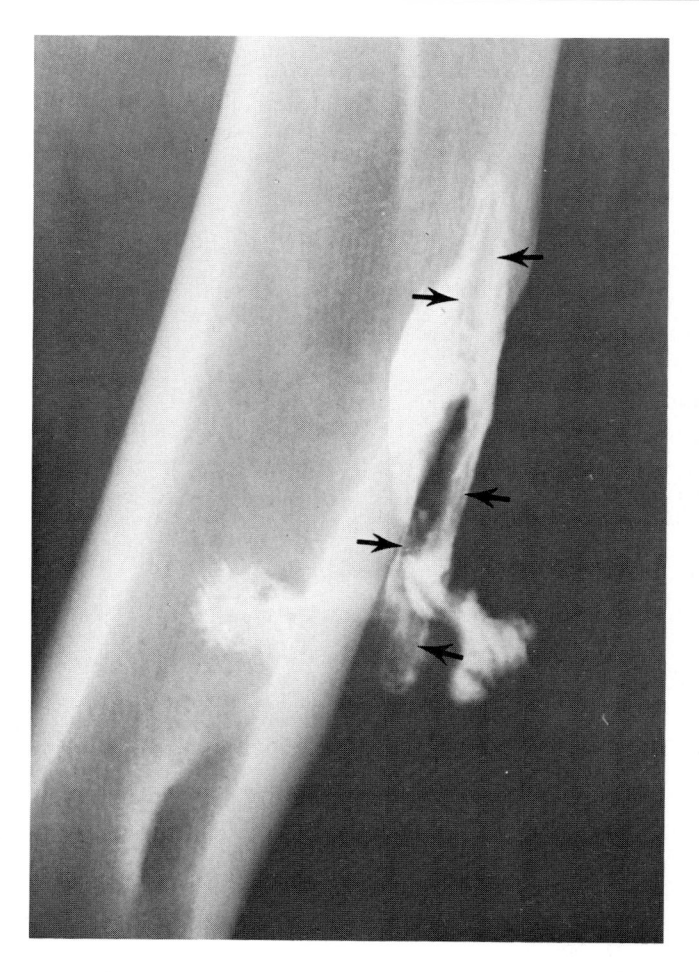

Abb. 4.18: Mediolaterale (ML) Röntgenaufnahme vom Femur nach Injektion von Kontrastmittel in einen Fistelkanal. Die Umrisse eines hölzernen Fremdkörpers sind durch das Kontrastmittel sichtbar (Pfeile). Derartige Fremdkörper erscheinen als nicht gefüllte, strahlendurchlässige, aufgehellte Bereiche mit deutlichen Begrenzungen im kontrastmittelangereicherten Gebiet.

aufnahme angefertigt. Eine Verzögerung von nur zwei bis fünf Minuten senkt bereits die diagnostische Aussage des Arthrogrammes erheblich, da es zur Kontrastmittelresorption kommt. Die Folge davon sind verschwommene, unklare Grenzen des Kontrastmaterials. Im Gegensatz zur positiven Kontrastdarstellung ist die Anwendung der Positiv-Negativ-Arthrographie weniger geeignet, da negatives Kontrastmaterial wie Luft, Stickstoffdioxid oder Kohlendioxid, das im Anschluß an das Positiv-Kontrastmittel injiziert wird, Blasen bildet und so irreführende, strahlendurchlässige Bezirke ähnlich wie bei Fremdkörpern vortäuscht.

Röntgenologische Sehnendarstellung

Die röntgenologische Sehnendarstellung ist ein in der Pferdeheilkunde wenig gebräuchliches Verfahren.

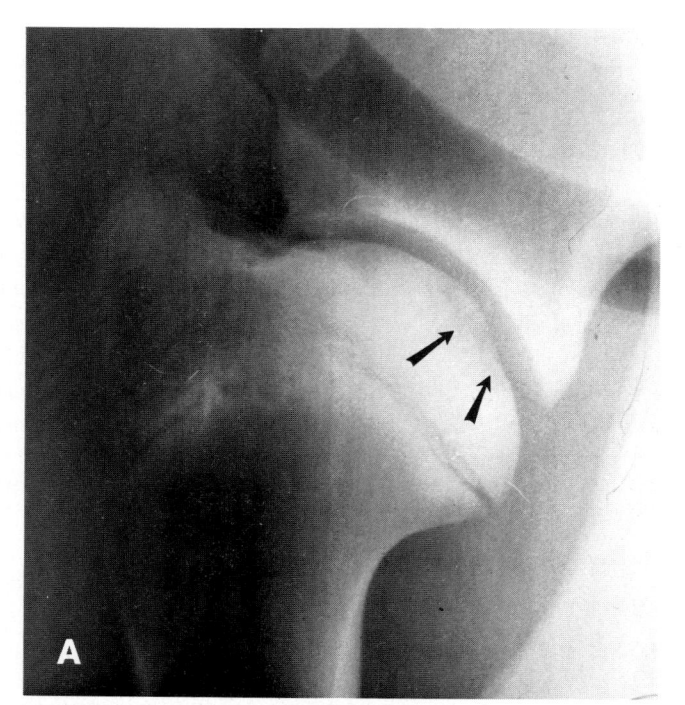

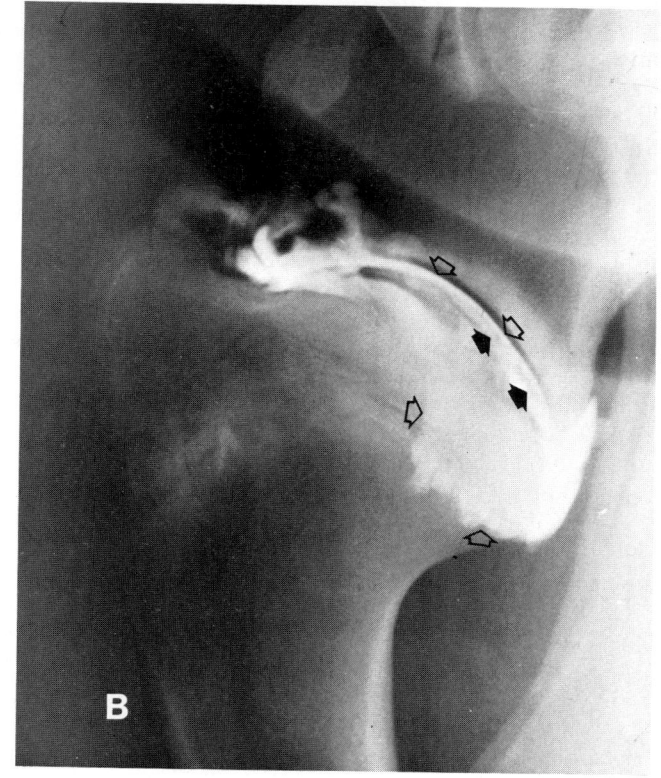

Abb. 4.19: Mediolaterale (ML) Röntgenaufnahme vom Schultergelenk. **A** Das Caput humeri weist eine subchondrale Aufhellung (Pfeile) und einen abgeflachten Bereich der Gelenkoberfläche auf. Subchondrale Knochenfrakturen oder -einbrüche sind nicht sichtbar. **B** Arthrographie des Schultergelenkes. Das Kontrastmittel gibt die Umrisse der Gelenkhöhle wieder (offene Pfeile) und läßt gleichzeitig den sich ablösenden Gelenkknorpel und subchondrale Knocheneinbrüche erkennen (fette Pfeile). Die Röntgenaufnahmen ohne und mit Kontrastmittel weisen auf eine Osteochondrose des Humeruskopfes hin.

Kapitel 4: Radiologische Untersuchungen 173

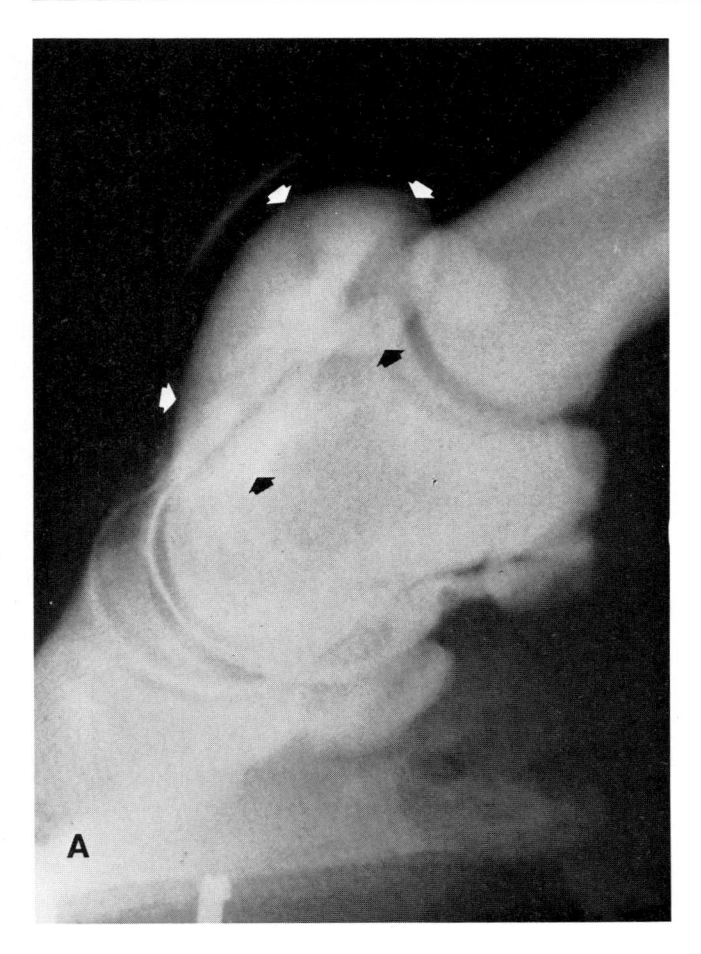

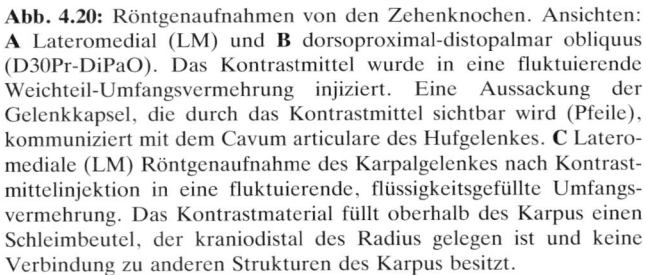

Abb. 4.20: Röntgenaufnahmen von den Zehenknochen. Ansichten: **A** Lateromedial (LM) und **B** dorsoproximal-distopalmar obliquus (D30Pr-DiPaO). Das Kontrastmittel wurde in eine fluktuierende Weichteil-Umfangsvermehrung injiziert. Eine Aussackung der Gelenkkapsel, die durch das Kontrastmittel sichtbar wird (Pfeile), kommuniziert mit dem Cavum articulare des Hufgelenkes. **C** Lateromediale (LM) Röntgenaufnahme des Karpalgelenkes nach Kontrastmittelinjektion in eine fluktuierende, flüssigkeitsgefüllte Umfangsvermehrung. Das Kontrastmaterial füllt oberhalb des Karpus einen Schleimbeutel, der kraniodistal des Radius gelegen ist und keine Verbindung zu anderen Strukturen des Karpus besitzt.

Beschreibungen über die Injektionstechnik und die klinische Anwendung finden sich in der Literatur.[1,33,35] Die röntgenologische Sehnendarstellung erlaubt die Beurteilung der Umrisse von Sehnen und Bändern im distalen, palmaren bzw. plantaren Bereich des Metakarpus bzw. Metatarsus. Dieses Gebiet ist besonders aufgrund der hier sehr komplexen Beschaffenheit der Sehnen und Bänder für die Anwendung dieser Methode geeignet.
Die Technik besteht in der Injektion von vorwiegend gasförmigen Kontrastmitteln in die gemeinsame Sehnenscheide der oberflächlichen und tiefen Beugesehne sowie in die Subkutis.[33,35]
Strukturen, die auf normalen Röntgenaufnahmen nicht mehr erkennbar sind, können mit Hilfe der röntgenologischen Sehnendarstellung identifiziert werden. Dabei sind die Lokalisation und bestimmte pathologische Merkmale der Veränderungen röntgenologisch besser abgrenzbar.

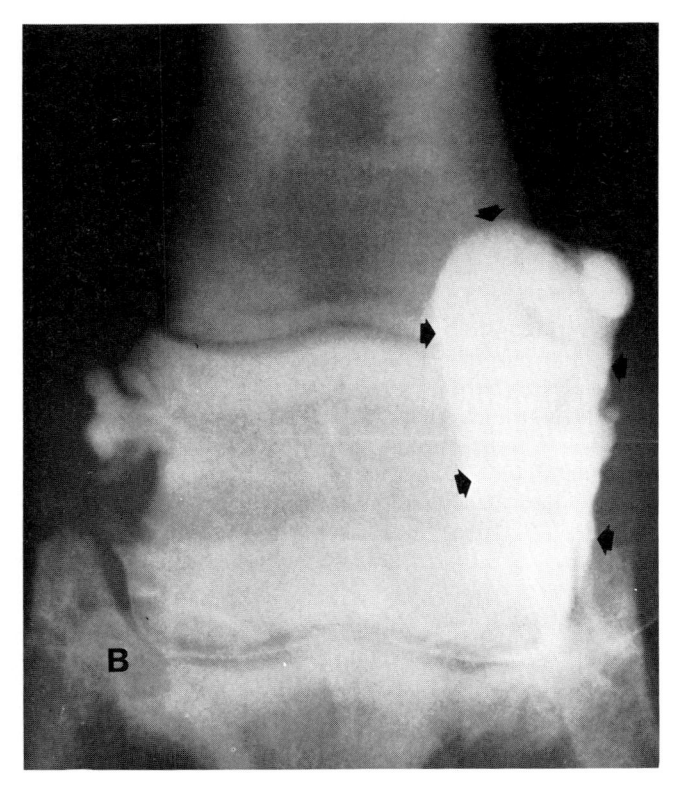

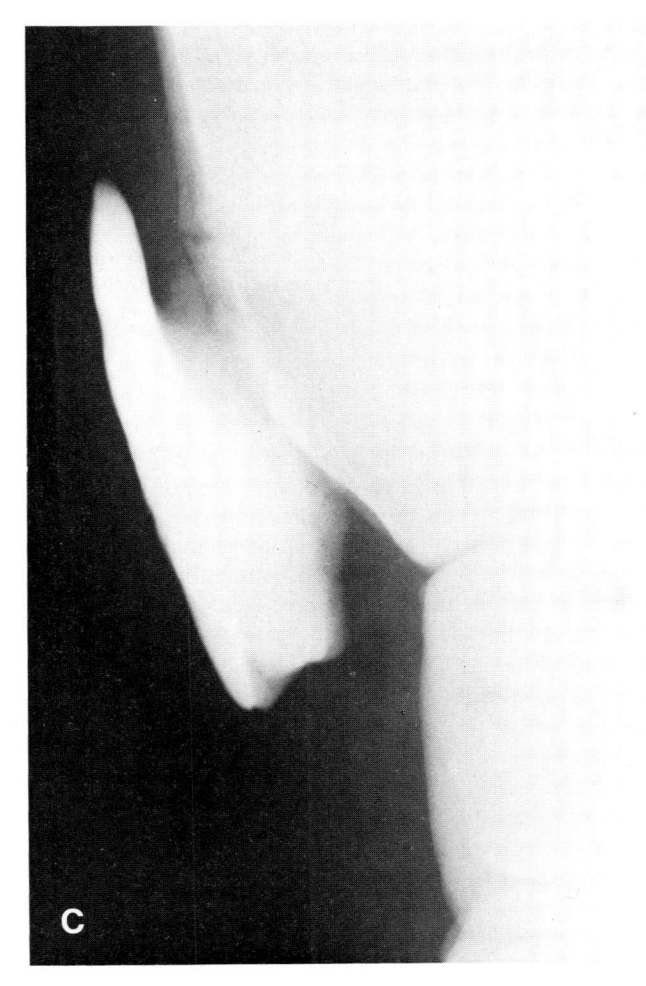

Mit Hilfe dieses Verfahrens sind Entzündungen der Sehne, des Peritendineums, des Ligamentum anulare palmare bzw. plantare (Fesselringband) sowie der Sehnenscheiden diagnostizierbar.

Myelographie

Die Myelographie dient dazu, einen aufgrund erster neurologischer und/oder röntgenologischer Untersuchungen geäußerten Verdacht auf Einengung des Rückenmarks zu beweisen. Zusätzlich können mittels dieser Methode die genaue Lokalisation sowie die Form der Kompression festgestellt und eventuell die Notwendigkeit eines chirurgischen Vorgehens angezeigt werden.

Die Myelographie unter Verwendung eines molekularen, wasserlöslichen Kontrastmittels (Metrizamidum) hat sich als annehmbares und ungefährliches Diagnoseverfahren auch in der Pferdeheilkunde bewährt.[5,17] Zur Injektion werden 3,75 g pulverförmiges Metrizamidum (Amipaque-3,75*) in 8,9 ml sterilem Wasser gelöst, so daß eine Jodendkonzentration von 170 mg/ml entsteht. Vor Gebrauch wird diese Lösung durch einen Papierfilter[+] gegeben.

Das Pferd sollte narkotisiert und mit hochgelagertem Kopf in Seitenlage verbracht werden. Danach erfolgt in Abhängigkeit von der Größe des Pferdes die Gabe von ungefähr 30 bis 40 ml Metrizamidum in den Subarachnoidalraum im Bereich der Cisterna cerebellomedullaris. Zirka 30 ml Liquor cerebrospinalis sollten vor der Injektion des Kontrastmittels entnommen und anschließend eventuell wieder zurückgegeben werden, um die Verteilung und das kaudale Abfließen des Kontrastmittels zu verbessern.

Seitliche Röntgenaufnahmen mit Zentrum im kranialen, mittleren oder kaudalen Halsbereich werden von der gebeugten, der gestreckten und der normal gelagerten Wirbelsäule angefertigt. Ventrodorsale Röntgenaufnahmen sind nur im kranialen und mittleren Bereich der Halswirbelsäule möglich. Im kaudalen Halsbereich ist bei adulten Pferden eine gute röntgenologische Kontrastmitteldarstellung mit ventrodorsalem Strahlengang im allgemeinen aufgrund der Körperdicke und der Streustrahlung nicht zu erzielen.

Druckverletzungen des Rückenmarks sowohl durch knöcherne oder ligamentöse Stenosen als auch durch Instabilität der Wirbel im Halsbereich, die die am häufigsten beim Pferd mittels zervikaler Myelographie gefundenen Veränderungen darstellen, verursachen beträchtliche Einengungen, Obliterationen oder Verlagerungen der Kontrastmittelsäule im Subarachnoidalraum.[15]

Weitere bildgebende Verfahren

Zu den Techniken, die bereits zur Zeit eine gewisse Bedeutung in der Diagnostik der Lahmheiten beim Pferd haben und möglicherweise zukünftig weitere Verbreitung erlangen werden, zählen die Xeroradiographie, die Thermographie, die Sonographie und die nuklearmedizinische Darstellung. Alle hier erwähnten Verfahren benötigen

* Schering AG, Pharma, Postfach 65 03 11, 1000 Berlin 65.
+ Schleicher & Schüll, 3354 Dassel.

eine spezielle Ausrüstung, so daß die meisten bisher keine routinemäßige Anwendung fanden.

Wahrscheinlich jedoch werden diese verschiedenen Darstellungsarten in Zukunft eine größere Bedeutung bei der Feststellung von Lahmheitsursachen beim Pferd spielen.

Xeroradiographie

Bei der Xeroradiographie wird eine elektrostatisch aufgeladene, seleniumbeschichtete Aluminiumplatte geröntgt. Die Röntgenstrahlen lassen durch Ladungsänderungen ein dem Dosisrelief entsprechendes, latentes Bild entstehen. Die Entwicklung der Platte erfolgt durch Bestäuben mit einem ebenfalls geladenen Pulver (Toner), das von den Ladungen auf der Platte angezogen oder abgestoßen wird. Das entstehende Bild wird durch direkten Kontakt auf plastikbeschichtetes Papier übertragen und anschließend durch Erhitzen fixiert.

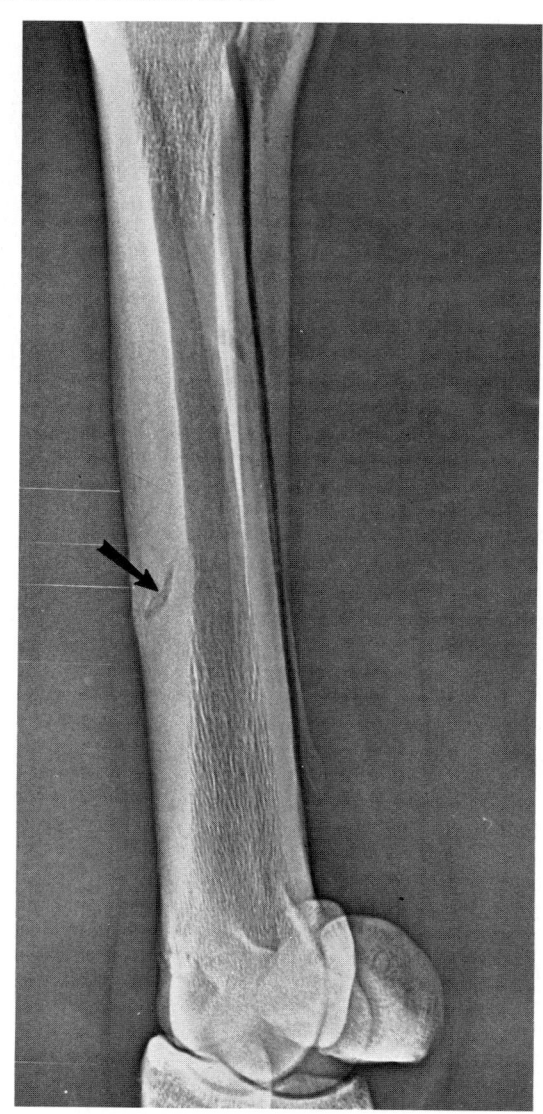

Abb. 4.21: Xeroradiographische Aufnahme. Ansicht: dorsomedial-palmarolateral obliquus (D45M-PaLO). Eine Fraktur ist dorsolateral in der Kompakta des Os metacarpale III (Pfeil) zu erkennen (mit Genehmigung von Dr. C. F. REID, University of Pennsylvania, Philadelphia, PA 19104).

Xeroradiographische Aufnahmen besitzen eine hohe Auflösung, großen Kontrastumfang und eine exzellente Darstellung von Rändern und Grenzen (Abb. 4.21). Zusätzliche Informationen zur Aussage einer konventionellen Röntgenaufnahme werden durch die deutliche Zeichnung der Begrenzungen, die von der Ladungsdichte im Bild abhängt, geliefert.[18]

Die Anfertigung eines xeroradiographischen Filmes ist immer dann sinnvoll, wenn eine gute Detailwiedergabe nötig und der vorhandene Kontrast gering ist.[2] Durch die Xeroradiographie werden Weichteilstrukturen, eventuell auch darin befindliche Fremdkörper sowie feine knöcherne Veränderungen deutlich und detailliert sichtbar. Entsprechend ermöglicht die Xeroradiographie die Diagnose in den Fällen, in denen der Verdacht auf bestimmte Veränderungen zwar nach der klinischen Untersuchung besteht, dieser aber durch eine routinemäßig ausgeführte, konventionelle Röntgenaufnahme nicht bestätigt werden kann. Allerdings finden sich in der Literatur keine Angaben, in wieviel Prozent der Lahmheitsfälle eine derartig spezielle Untersuchung unbedingt notwendig ist.

Eine Verbreitung der Xeroradiographie wird durch die folgenden Faktoren limitiert: Kosten der speziellen Ausrüstung, Zeitaufwand und Größe der Strahlenexposition bei einer diagnostischen Untersuchung[2] (für eine xerodiagraphische Aufnahme ist mindestens ein 125-kV-, 200-mA-Röntgengerät Voraussetzung), technische Fachkenntnisse zur Herstellung eines qualitativ hochwertigen Filmes sowie höhere Filmkosten im Vergleich zum konventionellen Röntgenfilm.

Obwohl die xeroradiographischen Bilder erheblich besser als die konventionellen Röntgenfilme sind, bleibt letztendlich die Xeroradiographie für die meisten Praxen unwirtschaftlich, da die Prozentzahl der Fälle, für die dieses Verfahren unbedingt notwendig erscheint, wahrscheinlich nur sehr klein ist, obwohl genaue Angaben hierzu in der Literatur fehlen.

Thermographie

Bei der Thermographie wird mit Hilfe der Infrarotstrahlung, die die Hautoberfläche emittiert, ein sichtbares Bild angefertigt. Dabei fängt ein entsprechender Scanner die Infrarotstrahlung auf und wandelt sie in elektrische Impulse um, die auf einem Fernsehmonitor sichtbar gemacht werden (Abb. 4.22). Die Farben des Bildes (Isothermen) entsprechen den verschiedenen Temperaturen des Körpers. Im allgemeinen können zehn Isothermen unterschieden und die Temperaturempfindlichkeit zwischen diesen Linien eingestellt werden.

Angaben über thermographische Normaldaten beim Pferd finden sich in der Literatur.[21] Normale Vaskularisation ist generell durch wärmere Bezirke gekennzeichnet. Die Verteilung der Isothermen stellt sich physiologischerweise bilateralsymmetrisch und distal des Karpal- bzw. Tarsalgelenkes an allen vier Gliedmaßen gleichmäßig dar. Allerdings treten geringe individuelle Variationen auf. Klinische Anwendungsgebiete für die Thermographie sind:
1. Feststellung der Ausdehnung von vorher diagnostizierten Veränderungen,
2. Ermittlung der Lokalisation eines nicht genau identifizierten, veränderten Bereiches,
3. Erkennung von beginnenden Veränderungen, z. B. von ersten Sehnenverletzungen,[29] bevor sie klinisch manifest werden, um so frühzeitig mit einer Behandlung beginnen zu können und eine Heilung mit einem minimalen Zeit- und Geldaufwand zu erreichen,
4. Überprüfung des Heilungsprozesses, bevor das Pferd wieder zur Arbeit bzw. zum Training herangezogen wird.[20,21,31]

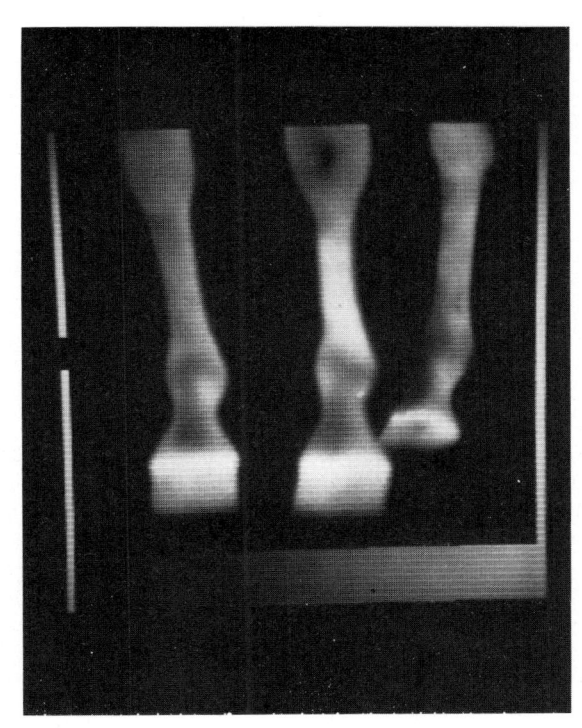

Abb. 4.22: Normales Thermogramm von den distalen Bereichen der Schultergliedmaße eines Pferdes. Die besser vaskularisierten, wärmeren Bezirke erscheinen heller (mit Genehmigung von Dr. Ram C. PUROHIT, Auburn University, Auburn, AL 36830).

Nachteile und Grenzen der Thermographie sind:
1. die hohen Anschaffungskosten für die Ausrüstung[21] und
2. die geringe Spezifität der thermographischen Befunde.

Ein vermehrt warmer Bezirk an den Gliedmaßen von Pferden kann sowohl eine normale Variante als auch die Folge einer Entzündung, einer Gefäßveränderung oder eines neoplastischen Prozesses sein. Im Zusammenhang mit Lahmheiten bei Pferden muß in erster Linie zwischen einer entzündlichen Veränderung und einer individuellen Variation unterschieden werden. Das bedeutet, daß beim Verdacht auf ein entzündliches Geschehen weitere Untersuchungen für eine genaue Diagnose folgen müssen.

Sonographie

Das sonographische Bild entsteht durch Ultraschallwellen, die an Gewebegrenzflächen reflektiert werden. Diese Ultraschallechos werden von einem Piezokristall aufgefangen, in elektrische Impulse umgewandelt und auf einem Fernsehmonitor sichtbar gemacht. Die Reflektion der Ultraschallwellen erfolgt aufgrund des unterschiedlichen akustischen Wellenwiderstandes der Gewebe.[19] Strukturen, die eine ähnliche Dichte wie Wasser aufweisen, z. B. Bänder und Sehnen, können mittels Sonographie beurteilt werden (Abb. 4.23), während sie mit der konventionellen Röntgentechnik nicht darstellbar sind.

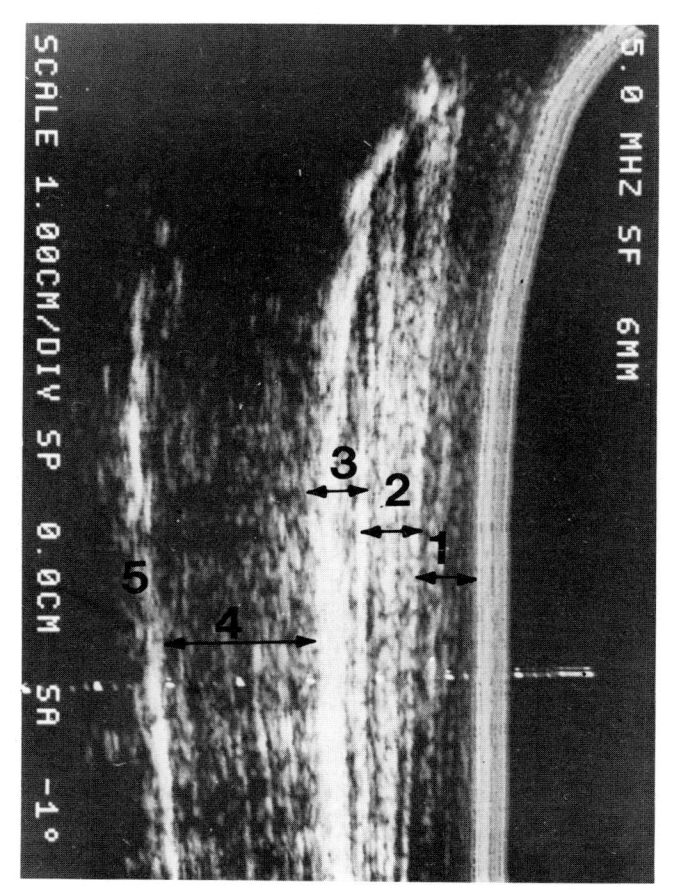

Abb. 4.23: Sonographischer Längsschnitt von der Palmarseite des Metakarpus proximal der Endaufteilung des Musculus interosseus medius. 1. Oberflächliche Beugesehne, 2. tiefe Beugesehne, 3. Unterstützungsast zur tiefen Beugesehne, 4. Musculus interosseus medius. Alle Sehnen sind durch wenig intensive, lineare, innere Echos gekennzeichnet. Diese werden durch schmale, echodichte, längsverlaufende Zonen, die aufgrund der akustischen Impedanzsprünge zwischen den Sehnen zustande kommen, abgegrenzt. Eine dicke weiße Linie (5) erscheint zwischen dem Rand des Os metacarpale III und den anliegenden Weichteilgeweben.

In der Literatur finden sich Ausarbeitungen über die sonographische Anatomie der Palmar- bzw. Plantarseite der Articulationes metacarpophalangeae bzw. metatarsophalangeae[27] sowie einiger anderer Gelenke und Gliedmaßenbereiche.[12,22] Ferner sind pathologische Aspekte sonographisch aufgezeigt.
Allerdings muß die Bedeutung der Ultraschallbilder für die Diagnose von Erkrankungen, die eine Lahmheit beim Pferd hervorrufen, noch umfassender untersucht werden.

Szintigraphie (nuklearmedizinische Darstellung)

Die Szintigraphie kann als weiterführende Untersuchung im Rahmen der Lahmheitsdiagnostik angewendet werden. Sie besteht in der intravenösen Gabe eines radioaktiven Isotopes, dessen Verteilung in den Knochen und Weichteilgeweben der Gliedmaße anschließend beurteilt wird. Für diesen Zweck eignet sich besonders Technetium-99m, ein Gammastrahlen emittierendes Isotop, das sich bei Kombination mit Phosphaten in den Knochen anreichert. Vermehrte Ablagerungen finden sich in Gebieten mit großer Knochenumbaurate oder verstärkter Vaskularisation und stellen sich beim Abtasten mit einem Scanner als intensive Lichtflecken, sogenannte „Hotspots", dar (Abb. 4.24). Letztere sind gewöhnlich ein Zeichen für anormale oder krankhafte Vorgänge.

Die für derartige Untersuchungen notwendige Ausrüstung ist teuer und setzt einige Erfahrung im richtigen Umgang voraus. Um die Untersuchungen am nichtnarkotisierten Pferd in kürzester Zeit durchführen zu können, wird eine Szintigraphie-, d. h. Gamma-Kamera benötigt.[2,4]

Üblicherweise ist eine Ansicht ausreichend, während von veränderten Bezirken zwei Ansichten angemessen erscheinen. Die Verteilung des radioaktiven Stoffes kann in Weichteilgeweben einige Minuten und in Knochen zwei bis fünf Stunden nach der Injektion beurteilt werden. Innerhalb von 30 Minuten erfolgt in Weichteilgeweben bereits der Abbau.[4]

Gegenüber der Röntgenologie bietet die Szintigraphie bei schwierigen Fällen einige Vorteile.[3] So können Knochen- oder Gelenkveränderungen bereits innerhalb der ersten zwölf Stunden nach der Verletzung festgestellt werden.[4] Bei Lahmheiten unklarer Genese können auf der Suche nach pathologischen Bereichen alle verdächtigen Gliedmaßenknochen schnell überblickt sowie die veränderten und erkrankten Gebiete hinsichtlich Reparation und/oder Regeneration beurteilt werden. Die Überwachung der Aktivität des Knochengewebes nach Schädigung oder Streßfrakturen sowie die Erkennung einer Skelettbeteiligung bei ungeklärten Lahmheiten sind Beispiele für die Anwendung der Szintigraphie, die zusätzliche Informationen ermöglicht, die nicht mit der Röntgenologie erzielt werden können.

Die Nachteile der Szintigraphie bestehen in den Kosten der Ausrüstung, dem notwendigen technischen Know-how, der Radioaktivität der verwendeten Materialien, der Einhaltung bestimmter Vorschriften beim Umgang mit radioaktiven Stoffen und der Unmöglichkeit, die festgestellten Veränderungen entsprechenden Erkrankungen exakt zuzuordnen. So muß ein Gebiet mit „Hotspots" zusätzlich mit anderen Methoden untersucht werden, bis eine exakte Diagnose erstellt werden kann.

Prinzipien der Interpretation röntgenologischer Darstellungen

Die Interpretation von Röntgenbildern geschieht prinzipiell in drei Stufen:
1. Beurteilung der Filmqualität,
2. Auswertung der Röntgenaufnahme und
3. Aufstellung der röntgenologischen Befunde, einer Diagnose und/oder einer Prognose.

Die Beurteilung der Filmqualität erfolgt durch Prüfung der Belichtung, der Kennzeichnung des Filmes, der Einblendung und der Lage des abgebildeten Objektes. Die Kontrolle dieser Faktoren ist wichtig, da qualitativ minderwertige Filme zu fehlerhaften oder gar keinen Diagnosen führen. Richtig belichtete Aufnahmen besitzen einen genügenden Kontrastumfang, um sowohl Knochen- als auch Weichteilkonturen erkennen zu können. Außerdem muß die Detailauflösung die Beurteilung von Knochentrabekeln ermöglichen.

Die korrekte Position wird durch die Prüfung von Gelenkspalten und Knochenanordnungen überprüft. Schlechte Lagerungen resultieren daraus, daß die Gliedmaße nicht

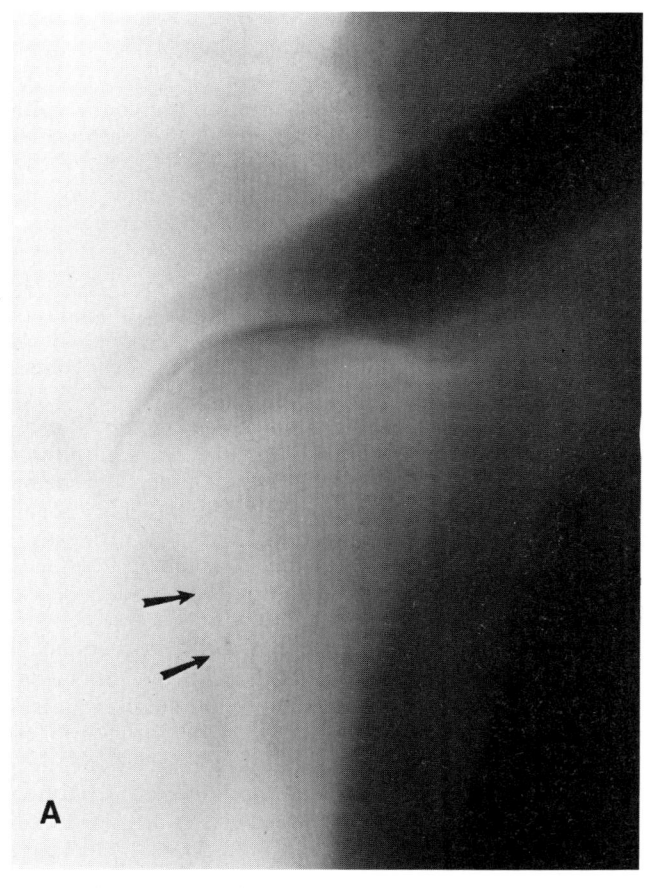

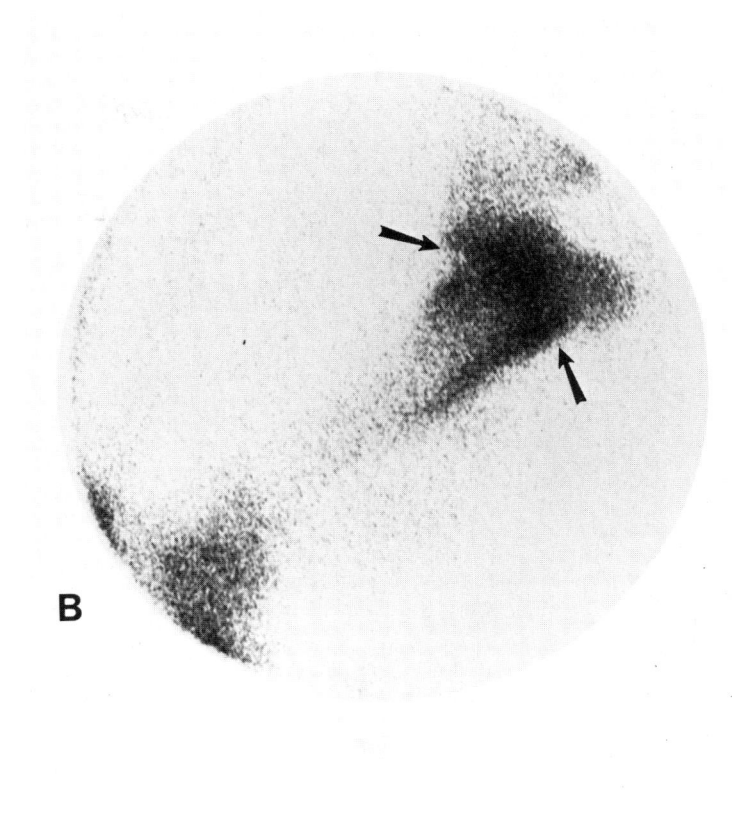

Abb. 4.24: A Lateromediale Röntgenaufnahme vom Schultergelenk. Periostale Ossifikation findet im kaudoproximalen Bereich der Metaphyse statt (Pfeile). **B** Szintigraphie nach Injektion von 100 mCi Technetium-99m zur Darstellung eines Gebietes proximal im Humerus (Pfeile), das eine erhöhte Aufnahme als Folge einer proximalen Humerusfraktur aufweist (mit Genehmigung von Dr. William J. HORNOF, University of California, Davis, CA 95616).

senkrecht auf dem Untergrund steht, die Kassette nicht parallel zum Bein gehalten wird oder die Röntgenröhre nicht senkrecht zum Film bzw. zum untersuchten Körperteil ausgerichtet ist.

Eine vollständige röntgenologische Befunderhebung sollte von jedem verdächtigen Körperteil durchgeführt werden. Die routinemäßige Untersuchung beinhaltet die Erstellung von zwei bis sieben oder acht verschiedenen Ansichten, die eventuell durch weitere ergänzt werden, wenn eine bessere Darstellung der fraglichen Veränderungen notwendig erscheint.

Die zweite Stufe der röntgenologischen Interpretation besteht in der Auswertung der Aufnahmen. Die Bedeutung dieses Arbeitsganges wird häufig verkannt, so daß die Betrachtung der Filme oberflächlich und in Eile vorgenommen wird, um möglichst schnell zur Diagnose zu kommen. Die Folge davon sind Interpretationsfehler. Voraussetzung für die Erkennung von Veränderungen ist die Kenntnis sowohl der Röntgenanatomie als auch der Röntgenpathologie. Wird eins dieser beiden Gebiete vernachlässigt, ist eine korrekte Beurteilung von Aufnahmen gewöhnlich nicht möglich.

Der dritte Abschnitt der Auswertung einer Röntgenuntersuchung beinhaltet die Darlegung der röntgenologischen Eindrücke sowie die Erstellung der Diagnose oder Differentialdiagnosen. Hierfür ist das Wissen über die Pathophysiologie der Erkrankungen und ihre röntgenologischen Erscheinungsbilder notwendig. Schließlich sollten die röntgenologischen Ergebnisse mit den Informationen aus anderen Untersuchungen, wie Vorbericht, klinische Untersuchung, Befunde bei der Leitungsanästhesie usw., zu einer einheitlichen endgültigen Diagnose zusammengestellt werden.

Ohne die hier aufgeführten Schritte der röntgenologischen Interpretation zu beachten, kommt es häufig zu falschen Schlußfolgerungen aus den Röntgenuntersuchungen, was wiederum zu fehlerhaften Diagnosen und/oder Prognosen führt.

Röntgenologische Darstellung von Weichteilgeweben

Erkrankungen der Weichteile können als primäre pathologische Veränderungen, als sekundäre nach schwerwiegenden Knochenschädigungen oder als zufällige Nebenbefunde ohne klinische Bedeutung auftreten. Zur Beurteilung von Weichteilgeweben kann ein Röntgenbetrachtungsgerät mit hoher Leuchtdichte von Vorteil sein. Faszienplatten, Sehnen, Bänder und einige Abschnitte der Gelenkkapseln sind aufgrund des ein- oder angelagerten Fettes sichtbar. Das weniger strahlabsorbierende Fettgewebe erscheint auf Röntgenaufnahmen geringfügig dunkler als Muskeln, Haut, Sehnen oder Bänder (Abb. 4.25).

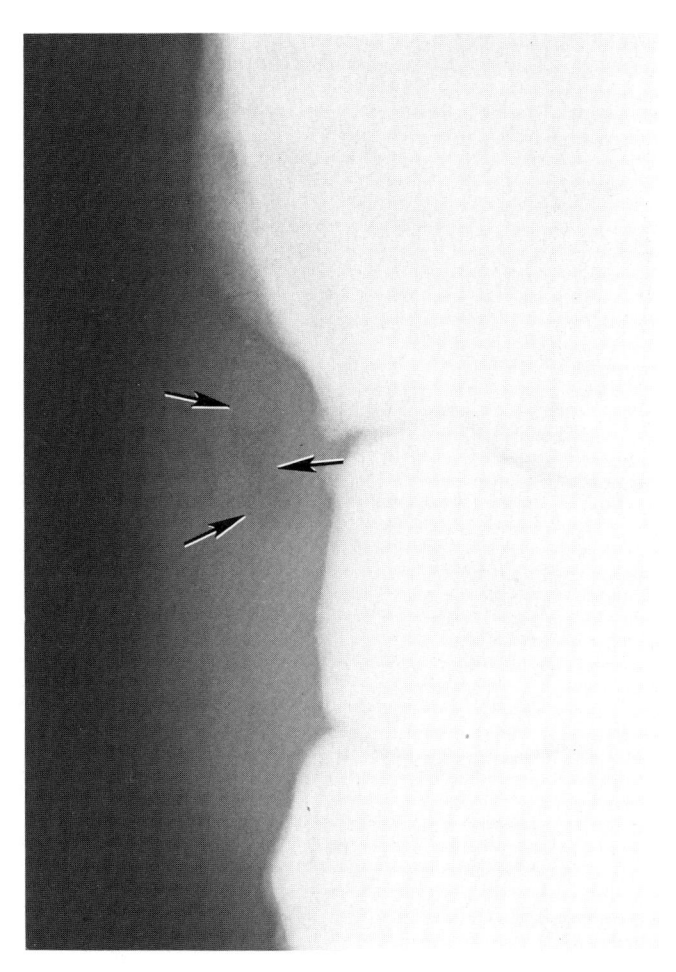

Abb. 4.25: Lateromediale (LM) Röntgenaufnahme des Karpalgelenkes. Die Karpal-Fettpolster stellen sich als etwas aufgehellte Strukturen im dorsalen Weichteilgewebe des Karpalgelenkes dar (Pfeile). Die Fettpolster sind geringfügig von der Dorsalseite der Articulatio antebrachiocarpea (Articulatio radiocarpea) abgehoben und zeigen so eine Umfangsvermehrung der Gelenkkapsel an. Die meisten Weichteil-Umfangsvermehrungen liegen dorsal der Fettpolster, also extrakapsulär.

Die röntgenologische Beurteilung der Weichteilgewebe sollte Umfangsvermehrungen, Verschattungen durch Kalzifizierungen und Aufhellungen durch gasförmige Stoffe berücksichtigen.

Umfangsvermehrungen der Weichteilgewebe

Weichteilschwellungen im Bereich der Gliedmaßen werden gewöhnlich durch Entzündungen nach Infektionen oder Traumata verursacht. Die Umfangsvermehrungen können umschrieben oder diffus auftreten. Ihre Lage innerhalb oder in der Umgebung von Gelenken, Sehnen oder Muskeln kann röntgenologisch genau abgegrenzt werden (Abb. 4.25). Dabei stellen sich diese Weichteil-Umfangsvermehrungen röntgenologisch folgendermaßen dar: vermehrtes Hervortreten von Weichteilgeweben, Verlagerung von Fettkörpern in der Umgebung von Gelenkkapseln und Sehnenscheiden, Marmorierung oder vollständiges Verschwinden von Fettgewebe in Faszienplatten und in der Nähe von Muskeln, Gelenkkapseln oder Sehnen.

Verkalkungen von Weichteilgeweben

Verkalkungen in Weichteilgeweben können dystrophischer oder metastatischer Natur oder Folge einer Kalzinose sein. Vorwiegend finden sich dystrophische Verkalkungen in vorher durch physikalische, chemische oder thermische Traumata geschädigten Geweben (Abb. 4.26). Hämatome, Bereiche mit degenerativen oder nekrotischen Veränderungen sowie ehemalige Entzündungsherde und Knorpelgewebe bilden bevorzugte Gebiete einer dystrophischen Kalzifikation. Metastatische Verkalkungen nach Stoffwechselerkrankungen können beim Pferd nur selten beobachtet werden. Ebenso ungewöhnlich ist eine Kalzinose der Haut, Unterhaut und des Bindegewebes beim Pferd.

Die röntgenologischen Erscheinungsformen einer Weichteilverkalkung bestehen aus amorphen Verschattungen ohne Trabekel und Kompakta, mit unklaren Begrenzungen bei der dystrophischen Verkalkung und genau umschriebenen, deutlichen Rändern bei der Kalzinose.

Emphyseme der Weichteilgewebe

Einschlüsse in Weichteilgeweben der Pferdegliedmaßen sind Folgen von traumatischen Zerreißungen, Stichwunden oder von Infektionen mit gasproduzierenden Bakterien (Abb. 4.27). Das Gas kann röntgenologisch im subkutanen Gewebe, im Bereich von Muskelfaszien, im intramuskulären Gewebe oder in intraartikulären Strukturen nachgewiesen werden. Die genaue Feststellung der Lokalisation ist für die Diagnose und Prognose bedeutsam. Zum Beispiel treten intramuskuläres Gas im Zusammenhang mit einer Gasphlegmone und intraartikuläres Gas in Begleitung einer septischen Arthritis auf.

Ein Emphysem im Bereich der Weichteilgewebe stellt sich röntgenologisch als strahlendurchlässiger, aufgehellter Bezirk dar, der im Gegensatz zu Fettgewebe deutlich abgegrenzt und lagemäßig genau bestimmbar ist. Abgegrenzte Emphyseme mit einem Luft-Flüssigkeits-Spiegel treten zusammen mit Abszessen auf.

Röntgenologische Darstellung von Knochen

Die Kenntnis der Röntgenanatomie ist unbedingte Voraussetzung, um die knöchernen Strukturen der Pferdegliedmaßen beurteilen zu können. Wenn die normalen Erscheinungsformen des unreifen Knochens von Jungtieren nicht bekannt sind, müssen Angaben aus der Literatur berücksichtigt werden. Dabei sollte den Zeiten für den Fugenschluß und für die Ossifikation der Epi- und Apophysen Beachtung geschenkt werden. Bei ausgewachsenen Pferden sollten die normale Größe und Gestalt der Knochen einschließlich der Lokalisationen der Fortsätze und Gruben bekannt sein.

Grundsätze der Knochenreaktionen

Knochengewebe besitzt nur begrenzte Reaktionsmöglichkeiten auf Erkrankungen. Entsprechend ist die Zahl der röntgenologisch erkennbaren Knochenveränderungen ebenfalls eingeschränkt.

Kapitel 4: Radiologische Untersuchungen 179

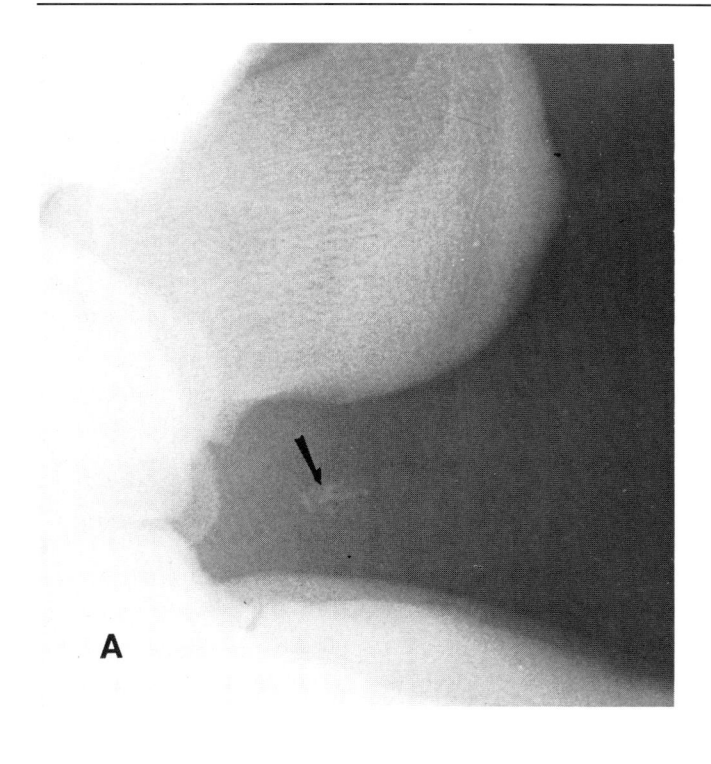

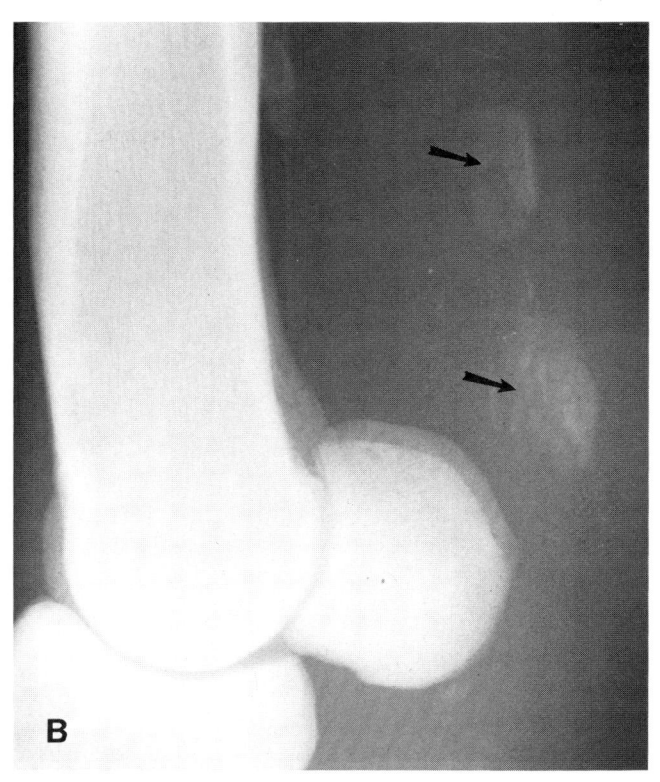

Abb. 4.26: A Lateromediale (LM) Röntgenaufnahme vom gebeugten Karpalgelenk. Ein kleiner Bereich des palmaren Weichteilgewebes in Höhe der Articulatio mediocarpea ist kalzifiziert (Pfeile). Diese Form der Verkalkung kann gewöhnlich nach Kortikosteroidinjektion beobachtet werden. **B** Lateromediale (LM) Röntgenaufnahme vom Fesselgelenk. Die oberflächliche Beugesehne weist eine dystrophische Verkalkung auf (Pfeile).

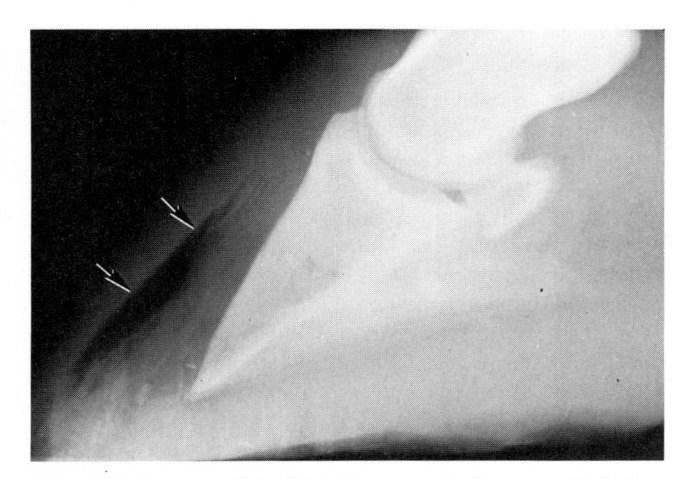

Abb. 4.27: Lateromediale (LM) Röntgenaufnahme vom Huf. Gaseinschluß in den Weichteilgeweben auf der Dorsalseite des Hufes ist als große strahlendurchlässige Aufhellung zu erkennen (Pfeile).

Folgende grundlegenden, röntgenologisch darstellbaren Skelettveränderungen können bei Pferden auftreten:
1. Knochenneubildung,
2. Knochenauflösung,
3. allgemeine Zunahme der Knochendichte und
4. allgemeine Abnahme der Knochendichte.

Die Verteilung der Knochenbälkchen im Knochen sowie Begleiterscheinungen in den Knochen und den umgebenden Weichteilstrukturen sollten im Zusammenhang mit einer Knochenreaktion registriert werden.

Periostale Reaktionen

Blutungen, Eiter, Ödeme oder infiltrativ wachsende Tumorzellen führen zu Periostreizungen. Beim Pferd werden periostale Knochenneubildungen vorwiegend durch direkte Traumata des Periostes, ausgedehnte Infektionen der Weichteilgewebe sowie Abrisse der Bänder, Sehnen und/oder Gelenkkapseln verursacht.

Die periostale Ossifikation kann zum Zeitpunkt der Röntgenaufnahme noch aktiv oder bereits abgeschlossen sein (Abb. 4.28). Bei der aktiven Knochenneubildung erscheinen die Ränder unregelmäßig verschwommen, häufig mit nadelartigen, manchmal auch mit blättchenartigen Fortsätzen. Der neugebildete Knochen kann massiv oder aber aufgelockert, unterbrochen aufgebaut sein. Nach Abschluß der periostalen Ossifikation weist der solide Knochen glatte Ränder auf und ist häufig mit der Kortikalis verschmolzen. Die zuletzt beschriebene Form einer periostalen Veränderung zeigt gewöhnlich einen chronischen Verlauf und deutet oft auf stattgefundene Heilungsprozesse z. B. nach Frakturen oder früheren Periostveränderungen hin.

Veränderungen der Substantia corticalis

Röntgenologisch feststellbare pathologische Prozesse an der Substantia corticalis bzw. der Substantia compacta umfassen Defekte, Erosionen oder Auflösungen und Dickenveränderungen.

Eine fehler- oder schadhafte Substantia corticalis an den Gliedmaßenknochen von Pferden wird in erster Linie durch Frakturen verursacht, während die Lysis im Zusammenhang mit Infektionen auftritt. Frakturen müssen diffe-

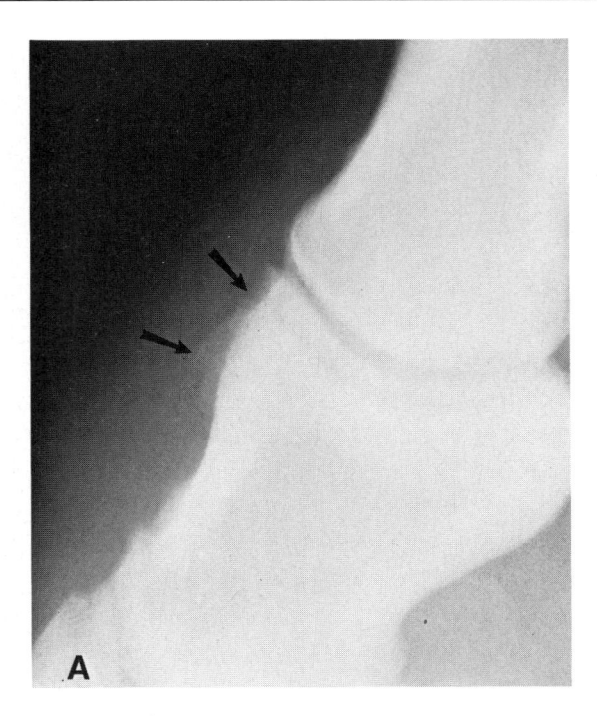

Abb. 4.28: A Lateromediale (LM) Röntgenaufnahme der Zehe. Im Bereich des Ansatzes der Sehne des Musculus extensor digitalis communis und der Gelenkkapsel befindet sich eine unregelmäßige, aktive Periostreaktion (Pfeile). **B** Röntgenaufnahme vom Fesselbein. Ansicht: dorsomedial-palmarolateral obliquus (DM-PaLO). Im Bereich des Ansatzes des Ligamentum sesamoideum rectum sind glatte, nicht mehr aktive Periostreaktionen erkennbar (Pfeile).

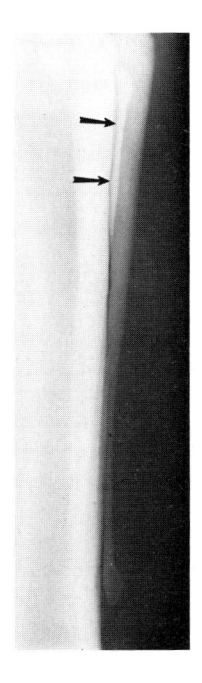

Abb. 4.29: Röntgenaufnahme vom Metatarsus. Ansicht: dorsomedial-plantarolateral obliquus (DM-PlLO). Eine längliche, scharf begrenzte Aufhellung (Pfeile) täuscht eine Fraktur vor; sie ist aber die Folge von Überlagerungen der Substantiae corticales an den Ossa metatarsalia.

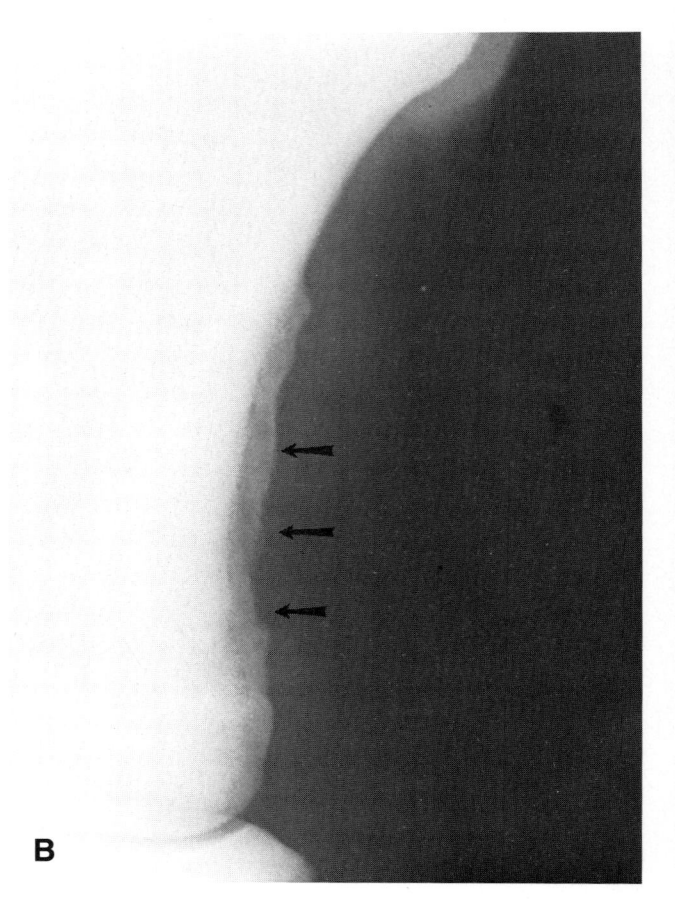

rentialdiagnostisch gegen Foramina nutricia und Epi- oder Apophysenfugen sowie gegen Knochenüberlagerungen (Abb. 4.29) abgegrenzt werden.

Infektionen führen gewöhnlich zu punktförmigen Lysiserscheinungen an der Substantia corticalis. Eventuell können auch Knochensequester in Verbindung mit einem Kortikalisdefekt auftreten (Abb. 4.30). In solchen Fällen liegt der strahlendichte Sequester innerhalb der durch Lysis entstandenen Totenlade (Kortikalisdefekt).

Flache, umschriebene Defekte, Erosionen in der Kortikalis, können sowohl auf der endostalen als auch auf der periostalen Seite entstehen. Beim Pferd sind sie vorwiegend periostal gelegen. Sie entstehen entweder durch Infektionen und weisen dann einen unregelmäßigen Rand auf oder sind die Folge von Druckwirkungen, wie z. B. bei einer proliferativen Vermehrung der Synovia im Rahmen einer Synovialitis der Fesselgelenke (Abb. 4.31). Letztere Kortikaliserosionen besitzen glatte Ränder. Veränderungen in der Ausdehnung der Substantia corticalis führen gewöhnlich zu einer Dickenzunahme, wie z. B. bei Varus- oder Valgus-Gliedmaßenfehlstellungen (O- oder X-Beinigkeit) (Abb. 4.32).

Generalisierte Abnahme der Knochendichte findet sich bei vollständiger Ruhigstellung der Gliedmaße oder distal von Frakturen. Die sich in diesen Bereichen entwickelnde Osteoporose stellt sich röntgenologisch in Form einer groben Anordnung der Knochentrabekel und einer dünnen Knochenrinde dar (Abb. 4.33).

Fälle mit generalisierter Verdichtung der Knochensubstanz werden beim Pferd so gut wie nie beschrieben.

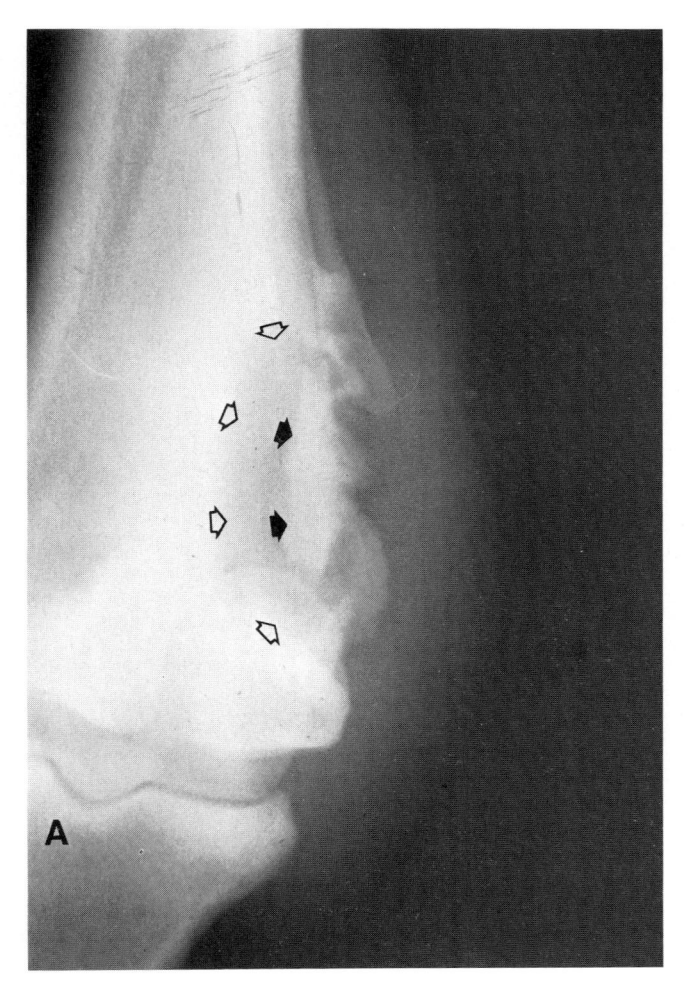

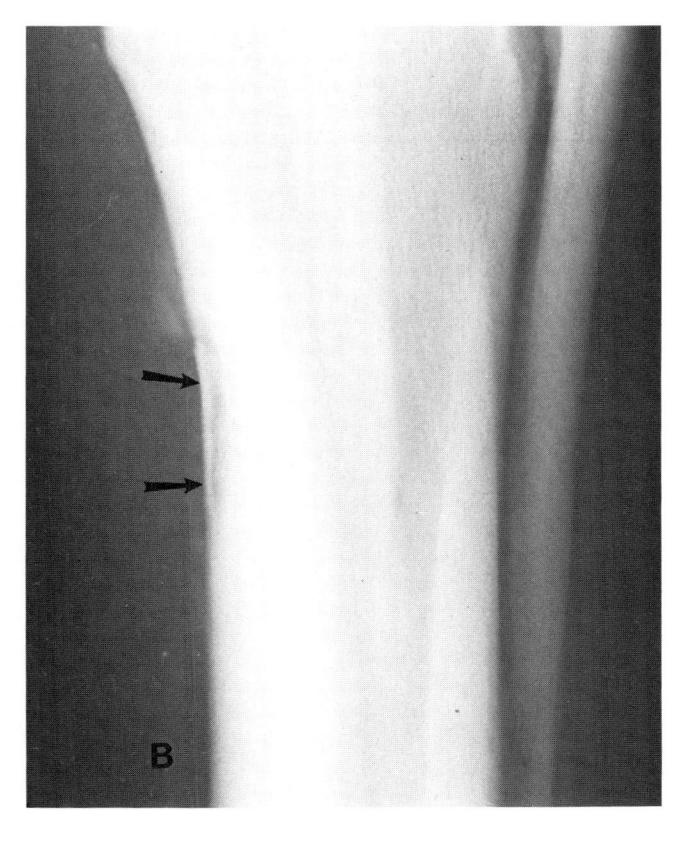

Abb. 4.30: A Röntgenaufnahme vom distalen Bereich des Os metacarpale III. Ansicht: dorsolateral-palmaromedial obliquus (DL-PaMO). Ein großer, strahlendichter Sequester (fette Pfeile) befindet sich innerhalb einer Totenlade (offene Pfeile). Sklerotisierter Knochen bildet die Wand der Totenlade, und glatte periostale Knochenneubildung begrenzt den Sequester nach außen. **B** Röntgenaufnahme vom Metatarsus. Ansicht: dorsolateral-plantaromedial obliquus (DL-PlMO). Das Os metatarsale III weist eine Längsfraktur in der Kortikalis auf (Pfeile).

Röntgenologisch darstellbare Knochenreaktionen bei Osteomyelitis

Da eine Osteomyelitis prinzipiell an jedem Knochen der Pferdegliedmaßen auftreten kann, soll am Beispiel dieser Erkrankung die Diagnosefindung anhand von röntgenologischen Merkmalen und Knochenreaktionen aufgezeigt werden.

Die Osteomyelitis kann durch hämatogene Infektion, durch tiefe Wunden oder offene Frakturen entstehen. Dabei hängt die Lokalisation des erkrankten Gebietes von der Ursache und dem Verlauf der Infektion ab.

Sowohl eine akute als auch eine chronische Osteomyelitis kann röntgenologisch identifiziert werden (Abb. 4.30 und Abb. 4.34).[10] Bei der akuten Osteomyelitis treten erste röntgenologisch erkennbare Knochenveränderungen ungefähr sieben bis zehn Tage nach klinischer Manifestation auf. Im folgenden sind die röntgenologischen Merkmale der akuten Osteomyelitis aufgeführt:

1. Umfangsvermehrungen in den knochennahen Weichteilgeweben, die an der Marmorierung oder dem Verschwinden des Fettgewebes im Bereich der Faszien erkennbar sind.
2. Erste undeutliche Knochenerosionen unter dem Periost sowie periostale Knochenneubildungen sind zuerst sieben bis zehn Tage nach Auftreten klinischer Erscheinungen zu beobachten. Die periostale Ossifikation ist unregelmäßig und verläuft parallel zur Substantia corticalis.
3. Schäden an der Substantia corticalis treten in Form einer punktförmigen Lysis auf, so daß nur noch das Kortikalisgerüst mit zahlreichen Einschmelzungen übrig bleibt. Die Entwicklung dieser Veränderungen dauert mindestens zwei bis drei Wochen.
4. Bei fortschreitender Erkrankung treten nach zwei bis drei Wochen oder später zahlreiche parallel zur Kortikalis ausgerichtete periostale Knochenneubildungen auf, die sich proximal und distal vom Infektionsherd ausbreiten.

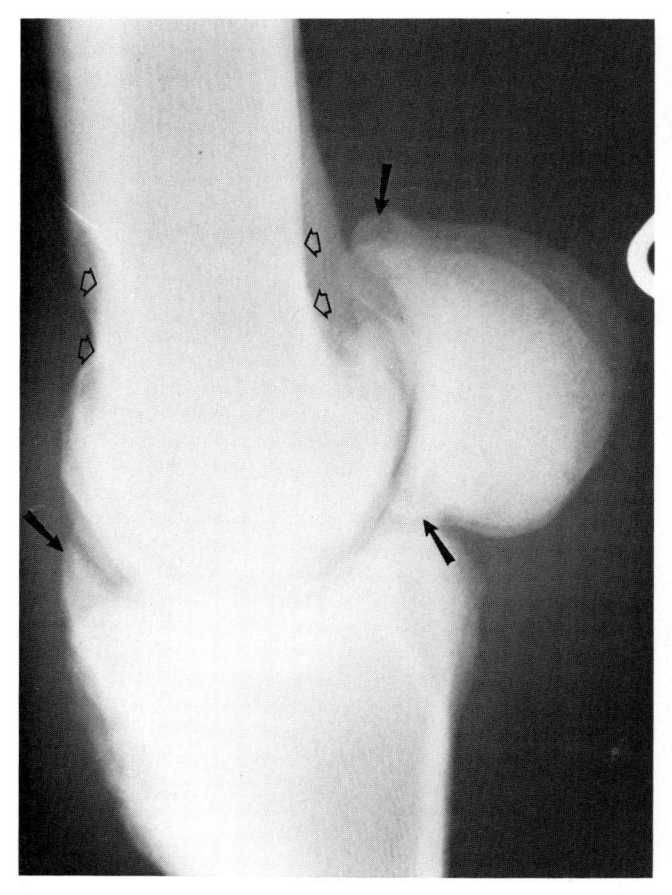

Abb. 4.31: Lateromediale (LM) Röntgenaufnahme vom gebeugten Fesselgelenk (Articulatio metacarpophalangea). Die röntgenologisch erkennbaren Veränderungen, die auf eine chronisch degenerative Gelenkerkrankung deuten, sind: Osteophyten am Gelenkrand dorso-proximal des Fesselbeines sowie an den Ossa sesamoidea proximalia (fette Pfeile). Die glattrandigen Veränderungen der Kortikalis aufgrund von Resorptionsvorgängen (offene Pfeile) stellen die Folge einer chronischen Synovialfibrose dar.

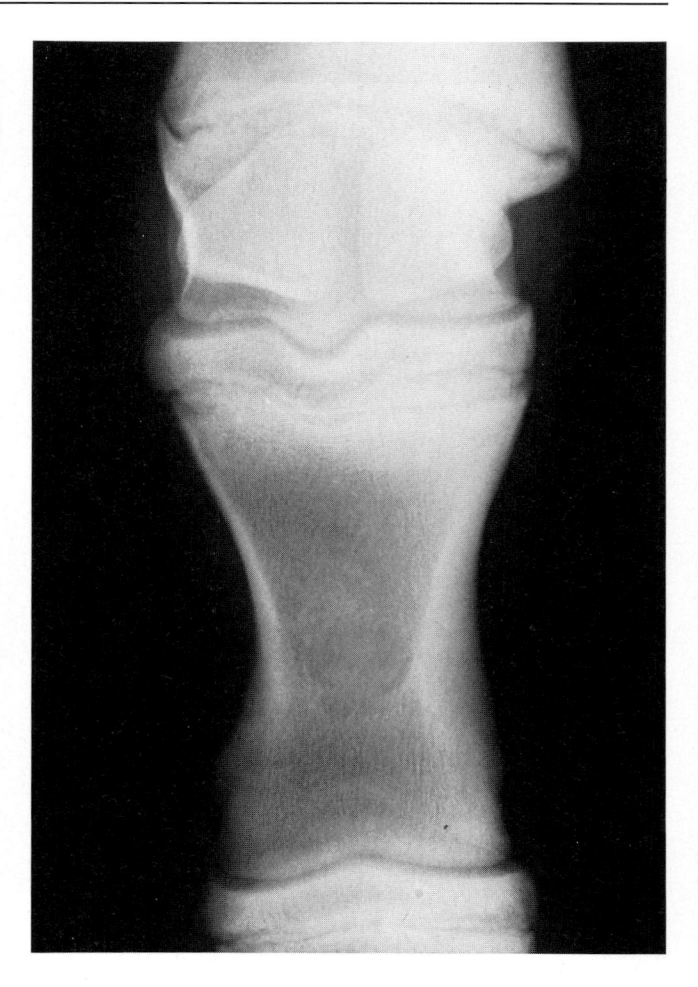

Abb. 4.32: Dorsopalmare (DPa) Röntgenaufnahme des Fesselgelenkes (Articulatio metacarpophalangea). Die verdickte Substantia corticalis auf der Medialseite des Fesselbeines resultiert aus einer vermehrten Gewichtsbelastung der medialen Kortikalis aufgrund einer Varusfehlstellung.

Die chronische Osteomyelitis läßt sich anhand folgender röntgenologischer Veränderungen diagnostizieren:

1. Große Kortikalisdefekte, die zum Teil eine Ausdehnung von einem Zentimeter besitzen können.
2. Umschriebene Knochenverdichtungen (Sklerose). Die Zunahme der Knochendichte, z. B. in Form einer verdickten Kortikalis, betrifft den erkrankten Knochen. In einigen Fällen kann ein Knochensequester im Bereich des sklerotischen und lytischen Knochengewebes erkannt werden.
3. Periostreaktionen, die sich als glatte, solide Verschattungen darstellen, sind gewöhnlich reichlich vorhanden.

Die Unterscheidung zwischen einer aktiven oder inaktiven chronischen Osteomyelitis ist röntgenologisch oft nicht möglich, so daß die Abgrenzung besser aufgrund der allgemeinen oder klinischen Untersuchung sowie mittels anderer bildgebender Verfahren erfolgt.

Röntgenologische Darstellung von echten Gelenken

Die röntgenologische Beurteilung von Gelenken stellt bei Pferden einen wichtigen Abschnitt im Rahmen der Lahmheitsdiagnostik dar. Für die Diagnosefindung erfolgt die röntgenologische Befunderhebung an verschiedenen Gelenkstrukturen sowie an den umgebenden, veränderten Gebieten.

Zu den beurteilbaren, auf Röntgenfilmen abgebildeten Strukturen zählen sowohl intra- als auch extrakapsulär gelegene Strukturen der Weichteilgewebe, Gelenkränder, subchondraler Knochen, „Gelenkspalt", Bänder- und Sehnenansätze sowie die Stellung des Gelenkes (Abb. 4.35).

Normale Gelenkstrukturen

Die Gelenkkapsel und periartikuläre Gewebe sollten nicht angeschwollen sein. Fettkörper, d. h. Fettgewebsmassen, und Faszienplatten befinden sich in der Umgebung eines normalen Gelenkes. Die Darstellung und die Lage dieses

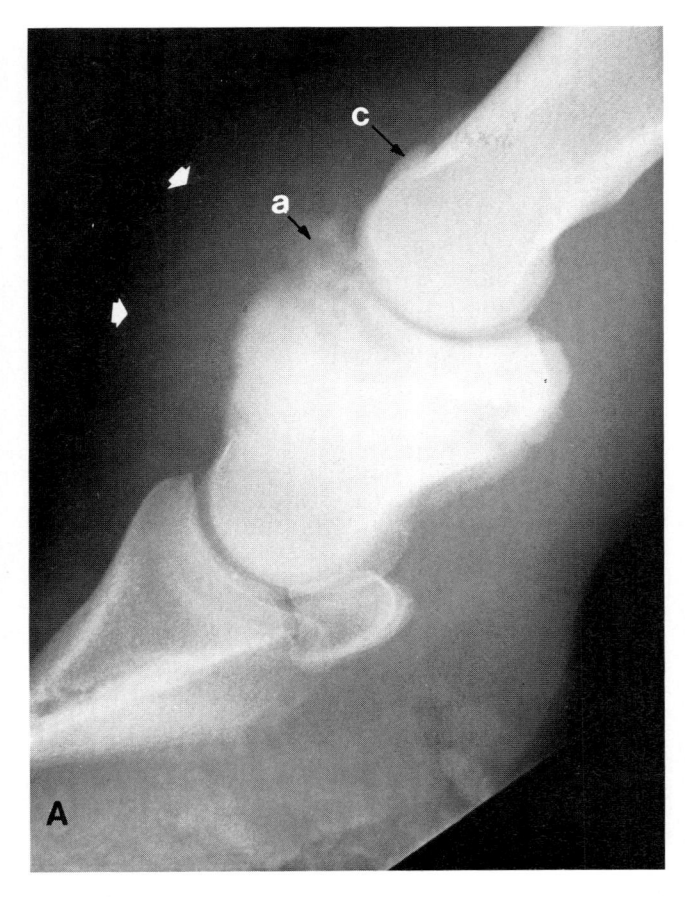

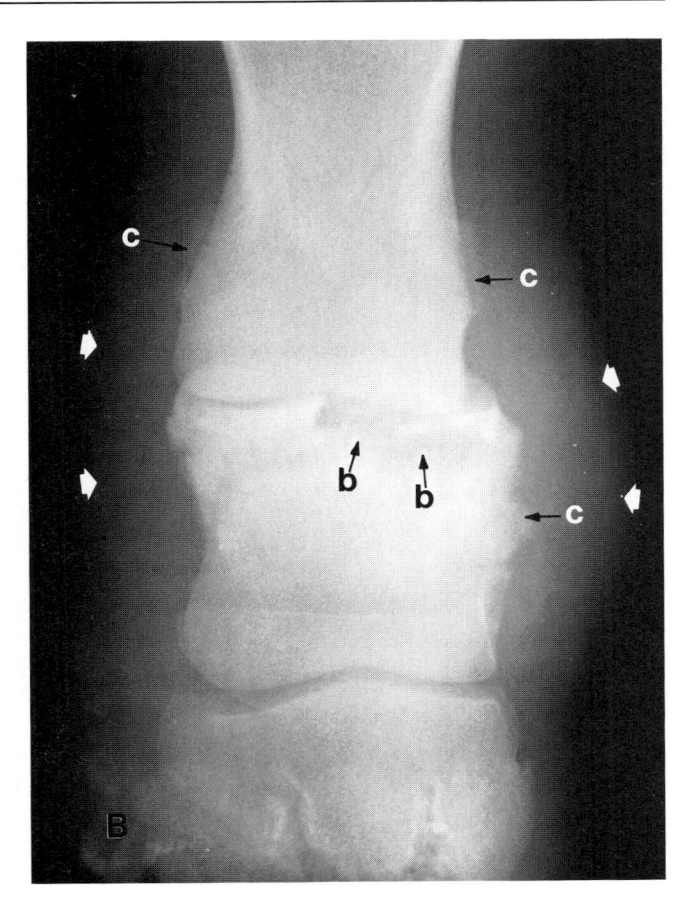

Abb. 4.33: A Lateromediale (LM) und **B** dorsopalmare (DPa) Röntgenaufnahme der Zehe. Die hier sichtbaren röntgenologischen Veränderungen weisen auf eine septische Arthritis hin: periartikuläre Umfangsvermehrung (weiße Pfeile), a. Auflösungen im Randbereich, b. subchondrale Knochenauflösung und c. aktive periostale Knochenneubildung. Weiterhin ist eine Osteoporose des Strahl- und Hufbeines zu erkennen, was durch die deutliche Struktur der übriggebliebenen Primärtrabekel und die feinen, linienförmigen Verschattungen der dünnen subchondralen Knochen und der Substantia corticalis offensichtlich wird.

Fettgewebes verändern sich bei Bestehen von Umfangsvermehrungen, bei Entzündungen oder bei Kapselerweiterungen. Allerdings hängen Vorhandensein und normale Lokalisation vom jeweiligen Gelenk ab und unterliegen individuellen Schwankungen.

Gelenkränder, die durch den subchondralen Knochen gebildet werden, sind ossifizierte Bereiche, die sich an den Gelenkknorpel anschließen. In diesem Gebiet stoßen Gelenkknorpel, Gelenkkapsel und Periost aneinander. Normalerweise ist diese Region glatt und geht ohne Grenzen in das umgebende Knochengewebe über. Der subchondrale Knochen erscheint als strahlendichte, verschattete, kompakte Knochenzone von ein bis drei Millimetern Dicke. Die an den Gelenkknorpel angrenzende Fläche des subchondralen Knochens ist glatt und eben.

Der sogenannte Gelenkspalt, der auf Röntgenfilmen abgebildet wird, entspricht nicht der tatsächlichen Gelenkhöhle, dem Cavum articulare, sondern wird von den Cartilagines articulares und dem schmalen Synovia enthaltenden Bereich zwischen den gegenüberliegenden Gelenkknorpeln gebildet. Der „Gelenkspalt" erscheint, verglichen mit dem angrenzenden weißen (verschatteten) subchondralen Knochen, schwarz (aufgehellt). Innerhalb eines Gelenkes sollte der „Gelenkspalt" eine gleichmäßige Breite aufweisen, die allerdings bei verschiedenen Gelenken variiert, z. B. ist der „Gelenkspalt" des Hufgelenkes (Articulatio interphalangea distalis) breiter als derjenige des Fesselgelenkes (Articulatio metacarpophalangea).

Bänder und Sehnen, die periartikulär ansetzen, gewährleisten die Stabilität des Gelenkes. Die Insertion ist gelenkabhängig und kann unterschiedlich weit proximal bzw. distal vom Gelenkrand entfernt liegen. Daraus ergibt sich die Notwendigkeit, den Ansatzbereich der Bänder und Sehnen bei bestimmten Gelenken genau zu kennen.

Die normale Oberfläche des subchondralen Knochens sollte eben und regelmäßig ausgerichtet sein. Bei Änderung der Lagerung des Pferdes oder Verschieben der Röntgenröhre kann das Gelenk geringgradig fehlgestellt erscheinen.

Röntgenologische Veränderungen bei Gelenkerkrankungen

Röntgenologische Merkmale von Gelenkerkrankungen betreffen die oben aufgeführten Bereiche und können den klinischen Erscheinungen vorangehen oder folgen. So können röntgenologische Veränderungen bei der septischen Arthritis erst nach dem Auftreten der klinischen Krankheitszeichen beobachtet werden, während sie bei

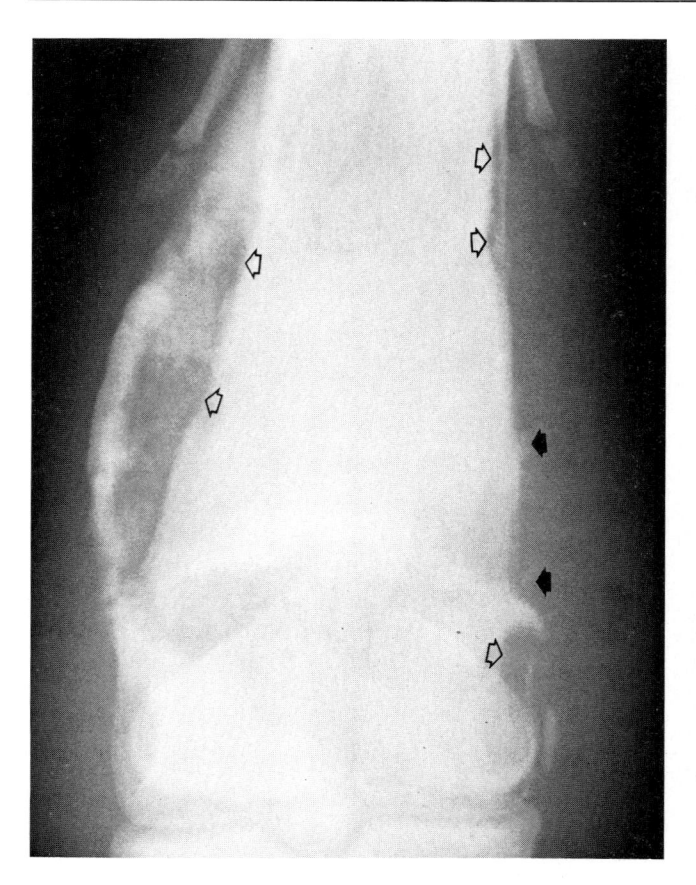

Abb. 4.34: Dorsopalmare (DPa) Röntgenaufnahme vom Fesselgelenk (Articulatio metacarpophalangea). Aktive Periostreaktion (fette Pfeile), Auflösungen der Substantia corticalis (offene Pfeile) und Umfangsvermehrung der Weichteilgewebe im distalen Bereich des Os metacarpale III deuten auf eine akute, aktive Osteomyelitis.

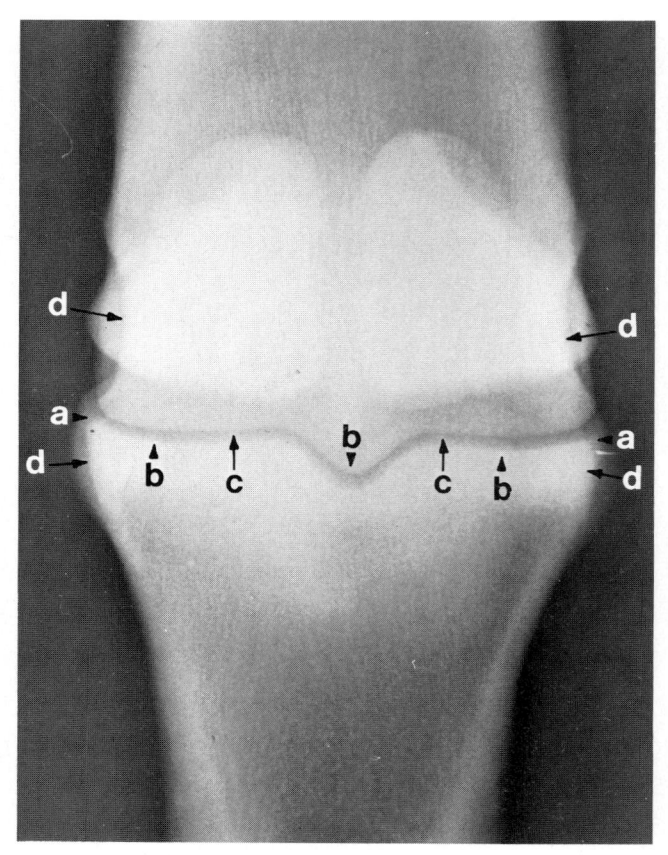

Abb. 4.35: Röntgenaufnahme von der Articulatio metacarpophalangea (Fesselgelenk). Ansicht: dorsoproximal-distopalmar obliquus (D30Pr-DiPaO). Folgende Strukturen im Gelenkbereich sollten beurteilt werden: periartikuläres Weichteilgewebe, a. Gelenkränder, b. subchondraler Knochen, c. „Gelenkspalt" (Gelenkknorpel), d. Bereiche für den Ansatz von Bändern und Sehnen sowie die allgemeine Ausrichtung bzw. Stellung des Gelenkes.

degenerativen Gelenkerkrankungen sowohl vor als auch nach der klinischen Manifestation erkannt werden. Bei der röntgenologischen Untersuchung erfolgt die Beurteilung nach Art und Ausdehnung der Gelenkerkrankung. Weichteilveränderungen, die im Rahmen der Gelenkpathologie erscheinen, treten als Umfangsvermehrungen des periartikulären Gewebes, Erweiterungen der Gelenkkapseln und Verkalkungen in Erscheinung. Fettkörper und Fettgewebe allgemein im Bereich von Faszienplatten können für die Feststellung von Weichteil- und Kapselschwellungen herangezogen werden. Periartikuläre Verkalkungen finden sich häufig, werden aber beim Pferd in erster Linie nach Kortikosteroidinjektionen beobachtet.
Veränderungen des Gelenkrandes bestehen aus umschriebenen Knochenappositionen oder -auflösungen (Abb. 4.31, 4.33). Die Bildung von Osteophyten tritt besonders im Zusammenhang mit degenerativen Gelenkerkrankungen auf. Die Knochenlysis dagegen ist vorwiegend mit der septischen Arthritis vergesellschaftet. Zu Beginn der Erkrankungen sind die Gelenkrandveränderungen wenig deutlich, während sie in fortgeschritteneren oder schwereren Fällen problemlos zu identifizieren sind.
Die Pathologie des subchondralen Knochens beinhaltet die Sklerose, die Lysis und die Splitterung desselben (Abb. 4.33, 4.36, 4.37). Die Osteosklerose findet sich bei einigen Formen der degenerativen Gelenkerkrankungen, obwohl ihre röntgenologische Darstellung nur bei weiter fortgeschrittenen, langandauernden Fällen zu gelingen scheint. Auflösung des subchondralen Knochens kann generalisiert oder lokalisiert innerhalb eines Gelenkes erfolgen oder in Verbindung mit subchondralen Knochenfragmenten auftreten. Abgegrenzte oder diffuse Knochenlysis mit unregelmäßigen Rändern begleitet die septische Arthritis. Genau umschriebene Knochenauflösungen sind bei zystoiden Defekten des subchondralen Knochens vertreten. Lokalisierte Lysis findet sich weiterhin bei der Osteochondrose oder traumatischen Gelenkschädigungen.
Die Breite des „Gelenkspaltes" kann zu- oder abnehmen. Eine Zunahme tritt bei Gelenkergüssen auf, obwohl dies bei Röntgenuntersuchungen, bei denen die Körpermasse auf dem entsprechenden Körperabschnitt lastet, selten sichtbar wird. Auch bei septischer Arthritis mit subchondralen Knochenauflösungen kann sich der Gelenkspalt röntgenologisch vergrößert darstellen. Umschriebene oder den gesamten Bereich betreffende Verkleinerungen des „Gelenkspaltes", können aufgrund von Knorpelerosionen und -degenerationen, hauptsächlich im Zusammenhang mit degenerativen Gelenkerkrankungen, entstehen (Abb. 4.36).

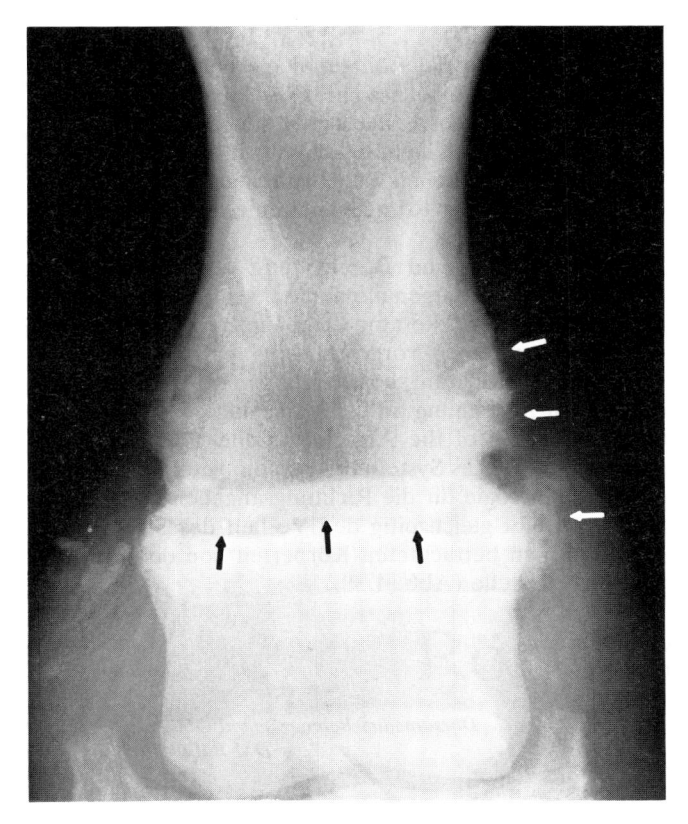

Abb. 4.36: Dorsopalmare (DPa) Röntgenaufnahme des Krongelenkes (Articulatio interphalangea proximalis). Folgende röntgenologischen Veränderungen deuten auf eine degenerative Gelenkerkrankung: verengter „Gelenkspalt" (schwarze Pfeile) aufgrund Degenerationen und Erosionen des Gelenkknorpels sowie subchondraler Osteosklerose. Die aktive, periartikuläre, periostale Knochenreaktion (weiße Pfeile) ist das Ergebnis von Abrissen und Zerreißungen der Sehnen, Bänder und der Gelenkkapsel.

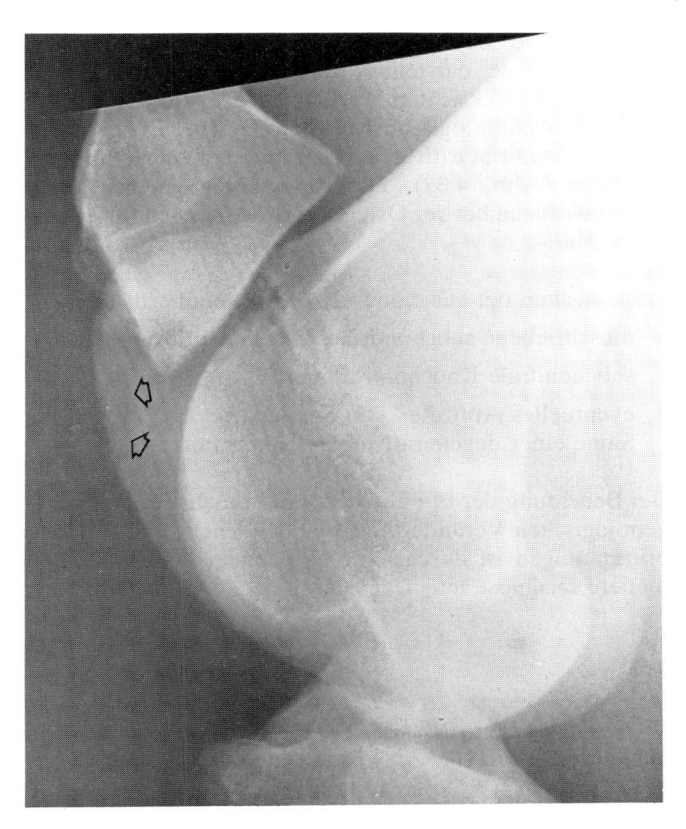

Abb. 4.37: Lateromediale (LM) Röntgenaufnahme vom Knie. Umschriebene Auflösungserscheinungen des subchondralen Knochens und Splitterung im Bereich des medialen Kammes der Trochlea ossis femoris (Pfeile).

Periartikuläre Periostreaktionen sind gewöhnlich Folgen von Gelenkkapselveränderungen, Schäden an den Bändern und Sehnen oder ihres Abrisses im Ansatzbereich des Knochens (Abb. 4.36).

Im Gegensatz zur Osteophytenbildung am Gelenkrand ist die Periostreaktion unregelmäßig und findet sich besonders im Bereich von Bänder- und Sehnenansätzen.

Abweichungen von einer normalen Gelenkausrichtung können, meist wenig deutlich, im Anschluß an Valgus- oder Varusgliedmaßenfehlstellungen während des Wachstums erscheinen. Sekundär können sie als Folge von unregelmäßig verheilten Gelenkfrakturen auftreten. Deutlichere Veränderungen hinsichtlich der Gelenkstellung sind in Form von Subluxationen oder Luxationen diagnostizierbar. Dauernde Gelenkfehlstellungen prädisponieren das entsprechende Gelenk für degenerative Gelenkerkrankungen.

Röntgenologische Veränderungen bei spezifischen Gelenkerkrankungen

Die degenerative Gelenkerkrankung (Osteochondrose) ist beim Pferd eine Sekundärveränderung (Abb. 4.36). Anzahl und Ausmaß der röntgenologisch erkennbaren pathologischen Zeichen bieten gewöhnlich einen Anhalt für die Schwere und/oder Dauer des Krankheitsgeschehens. Die röntgenologischen Veränderungen sind im folgenden nach der Häufigkeit ihres Auftretens aufgelistet:

1. Verengter „Gelenkspalt", entweder einen Teil oder das gesamte Gelenk betreffend. Deutliche Ränder bleiben im Bereich des an den Gelenkknorpel grenzenden subchondralen Knochens bestehen.
2. Randosteophyten.
3. Subchondrale Osteosklerose.
4. Zystenbildung im subchondralen Knochen. Sie tritt beim Pferd nur selten als Folge einer degenerativen Gelenkerkrankung auf.

Die septische Arthritis kann hämatogen sowie durch Ausbreitung einer angrenzenden Osteomyelitis oder Entzündung des umgebenden Gewebes entstehen (Abb. 4.33). Folgende Symptome sind röntgenologisch darstellbar:

1. Periartikuläre Umfangsvermehrung und Gelenkkapselerweiterung.
2. Knochenlysis an den Rändern erscheint bereits in frühen Stadien der Erkrankung.
3. Zerstörung des subchondralen Knochens kann als Folge der Knochenrandauflösungen oder auch selbständig auftreten.
4. Periostreaktionen können den Gelenkveränderungen vorangehen, wenn die septische Arthritis sich von einer angrenzenden Osteomyelitis oder Gewebsentzündung ausbreitet.

188   Kapitel 4: Radiologische Untersuchungen

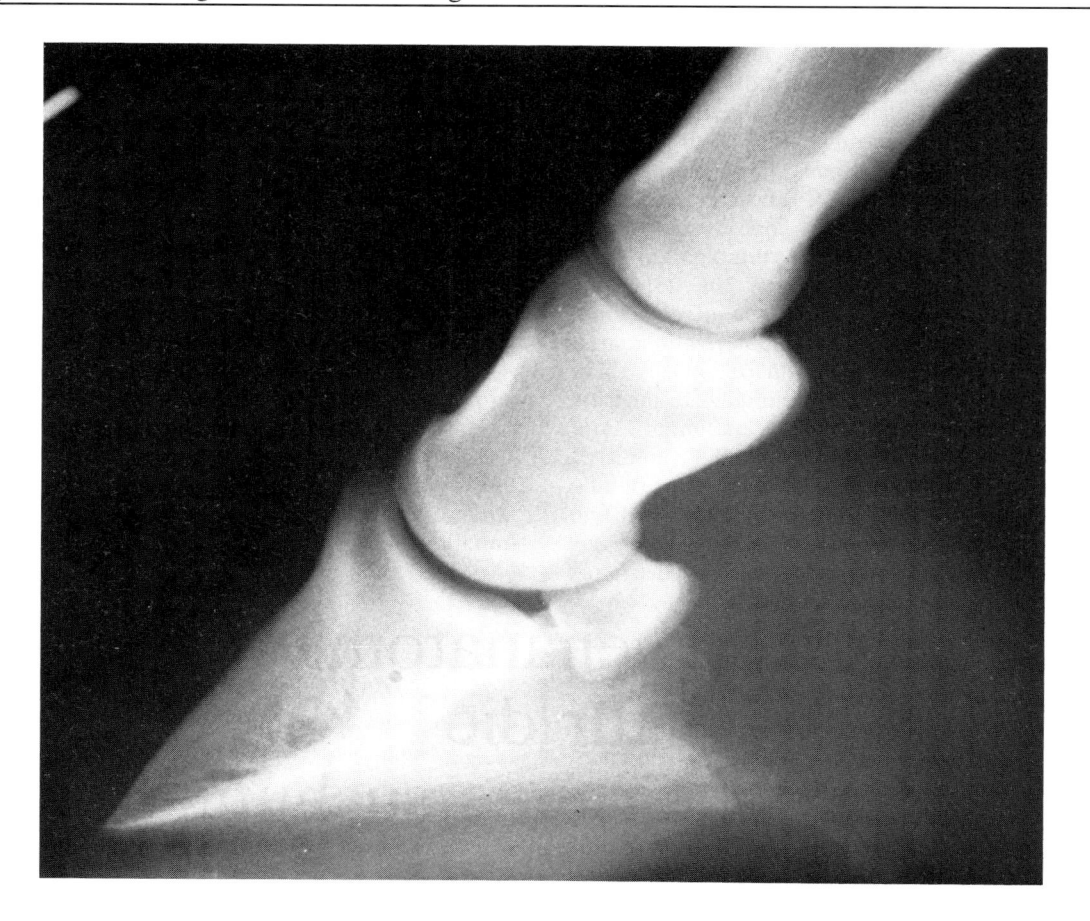

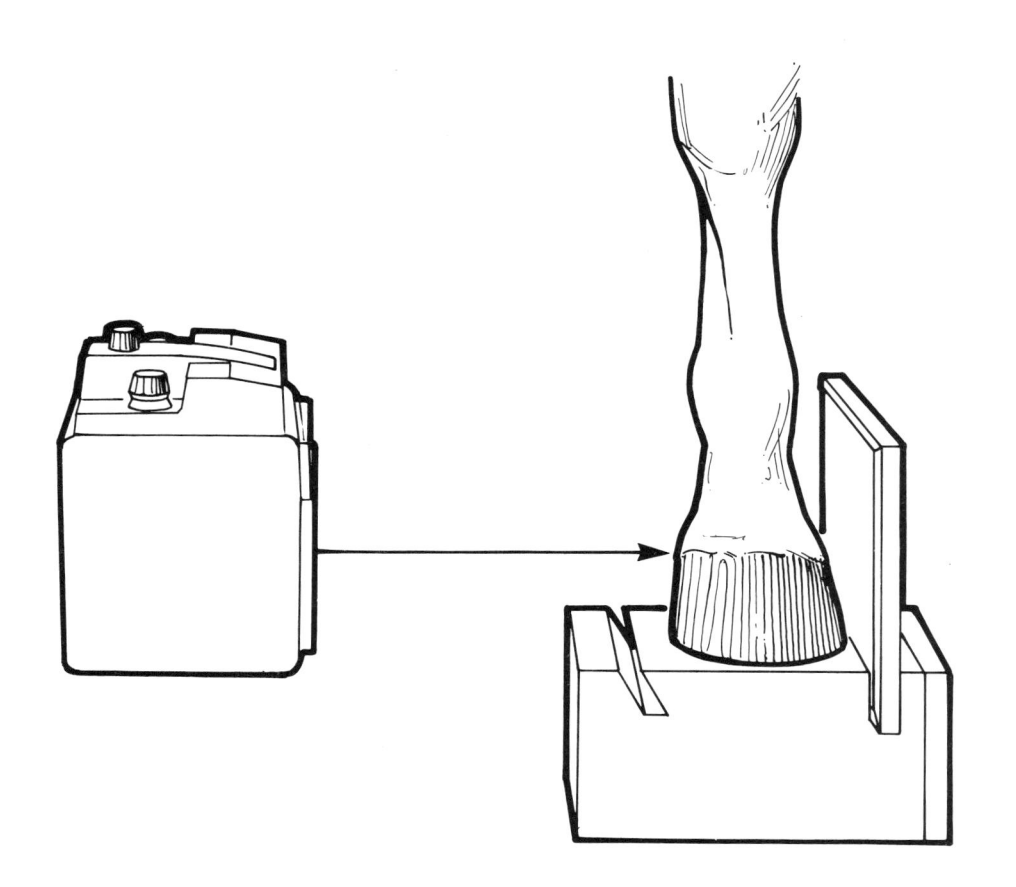

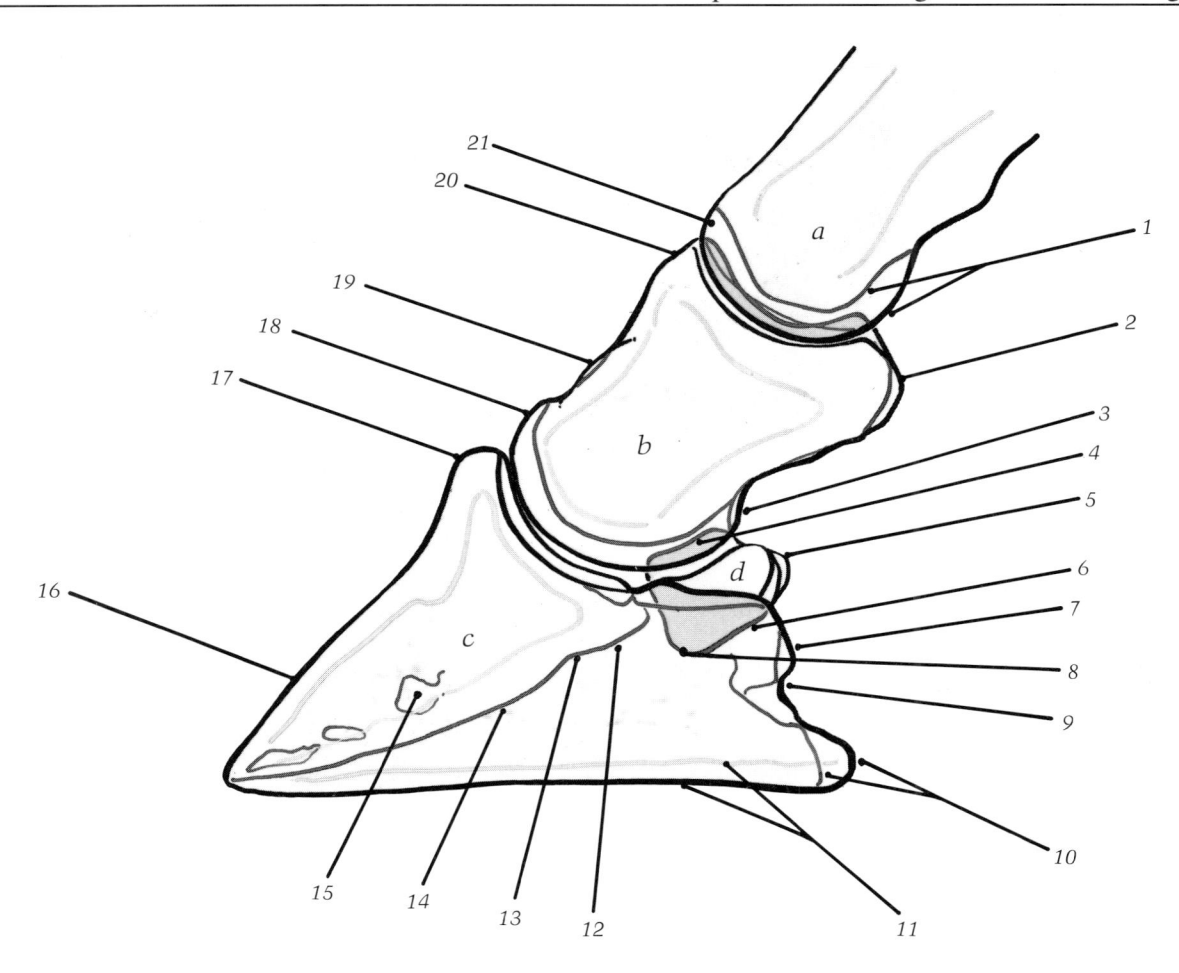

Abb. 4.39: Phalanges und Os sesamoideum distale (Zehenknochen und Strahlbein) der linken Schultergliedmaße. Ansicht: lateromedial (LM).

a Phalanx proximalis (Os compedale, Fesselbein).
b Phalanx media (Os coronale, Kronbein).
c Phalanx distalis (Os ungulare, Hufbein).
d Os sesamoideum distale (Strahlbein).
1 Palmarseite des medialen und lateralen Kondylus (Gelenkknorren) am Caput phalangis proximalis (Distalende des Fesselbeines).
2 Transversale Knochenerhöhung an der proximopalmaren Seite der Phalanx media.
3 Einander überlagernde mediale und laterale Gelenkwalzen palmar am Caput phalangis mediae (Distalende des Kronbeines).
4 Facies articularis (Gelenkfläche) des Os sesamoideum distale für das Kronbein.
5 Margo proximalis (Proximalrand) des Os sesamoideum distale.
6 Facies flexoria (Beugefläche) des Os sesamoideum distale.
7 Einander überlagernde proximale Anteile des medialen und lateraen Processus palmaris (Astwinkel) der Phalanx distalis. Die Größe dieses Knochenfortsatzes variiert in Abhängigkeit der Verkalkungen und Verknöcherungen der seitlichen Anteile der Cartilago ungularis (Hufknorpel). Überlagerungen des Os sesamoideum distale durch die Astwinkel der Phalanx distalis führen eventuell zu Verschattungen, die falsch interpretiert werden können.
8 Margo distalis (Distalrand) des Os sesamoideum distale. Der distale Rand des Strahlbeines stellt sich entweder als klar abgegrenzter Kamm dar oder geht ohne Übergang in die Verschattungen des Strahlbeines über. Geringfügige Abweichungen von der exakten lateromedialen Ansicht verändern die Erscheinungsform des Os sesamoideum distale. Bei genau ausgerichtetem lateromediale Strahlengang ist die Markhöhle in normalen Strahlbeinen sichtbar.
9 Incisura processus palmaris (Asteinschnitt).
10 Einander überlagernde distale Anteile des medialen und lateralen Processus palmaris (Astwinkel) der Phalanx distalis.
11 Medialer und lateraler Margo solearis (Sohlenrand) der Phalanx distalis. In Schrägprojektionen sind diese Ränder noch weiter voneinander entfernt.
12 Facies flexoria (Beugefläche) der Phalanx distalis. Ansatzbereich der Sehne des Musculus flexor digitalis profundus.
13 Linea semilunaris (halbmondförmige Leiste) auf der Facies solearis (Sohlenfläche) der Phalanx distalis.
14 Verschattung, die die konkave Fläche der Facies solearis (Sohlenfläche) der Phalanx distalis darstellt.
15 Foramen soleare (Sohlenloch) der Phalanx distalis. Der Canalis solearis verläuft im halbkreisförmigen Bogen im Hufbein. Abhängig vom Winkel des Röntgenstrahles und der Weite des Kanales, kann er mehr oder weniger deutlich sichtbar sein.
16 Facies parietalis (Wandfläche) der Phalanx distalis.
17 Processus extensorius (Streckfortsatz) der Phalanx distalis. Das Erscheinungsbild eines normalen Processus extensorius kann von einfach geformt bis zu doppelhöckerig variieren. Die Oberfläche sollte immer glatt sein.
18 Dorsaler Bereich der distalen Gelenkwalze der Phalanx media. Die geringgradige Überlagerung mit dem Gelenkrand darf nicht als pathologische Knochenapposition (Osteophyt) gewertet werden.
19 Bandhöcker für die Anheftung des Ligamentum collaterale der Articulatio interphalangea distalis (Hufgelenk). Dieser Bandhöcker kann auffallend, aber auch klein und wenig deutlich sein und darf nicht mit einer Periostreaktion verwechselt werden. Die Oberfläche sollte glatt sein.
20 Processus extensorius (Streckfortsatz) der Phalanx media.
21 Dorsalseite der distalen Gelenkfläche der Phalanx proximalis.

30°

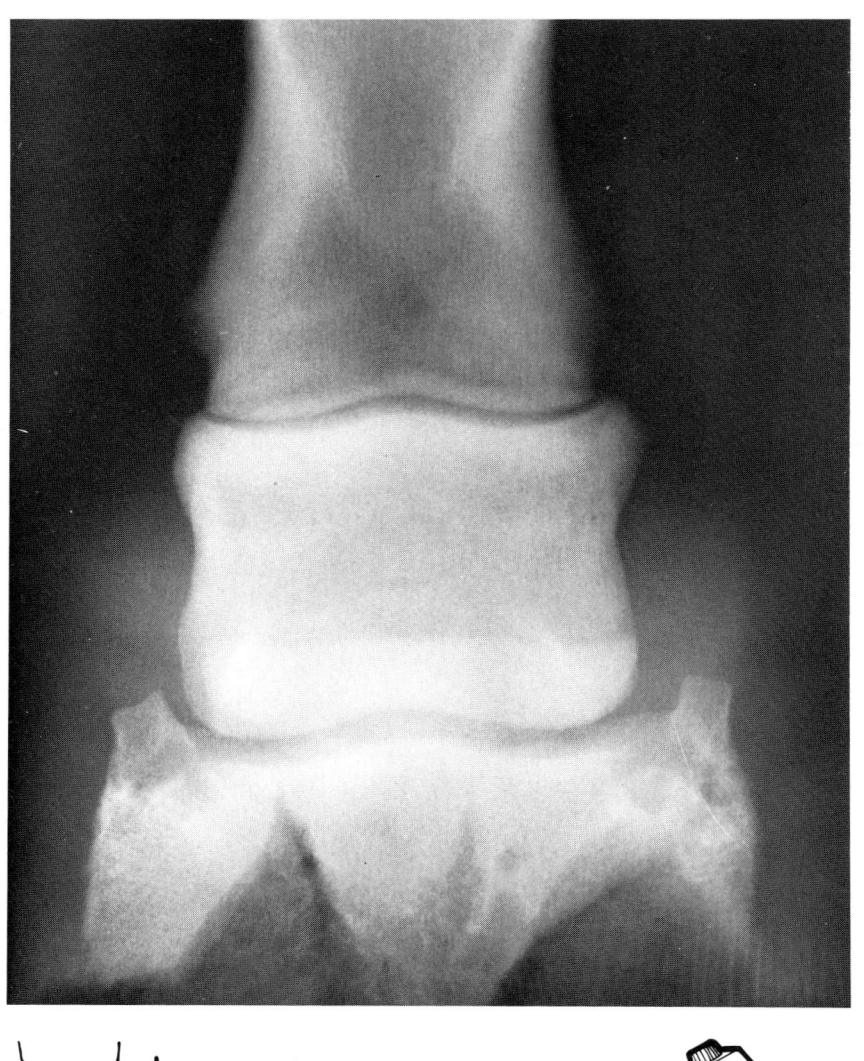

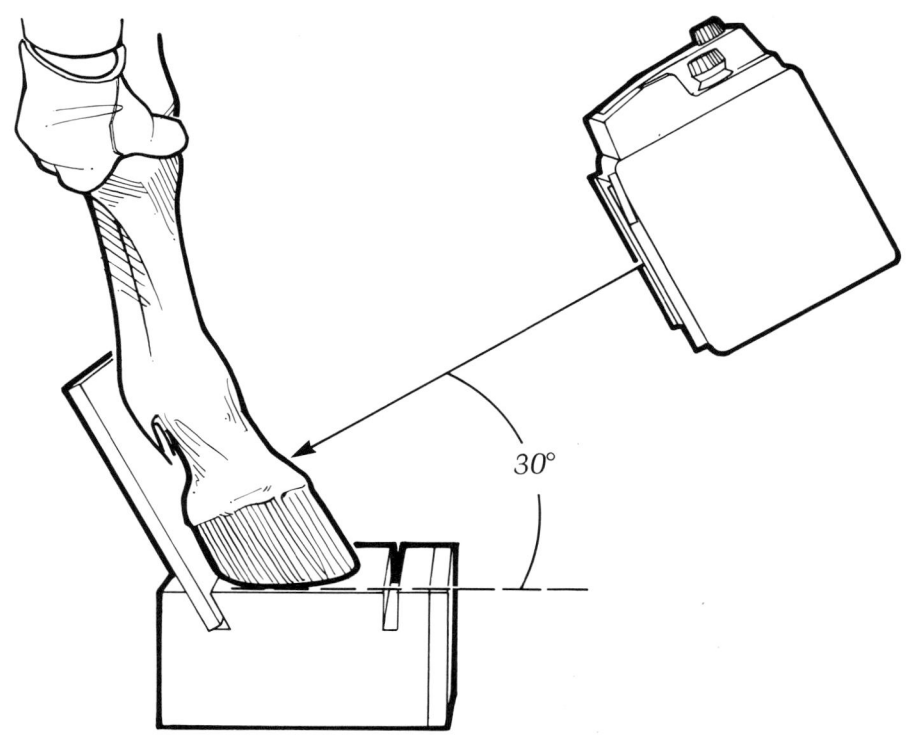

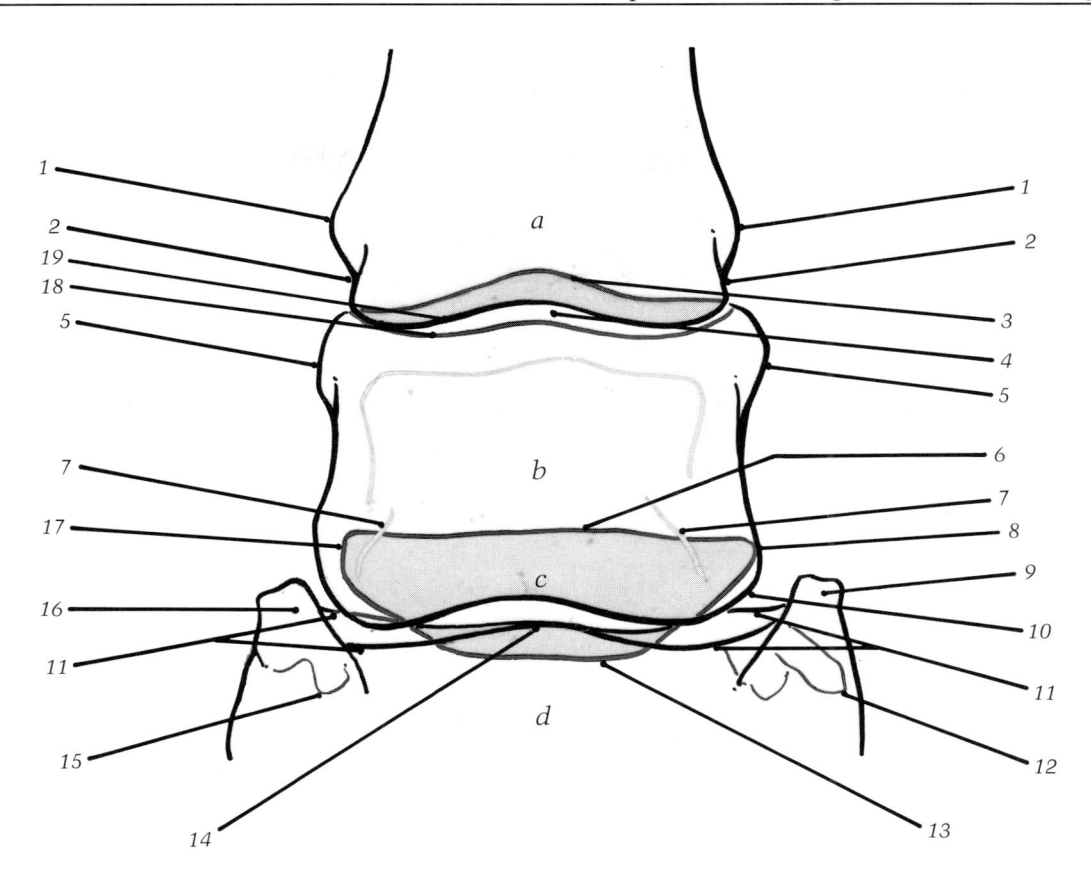

Abb. 4.40: Phalanges und Os sesamoideum distale (Zehenknochen und Strahlbein) der rechten Schultergliedmaße. Ansicht: dorsoproximal-palmarodistal obliquus (D30Pr-PaDiO).
a Phalanx proximalis (Os compedale, Fesselbein).
b Phalanx media (Os coronale, Kronbein).
c Os sesamoideum distale (Strahlbein).
d Phalanx distalis (Hufbein).
1 Medialer bzw. lateraler Bandhöcker am Caput phalangis proximalis (distal am Fesselbein) zur Anheftung des Ligamentum collaterale mediale bzw. laterale.
2 Mediale bzw. laterale Bandgrube für die Anheftung des Ligamentum collaterale mediale bzw. laterale.
3 Palmarer Proximalrand der Phalanx media.
4 Ausdehnung des Gelenkknorpels im Bereich des „Gelenkspaltes" der Articulatio interphalangea proximalis (Krongelenk). Dieser Knorpel ist ungefähr halb so dick wie der Gelenkknorpel der Articulatio interphalangea distalis (Hufgelenk).
5 Mediale bzw. laterale Knochenerhebung proximal an der Palmarseite der Phalanx media für den Band- und Sehnenansatz.
6 Margo proximalis (Proximalrand) des Os sesamoideum distale. In dieser Ansicht weist der Proximalrand des Strahlbeines, der gerade, glatt und deutlich dargestellt sein sollte, die geringsten Verzeichnungen auf.
7 Dorsaler Bandhöcker auf der Medial- bzw. Lateralseite der Phalanx media für die Anheftung der Ligamenta collateralia der Articulatio interphalangea distalis (Hufgelenk).
8 Medialseite des Os sesamoideum distale. Die Medialseite stellt sich im Vergleich mit der Lateralseite vermehrt abgerundet dar.
9 Proximaler Anteil des Processus palmaris (Astwinkel) der Phalanx distalis.
10 Medialseite der distalen Gelenkfläche der Phalanx media.
11 Facies articularis (Gelenkfläche) der Phalanx distalis, Palmar- und Kronrand.
12 Distaler Anteil des Processus palmaris medialis (medialer Astwinkel).
13 Palmarer Margo distalis (Distalrand) des Os sesamoideum distale. Der Margo distalis des Strahlbeines kann in dieser Ansicht, aufgrund der Überlagerungen mit dem Hufgelenk, nicht ausreichend beurteilt werden.
14 Processus extensorius (Streckfortsatz) der Phalanx distalis.
15 Distaler Anteil des Processus palmaris lateralis (lateraler Astwinkel).
16 Proximaler Anteil des Processus palmaris lateralis (lateraler Astwinkel). Die Größe des proximalen lateralen und/oder medialen Astwinkels variiert in Abhängigkeit von der Ausdehnung der Ossifikation des Hufknorpels. Ebenso können sich in diesem Bereich auch einzelne, isolierte Ossifikationszentren befinden, die nicht fälschlicherweise für Knochenfragmente gehalten werden dürfen.
17 Lateralseite des Os sesamoideum distale. Diese Lateralseite erscheint gerader und schärfer als das Medialende.
18 Proximale Fovea articularis (Gelenkgrube) der Phalanx media.
19 Distale Gelenkfläche der Phalanx proximalis.

192   Kapitel 4: Radiologische Untersuchungen

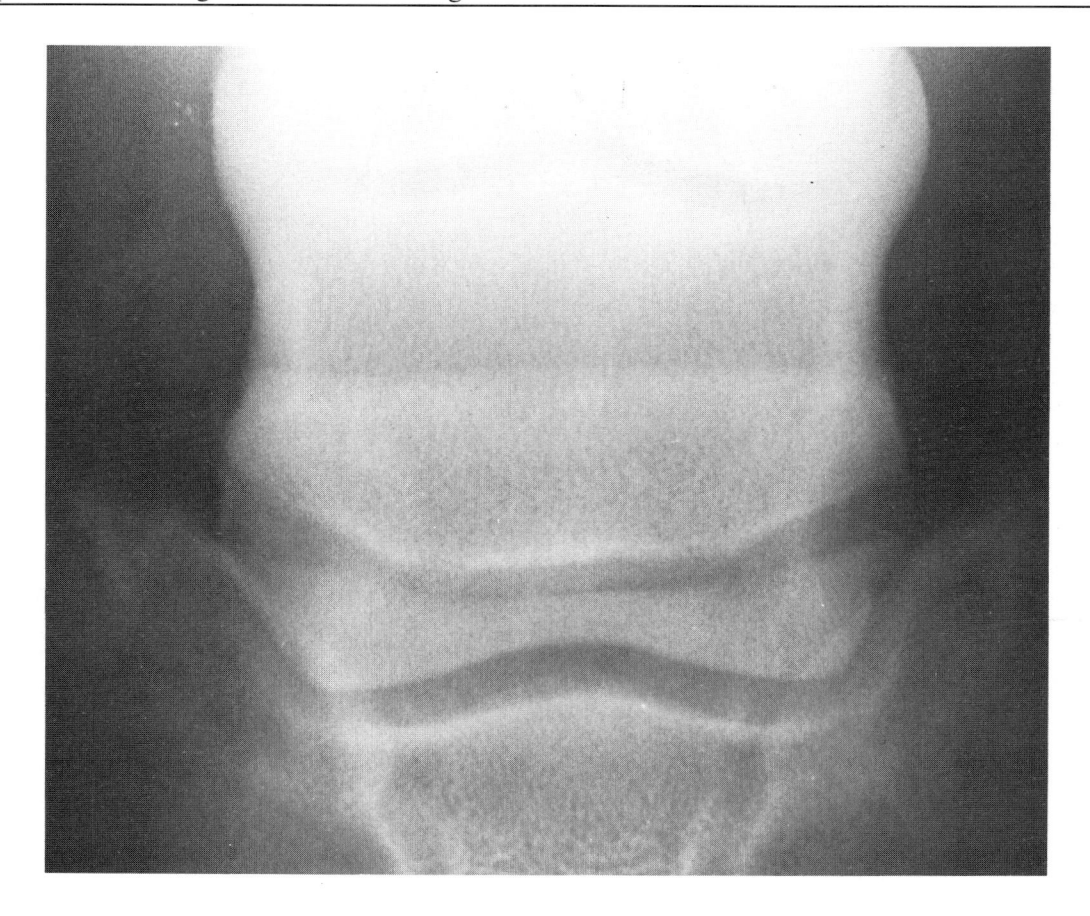

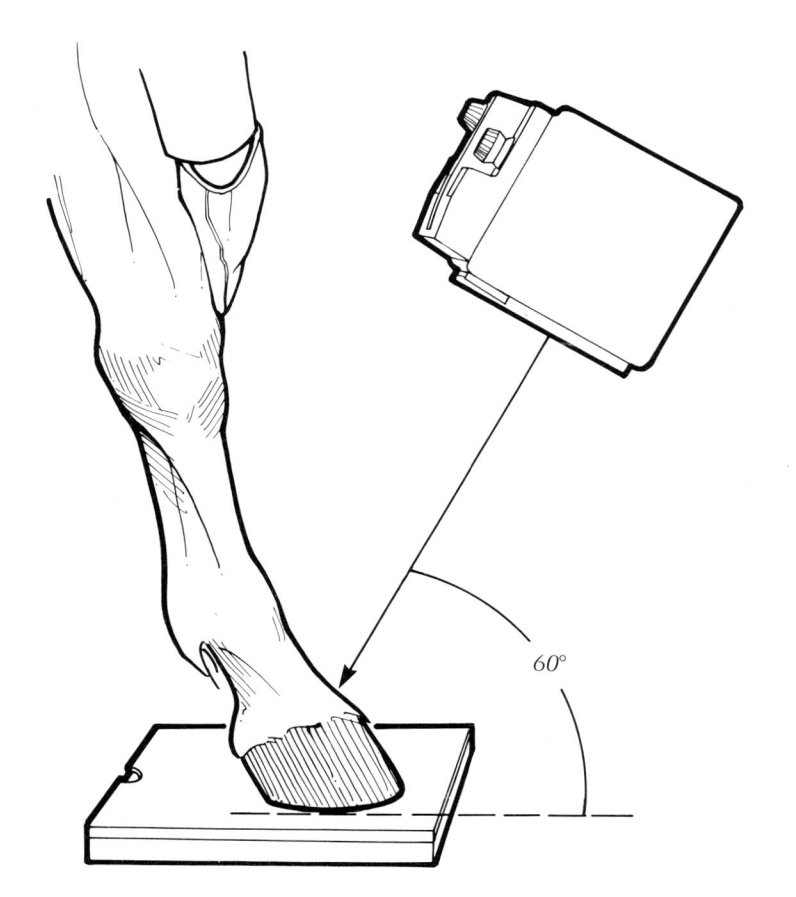

Kapitel 4: Radiologische Untersuchungen   193

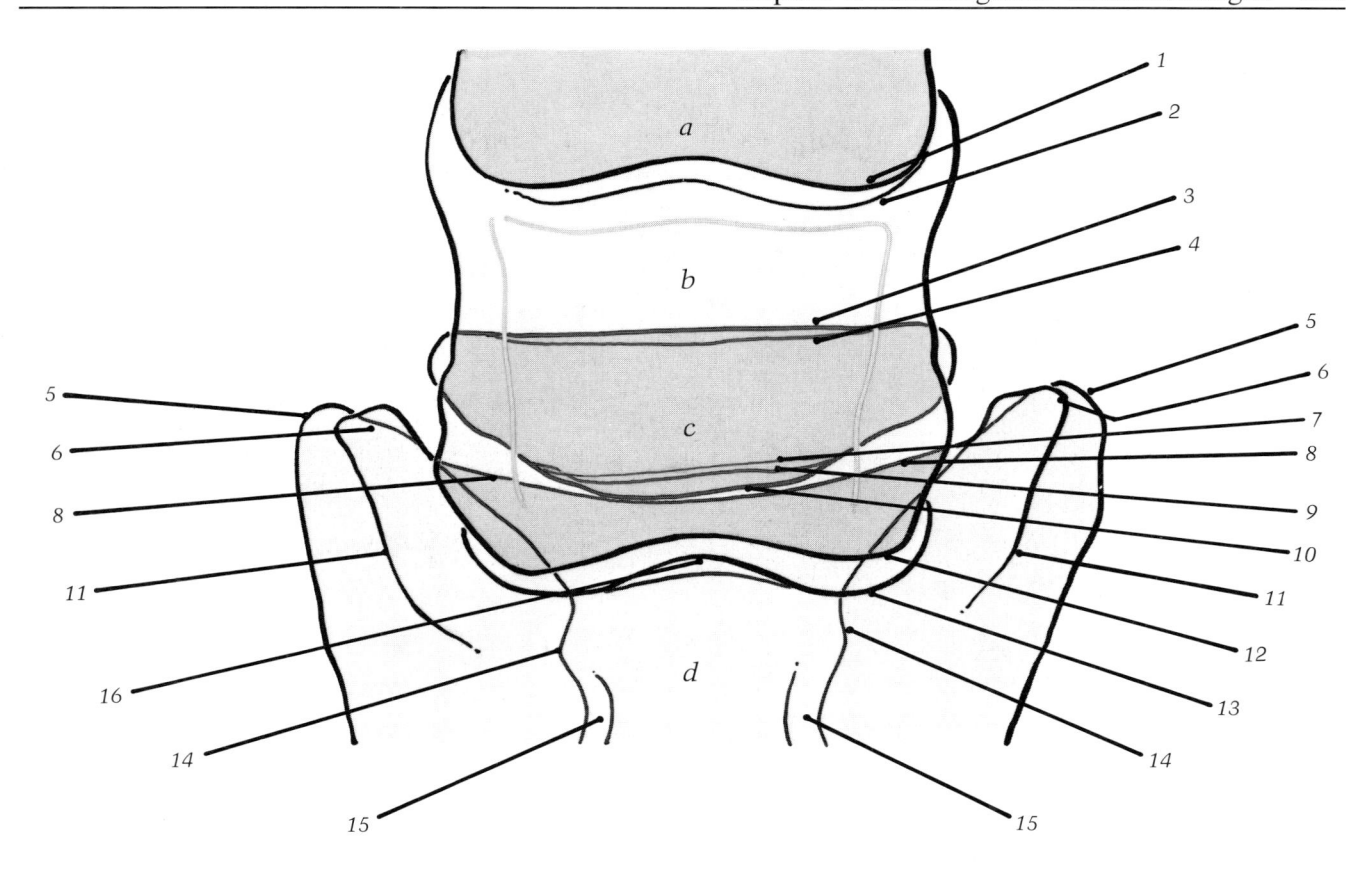

Abb. 4.41: Phalanges und Os sesamoideum distale (Zehenknochen und Strahlbein) der rechten Schultergliedmaße. Ansicht: dorsoproximal-palmarodistal obliquus (D60Pr-PaDiO).
a Phalanx proximalis (Os compedale, Fesselbein).
b Phalanx media (Os coronale, Kronbein).
c Os sesamoideum distale (Strahlbein).
d Phalanx distalis (Hufbein).
Diese Ansicht dient vorwiegend der Beurteilung des Strahlbeines. Zur optimalen Darstellung des Os sesamoideum distale sind die Lagerung und die Belichtung entscheidend.
1 Distale Gelenkfläche der Phalanx proximalis.
2 Proximale Fovea articularis (Gelenkgrube) der Phalanx media.
3 Proximalrand der Facies flexoria (Beugefläche) des Os sesamoideum distale.
4 Proximalrand der Facies articularis (Gelenkfläche) des Os sesamoideum distale mit dem Kronbein. In dieser Ansicht stellt sich der Proximalrand infolge des Projektionswinkels des Röntgenstrahles häufig undeutlich, verschwommen und unregelmäßig dar.
5 Distaler Anteil des Processus palmaris medialis bzw. lateralis (medialer bzw. lateraler Astwinkel).
6 Proximaler Anteil des Processus palmaris medialis bzw. lateralis (medialer bzw. lateraler Astwinkel).
7 Margo distalis (distaler Rand) des Os sesamoideum distale zwischen den Begrenzungen der Facies flexoria (Beugefläche) und der Facies articularis (Gelenkfläche). In dieser Einsenkung befinden sich Gefäßlöcher.
8 Palmarer Gelenkrand der Phalanx distalis.
9 Distalrand der Facies articularis des Os sesamoideum distale mit dem Hufbein.
10 Distalrand der Facies flexoria (Beugefläche) des Os sesamoideum distale.
11 Sulci parietales medialis bzw. lateralis (mediale bzw. laterale Wandrinne) der Phalanx distalis.
12 Distale Gelenkfläche der Phalanx media.
13 Margo coronalis (Kronrand) der Phalanx distalis.
14 Mediale bzw. laterale Foramina solearia (Sohlenlöcher) in der Facies solearis (Sohlenfläche) der Phalanx distalis.
15 Canalis solearis (Hufbeinkanal).
16 Processus extensorius (Streckfortsatz) der Phalanx distalis.

194 Kapitel 4: Radiologische Untersuchungen

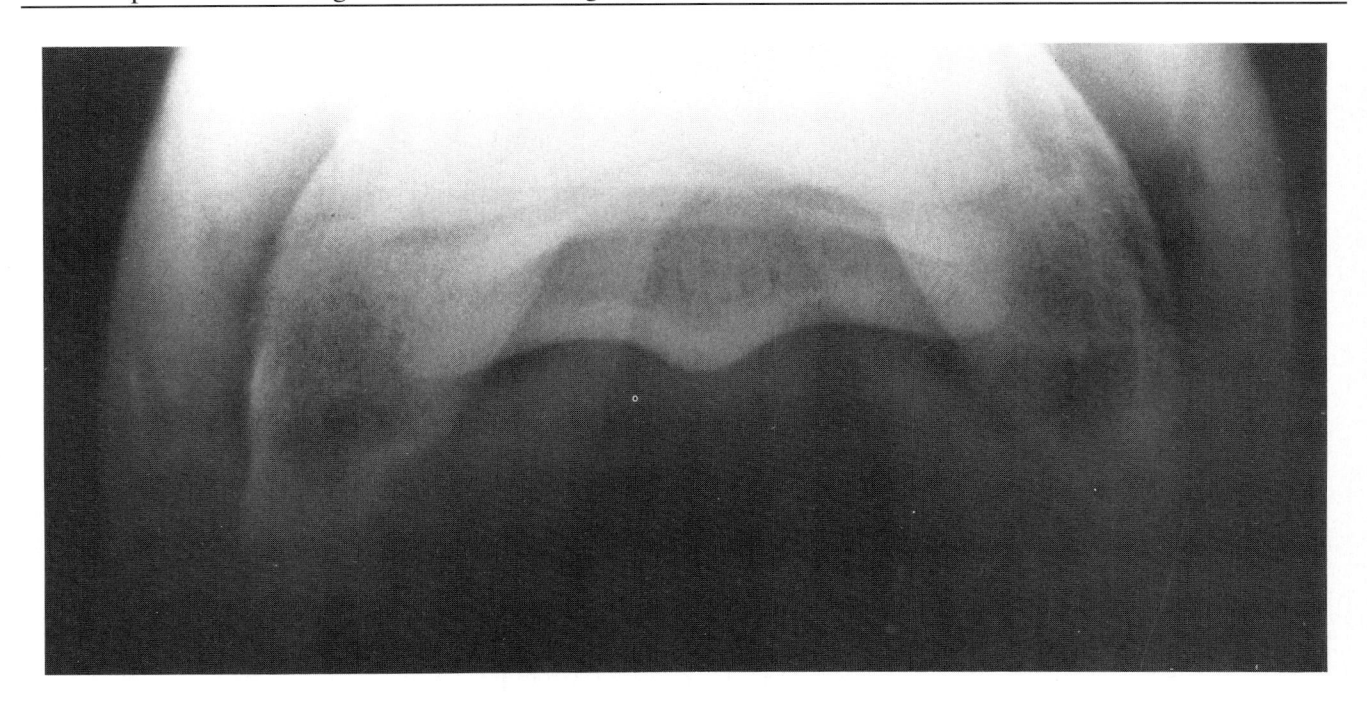

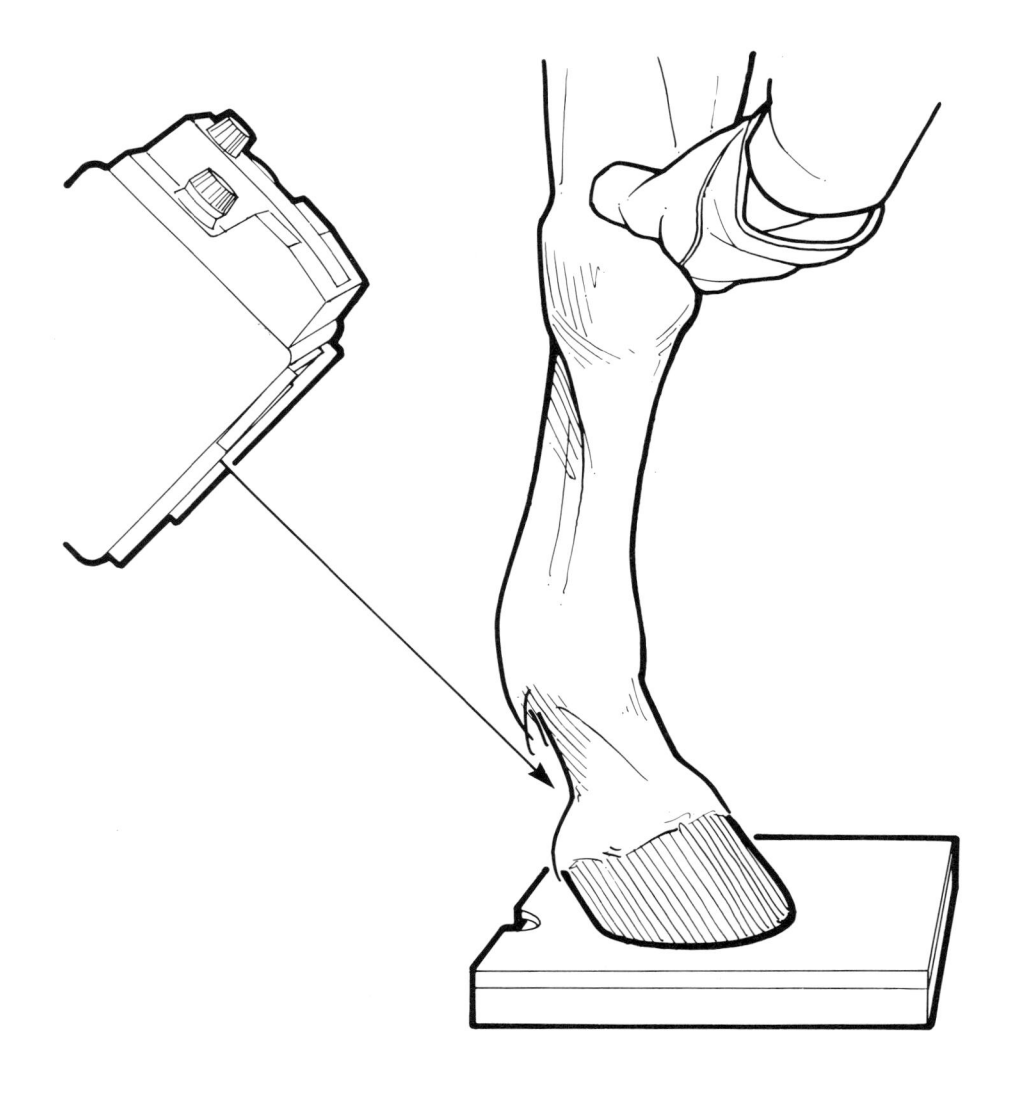

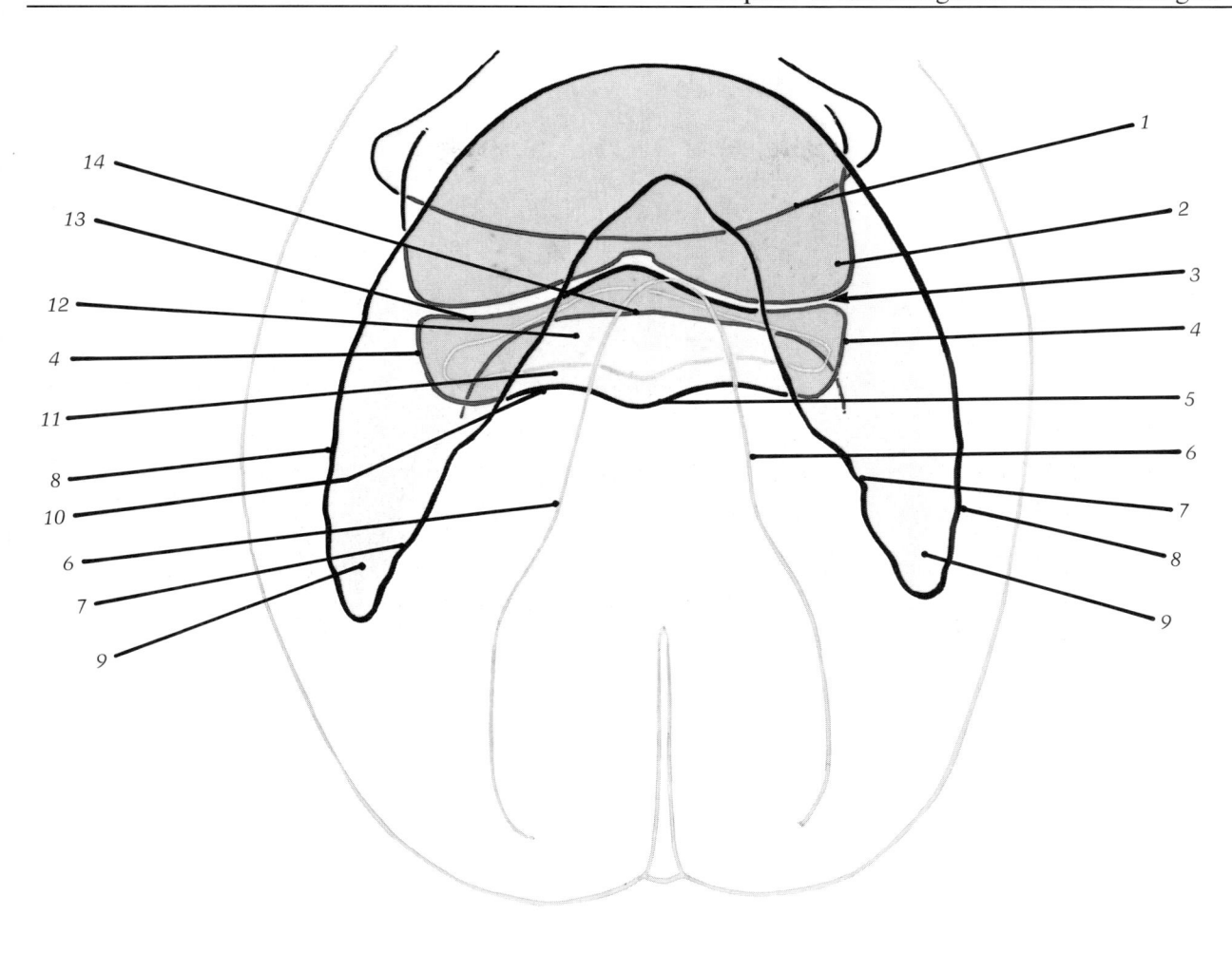

Abb. 4.42: Phalanx distalis und Os sesamoideum distale (Huf- und Strahlbein) der rechten Schultergliedmaße. Ansicht: palmaroproximal-palmarodistal obliquus (Pa45Pr-PaDiO).

In dieser Ansicht wird das Strahlbein nur wenig von anderen Knochen überlagert. Der Winkel des auftreffenden Röntgenstrahles und die Belichtung sind entscheidend, um Projektionsartefakte, wie z. B. fehlende Darstellung der Kortikalis oder der Markhöhle im Strahlbein sowie Überlagerungen durch das Hufbein, zu vermeiden.

1 Palmarrand des Caput phalangis mediae (Distalende des Kronbeines).
2 Condylus medialis (Gelenkknorren) im distalen Bereich der Phalanx media.
3 Articulatio interphalangea distalis (Hufgelenk) im Bereich zwischen Os sesamoideum distale und Phalanx media.
4 Medial- bzw. Lateralseite des Os sesamoideum distale.
5 Mittlerer Sagittalkamm auf der Facies flexoria (Beugefläche) des Os sesamoideum distale.
6 Sulci paracuneales medialis bzw. lateralis (mediale bzw. laterale seitliche Strahlfurche).
7 Linea semilunaris (halbmondförmige Leiste) auf der Facies solearis (Sohlenfläche) der Phalanx distalis.
8 Mediale bzw. laterale Seite des Margo solearis (Sohlenrand) der Phalanx distalis.
9 Distaler Anteil des medialen bzw. lateralen Processus palmaris (Astwinkel).
10 Facies flexoria (Beugefläche) des Os sesamoideum distale.
11 Substantia corticalis (Kompakta) der Facies flexoria (Beugefläche) des Os sesamoideum distale.
12 Cavum medullare (Markhöhle) im Os sesamoideum distale.
13 Facies articularis (Gelenkfläche) des Os sesamoideum distale mit dem Kronbein.
14 Palmarer Gelenkrand der Phalanx distalis.

196　Kapitel 4: Radiologische Untersuchungen

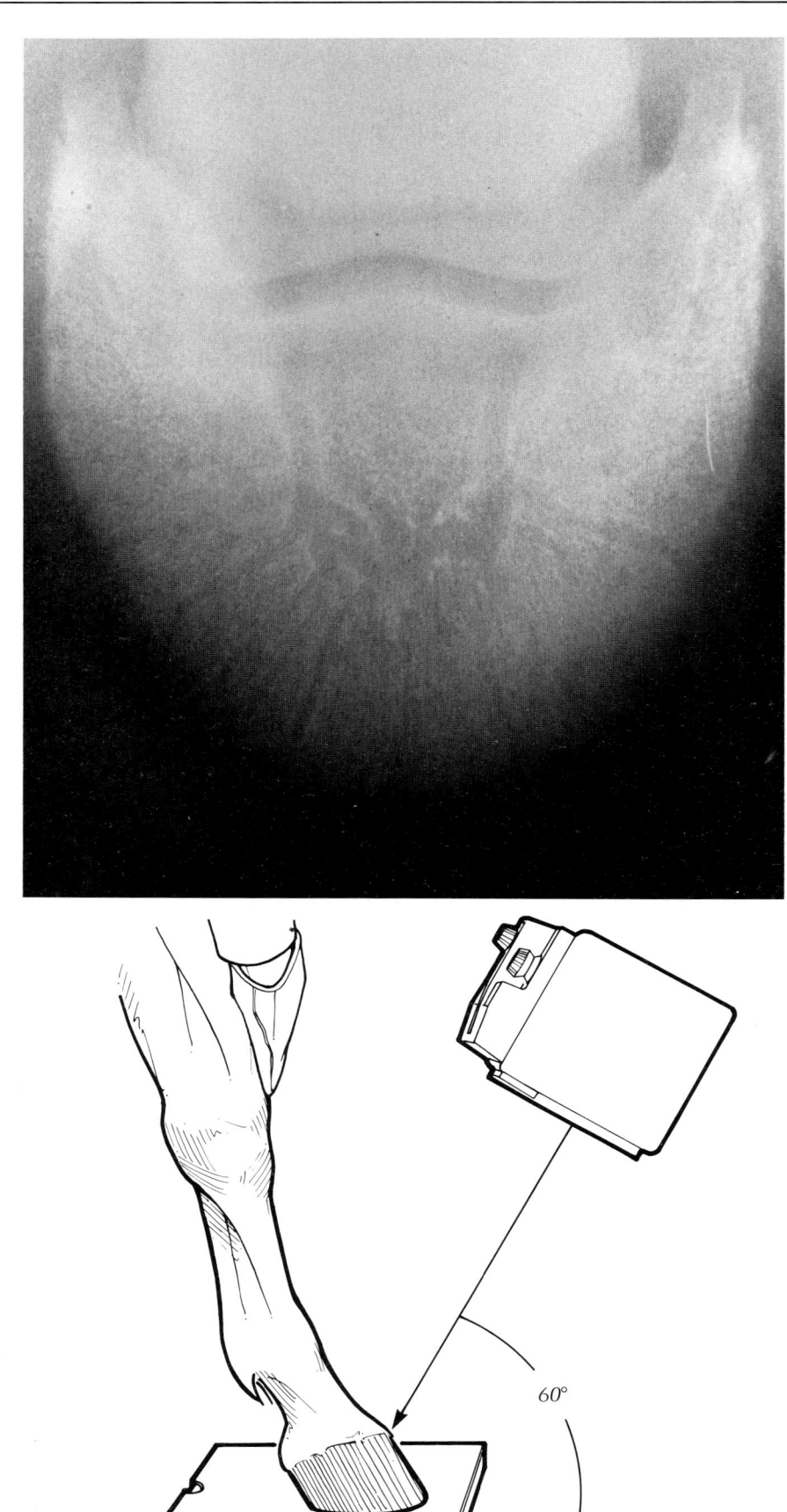

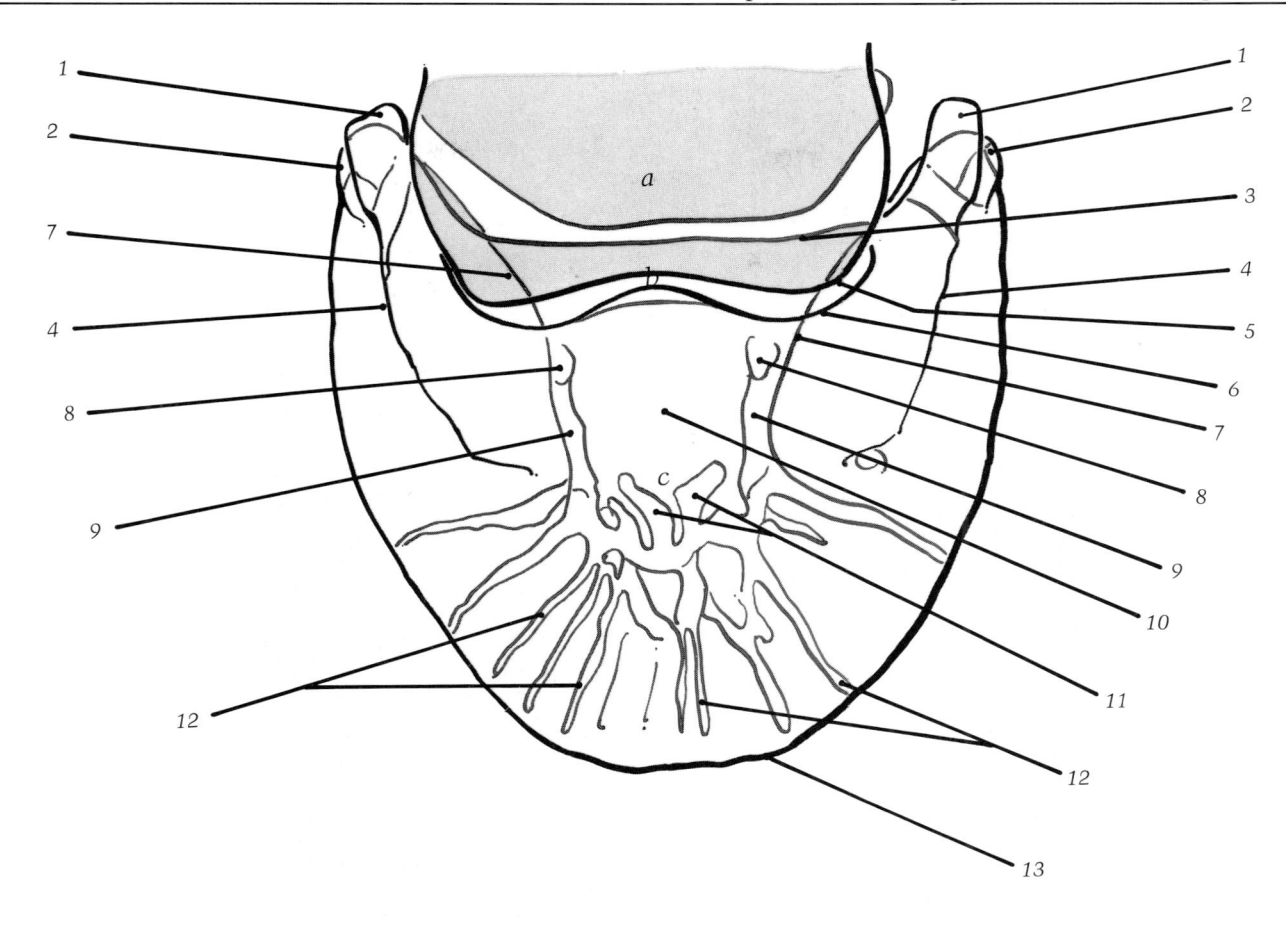

Abb. 4.43: Phalanx distalis dextra (rechtes Hufbein). Ansicht: dorsoproximal-palmarodistal obliquus (D60Pr-PaDiO). Bei dieser Aufnahme wird der Röntgenstrahl auf den Kronrand gerichtet. Die Belichtungswerte betragen die Hälfte, verglichen mit denjenigen, die zur Darstellung des Strahlbeines nötig sind.

a Os sesamoideum distale (Strahlbein).
b Phalanx media (Os coronale, Kronbein).
c Phalanx distalis (Os ungulare, Hufbein).
1 Proximaler Anteil des medialen bzw. lateralen Processus palmaris (Astwinkel).
2 Distaler Anteil des medialen bzw. lateralen Processus palmaris (Astwinkel).
3 Palmarer Gelenkrand der Phalanx distalis.
4 Medialer bzw. lateraler Sulcus parietalis der Phalanx distalis.
5 Distale Gelenkfläche der Phalanx media.
6 Margo coronalis (Kronrand) der Facies articularis (Gelenkfläche) der Phalanx distalis.
7 Begrenzung des medialen bzw. lateralen Sulcus solearis.
8 Mediales bzw. laterales Foramen soleare.
9 Canalis solearis. Die Weite und Deutlichkeit des Canalis solearis von normalen Hufbeinen weist individuelle Unterschiede auf.
10 Facies flexoria (Beugefläche) der Phalanx distalis, die der Sehne des Musculus flexor digitalis profundus Ansatz gewährt.
11 Gefäßkanäle im Bereich des Canalis solearis (Hufbeinkanal).
12 Periphere Gefäßrinnen. Die Gefäßkanäle und -rinnen in normalen Hufbeinen besitzen unterschiedliche Weite. Der seitliche Margo solearis (Sohlenrand) der Phalanx distalis sollte relativ glatt und symmetrisch sein. Geringgradig unregelmäßige Ränder bei älteren Tieren können als physiologisch angesehen werden.
13 Dorsaler Margo solearis (Sohlenrand) der Phalanx distalis. Der seitliche Sohlenrand kann konkave bis konvexe Gestalt aufweisen. Eine eventuell vorhandene, dorsodistal, in der Mitte des Margo solearis gelegene, seichte Einziehung stellt die Crena marginis solearis dar.

198 Kapitel 4: Radiologische Untersuchungen

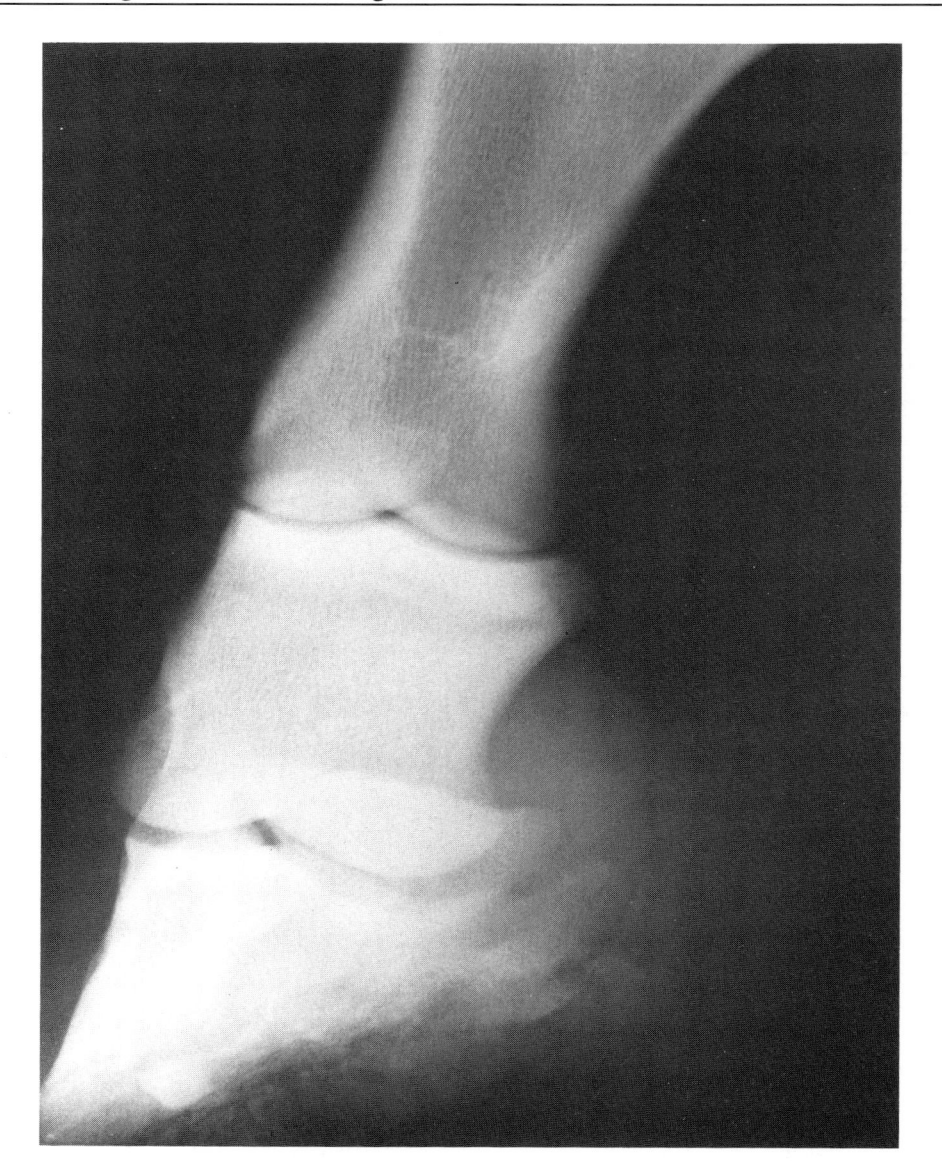

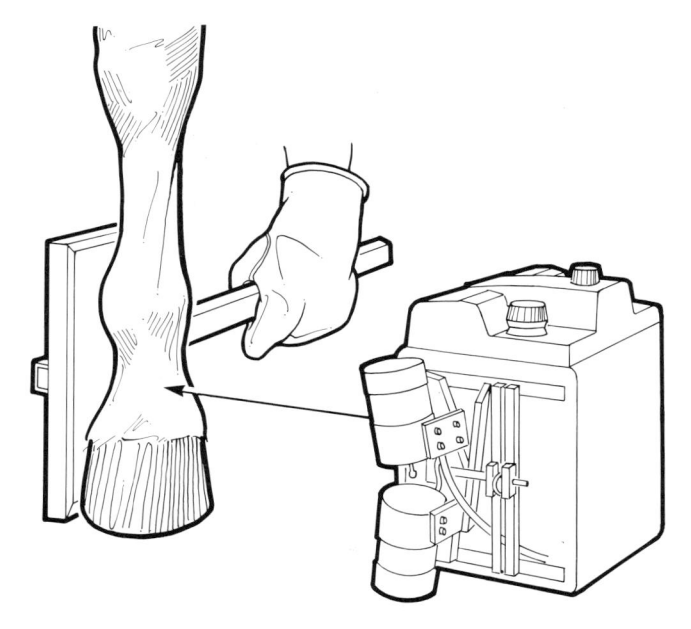

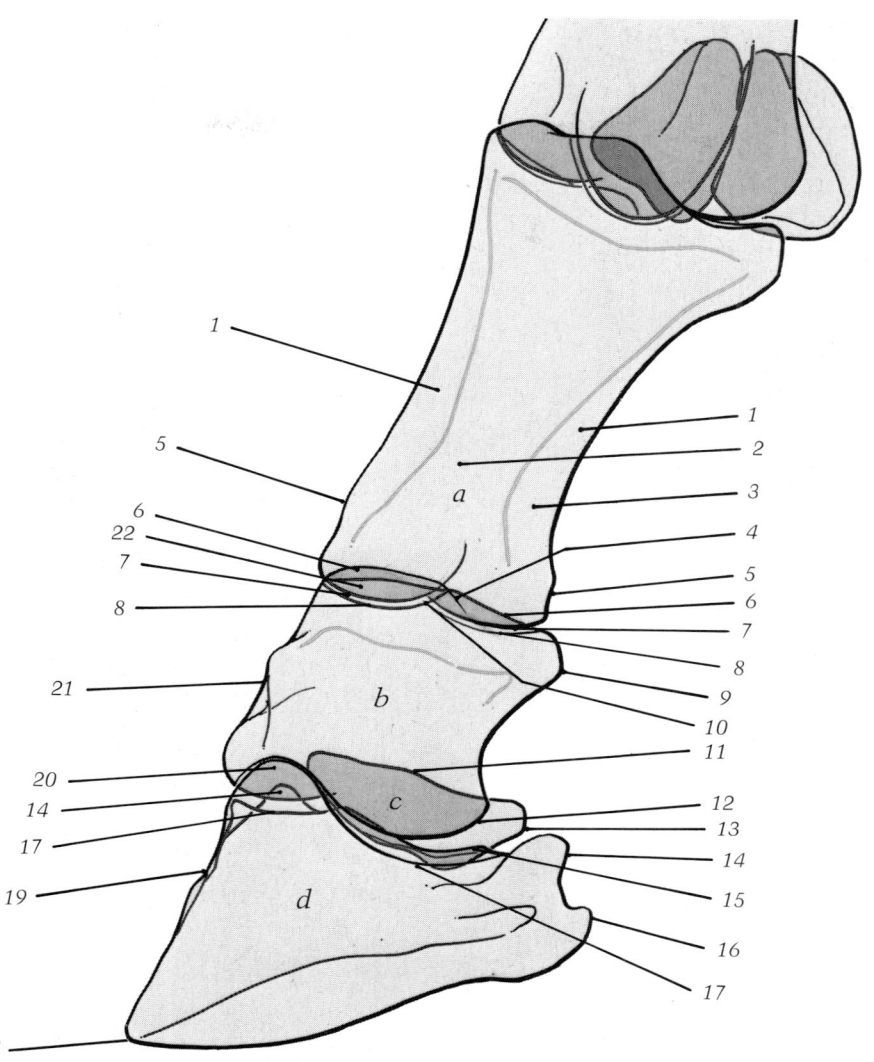

Abb. 4.44: Ossa digitorum manus (Zehenknochen) der rechten Schultergliedmaße. Ansicht: dorsomedial-palmarolateral obliquus (D35M-PaLO).

a Phalanx proximalis (Os compedale, Fesselbein).
b Phalanx media (Os coronale, Kronbein).
c Os sesamoideum distale (Strahlbein).
d Phalanx distalis (Os ungulare, Hufbein).
1 Palmaromediale bzw. dorsolaterale Substantia corticalis (Kompakta) der Phalanx proximalis.
2 Cavum medullare (Markhöhle) in der Phalanx proximalis. Manchmal stellt sich dieser Bereich besonders hervorstechend als zwei bis drei Zentimeter große Aufhellung dar, während er in anderen Fällen weniger deutlich auf dem Röntgenbild erkennbar ist.
3 Fläche für die Anheftung des Ligamentum sesamoideum obliquum mediale.
4 Sagittalkamm auf der proximalen Fovea articularis (Gelenkgrube) der Phalanx media.
5 Bandhöcker für die Anheftung des medialen und lateralen Ligamentum collaterale der Articulatio interphalangea proximalis (Krongelenk) distal an der Phalanx proximalis.
6 Palmarrand der Fovea articularis (Gelenkgrube) an der Basis phalangis mediae (Proximalende des Kronbeines).
7 Medialer bzw. lateraler Kondylus (Gelenkknorren) am Caput phalangis proximalis (Distalende des Fesselbeines).
8 Fovea articularis (Gelenkgrube) an der Basis phalangis mediae (Proximalende des Kronbeines).
9 Medialer knöcherner Vorsprung proximal an der Phalanx media für den Ansatz des medialen Endastes der Sehne des Musculus flexor digitalis superficialis.
10 Sagittalkamm der proximalen Fovea articularis (Gelenkgrube) an der Basis phalangis mediae (Proximalende des Kronbeines).
11 Margo proximalis (Proximalrand) des Os sesamoideum distale.
12 Medialer Kondylus (Gelenkknorren) am Caput phalangis mediae (Distalende des Kronbeines).
13 Medialseite des Os sesamoideum distale.
14 Proximaler Anteil des Processus palmaris medialis bzw. lateralis (medialer bzw. lateraler Astwinkel).
15 Palmarrand der Facies articularis (Gelenkfläche) der Phalanx distalis.
16 Distaler Anteil des Processus palmaris medialis (medialer Astwinkel) der Phalanx distalis.
17 Mediale bzw. laterale Seite des Margo coronalis (Kronrand) der Facies articularis (Gelenkfläche) der Phalanx distalis.
18 Margo solearis (Sohlenrand) der Phalanx distalis.
19 Vertiefung und knöcherner Vorsprung lateral an der Facies parietalis (Wandfläche) der Phalanx distalis für die Anheftung des lateralen Ligamentum collaterale. Diese Strukturen sollten eine glatte Oberfläche besitzen und nicht für pathologische Knochenneubildung gehalten werden.
20 Processus extensorius (Streckfortsatz) der Phalanx distalis.
21 Bandhöcker auf der Dorsalfläche der Phalanx media für den Ursprung des Seitenbandes. Dieser Bereich sollte eine glatte Oberfläche aufweisen und nicht mit periostaler Knochenneubildung verwechselt werden.
22 Dorsolateraler Gelenkrand an der Basis phalangis mediae (Proximalende des Kronbeines).

200 Kapitel 4: Radiologische Untersuchungen

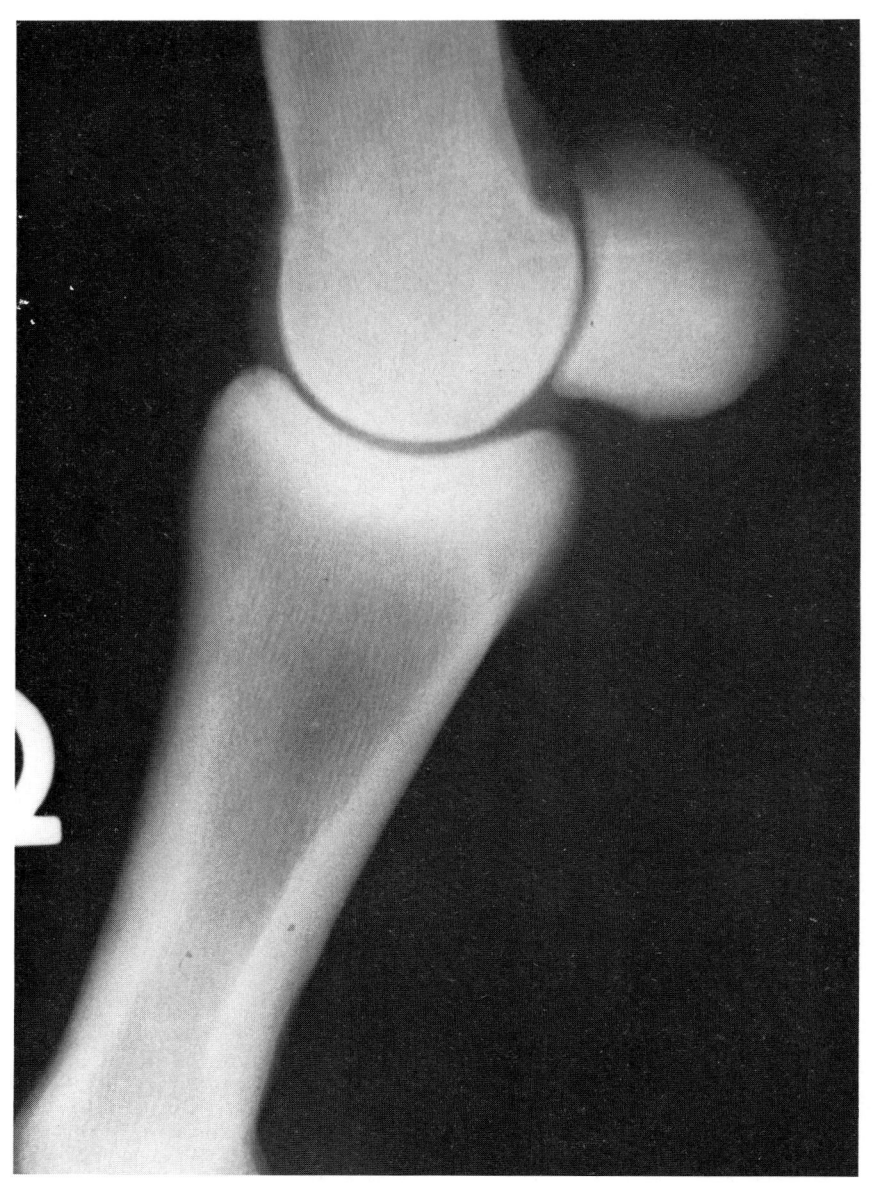

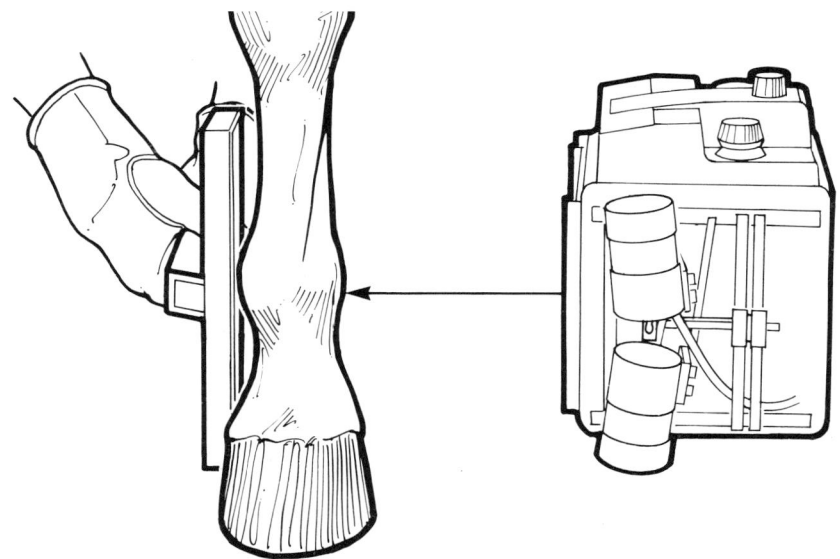

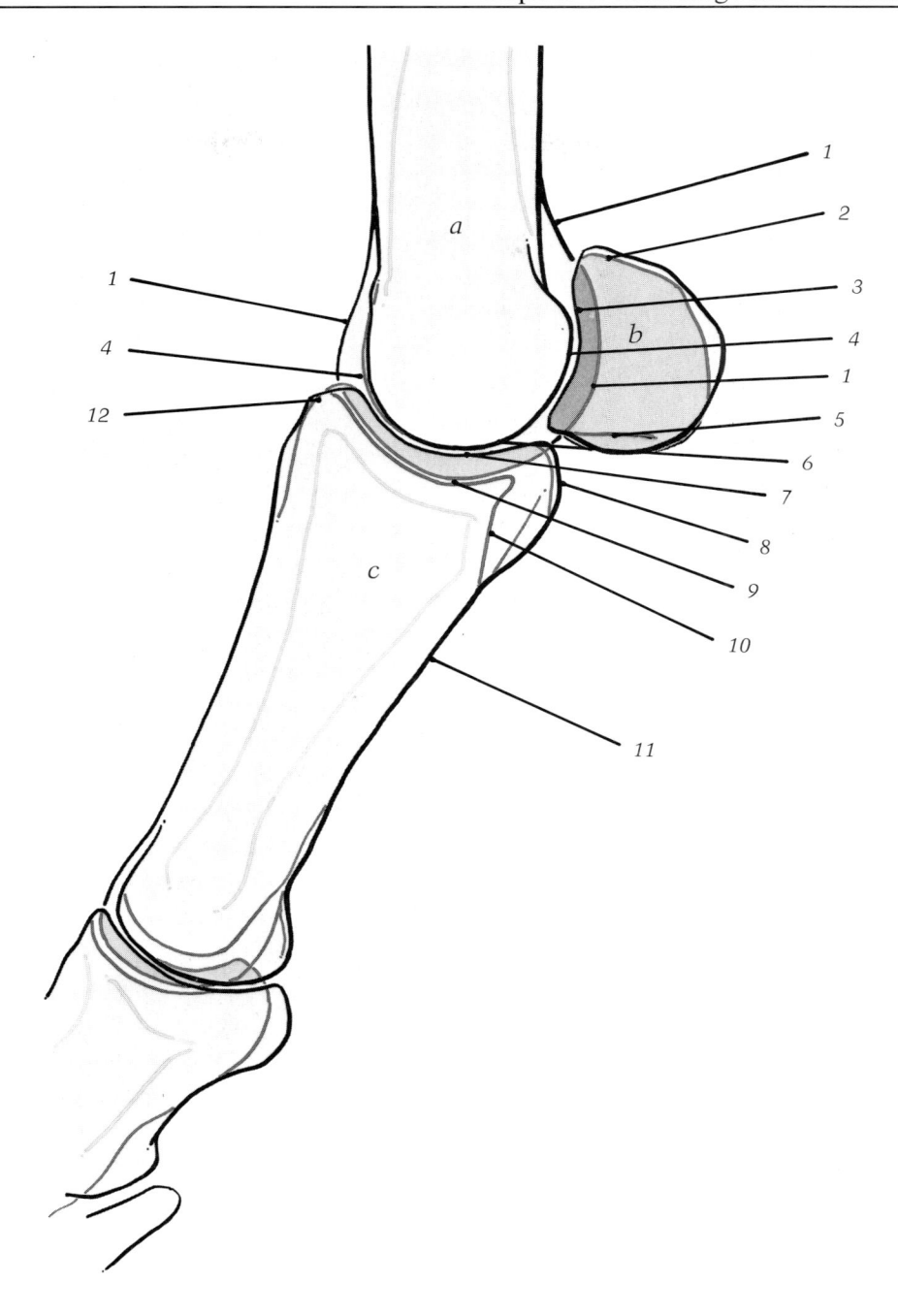

Abb. 4.45: Articulatio metacarpophalangea sinistra (linkes Fesselgelenk). Ansicht: lateromedial (LM).
a Os metacarpale III (3. Mittelfußknochen).
b Ossa sesamoidea proximalia (Gleichbeine).
c Phalanx proximalis (Os compedale, Fesselbein).
1 Sagittalkamm am Distalende des Os metacarpale III.
2 Apices (Proximalenden) der einander überlagernden Ossa sesamoidea proximalia.
3 Facies articulares (Gelenkflächen) der Ossa sesamoidea proximalia.
4 Einander überlagernde mediale und laterale Anteile des Kondylus (Gelenkknorren) des Os metacarpale III.
5 Einander überlagernde Distalenden der Ossa sesamoidea proximalia.
6 Transversallinie auf der distalen Gelenkfläche des Os metacarpale III. Die röntgenologische Darstellung dieser Knochenlinie, die die distale Gelenkfläche des Os metacarpale III in dorsale und palmare Bereiche teilt, variiert hinsichtlich seiner Höhe.
7 Einander überlagernde mediale und laterale Teile der Fovea articularis (Gelenkgrube) der Phalanx proximalis.
8 Einander überlagernde mediale und laterale Rauhigkeiten proximal an der Palmarseite der Phalanx proximalis, die als Bandansatz dienen.
9 Sagittalrinne in der proximalen Fovea articularis (Gelenkgrube) der Phalanx proximalis. Diese Rinne stellt das Gegenstück zu dem Sagittalkamm auf der Gelenkfläche des Os metacarpale III dar.
10 Mittlere Palmarfläche der Phalanx proximalis zwischen der lateralen und medialen Rauhigkeit (8).
11 Palmarfläche der Phalanx proximalis. Das mediale Ligamentum sesamoideum obliquum setzt in diesem Bereich an.
12 Einander überlagernde mediale und laterale Knochenerhebungen für die Zwischeninsertation der gemeinsamen Strecksehne an der Phalanx proximalis.

202   Kapitel 4: Radiologische Untersuchungen

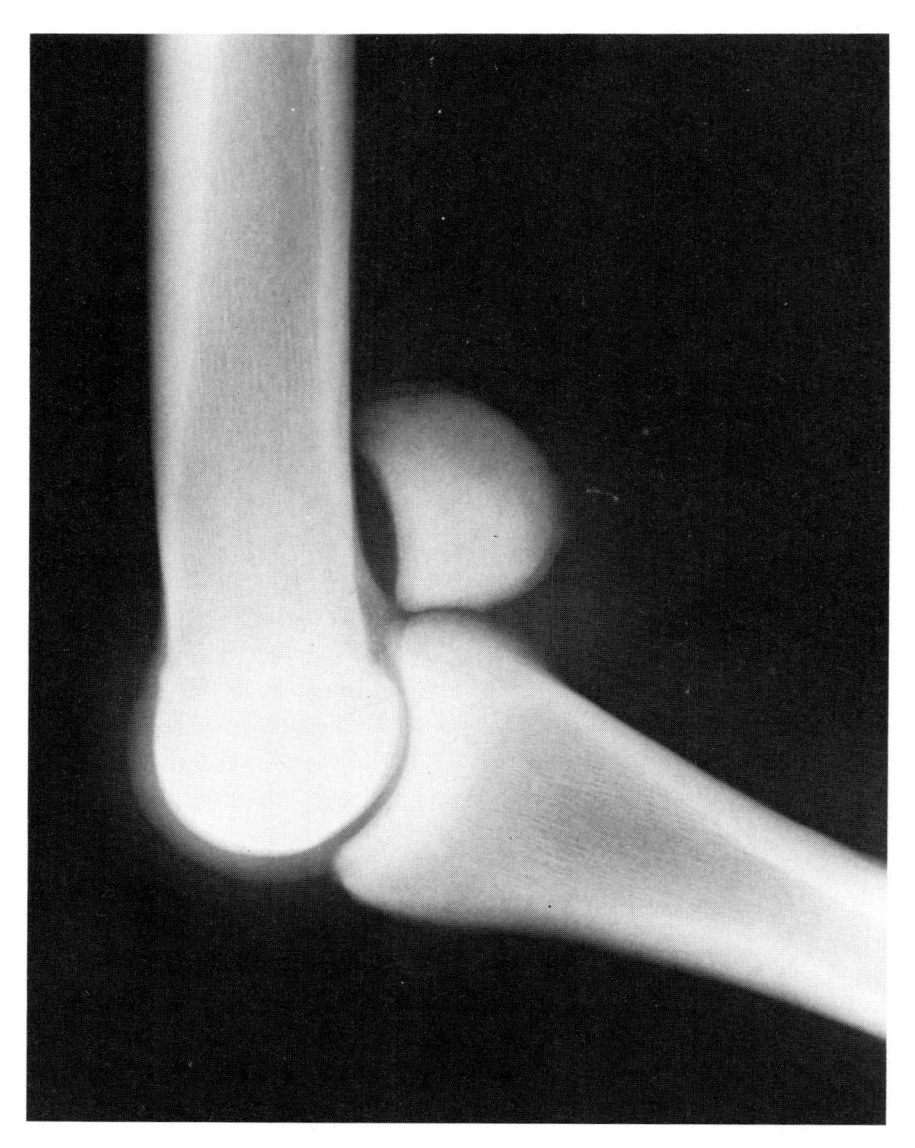

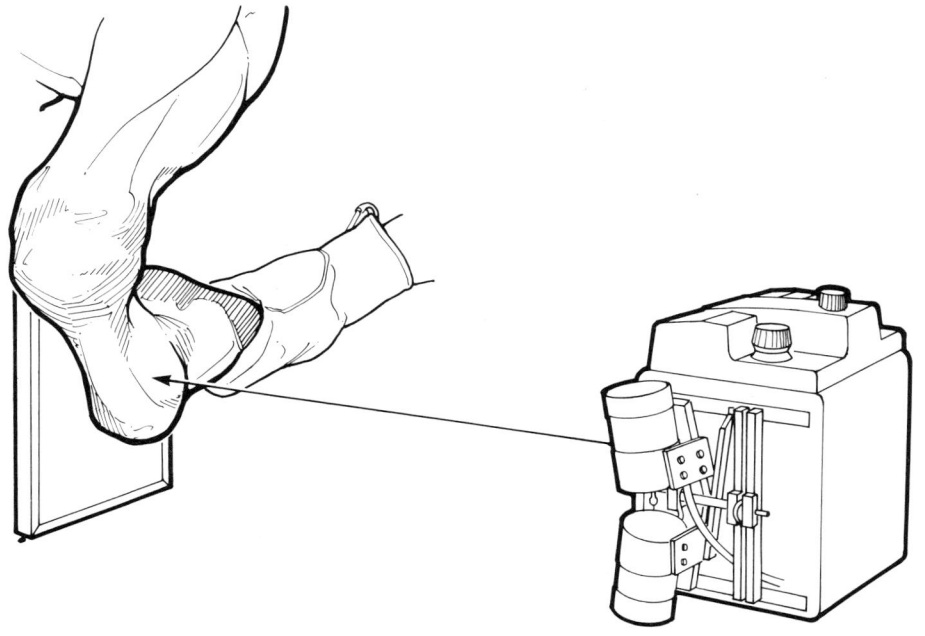

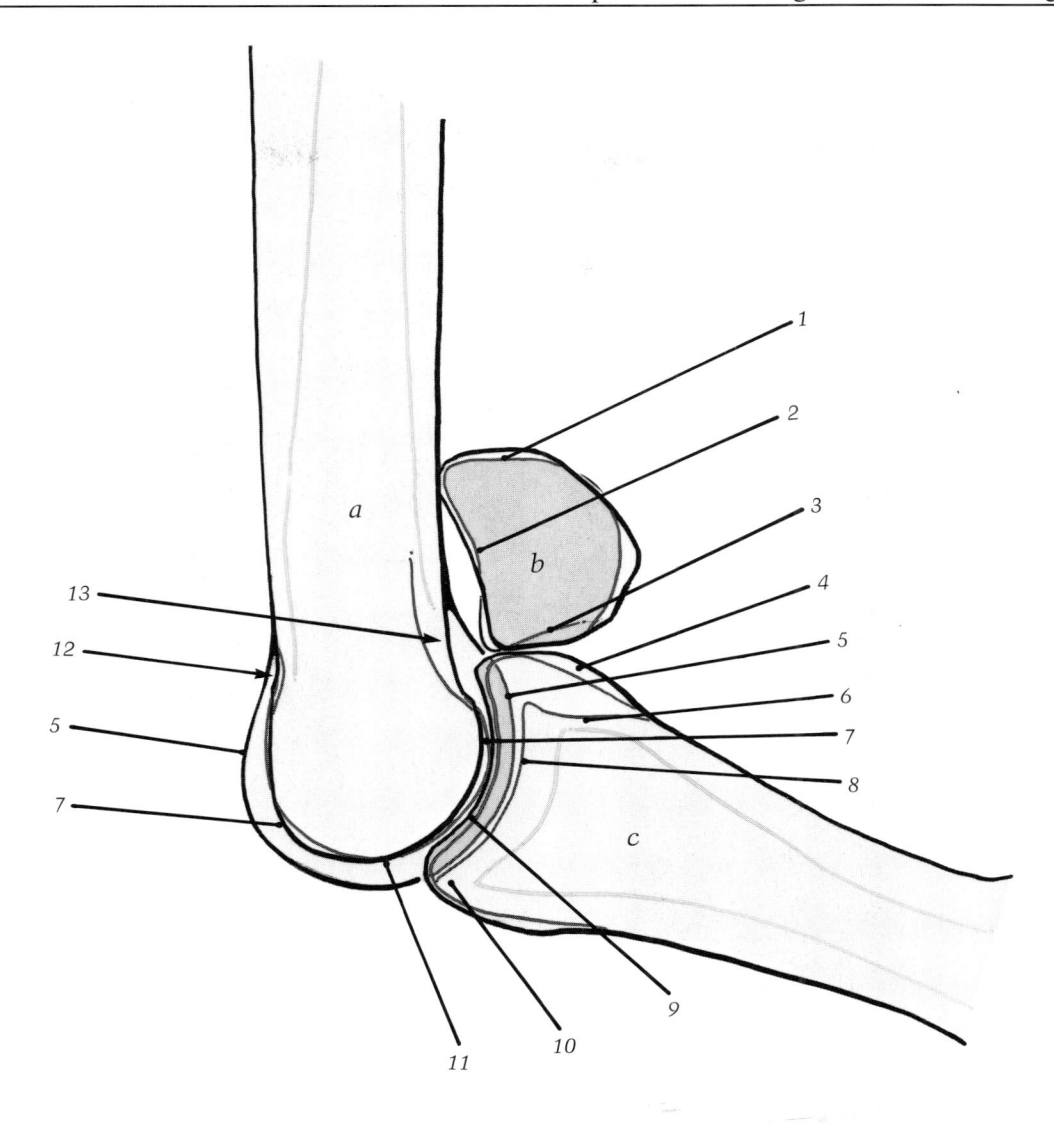

Abb. 4.46: Articulatio metacarpophalangea sinistra (linkes Fesselgelenk). Ansicht: gebeugt, lateromedial (Flexed LM).
a Os metacarpale III (3. Mittelfußknochen).
b Ossa sesamoidea proximalia (Gleichbeine).
c Phalanx proximalis (Os compedale, Fesselbein).
1 Apices (Proximalenden) der einander überlagernden Ossa sesamoidea proximalia.
2 Einander überlagernde Facies articulares (Gelenkflächen) der Ossa sesamoidea proximalia. Für die Beurteilung der Facies articulares ist diese Ansicht besonders geeignet.
3 Distalende der sich überlagernden Gleichbeine. Diese Ansicht ermöglicht die gute Darstellung von kleinen distal gelegenen Gleichbeinfrakturen oder -veränderungen.
4 Einander überlagernde, mediale und laterale Palmarhöcker der Phalanx proximalis, die der Anheftung von Bändern dienen. Die proximalen Palmarhöcker werden besonders deutlich in diesem Strahlengang abgebildet.
5 Sagittalkamm auf der distalen Facies articularis (Gelenkfläche) des Os metacarpale III. Die Dorsal- und Palmarseite sind beschriftet.
6 Palmarfläche in der Mitte zwischen den beiden proximalen Rauhigkeiten der Phalanx proximalis.
7 Palmar- bzw. Dorsalseite der einander überlagernden medialen und lateralen Anteile des Kondylus (Gelenkknorren) des Os metacarpale III.
8 Sagittalrinne in der proximalen Gelenkfläche der Phalanx proximalis, die mit dem Sagittalkamm distal am Os metacarpale III artikuliert.
9 Überlagerte Fovea articularis (Gelenkgrube) an der Basis phalangis proximalis (Proximalende des Fesselbeines).
10 Einander überlagernde mediale und laterale Teile proximal an der Phalanx proximalis seitlich der Sagittalrinne.
11 Transversallinie, die die distale Gelenkfläche des Os metacarpale III in je einen dorsalen und palmaren Bereich teilt. Der dorsale Anteil der distalen Gelenkfläche des Os metacarpale III kann in dieser Ansicht ohne Überlagerungen durch das Proximalende des Fesselbeines beurteilt werden.
12 Knöcherne Vertiefung, in der sich der Recessus dorsalis (dorsale Gelenkaussackung) der Articulatio metacarpophalangea (Fesselgelenk) befindet.
13 Knöcherne Vertiefung, in der sich der Recessus palmaris (palmare Gelenkaussackung) der Articulatio metacarpophalangea (Fesselgelenk) befindet.

204 Kapitel 4: Radiologische Untersuchungen

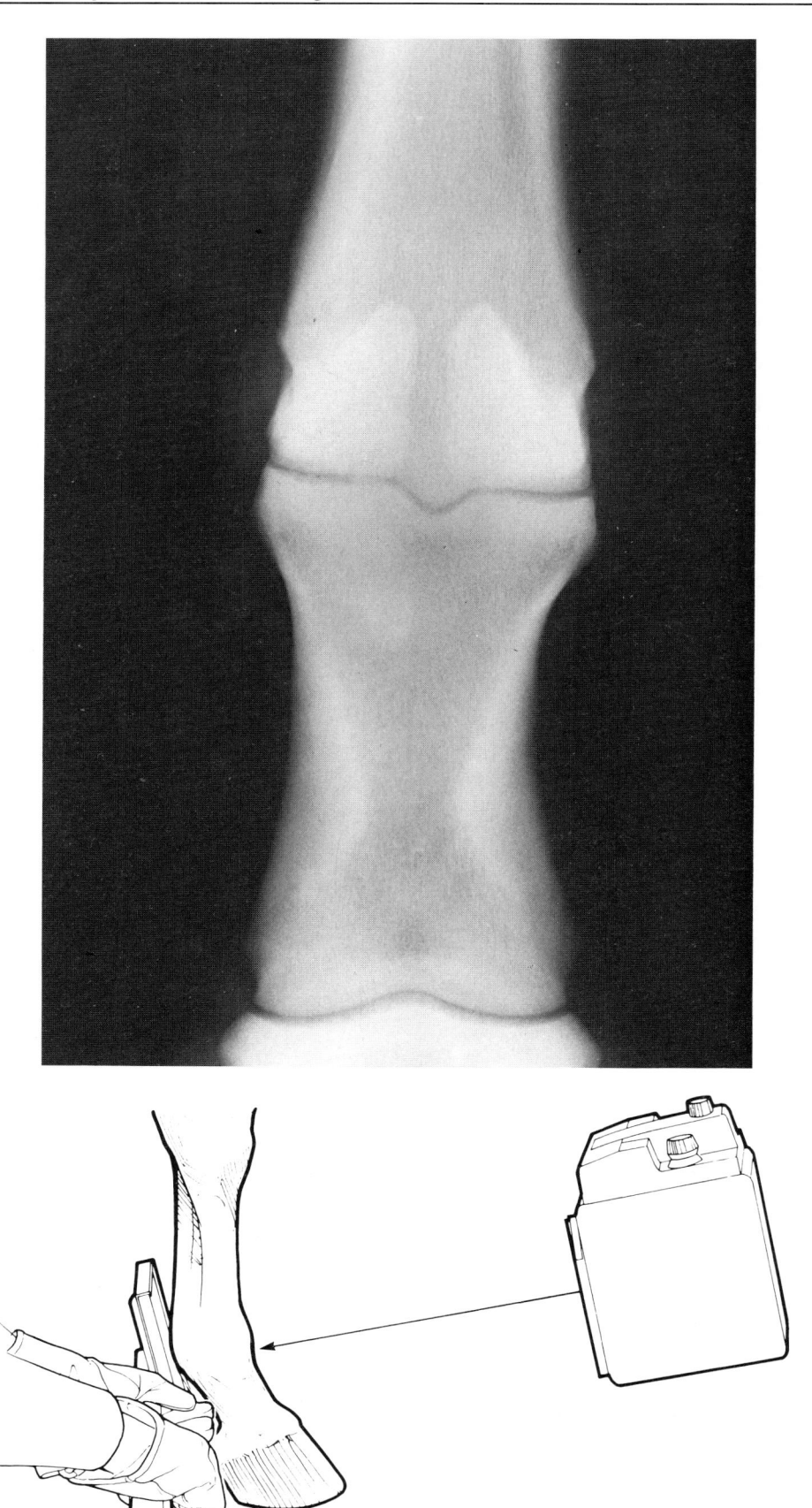

Kapitel 4: Radiologische Untersuchungen 205

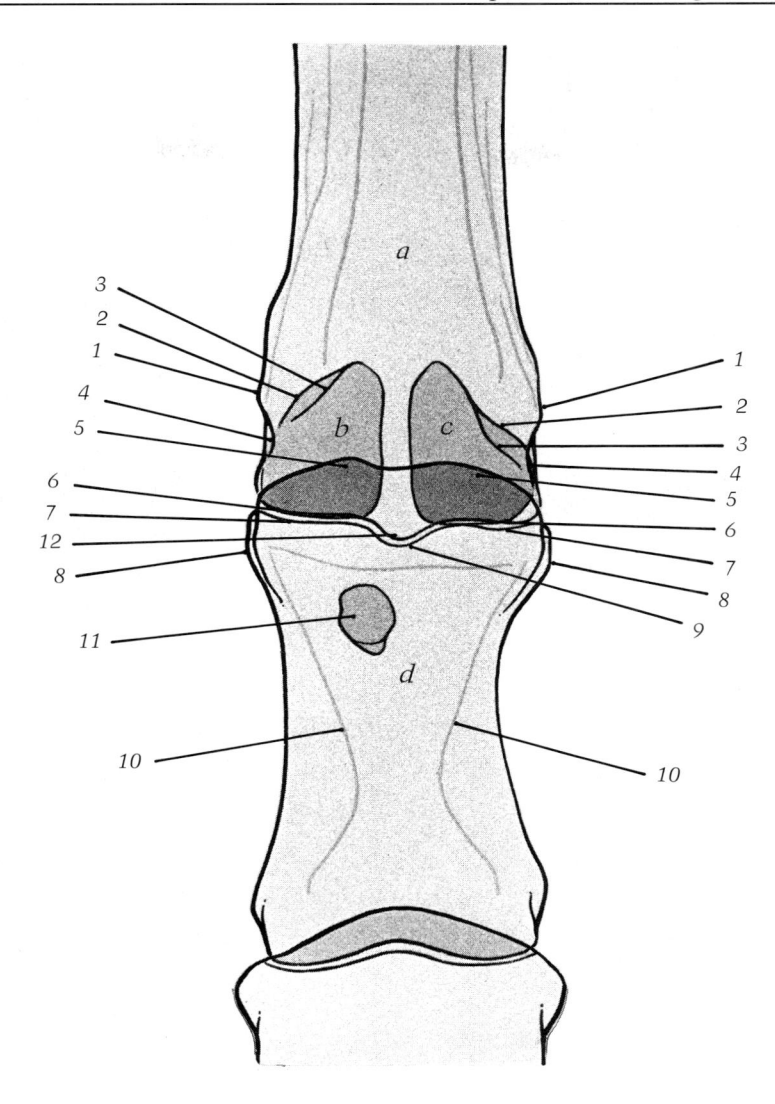

Abb. 4.47: Articulatio metacarpophalangea sinistra (linkes Fesselgelenk). Ansicht: dorsoproximal-palmarodistal (D30Pr-PaDi).
a Os metacarpale III (3. Mittelfußknochen).
b Os sesamoideum proximale mediale (mediales Gleichbein).
c Os sesamoideum proximale laterale (laterales Gleichbein).
d Phalanx proximalis (Os compedale, Fesselbein).
1 Medialer bzw. lateraler Bandhöcker für die Anheftung der Ligamenta collateralia.
2 Peripherer abaxialer Rand der Ossa sesamoidea proximalia. Der periphere Rand des medialen Gleichbeines ist konvexer geformt als derjenige des lateralen Os sesamoideum proximale.
3 Abaxialer Rand der Facies articularis (Gelenkfläche) des medialen bzw. des lateralen Os sesamoideum proximale.
4 Bandgrube an der Medial- bzw. Lateralseite des Os metacarpale III für den Ursprung der Ligamenta collateralia.
5 Medialer bzw. lateraler Dorsalrand der Fovea articularis (Gelenkgrube) an der Basis phalangis proximalis (Proximalende des Fesselbeines).
6 Condylus medialis bzw. lateralis (medialer bzw. lateraler Gelenkknorren) des Os metacarpale III, der vom Distalrand der Ossa sesamoidea proximalia überlagert wird. Im Idealfall sollten keine Überlagerungen des Gelenkspaltes durch die Gleichbeine erfolgen. Im allgemeinen reicht ein um 30 Grad proximal verschobener dorsaler Eintrittswinkel des Röntgenstrahles aus, um derartige Überlagerungen zu verhindern. Nur in einigen Fällen sind wenig größere Projektionswinkel notwendig.
7 Fovea articularis (Gelenkgrube) an der Basis phalangis proximalis (Proximalende des Fesselbeines).
8 Medialer bzw. lateraler Palmarhöcker an der Basis phalangis proximalis (Proximalende des Fesselbeines) für die Bandanheftung.
9 Sagittalrinne in der proximalen Fovea articularis (Gelenkgrube) der Phalanx proximalis.
10 Fesselbeinleisten für die Anheftung der distalen Sesambeinbänder (Ligamenta sesamoidea rectum und obliqua).
11 Sporn. Obwohl der Sporn aus Weichteilgewebe besteht, stellt er sich aufgrund von Überlagerungen und der umgebenden Aufhellungen durch Luft verschattet dar.
12 Sagittalkamm auf der distalen Gelenkfläche des Os metacarpale III.

206　Kapitel 4: Radiologische Untersuchungen

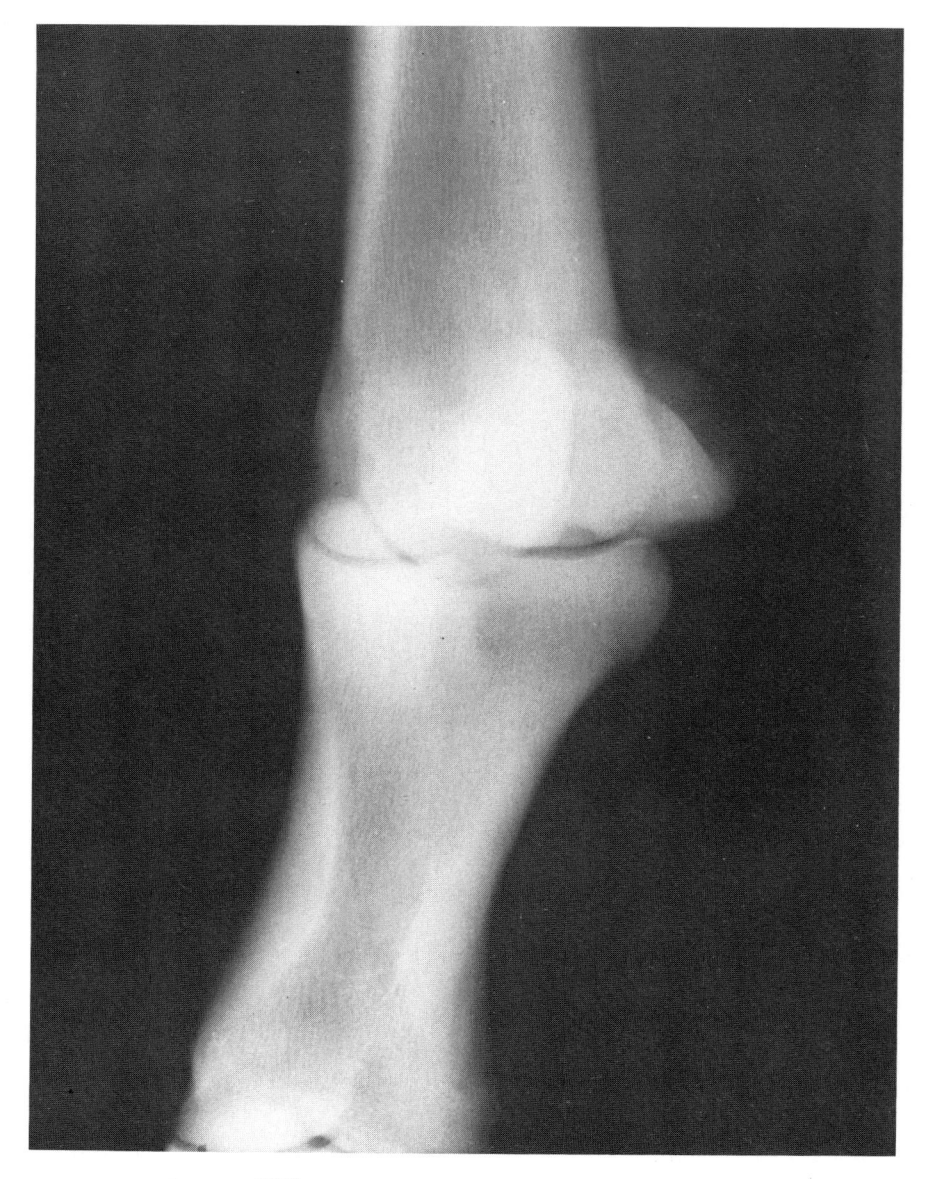

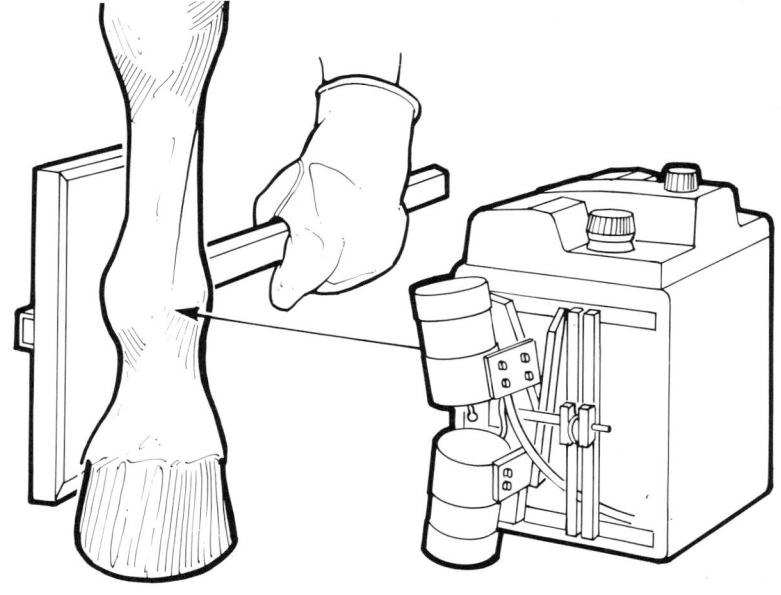

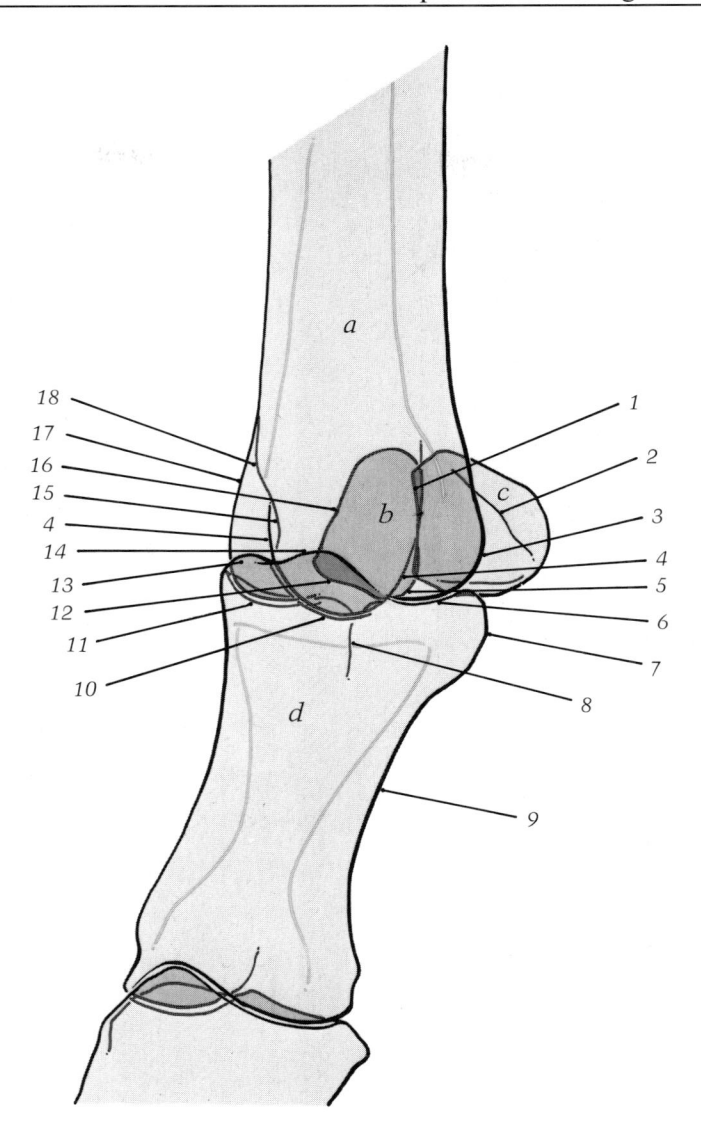

Abb. 4.48: Articulatio metacarpophalangea sinistra (linkes Fesselgelenk). Ansicht: dorsolateral-palmaromedial obliquus (D45L-PaMO).
a Os metacarpale III (3. Mittelfußknochen).
b Os sesamoideum proximale mediale (mediales Gleichbein).
c Os sesamoideum proximale laterale (laterales Gleichbein).
d Phalanx proximalis (Os compedale, Fesselbein).

1 Facies articularis (Gelenkfläche) des Os sesamoideum proximale laterale.
2 Die unterschiedlichen Strahlendichten werden durch ungleiche Knochendicken am lateralen Os sesamoideum proximale verursacht. Basis (Distalende) und Körper sind stärker verschattet als die Apex (Proximalende) und der periphere Rand.
Die konvexe Form der abaxialen Gleichbeinfläche bedingt die deutliche Linie zwischen den beiden Verschattungen.
3 Palmarfläche des lateralen Kondylus (Gelenkknorren) am Caput (Distalende) des Os metacarpale III.
4 Palmar- bzw. Dorsalende des Sagittalkammes distal am Os metacarpale III.
5 Übergang des peripheren in den basalen (distalen) Rand des medialen Os sesamoideum proximale.
6 Lateraler Teil der Fovea articularis (Gelenkgrube) an der Basis phalangis proximalis (proximal am Fesselbein).
7,8 Lateraler und medialer Palmarhöcker an der Basis phalangis proximalis (proximal am Fesselbein).
9 Laterale Fesselbeinleiste für die Anheftung des lateralen Ligamentum sesamoideum obliquum und des Ligamentum sesamoideum rectum.
10 Sagittalrinne in der Fovea articularis (Gelenkgrube) an der Basis phalangis proximalis (proximal am Fesselbein).
11 Medialer Teil der Fovea articularis (Gelenkgrube) an der Basis phalangis proximalis (proximal am Fesselbein).
12 Basaler (distaler) Rand des Os sesamoideum proximale mediale.
13,14 Medialer und lateraler Dorsalrand der Fovea articularis (Gelenkgrube) an der Basis phalangis proximalis (proximal am Fesselbein). Beide Ränder, sowohl der mediale als auch der laterale, sind auf richtig belichteten und exakt gelagerten Schrägaufnahmen vom Fesselgelenk sichtbar.
15 Bandgrube (konvexe Fläche) für den Ursprung des Ligamentum collaterale mediale distal am Os metacarpale III. Die Erkennbarkeit der konvexen Linie sowie die Deutlichkeit ihrer Darstellung variieren in Abhängigkeit von den Projektionen. Die Verschattung kann augenfällig oder auch nicht sichtbar sein.
16 Abaxialer Rand der Facies articularis (Gelenkfläche) des medialen Os sesamoideum proximale.
17 Dorsalfläche des medialen Kondylus (Gelenkknorren) des Os metacarpale III.
18 Bandhöcker am Os metacarpale III für den Ursprung des Ligamentum collaterale mediale.

208 Kapitel 4: Radiologische Untersuchungen

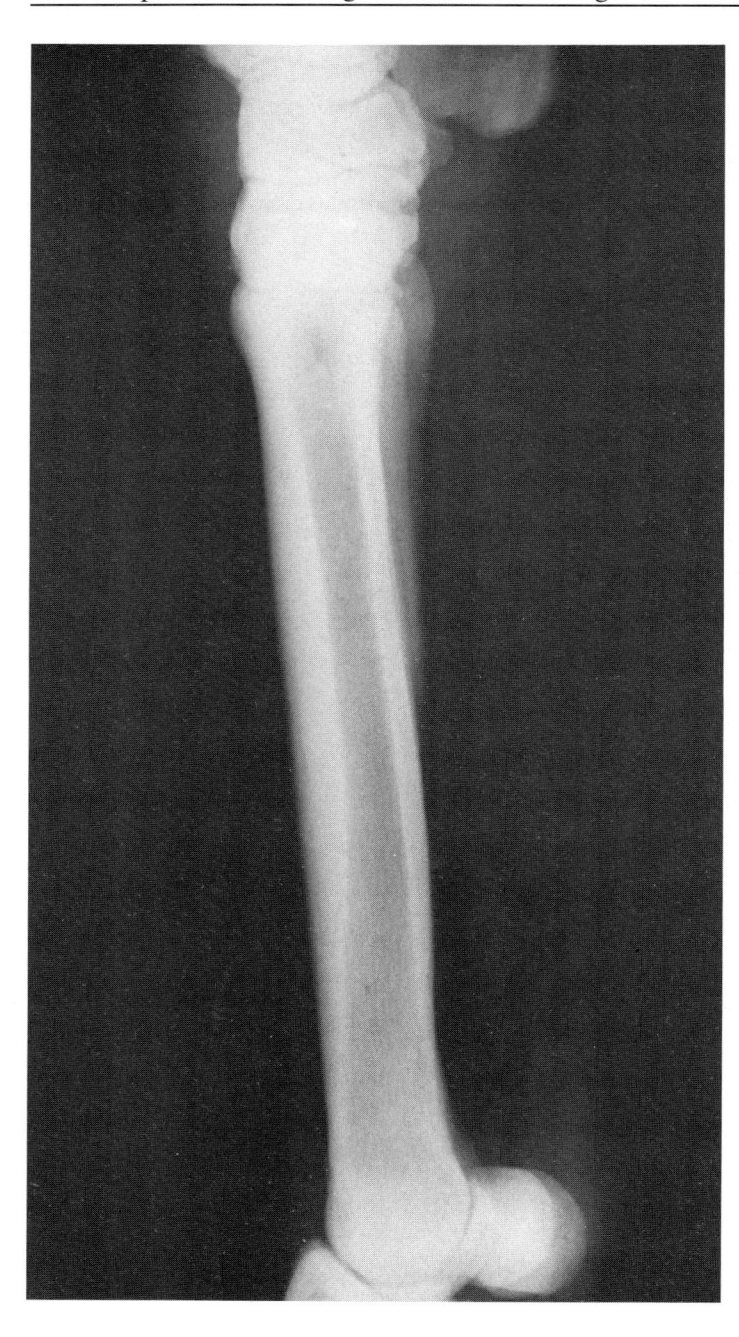

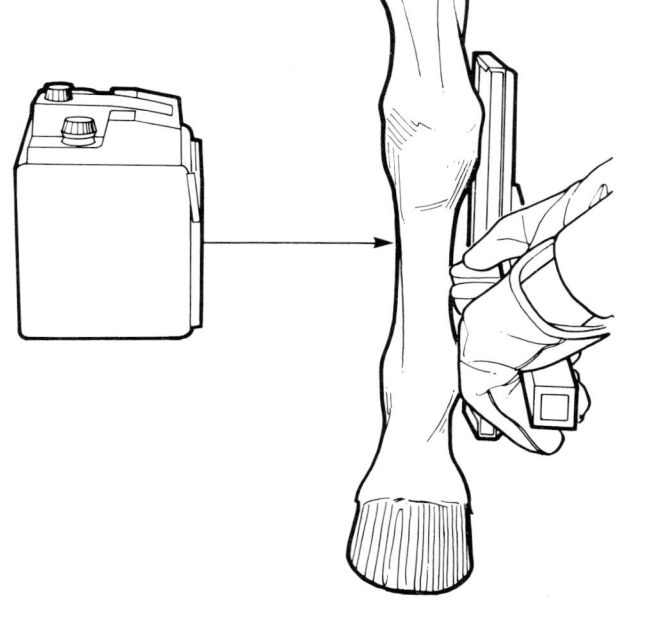

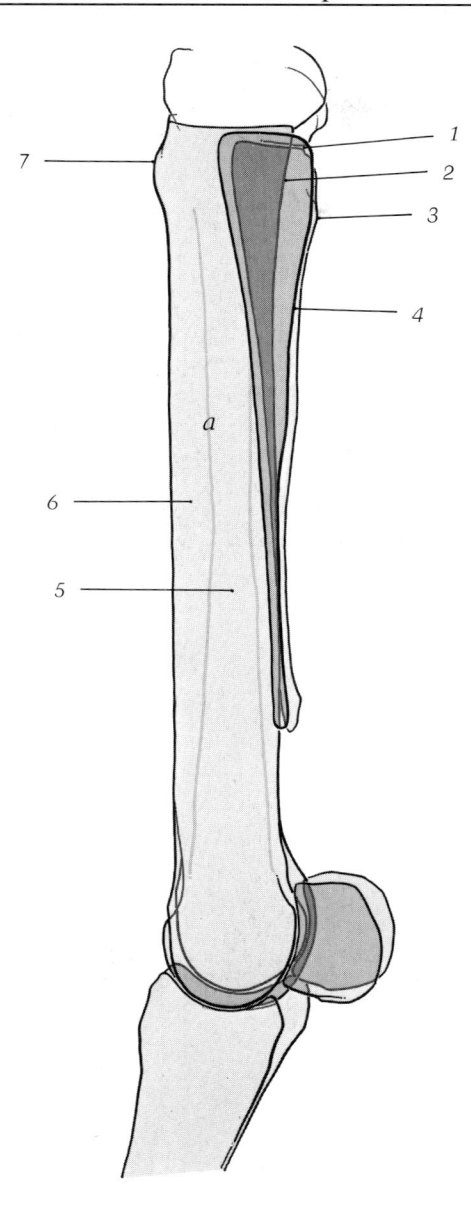

Abb. 4.49: Metacarpus sinister (linker Vordermittelfuß). Ansicht: lateromedial (LM).
a Os metacarpale III (3. Vordermittelfußknochen).
1 Articulatio carpometacarpea (Voderfußwurzel-Mittelfußgelenk) im Bereich zwischen Os carpale II und Os metacarpale II.
2 Proximale Palmarfläche des Os metacarpale III. Der Ursprung des Musculus interosseus medius befindet sich in diesem Bereich. Häufig wird das Foramen nutricium auf der Palmarfläche, ungefähr am Übergang zwischen dem proximalen und mittleren Drittel des Os metacarpale III, abgebildet. Es kann fälschlicherweise für eine Kortikalisfraktur gehalten werden.
3 Palmarfläche des Os metacarpale II.
4 Palmarseite des Os metacarpale IV. Durch die Überlagerungen der Substantiae corticales der Ossa metacarpalia II bis IV kommt es zur Bildung von längsverlaufenden, linienförmigen Aufhellungen, die mit Longitudinalfrakturen verwechselt werden können.
5 Cavum medullare (Markhöhle) des Os metacarpale III.
6 Dorsale Kompakta des Os metacarpale III. Die dorsale Knochenrinde besitzt teilweise eine ungleichförmige Gestalt, d. h. ein dickes Zentrum, das zu den Enden hin dünner wird.
7 Tuberositas ossis metacarpalis III (Rauhigkeit am dritten Vordermittelfußknochen).

210 Kapitel 4: Radiologische Untersuchungen

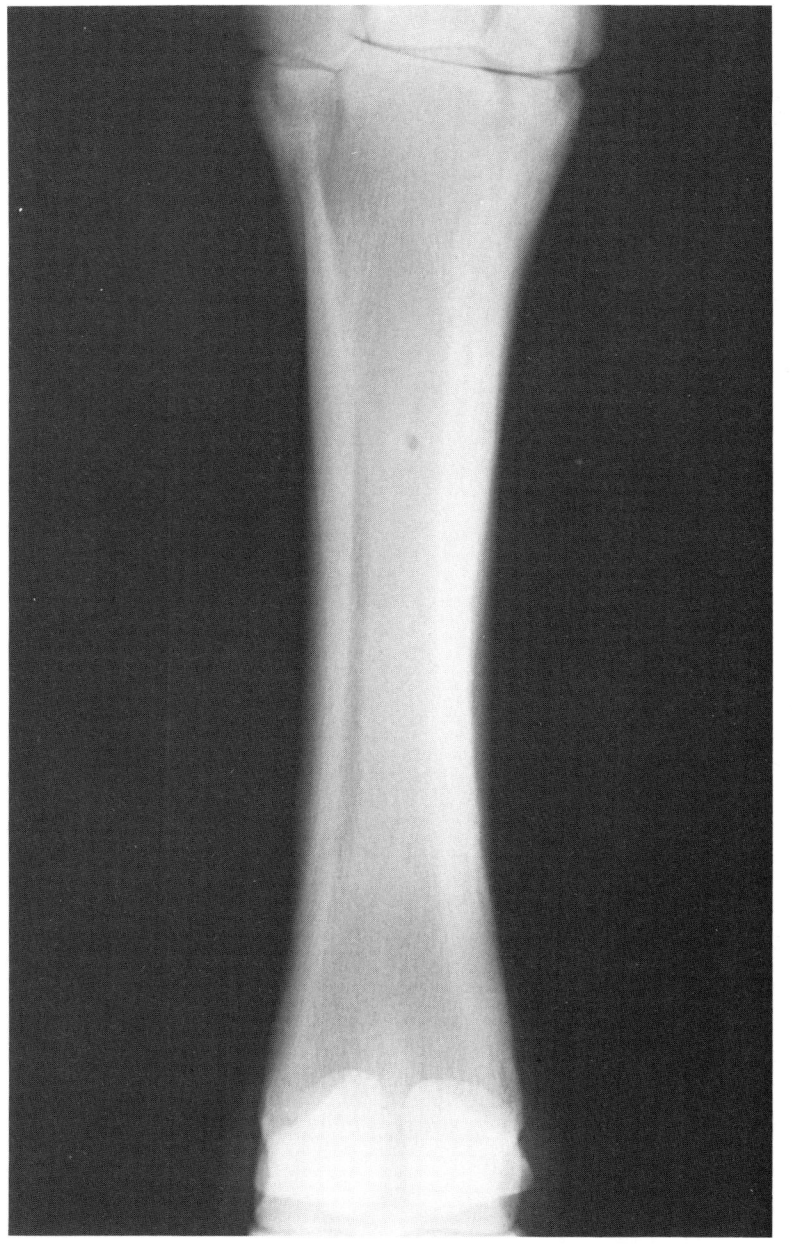

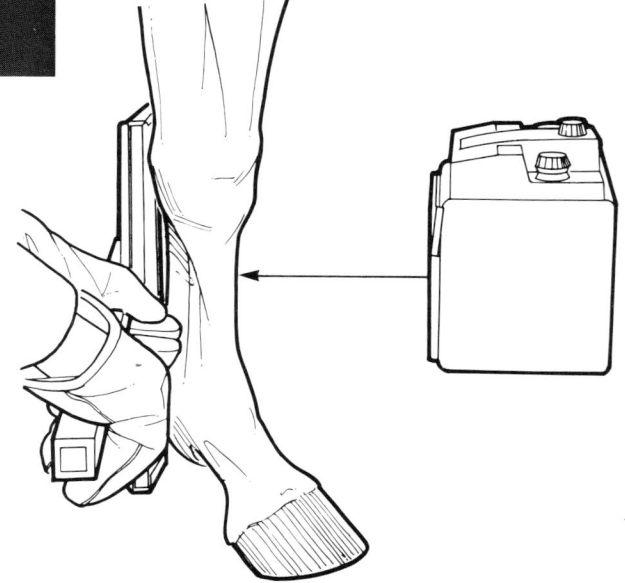

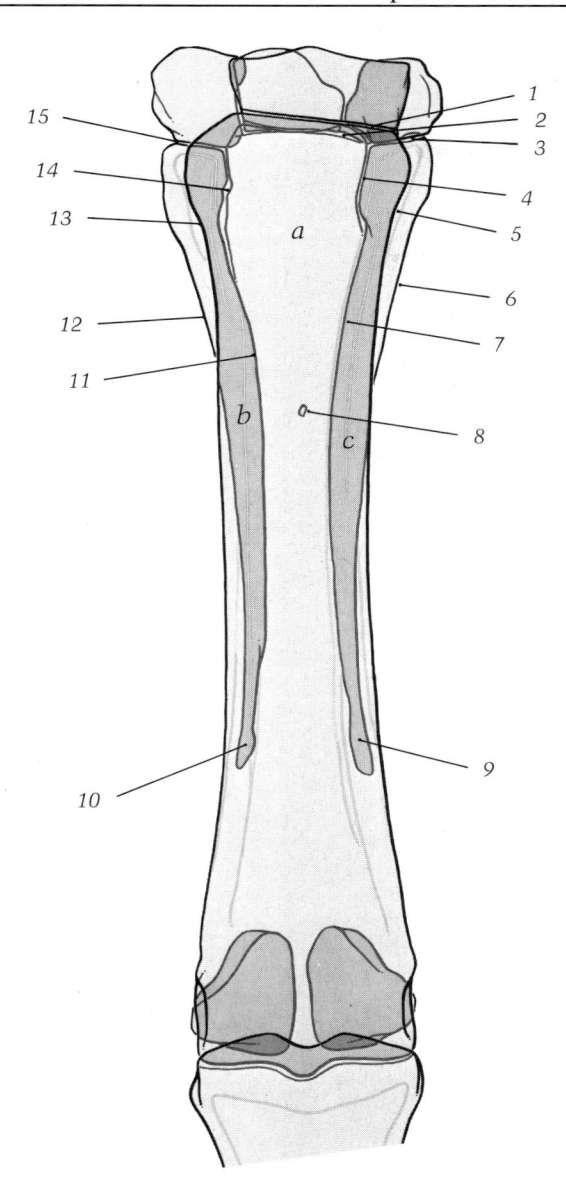

Abb. 4.50: Metacarpus dexter (rechter Vordermittelfuß). Ansicht: dorsopalmar (DPa).

a Os metacarpale III (3. Vordermittelfußknochen).
b Os metacarpale IV (4. Vordermittelfußknochen, laterales Griffelbein).
c Os metacarpale II (2. Vordermittelfußknochen, mediales Griffelbein).
1,2 Dorsal- bzw. Palmarseite der Articulatio carpometacarpea (Voderfußwurzel-Mittelfußgelenk) im Bereich zwischen Os carpale III und Os metacarpale III.
3 Articulatio carpometacarpea (Vorderfußwurzel-Mittelfußgelenk) im Bereich zwischen Os carpale II und Os metacarpale II.
4 Articulatio intermetacarpea zwischen den Ossa metacarpalia II und III.
5 Medioproximaler Rand des Os metacarpale III.
6,7 Abaxialer bzw. axialer Rand des Os metacarpale II.
8 Foramen nutricium auf der Palmarseite des Os metacarpale III.
9,10 Capita (Griffelbeinknöpfchen) der Ossa metacarpalia II und IV. Die normale Gestalt und Lage der Ossa metecarpalia II und IV können variieren, das bedeutet, daß Verschiebungen in abaxialer, proximaler und distaler Richtung möglich sind.
11,12 Axialer und abaxialer Rand des Os metacarpale IV.
13 Lateraler Rand des Os metacarpale III.
14 Articulatio intermetacarpea zwischen den Ossa metacarpalia III und II.
15 Articulatio carpometacarpea (Vorderfußwurzel-Mittelfußgelenk) im Bereich zwischen Os carpale IV und Os metacarpale IV.

212 Kapitel 4: Radiologische Untersuchungen

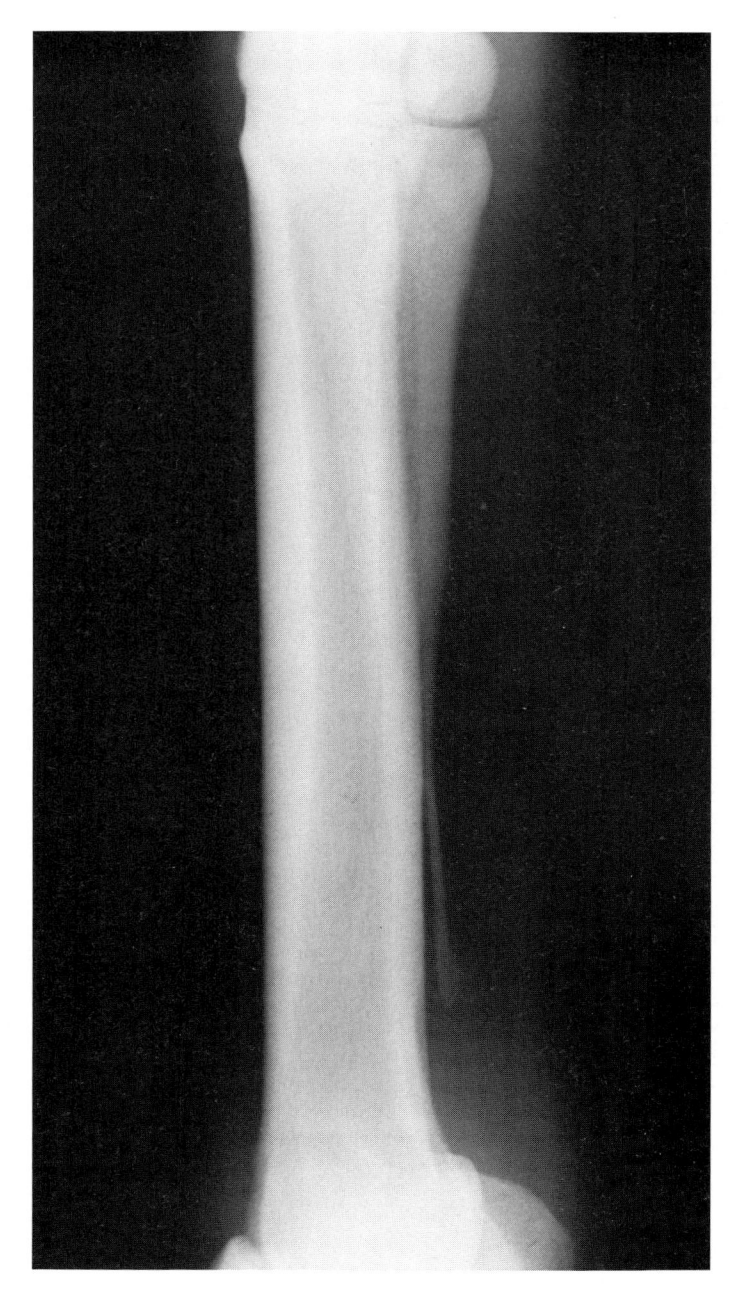

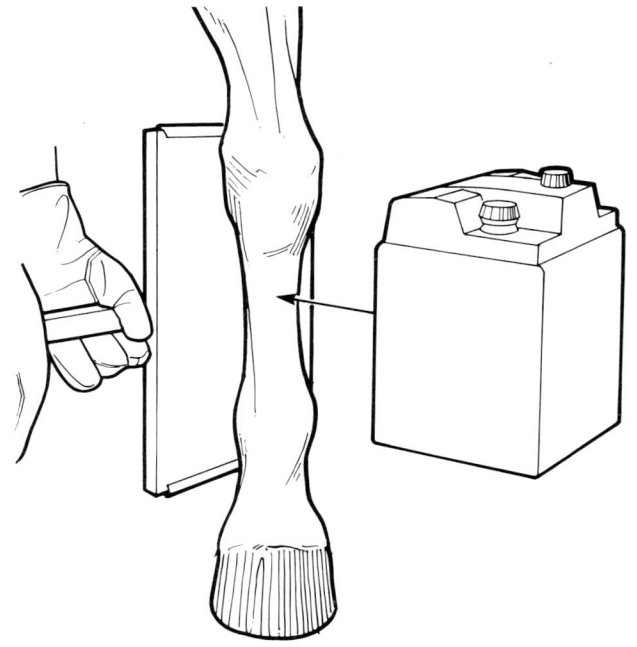

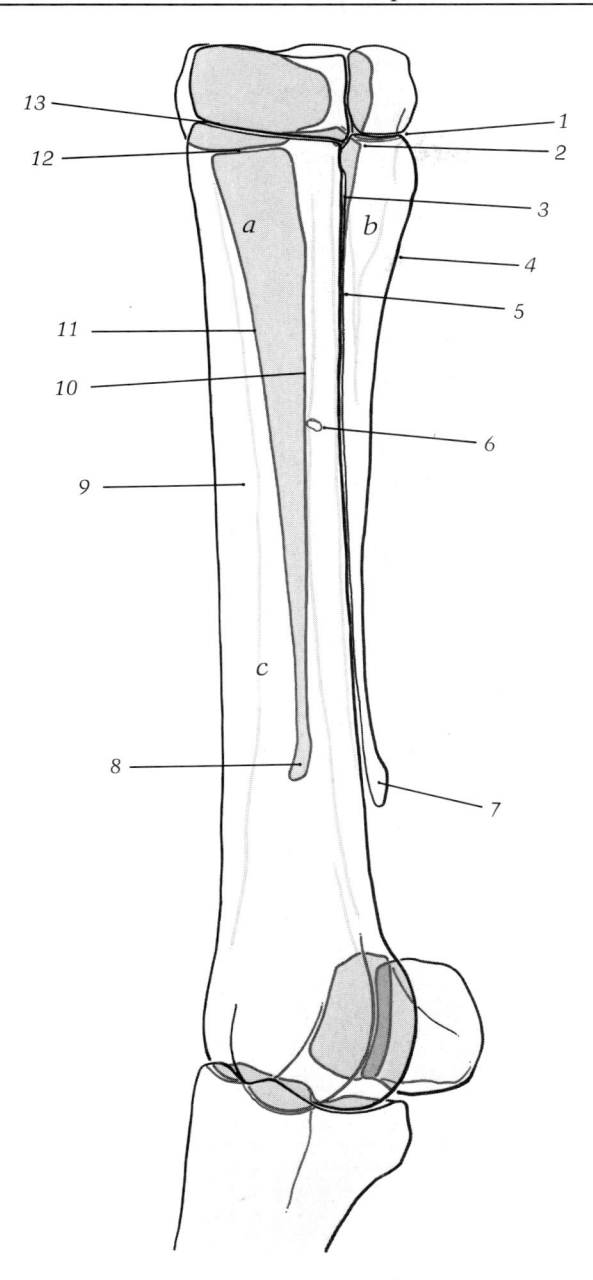

Abb. 4.51: Metacarpus dexter (rechter Vordermittelfuß). Ansicht: dorsomedial-palmarolateral obliquus (D55M-PaLO).

a Os metacarpale IV (4. Vordermittelfußknochen, laterales Griffelbein).
b Os metacarpale II (2. Vordermittelfußknochen, mediales Griffelbein).
c Os metacarpale III (3. Vordermittelfußknochen).
1 Articulatio carpometacarpea (Vorderfußwurzel-Mittelfußgelenk) im Bereich zwischen Os carpale II und Os metacarpale II.
2 Proximaler Mediopalmarwinkel des Os metacarpale III.
3 Articulatio intermetacarpea zwischen den Ossa metacarpalia II und III.
4,5 Palmar- bzw. Dorsalrand des Os metacarpale II.
6 Foramen nutricium auf der Palmarseite des Os metacarpale III.
7,8 Caput (Griffelbeinknöpfchen) des 2. und 4. Os metacarpale.
9 Dorsolaterale Substantia corticalis (Kompakta) des Os metacarpale III.
10,11 Palmar- bzw. Dorsalseite des Os metacarpale IV.
12 Articulatio carpometacarpea (Vorderfußwurzel-Mittelfußgelenk) im Bereich zwischen Os carpale IV und Os metacarpale IV.
13 Articulatio carpometacarpea (Vorderfußwurzel-Mittelfußgelenk) im Bereich zwischen Os carpale III und Os metacarpale III.

214 Kapitel 4: Radiologische Untersuchungen

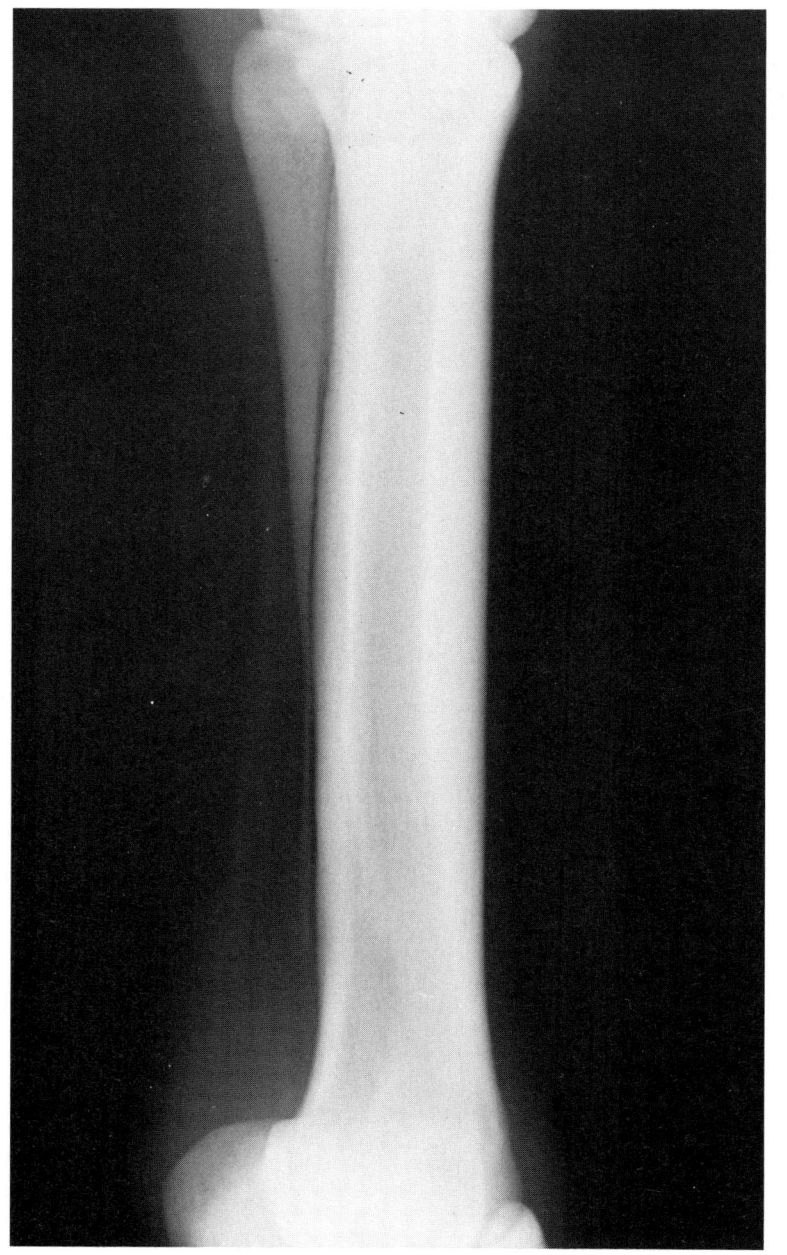

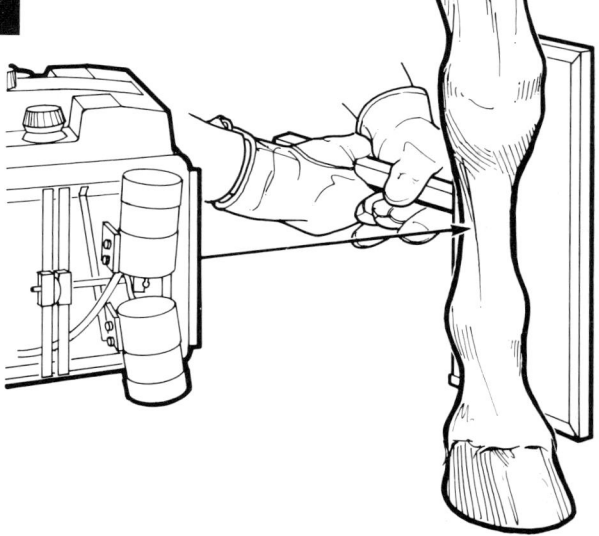

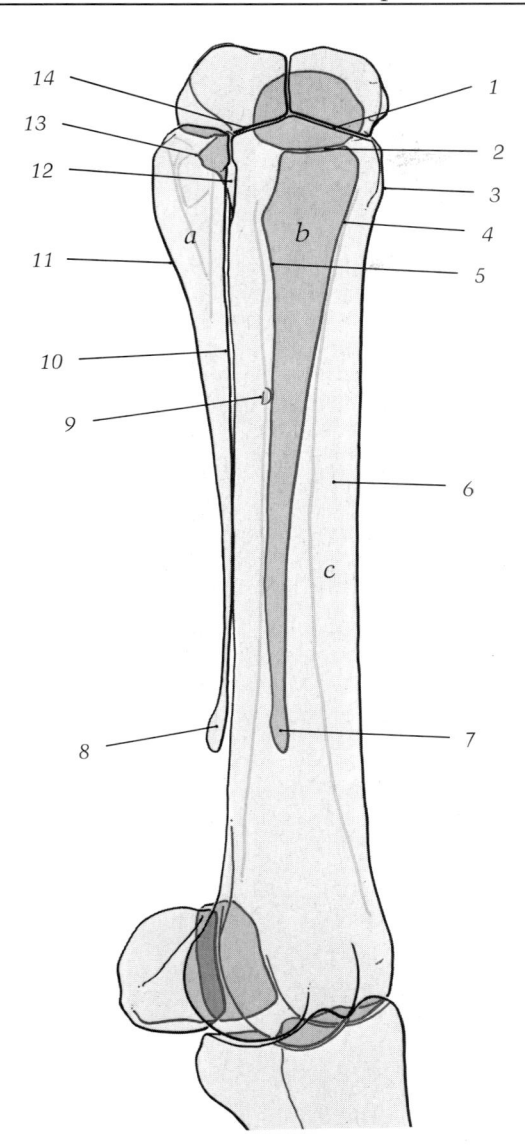

Abb. 4.52: Metacarpus dexter (rechter Vordermittelfuß). Ansicht: dorsolateral-palmaromedial obliquus (D55L-PaMO).

a Os metacarpale IV (4. Vordermittelfußknochen, laterales Griffelbein).
b Os metacarpale II (2. Vordermittelfußknochen, mediales Griffelbein).
c Os metacarpale III (3. Vordermittelfußknochen).
1 Articulatio carpometacarpea (Vorderfußwurzel-Mittelfußgelenk) im Bereich zwischen Os carpale III und Os metacarpale III.
2 Articulatio carpometacarpea (Vorderfußwurzel-Mittelfußgelenk) im Bereich zwischen Os carpale II und Os metacarpale II.
3 Tuberositas ossis metacarpalis III (Rauhigkeit) dorsomedial, proximal am Corpus des dritten Vordermittelfußknochens.
4,5 Dorsale bzw. palmare Begrenzung des Os metacarpale II.
6 Dorsomediale Substantia corticalis (Kompakta) des Os metacarpale III. Eine dicke Rinde ist am dritten Mittelfußknochen physiologisch. Die periostseitige Fläche der Kompakta sollte eben und glatt sein.
7,8 Caput (Griffelbeinknöpfchen) des zweiten und vierten Os metacarpale. Die Distalenden der Ossa metacarpalia II und IV stellen sich hinsichtlich Größe, Form und Lage unterschiedlich dar. Auch der Abstand zwischen den Griffelbeinknöpfchen und dem Os metacarpale III kann variieren.
9 Foramen nutricium auf der Palmarseite des Os metacarpale III. In Abhängigkeit von der Größe und der Aufnahmerichtung ist das Foramen nutricium deutlich oder gar nicht erkennbar.
10,11 Dorsal- bzw. Palmarseite des Os metacarpale IV.
12 Articulatio intermetacarpea zwischen den Ossa metacarpalia III und IV. In Abhängigkeit vom Einfallswinkel des Röntgenstrahles wird dieses Gelenk unterschiedlich deutlich abgebildet.
13 Proximaler Lateropalmarwinkel des Os metacarpale III.
14 Articulatio carpometacarpea (Vorderfußwurzel-Mittelfußgelenk) im Bereich zwischen Os carpale IV und Os metacarpale III.

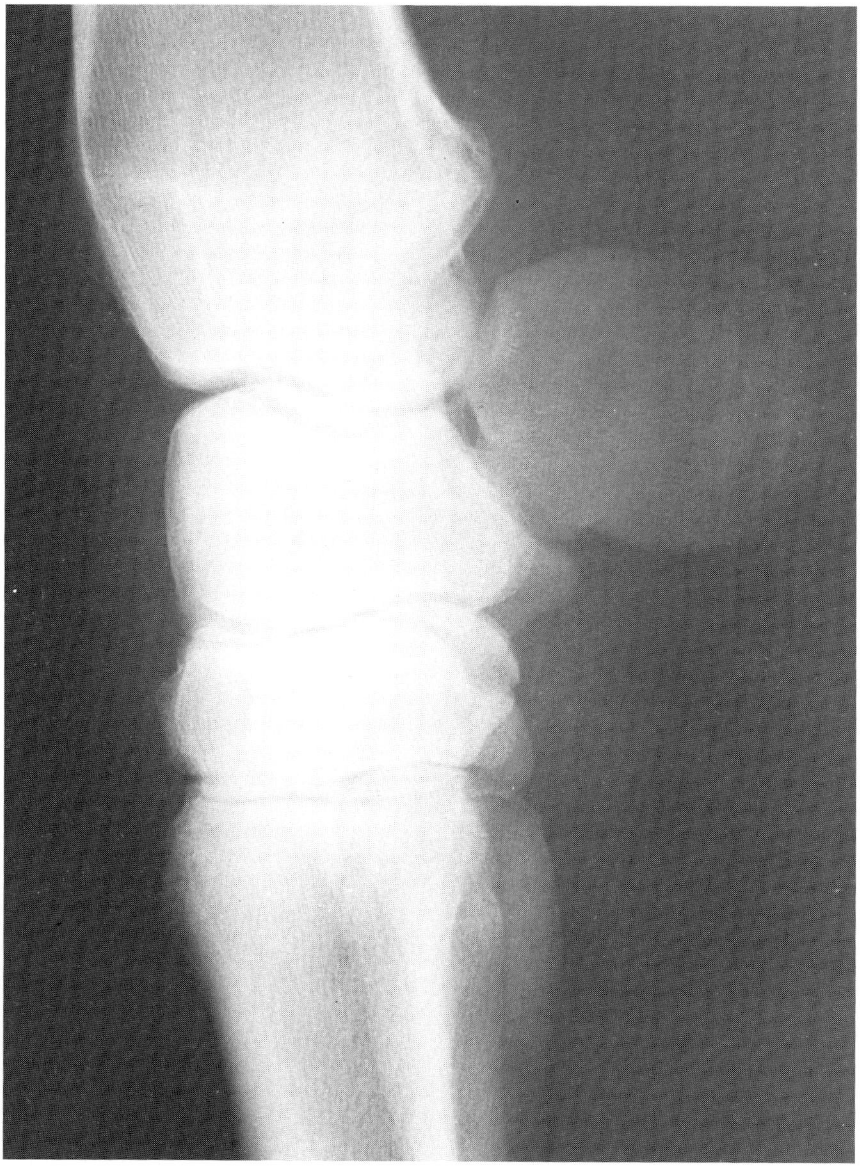

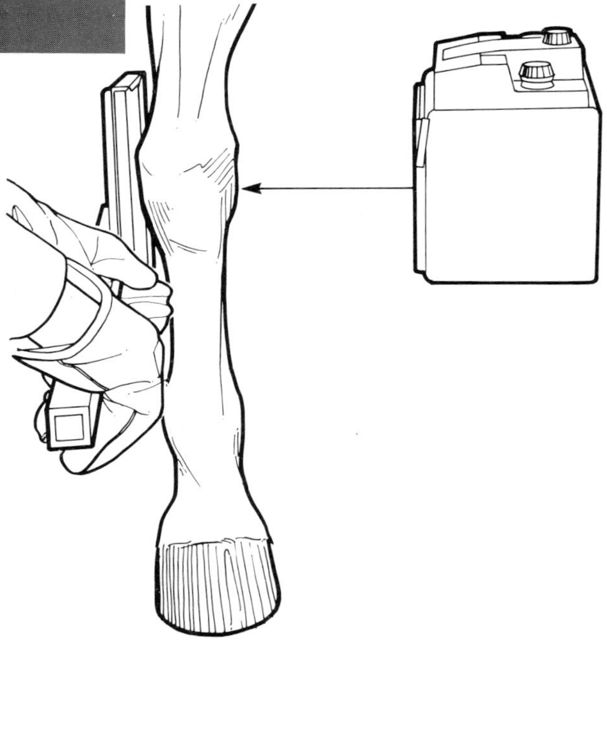

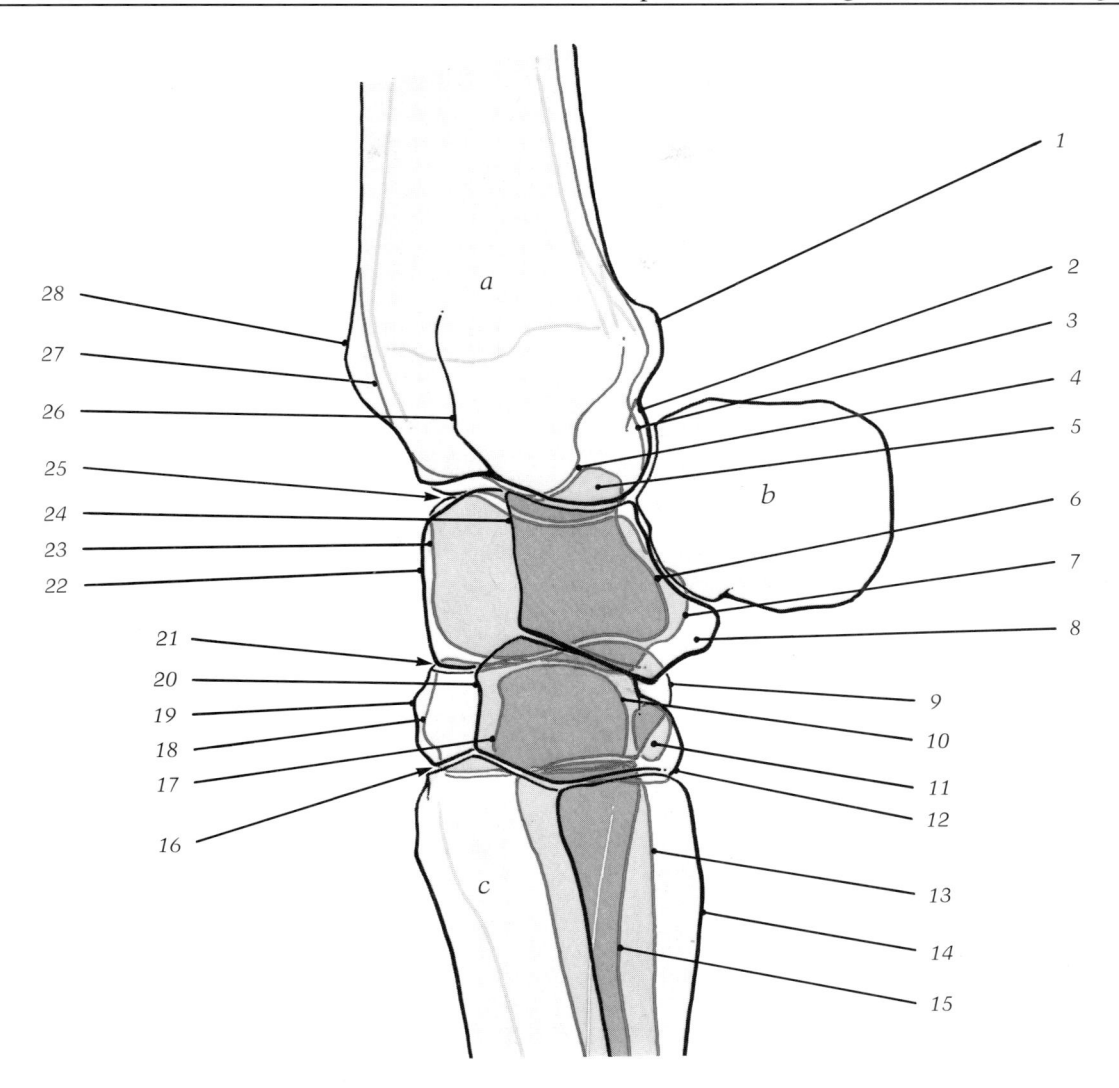

Abb. 4.53: Carpus sinister (linke Vorderfußwurzel). Ansicht: lateromedial (LM).
a Radius (Speiche).
b Os carpi accessorium (Os pisiforme, Erbsenbein).
c Os metacarpale III (3. Vordermittelfußknochen).

- 1 Crista transversa (Transversalleiste), die kaudal der geschlossenen distalen Epiphysenfuge des Radius abgebildet wird.
- 2 Processus styloideus lateralis (lateraler Griffelfortsatz der Trochlea radii), der eine Gelenkfläche für das Os carpi ulnare besitzt.
- 3 Processus styloideus medialis (medialer Griffelfortsatz der Trochlea radii), der eine Gelenkfläche für das Os carpi radiale aufweist.
- 4 In der Mitte liegender Bereich der Trochlea radii (Gelenkrolle des Radius), der mit dem Os carpi intermedium artikuliert.
- 5 Rauhigkeit proximal auf der Palmarseite des Os carpi intermedium.
- 6,7,8 Palmarrand des Os carpi intermedium, radiale bzw. ulnare. Die Ränder dieser Knochen werden eng überlagert abgebildet und verschieben sich bei geringfügigen Winkeländerungen zwischen Röntgenröhre bzw. Pferdegliedmaße und Röntgenfilm.
- 9,10,12 Palmarrand der Os carpale III, II bzw. IV.
- 11. Os carpale I. Dieser Knochen findet sich nicht bei jedem Pferd.
- 13,14,15 Proximopalmarer Rand des Os carpale II, IV bzw. III.
- 16 Articulatio carpometacarpea. Die unregelmäßige Darstellung der Vorderfußwurzel-Mittelfußgelenke aufgrund der Überlagerungen der einzelnen Gelenkanteile führt häufig zum Erscheinungsbild von zahlreichen kleinen Frakturen.
- 17,18,20 Dorsalrand des Os carpale II, III bzw. IV (distale Reihe der Ossa carpi).
- 19 Transversalkamm dorsal auf dem Os carpale III, dessen Ausprägung individuell unterschiedlich ist.
- 21 Articulatio mediocarpea (Vorderfußwurzel-Mittelgelenk).
- 22,23,24 Dorsalrand des Os carpi radiale, intermedium bzw. ulnare (proximale Reihe der Ossa carpi).
- 25 Articulatio antebrachiocarpea (Unterarm-Vorderfußwurzelgelenk) bzw. beim Pferd: Articulatio radiocarpea.
- 26,27,28 Knochenleisten distal an der Kranialfläche des Radius. Diese Knochenleisten können in Abhängigkeit vom Projektionswinkel des auftreffenden Röntgenstrahles eine unterschiedliche relative Lage zueinander aufweisen.
- 26 Laterale Knochenleiste, die die Sehnenrinne für die Sehne des Musculus extensor digitalis communis lateral begrenzt.
- 27 Knochenleiste, die die Sehnenrinne für die Sehne des Musculus extensor carpi radialis medial begrenzt.
- 28 Knochenleiste zwischen der Sehne des Musculus extensor digitalis communis und der Sehne des Musculus extensor carpi radialis. In Abhängigkeit vom Röntgenstrahl-Einfallswinkel können diese Leisten auf der Röntgenaufnahme eine unterschiedliche Lage zueinander aufweisen.

218 Kapitel 4: Radiologische Untersuchungen

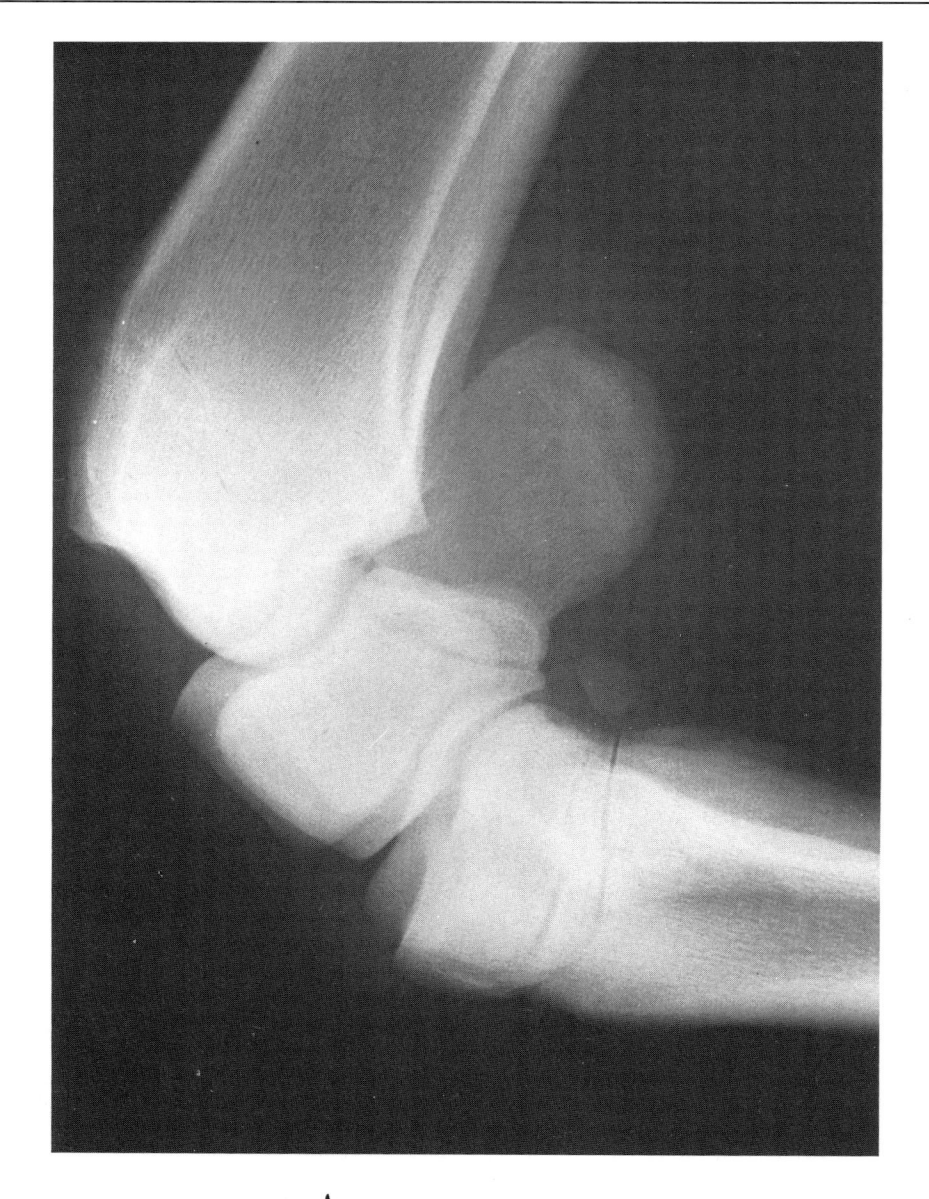

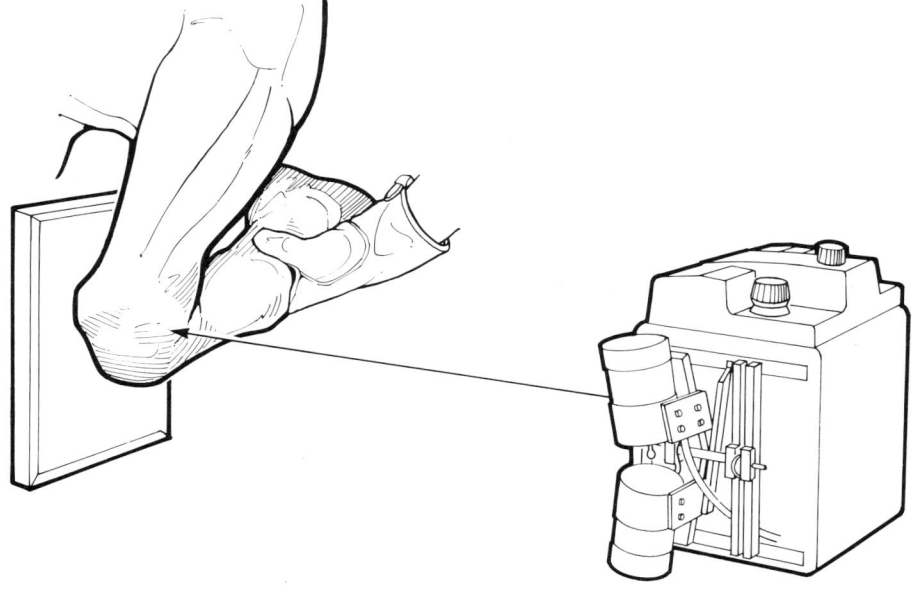

Kapitel 4: Radiologische Untersuchungen

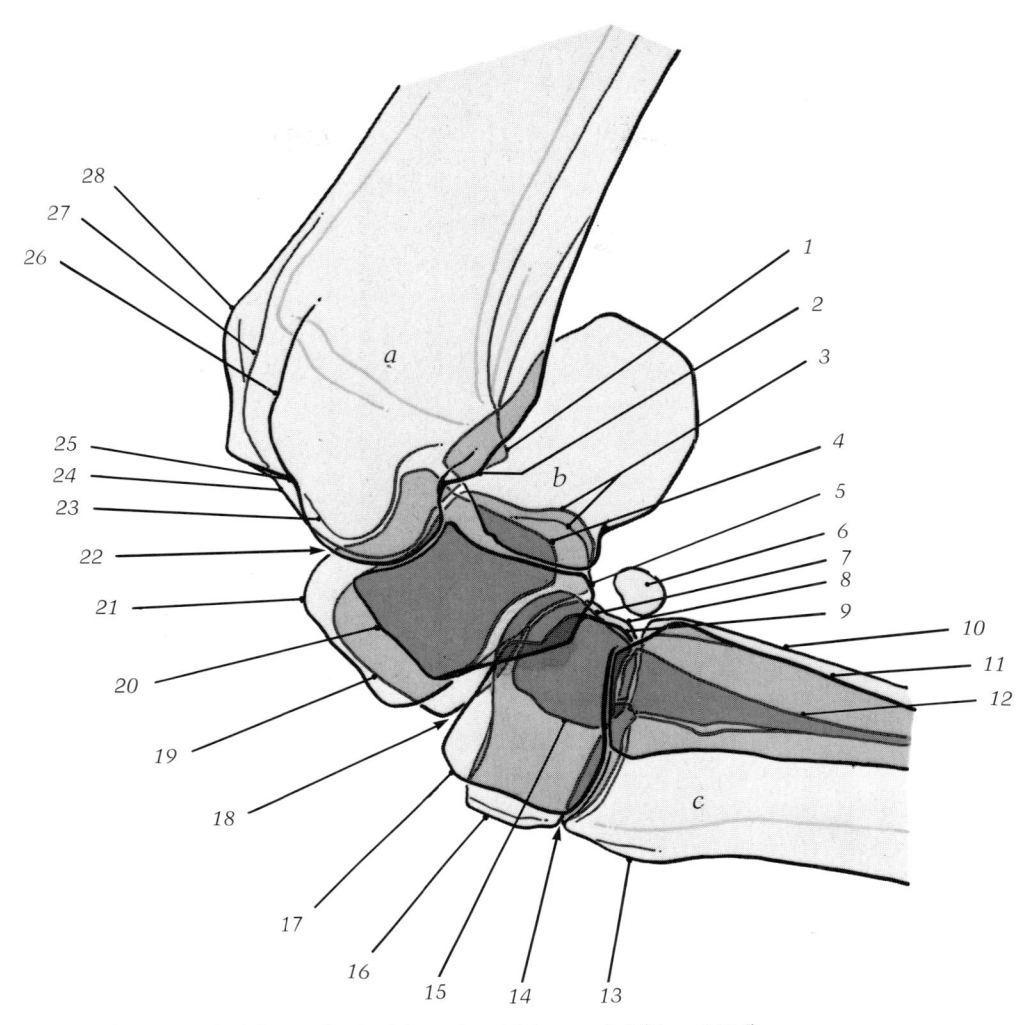

Abb. 4.54: Carpus sinister (linke Vorderfußwurzel). Ansicht: gebeugt lateromedial (Flexed LM).
a Radius (Speiche).
b Os carpi accessorium (Os pisiforme, Erbsenbein).
c Os metacarpale III (3. Vordermittelfußknochen).

    1 Crista transversa (Transversalleiste), die kaudal von der ossifizierten distalen Epiphysenfuge des Radius abgebildet wird.
    2 Knochenleisten, die sich an der kaudalen Seite der Processus styloidei medialis und lateralis (medialer und lateraler Griffelfortsatz) der Trochlea radii (Gelenkrolle des Radius) befinden.
 3,4,5 Palmarrand des Os carpi radiale, intermedium bzw. ulnare.
    6. Os carpale I. Das Os carpale I kann fehlen. Außerdem weist die r Knochen Unterschiede hinsichtlich Größe und Form auf.
 7,8,9 Palmarrand des Os carpale IV, III und II.
10,11,12 Proximaler Palmarrand des Os metacarpale II, IV bzw. III. Die Palmarränder der Ossa carpalia und diejenigen der Ossa metacarpalia überlagern einander und variieren geringfügig hinsichtlich ihrer Position, wenn die Winkelung der Röntgenröhre und/oder die Lagerung der Pferdegliedmaße verändert werden.
   13 Tuberositas ossis metacarpalis III. Diese Rauhigkeit am dritten Vordermittelfußknochen ist unterschiedlich deutlich auf Röntgenaufnahmen sichtbar.
   14 Articulatio carpometacarpea (Vorderfußwurzel-Mittelfußgelenk). Aufgrund der verschiedenen unregelmäßigen Formen der an der Gelenkbildung beteiligten Knochen werden zahlreiche Aufhellungen, die die „Gelenkspalten" darstellen, abgebildet.
15,16,17 Dorsalrand des Os carpale II, IV bzw. III. Die proximale Dorsalseite des Os carpale IV (17) wird bei der gebeugten Seitenansicht proximal des Os carpale III (16) abgebildet.
   18 Articulatio mediocarpea (Vorderfußwurzel-Mittelgelenk).
19,20,21 Dorsalrand des Os carpi radiale, ulnare bzw. intermedium. Die Dorsalränder des Os carpi radiale (19) und des Os carpi intermedium (21) überlagern einander fast vollständig und variieren geringfügig. In der vorliegenden gebeugten Lateralansicht wird das Os carpi intermedium (21) gewöhnlich proximal des Os carpi radiale (19) abgebildet.
   22 Articulatio antebrachiocarpea (Unterarm-Vorderfußwurzelgelenk) bzw. beim Pferd: Articulatio radiocarpea.
   23 In der Mitte liegender Bereich der Trochlea radii (Gelenkrolle des Radius), der mit dem Os carpi intermedium (21) artikuliert
24,25 Mediale bzw. laterale Begrenzung des Processus styloideus medialis (medialer Griffelfortsatz) der Trochlea radii (Gelenkrolle des Radius).
   26 Laterale Knochenleiste, die dem Lateralrand der gemeinsamen Strecksehne benachbart ist.
   27 Knochenleiste, die dem Medialrand der Sehne des Musculus extensor carpi radialis benachbart ist.
   28 Knochenleiste zwischen den Sehnen des Musculus extensor digitalis communis und dem Musculus extensor carpi radialis.
Diese Knochenleisten und die einzelnen Bereiche der Trochlea radii können durch Änderungen der Gliedmaßenstellung sowie des Röntgenstrahl-Einfallwinkels unterschiedlich abgebildet werden.

220 Kapitel 4: Radiologische Untersuchungen

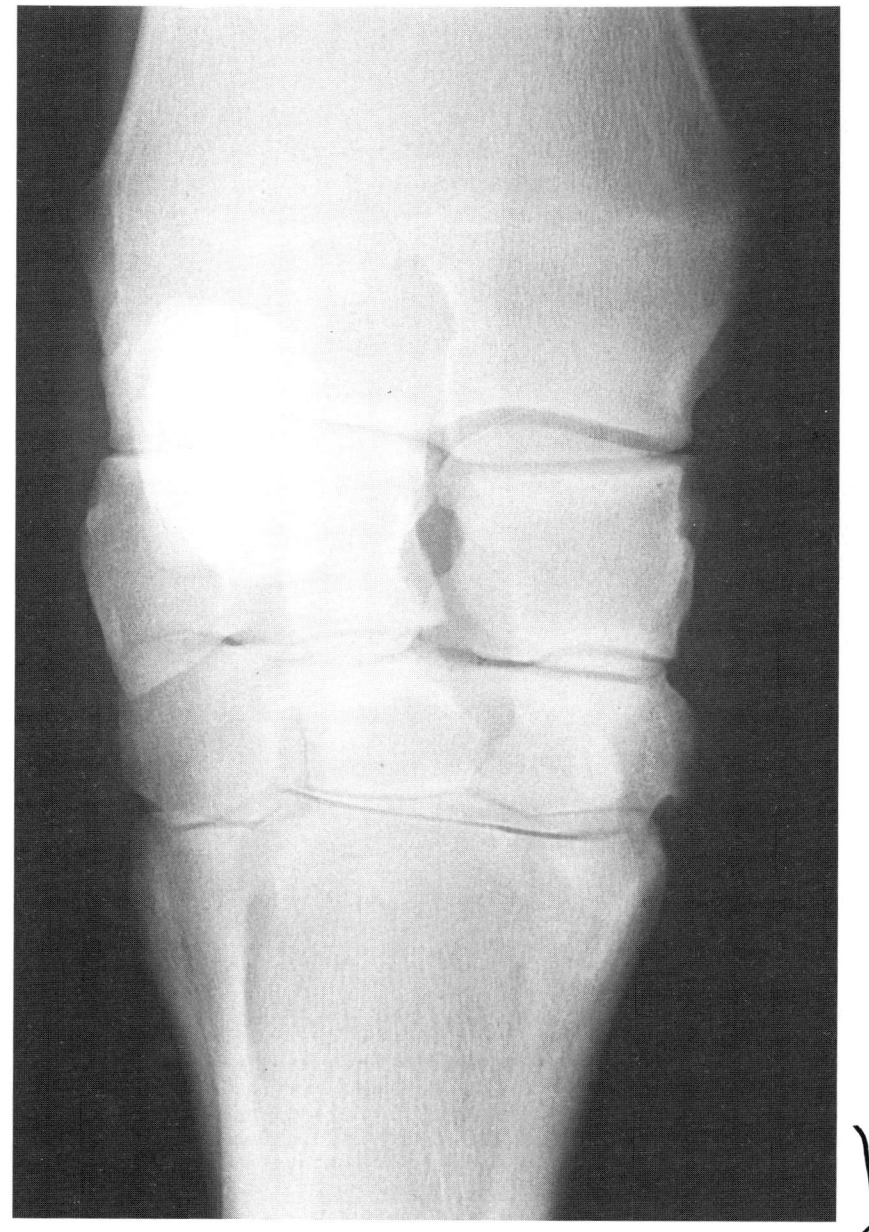

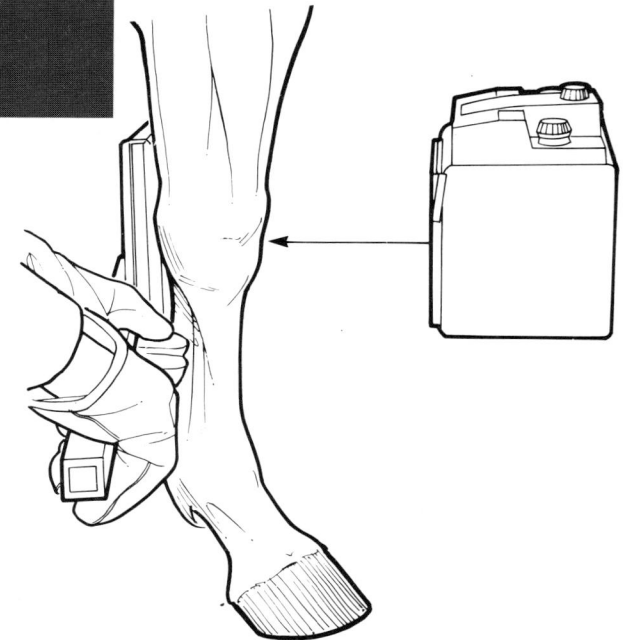

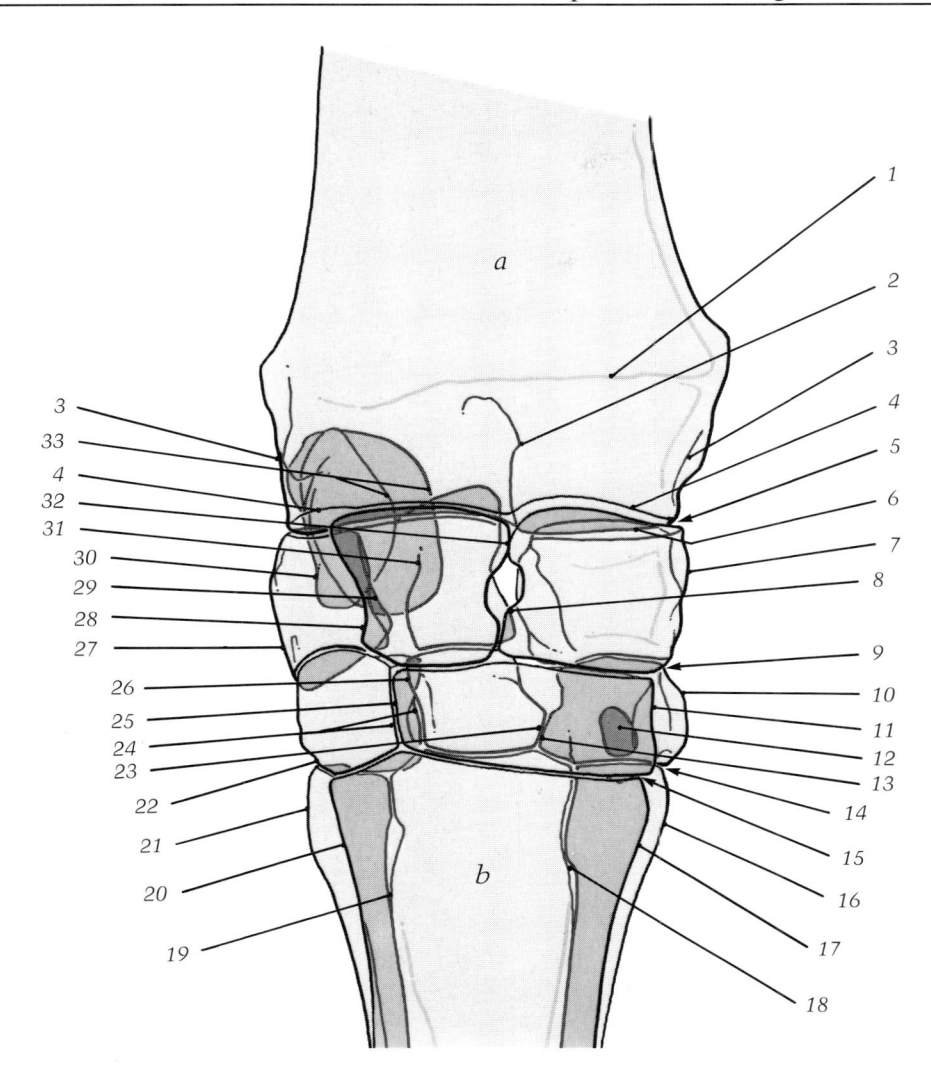

Abb. 4.55: Carpus dexter (rechte Vorderfußwurzel). Ansicht: dorsopalmar (DPa).
a Radius (Speiche).
b Os metacarpale III (3. Vordermittelfußknochen).
1. Epiphysenfugenspur (Epiphysennarbe) distal am Radius nach Epiphysenfugenschluß.
2. Kaudolaterale Begrenzung des Processus styloideus medialis (medialer Griffelfortsatz) an der Trochlea radii (Gelenkrolle der Speiche).
3. Bandgrube am medialen und lateralen Processus styloideus (Griffelfortsatz) für den Ursprung des medialen und lateralen Ligamentum collaterale. Bereits geringe Schrägstellung der Gliedmaße führt zu Veränderungen in Erscheinungsform und erkennbarer Tiefe dieser Einsenkungen.
4. Kranialer Gelenkrand am Distalende des Radius.
5. Articulatio antebrachiocarpea (Unterarm-Vorderfußwurzelgelenk) bzw. beim Pferd: Articulatio radiocarpea.
6. Processus styloideus medialis (medialer Griffelfortsatz) der distal gelegenen Trochlea radii (Gelenkrolle der Speiche). Der Processus styloideus medialis artikuliert mit dem Os carpi radiale (7 und 8).
7,8 Medial- ud Lateralrand des Os carpi radiale.
9. Articulatio mediocarpea (Vorderfußwurzel-Mittelgelenk). Aufgrund der Bildung der Gelenkfläche durch mehrere Knochen und geringfügige Winkelung der Röntgenröhre oder der Pferdegliedmaße weisen die einzelnen „Gelenkspalten" ein unterschiedliches Niveau auf.
10. Medialrand des Os carpale II.
11. Dorsomedialer Rand des Os carpale III.
12. Os carpale I, das die Ossa carpalia II und III überlagert.
13. Lateralrand des Os carpale II.
14,15 Palmarer bzw. dorsaler Anteil des „Gelenkspaltes" der Articulatio carpometacarpea (Vorderfußwurzel-Mittelfußgelenk).
16,17 Proximomedialer Rand des Os metacarpale II bzw. III.
18. Articulatio intermetacarpea zwischen den Ossa metacarpalia II und III.
19. Articulatio intermetacarpea zwischen den Ossa metacarpalia III und IV.
20,21 Lateralrand des Os metacarpale III bzw. IV.
22. Lateralrand des Os carpale IV.
23. Mediale Begrenzung des palmaren Fortsatzes vom Os carpale III.
24. Medialrand des Os carpale IV.
25. Dorsolateraler Rand des Os carpale III.
26. Laterale Begrenzung des palmaren Fortsatzes vom Os carpale III.
27,28 Lateralrand des Os carpi ulnare bzw. intermedium.
29. Medialrand des Os carpi ulnare.
30. Lateralrand des Os carpi accessorium.
31. Laterale Begrenzung der palmaren Rauhigkeit am Os carpi intermedium.
32. Medialrand des Os carpi intermedium.
33. Konkave Medialfläche des Os carpi accessorium.

222 Kapitel 4: Radiologische Untersuchungen

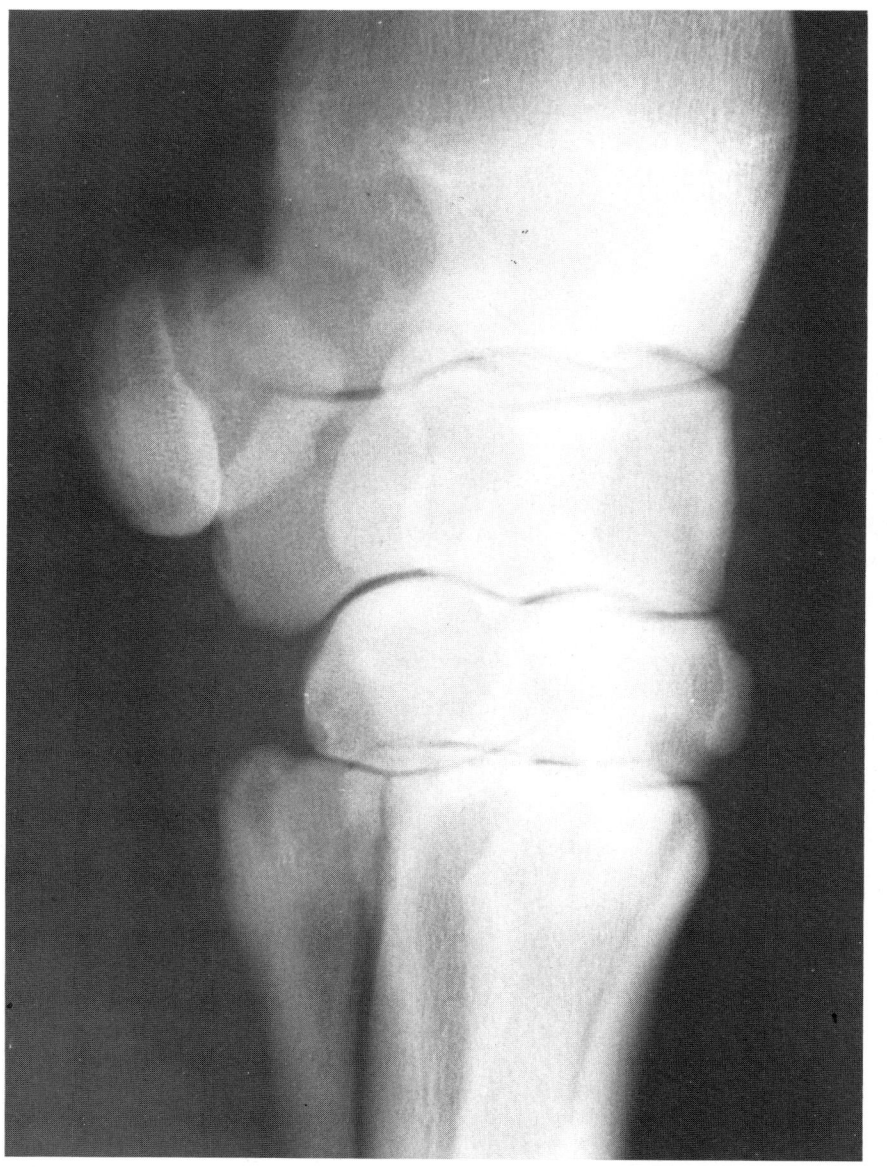

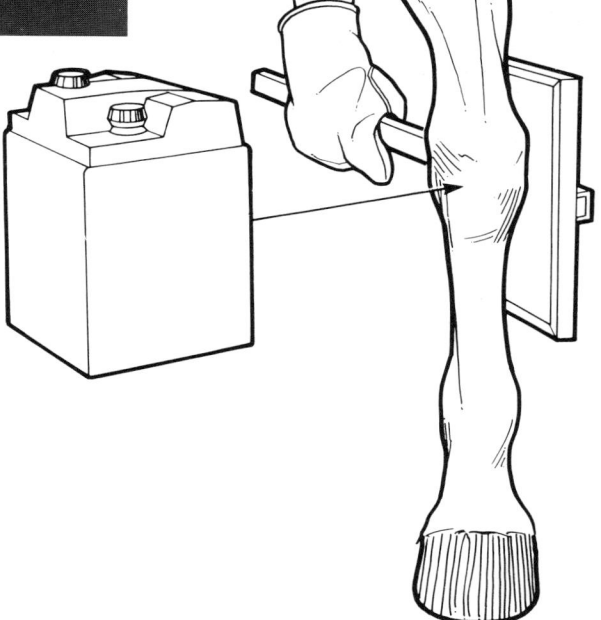

Kapitel 4: Radiologische Untersuchungen 223

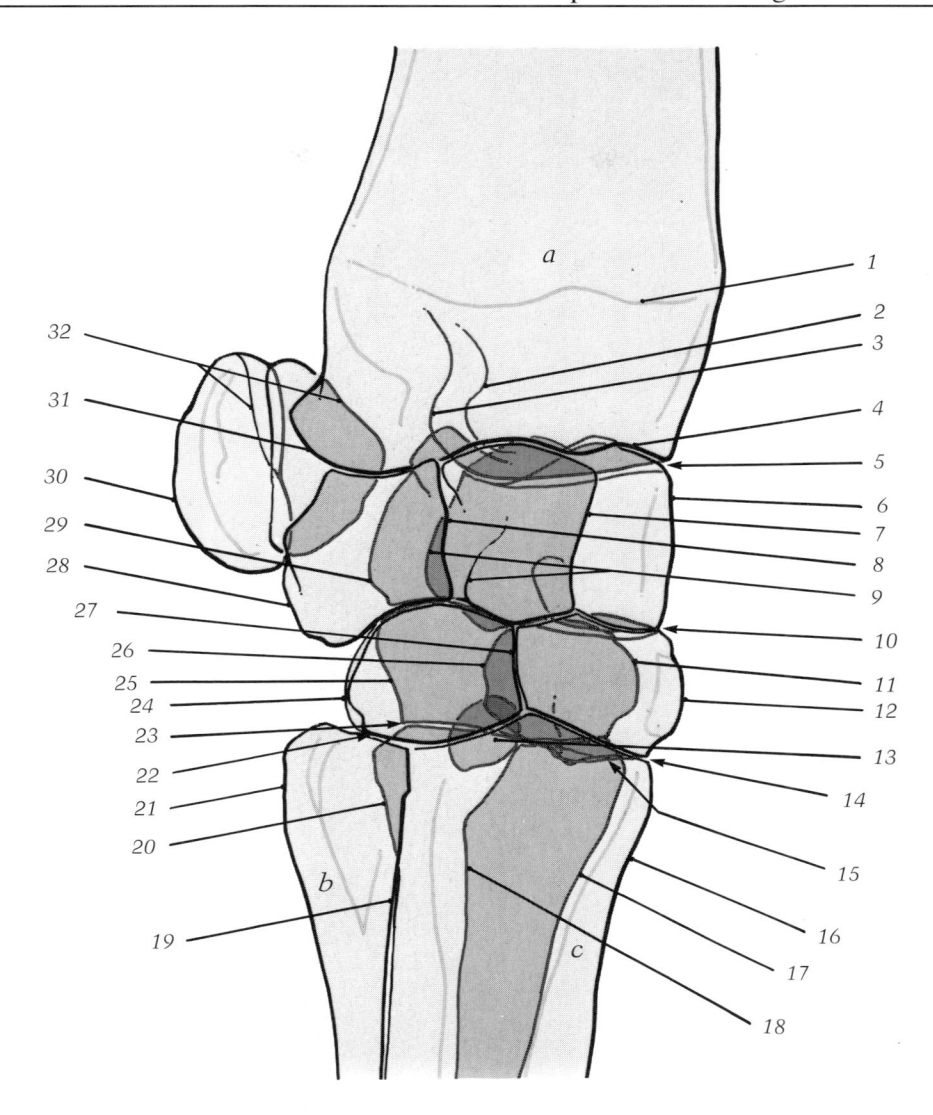

Abb. 4.56: Carpus dexter (rechte Vorderfußwurzel). Ansicht: dorsolateral-palmaromedial obliquus (D45L-PaMO).
a Radius (Speiche).
b Os metacarpale IV (4. Vordermittelfußknochen).
c Os metacarpale III (3. Vordermittelfußknochen).
 1 Epiphysenfugenspur (Epiphysennarbe), die nach der Ossifikation der distalen Epiphysenfuge am Radius bestehen bleibt.
 2 Kaudalfläche des mittleren Bereiches der Trochlea radii (Gelenkwalze der Speiche).
 3 Kaudalfläche des Processus styloideus medialis (medialer Griffelfortsatz) der Trochlea radii (Gelenkwalze der Speiche).
 4 Kranialer Gelenkrand der Trochlea radii (Gelenkwalze der Speiche).
 5 Dorsomedialer Bereich der Articulatio antebrachiocarpea (Unterarm-Vorderfußwurzelgelenk) bzw. Articulatio radiocarpea.
6,7,8 Dorsomediale Ränder der Ossa carpi radiale, intermedium und ulnare.
 9 Knöcherne Erhebungen auf der Palmarseite des Os carpi radiale.
 10 Dorsomedialer Bereich der Articulatio mediocarpea (Vorderfußwurzel-Mittelgelenk).
 11 Dorsomedialer Rand des Os carpale II.
 12 Transversalkämme am dorsomedialen Rand des Os carpale III.
 13 Os carpale I, das aufgrund der Überlagerungen in der vorliegenden Ansicht nur undeutlich zu erkennen ist.
14,15 Medialer u. dorsaler Teil der Articulatio carpometacarpea (Vorderfußwurzel-Mittelfußgelenk). Die vielen „Gelenkspalten", die in diesem Bereich dargestellt sind, gehören alle zur Articulatio carpometacarpea und variieren in ihrem Erscheinungsbild bei Änderung des Projektionswinkels.
16,17 Dorsomedialer Rand des Os metacarpale III bzw. II.
 18 Palmarolateraler Rand des Os metacarpale II.
 19 Dorsomedialer Rand des Os metacarpale IV.
20,21 Palmarolateraler Rand des Os metacarpale III bzw. IV.
 22 Palmarolateraler Bereich der Articulatio carpometacarpea (Vorderfußwurzel-Mittelfußgelenk). Gelenkige Verbindung zwischen dem Os carpale IV und den Ossa metacarpalia III sowie IV.
 23 Palmarer Bereich der Articulatio carpometacarpea (Vorderfußwurzel-Mittelfußgelenk). Gelenkige Verbindung zwischen Os carpale III und Os metacarpale III.
 24 Knöcherne Erhebung am palmarolateralen Rand des Os carpale IV.
25,26 Palmarolateraler Rand des Os carpale III bzw. II.
 27 Dorsomedialer Rand des Os carpale IV.
28,29,30 Palmarolateraler Rand des Os carpi ulnare, intermedium bzw. accessorium.
 31 Processus styloideus lateralis (lateraler Griffelfortsatz) der Trochlea radii (Gelenkwalze der Speiche).
 32 Konkave Medialfläche des Os carpi accessorium.

224 Kapitel 4: Radiologische Untersuchungen

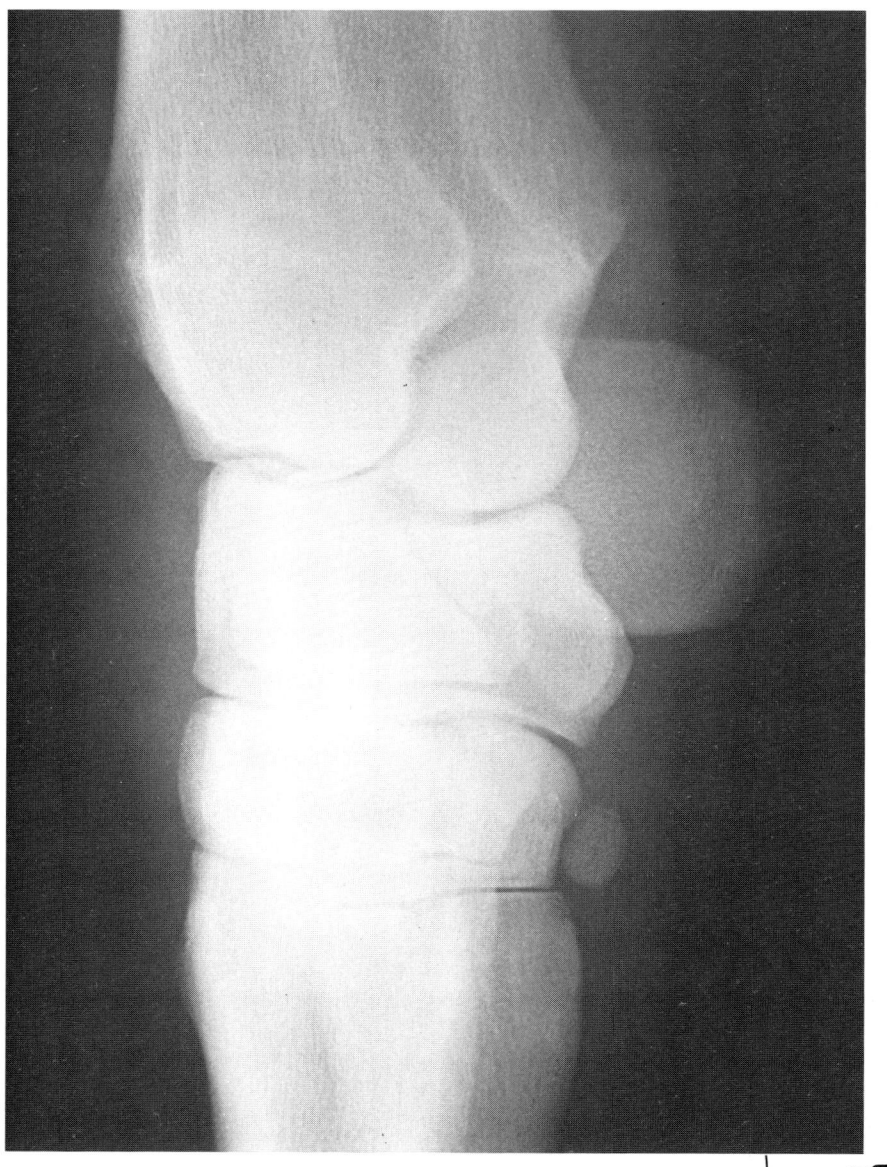

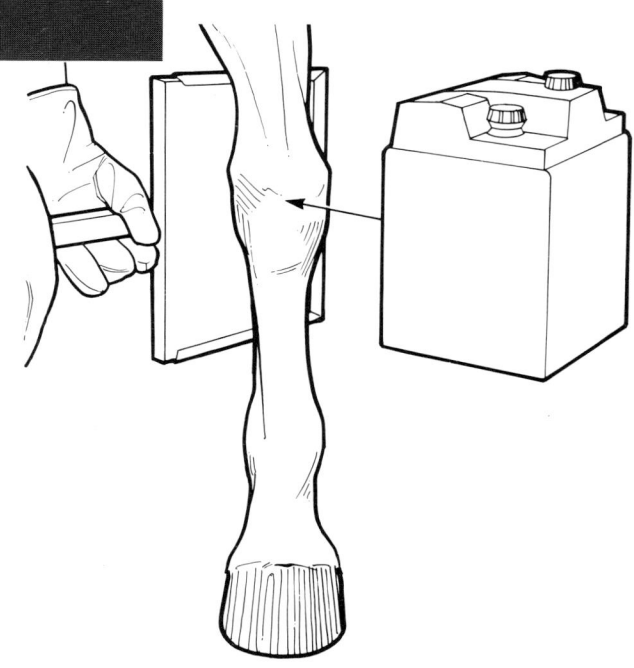

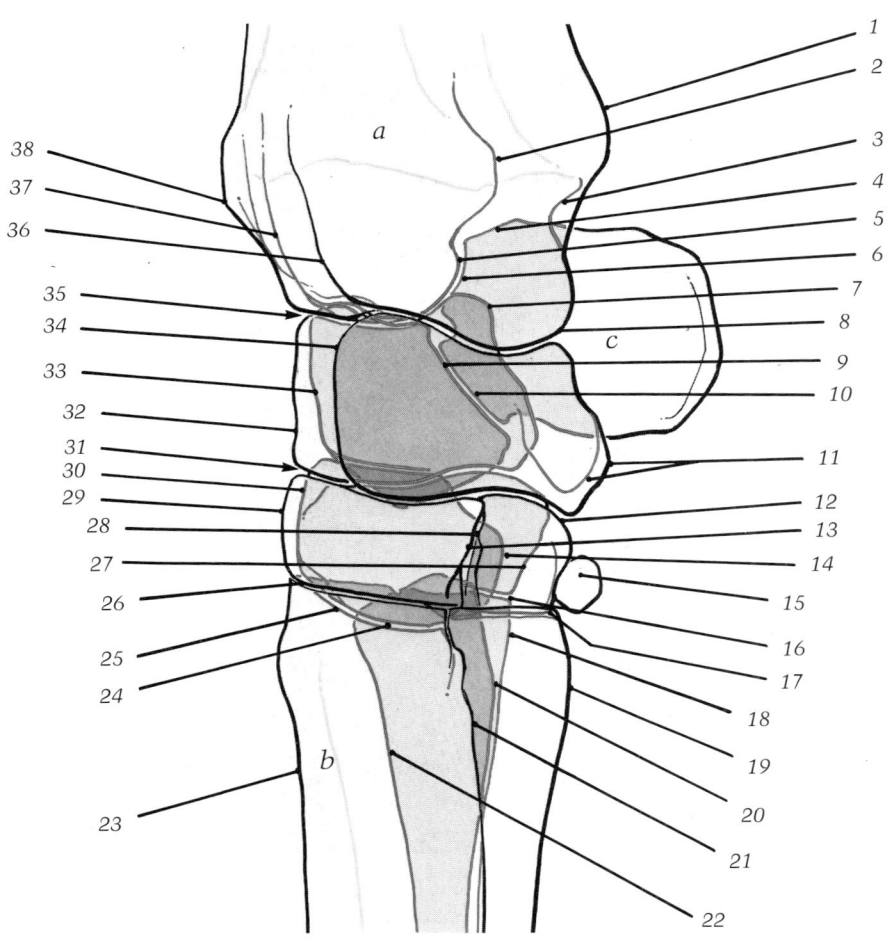

Abb. 4.57: Carpus dexter (rechte Vorderfußwurzel). Ansicht: dorsomedial-palmarolateral obliquus (D30M-PaLO).
a Radius (Speiche).
b Os metacarpale III (3. Vordermittelfußknochen).
c Os carpi accessorium (Os pisiformis, Erbsenbein).

1. Projektion des knöchernen Bandanheftungsbereiches auf die kaudomediale Fläche des Radius.
2. Transversalleiste proximal des Processus styloideus lateralis (lateraler Griffelfortsatz) der Trochlea radii (Gelenkwalze der Speiche).
3. Einbuchtung proximal des Processus styloideus medialis (medialer Griffelfortsatz) der Trochlea radii (Gelenkwalze der Speiche).
4. Proximalrand des Os carpi accessorium.
5. Kaudale Begrenzungen der einander überlagernden lateralen und mittleren Bereiche der Trochlea radii (Gelenkwalze der Speiche).
6. Proximaler Anteil der Gelenkfläche des Os carpi accessorium.
7. Palmaromedialer Rand des Os carpi intermedium.
8. Processus styloideus medialis (medialer Griffelfortsatz) der Trochlea radii (Gelenkwalze der Speiche).
9. Palmaromedialer Rand des Os carpi ulnare.
10. Distaler Anteil der Gelenkfläche des Os carpi accessorium.

11,12,13,14 Palmaromedialer Rand des Os carpi radiale bzw. der Os carpale II, III bzw. IV.

15. Os carpale I.
16. Articulatio carpometacarpea (Vorderfußwurzel-Mittelfußgelenk) im Bereich zwischen Os carpale III und Os metacarpale III.
17. Articulatio carpometacarpea (Vorderfußwurzel-Mittelfußgelenk) im Bereich zwischen Os carpale II und Os metacarpale II.

18,19,20 Palmaromedialer Rand des Os metacarpale III, II bzw. IV.
21,22,23 Dorsolateraler Rand des Os metacarpale II, IV bzw. III.

24. Articulatio carpometacarpea (Vorderfußwurzel-Mittelfußgelenk) im Bereich zwischen Os carpale IV und Os metacarpale IV.
25. Articulatio carpometacarpea (Vorderfußwurzel-Mittelfußgelenk) im Bereich zwischen Os carpale IV und Os metacarpale III.
26. Articulatio carpometacarpea (Vorderfußwurzel-Mittelfußgelenk) im Bereich zwischen Os carpale III und Os metacarpale III.
27. Palmaromedialer Rand des Os carpale III.

28,29,30 Dorsaler Rand des Os metacarpale II, III bzw. IV.

31. Dorsolaterale Seite der Articulatio mediocarpea (Vorderfußwurzel-Mittelgelenk).

32,33,34 Dorsaler Rand des Os carpi intermedium, ulnare bzw. radiale.
Die relative Lage und Gestalt der Ränder der Karpalknochen verändert sich durch leichte Verschiebungen der Projektionsebenen.

35. Articulatio antebrachiocarpea (Unterarm-Vorderfußwurzelgelenk) bzw. Articulatio radiocarpea.
36. Knochenleiste, die den medialen Rand der Sehnenrinne für die Sehne des Musculus extensor digitalis communis bildet.
37. Knochenleiste entlang des lateralen Randes der Sehne des Musculus extensor carpi radialis.
38. Knochenleiste zwischen den Sehnenrinnen für die Sehnen der Musculi extensor digitalis communis und extensor carpi radialis.
Die relative Lage dieser Knochenleisten kraniodistal am Radius variiert geringgradig in Abhängigkeit von der Projektionsrichtung des Röntgenstrahles.

226 Kapitel 4: Radiologische Untersuchungen

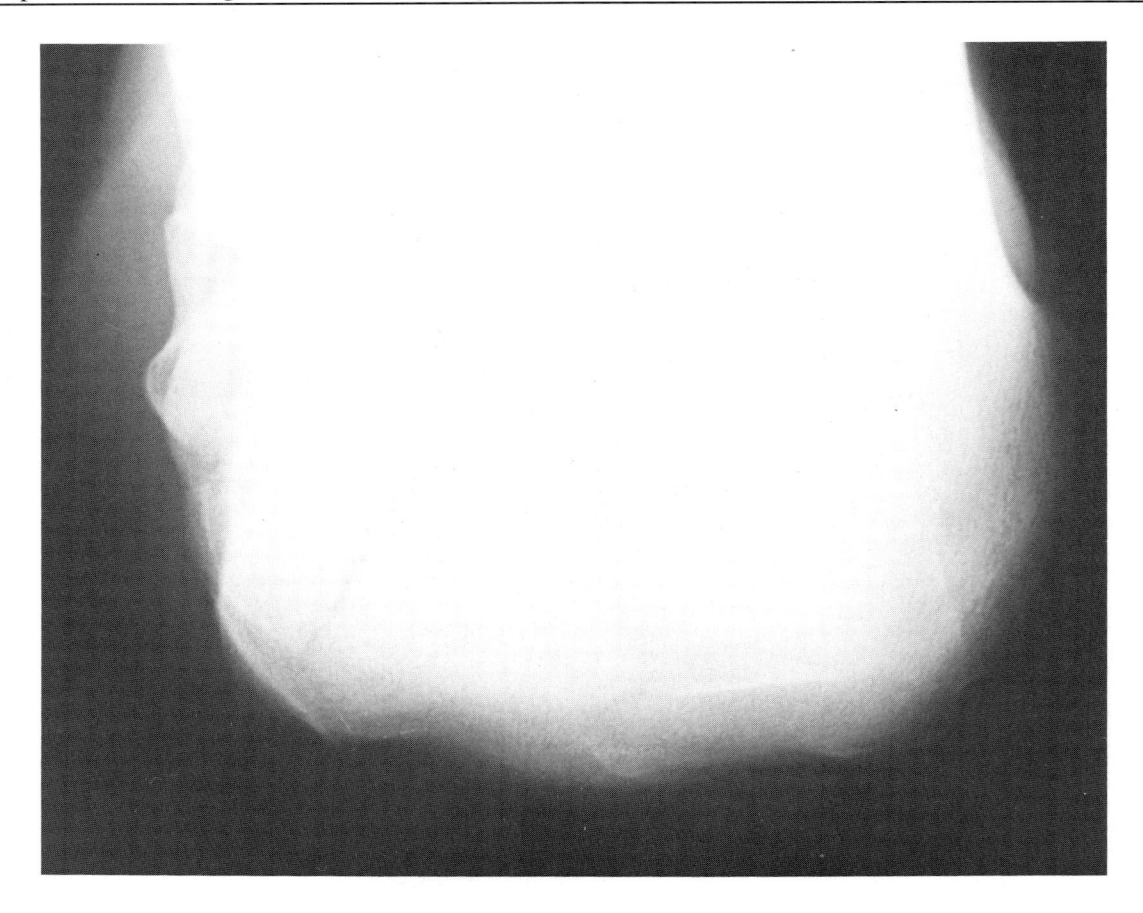

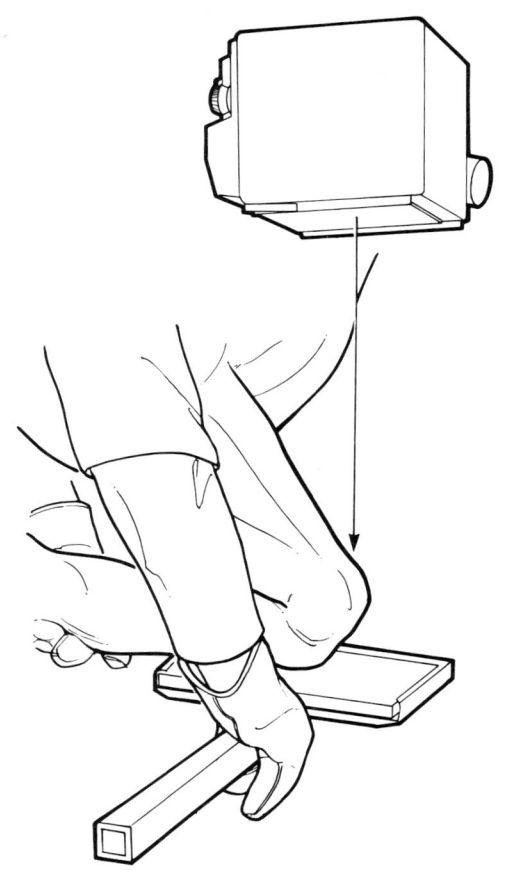

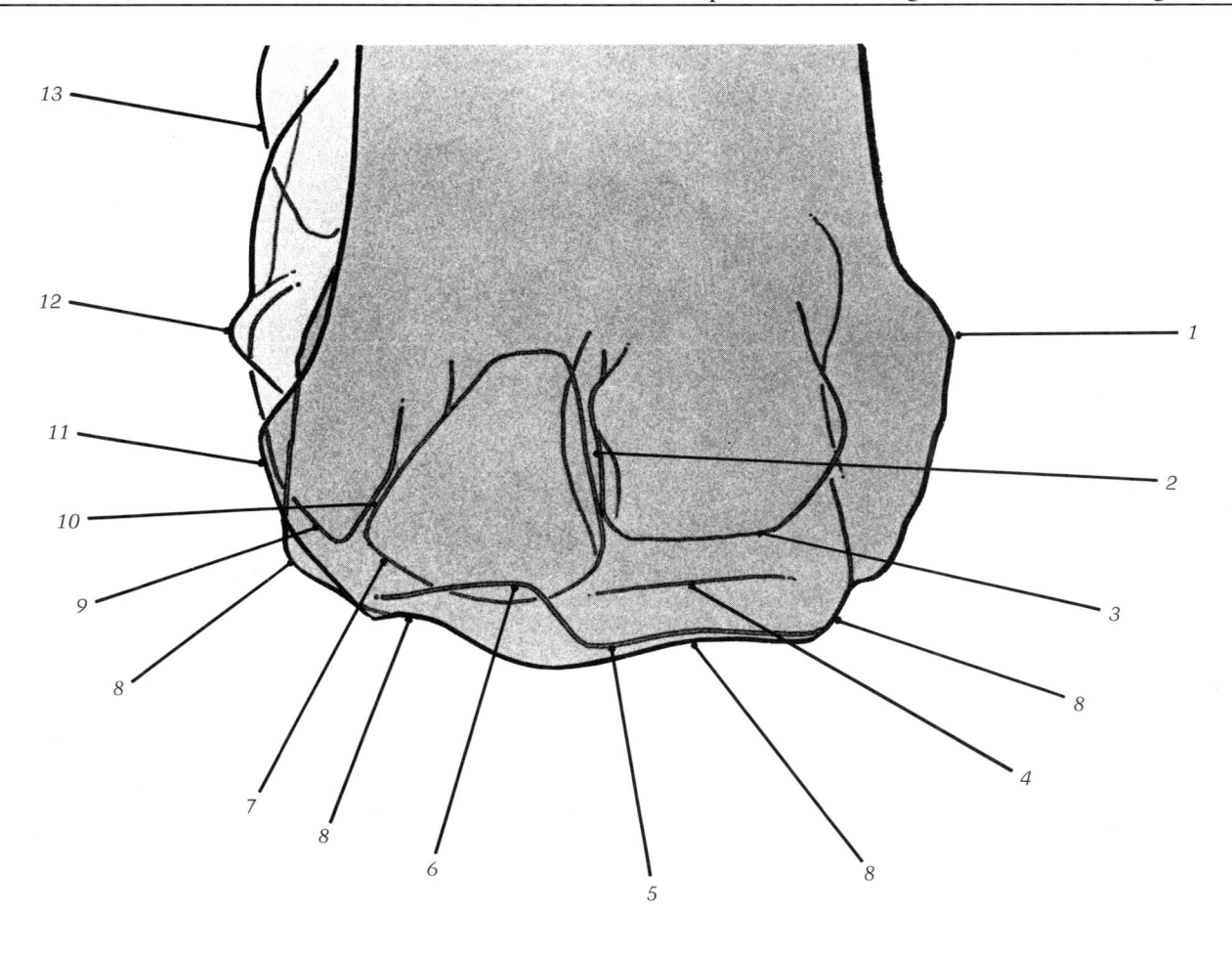

Abb. 4.58: Carpus (Vorderfußwurzel) und distaler Radius (Speiche) der rechten Schultergliedmaße. Ansicht: gebeugt dorsoproximal-dorsodistal obliquus (Flexed D80Pr-DDiO).

1 Bandhöcker mediodistal am Radius für die Anheftung des Ligamentum collaterale mediale.
2 Articulatio intercarpea zwischen den Ossa carpi radiale und intermedium.
3 Dorsalrand des Os carpi radiale.
4 Dorsoproximaler Rand des Os carpi radiale.
5 Processus styloideus medialis (medialer Griffelfortsatz) der Trochlea radii (Gelenkwalze der Speiche).
6 Mittlerer Bereich der Trochlea radii (Gelenkwalze der Speiche).
7 Dorsalrand des Os carpi intermedium.
8 Dorsaler Gelenkrand der Trochlea radii (Gelenkwalze der Speiche).
9 Dorsalrand des Os carpi ulnare.
10 Articulatio intercarpea zwischen den Ossa carpi ulnare und intermedium.
11 Bandhöcker distolateral am Radius für die Anheftung des Ligamentum collaterale laterale.
12 Lateralrand des Os carpi accessorium.
13 Proximolateraler Rand des Os metacarpale IV.

228   Kapitel 4: Radiologische Untersuchungen

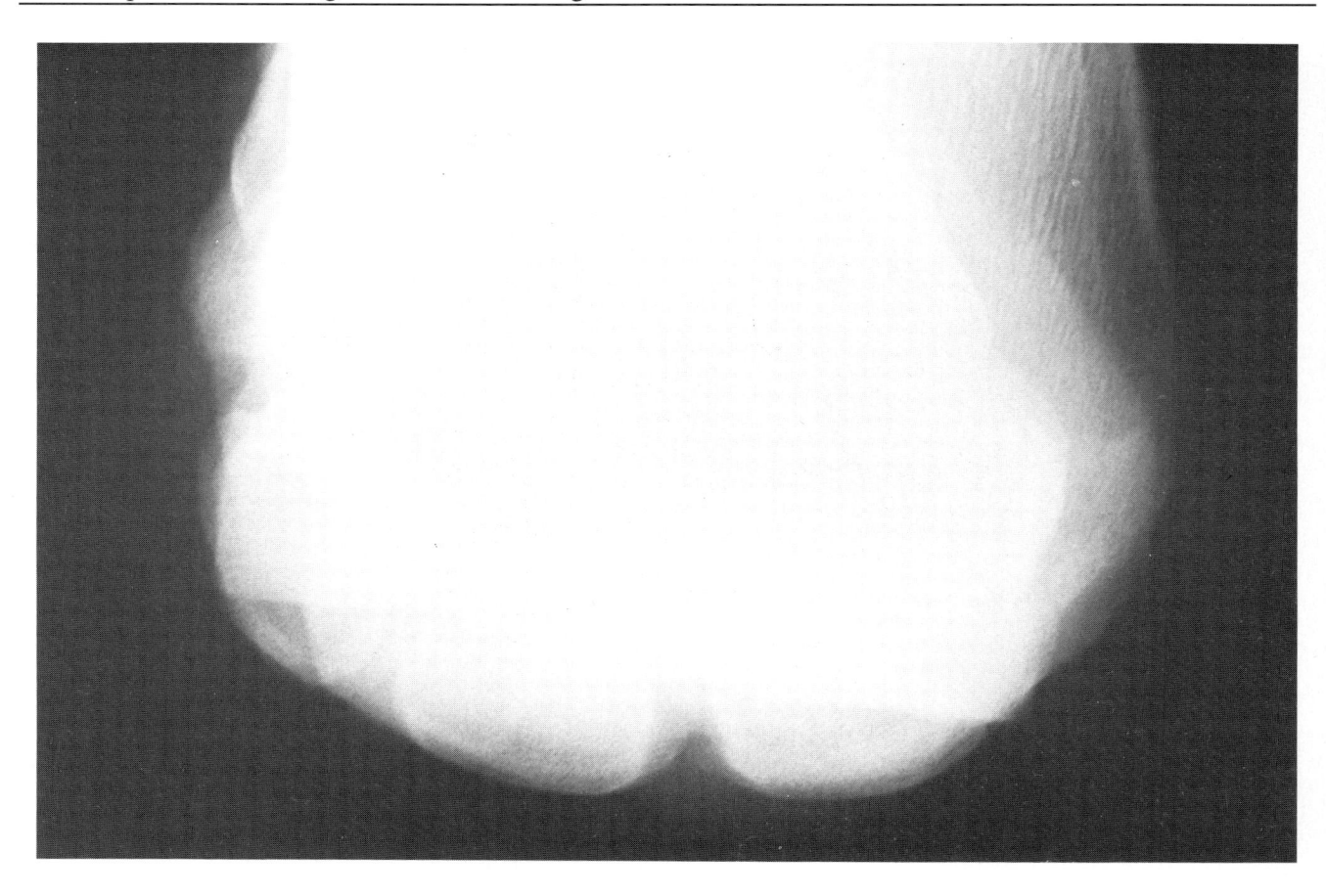

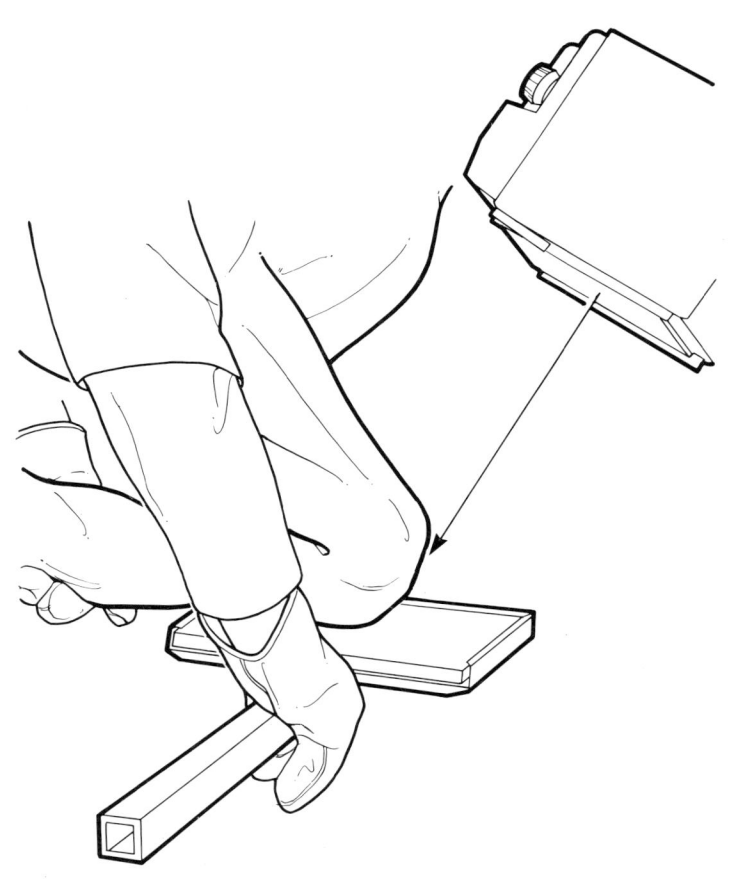

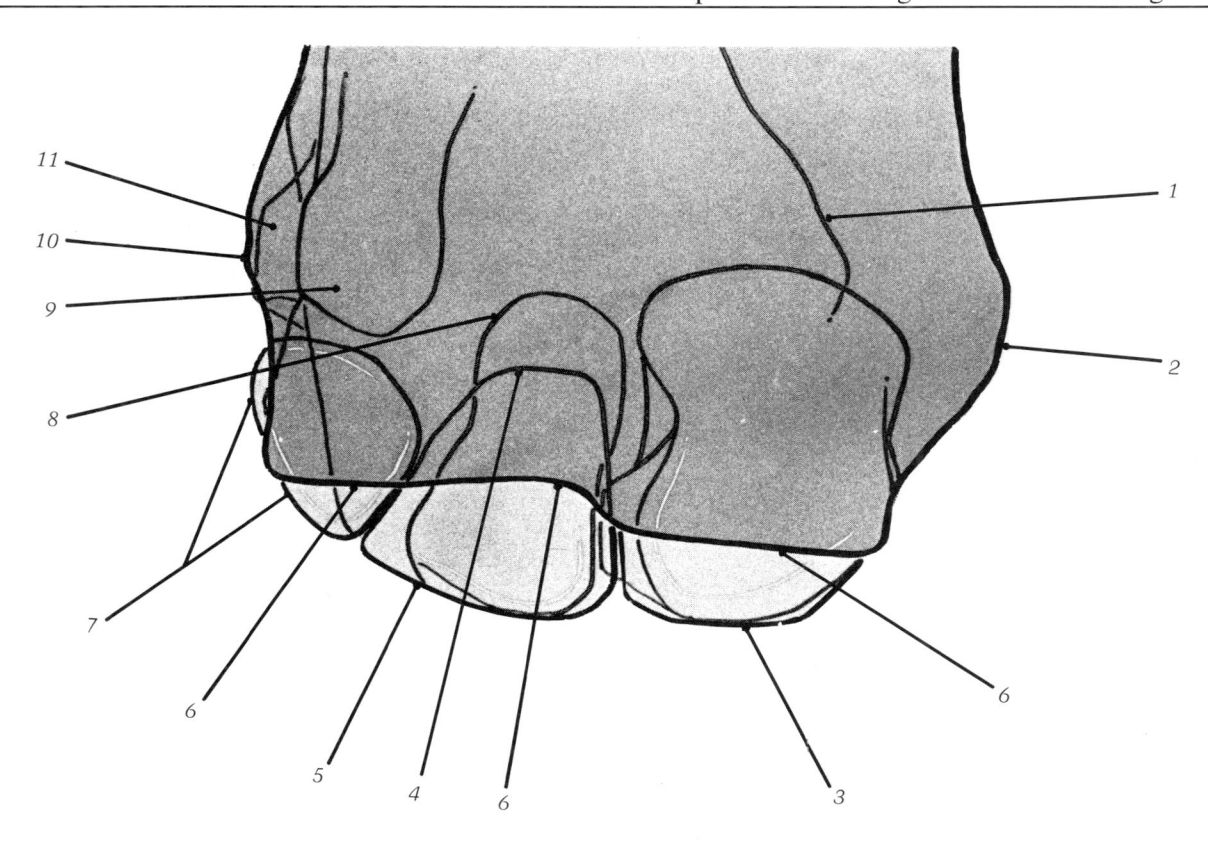

Abb. 4.59: Carpus dexter (rechte Vorderfußwurzel), proximale Reihe der Ossa carpi (Karpalknochen). Ansicht: gebeugt dorsoproximal-dorsodistal obliquus (Flexed D55Pr-DDiO).

1 Medialrand des Os metacarpale II.
2 Bandhöcker mediodistal am Radius für die Anheftung des Ligamentum collaterale mediale.
3 Dorsalrand des Os carpi radiale.
4 Proximopalmarer Rand des Os carpi intermedium.
5 Dorsalrand des Os carpi intermedium.
6 Trochlea radii (Gelenkrolle der Speiche).
7 Dorsolateraler Rand des Os carpi ulnare.
8 Palmarodistaler Rand des Os carpi intermedium.
9 Proximaler Bereich des Os metacarpale IV.
10 Lateraler Bandhöcker distal am Radius für die Anheftung des Ligamentum collaterale laterale.
11 Os carpi accessorium.

Die relative Lage des distalen Radiusendes zu der proximalen Reihe der Ossa carpi variiert in Abhängigkeit von der Gliedmaßenposition und dem Projektionswinkel des Röntgenstrahles. Bereits geringfügige Variationen von einem der beiden letzten Parameter führen zu veränderten Überlagerungen des Radius mit den Ossa carpi.

230 Kapitel 4: Radiologische Untersuchungen

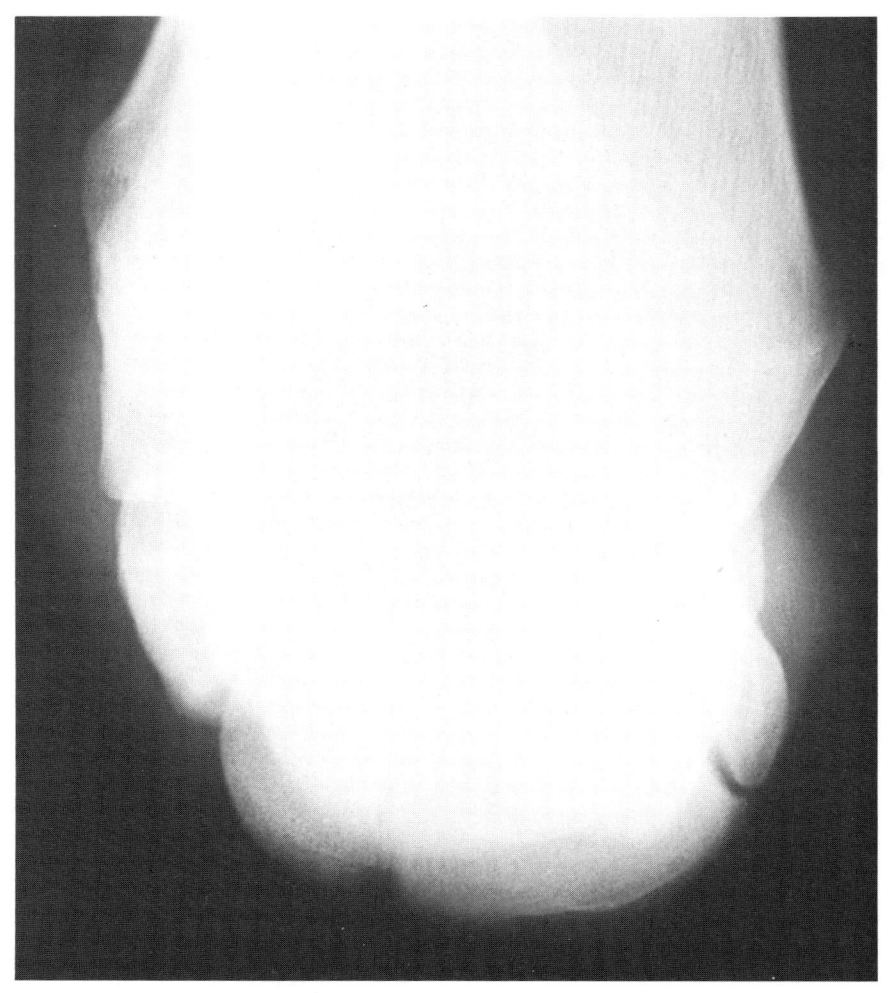

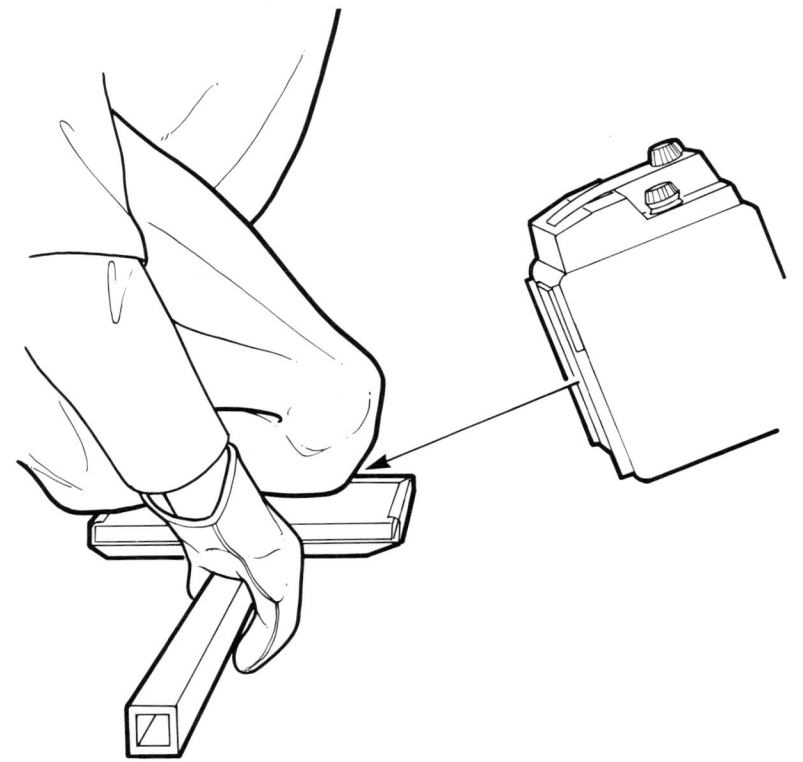

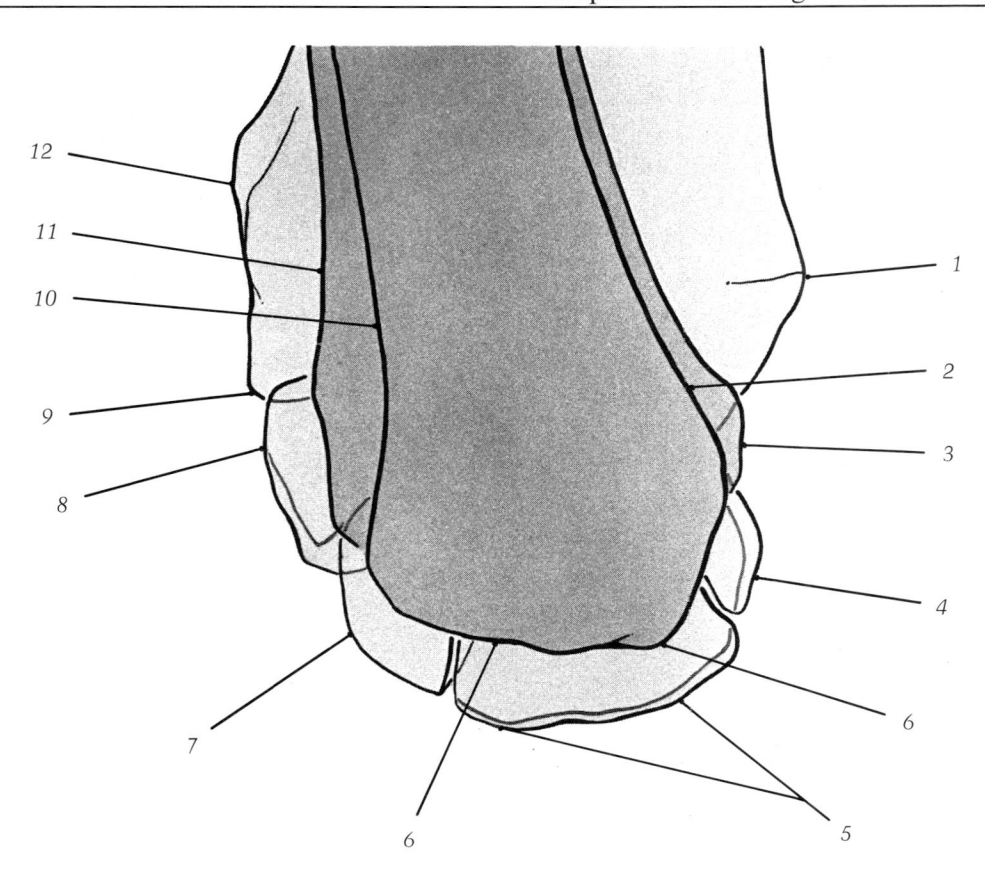

Abb. 4.60: Carpus dexter (rechte Vorderfußwurzel), distale Reihe der Ossa carpi (Karpalknochen). Ansicht: gebeugt dorsoproximal-dorsodistal obliquus (Flexed D30Pr-DDiO).
1 Medialer Bandhöcker distal am Radius für die Anheftung des Ligamentum collaterale mediale.
2 Medialrand des Os metacarpale III.
3 Medialrand des Os metacarpale II.
4 Os carpale II.
5 Dorsalrand des Os carpale III.
In Abhängigkeit von der Winkelung des Röntgenstrahles und der Lagerung der Gliedmaße bildet sich die Form des Os carpale III unterschiedlich ab. So kann dieser Knochen gestreckter als in der vorliegenden Röntgenaufnahme erscheinen.
6 Einander überlagernde Dorsalränder der proximalen Reihe der Ossa carpi und des Os metacarpale III.
7 Os carpale IV.
8 Lateralrand des Os carpi accessorium.
9 Processus styloideus lateralis (lateraler Griffelfortsatz) der Trochlea radii (Gelenkrolle der Speiche).
10 Lateralrand des Os metacarpale III.
11 Lateralrand des Os metacarpale IV.
12 Lateraler Bandhöcker distal am Radius für die Anheftung des Ligamentum collaterale laterale.

232   Kapitel 4: Radiologische Untersuchungen

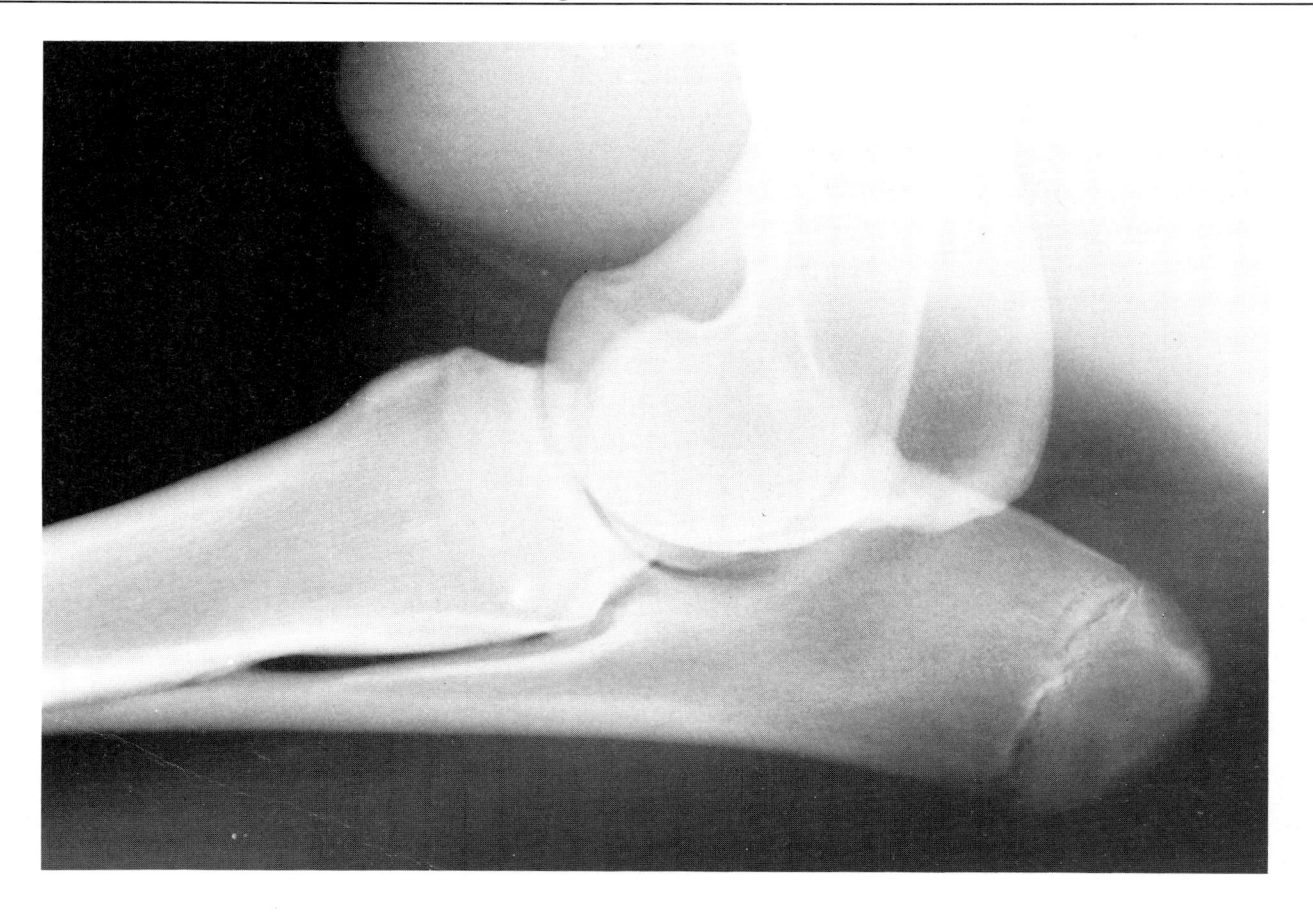

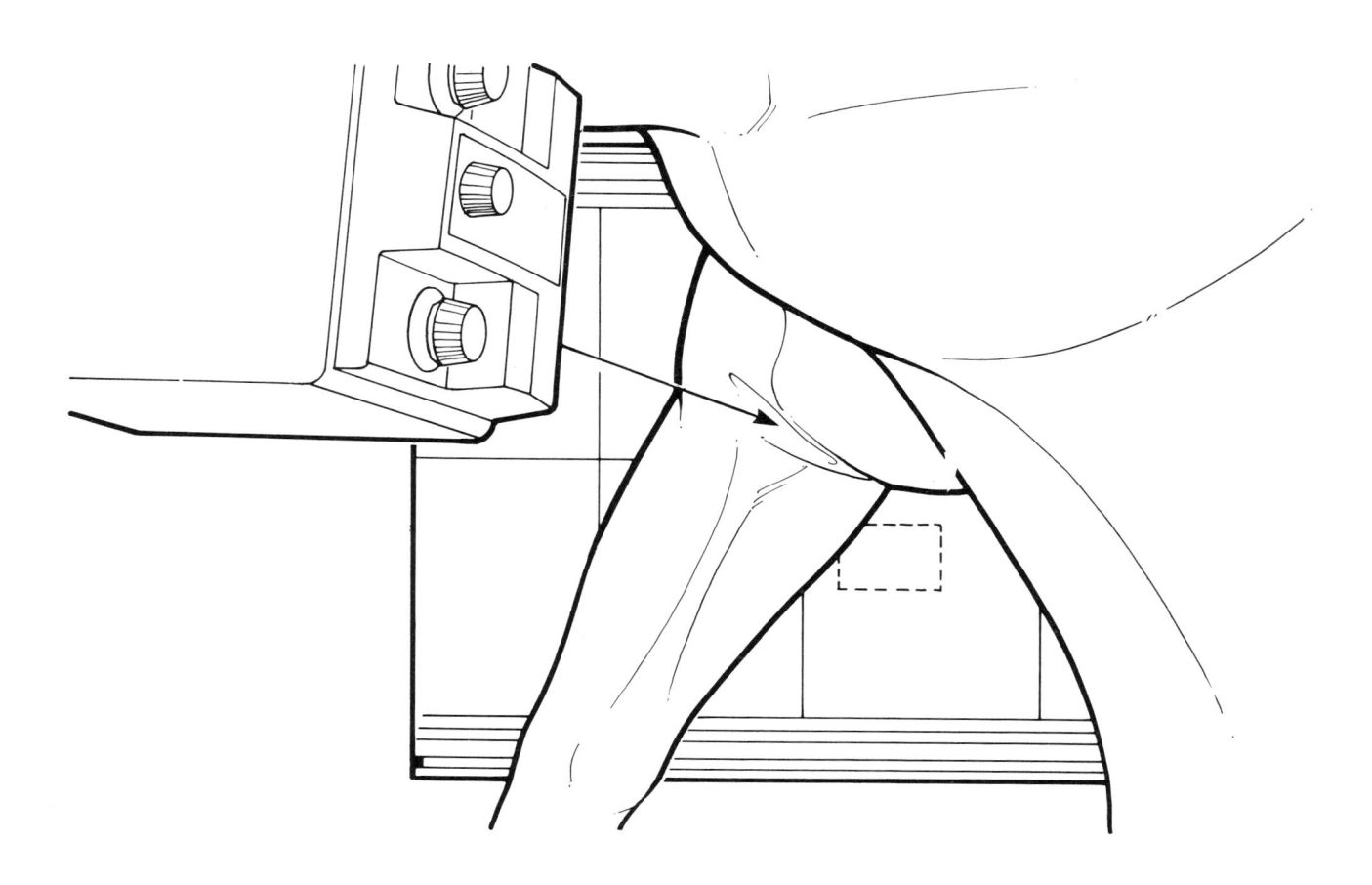

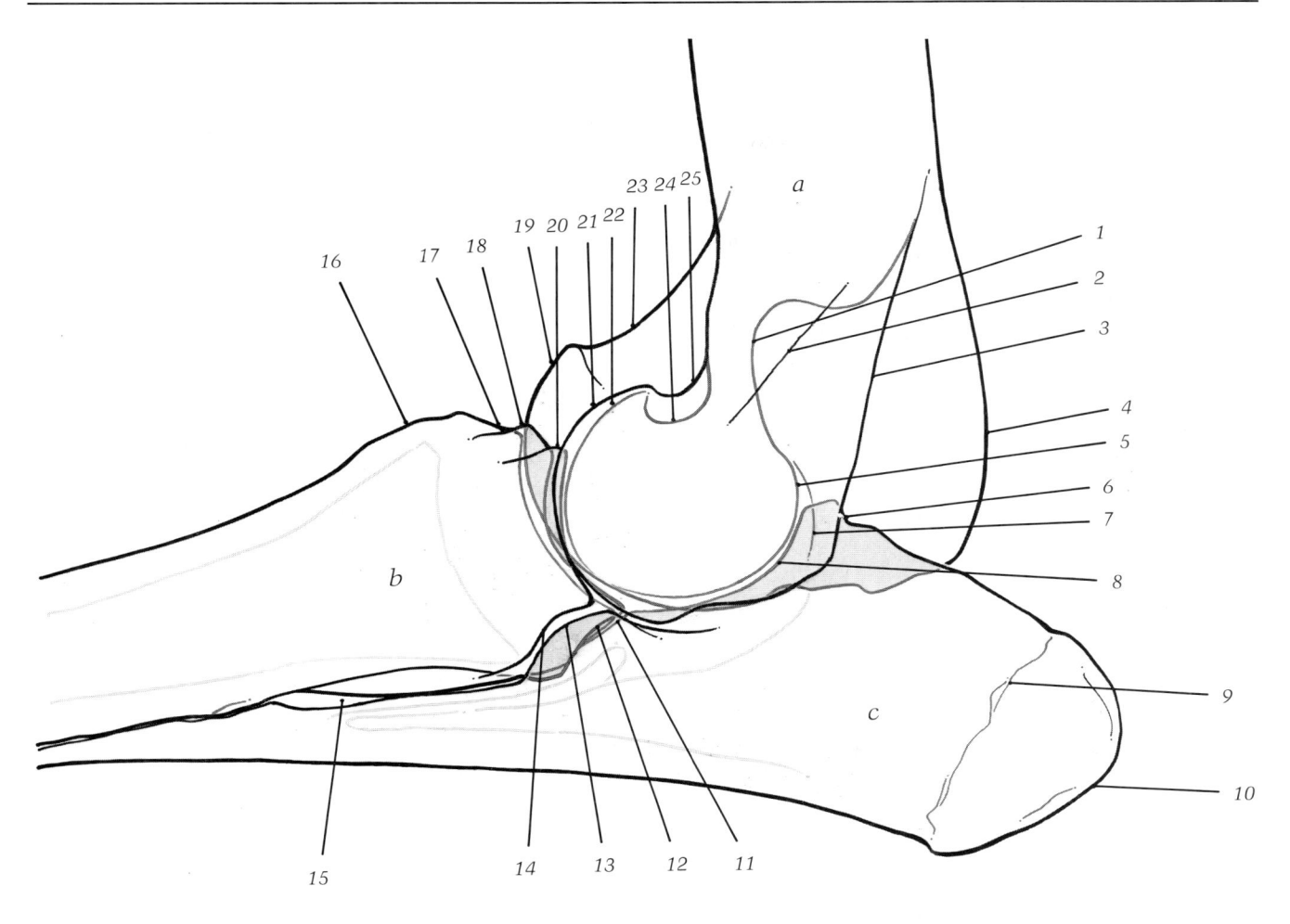

Abb. 4.61: Articulationes humeroulnaris und humeroradialis (Articulatio cubiti, Ellbogengelenk) der rechten Schultergliedmaße. Ansicht: mediolateral (ML).

a Humerus (Oberarmbein).
b Radius (Speiche).
c Ulna (Elle).
 1 Boden der Fossa olecrani (Grube zur Aufnahme des Ellbogenfortsatzes).
 2 Crista supracondylaris lateralis distal am Corpus humeri (Körper des Oberarmbeines).
 3,4 Epicondylus lateralis bzw. medialis (Streck- bzw. Beugeknorren) distal am Humerus.
 5 Sagittale Trochleagrube am Condylus humeri medialis (medialer Gelenkknorren des Oberarmbeines).
 6 Processus anconaeus der Ulna.
 7 Gelenkfläche des Condylus humeri medialis.
 8 Incisura trochlearis (Gelenkrolleneinschnitt) der Ulna.
 9 Apophysenfuge proximal an der Ulna.
10 Tuber olecrani (Ellbogenhöcker).
11 Processus coronoideus medialis (medialer Kronenfortsatz) der Ulna.
12 Mitte der Kaudalbegrenzung des Caput radii (Speichenkopf).
13 Processus coronoideus lateralis (lateraler Kronenfortsatz) der Ulna.
14 Kaudolaterale Begrenzung des Caput radii (Speichenkopf).
15 Spatium interosseum antebrachii (Spalt zwischen Radius und Ulna).
16 Tuberositas radii (Rauhigkeit proximal an der Speiche).
17 Kraniomediale Begrenzung des Caput radii (Speichenkopf).
18 Mitte der Kranialbegrenzung des Caput radii (Speichenkopf).
19 Medialer Anteil des Condylus humeri.
20 Kraniolaterale Begrenzung des Caput radii (Speichenkopf).
21 Lateraler Anteil des Condylus humeri.
22 Kranialfläche (Boden) der sagittalen Führungsrinne der Trochlea des Humerus.
23 Mediale Begrenzung der Fossa radialis (Speichengrube).
24 Boden der Fossa radialis (Speichengrube).
25 Laterale Begrenzung der Fossa radialis (Speichengrube).

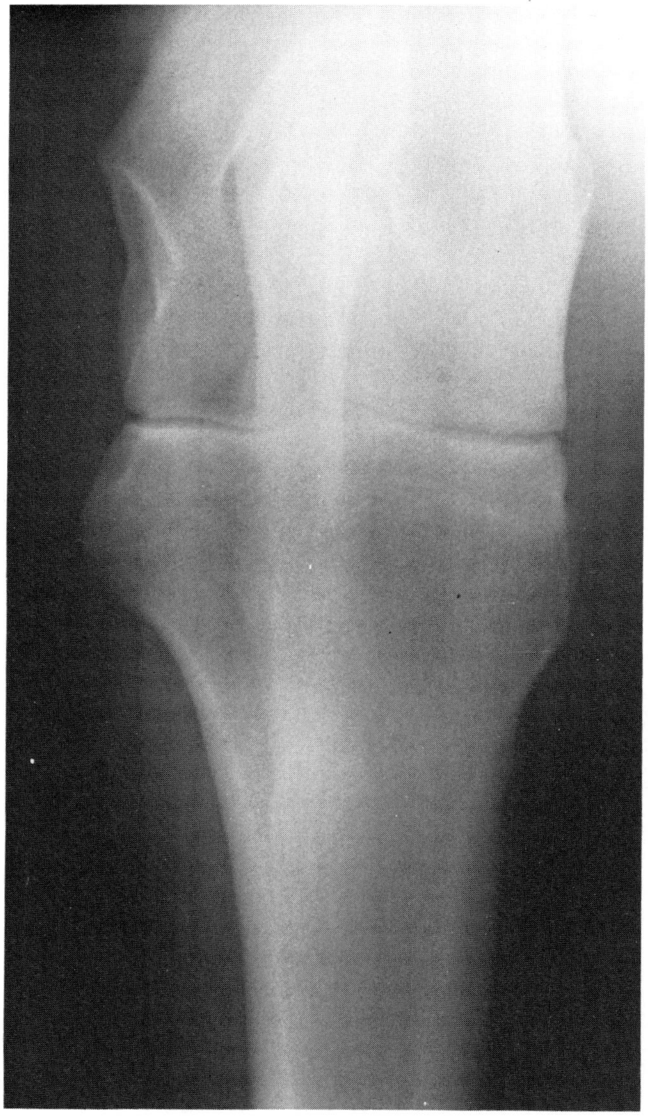

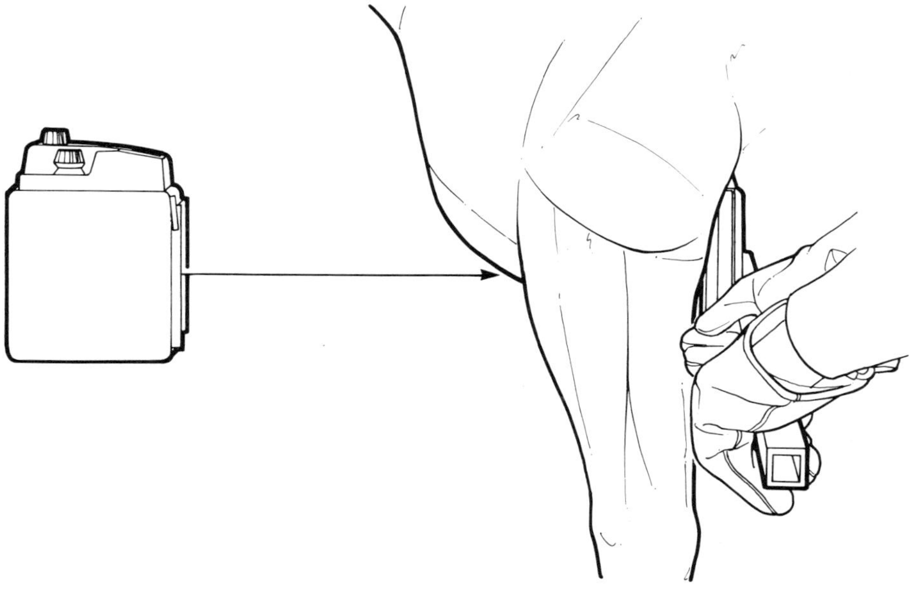

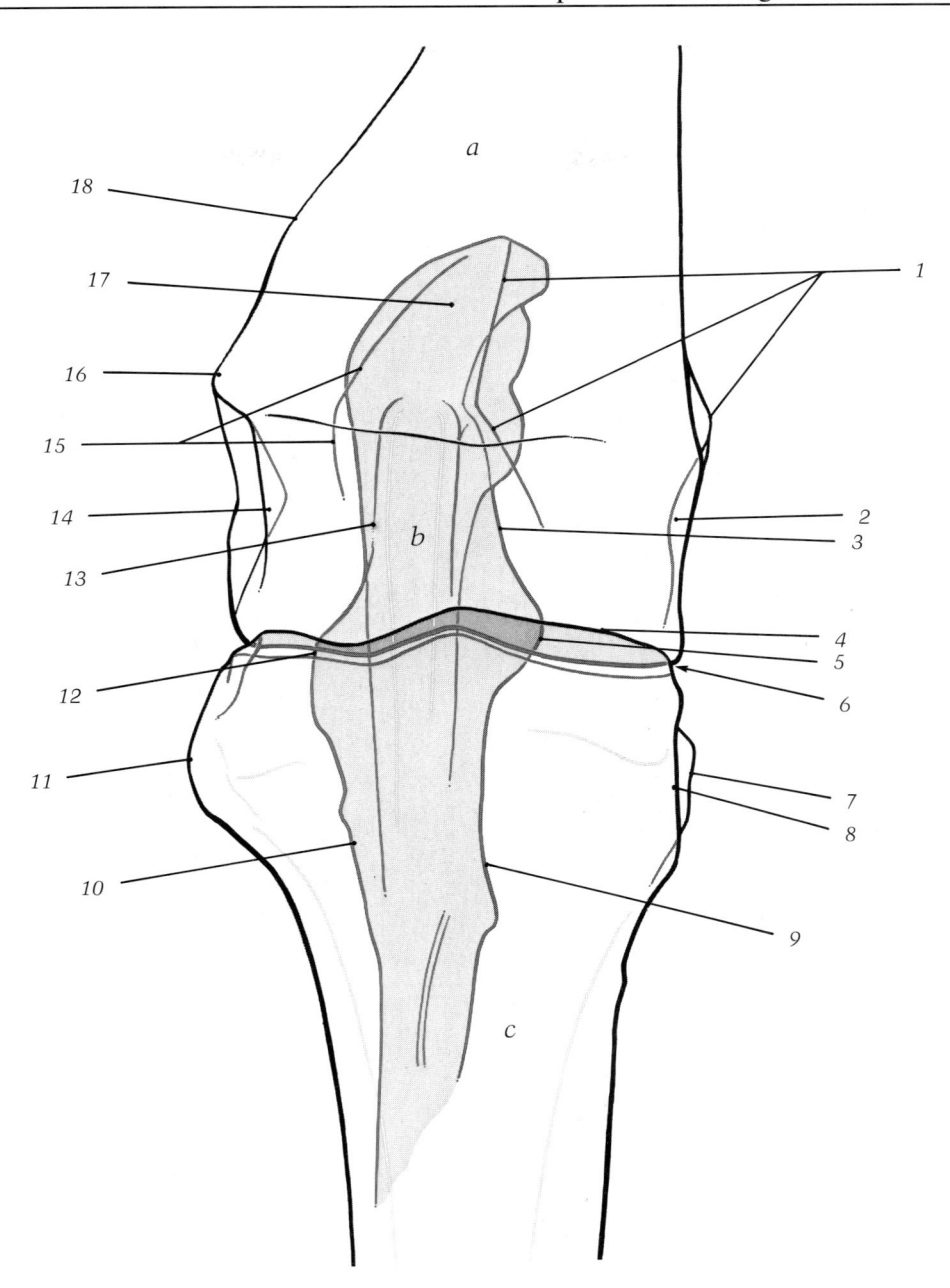

Abb. 4.62: Articulationes humeroulnaris und humeroradialis (Articulatio cubiti, Ellbogengelenk) der rechten Schultergliedmaße. Ansicht: kraniokaudal (CrCa).
a Humerus (Oberarmbein).
b Ulna (Elle).
c Radius (Speiche).
1 Epicondylus medialis (Beugeknorren) des Humerus. Da der Epicondylus medialis besonders groß ist, überlagert er den distalen Humerusbereich so vollständig, daß nur noch eine leicht konvexe Verschattung mediodistal am Humerus erkennbar ist, wo das Ligamentum collaterale mediale anheftet.
2 Mediale Bandgrube distal am Humerus.
3 Mediale Begrenzung der Incisura trochlearis (Gelenkrolleneinschnitt) der Ulna.
4 Kaudalrand der Fovea capitis radii (Gelenkgrube des Speichenkopfes zur Artikulation mit dem Humerus).
5 Processus coronoideus medialis (medialer Kronenfortsatz) der Ulna.
6 Articulatio humeroradialis.
7 Tuberositas radii.
8 Medialer Bandhöcker des Radius für die Anheftung des Ligamentum collaterale mediale.
9,10 Mediale bzw. laterale Begrenzung der Ulna.
11 Medialer Bandhöcker des Radius für die Anheftung des Ligamentum collaterale mediale.
12 Processus coronoideus lateralis (lateraler Kronenfortsatz) der Ulna.
13 Laterale Begrenzung der Incisura trochlearis (Gelenkrolleneinschnitt) der Ulna.
14 Bandgrube für die Anheftung des Ligamentum collaterale laterale.
15 Laterale Begrenzung der Fossa olecrani.
16 Lateraler Epicondylus (Streckknorren) des Humerus.
17 Tuber olecrani (Ellbogenhöcker) der Ulna.
18 Crista supracondylaris lateralis.

236 Kapitel 4: Radiologische Untersuchungen

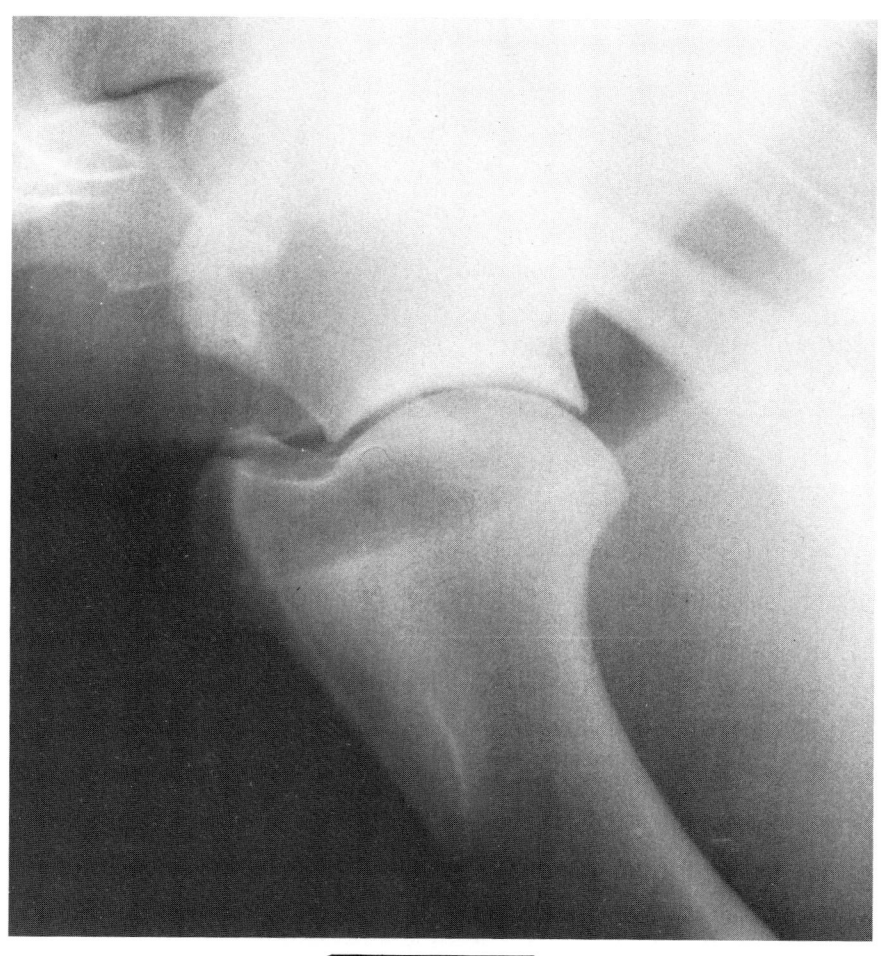

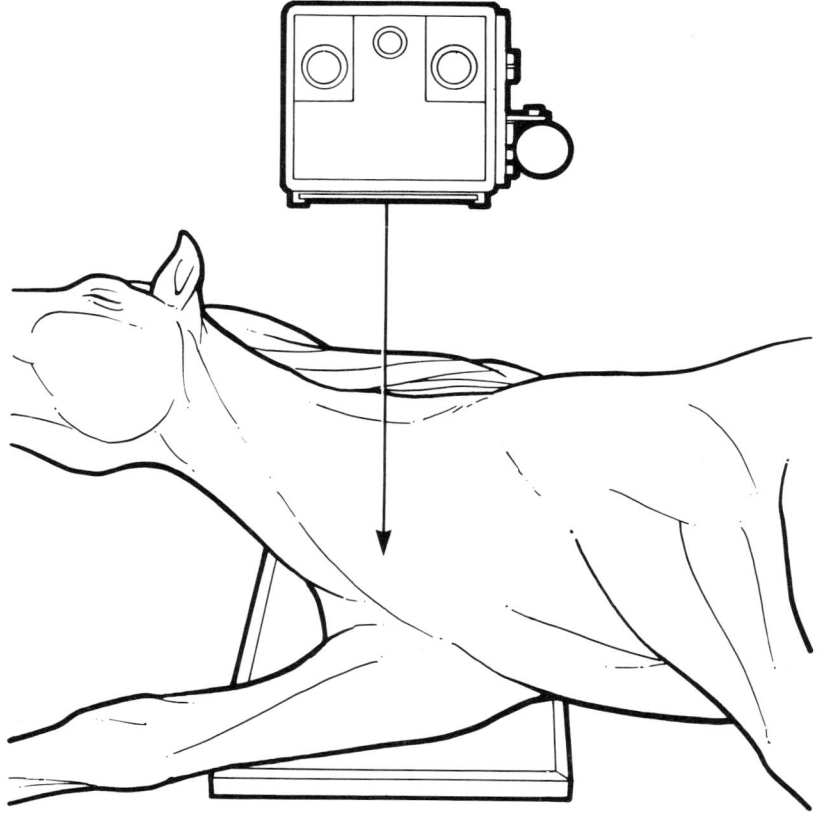

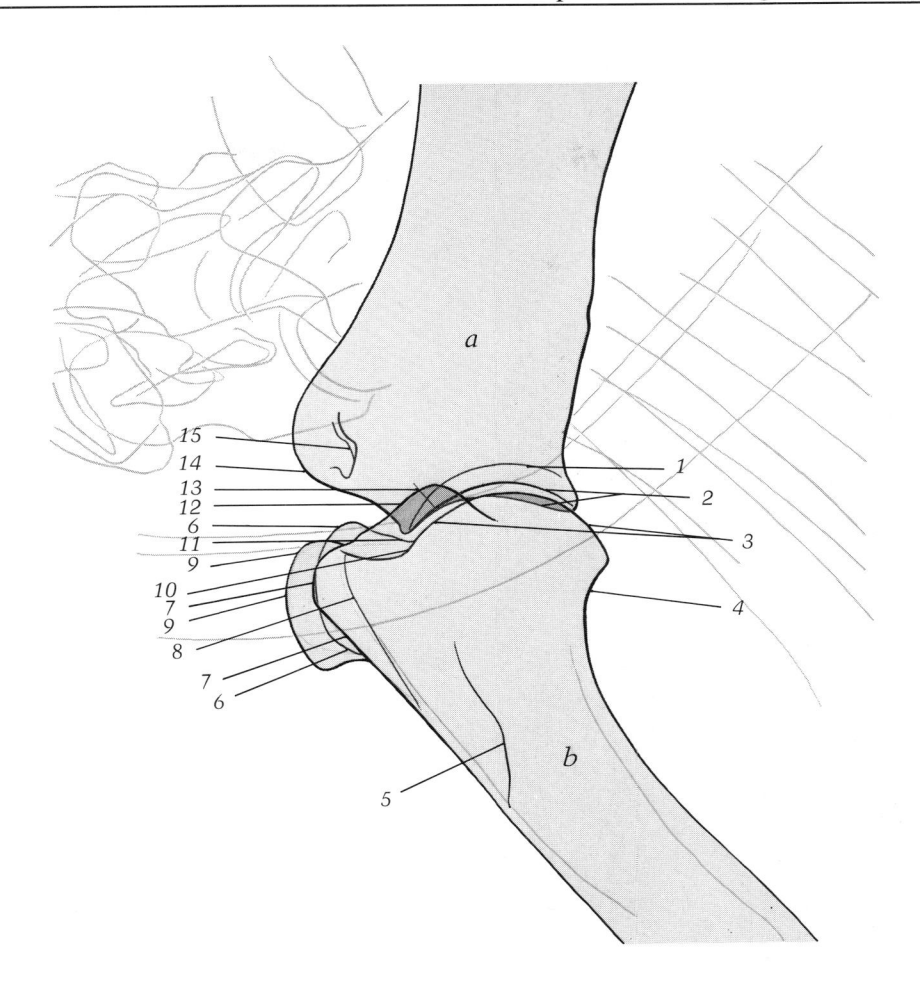

Abb. 4.63: Articulatio humeri dextra (rechtes Schultergelenk). Ansicht: mediolateral (ML).
a Scapula (Schulterblatt).
b Humerus (Oberarmbein).
1 Kompakter, subchondraler Knochen auf der konkaven Fläche der Cavitas glenoidalis (Gelenkpfanne).
2 Mediale und laterale Begrenzung der Cavitas glenoidalis (Gelenkpfanne).
3 Kranialer und kaudaler Rand des Caput humeri (Humeruskopf).
4 Kaudalrand des Collum humeri (Humerushals).
5 In den Humerusschaft projizierte Tuberositas deltoidea.
6 Proximaler und kraniodistaler Rand des medial gelegenen Tuberculum minus (kleiner Höcker).
7 Kraniale Begrenzung des lateral gelegenen Tuberculum majus (großer Höcker).
8 Boden des Sulcus intertubercularis zwischen dem lateralen Tuberculum majus (großer Höcker) und dem Tuberculum intermedium (in der Mitte liegender Höcker).
9 Tuberculum intermedium (in der Mitte liegender Höcker).
10 Grube zwischen den Tubercula und dem Caput humeri (Kopf des Oberarmbeines).
11 Pars caudalis des medial gelegenen Tuberculum minus (kleiner Höcker).
12 Pars caudalis des lateral gelegenen Tuberculum majus (großer Höcker).
13 Incisura glenoidalis (Gelenkeinschnitt), die sich abhängig von dem Projektionswinkel des Röntgenstrahles mehr oder weniger deutlich darstellt.
14 Tuberculum supraglenoidale.
15 Processus coracoideus (Rabenschnabelfortsatz).

238 Kapitel 4: Radiologische Untersuchungen

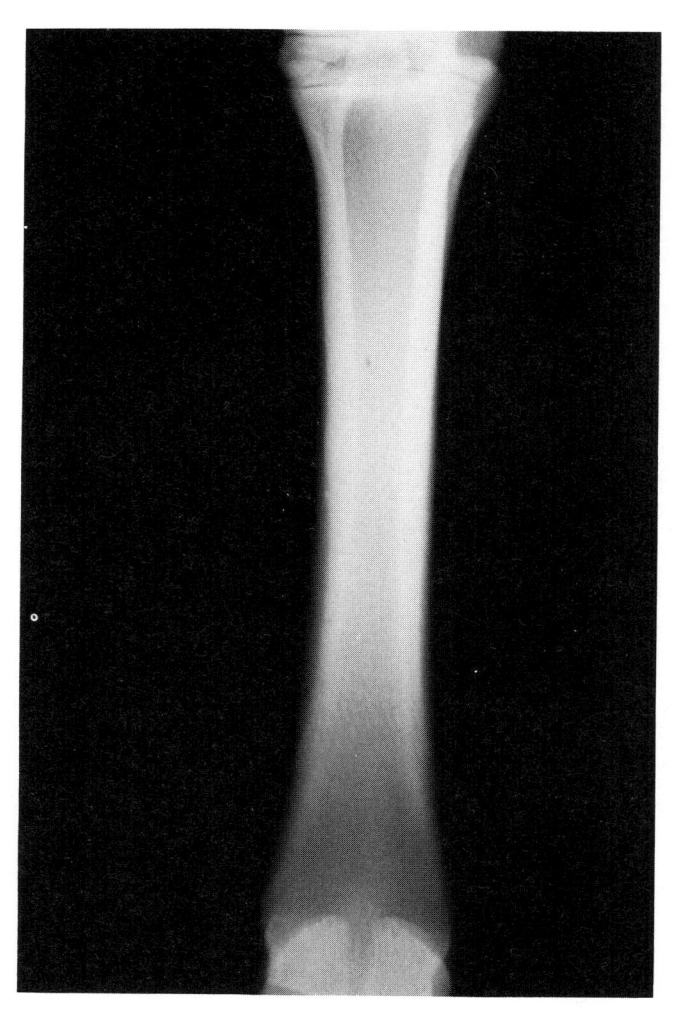

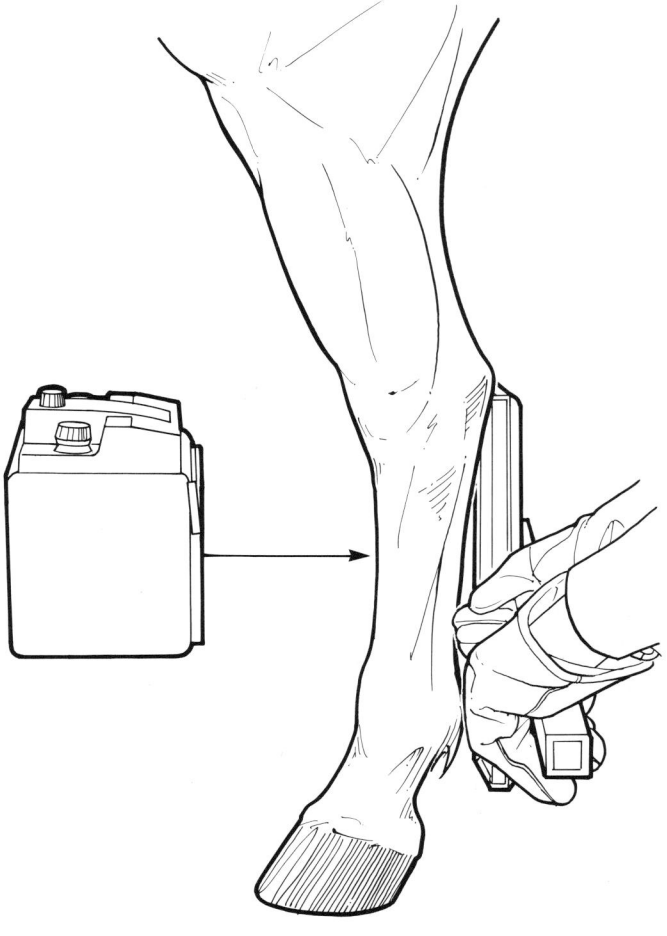

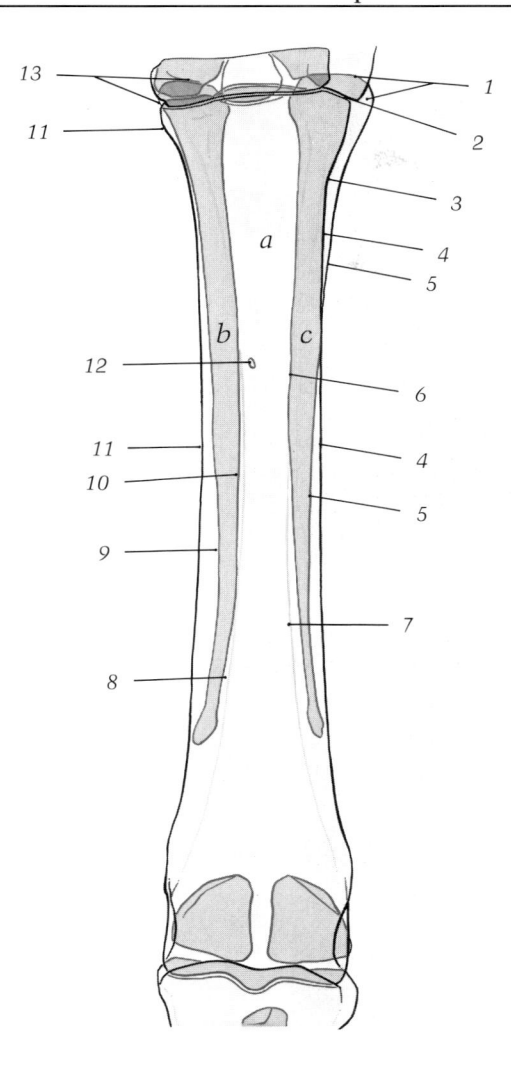

Abb. 4.64: Metatarsus sinister (linker Hintermittelfuß). Ansicht: dorsoplantar (DPl).
a Os metatarsale III (3. Mittelfußknochen).
b Os metatarsale II (2. Mittelfußknochen, mediales Griffelbein).
c Os metatarsale IV (4. Mittelfußknochen, laterales Griffelbein).
1 Basis (Proximalende) des Os metatarsale IV. Die Basis des vierten Mittelfußknochens ist größer als diejenige des Os metatarsale II und überlagert die Ossa tarsalia III und IV.
2 Articulatio tarsometatarsea (Hinterfußwurzel-Mittelfußgelenk) im Bereich zwischen Os tarsale IV und Os metatarsale III.
3 Einsenkung an der Lateralseite des Os metatarsale III zur Aufnahme der Arteria metatarsea dorsalis III.
4 Lateralfläche des Os metatarsale III.
5 Abaxialfläche des Os metatarsale IV.
6 Axialfläche des Os metatarsale IV.
7 Endostale Fläche der lateralen Substantia corticalis (Kompakta, Rinde) des Os metatarsale III.
8 Endostale Fläche der medialen Substantia corticalis (Kompakta, Rinde) des Os metatarsale III.
9,10 Abaxiale und axiale Fläche des Os metatarsale II.
11 Mediale Fläche des Os metatarsale III.
12 Foramen nutricium auf der Plantarfläche des Os metatarsale III.
13 Basis (Proximalende) des Os metatarsale II. Die Basis des zweiten Mittelfußknochens überlagert die verschmolzenen Ossa tarsalia I und II sowie das Os tarsale III.

240   Kapitel 4: Radiologische Untersuchungen

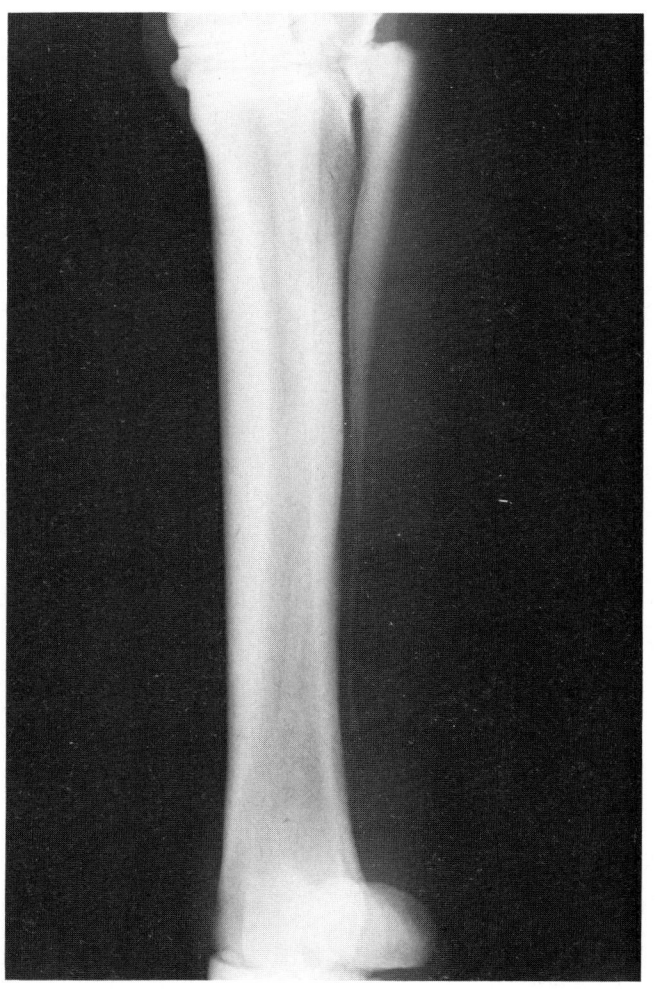

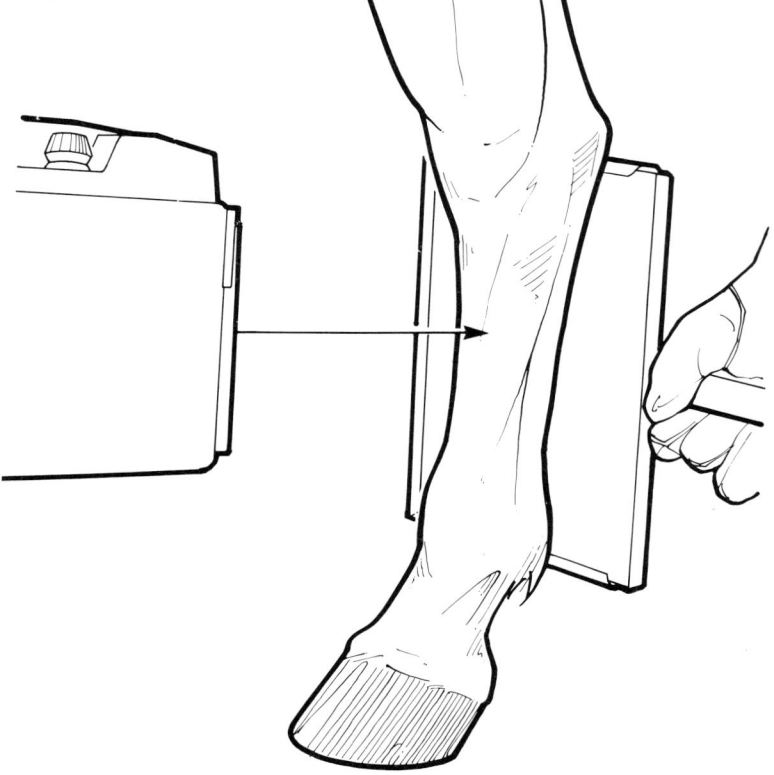

Kapitel 4: Radiologische Untersuchungen   241

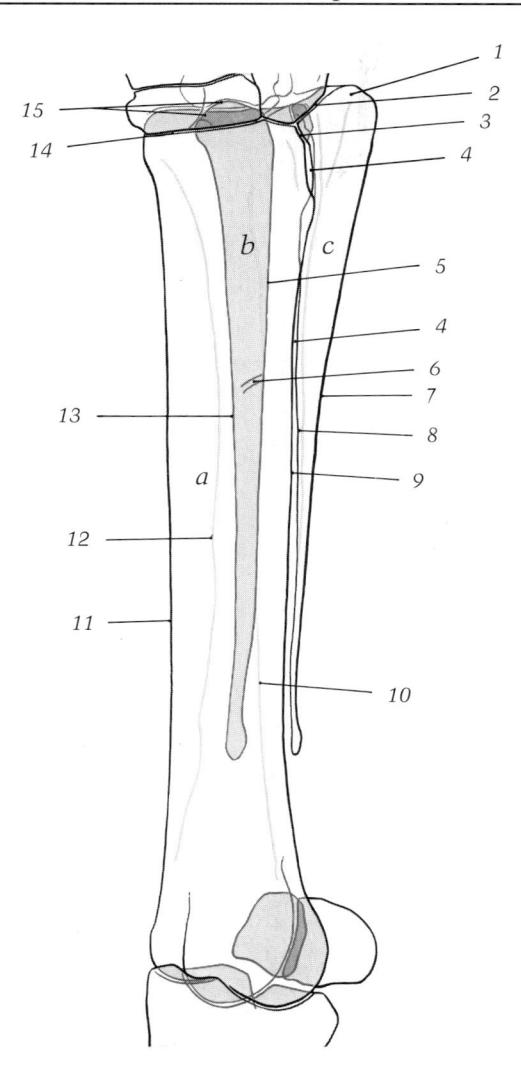

Abb. 4.65: Metatarsus sinister (linker Hintermittelfuß). Ansicht: dorsolateral-plantaromedial obliquus (D45L-PlMO).
a Os metatarsale III (3. Mittelfußknochen).
b Os metatarsale II (2. Mittelfußknochen, mediales Griffelbein).
c Os metatarsale IV (4. Mittelfußknochen, laterales Griffelbein).
1 Basis (Proximalende) des Os metatarsale IV.
2 Articulatio tarsometatarsea (Hinterfußwurzel-Mittelfußgelenk) im Bereich zwischen Os metatarsale IV und Os tarsale IV.
3 Articulatio intermetatarsea zwischen den Ossa metatarsalia IV und III.
4 Spatium interosseum zwischen den Ossa metatarsalia III und IV.
5 Plantarolateraler Rand des Os metatarsale II.
6 Foramen nutricium auf der Plantarfläche des Os metatarsale III.
7 Plantarolateraler Rand des Os metatarsale IV.
8 Dorsomedialer Rand des Os metatarsale IV.
9 Plantarolateraler Rand des Os metatarsale III.
10 Endostale Fläche an der plantarolateral gelegenen Substantia corticalis (Kompakta, Rinde) des Os metatarsale III.
11 Dorsomediale Fläche des Os metatarsale III.
12 Endostale Fläche an der dorsomedial gelegenen Substantia corticalis (Kompakta, Rinde) des Os metatarsale III.
13 Dorsomediale Fläche des Os metatarsale II.
14 Articulatio tarsometatarsea (Hinterfußwurzel-Mittelfußgelenk) im Bereich zwischen Os tarsale III und Os metatarsale III.
15 Basis (Proximalende) des Os metatarsale II, die distale Tarsalknochen überlagert.

242　Kapitel 4: Radiologische Untersuchungen

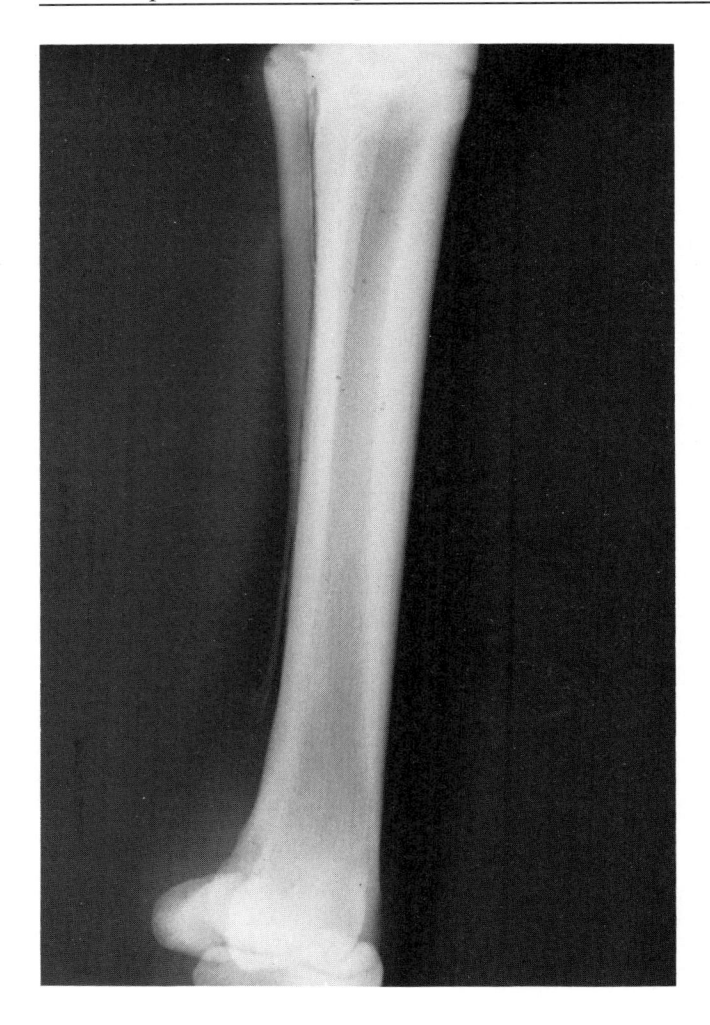

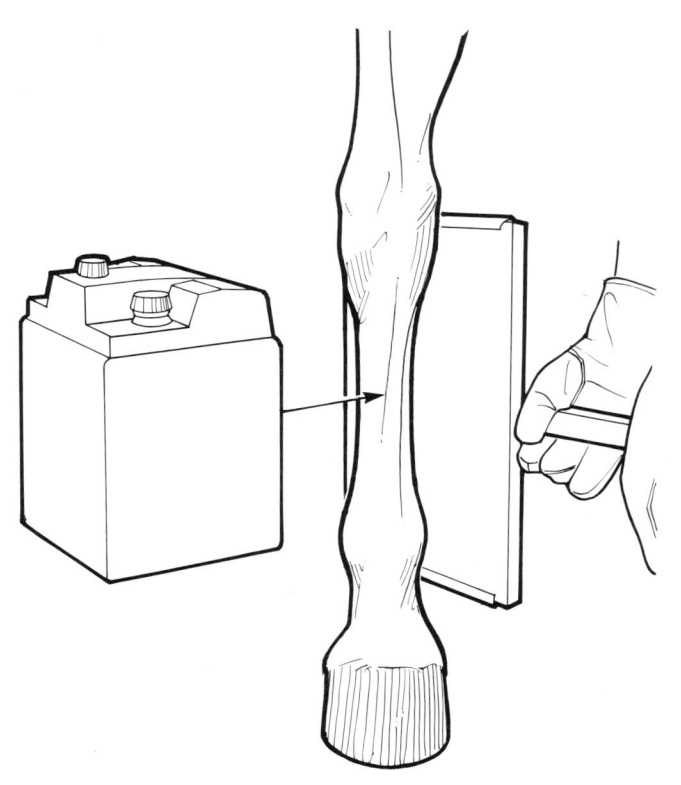

Kapitel 4: Radiologische Untersuchungen 243

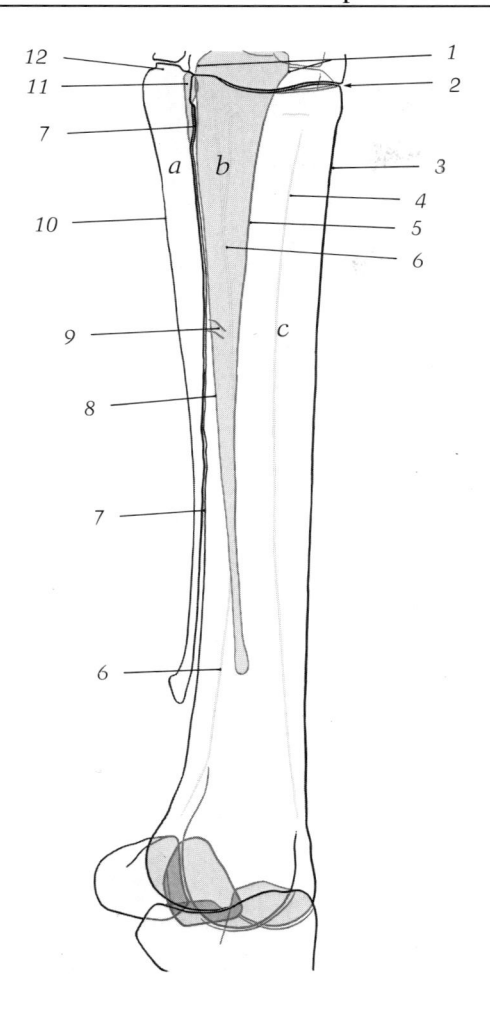

Abb. 4.66: Metatarsus sinister (linker Hintermittelfuß). Ansicht: dorsomedial-plantarolateral obliquus (D45M-PlLO).
a Os metatarsale II (2. Mittelfußknochen, mediales Griffelbein).
b Os metatarsale IV (4. Mittelfußknochen, laterales Griffelbein).
c Os metatarsale III (3. Mittelfußknochen).
1 Basis (Proximalende) des Os metatarsale IV.
2 Articulatio tarsometatarsea (Hinterfußwurzel-Mittelfußgelenk) im Bereich zwischen Os tarsale III und Os metatarsale III.
3 Dorsolaterale Fläche des Os metatarsale III.
4 Endostale Fläche an der dorsolateral gelegenen Substantia corticalis (Kompakta, Rinde) des Os metatarsale III.
5 Dorsolaterale Fläche des Os metatarsale IV.
6 Endostale Fläche an der plantaromedial gelegenen Substantia corticalis (Kompakta, Rinde) des Os metatarsale III.
7 Spatium interosseum zwischen den Ossa metatarsalia II und III.
8 Plantaromediale Fläche des Os metatarsale IV.
9 Foramen nutricium auf der Plantarfläche des Os metatarsale III.
10 Plantaromediale Fläche des Os metatarsale II.
11 Articulatio intermetatarsea zwischen den Ossa metatarsalia II und III.
12 Basis (Proximalende) des Os metatarsale II.

244 Kapitel 4: Radiologische Untersuchungen

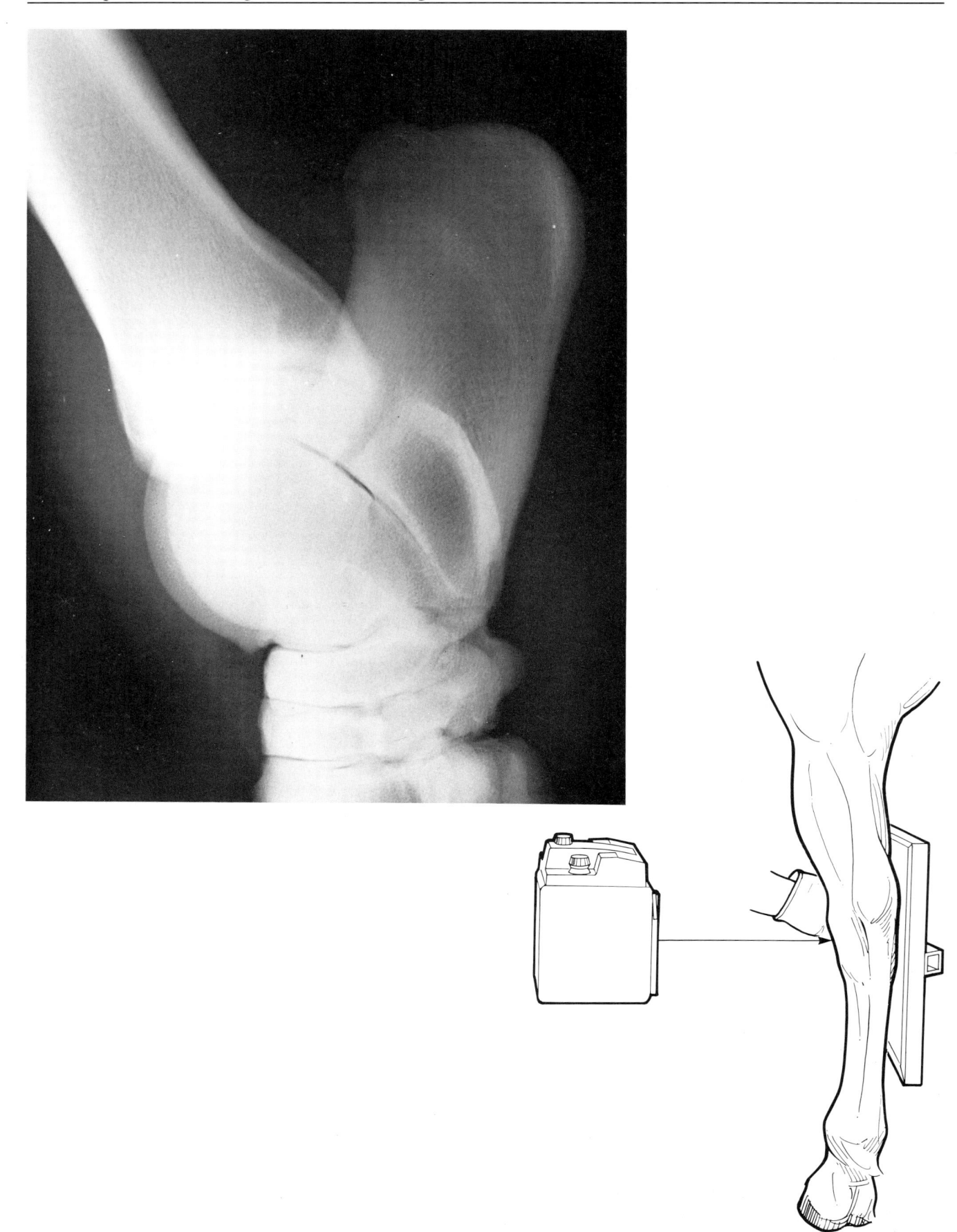

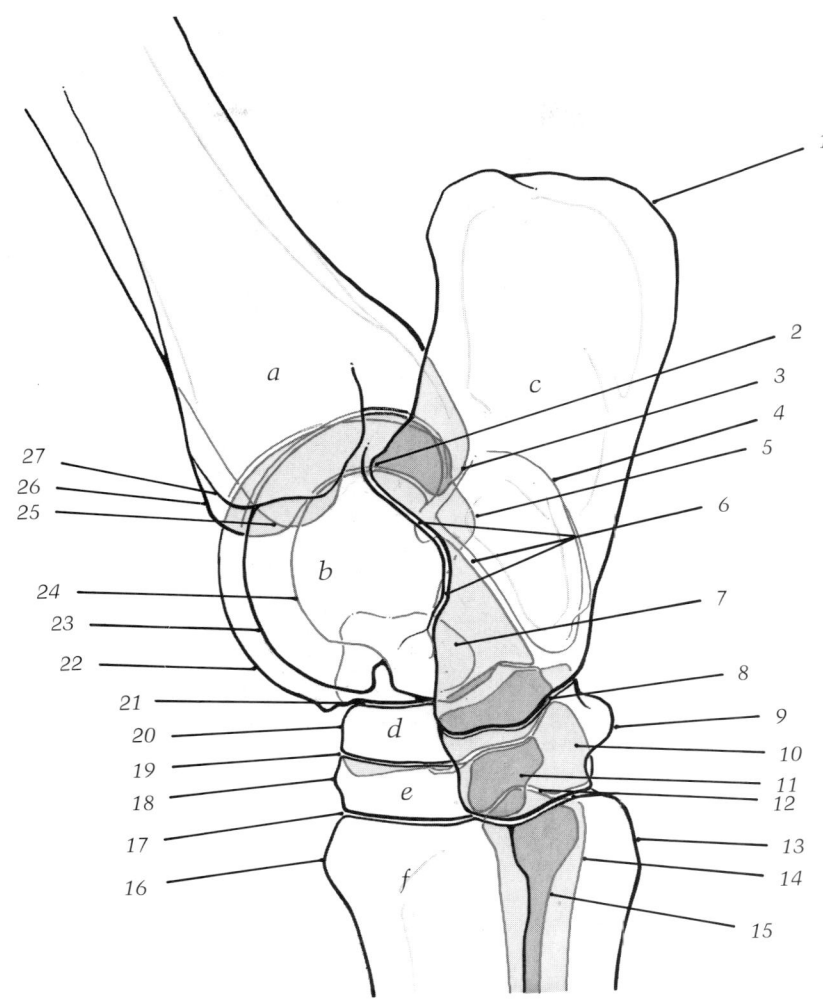

Abb. 4.67: Tarsus sinister (linke Hinterfußwurzel). Ansicht: lateromedial (LM).
a Tibia (Schienbein).
b Talus (Sprungbein).
c Calcaneus (Fersenbein).
d Os tarsi centrale.
e Os tarsale III.
f Os metatarsale III (3. Hintermittelfußknochen).
1 Tuber calcanei (Fersenhöcker).
2 Processus coracoideus (Rabenschnabelfortsatz) des Kalkaneus.
3 Kaudaler Mittelteil der Cochlea tibiae (Gelenkschraube des Schienbeines).
4 Sustentaculum tali (Sprungbeinstütze) des Kalkaneus.
5 Medioproximale Rauhigkeit am Talus für die Anheftung von Bändern (oberflächliches Ligamentum collaterale tarsi mediale breve).
6 Articulatio talocalcanea. Auf Röntgenaufnahmen können nicht alle Flächen dieses Gelenkes unterschieden werden. Sie sollten aber nicht fälschlicherweise für Frakturen gehalten werden.
7 Mediodistale Rauhigkeit am Talus für die Anheftung des Ligamentum tarsi dorsale.
8 Articulatio calcaneoquartalis.
9 Plantarfläche des Os tarsale IV.
10 Os tarsale II.
11 Os tarsale I. Die Ossa tarsalia I und II sind miteinander verschmolzen, werden allerdings aufgrund von Überlagerungen unterschiedlich verschattet dargestellt.
12 Plantarer Anteil der Articulationes tarsometatarseae (Hinterfußwurzel-Mittelfußgelenke).
13 Plantarrand des Os metatarsale IV. Das Os metatarsale IV ist größer als das Os metatarsale II – wird auf die Plantarseite projiziert.
14,15 Plantarrand des Os metatarsale II bzw. III.
16 Dorsoproximale Tuberositas ossis metatarsalis III für den Ansatz des Musculus tibialis cranialis.
17 Articulatio tarsometatarsea (Hinterfußwurzel-Mittelfußgelenk) im Bereich zwischen Os tarsale III und Os metatarsale III.
18 Dorsalrand des Os tarsale III.
19 Articulatio centrodistalis zwischen Os tarsale III und Os tarsi centrale.
20 Dorsalrand des Os tarsi centrale.
21 Articulatio talocalcaneocentralis im Bereich zwischen Os tarsi centrale und Talus.
22 Medialer Rollkamm des Talus. Der kleine knöcherne Vorsprung im distalen Bereich des medialen Knochenkammes variiert hinsichtlich Größe und Form. Er sollte nicht mit einem periartikulären Osteophyten oder irgendeiner anderen Knochenanomalie verwechselt werden.
23 Lateraler Rollkamm des Talus.
24 Boden der Rollfurche zwischen den Rollkämmen des Talus.
25,27 Kraniodistaler Rand des Malleolus medialis bzw. lateralis (medialer bzw. lateraler Knöchel) der Tibia.
26 Kranial gerichteter Mittelteil der Cochlea tibiae (Gelenkschraube des Schienbeines).
In Abhängigkeit von der Schrägstellung der Röntgenprojektionsrichtung können die kranialen Begrenzungen der Malleoli (Knöchel) und des Mittelteiles der Cochlea tibiae (Gelenkschraube des Schienbeines) ihre relative Lage zueinander verändern.

246 Kapitel 4: Radiologische Untersuchungen

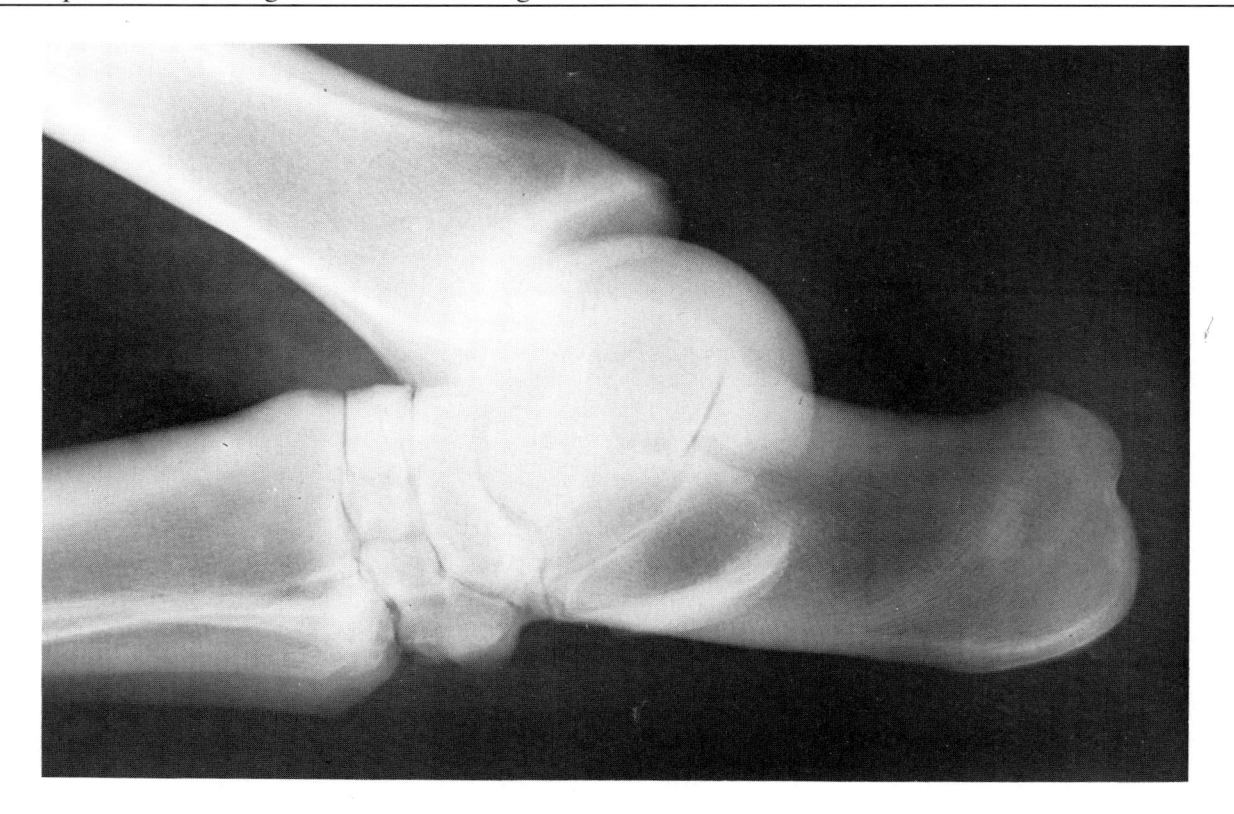

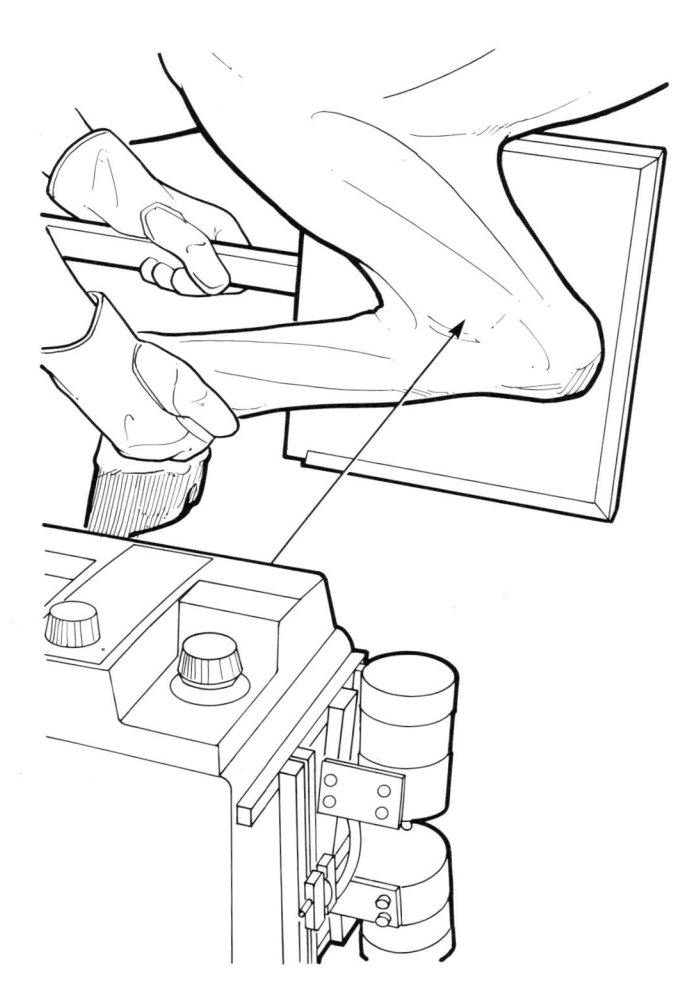

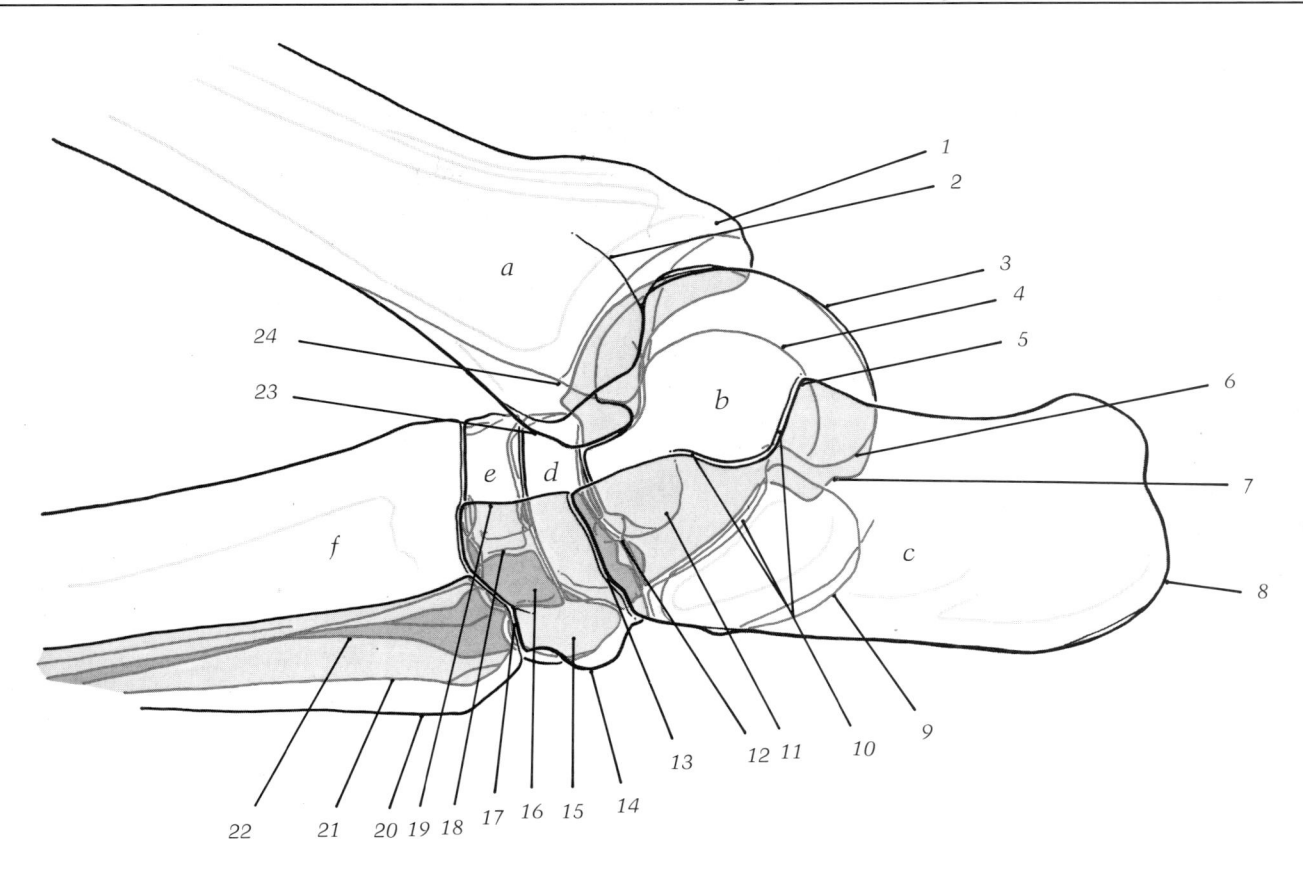

Abb. 4.68: Tarsus sinister (linke Hinterfußwurzel). Ansicht: gebeugt lateromedial (Flexed LM).
a Tibia (Schienbein).
b Talus (Sprungbein).
c Calcaneus (Fersenbein).
d Os tarsi centrale.
e Os tarsale III.
f Os metatarsale III (3. Hintermittelfußknochen).
 1 Kaudal gerichteter Mittelteil der Cochlea tibia (Gelenkschraube des Schienbeines).
 2 Kaudodistale Begrenzung des Malleolus lateralis (lateraler Knöchel) der Tibia.
 3 Einander überlagernde Rollkämme, medial und lateral am Talus.
 4 Boden der Rollgrube zwischen den Rollkämmen des Talus.
 5 Processus coracoideus (Rabenschnabelfortsatz) des Kalkaneus.
 6,7 Plantarrand des lateralen bzw. medialen Rollkammes des Talus.
 8 Tuber calcanei (Fersenhöcker).
 9 Sustentaculum tali (Sprungbeinstütze) des Kalkaneus.
 10 Articulatio talocalcanea. Die Darstellung aller Gelenkflächen zwischen Talus und Kalkaneus ist unterschiedlich in Abhängigkeit vom Projektionswinkel.
 11 Mediodistale Rauhigkeit am Talus für die Anheftung des Ligamentum tarsi dorsale.
 12 Articulatio talocalcaneocentralis zwischen Talus und Os tarsi centrale.
 13 Articulatio calcaneoquartalis.
 14 Plantarrand des Os tarsale IV.
 15,16 Os tarsale I et II. Die Ossa tarsalia I und II sind miteinander verschmolzen.
 17 Articulatio tarsometatarsea (Hinterfußwurzel-Mittelfußgelenk).
 18 Articulatio intertarsea zwischen den Ossa tarsalia I et II sowie III. Dieses Gelenk ist nicht immer erkennbar, sollte aber, wenn es dargestellt ist, nicht fälschlicherweise als Fraktur gewertet werden.
 19 Dorsalrand des Os tarsale IV.
 20,21,22 Plantarrand des Os metatarsale IV, II bzw. III. Die einander überlagernden Dorsalränder der Ossa metatarsalia II und IV sowie der Plantarrand des Os metatarsale III können das Erscheinungsbild von Pseudolängsfrakturlinien vortäuschen.
 23 Kranial gerichteter Mittelteil der Cochlea tibiae (Gelenkschraube des Schienbeines).
 24 Kranialrand des Malleolus medialis (medialer Knöchel) der Tibia.

248 Kapitel 4: Radiologische Untersuchungen

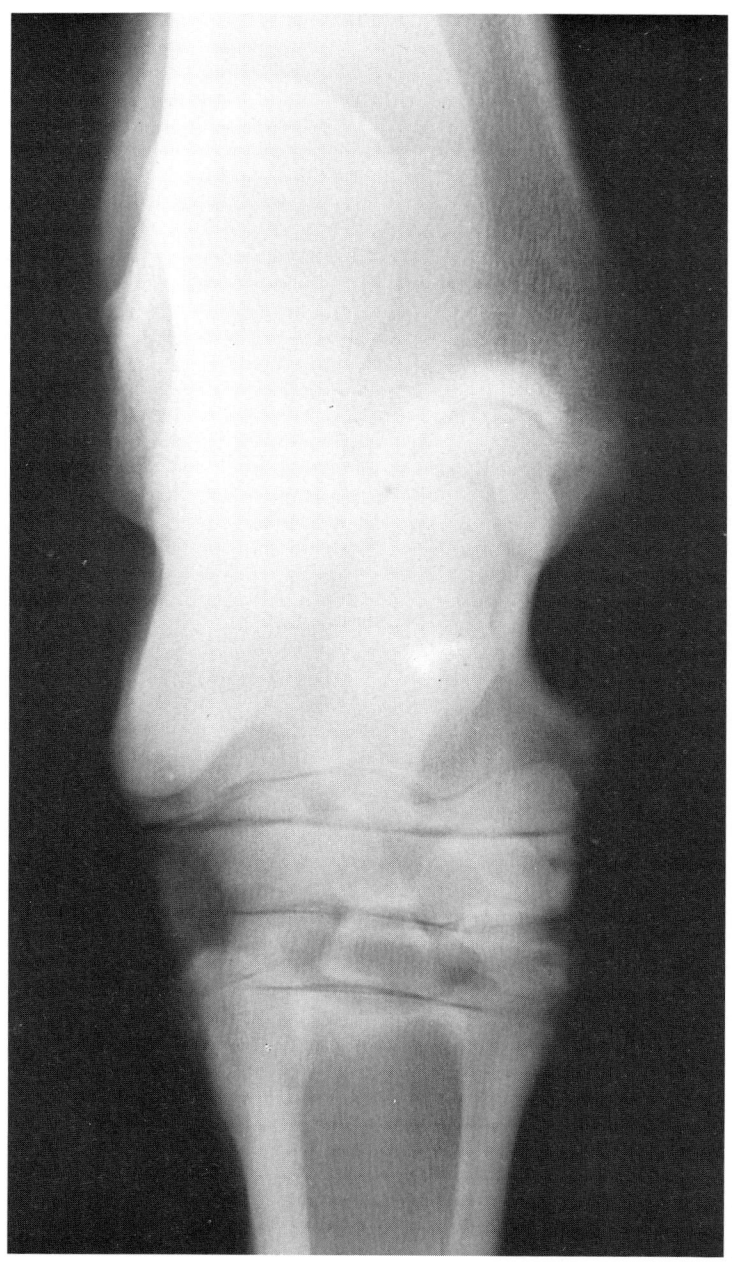

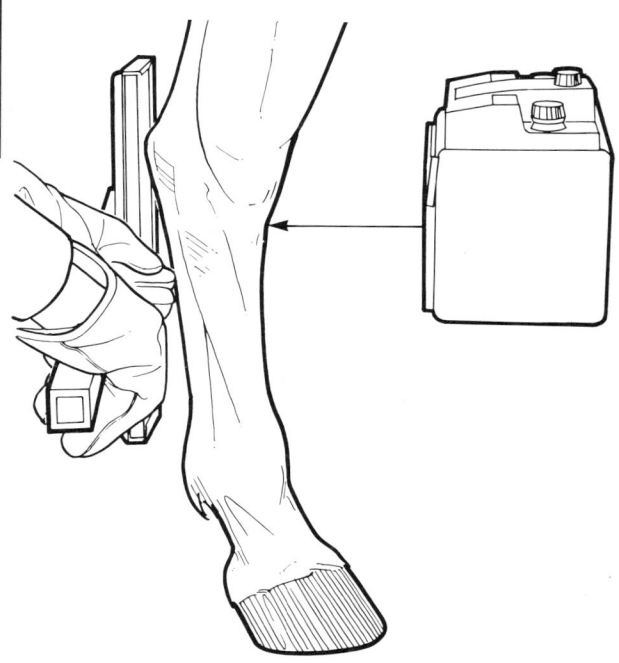

Kapitel 4: Radiologische Untersuchungen 249

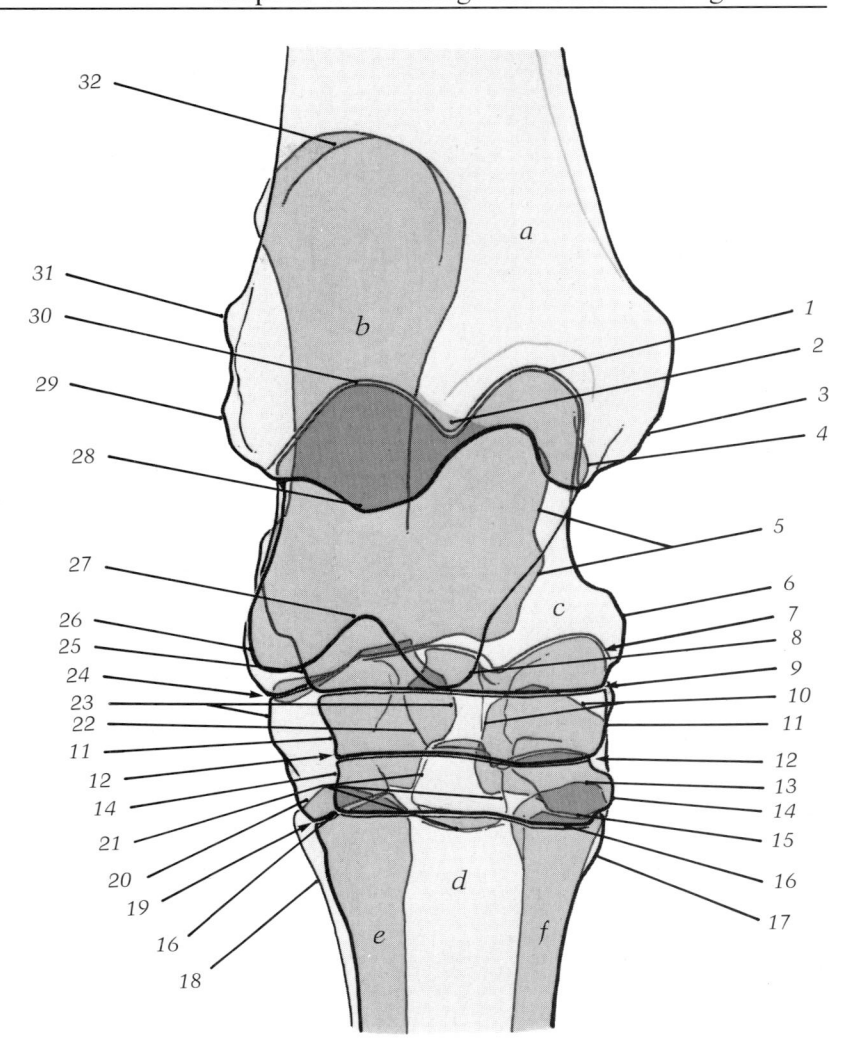

Abb. 4.69: Tarsus dexter (rechte Hinterfußwurzel). Ansicht: dorsoplantar (DPl).
a Tibia (Schienbein).
b Calcaneus (Fersenbein).
c Talus (Sprungbein).
d Os metatarsale III
 (3. Hintermittelfußknochen).
e Os metatarsale IV
 (4. Hintermittelfußknochen,
 laterales Griffelbein).
f Os metatarsale II
 (2. Hintermittelfußknochen,
 mediales Griffelbein).
 1 Articulatio talocruralis im Bereich zwischen medialem Rollkamm des Talus und Gelenkgrube der Cochlea tibiae (Gelenkschraube des Schienbeines).
 2 Articulatio tarlocruralis. Mittlerer Gelenkkamm der Cochlea tibiae (Gelenkschraube des Schienbeines).
 3 Malleolus medialis (medialer Knöchel) distal an der Tibia. Am medialen Knöchel heftet sich das Ligamentum collaterale mediale an.
 4 Proximomediale Rauhigkeit am Talus für die Anheftung des oberflächlichen Ligamentum collaterale tarsi mediale breve.
 5 Sustentaculum tali (Sprungbeinstütze) des Kalkaneus.
 6 Mediodistale Rauhigkeit am Talus für die Bandanheftung.
 7 Plantaromediale Seite der Articulatio talocalcaneocentralis.
 8 Distomediale Begrenzung des medialen Rollhöckers des Talus.
 9 Dorsomedialseite der Articulatio talocalcaneocentralis. Die Unterschiede hinsichtlich der Lage der Plantar- und Dorsalseite dieses Gelenkes resultieren aus der gebogenen Form der Gelenkflächen.
10 Medial- und Lateralrand des Os tarsale II.
11 Medial- und Lateralrand des Os tarsi centrale.
12 Articulatio centrodistalis im Bereich zwischen Os tarsale III und Os tarsi centrale.
13 Proximalrand des Os metatarsale II, das die Ossa tarsalia I und III überlagert.
14 Medial- und Lateralrand des Os tarsale III.
15 Articulatio tarsometatarsea (Hinterfußwurzel-Mittelfußgelenk) im Bereich zwischen Os tarsale I und II und Os metatarsale II.
16 Articulatio tarsometatarsea (Hinterfußwurzel-Mittelfußgelenk) im Bereich zwischen Os tarsale III und Os metatarsale III.
17 Proximomedialer Rand des Os metatarsale II.
18 Proximomedialer Rand des Os metatarsale IV.
19 Articulatio tarsometatarsea (Hinterfußwurzel-Mittelfußgelenk) im Bereich zwischen Os tarsale IV und Os metatarsale IV.
20 Proximalrand des Os metatarsale IV, der das Os tarsale IV überlagert.
21 Knochenvorsprung auf der Plantarseite des Os tarsale III.
22 Vorsprung auf der Plantarseite des Os tarsi centrale.
23 Lateral- und Medialseite des Os tarsale IV.
24 Articulatio calcaneoquartalis zwischen Os tarsale IV und Kalkaneus.
25 Laterodistaler Rand des Talus.
26 Lateraler Rollkamm des Talus.
27 Rollfurche zwischen medialem und lateralem Rollkamm des Talus.
28 Kaudalseite des mittleren Gelenkkammes der Cochlea tibiae (Gelenkschraube des Schienbeines).
29 Kranialer Teil des Malleolus lateralis (lateraler Knöchel).
30 Articulatio talocruralis zwischen lateralem Rollkamm des Talus und lateraler Gelenkgrube der Cochlea tibiae (Gelenkschraube des Schienbeines).
31 Kaudaler Teil des Malleolus lateralis (lateraler Knöchel).
32 Tuber calcanei (Fersenhöcker).

Da die Knochen und Gelenke des Tarsus einen sehr komplexen und unregelmäßigen Bau aufweisen, führen bereits kleine Änderungen des Projektionswinkels zu zahlreichen Variationen hinsichtlich Gestalt und Erscheinungsform des Tarsalgelenkes. Aufgrund dieser Tatsache ist die sorgfältige Auswertung der Röntgenaufnahmen nötig, um den Tarsus radiologisch beurteilen zu können.

250 Kapitel 4: Radiologische Untersuchungen

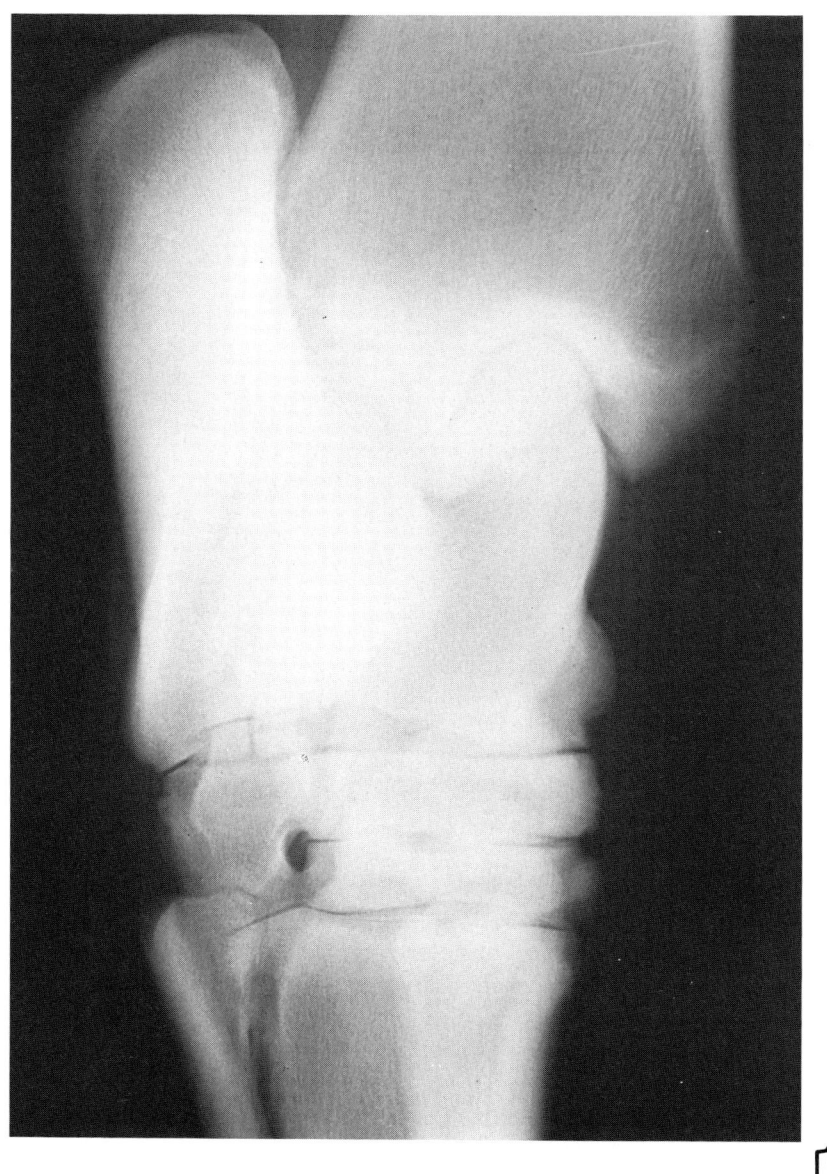

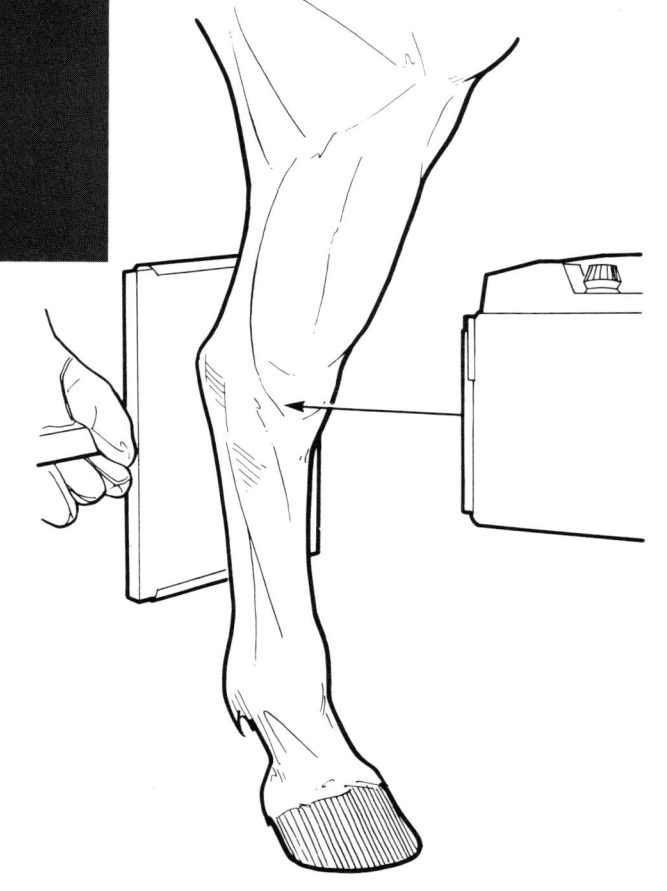

Kapitel 4: Radiologische Untersuchungen 251

Abb. 4.70: Tarsus dexter (rechte Hinterfußwurzel).
Ansicht: dorsolateral-plantaromedial obliquus (D35L-PlMO).
a Tibia (Schienbein).
b Calcaneus (Fersenbein).
c Talus (Sprungbein).
d Os metatarsale III
  (3. Hintermittelfußknochen).
e Os metatarsale IV
  (4. Hintermittelfußknochen,
  laterales Griffelbein).
f Os metatarsale II
  (2. Hintermittelfußknochen,
  mediales Griffelbein).
 1 Articulatio talocruralis zwischen medialem Rollkamm des Talus und medialer Rollfurche der Cochlea tibiae (Gelenkschraube des Schienbeines).
 2 Malleolus medialis (medialer Knöchel).
 3 Articulatio talocruralis zwischen mittlerem Kamm der Cochlea tibiae (Gelenkschraube des Schienbeines) und Grube der Trochlea tali (Gelenkrolle des Schienbeines).
 4 Kraniale Begrenzung des mittleren Kammes der Cochlea tibiae (Gelenkschraube des Schienbeines).
 5 Kaudale Begrenzung des mittleren Kammes der Cochlea tibiae (Gelenkschraube des Schienbeines).
 6,7 Medialer bzw. lateraler Rollkamm des Talus.
 8 Dorsomediale Begrenzung des Sustentaculum tali (Sprungbeinstütze) des Kalkaneus.
 9 Dorsomediale Rauhigkeit am Talus für den Bandansatz.
10 Plantaromediale Seite der Articulatio talocalcaneocentralis.
11 Dorsomediale Seite der Articulatio talocalcaneocentralis.
12 Dorsomediale Seite der Articulatio centrodistalis im Bereich zwischen Os tarsi centrale und Os tarsale III.
13 Medialer und lateraler Rand zwischen den verwachsenen Ossa tarsalia I und II.
14 Auffallender Knochenkamm für den Bandansatz auf der dorsomedialen Fläche des Os tarsale III.
15 Articulatio tarsometatarsea (Hinterfußwurzel-Mittelfußgelenk) im Bereich zwischen dem Os tarsale I et II und dem Os metatarsale II.
16 Dorsomedialseite der Articulatio tarsometatarsea (Hinterfußwurzel-Mittelfußgelenk) im Bereich zwischen Os tarsale III und Os metatarsale III.
17,18 Dorsomedialrand des Os metatarsale III bzw. IV.
19 Plantarolateralrand des Os metatarsale IV.
20 Spatium interosseum zwischen den Ossa metatarsalia III und IV.
21 Lateralrand des Os metatarsale III dorsal des Os metatarsale IV.
22 Articulatio intermetatarsea zwischen den Ossa metatarsalia III und IV.
23 Articulatio tarsometatarsea zwischen Os tarsale IV und Os metatarsale III.
24 Articulatio tarsometatarsea (Hinterfußwurzel-Mittelfußgelenk) im Bereich zwischen Os tarsale IV und Os metatarsale IV.
25 Plantarolateraler und plantaromedialer Rand des Os tarsale III.
26 Canalis tarsi (Gefäßkanal). Der Kanal, der in dieser Ansicht, abhängig vom Projektionswinkel, mehr oder weniger deutlich erscheint, umschließt die Arteria und Vena tarsea perforans sowie einen Ast des Nervus fibularis profundus.
27 Nicht der Artikulation dienender eingesenkter Bereich zwischen Os tarsi centrale und Os tarsale III. Dieser Bereich erscheint wie eine Knochenlysis und sollte anhand seiner Lokalisation gegen diese Erkrankung abgegrenzt werden.
28 Plantarolateraler und dorsomedialer Rand des Os tarsale IV.
29 Plantarolateraler und dorsomedialer Rand des Os tarsi centrale.
30 Articulatio calcaneoquartale zwischen Kalkaneus und Os tarsale IV.
31 Ränder des Sinus tarsi, der röntgenologisch, abhängig vom Projektionswinkel, eine mehr oder weniger aufgehellte spaltförmige Region zwischen Kalkaneus und Talus darstellt.
32 Plantarolaterale Begrenzung des Sustentaculum tali (Sprungbeinstütze) des Kalkaneus.
33 Processus coracoideus (Rabenschnabelfortsatz) des Kalkaneus.
34 Articulatio talocruralis zwischen lateralem Rollkamm des Talus und lateraler Rollfurche der Cochlea tibiae (Gelenkschraube des Schienbeines).
35,36 Kranialer bzw. kaudaler Teil des Malleolus lateralis (lateraler Knöchel).
37 Tuber calcanei (Fersenbeinhöcker).

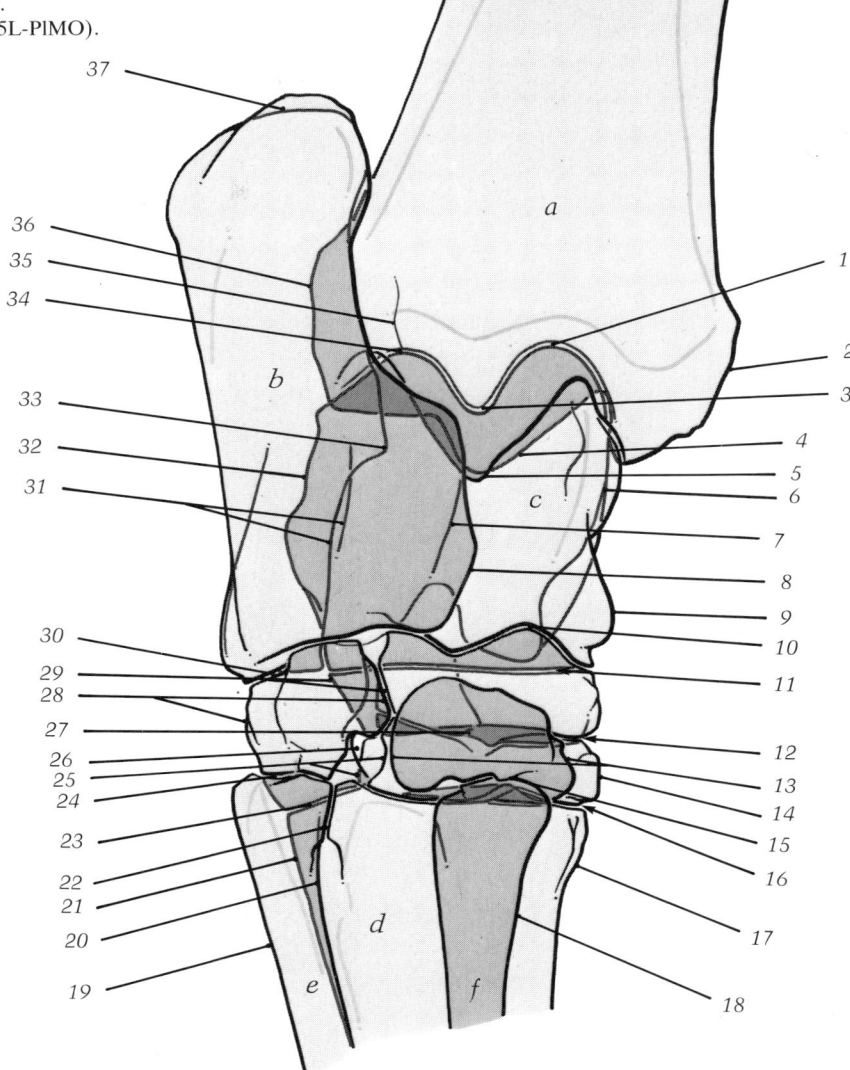

252 Kapitel 4: Radiologische Untersuchungen

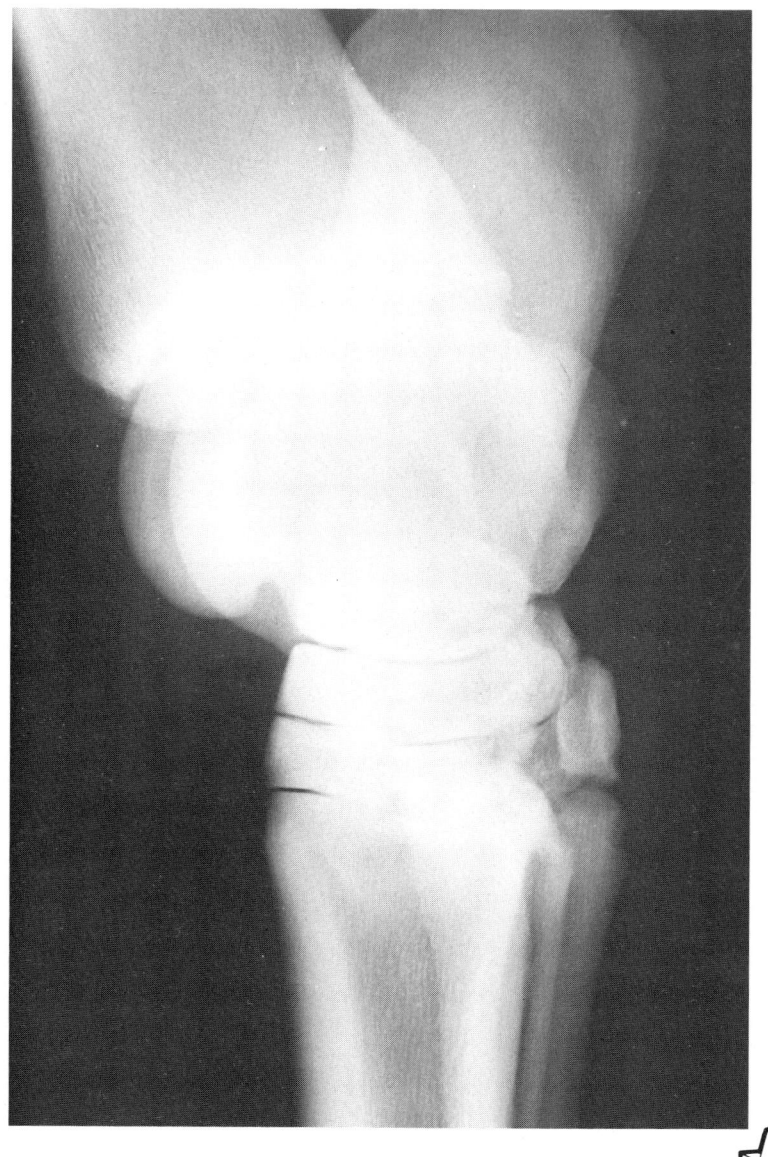

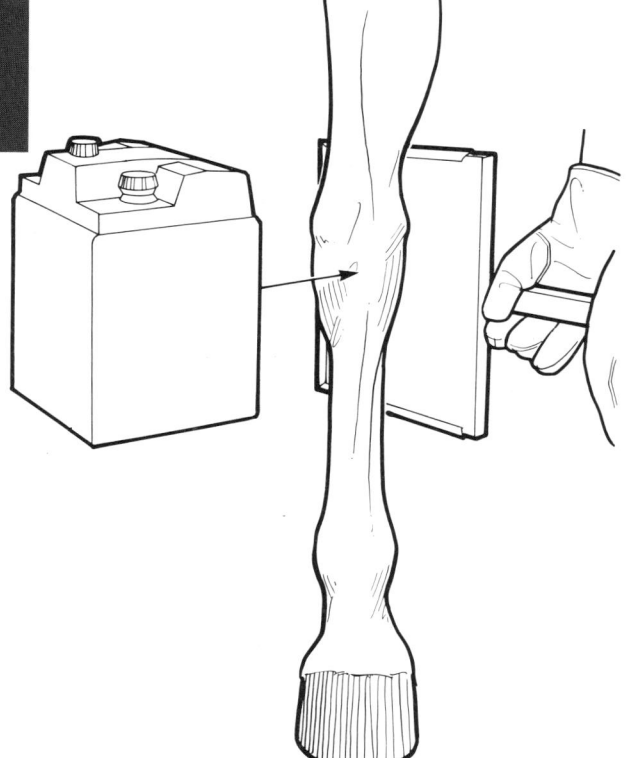

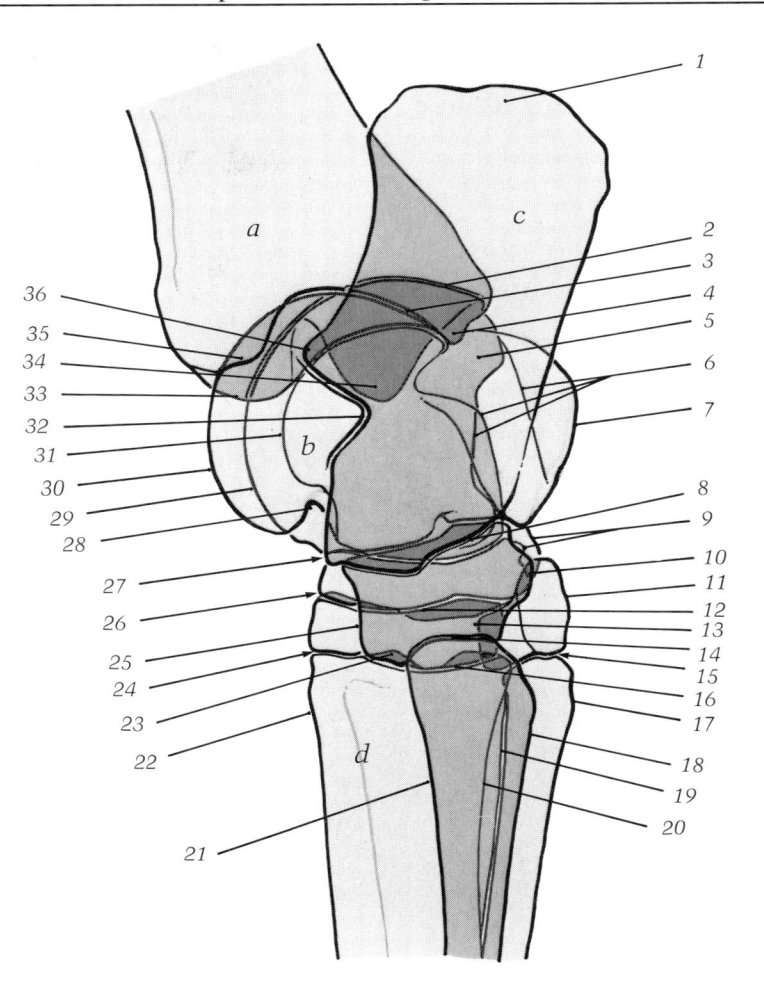

Abb. 4.71: Tarsus dexter (rechte Hinterfußwurzel).
Ansicht: dorsomedial-plantarolateral obliquus
(D35M-PlLO).
a Tibia (Schienbein).
b Talus (Sprungbein).
c Calcaneus (Fersenbein).
d Os metatarsale III
 (3. Hintermittelfußknochen).
 1 Tuber calcanei (Fersenbeinhöcker).
 2 Articulatio talocruralis zwischen medialem Rollkamm des Talus und medialer Rollfurche der Cochlea tibiae (Gelenkschraube des Schienbeines).
 3 Articulatio talocruralis zwischen lateralem Rollkamm des Talus und lateraler Rollfurche der Cochlea tibiae (Gelenkschraube des Schienbeines).
 4 Kaudale Begrenzung des mittleren Kammes der Cochlea tibiae (Gelenkschraube des Schienbeines).
 5 Proximomediale Rauhigkeit am Talus.
 6 Plantarränder des Talus, die den Kalkaneus überlagern.
 7 Plantare Begrenzung des Sustentaculum tali (Sprungbeinstütze) des Kalkaneus.
 8 Nicht an der Artikulation beteiligte Vertiefung zwischen Talus und Os tarsi centrale. Dieser Bereich erscheint in Abhängigkeit des Projektionswinkels mehr oder weniger deutlich und kann eine Knochenlysis vortäuschen.
 9 Medialer und lateraler Plantarrand des Os tarsi centrale.
 10 Plantarrand des Os tarsale IV.
 11 Plantarrand der verschmolzenen Ossa tarsalia I und II.
 12 Nicht an der Artikulation beteiligte Einsenkungen zwischen Os tarsi centrale und Os tarsale III.
 13 Articulatio intertarsea zwischen den verschmolzenen Ossa tarsalia I und II und dem medialen Plantarrand des Os tarsale III.
 14 Articulatio tarsometatarsea (Hinterfußwurzel-Mittelfußgelenk) im Bereich zwischen Os tarsale IV und Os metatarsale IV.
 15 Articulatio tarsometatarsea (Hinterfußwurzel-Mittelfußgelenk) im Bereich zwischen den verschmolzenen Ossa tarsalia I und II und dem Os metatarsale II.
 16 Articulatio tarsometatarsea (Hinterfußwurzel-Mittelfußgelenk) im Bereich zwischen Os tarsale IV und Os metatarsale III.
 17,18 Plantare Begrenzung des Os metatarsale II bzw. IV.
 19 Spatium interosseum zwischen den Ossa metatarsalia II und III.
 20 Plantarrand des Os metatarsale III.
 21,22 Dorsolaterale Begrenzung des Os metatarsale IV bzw. III.
 23 Nicht an der Artikulation beteiligte Einsenkungen in den einander gegenüberliegenden Gelenkflächen des Os tarsale III und des Os metatarsale III.
 24 Dorsolaterale Seite der Articulatio tarsometatarsea (Hinterfußwurzel-Mittelfußgelenk) im Bereich zwischen Os tarsale III und Os metatarsale III.
 25 Dorsolateralrand des Os tarsale IV.
 26 Dorsolaterale Seite der Articulatio centrodistalis zwischen dem Os tarsi centrale und dem Os tarsale III.
 27 Dorsolaterale Seite der Articulatio talocalcaneocentralis.
 28 Einschnitt im distalen Bereich des lateralen Rollkammes des Talus.
 29,30 Medialer bzw. lateraler Rollkamm des Talus.
 31 Boden der Rollfurche zwischen medialem und lateralem Rollkamm des Talus.
 32 Articulatio talocalcanea zwischen Talus und Kalkaneus. Die Darstellung dieses Gelenkes ist variabel und hängt vom Strahlengang ab.
 33 Kraniale Begrenzung des mittleren Kammes der Cochlea tibiae (Gelenkschraube des Schienbeines).
 34 Malleolus medialis (medialer Knöchel), der Talus und Kalkaneus überlagert.
 35 Malleolus lateralis (lateraler Knöchel), der den mittleren Rollkamm der Tibia und den lateralen Rollkamm des Talus überlagert.
 36 Processus coracoideus (Rabenschnabelfortsatz) des Kalkaneus.

254 Kapitel 4: Radiologische Untersuchungen

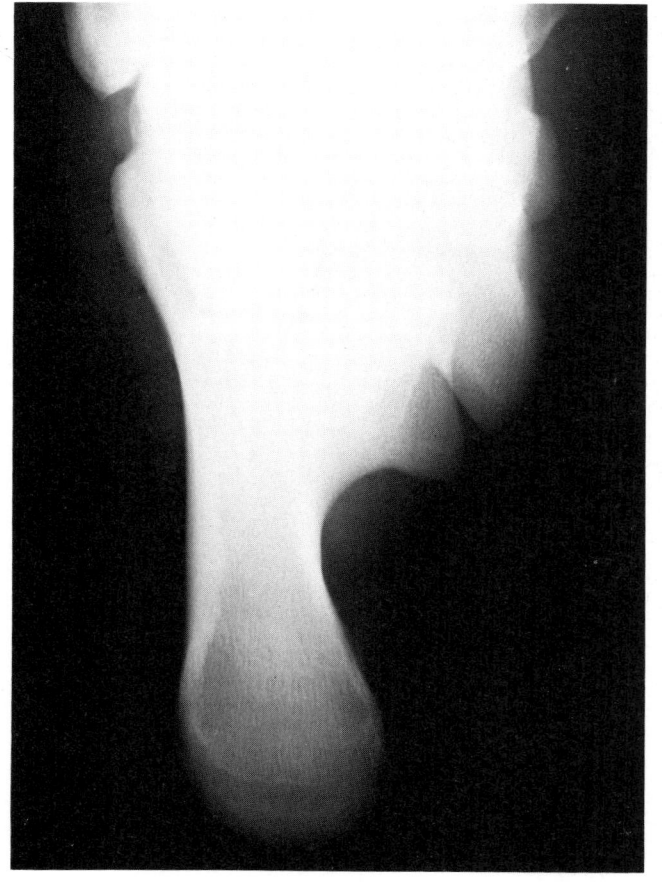

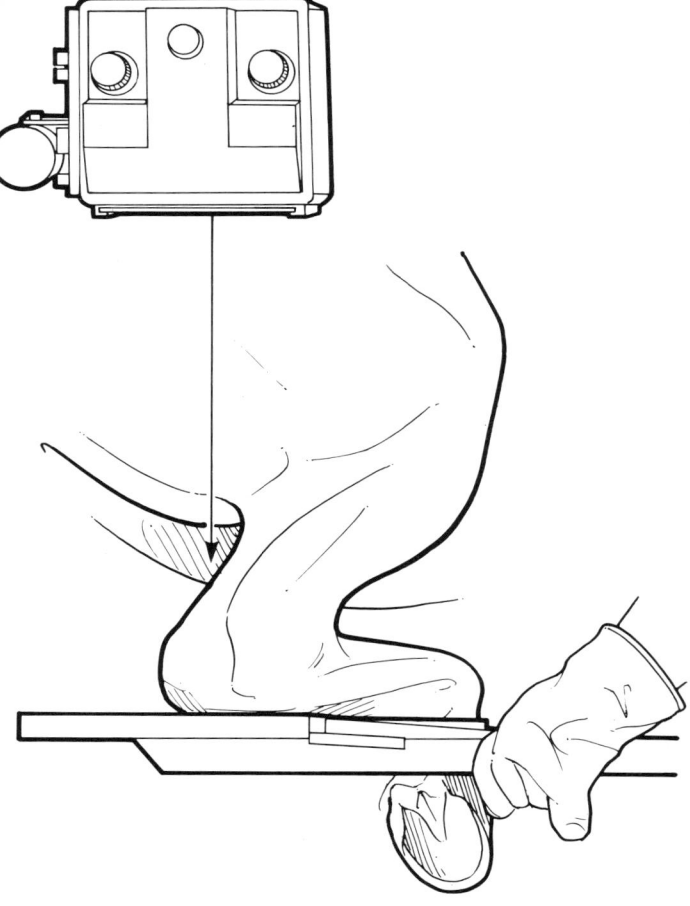

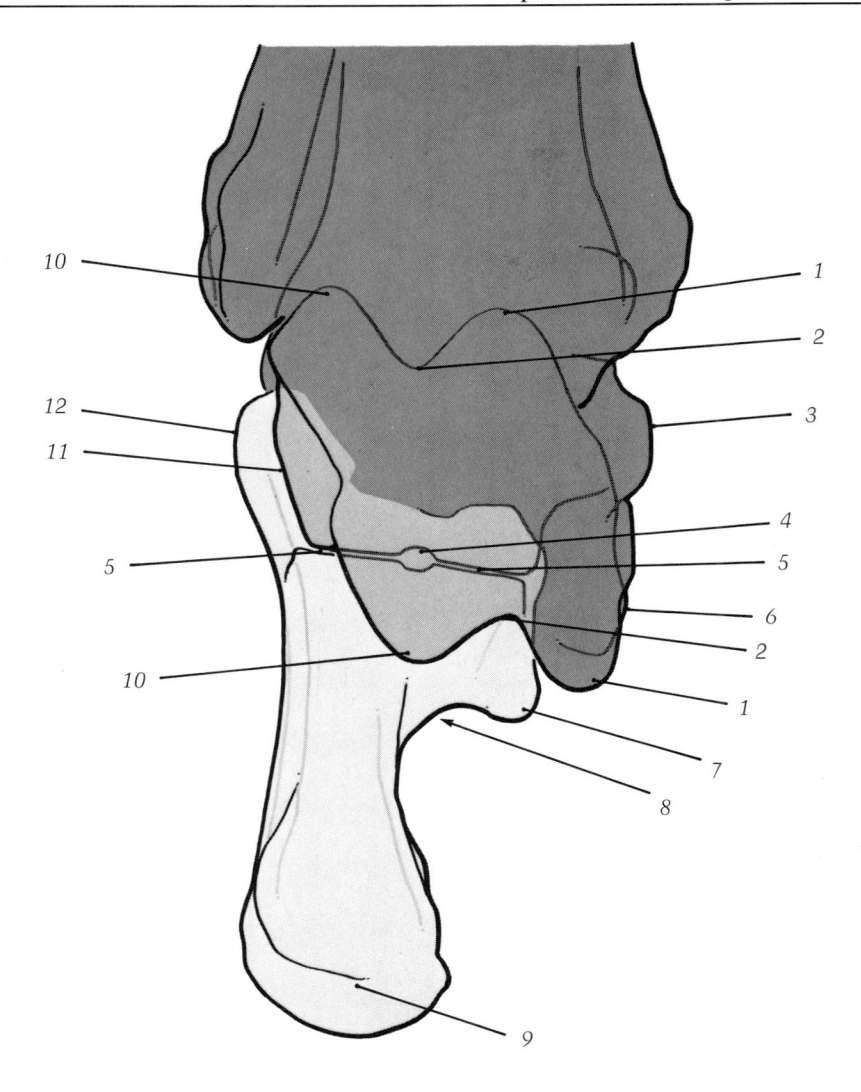

Abb. 4.72: Tarsus sinister (linke Hinterfußwurzel). Ansicht: gebeugt kaudoplantar (Flexed CaPl).
1 Medialer Rollkamm des Talus.
2 Rollfurche zwischen medialem und lateralem Rollkamm des Talus.
3 Mediodistale Rauhigkeit am Talus.
4 Vertiefung zwischen Talus und Kalkaneus, die nicht an der Artikulation beteiligt ist und deren Öffnung mit dem Sinus tarsi in Verbindung steht.
5 Medial- und Lateralseite der Articulatio talocalcanea.
6 Proximomediale Rauhigkeit am Talus.
7 Sustentaculum tali (Sprungbeinstütze) des Kalkaneus.
8 Sulcus tendinis (Sehnenrinne) am Kalkaneus für die Sehne des Musculus flexor hallucis longus.
9 Tuber calcanei (Fersenhöcker).
10 Lateraler Rollkamm des Talus.
11,12 Bereiche für die Anheftung des Ligamentum collaterale laterale am Talus bzw. am Kalkaneus.

256 Kapitel 4: Radiologische Untersuchungen

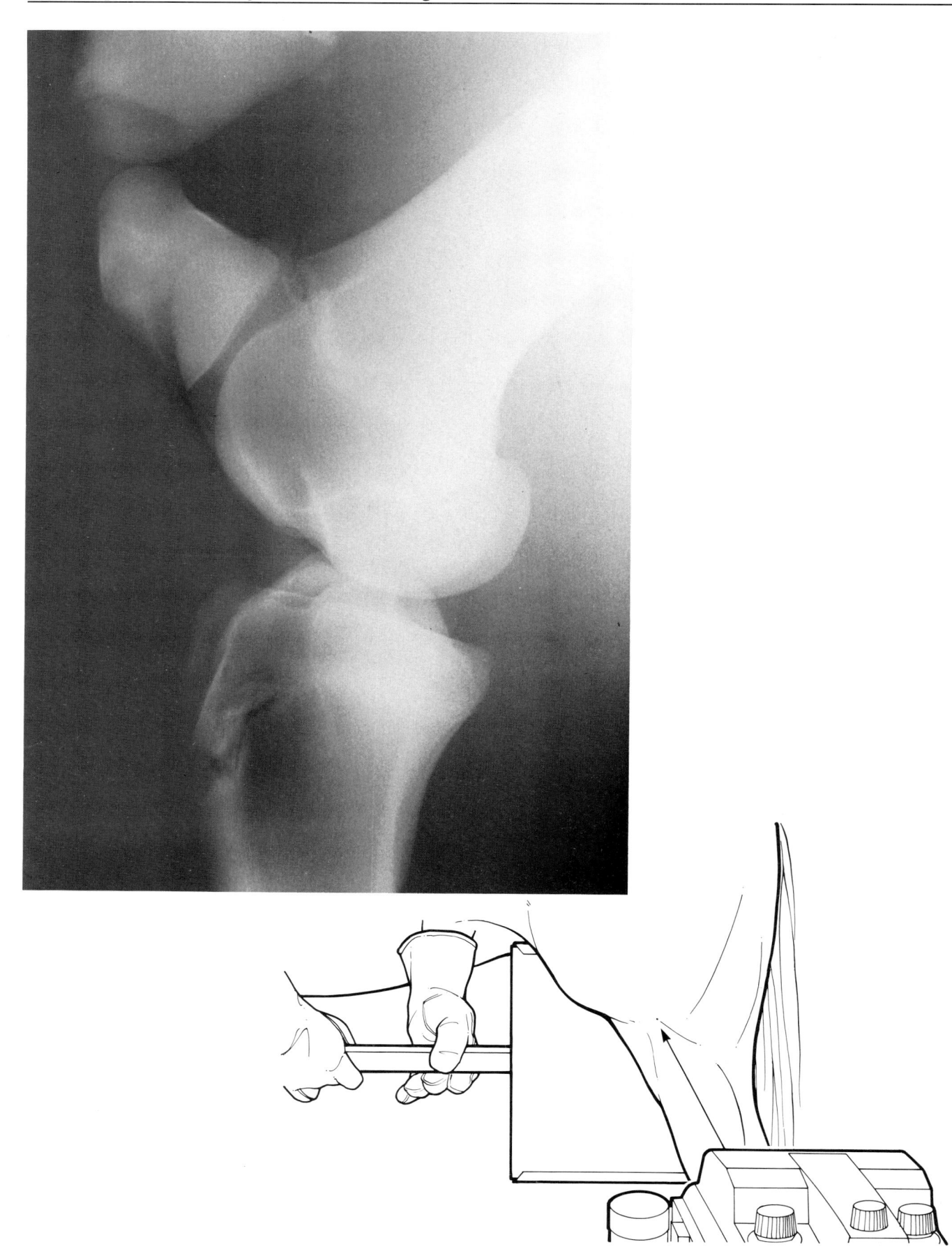

Kapitel 4: Radiologische Untersuchungen 257

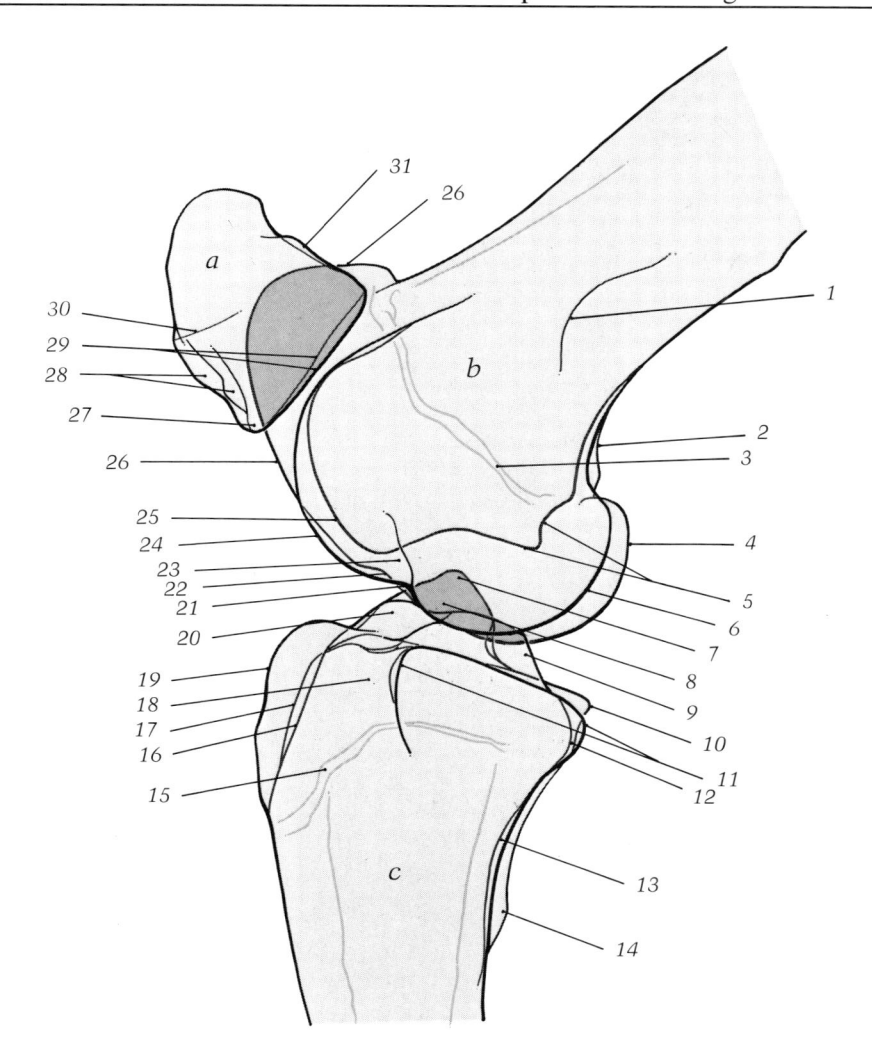

Abb. 4.73: Articulatio genus sinistra (linkes Kniegelenk), bestehend aus der Articulatio femorotibialis (Kniekehlgelenk) und der Articulatio femoropatellaris (Kniescheibengelenk). Ansicht: lateromedial (LM).
a Patella (Kniescheibe).
b Os femoris (Oberschenkelbein).
c Tibia (Schienbein).
 1 Fossa supracondylaris.
 2 Tuberositas supracondylaris medialis.
 3 Distale Epiphysenfuge des Os femoris.
 4 Condylus medialis des Os femoris.
 5 Fossa intercondylaris.
 6 Condylus lateralis (lateraler Gelenkknorren) des Os femoris.
 7 Tuberculum intercondylare mediale der Eminentia intercondylaris der Tibia.
 8 Area intercondylaris centralis (zentraler Bereich zwischen den Gelenkknorren).
 9 Medialer Teil der Facies articularis (Gelenkfläche) des Condylus lateralis der Tibia.
10 Condylus medialis (medialer Gelenkknorren) der Tibia.
11 Condylus lateralis (lateraler Gelenkknorren) der Tibia.
12 Incisura poplitea (Kniekehlausschnitt).
13 Konkave Einziehung der Incisura poplitea (Kniekehlausschnitt).
14 Höcker auf der kaudomedialen Fläche der Tibia.
15 Proximale Epiphysenfuge der Tibia.
16 Bandgrube für die Anheftung des Ligamentum patellare mediale.
17 Mediale Begrenzung der Tuberositas tibiae (Schienbeinbeule).
18 Sulcus extensorius (Streckfurche).
19 Laterale Begrenzung der Tuberositas tibiae (Schienbeinbeule).
20 Tuberculum intercondylare laterale der Eminentia intercondylaris der Tibia.
21 Knochenleiste, die den lateralen Rollkamm der Trochlea femoris mit dem Condylus lateralis des Os femoris verbindet.
22 Knochenleiste, die den medialen Rollkamm der Trochlea femoris mit dem Condylus medialis des Os femoris verbindet.
23 Fossa extensoria (Streckgrube).
24 Lateraler Rollkamm der Trochlea femoris.
25 Kompakter Knochen in der Furche zwischen lateralem und medialem Rollkamm.
26 Medialer Rollkamm der Trochlea femoris.
27 Apex patellae (Spitze der Kniescheibe).
28 Bereiche für die Bandanheftung auf der Kranialfläche der Kniescheibe.
29 Facies articularis (Gelenkfläche) der Patella.
30 Grenze zwischen medialer Facies articularis (Gelenkfläche) und Medialrand der Patella.
31 Basis patellae.

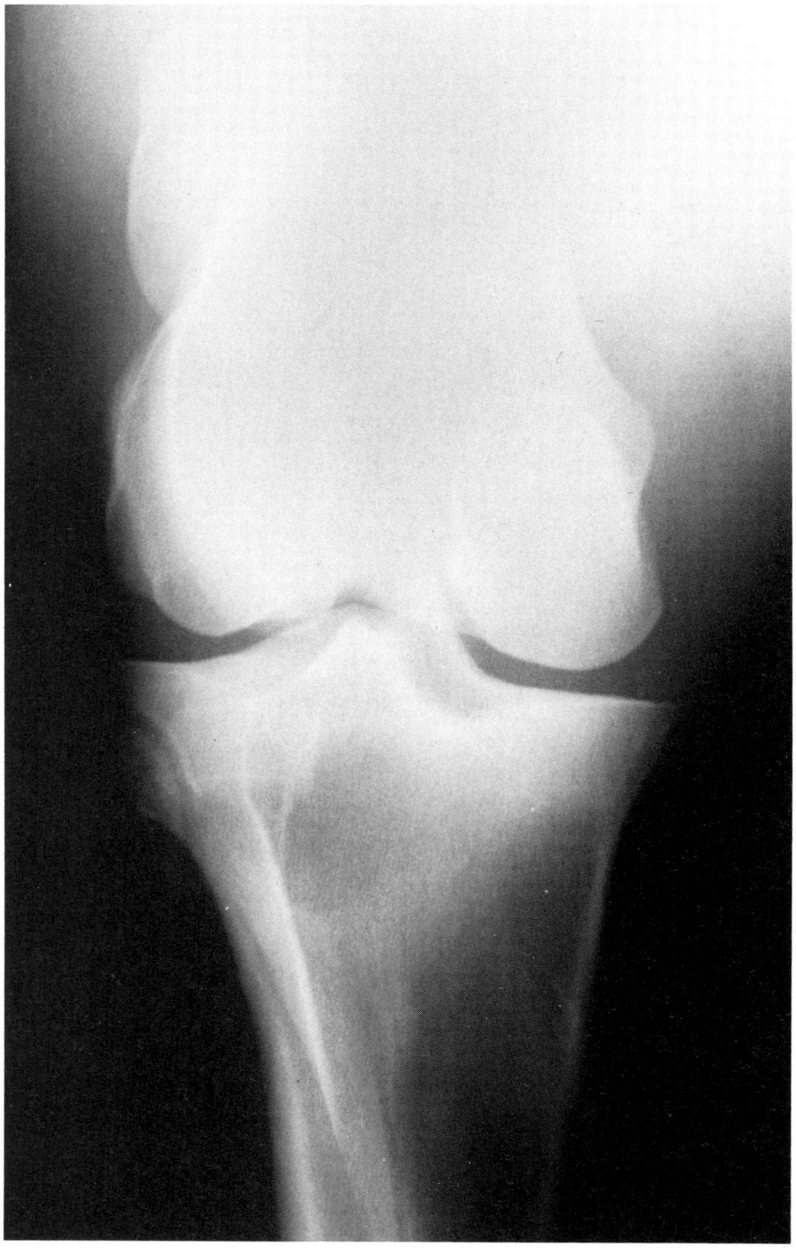

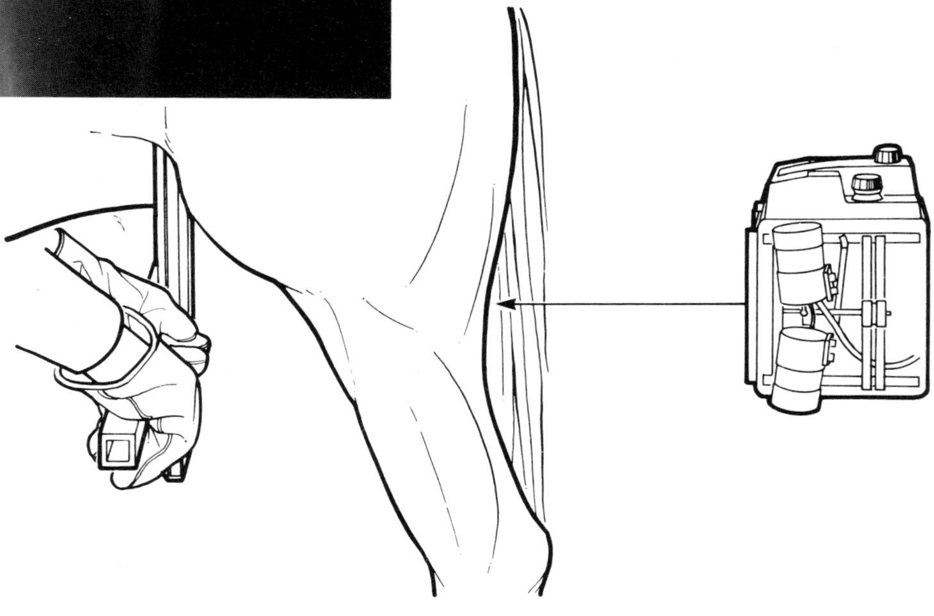

Kapitel 4: Radiologische Untersuchungen   259

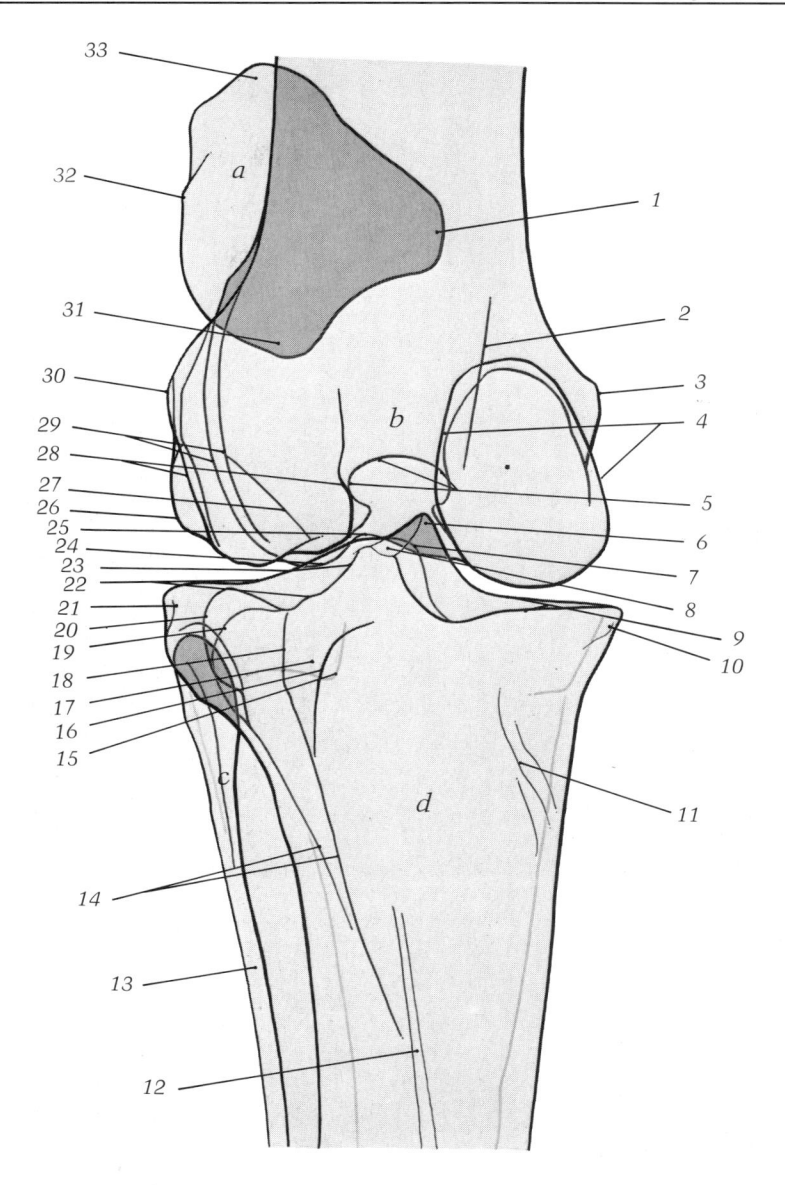

Abb. 4.74: Articulatio genus sinistra (linkes Kniegelenk), bestehend aus der Articulatio femorotibialis (Kniekehlgelenk) und der Articulatio femoropatellaris (Kniescheibengelenk). Ansicht: kaudokranial (CaCr).
a Patella (Kniescheibe).
b Os femoris (Oberschenkelbein).
c Fibula (Wadenbein).
d Tibia (Schienbein).

1 Medialer Winkel der Patella. Ein großer Knorpelfortsatz, der röntgenologisch nicht erkennbar ist, dehnt sich von diesem medialen Winkel aus.
2 Lateraler Rand des medialen Rollkammes distal am Os femoris. Dieser Rollkamm kann, in Abhängigkeit von der Belichtung des Röntgenfilmes, mehr oder weniger deutlich dargestellt sein.
3 Epicondylus medialis femoris für die Bandanheftung.
4 Medial- und Lateralrand des Condylus medialis femoris (medialer Gelenkknorren des Oberschenkelbeines).
5 Fossa intercondylaris auf der Kaudalseite distal am Os femoris.
6 Tuberculum intercondylare mediale der Eminentia intercondylaris der Tibia.
7 Tuberculum intercondylare laterale der Eminentia intercondylaris der Tibia.
8 Area intercondylaris centralis.
9 Kranial- und Kaudalrand der Facies articularis proximalis (proximale Gelenkfläche) am Condylus medialis der Tibia.
10 Condylus medialis der Tibia.
11 Höcker auf der kaudomedialen Fläche der Tibia.
12 Lineae musculi poplitei (Muskellinien) an der Kaudalfläche der Tibia.
13 Fibula. Wie hier gezeigt, kann die Fibula vollständig vorhanden sein. Gewöhnlich ist allerdings nur ihr Proximalteil als rudimentäres Knochenstück ausgebildet. Die Fibula kann ein oder zwei transversal verlaufende Furchen aufweisen, die das Erscheinungsbild von Frakturlinien vortäuschen können.
14 Margo cranialis.
15 Knöcherner Rand des Sulcus extensorius (Streckfurche).
16 Medialteil der Tuberositas tibiae (Schienbeinbeule).
17 Bandgrube zwischen medialem und lateralem Teil der Tuberositas tibiae (Schienbeinbeule) für das Ligamentum patellae mediale.
18 Mediale Begrenzung des Lateralteiles der Tuberositas tibiae (Schienbeinbeule).
19,21 Kranialer bzw. kaudaler Anteil des Condylus lateralis (lateraler Gelenkknorren) der Tibia.
20 Proximolaterale Begrenzung des Lateralteiles der Tuberositas tibiae (Schienbeinbeule).
22 Kraniale und kaudale Begrenzung der Facies articularis (Gelenkfläche) am Condylus lateralis (lateraler Gelenkknorren) der Tibia.
23 Facies articularis (Gelenkfläche) am medialen Anteil des Condylus lateralis (lateraler Gelenkknorren) der Tibia.
24 Distaler Anteil des lateralen Rollkammes am Os femoris.
25 Distaler Anteil der Rollfurche zwischen den distalen Rollkämmen des Os femoris.
26 Lateraler Epicondylus femoris für die Bandanheftung.
27 Knöcherne Begrenzungen der Fossa extensoria (Streckgrube) distal am Os femoris.
28 Lateral- und Medialrand des Condylus lateralis femoris (lateraler Gelenkknorren des Oberschenkelbeines).
29 Lateraler Rollkamm am Distalende des Os femoris.
30 Proximolateraler Rand des Condylus lateralis femoris.
31 Apex patellae (Spitze der Kniescheibe).
32 Lateraler Rand der Patella.
33 Basis patellae. Ob die Patella vollständig abgebildet wird, hängt von der Röntgenaufnahme ab. Gewöhnlich befindet sich die Kniescheibe auf der lateralen Seite im distalen Bereich des Os femoris.

260　Kapitel 4: Radiologische Untersuchungen

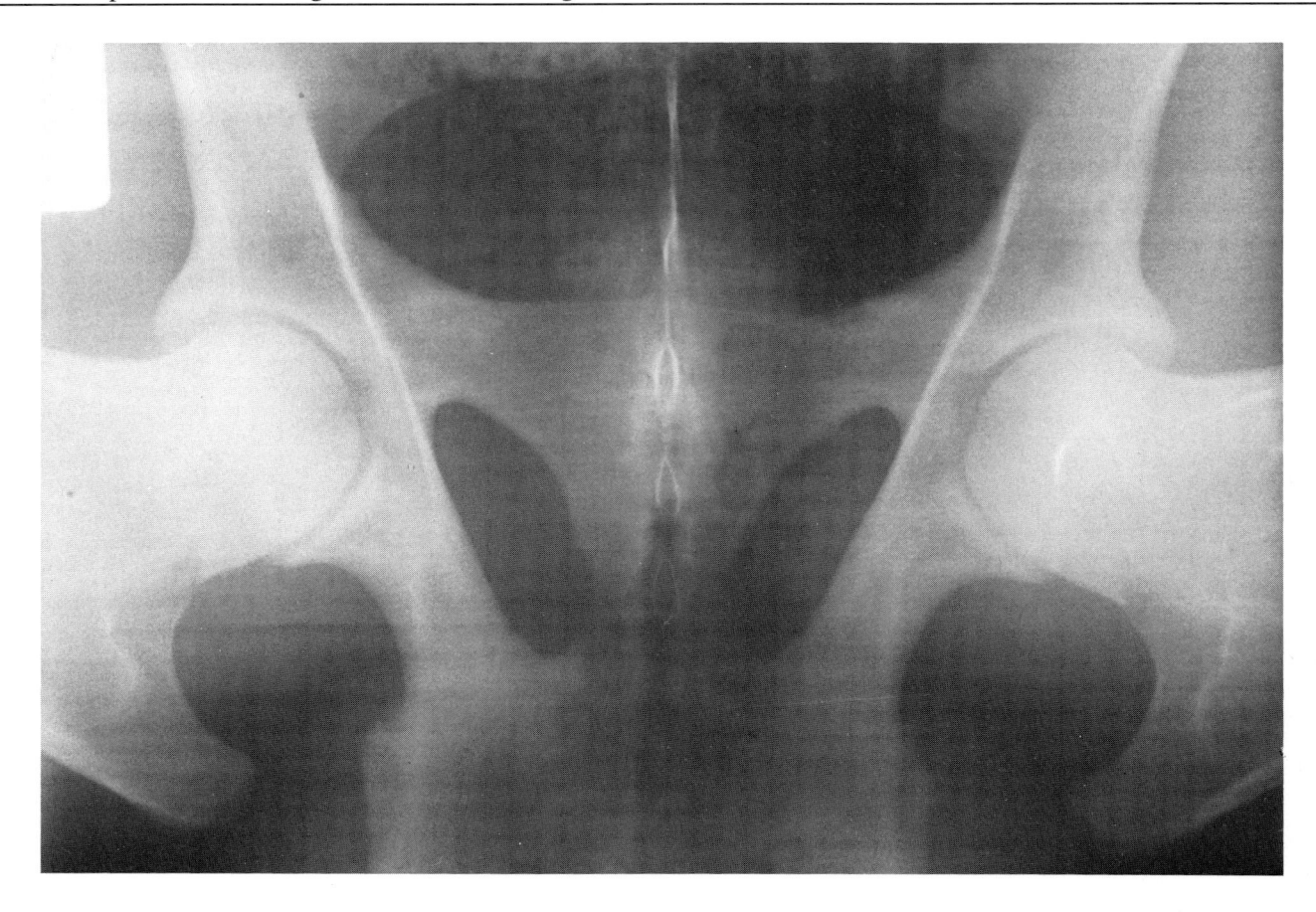

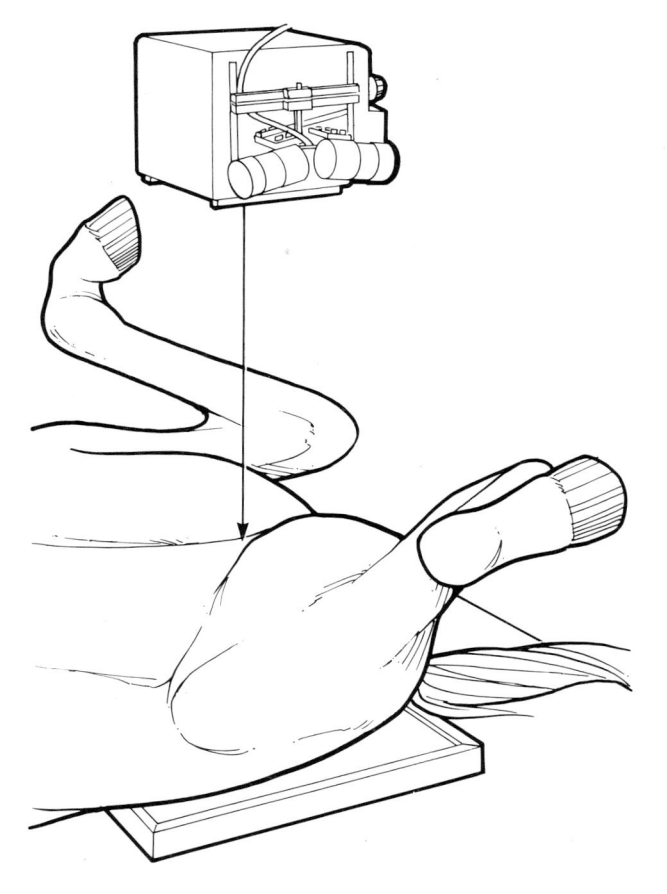

Kapitel 4: Radiologische Untersuchungen 261

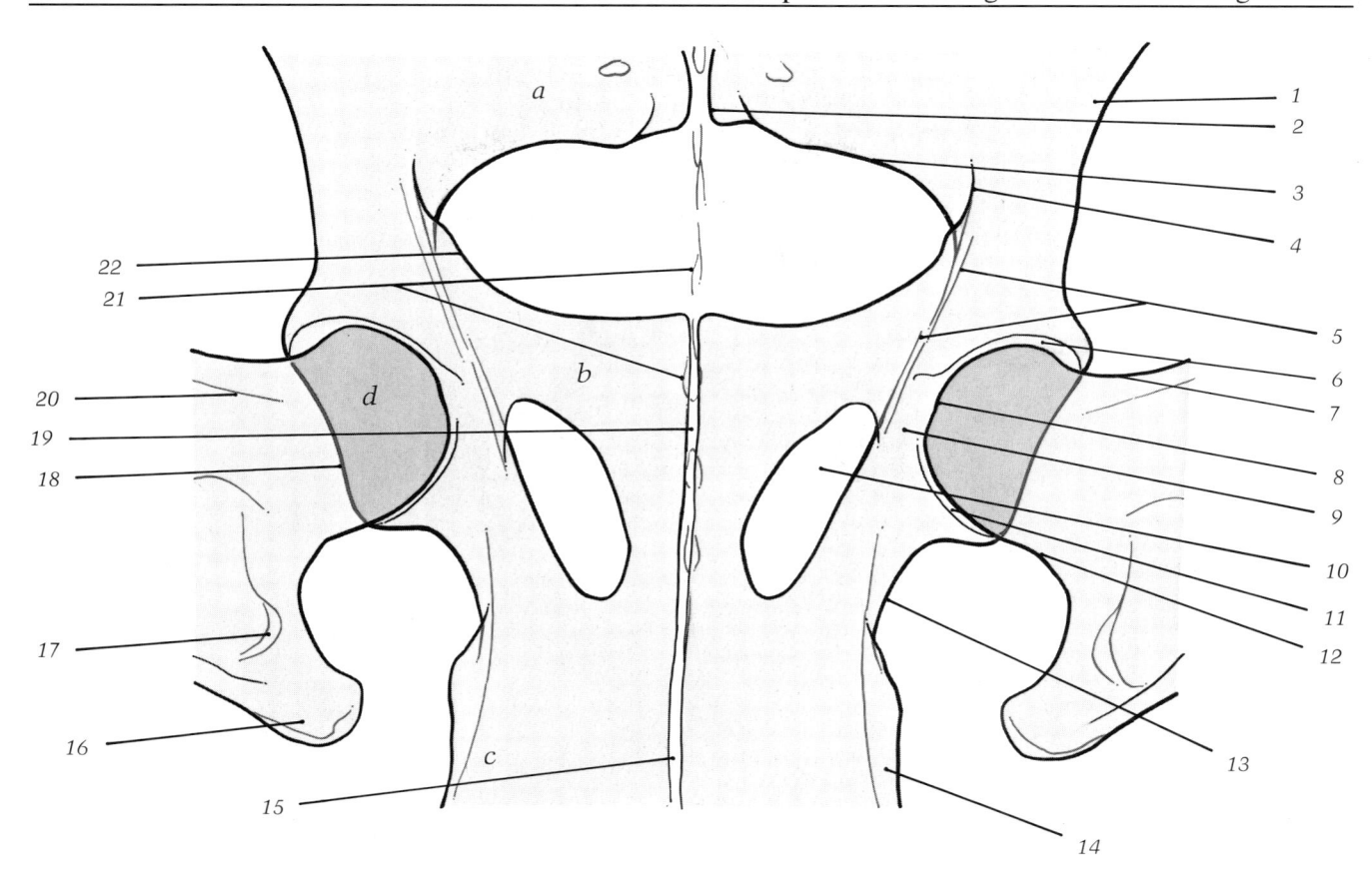

Abb. 4.75: Ossa coxae (Beckenknochen) mit proximalen Anteilen der Ossa femores (Oberschenkelbeine). Ansicht: ventrodorsal (VD).
a Rechtes Os ilium (Darmbein).
b Rechtes Os pubis (Schambein).
c Rechtes Os ischii (Sitzbein).
d Rechtes Caput ossis femoris (Kopf des Oberschenkelbeines).
1 Corpus ossis ilii (Darmbeinkörper).
2 Tuber sacrale (Kreuzhöcker). Faeces im Colon ascendens (großes Kolon) überlagern das Tuber sacrale (Kreuzhöcker) und das Os sacrum (Kreuzbein) und beeinträchtigen so eine exakte Beurteilung dieser Strukturen auf Röntgenaufnahmen.
3 Incisura ischiadica major (großer Beckenausschnitt) am Dorsalrand des Os ilium.
4 Ventralrand des Os ilium.
5 Spina ischiadica.
6 Articulatio coxae (Hüftgelenk) zwischen Kranialrand des Azetabulums (Gelenkpfanne) und Caput ossis femoris (Kopf des Oberschenkelbeines).
7 Medialrand des Collum ossis femoris (Hals des Oberschenkelbeines).
8 Fovea capitis (Kopfgrube) des Os femoris. Die Fovea capitis ist ein abgeflachtes Gebiet am Femurkopf, das sich mehr oder weniger deutlich, in Abhängigkeit von der Winkelung und Lagerung während der Röntgenaufnahme, darstellt.
9 Fossa acetabuli (Pfannengrube). Da in diesem Bereich der Gelenkknorpel und der subchondrale Knochen fehlten, erscheint diese Region, obwohl normal, wie ein Knocheneinbruch oder -defekt in der Gelenkfläche des Azetabulum.
10 Foramen obturatum (verstopftes Loch).
11 Articulatio coxae (Hüftgelenk) im Bereich zwischen dem Kaudalrand des Azetabulums (Gelenkpfanne) und dem des Caput ossis femoris (Kopf des Oberschenkelbeines).
12 Lateralrand des Collum ossis femoris (Hals des Oberschenkelbeines).
13 Lateralrand des Os ischii.
14 Rauhigkeit am Os ischii.
15 Symphysis ischiadica (Sitzbeinfuge).
16,17 Pars cranialis bzw. Pars caudalis des Trochanter major (großer Umdreher).
18 Dorsalrand des Azetabulum (Gelenkpfanne).
19 Symphysis pubica (Schambeinfuge).
20 Trochanter minor (kleiner Umdreher), der das Os femoris überlagert.
21 Processus spinosus (Dornfortsatz) des Os sacrum (Kreuzbein).
22 Kranialrand des Os pubis.

262   Kapitel 4: Radiologische Untersuchungen

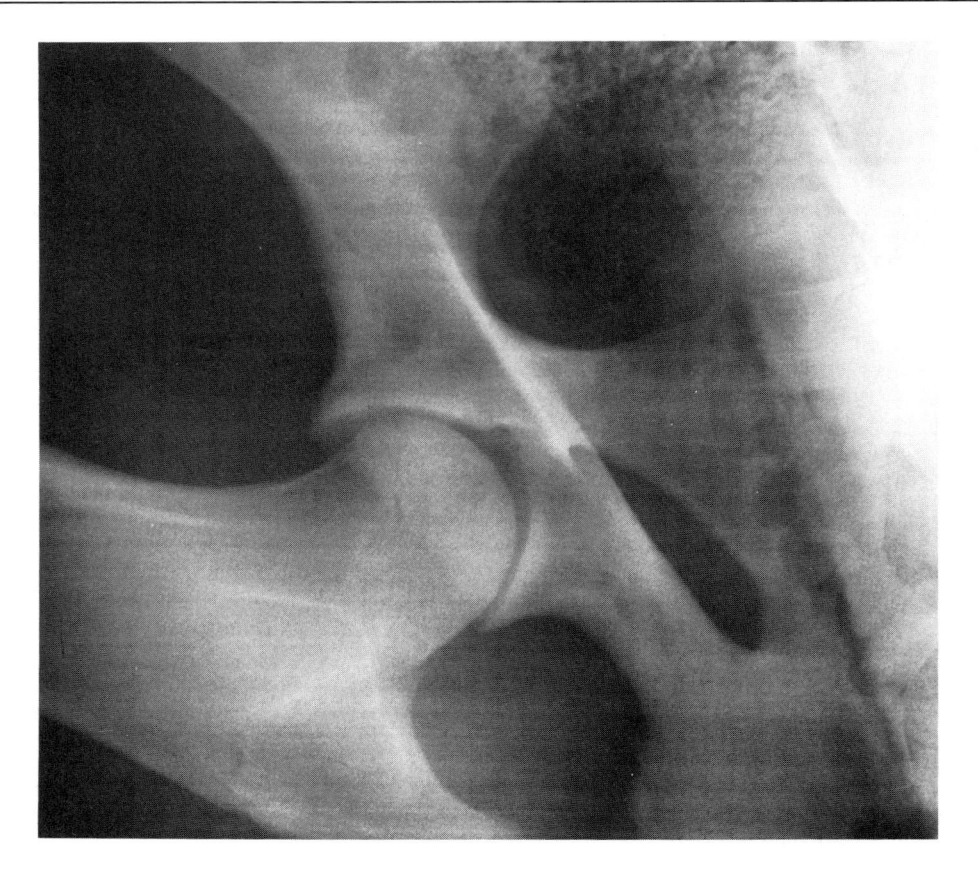

Kapitel 4: Radiologische Untersuchungen   263

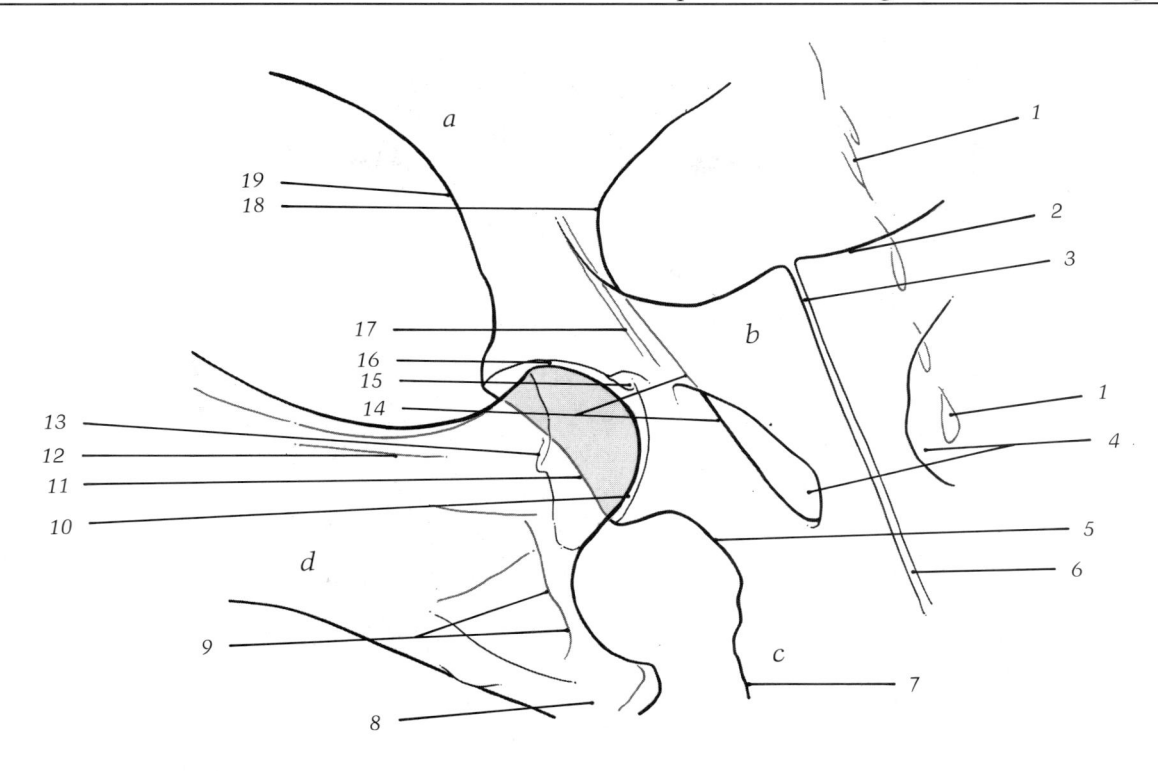

Abb. 4.76: Ossa coxae (Beckenknochen) mit proximalen Anteilen des Os femoris dextrum (rechtes Oberschenkelbein). Ansicht: ventromedial-dorsolateral obliquus (V25M-DLO).

a Os ilium (Darmbein).
b Os pubis (Schambein).
c Os ischii (Sitzbein).
d Os femoris (Oberschenkelbein).
 1 Processus spinosus (Dornfortsatz) des Os sacrum.
 2 Pecten ossis pubis (Kranialrand des Schambeines).
 3 Symphysis pubica (Schambeinfuge).
 4 Foramina obturatoria (verstopfte Löcher).
 5 Lateralrand des Os ischii.
 6 Symphysis ischiadica (Sitzbeinfuge).
 7 Rauhigkeit am Sitzbein.
 8,9 Pars caudalis bzw. Pars cranialis des Trochanter major (großer Umdreher).
 10 Articulatio coxae (Hüftgelenk) im Bereich zwischen Kaudalteil des Azetabulum (Gelenkpfanne) und Caput ossis femoris (Oberschenkelkopf).
 11 Dorsalrand des Azetabulum (Gelenkpfanne).
 12 Trochanter minor (kleiner Umdreher), der vom Os femoris überlagert wird.
 13 Epiphysenfuge zwischen Caput und Collum ossis femoris (Oberschenkelkopf und Oberschenkelhals).
 14 Dorsomedialer Rand des Os ischii.
 15 Fossa acetabuli (Pfannengrube).
 16 Articulatio coxae im Bereich zwischen Kranialteil des Azetabulums (Gelenkpfanne) und Caput ossis femoris (Oberschenkelkopf).
 17 Spina ischiadica am Dorsalrand des Sitzbeines.
 18 Dorsomediale Begrenzung (Linea arcuata) des Os ilium.
 19 Laterale Begrenzung des Os ilium.

264   Kapitel 4: Radiologische Untersuchungen

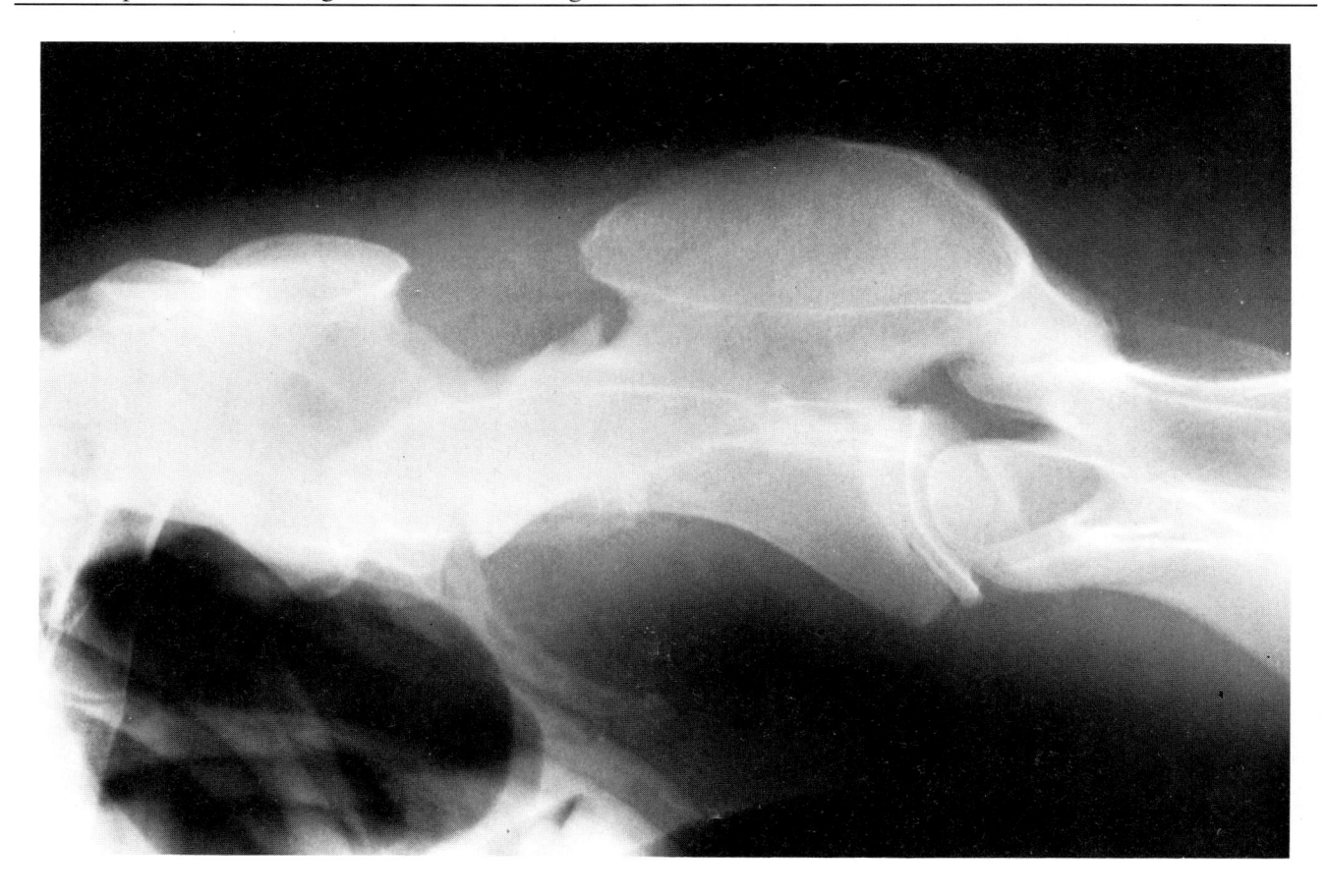

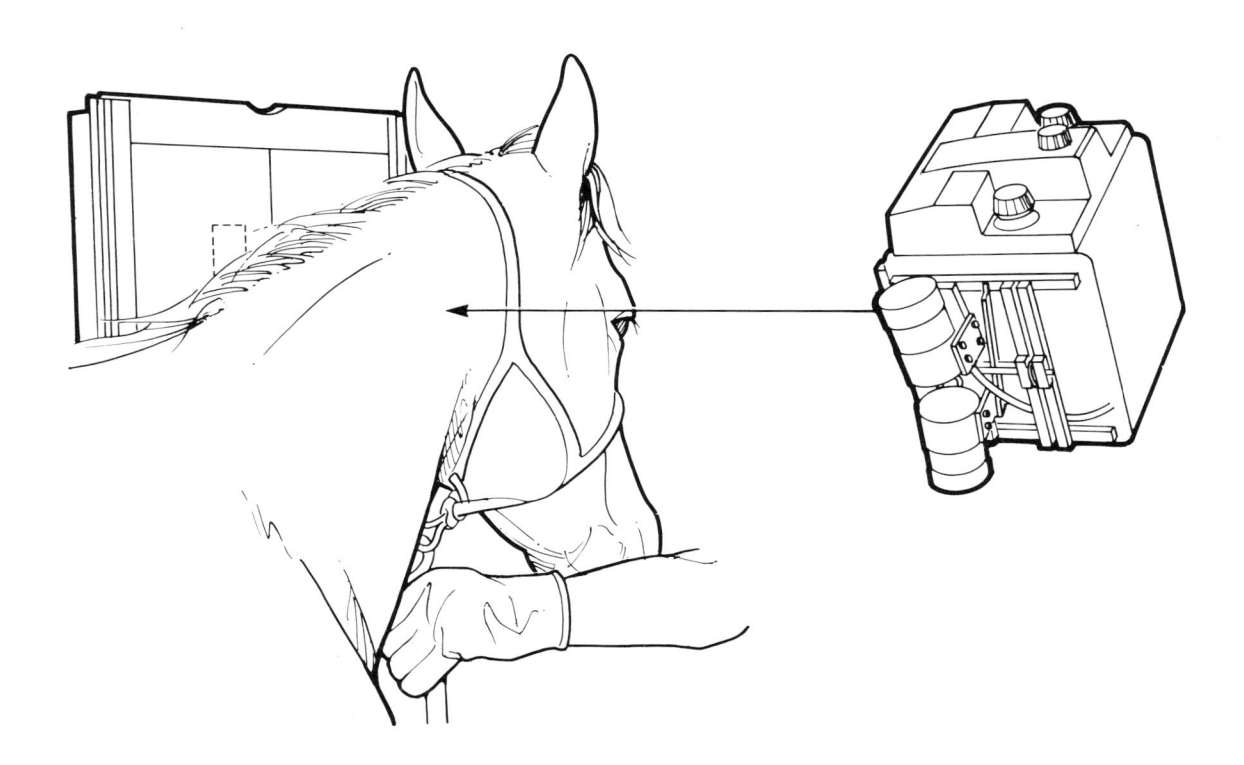

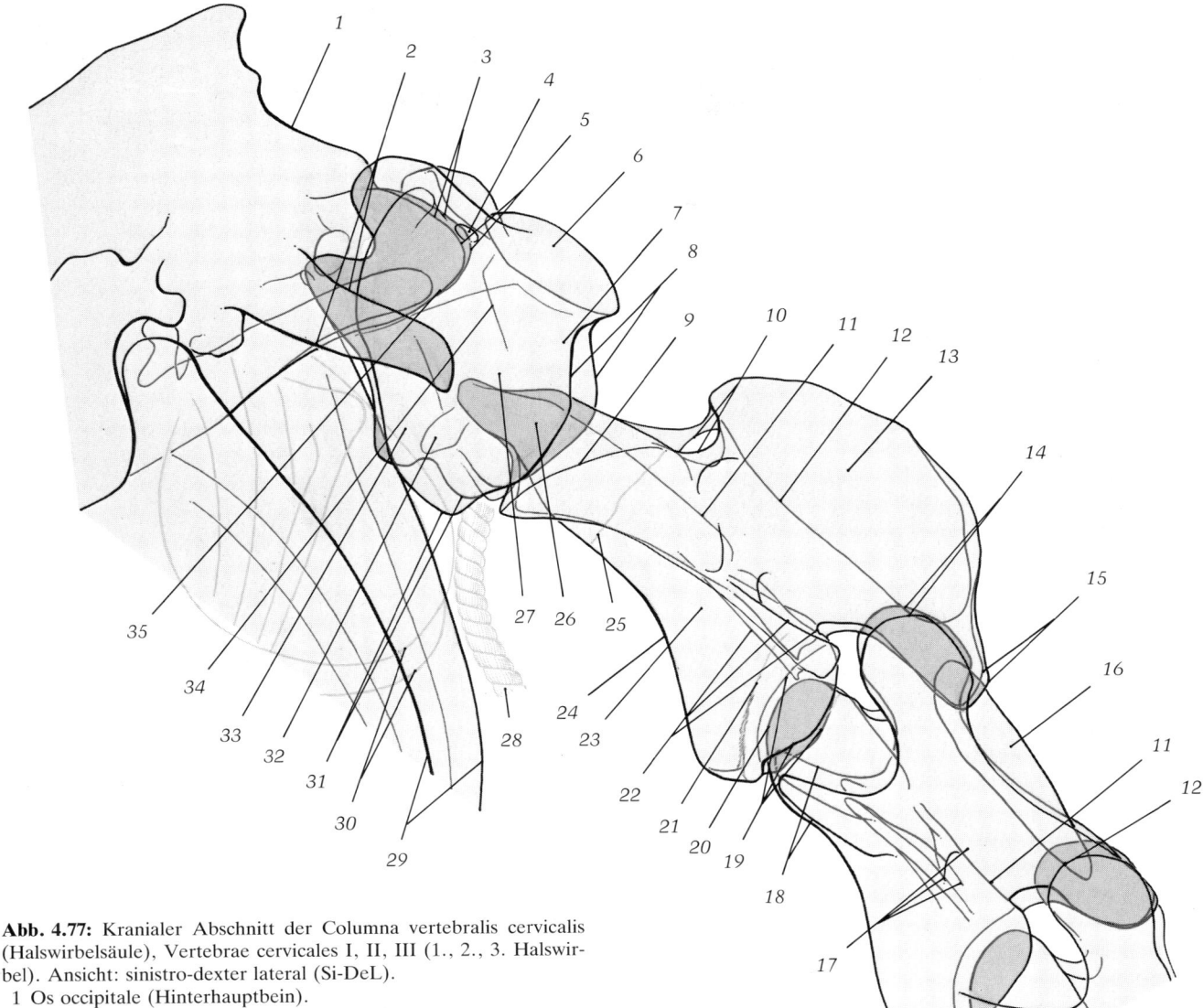

Abb. 4.77: Kranialer Abschnitt der Columna vertebralis cervicalis (Halswirbelsäule), Vertebrae cervicales I, II, III (1., 2., 3. Halswirbel). Ansicht: sinistro-dexter lateral (Si-DeL).

1 Os occipitale (Hinterhauptbein).
2 Processus paracondylaris (Drosselfortsatz).
3 Dorsalfläche des rechten und linken Condylus occipitalis (Gelenkknorren des Hinterhauptbeines).
4 Verschattung durch den rechten und linken Rand des Foramen vertebrale laterale (laterales Wirbelloch) des Atlas.
5 Überlagerung der Articulatio atlantooccipitalis durch die Kaudalränder des Os occipitale.
6 Tuberculum dorsale (dorsaler Höcker) des Atlas.
7 Atlas (Vertebra cervicalis I, 1. Halswirbel).
8 Kaudalränder der Foveae articulares (Gelenkgruben).
9 Processus articularis cranialis (kranialer Gelenkfortsatz) des Axis.
10 Verschattungen durch die Ränder der Foramina vertebralia lateralia (laterale Wirbellöcher).
11 Ventrale Begrenzung des Canalis vertebralis (Wirbelkanal).
12 Dorsale Begrenzung des Canalis vertebralis (Wirbelkanal).
13 Processus spinosus (Dornfortsatz) des Axis.
14 Rechter und linker Rand der Processus articulares craniales (kraniale Gelenkfortsätze) der Vertebra cervicalis III (3. Halswirbel).
15 Processus articulares caudales (kaudale Gelenkfortsätze) des Axis.
16 Processus spinosus (Dornfortsatz) der Vertebra cervicalis III.
17 Verschattungen, die durch die Basis des Processus transversus (Querfortsatz) gebildet werden, dessen Aussehen in Abhängigkeit von der Röntgenebene variiert.
18 Processus transversus (Querfortsatz) der Vertebra cervicalis III.
19 Konkave Fläche der Extremitas caudalis (Kaudalende) des Axis.
20 Konvexe Extremitas cranialis (Kranialende) der Vertebra cervicalis III.
21 Kaudale Epiphysenfuge am Axis.
22 Mehrere linienförmige Verschattungen durch die breiten Basen des rechten und linken Processus transversus (Querfortsatz) am Axis.
23 Axis (Vertebra cervicalis II, 2. Halswirbel).
24 Ventralrand des Axis.
25 Kraniale Epiphysenfuge des Axis.
26 Dens axis (Zahn des 2. Halswirbels).
27 Atlas (Vertebra cervicalis I, 1. Halswirbel).
28 Verschattung von einem geflochtenen Halfterstrick.
29 Rechter und linker Ramus mandibulae (Unterkieferast).
30 Rechte und linke ventrale Begrenzungen der Diverticula tubae auditivae (Luftsäcke).
31 Rechter und linker kaudoventraler Rand des Axis.
32 Verschattungen durch die Ränder der Foramina transversaria (querverlaufende Löcher).
33 Basis der Alae atlantis (Atlasflügel).
34 Verschattung durch die konkave Einziehung der Fossa atlantis (Atlasgrube).
35 Rechte und linke kaudale Begrenzung des Condylus occipitalis (Gelenkknorren des Hinterhauptbeines).

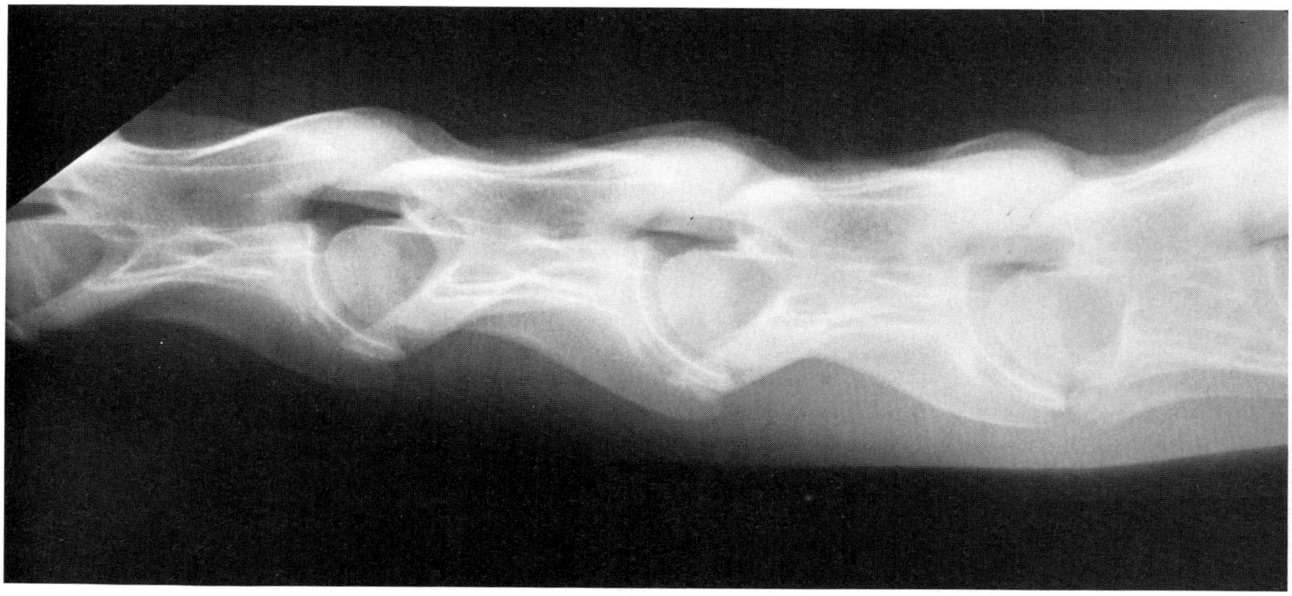

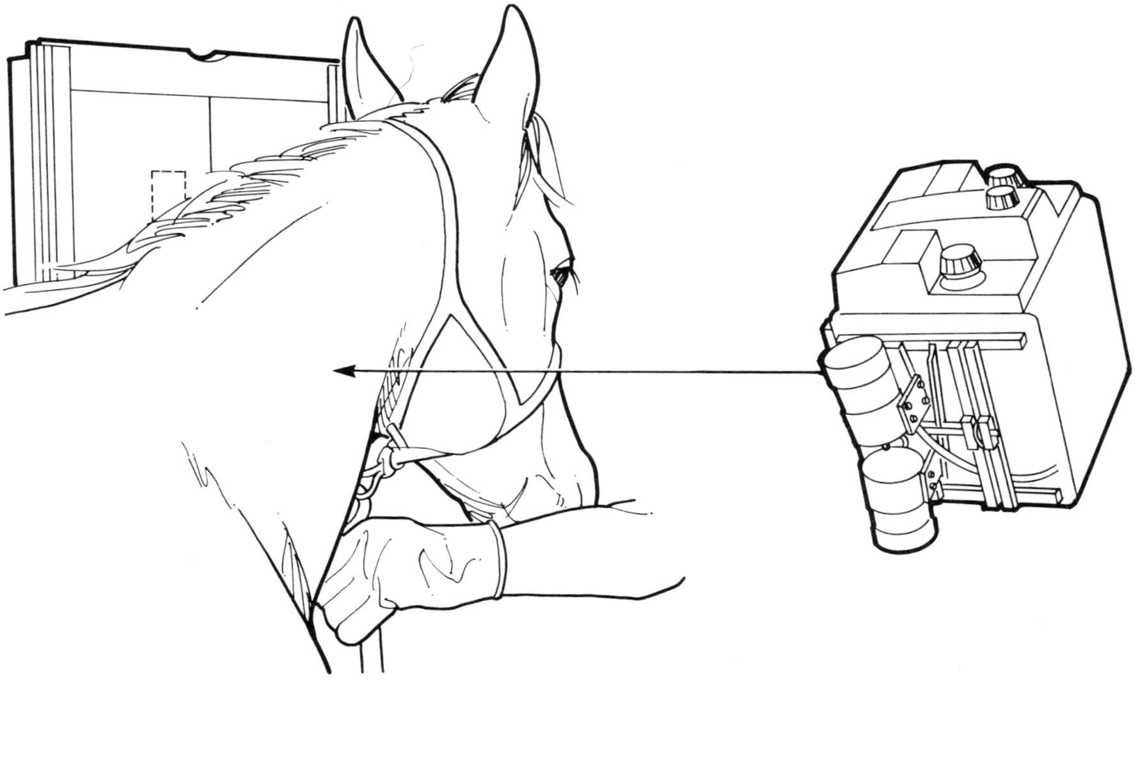

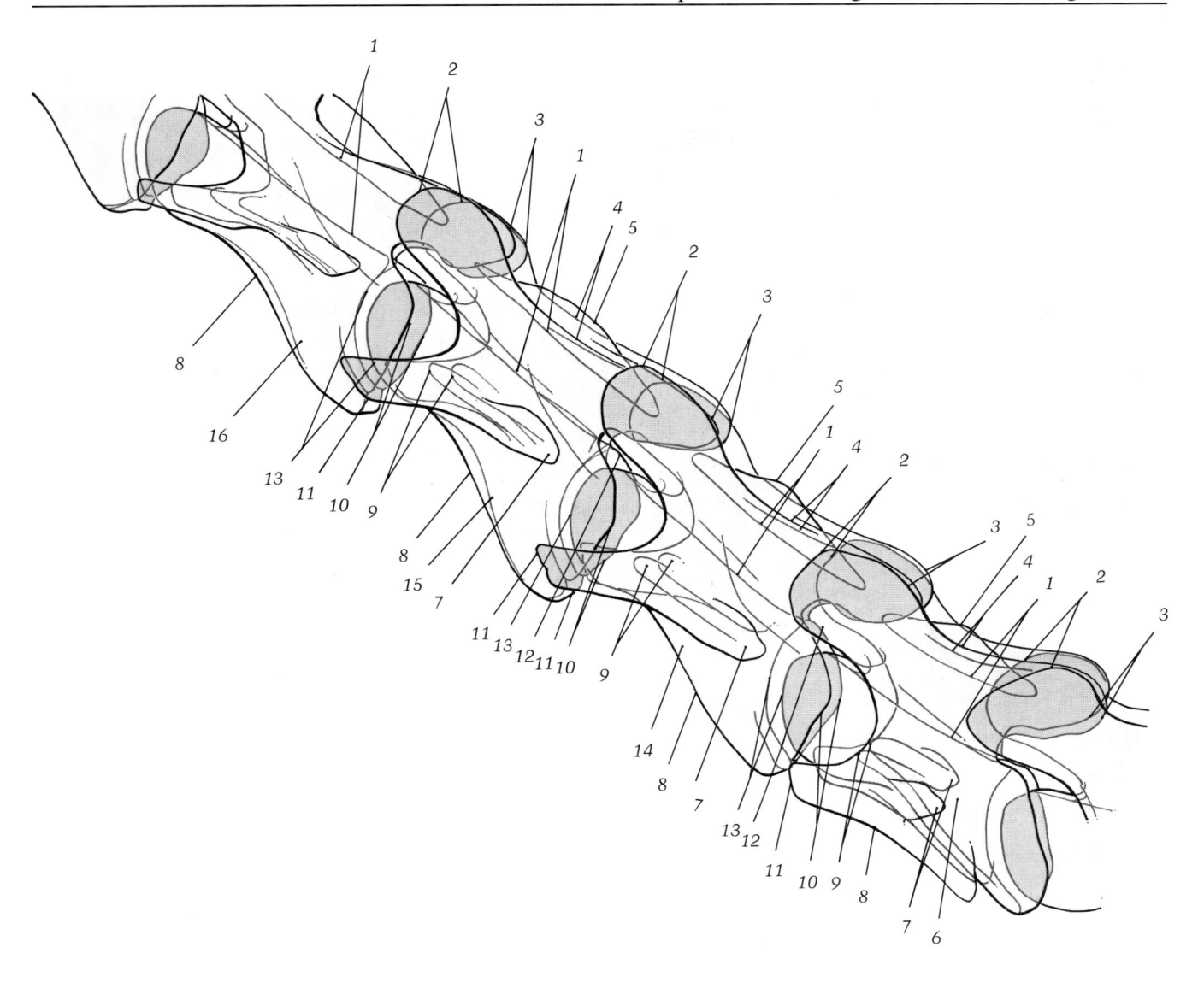

Abb. 4.78: Mittlerer Abschnitt der Columna vertebralis cervicalis (Halswirbelsäule), Vertebrae cervicales III, IV, V, VI (3., 4., 5., 6. Halswirbel). Ansicht: sinistro-dexter lateral (Si-DeL).

1. Dorsale und ventrale Begrenzungen des Canalis vertebralis (Wirbelkanal).
2. Rechte und linke Processus articulares craniales (kraniale Gelenkfortsätze).
3. Rechte und linke Processus articulares caudales (kaudale Gelenkfortsätze).
4. Verschattung durch den Arcus vertebrae (Wirbelbogen) jederseits des Processus spinosus (Dornfortsatz).
5. Processus spinosus (Dornfortsatz) der Vertebra cervicalis IV, V bzw. VI.
6. Vertebra cervicalis VI (6. Halswirbel).
7. Tubercula dorsalia der Processus transversi (dorsale Höckerchen der Querfortsätze).
8. Ventralrand der Wirbel.
9. Basen der Processus transversi (Querfortsätze), die den Ventral- und Dorsalrand der Foramina transversaria (querverlaufende Löcher) bilden.
10. Extremitates caudales (Kaudalenden) der Wirbel.
11. Tubercula ventralia bzw. Lamina ventralis der Processus transversi (ventrale Höckerchen bzw. ventrale Platte der Querfortsätze).
12. Incisura vertebralis caudalis (kaudaler Wirbeleinschnitt).
13. Konkave Fläche der Extremitas caudalis (Kaudalende).
14. Vertebra cervicalis V (5. Halswirbel).
15. Vertebra cervicalis IV (4. Halswirbel).
16. Vertebra cervicalis III (3. Halswirbel).

268 Kapitel 4: Radiologische Untersuchungen

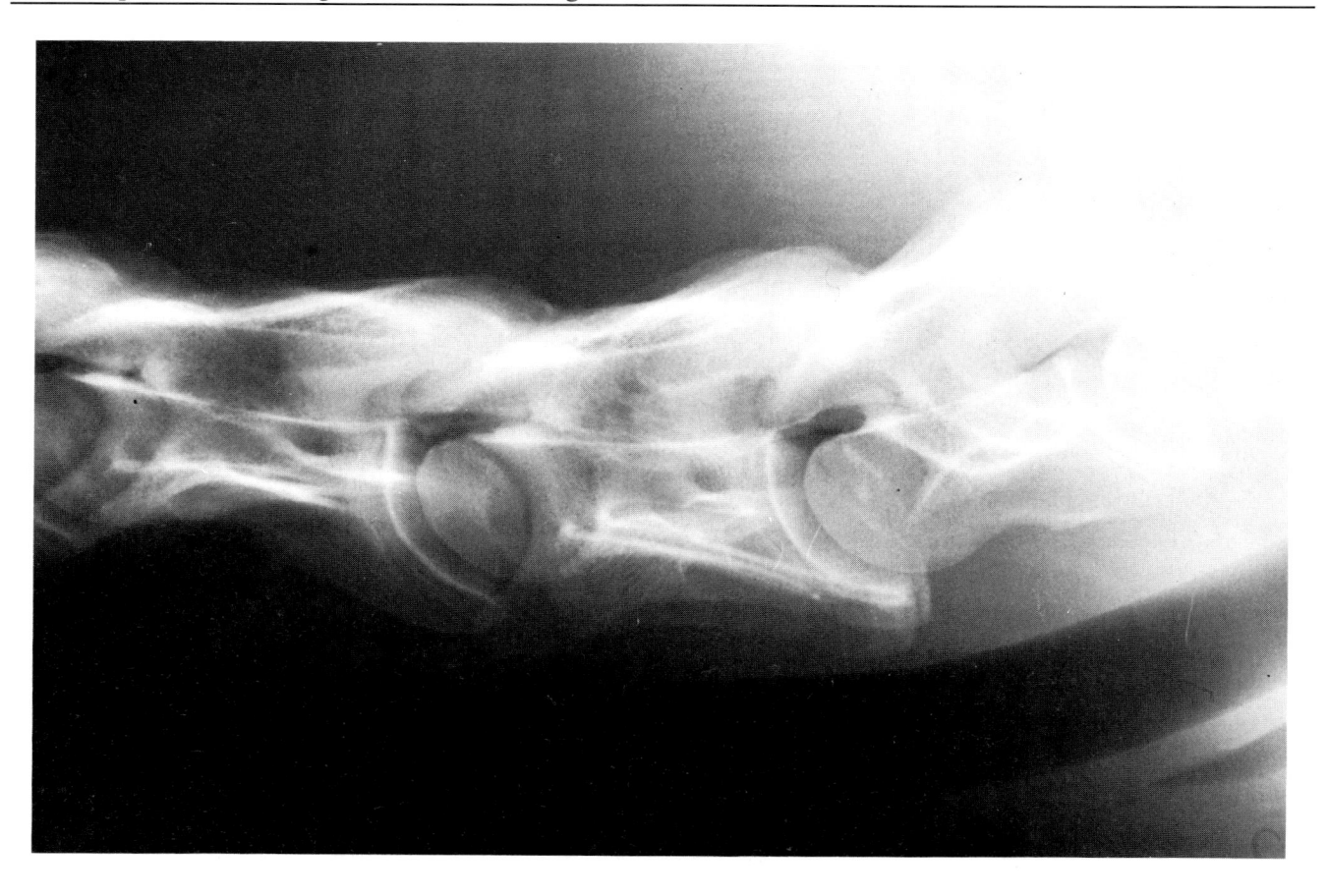

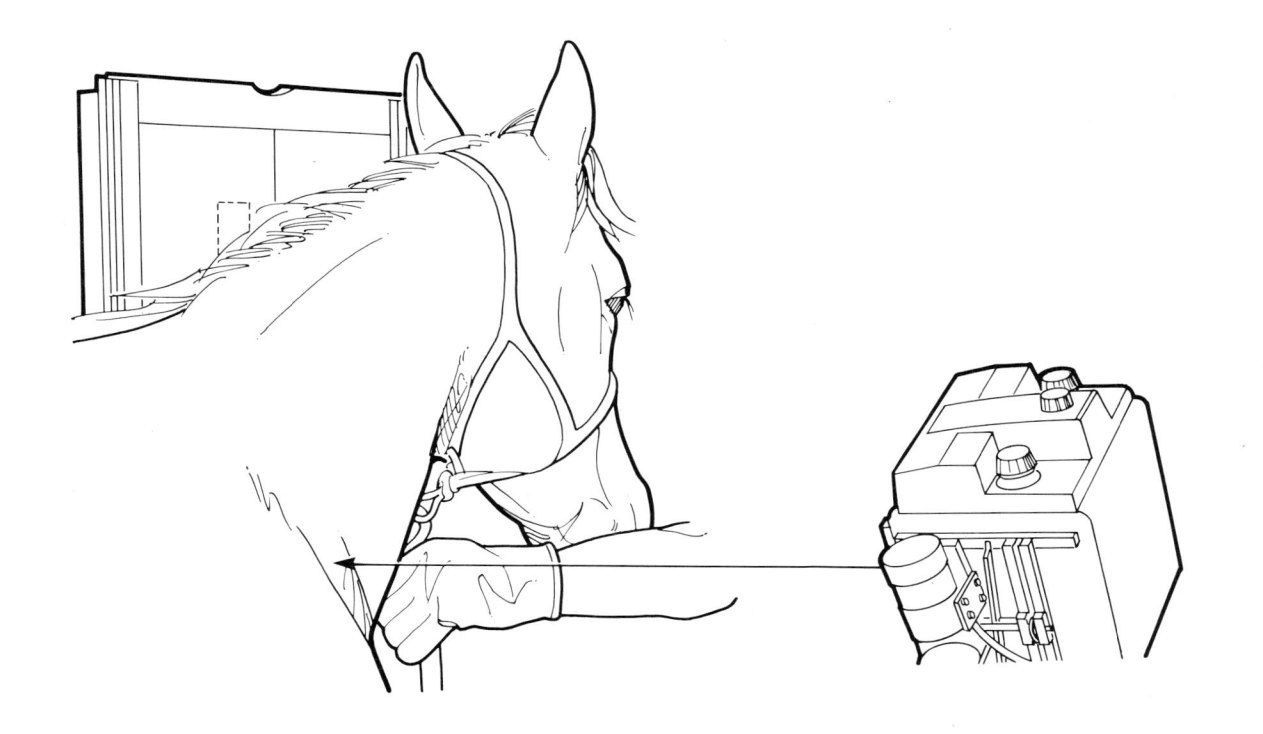

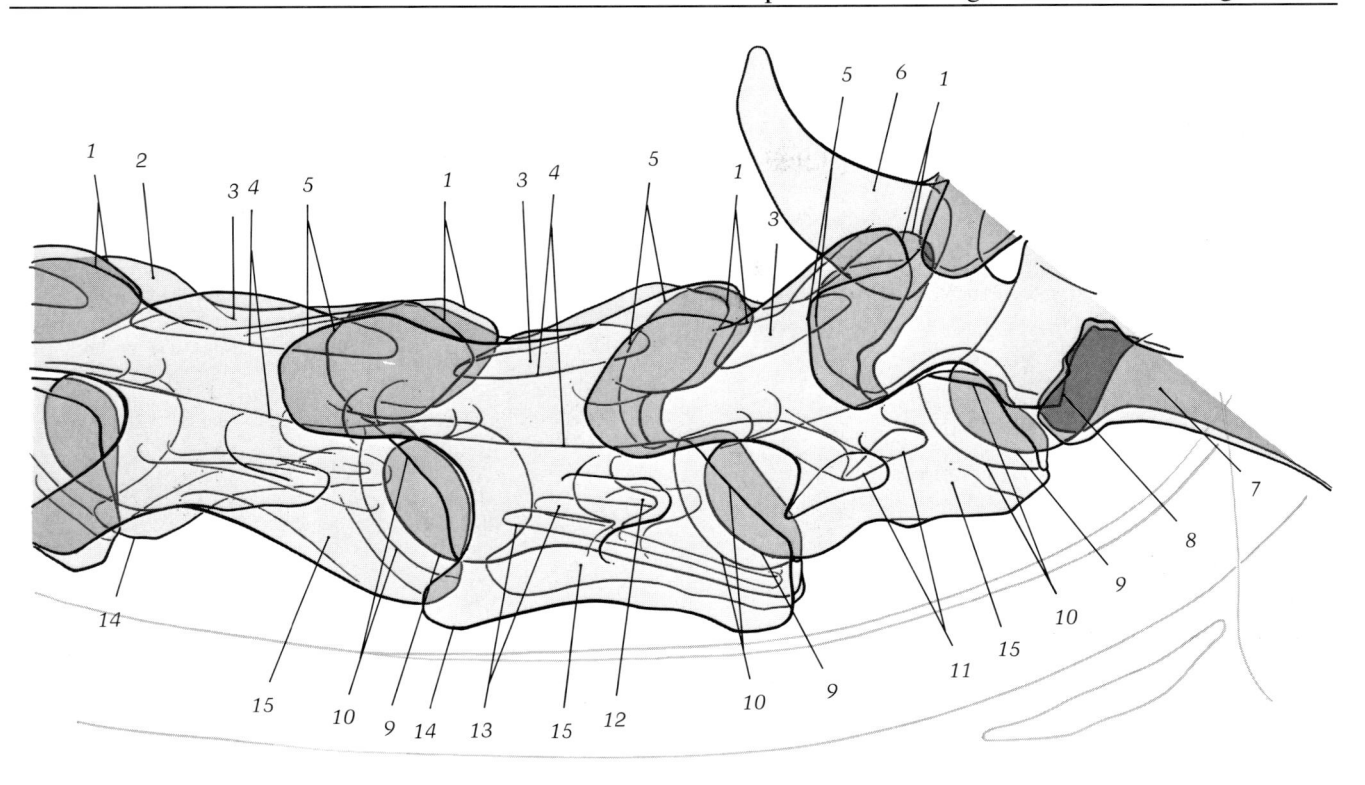

Abb. 4.79: Kaudaler Abschnitt der Columna vertebralis cervicalis (Halswirbelsäule), Vertebrae cervicales V, VI, VII (5., 6., 7. Halswirbel). Ansicht: sinistro-dexter lateral (Si-DeL).

1 Processus articulares caudales (kaudale Gelenkfortsätze).
2 Arcus vertebrae (Wirbelbogen) jederseits des Processus spinosus (Dornfortsatz).
3 Processus spinosus (Dornfortsatz) und Lamina arcus vertebrae (Platte des Wirbelbogens).
4 Dorsale und ventrale Begrenzung des Canalis vertebralis (Wirbelkanal).
5 Processus articulares craniales (kraniale Gelenkfortsätze).
6 Processus spinosus (Dornfortsatz) der Vertebra thoracica I (1. Brustwirbel).
7 Costa prima (1. Rippe).
8 Tuberculum costae (Rippenhöcker) der 1. Rippe.
9 Extremitates craniales (Kranialenden) der Halswirbel.
10 Extremitates caudales (Kaudalenden) der Halswirbel.
11 Basis des Processus transversus (Querfortsatz) der Vertebra cervicalis VII.
12 Aufhellung des Foramen transversarium (Loch im Querfortsatz) der Vertebra cervicalis VI.
13 Basis des Processus transversus (Querfortsatz) der Vertebra cervicalis VI.
14 Tuberculum ventrale und Pars cranialis der Lamina ventralis (ventrales Höckerchen und Kranialteil der Ventralplatte) der Processus transversi (Querfortsätze) am 6. und 7. Halswirbel.
15 Vertebra cervicalis V (5. Halswirbel), Vertebra cervicalis VI (6. Halswirbel) und Vertebra cervicalis VII (7. Halswirbel).

Literatur

1. ARNBJERG, J.: Contrast radiography of joints and tendon sheaths in the horse. Nord. Vet. Med., **21:** 318, 1969.
2. BARBER, D. L.: Imaging: radiography – II. Vet. Rad., **22:** 149, 1981.
3. BARBER, D. L., and ROBERTS, R. E.: Imaging: nuclear. Vet. Rad., **24:** 50, 1983.
4. BAUM, J. L., and DEVOUS, M. D.: Scintigraphic evaluation of equine lameness. Proc. 26th Ann. AAEP, **26:** 307, 1980.
5. BEECH, J.: Metrizamide myelography in the horse. J. Am. Vet. Radiol. Soc., **20:** 22, 1979.
6. CURRY, T. S., DOWDER, J. E., and MURRY, R. C.: Christensen's An Introduction to the Physics of Diagnostic Radiology. 3rd Ed. Lea & Febiger, Philadelphia, 1984.
7. Eastman Kodak Company: The Fundamentals of Radiography. 12th Ed. Health Science Market Division, Rochester, NY, 1980.
8. Educators in Veterinary Radiological Science: Minutes of business meeting, December 1, 1968.
9. GILLETTE, E. L., THRALL, D. E., and LEBEL, J. L.: Carlsons Veterinary Radiology. 3rd Ed. Philadelphia, Lea & Febiger, 1977.
10. GREENFIELD, G. B.: Radiology of Bone Diseases, 2nd Ed. Philadelphia, J. B. Lippincott Co., 1975.
11. HABEL, R. E., et al.: Nomenclature for radiologic anatomy. J. Am. Vet. Med. Assoc., **142:** 38, 1963.
12. HAUSER, M. L., RANTANEN, N. W., and MODRANSKY, P. D.: Ultrasound examination of distal interphalangeal, navicular bursa, navicular bone and deep digital tendon. Eq. Vet. Sci., May-June 1982, pp. 95–97.
13. International Committee on Veterinary Anatomical Nomenclature: Nomina Anatomica Veterinaria. 2nd Ed. Vienna, Adolph Holzhausen's Successors, 1973.
14. KOBLIK, P. D., HORNOF, W. J., and O'BRIEN, T. R.: Rare earth intensifying screens for veterinary radiography: an evaluation of two systems. Vet. Rad., **21:** 224, 1980.
15. MAYHEW, I. G., WHITLOCK, R. H., and De LAHUNTA, A.: Spinal cord disease in the horse. Cornell Vet., **68 (Suppl. 6):** 44, 1978.
16. National Council on Radiation Protection and Measurement. Report 36. Radiation protection in veterinary medicine. Washington, DC, 1970.
17. NYLAND, T. G., et al.: Metrizamide myelography in the horse: clinical, radiographic and pathologic changes. Am. J. Vet. Res., **41:** 204, 1980.
18. OSTERMAN, F. A., et al.: Xeroradiography in veterinary radiography: a preliminary study. Vet. Rad., **16:** 143, 1975.
19. PARK, R. D., et al.: B-mode gray-scale ultrasound: imaging artifacts and interpretation principles. Vet. Rad., **22:** 204, 1981.
20. PUROHIT, R. C.: The diagnostic value of thermography in equine medicine. Proc. 26th Ann. AAEP, **26:** 317, 1980.
21. PUROHIT, R. C., and McCOY, M. D.: Thermography in the diagnosis of inflammatory processes in the horse. Am. J. Vet. Res., **41:** 1167, 1980.
22. RANTANEN, N. W.: The use of diagnostic ultrasound in limb disorders of the horse: a preliminary report. Eq. Vet. Sci., March–April 1982, pp. 62–64.
23. REID, C. F.: Radiographic film identification and positioning. Proc. 11th Ann. AAEP, **11:** 167, 1965.
24. RYAN, G. D., and DEIGL, H. J.: Safety in large animal radiography. J. Am. Vet. Med. Assoc., **155:** 898, 1969.
25. SHIVELY, M. J., et al.: A standardized nomenclature for radiographic projections used in veterinary medicine. Vet. Rad., **26:** 2, 1985.
26. SMALLWOOD, J. E., and SHIVELY, M. J.: Nomenclature for radiographic views of limbs. Eq. Pract., **1:** 41, 1979.
27. SPAULDING, K. A.: Ultrasonographic appearance of the normal anatomy of the soft tissues of the distal equine limb. Vet. Rad., **25:** 155, 1984.
28. SPENCER, C. P.: Screen and film combinations for equine radiography: an update. Proc. 24th Ann. AAEP, **24:** 271, 1978.
29. STROMBERG, B.: The normal and diseased flexor tendon in racehorses. Acta Radiol. (Suppl.), **319:** 295, 1972.
30. TICER, J. W.: Radiographic Technique in Small Animal Practice. 2nd Ed. Philadelphia, W. B. Saunders Co., 1984.
31. VADEN, M. F., et al.: Thermography: a technique for subclinical diagnosis of osteoarthritis. Am. J. Vet. Res., **41:** 1175, 1980.
32. VAUGHAN, L. C.: Symposium on equine radiology/radiography. I. Radiation protection and the equine practitioner. Eq. Vet. J., **2:** 73, 1970.
33. VERSCHOOTEN, F., and DeMOOR, A.: Tendonitis in the horse: its radiographic diagnosis with air-tendograms. J. Vet. Rad. Soc., **19:** 23, 1978.
34. WALKER, M.: Radiological equipment and techniques. Proc. 24th Ann. AAEP, **24:** 267, 1978.
35. WILLIAMS, F. L., and CAMPBELL, D. Y.: Tendon radiography in the horse. J. Am. Vet. Med. Assoc., **139:** 224, 1961.
36. WOOD, A. K. W., et al.: Radiation protection in equine radiography. Aust. Vet. J., **50:** 373, 1974.

Einfluß der Ernährung auf die Entwicklung des Bewegungsapparates und seine Erkrankungen

Lon D. Lewis

Die Ernährung spielt eine wichtige Rolle für die Entwicklung und Erhaltung einer gesunden Muskulatur und eines gesunden Skelettes, während eine unausgewogene Fütterung zu Krankheitsdisposition oder Erkrankung dieser Systeme führt. Für die Haltung eines Tieres sind diese Erkrankungen, ihre Ätiologie, ihre Therapie und die Prophylaxe von größter Bedeutung. Die Ernährung ist dabei nur im Hinblick auf ihre mögliche Rolle im Krankheitsgeschehen von Interesse. Dieses Kapitel befaßt sich daher mit den Erkrankungen des Bewegungsapparates und der Bedeutung der Ernährung für den Krankheitsverlauf. Auf die Ursachen und die Behandlung der Erkrankungen wird in der Reihenfolge eingegangen, in der sie gewöhnlich auftreten:
1. Einfluß der Fütterung auf die Stute während der Trächtigkeit und nach dem Fohlen sowie Einfluß auf das Saugfohlen,
2. Einfluß der Fütterung während des Wachstums und
3. Einfluß der Fütterung im Erhaltungs- und Leistungsstoffwechsel.

Die Bewertung der Futterration und der aufgenommenen Wassermenge ist oftmals der einzige Weg zur Feststellung und Korrektur von Imbalancen in der Ernährung. Angaben zur Rationsbewertung und zur ausgewogenen Fütterung finden sich bei LEWIS, 1982.[50]

Einfluß der Fütterung auf Stute und Fohlen

Der Stute werden während der Trächtigkeit, auch wenn sie nicht entsprechend gefüttert wird, Nährstoffe für die Entwicklung und Erhaltung des Fetus entzogen. Daher kommt es meistens zu einer normalen fetalen Entwicklung, außer in den Fällen, in denen ein so großes und langanhaltendes Nährstoffdefizit vorliegt, daß die Stute nicht mehr über ausreichende Nährstoffreserven verfügt. Ein schlechter Allgemeinzustand der tragenden Stute ist die Folge. Befindet sich die Stute in guter Kondition, so kann im allgemeinen davon ausgegangen werden, daß dem Fetus alle von ihm für eine normale Entwicklung benötigten Nährstoffe, wie Proteine, Vitamine und die meisten Mineralstoffe, in ausreichender Menge zur Verfügung stehen. Eine Ausnahme bildet die mangelhafte oder übermäßige Aufnahme von Selen, Vitamin A, Jod und möglicherweise auch Mangan durch die Stute, die unter Umständen Auswirkungen auf den Fetus haben kann, bei der Stute jedoch keinen zu beobachtenden Schaden hervorruft. Schwerwiegende ernährungsbedingte Imbalancen, die bei der Stute zu klinischen Symptomen führen, können einen tiefgreifenden Einfluß auf den Fetus, das Neugeborene bzw. das Saugfohlen haben.

Unzureichende Futteraufnahme

Ein Gewichtsverlust der Stute durch unzureichende Futteraufnahme kann ihre Fruchtbarkeit und die Menge an gebildetem Kolostrum erheblich herabsetzen. Zum Schutz vor Infektionskrankheiten muß das Saugfohlen jedoch eine ausreichende Menge an Kolostrum aufnehmen. Untersuchungen an Kühen haben gezeigt, daß Tiere, deren Körpergewicht infolge unzureichender Fütterung 25 % unter dem Idealgewicht lag, im Vergleich zu idealgewichtigen und adäquat gefütterten Tieren weniger als die Hälfte an Kolostrum produzierten.[53] Entsprechend erhöht war die Häufigkeit des Auftretens von Erkrankungen bei Kälbern von Müttern, die während der Trächtigkeit unzureichend gefüttert worden waren. Ähnliches gilt auch für den Krankheitsverlauf.[18]

Die ungenügende Kolostrumbildung ist primär auf ein Energie- und/oder Proteindefizit zurückzuführen, dessen Ursache eine unzureichende Futteraufnahme ist. Da 80 bis 90 % der aufgenommenen Futtermenge zur Energiegewinnung benötigt werden, ist die Hauptursache für ein Energiedefizit eine unzureichende Futteraufnahme. Eine zum Zeitpunkt des Fohlens untergewichtige Stute, die nicht so gefüttert wird, daß sie in den darauffolgenden Monaten ihr optimales Körpergewicht wieder erreicht, kann in ihrer Fruchtbarkeit erheblich gestört sein.[36] Darüber hinaus kann eine verminderte Futteraufnahme während der Hochträchtigkeit und der frühen Laktation eine meist tödlich endende Hyperlipidämie zur Folge haben, deren Symptomatologie durch Inappetenz, Lethargie, Muskelzittern, Diarrhoe, Unterbauchödeme, schwere Lipidose und Gefäßthrombosen gekennzeichnet ist.[26]

Übermäßige Futteraufnahme

Übergewicht infolge übermäßiger Futteraufnahme kann für die tragende Stute ebenso schädlich sein wie unzureichende Futteraufnahme. Bei einer zum Zeitpunkt des Fohlens übergewichtigen Stute können folgende Probleme auftreten:
1. Dystokie infolge eines herabgesetzten Muskeltonus nach durch Übergewicht bedingtem Bewegungsmangel,
2. Kolostrum- und Milchmangel infolge einer Verfettung der Milchdrüse,
3. Störungen der Konzeption und bei der Erhaltung der Trächtigkeit.

Stark übergewichtige Stuten zeigen eine schlechte Reproduktionsrate.[72] In der Vollblutzucht ist das Übergewicht der Zuchtstuten eines der Hauptprobleme.[22] Eine Stute, die zum Zeitpunkt des Fohlens übergewichtig ist, verliert häufig während der ersten Laktationsmonate an Gewicht. Dabei wurde beobachtet, daß diese Stuten oftmals nicht rossig werden oder eine geringere Konzeptionsrate zeigen als Stuten, die ihr Gewicht halten oder zunehmen.[27] Neuere Studien konstatieren zwar das Gegenteil, zeigen jedoch, daß die Anzahl der Stuten mit bestehenbleibender Trächtigkeit zurückgeht, wenn das Übergewicht während der ersten 90 Trächtigkeitstage reduziert wird.[36] Die Untersuchungen zeigen ferner, daß eine maximale Fruchtbarkeit dann erreicht wird, wenn die Stute sich zum Zeitpunkt des Fohlens in optimaler Kondition befindet, ihr ideales Gewicht hat und während der darauffolgenden Laktation so gefüttert wird, daß sie ihre Form beibehält. Eine zum Zeitpunkt des Fohlens untergewichtige Stute sollte so ernährt werden, daß sich ihr Körpergewicht während der Laktation erhöht. Eine zum Zeitpunkt des Fohlens übergewichtige Stute sollte so gefüttert werden, daß ihr Körpergewicht bis zum 90. Trächtigkeitstag konstant bleibt. Danach sollte kein Kraftfutter mehr gegeben werden, und der Rauhfutteranteil ist so weit zu reduzieren, daß das ideale Körpergewicht im achten Trächtigkeitsmonat erreicht wird. Ein optimaler Ernährungs- und Allgemeinzustand ist dann erreicht, wenn die Rippen nicht mehr sichtbar sind und bei der Palpation zwischen Rippen und Haut kein Fett zu fühlen ist. Pferdebesitzer sollten möglichst nicht versuchen, das Gewicht der Stute während der ersten oder letzten drei Trächtigkeitsmonate oder während der frühen Laktation zu reduzieren. Ein Gewichtsverlust während der letzten drei Trächtigkeitsmonate kann einen negativen Einfluß auf die Kolostrummenge und den Fetus haben. Während der ersten drei Trächtigkeitsmonate kann es durch einen Gewichtsverlust zur Resorption der Frucht kommen.[36] Ein Gewichtsverlust in der Laktation reduziert die Milchleistung.

Imbalancen in der Proteinversorgung

Ein zu geringer Proteingehalt in der Ration trächtiger Ratten führte bei den Neugeborenen zu einem verminderten Gehirngewicht, einem verminderten Proteingehalt der Gehirnsubstanz sowie einer herabgesetzten Anzahl von Glia- und Nervenzellen.[60] Dabei ist die verringerte Anzahl von Neuronen nicht durch eine entsprechende Ernährung der Jungtiere zu beeinflussen.[83] Ferner verursacht ein schwerwiegender Proteinmangel während der Trächtigkeit der Sau bei den neugeborenen Ferkeln ein Absinken des Plasmathyroxinspiegels, ein um 20 bis 30 % geringeres Geburtsgewicht und fortgesetztes Kümmern.[2] Ein mangelndes Proteinangebot während des pränatalen oder frühen postnatalen Lebens kann langanhaltende Störungen bei der Synthese und Freisetzung des Schilddrüsenhormons zur Folge haben.[2] Seit langem schon ist bekannt, welche Bedeutung Thyroxin für das normale Wachstum besitzt, und eine mangelnde Proteinversorgung der tragenden Stute kann daher im Fetus einen auch nach der Geburt weiterbestehenden Hypothyreoidismus induzieren, der eine Verzögerung der normalen prä- und postnatalen Entwicklung hervorruft. Fortgesetztes Kümmern ist die Folge eines reduzierten Geburtsgewichtes und einer verzögerten postnatalen Entwicklung. Darüber hinaus können Verzögerungen in der Ossifikation der einzelnen Knochen des Karpal- und Tarsalgelenkes auftreten.[73] Die Ossifikation dieser Knochen erfolgt normalerweise in den letzten zwei bis drei Wochen der Trächtigkeit. Eine Verformung der Gliedmaßenknochen tritt auf bei verzögerter Ossifikation der genannten Knochen oder einer verzögerten Ausbildung der Epiphysen sowie der Ossa carpalia III und IV. Ursache dieser Störungen ist entweder ein durch Protein- oder Jodmangel induzierter Hypothyreoidismus oder die zu frühe Geburt des Fohlens.[82] Diese Verformungen können entweder bereits bei der Geburt vorhanden sein oder sich im Laufe der ersten Lebenstage entwickeln. Dabei ist die vorzeitige Geburt des Fohlens eine entscheidende Ursache für das Auftreten derartiger Verformungen.[82] Verschiedentlich wurde über das Kollabieren von Knochen des Tarsalgelenkes bei Fohlen mit Hypothyreoidismus berichtet.[73,82] Dabei brachte in einem Fall die Gabe von Thyroxin eine Besserung.[73]

Eine ungenügende Proteinzufuhr während der Trächtigkeit, die beim Fetus oder Neugeborenen eine Schädigung hervorruft, zeigt sich ebenfalls in einem sehr schlechten Allgemeinzustand der Stute. Ein ähnlich schlechter Allgemeinzustand kann aber auch durch ein Energiedefizit infolge unzureichender Futteraufnahme bedingt sein. Ein ernährungsbedingter Proteinmangel während der Laktation führt dagegen zu einer verringerten Milchleistung ohne sichtliche Beeinträchtigung des Allgemeinzustandes der Stute. In einer diesbezüglichen Studie ging die Milchleistung von Stuten, die eine Ration mit einem Proteinanteil erhielten, der von den benötigten 14 % auf 10,5 % in der Trockensubstanz reduziert war, in den ersten drei Laktationsmonaten um durchschnittlich 1,25 kg pro Tag zurück. Der Energiegehalt und der Gehalt an anderen Nährstoffen blieben dabei jedoch unverändert.[57] Die Fohlen dieser Stuten zeigten als Folgeerscheinung in diesem Zeitraum eine um 23 kg geringere Gewichtszunahme und ein um 2,54 cm verringertes Größenwachstum.[57]

Im Gegensatz zu einem ernährungsbedingten Proteinmangel scheint eine ernährungsbedingte Überversorgung mit Protein während der Trächtigkeit und der Laktation weder einen schädigenden noch einen fördernden Einfluß auf den Fetus oder das Saugfohlen zu haben.

Einfluß der Ernährung der Stute auf das Saugfohlen

Treten bei einem Fohlen, das bei der Geburt und in den ersten Lebenswochen gesund war, vor Beginn des dritten Lebensmonates Erkrankungen des Muskel- und Skelettsystems auf, so gibt es dafür drei mögliche ernährungsbedingte Ursachen:
1. unzureichende Aufnahme von Milch,
2. übermäßige Aufnahme von Milch oder
3. mangelnder Gehalt der Milch an Mineralstoffen.

Die Ursache einer unzureichenden Aufnahme von Milch ist in den meisten Fällen eine mangelnde Milchleistung der Stute. In der Laktation hat die Stute einen erheblich gesteigerten Bedarf an den in der Milch enthaltenen Nährstoffen. Werden diese Nährstoffe in ungenügender Menge zugeführt, geht die Milchleistung zurück. Einige der mangelhaft gefütterten Stuten greifen zwar für eine entsprechende Milchleistung Körperreserven an, aber nicht alle

Stuten sind dazu in der Lage. Andere mangelhaft gefütterte Stuten halten ihr Körpergewicht auf Kosten ihrer Milchleistung konstant. Bei wieder anderen Stuten ist die Milchleistung trotz angemessener Fütterung gering. Die dem Saugfohlen zur Verfügung stehende Milchmenge wird folglich durch den Rückgang der Milchbildung, der durch jede Unausgewogenheit der Futterration der Stute bedingt sein kann, vermindert. Daraus resultiert eine unzureichende Ernährung des Saugfohlens einschließlich eines Energiedefizits. Aufgrund dieses Energiedefizits nimmt das Fohlen vermehrt festes Futter auf, das in den meisten Fällen jedoch den hohen Nährstoffbedarf nicht deckt. Je nach Art des aufgenommenen Futtermittels kommt es daher zu verschiedenen Mangelzuständen. Weitere Angaben zu dieser Problematik finden sich im Abschnitt „Heranwachsende Pferde" (siehe Seite 276 bis 280).

Im Sinne einer Prophylaxe sollte die Stute so gefüttert werden, daß dem Saugfohlen genügend Milch zur Verfügung steht und es bis zu einem Alter von zwei oder drei Monaten möglichst wenig festes Futter aufnimmt. Ist die Milchleistung der Stute nicht ausreichend, so sollte dafür gesorgt werden, daß das Fohlen die richtige Menge eines Beifutters entsprechender Zusammensetzung erhält.

Treten trotz anscheinend ausreichender Milchleistung der Stute und einer nur geringen Beifutteraufnahme des Fohlens vor Beginn des zweiten oder dritten Lebensmonates Erkrankungen des Muskel- und Skelettsystems auf, sollte der Mineralstoffgehalt der Milch kontrolliert werden. Gelegentlich produziert eine Stute zwar eine ausreichende Milchmenge, aber der Gehalt der Milch an Kalzium, Phosphor oder anderen Inhaltsstoffen ist zu gering. Dies kann Folge einer unausgewogenen Futterration oder auch erblich bedingt sein. Der Gehalt an Kalzium in der Stutenmilch sollte mindestens 80 bis 120 mg/dl, der Phosphorgehalt mindestens 45 bis 90 mg/dl betragen, wobei stets mehr Kalzium als Phosphor enthalten sein sollte.[50] Treten bei einem Fohlen trotz richtiger Milchzusammensetzung und nur geringfügiger Aufnahme von Beifutter Erkrankungen des Skelettsystems auf, so produziert die Stute möglicherweise mehr Milch, als das Fohlen verträgt, häufig erkennbar an einem aufgelockerten, pastösen Kot des Fohlens oder auch an Störungen der enchondralen Ossifikation. Als Gegenmaßnahme kann die Milchleistung der Stute durch Reduktion der Futterration vermindert werden, oder aber das Fohlen wird möglichst abgesetzt, sofern es mindestens zwei Monate alt ist.

Bei einer mangelhaften Milchzusammensetzung, besonders bei vermindertem Kalzium- oder Phosphorgehalt, sollte zunächst sichergestellt werden, daß die Futterration der Stute alle zur Bedarfsdeckung notwendigen Nährstoffe enthält. Im Anschluß daran sollte die Milchzusammensetzung nochmals überprüft werden. Erreicht der Gehalt an Kalzium und Phosphor dann immer noch keine korrekten Werte, sollte das Fohlen von der Stute abgesetzt werden. Ist das Fohlen noch nicht älter als fünf bis sechs Wochen, sollte so lange ein Milchaustauscher für Fohlen* gefüttert werden, bis etwa 1 bis 1,5 kg eines pelletierten Fohlenstarters aufgenommen werden. Ab einem Alter von fünf Wochen benötigt das Fohlen keine Milch mehr und kann wie ein Absatzfohlen gefüttert werden.[50]

Imbalancen in der Mineralstoffversorgung

Für die meisten Mineralstoffe gilt nach bisherigen Erkenntnissen, daß ein Mangel oder Überschuß keinerlei Einfluß auf die pränatale oder postnatale Entwicklung des Fohlens hat. Ausnahmen sind Selen, Jod und möglicherweise Mangan. Im Gegensatz zu einem ernährungsbedingten Energie- oder Proteindefizit können ernährungsbedingte Imbalancen in der Versorgung mit diesen drei Mineralstoffen einen tiefgreifenden Effekt auf den Fetus oder das Neugeborene haben, ohne sichtbaren Einfluß auf die Mutter.

Manganmangel

Über einen nichtexperimentellen Manganmangel liegen bislang für das Pferd keinerlei Berichte vor. Unbekannt ist, ob ein tatsächlich aufgetretener Manganmangel eventuell nicht erkannt wurde. Auf einen Mangel an Mangan wird hier deshalb eingegangen, weil er bei Wiederkäuern, bei Schweinen und beim Geflügel Auswirkungen auf das Skelettsystem hat und einige ähnliche Symptome auch beim Pferd beobachtet, ursächlich jedoch nicht geklärt wurden. Ein Manganmangel kann sich bei Wiederkäuern, Schweinen und beim Geflügel wie folgt manifestieren:
1. Sterilität,
2. herabgesetzte Libido,
3. verzögerter Östrus,
4. verminderte Konzeptionsrate,
5. vermindertes Wachstum,
6. Aborte oder Totgeburten,
7. schwache Jungtiere mit Ataxien oder Verformungen der Gliedmaßen, wie z. B. vergrößerten Gelenken, Steilstellungen der Fesselgelenke, Verdrehungen der Schultergliedmaßen und schwachen, verkürzten Knochen mit den entsprechenden Folgeerscheinungen wie Lahmheit, Steifheit, Gelenkschmerz und Bewegungsunlust.[95]

Obwohl der Manganbedarf des Pferdes unbekannt ist, werden 40 ppm Mangan in der Trockenmasse der Gesamtration generell als ausreichend angesehen.[61] Die meisten Rauhfutter enthalten, im Gegensatz zu den meisten Getreidearten mit Ausnahme des Hafers, höhere Mengen an Mangan.[50] Spurenelementmischungen enthalten im allgemeinen 0,28 % (2800 ppm) Mangan. Durch die tägliche Aufnahme von 250 mg Mangansulfat erhöht sich die in der Ration enthaltene Menge an Mangan um 8 ppm beziehungsweise 8 mg/kg.

Eine Plasma- oder Blutkonzentration von weniger als 0,02 ppm Mangan, ein Mangangehalt von weniger als 6 ppm in der Lebertrockensubstanz oder von weniger als 4,5 ppm in der Nierentrockensubstanz ist bei Wiederkäuern Zeichen eines Manganmangels.[95] Obwohl eine übermäßige Manganaufnahme für andere Tiere bekanntermaßen toxisch ist, gibt es keine Angaben über Toxizitätsgrenzen für das Pferd. Manganvergiftungen scheinen hier trotz prolongierter Aufnahme großer Mengen nicht aufzutreten.

---

* Z. B. Salvana Fohlenmilch; Salvana Tiernahrung GmbH, 2200 Elmshorn

Selenmangel

Bei tierartgerechter Fütterung können beim Pferd sowohl ein Selenmangel als auch eine Selenvergiftung auftreten. Da eine Selenvergiftung gewöhnlich beim adulten Pferd und weniger beim Fohlen beobachtet wird, wird sie im Abschnitt „Erhaltungs- und Leistungsbedarf erwachsener Pferde" auf Seite 287 besprochen. Dennoch kann eine übermäßige Aufnahme von Selen durch die trächtige Stute beim Neugeborenen zu Hufdeformationen führen.[84] Ein Selenmangel wird bei Fohlen erstmals im Alter von 1 bis 30 Tagen klinisch manifest, kann aber auch bis zu einem Alter von acht Monaten und gelegentlich bei adulten Pferden auftreten.[100]

Die meisten Regionen um die Great Lakes und der Osten sowie Nordwesten der Vereinigten Staaten besitzen selenarme Böden (Abb. 5.1). In diesen Gegenden angebautes Grünfutter und Getreide enthalten manchmal weniger als 0,1 ppm Selen. Die Aufnahme solcher Futtermittel über einen längeren Zeitraum kann zu einem Selenmangel führen.

Bei Neugeborenen auftretender Selenmangel ist die Folge einer Selenunterversorgung des Muttertieres während der Trächtigkeit oder der Laktation. Ein geringgradiger Mangel an Selen kann die Immunantwort des Tieres auf Infektionskrankheiten schwächen und die Wachstumsrate herabsetzen.[90] Untersuchungen in den Gebieten mit selenarmen Böden zeigen, daß ein subklinischer Selenmangel ein wichtiger prädisponierender Faktor für das Auftreten der Kälberdiarrhoe bei neugeborenen Tieren ist. Eine Therapie, wie sie allgemein bei Diarrhoe angewandt wird, bleibt dabei erfolglos, wohingegen gute Therapieerfolge und auch ein prophylaktischer Effekt durch parenterale Gabe von Selen zum Zeitpunkt der Geburt erzielt werden können. Hochgradige Selenmangelzustände verursachen Muskelschädigungen, die durch Steifheit, Muskelschmerzen, Apathie und eine erhöhte Freisetzung sowie erhöhte Plasmakonzentrationen von Muskelenzymen wie SGOT, CPK und LDH charakterisiert sind. In schweren Fällen wird das aus dem Muskelgewebe stammende Myoglobin über den Harn ausgeschieden und verleiht diesem eine kaffeeähnliche Färbung.

Dabei können sowohl die Skelett- als auch die Herzmuskulatur betroffen sein. Junge Fohlen zeigen eine hochgradige Beteiligung des Myokards, des Zwerchfells und der Atmungsmuskulatur. Bei diesen Fohlen treten Herzversagen, Dyspnoe sowie ein Lungenödem auf, und sie verenden häufig innerhalb von wenigen Stunden bis zu zwei Tagen nach dem Auftreten klinischer Symptome. Bei älteren Fohlen werden Festliegen bei normaler Körpertemperatur, eine erhöhte Herz- und Atemfrequenz, übermäßiges Speicheln, eine schmerzhafte subkutane Schwellung im Bereich der Mähne und Desquamation des Zungenepithels beobachtet. Auslösender Faktor für diese Symptome kann eine starke Muskelbeanspruchung sein. Die Sektionsbefunde beinhalten häufig ein Lungenödem, eine gelblichbraune Verfärbung des Fettgewebes, beidseitige Blässe und ischämische Nekrose der Muskeln, insbesondere der Muskeln der Beckengliedmaße, die deshalb oft weiß erscheinen. Die Erkrankung wird daher häufig als „white muscle disease" bezeichnet. Die histologische Untersuchung ergibt eine ausgedehnte Lipoperoxidation des Gewebes mit hyaliner Degeneration und Verkalkung der Muskelfasern.[6]

Obwohl weniger häufig auftretend, kann ein Selenmangel beim adulten Pferd Schäden in der Kaumuskulatur und/oder der Muskulatur der Gliedmaßen, die dann Ursache für einen steifen Gang sind, hervorrufen.[64,100] Ein Selenmangel spielt auch bei dem „Tying-up-Syndrom", das nach starker Arbeitsbelastung des Pferdes auftritt, eine Rolle. Bei Kühen erhöht ein Selenmangel während der Trächtigkeit die Häufigkeit des Auftretens einer Retentio secundinarum. Obwohl nicht bewiesen ist, daß ein Selenmangel den gleichen Effekt bei der tragenden Stute hat, sollte bei Auftreten einer Nachgeburtsverhaltung auch an einen eventuellen Selenmangel gedacht werden.

Die Therapie und Prophylaxe eines Selenmangels kann bei Pferden in Gebieten mit selenarmen Böden wie folgt durchgeführt werden:

1. intramuskuläre Injektion von Selen unter Beachtung der vom Hersteller gemachten Angaben*,
2. Gabe eines Mineralsalzes ad libitum mit 15 bis 30 ppm Selen,
3. Fütterung einer Ration mit 0,5 ppm Selen in der Trockensubstanz.

Obwohl die klinischen Symptome eines Selenmangels nur bei einer Selenkonzentration von weniger als 0,1 ppm in der Futterration auftreten, kann ein Gehalt von 0,5 ppm Selen in der Ration zur Sicherstellung eines optimalen Selen-Plasmaspiegels angezeigt sein.[90] Höhere Konzentrationen sollten allerdings nicht enthalten sein. Mehr als 5 ppm in der Ration sind toxisch.

Bei Auftreten eines Selenmangels bei Fohlen sollte zusätzlich zur Gabe von selenhaltigem Mineralsalz an das Fohlen oder der Selensupplementierung der Stutenration drei Wochen bis drei Monate vor dem Abfohlen Selen parente-

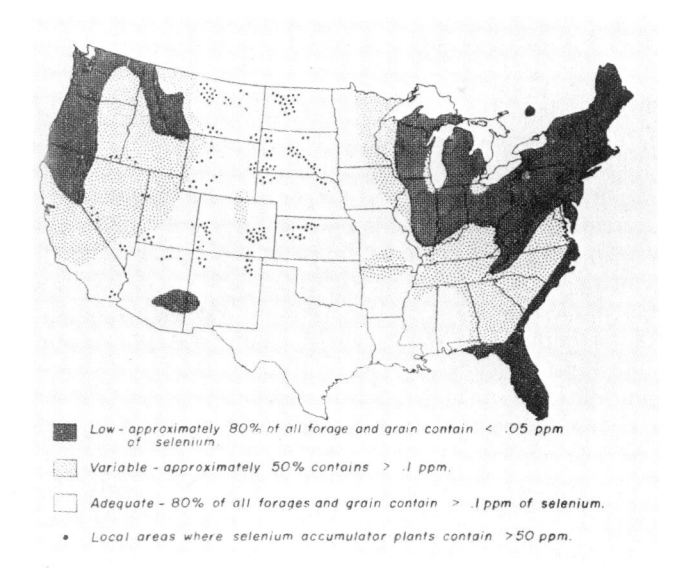

Abb. 5.1: Regionale Verteilung der Selenkonzentration in Grünfutter und Getreide in den Vereinigten Staaten, aus KUBOTA, J., und ALLAWAY, W. H.: Journal of Dairy Science, **58** (10: 1563, 1975).

* Z. B. Selenium und Vitamin E, Hydro-Chemie GmbH, Franz-Nissl-Straße 5, 8000 München 50

ral appliziert werden. Ein teratogener Effekt einer Seleninjektion in der Frühträchtigkeit wurde bei Sauen beschrieben.[96] Obwohl keine diesbezüglichen Beobachtungen bei Stuten gemacht wurden, sollte aus Sicherheitsgründen in der Frühträchtigkeit keine Seleninjektion erfolgen. Die zusätzliche Gabe von Selen erhöht die Konzentration in der Stutenmilch und somit auch die Konzentration im Plasma des Saugfohlens.[5] Dennoch sollte in Regionen, in denen ein Selenmangel bei Fohlen aufgetreten ist, kurze Zeit nach der Geburt und danach alle zwei bis drei Monate bis zu einem Alter von sechs Monaten eine parenterale Versorgung mit Selen erfolgen.

Imbalancen in der Jodversorgung
Jodierte oder mit Spurenelementen angereicherte Mineralstoffmischungen enthalten im allgemeinen 70 ppm Jod. Die tägliche Aufnahme von etwa 14 bis 28 g solcher Mineralstoffmischungen deckt den Tagesbedarf des Pferdes an Jod (1 bis 2 mg/Pferd/Tag)[61]. Bei ad-libitum-Fütterung einer entsprechenden Mineralstoffmischung oder Zugabe von 14 g zur Tagesration besteht daher keine Gefahr eines Jodmangels. Eine Intoxikation mit Jod tritt dagegen wesentlich häufiger als ein Jodmangel auf. 5 ppm Jod in der Trockensubstanz der Gesamtration oder eine tägliche Aufnahme von mehr als 40 mg Jod sind toxisch.[61] Seetang oder seetanghaltige Futtermittel können hohe Anteile an Jod enthalten.[4,16,17] Viele kommerzielle Ergänzungsfuttermittel enthalten ebenfalls Jod und können bei Verfütterung in größeren als vom Hersteller angegebenen Mengen ebenfalls zur Intoxikation führen. Weitere Ursachen einer Jodintoxikation können sein:
1. Akkumulation durch Verfütterung verschiedener jodhaltiger Futtermittel,
2. Zusatz von mehr als 7 % jodhaltiger oder mit Spurenelementen angereicherter Mineralstoffmischungen zur Ration und
3. Aufnahme großer Mengen organischen Jods, wie z. B. EDDI (Ethylendiamindihydrojodid).

EDDI findet in der Pferdefütterung zwar keine Verwendung, wird aber häufig Futtermitteln für Rinder und Schafe zur Verhütung und Behandlung von Klauenerkrankungen, Erkrankungen des Atmungsapparates und der Aktinobazillose oder Aktinomykose zugesetzt. Gelegentlich kommt es dabei auch zu einer Intoxikation mit Jod. Die kurzzeitige Aufnahme (über ein bis zwei Wochen) von mehr als 0,5 mg EDDI pro kg Körpergewicht ist zwar im allgemeinen nicht schädlich, wesentlich geringere Mengen können jedoch, wenn sie über einen längeren Zeitraum aufgenommen werden, durchaus eine schädigende Wirkung haben.
Eine Intoxikation mit Jod erhöht nicht nur die Anfälligkeit der Tiere für Infektionskrankheiten, sondern beeinträchtigt auch einen Behandlungserfolg. Die Bildung von Antikörpern, die Mitoserate der Lymphozyten, die Phagozytose und auch die zellvermittelte Immunantwort sind vermindert.[4] Jod wird aktiv durch die Plazentar- und die Blut-Euterschranke transportiert, und eine übermäßige Aufnahme von Jod durch die tragende oder laktierende Stute kann deshalb beim Fetus oder Saugfohlen zur Kropfbildung führen.
Hypothyreoidismus und eine Hypertrophie der Schilddrüse (Kropf) können die Folge einer übermäßigen oder zu geringen Aufnahme von Jod sein. Ein Jodüberschuß verhindert die Freisetzung von Schilddrüsenhormon durch direkten Angriff an der Thyreoidea. Bei einem Jodmangel fehlt dagegen Jod für eine ausreichende Synthese der jodhaltigen Schilddrüsenhormone. Fohlen mit einem Kropf, die an einem durch Jodmangel oder Jodintoxikation bedingten Hypothyreoidismus leiden, sind bei der Geburt meist schwach und verenden bei weiterhin bestehender unausgeglichener Jodversorgung im allgemeinen während der ersten Lebenstage. Hypothyreoidismus kann ferner Störungen der Ossifikation der Knochen des Karpal- oder Tarsalgelenkes mit entsprechenden Verformungen der Gliedmaßenknochen zur Folge haben. Die entsprechenden Veränderungen können entweder bereits bei der Geburt vorhanden sein oder während der ersten Lebenstage manifest werden.

Hypomagnesiämie und Hypokalzämie
Ein Abfall der Kalzium- und/oder der Magnesiumkonzentration im Plasma kann, wenn auch nur in seltenen Fällen, bei jedem Pferd auftreten. Eine Hypokalzämie und/oder Hypomagnesiämie entwickelt sich meist während der Laktation, da dann mehr Kalzium und vergleichsweise weniger Magnesium mit der Milch ausgeschieden werden. Für die bei der Hypomagnesiämie auftretenden Krampfzustände sind die Begriffe hypomagnesiämische Tetanie und Weidetetanie üblich. Die Hypokalzämie wird auch als Gebärparese oder Milchfieber bezeichnet. Sowohl die Hypokalzämie als auch die Hypomagnesiämie sind durch Muskelzuckungen, eine erhöhte Herzfrequenz, steifen Gang und Bewegungsunlust charakterisiert. In schweren Fällen kommt es zum Festliegen und zum Verenden innerhalb weniger Stunden nach Auftreten der ersten Symptome.
Die Weidetetanie tritt meist bei laktierenden Kühen und weniger bei anderen Weiderindern oder Pferden auf, die im Frühjahr auf Wiesen mit jungem, aufschießendem Gras Weidegang haben. Sie wird aber auch im Winter nach Verfütterung von Rauhfutter schlechter Qualität beobachtet. Durch tägliche Gabe von 30 bis 60 g Magnesiumoxid kommt es sowohl bei Kühen als auch bei Pferden weniger häufig zum Auftreten einer Weidetetanie. Magnesiumsulfat ist aufgrund seiner im Vergleich zu Magnesiumoxid schlechteren Akzeptanz und seines geringeren Magnesiumgehaltes nicht zu empfehlen. Magnesiumoxid wird am besten mit einer Getreidemischung verfüttert; eine Mischung von gleichen Teilen Salz und Magnesiumoxid erfüllt bei alleiniger Verwendung als Mineralsalz jedoch den gleichen Zweck. Eine 10%ige Zumischung von Sojaschrot oder Trockenmelasse fördert die Aufnahme. Die Magnesiumzufuhr sollte einige Wochen vor dem Weideaustrieb im Frühjahr und während der ersten Wochen auf der Frühjahrsweide erhöht werden.
Eine Hypokalzämie kann bei laktierenden Stuten durch den Kalziumverlust über die Milch auftreten. Sie ist zwar verhältnismäßig selten, entwickelt sich aber möglicherweise, wenn die Stute eine kalziumarme Ration erhält und über einen längeren Zeitraum durch Streßfaktoren, wie Wetterumschwünge, Erkrankungen, Trauma, Überanstrengung oder Transport, belastet wird (siehe auch Abschnitt „Hypokalzämie", Seite 281). Die Prophylaxe besteht in einer Ration mit mindestens 0,5 % Kalzium in

der Trockensubstanz der Gesamtration und in der Vermeidung von Dauerstreß. Bei Verfütterung von Rauhfutter ist in der Regel ein Zusatz von ca. 60 bis 85 g Futterkalk pro Tag notwendig.[50] Dagegen ist bei Verfütterung von Leguminosen, wie z. B. Luzerne, keine zusätzliche Kalziumgabe erforderlich.

Die Behandlung der Hypokalzämie und der Hypomagnesiämie erfolgt in beiden Fällen mit einer kalzium- und magnesiumhaltigen Infusionslösung. Die bei Rindern für die Behandlung der Hypokalzämie und Hypomagnesiämie üblichen Präparate können auch für das Pferd verwendet werden. Die Infusion sollte langsam und vorsichtig unter auskultatorischer Kontrolle des Herzens erfolgen. Ein kräftiger Herzschlag und eine abnehmende Herzfrequenz zeigen die erwünschte Wirkung der Infusion an. Bei Arrhythmien oder Tachykardie muß die Infusion sofort abgebrochen werden, da es sonst zu einem Herzblock kommen kann und akute Lebensgefahr besteht.

Vitaminmangel

Nur in seltenen Fällen ist ein Vitaminmangel beim Pferd Ursache von Muskel- oder Skeletterkrankungen. Am häufigsten tritt dabei ein Vitamin-A-Mangel auf. Stuten mit einem Vitamin-A-Mangel sind empfänglicher für Endometritiden und zeigen unter Umständen eine verminderte Fruchtbarkeit. Als fettlösliches Vitamin wird Vitamin A wie auch die Vitamine D, E und K nur in geringem Ausmaß durch die Plazentaschranke transportiert. Beim Fohlen besteht daher zum Zeitpunkt der Geburt stets ein Mangel an fettlöslichen Vitaminen, unabhängig vom Versorgungsstatus der Stute. Durch die im Kolostrum in ausreichender Menge enthaltenen Vitamine A und D wird dieser Mangel jedoch ausgeglichen und der Tagesbedarf des Fohlens gedeckt. Voraussetzung ist allerdings, daß das Fohlen ausreichende Mengen an Kolostrum erhält und die Stute über die notwendigen Mengen an Vitaminen für die Abgabe in das Kolostrum verfügt. Beim Neugeborenen ist ein Vitamin-A-Mangel ein prädisponierender Faktor für das Auftreten von Durchfällen und Pneumonien. Zur Prophylaxe hat sich eine parenterale Gabe von Vitamin A sofort nach der Geburt bewährt (einmalige Injektion von 1500 I.E. Vitamin A/kg Körpergewicht als wasserlösliche Emulsion intramuskulär oder subkutan).

Die meisten im Handel befindlichen Präparate enthalten außer Vitamin A auch Vitamin D. Auf die zusätzliche Gabe von Vitamin D an das Fohlen kann aber verzichtet werden, vorausgesetzt, daß das Fohlen Kolostrum oder Milch erhält oder drei bis vier Stunden täglich Sonnenbestrahlung ausgesetzt ist. Das körpereigene 7-Dehydrocholesterin wird durch UV-Bestrahlung in Provitamin D_3 umgewandelt. Diese Umwandlung erfolgt im Freien auch bei bedecktem Himmel, ist aber durch eine Fensterscheibe hindurch auch bei Sonnenschein nicht möglich, da das Fensterglas die ultravioletten Strahlen herausfiltert. Das Provitamin D_3 wird dann in Leber und Niere in seine aktive Form umgewandelt.

Vitamin K wird im Dickdarm bakteriell synthetisiert. Die Besiedelung des Dickdarmes durch die entsprechenden Bakterien erfolgt kurz nach der Geburt und bewirkt eine ausreichende Versorgung des Fohlens mit Vitamin K.

Ein Vitamin-E-Mangel scheint beim Pferd nicht aufzutreten. Früher nahm man an, daß ein Vitamin-E-Mangel insbesonders beim Fohlen die Ursache von Muskeldystrophien sei. Die Tatsache, daß in diesen Fällen die Normalwerte für Vitamin E im Plasma nicht unterschritten werden, spricht jedoch mehr für einen Selenmangel als Ursache.[64]

Die Vitamine der B-Gruppe werden im Darm des Pferdes bakteriell synthetisiert und finden sich in bedarfsdeckenden Mengen in natürlichen Futtermitteln.

Die Leber synthetisiert große Mengen an Vitamin C, was eine Ergänzung im Futter unnötig macht. Der Fetus erhält intrauterin ausreichende Mengen an wasserlöslichen Vitaminen, das Fohlen erhält ebenfalls ausreichende Mengen über die Milch, aus seinen eigenen Körperreserven sowie durch die bakterielle Synthese im Verdauungstrakt.

Eine übermäßige Gabe der Vitamine A und D kann bei allen Pferden zu Erkrankungen des Muskel- und Skelettsystems führen. Weitere Angaben über Vitamine finden sich auf den Seiten 285 bis 287 dieses Kapitels. Eine Überversorgung mit anderen Vitaminen ruft keine klinisch diagnostizierbaren Störungen hervor.

Heranwachsende Pferde

In der Ätiologie von Muskel- und Skeletterkrankungen spielen die folgenden diätetischen Imbalancen eine Rolle: ein zu geringer oder zu hoher Gehalt der Ration an Energie und Eiweiß, an Kalzium, Phosphor, Zink, den Vitaminen A und D, ferner Kupfermangel und eventuell ein Manganmangel. Solche Unausgewogenheiten in der Ration haben in der Hauptsache eine Störung der enchondralen Ossifikation zur Folge.

Störungen der enchondralen Ossifikation führen zu folgenden Veränderungen:
1. Vergrößerung der Metaphysen,
2. Verformungen der Gliedmaßenknochen,
3. erworbene Veränderungen der Beugesehnen (Verkürzung),[12]
4. Mißbildungen der Halswirbel („Wobbler-Syndrom")[68] und
5. Osteochondrose.[84]

Weitere Angaben finden sich in den Kapiteln 6, 7 und 8.

Ursachen für Störungen der enchondralen Ossifikation

Folgende Faktoren sind bei wachsenden Tieren für das Auftreten von Störungen der enchondralen Ossifikation prädisponierend:
1. schnelles Wachstum,
2. Traumatisierung der metaphysären Wachstumszone oder des Gelenkknorpels,
3. erbliche Prädisposition und
4. Diätfehler.

Diese vier Faktoren stehen nicht nur untereinander in Beziehung, sondern auf jeden einzelnen Faktor wirken noch weitere zusätzliche Faktoren ein. Ein gemeinsames Auftreten von zwei oder mehr Faktoren kann eine größere Häufigkeit der Störungen oder eine stärkere Ausprägung bedingen, jeder Faktor kann für sich allein jedoch in gleichem Maße für die Störung verantwortlich sein. Als Beispiel sei die vermehrte Belastung einer Gliedmaße infolge einer schmerzhaften Erkrankung der kontralateralen Gliedmaße genannt. Durch die einseitig erhöhte Gewichtslast kann es zu Störungen der enchondralen Ossifikation kommen. Eine Verformung der Knochen der übermäßig belasteten Gliedmaße ist die mögliche Folge.[24,74] Andererseits können Störungen der enchondralen Ossifikation auch allein durch eine unausgewogene Ernährung bedingt sein, unabhängig vom Ausmaß der Traumatisierung im Bereich der metaphysären Wachstumszone oder des Gelenkknorpels. Ein gleichzeitiges Auftreten beider Faktoren kann die Situation verschlimmern.

Schnelles Wachstum
Ein schnelles Wachstum ist augenscheinlich einer der wichtigsten Faktoren bei der Entstehung von Störungen der enchondralen Ossifikation und den damit verbundenen Schäden. Zahlreiche diesbezügliche Arbeiten über Pferde,[40,54,63,89] Hunde,[35,45,62] Schweine,[28,30,69] und Rinder[70] weisen diesen Sachverhalt nach. Folgende Faktoren können für ein rasches Wachstum verantwortlich sein:
1. die genetische Wachstumskapazität des Tieres,
2. eine hohe Energieaufnahme und
3. ein kompensatorisches Wachstum nach Kümmern mit nachfolgender hochenergetischer Fütterung auf maximalen Zuwachs.

In einer diesbezüglichen Studie wurde gezeigt, daß bei vier von sechs Fohlen, die zunächst restriktiv und anschließend ad libitum gefüttert wurden, eine Kontraktur der Beugesehnen auftrat. Bei den sechs Fohlen der Kontrollgruppe, die durchgehend ad libitum gefüttert wurden, wurden hingegen keinerlei Veränderungen beobachtet.[40] Ein kompensatorisches rasches Wachstum kann dann eintreten, wenn mehr als drei Monate alte Saugfohlen eine zu geringe Menge an ausgewogenem Krippenfutter erhalten, nach dem Absetzen dann aber auf maximalen Zuwachs gefüttert werden. Der Bedarf des Fohlens wird ab einem Alter von zwei oder drei Monaten nicht mehr allein durch die Stutenmilch gedeckt. In dieser Altersgruppe kann es durch unzureichende Beifütterung zu einem verlangsamten Wachstum kommen. Wenn dann nach dem Absetzen der Energiegehalt des Futters ein rasches Wachstum ermöglicht, erfolgt ein kompensatorischer Wachstumsschub. Störungen der enchondralen Ossifikation treten dabei um so häufiger auf, je größer das Tier ist, je schneller es wächst und je mehr Kraftfutter gegeben wird. Dabei ist gleichgültig, ob das genetische Wachstumspotential ausgeschöpft wird oder ob ein kompensatorisches Wachstum vorliegt, solange der Energiegehalt des Futters für ein rasches Wachstum ausreicht.

Traumatisierung des enchondralen Ossifikationszentrums
Trauma ist ein weiterer prädisponierender Faktor für die Entstehung von Störungen der enchondralen Ossifikation.[29,62] Die Häufigkeit einer Traumatisierung der enchondralen Ossifikationszentren korreliert mit steigendem Gewicht pro Flächeneinheit des Knochenquerschnittes. Störungen der enchondralen Ossifikation treten um so häufiger auf, je größer das Körpergewicht des Tieres und je geringer der Knochendurchmesser ist. Eine Rolle spielt auch, inwieweit der Körperbau des Tieres eine Zunahme der Gewichtslast im Bereich bestimmter Bezirke der metaphysären Wachstumszone oder im Bereich des Gelenkknorpels bedingt. Pferde mit kurzer, steilgestellter Fessel[12] oder anderen Stellungsfehlern sowie schnellwüchsige Rassen mit langen, weniger kräftigen Knochen sind häufiger betroffen. Seltener treten diese Störungen bei Wagenpferden auf. Dies ist wahrscheinlich durch ihr kräftigeres Skelett und ihre langsamere Entwicklung bedingt. Ponys sind aufgrund ihrer geringeren Körpergröße ebenfalls seltener betroffen.

Erbliche Prädisposition
In einigen Fällen spielt auch eine erbliche Disposition, die von der Wachstumsrate, der Stärke des Skelettes und dem Körperbau unabhängig ist, eine Rolle. Dies wurde für Hund,[62] Schwein,[28,30] und Pferd[71] nachgewiesen. Bei acht Fohlen mit schwerer Beugesehnenkontraktur wurde eine dominante Vererbung durch den Vater nachgewiesen.[42]

Diätfehler
Eine Reihe von Diätfehlern spielen beim heranwachsenden Tier für die Entstehung von Störungen der enchondralen Ossifikation eine Rolle. Dazu gehören ein Kalzium-, Phosphor- bzw. Proteinmangel oder -überschuß, ein Energie- oder Zinküberschuß sowie möglicherweise ein Kupfer- oder Manganmangel. Auch eine Kombination verschiedener der genannten Diätfehler kann zu Störungen führen.

Energiegehalt
Eine übermäßige Energiezufuhr durch Aufnahme zu hoher Krippenfuttermengen führt zu schnellem Wachstum und ist einer der wichtigsten Faktoren für die Entstehung von Störungen der enchondralen Ossifikation. Es wird manchmal behauptet, daß ein Energieüberschuß die alleinige Ursache für eine gestörte enchondrale Ossifikation sei und daß Imbalancen der Versorgung mit Vitaminen, Mineralstoffen oder Protein keinen Einfluß haben. Der Nährstoffbedarf hängt jedoch direkt von der Wachstumsrate ab. Bei einem langsam wachsenden Absatzfohlen können z. B. 0,25 % Phosphor in der Ration ausreichend sein, wohingegen für ein maximales Wachstum 0,5 % benötigt werden.[61] Ein Anteil von 0,25 % in der Ration führt dagegen bei raschem Wachstum zur Manifestation eines Phosphormangels. Einem Energie- oder Proteinüberschuß zugeschriebene Störungen der enchondralen Ossifikation können durch eine in Relation zur Energie- und Proteinversorgung und der damit festgelegten Wachstumsrate zu geringe Versorgung mit Phosphor, Kalzium oder anderen Mineralstoffen verursacht sein. Eine verringerte Zufuhr von Energie und Protein maskiert dann Mangelzustände dieser Art durch eine Verminderung der Wachstumsgeschwindigkeit. Zur Verhütung von Schäden am Skelett muß die Ration also der tatsächlichen Wachstumsrate angepaßt werden. Dazu ist eine ausgewogene Fütterung notwendig.[50] Dennoch können trotz augenscheinlich angemessener Nährstoffversorgung bei einem zu schnellen Wachstum Störungen der enchondralen Ossifikation auftreten.
Für verschiedene Tierarten, darunter auch für das Pferd, wurde gezeigt, daß eine Energieüberversorgung während

Ernährung bei Störungen der enchondralen Ossifikation

Die häufigsten zu Imbalancen führenden Fehler in der Fütterungspraxis sind
1. zu hohe Kraftfuttergabe,
2. Fütterung von Luzerne oder anderen Leguminosen ohne zusätzliche Phosphorgabe und
3. Fütterung einer Getreidemischung mit zu geringem Kalzium-, Phosphor- oder Proteingehalt bei Verwendung von Wiesenheu als Rauhfutter.

Der Kalzium-, Phosphor- und Proteingehalt sowohl in Wiesenheu als auch in Getreide ist für den Bedarf schnellwachsender Pferde zu gering. Der Phosphorgehalt in Leguminosen ist für diese Gruppe von Pferden ebenfalls nicht bedarfsgerecht, da zu niedrig.

Stark überhöhte Kraftfuttermengen werden meist von Fohlen aufgenommen, die freien Zugang zu Krippenfutter haben und kein Rauhfutter erhalten. Gleiches gilt für wachsende Pferde, die Mengen an Kraftfutter erhalten, die über den Fütterungsempfehlungen liegen (siehe Seite 278). Getreide enthält zwar, gemessen am Bedarf wachsender Pferde, zuwenig Phosphor, dafür ist der Gehalt an Phosphor im Getreide drei- bis zwanzigmal so hoch wie der Kalziumgehalt. Im Getreide liegen Kalzium und Phosphor also in einem Verhältnis von 0,05:1 bis 0,3:1 vor. Getreide enthält außerdem etwa 1 % Phytat.[33] Der hohe Gehalt an Phytat und das enge Kalzium-Phosphor-Verhältnis verringern die Absorption von Kalzium.[3] Das Resultat einer zu hohen Kraftfuttergabe sind demnach ein Kalziummangel und ein relativer, wenn auch nicht absoluter Phosphorüberschuß, insbesondere dann, wenn der Rauhfutteranteil der Ration keine Leguminosen beinhaltet. Getreide hat außerdem einen hohen Energiegehalt. Der Gehalt an Energie ist fast doppelt so hoch wie in Rauhfutter. Eine getreidereiche Ration fördert durch den hohen Energiegehalt das schnelle Wachstum, sie enthält aber für eine normale Entwicklung der Knochen keine bedarfsgerechten Mengen an Kalzium und Phosphor. Die Fütterungsempfehlungen für ein ausgewogenes Krippenfutter sollten daher zur Orientierung dienen.[50]

Beim Auftreten von Störungen der enchondralen Ossifikation, die sich im übrigen bei einigen Pferden auch trotz bedarfsgerechter Fütterung einstellen, sollte Gras oder Wiesenheu guter Qualität ad libitum gefüttert werden. Gras und Wiesenheu sind der Luzerne in jedem Fall vorzuziehen. Ihr geringerer Gehalt an Energie und Protein verlangsamt das Wachstum und fördert so die Wiederherstellung des Pferdes. Es ist aber zu beachten, daß diese Futtermittel keine bedarfsgerechten Mengen an Kalzium und Phosphor enthalten. Um den Energiegehalt der Ration nicht unnötig zu erhöhen, sollte daher gerade so viel Getreide gefüttert werden, wie zur Einmischung von 110 g eines Mineralfuttermittels mit 12 % Kalzium und 12 % Phosphor notwendig sind. Vorzugsweise sollte zwecks Verhinderung einer Entmischung auch Melasse enthalten sein. Enthält die Futtermischung keine Melasse, so muß sie gegebenenfalls angefeuchtet werden. Nachteilig ist allerdings, daß bei Futterresten eventuell Schimmelbildung auftritt. Übriggebliebenes Futter sollte daher aus der Krippe entfernt werden.

Wichtig für eine normale Knochenentwicklung ist ausreichende Bewegung.[56,63,77] Bei Epiphysitis kann Bewegung das Krankheitsbild jedoch weiter verschlimmern, besonders in Fällen, in denen eine Knochendeformation vorliegt. Hier führt Bewegung zu einer Traumatisierung der Epi- und Metaphyse und zu einer Verschlechterung des Krankheitsbildes. Bei verschiedenen geringgradigen Knochendeformationen kann eine Heilung durch Ruhigstellung erzielt werden. Vollständige Boxenruhe ist dabei empfehlenswert. Im Gegensatz dazu kann sich Bewegung bei der Behandlung von Deformationen der Beugesehnen als günstig erweisen, so daß Boxenruhe in solchen Fällen nicht empfohlen wird.

Bei Pferden mit Epiphysitis und Knochendeformationen sollten keine Analgetika und Antiphlogistika angewendet werden. Die verminderte Schmerzhaftigkeit führt zu vermehrter körperlicher Aktivität und zu einer Traumatisierung der Epiphysen. Es kommt dadurch entweder zu einer Verschlechterung des Krankheitsbildes oder zu einer verzögerten Heilung. Für die Therapie von Beugesehnenkontrakturen sind Analgetika und Antiphlogistika jedoch gut geeignet.[74]

Ein Behandlungserfolg stellt sich bei Anwendung der geschilderten Behandlungsverfahren für Epiphysitis, Knochendeformationen und Beugesehnenkontrakturen nach etwa vier bis sechs Wochen ein. Danach sollte, auch bei unvollständiger Heilung, mit der Fütterung einer bedarfsgerecht zusammengesetzten Kraftfuttermischung (Gabe von 0,5 kg/100 kg Körpergewicht) begonnen werden.[50] In besonders schweren Fällen, oder wenn keine Besserung eintritt, können ein chirurgisches Vorgehen oder anderweitige Behandlungsverfahren notwendig werden (siehe Seiten 320; 452; 459; 591).

Eine nur aus Leguminosen bestehende Rauhfutterration ohne bedarfsgerechte Kraftfutterergänzung führt beim wachsenden Pferd zu einem Phosphormangel. Phosphor muß daher ergänzt werden, denn Leguminosen enthalten im allgemeinen weniger als die Hälfte des Wachstumsbedarfes an Phosphor.[61]

Eine Rauhfutterration, die ausschließlich aus Wiesenheu besteht, weist bei fehlender Zufütterung eines bedarfsgerechten Kraftfutteranteiles einen Mangel an allen für das Wachstum benötigten Nährstoffen einschließlich Lysin, Protein, Kalzium, Phosphor und Energie auf.[61] Der allgemeine Nährstoffmangel führt zu starker Wachstumsdepression, so daß Störungen der enchondralen Ossifikation unwahrscheinlich sind. Wird die Ration nicht korrigiert, dann bleibt das Pferd klein.

Für die Prophylaxe und Behandlung solcher Störungen sollten die entsprechenden Fütterungsempfehlungen für bedarfsgerecht zusammengesetzte Kraftfuttermischungen als Orientierung dienen.[50]

Erhaltungs- und Leistungsbedarf erwachsener Pferde

Erwachsene Pferde, die nicht trächtig sind oder laktieren und nicht gearbeitet werden, haben einen geringeren Nährstoffbedarf. Bei dieser Gruppe von Pferden kommt es daher seltener zu Mangelzuständen durch eine zu geringe Futteraufnahme. Im Gegensatz dazu tritt Übergewicht infolge Aufnahme von zuviel Futter am häufigsten bei im Erhaltungsbedarf stehenden Tieren auf, da dann der Nährstoffbedarf am geringsten ist. Intoxikationen oder Schäden durch eine Überversorgung mit bestimmten Nahrungskomponenten sind bei Pferden im Erhaltungsstoffwechsel jedoch genauso häufig wie in jeder anderen Lebensphase. Die häufigste Ursache von Intoxikationen und Schäden durch Überversorgung ist die Aufnahme oder Verabreichung großer Mengen bestimmter Nährstoffe oder die Verwendung von Futtermitteln, die große Mengen solcher Nährstoffe enthalten. Zu der Gruppe der in Frage kommenden Nährstoffe gehören die Vitamine A und D, Phosphor, Selen, Jod und Eisen, die vorrangig in Ergänzungsfuttermitteln enthalten sind, sowie Fluor. Eine übermäßige Aufnahme dieser Nährstoffe kann Erkrankungen des Skelettes und der Muskulatur zur Folge haben. Zusätzlich können während starker kurzfristiger Belastung des Pferdes oder bei Dauerbelastung Elektrolyt- und akute Energiemangelzustände eintreten, die durch den gesteigerten Bedarf bedingt sind.

Wasser- und Elektrolytmangel, Energiedefizit

Der Bedarf an Energie kann bei schwerer Arbeit das Zehn- bis Zwanzigfache des Erhaltungsbedarfes betragen. Der größte Anteil dieser Energie wird in Form von Wärme zur Thermoregulation abgegeben. Die Wärmeabgabe erfolgt hauptsächlich durch Verdunstung von Schweiß an der Körperoberfläche. Je höher die Außentemperatur, die Luftfeuchtigkeit und der Energieverbrauch sind, um so größer ist auch die produzierte Schweißmenge und somit der Verlust an Wasser und Elektrolyten. Werden diese Verluste nicht ersetzt, kommt es zu Dehydratation, Elektrolytmangel, Kreislaufschwäche, Schwitzen und letztendlich zu Schwäche- oder Erschöpfungszuständen. Während der Arbeit sollten Pferde deshalb so häufig und so viel wie möglich trinken können. Ist das Pferd nach der Arbeit erhitzt, sollte es geführt werden, bis es sich abgekühlt hat. Danach kann es grasen oder Heu vorgelegt bekommen, darf aber erst nach 60 bis 90 Minuten getränkt werden. Nach dem Tränken kann dann Kraftfutter gegeben werden. In einigen Fällen kann eine Elektrolytergänzung notwendig sein.
Natrium, Kalium, Chlorid und Kalzium bilden den Hauptanteil der Elektrolytverluste.[10,80] Verluste der drei zuerst genannten Elektrolyte verursachen allgemeine Schwäche sowie Muskelschwäche und setzen die Durststimulation bei Dehydratation herab, so daß das Pferd sowohl Wasser als auch Futter verweigert. Dehydratation und Elektrolytverluste kommen häufig bei Pferden vor, die durch langdauerndes oder schweres Arbeiten in kurzen Intervallen erschöpft sind. Zur Vorbeuge sollten die Elektrolytverluste in diesen Fällen ersetzt werden. Wasser ist in kurzen Abständen anzubieten. Die Elektrolytverluste können ausgeglichen werden durch Gabe von 57 g einer Salzmischung, bestehend zu ¾ aus gleichen Teilen Natriumchlorid bzw. Kochsalz und Kaliumchlorid und ¼ Kalziumkarbonat. Da der Körper diese Elektrolyte nicht speichert, sollten sie vor, während und nach schwerer Arbeit bzw. zu den Tränkezeiten gegeben werden. Elektrolyte können in jeder Form außer in der Tränke verabreicht werden, da die Wasseraufnahme dadurch so herabgesetzt wird, daß der Schaden durch Wassermangel weit größer ist als der Nutzen durch die zusätzlich aufgenommenen Elektrolyte. Bei nur geringen Elektrolytverlusten ist der Nutzen einer Elektrolytergänzung ebenfalls sehr gering. Bei schweren Elektrolytverlusten können jedoch synchrones Zwerchfellflattern, eine Hypokalzämie und langanhaltende Erschöpfung auftreten. Solche Störungen können häufig durch eine Ergänzung von Elektrolyten verhindert werden.

Synchrones Zwerchfellflattern

Die Ursachen des synchronen Zwerchfellflatterns sind Elektrolytverluste während schwerer Arbeit, Hypokalzämie und eine durch die Käferart Epicauta spec. hervorgerufene Toxikose (Canthariden-Toxikose). Es wird angenommen, daß die Reizschwelle des Nervus phrenicus durch ein Absinken des Plasmaspiegels von Kalzium, Chlorid und/oder Kalium oder auch ganz allgemein durch einen Mangel dieser Elektrolyte in den Körpergeweben herabgesetzt wird. Da die Nervi phrenici über die Herzbasis hinweg verlaufen, werden sie durch die bei jedem Herzschlag auftretende elektrische Aktivität gereizt. Das von den Nervi phrenici innervierte Zwerchfell kontrahiert sich synchron zu jedem Herzschlag. Dabei ist gewöhnlich beidseitig, gelegentlich auch einseitig ein Flankenschlag oder eine Bewegung der Nachhand zu beobachten. Dies kann während oder nach schwerer Arbeit, bei schwerer Diarrhoe oder Kolik oder nach längeren chirurgischen Eingriffen bzw. Allgemeinanästhesie eintreten. Die Prophylaxe und Behandlung erfolgen durch den Ersatz des Elektrolytverlustes. In schweren Fällen können 110 g der bereits erwähnten Elektrolytmischung in acht Litern Wasser gelöst mit der Nasenschlundsonde eingegeben werden. Falls notwendig, können fünf bis zehn Liter eines Plasmaexpanders intravenös verabreicht werden. Da eine Alkalose vorliegen kann, sollten keine Präparate benutzt werden, die mehr als 25 mmol Bikarbonat, Laktat oder Azetat pro Liter enthalten.

Hypokalzämie (Hypokalzämische Tetanie)

Bei langanhaltender anstrengender Arbeit oder bei langanhaltender Streßeinwirkung kommt es über den gesamten Zeitraum zu einem hohen Ausstoß von Kortikosteroiden. Diese führen zu einer Wirkungsabschwächung des Vitamin D und verringern die renale tubuläre Reabsorption von Kalzium. Bei einigen Tierarten kommt es aus diesem Grund zu einem vermehrten Verlust von Kalzium über den Harn. Die Wirkungsabschwächung des Vitamin D hat zur Folge, daß im Darm weniger Kalzium absorbiert und ferner durch einen verringerten Ausstoß von Parathormon aus der Nebenschilddrüse weniger Kalzium aus den Knochen mobilisiert wird. Mit dem Schweiß können ebenfalls erhebliche Mengen von Kalzium ausgeschieden werden.[80] Während anstrengender schwerer Arbeit kommt es demnach zu einem vermehrten Kalziumverlust, einer verminderten intestinalen Absorption von Kalzium und einer geringeren Mobilisation von Kalzium aus den Knochen.

Diese Faktoren führen zu einer streßabhängigen Hypokalzämie. Eine Absicherung der Diagnose ist durch Messung des Kalziumplasmaspiegels möglich. Gewöhnlich stützt sich die Verdachtsdiagnose auf die klinischen Symptome, den Vorbericht und den Behandlungserfolg. Die Symptomatologie und die Behandlung der Hypokalzämie wurden bereits auf Seite 275 beschrieben. Die Symptome bei Hypokalzämie sind dabei mit denen des Tying-up-Syndroms identisch, das wie die Hypokalzämie nach längerer schwerer Arbeit auftritt. Zusätzlich zur Hypokalzämie können eine Dehydratation und anderweitige Elektrolytverluste vorliegen. Die Behandlung erfolgt dann wie bei synchronem Zwerchfellflattern mit Elektrolytlösungen, die zusätzlich zu Kalzium auch noch andere Elektrolyte enthalten (siehe Seite 281).

Belastungsmyopathie

Die Belastungsmyopathie ist eine Erkrankung sowohl der Skelett- als auch der Herzmuskulatur. Die Ermüdung der Muskulatur sowie die Art und Weise der Haltung und Ernährung des Pferdes sind wichtige Faktoren in der Ätiologie dieser Erkrankung. Verschiedene Bezeichnungen sind üblich: Azoturie, paralytische Myoglobinurie, Feiertagskrankheit, Lumbago, Kreuzverschlag, akute oder bewegungsabhängige Rhabdomyolysis, Myositis. Auch die nach Ansicht des Autors nicht korrekte Bezeichnung Tying-up-Syndrom wird verwendet. Obgleich die Symptomatologie ähnlich ist, gibt es Unterschiede im Zeitpunkt des Auftretens und in der Pathogenese. Das Tying-up-Syndrom tritt im Anschluß an längere schwere Arbeit auf und ist in erster Linie wahrscheinlich auf eine Erschöpfung der Energiereserven der Muskelzellen zurückzuführen. Die Belastungsmyopathie wird dagegen zu Beginn der Arbeit beobachtet, und zwar bevor es zu einer Erschöpfung der Energiereserven der Muskelzellen kommen kann. Beide Erkrankungen werden aufgrund dieser Unterschiede getrennt besprochen.

Das während der Ruhephasen im Muskel gespeicherte Glykogen wird während der Arbeit abgebaut. Ist die Sauerstoffzufuhr für eine schnelle Verwertung des Glykogens nicht ausreichend, so erfolgt nur ein unvollständiger Abbau bis zum Laktat. Die Muskelzellen können Laktat jedoch ohne ausreichende Sauerstoffzufuhr nicht weiter abbauen. Laktat wird daher mit dem Blut in die Leber und zu einem geringeren Teil auch in die Nierenrinde transportiert, wo es zu Glukose umgewandelt wird, die dann anderen Körpergeweben wieder zur Verfügung steht. Fallen jedoch große Mengen an Laktat im Muskel an, kommt es dort durch Anhäufung zu einer Schädigung des Muskelgewebes und zu einer Vasokonstriktion. Die Vasokonstriktion bedingt dann eine geringere Durchblutung des Muskels, was einen verminderten Abtransport des Laktats sowie eine geringere Sauerstoffversorgung des Muskels zur Folge hat. Die verminderte Sauerstoffversorgung führt wiederum zu vermehrter Entstehung von Laktat. Es entsteht ein Kreislauf, bei dem schließlich Laktat in so hoher Konzentration im Muskel vorhanden ist, daß eine Schädigung der Muskelzellmembranen eintreten kann. Diese Pathogenese hat zwar allgemein Gültigkeit, es liegt aber auch eine Untersuchung vor, in welcher nur vier von zwölf erkrankten Pferden, die nach einer Aufwärmphase intensiv gearbeitet worden waren, eine hohe Laktatkonzentration im Muskelgewebe aufwiesen.[51] Auch lag nicht in allen Fällen eine systemische metabolische Azidose vor.[47] Es bestehen daher Zweifel an der Gültigkeit der oben geschilderten Pathogenese. Für eine anderweitige Pathogenese gibt es allerdings noch weniger Beweise. Die Pathogenese kann von Fall zu Fall durchaus verschieden sein, selbst wenn die Erkrankung zum gleichen Zeitpunkt und mit den gleichen Symptomen auftritt.

Eine Belastungsmyopathie wird meist dann beobachtet, wenn das Tier nach einem oder mehreren Ruhetagen wieder in Arbeit genommen wird. Erste Symptome zeigen sich einige Minuten bis eine Stunde nach Beginn der Arbeit. Dies ist besonders dann häufig der Fall, wenn das Pferd eine hohe Kraftfutterration erhält und ausschließlich im Stall steht. Besonders bei gut trainierten Pferden kommt es so zu einer vermehrten Glykogenspeicherung im Muskel. In solchen Fällen reicht schon leichte Arbeit für das Eintreten der Erkrankung aus. Je kürzer die Aufwärmphase und je schwerer die Arbeit ist, um so eher tritt eine Belastungsmyopathie auf. Andere Ursachen sind durch Zwangsmaßnahmen hervorgerufene heftige Abwehrbewegungen, Kolik oder auch eine langdauernde Allgemeinanästhesie.

Es treten Muskelkrämpfe und Zuckungen auf. Die Palpation der in erster Linie betroffenen großen Muskeln ergibt eine derbe Konsistenz und Schmerzhaftigkeit. Die erkrankten Tiere haben aufgrund der Schmerzhaftigkeit oft aufgeschürzte Bauchdecken und einen steifen, staksigen Gang. Sie schwitzen häufig stark und bewegen sich nur ungern. In schweren Fällen folgen auf diese Symptome Festliegen und Tod. Durch die Muskelschädigung kann es zu einer Erhöhung von Muskelenzymen, wie z. B. von SGOT, CPK und LDH, sowie von Myoglobin und Phosphor im Blut kommen. Häufig treten eine geringgradige Hypochlorämie und Hypokalzämie, seltener eine metabolische Azidose auf.[47] Myoglobin wird über den Harn ausgeschieden. Durch die Ausscheidung größerer Mengen von Myoglobin erhält der Harn eine kaffeeähnliche Färbung. In weniger schweren Fällen ist die Myoglobinurie grobsinnlich nicht erkennbar, sie kann aber mit Hilfe von Tabletten- oder Streifentests sichtbar gemacht werden. Die renale Exkretion von Myoglobin kann einen Nierenschaden hervorrufen, der zu einer Erhöhung der Blutharnstoffwerte führt. Dunkelfarbener Harn und Festliegen sind prognostisch sehr ungünstig.

Bei der Sektion können die betroffenen Muskeln makroskopisch unverändert sein. Sie können aber auch Schwellungen oder Blutungen aufweisen. Weitere Befunde reichen von einer blassen Färbung mit graugelber Streifung bis zu dunkelrotbrauner Färbung und wachsartiger oder gekochtem Fleisch ähnlicher Konsistenz. Im Epikard finden sich häufig petechiale Blutungen. Der Nierenanschnitt kann bräunliche Verfärbungen mit rötlichen Streifen aufweisen. Die histologische Untersuchung ergibt eine hyaline Degeneration, eine Fragmentation der Muskelfasern und entweder keine oder nur geringgradige Verkalkung oder Entzündungserscheinungen. Histologisch kann an der Niere eine Entzündung im Bereich der Tubuli und an

der Leber eine Stauung und Entfärbung im Bereich der zentralen Lobuli zu erkennen sein.
Prädisponierend für die Belastungsmyopathie sind alle Faktoren, die die Speicherung von Glykogen im Muskel verstärken und seine Abbaurate beschleunigen, sowie Faktoren, die zu einer geringeren Muskeldurchblutung führen. Solche Faktoren sind
1. eine genetische Disposition,
2. eine mangelnde Leistungskondition und damit eine herabgesetzte Muskeldurchblutung,
3. eine gute Leistungskondition und damit eine erhöhte Speicherung von Glykogen im Muskel sowie eine höhere Abbaurate,
4. eine hohe Energiezufuhr, insbesondere durch Kraftfutter während einer Ruheperiode, und damit ebenfalls erhöhte Glykogenspeicherung, und
5. eine zu kurze Aufwärmphase, die zu keiner ausreichenden Muskeldurchblutung führt.

Je häufiger ein Tier an einer Belastungsmyopathie erkrankt, um so größer ist die Wahrscheinlichkeit eines Rezidivs.
Erkrankte Tiere sollten nicht bewegt werden, da sich ihr Zustand dann verschlimmert. In leichteren Fällen kann durch eine Ruhigstellung ohne weitere Behandlung eine Heilung erzielt werden. Bewegung, auch über nur ganz geringe Distanzen, kann die Erkrankung so verschlimmern, daß das Tier ungeachtet jeglicher Behandlung stirbt. Warme Umschläge und Massage der Muskeln zur Steigerung der Durchblutung können hilfreich sein. Bei hochgradig erkrankten Tieren haben sich die Infusion von zehn bis zwanzig Litern eines Plasmaexpanders und die Verabreichung einer elektrolythaltigen Nährlösung* per Nasenschlundsonde bewährt. Die letztgenannte Maßnahme sollte alle drei bis vier Stunden, je nach Bedarf, wiederholt werden. Wasser sollte stets frei zugänglich sein. Ferner können je Liter Infusionslösung noch 10 ml einer 23%igen Kalziumboroglukonat-Lösung zugegeben werden. Die Kalziumkonzentration in der Infusionslösung beträgt dann das Doppelte des Plasmakalziumspiegels, so daß eine möglicherweise vorliegende Hypokalzämie ausgeglichen wird. Andererseits kommt es bei dieser Konzentration aber auch zu keiner Hyperkalzämie, wenn keine Hypokalzämie vorliegen sollte. Obgleich auch die Gabe von Bikarbonat häufig empfohlen wird, sollte diese Maßnahme bei Plasmabikarbonatwerten von mehr als 15 bis 18 mmol/l unterbleiben.
Empfehlenswert ist die Behandlung mit Analgetika, Sedativa und Muskelrelaxantien, wie z. B. Phenylbutazon[*1] oder Phenothiazin-Derivaten[*2]. In USA wird Pethidin-Hydrochlorid[*3] empfohlen, fällt aber in der BR Deutschland als Humanpräparat unter das Betäubungsmittelgesetz! Die durch die Phenothiazin-Derivate erzeugte Vasodilatation kann unter Umständen von Nutzen sein, dennoch sollten sie erst nach Auffüllung des Blutvolumens zum Einsatz kommen. In schweren Fällen liegt häufig ein Schock vor. Vasodilatative Substanzen können in dieser Situation zu einer Zentralisation und häufig auch zum Tod führen, wenn sie vor Auffüllung des Blutvolumens gegeben werden. Thiamin (500 mg/Pferd) und Pantothensäure sollten verabreicht werden. Beide sind in den meisten Kombinationspräparaten mit Vitaminen der B-Gruppe enthalten. Thiamin (Vitamin B_1) beschleunigt beim Menschen den Laktatabbau,[98] und Pantothensäure ist essentiell für den aeroben Stoffwechsel und daher möglicherweise ebenfalls von Nutzen (siehe Kapitel 6).
Nach Eintreten einer Besserung werden für gewöhnlich Vitamin E und Selen[*4] injiziert. In den ersten zwei Tagen wird nur Heu gefüttert, in den zwei Wochen danach sollte die Ration kein Kraftfutter enthalten und das Tier nicht bewegt werden. Im Anschluß sollte behutsam angefüttert und erst allmählich wieder mit der Arbeit begonnen werden.
Die Prophylaxe einer Belastungsmyopathie besteht in der Vermeidung möglichst vieler der bereits erwähnten prädisponierenden Faktoren. Das Pferd sollte
1. möglichst viel Auslauf und Bewegung bekommen,
2. mehr Heu und weniger oder gar kein Kraftfutter erhalten, vor allem, wenn es nicht gearbeitet wird, und
3. bei Beginn der Arbeit eine genügend lange Aufwärmphase erhalten, wobei die Belastung langsam gesteigert wird.

Obgleich zwischen dem Auftreten einer Belastungsmyopathie und einem Vitamin-E- oder Selenmangel kein ursächlicher Zusammenhang besteht, ist die Gabe von Vitamin E und Selen aufgrund ihrer membranstabilisierenden Wirkung zur Prophylaxe von Rezidiven dennoch zu empfehlen. Nützlich ist auch die Zugabe von etwa 30 g Bierhefe zur Tagesration als Vitamin-B-Quelle.

Tying-up-Syndrom

Als Tying-up-Syndrom wird eine Erkrankung der Skelettmuskulatur bezeichnet, die nach längerer, erschöpfender Arbeit auftritt. Die Hauptursache ist offensichtlich eine Erschöpfung des Energiestoffwechsels in der Muskulatur. Nicht nur für die Muskelkontraktion, sondern auch für die Erschlaffung der Muskeln wird Energie benötigt. Eine Erschöpfung der Energiereserven der Muskeln ist auch der Grund für das Auftreten der Totenstarre. Später kommt es dann durch die Autolyse der Muskelfasern zu einer Lösung der Starre.
Bei am Tying-up-Syndrom erkrankten Pferden treten Muskelkrämpfe und Muskelzuckungen auf. Die am kräftigsten bemuskelten Körperpartien sind meist am schwersten betroffen und fühlen sich hart an. Die erkrankten Pferde zeigen einen steifen, stelzenden Gang und bewegen sich nur ungern. Die Symptome gleichen den bei Belastungsmyopathie und Hypokalzämie beobachteten. Dabei kann im Einzelfall eine dieser Erkrankungen oder mehrere der beschriebenen Erkrankungen in unterschiedlichem Schweregrad vorliegen. Sie werden daher häufig nicht voneinander abgegrenzt, obwohl die zugrunde liegenden Veränderungen im Stoffwechsel ganz unterschiedlich sein können. Ein wichtiger Unterschied besteht darin, daß eine Belastungsmyopathie kurz nach Beginn der Arbeit auftritt, das Tying-up-Syndrom und die Hypokalzämie sich aber erst nach längerer Bewegung manifestieren.
Für die Therapie und die Prophylaxe des Tying-up-Syndroms gilt im großen und ganzen das für die Belastungs-

---

* Z. B. Elektrolytlösung ad us. vet., A. Albrecht, 7960 Aulendorf
[*1] Equipalazone®; Hydro-Chemie GmbH, Franz-Nissl-Straße 5, 8000 München 50
[*2] Combelen®; Bayer, Leverkusen
[*3] Dolantin®[H]; Hoechst AG, Frankfurt am Main

[*4] Z. B. Selenium und Vitamin E; Hydro-Chemie, Franz-Nissl-Straße 5, 8000 München 50

myopathie Gesagte. Der Plasmaexpanderinfusion sollten jedoch 5 % Glukose zugesetzt werden (110 ml einer 50%igen Glukoselösung je Liter Infusionslösung). Für die Prophylaxe lohnt sich die Beachtung folgender Punkte:
1. Verbesserung der Leistungskondition,
2. Verringerung der Trainingsanforderungen und
3. häufiges Tränken während der Arbeit und Elektrolytersatz, wie auf Seite 281 beschrieben.

Überanstrengung und Ermüdung

Erschöpfung ist im allgemeinen die Folge eines Energie-, Wasser- und Elektrolytmangels. Die betroffenen Tiere sind sehr ruhig bis lethargisch und zeigen häufig wenig Interesse an Wasser oder Futter. Erschöpfung der Muskelkraft, Hypochlorämie, Hypokalzämie und Elektrolytmangelzustände können in wechselndem Ausmaß ebenfalls vorliegen und zu Muskelkrämpfen, Kolikerscheinungen und synchronem Zwerchfellflattern führen. Die Dehydratation und der Elektrolytmangel vermindern die Schweißbildung oder machen sie gänzlich unmöglich. Wenn noch Schweiß gebildet wird, ist er meist nicht wäßrig, sondern eher von klebriger Konsistenz. Die Körpertemperatur steigt an, da das Pferd nicht schwitzen kann. Die Puls- und Atemfrequenz ist kurz nach der Arbeit beim erschöpften und nichterschöpften Pferd gleich, die Normalwerte werden aber beim nichterschöpften Tier wesentlich schneller wieder erreicht.[38] Beim nichterschöpften Pferd sollte 20 bis 30 Minuten nach Beendigung der Arbeit die Pulsfrequenz auf weniger als 55/min und die Atemfrequenz auf weniger als 25/min abgesunken sein (außer bei extrem hohen Umgebungstemperaturen).[38] Anzeichen von Erschöpfung sind:
1. eine Rektaltemperatur, die innerhalb von zehn Minuten nach Beendigung der Arbeit noch über 39 °C liegt,
2. eine Pulsfrequenz von mehr als 70/min 20 bis 30 Minuten nach Beendigung der Arbeit sowie
3. eine Atemfrequenz, die mehr als die Hälfte der Pulsfrequenz beträgt.[38]

Weitere Befunde sind häufig ein durch Dehydratation hervorgerufener erhöhter Hämatokrit- und Plasmaproteinwert sowie erhöhte Muskelenzymaktivitäten und erhöhter Phosphorspiegel im Plasma, die auf Muskelermüdung oder einer Schädigung des Muskels beruhen. Durch starke Chloridverluste kann es zu einer metabolischen Alkalose kommen, wobei zu berücksichtigen ist, daß bei hochgradig erschöpften Pferden eine partiell kompensierte respiratorische Azidose vorliegen kann. Eine Differenzierung des weißen Blutbildes ergibt das typische Streßsyndrom mit Neutrophilie, Lymphopenie und Eosinopenie.
Für die Behandlung eines erschöpften Pferdes sind etwa 40 bis 80 l Flüssigkeit notwendig. Zunächst sollten 10 bis 20 l isotonische Kochsalzlösung mit Zusatz von 10 ml einer 23%igen Kalziumboroglukonatlösung und 110 ml einer 50%igen Glukoselösung pro Liter infundiert werden. Sobald Harnabsatz beobachtet wird oder generell eine Besserung des Allgemeinbefindens eintritt, werden der Infusionslösung noch 20 mmol Kaliumchlorid/l zugesetzt. Zusätzlich zur intravenösen Infusion können per Nasenschlundsonde 10 l einer Nährlösung mit Elektrolytzusatz* verabreicht werden. Je nach Bedarf sollten alle drei bis vier Stunden nochmals 10 l einer solchen Lösung oral gegeben werden. Während der eigentlichen Behandlung sollte das Pferd so wenig wie möglich bewegt werden und danach für einige Wochen Boxenruhe erhalten. Dem Futter sind einige Tage lang zweimal täglich je 57 g einer Salzmischung zuzusetzen (siehe Seite 281).

Eine Überanstrengung des Pferdes steht zwar in engem Zusammenhang mit dem Auftreten eines Erschöpfungszustandes, sie tritt aber nach und nicht während der Belastung auf. Nach starker Belastung zeigen überanstrengte Pferde einige Tage lang ein auffallend ruhiges Verhalten bis hin zur Lethargie und einen schlechten Muskeltonus. Dabei stehen die Tiere oft mit hängendem Kopf da und zeigen wenig Interesse an Futter oder Tränke. Ein Kaliummangel ist häufig die hauptsächliche Ursache, obwohl auch andere Faktoren, u. a. ein Energiedefizit, eine Rolle spielen. Die Behandlung erfolgt mit der o. a. Salzmischung, die entweder gelöst per Nasenschlundsonde oder mit dem Futter verabreicht wird. Prophylaktische Maßnahmen bestehen in einer Verbesserung der Leistungskondition, Ruhigstellung sowie häufigerem Tränken und Gabe der erwähnten Salzmischung bei längerer oder häufiger starker Arbeitsbelastung des Pferdes.

Ernährungsbedingter sekundärer Hyperparathyreoidismus

Hyperparathyreoidismus kann in primärer und sekundärer Form oder als Pseudohyperparathyreoidismus auftreten. Unabhängig von seiner Ursache führt ein Hyperparathyreoidismus beim Pferd zu einer generalisierten Osteodystrophie. Ein primärer Hyperparathyreoidismus, der durch neoplastische Veränderungen der Nebenschilddrüse hervorgerufen wird, ist beim Pferd verhältnismäßig selten. Ein Pseudoparathyreoidismus entsteht durch die Sekretion von parathormonähnlichen Substanzen durch nicht in der Nebenschilddrüse lokalisierte Tumoren. Beide Formen verursachen im allgemeinen eine Hyperkalzämie. Im Gegensatz dazu ist der Kalziumspiegel im Plasma beim sekundären Hyperparathyreoidismus normal oder leicht erniedrigt. Ein sekundärer Hyperparathyreoidismus ist Ausdruck der Gegenregulation bei Hypokalzämie. Diese kann ernährungsbedingt sein oder bei anderen Tierarten als dem Pferd auch auf einem chronischen Nierenschaden beruhen. Bei den meisten Tierarten kommt es durch chronische Nierenerkrankungen zu einer Retention von Phosphor und Parathormon sowie zu einer verminderten Synthese der aktiven Form des Vitamin D. Der Kalziumspiegel bleibt normal und ist manchmal nur im Endstadium der Erkrankung erniedrigt. Im Unterschied zu anderen Tierarten führen chronische Nierenerkrankungen beim Pferd gewöhnlich zu einer verringerten Ausscheidung von Kalzium mit dem Harn und so zu einer Hyperkalzämie, wodurch die Sekretion von Parathormon gehemmt wird.
Für den ernährungsbedingten sekundären Hyperparathyreoidismus gibt es eine Reihe anderer Bezeichnungen, so z. B. „big-head" (wegen der bei einigen Pferden auftretenden Auftreibungen an den Knochen des Angesichtsschädels und am Unterkiefer), „Kleiekrankheit" (da einseitige Kleiefütterung die Erkrankung verursachen kann) und Osteodystrophia fibrosa (da das resorbierte Knochengewebe durch fibröses Bindegewebe ersetzt wird).

* Z. B. Elektrolytlösung ad us. vet.; A. Albrecht, 7960 Aulendorf

Ein ernährungsbedingter sekundärer Hyperparathyreoidismus tritt als Folge einer permanent zu kalziumarmen Fütterung auf. Dies gilt auch für Rationen, die kalziumbindende Substanzen enthalten und so die Absorptionsrate des Kalziums senken. Sehr häufig sind hohe Phosphor- und Oxalatgehalte im Futter für eine verminderte Kalziumabsorption und somit für die Entstehung eines ernährungsbedingten sekundären Hyperparathyreoidismus verantwortlich.[33,78,81,92,97]
Ist das Kalzium-Phosphor-Verhältnis im Futter bei wachsenden Pferden enger als 0,1:8 und bei adulten Pferden enger als 0,5:8, dann kann sich ein sekundärer Hyperparathyreoidismus entwickeln. Für alle Pferde ist ein Kalzium-Phosphor-Verhältnis im Futter von mehr als 1:1 zu empfehlen. Kleie enthält etwa 1,3 % Phosphor und 0,1 % Kalzium. Die Bedarfswerte für Kalzium liegen für adulte Pferde bei 0,3 und für Absatzfohlen bei 0,7 %.[61]
Bei Aufnahme großer Mengen von Kleie kommt es daher zu einem Kalziumdefizit. Zusätzlich ist das Kalzium-Phosphor-Verhältnis in Kleie relativ eng. Übermäßige Kleiefütterung führt daher zu sekundärem Hyperparathyreoidismus, weshalb die Erkrankung auch als „Kleiekrankheit" bezeichnet wird.
Einige Pflanzen enthalten große Mengen an Oxalaten, so z. B. *Sertaria sphacelata, Panicum, Paspalum spp., Sporobolus spp., Cenchrus ciliaris* (Büffelgras), *Halogeton*, (Fettbaum), Rüben, Ampfer und Rhabarberblätter. Diese Pflanzen enthalten zwischen 1 und 2 % Oxalate und weniger als 0,3 % Kalzium.[97] Untersuchungen an Ponys haben gezeigt, daß bei Zusatz von 1 % Oxalat zu einer Ration mit 0,45 % Kalzium eine verminderte Kalziumabsorption bei unveränderter Kalziumausscheidung mit dem Harn auftritt und es so zu einer negativen Kalziumbilanz kommt.[92] Eine vermehrte Aufnahme der o. a. Pflanzen über einen längeren Zeitraum führt also zu sekundärem Hyperparathyreoidismus. Zusätzlich treten durch Ablagerung unlöslicher Oxalatkristalle Nierenschädigungen auf.
Durch Aufnahme zu geringer Mengen an Kalzium oder übermäßige Aufnahme von Phosphor oder Oxalat kommt es zu einer verminderten Absorption von Kalzium und zu einer Erniedrigung des Plasmakalziumspiegels. Ein erniedrigter Plasmakalziumspiegel hemmt die Ausschüttung von Calcitonin und stimuliert die Ausschüttung von Parathormon, weshalb die Erkrankung als ernährungsbedingter sekundärer Hyperparathyreoidismus bezeichnet wird. Das Parathormon fördert die Mobilisation von Kalzium und Phosphor aus dem Knochen, die renale Reabsorption von Kalzium und die renale Exkretion von Phosphor. Calcitonin hemmt die Entmineralisierung des Knochens. Eine vermehrte Sekretion von Parathormon und eine verminderte Sekretion von Calcitonin dienen der Aufrechterhaltung eines normalen oder erhöhten Plasmakalziumspiegels und eines normalen oder erniedrigten Plasmaphosphorspiegels auf Kosten einer Knochendemineralisierung. Die mobilisierten Mineralstoffe werden im Knochen durch fibröses Bindegewebe ersetzt, wodurch letztendlich die Osteodystrophia fibrosa entsteht. Durch die Bildung fibrösen Bindegewebes kommt es an den jeweiligen Lokalisationen zu Umfangsvermehrungen des Knochens. Obwohl das gesamte Skelett betroffen ist, sind diese Erscheinungen beim wachsenden Pferd im Bereich der metaphysären Wachstumszonen besonders auffällig und werden häufig fälschlicherweise als Epiphysitis bezeichnet. Beim adulten Pferd imponieren die beschriebenen Erscheinungen besonders an den Knochen des Angesichtsschädels, was zu der Bezeichnung „big-head" (deutsch: „großer Kopf") geführt hat.

Noch vor dem Auftreten auffälliger Umfangsvermehrungen an den Metaphysen oder den Knochen des Angesichtsschädels können andere klinische Symptome und eine hochgradige Demineralisierung der Knochen auftreten. Dabei kommt es zu einer schleichenden wechselnden Lahmheit und zu einer allgemeinen Schmerzempfindlichkeit der Knochen und Gelenke. Röntgenologisch lassen sich eine verminderte Knochendichte und eine Sprenkelung der Knochen darstellen. Obwohl es sich um eine generalisierte Entmineralisierung handelt, lassen sich verschiedene Demineralisierungsgrade im Skelett nachweisen. Selten zeigen zwei Gliedmaßen den gleichen Entmineralisierungsgrad.[8] Lahmheiten können jedoch einige Monate vor Sichtbarwerden röntgenologischer Befunde auftreten.[48] Röntgenologische Befunde können erst dann erhoben werden, wenn ein Demineralisierungsgrad von 30 bis 60 % vorliegt.[48] Die Perkussion der Nasennebenhöhlen ergibt unter Umständen einen schachtelähnlichen Perkussionsschall. Später kommt es gewöhnlich zu Auftreibungen an den Knochen des Angesichtsschädels und des Unterkiefers. Dies kann dann zu einer Lockerung oder zum Ausfallen der Zähne führen. In fortgeschrittenen Fällen, besonders bei jungen Pferden, kann es zu einer Epiphysiolysis kommen.[48] Frakturen der langen Röhrenknochen und Kompressionsfrakturen der Wirbel können auftreten. Die Plasmawerte der alkalischen Phosphatase sind erhöht,[8] die Plasmawerte für Kalzium und Phosphor zeigen variable Schwankungen.[8,46,48] Die Diagnose stützt sich auf die in der Literatur beschriebene Rationsbewertung.[50]
Die Behandlung erfolgt durch eine Korrektur der Fütterung. Dabei werden der Anteil des Kalziums und der Anteil des Phosphors in der Ration den Bedarfsnormen für Absatzfohlen angepaßt (0,7 % Kalzium und 0,5 % Phosphor in der Gesamttrockensubstanz der Ration).[61] Wenn keine Frakturen vorliegen, verschwinden Lahmheiten innerhalb von vier bis sechs Wochen nach Korrektur der Fütterung. Häufig werden die Auftreibungen an den Schädelknochen jedoch nur geringgradig zurückgebildet.[48]

Imbalancen in der Versorgung mit Vitamin D

Vitamin D fördert nicht nur die intestinale Absorption von Kalzium und Phosphor, sondern wird auch für die parathormongesteuerte Mobilisierung von Kalzium aus den Knochen benötigt. Gemeinsam sorgen Vitamin D und das Parathormon für eine Aufrechterhaltung der normalen Plasmakonzentrationen von Kalzium und Phosphor, wie sie zur Ossifikation des enchondralen Knorpels notwendig sind. Sowohl durch Überschuß als auch durch Mangel an Vitamin D kommt es zu Veränderungen am Knochen.
Vitamin D_2 findet sich in Futtermitteln, die Sonnenbestrahlung ausgesetzt waren. Das 7-Dehydrocholesterol, das im Körper synthetisiert wird, wird in der Haut durch ultraviolettes Licht in das Provitamin D_3 umgewandelt. Diese Umwandlung findet auch bei bedecktem Himmel statt. Hinter einer Glasscheibe, die die ultravioletten Strahlen herausfiltert, ist diese Umwandlung jedoch nicht

möglich. Sowohl Provitamin D_3 als auch Vitamin D_2 werden in der Niere in die aktive Form umgewandelt und durch das Pferd verwertet. Ein Mangel an Vitamin D wird daher nicht auftreten, wenn das Pferd entweder Futter von Grünland oder Acker erhält oder sich drei bis vier Stunden täglich außerhalb des Stalles befindet. Pferde, die ausschließlich im Stall gehalten werden, sowie Tiere, die über zwei oder drei Monate keiner direkten Sonnenbestrahlung ausgesetzt sind, sollten zusätzlich zur täglichen Futterration 2500 bis 5000 I.E. Vitamin D erhalten. Nur in diesen Fällen ist unter Umständen eine zusätzliche Gabe von Vitamin D notwendig. Es muß hier betont werden, daß keine noch so hohe Vitamin-D-Gabe eine inadäquate Kalzium- und Phosphorversorgung oder ein falsches Kalzium-Phosphor-Verhältnis im Futter kompensieren kann. Unzureichende Kalzium- und Phosphorgehalte im Futter sind wesentlich häufiger als Imbalancen in der Versorgung mit Vitamin D und können ausschließlich über die bereits erwähnte Rationsbewertung[50] diagnostiziert werden.

Vitamin-D-Mangel

Ein Vitamin-D-Mangel ist durch eine unzureichende Kalzifikation der Knochen, Osteosklerose, Osteomalazie und Ostitis fibrosa charakterisiert.[20] Es wird eine äußerst stabile knorpelige Matrix gebildet, die nicht mineralisiert und schwer resorbierbar ist. An den Chondrozyten kommt es zu keiner Degeneration, und es bilden sich vermehrt große Knorpelzellen, die eine zunehmend schwerer resorbierbare Matrixsubstanz produzieren. Es entsteht eine sichtbare und palpierbare Verbreiterung der Metaphysen. In chronischen oder schweren Erkrankungsfällen stehen die betroffenen Tiere nur ungern auf, wobei ihnen das Stehen Schwierigkeiten bereitet und mit Schmerzen verbunden ist. Obwohl es durch die Erweichung und erhöhte Flexibilität der Knochen zu Verformungen an den Gliedmaßen kommen kann, ist das augenfälligste Symptom die starke Abmagerung der Tiere. Bei rechtzeitiger Behandlung sind alle auftretenden Symptome reversibel.

Die Erkrankung wird beim Pferd selten beobachtet. Untersuchungen an Ponys haben gezeigt, daß bei drei bis fünf Monate alten Tieren auch nach Abschirmung sämtlicher Sonneneinstrahlung über fünf Monate und keinerlei zusätzlicher Vitamin-D-Gabe über das Futter keine klinischen Symptome auftraten.[20] Es wurden jedoch eine reduzierte Futteraufnahme, eine verminderte Freßlust und eine herabgesetzte Wachstumsgeschwindigkeit sowie ein Rückgang des Rohaschegehaltes, der Kortikalisdicke und der Bruchfestigkeit der Knochen beobachtet. Im Vergleich zu zwei weiteren Gruppen von Ponys, die ebenfalls über fünf Monate keiner Sonnenbestrahlung ausgesetzt waren, aber täglich 1000 I.E. Vitamin D erhielten oder aber auf der Weide ohne Vitamin-D-Ergänzung gehalten wurden, ergaben sich bezüglich der Futterverwertung und der Plasmakonzentrationen von Kalzium, Phosphor und Magnesium keine Unterschiede. Die metaphysären Wachstumszonen waren jedoch bei den ausschließlich und ohne zusätzliche Vitamin-D-Gabe im Stall gehaltenen Ponys verändert und verbreitet sowie röntgenologisch schlecht darstellbar. Ferner erfolgte der Schluß der Wachstumsfugen später als bei den anderen Versuchsgruppen. Bezüglich dieser Parameter bestanden zwischen der Versuchsgruppe mit ausschließlicher Stallhaltung und Vitamin-D-Ergänzung und der Gruppe mit Weidehaltung ohne Vitamin-D-Ergänzung keine Unterschiede.

Vitamin-D-Toxizität

Eine toxische Wirkung des Vitamin D kann auftreten, wenn mehr als 25 000 bis 50 000 I.E. pro Tag über mehrere Monate mit dem Futter aufgenommen werden. Bei noch höheren Dosen kann es auch schon innerhalb eines kürzeren Zeitraumes zu einer solchen Intoxikation kommen.[93] Ponys, die mit dem Futter täglich 3300 I.E./kg Körpergewicht erhielten, starben innerhalb von vier Monaten.[41] Bei Pferden, denen über mehrere Monate täglich 200 000 I.E. mit dem Futter verabreicht wurden oder die über zwei Monate zweimal wöchentlich eine Injektion mit jeweils vier Millionen I.E. Vitamin D erhielten, traten Symptome einer schweren Intoxikation mit Vitamin D auf.[59] Zu toxischen Wirkungen kann es auch durch Aufnahme von *Cestrum diurnum* (Jasmin),[49] *Solanum malacoxylon* oder *Trisetum flavescens* (Goldhafer)[65] kommen. *Cestrum diurnum* ist eine Zierpflanze mit Vorkommen in den subtropischen Regionen von Texas, Kalifornien und Florida. *Trisetum flavescens* findet sich häufig in England und Wales, besonders auf Kalkböden. Er gedeiht auch unter schlechten Bedingungen auf nährstoffarmen Böden und ist relativ schmackhaft. Die erwähnten Pflanzen enthalten eine der aktiven Form des Vitamin D ähnliche Substanz.

Ein Überschuß an Vitamin D führt über die Erhöhung der Absorptionsrate des Kalziums im Darm zu einer Hyperkalzämie, die ihrerseits eine normale Aktivität der Osteoklasten hemmt.[11] Durch die Hyperkalzämie kommt es zu einer verminderten Sekretion von Parathormon und zu einem erhöhten Calcitoninausstoß, was in Zusammenwirkung mit der gehemmten Osteoklastenaktivität zu einer verminderten Resorption von Knochengewebe führt. Letztendlich entwickelt sich eine Osteopetrosis und eine Hypophosphatämie. Hohe Dosen an Vitamin D hemmen die Aktivität der Osteozyten und haben eine Nekrose des Knochengewebes zur Folge. Diese Osteonekrose und die toxische Wirkung des Vitamin D induzieren eine Atrophie der Osteoblasten. Die Folge sind Osteopenie und Osteoklasie.[11] Durch die Hemmung der Knorpelreifung und die zum Stillstand gekommene Zellproliferation im Gelenkknorpel und den metaphysären Wachstumszonen kommt es zu einer Wachstumsdepression. Gleichzeitig kann das Bindegewebe metastatisch verkalken.

Die klinischen Symptome einer Vitamin-D-Intoxikation beim Pferd sind eine chronische Schwäche mit reduzierter Futteraufnahme, vermindertem Wachstum oder Gewichtsverlust, Polyurie, Polydipsie, Exostosen, allgemeiner Steifheit, Schmerzen und Bewegungsunlust. Die letztgenannten drei Symptome sind während der ersten Schritte besonders deutlich. Sehnen und Haltebänder zeigen bei der Palpation häufig eine erhöhte Empfindlichkeit.[49,59] Die Diagnose stützt sich auf den Nachweis einer übermäßigen Vitamin-D-Aufnahme oder -verabreichung, auf das klinische Bild und auf das Vorliegen einer Hyperkalzämie. Die Behandlung besteht in einer Verhinderung zusätzlicher Vitamin-D-Gaben.

Imbalancen in der Versorgung mit Vitamin A

Vitamin A ist das einzige Vitamin, das in den bei Pferden üblichen Futterrationen nicht in ausreichender Menge vorhanden sein kann. Die Vorstufe des Vitamin A, das β-Karotin, ist in allen Grünfuttermitteln in Mengen vorhanden, die den Bedarf des Pferdes weit übersteigen. Der Gehalt an β-Karotin fällt jedoch mit zunehmendem Alter des Futtermittels und je nach Lagerung ab. Eine grobe Schätzung des Gehaltes an β-Karotin kann bei Grünfuttermitteln anhand des Grades der Grünfärbung erfolgen. Außer bei braun oder gelb gefärbten Grünfuttermitteln ist stets ein bedarfsdeckender Gehalt an β-Karotin vorhanden. Außerdem ist die Leber in der Lage, Vitamin A in Mengen zu speichern, die eine Versorgung des Pferdes über drei bis sechs Monate sichern. Bei Fütterung frischen Grünfutters über vier bis sechs Wochen ist daher der Bedarf des Pferdes an Vitamin A für drei bis sechs Monate gedeckt.[61]

Sowohl ein Vitamin-A-Mangel als auch eine Überversorgung mit Vitamin A können die gleichen klinischen Symptome hervorrufen. Ponys im Alter von vier bis neun Monaten, die mit dem Futter täglich weniger als 22 I.E. oder mehr als 4000 I.E. Vitamin A/kg Körpergewicht erhielten, zeigten eine um 20 bis 30 % geringere Gewichtszunahme, ein um 43 % geringeres Größenwachstum, ein stumpferes Haarkleid, einen geringeren Hämatokrit-Wert, eine geringere Anzahl von Erythrozyten und geringere Plasmaalbuminwerte als Ponys, die täglich 40 I.E. Vitamin A/kg Körpergewicht erhielten.[15] Ein noch größeres Vitamin-A-Defizit kann die Resistenz des Tieres gegenüber infektiösen Erkrankungen, wie z. B. Pneumonien, Diarrhoe und Endometritiden, herabsetzen. Übermäßiger Tränenfluß, Nachtblindheit und Photophobie sind Hinweise für einen Vitamin-A-Mangel. Das Haarkleid wird rauh, trocken, stumpf und brüchig. Durch einen verzögerten Haarwechsel erscheint es zudem lang und struppig. Zusätzlich sind ein nur schwacher Muskeltonus, Lethargie und Ataxie zu beobachten. Das Tier liegt fest, wobei es im weiteren Verlauf in die Seitenlage kommt, auf keine äußeren Reize mehr reagiert und schließlich verendet.[15] Über einen Vitamin-A-Mangel als Ursache von klinisch manifesten Veränderungen am Skelett des Pferdes ist bislang nichts bekannt.[39] Bei anderen Tierarten wurde jedoch gezeigt, daß ein hochgradiger Vitamin-A-Mangel das enchondrale Knochenwachstum hemmt und es so zu einer abnormen Ausformung des Knochens kommt. Die Absorption im Bereich des periostalen Knochengewebes ist zwar normal, die Absorption in den endostalen Bereichen wird jedoch gehemmt, wodurch eine verkleinerte Knochenmarkhöhle entsteht. Durch eine mangelhafte Erweiterung der angelegten Foramina ist zuwenig Platz für die Aufnahme der Rückenmarks- und Kopfnerven vorhanden. Durch Kompression des Rückenmarks kann es dann zu einer Ataxie oder Paralyse im Bereich der Nachhand kommen, bei Beteiligung der Kopfnerven auch zu Blindheit und Taubheit.

Vitamin-A-Imbalancen lassen sich durch Berechnung der Vitamin-A-Aufnahme oder Bestimmung des Vitamin-A-Plasmaspiegels verifizieren. Beim Pferd ist der Rückschluß auf einen Vitamin-A-Mangel oder eine Intoxikation mit Vitamin A anhand des Plasmaspiegels sehr viel besser möglich als anhand der Konzentrationen von Vitamin A in Leber und Niere.[15] Bei einem Plasmaspiegel von weniger als 20 μg/dl sollte bereits von einem Vitamin-A-Mangel ausgegangen werden, obwohl klinische Symptome erst bei Plasmawerten von weniger als 10 bis 15 μg/dl auftreten.[15] Pferde mit einem Plasmaspiegel von mehr als 60 μg/dl erhalten möglicherweise übermäßige Mengen an Vitamin A zur Förderung des Wachstums, die klinischen Symptome einer Intoxikation mit Vitamin A treten meistens erst ab Plasmakonzentrationen von 100 μg/dl auf.[15]

Bei Verfütterung von Grünfutter minderwertiger Qualität über mehrere Monate sollten wachsende, tragende oder laktierende Pferde täglich 66 bis 200 I.E. Vitamin A/kg Körpergewicht als Futterzusatz erhalten. Alle anderen Pferde bekommen die Hälfte der angegebenen Mengen an Vitamin A.[15] Die erwähnten Dosierungen gelten als optimal in bezug auf die angestrebten maximalen Werte für die Wachstumsgeschwindigkeit, den Hämatokritwert und die Serumwerte für Eisen und Albumin.[15]

Anstatt über das Futter kann Vitamin A auch als wäßrige Emulsion intramuskulär oder subkutan verabreicht werden. Die Dosierung beträgt 1360 I.E./kg Körpergewicht. Die Applikation braucht nicht vor Ablauf von drei Monaten wiederholt zu werden, da die Speicherkapazität der Leber durch die angegebene Dosis vollständig ausgelastet wird. Bei parenteraler Gabe der vierfachen Dosis oder einer täglichen Aufnahme von mehr als 4000 I.E./kg Körpergewicht über das Futter kommt es durch Intoxikation zu einer Wachstumsdepression und anderen klinischen Symptomen.

Selenvergiftung

Es werden drei Formen der Selenvergiftung unterschieden:
1. akute Vergiftung infolge Verabreichung von Selen in zu hohen Dosen,
2. subakute Vergiftung („blind staggers") und
3. chronische Vergiftung („Alkali- oder Bobtail-Krankheit").

Im Gegensatz zum Selenmangel, der meist bei Fohlen auftritt, wird die Selenvergiftung gewöhnlich bei adulten Pferden beobachtet.

Ursachen für die akute Selenvergiftung sind die Aufnahme von mehr als 500 bis 1000 ppm in der Futtertrockensubstanz oder von 2 bis 11 mg Selen/kg Körpergewicht sowie eine parenterale Verabreichung von mehr als 0,8 bis 2 mg Selen/kg Körpergewicht. Bei einer akuten Selenvergiftung treten anfangs Unruhe und ängstliches Verhalten, später Apathie, Anorexie, Diarrhoe, Fieber, generalisierte Muskelschwäche mit Ataxie, Zittern und Parese sowie Atembeschwerden auf. Im Zusammenhang mit der erschwerten Atmung kann sich ein Lungenödem entwickeln, so daß es letztendlich zu Zyanose, Koma und zum Tod des Tieres kommt. Die Tiere verenden innerhalb weniger Stunden bis zu einigen Tagen nach übermäßiger Selenaufnahme. Eine Behandlung der akuten Selenvergiftung ist nicht möglich. Die Sektion ergibt:
1. Lungenödem,
2. Gastroenteritis,
3. Degeneration der Skelettmuskulatur,
4. Leberdegeneration und -nekrose,
5. Herzdilatation,
6. Nierenblutungen und
7. Transsudate in den Körperhöhlen und im Herzbeutel.

Viele der klinischen Symptome und der pathologischen Veränderungen erinnern an das Bild des Selenmangels. Bei akuter Selenvergiftung tritt jedoch keine Degeneration der Skelettmuskulatur auf, und die Leber zeigt hauptsächlich eine Degeneration des Parenchyms mit herdförmig degenerierten Hepatozyten und keine massiven, ganze Läppchen erfassenden Nekrosen, wie sie bei einem Selenmangel auftreten. Bei allen Herbivoren kommt eine durch Aufnahme von mehr als 5 ppm in der Trockensubstanz hervorgerufene subakute und chronische Selenvergiftung vor. Besonders in den Rocky Mountains und den Great Plains (Abb. 5.1.) gibt es Regionen, in denen die Selenkonzentrationen im Boden so hoch sind, daß es bei Aufnahme von auf diesen Böden gewachsenen Pflanzen zu Vergiftungserscheinungen kommt.

Potentiell gefährlich sind alle Böden mit einem Selengehalt von mehr als 0,5 ppm. In den genannten Gegenden gibt es Böden, die bis zu 50 ppm Selen enthalten. Die ersten Siedler dieser Regionen nannten die chronische Selenvergiftung Alkali-Krankheit. Sie hatten beobachtet, daß die Krankheitserscheinungen bei Tieren auftraten, die Flächen mit alkalischen Böden beweideten, wobei sie als Ursache den hohen Salzgehalt im Wasser dieser halbtrockenen Gegenden vermuteten. Selenvergiftungen kommen deshalb häufiger in Gegenden mit alkalischen Böden vor, weil Pflanzen mit steigendem Boden-pH mehr Selen aufnehmen.

Bei Aufnahme von Pflanzen, die Selen aus dem Boden akkumulieren, kommt es zu einer subakuten Selenvergiftung („blind staggers"). Es werden zwei Gruppen von Pflanzen unterschieden:
1. obligate Selenakkumulierer oder Indikatorpflanzen,
2. fakultative oder sekundäre Selenakkumulierer.

Indikatorpflanzen akkumulieren bis zu hundertmal mehr Selen als die sie umgebenden Pflanzen. Sogar auf Böden mit mäßigem Selengehalt können sie bis zu 10 000 ppm Selen enthalten. Diese Pflanzen benötigen Selen für ihr Wachstum und werden daher obligate Selenakkumulierer genannt. Aufgrund ihres Selenbedarfes gedeihen sie nur auf relativ selenreichen Böden, die für viele andere Pflanzen als Standorte ungeeignet sind, weshalb sie als Indikatorpflanzen bezeichnet werden. Zu diesen Pflanzen gehören bestimmte Arten von *Astragalus* (Tragant), einige Asternarten (z. B. *Aster xylorrhiza*), *Oonpsis* und *Stanleya* (Wüstenfeder oder Prinzeßfeder). Der höchste Selengehalt wird während des Wachstums erreicht. Bei hohem Selengehalt haben diese Pflanzen einen knoblauchähnlichen Geruch, der durch Aneinanderreiben ihrer Blätter noch verstärkt werden kann. Sie sind wenig schmackhaft und werden daher von den meisten Tieren nicht gefressen, wenn anderes Grünfutter in ausreichenden Mengen zur Verfügung steht. Diese Pflanzen sind daher nur selten Ursache einer Selenvergiftung. Wie viele Giftpflanzen sind sie allerdings im Frühjahr die ersten Grünpflanzen und werden so von Grünfutter suchenden Tieren unter Umständen aufgenommen.

Fakultative oder sekundäre Selenakkumulierer benötigen keine selenreichen Böden für ihr Wachstum, können aber im Zweifelsfall bis zu zehnmal mehr Selen als die sie umgebenden Pflanzen speichern. Diese Pflanzen können von 25 bis zu mehreren 100 ppm Selen in der Trockensubstanz enthalten. Zu dieser Gruppe von Pflanzen gehören Astern oder *Machaeranthera, Atriplex, Agropyron, Sideranthus, Gutierrezia sarothral, Grindelia squarrosa, Castilleja* und *Comandra*. Einige Pflanzen sind als Grünfutter gut geeignet, wenn sie auf selenarmen Böden wachsen. Sie sind aber häufiger für eine Selenvergiftung verantwortlich, weniger dagegen nichtakkumulierende oder passiv akkumulierende Pflanzen. Zu den nichtakkumulierenden Pflanzen gehören die meisten Anbaupflanzen, Ackergrünpflanzen und Getreide sowie natürlich vorkommende Gräser. Auf selenreichen Böden wachsend, enthalten sie zwischen 1 und 30 ppm Selen in der Trockensubstanz.

Eine subakute Selenvergiftung wird durch Aufnahme von mehr als 2 mg Selen/kg Körpergewicht verursacht. Die kleinste letal wirkende Dosis ist beim Pferd 3,3 mg/kg Körpergewicht, beim Rind 10 mg/kg Körpergewicht und beim Schwein 17 mg/kg Körpergewicht.[25] Diese Dosen werden oftmals schon durch einmalige Aufnahme von Indikatorpflanzen erreicht. Es kann aber auch eine Aufnahme über mehrere Tage oder Wochen erfolgen. Häufig ähneln die klinischen Symptome denen der akuten Selenvergiftung. In anderen Fällen ist die Sehfähigkeit gestört, und die Tiere laufen ziellos umher, oftmals im Kreis. Dabei stolpern sie häufig und zeigen Anzeichen einer Ataxie, weshalb auch die Bezeichnung „blind staggers" üblich ist. Es treten Anorexie, Diarrhoe mit dunklem, wäßrigem Kot und abstruse Appetitanwandlungen (Pica) auf. Im weiteren Verlauf werden eines oder mehrere der folgenden Symptome beobachtet:
1. Blindheit, häufig einhergehend mit entzündlich verschwollenen Lidern und einer wolkigen Trübung der Kornea,
2. Dyspnoe, gelegentlich auch aus den Nüstern austretender blutiger Schaum,
3. Schluckunfähigkeit,
4. starkes Speicheln und starker Tränenfluß,
5. Zähneknirschen,
6. Kolik,
7. Festliegen und
8. Tod durch Ersticken.

Die Zeit zwischen dem Auftreten erster Symptome und dem Verenden kann einige Stunden bis mehrere Tage betragen. Die Sektionsbefunde sind mit den bei akuter Selenvergiftung erhobenen identisch.

Eine chronische Selenvergiftung tritt ein, wenn mehr als 5 bis 10 ppm in der Futtertrockensubstanz oder mehr als 0,001 ppm Selen im Wasser enthalten sind, wodurch sich eine Aufnahme von 0,5 bis 2 mg Selen/kg Körpergewicht ergibt. Folgeerscheinungen sind Anorexie und ein permanenter Rückgang der Leistungsfähigkeit des Tieres. Im weiteren Verlauf kommt es zu fortschreitender Schwäche und starker Abmagerung. Einige weitere Vergiftungssymptome kommen dadurch zustande, daß das Schwefelatom der schwefelhaltigen Aminosäuren, die Bausteine der Körpereiweiße sind, gegen Selen ausgetauscht wird. Ein hoher Anteil an schwefelhaltigen Aminosäuren findet sich im Keratin, das im Hornschuh des Hufes und in den Haaren enthalten ist. Das Haarkleid wird rauh, glanzlos und brüchig, und häufig fällt das Langhaar im Bereich der Mähne und der Schweifrübe aus, was zu der Bezeichnung „Bobtail-Krankheit" Anlaß gab. Es tritt eine Schwellung im Bereich der Krone auf, und am Hornschuh bilden sich querverlaufende Ringe, die aber stärker als am Rehehuf hervortreten. Im Bereich der Ringe kann es zu Zusammenhangstrennungen kommen, und die Pferde schuhen in einigen Fällen aus. Der Zusammenhang zwischen Hornkapsel und Lederhaut bleibt jedoch meist erhalten. Durch die Schmerzhaftigkeit der betroffenen Bezirke kommt es zu einer geringeren Abnutzung, und es entsteht ein spitzer, dorsal konkav geformter Huf. Die betroffenen Pferde zeigen einen steifen Gang und Schmerzreaktionen, gefolgt von deutlicher Lahmheit (siehe Seite 541 bis 543). An den Gelenken, besonders am Sprunggelenk, treten Erosionen auf. Es kann zu einer massiven metastatischen Verkalkung des Bindegewebes kommen. Der Kalziumgehalt im Herzmuskel kann einige hundert Mal höher sein als normal. Die Blutzirkulation in den Gliedmaßen ist herabgesetzt, so daß bei kalter Witterung an den Gliedmaßen vermehrt Erfrierungserscheinungen auftreten können. Obwohl nur begrenzte Mengen von Selen durch die Plazentaschranke treten, kann die Aufnahme sehr hoher Selenmengen während der Trächtigkeit beim Fohlen zu Mißbildungen der Hufe führen.[55,84]

Bei Tieren mit den beschriebenen klinischen Symptomen kann mit großer Wahrscheinlichkeit auf eine Selenvergiftung geschlossen werden, wenn folgende Selenkonzentrationen im Futter bzw. im Körper überschritten werden: 5 ppm in der Futtertrockensubstanz; 0,001 ppm im Trinkwasser; 0,3 ppm im Blut, Plasma oder Serum; 5 bis 20 ppm in Haaren oder Hufhorn; 2 bis 3 ppm in der frischen Leber- oder Nierensubstanz. Differentialdiagnostisch muß die Selenvergiftung von der Hufrehe, von Erfrierungen an den Gliedmaßen, von der Mutterkornvergiftung und von einer Fluorose abgegrenzt werden.

Sowohl bei der subakuten als auch bei der chronischen Selenvergiftung können folgende therapeutische und prophylaktische Maßnahmen ergriffen werden:
1. Gabe eines Salzes, das 40 ppm Arsen enthält,
2. Verwendung einer Tränke mit 5 ppm anorganischem Arsen oder
3. Fütterung einer Ration mit 50 bis 100 ppm Arsensäure.

Arsen erhöht bei Ratten die biliäre Exkretion von Selen und wurde bei bestandsweisen Selenvergiftungen mit Erfolg eingesetzt.[3] Die Arsenaufnahme sollte genau kontrolliert werden, da Überdosen toxisch sind. Zusätzlich kann bei adulten Pferden eine orale Therapie mit 4 bis 5 g Naphthalin über fünf Tage erfolgen. Nach einer Behandlungspause von fünf Tagen wird nochmals über fünf weitere Tage Naphthalin wie beschrieben oral gegeben.[3] Eine frühzeitige Behandlung mit Prostigmin* kann insofern von Nutzen sein, als die aufgenommenen selenhaltigen Pflanzen schneller aus dem Darm entfernt werden. Im Erkrankungsfall ist das selenhaltige Futter zu entfernen und durch selenarme Getreidekörner zu ersetzen. Die Ration sollte viel Protein enthalten (20 % Rohprotein). Bei Weidegang auf Flächen mit einem selenreichen Pflanzenbestand dient die Beifütterung mit selenarmen Futtermitteln der Prophylaxe. Günstig sind auch proteinreiche Rationen. Bezüglich der Behandlung der am Huf auftretenden Veränderungen wird auf Seite 543 verwiesen.

Fluorose

Der Bedarf an Fluoriden ist extrem niedrig, und es treten daher keine Mangelerscheinungen auf. Beim Menschen wird die Häufigkeit von Karies durch Zusatz von 1 bis 2 ppm Fluorid zum Trinkwasser um etwa 60 % reduziert, besonders bei Kindern. Der Grund dafür ist die Ablagerung von Fluorid in den Knochen und Zähnen, wodurch es zu einer Steigerung des Kristallisations- und Härtegrades sowie einer verminderten Löslichkeit und so zur Verhinderung einer Osteolyse kommt. Mehr als 2,5 ppm Fluorid im Trinkwasser führen jedoch während der Zahnentwicklung zu fleckigem Zahnschmelz. Unterhalb 8 ppm werden aber keine weiteren Veränderungen beobachtet. Während des Wachstums und der Laktation sind Gehalte von mehr als 30 ppm Fluorid in der Futtertrockensubstanz toxisch. Im Erhaltungsbedarf sind mehr als 50 ppm in der Futtertrockensubstanz ebenfalls als toxische Grenzwerte anzusehen. Bei einem Gehalt von weniger als 200 ppm treten beim adulten Pferd Schäden jedoch möglicherweise erst nach mehreren Jahren auf. Das aufgenommene Fluorid akkumuliert in Knochen und Zähnen über die gesamte Lebensdauer des Tieres und ist deshalb ein kumulatives Gift.

Die häufigsten Fluoridquellen sind phosphathaltiges Felsgestein, phosphathaltiger Kalkstein oder nicht entfluorisierte Phosphatdünger. Vor Entfernung des Fluorides enthalten solche Mineralstoffquellen zwischen 2 und 5 % Fluorid. Der Fluoridgehalt der Ration wird somit pro 1 % Zugabe eines der genannten Mineralien um 200 bis 500 ppm erhöht. Grünfutter, Boden und Wasser können ferner durch Emissionen aus der verarbeitenden Industrie, Stahlwerken oder Bergwerken, die fluoridhaltiges Gestein fördern (z. B. das Aluminiumerz Kryalit, Kalziumfluorid oder phosphathaltiges Felsgestein), kontaminiert sein. In den entsprechenden Gebieten ist kontaminiertes Grünfutter die häufigste Ursache der Fluorose. Auf fluoridreichen Böden wachsende Grünfutterpflanzen enthalten im Gegensatz zum Getreide hohe Mengen an Fluorid. Wasser aus tiefen Brunnen, die bis in unterirdische fluoridhaltige Gesteinsformationen reichen, kann ebenfalls hohe Mengen an Fluorid enthalten.

Die Fluorose ist fast ausschließlich durch Veränderungen an Knochen und Zähnen charakterisiert. Die Erkrankung ist schleichend und kann mit jeder anderen chronisch schwächenden Krankheit verwechselt werden. Die ersten Anzeichen einer Fluorose finden sich in der Regel an den Zähnen. Während der Mineralisierungsphase bekommt der Zahnschmelz ein gesprenkeltes Aussehen. Die betroffenen Zähne sind häufig kalkweiß und haben gelblichbraune bis schwarze nicht abkratzbare Flecken. In schweren Fällen kommt es an den Zähnen zu einer vermehrten Abnutzung und zu erosiven Veränderungen, die so tiefgreifend sein können, daß Nervenendigungen freiliegen. Infolge dieser Veränderungen können die Futteraufnahme und die Aufnahme kalten Wassers dem Tier große Schmerzen verursachen. Die Futter- und Wasseraufnahme gehen zurück, und es kommt zu einer Wachstumsdepression und zu Gewichtsverlusten. Es stellen sich eine periostale Hyperostose, Vergrößerungen, Rauhigkeiten und eine Verdickung der Knochen ein. Diese Erscheinungen zeigen sich häufig zuerst an den medialen Flächen des proximalen Drittels der Metatarsalknochen. Im weiteren Verlauf werden auch Veränderungen am Unterkiefer, an den Metakarpalknochen und den Rippen sichtbar. Diese Veränderungen führen an den Gelenken zu Auftreibungen und Stegbildung mit nachfolgender Steifheit und Lahmheit. Röntgenologisch lassen sich Verdickungen und eine höhere Knochendichte nachweisen. Die Farbe der Knochen verändert sich von elfenbeinfarben nach kalkweiß.

---

* Z. B. Neostigmin®; Christophorus-Apotheke E. Huskamp, Wiesbadener Straße 16, 6270 Idstein

Die betroffenen Tiere befinden sich meist noch im Wachstum, es können aber auch der Fetus oder adulte Tiere erkranken. Fluorid wird durch die Plazentaschranke transportiert.[91] Eine übermäßige Fluoridaufnahme während der Trächtigkeit kann daher beim Fetus zur Bildung fleckiger Milchzähne und zu einem geringeren Geburtsgewicht führen.[37,67] Der Effekt auf den Fluoridgehalt in der Milch ist jedoch nur minimal, so daß das Saugfohlen nicht gefährdet ist.[37]

Die Diagnose stützt sich auf das klinische Bild und auf die bereits angesprochenen Grenzwerte für Fluorid im Futter und Wasser sowie auf Gehalte von mehr als 1300 ppm Fluorid in Rippen und Schwanzwirbeln (die Normalwerte liegen unter 1200 ppm). Der Fluoridgehalt in den Rippen und Schwanzwirbeln ist etwa eineinhalb- bis zweimal so hoch wie der Fluoridgehalt in anderen Teilen des Skelettes.[37] In einigen Fällen erfolgt auch eine Fluoridbestimmung im Harn, die Werte spiegeln jedoch nur die momentane und nicht die vorherige Fluoridaufnahme wider. Die Normalwerte für Fluorid im Harn liegen zwischen 2 und 6 ppm. Die Fluoridgehalte in der Milch und im Bindegewebe werden durch die Fluoridaufnahme über die Nahrung nur geringgradig beeinflußt.[37]

Die Auswirkungen der Fluorose sind irreversibel. Es gibt ferner keine Substanzen, die die toxischen Wirkungen der Fluoride völlig aufheben. Jedoch haben Aluminiumsulfat, Aluminiumchlorid, Kalziumaluminat, Kalziumkarbonat oder Kalkstein sowie entfluorisiertes Phosphat eine günstige Wirkung. Eines dieser Salze kann in Mengen von 2 bis 4 % der Futterration zugesetzt oder zu gleichen Teilen mit Mineralfutter vermischt ad libitum gegeben werden. Den toxischen Wirkungen der Fluoride kann in begrenztem Ausmaß auch durch Gabe von Grünfutter und einer ad-libitum-Fütterung von Getreide entgegengewirkt werden.

Ausgewählte Literatur

1. ALLEN, L. H., ODDOYE, E. A., and MARGEN, S.: Protein-induced hypercalciuria: A longer term study. Am. J. Clin. Nutr., **32:** 741, 1979.
2. ATINMO, T., et al.: The effect of dietary protein restriction on serum thyroxine levels of pregnant and growing swine. J. Nutr., **108:** 1456, 1978.
3. BUCK, W. B., OSWEILER, G. D., and VAN GELDER, G. A.: Clinical and Diagnostic Veterinary Toxicology. Dubuque, Iowa, Kendall-Hunt, 1976, p. 345.
4. BAKER, H. J., and LINDSEY, J. R.: Equine goiter due to excess dietary iodine. J. Am. Vet. Med. Assoc., **153:** 1618, 1968.
5. BERGSTEIN, G., HOLMBACK, R., and LINDBERG, P.: Blood selenium in naturally fed horses and the effect of selenium administration. Acta Vet. Scand., **11:** 571, 1970.
6. BLOOD, D. C., HENDERSON, J. A., and RADOSTITS, O. M.: Veterinary Medicine, 5th Ed., Philadelphia, W. B. Saunders Co., 1979, p. 891.
7. BRINK, M. F., et al.: Zinc toxicity in the weanling pig. J. Anim. Sci., **18:** 836, 1959.
8. BROOK, D.: Osteoporosis in a six year old pony. Equine Vet. J., **7:** 46, 1975.
9. CARBERRY, J. T.: Osteodysgenesis in a foal associated with copper deficiency. NZ Vet. J., **26:** 279, 1978.
10. CARLSON, G. P., and MANSMANN, R. A.: Serum electrolyte and plasma protein alterations in horses used in endurance rides. J. Am. Vet. Med. Assoc., **165:** 262, 1974.
11. CHINEME, C. N., KROOK, L., and POND, W. G.: Bone pathology in hypervitaminosis D, an experimental study in young pigs. Cornell Vet., **66:** 387, 1976.
12. COFFMAN, J. R.: Bone and muscle defects in foals. Mod. Vet. Pract., **54** (no. 13): 53, 1973.
13. CYMBALUK, N. F., SCHRYVER, H. F., and HINTZ, H. F.: Copper metabolism and requirement in mature ponies. J. Nutr., **111:** 87, 1981.
14. CYMBALUK, N. F., et al.: Influence of dietary molybdenum on copper metabolism in ponies. J. Nutr., **111:** 96, 1981.
15. DONOGHUE, S., et al.: Vitamin A nutrition of the equine: Growth, serum biochemistry and hematology. J. Nutr. **111:** 365, 1981.
16. DREW, B., BARBER, W. P., and WILLIAMS, D. G.: The effect of excess dietary iodine on pregnant mares and foals. Vet. Rec., **97:** 93, 1975.
17. DRISCOLL, J., HINTZ, H. F., and SCHRYVER, H. F.: Goiter in foals caused by excessive iodine. J. Am. Vet. Med. Assoc., **173:** 838, 1978.
18. DUNN, T. G.: Relationships of nutrition to reproductive performance and economics of beef production. Proc. Ann. Meet. of Society for Theriogenology, Cheyenne, Wyoming, Sept. 1, 1975.
19. EGAN, D. A., and MURRIN, M. P.: Copper-responsive osteodysgenesis in a Thoroughbred foal. Irish Vet. J., **27:** 61, 1973.
20. EL SHORAFA, W. M., et al.: Effect of vitamin D and sunlight on growth and bone development of young horses. J. Anim. Sci., **48:** 882, 1979.
21. Nicht aufgeführt.
22. FALLON, E. H.: Proc. Cornell Equine Nutrition Conference, Syracuse, NY, 1971, p. 19.
23. Nicht aufgeführt.
24. FROST, H. M.: Orthopaedic Biomechanics. Springfield, Charles C. Thomas Publishers, 1973.
25. GARNER, R. J.: Veterinary Toxicology. 2nd Ed., Baltimore, Williams & Wilkins Co., 1964.
26. GAY, C. C., et al.: Hyperlipaemia in ponies. Aust. Vet. J., **54:** 459, 1978.
27. GINTHER, D. J.: Occurrence of anestrus, estrus, diestrus, and ovulation over a 12-month period in mares. Am. J. Vet. Res., **35:** 1173, 1974.
28. GRONDALEN, T.: Osteochondrosis and arthrosis in pigs. III. A comparison of the incidence in young animals of the Norwegian Landrace and Yorkshire breeds. Acta Vet. Scand., **15:** 43, 1973.
29. GRONDALEN, T., and GRONDALEN, J.: Osteochondrosis and arthrosis in pigs. IV. Effect of overloading of the distal epiphyseal plate of the ulna. Acta Vet. Scand. **15:** 53, 1974.
30. GRONDALEN, T., and VANGEN, O.: Osteochondrosis and arthrosis in pigs. V. A comparison of the incidence in three different lines of Norwegian Landrace breed. Acta Vet. Scand., **15:** 61, 1974.
31. GRAHAM, R., SAMPSON, J., and HESTER, H. R.: Results of feeding zinc to pregnant mares and to mares nursing foals. J. Am. Vet. Med. Assoc., **97:** 41, 1940.
32. GUNSON, D. E., et al.: Environmental zinc and cadmium pollution associated with generalized osteochondrosis, osteoporosis, and nephrocalcinosis in horses. J. Am. Vet. Med. Assoc., **180:** 295, 1982.
33. HARMON, B. G.: Bioavailability of phosphorus in feed ingredients for swine. Feedstuffs, June 20, 1977, p. 16.
34. HARRINGTON, D. D., WALSH, J., and WHITE, V.: Clinical and pathological findings in horses fed zinc deficient diets. Proc. 3rd Equine Nutrition and Physiology Symposium 1973, p. 51.
35. HEDHAMMAR, A., et al.: Overnutrition and skeletal disease. An experimental study in growing Great Dane dogs. Cornell Vet., **64** (Suppl. 5): 1, 1974.
36. HENNECKE, D. R., POTTER, G. D., and KREIDER, J. L.: Nutrition and rebreeding. Equine Vet. Data, May 15, 1981, pp. 117–118.

37. HILLMAN, D., BOLENBAUGH, D., and CONVEY, E. M.: Fluorosis from phosphate mineral supplements in Michigan dairy cattle. Res. Report 365, Agr. Exp. Sta., Michigan State University, 1978.
38. HINTON, M. H.: The biochemical and clinical aspects of exhaustion in the horse. Vet. Annual, 18: 169, 1978.
39. HINTZ, H. F., and SCHRYVER, H. F.: Nutrition and bone development in horses. J. Am. Vet. Med. Assoc., 168: 36, 1976.
40. HINTZ, H. F., SCHRYVER, H. F., and LOWE, J. E.: Delayed growth and limb conformation in horses. Proc. Cornell Equine Nutrition Conference, Syracuse, NY, 1976, p. 94.
41. HINTZ, H. F., et al.: Effect of vitamin D on calcium and phosphorus metabolism in ponies. J. Anim. Sci., 37: 282, 1973.
42. HUNT, F. B.: Genetic defects of bones and joints in domestic animals. Cornell Vet., 58: 104, 1968.
43. HUPKA, E.: Über Flugstaubvergiftungen in der Umgebung von Metallhütten. Wien. Tierärztl. Monatsschr., 42: 763, 1955.
44. JORDON, R. M., et al.: A note on calcium and phosphorus levels fed ponies during growth and reproduction. Proc. 3rd Equine Nutrition Symposium, 1973, p. 55.
45. KASSTROM, H.: Nutrition, weight gain and development of hip dysplasia. An experimental investigation in growing dogs with special reference to effect of feeding intensity. Acta Radiol. 334 (Suppl.): 135, 1975.
46. KINTER, J. H., and HOLT, R. L.: Equine osteomalacia. Philippine J. Sci, 1: 1, 1932.
47. KOTERBA, A., and CARLSON, G. P.: Acid-base and electrolyte alterations in horses with exertional rhabdomyolysis. J. Am. Vet. Med. Assoc., 180: 303, 1982.
48. KROOK, L., and LOWE, J. E.: Nutritional secondary hyperparathyroidism in the horse. Pathol. Vet., 1: 44, 1964.
49. KROOK, L., and WASERMAN, R. H.,: Hypercalcemia and calcinosis in Florida horses: Implication of the shrub, Cestrum diurnum, as the causative agent. Cornell Vet., 65: 26, 1975.
50. LEWIS, L. D.: Feeding and Care of the Horse. Philadelphia, Lea & Febiger, 1982.
51. LINDHOLM, A., JOHANSSON, H., and KJAERSGOARD, P.: Acute rhabdomyolysis in Standardbred horses. Acta Vet. Scand., 15: 324, 1974.
52. LINKSWILER, H. M., HOYCE, C. L., and ANAND, C. R.: Calcium retention of young adult males as affected by level of protein and of calcium intake. Trans. NY Acad. Sci., 36: 33, 1974.
53. LOGAN, E. F.: The influence of husbandry on colostrum yield and immunoglobulin concentration in beef cows. Br. Vet. J., 133: 120, 1977.
54. MAYHEW, I. G., et al.: Spinal cord disease in the horse. Cornell Vet., 68 (Suppl. 6): 1, 1978.
55. MAYLIN, G. A., RUBIN, D. S., and LEIN, D. H.: Selenium and vitamin E in horses. Cornell Vet., 70: 272, 1980.
56. McILWRAITH, C. W., and FESSLER, J. F.: Evaluation of inferior check ligament desmotomy for treatment of acquired tendon contracture in the horse. J. Am. Vet. Assoc., 172: 293, 1978.
57. MEDOWS, D. G.: Protein supplements for lactating mares and effects on foal growth. Horse Short Course Proc., Texas, A & M Animal Agric. Conf. 1979, p. 26.
58. MESSER, N. T.: Tibiotarsal effusion associated with chronic zinc intoxication in three horses. J. Am. Vet. Med. Assoc., 178: 294, 1981.
59. MUYLLE, E., et al.: Hypercalcemia and mineralization of nonosseous tissues in horses due to vitamin-D toxicity. Zentralbl. Veterinärmed., 21A: 638, 1974.
60. NEHRICH, H., and STEWART, J. A.: The effects of prenatal protein restriction on the developing mouse cerebrum. J. Nutr., 108: 368, 1978.
61. Nutrient Requirements of Horses. 4th Rev. Ed. National Academy of Sciences, Washington, DC, 1978.
62. OLSSON, S. E.: Osteochondrosis – a growing problem to dog breeders. Gaines Progress, Summer 1976, pp. 1–11.
63. OWEN, J. M.: Abnormal flexion of the corono-pedal joint of „contracted tendons" in unweaned foals. Equine Vet. J., 7: 40, 1975.
64. OWEN, R. R., et al.: Dystrophic myodegeneration in adult horses. J. Am. Vet. Med. Assoc., 171: 343, 1977.
65. PETRIE, L.: Hypervitaminosis D and metastatic pulmonary calcification in a cow. Vet. Rec., 101: 480, 1977.
66. PICKUP, J., WORDES, A. N., and BUNYAN, J.: Chronic constipation in dairy cattle associated with a high level of zinc in the water. Vet. Rec., 66: 93, 1954.
67. PHILLIPS, P. H., HART, E. B., and BOHSTEDT, G.: Chronic toxicosis in dairy cows due to the ingestion of fluorine. Res. Bul. 123, Agr. Exp. Sta., University of Wisconsin, 1934.
68. REED, S. M., et al.: Ataxia and paresis in horses. Part I. Differential diagnosis. Comp. Cont. Ed., 3: S88, 1981.
69. REILAND, S.: Osteochondrosis in the pig. Acta Radiol. (Suppl.), 334: 1, 1975.
70. REILAND, S., et al.: Osteochondrosis in growing bulls – pathology, frequency and severity on different feedings. Acta Radiol. (Suppl.), 358: 179, 1978.
71. REJNO, S., and STROMBERG, B.: Osteochondrosis in the horse. II. Pathology. Acta Radiol. (Suppl.), 358: 153, 1978.
72. ROBERTS, S. J.: Veterinary Obstetrics and Genital Diseases. Ann Arbor, Michigan, herausgegeben von S. J. Roberts. 1971, pp. 1–776.
73. ROONEY, J. R.: Equine Medicine and Surgery, 2nd Ed. Wheaton, American Veterinary Publications Inc., 1972, p. 494.
74. ROONEY, J. R., and NEWCASTLE, D. E.: Forelimb contracture in the young horse. Equine Med. Surg., 1: 350, 1977.
75. SAVILLE, P. D., and LIEBER, C. S.: Increases in skeletal calcium and femur cortex thickness produced by undernutrition. J. Nutr., 99: 141, 1969.
76. SCHMITT, N., and MAGEE, A. C.: Lead poisoning in horses. Arch. Environ. Health, 23: 185, 1971.
77. SCHRYVER, H. F.: Bending properties of cortical bone of the horse. Am. J. Vet. Res., 39: 25, 1978.
78. SCHRYVER, H. F., and HINTZ, H. F.: Recent developments in equine nutrition. Anim. Nutr. and Health, 4: 6, 1975.
79. SCHRYVER, H. F., HINTZ, H. F., and AIG, P. H.: Phosphorus metabolism in ponies fed varying levels of phosphorus. J. Nutr., 101: 1257, 1971.
80. SCHRYVER, H. F., HINTZ, H. F., and LOWE, J. E.: Calcium metabolism and sweat losses of exercised horses. Am. J. Vet. Res., 39: 245, 1978.
81. SCHRYVER, H. F., HINTZ, H. F., and LOWE, J. E.: Calcium and phosphorus nutrition of the horse. Cornell Vet., 64: 491, 1974.
82. SHAVER, J. R., et al.: Skeletal manifestations of suspected hypothyroidism in two foals. J. Eq. Med. Surg., 3: 269, 1979.
83. SIASSI, F., and SIASSI, B.: Differential effects of protein-calorie restriction and subsequent repletion on neuronal and non-neuronal components of cerebral cortex in newborn rats. J. Nutr., 103: 1625, 1973.
84. SMITH, H. A., JONES, T. C., and HUNT, R. D.: Veterinary Pathology. 4th Ed. Philadelphia, Lea & Febiger, 1972, pp. 1–1521.
85. SMITH, J. D., JORDAN, R. M., and NELSON, M. L.: Tolerance of ponies to high levels of dietary copper. J. Anim. Sci., 41: 1645, 1975.
86. SPAIS, A. G., et al.: Studies on iron, manganese, zinc, copper and selenium retention, and interaction in horses. In Trace Element Metabolism in Man and Animals, Band 3. Herausgeber M. Kirchgessner. Arbeitskreis für Tierernährungsforschung, Weihenstephan, Bundesrepublik Deutschland, 1978.
87. SPAIS, A. G., et al.: Osteodystrophy associated with zinc deficiency in foals. Proc. 20th World Vet. Congress 3: 2103, 1976.
88. STEWART, A. K., and McGEE, A.C.: Effect of zinc toxicity on calcium, phosphorus and magnesium metabolism in young rats. J. Nutr., 82: 287, 1964.

89. STROMBERG, B.: A review of the salient features of osteochondrosis in the horse. Equine Vet. J., **11:** 211, 1979.
90. STOWE, H. D.: Serum selenium and related parameters of naturally and experimentally fed horses. J. Nutr., **93:** 60, 1967.
91. SUTTIE, J. W., MILLER, R. F., and PHILLIPS, P. H.: Studies of the effects of dietary NaF on dairy cows. I. The physiological effects and the developmental symptoms of fluorosis. J. Nutr., **63:** 211, 1975.
92. SWARTZMAN, J. A., HINTZ, H. F., and SCHRYVER, H. F.: Inhibition of calcium absorption in ponies fed diets containing oxalic acid. Am. J. Vet. Res., **39:** 1621, 1978.
93. TYZNICH, W. J.: Nutritional relationships to performance. Proc. Calif. Livestock. Symposium, May 1975.
94. Nicht aufgeführt.
95. UNDERWOOD, E. J.: Trace Elements in Human and Animal Nutrition. 3rd Ed. New York and London, Academic Press, 1971, p. 82.
96. VAN VLEET, J. F.: Selenium-vitamin E deficiency in growing swine – postmortem diagnosis and control. Proc. Mississippi Valley Vet. Med. Assoc. Annual Meeting, 1976, pp. 1–9.
97. WALTHALL, J. C., and McKENZIE, R. A.: Osteodystrophia fibrosa in horses at pasture in Queensland. Austr. Vet. J., **52:** 11, 1976.
98. WENDEL, O. W.: A study of urinary lactic acid levels in humans. I. Influence on thiamine and pyrithiamine. J. Vitaminology, **6:** 16, 1960.
99. WILLOUGHBY, R. A, et al.: Lead and zinc poisoning and the interaction between Pb and Zn poisoning in the foal. Can. J. Comp. Med., **36:** 348, 1972.
100. WILSON, T. M., et al.: Myodegeneration and suspected selenium/vitamin E deficiency in horses. J. Am. Vet. Med. Assoc., **169:** 213, 1976.
101. YOAKAM, S. C., KIRKHAM, W. W., and BEESON, W. M.: Effect of protein level on growth in young ponies. J. Anim. Sci., **46:** 483, 1978.

Krankheiten der Knochen und Muskeln

Simon Turner

Postnatale Entwicklung und Wachstum von Skelett und Muskulatur

Das Längenwachstum eines Knochens ergibt sich aus einer Folge von Vorgängen, die in hochspezialisierten Geweben an einem oder an beiden Enden des Knochens ablaufen. Diese Regionen werden als Physis, Epiphysenfuge oder richtiger als metaphysäre Wachstumszone bezeichnet. Der in der Epiphysenfuge ablaufende Prozeß, die enchondrale Ossifikation, ist charakterisiert durch die schnelle Differenzierung und Reifung von Knorpelzellen und den Ersatz von Knorpel durch Knochen. Es gibt zwei Typen von Epiphysenfugen: scheibenförmige (diskoidale) und kugelförmige (sphärische). Die diskoidalen Epiphysenfugen liegen an den Enden der langen Röhrenknochen. Einige Knochen besitzen an jedem Ende eine Epiphysenfuge, während andere, wie z. B. die Ossa metacarpalia bzw. metatarsalia III sowie Fessel- und Kronbein, nur jeweils eine Epiphysenfuge aufweisen. Eine diskoidale Epiphysenfuge befindet sich jeweils zwischen der Metaphyse (dem verbreiterten Ende des diaphysären Knochens, welches spongiösen Knochen enthält) und einer Epiphyse. Eine Apophyse ist eine besondere Form einer Epiphyse, die eher Zug- als Druckkräften ausgesetzt ist, wie z. B. die Apophysen des Tuber olecrani, des Tuber calcanei und die Tuberositas tibiae. In der apophysären Wachstumszone finden sich größere Mengen Faserknorpel als in einer diskoidalen Epiphyse, eine Adaption, um Zugkräften zu widerstehen (Abb. 6.1).[70]

Der sphärische Typ der Epiphysenfugen ist bei den kleinen Karpal- und Tarsalknochen von Fohlen zu beobachten. Diese entwickeln sich durch zentrifugale Expansion zu endgültiger Form und Größe der Knochen. Die Ossifikation beginnt in der Mitte des jeweiligen Knochens. Indem die Knochenbildung im Laufe der Zeit die Randbezirke des Knorpels erreicht, nimmt der Knochen allmählich die Konturen an, die er beim erwachsenen Pferd hat.

Frühzeitig im Leben des Pferdes findet die Ossifikation des Knorpels an einem oder beiden Enden der Knochen statt, radiär von einem Zentrum ausgehend. Dieses wird schließlich zur knöchernen Epiphyse. Bei der Entwicklung der Epiphysen laufen ähnliche Vorgänge ab, wie bei der Ossifikation der knorpeligen Vorläufer der kleinen Karpal- und Tarsalknochen beschrieben. Die zellulären Vorgänge bestehen in Lakunenbildung in den Chondrozyten und deren anschließendem Tod mit Verkalkung der Matrix, Einsprossung von Gefäßen, partieller Resorption und Ossifikation.[70] Schließlich bildet sich eine subchondrale Knochenplatte, die am besten mit einer kleinen Epiphysenfuge zu vergleichen ist. Diese stellt einen Teil der jeweiligen Epiphyse dar und bildet ebenso einen kleinen Anteil der Länge der Knochen.

Die Wirbelkörper bilden zu Anfang eine sphärische Epiphysenfuge. Schließlich aber entwickeln sie sich zu parallelen diskoidalen Epiphysenfugen. Die Beckenknochen besitzen ebenfalls Epiphysenfugen, die aus mehreren Ossifikationskernen hervorgehen. Am deutlichsten zu erkennen ist die Apophyse der Crista iliaca. Es handelt sich hier nicht um eine echte Apophyse, da mehrere Muskelgruppen vorhanden sind, die Druckkräfte auf diese Physis ausüben. Diese gleichen die reinen Zugkräfte anderer hier ansetzender Muskeln aus.

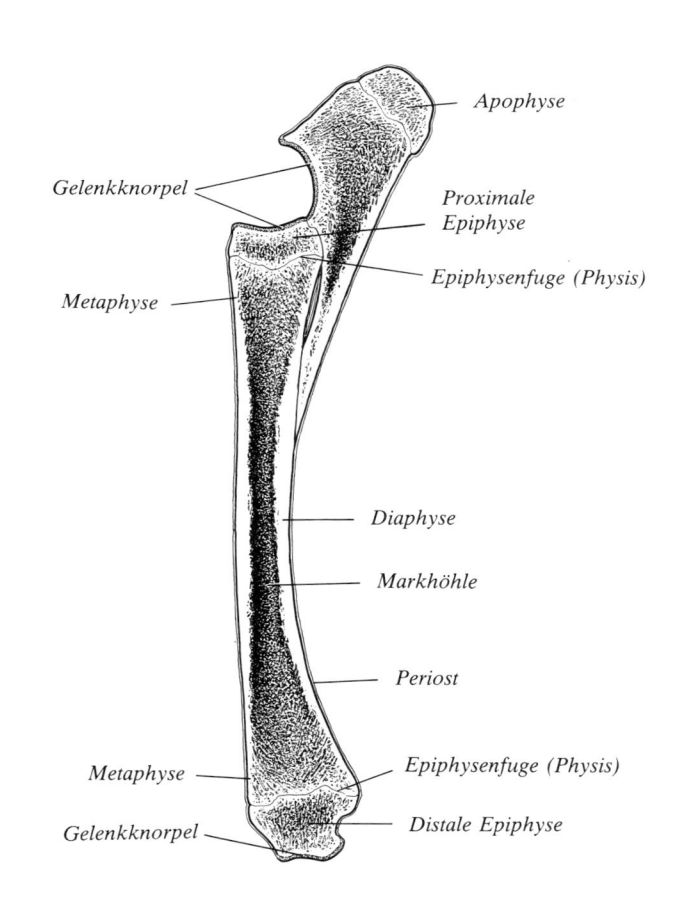

Abb. 6.1: Sagittalschnitt durch Radius und Ulna eines Fohlens.

Schädigungen der Epiphysenfugen, die entweder durch übermäßigen Druck oder durch ein direktes Trauma, durch Zugkräfte, durch eine Unterbrechung der Blutversorgung oder durch die Wirkung von Scherkräften entstehen, können jede für sich das Längenwachstum stören und potentielle Ursache einer Gliedmaßenfehlstellung oder einer Fehlentwicklung von Knochen sein (z. B. Fehlentwicklung der Halswirbel – siehe Seite 317 bis 320).

Morphologie der Epiphysenfuge (Physis)

Die Epiphysenfuge oder Physis verfügt von der Geburt an, bis das Pferd erwachsen ist, über einen charakteristischen Aufbau. Die Knorpelzellen der Epiphysenfuge können in eine Anzahl verschiedener Zonen eingeteilt werden, die in ihrer Höhe, ihrer Zellzahl und ebenso hinsichtlich ihres histologischen Erscheinungsbildes sowie ihrer zellulären Funktion unterschiedlich sind. Die Zellen sind mehr oder weniger in Längssäulen angeordnet. Auf der epiphysennahen Seite des Knorpels laufen Zellteilungen ab, während gleichzeitig die Ossifikation von der Diaphyse aus in Richtung auf die Epiphyse fortschreitet (Abb. 6.2 und 6.3).

Die der Epiphyse am nächsten gelegene Zone ist eine Wachstumszone, in der die Zellteilung eingeleitet wird. Die Chondrozyten machen eine Mitose durch. Die Teilungen laufen besonders in Längsrichtung des Knochens ab, obwohl auch in geringem Maße Teilungen in Querrichtung vorkommen. Bald erscheinen die Zellen als kleine, abgeflachte Chondrozyten, welche die Zellsäulen verlängern. Epiphysengefäße (Arteriolen und Kapillaren) sind eng mit den frühen zellulären Vorgängen vergesellschaftet und können sogar undifferenzierte Zellen liefern, die zu dem Chondrozytenpool beitragen und sich später weiter teilen werden.

Ruhende Chondrozyten in der Peripherie werden aktiviert und formen einen Knorpelring. Dieser spezialisierte Bereich des Perichondriums wird im amerikanischen Schrifttum Ranviersche Zone genannt. Dieser Ring bleibt in Kontakt mit der Wachstumszone der Metaphyse. Er wächst nicht nur auf der Seite der Epiphyse weiter, sondern wird gleichzeitig an der Seite der Diaphyse wieder abgebaut. Dies ist ein wichtiges charakteristisches Merkmal des Knochenwachstums: Es ist untrennbar mit Resorptionsvorgängen (Abbau von Knochengewebe) sowie mit der Neubildung von Knochensubstanz verbunden. Wenn beispielsweise keine Knochenresorption vorkäme und der Knochen nur in die Länge wüchse, würde er unproportioniert lang und dünn sein. Ähnlich sind die Verhältnisse in der Diaphyse: Wenn an der inneren Oberfläche (endostale Seite) kein Abbau der Knochensubstanz stattfände, würde der fortgesetzte Anbau von Knochensubstanz vom Periost aus einen Knochen produzieren, der zu dick wäre und eine größenmäßig nicht angemessene Markhöhle hätte. Die Wachstumszone, in der die aktive Zellteilung stattfindet, ist im Vergleich mit den anderen Zonen relativ groß und kann mehr als die Hälfte von der Gesamtlänge der Epiphysenfuge ausmachen. Kollagen, welches im Bereich der ruhenden Zellen ungeordnet ist, richtet sich zwischen den Zellsäulen mehr in der Längsrichtung aus.

Wenn die Zellen heranreifen, hypertrophieren sie u. U. infolge der erhöhten metabolischen Aktivität und besitzen in diesem Zustand nicht länger die Fähigkeit, sich zu teilen. In dieser Zone mit hypertrophierten Zellen fehlt die Zwischenzellsubstanz, wodurch dieser Bereich eine strukturmäßig schwache Region der Epiphysenfuge darstellt. Diese Zone ist dafür verantwortlich, daß eine Epiphysenfraktur sich häufig weiter fortsetzt (Abb. 6.3).

Die Verkalkungszone ist das Gebiet, in dem die Matrix zwischen den Zellen allmählich verkalkt, beginnend mit der Bildung von Matrixvesikeln. Die nächste histologisch zu unterscheidende Zone ist die der Gefäßeinsprossung. Hier beginnen Blutgefäße, in die Säulen von verkalkendem Knorpel einzudringen, wobei sie zarte querverlaufende Septen durchbrechen, die zwischen den Säulen erhalten geblieben sind. Die Blutgefäße liefern außerdem zelluläre Komponenten für den Knochenaufbau (Osteoblasten) und Zellen, welche die eventuell verbliebenen Knorpelreste abbauen (Chondroklasten). An den Säulen verkalkenden Knorpels, die zahlreiche Vorsprünge in die Metaphyse entsenden, entsteht durch die Osteoblasten die osteoide Matrix, der organische Bestandteil des Knochens. Diese bildet hier in Längsrichtung ausgerichtete Knochenbälkchen (mit einem knorpeligen Kern), welche als primäre Spongiosa bezeichnet werden. Schließlich wird der primäre spongiöse Knochen durch sekundäre Spongiosa ersetzt, welcher die Überreste des Knorpelkernes fehlen.

Während des Längenwachstums des Knochens wird am diaphysären Ende die Knochensubstanz in der gleichen

Abb. 6.2: Knorpel der distalen Radiusepiphysenfuge. Starke Vergrößerung.

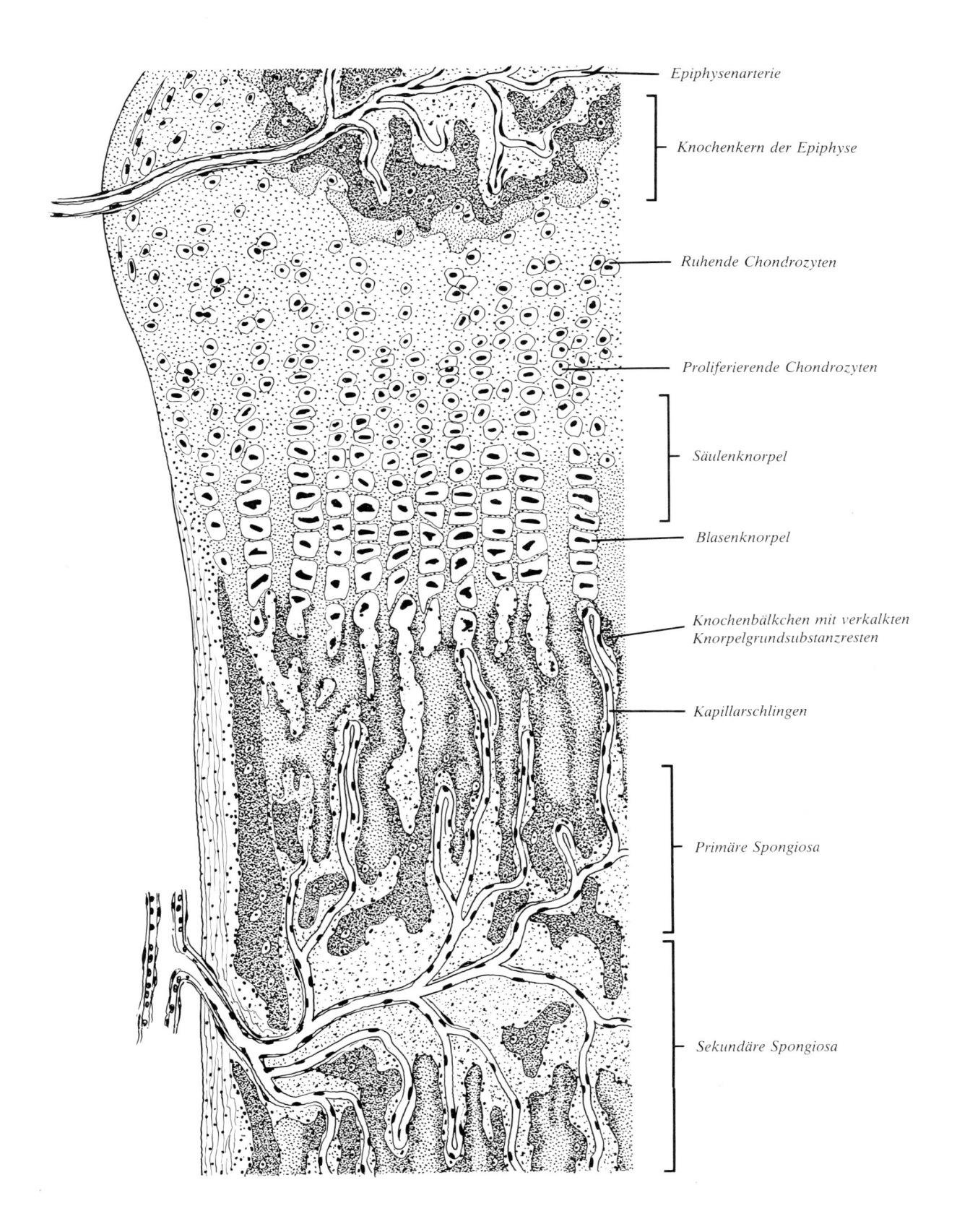

Abb. 6.3: Schematische Darstellung des zellulären Aufbaues der Epiphysenfuge.

Geschwindigkeit durch Osteoklasten abgebaut, wie neuer Knochen an der epiphysennahen Seite der Metaphyse gebildet wird. So ergibt sich eine Vielzahl von Abläufen, mit Zellteilung an einem Ende, Knochenbildung, schließlich in Fortsetzung davon der Abbau von Knochensubstanz, ein wichtiger Vorgang, der zur endgültigen Form des Knochens beiträgt (Abb. 6.3).

Die Blutversorgung der Epiphysenfuge erfolgt durch Blutgefäße der Epiphyse, der Metaphyse und perichondral. Bei den großen Epiphysen finden sich transphyseale Gefäße (Gefäße, die eine Verbindung über die Epiphysenfuge hinweg bilden). Diese bieten einen Weg für die Übertragung von Infektionen von der Metaphyse zur Epiphyse. Das Gefäßsystem der Metaphyse bildet zahlreiche Schlingen, welche die Längssepten durchdringen und sich auf ihrem Rückweg zur Diaphyse vergrößern und Sinusoide bilden. Hierdurch wird ein langsamer Blutfluß bedingt, was diesen Bereich zur Ansiedlung von Bakterien und zur Entstehung einer Osteomyelitis prädisponiert. Die Gesamtheit der Blutgefäße in der Ranvierschen Zone ist für das kontinuierliche Wachstum durch Anlagerung an der Peripherie der Epiphysenfuge von Bedeutung. Eine Störung der Blutversorgung des Perichondriums kann potentiell eine Ischämie der Epiphysenfuge mit exzentrischem Wachstum und eine daraus folgende Gliedmaßenfehlstellung verursachen. Dies wurde anfangs als der Mechanismus interpretiert, welcher der Anwendung des Periost-Stripping zur Korrektur von Gliedmaßenfehlstellungen zugrunde liegt. Das heißt, es wurde angenommen, daß es durch Anheben des Periostes zu einer Ischämie der Metaphyse kommt. Mittlerweile wird als der dieser Operation zugrunde liegende Mechanismus eher ein Phänomen der „Entlastung" als eine Beeinflussung der Blutversorgung vermutet.

Biomechanische Vorgänge in der Epiphysenfuge (Physis)

Obwohl der genaue Mechanismus noch nicht vollständig geklärt ist, ist sicher, daß Zug- und Druckkräfte, die innerhalb gewisser physiologischer Grenzen auf die Epiphysenfugen einwirken, für die fortlaufende ordnungsgemäße Entwicklung unverzichtbar sind. Jede Epiphysenfuge hat eine biologische Breite für Zug- und Druckkräfte, innerhalb derer sie physiologischerweise reagiert. Innerhalb dieses Bereiches beschleunigt die Steigerung von Zug- oder Druckkräften das Wachstum, während eine Abnahme der Zug- und Druckkräfte das Wachstum verzögert. Unterhalb der physiologischen Grenzen von Zug oder Druck kann das Wachstum signifikant vermindert oder sogar unterbrochen werden. Diese Aussage beinhaltet das Heuter-Volkmann-Gesetz über das Wachstum in Epiphysenfugen. Eine graphische Darstellung zeigt Abb. 6.25. Die tatsächliche Reaktion der Epiphysenfuge, die das Längenwachstum bestimmt, ist wahrscheinlich bei Druck größer als bei Zugkräften. Dieses Gesetz hat eine große praktische Bedeutung in der Behandlung von Fohlen mit Gliedmaßenfehlstellungen. Beispielsweise belastet ein Fohlen mit einer Fehlstellung der Schultergliedmaße im Karpalgelenk (wie z. B. Carpus valgus) die distale Epiphysenfuge des Radius asymmetrisch. Die Erschütterung durch uneingeschränkte Bewegung, wie sie z. B. bei freiem Laufen mit der Stute auf der Weide gegeben wäre, würde logischerweise mit größerer Wahrscheinlichkeit Druckkräfte oberhalb der physiologischen Grenze bedingen. Dies würde jede Selbstkorrektur der Gliedmaßenfehlstellung, die dem Fohlen u. U. möglich gewesen wäre, verzögern und so die Wahrscheinlichkeit steigern, daß eine chirurgische Korrektur erforderlich wird. Zur operativen Behandlung von Gliedmaßenfehlstellungen siehe Seite 590 bis 593.

Unabhängig von den Auswirkungen von Druck und Zug auf die Epiphysenfuge, bewirkt das Periost durch festen Ansatz an der Ranvierschen Zone und nur lose Verbindungen zu Diaphyse und Metaphyse eine anatomisch-mechanische Beschränkung des Knochenwachstums. Eine experimentelle, den gesamten Umfang des Knochens umfassende Resektion eines Teiles des Periostes z. B. bedingt eine Beschleunigung des Längenwachstums dieses Knochens. HOUGHTON und DEKEL[43] maßen das Längenwachstum an unreifen Oberschenkelknochen von Ratten, die intraperitoneal in Diffusionskammern verbracht worden waren. Bei einem Os femoris wurde das Periost im gesamten Umfang des Knochens durchtrennt und ein Periost-Stripping durchgeführt, der andere Knochen diente als Kontrolle. Nach 14 Tagen war es zu einem signifikant schnelleren Wachstum jeweils des Os femoris gekommen, an dem das Periost durchtrennt worden war. Die Knochen waren in diesen Kammern mit Sicherheit nicht durch die Blutversorgung in irgendeiner Weise beeinflußt. Hierdurch wurde die Theorie widerlegt, daß die Änderung des Knochenwachstums nach Periostdurchtrennung durch Beeinträchtigung der metaphysären Gefäße und darauffolgende Ischämie bewirkt werde. Diese Ergebnisse geben eine logische Erklärung dafür, daß durch die hemizirkumferentiale Durchtrennung und das Abheben des Periostes zur Korrektur von Gliedmaßenfehlstellungen bei Fohlen in der Praxis derart hervorragende Erfolge erzielt werden. Nach einer Durchtrennung des Periostes auf nur einer Seite wird der Knochen auf dieser Seite von den Zugkräften entlastet, wodurch das weitere Knochenwachstum mit größerer Geschwindigkeit stattfinden kann. Wenn die Stellung der Gliedmaße dann regelmäßig ist, heftet sich das Periost wieder an oder bildet sich neu und beginnt vermutlich wieder Zug auszuüben. Dies ist eine mögliche Erklärung für die Beobachtung, daß nach einer solchen Korrektur von Gliedmaßenfehlstellungen die Wachstumsbeschleunigung nie zu einer Fehlstellung in der anderen Richtung führte.

Die Wirkung der Periostdurchtrennung und die in der Folge entstehende Verlängerung des Knochens ist von Frakturen bei Kindern wohlbekannt. Es gibt faktisch keinen Beweis und keine Berichte über das Auftreten dieses Phänomens im Zusammenhang mit Gliedmaßenfrakturen bei Fohlen. Zumindest scheint es nicht klinisch auffällig zu sein. Jegliche Veränderung in der Länge eines Knochens würde beim Fohlen sofort durch eine leichte Veränderung in der Winkelung der verschiedenen Gelenke der Gliedmaße oder durch einen etwas längeren Huf kompensiert. Das Abheben des Periostes bei Osteomyelitis kann ebenfalls einen langen Röhrenknochen wirksam verlängern, indem die durch das Periost bewirkten Zugkräfte vermindert werden. Eine verstärkte Gefäßversorgung, die manchmal mit der Osteomyelitis einhergeht, kann ebenso für eine Verlängerung des Knochens verantwortlich sein. Es ist unbekannt, ob eine analoge Situation bei Fohlen mit Osteomyelitis auftritt, möglicherweise könnte es aber dazu kommen, wenn das Fohlen die Infektion überlebt.

Schließlich ist es sehr wahrscheinlich, daß der das Wachstum auslösende Reiz, der durch die Druckkräfte bei Belastung bedingt wird, selbständig durch einen stets vorhandenen Druck reguliert wird, der durch den Halteeffekt des Periostes entsteht.

Umbauvorgänge am Ende der Wachstumsphase

Wenn das Wachstum des Knochens endet, wird die Epiphysenfuge allmählich schmaler. Schließlich verschmelzen Epiphyse und Metaphyse miteinander.[70,71] Die knorpelige Epiphysenfuge wird hierbei durch Bälkchenknochen ersetzt, wodurch sie unfähig wird, irgendwelche Gliedmaßenfehlstellungen zu korrigieren. Dies betrifft sowohl die spontane als auch die chirurgische Korrektur. Der Zeitpunkt, zu dem sich die Epiphysenfuge schließt, ist vom Knochen (und sogar von der Gliedmaße) abhängig. Einige Epiphysenfugen schließen sich früh im Leben, während andere mehrere Jahre lang bestehenbleiben können. Die meisten Daten über den Schluß der Epiphysenfugen sind auf der Auswertung von Röntgenaufnahmen begründet. Allerdings ist bekannt, daß der funktionale Schluß der Epiphysenfugen einige Zeit vor dem röntgenologisch feststellenden Zeitpunkt erfolgt. Dies ist bei der Wahl des Zeitpunktes für das chirurgische Vorgehen zur Korrektur von Gliedmaßenfehlstellungen von großer Bedeutung.

Auswirkungen mechanischer Insulte auf die Epiphyse:

Verletzungen der Epiphyse

Wenn starke mechanische Kräfte auf ein Gelenk und die diesem benachbarten Epiphysen einwirken, ist es wahrscheinlich, daß es zur Verletzung einer Epiphyse kommt. Die Ursache hierfür liegt darin, daß die knorpelige Epiphysenfuge schwächer ist als die Knochen, der Epiphysenfuge umgebende Bandapparat und die Gelenkkapsel. Verletzungen der Epiphyse machen 15 % aller bei Kindern auftretenden Frakturen aus. Eine Analyse von veterinärmedizinischen Aufzeichnungen an der Colorado State University von 1972 bis 1978 über Fohlen mit Frakturen der langen Röhrenknochen zeigte, daß annähernd 20 % der Verletzungen an den Knochen der Fohlen die Epiphyse, die Epiphysenfuge oder die Metaphyse betrafen. Dies erlaubt den Schluß, daß Verletzungen, die bei einem erwachsenen Tier oder Menschen einen Bänderriß oder eine Dislokation hervorrufen würden, bei einem im Wachstum befindlichen Knochen zu einer traumatisch bedingten Zusammenhangstrennung in der Epiphysenfuge führen können.

Verletzungen der Epiphysenfugen

Die am häufigsten verwendete Einteilung der Verletzungen der Epiphysenfugen basiert auf dem von SALTER[80] ausgearbeiteten System. Dieses System ist auf alle Haustiere einschließlich der Pferde angewandt worden, wenn auch manchmal etwas frei übertragen. Es dient einem wichtigen Zweck; es erlaubt eine allgemein verständliche Kommunikation bei der Beschreibung derartiger Verletzungen. Bei Kindern wird es auch verwandt, um die Verletzung in Bezug zur Behandlungsmethode und zu den Heilungsaussichten im Hinblick auf Wachstumsstörungen setzen zu können. Einiges ist hiervon auf Fohlen übertragbar, in vielen Fällen aber können die Prognose und die Behandlungsmethode aufgrund der Besonderheiten der Frakturheilung beim Fohlen extrem von den entsprechenden Situationen bei Kindern abweichen. Diese Besonderheiten sind unter anderem das größere Körpergewicht, Unterschiede in der Anatomie, die Notwendigkeit von Zwangsmaßnahmen und Probleme mit dem Temperament der Fohlen usw. Die Abbildung 6.4 zeigt Skizzen zur Darstellung der Verletzungen der Epiphysenfugen.

Typ 1. Bei dieser Verletzung liegt eine vollständige Zusammenhangstrennung in der Epiphysenfuge vor, ohne eine Fraktur eines Knochens; die Zellen der Epiphysenfuge bleiben in Verbindung mit der Epiphyse (Abb. 6.4, Typ 1). Bei Kindern ist diese Verletzung als eine Folge von Scherkräften zu beobachten, meist bei Neugeborenen (durch Verletzungen während der Geburt) sowie bei kleinen Kindern, bei denen die Epiphysenfuge relativ dick ist. Der Autor beobachtete diese Verletzung bei Fohlen; sie betrafen die proximale Femurepiphyse (Epiphysiolyse des Femurkopfes). Bei Kindern ist hier eine konservative Behandlung (unblutige Reposition) nicht schwierig, da die Anheftung des Periostes am Umfang des Knochens weitgehend erhalten ist. Die Prognose für das weitere Wachstum bei Kindern ist äußerst günstig, solange die Blutversorgung der Epiphysenfuge nicht gestört ist. In der Regel ist diese außer bei Verletzungen der proximalen Femurepiphysenfuge und der proximalen Radiusepiphysenfuge intakt.[79]

Die Prognose bei Fohlen unterscheidet sich hiervon deutlich. Es ist offensichtlich, daß eine konservative Behandlung (unblutige Reposition) einer verlagerten Femurkopfepiphyse unmöglich ist und daß hier eine chirurgische Reposition und Osteosynthese unter Verwendung bestimmter Arten von Nägeln indiziert ist. Eine unblutige Reposition bei dieser Art der Verletzung an den Enden der langen Röhrenknochen (d. h. distale Humerus- oder Femurepiphysenfuge, proximale Tibiaepiphyse) ist bei Fohlen nicht durchführbar, da keine Möglichkeit besteht, die Fraktur zu fixieren oder das Tier ruhigzustellen.

Typ 2. Dies ist die häufigste Form von Verletzungen der Epiphysenfuge sowohl bei Kindern als auch bei allen Haustieren (Abb. 6.4, Typ 2). Die Frakturlinie verläuft zunächst eine ganze Strecke entlang der Epiphysenfuge und geht dann durch einen Teil der Metaphyse, wodurch ein dreieckiges, metaphysäres Bruchstück entsteht. Die wachsenden Zellen der Epiphysenfuge bleiben mit dieser verbunden. Diese Art der Verletzung als ein Ergebnis von Scher- und Biegekräften tritt in der Regel bei älteren Kindern auf, bei denen die Epiphysenfuge relativ dünn ist. Bei Fohlen sind von dieser Verletzung meist die distalen Epiphysenfugen des Röhrbeines betroffen, z. B. wenn die Stute auf das Fohlen tritt. Das Periost wird an der konvexen Seite des Gelenkes zerrissen, ist aber an der konkaven Seite intakt. Demzufolge hängt das intakte Periost immer an der Seite des Metaphysenfragmentes.[79]

Eine unblutige Reposition und Fixation ist hier relativ leicht durchzuführen; durch das Festhängen des intakten Periostes und durch das Metaphysenfragment wird eine zu starke Verschiebung nach der anderen Richtung verhindert. Beim Fohlen gibt es keinen echten Beweis, wie weit diese Verletzung das Wachstum beeinträchtigt. Die Auswirkungen sind in ihrem Ausmaß bisher nie in kontrollierten Experimenten aufgezeichnet worden. Sicher ist, daß bei einer Verletzung einer Epiphysenfuge, die tatsächlich kein Wachstumspotential mehr hat, weil das Tier ein bestimmtes Alter erreicht hat (wie z. B. bei Verletzungen der distalen Epiphysenfuge am Os metacarpale bzw. metatarsale III oder der proximalen Epiphysenfuge des Fesselbeines), die Möglichkeiten für eine Beeinträchtigung des Wachstums bereits minimal sind.

Typ 3. Bei dieser Verletzung ist das Gelenk mitbetroffen. Die Fraktur erstreckt sich von der Gelenkfläche bis zur tiefen Zone der Epiphysenfuge und dann entlang der Epiphysenfuge zu deren Peripherie (Abb. 6.4, Typ 3). Bei Kindern ist diese Art der Verletzung selten. Sie wird durch Scherkräfte innerhalb des Gelenkes hervorgerufen und betrifft in der Regel die distale Tibiaepiphysenfuge. Bei Fohlen ist diese Verletzung nach den Erfahrungen des Autors ebenfalls extrem selten. Wenn sie einmal auftritt, wäre eine chirurgische Reposition notwendig, um eine völlig regelmäßige Gelenkfläche wiederherzustellen. Dies ist am besten durch interfragmentäre Kompression mit Knochenschrauben zu erreichen (siehe Seite 300 bis 304). Bei Kindern ist die Prognose bezüglich des Wachstums günstig unter der Voraussetzung, daß die Blutversorgung des abgetrennten Anteiles der Epiphysenfuge nicht unterbrochen ist. Bei Pferden gibt es allerdings keine Berichte über die Behandlung einer genügenden Anzahl dieser Verletzungen, um eine Aussage über die Prognose treffen zu können.

Typ 4. Hier handelt es sich um eine intraartikuläre Fraktur. Der Frakturspalt läuft von der Gelenkfläche durch die Epiphyse, durch die gesamte Dicke der Epiphysenfuge und durch einen Teil der Metaphyse (Abb. 6.4, Typ 4). Bei Kindern ist das häufigste Beispiel für eine Fraktur des Typs 4 die Fraktur des Capitulum humeri. Der Autor hat diese Fraktur auch bei Fohlen beobachtet. Hier sind eine chirurgische Reposition und Osteosynthese mit Zugschrauben notwendig, um nicht nur eine normale Gelenkfläche wiederherzustellen, sondern auch eine perfekte Reposition der Epiphysenfuge zu erreichen. Bei Kindern ist beobachtet worden, daß bei nicht ganz exakter Adaption der Frakturflächen der Epiphysenfuge die Frakturheilung über die Epiphysenfuge hinübergeht und so ein wei-

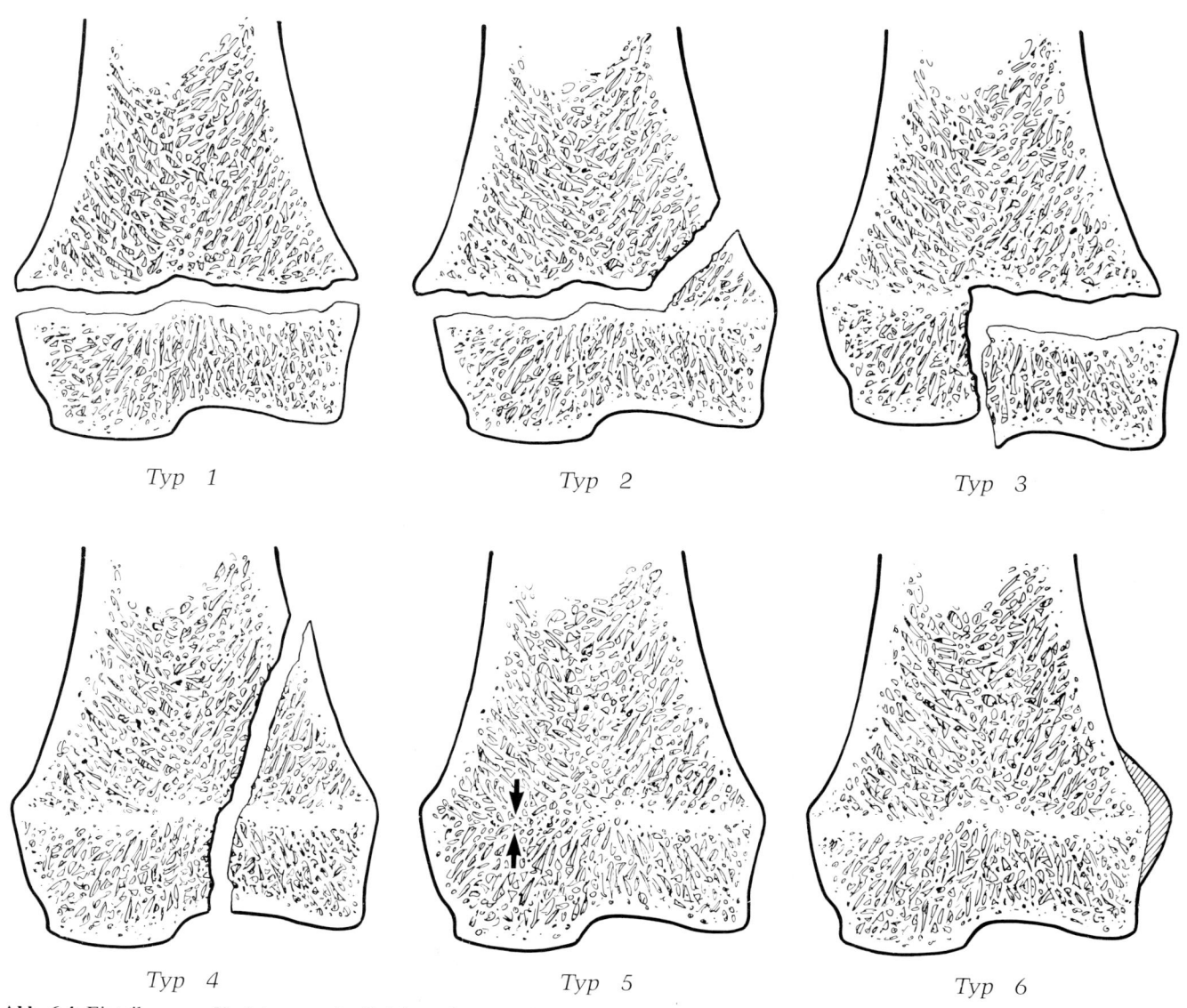

Typ 1 *Typ 2* *Typ 3*

Typ 4 *Typ 5* *Typ 6*

Abb. 6.4: Einteilung von Verletzungen der Epiphysenfugen nach Salter/Harris (aus SALTER, R. B., and HARRIS, W. R.: Injuries involving the epiphyseal plate. J. Bone Surg., **45 A:** 587, 1963).

teres Längenwachstum des Knochens verhindert. Die Prognose bezüglich des Wachstums ist bei einer Verletzung des Typs 4 schlecht, wenn keine perfekte Adaption der Frakturteile erreicht und beibehalten werden kann.[79] Wie weit diese Situation derjenigen beim Fohlen entspricht, ist nicht bekannt, da nicht genügend Berichte über solche Fälle zur Verfügung stehen.

Typ 5. Bei Kindern ist dies eine relativ seltene Verletzung. Sie entsteht durch Einwirkung eines extrem starken, stumpfen Traumas, welches durch die Epiphyse auf einen Teil der Epiphysenfuge übertragen wird (Abb. 6.4, Typ 5). Bei Kindern tritt diese Verletzung an den Knien und den Knöcheln auf, bei Hunden in der distalen Ulnaepiphyse. Zur Beantwortung der Frage, ob diese Verletzung bei Fohlen vorkommt, gibt es nur Spekulationen. Der Autor hat bei Fällen mit schwerer Varusstellung den Verdacht gehabt, daß eine derartige Verletzung in der distalen Epiphysenfuge eines Röhrbeines an Schulter- oder Beckengliedmaße vorlag. In der distalen Radiusepiphysenfuge hat er eine derartige Verletzung bei Fohlen nur in wenigen Fällen nachweisen können; diese Fohlen hatten sich in allen Fällen nach einer chirurgischen Transfixation (Osteosynthese mit Überbrückung) der Epiphysenfuge frei bewegen dürfen. Die Prognose für eine Verletzung des Typs 5 beim Kind ist schlecht, da es bei der Heilung zu einem verfrühten Schluß der Epiphysenfuge kommt und in dessen Folge kein weiteres Wachstum möglich ist.[79] Beim Fohlen würde es zumindest schwierig sein, die Wachstumshemmung abzuschätzen, wenn die Verletzung nicht gerade eine Epiphysenfuge betrifft, die noch über ein beträchtliches Wachstumspotential verfügt.

Typ 6. Diese Verletzung tritt dann auf, wenn sich eine Periostbrücke zwischen Metaphyse und Epiphyse ausbildet (Abb. 6.4, Typ 6). Diese behindert das Wachstum an dieser Seite der Epiphysenfuge und hat den gleichen Effekt wie eine Überbrückung der Epiphysenfuge mittels einer Metallklammer oder mit Schrauben und Draht. Der Autor hat diese Verletzung bei Fohlen auf Höhe des distalen Radiusendes als Folge eines starken Traumas nach Entfernung von Vitalliumklammern, die zur Korrektur von Gliedmaßenfehlstellungen implantiert worden waren, beobachtet, ebenso als Folge einer lokalen infektiösen Periostitis und darauffolgender Knochenzubildung nach der Entfernung von Klammern oder von Schrauben und Draht (Abb. 6.5).

Die Folgen dieser Verletzung sind recht auffällig und schwerwiegend. Nach Korrektur einer Valgusstellung einer Gliedmaße mit Hilfe von Klammern oder mit Schrauben und Draht entwickelt sich in den darauffolgenden Wochen über die regelmäßige Stellung hinaus eine Varusstellung.

Klinische Aspekte der Knochenheilung und Reparation von Frakturen

Frakturen als Lahmheitsursache

Beim Auftreten einer Fraktur kommt es in der Regel zu einem Verlust der strukturellen Einheit des Knochens, und seine Funktion ist in einem gewissen Maße beeinträchtigt. Der Typ der Lahmheit wird durch den Grad der Funktionsstörung und dadurch bestimmt, welcher Knochen gebrochen ist. Eine Fraktur des Tuber olecrani mit Dislokation beispielsweise oder eine Fraktur in einem das Körpergewicht mittragenden Knochen wie Radius oder Tibia führt in der Regel zu einer hochgradigen Lahmheit. Umgekehrt führt eine sogenannte Chip-Fraktur eines Karpalknochens zu einer geringgradigen Lahmheit, die durch Ruhigstellung des Pferdes verschwinden kann. Eine derartige Ursache einer geringgradigen Lahmheit kann aber trotzdem eine Synovialitis verursachen und so Wegbereiter einer degenerativen Gelenkerkrankung sein, wodurch sekundär wieder eine Lahmheit hervorgerufen werden kann.

Die mit einer Frakturheilung verbundenen Vorgänge können ebenfalls zu einer Lahmheit führen. Hierfür wurde beim Menschen der Begriff „Frakturkrankheit" geprägt. Diese Situation ist u. U. auch beim Pferd zu beobachten. Eine bedeutende Ursache für bleibende Schäden beim Menschen nach Heilung einer Fraktur ist die Steifheit von Gelenken infolge der Inaktivität. Dies ist nach der Erfahrung des Autors beim Pferd nie beobachtet worden. Derartige Störungen im Bewegungsablauf dürfen aber nicht mit einer Versteifung von Gelenken infolge einer Ankylose der Gelenke im Rahmen einer degenerativen Gelenkerkrankung verwechselt werden, wie sie zum Beispiel in einem Fall von traumatischer Arthritis des Fesselgelenkes („osselets") und einer damit verbundenen Chip-Fraktur des Fesselbeines auftreten würde. Tatsächlich scheint, besonders bei jungen Pferden, bei der Frakturbehandlung mit Gips-, Fiberglas- bzw. Kunststoffverbänden die Schwäche und nicht die Steifheit von Gelenken die Norm zu sein.

Bei der Frakturbehandlung bei Pferden mit Hilfe externer Fixationsmaßnahmen, wie zum Beispiel mit Gips-, Fiberglas- bzw. Kunststoffverbänden, kommt es ferner zu einer Schwäche der Sehnen und der beteiligten Muskeln.

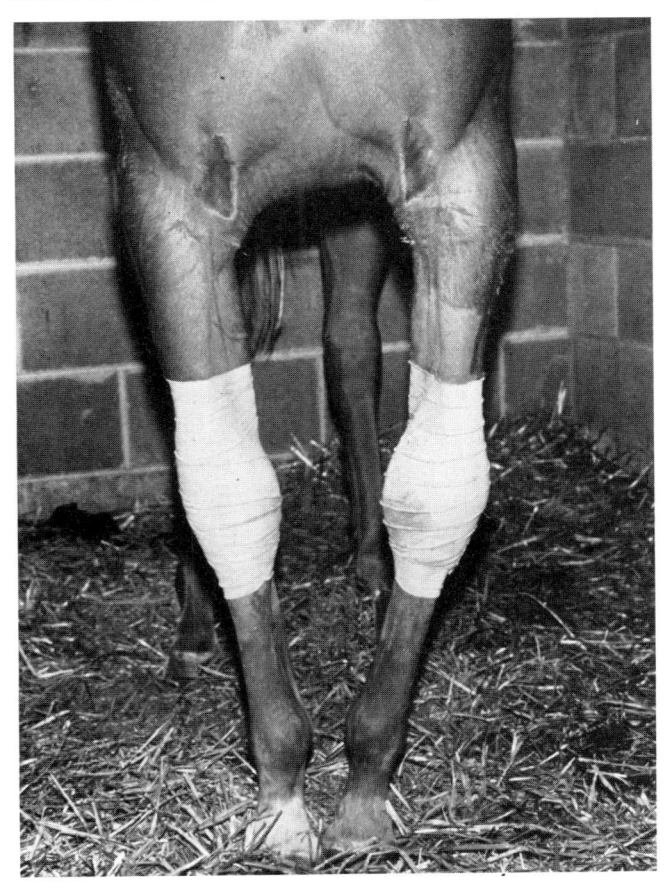

Abb. 6.5: Varusstellung in den Karpalgelenken bei einem Absatzfohlen infolge einer Verletzung des Typs 6 (nach Salter) medial im Bereich der distalen Radiusepiphysenfuge.

Andere Aspekte der sogenannten „Frakturkrankheit" bei Pferden sind Gliedmaßenfehlstellungen aufgrund übermäßiger axialer Belastung aktiver Epiphysenfugen. Die hier am häufigsten auftretende Verformung ist eine Varusstellung im Fesselgelenk (Abb. 6.6). Ferner sind Valgus- bzw. Varusstellung im Vorderfußwurzelgelenk zu beobachten. Wenn die Beckengliedmaße betroffen ist, entwickelt sich eine Varusstellung im Sprunggelenk (siehe Seite 320 bis 324). Komplikationen durch Überbelastung der gegenüberliegenden Gliedmaße während der Heilung einer Fraktur können zu dauernder Lahmheit führen. Die vermehrte Belastung der Beugesehnen und -muskeln sowie die Atrophie der anderen weniger belasteten Muskeln können ebenfalls potentiell irreversible Komplikationen verursachen. Die Rotation des Hufbeines ist eine nur beim Pferd auftretende Veränderung.

Infolge einer Fraktur kommt es zu gewissen reaktiven Entzündungsvorgängen. Das Entzündungsgewebe kann u. U. durch Narbengewebe ersetzt werden. Des weiteren kommt es zu einer Beeinträchtigung der normalen Oberflächen der Gewebe, wodurch die Funktion von Sehnen behindert oder benachbarte Gelenke versteift werden können.

Eine Infektion ist eine ernst zu nehmende Komplikation bei Frakturen, die möglicherweise zu dauernder Lahmheit oder dazu führen kann, daß die Bruchenden nicht wieder zusammenwachsen und das Pferd deshalb eingeschläfert werden muß. Bei der Ausheilung offener (komplizierter) Frakturen kommt es zu sehr viel stärkeren fibrosierenden Reaktionen. Dadurch ist das Risiko größer, daß es zu einem Funktionsverlust der umgebenden Strukturen kommt. Die Gliedmaße kann durch das Narbengewebe permanente Umfangsvermehrungen aufweisen, die für Showpferde ein Handicap sind.

Frakturheilung

Bei Pferden muß der Begriff der „erfolgreichen" Frakturheilung sorgfältiger definiert werden als bei allen anderen Haustieren, vielleicht mit Ausnahme des zu Rennen eingesetzten Windhundes. Jahrhundertelang wurde beobachtet, daß Knochen spontan durch Bildung von Kallus heilen kann. Das Endergebnis war in diesem Fall oft eine Winkelbildung, Drehung oder Verkürzung des Knochens. Bei intraartikulären Frakturen kam es zu unterschiedlich schweren degenerativen Gelenkerkrankungen. Das Tier paßte sich dieser Behinderung schnell an und entwickelte eine geänderte Funktion, wobei die betroffene Gliedmaße unterschiedlich stark belastet wurde. Aufgrund der Natur des Pferdes und aufgrund der speziellen Nutzung durch den Menschen, z. B. Einsatz im Sport, sind die Anforderungen an bessere Techniken der Frakturversorgung gestiegen. Bei der interfragmentären Fixation besonders von Frakturen der langen Röhrenknochen ist diese Technik vorwiegend im Hinblick auf die Forderung verbessert worden, daß die Implantate widerstandsfähiger gegen massive funktionelle Kräfte sein und nicht aufgrund mechanischer Überbeanspruchung versagen sollten. Die Implantate müssen außerdem so stark sein, daß sie nicht durch Ermüdung des Materials zerstört werden, sondern so lange funktionsfähig bleiben, bis die Fraktur verheilt ist. Hierin liegt eines der größten Hindernisse für die Versorgung von Frakturen bei Pferden. Es ist kaum möglich, die Fixation aufrechtzuerhalten, ganz besonders während der Aufwachphase aus der Narkose. Wenn ein Knochen durch eine Platte absolut ruhiggestellt worden ist, kann es zu bestimmten histologischen Vorgängen im Sinne einer Inaktivitätsosteoporose kommen. Die dabei ablaufenden Vorgänge schließen einen Verlust von Knochensubstanz ohne entsprechende Reduktion der Knochengröße (quantitative Osteopenie) ein. Die Inaktivitätsosteoporose beruht auf einem Umbau des Haversschen Lamellensystems und hat beim Menschen und bei Kleintieren beträchtliche Bedeutung gewonnen, da sie sich dahingehend auswirkt, daß nach Entfernen einer Osteosyntheseplatte eine erneute Fraktur des Knochens auftreten kann. Die Inaktivitätsosteoporose ist beim Pferd, selbst beim Fohlen, ein nahezu unbekanntes Ereignis, da die Belastung der Implantate im Vergleich zu Mensch, Hund, Katze und anderen kleinen Tieren sehr viel größer ist. Während der Schwerpunkt der Forschung beim Menschen dahin geht, flexiblere Implantate zu entwickeln, ging der Vorstoß bei Pferden in die umgekehrte Richtung in dem Versuch, mit der auftretenden massiven Belastung fertigzuwerden.

Kompressionsosteosynthese

Die Verwendung verschiedener Kompressionsmethoden zur Frakturbehandlung bei Mensch und Tier ist mittlerweile in weiten Kreisen akzeptiert worden. Unter konstanten Bedingungen wurde festgestellt, daß der spongiöse wie auch der kortikale (kompakte) Knochen durch primäre knöcherne Vereinigung heilen, ohne röntgenologisch nachweisbare Kallusbildung. Derartige Bedingungen können geschaffen werden, indem eine Fraktur der

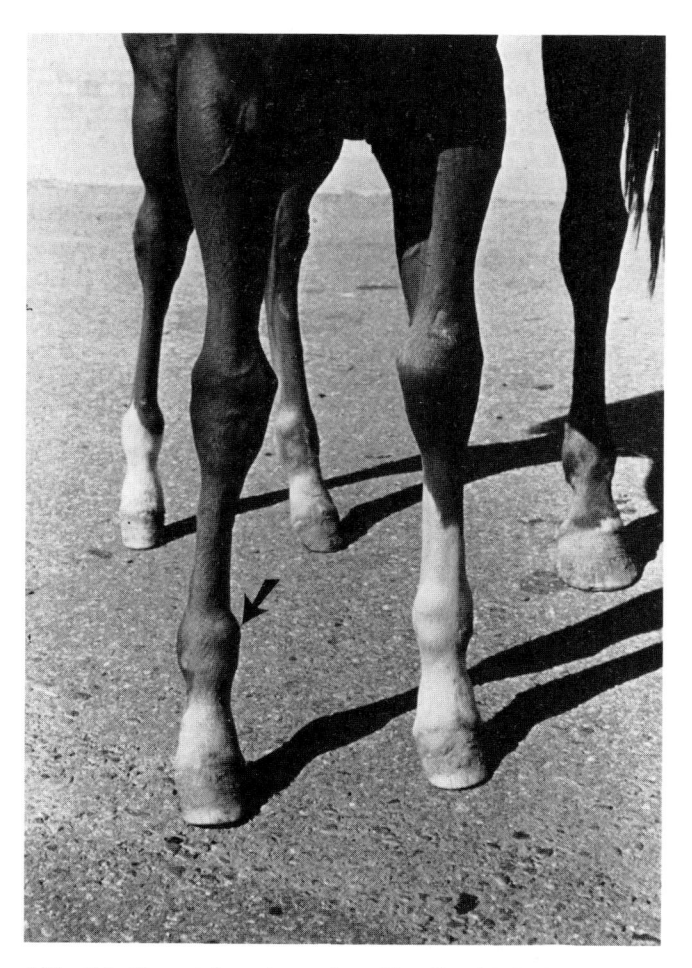

Abb. 6.6: Varusstellung im rechten Fesselkopf bei einem Fohlen aufgrund übermäßiger Belastung. Auch die Epiphysenfuge ist zu einem gewissen Grad aufgetrieben.

Diaphyse mittels einer Platte zusammengefügt wird, die axialen Druck ausübt. In dieser Situation, so wurde durch SCHENK und WILLENEGGER[83] nachgewiesen, ergibt sich die Heilung durch Proliferation neuer Osteone, die parallel zur Längsachse des Knochens wachsen, zunächst durch die nekrotischen Knochenenden, dann über den Frakturspalt hinaus. Unter diesen Bedingungen wurde die knöcherne Vereinigung ohne netzförmige Resorption von Knochen und ohne größere Veränderungen der Fragmente erreicht. Zu Anfang wurde angenommen, daß der Druck irgendwelche magischen osteogenen Reize auf den Knochen bewirke; mittlerweile ist allgemein anerkannt, daß die mechanische Stabilität mit wenig oder keiner Beweglichkeit der Fragmente gegeneinander günstigere Voraussetzungen für die Knochenheilung schafft. Daher besteht die Funktion der Implantate (Platten und/oder Schrauben) darin, die Knochenfragmente unter Kompression zu halten, wodurch der Knochen und die benachbarten Gelenke die Möglichkeit zu relativ normaler Funktion haben, bis die Vereinigung der Bruchenden erfolgt ist.

Nach dem bisher Gesagten sollte klar sein, daß die Kompressionsosteosynthese von Frakturen die ideale Lösung für die Reparation von Frakturen bei Pferden wäre. Intraartikuläre Frakturen heilen, wenn die Bruchenden durch Druck zuverlässig zusammengehalten werden, schnell, ohne daß sich sekundär degenerative Gelenkerkrankungen entwickeln. Frakturen der langen Röhrenknochen können, wenn die Bruchenden durch Knochenplatten fixiert sind, ohne größere Kallusbildung heilen, welche die benachbarten Weichteilgewebe beeinträchtigen würde. Dennoch ist die Lösung nicht ganz so optimal, wie sie hier dargestellt wurde. Die Ursachen dafür sind das Temperament und die Größe des Patienten, mit dem der Chirurg bei diesen orthopädischen Maßnahmen in der Praxis zu tun hat. Diese Probleme sind bereits kurz angesprochen worden. Die Methoden zur Versorgung bestimmter Frakturen, besonders solcher, bei denen der Einsatz von Zugschrauben sinnvoll ist, werden auf den Seiten 486 bis 750 bei der Diskussion der einzelnen Knochen oder Gelenke besprochen. Hier folgen allgemeine Prinzipien der Osteosynthese bei Frakturen und die Methoden, mittels derer die Fixation erreicht wird.

Fixation durch interfragmentäre Kompression mittels Zug-(Kompressions-)schrauben. Eine Methode, Frakturenden zusammenzuhalten, ist die Verwendung von Zugschrauben, eine grundlegende Technik, die bei Tischlern und im Maschinenbau routinemäßig angewandt wird. Diese Methode eignet sich in der Pferdepraxis zur chirurgischen Versorgung besonders der intraartikulären Frakturen, bei denen unbedingt eine genaue anatomische Adaption der Bruchenden an der Gelenkfläche erreicht werden muß, damit es nicht zu einer sekundären degenerativen Gelenkerkrankung kommt. In Abbildung 6.7 ist eine Fesselbeinfraktur dargestellt, bei der die Verwendung von Zugschrauben für die Osteosynthese sinnvoll wäre. Die Fixation mittels einer Zugschraube wird niemals benutzt, um größere Frakturen der langen Röhrenknochen bei Pferden oder auch nur bei kleinen Fohlen zu fixieren, da sie hierzu einfach nicht genügend Stabilität bietet. Optimal eignen sich diese Schrauben dagegen für die Versorgung anderer Frakturen, wie z. B. Slab-Frakturen des Os metacarpale III, Frakturen des lateralen Kondylus am distalen Ende des Os metacarpale bzw. metatarsale III, Sagittalfrakturen des Fesselbeines und bestimmte Frakturen des Hufbeines. Die Zugschrauben können zusammen mit Platten für die Osteosynthese bei Trümmerfrakturen benutzt werden, wenn hier die Fragmente nach der Reposition mit Schrauben und einer sogenannten Zuggurtungsplatte fixiert werden sollen. Unter bestimmten Umständen wird aufgrund der Dichte des Pferdeknochens eine Kortikalisschraube als Kompressionsschraube verwendet. Um die Wirkung einer Zugschraube zu erreichen, darf das Gewinde nur in einem Fragment fassen. Bei Kortikalisschrauben wird dies erreicht, indem in dem schraubenkopfnahen Fragment ein so weites Bohrloch angelegt wird, daß das Schraubengewinde in diesem Knochenteil nicht fassen kann. Dieses Loch wird als Gleitloch bezeichnet (Abb. 6.8). Wenn der Durchmesser dieses Loches nicht extra weit wäre, würde beim Anziehen der Schraube der Spalt zwischen den Bruchenden bestehenbleiben. Daher soll die Schraube nur in der schraubenkopffernen Kompakta fassen. Das Loch in dieser Kompakta wird als Gewindeloch bezeichnet. (Abbildung 6.9 zeigt die Verwendung einer Zugschraube zur Kompressionsfixation bei einer Sagittalfraktur des Hufbeines.) Das Gewinde einer Kortikalisschraube geht über die ganze Länge der Schraube und ist feiner (der Abstand zwischen dem äußeren Durchmesser und dem Kernstück der Schraube ist kleiner) als bei der Spongiosaschraube (Abb. 6.10). An manchen Stellen, besonders im Bereich der Metaphysen bei Fohlen, ist der Knochen zu weich, als daß die Verwendung von Kortikalisschrauben möglich wäre. In diesem Fall muß die Kompression der Fragmente mittels einer Spongiosaschraube erreicht werden. Um die

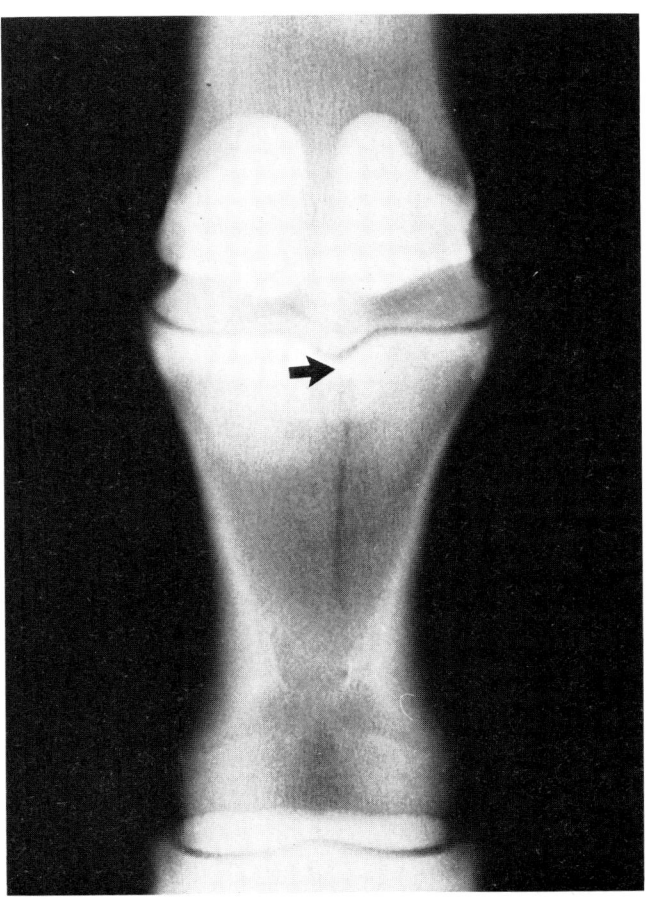

Abb. 6.7: Fesselbeinfraktur, bei der sich die Osteosynthese mittels Zugschrauben anbietet. Durch diese Art der Fixation würden die innerhalb des Gelenkes gelegenen Anteile der Fragmente exakt wiederhergestellt (Pfeil). Somit wäre das Risiko einer sekundären degenerativen Erkrankung des Fesselgelenkes verringert.

nal Fixation). Dieses System von Implantaten ist bei Pferden am häufigsten verwendet worden und ist nach Ansicht des Autors auch am besten geeignet.

Bei älteren orthopädischen Implantaten wurden Schrauben mit eigenem Gewindeschneider verwendet. Von diesen wurde zunächst angenommen, daß sie nicht so gut zur Fixation des Knochens geeignet wären wie die Schrauben des AO-ASIF-Systems, bei deren Einsatz die Löcher vorgebohrt werden müssen.[68] SCHATZKER et al. haben bewiesen, daß die Schrauben mit eigenem Gewindeschneider die gleiche Haltekraft haben wie die ohne.[82] Allerdings ist der Vorteil bei den Schrauben ohne eigenen Gewindeschneider, daß sie mit größerer Genauigkeit in den Knochen plaziert werden können, was schon für sich allein eine bessere Haltekraft bewirken mag.[81,82]

Um die maximal mögliche Kompression der Bruchstücke zu erreichen, muß eine Zugschraube senkrecht zur Frakturebene eingesetzt werden. Wenn der Knochen allerdings unter axialer Belastung steht, sollte die Schraube möglichst im rechten Winkel zur Längsachse des Knochens eingesetzt werden. Daher liegt die ideale Richtung der Schraube, um eine maximale Kompression der Bruchstücke sowie eine möglichst große Widerstandskraft gegen axiale Belastung zu erreichen, zwischen diesen beiden Extremen (Abb. 6.12). Dies ist eine recht hypothetische Lösung, die bei bestimmten Frakturen beim Pferd nicht immer erreichbar ist. Bei der Osteosynthese einer Sagittalfraktur des Fesselbeines z. B. reichen sowohl das Einsetzen der Schrauben im rechten Winkel zur Längsachse als auch das Einsetzen parallel zur Längsachse des Knochens in der Regel zur Kompression aus, um eine glatte Gelenkfläche zu erhalten.

In Einzelfällen wird eine Zugschraube allein verwendet, um Frakturen beim Pferd zu reponieren. Im allgemeinen aber werden zwei oder mehr dieser Schrauben verwendet, um eine Rotation des Bruchstückes zu verhindern. Die Reparation von langen, schrägen oder spiralförmig verlaufenden Frakturen der langen Röhrenknochen, wie Os femoris, Tibia, Humerus und Radius, sollte nie mittels einzelner Zugschrauben erfolgen. In Kombination mit Edelstahl-Knochenplatten werden Zugschrauben auch für die chirurgische Versorgung größerer Frakturen der langen Röhrenknochen verwendet. Zur Information über die Osteosyntheseverfahren bei solchen Frakturen wird der Leser auf die Abhandlung von FACKELMAN und NUNAMAKER verwiesen.[27]

Lokale und systemische Knochenerkrankungen

Infektiöse Ostitis und Osteomyelitis

Die Begriffe Ostitis und Osteomyelitis werden verwendet, um eine Knochengewebsentzündung zu beschreiben, die das Periost und das Bindegewebe der Haversschen und Volkmannschen Kanäle sowie die Markhöhle betrifft.[50] Wenn dieser Vorgang im Periost beginnt, wird er als Ostitis oder Osteoperiostitis bezeichnet. Wenn der Prozeß seinen Anfang in der Markhöhle nimmt, wird der Begriff Osteomyelitis verwandt. Die jeweilige Prognose und Behandlung der Ostitis und der Osteomyelitis unterscheiden sich recht deutlich. Die Unterscheidung zwischen diesen beiden Formen ist daher wichtig.

Infektiöse Ostitis

Die Ostitis kommt im allgemeinen an den Extremitätenknochen des Pferdes vor (besonders in Metakarpus und Metatarsus, da diese Knochen nur mit wenig weichem Gewebe bedeckt sind und kaum natürlichen Schutz besitzen). Die schmerzbedingte Lahmheit bei einer Ostitis ist nach der Erfahrung des Autors wechselnd. Die Ostitis ist gewöhnlich Folge einer Infektion, ausgehend von einem nahe gelegenen septischen Prozeß oder von einer Verletzung der Haut.[11] Sie wird oft infolge von Schlagverletzungen ohne Verletzung der äußeren Haut beobachtet. Bei einer penetrierenden Verletzung der Haut wird das Periost freigelegt. Die äußeren Schichten der Kompakta gehen unter Umständen zugrunde, während die tieferen Kompaktaschichten des Knochens aufgrund der Blutversorgung durch endostale Gefäße überleben. Bakterien, die in den Knochen eindringen, siedeln sich in dessen oberflächlichen Schichten an. Dadurch entsteht innerhalb der Wunde eine dünne Schicht abgestorbenen Knochens (Knochensequester). Obwohl Granulationsgewebe über den Knochensequester wachsen kann, geschieht dies in

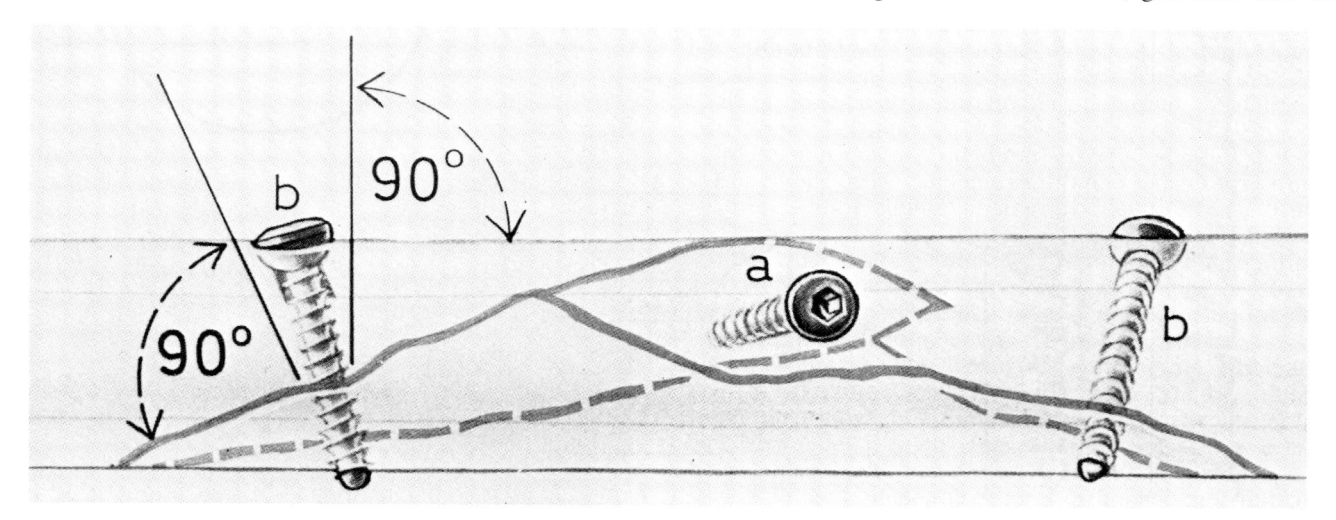

Abb. 6.12: Darstellung der idealen Ausrichtung der Schraube, um eine maximale Kompression der Fragmente zu erreichen. Einfacher Drehkeil. Eine Schraube (a) fixiert beide Hauptfragmente, die übrigen Schrauben (b) liegen in der Winkelhalbierenden zwischen der Senkrechten zur Schaftachse und der Senkrechten zum Frakturspalt (aus MUELLER, M. E., et al.: Manual der Osteosynthese. Heidelberg, Springer-Verlag, 1977).

der Regel langsam. Gelegentlich breitet sich das Granulationsgewebe unter dem Sequester aus und verdrängt diesen aus der Wunde. Die Heilungsgeschwindigkeit einer Wunde kann durch frühzeitige Entfernung des Sequesters beschleunigt werden. Meist ist außerdem eine Kürettage des angrenzenden Knochens notwendig.

Ein Sequester kann sich auch ohne eine Verletzung der Haut entwickeln, wenn ein Pferd geschlagen wird, oder durch ein anderes stumpfes Trauma. Manche Chirurgen gehen davon aus, daß eine traumatische Schädigung der Kompakta des Knochens ohne Anwesenheit einer Infektion nicht zu einer Sequesterbildung führt.[11] Eine Sequesterbildung ohne Verletzung der Haut ist nach den Erfahrungen des Autors selten. Wenn ursprünglich keine Hautverletzung vorlag, kann es zu einer Infektion des Hämatoms kommen, woraus sich eine Fistel mit einer Fistelöffnung und eine schlecht heilende Wunde entwickeln können.

Eine chronische persistierende Fistel einer Wunde beim Pferd erfordert eine röntgenologische Untersuchung, um nach einem eventuell vorhandenen Knochensequester zu suchen. Der Ausfluß aus der Wunde wird kaum nachlassen oder zumindest wird die Wundheilung beträchtlich verlängert, wenn der Sequester nicht chirurgisch entfernt wird. Der Grund für den Unterhalt der Fistel liegt darin, daß bereits pathogene Keime im nekrotischen Knochen jenseits der Grenze der Blutversorgung vorhanden sind, wo sie den Abwehrmaßnahmen des Körpers widerstehen können.

Röntgenologische Kennzeichen der Ostitis sind immer davon abhängig, wieviel Zeit zwischen dem Auftreten der Verletzung und dem Zeitpunkt der Untersuchung vergangen ist. Zunächst werden eine Schwellung der Weichteilgewebe und Anzeichen von Knochenabbau sowie eine Hyperämie des benachbarten Knochengewebes festzustellen sein. 7 bis 14 Tage nach der Verletzung kann eine deutliche Proliferation des Periostes zu erkennen sein. Die Bildung eines Sequesters kann ebenso zu diesem Zeitpunkt sichtbar sein, da jetzt die Resorption durch Osteoklasten an der Peripherie abläuft. In weiter fortgeschrittenen Fällen ist der Sequester von einem sklerotischen Rand umgeben, der Involucrum genannt wird.[20]

Therapie. Manchmal kann eine Ostitis spontan abheilen, besonders wenn keine Infektion erfolgt. In Gegenwart von Bakterien kann die Wunde auf unbegrenzte Zeit eitern, bis der Sequester entfernt wird. In diesem Fall ist in der Regel eine Wundtoilette mit Entfernung des pathologischen Narbengewebes und der nekrotischen Knochenteile erforderlich. Während kleine Knochensequester im Rahmen des Entzündungsprozesses spontan resorbiert werden können, müssen größere Sequester in der Regel chirurgisch entfernt werden.

Zur Entfernung von Knochensequestern wird das Tier in Narkose abgelegt. Es sollten aseptische Operationsbedingungen vorliegen. Nach Ausschneiden des umgebenden Granulations- und Narbengewebes wird eine Kürettage der betroffenen Gebiete bis auf den gesunden Knochen vorgenommen. Eine röntgenologische Kontrolle, um sicherzugehen, daß der erkrankte Bereich des Knochens vollständig entfernt worden ist, kann indiziert sein. Ein Esmarch-Schlauch in Verbindung mit einer Arterienklemme sollte die Blutung aus dem Granulationsgewebe möglichst gering halten, da sonst das Operationsgebiet unübersichtlich wird. Nach der Operation muß eine Drainage gelegt werden, wenn Eiter oder infiziertes Gewebe vorliegt. Hierzu kann ein Penrose- oder ein Saugdrain benutzt werden. Die Wundspülung in der Form, wie sie beim Menschen durchgeführt wird (Einbringen und Absaugen der Flüssigkeit), ist beim Pferd sehr aufwendig und nach der Erfahrung des Autors nur gelegentlich indiziert. Allerdings kann eine einfache Spüldränage in Verbindung mit einem Penrose-Drain verwendet werden. Dies erlaubt eine gute mechanische Spülung der Wunde. Gelegentlich kann versucht werden, eine Heilung der Wunde per primam zu erreichen, wenn keine ernsthafte Infektion vorliegt. Im distalen Bereich der Gliedmaße ist hierzu das Anlegen eines Druckverbandes erforderlich. Häufig müssen große Hautverletzungen per secundam abheilen. Zur Förderung der Epithelialisierung kann bei solchen Defekten die Transplantation autogener Maschentransplantate durchgeführt werden.[11] Selbst nach Hauttransplantationen heilen diese Wunden nur langsam. Die parenterale Gabe von Antibiotika allein ist bei der Behandlung eines Knochensequesters von nur begrenztem Wert. Antibiotika sind indiziert, wenn in Verbindung mit der Verletzung Zeichen einer Zellulitis (Phlegmone) bestehen; dies kommt allerdings selten vor. Schlechte Erreichbarkeit der nekrotischen Bezirke des Knochens durch die Antibiotika ist eine der Ursachen, die den Wert der Antibiotikabehandlung begrenzen. In der Regel kann eine große Zahl verschiedener Keime (sekundäre Pathogene) aus der Wunde gewonnen und kultiviert werden, und in vielen Fällen sind diese resistent gegen Antibiotika, die bei der Behandlung von Pferden erfolgreich eingesetzt werden. Die Prognose bei einer Ostitis ist in aller Regel äußerst günstig, solange zum Zeitpunkt der Operation keine lebenswichtigen Strukturen der Umgebung in Mitleidenschaft gezogen oder verletzt sind.

Osteomyelitis

Die Osteomyelitis ist eine extensivere Entzündung des Knochens, die innerhalb des Markraumes beginnt. Die Pathogenese weicht von derjenigen der Ostitis-Periostitis ab, obwohl beide in weiter fortgeschrittenen Fällen unter Umständen nicht mehr zu unterscheiden sind. Eine Osteomyelitis bei Neugeborenen ist oft hämatogener Herkunft, während dies bei erwachsenen Tieren sehr selten ist. Die Osteomyelitis kann auch durch penetrierende Wunden, offene Frakturen oder nach der Osteosynthese bei gedeckten Frakturen entstehen, wenn Fehler bei der aseptischen Operationstechnik vorgekommen sind.

Hämatogene Osteomyelitis der Neugeborenen. Die Lokalisation der hämatogenen Osteomyelitis im Bereich der Metaphyse kann durch den langsamen Blutfluß in diesen Bereichen erklärt werden, wo die Blutgefäße Endsinusoide bilden. Zunächst sind das Anfangsstadium einer Entzündung, Hyperämie und Exsudation und das Auftreten von weißen Blutzellen zu bemerken. Die Infektion breitet sich über die Haversschen und Volkmannschen Kanäle aus und hebt das Periost ab. Prostaglandine sind ebenfalls nachweisbar. Sie werden für die Knochenzerstörung mitverantwortlich gemacht.[19] Während der Ausbreitung der Infektion kommt es zu einer Thrombose der Blutgefäße, wodurch die Osteozyten in ihren Lakunen zugrunde gehen. Dies ist durch histologische Befunde bestätigt worden.[8] Das Endergebnis ist eine Knochennekrose mit Sequesterbildung. Der Entzündungsprozeß verursacht außerdem Druck, welcher selbst wiederum die Blutversorgung des Knochens beeinträchtigt. Histologisch sind eine Infiltration von Entzündungszellen und die Zerstörung des Knochens zu beobachten. Die Infektion kann die Epiphysenfuge überqueren, was zu einer Infektion der beiderseits von dieser gelegenen Bereiche führt. MORGAN et al. nehmen nämlich an, daß bei Tieren Blutgefäße über die Epiphysenfuge hinwegführen, obwohl auch eine gleichzeitige Besiedlung sowohl der Epiphyse wie auch der Metaphyse vorkommen kann.[67] Bei einem Tier können demzufolge verschiedene Bereiche desselben Knochens infiziert sein, ebensogut aber auch verschiedene Knochen. Knocheninfektionen durch *Salmonella spp.* zum Beispiel treten typischerweise gleichzeitig an vielen Stellen auf.[67] In schweren Fällen von Osteomyelitis kann die Infektion auf das Stratum synoviale übergreifen, was zu einer septischen Arthritis führt (siehe Seite 423 bis 432). Die hämatogene Osteomyelitis der Neugeborenen ist häufig ein Teil einer allgemeinen Erkrankung mit einem weiteren Infektionsherd an anderer Stelle im Körper, wie z. B. am Nabel, im Magen-Darm-Trakt oder in den Lungen. Andere Systeme des Körpers können beteiligt sein mit Symptomen, die auf eine Infektion dieser Gebiete hinweisen und daher eine sorgfältige klinische Untersuchung erfordern. Zu den verschiedenen Erregern, die an diesen Vorgängen beteiligt sind, gehören unter anderen *Staphylococcus spp., Streptococcus spp., Corynebacterium spp., Escherichia coli* und *Salmonella spp.* Pilzinfektionen sind selten. Fohlen mit einer Beeinträchtigung des Immunsystems (d. h. Ausfall der passiven Immunisierung) sind zur hämatogenen Osteomyelitis der Neugeborenen prädisponiert.

Osteomyelitis nach offenen Frakturen oder Verletzungen. Osteomyelitis kann auch infolge einer offenen (komplizierten) Fraktur oder einer penetrierenden Verletzung entstehen. Hier dringen die pathogenen Keime in die Markhöhle vor. Zugrunde liegt in der Regel eine traumatische Schädigung der Haut sowie der umgebenden Weichteilgewebe. Manchmal tritt bei Frakturen ohne irgendwelche äußerlich sichtbaren Hautverletzungen eine hämatogene Arthritis auf. In einer solchen Situation bietet das nekrotische Gewebe ein Medium für die Vermehrung von Bakterien, und die Infektion entwickelt sich hämatogen. Die Pathogenese der Osteomyelitis ist von der Blutzufuhr zur Frakturstelle abhängig. In der Regel fehlt hier in irgendeinem Bereich die Vaskularisation. Knochenfragmente können völlig von der Blutversorgung abgeschnitten sein und bieten ein ideales Medium für Bakterien.

Die Behandlung einer offenen Fraktur ohne eine völlige Stabilisierung ist in der Regel vergeblich, außer wenn die abgestorbenen, von der Blutversorgung abgeschnittenen Fragmente entfernt oder wieder in die abheilende Fraktur eingesetzt werden können, wo sich eine erneute Anbindung an die Blutversorgung ergeben kann. Die Infektion breitet sich im Knochen ähnlich aus, wie es bei der hämatogenen Osteomyelitis beschrieben wurde.

Klinische Symptome. Die hämatogene Osteomyelitis kann in ihren frühen Stadien übersehen werden, und so werden dem Tierarzt häufig Fälle vorgestellt, die auf eine medikamentelle Therapie nicht mehr ansprechen. Der Besitzer ist oft der Meinung, daß die Lahmheit auf eine Zerrung zurückzuführen oder daß die Stute auf das Fohlen getreten ist. In der Regel besteht eine hoch- oder höchstgradige Lahmheit mit Zellulitis oder Phlegmone der benachbarten Weichteilgewebe. Das Tier kann derartig lahm gehen, daß Verdacht auf einen Knochenbruch aufkommt. Das Pferd hat Fieber und zeigt bei Manipulation des Gelenkes Schmerzreaktionen; das Blutbild kann eine Leukozytose zeigen. Die Blutsenkungsgeschwindigkeit (BKS, ESR), beim Menschen ein brauchbarer Parameter für die Diagnose der hämatogenen Osteomyelitis, hat sich beim Pferd als nicht aussagekräftig erwiesen. Eine lokalisierte Osteomyelitis der Wirbel kann von Lahmheit und/oder neurologischen Symptomen begleitet werden.

Röntgenologisch ist beim Vorliegen einer hämatogenen Osteomyelitis ein Dichteverlust im Knochen nachzuweisen, der auf eine Verringerung des Gehaltes an Kalziumsalzen zurückzuführen ist. Lytische Veränderungen im Knochen sind erst dann sichtbar, wenn 30 bis 50 % der Mineralstoffe in der Knochensubstanz fehlen.[73] Gewöhnlich ist dieser Zustand 10 bis 14 Tage nach Beginn der Infektion zu erkennen (Abb. 6.13 A und B). In eher chronischen Fällen bestehen oft sklerotische Ränder um die Bereiche, in denen die Auflösungsvorgänge stattfinden. Diese sind auf die Bildung neuen Knochens zurückzuführen. Es kann die Bildung eines Sequesters mit einem umgebenden abgegrenzten Bereich (Involucrum genannt) festzustellen sein. Ebenso können eine endostale Verdickung und eine Verdickung des Periostes vorliegen. Gelegentlich greift die Osteomyelitis auf ein benachbartes Gelenk über, wobei dann die Symptome einer septischen Arthritis auftreten. Ein Brodie-Abszeß, also ein kleiner abgegrenzter Bereich spongiösen Knochens, wird hauptsächlich beim Menschen und nur selten bei Pferden beobachtet. In der Humanmedizin tätige Radiologen, die zufälligerweise einmal aufgefordert wurden, Röntgenaufnahmen von Pferden auszuwerten, interpretierten häufig subchondrale Knochenzysten (Läsionen im Rahmen einer Osteochondrose) als Brodie-Abszesse.

Therapie. Im Gegensatz zur Situation in der Humanmedizin hat der Tierarzt selten die Möglichkeit, eine hämatogene Osteomyelitis medikamentell zu behandeln. Wie bereits erwähnt, wird eine im frühen Stadium der Osteomyelitis auftretende Lahmheit oft von Besitzer und Tierarzt auf eine Zerrung zurückgeführt. Da der Tierarzt häufig einer Osteomyelitis gegenübersteht, die bereits röntgenologisch deutlich zu erkennen ist, ist es in der Regel für eine medikamentelle Behandlung zu spät.[78] Bei einem Verdacht auf eine akute hämatogene Osteomyelitis, bei der noch keine röntgenologisch sichtbaren Veränderungen bestehen, sollte eine Behandlung mit Breitbandantibiotika mit bakterizider Wirkung durchgeführt werden. Die Dauer der medikamentellen Behandlung stützt sich zum größten Teil auf empirische Beobachtungen und sollte sich nach der klinischen Wirkung richten. Prostaglandinsyntheseinhibitoren wie Aspirin haben ihre Wirksamkeit bei der Behandlung der akuten Osteomyelitis bei Mensch und Tieren in Kombination mit Antibiotika bewiesen.[19] Wenn die Erkrankung auf die medikamentelle Therapie nicht anspricht und die Osteomyelitis lokalisiert ist, wird dies ein chirurgischer Fall. Bei der Operation sollten eine Kultur und ein Resistenztest angelegt werden. Das Anlegen von Blutkulturen ist indiziert, bleibt aber häufig ergebnislos. Wenn viele Körperabschnitte betroffen sind, ist die Euthanasie die einzig praktikable Lösung. Der Einsatz von Antibiotika ist nur in Fällen nützlich, in denen Symptome einer systemischen Erkrankung vorliegen, wie Leukozytose und Fieber, oder andere Organsysteme mitbetroffen sind. Eine ausschließliche Behandlung mit Antibiotika ist in der Regel aufgrund der ischämischen Natur der Erkrankung und der schlechten Erreichbarkeit des von der Blutversorgung abgeschnittenen Knochens erfolglos. Wenn Antibiotika eingesetzt werden, sollten sie frühzeitig und in hohen Dosen appliziert werden. Da eine Identifikation der pathogenen Keime häufig schwierig ist, sollten Breitbandantibiotika verwendet werden. Einige Antibiotika, die in der Human-

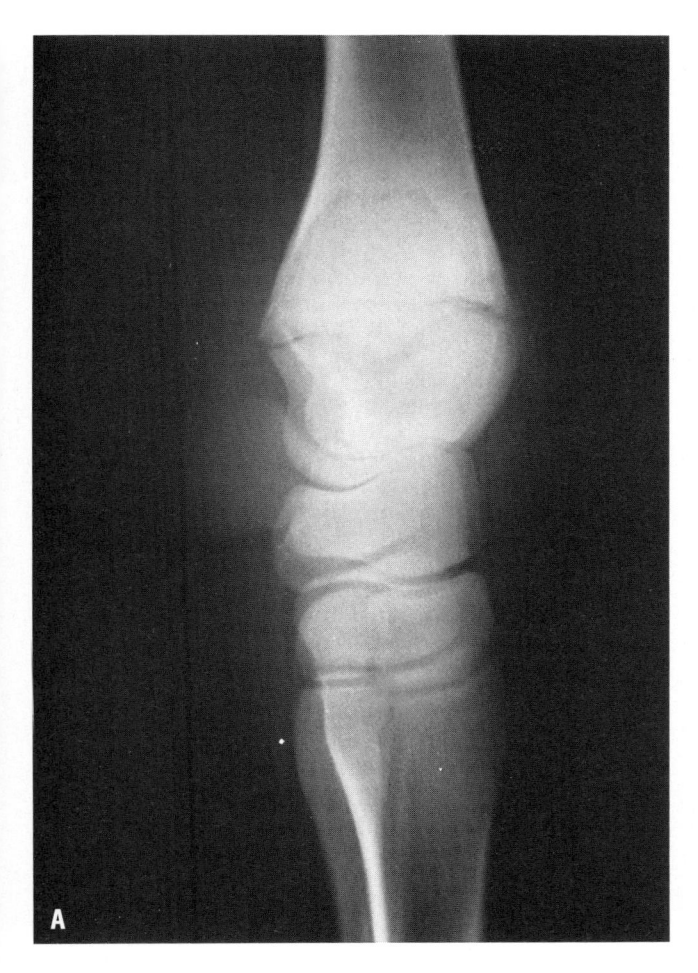

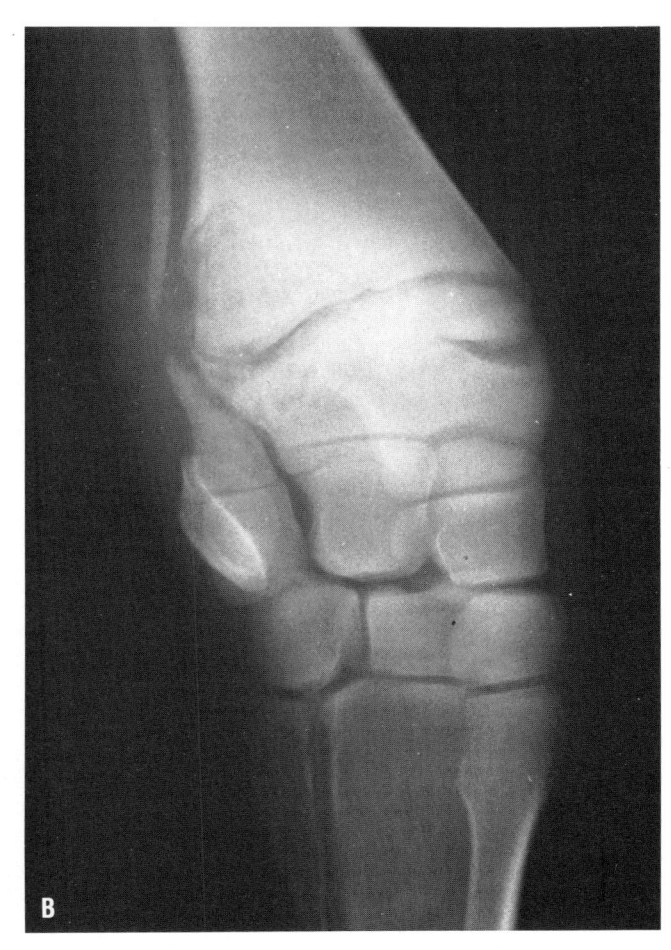

Abb. 6.13: Hämatogene Osteomyelitis am distalen Ende des Radius mit lytischen Veränderungen des Knochens bei einem Fohlen. **A** Lateralansicht; **B** Schrägaufnahme.

medizin eingesetzt werden, sind für das Pferd toxisch. So ist zum Beispiel bewiesen worden, daß Lincomyzin® beim Pferd eine schwere Kolitis verursacht und daher nicht verabreicht werden darf. Der Wert einer lokalen Antibiotikabehandlung ist fraglich. Tetrazykline sind aufgrund ihrer Affinität zu Knochengewebe für die Behandlung der Osteomyelitis vorgeschlagen worden. Die Tetrazyklinkonzentration findet aber in Gebieten mit osteoider Verkalkung statt, welche bei einer Osteomyelitis nicht vorrangig betroffen sind.

Eine chirurgische Kürettage ist dann indiziert, wenn die Osteomyelitis nicht in der Nähe eines Gelenkes vorliegt und wenn die mechanische Stabilität des Knochens nicht gefährdet ist. Das infizierte Knochengewebe sollte nach Möglichkeit entfernt werden. Häufig wird gleichzeitig eine Knochentransplantation durchgeführt, damit sich der durch die Kürettage entstandene Hohlraum schneller schließt. Hierzu sollte nur spongiöser Knochen verwandt werden, kein kortikaler Knochen (Kompakta), sonst kann es zur Bildung eines Knochensequesters aus diesem Kompakta-Anteil kommen. Wenn die Stabilität des Knochens in Frage der Kürettage zweifelhaft ist, ist eine zusätzliche externe Fixation durch Anlegen eines Gips-, Fiberglas- bzw. Kunststoffverbandes ratsam.

Die Prognose bei der hämatogenen Osteomyelitis ist äußerst ungünstig, besonders, wenn viele Körperregionen betroffen sind. Wenn es nach einer Operation zu einem erneuten Auftreten der Infektion kommt, geschieht dies häufig deshalb, weil nicht sämtliche betroffenen Gewebeteile entfernt werden konnten. Wenn eine Sepsis in einem Gelenk vorliegt, sollte das Gelenk gespült werden (siehe Seite 429 bis 432).

Osteomyelitis nach Osteosynthese. Ursache einer nach einer Osteosynthese auftretenden Osteomyelitis ist in der Regel die Kontamination infolge einer offenen Fraktur oder bei der Operation, trotz peinlich aseptischer Technik. In der Regel tragen Hämatome und die fehlende Blutgefäßversorgung an der Frakturstelle sowie die Implantation körperfremden Materials (Nägel, Platten, Schrauben etc.) zur Entstehung der Osteomyelitis bei, da sie günstige Bedingungen für das Wachstum von Bakterien bieten. Eine Osteomyelitis kann sich trotz einer gleichzeitig mit der Frakturversorgung durchgeführten prophylaktischen Antibiotikabehandlung entwickeln.

Klinische Symptome. Die klinischen Symptome einer Osteomyelitis nach der Osteosynthese sind Lahmheit, Leukozytose, Verzögerung der Wundheilung über den Implantaten, Ausfluß aus der Wunde und Fistelbildung. Diese Symptome können schon nach sieben bis zehn Tagen, möglicherweise aber auch erst nach drei bis vier Wochen auftreten. Röntgenologisch sind zunächst verschwommene Konturen der Bälkchenstruktur im spongiösen Knochen und ein mottenzerfressenes Aussehen der Frakturstelle festzustellen.

308 Kapitel 6: Krankheiten der Knochen und Muskeln

Weiter können lytische Vorgänge entlang des Schraubengewindes oder unter einer Platte festzustellen sein. In der Regel ist ein Stück Knochen, dessen Kalkgehalt vermindert und das von einer transparenten Zone umgeben ist, ein Zeichen für Sequesterbildung. Unter der Platte und direkt entlang dem Gewindeteil der Schrauben kommt es typischerweise zur Zerstörung des Knochens im Bereich der Implantate (Abb. 6.14). In älteren Fällen sind bei einer Osteomyelitis Zonen mit Knochenauf- und -abbau nachzuweisen.

Therapie und Prognose. Die wichtigste Aufgabe bei der Behandlung der Osteomyelitis ist nach der Adaption der Bruchstücke die Herstellung der Stabilität. Dies erfordert in der Regel den Einsatz einer Zuggurtungsplatte, wie er von der ASIF-Gruppe gefordert wird.[27,68] Eine Alternative zur Osteosynthese mittels der Zuggurtungsplatte ist die Extensionsbehandlung. Diese erfolgt mit Steinmann-Nägeln, die transversal ober- und unterhalb der Frakturstelle eingebracht werden. Danach wird ein Gips-, Fiberglas- bzw. Kunststoffverband angelegt, der die Nägel einbezieht und fixiert. So wird eine gewisse Stabilität erreicht, ohne daß die der Bruchstelle benachbarten Weichteilgewebe verletzt werden. Die Anwendung dieser Methode ist allerdings auf Fohlen und Pferde mit geringem Körpergewicht beschränkt. Es wird in keiner Weise die durch die Osteosynthese mittels Zuggurtungsplatte mögliche Stabilität erreicht. Dennoch wird die Extensionsbehandlung gelegentlich im Bereich der Metakarpal- und Metatarsalknochen angewandt, wo der verletzte Knochen nur in geringem Maße von Weichteilgewebe bedeckt ist.[29] Trotz der Infektionsgefahr kommt es hier zur Heilung des Knochens, wenn die Stabilität des Frakturbereiches gewährleistet ist. Dies ist durch zahlreiche klinische Beobachtungen beim Menschen, bei Kleintieren und bei Pferden belegt worden.[51] Die Aufrechterhaltung der Stabilität ist nicht nur für die Frakturheilung wichtig, sondern auch, um die Ausbreitung der Infektion in Grenzen zu halten.[13] Lose sitzende Implantate sollten entfernt und die Stabilität der Fraktur durch andere Mittel, wie z. B. eine erneute Verplattung oder externe Fixation, erreicht werden. (Implantate, deren Lage stabil zu sein scheint, sollten an ihrem Platz belassen werden.) In manchen Fällen kann es notwendig sein, die durch die Osteosynthese erreichte Stabilität durch externe Fixationsmaßnahmen zu unterstützen. Wenn die Stabilisierung einer Fraktur weder durch Osteosynthese noch mittels externer Fixationsmethoden oder durch Kombination beider Möglichkeiten zu erreichen ist, bleibt als einzige praktisch durchführbare und humane Alternative nur die Euthanasie. Manchmal sind die eingedrungenen Keime so virulent, daß sich eine hämatogene Osteomyelitis entwickelt. Hier sind als zusätzliche Maßnahmen zur Behandlung der Osteomyelitis eine Wundtoilette, die Ausschneidung der Fistelgänge sowie der infizierten Weichteilgewebe, außerdem die Entfernung von Knochensequestern von Bedeutung. Weiter wird eine Transplantation von Knochengewebe empfohlen, wobei spongiöser Knochen aus dem Hüfthöcker verwendet wird. Diese Transplantation sollte aber in gesundes Gewebe abseits der Infektion erfolgen. Die Verfahren zur Hauttransplantation, die in der Humanmedizin durchgeführt werden, um frei liegende Implantate abzudecken, sind bei Pferden bisher nicht angewandt worden. Der Erfolg der Behandlung wird weiter durch sorgfältige Wundversorgung, ausgewogene Ernährung und gute Pflege unterstützt.[51] Außerdem ist das Temperament des Patienten von Bedeutung. Das Tier sollte die tägliche Behandlung und die Einschränkung seiner Bewegungsfreiheit dulden. Die Prognose bei der Osteomyelitis des Pferdes nach Osteosynthese ist ungünstig.

Weitere Knochenerkrankungen

Osteoporose

Bei der Osteoporose ist der Mineralgehalt des Knochens in der Regel nicht verändert, sondern nur die Menge der Matrix verringert. Der Knochen wird porös, leicht und brüchig und ist für Frakturen anfällig.

Generalisierte Osteoporose. Der generalisierten Osteoporose, die bei Frauen nach der Menopause beobachtet wird, steht kein entsprechendes Krankheitsbild beim alten Pferd gegenüber. Die Osteoporose wird gelegentlich in Zusammenhang mit Unterernährung gesehen, häufiger als bei echtem Kalzium-, Phosphor- oder Vitamin-D-Mangel. Bei Lämmern wird die Erkrankung bei Kupfermangel und chronischer Bleivergiftung beobachtet, beim Pferd gibt es aber bisher keinen Beweis für das Auftreten einer derartigen metabolischen Störung.[10] Ein erstmals bei Vollblutfohlen beobachteter Zustand könnte ein äußeres Anzeichen einer generalisierten Osteoporose sein.[24] Diese Erkrankung wird durch Frakturen der Gleichbeine charakterisiert und tritt typischerweise dann auf, wenn Fohlen bis zur Erschöpfung galoppieren, um mit der Mutterstute Schritt zu halten. Fohlen scheinen eher für diese Veränderung anfällig zu sein, wenn sie nach der Geburt nur beschränkte Bewegungsfreiheit haben. Während dieser Zeit relativer Inaktivität fehlt den Knochen die Belastung,

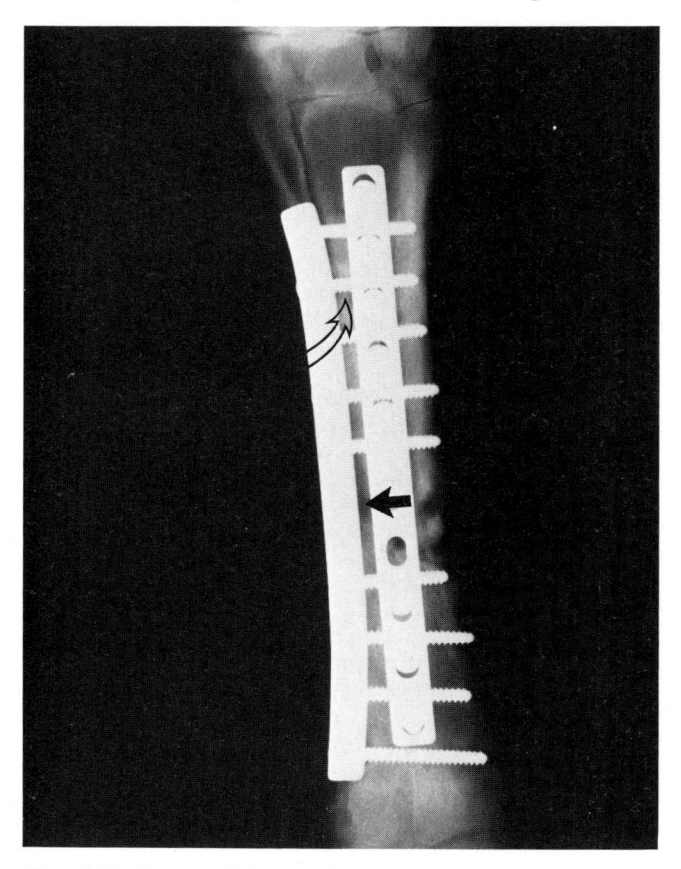

Abb. 6.14: Osteomyelitis nach Osteosynthese einer Fraktur des Os metacarpale III. Unter der Platte (dunkler Pfeil) und entlang den Gewindeteilen der Schrauben (heller Pfeil) findet eine Lysis des Knochens statt.

die zu ihrer Stärkung erforderlich ist, und sie stellen deshalb ein potentiell schwaches Glied im Skelettsystem dar. Der Autor hat mehrere Fälle dieser Art bei Quarter Horse-Fohlen beobachtet, die zunächst in eingeschränkter Bewegungsfreiheit gehalten wurden und sich dann ungehindert frei bewegen durften (Abb. 6.15). Es ist nicht auszuschließen, daß irgendwelche metabolischen Störungen oder Mangelzustände existieren, die zu dieser Form der Osteoporose führen. Dies ist aber bisher nicht bewiesen. Manche andere Lahmheit und spontane Fraktur mag auf eine generalisierte Osteoporose zurückzuführen sein, wobei Pathogenese und Ursache allerdings häufig nicht zu klären sind.

Lokalisierte Osteoporose. Inaktivitätsosteoporose. Diese Veränderung ist recht häufig, besonders bei Pferden, denen feste Verbände, hier insbesondere Gips-, Fiberglas- bzw. Kunststoffverbände an den Gliedmaßen angelegt wurden. Infolge der fehlenden Belastung des durch den Verband fixierten Gliedmaßenbereiches wird der Knochenabbau gefördert und die Neubildung von Knochen vermindert. Bei jungen Tieren sind die Folgen aufgrund der diesen eigenen schnellen Umbauvorgänge im Knochen schwerwiegender als beim erwachsenen Pferd. Die Knochenkompakta wird dünner und poröser. Glücklicherweise stellt dies ein seltenes klinisches Problem dar und ändert sich schnell, wenn der Verband entfernt wird und das Tier die Gliedmaße normal zu belasten beginnt. Die Diagnose der lokalisierten Osteoporose wird röntgenologisch gestellt. Die charakteristischen Veränderungen im Röntgenbild sind eine verringerte Dichte der Kompakta und ein transparenteres Erscheinungsbild der Knochen (Abb. 6.16 A und B). Das Problem tritt röntgenologisch häufig zuerst an den Gleichbeinen in Erscheinung. Hier besteht möglicherweise ein Zusammenhang mit den bereits beschriebenen pathologischen Frakturen bei neugeborenen Fohlen. Wenn die Schultergliedmaße eines Ponys sechs Wochen lang durch einen Gips-, Fiberglas- bzw. Kunststoffverband ruhiggestellt wird, nehmen das absolute Gewicht und das spezifische Gewicht (die Dichte) des Röhrbeines signifikant ab. Histologisch wird diese Osteopenie durch eine Atrophie der Osteoblasten verursacht, wodurch es zu einer Störung des Knochenaufbaues kommt. Zusätzlich ist die Proliferation des Knorpels in der Epiphysenfuge verzögert oder unterbrochen. Die Epiphysenfuge wird dadurch schmaler und schließt sich vorzeitig.[23]

Weitere Versuche haben gezeigt, daß die Behandlung der Osteoporose mit 25-Hydroxycholecalciferol positive Wirkung hat.[23] Glücklicherweise kommt es sehr selten vor, daß eine Inaktivitätsosteoporose irgendwelche Probleme verursacht. Allerdings kann es, wenn der stützende Verband plötzlich entfernt wird, zu einer Spontanfraktur kommen. Um dies zu vermeiden, sollten die Verbände über Monate hinweg reduziert werden. Beispielsweise wird nach Entfernung eines Gips-, Fiberglas- bzw. Kunststoffverbandes ein Baumwollverband mit seitlich angebrachten Holz- oder Plastikschienen die Gliedmaße weniger stützen als der bisherige Gips-, Fiberglas- bzw. Kunststoffverband, aber dennoch mehr als ein leichter Druckverband.

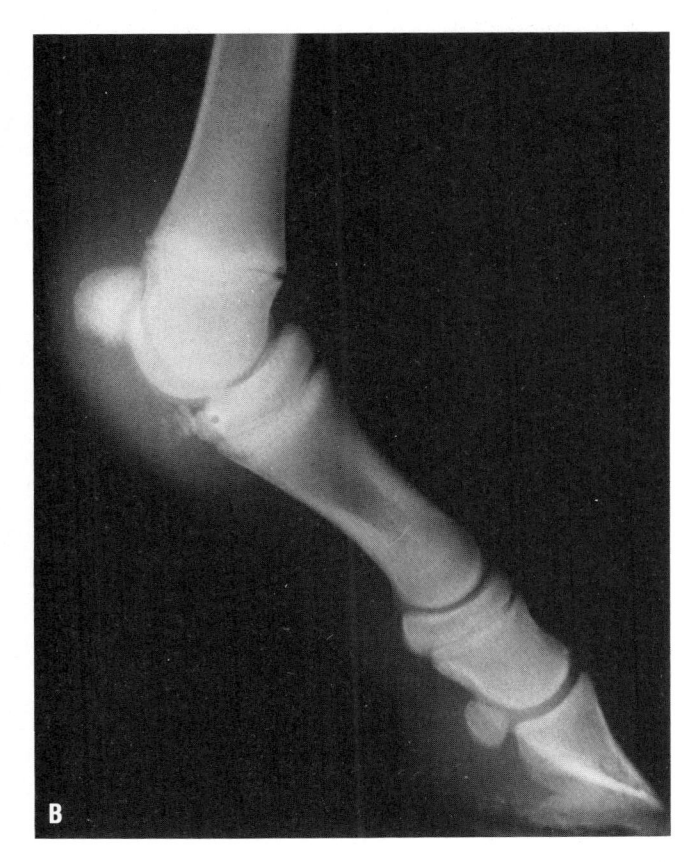

Abb. 6.15: Gleichbeinfraktur bei einem Quarter Horse-Fohlen. **A** Dorsopalmare und **B** lateromediale Aufnahme. Die Verletzung trat nach längerer Einschränkung der Bewegungsfreiheit auf.

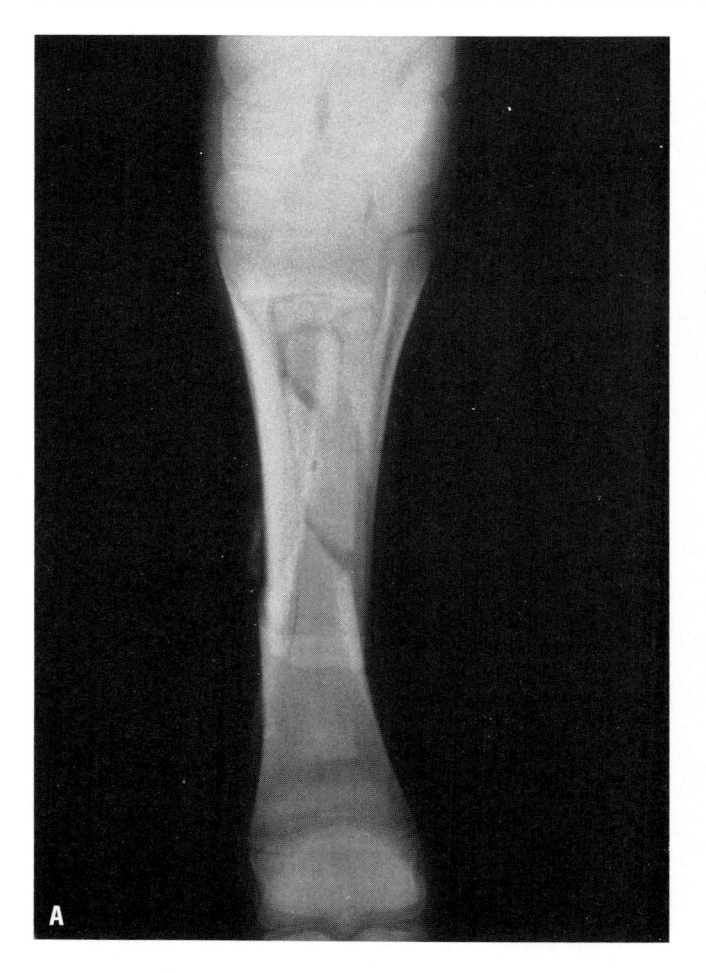

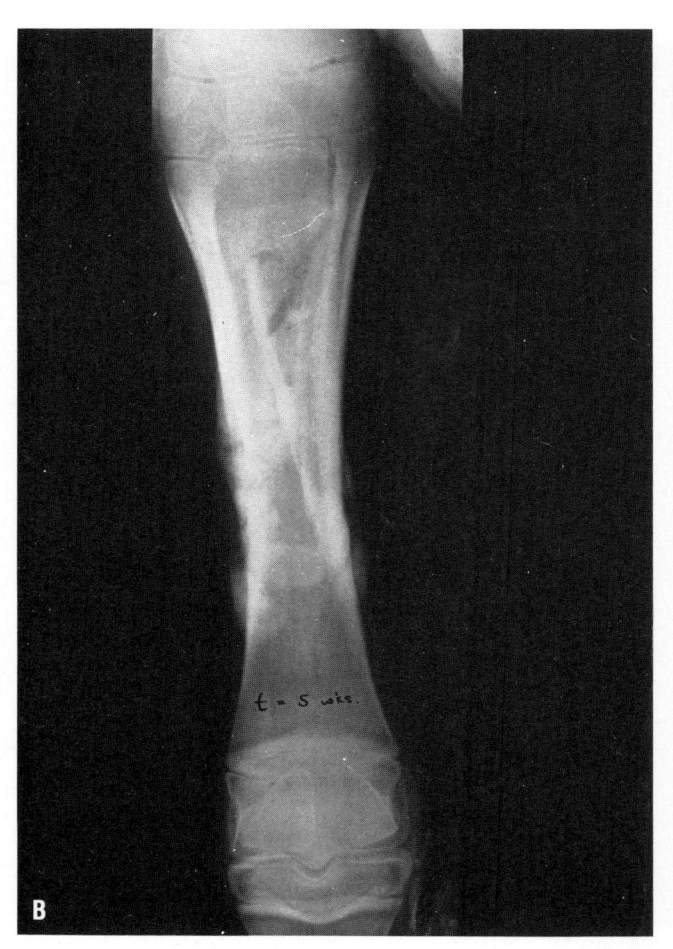

Abb. 6.16: A Fraktur des Os metacarpale III bei einem Fohlen. **B** Auf der Kontrollaufnahme nach fünf Wochen ist eine lokalisierte Inaktivitätsosteoporose im distalen Bereich der Gliedmaße nachweisbar.

Nach Entfernen dieses Verbandes kann ein weniger Stabilität bietender Verband angelegt werden, bis schließlich die Gliedmaße nicht mehr von außen gestützt wird. Die Steigerung der Knochendichte nach Entfernen des ursprünglichen Verbandes zieht sich über Monate hin, bis das Erscheinungsbild wieder dem eines normalen Knochens entspricht.

Inaktivitätsosteoporose durch Implantate nach Osteosynthese. Dies ist ein anderes Beispiel einer Osteoporose, die nach der Osteosynthese von Knochenfrakturen mit stabilen Implantaten, wie z. B. Edelstahlplatten, vorkommt. Zu Anfang fördert die Fixation mit solch stabilen Implantaten die Heilung, wobei die Beweglichkeit der benachbarten Gelenke erhalten bleibt, im Laufe von Monaten aber wird der Knochen unter diesen Platten porös. Hieraus entwickelt sich ein geschwächter Knochen, der für Spontanfrakturen anfällig ist, sobald die Platte entfernt wird. Theoretisch sollten die Platten entfernt werden, sobald die Fraktur verheilt ist. Platten mit geringerer Elastizität sind speziell für den Menschen entwickelt worden, um die Inaktivitätsatrophie möglichst gering zu halten. Bei Pferden tritt die Osteoporose in diesem Zusammenhang im allgemeinen nicht in so schwerer Form auf, da das wesentlich größere Tier den in Heilung befindlichen Knochen stärker belastet. Tatsächlich sind der Frakturbehandlung beim ausgewachsenen Pferd dadurch Grenzen gesetzt, daß die Platten nicht stabil genug sind. Manchmal wird die Osteoporose infolge Lähmung einer Gliedmaße, wie beispielsweise einer lange bestehenden Radialislähmung, beobachtet. Dies gilt besonders dann, wenn die Gliedmaße einige Zeit nicht benutzt worden ist. Außerdem kann eine Osteoporose auftreten, wenn nach der Versorgung einer Fraktur keine Heilung erfolgt.

Osteodystrophie

Osteodystrophie ist ein Sammelbegriff für Veränderungen, bei denen es bereits zu einer Störung der Knochenentwicklung oder zu abnormen Stoffwechselvorgängen im Knochen gekommen ist. Dies äußert sich durch verschiedene Anzeichen, wie eine Umfangsvermehrung des Knochens, Frakturneigung, Lahmheit, Stellungsänderungen und Gliedmaßenfehlstellungen.

Obwohl die ernährungsbedingte Basis der Osteodystrophie bei Schlachttieren, wie Schweinen, Rindern, Schafen und Hühnern, klar nachgewiesen worden ist, bleibt ihre Bedeutung für das Pferd unklar. Dies mag an dem seltenen Vorkommen dieser Veränderung oder an den Kosten liegen, welche die Verwendung des Pferdes als Versuchstier mit sich bringt. Kalzium-, Phosphor- oder Vitamin-D-Mangelzustände können bei jungen Schlachttieren Rachitis verursachen. Der Ausdruck Rachitis ist frei auf das Pferd übertragen worden, obwohl die Erkrankung sich bei Pferden nicht in dem Maße äußert wie bei Schlachttieren. Kupfermangel kann bei Lämmern zu Osteoporose und bei Rindern zu Epiphysitis führen.[10,89] Über die Bedeutung von Kupfer bei der Epiphysitis von Fohlen lassen sich aber bestenfalls Vermutungen anstellen. Ebenso ungeklärt ist die Rolle einer Vitamin-A-Überdosierung sowie die einer unangemessenen Eiweißversorgung.

Die Energiezufuhr über die Fütterung ist bei Pferden untersucht worden und hat in verschiedenen Teilen des Körpers eine unterschiedliche Wirkung. Fohlen, die mit einer energiearmen Diät versorgt werden, werden relativ groß und dünn, und der Schluß der Epiphysenfugen der Zehenknochen und der distalen Epiphysenfuge des Os metacarpale III ist deutlich verzögert.[25]

Ein Überschuß an Kalzium in der Fütterung führt bei Bullen im Laufe von Jahren zu einem ernährungsbedingten Hyperkalzitoninismus. Beim Pferd ist kein ähnliches Syndrom bekannt.[10] Das Endergebnis einer hochgradigen Kalziummangelernährung ist beim Pferd nachgewiesen und als ernährungsbedingter sekundärer Hyperparathyreoidismus bezeichnet worden (siehe Seite 284 bis 285).

Bestimmte Gliedmaßenfehlstellungen bei Fohlen können möglicherweise durch die Kombination einer Osteodystrophie und eines Traumas verursacht sein. Das Trauma führt zu einer Verzögerung der enchondralen Ossifikation im Bereich der Epiphysenfuge. Dies kann teilweise auf die Unterbrechung der Blutversorgung für die Säulen der sich entwickelnden Zellen im Bereich der Epiphysenfuge zurückzuführen sein. Eine übermäßige asymmetrische Belastung der Epiphysenfugen verlangsamt die enchondrale Ossifikation auf der betroffenen Seite und führt so zu einer Fehlstellung. Es ist zu betonen, daß in vielen Fällen die der Osteodystrophie zugrunde liegende Ursache unklar oder unbekannt ist.

Durch die Übertragung der bei den Schlachttieren gewonnenen Erkenntnisse auf das Pferd sind zahlreiche empirische Behandlungsmethoden für die Gliedmaßenfehlstellungen bei Fohlen entstanden. Viele Behandlungsmethoden stützen sich auf Überlieferungen. Im allgemeinen wird bei der Vorstellung von Fohlen mit Gliedmaßenfehlstellungen angegeben, daß wiederholt Vitamin- und Mineralstoffinjektionen ohne eine Futteranalyse durchgeführt worden sind. Häufig werden Fohlen mit Gliedmaßenfehlstellungen und zahlreichen weiteren Fehlentwicklungen des Skelettsystems geboren. Im allgemeinen liegt in diesen Fällen außerdem eine generelle Schwäche des Bandapparates vor, die schon allein zu einer asymmetrischen Belastung der Epiphysenfugen, besonders der distalen Radiusepiphysenfuge, führt. Häufig ist aber keine Ursache für die Gliedmaßenfehlstellung des Fohlens zu finden. So bleibt dann nur die Vermutung, daß während der intrauterinen Entwicklung des Fohlens ein Mangelzustand vorgelegen hat. Bestimmte Gliedmaßenfehlstellungen treten infolge von Störungen der Knochenbildung auf. Patholo-gisch-anatomisch ähnelt dies der Osteochondrose. Die Ursache kann in einer ungeeigneten Ernährung während der intrauterinen Entwicklung sowie in bestimmten erblichen Faktoren liegen. Die sogenannte Nekrose des Os tarsale III und des Os tarsi centrale, die zuerst durch MORGAN[65] beschrieben wurde, fällt möglicherweise in diese Kategorie. Einzelheiten hierzu finden sich auf den Seiten 277 bis 280, 419 bis 422, 697 bis 698 sowie 710 bis 711.

Osteopetrosis

Die Osteopetrosis der Pferde ist eine seltene Erkrankung des Skelettsystems. Sie ist durch ein Ungleichgewicht zwischen Knochenauf- und -abbau charakterisiert. Diese Erkrankung ist beim Menschen, bei Kaninchen, Mäusen und Rindern erblich. Dies trifft möglicherweise auch für Pferde zu.[87] Das grundlegende Problem ist eine Störung des Knochenabbaues durch die Osteoklasten. Der Markraum ist in der Mitte der Diaphyse völlig geschlossen, da er während der postembryonalen Entwicklung nicht durch die Tätigkeit der Osteoklasten wieder ausgebildet worden ist. Die sich von der Epiphysenfuge aus ausbreitende Marksubstanz zwingt die Epiphysenfuge, sich dem Markraum anzupassen. Ebenso typisch für die Erkrankung sind Frakturen aufgrund der abnormen Struktur des Knochens. Da in so veränderten Knochen kein Knochenmark existiert, wird dieser Zustand im allgemeinen von einer Anämie begleitet. Es liegen Berichte über Osteopetrose bei einem Peruanischen Paso-Fohlen vor.[87] Der Autor hat diese Veränderung ebenfalls bei einem Fohlen dieser Rasse beobachtet. Obwohl dies kein Beweis ist, kann es sich hierbei möglicherweise um einen Erbfehler handeln. In dem von SINGER und WHITENACH[87] beschriebenen Fall war der Durchmesser der langen Röhrenknochen größer als normal. Die kaudale Biegung im distalen Drittel des Humerusschaftes war vergrößert, und die Kompakta war abnorm dick bei totaler Verlegung des Markraumes durch kegelförmige Knochenteile. Der spongiöse Knochen war weich und konnte leicht eingedrückt werden, und die Knochen waren nicht so stabil wie normale Knochen bei einem Tier dieses Alters. An diversen Frakturstellen hatte sich in großem Maße Kallus gebildet, was die Vermutung nahelegte, daß diese Frakturen während der intrauterinen Entwicklung aufgetreten waren. Das Fohlen zeigte außerdem Brachygnathia inferior und einen vergrößerten Schädel. Die Molaren standen nicht regelmäßig in Reihe, und die Schneidezähne waren zwar vorhanden, aber nicht in ihrer normalen Position. Aufgrund der erblichen Natur dieser Erkrankung bei anderen Tierarten sollte den Besitzern geraten werden, die Elterntiere aus der Zucht auszuschließen.[87]

Fluorose

Fluorose wird manchmal bei Pferden beobachtet, die kleine, aber toxische Mengen Fluor über Futter oder Trinkwasser aufnehmen. Dies führt zu einer Osteoporose. Die Kontamination mit Fluor stammt in der Regel aus nahegelegenen Industriebetrieben. Pflanzen können durch Emissionen von Industriebetrieben und Brunnen durch Industrieabwasser kontaminiert werden (siehe Seite 289 bis 290). In toxischen Mengen wird das Fluor im

312 Kapitel 6: Krankheiten der Knochen und Muskeln

Knochen abgelagert, zu welchem es eine große Affinität besitzt. Aufgrund übermäßiger Mobilisation von Kalzium und Phosphor zum Ausgleich der erhöhten Ausscheidung mit dem Harn kommt es zu einer Osteomalazie, Osteoporose und Bildung von Exostosen. Diese werden in der Regel zuerst an den Ossa metacarpalia und metatarsalia III beobachtet. Es handelt sich um hyperostotische Veränderungen (Abb. 6.17 A und B). Weiterhin entwickeln sich periostale Hyperostosen an den Sehnenansätzen. Die Erkrankung entwickelt sich bei Schlachttieren ähnlich wie bei Pferden.[10,85] Das Pferd zeigt u. U. eine intermittierende Lahmheit und Anzeichen für eine Störung des Allgemeinbefindens. Der Gang kann steif sein. Das Pferd läuft sich nicht ein. Die Pferde stehen möglicherweise mit abnormer Stellung der Gliedmaßen und verlagern ihr Gewicht von einer Gliedmaße auf die andere, um die Schmerzen zu mildern. Es besteht eine erhöhte Neigung zu Frakturen. Außerdem kommt es in der Regel zu typischen Verfärbungen der Zähne, wenn das Tier während der Entwicklung der Zähne dem Fluor ausgesetzt war. Die Zähne werden allgemein als empfindliche Indikatoren für das Vorliegen einer Fluorose angesehen. Sie nutzen sich bei Vorliegen dieser Erkrankung schneller ab als normal.

Die Diagnose stützt sich in der Regel auf die klinischen und röntgenologisch darstellbaren Veränderungen und wird durch den Nachweis von Fluor in Knochen und Harn bestätigt. Weiterhin sollte die Diagnose durch die Untersuchung anderer Tiere erhärtet werden, die ähnlichen Haltungsbedingungen ausgesetzt sind. Die Therapie bezieht sich sowohl auf Vorbeugemaßnahmen als auch auf eine allgemeine symptomatische Behandlung des betroffenen Pferdes (siehe Seite 289 bis 290).

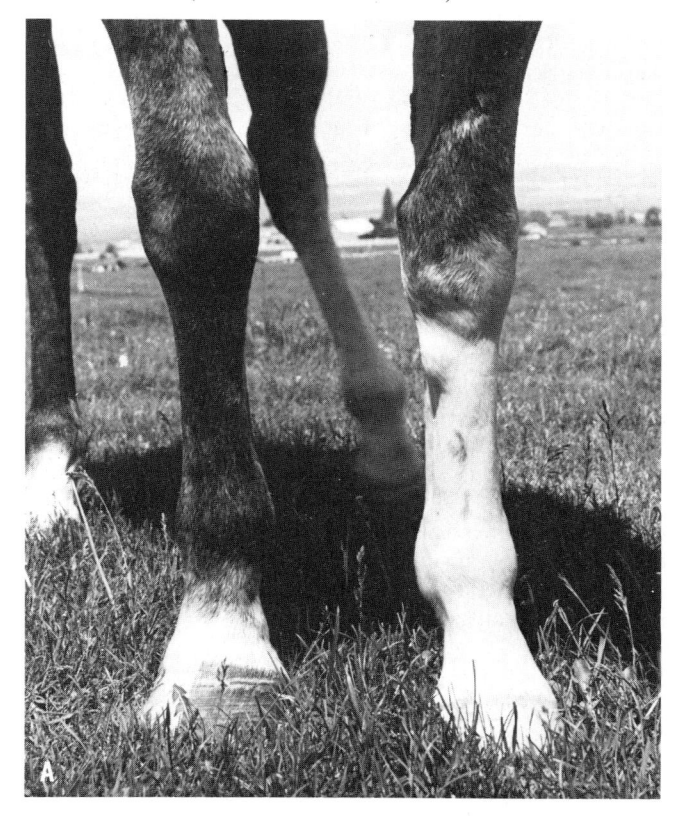

Abb. 6.17: A Umfangsvermehrung der Metakarpalknochen infolge von Fluorose. **B** Fluorose des Os metacarpale III mit hyperostotischen Veränderungen (mit Genehmigung von Dr. J. L. SHUPE, Utah State University).

Multiple kartilaginäre Exostosen (erbliche multiple Exostosen, Chondrodysplasie, Chondromatose)

Die multiplen kartilaginären Exostosen stellen eine Erkrankung des Skeletts dar, die durch zahlreiche abnorme Vorsprünge der wachsenden Knochen charakterisiert ist, was zu unregelmäßigen Knochenkonturen führt.[66,86] Die Veränderung betrifft die meisten langen Röhrenknochen sowie die Rippen und das Becken. Sie ist erblich und wird durch ein einziges dominantes, autosomales Gen übertragen. Betroffene Tiere vererben das Merkmal auf etwa 50 % ihrer Nachkommenschaft. Die Erkrankung wird als Modell für das entsprechende Syndrom beim Menschen verwandt.[86]

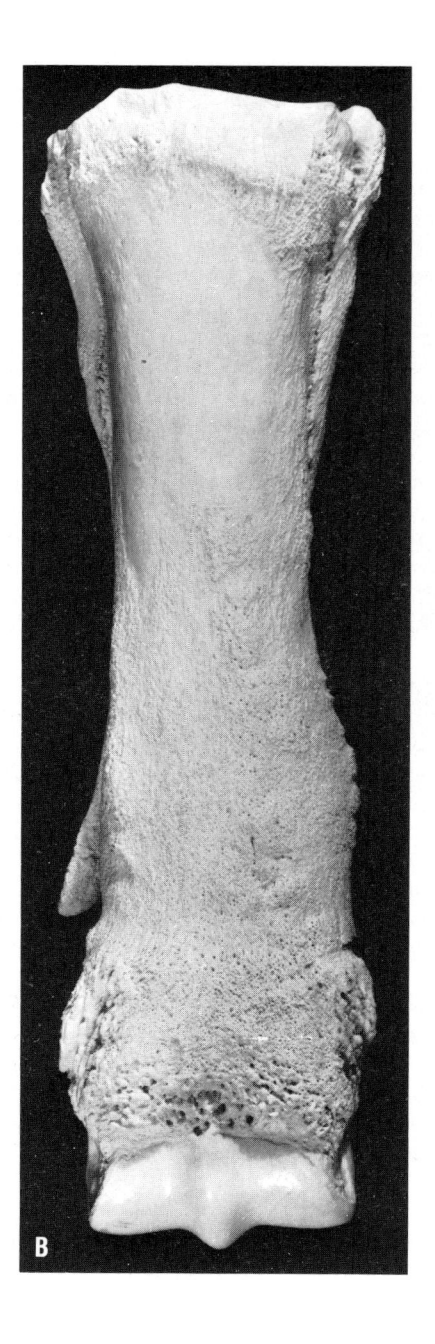

Symptome. Die charakteristischen Umfangsvermehrungen der multiplen kartilaginären Exostosen sind in der Regel schon bei der Geburt vorhanden. Die Entstehung der Läsionen wird vermutlich während der fetalen Osteogenese veranlaßt. Die Veränderungen sind in der Regel bilateral symmetrisch und bestehen aus multiplen, derben, knöchernen Umfangsvermehrungen verschiedener Form und Größe mit fester Verbindung zum Knochen. Sie sind in Regionen mit dünner Haut leicht zu palpieren. Die Umfangsvermehrungen an den Gliedmaßen scheinen sich nicht zu vergrößern, während das Tier heranwächst. Umfangsvermehrungen in anderer Lokalisation, wie zum Beispiel an den Rippen oder am Schulterblatt, nehmen in der Regel an Größe zu, bis das Tier ausgewachsen ist (im Alter von etwa vier Jahren) (Abb. 6.18 A bis C). Solche Tiere können lahm gehen, die Lahmheit ist aber in der Regel sehr gering. Sie wird durch Beeinträchtigung verschiedener Sehnen und Muskelgruppen hervorgerufen. Manche Pferde werden mit Umfangsvermehrungen verschiedener Gelenke und Sehnenscheiden vorgestellt.[53] Sie sind möglicherweise bereits durch Drainage und Injektionen von Kortikosteroiden vorbehandelt worden, ohne daß eine Besserung eingetreten ist. Die Lahmheit kann durch Beeinträchtigung der Blutversorgung oder durch Beteiligung von Nerven verursacht werden. Dies gilt besonders bei Veränderungen an den Gliedmaßen.[86] Selten sind solche Tumoren in der Umgebung der Zwischenwirbellöcher lokalisiert, wodurch verschiedene Bewegungsstörungen bedingt werden können. Im allgemeinen entwickkeln die Umfangsvermehrungen eine Vielzahl von Formen. Sie können konisch, abgerundet, gestielt, multilobulär oder spornartig sein und treten in den Gebieten des aktivsten Knochenwachstums auf sowie in Bereichen, die Druck- oder Zugbelastungen ausgesetzt sind. Histologisch erscheinen derartige Umfangsvermehrungen als Osteochondrome. Es scheint keine Transformation in maligne Formen stattzufinden.[86] Bei der histologischen Untersuchung findet sich eine kleine Knorpelkappe, die porösen, spongiösen Knochen bedeckt. Manchmal ist die Abdeckung durch den Knorpel nur partiell. Läsionen an den Rippen, besonders an deren medialen Flächen, können recht großflächig sein.

Osteochondrome können auch vereinzelt vorkommen. In einem Fall wurde von zwei Pferden berichtet, die zur Lahmheitsuntersuchung vorgestellt wurden und Knochenzubildungen kaudomedial am Radius aufwiesen. Die Umfangsvermehrungen ähnelten den multiplen kartilaginären Exostosen, allerdings waren die Veränderungen nicht symmetrisch.[59] Eine andere Fallbeschreibung bezieht sich auf ein Pferd, das mit einer persistierenden Schwellung des rechten Karpalgelenkes vorgestellt wurde. Die röntgenologische Untersuchung zeigte eine aus Knochen- und Knorpelgewebe bestehende Exostose, die in das Caput humerale des Musculus flexor digitalis profundus hineinreichte.[53] Bei den oben beschriebenen Fällen handelte es sich um einzeln auftretende Osteochondrome. Vermutlich lag hier eine besondere, leichtere Form der multiplen kartilaginären Exostosen vor. Die Veränderung scheint im Gegensatz zu multiplen kartilaginären Exostosen nicht erblich zu sein (siehe Seite 663 bis 665).

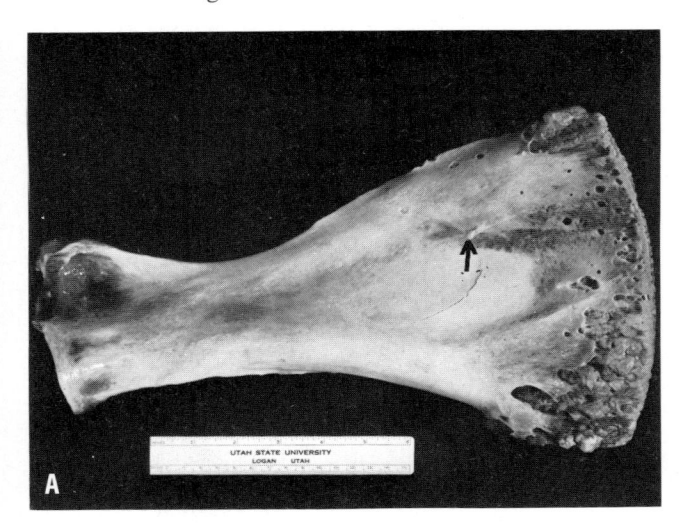

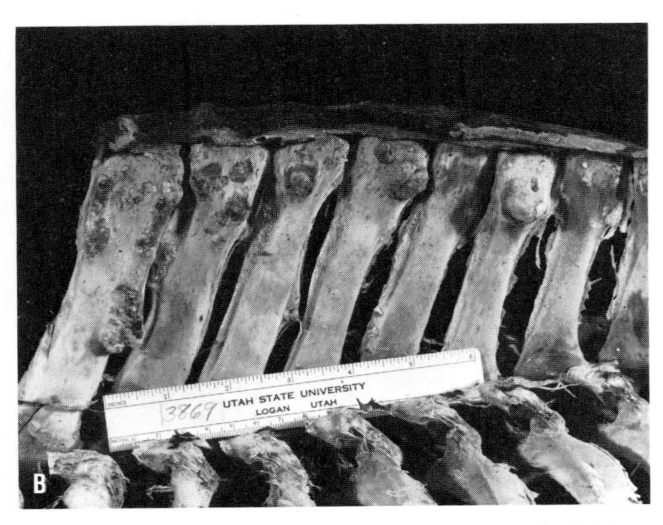

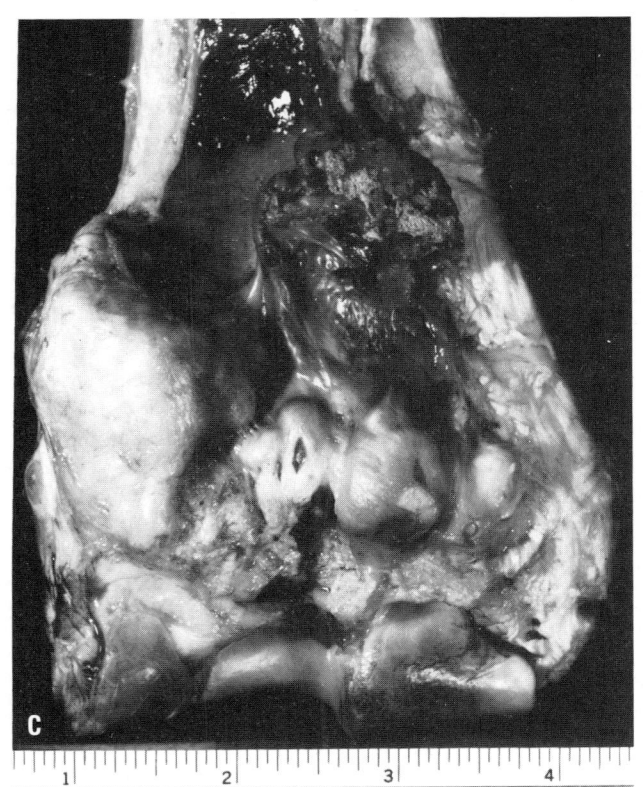

Abb. 6.18: Multiple kartilaginäre Exostosen an **A** Skapula, **B** Dornfortsätzen der Brustwirbel und **C** kaudaler Fläche des distalen Radiusendes (mit Genehmigung von Dr. J. L. SHUPE, Utah State University).

Diagnose. Bei jedem Pferd mit einer Umfangsvermehrung der Karpalbeugesehnenscheide oder einer Umfangsvermehrung an der Kaudalfläche des Karpus sollte differentialdiagnostisch an ein einzelnes Osteochondrom gedacht werden. Eine röntgenologische Untersuchung dieses Bereiches, auch an der gegenüberliegenden Gliedmaße, ist indiziert. Jede Umfangsvermehrung einer Sehnenscheide oder eines Gelenkes, die auf eine konservative Behandlung nicht anspricht, sollte geröntgt werden. So kann festgestellt werden, ob die Ursache evtl. in einem einzelnen Osteochondrom oder in multiplen kartilaginären Exostosen zu suchen ist. Es muß betont werden, daß diese Veränderung selten ist.

Therapie. Gegen die multiplen kartilaginären Exostosen ist keine Therapie bekannt. Die Besitzer sollten auf den genetischen Ursprung der Erkrankung aufmerksam gemacht und bezüglich der Zucht entsprechend beraten werden. In Fällen von einzelnen Osteochondromen, die eine Lahmheit verursachen, kann eine operative Entfernung notwendig sein. Die Operation sollte unter Allgemeinnarkose und unter aseptischen Bedingungen durchgeführt werden (siehe Seite 663 bis 665).

Tumoröse Kalzinose

Tumoröse Kalzinose ist die Bildung verkalkter, granulierter, amorpher Ablagerungen im Unterhautbindegewebe, die eine fibrosierende, granulomatöse Reaktion hervorruft. Die Ablagerungen finden sich in der Regel in der Unterhaut in der Nachbarschaft von Gelenken und Sehnenscheiden.[22,36,69] Derartige Veränderungen sind beim Pferd selten, obwohl sie häufiger sein können, als augenblicklich bekannt.[36] Die Ätiologie der Erkrankung ist nicht bekannt. Über das Auftreten der tumorösen Kalzinose ist aus den USA, Australien, der Republik Irland und Neuseeland berichtet worden.

Das Pferd wird meist mit einer unansehnlichen Umfangsvermehrung vorgestellt, die sich progressiv vergrößert. Selten ist diese Veränderung mit einer Lahmheit verbunden. Die Umfangsvermehrungen sind derb und nicht schmerzhaft, und die darüberliegende Haut ist in der Regel unversehrt und verschieblich. Selten wird eine traumatische Ursache verantwortlich gemacht. Die häufigste Lokalisation der tumorösen Kalzinose ist die laterale Seite des Kniegelenkes, lateral der Fibula, unter der Aponeurose des Musculus biceps femoris und der Fascia cruris lateralis. Dies scheint eine Prädilektionsstelle für die Erkrankung zu sein. In 16 von 18 in der Literatur beschriebenen Fällen breiteten sich die Umfangsvermehrungen lateral an der Tibia nahe am Kniekehlgelenk aus.[36] Röntgenologisch sind die Bildungen durch wenig strahlendurchlässige verkalkte Ablagerungen gekennzeichnet. Beim Anschneiden der Umfangsvermehrungen ist eine bienenwabenähnliche Struktur mit kalkartigen, körnigen Ablagerungen zu sehen, von einer derben, fibrösen Kapsel umschlossen.

Die Therapie der tumorösen Kalzinose besteht in der chirurgischen Entfernung. Diese sollte nur in den Fällen vorgenommen werden, in denen eine Lahmheit mit absoluter Sicherheit der Kalzinose zuzuschreiben ist. Die Umfangsvermehrung kann nämlich so fest mit der Kapsel des Kniekehlgelenkes verbunden sein, daß sie unmöglich ohne Eröffnung des Gelenkes von dieser zu trennen ist. Eine Eröffnung des Gelenkes kann zu einer Verzögerung der Wundheilung führen.[69] Außerdem kann es auf diese Weise zu einer infektiösen Arthritis kommen. Daher muß der Besitzer sich der Risiken, die mit der operativen Entfernung derartiger Umfangsvermehrungen verbunden sind, voll bewußt sein. Vor einer chirurgischen Exzision zur Behandlung der tumorösen Kalzinose muß sicher ausgeschlossen werden, daß die Lahmheit auf Ursachen weiter distal an der Gliedmaße zurückzuführen ist.

Osteodystrophia fibrosa

Die Osteodystrophia fibrosa ist eine generalisierte Knochenerkrankung, die primär durch einen ernährungsbedingten Kalziummangel bei gleichzeitigem Phosphorüberschuß verursacht wird. Die Erkrankung kommt bei allen Equiden vor, wobei das Pferd empfindlicher ist als seine Verwandten.[50] In neuerer Zeit ist die klassische Form dieser Erkrankung aufgrund der besseren Kenntnisse bezüglich der Pferdefütterung selten geworden. Sie kommt bei Pferden vor, denen Getreide und Getreidenebenprodukte, wie z. B. Kleie, gefüttert werden, daher der Name „bran disease" (Kleie-Krankheit). Die Osteodystrophia fibrosa kann auch in subklinischer Form auftreten. In diesem Fall können die Symptome geringgradig und schwierig zu diagnostizieren sein. Das Krankheitsbild der Osteodystrophia fibrosa kann durch ein Kalzium-Phosphor-Verhältnis von 1:3 oder größer in der Nahrung ohne Rücksicht auf die absolute Kalziumzufuhr hervorgerufen werden. Die Veränderung wird bei Pferden beobachtet, deren Futter einen hohen Phosphor- und einen niedrigen Kalziumgehalt aufweist, wie dies bei der Fütterung von Getreide oder Kleie der Fall wäre. Zugabe von Kleeheu mit hohem Kalziumgehalt kann der Erkrankung vorbeugen. Die Erkrankung wird außerdem bei Pferden beobachtet, die auf der Weide Pflanzen mit hohem Oxalatgehalt aufnehmen. Pferde in Queensland, Australien, erkrankten an Osteodystrophia fibrosa durch das Weiden auf Rasen mit ausschließlichem oder nahezu ausschließlichem Bestand an tropischen Gräsern.[101] Hier bilden sich durch die Oxalate Kalziumchelate, wodurch die Kalziumabsorption beeinträchtigt wird.

Ätiologie. Die der Osteodystrophia fibrosa zugrunde liegende Pathogenese ist eine Störung in der Mineralisierung der Knochen. Die phosphorreiche Fütterung führt zu einer verstärkten Absorption des Phosphors und zu einem Anstieg der Serumphosphatasewerte. Hierdurch wird der Kalziumgehalt im Serum erniedrigt, und die Nebenschilddrüsen werden zur Sekretion von Parathormon stimuliert. Das Parathormon fördert den Knochenumbau und damit auch den verstärkten Abbau von Knochensubstanz. Gleichzeitig mit der Resorption von Knochengewebe wird dieses kompensatorisch durch Bindegewebe ersetzt. Dadurch entsteht ein schlecht mineralisierter Knochen, der schließlich durch zelluläres Bindegewebe ersetzt wird.[50] Pferde beiden Geschlechts und aller Altersstufen können betroffen werden. Laktierende Stuten und Fohlen sind stärker gefährdet (siehe Seite 284 bis 285).

Symptome. Die klassische Form der Osteodystrophia fibrosa wird „bighead disease" genannt, da die Kiefer und die flachen Knochen des Schädels besonders deutlich auf das Parathormon reagieren. Das klassische klinische Bild der Erkrankung schließt unter anderem eine symmetrische Auftreibung der Unterkiefer- und Angesichtsknochen ein (Abb. 6.19 A).

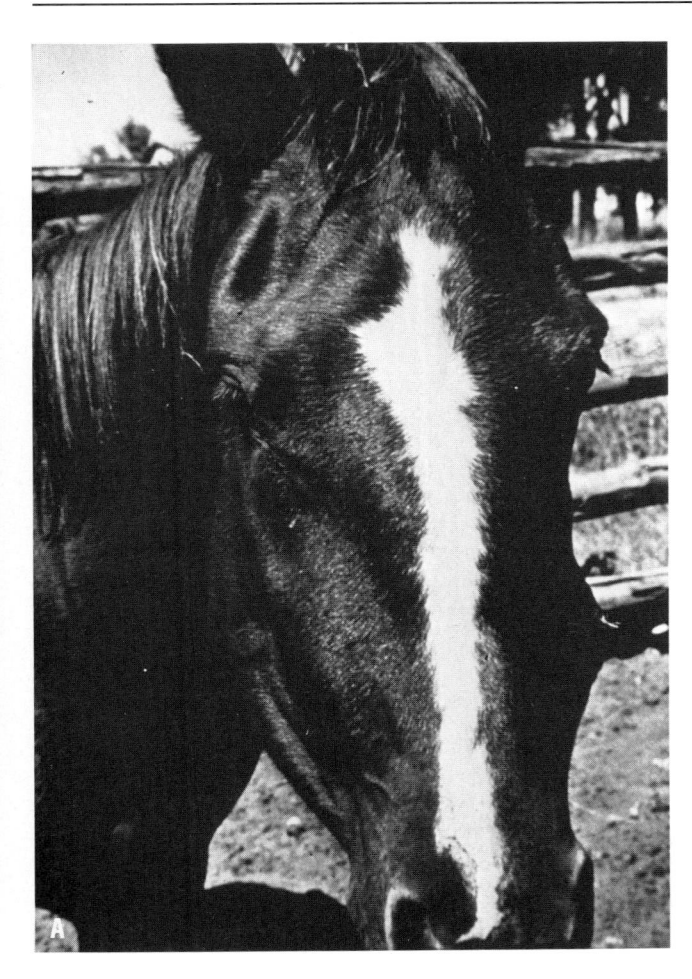

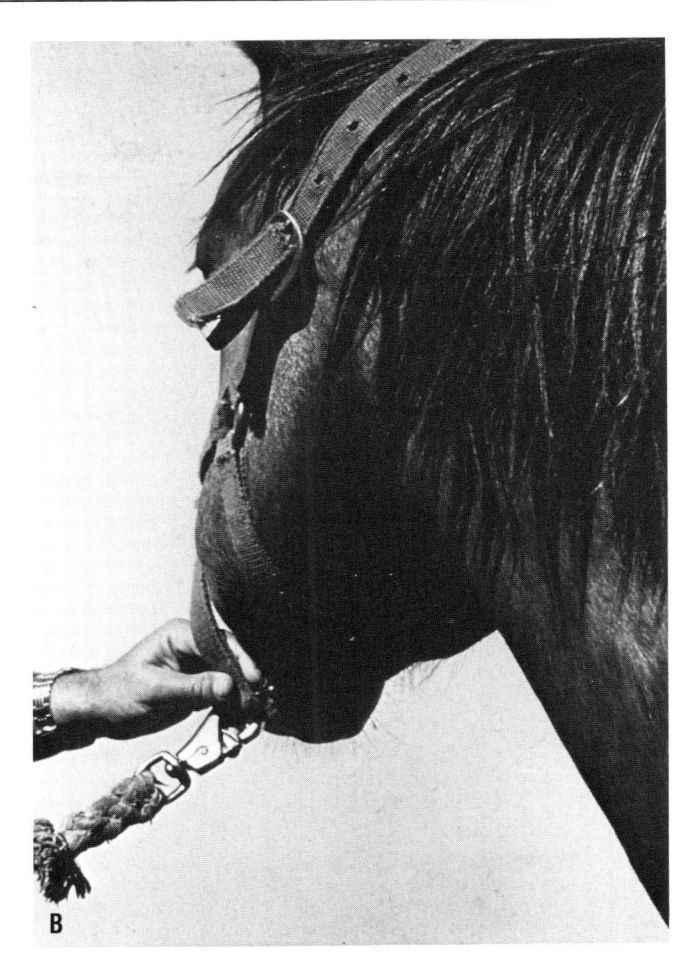

Kapitel 6: Krankheiten der Knochen und Muskeln 315

Abb. 6.19: A Symmetrische Auftreibung der Angesichtsknochen bei einem Pferd mit ernährungsbedingtem sekundären Hyperparathyreoidismus (mit Genehmigung von Dr. R. A. McKENZIE, Animal Research Institute, Yeerongpilly, Queensland, Australia). **B** Auftreibung des Unterkiefers bei einem Pferd mit ernährungsbedingtem sekundären Hyperparathyreoidismus.

Aufgrund des Abbaues der Alveolarränder durch die Osteoklasten kommt es zu einem Verlust der die Zähne trennenden Knochenlamellen. Dies kann röntgenologisch festgestellt werden und ist eines der ersten Anzeichen der Erkrankung. Die Zähne können sich lockern. Die Umfangsvermehrungen beginnen direkt über der Jochbeinleiste und im Unterkiefer, wodurch eine Einengung zwischen den Kiefern entsteht (Abb. 6.19 B). Die Umfangsvermehrungen von Os palatinum (Gaumenbein), Maxilla (Oberkieferbein) und Os incisivum (Zwischenkieferbein) können stark genug sein, um eine Dyspnoe zu bedingen. In fortgeschrittenen Fällen kann es zu einer Abflachung der Rippen kommen, verbunden mit Frakturen und Bänderrissen, wenn das Pferd gearbeitet wird.[50]

Wenn die Ursache der Erkrankung im Oxalatgehalt von Pflanzen vermutet wird, sollten die in Frage kommenden Pflanzen auf ihren Oxalatgehalt untersucht werden. Hierbei sollten die von McKENZIE et al. beschriebenen Methoden verwendet werden.[62] Die Oxalatgehalte bestimmter Pflanzen variieren nachweislich, wobei die Höchstgehalte während der aktiven Wachstumsphase nach Regenfällen erreicht werden. Die Osteodystrophia fibrosa ist bei jungen Pferden beobachtet worden, die auf folgenden Grassorten weideten: *Cenchtus ciliaris*, *Panicum maximum* var. *trichoglume*, *Setaria sphacelata*, *Pennisetum clandestinum*, *Panicum maximum*, *Brachiaria mutica*, *Digitaria decumbens* und *Brachiaria brizantha*. Die Kalzium- und Phosphorkonzentrationen auf den Weiden waren in Ordnung, vermutlich haben die vorhandenen Oxalate die Kalziumabsorption im Verdauungsapparat der Pferde beeinträchtigt. Wiederkäuer sind hiervon nicht betroffen.

Eine hochgradige Lahmheit aufgrund von Osteodystrophia fibrosa kommt bei Pferden vor, die in bestimmten Gebieten Australiens für die Rancharbeit eingesetzt werden (Abb. 6.20 A und B). Dies hat die lohnende Haltung von Rinderherden beeinträchtigt, da die Besitzer häufig eine große Anzahl von Pferden halten mußten, um sicherzustellen, daß genügend Pferde zur Rinderarbeit einsetzbar waren. Die Pferde waren unter diesen Bedingungen steif, lahm und/oder zeigten Umfangsvermehrungen der Kieferknochen. Manche anscheinend gesunden Pferde brachen u. U. während des Reitens zusammen, was eine Gefahr für den Reiter bedeutete.[61,101] Schließlich magert das Pferd ab und ist in schlechtem Allgemeinzustand.

Die subklinische Form dieser Erkrankung mag heutzutage häufiger sein, wird aber selten erkannt. Sie ist schwieriger zu diagnostizieren als die fortgeschrittene Form. Die subklinische Form kann für undefinierbare, die Gliedmaße

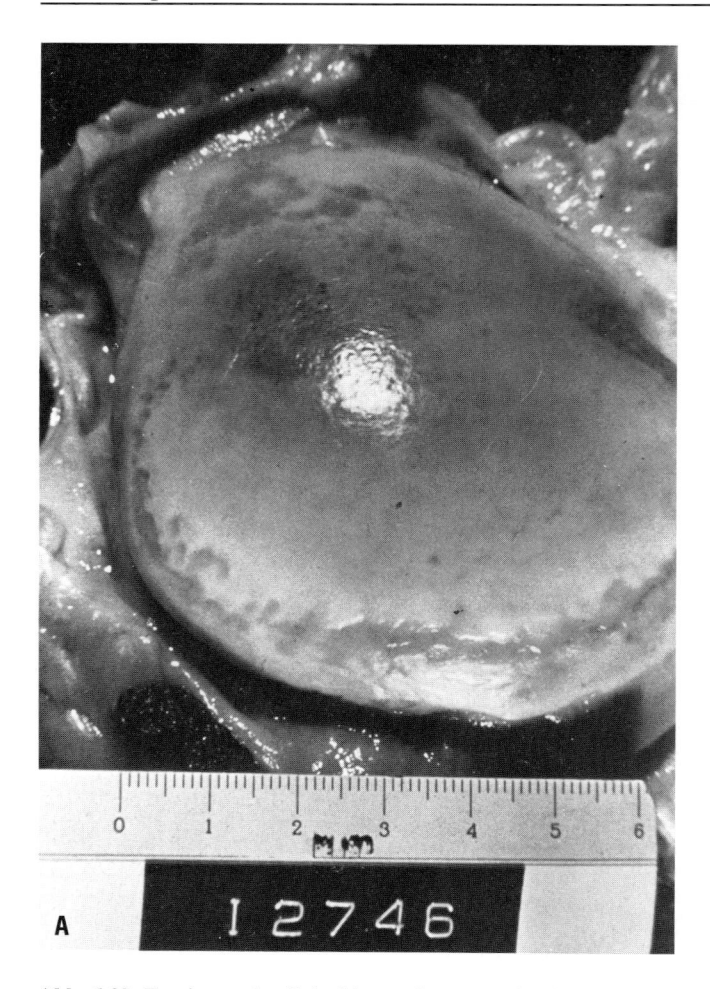

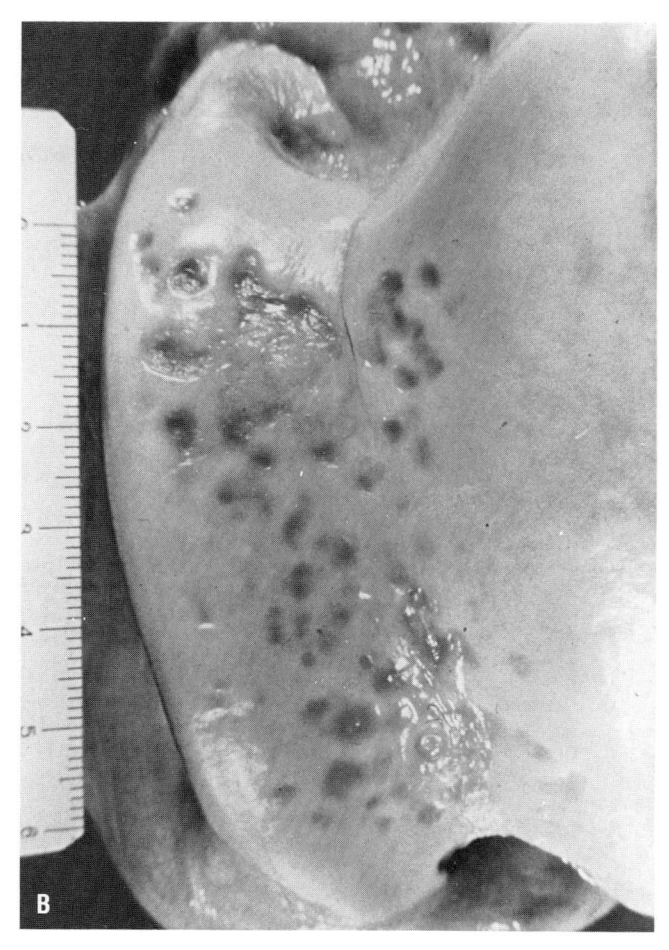

Abb. 6.20: Erosionen des Gelenkknorpels am proximalen Ende des Humerus (**A**) und an der Trochlea ossis femoris (**B**) bei einem Pferd mit experimentell induziertem, ernährungsbedingtem sekundären Hyperparathyreoidismus (mit Genehmigung von Dr. R. A. McKENZIE, Animal Research Institute, Yeerongpilly, Queensland, Australia).

wechselnde Lahmheiten verantwortlich sein, die mit den üblichen Leitungsanästhesien schwierig zu lokalisieren sind. Die Veränderung kann ferner die Ursache unerklärlicher Frakturen sein, wie zum Beispiel Frakturen der Sesambeine, Chip-Frakturen im Karpalgelenk sowie von Frakturen an anderen Stellen. In solchen Fällen sind Angaben über die Fütterung in der vorangegangenen Zeit für die Diagnostik von Bedeutung. Die Blutkalzium- und -phosphorwerte sind in der Regel nicht verändert, und die Diagnose kann sich nur auf das Ansprechen auf eine Kalziumsupplementation sowie auf eine Analyse des Futters stützen.

Hypertrophische Osteopathie
(Hypertrophische pulmonale Osteoarthropathie, Marie-Bamberger-Syndrom)

Die hypertrophische Osteopathie ist eine progressive, bilateral symmetrisch verlaufende Proliferation von subperiostalem Knochen und fibrösem Bindegewebe der Stamm-, Gliedmaßen- und Angesichtsknochen. Die Erkrankung ist beim Pferd relativ selten. Beim Menschen und bei Hunden kommt sie häufiger vor und ist in der Regel mit Tumoren im Lungengewebe vergesellschaftet. Die Pathogenese der hypertrophischen Osteopathie ist zur Zeit noch nicht geklärt. Die klassische Form der Erkrankung ist mit einer raumfordernden Veränderung im Lungenbereich verbunden, z. B. einem Neoplasma oder einem chronischen eiternden Prozeß, wie einem großen Abszeß, einer Tuberkulose oder einer Rippenfraktur mit Pleura-Adhäsionen.[60] Die Krankheit tritt selten bei Pferden auf, die solche Läsionen im Brustkorb aufweisen. Sie ist aber in einem Fall zusammen mit einem Granularzellmyoblastom beobachtet worden.[35] Außerdem ist die Erkrankung im Zusammenhang mit Störungen im intraabdominalen Bereich ohne Vorliegen einer Lungenerkrankung aufgetreten. Daher wird der Ausdruck hypertrophische Osteopathie vorgezogen, weil die Lungenerkrankung nicht unbedingt gleichzeitig vorliegt. Ebenso besteht keine Gelenkbeteiligung (unrichtige Bezeichnung Osteoarthropathie). In einem Fall ist über hypertrophische Osteopathie bei einer Stute mit einem Disgerminom (einem Karzinom aus frühembryonalem Keimepithel) berichtet worden. Die Stute hatte Metastasen im Abdominalraum, aber keine Veränderungen im Lungenbereich.[60] Allgemein werden für die Entwicklung der Krankheit neurogene und humorale Mechanismen verantwortlich gemacht. Die weitverbreitete Theorie der neurogenen Entstehung stützt sich auf die Tatsache, daß eine offensichtliche Stimulation des Nervus vagus über eine unbekannte efferente Bahn eine Veränderung der Gefäßversorgung und des Periostes der Knochen bewirkt.

Die Unterstützung für diese Theorie ist auf der Tatsache begründet, daß sich bei Hunden und beim Menschen Läsionen in Form einer hypertrophischen Osteopathie nach einer Vagotomie zurückbilden können. Ein humoraler Mechanismus kann möglicherweise auch existieren, da es Beispiele gibt, wo die hypertrophische Osteopathie bei Menschen auftrat, bei denen die Exkretion von Östrogen über den Harn erhöht war. Die operative Entfernung eines Lungentumors bewirkte einen Rückgang der Schmerzhaftigkeit und Schwellung der Gelenke, während die Östrogenausscheidung über den Harn nicht abnahm. Über hohe Östrogenwerte im Blut wurde bei einer Stute mit hypertrophischer Osteopathie berichtet. Die exakte Beziehung zwischen Östrogenwerten und der Entwicklung einer hypertrophischen Osteopathie ist allerdings reine Spekulation.[60]

Symptome. Die klinischen Symptome der hypertrophischen Osteopathie sind auf periostale Hyperostosen zurückzuführen. Es besteht eine auffällige symmetrische Umfangsvermehrung der langen Röhrenknochen der Gliedmaße. Sämtliche Knochen der Gliedmaße sind betroffen. Ferner sind Schmerzhaftigkeit und ein Ödem der Weichteilgewebe zu beobachten. Die Gelenkflächen sind nicht betroffen, daher sollte die Bezeichnung Osteoarthropathie nicht verwendet werden.

Die Beweglichkeit der betroffenen Gelenke kann verringert und Manipulationen können mit Schmerzen verbunden sein. Das Pferd zeigt möglicherweise einen steifen Gang und bewegt sich nur widerwillig. Es können gleichzeitig Symptome vorliegen, die auf Lungenveränderungen hinweisen, wie Husten und Nasenausfluß.

Röntgenologisch sind eine generell vermehrte Schwellung der Weichteilgewebe sowie eine Periostitis festzustellen. Insbesondere an den proximalen und distalen Enden der langen Röhrenknochen bestehen unregelmäßige Knochenzubildungen (Abb. 6.21 A und B). Differentialdiagnostisch sollte an Fluorose gedacht werden, aber das allgemeine Erscheinungsbild der Knochen, das Fehlen der Zahnveränderungen sowie die Fluorbestimmung in Blut und Urin können eine Fluorose ausschließen. Mit den neuen leistungsstarken Röntgengeräten kann möglicherweise eine Veränderung auf laterolateralen Röntgenaufnahmen des Brustkorbes zu lokalisieren sein (Abb. 6.22 A und B).

Dysplasie der Epiphysenfuge (Epiphysitis)

Die Epiphysitis ist eine sehr bedeutende generalisierte Knochenerkrankung junger, im Wachstum befindlicher Pferde. Charakteristisch für diese Erkrankung sind Umfangsvermehrungen der Epiphysenfugen an bestimmten langen Röhrenknochen und den Halswirbeln. Es sind zwei Syndrome zu unterscheiden. Das erste kommt bei

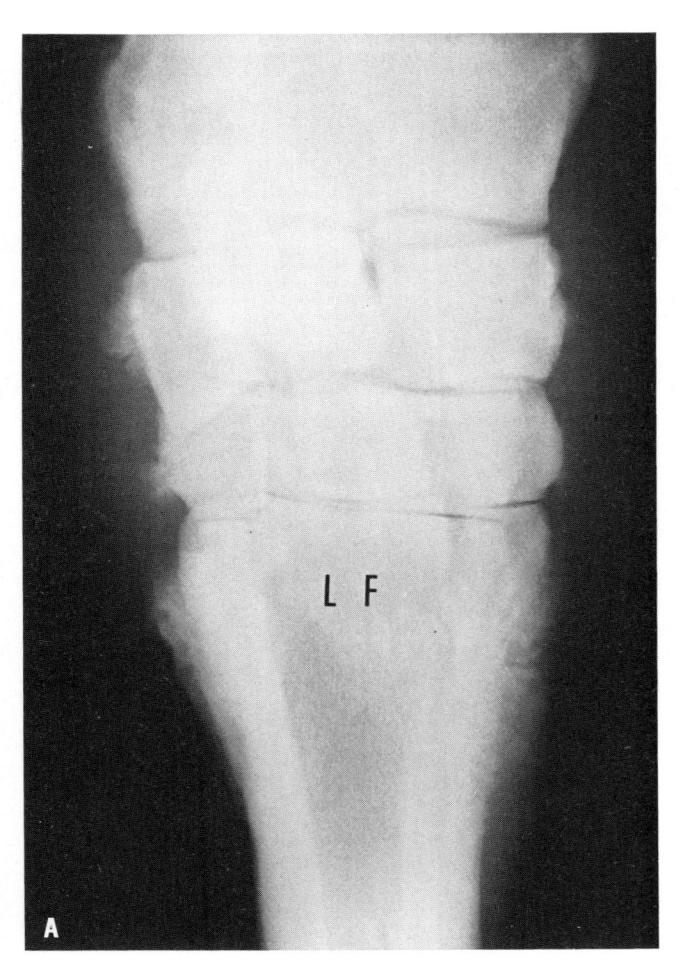

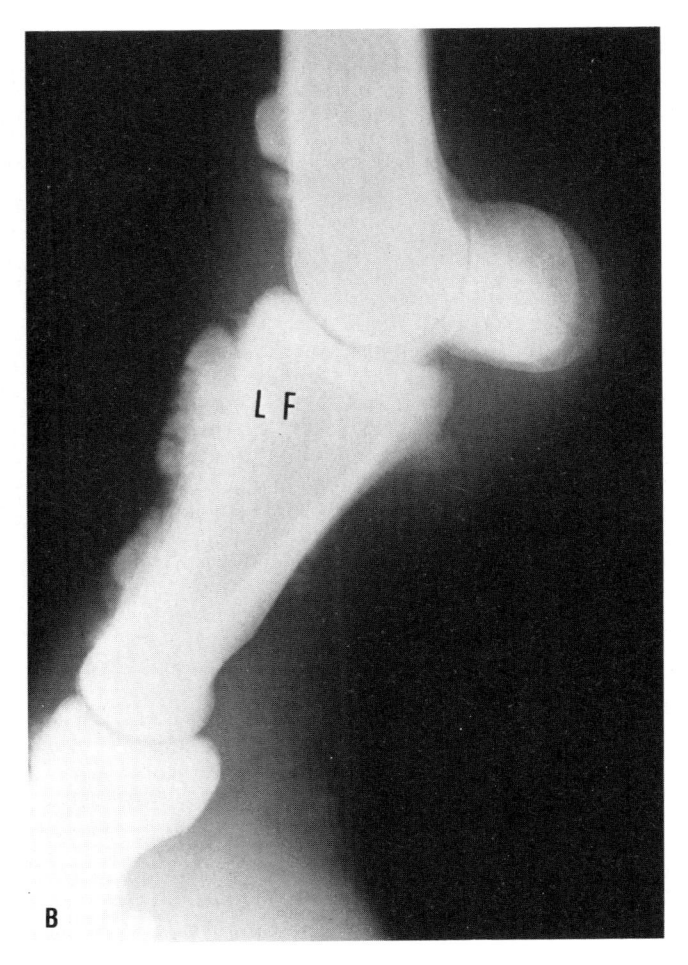

Abb. 6.21: Röntgenaufnahmen des linken Karpalgelenkes (LF, left front = vorn links) **(A)** und des Fesselgelenkes **(B)** eines Pferdes mit hypertrophischer Osteopathie: unregelmäßige Knochenzubildungen (mit Genehmigung von Dr. N. MESSER, Colorado State University).

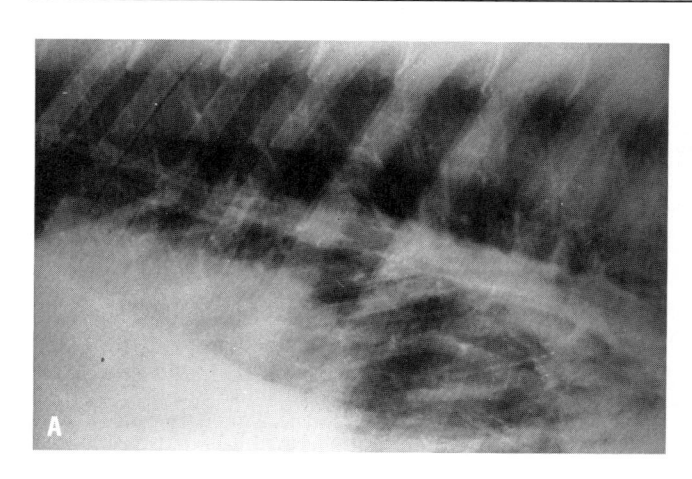

Abb. 6.22: A Röntgenaufnahme vom Thorax des Pferdes von Abb. 6.21. Der große Abszeß im Lungengewebe ist deutlich zu erkennen. **B** Sektion: Querschnitt durch die Lunge mit Darstellung des Abszesses (mit Genehmigung von Dr. N. MESSER, Colorado State University).

jungen, schnell wachsenden Pferden wie Saug- und Absatzfohlen vor, gehäuft im Alter von vier bis acht Monaten. Die zweite Form wird bei jungen Pferden beobachtet, die ins Training genommen werden (Jährlinge bis Zweijährige). Der Ausdruck „Epiphysitis" ist falsch gewählt, da keine aktive Entzündung von Epiphyse, Epiphysenfuge oder Metaphyse vorliegt.[12] Da die Läsion eher auf Veränderungen in der Epiphysenfuge als in der Epiphyse zurückzuführen ist, sollte die Erkrankung besser als Dysplasie der Epiphysenfuge bezeichnet werden.[12] Die Veränderung ist ihrer Natur nach schon zeitlich begrenzt, da sie verschwindet, sobald sich die Epiphysenfugen schließen.[2]

Die Epiphysitis ist auch Rachitis genannt worden[2], was ebenfalls eine unzutreffende Bezeichnung ist. Die klassische Rachitis entsteht durch einen Vitamin-D-Mangel, der wiederum zu geringe Kalzium- und Phosphorwerte bedingt. Einige der klinischen Symptome der Epiphysitis ähneln denen der Rachitis. Da aber ein offenkundiger Vitamin-D-Mangel bei Pferden ungewöhnlich oder selten ist, sollte der Ausdruck Rachitis fallengelassen werden. Die meisten Pferdepraktiker stimmen darin überein, daß das Vorkommen des Epiphysitis-Syndroms häufiger geworden ist. Viele Aspekte der Epiphysitis stehen in Verbindung mit einem hohen Ernährungsniveau, besonders hohen Getreiderationen, ohne Berücksichtigung einer angemessenen Mineralstoffversorgung. Daher sind einige Aspekte dieser Veränderung durch den Menschen geschaffen. Die Erkrankung wird auch bei Pferden beobachtet, die mit einem hohen Eiweißanteil gefüttert werden. Zum häufigen Auftreten dieser Veränderungen mag auch beitragen, daß die Züchter Hengste und Stuten auswählen, die schnellwachsende Nachzucht bringen, wobei sie hoffen, daß diese Tiere dann bessere Leistungen zeigen. Eine ähnliche Lage bei Hühnern, Puten, Schweinen und Mastrindern hat ebenso zu einem hohen Prozentsatz von Gliedmaßenerkrankungen geführt, wobei hier die Osteochondrose die größte Bedeutung hat.[47] Das Quarter Horse scheint besonders zur Epiphysitis zu neigen, obwohl es keinen statistischen Beweis für diese Beobachtung gibt. In den meisten Fällen erkranken gutversorgte Tiere.

Das klinische Erscheinungsbild der Epiphysitis beim Pferd ist eine Umfangsvermehrung der Metaphysen. An den Enden der langen Röhrenknochen, besonders an den distalen Enden von Radius, Tibia und Os metacarpale bzw. metatarsale III, kommt es zu Auftreibungen (Abb. 6.23). Dies führt zu einer sanduhrförmigen Gestalt dieser Knochen. Häufig sind alle Gliedmaßen in einem bestimmten Grad betroffen. Die Pferde zeigen unterschiedliche Grade von Lahmheit. Die Lahmheit kann geringgradig und wechselnd sein. In hochgradigen Fällen besteht vermehrte Wärme und Schmerzhaftigkeit bei tiefer Palpation der betroffenen Gebiete. Diese Pferde gehen von allen an

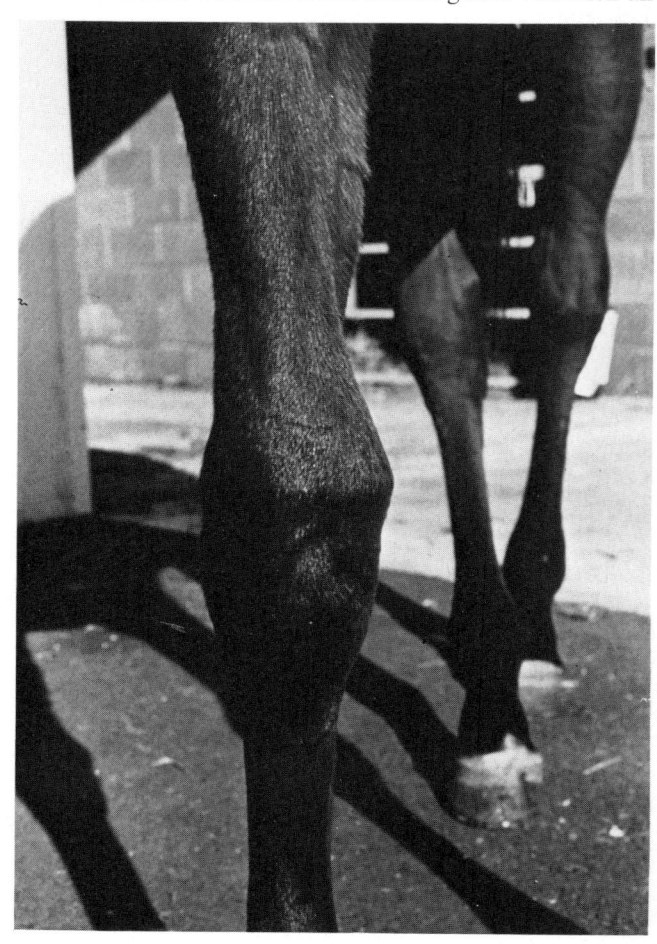

Abb. 6.23: Epiphysitis bei einem zweijährigen Vollbluthengst mit Auftreibung der Metaphyse am distalen Radiusende.

Epiphysitis erkrankten Tieren in der Regel am stärksten lahm. Die Lahmheit ist manchmal selbst durch Leitungsanästhesien schwierig zu lokalisieren. Es kann sich in Einzelfällen lediglich um eine generalisierte Steifheit handeln. Betroffene Pferde spielen möglicherweise nicht so lebhaft wie andere Tiere der Herde. Die Epiphysitis kann sporadisch auftreten und ein oder zwei Pferde innerhalb einer Altersgruppe betreffen. Genausogut können alle Tiere erkranken. Die Krankheit wird auch häufig in Zusammenhang mit anderen Veränderungen am Bewegungsapparat beobachtet. Epiphysitis und Osteochondrose können außerdem zusammen mit verschiedenen Fehlentwicklungen der Wirbelsäule auftreten, die zu verschiedenen Bewegungsstörungen innerhalb des Syndroms der spinalen Ataxie führen können.[61] Das erkrankte Pferd kann, besonders wenn es zur Gruppe der jüngeren Tiere gehört, gleichzeitig Fehlstellungen der Gliedmaßen aufweisen (Abb. 6.24). Bei einigen Pferden können bestimmte Anzeichen einer Osteochondrosis dissecans sowie subchondrale zystoide Läsionen vorliegen.[72] Häufig weist das betroffene Tier eine steile Stellung im Fesselgelenk auf sowie ein zeitweiliges Überköten. In hochgradigen Fällen besteht u. U. eine degenerative Erkrankung eines oder mehrerer Gelenke, wie Spat oder Schale. Epiphysitis ist auch zusammen mit zehenenger Stellung beobachtet worden, welche die Druckbelastung an der medialen Seite der Schultergliedmaße erhöht.[77] Dies führt zu einer stärkeren Auftreibung der Metaphyse an der medialen Seite der betroffenen Epiphysenfuge.[105] Ferner ist die Epiphysitis in Zusammenhang mit dem Sehnenstelzfuß beobachtet worden.[64]

Die klinischen Daten beim Krankheitsbild der Epiphysitis sind in der Regel normal, mit Ausnahme eines höchstgradigen Kalzium- oder Phosphormangels. Dieser ist auf natürliche homöostatische Mechanismen zurückzuführen. Der Gehalt an alkalischer Phosphatase ist in der Regel hoch, dies ist aber für im Wachstum befindliche Tiere normal.

Ätiologie. Die genaue Ätiologie der Epiphysitis ist unbekannt. Die allgemein verbreiteten Theorien machen die Ernährung, die schnelle Wachstumsgeschwindigkeit, genetische Prädisposition und traumatische Ursachen verantwortlich (siehe Seite 276 bis 280). Im wesentlichen sind Futterrationen mit niedrigem Kalzium- und hohem Phosphorgehalt verantwortlich. Dies entspricht weitgehend den Bedingungen bei der Osteodystrophia fibrosa, obwohl außerdem ein hoher Getreide- und ein niedriger Rauhfutteranteil in der Futterration beteiligt zu sein scheinen. Dennoch läßt sich die Erkrankung nicht durch einfache Fütterung einer Ration mit hohem Nährstoffgehalt ad libitum reproduzieren. Einige andere Faktoren, wie zum Beispiel traumatische Ursachen und vielleicht bestimmte Spurenelemente, müssen also wohl beteiligt sein. Die Entstehung der Epiphysitis hat neben der ernährungsabhängigen ebenso eine bestimmte mechanische Komponente. Reichlich bemuskelte Tiere sind mit größerer Häufigkeit betroffen. Die Veränderung wird im allgemeinen bei übergewichtigen, aktiven Fohlen und Jährlingen beobachtet. Entsprechend kann ein Fohlen mit einer hochgradigen Lahmheit einer Gliedmaße ein der Epiphysitis ähnliches Krankheitsgeschehen an der kontralateralen belasteten Gliedmaße sowie eine Gliedmaßenfehlstellung entwickeln. Die Epiphysitis wird im amerikanischen Sprachgebrauch häufig als „Kompression" der Epiphyse bezeichnet, was die mechanische Komponente der Epiphysitis betont. Es sind viele Untersuchungen im Hinblick auf die Auswirkung von Druck auf die Epiphysenfuge durchgeführt worden.[3,33,96] Diese Versuche haben hauptsächlich an kleinen Versuchstieren stattgefunden. Bestimmte Beobachtungen, die bei diesen Tieren gemacht worden sind, wurden auf das Epiphysitis-Syndrom bei Pferden übertragen, obwohl sie die zugrunde liegende Ätiologie nicht erklären. Wenn Druckkräfte auf eine Epiphysenfuge einwirken, kommt es zu einer Verbreiterung der Epiphysenfuge, da die vorläufige Verkalkung verzögert wird und mehr Chondrozyten überleben. Zur Verzögerung der vorläufigen Verkalkung kommt es durch eine Unterbrechung der metaphysären Blutversorgung. Dies ist das Phänomen einer Selbstkorrektur, wodurch das Tier jede kleinere Fehlstellung der Gliedmaßenachse korrigieren kann.
Wenn die auf eine Epiphysenfuge einwirkenden Druckkräfte die physiologischen Grenzen überschreiten, kann es zu einem vollständigen Stillstand der enchondralen Ossifikation kommen und es kann sich eine Gliedmaßenfehlstellung herausbilden. Metallische Implantate, welche die Epiphysenfuge überbrücken (Osteosynthese mit Draht oder Schrauben und Draht) wirken genau auf diese Weise, indem sie das Wachstum für eine unterschiedliche Zeitspanne verhindern, bis die Gliedmaße sich geradegestellt hat. Die Reaktion der Epiphysenfuge auf Druck wird in Abbildung 6.25 dargestellt.
Wenn übermäßiger Druck lange genug einwirkt, kann es zu komplettem Verschmelzen der Metaphyse mit der Epi-

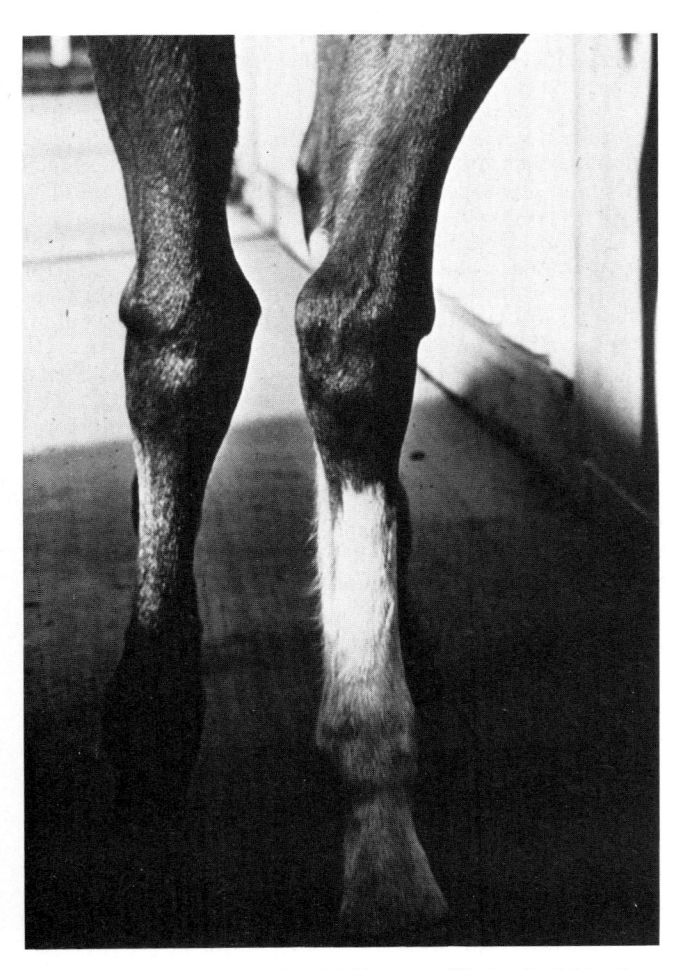

Abb. 6.24: Fünf Monate altes Fohlen mit Gliedmaßenfehlstellung (Carpus valgus) und gleichzeitig vorliegender Epiphysitis. An den distalen Enden der Radii bestehen beträchtliche Auftreibungen der Metaphysen.

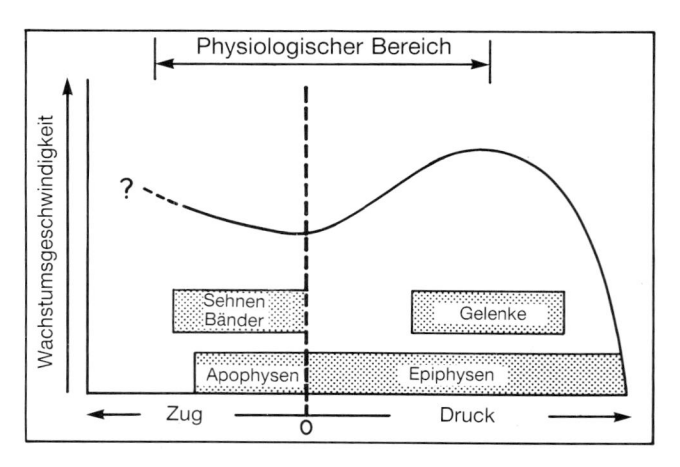

Abb. 6.25: Graphische Darstellung der Epiphysenreaktion auf Druck.

physe kommen (Epiphysiodese). Die dazu notwendigen Druckkräfte entsprechen etwa dem Dreifachen des Körpergewichtes.[93]

Obwohl die an kleinen Versuchstieren (in der Regel Kaninchen) gewonnenen Erkenntnisse nicht vollständig auf junge Pferde mit Epiphysitis zu übertragen sind, erklären sie die Verbindung zwischen dem reichlich bemuskelten übergewichtigen Tier auf der einen Seite und den metaphysären Veränderungen und Gliedmaßenfehlstellungen, die beim Epiphysitis-Syndrom beobachtet werden, auf der anderen Seite (siehe Seite 296 bis 297).

Die Epiphysitis ist bei Rindern im Zusammenhang mit einem Kupfermangel beobachtet worden.[89] Der Kupfermangel soll angeblich die Stabilität und Festigkeit des Knochenkollagens vermindern. Lysinoxidase ist ein kupferabhängiges Enzym, das für die Querverbindungen des Kollagens erforderlich ist. Ob bei Pferden ein Zusammenhang zwischen der Verfügbarkeit von Kupfer und dem Auftreten der Epiphysitis besteht, müßte durch weitere Untersuchungen geklärt werden. Bei Lämmern, die unter völliger Einschränkung ihrer Bewegungsfreiheit aufgezogen wurden, ist eine Veränderung, die durch schmaler werdende Epiphysenfugen und Auftreibungen der betroffenen langen Röhrenknochen charakterisiert war, auf übermäßige Zufuhr von Eisen mit der Nahrung zurückgeführt worden.[40] Auch der Zusammenhang des Eisengehaltes im Futter mit der Epiphysitis bei Pferden muß noch untersucht werden.

Röntgenologische Untersuchung. Röntgenologisch können bei der Epiphysitis zahlreiche verschiedene Veränderungen beobachtet werden. In manchen Fällen besteht eine deutliche Gliedmaßenfehlstellung. Diese wird festgestellt, indem Linien durch die Längsachsen der einzelnen Knochen gezogen werden.[76] Ferner kann eine deutliche Auftreibung der Metaphysen vorliegen. Die Metaphyse ist verbreitert und asymmetrisch. Sklerotische Veränderungen der Metaphyse im Bereich der Epiphysenfuge und eine asymmetrische Dicke der Kompakta aufgrund der veränderten Belastung der Gliedmaße sind möglich (Abb. 6.26 A und B). Es können sowohl eine Auftreibung der weiter distal liegenden Epiphyse als auch bogen- oder zackenförmige Umfangsvermehrungen der Epiphyse und ein allgemein keilförmiges Aussehen der Epiphyse vorliegen. Die Epiphysenfuge kann ein verschwommenes und unscharfes Aussehen haben, obwohl hier nach der Erfahrung des Autors deutliche Unterschiede im Röntgenbild bestehen. Manchmal ist die Breite der Epiphysenfuge unregelmäßig. Wenn eine hochgradige Gliedmaßenfehlstellung vorliegt, kann es durch die Überbelastung der Epiphysenfuge an der Seite, wo die größten Druckkräfte einwirken, zu einem vorzeitigen Schluß der Epiphysenfuge kommen.

In der Metaphyse können sich Bereiche mit lytischen Veränderungen finden, die darauf hinweisen, daß hier vorher Störungen der enchondralen Ossifikation bestanden haben. Dies wird als metaphysäre Osteochondrose bezeichnet. Möglicherweise liegen auch andere Läsionen im Sinne einer Osteochondrose vor, welche die Gelenkflächen einbeziehen (siehe Seite 396 bis 419). Gelegentlich bestehen neben der Epiphysitis verschiedene Unregelmäßigkeiten der Karpalknochen oder subchondrale Knochenzysten. In höchstgradigen Fällen liegt eine Verschiebung oder partielle Luxation der Epiphysenfuge in Relation zur Metaphyse vor.[84]

Therapie. Der erste Schritt bei der Therapie der Epiphysitis ist eine Überprüfung der Futterration (siehe Seite 277 bis 280).[55] Vielfach kann ein geographisch ernährungsbedingter Mangel vorliegen, der korrigiert werden muß. Von einer derartigen geographisch bedingten Unterversorgung mit bestimmten Stoffen ist in der Regel die gesamte Herde betroffen.

Die Röntgenbilder sollten auf Anwesenheit möglicher osteochondrotischer Veränderungen untersucht werden. Dies erlaubt eine genauere Prognose bezüglich der zukünftigen Tauglichkeit als Sportpferd erlauben. Ein eventuell vorliegender Sehnenstelzfuß kann durch Schienen, Gips-, Fiberglas- bzw. Kunststoffverbände oder operativ, wie z. B. durch eine Desmotomie des Unterstützungsbandes der tiefen Beugesehne, behandelt werden. Für die Behandlung bestimmter osteochondrotischer Veränderungen kann eine Operation notwendig sein. Es sollte verhindert werden, daß das Pferd zu schwer wird; wenn das Tier fett ist, ist eine generelle Verringerung des Körpergewichtes zu empfehlen. Dies vermindert die traumatische Komponente der Epiphysitis. Etwa gleichzeitig vorliegende Mängel in der Mineralstoffversorgung sollten beseitigt werden, wozu in der Regel eine Futteranalyse notwendig ist. Entzündungshemmende Mittel mit Ausnahme der Kortikosteroide sind in Einzelfällen indiziert, wenn das Tier steif ist. Dies wird helfen, die Schmerzen zu vermindern, und der weiteren Entwicklung eines Sehnenstelzfußes vorbeugen. Diese Medikamente müssen u. U. in geringen Dosen über lange Zeit gegeben werden. Im allgemeinen heilt die Epiphysitis spontan, das Pferd „wächst heraus". Häufig aber ist ein zurückbleibendes Problem ernst genug, um die zukünftige Tauglichkeit als Sportpferd einzuschränken.

Gliedmaßenfehlstellungen bei Fohlen aufgrund von Störungen im Längenwachstum der Knochen

Eine der Ursachen für Gliedmaßenfehlstellungen bei Fohlen sind Störungen des Längenwachstums an den Enden der langen Röhrenknochen. Aus dem einen oder anderen Grund wächst der Knochen an einer Seite der Epiphysenfuge schneller als an der anderen. Das Ergebnis ist schließlich eine Abweichung von der normalen Gliedmaßenachse. Dies ist eine von vielen Ursachen für Gliedmaßenfehlstellungen bei Fohlen.[30] Andere mögliche Ursachen sind eine Schwäche der Gelenke, Störungen im Wachstum der Epiphyse, Störungen der enchondralen Ossifikation der Karpalknochen und der Griffelbeine der Schultergliedmaßen sowie eine traumatische Luxation oder Fraktur der Karpalknochen.[6,30,54] Am Beispiel des distalen Radiusendes, wo die meisten Gliedmaßenfehlstellungen

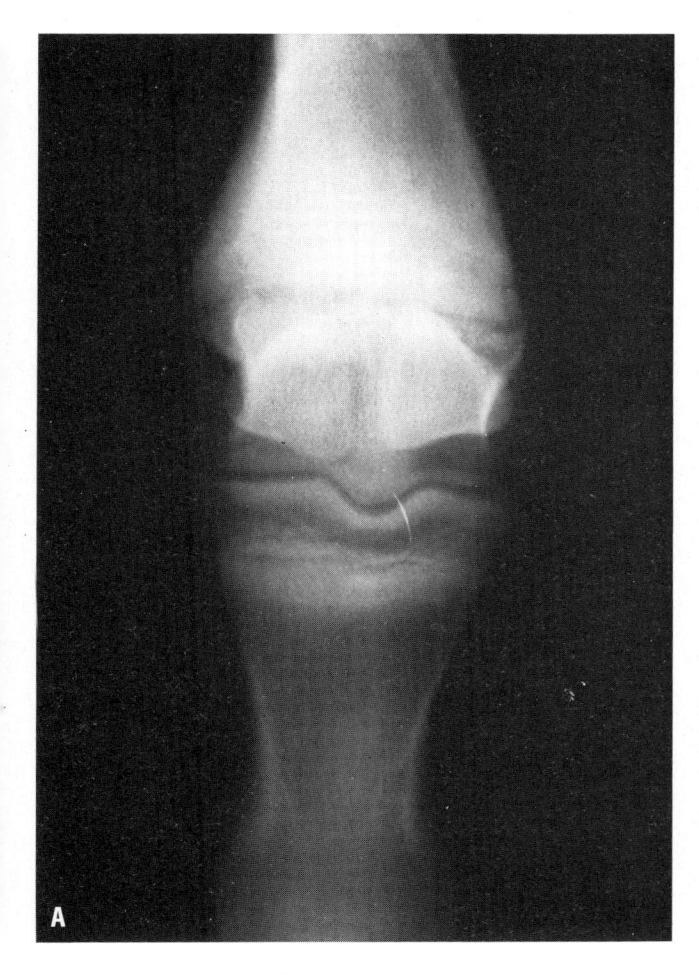

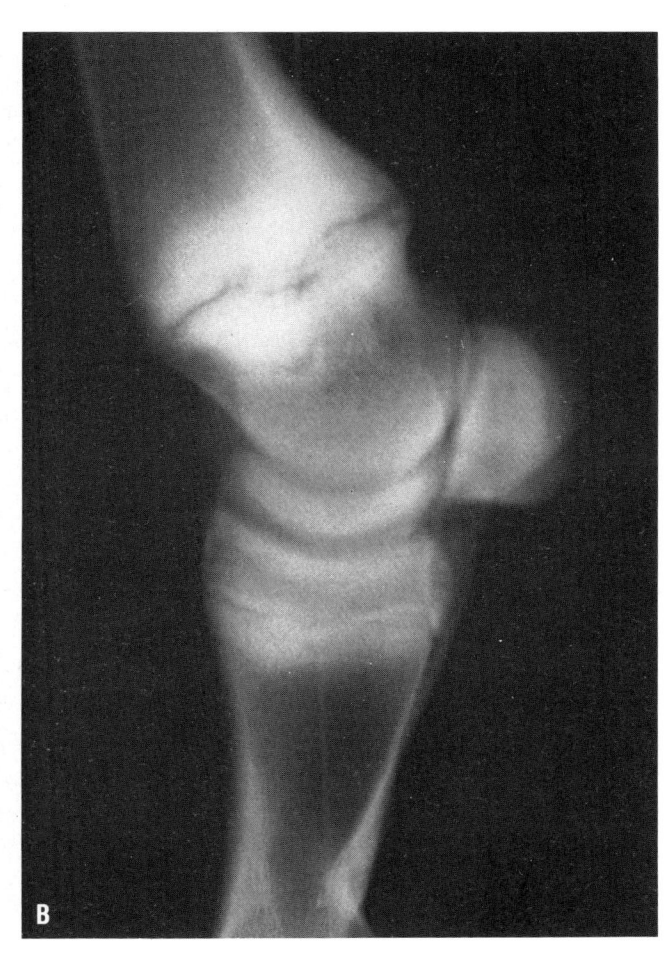

Abb. 6.26: A Dorsopalmare und **B** lateromediale Aufnahme vom Fesselgelenk eines Fohlens mit hochgradiger Epiphysitis. Die Metaphyse ist verbreitert und asymmetrisch. Es liegt eine Sklerose der Metaphyse vor. Außerdem ist die Dicke der Kompakta asymmetrisch aufgrund der veränderten Belastung der Gliedmaße.

bei Fohlen auftreten, ist festzustellen, daß die enchondrale Ossifikation nicht nur in der Epiphysenfuge, sondern auch vom Gelenkknorpel ausgehend, das heißt an diesem selbst, beginnt. Jede Verzögerung der enchondralen Ossifikation an jeder dieser Lokalisationen kann zu einer Gliedmaßenfehlstellung führen. Viele dieser Überlegungen sind aber bisher Spekulation. Es sind weitere Untersuchungen notwendig, um Licht in die exakte Ätiologie zu bringen.

Die Begriffe Valgus- und Varusstellung werden verwandt, um Gliedmaßenfehlstellungen beim Fohlen zu beschreiben. Diese Ausdrücke haben nicht nur in der humanmedizinischen Literatur, sondern auch im veterinärmedizinischen Bereich zu Verwirrung geführt.[45,88] Die Ausdrücke *valgus* und *varus* bezeichnen eine Abweichung der Gliedmaßenachse distal des benannten Gelenkes in Richtung der Medianen oder von dieser weg. Dies ist unabhängig davon, ob die Bezeichnung *valgus* oder *varus* in Zusammenhang mit der Bezeichnung des Gelenkes oder mit der des distal des Gelenkes liegenden Knochens gebraucht wird.[45] Daher bezieht sich die Bezeichnung Valgusstellung im Karpalgelenk (Carpus valgus) auf eine unregelmäßige Stellung, bei welcher die Läsion im Karpus vorliegt und die Gliedmaße distal dieses Gelenkes, d. h. das Os metacarpale III, von der Medianlinie des Körpers entfernt steht (Abb. 6.27). Eine Varusstellung im Karpalgelenk liegt dann vor, wenn das Os metacarpale III und der Fesselkopf in Richtung der Medianen von der Gliedmaßenachse abweichen (Abb. 6.28).[32]

Beim Fohlen ist die Valgusstellung im Karpalgelenk die häufigste Gliedmaßenfehlstellung.[31] Die Varusstellung im Fesselgelenk ist die nächsthäufige Form, während eine Varusstellung im Karpal- oder eine Valgusstellung im Tarsalgelenk relativ ungewöhnlich sind. Ein Tarsus varus sowie Fehlstellungen in anderen Bereichen der Gliedmaßen sind äußerst selten.[76,97]

Ätiologie. Die Ätiologie der Gliedmaßenfehlstellungen, die bei Fohlen aufgrund von Störungen im Längenwachstum der Knochen auftreten, ist komplex. Hier sind nachweislich viele Faktoren beteiligt. Einige der Faktoren, die zu diesen Gliedmaßenfehlstellungen bei Fohlen beitragen, sind auch am Epiphysitis-Syndrom beteiligt (siehe Seite 317 bis 320). Epiphysitis und Gliedmaßenfehlstellungen können beim selben Tier zu beobachten sein, obwohl die Epiphysitis im allgemeinen bei älteren Pferden beobachtet wird. Kenntnisse über den Prozeß der enchondralen Ossifikation sind für das Verständnis der bei den Gliedmaßenfehlstellungen der Fohlen beteiligten Faktoren notwendig (siehe Seite 293 bis 297).

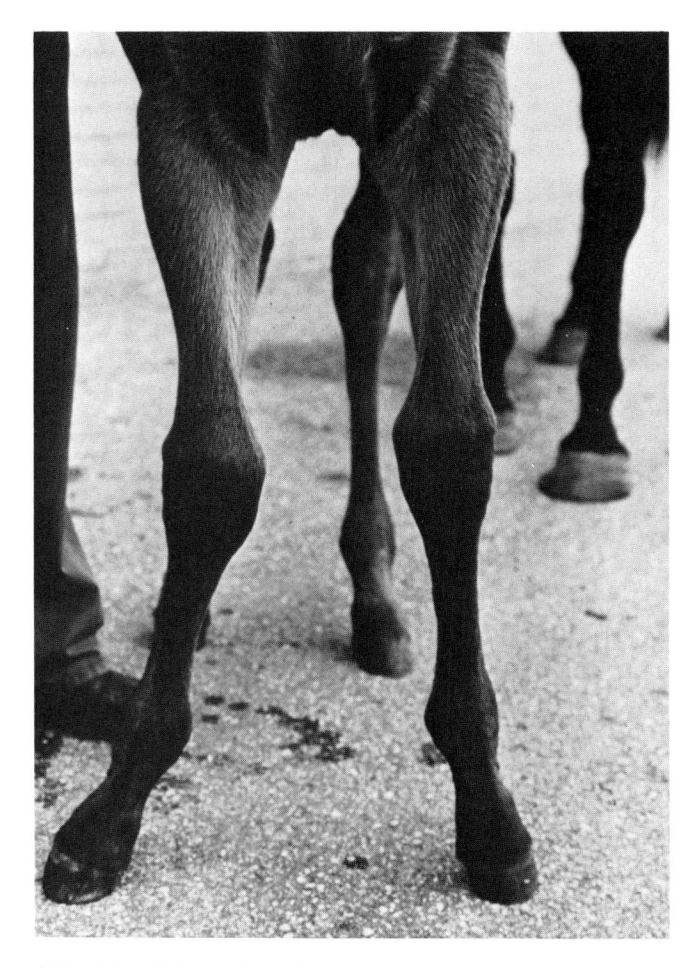

322 Kapitel 6: Krankheiten der Knochen und Muskeln

Abb. 6.27: Valgusstellung im Karpalgelenk (Carpus valgus) vorn rechts bei einem zwei Monate alten Fohlen.

Traumatische Schäden infolge übermäßigen Druckes werden als eine der Hauptursachen angesehen, die den Störungen des Längenwachstums der Knochen zugrunde liegen.[30] Die Prädisposition für die traumatische Schädigung wiederum wird durch eine Vielzahl anderer Faktoren bewirkt. Die Reaktion der Epiphysenfuge auf Druck war Thema zahlreicher wissenschaftlicher Arbeiten, besonders bei kleinen Versuchstieren wie Kaninchen. Diese Ergebnisse können weitestgehend auf Fohlen übertragen werden.[30] Trauma durch abnormen axialen Druck führt zu verzögerter Verkalkung der ausgereiften, zugrunde gehenden Chondrozyten. Hierdurch ergibt sich eine Verbreiterung der Epiphysenfuge mit steigender Anzahl von Chondrozyten in der hypertrophischen Zellschicht. Durch übermäßigen Druck kann es zur Nekrose der Chondrozyten und zum vorzeitigen Schluß der Epiphysenfuge kommen. Jeder Faktor, der asymmetrischen Druck auf eine Epiphysenfuge bedingt, kann zu dieser Folge von Ereignissen führen und eine Gliedmaßenfehlstellung verursachen. Derartige Faktoren sind unter anderem Schwäche von Gelenken, falsche Lage des Fohlens im Uterus, schlechte Hufpflege, übermäßiger Bemuskelung lebhafter Fohlen (Abb. 6.6) oder eine Lahmheit der gegenüberliegenden Gliedmaße. Alle diese Faktoren führen zu einer asymmetrischen Belastung der Epiphysenfuge, somit zu einer Verzögerung der enchondralen Ossifikation sowie des Längenwachstums an der konkaven Seite, woraus sich in der Folge eine Gliedmaßenfehlstellung entwickelt.

Eine Hypoplasie der Karpalknochen kann ebenfalls zu asymmetrischer Belastung führen (siehe Seite 419 bis 422 und 626 bis 640). Das Ergebnis ist schließlich eine Gliedmaßenfehlstellung aufgrund der Hypoplasie der Knochen sowie eine Wachstumsstörung im Bereich der Epiphysenfuge. Eine unvollständige Entwicklung der Griffelbeine an den Schultergliedmaßen sollte ebenfalls dieser Gruppe von Ursachen zugeordnet werden.[5,54] Wenn die asymmetrische Belastung nur gering ist, reagiert der Knochen natürlicherweise durch verstärktes Wachstum an der konkaven Seite, wodurch eine normale Belastung erreicht werden soll. Wenn die Belastung extrem und außerhalb des physiologischen Bereiches ist, kommt es in der Folge zu einem Teufelskreis, in dem eine stärkere Fehlstellung zu ver-

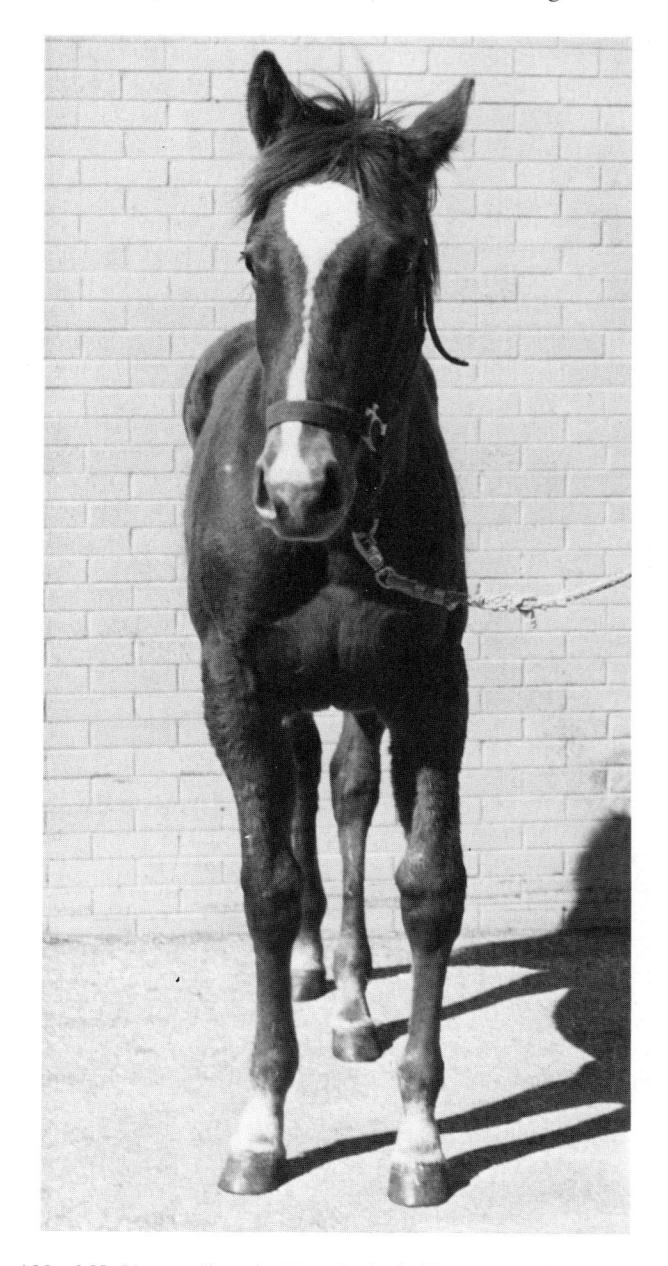

Abb. 6.28: Varusstellung im Karpalgelenk (Carpus varus) vorn links bei einem fünf Monate alten Fohlen.

stärkt asymmetrischer Belastung führt. In der Tat zielen alle Formen der Therapie (Operation, Gips-, Fiberglas- bzw. Kunststoffverband etc.) auf die Unterbrechung dieses Teufelskreises ab.[5,30]
Die Bedeutung der Ernährung als Ursache von Gliedmaßenfehlstellungen ist komplex und nicht ausreichend geklärt. Früher wurde eine Unterversorgung mit Kalzium, Phosphor, Vitamin A, Karotin und Vitamin D als Ursache angenommen. Die Veränderung ist von Pferdebesitzern und Tierärzten gleichermaßen fälschlich als „Rachitis" bezeichnet worden. Bei der klassischen Rachitis handelt es sich um einen Vitamin-D-Mangel, und obwohl bei den Gliedmaßenfehlstellungen einige Symptome zu vermerken sind, die auch bei Rachitis vorkommen, ist eine Gleichsetzung der beiden Veränderungen eine zu starke Vereinfachung. Es gibt tatsächlich keine kontrollierten Versuche, bei denen ein experimentell bedingter Mangel an einem dieser Faktoren Gliedmaßenfehlstellungen hervorgerufen hat. Häufig sind nur ein oder zwei Fohlen aus einer ganzen Herde betroffen, was die epidemiologischen Untersuchungen erschwert. Vielleicht kann dieses sporadische Auftreten von Gliedmaßenfehlstellungen durch verschiedene Gehalte von Kalzium, Phosphor oder anderen Nährstoffen in der Milch verschiedener Stuten erklärt werden (siehe Seite 276 bis 279).
Spurenelementmangel, besonders Kupfermangel, ist für Epiphysitis und die meisten Gliedmaßenfehlstellungen bei Rindern verantwortlich gemacht worden.[89] Nach Meinung des Autors kann ein Mangel dieses Spurenelementes durchaus eine Rolle für die Entstehung der Epiphysitis junger Pferde sowie für Gliedmaßenfehlstellungen bei Fohlen spielen. Kupfer wird für das Enzym Lysinoxidase benötigt, welches wiederum für die Herstellung von Querverbindungen des Kollagens notwendig ist. Daher kann eine durch Kupfermangel bedingte fehlerhafte Quervernetzung die Festigkeit des Knochenkollagens beeinträchtigen, wodurch schließlich ein Osteomalazie-Syndrom mit Gliedmaßenfehlstellungen und Auftreibungen im Bereich der Metaphysen entstehen kann. Röntgenologisch erscheint der epiphysennahe Bereich der Metaphyse breiter als die distal an ihn angrenzende Epiphysenfuge. Die Metaphyse scheint die Epiphyse an den Seiten zu überlappen oder zu umschließen.[76] Die Bedeutung von Zink, Mangan, Molybdän und anderen Spurenelementen ist weniger klar. Hier stehen noch entsprechende Untersuchungen aus.
Die meisten Gliedmaßenfehlstellungen entstehen höchstwahrscheinlich durch Hinzukommen eines Traumas zu einem zugrunde liegenden undefinierbaren Mangelzustand. Fälle, in denen eine Lahmheit einer Gliedmaße zu einer Fehlstellung der gegenüberliegenden vermehrt belasteten Gliedmaße führt, sind offensichtlich traumatisch induziert. Die traumatische Entstehung allein kann aber nicht alle Fälle von Gliedmaßenfehlstellungen erklären. Hier ist die These aufgestellt worden, daß intrauterine chemische Schädigungen beteiligt sind. Dies ist aber reine Spekulation und sollte erst dann in Betracht gezogen werden, wenn andere Faktoren ausgeschlossen worden sind.[54]
Röntgenaufnahmen liefern den schlüssigsten Beweis in Hinblick auf die Lokalisation der Gliedmaßenfehlstellung. Im Falle asynchronen Wachstums in der distalen Radiusepiphysenfuge beginnt die Abweichung von der Gliedmaßenachse eher im distalen Bereich der Metaphyse als im Karpalgelenk selbst. Im Fall einer Fehlstellung im Karpalgelenk, einer Fehlstellung des Radius oder des Os metacarpale III kann die genaue Lokalisation bestimmt werden, indem Linien entlang der Längsachsen der Knochen gezogen werden, welche diese in der Mitte teilen. Die Linien schneiden sich im sogenannten Drehpunkt.[76] Im Fall einer Fehlstellung distal im Bereich des Radius liegt der Drehpunkt im distalen Bereich des Radius (siehe Seite 628 bis 629).

Therapie. Durch das Verständnis der Auswirkungen eines Traumas auf die Epiphysenfuge wird das Grundprinzip bei bestimmten Aspekten der Behandlung der Gliedmaßenfehlstellungen offensichtlich. Der bedeutendste Faktor der Korrektur von Gliedmaßenfehlstellungen ist die Einschränkung der Bewegung. Junge Fohlen bemühen sich naturgemäß, in der Nähe ihrer Mütter zu bleiben. Überaktivität in dieser Hinsicht vermehrt die traumatische Belastung der Epiphysenfuge. Dieses Trauma sollte möglichst gering gehalten werden, indem das Fohlen in einer Box eingesperrt wird. Dies muß so lange geschehen, bis die Gliedmaße sich gerade gerichtet hat. Ein Ausschneiden der Hufe und gegebenenfalls eine Hufkorrektur sind ebenfalls für die Korrektur der Stellung und der daraus folgenden asymmetrischen Belastung sinnvoll. Häufige Nachuntersuchung einschließlich röntgenologischer Kontrollen ist notwendig, um den Fortschritt der konservativen Behandlung aufzuzeigen. Diese beiden Faktoren können Gliedmaßenfehlstellungen korrigieren und sollten immer als erster Schritt der Behandlung angewandt werden, vorausgesetzt, daß kein Anzeichen einer Hypoplasie oder mangelnder Reife der Karpalknochen vorliegt. Aufgrund des relativ früheren Schlusses der distalen Epiphysenfugen von Metakarpus oder Metatarsus sollte hier eine Operation versucht werden, sobald die Fehlstellung bemerkt wird. Bei der Auswertung einer Anzahl von Behandlungsergebnissen bei Fohlen mit Überbrückung der distalen Epiphysenfuge von Metakarpus oder Metatarsus durch Osteosynthese fanden FRETZ et al.[30], daß die Operation 60 bis 80 Tage nach der Geburt tatsächlich keine Besserung der Gliedmaßenfehlstellung brachte.
Bei Bestehen einer Lahmheit aufgrund eines anderen orthopädischen Problems, die eine übermäßige Belastung der gesunden Gliedmaße bedingt, ist die Lösung nicht so einfach. Manchmal ist die primäre Lahmheit so hochgradig oder langwierig, z. B. bei Heilung einer Fraktur), daß das Tier keine andere Wahl hat, als die gegenüberliegende Gliedmaße während der Rekonvaleszenz übermäßig zu belasten. Hier liegt die Lösung eindeutig darin, die Rekonvaleszenzzeit der verletzten Gliedmaße möglichst zu verkürzen, damit sobald wie möglich wieder eine normale Belastung der Gliedmaßen aufgenommen wird.
Wenn eine Gliedmaßenfehlstellung in Karpus oder Tarsus noch nach 60 Tagen besteht oder sich stetig verschlechtert, ist eine Operation indiziert. Wenn die Gliedmaße zu diesem Zeitpunkt nahezu gerade ist, dürfen weitere 30 Tage abgewartet werden. Gelegentlich ist nach 45 Tagen festzustellen, daß eine Fehlstellung im Karpalgelenk operiert werden muß. Fehlstellungen im Fesselgelenk müssen nach 30 bis 60 Tagen operiert werden.
Bei der operativen Behandlung der Gliedmaßenfehlstellungen gibt es grundsätzlich zwei Möglichkeiten. Die erste ist eine Verzögerung der enchondralen Ossifikation durch verschiedene Techniken der Osteosynthese mit Überbrückung der Epiphysenfuge (siehe Seite 633 bis 640). Dies geschieht gewöhnlich durch Schrauben und Drähte,

die die Epiphysenfuge an der konvexen Seite der Gliedmaße überspannen. Das Prinzip dieser Operationstechnik ist, daß nach dem Einsetzen der Implantate durch die weiter ablaufende enchondrale Ossifikation Druck aufgebaut wird und dadurch eine allmähliche Verringerung der enchondralen Ossifikation bedingt. Diese Verringerung der Ossifikation beruht prinzipiell auf den Auswirkungen von Druck auf das Gefäßsystem und auf der von diesem abhängigen Osteogenese in der Epiphysenfuge. Die Verzögerung des Wachstums auf der einen und das fortgesetzte Wachstum auf der anderen Seite bedingen einen Ausgleich der relativen Länge des Knochens auf der medialen und lateralen Seite der distalen Metaphyse, wodurch die normale Gliedmaßenachse wiederhergestellt wird.[54] Sobald dies erreicht ist, werden die Implantate entfernt, und das normale Wachstum der Gliedmaße geht weiter. Der Autor hat nach Entfernung der Implantate keinen Fall gesehen, in dem das Wachstum weiter in Richtung der Korrektur beeinflußt wurde. Lediglich in einem Fall ist durch die Entfernung der Implantate eine Verletzung einer Epiphysenfuge in Form des Typs 4 (nach Salter) verursacht worden (siehe Seite 298, Abb. 6.4). Eine derartige Verletzung entsteht, wenn sich eine Brücke neuen Knochens zwischen Metaphyse und Epiphyse gebildet hat. Eine solche Brücke entsteht in der Regel als Reaktion auf ein Trauma durch eine Operation oder auf eine lokalisierte Infektion. Glücklicherweise kommen Verletzungen des Typs 4 (nach Salter) selten vor.

Die andere Möglichkeit, Gliedmaßenfehlstellungen zu korrigieren, die auf asynchrones Längenwachstum zurückzuführen sind, ist auf die Stimulation der enchondralen Ossifikation an der konkaven Seite des betroffenen Bereiches ausgerichtet.[4,5,7] Diese wird durch eine hemizirkumferentiale Durchtrennung des Periostes und durch Periost-Stripping erreicht (siehe Seite 640). Infolge dieses Vorgehens kommt es möglicherweise zu einer Stimulation der Epiphysenfuge auf derselben Seite.[44] Der exakte Mechanismus dieser Stimulation ist ungeklärt. Eine Unterbrechung der metaphysären Blutgefäße oder eine mechanische Entlastung der Epiphysenfuge von der Haltewirkung des Periostes werden als mögliche Mechanismen angesehen.[43] Technische Details, die für die Operation zur Verzögerung oder Stimulation des Wachstums von Bedeutung sind, siehe Seite 633 bis 640.[4,5,7]

Erkrankungen der Muskulatur

Muskelfasern können nach ihren verschiedenen histochemischen Reaktionen (Anfärbbarkeit) eingeteilt werden. Diese Charakteristika sind nützliche Hilfsmittel auf dem Gebiet der Leistungsphysiologie seit der Einführung der Technik der Muskelbiopsie (siehe Seite 330 bis 331).
Durch histochemische Färbemethoden sind drei bedeutende Muskeltypen in der Skelettmuskulatur des Pferdes identifiziert worden.[1,5,7] Die Kontraktilität der Fasern ist von der Aktivität der ATPase des Myosins abhängig. Die Oxidaseaktivität der Fasern wird durch Anfärbung mit Sukzinatdehydrogenase oder reduzierter Nikotinamid-adenin-dinukleotid-(NADH)diaphorase bestimmt, während der Glykogengehalt des Muskels durch die PAS-Reaktion bestimmt wird. Diese drei Muskeltypen sind als langsam kontrahierende (Typ 1), schnell kontrahierende weiße (Typ 2a) und schnell kontrahierende rote Fasern

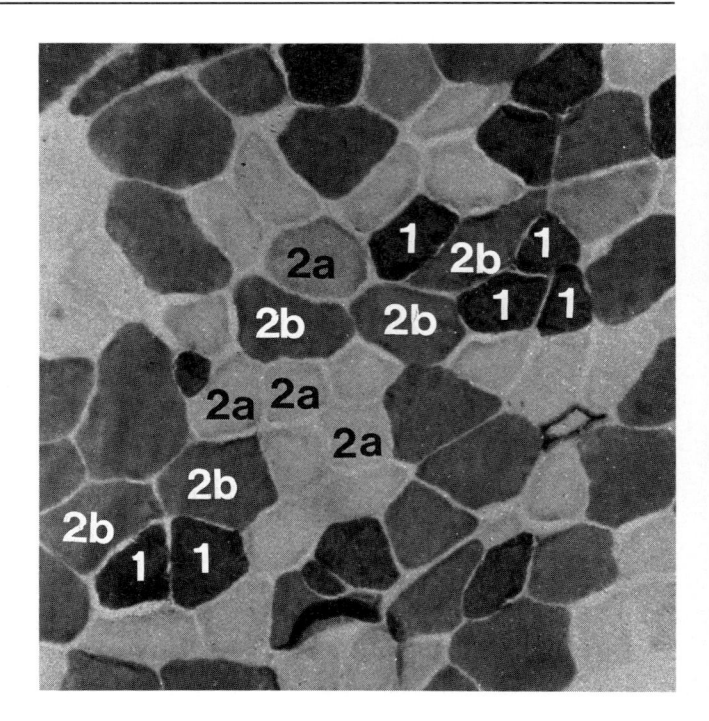

Abb. 6.29: Querschnitt durch den Skelettmuskel eines Pferdes. Anfärbung zum Nachweis der Myosin-ATPase nach Präinkubation bei pH 4. Die drei verschiedenen Muskelfasertypen sind zu erkennen: Typ 1 (langsam kontrahierend), Typ 2a (schnell kontrahierend) und Typ 2b (schnell kontrahierend, mit großer Sauerstoffkapazität (mit Genehmigung von Dr. D. HODGSON, University of Sydney).

(Typ 2b) bezeichnet worden (Abb. 6.29). Beim Menschen kann eine Beziehung zwischen der Kapazität für Muskelleistungen (d. h. athletische Leistungen) und dem speziellen Faserprofil des Individuums hergestellt werden. Untersuchungen haben gezeigt, daß Langstreckenläufer in der Regel einen höheren Anteil langsam kontrahierender („trüber") Fasern besitzen als der Durchschnitt der Bevölkerung, während Athleten, bei denen die schnell kontrahierenden („hellen") Muskelfasern überwiegen, sich eher bei Sprints auszeichnen.[17]

Langsam kontrahierende Fasern (Typ 1)

Diese sind langsam kontrahierende („slow twitch", ST) Fasern, die über eine große Sauerstoffkapazität und eine geringere Glykogenspeicherkapazität verfügen. Ihre glykolytischen Enzymsysteme sind kaum ausgebildet, und ihre Kontraktionsgeschwindigkeit ist gering. Sie ermüden wenig oder nicht, sind gut für langsame Bewegungen und für aeroben Metabolismus ausgerüstet. Dies sind die ersten Fasern, die bei der Myogenese des Embryos gebildet werden. Sie behalten ihre langsame Kontraktionsgeschwindigkeit und aerobe Kapazität während des gesamten Lebens des Tieres. SNOW et al.[90] haben nachgewiesen, daß Pferde mit dem höchsten Anteil dieser Fasern in der Regel die besten Leistungen bei Distanzritten erbringen.

Schnell kontrahierende Fasern (Typ 2a und 2b)

Diese sind schnell kontrahierende, weiße Fasern („fast twitch", FT, Typ 2a). Sie besitzen gute Voraussetzungen für die Glykolyse, aber nur wenige Mitochondrien. Sie ermüden rasch, sind aber für kurzzeitige, kräftige, abschnittsweise Aktivität zuständig. Es gibt ferner schnell kontrahierende rote Fasern mit großer Sauerstoffkapazität (FTH), auch Fasern des Typs 2b genannt, die eine große Glykogenspeicherkapazität sowie gut ausgebildete glykolytische Enzymsysteme und viele Mitochondrien besitzen. Diese schnell kontrahierenden roten Fasern ermüden weniger rasch als die schnell kontrahierenden weißen Fasern und sind besser an anhaltende phasische Aktivität angepaßt.

Beim Menschen ist das Verhältnis der langsam kontrahierenden zu den schnell kontrahierenden Fasern im allgemeinen konstant. Dies ist zwar für das Pferd nicht direkt nachgewiesen worden, trifft aber höchstwahrscheinlich auch hier zu. Bei Pferden ist das Verhältnis der Muskelfasertypen im Musculus gluteus medius möglicherweise von der Rasse und der Art der Arbeit abhängig, für die diese Rasse gezüchtet worden ist. Logischerweise wäre zu schließen, daß Quarter Horses oder Vollblüter, die für Rennen über kurze Distanzen eingesetzt werden, im Vergleich mit Rassen wie z. B. dem Araber, die auf Distanzritten eingesetzt werden, weniger langsam kontrahierende Fasern und einen hohen Anteil schnell kontrahierender roter und weißer Fasern aufweisen.[91]

In einem bestimmten Rahmen kann der Anteil der einzelnen Fasertypen durch Training verändert werden,[37] wobei sich die schnell kontrahierenden weißen in ebensolche roten Fasern umwandeln können und umgekehrt. Die Stimulation durch Training scheint aber das Verhältnis zwischen langsam und schnell kontrahierenden Fasern nicht zu ändern.[94] Es ist bewiesen worden, daß das Training die Querschnittsfläche aller drei Fasertypen vergrößert. Das entspricht Beobachtungen bei Sportlern.[94] Bei einzelnen Pferden scheint das Gegenteil stattzufinden.[41] Die Abnahme des Glykogens im Muskel kann außerdem Informationen über Leistung und Muskelfaserzusammensetzung geben.[41] Diese Abnahme während der Bewegung erfolgt nach folgendem Muster: In den langsam kontrahierenden Fasern nimmt der Glykogengehalt als erstes und bei geringerer Belastungsintensität ab, da diese Fasern für Ausdauerleistungen bestimmt sind. Wenn die Glykogenreserven der langsam kontrahierenden Fasern zu Ende gehen, folgen die der schnell kontrahierenden roten Fasern. Dies ist das gleiche Muster der Glykogenabgabe, wie es bei Langstreckenläufern zu beobachten ist. SNOW et al.[90] und HODGSON et al.[42] bemerkten, daß die Glykogenreserven der schnell kontrahierenden weißen Fasern bei einigen an einem Distanzritt teilnehmenden Pferden ebenfalls erschöpft waren. Dies lag an einer Steigerung des Tempos während des Rittes mit daraus folgender Inanspruchnahme dieser Fasern. Ein Pferd, das aufgrund von Erschöpfung bei einem Distanzritt aus der Wertung genommen wurde, zeigte eine Erschöpfung der Glykogenreserven in den meisten seiner Muskelfasern. Daher sind für die erfolgreiche Teilnahme an Distanzritten wahrscheinlich ein hoher Anteil langsam kontrahierender Fasern und eine den Anforderungen entsprechende Menge an Muskelglykogen notwendig.[90] Die Wiedereinlagerung von Glykogen geschieht in umgekehrter Reihenfolge wie die Abgabe, wobei die Einlagerung in den schnell kontrahierenden roten Fasern schneller geschieht als in den langsam kontrahierenden Fasern. Die praktische Anwendung dieser Erkenntnisse ist, daß die Belastung in der Zeit nach dem Ritt eingeschränkt werden sollte, um eine genügende Wiedereinlagerung von Muskelglykogen zu gestatten.

Beim Menschen ist eine Technik zur Isolation einzelner Muskelfasern zum Zweck einer chemischen Analyse beschrieben worden. Auf diese Weise ist es möglich, den Metabolismus der langsam und schnell kontrahierenden Fasern desselben Muskels zu untersuchen.[38] Diese Technik ermöglicht die Messung des Gehaltes an energiereichen Phosphaten (ATP, Kreatinphosphat) in den langsam und schnell kontrahierenden Muskelfasern. Beim Menschen ist zum Beispiel der ATP-Gehalt sowohl der langsam als auch der schnell kontrahierenden Muskelfasern bei Sprintern etwas höher als bei Langstreckenläufern. Die Langstreckenläufer verfügen über signifikant höhere Mengen an Kreatinphosphat in den langsam und schnell kontrahierenden Fasern.[38] Solche Messungen sollten auch beim Pferd durchführbar sein und würden ein besseres Verständnis für die Auswirkungen von Training und metabolischen Veränderungen im Muskel des Pferdes ermöglichen. Die Auswertung für einzelne Muskelfasern ist aber beim Pferd zur Zeit noch extrem schwierig.

Ein Faktor, der den Nutzen von Muskelbiopsieproben als Indikator für den Leistungsstand stark beeinträchtigt hat, ist die große Streubreite zwischen den einzelnen Proben, die aus einem festgelegten Muskel entnommen werden. Ist ein einzelnes Beispiel repräsentativ für den gesamten Muskel? In einer Untersuchung bei Distanzpferden fanden HODGSON et al.[42] einen beträchtlichen Variationskoeffizienten bei einigen Pferden, besonders bei den langsam kontrahierenden Fasern. Hier sind offensichtlich weitere Untersuchungen bei einer größeren Anzahl von Pferden notwendig.

Reaktionen der Muskulatur auf Verletzungen

Degeneration

Trübe Schwellung (Parenchymatöse Degeneration). Dies ist eine geringgradige Form einer Schädigung, die nur mikroskopisch sichtbar ist. Histologisch sind die betroffenen Fasern geschwollen, fein granuliert und trüb, und die Streifung ist undeutlich. Die trübe Schwellung kann durch geringgradige Störungen im Metabolismus der Zellen verursacht werden, wie sie in Fällen von Kreuzverschlag („tying-up"-Syndrom) beim Pferd (siehe Seite 331 bis 333) zu beobachten wären.

Intrazelluläre hyalin(schollig)e Zenkersche Degeneration. Hierbei handelt es sich um eine Reaktion der Muskelzelle bei einer Vielzahl verschiedener Veränderungen, wie Weißmuskelkrankheit oder Azoturie. Die hyaline Degeneration betrifft das Zytoplasma, nicht aber das Sarkolemm.[49] Die betroffene Muskelfaser verliert ihre Querstreifung und färbt sich durch Eosin homogen an, daher wird die Bezeichnung hyalin gebraucht. Zur Regeneration kommt es, indem der leere Anteil des Sarkolemmschlauches durch Muskelfasern gefüllt wird. Nach einer derartigen Schädigung sind außerdem Makrophagen anwesend, die das degenerierte Sarkoplasma beseitigen.[49]

Granuläre Degeneration. Dies ist ein schwererer Grad der Muskeldegeneration, bei dem die Fasern im histologischen Bild einen Verlust sowohl der Quer- als auch der Längsstreifung zeigen. Das Sarkoplasma koaguliert zu großen Granula, daher die Bezeichnung granuläre Degeneration. Viele Zellkerne gehen zugrunde, wodurch die Regeneration schwierig wird. Bei Zellen, die lebensfähige Kerne haben, ist eine Regeneration möglich.[49]

Fettige Degeneration (Degenerative Verfettung). Dies ist eine irreversible Veränderung, die infolge der granulären Degeneration beobachtet wird. Im histologischen Bild enthält die Muskelfaser eine große Anzahl von Fetttröpfchen sowie weitere histologische Kennzeichen der Degeneration.[49]

Regeneration

Der Skelettmuskel verfügt über die Fähigkeit zur Regeneration, solange andere Strukturen, wie das unterstützende Stroma, die Endomysiumschläuche und einige lebensfähige Fragmente der Faser erhalten sind. JUBB und KENNEDY[49] unterscheiden grundsätzlich drei Arten von Regenerationsvorgängen:
1. Regeneration durch Knospung („budding");
2. Regeneration durch Proliferation von Muskelzellen; und
3. Regeneration von Muskelfasern entlang des erhalten gebliebenen anhängenden Sarkoplasmas.

Diese Einteilung ist auf histologischen Erkenntnissen aufgebaut und für die Prognose von Bedeutung. Welche Form der Regeneration stattfindet, hängt von der Art der Schädigung ab.

Zu 1. Die Regeneration durch Knospung erfolgt, wenn Segmente der Faser und des Sarkolemms zerstört sind, wie dies zum Beispiel bei einer glatten Schnittverletzung der Fall ist. Entscheidend ist die Größe der Lücke zwischen den freien Enden des Schlauches mit den sich an den Enden der Muskelzellen bildenden großen Muskelknospen, die über die Lücke vorwachsen, wobei sie Kontakt zu ähnlichen Auswüchsen von der anderen Seite der Schnittverletzung aufnehmen. Diese Knospen wachsen täglich um gut einen Millimeter, und es kommt unausweichlich zu einem bestimmten Maß von Kreuzen und Verschlingen der Fasern. Wenn die Lücke größer als fünf Millimeter ist, eine Infektion oder Narbengewebe vorhanden sind, kann die Überbrückung verzögert sein. In solchen Zwischenräumen liegt reichlich Bindegewebe.[49]

Zu 2. Wenn die Schädigung der Muskelzelle geringer ist (d. h. hyaline Degeneration bei erhaltenem Sarkolemm und Endomysium vorliegt), erfolgt die Regeneration durch Proliferation der Muskelzellen. Makrophagen beseitigen die degenerierten Substanzen, die Zellkerne proliferieren, und neues Sarkoplasma erscheint. Längs- und Querstreifung werden wiederhergestellt.

Zu 3. Die Regeneration durch Fusion von Muskelfasern mit dem gleichen Sarkoplasma wird bei Fasern beobachtet, bei denen eine granuläre Degeneration stattfindet. Unter bestimmten Umständen geht die Regenerationsfähigkeit des Muskels verloren. Dies wird bei über ein Jahr bestehenden, durch Störung der nervalen Versorgung bedingten Muskelatrophien wie bei einer Lähmung des Nervus suprascapularis mit Atrophie der Musculi supraspinatus und infraspinatus („sweeny") bei Pferden beobachtet.

Atrophie

Die Muskelatrophie ist eine Verringerung des Muskelvolumens aufgrund eines Größenverlustes der einzelnen Muskelzellen. Sie kommt vor, wenn ein Muskel über längere Zeit keiner Spannung ausgesetzt ist. Es handelt sich um ein potentiell reversibles Phänomen, da durch künstliche Stimulation die Atrophie rückgängig gemacht werden kann. Die Muskelatrophie wird vorwiegend bei den Muskeln des Bewegungsapparates beobachtet.[49]

Generalisierte Muskelatrophie. Die generalisierte Muskelatrophie kommt bei unzureichender Ernährung, Kachexie, Fehlernährung oder Senilität vor. Muskelatrophie aufgrund von Senilität ist beim Pferd selten, weil die Pferde nicht das den Menschen entsprechende hohe Alter erreichen. Die generalisierte Muskelatrophie wird außerdem bei Pferden mit schweren systemischen Erkrankungen beobachtet sowie gelegentlich im Klinikbetrieb bei Pferden, bei denen es nach einer Operation zu Komplikationen (z. B. Peritonitis) gekommen ist. Zusätzlich zu der Muskelatrophie kommt es hierbei zu einem Verlust von Depotfett sowie zu einer Abnahme des Körpergewichtes. In der Regel ist das Auftreten des Gewichtsverlustes symmetrisch, wobei aber nicht alle Muskeln in gleichem Ausmaß betroffen sind. Histologisch ist eine progressive Verringerung der Fasergröße festzustellen, wobei die Atrophie der einzelnen Fasern mit unterschiedlicher Geschwindigkeit abläuft. Der Durchmesser der Muskelfasern im formalinfixierten Präparat wird von 40 auf 15 bis 20 Mikrometer reduziert.[49]

Lokalisierte Muskelatrophie. Die lokalisierte Muskelatrophie wird in Zusammenhang mit einer Lähmung (z. B. des Nervus suprascapularis – „sweeny"), nach Ruhigstellung einer Gliedmaße in einem Gips-, Fiberglas- bzw. Kunststoffverband oder nach einer Schädigung der Muskulatur, wie z. B. bei einer Rhabdomyolyse, beobachtet. Am häufigsten tritt die lokalisierte Muskelatrophie bei Pferden auf, denen ein Gips-, Fiberglas- bzw. Kunststoffverband oder andere äußere Fixationseinrichtungen angelegt wurden. Eine derartige Ruhigstellung der Gliedmaßen bedingt eine Hyperextension derselben aufgrund des fehlenden Tonus der Beugemuskeln und deren Sehnen. Nach Anlegen eines hohen Gips-, Fiberglas- bzw. Kunststoffverbandes an einer Gliedmaße kommt es sehr schnell zur Muskelatrophie. Daher sollte, falls die Gliedmaße lange unter Verband gehalten werden muß, häufig genug ein Verbandwechsel erfolgen, damit der Verband nicht zu locker sitzt. Bei dieser Art der Atrophie dauert es lange, bis das ursprüngliche Muskelvolumen wieder erreicht ist. Die lokalisierte Muskelatrophie wird außerdem nach Ruptur einer Sehne oder Fraktur eines Knochens beobachtet, welche für die Funktion der Muskulatur notwendig sind, wie z. B. eine Atrophie des Musculus triceps brachii, die bei Olekranonfrakturen auftritt (Abb. 6.30), oder eine Atrophie des Musculus extensor carpi radialis nach Durchtrennung seiner Sehne aufgrund beispielsweise einer Drahtverletzung. Bei einer persistierenden Atrophie wird der Muskel u. U. durch Binde- und Fettgewebe ersetzt.

Denervationsatrophie (Neurogene Muskelatrophie). Hierbei handelt es sich in der Regel ebenfalls um ein lokalisiertes Phänomen. Es ist charakteristisch für einige wenige, gut bekannte Syndrome beim Pferd. Das bekannteste hiervon ist die Denervationsatrophie aufgrund einer Lähmung des Nervus suprascapularis („sweeny"). Eine Schädigung des Nervus suprascapularis wird meist durch ein schlecht sitzendes Kumt bei Arbeitspferden, durch Huftritte, Stürze oder eine Skapulafraktur hervorgerufen. Ein anderes bekanntes Syndrom ist das Kehlkopfpfeifen. Infolge der Denervation kommt es zur Atrophie der von dem jeweiligen Nerven versorgten Muskeln. Ein Pferd mit einer Radialislähmung (Paralyse des Nervus radialis) infolge einer Humerusfraktur kann u. U. ebenfalls eine massive Muskelatrophie zeigen.

Schädigungen des zentralen Nervensystems (ZNS / Gehirn und Rückenmark) können zu einer Denervationsatrophie führen. Die hier betroffenen Muskeln sind diejenigen, deren Innervation über den jeweils geschädigten Bereich des ZNS erfolgt. Gehirntumoren, obwohl beim Pferd selten, haben die gleiche Wirkung. Eine protozoenbedingte Myeloenzephalitis führt ebenfalls zu einer lokalisierten Muskelatrophie (siehe Seite 772 bis 778).

Im Gegensatz zur generalisierten Atrophie tritt die Denervationsatrophie nur bei den Muskelfasergruppen auf, die durch den entsprechenden Nerv versorgt werden. Histologisch wird beobachtet, daß Bündel von Muskelfasern degenerieren, da jedes Muskelfaserbündel einer Anzahl von Nervenenden einer motorischen Einheit entspricht. Gelegentlich kommt es infolge der Atrophie zu einer Degeneration der Muskelfasern mit Bildung von Muskelfaserfragmenten. Solche Fasern haben die Fähigkeit zur Proliferation und zur Bildung neuer Myofibrillen verloren. Schließlich wird der Muskel durch Fett- und Bindegewebe ersetzt.

Nach der Denervation von Muskelfasern kann die Nervenverbindung spontan wiederhergestellt werden, wenn die Nervenscheiden unversehrt sind. Die Degeneration einer Nervenfaser schreitet bis zu dem nächsten proximal der Verletzungsstelle gelegenen Ranvierschen Schnürring fort. Wenn die Verletzung geringgradig ist, können die meisten Nerven wieder zusammenwachsen (Wachstumsgeschwindigkeit von ca. vier Millimetern täglich), und die ursprüngliche funktionelle Einheit mit dem Muskel kann wiederhergestellt werden. Wenn schwere Nervenschädigungen (z. B. eine vollständige Durchtrennung) durch eine Drahtverletzung oder ein anderes Trauma vorliegen, wird das erneute Auswachsen des Nervenendes zum Muskel verzögert. Die gleichzeitig einsetzende Muskelatrophie kann so hochgradig sein, daß selbst nach Wiederherstellung der funktionellen Verbindung nur eine begrenzte Anzahl von Fasern für die Reinnervation verfügbar ist. Ein noch bedeutenderer Grund für die Störung der Funktion bei Pferden mit Muskelatrophien besonders an den Gliedmaßen ist eine Kontraktur oder Verkürzung der funktionellen Einheit aus Muskel und Sehne.[100] Zusätzlich kann es an der betroffenen Gliedmaße zu einer Gelenkkapselkontraktur kommen.

Verkalkung und Verknöcherung von Muskeln

Verkalkung. Hierzu kommt es, wenn Kalziumsalze in degenerierendem Muskelgewebe abgelagert werden. Die Muskelfasern unterliegen zunächst einer granulären Degeneration. In diesem Stadium sind sie offensichtlich sehr anfällig für Verkalkung. Fasern, die einer hyalinen (Zenkerschen) Degeneration unterliegen, können ebenfalls verkalken. Die Kalziumablagerung geschieht im Sarkoplasma der Muskelfaser. Die Regeneration der Faser wird dadurch offensichtlich nicht behindert, wenn die dafür notwendigen Bedingungen gegeben sind. Das häufigste Beispiel einer Kalkablagerung in den Muskeln ist wohl die ernährungsbedingte Degeneration, wie z. B. bei Weißmuskelkrankheit infolge eines Vitamin-E-/Selen-Mangels. In diesen Fällen haben die verkalkten Fasern ein kreideartig weißes Aussehen. Die Befunde können durch eine histologische Untersuchung überprüft werden.[49,106]

Verknöcherung. Dies ist die Bildung von Knochensubstanz im Bindegewebe der Muskulatur. Sie wird bei Muskeln beobachtet, in denen chronische traumatische Schäden oder Entzündungen stattgefunden haben.[49] Die Verknöcherung kommt häufig als Ergebnis einer Metaplasie vor. Sie kann auch bei Frakturen der langen Röhrenknochen beobachtet werden, wenn das Periost abgelöst worden ist. Die Verknöcherung von Muskeln wird beim Pferd besonders an zwei Stellen beobachtet: 1. ossifizierende Myopathie des Musculus semitendinosus[2] und 2. Verknöcherung der Ursprungsehne des Musculus biceps brachii.[63] In einem Fall ist auch über eine Verknöcherung des Musculus gracilis berichtet worden.[9]

Bei Pferden führen traumatische Schäden, die mit wiederholter Überdehnung und Zerrungen der Muskelfasern verbunden sind, schließlich zu Verknöcherungen. Solche traumatischen Schäden betreffen den Musculus semitendinosus bei Pferden, die ihre Beckengliedmaßen übermäßig belasten. Aus diesem Grund wird die ossifizierende und fibrosierende Myopathie häufiger bei zur Rancharbeit eingesetzten Quarter Horses als bei Reining-Pferden* beobachtet. Als Folge wiederholter Überdehnungen und Zerrungen der Muskeln kommt es zu allmählichem Ersatz durch Bindegewebe und schließlich durch unregelmäßig geformte, rauhe Spangen spongiösen Knochens. Die Zwischenräume zwischen diesen Knochenspangen sind mit losem Bindegewebe angefüllt. Die Muskelfasern in dem betroffenen Bereich werden atrophisch. Ferner können Adhäsionen mit benachbarten Muskeln, besonders dem Musculus biceps femoris und dem Musculus semimembranosus, entstehen (siehe Seite 730 bis 733). Da dem Muskel seine Elastizität fehlt, kommt es zu einem typischen stechschrittartigen Gang. Charakteristisch hierfür ist eine Verkürzung der kranialen Phase der Gliedmaßenführung, wobei die Gliedmaße zurückgezogen wird, bevor die Sohle fußt. Diese eigentümliche Bewegung ist im Schritt am deutlichsten. Bei der Palpation findet sich in der Regel ein derbes, festes Narbengewebe; röntgenologisch kann eventuell die Verknöcherung des betroffenen Muskels nachgewiesen werden. Dies ist allerdings relativ ungewöhnlich. Bei einer Verknöcherung in der Ursprungsehne des Musculus biceps brachii ist die kraniale Phase der

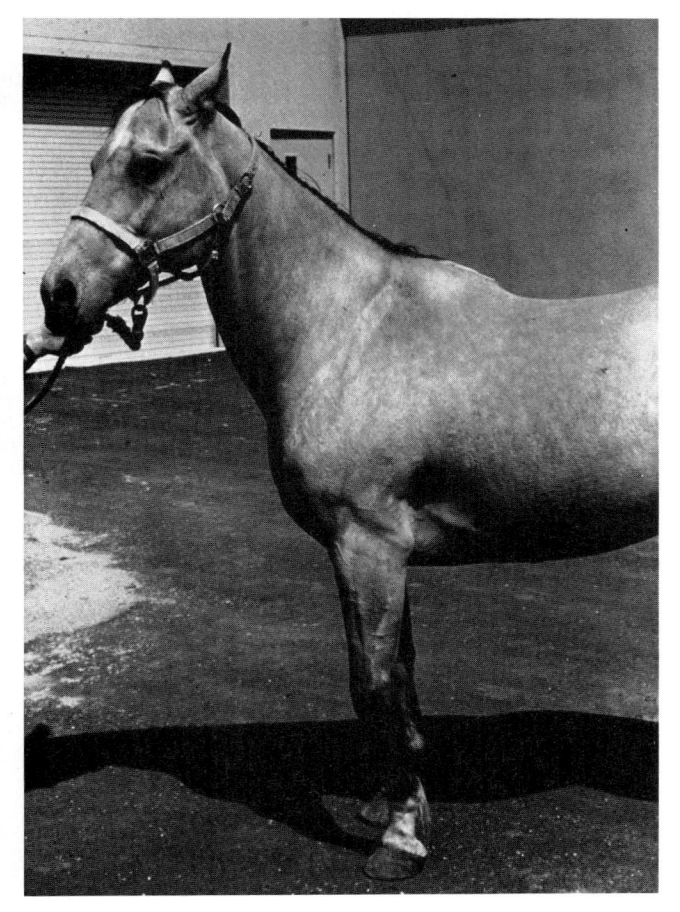

Abb. 6.30: Sekundäre, lokalisierte Muskelatrophie des Musculus triceps brachii nach einer Olekranonfraktur.

---

* Reining ist eine Westerndressur mit u. a. unterschiedlich schnell gerittenen Galoppzirkeln, Stops, schnellen Wendungen um die Hinterhand („pivots", „spins").

Gliedmaßenführung ebenfalls verkürzt, das Pferd fußt mehr mit dem Zehenspitzenbereich des Hufes, ähnlich wie beim Podotrochlose-Syndrom.[63]

Die Therapie einer derartigen Veränderung beinhaltet die operative Entfernung des betroffenen Narbengewebes und des Muskels. Dies ist bei einer Ossifikation des Musculus semitendinosus bereits durchgeführt worden, nicht aber in Fällen, in denen der Musculus biceps brachii betroffen war. Es ist unwahrscheinlich, daß bei einer Verknöcherung des Musculus biceps brachii eine Operation indiziert ist, da die Sehne und die Bursa intertubercularis in der Regel mitbeteiligt sind (siehe Seite 682).

Myositis

Die Bezeichnung Myositis wird häufig für die Degeneration von Muskeln angewandt. Strenggenommen ist eine Myositis eine reaktive Entzündung, die durch Exsudation von Lymphozyten und Entzündungszellen gekennzeichnet ist. Ein gewisses Maß an Entzündungsreaktionen ist allerdings auch bei einer echten Muskeldegeneration zu beobachten. Eine Entzündung der Skelettmuskulatur ist bei Pferden aufgrund des häufigen Vorkommens von Traumen, wie Fleischwunden oder Drahtverletzungen, nicht selten.

Die Ursache der Myositis im Zusammenhang mit Drahtverletzungen ist in der Regel die Verunreinigung mit Bakterien. Hier sind im allgemeinen *Streptococcus zooepidemicus*, *Streptococcus equi* und gelegentlich *Clostridium* spp. beteiligt. Beim Pferd wird eine bakteriell bedingte Myositis in der Regel von einer Phlegmone oder Zellulitis begleitet, wobei die Infektion sowohl die bindegewebigen Septen als auch die Muskelbäuche betrifft. Dies entspricht möglicherweise dem Bild einer Klostridienmyositis. Muskeln sind höchst empfänglich für die bakterielle Invasion sporenbildender Organismen der Gattung *Clostridium*. Diese Erreger vermehren sich, bilden Exotoxine und bedingen weitreichende Muskelnekrosen, gelegentlich mit Gasbildung. Das Exotoxin verursacht eine weitere Muskelschwellung, die zu Ischämie führt. Daraus ergibt sich eine anaerobe Umgebung, die weiterer Bakterienvermehrung und Toxinbildung förderlich ist. Durch Septikämie kann es zum Tod des Pferdes kommen. In der Regel sind die Verletzungen, die beim Pferd mit einer klostridienbedingten Myositis verbunden sind, klein und gutartig. Wenn die Wundränder sich darüber schließen, entsteht ein anaerobes Milieu. Dieses bedingt einen lokal alkalischen pH-Wert und ein niedriges Redoxpotential, welches das Wachstum der Klostridien fördert. Die Bakteriensporen beginnen dann eine vegetative Vermehrung. Die beteiligten Klostridien-Arten sind im allgemeinen in Sporenform in Erdboden und Fäzes zu finden. Bedingt durch den Lebensraum des Pferdes, kann jede die Haut durchdringende Verletzung potentiell zu einer Infektion mit anaeroben Keimen führen. Glücklicherweise ist die Mehrzahl der Verletzungen an den Gliedmaßen der Pferde groß und offen genug, so daß die Klostridienmyositis kein häufiges Problem darstellt.

Stellen, an denen eine Myositis besteht, sind bei der Palpation schmerzhaft und weisen verschiedengradige Umfangsvermehrung und Derbheit auf. Einige Pferde zeigen Störungen des Allgemeinbefindens, Fieber und Leukozytose. In der Regel besteht bei einer bakteriell bedingten Myositis eine Lahmheit. Diese kann unterschiedliche Grade aufweisen. Manchmal ist die Lahmheit höchstgradig und ähnelt dem Bild einer Knochenfraktur oder eines Hufabszesses. Wenn Klostridien beteiligt sind, geht das Pferd im allgemeinen hochgradig lahm und zeigt schwerwiegende Störungen des Allgemeinbefindens, wie Fieber und Leukozytose. Der Ausgang kann tödlich sein, wenn es zu einer Septikämie kommt. In chronischen Fällen einer bakteriell bedingten Myositis kann sich eine Muskelatrophie entwickeln.

Eine viral bedingte Myositis ist beim Pferd selten, wird aber gelegentlich bei bestimmten Viruserkrankungen des Respirationstraktes beobachtet. Ferner wird eine Myositis bei Pferden in Einzelfällen durch Injektion reizender Substanzen verursacht. Derartige Substanzen sind u. a. Oxytetrazyklin, Phenylbutazon, Chloralhydrat, Eisenpräparate etc. Wenn Eisenpräparate in die Gluteänmuskulatur injiziert werden, kann es zu einer derart hochgradigen Myositis kommen, daß sich schwerwiegende Konsequenzen wie Abszedierung und fibrosierende Myopathie ergeben. Histologisch entwickeln die Muskelzellen eine hyaline Degeneration, Nekrose, Fibrose und manchmal Verknöcherung.

Physikalische Schädigungen der Muskeln

Fleischwunde. Fleischwunden sind bei Pferden häufig und werden meist als Folge heftiger äußerer Einwirkungen wie Drahtverletzungen, Schlagverletzungen, Rißwunden oder nach Verkehrsunfällen beobachtet. Zunächst kommt es zu einer Blutung und zu einem Ödem an der verletzten Stelle. Es folgt eine hyaline (Zenkersche) Degeneration eines gewissen Anteiles des Muskels. Der Leser wird bezüglich der Prinzipien bei der Versorgung solcher Verletzungen (Abb. 6.31) auf den Text über Wundheilung verwiesen (siehe Seite 767 bis 771).[75]

Totale oder partielle Muskelruptur. Muskelrupturen bei Pferden treten häufig infolge heftiger Kontraktionen oder durch Überanstrengung auf. Derartige Verletzungen liegen vermutlich auch im Anfangsstadium der fibrosierenden und ossifizierenden Myopathie des Musculus semitendinosus vor (siehe Seite 327). Eine heftige Kontraktion eines Muskels kann aber auch dazu führen, daß sich eine Hernie des Muskelbauches durch das Epimysium bildet. Zur Entstehung von Muskelhernien kommt es, wenn der Muskelbauch sich durch die darüberliegende Faszie vorwölbt. Der Autor hat eine derartige Hernie an der medialen Seite des Oberschenkels bei einem Pferd beobachtet. Muskelrupturen können durch starke Belastung beim Training oder heftigen Widerstand eines Pferdes entstehen. Sie sind häufiger als Sehnenrupturen; als Beispiel sei hier die Ruptur des Musculus gastrocnemius genannt (Abb. 6.32). In derartigen Fällen wird die Lücke zwischen den Muskelstümpfen durch Narbengewebe ausgefüllt und die Funktion bis zu einem gewissen Grad wiederhergestellt. Die Muskulatur reagiert bei chronischen traumatischen Schäden durch Fibrose und Verknöcherung.[49]

Störungen der Blutversorgung der Muskeln

Störungen der Blutversorgung in der Muskulatur der Pferde können auf verschiedene Weise entstehen. So kann z. B. eine Schwellung eines einzelnen Muskels dessen Kapillaren verschließen. Ein derartiger Gefäßverschluß wird dadurch begünstigt, daß die Kapillaren parallel zu den sie umgebenden Muskelfasern verlaufen. Eine ähnliche Situation tritt bei der Rhabdomyolyse nach Anästhesie auf (siehe Seite 334 bis 336). Eine Störung der Blutversorgung der Muskeln tritt außerdem auf, wenn eine größere Arterie, welche die Gliedmaße versorgt, verlegt wird, wie z. B. bei der Thrombose der Aorta abdominalis und/oder der Arteria iliaca externa (intermittierendes Hinken – siehe Seite 328 bis 329). Dies ist eine relativ seltene Lahmheitsursache.[18] Es kommt zu einer Ischämie

Kapitel 6: Krankheiten der Knochen und Muskeln 329

des Muskels und zu Schmerzen, das Problem ist aber potentiell reversibel, abhängig vom Grad der Gefäßverlegung und davon, wieweit eine Versorgung durch Kollateralgefäße ermöglicht werden kann. Bei Pferden mit einer Thrombose der Aorta abdominalis und/oder der Arteria iliaca externa ist während der Bewegung eine vorübergehende Lahmheit oder Schwäche zu beobachten; bei Verringerung der an das Pferd gestellten Anforderungen stellt sich die normale Funktion allmählich wieder ein. Zu Anfang ist der Puls an der Arteria femoralis nicht zu fühlen, die Gliedmaße ist bei Berührung kalt, und es besteht eine Schrittverkürzung.[18] Bei der rektalen Untersuchung kann möglicherweise ein schwirrender Puls festgestellt werden. Bestimmte Muskelfasern sind gegen Ischämie empfindlicher als andere (Details siehe Seite 324 bis 325). Wenn die Thrombose hochgradig ist, kann sich eine ischämische Paralyse entwickeln. Dies ist wahrscheinlich ein akuter Erschöpfungszustand.[49] Im allgemeinen tritt bei einer Thrombose der Aorta abdominalis und/oder der Arteria iliaca externa die Lahmheit bei schwerer Arbeit oder ernsthaftem Training wieder auf. Die Blutversorgung durch Kollateralgefäße wird besser, während sich das Pferd der Behinderung anpaßt. Histologisch findet zunächst eine ischämische Nekrose der betroffenen Muskeln statt. Schließlich gehen die Muskelfasern und ihre unterstützenden Strukturen zugrunde und werden im Rahmen einer geringgradigen Entzündung oder Fibrose beseitigt.

Eine direkte Schädigung der einen Muskel versorgenden Arterie, wie sie z. B. bei einer Drahtverletzung vorkommen kann, wenn das Gefäß direkt verletzt würde, kann ebenfalls zu einer Ischämie des Muskels führen.

Durch einen Verschluß der venösen Gefäße wird der Abfluß des Blutes aus dem Muskel verhindert. In diesem Fall ergibt sich eine wesentlich stärkere entzündliche Reaktion als bei einem Verschluß der Arterien. Die Heilung eines Muskelschadens, der aufgrund eines Verschlusses der venösen Gefäße eingetreten ist, führt zu einer deutlich stärkeren Zubildung von Bindegewebe. Der-

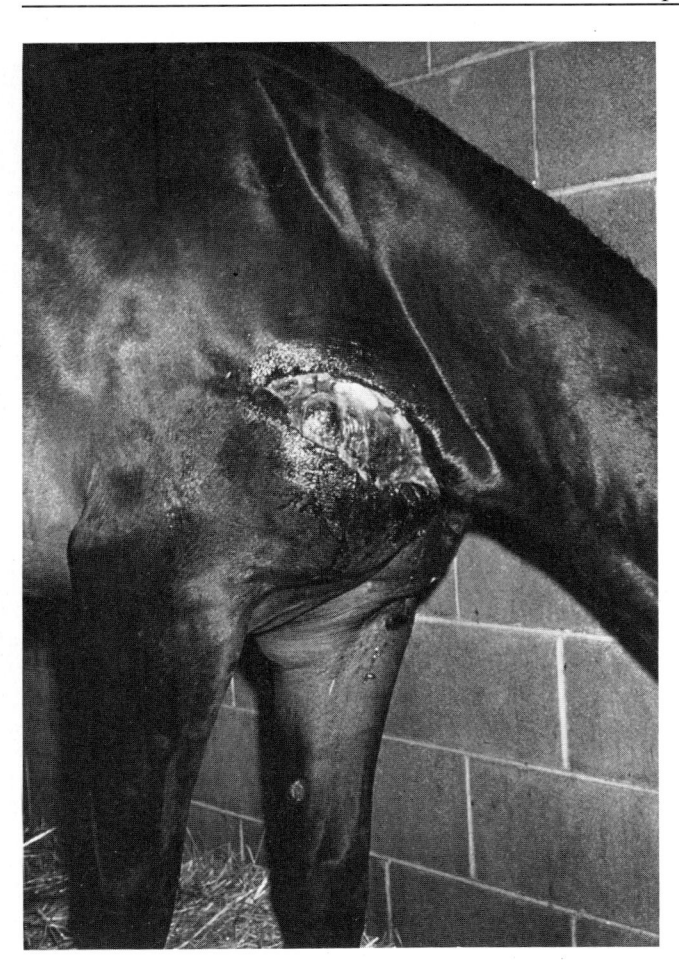

Abb. 6.31: Fleischwunde an der Schulter eines Pferdes.

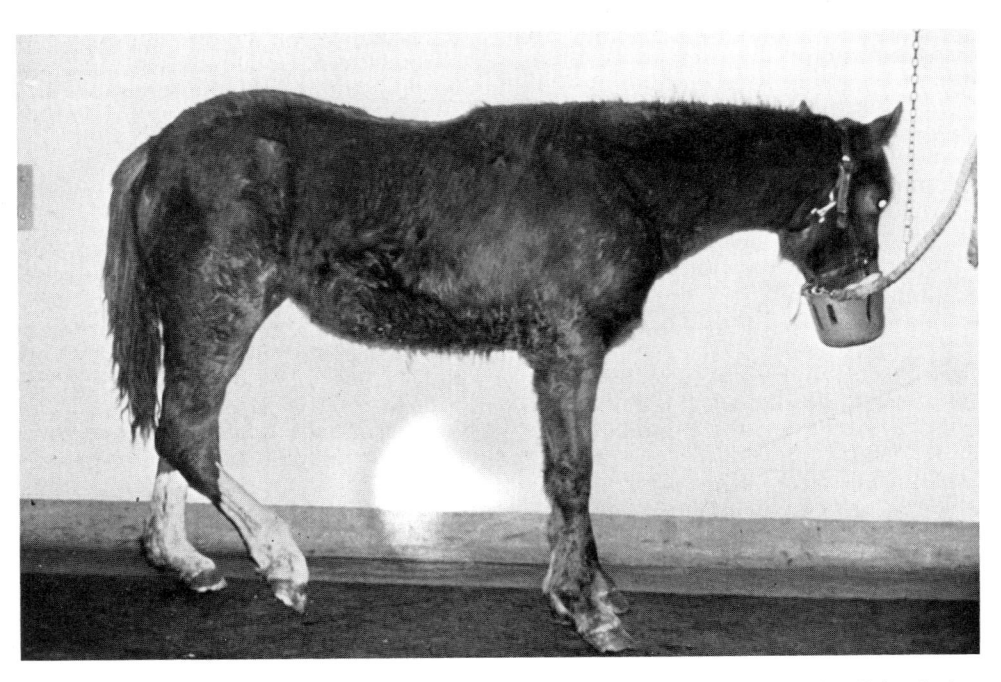

Abb. 6.32: Ruptur des Musculus gastrocnemius. Charakteristisch sind die gleichzeitige Streckung des Kniegelenkes und Beugung des Sprunggelenkes.

artige Schäden sind bei Pferden zu beobachten, die lange in Brustlage festgelegen haben, wie dies bei Störungen des zentralen Nervensystems vorkommt. Die Schäden werden an der untenliegenden Gliedmaße beobachtet und können den Musculus semitendinosus und teilweise den proximalen Bereich des Musculus gastrocnemius betreffen. Die Ursache ist länger einwirkender Druck auf die Muskeln, der zu einem Verschluß der venösen Gefäße und zu Thrombose führt.[49] Der Thrombus ist möglicherweise makroskopisch gar nicht sichtbar, bei der mikroskopischen Untersuchung sind aber zahlreiche kleine Thromben in den von den betroffenen Muskeln wegführenden Venen festzustellen.

Diagnostik von Muskelerkrankungen

Die Untersuchung der Muskeln sollte als Teil der allgemeinen Lahmheitsuntersuchung durchgeführt werden.

Allgemeine klinische Untersuchung

Bei der Untersuchung der Muskeln sollte immer die adspektorische Beurteilung auf Symmetrie erfolgen. Die Symmetrie der Muskeln ist am besten durch einen Vergleich mit der kontralateralen Seite des Tieres zu beurteilen. Liegen die Veränderungen auf einer oder auf beiden Seiten vor? Die Beurteilung der Symmetrie sollte aus einiger Entfernung erfolgen. Das Pferd sollte in den verschiedenen Gangarten beobachtet, eine etwaige Lahmheit vermerkt werden. Die auffälligen Bereiche müssen auf Wunden untersucht und zur Beurteilung der Derbheit, Schmerzhaftigkeit und Oberflächentemperatur palpiert werden. Wenn eine neurogene Atrophie, wie dies bei der Paralyse des Nervus suprascapularis („sweeny") vorkommt, oder eine nichtneurogene Inaktivitätsatrophie vorliegt, müssen die verschiedenen betroffenen Muskeln identifiziert werden. Die Muskeln sollten palpiert werden, um festzustellen, ob sie locker oder angespannt sind. Der Tierarzt muß feststellen, ob eine physiologische oder pathologische Hypertrophie bzw. Atrophie vorliegt. Eine Umfangsvermehrung der Muskulatur kann auch auf eine vermehrte Bildung von Fett- oder Narbengewebe anstatt auf einen Anstieg im Durchmesser der einzelnen Muskelzellen zurückzuführen sein. Einige Muskeln sind für Störungen ihrer nervalen Versorgung anfälliger als andere. Muskelschmerzen (Myalgie) sind bei Pferden u. U. nur schwer festzustellen, wenn sie nicht hochgradig sind. Sie kommen als Reaktion auf eine Überanstrengung ähnlich zur Situation beim Menschen vor. Virale Erkrankungen des Respirationsapparates sowie andere systemische Erkrankungen können Muskelschmerzen hervorrufen (siehe Seite 130 bis 133).

Labordiagnostik

Bei jeder Schädigung eines Gewebes gelangen für dieses Gewebe typische Enzyme in die Blutbahn. Das Ausmaß der Gewebebeschädigung wird durch die gemessenen Enzymwerte ausgedrückt. Kreatin-Phospho-Kinase (CPK), Laktat-Dehydrogenase (LDH) und Glutamat-Oxalazetat-Transaminase (GOT; Aspartat-Aminotransferase) sind die am besten verwendbaren Serumenzyme zur Diagnose von Erkrankungen und traumatischen Schäden der Muskeln. Es sind viele Untersuchungen über die Veränderungen dieser Enzymwerte bei Pferden mit belastungs- oder ernährungsbedingten Myopathien durchgeführt worden. Die Laktat-Dehydrogenase und Kreatin-Phospho-Kinase sind auch in einigen anderen Geweben zu finden, ihre Spezifität kann aber durch Untersuchung von Isoenzymen bestimmt werden.[48] Die Verteilungsmuster der Isoenzyme, die durch elektrophoretische Trennung von LDH und CPK bestimmt werden, zeigen einen Anstieg der Werte bei akuten Muskelschäden. Bei belastungsbedingten Myopathien z. B. ist häufig der LDH_5-Wert erhöht. Bei langsam fortschreitenden progressiven Muskelschäden können normale Verteilungen der Muskelenzyme vorliegen. Proben für die LDH-Bestimmung müssen ohne Hämolyse gewonnen werden, da LDH in hohen Konzentrationen in den roten Blutkörperchen enthalten ist. Nach Gerinnung und Zentrifugieren kann das Blut für die Untersuchung eingefroren werden. Diese sollte möglichst innerhalb einer Woche durchgeführt werden.[100]

Hierzu müssen die Methoden der Enzymbestimmung bekannt sein, damit die Aktivitätswerte verglichen werden können. Es ist sehr zu empfehlen, daß der Tierarzt mit den Normalwerten eines bestimmten Labors vertraut ist und die folgenden Proben hiermit vergleicht statt mit Normalwerten eines anderen Labors, das andere Einheiten verwendet.

Die Interpretation der Muskelenzymwerte sollte immer unter Berücksichtigung der klinischen Situation einschließlich des täglichen routinemäßigen Trainings des Tieres und seiner Kondition erfolgen. Akute Muskelschäden bedingen deutliche Erhöhungen der Serumenzymwerte, während bei langsam progressiven Schäden die Werte im Normalbereich liegen können. Der Einsatz von Enzymwerten zur Überwachung des Trainings ist problematisch, da sowohl die Variationen bezüglich Intensität und Dauer der Bewegung als auch die Intervalle bei der Probenentnahme zu groß sind.[100] Bei ernährungsbedingten Myopathien sind verschiedene Muskelenzymwerte festzustellen, abhängig vom Grad der Erkrankung.

Elektromyographie (EMG)

Die Elektromyographie mißt die Veränderungen im elektrischen Potential, die mit der Kontraktion der motorischen Einheit verbunden sind.[100] Durch Nadelelektroden, die direkt in den Muskel eingestochen werden, werden die Aktionspotentiale aufgenommen und dann auf einem Kathodenstrahl-Oszillographen aufgezeichnet. Diese Technik ist für die Diagnose von Muskelschäden brauchbar. Sie wird zum Erkennen sowohl von Myopathien neurogenen Ursprungs als auch von nichtneurogenen Inaktivitätsmyopathien eingesetzt.[100]

Biopsie

Die mikroskopische Untersuchung von Muskelgewebe kann sowohl für die Diagnose pathologischer Veränderungen als auch für die Abschätzung der sportlichen Leistungsfähigkeit gesunder Tiere eingesetzt werden. Sie ist nützlich für Untersuchungen auf das Vorliegen einer Entzündung oder eines Ödems. In der letzten Zeit ist die Muskelbiopsie im Zusammenhang mit der Verwendung spezieller histochemischer Färbemethoden zur Identifikation des Fasertyps vermehrt verwendet worden.[92] Durch Muskelbiopsieproben kann ferner der Glykogengehalt verschiedener Muskelfasern festgestellt und die Glykogenabgabe der einzelnen Fasertypen im Verlauf eines Muskelschadens oder des Trainings aufgezeigt werden.[90] In der Leistungsphysiologie werden Biopsieproben in der Regel aus dem Musculus glutaeus medius gewonnen. Bei Erkrankungen allerdings sollte jeweils der aktiv betroffene Muskel gewählt werden. Für eine histochemische Analyse muß die Probe sofort eingefroren werden. Außerdem sind noch weitere Vorsichtsmaßnahmen zu treffen, wie z. B. die Probe der Länge nach zu befestigen, damit sich die Fasern nicht kontrahieren, sowie Maßnahmen, die eine Dehnung oder ein Zusammendrücken des Gewebes verhindern.[100] Der Leser wird hier bezüglich der Technik der perkutanen Muskelbiopsie beim Pferd auf die Abhandlung von SNOW und GUY[92] verwiesen. Die histochemische Analyse von Muskelgewebe erfordert das Anfärben der Probe zur Bestimmung verschiedener Enzyme. Die Muskelfasern können nach der Intensität der Anfärbung ihrer speziellen Enzyme (z. B. ATPase) als langsam oder schnell kontrahierende Fasern erkannt werden. Diese Verfahren werden immer mehr im Rahmen der leistungsphysiologischen Forschung angewandt (siehe Seite 324 bis 325).

Systemische Muskelerkrankungen

Belastungsbedingte Myopathien

Der Terminus „belastungsbedingte" oder „Belastungs-Myopathien" ist ebenfalls ein Sammelbegriff. Er schließt solche Bezeichnungen wie paralytische Myoglobinurie, belastungsbedingte Rhabdomyolysis, Feiertagskrankheit, Myositis, Kreuzverschlag („tying-up") und Azoturie ein. Diese Ausdrücke umfassen ein weites Feld von Erkrankungen, die alle in Zusammenhang mit Belastung auftreten. Die Übergänge zwischen diesen Erkrankungsformen sind aller Wahrscheinlichkeit nach fließend, und es handelt sich um verschiedene Grade derselben Veränderung. Azoturie ist die Bezeichnung für die schwerste Form der Veränderungen, der Begriff „Kreuzverschlag" („tying-up") beschreibt die leichteste Form. Aus rein pathologischer Sicht ist der beschreibende Ausdruck Rhabdomyolysis der passendste.
Belastungsbedingte Myopathien werden in der Regel bei in guter Kondition befindlichen Arbeits- und Turnierpferden beobachtet. Als typisch für die klassische Form galt, daß die Erkrankung dann auftrat, wenn das Pferd nach einer Zeit der Ruhe und voller Futterration zur Arbeit herangezogen wurde. In der Regel spielt ein hoher Anteil an Kohlehydraten in der Ration eine Rolle. Die Ursachen der Inaktivität können schlechtes Wetter, Lahmheit oder eine Verletzung sein. Paradoxerweise haben Sportler, die Dauerleistungen erbringen müssen, die Speicherung von Kohlehydraten genutzt, um eine Übersättigung der Glykogenspeicher in den Muskeln zu erreichen. Sie hofften, daß ihnen dies in einem späteren Stadium des Wettkampfes zugute käme. Die Feiertagskrankheit wurde beim Pferd beobachtet, wenn es über das Wochenende bei voller Ration gestanden hatte und am Montag wieder arbeiten mußte. Eine ähnliche Form der Belastungsmyopathie wird auch bei Pferden in schlechter Kondition beobachtet, die für die geforderte Leistung nicht genügend trainiert worden sind. In dieser Form tritt die Erkrankung gelegentlich bei Pferden auf, die an Ausdauerprüfungen teilnehmen (Distanzritte etc.). Die Myopathie geht allerdings in diesem Fall mit einer Erschöpfung der Energie-(Glykogen-)reserven in den Muskeln einher und nicht mit einem Überschuß an Energie. Daher ist ein ausführlicher Trainingsbericht ein wichtiges Hilfsmittel für die Erstellung einer Diagnose. Die Veränderung wird außerdem gewöhnlich bei nervösen oder leicht erregbaren Tieren und bei reichlich bemuskelten Pferden beobachtet. Sie kommt gehäuft bei kaltem, feuchtem Wetter vor. Stuten und Stutfohlen scheinen häufiger betroffen zu sein als Hengstfohlen oder Wallache, was zu der Spekulation geführt hat, daß eine hormonelle Störung beteiligt sein könnte. LINDHOLM et al.[56] haben einen Zusammenhang zwischen der Durchführung einer Kortikosteroidbehandlung und dem Auftreten von Kreuzverschlag beobachtet. Eine schwerere Form der belastungsbedingten Myopathie ist die sogenannte „capture myopathy" im Zusammenhang mit dem Fang von Wildtieren. Die Erkrankung wird bei allen Arten von Wildtieren (Huftieren, Primaten sowie Vögeln) beobachtet und ist auch bei Zebras beobachtet worden.[16] Typische Symptome in Form von Steifheit der Muskulatur, Schwäche, Muskelzittern, Lähmungen und Myoglobinurie sowie Todesfälle werden beobachtet, wenn diese Tiere während des Fangens langdauernden Bewegungsbelastungen ausgesetzt werden.

Pathogenese. Der den belastungsbedingten Myopathien zugrunde liegende prinzipielle Mechanismus ist noch nicht geklärt. Möglicherweise ist eine Ischämie beteiligt. Ein an der klassischen Form der Azoturie erkranktes Pferd z. B. ist typischerweise während einer Ruhezeit bei hoher Getreideration gehalten worden. Dies führt sicherlich zu einer Glykogenansammlung innerhalb des Muskels. Das Pferd scheint eine höhere Kapazität zur Speicherung von Glykogen zu besitzen als andere Tierarten. Wenn nun das Tier bewegt wird und es in bestimmten Muskelgruppen zu anaeroben Stoffwechselvorgängen kommt, wird ein Überschuß an Milchsäure produziert. Dies führt zu einer Umfangsvermehrung der betroffenen Muskelfasern.[56] LINDHOLM et al.[56] haben nachgewiesen, daß der Glykogengehalt in den betroffenen Muskelfasern im akuten Stadium des Kreuzverschlages höher war als in späteren Stadien. Damit ist bewiesen worden, daß die betroffenen Tiere extrem viel Glykogen ansammeln, wodurch ältere Theorien von CARLSTROM aus den frühen dreißiger Jahren unterstützt werden.[14,15] Während der anaeroben Stoffwechselvorgänge kommt es im Muskel zu ultrastrukturellen Veränderungen. Es ist daher zu vermuten, daß eine primäre Hypoxie als Auslösefaktor in Frage kommt.[56] Meistens sind die schnell kontrahierenden Fasern betroffen. Diese verfügen über größere Glykogenreserven als die langsam kontrahierenden Fasern, was durch die histochemischen Färbungen gezeigt worden ist. Jüngste Forschungsarbeiten weisen darauf hin, daß die beschleunigte Hypoxie des Gewebes höchstwahrscheinlich aus der schlechten Durchblutung der Muskeln folgt. Die sich daraus ergebende Verringerung des zellulären Sauerstoffgehaltes bedingt lokal eine stärkere Freisetzung von Stoffwechselabfallprodukten, einschließlich Milchsäure. Zusätzlich kann das intrazellulär bestehende Energiedefizit zu abweichenden Stoffwechselvorgängen führen, ähnlich wie dies bei der malignen Hyperthermie bei Mensch und Tier beobachtet wurde. Dieser Mechanismus erklärt aber nicht das Auftreten von Kreuzverschlag bei Pferden, die zu Ausdauerleistungen herangezogen werden. Die Erkrankung wird hier in den späteren Stadien des Wettkampfes beobachtet. Ihre Ursache ist die Erschöpfung der Energie-(Glykogen-)reserven. Diese bewirkt ein ähnliches klinisches Bild, wie es oben für die Feiertagskrankheit beschrieben wurde (Schmerzen, Steifheit), aber mit einer anderen Ätiologie und Pathogenese. Auf zellulärer Ebene kommt es vermutlich auch hier zu abweichenden unphysiologischen Stoffwechselvorgängen und zu einer hyalinen Degeneration, gefolgt durch Muskelnekrose[100] (siehe Seite 282 bis 284).
Auswirkungen eines Hypothyreoidismus auf die Muskulatur beim Menschen reichen von Pseudomyotonie und Schwäche bis zu Verkrampfung der Muskulatur und Schmerzhaftigkeit. Dies hat die Spekulation hervorgerufen, daß die belastungsbedingte Rhabdomyolyse beim Pferd auf das Vorliegen eines Hypothyreoidismus zurück-

zuführen sein könnte, welcher durch Ermittlung der Thyroxinwerte nachgewiesen werden müßte. Der Hypothyreoidismus ist beim Pferd schwierig zu diagnostizieren, da die Symptome undeutlich und unspezifisch sind. Dennoch ist über derartige Veränderungen bei vier Vollblütern und zwei Standardbred-Pferden berichtet worden.[98] Weitere Symptome des Hypothyreoidismus waren u. a. wechselnder Appetit, verminderte Ausdauer oder Leistungsfähigkeit und ein steifer Gang. Der Thyreotropin-Stimulationstest (TSH = Thyroid stimulating hormone) brachte Ergebnisse, die mit denen bei sekundärem Hypothyreoidismus vergleichbar waren. Die T_4-Werte im Plasma werden verglichen, indem vor und nach Verabreichung von TSH Proben genommen werden.[98] Ursachen einer verminderten Schilddrüsenfunktion können u. a. sein: Streß infolge des Trainings, Infektionskrankheiten, Transport, ungünstige Wetterverhältnisse sowie die Belastungen durch das Wachstum. Alle diese Ursachen können bei einem jungen Rennpferd, das ins Training genommen wird, gleichzeitig vorliegen.[100] Auf diesem Gebiet ist weitere Arbeit notwendig, um den Zusammenhang von Hypothyreoidismus und belastungsbedingten Myopathien vollständig zu klären.

Über primäre Belastungsmyopathien aufgrund von Störungen im Glykogenstoffwechsel (z. B. McArdle-Schmid-Pearson-Syndrom) beim Pferd liegen keine Berichte vor. Typisch für das McArdle-Syndrom beim Menschen ist die Unfähigkeit, mäßig schwere Arbeit ohne das Auftreten von Muskelkrämpfen und vorübergehender Myoglobinurie zu leisten. Diese Menschen leiden an einem Mangel der Skelettmuskelphosphorylase „A" und können Glykogen nicht in Glukose-1-Phosphat, den Ausgangsstoff für die aerobe oder die anaerobe Glykolyse, umwandeln. Daher kann der arbeitende Muskel nur minimal mehr Energie liefern, als von seinem ursprünglichen Energie-„reservoir", dem ATP-PC-System, zur Verfügung gestellt wird. Für weitere Informationen betreffs der Einflüsse der Ernährung auf die Entstehung von Myopathien siehe Seite 282 bis 284.

Klinische Symptome. Der Einfachheit halber können die klinischen Symptome der belastungsbedingten Myopathien drei Syndromen zugeordnet werden: Azoturie, Kreuzverschlag und Belastungsmyopathie.

Azoturie. Die Azoturie ist die hochgradige Form der Belastungsmyopathie. Sie wird bei schwereren Pferderassen beobachtet und tritt auf, kurz nachdem das Pferd seine Arbeit begonnen hat. Dabei sind meist Steifheit der Muskulatur und Muskelspasmen im Bereich von Lenden und Beckengliedmaßen, starkes Schwitzen, Tachykardie, Hyperventilation, eine geringgradige Erhöhung der Körpertemperatur und ein ängstlicher Gesichtsausdruck festzustellen. Da dies dem Bild bei Schmerzen im Abdominalbereich ähnelt oder diesem gleicht, kann der unerfahrene Tierarzt verleitet werden, fälschlich eine Kolik zu diagnostizieren. Das Pferd bewegt sich häufig nur widerstrebend. Die Erkrankung kann daher auch mit Hufrehe, Tetanus, Hypokalzämie (Laktationstetanie) oder Pleuritis verwechselt werden. In manchen Fällen kann das Pferd zum Festliegen kommen. Eine Fortsetzung der Bewegung wird die mit der Ischämie und dem Druck auf die betroffenen Muskeln verbundenen Probleme weiter verschlimmern.

Die Farbe des Harnes variiert von rotbraun bis schwarz, abhängig von der enthaltenen Menge an Myoglobin (Myoglobinurie). Der Grad der Myoglobinurie ist unterschiedlich, abhängig jeweils von der Menge des aus den geschädigten Muskelzellen freigewordenen Myoglobins. Sobald die Kapazität der Nierenschranke für Myoglobin überschritten ist, wird das Myoglobin mit dem Harn ausgeschieden. Die Myoglobinurie ist ein nützliches Symptom, das andere der Azoturie ähnelnde Krankheitsbilder auszuschließen hilft. Im Laufe der Erkrankung können auf die Azoturie Oligurie oder Anurie folgen. Gelegentlich wird Herzversagen aufgrund hoher Kaliumwerte beobachtet.

Kreuzverschlag („tying-up"). Der Kreuzverschlag wird als eine leichte Form der Azoturie angesehen, mit einigen der Azoturie ähnlichen, dem Grad nach aber geringeren Symptomen. Betroffene Pferde können Myoglobinurie zeigen, dies ist aber nicht unbedingt der Fall. Manche Kollegen sind der Meinung, daß die Krankheit bei Vorliegen einer Myoglobinurie als Azoturie bezeichnet werden sollte. Kreuzverschlag wird im allgemeinen dann beobachtet, wenn das Pferd nach anstrengender Bewegung abgekühlt ist. Die klinischen Symptome umfassen lokalen oder diffusen Schweißausbruch, Ängstlichkeit, Steifheit, Myalgie und Muskelzittern. Die Muskeln können verhärtet sein. Das Pferd bewegt sich in der Regel nur widerwillig und zeigt einen kurzen, steifen Gang.

Belastungsmyopathie. Die klinischen Symptome bei dieser Form der belastungsbedingten Myopathie ähneln denen des Kreuzverschlages, treten aber typischerweise bei einem kaum oder unzureichend konditionierten Pferd auf, das über lange Distanzen geritten worden ist. Dies kann bei Distanzritten oder Ausdauerprüfungen vorkommen und ist ein wichtiger Grund für die obligatorische tierärztliche Überwachung derartiger Wettkämpfe. Neben der Steifheit, dem Muskelzittern und der Myalgie kann das Pferd Symptome schwerer Störungen im Elektrolythaushalt zeigen (synchrones Zwerchfellflattern). Es kann eine hochgradige Dehydration des Patienten vorliegen (verminderter Hautturgor, trockenes Fell). Die Veränderung kann so schwerwiegend sein, daß sich das Pferd weigert, sich überhaupt zu bewegen. Dies ähnelt dem Erschöpfungszustand des Marathonläufers nach Verbrauch der Energiereserven.

Myositis des Musculus longissimus. Hierbei handelt es sich ebenfalls um eine belastungsbedingte Myopathie. Sie wird am häufigsten bei Standardbred-Pferden sowie bei Jagd- und Springpferden beobachtet, kann aber auch bei Pferden anderen Typs vorkommen. Die Veränderung besteht in einer lokalisierten Belastungsmyopathie dieser Muskelgruppe. Die sich daraus ergebenden Muskelspasmen führen zu einer Bewegungsstörung der Beckengliedmaßen, die einer bilateralen Nachhandlahmheit ähnelt, und beginnt mit einer Schrittverkürzung. Die Erkrankung wird leider bei vielen Pferden mit ungeklärten Nachhandlahmheiten anderer Genese pauschal für die Lahmheit verantwortlich gemacht. Die Entzündung des langen Rückenmuskels ist ein wesentlicher Bestandteil des „sore back syndrome" (Rückenbeschwerden) bei Pferden und kann sekundär bei Erkrankungen von Knie- oder Sprunggelenk auftreten. Im allgemeinen klagen die Besitzer über schlechte Springtechnik des Pferdes oder darüber, daß es sich über dem Sprung verkrampft. Die Symptome sind in der Regel undeutlich und werden häufig fälschlich als Probleme im Bereich der Gliedmaßen angesprochen. Aufgrund der Undeutlichkeit der Veränderung ist vielen Heilmitteln, wie der Chiropraktik, Physiotherapie, dem Ultraschall und Induktionsstrom, Erfolg bei der Behandlung dieser Veränderung bescheinigt worden. Die Diagnose stützt sich auf den Ausschluß anderer Lahmheitsursachen (z. B. Spat, Thrombose der Aorta abdominalis und/oder der Arteria iliaca externa) sowie auf die Wirksamkeit entzündungshemmender Medikamente.

Diagnose. Laboruntersuchungen sind zur Bestätigung der Diagnose bei belastungsbedingten Myopathien nützlich. Bei akuten Muskelschäden steigen die Muskelenzymwerte in der Regel schnell. Der Kreatin-Phospho-Kinase(CPK)-Wert erhöht sich dabei schneller als der Glutamat-Oxalazetat-Transaminase(GOT)-Wert. Die im Gefäßsystem befindliche Menge an GOT wird langsam ausgeschieden, und die Durchführung weiterer GOT-Kontrollbestimmungen ist für die Beurteilung der Heilungsgeschwindigkeit nützlich. Die GOT-Werte können tage- oder sogar wochenlang erhöht bleiben.[100] Das Verteilungsmuster der Isoenzyme bei der elektrophoretischen Trennung zeigt typische Verschiebungen in den Serumenzymmustern (z. B. einen Anstieg des LDH_5). In der Regel liegt entgegen früheren Theorien keine metabolische Azidose vor. Einige Pferde können niedrige Kalium- und Chloridwerte im Serum aufweisen.[52]

Therapie. Die Therapie der Azoturie und des Kreuzverschlages wird nach mehreren Gesichtspunkten durchgeführt und ist primär symptomatisch ausgerichtet. Das Hauptziel sollte eine möglichst totale Einschränkung der weiteren Bewegung sein, besonders bei einem schwer erkrankten Pferd. Dies ist häufig schwierig, wenn das Pferd in einiger Entfernung vom Stall oder von einer erreichbaren Transportmöglichkeit erkrankt. Pferdebesitzer wollen das Pferd meist bis zur Besserung bewegen, entweder, um die betroffenen Muskeln zu lösen, oder wenn sie die Veränderung fälschlich für eine Kolik gehalten haben. Dies sollte besonders in schweren Fällen verhindert werden. In leichten Fällen kann die Bewegung möglicherweise von einigem Nutzen sein, indem die Blutzirkulation in den Muskeln angeregt wird und die Entfernung von Produkten des anaeroben Stoffwechsels gefördert wird. Es gibt aber keinen wissenschaftlichen Beweis dafür, daß dies überhaupt geschieht.

Tranquilizer wie Acepromazin* (20 bis 40 mg) sind nützlich, um die Ängstlichkeit zu beheben. Sie führen ferner zu einer peripheren Vasodilatation, welche nicht nur die Blutzirkulation zu den betroffenen Muskeln steigert, sondern eventuell auch den Abtransport schädlicher Abfallprodukte des anaeroben Stoffwechsels unterstützt. Aufgrund dieser peripheren Vasodilatation, die sie bewirken, sollten die Tranquilizer nur bei Pferden angewandt werden, bei denen keine Dehydration besteht.

In hochgradigen Fällen, speziell beim Vorliegen von Myoglobinurie, sollte eine intensive intravenöse Flüssigkeitstherapie erfolgen. Diese behebt gleichermaßen die Dehydration und unterstützt die Diurese. Sie minimiert die Ablagerung von Myoglobin in den Nierentubuli. Das Myoglobin ist für die Tubuli toxisch und kann zu einer Degeneration der Nephrone führen. Säure-Basen-Bestimmungen bei klinischen Fällen von Kreuzverschlag haben bewiesen, daß eine metabolische Azidose als fester Bestandteil dieser Erkrankung nicht existiert.[52] Bei der klassischen Therapie war eine Bikarbonatsubstitution zur Behandlung einer derartigen Azidose gefordert. Da keine Azidose vorliegt, kann der einzige Sinn der Bikarbonatbehandlung darin bestehen, daß die Löslichkeit des Myoglobins im Harn verbessert wird.[103] Wenn eine Bikarbonatsubstitution durchgeführt werden soll, sollte dieses zusammen mit der intravenösen Flüssigkeitszufuhr in einer Menge von 0,5 bis 1 mg/kg Lebendmasse verabreicht werden.[100] Weitere Informationen über die Flüssigkeitstherapie finden sich auf Seite 282 bis 284.

Schmerzlindernde und entzündungshemmende Medikamente sind sehr nützlich. In leichten Fällen stellen sie u. U. die einzige notwendige Behandlungsmaßnahme dar. Hier sind entzündungshemmende Medikamente mit Ausnahme der Kortikosteroide indiziert, wie beispielsweise Phenylbutazon (2 bis 3 g täglich). Phenylbutazon wird bei der Behandlung eines akuten Falles intravenös gegeben, danach kann die Therapie oral weitergeführt werden. Die Dosis wird über mehrere Tage hin allmählich verringert, wenn sich der Zustand des Patienten bessert. Aufgrund ihrer Fähigkeit, die lysosomalen Membranen zu stabilisieren und einen weiteren Zellzerfall zu verhindern, ist auch die Behandlung mit Kortikosteroiden vorgeschlagen worden. Der Nutzen einer Kortikosteroidtherapie ist aber fraglich, weil diese Stoffe bewiesenermaßen Kreuzverschlag und Hufrehe herbeiführen können. Wenn Kortikosteroide zum Einsatz kommen, sollten sie im Frühstadium der Erkrankung in niedriger Dosis und nicht als Dauertherapie gegeben werden.

Muskelrelaxantien wie Methocarbamol, z. B. Robaxin®H, sollten allenfalls in schweren Fällen gegeben werden. Dieses Medikament ist teuer und muß langsam appliziert werden, um Exzitationen zu vermeiden.[100] Eine Gabe von Dantrolen ist aufgrund des möglichen Zusammenhanges zwischen belastungsbedingten Myopathien und der malignen Hyperthermie beim Menschen vorgeschlagen worden. Möglicherweise ist der prophylaktische Einsatz dieses Medikamentes sinnvoller als die therapeutische Verwendung. Kontrollierte Untersuchungen zur Überprüfung dieser These wären schwierig zu führen. Eine Analgesie durch Narkotika wie Meperidin, z. B. Dolantin®H, ist bei einem äußerst unruhigen Pferd indiziert, welches tobt und die Erkrankung weiter verschlimmert.

Weitere Arten der symptomatischen Therapie spielen besonders im Fall einer schweren Erkrankung eine Rolle. Das Pferd sollte vor Zugluft geschützt und eingedeckt werden. Eine Massage der betroffenen Muskeln mit heißen Tüchern kann ebenfalls einige Erleichterung bringen. Wenn das Tier festliegt, kann ein handelsübliches Wasserbett sinnvoll sein, um einerseits weitere Muskelschäden durch Ischämie zu verhindern, andererseits Dekubitus möglichst einzuschränken. Das Pferd sollte so lange liegenbleiben dürfen, bis es genügend Kraft und Sicherheit zum Stehen gewonnen hat. Das Aufhängen des Tieres in einem Tragegurt erscheint als naheliegendes Mittel bei einem festliegenden Pferd. Dies ist allerdings nur bei einzelnen Tieren durchführbar, deren Temperament solche Maßnahmen zuläßt. Bei Pferden mit maligner Hyperthermie sind in der Regel Alkohol- oder Eisbäder und Eiswassereinläufe notwendig, um die zu hohe Körpertemperatur zu senken.

Nach der Anfangsphase der Azoturie oder des Kreuzverschlages werden in der Regel mehrere Maßnahmen empfohlen, die dem Pferd teilweise Erleichterung bringen können. Eine orale Elektrolytbehandlung wird vorgeschlagen, besonders eine Ergänzung von Kaliumchlorid (KCl) (28,5 g täglich). Es gibt keine kontrollierten Experimente, die dieses Vorgehen rechtfertigen; die Methode scheint aber sicher zu sein. Der Wert einer oralen Gabe von (Natrium-)Bikarbonat ist aufgrund der Untersuchungen des Säure-Basen-Haushaltes bei betroffenen Pferden fraglich. Das Bikarbonat würde bei oraler Gabe schnell durch die Magensalzsäure neutralisiert werden. Häufig wird eine Vitamin-E-/Selengabe empfohlen. Kontrollierte Experimente zum Beweis der Wirksamkeit dieser Therapie fehlen. Dennoch sind Berichte überliefert, daß bestimmte Pferde von Belastungsmyopathien verschont bleiben, wenn diese Behandlung als Dauertherapie durch-

* z. B. Vetranquil®, A. Albrecht, Hauptstr. 8, 7960 Aulendorf/Württ.

geführt wird. Es werden monatlich wiederholte Injektionen von Vitamin-E-/Selenpräparaten oder eine orale Dauertherapie in geringer Dosis empfohlen. Wenn definitiv ein Hypothyreoidismus bei einem Pferd diagnostiziert ist (gestützt auf T_4-Werte), kann die Verabreichung von Schilddrüsenhormonen an dieses Pferd gute Ergebnisse liefern.[100] Hier ist es wichtig, sich zu vergegenwärtigen, daß Pferde, die mit Phenylbutazon behandelt wurden, typischerweise erniedrigte T_4-Werte aufweisen. Dies kann dazu führen, daß fälschlich ein Hypothyreoidismus diagnostiziert wird.

Weitere Myopathien

Ernährungsbedingte Myopathie

Die ernährungsbedingte Myopathie ist auch als dystrophische Muskeldegeneration, ernährungsbedingte Muskeldegeneration der Fohlen, Weißmuskelkrankheit oder Polymyositis bezeichnet worden.[34] Es handelt sich um eine bekannte Erkrankung, die bei allen Haustieren auftritt. Sie ist früher allgemein mit Vitamin-E- und Selenunterversorgung in der Ernährung in Zusammenhang gebracht worden. Kennzeichnend für die Erkrankung ist eine nichtentzündliche Degeneration von Skelett- und Herzmuskel. Die Erkrankung wird bei Kälbern, Schweinen und Schafen sowie beim Fohlen beobachtet.

Bei Fohlen wird die klassische Form der ernährungsbedingten Myopathie im Zeitraum von der Geburt bis zum Alter von sieben Monaten diagnostiziert. Sie wird als Ergebnis eines Vitamin-E-/Selenmangels angesprochen. Faktoren, die einen Vitamin-E-/Selenmangel bedingen, sind unter anderem ranziges Futter, Zugabe von Fisch- oder Pflanzenöl zum Futter, Heu von schlechter Qualität und üppige Weiden. Die Erkrankung wird auch bei ausgewachsenen Pferden beobachtet, hier aber mit einer anderen klinischen Symptomatik. Die ernährungsbedingte Myopathie wird an zahlreichen Orten der Welt beobachtet, wo die Böden und Weiden einen niedrigen Selengehalt aufweisen. Dies ist in verschiedenen Teilen der USA sowie in bestimmten Gebieten von Australien, Ontario/Kanada, Großbritannien, den Niederlanden und Neuseeland der Fall.[2,34,74] Wenn die Erkrankung in demselben geographischen Gebiet auch bei Lämmern, Kälbern und Schweinen beobachtet wird, tritt sie bei diesen Tieren gewöhnlich häufiger auf als bei Fohlen.[21] Pferde, die in diesen Gebieten leben, neigen möglicherweise eher zu Azoturie. Diese Beobachtung ist allerdings nicht durch statistische Untersuchungen abgesichert worden. Sie stützt sich nur auf Überlieferungen. Ernährungsbedingte Myopathien werden außerdem auf Weiden mit hohen Schwefelgehalten beobachtet.

Die genaue Bedeutung von Vitamin E und Selen ist nicht geklärt. Es ist bekannt, daß Vitamin E ein Antioxidans ist, welches den Schutz der Zellmembranen gegen Peroxide bewirkt.[49] Selen erlaubt oder steigert möglicherweise die Aufnahme des Vitamin E aus dem Darm und dem Blut in die Gewebe.[21] Weitere Informationen über die Wirkung von Selen siehe Seite 274 bis 275 sowie 287 bis 289.

Generalisierte Myopathie im Zusammenhang mit längerem Festliegen oder nach einer Narkose

Gelegentlich wird bei Pferden eine Myopathie im Zusammenhang mit länger dauerndem Festliegen oder mit einer Narkose beobachtet. Die Veränderung wurde zunächst als primär neurologisches Problem aufgrund einer Kompression und Funktionsstörung von Nerven interpretiert. Mittlerweile wird durch zahlreiche Beweise die Hypothese unterstützt, daß es sich primär um eine Myopathie aufgrund lokaler Hypoxie in verschiedenen Muskelgruppen handelt.[58] Die Erkrankung wird als Myositis bezeichnet, diese Bezeichnung ist aber wahrscheinlich unzutreffend. Statt dessen sollte der Begriff Myopathie benutzt werden. Die Erkrankung kommt im allgemeinen lokalisiert vor, gelegentlich wird aber auch eine generalisierte Myopathie beobachtet, die sämtliche Muskelgruppen betrifft. Bei lokalisierten Myopathien im Zusammenhang mit einer Narkose oder mit Festliegen wird angenommen, daß sie auf eine Kompression der Muskelgruppen zurückzuführen sind, wodurch die Blutzirkulation beeinträchtigt wird. Daher werden die untenliegenden Muskelgruppen am häufigsten betroffen.[58] Die Veränderung ist auch als Radialislähmung, postanästhetische Vorhandlahmheit, postoperative Myopathie oder Triceps-Rhabdomyolysis bezeichnet worden.[58,95] Von einer postanästhetischen Myopathie bei in Seitenlage gelagerten Pferden sind unter anderem der Musculus triceps brachii, der Musculus quadriceps femoris, die Strecker der Beckengliedmaße, der Musculus masseter und die Muskulatur im Bereich der Flanke betroffen. Bei Pferden, die in Rückenlage fixiert waren, erkranken die Rückenmuskeln, der Musculus longissimus dorsi, Musculus iliocostalis, Musculus gluteus medius und Musculus vastus lateralis.[102] In den meisten Fällen betreffen die Veränderungen diejenige Gliedmaße, die zuunterst gelegen hat, nur gelegentlich die, die oben gelegen hat. Hier wird angenommen, daß es sich um eine Beeinträchtigung der Blutzirkulation gehandelt hat. Dies kommt vor, wenn die Gliedmaße über die Kante des Operationstisches herunterhängt oder wenn geduldet wird, daß die Gliedmaßen übereinander gekreuzt liegen.

Ätiologie. Die Erkrankung wird nach einer länger als 2½ Stunden dauernden Narkose sowie bei auf hartem Boden festliegenden Pferden beobachtet. Ferner tritt sie nach sehr tiefen Anästhesien auf, wie sie für Operationen notwendig sind, die eine Muskelrelaxation erfordern, wie z. B. eine Ovarektomie oder Operationen am Auge. Eine tiefe Anästhesie verringert den Blutdruck und die vom Herzen in die Peripherie geförderte Blutmenge sowie den Sauerstofftransport zu den Geweben.[104] Eine postanästhetische Myopathie wird ferner nach anderen Störungen beobachtet, die ein Festliegen bedingen, wie z. B. Erkrankungen des ZNS. Sie wird bei stark bemuskelten Pferden, bei schweren Zugpferden, bei Quarter Horses und besonders bei solchen Pferden beobachtet, die, voll im Training stehend, aus dem einen oder anderen Grund in Narkose gelegt werden müssen (z. B. zur Versorgung einer Fraktur). Die Lagerung des Patienten und die Art der Polsterung unter dem Pferd sind ebenfalls von Bedeutung. Die Erkrankung setzt der Heilung bei bestimmten Veränderungen, wie Frakturen der langen Röhrenknochen und bestimmten ZNS-Erkrankungen, Grenzen.

Es entwickelt sich ein dem Kompartimentsyndrom beim Menschen ähnliches Krankheitsbild. Der Druck im Muskel steigt. Durch Einsetzen von Dochtkathetern in den Musculus triceps brachii sind für den Druck Werte zwischen 4,0 und 6,7 kPa (30 und 50 mm Quecksilbersäule) und bis zu 10,7 kPa (80 mm Quecksilbersäule) festgestellt worden.[58] Dieser Druck verändert die Erregungsleitungseigenschaften der Nerven, wodurch das Auftreten einiger neurologischer Symptome erklärt wird. Ferner wird hierdurch die häufig bestehende Verwirrung der Bezeichnungen „Rhabdomyolyse des Musculus triceps brachii" und „Radialislähmung" erklärt. Der Anstieg des im Muskelkompartiment bestehenden Druckes liefert eine brauchbare Erklärung für die Myopathie in Muskelgruppen, die einem Druck ausgesetzt sind, erklärt aber nicht die im Zusammenhang mit der Narkose gelegentlich auftretende generalisierte Myopathie. Diese kann u. U. direkt durch das Anästhetikum bedingt sein. Manche Kollegen nehmen an, daß das Auftreten dieser generalisierten Form mit der Applikation von Guaifenesin in Zusammenhang steht. Andere vermuten eine Verbindung zwischen dieser Form der Erkrankung und der malignen Hyperthermie.[99,100] Gelegentlich kann ein der malignen Hyperthermie ähnliches Syndrom auftreten, bei dem die Körpertemperatur während der Operation ansteigt und es zu einer starken Versteifung der Muskeln und zu faszikulären Zuckungen kommt. Gleichzeitig verschlechtert sich der Allgemeinzustand rapide.[99]

Symptome. Bei der lokalisierten Form der Erkrankung steht das Pferd in der Regel nach der Anästhesie auf und scheint zunächst gesund. Entweder in der Aufwachbox oder erst wieder in der eigenen Box zeigt es Anzeichen von Muskelschwäche und steht mit entlasteter Schultergliedmaße bei nach distal verlagertem Ellbogen („dropped elbow"). Dies sieht bei oberflächlichem Hinsehen wie eine Radialislähmung aus, die Funktionsfähigkeit der Strecker ist aber in der Regel erhalten. Bei Erkrankung der Beckengliedmaße neigt das Pferd zum Überköten und steht möglicherweise auf dem Fesselkopf. Wenn der Musculus quadriceps femoris betroffen ist, kommt es zu einer Entlastungshaltung des Kniegelenkes, wobei das Knie sich aus seiner normalen Lage distal verlagert. Das Pferd ist nicht in der Lage zu stehen. Die Heilung dauert bei den meisten Pferden, bei denen diese Probleme auftreten, lange.[58] Bei unkomplizierten Fällen bleibt die Störung in der Regel zwei bis drei Tage nach der Operation erhalten. Die betroffenen Muskelmassen können sich verhärten und anschwellen. Wenn die Erkrankung sehr schmerzhaft ist, kann sie Furcht und Schmerzreaktionen hervorrufen und dazu führen, daß das Pferd zu toben beginnt, was das Problem lediglich weiter verschlimmert.

Bei Pferden mit generalisierter Myopathie erkranken in der Regel auch die Gliedmaßen, die nicht in irgendeiner Form primär geschädigt waren. Hier ist kein Zusammenhang mit der Dauer der Anästhesie beobachtet worden, und die betroffenen Muskeln waren keiner Druckbelastung ausgesetzt. Die Muskeln werden schon steif, bevor das Pferd nach der Anästhesie aufsteht. Das Pferd kann Angst, Schweißausbruch und sogar Symptome einer Kolik zeigen. Möglicherweise ist es nicht in der Lage zu stehen, was die Behandlung dieser Erkrankung sehr schwierig macht. Myoglobinurie, eine renale Nephrose, Schock und Tod sind häufige Folgen. Das Syndrom kann durch das jeweilige Anästhetikum selbst bedingt sein. Es ähnelt mitunter eher einer malignen Hyperthermie als nur der Folge einer Druckbelastung der betroffenen Muskeln. Hier ist weitere Forschungsarbeit nötig, um eine definitive Ursache-Wirkung-Beziehung zwischen der Erkrankung und dem jeweils eingesetzten Anästhetikum zu ermitteln.

Diagnose. Die Serumenzymwerte sind in der Regel durch vermehrte Freisetzung der Enzyme aus den Muskelzellen erhöht. Häufig wird ein Anstieg der Muskelenzyme ohne Auftreten klinischer Erscheinungen eines Muskelschadens festgestellt. Daher muß die Feststellung erhöhter Serumenzymwerte immer in Verbindung mit dem klinischen Bild beurteilt werden. Die Enzymbestimmung ist nützlich, um das Ausmaß des Muskelschadens zu beurteilen, sowie zur Erstellung einer Prognose bei Pferden, bei denen sich diese Krankheit entwickelt.[58] Ferner ist über eine Verringerung der Kalziumkonzentrationen im Serum berichtet worden.[104]

Therapie. Die Therapie ist derjenigen der belastungsbedingten Myopathien ähnlich und im Prinzip rein symptomatisch. Das erste Ziel sollte es sein, weitere Muskelschäden zu verhindern. In leichten Fällen ist nur eine sorgfältige Beobachtung notwendig, in anderen kann eine Behandlung mit entzündungshemmenden Stoffen (mit Ausnahme der Kortikosteroide) notwendig sein. Hier sind z. B. Phenylbutazon oder Flunixin Meglumin* einsetzbar. Gegen die Muskelschmerzen kann die Verabreichung stärker wirksamer Analgetika wie Meperidin, z. B. Dolantin®H, indiziert sein, wenn das Pferd sehr ängstlich erscheint und aussieht, als ob es in Panik geraten und die Situation weiter komplizieren könnte. Acepromazin** wird ebenfalls von einigen Kollegen empfohlen, um eine Vasodilatation in den betroffenen Muskeln zu schaffen. Zusätzlich sollte dem Pferd an der gegenüberliegenden Gliedmaße ein Stützverband angelegt werden, und es sollte in einen Stall mit trittsicherem Untergrund gebracht werden. In schweren Fällen ist das Aufhängen in einem Tragegurt indiziert, aber nicht alle Pferde dulden diese Zwangsmaßnahme. Wenn das Pferd sich gegen den Gurt wehrt, kann dies das Problem u. U. weiter verschlimmern. Es gibt keinen Beweis für eine positive Beeinflussung durch Glukokortikoide. Daher sollten diese Wirkstoffe, die potentiell Hufrehe verursachen können, vermieden werden.[26] Es sollte eine Flüssigkeitssubstitution eingeleitet werden, um die Diurese zu fördern und die Chance für das Auftreten einer lebensbedrohlichen myoglobinämischen Nephrose möglichst gering zu halten. Traditionell ist die Flüssigkeitstherapie angewandt worden, um einer Azidose zu begegnen. In klinischen Versuchen ist aber im Zusammenhang mit der postanästhetischen Myopathie keine Azidose aufgetreten.[52,102] Bikarbonat ist daher von geringem Wert, abgesehen davon, daß es angeblich die Löslichkeit des Myoglobins im Harn erhöht. Damit würde das Risiko einer myoglobinämischen Nephrose vermindert. Andere Behandlungsmethoden mit letztlich nicht geklärter Berechtigung sind u. a. die Verabreichung von Vitamin-E-/Selenpräparaten oder die systemische Gabe von Dimethylsulfoxid (DMSO). Entscheidend für einen schnellen Heilungsverlauf ist gute Pflege. Bei festliegenden Pferden ist die Verwendung eines Wasserbettes zu empfehlen, um die Druckbelastung zu verteilen. Das Pferd sollte häufig auf die andere Seite gewälzt sowie sauber und trocken gelagert werden, um die Entwicklung von Dekubituswunden möglichst weit einzuschränken. Geeignetes Futter und Wasser sollten zur Verfügung stehen. In dieser Situation hängt viel von der Persönlichkeit des Pferdes ab. Trotz intensiver und drastischer Maßnahmen geben manche Pferde auf und erliegen der Krankheit.

Prophylaxe. Vorbeugemaßnahmen sind im Zusammenhang mit der postanästhetischen Myopathie wichtig. Nach Erfahrung des Autors sind hier eine angemessene Polsterung und die Gewährleistung einer möglichst kurzen Operationsdauer die besten Methoden. An der Colorado State University wird ein handelsübliches Wasserbett als Polsterung verwendet. Der distale Teil der Schultergliedmaße sollte nach vorn gezogen werden, um den Druck auf den Musculus triceps brachii zu verringern.[39,58] Eine gute Polsterung verringert oder verteilt auch die Druckbelastung der aufliegenden Muskeln. Die obenliegende Beckengliedmaße sollte mit einer Gliedmaßenstütze angehoben werden, wodurch eine Kompression der Vena saphena

---

* z. B. Finadyne®, TAD Pharmazeutisches Werk GmbH, Heinz-Lohmann-Straße 5, 2190 Cuxhaven 1.
** z. B. Vetranquil®, A. Albrecht, Hauptstr. 8, 7960 Aulendorf/Württ.

medialis vermieden werden soll.³⁹ Weitere Methoden, eine postanästhetische Myopathie möglichst zu verhindern, sind u. a. das Einhalten einer geringen und gleichmäßigen Narkosetiefe. Der Anästhesist sollte das jeweils am besten geeignete Anästhetikum auswählen.

Barbiturate bewirken einen starken Abfall des Blutdruckes, weshalb hier besonders auf eine gleichmäßige Narkosetiefe geachtet werden muß. Das Erhalten eines angemessenen Blutdruckes ist eine weitere Methode, eine ausreichende Durchblutung der betroffenen Muskeln zu sichern. Dies erfordert vernünftig durchdachte Geräte für die Narkoseüberwachung. Obwohl dies nur ein klinischer Eindruck ist, meinen manche Kollegen, daß das Weglassen des Kraftfutters 24 bis 48 Stunden vor der Operation sinnvoll ist. Eine Dantrolen-Natrium-Verbindung, welche die Freisetzung von Kalzium aus dem sarkoplasmatischen Retikulum verhindert, ist mit recht gutem Erfolg für die Prophylaxe der malignen Hyperthermie bei Schweinen eingesetzt worden. Bei dieser Behandlung wird die Annahme zugrunde gelegt, daß die Myopathie durch eine anästhesiebedingte Veränderung im Stoffwechsel der Muskelzellen verursacht wird. Obwohl Berichte über maligne Hyperthermie beim Pferd vorliegen, ist es möglicherweise eine zu starke Vereinfachung, die postanästhetische Myopathie mit dieser Erkrankung in Verbindung zu bringen. Häufig ist es unmöglich vorauszusagen, welches Pferd an einer generalisierten Myopathie erkranken wird. Daher ist die Durchführung einer prophylaktischen Behandlung mit Dantrolen in einem kontrollierten Experiment schwierig. Über die Verwendung dieses Medikamentes bei Pferden für die Behandlung und Prophylaxe der Myopathien liegen zur Zeit noch nicht genügend Berichte vor. Der Einsatz dieses Medikamentes sollte noch als Behandlungsversuch angesehen werden.

Myotonia congenita

Bei der angeborenen Myotonie der Pferde handelt es sich um eine seltene Erkrankung der Skelettmuskulatur, die durch eine verlangsamte Erschlaffung der Muskelfasern gekennzeichnet ist. Die Krankheit ist möglicherweise erblich, der Erbgang ist aber unbekannt, da bisher zu wenige Fälle beobachtet worden sind. Der biochemische Defekt bei der Myotonie der Pferde ist bislang ebenfalls unbekannt.

Klinische Symptome können schon im Alter von drei Wochen, aber bis zum Alter von mehreren Monaten auftreten. Tiere mit dieser Veränderung wirken an den Beckengliedmaßen extrem gut bemuskelt. Wenn die betroffenen Pferde erschrecken, sind sie steif und nicht in der Lage, sich normal zu bewegen. Die ersten paar Schritte bewegen sie sich mit beträchtlichen Schwierigkeiten, indem sie die Hinterhufe nachschleifen. Eine Perkussion der betroffenen Muskeln führt zu einer lange anhaltenden Kontraktion mit sehr langsamer Erschlaffung der Muskeln, welche mehr als eine Minute dauert. Diese Muskeln fühlen sich derb und gespannt an. Es ist nur die Nachhand betroffen; Kopf, Hals und Schultergliedmaßen sind unauffällig. Im histologischen Bild zeigen die Muskelfasern solcher Tiere extreme Variationen bezüglich ihres Durchmessers, und viele sind doppelt so groß wie normale Muskelzellen eines Pferdes. Diese größeren Zellen treten in Gruppen auf. Es sind kaum entzündliche Reaktionen zu beobachten.²⁸

Therapie. Es ist keine Therapie bekannt. Medikamentelle Behandlungsversuche sind bisher erfolglos geblieben.²⁸

Zitierte Literatur

1. ABERLE, E. D., et al.: Fiber types and size in equine skeletal muscle. Am. J. Vet. Res., **37**: 145, 1976.
2. ADAMS, O. R.: Lameness in Horses. 3rd Ed. Philadelphia, Lea & Febiger, 1975.
3. ARKIN, A. M., and KATZ, J. F.: The effects of pressure on epiphyseal growth. J. Bone Joint Surg., **38 A**: 1056, 1956.
4. AUER, J. A., and MARTENS, R. J.: Hemicircumferential transection of the periosteum and periosteal stripping: experimental and clinical evaluation of a new method for correction of angular limb deformities in foals. Proc. 17th Annu. Meet. Am. Coll. Vet. Surg., San Diego, 1982.
5. AUER, J. A., and MARTENS, R. J.: Periosteal transection and periosteal stripping for correction of angular limb deformities in foals. Am. J. Vet. Res., **43**: 1530, 1982.
6. AUER, J. A., MARTENS, R. J., and MORRIS, E. L.: Angular limb deformities in foals. Part I: Congenital factors. Comp. Cont. Ed., **4**: 330, 1982.
7. AUER, J. A., MARTENS, R. J., and WILLIAMS, E. H.: Periosteal transection for correction of angular limb deformities in foals. J. Am. Vet. Med. Assoc., **181**: 459, 1982.
8. BENNETT, D.: The pathological features of multiple bone infection in the foal. Vet. Rec., **103**: 482, 1978.
9. BISHOP, R.: Fibrotic myopathy of the gracilis muscle in a horse. VM/SAC, **67**: 270, 1972.
10. BLOOD, D. C., HENDERSON, J. A., and RADOSTITS, O. M.: Veterinary Medicine. Philadelphia, Lea & Febiger, 1979.
11. BOOTH, L. C., and FEENEY, D. A.: Superficial osteitis and sequestrum formation as a result of skin avulsion in the horse. Vet. Surg., **11**: 2, 1982.
12. BROWN, M. P., and McCALLUM, F. J.: Observations on growth plates in limbs of foals. Vet. Rec., **98**: 443, 1976.
13. BURRIE, C.: Post traumatic osteomyelitis. Bern, Hans Huber, 1975.
14. CARLSTROM, B.: The etiology and pathogenesis in horses with haemoglobinaemia paralytica. Skand. Arch. Physiol., **63**: 164, 1932.
15. CARLSTROM, B.: The etiology and pathogenesis in horses with haemoglobinaemia paralytica. Skand. Arch. Physiol., **62**: 1, 1931.
16. CHALMERS, G. A., and BARRETT, M. W.: Capture myopathy in Alberta Canada. J. Am. Vet. Med. Assoc., **171**: 918, 1977.
17. COSTILL, D. L., et al.: Skeletal muscle enzymes and fibercomposition in male and female track athletes. J. Appl. Physiol., **49**: 149, 1976.
18. AWFORD, W. H.: Aortic-iliac thrombosis in a horse. Can. Vet. J., **23**: 59, 1982.
19. DEKEL, S., and FRANCIS, M. J. O.: The treatment of osteomyelitis of the tibia with sodium salicylate. J. Bone Joint Surg., **63 B**: 178, 1981.
20. DIK, K. J.: Sequestes bij het paard. Tijdschr. Diergeneesk., **104**: 9, 1979.
21. DODD, D. C.: Nutritional myopathy. *In* Equine Medicine and Surgery. 3rd Ed. Edited by R. A. Mansmann, and E. S. McAllister. Santa Barbara, Am. Veterinary Publications, 1982, p. 937.
22. DODD, D. C., and RAKER, D. W.: Tumoral calcinosis (calcinosis circumscripta) in the horse. J. Am. Vet. Med. Assoc., **157**: 968, 1970.
23. EAGLE, M. T., KOCH, D. B., and WHALEN, J. P.: Mineral metabolism and immobilization osteopenia in ponies treated with 25-hydroxycholecalciferol. Cornell Vet., **72**: 372, 1982.
24. ELLIS, D. R.: Fractures of the proximal sesamoid bones in Thoroughbred foals. Eq. Vet. J., **11**: 48, 1979.
25. ELLIS, R. M. W., and LAWRENCE, T. L. J.: Energy undernutrition in the weanling filly foal. Br. Vet. J., **134**: 322, 1978.
26. EYRE, P., ELMES, P. J., and STRICKLAND, S.: Corticosteroid-potentiated vascular responses of the equine digit: a possible pharmacological basis for laminitis. Am. J. Vet. Res., **40**: 135, 1979.

27. FACKELMAN, G. E., and NUNAMAKER, D. M.: Manual of Internal Fixation in the Horse. Heidelberg, Springer-Verlag, 1982.
28. FARNBACH, G. C.: Myotonia. *In* Equine Medicine and Surgery. 3rd Ed. Edited by R. A. Mansmann, and E. S. McAllister. Santa Barbara, American Veterinary Publications, 1982, pp. 935–936.
29. FESSLER, J. F.: The musculoskeletal system. *In* Textbook of Large Animal Surgery. Edited by F. W. Oehme, and J. E. Prier. Baltimore, Williams & Wilkins Co., 1974.
30. FRETZ, P. B.: Angular limb deformities in foals. Vet. Clin. North Am. (Large Anim. Pract.), Philadelphia, W. B. Saunders Co., **2:** 125, 1980.
31. FRETZ, P. B., TURNER, A. S., and PHARR, J.: Retrospective comparison of 2 surgical techniques for correction of angular limb deformities in foals. J. Am. Vet. Med. Assoc., **172:** 281, 1978.
32. FRETZ, P. B., et al.: Letters to the editor. J. Am. Vet. Med. Assoc., **181:** 636, 1982.
33. FROST, H. M.: Orthopaedic Biomechanics. Springfield, Charles C. Thomas, 1973, p. 234.
34. GABBEDEY, B. J., and RICHARDS, B.: White muscle disease in a foal. Aust. Vet. J., **46:** 111, 1970.
35. GOODBARY, R. F., and HAGE, T. J.: Hypertrophic pulmonary osteoarthropathy in a horse – A case report. J. Am. Vet. Med. Assoc., **137:** 602, 1960.
36. GOULDEN, B. E., and O'CALLAHAN, M. W.: Tumoral calcinosis in the horse. NZ Vet. J., **28:** 217, 1980.
37. GUY, P. S., and SHOW, D. H.: The effect of training and detraining in muscle composition in the horse. J. Physiol., **269:** 33, 1977.
38. HARKONEN, M., et al.: Determination of metabolite and enzymes in muscle. Ann. Clin. Res., **34** (Suppl.): 20, 1982.
39. HEATH, R. B., et al.: Protecting and positioning the equine surgical patient. Vet. Med., **67:** 1241, 1972.
40. HIDIROGLOU, M., et al.: Bent limb syndrome in lambs raised in total confinement. J. Am. Vet. Med. Assoc., **173:** 1571, 1978.
41. HODGSON, D.: Personal Communication, 1982.
42. HODGSON, D. R., ROSE, R. J., and ALLEN, J. R.: Muscle Glycogen Depletion and Repletion Patterns in Horses Performing Various Grades of Endurance Exercise. First Intl. Symp. Equine Ex. Physiology. Cambridge, England, Sept., 1982.
43. HOUGHTON, G. R., and DEKEL, S.: The periosteal control of longbone growth. Acta Orthop. Scand., **50:** 635, 1979.
44. HOUGHTON, G. R., and ROOKER, G. D.: The role of the periosteum in the growth of longbones. J. Bone Joint Surg., **61 B:** 218, 1979.
45. HOUSTON, C. S., and SWISCHUCK, L. E.: Varus and vulga – no wonder they are confused. N. Engl. J. Med., **302:** 471, 1980.
46. HUTCHINS, D. R.: Tumoral calcinosis in the horse. Aust. Vet. J., **48:** 200, 1972.
47. JENSEN, R., et al.: Osteochondrosis in feedlot cattle. Vet. Pathol., **18:** 529, 1981.
48. JOHNSON, B. D., and PERCE, R. B.: Unique serum acid enzyme characteristics in horses having histories of rhabdomyolysis (tying up). Eq. Pract., **3:** 24, 1981.
49. JUBB, K. V., and KENNEDY, P. C.: Veterinary Pathology. 2nd. Ed. Vols. I and II. New York, London, Academic Press, 1970.
50. JUBB, K. V., and KENNEDY, P. C.: Pathology of Domestic Animals. Vols. I and II. New York, London, Academic Press, 1970.
51. KAY, B. A., et al.: Case report: treatment of chronic osteomyelitis and delayed union in the metacarpus of a horse. Can. Vet. J., **17:** 82, 1975.
52. KOTERBA, A., and CARLSON, G. P.: Acid base and electrolyte alterations in horses with exertional rhabdomyolysis. J. Am. Vet. Med. Assoc., **180:** 303, 1982.
53. LEE, H. A., GRANT, B. D., and GALINA, A. M.: Solitary osteochondroma in a horse; a case report. J. Eq. Med. Surg., **3:** 113, 1979.
54. LEITCH, M.: Angular limb deformities arising at the carpal region in foals. Comp. Cont. Ed., **1:** 39, 1979.
55. LEWIS, L. D.: Care and Feeding of the Horse. Philadelphia, Lea & Febiger, 1982.
56. LINDHOLM, A., JOHANSSON, H. E., and KJAERSGAARD, P.: Acute rhabdomyolysis ("tying up") in Standardbred horses. Acta Vet. Scand., **15:** 325, 1974.
57. LINDHOLM, A., and PIEHL, K.: Fibre composition, enzyme activity and concentration of metabolites and electrolytes in muscles of Standardbred horses. Acta Vet. Scand., **15:** 310, 1974.
58. LINDSAY, W. A., McDONELL, W., and BIGNELL, W.: Equine postanesthetic forelimb lameness: intracompartmental muscle pressure changes and biochemical patterns. Am. J. Vet. Res., **41:** 1919, 1980.
59. LUNDVALL. R. L., and JACKSON, L. L.: Periosteal new bone formation of the radius as a cause of lameness in 2 horses. J. Am. Vet. Med. Assoc., **168:** 612, 1976.
60. MAUTEN, D. J., and RENDANO, V.: Hypertrophic osteopathy in a mare with a dysgerminoma. J. Eq. Med. Surg., **2:** 445, 1978.
61. MAYHEW, I. G., et al.: Spinal cord disease in the horse. Cornell Vet., **68:** 1, 1978.
62. McKENZIE, R. A., et al.: Control of nutritional secondary hyperparathyreoidism in grazing horses with calcium plus phosphorus supplementation. Aust. Vet. J., **57:** 554, 1981.
63. MEAGHER, D. M., POOL, R. R., and BROWN, M. P.: Bilateral ossification of the tendon of the biceps brachii muscle in the horse. J. Am. Vet. Med. Assoc., **174:** 272, 1979.
64. MOORE, J. N., and McILWRAITH, C. W.: Osteochondrosis in the equine stifle. Vet. Rec., **100:** 133, 1977.
65. MORGAN, J. P.: Necrosis of the third tarsal bone of the horse. J. Am. Vet. Med. Assoc., **151:** 1334, 1967.
66. MORGAN, J. P., CARLSON, W. D., and ADAMS, O. R.: Hereditary multiple exostosis in the horse. J. Am. Vet. Med. Assoc., **140:** 1320, 1962.
67. MORGAN, J. P., VAN DE WATERING, C. C., and KERSJES, S.: Salmonella bone infection in colts and calves: its radiographic diagnosis. Am. J. Vet. Rad. Soc., **15:** 66, 1974.
68. MUELLER, M. E., et al: Manual der Osteosynthese. Berlin, Heidelberg, Springer-Verlag, 1977.
69. O'CONNER, J. P., and LUCEY, M. P.: Tumoral calcinosis (calcinosis circumscripta) in the horse. Ir. Vet. J., **31:** 173, 1977.
70. OGDEN, J. A.: The development and growth of the musculoskeletal system. *In* Scientific Basis of Orthopedics. Edited by J. A. Albright, and R. A. Brand. New York, Appleton Century Crofts, 1979.
71. OLSSON, S. E.: Morphology and physiology of the growth cartilage under normal and pathologic conditions. *In* Bone in Clinical Orthopedics. Edited by G. Sumner-Smith. Philadelphia, W. B. Saunders Co., 1982.
72. OLSSON, S. E.. and REILAND, S.: The nature of osteochondrosis in animals. Acta Radiol. (Suppl.), **358:** 299, 1978.
73. OWEN, L. N.: The pathology of bone infection., *In* Bone in Clinical Orthopedics. Edited by G. Sumner-Smith. Philadelphia, W. B. Saunders Co., 1982.
74. OWEN, R. R., et al.: Dystrophic myodegeneration in adult horses. J. Am. Vet. Med. Assoc., **171:** 343, 1977.
75. PEACOCK, E. E., and VAN WINKLE, W.: Wound Repair. 2nd Ed. Philadelphia, W. B. Saunders Co., 1976, p. 465.
76. PHARR, J. W., and FRETZ, P. B.: Radiographic findings in foals with angular limb deformities. J. Am. Vet. Med. Assoc., **179:** 812, 1981.
77. ROONEY, J. R.: Epiphyseal compression in young horses. Cornell Vet., **53:** 567, 1963.
78. ROSE, R. J.: Surgical treatment of osteomyelitis in the metacarpal and metatarsal bone in the horse. Vet. Rec., **102:** 498, 1978.

79. SALTER, R. B.: Birth and Pediatric Fractures in Fracture Treatment and Healing. Edited by B. R. Heppenstall. Philadelphia, W. B. Saunders Co., 1980.
80. SALTER, R. B.: Textbook of Disorders and Injuries of the Musculoskeletal System. Baltimore, Williams & Wilkins Co., 1970, p. 33.
81. SCHATZKER, J.: Concepts of Fracture Stabilization in Bone in Clinical Orthopedics. Philadelphia, W. B. Saunders Co., 1982.
82. SCHATZKER, J., SANDERSON, R., and MURNAGHAN, P.: The holding power of orthopedic screws in vivo. Clin. Orthop., **108**: 115, 1975.
83. SCHENK, K. R., und WILLENEGGER, H.: Zum histologischen Bild der sogenannten Primärheilung der Knochenkompakta nach experimentellen Osteotomien am Hund. Experientia, **19**: 593, 1963.
84. SHERROD, W. W.: A practitioner's experience with epiphysitis in foals. VM/SAC, **70**: 1443, 1975.
85. SHUPE, J. L.: Fluorosis. In Equine Medicine and Surgery. 3rd Ed. Edited by R. A. Mansmann, and E. S. McAllister. Santa Barbara, American Veterinary Publications, 1982.
86. SHUPE, J. L., et al.: Hereditary multiple exostosis; clinicopathologic features of a comparative study in horses and man. Am. J. Vet. Res., **40**: 751, 1979.
87. SINGER, V. L., and WHITENACK, D. L.: Osteopetrosis in a foal. Eq. Pract., **3**: 30, 1981.
88. SLOANE, D. E.: Letters to the editor. J. Am. Vet. Med. Assoc., **179**: 6, 1982.
89. SMART, M. E., et al.: Copper deficiency in calves in north central Manitoba. Can. Vet. J., **21**: 349, 1981.
90. SNOW, D. H., BAXTER, P., and ROSE, R. J.: Muscle fiber composition and glycogen depletion in horses competing in an endurance ride. Vet. Rec., **108**: 374, 1981.
91. SNOW, D. H., and GUY, P. S.: Muscle fiber type composition of a number of limb muscles in different types of horses. Res. Vet. Sci., **28**: 137, 1980.
92. SNOW, D. H., and GUY, P. S.: Percutaneous needle muscle biopsy in the horse. Eq. Vet. J., **8**: 150, 1976.
93. STROBINO, L. J., FRENCH, G. O., and COLONNA, P. C.: The effect of increasing tensions on the growth plate of epiphyseal bone. Surg. Gynecol. Obstet., **95**: 694, 1952.
94. TAYLOR, A. W., and BRASSARD, L.: Skeletal muscle fiber distribution and area in trained and stalled Standardbred horses. Can. J. Anim. Sci., **61**: 601, 1981.
95. TRIM, C. M., and MASON, J.: Postanesthetic forelimb lameness in horses. Eq. Vet. J., **5**: 72, 1973.
96. TSCHANTZ, P., TAILLARD, W., and DITESHEIM, P. J.: Epiphyseal tilt produced by experimental overload. Clin. Orthop., **123**: 271, 1977.
97. TURNER, A. S., and FRETZ, P. B.: A comparison of surgical techniques and associated complication of transphyseal bridging in foals. Proc. 23rd Ann. AAEP, 1977, p. 275.
98. WALDRON-MEASE, E.: Hypothyroidism and myopathy in racing Thoroughbreds and Standardbreds. J. Eq. Med. Surg., **3**: 124, 1979.
99. WALDRON-MEASE, E.: Postoperative muscle damage in horses. J. Eq. Med. Surg., **1**: 106, 1977.
100. WALDRON-MEASE, E., RAKER, C. W., and HAMMEL, E. P.: The muscular system. In Equine Medicine and Surgery. 3rd Ed. Edited by R. A. Mansmann, and E. S. McAllister. Santa Barbara, American Veterinary Publications, 1982, p. 586.
101. WALTHALL, J. C., and McKENZIE, R. A.: Osteodystrophia fibrosa in horses at pasture in Queensland. Aust. Vet. J., **52**: 11, 1976.
102. WHITE, N. A.: Post anesthetic recumbency myopathy in horses. Cont. Ed. Symp., **4**: 544, 1982.
103. WHITE, K. K.: Current Therapy in Equine Medicine. Philadelphia, W. B. Saunders Co., 1983.
104. WHITE, K. K., and SHORT, C.: Anesthetic/surgical stress-induced myopathy (myositis). Part II. A postanesthetic myopathy trial. Proc. 24th Ann. AAEP, 107, 1978.
105. WILLIAMS, J. A., COLLIER, M. A., and ROSS, M. W.: Physitis in the horse. Mod. Vet. Pract., **63**: 407, 1982.
106. WILSON, T. M., et al.: Myodegeneration in suspected selenium vitamin E deficiency in horses. J. Am. Vet. Med. Assoc., **169**: 213, 1976.

Erkrankungen der Gelenke, Sehnen, Bänder sowie ihrer Hilfseinrichtungen

C. Wayne McIlwraith

Gelenkerkrankungen

Die Arthritis kann vereinfacht als Gelenkentzündung definiert werden. Es handelt sich dabei um einen unspezifischen Ausdruck, der wenig über das Wesen und die verschiedenen Formen der Gelenkveränderungen bei Pferden aussagt. Da die Entzündung auch eine unterschiedliche, den verschiedenen Erkrankungen angepaßte Rolle spielt, ist ein derartig allgemeiner Begriff nicht länger im Rahmen der Beurteilung von Gelenkleiden beim Pferd vertretbar. Außerdem werden spezifische Diagnosen zur Einleitung erfolgreicher Therapien und zur Stellung exakter Prognosen benötigt.

Das Wissen auf diesem Gebiet sowie die Erkenntnisse über neue Erkrankungen werden ständig weiterentwickelt. In diesem Kapitel sollen die aktuellen Auffassungen über Ätiologie, Pathogenese, Diagnose und Therapie der verschiedenen Gelenkveränderungen beim Pferd vorgestellt werden. Voraussetzung dafür ist die Kenntnis der Anatomie und Physiologie der Gelenke ebenso wie die der Gelenkpathophysiologie.

Anatomie und Physiologie der Gelenke

Einteilung der Gelenke

Am häufigsten erfolgt die Einteilung der Gelenke in Abhängigkeit ihres physiologischen Beweglichkeitsgrades. Dabei können drei Gruppen unterschieden werden:
1. Synarthrosen (unbewegliche Gelenke),
2. Amphiarthrosen (Gelenke mit geringer Beweglichkeit) und
3. Diarthrosen (echte Gelenke).

Eine andere Klassifizierung berücksichtigt die verschiedenen Formen des vorhandenen Stützgewebes. Beide hier angeführten Gelenkeinteilungen stehen in Wechselbeziehungen zueinander. So sind die Knochen von nicht oder gering beweglichen Gelenken durch Bindegewebe oder Knorpel miteinander verbunden (Syndesmosen oder Synchondrosen). Dagegen bleiben die von hyalinem Knorpel überzogenen knöchernen Bestandteile von beweglichen Gelenken vollständig voneinander getrennt und liegen innerhalb einer Gelenkhöhle, die von einer Gelenkkapsel umgeben ist (echte Gelenke, Articulationes synoviales). Synarthrosen finden sich im allgemeinen am Schädel, wo die platten Knochen durch Bindegewebe oder Knorpel fest miteinander verbunden werden. Amphiarthrosen sind u. a. durch das Vorhandensein von flachen Scheiben aus Faserknorpel charakterisiert, die sich zwischen den Flächen, z. B. zwischen den Wirbelkörpern, befinden. Die gesamte Struktur wird von einer fibrösen Kapsel umgeben. Die meisten Gelenke der Gliedmaßen stellen Diarthrosen dar. Aufgrund der besonderen Bedeutung dieser Gelenke bei Lahmheiten von Pferden werden im folgenden ihre Anatomie und Physiologie eingehend beschrieben.

Makroskopische Anatomie

Die echten Gelenke oder Articulationes synoviales bestehen aus den mit Gelenkknorpel (Cartilago articularis) überzogenen knöchernen Gelenkflächen, der Gelenkkapsel (Capsula articularis), der davon umschlossenen Gelenkhöhle (Cavum articulare) mit darin enthaltener Gelenkflüssigkeit (Synovia) sowie Bändern (Ligamenta) (Abb. 7.1). Die Gelenkkapsel ist aus zwei Anteilen aufgebaut: der außenliegenden Faserschicht (Stratum fibrosum), die in das Periost oder Perichondrium übergeht, und der Synovialmembran (Stratum synoviale), die die Gelenkhöhle, exklusive des Gelenkknorpels, auskleidet.

Die Faserschicht der Gelenkkapsel wird aus straffem Bindegewebe gebildet, das dem Gelenk eine gewisse mechanische Stabilität verleiht. Histologisch ist das Stratum fibrosum prinzipiell aus Kollagenfasern zusammengesetzt. Die Vaskularisation erfolgt über arteriovenöse Anastomosen[367] und über in der Literatur beschriebene modifizierte Gefäßstrukturen (Gefäßknäuel).[356] Die afferenten

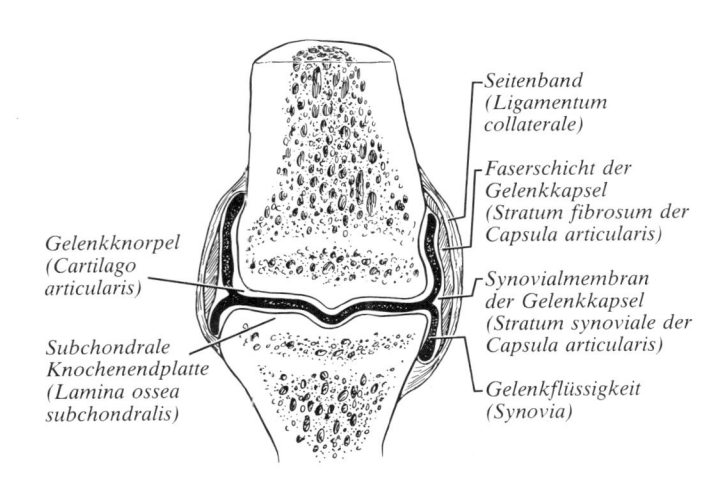

Abb. 7.1: Schematische Darstellung eines echten Gelenkes (Articulatio synovialis).

Nervenfasern der Gelenkkapsel scheinen ebenfalls in der Faserschicht lokalisiert zu sein.[159] Diese Feststellung findet ihre Bestätigung in der Zahl der Rezeptoren und Nervenplexus sowie in der beim Menschen gemachten Beobachtung, daß mechanische oder chemische Reize zu einer Schmerzwahrnehmung führen.

Die Verankerungen des Stratum fibrosum und der Ligamenta articularia in den anliegenden Knochen sind aus verschiedenen Abschnitten aufgebaut. Parallele Kollagenfaserbündel werden zuerst mit einem Stroma aus Faserknorpel umgeben, um anschließend, in Knochennähe, zu verkalken. Die Kollagenfasern strahlen in ähnlicher Form wie die Sharpeyschen Fasern in die Knochenrinde ein. Dieser allmähliche Übergang der Gelenkkapsel und -bänder in mineralisierten Faserknorpel und danach in Knochen verbessert durch gleichmäßige Kräfteverteilung die Ansatzfestigkeit und setzt somit die Wahrscheinlichkeit von Abrißverletzungen herab.[217]

Die Stabilität des Gelenkes wird durch die Anordnung der an der Gelenkbildung beteiligten Knochen, durch den von der Kapsel und den Bändern gebildeten Halteapparat sowie durch die das Gelenk umgebenden Muskeln und Sehnen gewährleistet. Zusätzlich führt ein negativer hydrostatischer Druck in der Gelenkhöhle zu einer Art „Saugwirkung" und erhöht so ebenfalls die Stabilität.[371]

Aufbau und Funktion der Synovialmembran (Stratum synoviale)

Normalerweise erscheint die Synovialmembran des Pferdes weiß bis gelblichweiß. Im Zusammenhang mit Verletzungen können dagegen sekundär starke Verfärbungen (violett bis braun) beobachtet werden. Das Stratum synoviale ist in einigen Bereichen des Gelenkes glatt und glänzend, in anderen Gebieten bildet es zahlreiche typisch lokalisierte und verschieden geformte kleine Zotten.[205] In Verbindung mit einem Trauma oder anderen Verletzungen kommt es zur Proliferation der Zotten. Ferner finden sie sich bei Feten und Neugeborenen.[13]

Histologisch stellt die Synovialmembran ein modifiziertes mesenchymales Gewebe dar, das aus zwei Schichten besteht. Dabei überlagert die dem Cavum articulare anliegende, unvollständig mit Zellen ausgekleidete „Intima" den tieferen, als Subsynovialschicht oder „Subintima" bezeichneten Bereich aus Bindegewebe, d. h. aus faserreichem, zellreichem Bindegewebe oder Fettgewebe. Allgemein ist das Stratum synoviale in Regionen mit erhöhter Druckbelastung faserreich und flach, während es sich in Gebieten mit vermehrter freier, von der Gelenkkapsel unabhängiger Bewegung zellreich und eventuell gefaltet darstellt. Die „Subintima" kann aus lockerem Bindegewebe bestehen, das sich in das Zentrum der Falten fortsetzt. Zahlreiche Blutgefäße sind vorhanden.

Die Synoviozyten, die Zellen der „Intima", bilden eine unterbrochene, aus ein bis vier Zellagen bestehende Schicht. Eine Basalmembran kann nicht nachgewiesen werden (Abb. 7.2).[420] Elektronenmikroskopisch können die Synoviozyten in zwei Grundformen, die sogenannten Synoviozyten Typ A und Typ B, eingeteilt werden.[152] Die Typ-A-Zellen ähneln Makrophagen, während die Typ-B-Zellen den Fibroblasten entsprechen.

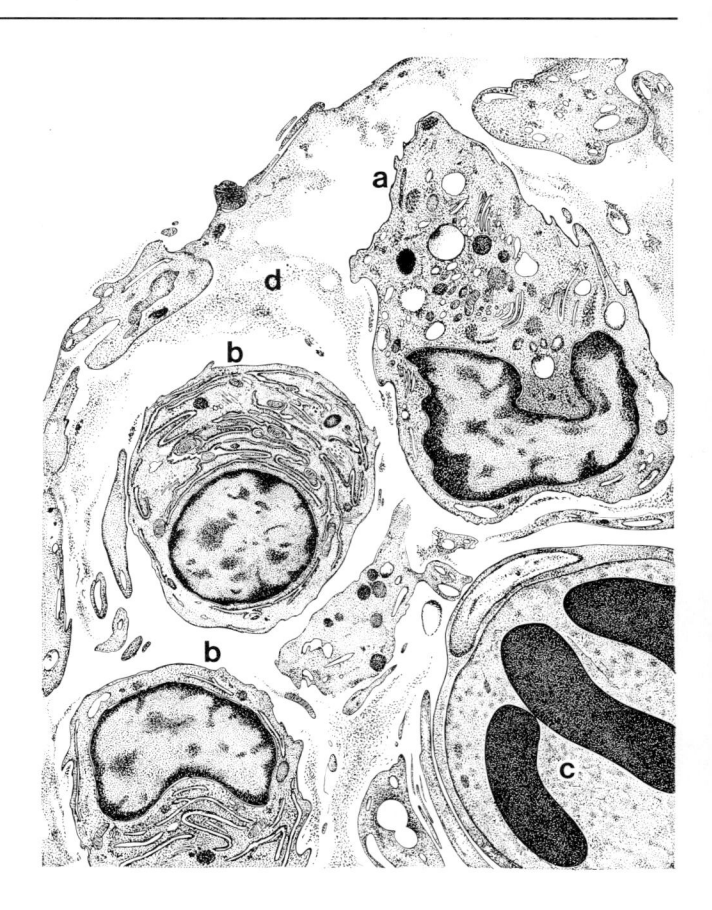

Abb. 7.2: Ausschnitt aus der Synovialmembran. Elektronenmikroskopische Darstellung der oberflächlich gelegenen „Intima" mit Synoviozyten Typ A (a) und Typ B (b), umgeben von Interzellulargewebe, Kapillaren (c) sowie von der mit feinen Fibrillen durchsetzten Grundsubstanz (d). Das Gewebe in der Tiefe, unterhalb des hier dargestellten, wird „Subintima" benannt.

Da Zwischenformen ebenfalls beobachtet werden, ist die Vorstellung gerechtfertigt, daß die Synoviozyten Typ A und Typ B nicht grundsätzlich verschieden sind, sondern ihre unterschiedliche Morphologie nur Ausdruck der gegenwärtig zu erfüllenden Funktion ist.[104]

In der „Subintima" befinden sich zahlreiche Blutgefäße, die sich maximal 5 bis 10 Mikrometer unter der Intimaoberfläche ausdehnen.[203] In der direkten Nachbarschaft großer Blutgefäße verlaufen die Lymphgefäße,[58] deren Kapillaren sich allerdings nicht so weit der Gelenkhöhle nähern wie die der Blutgefäße.

Jedes Gelenk scheint eine doppelte nervale Versorgung zu besitzen. Zum einen gelangen spezifische Gelenknerven als unabhängige Gelenkäste der benachbarten peripheren Nerven an die Gelenkkapsel und zweitens unspezifische Gelenkäste als Abkömmlinge von in der Nähe liegenden Muskelnerven.[63] Die Mehrzahl der Nervenendigungen befinden sich in dem Stratum fibrosum und nicht im Stratum synoviale. In der Capsula articularis können zwei Haupttypen von Nervenendapparaten identifiziert werden, während im Bereich der Bänder eine dritte Form (ähnlich dem Golgi-Organ der Sehnen) ausgebildet ist, die unphysiologischen Zug registriert. Kleine freie Nervenendorgane sind typisch für die Synovialmembran.

Versuche haben gezeigt, daß das Stratum fibrosum sehr leicht auf Schmerzreize reagiert, während das Stratum synoviale relativ unempfindlich ist. Zug auf die Synovialmembran führt zur Erregung von subsynovial gelegenen Nozirezeptoren, was Kontraktion der benachbarten Muskulatur zur Folge hat. Bemerkenswert ist, daß die Kapselbänder aufgrund des Vorkommens von Rezeptoren vom Typ der Golgi-Organe ebenfalls schmerzempfindlich sind. Untersuchungen an den Nervenendigungen der Synovialmembran bestätigen ihre Unspezifität und erlauben eine Einteilung in einen sensiblen Typ IV-A und einen vasomotorischen Typ IV-B,[63] der im Stratum synoviale zu überwiegen scheint.

Die drei entscheidenden Aufgaben der Synovialmembran bestehen in der Phagozytose, der Regulation des Protein- und Hyaluronatgehaltes in der Synovia und der Regeneration.[420] Die Phagozytosefähigkeit der Typ-A-Synoviozyten ist eingehend nach Injektion verschiedener Substanzen dargestellt worden.[42,377] Unerwünschte Stoffe werden eingeschlossen und in phagozytierende Vakuolen aufgenommen. Diese verbinden sich zum Zweck des Fremdstoffabbaues immer wieder mit zytoplasmatischen Lysosomen. Übermäßige Phagozytoseaktivität oder Zerfall lysosomaler oder zellulärer Membranen führen zur Freisetzung lysosomaler Enzyme in die Umgebung, ein typisches Merkmal der Synovialitis.

Die Synovialmembran wirkt als wichtige Permeabilitätsschranke, die ständig die Zusammensetzung der Synovia kontrolliert. Die meisten kleinen Moleküle können prinzipiell frei durch das Stratum synoviale diffundieren. Dabei erfolgt die Diffusionsbegrenzung weniger durch die Fensterung der Blutgefäße als durch die Intrazellularspalten zwischen den Synoviozyten, die den einzigen ausreichend großen Weg im Stratum synoviale darstellen.[371] Die Undurchlässigkeit der Synovialmembran für kleine Moleküle übertrifft die potentiellen Kontrollmöglichkeiten des Mikrogefäßbettes bei weitem.[372] Gelenkschwellungen erhöhen den transsynovialen Austausch aller kleinen Moleküle, was durch die vergrößerten interzellulären Abstände und die dadurch erleichterte Diffusion erklärt wird.[371] Wie allgemein anerkannt, kommt das Eiweiß in der Gelenkflüssigkeit aus dem Plasma.[51] Nur die Herkunft von 2 % fest an Hyaluronat gebundenem Protein ist nicht gesichert, und es wird angenommen, daß es von den Typ-B-Synoviozyten stammt.[105] Die geänderte Menge und Zusammensetzung der Proteinfraktion bei traumatischen Ergüssen stehen im Zusammenhang sowohl mit einer erhöhten Gefäßpermeabilität[371] als auch mit der steigenden Eiweißsynthese der Synoviozyten.[350]

Die Herkunft des Hyaluronates aus der Synovialmembran gilt als gesichert, während die an der Hyaluronatsynthese beteiligten Zellen nicht eindeutig nachgewiesen sind. Als Quelle für Hyaluronat kommen beide Synoviozyten-Typen[349] und auch die in tieferen Geweben liegenden Fibroblasten[135] in Frage. Die Funktion des Hyaluronates wird später diskutiert.

Die Regenerationsfähigkeit der Synovialmembran nach einer Synovektomie wurde beschrieben.[163,241] Folgeuntersuchungen nach subtotaler Synovektomie zeigen, daß in den ersten vier Tagen im Bereich der Läsion hauptsächlich ein in Organisation begriffenes Hämatom besteht. Es finden sich Fibrin und Zelltrümmer zusammen mit Makrophagen und Fibroblasten. Acht Tage nach der Synovektomie liegt in dem Gebiet eine erhöhte Anzahl Makrophagen und Fibroblasten vor, während Fibrin und Zelltrümmer vermindert sind. 15 Tage post operationem weisen die Makrophagen bzw. Fibroblasten große Ähnlichkeiten mit normalen Typ-A- und Typ-B-Synoviozyten auf. 35 Tage nach der Synovektomie erscheint das Stratum synoviale vollständig regeneriert. Sein Aussehen entspricht demjenigen einer normalen Synovialmembran. In 84 bis 100 Tagen erfolgt die fortgesetzte Reifung der sich regenerierenden Synovialmembran. Zahlreiche neue Typ-A- und Typ-B-Synoviozyten sind zu erkennen. Offensichtlich treten bei der Regeneration zuerst einfache Mesenchymzellen auf, die schließlich die neue Membran bilden. Diese kann mit 30 Tagen nachgewiesen werden und setzt ihre Differenzierung bis zum 100. Tag fort. Zu diesem Zeitpunkt ist die regenerierte, neugebildete Synovialmembran elektronenmikroskopisch nicht von einem normalen Stratum synoviale zu unterscheiden.[241]

Ein weiteres wichtiges Merkmal der Synovialmembran im Rahmen der Gelenkfunktion ist ihre Dehnungs- bzw. Kontraktionsfähigkeit. Am Beispiel des Fesselgelenkes in Abbildung 7.3 ist deutlich zu erkennen, wie sich bei Streckung die Synovialmembran auf der Dorsalseite und bei Beugung auf der Palmarseite in Falten zusammenschiebt. Das Vermögen der Faltenbildung wurde als „Redundanz" bezeichnet.[371] Entzündung und Fibrose vermindern diese Fähigkeit und führen so zur Gelenkversteifung.

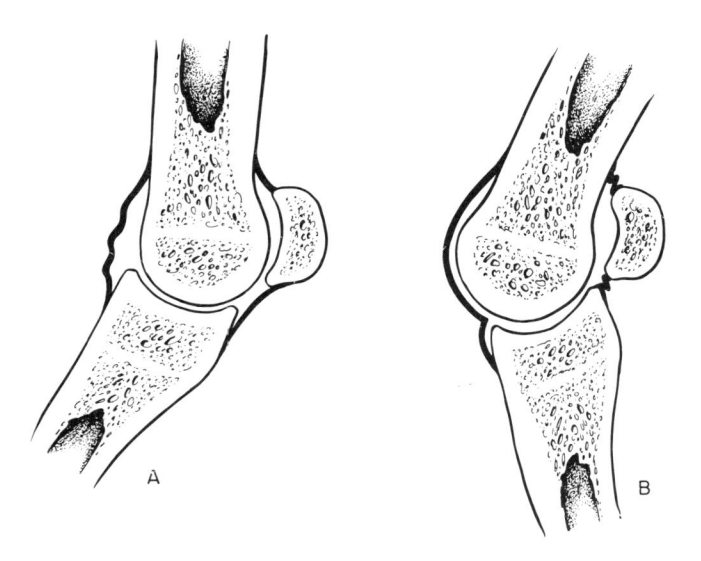

Abb. 7.3: Fesselgelenk (Articulatio metacarpophalangea). Schematische Darstellung der in Falten zusammengeschobenen Synovialmembran auf der Dorsalseite bei Streckung (**A**) und auf der Palmarseite bei Beugung (**B**).

Ebenso wichtig für eine normale Gelenkfunktion ist die Erhaltung der Gleitfähigkeit der Synovialmembran, die später besprochen wird.

Bau und Funktion des Gelenkknorpels

Makroskopisch erscheinen die dickeren Bereiche des normalen Gelenkknorpels milchig, undurchsichtig und die dünneren Stellen durchscheinend mit einer leicht bläulichen Tönung. Die Oberfläche ist allerdings nicht glatt. Rasterelektronenmikroskopische Untersuchungen zeigen Wellen und unregelmäßige Einsenkungen.[101]

Im allgemeinen besteht der Cartilago articularis aus hyalinem Knorpel. Faserknorpel findet sich an den Verbindungsstellen zwischen Gelenkknorpel, Synovialmembran und Periost sowie in den Menisken.[420]

Histologisch kann der adulte Gelenkknorpel in vier Schichten eingeteilt werden (Abb. 7.4):[13,232]

1. die oberflächliche Tangentialzone, die flache oder eiförmige Chondrozyten und tangential ausgerichtete Kollagenfasern enthält;
2. die Übergangszone, die größere, einzeln oder paarweise liegende Chondrozyten und unterschiedlich gelagerte Kollagenfasern aufweist;
3. die tiefer liegende Radiärzone, deren in Längssäulen angeordnete Chondrozyten durch radiär verlaufende Kollagenfasen voneinander getrennt werden;
4. die Verkalkungszone, die sich aus mineralisiertem Knorpel und unterschiedlich weit degenerierten Chondrozyten zusammensetzt.

Eine basophile, wellenförmige Grenzlinie zwischen der Radiär- und Verkalkungszone wird als Kittlinie oder „tide line" bezeichnet.[232] Sie trennt die elastischen, nicht mineralisierten Schichten des Gelenkknorpels von dem kalzifizierten Knorpel, dem die Elastizität fehlt.

Die Gelenkknorpelmatrix setzt sich aus Kollagenfasern und amorpher Grundsubstanz, die Proteoglykane und Glykoproteine enthält, zusammen.[93] Dabei gewährleisten die Kollagenfasern die Zugfestigkeit des Gelenkknorpels.[161] Im ausgewachsenen Gelenkknorpel liegt diese Fähigkeit hauptsächlich in den oberflächlichen Schichten, wo die Kollagenfasern parallel zur Knorpeloberfläche ausgerichtet sind. In der Übergangszone ist die Anordnung der Kollagenfasern unregelmäßig, in der Radiärzone strahlenförmig. Die ultrastrukturelle Anordnung der Kollagenfasern ist allerdings komplexer als hier beschrieben.[27] Die geringere Zugfestigkeit der tiefen Schichten stellt im gesunden Knorpel kein Problem dar, aber nach oberflächlichen Defekten werden die Kollagenfasern der tieferen Schichten gegenüber Zerreißungen anfällig. Vor kurzem konnte gezeigt werden, daß im jugendlichen, unreifen Knorpel auch die tieferen Schichten eine beachtliche Zugfestigkeit besitzen, die aber im Laufe der Ausdifferenzierung verlorengeht.[348]

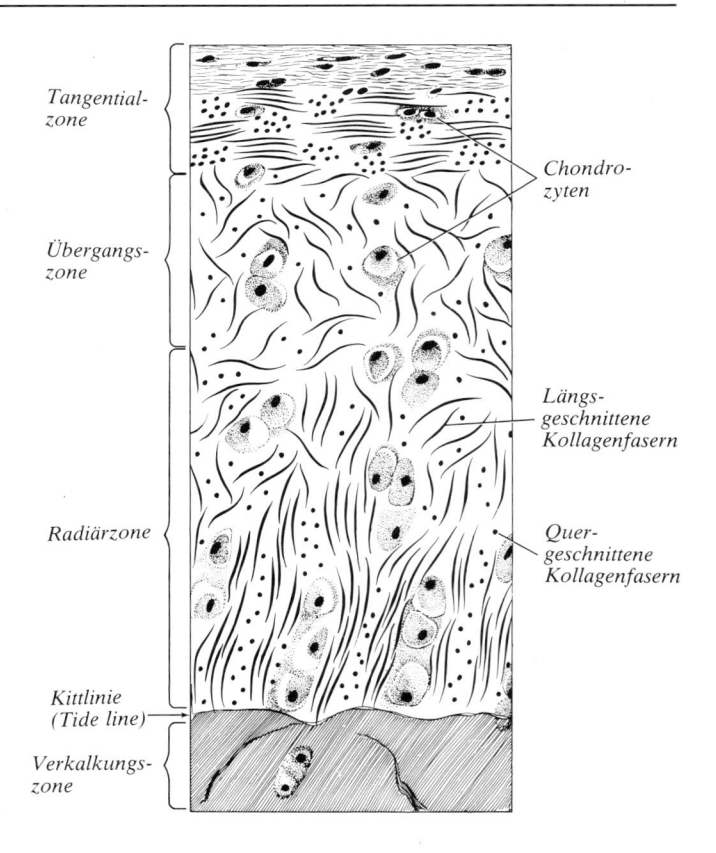

Abb. 7.4: Adulter Gelenkknorpel. Schematische Darstellung der vier Zonen sowie der Anordnung der Chondrozyten und Kollagenfasern.

Die Grundstruktur der Proteoglykane (früher als Mukopolysaccharide bezeichnet) besteht aus einem Proteinkern, mit dem zahlreiche Glykosaminoglykan-Seitenketten verbunden sind (Abb. 7.5). Die wichtigsten Glykosaminoglykane des ausgewachsenen Gelenkknorpels sind Chondroitin-6-sulfat und Keratinsulfat.[215] Chondroitin-4-sulfat stellt den Hauptbestandteil des jugendlichen, unreifen Gelenkknorpels dar, während es im ausgewachsenen Knorpel nur zu einem geringen Prozentsatz vorhanden ist.

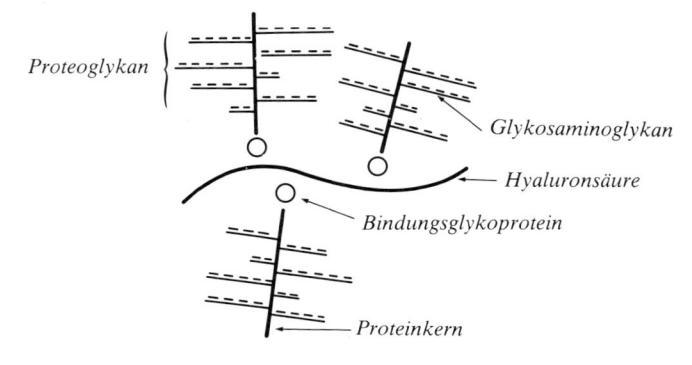

Abb. 7.5: Ausschnitt aus einem Proteoglykanaggregat im Gelenkknorpel.

Kapitel 7: Erkrankungen der Gelenke

Die Glykosaminoglykane bestehen aus sich wiederholenden Einheiten von Disachariden, deren wichtigstes Merkmal die negativen Ladungen sind (Karboxyl- und Sulfatgruppen des Chondroitinsulfates sowie Sulfatgruppen des Keratinsulfates) (Abb. 7.6). Die Proteoglykane liegen in Aggregaten mit hohem Molekulargewicht vor, die durch nicht kovalente Bindungen zwischen Proteoglykan-Untereinheiten, Hyaluronsäure und Bindungsprotein entstehen (Abb. 7.5).[200]

Die zahlreichen negativen Ladungen der Proteoglykane stoßen einander ab und lagern eine Hydrathülle an. Diese Eigenschaften geben dem Gelenkknorpel eine physikalisch-chemisch bedingte Festigkeit[141] und ermöglichen die Permeabilität.[220,221] So wie durch die Fasern des hyalinen Knorpels die Zugfestigkeit des Gewebes gewährleistet ist, verleihen die Proteoglykane die entsprechende Druckfestigkeit.[162] Beachtenswert ist, daß das kollagene Fasergerüst, das die Proteoglykane umgibt, sowie spezifische Wechselwirkungen zwischen den beiden Bestandteilen eine unbedingte Notwendigkeit für die Funktion der Proteoglykane darstellen.[27] Der Kollagengehalt ist in den äußeren Schichten des Gelenkknorpels am höchsten, um mit steigender Entfernung von der Oberfläche stark abzunehmen. Die Proteoglykankonzentration zeigt ein umgekehrtes Verhalten.[222]

Der Gelenkknorpel ist gefäßfrei, d. h., es fehlen sowohl Blut- als auch Lymphgefäße. Die tieferen Schichten des jungen, unreifen Knorpels werden von Gefäßknospen durchzogen, die aus dem verknöcherten Teil der Epiphyse stammen. Diese Gefäße scheinen eine wichtige Rolle für die subchondrale Knorpelernährung zu spielen.[286] Beim Adulten wird der Gelenkknorpel durch die Knochenendplatte von den subchondralen Gefäßspalten getrennt, so daß die Knorpelernährung nur durch Diffusion der Synovialflüssigkeit erfolgt. Fehlende Kenntnisse über diese strukturellen Unterschiede zwischen jugendlichem und ausgewachsenem Gelenkknorpel haben in der Vergangenheit Verwirrung bezüglich der Bedeutung von subchondraler und synovialer Knorpelernährung hervorgerufen.

Um Flüssigkeit durch den Gelenkknorpel zu pumpen und andererseits Stoffwechselendprodukte abzutransportieren, wird die intermittierende Druckwirkung der einander gegenüberliegenden Gelenkflächen benötigt.[420] Flüssigkeit, die aus dem Gelenkknorpel gewonnen wurde, ähnelt der Synovia mit Ausnahme eines niedrigeren Proteingehaltes und geringerer Viskosität.[180] Es konnte gezeigt werden, daß in erster Linie der Gehalt an fest gebundenen Glykosaminoglykanen die Knorpelpermeabilität bestimmt.[220] Mit Ausnahme der tiefsten Knorpelschichten genügt einfache Diffusion für die Ernährung des Gelenkknorpels. Wahrscheinlich wird der Prozeß durch die Bewegung des Gelenkes unterstützt.

Da Nervenendigungen im Gelenkknorpel fehlen, wird die nervale Versorgung sowohl hinsichtlich Schmerzempfindung als auch körpereigener Reize von den Nervenorganen in der Gelenkkapsel, den Bändern, den Muskeln und dem subchondralen Knochen übernommen.[217]

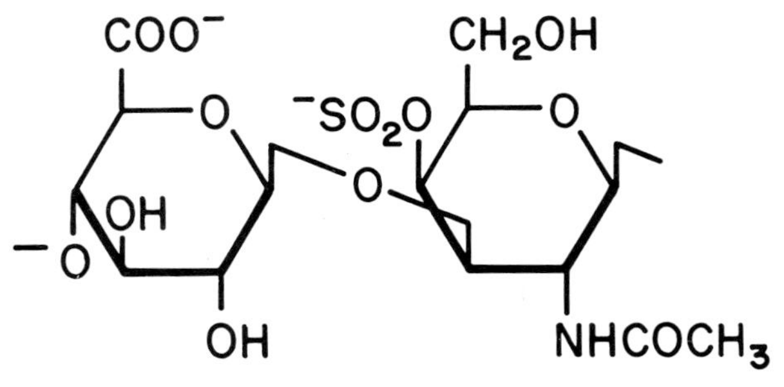

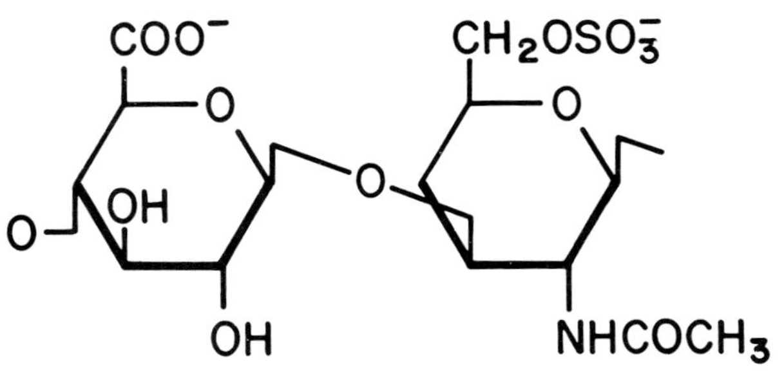

Gleitfähigkeit und Stoßdämpfung

Frühere Auffassungen über die physiologische Gleitfähigkeit und Stoßdämpfung der Gelenke mußten geändert werden. So besitzt die Articulatio synovialis zwei unabhängige Systeme, die die Gleitfähigkeit ermöglichen: das Weichteilsystem, d. h. die in sich oder gegenüber anderen Geweben verschiebliche Synovialmembran, sowie das Knorpel-auf-Knorpel-System. Die Gleitfähigkeit der Synovialmembran wird durch eine Grenzflächenschmierung bewirkt. Hierfür bildet Hyaluronat den wichtigsten Bestandteil in der Synovialflüssigkeit.[316] Die Hyaluronmoleküle setzen sich an die Oberfläche der Synovialmembran, die so an der gegenüberliegenden Fläche entlanggleiten kann. Dies ist von Bedeutung, da der größte

Abb. 7.6: Strukturformeln von Chondroitin-4-sulfat, Chondroitin-6-sulfat und Keratinsulfat.

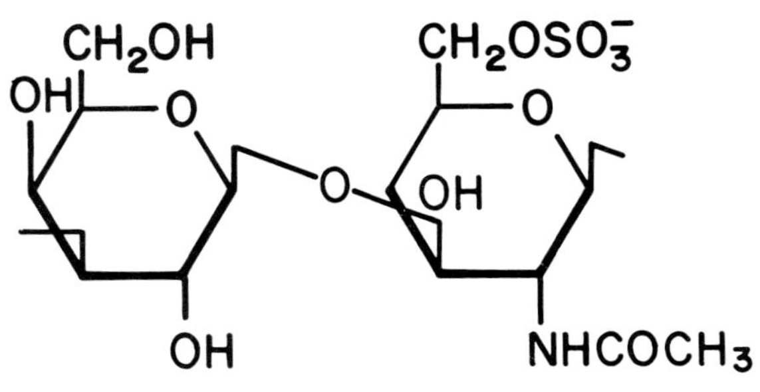

Reibungswiderstand bei der Gelenkbewegung im Bereich des Stratum synoviale und des Stratum fibrosum auftritt.[217]

Die Gleitfähigkeit von Knorpel auf Knorpel wird durch zwei Systeme, die unabhängig vom Hyaluronat sind, ermöglicht: die Grenzflächen- und die hydrostatische Schmierung. Dabei ist die wichtigste Komponente für die Grenzflächenschmierung, die nur bei geringer Belastung stattfindet, ein Glykoprotein-Gleitfaktor.[313,318] Bei größeren Belastungen versagt diese Art der Schmierung, da sich das Gleitmittel vom Gelenkknorpel trennt, und die hydrostatische Schmierung oder Druck-Sog-Schmierung tritt in Kraft. Bei der letzten Form zur Erhöhung der Gleitfähigkeit werden die Gelenkknorpelflächen von einem Flüssigkeitsfilm überzogen, der aus der Synovia und aus der interstitiellen Flüssigkeit des Knorpels stammt. Die Funktion dieses durch Sog- und Druckwirkung entstehenden Gleitfilmes wird wahrscheinlich durch die Wellenform der Knorpeloberfläche und die Knorpelelastizität verbessert. Letztere setzt den Reibungswiderstand aufgrund eines hydrodynamischen, elastischen Effektes herab.[313] Einige Autoren nehmen an, daß nach Entstehung eines Gleitfilmes der Verschluß der Knorpelporen durch Hyaluronat die hydrostatische Gelenkschmierung erleichtert (sogenannte geförderte Gelenkschmierung). Allerdings gibt es für diese letzte Theorie weniger Beweise als für die oben erläuterten allgemein akzeptierten Auffassungen.

Während in der Vergangenheit der Gelenkknorpel als Stoßdämpfer galt, haben neuere Untersuchungen zur Kraftaufnahme gezeigt, daß der Knochen sowie das periartikuläre Weichteilgewebe die Stoßdämpfung übernehmen und der Knorpel nur geringe Fähigkeiten dieser Art aufweist.[314]

Prä- und postnatale Entwicklung

Ein kurzer Einblick in die embryologische Phase der Gelenkentwicklung und die sich anschließende Entwicklung kann sachdienliche Hinweise für die später zu betrachtenden Entwicklungsanomalien geben. Entsprechende Schemata von den verschiedenen Entwicklungsstadien finden sich in Abbildung 7.7.

Nach der Entstehung der Extremitätenstummel kommt es im Zentrum der sich bildenden Gliedmaße zu einer Mesenchymverdichtung, dem sogenannten Skleroblastem. In diesem Bereich entwickelt sich das hyaline Knorpelskelett (Primordialskelett), das im wesentlichen den späteren Knochen entspricht. Zwischen gegenüberliegenden Knorpelenden befindet sich eine homogene Zwischen- oder Interzone, die aus undifferenziertem Mesenchym besteht (Abb. 7.7 A). Mesenchymverdichtungen außen in der Zwischenzone führen zur Bildung zweier Schichten, dem Stratum fibrosum und dem Stratum synoviale der Capsula articularis, die zunehmend vaskularisiert werden (Abb. 7.7 B). Mit beginnender Muskelkontraktion des Fetus treten Auflösungen im mittleren Bereich der Zwischenzone in Erscheinung (Abb. 7.7 C). Durch die Ausdehnung der Spalten entsteht die Gelenkhöhle (Abb. 7.7 D). Die äußeren Schichten formen den Gelenkknorpel auf den sich entwickelnden Knochenenden. Ohne die Bewegung der Gliedmaßen unterbleibt die Ausbildung der Gelenkhöhle und solider Knorpel persistiert im Gelenk.

Während der Hauptteil der Epiphysen aus der Verknorpelung des Sklerotoms entsteht, stammt der oberflächliche Knorpel aus den peripheren Anteilen der Zwischenzone. Auch die spätere Entwicklung deutet auf den dualen Charakter des Gelenkknorpels. Während die oberfläch-

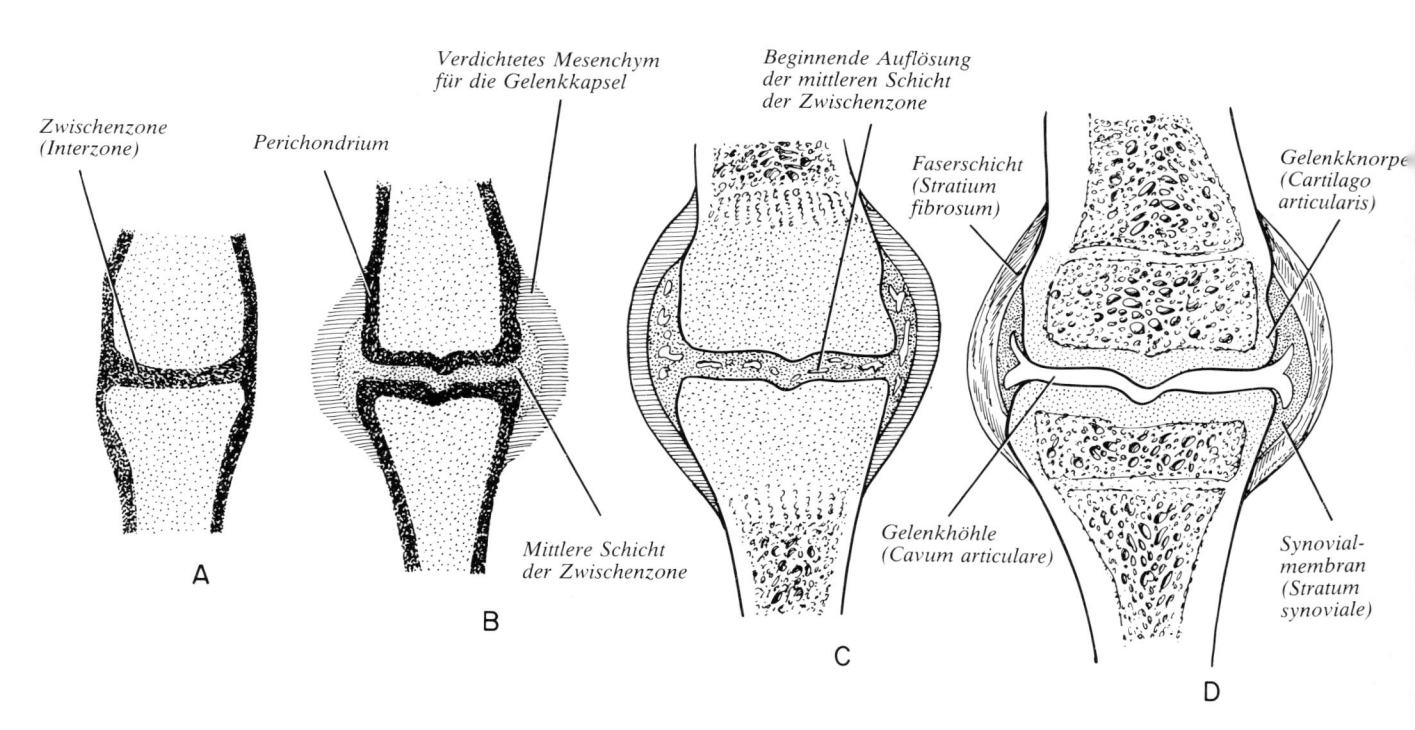

Abb. 7.7: Schematische Darstellung der Gelenkentwicklung.

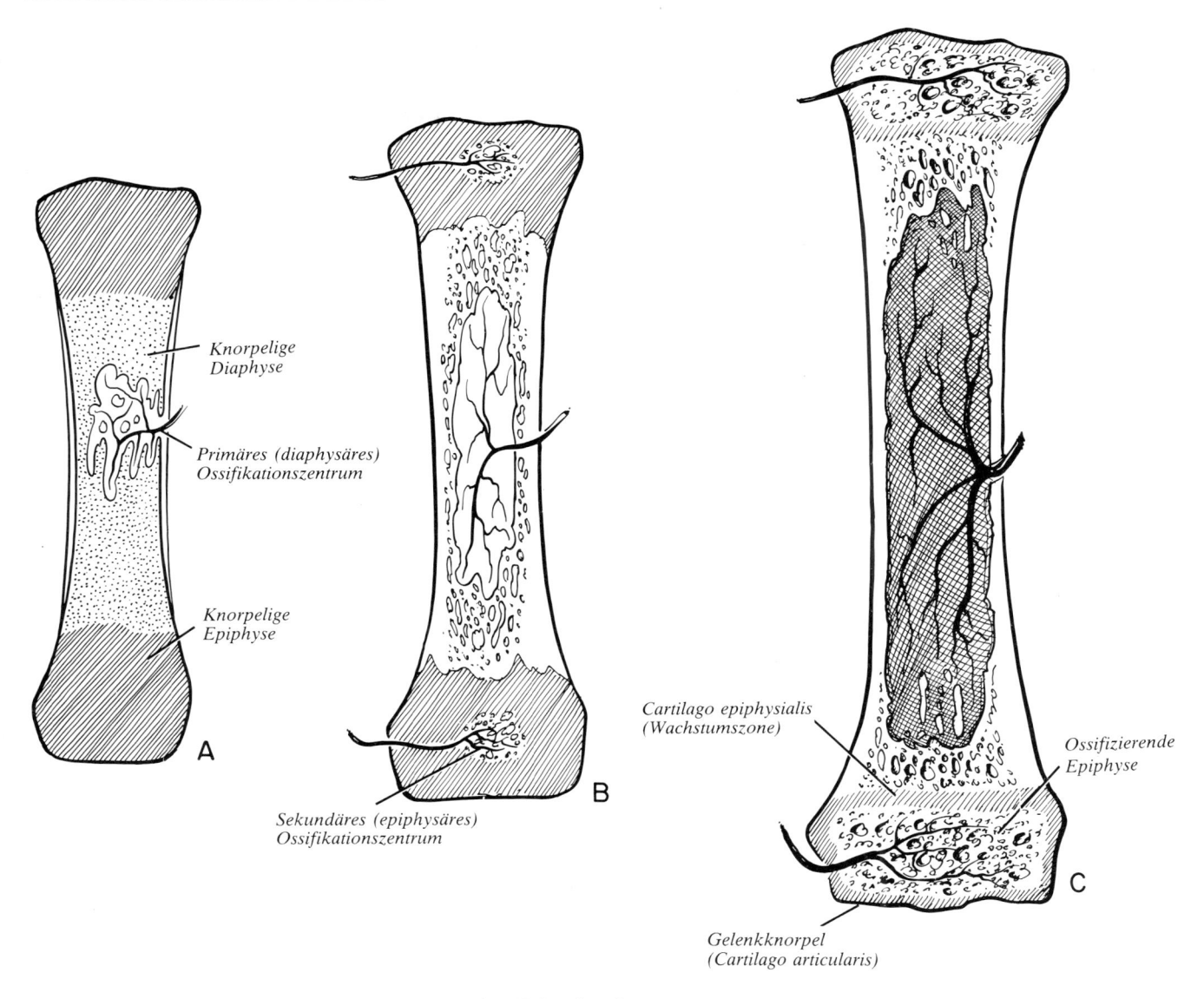

Abb. 7.8.: Schematische Darstellung der Entwicklung eines Röhrenknochens.

liche Lage zum eigentlichen nicht verknöchernden Gelenkknorpel wird, bildet sich in den tieferen Schichten des Epiphysenknorpels die knöcherne Epiphyse.

Die knorpelige, später ossifizierende Epiphyse enthält Blutgefäße, die in Knorpelkanälen verlaufen. Diese Kanäle unterstützen die Ernährung der Epiphyse und werden direkt in die Osteogenese der sekundären Knochenzentren miteinbezogen. Sie sind außerdem teilweise für das interstitielle Wachstum der knorpeligen Epiphyse verantwortlich.[435] Nach der Umwandlung des Epiphysenknorpels in Knochen wird die vorrückende Knochenneubildung beendet, so daß der Gelenkknorpel übrigbleibt. Die Ossifikation der Epiphysen ist in Abbildung 7.8 skizziert. Einige Gelenkveränderungen beruhen auf Störungen während dieser Entwicklung.

Pathophysiologie der Gelenke einschließlich ihrer Reaktion auf Schädigung und Verletzung

In diesem Kapitel finden sich einige allgemeine Bemerkungen über die Reaktionen der am Gelenkaufbau beteiligten Gewebe nach einer Verletzung sowie Heilungsmöglichkeiten, soweit sie die allgemeine Gelenkpathologie betreffen. Die spezielle krankheitsspezifische Pathologie wird bei der Betrachtung der einzelnen Erkrankungen beschrieben.

Gelenkkapsel und Entzündung

Die Synovialmembran als modifiziertes Bindegewebe weist eine typische Entzündungsreaktion auf. Irgendeine

Form der Synovialitis findet sich bei den meisten Gelenkveränderungen der Pferde. Dabei ist die Entzündungsreaktion der Synovialmembran bei den verschiedenen Gelenkerkrankungen ziemlich unspezifisch, und Unterschiede bestehen mehr im Entzündungsgrad als in der Art. Eine Ausnahme bildet die infektiöse Arthritis (siehe Seite 423 bis 432). Die Synovialitis führt zu einem Synovialerguß mit Schwellung der Gelenkkapsel. Bei einer leichten Entzündung entspricht die vermehrt gebildete Synovia hinsichtlich der Zusammensetzung annähernd der normalen, während in schwereren Fällen Fibrinogen, Globuline sowie Leukozyten zunehmen und die Viskosität abnimmt. Sowohl vermehrte Bildung als auch verminderte Resorption der Synovia scheinen an der Entstehung eines Ergusses mitzuwirken.[92] Steigender Proteingehalt erhöht den osmotischen Druck in der Synovia und erschwert so die Resorption. Dieser Effekt wird durch die Permeabilitätsänderung der entzündeten Synovialmembran unterstützt.

Die Wichtigkeit der Synovialmembran bei einer Entzündung wird im folgenden deutlich:

1. Das Stratum synoviale ist die Bildungsstätte für potentiell knorpelzerstörende Enzyme, zu denen Proteasen, Glykosidasen und Kollagenasen gehören. Proteasen und Glykosidasen können die Proteoglykane und Glykosaminoglykane der Knorpelmatrix auflösen, während Kollagenase Kollagen abbaut. Die Enzyme werden bei der Entleerung von synovialen Lysosomen in das erkrankte Gewebe oder von einwandernden neutrophilen Granulozyten freigesetzt.

2. Prostaglandine, die auch dem entzündeten Stratum synoviale entstammen, bewirken ebenfalls eine Abnahme des Proteoglykangehaltes in der Knorpelmatrix. Dabei scheinen Prostaglandine sowohl die Synthese der Glykosaminoglykane und Proteoglykane zu beeinträchtigen[182] als auch ihren Abbau zu verursachen.[96] Diese biochemischen Reaktionen werden bei der Besprechung der einzelnen Erkrankungen ausführlicher erläutert.

3. Erst kürzlich konnte die Bedeutung des Peroxidanions (O_2^-) für die Gelenkentzündung aufgedeckt werden.[368] Das Peroxidradikal ist sehr reaktionsfreudig und stellt einen potentiellen Vermittler für viele biologische Oxidationen dar. Dabei kann die Reaktion sowohl von dem Peroxidradikal selbst als auch noch häufiger durch sein Reaktionsprodukt, das Hydroxidradikal (OH·), erfolgen. Letzteres entsteht bei der Reaktion von O_2^- mit H_2O_2:

$$O_2^- + H_2O_2 \longrightarrow OH^- + OH\cdot + O_2$$

Intrazelluläres O_2^- ist aufgrund des Überschusses an Peroxiddismutase innerhalb der Zellen kaum in der Lage, pathologische Veränderungen zu erzeugen. Dagegen kann extrazellulär gebildetes O_2^- leicht Zellmembranen zerstören, da in diesem Bereich die Peroxiddismutase fehlt.

Bei Gelenkentzündungen setzen phagozytierende neutrophile Granulozyten große Mengen O_2^- in das Gelenk frei. O_2^- besitzt die potentielle Fähigkeit, Hyaluronsäure[120] sowie Proteoglykane und Kollagen[121] im Knorpel zu schädigen. Außerdem wird angenommen, daß die pathologischen Veränderungen bei der Synovialitis ihrerseits Einfluß auf die O_2^--Bildung nehmen.

4. Entzündung der Synovialmembran führt zu Gelenkschmerzen. Wie bereits beschrieben, findet sich die größte Sensibilität im Stratum fibrosum und den dazugehörigen Bändern. Aber es können auch Reizungen der Synovialmembran an die Faserschicht vermittelt oder das Stratum fibrosum in das Entzündungsgeschehen der Synovialmembran einbezogen und so die Schmerzrezeptoren direkt erregt werden. Bei einer geringgradigen Synovialitis, wie z. B. bei der Kreuzgalle, ist eine Entzündung ohne Schmerzsymptome möglich.

5. Ein Synovialerguß kann durch die Gelenkschwellung mit der daraus resultierenden Erweiterung der Interzellularspalten in der Synovialmembran verschlimmert werden.[371] Der steigende intraartikuläre Druck als Folge sowohl des Gelenkergusses als auch des herabgesetzten Gewebswiderstandes kann zu einer Verminderung der Blutzufuhr aufgrund eines kollabierenden Kapillarnetzes führen. Eine herabgesetzte Blutversorgung des Gelenkes bewirkt Hypoxie, Azidose und Abnahme des Glukosegehaltes in der Synovialflüssigkeit.[332]

Eingehende Beschreibungen über den Grad einer Synovialitis und ihre Folgen finden sich bei der Darstellung der spezifischen Erkrankungen. Bei milden Krankheitsverläufen kann die Synovialmembran Veränderungen im Sinne einer akuten und chronischen Entzündung durchmachen und anschließend funktionell wieder vollständig hergestellt werden. Schwere Schädigungen haben den Ersatz der Membran zur Folge. Dann reagiert das Stratum synoviale, entsprechend anderer Bindegewebe, mit der Bildung von Granulationsgewebe und kann, wie bereits beschrieben, in vier Wochen vollständig regenerieren.[241] Kleine Defekte werden durch die Synoviozyten direkt geschlossen, während größere Verletzungen unter Vermittlung der Mesenchymzellen aus dem subsynovialen Gewebe heilen.[74,241]

Morphologische und biochemische Reaktionen des Gelenkknorpels auf eine Schädigung

Die Reaktion des Gelenkknorpels nach erfolgter Schädigung ist ziemlich einheitlich. Traumata verursachen entweder einen echten Defekt oder setzen einen degenerativen Prozeß in Gang. Dabei manifestiert sich die Gelenkknorpeldegeneration in einer Reihe von morphologischen Veränderungen, zu denen die Chondromalazie, auch Knorpelerweichung genannt, die oberflächliche oder tiefe Auffaserung und die Erosion gehören. Genauere Angaben hierzu sind im Abschnitt über degenerative Gelenkerkrankungen und Osteoarthritiden (siehe Seite 384 bis 388), aufgeführt.

Erst vor kurzem wurde beobachtet, daß neben den morphologischen auch biochemische Veränderungen auftreten, die sichtbaren Defekten vorausgehen können.[200,208] Der Verlust von Glykosaminoglykanen und Proteoglykanen führt zu entscheidenden Defekten im Gelenkknorpel (siehe Seite 388 bis 391).

Bei der Besprechung der Knorpelreparation müssen zwei verschiedene Ausgangsformen berücksichtigt werden:

1. oberflächliche Verletzungen, die nicht die gesamte Knorpeldicke betreffen, und
2. durchgehende Defekte über die gesamte Knorpeldicke.

Es konnte gezeigt werden, daß oberflächliche Knorpelverletzungen beim Pferd nicht heilen, dagegen durchgehende Defekte durch Metaplasie des Granulationsgewebes, das vom Gelenkrand oder von den subchondralen Markspalten aus entsteht, repariert werden.[334] Über die Qualität und Art des Ersatzgewebes liegen unterschiedliche Angaben vor.[48,116,167,334] So wurde eine zufriedenstellende Reparation von 3 mm tiefen durchgehenden Verletzungen in drei Monaten beschrieben, während Defekte mit 9 mm Durchmesser auch nach neun Monaten nicht vollständig ersetzt waren.[48] Das Gewebe für die partielle Reparation des Defektes bestand aus einer unterschiedlichen Mischung fibrösen Gewebes, Faserknorpels, zellreichen Knorpels und zum Teil aus Knochen. GRANT fand eine Heilung von sowohl 4 mm als auch 8 mm großen durchgehenden Verletzungen.[116] Dabei bestanden die tieferen Schichten aus unreifem hyalinen Knorpel und die oberflächlichen Zonen aus Faserknorpel, an dem zentral und peripher die Synovialmembran befestigt war. Bei geringen Synovialadhäsionen glich das entstandene Ersatzgewebe am ehesten dem umgebenden hyalinen Knorpel, während bei deutlichen Verklebungen mit der Synovialmembran vermehrt primitiver Faserknorpel oder fibröses Gewebe den Defekt auffüllte. Entsprechend ist eine in der Nähe der Verletzung befindliche Synovialmembran nicht unbedingt von Vorteil. RIDDLE beschrieb, daß bei Gelenkverletzungen von Pferden Granulationsgewebe innerhalb von vier bzw. sechs Monaten in elastischen bzw. hyalinen Knorpel umgewandelt wurde.[334] Neuere Untersuchungen zeigen, daß aus Granulationsgewebe zuerst hyaliner und später elastischer Knorpel entsteht. Letzterer erscheint etwas degeneriert.[243] GRANT beobachtete eine geringe Korrelation zwischen verlängerter Heilungszeit und verbesserter Heilungstendenz durchgehender Defekte: Verletzungen wiesen nach 54 und 67 Wochen mehr Faserknorpel auf als solche nach 42 und 47 Wochen.

Die meisten Autoren stimmen darin überein, daß sich der neue Knorpel schwach metachromatisch anfärbt und signifikant weniger Glykosaminoglykane und Proteoglykane enthält. Biochemische Untersuchungen über das Ersatzgewebe zeigen einen bleibenden fibrösen Anteil und die Entwicklung einer stärkeren Faserstruktur des Knorpels, was eher durch den Verlust von Proteoglykanen als durch die Änderung des Kollagengehaltes bedingt ist.[97] Das Knorpelersatzgewebe scheint zu Beginn weniger Proteoglykane als normal zu enthalten und zusätzlich während der Ausreifung weitere Proteoglykane zu verlieren.

Die meisten Studien über oberflächliche Defekte oder Zerreißungen des Gelenkknorpels bestätigen den geringen Heilungserfolg, obwohl die Chondrozyten ihre Aktivität erhöhen.[330] Bisher wurde allgemein angenommen, daß Knorpelgewebe keine eigene Regenerationsfähigkeit besitzt, sondern nur durch Umwandlung von Granulationsgewebe, wie bei durchgehenden Knorpeldefekten, repariert werden kann. Aber eine neuere Untersuchung über intraartikuläre Frakturen bei Kaninchen ließ eine Primärheilung des hyalinen Knorpels unter Druck ohne Vermittlung von Granulationsgewebe erkennen.[242] Frakturen, die zwar adaptiert, aber nicht durch Druck fixiert wurden, zeigten eine Sekundärheilung mit Granulationsgewebe. Es wurde angenommen, daß durch den Druck ein entsprechendes Milieu geschaffen wurde, um die Chondrozyten zum Schluß der Knorpelfraktur anzuregen – eine Fähigkeit, die bei ausgewachsenem Knorpel nicht für möglich gehalten wurde. Allerdings ist dies der einzige bisher beschriebene Fall einer primären Knorpelheilung, und außerdem liegen entsprechende Gegebenheiten bei den meisten Gelenkveränderungen nicht vor.

Diagnose der Gelenkerkrankungen

Krankhafte Veränderungen eines Gelenkes können auf unterschiedliche Art und Weise festgestellt und beurteilt werden. Dazu gehören die klinische Untersuchung zur Erkennung schmerzhafter sowie ausgeprägter morphologischer Veränderungen, wie die Thermographie, die Röntgenuntersuchung, die Arthroskopie und die Analyse der Synovia. Vor der Untersuchung bestimmter Gelenke muß eine allgemeine Lahmheitsuntersuchung durchgeführt werden, um die Erkrankung zu lokalisieren.

Klinische Untersuchung

Bei Gelenkerkrankungen kann eine Vielzahl von Symptomen festzustellen sein, die entweder einzeln oder in verschiedenen Kombinationen auftreten. Hierzu gehören:

1. Temperatur- oder Farbveränderungen der äußeren Haut. Die Temperaturbeurteilung beruht auf der manuellen Palpation und ist aus diesem Grund nur subjektiv. Eine objektive Messung von Temperaturunterschieden ist mit einem Thermographen möglich.[293,312] Die praktische Anwendbarkeit dieses Instrumentes ist in der Praxis jedoch nur begrenzt. Transportable Geräte sind zwar erhältlich (Abb. 7.9), ihre Genauigkeit ist zur Zeit jedoch fraglich.

2. Umfangsvermehrungen der Gelenke. Diese können vielerlei Ursachen haben. Hierzu gehören z. B. der Synovialerguß, die durch ein Ödem oder eine Fibrose entstandene Verdickung von Synovialmembran oder fibröser Kapsel, die Schwellung des periartikulären Gewebes sowie knöcherne Zubildungen. Der jeweilige Charakter der Verdickung ist dabei abhängig vom Stadium der Erkrankung (akut oder chronisch).

3. Umschriebene oder diffuse Empfindlichkeit. Wegen der individuell sehr unterschiedlichen Reaktionen der einzelnen Pferde auf die Palpation dürfen gering-

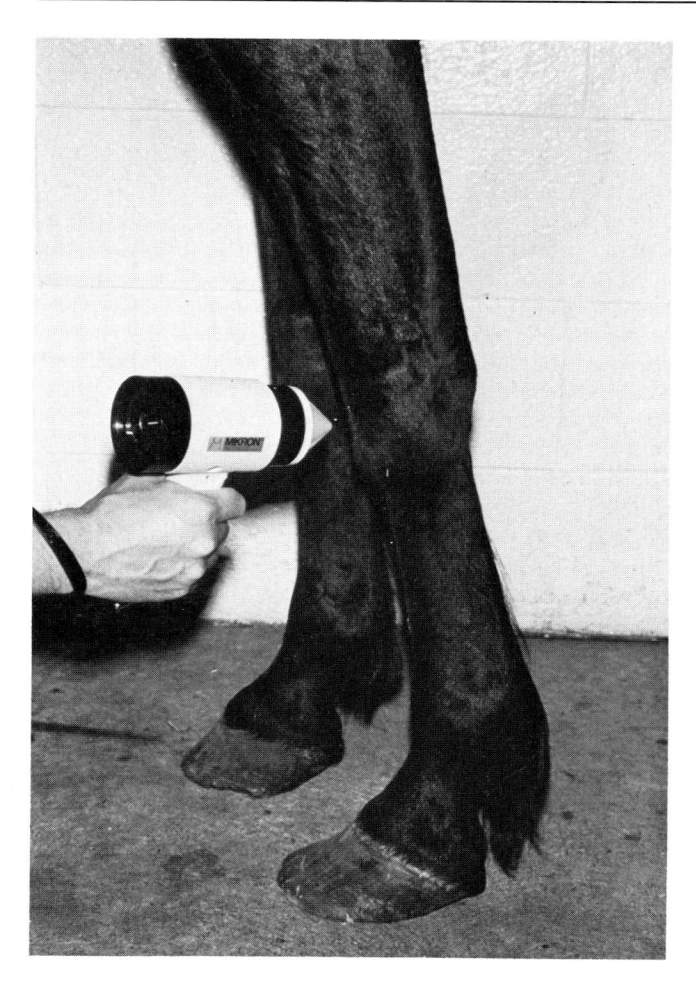

Abb. 7.9: Temperaturmessung mit einem tragbaren Infrarot-Thermometer.

gradige Sensibilitätsäußerungen nur sehr vorsichtig beurteilt werden. Durch Vergleich der Reaktionen beim Betasten des normalen Gelenkes der Gegenseite lassen sich Fehler vermeiden.

4. Beugeschmerz.
5. Krepitation. Hierbei sollte der Tierarzt beachten, daß ein Knirschen auch im gesunden Gelenk, und hier vor allem im Fesselgelenk, vorkommen kann.
6. Eingeschränkte Beweglichkeit. Eine Bewegungseinschränkung kann auf Schmerzen, einen Gelenkerguß, einen Spasmus, eine Kontraktur periartikulärer Gewebe, eine Fibrose oder auf eine knöcherne Ankylose zurückzuführen sein.
7. Deformierungen, die durch Zerstörung großer Gelenke oder durch Subluxationen oder Luxation der gelenkbildenden Knochen entstehen.

Aufgrund der Gegebenheiten einiger Gelenke kann es unter Umständen schwierig sein, die Erkrankung genau zu lokalisieren. In diesen Situationen können Beugeproben sehr nützlich sein, um die Lahmheit deutlicher zu machen. Weiterhin kann der Sitz der Erkrankung an einer Gliedmaße auch durch diagnostische Injektionen in Form von Leitungsanästhesien und intraartikulären Anästhesien näher bestimmt werden.

Röntgenuntersuchung

Die bei Gelenkerkrankungen angefertigten Röntgenaufnahmen zeigen normalerweise lediglich die entstandenen knöchernen Veränderungen. In vielen Fällen, vor allem bei unspezifischen klinischen Symptomen, wird jedoch erst die Röntgenaufnahme eine exakte Diagnose ermöglichen. Zu diesen Situationen gehören z. B. intraartikuläre Frakturen, die Osteochondrosis dissecans und subchondrale Zysten. Andererseits können typische röntgenologische Veränderungen auch erst in späteren Krankheitsstadien auftreten, wie dies beispielsweise bei den degenerativen Gelenkerkrankungen und bei den infektiösen Arthritiden regelmäßig der Fall ist. In frühen Phasen der Erkrankung fehlen dann oftmals die Veränderungen auf der Röntgenaufnahme.

Auch in Krankheitsstadien, in denen noch keine knöchernen Veränderungen aufgetreten sind, kann die Röntgenuntersuchung unter Umständen bereits einige Informationen geben. So können beispielsweise Verdickungen des subkutanen Gewebes sowie der Kapsel und Synovialergüsse röntgenologisch dargestellt werden. Im Bereich des Karpalgelenkes kann die außerhalb der fibrösen Gelenkkapsel gelegene Fettgewebslage zur Entscheidung herangezogen werden, ob eine Schwellung hauptsächlich von einem Gelenkerguß oder von den Weichteilen ausgeht; hierfür müssen Lageveränderungen dieses Fettgewebes beurteilt werden. Gleichermaßen zeigt ein Verlust der Fettgewebsdichte (relative Strahlendurchlässigkeit) von dem physiologischerweise vorkommenden Kniefettkörper an der kranialen Ausbuchtung des Kniescheibengelenkes einen Erguß oder eine Entzündung in diesem Gelenk an. Der Erguß einer frühen septischen Arthritis des Hufgelenkes kann z. B. ausreichen, um eine Verlagerung der Knochenenden zu bewirken. Andererseits können die röntgenologisch sichtbaren Veränderungen einer akuten traumatischen Arthritis nicht von denen einer septischen Arthritis zu unterscheiden sein. Hier muß der Tierarzt auf die Analyse der Synovia zurückgreifen, um eine exakte Diagnose stellen zu können. Weiterhin sollte berücksichtigt werden, daß beispielsweise periartikuläre Ödeme einen Gelenkerguß vollständig verbergen können.

Die röntgenologischen Veränderungen bei einer Osteochondrosis dissecans, bei subchondralen Zysten sowie degenerativen Gelenkerkrankungen sind eingehend untersucht worden und werden bei der Beschreibung dieser Erkrankungen gesondert diskutiert (siehe Seite 391 bis 393 und 402 bis 411). Diese Gelenkveränderungen werden üblicherweise anhand der Röntgenaufnahme diagnostiziert. Zusätzlich kann bei der Osteochondrosis dissecans unter Umständen eine Doppelkontrastarthroskopie nützlich sein, um eventuell vorhandene Knorpeleinbrüche aufzuzeigen.[247] Die Kontrastarthrographie kann ebenfalls geeignet sein, Weichteilveränderungen, wie beispielsweise bei der Synovialitis villosa, aufzuzeigen.[268] Begrenzten Nutzen hat diese Technik auch zur Demonstration von Knorpelerosionen.[392] Die nacheinander zu beobachtenden röntgenologischen Veränderungen bei einer septischen Arthritis werden später beschrieben (siehe Seite 425 bis 427).

Arthroskopie

Die konventionellen Methoden zur klinischen Beurteilung von Gelenkerkrankungen sind begrenzt. So können bei der röntgenologischen Untersuchung beispielsweise lediglich dann Erosionen des Gelenkknorpels festgestellt werden, wenn durch einen fortgeschrittenen Krankheitsprozeß der Gelenkspalt verengt ist oder der subchondrale Knochen röntgenologisch nachweisbare Veränderungen zeigt. Weiterhin kann bei der Untersuchung der Synovia zwar die Anwesenheit einer Synovialitis festgestellt werden, der Grad der pathologischen Veränderungen der Synovialmembran ist jedoch schwierig zu beurteilen.

Die Gelenkuntersuchung mit einem Arthroskop ermöglicht dagegen die Beurteilung der nichtknöchernen Gewebe des Gelenkes einschließlich der Synovialmembran mit ihren Zotten, des Gelenkknorpels sowie der intraartikulären Bänder und Menisken. Die Arthroskopie hat in der Humanmedizin weit verbreiteten Eingang gefunden.[154,284,426] Auch beim Pferd sind der klinische und experimentelle Einsatz der Arthroskopie beschrieben worden;[205,267] sie stellt zur Beurteilung von Veränderungen der Synovialmembran und des Gelenkknorpels eine brauchbare und wichtige Technik dar. Etwas jünger ist die Verwendung des Arthroskops beim Pferd als chirurgisches Instrument.[196,207] Hierzu wird das Arthroskop nach Einschnitt der Gelenkkapsel eingeführt, und es können unter optischer Kontrolle Knochenstücke sowie osteochondrale Fragmente, die traumatisch oder durch eine Osteochondrosis dissecans entstanden sind, entfernt werden.

Ausstattung. Es ist eine Vielzahl von Arthroskopen im Handel erhältlich. Für die verschiedenen Zwecke gibt es unterschiedliche Ausführungen; ein Tierarzt wird jedoch in der Regel kaum die finanziellen Möglichkeiten haben, sich eine große Auswahl zuzulegen. Die wichtigsten Unterschiede zwischen den einzelnen Geräten betreffen den Durchmesser sowie die Blickrichtung. Nach Erfahrungen des Autors mit einer großen Anzahl dieser Instrumente ist ein Arthroskop mit 4 mm Durchmesser und 25 oder 30 Grad Blickrichtung (Abb. 7.10) am brauchbarsten und vielseitigsten. Arthroskope verfügen über eine Kaltlichtquelle mit einer Lichtübertragung über Glasfasern.

Manche Geräte besitzen eine Trokarhülse, einen scharfen Trokar zur Eröffnung der fibrösen Gelenkkapsel sowie einen stumpfen Trokar, um durch die Synovialmembran in das Gelenk zu gelangen (Abb. 7.10). Sowohl die Verabreichung als auch die Entnahme von Flüssigkeiten kann durch ein Arthroskop erfolgen. Allerdings weist auch die Verwendung separater Kanülen, durch die mittels Druckpumpe das Gelenk kontinuierlich gespült wird, gewisse Vorteile auf.

Ausführung. Eine Allgemeinnarkose sowie aseptische Technik sind in jedem Fall erforderlich. Zunächst wird das Gelenk durch intraartikuläre Injektion von steriler physiologischer Kochsalzlösung ausgedehnt, um das Einsetzen des Arthroskops zu erleichtern. Zum Einführen des Instrumentes wird zunächst mit einer Skalpellklinge Nr. 15 eine Stichinzision gesetzt und anschließend die Gelenkkapsel mit dem in der Trokarhülse vorhandenen scharfen Trokar eröffnet (Abb. 7.11). Der scharfe Trokar wird nun gegen den stumpfen ausgewechselt, der ein Vorschieben des Arthroskops durch die Synovialmembran in das Gelenk ermöglicht. Während der Arthroskopie muß kontinuierlich Spülflüssigkeit in das Gelenk gegeben werden, um freies Material zu entfernen und eine maximale Ausdehnung des Gelenkes aufrechtzuerhalten (Abb. 7.12). Nach Abschluß der Arthroskopie wird die Haut mit Knopfheften verschlossen. Die während der Gelenkbetrachtung erhobenen Befunde können durch Niederschreiben, Skizzieren oder durch Fotodokumentation bzw. auch durch Kombination mehrerer Verfahren festgehalten werden. Zur Fotodokumentation sind für die meisten Spiegelreflexkameras die benötigten Adapter erhältlich. Die qualitativ besten Bilder werden bei Verwendung einer Lichtquelle mit Elektronenblitz-Generator oder mit regelbarer Lichtintensität erstellt.

Die Effektivität der arthroskopischen Untersuchung ist letztendlich davon abhängig, wie groß der zu betrachtende Gelenkbereich ist. Eine vollständige Beurteilung aller im Gelenk vorhandenen Abschnitte ist z. B. bei dem Karpalgelenk, dem Kniescheibengelenk und dem Schultergelenk möglich. Die Gelenkflächen von Tibia und Talus in der Articulatio tarsocruralis sowie im Fesselgelenk sind

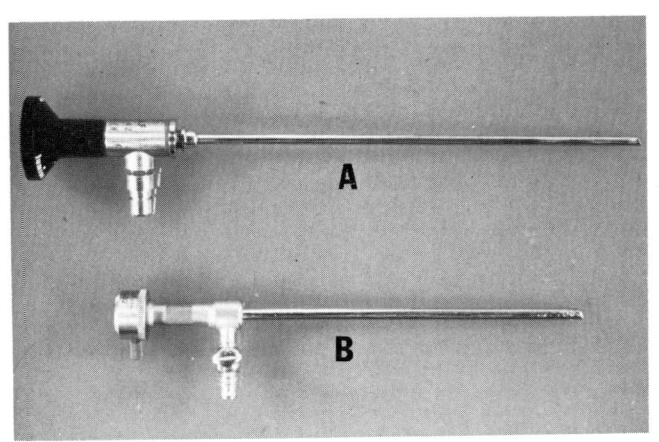

Abb. 7.10: Arthroskop mit 4 mm Durchmesser und 30 Grad Blickrichtung (Fa. Wolf, Knittlingen) **(A)** sowie Arthroskophülse **(B)**.

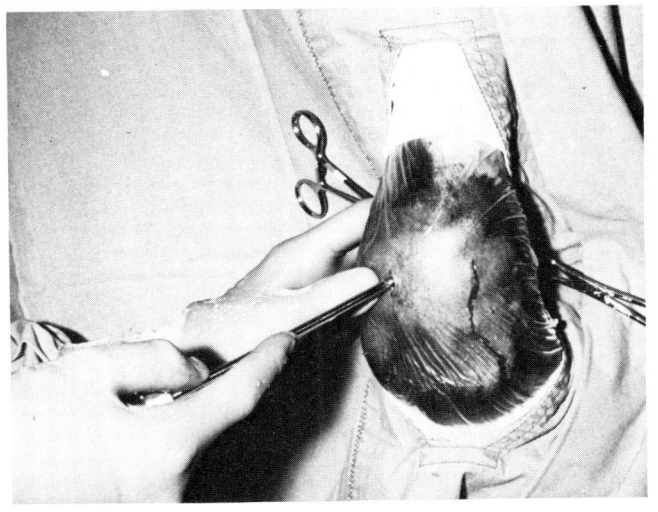

Abb. 7.11: Eröffnung der Gelenkkapsel mit einem scharfen Trokar zum Einführen des Arthroskops in das Gelenk.

Kapitel 7: Erkrankungen der Gelenke

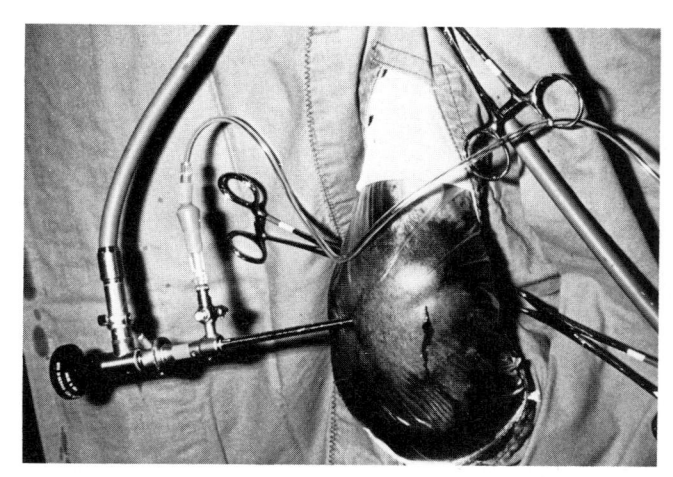

Abb. 7.12: Übersicht über den gesamten für die Arthroskopie vorbereiteten Bereich mit eingesetztem Arthroskop und angeschlossenen Spülschläuchen.

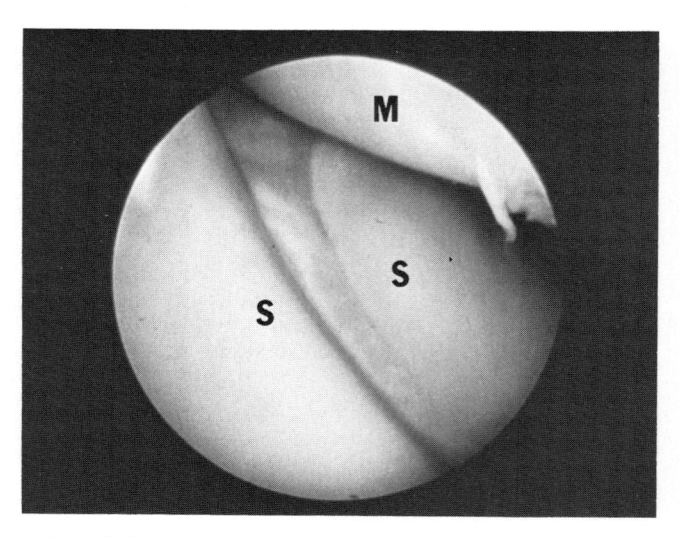

Abb. 7.14: Arthroskopische Anatomie des Fesselgelenkes (Articulatio metacarpophalangea) mit den Gelenkflächen der Gleichbeine (**S**) und der distalen Gelenkfläche des Os metacarpale III (**M**).

manche Oberflächen der Untersuchung unzugänglich. Das normale arthroskopische Bild der medialen Hälfte des Vorderfußwurzel-Mittelgelenkes (Articulatio mediocarpea) beinhaltet die distale Gelenkfläche des Os carpi radiale, die proximale Gelenkfläche des Os carpale II und des Os carpale III, dorsomedial die zottige Synovialmembran und im Bereich des medialen Blindsackes die glatte Synovialmembran (Abb. 7.13 A bis D). Chip-Frakturen können in jedem Bereich des Karpalgelenkes unter arthroskopischer Kontrolle entfernt werden.
Die Untersuchung der palmaren bzw. plantaren Fesselgelenkabschnitte erfolgt über die palmare bzw. plantare Gelenkausbuchtung. Hierbei sind lediglich die Gelenkflächen der Gleichbeine, der palmare/plantare und distale Anteil des Os metacarpale/metatarsale III sowie die Synovialmembran der palmaren/plantaren Ausbuchtung erkennbar (Abb. 7.14). Die Synovialmembran und die proximale Ausbuchtung des Fesselgelenkes zeigen ein charakteristisches spitzes Aussehen. Die dorsalen Fesselgelenkabschnitte können untersucht werden, wenn das Arthroskop lateral oder medial der Sehne des Musculus extensor digitalis communis eingesetzt wird. Chip-Frakturen des proximalen Fesselbeinabschnittes sowie eine Osteochondrosis dissecans des Sagittalkammes der distalen Gelenkfläche des Os metacarpale III können durch chirurgische Eingriffe während der Arthroskopie behandelt werden.[207]
Die Gelenkflächen von Tibia und Talus in der Articulatio tarsocruralis können sowohl von lateral als auch von medial betrachtet werden (Abb. 7.15).
Zur Untersuchung des Kniescheibengelenkes muß das Arthroskop zwischen dem mittleren und lateralen Kniescheibenband (Ligamenta patellae intermedium und laterale) distal der Patella ins Gelenk vorgebracht werden (Abb. 7.16). Von hier aus können auch chirurgische Eingriffe mittels Arthroskop an den Rollkämmen (Trochlea

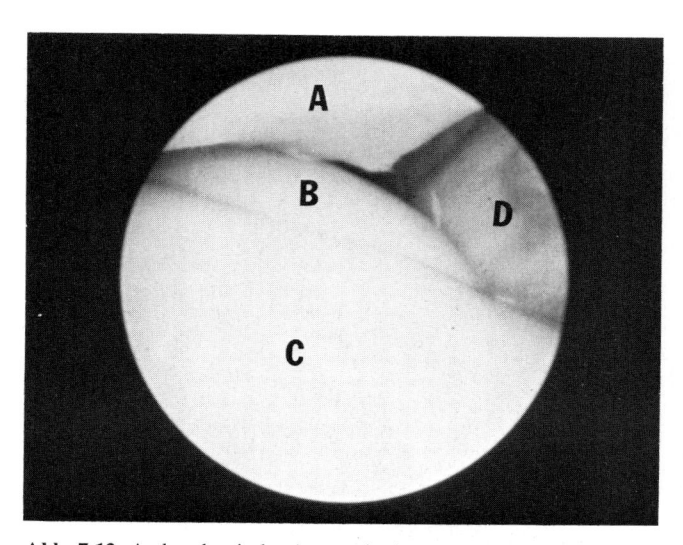

Abb. 7.13: Arthroskopische Anatomie des medialen Abschnittes der mittleren Karpalgelenkabteilung (Articulatio mediocarpea). Os carpi radiale (**A**), Os carpale II (**B**), Os carpale III (**C**) sowie Synovialmembran (**D**).

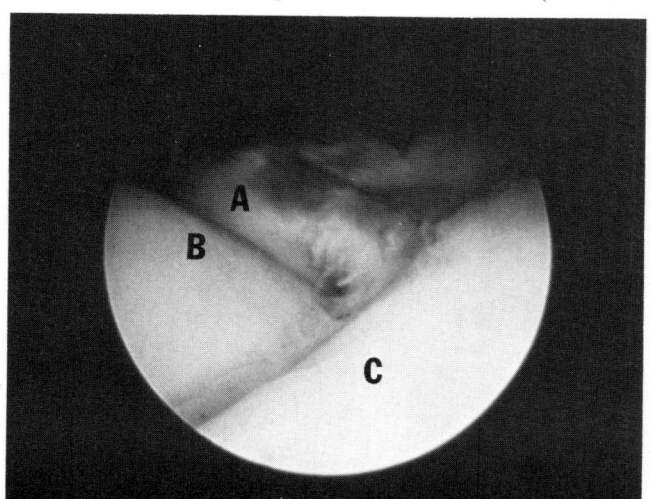

Abb. 7.15: Arthroskopische Anatomie der Articulatio tarsocruralis nach dorsolateralem Zugang mit dem distalen Anteil des Malleolus medialis (**A**), dem medialen Trochleakamm des Talus (**B**) und einem Teil der distalen Gelenkfläche des Sagittalkammes der Cochlea tibiae (**C**).

Kapitel 7: Erkrankungen der Gelenke 351

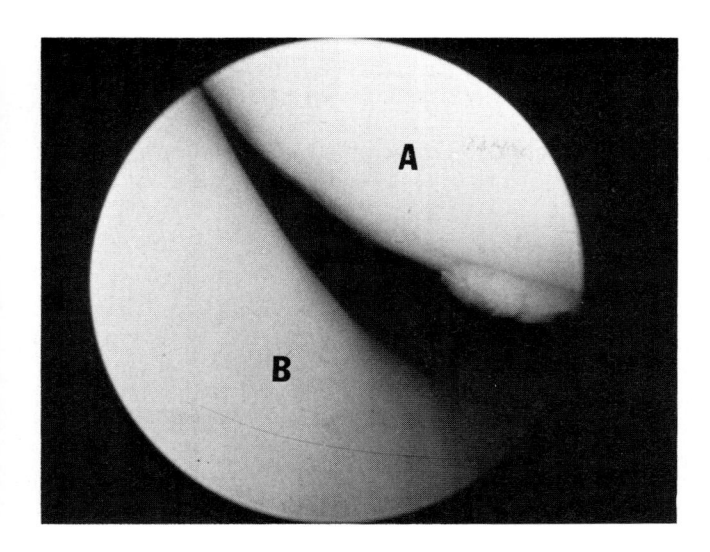

Abb. 7.16: Arthroskopische Anatomie des Kniescheibengelenkes mit Patella (**A**) und Rollfurche (**B**).

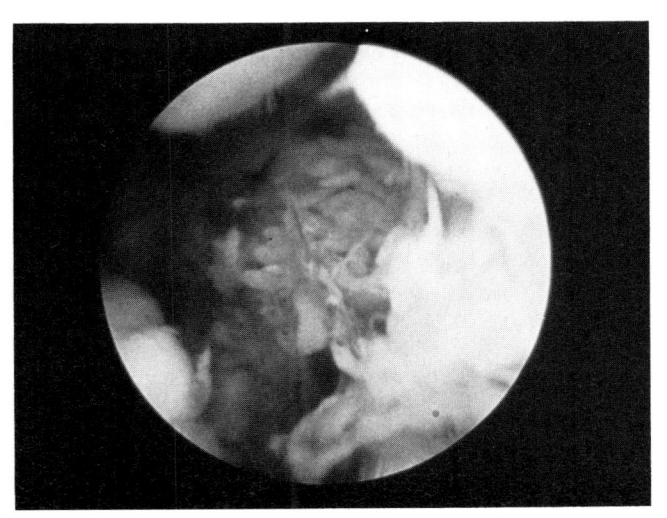

Abb. 7.17: Arthroskopische Darstellung pathologischer Zotten der Synovialmembran des Karpalgelenkes in Verbindung mit einer intraartikulären Fraktur.

ossis femoris) sowie an der Patella durchgeführt werden.[207] Die Arthroskopie des Kniekehlgelenkes ist ebenfalls in der Literatur beschrieben worden, Untersuchungen über chirurgische Eingriffe während der Arthroskopie sind jedoch bis jetzt vom Autor an diesem Gelenk noch nicht durchgeführt worden.

Auch über die Arthroskopie des Ellbogengelenkes, des Hüftgelenkes und des Hufgelenkes liegen noch keine Untersuchungen des Autors vor.

Allgemeine arthroskopische Anatomie und Pathologie.
Das Hauptinteresse bei der Arthroskopie von Gelenken des Pferdes liegt auf der Beurteilung der Synovialmembran sowie des Gelenkknorpels, da diese Strukturen mit den herkömmlichen klinischen Untersuchungsmethoden äußerst schwierig darzustellen sind.

Die morphologische Untersuchung der Synovialzotten ist durch die Arthroskopie gegenüber der Arthrotomie deutlich verbessert worden. Bei der Arthrotomie neigen die Zotten dazu, an der Synovialmembran zu kleben, so daß eine deutliche Darstellung nicht möglich ist. Wird eine Arthroskopie durchgeführt, so schweben die Zotten im flüssigen Medium und heben sich deutlich ab (Abb. 7.17). Daneben erleichtert die vergrößerte Darstellung durch das Arthroskop eine exakte Betrachtung der Zotten. In einem normalen Gelenk sind die Zotten auf bestimmte Gebiete lokalisiert, eine Tatsache, die bei der Beurteilung pathologischer Veränderungen berücksichtigt werden sollte. Bei einer akuten Synovialitis können Hyperämie und Petechialblutungen der Synovialmembran und der mit ihr verbundenen Zotten gesehen werden. Daneben entstehen kleine Zotten in normalerweise zottenfreien Bereichen. Außerdem können bei einer Synovialitis auch neue Zottenformen gesehen werden. Ein Verschmelzen von Zotten sowie die Bildung von fibrinösen Strängen sind ebenfalls in entzündeten Gelenken festgestellt worden. Mit zunehmender Chronizität der Erkrankung werden die Zotten dicker und dichter. Bei den meisten Gelenkerkrankungen des Pferdes besteht eine Entzündung der Synovialmembran. Beim Vorliegen einer traumatischen oder degenerativen Arthritis kann eine übermäßige Zottenproliferation eine Indikation zur Synovektomie darstellen. Durch die Möglichkeit, Verlaufsuntersuchungen bei Veränderungen der Synovialmembran durchzuführen, konnte die Entwicklung der Synovialitis in der Articulatio mediocarpea beschrieben werden.[205] Bei der arthroskopischen Untersuchung des Weichteilgewebes liegt beim Pferd das größte Interesse auf der Beurteilung der Synovialitis, während beim Menschen die Untersuchung von Meniskusschäden am Knie sowie von Erkrankungen der intraartikulären Bänder die größte Bedeutung hat. Die letztgenannten Veränderungen sind beim Pferd weniger häufig, und aus diesem Grund fehlen auch noch Beschreibungen über komplette Untersuchungen dieser Strukturen.

Die wichtigste klinische Indikation zur Arthroskopie beim Pferd ist die Beurteilung des Gelenkknorpels, da dieser röntgenologisch nicht oder nur zweifelhaft darstellbar ist. Bei der arthroskopischen Untersuchung kann beispielsweise eine Auffaserung oder ein Schwund des Knorpels

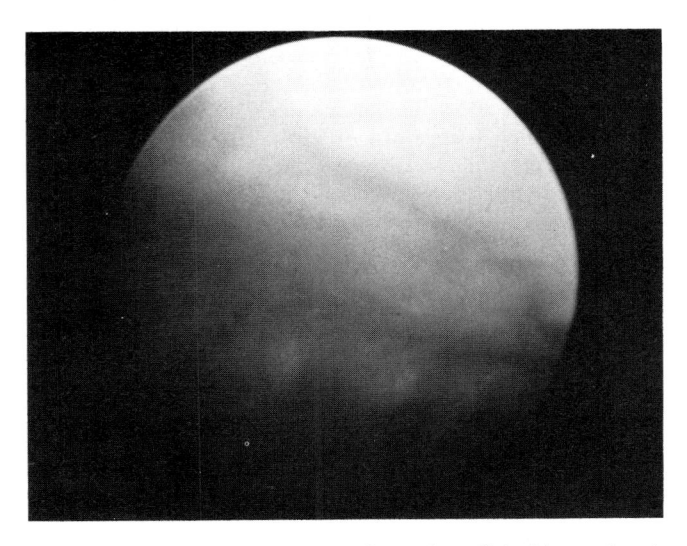

Abb. 7.18: Arthroskopische Darstellung eines Gelenkknorpels mit einer nicht die gesamte Knorpeldicke betreffenden Erosion.

festgestellt werden (Abb. 7.18). Eine Knorpelauffaserung kann mittels Arthroskopie sogar besser erkannt werden als bei direkter Betrachtung. Verantwortlich ist hierfür das Zusammentreffen der folgenden Faktoren: die Transillumination der Kollagenfibrillen, ihre Verteilung in Form einer Suspension in Lösung sowie die Vergrößerungswirkung des Arthroskops.

Besondere Indikationen zur Arthroskopie. Wie bereits beschrieben, können im Vorderfußwurzel-Mittelgelenk (Articulatio mediocarpea) sowie im Unterarm-Vorderfußwurzelgelenk (Articulatio antebrachiocarpea) die meisten pathologischen Veränderungen arthroskopisch erkannt werden. Während intraartikuläre Frakturen im allgemeinen auch anhand von Röntgenaufnahmen festgestellt werden können, sind die Heilungsaussichten sowie der Zustand der Gelenkoberfläche, vor allem bei älteren Frakturstücken, nicht immer eindeutig röntgenologisch zu bestimmen. In diesen Situationen können mittels Arthroskopie eine Beurteilung und Entscheidung über Prognose und Therapie möglich sein. Außerdem ist beim Vorliegen einer Chip-Fraktur die Entfernung des Frakturstückes unter arthroskopischer Kontrolle ohne Arthrotomie möglich (siehe Seite 378).

Ein weiteres Beispiel für den klinischen Nutzen der Arthroskopie kann anhand eines mit Karpalgelenkbeschwerden vorgestellten Rennpferdes aufgezeigt werden. Klinisch läßt sich eine akute Entzündung feststellen; die röntgenologischen Veränderungen sind nicht eindeutig. Werden bei der Arthroskopie schwere Erosionen beobachtet, so ist die Prognose ungünstig, und chirurgische Eingriffe sollten unterbleiben. Andererseits wird beim Diagnostizieren einer Synovialitis mit geringen Knorpelveränderungen die Indikation zur Gelenkspülung[276] und/oder zum Einsatz entzündungshemmender Medikamente gegeben sein.

Die Synovialmembran der Articulatio tarsocruralis scheint beim Vorliegen einer Entzündung zur Hypertrophie zu neigen. Diese Situation kann mittels Arthroskopie mühelos erkannt und eine geeignete Therapie eingeleitet werden (Spülung oder Synovektomie). Bei degenerativen Gelenkerkrankungen der Articulatio tarsocruralis kann unter Umständen auf der Röntgenaufnahme mit dorsoplantarem Strahlengang am gebeugten Gelenk ein verengter Gelenkspalt festgestellt werden. Dieser Befund ist jedoch manchmal nicht befriedigend. Arthroskopisch können in diesen Fällen die Kämme der Trochlea tali beurteilt und mögliche Auffaserungen oder Erosionen diagnostiziert werden. Manchmal werden in solchen Fällen ausgedehnte Gelenkknorpeldegenerationen festgestellt, so daß ein Therapieversuch nicht mehr angezeigt ist.

Weiterhin kann mittels Arthroskopie der Umfang von Veränderungen durch eine Osteochondrosis dissecans beurteilt werden, und unter Umständen können auch Läsionen erkannt werden, deren röntgenologische Darstellung noch nicht möglich war. Einige Fälle von Osteochondrosis dissecans in der Articulatio tarsocruralis können heute mittels chirurgischer Eingriffe während der Arthroskopie behandelt werden.

Die klinisch bedeutungsvollste Erkrankung des Kniescheibengelenkes stellt die Osteochondrosis dissecans dar, deren Diagnose röntgenologisch gestellt werden kann. Die chirurgische Behandlung mittels Arthrotomie erfordert jedoch eine sehr lange Rekonvaleszenzzeit. Hier hat die Entwicklung einer Technik zur chirurgischen Behandlung während der Arthroskopie offensichtliche Vorteile gebracht, und diese Methode ist heute die Therapie der Wahl.[207]

Daneben können in diesem Gelenk auch Auffaserungen oder stärkere Knorpelläsionen arthroskopisch erkannt werden.

Analyse der Synovia

Die Untersuchung der Synovia sollte zur Beurteilung von Arthritiden routinemäßig durchgeführt werden, da sie weitere wertvolle Informationen zu den Befunden aus der klinischen und röntgenologischen Untersuchung liefert.[202,411,412] Auch wenn oftmals anhand der Untersuchung der Synovia keine exakte Diagnose gestellt werden kann, so gibt sie doch einen Überblick über den Grad einer Synovialitis oder über ein eventuell bestehendes metabolisches Ungleichgewicht in einem Gelenk.

Einige grundsätzliche Informationen sind nötig, um die Veränderungen, die bei Gelenkerkrankungen auftreten, richtig einschätzen zu können. Die Synovia ist ein spezifisches flüssiges Gewebe. Die Verteilung der Elektrolyte sowie der meisten Nicht-Elektrolyte zwischen Blutplasma und Gelenkflüssigkeit entspricht dem Gibb-Donnan-Gleichgewicht. Dadurch erscheint die Synovia zum größten Teil als Plasmadialysat mit zugesetzter Hyaluronsäure.[45] In diesem Filtrationsprozeß fungieren die Interzellularspalten zwischen den Synoviozyten und der Synovialmembran als Permeabilitätsschranke. Die Hyaluronsäure soll angeblich in der Synovialmembran gebildet werden. Untersuchungen über die Molekularstruktur der Hyaluronsäure haben gezeigt, daß sie in zufälligen Spiralen mit mäßiger Festigkeit angeordnet ist. Die Hyaluronsäure verleiht der Synovia eine Reihe charakteristischer Eigenschaften. Sie gibt der Flüssigkeit beispielsweise eine hohe Viskosität und dient als Gleitmittel für die Synovialmembran. Offensichtlich beeinflussen die Hyaluronsäuremoleküle auch noch die sonstige Zusammensetzung der Synovia.[288] Vieles deutet darauf hin, daß durch die Bildung einer Hydrathülle das Hyaluronat die Passage gelöster Stoffe räumlich behindert. Diese Auffassung, nach der die Synovia als abgeschlossenes Volumen anzusehen ist, beinhaltet, daß die Größe und Gestalt der vorhandenen Moleküle eine wichtige Rolle spielen. Kleinere Moleküle können noch passieren, während größere, wie z. B. Fibrinogen, ausgeschlossen bleiben. Dieser Theorie entsprechend, stellen die Menge sowie der physikalische Zustand des unter pathologischen Bedingungen gebildeten Hyaluronates das entscheidende Kriterium dar, welche Inhaltsstoffe die Synovia unter diesen Bedingungen besitzt.[228] Außerdem wird angenommen, daß das Hyaluronat im perisynovialen Bindegewebe für den Ausschluß bestimmter Plasmaproteine aus der Synovia von Bedeutung ist.[266] Allerdings ist der exakte Mechanismus, der die Permeabilitätsänderungen bei Erkrankungen bewirkt, bis jetzt noch nicht aufgeklärt. Früher wurden Veränderungen der Interzellularspalten ebenso wie die des Hyaluronates diskutiert.

Neuerdings wird behauptet, daß die Synovialmembran für gelöste Stoffe als doppelseitige Diffusionsbarriere wirkt.[371] Bei Untersuchungen über den Austausch gelöster Stoffe bei Menschen mit rheumatoider Arthritis wurde festgestellt, daß die rheumatoide Synovialmembran für kleinere

Moleküle weniger permeabel war als die Auskleidung eines normalen Gelenkes; dafür enthielt die Synovia jedoch einen erhöhten Eiweißgehalt. Diesbezüglich wurde angenommen, daß durch rheumatoide Veränderungen in der Mikrovaskularisation die Permeabilität der Synovialmembran selektiv für Proteine erhöht wird, während durch Veränderungen im Interstitium die Durchlässigkeit für kleinere Moleküle abnimmt. Diese Theorie beinhaltet die Abnahme des effektiven Blutflusses bei einer akuten rheumatoiden Arthritis. Die beschriebene Hypothese ist jedoch insofern nicht ganz stichhaltig, da Veränderungen der Hyaluronsäure bezüglich Menge und physikalischer Beschaffenheit nicht berücksichtigt werden, obwohl diese die Inhaltsstoffe der Synovia ebenfalls beeinflussen können. Da das Hyaluronat insgesamt als wichtigster Bestandteil der Synovia angesehen wird, wurden eine Reihe von Techniken zur Quantifizierung entwickelt, deren Zuverlässigkeit allerdings in Frage gestellt werden muß.[223]

Die Hyaluronsäure liegt bei unbehandelten Arthritiden, ungeachtet der Ätiologie, depolimerisiert vor.[139] Diese Tatsache wurde als Ursache für die Viskositätsabnahme angesehen, die Verhältnisse sind jedoch wahrscheinlich noch komplizierter. Es gibt Untersuchungen, nach denen die Hyaluronsäure eine heterogene Struktur aufweist und drei wichtige Aufbauebenen besitzen soll. So scheinen 1. die Länge der Polysaccharidkette, 2. die Kettenanordnung und 3. die Interaktionen zwischen benachbarten Ketten und anderen Molekülen die Viskosität des Hyaluronidates zu beeinflussen.[389] Aus diesem Grund ist die Viskositätsabnahme wahrscheinlich nicht nur die Folge der einfachen Depolimerisation, sondern Ausdruck der Veränderungen aller Wechselbeziehungen zwischen der Hyaluronsäure und anderen Molekülen.

Es sind für das Pferd Normalwerte verschiedener Parameter der Synovia sowie deren Veränderungen bei Gelenkerkrankungen beschrieben worden.[300,408,414] Da diese Werte jedoch eine große Variationsbreite aufweisen, besitzen die einzelnen Laboratorien eigene unterschiedliche Normwerte. Die meisten dieser Parameter ermöglichen die Abschätzung des Grades einer Synovialitis, da sie in gewissen Bereichen entzündlichen Aktivitäten annähernd entsprechen. Mit Ausnahme der septischen Arthritis kann die Analyse der Synovia jedoch gewöhnlich keine exakte Diagnose liefern.

Die Gewinnung der Synovialproben erfolgt unter Verwendung steriler Kanülen und Spritzen. Der Bereich, in dem die Arthrozentese durchgeführt werden soll, wird zunächst aseptisch vorbereitet. Die Verwendung steriler Operationshandschuhe ist angezeigt, und nach Vorbereitung des Patienten sollte eine Unterspritzung der Arthrozentesestelle mit Lokalanästhetikum erfolgen. Die genauen Punktionsstellen für verschiedene Gelenke sind in Kapitel 3 (siehe Seite 100 ff.) beschrieben. Nach dem Aufziehen von Synovia in die Spritze (Abb. 7.19) wird die Gelenkflüssigkeit in Vacutainer sowohl mit als auch ohne EDTA umgefüllt. Es sollte verhindert werden, daß durch einen zu starken Unterdruck in der Spritze beim Versuch, Synovia zu gewinnen, iatrogene Blutungen hervorgerufen werden.

Die Analyse und Beurteilung der einzelnen Parameter der Synovia werden später beschrieben. Jedes einzelne Untersuchungsmerkmal kann dabei eine Einschätzung des vorhandenen Entzündungsgrades ermöglichen. Es wird

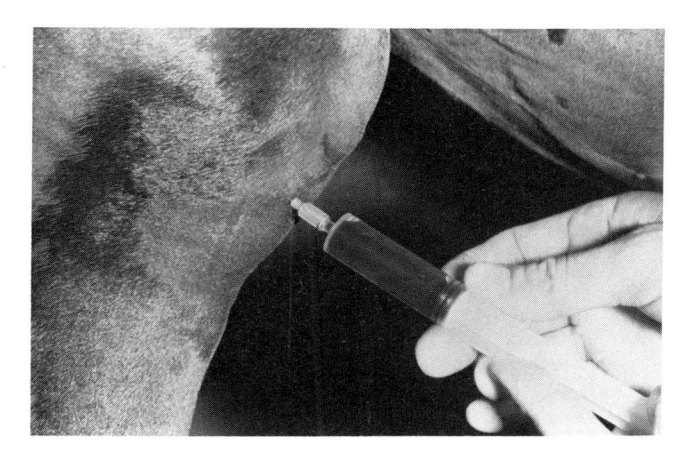

Abb. 7.19: Synovialprobenentnahme aus dem rechten Kniegelenk.

jedoch davon abgeraten, scharfe Grenzen für die verschiedenen Werte der Synovia bei bestimmten Entzündungsformen festzulegen. So sind bei einer Osteochondrosis dissecans oder idiopathischen Synovialitis zwar relativ konstante Werte zu messen, bei traumatischen oder infektiösen Arthritiden liegen die Veränderungen dagegen in einem sehr großen Variationsbereich.

Aussehen der Synovia. Dieser Parameter wird bereits während der Probenentnahme beurteilt. Die normale Synovia ist hell gelb, klar und frei von losem Material (Abb. 7.20). Blutspuren in der Probe sind auf Blutungen bei der Gelenkpunktion zurückzuführen. Diffuse Blutungen stellen die Situation eines akuten Traumas dar, während dunkel gelbe oder schwach bernsteinfarbene Proben auf frühere Blutungen schließen lassen, die oftmals mit chronischen traumatischen Arthritiden vergesellschaftet sind. Die Anwesenheit von undurchsichtigem, losem Material zeigt eine Synovialitis an. Das Ausmaß der Veränderungen ist variabel. Allgemein gilt, daß bei chronisch degenerativen Erkrankungen sowie bei Osteochondrosis dissecans geringe und bei akuten traumatischen oder infektiösen Synovialitiden stärkere Veränderungen festzustellen sind. Bei einer starken Synovialitis, verbunden mit einer infektiösen Arthritis, wird eine serofibrinöse bis fibrinopurulente Synovialprobe gewonnen (Abb. 7.20).

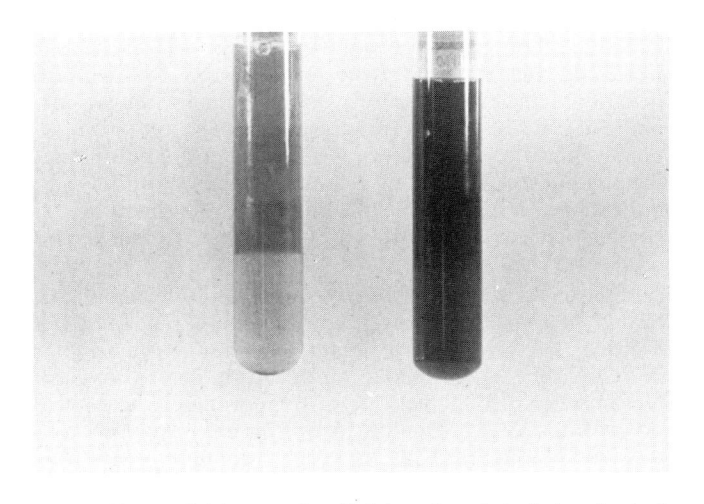

Abb. 7.20: Vergleich normaler (links) und pathologischer (rechts) Synovialproben.

Die Synovia infizierter Gelenke enthält oftmals Blut, das durch die stark veränderte Synovialmembran in die Gelenkflüssigkeit gelangt.

Menge der Synovia. Die Menge steigt meistens bei einer akuten Synovialitis an. Eine Abnahme der Synovia wird bei einigen chronischen Gelenkerkrankungen beobachtet und kann zur Ausbildung eines „trockenen Gelenkes" führen.[322] Der Zustand eines tatsächlich trockenen Gelenkes kann mit einer fibrotischen Synovialmembran verbunden sein. Es sollte jedoch betont werden, daß die Unmöglichkeit, eine Synovialprobe zu gewinnen, nicht automatisch bedeutet, daß ein trockenes Gelenk vorliegt. Die Menge der Gelenkflüssigkeit steigt bei idiopathischen Gelenkergüssen, wie z. B. bei der Kreuzgalle, an. Bei einer Osteochondrosis dissecans ist die Zunahme der Synovia unterschiedlich, ein deutlicher Gelenkerguß im Tarsokruralgelenk ist jedoch charakteristisch für die Osteochondrosis dissecans in diesem Gelenk. Regelmäßig erhöht ist die Synoviamenge in den Fällen einer infektiösen Arthritis. Allerdings ist der Grad der Mengenzunahme abhängig vom Stadium der Erkrankung sowie der Menge des im Gelenk vorhandenen Fibrins.

Gerinnungsfähigkeit der Synovia. Normale Synovia gerinnt nicht. Diese Eigenschaft beruht auf dem Fehlen von Fibrinogen und anderen Gerinnungsfaktoren (einschließlich Prothrombin, Faktor V, Faktor VII und Gewebsthromboplastin).[45] Pathologische Synovia gerinnt, und das Ausmaß der Gerinnung ist annähernd proportional dem Grad der Synovialitis. Diese Eigenschaft kann durch Beobachten eines Gerinnungsröhrchens festgestellt werden. In der Humanmedizin wird die Gerinnbarkeit unterschiedlich eingestuft, hierfür wird die geronnene Menge in Relation zur Menge der Synovia im Röhrchen gesetzt. Entsprechende Arbeiten für die Synovia-Analyse beim Pferd sind noch nicht durchgeführt worden. Aus diesem Grund sollte ein Auffangen von Synovia im Gerinnungsröhrchen erst erfolgen, wenn genügend Gelenkflüssigkeit im EDTA-Röhrchen gewonnen werden konnte.

Eiweißgehalt der Synovia. Der Gesamteiweißgehalt der Synovia sowie das Verhältnis von Albumin zu Globulin können exakt mit Hilfe der Biuretreaktion ermittelt werden. Aus Bequemlichkeitsgründen kann der Eiweißgehalt auch lediglich mit einem Refraktometer gemessen werden. Die einzelnen Eiweißfraktionen können papierelektrophoretisch bestimmt werden, dies erfolgt nach der Probenbehandlung mit Hyaluronidase. Entsprechende Normwerte für die physiologische Synovia des Pferdes sind bestimmt worden.[300] Die Verwendung der Agargelelektrophorese ist ebenfalls beschrieben worden und soll der Papierelektrophorese überlegen sein. Bei der routinemäßigen Untersuchung der Gelenkflüssigkeit braucht nicht unbedingt eine Eiweißelektrophorese durchgeführt zu werden, für wissenschaftliche Arbeiten kann sie jedoch sehr nützlich sein.

Der Gesamteiweißgehalt der Synovia beträgt ungefähr 25 bis 35 % der Plasmaeiweißkonzentration bei derselben Tierart. Die Normwerte betragen für das Pferd 1,81 ± 0,26 g/dl.[408] Allgemein kann der normalen Synovia ein Gesamteiweißgehalt von 2 g/dl oder weniger zugeschrieben werden. Verglichen mit dem Plasma, besitzt die Synovia einen höheren Albuminspiegel, einen niedrigeren α_2- und γ-Globulingehalt sowie verminderte Mengen von Haptoglobulin und verschiedenen hochmolekularen Eiweißen.[300]

Bei einer Gelenkentzündung steigt der Gesamteiweißgehalt an. Mit stärker werdender Entzündung erreicht der Proteingehalt der Synovia Werte, die denen des Plasmas entsprechen. Außerdem erscheinen die verschiedenen Eiweißfraktionen in einem dem Serum vergleichbaren Spiegel. Der relative Albumingehalt nimmt hierbei ab, während die α_2- und γ-Globuline ansteigen; daneben erscheint Fibrinogen in der Synovia.

Eine einfache Schätzung des Gesamteiweißgehaltes ist für die Routineanalyse ausreichend. Eine Gelenkflüssigkeit mit einem Eiweißgehalt von über 2,5 g/dl ist nicht mehr physiologisch; mehr als 4 g/dl weisen bereits auf eine schwere Entzündung hin. Bei nichtinfektiösen Entzündungen werden im allgemeinen Werte unter 4 g/dl gemessen, während bei infektiösen Arthritiden der Gesamteiweißgehalt über dieses Niveau ansteigen kann. Bei einem geringen, nicht eindeutigen Anstieg sollte der Proteingehalt unbedingt mit den Werten des gleichen Gelenkes der gegenüberliegenden Gliedmaße verglichen werden. Es sind deutliche Unterschiede im Gesamteiweißgehalt in verschiedenen Gelenken eines Pferdes beschrieben worden; daneben wird jedoch auch über ein signifikantes Ansteigen des Proteingehaltes bei Pferden in Arbeit berichtet.[300]

Viskosität der Synovia. Die Viskosität ist direkt abhängig vom Hyaluronatgehalt und gilt als Maß für Quantität, Qualität bzw. Polymerisationsgrad der Hyaluronsäure.[300] Die Messung erfolgt im allgemeinen durch Bestimmung der relativen Viskosität bei einer bestimmten Temperatur mit einem Viskosimeter, das die Viskosität der gewonnenen Synovia mit der von destilliertem Wasser vergleicht.[414] Die Gelenkflüssigkeit ist kein Newtonsches Fluid, das bedeutet, daß die gemessene Viskosität mit der Scherrate variiert. Diese ist ihrerseits bei den einzelnen verwendeten Viskosimetern aufgrund der unterschiedlichen Größen verschieden. Aus diesem Grund unterscheiden sich auch die in verschiedenen Laboratorien gemessenen Normwerte für die relative Viskosität. Die relative Viskosität ist in der Lage, wertvolle Tendenzen in Entwicklung und Verlauf einer Entzündung anzuzeigen. Bei einer Synovialitis nimmt die relative Viskosität ab, und dies spiegelt sowohl die Verdünnung der Hyaluronsäure durch den Erguß als auch die Depolimerisierung des Hyaluronates wider. Die Abnahme ist im allgemeinen proportional der Entzündungsintensität; diese Beziehung gilt jedoch nur annäherungsweise. Obwohl die Bestimmung der relativen Viskosität zur Demonstration des Verlaufes einer experimentellen Synovialitis bei Ponys verwendet wurde,[206] die Messung dieses Parameters mittels Viskosimeter in der Praxis zu zeitraubend und wird nicht routinemäßig durchgeführt. Da die Viskosität der Synovia, wie beschrieben, mit der Scherkraft variiert, treten einige Autoren dafür ein, die wirkliche Viskosität als wichtigere Angabe zu bestimmen. Die wirkliche Viskosität soll eine Einschätzung des Polymerisierungsgrades der Hyaluronsäure ermöglichen, was jedoch eine Bestimmung der Hyaluronsäurekonzentration voraussetzt. Die genaue Ermittlung dieser Konzentration ist allerdings schwierig, und außerdem scheint die Bestimmung der wirklichen Viskosität nicht viel mehr zusätzliche Informationen liefern zu können, als durch die relative Viskosität bereits zu erhalten sind.

Unter Praxisbedingungen kann eine einfache Schätzung der Viskosität durch Betrachten der aus dem Spritzen-

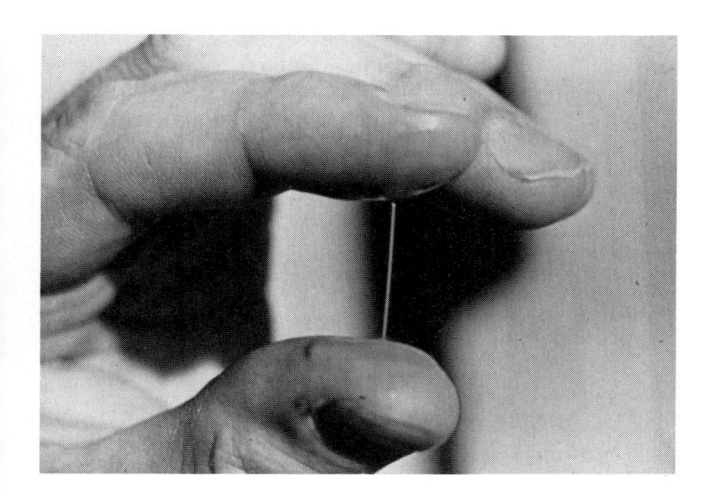

Abb. 7.21: Messung der Viskosität von Synovia zwischen zwei Fingern.

konus heruntertropfenden Synovia erfolgen. Die normale Gelenkflüssigkeit zieht gewöhnlich Fäden von 5 bis 7 cm Länge, bevor sie abreißt. Wenn die Synovia dagegen wie Wasser aus der Spritze tropft, ist die Viskosität vermindert. Bei einer anderen Untersuchungsmethode wird ein Tropfen Synovia auf den Daumen gegeben und dieser mit dem Zeigefinger berührt. Werden die beiden Finger nun getrennt, entsteht normalerweise ein 2,5 bis 5 cm langer Faden, bevor die Gelenkflüssigkeit reißt (Abb. 7.21). Eine verminderte Fähigkeit, Fäden zu ziehen, bedeutet eine herabgesetzte Viskosität, und die Synovia eines infizierten Gelenkes zieht gar keine Fäden. Die Auswertung der beschriebenen Methoden erfolgt natürlich subjektiv, so daß dieser Test nur geeignet ist, grobe Veränderungen aufzuzeigen. Da jedoch die Korrelation zwischen Viskosität und Entzündung nicht hundertprozentig ist, erscheint eine genauere Bestimmung der Viskosität nicht notwendig, und die genannten Methoden reichen im allgemeinen aus. Neuerdings ist eine einfache Methode zur Bestimmung der relativen Viskosität mittels einer Verdünnungspipette für weiße Blutkörperchen entwickelt worden.[132] Dieses Verfahren ist mit einer 2%igen Genauigkeit reproduzierbar und erfordert wenig Zeit. Dies kann möglicherweise für die klinische Überwachung von Arthritiden und deren Reaktionen auf Behandlungen bedeutsam sein, da damit für den Tierarzt exakte Messungen der Viskosität von equiner Synovia problemlos durchführbar sind.[396]

Es ist wichtig, daß der Tierarzt den ermittelten Werten für die Viskosität nicht allzu große Bedeutung beimißt, da dieser Parameter kein vollständiges Bild über das rheologische Verhalten der Synovia geben kann.[327] Außerdem dürfen die Befunde nicht als direkte quantitative oder qualitative Bestimmung der Hyaluronsäure angesehen werden. Denn Synoviaproben aus Gelenken mit nur geringgradigen Veränderungen können eine deutliche Viskositätsabnahme zeigen. Eine verminderte Viskosität zeigt eindeutig eine Entzündung an, weitere Rückschlüsse sollten daraus jedoch nicht gezogen werden.

Muzinpräzipitatqualität der Synovia. Zur Bestimmung der Muzinpräzipitatqualität (MPQ) werden 0,5 ml Synovia zu 2 ml einer 2%igen Essigsäure gegeben und mit einem Glasstab schnell vermischt. Das Präzipitat bzw. die Muzinklümpchen sind anscheinend ein Salz des anionischen Hyaluronates sowie das durch Ansäuern kationisch gewordene Eiweiß.[51] Bei normaler Muzinpräzipitatqualität bildet sich eine kompakte, zähe Masse in einer klaren Lösung, und es wird üblicherweise von „gutem" Muzin gesprochen. Eine weichere Masse mit wenigen Flocken in der Lösung wird als „mäßiges" Muzin bezeichnet, während ein „schlechtes" Ergebnis Flocken mit wenigen weichen Massen in einer trüben Lösung zeigt. Eine Synovia, die lediglich wenige klumpige Muzinflocken in einer sehr trüben Lösung ergibt, wird als „sehr schlecht" eingestuft. Allgemein gilt, je stärker die Gelenkentzündung ausgeprägt ist, desto schlechter ist das Präzipitat. Traumatische und degenerative Arthritiden sind typischerweise mit gutem bis mäßigem Muzinpräzipitat verbunden, während das Präzipitat infizierter Gelenke aufgrund der Muzinentartung durch bakterielle Enzyme schlecht bis sehr schlecht erscheint. Diese Korrelation ist allerdings nicht sehr eng, und so sind beispielsweise schlechte Muzinpräzipitate auch bei nur milden Entzündungen gefunden worden.[424] Theoretisch sollte der Muzinpräzipitattest nicht mit Synoviaproben durchgeführt werden, die EDTA enthalten, da dieses eine Abnahme der Viskosität bedingt, die auf einer Entartung der Hyaluronsäure im Muzin beruht. Da jedoch der Zusatz eines Antikoagulans notwendig ist, um das Protein und Hyaluronat in Lösung zu halten, scheint die Verwendung von EDTA ein angemessener Kompromiß zu sein; der Test sollte dann allerdings schnellstmöglich nach der Probenentnahme durchgeführt werden.

Die Muzinpräzipitatqualität verhält sich gewöhnlich entsprechend den Veränderungen der relativen Viskosität. Zum Präzipitieren des Muzins wird auch das in der Synovia enthaltene Eiweiß benötigt, und es ist nicht bekannt, wie qualitative oder quantitative Veränderungen des Eiweißgehaltes die Muzinpräzipitatqualität beeinflussen. Dies kann die Ursache für die oben beschriebenen Diskrepanzen zwischen Muzinpräzipitatqualität und Stärke der Entzündung sein.

Zytologische Untersuchung der Synovia. Die zu untersuchenden Zellen bleiben am besten erhalten, wenn die Probe in EDTA-Fläschchen aufgefangen wird.[364] Die Leukozyten in der Synovia können in einer Zählkammer (Hämozytometer) gezählt werden. Hierfür ist es jedoch notwendig, physiologische Kochsalzlösung zur Verdünnung und nicht die für Blutausstriche übliche Lösung zu verwenden, da letztere Essigsäure enthält, mit der der Hyaluronat-Protein-Komplex ausfällt. Erythrozyten werden vorzugsweise in hypotoner Lösung aufgelöst. Die Anfertigung von Ausstrichen der Synovia zur Zelldifferenzierung erfolgt ähnlich derjenigen von Blutausstrichen. Zur Differenzierung der Leukozyten wird der Ausstrich direkt von der Synoviaprobe erstellt. Anderenfalls sollte die Probe zentrifugiert, das Sediment mit 0,5 ml resuspendiert und anschließend der Ausstrich angefertigt werden. Die Färbung des Ausstriches erfolgt nach Wright oder mit frischem Methylenblau.

Erythrozyten sind normalerweise nicht in der Synovia enthalten. Ihre Anwesenheit in geringer Zahl ist in der Regel auf die Probenkontamination während der Arthrozentese zurückzuführen. Die Erythrozytenzahl kann hierbei sehr stark variieren und ist abhängig vom Ausmaß der Verunreinigung während der Gelenkeröffnung. Andererseits kommt es auch bei einer bestehenden Hyperämie in einer entzündeten Synovialmembran zu einer erhöhten Blutungsneigung. Aufgrund der beschriebenen unterschiedlichen Ursachen für das Vorhandensein von Erythrozyten ist das Zählen dieser Blutkörperchen gewöhnlich wenig hilfreich.

Die Leukozytengesamtzahl in einem normalen Gelenk des Pferdes wird von verschiedenen Autoren mit 167 ± 21 bzw. mit 87 Zellen pro mm³ angegeben.[300,408] Es werden neutrophile Granulozyten, Lymphozyten sowie Monozyten beobachtet, dabei liegt der Prozentsatz der neutrophilen Granulozyten normalerweise unter 10 %. Quantitative und qualitative Veränderungen der Leukozyten können Anhaltspunkte für das Ausmaß einer Entzündung der Synovialmembran liefern. Da einige Veränderungen einen großen Schwankungsbereich aufweisen, sollte nach diesen Befunden keine Einteilung der Erkrankung vorgenommen werden. Einige grobe Klassifizierungen erscheinen jedoch angemessen.

Bei der idiopathischen Synovialitis (Kreuzgalle) sowie der Osteochondrosis dissecans liegt die Leukozytengesamtzahl im allgemeinen unter 1000 Zellen pro mm³. Obwohl diese Erkrankungen zu den nichtentzündlichen Gelenkergüssen gerechnet werden, konnten mittels histologischer Untersuchung der Synovialmembran in Fällen der Osteochondrosis dissecans doch entzündliche Veränderungen gefunden werden.

Bei traumatischen Arthritiden und degenerativen Gelenkerkrankungen variiert die Leukozytenzahl stark und ist abhängig von der Ausprägung einer akuten Synovialitis. Degenerative Gelenkerkrankungen des Menschen zeigen typischerweise niedrige Leukozytenzahlen. Dagegen scheint beim Pferd die Synovialitis eine charakteristische Eigenschaft bei degenerativen Gelenkerkrankungen zu sein. Bei dieser Tierart können 5 bis 10 000 Zellen pro mm³ gezählt werden. Generell ist der prozentuale Anteil an neutrophilen Granulozyten in stark entzündeten Gelenkergüssen erhöht.

Bei infektiösen Arthritiden werden die höchsten Leukozytenzahlen gefunden. Im allgemeinen sprechen Zellzahlen von über 50 000 pro mm³ für eine Infektion, und Werte über 100 000 pro mm³ sind schon pathognomisch. In der Literatur sind für infektiöse Arthritiden Werte von 105 775 ± 25 525 Zellen pro mm³ (59 250 bis 178 000 Zellen pro mm³) zu finden.[408] Dabei sind die neutrophilen Granulozyten die vorherrschenden Zellen. Teilweise werden unter ihnen auch pathologisch veränderte Zellen gefunden, gewöhnlich erscheinen die neutrophilen Granulozyten jedoch normal. Bakterien können im allgemeinen im Synovialausstrich nicht gesehen werden.

Aus Synoviaproben, die die typischen Zellveränderungen einer infektiösen Arthritis zeigen, lassen sich auch normalerweise keine Bakterienkulturen anzüchten. Ursächlich hierfür werden mehrere Faktoren, wie bereits erfolgte Antibiotikagabe, Einschluß der Bakterien in der Synovialmembran sowie die normale bakterizide Eigenschaft der Synovia, diskutiert.[64] Eine Bakterienkultur kann in diesen Fällen von Biopsieproben aus der Synovialmembran angefertigt werden. Die sofortige Behandlung eines infizierten Gelenkes ist unbedingt notwendig, so daß die zytologische Untersuchung der Synovia zur schnellen Diagnosestellung sehr nützlich ist. Auch wenn unter Umständen nur ein oder zwei Tropfen der Gelenkflüssigkeit erhältlich sind, kann ein einfacher Ausstrich noch brauchbare Informationen liefern. In einigen Fällen kann die Indikation für eine weitergehende bakteriologische Untersuchung gegeben sein. So werden sowohl *Chlamydien* als auch *Mykoplasmen* mit Polyarthritiden bei Fohlen in ursächlichen Zusammenhang gebracht.[191,248]

Um bei septischen Arthritiden der Pferde eine exakte ätiologische Diagnose stellen zu können, hat sich die Flüssig-Gas-Chromatographie als nützlich erwiesen. Hierfür sind in einleitenden Arbeiten die spezifischen Fettsäure-Peaks für bestimmte Bakterien bereits festgestellt worden.[166]

Es sollte erwähnt werden, daß zwischen traumatischen Arthritiden mit hohen Leukozytenzahlen und infektiösen Arthritiden mit niedrigen Leukozytenzahlen eine „Grauzone" existiert. Beim Menschen sind bei traumatischen Arthritiden Leukozytenzahlen bis zu 50 000 Zellen pro mm³ gezählt worden, und in derartigen Situationen muß eine infektiöse Arthritis an der Anwesenheit von Fetttröpfchen ausgeschlossen werden.[115] Es wurde in diesen Fällen angenommen, daß die Leukozytose in der Synovia sekundär entstanden war, um Lipidtröpfchen zu phagozytieren. Diese Fettkügelchen kommen sowohl intra- als auch extrazellulär in der Synovia vor, sowie in der oberen fetthaltigen Lage, die sich nach der Zentrifugation von blutiger Synovia bildet. Sie sind ein Indikator für eine traumatische Arthritis. Obwohl infizierte Gelenke normalerweise einen hohen Leukozytengehalt haben, scheint es hier manchmal untypische Fälle zu geben, so sind Beispiele von scheinbar „latenten" septischen Arthritiden bekannt. Anfänglich war die Synovialuntersuchung eher charakteristisch für eine traumatische Arthritis, kurze Zeit später nahm dann die septische Verlaufsform zu. Glücklicherweise sind diese Formen selten. Hier sollte noch angemerkt werden, daß sich eine zunächst tatsächlich nichtinfizierte Synovialitis zu einer septischen entwickeln kann. Leukozytenzahlen unter 50 000 Zellen pro mm³ können auch manchmal bei den Polyarthritiden der Fohlen gezählt werden.[3]

Enzymaktivitäten der Synovia. Zwischen den Enzymaktivitäten der alkalischen Phosphatase (AP), der Aspartataminotransferase (GOT) und der Laktatdehydrogenase (LDH) in der Synovia und der Schwere einer Gelenkerkrankung besteht ein enger Zusammenhang.[414] Der proportionale Anstieg der Enzymaktivitäten mit dem Schweregrad der Synovialitis konnte an der Articulatio mediocarpea des Pferdes experimentell gezeigt werden.[206] Allerdings ist eine Abtrennung der einzelnen Erkrankungsformen anhand der spezifischen Enzymaktivitäten noch nicht beschrieben worden.

Es wird angenommen, daß die Zunahme der Enzymaktivitäten in der Synovia durch einen der folgenden Mechanismen bewirkt wird:
1. die Enzymfreisetzung aus Leukozyten,
2. die Enzymfreisetzung aus nekrotischem oder entzündetem Synovialgewebe oder
3. die Synthetisierung und Freisetzung von größeren Enzymmengen durch das geschädigte Synovialgewebe.[428]

Eine festgestellte positive Korrelation zwischen der Leukozytenzahl und den Enzymaktivitäten ist ein indirekter Beweis für die erste Hypothese.

REJNO berichtete, daß das LDH-Isoenzymniveau in der Synovia von Pferden zur Entscheidung über das Vorhandensein von Knorpelschäden herangezogen werden kann.[328] Nach den Beschreibungen dieses Autors sind große Mengen von LDH_4 und LDH_5 normalerweise im Gelenkknorpel vorhanden, und der Anstieg dieser Isoenzyme in Synovialproben erscheint charakteristisch für Gelenkknorpelschäden. In einer neueren Untersuchung an der Colorado State University ist diese Beziehung allerdings weniger eindeutig ausgefallen. Bei einer Entzündung der Synovialmembran erreichen alle Isoenzyme ein hohes Niveau. Der Knorpel weist ein sehr viel niedrigeres Niveau sämtlicher Isoenzyme von LDH auf, und dementsprechend haben Gelenkknorpelläsionen keinen deutlichen Beitrag an der insgesamt erhöhten LDH.[402]

Partikelanalyse der Synovia. Die bisher beschriebenen Parameter bieten allgemeine Hinweise auf den Grad einer Synovialitis in einem Gelenk, erlauben jedoch keine Einschätzung des Grades von Knorpelschäden. Es wurden Versuche unternommen, den Knorpelschaden über die LDH-Isoenzymaktivitäten oder durch mikroskopische Untersuchung von metachromatisch gefärbtem Sediment nach der Zentrifugation zu beurteilen.[408] Allerdings hat die Sedimenttechnik keine allgemeine Verwendung gefunden. In jüngerer Zeit ist die Partikelanalyse der Synovia entwickelt worden, die auf der Gewinnung und Identifizierung von Knorpelfragmenten aus einer Synoviaprobe oder aus einer Gelenkspülung mit physiologischer Kochsalzlösung stammen.[396] Diese Analyse bietet Informationen über Umfang und Ausmaß von vorhandenen Knorpeldegenerationen bei verschiedenen Gelenkveränderungen. Die Knorpelfragmente werden durch Filtrierung der Synovia gewonnen.

Die Probe wird hierfür zunächst zur Herabsetzung der Viskosität und Eliminierung von Artefakten mit Hyaluronidase behandelt und anschließend filtriert. Für die Beurteilung des Materials kommen histochemische Färbungen zur Anwendung.[395] Eine Untersuchung an Pferden an der Cornell University zeigte eine positive Beziehung zwischen Knorpeltrümmern, die in der Synovia gefunden wurden, und Läsionen der Gelenkoberfläche. Die Korrelation zwischen erkennbaren Knorpelfragmenten, die durch Auswaschen des Gelenkes gewonnen wurden, und der Anwesenheit von Knorpelschäden wird mit 100 % angegeben. Basierend auf der typischen Zuordnung der Chondrozyten zu den vier histologischen Zonen im Gelenkknorpel, kann eine Einschätzung der Tiefe der Knorpelschädigung gemacht werden. Das Vorhandensein eines dünnen Knorpelfetzens ohne Chondrozyten, der mit Hilfe eines Polarisationsmikroskops identifiziert werden kann, ist ein Zeichen für oberflächliche Erosionen (Abb. 7.22). Wenn sich Chondrone in der Probe befinden, so spricht dies für tiefere Erosionen. Subchondrale Knochenteilchen zeigen ausgedehnte Erosionen des Gelenkknorpels an. Hämatoxylin- und Eosinfärbungen sind zur Untersuchung der Knorpelflocken ziemlich befriedigend, und Alizarinrot wird zur Darstellung von Knochen verwendet. Das Vorkommen von falsch-negativen Ergebnissen bei dieser Technik schränkt die klinische Verwendbarkeit jedoch ein.[197,396]

Biopsie der Synovialmembran. Veränderungen der Synovia spiegeln normalerweise pathologische Erscheinungen an der Synovialmembran wider. Aus diesem Grund erscheint die histologische Untersuchung der Synovialmembran zur Beurteilung und zur Diagnose einer Gelenkerkrankung nützlich. Tatsächlich wird jedoch meist nur

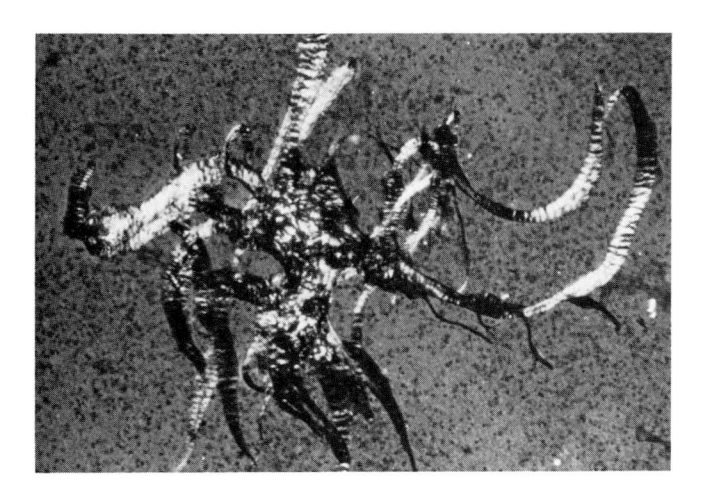

Abb. 7.22: Nichtzelluläres Fragment eines Gelenkknorpels im Polarisationsmikroskop (mit Genehmigung von Dr. W. P. TEW).

eine unspezifische Reaktion der Synovialmembran festgestellt.[366] Die histologischen Veränderungen der Synovialmembran, verbunden mit intraartikulären Frakturen oder einer Osteochondrosis dissecans, sind beim Pferd beschrieben worden.[152] Ebenfalls fand die Biopsie der Synovialmembran Verwendung, um die Entwicklung einer experimentellen Synovialitis im Vorderfußwurzel-Mittelgelenk zu erfassen.[206] Untersuchungen des Autors über Synovialbiopsien bei den verschiedensten Gelenkerkrankungen des Pferdes ergaben die Möglichkeit der Untersuchung des Erkrankungsverlaufes. Bei nur einmalig gewonnenen Proben scheint die Biopsie keine großen Informationen zur Diagnosestellung liefern zu können. Aus einleitenden Arbeiten geht hervor, daß die Reaktion der Synovialmembran bei den Gelenkerkrankungen des Pferdes relativ unspezifisch und der Nutzen der Synovialmembranbiopsie bei dieser Tierart begrenzt ist.[201]

Spezielle Gelenkerkrankungen

Um Gelenkerkrankungen bei Pferden wirksam behandeln zu können, ist zunächst eine Einteilung und Definition der verschiedenen Erkrankungen nötig. Unter Umständen ändert sich der Zustand eines Gelenkes und damit die Zugehörigkeit zu einer bestimmten Erkrankung, so daß im weiteren Verlauf die Therapie und Prognose entsprechend umgestellt werden müssen. So kann z. B. eine traumatische oder septische Arthritis in eine degenerative Gelenkerkrankung übergehen.

Idiopathische Synovialitis (Kreuzgalle und andere Gelenkgallen)

Der Ausdruck idiopathische Synovialitis wird für den chronischen Synovialerguß eines Gelenkes verwendet, dem eine unterschiedliche Pathogenese zugrunde liegt und der weder mit Lahmheit, vermehrter Empfindlichkeit, Wärme noch mit röntgenologisch nachweisbaren Veränderungen einhergeht. Ein typisches Beispiel für diese Erkrankung stellt die Kreuzgalle des Tarsokruralgelenkes dar, weitere sind z. B. die Gallen des Fesselgelenkes.

Pathogenese. Die Kreuzgalle oder auch Sprunggelenkhydrops wird allgemein den nichtentzündlichen Gelenkergüssen zugeordnet.[410] Da jedoch bei der histologischen Untersuchung die Synovialmembran entzündliche Veränderungen zeigen kann, wäre eine Einteilung als geringgradige chronische Synovialitis besser. Auch die Synovia zeigt leichte Veränderungen, die ebenfalls auf eine geringgradige Synovialitis hinweisen. Grobsinnlich variiert das Aussehen der Synovia von schwach gelb und klar in 50 % der Fälle bis schwach gelb und trübe bei den übrigen Patienten. Die relative Viskosität nimmt ab, während die Muzinpräzipitatqualität (MPQ) bei 50 % der Tiere im Normbereich liegt und bei den anderen unterschiedlich stark vermindert ist.[417] Obwohl die Abnahme der relativen Viskosität auch durch die Verdünnung der Synovia infolge des Ergusses bedingt sein könnte, scheint das Vorhandensein von geringer Muzinpräzipitatqualität (MPQ) tatsächlich jedoch auf eine Polymerisationsstörung der Hyaluronsäure hinzuweisen. Der Eiweißgehalt der Synovia liegt innerhalb des physiologischen Bereiches, und die Leukozytenzahlen variieren bei dieser Synovialitis zwischen 25 und 1131 Zellen pro mm^3, verglichen mit einem Normbereich von 67 bis 356 Zellen pro mm^3. Die Aktivitäten der Alkalischen Phosphatase, Laktatdehydrogenase und Aspartataminotransferase sind bei einem Synovialerguß gegenüber den normalerweise im Tarsalgelenk des Pferdes gemessenen Werten erhöht.[410] Nach der Behandlung mit entzündungshemmenden Medikamenten kehren die genannten Parameter der Gelenkflüssigkeit wieder zur Norm zurück.[410,417]

Da die Kreuzgalle vermehrt mit Fehlstellungen im Tarsalgelenk (steile, sichelförmige oder kuhhessige Stellung) einhergeht, wird angenommen, daß eine unphysiologische biomechanische Beanspruchung der Weichteilgewebe dieses Gelenkes möglicherweise ursächlich an der Erkrankung beteiligt ist.[410] Daneben werden auch Zerrungen und kleinere Traumata, ungeachtet der Stellung des Tarsalgelenks, als Ursache für diese Erkrankung diskutiert.[416] Andere Beanspruchungen, wie z. B. Lahmheiten einer anderen Gliedmaße, hartes Training oder mangelhafter Beschlag, können unter Umständen ebenfalls mitbeteiligt sein. Obwohl Ernährungsstörungen, wie z. B. Mißverhältnisse von Kalzium, Phosphor, Vitamin A und Vitamin D, ebenfalls kausal für diese Erkrankung verantwortlich gemacht wurden, fehlt hierfür noch der wissenschaftliche Beweis. Die einzige Ausnahme, bei der Ernährungsstörungen als Ursache in Frage kommen, ist bei Vorliegen anderer Veränderungen als Grunderkrankung, wie beispielsweise bei einer Osteochondrosis dissecans. So tritt die Osteochondrosis dissecans des Tarsokruralgelenkes typischerweise als Kreuzgalle in Erscheinung, daneben besteht dann noch eine oftmals nicht eindeutige Lahmheit. Aus diesem Grund ist es bei derartigen Veränderungen im Bereich des Sprunggelenkes absolut unerläßlich, Röntgenaufnahmen anzufertigen, um eine zweifelsfreie Diagnose der idiopathischen Synovialitis stellen zu können.

Ein einmal entstandener Gelenkerguß kann unter Umständen für immer bestehenbleiben. Durch die übermäßige Ausdehnung werden die Interzellularspalten zwischen den Synoviozyten vergrößert und die Hyaluronsäure verdünnt. Die Folge davon kann in einer Abnahme der Permeabilitätskontrolle durch die Hyaluronschicht auf der Synovialmembran bestehen.

Gallen kommen oftmals bei einer Steilstellung des Fesselgelenkes vor. Junge Pferde, die einem harten Training unterzogen werden, entwickeln manchmal Fesselgelenks-

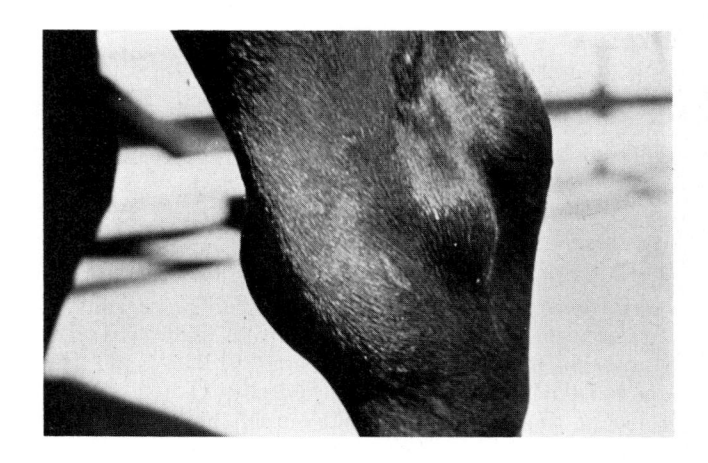

Abb. 7.23: Idiopathische Synovialitis des Tarsokruralgelenkes (Kreuzgalle).

gallen. Aber auch ältere Pferde in schwerer Arbeit können entsprechend betroffen sein, und oftmals bleibt dieser Schönheitsfehler das ganze Leben bestehen.

Klinische Anzeichen. Die Kreuzgalle ist als Umfangsvermehrung im Bereich des Sprunggelenkes mit drei charakteristischen, fluktuierenden, vergrößerten Gelenkausbuchtungen erkennbar. Die größte stellt dabei die dorsomediale Ausbuchtung dar (Abb. 7.23). Bei einem mäßigen bis starken Gelenkerguß sind auch die medioplantaren und lateroplantaren Gelenkkapselanteile vermehrt vorgewölbt. Diese liegen sowohl lateral als auch medial an der Plantarseite in Höhe des Gelenkspaltes des Tarsokruralgelenkes und liegen damit weiter distal als die Umfangsvermehrungen einer Kurbengalle. Die beschriebenen drei Ausbuchtungen befinden sich an den nicht von Bändern, Sehnen oder Retinacula bedeckten Stellen der Gelenkkapsel. Eine Kreuzgalle kann außerdem auch einen Erguß des proximalen Intertarsalgelenkes beinhalten, da dieses Gelenk an der Dorsalfläche des Tarsus mit dem Tarsokruralgelenk kommuniziert. Eine Ausbuchtung im proximalen Intertarsalgelenk wird jedoch immer von der Vergrößerung des Tarsokruralgelenkes überlagert sein. Wird bei einer Kreuzgalle auf eine der drei Ausbuchtungen des Tarsokruralgelenkes Druck ausgeübt, so nehmen die beiden anderen an Umfang zu, und gleichzeitig steigt die Spannung der Gelenkkapsel an. Bei einer stark ausgeprägten Kreuzgalle kann es zu einer mechanischen Behinderung der Bewegung mit verminderter Sprunggelenkbeugung sowie Verkürzung der kranialen Schrittfolge kommen. Die bei einer Kreuzgalle festzustellenden Veränderungen der Synovia sind bereits erläutert worden.

Die Gallen des Fesselgelenkes zeigen sich als Ausbuchtung der palmaren bzw. plantaren Gelenksackabschnittes der Articulatio metacarpophalangea bzw. der Articulatio metatarsophalangea (Abb. 7.24). Auch hier werden weder Lahmheit, vermehrte Wärme noch Schmerzhaftigkeit beobachtet. Bei langem Bestehen der Gallen kann sich die Ausbuchtung aufgrund einer Fibrose hart anfühlen.

Diagnose. Die Diagnose Kreuzgalle kann anhand der typischen klinischen Erscheinungen gestellt werden. Die Veränderung darf jedoch nicht mit einer Kurbengalle (siehe Seite 475) verwechselt werden, bei der die Umfangsvermehrungen auf der Medial- und Lateralfläche des Sprunggelenkes sowie auf der Plantarseite distal des Fersenbeinhöckers (Tuber calcanei) ausgebildet sind.

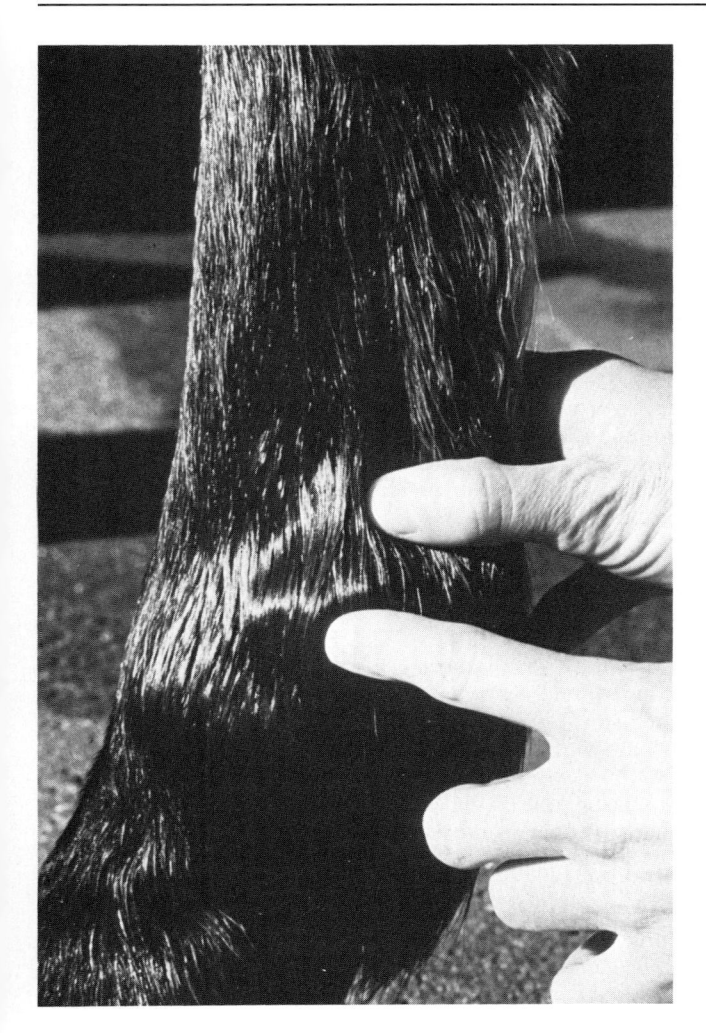

Abb. 7.24:
Idiopathische Synovialitis des Fesselgelenkes ("Windgalle").

Der Tierarzt sollte bei Vorliegen einer Kreuzgalle auch versuchen, die mögliche Ätiologie abzuklären. Ebenso sollten Absprengfrakturen oder eine Osteochondrosis dissecans röntgenologisch ausgeschlossen und eine traumatische Arthritis differentialdiagnostisch abgegrenzt werden. Jede Lahmheit oder Empfindlichkeit im Bereich des Fesselgelenkes verbunden mit einer palmaren bzw. plantaren Gelenkausbuchtung führt immer zum Ausschluß einer einfachen Galle.

Therapie. In vielen Fällen ist es das beste, bei Vorliegen einer idiopathischen Synovialitis nach dem Erkennen und Eliminieren möglicher Ursachen von jeder Behandlung Abstand zu nehmen. Viele Fohlen und Jährlinge zeigen Kreuzgallen an einem oder beiden Sprunggelenken, die mit dem Älterwerden der Tiere auch wieder verschwinden. Kreuzgallen, die mit einer fehlerhaften Gliedmaßenstellung einhergehen, können nicht beseitigt werden, und jede Therapie kann nur kurzfristigen Erfolg bringen. Der Besitzer sollte in diesem Fall vor Behandlungsbeginn auf die genannten Probleme aufmerksam gemacht und außerdem vor anderen möglichen Folgen gewarnt werden, die durch Fehlstellungen entstehen können. Obwohl spezielle Ernährungsstörungen als Ursache der Erkrankung nicht gesichert nachgewiesen werden konnten, sollte bei einem an Kreuzgalle leidenden Pferd auf eine ausgewogene Ernährung geachtet werden.

Zur Behandlung einer länger bestehenden Kreuzgalle, bei der wegen des Schönheitsfehlers eine Therapie gewünscht wird, gibt es mehrere Möglichkeiten. Die Gelenkdrainage basiert auf der Überlegung, daß eine vermehrte Ausdehnung der Synovialmembran den Synovialerguß möglicherweise verstärkt. Eine Drainage allein wird jedoch nicht den gewünschten Erfolg bringen, da die Kreuzgalle sich anschließend wieder einstellt. Auch eine Gelenkspülung kann durchgeführt werden (siehe Seite 364). Die Erfolgsaussichten sind vergleichbar mit denjenigen der Drainage. Daneben ist auch die Drainage mit anschließender Injektion von Kortikosteroiden beschrieben worden.[416,417] Abhängig vom Umfang des ursprünglichen Ergusses werden hierzu unterschiedliche Mengen von Methylprednisolon-21-acetat (z. B. Depo-Medrate®H von Upjohn) verwendet. Sollte sich ein übermäßiger Synovialerguß erneut zeigen, so ist eine zweite und gelegentlich auch eine dritte Injektion angezeigt. Nach der Kortikosteroidinjektion wird eine deutliche Abnahme des Synovialgusses festgestellt, die relative Viskosität, die Muzinpräzipitatqualität (MPQ) sowie die Enzymaktivitäten der Synovia kehren wieder in den Normbereich zurück.[416] Andere Tierärzte berichten über weniger zuverlässige Ergebnisse nach der Gabe von Kortikosteroiden. Ein zusätzliches Bandagieren nach der Injektion kann die Erfolgsaussichten unter Umständen verbessern.

Ein Progesteronderivat, das Medroxyprogesteron acetat (z. B. Clinovir®H von Upjohn), ist ebenfalls erfolgreich intraartikulär verabreicht worden.[410] Das Medroxyprogesteron acetat besitzt neben seinen Eigenschaften als potenter Progesteronwirkstoff noch deutliche entzündungshemmende Wirkungen, die auf seine 6α-Methylgruppe zurückzuführen sind. In den meisten Fällen reichte eine einmalige Injektion von 150 bis 200 mg aus, bei 30 % der Tiere war jedoch wegen eines erneut aufgetretenen Ergusses eine zweite Gabe erforderlich.[410] Auch bei dieser Therapie wird eine Rückkehr der untersuchten Parameter der Synovia zur Norm beobachtet.

Eine neuere Behandlungsmethode der Kreuzgalle stellt die Gelenkdrainage mit anschließender intraartikulärer Injektion von Orgotein (Palosein) dar. Orgotein ist ein kupfer- und zinkhaltiges Eiweiß mit stark entzündungshemmenden Eigenschaften, die auf seiner Peroxid-Dismutase-Aktivität beruhen.[15] Peroxide (Sauerstoffradikale O_2^-) werden von aktivierten Entzündungszellen freigesetzt und können umschriebene lokale Gewebsschäden hervorrufen (nähere Einzelheiten hierzu siehe Seite 367). Orgotein hat die Eigenschaft, die entzündlichen Reaktionen der Synovia deutlich herabzusetzen,[15] und erscheint in manchen Fällen sehr wirksam zur Behandlung der Kreuzgallen. Hierzu wird eine Dosis von 5 mg im Tarsokruralgelenk installiert. Es muß erwähnt werden, daß die intraartikuläre Injektion von Palosein eine vorübergehende starke chemische Synovialitis hervorrufen kann.[424] Die Patientenbesitzer sollten hiervor rechtzeitig gewarnt werden. Bei Verwendung von gereinigtem Orgotein besteht diese Gefahr nicht, doch ist die Substanz in dieser Form noch nicht im Handel erhältlich.

Wenn die Möglichkeit dazu gegeben ist, so stellt die Synovektomie durch Bestrahlung eine weitere Behandlungsform dar.

Zwei bis drei Behandlungen mit 600 rad je Gelenkspalt an jeweils zwei bis drei Tagen bewirken eine Synovektomie, und die klinischen Erfolge sind bisher ermutigend.

Bei anderen Gelenkgallen beschränkt sich die Therapie bei Pferden im Training auf Druckverbände sowie osmotisch wirksame Stoffe. Bei Fehlen von Lahmheit oder Schmerzhaftigkeit handelt es sich bei einer Galle nur um einen Schönheitsfehler, bei dem kaum Indikationen für spezielle intraartikuläre Behandlungen bestehen.

Prognose. Die Prognose für die vollständige Ausheilung der idiopathischen Synovialitis muß immer vorsichtig gestellt werden, da keine Therapie in allen Fällen einen 100%igen Erfolg verspricht.

Traumatische Arthritiden

Der Begriff traumatische Arthritis beinhaltet im weitesten Sinn verschiedene pathologische und klinische Erkrankungen, die nach einem einmaligen oder wiederholten Trauma entstanden sind und entweder eine oder mehrere der folgenden Veränderungen aufweisen:
1. Synovialitis (Entzündung der Synovialmembran),
2. Kapsulitis (Entzündung der fibrösen Gelenkkapsel),
3. Distorsion (Verstauchung, Verletzung der Gelenkbänder),
4. intraartikuläre Frakturen sowie
5. Riß der Menisken im Kniekehlgelenk.

Aus jeder der oben genannten Veränderungen kann sich unter Umständen eine degenerative Gelenkerkrankung entwickeln. Zur leichteren Feststellung von Ursache und Therapie werden die Gelenktraumata in drei Krankheitsbilder eingeteilt:

Typ 1: Traumatische Synovialitis und Kapsulitis ohne Zerstörung des Gelenkknorpels oder Zerreißung wichtiger Unterstützungsstrukturen. Hierzu gehören die akute Synovialitis sowie die meisten Distorsionen.

Typ 2: Schweres Trauma mit Verletzung des Gelenkknorpels oder vollständiger Zerreißung wichtiger Unterstützungsstrukturen. Zu diesen Traumata gehören schwere Distorsionen (A), Riß der Menisken (B) sowie intraartikuläre Frakturen (C).

Typ 3: Posttraumatische degenerative Gelenkerkrankungen. Diese beinhalten schwere Traumata mit zurückbleibenden starken Schäden. Die betroffenen Gelenke sind deformiert, eingeschränkt beweglich oder instabil.

Traumatische Synovialitis und Kapsulitis (Typ 1 der traumatischen Arthritiden)

In diesem Abschnitt werden die Synovialitis und Kapsulitis allgemein, jedoch unter besonderer Berücksichtigung des hauptsächlich betroffenen Karpalgelenkes sowie des Fesselgelenkes (Articulatio metacarpophalangea bzw. metatarsophalangea), beschrieben. Distorsionen, Luxationen und intraartikuläre Frakturen werden gesondert behandelt.

Bezüglich des Ausdruckes Karpitis sowie des im amerikanischen Sprachraum gebräuchlichen Begriffes „osselet" bestehen einige Verwirrungen, weshalb diese zunächst definiert werden sollen. Die Karpitis ist eine akute oder chronische Entzündung des Karpalgelenkes (Articulatio carpi), bei der Gelenkkapsel, Synovialmembran, die assoziierten Bänder sowie die Knochen des Karpus mitbetroffen sein können. Auch die Entwicklung zu einer degenerativen Gelenkerkrankung ist möglich. In den folgenden Ausführungen soll der Begriff Karpitis als Synovialitis und Kapsulitis mit geringem Integritätsverlust der assoziierten Bänder verwendet werden (Typ 1 der traumatischen Arthritiden). Der im amerikanischen Sprachraum verwendete Ausdruck „osselet" wird als traumatische Arthritis des Fesselgelenkes definiert.[2] Es scheint jedoch geeigneter, den Begriff zur Beschreibung einer Umfangsvermehrung des Fesselgelenkes einschließlich einer Synovialitis und Kapsulitis der fibrösen Gelenkkapsel im Bereich der dorsalen Gelenkaussackung zu verwenden. Als Ausdruck der Chronizität kann es hier zu einer Verknöcherung kommen. Es handelt sich jedoch primär um eine traumatisch bedingte Kapsulitis. Insofern sollte nicht jede durch ein Trauma des Fesselgelenkes entstandene Synovialitis „osselet" genannt werden.

Pathogenese. Traumatische Synovialitiden und Kapsulitiden können als Folge eines einmaligen oder wiederholten Gelenktraumas entstehen. Am häufigsten wird diese Erkrankung in der Praxis im Fessel- oder Karpalgelenk des jungen Rennpferdes gesehen. Auftreten kann die traumatische Arthritis jedoch in jedem Gelenk; so wird sie auch im Sprunggelenk und im Kniegelenk gefunden. In Karpal- und Fesselgelenk ist ein ständig wiederkehrendes Trauma (Abnutzungstrauma) der wichtigste ätiologische Faktor und damit bedeutsamer als ein einmaliges Trauma. Galopprennen stellen z. B. eine hohe Belastung sowohl für die Weichteilgewebe als auch für die knöchernen und knorpeligen Anteile eines Gelenkes dar. Eine unzureichende Kondition führt hier zu einer frühzeitigen Ermüdung und Hyperextension des Karpus. Stellungsfehler bewirken ebenfalls eine übermäßige Belastung des Gelenkes. Die beschriebenen Zustände führen zu einer Verlagerung der Körpermasse auf den Dorsalrand des Karpalgelenkes, wodurch eine direkte Schädigung des Gelenkknorpels oder eine intraartikuläre Fraktur entstehen kann. Die Synovialmembran mit ihren Zotten wird ebenfalls traumatisiert, es kommt zur Synovialitis. Eine Kapsulitis kann sekundär aus der Entzündung der Synovialmembran entstehen. Eine primäre Kapsulitis tritt an den Ansatzstellen der Gelenkkapsel am Knochen auf, wo sich durch einen Riß eine Entzündung mit später folgender Knochenumbildung ausbildet. Die Wahrscheinlichkeit eines Kapselrisses kann durch eine Gelenkschwellung, verbunden mit einem Synovialerguß, erhöht werden.

Ähnliche Umstände führen auch zu Schäden des Fesselgelenkes. Eine Synovialitis bewirkt einen Synovialerguß und eine Kapseldehnung. Eine Kapsulitis kann ebenfalls auftreten. Sie ist hauptsächlich über der dorsalen Fesselgelenksausbuchtung lokalisiert und in diesem Gelenk klinisch bedeutsamer als im Karpalgelenk. Für das akute Stadium der Kapselentzündung wird im amerikanischen Sprachraum der Ausdruck „green osselet" verwendet. Die Reihenfolge des Auftretens der verschiedenen Veränderungen im Fesselgelenk ist nicht geklärt. Es scheint, daß der Synovialerguß in Verbindung mit der Synovialitis anfänglich auftritt, im weiteren Verlauf allerdings nur untergeordnete Probleme bereitet. Wird diese Veränderung jedoch nicht beachtet und das Training fortgesetzt, so kommt es zu einer Verdickung der fibrösen Gelenkkapsel und zu degenerativen Veränderungen.[133]

Kapitel 7: Erkrankungen der Gelenke   361

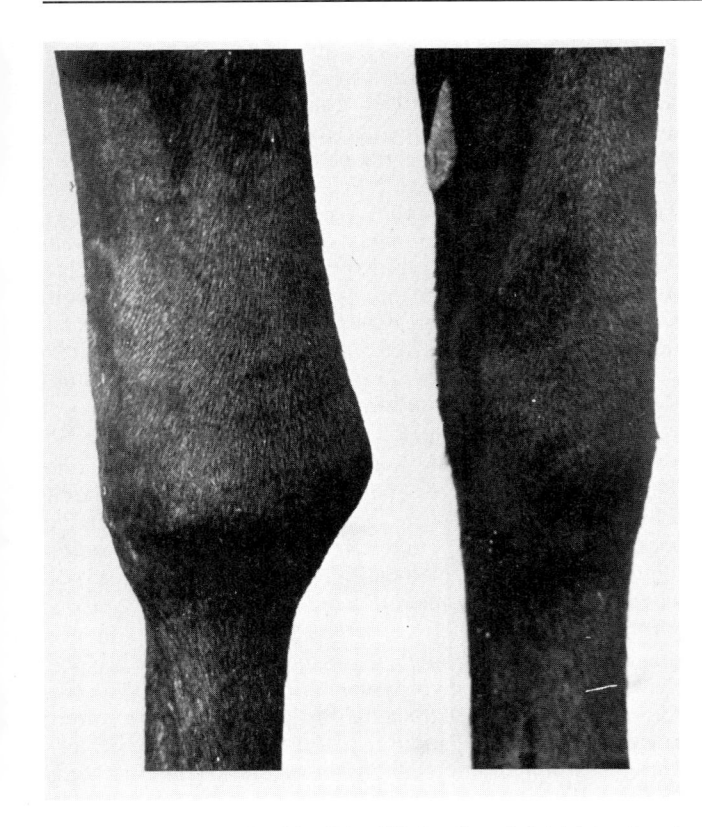

Abb. 7.25: Akute Karpitis. Die Gliedmaße wird leicht gebeugt gehalten.

Eine direkte Schädigung der fibrösen Gelenkkapsel mit Erschütterung oder Zerrung der fibrösen Anheftungsstelle am Knochen wird als wichtigster Faktor in der Pathogenese der Fesselgelenkentzündungen angesehen. Risse im Bereich des Gelenkkapselansatzes bleiben im weiteren Verlauf nicht nur eine Weichteilschädigung. Dorsal am distalen Ende des Os metacarpale III sowie am proximalen Ende des Fesselbeines entstehen sekundär durch die Schädigung des Periostes Knochenzubildungen. Knorpeldegenerationen können sich ebenfalls entwickeln. Zusätzlich oder unabhängig davon kann es zur Zerrung im Bereich des Ansatzes der Sehne des Musculus extensor digitalis lateralis kommen, was auch allein eine Periostitis bewirken kann.

Klinische Symptome. Die akute Karpitis zeigt sich durch eine Lahmheit mit Verkürzung der Kranialphase der Gliedmaßenführung, die durch eine verminderte Karpalbeugung zustande kommt. Eine allgemeine Umfangsvermehrung entsteht durch die Schwellung der Gelenkkapsel, die unterschiedlich stark ausgeprägt sein kann und unter Umständen auch anderes periartikuläres Gewebe betrifft. Die Pferde neigen dazu, im Stand den Karpus leicht gebeugt zu halten (Abb. 7.25). Dadurch wird das Volumen innerhalb der Kapsel maximal vergrößert und der intrakapsuläre Druck vermindert.[217] Die Druckpalpation des Gelenkes ist unter Umständen schmerzhaft. Um den Grad der Schmerzhaftigkeit oder eine eventuell vorhandene Bewegungseinschränkung des Gelenkes festzustellen, kann eine Karpalgelenksbeugeprobe durchgeführt werden.

Bei chronischen Karpalgelenkentzündungen ist eine Lahmheit bei langsamer Bewegung der Tiere nicht immer vorhanden. Durch eine Karpalgelenksbeugeprobe kann auch hier die Lahmheit verstärkt werden. Eine harte Verdickung ist eventuell in chronischen Fällen an der dorsalen Fläche des Karpus palpierbar, und mittels Röntgenaufnahmen muß ermittelt werden, inwieweit die Schwellung fibrös ist oder von Knochenzubildungen ausgeht. Auf der Röntgenaufnahme sind gegebenenfalls auch Exostosen am Dorsalrand der Karpalknochen zu erkennen, die von früheren Zerrungen des Gelenkkapselansatzes stammen (Kapsulitis) (Abb. 7.26). Diese Exostosen müssen nicht unbedingt ein Zeichen für degenerative Gelenkerkrankungen sein und sind klinisch unproblematisch, solange sie nicht die Gelenkoberflächen betreffen. Pferde mit Synovialitiden und Kapselentzündungen in beiden Fesselgelenken zeigen einen abgehackten Gang. Ist nur eine Gliedmaße betroffen, so ist eine deutliche Lahmheit sichtbar. Die Synovialitis wird an dem Gelenkerguß und der damit verbundenen Ausbuchtung des palmaren Gelenksackes diagnostiziert. Schmerzhaftigkeit und vermehrte Wärme können ebenfalls vorhanden sein. Die Gelenkkapselentzündung ist an der Umfangsvermehrung der dorsalen Fesselgelenkfläche zu erkennen. Diese Schwellung kann sich auch medial und lateral ausdehnen und den halben Gelenkumfang betreffen. Während der akuten Phase ist das Pferd im Bereich des Fesselgelenkes sehr empfindlich und zieht die Gliedmaße auf Druck sofort zurück. In späteren Krankheitsstadien fühlt sich die Umfangsvermehrung unter Umständen hart an, und ein Palpations- oder Beugeschmerz ist dann sehr unterschied-

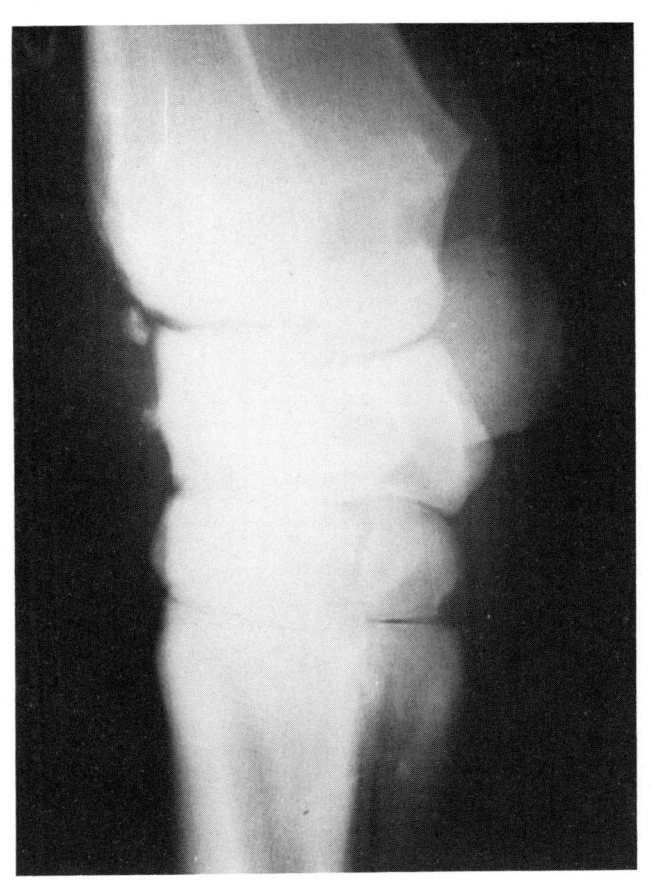

Abb. 7.26: Röntgenaufnahme eines Corpus liberum im Karpalgelenk mit chronischen Exostosen an der Dorsalfläche der Karpalknochen.

lich ausgeprägt. Röntgenaufnahmen sollten angefertigt werden, um mögliche Knochenzubildungen erkennen und deren Beziehung zur Gelenkoberfläche beurteilen zu können. In frühen Erkrankungsstadien sind keine röntgenologisch feststellbaren Veränderungen zu finden, später sind eventuell Knochenzubildungen proximodorsal am Fesselbein darstellbar und können auch am distalen Ende des Os metacarpale III sichtbar sein. Zusätzlich kann es in der Gelenkkapsel selbst zur Kalzifizierung kommen. Bei einer chronischen Entzündung des Fesselgelenkes werden oft auch Umbauvorgänge am distalen Ende des Os metacarpale III röntgenologisch nachgewiesen (Abb. 7.27).

Traumatische Arthritiden des Kniegelenkes sind teilweise schwieriger diagnostizierbar. Es besteht eine Lahmheit, und anhand der Empfindlichkeit sowie der Anschwellung der Kapsel des Kniescheibengelenkes durch einen ausgedehnten Synovialerguß ist die Lokalisation der Erkrankung auf den Bereich des Knies möglich. Bei Pferden stellt eine Anschwellung der sehr straffen medialen oder lateralen Kapsel des Kniekehlgelenkes kein regelmäßiges Symptom für Erkrankungen des Knies dar.

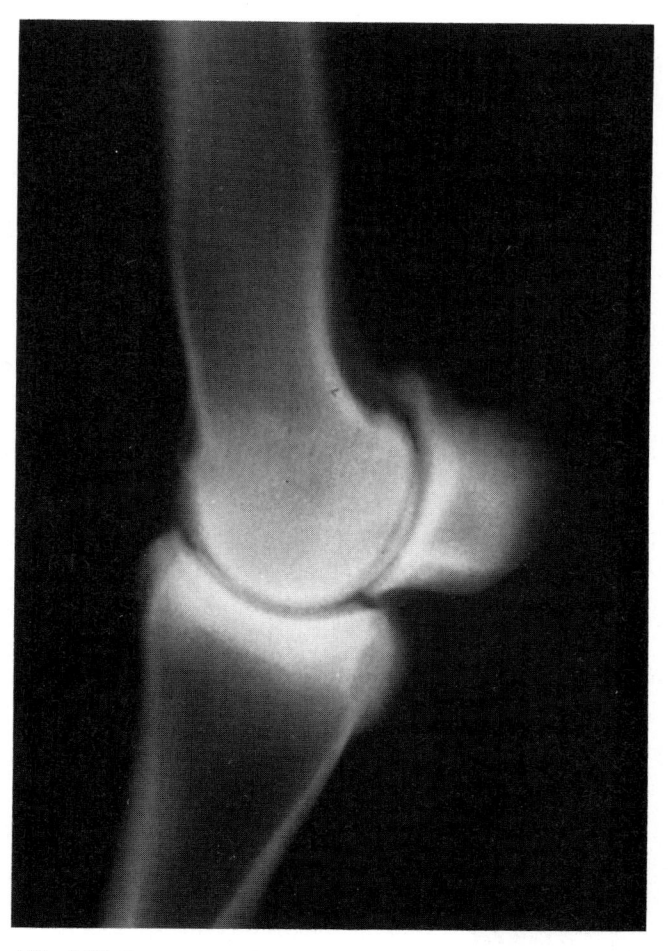

Abb. 7.27: Röntgenaufnahme vom Fesselgelenk (Articulatio metacarpophalangea). Verlust der Substantia compacta an der Palmarfläche des distalen Endes des Os metacarpale III aufgrund von Druck durch entzündliche Veränderungen und Fibrosen der palmar gelegenen Gelenkkapselaussackung.

Eine mechanische Beeinträchtigung der Bewegung kann ebenfalls beobachtet werden.[418] Zur Diagnosefindung am Kniegelenk werden häufig eine Synoviauntersuchung sowie eine intraartikuläre Anästhesie durchgeführt, während in Fessel- und Karpalgelenk die diagnostischen Injektionen oftmals nicht erforderlich sind. Die intraartikuläre Anästhesie ist zur Feststellung einer Synovialitis im Kniescheibengelenk sehr nützlich. Aber Zerreißungen von Bändern oder Menisken müssen nicht immer auf die diagnostische Injektion ansprechen. Zum Ausschluß von Knochenschäden sollten Röntgenaufnahmen des Knies angefertigt und mittels Beugeproben (siehe Seite 125 bis 128) die Möglichkeit von Zerreißungen von Bändern und Menisken ausgeschlossen werden.

Traumatische Arthritiden der Articulatio tarsocruralis manifestieren sich als Synovialerguß, verbunden mit Lahmheit, vermehrter Wärme sowie periartikulärer Schwellung. Um ernstere Erkrankungen abgrenzen zu können, ist die Anfertigung von Röntgenaufnahmen angezeigt. Speziell eine Synovialitis des Tarsokruralgelenkes scheint mit einer massiven Proliferation der Synovialzotten einherzugehen.

Diagnose. Eine Karpitis ist normalerweise anhand der oben beschriebenen Symptome leicht zu diagnostizieren. Allerdings muß zum Ausschluß intraartikulärer Frakturen sowie zur Erkennung anderer pathologischer Veränderungen eine Röntgenuntersuchung erfolgen.[282] Dabei ist eine Tangentialaufnahme vom Karpus zur Darstellung von totalen oder unvollständigen Frakturen des Os carpale III nützlich.

Die Diagnose der traumatischen Arthritis vom Typ 1 des Fesselgelenkes erfolgt ebenfalls anhand der aufgeführten klinischen Symptome. Zur Feststellung periostitisbedingter Knochenzubildungen sowie zur Beurteilung von Lokalisation und Ausmaß dieser Exostosen müssen immer Röntgenaufnahmen angefertigt werden. Daneben ist die Röntgenuntersuchung auch zum Ausschluß von Chip-Frakturen am Fesselbein sowie einer Osteochondrosis dissecans des Sagittalkammes der distalen Gelenkfläche des Os metacarpale III notwendig. O'BRIEN beschreibt, daß intrakapsuläre Fesselgelenkschwellungen beim Rennpferd oftmals schwere Knochen- und Knorpelläsionen anzeigen.[279] Im Gegensatz dazu beobachtet NILSON hauptsächlich Erkrankungen der Weichteilgewebe bei schmerzhaften Zuständen im Fesselgelenk.[270]

Eine Analyse der Synovia sollte bei Vorliegen traumatischer Arthritiden möglichst oft durchgeführt werden. Sie dient beispielsweise zur Feststellung des häufig stark variierenden Entzündungsgrades und ermöglicht die Überwachung der Therapie. Die Analyse der Synovia wird oftmals unterschiedliche, uncharakteristische Ergebnisse liefern, einige spezifische Veränderungen können jedoch bei traumatischen Arthritiden gesehen werden. Die relative Viskosität nimmt ab, und die Muzinpräzipitatqualität variiert zwischen mäßig und sehr schlecht. Der Proteingehalt sinkt normalerweise auf 2,5 bis 4,0 g/dl, gelegentlich können auch Werte über 5,0 g/dl beobachtet werden. Der Leukozytengehalt liegt in den meisten Fällen zwischen 300 und 10 000 pro mm^3, in einzelnen Fällen kann er sogar noch darüber liegen. Die Anfertigung des roten Blutbildes bringt keine wesentlichen zusätzlichen Informationen. Es sollte bedacht werden, daß in einer Probe, die innerhalb weniger Stunden nach einem Trauma gewonnen wurde, immer eine Hämarthrose zu finden ist, nach 12 bis 24 Stunden kann der Erguß jedoch bereits wieder von Blut geklärt sein. Bei Untersuchungen zur Enzymaktivität in der Synovia werden regelmäßig erhöhte Werte gefunden. Die Analyse der Synovia ist auch zum Ausschluß eventuell bestehender Gelenkinfektionen eine wertvolle Vorsichtsmaßnahme.

Beobachtungen des Autors über chirurgische Eingriffe während der Arthroskopie an 800 Karpalgelenken zeigen lediglich begrenzte Möglichkeiten, mittels Röntgenuntersuchung das Ausmaß von Knorpelschäden beurteilen zu können. Der Nutzen einer arthroskopischen Untersuchung kann aus diesem Grund nicht hoch genug bewertet werden.

Therapie. Es gibt eine Vielzahl von Behandlungsmethoden der akuten Synovialitis mit oder ohne gleichzeitig bestehender Kapsulitis. Ziel jeder Therapie ist es, das Gelenk schnellstmöglich wieder zur physiologischen Norm zurückzubringen. Einerseits soll dem Patienten Erleichterung verschafft und eine Rückkehr zur normalen Arbeit ermöglicht werden; andererseits ist die Therapie der Synovialitis und Kapsulitis von großer Bedeutung, um eine Gefährdung des Gelenkknorpels durch die Entzündungsprodukte und die damit verbundene Gefahr der Entwicklung einer degenerativen Gelenkerkrankung zu verhindern. Die letztgenannten Vorgänge werden im Abschnitt Pathogenese der degenerativen Gelenkerkrankungen (Osteoarthritis) auf den Seiten 388 bis 391 diskutiert. Am Kaninchen konnte experimentell eine Schwächung der intraartikulären Bänder sowie des Gelenkknorpels durch eine Gelenkentzündung nachgewiesen werden.

Ruhigstellung und Immobilisation. Der Nutzen von Ruhe bei einer akuten Entzündung und Kapselschädigung ist offensichtlich. Die wirtschaftlichen Erwägungen im Rennsport verhindern allerdings oftmals den Einsatz dieser Therapieform, die in vielen Fällen auch eine vollständige Regeneration erlauben würde. Unter Umständen fördert ein Stützverband die Heilung eines akut traumatisierten Gelenkes ebenfalls. Eine übermäßige Immobilisation kann wiederum zu Muskelatrophie und Verklebungen im Gelenk führen, und das Anlegen eines Gips-, Fiberglas- oder Kunststoffverbandes ist ausschließlich bei einer Bänderschädigung angezeigt. Die passive Beugung der Gliedmaße ist eventuell hilfreich, um die Beweglichkeit wiederzuerlangen, und in den meisten Fällen ist ein ruhiges Führen an der Hand zu empfehlen (siehe unten).

Physikalische Therapie. Sofort nach einem Gelenktrauma kann eine Behandlung mit Wasser nützlich sein. Obwohl die Anwendung von kaltem oder warmem Wasser allgemein umstritten ist, erscheint kaltes Wasser im akuten Stadium einer traumatischen Gelenkerkrankung zur Eindämmung der entzündungsbedingten Exudation und Diapedese sowie zur Verminderung eines Ödems angebracht zu sein.[2,138] Auch die Applikation von Eis bietet als sofortige erste Therapie bei den meisten akuten Gelenktraumata Vorteile. Nach 48 Stunden kann die Anwendung von heißem Wasser sinnvoll sein, um Schmerzen zu lindern und den Druck im entzündeten Gewebe zu vermindern. Daneben fördert der vasodilatative Effekt sowohl die Flüssigkeitsresorption als auch die Bereitstellung phagozytierender Zellen.[2]

In der Erholungsphase nach traumatischen Gelenkerkrankungen ist auch Schwimmen eingesetzt worden, um die Kondition der Pferde, trotz weiterer Entlastung der traumatisierten Gelenke, zu erhalten. Daneben trägt der massierende Effekt des Wassers an der Gliedmaße dazu bei, eine Gelenkkapselfibrose zu verhindern. Allerdings wird der Gelenktonus durch das Schwimmen nicht aufrechterhalten, so daß eine anschließende schnelle Rückkehr zu harter Arbeit für die Pferde eine Gefahr darstellt.

Passive Manipulationen, wie beispielsweise die wiederholte Beugung der Gliedmaße, können bei Gelenkschäden ebenfalls von Vorteil sein. Neuere experimentelle Untersuchungen haben gezeigt, daß die passive Bewegung der Gelenke sowohl der aktiven Bewegung, also mit Belastung der Körpermasse, als auch der Immobilisation vorzuziehen ist.[355] Dagegen wurde in einer anderen Studie die Notwendigkeit der Gelenkbewegung unter Belastung für die Erhaltung des normalen Gelenkknorpels beschrieben.[296] Es ist noch keine endgültige Entscheidung getroffen worden, welcher Kompromiß zwischen diesen beiden unterschiedlichen Auffassungen bezüglich der Rekonvaleszenz der traumatischen Arthritis vom Typ 1 geschlossen werden sollte. In der Zwischenzeit ist ein übermäßiges Bewegen an der Hand zu vermeiden.

Andere Behandlungsmethoden werden bei chronischen Synovialitiden und Kapselentzündungen eingesetzt. Dazu gehört beispielsweise die Reiztherapie mittels Zugsalben oder Kauterisieren. Diese Therapieverfahren waren in der Vergangenheit äußerst populär. Die dieser Behandlungsform zugrunde liegenden Überlegungen beruhen auf der Schaffung einer Hyperämie im betroffenen Gewebe. Allerdings stellen experimentelle Untersuchungen diese Hypothese in Frage.[240] Heute wird allgemein die bei dieser Therapie erzwungene Ruhe als Hauptwirkung angesehen. Auch Diathermie und Ultraschall wurden eingesetzt, um eine tiefe Wärme sowie eine vermehrte Vaskularisation und damit bessere Heilung zu erzielen.[138] Allerdings haben diese Techniken keinen großen Eingang in die Therapie der Gelenkerkrankungen gefunden. Die Hyperämie ist von nicht ausreichender Dauer, um eine Knochenresorption in chronischen Arthritiden zu bewirken. Linimente werden ebenfalls häufig verwendet.[2] Hierbei ist das Massieren während ihrer Applikation wahrscheinlich genauso wirkungsvoll wie ihre Fähigkeit zur Entwicklung vermehrter Wärme.

Dimethylsulfoxid (DMSO). Dieses polare chemische Lösungsmittel wird bei Pferden allein oder in Kombination mit Kortikosteroiden angewendet, um Weichteilschwellungen sowie Entzündungen nach akuten Traumata zu verringern.[169] Der größte Nutzen ist hierbei wohl die Reduzierung von Ödemen.[438] In neueren Untersuchungen wurde eine Peroxiddismutaseaktivität von DMSO gefunden, die eine Inaktivierung von Peroxidradikalen bewirken kann. Die Substanz besitzt außerdem die Fähigkeit, die Penetration verschiedener Stoffe durch die Haut zu verbessern. Über eine Erhöhung der perkutanen Penetration von Steroiden um das Dreifache bei Kombination mit DMSO ist berichtet worden.[438] Daneben ist bei Lösung von Kortison in DMSO eine Verdünnung von 1:1000 statt 1:10 zur Stabilisierung von Lysosomen ausreichend. Weitere Arbeiten haben eine Verbesserung der Durchblutung in experimentell angelegten Wundlappen sowie eine Vasodilatation nach DMSO-Applikation gezeigt. Dadurch wird unter Umständen der Rückgang von Weichteilentzündungen beschleunigt. DMSO ist bakteriostatisch und bewirkt

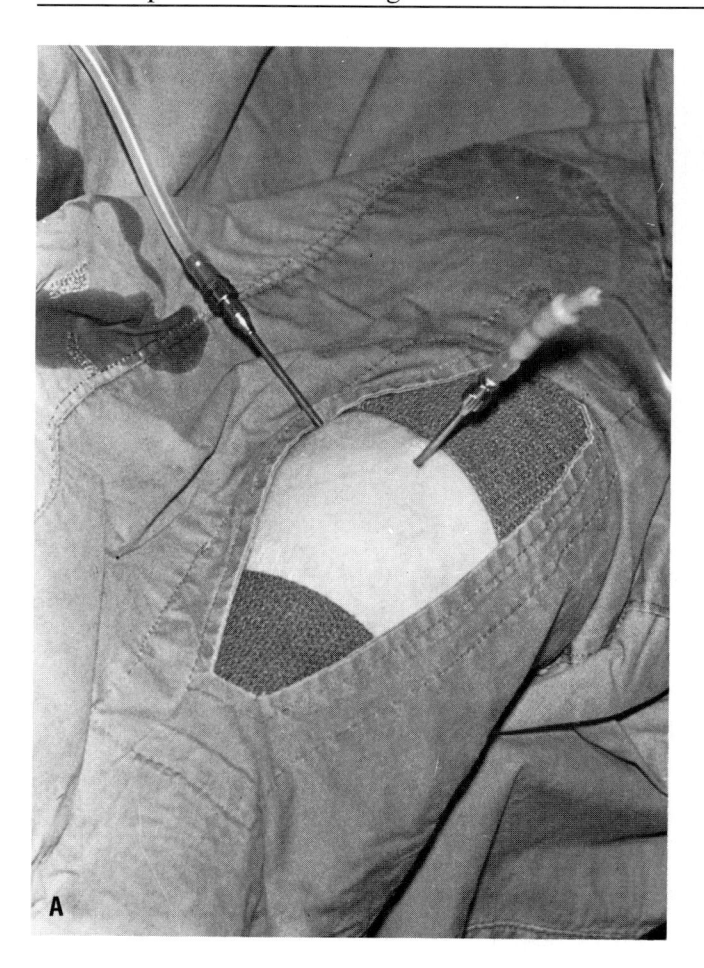

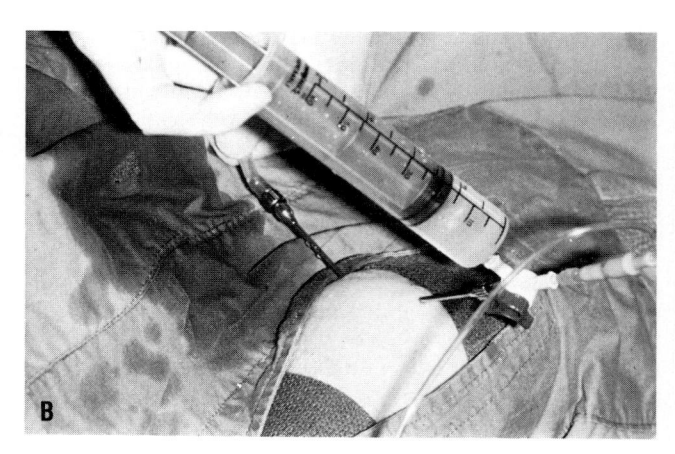

364 Kapitel 7: Erkrankungen der Gelenke

Abb. 7.28: Gelenkspülung bei einer traumatischen Arthritis. **A** An den einander gegenüberliegenden Seiten des Gelenkes eingesetzte Kanülen. **B** Gelenkspülung mit einer an einen Dreiwegehahn angeschlossenen Spritze zur periodischen Ausdehnung des Gelenkes.

eine Kollagenauflösung, die zur Wiedererlangung der Geschmeidigkeit des fibrösen Gewebes beitragen kann.[438]

Die genannten Eigenschaften lassen eine Anwendung bei Gelenkentzündungen geeignet erscheinen, und es ist eine signifikante Hemmung der Entwicklung einer Polyarthritis bei Ratten nach lokaler Anwendung von DMSO nachgewiesen worden. Das Präparat besitzt eine zur Arthritis deutlich antagonistische Wirkung, die anscheinend unabhängig von der Eigenschaft des DMSO ist, die Absorption von Kortikosteroiden zu fördern.[113] Daneben konnte beobachtet werden, daß bei Verwendung von DMSO als Trägersubstanz der lokale, der Arthritis antagonistische Effekt von Hydrokortison um das Zehnfache erhöht wurde.[87] DMSO wird bei Pferden auch zur Behandlung von Synovialitiden eingesetzt.[397] Es ist unbedingt zu beachten, daß nur das für den medizinischen Gebrauch bestimmte flüssige oder gelartige DMSO verwendet wird. Während der Applikation sollten Handschuhe getragen werden[351] (für zusätzliche Informationen siehe Seite 873 und 874).

Gelenkspülung. Diese Methode entstand ursprünglich zur Entfernung von Knorpeltrümmern, die eine Synovialitis hervorrufen können.[276] Die Auslösung einer Synovialitis mit Gelenkknorpelfragmenten und gereinigtem Chondroitinsulfat konnte experimentell nachgewiesen werden.[37]

Zusätzlich produziert eine entzündete Synovialmembran schädliche lysosomale Enzyme, wodurch eine weitere Indikation zur Gelenkspülung gegeben wird.

Die Gelenkspülung sollte in Allgemeinnarkose erfolgen. Nach dem Rasieren und der aseptischen Vorbereitung des Gelenkbereiches werden zwei 2,1–2,8 mm starke Kanülen in das Gelenk eingesetzt (Abb. 7.28 A). Anschließend werden die Schläuche zur Eingabe und Entnahme der Flüssigkeit angeschlossen. Das Gelenk wird dann mit 3 l steriler physiologischer Kochsalzlösung gespült. Die Synovia kann aufgefangen und betrachtet werden, das Gelenk sollte jedoch ständig durch Spülen mittels Spritze und Dreiwegehahn ausgeweitet werden (Abb. 7.28 B), um die Lösung von Fibrinverklebungen oder die Entfernung von anhaftenden Zelltrümmern aus dem Gelenk zu unterstützen. Die Verwendung einer Flüssigkeitspumpe kann Zeit sparen. Die klinischen Ergebnisse einer Gelenkspülung sind besonders bei Patienten mit schwerer Lahmheit und akuter Synovialitis befriedigend. Nach Abschluß der Spülung ist die Verabreichung von Medikamenten, wie z. B. Hyaluronat, möglich.

Die Gelenkspülung wird heute gewöhnlich während der Arthroskopie durchgeführt.

Intraartikuläre Kortikosteroidgabe. Die intraartikuläre Kortikosteroidgabe beim Pferd wurde zuerst 1955 beschrieben.[429] Seit dieser Zeit hat die Methode weitverbreitete Anwendung bei der Behandlung traumatischer und degenerativer Gelenkerkrankungen der Pferde gefunden.[102,187,291,413,419,422] Die Verwendung von Kortikosteroiden ist bei der Behandlung von Synovialitiden und Entzündungen der benachbarten Weichteilgewebe ebenso angezeigt, da es sich um die stärksten auf dem Markt erhältlichen Antiphlogistika handelt. Die Kortikosteroide können die Entzündung der Synovialmembran eindämmen und die Menge der für das Gelenk schädlichen Enzyme reduzieren. Die entzündungshemmende Wirkung der Kortikosteroide beruht auf verschiedenen Mechanismen. Das Ausmaß, in dem die Kortikosteroide in therapeutischen Konzentrationen die Lysosomen in vivo stabilisieren, ist fraglich, sie scheinen jedoch eine indirekt stabilisierende Wirkung zu besitzen.[368] Kortikosteroide hemmen nachweislich die Kollagenase- und Prostaglandinfreisetzung. Daneben verzögern sie die Leukozytenmigration und hemmen die Dilatation der Kapillaren, Ödeme und Fibrinniederschläge.[8,368] Ein Anheften der Leukozyten an den Kapillarwänden sowie eine Plättchenaggregation werden ebenfalls inhibiert.[368] Die Kininaktivität normaler Leukozyten wird blockiert. Daneben vermindern die Kortikosteroide die späteren zur Fibrose führenden Entzündungsreaktionen. Die Peroxidbildung durch die Leukozyten wird unterdrückt.[263]

In der Regel wird nach intraartikulärer Injektion von Kortikosteroiden eine deutliche Abnahme der Entzündungssymptome gefunden. Andererseits werden intraartikulär verabreichte Kortikosteroide auch als Ursache für andauernde degenerative Gelenkerkrankungen verantwortlich gemacht.[98,283] Die Rolle, die hierbei die Kortikosteroidinjektion spielen soll, ist umstritten. Eine Untersuchung zeigt beispielsweise das Fehlen von schlüssigen Beweisen für Arthropathien bei Rennpferden, die durch Kortikosteroide hervorgerufen worden sein sollen, wenn zur Zeit der Injektion keine röntgenologisch nachweisbaren Veränderungen vorhanden waren.[187] In einem anderen Bericht wird lediglich dann über das Auftreten von Arthropathien berichtet, wenn knöcherne Veränderungen bereits vor der Injektion vorhanden waren.[291] Pathognomische morphologische Schäden für eine kortikosteroidbedingte Arthropathie sind noch nicht gefunden worden.[307]

In Basisuntersuchungen sind ungünstige Wirkungen nach Kortikosteroidgabe festgestellt worden. So wird ein schädlicher Effekt auf die Chondrozyten beobachtet[370] und ein Glykosaminoglykanverlust im Gelenkknorpel sowohl nach der systemischen als auch nach der intraartikulären Gabe von Kortikosteroiden bei Kaninchen[218] sowie Hunden[46] beschrieben. Eine Abnahme der Elastizität und des Glykosaminoglykangehaltes in Verbindung mit einer progressiven Degeneration des Gelenkknorpels ist bei Kaninchen nach wiederholter intraartikulärer Injektion von Kortikosteroiden beobachtet worden.[170] Beschreibungen finden sich über einen in vitro festgestellten Proteoglykanverlust des Knorpels von Pferden, der in Methylprednisolon enthaltendes Kulturmedium verbracht wurde.[307] In einer anderen Untersuchung konnten dagegen keine schädlichen Wirkungen auf humane Knorpelsubstanz gefunden werden, wenn diese mit Hydrokortison in therapeutischen Dosen inkubiert wurden.[147] Es wurde oftmals betont, daß die negativen Wirkungen der Kortikosteroide auf die Proteoglykansynthese vollständig durch ihre positiven Eigenschaften, wie die Hemmung lysosomaler Enzyme und die Verhinderung der prostaglandininduzierten Zerstörung der Proteoglykane, aufgewogen werden.[118] Die Erholung von der Glykosaminoglykanabnahme kann bis zu sechs Monate nach der intraartikulären Kortikosteroidtherapie andauern.[16] Kürzlich wurde gezeigt, daß Veränderungen der Chondrozyten innerhalb von 24 Stunden nach der intraartikulären Gabe von Kortikosteroiden auftreten können.[369] Die möglichen Folgen eines fortgesetzten Trainings auf den geschädigten Knorpel sollten immer berücksichtigt werden, wenn Kortikosteroide intraartikulär verabreicht werden, besonders bei wiederholten Injektionen. Bei gleichzeitiger Ruhe ist die Anwendung von Kortikosteroiden zur Entzündungshemmung bei traumatischen Synovialitiden durchaus nützlich. Bei Rennpferden werden gewöhnlich Training und Rennen nach der Gabe dieser Substanzen fortgesetzt, und sowohl der Tierarzt als auch der Patientenbesitzer sollten sich der möglichen schädlichen Wirkung bewußt sein.

Heute wird von vielen Autoren die Auffassung vertreten, daß Kortikosteroide starke Zerstörungen des Gelenkknorpels hervorrufen, ohne positive Wirkungen zu besitzen. Dabei tendieren, wie beschrieben, neuere Studien an Pferden dazu, gegen die Annahme von generellen, spezifisch kortikosteroidbedingten Verschlechterungen zu argumentieren. Jüngere Befunde über intraartikulär applizierte Kortikosteroide beim Menschen unterstützen die Ergebnisse dieser Studien, es handelt sich um eine in der Humanmedizin weit verbreitete Therapie.[118] Eine Kontraindikation stellt die Gelenkinstabilität durch Abnahme der Kapsel- oder Bänderunterstützung dar. Nach einer aktuellen Untersuchung von MEAGHER sind intraartikuläre Chip-Frakturen ebenfalls eine Kontraindikation.[234] Während die Ergebnisse dieser Studie hier nicht besprochen werden sollen, sind zumindest einige Anmerkungen zu machen. Erstens wurden die verwendeten Pferde innerhalb von drei Wochen nach einer Arthrotomie sowie nach einer größeren Fraktur wieder gearbeitet, und die Unterschiede zwischen den beiden untersuchten Situationen könnten sehr wichtig sein. Zweitens ist die intraartikuläre Gabe von Kortikosteroiden anstelle eines chirurgischen Eingriffes für viele Rennpferde die einzige Alternative bzw. Überlebensmöglichkeit und besitzt dadurch bereits ihre Berechtigung. Aufgrund der Möglichkeit, chirurgische Eingriffe bei einer Arthroskopie durchzuführen, ist diese Situation heute allerdings weniger bedeutsam. Drittens zeigen Untersuchungen des Autors über chirurgische Eingriffe während der Arthroskopie an 800 Karpalgelenken eine geringe Korrelation zwischen einer intraartikulären Kortikosteroidgabe, dem Frakturtyp sowie einer Knorpeldegeneration.[204] Der unkritische Gebrauch von Kortikosteroiden ist sicherlich falsch, doch sollte diese Therapie auch nicht grundsätzlich abgelehnt werden. Mit systemischen Kortikosteroidgaben sind Osteoporosen und gefäßlose Nekrosen des Knochens in Verbindung gebracht worden.[261] Eine Prädisposition zu Trümmerfrakturen des Karpus von Pferden in Arbeit unter dem Einfluß von Kortikosteroiden ist möglich.[22] Diese Frakturen wurden jedoch auch ohne vorausgegangene Kortikosteroidgabe beobachtet.

Bis heute findet die intraartikuläre Kortikosteroidgabe Verbreitung im Rennsport, und diese Situation stellt einen Kompromiß zwischen optimaler Therapie und Wirtschaftlichkeit dar. In der Bundesrepublik Deutschland ist das Doping von Rennpferden verboten, und dieser Grund ist unter Umständen die Ursache für eine vermehrte intraartikuläre Anwendung von Kortikosteroiden. Andererseits werden zur Zeit neue Medikamente gegen Arthritiden entwickelt, und dadurch kann eventuell eine Abnahme der Kortikosteroidanwendung erfolgen.

Die folgenden Empfehlungen sind im Hinblick auf die intraartikuläre Verabreichung von Kortikosteroiden gemacht worden:

1. Zur Behandlung von Synovialitiden und Kapsulitiden können sie angezeigt und sehr effektiv sein.
2. Eine aseptische Technik ist obligatorisch.
3. Steroide sind kontraindiziert in Gelenken, die nicht röntgenologisch hinsichtlich morphologischer Veränderungen untersucht worden sind, oder bei Gelenkinstabilität.
4. Die Reaktion ist bei Vorliegen von degenerativen Gelenkerkrankungen weniger befriedigend.
5. Chirurgische Eingriffe sollten nach früherer Kortikosteroidgabe beim Pferd sehr vorsichtig angegangen werden. (Dies gilt weniger für arthroskopisch durchgeführte chirurgische Eingriffe.)
6. Kortikosteroide können die Heilung des Gelenkknorpels, der Gelenkkapsel, der Bänder und Knochen verzögern. Werden die Pferde zusätzlich harter Arbeit unterzogen, so verstärkt diese unter Umständen die bereits vorhandenen Schäden und Zerstörungen.[98]

Die drei zur Zeit wahrscheinlich am meisten verwendeten Kortikosteroide sind Betamethason (z. B. Celestovet® von TAD), Methylprednisolon 21-acetat (z. B. Depo-Medrate®H von Upjohn) und Triamcinolon 16α, 17α-acetonid (z. B. Volon A® von Albrecht) oder Triamcinolon hexacetonid (z. B. Lederlon®H von Cyanamid-Lederle). In einer Vergleichsuntersuchung erschien Betamethason dem Methylprednisolon in bezug auf einen schnelleren Wirkungseintritt (Rückkehr zur Rennleistung nach 2,97 bis 6,85 Tagen) und eine längere Wirkungsdauer (Unterdrückung des Gelenkergusses über 21 Tage) überlegen.[393] Allerdings beschrieb ein Autor eine regelmäßigere Wirkung von Methylprednisolon.[391] Allgemein werden dem Methylprednisolon länger anhaltende Effekte zugeschrieben. So ist es in der Synovia 21 Tage nachweisbar.[255]

Triamcinolon ist sicherlich das stärkste allgemein gebräuchliche Kortikosteroid und sollte auch erwähnt werden. Da das Risiko, mit Triamcinolon Hufrehe auszulösen, immer vorhanden ist, sollte eine Gesamtdosis von 20 mg nicht überschritten werden. Während eine Operation zwei bis drei Wochen nach Injektion von Betamethason oder Methylprednisolon kein besonderes Risiko mehr darstellt, sollte nach Triamcinolongabe mindestens zwei Monate oder länger gewartet werden.

Nichtsteroidale Antiphlogistika. Die Pharmaka dieser Gruppe besitzen entzündungshemmende, analgetische und antipyretische Wirkungen und werden bei Pferden zur Behandlung von Erkrankungen des Muskel- und Skelettsystems eingesetzt. Es gilt heute als gesichert, daß sowohl ihre therapeutischen Effekte als auch die meisten ihrer Nebenwirkungen auf der Hemmung der Prostaglandinsynthese beruhen.[368] In einem arthritischen Gelenk gehören die Synoviozyten, neutrophilen Granulozyten, Lymphozyten und Makrophagen zu den prostaglandinsezernierenden Zellen. Neben der bedeutenden Rolle der Prostaglandine für die Entwicklung von Synovialitiden wurden schon früher ihre nachteiligen Wirkungen auf den Gelenkknorpel beobachtet. Durch die Verhinderung der Prostaglandinfreisetzung im entzündeten Gewebe verhindern diese Medikamente eine durch mechanische Stimulation oder andere chemische Substanzen erfolgende Sensibilisierung von Schmerzrezeptoren.[368] Zu den beim Pferd verwendeten nichtsteroidalen Antiphlogistika gehören Phenylbutazon, Azetylsalizylsäure, Naproxen, Meclofenaminsäure und Flunixin-Meglumin.

Phenylbutazon (z. B. Equipalazone® von Hydro-Chemie oder Phenylbutazon 20 % Lsg. von Animedica oder Vetripharm) wurde jahrelang zur Behandlung von Gelenkentzündungen eingesetzt, und durch die Aufklärung seiner prostaglandinantagonistischen Syntheseaktivität wurden die wissenschaftlichen Grundlagen für seine Anwendung gefunden.[99] Es ist das am häufigsten verwendete Medikament aus dieser Gruppe. Phenylbutazon kann oral oder intravenös verabreicht werden, nach fehlerhafter Injektion können allerdings schwere Phlebitiden entstehen. Sogar bei sorgfältiger intravenöser Gabe wird die Vene durch wiederholte Injektionen gefährdet, so daß bei mehrmaliger Medikation die orale Applikation vorzuziehen ist. Die Dosierung beträgt 2 g ein- oder zweimal täglich. Wegen der weitverbreiteten Anwendung und der nur wenig beobachteten Probleme hat Phenylbutazon den Ruf eines sicheren Medikamentes erhalten. Inzwischen sind allerdings Berichte über toxische Nebenwirkungen nach Phenylbutazon, wie Ulzera in Ösophagus oder Magen bei Fohlen, Protein-loosing Gastroenteropathien und Nephritiden, erschienen. Deshalb ist beim Einsatz dieses Medikamentes Vorsicht geboten, es ist jedoch zur Zeit bei traumatischen Synovialitiden und Kapsulitiden der Pferde eine der brauchbarsten entzündungshemmenden Substanzen. Durch die Dopingbestimmungen wird die Anwendung von Phenylbutazon allerdings beschränkt. Die routinemäßige Anwendung zur postoperativen Behandlung von Pferden nach chirurgischen Gelenkeingriffen bringt ebenfalls Vorteile.

Azetylsalizylsäure (z. B. Aspirin®H von Bayer) kann als Pulver in einer Dosierung von 10 g/100 kg KGW ebenfalls eingesetzt werden. Wegen der sehr kurzen Halbwertszeit bei Herbivoren[9] wird Aspirin bei diesen Tieren sehr viel seltener als Phenylbutazon verabreicht. Einige Tierärzte berichten über gleich gute und in manchen Fällen sogar bessere Ergebnisse mit Aspirin. Dabei sollte allerdings beachtet werden, daß die Proteoglykansynthese im osteoarthritischen Gelenkknorpel durch Salizylate gehemmt wird[295] und experimentell erzeugte progressive Gelenkknorpeldegenerationen bei Kaninchen fortbestehen.[5] Insgesamt lassen die positiven klinischen Ergebnisse annehmen, daß die entzündungshemmende Wirkung von Azetylsalizylsäure gegenüber den schädlichen Einflüssen auf den Gelenkknorpel überwiegt.

Naproxen (z. B. Equiproxen® von Grüntex) ist ein neueres nichtsteroidales Antiphlogistikum, das zur Behandlung von Schmerzen, Entzündungen sowie Lahmheiten, verbunden mit Myositiden beim Pferd, angeboten wird. Sein Nutzen in der Therapie von Gelenkerkrankungen bei Pferden bedarf noch weiterer Untersuchungen, in experimentell erzeugten Synovialitiden erweist es sich als wirkungsvolle entzündungshemmende Substanz.[1] Es ist ein potenter Inhibitor der leukozytären Neutralprotease.[8] Zur Anwendung beim Pferd ist Equiproxen® als Granulat zur oralen Gabe erhältlich. Die Dosierung beträgt 10 mg/kg KGW.

Meclofenaminsäure Natriumsalz (z. B. Apirel® von Parke Davis) ist ebenfalls zur Anwendung am Pferd erhältlich. Spezielle Vorteile gegenüber den anderen Substanzen sind bei Pferden noch nicht gefunden worden. Meclofenaminsäure ist lediglich als Granulat zur oralen Applikation erhältlich. Die Dosierung beträgt 2,2 mg/kg KGW/Tag. (Für zusätzliche Informationen siehe auch Seite 870 bis 872 im Abschnitt Nichtsteroidale Antiphlogistika.)

Flunixin-Meglumin (z. B. Finadyne® von TAD) wird ebenfalls als entzündungshemmendes Medikament bei Erkrankungen des Muskel- und Skelettsystems angewendet. Es wird wegen seiner kombinierten entzündungshemmenden und endotoxinantagonistischen Wirkung häufiger in der Behandlung von Kolikern oder Abdominalchirurgiepatienten eingesetzt.

Peroxiddismutase; Orgotein (z. B. Palosein® von Grüntex). Der schädliche Effekt von Peroxidradikalen ist bereits beschrieben worden (siehe Seite 346). Orgotein ist die im Handel erhältliche Form der Peroxiddismutase. Die entzündungshemmenden Eigenschaften dieses Präparates beruhen einerseits auf seiner Fähigkeit, den Gehalt von O_2^- und $OH\cdot$ zu reduzieren, andererseits besitzt es eine stabilisierende Wirkung auf die Zellmembran von Phagozyten und Lysosomen.[111,252,354,368] Orgotein desoxidiert Peroxidradikale und verhindert ihre Freisetzung, wodurch der Abbau der Hyaluronsäure, der Proteoglykane und des Kollagens gehemmt und die Zellen vor einer Lysis geschützt werden. Gleichzeitig soll es die Einwanderung der neutrophilen Granulozyten unterstützen. Letztere phagozytieren die Zelltrümmer ohne gleichzeitige Freisetzung von lysosomalen Enzymen.

Orgotein wird zur Behandlung von entzündlichen Veränderungen bei Pferden systemisch, lokal und intraartikulär angewendet.[3,43,55,62,85,181] Zur Therapie von Arthritiden kann es sowohl systemisch[55] als auch intraartikulär[3,62] appliziert werden. Die intraartikuläre Injektion nach akuten Traumata soll, abhängig vom betroffenen Gelenk, in 80 bis 100 % eine Heilung bewirken. Die Substanz wird hauptsächlich bei akuten Gelenkerkrankungen eingesetzt, während die Orgoteininjektion bei chronisch degenerativen Gelenkerkrankungen nicht so erfolgreich ist.[3] Gegenüber nichtsteroidalen Antiphlogistika wird eine längere Wirkungsdauer angenommen.[368]

Über Vergleiche zwischen systemischer und intraartikulärer Applikation liegt noch kein Untersuchungsergebnis vor. Derartige Untersuchungen sind jedoch ebenso erforderlich wie weitere Informationen über die geeignete Dosierung bei intraartikulärer Gabe. Zur Zeit werden 5 mg sowohl systemisch als auch intraartikulär in größere Gelenke, wie z. B. das Tarsokruralgelenk, verabreicht, während in das Karpalgelenk 2,5 mg gegeben werden. Akute und schwerere Reaktionen als nach anderen intraartikulär verabreichten Medikamenten können auftreten, sie sind allerdings vorübergehender Natur.[424] Eine gereinigtere Form von Orgotein liegt heute für die Anwendung am Menschen vor, und in Untersuchungen des Autors wird diese zur Zeit an Pferden geprüft. Im Augenblick ist es schwierig, die momentane und zukünftige Bedeutung der intraartikulären Orgoteinbehandlung bei Synovialitiden und Kapsulitiden zu beurteilen. Hierbei ist zu bedenken, daß auch DMSO Peroxiddismutaseeigenschaften besitzt.

Natriumhyaluronat. Zur Behandlung von degenerativen Gelenkerkrankungen bei Pferden wurde 1970 die Verwendung von Hyaluronsäure oder besser seinem Natriumsalz, dem Natriumhyaluronat, in Verbindung mit Kortikosteroiden sowie deren klinischen Vorteile gegenüber der Verabreichung von Kortikosteroiden allein beschrieben.[353] Die ausschließliche Anwendung von Natriumhyaluronat bei Karpal- und Fesselgelenkerkrankungen wurde 1976 dokumentiert.[6] Seit dieser Zeit folgten weitere klinische Berichte[35,146,346,390] und experimentelle Untersuchungen[10,106,107] über seine Eignung bei Arthritiden der Pferde. Ein Problem in dieser Literatur stellt das Fehlen exakter Definitionen über die behandelte Erkrankung dar. Die den degenerativen Gelenkerkrankungen zugeordneten Veränderungen erwiesen sich bei Analyse der zur Einteilung verwendeten Kriterien in den meisten Fällen häufiger als Synovialitiden und/oder Kapsulitiden. Diese Unterteilung ist jedoch insofern bedeutsam, als das wichtigste Einsatzgebiet von Orgotein die Behandlung der Synovialitiden und Kapselentzündungen zu sein scheint. Die ursprünglichen Quellen von Natriumhyaluronat sind der Hahnenkamm und die menschliche Nabelschnur.

Die Hyaluronsäure ist ein sulfatfreies Glykosaminoglykan, das aus sich wiederholenden Einheiten von N-Azetyl-Glukosaminen und Natriumglukuronat zusammengesetzt ist (Abb. 7.29). Die Eigenschaften der Hyaluronsäure und ihre Funktionen in normalen Gelenken sind bereits diskutiert worden. Zusammenfassend dargestellt, fungiert das Hyaluronat als Grenzschichtschmierung der Synovialmembran[313] und beeinflußt wahrscheinlich durch Bildung eines räumlichen Hindernisses die Zusammensetzung der Synovia.[288] Nach dieser Auffassung schließt die Hyaluronatkette verschiedene gelöste Stoffe aus der Gelenkflüssigkeit aus. Die Qualität und der Zustand des unter pathologischen Bedingungen produzierten Hyaluronates können den entscheidenden Faktor für die restliche Zusammensetzung der Synovia darstellen. Ausreichende Mengen von Hyaluronat schützen den Gelenkknorpel vor dem Zutritt entzündlicher Enzyme. Daneben besitzt Hyaluronat entzündungshemmende Eigenschaften. In Untersuchungen an Faszien- und Sehnenverletzungen konnten Abnahmen der Entzündung und Fibrose sowie verminderte Adhäsionen gefunden werden.[352] Die beschriebenen positiven Eigenschaften sind auch nach Anwendung bei Synovialmembran- und Gelenkkapselentzündungen zu erwarten. Injiziertes Hyaluronat bewirkt an der Synovialmembran anscheinend eine Normalisierung der Hyaluronatsynthese, aber diese Hypothese ist erst indirekt bewiesen worden.[6]

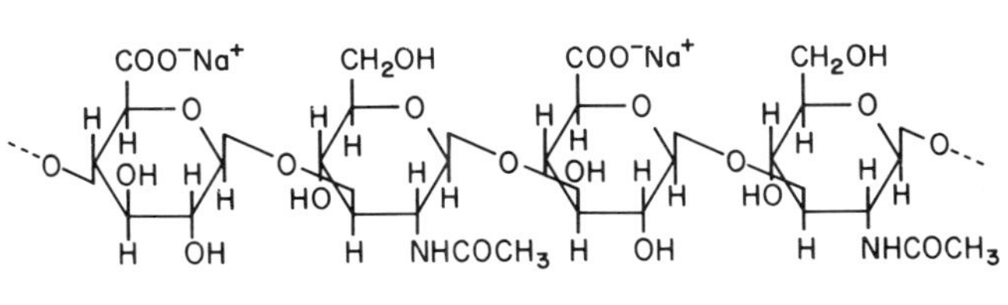

Abb. 7.29: Strukturformel von Natriumhyaluronat.

Durch Hemmung einer Synovialitis soll die Funktion und dadurch auch der Zustand der Synovialmembran verbessert werden. Die günstigen Effekte des Hyaluronates auf den Gelenkknorpel werden gegensätzlich beurteilt. In einer Studie wird über die Förderung der Heilung von Gelenkknorpeloberflächen nach experimenteller Knorpelschädigung berichtet.[352] Dagegen konnte in einer weiteren, sehr exakt durchgeführten Untersuchung nach der Hyaluronatinjektion kein Einfluß auf die Heilung von Knorpelläsionen oder von osteochondralen Veränderungen im immobilisierten oder beweglichen Gelenk festgestellt werden.[433] Die Inkubation von zerfallenen Proteoglykanuntereinheiten, wie sie im osteoarthritischen Gelenk gefunden werden, zusammen mit Hyaluronsäure kann zu einer Reaggregation führen.[25] Die therapeutische Bedeutung dieses Vorganges ist jedoch noch nicht dargelegt worden.

Bei entzündlichen Gelenkerkrankungen wird eine zur Schwere der Entzündung proportionale Viskositätsabnahme der Synovia festgestellt. Für die Verminderung der Viskosität sollen die Depolimerisation der Hyaluronsäuremoleküle sowie die Verdünnung durch den entzündlichen Erguß verantwortlich sein. Eine Degeneration der Hyaluronsäure konnte in vivo allerdings noch nicht nachgewiesen werden. Die Ursache für die veränderten Eigenschaften der Hyaluronsäure bei Gelenkentzündungen ist noch nicht bekannt. Pathologisch veränderte Synovia enthält entweder nur sehr wenig oder gar keine Hyaluronidase, und dialysierbare Degenerationsprodukte der Hyaluronsäure konnten auch noch nicht gefunden werden.[388] Eine Hyaluronsäuredegeneration durch Hyaluronidase konnte bis heute ebenfalls nicht gezeigt werden. Kürzlich ist die Darstellung einer direkten Degeneration des Hyaluronates, an der neutrophile Granulozyten und freie Peroxidradikale als Mediatoren beteiligt sein sollen, gelungen. Der Zusatz von Peroxiddismutase (Orgotein), durch die Peroxidionen direkt desoxidiert werden, konnte das Hyaluronat teilweise schützen.[120] Intakte Hyaluronsäure ist für lysosomale Karbohydrase, wie z. B. β-Glukuronidase oder N-Azetylglukosaminidase, nicht anfällig, wahrscheinlich werden die Enzyme durch räumliche Faktoren an Interaktionen mit dem hochpolymerisierten Substrat gehindert. Nach teilweiser Degenerierung durch Peroxidradikale wird das Hyaluronat, bei Zugabe von N-Azetylglukosaminidase, anfällig für eine weitere Viskositätsabnahme.[120]

Die Kenntnis über den Hyaluronatabbau bei entzündlichen Gelenkerkrankungen läßt das Hyaluronat zur Behandlung von Synovialitiden und Kapsulitiden nützlich erscheinen, und klinische Untersuchungen an Pferden bestätigen dies.[10,35,346,390] Die geeignete Dosierung wird unterschiedlich angegeben. Nach Dosis-Titrationsuntersuchungen[106] sind wahrscheinlich höhere Dosen notwendig, als früher angenommen wurde. Während eine Dosierung von 20 bis 40 mg bei einmaliger Verabreichung wirksam ist, erscheinen Dosen von 10 mg oder weniger zur Behandlung experimenteller Arthritiden nicht effektiv. Andere Untersucher halten die erforderliche Menge für geringer. Bei dem in der Bundesrepublik Deutschland zugelassenen Präparat, Healon® von Pharmacia, sind 20 mg in 2 ml gelöst. Mit dieser Dosierung sind gute Ergebnisse in Karpal- und Fesselgelenken erzielt worden. Allerdings beschränken die extrem hohen Kosten die Anwendung. Die Hyaluronsäure wird auf konventionelle Art intraartikulär verabreicht. Vor der Injektion sind folgende Kriterien zu berücksichtigen: Die intraartikuläre Anästhesie muß positiv ausfallen, degenerative Knochenveränderungen dürfen bei der röntgenologischen Untersuchung nicht vorhanden sein, und zusätzliche Bänder- oder Kapselveränderungen sind ebenfalls auszuschließen. Bei Vorliegen degenerativer Veränderungen ist der klinische Erfolg weniger befriedigend.[35,390] Die besten Erfolge werden bei Synovialitiden und Kapsulitiden in Fessel- und Karpalgelenk gesehen. Schlechtere Ergebnisse werden bei Chip-Frakturen im Karpalgelenk beobachtet. Dagegen kann der Patient bei kleineren Absprengfrakturen von der proximalen Phalanx im Fesselgelenksbereich nach Anwendung von Hyaluronsäure unter Umständen wieder in den Rennsport zurückkehren. Allgemein sollte ein Pferd fünf Tage nach der Injektion nur im Schritt bewegt und zwei Wochen nicht gearbeitet werden. Erste Reaktionen können frühestens drei bis fünf Tage nach der Injektion auftreten, und oftmals wird die Hauptwirkung erst nach 10 bis 14 Tagen eintreten.[35] In einer Veröffentlichung wird über die Rückkehr von behandelten Pferden zur vollen Trainingsleistung oder Rennen innerhalb von drei Tagen berichtet.[9] In Dosis-Titrationsuntersuchungen waren mit Ausnahme eines Pferdes alle innerhalb einer Woche nach der Behandlung vollständig lahmfrei.[106]

Natriumhyaluronat ist auch nach arthroskopisch durchgeführten chirurgischen Eingriffen eingesetzt worden. Obwohl hier einige positive Effekte beobachtet werden können, erscheint der routinemäßige Einsatz nicht notwendig.

Zusammenfassend bestehen die therapeutisch ausnutzbaren Wirkungen der Hyaluronsäure aus:
1. der Gleitwirkung für die Synovialmembran,
2. der Permeabilitätskontrolle in der Synovialmembran und Reduzierung von Gelenkergüssen sowie
3. einer direkt entzündungshemmenden, heilenden Wirkung auf Wunden.

Weniger sicher ist die Förderung der Gelenkknorpelheilung sowie die mögliche Reaggregation von Proteoglykanen. In den USA ist von mehreren Firmen die Zulassung für Hyaluronatzubereitungen beantragt worden, aber nur Hylartin V wurde zugelassen. In der Zwischenzeit haben Tierärzte verschiedene Präparate angewendet, darunter auch für Laboratorien hergestellte Hyaluronatzubereitungen. Trotz großer Nachfrage sollte ein Tierarzt vorsichtig sein, Zubereitungen mit fraglicher Wirkungsintensität, Sterilität und Antigenität zu verwenden.

Mucopolysaccharidpolyschwefelsäureester (Heparinoid). Diese Substanz ist in der Bundesrepublik Deutschland auch für das Pferd zugelassen. Einzelheiten über das Medikament sind auf Seite 394 zu finden.

Das Präparat hemmt verschiedene mit dem Proteoglykanabbau verbundene lysosomale Enzyme und fördert die Hyaluronsäuresynthese.[423] Dadurch wird die theoretische Grundlage für den Einsatz zur Behandlung von Synovialitiden und Kapsulitiden gegeben.

Synovektomie. Die sich aus der Entfernung hypertrophischer, entzündeter Synovialmembranen bei Pferden ergebenden Vorteile wurden vor einiger Zeit entdeckt.[78,322] Durch die zunehmende Kenntnis über die Bedeutung der

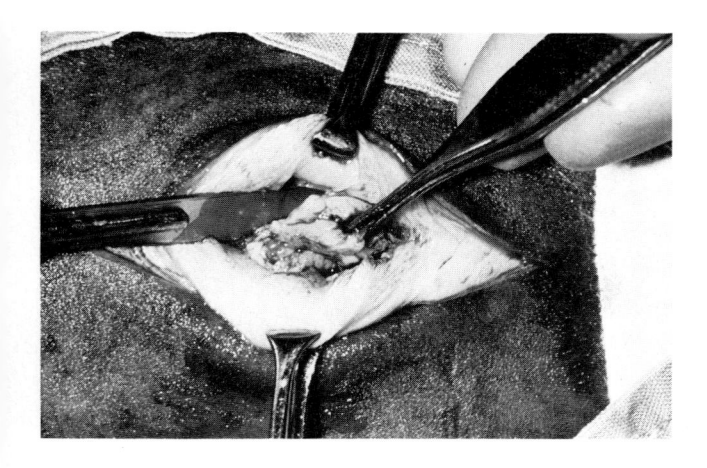

Abb. 7.30: Entfernung proliferierter Synovialmembran während der Arthrotomie des Karpalgelenkes.

Synovialitiden hat diese Therapieform weiteres Interesse gefunden. Die chirurgische Synovektomie ist eine weitverbreitete Methode zur Behandlung rheumatoider Arthritiden und juveniler chronischer Arthritiden beim Menschen.[112] Die Synovektomie kann von langfristigem Nutzen sein und hat den Bedarf an Gelenkprothesen deutlich gesenkt.[246] Eine hypertrophische Synovialmembran sollte während der Arthrotomie routinemäßig entfernt werden (Abb. 7.30), und eine Arthrotomie kann bei einigen Synovialitiden speziell zur Synovektomie angezeigt sein. Die Synovektomie bei Pferden mit akuten Entzündungen des Karpalgelenkes kann unter arthroskopischer Kontrolle durchgeführt werden, einige Skepsis besteht jedoch bei derartigen Eingriffen, da der Motor-getriebene Synovialresektor nicht zwischen Synovialmembran und fibröser Gelenkkapsel unterscheiden kann. Nach Untersuchungen des Autors sollten ausgedehnte Synovektomien während der Arthroskopie nicht durchgeführt werden. Zu den alternativen Methoden zur Synovektomie gehören die Bestrahlung[275] und die intraartikuläre Injektion von Osmiumtetroxid.[272] Beide Techniken werden beim Menschen angewendet; es liegen bis jetzt jedoch noch keine Untersuchungen über die Wirksamkeit der beiden Methoden bei Pferden vor. Allgemein wird die Synovektomie durch Bestrahlung beim Menschen für die einzig etablierte Alternative zur chirurgischen Entfernung der Synovialmembran angesehen. Vergleiche zwischen den beiden Techniken haben ähnliche Ergebnisse bezüglich Wirkungsstärke und -dauer gezeigt.[123] Die Injektion von radioaktivem Material ist ebenfalls theoretisch möglich; wegen der Gefahr des Auslaufens von injiziertem Material aus dem Gelenk ist diese Behandlungsmethode jedoch verboten.[275] Die Suche nach einem idealen Isotop besteht noch. Der Nutzen der Bestrahlungstherapie bei der Behandlung akuter und chronischer Gelenkerkrankungen wird im Abschnitt über degenerative Gelenkerkrankungen auf Seite 396 besprochen.

Zusammenfassend läßt sich sagen, daß die beschriebenen Methoden zur Behandlung akuter Synovialitiden und Kapsulitiden angewendet werden können. Für chronische Veränderungen sind diese Therapie-Verfahren nur teilweise geeignet. Der Tierarzt muß jedes Gelenk auf Anwesenheit von Entzündungen untersuchen und entscheiden, welche der beschriebenen Methoden geeignet ist. Eine Röntgenkontrolle sollte regelmäßig durchgeführt werden, um degenerative Gelenkerkrankungen auszuschließen, die eine sofortige Umstellung der Behandlung erfordern würden (siehe Seite 384 bis 396).

Chronisch proliferative Synovialitis (Synovialitis villosa)

Da die chronisch proliferative Synovialitis als fortgeschrittene Form einer Synovialitis und Kapsulitis im Fesselgelenk angesehen wird, erfolgt ihre Beschreibung an dieser Stelle. Die ursprüngliche Bezeichnung Synovialitis villosa entstand aufgrund der Ähnlichkeit zur nodulären Form der mit Zottenpigmentierung einhergehenden Synovialitis des Menschen.[268] Histologisch fehlt allerdings eine Hämosiderinpigmentierung der intrakapsulär vorhandenen Gewebsmassen. Beim Pferd tritt die Erkrankung im Fesselgelenk auf und wird durch die über mehrere Monate andauernde Bildung intrakapsulär liegender Gewebsmassen charakterisiert. Diese Massen stammen aus einer Gewebefalte, die normalerweise distal der dorsalen Ansatzstelle der Gelenkkapsel im proximodorsalen Gelenksack des Fesselgelenkes vorspringt. Histologisch ähneln diese nodulären Massen dichtem fibrösen Bindegewebe. Entzündungszellen können hier ebenfalls gesehen werden, aber die für die Erkrankung beim Menschen typischen mehrkernigen Riesenzellen und Schaumzellen (Xanthomzellen) werden nicht gefunden. In der Humanmedizin wird die Veränderung auch benignes Synovialom genannt, und der Zellgehalt der hierbei vorkommenden Gewebsmassen ist vielfältiger als bei Pferden.[229] Bei dieser Tierart erscheint die Bezeichnung chronisch proliferative Synovialitis geeigneter.[421]

Pathogenese. Pathogenetisch handelt es sich anscheinend um traumatische Ursachen, die denen der traumatischen Arthritiden im Fesselgelenk („osslet") vergleichbar sind. Erschütterungen sowie schwere Hyperextensionen des Gelenkes sind die wichtigsten Traumata des Kapselansatzes sowie der hier vorspringenden Gewebefalten. Die Entwicklung der intrakapsulären Gewebsmassen scheint die Reaktion auf wiederholte Traumatisierungen der genannten Gelenkstrukturen darzustellen. Wahrscheinlich bildet dieser Zustand die Endphase der akuten Synovialitis/Kapsulitis des Fesselgelenkes („green osslet"). Die Erosion der Kortikalis des distalen Endes des Os metacarpale III unter der Veränderung entsteht vermutlich durch den lokalen Druck der Gewebsmassen auf den Knochen. Beim Menschen wird allerdings die Invasion des Knochens durch die Gefäßlöcher als Ursache für entsprechende Veränderungen angesehen.

Symptome und Diagnose. Die Erkrankung tritt charakteristischerweise bei Rennpferden (Vollblütern) oder Quarter Horses auf, ist jedoch auch bei Standardbred-Pferden und Springpferden beobachtet worden. Typisch ist das Entstehen einer Lahmheit nach harter Arbeit, und oftmals wird in diesen Fällen eine traumatische Synovialitis und

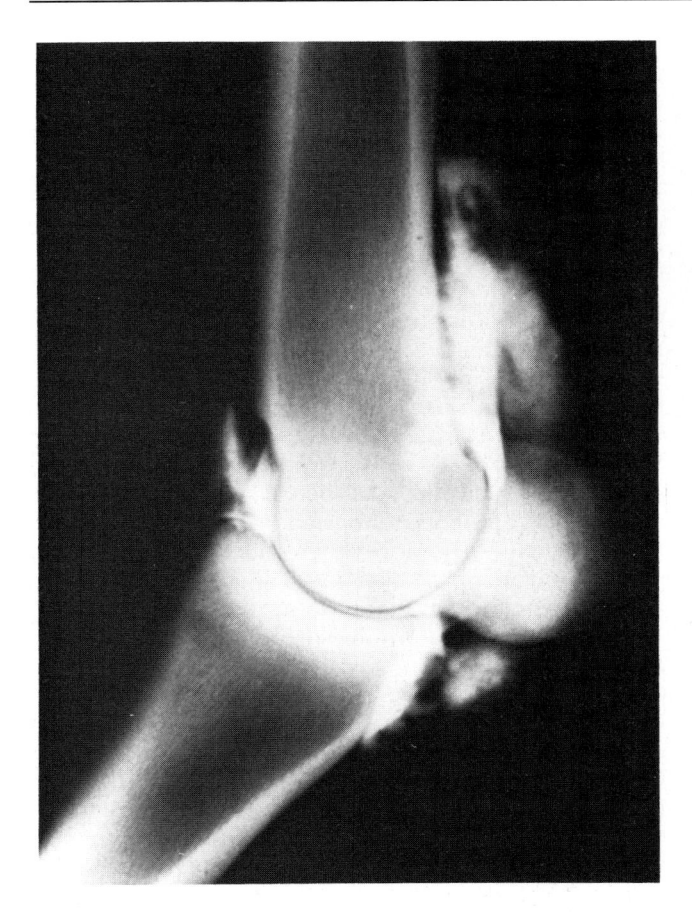

Abb. 7.31: Kontrastarthrographische Darstellung einer Synovialitis villosa des Fesselgelenkes (Articulatio metacarpophalangea). Durch proliferative Veränderungen entstandene Gewebsmassen füllen das Gelenk aus.

Kapsulitis („osselet") diagnostiziert und mit Kortikosteroiden, Kauterisieren, Blistern oder Ruhigstellung behandelt. Die Erkrankung ähnelt insofern der akuten Synovialitis und Kapsulitis des Fesselgelenkes („green osselet"), als auch hier ein Synovialerguß mit Gelenkausdehnung und eine charakteristische Weichteilschwellung an der dorsalen Gelenkoberfläche bestehen. Die Beugeprobe des Fesselgelenkes verläuft positiv. Röntgenaufnahmen des betroffenen Gelenkes lassen unter Umständen Erosionen der Kompakta am distalen Ende des Os metacarpale III proximal der Knochen-Knorpel-Grenze erkennen. Proximal dieser Erosion können auch vom Periost ausgehende Knochenzubildungen auftreten. Zur exakten Diagnosestellung muß eine positive Kontrastarthrographie durchgeführt werden, die in der proximodorsalen Gelenkregion den mit Gewebsmassen ausgefüllten Gelenkspalt zeigt (Abb. 7.31).

Therapie. Die Behandlung besteht in der chirurgischen Entfernung der Gewebsmassen nach Arthrotomie durch dorsalen Zugang entweder medial oder lateral der Sehne des Musculus extensor digitalis communis. In einigen Fällen dehnen sich die Gewebsmassen über die gesamte dorsale Oberfläche des distalen Endes des Os metacarpale III aus. Das Gewebe ist dorsal befestigt und erscheint als gelappte, fibröse Substanz (Abb. 7.32). Diese Gewebsmassen sowie das gesamte überzählige Weichteilgewebe werden entfernt. Vor kurzem wurde versucht, die Erkrankung chirurgisch während der Arthroskopie zu behandeln. Die Kürettage des betroffenen Knochens kann nicht empfohlen werden. Eine Therapie durch Bestrahlung, die mit 1200 rad durchgeführt wird, aufgeteilt auf vier einzelne Dosen an verschiedenen Tagen, beginnend drei Wochen nach der Chirurgie, ist ebenfalls beschrieben worden.[268] Der theoretische Hintergrund dieser Therapie ist der Versuch, eine anfängliche Umbildung der reaktiven Synovialmembran sowie des Kapselgewebes zu verhindern. Bevor die Pferde wieder ins Training genommen werden, bekommen sie sechs Monate Ruhe. Es sollte bedacht werden, daß die Veränderungen auch mit Chip-Frakturen des proximodorsalen Abschnittes des Fesselbeines vergesellschaftet sein können, und diese müssen ebenfalls chirurgisch entfernt werden.[421]

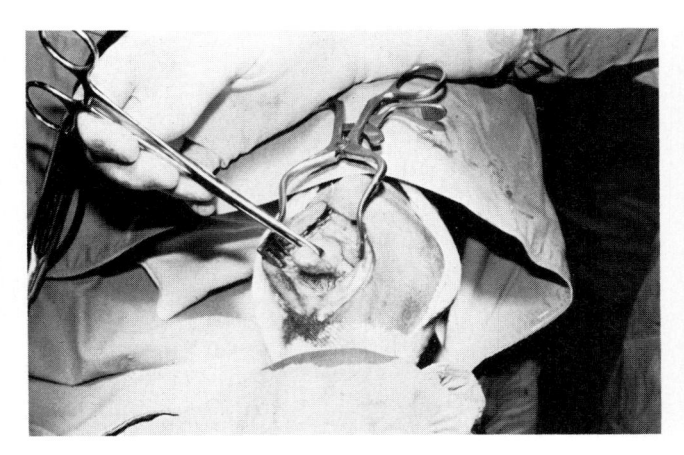

Abb. 7.32: Darstellung der Synovialitis villosa während der Operation.

Prognose. Die Prognose ist allgemein günstig. Postoperative degenerative Gelenkerkrankungen scheinen sich nicht zu entwickeln, allerdings sind erneut auftretende Veränderungen, die einen weiteren chirurgischen Eingriff erforderlich machen, beobachtet worden. Da diese Erkrankung wahrscheinlich durch ein chronisch einwirkendes Trauma entsteht, ist eine wiederholte Ausbildung der chronisch proliferativen Synovialitis bei wiederkehrendem Training mit Einwirkung der gleichen traumatischen Insulte nicht verwunderlich.

Distorsionen und Luxationen
(Typ 2A der traumatischen Arthritiden)

Distorsion. Die Distorsion oder Verstauchung kann als Überdehnung oder Zerrung der Bänder eines Gelenkes durch eine über den normalen Spielraum hinausgehende Bewegung definiert werden.[305] Bei der einfachsten Distorsion bestehen lediglich minimale Faserzerreißungen, Schwellungen, Schmerzen und Dysfunktionen. Schwerere Verstauchungen können die vollständige Ruptur der Bänder, ausgedehnte Schwellungen, Blutungen und Gelenkinstabilität hervorrufen, die ohne Behandlung unter Umständen bestehenbleiben. Bei normaler Kraftanwendung werden die Bänder gespannt, und bei darüber hinausgehender Beanspruchung geben sie dann an einer der Ansatzstellen oder innerhalb des Bandes nach. Das Abreißen des Bandansatzes einschließlich eines Knochenstückes wird auch Abrißfraktur genannt. Die Distorsionen können in verschiedene Formen mit jeweils unterschiedlicher Therapie eingeteilt werden.

Bei einer geringen Distorsion sind lediglich wenige Fasern gerissen, und es bestehen nur geringe Blutungen in das Band, ein Integritätsverlust liegt jedoch nicht vor. Solange kein intraartikuläres Band betroffen ist, besteht eine Kapsulitis, bei Schädigung eines Bandes im Gelenk liegt eine Synovialitis vor. Die geeignete Behandlung dieser Erkrankung beinhaltet Ruhigstellung und Anlegen eines Stützverbandes.

Bei einer mittelgradigen Distorsion ist das Band teilweise gerissen, und ein gewisser Funktionsausfall hält an. Das Ausmaß des Schadens variiert vom Riß eines relativ kleinen Bandanteiles bis zu der fast vollständigen Ruptur, eine ausgedehnte Retraktion der Bandenden ist jedoch nicht charakteristisch. Deshalb kann eine vollständige Wiedervereinigung durch Ausbildung einer Fibrose erfolgen. Bei hierfür geeigneten Gelenken ist unter Umständen das Anlegen eines Gips-, Fiberglas- oder Kunststoffverbandes zur Förderung der Heilung angezeigt. Das Gelenk erscheint eventuell locker, ein vollständiger Integritätsverlust der Bänder ist jedoch nicht vorhanden, und ein chirurgisches Vorgehen ist im allgemeinen nicht angezeigt.

Bei schwereren Distorsionen liegt ein vollständiger Funktionsverlust der Bänder bei gleichzeitiger Trennung der rupturierten Enden vor. Dieser Integritätsverlust der Bänder kann zur Luxation des Gelenkes führen. Ein chirurgischer Eingriff ist bei schweren Distorsionen allgemein indiziert, die Art ist jedoch abhängig vom betroffenen Band bzw. Gelenk. Die verschiedenen mit Bänderrupturen einhergehenden Luxationsformen werden im nächsten Abschnitt besprochen.

Luxation. Eine Luxation oder Dislokation des Gelenkes kann vollständig oder teilweise (Subluxation) ausgebildet sein. Bei den meisten Luxationen bestehen gleichzeitig ein Integritätsverlust eines oder mehrerer Gelenkbänder im Sinne einer schweren Distorsion sowie eine Schädigung anderer Gelenkstrukturen, wie der fibrösen Gelenkkapsel und der umgebenden Sehnen (Abb. 7.33). Vollständige Luxationen kommen meistens in Krongelenk, Fesselgelenk sowie Sprunggelenk vor. Luxationen des Krongelenkes können mit Abrißfrakturen des Kronbeines vergesellschaftet sein (Abb. 7.34) oder unabhängig von diesen auftreten (Abb. 7.35). In beiden Fällen kann eine gewisse Heilung durch einen über einen langen Zeitraum angelegten Gips-, Fiberglas- oder Kunststoffverband erreicht werden; mit degenerativen Gelenkerkrankungen ist jedoch zu rechnen. Ausnahmen sind allerdings beschrieben worden.[11] Die chirurgische Arthrodese ist beim Krongelenk oftmals angezeigt (Abb. 7.34). Subluxationen des Fesselgelenkes können in Verbindung mit der Ruptur eines Seitenbandes auftreten. Wegen der wichtigen Funktion dieses Gelenkes sollte die Integrität der Bänder erhalten bleiben und eine Ankylose vermieden werden. Auch das Anlegen eines Gips-, Fiberglas- oder Kunststoffverbandes ist eine mögliche Therapie. Um die Verlagerung eines rupturierten Seitenbandes zu vermeiden, wurde eine Überbrückung mit Schrauben oder Draht versucht. Degenerative Gelenkerkrankungen sind zwar nach Subluxationen des Fesselgelenkes zu erwarten, die chirurgische Arthrodese ist jedoch als letzte Therapiemöglichkeit anzusehen. Luxationen anderer Gelenke der Schultergliedmaße sind ungewöhnlich. Eine Verlagerung der Karpalknochen ist oft mit Splitterbrüchen verbunden.

Luxationen der verschiedenen Tarsalgelenksabteilungen sind nicht selten. Die schwerste Luxation wird in der Articulatio talocruralis beobachtet, bei der die Tibia kraniodistal verlagert wird.

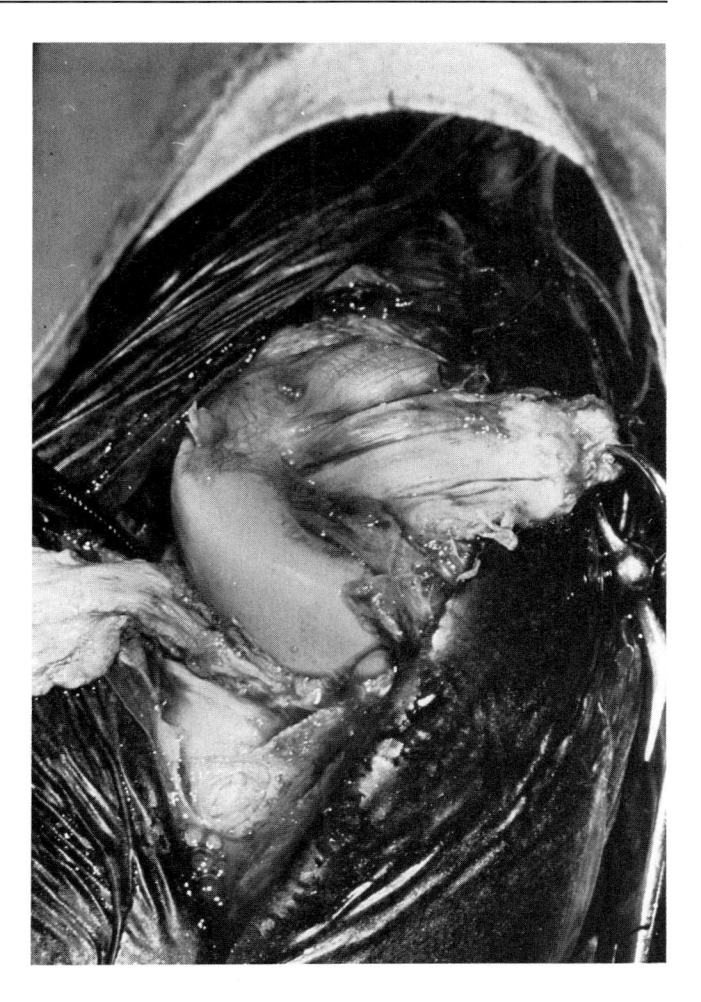

Abb. 7.33: Traumatische Luxation des Fesselgelenkes (Articulatio metacarpophalangea). Das rupturierte Seitenband wird mit Tuchklemmen gehalten.

Das Einrenken dieser Dislokation ist äußerst schwierig und oftmals gar nicht durchführbar. Luxationen des oberen Hinterfußwurzel-Mittelgelenkes (Articulatio talocalcaneocentralis et calcaneoquartalis) (Abb. 7.36) oder der Hinterfußwurzel-Mittelfußgelenke (Articulationes tarsometatarseae) nach schweren Traumata sind gewöhnlich leichter zu reponieren. Da Beweglichkeit im Bereich dieser beiden Gelenke nicht erforderlich ist, wird im allgemeinen mit den chirurgischen Eingriffen und Behandlungen eine Ankylose beabsichtigt. Mit ausschließlichem Anlegen eines Gips-, Fiberglas- oder Kunststoffverbandes sind die Erfolge unbeständig, und deshalb sollte eine chirurgische Arthrodese durchgeführt werden. Ein Schnitt durch Haut und Unterhautgewebe erlaubt im allgemeinen die Eröffnung des luxierten Gelenkes. Der Gelenkknorpel wird entfernt, und eine Fixation mit Überbrückung des Gelenkes kann versucht werden (Abb. 7.37). Nach chirurgischer Arthrodese innerhalb des Sprunggelenkes oder Krongelenkes verbleiben die Gliedmaßen sechs Wochen in einem Gips-, Fiberglas- oder Kunststoffverband.

Verschiedene Formen der Bänderdistorsionen und Gelenkluxationen können auch im Kniegelenk auftreten. Eine proximale Fixation der Patella führt zu einer Verlagerung derselben ohne Integritätsverlust der Bänder. Die Fixation besteht lediglich temporär, so daß die Erkrankung nicht als Luxation bezeichnet werden sollte.

372 Kapitel 7: Erkrankungen der Gelenke

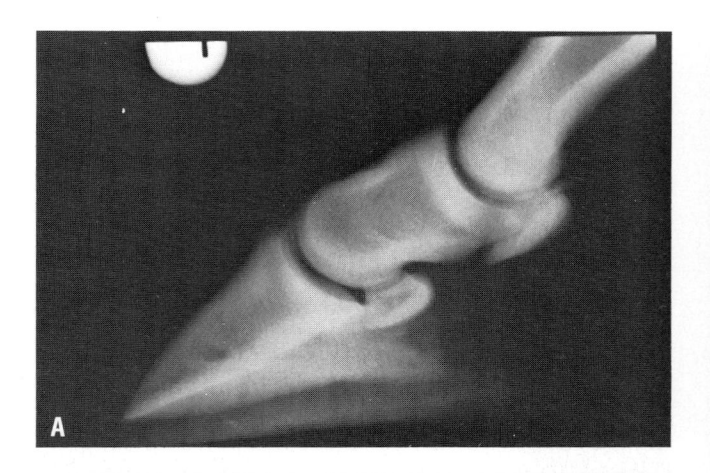

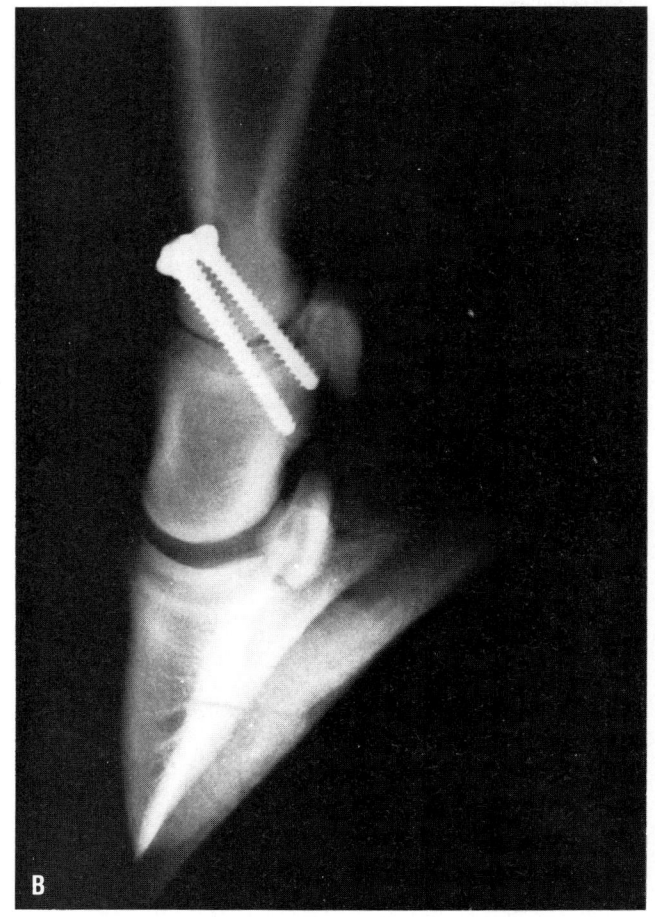

Abb. 7.34: Röntgenaufnahme einer Luxation des Krongelenkes verbunden mit einer Abrißfraktur palmar am proximalen Ende des Kronbeines. **A** Vor dem Eingriff. **B** Nach der chirurgischen Arthrodese.

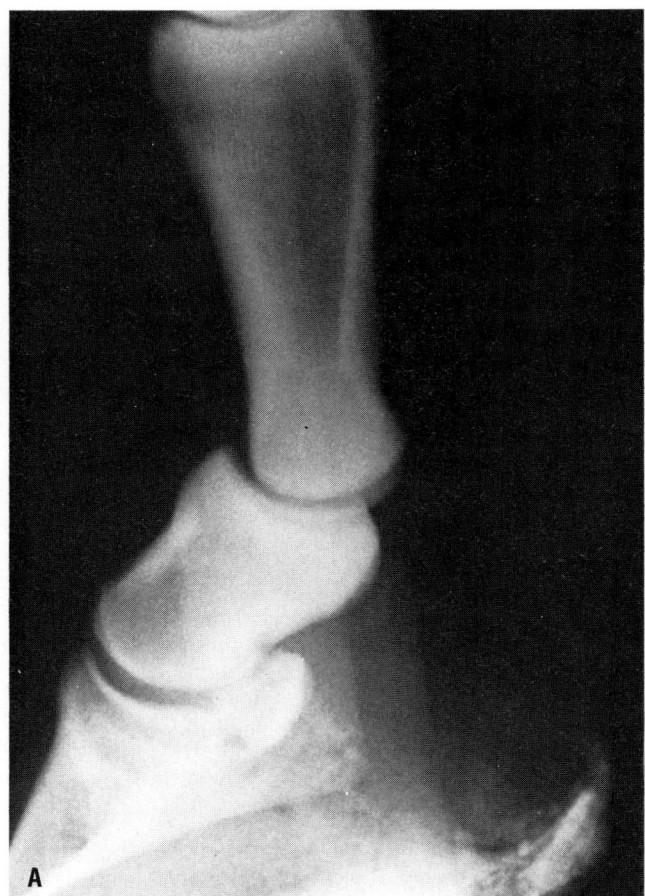

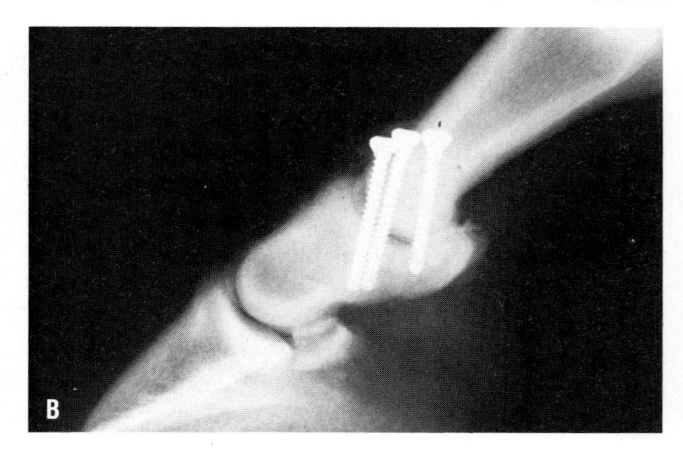

Abb. 7.35: A Röntgenaufnahme eines luxierten Krongelenkes ohne assoziierte Fraktur. **B** Röntgenaufnahme des Krongelenkes nach chirurgischer Arthrodese.

Es können auch angeborene Luxationen der Patella nach lateral oder medial auftreten, aber traumatische Luxationen in diese Richtungen sind noch nicht beschrieben worden. Laterale Luxationen treten unter Umständen in schweren Fällen einer Osteochondrosis dissecans mit hochgradigem Schwund des Condylus lateralis des Os femoris auf. Distale Patellaluxationen,[195] mit daraus resultierender Beugehaltung des Knies, sind beobachtet worden (Abb. 7.38). Die Luxation wurde in diesem Fall unter Narkose eingerenkt, und es bestand anscheinend kein Integritätsverlust der Bänder. Auch Rupturen der kollateralen oder gekreuzten Bänder werden bei Pferden gesehen. In beiden Fällen ist die Ursache entweder eine schwere Distorsion oder eine Abrißfraktur. So geht beispielsweise eine Abrißfraktur der Eminentia intercondylaris der Tibia gewöhnlich mit einer Ruptur einer. Bei der röntgenologischen Untersuchung der belasteten Gliedmaße wird eine unterschiedlich starke Vergrößerung des

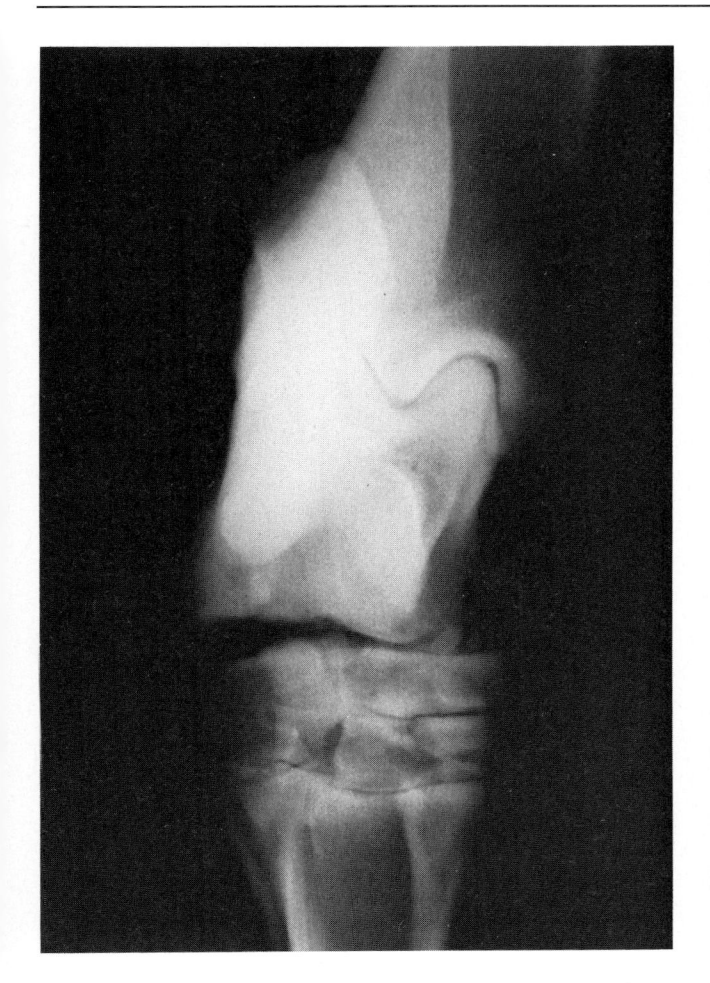

Abb. 7.36: Luxation des oberen Hinterfußwurzel-Mittelgelenkes.

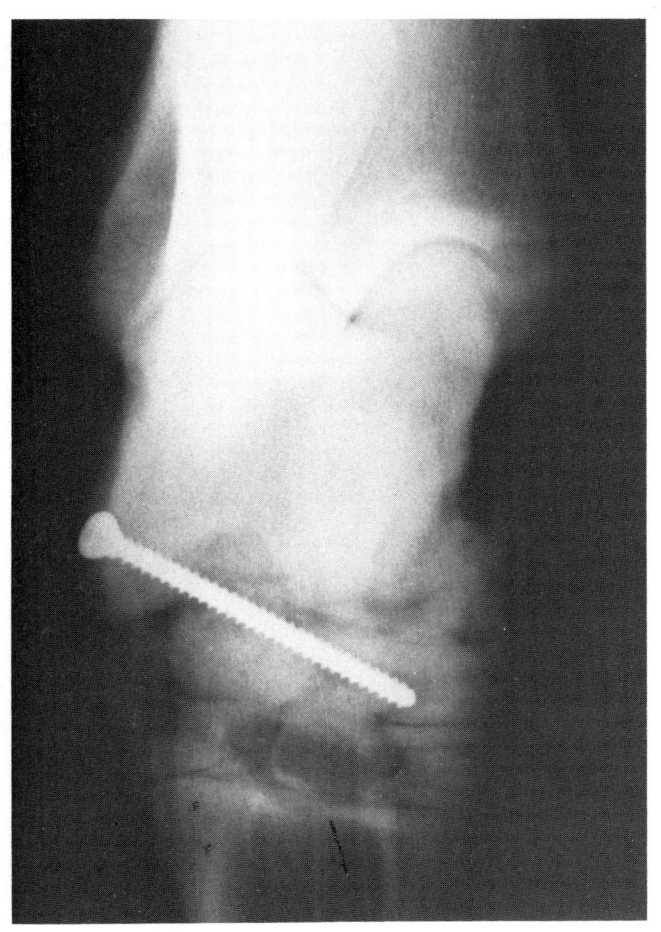

Abb. 7.37: Röntgenaufnahme nach chirurgischer Arthrodese des oberen Hinterfußwurzel-Mittelgelenkes. Das Gelenk wurde ausgeschabt und eine Schraube eingesetzt. Die gesamte Beckengliedmaße wurde mit einem Gipsverband für sieben Wochen immobilisiert.

Gelenkspaltes festgestellt (Abb. 7.39). Eine hochgradige Lahmheit besteht. Die Prognose bei Ruptur eines Seitenbandes ist vorsichtig zu stellen und bei Ruptur eines gekreuzten Bandes schlecht. Die Veränderungen werden oftmals durch Meniskusschäden kompliziert.
Bei Standardbred-Pferden entstehen manchmal Kniegelenkerkrankungen, die mit Bändermißbildungen einhergehen können. Durch nicht mehr straffe Kniescheibenbänder erscheint auch die Patella locker.[189] Dieser Zustand kann zu einer sekundären Gonitis führen, die wiederum eine Schmerzhaftigkeit im Knie und sekundär eine Empfindlichkeit in der Nachhand bewirkt. Die Erkrankung wird durch Injektion eines zur inneren Anwendung vorgesehenen Blisters in den Ansatzbereich der Kniescheibenbänder behandelt, und die entstehende Narbe führt zur Heilung.[38] Manchmal sind allerdings wiederholte Injektionen notwendig. Wahrscheinlich sind primär nicht die veränderten Kniescheibenbänder für die Erkrankung verantwortlich, sondern ein Konditionsmangel des Musculus quadriceps femoris mit daraus resultierender Lockerung der Patella. Deshalb erscheint eine geeignete Konditionierung die bessere Behandlungsmethode zu sein. Kniegelenksveränderungen können auch durch Erschütterungstraumata auftreten, die bei Verwendung schwerer Stollen oder anderer zusätzlich am Hufeisen angebrachter Hilfsmittel entstehen. Derartige Hufeisen erhalten gewöhnlich die Standardbred-Pferde, die im Winter Rennen laufen sollen. Anscheinend führen die Erschütterungen zu einer Art Distorsion der Bänder des Knies.
Bei Pferden sind Luxationen des Hüftgelenkes vor allem wegen des Verstärkungsbandes (Ligamentum accessorium ossis femoris) selten. Das Azetabulum wird vom faserknorpeligen Labrum acetabulare umgeben. Zusätzlich zum Femurkopfband (Ligamentum capitis ossis femoris) zieht das Verstärkungsband von der Sehne des Musculus rectus abdominis durch die Incisura acetabuli (begrenzt durch das Ligamentum transversum abdominis) zum Femurkopf. Eine Hüftgelenksluxation wird gewöhnlich von einer proximalen Patellafixation begleitet.[17] Wahrscheinlich bleibt die Kniescheibe nur bei einer Dislokation der Hüfte permanent proximal fixiert. In diesem Fall verliert der Musculus rectus femoris durch die entstehende Rotation der Gliedmaße seine normale Funktion und ist nicht mehr in der Lage, die Kniescheibe freizugeben.[320] Das Einrenken einer Luxation des Hüftgelenkes ist durch

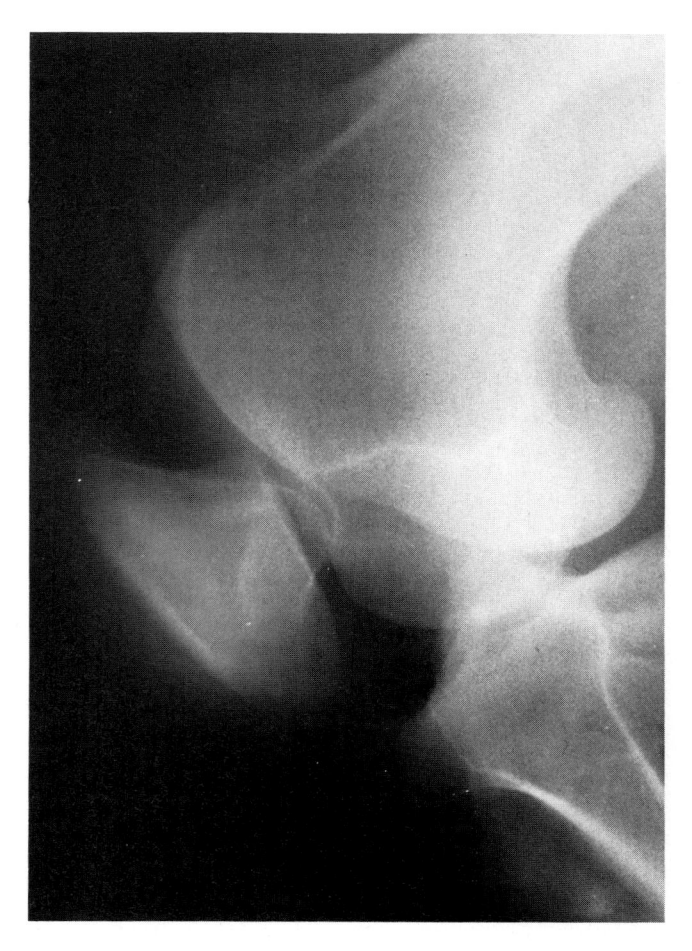

Abb. 7.38: Distale Luxation der Kniescheibe (mit Genehmigung des J. Am. Vet. Med. Assoc.).

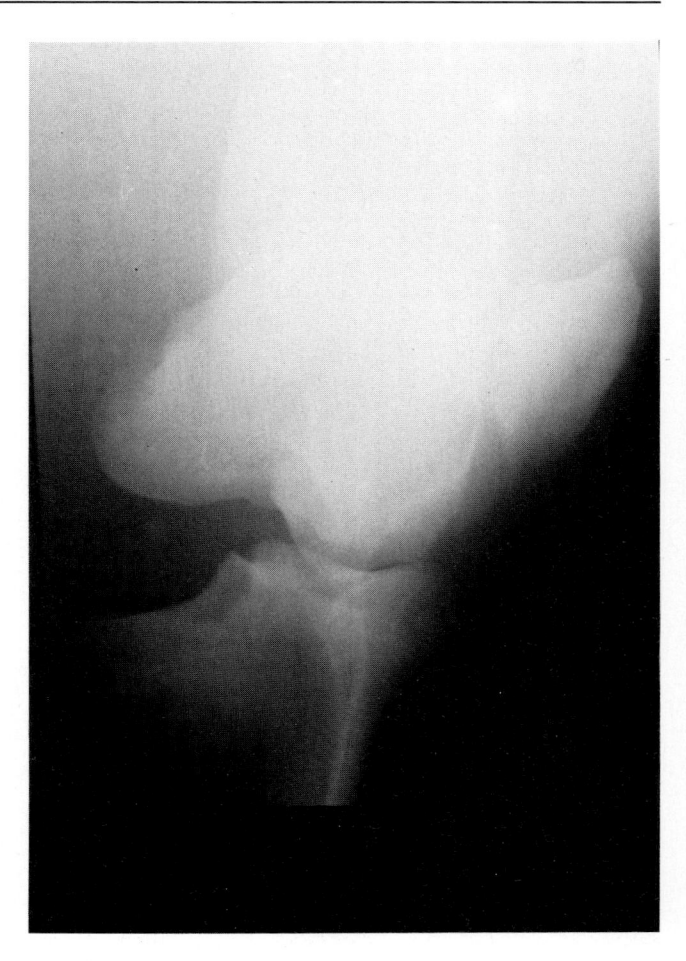

Abb. 7.39: Röntgenaufnahme eines Kniegelenkes mit kombinierter Ruptur des medialen kollateralen und kaudalen gekreuzten Bandes.

Zug oder andere Manipulationen im allgemeinen nicht möglich. Eine Ausheilung soll bei einem drei Wochen alten Fohlen erfolgt sein; dieser Fall wurde jedoch nur sechs Wochen weiterverfolgt.[278] Die Entfernung des Femurkopfes ist ebenfalls als Therapie bei Ponys angewendet worden. Einem anderen Bericht zufolge konnte eine Zuchtstute mit einer nicht reponierten Hüftgelenksluxation nach medialer Patelladesmotomie, zur Entfernung der gleichzeitig bestehenden proximalen Patellafixation, ihre Gliedmaße wieder ausreichend benutzen.[17] Eine Ruptur des Femurkopfbandes (Ligamentum capitis ossis femoris) ohne Gelenkluxation kann ebenfalls auftreten. Obwohl das Gelenk nicht verlagert ist, muß die Prognose ungünstig lauten, da eine zunehmende Beweglichkeit des Femurkopfes zu erwarten ist, die noch vor erfolgter Bänderregeneration schwere degenerative Gelenkerkrankungen verursacht.[2]

Meniskusriß (Typ 2B der traumatischen Arthritiden)

Meniskusschäden sind auf das Kniekehlgelenk beschränkt. Die Erkrankungen sind bei Pferden relativ ungewöhnlich, stellen jedoch ein großes Problem bezüglich Diagnosestellung und Therapie dar. Meistens handelt es sich um Schäden des medialen Meniskus, die normalerweise in Verbindung mit schweren Distorsionen der medialen kollateralen und/oder gekreuzten Bänder entstehen. Distorsionen der medialen kollateralen oder kaudalen gekreuzten Bänder ohne Ruptur sind auch ohne gleichzeitige Meniskusschäden beobachtet worden. Wenn die erwartete Besserung der Lahmheit nicht eintritt, sollte die Möglichkeit eines Meniskusrisses erwogen werden. Die exakte Diagnose eines Meniskusschadens ist zur Zeit der ersten auftretenden Veränderungen schwierig zu stellen. Im allgemeinen wird die Diagnose durch Eliminierung aller anderen Erkrankungen, die eine Kniegelenklahmheit hervorrufen können, gestellt. Der Ausschluß dieser Erkrankungen ist jedoch schwierig. Die Arthroskopie ermöglicht unter Umständen in akuten Fällen die exakte Diagnosestellung. Chronische Risse des medialen Meniskus sind eventuell anhand von Meniskusverkalkungen diagnostizierbar.

Beim Pferd ist ein operativer Eingriff zur Entfernung des medialen Meniskus entwickelt worden.[407] Die Autoren beobachteten an Versuchspferden eine Füllung des Defektes nach Entfernung des medialen Meniskus nach frühestens acht Wochen. Das gebildete fibröse Gewebe erinnerte an Faserknorpel und ähnelte dem normalen Meniskus in Aussehen und Form. Allerdings sollte die Entfernung des Meniskus beim Pferd nicht als Allheilmittel bei allen hier vorkommenden Schäden angesehen werden. Ein hoher Prozentsatz an Osteoarthritiden wird nach der Meniskusentfernung beim Menschen gesehen, und die Zahl der durchgeführten chirurgischen Eingriffe nimmt aus diesem Grund ab. In einer Untersuchung an 250 Patienten, bei denen eine Meniskusentfernung vorgenommen werden sollte, zeigten 50 Patienten ein Abklingen der Symptome, so daß von der Operation abgesehen wurde. Von den restlichen 200 Patienten konnten lediglich bei 73 % während der Operation ausgeprägte Risse gefunden werden.[274] Gleichzeitig wurde gezeigt, daß das Risiko, einen normalen Meniskus zu entfernen, weit größer ist als das Risiko, einen Meniskusriß im kaudalen Drittel zu belassen. Die teilweise Entfernung eines Meniskus unter arthroskopischer Kontrolle ist heute die Technik der Wahl in der Orthopädie des Menschen.[134] Auch die Heilung eines Meniskusrisses ohne Entfernung ist beobachtet worden.

Intraartikuläre Frakturen
(Typ 2C der traumatischen Arthritiden)
Intraartikuläre Frakturen werden auch bei den entsprechenden Gliedmaßenabschnitten in Kapitel 8 besprochen, und dort vorhandene Informationen sollen hier nicht wiederholt werden. Da die intraartikulären Frakturen eine Form der Arthritis darstellen, werden sie in diesem Abschnitt besprochen. Ihre Berücksichtigung ist insofern von besonderer Bedeutung, als sie zu degenerativen Gelenkerkrankungen führen können.
Lokalisation. Die Lokalisationen der wichtigsten intraartikulären Frakturen bei Pferden sind in Tabelle 7.1 auf Seite 376 aufgeführt. Die dort gegebene Übersicht ist nur eine vereinfachte Darstellung. Über das Vorkommen der Frakturen werden ausschließlich qualitative Angaben gemacht, und seltene Frakturen sind gar nicht berücksichtigt.
Die Besprechung erfolgt in diesem Abschnitt anhand der oft auftretenden Frakturen, die als Beispiele dienen sollen. Am häufigsten werden intraartikuläre Frakturen in Karpal- und Fesselgelenk vom Rennpferd gefunden. Verschiedene Veröffentlichungen berichten über ein häufigeres Auftreten von Chip-Frakturen (Absprengungsfrakturen) im rechten als im linken Karpus, während andere Publikationen der Beobachtung widersprechen. Diese Verteilung wurde insofern mit der Rennrichtung in Zusammenhang gebracht, als die Probleme häufiger medial am äußeren Karpus auftreten.[297,440] Tabelle 7.2 auf Seite 376 zeigt anhand von 580 Pferden, die an den Gelenken operiert wurden, die wichtigsten Lokalisationen der Chip-Frakturen im Karpus.
Im Fesselgelenk der Rennpferde sind Absprengungsfrakturen im proximodorsalen Bereich des Fesselbeines sowie an den Gleichbeinen oftmals anzutreffen. Bei den Gleichbeinfrakturen kann der Frakturspalt apikal, abaxial, in der Mitte oder basal liegen, auch Splitterbrüche kommen vor (Abb. 7.40).
Intraartikuläre Frakturen im Tarsalgelenk werden seltener gesehen als im Karpal- oder Fesselgelenk, und in anderen Gelenken kommen Chip-Frakturen kaum vor, hier entstehen die meisten Probleme durch Frakturen der gelenkbildenden Knochen unter Mitbeteiligung des Gelenkes.
Pathogenese. Der wichtigste ätiologische Faktor bei intraartikulären Frakturen ist das Trauma; eine anfänglich bestehende Arthritis scheint jedoch für Chip-Frakturen im Karpalgelenk prädisponierend zu sein.[343] Die Traumata entstehen gewöhnlich bei schnellen Bewegungen und sind weniger zufällige Verletzungen des Karpal- und Fesselgelenkes. Kompressions-, Scher-, Rotations- und Zugkräfte können an den verschiedenen Frakturen beteiligt sein. Versuche, die unterschiedlichen Kräfte den einzelnen Frakturtypen zuzuordnen, führen zu einer Vereinfachung. Allerdings erscheinen einige Verallgemeinerungen brauchbar.

Das Karpalgelenk ist zum Abfangen der vertikal wirkenden Kräfte zwischen Radius und Os metacarpale III unentbehrlich, und die auftretenden Chip- und Slab-Frakturen des Karpus sind wahrscheinlich primär Kompressionsfrakturen. Die Karpalknochen bewegen sich während der Beugung und Streckung nicht nur in einer Ebene wie bei einem Wechselgelenk, sondern lassen auch eine gewisse Rotationsbewegung erkennen. Beispielsweise bewegt sich bei der Extension des Unterarm-Vorderfußwurzelgelenkes die proximale Reihe der Karpalknochen in einer dorsalen Rotation um die Gelenkfläche des kaudodistalen Endes des Radius. Wenn der Karpus beim Auffußen nicht vollständig gestreckt ist, haben die Karpalknochen der proximalen Reihe ihre dorsale Bewegung noch nicht beendet, und es kommt zu einem massiven Aufeinanderprall. Somit treffen Scher- und Kompressionskräfte auf die kranialen oder dorsalen Begrenzungen der Gelenkoberflächen des Radius und der Karpalknochen.[440] Daneben wurde herausgefunden, daß bei der Beugung der Karpalgelenke an der medialen Seite sowohl des Unterarm-Vorderfußwurzelgelenkes als auch des Vorderfußwurzel-Mittelgelenkes ein größerer Spalt als lateral entsteht, wodurch hier bei der folgenden Streckung ein weiterer Weg zurückgelegt werden muß. Diese Tatsache könnte die Kräfte, die bei dem beschriebenen Aufeinanderprall wirken, verstärken und die vermehrten Fälle von Frakturen an der medialen Seite und auch im Vorderfußwurzel-Mittelgelenk erklären. Die genannten auf die mediale Seite des Karpus wirkenden Kräfte werden beim Rennen in den Kurven noch verstärkt, wodurch die mögliche Beziehung zwischen der Rennrichtung und der betroffenen Gliedmaße teilweise erklärt werden kann. Außerdem nehmen die Kompressions- und Scherkräfte durch eine Muskelermüdung mit folgendem Auffußen vor der vollständigen Gelenkextension sowie durch Fehlstellungen zu.[343]

Die Pathogenese der Frakturen des Erbsenbeines (Os carpi accessorium) unterscheidet sich von den Chip- und Slab-Frakturen. Ursächlich wird eine asynchrone Kontraktion der beiden am Os carpi accessorium ansetzenden Muskeln (Musculus flexor carpi ulnaris und Musculus extensor carpi ulnaris), mit dadurch auftretenden Zug- und Scherkräften, angenommen. Als alternative Entstehungsmöglichkeit einer Fraktur wird eine Überbelastung der Gliedmaße bei noch leicht gebeugtem Karpus diskutiert. In dieser Situation wirken die oberflächliche und tiefe Beugesehne als Bogensehne und übertragen die Kraft auf das Retinaculum flexorum und dadurch auch auf die palmare Seite des Os carpi accessorium.[440]

Die bei Splitterfrakturen des Karpus einwirkenden Kräfte sind vielleicht die gleichen, die für Chip- oder Slab-Frakturen verantwortlich sind. Anscheinend treffen hier

376 Kapitel 7: Erkrankungen der Gelenke

Tabelle 7.1: Lokalisationen intraartikulärer Frakturen beim Pferd

Gelenk	Frakturform	Knochen
Schultergelenk	Abrißfraktur	Skapula (Tuberculum supraglenoidale)
Ellbogengelenk	Transversalfraktur Splitterfraktur	Ulna (Olecranon)
Karpalgelenk	Chip-Fraktur	Os carpi radiale Os carpale III Os carpi intermedium distales Ende des Radius
	Slab-Fraktur	gewöhnlich Os carpale III
	Splitterfraktur	mehrere Knochen
Fesselgelenk	Chip-Fraktur	Gleichbeine proximales Ende des Fesselbeines
	Transversalfraktur (basaler oder in der Mitte liegender Frakturspalt)	Gleichbeine
	Sagittalfraktur	Fesselbein
	Kondylusfraktur	distales Ende des Os metacarpale III bzw. Os metatarsale III
	Splitterfraktur	Fesselbein
Hufgelenk	Sagittal- oder Schrägfraktur	Hufbein
	Splitterfraktur	Kronbein
Hüftgelenk	Epiphysiolysis	Femurkopf
	einfache oder Splitterfraktur	Azetabulum
Kniegelenk	Abrißfraktur	Tibia (Eminentia intercondylaris) verbunden mit einem Kreuzbandriß
	einfache oder Splitterfraktur	Patella
	Kondylusfraktur	distales Ende des Os femoris
Tarsalgelenk	Chip-, Kondylus-, einfache oder Splitterfraktur	distales Ende der Tibia sowie Malleoli Kalkaneus / Talus
	Slab-Fraktur	Os tarsale III

jedoch maximale Kräfte und Geschwindigkeiten auf das Karpalgelenk.

Zugkräfte scheinen die Hauptursache für Gleichbeinfrakturen zu sein. Auslösende Faktoren sind hierbei eine Muskelermüdung am Ende eines Rennens mit Durchtreten im Fesselgelenk, Stellungsfehler und ein ungleicher Zug auf die Gleichbeine durch Auffußen in einer nicht im Gleichgewicht befindlichen Haltung. Eine schlechte Rennkondition sowie ungeeigneter Hufbeschlag können die letztgenannten Probleme bewirken oder verstärken.

Tabelle 7.2: Die häufigsten Lokalisationen von Chip-Frakturen im Karpalgelenk

Von 316 untersuchten Vorderfußwurzel-Mittelgelenken (Articulationes mediocarpeae):	
Fraktur am distalen Rand des Os carpi radiale	272
Fraktur am distalen Rand des Os carpi intermedium	72
Fraktur am proximalen Rand des Os carpale III	35
	379
Von 264 untersuchten Unterarm-Vorderfußwurzelgelenken (Articulationes antebrachiocarpeae):	
Fraktur am laterodistalen Rand des Radius	89
Fraktur am mediodistalen Rand des Radius	62
Fraktur am proximalen Rand des Os carpi radiale	104
Fraktur am proximalen Rand des Os carpi intermedium	156
Fraktur am proximalen Rand des Os carpi ulnare	1
	412

Außerdem kann ein direktes Trauma für diese Frakturen verantwortlich sein. Für Chip-Frakturen im proximodorsalen Bereich des Fesselbeines werden Kompressionskräfte in Verbindung mit einer Hyperextension als Ursache angesehen.

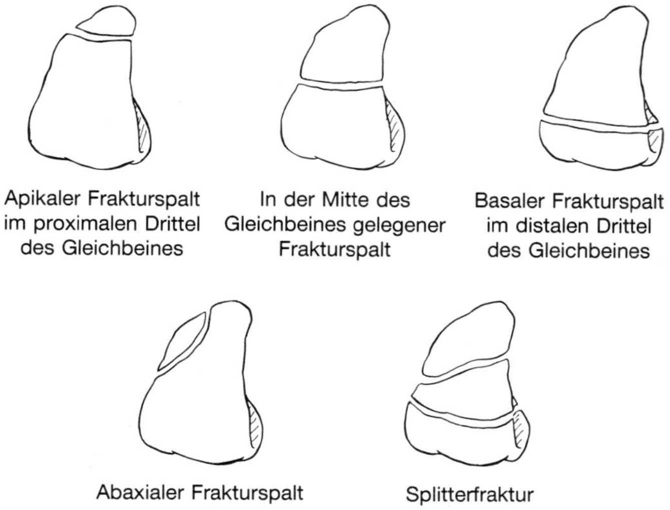

Abb. 7.40: Schematische Darstellung verschiedener Formen von Gleichbeinfrakturen.

- Apikaler Frakturspalt im proximalen Drittel des Gleichbeines
- In der Mitte des Gleichbeines gelegener Frakturspalt
- Basaler Frakturspalt im distalen Drittel des Gleichbeines
- Abaxialer Frakturspalt
- Splitterfraktur

Pathophysiologie der intraartikulären Frakturen. Neben den gewöhnlichen Frakturproblemen hinsichtlich der Stabilitätsbeeinträchtigung sind die intraartikulären Frakturen wegen der möglichen Folgen auf das Gelenk von besonderer Wichtigkeit. Einerseits kann der Gelenkknorpel direkt durch den hindurchziehenden Frakturspalt geschädigt werden, und andererseits kann eine Traumatisierung auch durch den mechanischen Abrieb entstehen, der die gegenüberliegenden Gelenkflächen bei frakturbedingter Knochenverlagerung betrifft. Das Auftreten von Läsionen an der gegenüberliegenden Oberfläche einer Chip-Fraktur (im amerikanischen Sprachraum auch als „kissing lesions" bezeichnet) wird beispielsweise häufig im Karpalgelenk beobachtet. Neben der mechanischen Schädigung des Gelenkknorpels können von der Fraktur ausgehende Trümmer eine Synovialitis hervorrufen. Synovialitiden und Kapselentzündungen treten bei intraartikulären Frakturen auch durch direkte Traumatisierung der Weichteilgewebe auf. Die verschiedenen Veränderungen können alle potentiell zu degenerativen Gelenkerkrankungen führen (siehe Seite 388 bis 391, Pathogenese der degenerativen Gelenkerkrankungen).

Die Wahrscheinlichkeit, daß degenerative Gelenkerkrankungen bei den verschiedenen intraartikulären Frakturen entstehen, ist sehr unterschiedlich und in vielen Fällen schwierig einschätzbar. Dies ist auch bei der Entscheidung über die Durchführung einer Operation der wichtigste zu berücksichtigende Faktor (siehe Seite 378 bis 384). Zum Beispiel verursachen bestimmte Frakturtypen bei Chip-Frakturen im Karpalgelenk eher degenerative Gelenkerkrankungen als andere. Vereinfacht können zwei Frakturformen unterschieden werden (Abb. 7.41). Bei der ersten Form, einer nichtartikulären Fraktur, zieht der Frakturspalt nicht durch größere Bereiche der Gelenkoberfläche, die hierbei also keine Beeinträchtigung erfährt. Außerdem sind die Frakturstücke relativ unbeweglich, da sie durch die noch anhaftende Gelenkkapsel stabilisiert werden. Direkt nach der Fraktur kommt es zur Ausbildung einer Synovialitis und Kapsulitis, beide können aber ohne bleibende Schäden abheilen. Die zweite Form, die intraartikuläre Fraktur, betrifft einen größeren Teil der Gelenkoberfläche und einen unterschiedlich großen Bereich des subchondralen Knochens. Die Frakturstücke haben unter Umständen wenig Verbindung zu Synovialmembran oder fibröser Kapsel und werden oftmals verlagert. Die Bedeutung einer solchen Verlagerung ist ungewiß. Es wird allgemein angenommen, daß verlagerte Frakturstücke mehr Probleme bereiten als nichtverlagerte,[233,322] und es erscheint verständlich, daß ein verlagertes Knochenstück Abschürfungen an den anderen Knorpeloberflächen bewirken kann (Abb. 7.42). Kürzlich wurde jedoch, zuletzt an Frakturstücken des Os carpi radiale, gezeigt, daß größere Verlagerungen geringere Degenerationen verursachen.[7] Dieses Gebiet ist noch relativ wenig erforscht und basiert hauptsächlich auf subjektiven Untersuchungen.

Symptome und Diagnose. Intraartikuläre Frakturen treten mit Synovialitiden und Kapsulitiden auf und erscheinen klinisch wie akute traumatische Arthritiden. Umfangsvermehrung, vermehrte Wärme und Schmerzhaftigkeit bestehen in unterschiedlichem Maße. Im akuten Stadium verursacht die Beugung des Gelenkes Schmerzen, und in chronischen Fällen ist sie nur eingeschränkt möglich. Die tiefe manuelle Druckpalpation über der Fraktur kann ebenfalls schmerzhaft sein. Die Fraktur an sich wird nur in wenigen Fällen zu palpieren sein. Die exakte Diagnose muß röntgenologisch gestellt werden. Bei der Untersuchung intraartikulärer Frakturen werden Röntgenaufnahmen in verschiedenen Ebenen angefertigt. Chip-Frakturen des Karpus sind meistens an der gebeugten Gliedmaße im lateralen Strahlengang zu sehen, und diese Ebene ermöglicht auch eine gute Beurteilung der Gelenkoberfläche sowie des Grades ihrer möglichen Veränderungen.[297] Die Beweglichkeit eines Frakturstückes kann durch Vergleich der lateralen Röntgenaufnahmen der gebeugten und gestreckten belasteten Gliedmaße festgestellt werden. Die Lage der Fraktur wird in der Schrägaufnahme beurteilt. In der dorsopalmaren Aufnahmerichtung sind nicht viele Frakturen sichtbar, sie ist jedoch in chronischen Fällen zur Beurteilung möglicher Veränderungen des Gelenkspaltes nützlich. Slab-Frakturen (mehr oder weniger keilförmige Längsfrakturen) des Os carpale III erfordern ebenfalls eine Aufnahme mit tangentialem Strahlengang, um vor der Operation die Lage und Größe des Frakturstückes festzustellen. Die Aufnahme mit tangentialem Strahlengang ist ebenso nützlich, um Chip-Frakturen zu erkennen, und kann oftmals Veränderungen des Os carpale III aufdecken, die auf anderen Aufnahmen nicht sichtbar sind.

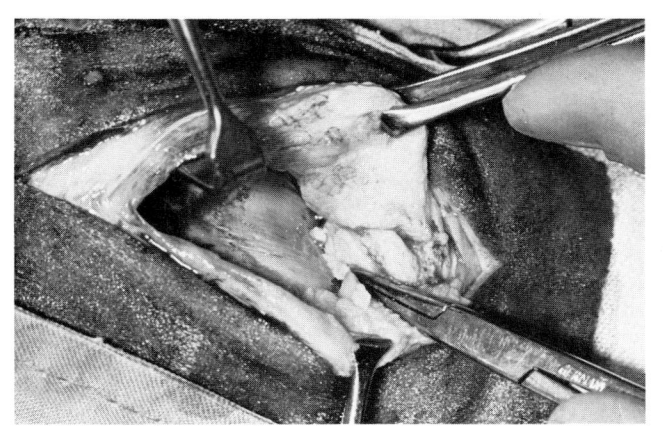

Abb. 7.42: Chip-Fraktur des Os carpale III während der Arthrotomie mit Abschürfung der Gelenkfläche des Os carpi radiale.

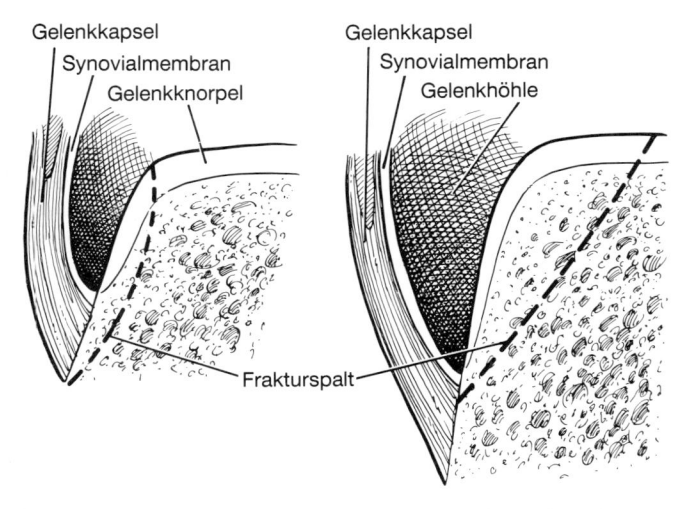

Abb. 7.41: Schematische Darstellung zweier Chip-Fraktur-Formen der Karpalknochen.

Die Grenzen der röntgenologischen Darstellung von Chip-Frakturen und damit verbundener Schäden werden durch arthroskopische Untersuchungen sichtbar. Der Tierarzt ist erst durch Kombination der beiden genannten Untersuchungsmethoden in der Lage, Gelenkschäden vollständig zu erfassen.

Ähnliche Grundsätze gelten auch für die röntgenologische Untersuchung von intraartikulären Frakturen anderer Gelenke.

Therapie und Prognose. Es ist nicht möglich, starre Richtlinien für die Behandlung sämtlicher intraartikulärer Frakturen zu geben. Bei einigen Knochenbrüchen ist die operative Behandlung sowie deren Indikation exakt definiert, aber bei Absprengungsfrakturen des Karpus kann die Entscheidung schwierig sein. Im folgenden wird versucht, so gut wie möglich die geeignete Behandlung für die verschiedenen Frakturen aufzuzeigen. Die Auswahlkriterien variieren je nachdem, ob chirurgische Eingriffe während der Arthroskopie oder in Form einer konventionellen Arthrotomie durchgeführt werden können. Fortgesetztes Training oder Rennen nach einer intraartikulären Fraktur können zu schweren degenerativen Gelenkerkrankungen des betroffenen Gelenkes führen. Degenerative Gelenkerkrankungen müssen jedoch nicht in allen Fällen erwartet werden, und die Indikationen zur Operation variieren je nach Form, Größe und Lokalisation der Fraktur sowie nach Alter, Geschlecht, geschätztem Wert des Pferdes und den vorhandenen Operationsmöglichkeiten (Arthrotomie oder Arthroskopie).[233,319,321] Die chirurgische Entfernung einer akuten die Gelenkoberfläche betreffenden Chip-Fraktur der Karpalknochen ist generell angezeigt, um Knorpelschäden, angrenzende Osteolyse sowie die Entwicklung von Knorpelläsionen durch Abrieb („kissing lesions") an der gegenüberliegenden Gelenkoberfläche zu verhindern.[7] Können die Eingriffe nur durch Arthrotomie durchgeführt werden, so ist bei kleineren Chip-Frakturen im Karpus sowie bei nichtartikulären Frakturen meist keine Indikation zur Operation vorhanden.[233] Das bedeutet nicht, daß kleine Frakturstücke im Karpalgelenk dem Pferd keine Probleme bereiten, sondern vielmehr, daß die mit der Arthrotomie verbundenen Nachteile, wie Morbidität und lange Rekonvaleszenzzeit, die Operationsvorteile überwiegen. Durch die verminderte Morbidität und kürzere Erholungszeit nach arthroskopisch durchgeführten Eingriffen ist die Technik in diesen Fällen der konservativen Behandlung vorzuziehen.[196,207] Auch Chip-Frakturen des distalen Endes des Radius können ohne Operation[233] sowie ohne Ausbildung von degenerativen Gelenkerkrankungen heilen; dies benötigt jedoch Zeit und Ruhe. Allerdings ist heute oftmals der chirurgische Eingriff während der Arthroskopie das Mittel der Wahl. Es wurde allgemein angenommen, daß die Indikation zur Operation bei verlagerten Frakturstücken größer ist als bei nichtverlagerten.[233,319] Durch die bereits erwähnten neueren Untersuchungen, nach denen größere Verlagerungen weniger degenerative Gelenkerkrankungen bewirken, wird dieser Auffassung jedoch widersprochen.[7] Bei größeren Slab-Frakturen des Karpus ist die Fixation durch Schrauben angezeigt (Abb. 7.43), während dünnere auch mit gutem Erfolg exstirpiert werden können. Nach einer jüngeren Untersuchung konnten 80 % der Patienten, die wegen Karpalgelenkfrakturen während der Arthroskopie operiert wurden, wieder auf Turnieren eingesetzt werden.[178] Nach einer anderen Studie liefen mehr operierte als nicht chirurgisch behandelte Pferde wieder Rennen, aber es bestand ein deutlicher Abfall der Gewinnsumme bei den behandelten Pferden.[440]

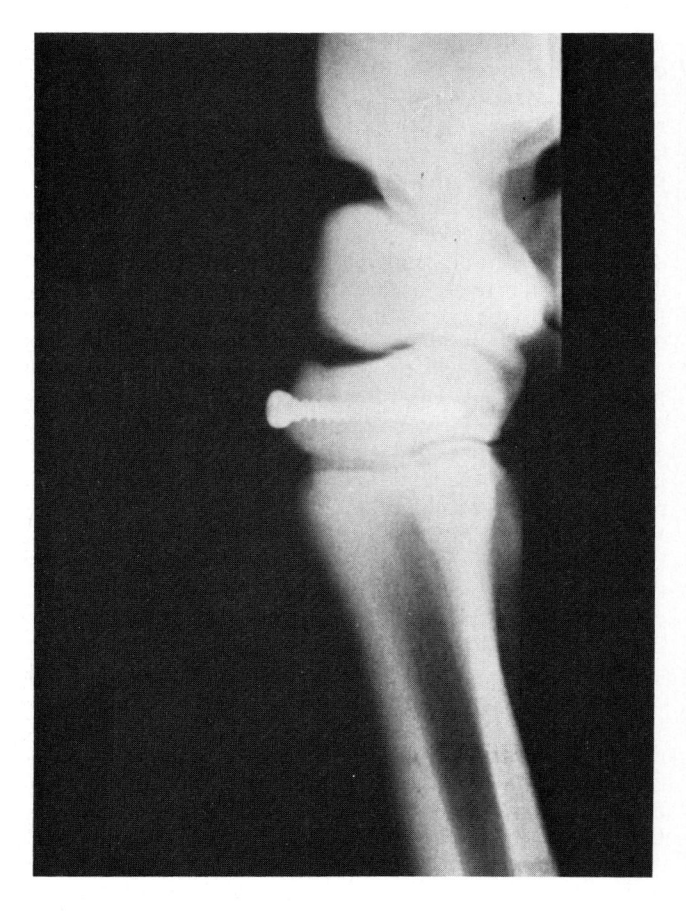

Abb. 7.43: Fixation einer Slab-Fraktur eines Karpalknochens mit einer Kortikalisschraube.

Nach retrospektiven Untersuchungen von Arthrotomien ist anzunehmen, daß Pferde nach Entfernung von Karpalfrakturstücken oder Slab-Frakturen wieder Rennen laufen können, jedoch in der Leistungsklasse abfallen. Vergleiche mit konservativen Behandlungen sind wegen der jeweils unterschiedlichen Frakturen schwierig. Die Tierärzte werden weiter nach subjektivem Ermessen, nach wirtschaftlichen Erwägungen und in Abhängigkeit vom jeweils betroffenen Pferd die Entscheidungen über eine Operation treffen müssen. Kontrollstudien mit experimentell erzeugten Chip-Frakturen könnten weitere Informationen liefern, problematisch sind jedoch die hohen Kosten und die Schwierigkeit, diese unter den Bedingungen des Rennsports durchzuführen.

Nach Untersuchungen des Autors über die chirurgische Behandlung von Chip-Frakturen im Karpalgelenk bei der Arthroskopie ist die Rückkehr der Patienten in den Rennsport in einem verbesserten Leistungsniveau möglich, und sämtliche Pferde profitieren von diesem operativen Eingriff unabhängig von der Lokalisation der Chip-Fraktur. Die Arthrotomie kann heute als veraltete Behandlungsmethode für diese Erkrankung angesehen werden.

Frakturen des Erbsenbeines (Os carpi accessorium) können unter Umständen auch durch Fixation mittels Kortikalisschraube versorgt werden.[72] Die meisten werden jedoch konservativ behandelt. Es ist nur eine fibröse Verbindung zu erwarten, und in manchen Fällen kann es zur Ausbildung des Karpaltunnel-Syndroms (siehe Seite 659 bis 661) kommen. Die Neurektomie des Nervus ulnaris wurde eingesetzt, um bei Frakturen des Os carpi acces-

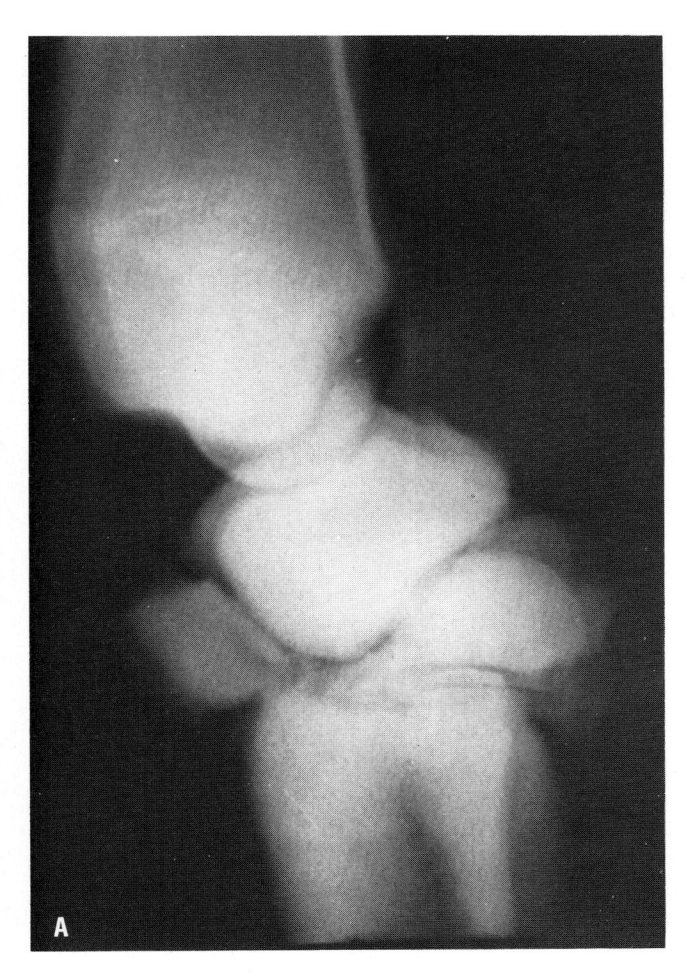

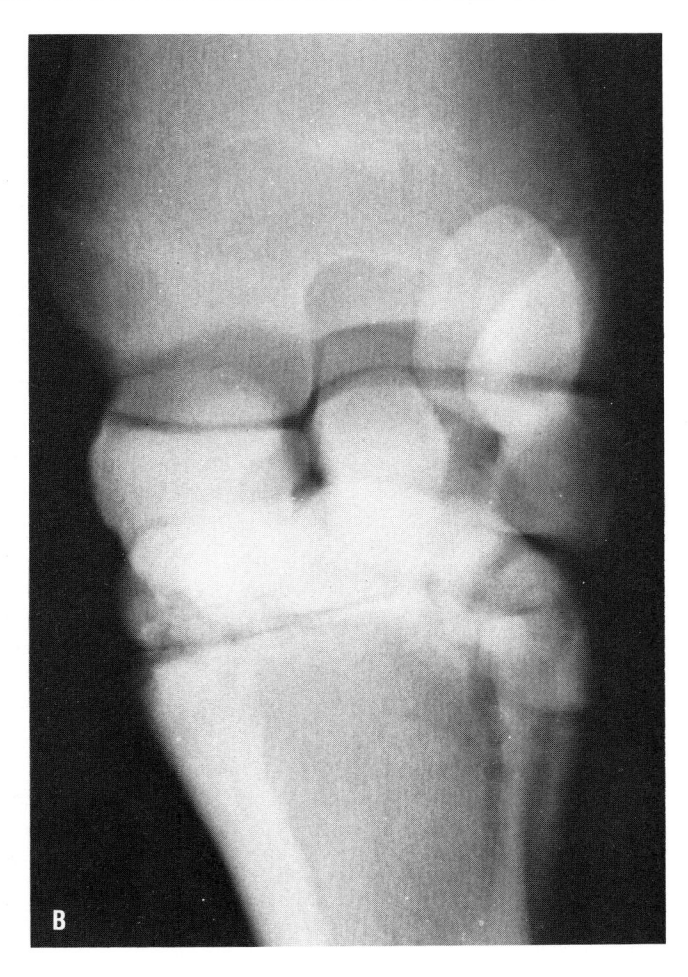

Abb. 7.44: A Laterale und **B** dorsopalmare Ansicht einer schweren Fraktur der distalen Reihe der Karpalknochen mit bestehendem Gelenkkollaps. Eine chirurgische Arthrodese mit zwei 18-Loch-Knochenplatten wurde durchgeführt, um das Pferd für Zuchtzwecke zu erhalten.

sorium mit oder ohne gleichzeitiges Karpaltunnel-Syndrom die Schmerzen zu nehmen. Allerdings sprechen nicht alle Fälle auf diesen Eingriff an.
Splitterfrakturen der Karpalknochen stellen eine weitere Situation dar (Abb. 7.44). Bei alleiniger Behandlung durch Ruhigstellung mit einem Gips-, Fiberglas- oder Kunststoffverband kommt es in diesen Fällen regelmäßig zu einem Kollaps der Karpalknochen. Eine Fixation mittels Schrauben ist auf jeden Fall nötig (Abb. 7.45), und in schweren Fällen kann auch die Arthrodese zur Rettung wertvoller Tiere angezeigt sein.
Die korrekte Behandlung von Gleichbeinfrakturen ist abhängig vom Frakturtyp; einige in der Literatur beschriebene Methoden sind jedoch umstritten. Allgemeine Übereinstimmung besteht, daß die Resektion des Knochenfragmentes bei apikalen Frakturen angezeigt ist, wenn das Frakturstück nicht mehr als ein Drittel des proximalen Gleichbeinabschnittes beträgt.[39,364] In Fallstudien an Standardbred-Pferden, die bereits im Rennsport eingesetzt worden waren, wurde gezeigt, daß die chirurgische Entfernung die beste Prognose für Pferde erlaubt, wenn sie innerhalb von 30 Tagen nach dem Trauma operiert wurden und keine Schäden an den Unterstützungsstrukturen oder Anzeichen einer Osteoarthritis aufwiesen.[380] Ohne chirurgischen Eingriff erfolgt entweder eine fibröse Verbindung oder eine proximale Verlagerung der Fragmente. Später kommt es oft zur Exostosenbildung sowie zur Ausbildung einer ungleichmäßigen Gelenkoberfläche und von degenerativen Gelenkerkrankungen.[209] Nach den Untersuchungen von SPURLOCK und GABEL an Standardbred-Pferden läßt die konservative Behandlung die Rennleistung drastisch absinken, was durch einen Vergleich der Gewinnsumme vor und nach dem Trauma bewiesen wird.[380] Allerdings waren die untersuchten Fälle nicht zufällig zusammengestellt.
Eine Entfernung von abaxial liegenden Knochenfragmenten an den Gleichbeinen ist ebenfalls möglich, allerdings können hierbei Schäden am Unterstützungsschenkel des Musculus interosseus medius zur gemeinsamen Strecksehne entstehen, wodurch schlechtere Erfolge erzielt werden. Aus diesem Grund sind nur deutlich verlagerte Fragmente eine Indikation zur Entfernung. Bei konservativer Behandlung bleibt gewöhnlich eine Schmerzhaftigkeit bestehen, und die Prognose muß vorsichtig lauten.
Ein Transversalbruch in der Mitte des Gleichbeines heilt konservativ nicht vollständig aus und muß durch Schrauben fixiert werden.[209] Das Einsetzen der Schrauben kann allerdings zu Schäden der distalen Sesambeinbänder

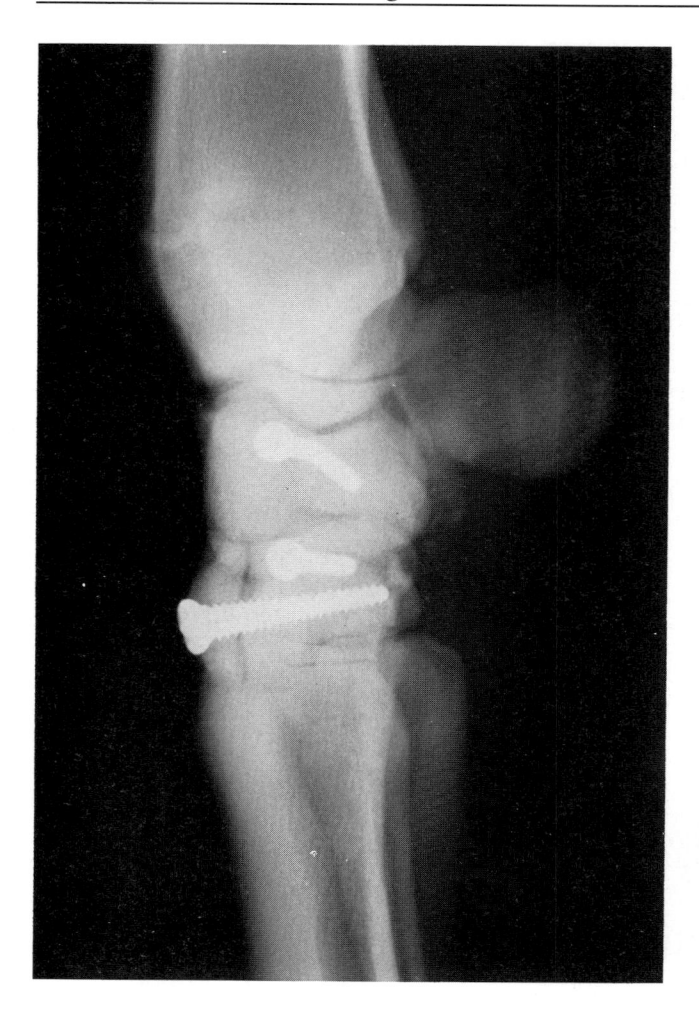

Abb. 7.45: Stabilisierung multipler Frakturen der Karpalknochen mit Kortikalisschrauben.

der Unterstützungsstrukturen (Abb. 7.46) eine kritische Situation dar, und Ziel jeder Behandlung kann nur die Rettung des Pferdes sein. Es sind spezielle Unterstützungsmöglichkeiten entwickelt worden, die eine nützliche temporäre Hilfe darstellen können,[430] aber letztendlich scheint die chirurgische Arthrodese die einzige Alternative zu sein.[23]

Eine andere erwähnenswerte Gleichbeinfraktur tritt bei jungen Fohlen auf, die beim Freilaufen ihrer Mutter bis zur Erschöpfung hinterhergaloppieren. Es können dann unterschiedliche Frakturen entstehen, oft handelt es sich jedoch um eine einfache Fraktur des medialen Gleichbeines, die hauptsächlich an der Knochenbasis auftritt.[80] In den meisten Fällen besteht eine einzelne Fraktur, die durch Ruhigstellung befriedigend ausheilt. Auch Frakturen aller vier Gleichbeine der Schultergliedmaßen mit nachfolgenden schweren ankylosierenden Osteoarthritiden werden manchmal gesehen (Abb. 7.47).

Im allgemeinen erscheint die Entfernung eines Frakturstückes im proximodorsalen Bereich des Fesselbeines nicht notwendig, und eine Heilung, verbunden mit Ruhigstellung, ist der mit der Arthrotomie verbundenen Mor-

führen, und die Erfolge bezüglich der postoperativen Leistungsfähigkeit des Pferdes sind im allgemeinen nicht befriedigend. Um bessere Resultate zu erzielen, sollten die Schrauben von proximal und nicht von distal aus eingesetzt werden.[94] In diesen Fällen hat sich jedoch die Verwendung von autogenen Spongiosatransplantaten[236] als beste Therapie herausgestellt. Gleichbeinbrüche mit basalem Frakturspalt stellen ein schwieriges Problem dar und heilen nach konservativer Behandlung normalerweise nur bei nichtverlagerten Fragmenten befriedigend ab. Außerdem wurden basal gelegene Gleichbeinfrakturen durch operative Entfernung des Frakturstückes[137,431] und durch Fixation mit Schrauben[209] behandelt. Die Entfernung eines solchen Frakturfragmentes erfordert jedoch ein Einschneiden des seitlichen und eines distalen Sesambeinbandes, was im allgemeinen zu risikoreich ist. Die Ergebnisse nach Einsatz von Schrauben sind ebenfalls nicht befriedigend. Hier scheint die Verwendung von autogenem Spongiosatransplantat die zur Zeit erfolgversprechendste Therapie zu sein.[236]

Wie für den Karpus beschrieben, stellen auch Splitterbrüche sowie bilaterale Brüche der Gleichbeine mit Verlust

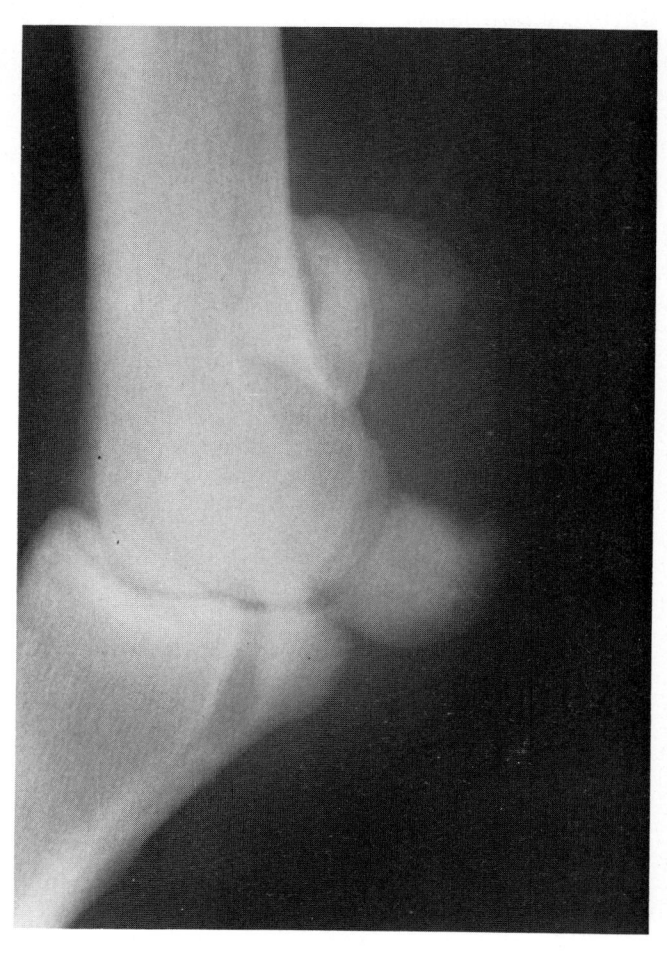

Abb. 7.46: Röntgenaufnahme einer bilateralen Gleichbeinfraktur mit dadurch bedingtem Fesselgelenkeinbruch.

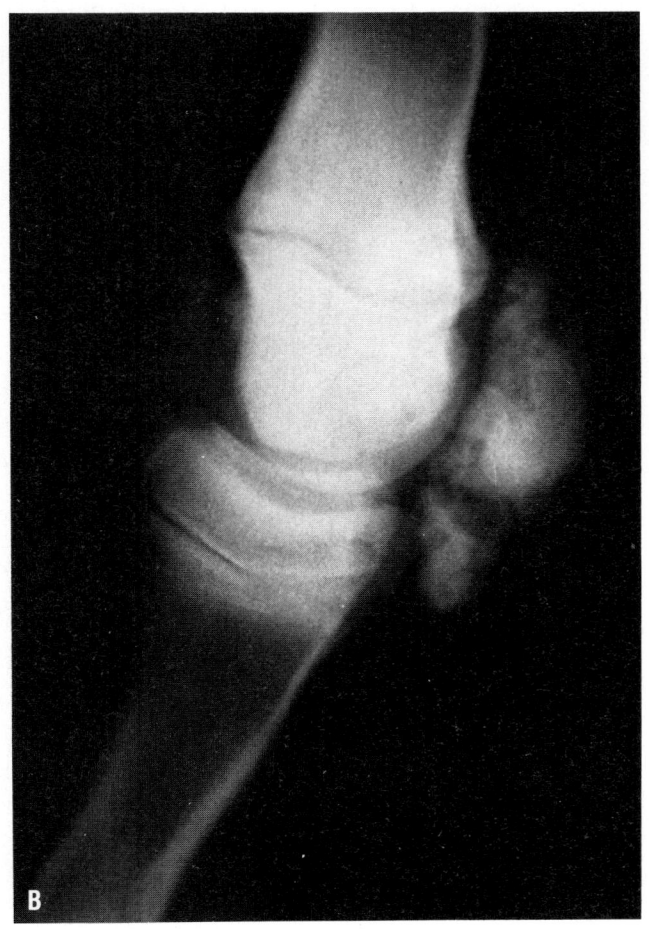

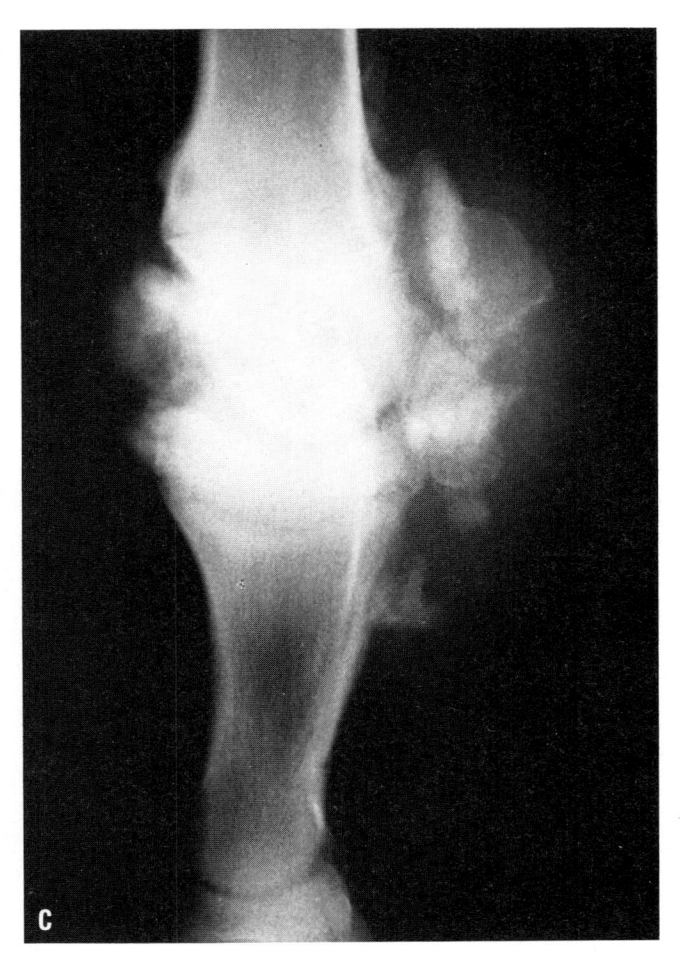

Abb. 7.47: A Fesselgelenk eines Fohlens nach bilateraler Gleichbeinfraktur. Im folgenden Verlauf kam es zur Ankylose des Gelenkes. Die Röntgenaufnahmen **B** und **C** sind von demselben Patienten.

cruralis und einer Osteochondrosis dissecans sollte hier berücksichtigt werden. Slab-Frakturen können im Os tarsi centrale oder Os tarsale III auftreten. Die Fixation durch Schrauben scheint in diesen Fällen die besten Voraussetzungen für eine erfolgreiche Rückkehr des Patienten in den Rennsport zu schaffen.[179,405]

Chip-Frakturen im Kniegelenk sind selten, und kleine Läsionen am distalen Ende des Os femoris oder an der Patella dürfen nicht mit einer Osteochondrosis dissecans verwechselt werden. Frakturen der Patella treten ebenfalls gelegentlich auf, bestimmte Behandlungsmethoden haben sich hierfür jedoch noch nicht durchgesetzt. In einigen Fällen ist die Fixation mit Kortikalisschrauben erfolgreich.[61]

Frakturen der Röhrenknochen und Phalangen, die das Gelenk einschließen, werden am besten durch Kompressionsfixation versorgt, um die Wiederherstellung und den Erhalt der Gelenkoberfläche zu gewährleisten sowie um die Gefahr degenerativer Gelenkerkrankungen möglichst gering zu halten (Abb. 7.48). Bei einer Verlagerung der Gelenkflächen ist die Operation mit Ausrichtung der Knochen vorteilhafter.[333] Bei schweren Frakturen ist in manchen Gelenken, wie z. B. im Krongelenk, die chirurgische Ankylose die geeignete Therapie.

bidität vorzuziehen.[233] Allerdings können andere Fragmente auch anhaltende Probleme verursachen, so daß ihre Entfernung angezeigt ist. Da diese Frakturen dem operativen Eingriff während der Arthroskopie zugänglich sind, werden heute mehr Patienten chirurgisch behandelt. Frakturfragmente im proximopalmaren bzw. -plantaren Bereich des Fesselbeines können ebenfalls durch Arthrotomie[303] oder während der Arthroskopie[207] entfernt werden.

Chip-Frakturen der Articulatio tarsocruralis sind oftmals Zufallsbefunde. Die in älterer Literatur vorhandene Verwirrung zwischen Chip-Frakturen in der Articulatio tarso-

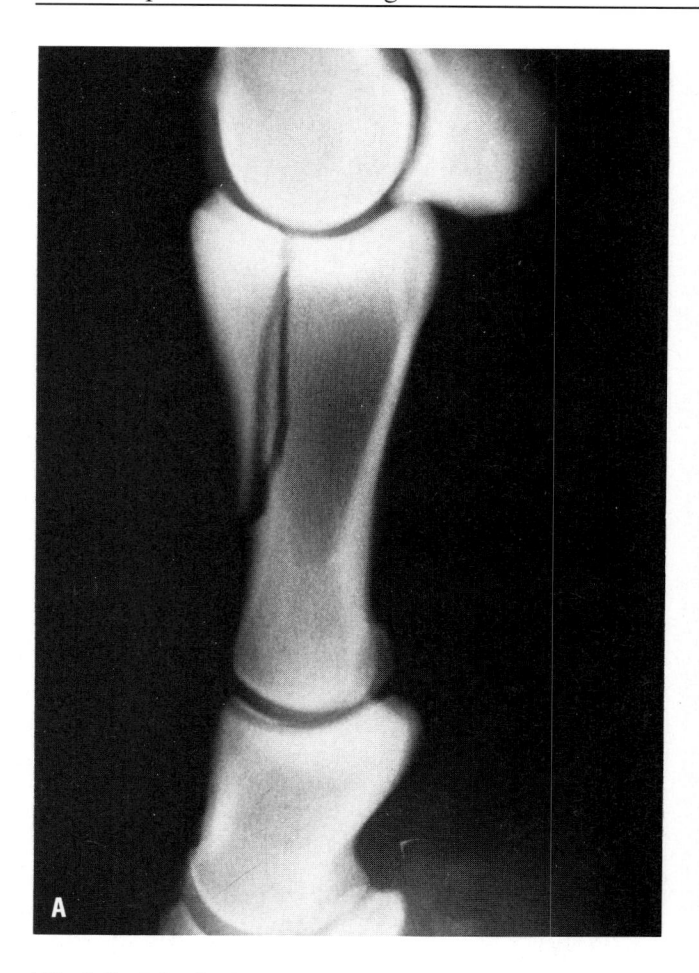

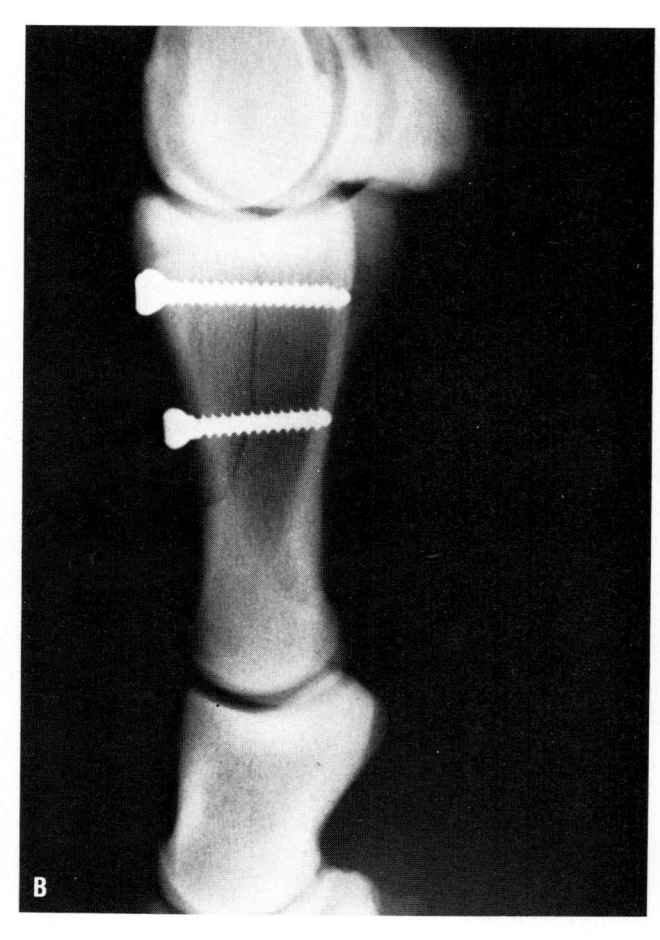

Abb. 7.48: A In das Fesselgelenk reichender Sagittalbruch des Fesselbeines. **B** Fixation der Fraktur mit zwei Kortikalisschrauben, um die Entwicklung degenerativer Gelenkerkrankungen im Fesselgelenk möglichst gering zu halten.

Wenn zur Behandlung intraartikulärer Frakturen eine Arthrotomie durchgeführt werden soll, ist die Berücksichtigung folgender Punkte ratsam:

1. Ein aseptisches Vorgehen muß streng eingehalten werden.
2. Eine genaue Kenntnis der Anatomie des Operationsgebietes sowie der Technik ist wichtig. Die praktische Erfahrung sollte im Sektionsraum und nicht im Operationsraum gewonnen werden.
3. Alle losen Fragmente müssen entfernt und reaktive Gewebe abgetrennt werden.
4. Es ist festgestellt worden, daß Defekte, die nicht die gesamte Knorpeldicke betreffen, nicht heilen, während durch den gesamten Knorpel reichende Defekte durch Metaplasie des Granulationsgewebes potentiell heilen können. Das heißt jedoch nicht, daß alle oberflächlichen Defekte ausgeschabt werden müssen, da die klinische Bedeutung der Defekte, die nicht die gesamte Knorpeldicke betreffen, noch nicht endgültig erwiesen ist.
5. Gewöhnlich wird die Wunde nach der Arthrotomie durch eine Naht in drei Etagen verschlossen. Dabei ist der absolut dichte Verschluß der fibrösen Gelenkkapsel wichtig, die Synovialmembran wird nicht mit in die Naht einbezogen.

Die postoperative Versorgung nach Arthrotomie und intraartikulären Eingriffen ist abhängig vom Frakturtyp. Im allgemeinen werden bei Chip-Frakturen im Karpalgelenk oder Fesselgelenk sechs Monate Ruhe als geeignet angesehen, um sowohl eine Heilung der Gelenkkapsel als auch des Gelenkknorpels zu ermöglichen. Der Wert dieser sechsmonatigen Ruhe hinsichtlich einer besseren Knorpelheilung ist allerdings fraglich.[116] Die zur Heilung der Arthrotomiewunde benötigte Zeit ist nur wenig erforscht, wahrscheinlich könnten die Pferde jedoch schon früher als nach sechs Monaten wieder ins Training genommen werden.

Mindestens sechs Monate Ruhe erscheinen bei Slab-Frakturen angezeigt. Bei bis ins Gelenk reichenden Frakturen der Röhrenknochen und Phalangen sollte die Gliedmaße drei Wochen lang nach der Operation durch einen Gips-, Fiberglas- oder Kunststoffverband immobilisiert werden. Anschließend muß der Patient noch sechs bis zwölf Monate Ruhe bekommen.

Die Möglichkeit der arthroskopischen Durchführung von chirurgischen Eingriffen bietet eine alternative und im allgemeinen vorzuziehende Methode, intraartikuläre Frakturen operativ zu behandeln.

Operative Eingriffe während der Arthroskopie. In den letzten fünf Jahren hat sich die Arthroskopie beim Pferd vom nützlichen diagnostischen[205] zum chirurgischen Standardverfahren in der Behandlung intraartikulärer Chip-Frakturen entwickelt.[196,207] Zur Behandlung intraartikulärer Chip-Frakturen in Karpal- und Fesselgelenk hat der während der Arthroskopie durchgeführte Eingriff die Arthrotomie oftmals vollständig ersetzt und ist auch eine Standardmethode für die Behandlung der Osteochondrosis dissecans des Unterschenkel-Hinterfußwurzelgelenkes und des Kniescheibengelenkes geworden (siehe Seite 411 bis 419). Der diagnostische Nutzen der Arthroskopie ist bereits beschrieben worden. Soweit es sich um Chip-Frakturen des Karpal- und Fesselgelenkes handelt, ist die notwendige chirurgische Ausrüstung gering. Zusätzlich zum Arthroskop werden beispielsweise kleine Faßzangen sowie große Ferris-Smith-Bandscheibenstanzen für größere Fragmente benötigt. Ein Periostheber mittlerer Größe, eine Kürette und ein Osteotom vervollständigen die zur Entfernung von Chip-Frakturen benötigte Ausstattung.

Durch die Möglichkeit, Pferde nach der arthroskopischen Entfernung von Chip-Frakturen des Karpalgelenkes wieder schneller ins Renntraining zurückzubringen, besteht eine große Nachfrage für diese Technik. Andere Vorteile sind beispielsweise die minimale Traumatisierung des Weichteilgewebes sowie der bessere Zustand der fibrösen Gelenkkapsel. Daneben können auch mehrere Gelenke operiert werden, was vor allem beim Quarter Horse ein entscheidender Vorteil ist. Die chirurgische Technik wird im amerikanischen Sprachraum auch „triangulation" genannt und ist dadurch gekennzeichnet, daß ein oder mehrere Operationsinstrumente durch separate Eingänge in das Blickfeld des Arthroskops gebracht werden. Die Instrument-Enden und das Arthroskop bilden dabei, wie in Abbildung 7.49 dargestellt, die Spitze eines Dreiecks (Triangel). Die Technik kann sehr eindrucksvoll sein und erscheint zur Entfernung einzelner Fragmente relativ einfach. Allerdings muß der Operateur die Fertigkeit besitzen, mit beiden Händen an zwei Instrumenten in einem begrenzten Raum zu arbeiten, während er lediglich ein monokulares Blickfeld hat (monokulares Sehen schließt die für die Tiefenwahrnehmung notwendige Konvergenz aus). Die optimalen Zugänge für das Arthroskop und die arthroskopischen Instrumente können für die verschiedenen Lokalisationen der Knochenfragmente durch experimentelle Versuche herausgefunden werden. Normalerweise wird das Arthroskop bei Chip-Frakturen im medialen Gelenkbereich lateral zwischen die Sehnen des Musculus extensor carpi radialis und des Musculus extensor digitalis communis eingesetzt. Der Instrumentenzugang liegt in diesem Fall medial der Sehne des Musculus extensor carpi radialis. Befindet sich das Fragment in der lateralen Gelenkhälfte, werden das Arthroskop medial und die Instrumente lateral eingesetzt. Dabei ist die richtige Plazierung der chirurgischen Instrumente wichtiger als die des Arthroskops. Sind das Fragment entdeckt und die Trümmer mittels Spülsystem und einer Austrittskanüle aus dem Gelenk entfernt, muß das Knochenstück zur Feststellung der geeigneten Entfernungsmethode palpiert werden. Ein frisch entstandenes Fragment kann direkt mit der Pinzette gefaßt und entfernt werden. Bestehen noch massive Verbindungen zur Umgebung, so kann vor der Entfernung ein Periostheber zum Lösen des Fragmentes verwendet werden. In älteren Fällen muß das Fragment mit einem kleinen Osteotom abgetrennt werden. Die jeweils geeignete Pinzette ist dabei von der Größe des Fragmentes abhängig (Abb. 7.50).

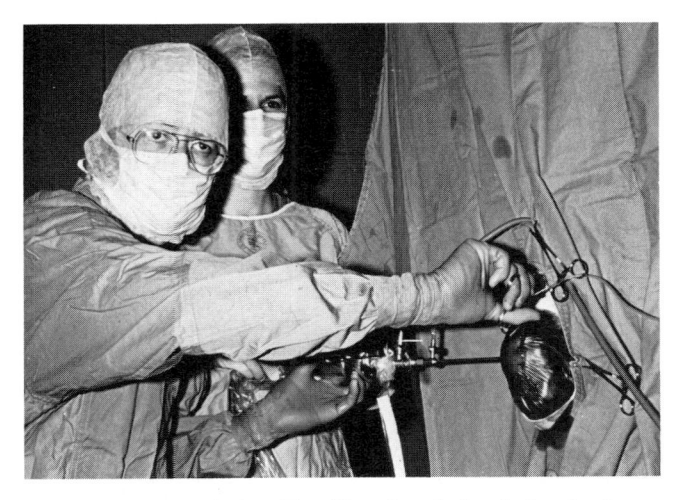

Abb. 7.49: Chirurgischer Eingriff während der Arthroskopie zur Entfernung eines Frakturfragmentes aus dem Karpalgelenk.

Nach einem solchen Eingriff erscheint nach Erfahrungen des Autors eine konservative Haltung bezüglich der Wundtoilette im Gelenk angebracht. Rauhe Ecken am Defekt oder am angrenzenden beschädigten Knorpel müssen mit einer Biopsiezange oder einem kleinen scharfen Löffel entfernt werden. Dagegen werden Defekte, die nicht die gesamte Knorpeldicke betreffen, im allgemeinen nicht ausgekratzt. Eine ausgedehnte Wundtoilette kann unter Umständen das Risiko ausgeprägter Gelenkkapseltraumatisierungen erhöhen und eine mögliche Verkalkung fördern.

Im Karpalgelenk gibt es für die Entfernung eines Fragmentes keine Größenbegrenzung, da sich die Gelenkkapsel um das Knochenstück ausdehnt. Die Schwierigkeiten beim Entfernen variieren jedoch mit der Lokalisation des Fragmentes, und normalerweise sind eine weitere Ausdehnung des Gelenkes mit Flüssigkeit sowie eine möglichst gerade Haltung des Karpalgelenkes hilfreich. Die Rekonvaleszenzzeit ist nach dem operativen Eingriff

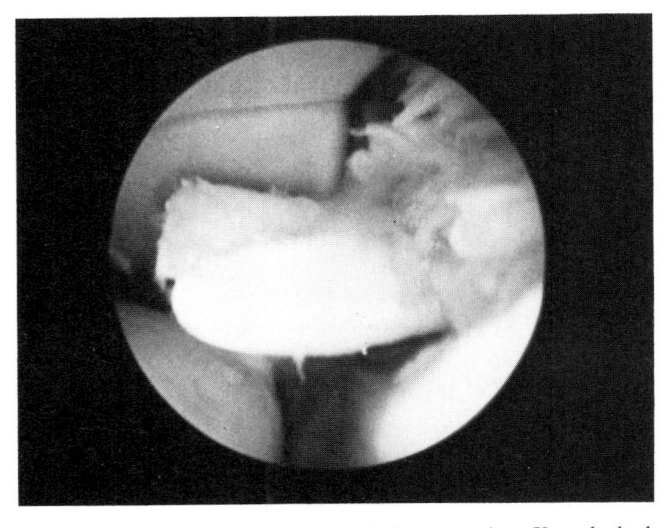

Abb. 7.50: Entfernung einer Chip-Fraktur aus dem Karpalgelenk unter arthroskopischer Kontrolle.

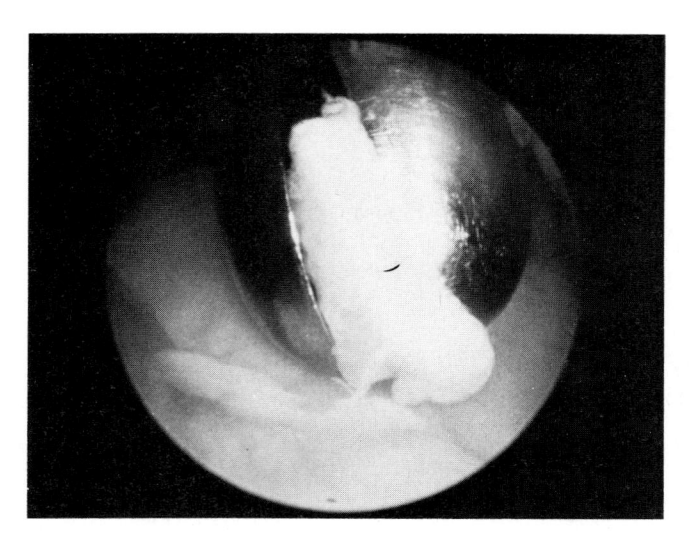

Abb. 7.51: Entfernung einer Chip-Fraktur des Fesselbeines unter arthroskopischer Kontrolle.

unterschiedlich lang. Einige Pferde sind bereits nach einem Monat wieder Rennen gelaufen. Im allgemeinen werden nach der Entfernung eines frisch entstandenen Fragmentes zwei, bei Fragmenten mit geringer Knorpelschädigung drei und bei bestehenden ausgeprägten degenerativen Veränderungen vier bis sechs Monate Ruhe verordnet. Pferde mit gleichzeitigen degenerativen Gelenkerkrankungen stellen keine idealen Patienten dar, das gilt jedoch auch für die Arthrotomie. Allerdings zeigen Untersuchungen des Autors, daß der Gelenkzustand in chronischen Fällen durch Operationen während der Arthroskopie sogar noch verbessert werden kann. In solchen Fällen muß der Patientenbesitzer jedoch darüber unterrichtet werden, daß eine vollständige Heilung nicht eintreten kann.

Chip-Frakturen im proximalen Bereich des Fesselbeines können ebenfalls entsprechend arthroskopisch entfernt werden (Abb. 7.51). Chirurgische Eingriffe während der Arthroskopie werden auch zur Behandlung chronisch proliferativer Synovialitiden durchgeführt.

Die durch Eingriffe während der Arthroskopie erzielten Erfolge sind ermutigend. Allerdings sind Geschicklichkeit und praktische Erfahrung notwendig, und durch teilweise entstandene Fehler und Komplikationen ist der Ruf dieser Technik nicht gerade verbessert worden. Bei erfolgreicher Anwendung ist die Arthroskopie der Arthrotomie deutlich überlegen. Ermutigende Erfolge bezüglich der Rückkehr in den Rennsport sowie einer nach der Operation verbesserten Leistung konnten erzielt werden; eine Situation, die nach der Arthrotomie gewöhnlich nicht zu erwarten ist.

Zusätzliche Informationen über diese Methode sind in einem weiteren Fachbuch zu finden.[207]

Degenerative Gelenkerkrankungen (Osteoarthritiden)

Degenerative Gelenkerkrankungen können als eine Gruppe von Erkrankungen angesehen werden, die als gemeinsames Endstadium die progressive Verschlechterung des Gelenkknorpels, verbunden mit Veränderungen des Knochens und der Weichteilgewebe des Gelenkes, besitzen. Die Gelenkknorpelschäden sind durch eine lokale Absplitterung und Fragmentierung (Auffaserung) des Gelenkknorpels gekennzeichnet. Daneben bestehen oftmals eine Synovialitis und ein Gelenkerguß. Klinisch zeigt sich die Erkrankung durch Schmerzen und Dysfunktionen des betroffenen Gelenkes. Die Osteoarthritis des Menschen wird konventionell in eine primäre und sekundäre Form unterteilt.[93] Der Begriff primär wird bei ungeklärter Ursache verwendet und ist typisch für die schleichende Erkrankung älterer Menschen. Der Ausdruck sekundär wird bei bekannter Ätiologie gebraucht. Der Begriff degenerative Gelenkerkrankung wurde früher als Synonym für die primäre Osteoarthritis eingesetzt. Je mehr ätiologische Faktoren mit der Zeit geklärt werden konnten, desto stärker hat die Unterscheidung zwischen primär und sekundär an Bedeutung verloren, und der Begriff degenerative Gelenkerkrankung wird heute synonym für alle Formen der Osteoarthritis verwendet.[148] Mit Ausnahme der idiopathischen Synovialitis können alle in diesem Kapitel behandelten Gelenkerkrankungen unter Umständen zu einer degenerativen Veränderung führen, vorausgesetzt, sie sind schwer genug oder wurden falsch behandelt.

Es gibt viele verschiedene Interpretationen für diese Erkrankung beim Pferd, und die morphologischen Veränderungen sind auch meist ausreichend beschrieben worden. Aber die degenerativen Gelenkerkrankungen stellen nicht nur ein einfaches morphologisches Ereignis dar. Es fehlt beispielsweise die Korrelation zwischen den pathologischen Veränderungen und der klinischen Bedeutung, und auch die Pathogenese ist noch nicht endgültig geklärt. Außerdem sind zu viele Rückschlüsse von der Pathogenese der Osteoarthritis des Menschen auf die der Pferde gezogen worden. Versuche, eine aktuelle Pathogenese sowie neue Behandlungsmethoden darzulegen, sind bereits unternommen worden.[200]

Klinische Formen. Um die Besprechung der Pathogenese, Diagnose und Behandlung zu erleichtern, ist eine Aufteilung der degenerativen Gelenkerkrankungen des Pferdes in vier Formen sowie einen fünften Typ von unklarer Genese angebracht (Tabelle 7.3). Die erste Form (Typ 1) kommt charakteristischerweise bei jungen Pferden vor. Sie tritt gewöhnlich in Verbindung mit Rennen auf und betrifft die Gelenke mit großer Beweglichkeit, wie das Karpalgelenk und das Fesselgelenk.[143,188] Hierbei bestehen akute entzündliche Veränderungen (Synovialitis und Kapsulitis), die den degenerativen Prozessen gewöhnlich vorausgehen. Die zweite Form (Typ 2) entwickelt sich meist schleichend und betrifft die stark belasteten Gelenke mit geringer Beweglichkeit, wie z. B. die Krongelenkschale oder das Ringbein des Krongelenkes und der Knochenspat des unteren Hinterfußwurzel-Mittelgelenkes. Dieser Typ 2 wurde anfangs vor allem als Erkrankung der älteren Pferde angesehen,[188] er ist jedoch ebenso ein großes

Tabelle 7.3: Formen der degenerativen Gelenkerkrankungen des Pferdes

Typ 1	akute Erkrankung, verbunden mit Synovialitiden, in Gelenken mit großer Beweglichkeit vorkommend
Typ 2	schleichende Erkrankung, in Gelenken mit geringer Beweglichkeit vorkommend
Typ 3	zufällige oder „nichtprogressive" Gelenkknorpelerosionen
Typ 4	sekundär nach anderen Erkrankungen, zu denen gehören: a) intraartikuläre Frakturen b) Dislokationen/Bänderrisse c) Wunden d) septische Arthritiden e) Osteochondrosis
Typ 5	Chondromalazie

Problem bei jungen Turnierpferden. Die dritte Form (Typ 3) beinhaltet Gelenkknorpelveränderungen, die als Zufallsbefund während der routinemäßigen Sektion gefunden werden,[34,160,271,343,373] jedoch von fraglicher klinischer Bedeutung sind.[271,373] SIPPEL berichtet, daß das Ausmaß der bei der routinemäßigen Sektion festgestellten Gelenkveränderungen nicht mit dem Grad der Lahmheit, sondern mehr mit dem Alter der Pferde korreliert.[373] Diese Form ist wahrscheinlich mit den Gelenkdegenerationen alter Menschen, also den primären Osteoarthritiden, vergleichbar.[376] Zu der vierten Form (Typ 4) der degenerativen Gelenkerkrankungen gehören Veränderungen, die sich sekundär nach anderen primären Gelenkproblemen entwickeln, wie z. B. nach intraartikulären Frakturen, einer ungeklärten Osteochondrosis,[387] einem Kollaps der Tarsalknochen,[250,365] nach Abflachungen und Erosionen des palmarodistalen Bereiches des Os metacarpale III[87,281] sowie nach infektiösen Arthritiden. Die fünfte Form (Typ 5) stellt die Chondromalazie der Patella dar, die durch eine Auffaserung der Gelenkoberfläche der Kniescheibe charakterisiert ist.

Pathologische Veränderungen. Die Zerstörung des Gelenkknorpels ist die wichtigste pathologische Komponente in einer Reihe von Veränderungen, die teilweise degenerativer und teilweise regenerativer Natur sind und letztendlich alle Gewebe und Strukturen eines Gelenkes betreffen. Wie bereits angedeutet, variieren Ausmaß und klinische Bedeutung dieser Veränderungen. In Abhängigkeit vom betroffenen Gelenk gibt es eine Vielzahl charakteristischer Ausprägungsformen. Auf jeden Fall ist die Zerstörung des Gelenkknorpels das sine qua non der degenerativen Gelenkerkrankungen, und ihre Charakteristika werden kurz wiederholt, bevor die spezifischen Veränderungen besprochen werden.

Grobsinnlich betrachtet, verliert der Gelenkknorpel zunächst seinen normalen Glanz und seine Konsistenz, er wird gelb und weich (Abb. 7.52). Anfänglich kommt es zur Ausbildung einer blasigen Beschaffenheit (Abb. 7.52), die zu einer Eindellung und einem oberflächlichen Abtragen des Knorpels führt. Der progressive Knorpelschwund manifestiert sich dann auf verschiedene Arten, für die eine Vielzahl von Begriffen verwendet werden. Der Knorpelschwund entsteht durch eine gleichmäßige Dickenabnahme und kann unter Umständen auch physiologisch sein, wie dies im Bereich der Verbindung zwischen den Gleichbeinen und dem Os metacarpale bzw. metatarsale III der Fall ist (im amerikanischen Sprachraum wird dieser Bereich auch „butterfly area" genannt). Knorpelverschleiß ist ein Begriff, der synonym für oberflächliche Erosionen des Knorpels verwendet werden kann[271] und sich als teilweise Dickenabnahme des Knorpels manifestiert (Abb. 7.53). Ulzerationen sind lokalisierte Defekte im Knorpel, die sich vielleicht aus den entstandenen Blasen entwickeln. Erosionen stellen Defekte mit Verlust des Knorpels auf seiner gesamten Dicke dar.[271,373] Sie können umschrieben oder ausgedehnt auftreten (Abb. 7.53). Die Freilegung des subchondralen Knochens wird wegen des entstehenden glänzenden und sklerotischen Aussehens auch Eburneation genannt.[375,376] Mit zunehmendem Knorpelverschleiß können sich Vertiefungen im eburnifizierten subchondralen Knochen bilden (Abb. 7.54). Andere Veränderungen sind in Abbildung 7.55 dargestellt. Vertiefungen und Verschleißzonen werden bei Pferden oftmals im Gelenkknorpel von Scharniergelenken gefunden und erscheinen als Linien, die in der Bewegungsrichtung des Gelenkes verlaufen.[160,271,343,373] Sie besitzen eine unter-

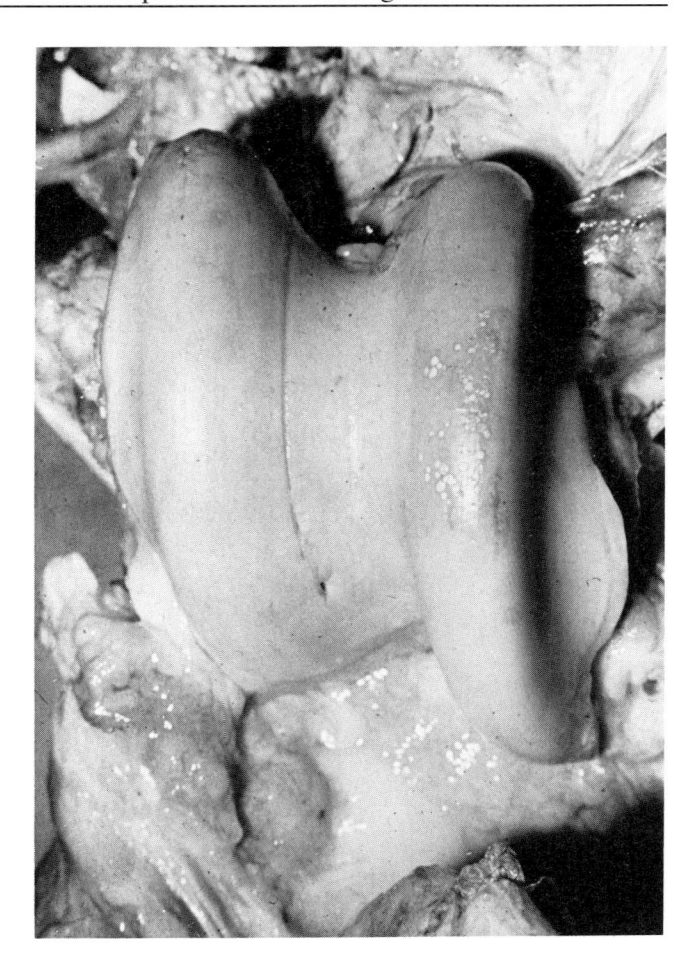

Abb. 7.52: Frühe degenerative Gelenkerkrankung mit Verfärbung und blasiger Beschaffenheit des Gelenkknorpels.

schiedliche Breite bis maximal 3 mm und können oberflächlich oder tief sein (Abb. 7.56).
Die wichtigste histologische Veränderung ist eine progressive Gelenkknorpelzerreißung auf Ebene der Kollagenfasern der Grundsubstanz. Wenn die Zerreißung auf die Tangentialzone der Matrix beschränkt bleibt, wird der Prozeß der Abschuppung[374] oder frühen Auffaserung[375] zugeordnet (Abb. 7.57). Reicht der Prozeß jedoch in die Radiärzone, wird er als Auffaserung bezeichnet (Abb. 7.58).[47,374] Die frühe Auffaserung manifestiert sich grobsinnlich als Verfärbung oder Dickenabnahme. Die Auffaserung bis in die Übergangszone kann als oberflächliche Erosion festgestellt werden. Blasen entstehen anscheinend als Folge der nacheinander auftretenden fokalen Ödeme und lokalen Auffaserungen.[160] Bei einer durch die Radiärzone reichenden Auffaserung bilden sich senkrechte Spalten, und es kann zu einer die gesamte Knorpeldicke betreffenden Fragmentierung und zum Knorpelverlust kommen (Abb. 7.59). Dieses Erkrankungsstadium wird grobsinnlich durch Defekte dargestellt, die durch den ganzen Knorpel reichen. Histologisch sind Verschleißlinien verschiedene Auffaserungszonen, deren tiefe Auffaserungen den tiefen Erosionen ähneln.[271] Es sollte bedacht werden, daß die Auffaserung lediglich einen morphologischen Endzustand bildet, der durch verschiedene physiologische und pathologische Faktoren entstehen kann.[100]

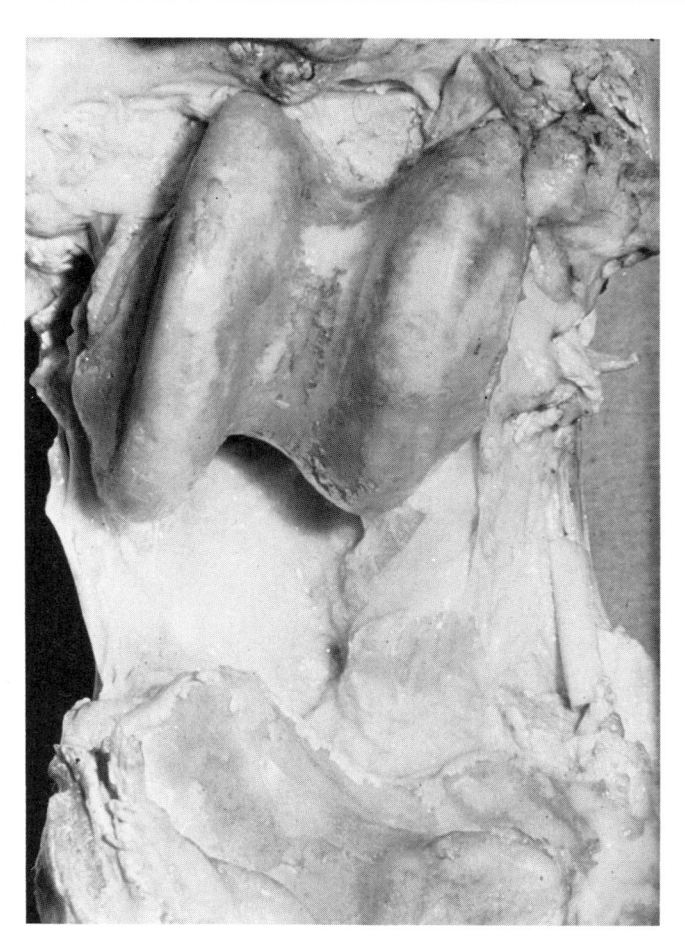

Abb. 7.53: Degenerative Gelenkerkrankung mit oberflächlichen und tiefen (die gesamte Knorpeldicke betreffenden) Erosionen des Gelenkknorpels.

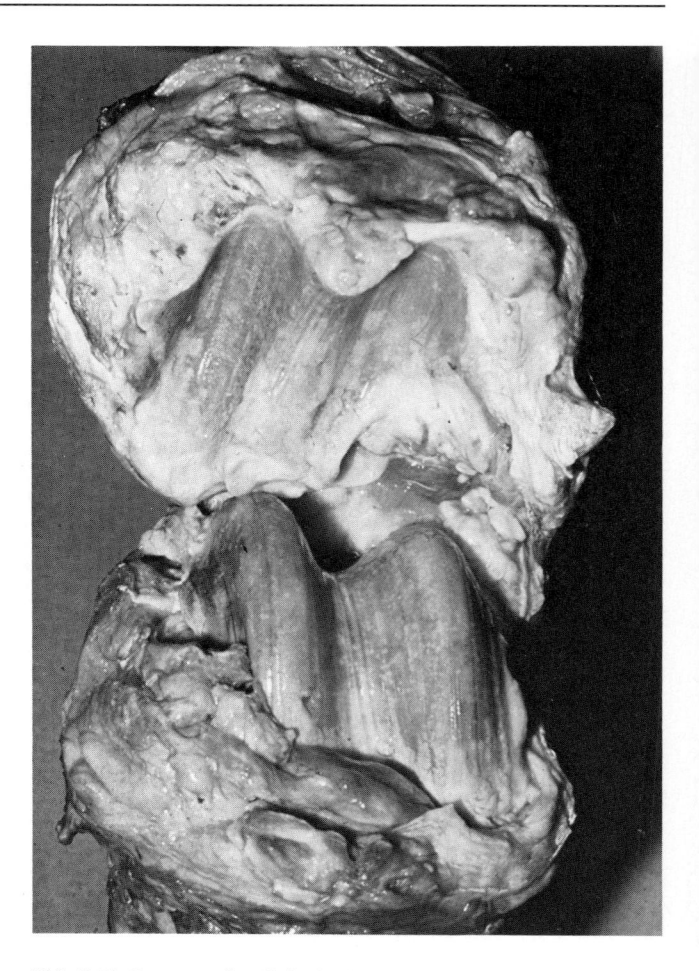

Abb. 7.54: Degenerative Gelenkerkrankung mit Furchen im eburnifizierten subchondralen Knochen.

Die Chondrozyten des aufgefaserten Knorpels sind in unterschiedlichem Ausmaß nekrotisch.[230] Aus lebensfähigen Chondrozyten entwickeln sich Zellhaufen oder Chondrone, die als reaktive Antwort angesehen werden (Abb. 7.57). Zusätzlich zu den beschriebenen morphologischen Veränderungen können durch histologische Färbungen ein Proteoglykanverlust sowie eine Zunahme des Wassergehaltes im Gelenkknorpel festgestellt werden.[212]

Zu den Veränderungen, die mit Gelenkknorpelschäden einhergehen, gehören die Osteophytenbildung oder marginale Knorpelwucherung sowie die Sklerosierung des subchondralen Knochens.[160,319,373] Letztgenannte Sklerosierung ist das Ergebnis einer reaktiven Knochenzubildung in den subchondralen Endplatten. Die Entstehung von subchondralen Zysten als sekundäre Veränderung bei den degenerativen Gelenkerkrankungen ist bei Pferden beschrieben worden,[281] stellt jedoch keine so regelmäßige Beobachtung wie beim Menschen dar. (Die sekundären subchondralen Zysten dürfen nicht mit den Knochenzysten bei der Osteochondrosis verwechselt werden.) Akute oder chronische entzündliche Veränderungen der Synovialmembran oder der fibrösen Gelenkkapsel können ebenfalls auftreten und führen zu einer zottigen Hypertrophie der Synovialmembran und einer Fibrose der Gelenkkapsel.[200,322]

Bei der degenerativen Erkrankung des Rennpferdes in den Gelenken mit großer Beweglichkeit (Typ 1) werden die ersten Veränderungen in der Nähe des Gelenkrandes gesehen.[322] Es kommt hier in einzelnen Gebieten zu Knorpelverfärbungen, Abtragungen, Erosionen und Ulzerationen. Zu Beginn dieser degenerativen Erkrankung herrscht eine Synovialitis vor. Zusätzlich zu dem marginalen Osteophytenumbau kommt es zu einer fibrös-knochigen Proliferation über der zentralen dorsalen Oberfläche der Karpalknochen sowie am distalen Ende des Radius. Diese Veränderungen sind mit gleichzeitigen traumatischen Schäden an den Ansatzstellen der Gelenkkapsel und der Bänder verbunden.[322]

Degenerative Gelenkerkrankungen, wie das Ringbein im Krongelenk und der Knochenspat im unteren Hinterfußwurzel-Mittelgelenk sowie in den Hinterfußwurzel-Mittelfußgelenken (Typ 2), werden durch eine Periostproliferation charakterisiert, die in fortgeschrittenen Fällen eine Tendenz zur knöchernen Ankylose besitzt. In einigen Fällen können periartikuläre proliferative Veränderungen auch ohne eine intraartikuläre degenerative Veränderung vorkommen.[138] Bei den degenerativen Erkrankungen im Krongelenk finden sich hochgradige pathologische Veränderungen, zu denen auch weitreichende Erosionen, Sklerosierungen des subchondralen Knochens und in den meisten Fällen eine Eburneation sowie marginale Osteophytenbildung und periostale Exostosen gehören.

Eine charakteristische Ausnahme, die bei Knochenspat und manchmal auch beim Ringbein auftritt, ist die Lysis des subchondralen Knochens, die im Gegensatz zu der in anderen Gelenken typischerweise beobachteten subchondralen Sklerosierung steht.[249]

Kapitel 7: Erkrankungen der Gelenke 387

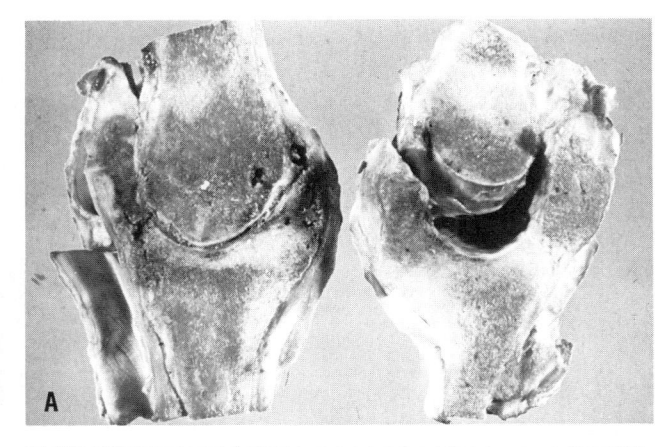

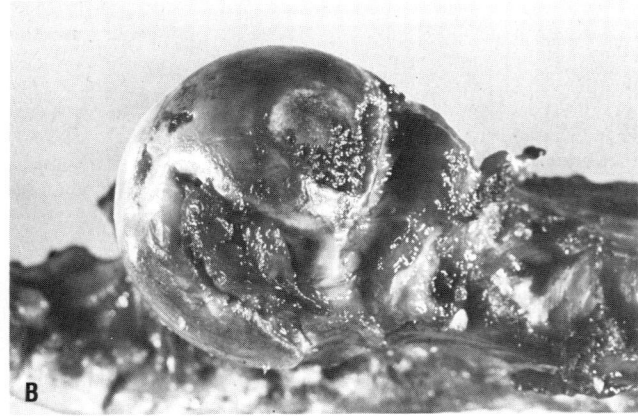

Abb. 7.55 A und **B:** Weitere Beispiele für fortgeschrittene degenerative Gelenkerkrankungen.

Die verschiedenen Veränderungen des Gelenkknorpels, die beim Typ 3 der degenerativen Gelenkerkrankungen ohne klinische Auswirkungen gesehen werden, beinhalten Blasenbildungen, Verschleißlinien, Ulzerationen und oberflächliche Erosionen.[160,373] Großflächige Erosionen oder Eburneationen werden jedoch nicht beobachtet. Synovialgruben (Fossae synoviales) gehören ebenfalls zu den Knorpeldefekten ohne klinische Auswirkungen und werden an bestimmten Stellen in verschiedenen Gelenken

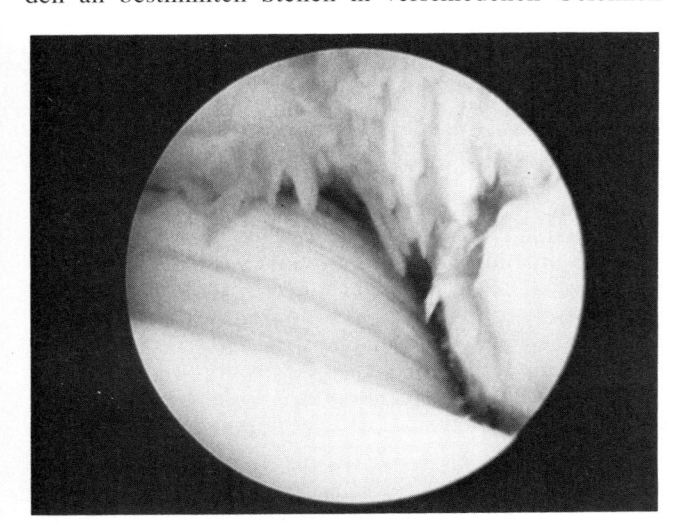

Abb. 7.56: Arthroskopische Darstellung von Verschleißlinien an der distalen Gelenkfläche des Os metacarpale III.

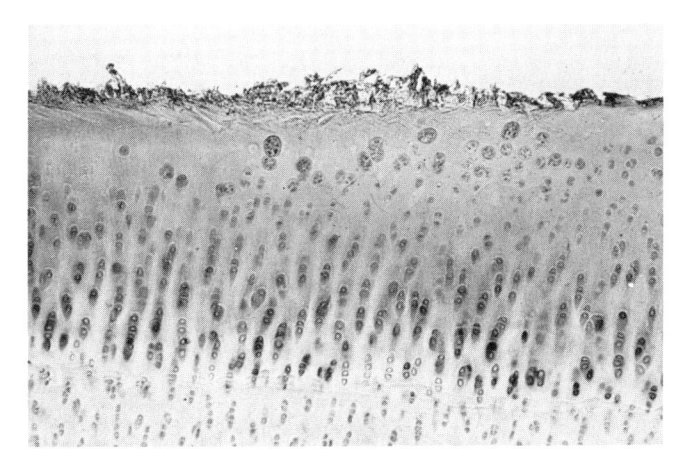

Abb. 7.57: Frühe morphologische Veränderungen im Knorpel bei degenerativer Gelenkerkrankung. Es bestehen Zerreißungen in der Tangentialzone und Chondronenumbildung in der Übergangszone.

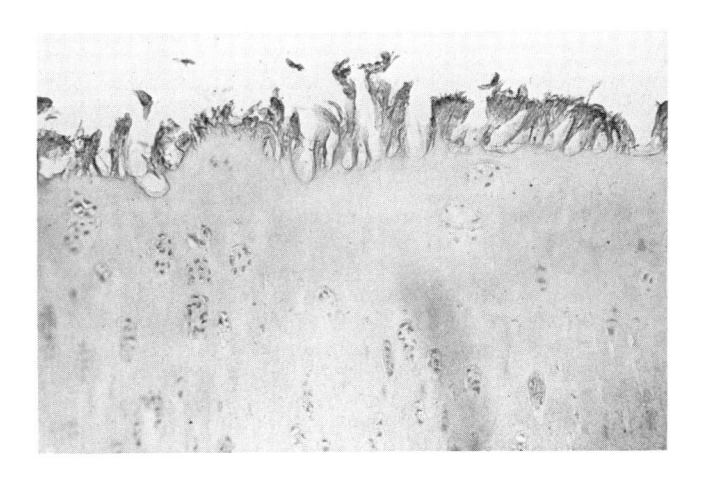

Abb. 7.58: Weiter fortgeschrittene morphologische Veränderungen bei degenerativer Gelenkerkrankung. Die Auffaserung der Matrix ist bis in die Übergangszone fortgeschritten. Es besteht ein allgemeiner Chondrozytenverlust mit einigen Chondronenumbildungen.

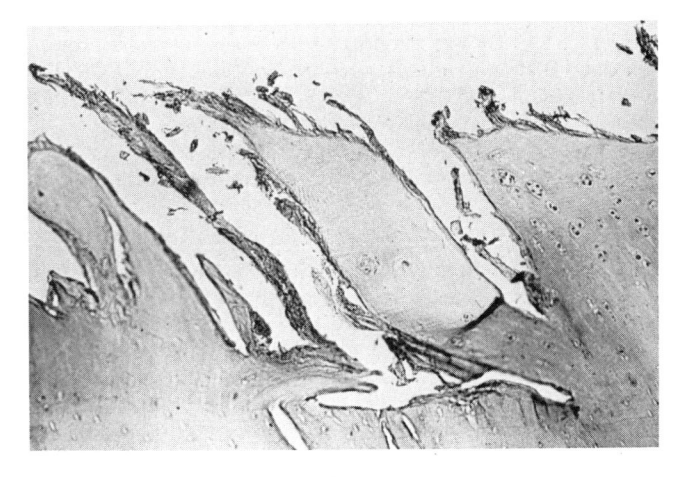

Abb. 7.59: Auffaserung des Knorpels auf seiner gesamten Dicke bei schwerer degenerativer Gelenkerkrankung. Aufgefaserte Knorpelstücke sind vom Knochen abgelöst.

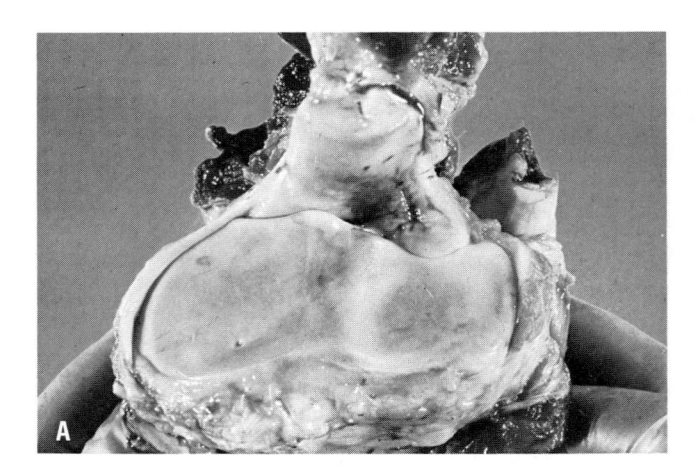

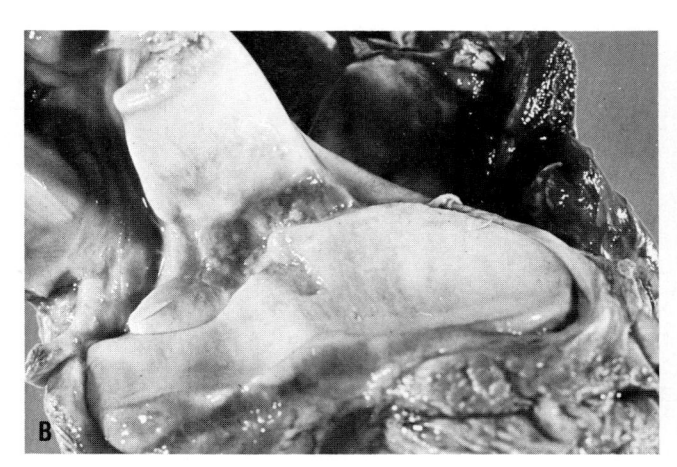

Abb. 7.60: A Sich entwickelnde Synovialgrube in der Incisura trochlearis der Ulna bei einem zwei Monate alten Pferd. **B** Vollständig entwickelte Synovialgrube bei einem drei Jahre alten Pferd.

routinemäßig gefunden (Abb. 7.60).[79,343,373] Synovialgruben oder auch Fossae nudatae sind scharf begrenzte Eindrücke im Gelenkknorpel. Am Boden der Grube ist der Knorpel auf eine dünne Lage von unregelmäßiger Dicke reduziert und durch einen losen Pannus von der Gelenkoberfläche getrennt. Die Lokalisationen dieser Synovialgruben wurden ausführlich von SIPPEL beschrieben.[373] Solche Gruben entwickeln sich postnatal,[360] werden bei allen über drei Jahre alten Pferden gesehen und sind nicht mit Lahmheiten verbunden.[373] Anscheinend wird in der späteren Entwicklung der Knorpel am Boden der Grube vollständig entfernt und durch einen Pannus ersetzt, der von Blutgefäßen aus dem benachbarten Synovialgewebe oder aus dem darunterliegenden Knochenmark versorgt wird.[125] Eine Erklärung für den Ursprung oder die Entwicklung der Gruben kann jedoch nicht gegeben werden. Es wurde teilweise angenommen, daß sie durch fehlenden Kontakt mit der Gegenseite des Gelenkes entstehen, allerdings bilden sich diese Gruben nicht nur in Gelenkbereichen ohne Kontakt. Die normalen Lokalisationen dieser Synovialgruben sind beim Pferd:
1. das distale Ende des Humerus,
2. das proximale Ende von Radius und Ulna (Abb. 7.60),
3. der Gelenkkamm der Cochlea tibiae am distalen Ende der Tibia und
4. die Rollfurche des Talus.

Weniger regelmäßig kommen die Synovialgruben beim Pferd am distalen Ende der Röhrbeine, der aneinanderliegenden Gelenkoberflächen des Fesselbeines und Kronbeines sowie am medialen Rollkamm des Talus vor.[373] Die eigentliche Bedeutung dieser Synovialgruben liegt im Wissen um ihre Existenz, damit sie nicht mit den Knorpelerosionen der degenerativen Gelenkerkrankungen verwechselt werden.

Beziehung zwischen pathologischen Veränderungen und klinischen Symptomen. Die Tatsache, daß einige Gelenkknorpelläsionen von fraglicher klinischer Bedeutung sind, wurde bereits erwähnt. Die meisten von SIPPEL beschriebenen Veränderungen sind klinisch irrelevant. Anhand der Untersuchungen dieses Autors konnten die normalen altersbedingten Veränderungen abgegrenzt und die Lokalisationen der Synovialgruben bestimmt werden.[373] Auch in der Humanmedizin wurde die Entwicklung von Gelenkknorpelauffaserungen ohne klinische Symptome einer degenerativen Gelenkerkrankung beobachtet.[93]

Im Hüftgelenk des Menschen werden zwei unterschiedliche Veränderungen des Gelenkknorpels beschrieben.[33] Die erste, „nichtprogressive" Form ist altersbedingt und auf Knorpelläsionen beschränkt. Die zweite Form ist eine „progressive" Veränderung im Sinne der degenerativen Gelenkerkrankungen. Ob die altersbedingte „nichtprogressive" Veränderung sich zu einer klinischen Erkrankung entwickeln kann, ist nicht eindeutig bekannt. Eine solche Einteilung ist anscheinend auch für das Pferd sinnvoll, um die nichtklinischen Veränderungen (Zufallsbefunde bei der Sektion) von den klinisch relevanten abzugrenzen.

Sogar in klinisch erkrankten Gelenken ist keine eindeutige Beziehung zwischen dem Grad der Lahmheit und der Knorpeldegeneration gegeben. Im Fesselgelenk soll eine Korrelation zwischen den klinischen Problemen und den Gelenkknorpelveränderungen bestehen.[281,343] In einer anderen Untersuchung konnte dagegen im Fesselgelenk nur eine gute Übereinstimmung zwischen der Lahmheit und den pathologischen Veränderungen in der Synovialmembran und der Gelenkkapsel gefunden werden.[271] Die degenerativen Knorpelläsionen zeigen aber in den meisten Fällen keine enge Korrelation zur Schmerzhaftigkeit, und Verschleißlinien werden in den meisten Fällen gefunden. Anscheinend sind die degenerativen Knorpelläsionen erst dann schmerzhaft, wenn der subchondrale Knochen betroffen ist.

Zusammenfassend ist die Gelenkknorpelveränderung zwar das entscheidende Kriterium für eine degenerative Gelenkerkrankung, sie stellt jedoch nicht die wichtigste Ursache für die klinische Erkrankung dar. Die klinische Bedeutung der bis zum subchondralen Knochen reichenden Läsionen ist unumstritten, dagegen bedarf die Bedeutung der oberflächlichen, alters- und verschleißbedingten Läsionen weiterer Untersuchungen. Es sollte hierbei bedacht werden, daß ins Gelenk injizierte Knorpelabbauprodukte eine Synovialitis verursachen können.[36] Das Ausmaß, in dem Gelenkknorpelabbauprodukte an den Synovialitiden bei degenerativen Gelenkerkrankungen des Pferdes beteiligt sind, ist allerdings nicht bekannt.

Pathogenese. In älterer Literatur wurden als Ursachen der degenerativen Gelenkerkrankungen generalisierte systemische Erkrankungen,[245] lokale Nervendegenerationen und subchondrale Hyperämie[127,404] angenommen. Dagegen konnten in experimentellen Untersuchungen keine

Beweise für neurogene Ursachen gefunden werden, und die hyperämiebedingten Läsionen entwickeln sich wahrscheinlich zu Synovialgruben.[373] Eine falsche Ernährung wurde ebenfalls als generalisierte Ursache von Osteoarthritiden der Pferde angesehen.[119,141,160] Anscheinend besteht einige Verwirrung über die Zustände der Osteomalazie, der Osteodystrophia fibrosa und der Osteoarthritis bei manchen dieser Tiere. In einer sorgfältigen Untersuchung konnten bei einem experimentell erzeugten, ernährungsbedingten sekundären Hyperparathyreoidismus keine Gelenkläsionen gefunden werden.[172] Die einzige bekannte Situation, bei der die Ernährung als Ursache nachgewiesen wurde, ist die Entstehung degenerativer Gelenkerkrankungen durch eine Osteochondrose. Genetische Ursachen konnten beim Pferd lediglich für die progressive Subluxation des Hüftgelenkes mit dadurch entstehender chronisch deformierender Osteoarthritis beim Dolepferd in Norwegen gesichert festgestellt werden.[124] Die Hüftgelenksdysplasie ist selten in anderen Rassen beschrieben worden.[378]

In jüngerer Zeit wurde das Abnutzungstrauma zum zentralen ätiologischen Konzept.[188,322,343] Die verschiedenen bereits beschriebenen Formen der traumatischen Arthritis können alle potentiell zu degenerativen Gelenkerkrankungen führen. Obwohl das Trauma als wichtigster auslösender Faktor einer degenerativen Gelenkerkrankung angesehen wird,[322] muß trotzdem die Entwicklung der Erkrankung sorgfältig überprüft werden, dies gilt besonders für die degenerativen Gelenkerkrankungen vom Typ 1 (siehe Seite 384) (Abb. 7.61).
Eine erhebliche Schädigung im Sinne einer Erschütterung kann den Gelenkknorpel direkt betreffen, wie dies auch für Frakturen im Karpus beschrieben wurde. Es wird angenommen, daß die ulzerativen Veränderungen als Folge eines Aufpralls entstehen, wie dies z. B. bei der Hyperextension auftreten kann, wenn sich das Gelenk nicht mehr in seiner physiologischen Position befindet.[343] Die maximal belastbare Stellung ist erreicht, wenn sich die Gelenke zur Zeit der größten Beanspruchung in perfekter Übereinstimmung bewegen.[7,440] Daneben wurde angenommen, daß auch unphysiologische Bewegungen Turbulenzen der Synovia und Veränderungen der Gelenkschmierung hervorrufen können, die zu einem Reibungsverschleiß führen.[343] Die Hypothese entstand jedoch auf Annahmen über eine hämodynamische Grenzschichtschmierung, die heute unhaltbar sind.[313] Diese Grundsätze wurden bereits früher umrissen (siehe Seite 343 und 344). In einer neueren Untersuchung an einer Testeinrichtung mit einem synthetischen Gelenklager konnte keine Abnahme der Grenzschichtschmierung der Synovia von Pferden mit degenerativen Gelenkerkrankungen gefunden werden.[59]

Beim Menschen wird die Abnutzung des Gelenkknorpels auch mit den geometrischen Veränderungen diarthrodialer Gelenke im Alter in Verbindung gebracht.[31] Anscheinend besteht bei älteren Menschen eine größere Kongruenz der Gelenkoberflächen, wodurch sich die Gewichtsverteilung und das Ausmaß der lokalen Belastung entsprechend ändern. Altersbedingte degenerative Veränderungen kommen öfter in unbelasteten als in belasteten Gelenkbereichen vor. Die Bedeutung dieser altersbedingten Kongruenzänderung liegt vielleicht darin, daß mit der Neuverteilung der Belastung auf ursprünglich unbelasteten Knorpel nun Bereiche des Gelenkes, bei denen es wegen der fehlenden Belastung zu einem Proteoglykanschwund gekommen ist, einer plötzlichen Belastung ausgesetzt werden, an die sie nicht angepaßt sind und durch die ein weiterer Abbau entsteht. Auch wenn diese Hypothese nicht direkt auf die Osteoarthritis des jungen Rennpferdes übertragen werden kann, so ist sie unter Umständen doch von Bedeutung. Der Wechsel von der Belastung mit Gewicht zu der ohne Gewicht kann z. B. für Änderungen des Trainingsprogramms und der Arbeit wichtig sein. Das Training ist wahrscheinlich nötig, um den Knorpel in eine maximal belastbare Kondition zu bringen. Es konnte gezeigt werden, daß durch die Belastung eines sonst nicht belasteten Knorpels der Glykosaminoglykangehalt im Knorpel verändert werden kann.[164]

In zunehmendem Maße wird die direkte Knorpelschädigung nicht mehr als einzige Entstehungsmöglichkeit einer traumatisch bedingten degenerativen Gelenkerkrankung und die Knorpelschädigung nicht mehr unbedingt als primäre Veränderung angesehen. Anscheinend verursachen beim Menschen Traumata kleine Mikrofrakturen des subchondralen Knochens, der daraufhin verhärtet. Dies führt zu einer verminderten Stoßdämpfung und folgenden Knorpeldegenerationen.[314,315,317] Daneben konnte vor kurzem an akut entstandenen degenerativen Gelenkerkrankungen des Menschen die Weichteilentzündung als primäre Veränderung festgestellt werden.[337] Bei vielen degenerativen Gelenkerkrankungen des jungen Rennpferdes (Typ 1) sind die anfänglichen Veränderungen durch eine akute Synovialitis und Kapsulitis gekennzeichnet (Typ 1 der traumatischen Arthritiden). Um die Bedeutung der Synovialitis und Kapsulitis in der Pathogenese der degenerativen Gelenkerkrankungen richtig einschätzen zu können, soll ein kurzer Rückblick über die biochemischen Vorgänge gegeben werden, die mit den degenerativen Gelenkerkrankungen in Zusammenhang stehen.
Zahlreiche Untersucher berichten über die Abnahme eines oder mehrerer Glykosaminoglykane im osteoarthritischen Gelenkknorpel.[21,211,213,215,216] Diese Abnahme ist direkt proportional zu der Schwere der morphologischen Veränderung.[216] Störungen der Proteoglykanaggregation sind ebenfalls im osteoarthritischen Knorpel beobachtet worden und sollen zumindest teilweise durch eine vermin-

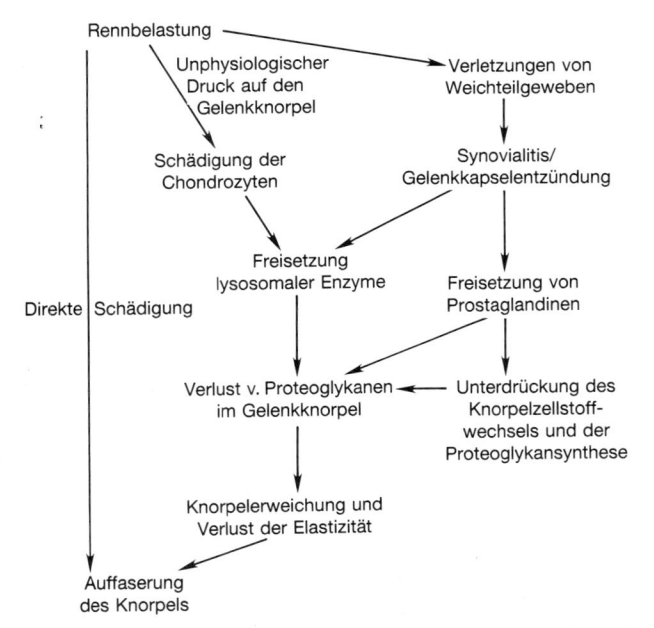

Abb. 7.61: Möglicher Ablauf der Knorpeldegeneration bei der degenerativen Arthropathie stark beanspruchter Gelenke von Rennpferden (mit Genehmigung des J. Am. Vet. Med. Assoc.).

derte Fähigkeit der Proteoglykane zur Interaktion mit der Hyaluronsäure entstehen.[25,294] Derartige Veränderungen vermindern wahrscheinlich die Druckbelastbarkeit des Gelenkknorpels, und die unmaskierten Kollagenfasern werden für übermäßige Beuge- oder Zugkräfte anfällig. Anscheinend gehen diese regressiven biochemischen Veränderungen der Auffaserung voraus und unterstützen sie zusätzlich noch.[192,231]

Die Abnahme der Proteoglykane und Glykosaminoglykane soll mit einer Degeneration durch lysosomale Enzyme verbunden sein,[19,427] über die Herkunft dieser Enzyme bestehen jedoch noch unterschiedliche Meinungen. So wird beispielsweise angenommen, daß durch unphysiologische biochemische Kräfte die Chondrozyten geschädigt und dadurch die Enzyme freigesetzt werden.[19] In Übereinstimmung mit dieser Annahme konnte die Protease Kathepsin D aus normalem und osteoarthritischem Gelenkknorpel isoliert[88] und eine Kathepsinaktivität in den Lysosomen der Chondrozyten gefunden werden.[36] Die Fähigkeit von Kathepsin D, die Proteoglykane der Gelenkknorpelgrundsubstanz zu degenerieren, konnte ebenfalls gezeigt werden.[4] Allerdings wurden keine Hexoaminidase- und Glukuronidaseaktivitäten, die zur Glukosaminoglykandegenerierung notwendig sind, in den Chondrozyten gefunden.[142] Ebenso konnte eine Kollagenaseaktivität bei mäßigen bis schweren osteoarthritischen Knorpelveränderungen beobachtet werden.[75]

Entsprechende Beweise gibt es jedoch für die Herkunft zerstörender lysosomaler Enzyme aus der entzündeten Synovialmembran und fibrösen Gelenkkapsel. Über ein Ansteigen der verschiedenen sauren und alkalischen Hydrolasen in der Synovialmembran wurde z. B. bei Osteoarthritiden des Menschen berichtet.[50,337] Bei einigen degenerativen Gelenkerkrankungen konnte außerdem eine Kollagenase aus der Synovialmembran isoliert werden.[129] Nach neueren Untersuchungen am Menschen korreliert die biochemische Analyse mit den röntgenologisch sichtbaren Veränderungen der degenerativen Gelenkerkrankungen im Hüftgelenk, und sowohl die Synovialmembran als auch der Gelenkknorpel wurden als Ursprung der ansteigenden Kathepsin-D-Aktivität angesehen.[83,103] Die Autoren vermuten, daß manchmal die Entzündung der Synovialmembran und in anderen Fällen die Gelenkknorpeldegeneration die wichtigste Ursache für das Ansteigen der Enzymaktivitäten ist.[83] Eine weitere Bestimmung der einzelnen Formen erfolgte jedoch nicht.

Die in entzündeten Gelenken gebildeten Prostaglandine können ebenfalls eine Abnahme des Proteoglykangehaltes der Knorpelgrundsubstanz verursachen.[337,398] Die Prostaglandine wurden im Abschnitt über die traumatischen Arthritiden besprochen (siehe Seite 366). Die Wirkungen der Prostaglandine beruhen sowohl auf der Hemmung der Glykosaminoglykan- und Proteoglykansynthese[182] als auch auf einer direkten Degeneration.[96] Vor kurzem wurde die Glykosaminoglykanabnahme des Gelenkknorpels stärker mit einer Degeneration und weniger mit einer verminderten Synthese in Zusammenhang gebracht.[214] Obwohl eine größere Abnahme des Keratansulfats als des Chondroitinsulfats festgestellt wurde, blieb in Proben aus normalen und osteoarthritischen Gelenken das Verhältnis der in die Glukosaminfraktion (Keratansulfat) bzw. in die Galaktosaminfraktion (Chondroitinsulfat) aufgenommenen markierten Glukose gleich. Aus diesem Grund scheint die Abnahme der Glykosaminoglykankonzentration nicht in Beziehung zu einer qualitativen Änderung der Syntheseaktivität zu stehen.[214] Neben den lysosomalen Enzymen und Prostaglandinen können auch die im entzündeten Gelenk freigesetzten Peroxidradikale für Knorpeldegenerationen verantwortlich gemacht werden. Dieser Mechanismus wurde ebenfalls im Abschnitt über traumatische Arthritiden diskutiert (siehe Seite 367). Die Peroxidradikale sind in der Lage, die Proteoglykane und das Kollagen[121] sowie die Hyaluronsäure[120] des Knorpels zu degenerieren.

Neuere experimentelle Untersuchungen an Pferden trugen dazu bei, die Mitwirkung der entzündeten Synovialmembran sowie des geschädigten Gelenkknorpels am Gehalt lysosomaler Enzyme in der Synovia zu klären.[399] In Gelenken mit experimentell erzeugten Knorpeldefekten, die Gelenkoperationen vortäuschen sollten, konnten ein Enzymanstieg und eine gleichzeitige Leukozyteneinwanderung vermehrt aus der entzündeten Synovialmembran und weniger aus dem geschädigten Knorpel festgestellt werden.[399] In anderen Untersuchungen, die auf Injektionen eines lysosomenzerstörenden Präparates in das Vorderfußwurzel-Mittelgelenk des Pferdes basieren, konnte ein folgender Glykosaminoglykanschwund des Knorpels festgestellt werden, der zu typischen morphologischen Veränderungen der degenerativen Gelenkerkrankungen führte.[208]

Ein Glykosaminoglykanverlust kann ebenso auf eine primäre mechanische Schädigung zurückzuführen sein.[222] Wahrscheinlich sind die regressiven Veränderungen (Verlust der Proteoglykane und Glykosaminoglykane), die sowohl durch direkte Knorpelschädigung als auch durch die Entzündung entstanden sind, für die Pathogenese der degenerativen Gelenkerkrankungen des Pferdes (Typ 1) von Bedeutung. Die vermutliche Entwicklung der Knorpeldegeneration ist in Abbildung 7.60 dargestellt. Offensichtlich ist die Bedeutung des direkten Knorpeltraumas und der Synovialitis in den einzelnen Fällen unterschiedlich.

Die Pathogenese der anderen Formen der degenerativen Gelenkerkrankungen des Pferdes kann kürzer zusammengefaßt werden. Die schleichenden degenerativen Erkrankungen des Krongelenkes, des unteren Hinterfußwurzel-Mittelgelenkes und der Hinterfußwurzel-Mittelfußgelenke (Typ 2 der degenerativen Gelenkerkrankungen) besitzen einige charakteristische Merkmale. Der offensichtliche ätiologische Faktor ist das Abnutzungstrauma. Bei Standardbred-Pferden, Quarter Horses und Springpferden besteht eine große Beanspruchung des Sprunggelenkes, und durch Stellungsfehler, fehlerhaften Hufbeschlag (Eisen, die den normalen Bewegungsablauf behindern) oder andere Ursachen können sich die degenerativen Veränderungen entwickeln. Auch die Krongelenkschale (Ringbein) wird gewöhnlich bei Pferden mit verstärkter Belastung der Beckengliedmaßen, wie beispielsweise beim Quarter Horse in Arbeit, gesehen. Die Ruptur eines Seitenbandes mit einer Luxation oder Subluxation (Typ 2A der traumatischen Arthritiden) stellt ein äußerst schweres Trauma dar, das oftmals zu degenerativen Gelenkerkrankungen führt. Die ausgeprägte, für diese Erkrankung charakteristische periostale Knochenzubildung ist vermutlich mit Zerrungen und Zerreißungen im Bereich der Ansatzstellen von Gelenkkapsel und Bändern verbunden. Die beobachteten nichtartikulären Knochenzubildungen am Fesselbein, die auch „Leist" und im amerikanischen Sprachraum „false ringbone"[138] genannt werden, haben zu Spekulationen Anlaß gegeben, daß periartikuläre Veränderungen als Vorläufer der intraartikulären Degenerationen („true ringbone" = Schale oder Ringbein) anzusehen sind; diese Beziehung konnte jedoch noch nicht nachgewiesen werden. Eine Beziehung zwischen der Krongelenkschale und der Gliedmaßenstellung konnte beim norwegischen Dolepferd bewiesen werden.[124] Schale ist den Heberden-Knoten des Menschen annähernd vergleichbar, bei denen sowohl genetische als auch Umweltfaktoren ursächlich gefunden wurden.[374] Der Grund, weshalb Knochenspat und Schale manchmal mit einer subchondralen Lysis und manchmal mit einer subchondralen Sklerose einhergehen, ist unbekannt. Kürzlich konnte bei Absatzfohlen eine Form von degenerativer Erkrankung des Krongelenkes verbunden mit einer Osteochondrose beobachtet werden.[403]

Die nicht mit klinischen Symptomen einhergehenden Veränderungen (Typ 3 der degenerativen Gelenkerkrankungen) stellen unter Umständen eine altersbedingte konstitutionelle Degeneration dar. Natürlich muß bei der Pathogenese zum konstitutionellen Verfall noch das Abnutzungstrauma hinzugerechnet werden.

Die vierte Form der degenerativen Gelenkerkrankungen der Pferde beinhaltet Erkrankungen, bei denen andere primäre Ursachen als das Abnutzungstrauma gefunden wurden (Tabelle 7.3). Allerdings ist die Pathogenese bei einigen dieser Primärerkrankungen, wie z. B. bei der Osteochondrosis dissecans,[387] dem Tarsalknochenkollaps[250,365] sowie den Veränderungen des palmarodistalen Bereiches des Metakarpus,[87,281] noch nicht geklärt. In einigen Gelenken führt die Osteochondrose oftmals zu degenerativen Gelenkerkrankungen, während dies in anderen Fällen nicht gesehen wird. Die Abweichungen werden im Abschnitt über die Osteochondrose in diesem Kapitel diskutiert (siehe Seite 396 bis 419). Degenerative Gelenkerkrankungen können auch nach infektiösen Arthritiden auftreten, wenn die septische Entzündung zwar erfolgreich, jedoch erst nach Auftreten von Knorpeldegenerationen behandelt werden konnte. Die Pathogenese der Gelenkknorpelzerstörung bei infektiösen Arthritiden wird im Abschnitt „Infektiöse Arthritiden" in diesem Kapitel behandelt (siehe Seite 423 und 424).

Die Vermutungen über die Entstehung marginaler Osteophyten bedürfen ebenfalls noch der Aufklärung. Die Knochenzubildungen bei degenerativen Gelenkerkrankungen besitzen normalerweise ein oder zwei Entstehungsmuster. Die Knochenzubildungen, die sich in der Gelenkkapsel und im Bereich des Bandansatzes am Periost entwickeln, sollen mit Zerrungen und Zerreißungen in diesen Bereichen in Verbindung stehen. Der Ursprung der Osteophyten, die am Rand der Übergangszone (Verbindung des Gelenkknorpels, der Synovialmembran und des Periostes) entstehen, ist umstritten. Sie werden beispielsweise als Reaktion zur Begrenzung und Kontrolle anfänglicher pathologischer Veränderungen (Knorpelerosionen) angesehen, indem sie durch eine Oberflächenvergrößerung des Gelenkknorpels eine Abnahme der Erschütterung und eine eingeschränkte Beweglichkeit des Gelenkes bewirken.[138,160] Allerdings sind Osteophyten an der Übergangszone auch vor morphologischen Knorpelschäden beobachtet worden.[208,225] Daneben wurde angenommen, daß die Umwandlung zu Osteophyten in der Übergangszone durch die Freisetzung der Glykosaminoglykane aus der Knorpelmatrix bewirkt wird.[37] Eine Vielzahl von Reizen löst jedoch diese Veränderungen aus,[374] und es besteht nur eine sehr geringe Korrelation zwischen dem Grad der Gelenkknorpelveränderungen und der Osteophytenproduktion.[224,374] Experimentell konnte die Osteophytenbildung durch lysosomale Enzyme, die aus der Synovialmembran stammen, nachgewiesen werden.[208] Anscheinend werden die Osteophyten von multipotenten Zellen als Antwort auf mehrere Substanzen gebildet, die bei entzündlichen und/oder degenerativen Gelenkveränderungen freigesetzt werden. Daneben sollen auch ein direktes Trauma[320] und eine Gelenkinstabilität[225] an der Pathogenese der marginalen Osteophyten beteiligt sein.

Der fünfte Typ der in Tabelle 7.3 genannten degenerativen Gelenkerkrankungen ist die Chondromalazie der Patella. Diese Erkrankung ist beim Pferd durch eine Degeneration des Gelenkknorpels der Patella charakterisiert und entsteht entweder ausschließlich durch eine Entzündung im Kniescheibengelenk oder durch eine Entzündung im Zusammenhang mit einer massiven Druckbelastung, die wiederum von einer habituellen proximalen Fixation der Patella ausgeht.[2] Das Vorkommen dieser Erkrankung ist noch nicht sicher geklärt, und auch die klinische Bedeutung dieser Veränderung ist noch größtenteils unbekannt. Ein Autor berichtet, daß er nach der Sektion zahlreicher Pferde die Chondromalazie als Erkrankung des Knies nicht beobachten konnte.[343] Der Begriff Chondromalazie, der die entsprechenden Veränderungen beim Menschen beschreibt, wurde auf das Pferd übertragen. In der Humanmedizin stellt die Erkrankung eine der häufigsten Ursachen für Beschwerden im Knie jüngerer Menschen dar. Es kommt hierbei zu einer Kniegelenkschädigung und zu Gelenkknorpelauffaserungen der Patella.[148] Eine Schmerzhaftigkeit ist gewöhnlich direkt in der Patella vorhanden, daneben können im Umfange eine Umfangsvermehrung, ein Gelenkerguß sowie Krepitation bestehen. Die Bedeutung der Chondromalazie der Patella unter den Osteoarthritiden des Menschen ist noch umstritten. Manche Autoren sehen die Erkrankung als normalen Alterungsprozeß an, und hierfür spricht die Tatsache, daß sie in fast allen Kniegelenken über 30 Jahre alter Menschen gefunden wird. Die Chondromalazie wurde auch mit Fehlstellungen der Kniescheibe in Verbindung gebracht, da angenommen wurde, daß die Schädigung der Patellaoberfläche das Ergebnis eines habituellen Traumas durch einen unphysiologischen Knochenverlauf darstellt.[145] Eine habituelle Subluxation der Patella ist gewöhnlich mit einer Schädigung des Gelenkknorpels verbunden.[190] Selbst wenn die Erkrankung mit einer Erweichung und einem Rissigwerden des Knorpels einhergeht, kann die Patellaoberfläche glatt und unbetroffen bleiben. Bei schweren Auffaserungen ist eine chirurgische Behandlung (oberflächliche Abrasio oder Exzision von Knorpel auf seiner gesamten Dicke sowie Spongiosatransplantation) möglich.

Oftmals wird eine Chondromalazie der Patella beim Pferd diagnostiziert oder angenommen, wenn z. B. durch eine proximale Fixation der Patella oder eine lose Kniescheibe bei Standardbred-Pferden eine ähnliche Ätiologie für die Degenerationen der Gelenkoberfläche der Patella gegeben ist. Tatsächlich konnten ähnliche Läsionen beim Pferd arthroskopisch gesehen werden, jedoch nur in wenigen Fällen.[204] Die Chondromalazie der Pferde darf nicht mit der Osteochondrose der Patella oder mit einer unspezifischen Synovialitis des Kniegelenkes (Gonitis), also anderen krankheitsbestimmenden Problemen, verwechselt werden.

Diagnose. Die klinischen Symptome sind nach Typ und Grad der degenerativen Gelenkerkrankung sowie nach dem Ausmaß der akuten Entzündung unterschiedlich. In den Gelenken mit großer Beweglichkeit bestehen bei akuten Entzündungen Lahmheit, vermehrte Wärme, Umfangsvermehrung des Gelenkes (ausgehend von einem Synovialerguß, von der Gelenkkapsel oder von periartikulären Strukturen) sowie Beugeschmerz. In chronischeren Fällen ist die Umfangsvermehrung des Gelenkes mit Zubildungen des Fasergewebes und unter Umständen auch mit Knochenzubildungen verbunden, und akute Entzündungssymptome können in unterschiedlichem Maße vorhanden sein. Daneben besteht eine verminderte Beweglichkeit. Die Erkrankung kann durch eine Leitungsanästhesie oder intraartikuläre Anästhesie lokalisiert werden. Offensichtlich sind die beschriebenen Symptome ähnlich denen der früher besprochenen traumatischen Synovialitiden und Kapsulitiden, und die Diagnose der degenerativen Gelenkerkrankung basiert auf der Auswertung der Röntgenaufnahmen und/oder der Arthroskopie. (Eine vermehrte Wärme oder ein Gelenkerguß wird bei Abflachung des palmarodistalen Bereiches des Os metacarpale III gewöhnlich nicht gesehen.)[87]

In den Gelenken mit geringerer Beweglichkeit sind die auffälligsten Symptome die Umfangsvermehrung des Gelenkes und die positive Beugeprobe. Die röntgenologische Diagnose der degenerativen Gelenkerkrankungen ist ausreichend beschrieben worden.[133,249,279,282] Die charakteri-

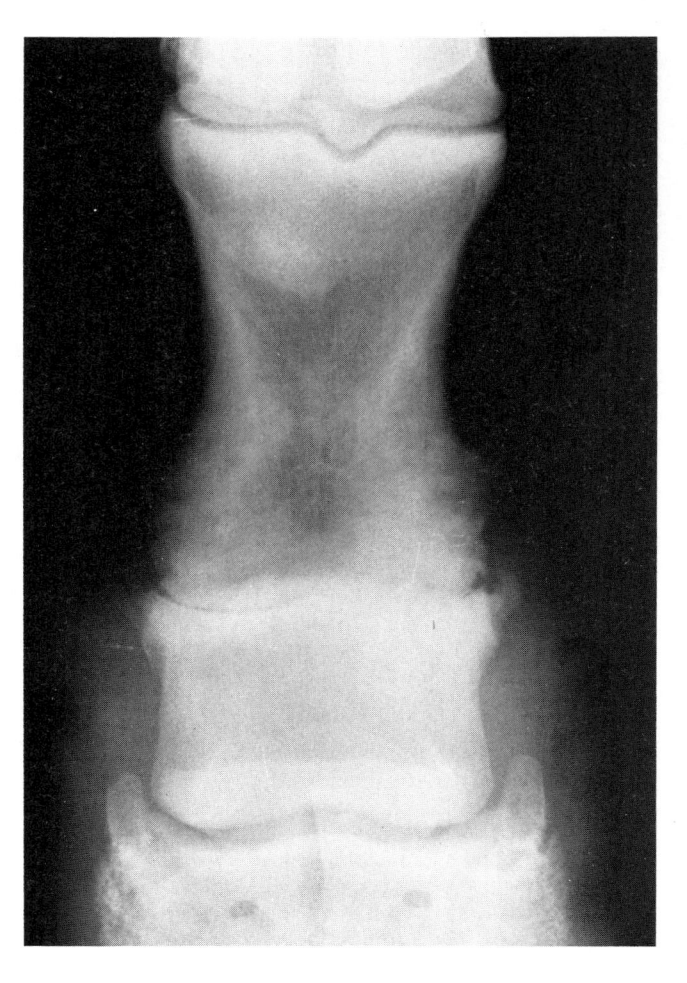

Abb. 7.62: Röntgenaufnahme des Krongelenkes im dorsopalmaren Strahlengang mit degenerativer Gelenkerkrankung. Es sind eine Verkleinerung des Gelenkspaltes, eine subchondrale Sklerosierung und marginale Knochenzubildungen erkennbar. In diesem Fall wurde eine chirurgische Arthrodese durchgeführt.

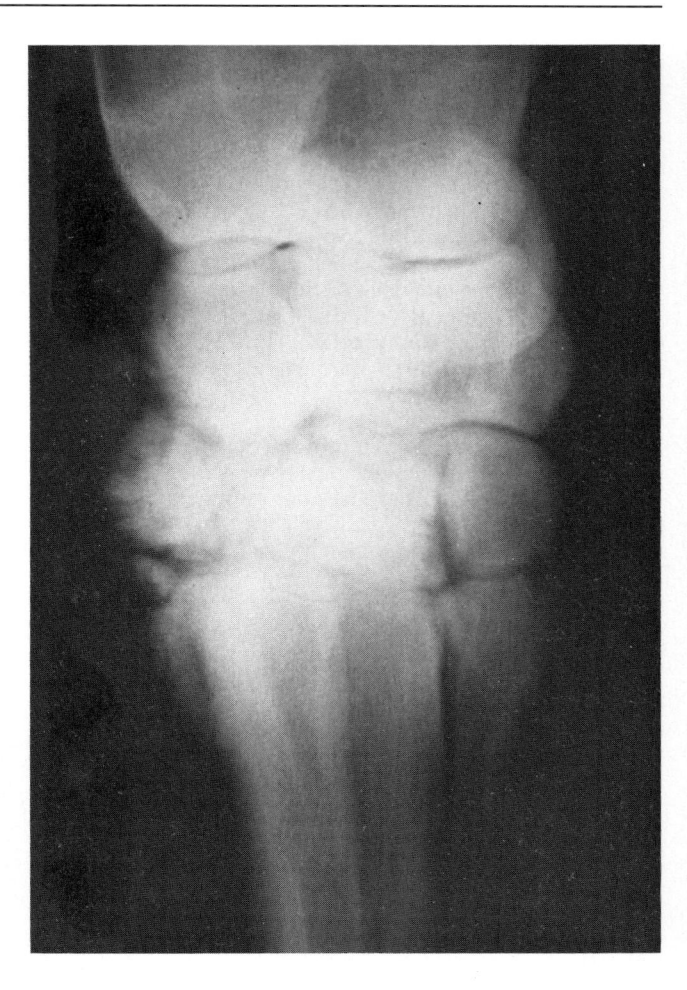

Abb. 7.63: Schwere degenerative Gelenkerkrankung des Vorderfußwurzel-Mittelgelenkes und der Vorderfußwurzel-Mittelfußgelenke (Articulatio mediocarpea und Articulationes carpometacarpeae). Es sind ein Verlust des Gelenkspaltes und ausgedehnte periostale Knochenzubildungen erkennbar.

stischen röntgenologischen Merkmale der degenerativen Gelenkerkrankungen sind eine Verkleinerung oder ein vollständiger Verlust des Gelenkspaltes, eine Sklerosierung des subchondralen Knochens, marginale Osteophytenbildung sowie periostale Knochenzubildungen (Abb. 7.62 und 7.63).

Eine Ankylose kann sich alternativ entwickeln (Abb. 7.64). Bei degenerativen Gelenkerkrankungen des unteren Hinterfußwurzel-Mittelgelenkes wird oftmals eine subchondrale Lysis festgestellt (Abb. 7.65). Die spezifischen röntgenologischen Veränderungen bei der chronischen Synovialitis im Fesselgelenk sind bereits beschrieben worden (Abflachung des kranialen Bereiches des Sagittalkammes sowie Einbuchtung des kaudalen Bereiches des Röhrbeines in Verbindung mit einem chronischen Gelenkerguß).[133] Diese Symptome können bei degenerativen Gelenkerkrankungen des Fesselgelenkes in Verbindung mit zusätzlichen röntgenologisch darstellbaren Veränderungen beobachtet werden.[279]

Die klinischen Symptome beim Typ 4 der degenerativen Gelenkerkrankungen sind im allgemeinen charakteristisch für die einzelnen primären Erkrankungen. Die Symptome der Osteochondrose und der infektiösen Arthritiden sind an anderer Stelle beschrieben worden (siehe Seite 402 bis 411 und 424 bis 428). Die nach diesen Erkrankungen ent-

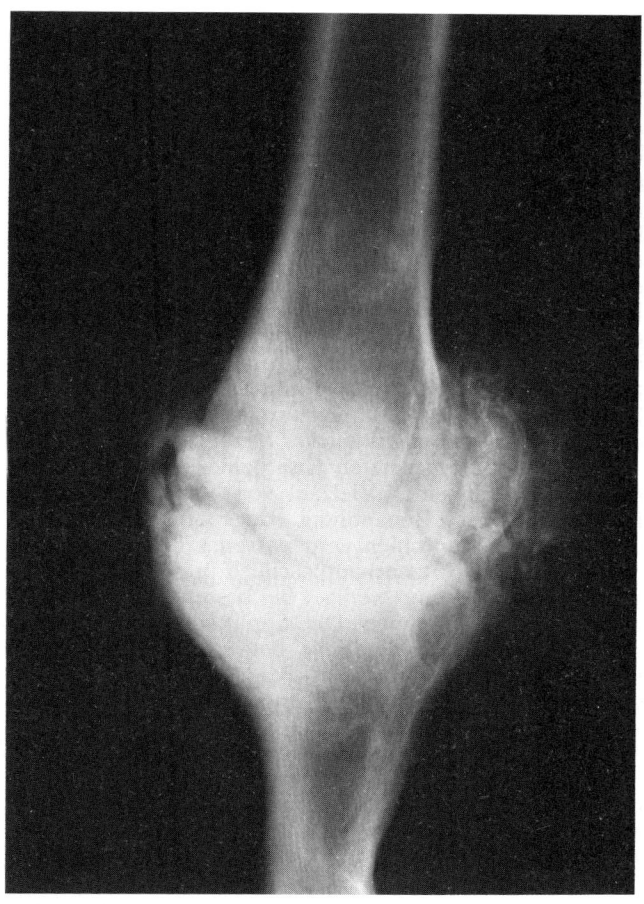

Abb. 7.64: Degenerative Gelenkerkrankung mit knöcherner Ankylose im Fesselgelenk. Das Fesselbein war früher proximal frakturiert.

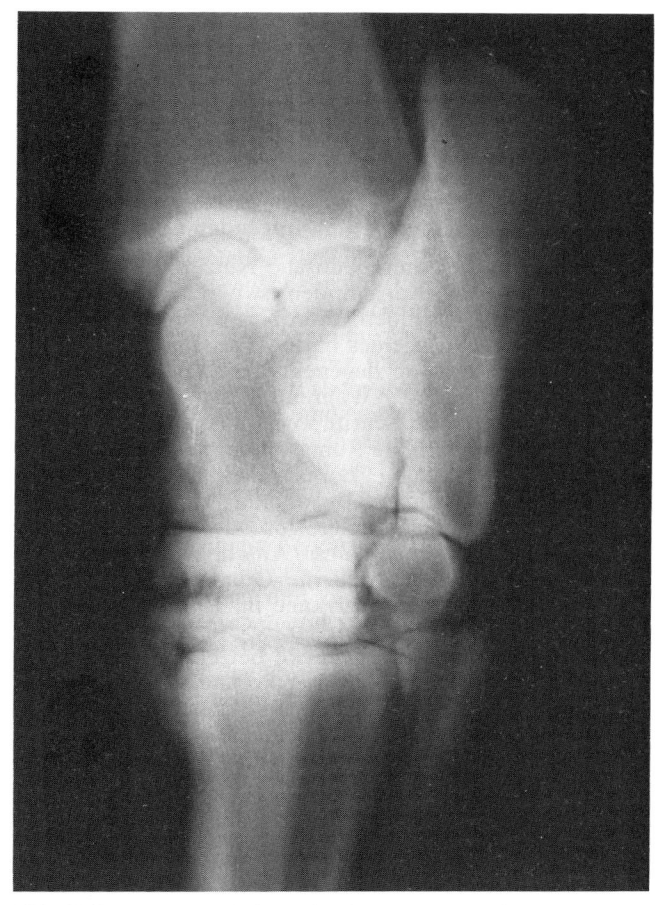

Abb. 7.65: Röntgenaufnahme des Sprunggelenkes im tangentialen Strahlengang mit degenerativer Gelenkerkrankung des unteren Hinterfußwurzel-Mittelgelenkes und der Hinterfußwurzel-Mittelfußgelenke. Beachte die periostalen Proliferationen und die subchondrale Lysis.

standenen degenerativen Veränderungen werden bei der Röntgenuntersuchung, Arthroskopie oder Arthrotomie festgestellt. Degenerative Veränderungen nach intraartikulären Frakturen werden ebenfalls röntgenologisch diagnostiziert und können mittels Arthroskopie näher bestimmt werden.
Es bestehen einige Differenzen zwischen den röntgenologisch darstellbaren und den tatsächlich vorhandenen pathologischen Läsionen.[270,279] Ausgeprägte Knorpeldegenerationen können beispielsweise bei zweifelhaften röntgenologisch darstellbaren Veränderungen bestehen. Die Kontrastarthrographie kann hier begrenzte zusätzliche Informationen liefern.[279] Der Nutzen der Arthroskopie zur Feststellung von Knorpeldegenerationen beim Fehlen röntgenologisch feststellbarer Veränderungen ist bereits beschrieben worden. Wie erwähnt, eignet sich die Analyse der Synovia wenig zur Bestimmung des Grades von Knorpeldegenerationen. Die Thermographie kann zur Feststellung von noch bestehenden Gelenkentzündungen eingesetzt werden.[293,312] Sie ist jedoch hauptsächlich bei traumatisch-degenerativen Gelenkveränderungen angezeigt.

Therapie. Die degenerative Gelenkerkrankung ist das Resultat vieler verschiedener pathologischer Vorgänge, und die geeignete Therapie sowie ihre Effektivität hängen vom Erkrankungsstadium und dem Grad der bestehenden Entzündung ab. Spezifische Behandlungen zur Eindämmung der Knorpeldegenerationen und proliferativen Knochenzubildungen sind begrenzt, aber die Therapie bestehender Weichteilentzündungen ist bereits von großem Nutzen für den Patienten. Die verschiedenen traditionellen oder neuen Behandlungsmethoden sollten immer hinsichtlich der heute bekannten Informationen und Pathogenese der degenerativen Gelenkerkrankungen überprüft werden.
Die Behandlung der degenerativen Gelenkerkrankungen kann in drei grundsätzliche Gebiete unterteilt werden. Das erste ist die Vermeidung bzw. die Behandlung der Primärursachen. Ein Abnutzungstrauma kann selten eliminiert werden, aber bei intraartikulären Frakturen, infektiösen Arthritiden oder der Osteochondrose ist beispielsweise die entsprechende Therapie der primären Erkrankung angezeigt. Das zweite Behandlungsgebiet beinhaltet die Therapie der bestehenden Weichteilveränderungen, die zu Gelenkknorpeldegenerationen führen können. Hierzu gehören die Ruhigstellung, physikalische Therapie, Anwendung entzündungshemmender Medikamente, Gelenkspülung, Applikation von Natriumhyaluronat oder Mucopolysaccharidpolyschwefelsäureester und die Synovektomie. Das dritte Gebiet stellt die Behandlung der Knorpeldegeneration einer plötzlich ausbrechenden degenerativen Gelenkerkrankung dar oder zumindest soweit dies möglich ist. Die vorhandenen Möglichkeiten beinhalten die Kürettage des Gelenkknorpels, Osteophytenentfernung, Strahlentherapie sowie chirurgische Arthrodese und Anwendung einiger neuentwickelter Präparate, die die Knorpelheilung unterstützen sollen. Die

wahrscheinlich sinnlos. Teilweise wird angenommen, daß die Häufigkeit der Exostosenbildung nach Chip-Frakturen herabgesetzt wird, wenn der Frakturbereich nach der Fragmententfernung kürettiert wird,[322] aber jegliche Beweise fehlen auf diesem Gebiet noch.

Entfernung von Osteophyten. Obwohl von einigen Autoren der Entfernung von Osteophyten generell zugestimmt wird, sollte bedacht werden, daß diese hypertrophischen Veränderungen eine reaktive Antwort darstellen, die nicht mit klinischen Problemen in Verbindung gebracht werden darf und die auch keine schweren degenerativen Gelenkerkrankungen darstellt.[249] Nach Ansicht des Verfassers sollten Osteophyten nur entfernt werden, wenn sie eine bestimmte Größe erreicht haben und möglicherweise frakturieren oder die Gelenkfunktion beeinflussen können (prophylaktische Beseitigung). Die Entfernung nichtartikulärer Exostosen, die typische periostale Proliferationen darstellen, ist nicht angezeigt.

Strahlentherapie. Hierbei handelt es sich um eine umstrittene Behandlungsmethode. Die Gründe für den Einsatz dieser Therapie sind die Herabsetzung der Entzündung,[41] die Erzeugung einer tiefen Hyperämie[2,41] und die Schädigung der Nervenendigung mit folgender Desensibilisierung und dadurch bedingter Analgesie.[2] In akuten Fällen stellt wahrscheinlich die bewirkte Synovektomie die Hauptursache für den beobachteten klinischen Nutzen dar. Nach einer Untersuchung über eine Bestrahlung mit anschließender Ruhigstellung konnten 24 von 39 Pferden mit chronischen Veränderungen wieder in den Rennsport zurückkehren.[40] Hierbei ist jedoch ungewiß, welcher Anteil am Behandlungserfolg der Ruhe und welcher der Bestrahlung zukommt. Bei Menschen mit chronischen Hüftgelenkproblemen, bei denen bereits periostale Knochenzubildungen um das Gelenk entstanden waren, zeigte die Bestrahlung nur eine sehr begrenzte Wirkung, sie kann jedoch bei prophylaktischer Anwendung zur Verhinderung der Knochenzubildung beitragen.[48] Bei einer Kontrollstudie am Pferd bewirkte die Röntgenbestrahlung keine Abnahme der Periostitis oder der Osteophytosis.[116] Es können Gammastrahlen von Kobald (Co^{60}), Radium (Ra^{226}), Radon (Rn^{222}) oder Caesium (Cs^{137}) sowie Röntgenstrahlung verwendet werden. Allerdings eignen sich diagnostische Röntgengeräte nicht für die Strahlentherapie. Einzelheiten über die Anwendungsmethode und die geeigneten Dosen sind von DIXON beschrieben worden.[67] Wegen der möglichen Gefahren gilt die Strahlentherapie in der Humanmedizin bei Osteoarthritiden als veraltet.[116] Die Bestrahlung eines Gelenkes über zwei bis drei Wochen nach einem chirurgischen Eingriff ist ebenfalls durchgeführt worden und scheint einen günstigen Einfluß auf die Heilung des Weichteilgewebes zu besitzen.[322] Es wird betont, daß die Bestrahlung in der Behandlung akuter Gelenkprobleme nützlicher zu sein scheint als bei chronischen Erkrankungen.[67] Eine Trainingspause von 60 bis 90 Tagen nach der Bestrahlung bringt anscheinend noch bessere Erfolge.[67]

Förderung der Knorpelheilung. Die Chondrozyten besitzen im osteoarthritischen Knorpel einen erhöhten Stoffwechsel, und es besteht ein aktiver, wenn auch ineffektiver Versuch der Reparation von Knorpeldefekten.[214] Eine Möglichkeit der Unterstützung der Chondrozyten und Gelenkknorpelreparation sowie der Hemmung der Degeneration erscheint von offensichtlichem Nutzen. Einige Zusammensetzungen haben solche Eigenschaften gezeigt, aber es gibt nur begrenzte Informationen über ihre Fähigkeit, degenerierten Knorpel aktiv zu heilen. Die Unterstützung der Metachromasie durch Adequan® ist bereits erwähnt worden. Bei degenerativen Gelenkerkrankungen übersteigt die Entartung der Proteoglykane ihre Synthese. Ein Extrakt aus Rippenknorpel und Knochenmark vom Kalb (z. B. Molitrans® von Virbac) hat experimentell eine Stimulierung der Proteoglykansynthese im normalen und osteoarthritischen Knorpel bewiesen.[20] Dieses Präparat wird jedoch intramuskulär verabreicht, und die Injektion bewirkt inakzeptable Reaktionen bei Pferden. Uridindiphosphat stimuliert ebenfalls die Proteoglykansynthese[76] und soll die Transskription der DNA auf die m-RNA (messanger-RNA) in den Chondrozyten fördern.[77] Kürzlich wurde bei einem bindegewebeaktivierenden Peptid aus neutrophilen Granulozyten eine Stimulation sowohl der DNA als auch der Hyaluronatsynthese in Fibroblasten der Synovialmembran nachgewiesen.[257] Andere ähnliche Zusammensetzungen konnten aus Lymphozyten und Thrombozyten isoliert werden. Weitere systemische Behandlungsmethoden sind in der Literatur zu finden. Untersuchungen über eine experimentelle Osteoarthritis beim Meerschweinchen zeigten, daß die Osteoarthritiden bei den Tieren, denen Futter mit einem hohen Vitamin-C-Gehalt verabreicht wurde, weniger schwer waren.[363] Es konnte ebenso nachgewiesen werden, daß eine hohe Vitamin-C-Versorgung mit einem Anstieg der Biosynthese von sulfatierten Proteoglykanen im Hautknorpel sowie einer Aktivitätshemmung der sauren Phosphatase im normalen Knorpel verbunden war.

Chirurgische Arthrodese. Im Endstadium vieler degenerativer Gelenkerkrankungen ist die Arthrodese die einzige Methode zur Minderung der Schmerzen. Die Arthrodese wurde auch beim Pferd beschrieben,[122] ist aber noch längst keine Routine geworden. In Gelenken mit geringer Beweglichkeit ist die chirurgische Arthrodese eine nützliche Behandlungsmethode bei degenerativen Gelenkerkrankungen. Im Krongelenk sind die Ergebnisse besonders befriedigend.[227,359] Die Erfolge bei der Behandlung des Knochenspates[2] sind bei bestehenden Luxationen weniger ermutigend, aber nach Durchführung einer etwas veränderten und weniger radikalen Methode (drei Bohrlöcher je Gelenk) können die Pferde bereits zwei bis drei Wochen post operationem wieder gearbeitet werden, und es entsteht eine permanente knöcherne Ankylose.[256] Eine primäre Arthrodese im unteren Hinterfußwurzel-Mittelgelenk und in den Hinterfußwurzel-Mittelfußgelenken kann bei Luxationen erfolgreich sein, wenn gleichzeitig eine Kürettage des Gelenkknorpels, eine innere Fixation und eine externe Unterstützung durchgeführt werden.

Osteochondrose

Die Osteochondrose oder Chondrodysplasie wird einer Störung in der Zelldifferenzierung im wachsenden Knorpel zugeordnet. Es kommt hierbei zum Ausbleiben der enchondralen Ossifikation und zum Persistieren eines hypertrophierten Knorpels. Sowohl die metaphysäre Wachstumszone als auch der Gelenkknorpel können betroffen sein. Durch fehlende enchondrale Ossifikation entstehen in der Radiärzone Nekrosen des verdickten persistierenden Knorpels.[387] Als Folge können mechanische Belastungen Fissuren im geschädigten Knorpel hervorrufen. Ein progressiver Knorpelabbau führt unter Umständen zu den Syndromen, die als Osteochondrosis dissecans (marginale Osteochondrose oder periphere Knorpelablösungen) oder als periartikuläre subchondrale Knochenzysten bekannt sind.[301,302] Letztere werden auch als zystoide Knochendefekte („osseous cystlike lesions")[324] bzw. als nichtmarginale Osteochondrose oder zentrale

Zysten bezeichnet. Vorschläge zur Einordnung dieser Formen als Teil einer generalisierten Osteochondrose resultieren aus Untersuchungen an anderen Tierarten und anschließenden Rückschlüssen auf die Verhältnisse beim Pferd.[309,325,326,329,386]

Die Osteochondrosis dissecans manifestiert sich pathologisch als Knorpelzersetzung, die zu Ablösungen und freien Körpern (Corpora libera) führt, durch die weitere Gelenkdefekte entstehen. Gewöhnlich sind diese Veränderungen im Kniescheibengelenk,[247,329] im Unterschenkel-Hinterfußwurzelgelenk[329,340] und im Schultergelenk[235,277] lokalisiert. Die Erkrankung wurde zuerst 1947 im Kniescheibengelenk erwähnt und als eine Abrasio der lateralen Trochlea ossis femoris mit lateraler Patellaluxation diagnostiziert.[269] Ähnliche Läsionen wurden daraufhin als osteochondrale Frakturen[280] und als Osteochondrosis dissecans bezeichnet. Intrakapsuläre Knochenfragmente des distalen Endes der Tibia wurden 1968 beschrieben[18] und als intrakapsuläre Fraktur dargestellt. Die Veränderung wurde später Osteochondrosis dissecans genannt,[65] und in einer weiteren Untersuchung wurde das Vorkommen der Erkrankung auch an den Trochleakämmen des Talus beobachtet.[329] Die Osteochondrosis dissecans des Schultergelenkes ist ebenfalls ausführlich beschrieben worden.[235,277] Andere Autoren berichten über verschiedene Lokalisationen einschließlich des Ellbogengelenkes, des Fesselgelenkes,[442] der Halswirbelsäule[339] und des Femurkopfes.[329]

Periartikuläre subchondrale Knochenzysten wurden als klinische Form erstmals 1968 beschrieben.[304] In dieser Veröffentlichung wurde über zwölf Erkrankungen in den Phalangen und eine im Os carpi radiale berichtet. Ein weiteres Auftreten dieser Veränderung in den Phalangen wurde 1969 aufgezeigt.[301,302] Eine andere Serie von 69 Fällen an 64 Pferden wurde 1970 unter dem Begriff „osseous cystlike lesions" (zystoide Knochendefekte) veröffentlicht.[324] In dieser Untersuchungsreihe befanden sich die Zysten in 15 Fällen in den Karpalknochen, zehnmal im Os metacarpale III, dreimal im Radius, fünfmal in den Gleichbeinen, sechsmal im Fesselbein, viermal im Kronbein, fünfmal im Hufbein, sechsmal im Strahlbein, zwölfmal im Os femoris, zweimal in der Tibia und dreimal in den Tarsalknochen. In einer jüngeren Untersuchung an 36 Fällen wird über subchondrale Knochenzysten im medialen Kondylus des Os femoris (22 Fälle), in den Karpalknochen (9 Fälle), im Fesselgelenk (5 Fälle), im Krongelenk (4 Fälle) im lateralen Kondylus des Os femoris (3 Fälle) und in den Kondylen der Tibia (2 Fälle) berichtet.[400]

Sowohl die Osteochondrosis dissecans als auch die subchondralen Zysten wurden von vielen Autoren als Manifestation der Osteochondrose angesehen,[184,329,339,386] und für diese Annahme gibt es auch mehrere pathologische Hinweise.[329] Allerdings wird dieser Pathogenese besonders hinsichtlich der subchondralen Zysten heute nicht mehr allgemein zugestimmt. Zuletzt wurde 1983 anhand von chirurgischen Studien das mechanische Trauma durch die Gewichtsbelastung des Gelenkes als einleitender Faktor angenommen.[151] Dies wird weitergehend im folgenden Abschnitt über die Pathogenese diskutiert.

Die osteochondrosebedingten Veränderungen der metaphysären Wachstumsplatte wurden zuerst 1978 beobachtet, und die Osteochondrose wurde als eine der Ursachen der „Epiphysitis" des Pferdes angesehen.[329] Etwas später wurde vermutet, daß das Syndrom der Epiphysitis tatsächlich eine Osteochondrosis ist.[432] Diese spezielle Erkrankungsform wird auf Seite 317 bis 320 behandelt.

Aus Übersichtsgründen werden die Osteochondrosis dissecans und die subchondralen Zysten in diesem Kapitel als einzelne klinische Formen besprochen. Da sie jedoch gewöhnlich demselben Krankheitsprozeß zuzuordnen sind, ist es nicht verwunderlich, daß sich die Knorpelablösungen und die Zysten in ihren Lokalisationen überschneiden und auch bei demselben Pferd und sogar in demselben Knochen auftreten können. Ein anderes ebenfalls als Osteochondrosis dissecans beschriebenes Syndrom ist die Veränderung am palmarodistalen Ende des Os metacarpale III.[140,281] Diese Läsionen unterscheiden sich von den zuvor beschriebenen Zysten, die an der dorsalen Fläche des distalen Endes des Os metacarpale III auftreten und das Fesselgelenk in Mitleidenschaft ziehen. Die sogenannte palmare Läsion tritt palmar an der querverlaufenden Erhebung proximal der Gelenkfläche am distalen Ende des Os metacarpale III auf und betrifft die Verbindung zwischen dem Metakarpus und den Gleichbeinen. Die Pathogenese dieser Erkrankung ist heute annähernd geklärt und unterscheidet sich von derjenigen anderer Veränderungen.[140]

Pathogenese. Die früher angenommenen Ursachen der Osteochondrose und der subchondralen Zysten variieren stark und sollen aus historischem Interesse hier aufgeführt werden. Die Osteochondrosis dissecans wurde ursprünglich einer avaskulären oder ischämischen Nekrose des subchondralen Knochens zugeschrieben[2,357] oder als osteochondrale Fraktur angesehen.[280] ROONEY nahm an, daß die Veränderung einen Defekt in der enchondralen Ossifikation des epiphysären Knorpels darstellt.[339] Dieser Autor vermutete, daß ischämische Nekrosen im Bereich oder in der Nähe der Knorpel-Knochen-Verbindung das Eindringen von Kapillaren in den wachsenden Knorpel und damit den Prozeß der enchondralen Ossifikation verhindern würden.

Als die ersten subchondralen Zysten beim Pferd diagnostiziert wurden, entstanden die unterschiedlichsten Meinungen über ihre Ursachen. So wurden unter anderem folgende Umstände für diese Veränderungen verantwortlich gemacht: Eindringen der Synovia durch einen Gelenkknorpeldefekt in den subchondralen Knochen,[173] sekundäre Knochennekrose durch ein Trauma bei nicht vorhandener Schutzwirkung des normalen Gelenkknorpels,[331] direkte Traumatisierung des normalen Knorpels[57] sowie lokale Überbeanspruchung.[290] Andere beim Pferd vermutete ätiologische Faktoren beinhalteten Infektionen[343] sowie eine mangelhafte Vaskularisierung.[157] Ein großes Problem bei der Klärung der Pathogenese dieser Erkrankung war der Vergleich der Veränderungen des Pferdes mit den subchondralen Zysten des Menschen, die sekundär nach degenerativen Gelenkerkrankungen auftreten. Es handelt sich jedoch bei den beiden Erkrankungen um absolut unterschiedliche Syndrome.

Histologische Untersuchungen der verschiedenen Veränderungen bei der Osteochondrose des Pferdes konnten wenig Beweise für primäre Knochen- oder Knorpelnekrosen liefern, und auch das Fehlen subchondraler Gefäße konnte nicht festgestellt werden.[235,329] Traumata können zwar die Ablösung eines geschädigten osteochondralen Fragmentes bewirken, sie scheinen jedoch keine primäre Bedeutung in der Pathogenese zu spielen. Obwohl das

Einsetzen der Lahmheit manchmal auf ein traumatisches Ereignis folgt, stimmt der Zeitpunkt des Traumas gewöhnlich nicht mit dem Alter der Veränderung überein.[235]

Forschungen an Schweinen und Geflügel konnten die Pathogenese bei diesen Tierarten aufklären.[308,309,325,326] Durch die Untersuchungen an Tieren verschiedenen Alters und mit unterschiedlichen Erkrankungsstadien ist eine Feststellung der morphologischen Veränderungen der Osteochondrose ermöglicht worden. Teilweise wurde auch vermutet, daß die Läsionen bei der Osteochondrose des Pferdes vergleichbar denen bei anderen Tierarten sind und daß die primäre Veränderung eine Störung der enchondralen Ossifikation mit einer Knorpelverdickung darstellt.[329] Die Annahme einer gemeinsamen Pathogenese scheint zwar gerechtfertigt, es werden jedoch noch Untersuchungen über frühe Veränderungen beim Pferd zur Bestätigung benötigt. Nicht erklärbar bleibt allerdings die Tatsache, daß in manchen Fällen auf nacheinander angefertigten Röntgenaufnahmen Läsionen gesehen wurden, die noch nach Epiphysenschluß an Größe zunahmen. Solche Befunde sind mit der bisherigen Auffassung über die Osteochondrose unvereinbar.

Die erste bei der Osteochondrose zu beobachtende Veränderung ist eine sehr deutliche fokale Verdickung des epiphysären Knorpels. Mikroskopisch wird die Verdickung einer Retention der Zone der hypertrophierten Knorpelzellen bei minimaler Verkalkung der Knorpelgrundsubstanz zugeordnet. Die enchondrale Ossifikation verläuft hier nicht physiologisch, und in den tieferen Knorpelschichten kommt es zu Nekrosen. Abhängig vom Ausmaß und der Lokalisation der Veränderung, können umschriebene Bereiche des degenerierten Knorpels tief im subchondralen Knochen übrigbleiben und zur Entstehung der Zysten führen, oder es kommt zur Knorpelablösung mit der Bildung von Knorpelfetzen oder -fragmenten (Osteochondrosis dissecans) (Abb. 7.66). Gewöhnlich erfolgt eine sekundäre Ossifikation des losgelösten Knorpelstückes, wodurch osteochondrale Fragmente entstehen.[329] Knochenmarkfibrosen und Sklerosierungen des subchondralen Knochens sind eine sekundäre Reaktion. In einigen Fällen erfolgt eine Reparation durch ein übermäßiges Wachstum des Faserknorpels. Abgetrennte Knorpelfragmente verlassen unter Umständen den Defekt nicht oder werden zu einer Gelenkmaus (Corpus liberum), die wiederum resorbiert werden kann oder im Gelenk verbleibt. Auch degenerative Gelenkerkrankungen können sich aus einer Osteochondrose entwickeln. Derartige Veränderungen werden vor allem im Schulter- und Krongelenk beobachtet.

Weshalb es zu der beschriebenen pathologischen Knorpelreifung kommt, ist unbekannt, aber es wird ein multifaktorielles Geschehen angenommen. Zu den Hauptursachen, die bei wachsenden Tieren zu einer Prädisponierung für eine Osteochondrose führen, gehören ein schnelles Wachstum, genetische Veranlagungen, übermäßige Ernährung oder Ernährungsimbalancen und zusätzliche Traumatisierungen des Knorpels. Bei Schweinen konnte die hohe Wachstumsrate als Hauptursache für die bei dieser Tierart häufig auftretenden Osteochondrosen nachgewiesen und als Ergebnis selektiver Züchtungen und intensiver Ernährung eingestuft werden.[326] Die Osteochondrose tritt vor allem bei jungen frohwüchsigen, inten-

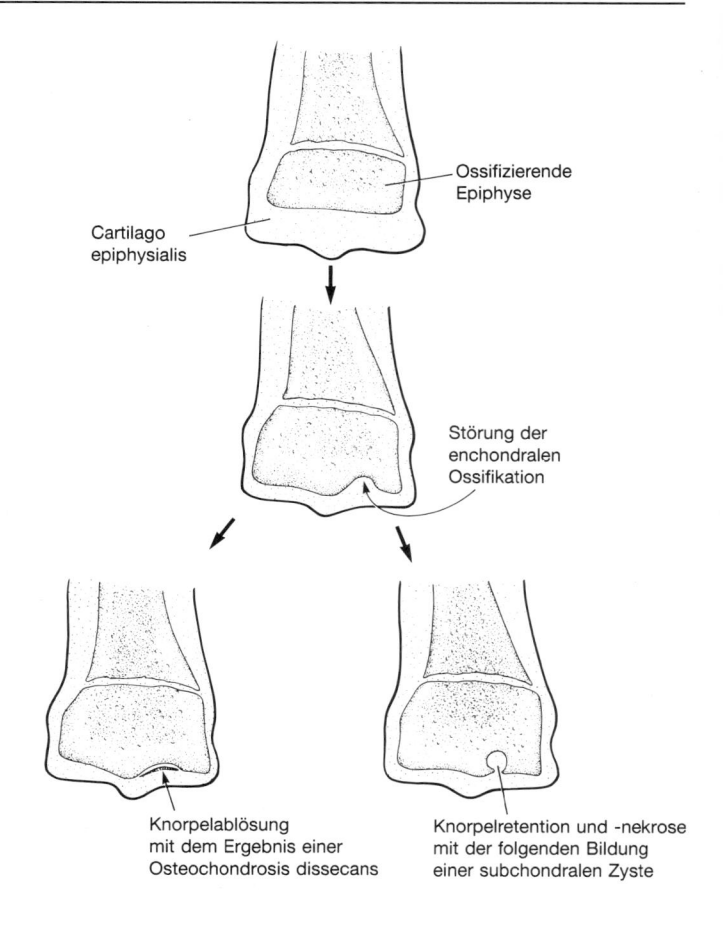

Abb. 7.66: Schematische Darstellung der Pathogenese der Osteochondrosis dissecans sowie der Bildung subchondraler Zysten als Formen der Osteochondrose.

siv gefütterten Tieren auf.[136,309,326] Neben dieser Primärwirkung ist die hohe Wachstumsrate auch für die Zunahme der Masse verantwortlich, die auf den Gliedmaßen lastet und eine zusätzliche Knorpelbelastung darstellt. Mechanische Belastungen scheinen als auslösende Faktoren bei der Entwicklung dieser Läsionen zu wirken.

Genetische Prädisposition wird auch beim Pferd als Ursache angesehen, doch fehlt noch der endgültige Beweis. So konnten beispielsweise in einer Studie an Pferden mit Osteochondrose viele Patienten auf zwei Vorfahren zurückgeführt werden.[329] Dabei können sich die genetischen Faktoren direkt oder indirekt über die Beeinflussung der Wachstumsrate auswirken. Über das Auftreten von Osteochondrosen unter Hundegeschwistern wurde ebenfalls berichtet.[165,289]

Die zur Osteochondrose möglicherweise beitragenden Ernährungsfaktoren sind in Kapitel 5 (siehe Seite 271 ff.) besprochen. Eine exzessive Energieüberversorgung ist hierbei ein wesentlicher Faktor, aber auch andere Ursachen, z. B. Spurenelemente, werden verantwortlich gemacht.

So wurde angenommen, daß ein schnelles Wachstum und eine intensive Ernährung zu Mineralstoffimbalancen führen, die dann wiederum ein auslösender Faktor sein können. Eine übermäßige Zinkaufnahme wurde ebenso wie eine verringerte Kupferzufuhr mit der Osteochondrose des Pferdes in Zusammenhang gebracht.[237,434] Ein unausgewogener Hormonhaushalt ist unter Umständen bei Hunden[292] und Schweinen[259] von Wichtigkeit. Dagegen ist die Bedeutung von Hormonimbalancen beim Pferd noch nicht geklärt, obwohl die enchondrale Ossifikation bekannterweise unter hormonalem Einfluß erfolgt.

Auch andere multifaktorielle Komponenten können an der Pathogenese beteiligt sein, wie in einer jüngeren Studie an Ponys nach Glukokortikoidgabe über einen längeren Zeitraum gezeigt wurde.[108,109,110] Die langfristige Gabe von Dexamethason ist ebenfalls mit der Entstehung der Osteochondrose in Zusammenhang gebracht worden. Andere zu beobachtende pathologische Befunde sind beispielsweise die Hemmung der Osteolyse mit folgender Osteopetrose (Sklerosierung) und Osteonekrose sowie das Fehlen von metaphysären Kapillaren, die die Wachstumsplatte durchziehen.[108,110] Sowohl der Kalziumeinbau als auch seine Resorption sind in diesen Fällen vermindert bei einem gleichzeitig erhöhten Spiegel von Parathormonen.[109] Es wurde angenommen, daß durch Glukokortikoide die Wirkung des Parathormons auf die Osteoklasten herabgesetzt wird, was eine Hemmung des Knochenabbaus zur Folge hat. Daneben führen Glukokortikoide zu einer Abnahme des Glykosaminoglykanspiegels, was wiederum die Kapillarisierung des Knorpels hemmt. Das Ausbleiben der enchondralen Ossifikation kann auch durch ein Defizit im Vitamin-D-Metabolismus hervorgerufen werden. Neben der Förderung der Verfügbarkeit von Kalzium und Phosphor durch das $1,25(OH)_2D_3$ wird durch einen anderen aktiven Vitamin-D-Metaboliten ($24,25(OH)_2D_3$) die Synthese der Proteoglykane in den Chondrozyten gesteigert. Dieser Metabolit ist außerdem für die normale Differenzierung des epiphysären Knorpels notwendig.[158]

Da die Osteochondrose beim Pferd an ganz typischen Körperstellen auftritt, besteht offensichtlich eine besondere Anfälligkeit bestimmter Lokalisationen. Diese Prädilektion kann mit einer Verzögerung der enchondralen Ossifikation oder mit einem Trauma durch übermäßige Belastung in dem entsprechenden Gebiet in Verbindung gebracht werden.[165] Bei der Osteochondrose der Halswirbelsäule des Pferdes konnte festgestellt werden, daß die Processus articulares, die aufgrund der ständigen Beugung einer konstanten Belastung ausgesetzt sind, als letztes ossifizieren, und in diesem Bereich entwickeln sich normalerweise die Läsionen.[339]

Nach der heutigen Auffassung steht die Pathogenese der Osteochondrosis dissecans im Zusammenhang mit einer Störung der normalen enchondralen Ossifikation, deren Gründe anscheinend multifaktoriell und noch nicht vollständig geklärt sind. Das Trauma spielt hierbei nur insofern eine Rolle, als bei seiner Entwicklung bereits geschädigte Gewebe abreißen können. Die Pathogenese der subchondralen Zysten ist wahrscheinlich eine Manifestation des gleichen Ossifikationsdefektes. Die mögliche primäre Bedeutung anderer Faktoren muß noch geklärt werden.

Anscheinend ist die oben beschriebene Pathogenese jedoch nicht für das Syndrom zutreffend, das Osteochondrosis dissecans des palmarodistalen Bereiches des Os metacarpale III genannt wird.[140,281] Wahrscheinlich ist diese Form insofern einmalig beim Pferd, als das Trauma hierbei möglicherweise die wichtigste ätiologische Rolle spielt. Außerdem ähnelt diese Erkrankung der traumatisch bedingten Osteochondrosis dissecans des Menschen.[140] In der Humanmedizin wird die Osteochondrosis dissecans als primäre knöcherne Veränderung mit sekundären Knorpelschäden angesehen, während die Pathogenese der Osteochondrose des Pferdes von einem primären Knorpeldefekt ausgeht. Bei der Erkrankung des palmarodistalen Bereiches des Os metacarpale III des Pferdes nehmen die Autoren an, daß sich die Läsionen im subchondralen Knochen in Verbindung mit der Hyperextension des Fesselgelenkes entwickeln. Die Gleichbeine üben während der Hyperextension des Gelenkes einen massiven Druck auf die querverlaufende Erhebung proximal der Gelenkfläche am distalen Ende des Os metacarpale III aus.[140]

Lokalisationen und pathologische Manifestationen. Das Kniescheibengelenk und das Unterschenkel-Hinterfußwurzelgelenk sind die am häufigsten von der Osteochondrosis dissecans betroffenen Gelenke[400] (Tab. 7.4). Andere ebenfalls oft erkrankte Gelenke sind das Schulter- und das Fesselgelenk, allerdings kommen im Fesselgelenk auch häufig Läsionen ohne klinische Symptome vor.

Im Kniescheibengelenk ist in den meisten Fällen der laterale Rollkamm des Os femoris betroffen (Abb. 7.67). Diese Veränderungen treten oftmals an beiden Gliedmaßen auf.[329,439] Das Ausmaß der Läsionen variiert von Unebenheiten und Rissen im Knorpel bis zur Anwesenheit von teilweise abgelösten oder nur noch lose befestigten Knorpelfragmenten im Defektbereich. Die Fragmente können auch vollständig getrennt (Corpora libera) oder von der Läsion entfernt an der Synovialmembran angeheftet sein. Eine gewöhnlich auftretende Ossifikation der freien Fragmente wird lediglich beim Pferd beobachtet. Wahrscheinlich ist dies das Ergebnis einer sekundären enchondralen Ossifikation, die nach Abtrennung des de-

Tabelle 7.4: Lokalisationen der Osteochondrosis dissecans an den Gliedmaßen der Pferde

Gelenk	Lokalisation im Gelenk (in der Reihenfolge der Häufigkeit)
Kniescheibengelenk	lateraler Rollkamm des Os femoris medialer Rollkamm des Os femoris Patella
Unterschenkel-Hinterfußwurzelgelenk	Sagittalkamm der Cochlea tibiae am distalen Ende der Tibia lateraler Rollkamm des Talus medialer Rollkamm des Talus medialer und lateraler Knöchel der Tibia
Schultergelenk	kaudal am Gelenkkopf des Humerus Gelenkpfanne der Skapula
Fesselgelenk	querverlaufende Erhebung palmarodistal am Os metacarpale III distales Ende des Os metacarpale III
Karpalgelenk	kraniodistal am Radius
Ellbogengelenk	lateraler Anteil des Gelenkknorrens des Humerus
Hüftgelenk	Gelenkkopf des Os femoris

400　Kapitel 7: Erkrankungen der Gelenke

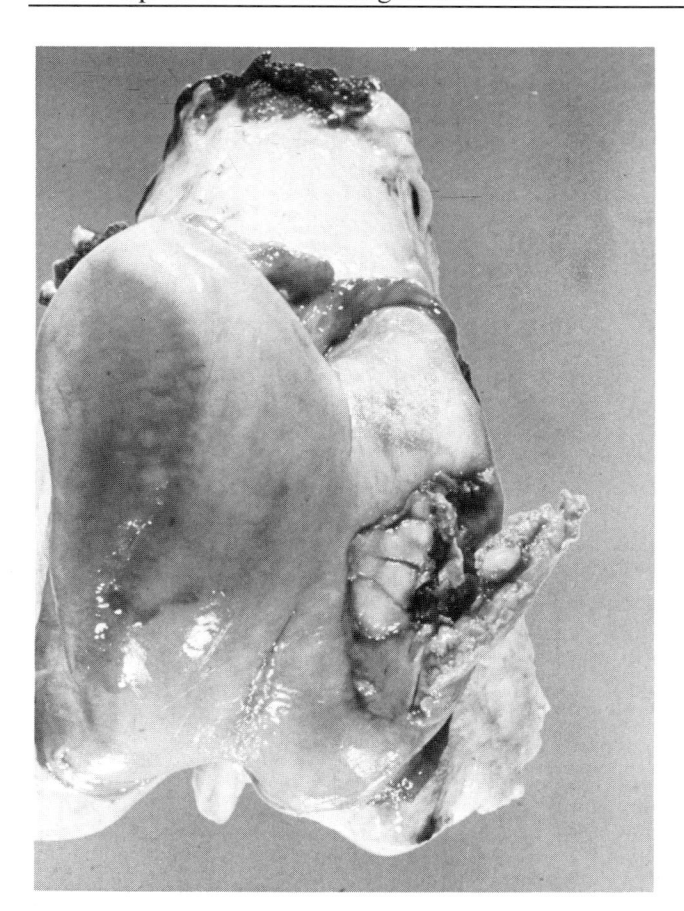

Abb. 7.67: Sektionsbefund einer schweren Osteochondrosis dissecans am lateralen Rollkamm des Os femoris. Es besteht eine Fragmentierung des Rollkammes mit osteochondrotisch veränderten Knorpelbereichen.

Die primäre Läsion im Schultergelenk befindet sich typischerweise kaudal am Humeruskopf, allerdings können auch schwere Osteochondrosen mit multiplen Zysten an der gegenüberliegenden Gelenkpfanne des Schulterblattes (Cavitas glenoidalis) vorkommen (Abb. 7.70). Die Veränderungen variieren von Rissen und Fissuren bis zu muldenförmigen Eindrücken und ovalen, erosiven Höhlen, die mit einem weichen, gelatinösen, pannusartigen Material gefüllt sind. Manchmal tritt auch die primäre Veränderung im Gelenkknorpel der Cavitas glenoidalis auf.[277] Im Schultergelenk werden gewöhnlich keine freien Fragmente beobachtet, dafür kommt es hier oftmals zu einer sekundären degenerativen Gelenkerkrankung (beobachtet in 35 von 54 Fällen[277]), wodurch sich die Erkrankung von der Osteochondrose im Knie- oder Sprunggelenk unterscheidet.

Die Osteochondrosis dissecans am Sagittalkamm der distalen Gelenkoberfläche des Os metacarpale bzw. metatarsale III führt im allgemeinen zur Entstehung eines osteochondralen Fragmentes (Abb. 7.71), während die Veränderungen der distalen Gelenkoberfläche des Os metacarpale III das Fesselgelenk einschließen und typische auflösende, zersetzende Läsionen zeigen. Eine subchondrale Nekrose ist charakteristisch für die sogenannte

fekten Knorpels erfolgt und aus diesem Grund nicht unbedingt eine osteochondrale Fraktur sein muß. Veränderungen der Gelenkoberfläche der Kniescheibe treten im proximalen Bereich oder an der distal gelegenen Spitze (Apex) der Patella auf.

Die Läsionen sind nicht zu jeder Zeit typisch ausgeprägt. Beispielsweise treten die Veränderungen des lateralen Rollkammes bereits früh in der Entwicklung in Form von Zysten auf, während bei einer Zyste im medialen Kondylus unter Umständen eine rissige und unebene Gelenkknorpeloberfläche feststellbar ist, die wie eine frühe Osteochondrosis dissecans aussieht. Diese Tatsache ist nicht verwunderlich, wenn beide Manifestationen als Teil desselben Krankheitsprozesses (Osteochondrose) angesehen werden.

Im Unterschenkel-Hinterfußwurzelgelenk kommt eine Osteochondrosis dissecans meistens im kranialen Bereich des Sagittalkammes der Cochlea tibiae an der distalen Gelenkfläche der Tibia vor (Abb. 7.68).[329,400] Hier kann eine Verdickung oder Unebenheit des Gelenkknorpels vorhanden sein. Das Hauptmerkmal ist jedoch eine Fissur, die die Spitze des Sagittalkammes abtrennt. Dadurch entsteht ein osteochondrales Fragment, das vollständig gelöst oder noch an seinem ursprünglichen Knochen befestigt sein kann. Die Osteochondrosis dissecans der Rollkämme des Talus ähnelt den Veränderungen am lateralen Rollkamm des Os femoris (Abb. 7.69).

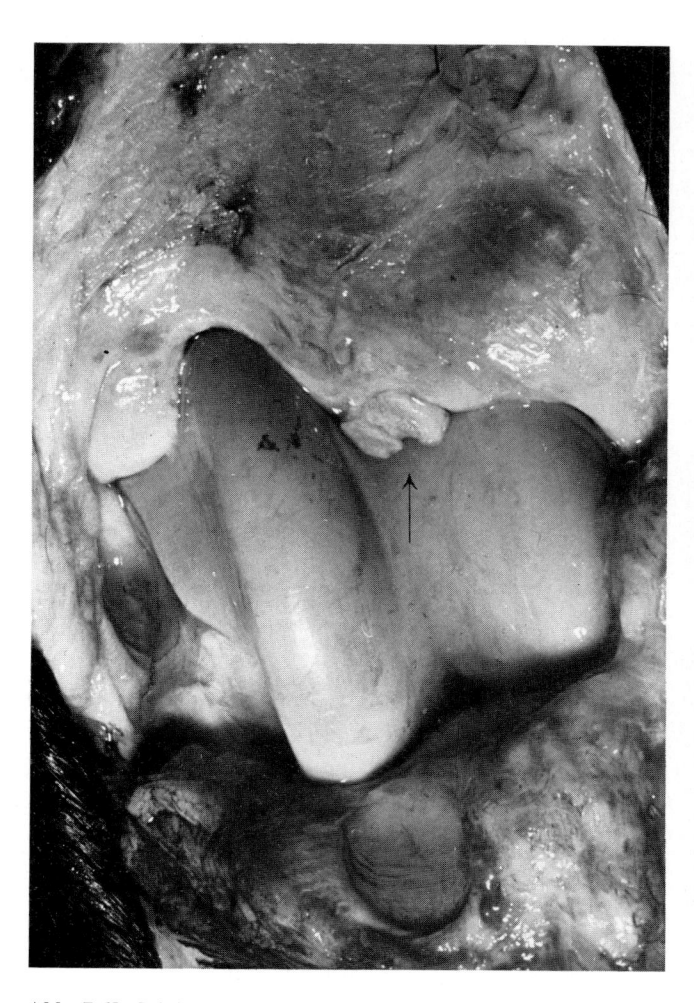

Abb. 7.68: Sektionsbefund einer Osteochondrosis dissecans im kranialen Bereich des Sagittalkammes der distalen Gelenkoberfläche der Tibia (Pfeil).

Kapitel 7: Erkrankungen der Gelenke 401

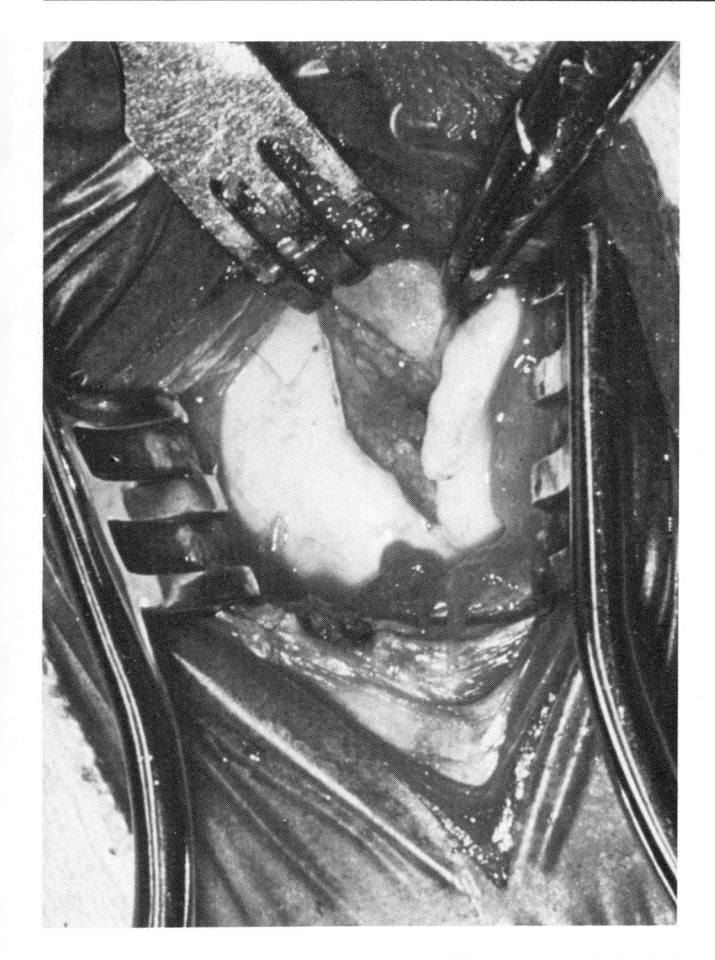

Abb. 7.69: Veränderung des lateralen Rollkammes des Talus bei einer Osteochondrosis dissecans, dargestellt bei einer Arthrotomie.

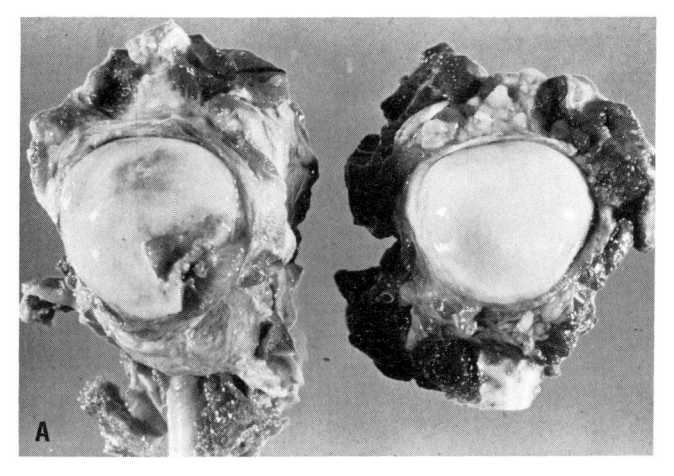

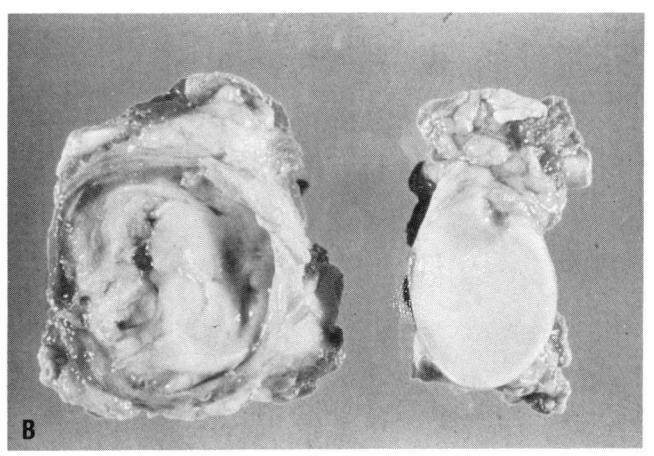

Abb. 7.70: Sektionsbefunde einer Osteochondrosis dissecans im Schultergelenk; rechts jeweils ein normales Gelenk zum Vergleich. **A** Caput humeri. **B** Zugehörige Cavitas glenoidalis.

palmarodistale Läsion der Gelenkfläche des Os metacarpale III, wobei der Grad der bestehenden Knorpelschädigung vom Erkrankungsstadium abhängig ist. Andere seltenere Lokalisationen der Osteochondrosis dissecans sind in Tabelle 7.4 aufgelistet. Ein Beispiel für die Erkrankung im Ellbogengelenk ist in Abbildung 7.72 dargestellt. Auch multiple Gelenkerkrankungen werden manchmal bei einem Tier klinisch,[436] häufig jedoch erst bei der Sektion diagnostiziert.[329]

Subchondrale Zysten betreffen meistens den medialen Kondylus des Os femoris im Kniekehlgelenk und etwas seltener das Karpal-, Fessel- und Krongelenk[400] (Tabelle 7.5). Bei der Sektion von Pferden mit zentralen Zysten im medialen Kondylus des Os femoris wird gewöhnlich eine knorpelbedeckte Vertiefung der Gelenkoberfläche, verbunden mit tiefen Rissen und Unebenheiten, gefunden (Abb. 7.73). Im Querschnitt ist dann ein dicker Knorpelpfropf über dem Defekt zu sehen, während sich im Defekt ein gelartiger oder fibröser Inhalt befindet; der Knochenrand ist oftmals sklerotisch (Abb. 7.74). Die Zysten anderer Lokalisationen besitzen eine ähnliche Morphologie. Es sollte beachtet werden, daß ausgedehnte degenerative Gelenkknorpelveränderungen im Krongelenk gewöhnlich von Zysten im distalen Ende des Fesselbeines begleitet werden (Abb. 7.75).[403]

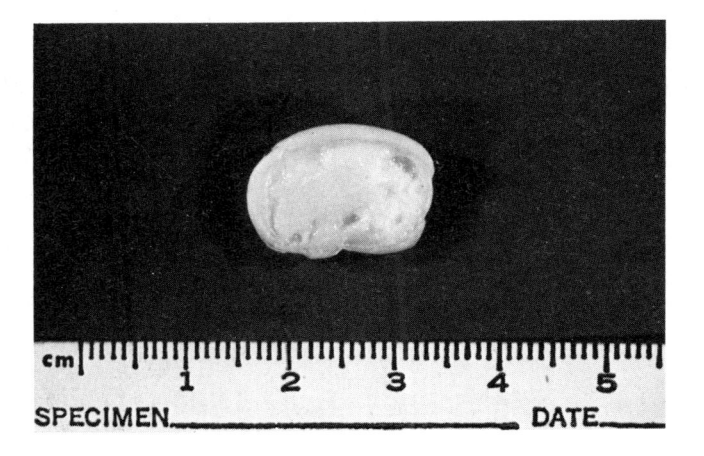

Abb. 7.71: Knochen-Knorpel-Fragment, entfernt vom Sagittalkamm des distalen Endes des Os metacarpale III.

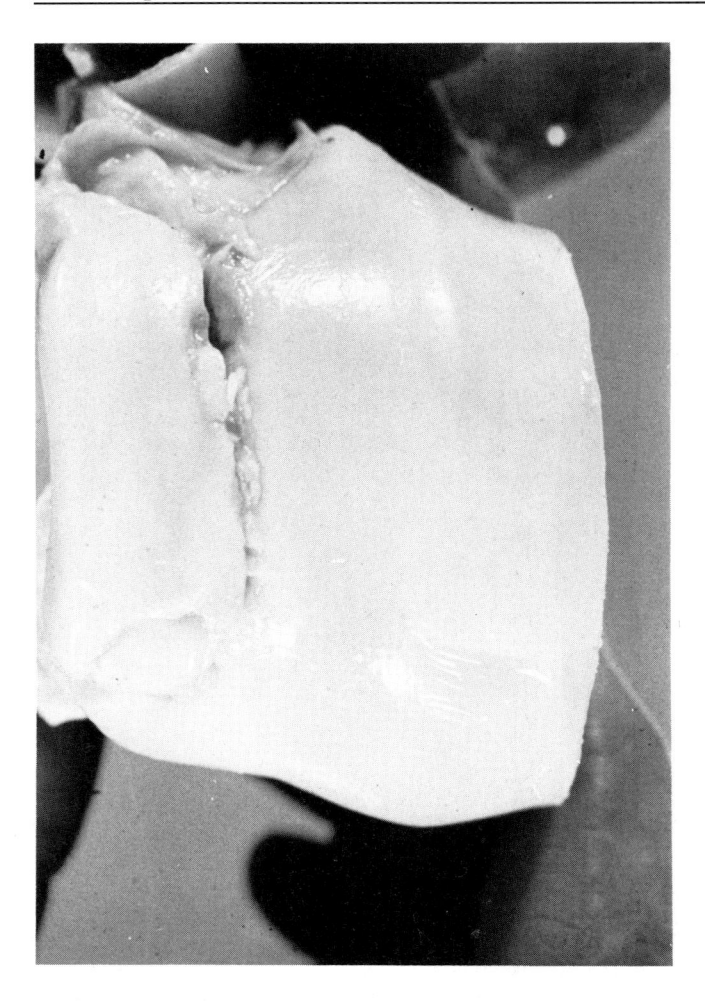

Abb. 7.72: Osteochondrosis dissecans des Condylus humeri.

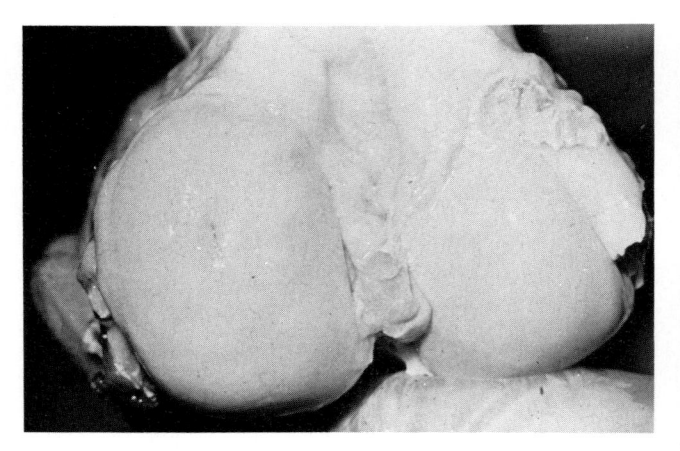

Abb. 7.73: Subchondrale Zyste im medialen Kondylus des Os femoris. Bei der äußeren Betrachtung des Kondylus ist der Defekt im Gelenkknorpel erkennbar.

Tabelle 7.5: Lokalisationen der subchondralen Zysten bei einer Osteochondrose

Gelenk	Lokalisation im Gelenk
Kniekehlgelenk (medial oder lateral)	medialer Kondylus des Os femoris lateraler Kondylus des Os femoris proximales Ende der Tibia
Karpalgelenk	distales Ende des Radius Ossa carpi
Tarsalgelenk	Ossa tarsi
Fesselgelenk	distales Ende des Os metacarpale III proximales Ende des Fesselbeines Gleichbeine
Krongelenk	distales Ende des Fesselbeines proximales Ende des Kronbeines
Hufgelenk	zentraler Bereich des Hufbeines Strahlbein
Schultergelenk	Gelenkpfanne der Skapula
Ellbogengelenk	distaler Bereich des Humerus medialer Bereich am proximalen Ende des Radius

Symptome und Diagnose. Pferde mit einer Osteochondrosis dissecans des Kniegelenkes zeigen eine typische Umfangsvermehrung des Kniescheibengelenkes sowie eine gering- bis mittelgradige Lahmheit. Meist handelt es sich um sechs Monate bis zwei Jahre alte Pferde, doch manchmal erkranken auch jüngere oder ältere Tiere. Während bei einigen Pferden bereits mit sechs Monaten klinische Symptome auftreten, werden die Veränderungen bei anderen Tieren erst nach Beginn des Renntrainings bemerkt. Es scheint keine besondere Rassendisposition zu bestehen. Ein Gelenkerguß des Kniescheibengelenkes ist fast immer vorhanden (Abb. 7.76). Die meisten Pferde gehen gering- bis mittelgradig lahm, und diese Lahmheit wird durch eine Beugeprobe verstärkt. Pferde mit ausgedehnten Veränderungen können auch hochgradig lahmen. Bei manchen Tieren besteht keine sichtbare Lahmheit, die Pferde besitzen jedoch unter Umständen einen asymmetrischen oder abgehackten Gang mit einer lateralen Rotation des Knies. Bei einer schweren Erkrankung des lateralen Rollkammes kann klinisch eventuell eine laterale Patellaluxation festgestellt werden.

Röntgenologisch ist meistens eine lokalisierte oder ausgedehnte Unregelmäßigkeit bzw. Abflachung im subchondralen Knochen des lateralen Rollkammes zu sehen (Abb. 7.77 und 7.78). Auch Gelenkmäuse können innerhalb des Defektes am Rollkamm oder an anderer Stelle im Gelenk gefunden werden (Abb. 7.79). Vollständig abgetrennte Gelenkmäuse (Corpora libera) sind meistens relativ groß und gut ossifiziert. In besonders schweren Fällen bestehen Umbauvorgänge in der Patella (Abb. 7.80). Unregelmäßige subchondrale Defekte ohne ausgebildete Gelenkmäuse werden häufiger bei jungen Pferden gesehen. In manchen Fällen sind auch Zysten vorhanden. Zur Demonstration von teilweise gelösten Knorpelstücken kann die Doppelkontrastarthrographie eingesetzt werden.[247,382] Diese wird jedoch nicht routinemäßig beim Pferd angewendet und ist auch nicht unbedingt notwendig. Die primären Veränderungen bei der Osteochondrosis dissecans der Patella treten gewöhnlich im distalen Bereich

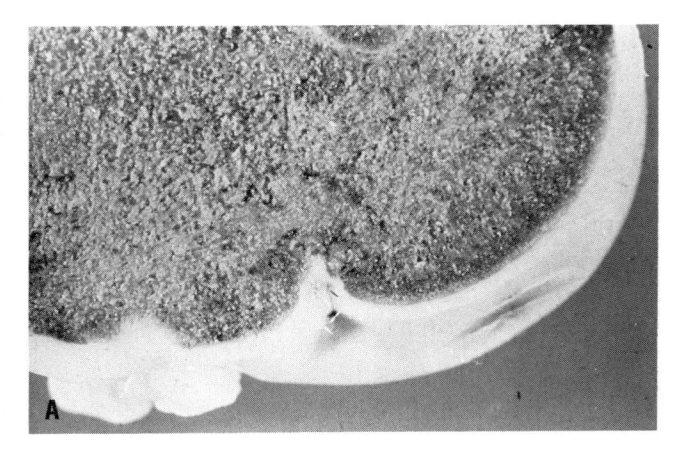

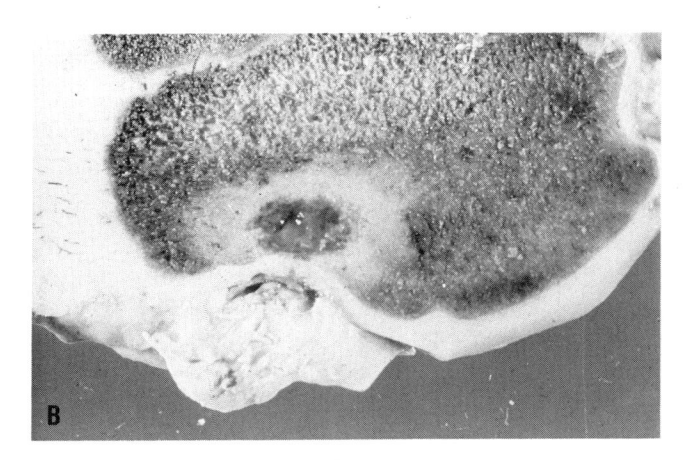

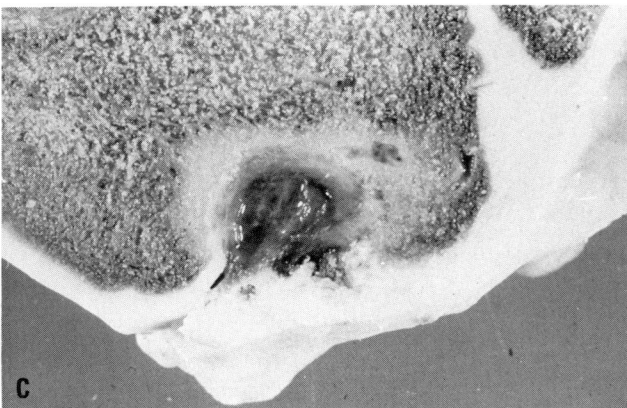

Abb. 7.74 A, B und C: Querschnitt durch eine subchondrale Zyste in verschiedenen Entwicklungsstadien.

auf (Abb. 7.81). Knorpelläsionen an anderen Stellen der Patella entstehen meistens sekundär nach einer Osteochondrosis dissecans des lateralen Rollkammes des Os femoris.

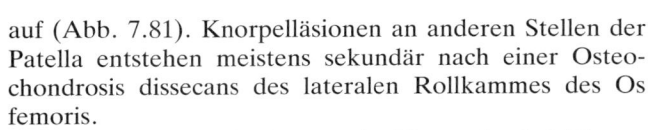

Eine Osteochondrosis dissecans im Unterschenkel-Hinterfußwurzelgelenk wird gewöhnlich anhand der Gelenkkapselausdehnung festgestellt (Kreuzgalle).[340] Die Pferde erkranken im allgemeinen, noch bevor mit ihrem Training begonnen wird, und in dieser Zeit wird eine Lahmheit meist nicht bemerkt. Ältere Pferde (zwei Jahre und älter)

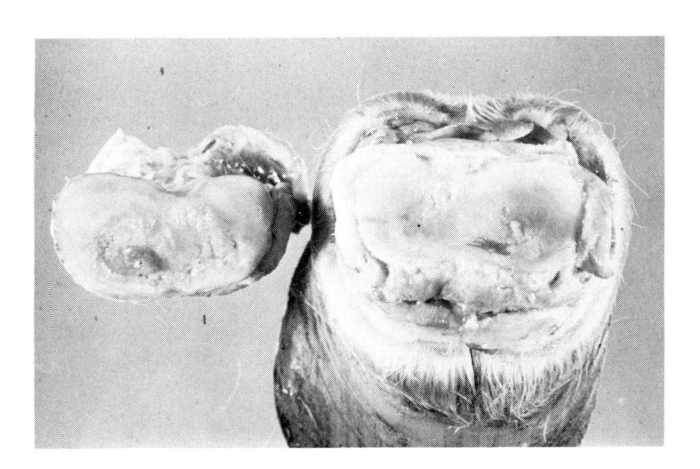

Abb. 7.75: Sektionspräparat einer subchondralen Zyste im Krongelenk, mit gleichzeitig bestehender degenerativer Gelenkerkrankung.

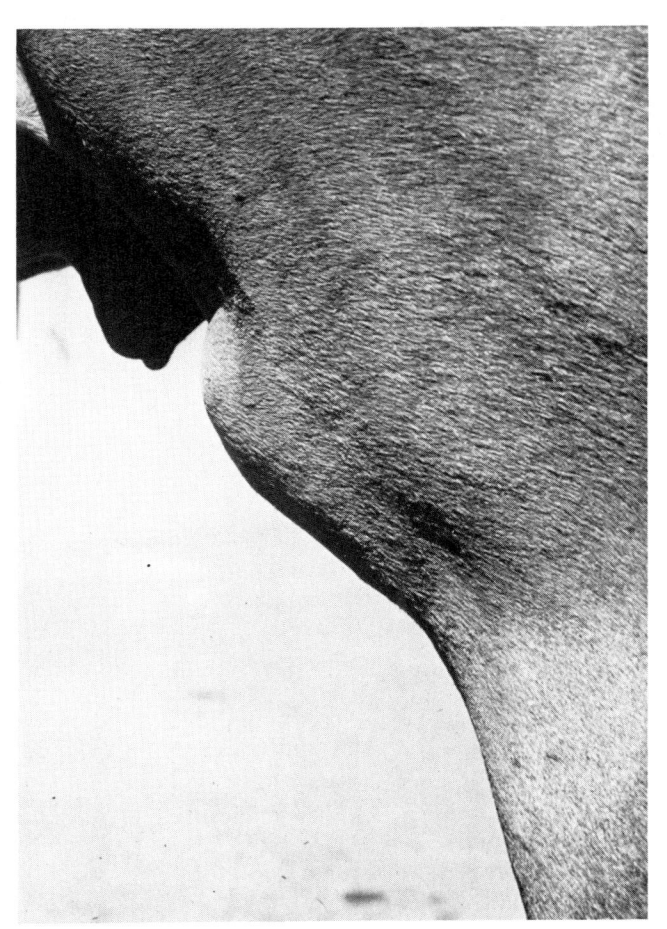

Abb. 7.76: Gelenkerguß im Kniescheibengelenk in Verbindung mit einer Osteochondrosis dissecans des lateralen Rollkammes des Os femoris.

404   Kapitel 7: Erkrankungen der Gelenke

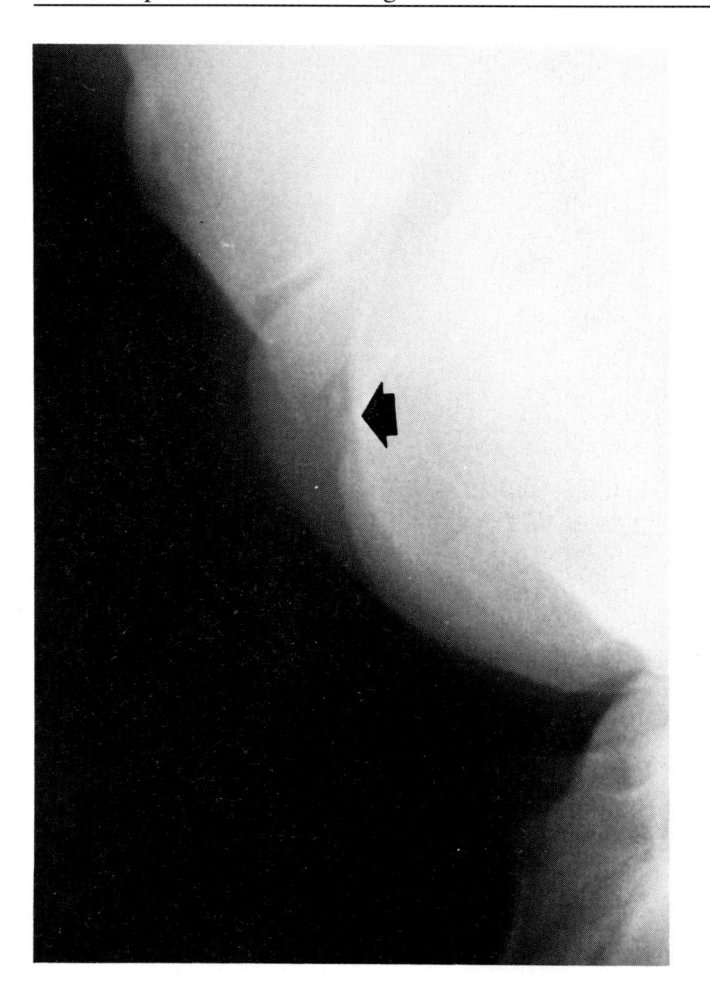

Abb. 7.77: Laterale Röntgenaufnahme einer umschriebenen Veränderung einer Osteochondrosis dissecans (Pfeil) des lateralen Rollkammes des Os femoris.

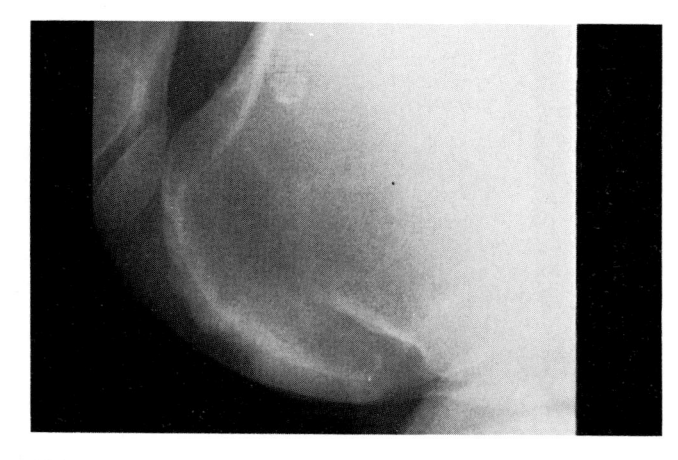

Abb. 7.78: Laterale Röntgenaufnahme einer ausgedehnteren Osteochondrosis dissecans des lateralen Rollkammes des Os femoris.

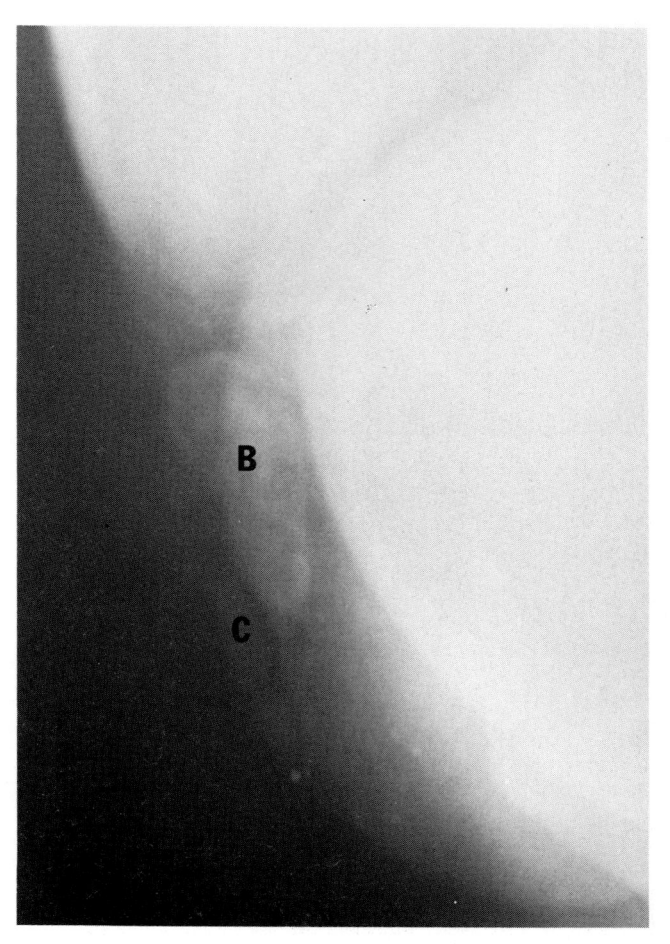

Abb. 7.79: Laterale Röntgenaufnahme einer schweren Osteochondrosis dissecans des lateralen Rollkammes des Os femoris. Es sind ein großes Corpus liberum (**B**) sowie zwei Fragmente (**C**) im Defekt erkennbar.

oder Rennpferde zeigen dagegen eine Lahmheit. Ein Synovialerguß ist das wichtigste Merkmal (Abb. 7.82). Das Alter der betroffenen Pferde schwankt zwischen sechs Monaten und drei Jahren, wobei Absatzfohlen und Jährlinge am häufigsten erkranken. Allerdings wurde eine Osteochondrosis dissecans der distalen Gelenkoberfläche der Tibia bereits bei einem drei Tage alten Fohlen gesehen.[329]

Röntgenologisch ist das wichtigste Anzeichen einer Osteochondrosis dissecans im Tarsokruralgelenk die Abtrennung eines dreieckigen Knochenstückes vom kranialen Bereich des Sagittalkammes der Tibia (Abb. 7.83). Eine andere häufig festzustellende Veränderung befindet sich an der distalen Gelenkoberfläche des lateralen Rollkammes des Talus, wo ein teilweise abgelöstes Knorpelstück oder ein freies Fragment entstehen kann (Abb. 7.84). Freie Gelenkkörper (Corpora libera) können sich verlagern und dann an der medialen Gelenkseite liegen. Veränderungen einer Osteochondrosis dissecans können ebenso an den Malleoli der Tibia auftreten. Seit Entwicklung der chirurgischen Eingriffe während der Arthroskopie ist eine Vielzahl von Fällen beobachtet worden, bei denen ein Gelenkerguß des Tarsokruralgelenkes ohne röntgenologisch sichtbare Veränderungen bestand. Während der Arthroskopie wurden jedoch Veränderungen einer Osteochondrose (teilweise abgelöste Knorpelstücke) gefunden.

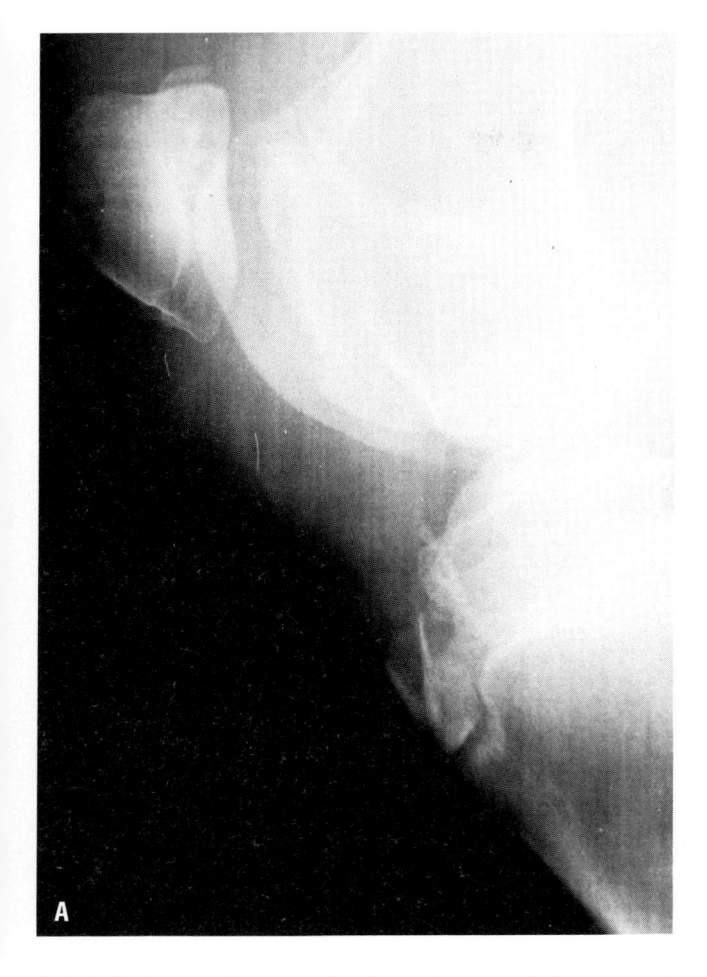

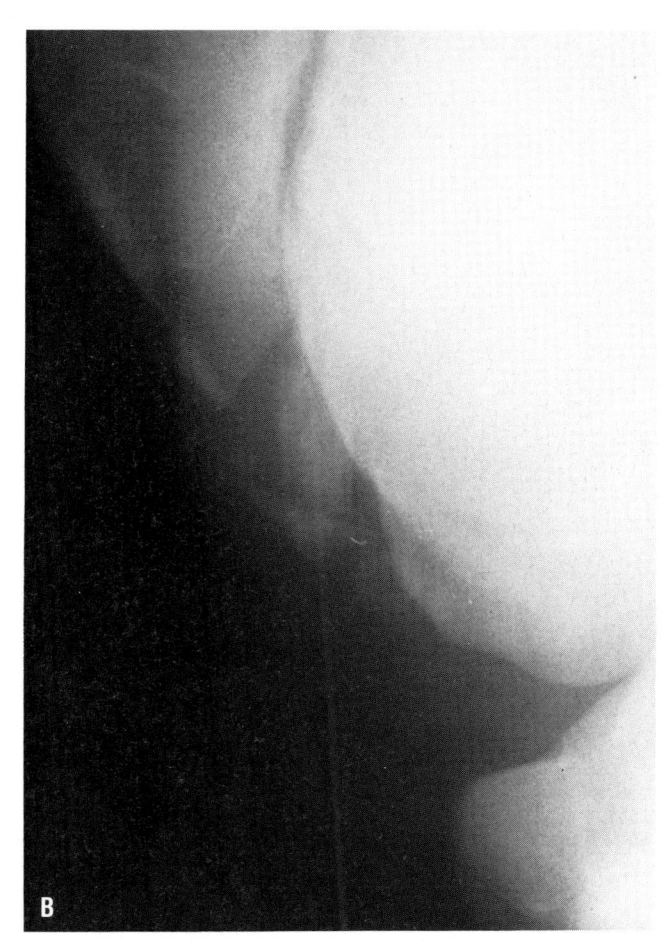

Abb. 7.80: Hochgradige Osteochondrosis dissecans. **A** Es besteht ein ausgedehnter Schwund des lateralen Rollkammes. **B** In der Patella sind sekundär, nach den schweren Veränderungen am lateralen Rollkamm, entstandene Umbauvorgänge erkennbar.

Diese bestanden sowohl am Sagittalkamm als auch an den Knöcheln (Malleoli) der Tibia.

Andererseits können auch röntgenologisch darstellbare Veränderungen im Sinne einer Osteochondrosis dissecans ohne klinische Symptome vorhanden sein.[443] Vielleicht stellt sich bei einem Teil dieser Patienten erst nach entsprechender Arbeit eine klinische Erkrankung ein.

Die meisten Fälle einer Osteochondrosis dissecans im Schultergelenk werden bei Jährlingen oder noch jüngeren Pferden gesehen (bereits mit drei Monaten sind die Veränderungen beobachtet worden[228]). Meistens besteht zunächst eine intermittierende Lahmheit der Schultergliedmaße, die schleichend einsetzt.[235,277] Neben der vorhandenen Lahmheit ist unter Umständen eine pendelnde Gliedmaßenbewegung erkennbar. Es kommt zu einer Muskelatrophie im Bereich der Schulter. Schmerzen können durch direkten Druck auf das Gelenk oder durch eine dorsale und kraniale, kaudale oder abduzierte Bewegung der Gliedmaße ausgelöst werden. Aufgrund einer Verkürzung der kranialen Phase der Gliedmaßenführung, bei der die Gliedmaße außerdem nur in niedrigem Bogen vorgeführt wird, stolpern die Pferde oft. Die intraartikuläre Anästhesie des Schultergelenkes verbessert oder eliminiert die Lahmheit.

Die häufigsten röntgenologischen Veränderungen sind eine Abflachung oder Einbuchtung im kaudalen Bereich des Caput humeri (Abb. 7.85). Auch Veränderungen in der Kontur der Gelenkpfanne des Schulterblattes können vorhanden sein (Abb. 7.86). Daneben bestehen unter Umständen Osteophytenbildungen, subchondrale Zysten, subchondrale Knochenunregelmäßigkeiten und subchondrale Sklerosierungen. Freie Knochenfragmente werden dagegen nur selten gesehen. Die Diagnose der Osteochondrosis dissecans des Schultergelenkes beruht auf der klinischen und röntgenologischen Untersuchung. Bei der adspektorischen und palpatorischen Untersuchung wird im Gegensatz zu Knie- und Sprunggelenk gewöhnlich kein Synovialerguß festgestellt. Aus diesem Grund ist eine intraartikuläre Anästhesie des Schultergelenkes oftmals nützlich, während eine Anästhesie des Knie- oder Sprunggelenkes selten eingesetzt werden muß. In einer Untersuchungsreihe sollen 16 von 33 Pferden an beiden Schultergliedmaßen erkrankt gewesen sein.[277] Das Verhältnis von männlichen zu weiblichen Tieren, bei denen eine Osteochondrosis dissecans im Knie-, Sprung- oder Schultergelenk besteht, beträgt 2:1.[277,387]

Eine Osteochondrosis dissecans des Sagittalkammes der distalen Gelenkfläche des Os metacarpale III oder Os metatarsale III geht mit einer Verdickung im dorsalen Bereich des Fesselgelenkes und einem Synovialerguß in der palmaren bzw. plantaren Gelenkausbuchtung einher und ähnelt hinsichtlich der klinischen Symptome dem Typ 1 der traumatischen Arthritiden des Fesselgelenkes („osselet").

406 Kapitel 7: Erkrankungen der Gelenke

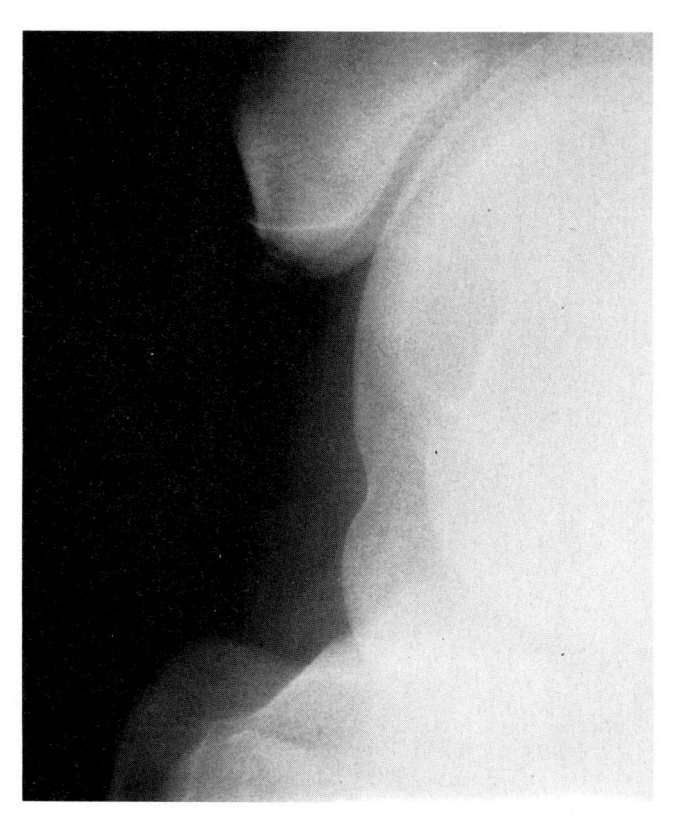

Abb. 7.81: Laterale Röntgenaufnahme einer Osteochondrosis dissecans der Spitze (Apex) der Patella.

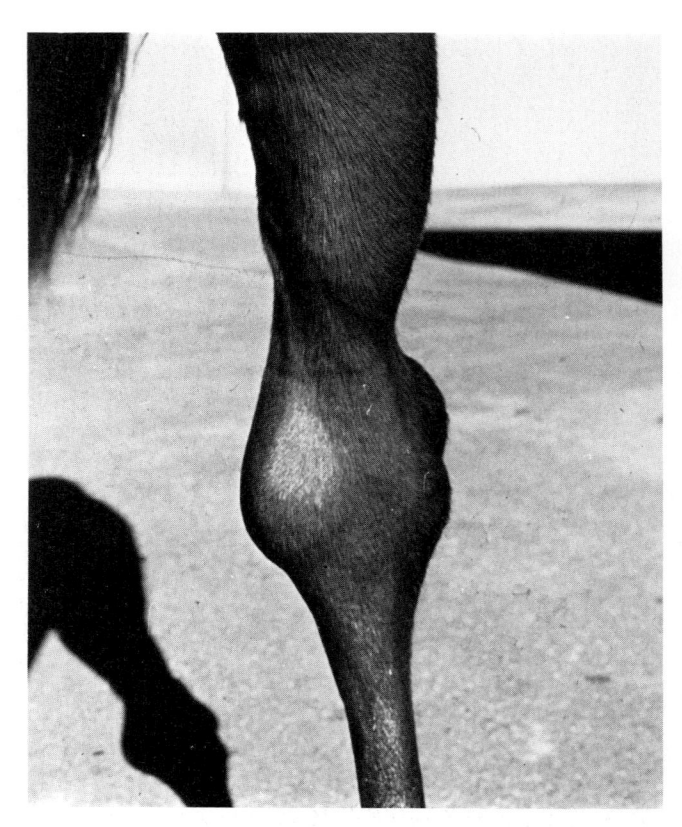

Abb. 7.82: Gelenkerguß des Unterschenkel-Hinterfußwurzelgelenkes in Verbindung mit einer Osteochondrosis dissecans im kranialen Bereich des Sagittalkammes distal an der Tibia.

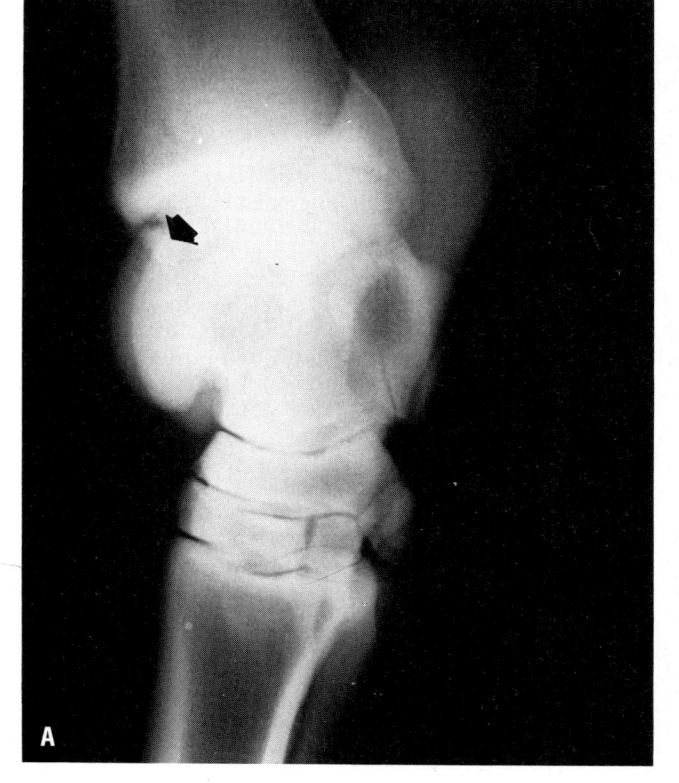

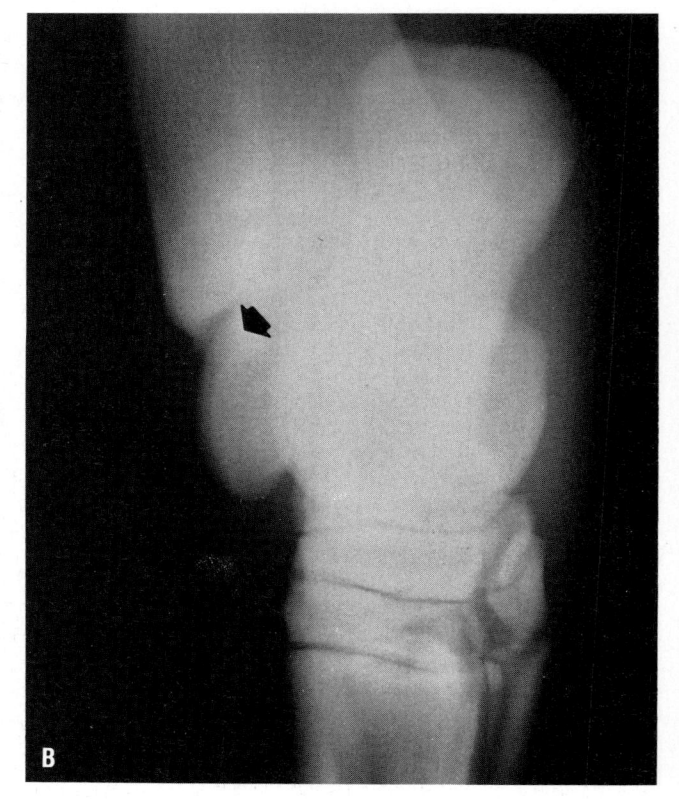

Abb. 7.83: Laterale (A) und schräge (B) Aufnahmerichtung bei einer Osteochondrosis dissecans im kranialen Bereich des Sagittalkammes distal an der Tibia (Pfeile).

Kapitel 7: Erkrankungen der Gelenke 407

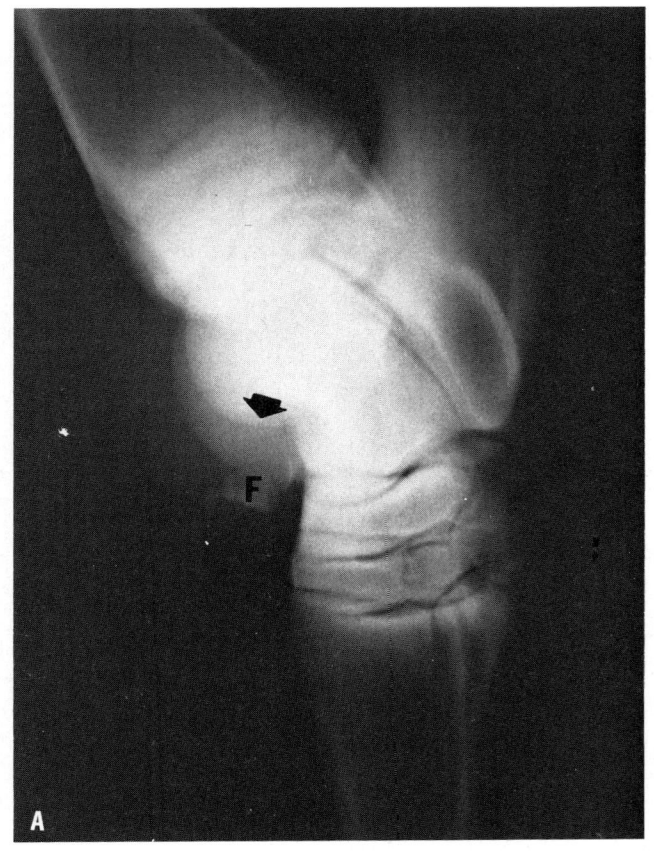

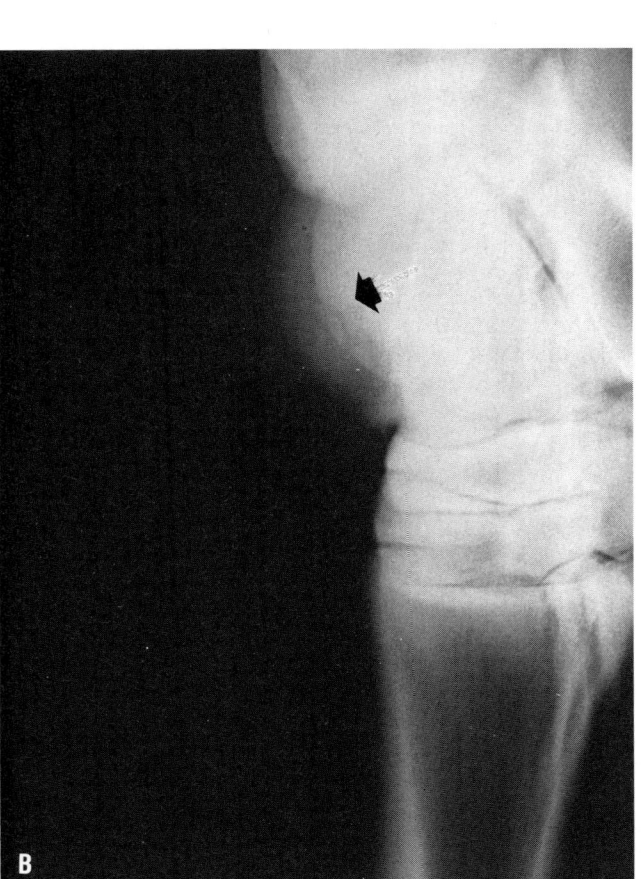

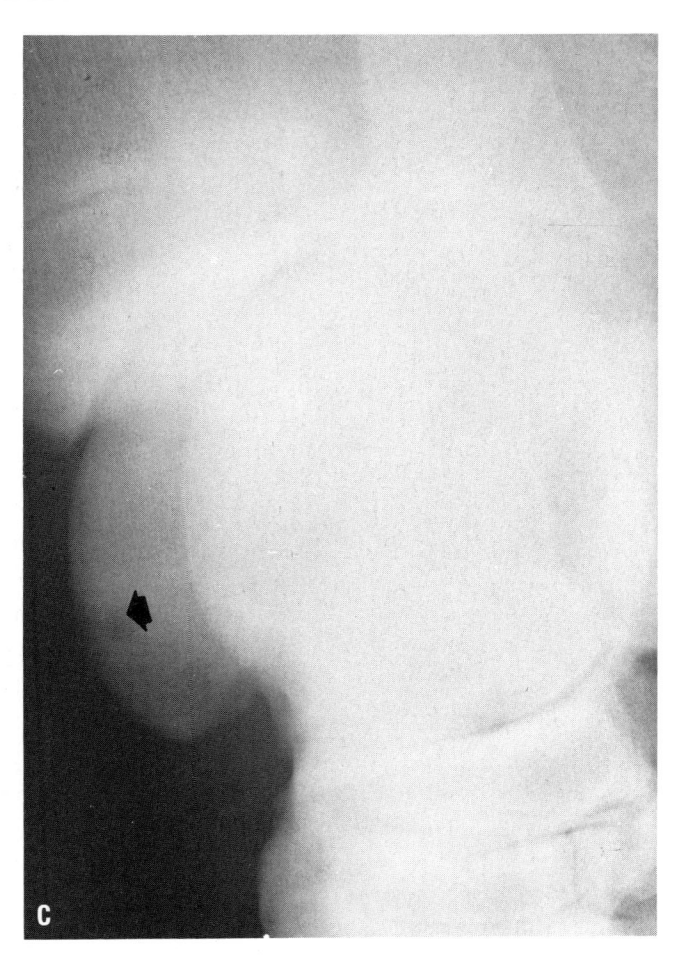

Abb. 7.84: Röntgenaufnahmen von zwei Fällen einer Osteochondrosis dissecans des lateralen Rollkammes des Talus. **A** Veränderung der Osteochondrose im distalen Bereich des lateralen Rollkammes (Pfeil). Auf der medialen Seite befindet sich ein großes osteochondrales Corpus liberum (F). **B** Osteochondrosis dissecans des lateralen Rollkammes des Talus (Pfeil). **C** Dasselbe Gelenk wie in Aufnahme B, aber anders gelagert, mit einer direkt neben der Veränderung der Osteochondrosis dissecans lokalisierten Zyste.

Der Autor konnte feststellen, daß nach dem Diagnostizieren einer Osteochondrosis dissecans im Fesselgelenk auch auf der Röntgenaufnahme des anderen klinisch unauffälligen Fesselgelenkes Läsionen vorhanden waren. Obwohl oftmals keine Lahmheit, Umfangsvermehrung und kein Gelenkerguß bestehen, kann in manchen Fällen die Beugeprobe positiv ausfallen. Röntgenologisch kann dann im kranialen Bereich des Sagittalkammes der Tibia entweder ein Defekt oder ein osteochondrales Fragment gefunden werden (Abb. 7.87).

Die klinische Manifestation einer Läsion an der palmarodistalen Gelenkfläche des Os metacarpale III ist sehr unterschiedlich.[140,282] Typischerweise zeigt das Pferd während der Arbeit eine Lahmheit der Schultergliedmaße, die aus dem Fesselgelenk stammt. Ein Gelenkerguß muß nicht bestehen, und die Beugeprobe kann zweifelhaft ausfallen. Eine Leitungsanästhesie ist zur Lokalisierung

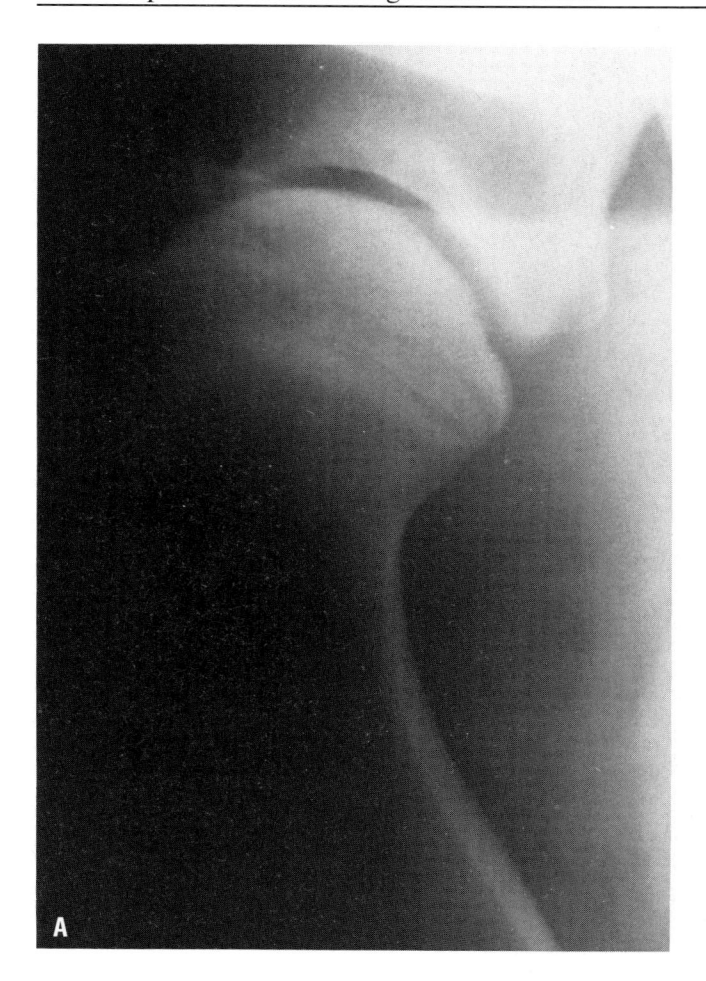

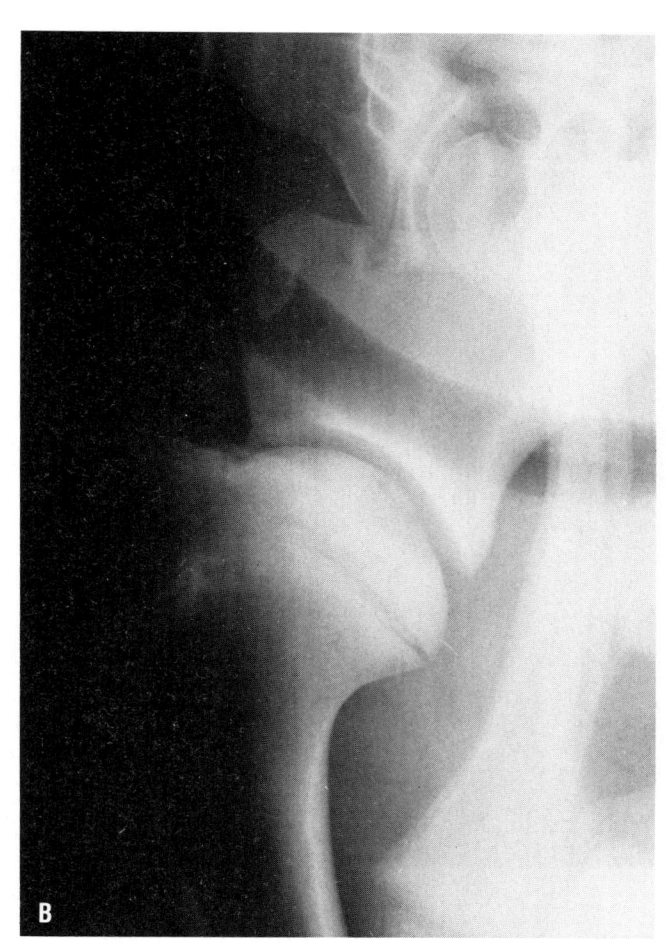

Abb. 7.85: Röntgenaufnahme einer Osteochondrosis dissecans im Schultergelenk. **A** Es sind eine Abflachung des kaudalen Bereiches des Caput humeri sowie Unregelmäßigkeiten in der Gelenkpfanne der Skapula erkennbar. **B** Ein vermehrt konkaver Defekt im Caput humeri.

des Problems unter Umständen nützlich. Auf den Röntgenaufnahmen ist ein subchondraler Knochenschwund im palmarodistalen Bereich der Gelenkoberfläche des Os metacarpale III zu sehen (Abb. 7.88). Allerdings sind auch bei gesunden Rennpferden Veränderungen gefunden worden, die ein ähnliches Aussehen besitzen und aus fast abgestorbenem subchondralen Knochen bestehen, der von normal erscheinendem Knorpel bedeckt und von reaktivem Knochen umgeben ist.[140] Die Beurteilung der klinischen Bedeutung röntgenologisch darstellbarer Veränderungen ist für die Diagnosestellung, Behandlung und Prognose dieser Erkrankung äußerst wichtig.

Subchondrale Zysten des medialen Kondylus des Os femoris manifestieren sich typischerweise mit einer schleichend beginnenden intermittierenden Veränderung des Ganges. In Perioden harter Arbeit wird die Lahmheit verstärkt, und durch Ruhe verschwindet sie wieder teilweise oder vollständig. Die betroffenen Pferde sind zwischen fünf Monaten und fünf Jahren alt, die meisten erkranken jedoch im Alter zwischen fünf Monaten und zwei Jahren. Ein Synovialerguß tritt nicht regelmäßig auf, und oftmals wird die bestehende Erkrankung erst bemerkt, wenn das Pferd gearbeitet wird und sich eine geringgradige Lahmheit einstellt. Dadurch wird auch erklärt, weshalb die subchondralen Zysten im Durchschnitt bei älteren Pferden gefunden werden als die Osteochondrosis dissecans. Wenn eine Lahmheit besteht, so ist sie typisch für Kniegelenkveränderungen. Eine geringgradige Empfindlichkeit kann manchmal im Bereich des medialen Seitenbandes beobachtet werden, normalerweise bestehen jedoch keine lokalisierbaren Symptome.

Die röntgenologisch darstellbaren Veränderungen sind abhängig vom Ausmaß der Läsion. Meist wird im subchondralen Knochen eine umschriebene Aufhellung mit umgebender Sklerosierung gefunden (Abb. 7.89).[150] Die Veränderung wird am besten im kraniokaudalen Strahlengang gesehen. Weniger ausgedehnte Veränderungen erscheinen als Abflachung oder Eindellung des subchondralen Knochens. Andere degenerative Veränderungen im Gelenk sind ungewöhnlich. Dabei ist zu beachten, daß die Läsionen auf unterbelichteten Röntgenaufnahmen oftmals nicht festzustellen sind. Die Qualität der Röntgenaufnahme ist äußerst wichtig, und bei röntgenologischen Verlaufsuntersuchungen sollte ein Aluminiumkeil mit unterschiedlich dicken Stufen zur Grauwertbestimmung verwendet werden, um eine mögliche Füllung des Defektes beurteilen zu können.

Zysten in Karpal-, Tarsal- und Fesselgelenk manifestieren sich klinisch gewöhnlich erst bei Pferden im Training. Es bestehen wenige Symptome, die eine Lokalisierung der

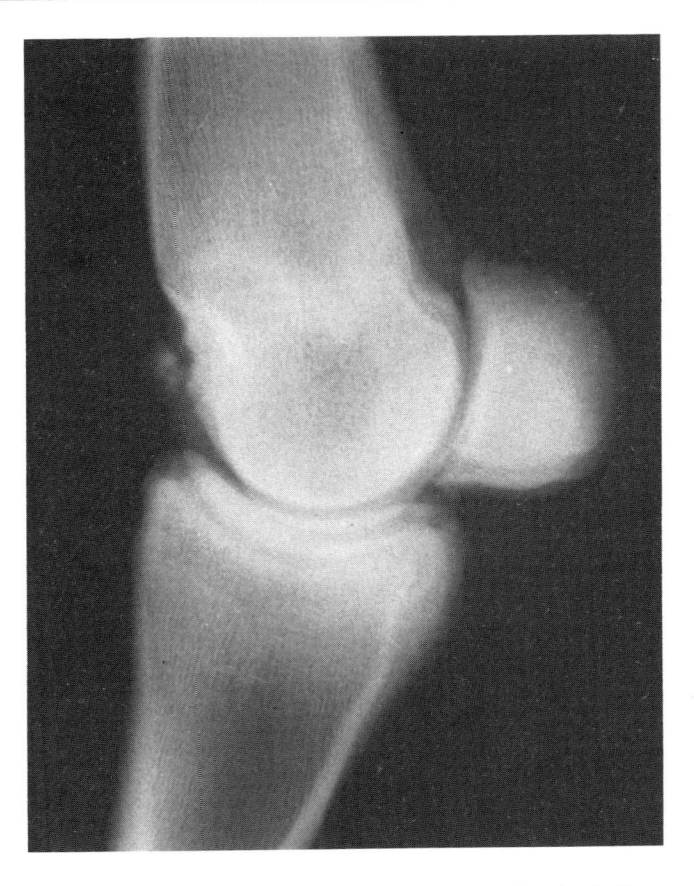

Abb. 7.87: Laterale Röntgenaufnahme einer Osteochondrosis dissecans am Sagittalkamm der distalen Gelenkoberfläche des Os metacarpale III.

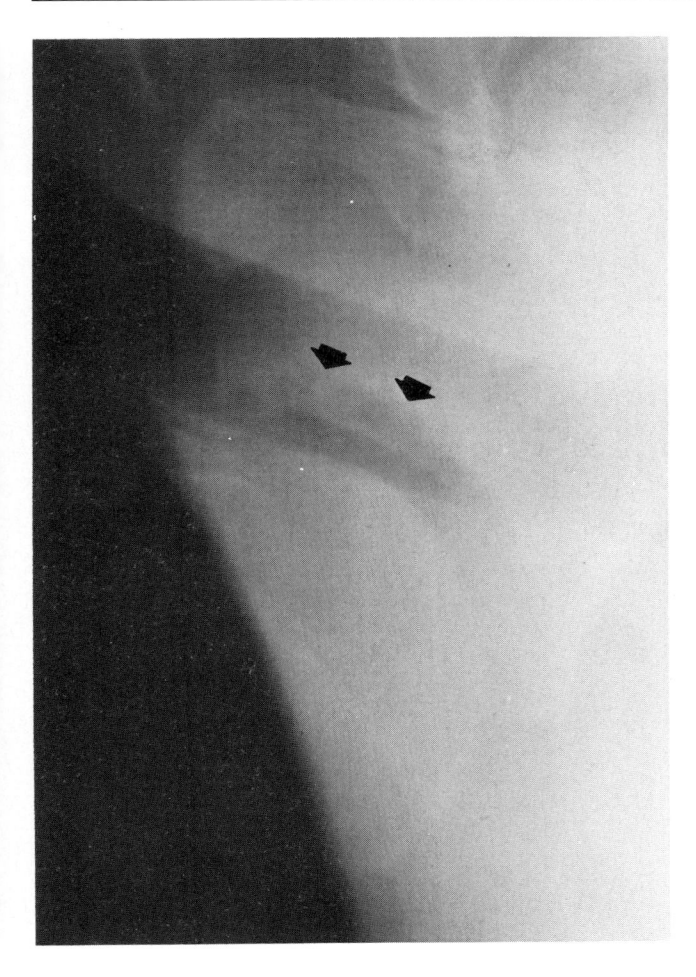

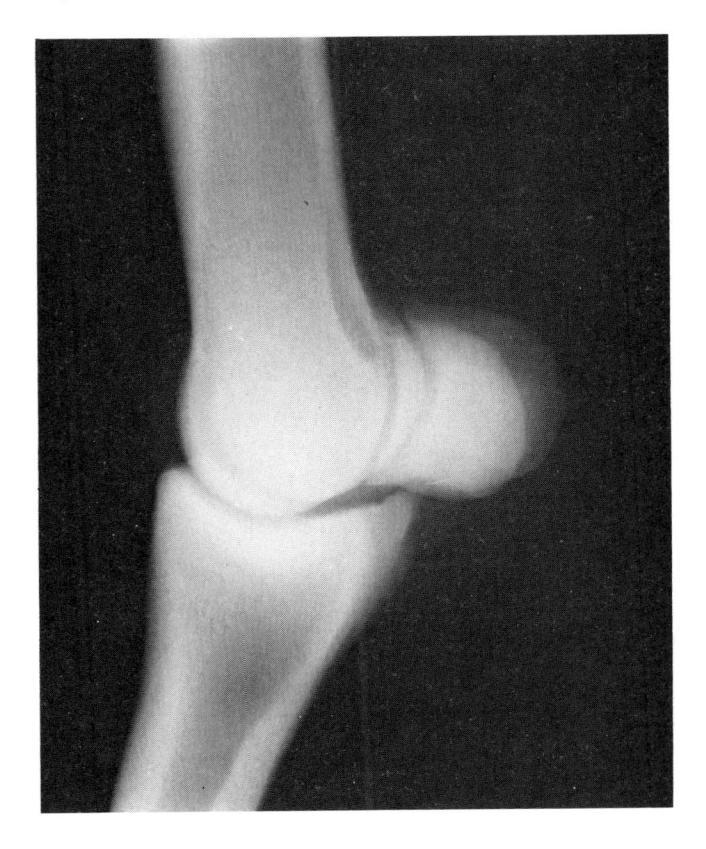

Abb. 7.86: Röntgenaufnahme einer Osteochondrosis dissecans im Schultergelenk mit subchondralen Zysten in der Cavitas glenoidalis der Skapula (Pfeile).

Erkrankung ermöglichen, so daß meist eine Leitungsanästhesie nach der röntgenologischen Untersuchung durchgeführt wird. In diesen Fällen zeigen die Läsionen typische Bereiche subchondraler Aufhellung (Abb. 7.90 bis 7.92). Manche Zysten im Karpalgelenk bestehen auch ohne klinische Symptome.

Zysten distal im Fesselbein manifestieren sich mit einer deutlichen Lahmheit und Umfangsvermehrung am Krongelenk (Abb. 7.93).[403] Meistens wird die Erkrankung an der Beckengliedmaße gesehen, und sie tritt im Alter zwischen sechs Monaten und drei Jahren auf. Auf der Röntgenaufnahme sind zystische Aufhellungen im distalen Ende des Fesselbeines zusammen mit Symptomen einer degenerativen Gelenkerkrankung (marginale Osteophytenbildung, periartikuläre Knochenzubildungen sowie Verlust des Gelenkspaltes) erkennbar (Abb. 7.94). Anscheinend ist bei Feststellung einer Osteochondrose die Röntgenuntersuchung des gleichen Gelenkes der Gegenseite angezeigt.

Abb. 7.88: Palmare Läsion (Abflachung) des distalen Metakarpus. Zu beachten sind die großen Osteophyten im palmaroproximalen Bereich des Fesselbeines.

410 Kapitel 7: Erkrankungen der Gelenke

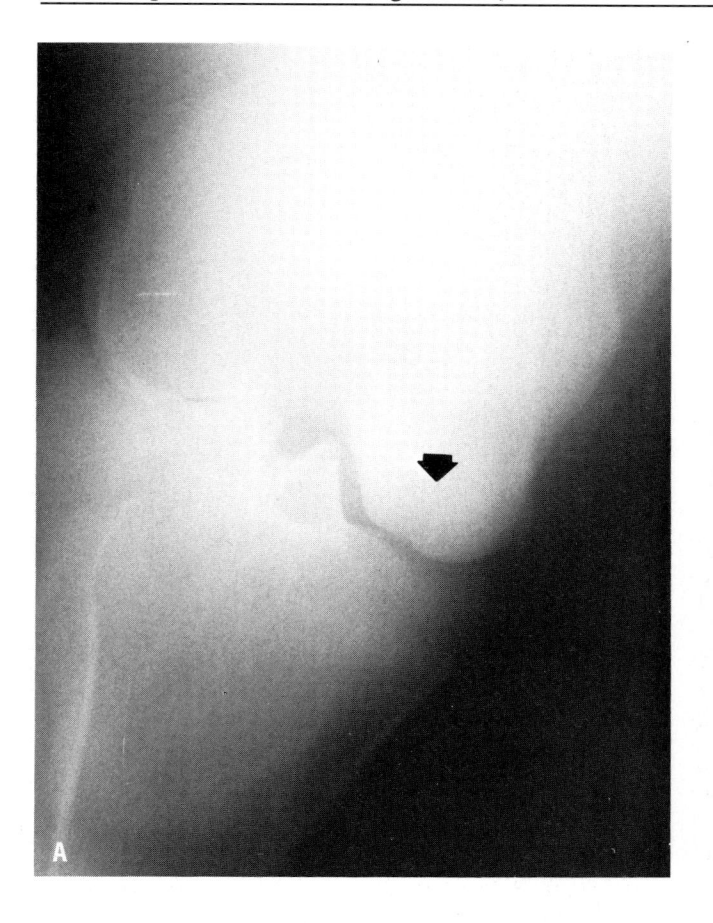

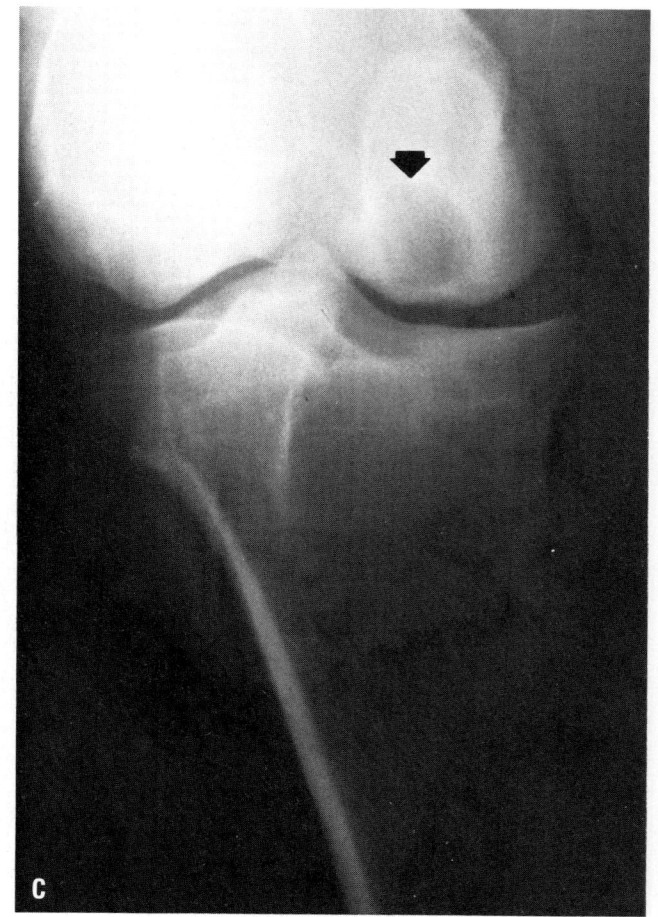

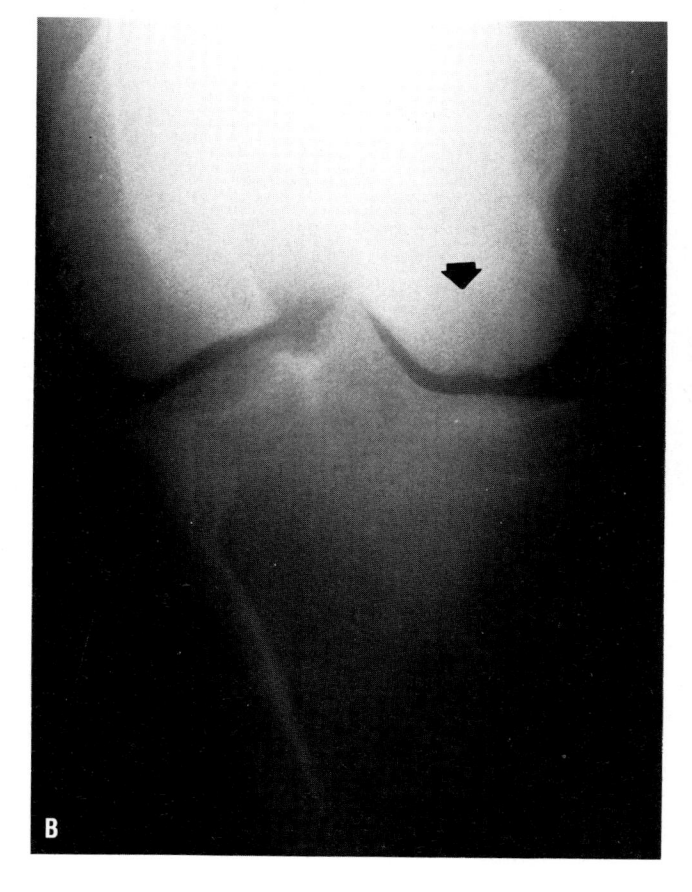

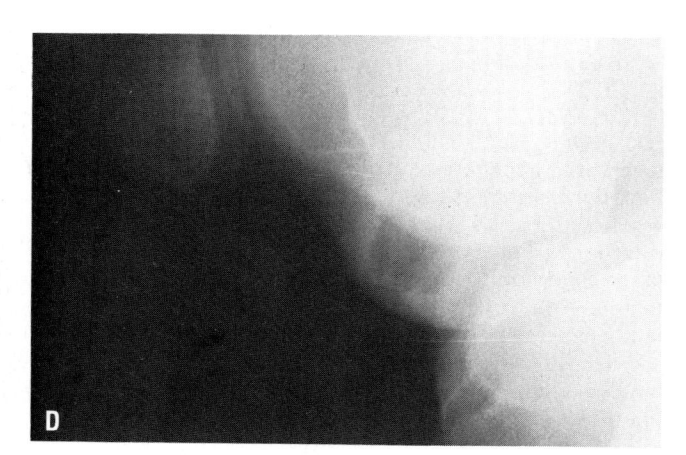

Abb. 7.89: Röntgenologische Verlaufsuntersuchung einer subchondralen Zyste im medialen Kondylus des Os femoris. Kraniokaudaler Strahlengang. **A** Ein kleiner Defekt bei der ersten Untersuchung (Pfeil). **B** Fünf Monate später ein größerer aufgehellter Bereich (Pfeil). **C** Nach weiteren elf Monaten zunehmende Aufhellung und Vergrößerung der Läsion (Pfeil). **D** Laterale Röntgenaufnahme derselben Veränderung, aufgenommen zur gleichen Zeit wie Bild C.

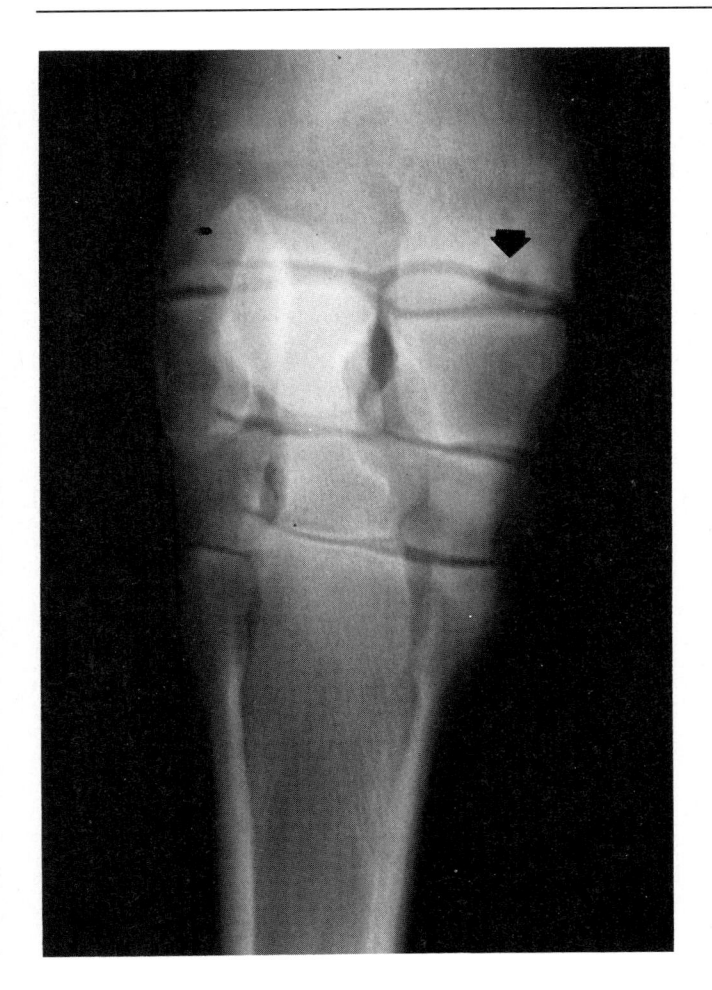

Abb. 7.90: Röntgenaufnahme einer subchondralen Zyste distal im Radius (Pfeil).

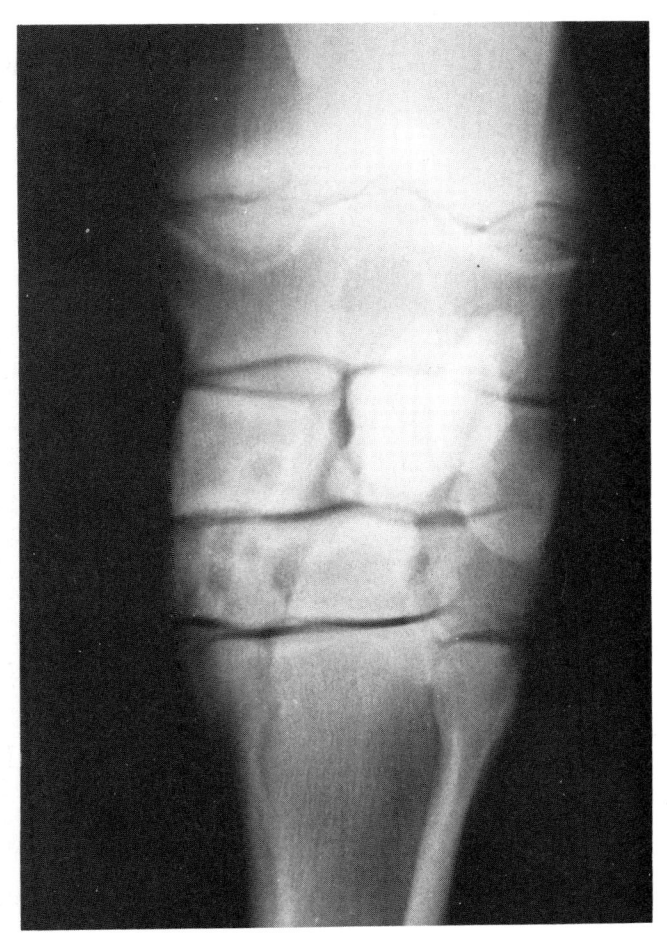

Abb. 7.91: Röntgenaufnahme von subchondralen Zysten in Os carpi radiale, Os carpale II und Os carpale III.

Bei der Osteochondrosis dissecans des Sagittalkammes an der distalen Gelenkoberfläche des Os metacarpale bzw. metatarsale III sollten alle vier Gliedmaßen röntgenologisch untersucht werden.

Therapie und Prognose. Bei Behandlung der verschiedenen Formen der Osteochondrose des Pferdes muß zunächst entschieden werden, ob eine konservative Therapie oder ein chirurgischer Eingriff durchgeführt werden soll. Die konservative Behandlung beinhaltet allgemein Ruhe; das Pferd wird auf eine Weide verbracht und restriktiv gefüttert. Besonders die Kraftfutterration muß gestrichen oder zumindest deutlich herabgesetzt werden, außerdem sollte das Futter auf Mineralstoffimbalancen hin analysiert werden. Das Training wird aufgeschoben, um die Entwicklung weiterer Veränderungen aufzuhalten und degenerative Gelenkerkrankungen möglichst zu verhindern.

Die Ergebnisse der konservativen Therapie sind bei einer Osteochondrose des Kniescheibengelenkes im allgemeinen nicht befriedigend. Bei Pferden mit Veränderungen am lateralen Rollkamm, sowohl mit als auch ohne Auftreten von Gelenkmäusen, bleibt die Lahmheit gewöhnlich über Monate oder Jahre bestehen.[387] Manchmal wird bei röntgenologischen Verlaufsuntersuchungen eine Größenabnahme der Läsion sowie eine Glättung der Oberfläche festgestellt. Einige dieser Pferde können unter Umständen wieder normal trainiert werden, aber bei der Mehrzahl der Tiere ist dies nicht möglich. Aufgrund der Proliferation des von der Synovia ernährten Knorpels kommt es zu einer Vergrößerung der Gelenkmäuse (Corpora libera) und zu einer fortschreitenden Ossifikation. Ein Autor empfiehlt beispielsweise grundsätzlich eine Operation bei vorhandener Gelenkmaus sowie eine konservative Therapie beim Fehlen von Corpora libera.[439] In beiden Fällen sollen gute Erfolge mit einer Rückkehr in den Rennsport erzielt worden sein, aber aktuelle Zahlen und detaillierte Nachuntersuchungen fehlen. Nach einer anderen Untersuchung konnte durch die chirurgische Entfernung der Gelenkmäuse in fünf Fällen eine Verbesserung der klinischen Situation erreicht werden; aber keines dieser Pferde war anschließend im Rennsport erfolgreich,[387] wenn die Arthrotomie im Kniescheibengelenk die einzig verfügbare Technik war. Die erfolgreiche Operation bei geringgradigen Veränderungen in Form von kleinen Frakturen oder vorhandenen Gelenkmäusen mittels Arthrotomie ist ebenfalls durchgeführt worden (Abb. 7.95).[401] Die chirurgische Behandlung beinhaltet die Fragmententfernung mit anschließender Wundtoilette im Bereich der Osteochondrose. Anscheinend sind Veränderungen, bei denen eine Stabilisierung großer Fragmente angezeigt wäre, wie sie beim Menschen üblich ist,[183] beim Pferd nicht vorhanden. Hier soll nochmals betont werden, daß es sich bei der Osteochondrose des Menschen und der Pferde insofern um unterschiedliche Erkrankungen handelt, als die Fragmente beim Pferd primär knorpeliger Natur sind und

412 Kapitel 7: Erkrankungen der Gelenke

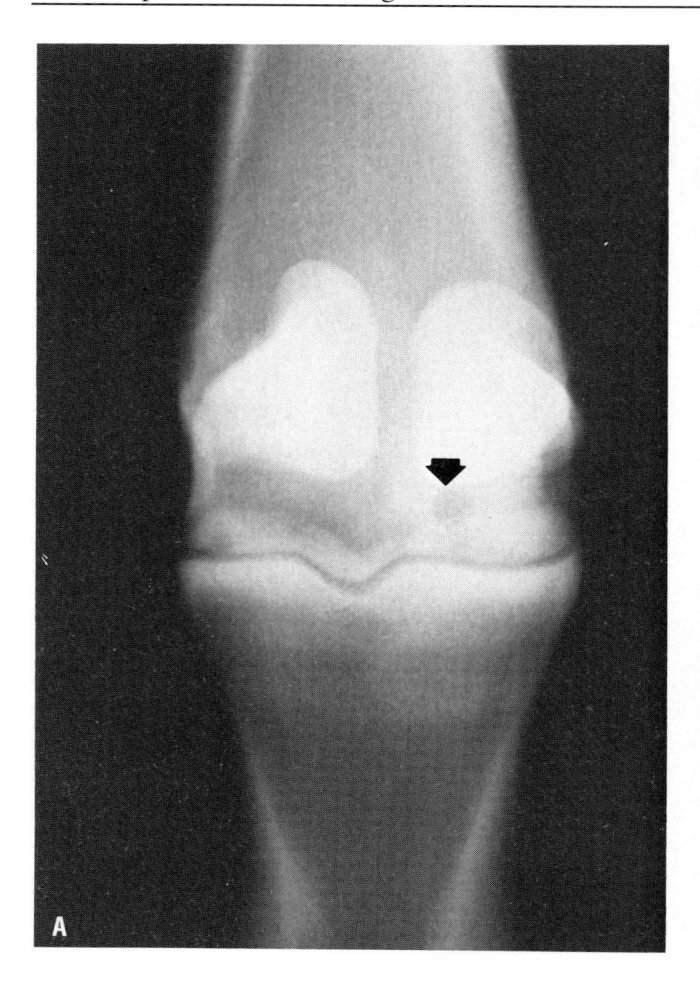

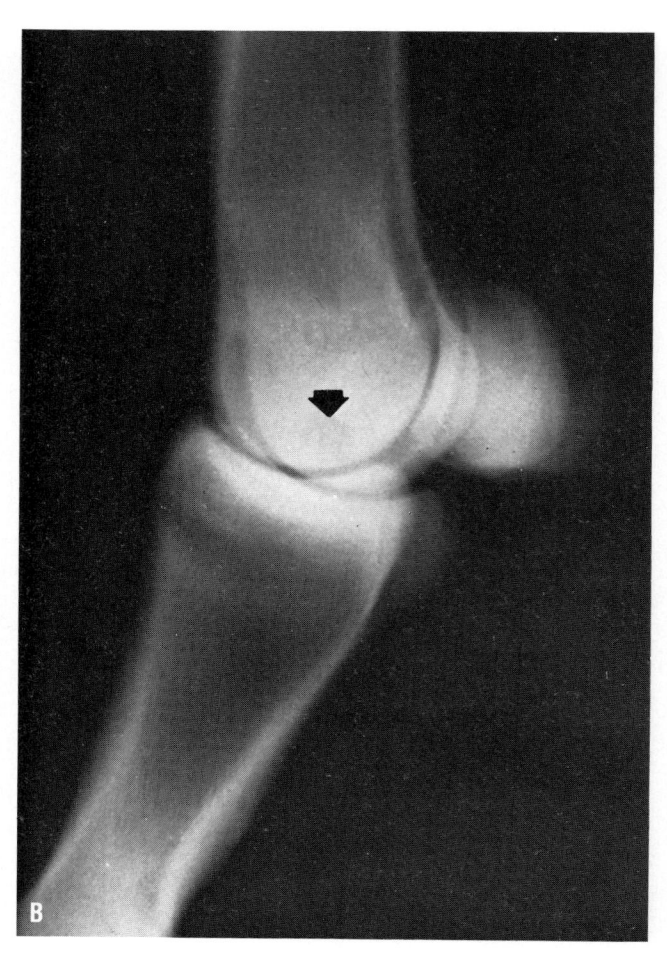

Abb. 7.92: Subchondrale Zyste (Pfeile) im distalen Ende des Os metacarpale III. **A** Dorsopalmare und **B** laterale Ansicht.

Verknöcherungen erst nach der Abtrennung entstehen. Ist es am lateralen Rollkamm zu einem ausgedehnten Knochenverlust und/oder einer lateralen Patellaluxation gekommen, sollte das Pferd euthanasiert werden. Dagegen können lokalisierte Läsionen der Patella ebenfalls durch Kürettage behandelt werden (Abb. 7.96).
Heute besteht bei einer Osteochondrosis dissecans im Kniescheibengelenk auch die Möglichkeit des chirurgischen Eingriffes während der Arthroskopie (Abb. 7.97 und 7.98).[196,207] Die hiermit erzielten Erfolge sind äußerst befriedigend und sofort sichtbar. Alle Veränderungen können auf diese Art operiert werden, und sogar Pferde mit Läsionen an beiden Rollkämmen sowie der Patella konnten wieder lahmfrei in den Rennsport zurückkehren. Die Einzelheiten zu dieser Technik finden sich auf den Seiten 382 bis 384.[207]
Bei einer Osteochondrosis dissecans des Unterschenkel-Hinterfußwurzelgelenkes sind die klinischen Symptome gewöhnlich geringer als im Kniescheibengelenk, und von manchen Autoren wird eine konservative Therapie befürwortet. Viele Patienten, die noch nicht trainiert werden, zeigen bei der klinischen Untersuchung keine Lahmheit, bei beginnender Arbeit treten dann jedoch oftmals Probleme auf. Aus diesem Grund ist der operative Eingriff in allen Fällen angezeigt, wenn das Pferd Leistungen erbringen soll. Bei der Osteochondrosis dissecans am Sagittalkamm der distalen Gelenkfläche der Tibia oder am lateralen Rollkamm des Talus kann die Operation durch eine Arthrotomie mit kraniolateralem Zugang zum Tarsokruralgelenk durchgeführt werden.[198] Die osteochondralen Fragmente werden dabei entfernt (Abb. 7.99 und 7.102). In manchen Fällen ist die Umgebung der osteochondrotischen Veränderung weitgehend zerstört, so daß der Bereich ausgebohrt werden sollte.[89] Anscheinend ist die Kürettage nach der Entfernung eines osteochondralen Fragmentes nicht angezeigt, wenn das entstandene Loch mit Faserknorpel ausgekleidet ist.[65] Bei der Osteochondrosis dissecans des Menschen wurde festgestellt, daß die besten Ergebnisse erzielt werden, wenn der operative Eingriff frühzeitig durchgeführt und die Basis des Defektes nach der Fragmententfernung ausgebohrt wird.[285] Die Synovialmembran ist gelegentlich hochgradig pathologisch verändert, und in diesen Fällen sollte soviel wie möglich von ihr entfernt werden. Anhand retrospektiver Studien an Rennpferden konnte klinisch eine deutlich bessere Entwicklung bei operierten Pferden festgestellt werden als bei Tieren, bei denen kein chirurgischer Eingriff vorgenommen wurde.[24,387] Allgemein werden die Erfolge der Operationen bei einer Osteochondrosis dissecans im Tarsokruralgelenk als gut bezeichnet; Zweifel bestehen lediglich über die Notwendigkeit eines Eingriffes bei Pferden, die keine Leistungen mehr erbringen müssen.

Kapitel 7: Erkrankungen der Gelenke 413

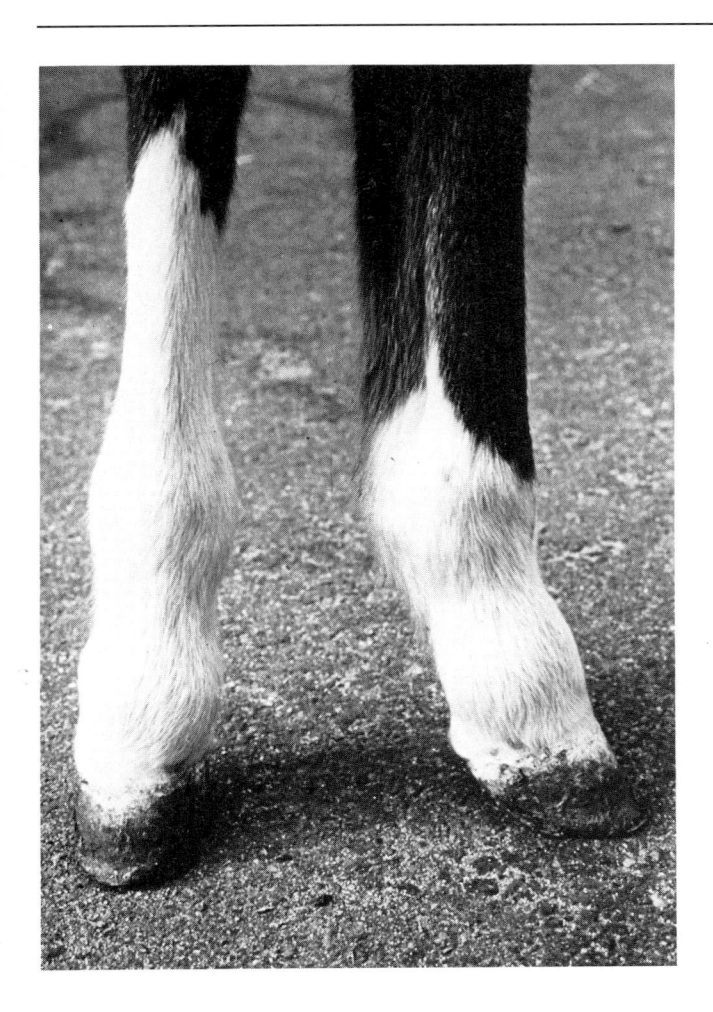

Abb. 7.93: Klinisches Bild bei subchondralen Zysten im distalen Bereich des Fesselbeines.

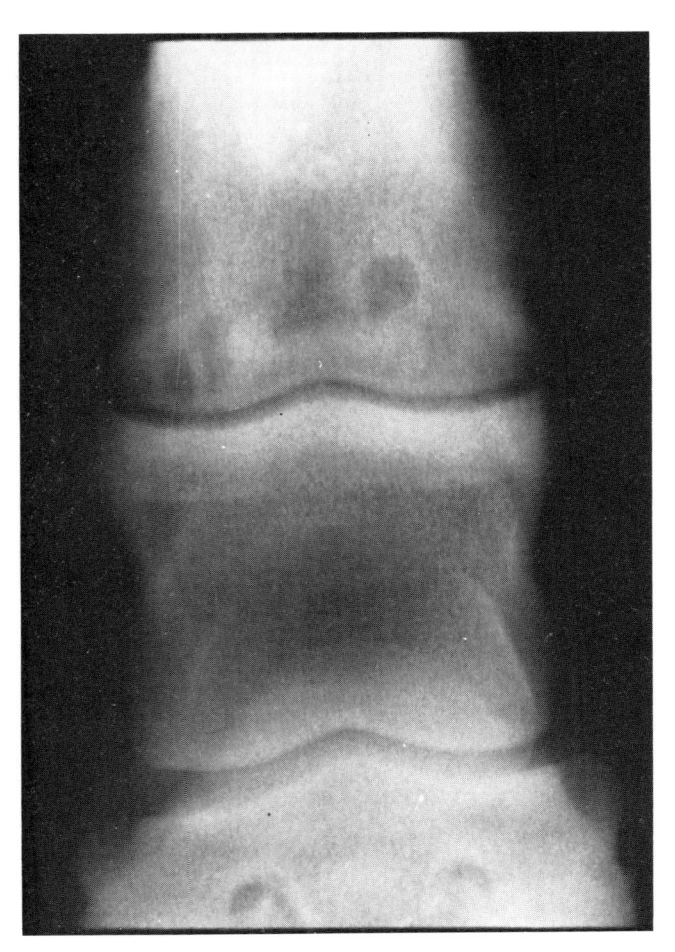

Abb. 7.94: Röntgenaufnahme mit subchondralen Zysten im distalen Bereich des Fesselbeines.

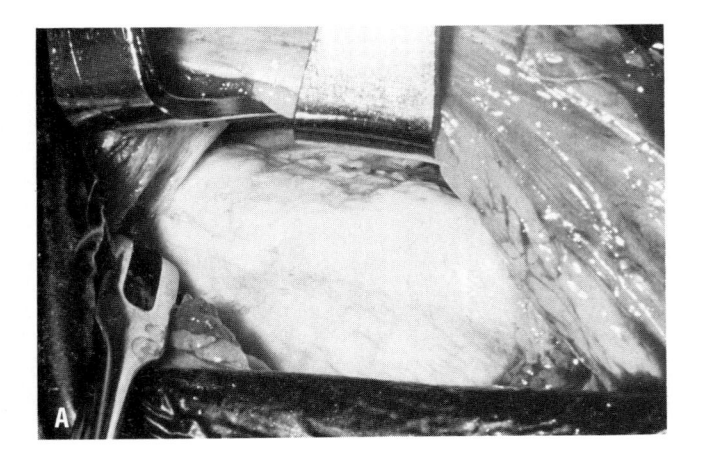

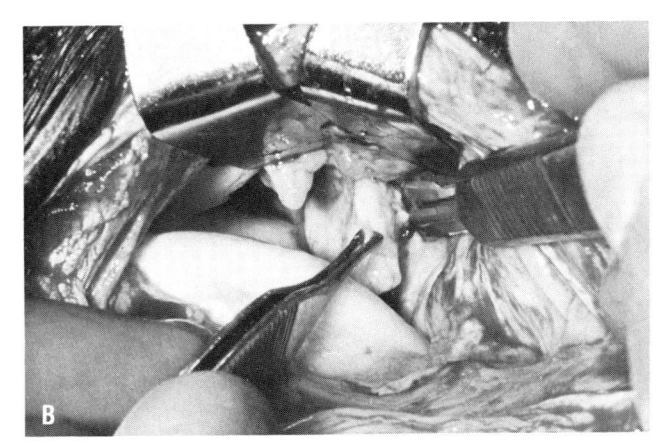

Abb. 7.95: Arthrotomie des Kniescheibengelenkes zur Behandlung einer Osteochondrosis dissecans am lateralen Rollkamm des Os femoris. **A** Veränderungen am lateralen Rollkamm. **B** Aus der Synovialmembran entferntes Corpus liberum.

414   Kapitel 7: Erkrankungen der Gelenke

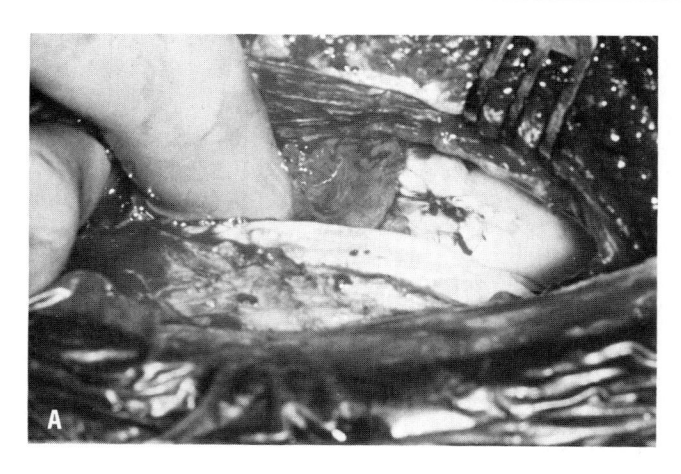

Abb. 7.96: Veränderungen einer Osteochondrosis dissecans an der Patella, wie sie sich während der Arthrotomie vor **(A)** und nach der Kürettage **(B)** dem Oparateur darstellt.

Obwohl die Prognose bei der chirurgischen Behandlung einer Osteochondrosis dissecans im Tarsokruralgelenk günstig ist, bleibt ein Synovialerguß manchmal bestehen. Dies stellt jedoch im allgemeinen kein Problem dar. Eine persistierende Kreuzgalle, die einen inakzeptablen Schönheitsfehler darstellt, kann medikamentös behandelt werden (siehe Seite 357 bis 360), die Erfolge sind allerdings unsicher.

Eine Osteochondrosis dissecans sollte im Tarsokruralgelenk wie auch im Kniescheibengelenk möglichst durch einen chirurgischen Eingriff während der Arthroskopie und nicht durch Arthrotomie behandelt werden (Abb. 7.103). Es sind mit der erstgenannten Methode konstante und hervorragende Erfolge erzielt worden.

Die meisten Fälle einer Osteochondrosis dissecans im Schultergelenk werden konservativ durch Ruhigstellung

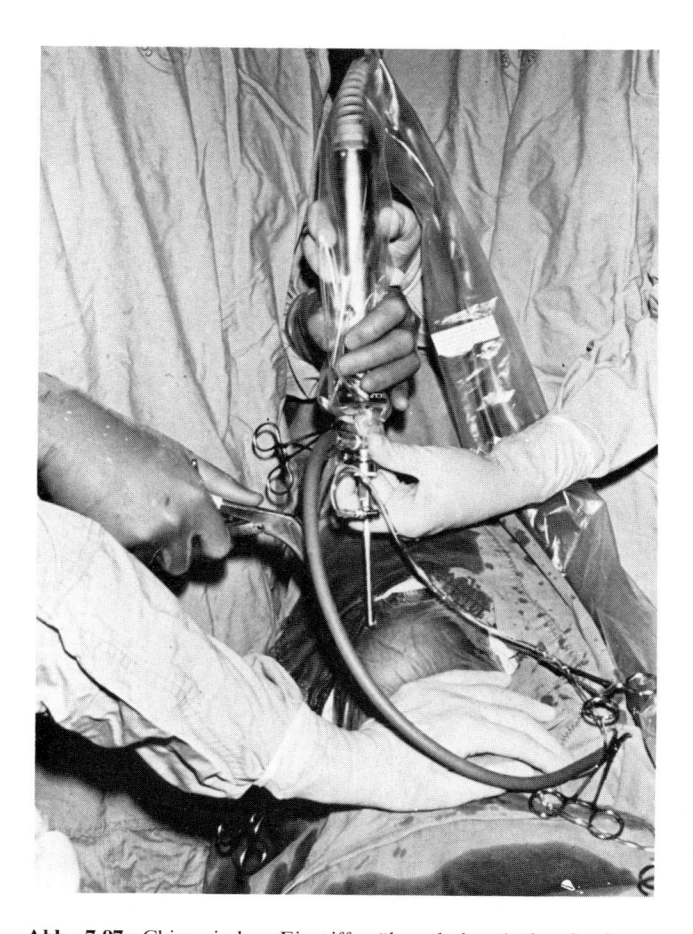

Abb. 7.97: Chirurgischer Eingriff während der Arthroskopie zur Behandlung einer Osteochondrosis dissecans im Kniescheibengelenk.

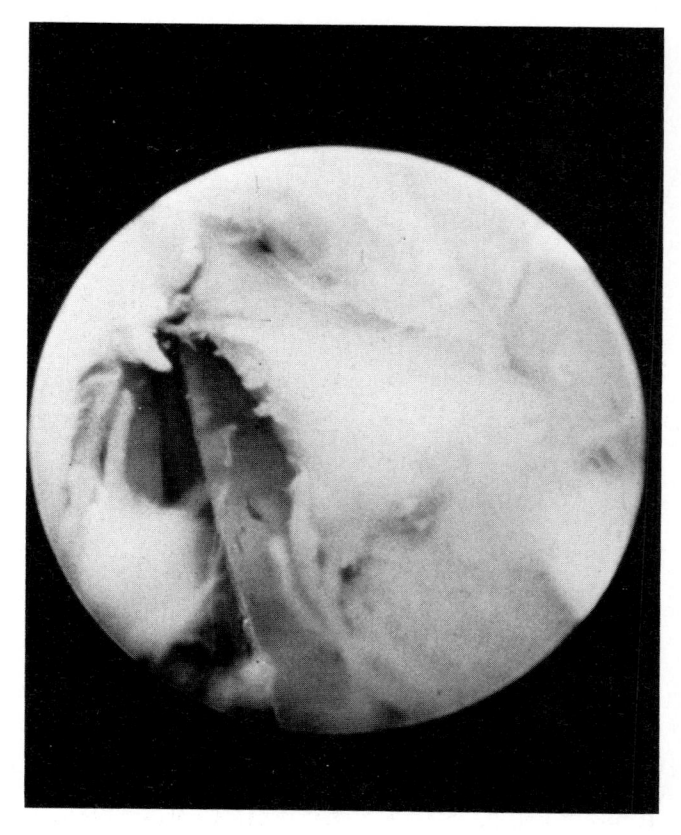

Abb. 7.98: Arthroskopische Darstellung eines angehobenen, teilweise gelösten Knorpelstückes bei einer Osteochondrosis dissecans am lateralen Rollkamm des Os femoris vor der Entfernung.

Kapitel 7: Erkrankungen der Gelenke 415

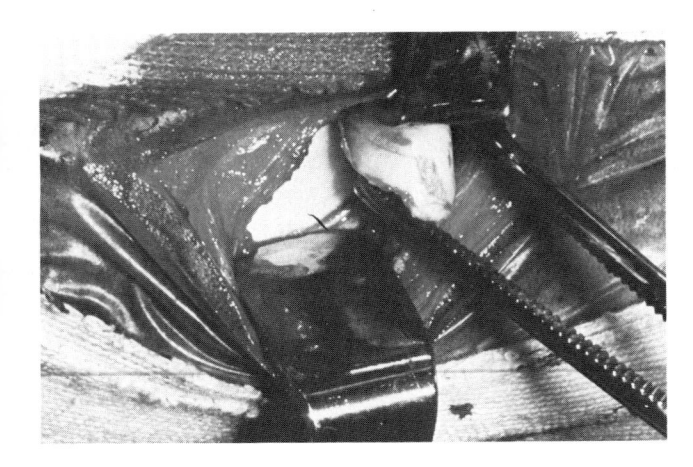

Abb. 7.99: Entfernung eines osteochondralen Fragmentes vom kranialen Bereich des Sagittalkammes distal an der Tibia während der Arthrotomie nach dorsolateralem Gelenkzugang.

vorhandenen Gelenkmäuse überhaupt in Frage gestellt.[235] In bestimmten Fällen scheint die chirurgische Behandlung allerdings schon angezeigt. Ein anderer Autor berichtet beispielsweise über die Kürettage einer 2 cm × 2 cm großen Läsion mit anschließender Entfernung von Osteophyten bei einem Fohlen, das zwölf Monate nach der Operation wieder lahmfrei gewesen sein soll.[358] Über ein Jahr dauernde Nachuntersuchungen an zwei operierten Tieren ergaben, daß bei den Pferden in Schritt und Trab keine Lahmheit mehr bestand, aber beide nach vermehrter Arbeit wieder geringgradig lahm gingen.[228] Diese Pferde waren zwar für die Zucht bestimmt, es zeigte sich hierbei jedoch, daß die Chirurgie nur begrenzten Nutzen hatte. In Untersuchungen des Autors an der Colorado State University konnten kürzlich sechs Pferde mit einer Osteochondrosis dissecans im Schultergelenk mit gutem Erfolg operiert werden.[273] Die hierbei angewendete Methode bestand aus einem Muskelsplitting mit gleichzeitiger Durchschneidung des Musculus teres minor und war nachweislich befriedigend. Eine der anderen beschriebenen Techniken erscheint nach Untersuchungen des Autors unbefriedigend.[60] Die Heilungsfähigkeit der Gelenke nach einer Kürettage großer Defekte ist eindrucksvoll (Abb. 7.104). Bei äußerst schweren Fällen ist die Prognose schlecht und eine Operation im allgemeinen nicht mehr angezeigt. Bei geringgradigen oder mittelgradigen Veränderungen sollte jedoch ein chirurgischer Eingriff vorgenommen werden.

bis zu einem Jahr oder mit Weidehaltung behandelt. Wegen der in diesem Gelenk häufig auftretenden degenerativen Gelenkerkrankungen ist die Prognose nicht gut. Da in vielen Fällen ausgedehnte pathologische Veränderungen bestehen, sollten nur bestimmte Patienten zur Operation ausgewählt werden. In einer Veröffentlichung wird der Nutzen der Operation wegen der hier meist nicht

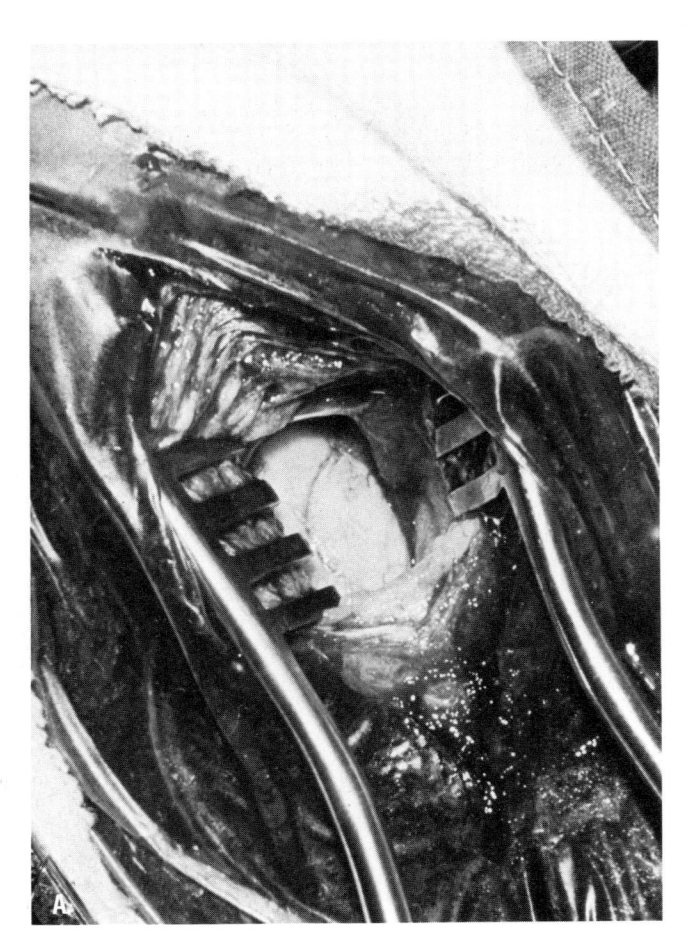

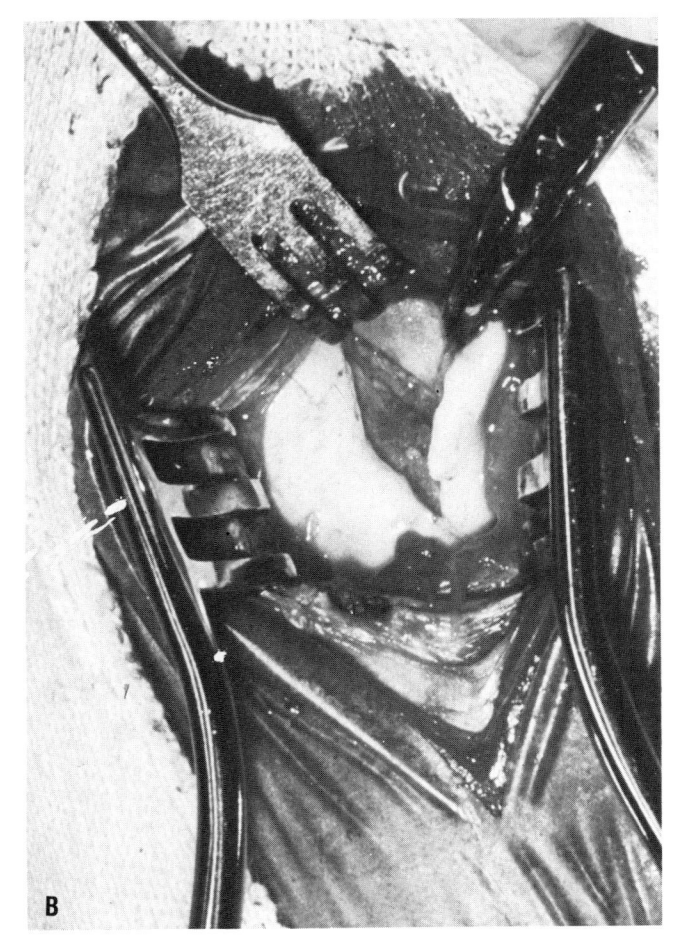

Abb. 7.100: Typische Veränderung einer Osteochondrosis dissecans am lateralen Rollkamm des Talus, dargestellt während der Arthrotomie. **A** Vor der Entfernung des teilweise gelösten Fragmentes. **B** Nach der Fragmententfernung.

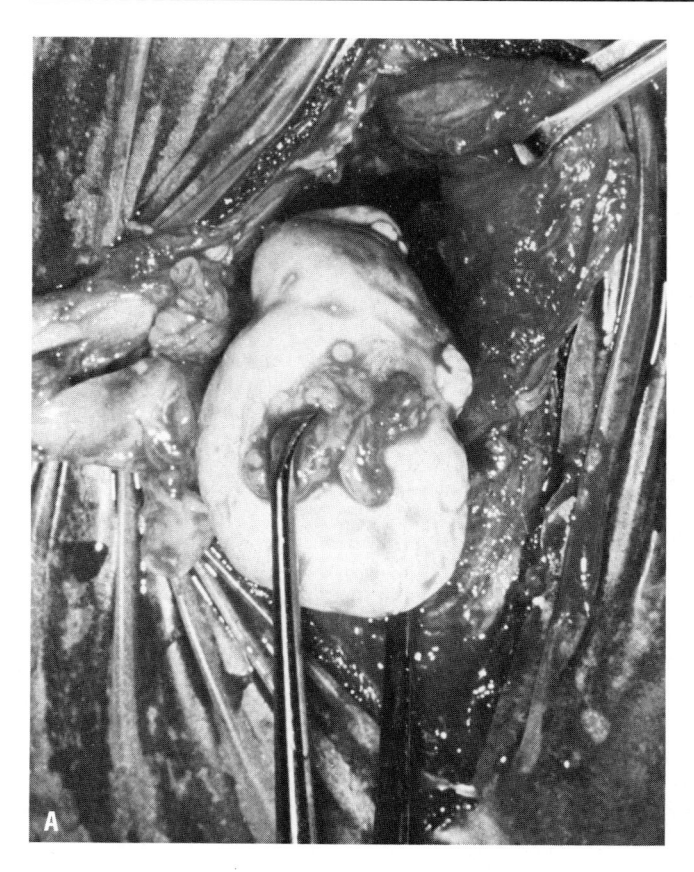

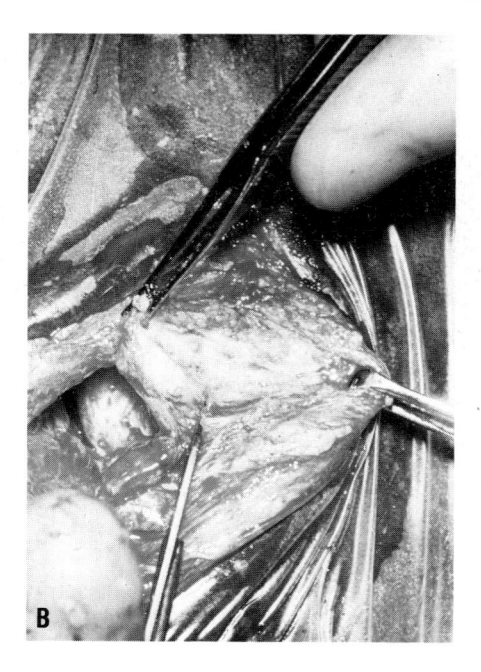

Abb. 7.101: Hochgradige Osteochondrosis dissecans am lateralen Rollkamm des Talus. **A** Der ursprüngliche Defekt am lateralen Rollkamm wurde kürettiert, der sehr große osteochondrale Körper, der nach seiner Abtrennung an Größe noch zugenommen hatte, war medial verlagert und machte eine zweite Arthrotomie zur Entfernung notwendig. **B** Wegen der ungewöhnlich stark pathologisch veränderten Synovialmembran wurde eine Synovektomie durchgeführt.

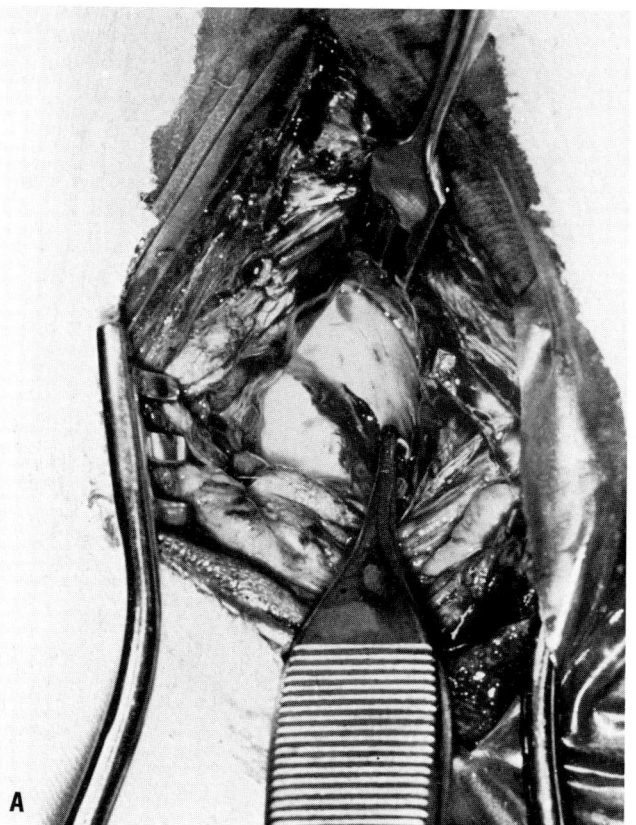

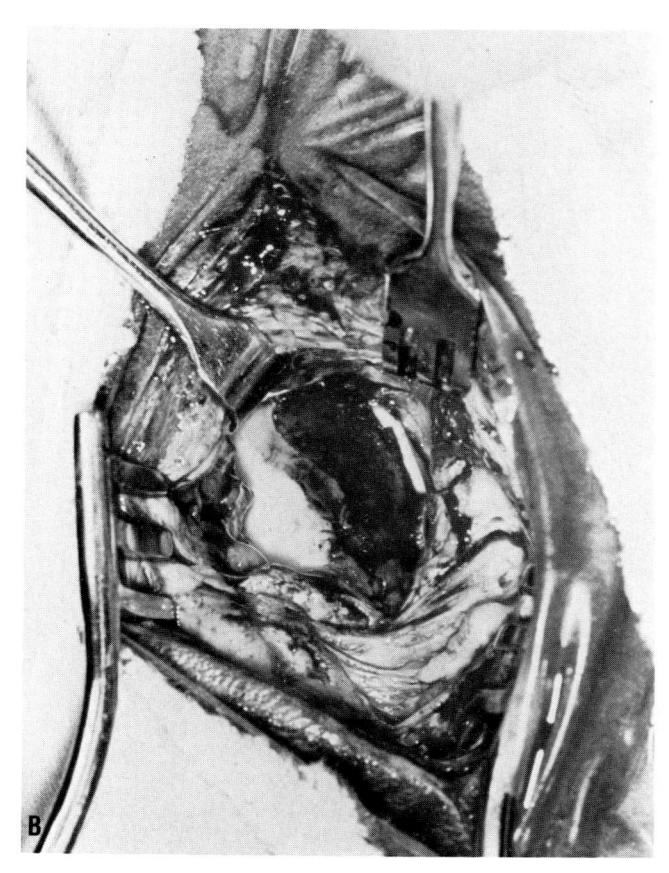

Abb. 7.102: Frisch abgetrenntes Gelenkknorpelfragment bei einer Osteochondrosis dissecans am lateralen Rollkamm des Talus. **A** Der abgelöste Knorpel vor dem Anheben und der Exstirpation. **B** Der blutende subchondrale Knochen wurde nicht kürettiert.

Kapitel 7: Erkrankungen der Gelenke 417

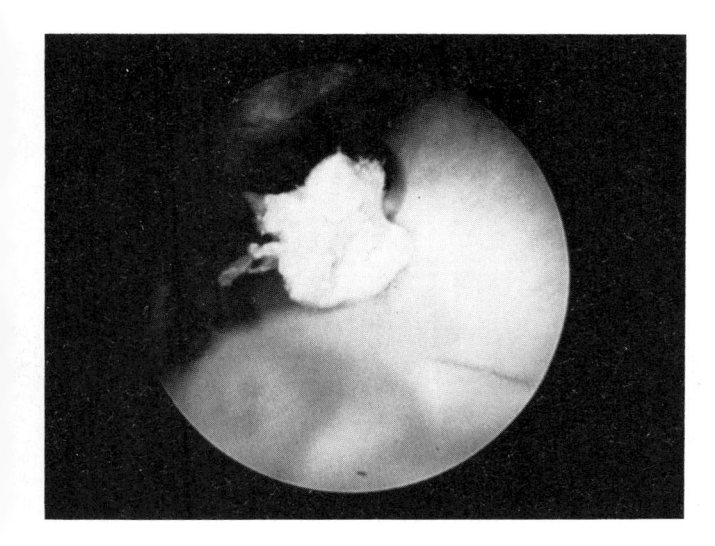

Abb. 7.103: Entfernung eines osteochondralen Fragmentes vom kranialen Bereich des Sagittalkammes distal an der Tibia unter arthroskopischer Kontrolle.

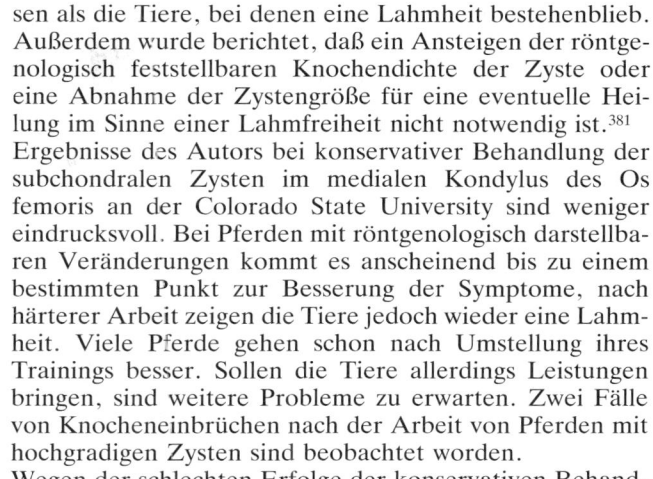

sen als die Tiere, bei denen eine Lahmheit bestehenblieb. Außerdem wurde berichtet, daß ein Ansteigen der röntgenologisch feststellbaren Knochendichte der Zyste oder eine Abnahme der Zystengröße für eine eventuelle Heilung im Sinne einer Lahmfreiheit nicht notwendig ist.[381] Ergebnisse des Autors bei konservativer Behandlung der subchondralen Zysten im medialen Kondylus des Os femoris an der Colorado State University sind weniger eindrucksvoll. Bei Pferden mit röntgenologisch darstellbaren Veränderungen kommt es anscheinend bis zu einem bestimmten Punkt zur Besserung der Symptome, nach härterer Arbeit zeigen die Tiere jedoch wieder eine Lahmheit. Viele Pferde gehen schon nach Umstellung ihres Trainings besser. Sollen die Tiere allerdings Leistungen bringen, sind weitere Probleme zu erwarten. Zwei Fälle von Knocheneinbrüchen nach der Arbeit von Pferden mit hochgradigen Zysten sind beobachtet worden.

Wegen der schlechten Erfolge der konservativen Behandlung sind verschiedene Operationsmethoden entwickelt worden. Die chirurgische Enukleation der Zyste mit anschließender Füllung des Defektes mit Spongiosa wurde 1970 beschrieben.[82] Diese Autoren führten Operationen

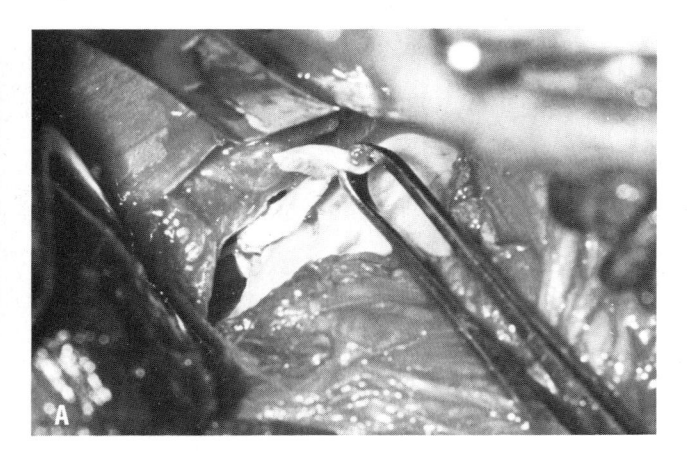

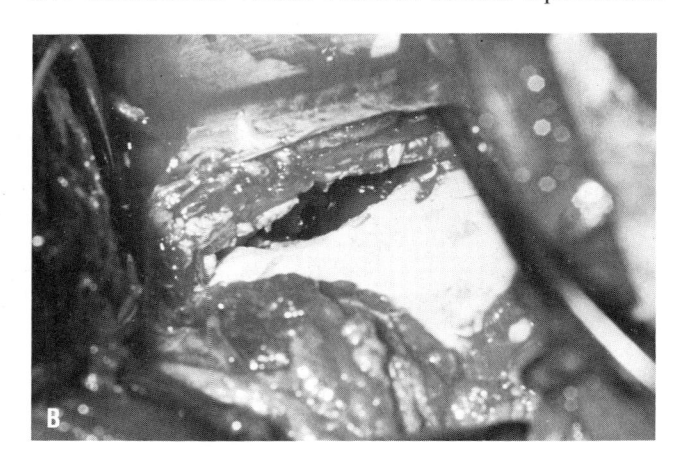

Abb. 7.104: A Entfernung eines osteochondrotischen, teilweise abgelösten Knorpelstückes vom Caput humeri. **B** Großer Defekt im Caput humeri nach der Kürettage der Veränderung einer Osteochondrosis dissecans. Das Pferd konnte später wieder Rennen laufen.

Die bei einer Osteochondrosis dissecans entstandenen Fragmente am Sagittalkamm der distalen Gelenkfläche des Os metacarpale bzw. metatarsale III sind ebenfalls mit guten Erfolgen während der Arthroskopie entfernt worden (Abb. 7.105).[442]

Die Mehrzahl der subchondralen Zysten wird von den meisten Tierärzten konservativ behandelt, allerdings sind die Ergebnisse nicht immer zufriedenstellend. Es konnte beobachtet werden, daß sich Zysten sogar nach zwei Jahren Ruhe röntgenologisch nicht verändert hatten.[324] Andere Autoren berichten über unveränderte Röntgenaufnahmen nach fünf Jahren konservativer Therapie.[168] Als modifizierte konservative Behandlung wurde auch die Bewegung zur Beschleunigung der Heilung eingesetzt.[82]

In einer neueren Studie über Nachuntersuchungen an 25 Fällen wird über die Heilung und mögliche Wiederverwendung von 16 Pferden zwischen vier Monaten und einem Jahr nach dem Diagnostizieren einer subchondralen Zyste berichtet. Die meisten Pferde konnten wieder mäßig bewegt werden.[381] Dabei zeigte sich, daß die erfolgreich behandelten Pferde deutlich kleinere Zysten aufwie-

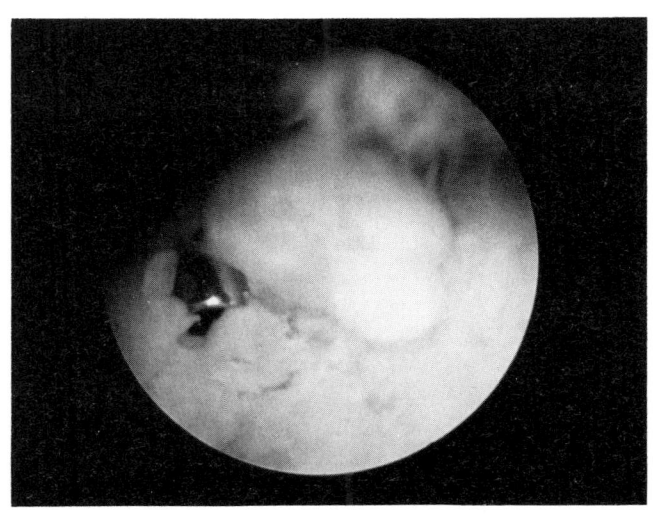

Abb. 7.105: Arthroskopische Darstellung der Entfernung eines Fragmentes bei einer Osteochondrosis dissecans am Sagittalkamm der distalen Gelenkfläche des Os metacarpale III unter arthroskopischer Kontrolle.

418   Kapitel 7: Erkrankungen der Gelenke

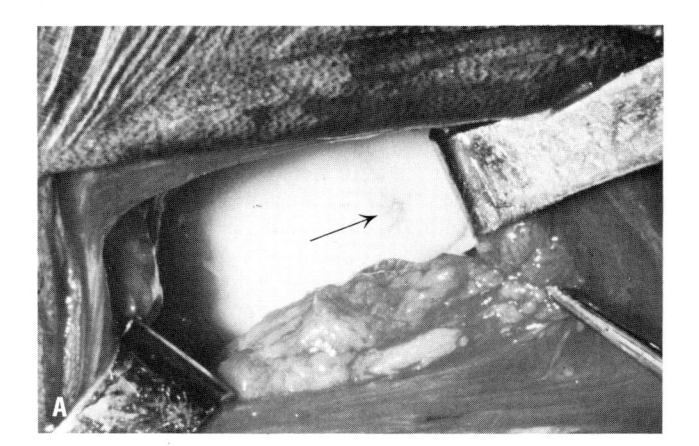

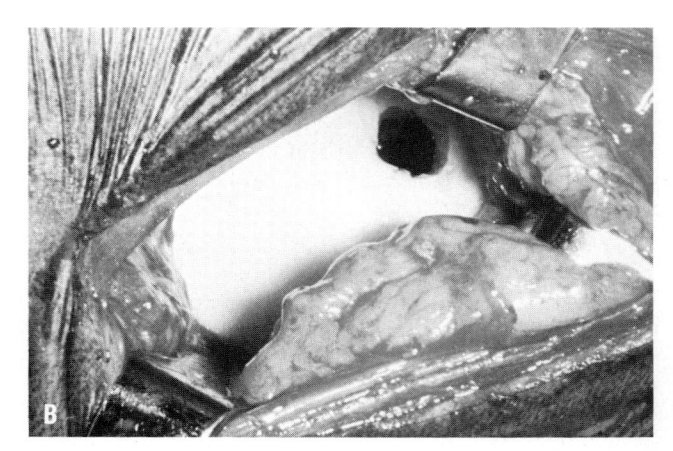

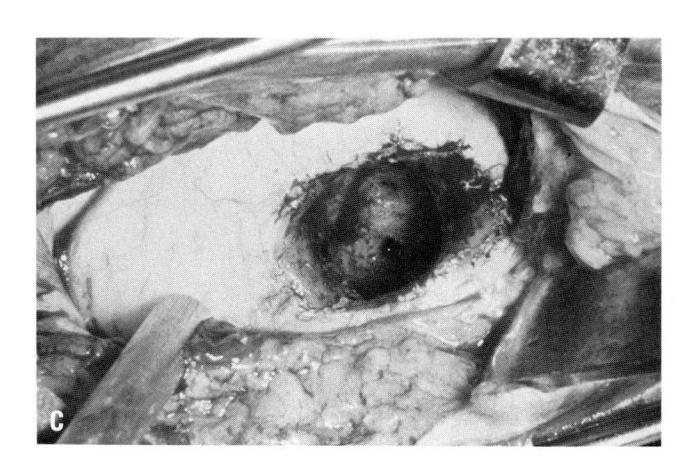

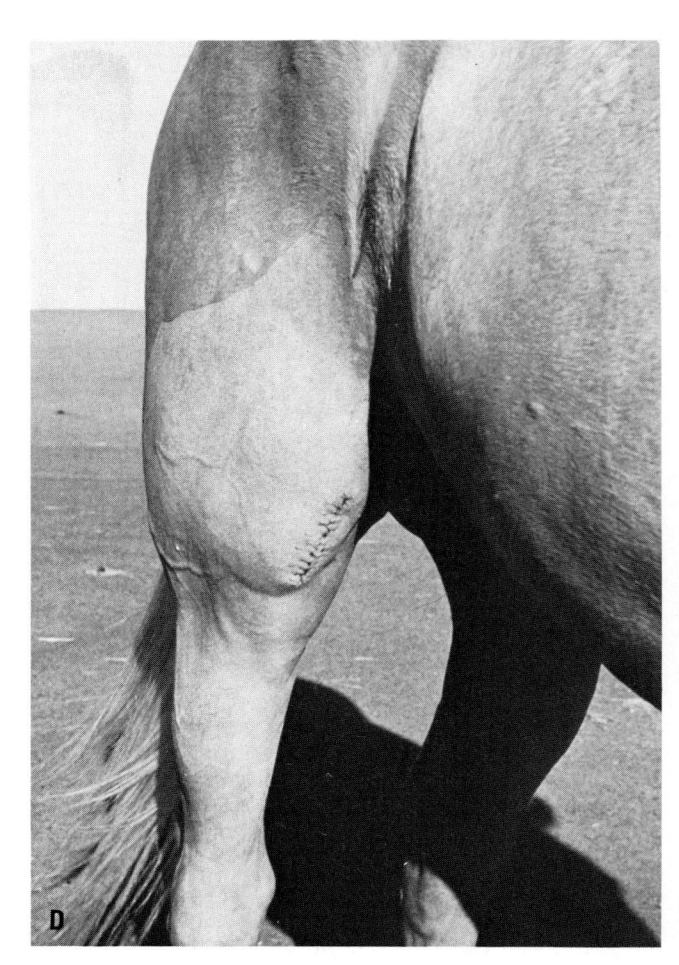

Abb. 7.106: Kürettage einer subchondralen Zyste im medialen Kondylus des Os femoris. **A** Die Vertiefung auf der Gelenkoberfläche zeigt die Lokalisation der subchondralen Zyste an (Pfeil). **B** Kürettage des Zysteninhaltes. **C** Ausbohren des sklerotischen Walles einer Zyste (hierbei handelt es sich um einen anderen, schwereren Fall mit gleichzeitig bestehender degenerativer Gelenkerkrankung). **D** Typisches postoperatives Erscheinungsbild.

an bilateralen Karpalzysten durch. Dabei wurde eine Verdichtung der Zyste nach 90 Tagen beobachtet. Die Methode kann bei den meisten Zysten angewendet werden, indem ein quadratischer Kompaktadefekt über der Zyste gesetzt wird, der anschließend kürettiert wird. Subchondrale Zysten im medialen Kondylus des Os femoris wurden früher auch extraartikulär operiert. Die Reaktionen auf die Kürettage und Spongiosatransplantation waren jedoch schlecht. Insofern wird die Zyste heute nach direktem Gelenkzugang zwischen dem mittleren und dem medialen Kniescheibenband kürettiert, so daß ein Defekt in der Oberfläche des Kondylus bestehenbleibt[198] (Abb. 7.106). Mit dieser Methode kann auch der sklerotische Wall der Zyste zur Förderung der Vaskularisierung und damit der Heilung aufgebohrt werden. Die Operationserfolge sind befriedigend, und nach Untersuchungen des Autors scheint die Spongiosatransplantation nicht notwendig zu sein.[204]

Subchondrale Zysten im distalen Ende des Radius, des Karpus oder Fesselgelenkes werden gewöhnlich konservativ behandelt, und außer bei Veränderungen im Os carpi ulnare, die symptomlos verlaufen können, muß die Prognose vorsichtig lauten. Veränderungen im Krongelenk stellen wegen der oftmals gleichzeitig bestehenden degenerativen Gelenkerkrankung ein spezielles Problem dar. Bei bereits vorhandenen degenerativen Veränderungen sind bei konservativer Behandlung schlechte Ergebnisse zu erwarten. Wenn keine Besserung eintritt, ist die chirurgische Arthrodese in Erwägung zu ziehen.[403] Bei Bestehen einer Zyste ohne degenerative Gelenkerkrankung ist auch eine Heilung durch entsprechende Ruhigstellung möglich.

Trotz neuer chirurgischer Entwicklungen ist die Prognose in manchen Fällen vorsichtig zu stellen. Insofern werden vor allem vorbeugende Maßnahmen benötigt. Die hierbei wichtige sorgfältige Beachtung der Ernährung wird in Kapitel 5 (siehe Seite 271 ff.) näher beschrieben, daneben muß zur Eliminierung der Osteochondrose eine genaue Untersuchung einiger Zuchtlinien mit Selektion bestimmter Tiere erfolgen.[386,432]

Unvollständige oder fehlerhafte Ossifikation der Karpal- oder Tarsalknochen

Diese Erkrankung ist klinisch durch eine Aus- oder Einwärtsstellung des Karpalgelenkes oder eine Beugehaltung des Tarsalgelenkes und röntgenologisch durch eine unvollständige Ossifikation sowie Deformierung eines oder mehrerer Karpal- bzw. Tarsalknochen gekennzeichnet. Möglicherweise ist diese Erkrankung eine andere Manifestationsform der Osteochondrose.[95,210] Da die Veränderung mit einer fehlerhaften Ossifikation der kubischen Knochen verbunden ist, kann der primäre Faktor eine Deformierung einer unreifen Knorpelanlage sein. In diesem Fall ist sie als selbständige Erkrankung anzusehen. Zur Rechtfertigung ihrer Einordnung unter die Osteochondrose sind weitere Kenntnisse notwendig.

Pathogenese. Die Ossifikation der Karpal- und Tarsalknochen beginnt in den letzten beiden Monaten der Trächtigkeit und wird nach der Geburt fortgesetzt. Im Karpus erfolgt sie beispielsweise 30 Tage, bevor die distale Radiusepiphyse ihre typische Gestalt sowie die Karpalknochen ihre normale, ausgereifte, quadratische Form annehmen.[95] Die meisten Fohlen werden gegen Ende der Ossifikationsperiode der Karpal- und Tarsalknochen geboren. Zu dieser Zeit umgibt noch eine dickere als sonst übliche Knorpelschicht den sphärisch ossifizierten Knochen. Ein ungleichmäßiger Druck kann in diesem Stadium eine Knorpeldeformierung und -atrophie bewirken. Eine deformierte Knorpelanlage führt zu einem mißgestalteten Knochen. Durch eine Frühgeburt nimmt die Anfälligkeit

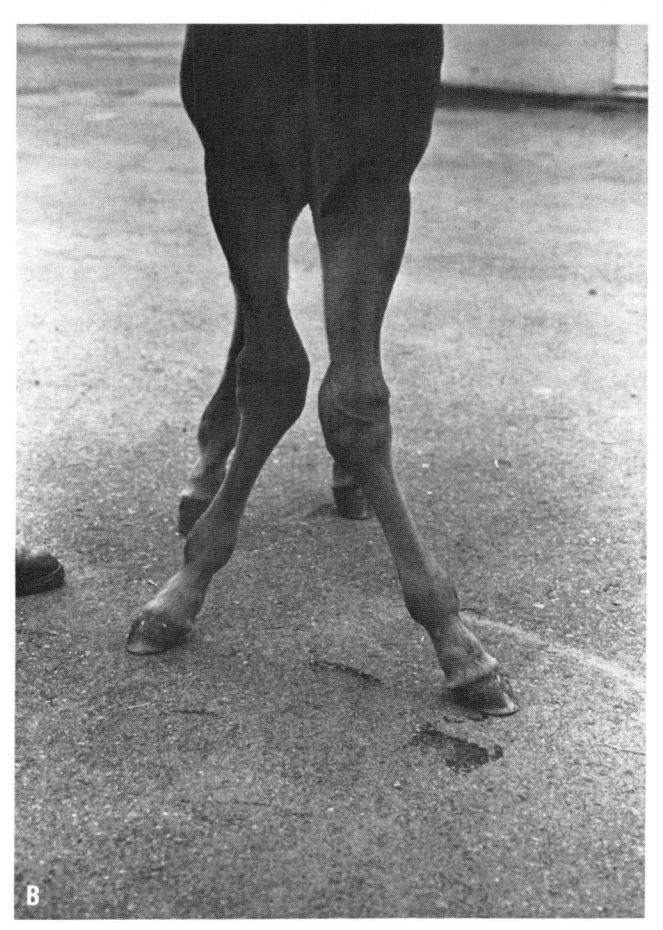

Abb. 7.107: A Einseitige Deformierung mit Auswärtsstellung (Varusstellung) des Karpalgelenkes, verbunden mit einem Kollaps des Os carpi radiale. **B** Beidseitige Deformierung mit Einwärtsstellung (Valgusstellung) des Karpalgelenkes, verbunden mit einem Kollaps des Os carpale IV und des lateralen Bereiches des Os carpale III.

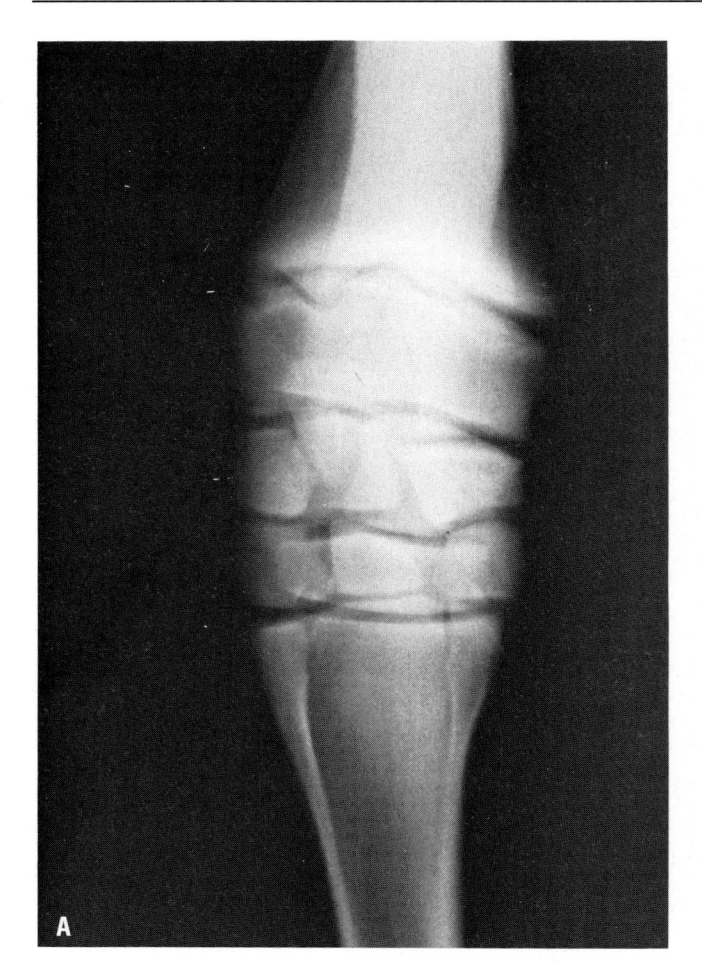

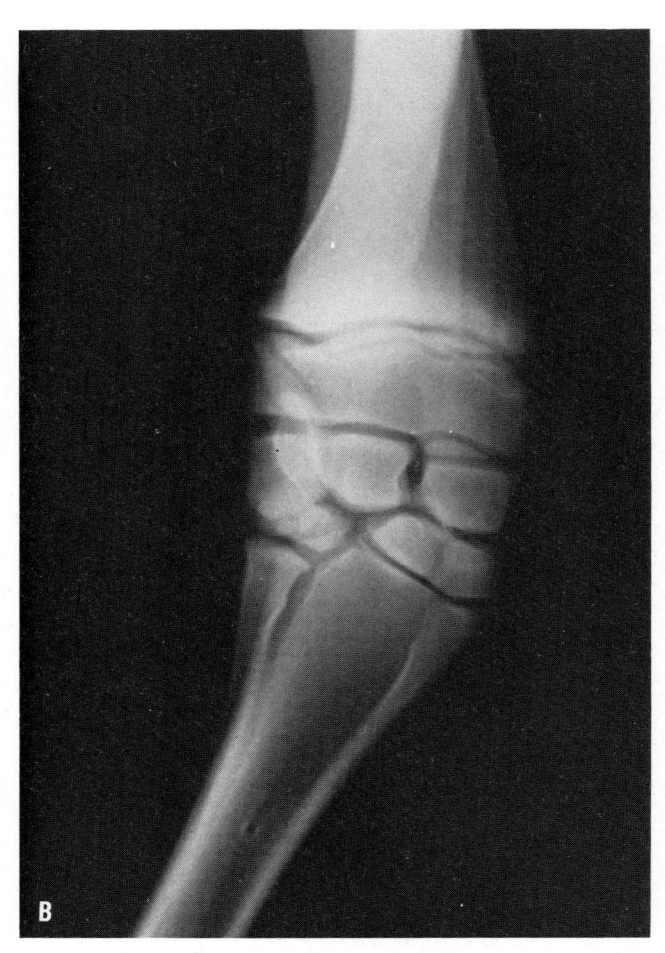

Abb. 7.108: A Röntgenaufnahme des in Abb. 7.107 A dargestellten Karpalgelenkes mit kollabiertem Os carpi radiale. **B** Röntgenaufnahme des in Abb. 7.107 B dargestellten Karpalgelenkes mit einem Kollaps des Os carpale IV und des lateralen Bereiches des Os carpale III.

dieser Knochen zu, da sie sich noch in einem frühen Ossifikationsstadium befinden. Auch ein Hypothyreoidismus wurde mit der Erkrankung im Tarsalgelenk in Verbindung gebracht.[341,365] In einigen Fällen ist die mangelhafte Ossifikation auch noch als normale biologische Schwankungsbreite anzusehen. In anderen Fällen ist sie wahrscheinlich induziert. Grundsätzlich aber bewirkt eine Belastung bei verzögerter Ossifikation diese Erkrankung.

Symptome. Bei der Erkrankung des Karpalgelenkes werden die Fohlen mit einer fehlerhaften Winkelung im Gelenk vorgestellt, die gewöhnlich seit der Geburt besteht und entweder unverändert geblieben ist oder sich verschlimmert hat (Abb. 7.107 und 7.108). Eine Schmerzhaftigkeit oder Umfangsvermehrung besteht im Karpalgelenk normalerweise nicht. Auf der Röntgenaufnahme sind eine normale Radiusmetaphyse und -epiphyse erkennbar, während ein oder mehrere Karpalknochen kleiner oder mißgestaltet erscheinen (siehe Abb. 7.107 und 7.108). Mit einem Kollaps der Tarsalknochen kommt es oftmals auch zu einer Umfangsvermehrung und Schmerzhaftigkeit des Sprunggelenkes, daneben besteht eine zunehmende Beugehaltung (sichelförmiges Sprunggelenk). Röntgenologisch kann eine Verkeilung des Os tarsale III darstellbar sein (Abb. 7.109); in schwereren Fällen besteht eine Fragmentierung des kranialen Bereiches des Os carpale III.

Andere sekundäre degenerative Veränderungen können ebenfalls vorhanden sein. Bei hochgradiger Erkrankung kann auch das Os tarsi centrale ähnlich betroffen sein.

Therapie. Bei einem Karpalknochenkollaps werden vor Entwicklung sekundärer Veränderungen durch eine manuelle Streckung der Gliedmaße unter Allgemeinnarkose und anschließender Fixierung mit einem Gips-, Fiberglas- oder Kunststoffverband gute Erfolge erzielt (Abb. 7.110). Der Verband wird alle 10 bis 14 Tage gewechselt. Nach einer Behandlungsperiode von drei bis vier Wochen kann eine ausreichende und symmetrische Ossifikation der Karpalknochen bei konsequenter Strekkung der Gliedmaße röntgenologisch nachgewiesen werden. Oftmals ist schon beim Verbandwechsel nach 10 bis 14 Tagen eine deutliche Besserung festzustellen (Abb. 7.111). Bei manchen Fohlen bleibt eine Lahmheit nach dieser Behandlung bestehen. In diesen Fällen ist eine Osteochondrosis dissecans an der Gelenkoberfläche der Karpalknochen hinzugekommen.[210] In frühen Stadien eines Tarsalknochenkollapses kann das Anlegen eines Gips-, Fiberglas- oder Kunststoffverbandes ebenfalls erfolgreich sein (Abb. 7.112). Degenerative Gelenkerkrankungen können sich langfristig entwickeln, aber durch eine Fusion der Tarsalknochen kann eine Heilung doch noch erreicht werden.

Kapitel 7: Erkrankungen der Gelenke 421

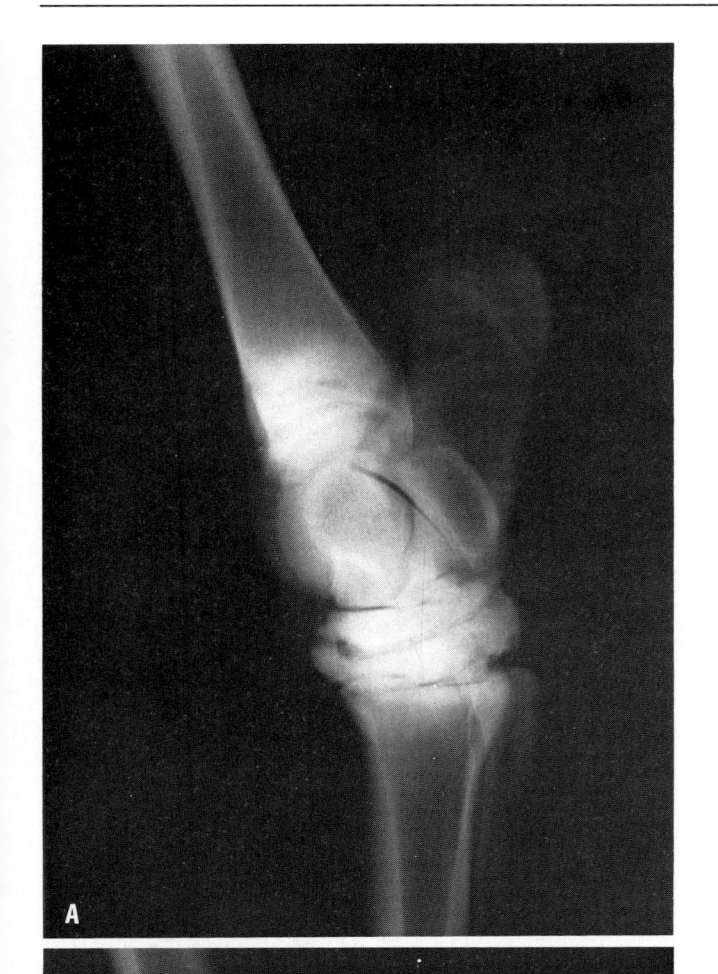

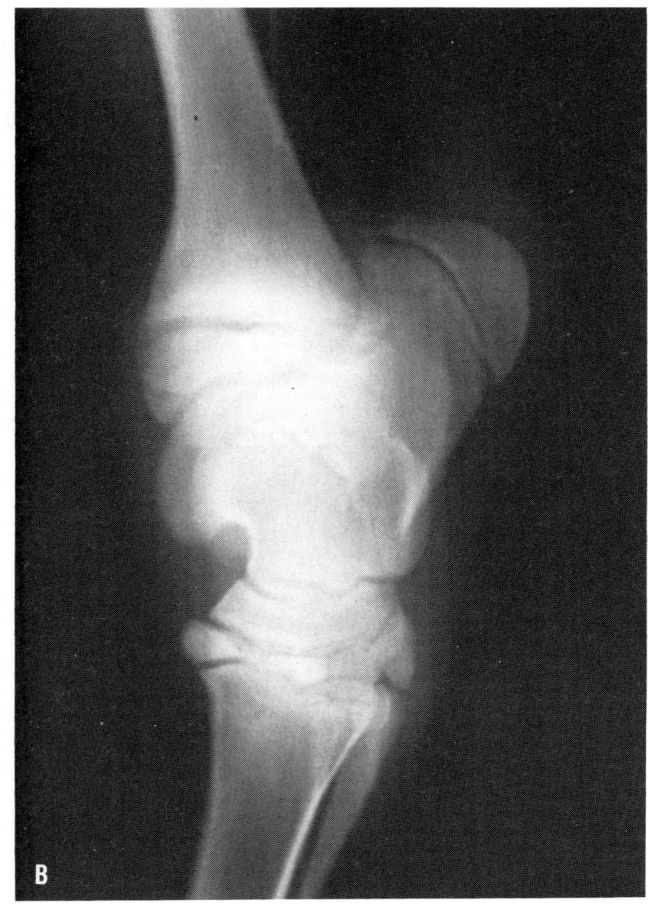

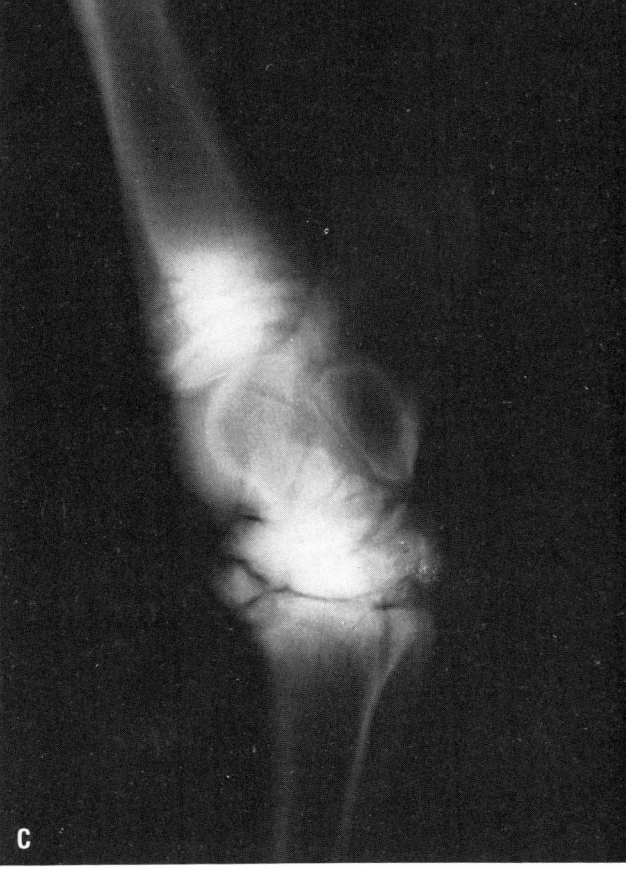

Auch eine unvollständige Ossifikation der Griffelbeinköpfchen (Basis der Ossa metacarpalia II und IV) ist beobachtet worden.[175] Bei all diesen Erkrankungen ist die Voraussetzung für eine erfolgreiche Therapie die Behandlung vor dem Entstehen ausgedehnter Schäden und Deformierungen der Knorpelfuge.

Abb. 7.109: Röntgenaufnahmen über die zunehmende Entwicklung eines Kollapses des Os tarsale III (**A**, **B** und **C**). In fortgeschrittenen Stadien kommt es zu einer Frakturierung des dorsalen Anteiles des Os tarsale III.

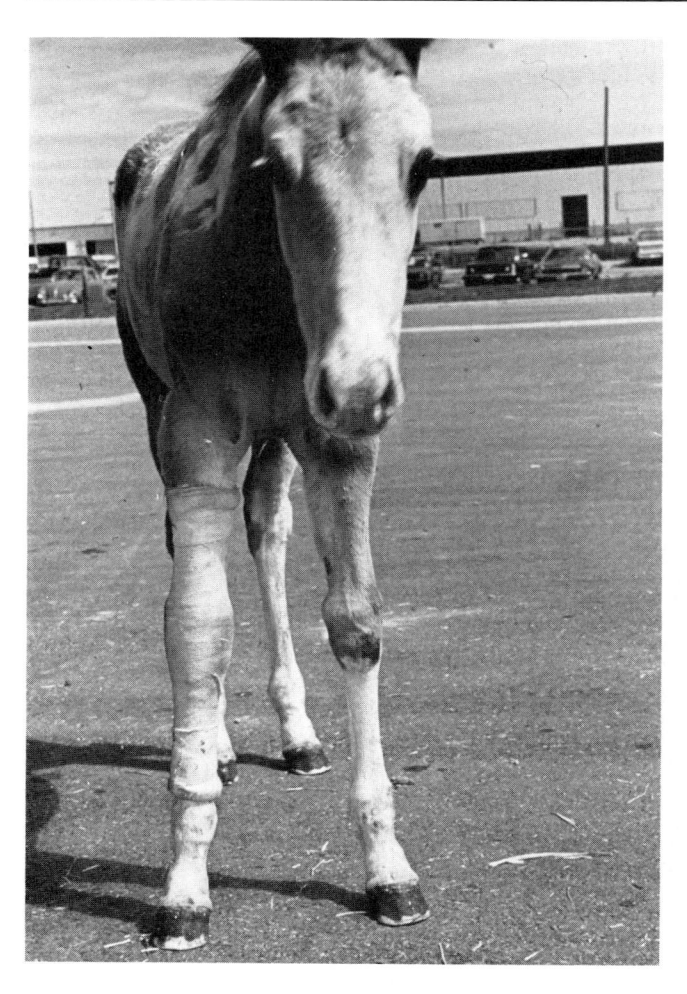

Abb. 7.110: Behandlung des in Abb. 7.107 A dargestellten Kollapses des Os carpi radiale mit einem fixierenden Verband.

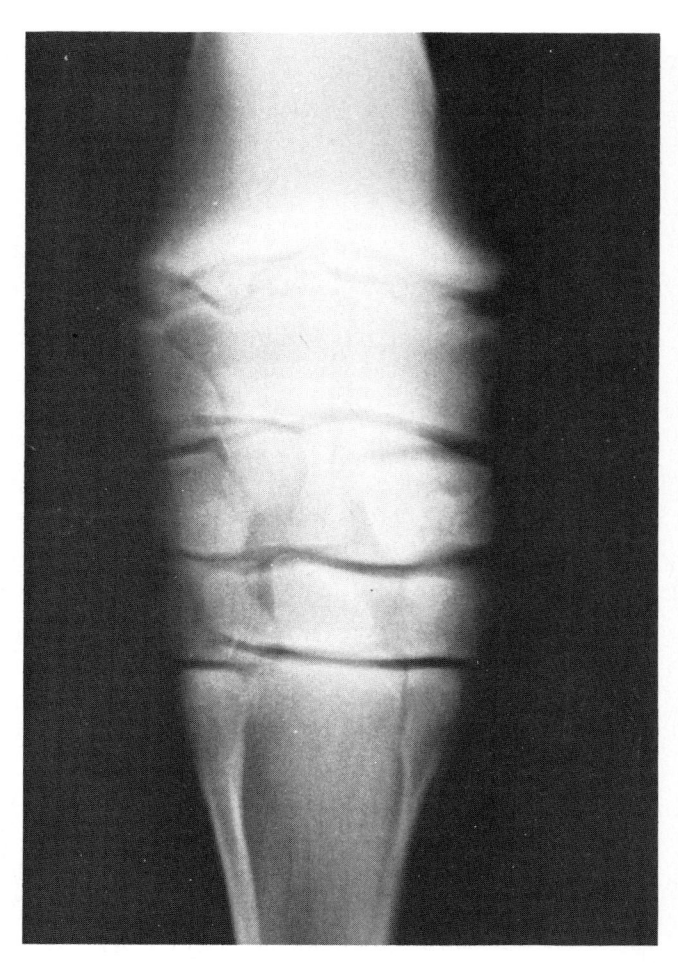

Abb. 7.111: Röntgenaufnahme, angefertigt zehn Tage nach dem Eingipsen des beschriebenen Kollapses des Os carpi radiale. Festzustellen ist die Verbesserung der Gestalt des Os carpi radiale und die Symmetrie der proximalen Karpalknochenreihe.

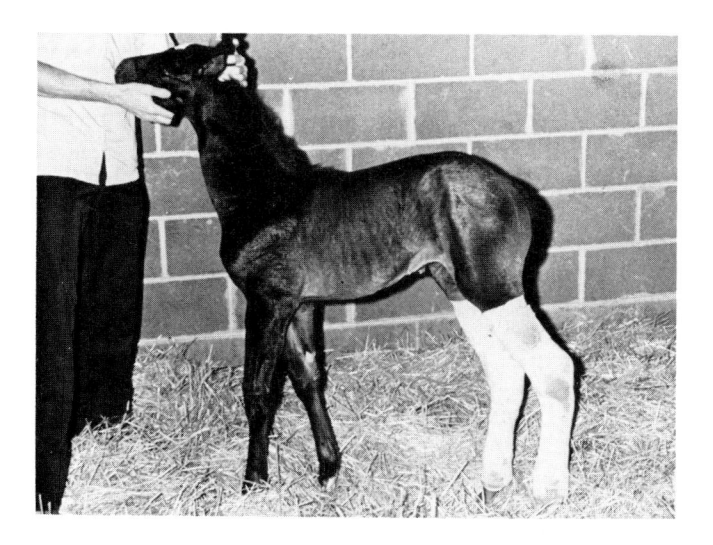

Abb. 7.112: Fixierende Verbände zur Behandlung eines Tarsalknochenkollapses.

Osteochondromatosis der Synovialmembran

Als Osteochondromatosis der Synovialmembran wird eine Erkrankung mit Bildung multipler chondraler oder osteochondraler Knötchen in der Synovialmembran bezeichnet.[239] Teile dieser Zubildungen können von der Synovialmembran abreißen, sie persistieren dann in der Gelenkhöhle und nehmen an Größe weiter zu.[44] Das Vorkommen dieser Erkrankung ist beim Pferd wegen der Schwierigkeit ihrer klinischen Abtrennung von intraartikulären Chip-Frakturen oder osteochondralen Fragmenten nicht geklärt.

Pathogenese. Die Läsionen entwickeln sich als Ergebnis proliferativer Veränderungen innerhalb der Synovialmembran. Die Knorpelkörper wiederum entstehen als Folge einer metaplastischen Umwandlung des synovialen Bindegewebes.[44] Die Ossifikation dieser chondralen Körper erfolgt in Verbindung mit der Invasion zahlreicher Blutgefäße. Die ätiologischen Faktoren sind unbekannt, es scheint sich jedoch eher um eine reaktive Antwort als um eine gutartige Neoplasie zu handeln.[239] Die Beobachtung sowohl sekundärer als auch primärer Erkrankungsformen unterstützt die Annahme, daß es sich um reaktive Veränderungen in der Synovialmembran handelt.[238]

Klinische Symptome und röntgenologisch darstellbare Veränderungen. Abhängig vom Grad der Ossifikation können die Gewebsmassen röntgenologisch dargestellt werden. Beim Pferd ist das schwierigste und wichtigste Problem die differentialdiagnostische Abgrenzung gegenüber Fragmenten und einer Osteochondrosis dissecans, was allein durch eine pathologische Untersuchung möglich ist.

Therapie. Die Behandlung beinhaltet die Entfernung der freien Gelenkkörper und die Synovektomie der betroffenen Synovialmembranbereiche.

Infektiöse Arthritiden

Bei der infektiösen oder septischen Arthritis handelt es sich um die Form einer Gelenkentzündung, die nach Eindringen von pathogenen Keimen ins Gelenk entsteht. Dabei ist es wenig sinnvoll, zwischen einer septischen (oder idiopathisch septischen) und einer infektiösen Arthritis in Abhängigkeit vom isolierten auslösenden Agens zu unterscheiden. Außerdem sollte bedacht werden, daß bei Fohlen septische Arthritiden gewöhnlich von septischen Osteomyelitiden begleitet werden, die wahrscheinlich in den meisten Fällen die Primärerkrankung darstellen.

Ätiologie. Über drei wichtige Infektionswege kann sich ein infiziertes Gelenk entwickeln:
1. hämatogene Infektion,
2. Trauma mit lokaler Infektionseinschleppung und
3. iatrogene Infektion, verbunden mit einer Gelenkpunktion, Gelenkinjektion oder Arthrotomie.

Zu 1. Hämatogen entstandene infektiöse Arthritiden werden vor allem bei jungen Fohlen gesehen. Die auslösenden Erreger sind meist *Actinobacillus* sp., *Escherichia coli*, *Streptococcus* sp. und *Salmonella* sp.;[226,345] daneben konnten auch *Corynebacterium equi*, *Staphylococcus aureus*, *Klebsiella* sp., *Bacteroides* sp. und *Pseudomonas* sp. aus infizierten Gelenken isoliert werden.[91,306,347] Außerdem wurde über eine Infektion mit *Erysipelothrix rhusiopathiae* beim Pferd berichtet.[298] Die Nabelinfektion ist die klassische Ätiologie dieser Erkrankung, sollte jedoch nicht als ausschließlicher Infektionsweg angesehen werden. Die Erkrankung kann mit einer Pneumonie, Enteritis oder jeder anderen systemischen Infektion einhergehen. Ferner kann eine intrauterine Übertragung auftreten. Häufig ist eine Osteomyelitis der benachbarten Epiphyse oder Metaphyse der örtlich begrenzte Primärherd.[90,91] Verschiedene Einflüsse können die Infektionsrate bei Fohlen erhöhen, als Beispiel sei die fehlende oder verminderte Übertragung von Immunglobulinen durch das Kolostrum der Mutterstute angeführt.[194] In England wurde ebenfalls eine Beziehung zwischen der verminderten Aufnahme von Kolostrum und septischen Arthritiden aufgezeigt.[306] Wahrscheinlich kann ein verminderter Säuregehalt im Magen des Neugeborenen Mikroorganismen schützen, die sonst gewöhnlich im tieferen Gastrointestinaltrakt zerstört werden, so daß eine systemische Invasion auftreten kann.[338]

Bei einer Nabelinfektion können die Bakterien durch die beiden Umbilikalarterien, die Umbilikalvene oder den Urachus in den Körper gelangen.[81]

Für die Polyarthritiden der Fohlen wurden überdies Mykoplasmen-[248] und Chlamydieninfektionen[191] verantwortlich gemacht.

Im Blutstrom befindliche Bakterien gelangen schneller in die Synovia als in die Spinalflüssigkeit, in das Kammerwasser des Auges oder in den Harn.[52] Anscheinend begünstigt die Struktur der Kapillarknäul in der Synovialmembran das Eindringen von Mikroorganismen.[258,338] Diese Faktoren fördern die Ausbildung einer Infektion innerhalb der Synovialmembran von Fohlen.

Zu 2. Das unmittelbare Trauma ist die wichtigste Ursache infektiöser Arthritiden bei älteren Pferden. Dabei ist das direkte Eindringen der Erreger in das Gelenk nicht notwendig. Die Gewebezerstörungen und -entzündungen im Gelenkbereich können bereits zum Einbruch der Mikroorganismen in das Gelenk und zur Ausbildung der infektiösen Arthritis führen. Hierfür ist das Ellbogengelenk ein gutes Beispiel. Durch das Fehlen von Muskulatur lateral des Gelenkes ist es wenig geschützt.[73] Die Gelenkkapsel ist anfällig direkt kranial des lateralen Seitenbandes und ebenso kaudal, wo sie sich unter die Köpfe des Musculus flexor carpi ulnaris schiebt. Aus diesem Grund müssen Wunden im Ellbogenbereich unbedingt sehr sorgfältig behandelt werden, auch wenn das Gelenk selbst nicht betroffen ist; anderenfalls kann eine infektiöse Arthritis entstehen.

Zu 3. Die intraartikuläre Kortikosteroidgabe ist wahrscheinlich die häufigste Ursache für eine iatrogene Gelenkinfektion, sie kann jedoch ebenfalls durch die Applikation von Lokalanästhetika oder anderen Medikamenten sowie durch chirurgische Eingriffe entstehen.

Die an traumatischen oder iatrogenen Gelenkinfektionen beteiligten Bakterien variieren stark, es werden gramnegative und grampositive Bakterien gefunden. Infektionen mit *Pseudomonas*, *Proteus* oder *Staphylococcus* sind besonders gefährlich. Die Arthritis durch Staphylokokken scheint nach Kortikosteroidgabe vorzuherrschen.[166]

Pathogenese. Die Synovialmembran reagiert auf die eingedrungenen Mikroorganismen mit einer Entzündung, deren Intensität von dem Grad der Bakterienbesiedlung und ihrer anschließenden Vermehrung abhängt. Diese kann wiederum mit der Anzahl, dem Typ und der Virulenz der Organismen sowie dem Grad der Resistenz seitens des Patienten in Verbindung gebracht werden. Die Entzündung variiert von geringen Veränderungen mit zellulärer Infiltration bis zur Nekrose der Synovialmembran und der Entstehung einer ausgedehnten fibrinopurulenten Exsudation. Eine Thrombose der Synovialmembran sowie eine Nekrose und Pannusbildung führen zu einer ausgeprägten Funktionsstörung im Gelenk. Der Pannus entsteht durch reaktives, überschießendes Wachstum der Synovialmembran und besteht aus vaskularisiertem Granulationsgewebe.[126] Er kann eine direkte Zerstörung des Gelenkknorpels bewirken. Von gleicher oder noch größerer Bedeutung ist jedoch die Freisetzung von potentiell gelenkknorpelzerstörenden Enzymen.

Der Kollagenverlust ist die Voraussetzung für die sichtbare Knorpelzerstörung.[53,54] Eine Glykosaminoglykan- und Proteoglykanabnahme der Grundsubstanz gehen diesem Kollagenverlust voran. Diese Proteoglykanerschöpfung der Matrix ist fünf Tage nach einer experimentellen Arthritis signifikant.[56] Zu den zur Degeneration der Grundsubstanz befähigten Enzymen gehören lysosomale Enzyme, die aus neutrophilen Granulozyten, aus der Synovialmembran und aus dem geschädigten Knorpel freigesetzt werden. Plasmin und extrazelluläre proteolytische Enzyme der Mikroorganismen können dabei ebenfalls beteiligt sein.[56] Wie bei den degenerativen Gelenkerkrankungen bereits besprochen (siehe Seite 384), macht der Proteoglykanverlust den Knorpel für physikalische Traumen anfällig. Während der Knorpel nach einer Grundsubstanzabnahme grobsinnlich unverändert bleibt,[52] verliert er jedoch seine Festigkeit.[130] Dies ist mit einer Abnahme der Stützfunktion der Kollagenfasern verbunden. Der Kollagenverlust folgt der Grundsubstanzabnahme und ist im Experiment nach neun Tagen signifikant.[56] Anscheinend ist dieser Kollagenverlust mit einem mechanischen Verschleiß des anfälligen Kollagens verbunden, und die vermehrte Abnutzung, die in den Gelenkbereichen mit gegenseitigem Kontakt festgestellt wird, unterstützt diese Hypothese. Zusätzlich zu den beschriebenen Vorgängen wird sowohl von der entzündeten Synovialmembran[128] als auch von den neutrophilen Granulozyten[336] Kollagenase produziert. Die Anzahl dieser Enzyme ist bei septischen Arthritiden besonders hoch, und die Kollagenase kann das Kollagen des Knorpels direkt degenerieren. Kollagenase ist in der Lage, ausgedehnte Knorpelveränderungen schneller als andere Proteasen zu bewirken.[126,254] Bei diesen hochgradigen entzündlichen Prozessen werden auch Prostaglandine und Peroxidradikale gebildet. Deren Bedeutung für den Gelenkknorpelabbau ist im Abschnitt Pathogenese der degenerativen Gelenkerkrankungen (Osteoarthritiden) auf den Seiten 388 bis 391 beschrieben. Eine schnelle Lysis des subchondralen Knochens mit einem Stützverlust des Knorpels wird ebenfalls gewöhnlich bei Fohlen gefunden und entsteht wahrscheinlich durch die primäre Bakterienansammlung im subchondralen Knochen mit folgender Osteomyelitis und Infarzierung. Fibrinniederschläge bilden sich in entzündlichen, vor allem in septischen Exsudaten, und diese beeinträchtigen die Funktion der Synovialmembran sowie die Ernährung des Gelenkknorpels.[126] Die verschiedenen bei infektiösen Arthritiden an der Pathogenese der Knorpelzerstörung beteiligten Faktoren sind in Abbildung 7.113 dargestellt. Die Gelenkknorpelzerstörung kann äußerst schnell auftreten (Abb. 7.114).

Diagnose. Bei der hämatogenen Infektion der Fohlen manifestiert sich die Erkrankung gewöhnlich in mehreren großen Gelenken, dabei sind Sprunggelenk, Kniegelenk, Karpalgelenk und Fesselgelenk primär betroffen.[226,415] Neben den typischen lokalen Symptomen einer infektiösen Arthritis kann die Erkrankung auch von einer Osteomyelitis begleitet sein. In Europa wird das Arthritis/Osteomyelitis-Syndrom der Fohlen bei Anwesenheit einer serofibrinösen oder fibrinopurulenten Arthritis eines oder mehrerer Gelenke unterteilt in:

1. S-Typ – ohne makroskopische Anzeichen einer Osteomyelitis,
2. E-Typ – mit einer Osteomyelitis der Epiphyse der subchondralen Knochen-Knorpel-Verbindung und
3. P-Typ – mit einer der Dia- bzw. Epiphyse benachbarten Osteomyelitis.[90,91]

Die Knochenveränderungen bei einer Osteomyelitis werden röntgenologisch festgestellt. Die Anwesenheit einer Osteomyelitis ist typisch für eine Infektion mit *Salmonella* sp. Die Salmonelleninfektion der Fohlen neigt zu Aussiedlung in die Knorpelfugen und dehnt sich unter Sequesterbildung in die Epiphyse und Metaphyse aus.[251] Die Erkrankung wurde auch als Knocheninfektion ohne gleichzeitige Arthritis[251] sowie mit gleichzeitig bestehender infektiöser Arthritis[226] beschrieben. In einer Untersuchung in den USA zeigten 75 % von 23 Fohlen mit infektiösen Arthritiden eine begleitende Osteomyelitis, und aus 11 dieser Tiere konnten Salmonellen isoliert werden.[226] In einer anderen europäischen Untersuchung an 78 Fohlen zeigten über zwei Drittel der Tiere bei der Sektion eine septische Polyosteomyelitis neben einer septischen Polyarthritis.[91] Fohlen mit Polyarthritiden sollen sorgfältig auf Begleit-

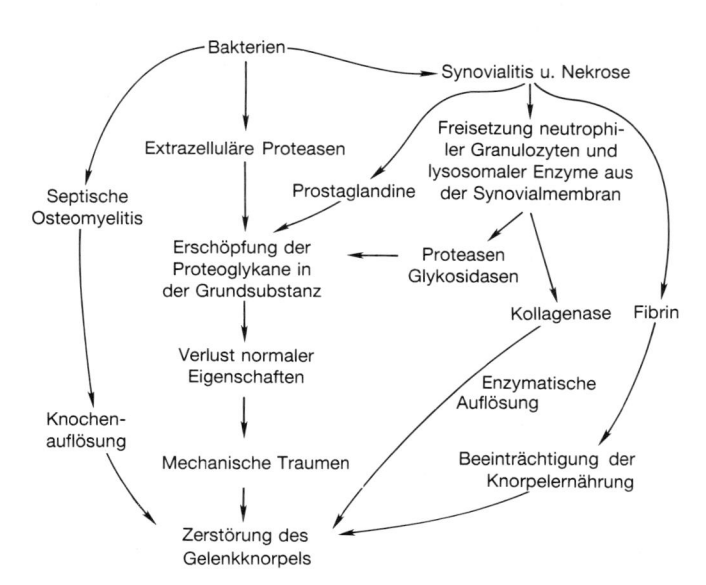

Abb. 7.113: Darstellung der möglichen Pathogenese der infektiösen Arthritis.

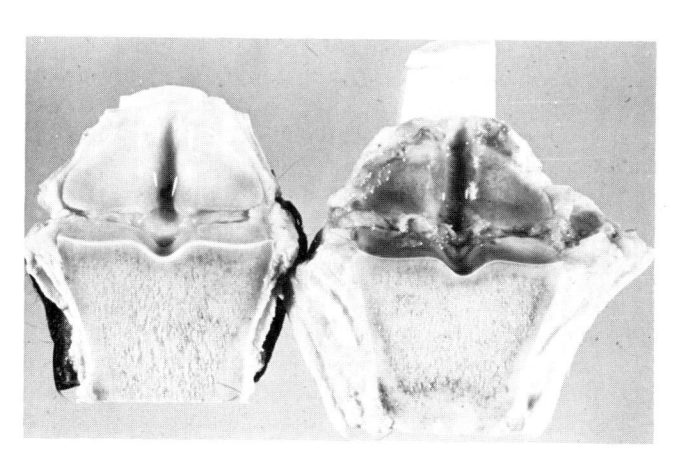

Abb. 7.114: Hochgradiger Gelenkknorpelverlust im rechts abgebildeten Fesselgelenk bei einer infektiösen Arthritis, die auf keine Behandlung ansprach.

Kapitel 7: Erkrankungen der Gelenke 425

erkrankungen untersucht werden. Häufig werden die Fohlen wegen einer anderen systemischen Erkrankung vorgestellt, und die Arthritis wird zufällig diagnostiziert.

Zu den lokalen Symptomen einer septischen Arthritis gehört eine Lahmheit, die im Anfangsstadium noch geringgradig sein kann, normalerweise aber schnell in eine hochgradige Lahmheit ohne Belastung der Gliedmaße übergeht (Abb. 7.115). Das betroffene Gelenk zeigt eine Umfangsvermehrung und vermehrte Wärme (Abb. 7.115). Die Schwellung im Gelenkbereich entsteht sowohl durch eine periartikuläre Weichteilschwellung als auch durch einen Synovialerguß. Die periartikuläre Umfangsvermehrung reicht von einem Ödem und einer Entzündung im akuten Stadium bis zu einer Fibrose in der chronischen Phase und Knochenzubildungen im Endstadium. Geringgradiges Fieber kann bei älteren Pferden mit infektiösen Arthritiden auftreten. Fohlen mit Polyarthritiden neigen immer zu erhöhten Temperaturen.

Die klinischen Symptome können, abhängig vom vorliegenden Fall, variieren. Fohlen zeigen oftmals eine Ausdehnung der Gelenkkapsel, verbunden mit einem Synovialerguß und geringgradigen Weichteilschwellungen außerhalb der Gelenkkapsel. Traumatisch bedingte infektiöse Arthritiden der älteren Pferde sind mit einer diffuseren Weichteilschwellung verbunden. Manchmal werden die Pferde mit eröffnetem Gelenk vorgestellt (Abb. 7.116).

Röntgenaufnahmen bringen oft auch im akuten Stadium zusätzliche Informationen.[32] Sie sollten sofort angefertigt werden, um traumatische Schäden des Knochens oder eine Osteomyelitis auszuschließen. Im Hufgelenk besteht häufig ein ausgedehnter Synovialerguß, der röntgenologisch anhand einer Vergrößerung des Gelenkspaltes festgestellt wird und der bei der Diagnosestellung hilfreich sein kann (Abb. 7.117). Röntgenologische Verlaufsuntersuchungen sind wichtig, um den Grad der Zerstörung einschätzen zu können. Lytische Prozesse im Knochen können sich äußerst schnell entwickeln.

Bei fortschreitender Erkrankung gehören zu den röntgenologisch darstellbaren Veränderungen periostale Proliferationen und eine durch die Knorpelzerstörung bedingte Einengung des Gelenkspaltes (Abb. 7.118). Öfter als eine diffuse Abnahme des Gelenkspaltes sind punktförmige Bereiche einer Lysis zu erkennen (Abb. 7.119). Mit weiterem Fortschreiten entsteht eine generalisierte Osteomyelitis im subchondralen Knochen, und es kommt mit Zerstörung des Knochens wieder zu einer Vergrößerung des Gelenkspaltes (Abb. 7.118). Die Kombination einer Osteomyelitis mit einer ausgedehnten periostalen Proliferation kann unter Umständen zu einer Ankylose führen (Abb. 7.120).

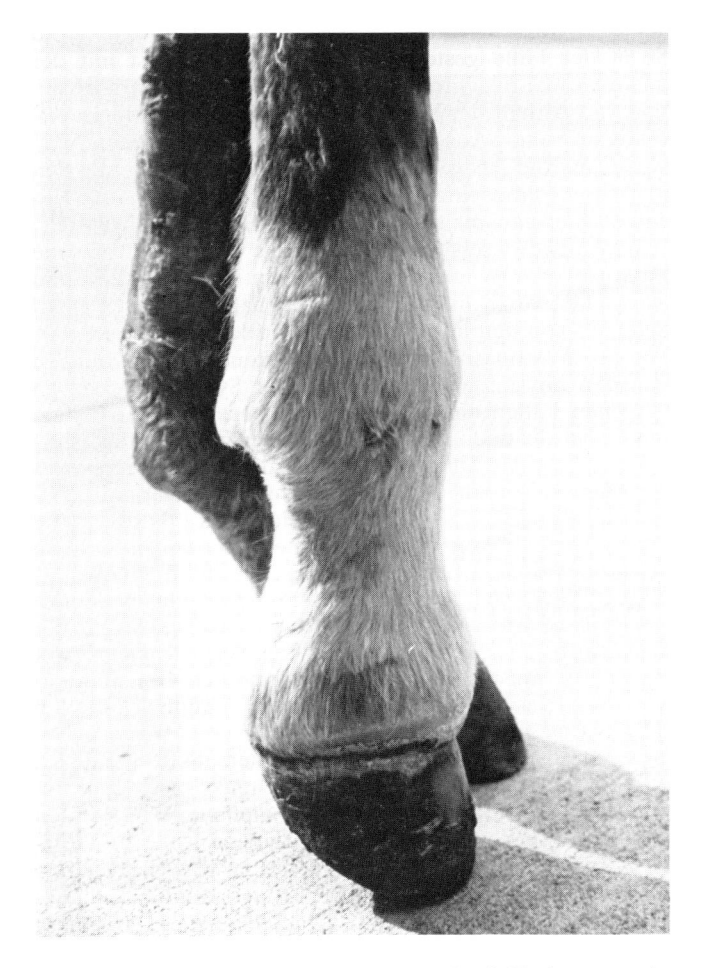

Abb. 7.115: Infektiöse Arthritis im Hufgelenk mit Umfangsvermehrung über dem Hufsaum, die Gliedmaße wird nicht mehr belastet.

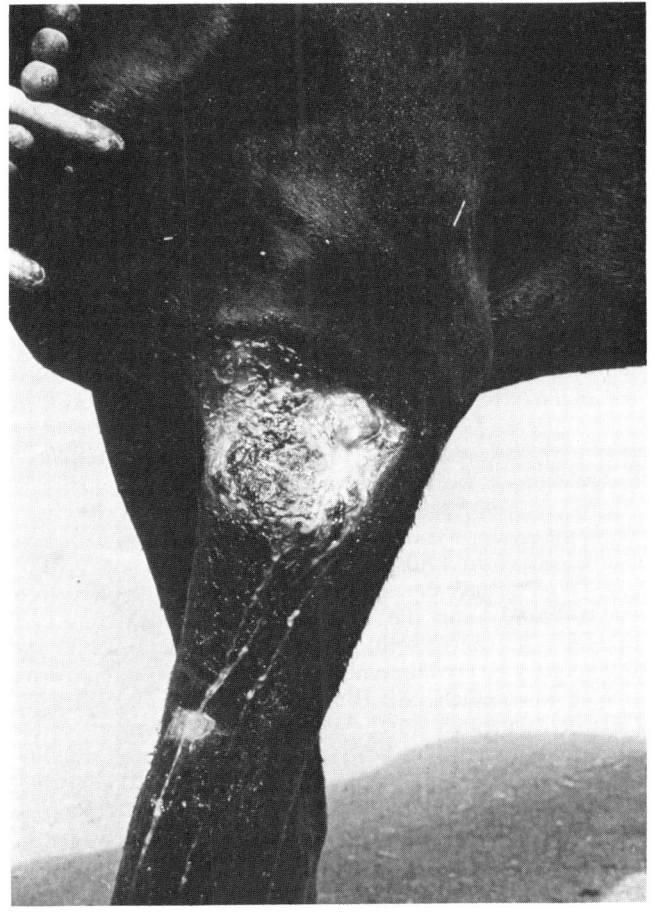

Abb. 7.116: Offene Ellbogengelenkverletzung bei einer septischen Arthritis, verbunden mit äußeren Weichteilbeschädigungen.

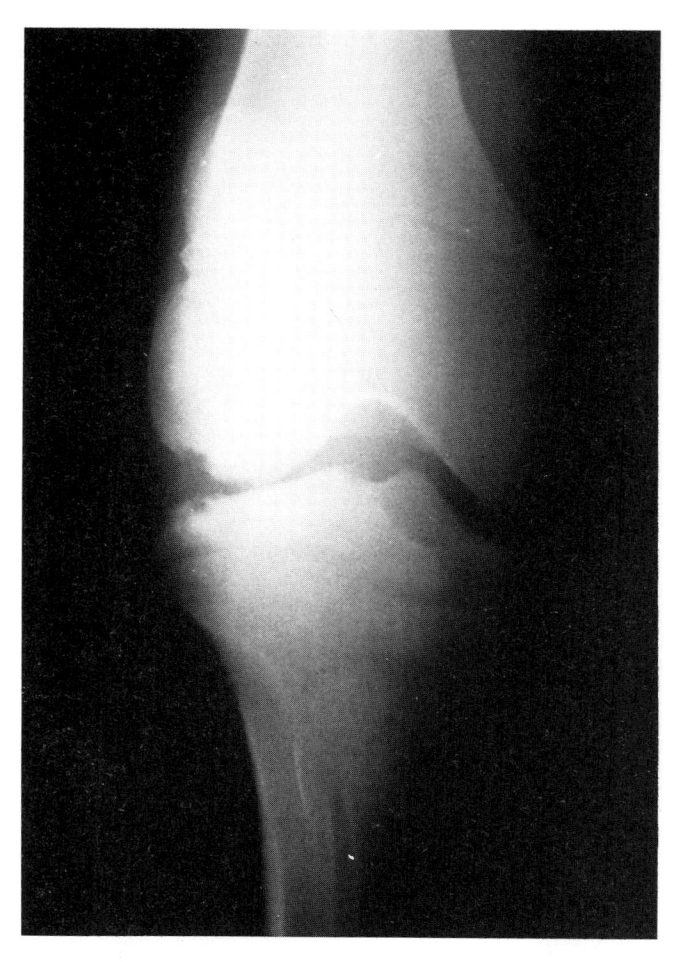

Abb. 7.119: Punktförmige Lysis im Bereich des Condylus ossis femoris und proximal an der Tibia im Kniegelenk bei infektiöser Arthritis.

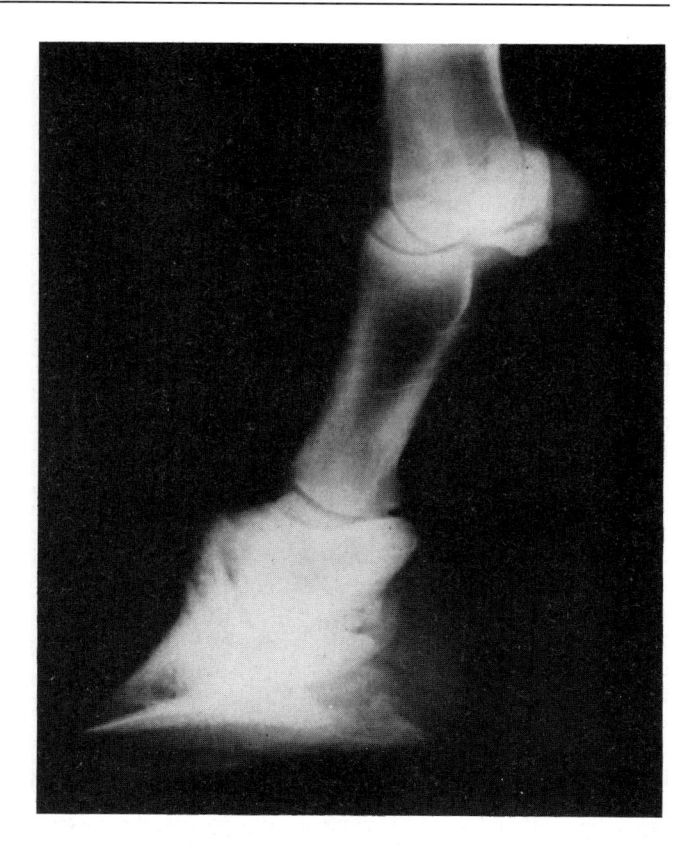

Abb. 7.120: Im Hufgelenk entstehende knöcherne Ankylose nach einer infektiösen Arthritis.

Bei Fohlen mit Polyarthritiden sollte immer die ausreichende passive Immunglobulinübertragung entweder durch den Zinksulfat-Trübungstest oder durch einen einfachen Radioimmunoassay (RIA) überprüft werden.[194]

Therapie und Prognose. Durch die Therapie der infektiösen Arthritis wird beabsichtigt,
1. die verursachenden Mikroorganismen zu beseitigen und
2. schädliche Enzyme und Eiweißmaterial, die beide den Gelenkknorpel schädigen können, zu entfernen.

Wirksame Breitspektrumantibiotika sollten vor Erhalt der mikrobiologischen Ergebnisse verabreicht werden, da eine Gelenkknorpelschädigung auch in äußerst kurzer Zeit auftreten kann. Dabei sind bakteriozide Substanzen vorzuziehen, und die Antibiotika sollten systemisch verabreicht werden. Hohe Konzentrationen von Penicillin, Ampicillin, Methicillin, Cephalothin, Kanamycin, Gentamycin und Karbenicillin waren nach systemischer Gabe im Gelenk beim Menschen[264,265] und beim Pferd[28,29,30,186,384,385] festzustellen. Es kommt bei pathologisch veränderten Gelenken zu einer verminderten Penetration der systemisch verabreichten Antibiotika, wahrscheinlich werden jedoch trotzdem therapeutisch wirksame Dosen erreicht.[28]

Aus diesem Grund erscheint die intraartikuläre Antibiotikagabe nicht notwendig und wegen der möglichen nachteiligen Auswirkungen auf die Synovialmembran vielleicht sogar nicht wünschenswert.[383] Die empfohlenen Antibiotika und ihre Dosierungen für die systemische Antibiose beinhalten:

Procainpenicillin 20 000 U/kg (zweimal täglich)
   (in Kombination mit Aminoglykosiden anwenden)
Natrium-Ampicillin 11 mg/kg (drei- bis viermal täglich)
Gentamycinsulfat 2,2 mg/kg (viermal täglich)
Kanamycinsulfat 5 mg/kg (dreimal täglich)
Trimethoprim/Sulfonamid 5 mg/kg Trimethoprim
   (zweimal täglich)

Die Behandlung muß oftmals über vier bis sechs Wochen durchgeführt werden. Nach Untersuchungen des Autors sollte zunächst Natrium-Ampicillin eingesetzt und bei nicht ausreichender Reaktion auf Aminoglykoside umgestellt werden. Dabei müssen Tierärzte wegen der Nephrotoxizität vorsichtig sein, Aminoglykoside bei Fohlen über längere Zeit anzuwenden. Es muß bedacht werden, daß Antibiotika in chronischen Fällen mit bereits bestehenden Fibrosen in der Synovialmembran weniger effektiv sind. Die intraartikuläre Antibiotikagabe ist lediglich in

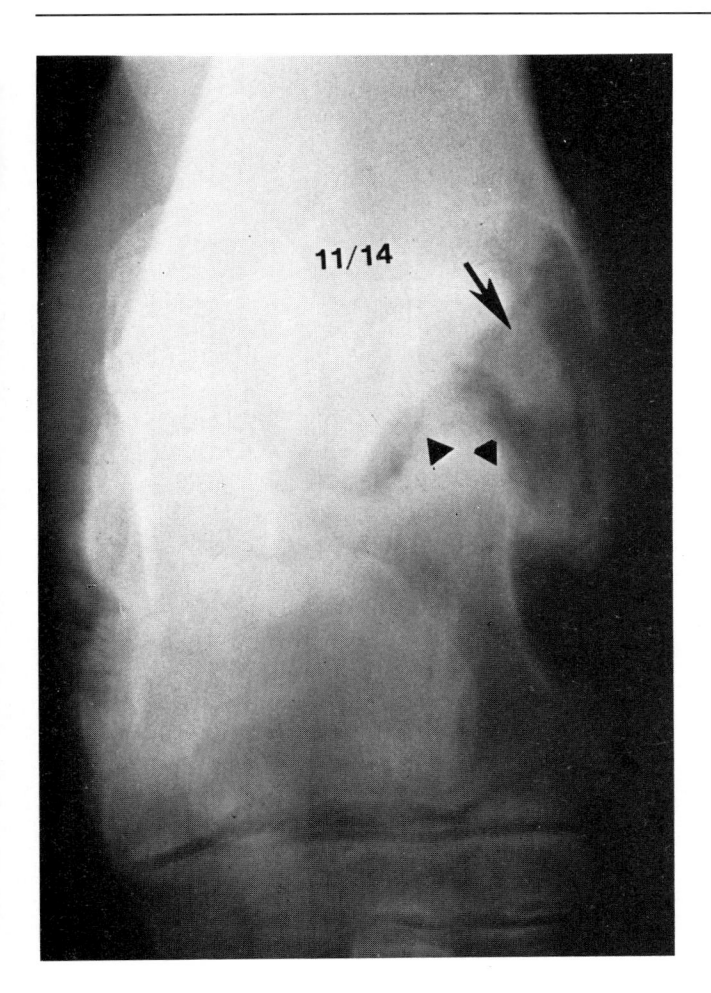

Abb. 7.121: Osteomyelitis mit Sequesterbildung im Bereich der distalen Epiphyse der Tibia, verbunden mit einer Salmonelleninfektion (Pfeile) (mit Genehmigung von Dr. T. S. STASHAK).

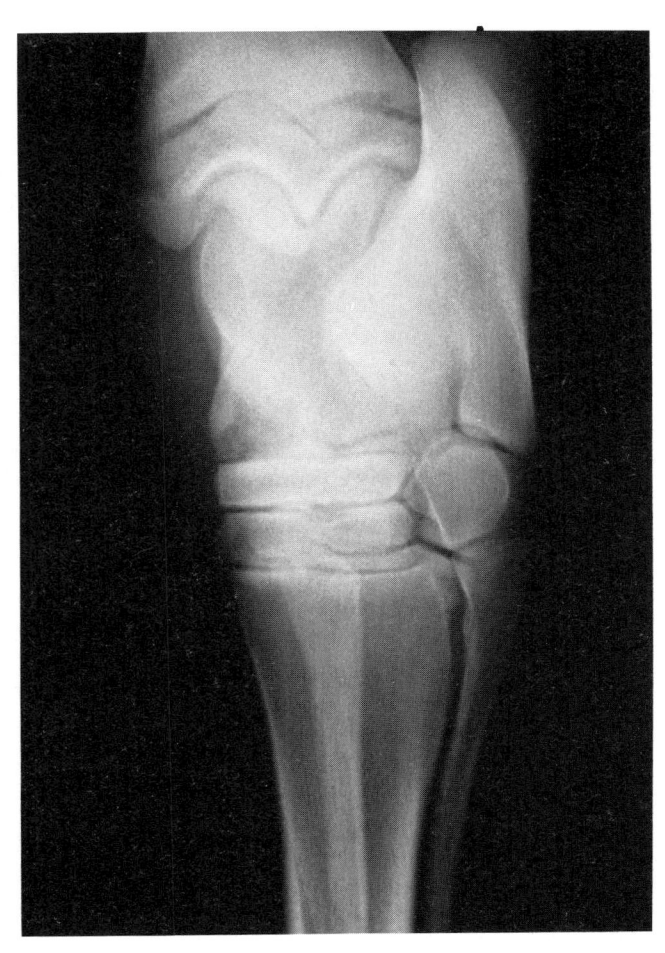

Abb. 7.122: Lokalisierter abszedierender Bereich dorsomedial im Talus bei einem Fohlen.

Spüllösungen zu empfehlen. Iatrogene Arthritiden (Staphylokokkeninfektionen) müssen unter Umständen mit Cephalosporinen behandelt werden.

Wenn ein Fohlen mit Polyarthritiden nicht sofort auf eine Antibiotikabehandlung anspricht, sollte der Nabel chirurgisch eröffnet und auf einen Abszeß untersucht werden, falls keine andere Infektionsquelle sichtbar ist.[81]

Zusätzlich zur Antibiotikatherapie kann eine Drainage und Gelenkspülung die Heilung unterstützen.[176,199] Die Anwesenheit eines eitrigen Synovialergusses verzögert durch Herabsetzung des bakteriellen Stoffwechsels die Wirkung vieler Antibiotika. Daneben kommt es bei einem septischen Erguß zu einer Abnahme des pH-Wertes, und die Wirkung der Aminoglykoside ist bei einem niedrigen pH-Wert deutlich herabgesetzt.[425] Die Hauptindikation für die Gelenkdrainage ist die Entfernung von knorpelschädigenden Substanzen.

Es gibt eine Vielzahl von Methoden der Gelenkdrainage (einschließlich der Drainage mittels Kanülen, der Spülung mit Zu- und Abfluß, der Spülung mit zeitweiser Gelenkausdehnung und der Arthrotomie). Die zu wählende Technik ist abhängig vom jeweiligen Fall sowie von der persönlichen Erfahrung des behandelnden Tierarztes. Verschiedene Verfahren wurden aus der humanmedizinischen Literatur übernommen, es sind jedoch noch Kontrolluntersuchungen beim Pferd wünschenswert, um einen entsprechenden Erfolg zu erzielen. Die in der Literatur beschriebenen Beispiele an Pferden basieren auf einer geringen Anzahl von Fällen mit verschiedenen angewandten Methoden. Nach Untersuchungen des Autors bestehen große Erfolgsunterschiede bei Verwendung der gleichen Technik bei unterschiedlichen Fällen.

Die intermittierende Drainage mittels Gelenkspülung durch eine Kanüle kann in frühen Stadien vor Auftreten intraartikulärer Fibrinniederschläge durchgeführt werden. Dazu wird eine große Kanüle oder ein Katheter verwendet. Die Ausdehnung des Gelenkes mit Flüssigkeit kann das Abreißen von Adhäsionen und die Entfernung lokaler Trümmer- und Exsudatansammlungen unterstützen. Die Gelenkspülung mit Zu- und Abfluß ist eine Alternative zur Spülung mit zeitweiser Gelenkausdehnung und wird durch Plazierung von zwei Kanülen oder Kathetern an gegenüberliegenden Gelenkseiten durchgeführt (Abb. 7.125). Die eine wird als Zufluß- und die andere als Abflußkanüle verwendet, und die periodische Ausdehnung wird durch Versperrung des Abflusses erreicht. Gepufferte polyionische Lösungen (z. B. Normosol) sind der Salzlösung vorzuziehen, obwohl auch die Verwendung von Salzlösungen noch einigermaßen befriedigend ist. Die gepufferte polyionische Lösung nähert den pH-Wert dem

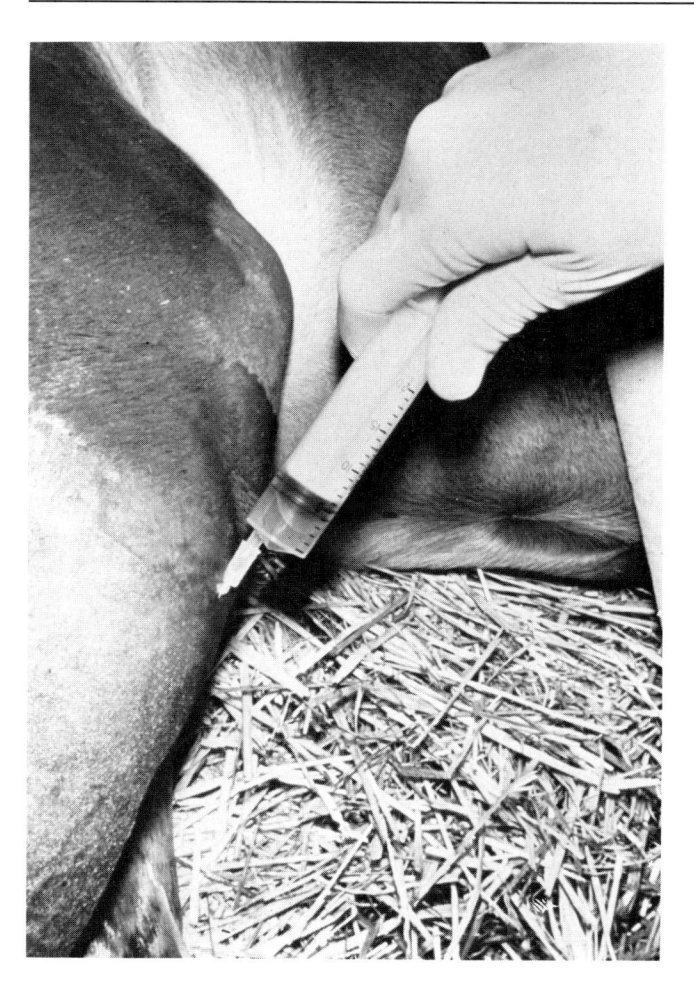

Abb. 7.123: Aspiration trüber Synovia bei einer infektiösen Arthritis.

Abb. 7.124: Typische wolkige, trübe Synovia bei einer infektiösen Arthritis.

einer normalen Synovialflüssigkeit. Aber auch Ringer-Laktatlösung (pH 6,7) oder physiologische Kochsalzlösung (pH 5,7) kann verwendet werden. In Spülflüssigkeiten sind antiseptische Lösungen meist nicht enthalten, da sie die Gefahr bergen, sowohl die Synovialmembran als auch den Gelenkknorpel zu schädigen.[84] Allerdings wird heute angenommen, daß eine 0,2%ige Polyvidon-Jod-Lösung (z. B. Jod-P.V.P.® Spray von Albrecht oder Braunol 2000®H Lösung von Braun, Melsungen) ohne Gelenkschädigung verwendet werden kann. Eine Allgemeinnarkose sollte zur Aufrechterhaltung einer aseptischen Technik und zur Herabsetzung iatrogener Knorpelschädigungen durchgeführt werden, letzteres gilt vor allem für die Spülung mit Zu- und Abfluß. Allerdings werden die Gelenkdrainage und -spülung mittels Kanülen oft am stehenden Pferd durchgeführt. Hierbei sollte in die erste Spüllösung Lidocain gegeben werden. Bei der Spülung mit Zu- und Abfluß werden 3 bis 6 Liter Lösung gebraucht. Besonders bei Fohlen sind die systemische Antibiotikagabe und die Entnahme von Synovialflüssigkeit in frühen Stadien äußerst nützlich. Wenn nach 24 bis 48 Stunden keine Reaktion eintritt, ist die Gelenkspülung angezeigt. Bei den Monoarthritiden der erwachsenen Pferde ist die Erkrankung meist schon weiter fortgeschritten, wenn das Pferd vorgestellt wird, und in diesen Fällen ist die Gelenkspülung oftmals unbedingt notwendig.

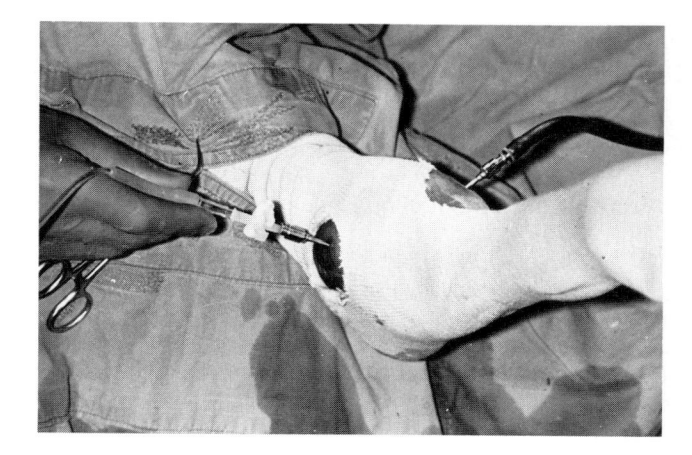

Abb. 7.125: Spülung des Unterschenkel-Hinterfußwurzelgelenkes mit Zu- und Abfluß bei einem Fohlen mit septischer Arthritis. Eine Spritze kann auf den linken Absperrhahn aufgesetzt werden, um eine Gelenkausdehnung zu erzielen.

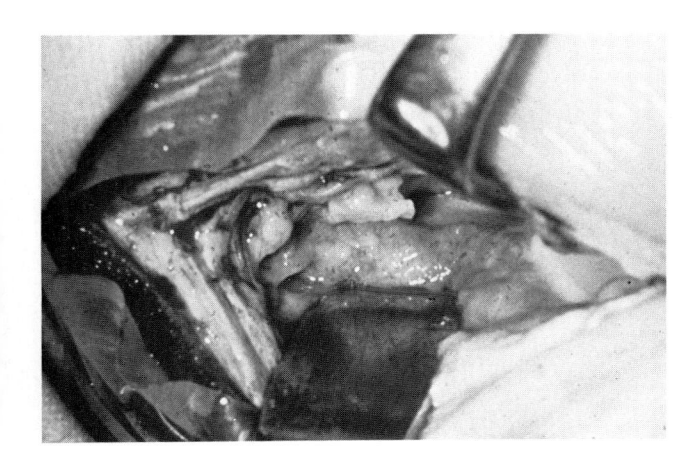

Abb. 7.126: Typisch verdickte Synovialmembran und fibröse Gelenkkapsel bei einer infektiösen Arthritis.

Wenn die Entzündung chronisch wird, verlieren die einfache Gelenkdrainage und -spülung mit zeitweiser Ausdehnung der Gelenkkapsel ihre Wirkung, da die Fibrinklümpchen zu groß oder zu weit organisiert sind, um noch aspiriert werden zu können. Dieser Zustand kann bereits nach einigen Tagen erreicht sein. In solchen Fällen ist die Arthrotomie und Wundtoilette im Gelenk angezeigt. Das Gelenk wird hierzu eröffnet, gespült, und die Fibrinklümpchen werden entfernt. Daneben sollte ein möglichst großer Teil der pathologisch veränderten Synovialmembran entfernt werden. Die Synovektomie wird im allgemeinen nicht vollständig durchzuführen sein. Eine totale Synovektomie ist äußerst schwierig, da chronisch erkrankte Gelenke eine ausgeprägte Verdickung der fibrösen Gelenkkapsel zeigen, und es müßten mehrere Arthrotomieinzisionen gesetzt werden, um die gesamte Synovialmembran entfernen zu können (Abb. 7.126). Nach der Wundtoilette eines infizierten Gelenkes kann für die postoperative Spülung eine Saugdrainage eingesetzt werden, die entweder aus einer einzelnen oder aus einer doppelten Vorrichtung mit einem Einfluß-/Ausflußsystem besteht.
Bei den vom Autor durchgeführten Behandlungen wird die Arthrotomiewunde nicht mehr verschlossen und keine Drainagen eingesetzt. Das Offenhalten der Arthrotomiewunde bietet den wirksamsten Abfluß, und bei geeigneter Behandlung heilt die Wunde ohne Komplikationen. Das Offenlassen des Gelenkes ist für den Gelenkknorpel nicht schädlich.[287] Obwohl der Vorteil der offenen Drainage gegenüber der intermittierenden Aspiration mittels Kanülen in Frage gestellt worden ist,[264] wird durch eine neuere Veröffentlichung über die septische Arthritis beim Menschen die Überlegenheit der Arthrotomie dokumentiert, die für einen optimalen Erfolg in einem sehr frühen Krankheitsstadium durchgeführt werden muß.[323] Jüngere klinische Versuche des Autors unterstreichen dies. Die frühzeitig durchgeführte Arthrotomie ist die wirkungsvollste chirurgische Methode bei der Behandlung der septischen Arthritis. Eine Zuflußdrainage wird eingesetzt, um die postoperative Spülung zu unterstützen (Abb. 7.127). An fünf Tagen nach der Operation wird eine Salzlösung zweimal pro Tag durch dieses System gespült.
Die Applikation von Natriumhyaluronat wurde ebenfalls als nützliche zusätzliche Behandlung bei septischen Arthritiden beschrieben.[107] Die Verwendung nichtsteroidaler Antiphlogistika, wie beispielsweise Phenylbutazon, kann angezeigt sein. Jedoch ist bei der Bewertung

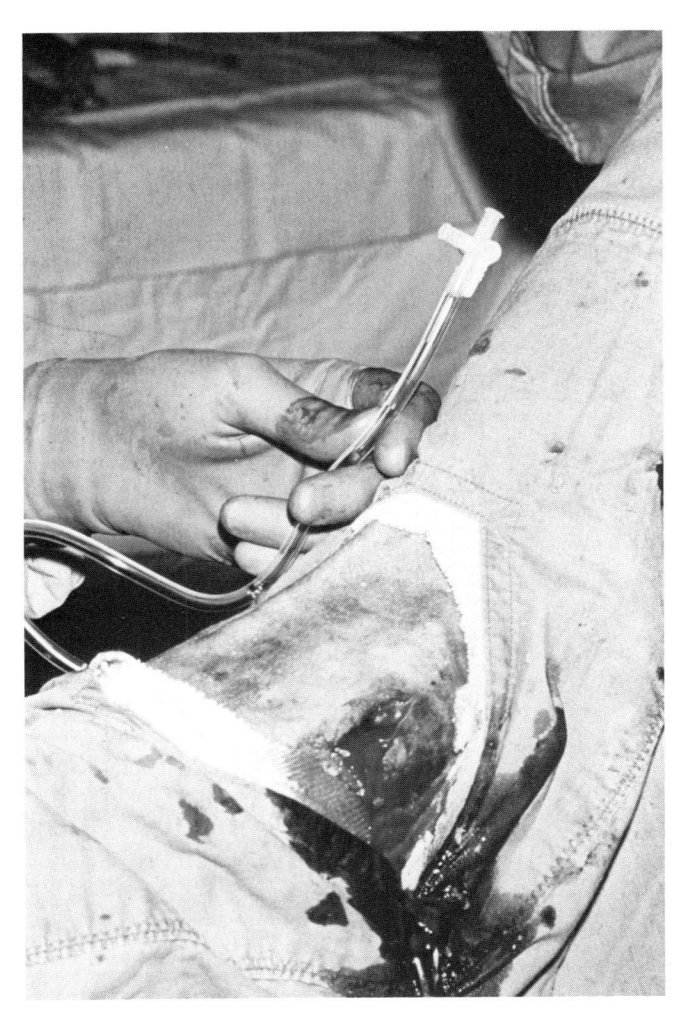

Abb. 7.127: Offene Arthrotomiewunde mit eingesetzter Zuflußdrainage zur Unterstützung der postoperativen Medikation.

eines Therapieerfolges Vorsicht geboten, wenn das Tier Phenylbutazon erhält. Im Gegensatz zur Meinung mancher Autoren kann Phenylbutazon die mit einer infektiösen Arthritis verbundenen Schmerzen verdecken.
Die Prognose ist bei einer infektiösen Arthritis niemals günstig, da es bei allen Formen zum Ausbleiben des Therapieerfolges kommen kann. Sogar bei einer frühzeitigen und korrekten Behandlung können noch Probleme entstehen. Im allgemeinen erscheint der Behandlungserfolg von Polyarthritiden bei neugeborenen Fohlen besser als bei adulten Pferden, aber er erreicht sicher nie 100 %. Junge Pferde besitzen eine höhere Heilungstendenz der Gelenke, wenn die Infektion behandelt wird. Teilweise wird ungeachtet aller Therapieanstrengungen, einschließlich Antibiotikagaben und Drainage, lediglich ein temporärer Erfolg, das heißt die Vermeidung eines Knorpeleinbruches, festzustellen sein. In einigen Fällen bleibt ein schleichender Abbau bestehen. Als mögliche Ursachen der fortgesetzten Knorpelschädigung werden folgende Faktoren angenommen:

1. die Unfähigkeit der verletzten Chondrozyten, die verminderte Matrix zu ersetzen,
2. der fortgesetzte entzündliche Prozeß, der sekundär durch die gewebefixierten bakteriellen Produkte entsteht und

432 Kapitel 7: Erkrankungen der Gelenke

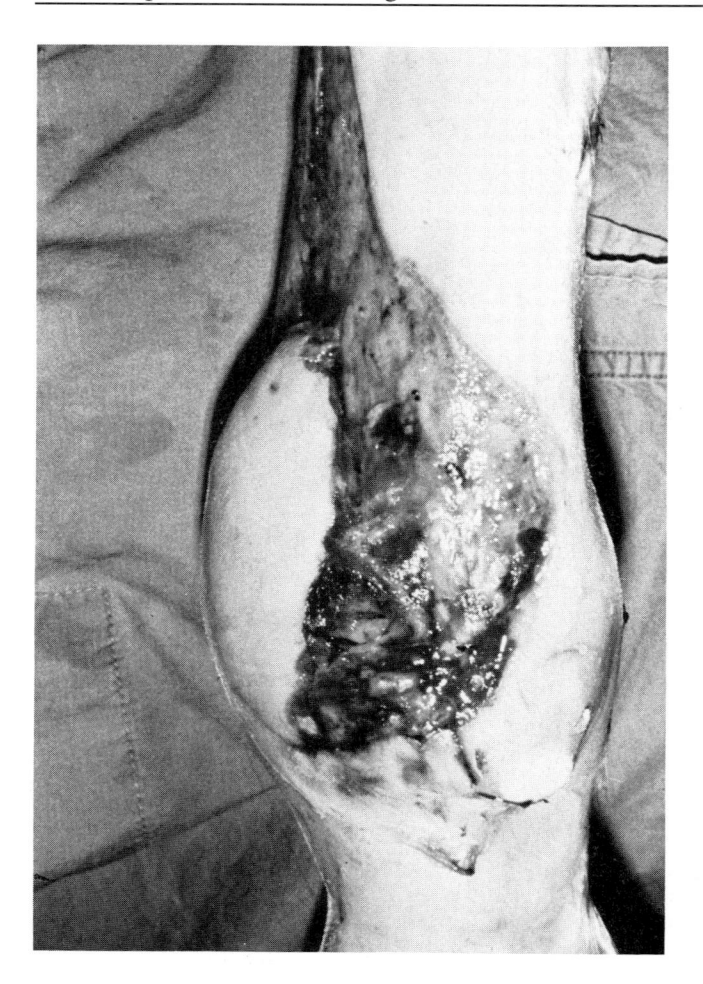

Abb. 7.128: Offene Wunde, die sowohl das Fesselgelenk als auch die gemeinsame digitale Sehnenscheide von oberflächlicher und tiefer Beugesehne beinhaltet, drei Tage nach der Verletzung. Gelenk und Sehnenscheide wurden nicht genäht.

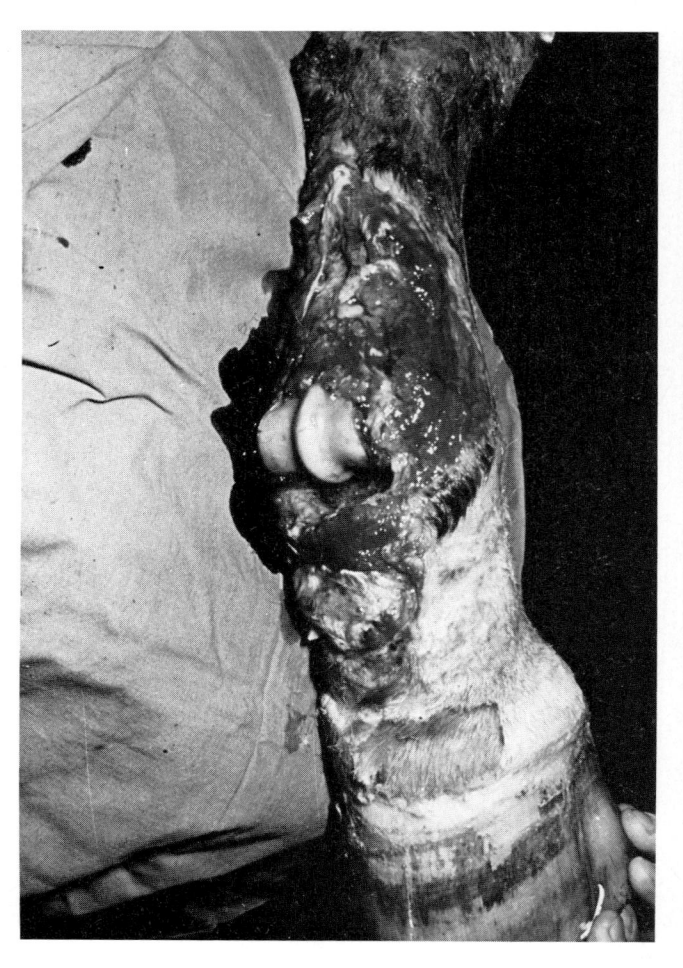

Abb. 7.129: Offene Gelenkverletzung über dem Fesselgelenk mit ausgedehntem Verlust von Gelenkgewebe.

3. eine immunologische Erkrankung des Gelenkknorpels, verursacht durch den septischen Prozeß.[51]

Wie bereits erwähnt, kann nach Ausheilung der Infektion noch ein Knorpelschaden sowie eine degenerative Gelenkerkrankung bestehenbleiben. Allerdings kann ein erwachsenes Pferd, das punktförmige Bereiche eines Knorpelverlustes aufweist, bei günstiger Genesung zur normalen Funktion zurückkehren, und der Tierarzt sollte hier mit der Euthanasieempfehlung zögern.

Eine ungünstige späte Komplikation, die nach anscheinend erfolgreicher Behandlung eines infizierten Gelenkes auftreten kann, stellt der plötzliche Rückfall einige Zeit nach dem ersten Auftreten der Erkrankung dar. In diesen Fällen entsteht das Problem unter Umständen durch eine Reinfektion aus einem sequestierten Bakterienknoten oder durch eine ungünstige Entwicklung degenerativer Gelenkerkrankungen mit plötzlicher Manifestierung. Die Situation ist entmutigend, und die einzige mögliche Vorbeugung ist die frühe und energische Behandlung der ursprünglichen Erkrankung.

Die Therapie der offenen Gelenkverletzung ist ein verwandtes Gebiet, das beachtet werden sollte. Wenn Pferde offene Gelenkverletzungen zeigen, müssen eine Wundtoilette und Drainage des Gelenkes zur Zeit der ersten Vorstellung erfolgen. Besteht kein ausgedehnter Gewebsverlust, wird eine Wundtoilette und Gelenksspülung durchgeführt. Das Gelenk sollte offen gelassen werden. Die Gelenkkapsel schließt sich spontan nach vier bis fünf Tagen, wenn keine größere Infektion vorliegt (Abb. 7.128). In Fällen mit ausgedehntem Gewebsverlust, wie bei Stacheldrahtverletzungen des Sprung- oder Karpalgelenkes sowie bei Fesselgelenkverletzungen mit gleichzeitiger Luxation (Abb. 7.129), wurde eine bemerkenswerte Heilung durch Granulation beobachtet, wenn die Infektion behandelt werden konnte. In Fällen, bei denen ein ausgedehnter Gewebsverlust besteht, ist die Immobilisierung durch Anlegen eines Gips-, Fiberglas- oder Kunststoffverbandes ein wichtiger Teil der Behandlung.

Eine abschließende Stellungnahme zur Behandlung der infektiösen Arthritis schließt die Nachsorge ein. Auch wenn die Erkrankung aufgrund fehlender Lahmheit und fehlender lokaler Symptome einer Gelenkentzündung anscheinend geheilt ist, sollte eine längere Ruhezeit eingehalten werden, bevor die Arbeit wieder aufgenommen wird. Dies ist wichtig, um eine vollständige Heilung des Weichteilgewebes zu ermöglichen und um eine Wiederherstellung der Grundsubstanzkomponenten (Glykosaminoglykane, Proteoglykane und Kollagen) des Gelenkknorpels auf frühere physiologische Werte zu ermöglichen.

Synovialhernie, Ganglion und Synovialfistel

Eine Synovialhernie ist eine zystische Struktur, die durch Vorfall der Synovialmembran durch einen Defekt in der fibrösen Gelenkkapsel oder der fibrösen Sehnenscheide entsteht. Ein Ganglion stellt eine zystische Umfangsvermehrung dar, die muzines Material enthält, jedoch keine besondere Auskleidung besitzt, und die in enger Verbindung mit einem Gelenk oder einer Sehnenscheide auftritt.[262] Im Gegensatz zu früheren Berichten[2,362] sollten die beiden Begriffe beim Pferd nicht synonym verwendet werden, da die Entstehung der zwei Erkrankungen wahrscheinlich verschieden ist. Die Tatsache, daß sich Ganglien durch Aussackung der Gelenkkapsel oder Sehnenscheide bilden, ist nicht allgemein anerkannt. Obwohl gewöhnlich eine Verbindung zwischen dem Ganglion und der Gelenkkapsel existiert, entsteht aufgrund pathologischer Untersuchungen der Eindruck, daß das Ganglion anfänglich nicht mit dem Gelenk verbunden ist und daß jede Verbindung sekundär durch Degeneration der Gelenkkapsel mit folgender Rupturierung auftritt. Ultrastrukturelle Untersuchungen konnten keine Beweise erbringen, daß die Synovialmembran in das Ganglion hineinzieht,[311] und eine sorgfältige Sektion konnte gleichermaßen keine Verbindungen mit dem Synovialspalt zeigen.[193] Einige Studien lassen annehmen, daß Ganglien aus multifunktionellen Mesenchymzellen entstehen. Ungeachtet der Unterschiede in der Pathogenese der beiden Erkrankungen, kann eine klinische Unterscheidung schwierig sein, da die entstandenen Ganglien mit der Gelenkkapsel kommunizieren können. Zur Differentialdiagnose wird die histologische Untersuchung der Strukturen auf die Anwesenheit von Synovialmembran benötigt. In der Pferdefachliteratur wurde in einem Bericht die Struktur sowohl als Ganglion als auch als Synovialhernie beschrieben, histopathologische Untersuchungen waren jedoch nicht durchgeführt worden.[362]

Eine Synovialfistel tritt als Verbindung zwischen zwei Synovialhöhlen auf und ist mit einem Zusammenbruch des Weichteilgewebes zwischen den benachbarten Synovialmembranen verbunden. Sie entsteht charakteristischerweise zwischen einem Gelenk und einer Sehnenscheide.[153,185] Die Synovialfistel besitzt wahrscheinlich eine traumatische Ursache, da sie beispielsweise im Zusammenhang mit Karpitiden und anderen entzündlichen Erkrankungen beobachtet wird. Synovialfisteln sind beschrieben worden zwischen der Sehnenscheide der gemeinsamen Strecksehne und dem Vorderfußwurzel-Mittelgelenk, zwischen der Sehnenscheide der gemeinsamen Strecksehne und dem Unterarm-Vorderfußwurzelgelenk[153] sowie der Sehnenscheide des Musculus extensor carpi radialis und dem Vorderfußwurzel-Mittelgelenk.[185] Sie wurden ebenfalls an der Beckengliedmaße unter der Sehne des Musculus extensor digitalis longus im Bereich des Krongelenkes beobachtet,[2] und sie können in Verbindung mit dem Kron- oder Hufgelenk auftreten. Ein Trauma wird als Pathogenese angenommen, ist jedoch nicht in allen Fällen geklärt.[185] Die Veränderungen kommen relativ selten vor.

Diagnose. Eine Synovialhernie oder ein Ganglion stellt sich als subkutane flüssigkeitsgefüllte Umfangsvermehrung dar (Abb. 7.130). Durch Druck auf die Schwellung

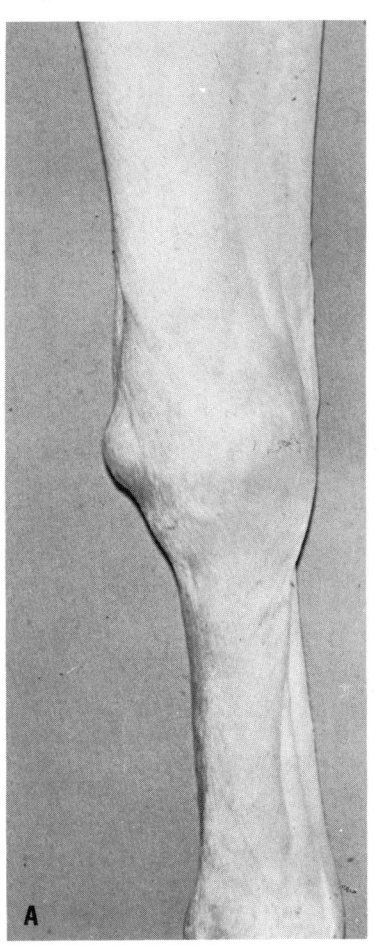

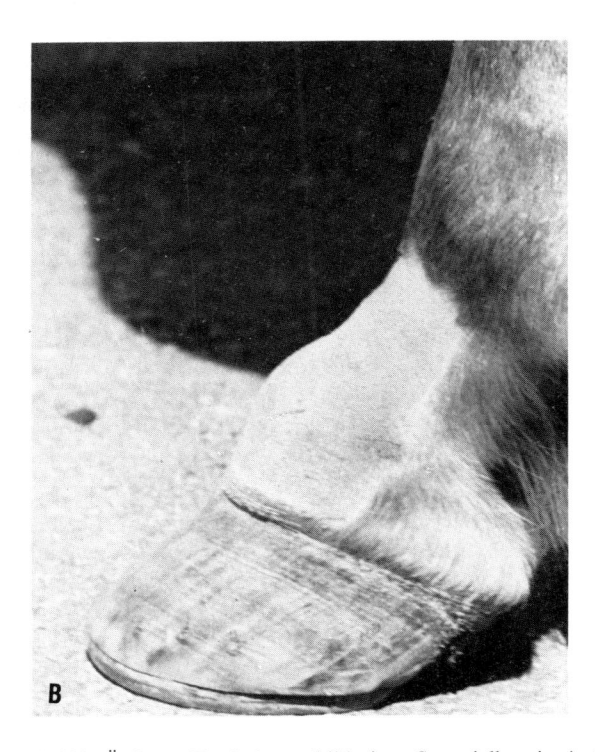

Abb. 7.130: Äußeres Erscheinungsbild einer Synovialhernie **A** des Vorderfußwurzel-Mittelgelenkes und **B** des Hufgelenkes.

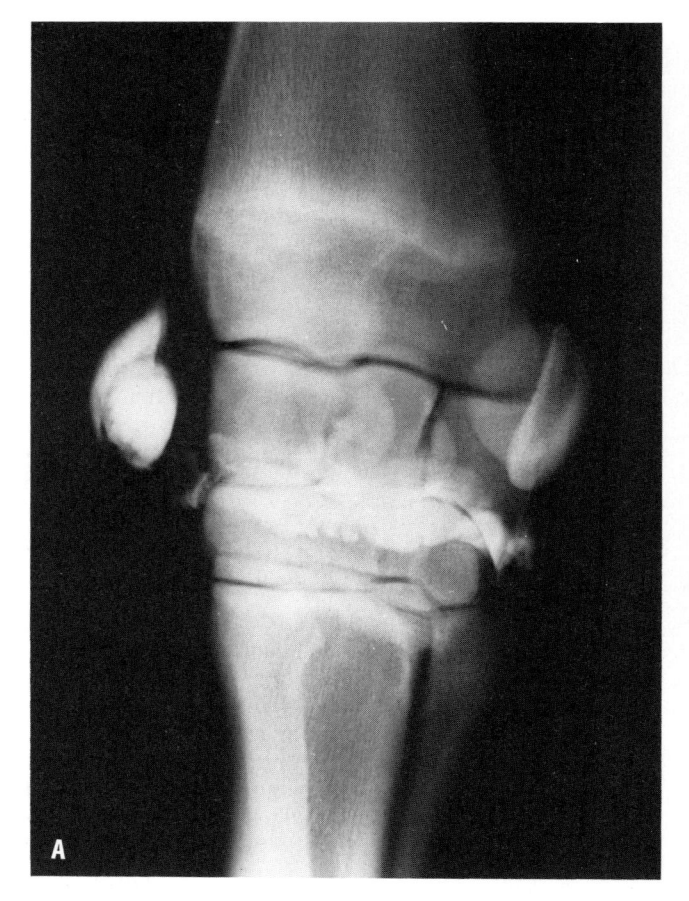

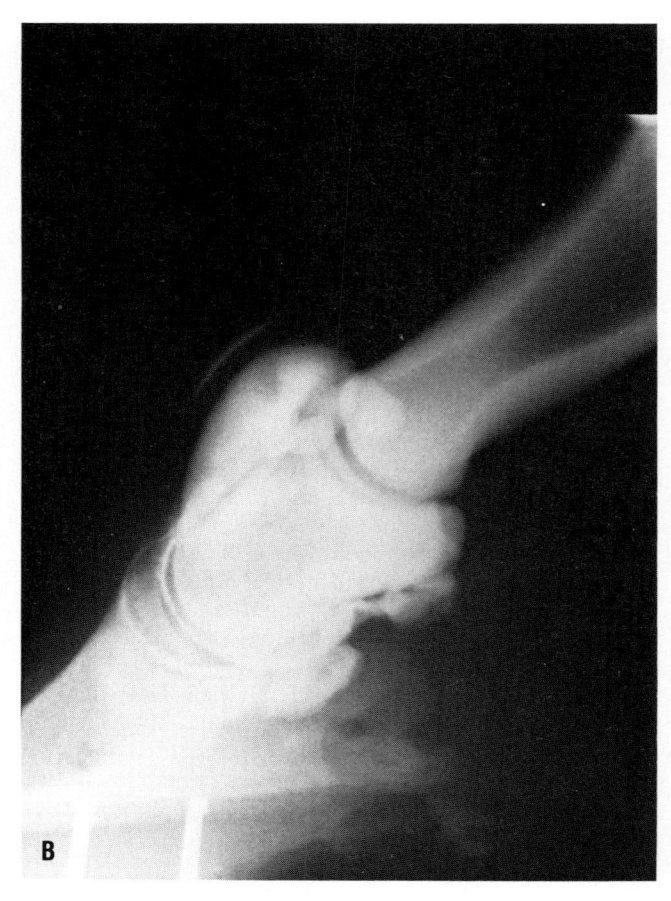

Abb. 7.131: Kontrastarthrographie der in Abbildung 7.127 dargestellten Synovialhernien. Das Kontrastmittel kann sowohl in der Hernie als auch im Gelenk beobachtet werden. **A** Vorderfußwurzel-Mittelgelenk; **B** Hufgelenk.

kann eine Bewegung der Flüssigkeit in das assoziierte Gelenk oder die Sehnenscheide bewirkt werden. Die Erkrankung wird mittels Kontrastarthrographie diagnostiziert (Abb. 7.131). Ganglien können an mehreren Lokalisationen gleichzeitig vorkommen, während eine Synovialhernie meist als alleiniger Defekt auftritt.

Die Synovialfistel zwischen einer Sehnenscheide und einem Gelenk zeigt sich typischerweise als erweiterte Sehnenscheide und ähnelt der Tendosynovitis. Gewöhnlich kann Synovialflüssigkeit zwischen der Sehnenscheide und dem Gelenk hin und her massiert werden. Wiederum sichert die Röntgenkontrastuntersuchung die Diagnose. Die Synovialhernie ist im allgemeinen ein kosmetisches Problem, während die Synovialfistel Lahmheit verursachen kann. Dabei ist nicht sicher, ob die Lahmheit mit der Tendosynovitis oder mit der Fistel vergesellschaftet ist.

Therapie. Der chirurgische Eingriff ist die Therapie der Wahl bei allen genannten Veränderungen (Abb. 7.132). Allerdings erfolgt der Eingriff in manchen Fällen, und hier vor allem bei der Synovialhernie, aus kosmetischen Gründen, und die Behandlung ist nicht der Mühe wert. Obwohl beim Menschen eine Vielzahl von Therapien bei Ganglien entwickelt wurde, verspricht die chirurgische Entfernung die niedrigste Rezidivrate.[262] Die chirurgische Behandlung einer Synovialhernie beinhaltet die vollständige Entfernung des Defektes und Naht der fibrösen Gelenkkapsel. Die Exzision einer Hernie ist unkompliziert, während beim Ganglion diffuses Gewebe und multiple Gewebestränge vorhanden sein können, wodurch die Entfernung schwieriger sein kann. Durch eine unvollständige Exzision der Veränderung kommt es zum Rezidiv.[362]

Die Behandlung einer Synovialfistel beinhaltet die Freilegung der Fistel, Entfernung der überzähligen Synovialmembran und Verschluß der fibrösen Gelenkkapsel und Sehnenscheide.

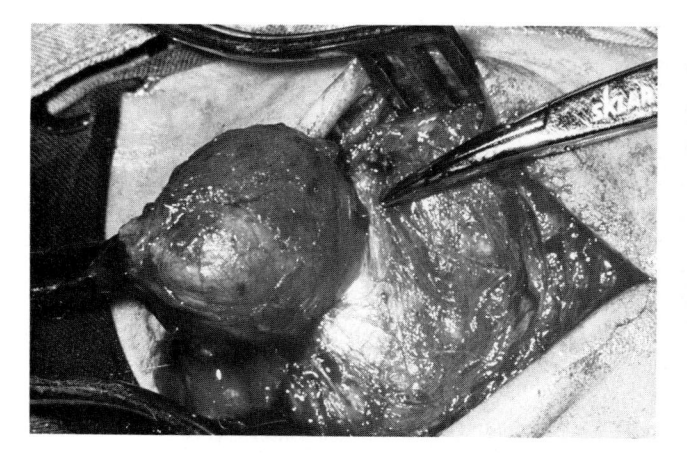

Abb. 7.132: Während der Operation freigelegte Synovialhernie des Vorderfußwurzel-Mittelgelenkes. Die Klemme zeigt den Defekt der fibrösen Gelenkkapsel, durch den die Synovialhernie vorgefallen ist.

Immunvermittelte Gelenkerkrankungen

Es existieren wenige Veröffentlichungen über immunvermittelte Gelenkerkrankungen beim Pferd. Die rheumatoide Arthritis ist beim Pferd anscheinend nicht beschrieben worden, jedoch sind weitere Untersuchungen auf Rheumafaktoren in Fällen von entzündlichen Arthritiden unbekannter Ursache notwendig, bevor eine exakte Aussage über das Auftreten dieser Erkrankung gemacht werden kann. Allgemein ist die Anwesenheit einer Polyarthritis mit klinischen Kriterien ähnlich einer rheumatoiden Arthritis, wie sie für den Menschen und den Hund beschrieben sind, noch nicht beobachtet worden.

Untersuchungen des Autors waren an der Diagnose des anscheinend ersten Falles einer Arthritis beteiligt, die beim Pferd mit einem systemischen Lupus erythematosus (SLE) verbunden war.[71] Bei dem Pferd handelte es sich um einen elf Jahre alten Quarter-Horse-Wallach, der kürzlich auf einer Auktion gekauft worden war. In allen vier Fesselgelenken konnten Synovialergüsse festgestellt werden, und in jedem Gelenk bestand ein geringer Beugeschmerz. Das rechte Karpalgelenk war ähnlich betroffen. Röntgenologisch konnten keine Veränderungen nachgewiesen werden. Bei der Analyse der Synovia wurden geringgradige entzündliche Veränderungen mit neutrophilen Granulozyten als vorherrschende Zellen gefunden. Die Diagnose erfolgte anhand eines positiven Titers von antinukleären Antikörpern (ANA), der zwischen 1:160 und 1:320 lag, sowie anhand eines Antikörpertiters gegen Desoxyribonukleinsäure („antidouble strand DNA titer") von 1:40, der mittels Crithidia Assay bestimmt wurde. Basierend auf Analysen von Kontrollproben, waren diese Verdünnungen ausreichend hoch, um die Diagnose systemischer Lupus erythematosus (SLE) zu stellen. Die Tests auf Rheumafaktoren verliefen negativ. Das Pferd wurde planmäßig mit abnehmenden Dosen von Prednisolon behandelt. Der systemische Lupus erythematosus ist eine multisystemische immunvermittelte Erkrankung, die theoretisch in jedem Organ des Körpers pathologische Veränderungen verursachen kann.[70] In den bei Menschen und Hunden beobachteten Fällen waren Gelenkveränderungen die am häufigsten auftretenden Symptome.[69] Eine unterschiedlich starke Lahmheit ist die häufigste Beschwerde beim Hund. Bei der Gelenkpunktion zeigt sich entsprechend eine nichtinfektiöse entzündliche Arthritis, und oftmals besteht ein ausgeprägter Anstieg der neutrophilen Granulozyten. Die meisten Patienten mit systemischem Lupus erythematosus besitzen einen hohen Titer von antinukleären Antikörpern (ANA). Derartige Titer werden selten bei anderen Erkrankungen gefunden.[361]

Die meisten Hunde mit systemischem Lupus erythematosus zeigen Polyarthritiden, die Erkrankung kann sich aber auch nur in einem oder in wenigen Gelenken manifestieren. Allgemein wird empfohlen, Pferde mit nichtseptischen entzündlichen Polyarthritiden auf antinukleäre Antikörper (ANA) und Rheumafaktoren zu untersuchen. Wenn die Erkrankung diagnostiziert wird, sollte zuerst mit Prednisolon behandelt werden, da es sich bei vielen anderen Tierarten als wirksamstes Medikament erwiesen hat. Eine frühe Diagnose verbessert die Prognose.

Wie bereits im Abschnitt über infektiöse Arthritiden (siehe Seite 423 bis 432) erwähnt, gibt es beim Pferd eine weitere klinische Situation, die als immunvermittelte Arthritis beschrieben werden kann. Eine Polyarthritis und Polytendovaginitis mit einem oftmals vorübergehenden Erguß sind bei Fohlen entweder nach einer Infektion der oberen Luftwege mit Streptokokken oder nach einer Lungeninfektion mit Corynebakterien beobachtet worden.[166] Die Lahmheit war gewöhnlich geringgradig. Bei der Analyse der Synovia wurden Leukozytenzahlen bis zu 10 000 pro mm^3 mit Anstieg der Monozyten und ein Eiweißgehalt von 3,4 bis 4 mg/dl gefunden. Bakterienkultivierungen verliefen routinemäßig negativ, und Mikroorganismen konnten bei der histopathologischen Untersuchung der Synovialmembran nicht gesehen werden. Es wurde angenommen, daß die Arthropathie dieser Fohlen immunvermittelt sein könnte und daß entweder Antikörper die Synovialmembran schädigen oder daß komplementbindende Antigen-Antikörper-Komplexe in der Synovialmembran lokalisiert sind. Als Ergebnis kommt es zu einer vorübergehenden Synovialitis. Verlaufsuntersuchungen sollten bei diesen Pferden durchgeführt werden. Die Möglichkeit, daß manche arthritischen Probleme bei Fohlen mit allergischen Reaktionen auf die Anwesenheit eines vom Gelenk entfernt lokalisierten Abszesses verbunden sein können, der nicht direkt mit der Infektion in Zusammenhang steht, ist bereits früher erwähnt worden (siehe Seite 426).[81] Ein gutes Beispiel für eine ähnliche Situation stellt das rheumatische Fieber des Menschen dar, eine Erkrankung hauptsächlich bei Kindern, der gewöhnlich eine durch Streptokokken hervorgerufene Pharyngitis vorangeht.[394] Klinische Erkrankungen des Herzens, der Gelenke oder des ZNS können sich aus der wahrscheinlich durch eine Streptokokkeninfektion ausgelösten autoimmunen Reaktion entwickeln.

Die nichterosive nichtinfektiöse Arthritis ist ebenfalls als wichtiges Symptom bei einer Vielzahl von chronischen systemischen Erkrankungen bei Hunden und Menschen beobachtet worden.[299] In einer Untersuchung an 63 Hunden mit nichterosiven nichtinfektiösen Arthritiden hatten 29 Tiere systemischen Lupus erythematosus, 15 zeigten eine Arthritis, die mit einem chronischen infektiösen Prozeß verbunden war (diese waren gewöhnlich monoartikulär oder in wenigen Gelenken vorkommend), und 19 besaßen eine ähnliche Form der Arthritis, jedoch ohne serologische Hinweise auf einen systemischen Lupus erythematosus oder andere chronische infektiöse Erkrankungsprozesse. Arthritiden, die mit chronischen Erkrankungen einhergehen, können möglicherweise auf einer Immunbasis entstehen. Dabei werden wahrscheinlich sekundär beim infektiösen Geschehen zirkulierende Immunkomplexe gebildet.[299]

Aufgrund der oben geführten Diskussion erscheint es wichtig, daß bezüglich der immunvermittelten Gelenkprobleme beim Pferd eine gewisse Flexibilität gewahrt wird. Anscheinend ist hier ein Präzedenzfall für das Auftreten dieser Erkrankung geschaffen worden, und weitere sorgfältige Untersuchungen derartiger Fälle sind notwendig, um die Häufigkeit richtig einzuschätzen.

Angeborene Gelenkmißbildungen

Angeborene Gelenkmißbildungen werden beim Pferd nicht oft gesehen, es sind jedoch verschiedene Formen beobachtet worden, die gelegentlich vorkommen können.

Arthrogrypose. Als Arthrogrypose wird eine Gliedmaßendeformierung bezeichnet, die durch eine Gliedmaßenverkrümmung, multiple Gelenkversteifungen und Muskeldysplasie charakterisiert ist.[156] Teilweise wurde behauptet, daß es sich vielleicht bei nur oberflächlicher Betrachtung um eine Erkrankung handelt, die jedoch pathologisch und pathogenetisch unterschiedlich ist.

Auf jeden Fall muß eine Muskeldysfunktion vorliegen, um die Kriterien für diese Krankheit zu erfüllen. In einigen Fällen kann die Skelettmuskulatur primär erkranken, aber in vielen, vielleicht sogar in den meisten Fällen liegt die Primärerkrankung im Bereich der Wirbelsäule oder des Rückenmarks, und die Muskelveränderungen entstehen sekundär durch die gestörte Innervation. Möglicherweise verursacht eine unausgeglichene Belastung der Gliedmaßenknochen die Arthrogrypose, und eventuell führt die anhaltende pathologische Verteilung von Druck und Immobilität zu Veränderungen der Gelenkkapsel und der Gelenkflächen, so daß eine Fixation sogar nach Trennung der Muskeln bestehenbleibt. In der tiermedizinischen Literatur wird die Anomalie eher als Erkrankung der Muskeln als der Gelenke eingestuft.[156]

In vielen veterinärmedizinischen Publikationen ist dem Zustand der Muskulatur wenig Beachtung geschenkt worden, und es ist in einigen Fällen schwierig zu entscheiden, ob eine echte Arthrogrypose vorlag. Außerdem wurde der Begriff von manchen Autoren verwendet, um Syndrome oder Entwicklungsstörungen zu beschreiben, bei denen eine Kontraktur oder Steifheit der Gelenke bestand. Aus diesem Grund müssen arthrogyposeähnliche Erkrankungen von der eigentlichen Erkrankung abgegrenzt werden. In der Humanmedizin stellt der klassische Begriff der Arthrogryposis multiplex congenita eine sehr spezielle klinische Erkrankung dar.[441] Es scheint eine Umweltkrankheit der frühen Trächtigkeit zu sein, die mit ungünstigen intrauterinen Faktoren verbunden ist, zu denen strukturelle Gebärmuttermißbildungen, vaskuläre Anormalitäten, Hormonimbalancen, erhöhter Druck und mögliche intrauterine Infektionen gehören. Es wird angenommen, daß ein unbekanntes äußeres Agens möglicherweise nur bis zu einem bestimmten Stadium in der frühen Trächtigkeit anwesend ist.[441]

Die Arthrogrypose ist beim Kalb hinreichend beschrieben worden und wurde hier mit hereditären Ursachen, Lupineningestion, Mangandefizit sowie viralen Infektionen in Verbindung gebracht.[131,260] Andere Zustände, wie eine Gaumenspalte, eine Skoliose oder eine Kyphose, begleiten die Erkrankung oft.

In einer Veröffentlichung über kongenitale Erkrankungen des Fohlens wird die Arthrogrypose nicht erwähnt.[144] Allerdings erscheint es bei einigen Krankheitsberichten gerechtfertigt, die beschriebene Erkrankung als arthrogryposeähnlich einzuordnen, obwohl Einzelheiten über Muskel- oder Nervenveränderungen nicht erwähnt wurden.[149] Beugeanomalien des Kron- und Hufgelenkes mit Ankylose wurden als angeborene Mißbildung bei 8 von 26 Fohlen von demselben Anglo-Araber-Hengst beschrieben.[310] Es bestand eine starre Kontraktur der beiden Zehengelenke einer oder beider Schultergliedmaßen. Die Fohlen waren nicht in der Lage zu stehen und mußten eingeschläfert werden. Über einen anderen Fall einer Gelenkankylose bei Fohlen von Stuten, die eine hybridisierte Sorghum-Art gefressen hatten, ist ebenfalls berichtet worden. Allerdings fehlen auch in diesem Fall Angaben zu pathologischen Einzelheiten.

Die kongenitalen Gelenkkontraktionen der Fohlen werden auch im Zusammenhang mit einem Syndrom gesehen, das bei abortierten Feten sowie bei Fohlen und Jährlingen auftritt und das durch eine bilaterale Beugemißbildung der Gliedmaßen, eine asymmetrische Ausbildung des Kopfes, Tortikollis und Skoliose charakterisiert wird.[342,344] Eine Hypoplasie und Mißbildung der Gelenke bestehen ebenfalls. Andere bei Fohlen beobachtete angeborene Beugemißbildungen (Sehnenkontrakturen) weisen üblicherweise keine Gelenkmißbildungen auf, obwohl in einer Veröffentlichung über eine Hypoplasie des distalen Gliedmaßenabschnittes im Fall einer unilateralen Beugemißbildung berichtet wird.[244]

Gelenkveränderungen sind mit Beugemißbildungen des Karpalgelenkes in Verbindung gebracht worden (dorsale Abweichung der Karpalgelenke).[2] Im allgemeinen ist das Gelenk steif, aber nicht deformiert. Diese Erkrankung sollte als arthrogryposeähnlich bezeichnet werden, jedoch nicht als echte Arthrogrypose eingestuft werden.

Laterale Luxation der Patella. Die Erkrankung ist gewöhnlich angeboren und kann unter Umständen mit einer Hypoplasie des lateralen Rollkammes des Os femoris vergesellschaftet sein. Der Begriff der ektopischen Patella wird verwendet, wenn keine Hypoplasie des Rollkammes besteht.

Die Fohlen werden in einer typischen Hockstellung mit extremer Beugung der Hüft-, Knie- und Sprunggelenke vorgestellt (Abb. 7.133). Die Patella befindet sich lateral. Die Erkrankung kann röntgenologisch diagnostiziert werden. Besteht eine Hypoplasie des Rollkammes, so muß die Prognose ungünstig gestellt werden. Die chirurgische Behandlung kann bei unilateralen Fällen versucht werden und beinhaltet die Durchtrennung des lateralen geraden Kniescheibenbandes sowie eine Naht in mehreren Schichten an der medialen Gelenkseite.[177] In bilateralen Fällen ist die Behandlung nicht zu empfehlen.

Fehlen der Patella (Agenesie der Patella). Über einen Fall dieser Erkrankung ist berichtet worden.[171]

Dorsale Fixation der Patella. Die Erkrankung wird an dieser Stelle erwähnt, da eine hereditäre Veranlagung angenommen wird und die Veränderung vor allem bei einer langen, geraden Gliedmaßenstellung auftritt (siehe auch Seite 737 bis 741).[2] Andere Faktoren sollen ebenfalls für die Erkrankung verantwortlich sein. Außerdem kann die dorsale Fixation der Patella auch sekundär nach Hüftgelenkluxationen gesehen werden.

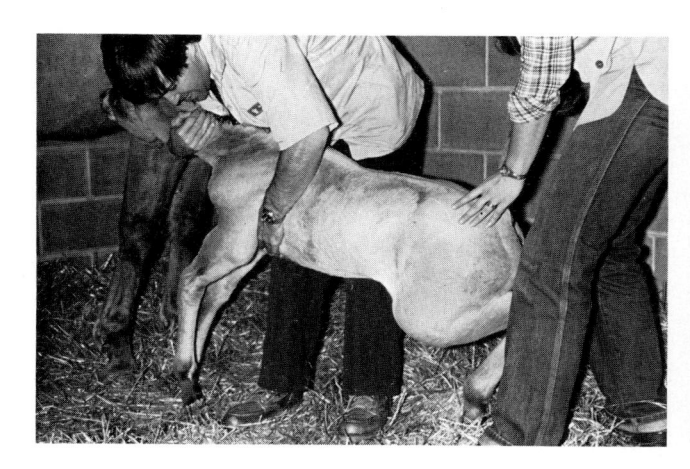

Abb. 7.133: Fohlen mit einer beidseitigen angeborenen lateralen Luxation der Patella. Das Fohlen war nicht in der Lage zu stehen.

Hüftgelenkdysplasie (siehe auch Seite 748 bis 750). Die Hüftgelenkdysplasie ist beim norwegischen Dole-Pferd genau definiert und beschrieben worden.[124] Einzelne Fallberichte gibt es auch über ein Shetlandpony-Fohlen,[219] ein Standardbred-Fohlen[155] und ein Andalusier-Araber-Mischlingsfohlen.[379] Das Shetlandpony-Fohlen zeigte eine Abflachung des Azetabulums, eine verminderte Femurhalswinkelung und sekundäre osteoarthritische Veränderungen. Diese osteoarthritischen Prozesse nahmen während röntgenologischer Verlaufsuntersuchungen an Intensität zu. Die Veränderungen beim Mischlingsfohlen waren durch eine Lockerung des Gelenkes und sekundäre degenerative Gelenkerkrankungen charakterisiert.[379] In der normalen Pferdepopulation scheint die Hüftgelenkdysplasie äußerst selten zu sein.

Zweigeteilte Gleichbeine und dreigeteilte Strahlbeine. ADAMS erwähnte eine Erkrankung, die sich als angeborene „Frakturen" darstellt, bilateral an den Gleichbeinen von Fohlen auftritt und verbunden ist mit vermehrter Wärme, Schwellung oder vorausgegangener Lahmheit.[2] ADAMS beschrieb die Erkrankung als angeborene Hemmungsmißbildung des Knochens und bezeichnete sie als zweigeteilte Sesambeine. Ein anderer Autor nahm an, daß die von ADAMS beobachteten Veränderungen möglicherweise traumatische Frakturen ohne Reaktion darstellten,[80] aber es gab keine ausreichenden Beweise für diese Hypothese. Nach Beobachtungen des Autors und einiger anderer Untersucher[86] gibt es auch beidseitig dreigeteilte Strahlbeine. Wegen des bilateralen Auftretens ist es unwahrscheinlich, daß es sich um eine erworbene Erkrankung handelt.

Tumoren

Mit Gelenken assoziierte Tumoren sind beim Pferd äußerst selten. Über ein Chondrosarkom im Fesselgelenk der Schultergliedmaße ist berichtet worden.[335] Der Fall wurde bei einer vier Jahre alten Araberstute beobachtet, die mit einer geringgradigen Lahmheit und einem geschwollenen Gelenk vorgestellt wurde. Es bestand eine Knochenresorption sowohl im distalen Ende des Röhrbeines als auch im proximalen Ende des Fesselbeines ohne Knochenproliferation. Pathohistologisch wurden in den Knochen eingedrungenes Gewebe sowie wenig tumoröses Gewebe gefunden, das entlang der Synovialmembran des Gelenkes selbst verteilt war. Der Ursprung des Tumors war unbekannt, es sollte jedoch bedacht werden, daß solche Tumoren im Weichteilgewebe sowie im Knorpel oder Knochen entstehen können. Der Gelenkknorpel erschien normal. Der Tumor war langsam wachsend, und Metastasen waren nicht ausgebildet.
In einem Fall ist über ein metastasierendes Melanom beim Pferd berichtet worden, das das Ellbogen- und Schultergelenk betraf.[117] Das Pferd besaß am ganzen Körper Melanome, wurde aber klinisch als Lahmheitspatient vorgestellt.
Der Autor konnte einen Fall beobachten, bei dem ein mit dem Kniescheibengelenk vergesellschaftetes Fibrom vorlag. Das Pferd wurde wegen einer harten, an Größe zunehmenden Umfangsvermehrung proximal (dorsal) der Patella innerhalb des Musculus quadriceps femoris vorgestellt. Bei der chirurgischen Entfernung des Fibroms zeigte sich eine Verbindung mit dem Kniescheibengelenk, und das distale Ende des Tumors mußte von der Gelenkkapsel entfernt werden (Abb. 7.134). Ein Hämatom der Synovialmembran im Fesselgelenk wurde ebenfalls gesehen. Es bestanden sowohl Lahmheit als auch eine lokale Umfangsvermehrung. Die Veränderung stellte sich als sphärische Masse im Fesselgelenk dar, und die Behandlung beinhaltete die Entfernung der Synovialmembran einschließlich des darin liegenden Tumors (Abb. 7.135).

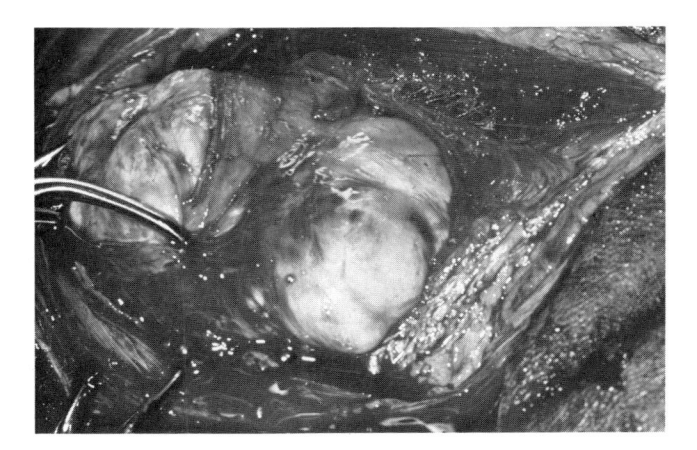

Abb. 7.134: Chirurgische Darstellung eines Fibroms, das mit der Gelenkkapsel des Kniescheibengelenkes verbunden ist.

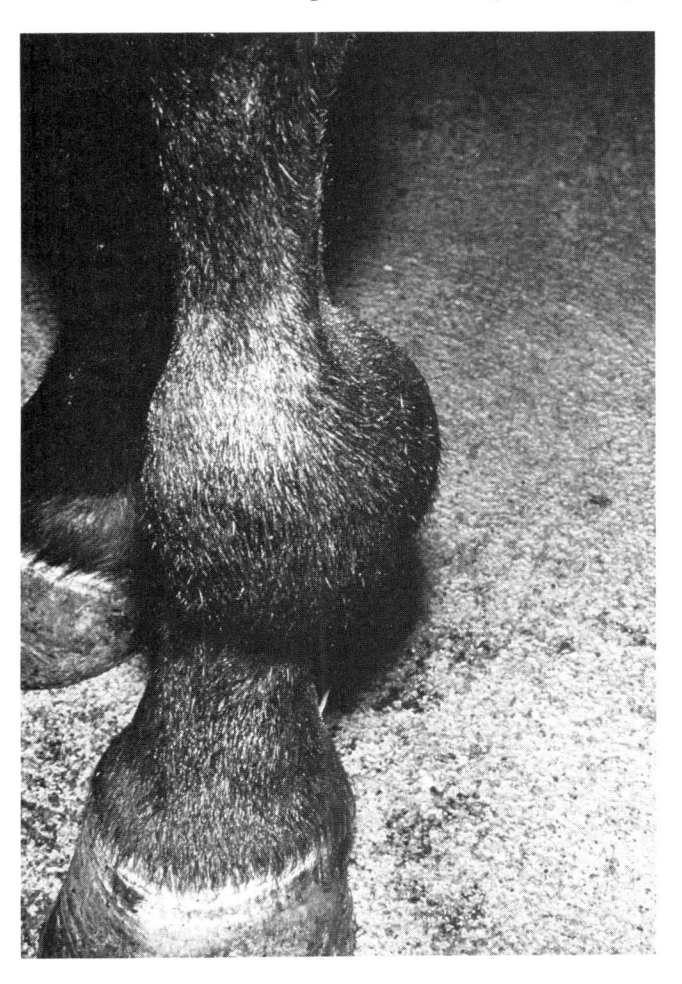

Abb. 7.135: Schwellung des Fesselgelenkes, verbunden mit einem Hämatom der Synovialmembran.

Eine andere Erkrankung, die als gelenkassoziierte tumoröse Entartung angesehen werden kann, ist die tumoröse Kalzinose (Calcinosis circumscripta s. localisata). Diese Veränderung findet sich gewöhnlich im Bereich des Kniekehlgelenkes und nur gelegentlich in anderen Gelenken. Bei der Erkrankung bilden sich eine oder mehrere feste, umschriebene, subkutane Umfangsvermehrungen. Ihre Lokalisation befindet sich typischerweise an der Lateralfläche des Unterschenkels in der Nähe des Kniekehlgelenkes.[68,114] Eine Lahmheit besteht im allgemeinen nicht. Auf einer Röntgenaufnahme mit kaudokranialem Strahlengang ist die Veränderung als deutlich abgekapselte Weichteilverschattung erkennbar, in der kleine, unregelmäßige, formvariable, stark verschattete Strukturen nachweisbar sind. Diese Veränderungen scheinen besonders unter der Aponeurose des Musculus biceps femoris und der Fascia lata bzw. Fascia cruris zu liegen.[68] Teilweise ist die Umfangsvermehrung deutlich abgegrenzt und problemlos aus dem umgebenden Gewebe zu exzidieren. Allerdings kann in anderen Fällen auch die Gelenkkapsel des Kniekehlgelenkes von den Veränderungen mitbetroffen sein, so daß es unumgänglich ist, für die Entfernung des verkalkten Gewebes das Gelenk zu eröffnen. Dieser chirurgische Eingriff kann nachteilige Folgen haben.[68] Aus diesem Grund sollte beim Fehlen von klinischen Symptomen eine konservative Behandlung vorgenommen werden. Die Ätiologie der tumorösen Kalzinose des Pferdes ist unbekannt.

Ausgewählte Literatur

1. ACKERMAN, N. R., et al.: Effects of naproxen on connective tissue changes in the adjuvant arthritic rat. Arthritis Rheum., **22:** 1365, 1979.
2. ADAMS, O. R.: Lameness in Horses. 3rd Ed. Philadelphia, Lea & Febiger, 1974.
3. AHLENGARD, S., et al.: Treatment of traumatic arthritis in the horse with intra-articular orgotein (Palosein®). Eq. Vet. J., **10:** 122, 1978.
4. ALI, S. Y.: Degradation of cartilage matrix by intracellular protease. Biochem. J., **93:** 611, 1964.
5. ANDERSON, L. B., et al.: Effect of salicylates on the surgical inducement of joint degeneration of rabbit knees. Proc. 23rd Annu. Meet. Orthop. Res. Soc., 1977, p. 82.
6. ASHEIM, A., and LINDBLAD, G.: Intra-articular treatment of arthritis in racehorses with sodium hyaluronate. Acta Vet. Scand., **17:** 379, 1976.
7. AUER, J. A.: Diseases of the carpus. Vet. Clin. North Am. (Large Anim. Pract.), **2:** 81, 1980.
8. AUER, J. A., and FACKELMAN, G. E.: Treatment of degenerative joint disease of the horse: A review and commentary. Vet. Surg., **10:** 80, 1981.
9. AUER, J. A., and MARTENS, R. J.: Angular limb deformities in young foals. Proc. 26th Annu. Meet. Am. Assoc. Equine Pract., 1981, pp. 81–96.
10. AUER, J. A., et al.: Effect of hyaluronic acid in naturally occurring and experimentally induced osteoarthritis. J. Am. Vet. Med. Assoc., **41:** 568, 1980.
11. BARBER, S. M.: Interphalangeal joint subluxation in horses. J. Am. Vet. Med. Assoc., **181:** 1468, 1982.
12. BARCLAY, W. P., WHITE, K. K., and WILLIAMS, A.: Equine villonodular synovitis: A case survey. Cornell Vet., **70:** 72, 1980.
13. BARNETT, C. H., DAVIES, D. H., and MacCONAILL, M. A.: Synovial joints: Their Structure and Mechanics. Springfield, Charles C. Thomas, 1961.
14. BAUM, J.: The present and potential role of dimethyl sulfoxide in connective tissue disorders. Ann. NY Acad. Sci., **243:** 391, 1975.
15. BECKMANN, R., and FLOHE, L.: The pathogenic role of superoxide radicals in inflammation: Efficacy of exogenous superoxide dismutase. Bull. Europ. Physiopathol. Respir., **17** (Suppl.): 1, 1981.
16. BEHRENS, F., SHEPARD, N., and MITCHELL, N.: Metabolic recovery of articular cartilage after intra-articular injections of glucocorticoid. J. Bone Joint Surg., **58 A:** 1157, 1976.
17. BENNETT, D., CAMPBELL, J. R., and RAWLINSON, J. R.: Coxofemoral luxation complicated by upward fixation of the patella in the pony. Eq. Vet. J., **9:** 192, 1977.
18. BIRKELAND, R., and HAAKENSTAD, L.: Intracapsular bony fragments of the distal tibia of the horse. J. Am. Vet. Med. Assoc., **152:** 1526, 1968.
19. BOLLET, A. J.: Stimulation of protein-chondroitin sulfate synthesis by normal and osteoarthritic articular cartilage. Arthritis Rheum., **11:** 663, 1968.
20. BOLLET, A. J.: Connective tissue polysaccharides and the pathogenesis of osteoarthritis. Adv. Intern. Med., **13:** 33, 1967.
21. BOLLET, A. J., and NANCE, J. L.: Biochemical findings in normal and osteoarthritic articular cartilage. II. Chondroitin sulfate concentration and chain length, water and ash content. J. Clin. Invest., **45:** 1170, 1966.
22. BOWMAN, K. F., and FACKELMAN, G. E.: Management of comminuted fractures in the horse. Comp. Cont. Ed., **2:** 98, 1980.
23. BRAMLAGE, L. R.: An initial report on a surgical technique for arthrodesis of the metacarpophalangeal joint in the horse. Proc. 27th Annu. Meet. Am. Assoc. Equine Pract., 1981, pp. 257–261.
24. BRAMLAGE, L. R.: Personal Communication, 1981.
25. BRANDT, K. D., PALMOSKI, M. J., and PERRICONE, E.: Aggregation of cartilage proteoglycans. II. Evidence for the presence of a hyaluronate-binding region on proteoglycans from osteoarthritic cartilage. Arthritis Rheum., **19:** 1308, 1976.
26. BROOKS, J. B., KOCH, D. B., and ALLEY, C. C.: Rapid differentiation between septic and traumatic types of arthritis in racehorses by frequency pulsed electron capture gas liquid chromatography. Unpublished data, 1979.
27. BROOM, N. D.: Abnormal softening in articular cartilage. Its relationship to the collagen framework. Arthritis Rheum., **25:** 1209, 1982.
28. BROWN, M. P.: Personal Communication, 1982.
29. BROWN, M. P., et al.: Kanamycin sulfate in the horse: Serum, synovial fluid, peritoneal fluid and urine concentrations after single-dose intramuscular administration. Am. J. Vet. Res., **42:** 1823, 1981.
30. BROWN, M. P., et al.: Oxytetracycline hydrochloride in the horse: Serum, synovial, peritoneal and urine concentrations after single-dose intravenous administration. J. Vet. Pharmacol. Ther., **4:** 7, 1981.
31. BULLOUGH, P. G.: The geometry of diarthrodal joints, its physiologic maintenance and the possible significance of age-related changes in geometry-to-load distribution and its development of osteoarthritis. Clin. Orthop., **156:** 61, 1981.
32. BUTT, W. P.: Radiology of the infected joint. Clin. Orthop., **96:** 136, 1973.
33. BYERS, P. D., CONTEPOMI, C. A., and FARKAS, T. A.: A postmortem study of the hip joint. Ann. Rheum. Dis., **29:** 15, 1970.

34. CALLENDER, G. R., and KELSER, R. A.: Degenerative arthritis. A comparison of the pathological changes in man and equines. Am. J. Pathol., **14:** 253, 1938.

35. CANNON, J.: Discussion following Dr. Swanstrom's paper. Proc. 24th Annu. Meet. Am. Assoc. Equine Pract., 1978, pp. 346–347.

36. CHRISMAN, O. D.: Biochemical aspects of degenerative joint disease. Clin. Orthop., **64:** 77, 1969.

37. CHRISMAN, O. D., FESSEL, J. M., and SOUTHWICK, W. O.: Experimental production of synovitis and marginal articular exostoses in the knee joints of dogs. Yale J. Biol. Med., **37:** 409, 1965.

38. CHURCHILL, E. A.: Lameness in the standardbred. *In* Care and Training of the Trotter and Pacer. Edited by J. C. Harrison. Columbus, Ohio, U. S. Trotting Association, 1968, pp. 795–873.

39. CHURCHILL, E. A.: Surgical removal of fracture fragments of the proximal sesamoid bone. J. Am. Vet. Med. Assoc., **128:** 581, 1956.

40. CLAPP, N. K., CARLSON, W. D., and MORGAN, J. P.: Radiation therapy for lamenesses in horses. J. Am. Vet. Med. Assoc., **143:** 277, 1963.

41. CLEVELAND, H. J.: Radiation-radon therapy. Proc. 22nd Annu. Meet. Am. Assoc. Equine Pract., 1976, pp. 253–255.

42. COCHRANE, W., DAVIES, D. V., and PALFREY, A. J.: Absorptive function of the synovial membrane. Ann. Rheum. Dis., **24:** 2, 1965.

43. COFFMAN, J. R., et al.: Orgotein in navicular disease: A double blind study. J. Am. Vet. Med. Assoc., **174:** 261, 1979.

44. COHEN, A. S.: Tumors of synovial joints, bursal, and tendon sheaths. *In* Arthritis and Allied Conditions. 8th Ed. Edited by J. L. Hollander. Philadelphia, Lea & Febiger, 1972, pp. 1374–1387.

45. COHEN, A. S.: Synovial fluid. *In* Laboratory Diagnostic Procedures in the Rheumatic Diseases. Edited by A. S. COHEN. Boston, Little Brown & Co., 1967, pp. 2–50.

46. COLLIER, R. D.: The intra-articular effects of hyaluronic acid and 6-methyl prednisolone 21-acetate on the healing of adult canine articular cartilage. M. S. Thesis, Purdue University, West Lafayette, IN, 1972.

47. COLLINS, D. H.: The Pathology of Articular and Spinal Diseases. London, Edward Arnold Co., 1949.

48. COVENTRY, M. B., and SCANLON, P. W.: The use of radiation to discourage ectopic bone. J. Bone Joint Surg., **63 A:** 201, 1981.

49. COVERY, F. R., AKESON, W. H., and KEOWN, G. H.: The repair of large osteochondral defects – an experimental study in horses. Clin. Orthop., **82:** 253, 1972.

50. CRACCHIOLO, A., KAR, N. C., and PERSON, C. M.: Hydrolytic enzyme content of synovium in osteoarthritis and rheumatoid arthritis. J. Bone Joint Surg., **65 A:** 852, 1974.

51. CURTISS, P. H.: The pathophysiology of joint infections. Clin. Orthop., **96:** 129, 1973.

52. CURTISS, P. H.: Changes produced in the synovial membrane and synovial fluid by disease. J. Bone Joint Surg., **46 A:** 873, 1964.

53. CURTISS, P. H., and KLEIN, L.: Destruction of articular cartilage in septic arthritis. II. In vivo studies. J. Bone Joint Surg., **47 A:** 1595, 1965.

54. CURTISS, P. H., and KLEIN, L.: Destruction of articular cartilage in septic arthritis. In vitro studies. J. Bone Joint Surg., **45 A:** 797, 1963.

55. CUSHING, L. S., et al.: Orgotein therapy for inflammation in horses. Mod. Vet. Pract., **54:** 17, 1973.

56. DANIEL, D., et al.: Lavage of septic joints in rabbits: effects of chondrolysis. J. Bone Joint Surg., **58 A:** 393, 1976.

57. DASHEFSKY, J. H.: Post-traumatic subarticular cyst of bone – a case report. J. Bone Joint Surg., **53 A:** 145, 1971.

58. DAVIES, D. V.: The lymphatics of the synovial membrane. J. Anat., **80:** 21, 1946.

59. DAVIS, W. H.: Boundary lubricating ability in synovial fluid in degenerative joint disease. Ph. D. Thesis, State University of New York, Stony Brook, NY, 1977.

60. DE BOWES, R. M., WAGNER, P. C., and GRANT, B. D.: Surgical approach to the equine scapulohumeral joint through a longitudinal infraspinatus tenotomy. Vet. Surg., **11:** 125, 1982.

61. DE BOWES, R. M., et al.: Fractured patella in a horse. Eq. Pract., **2:** 49, 1980.

62. DECKER, W. E., EDMONDSON, A. H., and HILL, H. E.: Local administration of orgotein in horses. Mod. Vet. Pract., **55:** 773, 1974.

63. DEE, R.: The innervation of joints. *In* The Joints and Synovial Fluid. Edited by. L. Sokoloff. New York, Academic Press, 1978, pp. 177–204.

64. DE GARA, P. F.: Studies on the bactericidal properties of the synovial fluid. J. Clin. Invest., **22:** 131, 1943.

65. DE MOOR, A., et al.: Osteochondritis dissecans of the tibiotarsal joint of the horse. Eq. Vet. J., **4:** 139, 1972.

66. DETTMER, N.: Betrachtungen zum Wirkungsmechanismus von Mukopolysaccharidschwefelsäureestern am arthrotischen Knorpel. Z. Rheumaforsch., **25:** 122, 1966.

67. DIXON, R. T.: Radiation therapy in horses. Aust. Vet. J., **43:** 508, 1967.

68. DODD, D. C., and RAKER, C. W.: Tumoral calcinosis (calcinosis circumscripta) in the horse. J. Am. Vet. Med. Assoc., **157:** 968, 1970.

69. DRAZNER, F. H.: Systemic lupus erythematosus in the dog. Comp. Cont. Ed., **2:** 243, 1980.

70. DUBOIS, E. L.: Lupus Erythematosis. 2nd Ed. Los Angeles, University of Southern California Press, 1976, pp. 90–108.

71. EALES, F. L., McILWRAITH, C. W., and SCHULTZ, R. D.: Unpublished data, 1980.

72. EASLEY, J. K., and SCHNEIDER, J. E.: Evaluation of a surgical technique for repair of equine accessory carpal bone fractures. J. Am. Vet. Med. Assoc., **178:** 219, 1981.

73. EDWARDS, G. B., and VAUGHAN, L. C.: Infective arthritis of the elbow joint in horses. Vet. Rec., **103:** 227, 1977.

74. EFSKIND, L.: Experimentelle Untersuchungen über die Anatomie und Physiologie der Gelenkkapsel. I. Die normale und pathologische Synovialmembran. Acta orthop. Scand., **12:** 82, 1941.

75. EHRLICH, M. G., et al.: Correlation between articular cartilage collagenase activity and osteoarthritis. Arthritis Rheum., **21:** 761, 1978.

76. EHRLICH, M. G., et al.: Prolonged stimulation of proteoglycan synthesis in cartilage by uridine diphosphate. Proc. 22nd Annu. Meet. Orthop. Res. Soc., 1976, p. 227.

77. EHRLICH, M. G., et al.: Stimulation of proteoglycan synthesis with uridine diphosphate. Studies on the mechanism of action. Proc. 22nd Annu. Meet. Orthop. Res. Soc., 1976, p. 228.

78. EICHENBLAT, M., HASS, A., and KESSLER, I.: Synovectomy of the elbow in rheumatoid arthritis. J. Bone Joint Surg., **64 A:** 1074, 1982.

79. ELLENBERGER, W. und BAUM, H.: Handbuch der vergleichenden Anatomie der Haustiere. 17. Aufl. Berlin, Julius Springer, 1932.

80. ELLIS, D. R.: Fractures of the proximal sesamoid bones in thoroughbred foals. Eq. Vet. J., **11:** 48, 1979.
81. EVANS, L. H.: Surgical treatment for the polyarthritis-septicemia complex in young foals. ACVS Archives, **6:** 44, 1977.
82. EVANS, L. H., and JENNY, J.: Surgical and clinical management of subchondral „bone cysts". Proc. 16th Annu. Meet. Am. Assoc. Equine Pract., 1970, pp. 195–199.
83. FABRY, G., and MULLIER, J. C.: Biochemical analysis in osteoarthritis of the hip: A correlative study between glycosaminoglycan loss, enzyme activity and radiologic signs. Clin. Orthop., **153:** 253, 1980.
84. FADDIS, D., DANIEL, D., and BOYER, J.: Tissue toxicity of antiseptic solutions. A study of rabbit articular and periarticular surfaces. J. Trauma, **17:** 895, 1977.
85. FAULL, G. L., et al.: Clinical trials with orgotein (Palosein). J. S. Afr. Vet. Assoc., **47:** 39, 1976.
86. FEENEY, D. A., BOOTH, L. C., and JOHNSTON, G. R.: Tripartite navicular bone and navicular disease in a horse. (What is our diagnosis.) J. Am. Vet. Med. Assoc., **177:** 644, 1980.
87. FERRARO, G. L.: Selected injuries of the fetlock. Proc. 24th Annu. Meet. Am. Assoc. Equine Pract., 1978, pp. 315–317.
88. FESSEL, J. M., and CHRISMAN, O. D.: Enzymatic degradation of chondromucoprotein by cell-free extracts of human cartilage. Arthritis Rheum., **7:** 398, 1964.
89. FICAT, R. P., et al.: Spongialization: A new treatment for diseased patellae. Clin. Orthop., **144:** 74, 1979.
90. FIRTH, E. C.: Current concepts of infectious polyarthritis in foals. Eq. Vet. J., **15:** 9, 1983.
91. FIRTH, E. C., et al.: Polyarthritis and bone infection in foals. Zbl. Vet. Med., **27:** 102, 1980.
92. FOURNIER, G., AYOTTE, R. A., and LAURIN, C. A.: Pathogenesis of joint effusions: An experimental study. Can. Med. Assoc. J., **100:** 242, 1969.
93. FREEMAN, M. A. R.: Adult Articular Cartilage. New York, Grune & Stratton, 1972.
94. FRETZ, P. B.: Personal Communication, 1981.
95. FRETZ, P. B.: Angular limb deformities in foals. Vet. Clin. North Am. (Large Anim. Pract.), **2:** 125, 1980.
96. FULKERSON, J. P., LADENBAUER-BELLIS, I. M., and CHRISMAN, O. D.: In vitro hexosamine depletion of intact articular cartilage by E-prostaglandins. Arthritis Rheum., **22:** 1117, 1979.
97. FURUKAWA, T., et al.: Biochemical studies on repair cartilage resurfacing experimental defects in the rabbit knee. J. Bone Joint Surg., **62 A:** 79, 1980.
98. GABEL, A. A.: Corticosteroids – side-effects and toxicity. Proc. 23rd Annu. Meet. Am. Assoc. Equine Pract., 1977, pp. 393–396, 1978.
99. GABEL, A. A., et al.: Phenylbutazone in horses: a review. J. Eq. Med. Surg., **1:** 221, 1977.
100. GARDNER, D. L.: General pathology of the peripheral joints. In The Joints and Synovial Fluid II. Edited by L. Sokoloff. New York, Academic Press, 1980, pp. 315-425.
101. GARDNER, D. L., and McGILLIVRAY, C. D.: Living articular cartilage is not smooth. Ann. Rheum. Dis., **30:** 3, 1971.
102. GENOVESE, R. L.: The use of corticosteroids in a racetrack practice. Proc. Symp. Effective Use of Corticosteroids in Vet. Pract. ER Squibb, 1983, pp. 56–65.
103. GEORGE, R. C., and CHRISMAN, O. D.: The role of cartilage polysaccharides in osteoarthritis. Clin. Orthop., **57:** 259, 1968.
104. GHADIALLY, F. N.: Fine structure of joints. In The Joints and Synovial Fluid. Edited by L. Sokoloff. New York, Academic Press, 1978.
105. GHADIALLY, F. N., and ROY, S.: Ultrastructure of Synovial Joints in Health and Disease. New York, Appleton Century Crofts, 1969.
106. GINGERICH, D. A., AUER, J. A., and FACKELMAN, G. E.: Effect of exogenous hyaluronic acid on joint function in experimentally induced equine osteoarthritis: dosage titration studies. Res. Vet. Sci., **30:** 192, 1981.
107. GINGERICH, D. A., AUER, J. A., and FACKELMAN, G. E.: Force plate studies of the effect of exogenous hyaluronic acid on joint function in equine arthritis. J. Vet. Pharmacol. Ther., **2:** 291, 1979.
108. GLADE, M. J., and KROOK, L.: Glucocorticoid-induced inhibition of osteolysis and development of osteopeotrosis, osteonecrosis and osteoporosis. Cornell Vet., **72:** 76, 1982.
109. GLADE, M. J., et al.: Growth inhibition induced by chronic dexamethasone treatment of foals. J. Eq. Vet. Sci., **1:** 198, 1981.
110. GLADE, M. J., et al.: Growth suppression and osteochondrosis dissecans in weanlings treated with dexamethasone. Proc. 25th Annu. Meet. AAEP, 1979, pp. 361–366.
111. GOBEL, K. M., STORCK, V., and NEURATH, F.: Intrasynovial orgotein therapy in rheumatoid arthritis. Lancet, 1015, 1981.
112. GOLDIE, I., and SCHLOSSMAN, D.: Radiologic changes in rheumatoid knee-joints before and after synovectomy. Clin. Orthop., **64:** 98, 1969.
113. GOROG, P., and KOVACS, I. B.: Antiarthritic and antithrombotic effects of topically applied dimethyl sulfoxide. Ann. NY Acad. Sci., **243:** 91, 1975.
114. GOULDEN, B. E., and O'CALLAGHAN, M. W.: Tumoral calcinosis in the horse. NZ Vet. J., **28:** 217, 1980.
115. GRAHAM, J., and GOLDMAN, J. A.: Fat droplets and synovial fluid leukocytosis in traumatic arthritis. Arthritis Rheum., **21:** 76, 1978.
116. GRANT, B. D.: Repair mechanisms of osteochondral defects in equidae: a comparative study of untreated and X-irradiated defects. Proc. 21st Annu. Meet. Am. Assoc. Equine Pract., 1975, pp. 95–114, 1976.
117. GRANT, B., and LINCOLN, S.: Melanosarcoma as a cause of lameness in a horse (a case report). Vet. Med. Small Anim. Clin., **67:** 995, 1972.
118. GRAY, R. B., and GOTTLIEB, N. M.: Intra-articular corticosteroids. An updated assessment. Clin. Orthop., **177:** 235, 1983.
119. GREENLEE, C. W.: The skeletal diseases of the horse and their relation to nutrition. Cornell Vet., **29:** 115, 1939.
120. GREENWALD, R. A., and MOY, W. W.: Effect of oxygen-derived free radicals on hyaluronic acid. Arthritis Rheum., **23:** 455, 1980.
121. GREENWALD, R. A., MOY, W. W., and LAZARUS, D.: Degradation of cartilage proteoglycans and collagen by superoxide radical (Abstract). Arthritis Rheum., **19:** 799, 1976.
122. GROSSMAN, B. S., et al.: A prosthetic implant for the equine carpal joint: surgical technique and results. Vet. Surg., **9:** 93, 1980.
123. GUMPEL, J. M., and ROLES, N. C.: A controlled trial of intra-articular radiocolloids versus surgical synovectomy in persistent synovitis. Lancet, **1:** 488, 1975.
124. HAAKENSTAD, L. H.: Chronic bone and joint diseases in relation to conformation in the horse. Eq. Vet. J., **1:** 248, 1969.
125. HAINES, R. W.: Destruction of hyaline cartilage in the sigmoid notch of the human ulna. J. Anat., **122:** 331, 1976.
126. HAMERMAN, D.: Cartilage changes in the rheumatoid joint. Clin. Orthop., **64:** 91, 1969.
127. HARE, T.: An investigation of the etiology and pathogeny of equine chronic arthritis (rheumatoid arthritis). Vet. Rec., **7:** 411, 1927.

128. HARRIS, E. D., Jr., COHEN, G. L., and KRANE, S. M.: Synovial collagenase: Its presence in culture from joint disease of diverse etiology. Arthritis Rheum., **12:** 92, 1969.
129. HARRIS, E. D., Jr., FAULKNER, C. S., and BROWN, F. E.: Collagenolytic systems in rheumatoid arthritis. Clin. Orthop., **110:** 303, 1975.
130. HARRIS, E. D., Jr., et al.: Effects of proteolytic enzymes on structural and mechanical properties of cartilage. Arthritis Rheum., **15:** 497, 1972.
131. HARTLEY, W. J., et al.: Pathology of congenital bovine epizootic arthrogryposis and hydranencephaly and its relationship to akabane virus. Aust. Vet. J., **53:** 319, 1977.
132. HASSELBACHER, P.: Measuring synovial fluid viscosity with a white blood cell diluting pipette. A simple, rapid and reproducible method. Arthritis Rheum., **19:** 1358, 1976.
133. HAYNES, P. F.: Disease of the metacarpophalangeal joint and metacarpus. Vet. Clin. North Am. (Large Anim. Pract.), **2:** 33, 1980.
134. HEATLEY, F. W.: The meniscus – can it be replaced? An experimental investigation in rabbits. J. Bone Joint Surg., **62 B:** 397, 1980.
135. HEDBERG, H., and MORITZ, V.: Biosynthesis of hyaluronic acid in tissue cultures of human synovial membrane. Proc. Soc. Exp. Biol. Med., **98:** 80, 1958.
136. HEDHAMMER, A., et al.: Overnutrition and skeletal disease. An experimental study in growing Great Dane dogs. Cornell Vet. (Suppl.), **5:** 1, 1974.
137. HEINZE, C. D.: Fractures of special interest. In Equine Medicine and Surgery. 2nd Ed. Wheaton, American Veterinary Publications, 1972, pp. 890–901.
138. HICKMAN, J.: Veterinary Orthopaedics. Philadelphia, J. B. Lippincott Co., 1964.
139. HOLT, P. J. L., et al.: Mucopolysaccharides in synovial fluid. Effect of aspirin and indomethacin on hyaluronic acid. Ann. Rheum. Dis., **27:** 264, 1968.
140. HORNOFF, W. J., O'BRIEN, T. R., and POOL, R. R.: Osteochondritis dissecans of the distal metacarpus in the adult racing Thoroughbred horse. Vet. Radiol., **22:** 98, 1981.
141. HOWELL, C. E., HART, G. H., and ITTNER, N. R.: Vitamin A deficiency in horses. Am. J. Vet. Res., **2:** 60, 1941.
142. HOWELL, D. S., et al.: The pathogenesis of osteoarthritis. Semin. Arthritis Rheum., **5:** 365, 1976.
143. HUNT, M. D. N.: Traumatic arthritis in young Thoroughbreds. Proc. Roy. Soc. Lond., **58:** 370, 1965.
144. HUSTON, R., SAPERSTEIN, G., and LEIPOLD, H. W.: Congenital defects in foals. J. Eq. Med. Surg., **1:** 146, 1977.
145. INSALL, J., FALVO, K. A., and WISE, D. W.: Chondromalacia patellae. J. Bone Joint Surg., **58 A:** 1, 1976.
146. IRWIN, D. H. G.: Sodium hyaluronate in equine traumatic arthritis. J. S. Afr. Vet. Assoc., **50:** 2231, 1980.
147. JACOBY, R. K.: The effect of hydrocortisone acetate on adult human articular cartilage. J. Rheumatol., **3:** 384, 1976.
148. JAFFE, H. L.: Metabolic, Degenerative and Inflammatory Diseases of Bones and Joints. Philadelphia, Lea & Febiger, 1972.
149. JAMES, L. F.: Plant-induced congenital malformations in animals. World Rev. Nutr. Diet., **26:** 208, 1977.
150. JEFFCOTT, L. B., and KOLD, S. E.: Clinical and radiological aspects of stifle bone cysts in the horse. Eq. Vet. J., **14:** 40, 1982.
151. JEFFCOTT, L. B., KOLD, S. E., and MELSEN, F.: Aspects of the pathology of stifle bone cysts in the horse. Eq. Vet. J., **15:** 304, 1983.
152. JOHANSON, H. E., and REJNO, S.: Light and electron microscopic investigation of equine synovial membrane. A comparison between healthy joints and joints with intra-articular fractures and osteochondrosis dissecans. Acta Vet. Scand., **17:** 153, 1976.
153. JOHNSON, J. E., and RYAN, G. D.: Intersynovial fistula in the carpus of a horse. Cornell Vet., **65:** 84, 1975.
154. JOHNSON, L. L.: Comprehensive Arthroscopic Examination of the Knee. St. Louis, C. V. Mosby Co., 1977.
155. JOGI, P., and NORBERG, I.: Malformation of the H-joint in a Standardbred horse. Vet. Rec., **74:** 421, 1962.
156. JUBB, K. V. F., and KENNEDY, P. C.: Pathology of Domestic Animals. Vol. 2. New York, Academic Press, 1963.
157. KANEKO, M., et al.: On two cases of periarticular subchondral bone cyst in the horse. Exp. Rep. Equine Health Lab., Tokyo, Japan, **10:** 1, 1973.
158. KANIS, J. A.: Vitamin D metabolism and its clinical application. J. Bone Joint Surg., **64 B:** 542, 1982.
159. KELLGREN, J. H., and SAMUEL, E. P.: The sensitivity and innervation of the articular capsule. J. Bone Joint Surg., **32 B:** 84, 1950.
160. KELSER, R. A., and CALLENDER, G. R.: Equine degenerative arthritis. Vet. Med., **38:** 307, 1938.
161. KEMPSON, G. E., et al.: The tensile properties of the cartilage on the human femoral head related to collagen and glycosaminoglycans. Biochem. Biophys. Acta, **297:** 456, 1973.
162. KEMPSON, G. E., et al.: Correlations between stiffness and the chemical constituents of cartilage on the human femoral head. Biochem. Biophys. Acta, **215:** 70, 1970.
163. KEY, J. A.: The reformation of synovial membrane in the knees of rabbits after synovectomy. J. Bone Joint Surg., **7:** 793, 1925.
164. KINCAID, S. A., and VAN SICKLE, D. C.: Regional histochemical and thickness variations of adult articular cartilage. J. Am. Vet. Med. Assoc., **42:** 428, 1981.
165. KNECHT, C. D., et al.: Osteochondrosis of the shoulder and stifle in 3 of 5 Border Collie littermates. J. Am. Vet. Med. Assoc., **170:** 58, 1977.
166. KOCH, D. B.: Management of infectious arthritis in the horse. Comp. Cont. Ed., **1:** 45, 1979.
167. KOIDE, S., SHAPIRO, F., and GLIMCHER, M. J.: Nature and source of repair tissue in articular cartilage defects – a histological study. Trans. Orthop. Res. Soc., **4:** 160, 1979.
168. KOLD, S. E., and HICKMAN, J.: Use of an autogenous cancellous bone graft in the treatment of subchondral bone cysts in the medial femoral condyle of the horse. Eq. Vet. J., **15:** 312, 1983.
169. KOLLER, L. D.: Clinical application of DMSO by veterinarians in Oregon and Washington. VM/SAC, **71:** 591, 1976.
170. KOPTA, J. A., and BLOSSER, J. A.: Elasticity of articular cartilage. Effects on intraarticular steroid administration and medial meniscectomy. Clin. Orthop., **64:** 21, 1969.
171. KOSTYRA, J.: Congenital absence of patella in a foal. Med. Vet., **19:** 95, 1963.
172. KROOK, L., and LOWE, J. E.: Nutritional secondary hyperparathyroidism in the horse. Pathol. Vet., **1:** 1, 1964.
173. LANDELLS, J. W.: The bone cysts of osteoarthritis. J. Bone Joint Surg., **35 B:** 643, 1953.
174. LANG, D. C.: Ultrasonic treatment of musculoskeletal conditions in the horse, dog and cat. Vet. Rec., **106:** 427, 1980.
175. LEITCH, M.: Angular limb deformities arising at the carpal region in foals. Comp. Cont. Ed., **1:** 39, 1979.
176. LEITCH, M.: Diagnosis and treatment of septic arthritis in the horse. J. Am. Vet. Med. Assoc., **175:** 701, 1979.
177. LEITCH, M., and KOTLIKOFF, M.: Surgical repair of congenital lateral luxation of the patella in the foal and calf. Vet. Surg., **9:** 1, 1980.
178. LINDSAY, W. A., and HORNEY, F. D.: Equine carpal surgery: a six-year review of eighty-nine cases and evaluation of their return to function. J. Am. Vet. Med. Assoc., **179:** 682, 1981.
179. LINDSAY, W. A., McMARTIN, R. B., and McCLURE, J. R.: Management of slab fractures of the third tarsal bone in 5 horses. Eq. Vet. J., **14:** 55, 1982.

180. LINN, F. C., and SOKOLOFF, L.: Movement and composition of interstitial fluid of cartilage. Arthritis Rheum., **8**: 481, 1965.

181. LINTON, J. A. M.: The use of orgotein in the treatment of soft tissue injuries in the horse. Irish Vet. J., **30**: 53, 1976.

182. LIPPIELLO, L., et al.: Involvement of prostaglandins from rheumatoid synovium in inhibition of articular cartilage metabolism. Arthritis Rheum., **21**: 909, 1978.

183. LIPSCOMB, P. R., Jr., LIPSCOMB, P. R., Sr., and BRYAN, R. S.: Osteochondritis dissecans of the knee with loose fragments. Treatment by replacement and fixation with readily removed pins. J. Bone Joint Surg., **60 A**: 235, 1978.

184. LJUNGGREN, G., and REDLAND, S.: Osteochondrosis in adolescent animals: an endocrine disorder? Calcif. Tissue Res., **(Suppl. 4)**: 150, 1970.

185. LLEWELLYN, H. R.: A case of carpal intersynovial fistula in a horse. Eq. Vet. J., **11**: 90, 1979.

186. LOVE, D. N., et al.: Serum concentrations of penicillin in the horse after administration of a variety of penicillin preparations. Eq. Vet. J., **15**: 43, 1983.

187. MacKAY, A. G., and MILNE, F. J.: Observations on the intraarticular use of corticosteroids in the racing Thoroughbred. J. Am. Vet. Med. Assoc., **168**: 1039, 1976.

188. MacKAY-SMITH, M. P.: Pathogenesis and pathology of equine osteoarthritis. J. Am. Vet. Med. Assoc., **141**: 1246, 1962.

189. MacKAY-SMITH, M. P., and RAKER, C. W.: Mechanical defects of the equine stifle – diagnosis and treatment. Proc. Annu. Vet. Med. Assoc. Meet., 1963, pp. 82–85.

190. MacNAB, L.: Recurrent dislocation of the patella. J. Bone Joint Surg., **34 A**: 957, 1952.

191. McCHESNEY, A. E., BECERRA, V., and ENGLAND, J. J.: Chlamydial polyarthritis in a foal. J. Am. Vet. Med. Assoc., **165**: 259, 1974.

192. McDEVITT, C. A., and MUIR, H.: Biochemical changes in the cartilage of the knee in experimental and natural osteoarthritis in the dog. J. Bone Joint Surg., **58 B**: 94, 1976.

193. McEVEDY, B. V.: Simple ganglia. Br. J. Surg., **49**: 585, 1962.

194. McGUIRE, T. C., POPPIE, M. J., and BANKS, K. L.: Hypogammaglobulinemia predisposing to infections in foals. J. Am. Vet. Med. Assoc., **161**: 71, 1975.

195. McILWRAITH, C. W., and WARREN, R. C.: Distal luxation of the patella in a horse. J. Am. Vet. Med. Assoc., **181**: 67, 1982.

196. McILWRAITH, C. W.: Experiences in diagnostic and surgical arthroscopy in the horse. Eq. Vet. J., **16**: 11, 1984.

197. McILWRAITH, C. W.: Comprehensive synovial fluid analysis – Discussion. Proc. 28th Annu. AAEP, 1982, pp. 137–144, 1983.

198. McILWRAITH, C. W.: Surgery of the hock, stifle and shoulder. Vet. Clin. North Am. (Large Anim. Pract.), **5**: 333, 1983.

199. McILWRAITH, C. W.: Treatment of infectious arthritis. Vet. Clin. North Am. (Large Anim. Pract.), **5**: 363, 1983.

200. McILWRAITH, C. W.: Current concepts in equine degenerative joint disease. J. Am. Vet. Med. Assoc., **180**: 239, 1982.

201. McILWRAITH, C. W.: The use of arthroscopy, synovial fluid analysis and synovial membrane biopsy in the diagnosis of equine joint disease. In Equine Medicine and Surgery. Edited by R. A. Mansmann and E. S. McAllister. Santa Barbara, American Veterinary Publications, 1982, pp. 960–974.

202. McILWRAITH, C. W.: Synovial fluid analysis in the diagnosis of equine joint disease. Eq. Pract., **2**: 44, 1980.

203. McILWRAITH, C. W.: Ultrastructural and histochemical studies of filipin induced equine arthritis. Ph. D. Thesis, Purdue University, West Lafayette, IN, 1979.

204. McILWRAITH, C. W.: Unpublished data.

205. McILWRAITH, C. W., and FESSLER, J. F.: Arthroscopy in the diagnosis of equine joint disease. J. Am. Vet. Med. Assoc., **172**: 263, 1978.

206. McILWRAITH, C. W., et al.: Experimentally induced arthritis of the equine carpus: clinical determinations. J. Am. Vet. Med. Assoc., **40**: 11, 1979.

207. McILWRAITH, C. W., MARTIN, G. S., and FOERNER, J. J.: Diagnostic and Surgical Arthroscopy in the Horse. Edwardsville, Veterinary Medicine Publishing Company, 1984.

208. McILWRAITH, C. W., and VAN SICKLE, D. C.: Experimentally induced arthritis of the equine carpus: histologic and histochemical changes in the articular cartilage. Am. J. Vet. Res., **42**: 207, 1981.

209. McKIBBON, L. S., and ARMSTRONG, K. N.: Bone screws as a method of immobilizing sesamoid fragments. Proc. 16th Annu. Meet. Am. Assoc. Equine Pract., 1971, pp. 203–231.

210. McLAUGHLIN, B. G., et al.: Carpal bone lesions associated with angular limb deformities in foals. J. Am. Vet. Med. Assoc., **178**: 224, 1981.

211. MANKIN, H. J.: Biochemical changes in articular cartilage in osteoarthritis. In Am. Acad. Orthop. Surg. Symp. Osteoarthritis, 1974, St. Louis, C. V. Mosby Co., 1976, pp. 1–22.

212. MANKIN, H. J.: The reaction of articular cartilage to injury and osteoarthritis. N. Engl. J. Med., **291**: 1335, 1974.

213. MANKIN, H. J., DORFMAN, H., LIPPIELLO, L., and ZARINS, A.: Biochemical and metabolic abnormalities in articular cartilage from osteoarthritic human hips. II. Correlation of morphology and biochemical and metabolic data. J. Bone Joint Surg., **53 A**: 523, 1971.

214. MANKIN, H. J., JOHNSON, M. E., and LIPPIELLO, L.: Biochemical and metabolic abnormalities in articular cartilage from osteoarthritic human hips. III. Distribution and metabolism of amino sugar-containing macromolecules. J. Bone Joint Surg., **63 A**: 131, 1981.

215. MANKIN, H. J., and LIPPIELLO, L.: The glycosaminoglycans of normal and arthritic cartilage. J. Clin. Invest., **50**: 1712, 1971.

216. MANKIN, H. J., and LIPPIELLO, L.: Biochemical and metabolic abnormalities in articular cartilage from osteo-arthritic human hips. J. Bone Joint Surg., **52 A**: 424, 1970.

217. MANKIN, H. J., and RADIN, E.: Structure and function of joints. In Arthritis and Allied Conditions. 9th Ed. Edited by D. J. McCarty. Philadelphia, Lea & Febiger, 1979, pp. 151–166.

218. MANKIN, H. J., ZARINS, A., and JAFFE, W. L.: The effect of systemic corticosteroids on rabbit articular cartilage. Arthritis Rheum., **15**: 593, 1972.

219. MANNING, J. P.: Equine hip dysplasia – osteoarthritis. Mod. Vet. Pract., **44 (5)**: 44, 1963.

220. MAROUDAS, A.: Transport of solutes through cartilage: permeability to large molecules. J. Anat., **122**: 335, 1976.

221. MAROUDAS, A.: Physico-chemical properties of articular cartilage. In Adult Articular Cartilage. Edited by M. A. R. Freeman. New York, Grune and Stratton, 1972, pp. 131–170.

222. MAROUDAS, A., EVANS, H., and ALMEIDA, L.: Cartilage of the hip joint. Topographical variation of glycosaminoglycan content in normal and fibrillated cartilage. Ann. Rheum. Dis., **32**: 1, 1973.

223. MARSH, J. R., HALLETT, F. R., and OWEN, R.: A comparison of techniques for the quantitative analysis of hyaluronic acid in equine synovial fluid. Can. J. Comp. Med., **50**: 202, 1976.

224. MARSHALL, J. L.: Discussion following Dr. Morgan's paper. Cornell Vet., **58** (Suppl.): 46, 1968.

225. MARSHALL, J. L.: Periarticular osteophytes. Irritation and formation in the knee of the dog. Clin. Orthop., **62**: 37, 1969.

226. MARTENS, R. J., and AUER, J. A.: Hematogenous septic arthritis and osteomyelitis in the foal. Proc. 26th Annu. Meet. Am. Assoc. Equine Pract., 1980, pp. 47–63.
227. MARTIN, G. S., et al.: Long term results and complications of proximal interphalangeal joint arthrodesis in the horse. J. Am. Vet. Med. Assoc., **184:** 1136, 1984.
228. MASON, T. A., and McLEAN, A. A.: Osteochondritis dissecans of the head of the humerus in 2 foals. Eq. Vet. J., **9:** 189, 1977.
229. MATHEWS, R. S., and HART, J. A. L.: Pigmented villonodular synovitis (benign synovioma). Proc. 22nd Orthop. Res. Soc., 1976, p. 193.
230. MEACHIM, G., and COLLINS, D. H.: Cell counts of normal and osteoarthritic articular cartilage in relation to the uptake of sulfate ($^{35}SO_4$) in vitro. Ann. Rheum. Dis., **21:** 45, 1962.
231. MEACHIM, G., GHADIALLY, F. N., and COLLINS, D.: Regressive changes in the superficial layer of human articular cartilage. Ann. Rheum. Dis., **24:** 23, 1965.
232. MEACHIM, G., and STOCKWELL, R. A.: The matrix. In Adult Articular Cartilage. Edited by M. A. R. Freeman. New York, Grune and Stratton, 1972, pp. 1–50.
233. MEAGHER, D. M.: Joint surgery in the horse: the selection of surgical cases and a consideration of the alternatives. Proc. 20th Annu. Meet. Am. Assoc. Equine Pract., 1974, pp. 81–88.
234. MEAGHER, D. M.: The effect of intra-articular corticosteroids and continued training on carpal chip fractures of the horse. Proc. 16th Annu. Meet. Am. Assoc. Equine Pract., 1970, pp. 405–413.
235. MEAGHER, D. M., POOL, R. R., and O'BRIEN, T. R.: Osteochondritis of the shoulder joint in the horse. Proc. 19th Annu. Meet. Am. Assoc. Equine Pract., 1973, pp. 247–256.
236. MEDINA, L., et al.: Treatment of basal fractures of the proximal sesamoid bone in the horse using an autogenous bone graft. Proc. 26th Annu. Meet. Am. Assoc. Equine Pract., 1980, pp. 345–380, 1981.
237. MESSER, N. T.: Tibiotarsal effusion associated with chronic zinc intoxication in three horses. J. Am. Vet. Med. Assoc., **178:** 294, 1981.
238. MILGRAM, J. W.: Synovial osteochondromatosis in association with Legg-Calve-Perthes Disease. Clin. Orthop., **145:** 179, 1979.
239. MILGRAM, J. W.: Synovial osteochondromatosis. A histological study of thirty cases. J. Bone Joint Surg., **59 A:** 792, 1977.
240. MILNE, E. J.: Medical treatment of equine osteoarthritis and tenosynovitis. J. Am. Vet. Med. Assoc., **141:** 1269, 1962.
241. MITCHELL, N., and BLACKWELL, P.: The electron microscopy of regenerating synovium after subtotal synovectomy in rabbits. J. Bone Joint Surg., **50 A:** 675, 1968.
242. MITCHELL, N., and SHEPARD, N.: Healing of articular cartilage in intra-articular fractures in rabbits. J. Bone Joint Surg., **62 A:** 628, 1980.
243. MITCHELL, N., and SHEPARD, N.: The resurfacing of adult rabbit articular cartilage by multiple perforations through the subchondral bone. J. Bone Joint Surg., **58 A:** 230, 1976.
244. MITCHELL, P. J., and PARKES, R. D.: Congenital hypoplasia in a foal. Vet. Rec., **95:** 176, 1974.
245. MITCHELL, W. M.: Some aspects of osteoarthritis of the vertebral column. Vet. Rec., **10:** 89, 1930.
246. MOGENSON, B., et al: Synovectomy of the hip in juvenile chronic arthritis. J. Bone Joint Surg., **64 B:** 295, 1982.
247. MOORE, J. N., and McILWRAITH, C. W.: Osteochondrosis of the equine stifle. Vet. Rec., **100:** 133, 1977.
248. MOORTHY, A. R. S., SPRADROW, P. B., and EISTER, M. E. D.: Isolation of mycoplasma from an arthritic foal. Br. Vet. J., **133:** 320, 1977.
249. MORGAN, J. P.: Radiographic diagnosis of bone and joint diseases in the horse. Cornell Vet. (Suppl.), **58:** 28, 1968.
250. MORGAN, J. P.: Necrosis of the third tarsal bone in the horse. J. Am. Vet. Med. Assoc., **151:** 1334, 1967.
251. MORGAN, J. P., VAN DE WATERING, C. C., and KERSJES, A. W.: Salmonella bone infection in colts and calves: its radiographic diagnosis. J. Am. Vet. Radiol. Soc., **15:** 66, 1974.
252. MOSKOWITZ, R. W.: Treatment of osteoarthritis. In Arthritis and Allied Conditions. 9th Ed. Edited by D. J. McCarty. Philadelphia, Lea & Febiger, 1979, pp. 1181–1189.
253. MOSKOWITZ, R. W., GOLDBERG, V. M., and MALEMUD, C.: Metabolic responses of cartilage in experimentally induced osteoarthritis. Ann. Rheum. Dis., **40:** 584, 1981.
254. MUIR, H., BULLOUGH, P., and MAROUDAS, A.: The destruction of collagen in human articular cartilage with some of its physiological implications. J. Bone Joint Surg., **52 B:** 554, 1970.
255. MURDOCH, W. R., and WILL, G.: Methylprednisolone acetate in intra-articular therapy: clinical, biochemical and chromatographic studies. Br. Med. J., **1:** 604, 1962.
256. MURRAY, E.: Personal Communication, 1983.
257. MYERS, S. L., and CASTOR, C. W.: Connective tissue activation. XV. Stimulation of glycosaminoglycan and DNA synthesis by a polymorphonuclear leukocyte factor. Arthritis Rheum., **23:** 556, 1980.
258. NADE, S.: Acute septic arthritis in infancy and childhood. J. Bone Joint Surg., **65 B:** 234, 1983.
259. NAKANO, T., AHERNE, F. X., and THOMPSON, J. R.: Effects of feed restriction, sex and diethylstilbestrol on the occurrence of joint lesions with some histological and biochemical studies of the articular cartilage of growing-finishing swine. Can. J. Anim. Sci., **59:** 491, 1979.
260. NAWROT, P. S., HOWELL, W. E., and LEIPOLD, H. W.: Arthrogryposis: an inherited defect in newborn calves. Aust. Vet. J., **56:** 359, 1980.
261. NELSON, A. M., and CONN, D. L.: Glucocorticoids in rheumatic disease. Mayo Clin. Proc., **55:** 758, 1980.
262. NELSON, C. L., SAWMILLER, S., and PHALEN, G. S.: Ganglions of the wrist and hand. J. Bone Joint Surg., **54 A:** 1459, 1972.
263. NELSON, D. H., and RUHMAN-WENNHOLD, A.: Suppression of leukocyte superoxide production by superoxide production by corticosteroid administration (abstract). Clin. Res., **26:** 148 A, 1978.
264. NELSON, J. D.: The bacterial etiology and antibiotic management of septic arthritis in infants and children. Pediatrics, **50:** 437, 1972.
265. NELSON, J. D.: Antibiotic concentrations in septic joint effusions. N. Engl. J. Med., **284:** 349, 1971.
266. NETTELBLADT, E., SUNDBLAD, L., and JONSSON, E.: Permeability of the synovial membrane to proteins. Acta Rheum. Scand., **9:** 28, 1963.
267. NICKELS, F. A., and SANDE, R.: Radiographic and arthroscopic findings in the equine stifle. J. Am. Vet. Med. Assoc., **181:** 918, 1982.
268. NICKELS, F. A., GRANT, B. D., and LINCOLN, S. D.: Villonodular synovitis of the equine metacarpophalangeal joint. J. Am. Vet. Med. Assoc., **168:** 1043, 1976.
269. NILSSON, F.: Gonitis in the horse. Sven. Vet. Tidskrift., **52:** 1, 1947.
270. NILSSON, G.: Lameness and pathologic changes in the distal joints and the phalanges of the Standardbred horse. A correlative study. Acta Vet. Scand. (Suppl.), **44:** 83, 1973.
271. NILSSON, G., and OLSSON, S. E.: Radiologic and pathoanatomic changes in the distal joints and the phalanges of the standardbred horse. Acta Vet. Scand. (Suppl.), **44:** 1, 1973.
272. NISSILA, M.: Absence of increased frequency of degenerative joint changes after osmic acid injection. Scand. J. Rheumatol., **7:** 81, 1978.

273. NIXON, A. N., et al.: A muscle separating approach to the equine shoulder joint for the treatment of osteochondritis dissecans. Vet. Surg., **13**: 247, 1984.
274. NOBLE, J., and ERAT, K.: In defense of the meniscus. A prospective study of 200 meniscectomy patients. J. Bone Joint Surg., **62 B**: 7, 1980.
275. NOBLE, J., et al.: Leakage of radioactive particle systems from a synovial joint studied with a gamma camera. J. Bone Joint Surg., **65 A**: 381, 1983.
276. NORRIE, R. D.: The treatment of joint disease by saline lavage. Proc. 21st Annu. Meet. Am. Assoc. Equine Pract., 1975, pp. 91–94.
277. NYACK, B., et al.: Osteochondrosis of the shoulder joint of the horse. Cornell Vet., **71**: 150, 1981.
278. NYACK, B., et al.: Non-surgical repair of coxofemoral luxation in a quarter horse filly. Eq. Pract., **4**: 11, 1982.
279. O'BRIEN, T. R.: Disease of the Thoroughbred fetlock joint: A comparison of radiographic signs with gross pathologic lesions. Proc. 23rd Annu. Meet. Am. Assoc. Equine Pract., 1977, pp. 367–380.
280. O'BRIEN, T. R.: Radiology of the equine stifle. Proc. 19th Annu. Meet. Am. Assoc. Equine Pract., 1973, pp. 271–278.
281. O'BRIEN, T. R., HORNOFF, W. J., and MEAGHER, D. M.: Radiographic detection and characterization of palmar lesions in the equine fetlock joint. J. Am. Vet. Med. Assoc., **178**: 231, 1981.
282. O'BRIEN, T. R., et al.: Radiography in equine carpal lameness. Cornell Vet., **61**: 646, 1971.
283. O'CONNOR, J. T.: The untoward effects of the corticosteroids in equine practice. J. Am. Vet. Med. Assoc., **153**: 1614, 1968.
284. O'CONNOR, R. L.: Arthroscopy. Philadelphia, J. B. Lippincott Co., 1972.
285. O'FARRELL, T., and COSTELLO, B. G.: Osteochondritis dissecans of the talus: the late results of surgical treatment. J. Bone Joint Surg., **62 B**: 131, 1980.
286. OGATA, K., WHITESIDE, L. A., and LESKER, P. A.: Subchondral route for nutrition to articular cartilage in the rabbit. J. Bone Joint Surg., **60 A**: 905, 1978.
287. OGATA, K., et al.: Acute effect of open joint wounds on articular cartilage and synovium in rabbits. J. Trauma, **19**: 953, 1979.
288. OGSTON, A. G., and PHELPS, C. F.: The partition of solutes between buffer solutions and solutions containing hyaluronate. Biochem. J., **78**: 827, 1961.
289. OLSEN, N. C., et al.: Osteochondritis dissecans of the tarsocrural joint in 3 canine siblings. J. Am. Vet. Med. Assoc., **176**: 635, 1980.
290. ONDROUCH, A. S.: Cyst formation in osteoarthritis. J. Bone Joint Surg., **45 B**: 755, 1963.
291. OWEN, R.: Intra-articular corticosteroid therapy in the horse. J. Am. Vet. Med. Assoc., **177**: 710, 1980.
292. PAATSAMA, S., et al.: Somatotropin, thyrotropin and corticotropin hormone-induced changes in the cartilages and bones of the shoulder and knee joints in young dogs. J. Small Anim. Pract., **12**: 595, 1971.
293. PALMER, S. E.: Use of the portable infra-red thermometer in equine practice. Proc. 26th Annu. Meet. Am. Assoc. Equine Pract., 1980, pp. 327–334.
294. PALMOSKI, M., and BRANDT, K. D.: Hyaluronate-binding by proteoglycans. Comparison of mildly and severely osteoarthritic regions of human femoral cartilage. Clin. Chim. Acta, **70**: 87, 1976.
295. PALMOSKI, M. J., COLYER, R. A., and BRANDT, K. D.: Marked suppression by salicylate of the augmented proteoglycan synthesis in osteoarthritic cartilage. Arthritis Rheum., **23**: 83, 1980.
296. PALMOSKI, M. J., COLYER, R. A., and BRANDT, K. D.: Joint motion in the absence of normal loading does not maintain normal articular cartilage. Arthritis Rheum., **23**: 325, 1980.
297. PARK, R. D., MORGAN, J. P., and O'BRIEN, T.: Chip fractures in the carpus of the horse. A radiographic study of their incidence and location. J. Am. Vet. Med. Assoc., **157**: 1305, 1970.
298. PATERSON, J. S., and HEATLEY, T. G.: A case of infection of the horse with *Erysipelothrix rhusiopathiae* (swine erysipelas). Vet. J., **94**: 33, 1938.
299. PEDERSON, N. C., WEISNER, K., CASTLES, J. J., et al.: Noninfectious canine arthritis: the inflammatory, nonerosive arthritides. J. Am. Vet. Med. Assoc., **169**: 304, 1976.
300. PERSSON, L.: On the synovia in horses. Acta Vet. Scand. (Suppl.), **35**: 1, 1971.
301. PETTERSON, H., and REILAND, S.: Periarticular subchondral „bone cysts" in the horses. Clin. Orthop., **62**: 95, 1969.
302. PETTERSON, H., and REILAND, S.: Periarticular subchondral „bone cysts" in horses. Proc. 14th Annu. Meet. Am. Assoc. Equine Pract., 1968, pp. 245–264.
303. PETTERSON, H., and RYDEN, G.: Avulsion fractures of the caudoproximal extremity of the first phalanx. Eq. Vet. J., **14**: 333, 1982.
304. PETTERSON, H., and SEVELIUS, F.: Subchondral bone cysts in the horse: a clinical study. Eq. Vet. J., **1**: 75, 1968.
305. PINALS, R. S.: Traumatic arthritis and allied conditions. *In* Arthritis and Allied Conditions. 9th Ed. Edited by D. J. McCarty. Philadelphia, Lea & Febiger, 1979.
306. PLATT, H.: Joint-ill and other bacterial infections on thoroughbred studs. Eq. Vet. J., **9**: 141, 1977.
307. POOL, R. R., WHEAT, J. D., and FERRANO, G. L.: Corticosteroid therapy in common joint and tendon injuries of the horse. Part 1. Effects on joints. Proc. 26th Annu. Meet. Am. Assoc. Equine Pract., 1980, pp. 397–406, 1981.
308. POULOS, P. W.: Tibial dyschondroplasia (osteonecrosis) in the turkey. Acta Radiol. (Suppl.), **358**: 197, 1978.
309. POULOS, P. W., et al.: Skeletal lesions in the broiler, with special reference to dyschondroplasia (osteonecrosis). Acta Radiol. (Suppl.), **358**: 229, 1978.
310. PRAWOCHENSKI, R.: A new lethal factor in the horse. J. Hered., **27**: 410, 1936.
311. PSAILA, J. V., and MANSEL, R. E.: The surface ultrastructure of ganglia. J. Bone Joint Surg., **60 B**: 228, 1978.
312. PUROHIT, R. C., and McCOY, M. D.: Thermography in the diagnosis of inflammatory processes in the horse. Am. J. Vet. Res., **41**: 1167, 1980.
313. RADIN, E. L., and PAUL, I. L.: A consolidated concept of joint lubrication. J. Bone Joint Surg., **54 A**: 607, 1972.
314. RADIN, E. L., and PAUL, I. L.: Does cartilage compliance reduce skeletal impact loads? The relative force-attenuating properties of articular cartilage, synovial fluid, periarticular soft tissues, and bone. Arthritis Rheum., **13**: 139, 1970.
315. RADIN, E. L., PAUL, I. L., and ROSE, R. M.: Role of mechanical factors in pathogenesis of primary osteoarthritis. Lancet, 519, 1972.
316. RADIN, E. L., PAUL, I. L., SWANN, D. A., and SCHOTTSTAEDT, E. S.: Lubrication of synovial membrane. Ann. Rheum. Dis., **30**: 322, 1971.
317. RADIN, E. L., PAUL, I. L., and TOLKOFF, M. J.: Subchondral bone change in patients with early degenerative arthritis. Arthritis Rheum., **13**: 400, 1970.
318. RADIN, E. L., SWANN, D. A., and WEISSER, P. A.: Separation of a hyaluronate-free lubricating fraction from synovial fluid. Nature (London), **228**: 377, 1970.

319. RAKER, C. W.: Orthopedic surgery: errors in surgical evaluation and management. Proc. 19th Annu. Meet. Assoc. Equine Pract., 1973, pp. 205–212, 1974.
320. RAKER, C. W.: Clinical observations of bone and joint disease in horses. Cornell Vet., **58**: 15, 1968.
321. RAKER, C. W.: Surgical treatment of equine osteoarthritis and tendosynovitis. J. Am. Vet. Med. Assoc., **141**: 1273, 1962.
322. RAKER, C. W., BAKER, R. H., and WHEAT, J. D.: Pathophysiology of equine degenerative joint disease and lameness. Proc. 12th Annu. Meet. Am. Assoc. Equine Pract., 1966, pp. 229–241.
323. RASHKOFF, E. S., BURKHALTER, W. E., and MANN, J. R.: Septic arthritis of the wrist. J. Bone Joint Surg., **65 A**: 824, 1983.
324. REID, C. F.: Radiographic diagnosis and appearance of osseous cyst-like lesions in horses previously reported as periarticular subchondral „bone cysts". Proc. 16th Annu. Meet. Am. Assoc. Equine Pract., 1970, pp. 185–187.
325. REILAND, S.: Morphology of osteochondrosis and sequelae in pigs. Acta Radiol. (Suppl.), **358**: 45, 1978.
326. REILAND, S.: The effect of decreased growth rate on pregnancy and severity of osteochondrosis in pigs. Acta Radiol. (Suppl.), **358**: 107, 1978.
327. REJNO, S.: Viscosity of equine synovial fluid. Acta Radiol. Scand., **17**: 169, 1976.
328. REJNO, S.: LDH and LDH isoenzymes of synovial fluid in the horse. Acta Vet. Scand., **17**: 178, 1976.
329. REJNO, S., and STROMBERG, B.: Osteochondrosis in the horse. II. Pathology. Acta Radiol. (Suppl.), **358**: 153, 1978.
330. REPO, R. V., and MITCHELL, N.: Collagen synthesis in mature articular cartilage of the rabbit. J. Bone Joint Surg., **53 B**: 541, 1971.
331. RHANEY, K., and LAMB, D. W.: The cysts of osteoarthritis of the hip. J. Bone Joint Surg., **37 B**: 663, 1955.
332. RICHMAN, A. I., SU, E. Y., and HO, G.: Reciprocal relationship of synovial fluid volume and oxygen tension. Arthritis Rheum., **24**: 701, 1981.
333. RICK, M. C., et al.: Condylar fractures of the third metacarpal bone and third metatarsal bone in 75 horses. Radiographic features, treatments and outcome. J. Am. Vet. Med. Assoc., **183**: 287, 1983.
334. RIDDLE, W. E.: Healing of articular cartilage in the horse. J. Am. Vet. Med. Assoc., **157**: 1471, 1970.
335. RIDDLE, W. E., Jr., and WHEAT, J. D.: Chondrosarcoma in a horse. J. Am. Vet. Med. Assoc., **158**: 1674, 1971.
336. ROBERTSON, P. B., et al.: Collagenase: localization in polymorphonuclear leukocyte granules in the rabbit. Science, **177**: 64, 1972.
337. ROBINSON, H. J., et al.: Inflammatory and noninflammatory osteoarthritis of the hip. A study of the prostaglandin E and cathepsin D levels. Proc. 22nd Annu. Meet. Orthop. Res. Soc., 1976, p. 27.
338. RODNAN, G. P.: Discussion on joint ill. J. Am. Vet. Med. Assoc., **141**: 1264, 1962.
339. ROONEY, J. R.: Osteochondrosis in the horse. Mod. Vet. Pract., **56**: 41 and 112, 1975.
340. ROONEY, J. R.: Bog spavin and tibiotarsal joint lesions in the horse. Mod. Vet. Pract., **54** (12): 43, 1973.
341. ROONEY, J. R.: Diseases of bone. In Equine Medicine and Surgery. Edited by E. J. Catcott and J. F. Smithcors. Santa Barbara, American Veterinary Publications, 1972, pp. 489–501.
342. ROONEY, J. R.: Congenital equine scoliosis and lordosis. Clin. Orthop., **62**: 25, 1969.
343. ROONEY, J. R.: Biomechanics of Lameness in Horses. Baltimore, Williams & Wilkins Co., 1969.
344. ROONEY, J. R.: Contracted foals. Cornell Vet., **56**: 172, 1966.

345. ROONEY, J. R.: Joint III. J. Am. Vet. Med. Assoc., **141**: 1259, 1962.
346. ROSE, R. J.: The intra-articular use of sodium hyaluronate for the treatment of osteo-arthrosis in the horse. NZ Vet. J., **27**: 5, 1979.
347. ROSE, R. J., and LOVE, D. N.: Staphylococcal septic arthritis in three horses. Eq. Vet. J., **11**: 85, 1979.
348. ROTH, V., and MOW, V. C.: The intrinsic tensile behaviour of the matrix of bovine articular cartilage and its variation with age. J. Bone Joint Surg., **62 A**: 1102, 1980.
349. ROY, S., and GHADIALLY, F. N.: Synthesis of hyaluronic acid by synovial cells. J. Pathol. Bacteriol., **93**: 555, 1967.
350. ROY, S., GHADIALLY, F. N., and CRANE, W. A. J.: Synovial membrane in traumatic effusion. Ultrastructure and autoradiography with tritiated leucine. Ann. Rheum. Dis., **25**: 259, 1966.
351. RUBIN, L. F.: Toxicity of dimethyl sulfoxide, alone and in combination. Ann. NY Acad. Sci., **243**: 98, 1975.
352. RYDELL, N. W., and BALAZS, E. A.: Effect of intra-articular injection of hyaluronic acid on the clinical symptoms of osteoarthritis and on granulation tissue formation. Clin. Orthop., **80**: 25, 1971.
353. RYDELL, N. W., BUTLER, J., and BALAZS, E. A.: Hyaluronic acid in synovial fluid. VI. Effect of intra-articular injection of hyaluronic acid on the clinical symptoms of arthritis in track horses. Acta Vet. Scand., **11**: 139, 1970.
354. SALIN, M. L., and McCORD, J. M.: Free radicals and inflammation. Protection of phagocytosing leukocytes by superoxide dismutase. J. Clin. Invest., **56**: 1319, 1975.
355. SALTER, R. B., et al.: The biological effect of continuous passive motion on the healing of full-thickness defects in articular cartilage. J. Bone Joint Surg., **62 A**: 1232, 1980.
356. SCAPINELLI, R. B.: Studies on the vasculature of the human knee joint. Acta Anat., **70**: 305, 1968.
357. SCHEBITZ, H.: Degenerative arthritis of the shoulder joint following aseptic necrosis of the humeral head in foals. Proc. 11th Annu. Meet. Am. Assoc. Equine Pract., 1966, pp. 359–370.
358. SCHMIDT, G. R., DUELAND, R., and VAUGHAN, J. T.: Osteochondritis dissecans of the equine shoulder joint. Vet. Med. Small Anim. Clin., **70**: 542, 1975.
359. SCHNEIDER, J. E., CARNINE, B. L., and GUFFY, M. M.: Arthrodesis of the proximal interphalangeal joint in the horse: a surgical treatment for high ringbone. J. Am. Vet. Med. Assoc., **173**: 1364, 1978.
360. SCHULTZ, K.: Untersuchungen über die sogenannten Synovialgruben, Fossae nudatae, beim Pferd. Arch. wissensch. prakt. Tierheilk., **41**: 245, 1915.
361. SCHULTZ, R. D.: Basic veterinary immunology: an overview. Vet. Clin. North Am., **8**: 555, 1978.
362. SCHUMACHER, J., and AUER, J.: A case report of a carpal ganglion in a horse. J. Eq. Med. Surg., **3**: 391, 1979.
363. SCHWARTZ, E. R., et al.: Proteoglycan structure and metabolism in normal and osteoarthritic cartilage of guinea pigs. Arthritis Rheum., **24**: 1528, 1981.
364. SEVELIUS, F., and TUFVESSON, P. G.: Treatment for fractures of the sesamoid bone in horses. J. Am. Vet. Med. Assoc., **142**: 981, 1963.
365. SHAVER, J. R., et al.: Skeletal manifestations of suspected hypothyroidism in two foals. J. Eq. Med. Surg., **3**: 269, 1979.
366. SHERMAN, M. S.: The nonspecificity of synovial reactions. Bull. Hosp. Jt. Dis. Orthop. Inst., **12**: 110, 1951.
367. SHIVELY, J. A. C.: The morphology of equine synovial membrane. M. S. Thesis, Purdue University, West Lafayette, IN, 1975.
368. SHORT, C. R., and BEADLE, R. E.: Pharmacology of antiarthritic drugs. Vet. Clin. North Am. (Small Anim. Pract.), **8**: 401, 1978.

369. SILBERMANN, M., LEWINSON, D., and TOISTER, Z.: Early cartilage response to systemic glucocorticoid administration: an ultrastructural study. Metab. Bone Dis. Relat. Res., **2**: 267, 1980.
370. SILDERBERG, M., SILDERBERG, R., and HASLER, M.: Fine structure of articular cartilage in mice receiving cortisone acetate. Arch. Pathol. Lab. Med., **82**: 569, 1966.
371. SIMKIN, P. A.: Synovial physiology. *In* Arthritis and Allied Conditions. 9th Ed. Edited by D. J. McCarty. Philadelphia, Lea & Febiger, 1979, pp. 167–178.
372. SIMKIN, P. A., and PIZZORNO, J. E.: Transsynovial exchange of small molecules in normal human subjects. J. Appl. Physiol., **36**: 581, 1974.
373. SIPPEL, W. L.: Equine degenerative arthritis. M. S. Thesis, Cornell University, Ithaca, NY, 1942.
374. SOKOLOFF, L.: Pathology and pathogenesis of osteoarthritis. *In* Arthritis and Allied Conditions. 9th Ed. Edited by D. J. McCarty. Philadelphia, Lea & Febiger, 1979, pp. 1135–1153.
375. SOKOLOFF, L.: The general pathology of osteoarthritis. Am. Acad. Orthop. Surg. Symp. Osteoarthritis. St. Louis, C. V. Mosby Co., 1976, pp. 23–33.
376. SOKOLOFF, L.: The Biology of Degenerative Joint Disease. Chicago, University of Chicago Press, 1969.
377. SOUTHWICK, W. O., and BENSCH, K. G.: Phagocytosis of colloidal gold by cells of the synovial membrane. J. Bone Joint Surg., **53 A**: 720, 1971.
378. SPIERS, V. C., and WRIGLEY, R.: A case of bilateral hip dysplasia in a foal. Eq. Vet. J., **11**: 202, 1979.
379. SPIERS, V. C., and WRIGLEY, R.: A case of bilateral hip dysplasia in a foal. Eq. Vet. J., **11**: 202, 1979.
380. SPURLOCK, G. H., and GABEL, A. A.: Apical fractures of the proximal sesamoid bones in 109 Standardbred horses. J. Am. Vet. Med. Assoc., **183**: 76, 1983.
381. STEWART, B., and REID, C. F.: Osseous cyst-like lesions of the medial femoral condyle in the horse. J. Am. Vet. Med. Assoc., **180**: 254, 1982.
382. STORY, E. C.: Prognostic value of arthrography in canine shoulder osteochondrosis (osteochondritis) dissecans. Vet. Clin. North Am. (Small Anim. Pract.), **3**: 301, 1978.
383. STOVER, S. M.: Effect of intraarticular gentamicin on synovial fluid and membrane. Am. Coll. Vet. Surg. Annu. Meet. San Diego, 1982.
384. STOVER, S. M., et al.: Sodium oxacillin in the horse: serum, synovial fluid, peritoneal fluid and urine concentrations after single-dose intramuscular administration. Am. J. Vet. Res., **42**: 1826, 1981.
385. STOVER, S. M., et al.: Aqueous procaine penicillin G in the horse: serum, synovial, peritoneal and urine concentrations after single-dose intramuscular administration. Am. J. Vet. Res., **42**: 629, 1981.
386. STROMBERG, B.: A review of the salient features of osteochondrosis in the horse. Eq. Vet. J., **11**: 211, 1979.
387. STROMBERG, B., and REJNO, S.: Osteochondrosis in the horse. I. A clinical and radiologic investigation of osteochondritis dissecans of the knee and hock joints. Acta Radiol. (Suppl.), **358**: 140, 1978.
388. SUNDBLAD, L.: Glycosaminoglycans and glycoproteins in synovial fluid. *In* The Amino Sugars. Vol. 2 A. Edited by R. W. Jeanloz, and E. A. Balazs. New York, Academic Press, 1965, pp. 229–250.
389. SWANN, D. A.: Macromolecules of synovial fluid. *In* The Joints and Synovial Fluid. Edited by L. Sokoloff. New York, Academic Press, 1978.
390. SWANSTROM, O. G.: Hyaluronate (hyaluronic acid) and its use. Proc. 24th Annu. Meet. Am. Assoc. Equine Pract., 1978, pp. 345–348.
391. SWANSTROM, O. G.: The handling of carpal injuries. Proc. 24th Annu. Meet. Am. Assoc. Equine Pract., 1978, pp. 337–338.
392. SWANSTROM, O. G.: Arthrography of the equine fetlock. M. S. Thesis. Purdue University, West Lafayette, IN, 1969.
393. SWANSTROM, O. G., and DAWSON, H. A.: Intra-articular Betasone and Depo-medrol: a comparative study. Proc. 20th Annu. Meet. Am. Assoc. Equine Pract., 1974, pp. 249–254.
394. TARANTA, A.: Rheumatic fever, clinical aspects. *In* Arthritis and Allied Conditions. Edited by D. J. McCarty. Philadelphia, Lea & Febiger, 1972, pp. 764–820.
395. TEW, W. P.: Synovial fluid analysis: applications in equine joint injury and disease. Proc. 28th Annu. Meet. AAEP, 1982, pp. 121–127.
396. TEW, W. P.: Synovial fluid particle analysis in equine joint disease. Mod. Vet. Pract., **61**: 993, 1980.
397. TIEGLAND, M. B., METCALF, J. W., and LEVESQUE, F.: Observations on the therapeutics of DMSO. Proc. 11th Annu. Meet. AAEP, 1965, pp. 371–375.
398. TIETZ, C. C., and CHRISMAN, O. D.: The effect of salicylate and chloroquine on prostaglandin-induced articular damage in the rabbit knee. Clin. Orthop., **108**: 264, 1975.
399. TORBECK, R. L., and PRIEUR, D. J.: Plasma and synovial fluid lysozyme activity in horses with experimental cartilage defects. Am. J. Vet. Res., **40**: 1531, 1979.
400. TROTTER, G. W., and McILWRAITH, C. W.: Osteochondritis dissecans and subchondral cystic lesions and their relationship to osteochondrosis in the horse. J. Eq. Vet. Sci., **1**: 157, 1981.
401. TROTTER, G. W., McILWRAITH, C. W., and NORRDIN, R. N.: A comparison of two surgical approaches to the equine femoropatellar joint. Vet. Surg., **12**: 33, 1983.
402. TROTTER, G. W., McILWRAITH, C. W., and WAGNER, A. M.: Unpublished data, 1980.
403. TROTTER, G. W., et al.: Degenerative joint disease with osteochondrosis of the proximal interphalangeal joint in young horses. J. Am. Vet. Med. Assoc., **180**: 1312, 1982.
404. TRUM, B. F.: Pathogenesis of osteoarthritis in the horse. Lab. Invest., **8**: 1197, 1959.
405. TULANO, R. M., BRAMLAGE, L. R., and GABEL, A. A.: Fractures of the central and third tarsal bones in horses. J. Am. Vet. Med. Assoc., **182**: 1234, 1983.
406. UENO, R.: Results of the treatment of experimental arthrosis of the knee joint with a mucopolysaccharide polysulfuric acid ester. Z. Orthop., **111**: 886, 1973.
407. VALDEZ, H., and ADAMS, O. R.: Surgical approach for medical meniscectomy in the horse. J. Am. Vet. Med. Assoc., **173**: 766, 1978.
408. VAN PELT, R. W.: Interpretation of synovial fluid findings in the horse. J. Am. Vet. Med. Assoc., **165**: 91, 1974.
409. VAN PELT, R. W.: Monoarticular idiopathic septic arthritis. J. Am. Vet. Med. Assoc., **158**: 1658, 1971.
410. VAN PELT, R. W.: Intra-articular injection of 6-methyl, 17-hydroxyprogesterone acetate in tarsal hydrarthrosis (bog spavin) in the horse. J. Am. Vet. Med. Assoc., **151**: 1159, 1967.
411. VAN PELT, R. W.: Arthrocentesis and injection of the equine tarsus. J. Am. Vet. Med. Assoc., **148**: 367, 1966.
412. VAN PELT, R. W.: Intra-articular injection of the equine stifle for therapeutic and diagnostic purposes. J. Am. Vet. Med. Assoc., **147**: 490, 1965.
413. VAN PELT, R. W.: Clinical and synovial fluid response to intrasynovial injection of 6-methylprednisolone acetate into horses and cattle. J. Am. Vet. Med. Assoc., **143**: 738, 1963.
414. VAN PELT, R. W.: Properties of equine synovial fluid. J. Am. Vet. Med. Assoc., **141**: 1051, 1962.
415. VAN PELT, R. W., and RILEY, W. F.: Clinicopathologic findings and therapy in septic arthritis in foals. J. Am. Vet. Med. Assoc., **155**: 1467, 1969.

416. VAN PELT, R. W., and RILEY, W. F.: Tarsal hydrarthrosis in the horse: response to intra-articular injection of synthetic steroids. Can. Vet. J., **10:** 130, 1969.
417. VAN PELT, R. W., and RILEY, W. F.: Therapeutic management of tarsal hydrarthrosis (bog spavin) in the horse by intraarticular injection of prednisolone. J. Am. Vet. Med. Assoc., **151:** 328, 1967.
418. VAN PELT, R. W., RILEY, W. F., and TILLOTSON, P. J.: Stifle disease (gonitis) in horses: clinicopathologic findings and intra-articular therapy. J. Am. Vet. Med. Assoc., **157:** 1173, 1970.
419. VAN PELT, R. W., et al.: Effect of intra-articular injection of flumethasone suspension in joint diseases in horses. J. Am. Vet. Med. Assoc., **159:** 739, 1971.
420. VAN SICKLE, D. C., and KINCAID, S. A.: Comparative arthrology. In The Joints and Synovial Fluid. Vol. I. Edited by L. Sokoloff. New York, Academic Press, 1978, pp. 1–47.
421. VAN VEENENDAAL, J. C., and MOFFATT, R. E.: Soft tissue masses in the fetlock joint of horses. Aust. Vet. J., **56:** 533, 1980.
422. VERNIMB, G. D., VAN HOOSE, L. M., and HENNESSEY, P. W.: Equine arthropathies. VM/SAC, **72:** 241, 1977.
423. WAGENHAUSER, F. J.: Basic medical treatment of the arthrodeses. Proc. 5th Post-Graduate Course in Rheumatology, Basel, 1976.
424. WAGNER, A. F., McILWRAITH, C. W., and MARTIN, G. S.: Effect of intra-articular injection of orgotein and saline on equine synovial fluid parameters. Am. J. Vet. Res., **43:** 594, 1982.
425. WARD, T. T., and STEIGBIGEL, R. T.: Acidosis of synovial fluid correlates with synovial fluid leukocytosis. Am. J. Med., **64:** 933, 1978.
426. WATANABE, M., TAKEDA, S., and IKEUCHI, H.: Atlas of Arthroscopy. Tokyo, Igaku Shoin Ltd., 1969.
427. WEISSMAN, G.: Lysosomes and joint disease. Arthritis Rheum., **10:** 834, 1966.
428. WEST, M., et al.: Enzyme activity in synovial fluid. J. Lab. Clin. Invest., **62:** 175, 1963.
429. WHEAT, J. D.: The use of hydrocortisone in the treatment of joint and tendon disorders in large animals. J. Am. Vet. Med. Assoc., **127:** 64, 1955.
430. WHEAT, J. D., and PASCOE, J. R.: A technique for management of traumatic rupture of the equine suspensory apparatus. J. Am. Vet. Med. Assoc., **176:** 205, 1980.
431. WHEAT, J. D., and RHODE, E. A.: The surgical treatment of fractures of the proximal sesamoid bones in the horse. J. Am. Vet. Med. Assoc., **132:** 378, 1958.
432. WHITE, S. L.: Clinical manifestations and pathophysiology of osteochondrosis. Proc. 26th Annu. Meet. Am. Assoc. Equine Pract., 1980, pp. 69–80.
433. WIGREN, A., FALK, J., and WIK, O.: The healing of cartilage injuries under the influence of joint immobilization and repeated hyaluronic acid injections. An experimental study. Acta Orthop. Scand., **49:** 121, 1978.
434. WILLOUGHBY, R. A., et al.: Lead and zinc poisoning and the interaction between Pb and Zn poisoning in the foal. Can. J. Comp. Med., **36:** 348, 1972.
435. WILSMAN, N. J., and VAN SICKLE, D. C.: Cartilage canals, their morphology and destruction. Anat. Rec., **173:** 79, 1972.
436. WISEMAN, P.: Osteochondritis in a thoroughbred foal. NZ Vet. J., **23:** 65, 1975.
437. WOTSKY, D.: Culture-negative septic arthritis and bacterial endocarditis. Arthritis Rheum., **23:** 605, 1980.
438. WOOD, D. C., and WOOD, J.: Pharmacologic and biochemical considerations of dimethyl sulfoxide. Annu. NY Acad. Sci., **243:** 7, 1975.
439. WYBURN, R. S.: A degenerative joint disease in the horse. NZ Vet. J., **25:** 321, 1977.
440. WYBURN, R. S., and GOULDEN, B. E.: Fractures of the equine carpus: a report on 57 cases. NZ Vet. J., **22:** 133, 1974.
441. WYNNE-DAVIES, R., WILLIAMS, P. F., and O'CONNOR, J. C. B.: The 1960's epidemic of arthrogryposis multiplex congenita. J. Bone Joint Surg., **63 B:** 76, 1981.
442. YOVICH, J., McILWRAITH, C. W., and STASHAK, T. S.: Osteochondritis dissecans of the sagittal ridge of the third metacarpal and metatarsal bones in horses. J. Am. Vet. Med. Assoc., **168:** 1186, 1985.
443. ZELLER, R., HERTSCH, B. und SUMY, M. T.: Vorkommen und klinische Beurteilung der Osteochondrosis dissecans (O. d.) im Talokruralgelenk beim Pferd. Dtsch. Tierärztl. Wschr., **85:** 189, 1978.

Krankheiten und Veränderungen der Sehnen, Bänder und Sehnenscheiden

In diesem Kapitel finden sich Angaben zu Anatomie und Physiologie der Sehnen, zu Entwicklungsstörungen, zu traumatischen Sehnenveränderungen sowie zu Erkrankungen der Sehnenscheiden. Im Abschnitt über entwicklungsbedingte Schäden werden Gliedmaßenmißbildungen besprochen, die in Form von Sehnenveränderungen auftreten oder diese hervorrufen (z. B. Sehnenkontrakturen). Dabei betrifft die Pathogenese, wie später zu sehen ist, nicht unbedingt primär die Sehnen. Aber auch in diesen Fällen soll aus Übersichtsgründen und zum besseren Verständnis die Krankheitsgenese mit erläutert werden.

Anatomie

Morphologie der Sehnen

Die Sehne besteht aus bandförmigem, dichtem, fibrösem Bindegewebe und dient dem Muskel als Vermittler beim Ansatz am Knochen. Das straffe, parallelfaserige Bindegewebe der Sehnen weist eine typische Struktur auf, die den mechanischen Anforderungen gerecht wird.[10] Den Hauptbestandteil der Sehnen bilden dicke, enggelagerte, parallele Bündel aus längs ausgerichteten Kollagenfasern. In den Spalten zwischen den Kollagenfaserbündeln liegen ebenfalls in parallelen Reihen angeordnete modifizierte Fibroblasten (Tenozyten). Die Grundeinheiten der Sehne stellen festgefügte Kollagenfibrillen dar, die von den Fibrozytenreihen und deren untereinander verbundenen Zytoplasmafortsätzen umgeben sind.[17] Diese primären Kollagenfibrillenbündel werden zu Sekundärbündeln zusammengefaßt, die ihrerseits wieder größere tertiäre Sehnenbündel bilden. Die Kollagenfibrillen der Primärbündel weisen einen parallelen, gewundenen Verlauf in

Sehnenlängsrichtung auf[18] und zusätzlich an ihrer Oberfläche eine spiralige Anordnung. Die komplexe Struktur des Kollagens führt zu einem bemerkenswerten seitlichen Zusammenhalt innerhalb der Sehne und verhindert gemeinsam mit der interfibrillären Grundsubstanz das Verschieben der Fasern und Fibrillen gegeneinander.[47] Die Festigkeit einer Sehne wird zwar nicht direkt durch die Fibroblasten bedingt, aber doch durch ihre Aktivität aufrechterhalten. So werden das Kollagen der Sehnen alle sechs Monate erneuert und geschädigte Fibrillen durch Fibroblasten neugebildet.

Das Peritendineum, das aus lockerem Bindegewebe besteht, Blut- und Lymphgefäße sowie Nerven enthält, befindet sich zwischen den Sehnenbündeln und setzt sich im Epitendineum fort. Letzteres stellt eine dünne Schicht lockeren Bindegewebes dar, das die Sehnenoberfläche eng umschließt (Abb. 7.136 und Seite 763).

Hilfseinrichtungen der Sehne

Das Epitendineum wird entweder vom gefäßhaltigen, lockeren Bindegewebe des Paratendineums oder bei Richtungsänderungen und in Bereichen vermehrter Reibung von Sehnenscheiden umgeben (Abb. 7.136). Das elastische und geschmeidige Paratendineum besteht aus langen Fasern und ermöglicht die Verschieblichkeit der Sehne.

Die Sehnenscheide weist, vergleichbar mit der Gelenkkapsel, ein äußeres Stratum fibrosum und ein inneres Stratum synoviale auf. Die Synovialauskleidung umschließt die Sehne derart, daß eine Parietal- und Viszeralschicht zu unterscheiden sind, die im Bereich des Mesotendineums, das aber auch fehlen kann, ineinander übergehen.[101] Zum Beispiel werden die Sehnen der Musculi flexores digitales beim Verlauf über die Palmarfläche des Karpalgelenkes in eine Sehnenscheide mit Mesotendineum eingeschlossen. Distal des Karpalgelenkes, im mittleren Bereich des Metakarpus, wird die Sehne nur vom Paratendineum umgeben, um anschließend wieder eine Sehnenscheide zu erhalten, allerdings ohne Mesotendineum. Dafür weist die tiefe Beugesehne in Höhe des Fesselgelenkes ein Vinculum tendinum auf.[79]

Ringbänder oder Retinacula aus festem, fibrösem, bandartigem Bindegewebe halten die Sehnen auf Oberflächen, die Verschiebungen oder einen bogenförmigen Verlauf gestatten, in ihrer exakten Lage (Abb. 7.136).[74]

Blutversorgung der Sehnen

Die Blutversorgung der Sehne kann auf vier verschiedene Arten erfolgen:

1. über den Muskel,
2. über den Knochen, an dem die Sehne ansetzt,
3. über das Mesotendineum der Sehnenscheide, oder bei Fehlen einer Sehnenscheide über das Paratendineum,
4. über ein gefäßführendes Vinculum tendineum.

Es wurde gezeigt, daß die Blutgefäße der Muskeln bzw. Knochen proximal bzw. distal nur 25 % der Sehne erreichen. Daraus kann geschlossen werden, daß das Paratendineum eine wichtige Rolle bei der Gefäßversorgung spielt.[101] Beobachtungen an den Schultergliedmaßen von Pferden ließen erkennen, daß auch die oberflächlichen und tiefen Beugesehnen proximal Gefäße über ihre Muskeln und distal, im Ansatzbereich, über das Periost erhalten.

Innerhalb der gemeinsamen Karpalbeugesehnenscheide versorgen direkte Abgänge der Arteria mediana die Sehnenoberfläche über das Mesotendineum, während andere Äste dieser Arterie parallel der Beugesehnen zum Metakarpus ziehen.[101] Zwischen Karpalbeuge- und Fesselbeugesehnenscheide gehen die Gefäße der Sehnen vom umgebenden Paratendineum aus. Im Bereich der gemeinsamen digitalen Sehnenscheide wird die oberflächliche Beugesehne von palmar über Gefäße, die durch das Fesselringband treten, sowie von dorsal durch Äste der Arteria digitalis palmaris communis II bzw. III, die auf der Sehnenoberfläche und der Sehnenscheide verlaufen, vaskularisiert. Auch distal des Fesselgelenkes wird die oberflächliche Beugesehne in gleicher Weise von den Arteriae digitales palmares medialis und lateralis versorgt.

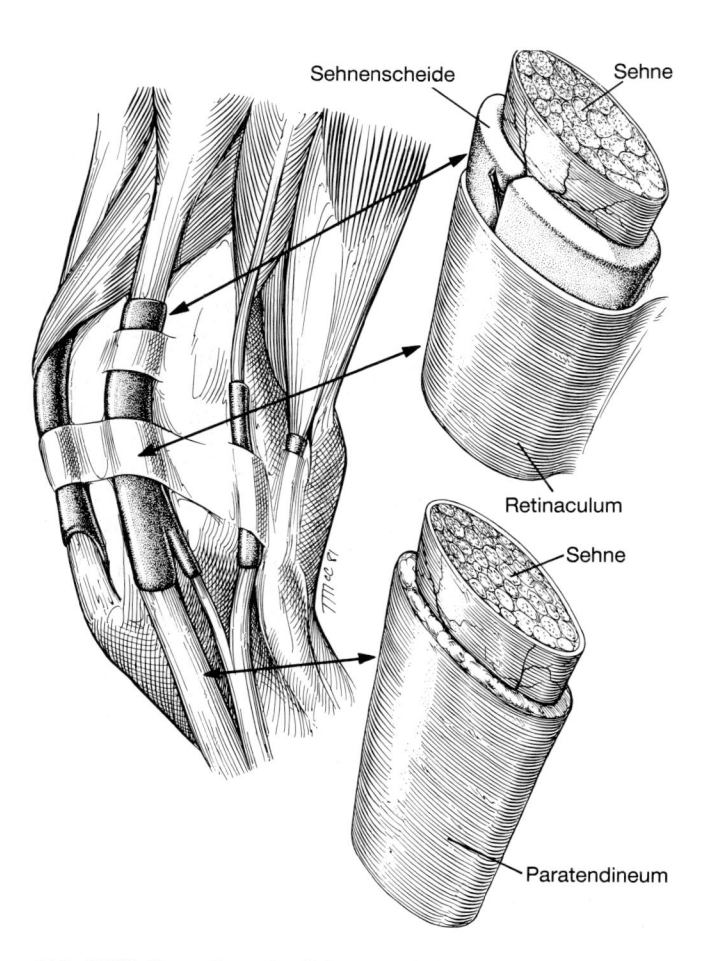

Abb. 7.136: Darstellung der Sehnen sowie ihrer Beziehung zu Paratendineum und Sehnenscheiden.

Anastomosen zwischen diesen beiden Gefäßgruppen bestehen allerdings nicht.[76] Die tiefe Beugesehne erhält proximal innerhalb der Sehnenscheide Äste aus der Arteria digitalis palmaris communis II und distal Gefäße über ein Vinculum tendinum. Die bekannten Bereiche der Beugesehnen mit geringer Vaskularisation besitzen eine erhöhte Prädisposition gegenüber degenerativen Veränderungen.[21]

Mechanische Eigenschaften der Sehne

Sehnen besitzen eine große Zugfestigkeit bei geringer Dehnbarkeit, d. h., Sehnen dienen in erster Linie zur Kraftübertragung. Weitere mechanische Eigenschaften, die erst neuerdings den Sehnen zuerkannt werden, beinhalten eine dynamische Verstärkung bei schnellen Muskelkontraktionen und einen Elastizitätsvorrat zur Kraftdämpfung während schneller, unerwarteter Bewegungen.[18]
Bei Zug in einer Richtung läßt sich die Sehne zuerst relativ widerstandslos ausdehnen, geht dann aber bei weiterer Belastung in einen straffen, gespannten Zustand mit geringer Verlängerung über (Abb. 7.137). Die Grenze zwischen diesen beiden Phasen ist durch das Verschwinden der Wellen an der Sehnenoberfläche gekennzeichnet und tritt ungefähr nach 3 % Verlängerung auf. Innerhalb des ersten, elastischen Bereiches wird beim Nachlassen der Kraft die ursprüngliche Wellenform wiedererlangt, und auch das Aufdrehen der Spiralen kann beobachtet werden. Im Anschluß an die elastische Initialphase verändert sich das mechanische Verhalten der Sehne, die jetzt vermehrt viskös-elastische Eigenschaften aufweist. Gleichzeitig kommt es zu irreversiblen Strukturänderungen.[69,84,101] Unter konstanter Belastung dehnt sich die Sehne mit der Zeit fortschreitend aus (Abb. 7.138). Es wird angenommen, daß diese viskös-elastischen Veränderungen nicht die Primärbündel und die Eigenschaften des Kollagens selbst betreffen, sondern eher die umgebende Grundsubstanz.[82]
Über das Ausmaß der normalen, auf die Sehnen der Pferde einwirkenden „physiologischen Kräfte" ist auch im Hinblick auf die angeführten Befunde und in Beziehung zur Reißfestigkeit bisher nur wenig bekannt. Um die Bedeutung des dynamischen Verhaltens der Sehnen zu verstehen, ist es nötig zu wissen, ob sich die Sehne elastisch oder viskös-elastisch verhält. Dafür müssen die entsprechenden Bereiche definiert werden. So wird angenommen, daß die normale physiologische Aktivität der Sehnen niemals den elastischen Bereich überschreitet, da in der zweiten Phase der Kurve (Abb. 7.137) bleibende Schäden auftreten.[101] Allerdings nehmen andere Autoren an, daß zahlreiche physiologische Kräfte auch in den Übergangsbereich fallen.[18] Zwischen 3- und 5%iger Zugbelastung besteht eine lineare Abhängigkeit zwischen Zug und Ausdehnung, aber im Bereich zwischen 5 und 6 % erfolgt eine deutliche Verlängerung, die schließlich zur Zerreißung der Sehne führt.[101] Weiterhin ist es wichtig festzustellen, ob eine Überdehnung die normale Wellenstruktur zerstört und so klinische Symptome hervorruft oder ob nach einer derartigen Belastung eine anschließende vollständige Rückbildung gegeben ist und in welcher Zeit. Es ist bekannt, daß in der linearen Phase die normale Wellenform verlorengeht und auch nach Beendigung der Krafteinwirkung nicht wiedererlangt wird. Histologische Schnitte von Sehnen mit akuten und chronischen Läsionen zeigen den erwähnten Verlust der Spiralstruktur.

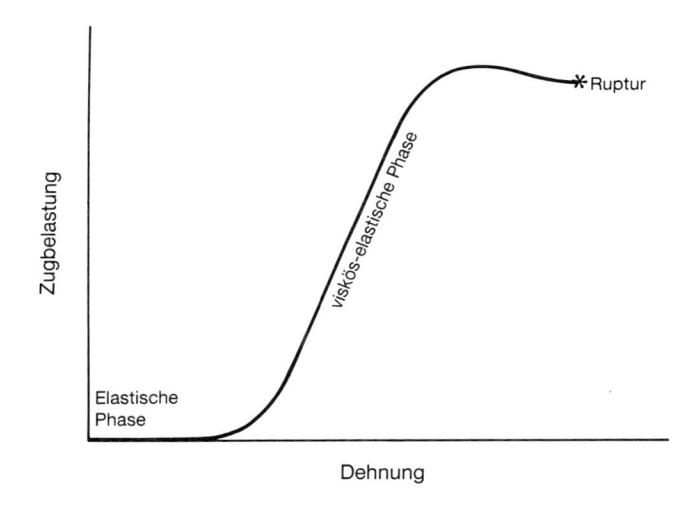

Abb. 7.137: Darstellung der Eigenschaften einer Sehne bei Zugbelastung. Eine initiale, lockere, elastische Phase geht einem straff gespannten, annähernd linearen, viskös-elastischen Bereich voraus. Eine Ruptur tritt bei etwa 8 % Verlängerung ein (aus EVANS, J. H., and J. C. BARBENEL: Structured and mechanical properties of tendon related to function. Eq. Vet. J., 7: 5, 1975).

Reaktionen der Sehnen auf Verletzungen und Heilung

Die Regeneration der Sehnen umfaßt sowohl innere als auch äußere Faktoren. Da die Sehne früher als ein gefäßfreies und inertes Organ mit einem geringen Regenerationspotential galt, wurde angenommen, daß eine Heilung ausschließlich von einwandernden Fibroblasten und einsprossenden Kapillaren vom Peritendineum aus erfolgte. Tatsächlich ist diese äußere Heilung überaus wichtig und bildet wahrscheinlich die einzige Regenerationsmöglichkeit bei schweren Sehnenzerreißungen beim Pferd. Allerdings gibt es auch eine innere Eigenheilung der Sehnen, die in neueren Arbeiten zunehmend Beachtung findet.[52] Es scheint, daß sich Zellen innerhalb der Sehnen zu aktiven Fibroblasten umwandeln können. Maximale Sehneneigenregeneration bei minimaler Unterstützung durch äußere Faktoren vermindert die Probleme durch eventuelle Verklebungen der Sehnen mit dem umgebenden Gewebe.
Ebenso wie bei jeder anderen Wundheilung im Körper beginnt die Reparation der Sehnen mit einer Entzündungsreaktion. Die Exsudation von Fibrin und Entzündungszellen hängt von der Größe der Wunde und der Stärke des Traumas ab.[38] Dabei beeinflußt die Entzündung die Bildung von faserreichem Bindegewebe. Bei verletztem, ischämischem Gewebe und bei Fremdmaterial kommt es zu einer starken Entzündung, die die Bildung von übermäßigem Granulationsgewebe und Kollagenablagerungen fördern kann.[38]

450 Kapitel 7: Erkrankungen der Gelenke

Die Gefäßverteilung vom Paratendineum aus beeinflußt ebenfalls die Sehnenheilung.[8] Die Kapillaren versorgen die Zellen mit dem lebensnotwendigen Sauerstoff, fördern die Hydroxilierung von Prolin während der Kollagensynthese, liefern Entzündungszellen zum Fortschaffen der Zelltrümmer sowie zum Schluß der Wunde und bringen essentielle Aminosäuren für die Proteinsynthese herbei. Daneben trägt die Sehne selbst zu ihrer Heilung bei. Dies wurde belegt, indem die Teilstücke von durchtrennten Sehnen nach der Verbringung in intakte Sehnenscheiden und Synovia eine Reparation zeigten, obwohl sie von ihrer Blutversorgung getrennt waren.[38] Bei diesen Manipulationen überlebten die Sehnenzellen, mit Ausnahme derjenigen im Zentrum. Es trat eine Hyperplasie sowohl von Epi- als auch von Peritendineum auf, und eine Primärheilung durch die Fibroblasten fand statt. Allerdings kommt es bei den meisten Sehnenverletzungen der Pferde zum Verlust von Sehnengewebe, zu Kontaminationen und zur Überdeckung der primären Eigenreparation durch die extensive Reaktion des Gewebes um die Sehnen. Die Folge davon sind neben der Sehnenheilung massive peritendinöse Hyperplasien und Adhäsionen, so daß die Wiedererlangung der normalen Gleitfunktion nicht mehr gegeben ist.

Während begrenzte passive Bewegung die Längsausrichtung der Kollagenfibrillen und die Bildung der Primär- und Sekundärbündel bei der Sehnenheilung unterstützt, hemmt stärkere aktive Bewegung die frühe Sehnenwiederherstellung.[38,73] Diese Situation verdeutlicht das Problem bei der Behandlung von Sehnenverletzungen beim Pferd. Neuere Untersuchungen an einem klinisch relevanten Modell zur Sehnenreparation bei Hunden zeigten, daß frühe, kontrollierte, passive Bewegung die Eigenheilung der Sehne fördert, indem die Gleitfläche bereits beizeiten wiederhergestellt wurde und die Sehne schneller als bei vollständiger Ruhigstellung heilte.[27]

Entwicklungsstörungen der Sehnen und Bänder

Schlaffe und schwache Beugesehnen bei Fohlen

Neugeborene Fohlen weisen oft eine Hyperextension der Beugesehnen an der Beckengliedmaße, selten auch an allen vier Extremitäten, auf. Gewöhnlich kommt es zur spontanen Besserung, so daß dieser Zustand wahrscheinlich eher eine physiologische Variante als eine Erkrankung darstellt. Jedoch kann die Beugesehnenanomalie auch mit systemischen Erkrankungen oder Bewegungsverlust einhergehen.[25] Die Fohlen stehen und laufen dabei auf der Palmar- bzw. Plantarfläche des Hufes, indem sie zurück auf die Ballen schaukeln. Die Zehe wird nicht belastet (Abb. 7.138).

Bei Fohlen, bei denen sich dieser Zustand nicht innerhalb einiger Tage von selbst bessert, erfolgt eine Behandlung in Form einer Hufkorrektur und verstärkter Bewegung. Die Trachten werden vermehrt beschnitten, um das Zurückschaukeln zu verhindern und um eine ebene Sohlenfläche für die Aufnahme des Körpergewichtes zu erhalten (Abb. 7.139).[58] Die Zehenspitzen sollten nicht gekürzt werden. Unterbleibt eine Hufzubereitung, kann es durch die fort-

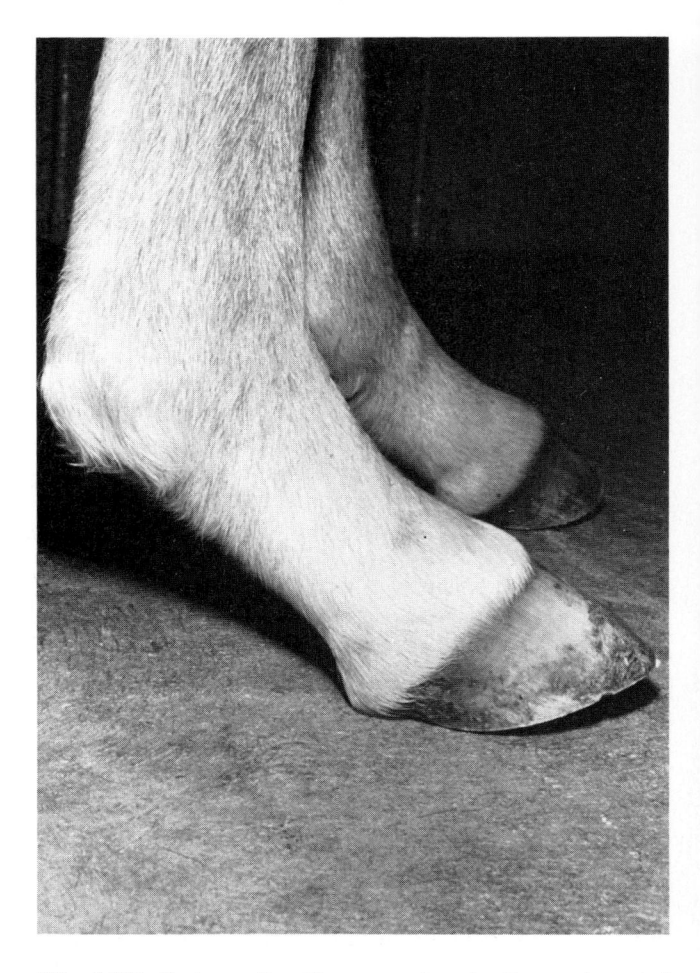

Abb. 7.138: Geringgradige Hyperextension der Beugesehnen bei einem Fohlen. Der Huf wurde korrigiert, so daß der Zustand in kurzer Zeit behoben sein wird.

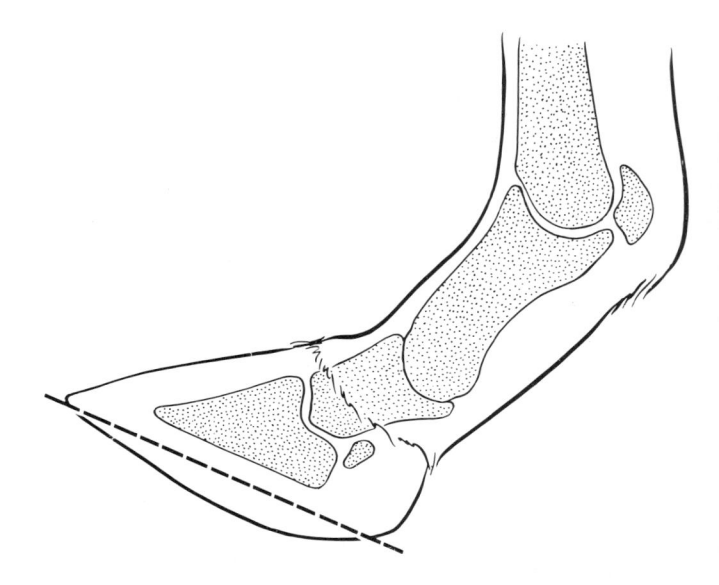

Abb. 7.139: Schematische Darstellung der Hufzubereitung (Hufkorrektur) bei Hyperextension der Beugesehnen.

schreitende Fehlbelastung zu Subluxationen im Bereich des Hufgelenkes kommen. Die Anwendung von Bandagen oder fixierenden Stützverbänden verschlimmert die bestehende Sehnenschwäche. Orthopädischer Beschlag ist im allgemeinen nicht nötig, kann aber in schweren Fällen vorteilhaft sein.

Hochgradige Hyperextension beim Fohlen

Diese seltene Erkrankung tritt bei der Geburt oder kurz danach auf und ist durch eine extreme dorsale Überstreckung in Kron- und Hufgelenk gekennzeichnet.[22] Das klinische Erscheinungsbild entspricht prinzipiell demjenigen bei der Sehnenschwäche, nur handelt es sich hier um eine eigenständige Erkrankung. Elektromyographische Untersuchungen ließen keine Veränderungen an den Musculi flexores digitales erkennen.[22] Schwer erkrankte Tiere stehen und bewegen sich dabei auf der Palmar- bzw. Plantarfläche der Phalangen und auf den Sesambeinen (Abb. 7.140). Die Ätiologie ist unbekannt.

Konservative Therapien, wie der Beschlag mit verlängerten Schenkeln oder das Anlegen von Stützverbänden, sind meist nicht erfolgreich. Die chirurgische Behandlung in Form von Kürzen der oberflächlichen und tiefen Beugesehnen wurde beschrieben,[22] führt aber zu unterschiedlichen Ergebnissen.

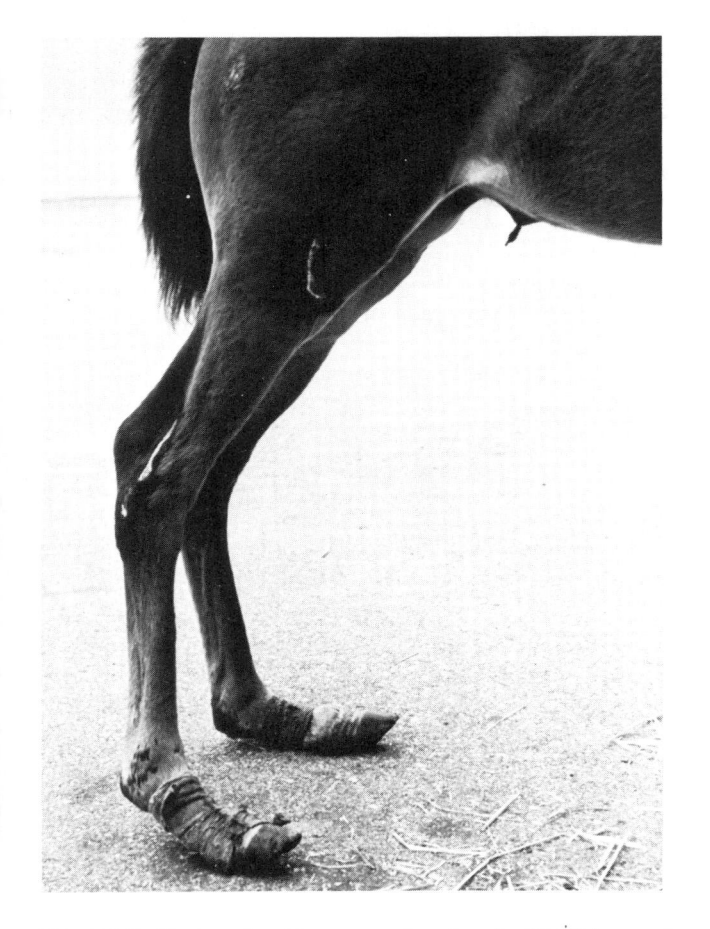

Abb. 7.140: Hochgradige Hyperextension der oberflächlichen und tiefen Beugesehnen.

Sehnenkontrakturen oder Beugeanomalien einschließlich Sehnenstelzfuß

Der Ausdruck Sehnenstelzfuß bezeichnet eine funktionelle Verkürzung der Beugesehnen. Daneben gibt es verschiedene andere Beugeanomalien der Gliedmaßen, die unter dem Begriff Sehnenkontrakturen zusammengefaßt werden können. Jedoch sind die Kontraktionsmöglichkeiten des straffen Sehnengewebes offensichtlich begrenzt, so daß die Primärerkrankung nicht unbedingt im Bereich der Sehnen liegt. In den meisten dieser Fälle ist zwar die effektive funktionelle Länge der Muskel-Sehnen-Einheit zu gering, um eine normale Ausrichtung der Gliedmaße zu gewährleisten, aber das besagt nicht, daß die Primärveränderung die Sehnen selbst betrifft. Trotzdem beschreiben die Ausdrücke Sehnenkontraktur („contracted tendons") und Sehnenstelzfuß das pathologische Erscheinungsbild recht anschaulich, obwohl sie auf verschiedenen zum Teil nicht vollständig geklärten pathogenetischen Mechanismen beruhen.

Die Beugeanomalien können angeboren oder erworben sein. Im ersten Fall treten sie bei oder kurz nach der Geburt auf, während sie sich im zweiten Fall während des Wachstums entwickeln. In jeder Gruppe gibt es verschiedene Ätiologien.

Angeborene Beugeanomalien einschließlich angeborenem Sehnenstelzfuß

Pathogenese. Zahlreiche Fälle dieser Erkrankung werden einer Fehllagerung im Uterus zugeschrieben.[6,25,36,71] Obwohl diese Vorstellung einleuchtend erscheint und für viele dieser Veränderungen wahrscheinlich zutrifft, werden andere Fälle durch komplexere Vorgänge, wie durch genetische Faktoren oder teratogene Einflüsse während der Fetalperiode, verursacht.

So gibt es einen Bericht von acht Fohlen mit schweren Fesselgelenkhyperextensionen, die wahrscheinlich über ein mutiertes dominantes Gen des Vaters vererbt wurden.[34] Weiterhin finden sich Angaben über drei Fälle mit kongenitaler Beugesehnenkontraktur bei Fohlen, deren Mütter während eines Influenzaausbruches trächtig waren.[25] Angeborene Gliedmaßenmißbildungen treten auch bei Fohlen von Stuten auf, die in der Trächtigkeit Narrenkraut (in den USA vorkommende Giftpflanze) aufgenommen haben.[50] Obwohl solche Fälle sich nur lokal zutragen, verdeutlichen sie doch die Notwendigkeit, durch weitere Untersuchungen die Rolle von toxischen und infektiösen Ursachen für kongenitale Mißbildungen festzustellen. Ferner wurde ein Syndrom bei Fohlen beschrieben, bei dem neben einer Beugekontraktur des Fessel-, Karpal- und Tarsalgelenkes zusätzlich Tortikollis, Skoliose, Hypoplasie der Gelenkflächen der Wirbel sowie Hypoplasie der Ossa metacarpalia bzw. metatarsalia III vorkamen.[71] Die Ätiologie dieser Erkrankung ist ungeklärt, aber es wird vermutet, daß die Beugeanomalien die Folge von kompensatorischen Muskelkontraktionen sind, die aufgrund von Gelenkinstabilitäten durch Knochenmißbildungen erfolgen.[71] Ähnliche pathologische Veränderungen wurden bei zwei Clydesdale-Fohlen beschrieben. Allerdings wies eines dieser Tiere eher eine schwere Streckmißbildung als eine Beugekontraktur auf.[11] Fehler in der Vernetzung von Elastin und Kollagen bei Lathyrismus verursachen bei anderen Tierarten Beugeanomalien.[37] Möglicherweise sind solche biochemischen Veränderungen mit kongenitalen Beugeanomalien bei Fohlen vergesellschaftet.

Außerdem finden sich derartige Deformationen auch in Verbindung mit einer Schilddrüsenhyperplasie.[7] In einer neueren Veröffentlichung werden Rupturen der gemeinsamen Strecksehne, Kontraktionen im Bereich der Schultergliedmaßen und eine mandibuläre Prognathie als häufige Befunde bei schweren Schilddrüsenhyperplasien beschrieben.[51]

Bei der Arthrogrypose, die bei Kälbern beschrieben wurde, aber bei Pferden wenig bekannt ist, können ebenfalls entsprechende Beugeanomalien auftreten. Eine Erkrankung, deren klinisches Erscheinungsbild demjenigen der Arthrogrypose ähnelt, tritt bei Fohlen auf, deren Mütter auf Weiden mit einer hybridisierten Sorghum-Art gehalten wurden.[66]

Klinik. Angeborene Beugeanomalien können eine oder mehrere Gliedmaßen betreffen. Am häufigsten erkranken Fessel- oder Karpalgelenk. Bei leichteren Deformationen im Fesselgelenk können die Fohlen zwar stehen, knicken aber im Fesselgelenk nach vorn ein, was als Überköten bezeichnet wird (Abb. 7.141). In schweren Fällen laufen die Fohlen auf der Dorsalfläche des Fesselkopfes. Dabei sind im allgemeinen sowohl die oberflächliche als auch die tiefe Beugesehne verkürzt. Einige Autoren nehmen an, daß bei dieser Form der Erkrankung der Musculus interosseus medius primär verändert ist.[15,16] Bei ausschließlicher Kontraktion der tiefen Beugesehne kommt es zu einer Flexion im Hufgelenk. Auch kongenitale Beugeanomalien im Karpalgelenk treten häufig auf (Abb. 7.142 und 7.143). Die genaue Feststellung, welche Sehne primär betroffen ist, stellt sich hierbei schwierig dar, und oft scheinen

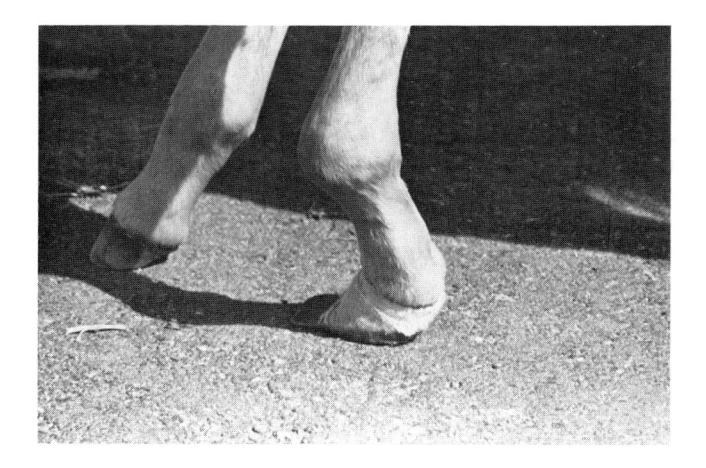

Abb. 7.141: Kongenitale Beugefehlstellung im Fesselgelenk (Articulatio metacarpophalangea). Auch das Strecken der Zehe durch ein kranial verlängertes Eisen verbesserte die Situation nicht.

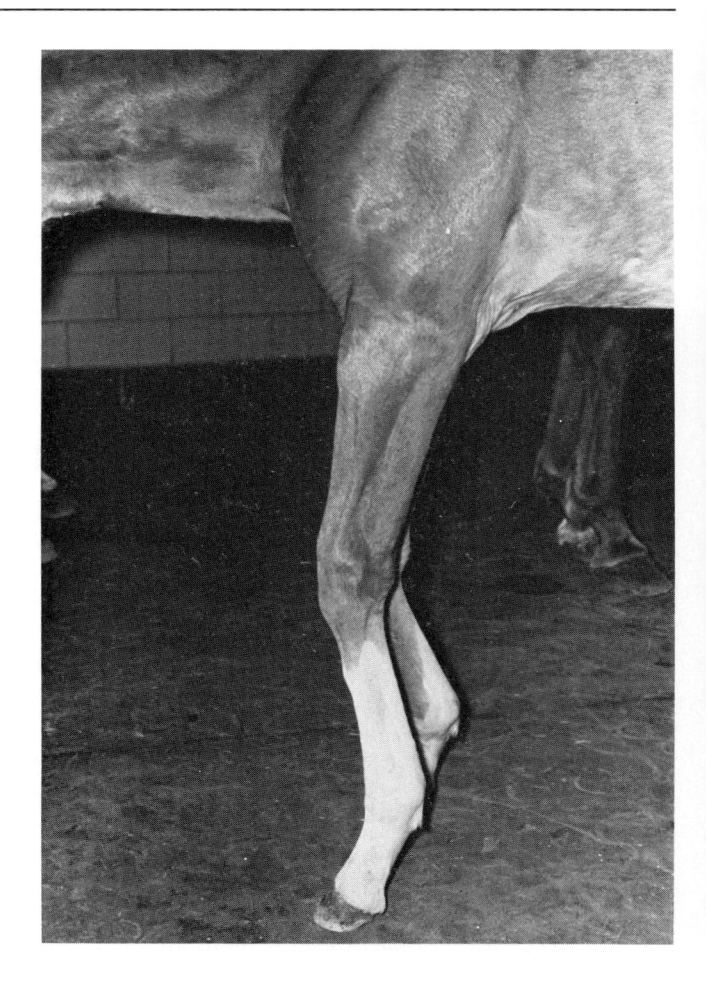

Abb. 7.142: Leichte Flexionsstellung im Karpalgelenk. Diese Veränderung heilte spontan.

Kontraktionen der Fascia carpi bzw. der Ligamenta palmaria die Primärveränderungen zu sein (Abb. 7.144). In mehreren Fällen konnte die pathologische Flexion des Fesselgelenkes durch die Durchtrennung der oberflächlichen und/oder der tiefen Beugesehne und/oder des Musculus interosseus medius verbessert werden. Bei der pathologischen Flexion des Karpalgelenkes ist jedoch die Entfernung aller palmar gelegenen Gelenkstrukturen sowie die Durchtrennung der Beugesehnen für das Geraderichten des Gelenkes notwendig.[71] Rotationen der Gliedmaßenachse können Beugeanomalien begleiten (Abb. 7.145).

Therapie und Prognose. Bei einigen Fohlen verbessern sich diese Fehlstellungen spontan. Wahrscheinlich handelt es sich dabei vorwiegend um Veränderungen aufgrund uteriner Fehllagerungen. Die restlichen Erkrankungen dieser Gruppe, soweit sie nicht übersehen werden, reagieren positiv auf das Anlegen von Schienen. Das Grundprinzip der Behandlung besteht in einer starken Streckung der Gliedmaße, um eine reflektorische, myostatische Gegenreaktion mit konsequenter Erschlaffung der Beugemuskeln zu erzielen. Unterschiedliche Schienen und Vorrichtungen werden für diesen Zweck empfohlen,[1,6] aber eines der besten Materialien bilden Polyvinylchlorid(PVC)-

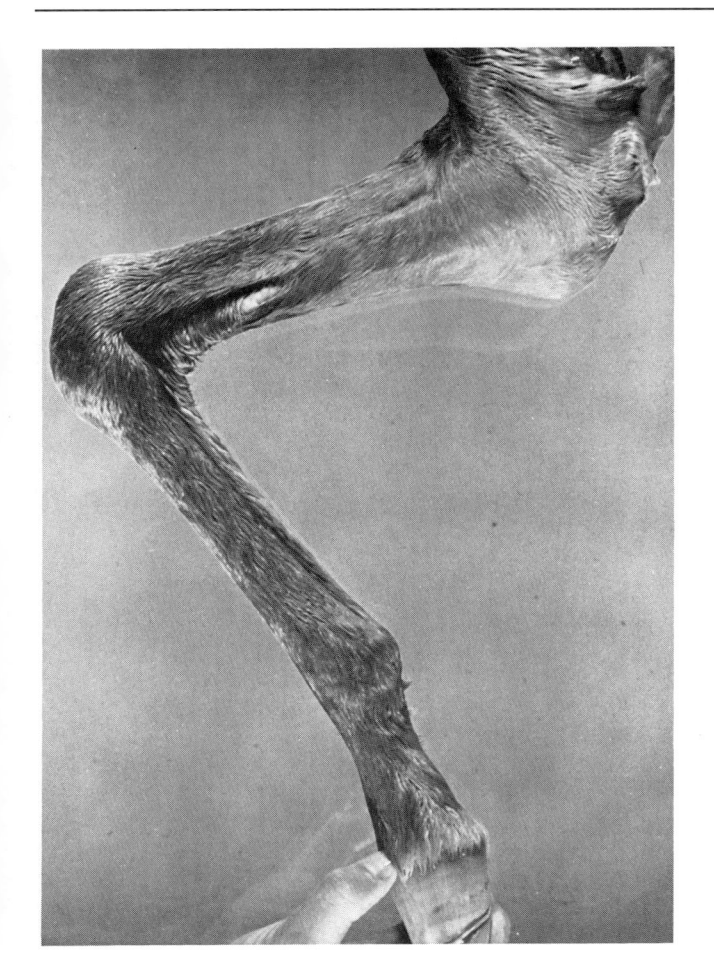

Abb. 7.143: Schwere kongenitale Beugeanomalie im Karpalgelenk. Die Gliedmaße ist soweit wie möglich gestreckt.

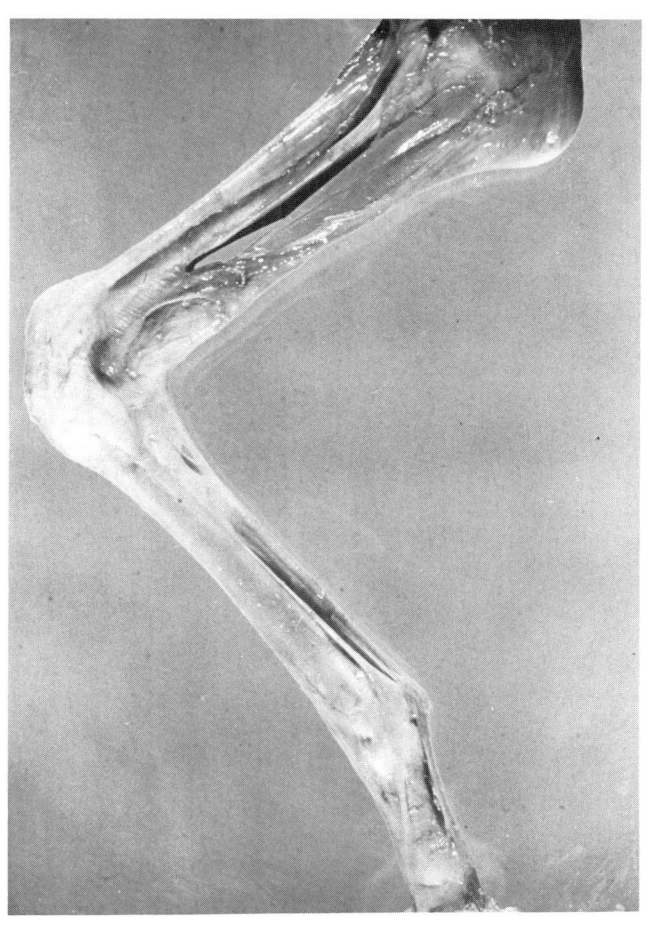

Abb. 7.144: Dieselbe Schultergliedmaße wie in Abbildung 7.143 im Anschluß an die Enthäutung. Auch nach Durchschneiden aller Sehnen ist eine Streckung des Karpalgelenkes nicht möglich.

Rohre, die zu Schienen umgearbeitet und nach Erwärmen in die gewünschte Form gebogen werden können. Bei schweren Deformationen wird eine gerade Schiene benutzt, die bei beginnender Muskel-Sehnen-Erschlaffung gebogen werden kann, um eine normale Stellung des Fesselgelenkes zu erzwingen (Abb. 7.146 und 7.147). Durch die Gewichtsbelastung wirken konstante Streckkräfte auf die Beugeeinheiten, die dadurch zur Erschlaffung angeregt werden. Jede Schiene muß sinnvoll gepolstert, dauernd kontrolliert und gewechselt werden, um Hautnekrosen zu verhindern. Bei fehlerhafter Anwendung von Schienen oder Bandagen können große Sekundärschäden entstehen (Abb. 7.148). Durch die Benutzung von entsprechend gewinkelten PVC-Schienen kann das Risiko von Hautnekrosen deutlich verringert werden.

Vor kurzem wurden erfolgreiche Versuche mit der intravenösen Gabe von Oxytetrazyklinen (3 g) gemacht. So konnte in einigen früh zur Behandlung vorgestellten Fällen mit einer einzigen Dosis eine vollständige Normalisierung erreicht werden. Manchmal war eine zweite Applikation notwendig. Obwohl der Wirkungsmechanismus unbekannt ist, scheint er mit dem Kalziumbindungsvermögen von Oxytetrazyklin in Verbindung zu stehen. Dabei stellen wahrscheinlich eher die Muskeln als die Knochen das Zielorgan des Medikamentes dar, da die Reaktion auf die Injektion schnell eintritt.

Wenn die konservativen Behandlungsmethoden versagen, kann ein Gips-, Fiberglas- bzw. Kunststoffverband zur Streckung angelegt werden. Diese Behandlung bleibt aber auf schwere Kontrakturen, die nicht vollständig gestreckt werden können, beschränkt. Hier verursacht ein derartiger fixierender Gips-, Fiberglas- bzw. Kunststoffverband eine Schwächung der Muskulatur, so daß nach Abnahme des Verbandes eine ausreichende Streckung möglich ist. Generell ist die Prognose in derartigen Fällen ungünstig. Die Verwendung von fixierenden Stützverbänden ist bei Fohlen besonders schwierig, und ein kombinierter Gips-/Fiberglasverband ist empfehlenswert. Dabei wird zuerst eine dünne Lage Gips aufgebracht und anschließend der Verband mit den im Handel erhältlichen leichten Fiberglasmaterialien vervollständigt.

Manchmal sind auch orthopädische Eisen angebracht.[16] Grundsätzlich, besonders wenn Eisen zur Streckung der Zehe benutzt werden, sollte der Kliniker sicherstellen, daß eventuelle Hufabszesse rechtzeitig bemerkt werden. Diese können bei übermäßiger Abnutzung oder bei exzessivem Druck durch Infektionen über die weiße Linie (Zona alba) im Zehenbereich entstehen. Die letzte Alter-

454   Kapitel 7: Erkrankungen der Gelenke

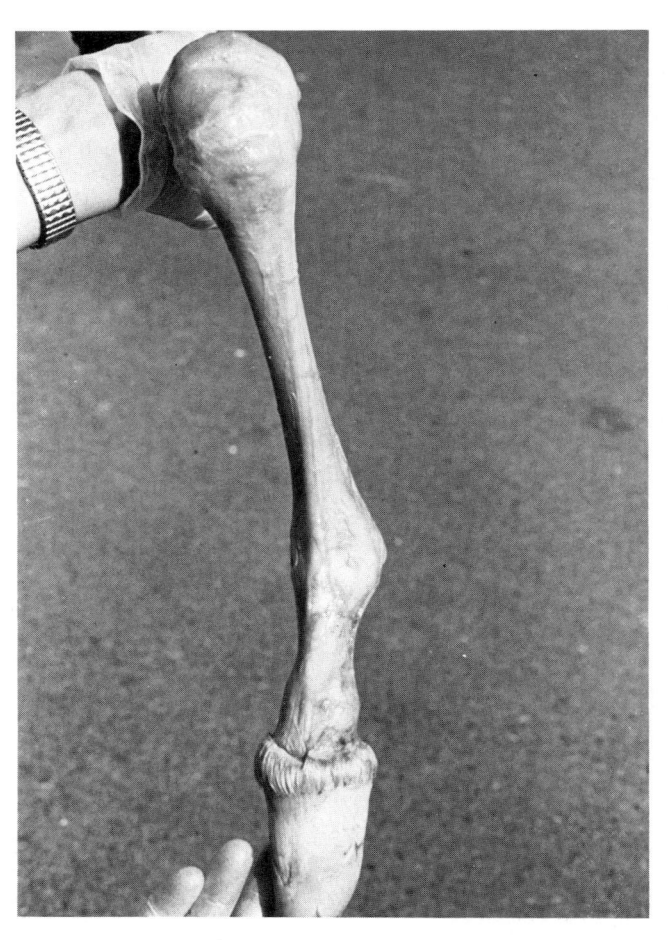

Abb. 7.145: Rotationsmißbildungen können Beugefehlstellungen begleiten, wie in dieser Ansicht deutlich wird. Es handelt sich um dieselbe Schultergliedmaße wie in den Abbildungen 7.143 und 7.144.

native bei der Behandlung von kongenitalen Sehnenkontrakturen ist die Operation. Die Tenotomie der Beugesehnen[1,48] und die Desmotomie des Unterstützungsbandes der tiefen Beugesehne sind erfolgreich angewendet worden, aber nicht immer indiziert. (Die Technik wird im Abschnitt über die Therapie der erworbenen Beugefehlstellungen – Seite 459 bis 461 – beschrieben.) Kürzlich wurde auch ein Fall einer angeborenen pathologischen Flexion des Sprunggelenkes aufgrund eines verkürzten Musculus peroneus (fibularis) tertius publiziert.[85] Durch die Resektion eines Muskelstückes konnte diese Veränderung erfolgreich behandelt werden.[85] Im allgemeinen ist eine Operation bei allen konservativ nicht zugänglichen Fällen unerläßlich. Der Unterschied zwischen angeborenen und erworbenen Beugeanomalien sollte immer beachtet werden.

Erworbene Beugeanomalien einschließlich Sehnenstelzfuß

Pathogenese. Erworbene Beugeanomalien bzw. der erworbene Sehnenstelzfuß treten uni- oder bilateral auf, gewöhnlich im Bereich von Fessel- oder Hufgelenk der Schultergliedmaße.

Die Pathogenese der erworbenen Beugedeformationen steht in Beziehung zum Schmerz.[71] Jeder Schmerz führt

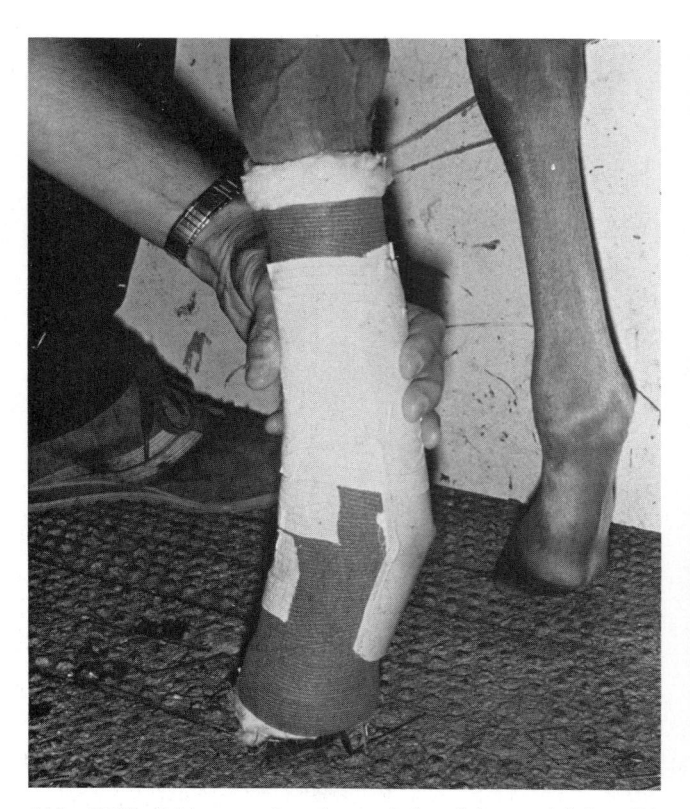

Abb. 7.146: Schienung eines kongenitalen Sehnenstelzfußes. Die Gliedmaße ist bereits bandagiert, und die vorher in Form gebogene Schiene befindet sich in der richtigen Position.

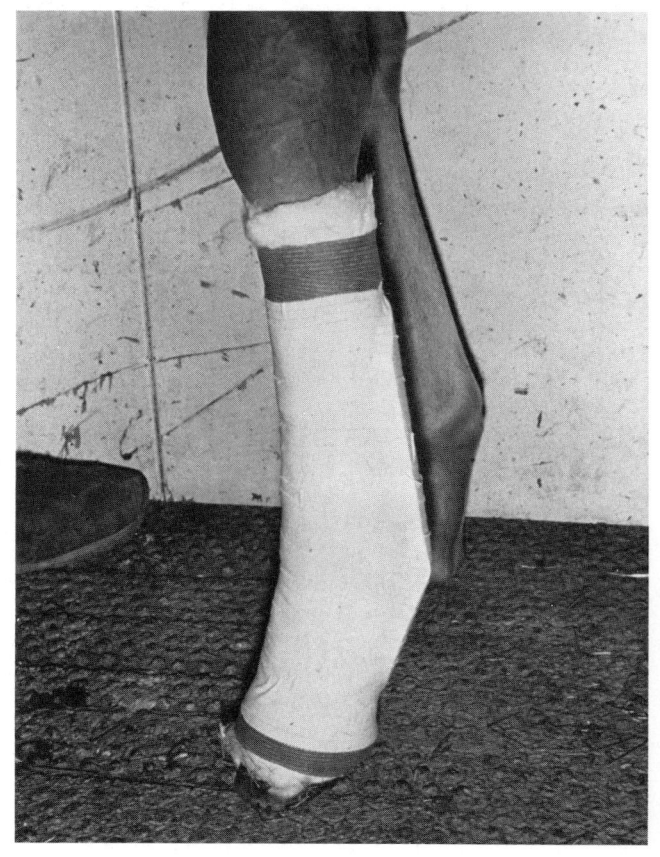

Abb. 7.147: Befestigung der Schiene mit Klebeband.

Kapitel 7: Erkrankungen der Gelenke 455

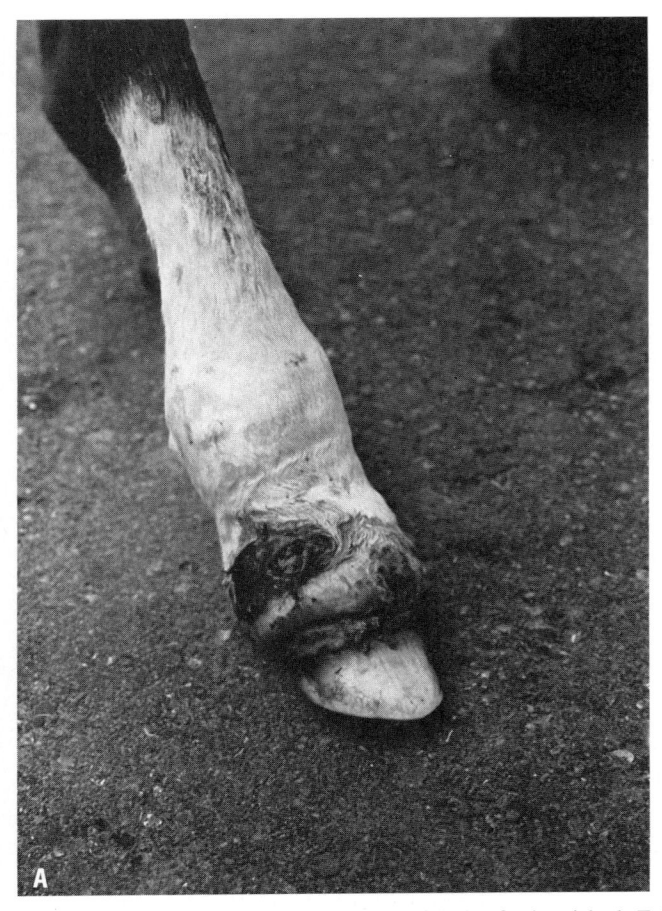

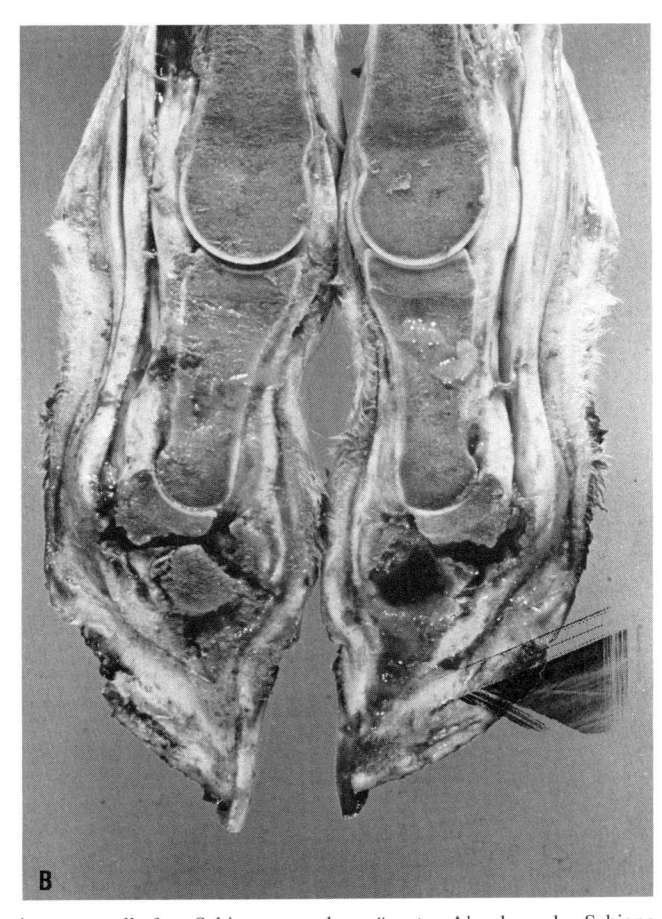

Abb. 7.148: A und **B** Gangrän im distalen Gliedmaßenbereich als Folge einer mangelhaften Schienung und versäumter Abnahme der Schiene beim Auftreten einer Lahmheit.

zum reflektorischen Zurückziehen der Gliedmaße durch Kontraktion der Beugemuskeln mit anschließender Gelenkflexion. Schmerz kann die Folge einer Epi- bzw. Apophysitis, einer Osteochondrosis dissecans, einer septischen Arthritis, von Weichteilverletzungen sowie von Hufederhautinfektionen mit oder ohne Beteiligung des Hufbeines sein. Beugeanomalien finden sich häufig im Zusammenhang mit Entzündungen der Epi- bzw. Apophysen, ebenso wie bei der Osteochondrosis dissecans des Schulter- oder Kniegelenkes.

Schlechte Fütterungspraktiken, wie Überfütterung oder unausgeglichene Rationen, werden für die Beugeerkrankungen bei wachsenden Fohlen verantwortlich gemacht.[36,63] Ausführliche Erläuterungen zu diesen Ernährungsproblemen enthalten die Seiten 271 bis 292. Die Epi- bzw. Apophysitis, die Osteochondrosis dissecans sowie die Beugeanomalien werden mit einer übermäßigen Energieaufnahme während des Wachstums in Verbindung gebracht. Allerdings bestehen keine direkten Korrelationen, so daß der endgültige Beweis, daß Energieüberversorgung zu Beugeerkrankungen bei Pferden führt, noch aussteht. Weiterhin wird eine spezifische Wirkung eines Proteinüberschusses angenommen.[19] Die genetische Veranlagung zu schnellem Wachstum scheint ebenfalls eine Bedeutung für diese Erkrankung zu besitzen. In Dänemark traten Beugeanomalien bei spät in der Wintersaison geborenen Fohlen auf, die ausschließlich in der Box gehalten wurden

und keine Möglichkeit hatten, sich auf hartem Untergrund zu bewegen, um so ihren Bewegungsapparat zu kräftigen.[78]

Mögliche Pathogenesen der erworbenen Beugeanomalien bzw. des erworbenen Sehnenstelzfußes sind in Abbildung 7.149 dargestellt.

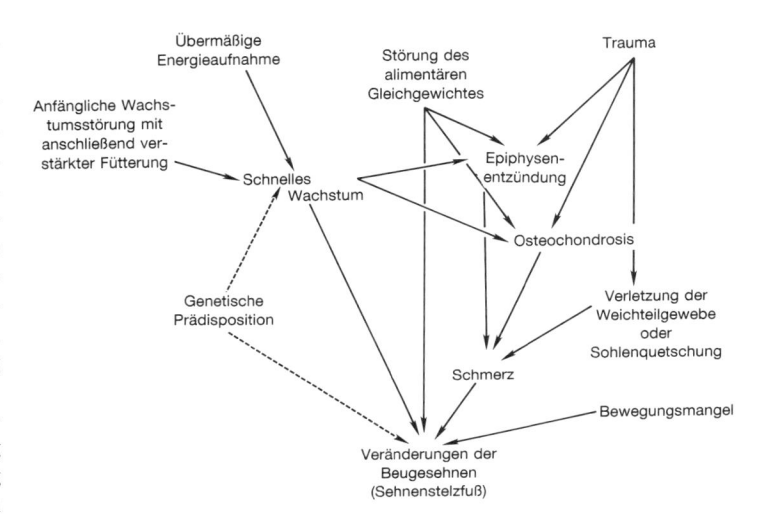

Abb. 7.149: Mögliche Pathogenesen des erworbenen Sehnenstelzfußes.

Der Mechanismus, der beim Vorliegen möglicher Ursachen zu den Beugeanomalien bzw. zum Sehnenstelzfuß führt, ist noch nicht vollständig aufgedeckt.

Ein Autor nimmt an, daß schnelles Knochenwachstum ohne ausreichende Bewegung zu einem Mißverhältnis zwischen Sehnen- bzw. Bänderentwicklung einerseits und entstehender Knochenlänge andererseits führt.[63] Da die Beugemuskeln kräftiger als die Strecker sind,[70] kommt es bei den Fohlen folglich zu Beugeanomalien. Ein anderer Verfasser[19] vermutet eine Diskrepanz zwischen Knochenwachstum und Längenkapazität der Unterstützungsbänder.

Diese Theorien sind allerdings nicht ohne weiteres mit den bisherigen Kenntnissen über die Knochenentwicklung vereinbar. Das Knochenwachstum distal des Metakarpus bzw. -tarsus findet vorwiegend in den ersten zwei Monaten und später nur begrenzt statt. Tatsächlich entwickeln sich aber viele Beugeanomalien erst danach.

Außerdem sollte an dieser Stelle darauf hingewiesen werden, daß echte Kontrakturen einer Beugesehne nach schweren traumatischen Sehnenentzündungen auftreten können.[31] Diese relativ seltene Erkrankung entsteht aufgrund narbiger Kontrakturen des fibrösen Gewebes während der Reparation.

Klinik. Klinisch können zwei Formen des Sehnenstelzfußes unterschieden werden:

1. Die Beugung des Hufgelenkes durch die Kontraktur der tiefen Beugesehne führt zum Fußen auf der Zehenspitze sowie zum Bockhuf (Abb. 7.150). In Anbetracht einer Prognose und zur Therapieaufstellung sollte die Erkrankung in zwei Schweregrade eingeteilt werden.[49] Im Stadium I überschreitet die dorsale Hufwand nicht die Senkrechte (Abb. 7.151), während im II. Stadium der Huf noch weiter abgebeugt wird und die dorsale Hufwand hinter die Senkrechte gelangt (Abb. 7.152).

Primär ist die pathologische Hufgelenkflexion eine relative Verkürzung der Sehnen-Muskel-Komplexe des Musculus flexor digitalis profundus. Mit fortschreitender Erkrankung bei fehlender sofortiger Behandlung kommt es im II. Stadium zu Veränderungen der Gelenkkapsel und anderer Strukturen des Hufgelenkes bis hin zur irreversiblen fibrösen Ankylose.

2. Die Beugung des Fesselgelenkes stellt die zweite Form des Sehnenstelzfußes dar. Diese wurde früher auch stark vereinfacht als Kontraktur der oberflächlichen Beugesehne bezeichnet. Das klinische Erscheinungsbild ist durch das Einknicken im Fesselgelenk (Überköten) bei normaler Hufstellung gekennzeichnet (Abb. 7.153 und 7.154). Die Erkrankung betrifft gewöhnlich die Schultergliedmaßen und bildet keine ausschließliche Kontraktur der oberflächlichen Beugesehne, sondern auch eine der tiefen. Bei lange bestehenden chronischen Erkrankungen kommt es zur sekundären Schädigung des Musculus interosseus medius sowie degenerativen Veränderungen des Fesselgelenkes.

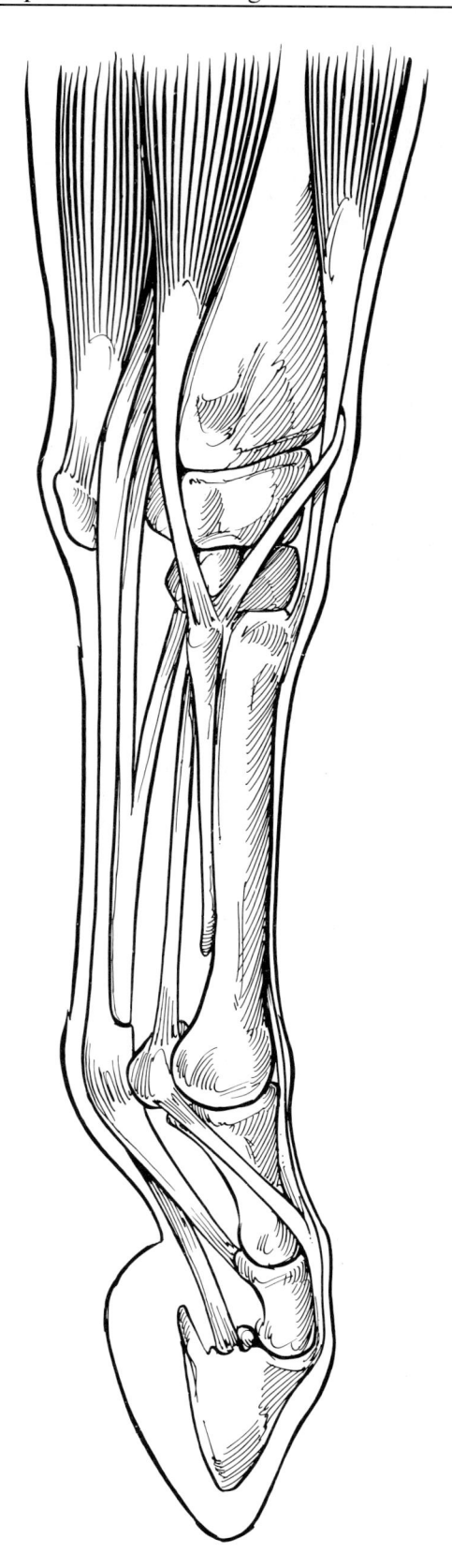

Abb. 7.150: Schematische Darstellung einer Stellungsanomalie beim Sehnenstelzfuß – Flexion des Hufgelenkes.

Kapitel 7: Erkrankungen der Gelenke 457

Abb. 7.151: Erworbener Sehnenstelzfuß mit Flexion des Hufgelenkes (Stadium I) und Bockhufbildung mit erhöhten Trachten.

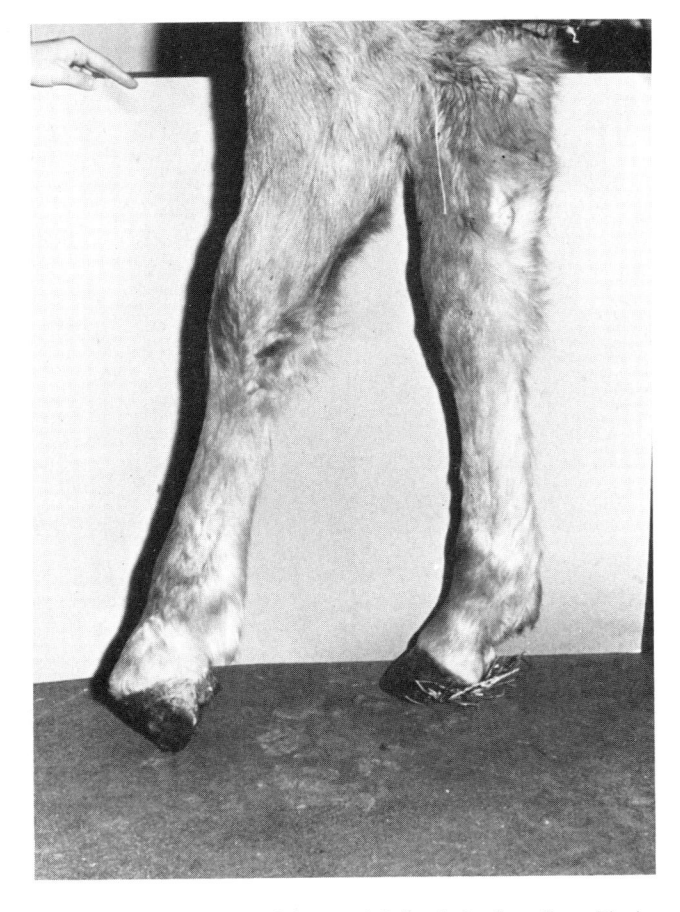

Abb. 7.152: Erworbener Sehnenstelzfuß mit hochgradiger Flexion des Hufgelenkes (Stadium II).

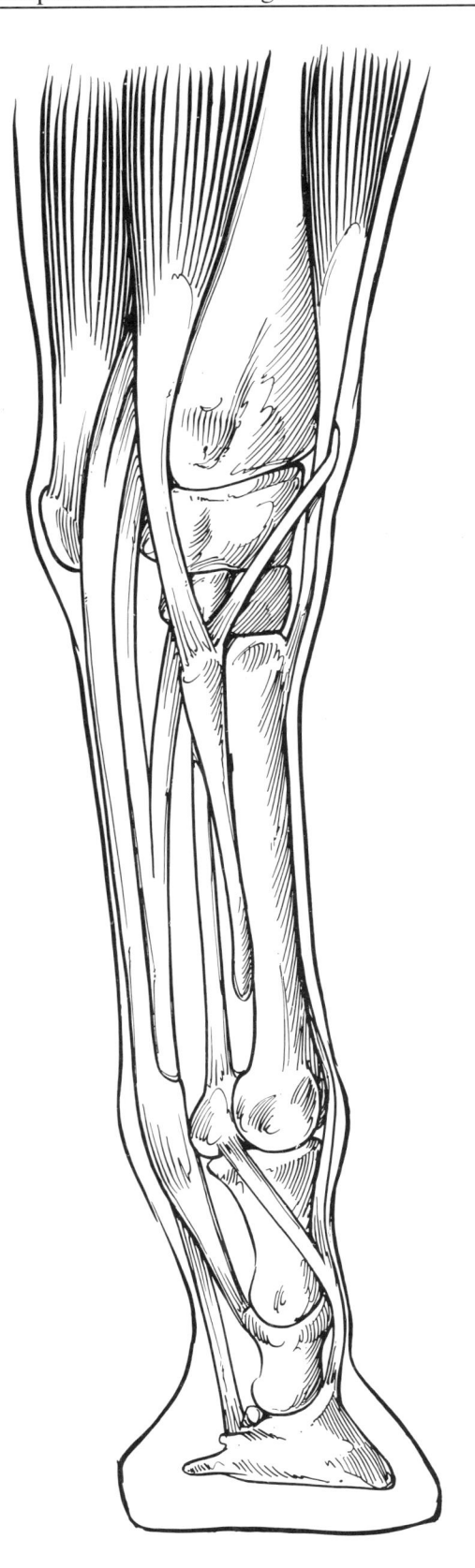

Abb. 7.153: Schematische Darstellung einer Stellungsanomalie beim Sehnenstelzfuß – Flexion des Fesselgelenkes. Bei der hier abgebildeten Position von Fessel-, Kron- und Hufgelenk wird die von der tiefen Beugesehne zu überbrückende Entfernung geringer.

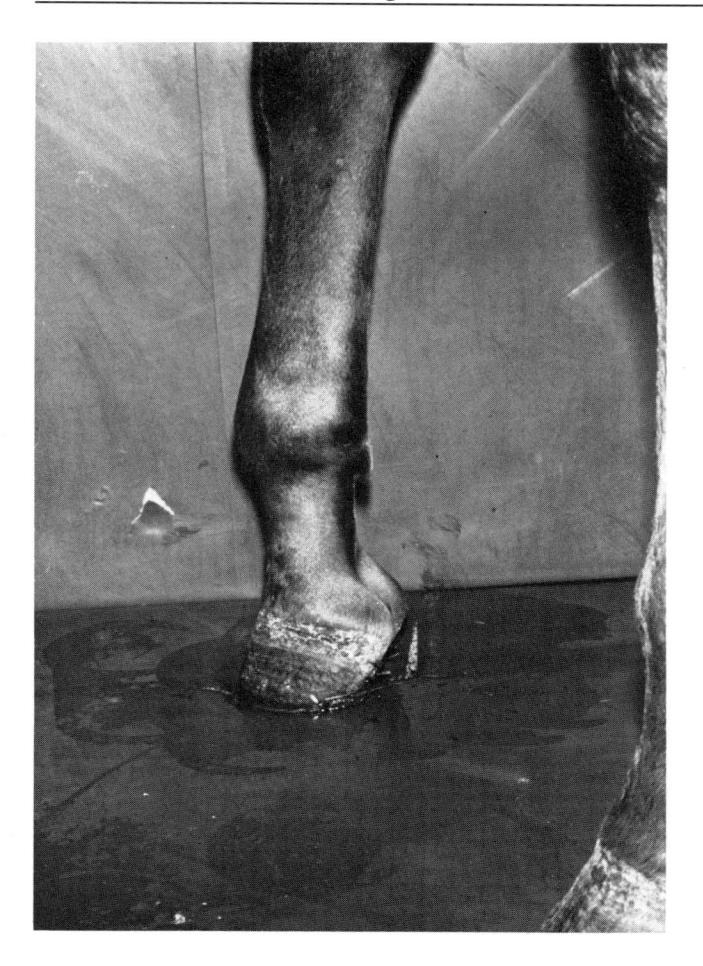

Abb. 7.154: Erworbene Beugefehlstellung des Fesselgelenkes.

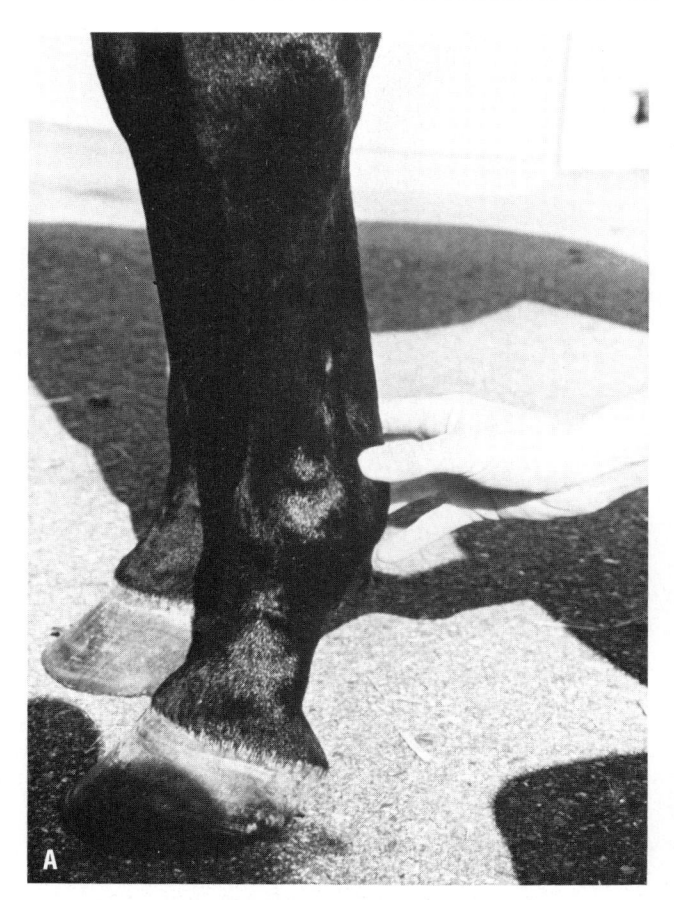

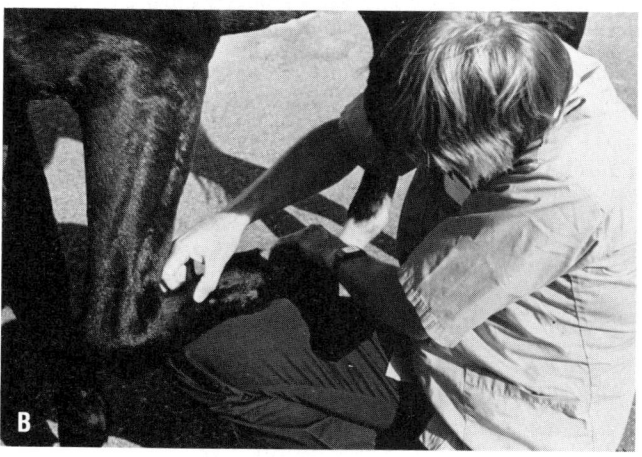

Abb. 7.155: Palpation der Sehnen am stehenden Pferd **(A)** und bei angehobener Gliedmaße mit gebeugtem Karpal- und gestrecktem Fesselgelenk **(B)**.

Der erworbene Sehnenstelzfuß mit Flexion des Hufgelenkes kommt vorwiegend bei Fohlen und bei von der Stute abgesetzten Jungpferden vor, während die pathologische Beugung des Fesselgelenkes bei ein- bis zweijährigen Pferden zu finden ist.[63] Das zeitlich unterschiedliche Auftreten dieser Erkrankungen soll mit dem Verschwinden der Muskelfasern im Musculus interosseus medius und so mit seinem Elastizitätsverlust während des ersten Lebensjahres zusammenhängen.[72] Bei Fohlen kann sich der Unterstützungsast des Musculus interosseus medius zur gemeinsamen Strecksehne noch ausdehnen, und das Hufgelenk wird bei der Kontraktur der tiefen Beugesehne gebeugt. Bei Pferden, die älter als ein Jahr sind, ist eine ausreichende Erschlaffung des Unterstützungsastes nicht mehr möglich, so daß sich die gemeinsame Strecksehne auch nur proximal der Verbindung mit dem Unterstützungsast verlängert. In diesen Fällen kommt es zum Einknicken im Fesselgelenk, zum Überköten. Einige dieser Vermutungen sind umstritten und benötigen zur Abklärung weiterer Untersuchungen. Die Relation zwischen Tieralter und Art der Beugefehlstellung weist Ausnahmen auf. So kann das Überköten auch bei älteren Pferden auftreten, ebenso wie Beugeanomalien des Hufgelenkes auch bei Tieren, die älter als ein Jahr sind, beobachtet werden.[49]

Bei allen Fehlstellungen dieser Art ist die sorgfältige Palpation der Extremitäten sowohl an der stehenden als auch bei angehobener, gebeugter Gliedmaße zur Abgrenzung aller erkrankten Strukturen unbedingt notwendig (Abb. 7.155). Bei Beugeanomalien des Hufgelenkes können die veränderten Anteile leicht erkannt werden. Beim Sehnenstelzfuß mit Flexion des Fesselgelenkes sollte im Hinblick auf eine erfolgreiche Behandlung möglichst die primär veränderte Sehne ermittelt werden.

Kapitel 7: Erkrankungen der Gelenke 459

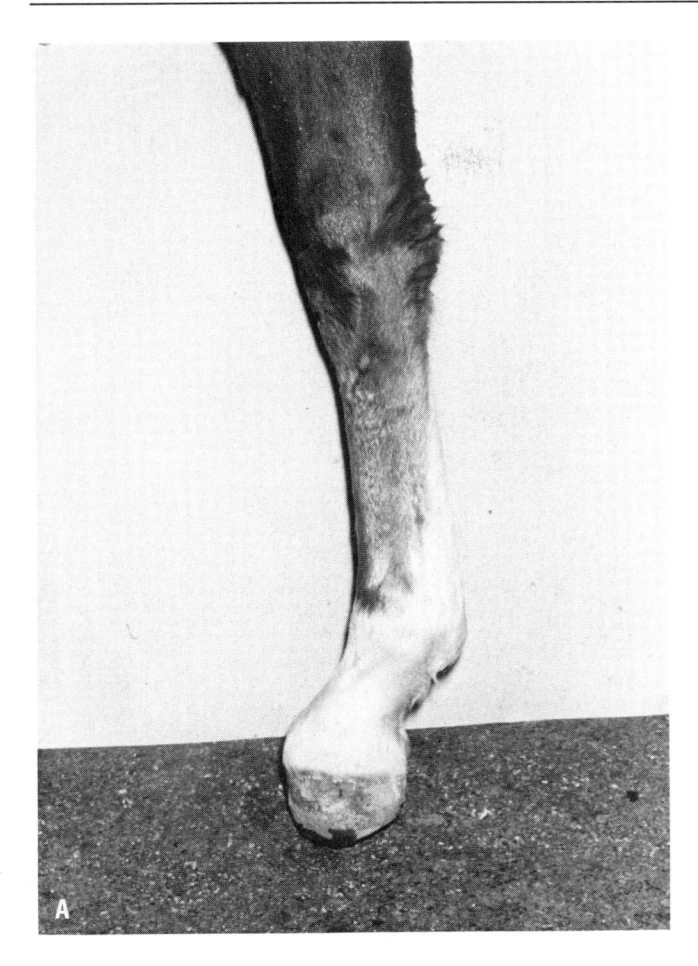

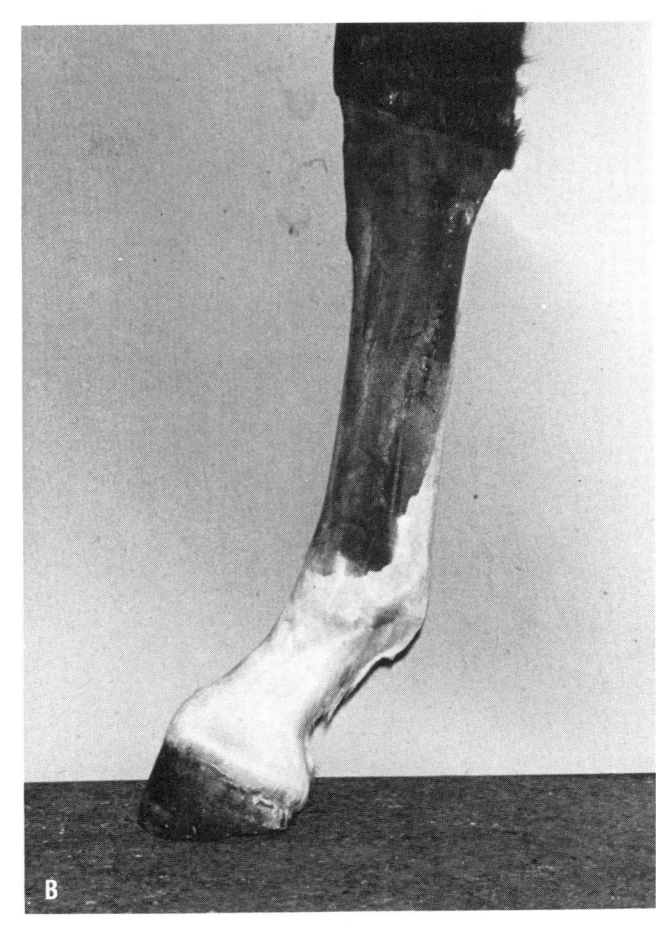

Abb. 7.156: Sehnenstelzfuß mit Flexion des Hufgelenkes (Stadium I) vor **(A)** und nach **(B)** Desmotomie des Ligamentum accessorium der tiefen Beugesehne.

Therapie und Prognose. Konservative Behandlungsmethoden, die Fütterungsumstellungen, Bewegung und Hufkorrektur beinhalten, sind nur sinnvoll, wenn die erkrankten Pferde frühzeitig vorgestellt werden. Die Reduktion der Futteraufnahme bei schnellwüchsigen Pferden ist empfohlen worden.[63] Entsprechende Fütterungspraktiken werden auf Seite 271 bis 292 diskutiert. Die Tiere sollten bewegt werden, und sind Schmerzen die vermutliche Krankheitsursache, ist die vernünftige Anwendung von antiphlogistisch wirkenden Analgetika angebracht.

Bei Tieren mit pathologischer Flexion des Hufgelenkes sollten die Trachten zur Ausübung eines Zuges auf die Strecksehnen und zur Erzeugung eines entgegengesetzten myostatischen Reflexes gekürzt werden. Bei Beugefehlstellungen im Fesselgelenk wurde in der Vergangenheit ein orthopädischer Beschlag mit verdickten Schenkeln zur Erhöhung der Trachten empfohlen. Dabei wurde angenommen, daß durch das Anheben der Trachten der Zug auf die tiefe Beugesehne relativ vermindert wird, was wiederum zu einer selektiven Überbelastung der übrigen tragenden Strukturen führt und so das Fesselgelenk senkt.[19] Einige neuere Untersuchungen zeigten allerdings, daß sich bei einer Hufumstellung zwar die mittlere Zugbelastung auf die tiefe Beugesehne ändert, nicht aber diejenige auf die oberflächliche Beugesehne oder auf den Musculus interosseus medius.[44] Dieser Befund zusammen mit der Erkenntnis, daß die tiefe Beugesehne an der Fehlstellung im Fesselgelenk mitbeteiligt sein kann, erschwert eine objektive Erklärung für die positiven Ergebnisse beim Erhöhen der Trachten. Trotzdem kann immer wieder beobachtet werden, daß klinische Fälle auf diese Therapie erfolgreich reagieren.

Chirurgische Maßnahmen sind beim Versagen von konservativen Behandlungsmethoden indiziert. Sofortiges operatives Vorgehen ist erforderlich, wenn nur eine schnelle Korrektur der Beugeanomalie das Entstehen weiterer irreversibler degenerativer Gelenkveränderungen verhindern kann.

Beim Sehnenstelzfuß mit Kontraktur der tiefen Beugesehne und Flexion des Hufgelenkes im I. Stadium sollte eine Desmotomie des Ligamentum accessorium des Musculus flexor digitalis profundus durchgeführt werden (Abb. 7.156). Sowohl in der europäischen[41,45,77,78] als auch in der amerikanischen Literatur[49] finden sich Angaben über den Wert dieser Methode. Gewöhnlich wird die normale Gliedmaßenausrichtung sofort nach erfolgter Banddurchtrennung beobachtet. Nur in einigen Fällen benötigt die Zurückbildung der Beugestellung 7 bis 10 Tage. In dieser Zeit dehnen sich die Beugemuskeln als Reaktion auf die vermehrten Zugkräfte aus, die nach Durchtrennung des

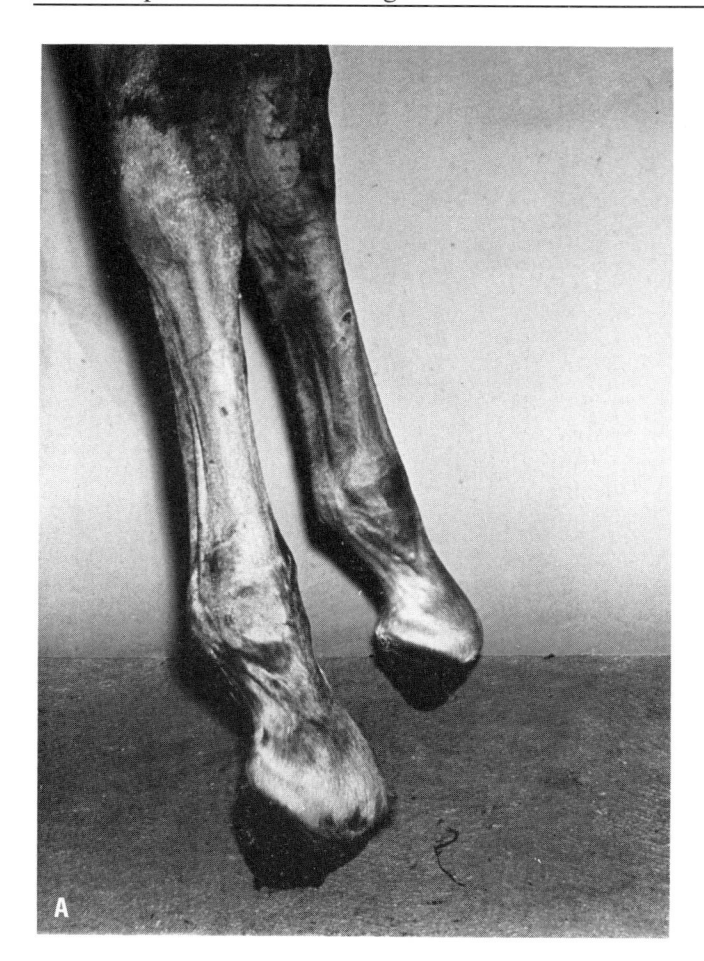

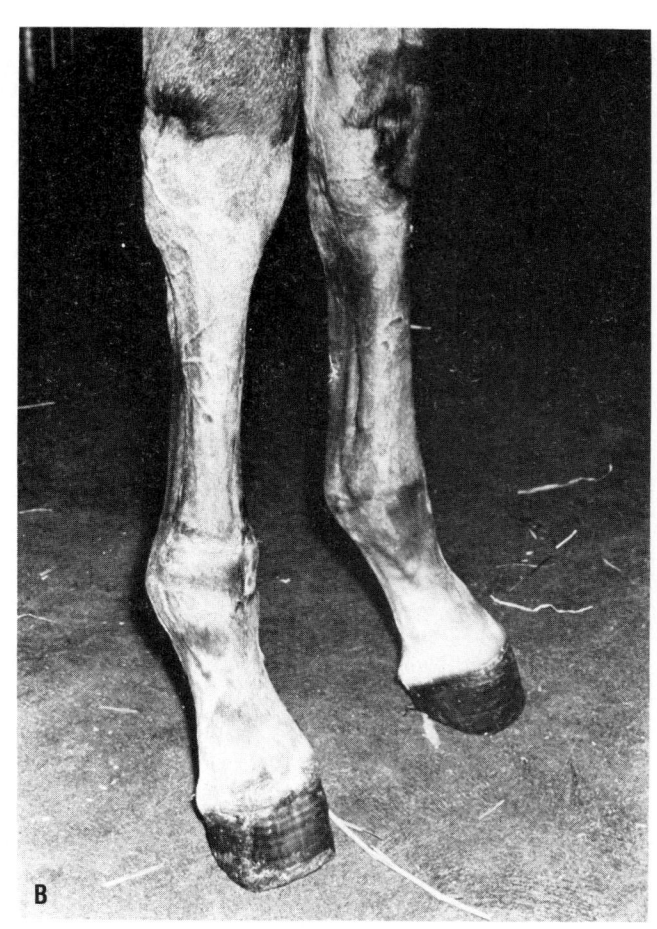

Abb. 7.157: Sehnenstelzfuß mit Flexion des Hufgelenkes (Stadium II) vor **(A)** und nach **(B)** Tenotomie der tiefen Beugesehne.

Bandes einwirken. Auch bei einigen relativ leichten Veränderungen des II. Stadiums, d. h. mit so stark gebeugtem Hufgelenk, daß die Dorsalwand des Hufes hinter die Senkrechte kommt, kann die Desmotomie des Ligamentum accessorium der tiefen Beugesehne erfolgreich sein, besonders wenn durch eine postoperative künstliche Streckung der Zehe der Zug auf den Musculus flexor digitalis profundus zusätzlich erhöht wird. Bei schwereren Veränderungen dieser Art können allerdings keine gleichmäßig positiven Ergebnisse mehr erwartet werden. Verglichen mit der Tenotomie der tiefen Beugesehne, verursacht die Desmotomie des Ligamentum accessorium geringeren postoperativen Schmerz bei günstigerem Erscheinungsbild und ermöglicht eine deutlich bessere funktionelle Wiederherstellung der Gliedmaße auf lange Sicht. (Pferde, bei denen als Jungtiere eine Desmotomie des Unterstützungsbandes der tiefen Beugesehne erfolgte, laufen Rennen.) Die Desmotomie stellt, bevor Sekundärveränderungen auftreten, eine sichere und wirkungsvolle Behandlungsmethode dar.

Die Tenotomie der tiefen Beugesehne ist bei schweren, bereits länger bestehenden chronischen Kontrakturen des Musculus flexor digitalis profundus, einschließlich der meisten Sehnenstelzfüße mit Flexion des Hufgelenkes vom Stadium II, angezeigt (Abb. 7.157).[86] Diese Operation behebt zwar bei einigen Tieren die Fehlstellung, führt aber bei anderen Patienten aufgrund von Fibrose und Kontraktionen der Gelenkkapsel sowie der umgebenden Bänder zu keiner geraden Gliedmaßenausrichtung (Abb. 7.158). Das kosmetische Erscheinungsbild nach einer Tenotomie ist häufig unbefriedigend und die funktionelle Wiederherstellung der Gliedmaße wegen des drastischen Eingriffes nur begrenzt, obwohl auch zuweilen befriedigende Ergebnisse erzielt werden (Abb. 7.159). Gegenüber einer Tenotomie im mittleren Bereich des Metakarpus verbessert eine mehr distal, im Bereich der Sehnenscheide ausgeführte Operation das kosmetische Bild.[23] Die weite Trennung der durchschnittenen Sehne ist für die spätere Funktion von Bedeutung. Eine Alternative zur Tenotomie bilden Verfahren zur Verlängerung der Sehne. Aber echte Unterschiede hinsichtlich der funktionellen Wiederherstellung zwischen beiden Methoden sind unsicher, das kosmetische Erscheinungsbild nach Verlängerung der Sehne ist, verglichen mit der Tenotomie, auch nicht besser.

Bei einer Sehnenkontraktur nach schwerer Tendinitis kann ebenfalls mittels Tenotomie eine physiologische Gliedmaßenausrichtung erzielt werden. Allerdings ist die Prognose für eine vollständige Wiederherstellung der Funktion schlecht. Behandlungen bei derartigen Erkrankungen unter Einsatz der Tenotomie, von Sehnensplitting oder unter Verwendung von heterologen Sehnentransplantaten wurden beschrieben,[31] stellen aber sicherlich den letzten möglichen Therapieversuch zur Erhaltung des Pferdes dar.

Kapitel 7: Erkrankungen der Gelenke   461

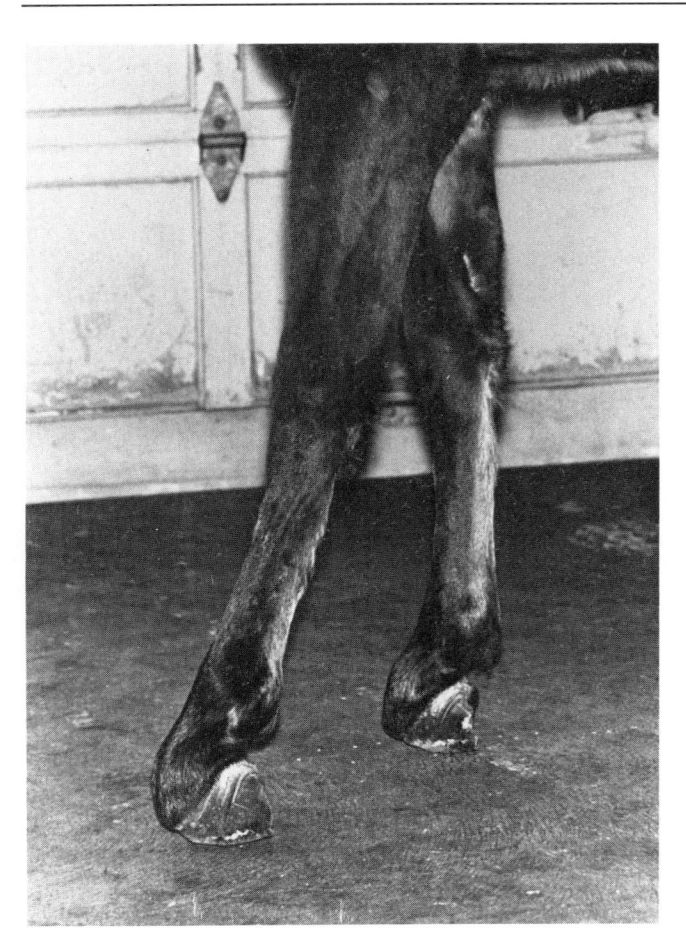

Abb. 7.158: Schwere Fehlstellung mit Flexion des Hufgelenkes. Diese Veränderung ist keiner Therapie zugänglich.

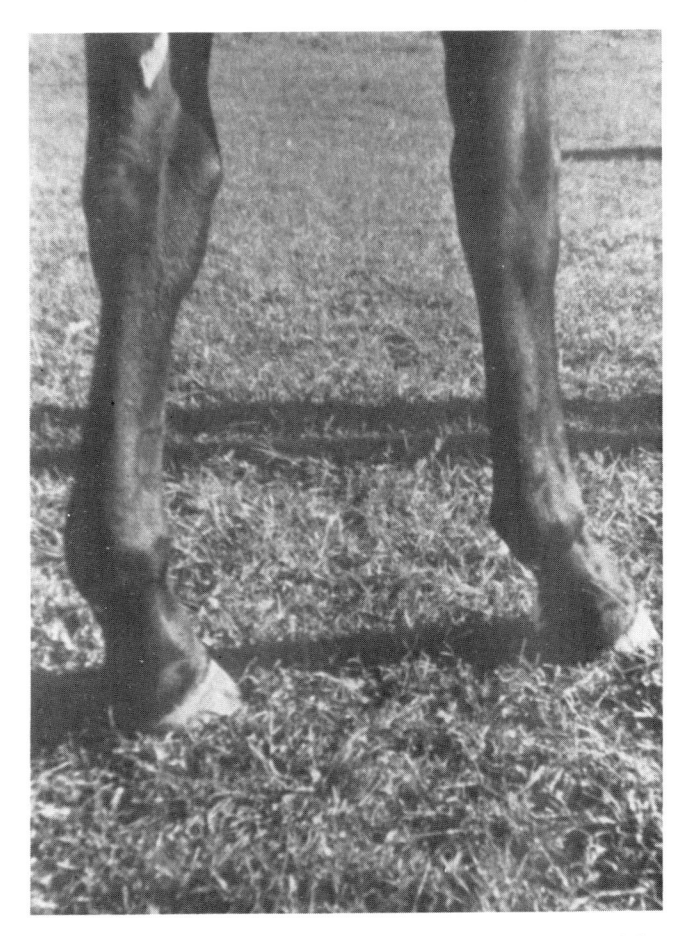

Abb. 7.159: Pferd, ein Jahr nach beidseitiger Tenotomie der tiefen Beugesehnen mit gutem kosmetischen Erscheinungsbild und ausreichender funktioneller Wiederherstellung (das Tier ist als Reitpferd brauchbar).

Verglichen mit der Prognose bei Beugefehlstellungen im Hufgelenk sind über die Ergebnisse nach der chirurgischen Behandlung von pathologischen Fesselgelenkflexionen oder von Kontrakturen der oberflächlichen und tiefen Beugesehnen nur wenige Vorhersagen zu machen. Verschiedene Operationen sind möglich. Wenn die oberflächliche Beugesehne am stärksten gespannt ist, kann entweder eine Tenotomie dieser Sehne oder eine Desmotomie ihres Ligamentum accessorium durchgeführt werden. Die Durchtrennung der oberflächlichen Beugesehne ist einfach und im Vergleich zur Tenotomie der tiefen Beugesehne weniger drastisch hinsichtlich kosmetischer und funktioneller Wiederherstellung. Während einige Kliniker von den Ergebnissen der Desmotomie des Ligamentum accessorium der oberflächlichen Beugesehne enttäuscht sind, finden sich auch Angaben über gute Erfolge.[12] Die Operation ist schwieriger als die Desmotomie des Unterstützungsbandes der tiefen Beugesehne, und es können sich postoperativ erneut Kontrakturen und Probleme mit dem Karpaltunnel entwickeln.

In letzter Zeit wurde die Durchtrennung vom Ligamentum accessorium der tiefen Beugesehne als wirkungsvolle Maßnahme bei der pathologischen Flexion des Fesselgelenkes beschrieben. Dies gilt besonders, wenn bei der klinischen Untersuchung die Sehne des Musculus flexor digitalis profundus am stärksten gespannt erschien. Nach der Desmotomie wird eine PVC-Schiene angelegt, um das Operationsergebnis durch eine entsprechende Fixierung des Fesselgelenkes zu unterstützen (Abb. 7.160). An der Colorado State University wurde diese Methode bei den letzten zehn konservativ nicht zu behandelnden Sehnenstelzfüßen mit Fesselgelenkflexion erfolgreich angewendet. Daraus ergibt sich auch der Beweis für die Beteiligung der tiefen Beugesehne an der pathologischen Beugung des Fesselgelenkes, die ursprünglich ausschließlich als Folge einer Kontraktur der oberflächlichen Beugesehne angesehen wurde. Andere Autoren erzielten ähnliche Ergebnisse.[9]

Die letzte chirurgische Möglichkeit bei sonst therapieresistenten Veränderungen besteht in der Tenotomie des Musculus interosseus medius (Abb. 7.161). Die Kontraktur dieses bandartigen Muskels tritt sekundär bei chronischen Beugeanomalien des Fesselgelenkes auf. Häufiger allerdings liegt das Versagen anderer chirurgischer Maßnahmen an der sich bildenden Fibrose und Kontraktion der Fesselgelenkkapsel, der Sesambeinbänder sowie benachbarter Strukturen in diesem Bereich. Die Tenotomie des Musculus interosseus medius ist eine ausgesprochen drastische Maßnahme, bei der die anschließende Subluxation des Krongelenkes vorauszusehen ist.[19] Nach Auffassung des Autors sollte diese Methode nur als letzter Ausweg angesehen und erst nach eingehender Besprechung mit dem Besitzer vorgenommen werden.

462 Kapitel 7: Erkrankungen der Gelenke

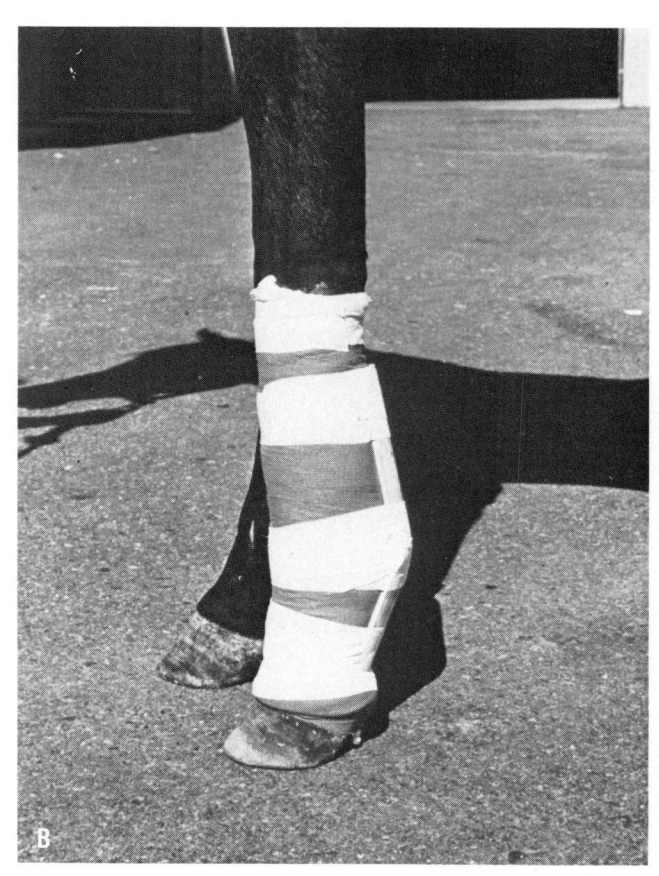

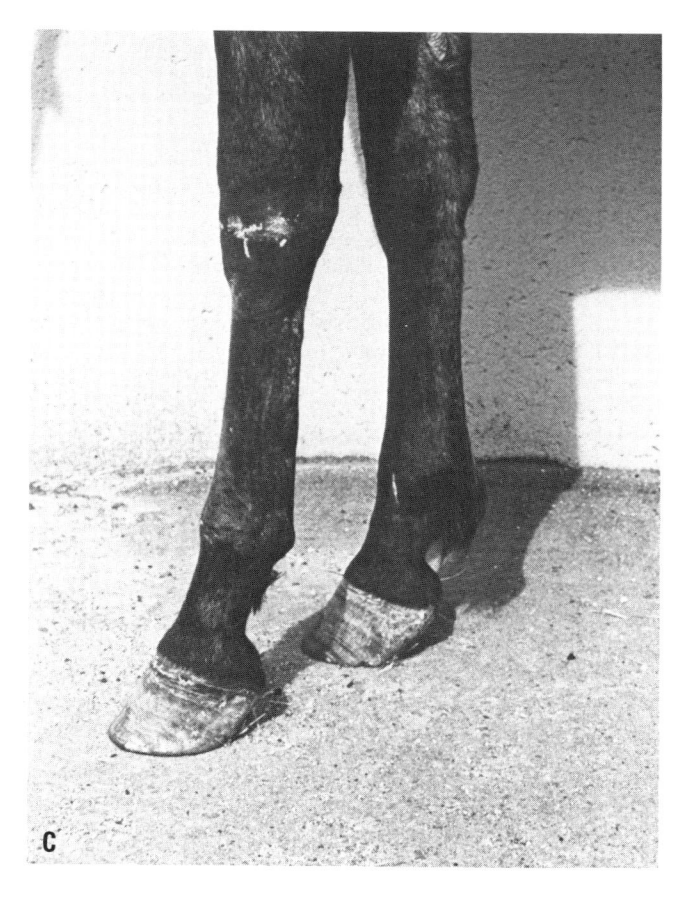

Abb. 7.160: Pathologische Flexion des Fesselgelenkes – Sehnenstelzfuß – vor **(A)** und nach **(B)** Desmotomie des Ligamentum accessorium des Musculus flexor digitalis profundus und Anlegen einer Schiene, die nach zehn Tagen abgenommen wurde. Das Behandlungsergebnis war sehr gut **(C)**.

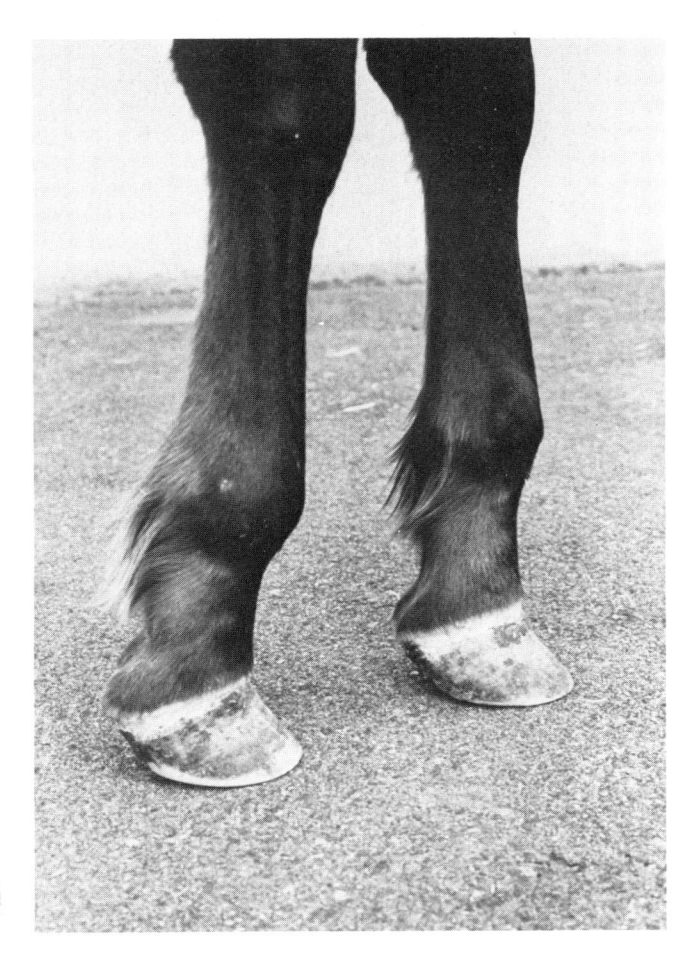

Abb. 7.161: Schwere Beugefehlstellung in beiden Fesselgelenken. Um eine normale Stellung der Fesselgelenke zu erzielen, mußten das Ligamentum accessorium des Musculus flexor digitalis profundus, die oberflächliche Beugesehne und Äste des Musculus interosseus medius durchtrennt werden (mit Genehmigung von Dr. T. S. STASHAK).

Ruptur der Sehne des Musculus extensor digitalis communis

Diese Veränderung besteht gewöhnlich bilateral bei der Geburt oder entwickelt sich kurze Zeit post partum.[3,57] Erkrankte Fohlen weisen eine übermäßige Flexion des Karpalgelenkes bei normal gestrecktem Fesselgelenk auf oder besitzen das Erscheinungsbild einer Beugeanomalie des Fesselgelenkes. (Manchmal sind allerdings trotz rupturierter Strecksehne keine übermäßigen Flexionen zu erkennen.) Charakteristisch für diese Erkrankung ist eine Umfangsvermehrung dorsolateral am Karpus (Abb. 7.162). In Abhängigkeit von der Menge der gebildeten Synovialflüssigkeit in der Sehnenscheide des Musculus extensor digitalis communis kann es eventuell möglich sein, die verdickten Enden der gerissenen Sehne zu palpieren. Gewöhnlich wird eine Ruptur der gemeinsamen Strecksehne nicht erkannt und die Veränderung als Kontraktur der Beugesehnen diagnostiziert.
Tatsächlich kann die Ruptur der Sehne des Musculus extensor digitalis communis von einer Beugesehnenverkürzung begleitet werden (Abb. 7.163). Der Entscheid, ob in diesen Fällen zuerst eine Ruptur der Strecksehne vorlag und sekundär die Beugekontraktur auftrat oder umgekehrt die Ruptur nach einer Beugefehlstellung entstand, ist schwierig. Es wird angenommen, daß am häufigsten die Zerreißung der Strecksehne die Primärerkrankung bildet. Allerdings beobachtete der Autor auch die Ruptur der Strecksehne bei bereits bestehender pathologischer Flexion des Fesselgelenkes. Erkrankte Fohlen können bei der Geburt einen ganzen Komplex kongenitaler Mißbildungen aufweisen, der neben der Ruptur der gemeinsamen Strecksehne Prognatismus, unterentwickelte Pektoralismuskulatur und unvollständige Ossifikation der Karpalknochen beinhaltet.[57] Das bedeutet, daß die Ruptur der gemeinsamen Strecksehne nur ein Teil eines Erkrankungskomplexes sein kann.

Therapie und Prognose. Bei manchen Fohlen heilen Strecksehnenrupturen ohne gleichzeitige Beugesehnenkontrakturen unter Einhaltung von Boxenruhe auch spontan. Um Drucknekrosen auf der Dorsalfläche des Fesselgelenkes zu vermeiden, sollte ein Polsterverband angelegt werden. Bei starkem Überköten ist eine PVC-Schiene empfehlenswert (siehe Therapie und Prognose der kongenitalen Beugeanomalien einschließlich des angeborenen Sehnenstelzfußes, Seite 452 bis 454). Bei verzögerter oder unvollständiger Verknöcherung der Karpalknochen können Gips-, Fiberglas- bzw. Kunststoffverbände verwendet werden. Besteht außerdem eine pathologische Flexion des Fesselgelenkes, die nicht manuell gestreckt und durch PVC-Schienen in physiologischer Lage fixiert werden kann, muß ein Gips-, Fiberglas- bzw. Kunststoffverband über die gesamte Länge des Fußes angebracht werden. Die Prognose bei der Ruptur der gemeinsamen Strecksehne ohne gleichzeitige Beugeanomalien ist gut. Beim zusätzlichen Vorliegen einer Beugesehnenkontraktur muß die Prognose vorsichtig gestellt werden.

Traumatische Veränderungen an Sehnen und Bändern

Überdehnung

Eine Überdehnung kann als Schädigung einer Sehne oder eines Muskels durch Überbeanspruchung oder übermäßigen Zug definiert werden.[1] Dabei kann die Sehnenüberdehnung in Form einer geringgradigen Entzündung bis hin zu vollständiger Sehnenzerreißung oder -abriß im Bereich ihres knöchernen Ansatzes auftreten. Die verschiedenen Arten der Überdehnung bei Pferden werden gesondert beschrieben. Die Tendinitis oder Tendosynovitis kann die Folge einer leichten bis starken Überdehnung sein. Eine extrem schwere Zerrung führt zur Sehnenruptur. Da der Musculus interosseus medius, wie der Name schon sagt, kein echtes Band, sondern ein bandartiges Muskelrudiment darstellt, zählen Verletzungen dieser Struktur durch übermäßigen Zug ebenfalls zu den Überdehnungen.

Tendinitis, Tendosynovitis und Desmitis

Die *Tendinitis* ist die Entzündung einer Sehne oder eines Muskel-Sehnen-Ansatzes. Beim Pferd tritt die Tendinitis besonders als Entzündung der Beugesehnen nach exzessivem Zug auf. Exakt definiert, stellt die Tendinitis eine

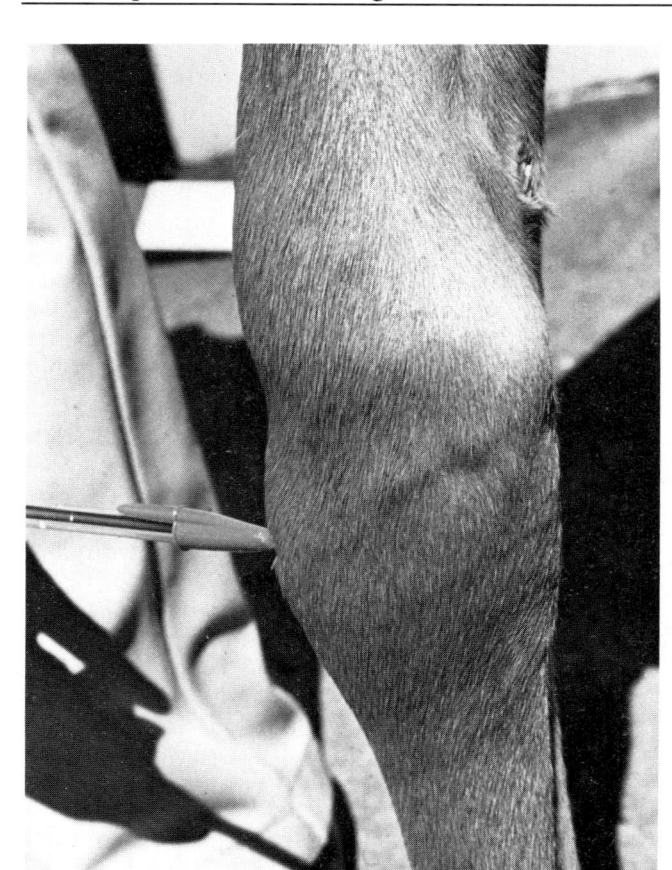

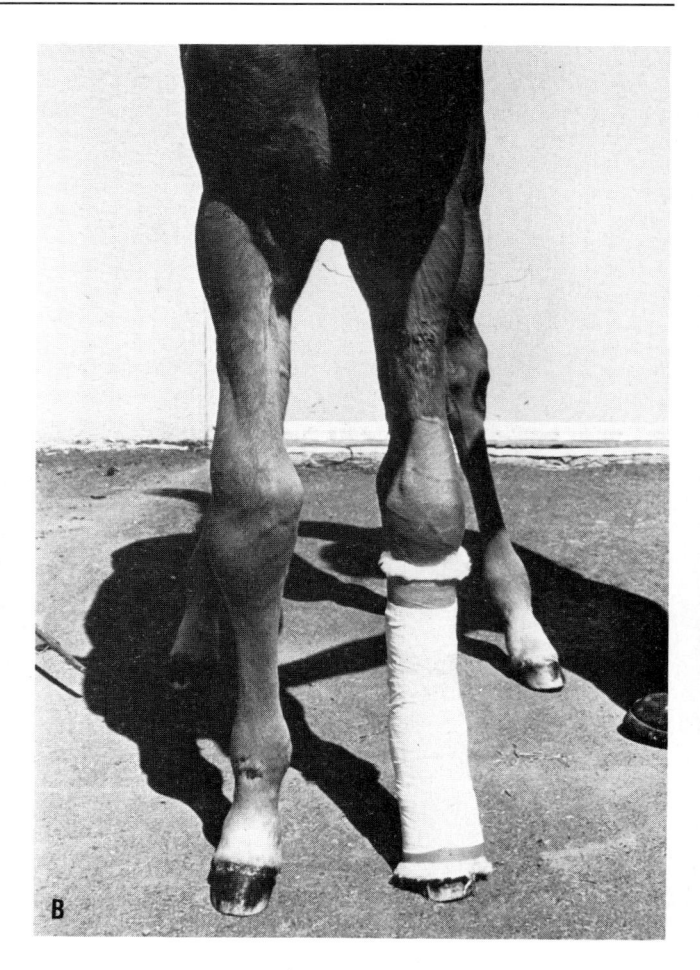

Abb. 7.162: Ruptur der gemeinsamen Strecksehne mit deutlicher Umfangsvermehrung im Bereich des verdickten proximalen Endes des distalen Sehnenteiles **(A)**. Bei dem Patienten bestand zusätzlich eine Karpal- und Fesselgelenkbeugeanomalie mit Überköten, das durch eine Schienung behoben wurde **(B)**.

durch Überdehnung hervorgerufene Entzündung der Sehnen dar, die vom Paratendineum, nicht aber von einer Sehnenscheide umgeben sind. Ist der erkrankte Sehnenbereich von einer Sehnenscheide umgeben, treffen die Begriffe *Tendosynovitis* und *adhäsive Tendosynovitis* zu. Die Beschreibungen der Tendosynovitiden, zu denen auch die ausschließliche Entzündung der Sehnenscheiden gehört, erfolgt später. Die Entzündung des Musculus interosseus medius wird ebenfalls gesondert aufgeführt. Der Terminus *Desmitis* bezeichnet die Entzündung von Bändern.

Der Heilungsverlauf bei einer Tendinitis wird im Abschnitt über die Pathophysiologie (Seite 466) erläutert. Im Bereich der Verletzung kommt es zu einer Verdickung als Folge einer Fibrose innerhalb der Sehne selbst und des umgebenden Paratendineums und/oder der Sehnenscheide. Diese Verdickung stellt sich typischerweise als palmare bzw. plantare Umfangsvermehrung auf der normalerweise glatten oberflächlichen Beugesehne dar, was den Eindruck einer sogenannten „Wade" oder eines „Bogens" über der Sehne erweckt.

Eine Tendinitis oder Tendosynovitis findet sich häufig an der Schultergliedmaße von Rennpferden (Vollblütern) sowie Quarter Horses und betrifft vorwiegend die Sehne des Musculus flexor digitalis superficialis. Der Musculus interosseus medius der Beckengliedmaße ist die am häufigsten erkrankte Struktur bei Standardbred-Rennpferden. An zweiter Stelle steht die Entzündung des Musculus interosseus medius und der oberflächlichen Beugesehne der Schultergliedmaße.[59] Die Tendinitis der oberflächlichen Beugesehne der Beckengliedmaße ist bei allen Pferderassen eine seltene Erkrankung, die nur manchmal bei Standardbred-Pferden zu sehen ist. Eine Entzündung des Ligamentum accessorium des Musculus flexor digitalis profundus kann ebenfalls selbständig oder in Verbindung mit anderen Veränderungen auftreten.

Eine weitere Einteilung von Tendinitiden und Tendosynovitiden berücksichtigt den Ort ihres Auftretens:

1. Hohe Tendinitis – direkt distal des Karpal- bzw. Tarsalgelenkes.
2. Mittlere Tendinitis – im mittleren Drittel von Metakarpus bzw. Metatarsus (obere Wade).
3. Tiefe Tendinitis – im distalen Drittel von Metakarpus bzw. Metatarsus sowie im Bereich des palmaren bzw. plantaren Fesselringbandes (untere Wade). Die tiefe Beugesehne kann außerdem distal des Fesselgelenkes geschädigt werden, was im englischen Sprachgebrauch als „low-low bow" bezeichnet wird.

Pathogenese. Die Tendinitis oder Tendosynovitis entsteht gewöhnlich bei einer schweren Zerrung der Beugesehnen nach übermäßiger Belastung oder Überdehnung der

Kapitel 7: Erkrankungen der Gelenke 465

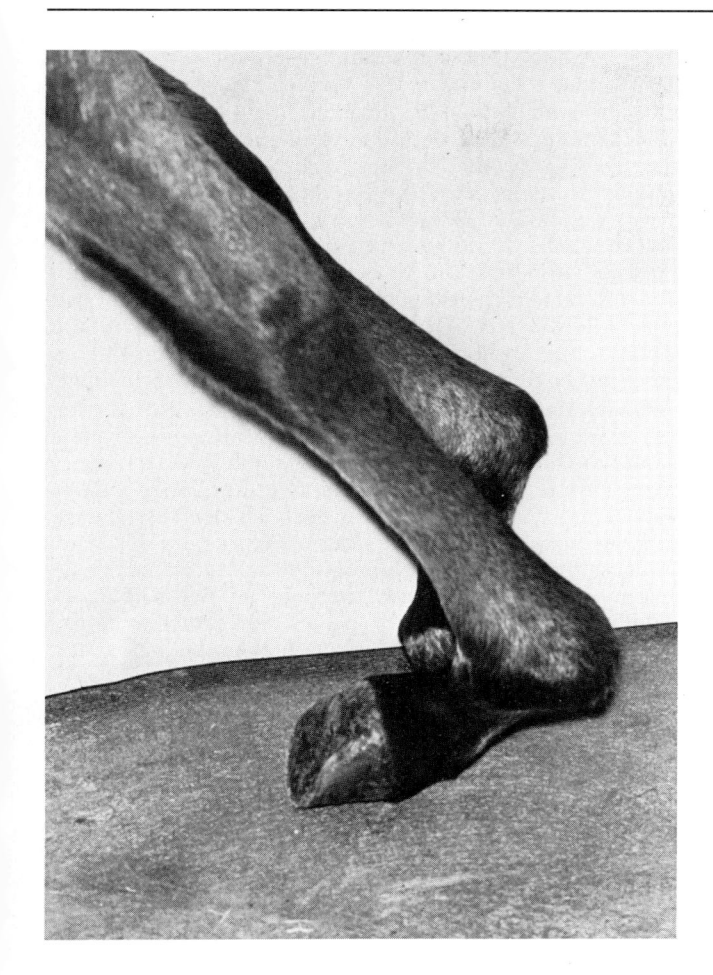

Abb. 7.163: Schwere Beugeanomalie des Fesselgelenkes in Verbindung mit der Ruptur der Sehne des Musculus extensor digitalis communis.

Sehne. (Allerdings kann die Tendinitis bei allen Pferden auch die Folge einer Schlagverletzung der Sehne sein.) Das gehäufte Vorkommen dieser Erkrankung bei Renn- und Springpferden, verglichen mit dem Auftreten bei anderen Pferden, bestätigt die direkte Beziehung der Veränderung zu exzessiven physikalischen Belastungen. Es gibt nur wenige Angaben über die tatsächliche Belastung der Sehnen von Pferden beim Galoppieren oder Springen, so daß eine Voraussage schwierig ist, inwieweit sich die jeweilige Belastung dem Zerreißpunkt der Sehnen nähert. Allerdings wird angenommen, daß die beim Galoppieren und Springen auftretenden Kräfte theoretisch im Bereich von möglichen Defektursachen anzusiedeln sind.[47] Da die häufigsten Verletzungen in der Mitte des Metakarpus, wo die oberflächliche Beugesehne den geringsten Querschnitt aufweist, vorkommen,[101] liegt der Schluß nahe, daß die primäre Ursache übermäßige Krafteinwirkung pro Sehnenabschnitt darstellt. Zusätzlich müssen verschiedene prädisponierende Faktoren berücksichtigt werden. Zu diesen gehören unzureichendes Training und Ermüdung der Muskeln am Ende eines langen Rennens. Ebenso wie bei anderen Bindegeweben trägt eine sich schnell wiederholende Belastung zur Stabilisierung der mechanischen Sehnenreaktion bei. In dieser gespannten Position erscheint die Sehne annähernd elastisch und geringgradig

straffer, was als Verletzungsvorbedingung angesehen wird.[18] Andererseits führt die Ermüdung von Muskeln zu geringeren Muskelreaktionen und zum Verlust der Sehnenstabilität. Unphysiologische Winkelung des Fesselgelenkes in Verbindung mit Muskelschwäche oder -fehlanordnung erhöht den Sehnenstreß. Unebener sowie rutschiger Untergrund oder plötzliche Wendungen können zusammen mit anderen Ermüdungsfaktoren einen Sehnenbereich unverhältnismäßig stark belasten. Übermäßige Fesselgelenkwinkelung, untauglicher Beschlag sowie zu lange Zehen können ebenso wie Arbeit in tiefem, schlammigem Boden zur Überlastung der Sehnen führen. Daneben werden zu fest gezogene Bandagen oder Gamaschen als unterstützende Ursache angenommen.[1] Auch mangelnde Koordination sowie ein Mißverhältnis zwischen Körpergewicht und Sehnenfestigkeit können mitverantwortlich gemacht werden.

Wie bereits erwähnt, erkrankt bei Vollblütern in erster Linie die Sehne des Musculus flexor digitalis superficialis, da sie im Vergleich mit der tiefen Beugesehne einen geringeren Querdurchmesser besitzt und bei der Hyperextension des Fesselgelenkes einer größeren Zugbelastung ausgesetzt ist.[101] Das vermehrte Vorkommen von Entzündungen des Musculus interosseus medius bei Standardbred-Pferden ist gangartenbedingt durch die verlängerte kraniale Phase, in der die Hauptstützfunktion von diesem bandartigen Muskel übernommen wird.[21] Das Auftreten von Verletzungen an den oberflächlichen Beugesehnen der Beckengliedmaßen bei Standardbred-Pferden ist ebenfalls eine Folge der vermehrt einwirkenden Kräfte aufgrund ihrer speziellen Gangarten.

Ob eine primäre Degeneration zu Sehnenverletzungen prädisponiert, bleibt unsicher. Ein Autor vermutet, daß ischämische Degenerationen akuten Verletzungen vorausgehen.[80] Allerdings konnte ein zweiter Verfasser keine erhöhte Vaskularisation von gesunden Sehnen während der physiologischen Belastung feststellen, so daß fraglich erscheint, inwieweit die Blutversorgung für die Belastungsresistenz der Sehnen verantwortlich ist.[79] Die Sehne behält ihre biomechanischen Eigenschaften einige Zeit post mortem.[101] Drei physiologische ischämische Bereiche der Beugesehnen sind bekannt: das Zentrum des Ligamentum accessorium des Musculus flexor digitalis profundus, der mittlere Metakarpalbereich der oberflächlichen Beugesehne und die tiefe Beugesehne in Höhe des Fesselgelenkes. Tatsächlich weisen diese Gebiete vermehrt klinische Probleme auf.[21] So betreffen Verletzungen im mittleren Metakarpalbereich vorwiegend die oberflächliche Beugesehne und Läsionen in Fesselgelenkhöhe gewöhnlich die tiefe Beugesehne.[100] Allerdings erscheint es fraglich, ob und wie bei einem galoppierenden Pferd eine normale Blutversorgung bei den sich schnell ändernden Drücken innerhalb der tiefen Beugesehne im Fesselgelenkbereich aufrechterhalten werden kann. So wird angenommen, daß bei großer Belastung der tiefen Beugesehne und durch die gleichzeitig verminderte Blutversorgung die Verletzungsgefahr der Sehne in diesem Bereich erhöht ist.[100]

Eine relative Zellarmut wurde in normalen oberflächlichen Beugesehnen in den typischen Verletzungsgebieten beobachtet,[99] aber der Autor warnt davor, diese Befunde als gesichertes Ursache-Wirkungs-Prinzip anzusehen, da es bis jetzt keinen Beweis dafür gibt, daß ein Zellverlust zu einer mechanischen Sehnenschwäche führt.

Pathophysiologie. Sehnenverletzungen und -degenerationen treten in allen Schweregraden auf. Sie variieren von der subklinischen Schädigung, die nur mittels Thermographie festgestellt werden kann, bis zur vollständigen Sehnenruptur. Belastungen oberhalb einer bestimmten Grenze führen zu Verlagerung und Zerreißung kleiner Fasern sowie zu kapillären Blutungen in die Sehne. Im allgemeinen wird eine akute Sehnenverletzung von Blutungen, Ödemen, Fibrinansammlungen und lokalen Umfangsvermehrungen begleitet. Histologisch werden Fibrillenschädigung und -degeneration sowie bei schweren Faserveränderungen auch Nekrosen beobachtet. Exsudationen und Blutungen in die Sehne trennen und schwächen die verbleibenden gesunden Fasern. Außerdem werden hydrolytische Enzyme freigesetzt, die weitere Schädigungen der Kollagenfibrillen und der interfibrillären Matrix verursachen. Ebenso findet sich in dem veränderten Gebiet eine Unterbrechung der Blutversorgung, deren Grad das Ausmaß der Nekrosen beeinflußt.

Die nach schweren Sehnenverletzungen einsetzende Heilung beinhaltet die Bildung von Granulationsgewebe und dessen folgende Organisation in fibröses Gewebe. Wie auf den Seiten 449 und 450 beschrieben, beteiligen sich sowohl innere als auch äußere Faktoren an der Sehnenheilung. Dabei bildet in den meisten Fällen die äußere Heilung den Hauptfaktor der Sehnenreparation.[47,103] Kollagenanalysen zeigten, daß Narbengewebe in Sehnen von Pferden mehr Typ-III-Kollagen als Typ-I-Kollagen enthält. Typ-I-Kollagen kommt vorwiegend in gesunden Sehnen vor.[103] Diese Beobachtungen liefern eine weitere Bestätigung für eine überwiegende Beteiligung des peritendinösen Gewebes an der Reparation. Fibroblasten aus dem Paratendineum wandern in das zerrissene und entzündete Gebiet ein. Die Ausrichtung der Fibroblasten und damit diejenige der von ihnen synthetisierten Kollagenfibrillen hängt von der Organisation des bereits in diesem Bereich vorhandenen Fibrins ab. Kontrollierte passive Bewegung, die einen leichten Zug auf das veränderte Gebiet ausübt, kann in dieser Phase die Sehneneigenheilung[27] und so die Ausrichtung der Fibrillen[38] günstig beeinflussen. Gleichzeitig wird die Bildung von Verklebungen vermindert und eine strukturelle Trennung der reparierten Sehne von ihrem Paratendineum bzw. ihrer Sehnenscheide gefördert.[47] Aber die Grenze zwischen dem leichten Zug, der die Reparation unterstützt, und der stärkeren Belastung, die eine Heilung verzögert und auch keine Verminderung der Adhäsionen bewirkt, ist sehr eng, so daß der Einsatz der Bewegungstherapie bei dieser Erkrankung problematisch ist.[47] Während der Reparation können einige hämorrhagische Restbereiche lange Zeit bestehenbleiben. Der Heilungsprozeß endet mit der Bildung von kollagenem Narbengewebe, das eventuell verknorpelte oder verkalkte Zonen aufweisen kann. Auch peritendinöse Fibrosen oder Adhäsionen können entstehen, ausgenommen bei sehr kleinen Läsionen, die sich nur auf das Sehnenzentrum beschränken.[101]

Das Ausmaß der Fibrose ist im allgemeinen der Schwere der Sehnenverletzung proportional. Nur im Zehenbereich führt jede Verletzung zu einer ausgedehnten subkutanen Fibrose.[100] Ferner kann im Zusammenhang mit derartigen Sehnenentzündungen, d. h. bei einem tiefen Bogen, eine Konstriktion des palmaren bzw. plantaren Fesselringbandes entstehen. (Diese Erkrankung wird später gesondert besprochen – siehe Seite 593 bis 595.)

Es wurde aber auch beobachtet, daß Sehnen auf eine Überdehnung ohne Fibrillenschädigung reagieren können. Dies basiert auf der Feststellung, daß nach der Bewegung auftretende Schwellungen im Sehnenbereich bei jungen, zweijährigen Pferden zu keinen Narbenbildungen führen und in der folgenden Saison nicht wiederkehren.[47] Es wird vermutet, daß es sich dabei um leichte Entzündungen ohne offensichtliche Gewebsschädigungen handelt. Allerdings ist der Übergang zwischen einer Inflammation ohne fibrilläre Zerreißungen und leichten Entzündung mit beginnenden Rupturen kleiner Fasern fließend. Sehnenverletzungen in Höhe oder distal des Fesselgelenkes weisen aufgrund der veränderten Reparationsmodi der Sehne innerhalb einer Sehnenscheide sowie der exzessiven Fibrose nach Sehnenläsionen im Zehenbereich eine vorsichtige Prognose auf.[100] Im Bereich der Fesselbeugesehnenscheide ist besonders bei Verletzungen der tiefen Beugesehne der äußere Heilungsbeitrag durch die Vaskularisation und durch einwandernde, an der Reparation beteiligte Zellen begrenzt, so daß die Sehnenheilung in erster Linie von Peri- und Epitendineum abhängt.

Diagnose. In der akuten Entzündungsphase werden bei der Palpation eine diffuse Schwellung, vermehrte Wärme und Schmerzhaftigkeit festgestellt. Eine hochgradige Lahmheit besteht, und die Gliedmaße wird in gebeugter Stellung gehalten. Großflächige Fibrillenzerreißungen oder Sehnenzerrungen zeigen sich durch das Absinken der Fessel.

Das chronische Stadium ist durch eine Fibrose und eine derbe Schwellung der Palmar- bzw. Plantarseite gekennzeichnet (Abb. 7.164). Einige akute Entzündungserscheinungen können in Abhängigkeit des Heilungsstadiums oder nach eventuell erneut aufgetretenen Verletzungen vorhanden sein. Die Pferde zeigen normalen Schritt und Trab, gehen aber bei harter Arbeit lahm. Im Zusammenhang mit einem chronischen Sehnenbogen auf Höhe des Fesselgelenkes kann außerdem eine Konstriktion des Fesselringbandes bestehen.

Als diagnostische Hilfsmittel dienen die Thermographie und die röntgenologische Sehnendarstellung. Zur frühzeitigen Diagnose von Sehnenentzündungen ohne klinische Erscheinungen eignet sich die Thermographie.[80] Die Anwendung der Tendographie mit Luft als Kontrastmittel für zusätzliche Informationen bei Sehnenerkrankungen wurde beschrieben.[96] Zuerst wird hierfür Luft in die Fesselbeugesehnenscheide injiziert und anschließend subkutan zwischen die Beugesehnen appliziert, um diese gegeneinander abzugrenzen. Röntgenaufnahmen werden nach jedem Teilschritt angefertigt und miteinander verglichen. Dabei können die Dicke der oberflächlichen und tiefen Beugesehne beurteilt, Verklebungen aufgrund fehlender Abgrenzung der Sehnen durch das Kontrastmittel festgestellt, Konstriktionen des palmaren bzw. plantaren Fesselringbandes sowie pathologische Veränderungen der Sehnenscheide genauer bewertet werden. In bestimmten Fällen stellt die Tendographie ein sinnvolles Diagnosehilfsmittel dar. Dagegen ist sie für die Routinediagnostik wenig geeignet, da die meisten der oben aufgezählten Informationen auch durch eine eingehende Palpation zu erhalten sind.

In der letzten Zeit wird zunehmend die Ultraschalluntersuchung zur Feststellung des Schädigungsgrades sowie

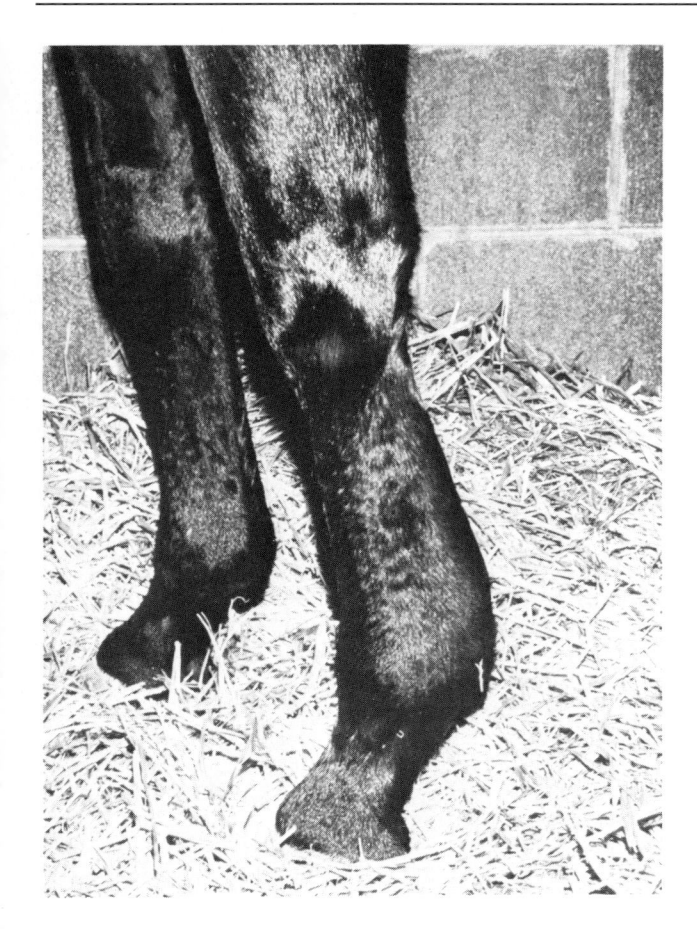

Abb. 7.164: Tendinitis der oberflächlichen Beugesehne mit Bildung eines sogenannten Bogens über der Sehne (Wade).

zur Beurteilung des Ausmaßes der gebildeten Verklebungen herangezogen.

Therapie. In akuten Fällen soll die Therapie die Entzündung und deren nachteilige Wirkungen auf ein Minimum beschränken sowie die Sehne unterstützen. Die Initialtherapie beinhaltet eine Kaltwasser- oder Eisbehandlung zur Begrenzung von Blutungen und Ödembildungen, welche die fibrillären Zerreißungen mit folgender Narbenbildung verschlimmern. Anhand von Versuchen mit verletzten Bändern konnte gezeigt werden, daß die Anwendung von Eis die Entzündung im geschädigten ligamentösen Gewebe herabsetzt, die subkutane Schwellung aber verstärkt. Die letztgenannte Reaktion wird durch Druckverbände, die zwischen den Behandlungen angelegt werden, zufriedenstellend abgeschwächt.[24] Abhängig von der Schwere des Falles, kann nach diesem Vorgehen die Gliedmaße mittels eines Gips- oder eines leichten Fiberglasverbandes (z. B. Scotchcast® von 3M) ruhiggestellt werden. Die parenterale Gabe von Kortikosteroiden wird befürwortet, doch der Autor zieht nichtsteroidale Antiphlogistika vor. Peritendinöse Kortikosteroidinjektionen, die die Heilung nicht beeinträchtigen, aber Adhäsionen zwischen Sehnen und umgebenden Geweben vermindern, können ebenfalls eingesetzt werden. Dagegen ist die intratendinöse Injektion dieser Medikamente kontraindiziert.

Lokale Applikation von Dimethylsulfoxid (DMSO) kann bei der Reduktion von Ödemen helfen. Orthopädischer Beschlag mit erhöhten Schenkeln wird empfohlen. Jedoch ist sein therapeutischer Wert fraglich, wenn nicht eine Sehnenruptur vorliegt.

Einen wichtigen Teil im Rahmen der Therapie von Tendinitiden stellt die Ruhigstellung dar. Während diese gewöhnlich in Form einer langen Boxenruhe ausgeführt wird, ist es besser, nur in den ersten zwei Wochen das Pferd vollständig ruhigzustellen und anschließend eine passive Bewegung vorzunehmen. Diese Empfehlung gründet sich auf der Erkenntnis, daß leichter Zug auf die verletzte Sehne während der ersten Heilungsperiode das Ausrichten der Fibrinfasern im entzündlichen Koagulum unterstützt, die richtige Lagerung des neuen Kollagens fördert sowie Verklebungen verhindert.[38,47] Allerdings darf das Pferd keine aktive Arbeit mit dem erkrankten Bereich ausführen. Außerdem ist die Grenze zwischen geeignetem und übermäßigem Zug nicht definiert. Therapeutischer Ultraschall kann zur Herabsetzung der Schmerzhaftigkeit bei akuten und subakuten Sehnenentzündungen angewendet werden.[55]

Verschiedene Behandlungsverfahren werden bei chronischen Sehnenerkrankungen vorgeschlagen. Jedoch fehlen entsprechende Prüfungen dieser Methoden und ihr Vergleich in passenden Kontrollstudien. Wahrscheinlich ermöglicht diese Tatsache manchen Verfahren ein ungerechtfertigtes Fortbestehen. Die am meisten genutzten Therapieformen bei einer chronischen Tendinitis stellen unspezifische Reizbehandlungen dar, zu denen das Brennen, die Anwendung von Oberflächen- oder injizierten Reizmitteln, Bestrahlungen, therapeutischer Ultraschall sowie chirurgische Sehneninzisionen gehören. Ferner kommen Sehnentransplantate, künstliche Sehnenscheiden und Kohlenstoffaserimplantate zur Anwendung.

Das Brennen hat keinen direkten Einfluß auf die aktuelle Sehnenheilung, aber es wurde angenommen, daß es aufgrund der narbigen Hautverdickung die oberflächliche Beugesehne stützt. Zahlreiche Kliniker vertreten die Meinung, daß das Brennen als Teil einer vernünftigen Therapie beim Pferd aufgegeben werden sollte. Mitarbeiter der University of Bristol versuchten eine Antwort auf diese ständige Kontroverse zu erhalten. Bestrahlungen werden ebenfalls als förderliche Therapie angesehen,[26] doch auch hierfür fehlen Kontrollstudien.

Das Sehnensplitting wird zur Verbesserung der Vaskularisation und damit zur Heilung eingesetzt. Zuerst entwickelte FORSSEL in den vierziger Jahren eine Stichtechnik. ASHEIM beschrieb 1964 als erster ein chirurgisches Verfahren, das eine vollständige Längsinzision der Sehnen vorsah.[4] Es wurde eine gute Revaskularisation und Regeneration der Sehnen beschrieben. Später kam eine perkutane fächerförmige Schnittechnik zur Anwendung, um die im Anschluß an die Asheim-Technik auftretenden peritendinösen Verklebungen herabzusetzen.[5] Obwohl das Prinzip dieses Verfahrens angezweifelt wurde,[83] konnten hervorragende klinische Erfolge damit erzielt werden.[5,59,60,98] Die Ergebnisse bei der Behandlung von Entzündungen des Musculus interosseus medius waren allerdings besser als diejenigen bei einer Tendinitis der oberflächlichen Beugesehne.[60] Einer der Befürworter dieser

Technik wendet das perkutane Sehnensplitting routinemäßig bei allen chronischen Tendinitiden an, deren Symptome länger als einen Monat nach der akuten Phase bestehen, mit Ausnahme von schweren Tendinitiden innerhalb von Sehnenscheiden.[39] Ein Vergleich der Ergebnisse bei dieser Behandlung mit denjenigen aus ähnlichen Fällen, die ausschließlich durch eine entsprechend lange Ruhigstellung oder mit anderen Mitteln behandelt werden, ist dringend erforderlich. Ferner ist Vorsicht geboten, Ergebnisse, die bei Standardbred-Pferden erzielt wurden, auf Fälle bei Vollblütern zu übertragen. Der Autor hält das Sehnensplitting bei der Behandlung von bestimmten Entzündungen des Musculus interosseus medius für sinnvoll, während er diese Therapie bei der Tendinitis der oberflächlichen Beugesehne anzweifelt, außer wenn das Operationsgebiet auch auf die gesunden Sehnenbereiche ober- und unterhalb der Läsion ausgedehnt werden kann. Neue Berichte zeigen einen günstigen Einfluß von therapeutischem Ultraschall auf Mikroheilungsprozesse nach dem Sehnensplitting.[55]

Als weiteres Therapieverfahren wird eine autologe Sehnentransplantation empfohlen, bei der ein Abschnitt der lateralen Strecksehne in die oberflächliche Beugesehne eingesetzt wird.[20] Es konnte gezeigt werden, daß dabei das Transplantat als Ausgangspunkt für eine beginnende Heilung dient.[81] Allerdings sind nach einer derartigen Operation die Pferde nicht mehr im Rennsport einsetzbar.[30]

Die Bedeutung von peritendinösen Verklebungen für das erneute Auftreten einer Tendinitis wurde beschrieben.[75] Die Implantation einer künstlichen Sehnenscheide wurde vorgeschlagen, um eine gleichförmige Anordnung der Fibroblasten und Kapillaren innerhalb der Sehne zu sichern und so kleine, lokale, massive Adhäsionen, wie sie gewöhnlich als Folge der Reaktion des Paratendineums im geschädigten Sehnenbereich entstehen, zu begrenzen. Das Ziel dabei war, lange, gegeneinander verschiebliche Verklebungen anstatt der kurzen, restriktiven Adhäsionen zu erhalten. Aber aus den unzureichenden Folgedaten geht nicht hervor, ob dieses Ziel erreicht wurde. Ebenso wie in der Humanmedizin ist es noch einer langer Weg, bis die Theorie „eine Wunde – eine Narbe"[62] auch in der Pferdeheilkunde verwirklicht werden kann.

PROCTOR beschrieb ein radikales chirurgisches Verfahren, um die bei einer Tendinitis oder Tendosynovitis auftretenden Verklebungen zu bekämpfen.[67] Dabei wurde in Abhängigkeit von der Lage der Veränderung entweder im Fesselgelenkbereich die oberflächliche Beugesehne, die hier halbkreisförmig die tiefe Beugesehne umschließt, entfernt oder am Metakarpus das peritendinöse Narbengewebe exzidiert und gleichzeitig die tiefe Beugesehne separiert. Diese Operation erwies sich als wirkungslos und wurde verworfen.[68]

Eine relativ neue Therapieform nutzt Kohlenstoffaserimplantate.[29,33,35,42,87] Kohlenstoff stellt aufgrund seiner Reinheit, seiner Biokompatibilität und seiner Flexibilität ein ausgezeichnetes Implantationsmaterial dar. Er ist allgemein in Form von Fasern, Netzen oder Filzen erhältlich. Geflochtene oder aufgedrehte Fasern werden unter Sichtkontrolle[29] oder mittels langer Nadeln[42] in Längsrichtung in die Sehne implantiert. An experimentell getrennten Sehnen konnten 30 Tage lang post operationem die Ausrichtung und Organisation der Kollagenfasern und Fibroblasten entlang den Kohlenstoffasern histologisch beobachtet werden.[87] Später lösten sich die Kohlenstoffasern auf und hinterließen kollagenes Gewebe, das entsprechend der maximalen Zugbelastung ausgerichtet war. Histologisch ähnelte das Kollagen eher dem Typ-I-Kollagen der normalen Sehnen als dem Typ-III-Kollagen des Narbengewebes.[87] Ebenso konnte eine Wellenbildung, wie sie für gesunde Sehnen typisch ist, auch in Sehnen nach der Kohlenstoffimplantation festgestellt werden, nicht aber bei Vergleichsläsionen, die ohne Kohlenstoffimplantate behandelt wurden. Dies deutete darauf hin, daß die Narben, die sich nach der Implantation von Kohlenstoffasern entwickelten, eine größere Elastizität besitzen würden.

Bei einer neueren Untersuchung waren die Ergebnisse nach der Implantation von Kohlenstoffasern in zerschnittene oder gerissene Sehnen weniger ermutigend.[13] Das entstehende Narbengewebe der behandelten Pferde entsprach hinsichtlich Morphologie und Funktion demjenigen der Kontrolltiere, und es wurde kein Hinweis gefunden, daß die Kohlenstoffasern als Ausgang für eine Längsausrichtung der Fasern bei der Narbenbildung dienten. Ebenso waren Therapieversuche mit Kohlenstoffasern bei klinisch manifesten Tendinitiden nicht sehr vielversprechend.

Zusammenfassend kann gesagt werden, daß es kein Allheilmittel für die Behandlung einer Tendinitis oder Tendosynovitis gibt und daß diese Erkrankung eine Hauptursache für den Verlust von Rennpferden darstellt. Alle Anstrengungen sollten auf die Einhaltung einer Prophylaxe abzielen, indem übermäßige Krafteinwirkungen auf untrainierte Muskel-Sehnen-Einheiten durch eine sinnvolle Trainings- und Arbeitsplanung verhindert werden.

Konstriktion von oder durch Ligamenta anularia bzw. Retinacula

Sehnen, die von Ligamenta anularia bzw. Retinacula umgeben sind, können schwere Schäden erleiden, wenn sie aus irgendeinem Grund anschwellen oder eine Striktur das darüberliegende Halteband verkürzt. Durch den vermehrten Druck auf die Sehnen entstehen Ischämien und Nekrosen. Bei Pferden ist die Konstriktion des Ligamentum anulare palmare bzw. plantare das klassische Beispiel für diese Erkrankung. Typischerweise tritt sie in Verbindung mit der Entzündung der oberflächlichen Beugesehne auf. Aber selbständige Erkrankungen nach einem direkten Trauma und/oder einer Infektion sind ebenso möglich. Ein anderes Beispiel ist die Konstriktion des Retinaculum flexorum, das „Karpaltunnel-Syndrom".[46] Diese Veränderung entspricht nicht der ursprünglichen Vorstellung, wie sie mit der Einschnürung der Ligamenta anularia verbunden ist. Tatsächlich handelt es sich hierbei um eine Einengung des Canalis carpi, die durch einen Schnitt in das Retinaculum flexorum behoben werden kann.

Pathogenese. Die Tendosynovitis der Beugesehnen im Bereich des Fesselgelenkes kann zu einer Schwellung der oberflächlichen Beugesehne führen, die dann durch das unelastische Ligamentum anulare eingeengt wird. Zusätzlich erfaßt eine wenig abgegrenzte Entzündung bei einer Tendosynovitis auch das Fesselringband und verursacht weitergehende Striktionen aufgrund der während der Heilung einsetzenden Narbenbildung. In anderen Fällen bewirken direkte Verletzungen (z. B. Draht- oder Stichverletzungen) während der Heilung aufgrund der Narbenkontraktionen eine pathologische Verkürzung der Ligamenta anularia. Unabhängig von der Ursache, erzeugt das verkürzte Halteband durch den übermäßigen Druck auf die Sehne Entzündungen sowie eventuell Nekrosen und vermindert die Gleitfähigkeit.

Die Konstriktion des Retinaculum flexorum tritt im allgemeinen nach Traumen im Bereich der Palmarfläche des Karpalgelenkes auf, nicht aber durch eine primäre Tendinitis. Diese Erkrankung kann sekundär nach einer Fraktur des Os carpi accessorium, bei einem Osteochondrom distal am Radius oder nach direkten traumatischen Verletzungen des Bindegewebes des Canalis carpi beobachtet werden.

Diagnose. Die typische Anamnese bei der Konstriktion des Ligamentum anulare palmare bzw. plantare beinhaltet eine anhaltende Lahmheit, die sich nicht verbessert, sondern sich bei der Arbeit verschlimmert. In vielen Fällen ist zuerst oder nach der Ruhigstellung des Pferdes ein tiefer Sehnenbogen im Fesselbereich zu erkennen. Anschließend entwickelt sich eine persistierende Lahmheit. (Besteht nur ein Sehnenbogen, sind die Pferde nach mehreren Monaten der Ruhe wenigstens im Trab lahmfrei.) Häufig dehnt sich die Fesselbeugesehnenscheide proximal (manchmal auch distal) des verengten Fesselringbandes aus. Gewöhnlich ist die oberflächliche Beugesehne am proximalen Rand des Ligamentum anulare verdickt, was dem palmaren bzw. plantaren Fesselgelenkbereich ein „höckeriges" Aussehen in der Seitenansicht verleiht (Abb. 7.165).

Abb. 7.165: Konstriktion des Ligamentum anulare palmare. Beachte die vermehrt gefüllte gemeinsame digitale Sehnenscheide oberhalb des Fesselringbandes.

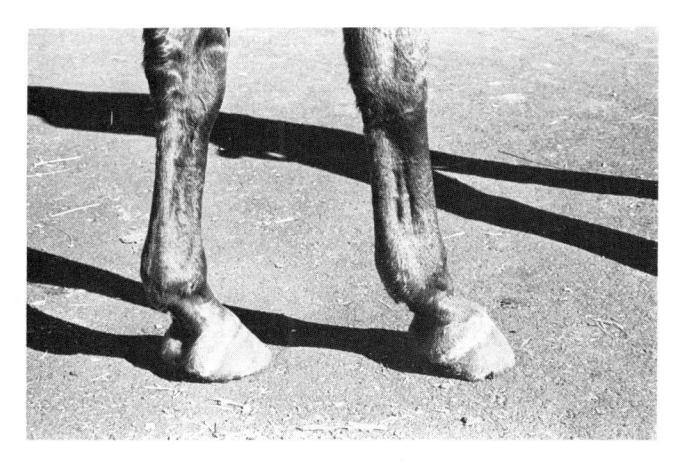

Abb. 7.166: Derselbe Patient wie in Abbildung 7.165 zwei Monate nach der Durchtrennung des Ligamentum anulare palmare.

Die Konstriktion des Retinaculum flexorum geht mit Lahmheit einher und gestattet nur eine begrenzte Flexion des Karpalgelenkes. Bei gleichzeitigem Bestehen einer Synovialitis findet sich eine Umfangsvermehrung im Bereich des Canalis carpi.

Therapie und Prognose. Die einzig wirkungsvolle Behandlung bei der Konstriktion des Ligamentum anulare palmare bzw. plantare stellt die Desmotomie dieser Strukturen dar.[1,86] Der Schnitt wird durch das Fesselringband sowie die gemeinsame digitale Sehnenscheide der oberflächlichen und tiefen Beugesehne gelegt. Die Beugesehnen werden auf Verklebungen und andere Schädigungen hin untersucht. Jede Adhäsion wird gelöst. Der Wundschluß erfolgt durch eine Unterhaut- und Hautnaht. In den ersten drei Tagen post operationem werden die Pferde im Schritt geführt, um eine Vereinigung der Schnittenden des Ligamentum anulare durch Verklebungen zu verhindern.[1] Wenn keine ausgedehnten Veränderungen an der oberflächlichen Beugesehne vorliegen, ist die Prognose günstig (Abb. 7.166).

Die Behandlung der Konstriktion des Retinaculum flexorum besteht in der Exzision eines elliptischen schmalen Streifens.[46] Verklebungen und Strikturen können in der Sehnenscheide vorliegen und bedürfen entsprechender chirurgischer Maßnahmen. Wenn die mit dieser Erkrankung verbundene Lahmheit durch eine Anästhesie des Nervus ulnaris behoben werden kann, stellt die Neurektomie des Nervus ulnaris eine alternative Therapie dar (siehe Seite 663).

Entzündung des Musculus interosseus medius

Da der Musculus interosseus medius des Pferdes, der als rudimentärer Muskel angesehen werden kann, einen ausschließlich bandhaften Charakter aufweist, wird seine Entzündung im englischen Sprachraum als Desmitis bezeichnet. Tatsächlich handelt es sich aber eher um eine Tendinitis. Die Entzündung des Musculus interosseus medius bildet besonders bei Rennpferden ein Problem. Am häufigsten findet sich diese Erkrankung bei Standardbred-Pferden, bei denen sie oft mit einer Periostitis und/oder Gleichbein- oder Griffelbeinfrakturen (siehe Seite 615) vergesellschaftet ist.

Pathogenese. Entzündungen finden sich bevorzugt in drei verschiedenen Abschnitten des Musculus interosseus medius:

1. an einem der beiden Unterstützungsäste zur gemeinsamen Strecksehne. Dies ist der am häufigsten primär erkrankte Bereich, und die Ätiologie entspricht derjenigen einer Tendinitis oder Tendosynovitis. Eine Neigung zu belastungsabhängigen Schäden überwiegen am Musculus interosseus medius weisen besonders Standardbred-Pferde auf. Dies steht in Beziehung zu der relativ langen kranialen Phase ihres Schrittes, während der der Muskel die Haupttragefunktion übernimmt;[21]

2. im Bereich des Körpers des Musculus interosseus medius. Diese Entzündung wird oft als Sekundärerscheinung bei Periostitiden oder Frakturen des Os metacarpale II oder IV (mediales oder laterales Griffelbein) angesehen;

3. am Ursprung des Musculus interosseus medius am Os metacarpale III. Dies tritt selten und vermutlich als Folge einer übermäßigen Belastung in Erscheinung.

Diagnose. Im allgemeinen kann diese Veränderung adspektorisch und palpatorisch diagnostiziert werden. Ebenso wie bei anderen Sehnenentzündungen finden sich, je nach dem Stadium der Schädigung, Zeichen einer akuten oder chronischen Entzündung. Die Lahmheit verschlimmert sich bei einer tiefen Palpation, nach der Beugung oder nach dem Anheben der kontralateralen Gliedmaße, um den erkrankten Muskel einer vermehrten Zugbelastung auszusetzen. Eine Infiltrationsanästhesie ist oft notwendig, um den Verdacht einer hohen Entzündung des Musculus interosseus medius zu bestätigen. Zur Beurteilung eventueller Läsionen an den Griffelbeinen oder zum Ausschluß von Abrißfrakturen im Bereich des Ursprunges des Musculus interosseus medius bei der hohen Entzündung sollten Röntgenaufnahmen angefertigt werden.

Therapie und Prognose. Die Therapie entspricht im wesentlichen derjenigen bei einer Tendinitis und soll deshalb hier nicht weiter beschrieben werden (siehe Seite 467). Allerdings sind die Ergebnisse beim Sehnensplitting, ebenso wie bei den sonstigen Behandlungen, im allgemeinen besser bei der Entzündung des Musculus interosseus medius als bei den anderen Tendinitiden und Tendosynovitiden. Die größere Erfolgsrate steht in Beziehung zur geringeren Bewegung des Muskels im Vergleich zur oberflächlichen Beugesehne, die Dehnungsänderungen von 4 bis 7 cm unterworfen wird.[75] Aufgrund dieser Tatsache sind Verklebungen bei der Entzündung des Musculus interosseus medius weniger kritisch. Das zu empfehlende perkutane Sehnensplitting wird mit einem doppelschneidigen Messer fächerförmig in einer Vertikalebene durchgeführt. Die Prognose bei Standardbred-Pferden ist hinsichtlich eines Renneinsatzes mittelmäßig. Die Ergebnisse sind nicht so vielversprechend wie bei Vollblütern. GENOVESE hebt hervor, daß bei der schmerzhaften Entzündung des Musculus interosseus medius und einer begleitenden Gleichbeinentzündung das Training von Rennpferden (Vollblütern) vollständig einzustellen ist. Bei Trainingsfortführung unter einer symptomatischen Therapie besteht die Gefahr der Ruptur des Musculus interosseus medius oder von Gleichbeinfrakturen mit Fesselgelenkdislokation.[28]

Abrißfrakturen

Abrißfrakturen können im Bereich von Sehnenansätzen entstehen, finden sich aber häufiger in den Anheftungsgebieten von Bändern. Sie müssen differentialdiagnostisch gegenüber traumatischen Verletzungen von Sehnen und Bändern abgegrenzt werden. Beispiele für Abrißfrakturen beinhalten die Fraktur des Processus extensorius des Hufbeines (siehe Seite 526 bis 528), welcher der Insertion der gemeinsamen Strecksehne dient, sowie die Abrißfraktur des Ursprungs des Musculus interosseus medius (siehe Seite 622 bis 624 sowie Abb. 8.157).

Traumatische Sehnenruptur

Die traumatische Sehnenruptur kann in Verbindung mit einer übermäßigen Belastung auftreten. Wie bereits beschrieben, gibt es bei der Tendinitis oder Tendosynovitis verschiedene Stufen des Integritätsverlustes der Sehnen. Jedoch wird die vollständige Zerreißung der Sehnen gewöhnlich nicht beobachtet, außer bei bereits bestehenden Infektionen oder Degenerationen. Zu den typischen Fällen gehören die Rupturen des Musculus peroneus (fibularis) tertius (Tendo femorotarseus) sowie des Musculus gastrocnemius und/oder der oberflächlichen Beugesehne an der Beckengliedmaße. Durchtrennte Sehnen werden in einem eigenen Abschnitt besprochen (siehe Seite 471).

Pathogenese. Der Musculus peroneus (fibularis) tertius entspringt gemeinsam mit dem Musculus extensor digitalis longus in der Fossa extensoria des Os femoris und setzt am Proximalende des Os metatarsale III, am Kalkaneus und am Os tarsale IV an (siehe Seite 52). Er ist ein wichtiger Teil der Spannsägenkonstruktion und an der passiven Feststellung des Sprunggelenkes bei gebeugtem Kniegelenk beteiligt. Rupturen werden durch extreme Überstreckungen des Sprunggelenkes hervorgerufen. Sie können beim Versuch, eine eingeklemmte Gliedmaße freizustrampeln, oder bei traumatischen Verletzungen in diesem Bereich auftreten.

Der Musculus gastrocnemius und die oberflächliche Beugesehne sind an ihrem Ursprung sowie im Bereich des Kalkaneus eng miteinander verbunden. Proximal des Sprunggelenkes bilden die Sehnen dieser Muskeln den Hauptbestandteil des Fersensehnenstranges (Tendo calcaneus communis). Die Ruptur des Musculus gastrocnemius kann ein- oder beidseitig bei Traumen nach übergroßen Anstrengungen auftreten. Zu den Ursachen einer vollständigen Zerreißung gehören Stürze mit unter den Körper gebeugter Beckengliedmaße, plötzliches Anhalten mit extremem Einknicken im Sprunggelenk oder gewaltige Anstrengungen, um ein Ausrutschen beim Heruntergehen eines Hanges zu vermeiden. Der Musculus gastrocnemius reißt vor der oberflächlichen Beugesehne. Selten kommt es zu derartig schweren Verletzungen, daß beide Muskeln im Bereich des Fersensehnenstranges rupturieren.

Auch die Sehne des Musculus extensor carpi radialis kann zerreißen.[14] Da diese Erkrankung aber äußerst ungewöhnlich ist, finden sich keine Angaben über die möglichen Ursachen. Die Ruptur der gemeinsamen Strecksehne bei Fohlen wurde bereits beschrieben (siehe Seite 463).

Diagnose. Die klassischen Zeichen bei der Ruptur des Musculus peroneus (fibularis) tertius beinhalten fehlende Flexion des Sprunggelenkes mit schlaff herabhängendem distalen Gliedmaßenabschnitt beim Vorführen der Gliedmaße, die aber sonst vom Pferd belastet wird.

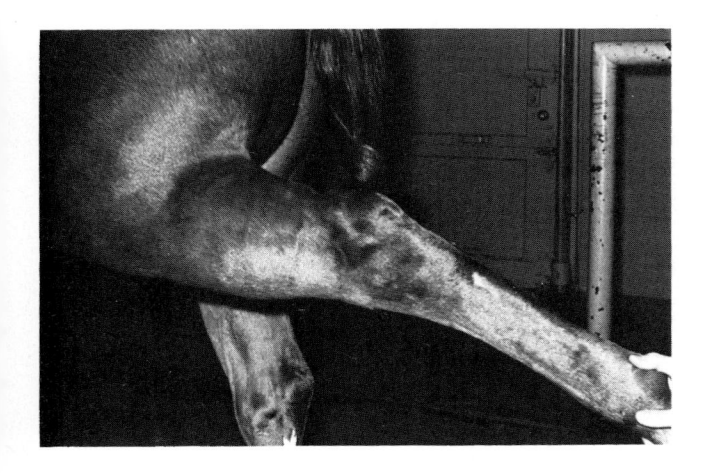

Abb. 7.167: Ruptur des Musculus peroneus (fibularis) tertius, demonstriert durch die Streckung des Sprunggelenkes bei gebeugtem Kniegelenk.

Schmerzen sind nicht deutlich ausgeprägt. Beim Anheben der Extremität kann das Sprunggelenk ohne gleichzeitige Extension des Kniegelenkes gestreckt werden, was bei gesunden Tieren nicht möglich ist. Der Fersensehnenstrang zeigt eine Faltenbildung (Abb. 7.167) (siehe auch Seite 720 und 721 sowie Abb. 8.271).
Bei der Ruptur des Musculus gastrocnemius senkt sich das Sprunggelenk und erscheint übermäßig angewinkelt. Zerreißt der Fersensehnenstrang vollständig, kann die Gliedmaße das Gewicht nicht mehr tragen.
Die Anzeichen der Ruptur des Musculus extensor carpi radialis an der Schultergliedmaße sind wenig augenfällig, aber bei sorgfältiger Beobachtung des Pferdes in der Bewegung kann eine vergleichsweise vermehrte Beugung des Karpalgelenkes der erkrankten Gliedmaße erkannt werden. Entsprechend ist der Bogen, den der Huf während der Hangbeinphase beschreibt, an der veränderten Gliedmaße signifikant höher als an der gesunden. Dies wird besonders im Trab deutlich. Die Absicherung der Verdachtsdiagnose erfolgt mittels Palpation.

Therapie und Prognose. Die meisten Fälle einer Ruptur des Musculus peroneus (fibularis) tertius können durch Ruhigstellung konservativ, ohne chirurgische Intervention behandelt werden. Nach einem Monat Boxenruhe wird das Pferd auf die Weide gebracht.
Gips-, Fiberglas- oder Kunststoffverbände sind bei der Zerreißung von Tendo gastrocnemius oder Tendo calcaneus communis angezeigt. Eine vorsichtige Prognose muß bei der Ruptur des Tendo gastrocnemius und eine schlechte bei der Zerreißung des gesamten Fersensehnenstranges gestellt werden. Die Implantation von Kohlenstoffasern kann möglicherweise die Erfolgsrate bei diesen Fällen verbessern.
Bei der seltenen Ruptur des Musculus extensor carpi radialis ist eine Behandlung nicht angezeigt,[14] da das Pferd unbrauchbar bleibt. Sollte eine Therapie bei einem besonders guten Sportpferd von dem Besitzer verlangt werden, kann die Implantation von Kohlenstoffasern versucht werden.

Degenerationsbedingte Sehnenruptur

Eine vorherige Schädigung kann die Sehnen so schwächen, daß Spontanrupturen bei normalen Belastungen auftreten. Typische Beispiele hierfür sind die vollständigen Sehnenrupturen nach septischen Tendosynovitiden, nach Neurektomie der Nervi digitales palmares bei fortgeschrittener Hufrollenentzündung oder nach der Reparation von zertrennten Sehnen. Bei der später zu beschreibenden septischen Tendosynovitis (siehe Seite 477) besteht, ebenso wie bei der septischen Arthritis (siehe Seite 423 bis 433), ein hoher Gehalt an lysosomalen Enzymen. Proteasen, Glykosidasen und Kollagenasen führen zum chemischen Abbau des Sehnenmaterials und damit zum Verlust ihrer Festigkeit. Dieser Vorgang stellt eher eine Sehnenauflösung als eine Sehnenruptur dar.
Eine Ermüdungsruptur der tiefen Beugesehne kommt in Verbindung mit Degenerationen im proximalen Bereich des Strahlbeines vor. Nach einer Neurektomie der Nervi digitales palmares belasten Pferde die erkrankte Gliedmaße wieder normal, und Verklebungen zwischen dem Strahlbein und der tiefen Beugesehne lösen sich auf, so daß die geschwächte Beugesehne rupturieren kann.[1] Dies tritt als relativ seltene Sekundärerkrankung im Anschluß an eine unterschiedlich lange zurückliegende Neurektomie auf. Noch ungewöhnlicher ist die Ruptur der tiefen Beugesehne bei Strahlbeinerkrankungen ohne vorherige Neurektomie. Eine vollständige Zerreißung der tiefen Beugesehne kann auch schweren, langandauernden, eitrigen Entzündungen der Bursa podotrochlearis folgen.

Diagnose. Der Verlust der Sehnenintegrität kann durch eine pathologische Gliedmaßenstellung und während der Bewegung beurteilt werden (Abb. 7.168). Die typischen Symptome werden im Abschnitt über durchtrennte Sehnen, auf den Seiten 472 bis 475, beschrieben. Diese Krankheitserscheinungen treten gewöhnlich auf, nachdem bereits andere Veränderungen beobachtet wurden.

Therapie. Die meisten degenerativen Sehnenrupturen bilden eine Indikation für die Euthanasie.

Traumatische Rupturen des Fesseltragapparates

Hierbei handelt es sich um schwere traumatisch bedingte Erkrankungen bei Rennpferden, wie die Ruptur des Musculus interosseus medius, Transversalfrakturen beider Gleichbeine oder die Ruptur der Ligamenta sesamoidea rectum und obliqua.

Pathogenese. Als Ursache wird eine extreme Hyperextension (Dorsalflexion) des Fesselgelenkes beim Rennen oder Springen (Jagdrennen) angenommen.

Diagnose. Die charakteristischen klinischen Symptome sind Lahmheit, Schwellung und Absenken des Fesselgelenkes. Die Diagnose kann durch die Palpation und eine Röntgenaufnahme (Dorsalverlagerung der gesunden oder gebrochenen Gleichbeine) gesichert werden. Beachtenswert ist, daß durch eine Beeinträchtigung der Blutversorgung ischämische Nekrosen sowohl im Bereich der Weichteile als auch des Hufes auftreten können. Diese Symptome entwickeln sich einige Tage nach der Primärverletzung.

Therapie. Eine Therapie kann im allgemeinen nur eine Zuchttauglichkeit erhalten. Sofortige Stützung des Fesselgelenkes mit Gips-, Fiberglas- bzw. Kunststoffverbänden oder Spezialschienen ist angezeigt.[102] Eine Heilung ist problematisch und erfolgt langsam. Die Behandlung der Wahl stellt die Arthrodese des Fesselgelenkes dar (siehe Seite 586).[12,89]

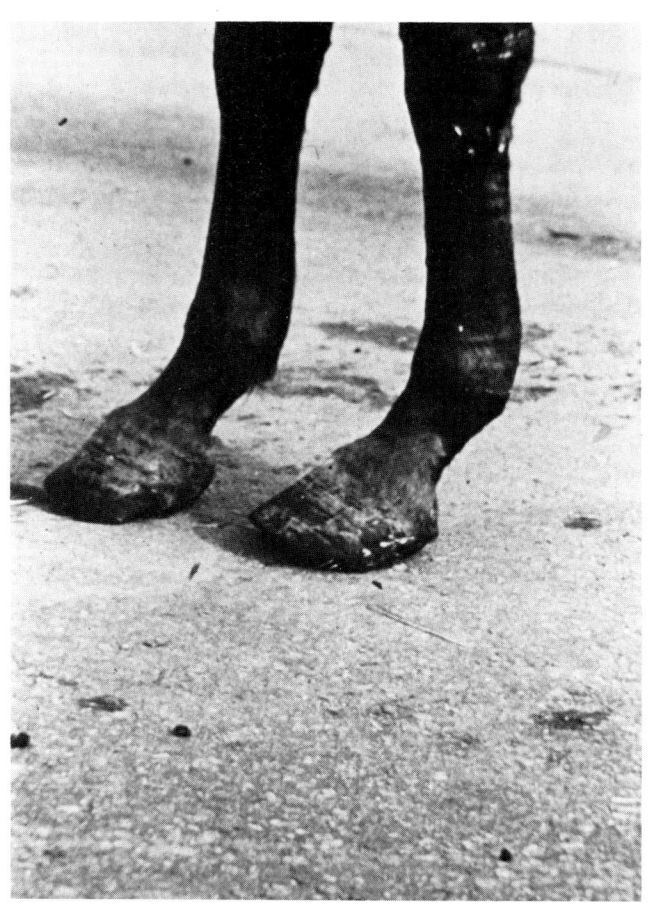

Abb. 7.168: Degenerative Ruptur der tiefen Beugesehne. Beachte die angehobene Zehe im Stand.

Durchtrennte Sehnen

Schnittverletzungen der gemeinsamen und/oder lateralen Strecksehnen der Schultergliedmaße sowie der langen und/oder lateralen Strecksehnen der Beckengliedmaße sind relativ häufig. An der Schultergliedmaße kommt es gewöhnlich zwischen Fessel- und Karpalgelenk zu der Sehnendurchtrennung, während eine Verletzung an der Beckengliedmaße im allgemeinen direkt distal des Sprunggelenkes liegt. Durchtrennungen der Beugesehnen finden sich zwischen Karpus und Fesselgelenk.

Pathogenese. In allen Fällen stellen Traumata die Ursache dar. Schnittverletzungen durch Draht betreffen vorwiegend die Strecksehnen und manchmal die Beugesehnen. Außerdem entstehen entsprechende Verletzungen der Beugesehnen durch das Treten auf bzw. in scharfe Gegenstände oder durch mit den Hufeisen selbstzugefügte Wunden.

Diagnose. Ist die Sehne des Musculus extensor digitalis communis bzw. longus durchtrennt, ist es dem Pferd unmöglich, die Zehe richtig zu strecken, die dann eventuell nachgeschleift wird. Allerdings erfolgen das Aufsetzen und Belasten des Hufes normal. Bei der Durchtrennung der lateralen Strecksehne der Schulter- bzw. Beckengliedmaße besteht nicht unbedingt ein Gangveränderung. Das Ausmaß der begleitenden Weichteilschädigungen hängt von dem jeweiligen Fall ab.

Die klinischen Symptome bei der Schnittverletzung der Beugesehnen, die sowohl im Stand als auch in der Bewegung sichtbar werden, variieren. Bei ausschließlicher Durchtrennung der oberflächlichen Beugesehne sinkt das Fesselgelenk herab, berührt aber nicht den Boden (Abb. 7.169). Bei gleichzeitiger Durchtrennung sowohl der oberflächlichen als auch der tiefen Beugesehne senkt sich das Fesselgelenk ebenfalls, und zusätzlich wird bei Gewichtsbelastung der Gliedmaße die Zehe angehoben (Abb. 7.169). Sind beide Beugesehnen und der Musculus interosseus medius zerschnitten, berührt das Fesselgelenk die Erde. Schnittverletzungen distal des Fesselgelenkes führen zur Durchtrennung der tiefen Beugesehne und zur Eröffnung der Fesselbeugesehnenscheide. In diesen Fällen wird die Zehe bei der Belastung der jeweiligen Gliedmaße angehoben. Diese Art der Verletzungen variiert von glatten Schnitten bis zu erheblichen Schädigungen des Sehnengewebes (Abb. 7.170). Entsprechend unterschiedliche Ausmaße können auch die Verletzungen des umgebenden Gewebes annehmen. Manchmal wird nur ein kleiner, sauberer Schnitt sichtbar, der fälschlicherweise den Eindruck erwecken kann, es handele sich nur um eine kleine, unbedeutende Wunde. Erst in der Bewegung ist der Sehnenschaden zu beurteilen. Bei länger bestehenden Wunden finden sich häufig starke Weichteilumfangsvermehrungen und Infektionen. Auch eine septische Tendosynovitis kann die Veränderung begleiten.

Therapie und Prognose. Für diese Fälle gibt es keine allgemein gültige Behandlungsvorschrift, aber einige Prinzipien sind zu beachten. Immer sollten chirurgische Grundsätze, wie eine sorgfältige Reinigung des verletzten Gebietes und eine ausreichende Wundtoilette, eingehalten werden.

Bei zertrennten Strecksehnen wird die Wunde gereinigt, chirurgisch versorgt und genäht, wenn eine primäre Heilung möglich ist. Die Wundtoilette sollte auch die Entfernung von kontaminiertem oder geschädigtem Paratendineum beinhalten. Bei Gewebsverlust oder Infektionen ist eine Sekundärheilung über Granulationsgewebe angezeigt. Obwohl in den meisten Fällen die Enden der rupturierten Strecksehnen nicht genäht werden, ist bei durchtrennten Strecksehnen doch eine Reparation zu erwarten. Nach der vollständigen Heilung kann auch mit der Wiederherstellung der normalen Funktion gerechnet werden. Dafür werden aber mehr als sechs Monate benötigt. Bei nicht verunreinigten Wunden und scharfen, sauberen Schnitten kann eine primäre Heilung angestrebt werden, die aber nur selten nötig ist. Während der Anfangszeit, zur Verhinderung einer übermäßigen Flexion oder des Überkötens, können Gips-, Fiberglas- bzw. Kunststoffverbände die Gliedmaße fixieren. Unter anderen Umständen, wenn nicht genäht wurde und die Pferde bereits die fehlende Sehnenfunktion kompensiert haben, sind derartige Stützverbände unnötig. Auch bei der ausschließlichen Durchtrennung der Sehne des Musculus extensor digitalis lateralis braucht kein Gips-, Fiberglas- bzw. Kunststoffverband angelegt zu werden. Nach zwei Wochen wird der Verband entfernt. Um ein Überköten im Fesselgelenk, das eine kontinuierliche Heilung beeinträchtigt, zu unterbinden, erhalten die Pferde einen Beschlag zur Streckung der Zehe. In anderen Fällen von zertrennten Strecksehnen bilden Bandagen und ein Eisen zur Zehenstreckung eine geeignete Alternative zu den Gips-, Fiberglas- bzw. Kunststoffverbänden bei der ersten Behandlung.

Schnittverletzungen durch Draht in der Sprunggelenksbeuge eröffnen das Tarsokruralgelenk, so daß sich eine septische Arthritis entwickeln kann. Wunden mit großem

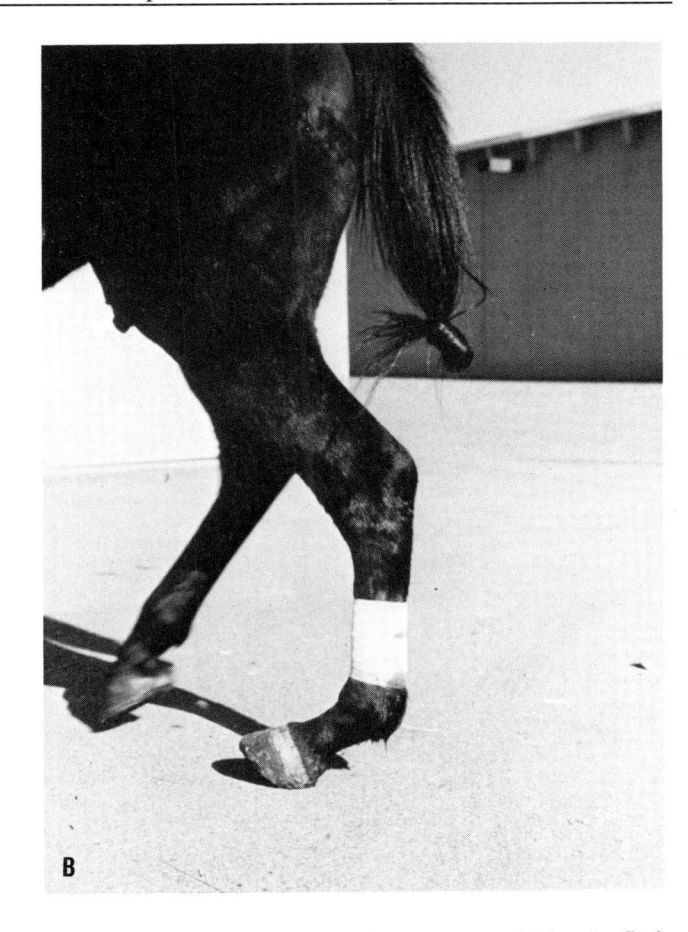

Abb. 7.169: Symptome bei durchtrennten Beugesehnen. **A** Durchtrennte oberflächliche Beugesehne. **B** Durchtrennung sowohl der oberflächlichen als auch der tiefen Beugesehne.

Gewebsverlust bereiten in diesem Bereich manchmal durch ihre langsame Sekundärheilung Probleme.

Die Prognose bei frischen, unkomplizierten Schnittverletzungen der Strecksehnen ist günstig, während sie bei Infektionen oder begleitenden Knochen- und Gelenkschäden vorsichtig zu stellen ist.

Die Therapieergebnisse bei einer durchtrennten Beugesehne sind weniger zufriedenstellend. Betrifft die Schnittverletzung sowohl die oberflächliche und tiefe Beugesehne als auch den Musculus interosseus medius, ist die Euthanasie angezeigt, ausgenommen, es wird – wie bei sehr wertvollen Pferden – eine Behandlung unbedingt gefordert. Allerdings steigert der Wert eines Pferdes in keiner Weise den Erfolg der Therapieversuche.

Im allgemeinen ist bei frischen, sauberen und scharfen Schnitten an einer Beugesehne eine Naht für eine Primärheilung durchzuführen. Die bisher übliche End-zu-End-Sehnennaht nach Bunnell wurde zugunsten der „Locking-loop"-Sehnennaht aufgegeben.[65] Die Vorteile dieser letztgenannten Technik bestehen in der geringen Beeinträchtigung der Blutversorgung der Sehne, in ausreichender Festigkeit zur Verhinderung von Spaltenbildung, minimaler Schädigung des Epitendineums und mäßiger Beanspruchung des Nahtmaterials. Diese Faktoren fördern die Sehnenheilung und beschränken die Reaktionen des peritendinösen Gewebes sowie die Bildung von Verklebungen, die ein echtes Problem bei durchtrennten Beugesehnen darstellen. Die Nahttechnik ist in Abbildung 7.171 skizziert. Als Nahtmaterial ist monofilamentes Nylon empfehlenswert. Materialien mit rauhen Oberflächen, wie z. B. geflochtene Fäden, besitzen keine ausreichende Gleitfähigkeit oder Elastizität, um die Längsbelastung auf den Adaptationszug zu übertragen, was einen wichtigen Aspekt bei dieser Nahttechnik bildet. Draht ist ebenfalls nicht flexibel genug. Es konnte gezeigt werden, daß eine Spaltbildung bei der „Locking-loop"-Sehnennaht nur bei sehr großen Belastungen, bei beginnender Dehnung des Nylons, kurz vor dem Zerreißen, auftritt. Alle Versuche bewiesen, bevor die Naht ausreißt, zerreißt das Material.[65] Bei der Bunnell-Naht entwickelt sich eine Spalte bereits bei geringen Belastungen. Angiographische Untersuchungen von Sehnen, die mit einer „Locking-loop"-Naht verbunden wurden, ließen erkennen, daß die Gefäße im genähten Bereich offen blieben und keine Unterbrechung der Vaskularisation auftrat. Weiterhin bewährte sich diese Technik hervorragend bei Nähten innerhalb von Sehnenscheiden.

Wenn eine Sehne in der Sehnenscheide durchtrennt wurde, ist es besonders wichtig, die Enden der Sehne zu adaptieren, um eine Organisation durch maximale Eigenheilung zu ermöglichen. Eine Naht wird bei diesen Sehnenverletzungen sogar bei bestehenden Kontaminationen

474 Kapitel 7: Erkrankungen der Gelenke

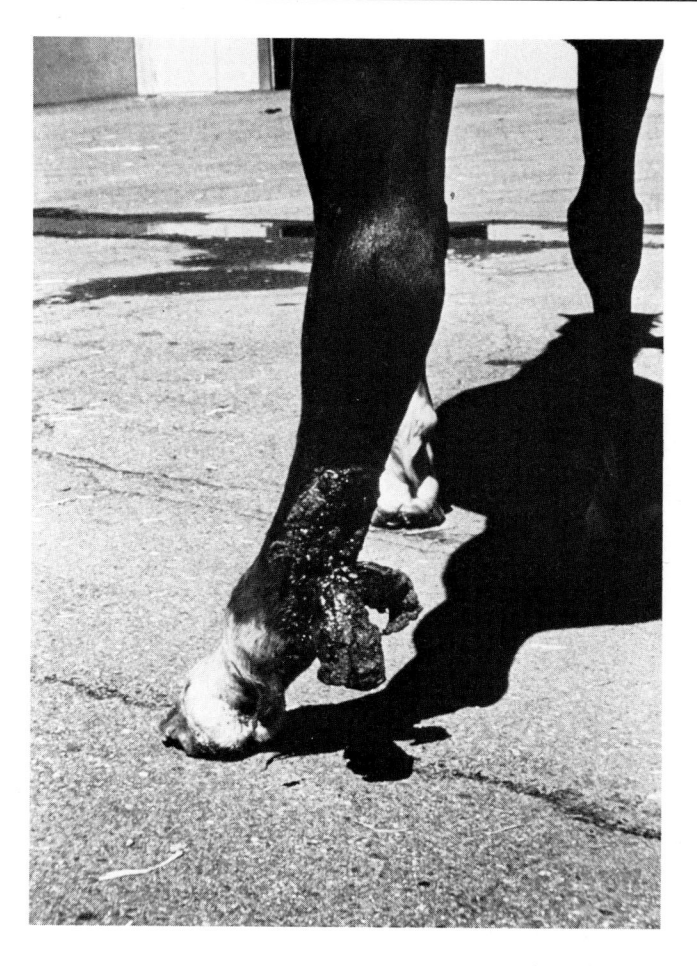

Abb. 7.170: Vollständige Trennung der tiefen und oberflächlichen Beugesehne mit abgerissenen und aus der Wunde heraushängenden distalen Sehnenstümpfen.

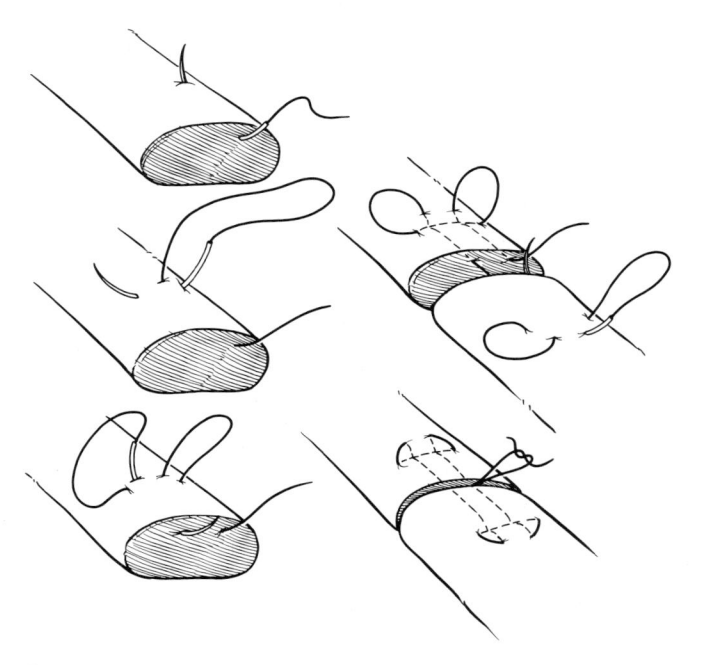

Abb. 7.171: Schematische Darstellung einer End-zu-End-Naht zweier Sehnenstümpfe („Locking-loop"-Sehnennaht).

ausgeführt, obwohl die Prognose dann entsprechend vorsichtig ist. Bei erheblichem Sehnengewebsverlust ist die Zweckmäßigkeit einer Naht fraglich.

Der Autor bevorzugt allerdings auch bei sauberen Schnitten außerhalb der Sehnenscheide, selbst bei bestehenden Verunreinigungen, eine Sehnennaht. Zwingende Voraussetzung dabei ist eine gründliche Wundtoilette mit der Entfernung von totem oder kontaminiertem Paratendineum. Eine Saugdrainage für 24 bis 48 Stunden ist bei vollständigem Wundverschluß sinnvoll.

Bei länger als ein paar Stunden bestehenden Wunden mit Verlust von Sehnenmaterial und ausgedehnten Kontaminationen ist eine primäre Sehnennaht gewöhnlich nicht angezeigt. Bei derartigen Verletzungen werden die Haare großflächig entfernt, die Wunde gründlich gereinigt und eine ausgiebige Wundtoilette durchgeführt, bei der auch das gesamte tote Sehnengewebe entfernt wird. Bei bedeutendem Gewebsverlust bleibt die Wunde offen, nur in einigen Fällen kann ein teilweiser Verschluß, der zusätzlich mit einer Drainage versehen werden sollte, erfolgen. Die Gliedmaße erhält postoperativ einen Stützverband. Nachdem eine sekundäre Wundheilung stattgefunden hat und die Infektion unter Kontrolle ist, kann, wenn nötig, eine zusätzliche Sehnenreparation, z. B. in Form einer Sehnennaht oder durch Implantation von Kohlenstofffasern, vorgenommen werden.[87,88] Allerdings wird in neueren Arbeiten der therapeutische Wert von Kohlenstofffasern in Frage gestellt.[13,61]

Partielle Sehnendurchtrennungen werden im allgemeinen nicht genäht. Es sollte aber bedacht werden, daß teilweise gequetschte oder durchtrennte Sehnen schwellen und aufweichen können, um dann später bei normaler Belastung zu rupturieren. Eine Wundtoilette und andere geeignete Behandlungsmethoden zur Eindämmung von Wundinfektionen sollten durchgeführt und anschließend ein entsprechender fixierender Stützverband angelegt werden.

Unabhängig davon, ob die Sehnen primär nach Naht, Kohlenstoffaserimplantation oder sekundär heilen, auf jeden Fall ist eine postoperative Stützung notwendig, die im allgemeinen in allen Fällen gleich ist. Dabei soll die Immobilisation nicht nur eine Zugwirkung auf die adaptierten Sehnenenden mit nachfolgender eventueller Dehiszenz verhindern, sondern auch gleichzeitig die Revaskularisation ermöglichen.[64] Es wird angenommen, daß innerhalb der ersten drei Wochen keine aktive Bewegung versucht werden sollte. Während bekannt ist, daß leichte passive Bewegung die Verklebungen herabsetzt, muß für die beginnende Heilung jegliche weitere aktive Belastung unterbleiben. Empfehlenswert sind Gips-, Fiberglas- bzw. Kunststoffverbände zur Fixierung der Gliedmaße nach der Durchtrennung der Sehnen der Musculi flexores digitales. Es ist überaus wichtig, Spaltenbildung während der frühen Sehnenheilung zu verhindern.[62] Der Gips-, Fiberglas- bzw. Kunststoffverband wird sechs Wochen lang an der Gliedmaße belassen und anschließend ein Hufeisen entweder zur Unterstützung des Fesselgelenkes oder mit verlängerten Schenkeln aufgeschlagen (Abb. 7.172).

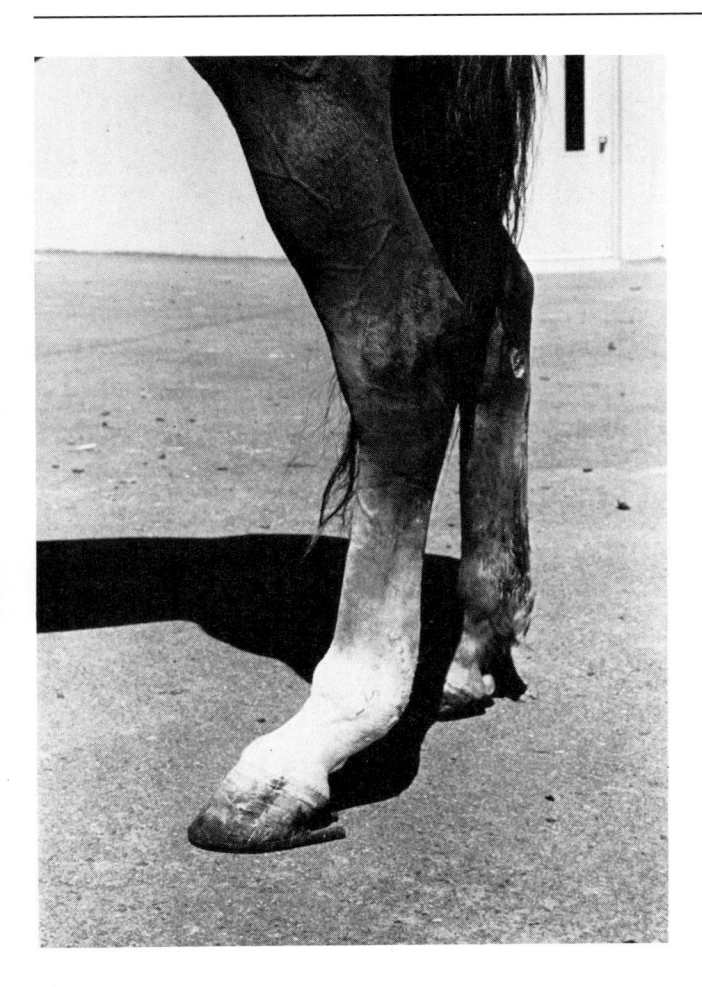

Abb. 7.172: Gliedmaße mit durchtrennten Beugesehnen, in die Kohlenstoffasern implantiert wurden, nach Abnahme des fixierenden Verbandes. Beachte das Eisen mit den verlängerten Schenkeln (mit Genehmigung von Dr. A. S. TURNER).

Die Wahl des Beschlages hängt davon ab, ob eine Verletzung der oberflächlichen und/oder der tiefen Beugesehne vorliegt. Bei einer durchtrennten oberflächlichen Beugesehne senkt sich nach der Abnahme des fixierenden Verbandes das Fesselgelenk, das sich aber beim Bewegungstraining wieder hebt.
Die Prognose ist in Abhängigkeit von den veränderten Strukturen vorsichtig bis ungünstig. Infektionen verschlechtern die Vorhersage grundsätzlich. Bei den in der Sehnenscheide getrennten Sehnen dauert die Reparation aufgrund der herabgesetzten äußeren Heilung länger. Untersuchungen zur Beurteilung des Anteiles der Eigenheilung bei der Wiederherstellung von in der Sehnenscheide getrennten Sehnen sind unbedingt erforderlich. Im Hinblick auf die postoperative Funktion können peritendinöse Adhäsionen beim Pferd ein Problem darstellen. Durch die Beachtung von aseptischen Kautelen, die sorgfältige Wundtoilette und sinnvoller chirurgischer Maßnahmen kann die Bildung von Verklebungen vermindert werden. Da peritendinöse Adhäsionen auch beim Menschen eine große Bedeutung haben, sind verschiedene Methoden versucht worden, wie mechanische Barrieren zwischen Sehne und proliferierendem Gewebe, Tenolysis und chemische Lösung, ohne allerdings bisher ein Allheilmittel gefunden zu haben.

Tendosynovitis/Tendovaginitis

Die Entzündung der Synovialmembran einer Sehnenscheide heißt Tendosynovitis bzw. -vaginitis. Allerdings ist gewöhnlich auch die fibröse Schicht mitbetroffen. Die Veränderung manifestiert sich als Schwellung der Sehnenscheide aufgrund eines Synovialergusses. Verschiedene Ursachen dieser Erkrankung bedingen unterschiedliche klinische Symptome. Beim Pferd können die Tendovaginitiden wie folgt eingeteilt werden:

1. idiopathische Tendosynovitis,
2. akute Tendosynovitis,
3. chronische Tendosynovitis und
4. septische (infektiöse) Tendosynovitis.

Obwohl es innerhalb dieser Ordnung zu Überschneidungen kommt, scheint sie doch am besten geeignet, um die verschiedenen Behandlungen aufzuzeigen.

Idiopathische Tendosynovitis. Die idiopathische Tendosynovitis kann als Tendovaginitis mit entsprechendem Synovialerguß bei fehlenden Entzündungserscheinungen, Schmerzen und Lahmheit definiert werden. Die unklare Ursache spiegelt sich im Namen wider. Manchmal werden bereits Fohlen mit diesen Veränderungen, die gewöhnlich im Bereich der Karpalsehnenscheiden der Strecksehnen bestehen, geboren.[91,95] In einem Bericht wird allerdings der Ausdruck idiopathische Tendosynovitis für mehrere Erkrankungen bei Fohlen, unter anderem auch für septische Tendovaginitiden, verwendet. Dies entspricht nicht der hier aufgeführten Einteilung. Bei adulten Pferden entwickeln sich klinisch symptomlose Sehnenscheidenergüsse meist langsam, und die am häufigsten davon betroffenen Bereiche sind die Tarsalbeugesehnenscheide, die gemeinsame digitale Sehnenscheide von oberflächlicher und tiefer Beugesehne (Fesselbeugesehnenscheide) sowie die Sehnenscheiden der Strecker dorsal am Karpus. Die Tendovaginitis der Tarsalbeugesehnenscheide wird auch als Kurbengalle bezeichnet. Diese Sehnenscheide umgibt die vereinigten Sehnen von Musculus flexor digitalis lateralis und Musculus tibialis caudalis. Unter der Kurbengalle werden die Anschwellungen an der Medial- und Lateralfläche des Sprunggelenkes sowie auf der Plantarseite distal des Fersenhöckers (Tuber calcanei) verstanden. Die Kurbengalle liegt zwar meistens als idiopathische Tendosynovitis vor, kann aber auch zusammen mit weiteren klinischen Symptomen auftreten, so daß manchmal der Ausdruck Kurbengalle im Rahmen anderer Tendosynovitisformen verwendet wird. Die Termini „Gallen" oder „Windgallen" bezeichnen allgemein synoviale, keine Lahmheit verursachende Umfangsvermehrungen im Bereich von Gelenken oder Sehnenscheiden.[1] Allerdings finden diese Begriffe häufig bei der Benennung der Tendosynovitis der Fesselbeugesehnenscheide, der sogenannten Fußgalle, Verwendung.

Pathogenese. Die Pathogenese bei neugeborenen Fohlen ist unbekannt. Als häufige Ursache für schleichend entstehende idiopathische Tendovaginitiden wird ein chronisches, geringgradiges, nicht näher definiertes Trauma vermutet. Eine nicht ganz normale Anordnung der Sehnen wird für die idiopathische Entzündung der Tarsalbeugesehnenscheide verantwortlich gemacht.[92] Obwohl behauptet wird, daß ein Synovialerguß auch ohne aktive Entzündung entstehen kann, berichtet derselbe Autor über eine Kortikosteroidbehandlung bei dieser Erkrankung.[91] Aller-

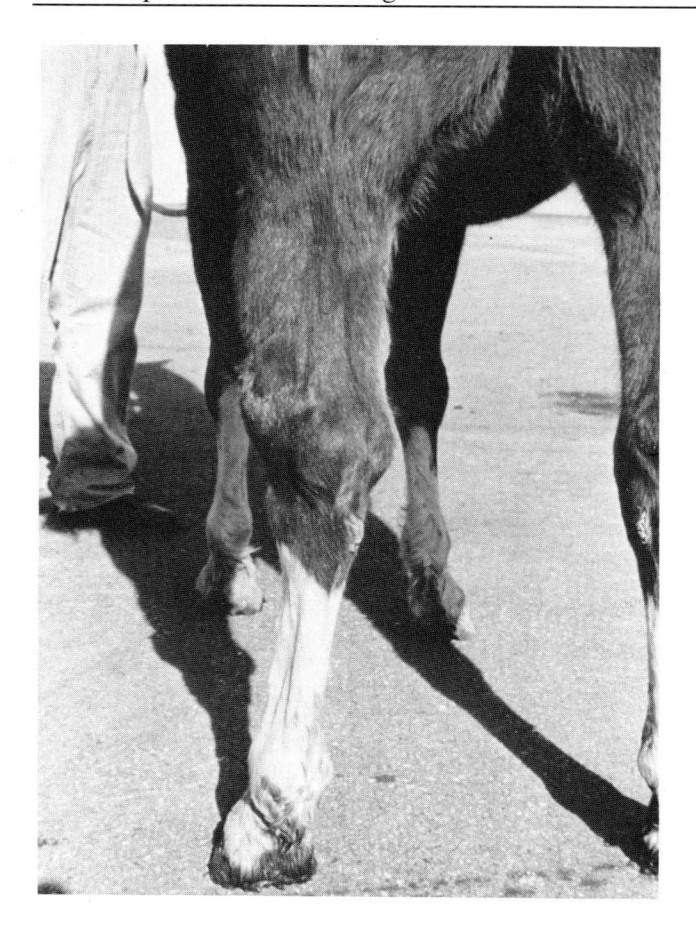

Abb. 7.173: Kurbengalle – Hygrom der Sehnenscheide des Musculus flexor digitalis lateralis und des Musculus tibialis caudalis.

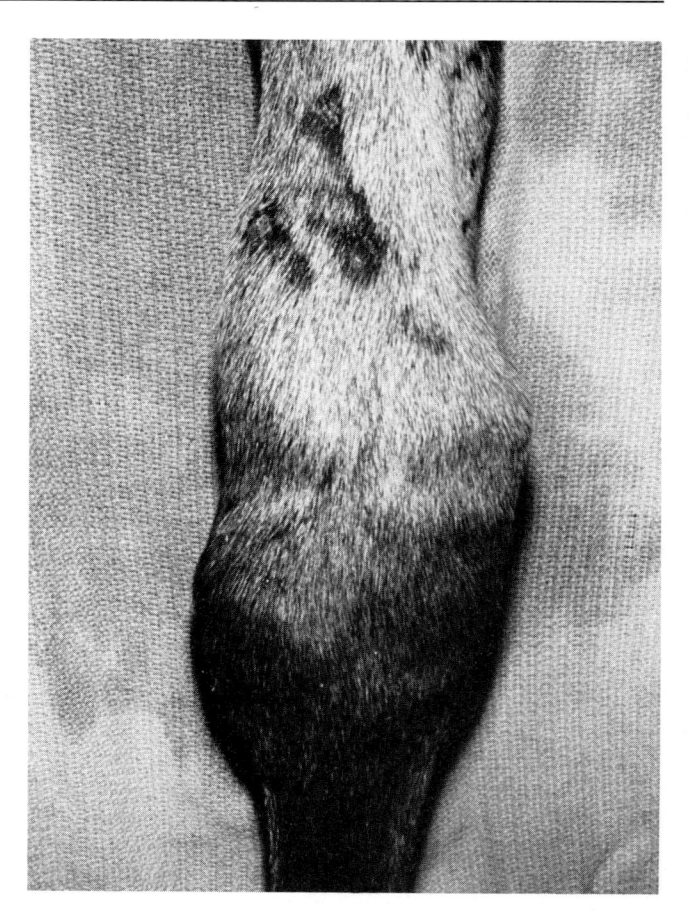

Abb. 7.174: Tendosynovitis der Sehnenscheide des Musculus extensor digitalis communis.

dings sollte in diesen Fällen mit pathologischen Veränderungen an der Synovialmembran gerechnet werden. Gewöhnlich finden sich in der Anamnese keine Angaben über vorherige Verletzungen oder Entzündungen.

Diagnose. Die typische klinische Manifestation besteht in einer Schwellung der Sehnenscheide (Abb. 7.173 und 7.174). Wie bereits erwähnt, finden sich keine Entzündung, keine Schmerzen und keine Lahmheit. Die Synovialflüssigkeit ist ohne besonderen Befund. Ihre Farbe variiert von klar-hellgelb über klar-bernsteingelb bis trüb-bernsteingelb. Der durchschnittliche Proteingehalt beträgt 2 bis 2,5 mg/dl, und die Leukozytenzahl liegt im allgemeinen unter 600.[92] Ein nur mittelmäßiges bis schlechtes Muzinkoagulat zeigt eine Muzinverdünnung an, die wahrscheinlich in der Flüssigkeitszunahme begründet ist. Die Umfangsvermehrung der Tarsalbeugesehnenscheide kann mit der Kreuzgalle oder einer Entzündung der Bursa calcanea musculi flexoris digitalis superficialis (Schleimbeutel zwischen Tendo plantaris und Tendo gastrocnemius) verwechselt werden. Die Tendosynovitis der gemeinsamen digitalen Sehnenscheide von oberflächlicher und tiefer Beugesehne (Fußgalle) stellt sich als fühlbare Schwellung zwischen dem Musculus interosseus medius und den Beugesehnen dar. Eine Umfangsvermehrung der Sehnenscheide ist außerdem im Bereich des Krongelenkes zu palpieren. Normalerweise ist die Diagnose der idiopathischen Tendosynovitis einfach, aber bei Fohlen müssen vorher infektiöse oder autoimmunbedingte Erkrankungen ausgeschlossen werden.

Therapie. Diese Veränderungen, die recht häufig auftreten, stellen Schönheitsfehler dar, die keine klinischen Folgen haben. Die Entnahme von Synovialflüssigkeit und die Injektion von Kortikosteroiden wurden erfolgreich angewendet.[90] Der Autor fand in eigenen Versuchen nur eine vorübergehende Besserung nach der Applikation von Steroiden. Allerdings verbesserte Bandagieren nach der Injektion die Ergebnisse. Eine andere Möglichkeit bildet die Gabe von Orgotein (siehe Kreuzgalle und Gelenkgallen, Seite 359). Wenn der Schönheitsfehler den Besitzer nicht stört, ist keine Therapie notwendig. Beunruhigt die Veränderung den Tierhalter sehr, kann die Gliedmaße abends mit hyperämisierenden, schweißtreibenden Mitteln abgerieben und anschließend mit einem Watteverband oder Bandagen versehen werden. Diese Maßnahmen begrenzen zwar die Schwellung, führen aber zu keiner endgültigen Verbesserung. Auch bei Bewegung nehmen die Umfangsvermehrungen ab. Wenn die Pferde allerdings anfangen, lahm zu gehen, sollte die Ursache durch eine entsprechende Untersuchung festgestellt werden.

Akute Tendosynovitis. Die akute Tendosynovitis ist durch einen schnell entstehenden Sehnenscheidenerguß mit gleichzeitiger Wärmeentwicklung, Schmerz und manchmal auch Lahmheit charakterisiert.

Pathogenese. Meist wird in der Anamnese ein Trauma erwähnt, aber das ist nicht immer der Fall. Die Tendosynovitis der Sehnenscheiden der Strecker dorsal am Karpus findet sich im Zusammenhang mit Stürzen oder mit einem Anschlagen des Karpalgelenkes an Hindernisse.⁵³ Auch in anderen Bereichen können direkte Traumen die Ursache sein. Daneben entwickelt sich eine akute Tendosynovitis oft in Begleitung einer akuten Sehnenentzündung. Als weitere wahrscheinliche ätiologische Faktoren kommen Reibung zwischen den gegenüberliegenden Viszeral- und Parietalschichten der Sehnenscheide, peritendinöser Druck oder ein akutes direktes Trauma der Sehne und ihrer Scheide in Frage.⁹⁷

Diagnose. Die Diagnose basiert auf dem Vorkommen eines Sehnenscheidenergusses mit akuten Entzündungserscheinungen. Eine gleichzeitige Tendinitis sollte abgegrenzt werden. Bei der Entzündung der Sehnenscheide einer Strecksehne dorsal am Karpus müssen eine akute Karpitis, ein Hygrom, eine Zellgewebsentzündung und eine Synovialhernie differentialdiagnostisch unterschieden werden.

Therapie und Prognose. Die Behandlung beinhaltet Boxenruhe und bei Krankheitsbeginn die Anwendung einer Kaltwasser- oder Eistherapie. Später können adstringierende Umschläge oder hyperämisierende, schweißtreibende Medikamente eingesetzt werden. Die ebenfalls mögliche Entnahme von Synovialflüssigkeit und die Applikation von Kortikosteroiden oder Orgotein sollten im allgemeinen auf Fälle beschränkt bleiben, die innerhalb einer Woche keine Reaktion auf die Initialbehandlung zeigen. Wenn vorhanden, unterstützen Bestrahlungen ebenfalls die Verminderung des Synovialergusses. Die Prognose ist günstig, wenn das Pferd ruhiggestellt wird, keine Sehnenschädigung besteht und eine geeignete Behandlung frühzeitig erfolgt. Bei fehlender oder falscher Therapie kann sich eine chronische Tendosynovitis entwickeln.

Chronische Tendosynovitis. Die chronische Tendosynovitis ist durch einen persistierenden Synovialerguß und eine fibröse Verdickung der Sehnenscheide charakterisiert. Oft wird sie durch Stenosen in der Sehnenscheide oder Verklebungen zwischen den Parietal- und Viszeralschichten der Sehnenscheide und der Sehne kompliziert.

Pathogenese. Gewöhnlich entsteht diese Erkrankung aus einer ungenügend behandelten akuten Tendosynovitis, sie kann aber auch durch zahlreiche kleine Traumen hervorgerufen werden. Ein direktes Trauma und/oder eine Entzündung führen unter Umständen zu Verklebungen. Daneben kann auch eine direkte Sehnenschädigung vorliegen.

Diagnose. Die klinischen Symptome beinhalten einen persistierenden Synovialerguß, der im allgemeinen von Stenosen und Adhäsionen der Vagina synovialis tendinis begleitet wird. Ein Kriterium der chronischen Sehnenscheidenentzündung ist die Beeinträchtigung der normalen Funktion, da alle anderen Fälle der idiopathischen Tendosynovitis zuzurechnen sind. Bei der chronischen Entzündung der Sehnenscheiden der Strecksehnen dorsal am Karpus stellt das Unvermögen, das Karpalgelenk zu beugen, eines der häufigsten Symptome dar, während der Schmerz keine große Rolle spielt. Die Inflammation der Tarsalbeugesehnenscheide kann nur selten als chronische Tendosynovitis identifiziert werden, da eine Lahmheit ungewöhnlich ist.

Therapie und Prognose. Als erste Behandlung können eine Drainage gelegt und Kortikosteroide oder Orgotein injiziert werden. Beim Ausbleiben eines Erfolges und bei bestehender Lahmheit kann eine chirurgische Exploration der Sehnenscheide vorgenommen werden.

Dieses Verfahren bleibt aber generell auf die karpalen Sehnenscheiden der Strecksehnen beschränkt.⁵³,⁹⁷ Zu den möglichen pathologischen Befunden gehören die Sehnenscheidenruptur, die Synovialitis villosa, Bildung von Granulationsgewebe, Adhäsionen⁵³ und eventuelle Schädigung der peripheren Sehnenfasern. Die am häufigsten erkrankte Sehnenscheide ist die des Musculus extensor carpi radialis.⁵³ Nach der sorgfältigen Untersuchung sollte die Sehnenscheide mit resorbierbarem synthetischen Nahtmaterial verschlossen werden. In einem Bericht war die chirurgische Exploration bei drei von sechs durchgeführten Versuchen erfolgreich.⁵³ Ein anderer Autor beschreibt zwei derartige Fälle, bei denen beide Pferde nach der Operation wieder im Rennen eingesetzt wurden.⁹⁷ Allerdings sollte eine vorsichtige Prognose gestellt werden, wenn ein entsprechender chirurgischer Eingriff bei einer chronischen Tendosynovitis unumgänglich ist.

Septische (Infektiöse) Tendosynovitis. Die septische Sehnenscheidenentzündung ist durch einen deutlichen Synovialerguß, vermehrte Wärme, Schmerz, Schwellung, schwere Lahmheit und eitrige Synovialflüssigkeit charakterisiert.

Pathogenese. Ebenso wie die septische Arthritis kann die infektiöse Tendovaginitis die Folge einer hämatogenen, iatrogenen Infektion oder eines Traumas (Stich- und Schnittverletzungen) sein.⁹⁴ Die schwere Entzündung bedingt Fibrinablagerungen, die schnell zu Verklebungen führen können. Zusätzlich ist der Abbau von Sehnengewebe durch freigesetzte lysosomale Enzyme möglich.

Diagnose. Die infektiöse Tendosynovitis wird durch die schwere Lahmheit im Zusammenhang mit einem Sehnenscheidenerguß sowie vermehrter Wärme, Schmerz und Schwellung festgestellt. Die Absicherung der Verdachtsdiagnose erfolgt durch die Analyse der Synovialflüssigkeit, die serös-blutig oder purulent erscheint. Der Proteingehalt liegt im allgemeinen über 3 g/dl, und die Zahl der Leukozyten beträgt mehr als 30 000/mm³. Die Temperatur kann erhöht sein. Wenn diese klinischen Fälle nicht rechtzeitig vorgestellt werden, können die Veränderungen bis zur degenerativen Sehnenruptur fortschreiten.

Therapie und Prognose. Die Therapiegrundsätze entsprechen denjenigen bei der infektiösen Arthritis. Die parenterale Gabe eines Breitbandantibiotikums ist indiziert, und das Spülen und Absaugen der Synovialflüssigkeit über eine Drainage ist gewöhnlich erforderlich. Wie bereits bei der infektiösen Arthritis beschrieben, tendiert der Autor zu einem aggressiveren Vorgehen, das die Eröffnung der Sehnenscheide und die Installation eines Spülschlauches und einer Drainage beinhaltet (Abb. 7.175). Die Prognose ist vorsichtig bis schlecht, wenn die Veränderungen nicht sofort auf eine Behandlung ansprechen, da schnell Sehnenscheidenverklebungen entstehen.

Eröffnung von Sehnenscheiden

Die akute Eröffnung der Sehnenscheide sollte wie eine offene Gelenkverletzung behandelt werden. Saubere, nichtkontaminierte Verletzungen können genäht werden,

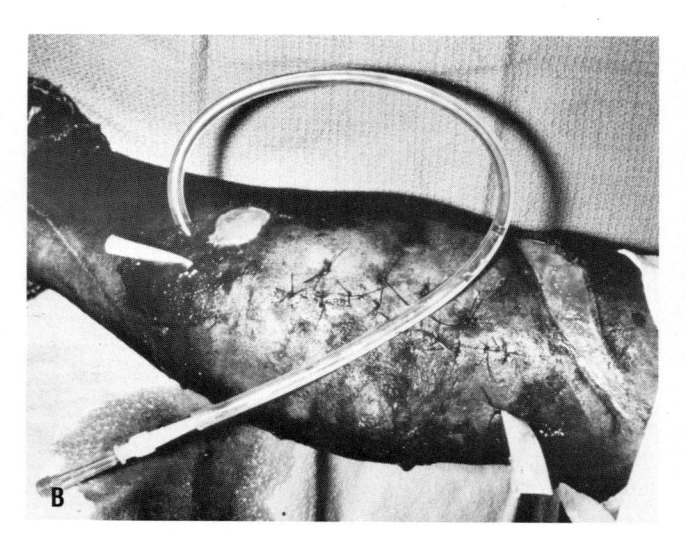

Abb. 7.175: A Chirurgische Exploration einer septischen Tendosynovitis und **B** nach ihrem Verschluß mit eingelegtem Spülschlauch und Penrose-Drainage.

während bei bestehenden Verunreinigungen Wundtoilette und Spülung notwendig sind. In diesen Fällen ist ein primärer Wundverschluß nicht unbedingt sinnvoll, sondern es sollte die Bildung von Granulationsgewebe angestrebt werden. Abhängig vom verletzten Bereich, ist die Ruhigstellung mittels eines Gips- oder Kunststoffverbandes während der ersten Heilungsperiode angezeigt. Dieser wird nach sieben bis zehn Tagen abgenommen und durch einen Stützverband ersetzt. Bei schweren Verletzungen ist eine umfangreiche Wundtoilette erforderlich.

Luxation von Sehnen

Die Luxation des Tendo plantaris im Bereich des Tuber calcanei kann bei Pferden beobachtet werden. Der Musculus flexor digitalis superficialis entspringt in der Fossa supracondylaris des Os femoris, wendet sich im distalen Drittel der Tibia auf die Medialfläche des Tendo gastrocnemius und bildet, sich verbreiternd, die Fersenbeinkappe. Hier heftet sich der Tendo plantaris durch zwei feste Bänder medial und lateral am Tuber calcanei an, ebenso wie die Tarsalsehnen der Musculi biceps femoris und semitendinosus am Kalkaneus inserieren. Diese kurzen Bänder halten also den Tendo plantaris auf der Kuppe des Tuber calcanei.

Pathogenese. Der Tendo plantaris kann infolge eines Schlages auf diesen Bereich des Sprunggelenkes oder durch eine sehr kräftige Muskelkontraktion bei gleichzeitig gebeugtem Tarsalgelenk, z. B. beim plötzlichen Anhalten des Pferdes aus vollem Galopp, verrutschen. Dabei können ein oder beide Haltebänder rupturieren und die Sehne auf die Seite des Tuber calcanei gleiten. Das mediale scheint das schwächere der beiden Bänder zu sein, so daß häufiger Verlagerungen zur lateralen Seite auftreten.[32]

Diagnose. Der Bereich des Fersenhöckers ist geschwollen, und es besteht eine übermäßige Sprunggelenkbeugung. Die luxierte Sehne kann durch Hoch- und Hinunterschieben an der Seite des Tuber calcanei palpiert werden. Bei gestrecktem Sprunggelenk kann der Tendo plantaris unter Umständen seine normale Position auf dem Tuber calcanei wiedererlangen, aber bei Beugung des Tarsalgelenkes disloziert er erneut.

Therapie. Chirurgische Maßnahmen sind notwendig, um die Fersenbeinkappe des Tendo plantaris zurückzuschieben und in seiner normalen Lage auf dem Tuber calcanei zu halten. Verschiedene Verfahren wurden erfolglos ausprobiert. Die Anwendung einer um 180 Grad gebogenen Knochenplatte, die als Tunnel für die oberflächliche Beugesehne dient, wurde beschrieben.[40] Auch durch eine konservative Behandlung mit konsequenter drei- bis sechsmonatiger Ruhigstellung soll eine Wiederherstellung des Pferdes erzielt werden.[32] Möglicherweise kann sich die Sehne den neuen Gegebenheiten seitlich am Fersenhöcker anpassen, in dem fibröses Gewebe einen Kanal für sie bildet.

Der Autor operierte in der letzten Zeit zwei Pferde erfolgreich, indem er das gerissene mediale Band reparierte und durch ein synthetisches Netz verstärkte. (Nähere Angaben hierzu finden sich auf den Seiten 718 bis 720.)

Tumoren

Tumoren in Verbindung mit Sehnen oder Sehnenscheiden sind selten. Im Bereich von Sehnen wurden Fibrome beobachtet.[2] Auch über multiple Hämangiosarkome in der Tarsalsehnenscheide wurde berichtet.[93] Drei ungestielte Wucherungen wurden von der Sehnenscheide entfernt und das Pferd weiter in Rennen eingesetzt.

Ossifikation der Sehnen

Die Verknöcherung der Sehne des Musculus biceps brachii stellt eine seltene Erkrankung bei jungen Pferden dar.[54]

Pathogenese. Die Ursache ist unbekannt. Die Ursprungssehne des Musculus biceps brachii weist zwei spindelförmige Faserknorpel enthaltende Abschnitte im Bereich der Bizepsgrube über dem zweigeteilten Sulcus intertubercularis auf.

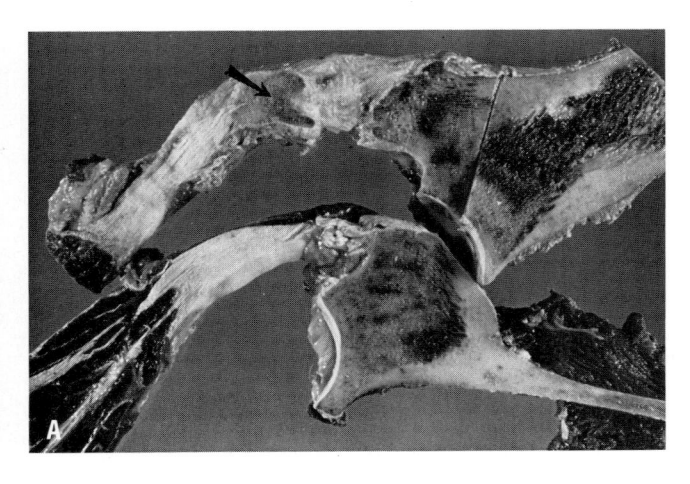

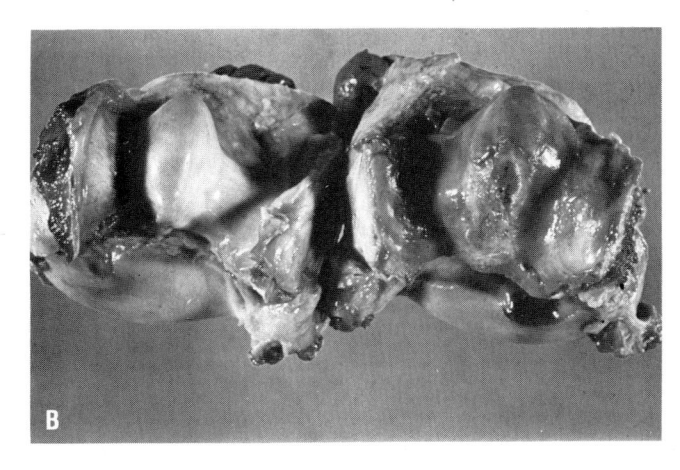

Abb. 7.176: Ossifikation der Sehne des Musculus biceps brachii. **A** Oben: Heterotopische Knochenbildung in der erkrankten Bizepssehne (schwarzer Pfeil). **B** Schädigung des Sulcus intertubercularis und des Tuberculum intermedium des Humerus durch die ossifizierte Sehne. Die normale Sehne des Musculus biceps brachii bzw. der nicht geschädigte Humerus der anderen Gliedmaße sind unten auf Aufnahme A bzw. links in Aufnahme B abgebildet (mit Genehmigung von Dr. T. S. STASHAK).

In dieser Region kann eine heterotopische Knochenbildung stattfinden, die unter Umständen die angrenzende Synovialmembran, den Knochen und Knorpel schädigt und zur chronischen Schulterlahmheit führt.

Diagnose. Die Erkrankung stellt sich als Lahmheit der Schultergliedmaße mit verkürzter kranialer Phase dar. Im Schulterbereich können die Muskeln atrophieren, und die Beugung und Streckung des Schultergelenkes rufen, ebenso wie die tiefe Palpation über dem Buggelenk, eine Schmerzreaktion hervor. Röntgenaufnahmen bestätigen das Vorliegen von Kalzifikationen in der Bizepssehne im Bereich der Bursa intertubercularis. Diese Verkalkungen verursachen Schädigungen im Bereich des Sulcus intertubercularis (Abb. 7.176).

Therapie. Eine Behandlung ist nicht beschrieben worden.

Synovialganglion, -hernie oder -fistel im Zusammenhang mit Sehnenscheiden

Ein Synovialganglion an der Schultergliedmaße in Verbindung mit der Sehnenscheide der gemeinsamen Strecksehne wurde beim Pferd erwähnt.[90] Der Autor selbst konnte weder ein Ganglion noch eine Synovialhernie bei einer Sehnenscheide beobachten. Eine Synovialfistel, gewöhnlich zwischen einer Sehnenscheide und einem Gelenk, kann auftreten.[43] Diese Veränderung wird mit Hilfe einer Röntgenkontrastmitteluntersuchung diagnostiziert. Befindet sich die Fistel in einem chirurgisch zugänglichen Bereich, kann eine operative Behandlung durchgeführt werden.[43]

Literatur

1. ADAMS, O. R.: Constriction of the palmar (volar) or plantar ligament in horses. Vet. Med. Small Anim. Clin., **69:** 327, 1974.
2. ADAMS, S. B., and FESSLER, J. F.: Tendon fibromas in 2 horses. Eq. Vet. J., **14:** 95, 1982.
3. ARNBJERG, J., SMITH, M., and SONNICHSEN, H. V.: Rupture of the common digital extensor in foals. Nord. Vet. Med., **22:** 452, 1970.
4. ASHEIM, A.: Surgical treatment of tendon injuries in the horse. J. Am. Vet. Med. Assoc., **145:** 447, 1964.
5. ASHEIM, A., and KNUDSEN, O.: Percutaneous tendon splitting. Proc. 13th Annu. Meet. Am. Assoc. Equine Pract., 1967, pp. 255–257.
6. BADAME, G. F.: A corrective appliance for contracted tendons in foals. Proc. 9th Annu. Meet. Am. Assoc. Equine Pract., 1963, pp. 91–97.
7. BAKER, J. R., and LINDSAY, J. R.: Equine goiter due to excess iodine. J. Am. Vet. Med. Assoc., **153:** 1618, 1968.
8. BANES, A. J., et al.: Effects of trauma and partial devascularization on protein synthesis in the avian flexor profundus tendon. J. Trauma, **21:** 505, 1981.
9. BLACKWELL, R. B.: Response of acquired flexural deformity of the metacarpophalangeal joint to desmotomy of the inferior check ligament. Proc. 28th AAEP Meet., 1982, pp. 107–112.
10. BLOOM, N., and FAWCETT, D. W.: A Textbook of Histology. 10th Ed. Philadelphia, W. B. Saunders Co., 1975.
11. BOYD, J. S.: Congenital deformities in two Clydesdale foals. Eq. Vet. J., **18:** 161, 1976.
12. BRAMLAGE, L. R.: An initial report on surgical technique for arthrodesis of the metacarpophalangeal joint in the horse. Proc. 27th Annu. Meet. Am. Assoc. Equine Pract., 1981, pp. 257–261.
13. BROWN, M. P., and Pool, R. R.: Experimental and clinical investigations of the use of carbon fiber suture in equine tendon repair. J. Am. Vet. Med. Assoc., **182:** 956, 1983.
14. CATLIN, J. E.: Rupture of the extensor carpi radialis tendon. Vet. Med. Small Anim. Clin., **59:** 1178, 1964.
15. COLLINS, S. M.: Discussion of Dr. Cosgrove's paper. Vet. Rec., **67:** 965, 1955.
16. COSGROVE, J. S. M.: The veterinary surgeon and the newborn foal. Vet. Rec., **67:** 961, 1955.
17. ELLIOTT, D. A.: Structure and function of mammalian tendon. Biol. Rev., **40:** 392, 1965.
18. EVANS, J. H., and BARBENEL, J. C.: Structural and mechanical properties of tendon related to function. Eq. Vet. J., **7:** 1, 1975.
19. FACKELMAN, G. E.: Flexure deformity of the metacarpophalangeal joints in growing horses. Comp. Cont. Educ., **1:** 1, 1979.
20. FACKELMAN, G. E.: Autologous tendon transplantation in the horse – the technique of its histologic evaluation. Schweiz. Arch. Tierheilk., **115:** 231, 1973.

21. FACKELMAN, G. E.: The nature of tendon damage and its repair. Eq. Vet. J., **5**: 141, 1973.
22. FACKELMAN, G. E., and CLODIUS, L.: Surgical correction of the digital hyperextension deformity in foals. Vet. Med. Small Anim. Clin., **67**: 1116, 1972.
23. FACKELMAN, G. E., et al: Surgical treatment of severe flexural deformity of the distal interphalangeal joint in young horses. J. Am. Vet. Med. Assoc., **182**: 949, 1983.
24. FARRY, P. J., et al.: Ice treatment of injured ligaments: an experimental model. NZ Med. J., **651**: 12, 1980.
25. FESSLER, J. F.: Tendon disorders of the young horse. Archives ACVS, **6**: 19, 1977.
26. FRANKS, P. W.: The use of ionizing radiation for the treatment of injuries to flexor tendons and supporting ligaments in the horse. Eq. Vet. J., **11**: 106, 1979.
27. GELBERMAN, R. H., et al.: Flexor tendon healing and restoration of the gliding surface. J. Bone Joint Surg., **65 A**: 70, 1983.
28. GENOVESE, R. L.: The use of corticosteroids in a racetrack practice. Proc. Symp. Effect. Use of Corticosteroids in Vet. Med. ER Squibb, 1984, pp. 56–65.
29. GOODSHIP, A. E., et al.: An assessment of filamentous carbon fiber for the treatment of tendon injury in the horse. Vet. Rec., **106**: 217, 1980.
30. GRANT, B. D., CANNON, H. J., and ROSE, J. A.: Equine tendinitis: results of eleven cases treated with autografts. J. Eq. Med. Surg., **2**: 509, 1978.
31. HARRIS, J. M.: Correction of contracted flexor tendons by tenotomy, tendon splitting and heterologous tendon transplants: a case report. J. Eq. Med. Surg., **3**: 57, 1979.
32. HICKMAN, J.: Veterinary Orthopaedics. Philadelphia, J. B. Lippincott Co., 1964.
33. HUTCHINS, D. R., and NIXON, A. J.: Unpublished data, 1981.
34. HUTT, F. B.: Genetic defects of bones and joints in domestic animals. Cornell Vet. (Suppl.), **58**: 104, 1968.
35. JENKINS, D. H. R., et al.: Induction of tendon and ligament formation by carbon implants. J. Bone Joint. Surg., **59 B**: 53, 1977.
36. JOHNSON, J. H.: Contracted tendons. Mod. Vet. Pract. **54**: 67, 1973.
37. KEELER, R. F., and JAMES, L. F.: Failure of dietary supplementation to prevent abortions and congenital malformations of lathyrism and locoism in sheep. Can. J. Comp. Med., **35**: 342, 1971.
38. KETCHUM, L. D.: Tendon healing. Fundamentals of Wound Management in Surgery. Edited by T. K. Hunt, and J. E. Dunphy, New York, Appleton Century Crofts, 1979.
39. KNUDSEN, O.: Percutaneous tendon splitting – methods and results. Eq. Vet. J., **8**:101, 1976.
40. LEITCH, M.: Personal Communication, 1979.
41. LEWANDOWSKI, M.: Proby operacyjnego leczenia szczudiowwatosci pochodzenia sciegnowego przez przeciecie glowy sciegnisitej (caput tendineum). Med. Wet., **23**: 321, 1967.
42. LITTLEWOOD, H. E.: Treatment of sprained tendons in horses with carbon fiber implants. Vet. Rec., **105**: 223, 1979.
43. LLEWELLYN, H. R.: A case of carpal intersynovial fistula in a horse. Eq. Vet. J., **11**: 90, 1979.
44. LOCHNER, F. K., et al.: In vivo and in vitro measurement of tendon strain in the horse. Am. J. Vet. Res., **41**: 1929, 1980.
45. LYSHOLT, B., and SONNICHSEN, H. V.: Senestylfefod hos fol og plage. Nord. Vet. Med., **21**: 601, 1969.
46. MacKAY-SMITH, M. P., CUSHING, L. S., and LESLIE, J. A.: „Carpal canal" syndrome in horses. J. Am. Vet. Med. Assoc., **160**: 993, 1972.
47. McCULLAGH, K. G., GOODSHIP, A. E., and SILVER, I. A.: Tendon injuries and their treatment in the horse. Vet. Rec., **105**: 54, 1979.
48. McGEADY, P. A.: General discussion following Dr. Cosgrove's paper. Vet. Rec., **67**: 967, 1955.
49. McILWRAITH, C. W., and FESSLER, J. F.: Evaluation of inferior check ligament desmotomy for treatment of acquired flexor tendon contracture in the horse. J. Am. Vet. Med. Assoc., **294**: 293, 1978.
50. McILWRAITH, C. W., and JAMES, L. F.: Limb deformities in foals associated with ingestion of locoweed by mares. J. Am. Vet. Med. Assoc., **181**: 255, 1982.
51. McLAUGHLIN, B. G., and DOIGE, C. E.: Congenital musculoskeletal lesions and hyperplastic goitre in foals. Can. Vet. J., **22**: 130, 1981.
52. MANSKE, P. R., et al.: Intrinsic flexor tendon repair. J. Bone Joint Surg., **66 A**: 385, 1984.
53. MASON, T. A.: Chronic tenosynovitis of the extensor tendons and tendon sheaths of the carpal region in the horse. Eq. Vet. J., **9**: 186, 1977.
54. MEAGHER, D. M., POOL, P. R., and BROWN, M. P.: Bilateral ossification of the tendon of the biceps brachii muscle in the horse. J. Am. Vet. Med. Assoc., **174**: 282, 1979.
55. MORCOS, M. B., and ASWAD, A.: Histological studies of the effects of ultrasonic therapy on surgically split flexor tendons. Eq. Vet. J., **10**: 267, 1978.
56. MORCOS, M. B., and ASWAD, A.: Treatment of two clinical conditions in racehorses by ultrasonic therapy. Eq. Vet. J., **10**: 128, 1978.
57. MYERS, V. S., and GORDON, G. W.: Ruptured common digital extensor tendons associated with contracted flexor tendons in foals. Proc. 21th Annu. Meet. Am. Assoc. Equine Pract., 1975, pp. 67–74.
58. MYERS, V. S., Jr., and LUNDVALL, R. L.: Corrective trimming for weak flexor tendons in a colt. J. Am. Vet. Med. Assoc., **148**: 1523, 1966.
59. NILSSON, G.: A survey of the results of the tendon splitting operation for chronic tendinitis in the horse. Eq. Vet. J., **2**: 111, 1970.
60. NILSSON, G., and BJORCK, G.: Surgical treatment of chronic tendinitis in the horse. J. Am. Vet. Med. Assoc., **155**: 920, 1969.
61. NIXON, A. J., et al.: Comparison of carbon fiber and nylon suture for repair of transected flexor tendons in the horse. Eq. Vet. J., **16**: 93, 1984.
62. NYSTROM, B., and HOLMLUND, D.: Separation of tendon ends after suture of Achilles tendon. Acta orthop. Scand., **54**: 620, 1983.
63. OWEN, J. M.: Abnormal flexion of the corono-pedal joint or „contracted tendons" in unweaned foals. Eq. Vet. J., **7**: 40, 1975.
64. PEACOCK, E. E., and VAN WINKLE, W.: Wound Repair. 2nd Ed. Philadelphia, W. B. Saunders Co., pp. 367–464.
65. PENNINGTON, D. G.: The locking loop tendon suture. Plast. Reconstr. Surg., **63**: 648, 1979.
66. PRICHARD, J. T., and VOSS, J. L.: Fetal ankylosis in horses associated with hybrid Sudan grass pasture. J. Am. Vet. Med. Assoc., **150**: 871, 1967.
67. PROCTOR, D. L.: Surgical treatment of tendinitis. Proc. 4th Annu. Meet. Am. Assoc. Equine Pract., 1958, pp. 111–120.
68. RAKER, C. W.: Surgical treatment of equine osteoarthritis and tenosynovitis. J. Am. Vet. Med. Assoc., **141**: 1273, 1962.
69. RIGBY, B. J., et al.: The mechanical properties of rat tail tendon. J. Gen. Physiol., **43**: 265, 1959.
70. ROONEY, J. R.: Forelimb contracture in the young horse. J. Eq. Med. Surg., **1**: 350, 1977.
71. ROONEY, J. R.: Contracted foals. Cornell Vet., **56**: 173, 1966.
72. ROONEY, J. R., QUDDUS, M. A., and KINGSBURY, H. B.: A laboratory investigation of the function of the stay apparatus of the equine foreleg. J. Eq. Med. Surg., **2**: 173, 1978.

73. RUDOLPH, R., WOODWARD, M., and HURN, I.: Ultrastructure of active versus passive contracture of wounds. Surg. Gynecol. Obstet., **151:** 396, 1980.
74. SACK, W. O., and HABEL, R. E.: Rooney's Guide to the Dissection of the Horse. Ithaca, Veterinary Textbooks, 1977.
75. SELWAY, S.: Concepts of the pathogenesis of recurrence of tendinitis and a proposed surgical procedure to prevent such recurrences. Proc. 21st Annu. Meet. Am. Assoc. Equine Pract., 1975, pp. 53–66.
76. SISSON, S., and GROSSMAN, J. D.: The Anatomy of the Domestic Animals. 4th Ed. Philadelphia, W. B. Saunders Co., 1953.
77. SONNICHSEN, H. V.: Desmotomia capitis tendinei. Vet. Annu., **17:** 133, 1977.
78. SONNICHSEN, H. V., and CHRISTIANSEN, F. R.: Desmotomia capitis tendinei. Proc. 11th Congr. Europ. Soc. Vet. Surg., 1975, pp. 1–2.
79. STROMBERG, B.: The normal and diseased superficial flexor tendon in racehorses. A morphologic and physiologic investigation. Acta Radiol. (Suppl.), **305:** 5, 1971.
80. STROMBERG, B.: The use of thermography in equine orthopedics. J. Am. Vet. Radiol. Soc., **15:** 94, 1974.
81. STROMBERG, B., and TUFVESSON, G.: An experimental study of autologous digital tendon tranplants in the horse. Eq. Vet. J., **9:** 231, 1977.
82. STROMBERG, B., and TUFVESSON, G.: Lesion of the superficial flexor tendons in racehorses. A microangiographic and histopathologic study. Clin. Orthop., **62:** 113, 1969.
83. STROMBERG, B., TUFVESSON, G., and NILSSON, G.: Effect of surgical splitting on vascular reactions in the superficial flexor tendon of the horse. J. Am. Vet. Med. Assoc., **164:** 57, 1974.
84. STROMBERG, D. D., and WIEDERHIELM, C. A.: Viscoelastic description of a collagenous tissue in simple elongation. J. Appl. Physiol., **26:** 857, 1969.
85. TROUT, D. R., and LOHSE, C. L.: Anatomy and therapeutic resection of the peroneus tertius muscle in a foal. J. Am. Vet. Med. Assoc., **179:** 247, 1981.
86. TURNER, A. S., and McILWRAITH, C. W.: Technique in Large Animal Surgery. Philadelphia, Lea & Febiger, 1982.
87. VALDEZ, H., CLARK, R. G., and HANSELKA, D. V.: Repair of digital flexor tendon lacerations in the horse, using carbon fiber implants. J. Am. Vet. Med. Assoc., **177:** 427, 1980.
88. VALDEZ, H., COY, C. H., and SWANSON, T.: Flexible carbon fiber for repair of gastrocnemius and superficial digital flexor tendons in a heifer and gastrocnemius tendon in a foal. J. Am. Vet. Med. Assoc., **181:** 154, 1982.
89. VALDEZ, H., and McLAUGHLIN, S. A.: Arthrodesis of the fetlock joint with dynamic compression plates. J. Eq. Med. Surg., **3:** 421, 1979.
90. VAN PELT, R. W.: Tenosynovitis in the horse. J. Am. Vet. Med. Assoc., **154:** 1022, 1969.
91. VAN PELT, R. W.: Idiopathic tenosynovitis in foals. J. Am. Vet. Med. Assoc., **155:** 510, 1969.
92. VAN PELT, R. W.: Inflammation of the tarsal synovial sheath (thoroughpin) in horses. J. Am. Vet. Med. Assoc., **155:** 1481, 1969.
93. VAN PELT, R. W., LANGHAM, R. F., and GILL, H. F.: Multiple hemangiosarcomas in the tarsal synovial sheath of a horse. J. Am. Vet. Med. Assoc., **161:** 49, 1972.
94. VAN PELT, R. W., and RILEY, W. E., Jr: Treatment of bilateral septic tenosynovitis in a foal. J. Am. Vet. Med. Assoc., **159:** 1032, 1971.
95. VAN PELT, R. W., RILEY, W. E., Jr., and TILLOTSON, P. J.: Tenosynovitis of the deep digital flexor tendon in horses. Can. Vet. J., **10:** 235, 1969.
96. VERSCHOOTEN, F., and DE MOOR, A.: Tendinitis in the horse: its radiologic diagnosis with air-tendograms. J. Am. Vet. Radiol. Sci., **19:** 23, 1978.
97. WALLACE, C. E.: Chronic tendosynovitis of the extensor carpi radialis tendon in the horse. Aust. Vet. J., **48:** 585, 1972.
98. WEBBON, P. M.: The racing performance of horses with tendon lesions treated by percutaneous tendon splitting. Eq. Vet. J., **11:** 246, 1979.
99. WEBBON, P. M.: A histological study of macroscopically normal equine digital flexor tendons. Eq. Vet. J., **10:** 253, 1978.
100. WEBBON, P. M.: A postmortem study of equine digital flexor tendons. Eq. Vet. J., **9:** 61, 1977.
101. WEBBON, P. M.: Equine tendon stress injuries. Eq. Vet. J., **5:** 58, 1973.
102. WHEAT, J. D., and PASCOE, J. R.: A technique for management of traumatic rupture of the equine suspensory apparatus. J. Am. Vet. Med. Assoc., **176:** 205, 1980.
103. WILLIAMS, I. F., HEATON, A., and McCULLUGH, K. G.: Cell morphology and collagen types of equine tendon scar. Res. Vet. Sci., **28:** 302, 1980.
104. YOVICH, J. V., STASHAK, T. S., and McILWRAITH, C. W.: Rupture of the common digital extensor tendon in foals. Comp. Cont. Educ., 5373, 1984.

Erkrankungen der Schleimbeutel und der periartikulären Gewebe

Anatomie und Physiologie

Ein Schleimbeutel (Bursa synovialis) ist ein geschlossenes Säckchen, das von einer Membran umgeben ist, die dem Stratum synoviale eines Gelenkes ähnelt. Er befindet sich zwischen sich bewegenden Teilen oder in Bereichen mit ungewöhnlichen Druckbelastungen, wie zwischen Knochenvorsprüngen und Sehnen. In Abhängigkeit von der Lage können Bursae synoviales subcutanea, subfascialis, subligamentosa, submuscularis und subtendinea unterschieden werden (siehe Tabelle 7.6 und Abbildung 7.177, Seite 482).[7] Eine weitere Einteilung berücksichtigt ihre Entstehung: Die kongenitalen Schleimbeutel bilden sich pränatal und befinden sich regelmäßig an gleichbleibenden Stellen, während erworbene Schleimbeutel sich erst postnatal im subkutanen Gewebe über Knochenvorsprüngen entwickeln, wie z. B. über dem Tuber olecrani oder dem Tuber calcanei.

Es gibt Beziehungen zwischen dem Typ der Bursa synovialis und ihrer Lage. Kongenitale oder echte Schleimbeutel finden sich in tiefer liegenden Strukturen, wie unter der tiefen Faszie, den Muskeln oder Sehnen. Die Bursa synovialis subcutanea entsteht als Ergebnis von mechanischen Belastungen während der postnatalen Entwicklung und wird deshalb als „reaktiver" oder „funktioneller" Schleimbeutel bezeichnet. Durch Hautbewegung reißt das Unterhautbindegewebe ein, und es bilden sich Gewebsspalten, die mit Flüssigkeit angefüllt werden, bis nur noch wenige fibröse Elemente in der Höhle übriggeblieben sind und die Bursa synovialis vollständig ausgestaltet ist.[7] Die Exsudate sammeln sich in der Unterhaut an und werden von fibrösem Gewebe umschlossen. So entsteht die erworbene Bursa synovialis subcutanea.

Die Nomenklatur der subkutanen Schleimbeutel hinsichtlich ihrer Lage über oder unter der oberflächlichen Gliedmaßenfaszie bereitet einige Verwirrung. Diese unterschiedliche Position wurde dazu herangezogen, um die

Kapitel 7: Erkrankungen der Gelenke

Tabelle 7.6: Beispiele für klinisch bedeutsame Schleimbeutel

Schleimbeutel	Lage	Klinische Bedeutung
Subkutane Schleimbeutel		
Bursa subcutanea olecrani	auf dem Tuber olecrani	Stollbeule
Bursa subcutanea calcanea	über dem Tuber calcanei, auf der Plantarseite des Tendo plantaris	Piephacke
Subligamentöse Schleimbeutel		
Bursa subligamentosa nuchalis cranialis	zwischen dem Funiculus nuchae und dem Musculus rectus capitis dorsalis major bzw. Atlas	Talpa, Genickbeule
Bursa subligamentosa supraspinalis	unter dem Funiculus nuchae und über dem (2.), 3. und 4. Brustwirbeldornfortsatz	Widerristfistel
Subtendinöse Schleimbeutel		
Bursa intertubercularis	unter der Sehne des Musculus biceps brachii, auf dem Tuberculum intermedium des Humerus. Der Schleimbeutel dehnt sich um die Sehne herum aus	Bursitis bicipitalis
Bursa subtendinea musculi extensoris carpi radialis	unter der Sehne des Musculus extensor carpi radialis und über dem Os carpale III	der Schleimbeutel muß bei der Arthrotomie des Karpalgelenkes umgangen werden
Bursa podotrochlearis	zwischen dem Strahlbein und der Sehne des Musculus flexor digitalis profundus	Bestandteil bei der Erkrankung der Podotrochlose; septische Bursitis
Bursa subtendinea musculi extensoris digitalis longi	unter dem gemeinsamen Ursprung der Musculi extensor digitalis longus und peroneus (fibularis) tertius sowie über der Lateralfläche der Tibia	kommuniziert mit der lateralen Gelenkhöhle der Articulatio femorotibialis
Bursa calcanea musculi flexoris digitalis superficialis	zwischen den Sehnen der Musculi gastrocnemius und flexor digitalis superficialis	Bursitis (tiefe Piephacke)
Bursa tendinis calcanei	unter dem Ansatz des Tendo gastrocnemius auf dem Tuber calcanei	Bursitis (tiefe Piephacke)
Bursa subtendinea musculi tibialis cranialis	zwischen der Spatsehne (medialer Sehnenschenkel des Musculus tibialis cranialis) und den distalen Tarsalknochen	Bursitis
Bursa subtendinea musculi extensoris digitalis communis	unter der gemeinsamen Zehenstrecksehne auf Höhe von Fessel- und Krongelenk	Schleimbeutelfistel

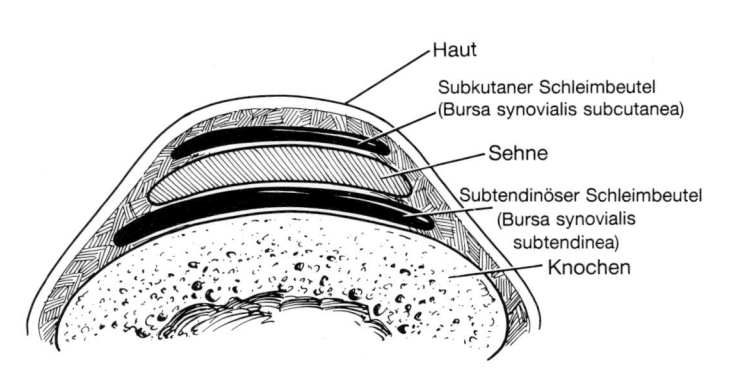

Abb. 7.177: Schematische Darstellung von Schleimbeuteln (Bursae synoviales) in unterschiedlichen Lagen.

Bursa synovialis subcutanea entweder als reaktiv (funktionell) oder als pathologisch zu klassifizieren.[7] Es ist übersichtlicher und einfacher, grundsätzlich alle Schleimbeutel oberhalb der tiefen Gliedmaßenfaszie als erworbene Bursae synoviales subcutaneae zu betrachten und die funktionelle bzw. pathologische Einteilung von klinischen Symptomen abhängig zu machen.

Die Wand der kongenitalen oder echten Schleimbeutel ist mit einer Bindegewebsmembran ausgekleidet, die praktisch der Synovialmembran von Gelenken gleicht und ebenso wie diese in eine zellreiche, fibröse oder fettreiche Form eingeteilt werden kann. Die Gestalt der erworbenen Schleimbeutel ist von ihrem Entwicklungsgrad abhängig, während sie sonst derjenigen der echten Schleimbeutel entspricht. Die Bursae synoviales superficiales enthalten zwar eine synoviaähnliche Flüssigkeit, die sich aber hinsichtlich der Viskosität und des Muzingehaltes von der Gelenkflüssigkeit unterscheidet. Dies deutet darauf hin, daß Differenzen in der Hyaluronsäurequantität und -qualität bestehen. Außerdem reagieren Schleimbeutel im Vergleich zu Gelenken weniger stark auf bestimmte Krankheitsnoxen, was anhand von Synovialflüssigkeitsanalysen bei traumatischen und septischen Bursitiden festgestellt wurde.[2,8]

Mehrere Schleimbeutel können in verschiedenen Gewebsschichten an den gleichen Stellen im Körper liegen. Ein gutes Beispiel hierfür stellen die unter und zwischen den Sehnen sowie subkutan gelegenen Bursae synoviales im Bereich des Tuber calcanei dar. Dabei handelt es sich bei den beiden erstgenannten tiefen Schleimbeuteln um angeborene, während der oberflächliche erworben ist. Verbindungen zu Gelenken weisen ebenfalls zahlreiche Schleimbeutel auf, die dann als Ausbuchtungen des benachbarten Gelenkes beschrieben wurden. Zum Beispiel kommuniziert die Bursa synovialis unter der Sehne des Musculus extensor digitalis longus mit der lateralen Ausbuchtung des Kniekehlgelenkes. Dieser Schleimbeutel ist klinisch bedeutsam, da er eine Möglichkeit bietet, in die laterale Gelenkhöhle des Kniekehlgelenkes zu injizieren, was sonst recht schwierig wäre.[6] Pferde besitzen viele Schleimbeutel. In einer älteren Literaturangabe wurden 77 Schleimbeutel bei Pferden gezählt,[7] und weitere können sich zusätzlich bilden. Einige klinisch relevante Bursae synoviales sind in Tabelle 7.6 auf Seite 482 aufgeführt.

Bursitis
Bursitis ist definiert als Schleimbeutelentzündung, die von einer leichten Form bis zur septischen Bursitis reichen kann. Die meisten Schleimbeutelentzündungen entstehen durch eine Reizung oder ein Trauma. Die Bursitis kann ebenfalls entsprechend der im vorigen Abschnitt aufgeführten Gliederung der Schleimbeutel in eine echte oder erworbene eingeteilt werden. Die echte Bursitis entwickelt sich als Entzündung der kongenitalen Bursa synovialis, die unterhalb der tiefen Gliedmaßenfaszie liegt. Als Beispiele können die Bursitis trochanterica und die Bursitis subligamentosa supraspinalis (Widerristfistel) genannt werden. Die erworbene Bursitis ist definiert als ein Schleimbeutel, der aufgrund eines Traumas in einem Bereich entsteht, wo normalerweise keine kongenitale Bursa synovialis vorhanden ist.[1] Diese Definition besitzt offensichtlich einige Mängel, da subkutane Schleimbeutel sich grundsätzlich postnatal infolge mechanischer Belastungen entwickeln, und meist haben sie eher eine funktionelle als pathologische Bedeutung.[7] Eine bessere Beschreibung der erworbenen Bursitis beinhaltet die Entwicklung eines subkutanen Schleimbeutels, seine Größenzunahme und/oder seine Entzündung.

Ebenso wie bei der Synovialitis kann zwischen einer akuten und chronischen Bursitis unterschieden werden. Die frühen Stadien der Bursitis intertubercularis und der Bursitis trochanterica stellen Beispiele einer akuten Entzündung dar. Die chronische Bursitis kann aus der akuten entstehen oder, häufiger bei erworbenen Schleimbeuteln, aufgrund wiederholter Verletzungen auftreten, die schließlich klinisch inakzeptabel werden. Beispiele hierfür sind die Stollbeule und Piephacke sowie das Karpalhygrom. Die Erkrankung ist durch eine übermäßige Flüssigkeitsansammlung im Schleimbeutel sowie eine fibröse Wandverdickung gekennzeichnet. Fibröse Fäden oder Septen können sich in der Schleimbeutelhöhle bilden, und gewöhnlich kommt es zu einer allgemeinen lokalen Unterhautverdickung. Diese Schleimbeutelvergrößerungen sind nicht vermehrt warm, nicht schmerzhaft und nicht funktionsbeeinträchtigend, vorausgesetzt, sie werden nicht zu umfangreich. Bei Infektionen (besonders im Karpal- bzw. Tarsalbereich) können sich die Bursae synoviales derartig vergrößern, daß sie reißen. Diese Läsionen sind durch überschießendes Granulationsgewebe, sezernierende Fistelgänge und übermäßige Bildung von fibrösem Gewebe gekennzeichnet.
Eine weitere Einteilung berücksichtigt traumatische und infektiöse Bursitiden.

Traumatische Bursitis. Die meisten Schleimbeutelentzündungen fallen in diese Kategorie. Zu dieser Gruppe zählen die Entzündungen der Bursae intertubercularis, trochanterica und subtendinea musculi tibialis cranialis ebenso wie die Stollbeule am Olekranon, die Piephacke am Kalkaneus und das Karpalhygrom.

Pathogenese. Das Trauma, das die Bursitis verursacht, kann entweder direkt einwirken oder mit der Rennbelastung in Verbindung stehen. Die Bursitis intertubercularis kann nach einer direkten Verletzung im Bereich des Schultergelenkes entstehen. Die Bursitis trochanterica oder subtendinea musculi tibialis cranialis tritt typischerweise bei Standardbred-Rennpferden infolge der Rennbelastung auf. Das Wesen der Bursitis trochanterica ist wenig beschrieben. Aber gewöhnlich führt diese Erkrankung sekundär zu Sprunggelenklahmheiten, und vermutlich verursachen die veränderten Bewegungen bei primären Lahmheiten eine anormalen Belastung im Bereich der Bursa trochanterica. Die Entzündung des Schleimbeutels unter der Spatsehne erscheint gewöhnlich in Verbindung mit einer Arthritis des distalen Hinterfußwurzel-Mittelgelenkes und/oder der Hinterfußwurzel-Mittelfußgelenke, so daß von einer Spatsehnen-Bursitis-Tarsitis gesprochen werden kann.[4] Direkte Traumen sind die Ursachen der anderen traumatischen Bursitiden. Durch Hufeisenverletzungen beim Liegen oder durch Anschlagen in der Bewegung entsteht über dem Tuber olecrani ein Schleimbeutel, der sich bei ständig wiederholender Quetschung vergrößert. Eine Entzündung der Schleimbeutel kaudal am Sprunggelenk entsteht gewöhnlich, wenn Pferde gegen eine Wand oder Transportertür stoßen. Auch das Karpalhygrom kann mit direkten Traumen in Verbindung gebracht werden.

Klinische Symptome. Die Bursitis intertubercularis, die Bursitis trochanterica sowie die Bursitis subtendinea musculi tibialis cranialis manifestieren sich in einer Lahmheit. Lokale Schmerzreaktionen bei der Palpation finden sich im allgemeinen bei der Bursitis intertubercularis und manchmal auch bei der Bursitis trochanterica. Um die Entzündung des Schleimbeutels unter der Spatsehne abzugrenzen, wird eine diagnostische Injektion benötigt, obwohl auch hier zahlreiche charakteristische klinische Symptome bestehen. Die anderen Bursitiden sind durch lokale, fluktuierende Umfangsvermehrungen gekennzeichnet (Abb. 7.178). Die relative Flüssigkeitsmenge und die Weichteilverdickung hängen vom Erkrankungsstadium ab.

Therapie. Die Behandlungsmethoden variieren beachtlich. Ruhigstellung ist die bevorzugte Therapie bei der Bursitis intertubercularis. Im akuten Stadium werden auch Kältebehandlungen oder später unspezifische Reiztherapien angewendet. Die Behandlung der Spatsehnen-Bursitis-Tarsitis beinhaltet die Tenotomie des medialen Sehnenschenkels des Musculus tibialis cranialis, Boxenruhe, lokale Kortikosteroidinjektionen oder die Gabe von Phenylbutazon. Dabei gibt es keine statistisch gesicherten Unterschiede zwischen den Ergebnissen einer chirurgischen und konservativen Behandlung.[5]

484 Kapitel 7: Erkrankungen der Gelenke

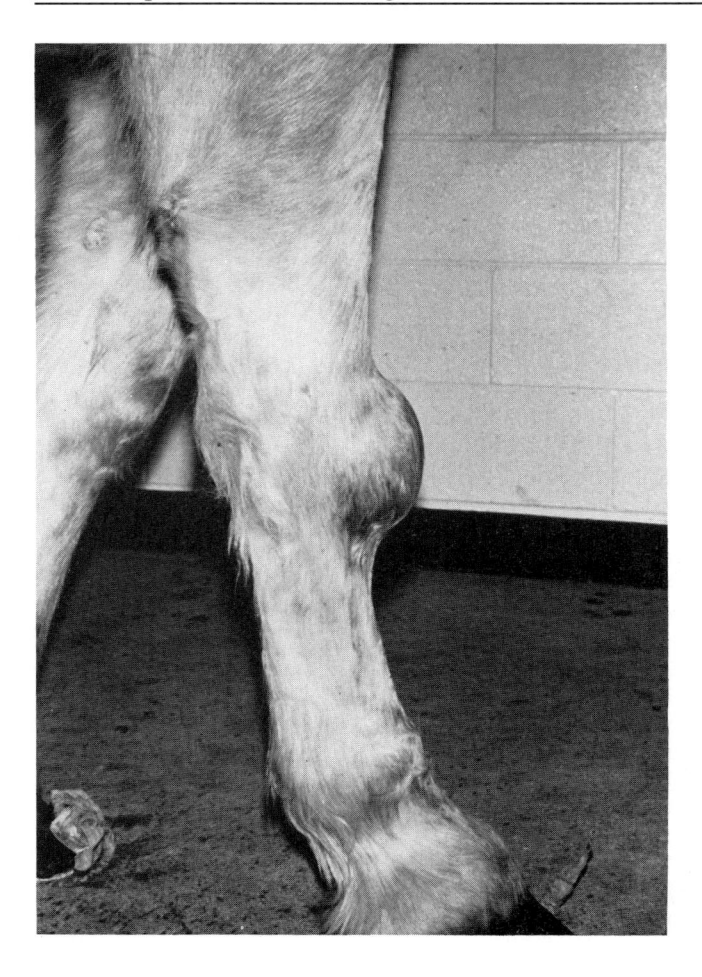

Abb. 7.178: Karpalhygrom (präkarpale Bursitis).

Bei der Stollbeule, der Piephacke oder dem Karpalhygrom müssen zuerst weitere Traumen in dieser Region verhindert werden. Dies ist nicht immer einfach oder möglich. Lokale Kortikosteroidinjektionen und Druckverbände erbrachten unterschiedliche Ergebnisse. Anstelle von Kortikosteroiden kann Orgotein benutzt werden. Bei hartnäckigen Fällen ermöglicht die zehn- bis vierzehntägige Installation einer Penrose-Drainage[9] ein Abfließen der Flüssigkeit und begünstigt so die Fibrosebildung und das Verschwinden der Schleimbeutelhöhle. Nach dem Fehlschlagen dieser Methode stellt die Applikation eines jodhaltigen Mittels oder das Einlegen von mit Lugolscher Lösung getränkter Gaze in die Schleimbeutelhöhle eine Alternative dar. Die Vielzahl verschiedener Behandlungsverfahren weist darauf hin, daß keines von ihnen ein Wundermittel ist. Als letzte Therapie der Wahl kann die chirurgische Exzision des erkrankten Gewebes mit einem primären Wundverschluß versucht werden. Dabei sind die Ergebnisse gut, wenn gleichzeitig die Ruhigstellung des Bereiches eingehalten wird.

Septische (Infektiöse) Bursitis. Dieser Begriff beschränkt sich auf Schleimbeutelentzündungen, die durch eine Infektion verursacht werden. Das klassische Beispiel ist die septische Entzündung der Bursa podotrochlearis nach einem tiefen Nageltritt. Die septische Bursitis subligamentosa supraspinalis (Widerristfistel) kann zum Beispiel durch die Infektion mit *Brucella abortus* entstehen. Diese Gruppe umfaßt nicht die Fälle von sekundär infizierten traumatischen Bursitiden.

Pathogenese. Die septische Bursitis podotrochlearis ist gewöhnlich die Folge von tiefen Nageltritten oder anderen penetrierenden Verletzungen mit ähnlichen Fremdkörpern im Strahlbereich. Das Festsetzen einer Infektion im Bereich des Hufrollenschleimbeutels führt zu schweren Lahmheiten, und der septische Prozeß kann schnell auf das benachbarte Strahlbein und die tiefe Beugesehne übergreifen. Die Infektion der Bursitis subligamentosa supraspinalis kann entweder systemisch (selten) oder lokal erfolgen.

Klinische Symptome. Die septische Bursitis podotrochlearis ist durch schwere Lahmheit charakterisiert. Meist kann auch die Eintrittsstelle des Fremdkörpers oder eine Fistelöffnung oberhalb der Ballen im Trachtenbereich gefunden werden. Eine septische Bursitis ist ebenfalls kaudal des Sprunggelenkes am Kalkaneus möglich (Abb. 7.179). Die Bursitis subligamentosa supraspinalis ist durch eine Schwellung am Widerrist mit oder ohne Abfluß nach außen charakterisiert (Abb. 7.180 und 7.181).

Therapie und Prognose. Die Behandlung einer septischen Bursitis umfaßt das Einlegen einer Drainage sowie die chirurgische Entfernung des infizierten und nekrotischen

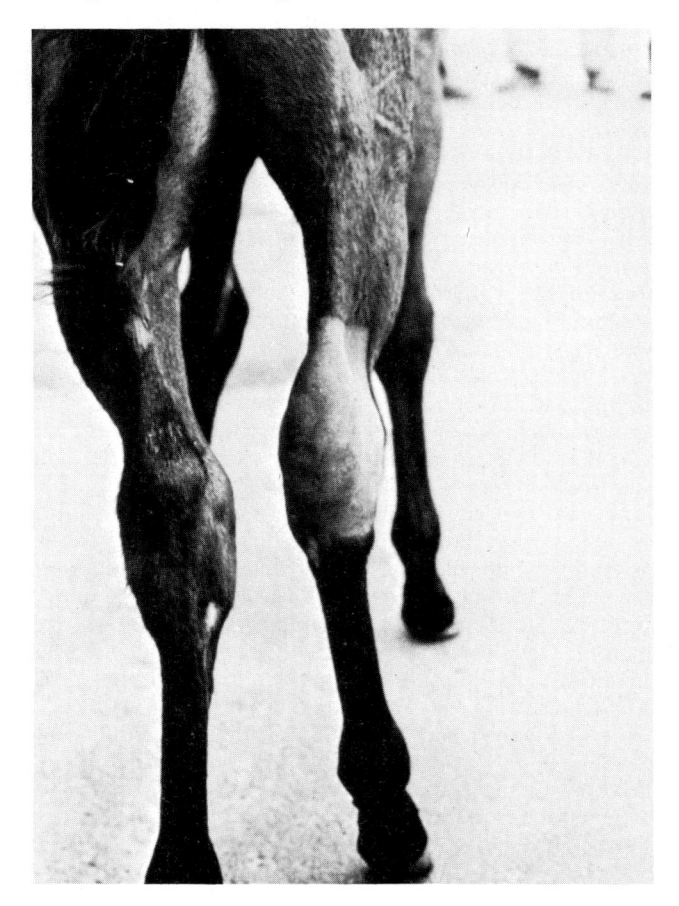

Abb. 7.179: Septische Bursitis im Bereich des Kalkaneus.

Abb. 7.180: Bursitis subligamentosa supraspinalis, die sich als Umfangsvermehrung am Widerrist manifestiert.

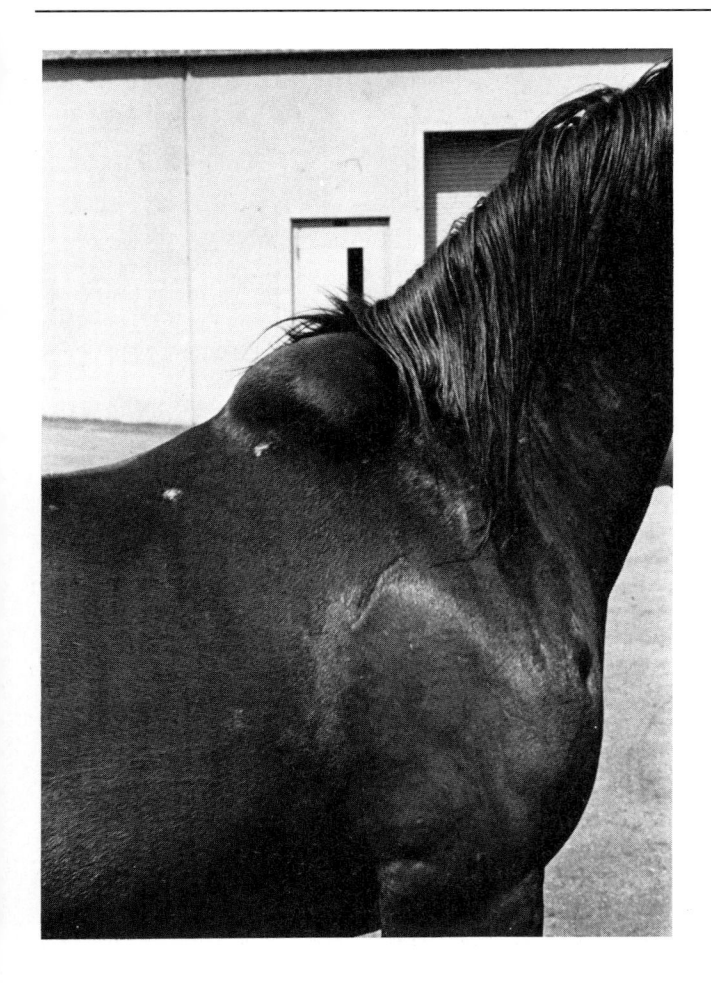

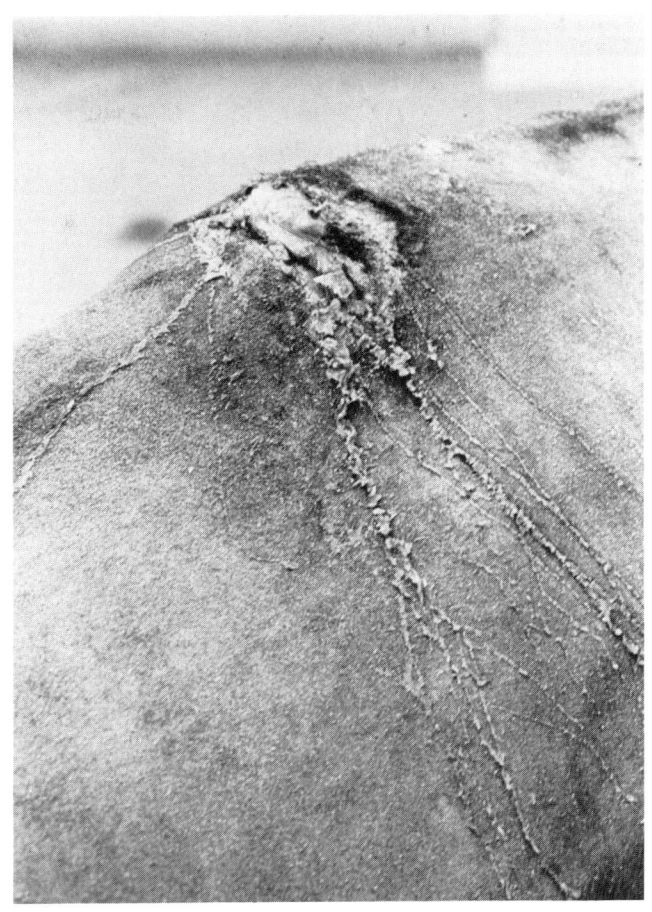

Abb. 7.181: Bursitis subligamentosa supraspinalis mit einem Fistelkanal am Widerrist.

Gewebes. In den beiden hier vorgestellten Beispielen sind die operativen Maßnahmen ziemlich durchgreifend und die Prognose für eine vollständige Wiederherstellung vorsichtig.[3]

Schleimbeutelfistel

Wie bereits im Rahmen der Gelenkerkrankungen beschrieben (siehe Seite 433 bis 434), kann sich eine Synovialfistel zwischen einem Schleimbeutel und einem Gelenk oder einer Sehne entwickeln. Ein typischer Bereich für eine derartige Veränderung ist die Bursa subtendinea musculi extensor digitalis communis in Höhe des Fesselgelenkes (über der Dorsalaussackung des Fesselgelenkes) oder proximal des Krongelenkes, wo sich die gemeinsame Strecksehne mit den Unterstützungsästen des Musculus interosseus medius verbindet. Diese Schleimbeutel können Verbindungen zum Fessel- bzw. zum Krongelenk hin ausbilden.

Literatur

1. ADAMS, O. R.: Lameness in Horses. 3rd Ed. Philadelphia, Lea & Febiger, 1974.
2. CANOSO, J. J., and YOOD, R. A.: Reaction of superficial bursae in response to specific disease stimuli. Arthritis Rheum., **22:** 1361, 1979.
3. FRANK, E. R.: Veterinary Surgery. 7th Ed. Minneapolis, Burgess Publishing Co., 1964.
4. GABEL, A. A.: Diagnosis, relative incidence and probable cause of cunean tendon bursitis-tarsitis of Standardbred horses. J. Am. Vet. Med. Assoc., **175:** 1079, 1979.
5. GABEL, A. A.: Treatment and prognosis for cunean tendon bursitis-tarsitis of Standardbred horses. J. Am. Vet. Med. Assoc., **175:** 1086, 1979.
6. McILWRAITH, C. W., and BLEVINS, W. E.: Unpublished data, 1978.
7. OTTAWAY, C. A., and WORDEN, A. N.: Bursae and tendon sheaths of the horse. Vet. Rec., **52:** 477, 1940.
8. VAN PELT, R. W., and RILEY, W. F., Jr.: Traumatic subcutaneous bursitis (capped hock) in the horse. J. Am. Vet. Med. Assoc., **153:** 1176, 1968.
9. VAN VEENENDAAL, J. C., SPEIRS, V. C., and HARRISON, I.: Treatment of hygromata in horses. Aust. Vet. J., **57:** 513, 1981.

Lahmheit

Ted S. Stashak

Huf

Hufrehe

Hufrehe ist als eine Entzündung der Huflederhaut definiert worden.[3,28] Dies ist allerdings eine extreme Vereinfachung einer Folge komplizierter, miteinander in Beziehung stehender Vorgänge, die zu pathologischen Veränderungen verschiedenen Grades am Huf führen. Neue Forschungsergebnisse führen zu der Annahme, daß es sich bei der Hufrehe in Wirklichkeit um eine Erkrankung peripherer Gefäße handelt. Diese äußert sich durch verminderte Durchblutung der Kapillaren im Huf, durch ein beträchtliches Ausmaß von arteriovenösen Shunts sowie ischämische Nekrose der Huflederhaut und Schmerzen.[21,24,25]

Forschungsergebnisse der letzten zehn Jahre weisen außerdem darauf hin, daß die pathologischen Vorgänge am Huf nur eine lokale Äußerung einer systemischen metabolischen Störung sind, welche das kardiovaskuläre,[18,20] renale,[22,27] und endokrine System,[5] die Blutgerinnung[21,24,27] und den Säure-Basen-Haushalt betrifft.[20] Viele prädisponierende Faktoren, die zu Hufrehe führen, sind bekannt. Sie scheinen aber alle einen letztendlich gemeinsamen Mechanismus auszulösen, der zu den pathologischen Veränderungen am Huf führt. In manchen Fällen ist der Schaden so schwer, daß er eine Rotation des Hufbeines bedingt. Vasokonstriktion und eine Koagulopathie werden als Ursache der verminderten Durchblutung und der ischämischen Nekrose der Huflederhaut angesehen.[21,24] Am Modell einer übermäßigen Kohlenhydratversorgung als Auslöser einer experimentell bedingten Hufrehe sind ein Frühstadium, ein akutes und ein chronisches Stadium dieser Erkrankung unterschieden worden.[21,24]

Das *Frühstadium* beginnt, wenn ein Pferd mit Faktoren in Kontakt kommt, welche die für die Hufrehe verantwortlichen pathologischen Mechanismen auslösen. Dieses Stadium endet mit dem Auftreten der ersten Lahmheitssymptome.[24]

Das *akute Stadium* beginnt mit dem Auftreten der Lahmheit und erstreckt sich über einen unterschiedlich langen Zeitraum, abhängig davon, ob bzw. wann es zu einer Rotation des Hufbeines kommt. Alle vier Hufe können betroffen sein, in den meisten Fällen erkranken aber nur die Vorderhufe. Zeichen hochgradigen Schmerzes, pochende Pulsation der Zehenarterien und vermehrte Wärme der Hufe sind in den meisten Fällen vorhanden.

Das *chronische Stadium* beginnt entweder, wenn die Symptome der Lahmheit seit mehr als 48 Stunden bestehen oder wenn es zur Rotation des Hufbeines kommt.[21,22,24] Diese Phase kann sich über Wochen hinziehen oder für das restliche Leben des Tieres bestehenbleiben. Kennzeichnend sind eine intermittierende oder dauernd bestehenbleibende Lahmheit und Veränderungen im Wachstum der Hufwand.

Obwohl eine epidemiologische Studie darauf hindeutete, daß alle Pferderassen gleichermaßen betroffen sind (mit Ausnahme der Ponys, die stärker gefährdet sind),[16] war in einer anderen retrospektiven Studie über 91 Tiere eine größere Häufigkeit der Erkrankung bei Quarter Horses (Quarter Horses 22, Araber 14, Vollblüter 13, Standardbred-Pferde 11, und Morgans 7) zu verzeichnen.[40] Andere Untersuchungen deuten darauf hin, daß männliche und weibliche Tiere gleichermaßen betroffen sind;[9,13,40] Stuten sind aber im Alter zwischen vier und sieben Jahren, männliche Tiere im Alter zwischen sieben und zehn Jahren stärker gefährdet.[16] DORN et al. beobachteten das Auftreten der Hufrehe häufiger bei Hengsten als bei Stuten oder Wallachen.[13]

Ätiologie

Zahlreiche und vielfältige prädisponierende Faktoren können die Entwicklung der Hufrehe auslösen. Hier sind u. a. zu nennen: übermäßige Futteraufnahme (Getreide und frisches, junges Gras mit oder ohne Klee, Aufnahme von kaltem Wasser, Trauma, systemische Infektionen und Behandlungen mit bestimmten Kortikosteroiden.[3,4,7,11,16,30]

Fütterungsrehe nach Aufnahme einer toxischen Menge Getreide. Diese Form der Hufrehe wird durch Aufnahme einer für das Pferd zu großen Menge Getreide bedingt. Die rehe-auslösende Menge an Getreide ist unterschiedlich, da sich bei Pferden, die gewohnt sind, große Mengen Getreide zu fressen, eine gewisse Toleranz einstellt. Die Symptome der Hufrehe können plötzlich bei einem Pferd auftreten, das größere Mengen Getreide als normale Tagesration gefressen hat. Außerdem kann die Hufrehe entstehen, wenn das Pferd versehentlich Zugang zu offenen Futterkisten erhält. Die am häufigsten beteiligten Getreidesorten sind Weizen, Mais und Gerste. Übermäßige Aufnahme von Hafer ist in der Regel nicht so problematisch, und die Symptome einer Hufrehe nach übermäßiger Haferaufnahme sind möglicherweise geringgradig oder treten gar nicht in Erscheinung. Viele andere Getreidesorten oder auf Getreidebasis hergestellte Futtermittel können die Erkrankung hervorrufen, einschließlich Kaninchen-, Hühner- und Schweinefutter.

Die Aufnahme einer großen Menge an Kohlenhydraten (Getreide) verändert nachweislich die Bakterienflora im Zäkum. Es kommt zu einer Zunahme der milchsäureproduzierenden Bakterien, besonders von *Lactobacillus* und *Strepto*coccus.[16,28,33] Die Zunahme der Milchsäure und der Abfall des pH-Wertes schädigen die Zellwände der gramnegativen Bakterien, wodurch vasoaktive Lipopolysaccharide (Endotoxine) freigesetzt werden.[17,33] Vermutlich ist die Kombination des pH-Wert-Abfalls und des Anstiegs der Endotoxine für die Veränderungen in der Schleimhaut verantwortlich, wodurch die Absorption dieser Substanzen durch die geschädigte Darmschranke in das Blutgefäßsystem ermöglicht wird.[16,28,33] Endotoxine und Milchsäure haben eine tiefgreifende systemische Wirkung, und es ist davon auszugehen, daß die Milchsäure zur Entstehung der Hufrehe beiträgt.[19,20] Veränderungen im Milchsäure- und Endotoxingehalt im Zäkum treten innerhalb von drei Stunden nach der übermäßigen Aufnahme von Kohlenhydraten auf. Eine Lahmheit wird in der Regel 16 bis 24 Stunden nach der Futteraufnahme beobachtet.[16,28,33] Dennoch ist die Bedeutung des erhöhten Milchsäure- und Endotoxingehaltes für die Ätiologie der Erkrankung angezweifelt worden.[24] Bei experimentell durch übermäßige Aufnahme von Kohlenhydraten hervorgerufenen Fällen von Hufrehe erhöhen sich die Milchsäurewerte im Blut während des Frühstadiums der Hufrehe nur wenig, und nur bei weniger als 2 % der Pferde kommt es zu einer klassischen Endotoxämie.[26] Ebenso ist durch die Injektion von Endotoxinen in subletaler Dosis bei ungefähr 40 Pferden die Auslösung einer Hufrehe nicht gelungen.[24] In der klinischen Situation allerdings läßt sich nicht leugnen, daß die Verbindung von Kolik oder Durchfall mit Endotoxämie und Hufrehe häufig ist.[21,24] Möglicherweise müssen die Endotoxine nicht aus dem Darm austreten, um eine pathogene Wirkung zu entfalten.

Hufrehe nach Aufnahme großer Mengen kalten Wassers. Die Aufnahme großer Mengen kalten Wassers durch ein überhitztes Pferd wird als eine mögliche Ursache der Hufrehe angesehen. Obwohl dieses Phänomen nicht vollständig geklärt ist, kann es möglicherweise auf einer Gastroenteritis oder Kolitis beruhen. Überhitzten Pferden sollte Wasser nur in kleinen Mengen gegeben werden, bis sie abgekühlt sind.

Belastungsrehe (Pflasterrehe). Diese Form der Hufrehe ist das Ergebnis starker Erschütterung der Hufe durch schwere Arbeit oder schnelle Bewegung auf hartem Boden. Untrainierte Tiere sowie Pferde mit dünnen Hufwänden und dünner Sohle sind für diese traumatisch bedingte Form der Hufrehe besonders anfällig. Wenn die Ursache nicht abgestellt wird, kann es weiter zu einer Ostitis des Hufbeines und zu Quetschungen der Sohle kommen.

Hufrehe nach Endometritis oder schweren systemischen Infektionen (Geburtsrehe). Eine Stute kann diese Form der Hufrehe kurz nach dem Abfohlen als Konsequenz einer Nachgeburtsverhaltung mit aufsteigender Infektion oder infolge einer uterinen Infektion ohne Nachgeburtsverhaltung entwickeln. Es handelt sich hier immer um eine schwere Form der Hufrehe. Diese kann auch als Folgeerscheinung einer hochgradigen Pneumonie oder anderer systemischer Infektionen auftreten.

Hufrehe bei gutgenährten Tieren nach übermäßiger Aufnahme von frischem, jungem Gras auf üppigen Weiden. Diese Form der Hufrehe wird bei Pferden auf Sommerweiden häufig beobachtet. Weiden mit Klee- oder Alfalfa-Besatz scheinen die Erkrankung eher zu begünstigen als Grasweiden. Allerdings gibt es auch Berichte über das Auftreten von Hufrehe auf Grasweiden, vornehmlich auf üppigen Grasweiden. Pferde, die an dieser Form der Hufrehe erkranken, sind in der Regel sehr gut genährt und haben meist einen mächtigen, von Fettgewebe gebildeten Kamm an der Oberlinie des Halses. Shetland-Ponys, Welsh-Ponys und fette Pferde anderer Rassen neigen besonders zu dieser Erkrankung.

Die Ursache dieser Form der Hufrehe ist nicht geklärt. Relativ häufig erkranken Pferde, welche diese Form der Hufrehe durchgemacht haben, im Winter bei Kleeheufütterung erneut. Allerdings können gutgenährte Pferde, die im Winter mit Kleeheu gefüttert werden, an Hufrehe erkranken, ohne daß sie vorher infolge von Aufnahme frischen Grases erkrankt waren. Hormonelle Faktoren können in manchen Fällen an der Ätiologie beteiligt sein, wenn das Gras oder der Klee Östrogene enthalten. Die Aufnahme derartiger Östrogene führt zu Fettleibigkeit.

Ferner ist Hypothyreoidismus als eine mögliche Ursache für diese Form der Hufrehe vermutet worden. Neuere Untersuchungen allerdings weisen darauf hin, daß die Hufrehe eher die Ursache als eine Folge des Hypothyreoidismus ist.[21,24] Die als Maßstab für die Funktion der Schilddrüse dienenden T_3- und T_4-Gehalte im zirkulierenden Blut fallen typischerweise während des akuten Stadiums der Erkrankung auf subnormale Werte (Hypothyreoidismus). Sie können sich im chronischen Stadium der Erkrankung normalisieren oder aber niedrig bleiben.[21] Nach vorläufigen Untersuchungsergebnissen ist die Schilddrüse dabei morphologisch nicht verändert und reagiert auf die Stimulation durch TSH („thyroid stimulating hormone", Thyreotropin) normal. Demzufolge liegt das Problem möglicherweise in einer Beeinträchtigung der Hypothalamus-Funktion oder in Störungen im Metabolismus der Schilddrüsenhormone.[21] Von Bedeutung ist in diesem Zusammenhang ein Bericht über den Nachweis signifikanter Abnahmen bei den T_3- und T_4-Werten (Hypothyreoidismus) gesunder Pferde, die fünf Tage lang mit Phenylbutazon behandelt wurden.[34] Als Ursache der niedrigeren T_3- und T_4-Werte wurde die Bindung des Phenylbutazon an Plasmaproteine angenommen. Da die meisten an Hufrehe erkrankten Pferde mit Phenylbutazon behandelt werden, besteht die Möglichkeit, daß diese Behandlung die Ergebnisse der Schilddrüsenfunktionsprobe beeinflußt.

Hufrehe aufgrund anderer Ursachen. Es gibt Berichte über Hufrehe bei Stuten, die absolut keinem der oben genannten Faktoren ausgesetzt waren. In manchen Fällen zeigten diese Stuten keine Rosse; gelang es einmal, die Rosse zu induzieren, wurde das Tier praktisch sofort gesund. In anderen Fällen erkrankten Stuten, die dauerrossig waren, an Hufrehe. In einigen wenigen Fällen wurde beobachtet, daß eine erfolgreiche Behandlung der Dauerrosse auch den Behandlungserfolg bei der Hufrehe brachte. Möglicherweise sind in einigen Fällen hormonelle Einflüsse anderer Art als bei der durch Aufnahme frischen Grases bedingten Hufrehe an der Ätiologie beteiligt. Bei dieser hormonell bedingten Hufrehe scheint es nicht so schnell zu bleibenden Veränderungen im Bereich der Hufe zu kommen wie bei den anderen Formen der Erkrankung. Eine weitere mögliche Ursache für das Auftreten der Hufrehe ist z. B. übermäßige Aufnahme von Rübenblatt. In manchen Gegenden ist es üblich, nach der Ernte Pferde auf die Rübenfelder zu lassen. Nicht selten erkranken diese Pferde durch die Aufnahme des Rübenblattes an Hufrehe („beet top founder").

Hufrehe kann außerdem nach Viruserkrankungen des Respirationsapparates oder nach Gabe bestimmter Medikamente auftreten. Diese Ätiologie ist zwar bisher nicht eindeutig bewiesen worden. Die genannten Umstände werden aber als Ursachen verdächtigt. Hier sind weitere Untersuchungen notwendig, um zu beweisen, ob diese Faktoren tatsächlich Hufrehe auslösen können. Die Veränderungen der Hufwand sind in diesen Fällen nicht so deutlich wie bei anderen Formen der Hufrehe. Deutliche Veränderungen zeigen sich dagegen an der Hufsohle, und es kann innerhalb von 72 Stunden zu einer Hufbeinrotation kommen. In manchen Fällen kommt es in nur 10 Tagen zum Durchbruch der Hufbeinspitze durch die Hufsohle. Einige Pferde verlieren die gesamte Hornkapsel (Ausschuhen), ohne daß sich in der Kürze der Zeit die typischen Reheringe gebildet haben. Die Ablösung der Hornkapsel beginnt als eine Zusammenhangstrennung im Saumbereich, möglicherweise am gesamten Umfang der Hornkapsel; die Hufwand löst sich ab und geht verloren. Es können mehrere Wochen vergehen, bis sich die Hornkapsel schließlich ablöst.

Manche Pferde, die diese Form der Hufrehe zeigen, haben zwei bis sechs Wochen vor dem Auftreten der Hufrehe eine Viruserkrankung des Respirationsapparates durchgemacht. Hier sind Untersuchungen notwendig, um festzustellen, ob diese Viren eine Endarteriitis hervorrufen. Andere Pferde sind vor Auftreten der Hufrehe entwurmt oder mit Kortikosteroiden oder Phenylbutazonderivaten in hoher Dosierung behandelt worden.

HOOD hat nachgewiesen, daß die Gabe von Kortikosteroiden in hoher Dosierung das Auftreten schwererer Fälle von Hufrehe begünstigt.[21] Untersuchungen über die Wirkung von Kortikosteroiden auf die Gefäßversorgung der Zehe beim Pferd haben bewiesen, daß exogene Kortikosteroide die Reaktion des Gefäßsystems im Zehenbereich auf den Katecholamin-Gehalt im Blut verstärkten.[14,21] Weiter haben sie eine den Mineralokortikoiden ähnliche Wirkung, die möglicherweise die Entstehung von Ödemen fördert.

Pathogenese der Hufrehe

Vor dem Einstieg in eine umfassende Diskussion der Pathogenese dieser Veränderungen im Zehenbereich erfolgt hier eine Wiederholung der für das Verständnis der Pathophysiologie der Hufrehe wichtigsten anatomischen Strukturen des Hufes. Das Hufbein befindet sich innerhalb der Hornkapsel in einem von Korium und Epidermis gebildeten Aufhängeapparat[8,21] (Abb. 1.5 und 1.6). Nach ADAMS werden diese Strukturen wie folgt eingeteilt:[3]

Wandlederhaut: Diese wird durch die Koriumblättchen gebildet, zwischen denen die vollsaftigen Epidermiszellen liegen. Die Unterseite der Koriumblättchen ist mit dem Hufbein verbunden. Die Wandlederhaut enthält Blutgefäße, die sowohl die Wandlederhaut selbst als auch die vollsaftigen Epidermiszellen (letztere durch Diffusion) versorgen.

Hufwand: Die Hufkapsel ist eine verhornte Epidermis, deren tiefere Schicht (Hornblättchen der Hufwand, Stratum basale) die Verbindungsschicht zur Wandlederhaut bildet. Die Hornblättchen der Hufwand greifen direkt in die Blättchen der Wandlederhaut (siehe auch Seite 4 bis 8).

Die Verwendung der Begriffe *sensible* und *nichtsensible* Schichten bzw. Huflederhaut (Korium) und Hufwand (Epidermis) führt häufig zu einiger Verwirrung. Die Begriffe sensible Schichten und Huflederhaut (Korium) sind nicht synonym. Wenn die Hufkapsel durch Mazeration entfernt wird, trennen sich die verhornten von den nichtverhornten, vollsaftigen Epidermiszellen.[41] Letztere verbleiben zwischen den Blättchen der Wandlederhaut. Die Wandlederhaut und die vollsaftigen Epidermiszellen zusammen bilden die sensiblen Schichten. Die nichtsensiblen Schichten bestehen demzufolge aus den Schichten der Epidermis mit Ausnahme des Stratum basale (siehe auch Seite 4 bis 8).

Das Horn der Hufwand wächst von der Epidermis des Saumbereiches aus nach unten.[21] Die Sehne des Musculus extensor digitalis communis setzt am Processus extensorius des Hufbeines an. Ihre Aufgabe ist es, den Fuß zu strecken. Die größere und stärkere Sehne des Musculus flexor digitalis profundus setzt an der Palmar- bzw. Plantarfläche des Hufbeines an. Ihre Funktion ist das Beugen der Zehe (siehe auch Seite 8 bis 21 und 38 bis 43).

Die Schädigung im Zehenbereich wird als Ergebnis zweier miteinander in Beziehung stehender Mechanismen angesehen, wobei eine Vasokonstriktion und eine Koagulopathie beteiligt sind.[24] In den letzten zehn Jahren haben quantitative Messungen des Blutflusses,[39] angiographische[1,4,10] und nuklearmedizinische Untersuchungen sowie Untersuchungen des arteriovenösen Systems[23,27] eine genauere Beschreibung der Schädigung des Gefäßsystems geliefert. Es wird angenommen, daß die Ischämie im Huf sich aus einer verminderten Kapillardurchblutung im Zehenbereich entwickelt.[24] Diese verminderte Durchblutung der Kapillaren wird bei allen Pferden mit akuter Hufrehe beobachtet, und der Grad der Verringerung der Durchblutung steht in direkter Relation zu der auftretenden Lahmheit. Wenn das Pferd sich erholt, wird die Durchblutung wieder normal.[22] Gleichzeitig mit der Verringerung der Kapillardurchblutung kommt es zu einer allgemeinen Steigerung der Blutzufuhr zum Huf. Das Blut fließt wahrscheinlich durch arteriovenöse Shunts proximal des Kapillargebietes im Huf an diesem vorbei. Möglicherweise sind gefäßaktive Hormone (Nebennierenrindenhormone, Kortikosteroide) oder Toxine für die Funktion dieser Shunts verantwortlich.[24] Die durch die Ischämie verursachten Schmerzen führen zur Freisetzung von Katecholaminen aus der Nebenniere. Diese Stoffe wirken auf α-Rezeptoren in den Gefäßen der Huflederhaut, wodurch es zu Vasokonstriktion und dadurch zu stärkerer Ischämie im Bereich der Zehe kommt.[2] Höchstwahrscheinlich ist die verminderte Durchblutung der Kapillaren im Huf für die bei der Hufrehe auftretenden Störungen im Hornaufbau verantwortlich.[21]

Aus folgenden Gründen ist anzunehmen, daß außerdem eine Koagulopathie beteiligt ist:

1. Es besteht ein Zusammenhang zwischen der akuten Verbrauchskoagulopathie (DIG, disseminierte intravasale Gerinnung, DIC) beim Menschen und der Hufrehe des Pferdes.[26]

2. Im Frühstadium der Hufrehe sind Störungen im Intrinsic-(Gerinnungs-)System, Thrombozyten und Fibrinabbauprodukte nachgewiesen worden.

3. Durch prophylaktische Heparinbehandlung wurde das Auftreten der Hufrehe bei Pferden trotz experimenteller Fütterung einer Ration, die normalerweise Hufrehe begünstigt, von 90 auf 20 % gesenkt. Bei keinem dieser Pferde kam es zu einer Hufbeinrotation.[25]

Es ist schwierig, die Reaktion des Gefäßsystems gegen die Koagulopathie abzugrenzen, da jede dieser Veränderungen jeweils die andere sekundär hervorrufen kann. Theoretisch kann ein starker Vasospasmus zu einer hinreichenden Schädigung des Gefäßendothels sowie zu einer Thrombozytenaggregation und zu Thrombenbildung führen.[12] Umgekehrt kann durch Thrombozytenaggregate über Thromboembolie die Freisetzung von Thromboxan A_2 verursacht werden. Hierdurch kann es zu einem neuen Vasospasmus distal der Okklusionsstelle kommen[6] (Abb. 8.1).

Histopathologische Befunde im Huf zu Beginn des akuten Stadiums der Hufrehe weisen darauf hin, daß die Epidermisschichten zuerst betroffen werden. Es kommt zur Bildung von Vakuolen, zu Pyknose und Desorganisation.[24] In schweren, progressiven Fällen liegt ein passiver Blutstau in der Huflederhaut vor; die Verbindung zwischen Epidermis und Korium löst sich und es kommt zu einer Nekrose der Epidermis.[38] Diese histologischen Befunde werden als typisch für die frühen und späten Stadien einer Ischämie angesehen.[21] Beim Übergang zum chronischen Stadium der Hufrehe greift die Nekrose auf die Strukturen der Huflederhaut über und führt zu einer Schwächung des Aufhängeapparates zwischen Epi-

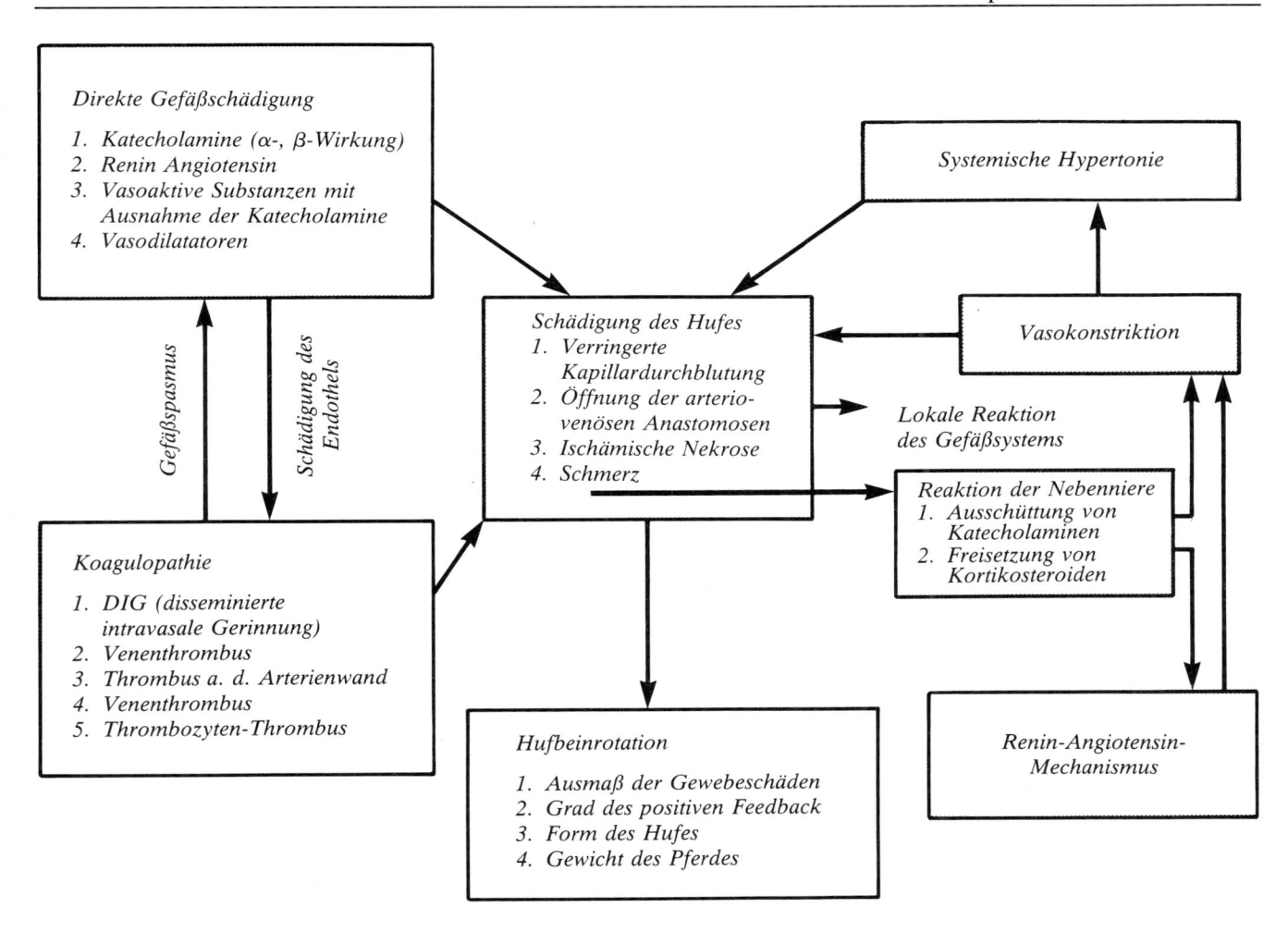

Abb. 8.1: Versuch zur Darstellung des pathophysiologischen Mechanismus bei Hufrehe unter Berücksichtigung des Frühstadiums, des akuten und des chronischen Stadiums (aus HOOD, D. M., and STEPHAN, K. A.: Physiopathology of Equine Laminitis. Cont. Ed., **3**: 454, 1981).

dermis und Korium. Eine Kombination der Zugkräfte der tiefen Beugesehne und der Drehkräfte, die sich auf die Zehenspitze konzentrieren, führt zu einer mechanisch bedingten Ablösung des Hufbeines von der Hufwand.[8,11] Die mikroskopische Untersuchung der Strukturen des Zehenspitzenbereiches bei einem chronischen Rehehuf zeigt eine Hyperplasie der Epidermisschichten, bis schließlich Epidermis und Korium durch eine keilförmige Masse lockeren, weichen Hornes voneinander getrennt werden (Abb. 8.2). Angeblich ist unter anderem dieses keilförmige Gewebe dafür verantwortlich, daß eine einmal entstandene chronische Hufbeinrotation ständig bestehen bleibt.[38]

Systemische Veränderungen

Die systemischen Veränderungen bei Hufrehe schließen u. a. Beeinträchtigungen des kardiovaskulären, des endokrinen und des renalen Systems, Störungen des Säure-Basen-Haushaltes und Koagulationsstörungen ein. Während des akuten Stadiums werden verschiedene Grade von Tachykardie, Hypertonie, Erhöhung der Plasma-Laktat-Werte und Azidose beobachtet, und das Blutbild zeigt eine Streßsituation.[18,22] Veränderungen des endokrinen Status umfassen in der Regel eine leichte Erhöhung der Katecholamin-, Kortisol-, Testosteron- (aus der Nebenniere) und Plasma-Reninwerte im Blut und eine Verringerung der Schilddrüsen-Hormone.[5,22] Beim Übergang zum chronischen Stadium bleibt die Hypertonie bei ca. 80 % der Pferde erhalten. Obwohl der Grad der Hypertonie unterschiedlich ist, bleiben in manchen Fällen Werte von 280/190 mm Quecksilbersäule (37,3/25,3 kPa) bis zu sechs Monate nach Auftreten der Lahmheit erhalten.[24] Bei anderen Pferden stellen sich die normalen Blutdruckwerte innerhalb einer Woche nach Auftreten der Lahmheit wieder ein.

Ein weiterer häufiger Befund bei chronischer Hufrehe ist eine Nierenerkrankung.[24] In der Regel liegt eine geringgradige membranöse Glomerulonephritis vor, ihre klinische Bedeutung ist aber nicht bekannt. Weiter tritt eine Nekrose des Nierenmarks auf. Sie wird als Nebenwirkung bei Langzeitbehandlung mit entzündungshemmenden, schmerzstillenden Medikamenten mit Ausnahme der Kortikosteroide interpretiert.[26] Zusätzlich zeigen Pferde mit chronischer Hufrehe zahlreiche Abweichungen im endokrinen System, wie z. B. Erhöhung der Katecholamin-,

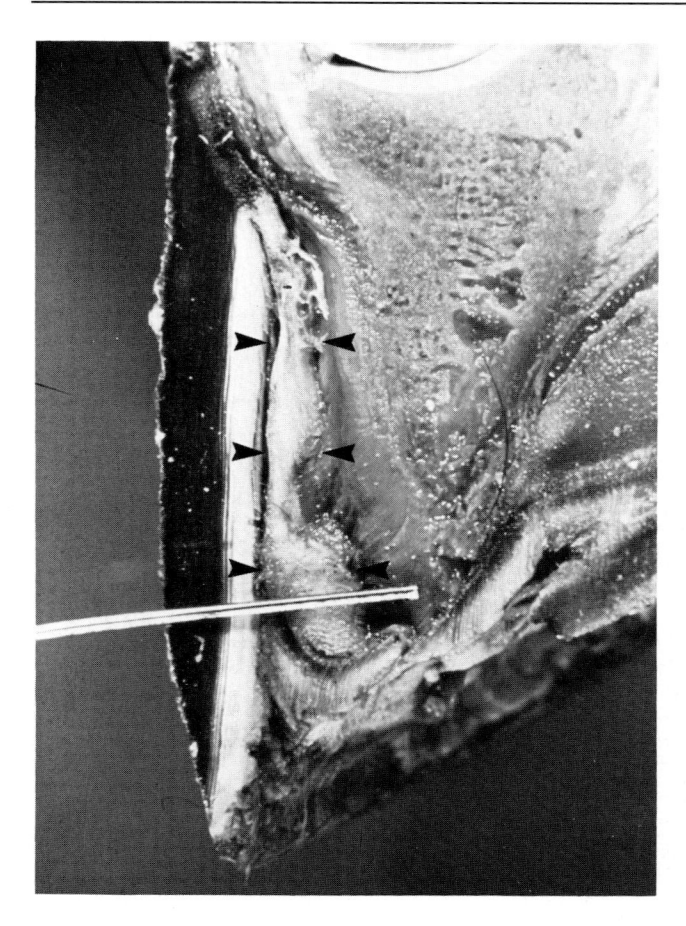

Abb. 8.2: Längsschnitt durch die Hufwand eines Pferdes mit Rotation des Hufbeines. Die Metallsonde bezeichnet die Durchbruchstelle der Hufbeinspitze durch die Sohle. Charakteristisch ist das keilförmige Gewebe, das die weiße Linie von der Wandlederhaut trennt (Pfeile).

Plasma-Renin-, Testosteron- und Kortisolwerte und eine Verminderung der Schilddrüsenfunktion.[26] Die klinische Bedeutung dieser Veränderungen ist weitgehend unbekannt. Möglicherweise tragen sie zu dem lange anhaltenden Zustand der Hypertonie sowie zu den Störungen im Flüssigkeits- und Elektrolythaushalt und zu dem eigentümlichen Aussehen der Oberlinie des Halses bei manchen Pferden bei („cresty neck").[24] Diese Stoffwechselstörungen sind möglicherweise auch bei einigen Pferden die Ursache für die Prädisposition zu weiteren Reheerkrankungen, was den klinischen Eindruck bestätigen würde, daß bei einem Pferd, das einmal an Hufrehe erkrankt ist, immer eine erhöhte Anfälligkeit für diese Erkrankung besteht.[24]

Symptome

Die Symptome der Hufrehe sind bei allen Formen ähnlich, sie werden deshalb hier für das akute und das chronische Stadium beschrieben. Typische Symptome bei bestimmten Formen dieser Erkrankung werden detailliert dargestellt.

Akutes Stadium der Hufrehe. Von der akuten Hufrehe können beide Vorderhufe oder alle vier Hufe betroffen sein. Wenn alle vier Hufe betroffen sind, liegt das Pferd häufig und lange Zeit. Wenn das Pferd steht, stellt es die Hinterhufe weit nach vorn und die Vorderhufe weit kaudal unter den Körper, so daß die Unterstützungsfläche sehr klein ist. In den meisten Fällen sind nur die beiden Vorderhufe betroffen. In diesem Fall werden die Hinterhufe weit unter den Körper und die Schultergliedmaßen unter vermehrter Belastung des Trachtenbereiches (Trachtenfußung) weit nach vorn gestellt (Abb. 8.3). Das Pferd bewegt sich nur äußerst widerwillig.

OBEL hat folgende Einteilung der Lahmheitsgrade unter klinischen Gesichtspunkten festgelegt:[36]

Grad 1: In Ruhe hebt das Pferd ständig abwechselnd die Hufe. Im Schritt ist keine Lahmheit zu erkennen, im Trab ist der Gang kurz und steif.

Grad 2: Die Pferde gehen im Schritt zwar willig, aber steif vorwärts. Aufheben eines Fußes ist ohne Schwierigkeiten möglich.

Grad 3: Das Pferd bewegt sich äußerst widerwillig und wehrt sich heftig gegen den Versuch, einen Fuß aufzuheben.

Grad 4: Das Pferd weigert sich, sich zu bewegen. Nur durch Zwang ist es zum Laufen zu bringen.

Hufwand und Saumbereich sind vermehrt warm. Die Pulsation der Zehenarterien ist klopfend. Viele Pferde sind ängstlich, zeigen Zittern der Muskulatur aufgrund der starken Schmerzen, eine erhöhte Atemfrequenz und eine unterschiedlich stark erhöhte Körpertemperatur. Die Gefäße in den Schleimhäuten sind injiziert. Häufig ist es schwierig für das Pferd, einen Fuß anzuheben, da es dabei den anderen betroffenen Huf oder die anderen erkrankten Hufe vermehrt belastet. Bei der Hufzangenuntersuchung ist eine diffuse Empfindlichkeit der gesamten Hufsohle festzustellen.

Nach übermäßiger Aufnahme von Getreide treten die ersten Symptome nur selten in den ersten 12 bis 18 Stunden nach der Futteraufnahme auf. Dies verleitet den Besitzer häufig zu der Annahme, daß das Pferd nicht erkranken wird. Nach dieser Zeit aber treten die typische Lahmheit, Durchfall, Toxämie, Muskelzittern und erhöhte Puls- und Atemfrequenz auf, und es kommt zu einem unterschiedlich starken Anstieg der Körpertemperatur.

Bei Stuten, die an Geburtsrehe infolge einer Metritis erkranken, ist häufig eine starke Erhöhung der Körpertemperatur (40,0 bis 41,1 °C) festzustellen, die Gefäße in den Schleimhäuten sind injiziert und Puls- und Atemfrequenz sind stark erhöht. Eine intrauterine Untersuchung ergibt unterschiedliche Mengen einer dunklen, wäßrigen Flüssigkeit. Ferner können Anteile der Fruchthüllen zu finden sein.

Es kann bei einer akuten Hufrehe zum Tod des Tieres kommen, dies ist aber selten. In hochgradigen Fällen kann das Pferd ausschuhen.

Chronisches Stadium der Hufrehe. Die Erkrankung geht in das chronische Stadium über, wenn die Schmerzen 48 Stunden lang bestehen oder wenn es zu einer Senkung und Rotation des Hufbeines kommt.[24] Möglicherweise besteht nach der akuten Phase keine starke Lahmheit mehr, es kann aber zu einem erneuten akuten Schub kommen.[28] Ponys und sehr gut genährte Pferde, die bereits einmal eine Rehe durchgemacht haben, erkranken häufig erneut, wenn plötzliche Veränderungen im Bewuchs der Weide auftreten, wenn z. B. das üppige grüne Gras im Frühjahr aufschießt.[16,28] Für Show-Pferde ist das Risiko, an

Abb. 8.3: Typische Stellung und Haltung eines Pferdes mit Hufrehe. Die Hinterhufe sind unter den Körper gestellt, um die weit nach vorn gestellten Vorderhufe möglichst zu entlasten. Bei diesem Pferd war die Hufrehe im Anschluß an eine Erkrankung der Respirationsapparates aufgetreten. Das Pferd war im Begriff auszuschuhen, was durch Zusammenhangstrennungen im Bereich des Hufsaumes deutlich wurde. Die Veränderungen der Hufwand waren minimal, aber an beiden Vorderhufen war das Hufbein durch die Sohle durchgebrochen.

Hufrehe zu erkranken, im Spätsommer und Frühherbst größer, weil hier der Höhepunkt der Turniersaison liegt. Während dieser Zeit stehen die Pferde häufig unter starkem Streß und werden in der Regel mit kohlenhydratreichen (Getreide-)Rationen gefüttert.[24]

Wenn es zu einer Hufbeinrotation kommt, kann diese gering- bis hochgradig sein. Eine hochgradige Hufbeinrotation geht oft mit einer Zusammenhangstrennung im Saumbereich in der Umgebung des Processus extensorius einher, wobei Serum durch diese Verletzung austritt (Abb. 8.4). Bei der Untersuchung der Bodenfläche des Hufes ist u. U. eine halbrunde Zusammenhangstrennung in der Sohle knapp dorsal der Strahlspitze zu bemerken, als ein Anzeichen dafür, daß die Hufbeinspitze beginnt, durch die Sohle durchzubrechen (Abb. 8.5). Dies ist eine sehr schwere Veränderung, und nur selten erholen sich die Pferde oder können gerettet werden.[28] Bei einer gering- bis mittelgradigen chronischen Hufbeinrotation bilden sich deutliche divergierende Ringe in der Hufwand. Typischerweise ist die Entfernung zwischen den Ringen im Trachtenbereich weiter als an der dorsalen Hufwand (Abb. 8.6). Dies entspricht dem veränderten Verhalten beim Wachstum, wobei der Huf im Trachtenbereich schneller als an der Zehenspitze wächst, da die Blutversorgung und Keratinsynthese im Zehenspitzenbereich eingeschränkt sind.[28] Pferde, die an einer chronischen Hufrehe mit Rotation des Hufbeines leiden, zeigen häufig Trachtenfußung mit deutlich verzögertem Aufsetzen der Zehenspitze.[3] Dies ist zu erwarten, da die physiologischerweise innige Verbindung zwischen Hufbein und Hufwand sowie Hufsohle nicht mehr vorhanden ist.

Häufig besteht bei der chronischen Hufrehe eine lose Wand mit Verbreiterung der weißen Linie durch lockeres Narbenhorn infolge der Zusammenhangstrennung zwischen den Wandlederhaut- und den Hornblättchen der Hufkapsel. Diese Zusammenhangstrennung im Bereich der weißen Linie kann das Eindringen von Infektionserregern ermöglichen (siehe Seite 534 bis 537). Eine der Strahlfäule ähnliche Infektion (Hornfäule) kann die Funktion sämtlicher das Hufbein schützenden Strukturen stören. Die Sohlenregion erscheint in diesem Fall vorgewölbt.

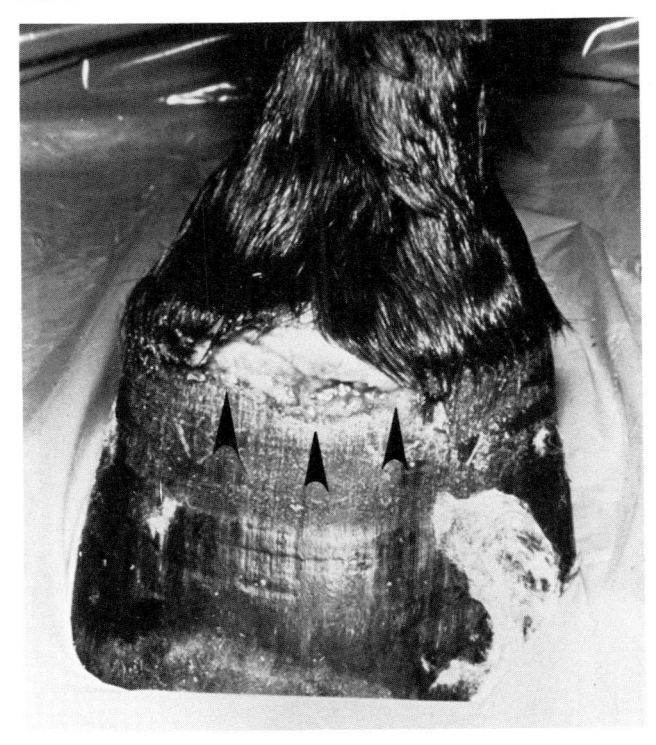

Abb. 8.4: Dieses Pferd war an einer hochgradigen Hufrehe erkrankt: Rotation des Hufbeines und Zusammenhangstrennungen im Saumbereich.

Abb. 8.5: Dies ist dasselbe Pferd wie in Abbildung 8.4. Die halbkreisförmige Zusammenhangstrennung in der Sohle knapp dorsal der Strahlspitze ist deutlich zu sehen (Pfeile).

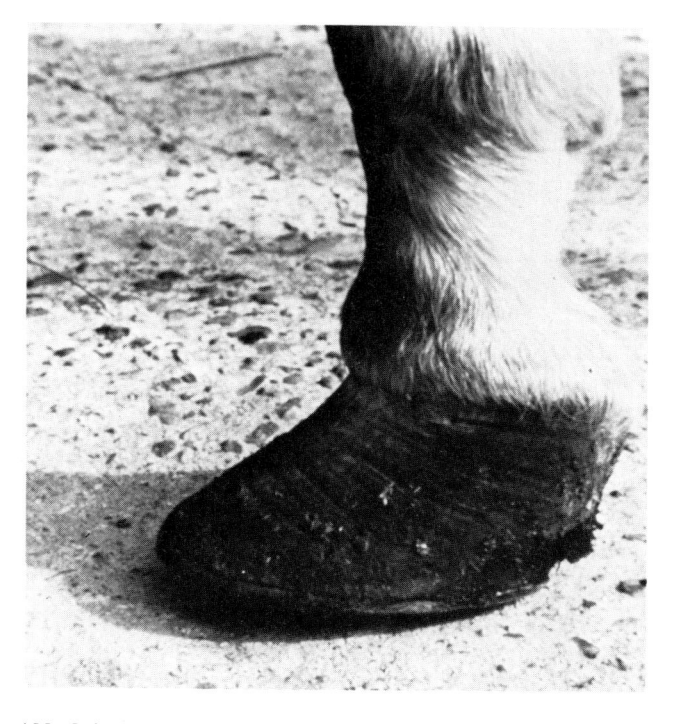

Abb. 8.6: Bei diesem Pferd bestand seit längerer Zeit eine chronische Hufrehe. Typisch ist, daß die Entfernung zwischen den Ringen in der Hufwand im Trachtenbereich größer ist als im Zehenspitzenbereich.

Beim Ausschneiden der Hufe kommt es bei einem Pferd, das einmal an Rehe erkrankt war, leicht zu Rötung und Bluten der Sohle, da sich bei Hufrehe eine verstärkte Gefäßversorgung dieses Bereiches entwickelt. Diese gesteigerte Tendenz zu Blutungen bleibt monatelang nach einer Reheerkrankung bestehen.

Die Hufzangenuntersuchung führt im chronischen Stadium der Hufrehe selten zu Schmerzreaktionen. Die Ursache dieser Tatsache ist unbekannt.

Diagnose

Die sichtbaren Symptome machen die Diagnose der Hufrehe relativ einfach. Die typische Haltung des Tieres, die verstärkte (pochende) Pulsation der Zehenarterien, die erhöhte Oberflächentemperatur des Hufes und die Schmerzreaktionen beim Abdrücken des Hufes mit der Hufuntersuchungszange im akuten Stadium sollten ausreichende Beweise für das Vorliegen von Hufrehe liefern. Im chronischen Stadium zeigen sich charakteristische Veränderungen des Hufes und ein typischer Gang (Trachtenfußung, „Pantoffeln"). In manchen Fällen ist die Ätiologie schwierig festzustellen; gelegentlich wird die Ursache nie ermittelt.

Die Symptome der Hufrehe sind charakteristisch, und die Diagnose ist daher leicht zu stellen. So werden kaum einmal diagnostische Anästhesien erforderlich sein. Allerdings findet die Leitungsanästhesie häufig Anwendung in der Therapie der Hufrehe. Bei der Durchführung diagnostischer Injektionen bringt allerdings die Leitungsanästhesie des Nervus digitalis palmaris/plantaris in der Fesselbeuge nur wenig Erleichterung. Eine bessere Schmerzausschaltung ergibt sich bei einer Leitungsanästhesie des Nervus digitalis palmaris an der Basis der Gleichbeine oder durch einen Fesselringblock.

In allen Fällen sollten, um den Verlauf der Hufbeinrotation aufzuzeichnen, 48 bis 72 Stunden nach Auftreten der ersten Symptome der Hufrehe Verlaufs-Röntgenaufnahmen gemacht werden. Röntgenologisch ist die Rotation des Hufbeines durch die Divergenz der Dorsalfläche des Hufbeines gegenüber der dorsalen Hufwand erkennbar (Abb. 8.7). Eine objektive Methode, um den Grad der Hufbeinrotation zu bestimmen, ist von STICK[40] empfohlen worden. Der Grad der Rotation wird dadurch abgeschätzt, daß auf einer Folie Linien parallel zur dorsalen Hufwand und zur Dorsalfläche des Hufbeines gezogen werden. Die Schnittwinkel der Linien an der dorsalen Hufwand und der Dorsalfläche des Hufbeines mit der Bodenfläche werden festgestellt, die Differenz zwischen den beiden Werten ergibt den Grad der Hufbeinrotation. Diese Information ist aus verschiedenen Gründen wertvoll. Erstens erlauben Verlaufsaufnahmen in wöchentlichem Abstand über längere Zeit dem Tierarzt eine Beurteilung des Therapieerfolges sowie eine Abschätzung des Schweregrades der zu Beginn der Behandlungsmaßnahmen vorliegenden pathologischen Veränderungen. Eine Hufbeinrotation höheren Grades ist ein Hinweis auf schwere Schäden. Zweitens kann im chronischen Stadium die Prognose bezüglich der zukünftigen Einsatzfähigkeit des Pferdes gestellt werden.[40] STICK glückte in einer retrospektiven Studie über 91 Fälle von Hufrehe den Grad der voraussichtlichen Einsatzfähigkeit bei Pferden mit chronischer Hufrehe und Rotation des Hufbeines in drei Gruppen.[40]

Gruppe 1 bestand aus Pferden, die wieder turniermäßig eingesetzt werden konnten, und die Rotation des Hufbeines betrug hier nahezu 5,5 Grad oder weniger.

Gruppe 2 bestand aus Pferden, die zwar wieder turniermäßig eingesetzt werden, nicht aber an ihre früheren Leistungen anknüpfen konnten. Die Hufbeinrotation bei diesen Pferden lag zwischen 6,8 und 11,5 Grad.
Gruppe 3 bestand aus Pferden, die chronisch lahm blieben und niemals wieder gesund genug wurden, um längerfristig Leistung bringen zu können. Die Hufbeinrotation bei den Pferden dieser Gruppe lag über 11,5 Grad.
Obwohl dies eine wertvolle Information ist, kann sie nicht in Beziehung zu den verschiedenen Behandlungsmethoden gesetzt werden.[40] Von Interesse ist weiterhin, daß kein rasse- oder geschlechtsbezogener signifikanter Unterschied im Grad der Hufbeinrotation bestand.[40]

Therapie

Die Hufrehe wird als eine dringende Notfallsituation angesehen, und die Behandlung zur Wiederherstellung der vollen Einsatzfähigkeit des Tieres sollte vor Auftreten einer Hufbeinrotation einsetzen.[3,7,16,21,22,28] Die Behandlung zielt auf das Verhindern der Hufbeinrotation ab und sollte innerhalb von zwölf Stunden nach Auftreten der ersten klinischen Symptome der Hufrehe aufgenommen werden, da die ersten Anzeichen einer Hufbeinrotation innerhalb von 48 Stunden röntgenologisch nachgewiesen werden können.[3,21,24]
Prophylaktische Maßnahmen sind wichtig bei Gruppen von Pferden, bei denen von einer starken Gefährdung ausgegangen werden muß (z. B. Überfressen an Getreide, Darmverschluß, Durchfall mit Septikämie und Stuten mit Nachgeburtsverhaltung oder Metritis).

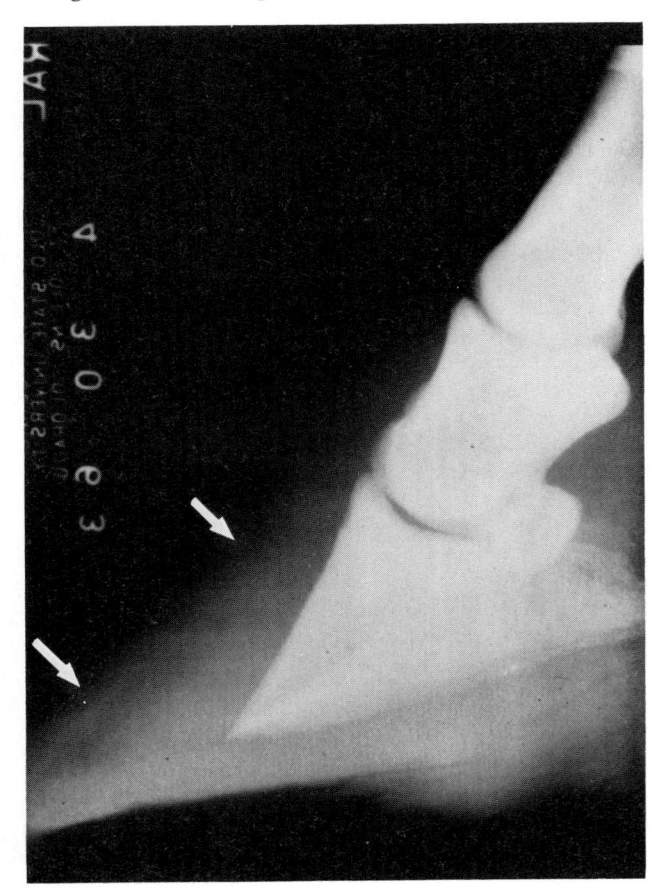

Abb. 8.7: Rotation des Hufbeines, Lateralansicht. Es ist deutlich zu erkennen, daß die Dorsalfläche des Hufbeines nicht parallel zur dorsalen Hufwand (Pfeile) verläuft.

Frühstadium der Hufrehe. Nach übermäßiger Aufnahme von Kraftfutter zielt die Behandlung auf die Neutralisation der Wirkung des aufgenommenen Getreides und auf die Überwachung des Frühstadiums der Hufrehe. Da die ersten Symptome bei dieser Form der Hufrehe häufig erst 12 bis 18 Stunden nach Futteraufnahme auftreten, werden zunächst unabhängig von etwa bereits vorliegenden Symptomen der Hufrehe Maßnahmen getroffen, um den Magen-Darm-Trakt zu entleeren. Zum Entfernen des aufgenommenen Getreides wird in der Regel Öl verwandt. Dieses wirkt als starkes Abführmittel und überzieht außerdem schützend die Wand des Darmes, wodurch möglicherweise die Absorption von Toxinen verhindert wird. Die Gabe von Öl kann in Abständen von vier bis sechs Stunden wiederholt werden, bis das Getreide vollständig aus dem Darm entfernt ist.
Da es sich bei der Hufrehe um das Ergebnis einer Kombination der verminderten Durchblutung der Kapillaren mit einer Koagulopathie handelt, ist es logisch, die Behandlung auf die Prophylaxe dieser Faktoren auszurichten.
Da Bewegung bekanntermaßen den Blutfluß durch den Huf fördert, wird es für vorteilhaft gehalten, während der ersten 24 Stunden das Pferd wiederholt kurze Zeit zu bewegen (10 Minuten pro Stunde). Die Bewegung erzielt vermutlich zu Beginn des akuten Stadiums der Hufrehe die beste Wirkung. Bei weiterem Fortschreiten der Erkrankung allerdings ist Bewegung kontraindiziert, da sie die Wahrscheinlichkeit einer mechanisch bedingten Trennung des Hufbeines von der Hufwand erhöht.[21,28] Ältere Empfehlungen, das Pferd zwangsweise drei bis vier Stunden lang zu bewegen, sollten nicht befolgt werden.
Der Einsatz des die Blutgerinnung hemmenden Wirkstoffes Heparin hat sich in der Praxis für die Prophylaxe der Hufrehe bewährt.[21] Unter Laborbedingungen mit Verabreichung von Rationen mit hohem Kohlenhydratanteil wurde durch den Einsatz von Heparin das Auftreten von Lahmheiten von 90 auf 20 % verringert, und bei keinem der Pferde kam es zu einer Rotation des Hufbeines.[25] Hierzu wird empfohlen, das Heparin in einer Dosis von 100 I.U./kg viermal täglich intravenös zu verabreichen.[21] An der Colorado State University sind alternativ 100 I.U./kg Heparin zweimal täglich subkutan verabreicht worden. Unabhängig von der Applikationsart ist zu bedenken, daß Heparin ein potentiell gefährliches Medikament ist; es sollte daher nur eingesetzt werden, wenn eine ständige sorgfältige Überwachung des Pferdes gesichert ist. Die intravenöse Injektion sollte sehr langsam erfolgen. Ferner wird empfohlen, die Blutgerinnung über die Prothrombinzeit zu messen. Das Vierfache des Normalwertes der Prothrombinzeit hat sich als wirksam für die Prophylaxe der Hufrehe erwiesen.[21,25] Bevor Heparin allerdings für die Routinetherapie der Hufrehe empfohlen werden kann, sind noch weitere Erfahrungen mit dieser Form der Behandlung notwendig. Die geringen Erfahrungen des Autors mit dieser Therapie sind nicht ausreichend und bisher nicht überzeugend.
Der noch in der Testphase befindliche Wirkstoff Phenoxybenzamin* ist unter Versuchsbedingungen erfolgreich für die Prophylaxe der Hufrehe eingesetzt worden.[21,24] Der Wirkungsmechanismus, der hier den Verlauf der Hufrehe beeinflußt, ist nicht bekannt; möglicherweise ist aber die Wirkung als α-Rezeptorenblocker dafür verantwortlich, indem die Vasokonstriktion verhindert wird.

---

* z. B. Dibenzyran[®H], Röhm Pharma GmbH, Dr.-Otto-Röhm-Straße 2–4, Postfach 43 47, 6100 Darmstadt 1.

Der Wirkstoff kann in einer Dosis von 2 mg/kg, verteilt auf zwei Applikationen in Abständen von zwölf Stunden, gegeben werden, um eine wirksame Blockade der α-Rezeptoren über 72 Stunden zu erreichen.[21,24] Allerdings ist dieses Medikament nicht ohne weiteres für den Einsatz in der Praxis zu erhalten, und die Kenntnisse über seine pharmakologische Wirkung, sichere Dosierung und Wirksamkeit bei der Behandlung der Hufrehe sind unvollständig. Die Wirkungsdauer des Azepromazin* als α-Rezeptorenblocker könnte zu kurz erscheinen, um die Erkrankung positiv zu beeinflussen. Subjektive Auswertungen deuten aber darauf hin, daß dieser Stoff sehr wohl eine günstige Wirkung bei der Prophylaxe und Behandlung des akuten Stadiums der Hufrehe haben könnte. Zur Zeit behandelt der Autor ausgewachsene Pferde mit 5,0 ml Azepromazin intramuskulär viermal täglich oder mit sechsmal 3,0 ml Azepromazin täglich. Bisher stehen keine objektiven Daten über die Wirksamkeit dieser Behandlung zur Verfügung.

Sinnvoll ist die Gabe von Phenylbutazon** in hoher Dosierung, da dieses Medikament sowohl gegen die Thrombenbildung als auch analgetisch wirksam ist.[25] Die die Blutgerinnung und Thrombenbildung hemmende Wirkung kann möglicherweise die Koagulopathie verhindern. Die analgetische Wirkung ist sinnvoll, indem sie den Teufelskreis aus Schmerz und Hypertonie unterbricht, der sich gleichzeitig mit dem Auftreten der ersten Lahmheitssymptome entwickelt.[22,24]

Obwohl hierfür keine Beweise vorliegen, kann sich möglicherweise Flunixin Meglumin⁺ bei der Prophylaxe und Therapie der Hufrehe aufgrund seiner gegen Endotoxine gerichteten Wirkung bewähren.[15]

Beim Vorliegen einer Septikämie, einer Nachgeburtsverhaltung und/oder Endometritis ist parallel zu der prophylaktischen, gegen die Hufrehe gerichteten Behandlung eine zusätzliche Behandlung mit Antibiotika selbstverständlich.[24,28]

Akutes Stadium. Die medikamentelle Behandlung im akuten Stadium der Hufrehe zielt auf die Abfolge der Vorgänge im Huf, soll ihr weiteres Fortschreiten verhindern und die systemischen Veränderungen im kardiovaskulären und endokrinen System beeinflussen. Auch hier ist die Gabe von Analgetika indiziert, um die durch die Schmerzen verursachte Sekretion von Katecholaminen durch die Nebenniere zu vermindern. Durch die Katecholamine kommt es zu peripherer Vasokonstriktion und zu systemischer Hypertonie.[24] Zur Zeit scheint die intravenöse Gabe von Phenylbutazon in hoher Dosierung in Kombination mit Phenoxybenzamin⁺⁺ (im Versuchsstadium) oder Azepromazin die wirksamste Methode zu sein, den Teufelskreis aus Schmerz und Hypertonie zu brechen.[21,22] Die Wirksamkeit des Phenylbutazon beruht möglicherweise auf dessen die Blutgerinnung hemmender Wirkung.[22] Wenn nach der Gabe von Phenylbutazon noch Schmerzen bestehen, kann eine Leitungsanästhesie der Nervi digitales palmares an der Basis der Gleichbeine durchgeführt werden. Manchmal kann ein Fesselringblock erforderlich sein. Azepromazin und Phenoxybenzamin sollen die durch die Vasokonstriktion bedingte Hypertonie durch nicht kompetitive Blockade der α-Rezeptoren verringern.[24] Ferner sollten die Pferde in einen Stall mit weichem Sandboden verbracht werden; dieser Boden unterstützt die Sohlenfläche des Hufes und ermöglicht dem Pferd ein bequemeres Stehen. Theoretisch wird durch diese Aufstallung eine gute, gleichmäßige Unterstützung der Sohle gewährleistet, und die mechanischen Kräfte, die für die Bewegung des Hufes notwendig sind, werden vermindert. Der Einsatz der genannten Methoden hat sich unter Versuchsbedingungen einwandfrei bewährt. Keines der etwa 40 Pferde, die innerhalb von acht Stunden nach Auftreten der ersten Symptome der Hufrehe behandelt wurden, zeigte eine Hufbeinrotation.[24] Dies ist im Vergleich mit der unbehandelten Kontrollgruppe zu beurteilen, bei der in 40 % der Fälle eine Hufbeinrotation beobachtet wurde.[24]

In der Vergangenheit ist die Applikation von Kortikosteroiden und Antihistaminika empfohlen worden,[3,28] diese Stoffe sind aber im akuten Stadium der Erkrankung wahrscheinlich kaum wirksam.[21] Von den Kortikosteroiden ist bekannt, daß sie die vasoaktive Wirkung der Katecholamine steigern,[14] und die Antihistaminika sind nach der bereits erfolgten Histaminfreisetzung wohl kaum mehr wirksam.[37]

Es liegen Berichte über die Wirksamkeit von ACTH bei der Behandlung des akuten Stadiums der Hufrehe vor. Die Erfolge ergeben sich durch die indirekte Beeinflussung der Osmolarität.[7,28]

Die Anwendung heißer und kalter Umschläge kann ebenfalls sinnvoll begründet werden.[24] Da eine Ischämie im Huf besteht, kann durch die Verringerung der Temperatur mittels kalter Umschläge der Bedarf an Sauerstoff für den Stoffwechsel im Huf verringert werden. Heiße Umschläge andererseits führen zu einer Vasodilatation der Gefäße im Huf und zu einer vermehrten Durchblutung der Kapillaren.[21]

Das Bewegen des Pferdes wird von den meisten Autoren empfohlen.[3,21,28] Dies ist aber ein zweischneidiges Schwert. Bekanntlich wird durch die Bewegung das Blut aus dem Huf gepumpt, wodurch der Blutfluß gesteigert wird.[21] Daher ist es logisch, schonende Bewegung für die ersten 24 Stunden nach Auftreten des akuten Stadiums der Hufrehe zu empfehlen.[28] In einigen Fällen sind Pferde nach der zwangsweisen Bewegung gesund geworden. Die Bewegung hat aber auf der anderen Seite zwei negative Aspekte:
1. Sie vermehrt die mechanischen Kräfte, die vermutlich zu der Hufbeinrotation beitragen.
2. Die Bewegung kann den von den Schmerzen abhängigen positiven Feedback-Kreislauf fördern, der Hypertonie und Vasokonstriktion bedingt und erhält.[21]

Aus diesen Gründen ist zu Beginn des akuten Stadiums der Hufrehe begrenzte Bewegung nur zu empfehlen, wenn sie nicht zu einer Verstärkung der Schmerzen führt.

Da die Endotoxämie eine tiefreichende Wirkung auf den Flüssigkeits- und Elektrolythaushalt haben kann, ist eine sorgfältige Überwachung der Hämatokrit- und Gesamtproteinwerte zu empfehlen, woraus gegebenenfalls die Notwendigkeit einer Flüssigkeitssubstitution abgeleitet werden kann.[28]

Ein wichtiger Teil der Behandlung zielt auf das Verhindern einer Hufbeinrotation ab. Hier ist unter anderem empfohlen worden, die Sohlenfläche des Hufes mit Gips auszufüllen[28] oder das Pferd mit polsternden Silikonkautschukeinlagen unter der Sohlenfläche zu beschlagen.[3] Nach Erfahrungen in der letzten Zeit und nach den Berichten kontrollierter Versuche, wobei eine reichlich mit weichem Sand eingestreute Box verwendet wurde, sieht der Autor jetzt von anderen Behandlungsmethoden der akuten Hufrehe ab. Theoretisch bietet der weiche Sand eine gute physiologische Unterstützung für

---

* z. B. Vetranquil®, A. Albrecht GmbH + Co. KG., Hauptstraße 8, 7960 Aulendorf/Württ.
** z. B. Phenylbutazon 20 %®, WdT e.G., Dreyerstraße 8–12, 3000 Hannover 1.
⁺ z. B. Finadyne®, TAD Pharmazeutisches Werk GmbH, Heinz-Lohmann-Straße 5, 2190 Cuxhaven 1.
⁺⁺ z. B. Dibenzyran®ᴴ, Röhm Pharma GmbH, Dr.-Otto-Röhm-Straße 2–4, Postfach 43 47, 6100 Darmstadt 1.

die Sohle. Ferner verringert er die mechanischen Kräfte, die zum Beugen und Strecken der Zehengelenke notwendig sind; das ist für das Pferd sicherlich bequemer, da es in einer selbstgewählten Position stehen kann. Häufig ist zu beobachten, daß die Pferde mit der Zehenspitze tief im Sand vergraben stehen und sich dabei offensichtlich recht wohl fühlen. Dies kann auch eine weitere positive Wirkung bedingen: Den Pferden scheint es leichter zu fallen, sich in der Sandeinstreu zu bewegen; hierdurch kann das Heraufpumpen des Blutes aus dem unteren Abschnitt der Zehe gefördert werden.

Wichtig ist, den Kraftfutteranteil der Futterration zu streichen und gutes gemischtes Klee- oder Wiesenheu ad libitum anzubieten.[28] Zusätzlich sollte bei zu gut genährten Ponys oder Pferden, die an akuter Hufrehe erkrankt sind, die Futteraufnahme reduziert werden. Der Besitzer muß dazu angehalten werden, das Pferd allmählich in einen normalen Futterzustand zu bringen.

Bei Stuten, die im Zusammenhang mit einer Verlängerung des Diöstrus an Hufrehe erkranken, ist es oft hilfreich, 10,0 mg Prostaglandin $F_{2\alpha}$ intramuskulär zu verabreichen, um die Rosse zu induzieren. In manchen Fällen verschwinden die Symptome der Hufrehe mit Einsatz der Rosse. Bei Stuten, die eine zu lange Rosse in Verbindung mit Hufrehe zeigen, sollten Repositol-Progesteron (500 mg) oder andere geeignete Medikamente intramuskulär appliziert werden.

Chronisches Stadium der Hufrehe. Die Behandlung der chronischen Hufrehe richtet sich gegen weitere Schäden am Huf, eine fortschreitende Rotation des Hufbeines und systemische Schäden.[16,21] Die systemische Behandlung soll zuerst besprochen werden.

Die systemische Hypertonie sollte behandelt werden, da sie zu sekundären Komplikationen wie zu Gefäßschädigungen, zu Nierenschäden und zu weiteren pathologischen Veränderungen am Huf führen kann.[21] Die Hypertonie ist wahrscheinlich am besten durch niedrige Dosen von Phenylbutazon[+] zur Schmerzausschaltung sowie mit α-Rezeptorenblockern (Phenoxybenzamin* oder Azepromazin**), Angiotensin-II-Hemmstoffen (werden zur Zeit erprobt) und möglicherweise mit Furosemid*** zu behandeln.[16,21,28] Die Behandlung der Hypertonie muß langsam erfolgen, da diese Pferde häufig eine chronische Hypertonie zeigen und sich an den erhöhten Druck angepaßt haben.[21] Da die blutdrucksteigernde Wirkung von Katecholamin und Angiotensin teilweise von der Anwesenheit von Natrium abhängig ist, sollte der Salzgehalt der Ration gesenkt werden.[16] Weiterhin vermindert der geringere Natriumgehalt das gesamte Körperflüssigkeitsvolumen, wodurch die Hypertonie weiter verringert wird.[16] Bei Fütterung einer salzarmen Diät sollte dieses durch die täglich einmalige Gabe von 30 g Kaliumchlorid ersetzt werden.[16] Eine Behandlung des Hypothyreoidismus entweder in Form mit Jod angereicherten Kaseins oder durch direkte orale Supplementation ist von einigen Autoren empfohlen worden, besonders für zu gut genährte Pferde.[3,28] Die direkte orale Gabe wird bevorzugt, und für ein Pferd von 500 kg Gewicht werden 6 bis 10,5 Tabletten täglich empfohlen.[3] Die Wirksamkeit dieser Behandlung ist bisher nicht bewiesen.[16]

+ z. B. Phenylbutazon 20 %®, WdT e.G., Dreyerstraße 8–12, 3000 Hannover 1.
* z. B. Dibenzyran®[H], Röhm Pharma GmbH, Dr.-Otto-Röhm-Straße 2–4, Postfach 43 47, 6100 Darmstadt 1.
** z. B. Vetranquil®, A. Albrecht GmbH + Co. KG, Hauptstraße 8, 7960 Aulendorf/Württ.
*** z. B. Lasix[H], Hoechst-Roussel.

Bei der im Zusammenhang mit der Anwesenheit der Kortikosteroide bestehenden Störung des endokrinen Systems können lediglich die Schmerzen und die Belastung vermindert werden, die wohl die Ursachen sind.[16] Exogene Kortikosteroide sollten nicht angewandt werden, da bereits erhöhte Konzentrationen von Kortikosteroiden im Blut vorliegen, die wieder eine Prädisposition zu Hufrehe darstellen.[24] Die Nierenerkrankung ist am besten durch Verringerung der Dosis und Häufigkeit der Phenylbutazongaben und durch Senken des Blutdruckes zu behandeln.

Systemische Gaben von Antibiotika wirken als Prophylaxe gegen Infektionen, die durch die Zusammenhangstrennungen in der weißen Linie (lose Wand) und am Hufsaum eindringen können. Zusätzlich muß bei Pferden, bei denen die Lederhaut mit der Spitze des Hufbeines durch die Sohle durchgebrochen ist, ein desinfizierender Schutzverband angelegt werden. In diesen Fällen sollte ernsthaft an eine Euthanasie gedacht werden, da die Prognose sehr schlecht ist.[28]

Die Gabe von Methionin° ist empfohlen worden, um die erschöpften Keratinsulfatvorräte wieder aufzufüllen.[28,31] Eine Woche lang werden 10,0 g Methionin mit dem Futter gegeben, danach wird die Dosis auf 5,0 g reduziert. Diese Dosis wird einmal täglich über drei bis vier Wochen verabreicht. Dadurch wird sichergestellt, daß genügend Substrat für die Disulfidbindungen bei der Reparation der harten und weichen Hornschichten zur Verfügung steht.[16]

Der Getreideanteil der Ration muß gestrichen und gutes gemischtes Kleeheu oder Wiesenheu angeboten werden.[28] Bei zu gut genährten Pferden und Ponys sollte die Futtermenge allmählich reduziert werden, so daß sie an Gewicht abnehmen. Die Bewegung wird eingeschränkt, damit die Gefahr einer weiteren Rotation des Hufbeines infolge der mechanischen Beanspruchung verringert wird.

Ein wichtiger Bestandteil der Therapie bei Pferden mit chronischer Hufrehe ist die Hufpflege. Hierdurch wird zunächst eine weitere Rotation des Hufbeines verhindert, später ein annähernd den anatomischen Gegebenheiten entsprechendes Verhältnis der dorsalen sowie der Sohlenfläche von Hufkapsel und Hufbein erreicht.

Die beste Methode der Hufkorrektur und des Beschlages zu Beginn, während oder nach der Rotation des Hufbeines ist umstritten.[3,16,24,28,35] Traditionsgemäß sind die Trachten gekürzt worden, um eine normale Belastung des Hufbeines in der Zusammenwirkung mit Sohle und Bodenfläche zu erreichen. Durch Beraspeln der dorsalen Hufwand sollen die Zugkräfte verringert werden.[3] Das Kürzen der Trachtenwände steigert aber nachweislich die Zugbelastung der tiefen Beugesehne. Hierdurch werden die Zugkräfte gesteigert, die mit für die Rotation des Hufbeines verantwortlich sind. Erhöhen der Trachten andererseits vermindert die Spannung der tiefen Beugesehne.[35] Das Erhöhen der Trachten und Kürzen der Zehenwand allerdings bedingt eine weitere Lösung des Hufbeines aus seiner Aufhängung, wodurch die durch die Belastung gegebenen Druckkräfte auf den Processus extensorius des Hufbeines und sekundär auf die Hufbeinspitze konzentriert werden. Theoretisch steigert dies die Gefahr einer weiteren Hufbeinrotation und eines Durchbrechens der Hufbeinspitze durch die Hufsohle[21] (Abb. 8.8 A und B). Welcher dieser Techniken der Vorzug gebührt, ist unbekannt und wird erst durch weitere objektive und kontrollierte Untersuchungen zu klären sein.

° z. B. Methio-Vet Pellets[H] (USA)

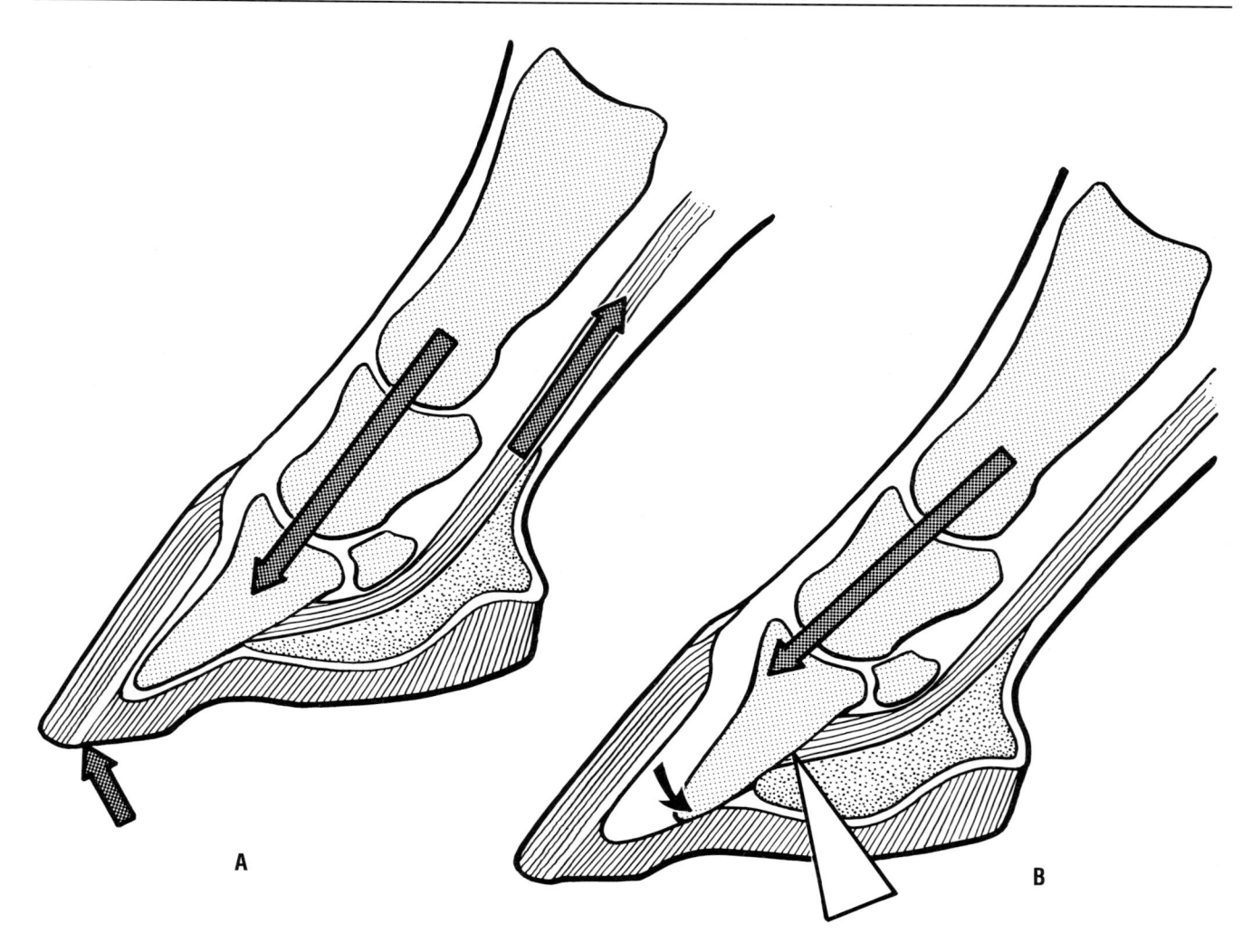

Abb. 8.8: A Die Pfeile stellen die verschiedenen Kräfte dar, die an der Hufbeinrotation beteiligt sind. Der Zug der Beugesehnen überwiegt über den Zug der Strecksehnen, was zur Rotation des Hufbeines beiträgt. **B** Wenn die Hufbeinrotation beginnt, kommt es zu einer Konzentration der axialen Druckkräfte auf den Processus extensorius. Theoretisch fördert dies die Tendenz zur Hufbeinrotation.

Die Behandlung der chronischen Hufrehe bei Pferden ist entscheidend vom Grad der vorliegenden Hufbeinrotation abhängig. Hier sollen folgende Situationen unterschieden werden:
1. Rotation steht bevor.
2. Rotation findet gerade statt.
3. Rotation hat stattgefunden (Zustand ist wieder stabil).
4. Rotation hat stattgefunden, Hufbeinspitze ist durch die Hufsohle durchgebrochen.

Zu 1: Wenn die Rotation des Hufbeines bevorsteht, befinden sich die Pferde in der Regel am Anfang des chronischen Stadiums der Hufrehe. Röntgenologisch sind morphologische Veränderungen an der Dorsalfläche des Hufbeines (Osteolyse und geringgradige Abweichungen aus der Lage parallel zur Zehenwand können erkannt werden) nachzuweisen. Zur Behandlung dieser Pferde ist die Aufstallung in weicher Sandeinstreu erfolgreich. Die Bewegung wird minimal gehalten, und die Pferde werden medikamentell behandelt. Wichtig sind häufige röntgenologische Kontrolluntersuchungen im Abstand von jeweils 48 Stunden, um eine etwaige weitere Rotation des Hufbeines erkennen zu können.

Zu 2 und 3: Pferde mit einer hochgradigen, schmerzhaften Hufbeinrotation stellen sehr viel höhere Anforderungen sowohl an den Tierarzt als auch an den Schmied. In dieser Situation sind sämtliche wichtigen Stütz- und Aufhängestrukturen im Huf verlorengegangen. Die Behandlung ist davon abhängig, ob es möglich ist, diese Bereiche durch Hilfsmittel genügend zu unterstützen, bis die Heilung so weit fortgeschritten ist, daß der Huf diese Funktion übernehmen kann.[35] Obwohl die Grundlagen der Behandlung einfach sind, ergeben sich durch das Gewicht des Pferdes, das Ausmaß der Schmerzen, den Grad der Hufbeinrotation und der Zusammenhangstrennungen in der weißen Linie, durch eindringende Infektionen und die Dicke der verbleibenden Hufwand, durch die Dicke der Sohle, die Umgebung, in der das Pferd gehalten wird, und durch die Bereitschaft der Besitzer, das Pferd zu behandeln, so viele Variationen, daß der Ausgang der Erkrankung fast unmöglich vorherzusehen ist. Sämtliche genannten Faktoren sind für die Prognose wichtig, da jeder einzelne von ihnen über Erfolg oder Mißerfolg der Behandlung entscheiden kann.[35] Für den Besitzer ist es wichtig, sich zu vergegenwärtigen, daß eine hochgradige Rotation des Hufbeines eine lebensbedrohende Situation ist und daß eine vollständige Heilung, unabhängig von der Behandlungsmethode, kaum zu erwarten ist.[3,35] Nur selten erreichen diese Pferde wieder ihren vorherigen Leistungsstand.³⁵,⁴⁰ Andererseits sprechen Patienten mit geringerer Schädigung des Aufhängeapparates und mit einer geringgradigen Hufbeinrotation möglicherweise schnell auf die Behandlung an. In diesen Fällen wird häufig eine vollständige Heilung erreicht.³⁵ Allerdings kommen auch bei dieser Art der Erkrankung Fälle vor, die auf die Therapie nicht ansprechen.

Das Grundprinzip bei der Hufbehandlung umfaßt Korrekturmaßnahmen beim Ausschneiden und beim Beschlag, welche ein annähernd regelmäßiges Verhältnis zwischen Hufbein und Hufwand wiederherstellen und die schmerzempfindliche Sohle vor traumatischen Schäden durch Druck schützen sollen. Um die Parallelität von Hufbein und Hufwand zueinander zu erreichen, wird überschüssiges Hufhorn entfernt (Abb. 8.9). Zusätzlich ist es sinnvoll, den Zehenspitzenbereich von der Sohlenfläche an proximal abzuschrägen, um den Druck auf diesen empfindlichen Bereich zu verringern.³⁵ Beide Maßnahmen vermindern die Rotations- und Zugkräfte, die auf den Aufhängeapparat im Huf einwirken. Obwohl dies umstritten ist, empfehlen die meisten Autoren, die Trachtenwände zu kürzen, sofern in diesem Bereich genügend Horn vorhanden ist, um die Sohlenfläche des Hufbeines parallel zum Boden zu stellen.³,²⁸,³⁵ Beim Ausschneiden der Sohle ist große Vorsicht geboten, um den empfindlichen Bereich zu schonen. Der Bereich dorsal der Strahlspitze sollte nicht ausgeschnitten werden, weil dadurch die die Hufbeinspitze umschließende Lederhaut freigelegt werden könnte. Daher sollte beim Kürzen der Trachtenwände und beim Anbringen von Rinnen an diesen nicht über den Bereich der Strahlspitze hinausgegangen werden, um Tragrand und Sohle im dorsalen Bereich des Hufes möglichst kräftig zu belassen (Abb. 8.9).

Tatsächlich besteht die wichtigste Maßnahme darin, eine wirksame Unterstützung des Hufes zu erreichen. Hierzu werden geschlossene ovale³⁵ oder herzförmige Eisen wie auch Breitschenkeleisen oder breite geschlossene Eisen empfohlen.³,²⁸ Eine weitere Erhöhung der Hufwand kann bei Pferden mit sehr flacher oder vorgewölbter Sohle durch zusätzliches Aufbringen einer der Hufeisenform angepaßten Plastikeinlage erfolgen.³⁵ Der Beschlag erfolgt mit einer Einlage zum Schutz der Sohlenregion. Diese Einlage kann keilförmig sein und zum Erhöhen der Trachten verwandt oder aber in umgekehrter Richtung angebracht werden, wodurch die durch das Kürzen der Trachtenwände erzielte Wirkung weiter gefördert wird. Der Autor verwendet diese Einlagen, um bei Pferden, die nach Kürzen der Trachtenwände starke Schmerzen zeigen, die Trachten etwas zu erhöhen. In umgekehrter Richtung wird die Einlage bei Pferden verwandt, die nach Kürzen der Trachtenwände keine großen Schmerzen zeigen und bei denen nicht genügend Horn entfernt werden kann, um die Bodenfläche des Hufbeines parallel zum Boden zu stellen. In beiden Fällen sollten Hufeisen und Einlagen keinen direkten Druck auf die Sohlenfläche des Hufes ausüben.³⁵ Silikonkautschuk kann zwischen die schützende Einlage und die Sohle gebracht werden, um bei Pferden, die sehr große Schmerzen haben, eine weitere Polsterung zu erreichen.³ Das Eisen kann wie üblich genagelt oder aber mit Drähten befestigt werden, die durch vorgebohrte Löcher in der Hufwand geführt werden. In extremen Fällen, in denen eine sehr dünne Hufwand vorliegt, kann es notwendig sein, das Hufeisen mit Riemen am Huf zu befestigen.³⁵ Häufig müssen zum Beschlagen eines solchen Pferdes eine Leitungsanästhesie der Nervi digitales palmares bzw. plantares an der Basis der Gleichbeine, ein Fesselringblock oder eine Vierpunktanästhesie oberhalb des Fesselkopfes durchgeführt werden. Ältere Methoden zur Reparatur der Hufwand unter Verwendung von Plastik und Akrylharzen²⁹,³² sind nicht mehr so beliebt, wie sie waren.²⁸ Pferde, bei denen eine Hufkorrektur und ein orthopädischer Beschlag durchgeführt wurden, müssen sorgfältig auf Symptome einer weiteren Rotation des Hufbeines beobachtet werden. Bei den meisten Pferden werden die Hufkorrektur und der orthopädische Beschlag so lange wie nötig alle vier bis sechs Wochen wiederholt. In manchen Fällen gilt dies für das gesamte weitere Leben des Tieres. Weitere Informationen über die Verwendung verschiedener Beschlagarten siehe Seite 813 bis 819 sowie 827 und 832.

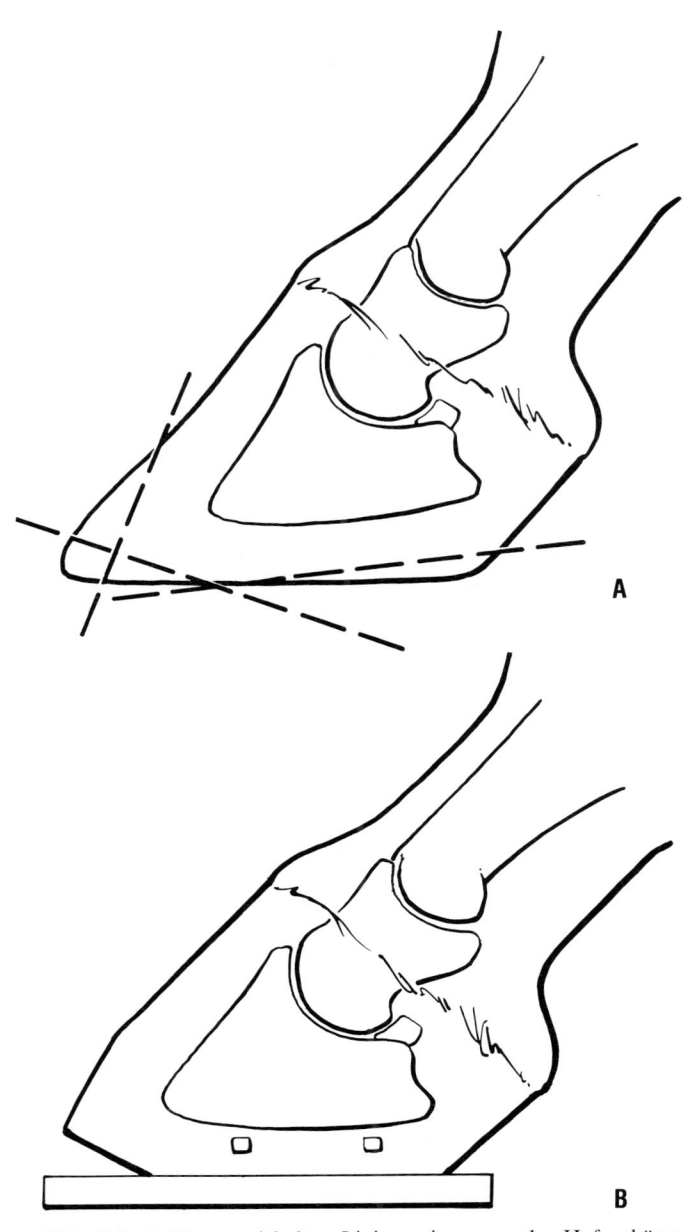

Abb. 8.9: **A** Die gestrichelten Linien zeigen, wo der Huf gekürzt werden sollte, um eine normalere Position von Hufbein und Hufwand zueinander zu erreichen. Die Zehenspitze sollte ebenfalls etwas gekürzt und abgeschrägt werden, um den Druck in diesem Bereich zu vermindern. **B** Nach dem Ausschneiden wird ein Hufeisen aufgeschlagen (aus MOYER, W.: Corrective Trimming. Vet. Clin. of North Am. (Large Anim. Pract.), 2: 3, 1980).

Eine Desmotomie des Unterstützungsbandes der tiefen Beugesehne und eine Tenotomie der tiefen Beugesehne, um die Anspannung der tiefen Beugesehne zu vermindern, sind mit unterschiedlichem Erfolg durchgeführt worden.[28] Es liegen aber keine objektiven Untersuchungen vor, die es erlauben, den Nutzen dieser Maßnahmen zu beurteilen. Der Autor empfiehlt die Tenotomie der tiefen Beugesehne nicht.

Zu 4: Pferde mit einer Hufbeinrotation, bei denen die Hufbeinspitze durch die Sohle durchgebrochen ist, stellen ein spezielles Problem bei der Behandlung dar. Aufgrund der schlechten Prognose sollte, wenn die Tiere keinen extrem großen ideellen oder Zuchtwert haben, aus Gründen des Tierschutzes eine Euthanasie erwogen werden.[28] Wenn eine Behandlung durchgeführt wird, muß eine systemische Gabe von Antibiotika erfolgen, und der Schutz der Sohlenfläche des Hufes vor Druck und Verschmutzung ist wichtig. Phenylbutazon+ oder Flunixin Meglumin* in niedriger Dosierung wird gegen die Schmerzen verabreicht. Es gibt zwei verbreitete Methoden, die Sohlenfläche des Hufes zu schützen. Dicke desinfizierende Verbände mit Gaze und Watte, mit Klebeband fixiert, können verwandt werden.[28] Zusätzlich kann ein Gummischuh darübergezogen werden, um den Huf vor Feuchtigkeit und Schmutz zu schützen. Hier sind auch E-Z-boots eingesetzt worden. Die andere gebräuchliche Behandlungsmethode ist der Beschlag mit einem Deckelhufeisen mit einer zum Wechseln der desinfizierenden und polsternden Abdeckung abnehmbaren Metallplatte.[35] Diese Techniken sind beide zur Behandlung dieser Form der Hufrehe über unterschiedlich lange Zeit erfolgreich eingesetzt worden; die längste Behandlung hat der Autor dabei über zwei Jahre hinweg durchgeführt. Es sollte betont werden, daß die Behandlung in solchen Fällen einen ungeheuren Einsatz von seiten des Pferdebesitzers, des Tierarztes und des Schmiedes erfordert und daß dies realistischerweise nur in ungewöhnlichen Fällen in Betracht gezogen werden kann.

Prognose

Die Prognose ist bei Hufrehe in jedem Fall sehr vorsichtig zu stellen. Wenn die Symptome länger als zehn Tage anhalten, ist die Prognose ungünstig. Allerdings können in einigen Fällen, wie z. B. im Zusammenhang mit Störungen im endokrinen System, die Symptome lange Zeit anhalten, ohne daß größere Veränderungen im Bereich des Hufes, wie Ringbildung in der Wand oder Rotation des Hufbeines, auftreten. In manchen Fällen besteht die Hufrehe lange Zeit, und es kommt schließlich zur Heilung, wobei eine Formveränderung der Hufe bestehenbleibt. Bei der röntgenologischen Untersuchung ist häufig eine Hufbeinrotation festzustellen (Abb. 8.7). Beim Vorliegen einer Hufbeinrotation ist die Prognose in jedem Fall ungünstig. Gelegentlich dringt eine Infektion infolge der Zusammenhangstrennung im Bereich der weißen Linie (lose Wand) in die Huflederhaut vor; dies kann auch durch Eindringen von Erregern durch die Hufsohle geschehen. Das Auftreten einer Infektion führt stets zu einer ungünstigen Prognose. Das Auftreten von Zusammenhangstrennungen an Hufsaum und -krone ist der erste Schritt in Richtung zum Ausschuhen, wodurch die Prognose noch schlechter wird.

+ z. B. Phenylbutazon 20 %®, WdT e.G., Dreyerstraße 8–12, 3000 Hannover 1.
* z. B. Finadyne®, TAD Pharmazeutisches Werk GmbH, Heinz-Lohmann-Straße 5, 2190 Cuxhaven 1.

Eine retrospektive Studie an 91 Fällen von Hufrehe zeigte, daß der Grad der Hufbeinrotation umgekehrt proportional zu der Fähigkeit des Pferdes ist, später wieder sportliche Leistungen zu erbringen.[40] Bei Pferden mit einer Hufbeinrotation von weniger als 5,5 Grad war die Prognose bezüglich der Einsatzfähigkeit im Sport günstig, bei Pferden mit einer Hufbeinrotation von 6,8 bis 11,5 Grad unsicher; bei Pferden mit einer Hufbeinrotation über 11,5 Grad war die Prognose bezüglich der Einsatzfähigkeit im Sport schlecht, einige konnten aber noch in der Zucht eingesetzt werden.[40]

Mehrere Pferde mit einer Hufbeinrotation von weniger als 5,5 Grad wurden getötet, weil die Schmerzen therapeutisch nicht beeinflußbar waren.[40] Dies als Hinweis, daß die Hufbeinrotation zwar ein nützlicher Indikator für die Prognose, die Ausschaltung der Schmerzen aber von größerer Bedeutung für den Ausgang der Erkrankung ist.[40]

Ausgewählte Literatur

1. ACKERMAN, N., et al.: Angiographic appearance of the normal equine foot and alterations in chronic laminitis. J. Am. Vet. Med. Assoc., **166:** 58, 1975.
2. ADAMS, H. R.: Autonomic nervous system. 4th Ed. Edited by L. M. Jones, N. H. Booth, and L. E. McDonald. *In* Veterinary Pharmacology and Therapeutics. Ames, Iowa State University Press, 1977, p. 81
3. ADAMS, O. R.: Lameness in Horses. 3rd Ed. Philadelphia, Lea & Febiger, 1974, p. 247.
4. ADAMS, O. R.: Vascular changes in experimental laminitis. Proc. 18th Ann. AAEP, 1972, p. 359.
5. AMOSS, M. S., et al.: Equine laminitis II. Elevation in serum testosterone associated with induced and naturally occurring laminitis. J. Eq. Med. Surg., **3:** 171, 1979.
6. BURCH, J. W., and MAJERUS, P. W.: The role of prostaglandins in platelet function. Serum Hematol., **16:** 196, 1979.
7. COFFMAN, J. R.: Laminitis: Medical Management of Acute and Chronic Laminitis. Proc. 21st Ann. AAEP, 1975, p. 379.
8. COFFMAN, J. R.: Biomechanics of pedal rotation in equine laminitis. J. Am. Vet. Med. Assoc., **156:** 219, 1970.
9. COFFMAN, J. R., et al.: A study of certain factors affecting risk of equine laminitis and colic. Eq. Vet. J., in press.
10. COFFMAN, J. R., et al.: Hoof circulation in equine laminitis. J. Am. Vet. Med. Assoc.; **156:** 76, 1970.
11. COLLES, C. M., and JEFFCOTT, L. B.: Laminitis in the Horse. Vet. Rec., **100:** 262, 1977.
12. DEYKIN, D.: Antithrombotic therapy: Rationale and application. Postgrad. Med., **65:** 135, 1979.
13. DORN, C. R., et al.: Castration and other factors affecting the risk of equine laminitis. Cornell Vet., **65:** 57, 1975.
14. EYRE, P., ELMES, P. J., and STRICKLAND, S.: Corticosteroid potentiated vascular responses of the equine digit: A possible pharmacologic basis for laminitis. Am. J. Vet. Res., **40:** 135, 1979.
15. FESSLER, J. F., et al.: Endotoxin induced changes in hemograms, plasma enzymes and blood chemical values in anesthetized ponies: effects of flunixin meglumine. Am. J. Vet. Res., **43:** 140, 1982.
16. GARNER, H. E.: Update on equine laminitis. Vet. Clin. North Am. (Large Anim. Pract.), **2:** 25, 1980.
17. GARNER, H. E., MOORE, J. N., and JOHNSON, J. H.: Changes in the cecal flora associated with the onset of laminitis. Eq. Vet. J., **10:** 249, 1978.
18. GARNER, H. E., et al.: Cardiac output, left ventricular ejection rate, plasma volume and heart rate changes in equine laminitis hypertension. Am. J. Vet. Res., **36:** 725, 1977.
19. GARNER, H. E., et al.: Lactic acidosis: A factor associated with equine laminitis. J. Anim. Sci., **45:** 1037, 1977.

20. HARKEMA, J. R., ROBINSON, N. E., and SCOTT, J. B.: Cardiovascular acid-base electrolyte and plasma volume changes in ponies developing alimentary laminitis. Am. J. Vet. Res., **39**: 741, 1978.
21. HOOD, D. M.: Equine laminitis past present and future. Proc. of CSU Annu. Short Course. 1982, p. 1.
22. HOOD, D. M.: Physiopathology of laminitis. Proc. 25th Ann. AAEP, 1979, p. 13.
23. HOOD, D. M., AMOSS, M. S., and HIGHTOWER, D.: Equine laminitis I: Radioisotopic analysis of the hemodynamics of the foot during the acute disease. J. Eq. Med. Surg., **2**: 439, 1978.
24. HOOD, D. M., and STEPHANS, K. A.: Physiopathology of Equine Laminitis. Cont. Ed., **3**: 454, 1981.
25. HOOD, D. M., et al.: Heparin as a preventative for laminitis. Submitted to J. Am. Vet. Med. Assoc., 1981.
26. HOOD, D. M., et al.: Update on laminitis: Physiopathology and treatment. Annu. Meet. AVMA, Washington DC, 1980.
27. HOOD, D. M., et al.: Equine laminitis III: Coagulation dysfunction in the development and acute disease. J. Eq. Med. Surg., **3**: 355, 1979.
28. JOHNSON, J. J.: The Foot. In Equine Medicine & Surgery, 3rd Ed. Edited by R. A. Mansmann, and E. S. McAllister, Santa Barbara, American Veterinary Publications, 1982, p. 1048.
29. JENNY, J.: Mechanical treatment of laminitis. Proc. 8th Ann. AAEP, 1962, p. 212.
30. LAMBERT, F. W.: Some problems of the hoof in the modern harness horse. VM/SAC, **62**: 903, 1967.
31. LARSSON, B., OBEL, N., and ABERG, B.: On the biochemistry of keratinization in the matrix of the horse's hoof in normal conditions and in laminitis. Nord. Vet. Med., **8**: 761, 1956.
32. LUNDVALL, R. L., and JOHNSON, J. H.: Use of plastic in the repair of hooves. Norden News, 1967, p. 9.
33. MOORE, J. N., et al.: Intracecal endotoxin and lactate during the onset of equine laminitis: A preliminary report. Am. J. Vet. Res., **40**: 722, 1979.
34. MORRIS, D. D., and GARCIA, M.: Thyroid stimulating hormone: Response test in healthy horses and effect of phenylbutazone on equine thyroid hormone. Am. J. Vet. Res., **44**: 503, 1983.
35. MOYER, W.: Corrective shoeing. Vet. Clin. North Am. (Large Anim. Pract.), **2**: 3, 1980.
36. OBEL, N.: Studies on the histopathology of acute laminitis. Uppsala, Sweden, Almqvist and Wiksells Boktryckteri AK, 1948.
37. PEARLMAN, D. S.: Antihistamines: Pharmacology and clinical uses. Drugs, **12**: 258, 1976.
38. ROBERTS, E. D., OCHOA, R., and HAYNES, P. F.: Correlation of the dermal-epidermal laminar lesions of the equine hoof with various disease conditions. Vet. Pathol., **17**: 656, 1980.
39. ROBINSON, N. E., et al.: Digital vascular responses and permeability in equine alimentary laminitis. Am. J. Vet. Res., **37**: 1171, 1976.
40. STICK, J. A., et al.: Pedal rotation as prognostic sign in laminitis of horses. J. Am. Vet. Med. Assoc., **180**: 251, 1982.
41. TRAUTMANN, A., and FIEBIGER, J.: Fundamentals of the Histology of Domestic Animals. Ithaca, Comstock Publishing Associates, 1952, p. 360.

Podotrochlose-Syndrom

Die Strahlbeinlahmheit oder Podotrochlose ist eine der häufigsten Ursachen intermittierender, häufig umspringender Vorhandlahmheiten bei Pferden im Alter zwischen 4 und 15 Jahren.[1,17] In Nordamerika scheinen männliche Quarter Horses und Vollblüter, besonders Wallache, relativ stark gefährdet zu sein, während die Erkrankung bei Ponys oder Arabern selten diagnostiziert wird.[17] Obwohl auch die Beckengliedmaßen betroffen sein können,[30] wird die Erkrankung grundsätzlich als ein Problem der Schultergliedmaßen betrachtet.

Eine erbliche Prädisposition ist nachgewiesen worden. Sie steht möglicherweise im Zusammenhang mit der Gliedmaßenstellung.[20] Es wird angenommen, daß bestimmte Faktoren, wie unregelmäßige Stellung der Gliedmaßen, unsachgemäße Hufzubereitung und unsachgemäßer Beschlag, sowie Bewegung auf hartem Boden die Entstehung der Krankheit fördern.[1,2,18–20,23,25]

Die klassische Form der Erkrankung ist als chronische, progressive und degenerative Erkrankung mit Beteiligung des Strahlbeines, des Hufrollenschleimbeutels (Bursa podotrochlearis) und der Beugesehnen beschrieben worden.[2,20,30] In letzter Zeit ist diese Annahme in Frage gestellt und sind neue Theorien über die Pathogenese entwickelt worden.[6–8,13,22,23,29]

Ätiologie

Vor dem Einstieg in die Diskussion über Ätiologie und Pathogenese des Podotrochlose-Syndroms sollte sich der Leser die Angaben zur Anatomie des Strahlbeines wieder vor Augen führen (siehe Seite 9 bis 10).

Die Podotrochlose ist als erbliche, durch eine steile Stellung der Gliedmaße und ein schwaches Strahlbein bedingte Erkrankung beschrieben worden. Auch die auf die beteiligten Strukturen einwirkende Erschütterung ist ein bedeutender Faktor für die Ätiologie und Pathogenese der Erkrankung. Pferde, die in hohem Tempo arbeiten, wie z. B. bei Rennen, bei Cutting, Calf-Roping und Barrel Race*, sind besonders gefährdet. Wenn diese Arbeit auf unebenem oder hartem Boden geleistet wird, ist die auf die Gliedmaßen einwirkende Erschütterung deutlich erhöht. Dies vergrößert die Wahrscheinlichkeit für die Entstehung der Erkrankung. Eine steile Stellung der Gliedmaße steigert die auf die Strahlbeinregion einwirkende Erschütterung erheblich. Das Strahlbein gibt einen Teil der Belastung sowohl an das Kronbein als auch an das Hufbein weiter. Dabei wird das Strahlbein palmar gegen die tiefe Beugesehne gedrückt. Zu noch stärkerem Druck gegen die Sehne kommt es, wenn das Körpergewicht während des Bewegungsablaufes auf diesem Huf lastet. Der Druck des Strahlbeines gegen die Sehne kann die Entstehung der Erkrankung begünstigen. Auch der für manche Pferderassen charakteristische kleine Huf, der durch Selektion in der Zucht gefördert worden ist, kann hier für die Steigerung der Erschütterung eine Rolle spielen. Der kleine Huf kann die Erschütterung nicht über eine entsprechend große Fläche verteilen. Daher ist der Druck pro Flächeneinheit größer.

Der Druck der tiefen Beugesehne gegen das Strahlbein kann durch unsachgemäße Zubereitung und unsachgemäßen Beschlag des Hufes verstärkt werden. Häufig wird der Trachtenbereich des Hufes bei einem Pferd mit steiler Stellung der Fessel zu stark gekürzt. Hierdurch wird die Zehenachse gebrochen und der Druck der tiefen Beugesehne gegen das Strahlbein verstärkt.

Auch Nagelrittverletzungen mit Beteiligung der Bursa podotrochlearis können die Erkrankung auslösen. Hierbei liegt aber in der Regel eine Sepsis vor. Daher wird dieser Fall nicht an dieser Stelle abgehandelt (siehe aber Seite 484 und 531). Bei einzelnen Pferden, die jahrelang stark belastet worden sind, kann eine senile Atrophie des Knochens auftreten. In diesem Fall kommt es zu einer Demi-

---
* Turnierdisziplinen beim Westernreiten.

neralisation des Knochens. Störungen der Blutversorgung oder eine unregelmäßige Blutversorgung des Strahlbeines sind ebenfalls als Ursachen der Podotrochlose beschrieben worden.

Pathologie
Die pathologischen Befunde zeigen deutliche Variationen. Sie stimmen nicht in allen Fällen überein, und nicht alle Autoren bestätigen ihre Signifikanz.[6,13,21-23,32]

Pathologische Anatomie
Verfärbungen an Strahlbein und Sehne („flexor wear lines"). Zu den ersten Veränderungen bei dieser Form der Podotrochlose gehören gelbbraune Verfärbungen an der Sehnengleitfläche des Strahlbeines und an den dem Strahlbein benachbarten Anteilen der tiefen Beugesehne.[21,32] Diese Veränderungen sind höchstwahrscheinlich nicht ein klinisches Zeichen der Podotrochlose, sondern eher Symptome eines Alterungsprozesses sowie von Abnutzungsvorgängen.[6,32]

Knorpelusuren. Erosionen des Faserknorpels an der Sehnengleitfläche des Strahlbeines sind übereinstimmend in allen Fällen nachgewiesen worden.[6,32] Der Knorpelüberzug der Sehnengleitfläche wird dünn, besonders über dem in ihrer Mitte verlaufenden vorspringenden Längskamm (Strahlbeinkamm). Hier kann der subchondrale Knochen freigelegt sein.[32] Der subchondrale Knochen ist osteoporotisch verändert, trübe, granuliert und gerötet. Der Durchmesser und die Anzahl der an der Sehnengleitfläche des Strahlbeines verlaufenden Gefäßkanäle können zunehmen.

Knochenerosion und knöcherne Metaplasie. Knochenerosionen werden im fortgeschrittenen Stadium der Podotrochlose festgestellt.[6] Häufig kommt es zu Verwachsungen zwischen dem Strahlbein und der tiefen Beugesehne, und eine sklerosierende Ostitis und knöcherne Metaplasie der proximalen und distalen Strahlbeinbänder werden beobachtet. Die bindegewebigen Strukturen, durch welche Strahlbein und Sehne verwachsen sind, zeigen eine zylindrische Form und heften sich meist direkt oder nahe bei den Erosionen am Strahlbeinkamm an (Abb. 8.10). Während der progressiven Zerstörung der Oberfläche der tiefen Beugesehne können spontane Sehnenrupturen auftreten, besonders nach Durchführung einer Neurektomie. Gelegentlich kommt eine knöcherne Metaplasie der distalen Strahlbeinbandes vor. Sie kann zu einer Arthritis des Hufgelenkes führen oder durch eine solche bedingt sein.[2] WINTZER und SCHLARMAN beschreiben diese Veränderungen des distalen Strahlbeinbandes und meinen, daß sie schmerzhaft seien.[33]

Pathologische Histologie
Faserknorpel. Als Defekte im Faserknorpel der Sehnengleitfläche treten u. a. Pannusbildung, Verlust von Chondrozyten und Grundsubstanz auf. Die verbleibenden Chondrozyten sind geschwollen, ihre Kerne pyknotisch, und sie sind schlecht anfärbbar.

Subchondraler Knochen. In den Frühstadien der Erkrankung enthält der subchondrale Knochen zahlreiche erweiterte und mit Granulationsgewebe gefüllte Gefäßkanäle, die von Osteoklasten und Osteoblasten umgeben sind („strawberry lesions").[22,23] Offensichtlich findet eine Neubildung von Knochengewebe statt, da die Wände der Gefäßkanäle durch Osteoid bedeckt sind.[22] Wenn diese osteoklastische Veränderung sich der Kompakta der Sehnengleitfläche nähert, wird diese dünn und es kann zu Mikrofrakturen der palmaren Kompakta kommen.[23]

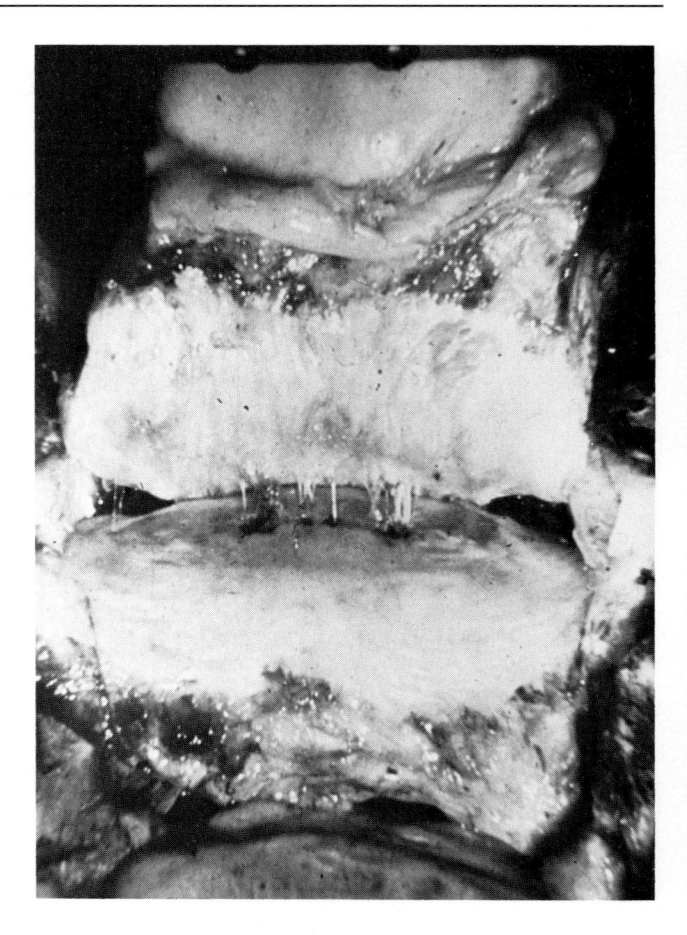

Abb. 8.10: Zylindrische bindegewebige Strukturen; Verwachsungen der Beugesehne mit den Erosionen an der Sehnengleitfläche des Strahlbeines.

Im fortgeschrittenen Stadium kann die Erosion durch die Kompakta vordringen und die tiefe Beugesehne einbeziehen. So kommt es zu Verwachsungen. Diese bestehen oft aus zylindrischen Streifen von Granulationsgewebe, welches durch die durch Erosion veränderten Bereiche des Knochens in diesen eindringt.[23] Es ist immer noch ungeklärt, ob die Usuren im Faserknorpel sekundär durch die Osteoklasie des subchondralen Knochens bedingt oder primäre Vorgänge sind.[21,23] Vielleicht ist beides möglich; es gibt jedenfalls röntgenologische Anzeichen dafür.
COLLES[6-8] und HICKMAN[8] beschreiben thrombotische Veränderungen an zwei oder mehreren der distalen Strahlbeinarterien im Zusammenhang mit der Nekrose von Knochengewebe als einen regelmäßig vorkommenden Befund, FRICKER[13] et al. fanden einen organisierten Thrombus im Gefäßsystem der Zehe, ähnlich wie bei der beim Menschen beschriebenen Endarteriitis obliterans. POOL[23] allerdings hat in einer retrospektiven pathologisch-histologischen Untersuchung bei über hundert Schnitten aus Sektionen von 30 Pferden mit Podotrochlose nie eine Thrombose oder Anzeichen einer ischämischen Nekrose im Strahlbein gefunden.[23] OSTBLOM et al. berichteten von ähnlichen Ergebnissen bei der pathologisch-histologischen Untersuchung von acht Pferden mit Podotrochlose.[22]

Pathogenese
Bezüglich der Pathogenese des Podotrochlose-Syndroms sind viele Hypothesen aufgestellt worden.[2,6,8,13,21–23,25]
Bursitis-Theorie. Diese verbreitete Theorie beruht auf der Annahme, daß die Erschütterung zwischen der Beugesehne und dem Strahlbein eine Bursitis herbeiführen kann, die wiederum eine Hyperämie und osteoporotische Veränderungen des Knochens sowie Veränderungen an der Sehnengleitfläche des Knochens verursacht.[2] Ein nicht idealer Körperbau, eine steile Stellung der Fessel, kleine Hufe, die Größe des Pferdes, kurze Trachten und lange Zehen werden als beteiligte Faktoren angesehen.
Thrombose- und Ischämie-Theorie.[6–8] Eine Thrombose der Zehenarterien führt zu einer ischämischen Nekrose des Knochens. Als Reaktion hierauf bilden die Arteriolen eine größere Anzahl von Anastomosen, und die Anzahl der Arteriolen in den distalen Gefäßlöchern des Strahlbeines steigt. Die verstärkte Gefäßversorgung bedingt eine Osteoporose an der Spitze der Gefäßlöcher, wodurch diese eine ballonartige Form erhalten („lollipop lesions"). Die daraus folgende Ischämie bedingt die Lahmheit.[6,8] Obwohl COLLES nicht beschrieben hat, warum es zu der Thrombose kommt, ist anzunehmen, daß durch lokale Traumen die Freisetzung von Gewebsthrombokinase bewirkt wird. FRICKER et al. unterstützen die Theorie von COLLES und nehmen an, daß eine obliterierende Endarteriitis der Zehenarterie zu dieser Ischämie beiträgt. Ferner gehen sie davon aus, daß die pathologisch-histologisch feststellbaren Veränderungen im Knochen mit einer ischämischen Nekrose in Zusammenhang stehen.[13] TURNER et al. haben mittels thermographischer Untersuchungen die verringerte Durchblutung des distalen Gliedmaßenabschnittes bei Pferden mit Podotrochlose bestätigen können. Sie haben daraus geschlossen, daß die Ischämie die wahrscheinlichste Ursache der Podotrochlose sei.[29]
Knochenumbau-Theorie. Beim Podotrochlose-Syndrom besteht eine hohe Geschwindigkeit des Knochenumbaues ohne ein Anzeichen von Ischämie oder Thrombose. Der Knochenumbau wird in Form von Resorption und Bildung neuen Knochengewebes sichtbar. Histologisch sind die Anzahl der Osteoblasten, der Osteoklasten und die Osteoidbildung vermehrt und die intravitale Aufnahme von Tetrazyklinen in das Knochengewebe deutlich erhöht.[22,23] Das zeigt nach Ansicht der Befürworter dieser Theorie, daß das Podotrochlose-Syndrom eine Folge gesteigerter Aktivierung des Knochenumbaues ist, welche durch den veränderten Druck der tiefen Beugesehne auf das Strahlbein und durch die verstärkte Belastung der palmaren Sehnengleitfläche des Strahlbeines bedingt wird.[22,23]
Dies ist ein Überblick über neuere Forschungsergebnisse. Es ist offensichtlich, daß die der Erkrankung zugrunde liegende Ursache durch weitere Forschung ermittelt werden muß.

Symptome
Häufig wird das betroffene Pferd mit dem Vorbericht vorgestellt, daß es eine intermittierende Lahmheit zeigt, die sich verringert, wenn das Pferd nicht gearbeitet wird. Nach schwerer Arbeit kann die Lahmheit am nächsten Morgen deutlich stärker sein. Im frühen Stadium der Erkrankung ist durch Ruhe ein Verschwinden der klinischen Symptome zu erreichen, wodurch die Annahme nahegelegt wird, daß das Pferd wieder gesund ist. Sobald aber das Pferd wieder stärker belastet wird, treten diese Symptome erneut auf.
In der Regel sind beim Podotrochlose-Syndrom beide Schultergliedmaßen betroffen; das Pferd ist aber häufig auf einer Seite vermehrt lahm. Möglicherweise ist erst nach Durchführung einer Leitungsanästhesie an dieser Gliedmaße festzustellen, daß das Tier auch auf der gegenüberliegenden Gliedmaße lahmt. Wenn es an beiden Hufen Schmerzen hat, entlastet es diese häufig abwechselnd, oder aber es setzt beide Hufe außergewöhnlich weit nach vorn (vorständige Stellung). Wenn nur eine Gliedmaße betroffen ist oder wenn die Veränderungen an einer Gliedmaße schwerwiegender sind als an der anderen, schont das Pferd den stärker betroffenen Huf. Während der Bewegung neigt das Pferd dazu, auf der Zehenspitze zu fußen, um eine Erschütterung der Trachtenregion zu vermeiden. Das Strahlbein liegt über dem mittleren Drittel des Strahles; daher bemüht sich das Pferd, Druck auf diesen Bereich zu vermeiden. Der Versuch, den Trachtenbereich zu schonen, hindert ein Roping-Pferd bei den Stops und verringert die Schnelligkeit eines Rennpferdes, indem die kraniale Phase der Gliedmaßenführung verkürzt wird; hierdurch kann das Risiko von Verletzungen des Fesselkopfes erhöht werden. Die Bemühungen des Pferdes, auf der Zehenspitze zu fußen, sind am besten im Schritt und Trab zu bemerken und verursachen eine Verkürzung der kranialen Phase der Gliedmaßenführung. Der dorsale Bereich des Tragrandes kann extrem abgenutzt sein, und das Pferd stolpert möglicherweise im Schritt oder Trab, da es versucht, auf der Zehenspitze zu fußen. Auf unebenem Boden ist eine Verstärkung der Lahmheit zu beobachten, da durch die Bodenunebenheiten Druck auf den Strahl ausgeübt wird. Ebenso ist eine Verstärkung der Lahmheit bei Wendungen um die erkrankte Gliedmaße bzw. die erkrankten Gliedmaßen zu verzeichnen. Die Untersuchung des Hufes mit der Hufuntersuchungszange lokalisiert den Schmerz im mittleren Drittel des Strahles und in geringerem Ausmaß auf Höhe der Enden des Strahlbeines (Abb. 8.11). Bereits bei gesunden Pferden sind unterschiedliche Reaktionen beim Abdrücken mit der Hufuntersuchungszange über den Enden des Strahlbeines und über dem mittleren Drittel des Strahles festzustellen. Die Befunde an der Gliedmaße, auf welcher das Pferd lahmt, sollten mit denen am gegenüberliegenden Vorderhuf verglichen werden, sofern dieser gesund ist. Anderenfalls ist die Reaktion bei Untersuchung der Hinterhufe als Maßstab heranzuziehen (siehe Seite 108).
Häufig kommt es bei Pferden mit Podotrochlose zu Quetschungen der Sohlenlederhaut im Bereich der Hufspitze. Dies kann zu falscher Interpretation sowohl der klinischen Befunde als auch bei der Hufzangenuntersuchung führen. Wenn die Quetschung der Sohle im Zehenspitzenbereich hochgradig genug ist, zeigt das Pferd eine deutliche Trachtenfußung, ähnlich wie bei Hufrehe. Beim Abdrücken mit der Hufuntersuchungszange ist eine starke Empfindlichkeit in dem erkrankten Bereich festzustellen. Beim Ausschneiden der Sohle mit einem Rinnhufmesser findet sich eine verstärkte Gefäßversorgung der Sohle. Hier ist Vorsicht geboten, damit diese Befunde nicht zu Verwirrung beim Stellen der Diagnose führen. Wenn der Druck der Hufuntersuchungszange im mittleren Drittel des Strahles Schmerzreaktionen hervorruft, wenn gleichzeitig eine Besserung der Lahmheit durch eine Anästhesie der Nervi digitales palmares erreicht wird und wenn Röntgenaufnahmen die Diagnose „Podotrochlose" absichern, sollte die Veränderung als Podotrochlose behandelt werden. Die Quetschungen der Sohle verschwinden nach Ablauf mehrerer Monate, wenn sich der Bewegungsablauf bessert. Im Frühstadium einer bilateralen Schale des Hufgelenkes können ähnliche Symptome wie beim Podotrochlose-Syndrom auftreten. Hierbei fehlen aber die typischen Befunde bei der Hufzangenuntersuchung und die Besserung der Lahmheit nach Anästhesie der Nervi digitales palmares.
Der schlurfende Gang eines an Podotrochlose erkrankten Pferdes verleitet den Besitzer häufig zu der Annahme, daß es

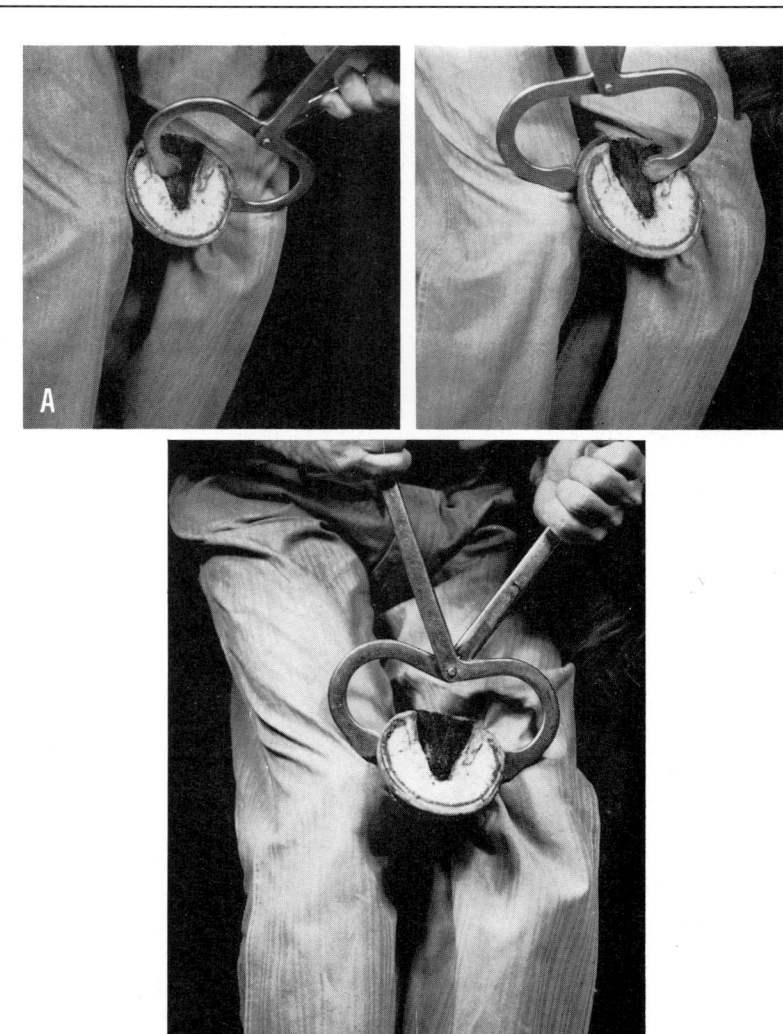

Abb. 8.11: A Ansetzen einer Hufuntersuchungszange medial bzw. lateral über dem mittleren Drittel des Strahles bei der Untersuchung auf Podotrochlose. Empfindlichkeit in diesem Bereich sollte mit den an den anderen Hufen erhobenen Befunden verglichen werden, um zu beurteilen, in welchem Ausmaß Schmerzen vorliegen. **B** Ansetzen einer Hufuntersuchungszange über den Enden des Strahlbeines. Diese Probe ist weniger zuverlässig als das Abdrücken über dem mittleren Drittel des Strahles. Auch hier sollte ein Vergleich mit der Reaktion bei der Untersuchung der anderen, gesunden Hufe erfolgen.

sich um eine Schulterlahmheit handelt. Die Verkürzung der kranialen Phase der Gliedmaßenführung macht solche Pferde als Reittiere überaus unbequem. Dem ungeübten Beobachter scheint es, als ob das Pferd beiderseits den Schulterbereich schont.

Durch Veränderungen im Strahlbein, die sich bis zur Gelenkfläche des Hufgelenkes erstrecken, kann eine Arthritis des Hufgelenkes entstehen.

Im Laufe der Zeit ändert sich allmählich die Form des Hufes. Die Bemühung, Druck auf den Strahl zu verhindern, führt zur Ausbildung eines im Trachtenbereich engeren und höheren Hufes. Die konkave Wölbung der Sohle in dorsopalmarer und mediolateraler Richtung nimmt zu, und der Huf wird im Bereich der Seitenwände enger. Wenn die Podotrochlose nur an einer Gliedmaße besteht, wird dieser Huf im Rahmen einer Zwanghufbildung kleiner (Abb. 8.12). Verletzungen des Fesselkopfes, wie z. B. eine traumatische Arthritis des Fesselgelenkes („osselets"), können gleichzeitig vorliegen, da die steile Stellung der Fessel eine Prädisposition für beide Erkrankungen darstellt.

Die röntgenologische Untersuchung des Strahlbeines zeigt im Frühstadium der Erkrankung in maximal der Hälfte der Fälle Veränderungen. Einige Autoren behaupten, solange keine röntgenologisch nachweisbaren Veränderungen bestünden, läge keine Podotrochlose vor. Dies kann aber nicht zutreffen, da derartige Veränderungen erst sichtbar sind, wenn die Erkrankung seit längerer Zeit besteht.

Diagnose

Die Lahmheitssymptome sind charakteristisch. Es sollte genau darauf geachtet werden, ob der Zehenspitzenbereich des Hufes zeitlich vor dem Trachtenbereich auffußt und ob die kraniale Phase bei der Gliedmaßenführung verkürzt ist. Weitere sehr hilfreiche Symptome sind die Reaktionen des Pferdes auf das Abdrücken mit der Hufuntersuchungszange über dem mittleren Drittel des Strah-

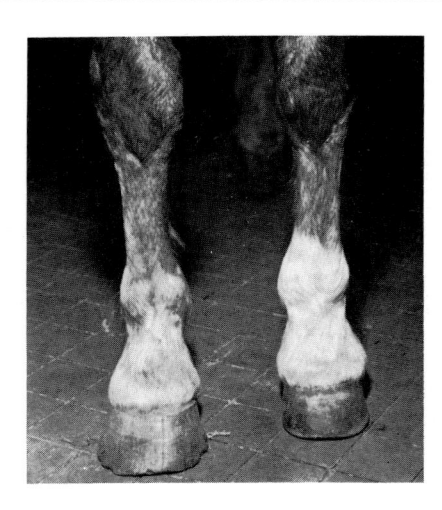

Abb. 8.12: Zwanghuf (vorn links) infolge chronischer Podotrochlose.

les. Auf diesen Bereich muß beträchtlicher Druck ausgeübt werden, da der Huf beim Fußen großem Druck ausgesetzt ist. Bei Verwendung einer guten Hufuntersuchungszange zuckt das Pferd beim Abdrücken über dem mittleren Drittel des Strahles zusammen. Diese Reaktion sollte allerdings mit der Reaktion bei Untersuchung des anderen Vorderhufes verglichen werden. Hierbei ist zu bedenken, daß in den meisten Fällen der andere Vorderhuf ebenfalls, wenn auch geringgradigere Veränderungen aufweist.
Ebenso ist bei der Hufzangenuntersuchung auch auf mögliche Quetschungen der Sohlenlederhaut durch konstantes Fußen auf dem Zehenspitzenbereich zu achten. Bei chronischer Podotrochlose kann das Abdrücken im Zehenspitzenbereich der Sohle Schmerzreaktionen auslösen. Wie bereits erwähnt, kann dieser Schmerz so hochgradig sein, daß er das Pferd zu Trachtenfußung zwingt. Röntgenaufnahmen, eine Anästhesie der Nervi digitales palmares und ein gutes Urteilsvermögen helfen bei der Entscheidung, ob die Quetschungen der Sohle primär oder sekundär sind.
In einer geringen Anzahl von Fällen können röntgenologische Veränderungen im Strahlbein nachgewiesen werden, obwohl keine Anzeichen einer durch Podotrochlose bedingten Lahmheit vorliegen. Dies ist für die Lahmheitsdiagnostik bei anderen Erkrankungen wichtig.
Die Anästhesie der Nervi digitales palmares kann für die Diagnostik hilfreich sein. Die Anästhesie dieser Nerven erfolgt an der Grenze zwischen der Palmarfläche des Fesselbeines und der Dorsalfläche der oberflächlichen Beugesehne. Der Nerv liegt näher an der Dorsalfläche der Sehne als an der Palmarfläche des Fesselbeines und verläuft parallel zur Dorsalfläche der tiefen Beugesehne. Eine geringe Menge (1 bis 2 ml) eines Lokalanästhetikums sollte medial und lateral in der Umgebung des Nervs etwa auf halber Höhe des Fessels deponiert werden. Die Injektion des Lokalanästhetikums an den Nerv erfolgt mittels einer 0,5/15-mm-Kanüle. Das Pferd kann mit einer Oberlippenbremse abgelenkt werden, um die Durchführung der Anästhesie zu erleichtern. Nach dem Wirkungseintritt der Anästhesie nach fünf bis zehn Minuten sollte sich eine Besserung der Lahmheit zeigen, wenn das Pferd an Podotrochlose erkrankt ist. Diese Anästhesie liefert ferner einen Hinweis, wieweit eine Neurektomie der Nervi digitales palmares Erleichterung bringen kann (siehe auch Seite 137, Abb. 3.51 A und B).

Nach einer Neurektomie der Nervi digitales palmares ist annähernd die gleiche Besserung der Lahmheit zu erwarten, wie bei der Durchführung einer diagnostischen Anästhesie der Nervi digitales palmares durch Injektion einer kleinen Menge (1 bis 1,5 ml) Lokalanästhetikum über dem Nervus digitalis palmaris erreicht wird. Wenn nach dieser Anästhesie zwar eine Besserung eintritt, aber weiterhin eine Lahmheit besteht, ist zu erwarten, daß diese noch nach der Anästhesie bestehende Lahmheit auch nach einer Neurektomie zu beobachten sein wird. Es gibt mehrere Gründe, warum die Lahmheit eines an Podotrochlose erkrankten Pferdes durch die Anästhesie der Nervi digitales palmares gelegentlich nicht vollständig verschwindet:

1. *Bindegewebige Verwachsungen zwischen Strahlbein und tiefer Beugesehne*

Wenn Verwachsungen der tiefen Beugesehne mit dem Strahlbein vorliegen, ist es für das Pferd praktisch unmöglich, seinen Bewegungsablauf zu ändern. Die Lahmheit bessert sich zwar nach der Anästhesie der Nervi digitales palmares etwas, da die Schmerzen zu einem gewissen Teil ausgeschaltet sind, aber der Huf wird immer noch mit der Zehenspitze zuerst aufgesetzt und die kraniale Phase bei der Gliedmaßenführung bleibt verkürzt. Dies ist eine mechanische Beeinträchtigung des Bewegungsablaufes, die durch eine Anästhesie nicht beeinflußt werden kann.

2. *Mögliches Vorliegen einer Arthritis des Hufgelenkes*

In Fällen hochgradiger Podotrochlose können die im Strahlbein ablaufenden Veränderungen auf das Hufgelenk übergreifen. Bei Vorliegen einer Arthritis kann durch eine Anästhesie der Nervi digitales palmares nur eine teilweise Besserung der Lahmheit erreicht werden. In diesem Fall kann ein Lokalanästhetikum in das Hufgelenk injiziert werden (siehe Seite 146). Wenn hierdurch die Lahmheit vollständig zum Verschwinden gebracht wird, ist mit an Sicherheit grenzender Wahrscheinlichkeit anzunehmen, daß eine Arthritis des Hufgelenkes vorliegt. Dies bedeutet, daß durch eine Neurektomie der Nervi digitales palmares nur ein Teilerfolg in der Behandlung erreicht werden könnte, da die Schmerzen im Hufgelenk bestehenblieben.

3. *Versorgung durch akzessorische Nervenäste der Nervi digitales dorsalis oder palmaris (Abb. 8.13)*

In manchen Fällen trennen sich die akzessorischen Äste des Nervus digitalis palmaris so weit proximal vom Hauptast des Nervs, daß sie der spezifischen Anästhesie des Nervus digitalis palmaris entgehen. In anderen Fällen teilt sich der Nervus digitalis dorsalis in zwei Äste und entsendet einen palmaren Ast zur Strahlbeinregion. In beiden Fällen ist diese akzessorische Innervation für eine nur teilweise Besserung der Lahmheit nach einer Anästhesie der Nervi digitales palmares verantwortlich. Die Neurektomie der Nervi digitales palmares ist nur dann erfolgreich, wenn die gesamte nervale Versorgung des Strahlbeines unterbrochen wird. Akzessorische Äste des Nervus digitalis palmaris können in der Regel während der Operation gefunden werden, ein eventueller palmarer Ast aus einer Aufteilung des Nervus digitalis dorsalis aber muß einzeln aufgesucht werden (siehe Abb. 8.13). Bei Rennpferden sollte der Nervus digitalis dorsalis nicht durchtrennt werden.

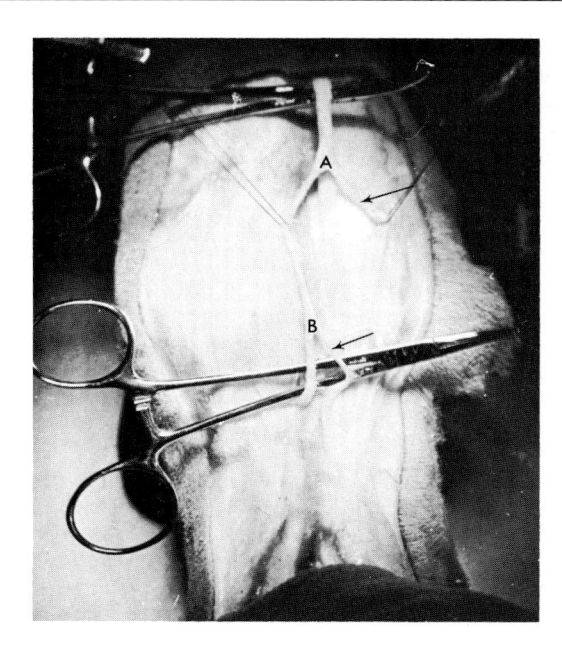

Abb. 8.13: Beispiel für eine akzessorische Innervation des Hufes. **A** Normale Aufteilung des Nervus digitalis, Ursprung der Nervi digitales dorsalis und palmaris (oberer Pfeil). **B** Aufteilung des Nervus digitalis dorsalis in je einen dorsalen und palmaren Ast (unterer Pfeil). Dieser palmare Ast innerviert die Strahlbeinregion und kann bei der Diagnose der Podotrochlose Schwierigkeiten bereiten. Diese Aufteilung des Nervs führt bei einer Neurektomie der Nervi digitales palmares zu einem unbefriedigenden Ergebnis.

4. *Quetschungen der Sohle*
   In Fällen hochgradiger Podotrochlose kommt es im Zehenspitzenbereich durch das Fußen auf diesem Teil des Hufes zu Quetschungen der Sohle. In diesem Fall ist bei der Hufzangenuntersuchung Schmerzhaftigkeit im Bereich der Zehenspitze festzustellen. Dies ist zu berücksichtigen, wenn eine Neurektomie der Nervi digitales palmares durchgeführt wird. Die durch die Quetschung der Sohle bedingte Lahmheit besteht nach der Anästhesie der Nervi digitales palmares weiter.
5. *Gleichzeitiges Vorliegen einer traumatischen Arthritis des Fesselgelenkes*
   Eine zu steile Stellung der Fessel stellt ferner eine Prädisposition zu einer traumatischen Arthritis des Fesselgelenkes dar. Podotrochlose und eine traumatische Arthritis des Fesselgelenkes können gleichzeitig vorliegen. Die Injektion eines Lokalanästhetikums in den proximopalmaren Endblindsack des Fesselgelenkes nach Anästhesie der Nervi digitales palmares erlaubt eine Beurteilung, welches Ausmaß der Lahmheit auf welche Veränderung zurückzuführen ist.
6. *Nicht richtig wirkende oder unvollständige Anästhesie*
   Die Hautempfindlichkeit kann medial und lateral an derselben Gliedmaße sowie an den anderen Gliedmaßen verglichen werden. Ferner sollte eine Hufuntersuchungszange verwendet werden; wenn hierbei die Schmerzempfindlichkeit über dem mittleren Drittel des Strahles erhalten ist, wirkt die Anästhesie nicht richtig. In diesem Fall sollte die Anästhesie nach erneuter Orientierung wiederholt werden.

Weiter kann eine lokale Anästhesie der Bursa podotrochlearis durchgeführt werden. Zur Anästhesie dieses Bereiches muß ein Lokalanästhetikum verwandt werden. Es sollten insgesamt nur 5,0 ml injiziert werden, da die Flüssigkeit aus der Bursa podotrochlearis in andere Bereiche diffundieren könnte. Folgende Technik wird zur Injektion der Bursa podotrochlearis verwandt:

Die Ballengrube wird rasiert und durch Aufbringen von Desinfektionsmitteln für den Einstich einer 0,9/50-mm-Kanüle in die Bursa podotrochlearis vorbereitet. Ein kleiner Bereich der Haut von 2,5 cm Durchmesser sollte mittels einer 0,5/15-mm-Kanüle, die zwischen den Ballen eingestochen wird, anästhesiert werden (Abb. 8.14). Der Huf sollte auf einen Holzblock gestellt werden, und eine 0,9/50-mm-Kanüle wird durch die Haut an der anästhesierten Basis der Ballengrube parallel zum Hufsaum eingestochen (Abb. 8.15). Wenn die Kanülenspitze auf Knochengewebe stößt, befindet sie sich in der Bursa podotrochlearis (Abb. 8.16 A und B). Das Hufpolster scheint relativ wenig sensibel zu sein. Das Pferd leistet in der Regel dem Vorschieben der Kanüle keinen Widerstand, auch ohne tiefe Injektion eines Lokalanästhetikums. Sobald die Kanüle die Bursa podotrochlearis erreicht hat, sollten 5,0 ml Lokalanästhetikum injiziert werden. Wenn die Kanülenspitze nicht in der Bursa podotrochlearis liegt, stößt der Versuch, die Flüssigkeit zu injizieren, auf Schwierigkeiten. Der Untersucher kann von außen fühlen, wie sich der Hufrollenschleimbeutel mit Flüssigkeit füllt. Wenn die Bursa prall gefüllt ist, sollte die Injektion beendet werden. Vor Durchführung dieser Anästhesie muß der Bereich des Hufes, in dem die pathologischen Veränderungen vermutet werden, relativ genau lokalisiert sein, da durch die Diffusion des Lokalanästhetikums auch eine Schmerzunempfindlichkeit bei bestimmten Hufbeinfrakturen oder möglicherweise bei anderen pathologischen Veränderungen im Huf bewirkt wird. Wenn größere Verwachsungen zwischen der tiefen Beugesehne und dem Strahlbein vorliegen, ist diese Anästhesie in der Regel erfolglos.

Nach einer Anästhesie der Nervi digitales palmares bzw. plantares oder einer lokalen Anästhesie der Bursa podotrochlearis wird das Pferd auf eine etwaige Besserung im Bewegungsablauf untersucht. Eine Besserung ist dann als ein Hinweis auf das Vorliegen von Podotrochlose anzusehen, wenn andere Lahmheitsursachen ausgeschlossen worden sind. Die Besserung der Lahmheit erfolgt allmählich, daher sollte das Pferd 10 bis 20 Minuten lang bewegt werden, um die besten diagnostischen Ergebnisse zu erhalten. Wenn lediglich eine teilweise Besserung beobachtet wird, sollte an eine mögliche Arthritis des Hufgelenkes als Komplikation sowie an eine eventuelle akzessorische Innervation durch einen Ast des Nervus digitalis dorsalis gedacht werden. Beim Vorliegen größerer Verwachsungen zwischen der tiefen Beugesehne und dem Strahlbein kann das Pferd keinen regelmäßigen Bewegungsablauf zeigen, da die Verkürzung der kranialen Phase der Gliedmaßenführung mechanisch bedingt ist.

Röntgenologische Darstellung
Folgende röntgenologisch darstellbare Befunde sind im Zusammenhang mit dem Podotrochlose-Syndrom beschrieben worden: erweiterte Gefäßkanäle, Bildung zystoider Läsionen, Verdünnung der Kompakta des Strahlbeines an der Sehnengleitfläche, Osteophytose im Randbereich, erhöhte Dichte im Markkanal, Frakturen und andere Veränderungen der physiologischerweise weberschiffchenartigen Form des Knochens.[4,9,15,18,21]

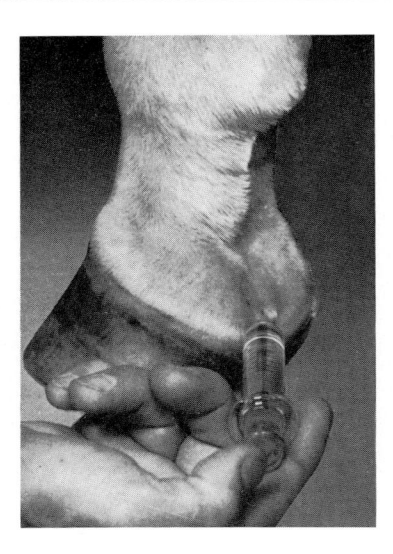

Abb. 8.14: Infiltration des Ballenbereiches mit einem Lokalanästhetikum unter Verwendung einer 0,5/15-mm-Kanüle bei der Vorbereitung zur Injektion in die Bursa podotrochlearis (aus Veterinary Scope, **7** (1): 3, 1962; mit Genehmigung der Upjohn Company).

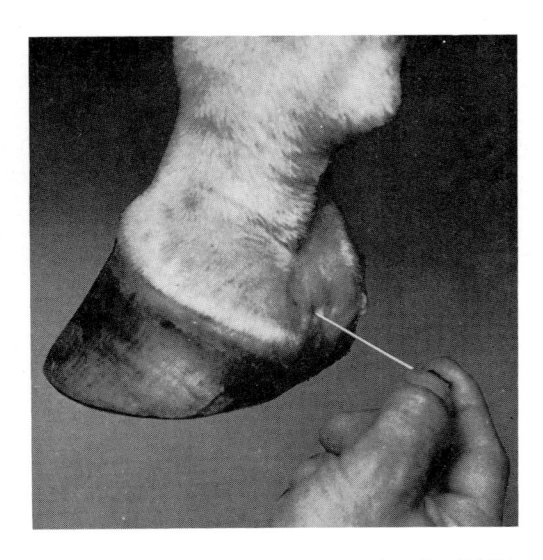

Abb. 8.15: 0,9/50-mm-Kanüle, angesetzt in dem in Abbildung 8.14 anästhesierten Bereich.

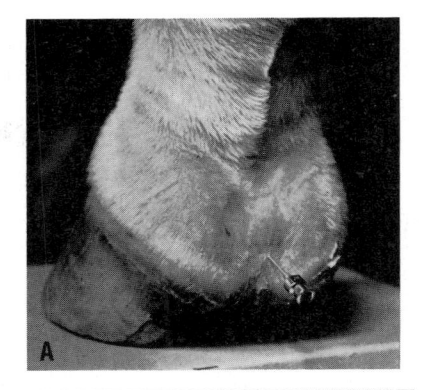

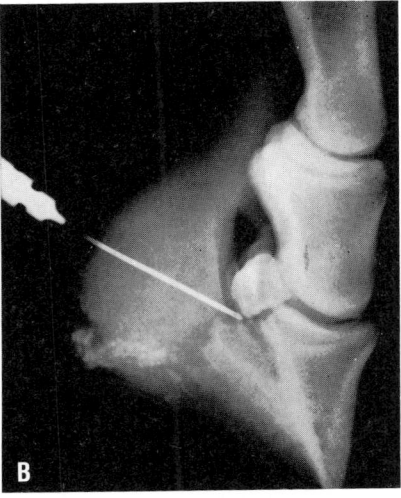

Abb. 8.16: A Lage der 0,9/50-mm-Kanüle in der Bursa podotrochlearis. **B** Lateralaufnahme mit Position der 0,9/50-mm-Kanüle in der Bursa podotrochlearis. Der dunkle Bereich oberhalb des Strahlbeines kennzeichnet Luft, die zur besseren röntgenologischen Darstellung der Bursa podotrochlearis durch die Kanüle injiziert worden ist.

Interpretation röntgenologischer Befunde

Erweiterung der Gefäßlöcher. Im allgemeinen sind erweiterte Gefäßlöcher charakteristische Befunde beim Podotrochlose-Syndrom. Drei oder vier kegelförmige Gefäßlöcher sind physiologischerweise am distalen Rand des Strahlbeines zu erkennen. Die Anzahl gilt als erhöht, wenn mehr als sechs oder sieben Gefäßlöcher vorliegen. Sie sind pathologisch verändert, wenn sie pilzförmige Gestalt annehmen[6] (Abb. 8.18 A und B). ROSE et al. konnten allerdings keinen signifikanten Unterschied in Größe und Anzahl der Gefäßkanäle bei gesunden Pferden und Pferden mit Podotrochlose nachweisen. Sie nahmen aber an, daß die pilzförmigen (ballonförmigen – „lollipop" – oder die die Form eines umgekehrten Kolbens aufweisenden) Veränderungen ein deutliches Merkmal seien.[27]

Knochenzysten. Knochenzysten mit Erweiterung der Gefäßlöcher werden als sicherer Beweis einer Podotrochlose angesehen, wenn das klinische Bild diese Diagnose stützt.[28] Die Knochenzysten stellen sich als Bereiche geringerer Dichte im Strahlbein dar (Abb. 8.19). Die genaue Lokalisation der Läsionen kann für die Prognose von Bedeutung sein. Theoretisch kann eine derartige Läsion in der markhaltigen Spongiosa ausheilen, während Knochenzysten in der Kompakta der Sehnengleitfläche

Ferner ist festgestellt worden, daß nur in etwa 50 % der Fälle Veränderungen im Röntgenbild nachweisbar sind.[4,9,15–18,21] Die Vorbereitung des Hufes auf die röntgenologische Untersuchung ist ein wichtiger Faktor bei der Röntgentechnik. Nach Abnehmen der Hufeisen sollten Sohle und Strahl mit einem Rinnhufmesser vorsichtig etwas ausgeschnitten werden, danach sollte der gesamte Huf mit einer harten Bürste und Wasser abgewaschen werden. Ebenso sollte Schmutz im Saumbereich entfernt werden. Ausfüllen der Sohle mit Schmierseife, einer Spachtelmasse („silly putty") oder ähnlichem Material verbessert die Qualität der Röntgenaufnahme. Zur Zeit wird an der Colorado State University eine Aufnahmetechnik unter Verwendung eines Wasserbades eingesetzt, die ausgezeichnete Ergebnisse gebracht hat (Abb. 8.17).

Abb. 8.17: Wasserbad zur Anfertigung von Röntgenaufnahmen bei Podotrochlose. Das Raster und die Kassette sind unter dem Wasserbehälter zu sehen (mit Genehmigung von Dr. J. LEBEL).

aufbrechen und mit der Ausbildung von Verwachsungen im Zusammenhang stehen können.[23] Da die genaue Lokalisation der Veränderung in der dorsopalmaren Aufnahme nicht feststellbar ist, wird hier eine Tangentialaufnahme (schräg palmaroproximal-palmarodistal) empfohlen.

Verdünnung oder Aufrauhung der Kompakta der Sehnengleitfläche. Die Verdünnung der Kompakta der Sehnengleitfläche geht in aller Regel mit einer Zunahme der Gefäßkanäle einher. Die Verdünnung ist am besten in der Tangentialaufnahme festzustellen. Sie wird in aller Regel zunächst im Bereich des palmar vorstehenden Strahlbeinkammes an der Sehnengleitfläche des Strahlbeines beobachtet[28] (Abb. 8.20). Gelegentlich ist eine Vermehrung der subchondralen Gefäßkanäle in Form kleiner, zystoider Läsionen in der Kompakta der Sehnengleitfläche oder als eine Linie erhöhter Strahlendurchlässigkeit in der Kompakta zu erkennen. Auf diese Weise wird festgestellt, daß im Rahmen des Knochenumbaues die Kompakta sowohl an der der Beugeseite zugewandten Fläche als auch zur Spongiosa hin dünn wird. Vermutlich ist die Verdünnung der Kompakta außerdem auf die Steigerung der Gefäßversorgung und auf die Tätigkeit der Osteoklasten zurückzuführen.[23,27] Eine marginale Osteophytose (Spornbildung) entsteht durch eine knöcherne Metaplasie innerhalb des Fesselbein-Strahlbein-Hufbeinbandes (Abb. 8.21). Da diese durch starke Belastung bedingte Verknöcherung in jedem Band an seiner Ansatzstelle auftreten kann, muß die jeweilige Bedeutung dieses Befundes genau ermittelt werden, da er in manchen Fällen ein Zeichen des natürlichen Alterungsprozesses darstellen kann.[32]

Erhöhte Dichte der markhaltigen Spongiosa (Verlust der unterschiedlichen Struktur von Kompakta und Spongiosa). Dieser Befund wird in der Regel bei älteren Pferden mit gering- bis mittelgradigen Symptomen der Podotrochlose beobachtet (Abb. 8.22). Er kann ein Endstadium des Umbauprozesses darstellen, da die erhöhte Dichte in der Spongiosa als Bildung neuen Knochengewebes aus dem vorher gebildeten Osteoid verstanden wird. Die normale Weberschiffchenform des Knochens kann ebenso durch den Umbauprozeß verändert sein.

Frakturen. Gelegentlich kommt es durch die Erweiterung der Gefäßlöcher und durch Osteoporose zu Strahlbeinfrakturen (Abb. 8.23). Diese Frakturen müssen von isolierten Ossifikationszentren unterschieden werden. Chip-Frakturen am Distalrand des Strahlbeines können vorkommen, ihre Bedeutung für die Prognose ist aber unbekannt.[31]

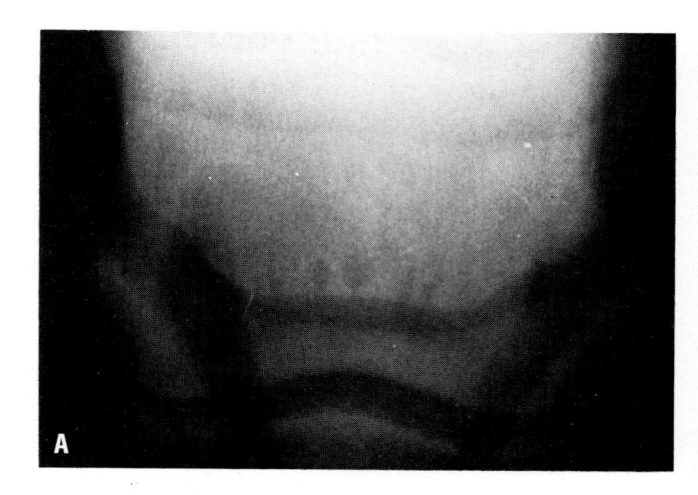

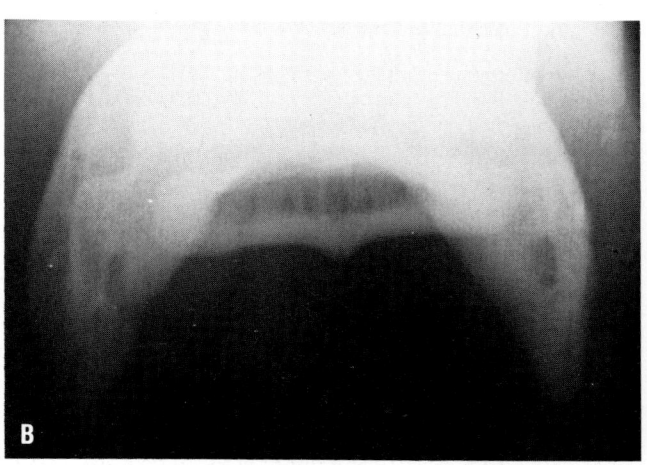

Abb. 8.18: A Pilz- oder ballonförmig erweiterte Gefäßlöcher am Distalrand des Strahlbeines. B Darstellung erweiterter Gefäßkanäle auf der tangentialen Röntgenaufnahme.

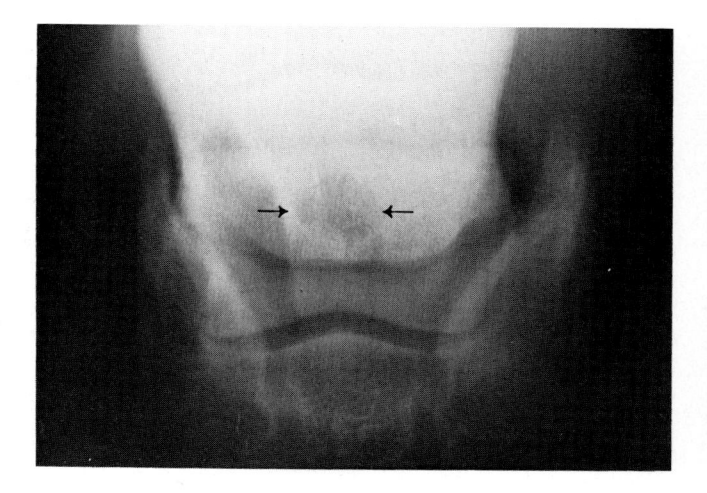

Abb. 8.19: Beispiel einer großen Zyste im Hufbein (Pfeile). Derartige Zysten sind ein sicheres röntgenologisches Symptom bei Podotrochlose.

Kapitel 8: Lahmheit   507

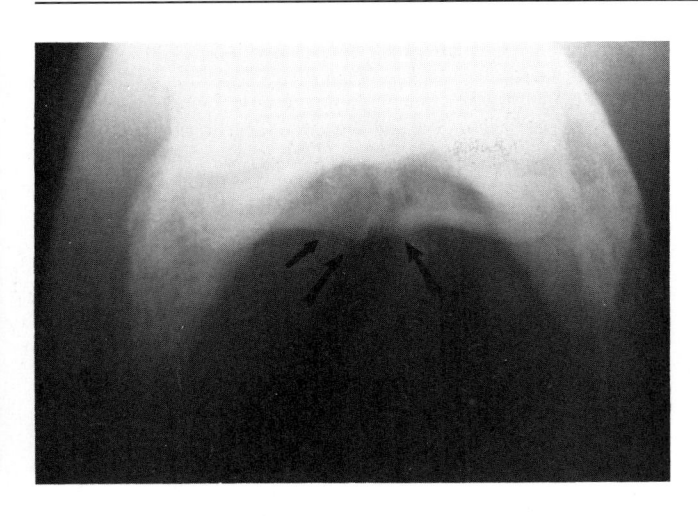

Abb. 8.20: Tangentialaufnahme des Strahlbeines. Die Pfeile deuten auf die Verdünnung des Strahlbeinkammes.

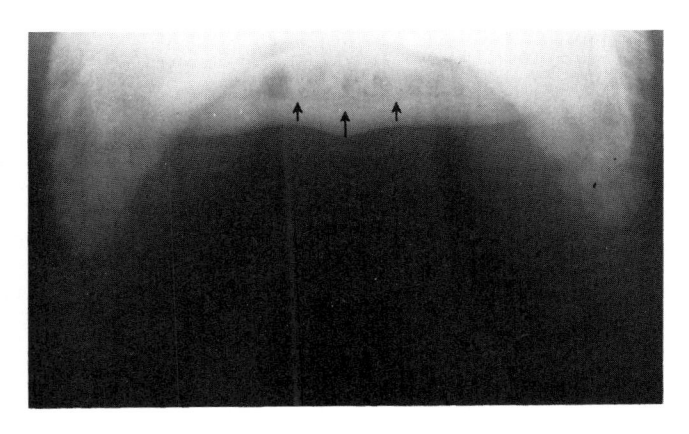

Abb. 8.22: Erhöhte Dichte in der markhaltigen Spongiosa (Verlust der unterschiedlichen Struktur von Kompakta und Spongiosa) (Pfeil). Diese Veränderung wird meist in Röntgenaufnahmen von älteren Pferden (über fünf Jahre) festgestellt. Die klinischen Symptome der Podotrochlose sind in der Regel gering- bis mittelgradig.

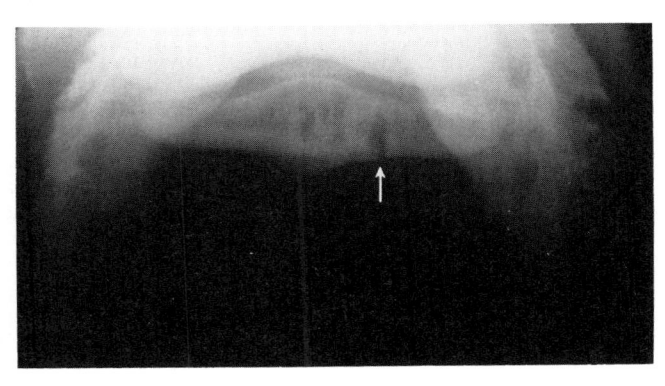

Abb. 8.23: Beispiel der Erweiterung eines Gefäßloches (Pfeil), welche zu einer Strahlbeinfraktur führen kann.

Differentialdiagnose

Differentialdiagnostisch sollten Nageltrittverletzungen von Strahl und Hufsohle, Strahlbein- und Hufbeinfrakturen, Hufrehe, Quetschungen der Sohlenlederhaut, Steingallen, einseitiger Trachtenzwang, Ostitis des Hufbeines und Schale in Betracht gezogen werden. Eine sorgfältige klinische und röntgenologische Untersuchung kann die Möglichkeiten schnell eingrenzen. Bei Hufrehe ist der Bewegungsablauf der Schultergliedmaßen ähnlich wie bei beidseitig bestehender Podotrochlose, das Pferd fußt aber auf den Trachten statt auf dem Zehenspitzenbereich. Die Podotrochlose ist die häufigste dieser Lahmheitsursachen.
Eine Osteoarthritis der Zehengelenke kann ähnliche Symptome hervorrufen, kann aber durch Hufzangenuntersuchung, Leitungsanästhesien und röntgenologische Untersuchungen ausgeschlossen werden.
Eine eventuelle Komplikation durch eine Arthritis des Hufgelenkes kann durch eine intraartikuläre Anästhesie dieses Gelenkes diagnostiziert werden. Bei einer akzessorischen Innervation durch Äste des Nervus digitalis dorsalis kann eine vollständige Ausschaltung der Schmerzempfindung durch einen Ringblock erreicht werden. Bei Innervation durch akzessorische Äste des Nervus digitalis dorsalis ist durch die Neurektomie der Nervi digitales palmares nur ein Teilerfolg zu erreichen.

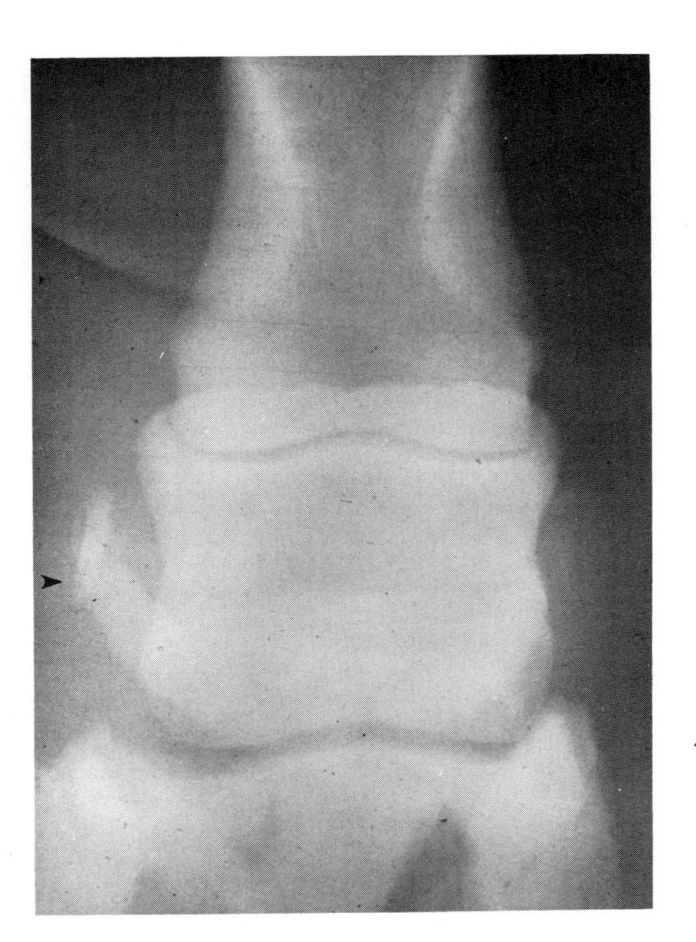

Abb. 8.21: Darstellung einer vorspringenden marginalen Osteophytose (Pfeil) als Folge einer knöchernen Metaplasie im Fesselbein-Strahlbein-Hufbeinband. Pferde mit einer derart schweren knöchernen Metaplasie gehen in der Regel hochgradig lahm. Daher würde in diesem Fall die degenerative Veränderung nicht als ein natürlicher Alterungsprozeß angesehen werden.

Therapie

Da beim Podotrochlose-Syndrom die klinischen Symptome von gering- bis hochgradig und die unterschiedlichen Röntgenbefunde von stärkerer Gefäßversorgung bis zu Veränderungen der Knochenstruktur reichen, ergibt sich die logische Folgerung, daß für die jeweilige Art der Erkrankung verschiedene Behandlungsmethoden zur Anwendung kommen sollten. Im allgemeinen sind die konservativen medikamentellen Behandlungsmethoden eher für junge Pferde anzuwenden, bei denen keine hochgradigen Veränderungen im Röntgenbild als Anzeichen für Umbauvorgänge im Knochen vorliegen. In Fällen mit weiter fortgeschrittenen Anzeichen der Podotrochlose, die auf eine medikamentelle Therapie nicht angesprochen haben, wird in der Regel ein chirurgisches Vorgehen notwendig.

Arbeitsruhe und die Verabreichung von entzündungshemmenden Medikamenten mit Ausnahme der Kortikosteroide sind im frühen akuten Stadium der Erkrankung logisch.[14] Boxenruhe kann für fünf bis zehn Tage erforderlich sein. Danach sollte das Pferd am besten nach Abnehmen der Eisen und Korrektur der Hufe auf die Weide gelassen werden. So kann es sich frei bewegen, und der Umbauprozeß im Knochen kann durch natürliche Kräfte weitergeführt werden. Bei längerer Stallhaltung scheint es den Pferden häufig gutzugehen, die meisten fangen aber kurze Zeit nach erneuter Aufnahme der Arbeit wieder zu lahmen an.[2,3]

Hufkorrektur und orthopädischer Beschlag sind besonders von Bedeutung, wenn die Pferde weiter arbeiten müssen, und für Pferde mit unregelmäßiger Form und Stellung der Hufe, besonders mit langen Zehen, flachen eingezogenen Trachten und Trachtenzwanghuf. Die Hufkorrektur zielt anfangs auf Wiederherstellung der regelmäßigen Stellung von Huf und Fessel und der regelmäßigen, ausgewogenen Hufform.[2,14,19] Das Wiederherstellen der regelmäßigen Zehenachse vermindert den übermäßigen Druck, den die tiefe Beugesehne auf die Sehnengleitfläche des Strahlbeines ausübt. Wenn das Pferd auf die Weide gestellt wird, ist es häufig am besten, es unbeschlagen zu lassen, wenn das Gelände nicht außergewöhnlich steinig ist.

Kennzeichnend für den orthopädischen Beschlag sind das Erhöhen der Trachten durch verdickte Eisenschenkel sowie das Anschmieden einer Zehnrichtung und eines Quersteges über dem mittleren Drittel des Strahles. Zusätzlich kann an den Eisenschenkeln vom Bereich der Seitenwand bis zu den Schenkelenden eine Abdachung angebracht werden, um die Ausdehnung des Hufes im Trachtenbereich zu unterstützen. Diese Abdachung erfolgt durch Abschrägen der Tragefläche des Eisens nach außen. Der letzte Nagel sollte nicht hinter der weitesten Stelle des Hufes eingeschlagen werden; so bleibt die Möglichkeit zur Ausdehnung der Trachten erhalten. Die Zehnrichtung und die verdickten Schenkelenden begünstigen das schnelle Abrollen. Die Verdickung der Schenkelenden und ein Quersteg über dem Strahl schützen den Strahl vor Druck durch den Boden. Die Erhöhung der Trachten trägt weiter dazu bei, die regelmäßige Winkelung in der Stellung des Hufes zu erreichen und die Anspannung der tiefen Beugesehne zu reduzieren. Die Abdachung der Eisenschenkel vom Bereich der Seitenwand bis zu den Schenkelenden ermöglicht die Ausdehnung der Hufwand. Das Beraspeln der Seitenwand des Hufes oder das Einschneiden vertikaler oder parallel zum Hufsaum verlaufender Rinnen in die Seitenwand unterstützt ebenfalls die Erweiterung des Hufes und wirkt der Zwanghufbildung entgegen. Zusätzlich kann eine Einlage aus Silikonkautschuk* oder aus Gummi, welches normalerweise zur Runderneuerung von Autoreifen verwendet wird, benutzt werden. Über diese weichen Einlagen wird eine Hartplastikeinlage gelegt, um die weichen Einlagen zu fixieren. Das Polstern der Sohle mittels weicher Einlagen vermindert in vielen Fällen wirksam die Schmerzen. Beim Beschlagwechsel können die Einlagen wieder verwendet werden, wenn Eisen und Einlage sorgfältig abgenommen werden. Für den Beschlag eines Pferdes mit Podotrochlose sind viele verschiedene Hufeisen empfohlen worden. Dennoch scheint die Art der Eisen nicht so bedeutend zu sein wie der jeweilige Zweck, den sie erfüllen sollen. Durch Verwendung eines orthopädischen Beschlages kann manchmal die Neurektomie lange Zeit vermieden werden.

Die wiederholte Anwendung von entzündungshemmenden Medikamenten mit Ausnahme der Kortikosteroide, d. h. beispielsweise Phenylbutazon**, Meclofenamidsäure, Naproxen*** oder Flunixin Meglumin+, vermindert ebenfalls die Lahmheit. Die vom Hersteller angegebenen Dosierungen und Applikationswege sollten eingehalten werden. Die Gabe der Medikamente erfolgt häufig am besten am Abend oder Morgen vor einer starken Belastung des Pferdes unter dem Reiter und noch bis einige Tage nach Ende der Belastung. Bei manchen Pferden sind diese Medikamente jahrelang regelmäßig verabreicht worden, ohne daß Probleme auftraten.

Einige Autoren empfehlen lokale Injektionen von Kortikosteroiden und Orgotein++ im Bereich der oder direkt in die Bursa podotrochlearis. Die Injektion von Kortikosteroiden in die Bursa podotrochlearis kann auf dieselbe Weise durchgeführt werden wie die Injektion eines Lokalanästhetikums. Die intrabursale Injektion von Kortikosteroiden bringt einen zeitweiligen Erfolg, ist aber bezüglich einer längerfristigen Besserung kaum nützlich. In der älteren Literatur ist manchmal die Injektion reizender Medikamente, wie z. B. Lugolscher Lösung, in die Bursa podotrochlearis erwähnt worden. Dies ist nicht zu empfehlen, da es Schmerzen hervorruft und selten zu einer Heilung führt. Die Durchführung solcher Injektionen ist nahezu unmöglich, wenn bereits Verwachsungen vorliegen.

Injektionen von Orgotein in die Umgebung der Bursa podotrochlearis sind allein oder in Verbindung mit der Gabe anderer Medikamente erfolgreich bei der Behandlung der Podotrochlose eingesetzt worden.[5,14] Die besten Ergebnisse sind bei Pferden ohne röntgenologisch sichtbare Veränderungen zu erwarten. Bei annähernd 70 bis 75 % dieser Fälle kommt es zu einer Besserung, und die Pferde können wieder zu Turnieren eingesetzt werden. Die schlechtesten Behandlungserfolge werden in Fällen mit Knochenzysten und ballonförmigen Erweiterungen der Gefäßlöcher am distalen Rand des Strahlbeines beobachtet.[14] Zur Injektion in die Umgebung der Bursa podotrochlearis müssen eine Anästhesie der Nervi digitales palmares und eine aseptische Vorbereitung der Hufballen erfolgen. Eine 0,7/25- oder 0,9/25-mm-Kanüle wird dann median knapp dorsal der Einziehung zwischen den Ballen eingestochen und in Richtung der Zehenspitze vorgeschoben. Bei unruhigen Pferden können eine Sedation mit Xylazin-Hydrochlorid+++ und das Anlegen einer Oberlippenbremse notwendig sein. In jedem Fall sollte der gegenüber-

---

* z. B. Hoof Cushion, Miller Harness Co., N. Y.

** z. B. Phenylbutazon 20 %®, WdT e.G., Dreyerstraße 8–12, 3000 Hannover 1.

*** z. B. Equiproxen®, Grüntex GmbH, Produkte für Tiergesundheit, Werkstraße 16, 5100 Aachen.

+ z. B. Finadyne®, TAD Pharmazeutisches Werk GmbH, Heinz-Lohmann-Straße 5, 2190 Cuxhaven 1.

++ z. B. Palosein®, Grüntex GmbH, Produkte für Tiergesundheit, Werkstraße 16, 5100 Aachen.

+++ z. B. Rompun®, Bayer AG, Geschäftsbereich Veterinärvertrieb Deutschland, 5090 Leverkusen.

liegende Vorderfuß aufgehoben werden, damit der Huf, an dem die Injektion durchgeführt wird, voll belastet wird. Die Kanüle wird bis zum Konus vorgeschoben. 1,0 ml Orgotein werden injiziert. Wenn die Injektion schwierig ist, sollte die Kanüle 1 bis 2 mm zurückgezogen werden. Der normalerweise für die Injektion aufzuwendende Druck ist nur unwesentlich größer als bei einer intramuskulären Injektion. Wenn das Pferd nach einer Behandlung nicht wieder einsetzbar ist, kann diese nach fünf bis sieben Tagen wiederholt werden. Wenn sich der Zustand nicht innerhalb von zwei Tagen nach der zweiten Behandlung deutlich gebessert hat, sollten andere Behandlungsmethoden in Betracht gezogen werden.[5,14] Weiter sind auch direkte Injektionen von Orgotein in die Bursa podotrochlearis durchgeführt worden.[14] Bei der Injektion in die Bursa podotrochlearis muß aber große Sorgfalt aufgewandt werden, um das Einschleppen von Infektionen sowie eine Beschädigung der Sehnengleitfläche des Strahlbeines zu vermeiden. Diese Technik sollte vermieden werden, da schwere entzündliche Reaktionen zu einer monatelang anhaltenden, höchstgradigen Lahmheit führen können. Die Ergebnisse der statistischen Auswertungen von COFFIN et al.[5] sind in Frage gestellt worden.[12,24] Bei Anwendung des Fischer-Tests, der für die statistische Auswertung bei kleinen Stichproben am besten geeignet ist, konnte kein signifikanter Unterschied bei den Behandlungsergebnissen zwischen der mit Palosein behandelten und den Kontrollgruppen festgestellt werden.[12,24]

Eine Alternative zu dieser Behandlungsmethode ist die Therapie mit Blutgerinnungshemmern.[2,7] Dikumarol+ kann per os in einer Dosis von 0,018 mg/kg gegeben werden. Es ist aber in jedem Fall wichtig, eine individuell angepaßte Dosierung zu verwenden, da eine Überdosierung tödlich sein kann. Zum Ermitteln der korrekten Dosierung sollte die ursprüngliche Prothrombinzeit (physiologischerweise etwa 10 Sekunden) vor Beginn der Behandlung ermittelt werden. Während die Dikumaroltherapie täglich durchgeführt wird, wird die Prothrombinzeit zweimal wöchentlich gemessen, bis sie um zwei bis vier Sekunden verlängert ist. Hier ist Vorsicht angebracht, da eine Verlängerung der Prothrombinzeit auf das Doppelte des Normalwertes gefährlich ist. Wenn nach zehn Tagen keine Verlängerung der Prothrombinzeit erreicht worden ist, sollte die Dosierung in 20 %-Schritten erhöht werden, bis die gewünschte Verlängerung erreicht ist. Die Einstellung der Dosierung kann etwa sechs Wochen dauern, die wirksame Dosis kann zwischen 0,012 und 0,57 mg/kg liegen.[7] Nach erfolgter Einstellung der Dosis sollte alle zwei Monate die Prothrombinzeit kontrolliert werden. Andere Medikamente, wie Phenylbutazon, sollten nicht gleichzeitig gegeben werden, da es sonst zu tödlichen Blutungen kommen kann. Trotz der Angaben über den Behandlungserfolg von 80 %[13] zögern nach Erfahrung des Autors die meisten Kunden, diese Behandlung einleiten zu lassen. Dies liegt an der zum Einstellen der korrekten Dosierung benötigten Zeit, an den mit der Behandlung verbundenen Gefahren tödlicher Blutungen und an der notwendigen, lästigen Überwachung der Therapie.

In der letzten Zeit ist durch Isoxsuprin Hydrochlorid*, einen Wirkstoff, der zu peripherer Vasodilatation führt, Hoffnung auf eine wirksame medikamentelle Behandlung der Podotrochlose aufgekommen.[26] Dreizehn Pferde mit typischen klinischen und röntgenologisch darstellbaren Symptomen der Podotrochlose wurden mit Isoxsuprin Hydrochlorid behandelt. In diesem Versuch wurden zwölf Pferde nach der Behandlung mit Isoxsuprin Hydrochlorid in einer Dosierung von 0,6 mg/kg zweimal täglich über 6 bis 14 Wochen vollständig gesund. Neun dieser Pferde blieben 2 bis 10 Monate nach Ende der Behandlung völlig gesund.[26] Thermographische Untersuchungen zeigten eine effektive Steigerung der Oberflächentemperatur der Gliedmaße 90 bis 480 Minuten nach Applikation des Isoxsuprin Hydrochlorid mit einer maximalen Erhöhung um 3,1 °C vier Stunden nach der Behandlung.[26] Der Autor benutzt zur Zeit Tabletten zu 20 mg, die oral in einer Dosis von 0,66 mg/kg gegeben werden. Für ein Pferd von 500 kg sieht der Behandlungsplan wie folgt aus: 15 Tabletten zweimal täglich über 21 Tage, 15 Tabletten einmal täglich über 14 Tage, 15 Tabletten alle 2 Tage über 7 Tage. Die Tabletten sollten auf leeren Magen eine Stunde vor dem Füttern gegeben werden. In schwierigen Fällen kann die Dosis auf 1,32 mg/kg verdoppelt werden. Wenn innerhalb von sechs Wochen keine Besserung beobachtet wird, soll die Behandlung abgebrochen werden.

Chirurgische Maßnahmen

Kryoneurektomie. Eine Zerstörung der Nervi digitales palmares durch Kryochirurgie kann als eine begleitende Maßnahme angesehen werden, um Zeit für sachgemäße Versorgung des Hufes zu gewähren. Nach aseptischer Vorbereitung des Fesselkopfes und einer lokalen Anästhesie wird der Nervus digitalis palmaris an der Basis des jeweiligen Gleichbeines isoliert. Eine stumpfe Kryode wird mit Druck gegen die Haut angesetzt und dort festgehalten, bis der Nerv an der Haut fixiert ist und die umgebenden Strukturen sich nicht mehr verschieben lassen. Dies zu erreichen, kann zwei Sekunden bis zwei Minuten dauern, je nach Art der verwendeten Kryode. Eine zweite Applikation ist notwendig, wenn das gebildete Eis taut. Obwohl es zu einer Demarkation der Haut in diesem Bereich kommen kann, scheint die Blutversorgung nicht beeinträchtigt zu sein. Die Nachbehandlung umfaßt die lokale Anwendung antibiotischer Salben und Anlegen eines Verbandes.[14] Die Vorteile dieser Technik liegen darin, daß sie nicht invasiv ist und daß sich keine Neurome bilden. Die Nachteile sind u. a. das Wachsen weißer Haare, der ungewisse Erfolg und die kurze Wirkungsdauer von nur zwei bis vier Monaten. In weniger als 50 % der Fälle zeigten die nach dieser Methode behandelten Pferde noch vier Monate nach der Behandlung eine Besserung im Bewegungsablauf.[14]

Neurektomie der Nervi digitales palmares. Bei der Neurektomie der Nervi digitales palmares treten folgende Komplikationen auf:

1. *Bildung von Neuromen.* An allen geschädigten Nervenenden bilden sich Neurome. Nur schmerzhafte Neurome aber bedingen Probleme. Die Ursache ihrer Entstehung ist nicht sicher bekannt. Die Irritation des Nervs durch die Injektion von Lokalanästhetika und die traumatische Schädigung durch die Operation können allerdings als auslösende Faktoren beteiligt sein. Zu frühes Bewegen des Pferdes nach der Operation kann zu weiteren Reizungen führen. Folgende Maßnahmen sind zu berücksichtigen, um einige Ursachen der Neurombildung zu vermeiden:
a) Anästhesie des Nervus digitalis palmaris zur Neurektomie an der Basis des Gleichbeines. Dadurch werden zwar der dorsale und der palmare Ast anästhesiert, dafür wird aber vermieden, die Operationsstelle durch das Lokalanästhetikum zu reizen.

+ z. B. Coumadin®H Tabletten, Merrell Dow Pharma GmbH, Eisenstraße 4, 6090 Rüsselsheim (1 Tabl. enth. 5 mg Warfarin-Natrium).

* z. B. Vasoplex 20H, Isoxsuprin HCl (20 mg Tabletten), Lappe Arzneimittel, Niederlassung Bensberg der Bristol-Myers GmbH, Rosenstraße 10–20, 5060 Bergisch Gladbach 1.

b) Saubere Schnittführung durch das Gewebe mit Hilfe eines Messers; weitestgehendes Vermeiden von traumatischer Schädigung der subkutanen Gewebe und der tiefen Faszie.

c) Leichtes Strecken des Nervs vor dem Durchtrennen, Durchtrennen mittels eines einzigen glatten Schnittes. Dadurch kann sich das abgeschnittene Ende etwas nach proximal zurückziehen. Eine Umhüllung des Nervenstumpfes mit dem Epineurium scheint zum Vermeiden schmerzhafter Neurome anläßlich einer Neurektomie der Nervi digitales palmares günstiger zu sein, als wenn der Stumpf unbedeckt bleibt (Abb. 8.25). Ferner wird empfohlen, eine Ligatur am distalen Nervenstumpf anzulegen.

d) Halten der Wunde unter Verband, bis die vollständige Heilung erfolgt ist.

e) Postoperative Gabe von entzündungshemmenden Medikamenten mit Ausnahme der Kortikosteroide ist zur Prophylaxe von Entzündungen an der Operationsstelle sinnvoll.

f) Arbeitsruhe des Pferdes für mindestens sechs Wochen. Wenn sich im Anschluß an eine Neurektomie schmerzhafte Neurome zu entwickeln scheinen, können lokale Injektionen von 0,5 ml eines Kortikosteroides an der Operationsstelle jeweils im Abstand von drei Tagen in Verbindung mit parenteralen Injektionen eines Kortikoides oder von Phenylbutazon und das Auflegen von Packungen auf die Wunde die weitere Entwicklung des Neuromes verhindern.

2. *Ruptur der tiefen Beugesehne.* Diese tritt nach einer Neurektomie der Nervi digitales palmares auf, wenn die tiefe Beugesehne durch degenerative Veränderungen geschwächt und bindegewebig mit dem Strahlbein verwachsen ist. Sobald das Pferd die Gliedmaße normal zu belasten beginnt, werden diese Verwachsungen zerrissen und es kommt zu einer Ruptur der geschwächten, nekrotisch veränderten tiefen Beugesehne. Dies kann noch mehrere Wochen oder Jahre nach der Operation geschehen. Diagnostiziert wird die Ruptur der tiefen Beugesehne dadurch, daß die Zehenspitze des Hufes bei belasteter Gliedmaße hochsteht. Es gibt keine Behandlungsmöglichkeiten.

3. *Ausschuhen.* Wenn nach einer Neurektomie der Nervi digitales palmares weitere Operationen notwendig sind, um schmerzhafte Neurome zu entfernen, kann es zum Ausschuhen kommen (Abb. 8.24). Bei der Sektion zeigt sich in diesen Fällen, daß das Ausschuhen nicht durch den Ausfall der nervalen Versorgung bedingt ist: Die traumatischen Schäden durch die Operation und die an den Nervenenden im Sinne einer Regeneration des Nervs ablaufenden Veränderungen führen zur Zubildung von Gewebe im Bereich der jeweiligen Arteria digitalis palmaris, wodurch deren Lumen verlegt wird. In der Folge kommt es zu einer ischämischen Nekrose des Hufes und zum Ausschuhen. Daher sollte, wenn mehrere Operationen an derselben Seite durchgeführt werden müssen, besonders darauf geachtet werden, eine Beschädigung der Gewebe zu vermeiden. Die traumatischen Schäden sind geringer, wenn das Neurom belassen und der Nerv knapp oberhalb des Neuroms erneut durchtrennt wird. So wird nicht wieder an der Stelle operiert, wo sich das Neurom gebildet hat, sondern es wird ein proximal dieser Stelle gelegenes Teilstück des Nervs entfernt.

In jedem Fall sollte der Besitzer auf die Möglichkeit einer Komplikation durch Ausschuhen hingewiesen werden, besonders wenn eine zweite oder dritte Operation erforderlich sind.

4. *Regeneration der Nervi digitales palmares.* Nach Ablauf von sechs Monaten nach einer Neurektomie kann es jederzeit zu einer Regeneration der Nervi digitales palmares kommen. Dies wird durch das erneute Auftreten der vorher beobachteten Symptome deutlich. Mindestens 1,5 cm des Nervs sollten

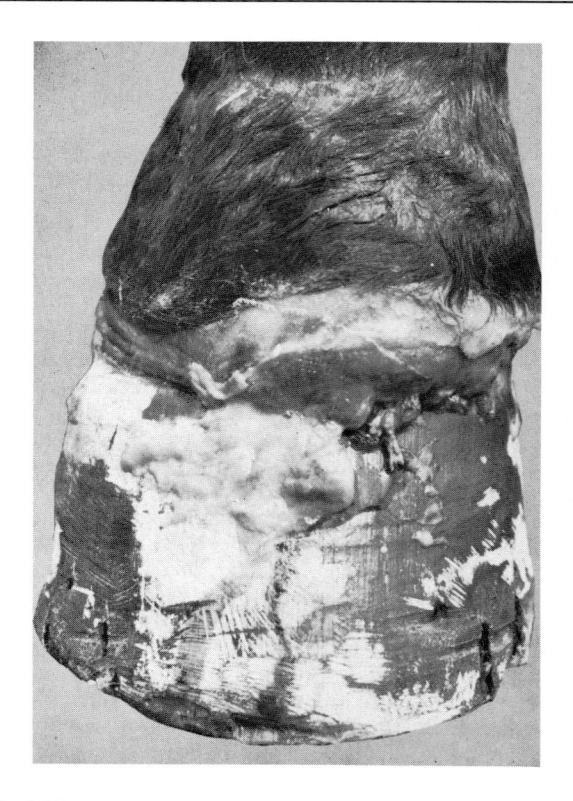

Abb. 8.24: Aussehen eines Hufes nach dem Ausschuhen infolge zweimaliger Durchführung einer Neurektomie. Die erste Operation war eine routinemäßige Neurektomie der Nervi digitales palmares, die zweite galt der Entfernung von Neuromen. Einige Wochen danach zeigte der Huf das obige Aussehen. Bei der Sektion wurden die Gefäße und Nerven isoliert. Die Nervenfasern und das Narbengewebe hatten die Zehenarterien vollständig eingeengt und waren sogar in ihr Lumen eingedrungen. Die Arterien waren für Wasser, das unter Druck injiziert wurde, nicht durchgängig.

bei der Operation entfernt werden. In manchen Fällen allerdings wird diese Lücke durch Regenerationsvorgänge am Nerv oder durch das Auswachsen neuer Nervenbahnen geschlossen. In diesen Fällen besteht die einzige Behandlungsmöglichkeit in einer erneuten Operation.

5. *Unvollständige Ausschaltung der Schmerzempfindung im Trachtenbereich.* Bei nahezu 50 % der Pferde sind abweichende Situationen bezüglich der Nervenversorgung festzustellen. Hierunter fallen auch kleine Äste des Nervus digitalis palmaris, die sich bereits weit oben in dessen Ursprungsbereich von dem Nerv getrennt haben. Diese kleinen Äste verlaufen subkutan und häufig entlang der Spornsehne. Während der Neurektomie sollte sorgfältig nach derartigen Ästen des Nervs Ausschau gehalten werden. Wenn sie nämlich nicht gefunden und daher nicht durchtrennt werden, bleibt ein gewisses Empfindungsvermögen in den hinteren Hufabschnitten zurück, wodurch die Operation nur einen Teilerfolg bringt. Eine andere Variation in der Nervenversorgung stellt ein palmarer Ast des Nervus digitalis dorsalis dar, der die tiefen hinteren Abschnitte des Hufes versorgt. In diesem Fall wäre die Neurektomie der Nervi digitales palmares erfolglos (Abb. 8.13).

Eine hohe Neurektomie der Nervi palmares ist nicht zu empfehlen. Bei dieser Technik ist es teilweise zum Ausschuhen gekommen, wofür der Verlust der Innervation verantwortlich gemacht wurde. Nach Meinung von ADAMS ist das Ausschuhen nicht auf die Unterbrechung der Innervation, sondern auf die Einengung der palmaren Arterien durch Binde- und Nervengewebe zurückzuführen, welches im Rahmen der Narbenbildung und durch die Regenerationsvorgänge am Nerv entsteht. Wenn die Blutversorgung in diesem Bereich eingeschränkt oder abgeschnitten ist, kommt es zum Ausschuhen. Dadurch wird erneut auf die Bedeutung hingewiesen, welche minimale traumatische Schädigungen während und angemessene Arbeitsruhe nach der Operation für die Prophylaxe dieser Komplikation haben. Viele Pferde sind nach der Neurektomie der Nervi digitales palmares gemäß dieser Technik lahmfrei; allgemein ist aber von dieser Methode wohl abzuraten.

Die einfache Neurektomie der Nervi digitales palmares (ohne anschließende Umhüllung des Nervenstumpfes) wird folgendermaßen durchgeführt: Das Pferd wird mit Tranquilizern vorbehandelt oder sediert, und der Bereich, in dem die Neurektomie durchgeführt wird, muß geschoren und rasiert werden. Die Haut wird auf etwa halber Höhe zwischen Fesselkopf und Saumbereich, knapp dorsal der oberflächlichen Beugesehne, zur Operation vorbereitet. 2 oder 3 ml eines geeigneten Anästhetikums werden mit einer 0,5/25-mm-Kanüle über dem Nerv an der abaxialen Oberfläche des medialen und lateralen Gleichbeines injiziert. Die Arterie kann dort, wo sie über diesen Bereich verläuft, palpiert werden, und der Nerv liegt knapp palmar bzw. plantar der Arterie. Durch Infusion des Anästhetikums in der Umgebung des Nervs wird eine lokale Anästhesie sowohl des Nervus digitalis palmaris als auch des Nervus digitalis dorsalis erreicht. Hierdurch wird die reizende Wirkung des Anästhetikums direkt an der Operationsstelle vermieden. Wenn aber eine Neurektomie kurze Zeit nach einer Anästhesie der Nervi digitales palmares in der Fesselbeuge auf $\frac{1}{3}$ der Entfernung zwischen Fesselkopf und Hufsaum durchgeführt werden soll, kann die gleiche Anästhesie bei der Vorbereitung der Operation Verwendung finden. Zur Durchführung dieser Injektionen sollte dem Pferd eine Oberlippenbremse angelegt werden. Nach Überprüfung der Palmarfläche der Fesselbeuge bezüglich des Sitzes und der Vollständigkeit der Anästhesie wird ein etwa 4 cm langer Hautschnitt am Dorsalrand der oberflächlichen Beugesehne durchgeführt. Der Schnitt geht durch die Haut und die subkutanen Gewebe. Nun werden die Gewebe durch die Backen einer Arterienklemme oder mit dem Messer vorsichtig freipräpariert. Wichtig ist, daß die Gewebe dabei nicht mehr als unbedingt notwendig geschädigt werden. Die Spornsehne, die subkutan liegt, kann entfernt oder zur Seite geschoben werden. Besser ist es, sie unbeschädigt zu lassen, um die Bildung von Narbengewebe auf ein Minimum zu beschränken. Nun wird sorgfältig nach akzessorischen Ästen des Nervus digitalis palmaris gesucht, die häufig nahe der Spornsehne verlaufen. Der Nerv selbst findet sich knapp palmar der Arterie in einer Tiefe von etwa 1 cm. Er sollte vor dem Durchtrennen sicher identifiziert werden. Die Position der Strukturen ist wie folgt: Die Vene liegt dorsal, die Arterie in der Mitte und der Nerv palmar. Der Nerv kann identifiziert werden, indem eine Arterienklemme darunter geschoben wird und dann mit dem Daumennagel die Längsfasern der Axone palpiert werden. Der Nerv sollte erst angezogen und proximal durchtrennt werden, dann wird ein 2 cm langes Segment des Nervs entfernt. Eine Ligatur des distalen Nervenstumpfes mit 4-0 Nylon wird zur Prophylaxe einer Reinnervation empfohlen. Das subkutane Gewebe wird mit synthetischem absorbierbaren Nahtmaterial der Stärke 2-0 und die Haut mit Nylon (2-0) genäht. Das Vorgehen wird an dem gegenüberliegenden Nerv und, wenn nötig, an der gegenüberliegenden Gliedmaße wiederholt. Ein Druckverband wird angelegt und das erste Mal nach vier Tagen, dann je nach Situation gewechselt. Insgesamt steht das Pferd drei Wochen lang mit Verband. Die Fäden werden nach zehn Tagen gezogen, nach sechs Wochen kann das Pferd wieder belastet werden. Diese Operationstechnik ist nicht optimal, da sich bei etwa 25 % der auf diese Weise operierten Pferde schmerzhafte Neurome bilden. BEEMAN berichtet allerdings von einer Häufigkeit von weniger als 1 % für die Bildung von Neuromen bei Anwendung dieser Technik.[3]

Die beste zur Zeit verfügbare Methode, die Bildung schmerzhafter Neurome zu verhindern, ist wohl die Umhüllung des Nervenstumpfes mit Epineurium.

Andere Methoden, welche die Bildung schmerzhafter Neurome verhindern sollen, sind u. a. die Kryoneurektomie, Einsetzen elastischer Schläuche und Versenken des proximalen Nervenstumpfes in das Fesselbein.[10,11,16]

Das Pferd wird in Seitenlage gebracht, und die Operationsstellen werden zur aseptischen Operation vorbereitet. Die Vorbereitung aller vier Operationsstellen sollte zur gleichen Zeit erfolgen, damit nach Operation der ersten beiden Nerven das Pferd zur Neurektomie der anderen beiden Nerven nur über den Rücken auf die andere Seite gewälzt werden muß und keine Zeit durch eine zusätzliche Vorbereitung verloren wird.

Der Nervus digitalis palmaris medialis der unten liegenden und der Nervus digitalis palmaris lateralis der oben liegenden Schultergliedmaße werden zuerst operiert. Hierzu wird am dorsalen Rand der oberflächlichen Beugesehne ungefähr auf halber Höhe der Fesselbeuge ein 2,5 bis 4 cm langer Einschnitt vorgenommen. Haut und Faszie werden durchtrennt, und die Spornsehne wird identifiziert. Die Umgebung der Spornsehne wird sorgfältig auf eventuelle akzessorische Äste des Nervus digitalis palmaris untersucht. Bei nahezu 50 % der operierten Pferde findet sich hier ein akzessorischer Ast. In diesem Fall wird ein etwa 2,5 cm langes Teilstück davon entfernt und die Suche nach dem Hauptast des Nervus digitalis palmaris fortgesetzt. Dieser verläuft palmar der Arteria digitalis palmaris unterhalb der Spornsehne. Nach Freilegen des Nervs wird dieser auf einem etwa 2,5 cm langen Stück von sämtlichen Anteilen der Faszie sowie des Bindegewebes befreit. Dann wird er möglichst weit distal durchtrennt und der proximale Nervenstumpf aus der Einschnittstelle vorgezogen (Abb. 8.25 A). Unter Verwendung einer stumpfen Pinzette aus der Augenheilkunde oder eines Irisspatels werden die Axone des durchtrennten Nervs fixiert, während das Epineurium sorgfältig zurückgelagert wird (Abb. 8.25 A). Nachdem die Axone auf etwa 0,6 cm Länge freigelegt worden sind, werden sie mit einer kleinen gebogenen Moskitoklemme fixiert. Während ein Assistent die Klemme hält und den Nerv streckt, legt der Operateur das Epineurium mit Hilfe von zwei stumpfen Pinzetten oder einem Irisspatel auf einer Entfernung von 2,5 bis 3,5 cm zurück (Abb. 8.25 B).

Eine einfachere Methode, das Epineurium zurückzulagern, besteht darin, den proximalen Nervenstumpf sanft zwischen Daumen und Zeigefinger hin und her zu rollen, um die Spitzen der Axone freizulegen. Diese werden dann mit einer geraden Moskitoklemme fixiert. Der durch die Klemme mitfixierte Rest des Epineuriums wird mittels einer Bard-Parker-Skalpellklinge der Größe 15 entfernt. Nach Freilegen und Fixieren der Axone wird eine weitere Moskitoklemme verwandt, um das Epineurium proximal zurückzulagern. Die Klemme wird dabei mit nur mäßigem Druck geschlossen. Sobald das Epineurium sich abzulösen beginnt, ist die weitere Präparation leicht. Durch Üben an den Gliedmaßen toter Pferde kann diese Technik perfektioniert werden. Wenn der Chirurg damit vertraut ist, benötigt er weniger als eine Minute, um das Epineurium vom Nerv abzulösen.

Am proximalen Bereich der freigelegten Axone wird ein Einschnitt durch eine Hälfte des Nervenquerschnittes geführt. Fünf Millimeter weiter distal wird die andere Hälfte des Nervenquerschnittes durchtrennt (Abb. 8.25 C). Danach wird der Nerv 5 mm distal dieser letzten Einschnittstelle abgesetzt (Abb. 8.25 D). Das Epineurium wird dann wieder über das gekürzte Nervenende gelegt und knapp distal der Stelle, an der die Axone durchtrennt worden sind, mit zwei Heften aus 4−0 Nylon vernäht (Abb. 8.25 E). Alternativ kann das Ende des Epineuriums umgeschlagen und mit einer Naht fixiert werden, um das Risiko einer Reinnervation auszuschließen. Die überstehenden Anteile des Epineuriums werden dann abgeschnitten und der Nerv reponiert. Das Ende des distalen Nervenstumpfes wird mit 4−0 Nylon ligiert, um eine Reinnervation zu vermeiden. Faszie und Spornsehne werden über dem Nerv vernäht, wobei die Nadel den Nerv nicht durchstechen darf. Die Naht erfolgt mit Einzelheften aus synthetischem resorbierbaren Material und mit einer atraumatischen Nadel. Die Haut wird mit Einzelheften aus 2−0 Nylon geschlossen. Danach wird ein Druckverband aus elastischem Verbandmull und elastischem Klebeband angelegt. Dieser wird nach etwa vier Tagen gewechselt. Zehn Tage nach der Operation werden die Fäden gezogen. Die Gliedmaße wird für mindestens 21 Tage unter einem Druckverband belassen. Das Pferd bekommt etwa sechs Wochen Ruhe.

Wenn die Neurektomie mit der beschriebenen Technik durchgeführt wird, ist die Gefahr verringert, daß sich Neurome bilden. Während der Operation ist sorgfältig darauf zu achten, daß das Epineurium keinesfalls zerschnitten oder zerrissen wird. Durch jede Verletzung des Epineuriums können Axone auswachsen, was zur Bildung eines schmerzhaften Neuroms führen kann. Beim Zurücklagern des Epineuriums verbleiben oft ein oder mehrere Axone am Epineurium. Diese werden erst dann losgeschnitten, wenn das Epineurium vollständig zurückgelagert und die Axone in diesem Bereich vollständig freigelegt worden sind. Die im Epineurium eingeschlossenen Axone neigen weniger zum Auswachsen und zur Bildung eines schmerzhaften Neuroms. Desgleichen findet hier seltener eine Regeneration des Nervs oder Bildung neuer Nervenbahnen statt. Dennoch besteht auch bei der besten Operationstechnik das Risiko, daß eine Regeneration der Nerven erfolgt (Abb. 8.26). Bei der Neurektomie der Nervi digitales palmares mit Umhüllung des Nervenstumpfes durch das Epineurium ist außerdem die Gefahr geringer, daß es zu einer Einengung der Zehenarterie und zur Unterbrechung der Blutversorgung des Hufes kommt. Wenn die Nerven nicht die normale Stärke zu haben scheinen, muß immer eine sorgfältige Suche nach eventuellen akzessorischen Ästen erfolgen. Bei etwa 50 % der operierten Pferde liegen Variationen in der Nervenversorgung vor. Häufig verläuft ein subkutaner Ast entlang der Spornsehne. Dieser Ast liegt weiter oberflächlich als der Nervus digitalis palmaris selbst. Es handelt sich um einen kleinen Ast, der aber ausreicht, den vollen Erfolg der Neurektomie zu verhindern.

Prognose

Die Prognose ist in allen Fällen vorsichtig zu stellen. Dies wird durch die Beobachtung unterstützt, daß nur 9 von 38 Pferden nach der Behandlung gesund wurden und daß kein deutlicher Vorteil der medikamentellen oder chirurgischen Behandlung feststellbar ist.[1] Dennoch kann für die Zukunft wohl dank der Entwicklung neuer Medikamente wie Isoxsuprin Hydrochlorid* eine bessere Prognose angenommen werden.[26] Die Neurektomie sollte als der letzte Ausweg angesehen werden und kann dann eine weitere jahrelange Nutzung des Pferdes ermöglichen.

Die Neurektomie der Nervi digitales palmares ist für Rennpferde nicht in allen Staaten der USA und Europas erlaubt. Daher sollte sich der Tierarzt bei der für den jeweiligen US-Staat zuständigen Stelle erkundigen, bevor er die Operation durchführt. Außerdem kann der Staat die Operationsstelle vorschreiben. Solange nur eine Neurektomie des Nervus digitalis palmaris auf halber Höhe der

---

* z. B. Vasoplex 20®H, Isoxsuprin HCl (20 mg Tabletten) Lappe Arzneimittel, Niederlassung Bensberg der Bristol-Myers GmbH, Rosenstraße 10-20, 5060 Bergisch Gladbach 1.

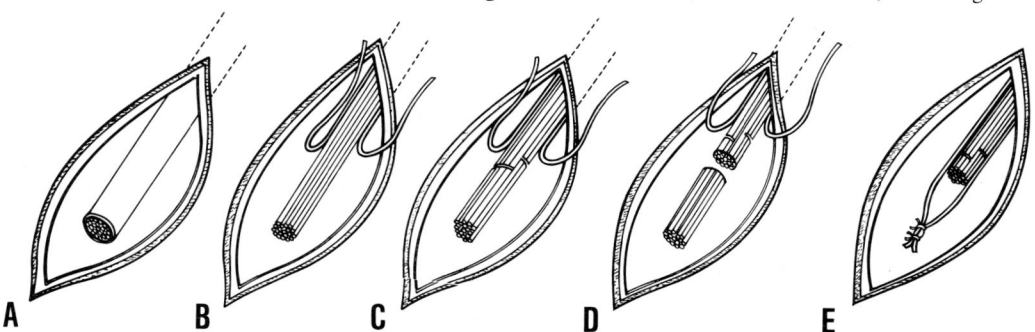

Abb. 8.25: Technik der gedeckten Neurektomie des Nervus digitalis palmaris. **A** Hautschnitt mit Isolierung und Durchtrennung des Nervs. **B** Epineurium-Scheide zurückgelagert. **C** Querschnitt der Axone von zwei Seiten aus jeweils halb durchtrennt. **D** Entfernung des distalen Segmentes des proximalen Nervenstumpfes. Das partiell durchschnittene Segment bleibt erhalten. **E** Zurückverlagerung der Epineurium-Scheide über den Nervenstumpf mit zwei Ligaturen am distalen Ende der entstandenen Manschette.

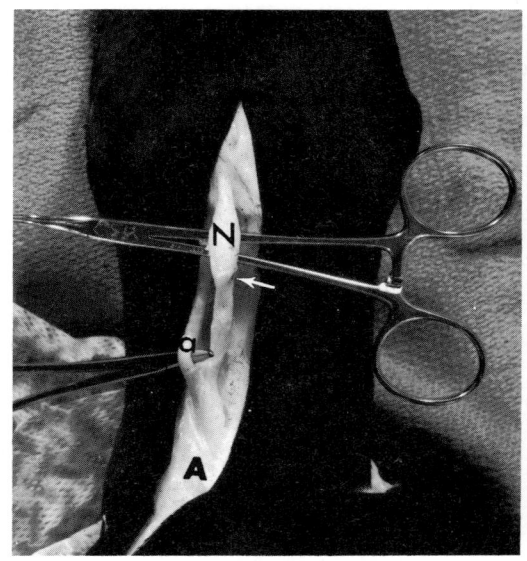

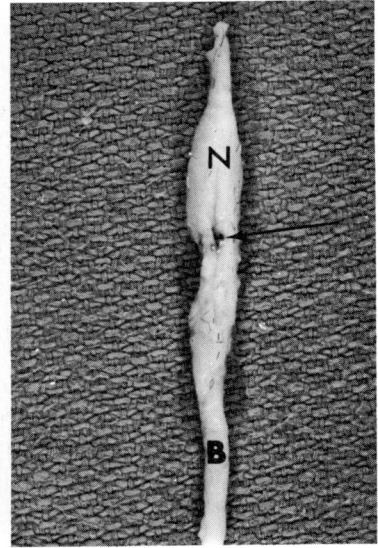

Abb. 8.26: Beispiel für eine Regeneration des Nervus digitalis palmaris ein Jahr nach der Neurektomie, trotz Umhüllung des Nervenstumpfes mit Epineurium. **A** Sektionspräparat mit Darstellung von Neurom (N), Ligaturstellen an der Epineurium-Manschette (Pfeil) und Arterie (a). **B** Präparat des Nervs mit Darstellung des Neuroms (N), der Ligatur (Pfeil) und des normal strukturierten Anteiles des Nervs distal der Ligatur.

Fesselbeuge vorgenommen wurde, ist die Trittsicherheit des Pferdes nach der Operation ausreichend. Obwohl der Trachtenbereich schmerzunempfindlich ist, können Infektionen im Anschluß an Nageltrittverletzungen in diesem Bereich in sehr kurzer Zeit Gebiete erreichen, deren Schmerzempfindlichkeit erhalten geblieben ist. Im Zusammenhang mit der Neurektomie auftretende Komplikationen sind bereits beschrieben worden. Hierbei handelt es sich u. a. um schmerzhafte Neurombildungen, Ruptur der tiefen Beugesehne, Reinnervation, Versorgung des Trachtenbereiches durch akzessorische Nervenäste und Ausschuhen. Bei der Bildung schmerzhafter Neurome und der Reinnervation wird die Neurektomie wiederholt. Bei Vorliegen eines Neuroms erfolgt eine erneute Neurektomie oberhalb des Neuroms vorzugsweise mit Umhüllung des Stumpfes durch Epineurium. Wenn eine Versorgung durch akzessorische Nervenäste vermutet wird, sollte bei der Operation sorgfältig auf diese kleinen Äste geachtet werden, die subkutan nahe der Sporrsehne liegen. Methoden, mit denen versucht wird, die Bildung von Neuromen zu verhindern, sind schon besprochen worden. Die einzige befriedigende Methode, eine Innervation durch den Nervus digitalis dorsalis auszuschließen, ist die Neurektomie desselben.

Ausgewählte Literatur

1. ACKERMAN, N., JOHNSON, J. H., and DORN, R. C.: Navicular disease in the horse: risk factors, radiographic changes and response to therapy. J. Am. Vet. Med. Assoc., **170:** 183, 1977.
2. ADAMS, O. R.: Lameness in Horses. Philadelphia, Lea & Febiger, 1974, p. 250.
3. BEEMAN, M. G.: Personal Communication, 1983.
4. CARLSON, W. D.: Veterinary Radiology. Philadelphia, Lea & Febiger, 1967, p. 597.
5. COFFMAN, J. R., et al.: Orgotein in equine navicular disease: a double blind study. J. Am. Vet. Med. Assoc., **174:** 261, 1979.
6. COLLES, C. M.: Ischemic necrosis of the navicular bone of the horse and its treatment. Vet. Rec., **104:** 137, 1979.
7. COLLES, C. M.: A preliminary report on the use of Warfarin in the treatment of navicular disease. Eq. Vet. J., **11:** 187, 1979.
8. COLLES, C. M., and HICKMAN, J.: The arterial supply of the navicular bone and its variations in navicular disease. Eq. Vet. J., **9:** 150, 1977.
9. DOUGLAS, S. W., and WILLIAMSON, H. D.: Veterinary Radiological Interpretation. Philadelphia, Lea & Febiger, 1970, p. 136.
10. EVANS, L. H., et al.: Prevention of painful neuroma in horses. J. Am. Vet. Med. Assoc., **153:** 313, 1968.
11. FACKELMAN, G. E., and CLODIUS, L.: New technique for posterior digital neurectomy in the horse. VM/SAC, **67:** 1339, 1972.
12. FISCHMAN, H. R.: Letters to the editor. J. Am. Vet. Med. Assoc., **174:** 1074, 1979.
13. FRICKER, C. H., REIK, W., and HUGELSHOFER, J.: Occlusion of the digital arteries. A model for pathogenesis of navicular disease. Eq. Vet. J., **14:** 203, 1982.
14. JOHNSON, J. H.: The Foot. In Equine Medicine and Surgery, 3rd Ed. Edited by R. A. Mansmann, and E. S. McAllister. Santa Barbara, American Veterinary Publications, 1982, p. 1044.
15. KEALY, J. K.: Navicular Disease. Acta Radiol. (Suppl.), **319:** 63, 1972.
16. LOSE, M. P., and HOPKINS, E. J.: Posterior digital neurectomy in the horse. VM/SAC **71:** 317, 1976.
17. LOWE, J. E.: Sex, Breed and Age Incidence of Navicular Disease. Proc. 20th Ann. AAEP, 1976, p. 37.
18. MORGAN, J. P.: Radiology in Veterinary Orthopedics. Philadelphia, Lea & Febiger, 1972, p. 364.
19. MOYER, W.: Diseases of the Equine Heel. Proc. 25th Ann. AAEP, 1979, p. 21.
20. NUMANS, S. R., and VAN DER WATERING, C. C.: Navicular disease podotrochlitis chronica aseptica podotrochlosis. Eq. Vet. J., **5:** 1, 1973.
21. O'BRIEN, T. R., et al.: Navicular disease in the thoroughbred horse: a morphologic investigation relative to a new radiographic projection. J. Am. Vet. Radiol., **16:** 39, 1975.
22. OSTBLOM, L., LUND, C., and MELSEN, F.: Histological study of navicular bone disease. Eq. Vet. J., **14:** 199, 1982.
23. POOL, R. R.: Personal Communication, 1983.

24. POWERS, J.: Letters to the Editor. J. Am. Vet. Med. Assoc., **174**: 1060, 1979.
25. ROONEY, J. R.: Biomechanics of Lameness in Horses. Baltimore, Williams and Wilkins Co., 1969, p. 180.
26. ROSE, R. J., ALLEN, J. R., and HODGSON, D. R.: Studies on isoxsuprine hydrochloride for treatment of navicular disease. Eq. Vet. J., **15**: 238, 1983.
27. ROSE, R. J., TAYLOR, B. J., and STEEL, J. D.: Navicular disease in the horse: an analysis of seventy cases and assessment of a special radiographic view. J. Eq. Med. Surg., **2**: 492, 1978.
28. TURNER, T. A., and FESSLER, J. F.: The anatomic, pathologic and radiographic aspects of navicular disease. Cont. Ed., **4**: S 350, 1982.
29. TURNER, T. A., et al.: Thermographic evaluation of horses with podotrochleosis. Am. J. Vet. Res., **44**: 536, 1983.
30. VALDEZ, H., ADAMS, O. R., and PEYTON, L. C.: Navicular disease in the hindlimbs of the horse. J. Am. Vet. Med. Assoc., **172**: 291, 1978.
31. VAN DE WATERING, C. C:, and MORGAN, J. P.: Chip fractures as a radiographic finding in navicular disease in the horse. J. Am. Radiol. Soc., **16**: 206, 1975.
32. WILKINSON, G. T.: The pathology of navicular disease. Br. Vet. J., **109**: 38, 1963.
33. WINTZER, H. J., und SCHLARMAN, B.: Zur arteriellen Blutversorgung des Strahlbeins und der Gleichbeine beim Pferd. Zbl. Vet. Med. A., **18**: 646, 1971.

Strahlbeinfrakturen

Strahlbeinfrakturen sind selten; sie können infolge des Podotrochlose-Syndroms oder auf der Grundlage einer traumatischen Schädigung des Hufes entstehen.
Es gibt generell vier Arten von Frakturen, die das Strahlbein betreffen:
1. Chip-Frakturen,[5,7,8]
2. einfache Frakturen,[8,9]
3. Trümmerfrakturen[9] und
4. kongenitale Zusammenhangstrennungen.[3]

Letztere werden nicht als echte Frakturen betrachtet und daher in diesem Abschnitt nicht angesprochen.

Zu 1. Chip-Frakturen betreffen in der Regel den Distalrand des Strahlbeines. Sie werden selten diagnostiziert und treten gleichzeitig mit anderen röntgenologisch darstellbaren Anzeichen der Podotrochlose auf.[8] Die Form der Knochenfragmente reicht von rechteckig bis ellipsoid, ihr Durchmesser von 0,2 bis 1,2 cm.[8] VAN DE WATERING und MORGAN berichteten in einer retrospektiven Untersuchung der Röntgenaufnahmen von mehr als 400 Fällen, in denen röntgenologisch Veränderungen im Sinne einer Podotrochlose nachweisbar waren, über 50 Fälle von Chip-Frakturen am Distalrand des Strahlbeines.[8] Nur in drei dieser Fälle bestanden gleichzeitig keine weiteren röntgenologisch nachweisbaren Symptome einer Podotrochlose. Die Veränderungen wurden mit größter Häufigkeit bei Pferden im Alter von fünf bis neun Jahren beobachtet. Dies entspricht der Altersgruppe, die vermehrt an Podotrochlose erkrankt.

Zu 2. Einfache Frakturen können vertikal, leicht schräg oder transversal verlaufen.[8,9] Die vertikalen und leicht schrägen Frakturen treten in der Regel medial oder lateral ziemlich dicht am Strahlbeinkamm auf. Im allgemeinen findet bei diesen Frakturen keine Dislokation statt, die Frakturteile sind aber in der Regel etwas auseinander gerückt, so daß röntgenologisch ein deutlicher Frakturspalt zu erkennen ist (Abb. 8.27). Einfache Strahlbeinfrakturen treten meist an den Schultergliedmaßen auf, obwohl auch Berichte über derartige Frakturen an den Beckengliedmaßen vorliegen.[3,9] Diese Frakturen werden selten diagnostiziert, ihre relative Häufigkeit wird mit 6 von 1000[2] bzw. 3 von 150[9] in die Klinik eingelieferten Pferden angegeben.

Zu 3. Trümmerfrakturen sind wohl noch seltener als die einfachen Frakturen.[9] Bei Trümmerfrakturen kann es zu einer proximalen oder distalen Dislokation der Fragmente kommen.[2]

Ätiologie

Chip-Frakturen. Aufgrund der Beurteilung von Röntgenaufnahmen scheinen die Chip-Frakturen Abrißfrakturen zu sein. Die Knochenoberflächen sind scharf, bei guter Dichte des umgebenden Knochengewebes. Da diese Frakturen häufig zusammen mit anderen röntgenologisch nachweisbaren Anzeichen der Podotrochlose vorkommen, ergibt sich die Vermutung, daß die bei der Podotrochlose am Distalrand des Strahlbeines ablaufenden pathologischen Veränderungen eine Prädisposition für derartige Frakturen darstellen.[8]

Einfache Frakturen und Trümmerfrakturen. Extreme Erschütterung des Hufes oder chronische Veränderungen im Rahmen des Podotrochlose-Syndroms können der Anlaß für eine Strahlbeinfraktur sein. Bei einer primären Demineralisation des Strahlbeines kann es nach Neurektomie der Nervi digitales palmares zu Frakturen an den Stellen kommen, wo die tiefe Beugesehne und das Strahlbein miteinander verwachsen sind, wenn das Pferd die Gliedmaße wieder normal zu benutzen beginnt. Der demineralisierte Knochen kann aufgrund der direkten Belastung durch die verwachsenen Bereiche oder durch den Druck der tiefen Beugesehne auf das Strahlbein brechen. Strahlbeinfrakturen an den Beckengliedmaßen können auftreten, wenn das Pferd gegen harte Gegenstände schlägt.

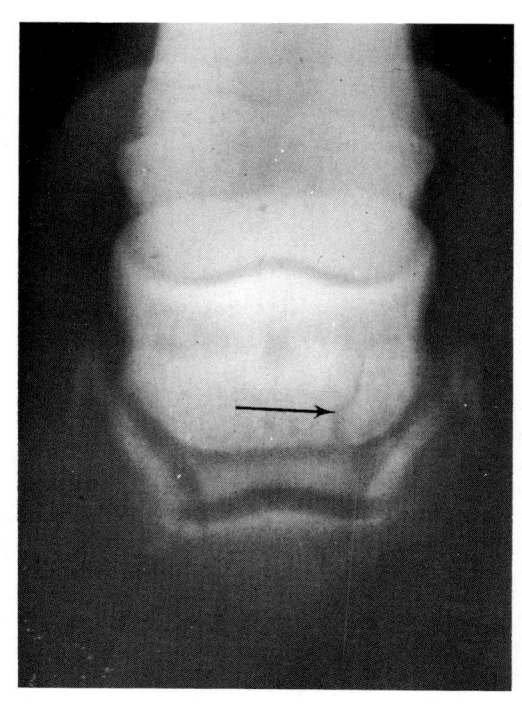

Abb. 8.27: Strahlbeinfraktur (Pfeil).

Symptome
Die Symptome sind mit denen der Podotrochlose identisch, treten aber eher akut auf. Möglicherweise fällt eine einseitige Zwanghufbildung an einem Vorderhuf auf, besonders, wenn nur die Fraktur und nicht gleichzeitig eine bilaterale Podotrochlose vorliegt. Die Fraktur ist durch Röntgenaufnahmen festzustellen (Abb. 8.27).

Differentialdiagnose
Bei der Diagnose von Strahlbeinfrakturen ist große Sorgfalt angebracht, da in demselben Bereich der Röntgenaufnahme die seitlichen Strahlfurchen als überlagernde Linien dargestellt sein können. Diese Linien sind häufig die Ursache dafür, daß irrtümlich Strahlbein- oder Kronbeinfrakturen diagnostiziert werden. Wenn sich derartige Linien oberhalb oder unterhalb des Strahlbeines fortsetzen, handelt es sich mit Sicherheit nicht um einen Frakturspalt. Im Zweifelsfall ist die Röntgenaufnahme in einer etwas anderen Aufnahmerichtung zu wiederholen. Wenn der vermeintliche Frakturspalt sich nun in dieser neuen Aufnahme oberhalb oder unterhalb des Knochens fortsetzt, handelt es sich nicht um einen Frakturspalt. Die Aufnahmetechnik mit dem Huf im Wasserbad beseitigt in der Regel dieses Problem. Chip-Frakturen sind möglicherweise röntgenologisch schwierig darzustellen, und eine genaue Kontrolle ist notwendig, um diese zu erkennen. Der Huf sollte ausgeschnitten und peinlichst gesäubert werden, um die Wahrscheinlichkeit zu vermindern, daß derartige täuschende Linien auf den Röntgenaufnahmen auftreten.

Therapie
Die Heilungstendenz bei Strahlbeinfrakturen ist gering, in den meisten Fällen bleibt die Trennung bestehen. Die Behandlung bei Chip-Frakturen erfolgt ähnlich, wie bei Podotrochlose beschrieben. Wenn die konservativen Methoden erfolglos bleiben, sollte eine Neurektomie der Nervi digitales palmares erwogen werden. Bei einfachen, traumatisch bedingten Frakturen kann die Lahmheit möglicherweise durch eine Neurektomie der Nervi digitales palmares beseitigt werden.[1–3,6] JOHNSON schlägt vor, bei einer akuten Strahlbeinfraktur das Pferd zunächst vier bis sechs Monate lang mit einem geschlossenen Eisen und zwei Seitenwandaufzügen zu beschlagen. Nach Ablauf dieser Zeit sollte seiner Ansicht nach eine Neurektomie durchgeführt werden, wenn der orthopädische Beschlag keine befriedigenden Ergebnisse gebracht hat.[3] FREUDENBERG beobachtete die zufriedenstellende Ausheilung einer Strahlbeinfraktur nach 13 Monaten Arbeitsruhe.[2] NEMETH und DIK berichteten vor kurzem über die erfolgreiche Behandlung von Sagittalfrakturen des Strahlbeines bei fünf Pferden durch Druckosteosynthese mittels Knochenschrauben.[4] Die Behandlung von Trümmerfrakturen kann sich noch schwieriger gestalten. Auch hier kann versuchsweise eine Neurektomie durchgeführt werden. In jedem Fall sollte aber durch eine Leitungsanästhesie der Nervi digitales palmares zuvor abgeklärt werden, wieweit durch eine Neurektomie ein Erfolg zu erwarten ist. Möglicherweise ist es sinnvoll, durch längere Arbeitsruhe eine Heilung der Fraktur zu begünstigen und das Auftreten weiterer Schäden an den umgebenden Strukturen zu vermeiden.

Prognose
Die Prognose ist ungünstig; durch eine Neurektomie der Nervi digitales palmares ist aber bei einigen Pferden unter Umständen eine begrenzte Nutzung zu ermöglichen.

Ausgewählte Literatur
1. FESSLER, J. F., and AMSTUTZ, C. C.: Fracture Repair. *In* Large Animal Surgery. Edited by F. W. Oehme, and J. E. Prier, Baltimore, Williams & Wilkins Co., 1974, p. 296.
2. FREUDENBERG, F. R.: Über Spontanfrakturen des Strahlbeines beim Pferd. Dtsch. tierärztl. Wschr., **66**: 57, 1959.
3. JOHNSON, J. H.: The Foot. *In* Equine Medicine and Surgery. 3rd Ed. Edited by R. A. Mansmann, and E. S. McAllister. Santa Barbara, American Veterinary Publications, 1982, p. 1044.
4. NEMETH, F., and DIK, K. J.: Lag screw fixation of sagittal navicular bone fractures in five horses. Eq. Vet. J., **17**: 137, 1985.
5. NUMANS, S. R., and VAN DE WATERING, C. C.: Navicular Disease. Podotrochlitis chronica aseptica Podotrochlosis. Eq. Vet. J., **5**: 1, 1973.
6. SCHLEITER, H., und DIETZ, O.: Spontanfrakturen des Strahlbeines und Strahlbein-Luxation beim Pferd. Berl. Münch. tierärztl. Wschr., **70**: 409, 1957.
7. SMYTHE, R. A.: Fractures of the Navicular Bone. Vet. Rec., **73**: 1009, 1961.
8. VAN DE WATERING, C. C., and MORGAN, J. P.: Chip Fractures as a Radiologic Finding in Navicular Disease of the Horse. J. Am. Radiol. Soc., **16**: 206, 1975.
9. VAUGHN, L. C.: Fractures of the Navicular Bone. Vet. Rec., **73**: 95, 1961.

Einseitiger Trachtenzwang
Beim einseitigen Trachtenzwang kommt es durch übermäßige einseitige Belastung im Trachtenbereich des Hufes zu strukturellen Veränderungen der bindegewebigen Anteile zwischen den Ballen.[2,3] Der Huf ist medial oder lateral im Trachtenbereich unregelmäßig geformt, wodurch es zu einer vermehrten einseitigen Belastung kommt (Abb. 8.28). Der Grad des Schadens und der Lahmheit ist proportional zu dem Zeitraum, in dem die Veränderung vorliegt, und zu dem Grad der Unregelmäßigkeit der Hufform.[1,3] Der einseitige Trachtenzwang kann die Ursache für chronische Empfindlichkeit im Trachtenbereich (ähnlich wie bei Podotrochlose), für Hornspalten in der Trachten- und Seitenwand sowie für Eckstrebenbrüche und tiefe Strahlfäule in der mittleren Strahlfurche sein. Ferner kann der einseitige Trachtenzwang die Entwicklung des Podotrochlose-Syndroms begünstigen.[2]

Ätiologie
Unsachgemäßes Ausschneiden und unsachgemäßer Beschlag des Hufes, wobei der Huf im Trachtenbereich auf einer Seite länger belassen wird als auf der anderen, sind die häufigsten Ursachen dieser Veränderung.[1,2] Hierzu kommt es leicht, da ein Schmied, der Rechtshänder ist, dazu neigt, beim Kürzen des Hufes im Trachtenbereich an der lateralen Seite des linken Vorderhufes und an der medialen Seite des rechten Vorderhufes etwas mehr Horn zu entfernen.[1,2] Da bei dieser Veränderung die Trachtenwände desselben Hufes unterschiedlich lang und hoch sind, ist der Huf nicht im Gleichgewicht, und der Trachtenbereich auf der länger belassenen Seite des Hufes wird übermäßig belastet. Dies verursacht unphysiologische Scherkräfte zwischen den Hufballen, und es kommt zu einer strukturellen Schädigung des Bindegewebes in diesem Bereich. Des weiteren entwickelt sich anscheinend bei Pferden mit langen Zehen und kurzen Trachten

516 Kapitel 8: Lahmheit

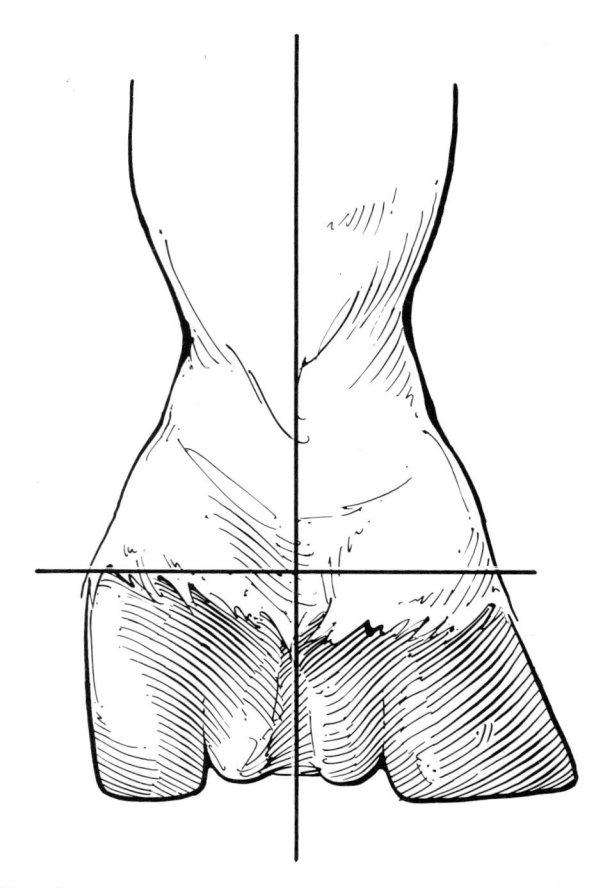

Abb. 8.28: Schematische Darstellung des einseitigen Trachtenzwanghufes. Die linke Trachtenwand ist deutlich höher, und der linke Ballen liegt deutlich höher als der rechte. Die Hufwand ist auf der betroffenen (linken) Seite steiler, während sie auf der niedrigeren (rechten) Seite flacher und vorgewölbt ist. In der Bewegung berührt der linke Trachtenbereich den Boden zuerst, wodurch es zu einer proximalen Verlagerung des linken Ballens kommt.

besonders leicht ein einseitiger Trachtenzwanghuf.[4] Diese Verformung im Trachtenbereich wird in Nordamerika häufig bei Vollblütern beobachtet, die zu Rennen eingesetzt werden. Ferner tritt sie auf, wenn bei jungen Pferden versucht wird, durch Hufkorrekturen Stellungsfehler zu beeinflussen.[2] So ist es beispielsweise üblich, an der medialen Seite des Hufes einen Keil zwischen Hufeisen und Hufwand zu legen und an der lateralen Seite Trachten- und Seitenwand zu kürzen (mehr Horn zu entfernen), wenn ein Pferd bodenweit und zehenweit steht. Obwohl die Gliedmaße dann ästhetisch besser aussieht, werden während der Belastungsphase die mediale Seiten- und Trachtenwand übermäßig beansprucht.[2] Hierdurch kann es vorkommen, daß sich die Ballen gegeneinander verschieben und sich der eine Ballen über den anderen lagert. Stollen an den Eisenschenkeln können die leichteste Unregelmäßigkeit in der Form und Belastung der Trachten steigern und das Auftreten unphysiologischer Scherkräfte bedingen.[2]

Klinische Symptome und Diagnose

Adspektorisch liegt der Ballen der betroffenen Seite in der Regel höher, und die Trachtenwand steht steiler; die Hufwand an der gegenüberliegenden Seite ist ungewöhnlich flach und gewölbt (Abb. 8.28). Die unterschiedliche Höhe der Ballen ist am besten von palmar bzw. plantar zu beurteilen. Hierzu sollte entweder das Pferd auf festem, geradem Untergrund stehen oder der Fuß aufgehoben und direkt betrachtet werden. Die deutliche Vorwölbung der Hufwand gegenüber der betroffenen Seite ist zu beobachten, indem der Huf von vorn oder, wobei der Untersucher auf Höhe der Pferdeschulter steht, von oben betrachtet wird. In sehr schweren, chronischen Fällen kann die Hufwand außerdem eingerollt sein.

Beim Betrachten des Pferdes im Schritt auf ebenem, hartem Boden von hinten berührt der Trachtenbereich der betroffenen Seite in der Regel den Boden zuerst. Es kommt zu einer Verschiebung dieses Ballens nach proximal (Abb. 8.28). In der Regel rollen die Pferde über den kurzen Zehenspitzenbereich gegenüber der übermäßig vorgewölbten Trachtenwand der nichtbetroffenen Seite ab. Der Grad der bestehenden Lahmheit ist unterschiedlich und vom Ausmaß der durch die Scherkräfte bedingten Schädigung abhängig.

Bei der Palpation ist der Verlust des strukturellen Zusammenhangs der Ballen ein wichtiger Befund.[3] Bei der Manipulation können die Ballen relativ leicht voneinander weg und gegeneinander verschoben werden (Abb. 8.29). Diese Manipulation kann schmerzhaft sein. Beim Abtasten mit der Hufuntersuchungszange werden häufig Schmerzreaktionen ähnlich wie beim Podotrochlose-Syndrom beobachtet. Durch eine Leitungsanästhesie der Nervi digitales palmares/plantares werden die Schmerzen vermindert. Daher muß der einseitige Trachtenzwang differentialdiagnostisch gegen die Podotrochlose abgegrenzt werden. Durch röntgenologische Untersuchungen sollte eine mögliche Beteiligung der Knochen ausgeschlossen werden.

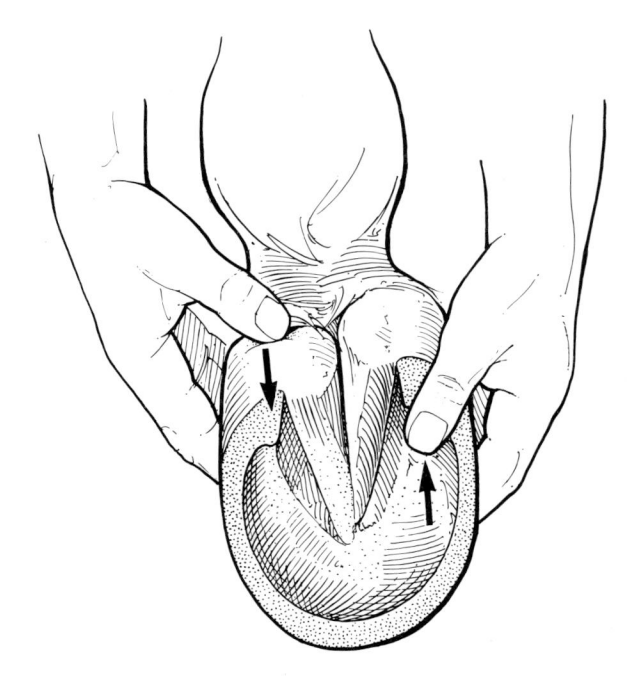

Abb. 8.29: Bei der Palpation können die Ballen bei einseitigem Trachtenzwang relativ leicht voneinander weg und gegeneinander verschoben werden. Diese vermehrte Beweglichkeit ist auf den Verlust des strukturellen Zusammenhangs zwischen den Ballen zurückzuführen, und die Manipulation ist häufig schmerzhaft.

Therapie
Die Behandlung zielt darauf ab, wieder eine regelmäßige Form und Stellung von Huf und Trachtenwand zu erreichen und die Schmerzen zu vermindern. Die Wahl der geeigneten Behandlungsmethode ist vom Grad der Verlagerung der Ballen und dem Grad der Hufwandverformung abhängig.[1-3] In Fällen mit geringgradigem, einseitigem Trachtenzwang ist es in der Regel bereits ausreichend, die längere Trachtenwand zu kürzen und ein geschlossenes Eisen aufzuschlagen, um eine bessere Stabilisierung zu erreichen.[3] Da niedrige Trachten und lange Zehen wohl eine Prädisposition für die Entwicklung des einseitigen Trachtenzwanges darstellen, sollte erwogen werden, den Huf im Zehenspitzenbereich zu kürzen und im Trachtenbereich möglichst lang zu belassen.[4] Einige Autoren gehen davon aus, daß es in den meisten Fällen ausreichend ist, das Eisen abzunehmen, den Huf auszuschneiden und dem Pferd die Möglichkeit zu freier Bewegung zu geben.[1]

In schwereren Fällen werden weitere Hufkorrekturen und mehrere Beschlagwechsel notwendig sein, um den Huf in eine regelmäßige Form zu bringen. In diesen Fällen ist der betroffene Ballen so weit proximal verlagert, daß durch eine einmalige Hufkorrektur die regelmäßige Position nicht zu erreichen ist. Zur Behandlung dieses Grades des einseitigen Trachtenzwanges wird die Hufwand vom Trachten-Eckstreben-Winkel bis zur Seitenwand gekürzt, so daß eine Schwebe entsteht, wenn das Eisen aufgeschlagen wird (Abb. 8.30). Das Körpergewicht des Tieres wird im Laufe der Zeit die Ausbildung einer regelmäßigen Trachtenwand bewirken. Da bei diesen Pferden häufig eine deutliche Instabilität des Hufes im Trachtenbereich besteht, sollte ein geschlossenes Eisen aufgeschlagen werden. Dies muß in manchen Fällen konstant beibehalten werden, solange das Pferd im Sport oder zur Arbeit eingesetzt wird.

In sehr schweren Fällen, in denen beträchtliche strukturelle Schäden im Bereich der Hufballen und/oder Seitenwandhornspalten entstanden sind, kann das geschlossene Eisen mit einem diagonalen Steg versehen werden. Dieser soll dem Huf an der betroffenen Seite mehr Schutz und Stabilität gewähren.[2]

Wenn die Hufwand an der betroffenen Seite sich einzurollen beginnt, kann der Eisenschenkel an dieser Stelle weit gelegt werden. So wird versucht, das Wachstum der Hufwand nach dieser Seite zu fördern und eine regelmäßigere Gliedmaßenstellung zu erreichen (siehe Seite 819 Abb. 12.9).[2]

Fohlen mit einseitigem Trachtenzwang sind am besten durch regelmäßig durchzuführende Hufkorrekturen zu behandeln, indem die Trachten zweckentsprechend gekürzt werden und eine Zehenrichtung angeraspelt wird, um ein korrektes Abrollen zu fördern. Dies sollte frühzeitig geschehen, um mögliche Schäden an den sich entwickelnden Knochen zu verhindern. Hufeisen sollten aber wohl frühestens im Alter von acht bis neun Monaten aufgeschlagen werden.[2]

Prognose
Die Prognose ist bei Pferden mit geringgradigen Veränderungen günstig. Bei Pferden mit starkem, einseitigem Trachtenzwang werden mehrere Beschlagwechsel erforderlich sein, um wieder eine regelmäßige Hufform und -stellung zu erreichen. In Fällen mit schweren strukturellen Schäden kann es notwendig sein, den Trachtenbereich während des gesamten weiteren Lebens des Tieres durch Aufschlagen eines geschlossenen Eisens zusätzlich zu unterstützen.

Ausgewählte Literatur

1. JOHNSON, J. H.: The Foot. *In* Equine Medicine and Surgery. 3rd Ed. Edited by R. A. Mansmann, and E. S. McAllister. Santa Barbara, American Veterinary Publications, 1982, p. 1044.
2. MOYER, W., and ANDERSON, J. P.: Sheared Heels: Diagnosis and Treatment. J. Am. Vet. Med. Assoc., **166:** 53, 1975.
3. MOYER, W.: Diseases of the Equine Heel. Proc. 25th Ann. AAEP, 1979, p. 21.
4. ROONEY, J. R.: Sheared Heels. Mod. Vet. Pract., **58:** 708, 1977.

Ostitis des Hufbeines

Bei der Ostitis des Hufbeines handelt es sich um eine durch Entzündungsvorgänge ausgelöste Demineralisation dieses Knochens. In der Regel stellt sich die Ostitis röntgenologisch als Aufrauhung der Sohlenränder des Hufbeines dar. Die Veränderungen können an jeder Stelle des Hufbeines auftreten, sind aber in der Regel auf den dorsalen Sohlenrand und die Hufbeinäste der Vorderhufe beschränkt.[2]

Ätiologie
Länger anhaltende Entzündungsprozesse im Huf, bedingt durch unterschiedliche Faktoren, können die Demineralisation des Hufbeines auslösen. Chronische Quetschungen der Sohle (z. B. bei Podotrochlose), persistierende Steingallen, Hufrehe (besonders Belastungsrehe), Nageltritt-

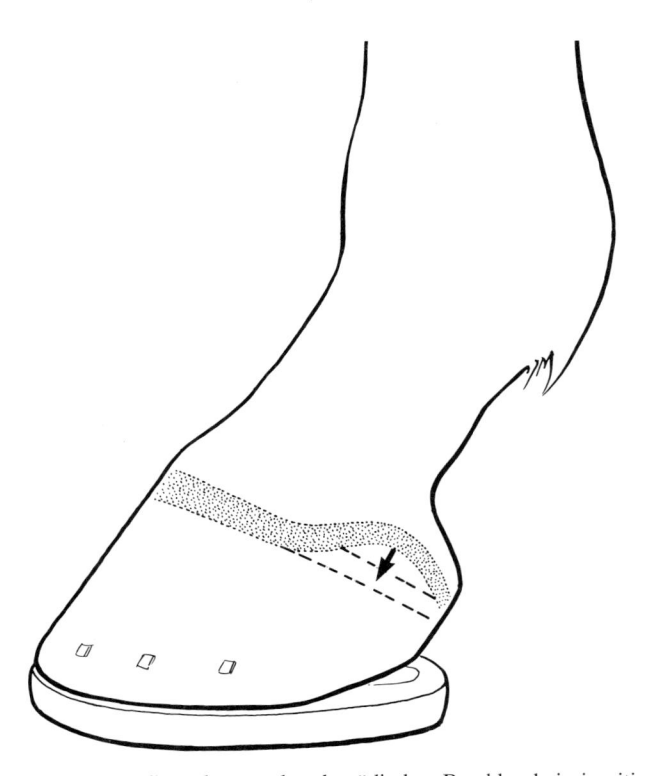

Abb. 8.30: Hufkorrektur und orthopädischer Beschlag bei einseitigem Trachtenzwanghuf. Die Hufwand wird an der betroffenen Seite vom Trachtenbereich bis zur Mitte der Seitenwand gekürzt, um eine Schwebe zwischen dem Tragrand der Hufwand und dem geschlossenen Eisen zu erhalten. Der durch Punkte markierte Bereich bezeichnet den Hufsaum. Der Pfeil deutet an, wo sich dieser eigentlich befinden sollte.

verletzungen sowie andere lange Zeit bestehende Entzündungen können die Erkrankung auslösen. In manchen Fällen liegt bei der Ostitis tatsächlich eine Infektion vor. Dies gilt grundsätzlich für infizierte Steingallen oder Nageltrittverletzungen mit Beteiligung des Hufbeines. Andere Ursachen, wie Hufrehe oder chronische Quetschungen der Sohlenlederhaut (Steingallen), sind nichtinfektiöser Natur. Ernährungsabhängige oder erbliche Ursachen müssen ebenfalls in Betracht gezogen werden. Auch eine Lahmheit, die zu einer Inaktivitätsosteoporose führt, ist als eventuelle Ursache angesprochen worden.[4]
In einigen Fällen kann die Entwicklung der Osteophyten auf eine lokale Periostitis aufgrund der Ablösung einzelner Bereiche der Huflederhaut zurückgeführt werden. Derartige Osteophyten werden allerdings durchaus auch bei Pferden beobachtet, die keine Lahmheit zeigen. Die Wertung ihrer Bedeutung im Einzelfall bedarf daher großer Sorgfalt.

Symptome und Diagnose
Es besteht eine Lahmheit in allen Gangarten, beim Abtasten mit der Hufuntersuchungszange ist Schmerzhaftigkeit an der Sohlenfläche des Hufes festzustellen. Diese kann diffus oder lokalisiert sein. Unter Umständen ist die Ostitis des Hufbeines lediglich ein Symptom einer der Erkrankungen, die bei der Abhandlung der Ätiologie erwähnt wurden.
Röntgenologisch ist eine Demineralisation an einer oder mehreren Stellen des Hufbeines festzustellen (Abb. 8.31 und 8.32). Diese darf aber seitens des Tierarztes nicht mit einer physiologischerweise vorhandenen Tragrandkerbe (Crena marginis solearis) am dorsalen Sohlenrand des Hufbeines verwechselt werden. Aufgerauhte Bereiche entlang dem Sohlenrand des Hufbeines können an jeder Stelle von der Hufbeinspitze bis zu den Hufbeinästen auftreten. Die Aufrauhung dieser physiologischerweise glatten Ränder wird durch den geänderten Verlauf der Gefäße im Knochen bedingt. Wenn also hier Aufrauhungen bestehen, ist eine sorgfältige Beurteilung notwendig. RENDANO und GRANT zeigen auf, daß eine Diagnose der Ostitis des Hufbeines anhand der röntgenologischen Untersuchung schwierig ist.[3] Eine Beurteilung mit Hilfe der früher gebräuchlichen Parameter, wie Durchmesser der Gefäßkanäle und Aufrauhung der Sohlenränder, ist stark von der Aufnahmerichtung abhängig, und einige dieser Befunde sind auch bei klinisch gesunden Pferden zu beobachten. Der Grad der Aufrauhung kann ferner medial und lateral unterschiedlich sein. Ist dies der Fall, so ist meist der laterale Sohlenrand stärker aufgerauht.[3] Zur ordnungsgemäßen Beurteilung des medialen und lateralen Sohlenrandes des Hufbeines werden Schrägaufnahmen empfohlen.[3] Eine Ostitis des Hufbeines sollte im allgemeinen nur dann diagnostiziert werden, wenn die klinischen Symptome mit den Röntgenbefunden übereinstimmen.[1]

Therapie
Die Behandlung der Erkrankung richtet sich nach ihrer Ursache. Es kann sinnvoll sein, das Pferd zu beschlagen, so daß die Hufsohle keinen Kontakt zum Boden hat und daher keinem Druck ausgesetzt ist. Einlagen aus Leder oder Neolite zwischen Huf und Eisen oder Ausfüllen der Sohle mit Gummi, das für die Runderneuerung von Autoreifen verwendet wird, oder mit Silikonkautschuk, mit einer festen Plastik- oder Ledereinlage abgedeckt, können ebenfalls hilfreich sein. Bei einer Ostitis des Sohlenrandes

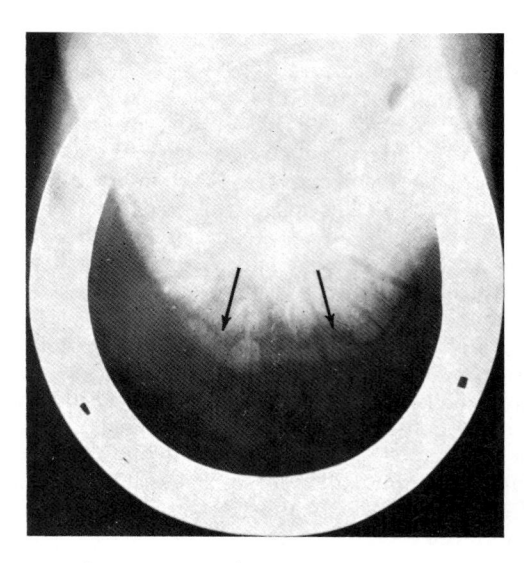

Abb. 8.31: Ostitis des Hufbeines. Charakteristisch ist das zerklüftete Aussehen der Hufbeinspitze als Kennzeichen der Ostitis und Fragmentbildung. Dieser Zustand entwickelte sich im Anschluß an einen Hufabszeß im Bereich der Zehenspitze.

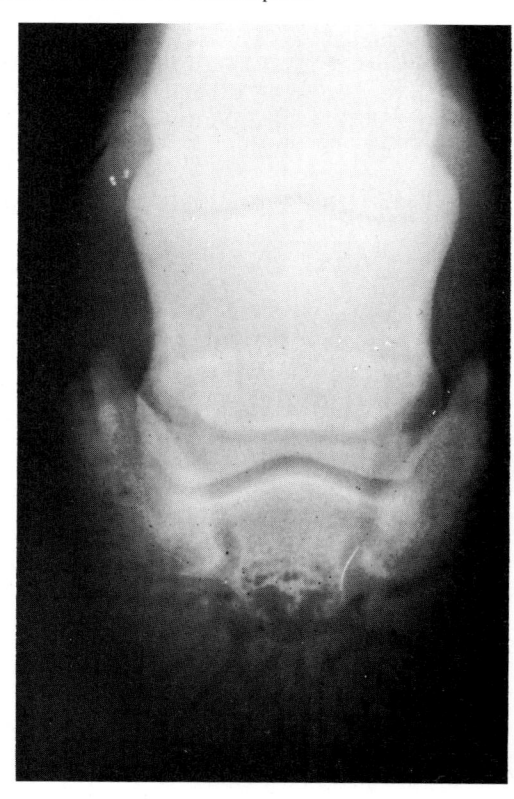

Abb. 8.32: Beispiel einer hochgradigen Ostitis des Hufbeines. Die Demineralisation der Hufbeinspitze ist deutlich zu erkennen. Diese Veränderung entsteht in der Regel infolge chronischer Entzündungsprozesse im Huf, wie sie zum Beispiel bei Hufrehe, Quetschungen der Sohlenlederhaut (Steingallen) oder persistierenden Infektionen im Bereich des Hufes vorliegen.

an einem der Hufbeinäste kann eine Neurektomie der Nervi digitales palmares erfolgreich sein, sofern durch eine Leitungsanästhesie dieser Nerven Schmerzfreiheit erreicht werden konnte. Die Neurektomie wird aber nur für extreme Fälle empfohlen. Meist reichen die Verwendung schützender Einlagen, eine entzündungshemmende Behandlung über unterschiedliche Zeiträume und Arbeitsruhe für die Behandlung aus. Falls die Hufsohle außergewöhnlich dünn und weich ist, kann sie lokal mit einer Mischung aus gleichen Teilen Phenol, Formalin und Jod behandelt werden, um sie härter zu machen. Wenn im Zusammenhang mit einer Ostitis des Hufbeines eine Spontanfraktur des Knochens vorliegt, ist mit einer längeren Heilungsdauer zu rechnen. Die primäre Erkrankung sollte immer vorrangig behandelt werden.

Prognose
Die Prognose ist bei Vorliegen chronischer Veränderungen ungünstig; derartige Schäden sind kaum reversibel.

Ausgewählte Literatur

1. JOHNSON, J. H.: The Foot. *In* Equine Medicine and Surgery. 3rd Ed. Edited by R. A. Mansmann, and E. S. McAllister. Santa Barbara, American Veterinary Publications. 1982, p. 1041.
2. LUNDVALL, R. L.: Pedal Osteitis in Horses. Norden News, **44**: 16, 1969.
3. RENDANO, V. T., and GRANT, B.: The Equine Third Phalanx: Its Radiographic Appearance. Am. J. Vet. Rad. Soc., **19**: 125, 1978.
4. WATERS, J. W., LEBEL, J. L., and PARK, R. D.: Morphometric analysis of radiographic changes in the distal phalanges of Quarter horses with lower leg lameness. Am. J. Vet. Rad. Soc., **19**: 60, 1978.

Subchondrale Knochenzysten im Hufbein

Hierbei handelt es sich um seltene Veränderungen, die eine Vielzahl von Pferderassen und alle Altersstufen betreffen können.[3,4,6,7] Die Pferde zeigen in der Regel eine intermittierende Lahmheit. Die Schultergliedmaßen sind häufiger betroffen als die Beckengliedmaßen. VERSCHOOTEN und De MOOR berichteten von 15 Fällen subchondraler Knochenzysten im Hufbein. Bei 14 Tieren waren die Schultergliedmaßen betroffen.[6] Folgende synonyme Bezeichnungen sind für diese vermehrt strahlendurchlässigen, an die Gelenkfläche angrenzenden Bereiche verwandt worden: subchondrale Zysten,[2,4] periartikuläre subchondrale Knochenzysten[2,3] und Knochenzysten.[1,7] *Strenggenommen handelt es sich bei diesen Veränderungen aber nicht um echte Zysten, sondern um Pseudozysten, da sie nicht von einer echten Membran umgeben sind.* Eine weitere interessante Feststellung ist, daß die Verbindung zu dem angrenzenden Gelenkspalt ebenfalls unterschiedlich ist.[4,6,7] Über das Vorkommen subchondraler Knochenzysten ist auch in langen Röhrenknochen,[3,4] kleineren Gelenkknochen[7] und dem Strahlbein[2] berichtet worden. Weitere Informationen siehe Seite 396 bis 419.

Ätiologie
Die Ursache dieser Veränderungen ist ungeklärt, doch sind diesbezüglich mehrere Theorien aufgestellt worden. Unter anderem sind Infektionen als mögliche Ursache vermutet worden.[3] Diese These ist aber unwahrscheinlich, da sie durch die klinischen Beobachtungen nicht gestützt wird. Bei Pferden, bei welchen die Veränderungen mit dem Gelenkraum kommunizieren, liegt keine infektiöse Arthritis vor. Ferner haben Knochenzysten, die röntgenologisch über Jahre hindurch beobachtet worden sind, keine Tendenz zur Expansion gezeigt. Bei der pathologisch-histologischen Untersuchung fanden sich keine Hinweise auf eine Infektion.[3,4,7]
Trauma wird als die wahrscheinlichste Ursache angesehen.[3,4,6,7] Die Tatsache, daß Pferde jahrelang im Sport eingesetzt werden, bevor die Knochenzysten diagnostiziert werden, unterstützt diese Theorie.[7] Es wird angenommen, daß Schäden am Gelenkknorpel, die durch wiederholte Belastung entstehen, das Eindringen von Gelenkflüssigkeit durch eine Öffnung in den subchondralen Knochen erlauben.[6] Während sich beim Menschen Knochenzysten in der Nachbarschaft von Gelenken entwickeln, in denen osteoarthritische Veränderungen bestehen,[5] scheint dies beim Pferd nicht der Fall zu sein.[6] Statt dessen ist möglicherweise der subchondrale Knochen durch eine Störung der Blutversorgung oder eine vorangegangene Infektion geschwächt, so daß die Synovialflüssigkeit unter Druck den intakten Knorpel zerstören und in den subchondralen Knochen einbrechen kann.[6] Angesichts der histo-pathologischen Untersuchung ist aber auch diese These nicht haltbar, da keine Knochennekrose beobachtet worden ist.[3,4,6,7] Außerdem kommunizieren die Veränderungen nicht in jedem Fall mit dem Gelenk.[6,7] Die grundlegende Frage, ob nämlich die Zysten im intakten Knochengewebe entstehen oder ob vorher eine Schädigung des Gewebes stattfindet, ist noch nicht beantwortet. Eine weitere erwähnenswerte Theorie geht davon aus, daß eine osteochondrotische Veränderung der Entwicklung einer derartigen Knochenzyste vorangeht. Dies wird von einigen Autoren angezweifelt, da im wesentlichen ältere Pferde betroffen sind.[6,7] Allerdings ist es denkbar, daß eine osteochondrotische Veränderung lange Zeit latent vorliegt und daß ein zu irgendeinem Zeitpunkt einwirkendes Trauma eine Spaltbildung in der Gelenkoberfläche bewirkt, so daß es zur Entstehung einer Knochenzyste kommt. Pathologisch-histologische Untersuchungen haben hier bisher keine Klarheit gebracht. Es sind lediglich verschiedene Zellarten und Formen von Bindegewebe beschrieben worden.[3,4,6,7]

Symptome
Meist ist das Auftreten einer akuten Lahmheit in Verbindung mit einer chronischen, intermittierenden Lahmheit zu verzeichnen. Häufig bessert sich der akute Zustand durch Arbeitsruhe und tritt bei erneuter Belastung wieder auf. Das intermittierende Lahmen ist möglicherweise darauf zurückzuführen, daß die Oberfläche des Gelenkknorpels über der Knochenzyste erneut verletzt wird. In der Bewegung sind verschiedene Grade der Lahmheit zu beobachten. Das bloße Abtasten des Hufes mit der Hufuntersuchungszange allein erlaubt keine verläßliche Diagnose. In der Regel ist der Druck der Hufuntersuchungszange bei großen Zysten, die sich bis zur Sohlenfläche des Hufbeines ausdehnen, schmerzhaft, nicht aber bei tief im Knochengewebe gelegenen Zysten. Eine Leitungsanästhesie der Nervi digitales palmares auf halber Höhe der Fesselbeuge beseitigt die Lahmheit in manchen Fällen; die Leitungsanästhesie an der Basis der Gleichbeine ist aber zuverlässiger. Ein Fesselringblock ist ebenfalls erfolgreich, und in den meisten Fällen ist die Lahmheit durch eine intraartikuläre Anästhesie des Hufgelenkes zu beseitigen, sofern die Veränderung subchondral liegt und mit dem Gelenk kommuniziert.[6]

Diagnose

Röntgenologisch können Knochenzysten verschiedener Größe im Hufbein selbst festgestellt werden (Abb. 8.33 A und B). Arthrographische[7] und morphologische Untersuchungen[3,4] weisen darauf hin, daß die Kommunikation zwischen der Knochenzyste und dem Gelenk nicht in jedem Fall gegeben ist. Wenn keine Kommunikation besteht, liefert die Untersuchung der Synovia keinen Hinweis auf die Erkrankung.[7]

Therapie

Zur Behandlung der subchondralen Knochenzysten sind empfohlen worden:
1. absolute Ruhigstellung
2. absolute Boxenruhe, gefolgt von sich steigernder Belastung,[3,4]
3. chirurgische Kürettage.[1,7]

Obwohl die Ergebnisse in all diesen Fällen starke Variationen zeigen, scheint die chirurgische Kürettage die beste Methode zu sein.

Vor der Operation müssen unbedingt Röntgenaufnahmen in verschiedenen Aufnahmerichtungen angefertigt werden, um die genaue Lokalisation der Knochenzyste festzustellen. Am Tage vor der Operation werden der Huf ausgeschnitten, Sohle und Strahl von losem Zerfallshorn befreit und geglättet und die Haare vom Saumbereich bis oberhalb des Fesselkopfes geschoren. Die Hufwand wird über dem Gebiet, in dem der Eingriff vorgenommen werden soll, glatt geraspelt. Der Huf wird mit Polyvidon-Jod*-Seife gewaschen, danach 15 Minuten lang in eine Polyvidon-Jod-Lösung gestellt und anschließend mit einem desinfizierenden Verband versehen.

Am folgenden Tag wird das Pferd in Narkose in Seitenlage abgelegt, wobei sich die Gliedmaße mit der Veränderung oben befinden soll. Die Blutzufuhr wird durch eine pneumatische Aderpresse unterbunden. Vorher kann ein Esmarch-Schlauch angelegt werden, so daß fast das gesamte Blut aus diesem Gliedmaßenabschnitt entfernt wird. Nach aseptischer Vorbereitung des Hufes wird eine sterile, selbsthaftende Plastikfolie aufgelegt. Zuvor sollte der Huf gründlich getrocknet werden. Der Huf wird weiter mit Abdecktüchern geschützt, die der Chirurg selbst auswählen kann. Im Bereich der Knochenzyste wird mit einem Trepan oder einem pneumatischen Bohrer ein Loch durch die epidermalen Schichten der Hufwand gebohrt. Wenn die Feststellung der genauen Lokalisation der Veränderung anhand der vorher angefertigten Röntgenaufnahmen problematisch ist, kann der Chirurg diese durch Einsatz eines C-Bogens (Röntgendurchleuchtung) ermitteln. Die Lederhaut wird dann mit der Skalpellklinge durchtrennt und die Wand der Knochenzyste mit einer kleinen Kürette durchstochen. Auch hierbei kann eine Röntgendurchleuchtung hilfreich sein. Sobald die Zyste identifiziert ist, wird eine Kürettage bis auf gesundes, blutendes Knochengewebe durchgeführt. Der Unterschied zwischen dem weichen Knochengewebe der Zyste und dem harten, intakten Knochengewebe der Umgebung ist deutlich festzustellen. Nach vollständiger Kürettage können mit einer 1,6 mm starken Kanüle Löcher in das verbliebene gesunde Knochengewebe gestochen werden, um eine raschere Heilung anzuregen.[7] Es ist sorgfältig darauf zu achten, daß das Hufgelenk während der Kürettage nicht geschädigt wird. Die nach Kürettage der Zyste verbleibende Höhle wird gespült und mit in Polyvidon-Jod

---
* Polyvidon-Jod-Lösung, z. B. Jod-PVP-Spray von Albrecht GmbH & Co. KG, Hauptstraße 8, 7960 Aulendorf/Württ., oder Braunol 2000®H Lösung von Braun, Melsungen.

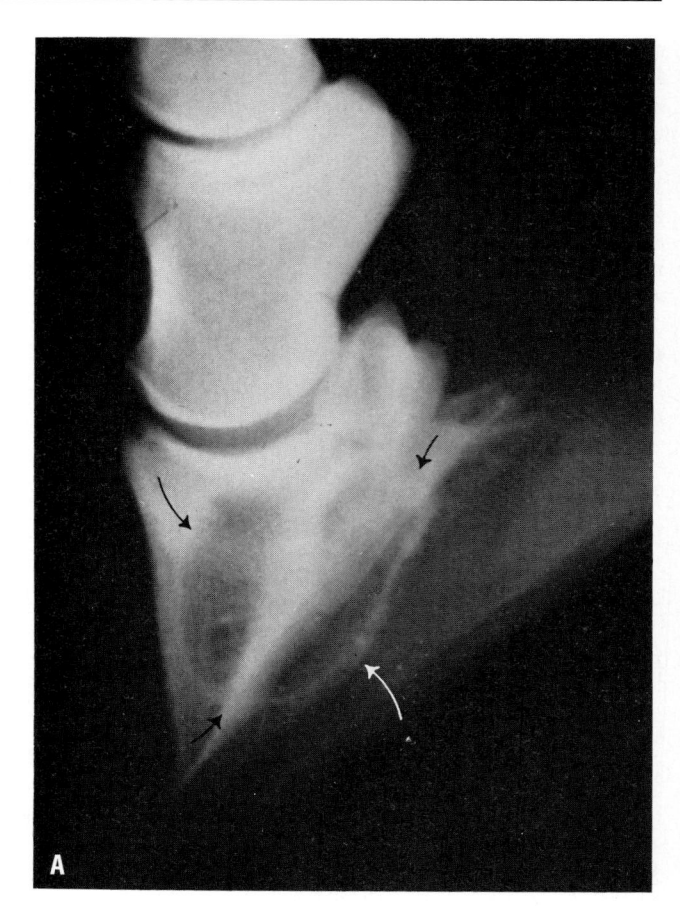

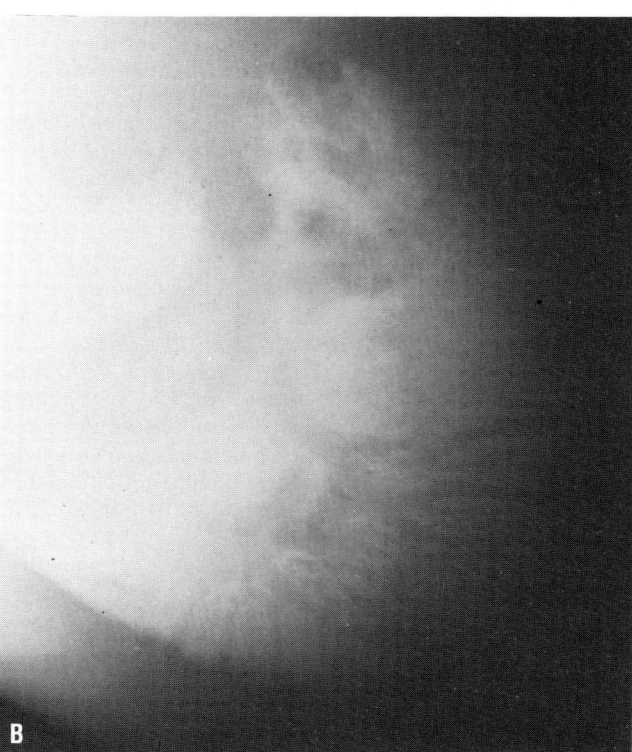

Abb. 8.33: **A** Darstellung einer großen Knochenzyste im Hufbein (Pfeile). **B** Schrägaufnahme des Hufbeines. Hier liegen multiple kleine Knochenzysten im Hufbeinast vor.

getränkter Gaze gefüllt. Danach wird ein steriler Verband angelegt. Eine andere Möglichkeit besteht darin, den Hohlraum mit spongiösem Knochen zu füllen, um die Heilung zu fördern.[1]

Während der ersten Woche nach der Operation wird der Verband täglich gewechselt. Die mit Polyvidon-Jod getränkte Gaze wird entfernt und ersetzt. Dies sollte unter aseptischen Bedingungen erfolgen. Nach etwa einer Woche wird der Verband alle drei bis vier Tage gewechselt, bis sich das gebildete Granulationsgewebe der Epidermis nähert. Im Verlaufe des Heilungsprozesses werden kleinere Mengen Polyvidon-Jod-getränkter Gaze verwandt, die locker in den Hohlraum im Knochen geschoben wird. Der Huf muß geschützt und das Pferd darf so lange nicht gearbeitet werden, bis der Defekt in der Hufwand vollständig heruntergewachsen ist und wieder eine gesunde Hufwand vorliegt.

Prognose

An der Colorado State University sowie an anderen Kliniken sind in einer begrenzten Anzahl von Fällen gute Ergebnisse mit der oben beschriebenen Operationstechnik erreicht worden. Dennoch ist in drei unterschiedlichen Fällen in diesem Zusammenhang eine Komplikation durch eine Infektion aufgetreten. Diese kann zu Beginn der Behandlung beobachtet werden oder aber auch später, wenn der mit der Hufwand hinunterwachsende Defekt die Sohlenfläche erreicht.[7] Alle diese Fälle haben auf eine systemische und lokale Therapie angesprochen. Meist ist der durch Ausfüllung mit gesundem Knochengewebe ablaufende Heilungsprozeß innerhalb von 30 bis 90 Tagen nach der Operation röntgenologisch nachweisbar.[3,6]

Ausgewählte Literatur

1. EVANS, L. H., and JENNY, J.: Surgical and clinical management of subchondral „bone cysts". Proc. 16th Ann. AAEP, 1970, p. 195.
2. MERRIAM, J. G., and JOHNSON, J. H.: Subchondral cysts of the navicular bone as a cause of lameness. VM/SAC, **69**: 873, 1974.
3. PETTERSSON, H., and REILAND, S.: Periarticular subchondral „bone cysts" in horses. Proc. 14th Ann. AAEP, 1968, p. 245.
4. PETTERSSON, H., and SEVELIUS, F.: Subchondral bone cysts in the horse: clinical study. Eq. Vet. J., **1**: 75, 1968.
5. LANDELLS, J. W.: Bone cysts in osteoarthritis. J. Bone Joint Surg., **35 B**: 643, 1953.
6. VERSCHOOTEN, F., and De MOOR, A.: Subchondral cystic and related lesions affecting the equine pedal bone and stifle. Eq. Vet. J., **14**: 471, 1982.
7. WAGNER, P. C., et al.: Surgical management of subchondral bone cysts of the third phalanx in the horse. Eq. Pract., **4**: 9, 1982.

Hufbeinfrakturen

Frakturen des Hufbeines kommen selten vor.[19,22] Sie treten in der Regel während der Bewegung auf hartem Boden auf, und die Vorderhufe, vorwiegend der linke, scheinen bei Pferden, die auf Rennbahnen mit Linkskurs laufen, besonders gefährdet zu sein.[19,22,23] Zwei retrospektive Untersuchungen weisen darauf hin, daß die Häufigkeit von Hufbeinfrakturen 7 von 2166 Fällen von Vorhandlahmheiten ausmachte;[22] ein anderer Bericht spricht von 65 von 20638 Fällen, die in eine Klinik eingeliefert wurden.[19] Bei den 65 Pferden mit Hufbeinfrakturen bestanden die Frakturen in 57 Fällen an den Vorderhufen, und 57 (89,5 %) betrafen den lateralen Ast des linken Hufbeines oder den medialen Ast des rechten Hufbeines. In 53 der 65 Fälle war eine Beteiligung des Hufgelenkes zu verzeichnen.[19] Obwohl alle Pferderassen und Schläge betroffen werden, ist eine größere Häufigkeit bei Rennpferderassen beobachtet worden, und mindestens zwei Berichte stellten eine größere Häufigkeit bei Vollblütern und Standardbred-Pferden fest.[19,22]

Obwohl Hufbeinfrakturen in einer Vielfalt verschiedener Formen auftreten, können hier grundsätzlich sechs Frakturtypen unterschieden werden:

1. Schrägfrakturen des Hufbeinastes ohne Beteiligung des Hufgelenkes (Abb. 8.34),
2. Schrägfrakturen des Hufbeinastes mit Beteiligung des Hufgelenkes (Abb. 8.35),
3. Sagittalfrakturen des Hufbeines mit Beteiligung des Hufgelenkes, die das Hufbein in zwei etwa gleichgroße Anteile spaltet (Abb. 8.36),
4. Trümmerfrakturen des Hufbeines mit oder ohne Beteiligung des Hufgelenkes (Abb. 8.37),
5. Chip-Frakturen des Hufbeines (Abb. 8.38),
6. Frakturen des Processus extensorius des Hufbeines (siehe Seite 526 bis 528).[1,3-8,10,11,14,15-17,19-23]

Hiervon scheinen die Schrägfrakturen des medialen oder lateralen Hufbeinastes mit Beteiligung des Hufgelenkes mit der größten Häufigkeit vorzukommen. SCOTT et al. berichteten, daß es sich in 81,5 % der beobachteten Hufbeinfrakturen um Schrägfrakturen mit Beteiligung des Hufgelenkes handelte.[19]

Ätiologie

Traumata, besonders wenn sie mit einer drehenden Bewegung beim Absetzen des Hufes verbunden sind, stellen die häufigsten Ursachen für Hufbeinfrakturen dar.

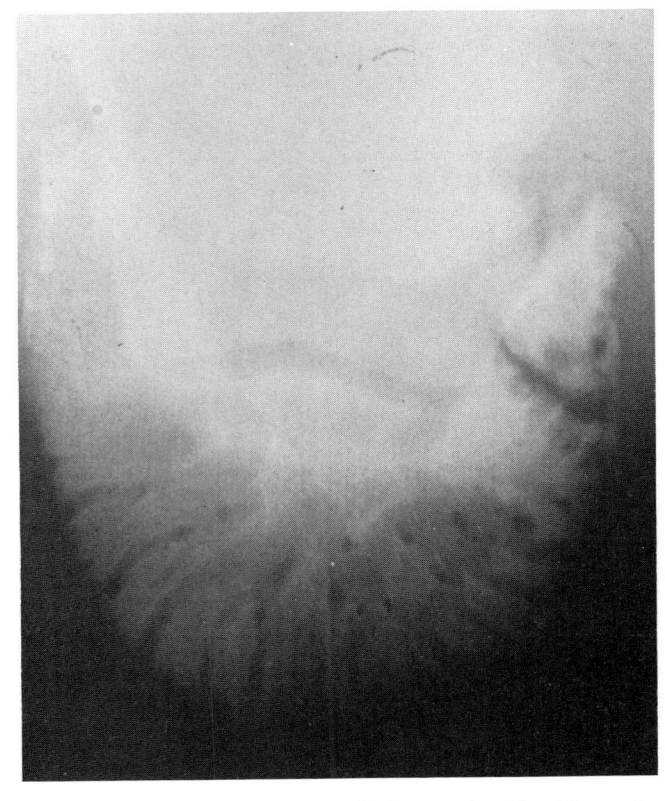

Abb. 8.34: Schrägfraktur eines Hufbeinastes ohne Beteiligung des Hufgelenkes; dorsopalmare Aufnahme.

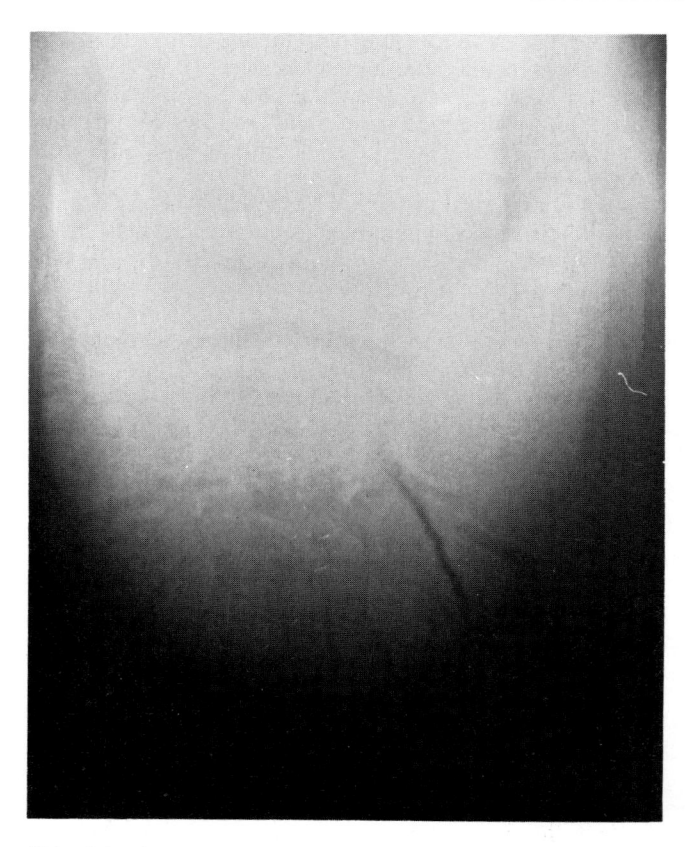

Abb. 8.35: Schrägfraktur des Hufbeines mit Beteiligung des Hufgelenkes. Dorsopalmare Aufnahme.

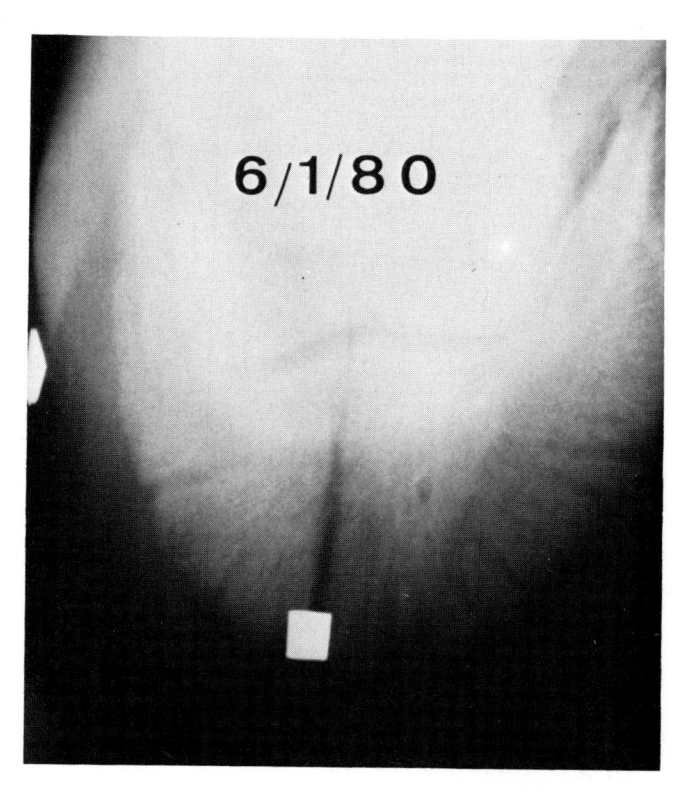

Abb. 8.36: Sagittalfraktur des Hufbeines mit Beteiligung des Hufgelenkes. Dorsopalmare Aufnahme.

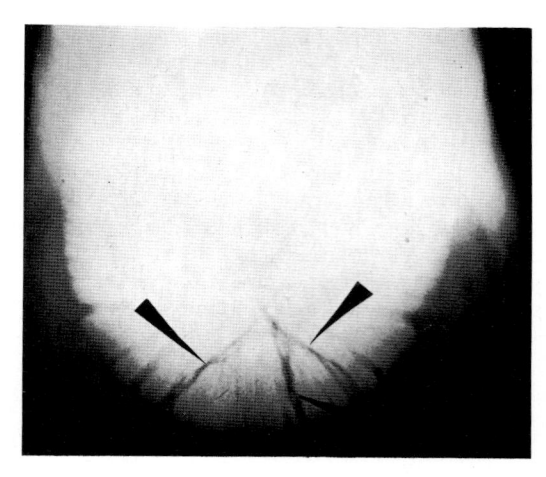

Abb. 8.37: Trümmerfraktur des Hufbeines mit drei Frakturspalten (Pfeile) und Beteiligung des Hufgelenkes.

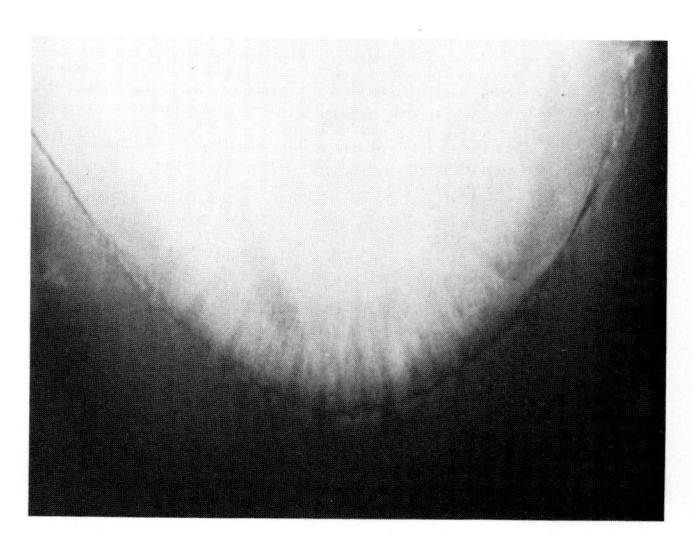

Abb. 8.38: Chip-Frakturen am dorsalen Sohlenrand des Hufbeines.

Gelegentlich kommt es infolge eines durch die Hufsohle eingedrungenen Fremdkörpers zu einer Fraktur des Hufbeines. Ferner können bei einer hochgradigen Hufknorpelverknöcherung traumatisch bedingte Hufbeinfrakturen auftreten (Abb. 8.39). In diesem Fall verläuft der Frakturspalt in der Regel durch einen der Hufbeinäste.

Obwohl Traumata als die primäre Ursache von Hufbeinfrakturen angesehen werden, sind auch andere Faktoren, wie Quetschungen der Hufsohle durch Steine, Bewegung auf hartem Untergrund, unsachgemäßer Beschlag, infektiöse Ursachen und ernährungsbedingte Mangelerscheinungen, für das Auftreten der Frakturen verantwortlich gemacht worden.[1,3,4,8,10–12,16–18,22] Es wird angenommen, daß Frakturen des Hufbeinastes deshalb an der linken Schultergliedmaße lateral und an der rechten Schultergliedmaße medial auftreten, weil bei Pferden, die auf Rennbahnen mit Linkskurs laufen, diese Bereiche selektiv besonders durch Traumata gefährdet sind.[19,23] Bezüglich der Sagittalfrakturen des Hufbeines in der Medianebene wird angenommen, daß sie infolge externer traumatischer Einwirkung auf den Huf entstehen, wenn dieser an feste Gegenstände stößt oder auf einem harten Gegenstand aufsetzt.[19]

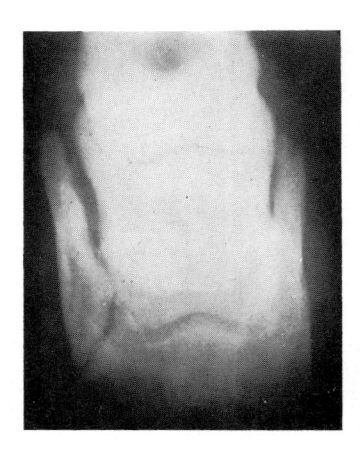

Abb. 8.39: Schrägfraktur durch den linken Hufbeinast. Bei diesem Pferd bestanden umfangreiche, massive Verknöcherungen der Hufknorpel. Die Fraktur wurde verursacht, indem ein Rind auf den Huf des Pferdes trat (aus CARLSON, W. D.: Veterinary Radiology. 3rd Ed. Edited by E. L. Gillette, D. E. Thrall, and J. L. Lebel, Philadelphia, Lea & Febiger, 1977).

Symptome

Bei Hufbeinfrakturen mit Beteiligung des Hufgelenkes besteht eine akute Stützbeinlahmheit. In einigen Fällen weigert sich das Pferd möglicherweise bis zu 72 Stunden lang, die betroffene Gliedmaße auf den Boden zu setzen. Im Vorbericht wird häufig angegeben, daß die Lahmheit plötzlich während der Arbeit aufgetreten ist und daß kein Trauma bemerkt wurde. Häufig ist die Pulsation der Zehenarterien verstärkt und der betroffene Huf vermehrt warm. Beim Abtasten mit der Hufuntersuchungszange und bei der Perkussion des Hufes ist Schmerzhaftigkeit an der gesamten Sohlenfläche festzustellen. Bei Frakturen der Hufbeinäste ist die Lahmheit nicht so stark (Abb. 8.39 und 8.40). Das Abtasten mit der Hufuntersuchungszange ergibt lokalisierte Schmerzhaftigkeit über dem betroffenen Bereich. Wenn die Fraktur bereits seit längerer Zeit besteht, sind die Lahmheitssymptome nicht so offensichtlich. In diesem Fall sind der Vorbericht, das Abtasten mit der Hufuntersuchungszange sowie Röntgenaufnahmen notwendig, um die Diagnose stellen zu können.

Hufbeinfrakturen an den Beckengliedmaßen können leicht übersehen werden, da das Erscheinungsbild der Lahmheit an Verletzungen in weiter proximal gelegenen Gliedmaßenabschnitten erinnert. Bei jeder akuten Lahmheit, bei der die Gliedmaße belastet wird, sollte daher an die Möglichkeit einer Hufbeinfraktur gedacht werden. Bei einer Hufbeinfraktur mit Beteiligung des Hufgelenkes wird bei einer Punktion des Gelenkes blutige Flüssigkeit gewonnen.

Diagnose

Die Diagnose kann nur röntgenologisch sicher bestätigt werden. Die Röntgenaufnahmen sollten nicht nur der Feststellung einer Fraktur, sondern auch zu deren Lokalisation dienen. In einigen Fällen kann es notwendig sein, selektive Aufnahmen der Hufbeinäste anzufertigen, um die Hufbeinfraktur zu finden. Der Defekt im Knochen kann lange Zeit bestehenbleiben, und in einigen Fällen kommt es niemals zu einer röntgenologisch feststellbaren Verknöcherung des Frakturspaltes. Pferde mit derartigen Veränderungen können klinisch gesund sein, selbst wenn die Ausheilung der Fraktur röntgenologisch nicht nachweisbar ist. Bei der Interpretation der Röntgenaufnahmen

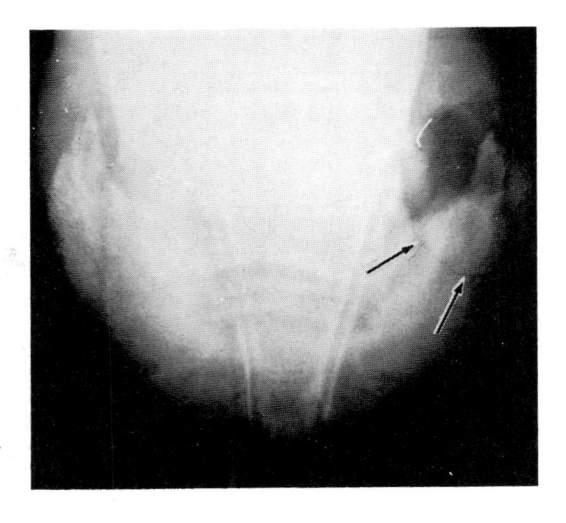

Abb. 8.40: Die Pfeile deuten auf die Schrägfraktur eines Hufbeinastes. Der Frakturspalt ist nur undeutlich zu erkennen, daher ist eine sorgfältige Röntgentechnik erforderlich. Beim Abtasten mit der Hufuntersuchungszange zeigt ein Pferd mit einer derartigen Fraktur eher höchstgradige Schmerzreaktionen über dem betroffenen Bereich als diffuse Schmerzhaftigkeit.

ist Vorsicht geboten, da die physiologischerweise vorhandenen Gefäßkanäle leicht mit Frakturen verwechselt werden können.

Das Abtasten des Hufes mit der Hufuntersuchungszange ist im Zusammenhang mit dem Vorbericht häufig die sicherste Methode, eine Verdachtsdiagnose zu stellen, bis die Röntgenaufnahmen vorliegen.

Therapie

Die Behandlung zielt auf die Ruhigstellung der Fragmente hin sowie darauf, eine übermäßige Ausdehnung der Hufkapsel zu verhindern. Hierzu kann das Hufbein durch Verwendung eines geschlossenen Eisens mit geradem Steg und Seitenwandaufzügen immobilisiert werden (Abb. 8.41 und 8.42). Der Steg sollte so an das Eisen geschweißt werden, daß zwischen Strahl und Steg eine Schwebe besteht (leicht nach unten durchgekröpfter Steg) und daß so kein Druck auf den Strahl ausgeübt wird. Die Seitenwandaufzüge sollten an der Außenseite der Eisenschenkel am Übergang vom Seitenwand- zum Trachtenbereich aufgeschweißt oder aus dem Eisen gezogen werden. Hierdurch wird eine Ausdehnung der Seitenwände verhindert. In Kombination mit dem Steg, der den Strahl vor Druck schützt, wird somit die Bewegung des Hufbeines eingeschränkt. Der Huf sollte sechs bis acht Monate lang auf diese Weise beschlagen werden, wobei die Beschlagperioden jeweils vier bis sechs Wochen lang sein sollten. Nach Ausheilung der klinischen Symptome wird das Pferd weiterhin entweder mit Seitenwandaufzügen oder mit einem geschlossenen Eisen beschlagen, um eine Ausweitung der Hufwand zu verhindern. Einige Pferde müssen konstant mit Seitenwandaufzügen oder einem geschlossenen Eisen beschlagen werden, um ihre Gebrauchsfähigkeit zu erhalten. Das betroffene Pferd sollte etwa acht bis zehn Monate lang Arbeitsruhe bekommen. In manchen Fällen ist ein ganzes Jahr Ruhe ratsam, wenn die Symptome nicht verschwinden. Eine andere Möglichkeit besteht darin, den Huf mit einem Eisen mit erhöhtem Außenrand an der Tragfläche zu beschlagen oder einen Gips-, Fiberglas- bzw. Kunststoffverband anzulegen.[13,22] Beide Methoden verhindern effektiv die Ausdehnung der Hufwand während der Belastungsphase.

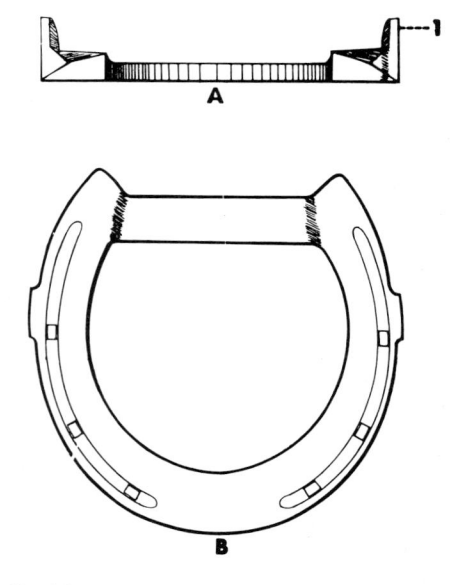

Abb. 8.41: Geschlossenes Eisen zum Beschlag bei Hufbeinfrakturen. **A** Ansicht von hinten mit Darstellung der Seitenwandaufzüge (1). **B** Ansicht der Bodenfläche des Eisens mit geradem Steg und angeschweißten Seitenwandaufzügen.

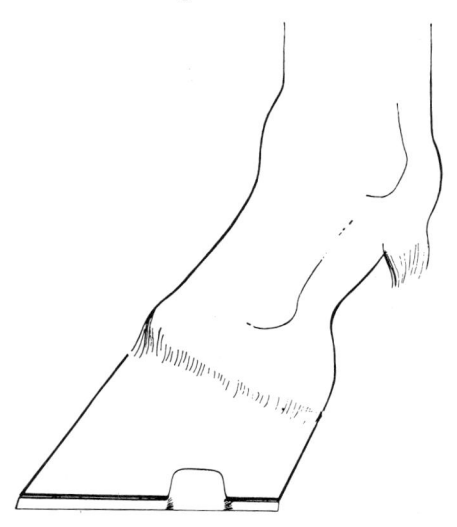

Abb. 8.42: Seitenansicht des orthopädischen Beschlages bei Hufbeinfrakturen mit korrekter Lage des Seitenwandaufzuges.

Ist die Fraktur durch eine Nageltrittverletzung verursacht worden, so muß die Verletzung nach den dort angeführten Gesichtspunkten behandelt werden (siehe Seite 529 bis 532). Infolge einer derartigen Fraktur kann sich ein Knochenabszeß oder eine Demineralisation des Hufbeines entwickeln (Abb. 8.43). Ein orthopädischer Beschlag kann notwendig sein.
Bei einer persistierenden Lahmheit aufgrund einer Hufbeinfraktur kann eine Neurektomie der Nervi digitales palmares dem Pferd in manchen Fällen genügend Erleichterung verschaffen, daß es wieder voll einsatzfähig ist. Der bei dieser Operation zu erwartende Erfolg kann zuvor durch eine Leitungsanästhesie der Nerven abgeschätzt werden.
Bei Frakturen mit Gelenkbeteiligung, besonders bei Sagittalfrakturen des Hufbeines in der Medianebene bei mindestens drei- bis vierjährigen Pferden, kann eine Osteosynthese mittels Zugschrauben erwogen werden.[9,13,16,17]

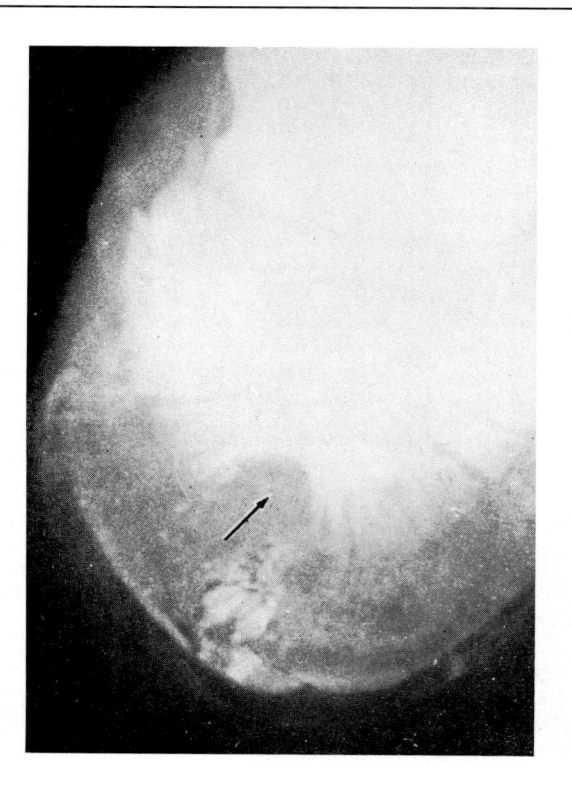

Abb. 8.43: Nekrotischer Bezirk im Hufbein, der durch eine alte Nageltrittverletzung entstand. Es liegt eine Ostitis des Hufbeines vor. Dieser Befund sollte nicht mit der Tragrandkerbe (Crena marginis solearis) verwechselt werden, die bei manchen Pferden an der Hufbeinspitze physiologischerweise vorhanden ist.

Vor der Operation muß der Huf peinlichst gereinigt und ausgeschnitten werden, und die Hufwand wird leicht beraspelt. Dann wird der Huf für 24 bis 48 Stunden mit einem desinfizierenden Verband versehen. Einige Autoren haben empfohlen, den Huf vor der Operation mit einem geschlossenen Eisen mit Seitenwandaufzügen zu beschlagen.[13] Der Grundgedanke hierbei ist, gleich postoperativ die Expansion des Hufes zu vermeiden. Mit einem Trepan wird ein kleines Loch durch die Hufwand angelegt, um den Zugang zum Hufbein zu ermöglichen. Die für die Trepanation geeignete Stelle kann durch Ausmessen der Lokalisation des Frakturspaltes auf den Röntgenaufnahmen[7] oder durch Anbringen von Bleimarkierungen an der Hufwand vor der Röntgendurchleuchtung ermittelt werden.[13] Die richtige Stelle für die Trepanation liegt in der Mitte zwischen der Gelenkfläche und dem Hufbeinkanal (Canalis solearis).[5-7] Ein Kürschner-Draht kann durch das Hufbein geführt werden, um zu überprüfen, ob die richtige Stelle und Richtung zum Einsetzen der Schraube gefunden worden sind. Die Schraube wird als Zugschraube verwandt (Abb. 8.44). Nach der Operation kann das entfernte Stück der Hufwand wieder eingesetzt oder die Öffnung belassen, mit in Desinfektionsmittel getränktem Mull gefüllt und mit einem Schutzverband abgedeckt werden, bis die Stelle verhornt und trocken ist; dann können Akrylharze zur Reparatur des Defektes eingesetzt werden. Zu dem Zeitpunkt bekommt das Pferd auch einen orthopädischen Beschlag. Die Heilung der Fraktur ist innerhalb von etwa drei Monaten nach der Operation zu erwarten. Unter Umständen kann das Entfernen der Schraube nötig werden, wenn sich im Bereich um die Schraube Anzeichen einer Infektion zeigen.[16,17]

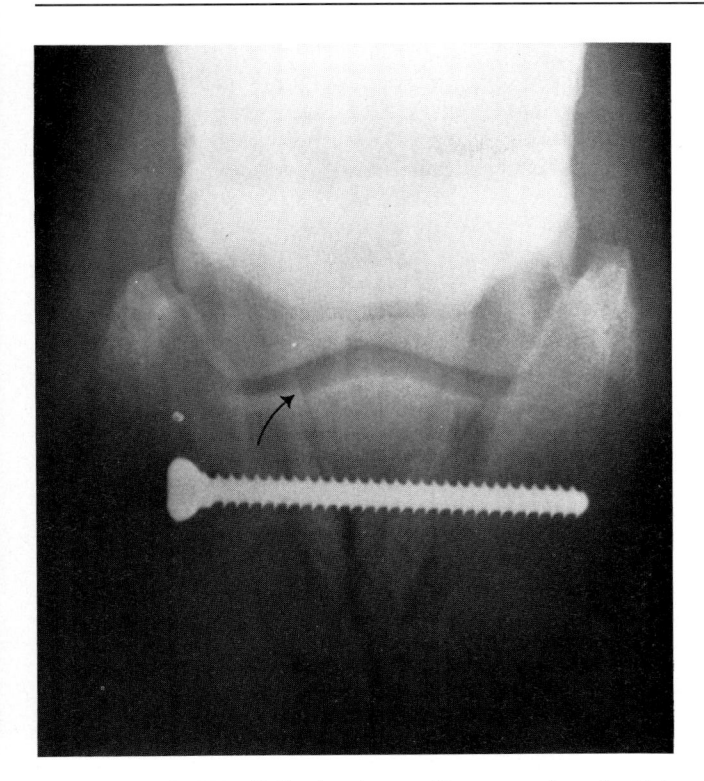

Abb. 8.44: ASIF-Kortikalisschraube zur Reparatur einer Sagittalfraktur des Hufbeines mit Beteiligung des Hufgelenkes. Leider ist hier eine Stufe in der Gelenkfläche entstanden (Pfeile). Diese würde höchstwahrscheinlich zu einer degenerativen Erkrankung des Hufgelenkes führen.

PETTERSSON berichtet von elf Fällen, in denen Hufbeinfrakturen mit Beteiligung des Hufgelenkes nach dieser Methode erfolgreich behandelt wurden.[17] Andere Autoren äußern Bedenken gegenüber diesem Verfahren, da die Infektionsgefahr erhöht ist[19] und das Risiko besteht, daß es zur Bildung einer unerwünschten permanenten Stufe in der Gelenkfläche kommt (Abb. 8.44).[23] Möglichkeiten, die Infektionsgefahr durch geeignete Vorbereitung des Hufes vor der Operation zu verringern, sind das Abdecken des Hufes mit steriler, selbsthaftender Plastikfolie und das Anlegen eines möglichst kleinen Loches in der Hufwand. Sowohl bei Hufbeinfrakturen, die nach konservativer Behandlung ausgeheilt waren, als auch bei erfolgreich operativ versorgten Hufbeinfrakturen sind nach erneuter Teilnahme des Pferdes an Rennen wiederum Frakturen aufgetreten. Daher ist unbedingt zu empfehlen, daß ein Sportpferd während seiner gesamten weiteren Karriere mit einem orthopädischen Beschlag läuft, damit eine Ausdehnung der Hufkapsel verhindert wird.[19]
Bei Frakturen am äußeren Rand des Hufbeines ist in der Regel nur etwa zwei bis drei Wochen lang eine Lahmheit zu beobachten. Danach bleibt das Pferd möglicherweise lahmfrei, wenn es mit polsternden Einlagen unter dem Eisen beschlagen wird.[13] Wenn eine Fraktur an der Spitze des Hufbeines vorliegt, sollte immer auch der gegenüberliegende Huf zum Vergleich geröntgt werden.

Prognose
Die Prognose für Schrägfrakturen des Hufbeinastes ohne Beteiligung des Hufgelenkes scheint für Pferde aller Altersgruppen günstig zu sein, wenn sie genügend lange Boxenruhe bekommen.[19] SCOTT et al. beobachteten bei konservativ behandelten Pferden einen Zusammenhang zwischen der Dauer der Bewegungseinschränkung und der Prognose.[19] Acht Pferde, bei denen die Fraktur gut ausheilte, hatten im Mittel 6,4 Monate Stallruhe bekommen, sechs Pferde mit begrenztem Erfolg der konservativen Behandlung nur durchschnittlich 5,5 Monate und sieben Pferde mit ungünstigem Behandlungsergebnis im Durchschnitt nur 4,4 Monate. Diese Ergebnisse, die unabhängig von der betroffenen Altersgruppe erhoben wurden, stehen in einem gewissen Gegensatz zu den Beobachtungen von PETTERSSON, bei denen eine günstige Prognose für Hufbeinfrakturen mit Beteiligung des Hufgelenkes bei Pferden bis zum Alter von drei Jahren und eine unsichere Prognose für ältere Pferde festgestellt wurde.[17] Zwei von sechs Pferden wurden letztlich zwölf Monate nach dem Auftreten der Fraktur wegen persistierender chronischer Lahmheit getötet.[17] Die anderen gingen in die Zucht. Unterschiedliche Ergebnisse sind durch die Verschraubung von Sagittalfrakturen des Hufbeines erzielt worden.[16,17,19] PETTERSSON berichtet, daß in allen elf Fällen von Sagittalfrakturen des Hufbeines die Pferde im Alter von über drei Jahren gesund wurden.[16,17] Eine andere retrospektive Untersuchung, wobei die Behandlung mit Zugschrauben durchgeführt wurde, ergab günstige Ergebnisse in zwei von fünf Fällen. Bei einem dieser Pferde trat aber erneut eine Hufbeinfraktur auf, nachdem es wieder ins Training genommen und der orthopädische Beschlag entfernt worden war. Zur Zeit wird an der Colorado State University empfohlen, Sagittalfrakturen des Hufbeines mit Beteiligung des Hufgelenkes zu verschrauben, um die Heilungsdauer zu verkürzen. Hierbei ist aber eine röntgenologische Kontrolle notwendig, damit festgestellt werden kann, ob sich nach Anziehen der Schraube eine Stufe in der Gelenkfläche bildet. In diesem Fall sollte die Fraktur nicht verschraubt, sondern konservativ behandelt werden. In jedem Fall muß unabhängig von der Behandlungsmethode eine genügend lange Boxenruhe gewährleistet sein. Anschließend müssen, solange das Pferd im Sport eingesetzt wird, Maßnahmen getroffen werden, um die Ausweitung der Hufkapsel zu verhindern.

Ausgewählte Literatur

1. ADAMS, O. R.: Lameness in Horses. 3rd Ed. Philadelphia, Lea & Febiger, 1974.
2. ALEXANDER, J. T., and ROONEY, J. R.: The biomechanics, surgery and prognosis of equine fractures, 1967–1972. Proc. 18th Ann. AAEP, 1972, p. 219.
3. DUBS, B., and NEMETH, F.: Therapy and prognosis of pedal bone fractures. Schweiz. Arch. Tierheilkd., **114:** 423, 1972.
4. DUNCAN, D. B., and DINGWALL, J. S.: Surgical removal of avulsed portions of the extensor process of the third phalanx in the horse. J. Am. Vet. Med. Assoc., **159:** 201, 1971.
5. FACKELMAN, G. E.: Sagittal fractures of the first phalanx (P1) in the horse: Fixation by the lag screw principle. VM/SAC, **68:** 622, 1973.
6. FACKELMAN, G. E., and FRÖLICH, D.: The current status of ASIF technique in large animals. Proc. 18th Ann. AAEP, 1972, p. 325.
7. FACKELMAN, G. E., and NUNAMAKER, D. M.: Manual of Internal Fixation in the Horse. New York, Springer-Verlag, 1982, p. 61.
8. FEBBL, L.: Suppurative osteomyelitis of the pedal bone in a Thoroughbred horse. Milit. Med., **138:** 220, 1973.

9. FESSLER, J. F., and AMSTUTZ, H. E.: Fracture repair. *In* Large Animal Surgery. Edited by F. W. Oehme, and J. E. Prier. Baltimore, Williams & Wilkins Co., 1974, p. 294.
10. HAYNES, P. F., and ADAMS, O. R.: Internal fixation of fractured extensor process of third phalanx in a horse. J. Am. Vet. Med. Assoc.; **164:** 61, 1974.
11. HERTSCH, B. W.: Zur Diagnose und Behandlung der Hufbeinfraktur. Dtsch. tierärztl. Wschr., **798:** 524, 1972.
12. HICKMAN, J.: Veterinary Orthopaedics. Edinburgh, Oliver and Boyd, 1964.
13. JOHNSON, J. H.: The Foot. *In* Equine Medicine and Surgery. 3rd Ed. Edited by R. A. Mansmann, and E. S. McAllister. Santa Barbara, American Veterinary Publications, 1982, p. 1042.
14. KHOKHLOV, A. L. Roentgenodiagnosis and classification of fractures of the phalanx. Veterinarian, **43:** 84, 1966.
15. PEITEL, M.: Frequency of fractures of the extremities in horses and cattle and resultant economic loss. Wien. tierärztl. Monatsschr., **58:** C 158, 1971.
16. PETTERSSON, H.: Conservative and surgical treatment of fractures of the third phalanx. Proc. 18th Ann. AAEP, 1972, p. 183.
17. PETTERSSON, H.: Fractures of the pedal bone in the horse. Eq. Vet. J., **8:** 104, 1976.
18. ROONEY, J. R.: Biomechanics of Lameness in Horses. Baltimore, Williams & Wilkins Co., 1969.
19. SCOTT, E. A., McDOLE, M., and SHIRES, M. H.: A review of third phalanx fractures in the horse. Sixty-five cases. J. Am. Vet. Med. Assoc., **174:** 1337, 1979.
20. SONNICHSEN, H. V.: Fraktur av hovben. Nord. Vet. Med., **15:** 37, 1969.
21. TOLLKUN, S.: Phalanx III, Kircklori. Vet. Fakult. Dergisi., **14:** 251, 1967.
22. WEAVER, A. D.: Fracture of the equine pedal bone. Eq. Vet. J., **1:** 283, 1969.
23. YOVICH, J. V., HILBERT, B. J., and McGILL, C. A.: Fractures of the Distal Phalanx in Horses. Aust. Vet. J., **59:** 180, 1982.

Frakturen des Processus extensorius des Hufbeines

Frakturen des Processus extensorius können ein- oder beidseitig an den Schultergliedmaßen auftreten. Seltener werden sie an den Beckengliedmaßen beobachtet. In einem Bericht über 23 Fälle mit Frakturen des Processus extensorius war bei 21 Tieren die Vorhand und nur in 2 Fällen die Nachhand betroffen.[5] Gleichzeitig mit Frakturen können durch Zubildung von Knochengewebe Exostosen am Processus extensorius des Hufbeines vorliegen (siehe Seite 528 bis 529).

In einer retrospektiven Untersuchung betrafen 23 von 79 Hufbeinfrakturen den Processus extensorius.[5] In einer anderen Auswertung von 65 Fällen zeigten vier Pferde Frakturen des Processus extensorius.[6] Quarter Horses und Partbred-Pferde im Alter von 3 bis 17 Jahren scheinen am häufigsten betroffen zu sein.

Ätiologie

Die offensichtliche Ätiologie ist übermäßige Belastung der Sehne des gemeinsamen Zehenstreckers (Musculus extensor digitalis communis). Die hierdurch auf den Processus extensorius einwirkende Kraft kann für die Entstehung einer Fraktur ausreichen. Ferner können Frakturen des Processus extensorius durch eine Überstreckung des Hufgelenkes verursacht werden. Bei bilateralen Frakturen kann es sich um angeborene Zusammenhangstrennungen handeln (Abb. 8.45). In diesem Fall kann die Ossifikation des Processus extensorius von einem eigenen Ossifikationskern aus begonnen haben, wodurch der Processus extensorius in seiner Verbindung zum Hufbein geschwächt worden ist und es letztlich zu einer Ablösung des Processus extensorius vom Rest des Hufbeines gekommen sein kann. In derartigen Fällen sind weder eine deutliche, vom Periost ausgehende Zubildung von Knochengewebe noch die sonst für Exostosen am Processus extensorius typische Auftreibung dieses Bereiches festzustellen.

Symptome

Die Lahmheitssymptome sind relativ undeutlich. Die kraniale Phase der Gliedmaßenführung ist verkürzt, der Bewegungsablauf kann dem bei Podotrochlose beobachteten Schema entsprechen. Im Gegensatz zur Podotrochlose ist aber beim Abtasten mit der Hufuntersuchungszange keine Schmerzhaftigkeit über dem Strahl oder in anderen Bereichen des Hufes festzustellen. Wenn die Veränderung längere Zeit besteht, entwickelt sich durch die Verformung der Hufwand ein V-förmiger Huf (Abb. 8.46). Besteht die Veränderung ein Jahr oder länger, so erstreckt sich diese Verformung über die gesamte Länge der dorsalen Hufwand. Laterolaterale Röntgenaufnahmen des Hufes zeigen die Fraktur oder einen isolierten Processus extensorius (Abb. 8.45 und 8.47). Wenn es in größerem Ausmaß zu einer vom Periost ausgehenden Zubildung von Knochengewebe kommt, bilden sich die für Exostosen am Processus extensorius typischen Auftreibungen in diesem Bereich (siehe auch Seite 528 bis 529). Druck auf den dorsalen Anteil des Saumbereiches kann schmerzhaft sein.

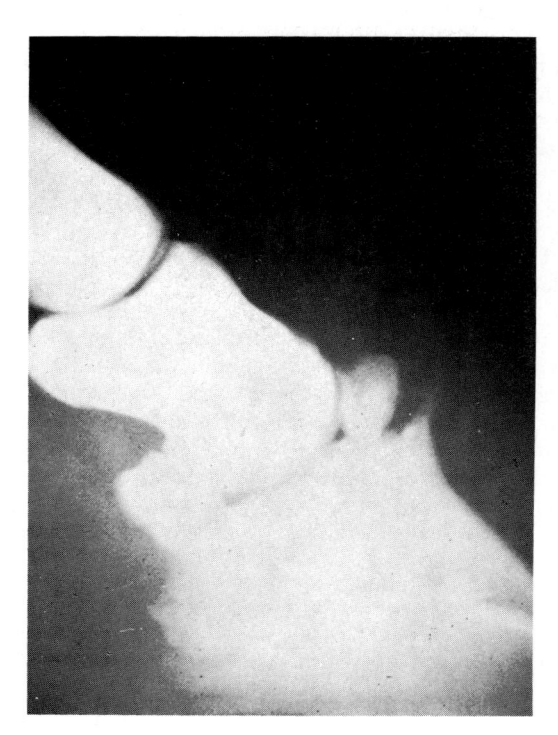

Abb. 8.45: Fraktur des Processus extensorius des Hufbeines. Die Veränderungen bestanden bei diesem Pferd an beiden Schultergliedmaßen. Möglicherweise sind diese Frakturen, wenn sie beidseitig auftreten und keine gleichzeitige Zubildung neuen Knochengewebes vom Periost aus vorliegt, angeboren. Derartige Fragmente können operativ entfernt werden.

Kapitel 8: Lahmheit 527

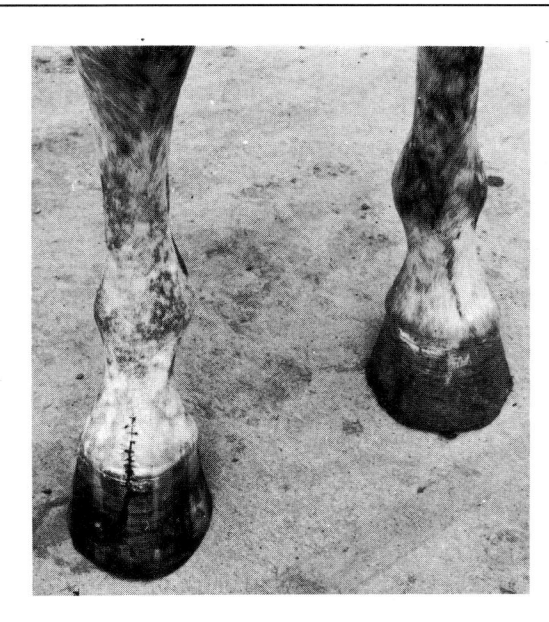

Abb. 8.46: Aussehen des Hufes nach Entfernung eines Fragmentes des Processus extensorius des Hufbeines. Charakteristisch ist die dreieckige Form der dorsalen Hufwand an dem betroffenen Huf im Vergleich zu dem Huf der gegenüberliegenden Gliedmaße. Diese Veränderung ist für eine längere Zeit bestehende Fraktur des Processus extensorius typisch.

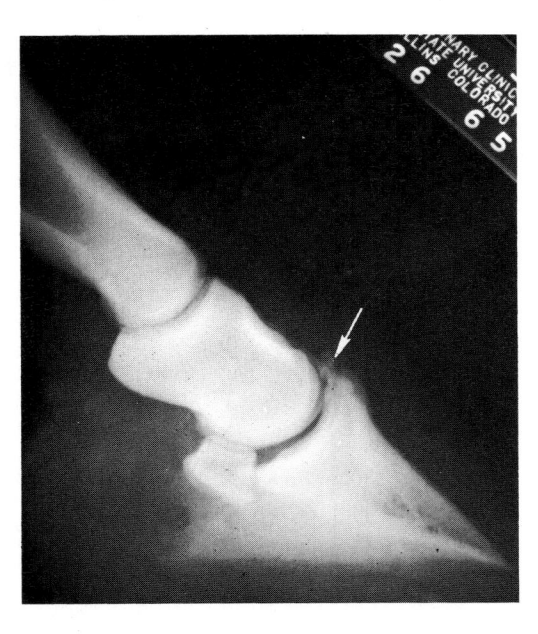

Abb. 8.47: Beispiel für eine Fraktur des Processus extensorius des Hufbeines mit kleinem Knochenfragment.

Durch eine Leitungsanästhesie der Nervi digitales palmares an der Basis der Gleichbeine oder durch einen Fesselringblock ist die Lahmheit in den meisten Fällen zu beseitigen (siehe Seite 138 bis 139).

Diagnose
Die Diagnose stützt sich bei Frakturen des Processus extensorius des Hufbeines auf die Formveränderungen der Hufwand, Schmerzhaftigkeit bei Druck auf den dorsalen Anteil des Saumbereiches, die aber nicht in jedem Fall besteht, und die Auswertung der Röntgenaufnahmen.

Es sind drei Arten dieser Frakturen beobachtet worden (siehe Abb. 8.45, 8.47 und 8.48 A).

Therapie
Obwohl die konservativen Behandlungsmethoden wie Blistern, Brennen und Arbeitsruhe für drei bis zehn Monate in 8 von 22 Fällen erfolgreich eingesetzt wurden,[5] kann die Heilungsdauer möglicherweise durch chirurgische Maßnahmen beträchtlich verkürzt werden.[1-4] Fragmente des Processus extensorius können operativ entfernt werden, oder es kann der Versuch unternommen werden, große Fragmente mittels einer Knochenschraube zu fixieren. Bei der Vorbereitung zur Operation sollte der Huf sorgfältig gesäubert, ausgeschnitten und dorsal beraspelt werden. Danach wird er gründlich mit Polyvidon-Jod gewaschen. Anschließend wird ein mit Polyvidon-Jod getränkter Verband angelegt.[1,2] Die Operation wird unter Narkose und mit einer anerkannten aseptischen Technik durchgeführt. Der Einschnitt erfolgt in der Mitte über der Sehne des gemeinsamen Zehenstreckers, senkrecht und knapp oberhalb der Hufkrone. Der Schnitt darf keinesfalls die gesamte Kron- und Saumlederhaut durchtrennen. Die Sehne des gemeinsamen Zehenstreckers wird längs gespalten, das lose Knochenstück kann palpiert und mit einer Klemme ergriffen werden. Alligatorklemmen sind zu diesem Zweck sehr gut geeignet. Das Knochenstück wird freipräpariert und entfernt. Die Sehne wird mit Einzelheften aus synthetischem resorbierbaren Nahtmaterial der Stärke 2−0 genäht. Das subkutane Bindegewebe wird auf ähnliche Weise geschlossen, die Hautnaht erfolgt mit Einzelheften aus 2−0 Nylon. Nun wird für eine Woche ein Gips-, Fiberglas- bzw. Kunststoffverband bis unterhalb des Karpus angelegt. Nach Abnehmen dieses Verbandes wird die Gliedmaße für 30 Tage mit einem Stützverband versehen. Das Pferd sollte frühestens nach sechs Monaten wieder gearbeitet werden.

Bei Ablösung eines großen Knochenstückes ohne größere Dislokation des Fragmentes kann versucht werden, das Knochenstück operativ durch eine Knochenschraube zu fixieren.[2] Die Präparation des Operationsgebietes erfolgt wie bei der Entfernung von Knochenfragmenten. Im allgemeinen ist es am besten, einen kleinen Steinmann-Nagel als Orientierungshilfsmittel für das Einsetzen der Schraube zu benutzen (Abb. 8.48 B). Als Schraube wird vorzugsweise eine ASIF-Strahlbeinschraube verwandt. Für die Strahlbeinschraube wird ein Loch von 3,6 mm Durchmesser gebohrt. Die Wand des Bohrloches in dem schraubenkopfnahen Knochenteil wird auf die Weite des Schraubenschaftes gebracht und geglättet. Die Länge der Schraube beträgt in der Regel 24 bis 28 mm. Bei der Auswahl der Länge und beim Einsetzen der Schraube muß darauf geachtet werden, daß sie die Sohlenfläche des Hufbeines nicht verletzen kann. Die Strahlbeinschraube besitzt in ihrem schraubenkopfnahen Schaft kein Gewinde. Sie wirkt so als Zugschraube und zieht das Knochenfragment in seine gewünschte Lage (Abb. 8.48 C). Der untere Gliedmaßenabschnitt einschließlich der Hufkapsel wird bis knapp unterhalb des Karpus (oder Tarsus) mit einem Gips-, Fiberglas- bzw. Kunststoffverband versehen. Dieser wird etwa vier Wochen lang belassen. Während dieser Zeit und noch vier Wochen nach Abnehmen des Verbandes bekommt das Pferd Boxenruhe. Danach wird es an der Hand geführt. Frühestens

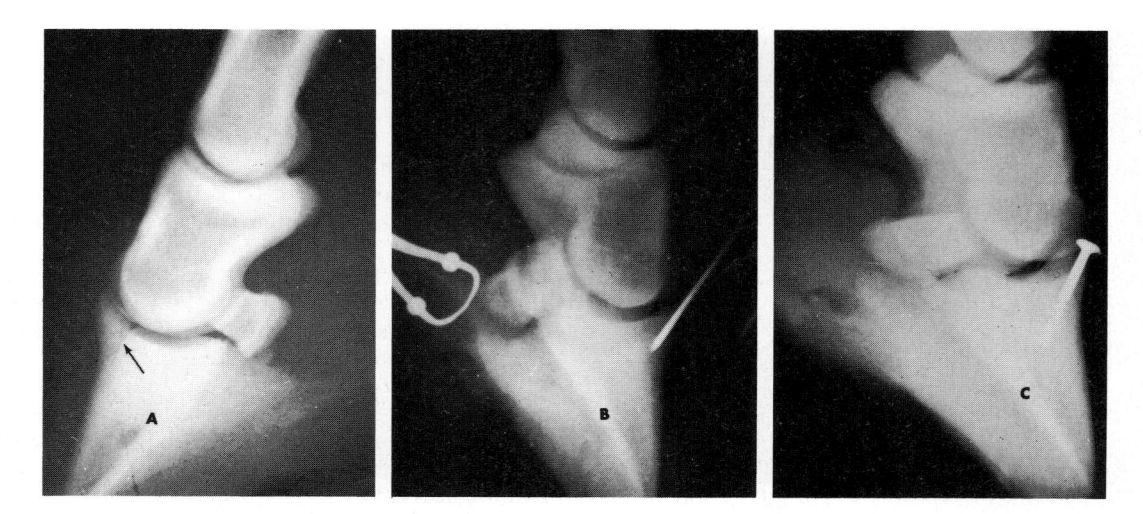

Abb. 8.48: **A** Fraktur des Processus extensorius des Hufbeines mit großem Knochenfragment (Pfeil). **B** Steinmann-Nagel als Orientierungshilfe für die Winkelung beim Anlegen der Bohrlöcher. **C** Position der ASIF-Strahlbeinschraube.

nach sechs Monaten sollte das ernsthafte Training wieder aufgenommen werden. Die chirurgische Verschraubung der Fragmente sollte nur in ausgewählten Einzelfällen erfolgen, da das Knochenstück für eine erfolgreiche Operation groß und in geeigneter Lage sein muß.

Prognose
Die Prognose ist fraglich, wenn eine degenerative Erkrankung des Hufgelenkes vorliegt. Eine eventuelle Zubildung von Knochengewebe unter Beteiligung des Gelenkes gestaltet die Prognose ungünstig.

Ausgewählte Literatur

1. DUNKIN, D. B., and DINGWALL, J. S.: Surgical removal of avulsed portions of the extensor process of the third phalanx in the horse. J. Am. Vet. Med. Assoc., **159 (2):** 201, 1971.
2. HAYNES, P. F., and ADAMS, O. R.: Internal fixation for repairs of fractured extensor process in the horse. J. Am. Vet. Med. Assoc. **164 (1):** 61, 1974.
3. NUMANS, S. R., and WINTZER, H. F.: Einige neue Indikationen zur Knochen- und Gelenkchirurgie des Pferdes. Berl. Münch. Tierärztl. Wschr. **74:** 205, 1961.
4. PETTERSSON, H.: Conservative and surgical treatment of fractures of the third phalanx. Proc. 18th Ann. AAEP, 1972, p. 183.
5. PETTERSSON, H.: Fractures of the pedal bone in the horse. Eq. Vet. J., **8:** 104, 1976.
6. SCOTT, E. A., McDOLE, M., and SHIRES, M. H.: A review of third phalanx fractures in the horse, sixty-five cases. J. Am. Vet. Med. Assoc., **174:** 1337, 1979.

Exostosen am Processus extensorius des Hufbeines („buttress foot")

Exostosen am Processus extensorius des Hufbeines durch Zubildung von Knochengewebe sind eine fortgeschrittene Form von tiefer Schale. Diese knöchernen Zubildungen können auf Frakturen oder auf eine Periostitis des Processus extensorius zurückzuführen sein. Bei der Ausheilung derartiger pathologischer Veränderungen bildet sich neues Knochengewebe, wodurch es zu einer Umfangsvermehrung dorsal im Saumbereich kommt (Abb. 8.49). Eine entsprechende knöcherne Auftreibung entsteht bei einer Periostitis des Processus extensorius, wodurch das klinische Bild bei einer Periostitis und bei Frakturen des Processus extensorius identisch ist.

Ätiologie
Die Exostosen werden durch übermäßige Belastung der Sehnen, des gemeinsamen Zehenstreckers (Schultergliedmaße) oder des langen Zehenstreckers (Beckengliedmaße) sowie des an die gemeinsame Strecksehne ziehenden Unterstützungsastes des Musculus interosseus medius an ihrem Ansatz am Processus extensorius des Hufbeines hervorgerufen. Die Überlastung führt zu einer Periostitis, die Knochenzubildungen oder Frakturen des Processus extensorius bedingt, welche mit sehr beträchtlicher Kallusbildung heilen (Abb. 8.50).

Pferde mit im Trachtenbereich hohen Hufen und kurzen Zehen sowie Pferde, die in der Bewegung die Gliedmaßen in hoher Aktion kurz und schnell anheben, wie beispiels-

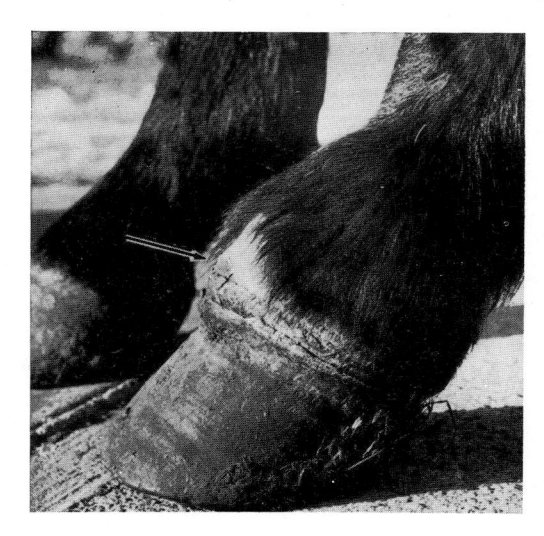

Abb. 8.49: Exostose am Processus extensorius des Hufbeines („buttress foot"). Massive Schwellung dorsal im Saumbereich infolge einer tiefen Schale. Es handelt sich um denselben Huf wie in Abbildung 8.50.

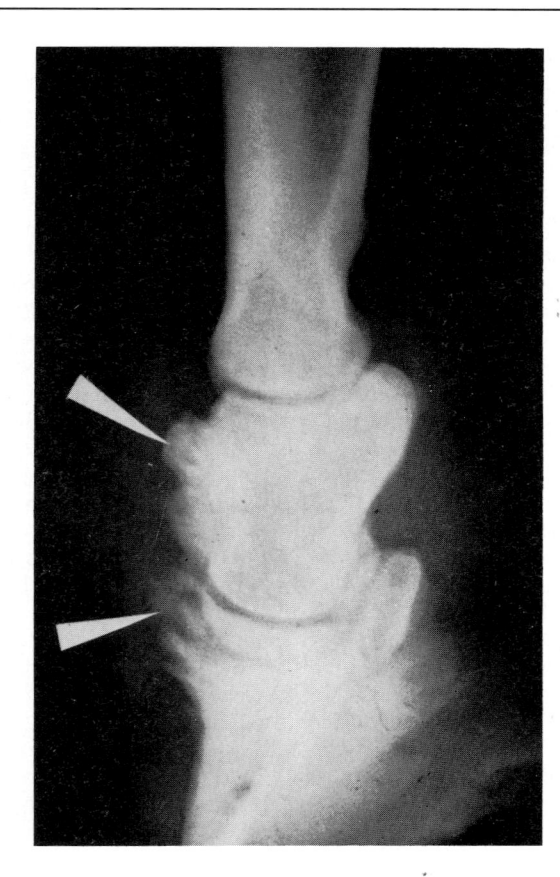

Abb. 8.50: Röntgenologische Darstellung von Exostosen am Processus extensorius des Hufbeines. Es liegen außerdem beträchtliche knöcherne Zubildungen am Kronbein vor (oberer Pfeil). Der untere Pfeil bezeichnet Knochenzubildungen am Processus extensorius des Hufbeines. Es handelt sich hier um denselben Huf wie in Abbildung 8.49. Da das proximale und das distale Ende des Kronbeines sowie der Processus extensorius des Hufbeines von den Veränderungen betroffen sind, liegt bei diesem Pferd sowohl hohe als auch tiefe Schale vor.

weise der Paso Fino, scheinen zu dieser Erkrankung prädisponiert zu sein. Hier ist die These aufgestellt worden, daß die schnelle Winkelbeschleunigung der Gliedmaße bei Pferden mit hohen Trachtenwänden für die Überlastung an den Sehnenansätzen des Processus extensorius verantwortlich sei.[3]

Symptome
Die Lahmheitssymptome sind nicht spezifisch. Häufig aber zeigt das Pferd die Tendenz, mit dem betroffenen Huf nicht an die Stelle zu treten, wohin die Hufspitze in der Bewegung zeigt, sondern den Huf vorher abzusetzen. Die kraniale Phase der Gliedmaßenführung ist verkürzt. Außerdem hat das Pferd häufig die Neigung, hart auf dem Trachtenbereich des Hufes zu fußen. Im frühen Stadium der Erkrankung sind vermehrte Wärme, Schmerzhaftigkeit und Anschwellungen verschiedenen Grades dorsal im Saumbereich festzustellen. Das Pferd geht in allen Gangarten lahm. Die Haare dorsal im Saumbereich erscheinen aufgestellt (Abb. 8.49). Das Pferd zeigt Schmerzreaktionen, wenn mit den Fingern Druck auf die beteiligten Gewebe ausgeübt wird. Im Anschluß an die Exostosen entwickelt sich eine Arthritis des Hufgelenkes, die häufig chronisch wird (Abb. 8.50). Nach einiger Zeit ändert sich die Form der dorsalen Hufwand. Sie wölbt sich vom Saumbereich bis zum dorsalen Anteil des Tragrandes vor. Röntgenologisch sind verschiedene Veränderungen an Kron- und Hufbein und im Hufgelenk nachweisbar (Abb. 8.50).

Therapie
Eine effektive Besserung der Erkrankung ist durch keine Therapie zu erreichen. Brennen und Blistern sind zwar verwandt worden, haben aber zweifelhaften Wert. In frühen Stadien kann die Injektion von Kortikoiden und Ruhigstellung des Gliedmaßenabschnittes durch einen Gips-, Fiberglas- bzw. Kunststoffverband einige Erleichterung bringen. Eine Neurektomie der Nervi digitales palmares kann die Lahmheitssymptome mildern und eine begrenzte Verwendung des Pferdes ermöglichen. Als orthopädischer Beschlag für den betroffenen Huf dient ein Eisen mit durchgehender bodenenger Ränderung und rund geschliffenem Außenrand an der Bodenfläche, wodurch das Abrollen in jede Richtung erleichtert wird, um die Bewegung im Hufgelenk möglichst zu reduzieren. JOHNSON gibt an, daß durch Beraspeln der dorsalen Hufwand von knapp distal des Saumbereiches bis zum Tragrand Druck und Schmerzen zeitweise vermindert werden können.[2] Diese Maßnahmen haben aber einen sehr geringen Einfluß auf den weiteren Verlauf der Erkrankung. Deshalb sind hier sind Bestrahlungen vorgeschlagen worden, um die Entwicklung der Periostitis einzuschränken.[2]

Prognose
Die Prognose ist bei dieser Erkrankung in jedem Fall ungünstig.

Ausgewählte Literatur
1. FRANK, E. R.: Pyramidal disease. N. Am. Vet., **16**: 34, 1935.
2. JOHNSON, J. H.: The Foot. *In* Equine Medicine and Surgery. 3rd Ed. Edited by R. A. Mansmann, and E. S. McAllister. Santa Barbara, American Veterinary Publications, 1982, p. 1033.
3. ROONEY, J. R.: Ringbone versus pyramidal disease. Eq. Vet. Sci., **1**: 23, 1981.

Nageltrittverletzungen bzw. penetrierende Verletzungen des Hufes
Nageltrittverletzungen des Hufes sind bei Pferden recht häufig. Eine Vielzahl von Fremdkörpern kann diese Verletzungen verursachen. Manche dieser Verletzungen können äußerst schwierig zu finden sein, besonders solche im Strahl, bei denen der Fremdkörper zum Zeitpunkt der Untersuchung nicht mehr vorhanden ist. Nageltrittverletzungen im mittleren Drittel des Strahles sind höchst problematisch, weil die Möglichkeit einer Beteiligung des Hufrollenschleimbeutels besteht. Bei penetrierenden Verletzungen der Sohle kann es zu einer Ostitis, zu Frakturen oder zu nekrotischen Prozessen im Hufbein oder Hufpolster kommen. Nageltrittverletzungen im Bereich der weißen Linie haben häufig das Eindringen von Infektionen zur Folge, die sich proximal ausbreiten und im Saumbereich durchbrechen können.

Symptome
In manchen Fällen verbleibt der Fremdkörper im Huf, wodurch die Diagnose relativ einfach wird. In derartigen

Situationen sollte festgestellt werden, welcher Art der Fremdkörper ist und wie weit die tieferen Strukturen des Hufes geschädigt worden sind. Wenn die Verletzung nicht sichtbar ist, geben die Veränderungen im Bewegungsablauf des Pferdes häufig einen Hinweis auf die ungefähre Lokalisation der Nageltrittverletzung. Wenn die Verletzung im Trachtenbereich liegt, zeigt das Pferd die Tendenz, auf der Zehenspitze zu fußen. Bei einer Nageltrittverletzung im medialen Bereich der Sohle versucht das Pferd, hauptsächlich die laterale Seite des Hufes zu belasten und umgekehrt. Aufgrund dieser Variationen im Bild der Lahmheit können keine charakteristischen Symptome angegeben werden. Sobald allerdings eine Infektion besteht, zeigt das Pferd eine höchstgradige Lahmheit, bei der die Gliedmaße nicht mehr belastet wird. Der Huf sollte in jedem Fall sorgfältig mit der Hufuntersuchungszange abgetastet werden, um die Lokalisation der Verletzung festzustellen. Zusammenhangstrennungen in der Weißen Linie (lose Wand), durch eingetretene Nägel verursachte Stichkanäle sowie die Kanäle der Hufnägel können als dunkle Stellen in der Sohle erkannt werden. Diese dunklen Stellen sollten, mit Ausnahme von eindeutig korrekt verlaufenden Kanälchen der Hufnägel, trichterförmig ausgeschnitten werden, bis sie entweder in ihrer ganzen Tiefe freigelegt sind oder bis sicher ist, daß sie sich in die Lederhaut fortsetzen.

Bei einer Nageltrittverletzung tritt möglicherweise nachträglich erst dann eine Lahmheit auf, wenn durch eine Infektion eine Huflederhautentzündung entstanden ist. Wenn bei einer Entzündung innerhalb der Hufkapsel die penetrierende Verletzung keine Abflußöffnung bietet, bricht die Infektion im Saumbereich über der Trachtenwand des Hufes nach außen durch. Gelegentlich geschieht dies etwas vor dem Trachtenbereich in der Nähe der Nageltrittverletzung, zum Beispiel dorsal im Saumbereich bei penetrierenden Verletzungen im dorsalen Bereich des Hufes. Der Tierarzt sollte nicht den Fehler begehen, die im Saumbereich durchbrechende Infektion für den gesamten pathologischen Prozeß zu halten; stets sollte die Sohlenfläche des Hufes auf Nageltrittverletzungen untersucht werden. Aufgrund der Schmerzen im Huf besteht in der Regel eine Stützbeinlahmheit.

Relativ häufig besteht bei Nageltrittverletzungen des Hufes eine vermehrte Füllung der Beugesehnenscheide knapp oberhalb des Fesselgelenkes. Auch diese Umfangsvermehrung sollte den Tierarzt nicht verwirren. Durch eine sorgfältige Untersuchung der Sehnenscheide ergibt sich in der Regel, daß hier keine Druckempfindlichkeit, sondern höchstens vermehrte Wärme besteht. Beim Abtasten des Hufes mit der Hufuntersuchungszange ist dagegen eine schmerzhafte Stelle zu finden; diese sollte von der Hufsohle her trichterförmig ausgeschnitten werden, um die Lokalisation der Nageltrittverletzung zu ermitteln.

Manchmal führt eine Nageltrittverletzung des Hufes zu einer Septikämie und Phlegmone der Gliedmaße mit Erhöhung der Körpertemperatur und hochgradigen Symptomen einer systemischen Erkrankung. Ferner können infolge von Nageltrittverletzungen Hufrehe, Nekrosen des Hufbeines (Abb. 8.43), Hufbeinfrakturen, Infektionen des Hufrollenschleimbeutels oder des Hufpolsters, Strahlbeinfrakturen oder Wundstarrkrampf auftreten.

Nageltrittverletzungen an den Beckengliedmaßen können eine hahnentrittartige Bewegungsstörung bedingen. Das Pferd bewegt die Gliedmaße in extremer Beugehaltung vorwärts, wodurch der Verdacht aufkommen kann, daß die Ursache der Lahmheit in weiter proximal gelegenen Abschnitten der Gliedmaße zu suchen ist. Bei jeder Lahmheit irgendeiner Gliedmaße ist daher eine gründliche Untersuchung von Huf und Hufsohle auf pathologische Veränderungen notwendig.

Diagnose

Wenn der Tierarzt bei jeder Lahmheit eine gewissenhafte Untersuchung der Sohlenfläche des Hufes durchführt, wird er eventuell vorhandene Nageltrittverletzungen kaum übersehen. Stets sollte überprüft werden, ob die Lahmheit nicht möglicherweise auf einen Hufnagel (direkte oder indirekte Vernagelung) oder einen Hufabszeß zurückzuführen ist. Diese Situationen rufen die gleichen pathologischen Veränderungen und Symptome hervor wie Nageltrittverletzungen. Die Diagnose von Nageltrittverletzungen stützt sich auf die Reaktionen beim Abtasten des Hufes mit der Hufuntersuchungszange. Röntgenaufnahmen sollen Aufschluß über eventuell bestehende Schäden an knöchernen Strukturen geben. Nageltrittverletzungen im Strahl sind am schwierigsten zu lokalisieren. Sobald nämlich der Fremdkörper entfernt ist, schließt sich das quellfähige Weichhorn des Strahles über der Verletzung und verdeckt die Einstichstelle.

Häufig ist es sinnvoll, eine sterile Sonde in den Stichkanal einzuführen, um dessen Tiefe bestimmen und beurteilen zu können, ob wichtige Strukturen verletzt worden sind (Abb. 8.51). Röntgenaufnahmen des mit Kontrastmittel gefüllten Stichkanales können ebenfalls hilfreich sein (Abb. 8.52). Kontrastmittel können durch eine Kanüle, eine Knopfkanüle oder einen Foley-Ballonkatheter mit geringem Durchmesser injiziert werden. Gelegentlich betrifft die Infektion auch das Hufgelenk. Tiefe Nageltrittverletzungen im Bereich der Bursa podotrochlearis, die den Knochen verfehlen, führen häufig zu einer Infektion des Hufgelenkes. Eine Infektion des Hufgelenkes kann außerdem durch Ausbreitung einer Infektion von der Bursa podotrochlearis aus entstehen. Die Verdachtsdiagnose wird durch eine Punktion des Hufgelenkes bestätigt. Typisch ist, daß diese Pferde eine höchstgradige Lahmheit zeigen und keinen Teil des Hufes auf den Boden setzen wollen.

Therapie

Zur Behandlung einer Nageltrittverletzung ist ein Abfluß für das Sekret zu schaffen, der betroffene Bereich sauber und unter Verband zu halten, bis die Heilung eintritt, und für ausreichenden Tetanus-Impfschutz zu sorgen. Die gesamte Hufsohle, der Strahl und die Strahlfurchen sollten gesäubert und gewaschen werden. Der Stichkanal sollte in ausreichender Tiefe trichterförmig auf mindestens 6 mm Durchmesser erweitert werden, um den Abfluß des Sekretes zu gewährleisten. Die Abflußöffnung sollte zur Sohlenfläche des Hufes hin weiter werden, damit die Gefahr des Verstopfens ausgeschlossen wird. Wenn der Stichkanal durch den Strahl verläuft, ist dieser so weit auszuschneiden, daß eine ausreichende Abflußöffnung bestehenbleibt.

Nach Anlegen der Drainageöffnung sollte die Wunde mit einer desinfizierenden Lösung gespült werden. Die Wundöffnung sollte mit Polyvidon-Jod gefüllt und der Huf verbunden werden. Der Hufverband sollte den Huf vor Feuchtigkeit und Schmutz schützen, und das Pferd sollte

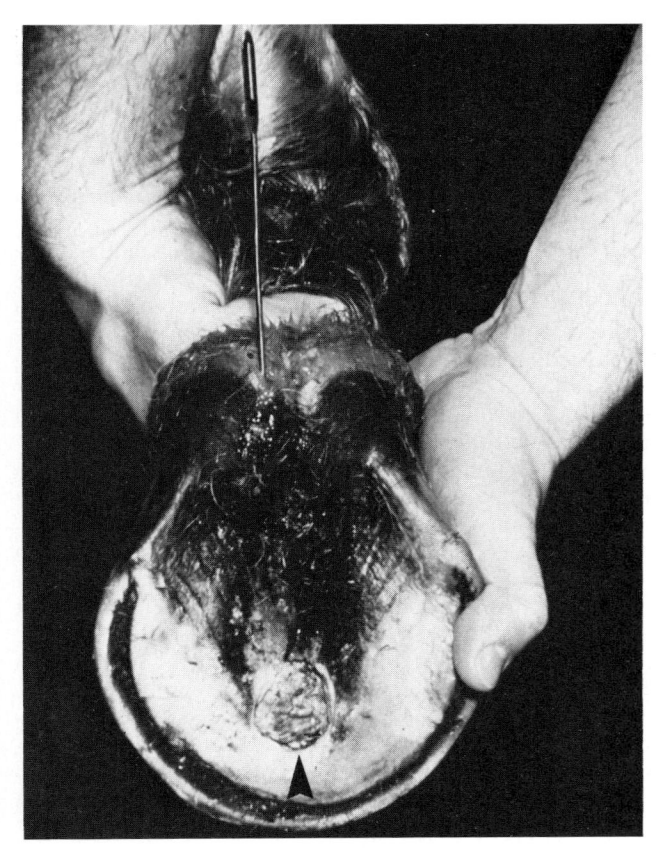

Abb. 8.51: Eine sterile Sonde ist durch den Fistelkanal im Bereich der Hufballen vorgeschoben worden. Dieser Kanal kommunizierte mit der Öffnung in der Sohle, die zur Drainage des Hufabszesses trichterförmig ausgeschnitten worden war (Pfeil). Die Anfertigung einer Röntgenaufnahme mit im Fistelkanal liegender Sonde kann die Beurteilung erleichtern, ob die Lederhaut und eventuell weitere Strukturen verletzt worden sind.

im Stall oder zumindest in einer möglichst trockenen Umgebung gehalten werden. Statt des Hufverbandes kann auch ein desinfizierter Hufschuh verwandt werden. Wenn das Pferd regelmäßig gegen Tetanus geimpft worden ist, sollte dieser Impfschutz durch Gabe von Tetanus-Toxoid aufgefrischt werden. Anderenfalls sollte zumindest Tetanus-Antitoxin gegeben werden. Antibiotika sind je nach Indikation einzusetzen.

Wenn die Infektion im Saumbereich durchgebrochen ist, sollte der Huf täglich in desinfizierender Magnesiumsulfatlösung gebadet werden. Der Huf sollte sorgfältig untersucht werden, um den ursprünglichen Stichkanal aufzufinden. Dieser wird, wie oben beschrieben, zur Abflußöffnung erweitert. Vorteilhaft ist es, den Kanal vom Saumbereich aus mit einer 1%igen Polyvidon-Jod-Lösung zu spülen. Dabei wird eine 60-ml-Spritze mit Knopfkanüle verwandt, und die Verletzung wird mit etwa 120 ml der Lösung durchgespült. Diese Spülung wird täglich einmal so lange fortgeführt, bis keine Veränderung der Spülflüssigkeit mehr zu erkennen ist. Meist sind hierzu zwei bis drei Tage ausreichend. Nach dem Baden und Spülen kann Polyvidon-Jod in die Öffnung des Stichkanales an der Sohlenfläche gebracht und der Huf verbunden werden. Sobald die Heilung einsetzt, müssen Baden, Spülen und Verbinden nicht mehr täglich erfolgen. Abstände von

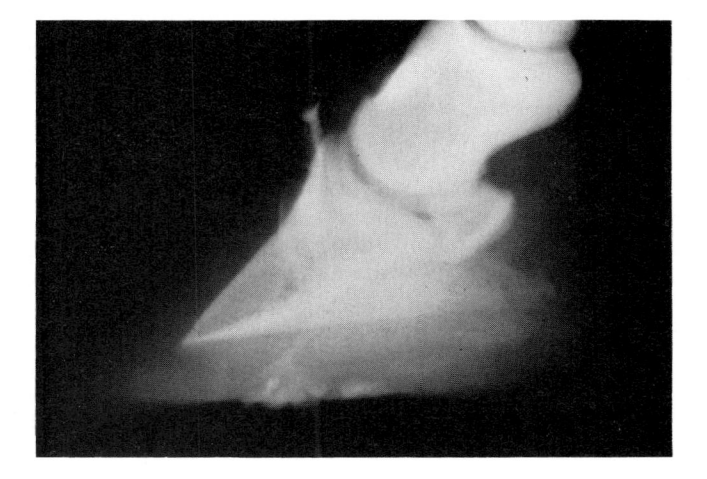

Abb. 8.52: Hier wurde Kontrastmittel von der weißen Linie aus in einen Stichkanal injiziert. Röntgenologisch ist festzustellen, daß sich ein Gang in Verlängerung des Stichkanales bis oberhalb des Saumbereiches fortsetzt.

drei bis vier Tagen sollten möglich sein. Wichtig ist es, die Wunde bis zum Eintritt der Heilung sauberzuhalten.

Wenn bei einer Nageltrittverletzung eine Beteiligung der Bursa podotrochlearis besteht, kann es notwendig sein, eine Abflußöffnung durch das mittlere Drittel des Strahles zu schaffen. Hierzu wird der Huf gründlich gesäubert und für 24 Stunden mit einem desinfizierenden Angußverband versehen. Die Nervi digitales palmares/plantares sollten mit einem Lokalanästhetikum anästhesiert und das Horn im mittleren Drittel des Strahles weggeschnitten werden. Nach Freilegen der tiefen Beugesehne wird diese gefenstert, um eine Abflußöffnung für den infizierten Inhalt der Bursa zu schaffen. Der Huf sollte bis nach erfolgter Heilung mit Antibiotika versorgt und verbunden werden. Diese Operation kann am stehenden Pferd durchgeführt werden. Besser ist es aber, das Pferd in Narkose abzulegen, da der Operateur dann viel genauer arbeiten und unnötige Beschädigungen der tiefen Beugesehne vermeiden kann.

Wenn bei einer Nageltrittverletzung das Hufbein verletzt worden oder die anschließende Infektion bis in diesen Bereich vorgedrungen ist, sollte eine Kürettage des Knochens bis auf gesundes, blutendes Gewebe durchgeführt werden. Die weitere Behandlung erfolgt wie oben beschrieben.

Gelegentlich kommt es zu einer Beteiligung des Hufgelenkes. Die Situation ist in diesem Fall äußerst ernst und erfordert sofortige Behandlung. Die Verdachtsdiagnose wird durch eine Punktion des Hufgelenkes bestätigt (siehe Seite 146). Die aspirierte Flüssigkeit sollte zytologisch untersucht und eine Gramfärbung durchgeführt werden. Obwohl die kulturelle Untersuchung nicht unbedingt die Identifikation der Erreger ermöglicht, sollten sowohl eine Kultur als auch ein Resistenztest angelegt werden. Von all diesen Untersuchungen ist die Gramfärbung wohl die erfolgreichste Methode, die anwesenden Mikroorganismen zu klassifizieren. Sobald die Flüssigkeit möglichst vollständig aspiriert und eine Infektion festgestellt worden ist, sollte das Gelenk mit steriler Kochsalzlösung gespült werden. Häufig ist es hierzu von Vorteil, eine weitere

Kanüle auf der anderen Seite des Processus extensorius in das Gelenk einzustechen. Die Pferde haben in der Regel so große Schmerzen, daß diese Maßnahmen nur nach Setzen eines Fesselringblockes oder einer Anästhesie der Nervi digitales palmares/plantares an der Basis der Gleichbeine durchführbar sind. Weiter kann der Einsatz von Tranquilizern sinnvoll sein. Das Gelenk sollte mit mindestens 500 bis 1000 ml steriler Kochsalzlösung gespült werden, und das Pferd muß zusätzlich systemisch mit Breitbandantibiotika versorgt werden. Die Spülungen werden zwei bis drei Tage lang durchgeführt, sofern eine Besserung zu beobachten ist. Anderenfalls sollte das Hufgelenk operativ eröffnet und eine Abflußöffnung angelegt werden.[2] Dies ist in jedem Fall als schwierig anzusehen. Der beste Zugang zum Hufgelenk findet sich oberhalb des Saumbereiches auf der lateralen Seite, ähnlich wie bei der chirurgischen Versorgung der Hufknorpelnekrose, aber weiter dorsal und proximal des Hufknorpels. Nach Feststellung der Lokalisation des Hufgelenkes wird distal davon ein schräg proximal verlaufendes Loch durch die Hufwand gebohrt, um eine ventrale Abflußöffnung zu schaffen. Dann können von proximal her Spülschläuche eingeführt werden, welche proximal durch eine Naht an der Gliedmaße fixiert werden. Die in die Hufwand gebohrte Abflußöffnung wird mit in Polyvidon-Jod getränkter Gaze gefüllt. Das Spülen und Ausstopfen der Abflußöffnung mit antiseptikagetränkter Gaze werden so lange wiederholt, bis die Infektion unter Kontrolle ist. Nach Erfahrung des Autors sind Infektionen in diesem Gelenk mit am schwierigsten zu behandeln. Eine systemische Versorgung mit Antibiotika sollte über mindestens 15 bis 21 Tage hin durchgeführt werden, wenn die Erkrankung auf die Behandlung gut angesprochen hat. Bei einem Erfolg der Therapie wird beobachtet, daß das Pferd die Gliedmaße zunehmend stärker belastet. Absolut erforderlich ist, den Huf unter einem desinfizierenden Verband zu halten. Ohne Behandlung können sich schwere Schäden einstellen (Abb. 8.53) (siehe auch Seite 423).

In der ersten Versorgung von Nageltrittverletzungen, wenn das Pferd einige Zeit nach der Behandlung weiter laufen soll, wie beispielsweise auf Distanzritten, wird der Stichkanal zu einem kleinen Abflußkanal mit parallel verlaufenden Wänden erweitert. Diese Drainageöffnung wird dicht mit Polyvidon-Jod und Watte zugestopft. Die endgültige Versorgung kann verschoben werden, bis dazu bessere Möglichkeiten gegeben sind.

In weiter fortgeschrittenen Fällen, die eine längere Behandlungsdauer erfordern, kann ein schützender Hufschuh oder ein Deckelhufeisen verwendet werden, dessen Bodenplatte zur Behandlung der Verletzung abgenommen werden kann. Beide Methoden erlauben eine häufige lokale Behandlung der Wunde ohne die Kosten eines täglichen Verbandwechsels. Die Behandlung wird in jedem Fall so lange durchgeführt, bis die Infektion ausgeheilt ist. In einigen Fällen ist hierzu eine erneute Öffnung der Drainageöffnung oder weitere Entfernung von Sohlenhorn notwendig, wenn ein besonders großer Bereich der Sohle unterminiert ist.

Wenn die Wunde nicht mehr eitert, wollen die meisten Praktiker Adstringentien verwenden, um die Wunde zu trocknen. Phenol, Formalin und Jodtinktur, die unter dem Verband aufgebracht werden, dienen dem Austrocknen der Wunde.[1,2] An der Colorado State University ist aber beobachtet worden, daß dies in den meisten Fällen nicht notwendig ist. Statt dessen scheint die sterile Umgebung von entscheidender Bedeutung zu sein. Unter diesen Bedingungen trocknen die Wunden problemlos ab. Sobald die Wunde vollständig trocken und keine Exsudation mehr festzustellen ist, kann ein Eisen mit einer durchgehenden Einlage aufgeschlagen werden, um die Sohlenfläche des Hufes zu schützen. Vor dem Aufnageln von Einlage und Hufeisen sollte antibiotikahaltige Salbe auf den Huf aufgetragen werden. Die Entscheidung, ob beim nächsten Beschlagwechsel erneut ein Eisen mit durchgehender Einlage aufgeschlagen werden soll, hängt davon ab, wie weit die Sohle bis dahin nachgewachsen ist.[1,2]

Prognose

Die Prognose ist für die Behandlung frischer Fälle günstig, wenn durch die Nageltrittverletzung keine tieferliegenden Strukturen geschädigt worden sind. Bei einer Beteiligung der tieferliegenden Bursa podotrochlearis oder des Strahlbeines ist die Prognose fraglich bis ungünstig.

Ausgewählte Literatur

1. JOHNSON, J. H.: The Foot. In Equine Medicine and Surgery. 3rd Ed. Edited by R. A. Mansmann, and E. S. McAllister. Santa Barbara, American Veterinary Publications, 1982, p. 1039.
2. MOYER, W.: Equine Foot Problems. Elective Surgery Notes. Philadelphia, University of Pennsylvania, 1973.

Hufknorpelnekrose bzw. Hufknorpelfistel

Die Hufknorpelnekrose ist eine chronische, eitrige Entzündung eines der seitlich in Verlängerung der Seitenteile des Hufbeines liegenden Hufknorpel. Sie ist durch eine Nekrose des Knorpelgewebes und einen Fistelgang charakterisiert, der im oder oberhalb des Saumbereiches mündet. Die Hufknorpelnekrose tritt meist an den Schultergliedmaßen auf (Abb. 8.54)[3].

Ätiologie

Eine Verletzung des Saumbereiches oberhalb der Hufknorpel kann einen subkoronaren Abszeß und auf diesem Umweg eine Hufknorpelnekrose auslösen. Letztere kann außerdem sekundär nach einer Nageltrittverletzung der

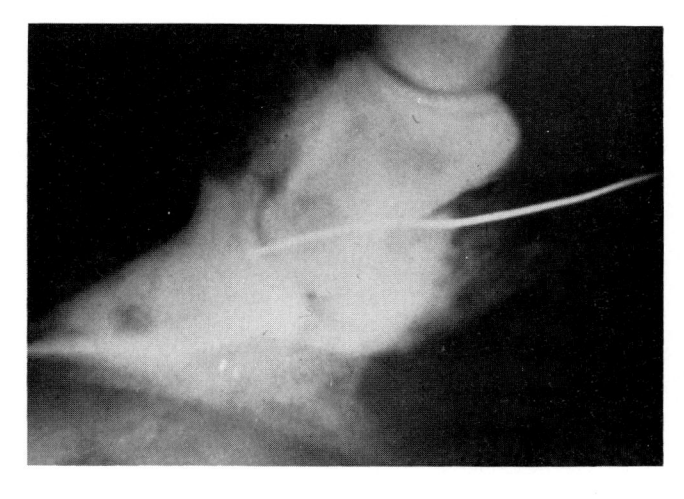

Abb. 8.53: Ausgedehnte Osteomyelitis, ausgehend von einer Infektion des Hufgelenkes. Eine Metallsonde wurde in den Fistelkanal geschoben, um dessen Ursprung festzustellen.

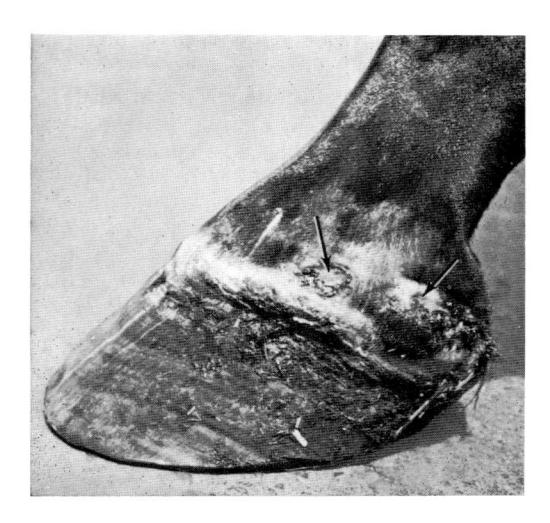

Abb. 8.54: Typisches klinisches Bild bei einer Hufknorpelnekrose. Die Pfeile weisen auf zwei Fistelöffnungen hin. Die Erkrankung wurde in diesem Fall durch die im Text beschriebene Operationstechnik mit elliptischem Einschnitt proximal des Saumbereiches erfolgreich versorgt.

Hufsohle auftreten, wenn die Infektion auf den Hufknorpel übergegriffen hat, oder nach einer direkten traumatischen Schädigung des Knorpels bzw. Beeinträchtigung seiner Blutversorgung. Bei Pferden, die sich streichen, kann es außerdem durch wiederholtes Anschlagen im Bereich des medialen Hufknorpels zu einer Nekrose desselben kommen.

Symptome
Die Veränderung kann den medialen oder lateralen Hufknorpel betreffen. Eine Umfangsvermehrung, vermehrte Wärme und Schmerzhaftigkeit im Bereich des betroffenen Hufknorpels oberhalb des Saumbereiches und chronisch eiternde Fistelgänge, die zunächst abheilen, aber wiederholt aufbrechen, sind für das klinische Bild der Hufknorpelnekrose typisch. In akuten Stadien der Erkrankung geht das Pferd lahm. Diese Lahmheit wird aber in der Regel geringer, wenn die Verletzung auszuheilen scheint. Im Zusammenhang mit der Hufknorpelnekrose kann eine Hufknorpelverknöcherung unterschiedlichen Ausmaßes auftreten. In der Regel bildet sich eine bleibende Umfangsvermehrung über dem betroffenen Hufknorpel. Hieraus können sich permanente Schäden und Verformungen am Huf ergeben, die möglicherweise zu einer persistierenden Lahmheit führen.

Diagnose
Eine Umfangsvermehrung im Bereich des betroffenen Hufknorpels, charakterisiert durch einen oder mehrere chronisch rezidivierende Fistelgänge, ist pathognomonisch für die Hufknorpelnekrose. Die Abgrenzung gegenüber oberflächlichen Abszessen ist durch Sondierung möglich. Fistelöffnungen im Saumbereich können auch durch Hufabszesse oder andere Infektionen im Huf bedingt sein. Diese Veränderungen müssen differentialdiagnostisch gegen die Hufknorpelnekrose abgegrenzt werden.
Der Fistelkanal bei einem Hufabszeß mündet im oder oberhalb des Saumbereiches, der Entzündungsprozeß ist in der Regel lokalisiert. Bei einer Hufknorpelnekrose können zahlreiche Fistelgänge vorliegen, die Umfangsvermehrung ist im allgemeinen stärker diffus, und die Veränderungen liegen meist weiter proximal der Hufknorpel.

Durch die Auswertung von Röntgenaufnahmen kann gegebenenfalls eine Beteiligung von Kron- und/oder Hufbein ausgeschlossen werden. Die Tiefe und das Ausmaß der Fistelkanäle können durch Sinographie (röntgenologische Darstellung der Fistelkanäle) oder mittels einer in den Gang eingeführten sterilen Sonde abgeklärt werden (Abb. 8.55).

Therapie
Die Behandlung der Wahl ist die operative Exzision des nekrotischen Knorpelgewebes.[1,2] Andere Behandlungsmethoden, wie zum Beispiel die Injektion von ätzenden Mitteln oder Enzymen, scheinen deutlich weniger wirksam zu sein und schieben häufig die unausweichliche Entscheidung zur Operation nur heraus. Vor der Operation wird der betreffende Bereich geschoren, der Huf ausgeschnitten und beraspelt, gewaschen und für 24 Stunden ein Angußverband mit Polyvidon-Jod angelegt. Für die Operation wird eine Aderpresse benötigt. ADAMS[1] beschreibt eine Technik, bei der ein elliptischer Einschnitt dorsal des Saumbereiches gemacht wird. Diese Technik soll zu recht guten Behandlungsergebnissen führen. Die Heilung erfolgt sehr schnell (Abb. 8.56). Allerdings beschreibt ADAMS keine Technik zur Behandlung einer tiefen Nekrose des Knorpels unterhalb des Saumbereiches, besonders im Hinblick darauf, wie in diesem Fall eine distale Drainageöffnung anzulegen wäre. Daher zieht der Autor es vor, über dem erkrankten Hufknorpel, knapp dorsal des Saumbereiches beginnend, einen gebogenen Schnitt zu führen (Abb. 8.57). Das Hautstück wird zu seinem distalen Rand umgeklappt, um den Hufknorpel freizulegen. Mittels einer sterilen Sonde wird der Verlauf des Fistelganges verfolgt. Nekrotischer Knorpel ist an seiner dunkel- oder rötlichblauen Färbung zu erkennen. Das gesamte nekrotische Binde- und Knorpelgewebe wird entfernt. Wenn sich der nekrotische Anteil des Knochengewebes bis zur Höhe der Hufkrone oder noch weiter distal erstreckt, wird über der am weitesten distal gelegenen Stelle des nekrotischen Knorpelgewebes eine Drainageöffnung durch die Hufwand gebohrt (Abb. 8.58). Ein perforierter Polyethylenschlauch wird in die Wunde gelegt und proximal durch eine Naht an der Gliedmaße fixiert. In den frei gebliebenen Rest des Fistelganges wird ein 40 × 40 mm großer Tupfer gelegt. Die proximale Spitze des Hautlappens wird abgeschnitten, so daß an dieser Stelle eine Öffnung in der Haut bleibt (Abb. 8.59). Zum Schutz von Huf und Sohle kann nun entweder ein Verband oder ein Hufschuh angelegt werden. In jedem Fall wird die Operationsstelle durch einen sterilen Verband abgedeckt. Dieser wird am auf die Operation folgenden Tag entfernt, die Wunde mit einer 1%igen Polyvidon-Jod-Lösung gespült. Dies wird täglich wiederholt, bis sämtliche Anzeichen, die für eine Infektion sprechen, verschwunden sind. Die antibiotische Versorgung und Tamponade der Öffnung in der Hufwand wird fortgeführt, bis die Infektion vollständig ausgeheilt ist. Wenn sich das nekrotische Knorpelgewebe nicht bis auf die Höhe der Hufkrone oder weiter distal erstreckt und wenn ohne Bohren einer künstlichen Abflußöffnung der Abfluß des Sekretes gewährleistet ist, wird eine Spüldrainage gelegt und der Rest der Fistelgänge direkt tamponiert. In den meisten Fällen, die der Autor behandelt hat, war es notwendig, ein Loch durch die Hufwand zu bohren. Dies wurde entweder als Drainageöffnung oder zu dem Zweck angelegt, nekro-

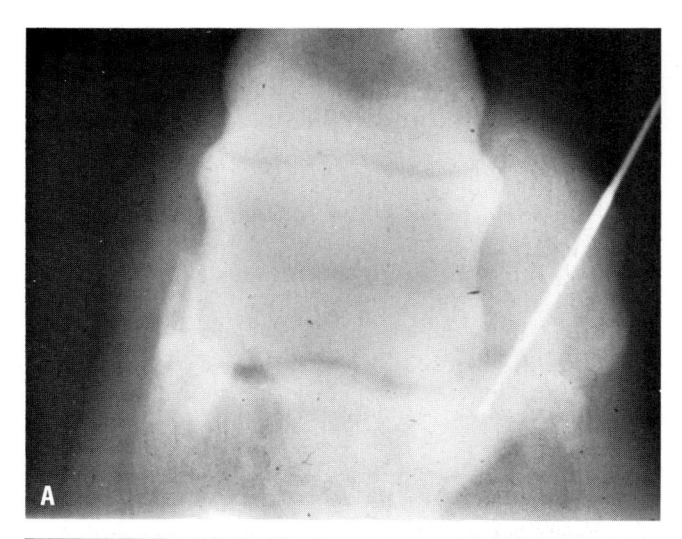

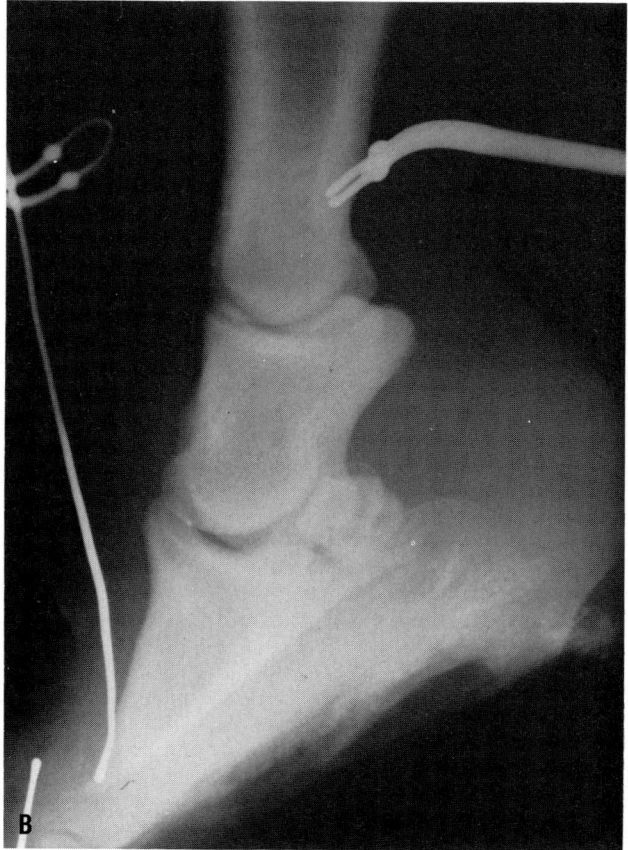

Abb. 8.55: **A** und **B** Einsatz einer sterilen Sonde, um die Tiefe und den Verlauf des Fistelkanales zu ermitteln.

tisches Knorpelgewebe in der Tiefe zu entfernen. In jedem Fall sollte dabei vermieden werden, die Kron- und Saumlederhaut zu verletzen oder teilweise zu resezieren. Spülungen mit desinfizierenden Lösungen werden in der Regel noch drei bis fünf Tage lang durchgeführt. Danach wird der Spüldrain entfernt. Die Tamponade der Wundhöhle wird mit geringeren Mengen von Mull weitergeführt, bis der Tierarzt sicher sein kann, daß keine Infektion zurückgeblieben ist. Die Fäden werden 14 Tage nach der Operation gezogen; das verbleibende Loch in der Hufwand wird mit Acrylharz geschlossen, sobald eine feste verhornte Oberfläche entstanden ist. Wenn das Acrylharz früher in die Öffnung verbracht wird, führt die Wärmeentwicklung beim Aushärten des Kunststoffes zu einer Nekrose der Huflederhaut und darauffolgender Infektion. In der Regel kann das Acrylharz etwa vier bis sechs Wochen nach der ersten Operation eingesetzt werden. Das Pferd kann meist nach etwa zweieinhalb bis drei Monaten wieder ins Training genommen werden.

Prognose

Die Prognose ist bei akuten und subakuten Fällen bei der beschriebenen Behandlung günstig. In einigen chronischen Fällen kann die Behandlung schwierig sein. An der Colorado State University ist allerdings sogar bei einer länger als ein Jahr bestehenden Hufknorpelnekrose noch eine erfolgreiche Behandlung durchgeführt worden.

Ausgewählte Literatur

1. ADAMS, O. R.: Lameness in Horses. 3rd Ed. Philadelphia, Lea & Febiger, 1974.
2. JOHNSON, J. H.: The Foot. *In* Equine Medicine and Surgery. 3rd Ed. Edited by R. A. Mansmann, and E. S. McAllister. Santa Barbara, American Veterinary Publications, 1982, p. 1052.
3. PROLIC, I.: Treatment of quittor. Veterinaria (Sarajevo), **11**: 27, 1962.

Hufabszeß bzw. Hufgeschwür (Pododermatitis purulenta)

Hufabszeß ist ein gebräuchlicher Ausdruck für einen Prozeß, der zunächst als Entzündung nach Eindringen eines Sandkorns oder Steinchens von der Weißen Linie aus in Richtung des Saumbereiches interpretiert worden ist. Diese Vorstellung entspricht aber nicht den Tatsachen. In Wirklichkeit entsteht aus unterschiedlichen Ursachen eine Zusammenhangstrennung in der Weißen Linie, wodurch es zu einer Infektion der Huflederhaut kommt. Da keine Abflußmöglichkeit für die Entzündungsprodukte besteht, breitet sich die Entzündung auf dem Weg des geringsten Widerstandes aus, bis es wie bei Nageltrittverletzungen, die keine Abflußöffnung zur Sohlenfläche hin besitzen, zur Bildung einer Fistelöffnung im Saumbereich kommt.

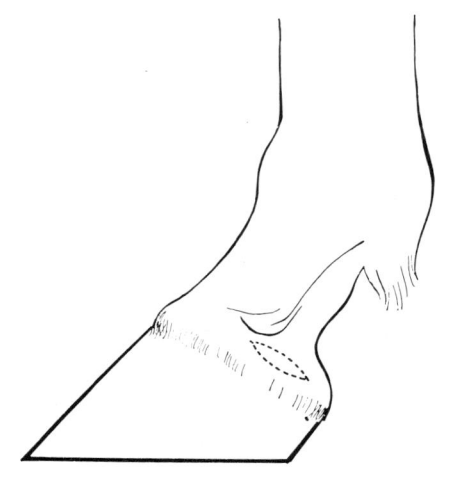

Abb. 8.56: Die gestrichelten Linien markieren das Operationsgebiet, in dem bei einer Hufknorpelnekrose der Eingriff zum Entfernen des nekrotischen Knorpelgewebes erfolgt.

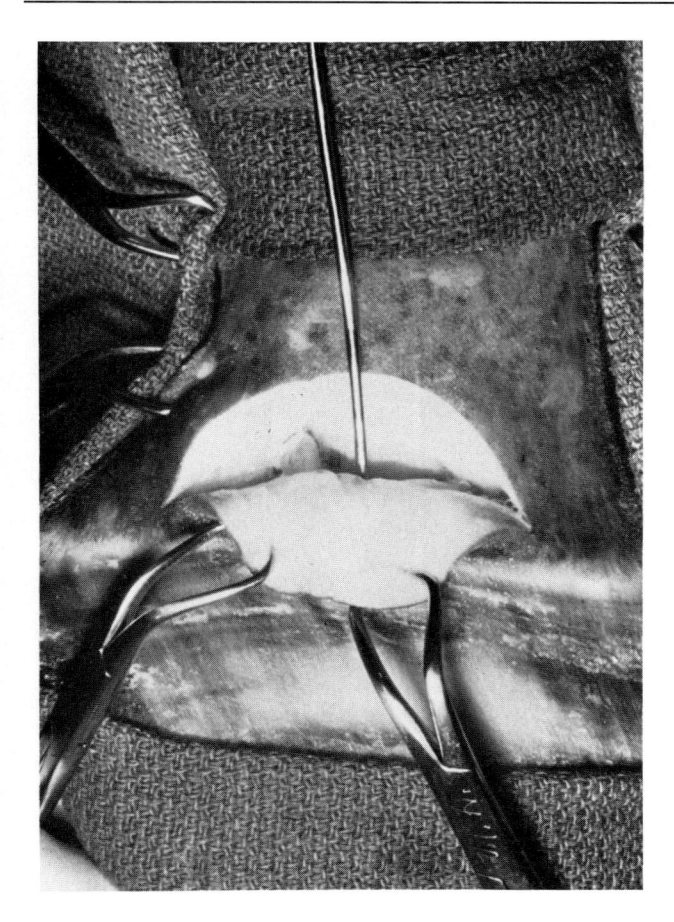

Abb. 8.57: Gebogener Einschnitt knapp proximal des Saumbereiches. Verwendung einer sterilen Sonde zur Identifikation des Fistelganges.

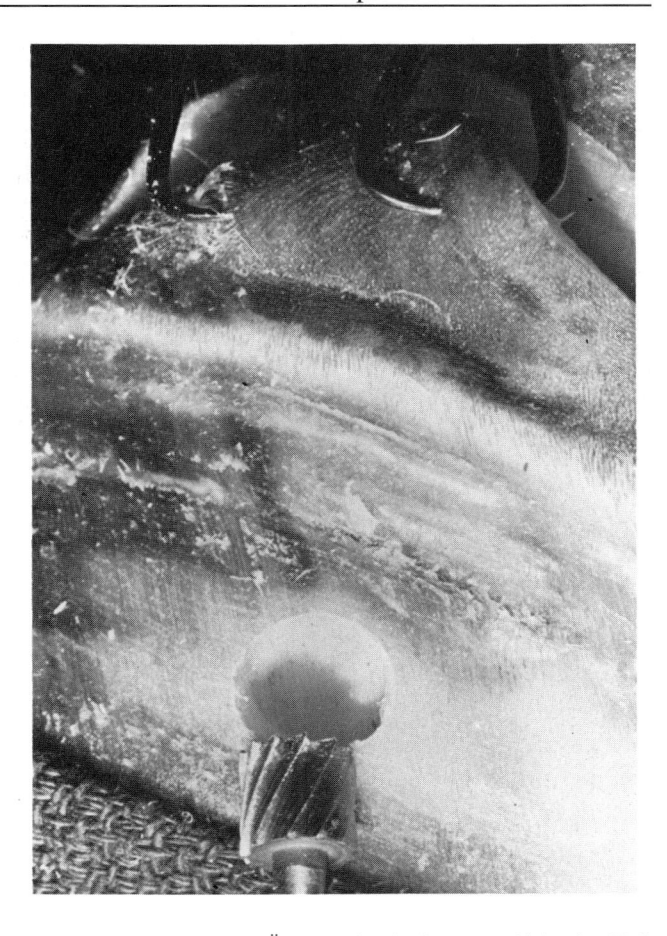

Abb. 8.58: Anlegen einer Öffnung durch die Hornschicht der Hufwand bis auf die Huflederhaut zu dem am weitesten distal gelegenen Punkt des Fistelganges.

Ätiologie

Verletzungen durch Eintreten kleiner Steinchen oder sonstiger Fremdkörper und Zusammenhangstrennungen im Bereich der Weißen Linie betreffen meist zu trockene Hufe. Außerdem können diese Veränderungen an einem chronischen Rehehuf auftreten, bei dem das Horn der Weißen Linie im dorsalen Bereich des Hufes durch die Schädigung des Aufhängeapparates, als Verbreiterung der Weißen Linie sichtbar, geschwächt ist. Die Hufsohle und der Bereich der Weißen Linie sollten sorgfältig auf die eigentliche Ursache der Erkrankung untersucht werden.

Symptome

In der Regel tritt bei dieser Erkrankung eine Lahmheit auf, bevor die Fistelöffnung im Saumbereich durchbricht. Allerdings kann die Diagnose eines Hufabszesses Probleme bereiten, bis es zur Fistelbildung kommt. Die Lahmheitssymptome sind, abhängig vom Grad der Infektion und der Lokalisation der Eintrittspforte der Erreger, unterschiedlich. Das Pferd zeigt in Abhängigkeit von der Lokalisation des Hufabszesses Veränderungen im Bewegungsablauf, wie sie bei den Nageltrittverletzungen beschrieben wurden (siehe Seite 529 bis 530). Bei einer sorgfältigen Untersuchung der Weißen Linie und der Hufsohle finden sich dunkle Stellen, die trichterförmig ausgeschnitten werden sollten, um ihre Tiefe festzustellen. Die Reaktion beim Abtasten mit der Hufuntersuchungszange weist auf die ungefähre Lokalisation der Eintrittsstelle hin. Beim Nachschneiden der dunklen Stellen wird ein Punkt gefunden, wo sich die dunkle Verfärbung in die Lederhaut fortsetzt. Wenn dieser Bereich des Sohlenhornes in seiner gesamten Tiefe ausgeschnitten worden ist, tritt häufig Eiter aus der Wundöffnung aus. Wenn die Erkrankung bereits seit längerer Zeit besteht, kommt es zur Bildung einer Fistelöffnung im Saumbereich (Abb. 8.60). Die systemischen Störungen, die mit der Infektion einhergehen, sind unterschiedlich, es bleibt aber in der Regel bei einer lokalisierten Infektion.

Das Pferd zeigt eine Stützbeinlahmheit. Wenn der Huf bei jeder Lahmheitsuntersuchung grundsätzlich auch mit der Hufuntersuchungszange abgetastet wird, wird in manchen Fällen die Diagnose schon vor der Bildung einer Fistelöffnung im Ballenbereich möglich sein.

Diagnose

Die Diagnose erfolgt durch sorgfältige Untersuchung mit der Hufuntersuchungszange. Diese sollte bei jeder Lahmheitsuntersuchung durchgeführt werden. In den meisten Fällen kann hierdurch die Diagnose gestellt werden, bevor es zum Durchbruch einer Fistelöffnung im Saumbereich kommt. Dies setzt aber voraus, daß der Besitzer rechtzeitig tierärztliche Hilfe in Anspruch nimmt. Eine sorgfältige Beobachtung des Bewegungsablaufes beim Absetzen des Hufes auf den Boden gibt Hinweise auf die ungefähre Lokalisation der Eintrittspforte.

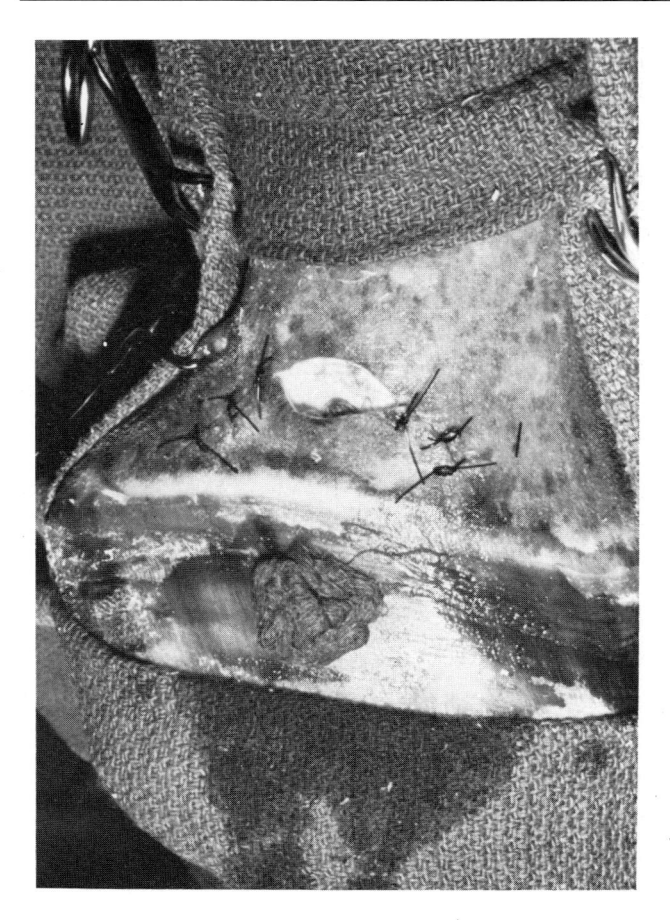

Abb. 8.59: Nach Ausräumen des Fistelganges wird die Haut genäht, wobei an der Spitze des Hautlappens eine kleine Öffnung belassen wird. Der Fistelgang wird mit in Polyvidon-Jod-Lösung getränkter Gaze tamponiert.

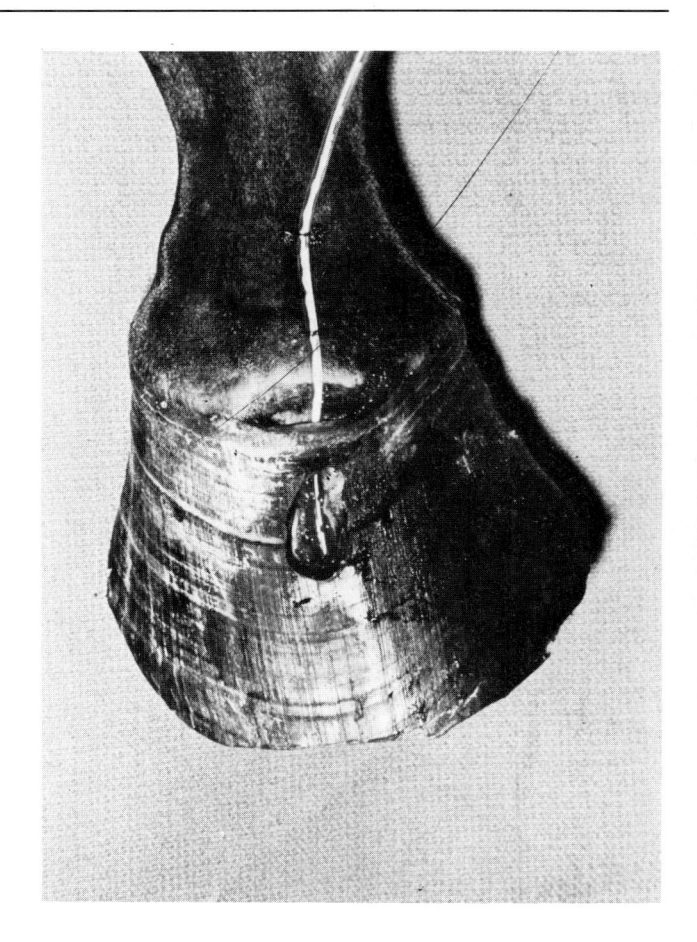

Abb. 8.60: Hier wurde zum Ausräumen der pathologisch veränderten Gewebe und als Drainagegang eine längliche Öffnung in der dorsalen Hufwand angelegt.

Therapie

Die Behandlung besteht im Anlegen einer ausreichenden Drainage für den infizierten Bereich (siehe Seite 530 bis 532). Der Huf kann in einer Magnesiumsulfatlösung gebadet werden. Für die weitere Behandlung kann es notwendig sein, Jod in die Drainageöffnung einzubringen und den Huf bis nach erfolgter Ausheilung unter Verband zu belassen. Ferner können antiphlogistisch wirkende Medikamente unter dem Verband aufgebracht werden. Wenn das Pferd regelmäßig gegen Tetanus geimpft worden ist, sollte dieser Impfschutz durch Tetanus-Toxoid aufgefrischt werden. Anderenfalls ist Tetanus-Antitoxin zu verabreichen. Nach etwa einer Woche kann es möglich sein, auf den täglichen Verbandwechsel zu verzichten und den Verband nur noch alle drei oder vier Tage zu wechseln, wenn die Verletzung trocken bleibt.

In eher chronischen Fällen mit lange bestehender Fistelöffnung im Saumbereich ist es häufig zu einer beträchtlichen Unterminierung der Hufwand gekommen. Hier ist es oft sinnvoll, eine runde Öffnung in die Hufwand auf halber Strecke zwischen Tragrand und Saumbereich anzulegen (Abb. 8.60). Dadurch kann der Tierarzt den Fisteltrakt besser von nekrotischem und infiziertem Gewebe säubern. Der Huf ist bis zum Verschwinden sämtlicher Entzündungssymptome unter Verband zu halten, um eine Kontamination der Wunde zu vermeiden. Das Baden des Hufes in hypertonen Lösungen von Magnesiumsulfat und desinfizierenden Mitteln ist allgemein üblich. Zusätzlich kann die systemische Applikation von Antibiotika notwendig sein, wenn die Weichteilgewebe im Bereich der Fessel mitbetroffen sind.

In jedem Fall kann, sobald die Infektion unter Kontrolle ist, ein Hufeisen mit einer durchgehenden Einlage aufgeschlagen werden, um das Eindringen von Schmutz und Mist in die Wundöffnung zu verhindern. Die runde Drainageöffnung in der Hufwand kann nach Abklingen der Infektion und oberflächlicher Verhornung der Wundhöhle durch Acrylharz verschlossen werden.

Prognose

Die Prognose ist bei Fällen, in denen die Erkrankung vor Bildung einer Fistelöffnung im Saumbereich diagnostiziert wird, günstig, wenn nicht die strukturellen Veränderungen bei einem chronischen Rehehuf das erneute Auftreten von Hufabszessen begünstigen. Bei Vorliegen einer Fistelöffnung im Saumbereich ist die Prognose vorsichtig zu stellen. Durch sorgfältige Behandlung wird allerdings auch bei diesen Pferden häufig eine vollständige Ausheilung erreicht. Bei einer lange Zeit bestehenden Erkrankung ist die Prognose ungünstig, da bereits permanente Schäden eingetreten sein können.

Weiterführende Literatur

JOHNSON, J. H.: The Foot. *In* Equine Medicine and Surgery. 3rd Ed. Edited by R. A. Mansmann, and E. S. McAllister. Santa Barbara, American Veterinary Publications, 1982, p. 1038.

JOHNSON, J. H.: Puncture Wounds of the Foot. VM/SAC, **65**: 147, 1970.

Hufknorpelverknöcherung

Die Verknöcherung der Hufknorpel wird in der Regel an den Schultergliedmaßen beobachtet, besonders bei Pferden mit unregelmäßiger Stellung der Gliedmaßen. Bei Vollblütern ist die Hufknorpelverknöcherung selten.[1,2]

Ätiologie

Mechanische Belastung der Seitenwände des Hufes durch Erschütterung, die zu traumatischen Schäden an den Hufknorpeln führt, ist wahrscheinlich in den meisten Fällen als Ursache anzusehen. Einige Autoren vermuten eine erbliche Disposition; diese ergibt sich aber vermutlich aus der unregelmäßigen Stellung. Pferde mit bodenenger Stellung neigen zu einer Verknöcherung des lateralen, bodenweit stehende Pferde zur Verknöcherung des medialen Hufknorpels. Sowohl bei der bodenengen als auch bei der bodenweiten Stellung können aber auch beide Hufknorpel verknöchern.

Ein unsachgemäßer Beschlag kann die mechanische Belastung steigern und somit Ursache einer Hufknorpelverknöcherung sein. Wird ein Pferd über lange Zeit mit hohen Stollen an den Schenkelenden beschlagen, kann die größere mechanische Belastung des Hufes zu einer Verknöcherung der Hufknorpel führen. Ein der Gliedmaßenachse und -führung nicht angemessener Beschlag kann eine vermehrte Belastung der inneren oder äußeren Hufwand und damit stärkere Erschütterung des entsprechenden Hufknorpels bewirken. Derartige traumatisch bedingte Schäden können eine Hufknorpelverknöcherung verursachen. Manchmal wird eine Verknöcherung der Hufknorpel auch durch direkte traumatische Einwirkungen, wie beispielsweise eine Verletzung des Knorpels durch Draht, ausgelöst.

Symptome

Es kann eine Lahmheit vorliegen, dies ist aber nicht immer der Fall. Häufig wird eine durch andere Ursachen bedingte Lahmheit fälschlich als Folge einer Hufknorpelverknöcherung interpretiert. Eine Verknöcherung der Hufknorpel verursacht nur relativ selten eine Lahmheit. Dies ist in der Regel dann der Fall, wenn die Hufknorpel gerade im Begriff sind zu verknöchern und wenn Entzündungsreaktionen ablaufen. Die Lahmheit kann in Wendungen deutlicher werden, die Symptome sind aber selten akut. Durch massive Zubildung von Knochengewebe kann es zu einer mechanischen Beeinträchtigung des Bewegungsablaufes kommen.

Wenn die Hufknorpelverknöcherung Ursache einer Lahmheit ist, sind erhöhte Wärme und Schmerzhaftigkeit im Bereich eines oder beider Hufknorpel festzustellen. Eine sorgfältige Untersuchung der Hufknorpel ergibt eine Verhärtung derselben. Druck auf diesen Bereich ruft Schmerzreaktionen des Pferdes hervor, wenn im Knorpelgewebe gerade aktiv Knochengewebe zugebildet wird. In einigen Fällen kommt es zu einer sichtbaren seitlichen Umfangsvermehrung im Saumbereich. Eine Verknöcherung der Hufknorpel kann gleichzeitig mit anderen Lahmheiten bestehen, wie zum Beispiel bei Podotrochlose. In diesem Fall kann die Hufknorpelverknöcherung fälschlich als Lahmheitsursache angesehen werden. Röntgenologisch läßt sich eine partielle oder totale Verknöcherung der Hufknorpel feststellen (Abb. 8.61). Wenn die Verknöcherung abgeschlossen ist, besteht in der Regel keine weitere Lahmheit, obwohl die betroffenen Hufknorpel ihre physiologische Funktion im Huf nicht mehr erfüllen. Gelegentlich kommt es zu einer Fraktur eines verknöcherten Hufknorpels mit Absprengung eines kleinen proximalen Knochenstückes, das operativ entfernt werden kann. Gleichzeitig kann eine Hufbeinfraktur auftreten.

Diagnose

Eine Verknöcherung der Hufknorpel sollte nur dann als Ursache einer Lahmheit diagnostiziert werden, wenn Schmerzhaftigkeit und vermehrte Wärme im Bereich des betroffenen Hufknorpels oder gegebenenfalls der betroffenen Hufknorpel bestehen. Bei der röntgenologischen Untersuchung ist die Zubildung von Knochensubstanz im Hufknorpel zu erkennen. Dies bedeutet aber nicht notwendigerweise, daß die Hufknorpelverknöcherung Ursache der bestehenden Lahmheit ist. Die Verknöcherung ist in der Regel auch palpatorisch festzustellen. Hier ist aber erneut zu betonen, daß das Vorliegen einer Hufknorpelverknöcherung nicht automatisch bedeutet, daß diese die Lahmheitsursache ist. Handelt es sich bei der Verknöcherung der Hufknorpel tatsächlich um die Ursache der Lahmheit, so können die Lahmheitssymptome durch eine Anästhesie der Nervi digitales palmares an der Basis des Gleichbeins der selben Seite beseitigt werden.

Therapie

Wenn die Hufknorpelverknöcherung die Ursache der Lahmheit ist, können Rinnen in die Seitenwand des Hufes geschnitten oder die Seitenwand kann dünn geraspelt werden (siehe Seite 825 bis 827). Dies fördert die Erweiterung der Hufwand im Trachtenbereich im Rahmen des Hufmechanismus und vermindert die Schmerzen. Das Pferd sollte mit einem Eisen mit bodenenger Ränderung und rund geschliffenem Außenrand an der Bodenfläche beschlagen werden, um das Abrollen in jede Richtung zu erleichtern und so die Bewegung im Bereich des Hufgelenkes zu reduzieren.

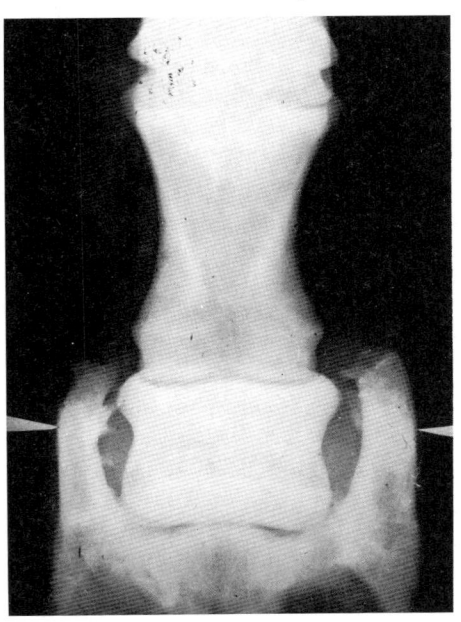

Abb. 8.61: Verknöcherung beider Hufknorpel.

Wenn bei einer Fraktur eines verknöcherten Hufknorpels eine akute Lahmheit besteht, können kleine proximal gelegene Knochenstücke operativ entfernt werden. Größere Fragmente sollten an Ort und Stelle belassen werden. Abgetrennte Knochenstücke am proximalen Rand eines Hufknorpels können durch einen Einschnitt über diesem Bereich leicht operativ entfernt werden.[2] Der Einschnitt wird durch Haut und Bindegewebe bis auf das isolierte Knochenstück geführt. Dieses wird freipräpariert und entfernt, das Bindegewebe und die Haut werden durch Nähte geschlossen. Dann wird für zwei Wochen ein Druckverband angelegt. Frakturen eines verknöcherten Hufknorpels dürfen nicht mit isolierten Ossifikationszentren verwechselt werden (Abb. 8.62). Bei Frakturen mit großen proximal gelegenen Knochenstücken sollte kein Versuch unternommen werden, diese operativ zu entfernen. Besteht gleichzeitig eine Hufbeinfraktur, so sollte der Huf bis nach erfolgter Heilung durch einen orthopädischen Beschlag Halt bekommen (siehe Seite 523 bis 525, Abb. 8.41 und 8.42).

Das Pferd ist unbedingt ruhigzustellen, bis die Entzündung ausgeheilt ist. Häufig werden in dem betroffenen Bereich scharfe Einreibungen durchgeführt oder das Pferd wird gebrannt. Diese Maßnahmen sind von geringem Wert. Im Einzelfall, wenn eine Verknöcherung der Hufknorpel Ursache einer chronisch persistierenden Lahmheit ist, kann an der oder den betroffenen Seiten eine Neurektomie der Nervi digitales palmares durchgeführt werden.

Prognose

Die Prognose ist unsicher bis günstig. Bei Vorliegen umfangreicher Exostosen ist sie allerdings in jedem Fall ungünstig.

Ausgewählte Literatur

1. JOHNSON, J. H.: The Foot. *In* Equine Medicine and Surgery. 3rd Ed. Edited by R. A. Mansmann, and E. S. McAllister. Santa Barbara, American Veterinary Publications, 1982, p. 1052.
2. LUNDVALL, R. L.: Surgical removal of fractured sidebones. Proc. 11th Ann. AAEP, 1965.

Steingallen

Steingallen sind eine Erkrankung mit Beteiligung der Huflederhaut und der verhornten Strukturen der Sohle[1] (Abb. 8.63). Im Unterschied zum amerikanischen Schrifttum wird im deutschen Sprachraum die einheitliche Bezeichnung Steingallen für derartige Veränderungen an allen Teilen der Hornkapsel verwendet. Im amerikanischen Schrifttum wird zwischen Steingallen im Trachten-Eckstreben-Winkel („corns") und Steingallen im übrigen Sohlenbereich („bruised sole") unterschieden. Steingallen treten häufig am medialen Trachten-Eckstreben-Winkel der Vorderhufe auf. An den Hinterhufen werden sie seltener beobachtet. Dies kann durch die Tatsache begründet sein, daß die Vorderhufe stärkerer Belastung durch das Körpergewicht ausgesetzt sind als die Hinterhufe. Pferde mit Flachhufen (siehe Seite 95) sind für diese Erkrankung prädisponiert.

Ätiologie

Die Entstehung von Steingallen im Trachten-Eckstreben-Winkel ist in der Regel durch unsachgemäßen Beschlag bedingt. Wenn der Beschlag zu lange liegen gelassen wird, wachsen die Schenkel des Eisens in die Hufwand ein und verursachen Druckstellen an der Sohle im Bereich des Trachten-Eckstreben-Winkels.

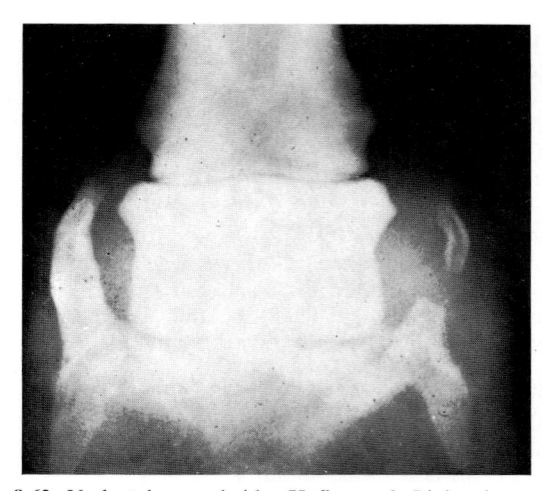

Abb. 8.62: Verknöcherung beider Hufknorpel. Links eine massive Verknöcherung. Rechts ein isolierter Ossifikationskern im verknöchernden Hufknorpel. Dieser Befund sollte nicht mit einer Fraktur eines verknöcherten Hufknorpels verwechselt werden, bei der das Knochenfragment in manchen Fällen operativ entfernt wird. Der hier vorliegende isolierte Ossifikationskern erfordert keine operative Behandlung.

Viele Schmiede biegen das innere Schenkelende des Hufeisens zum Strahl hin (legen dieses Schenkelende extrem eng), um ein Abreißen oder Abtreten des Eisens zu verhindern.[5] In der Folge wird direkter Druck auf die Sohle im Bereich des Trachten-Eckstreben-Winkels statt auf die Hufwand gebracht. Die wiederholte mechanische Belastung durch die Erschütterung beim Fußen führt zu Quetschungen und so zu einer nichteitrigen Entzündung der Sohlenlederhaut.[2] Ist das aufgeschlagene Eisen zusätzlich eine halbe eine ganze Nummer zu klein, wird der Druck auf die Hufsohle im Bereich der Trachten-Eckstreben-Winkel verstärkt.[2] Stollen an den Schenkelenden unterstützen diesen Effekt. Der übermäßige Druck führt zu Quetschungen der Sohlenlederhaut und zur Bildung von Steingallen. Unsachgemäßes Ausschneiden der Hufe, besonders zu starkes Kürzen der Trachtenwände, verstärkt den Druck auf den Bereich des Trachten-Eckstreben-Winkels und kann ebenfalls Steingallen verursachen. Auch Hufeisen, die im Bereich der Seitenwand zu eng gelegt sind, begünstigen die Bildung von Steingallen im Trachten-Eckstreben-Winkel. Diese können ferner durch zu geringen Gegendruck des Strahles und dadurch zu starke Belastung und Quetschung der Huflederhaut im Bereich der Eckstreben oder durch Greifen entstehen.

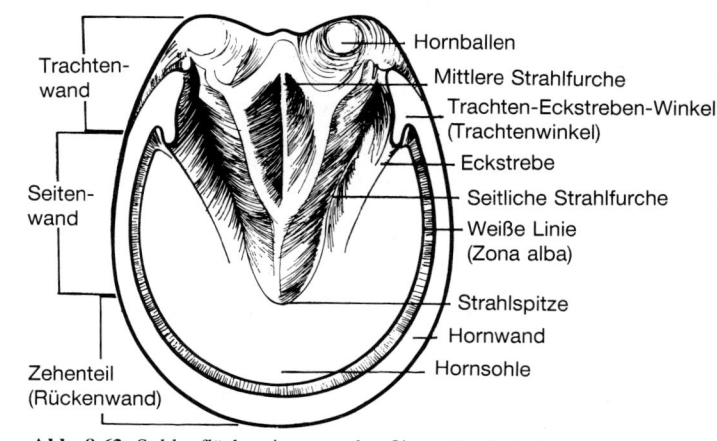

Abb. 8.63: Sohlenfläche eines regelmäßigen Vorderhufes.

Außerdem werden die Hufe bei Pferden, die zur Korrektur offensichtlicher Gang- oder Stellungsfehler einen orthopädischen Beschlag erhalten sollen, häufig so ausgeschnitten, daß eine regelmäßige Stellung und Form des Hufes oder der Hufe erreicht werden.[3,2] Hierdurch wird die Erschütterung selektiv auf einen relativ kleinen Bereich des Hufes konzentriert, was zu Quetschungen der Sohlenlederhaut und zu einer nichteitrigen Huflederhautentzündung führen kann.

Steingallen im Trachten-Eckstreben-Winkel sind bei unbeschlagenen Pferden selten. Hier kommt es dafür häufiger zu Quetschungen der Sohlenlederhaut an anderen Stellen durch Steine und sonstige Gegenstände. Pferde mit dünnem Sohlenhorn und Pferde, die eine Reheerkrankung durchgemacht haben, sind stärker gefährdet.

Symptome
Nach ihrem klinischen Erscheinungsbild werden drei Arten von Steingallen unterschieden:
1. *Trockene Steingallen.* In diesem Fall sind infolge von Quetschungen der Lederhaut durch Blutungen (nichteitrige Huflederhautentzündung) rötliche Verfärbungen in den tieferliegenden Hornschichten entstanden.
2. *Feuchte Steingallen.* Diese entstehen durch schwerere Verletzungen, wodurch sich Serum unter dem verletzten Horn sammelt.
3. *Eiternde Steingallen.* Diese kommen besonders im Trachten-Eckstreben-Winkel und im Bereich des Sohlenschenkels vor. Hier hat eine Infektion der Steingalle stattgefunden. In der Folge entstehen Nekroseherde in der Huflederhaut, an der palmaren bzw. plantaren Sohlenbinde oder im Ballen- und Strahlpolster.

Durch Quetschungen der Sohlenlederhaut kann es an allen Teilen der Hufkapsel zu einer nichteitrigen Huflederhautentzündung und dadurch zur Bildung von trokkenen, feuchten oder eitrigen Steingallen kommen.
Das Pferd zeigt eine Lahmheit unterschiedlichen Grades in Abhängigkeit vom Ausmaß der vorliegenden Schäden. Das Erscheinungsbild der Lahmheit ist von der Lokalisation der pathologischen Veränderungen abhängig. Diese läßt sich durch Abtasten mit der Hufuntersuchungszange ermitteln. Beim Entfernen des losen Zerfallhornes an der Hufsohle mittels eines Rinnhufmessers werden rötliche Verfärbungen sichtbar, die darauf hinweisen, daß hier eine Quetschung und eine nichteitrige Entzündung der Sohlenlederhaut vorgelegen haben. In manchen Fällen zeigt dieser Bereich eine bläuliche Verfärbung, besonders wenn sich ein Hufabszeß entwickelt.
Das Pferd versucht, den Trachtenbereich des Hufes und hier besonders die betroffene Seite zu schonen. Bei einer Steingalle im medialen Trachten-Eckstreben-Winkel belastet das Pferd aufgrund der Schmerzen den äußeren Bereich des Hufes stärker. Manchmal fußt es dabei auch vermehrt auf dem dorsalen Bereich des Hufes und steht in Ruhe in Karpalbeugehaltung, um die Belastung des Trachtenbereiches zu vermindern. Bei Steingallen im Bereich der Zehenspitze entlastet das Pferd diesen Bereich, indem es auf dem Trachtenbereich des Hufes fußt. Bei der Untersuchung mit der Hufuntersuchungszange ist Schmerzhaftigkeit festzustellen. Diese Reaktion ist aber von Fall zu Fall sehr unterschiedlich ausgeprägt.

Therapie
Wenn die Steingalle durch den Beschlag verursacht ist, muß möglicherweise nur das drückende Eisen abgenommen werden. Um zu verhindern, daß der Hufbeschlag Steingallen hervorruft, sollten die Eisen immer über die Trachten-Eckstreben-Winkel hinaus nach hinten lang und im Bereich der Seiten- und Trachtenwand weit gelegt werden. Stollen an den Schenkelenden erhöhen bei zu kurz gelegten oder zu lange Zeit auf dem Huf belassenen Eisen das Risiko der Entstehung von Steingallen. Das teilweise Entfernen des Hufhornes über der Steingalle kann sinnvoll sein, um den Druck zu vermindern; hierbei sollte aber die Lederhaut nicht freigelegt werden. Das Pferd sollte Arbeitsruhe bekommen und erst wieder beschlagen werden, wenn die Symptome verschwunden sind. Bei eitrigen Steingallen muß so viel Sohlenhorn im Bereich des Defektes entfernt werden, daß eine ausreichende Drainageöffnung entsteht. Der Huf sollte täglich in einer desinfizierenden Lösung oder Magnesiumsulfatlösung gebadet werden, anschließend wird jeweils Jodtinktur aufgebracht. Der Huf sollte verbunden und vor Kontamination geschützt werden.
Wenn das Pferd aus irgendeinem Grund weiter gearbeitet werden soll, sollten Hufwand und Eckstrebe im Bereich des Defektes gekürzt werden, um zu vermeiden, daß das Eisen hier drückt. Wie bei den Seitenwandhornspalten (siehe Seite 548 bis 549) kann auch hier ein geschlossenes Eisen oder ein Eisen mit halbem Steg aufgeschlagen werden. Dieser Beschlag verteilt die Belastung, die normalerweise auf dem Bereich läge, wo sich jetzt die Steingalle befindet, auf den Strahl. Zwischen dem Steg des aufgeschlagenen Eisens und dem Strahl sollte bei unbelastetem Huf ein Zwischenraum bleiben.
Ferner ist vorgeschlagen worden, ein Breitschenkelhufeisen mit Abdachung der Sohlenfläche im Bereich der Steingalle aufzuschlagen. Dies vermindert wirksam den Druck in dem betroffenen Bereich.[2,3] Falls es im Einzelfall schwierig ist, ein Breitschenkeleisen aufzuschlagen, kann eine etwa 6 mm starke Plastikeinlage in Form des Hufeisens zwischen Eisen und Huf mit aufgenagelt und über dem betroffenen Bereich der Sohle ausgeschnitten werden.[4]
Bei Steingallen an anderen Bereichen der Hufsohle sollte das Pferd keine schwere Arbeit leisten müssen, besonders wenn die Hufsohlen sehr dünn sind. Nach Möglichkeit sollte das Pferd in anderer Umgebung eingesetzt werden, damit es nicht auf unebenem, hartem Boden arbeiten muß. Wenn es zur Arbeit eingesetzt werden muß, kann die Hufsohle mit Silikonkautschuk oder Gummi, das für die Runderneuerung von Autoreifen benutzt wird, ausgefüllt und das Pferd zusätzlich mit einer polsternden Einlage beschlagen werden.
Wenn es zur Bildung einer eitrigen Steingalle im Bereich der Hufsohle kommt, sollte eine Drainageöffnung angelegt werden, indem ein Teil der erkrankten Sohle ausgeschnitten und die Huflederhaut freigelegt wird. Der Huf sollte dann täglich in einer desinfizierenden Lösung gebadet und nach Auftragen desinfizierender Salben verbunden werden, bis die Verletzung ausheilt.

Prognose
Die Prognose ist immer vorsichtig zu stellen, da sich in einigen derartigen Fällen eine chronische Erkrankung entwickelt, die möglicherweise zu einer Ostitis des Hufbeines führen kann.

Ausgewählte Literatur

1. JOHNSON, J. H.: The Foot. *In* Equine Medicine and Surgery. 3rd Ed. Edited by R. A. Mansmann, and E. S. McAllister. Santa Barbara, American Veterinary Publications, 1982, p. 1039.
2. MOYER, W.: Diseases of the equine heel. Proc. 25th Ann. AAEP, 1979, p. 21.
3. MOYER, W.: Corrective shoeing. Vet. Clin. North Am. (Large Anim. Pract.), **2**: 3, 1980.
4. MOYER, W.: Therapeutic principles of diseases of the foot. Proc. 27th Ann. AAEP, 1981, p. 453.
5. MOYER, W., and ANDERSON, J.: Lameness caused by improper shoeing. J. Am. Vet. Med. Assoc., **166**: 47, 1975.

Hufkrebs

Hufkrebs ist eine chronische Hypertrophie der hornbildenden Gewebe des Hufes, welche einen oder alle vier Hufe betreffen kann; sie wird meist an den Hinterhufen beobachtet. Diese Erkrankung ist selten.

Ätiologie

Die hauptsächliche Ursache dieser Erkrankung ist Stallhaltung unter unhygienischen Bedingungen, obwohl auch Ausnahmen von dieser Regel vorkommen. Die Erkrankung entwickelt sich bei Pferden, die in Schlamm oder in mit Urin und Mist durchtränkter Einstreu stehen und bei denen die Hufpflege vernachlässigt wird. Als spezifische Ursache wird ein Infektionsprozeß angesehen, das auslösende Agens ist unbekannt.

Symptome

In der Regel liegt in frühen Stadien der Erkrankung keine Lahmheit vor. Da die Vernachlässigung der Hufpflege ein wichtiger Faktor für die Entstehung der Krankheit ist, wird Hufkrebs meist erst im weit fortgeschrittenen Stadium bemerkt. Bei der Untersuchung des Hufes zeigt dieser im allgemeinen üblen Geruch, und der Strahl, der intakt erscheinen kann, ist zerklüftet. Das Weichhorn des Strahles ist leicht abzulösen, so daß die faulig riechende, geschwollene Lederhaut freiliegt, bedeckt nur von käsigem weißen Exsudat. Die Lederhaut zeigt chronische Wucherungen. Die Krankheit kann sich bis auf die Sohle oder sogar die Wand des Hufes erstrecken. Es sind keine oder fast keine Tendenzen zur Heilung zu beobachten, und es kommt leicht zu Blutungen der Lederhaut.

Diagnose

Die Diagnose kann durch die adspektorische Untersuchung und den aufdringlichen Geruch des Hufes gestellt werden. Die Erkrankung muß aber gegenüber der Strahlfäule differentialdiagnostisch abgegrenzt werden.

Therapie

Der Behandlungserfolg ist häufig schlecht, und die Besserung tritt, wenn überhaupt, sehr langsam ein. Sämtliche losen Horn- und sonstigen pathologisch veränderten Gewebeanteile sollten entfernt und der Huf mit desinfizierenden adstringierenden Medikamenten behandelt und verbunden werden. Eine 5%ige Pikrinsäurelösung sollte unter dem Verband aufgebracht werden. Manchmal werden ätzende Medikamente, wie beispielsweise eine Mischung aus Kupfer- und Zinksulfatkristallen, verwendet. Außerdem ist eine erfolgreiche Behandlung von Hufkrebs mit Penicillin beschrieben worden.[1] Hierzu wurde täglich Penicillin in einer Dosis von 3 Millionen I. E. intramuskulär verabreicht, bis eine Besserung des Zustandes eintrat. Dann wurde eine entsprechende Dosis alle zwei Tage gegeben, bis die Erkrankung nahezu ausgeheilt war, danach erfolgte die Behandlung jeden dritten Tag. Lokal wurde unter einem Verband eine penicillinhaltige Salbe aufgetragen. Die Dauer der Behandlung variierte von zehn Tagen bis zu sechs Wochen. Wenn eine Besserung festgestellt wird, kann ein desinfizierender Puder, wie Sulfapyridin®-Puder oder eine 10%ige Sulfapyridin®-Lösung, verwendet werden. Der Huf sollte unter Verband bleiben, um Schutz vor weiteren Infektionen zu haben, und das Pferd sollte in sauberer Umgebung, vorzugsweise auf trockenen, felsigen Weiden gehalten werden.

Prognose

Die Prognose ist unsicher bis ungünstig.

Ausgewählte Literatur

1. MASON, J. H.: Penicillin treatment of foot canker. J. S. Afr. Vet. Med. Assoc. **23**: 223, 1962.

Weiterführende Literatur

BANIC, J., and SKUSEK, F.: Unsere Erfahrungen in der Behandlung des Hufkrebses. Berl. Münch. Tierärztl. Wschr. **73**: 186, 1960.
BJORCK, G., and NILSSON, G.: Chronic progressive pododermatitis in the horse. Eq. Vet. J. **2** (3): 65, 1971.

Strahlfäule

Strahlfäule, eine degenerative Erkrankung des Strahles unter Einbeziehung der mittleren und seitlichen Strahlfurchen, ist durch die Anwesenheit eines schwarzen nekrotischen Materials in den betroffenen Gebieten charakterisiert. Die Infektion kann die verhornten Gewebe durchdringen und die Lederhaut einbeziehen.

Ätiologie

Prädisponierende Faktoren für die Entstehung der Strahlfäule sind unhygienische Umgebung (besonders wenn Pferde in schlecht gepflegten Ställen oder schmutziger Umgebung gehalten werden), schmutzige, nicht gereinigte Hufe und fehlender Gegendruck des Strahles durch unsachgemäßen Beschlag oder schlechte Hufpflege. Vermutlich sind viele Organismen an der Entstehung der Strahlfäule beteiligt, von größter Bedeutung scheint hierbei aber *Fusobacterium necrophorum (Sphaerophorus necrophorus)* zu sein.

Symptome

In den Strahlfurchen finden sich zunehmende Mengen Feuchtigkeit und schwarzen Sekretes. Dieses Sekret, welches in unterschiedlichen Mengen vorkommt, hat einen sehr unangenehmen Geruch. Nach Säuberung der Strahlfurchen ist festzustellen, daß diese tiefer als normal sind. Sie können bis auf die Huflederhaut reichen. Beim Auskratzen der Strahlfurchen zeigt das Pferd in diesem Fall Schmerzreaktionen. Der Strahl ist unterminiert, und möglicherweise müssen große Bereiche losen Strahlhornes weggeschnitten werden, die ihren Zusammenhang mit den darunterliegenden Anteilen verloren haben. In hochgradigen Fällen, in denen die Strahlfäule bis in die Lederhaut vorgedrungen ist, kann das Pferd lahm gehen, und der Huf zeigt die gleichen Symptome einer Infektion wie bei einer Nageltrittverletzung (siehe Seite 529 bis 530). Es kann zu Umfangsvermehrungen an den distalen Gliedmaßenabschnitten kommen. Im allgemeinen werden die Beckengliedmaßen häufiger betroffen.

Diagnose
Die Diagnose wird anhand des Geruches und des typischen Aussehens des schwarzen Sekretes in den Strahlfurchen gestellt.

Therapie
Die Behandlung besteht in Sauberkeit, Beseitigen der Ursache und Wiederherstellen einer normalen Form und Funktion von Strahl und Huf. Der Huf sollte täglich gesäubert und die Strahlfurchen müssen mit geeigneten Medikamenten versorgt werden. Hierzu eignen sich unter anderem Mischungen aus gleichen Teilen Phenol und Jod, Jodtinktur oder 10%iges Formalin. Eine andere Behandlungsmöglichkeit besteht darin, die Strahlfurchen mit Watte auszustopfen, die in 10- bis 15%iger Natrium-Sulfapyridinlösung getränkt worden ist. Diese sehr wirksame Behandlung sollte so lange wiederholt werden, bis die Infektion unter Kontrolle ist.
Die Ursache für das Entstehen der Strahlfäule kann beseitigt werden, indem das Pferd in eine saubere Umgebung gebracht oder der Strahl nach Entfernen der infizierten Hornteile täglich gesäubert wird. Degenerierte Hornteile des Strahles sollten weggeschnitten werden. Ziel der Behandlung ist, eine normale Form und Funktion des Strahles wiederherzustellen und die Infektion vollständig zu beseitigen.

Prognose
Die Prognose ist günstig, wenn die Erkrankung diagnostiziert wird, bevor es zu größeren Schäden am Huf gekommen ist. Bei einer Beteiligung der Huflederhaut ist die Prognose vorsichtig zu stellen.

Keratome und Hornsäulen

Keratome sind seltene Tumoren, die sich in den tiefen Schichten der Hufwand entwickeln. Sie können eine Lahmheit verursachen; dies ist aber nicht notwendigerweise der Fall. Wenn eine durch diese Erkrankung bedingte Lahmheit besteht, so ist sie im allgemeinen auf den Druck zurückzuführen, den das wachsende Keratom auf die Huflederhaut ausübt.[1] Hornsäulen sind spindel-, leisten- oder kegelförmige Verdickungen an der Innenfläche der Hornwand. Sie bestehen aus Narbenhorn.

Ätiologie
Ein Keratom kann ohne eine vorangegangene Verletzung auftreten. In diesem Fall handelt es sich um einen echten *Tumor* der keratinbildenden Zellen des Hufes.[2] Hornsäulen können aber auch infolge abnormer Keratinisierung als Reaktion auf chronische Reizungen oder Verletzungen entstehen. Sie sind das Produkt einer umschriebenen chronischen Entzündung der Wandlederhaut.[1,3]

Klinische Symptome und Diagnose
In manchen Fällen liegt eine abnorme Form der Hufwand vor. In der Regel entwickeln sich die Keratome bzw. Hornsäulen im Bereich der dorsalen Hufwand. Es liegen aber auch Berichte über ihr Auftreten im Bereich von Seitenwand und Hufsohle vor.[2] Die Ausprägung der Lahmheitssymptome ist unterschiedlich, manchmal besteht überhaupt keine Lahmheit. Häufig ist die Erkrankung erst bei einer genauen Untersuchung des Hufes festzustellen. Ein auf die Hufsohle gerichteter Bogen in der Weißen Linie gibt einen Hinweis auf das mögliche Vorliegen eines Keratoms bzw. einer Hornsäule.[1] In manchen Fällen sind außerdem Fistelgänge vorhanden. Röntgenologisch können eine Verdichtung des Gewebes in der Hufwand und eine Osteolyse des Hufbeines feststellbar sein (Hufbeinusur).[2]
Bei der Behandlung wird der Bereich, in dem das abnorme Wachstum besteht, operativ entfernt. Hierzu kann nach Anlegen von zwei parallelen Schnitten durch die Hufwand über dem Keratom ein Teil der Hufwand von der Lederhaut abgelöst und mit Hilfe einer großen Klemme proximal umgeklappt werden.[1] So wird der Tumor bzw. die Hornsäule freigelegt und kann entfernt werden. Nach der Operation wird der Huf zunächst durch einen Verband, später durch einen Spezialbeschlag geschützt. Der Defekt in der Hufwand kann durch Acrylharz geschlossen werden, sobald eine oberflächliche Verhornung stattgefunden hat und die Oberfläche der Wundhöhle trocken und fest ist. Nach operativer Entfernung derartiger Tumoren oder Hornsäulen können Rezidive auftreten.[2]

Prognose
Die Prognose ist von der Größe und Lokalisation des Tumors und dem Ausmaß der Schäden an den benachbarten Geweben abhängig. Bisher liegen keine ausreichenden Berichte über die Behandlung einer genügend großen Anzahl derartiger Fälle vor, um objektive Schlußfolgerungen ziehen zu können.

Ausgewählte Literatur

1. JOHNSON, J. H.: The Foot. *In* Equine Medicine and Surgery. 3rd Ed. Edited by R. A. Mansmann, and E. S. McAllister. Santa Barbara, American Veterinary Publications, 1982, p. 1039.
2. MOYER, W.: Equine foot problems. Elective surgery notes. Philadelphia, University of Pennsylvania, 1973, p. 7.
3. O'CONNOR, J. J.: Dollar's Veterinary Surgery. 4th Ed. London, Bailliere, Tindall and Cox, 1960.

Selenvergiftung (Selenose)

Bei den Vergiftungserscheinungen nach Aufnahme von Selen werden drei klassische Formen unterschieden:
1. Akute Selenvergiftung
2. Subakute Selenvergiftung
3. Chronische Selenvergiftung.[1,2,5,6]

Eine akute Selenvergiftung tritt auf, wenn das Pferd große Mengen Selen auf einmal aufnimmt. Diese Form der

Klinische Symptome und Diagnose
Die auftretende Lahmheit ist gering- bis hochgradig. Adspektorisch sind Zusammenhangstrennungen unterschiedlichen Ausmaßes in der Trachten- und Seitenwand des Hufes festzustellen (Abb. 8.67). Das Abtasten dieses Bereiches mit der Hufuntersuchungszange provoziert Schmerzreaktionen. Zu Anfang der Erkrankung liegt die Lederhaut frei, und es treten Blutungen auf. Im Laufe der Zeit entwickelt sich dann das typische Bild einer Infektion.

Therapie
Durch Versuche, eine mechanische Ruhigstellung der Spaltränder zu erreichen, wird ein weiteres Einreißen der Spalte nicht verhindert. Häufig ist es am besten, den gesamten betroffenen Bereich der Hornwand zu entfernen (Abb. 8.68 A und B). Dies kann nach Durchführung einer Leitungsanästhesie am stehenden Pferd mit einer Spezialzange zum Kürzen des Tragrandes („hoof nipper"; siehe Abb. 10.4, Seite 797) oder, wenn das Ausmaß der Zusammenhangstrennungen größer ist, unter Allgemeinnarkose erfolgen. In den meisten Fällen ist die Hornwand relativ leicht von der Lederhaut abzulösen. Hier ist aber Vorsicht geboten, um nicht durch Zug an der Hufwand eine weitere Zusammenhangstrennung zu provozieren. In vielen Fällen wird die Arbeit durch eine Bohrmaschine sehr erleichtert, mittels derer dorsal des betroffenen Bereiches eine Rinne gefräst werden kann. Nachdem der lose Anteil der Hufwand entfernt worden ist, wird ein mit desinfizierender Lösung getränkter Hufverband angelegt. Der Huf muß vor Kontamination geschützt werden. Der Verband wird nach zwei bis vier Tagen gewechselt, und das Operationsgebiet kann mit in 10%igem Formalin getränkten Tupfern behandelt werden, um es zu trocknen,[1] oder es werden weiterhin Antiseptika aufgebracht, bis sich eine verhornte epitheliale Schutzschicht gebildet hat. Danach kann die Stabilität der Hufwand durch Aufschlagen eines geschlossenen Hufeisens sichergestellt werden. Der Defekt in der Hufwand kann mit Acrylharz ausgefüllt werden, bis die intakte Hufwand heruntergewachsen ist. Liegt im Zusammenhang mit der losen Wand eine Verletzung der Saum- bzw. Kronlederhaut vor, sollte der distal der Verletzung gelegene Anteil der Hufwand abgetragen, eine Wundtoilette vorgenommen und der Saumbereich genäht werden (Abb. 8.69). Es werden ein desinfizierender Verband und ein Gips-, Fiberglas- bzw. Kunststoffverband angelegt. Dieser Verband wird mindestens zweieinhalb bis drei Wochen belassen. Danach werden die Fäden gezogen und der Saumbereich für weitere zwei bis drei Wochen verbunden. Nach Bildung einer trockenen, verhornten Oberfläche kann ein orthopädischer Beschlag in Form eines geschlossenen Eisens aufgebracht und der Defekt in der Hufwand mit Acrylharz verschlossen werden.

Prognose
Die Prognose für ein regelmäßiges Herunterwachsen der Hufwand ist in der Regel günstig, solange Saum- und Kronlederhaut nicht verletzt sind. Wird eine akute Verletzung des Saumbereiches kurze Zeit nach ihrem Auftreten chirurgisch versorgt, so ist die Prognose weiterhin gut, solange kein Substanzverlust der Lederhaut vorliegt und das Stratum basale erhalten ist. Bei chronischen Fällen mit Verletzung der Kron- oder Saumlederhaut ist die Prognose für ein regelmäßiges Herunterwachsen der Hornwand unsicher bis schlecht.

Ausgewählte Literatur
1. JOHNSON, J. H.: The Foot. *In* Equine Medicine and Surgery. 3rd Ed. Edited by R. A. Mansmann, and E. S. McAllister. Santa Barbara, American Veterinary Publications, 1982, p. 1038.
2. MOYER, W.: Therapeutic principles of diseases of the foot. Proc. 27th Ann. AAEP, 1981, p. 453.

Vorder-, Seiten- und Trachtenwandhornspalten
Hierbei handelt es sich um Risse in der Hornwand, die am Tragrand beginnen (Tragrandhornspalten) und unterschiedlich weit die Hufwand heraufreichen, oder Risse, die, von einem Defekt in der Saum- oder Kronlederhaut ausgehend, vom Saumbereich aus distal verlaufen (Kronrandhornspalten). Diese Spalten werden je nach ihrer Lokalisation in der Hufwand als Vorder-, Seiten- oder Trachtenwandhornspalten bezeichnet. Sie können an den Vorder- und Hinterhufen auftreten.
Seiten- und Trachtenwandhornspalten verursachen in der Regel die größten Probleme, da sie häufig als durchdringende Hornspalten bis auf die Lederhaut reichen. Die betroffenen Pferde gehen in diesem Fall im allgemeinen lahm, und nach der Bewegung können Blutungen festzustellen sein (blutende Hornspalte). In den meisten Fällen liegen gleichzeitig Infektionen vor (eiternde Hornspalte).[1]

Ätiologie
Schnelles Wachstum der Hufwand, infolge dessen es bei zu seltenem Ausschneiden der Hufe durch die ungleichen Belastungsverhältnisse zur Entstehung von Spalten in der Hufwand kommt, ist eine häufige Ursache. Verletzungen

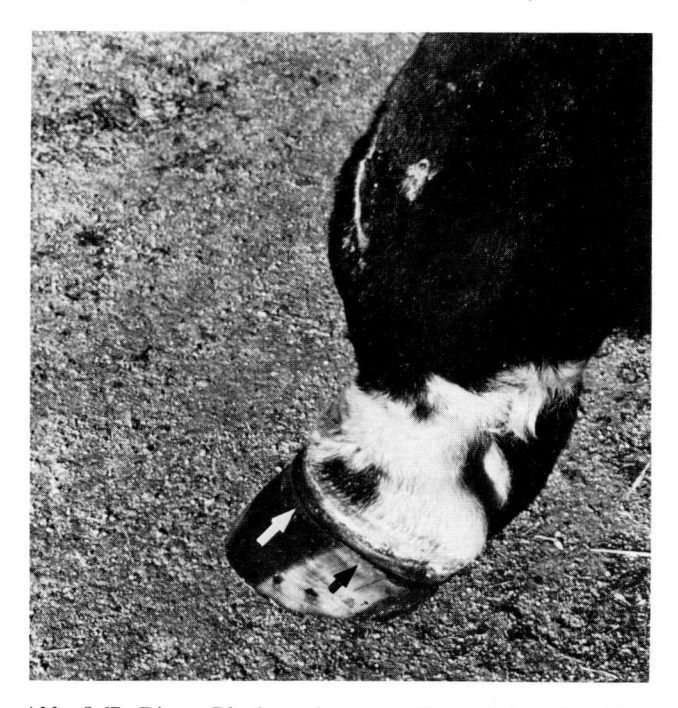

Abb. 8.67: Dieses Pferd wurde vorgestellt, nachdem eine kleine Zusammenhangstrennung (lose Wand) im Bereich der Hufballen sich auf die gesamte laterale Hälfte der Hufwand ausgedehnt hatte (getrennte Wand) (Pfeile). Das Pferd zeigte eine geringgradige Lahmheit.

Kapitel 8: Lahmheit 545

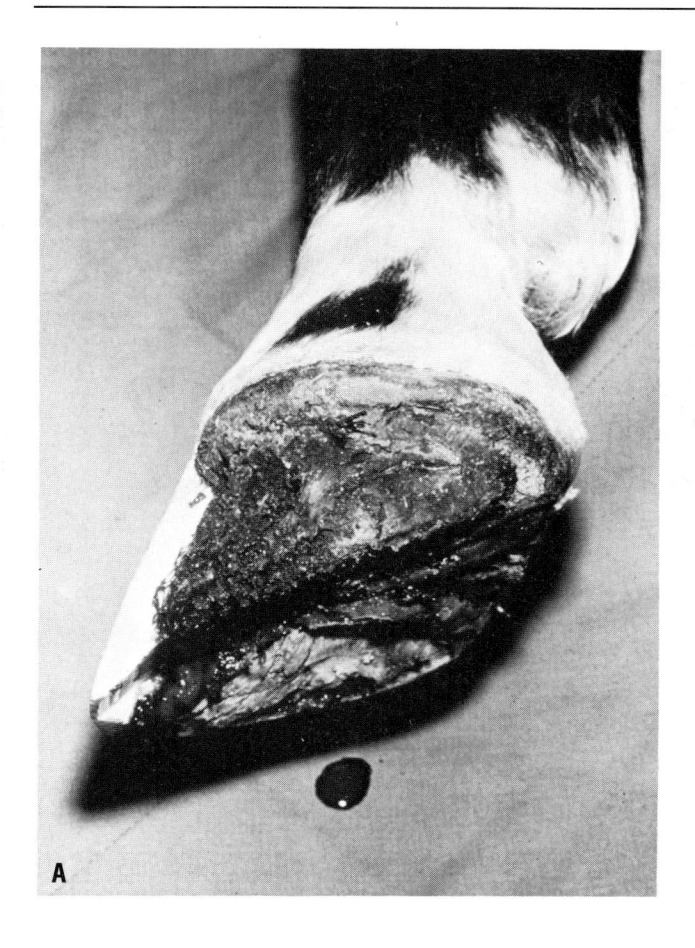

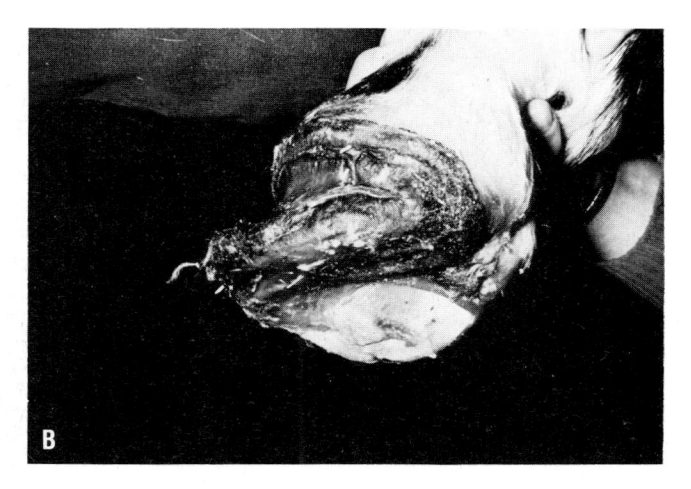

Abb. 8.68: Bei der Behandlung des Pferdes von Abb. 8.67 wurde der lose Anteil der Hufwand entfernt, der Huf gesäubert und mit einem desinfizierenden Verband versorgt. Darüber wurde ein schützender Gummischuh gezogen. **A** Huf sofort nach Entfernen der losen Anteile der Wand. **B** Huf nach drei Wochen. Über der freigelegten Lederhaut hat sich eine trockene, verhornte epitheliale Schutzschicht gebildet. Aufgrund des großen Ausmaßes der entfernten Hufwandabschnitte konnte dieser Huf nicht beschlagen werden. Auch die Reparation des Hufwanddefektes mit Acrylharz wäre schwierig gewesen.

der Saum- bzw. Kronlederhaut mit darauffolgender Produktion schwachen Hufhornes und Formveränderungen in diesem Bereich der Hufwand bedingen die vom Saumbereich ausgehenden Spalten. Eine Schwächung der Hufwand aufgrund starker Austrocknung oder extrem dünne Wände begünstigen die Entstehung von Hornspalten. Feuchtigkeit ist die Grundbedingung für die Flexibilität von Hufwand und Sohle. Die Hufwand enthält normalerweise 25 %, die Sohle etwa 33 % und der Strahl 50 % Wasser. Wenn der Huf zu stark austrocknet, wird das Horn brüchig und die Gefahr des Auftretens von Hornspalten steigt.

Symptome
Spalten in der Hufwand sind bei der Untersuchung sichtbar. Nicht in jedem Fall besteht notwendigerweise eine Lahmheit. Wenn aber eine durchdringende Hornspalte das Eindringen von Infektionen ermöglicht, tritt eine Lahmheit auf. In diesen Fällen liegen ein Exsudat am Grunde der Spalte oder eine eitrige Huflederhautentzündung vor, je nach der Größe des bis auf die Lederhaut reichenden Defektes. Die Lokalisation der Hornspalte ist adspektorisch zu ermitteln. In Fällen, in denen die Hornspalte durch eine Verletzung des Saumbereiches entstanden ist, sind ferner unterschiedliche Schäden in diesem Ursprungsbereich zu finden. Diese können von Schnittverletzungen stammen oder andere Ursachen haben, wie zum Beispiel Greifen oder Streichen.

Diagnose
Die Diagnose wird aufgrund des Vorliegens einer Hornspalte gestellt. Diese ist adspektorisch problemlos zu erkennen und wird ihrer Lokalisation gemäß bezeichnet. Durch Abtasten des entsprechenden Bereiches mit der Hufuntersuchungszange kann bestätigt werden, daß die Schmerzen, die zu der klinisch feststellbaren Lahmheit führen, mit der Hornspalte in Zusammenhang stehen. In einigen Fällen kann ferner eine Leitungsanästhesie sinnvoll sein, um die Beteiligung der Hornspalte als Ursache an dem Gesamtbild der Lahmheit besser abschätzen zu können. Blutungen aus der Spalte nach Bewegen des Pferdes geben einen Hinweis, daß die Spalte bis auf die Huflederhaut reicht (durchdringende Hornspalte). Bei Vorliegen einer Infektion entleert sich auf Druck Eiter aus der Hornspalte.

Therapie
Die Behandlung ist von der Lokalisation der Hornspalte abhängig:
Vorderwandhornspalten. Bei Vorliegen von Vorderwandhornspalten wird der Tragrand an beiden Seiten der Spalte um etwa 2,5 cm gekürzt. Wenn sich die Spalte nicht bis zum Saumbereich fortsetzt (Hornspalten, die vom Tragrand bis zum Saumbereich reichen, werden als durchlaufende Hornspalten bezeichnet), sollten am proximalen Ende der Spalte Rinnen eingeschnitten oder eingebrannt werden (siehe Abb. 8.70), um ein weiteres Einreißen der

546 Kapitel 8: Lahmheit

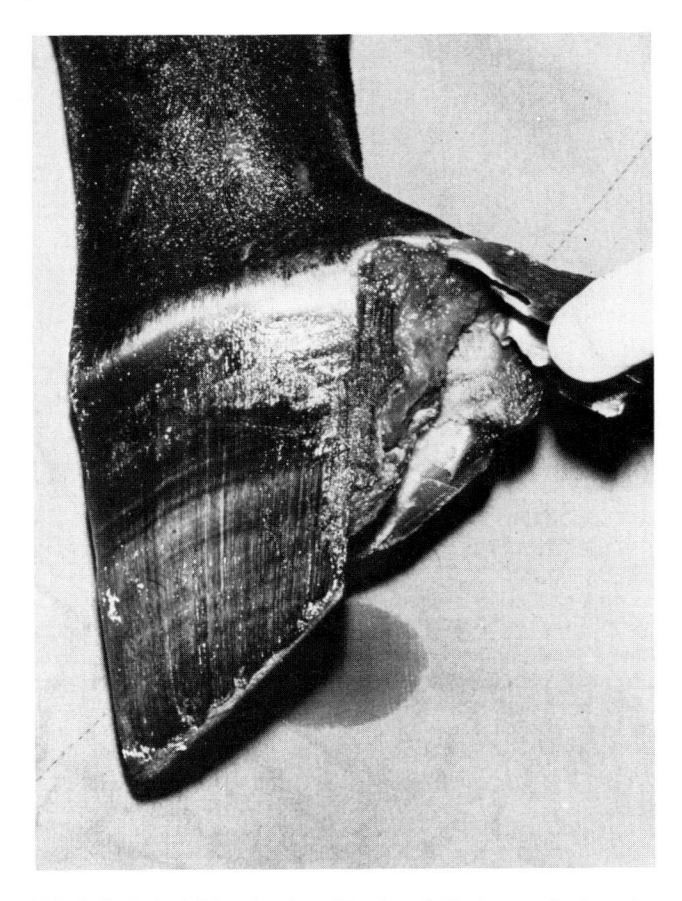

Abb. 8.69: Beispiel für eine lose Wand nach Verletzung im Saumbereich. Bei der Behandlung sollte zunächst der lose Bereich der Hufwand distal des Saumes entfernt werden. Dann wird der Saumbereich genäht. Anschließend sollte für mindestens zweieinhalb bis drei Wochen ein Gips-, Fiberglas- bzw. Kunststoffverband angelegt werden.

Spalte nach proximal zu verhindern. Das Pferd sollte mit zwei seitlichen Zehenaufzügen jeweils neben der am Tragrand anzubringenden Schwebe beschlagen werden, um eine Erweiterung der Hufwand in diesem Bereich zu vermeiden (Abb. 8.70). Das Kürzen des Tragrandes im Bereich der Zehenspitze (Anlegen einer Schwebe) hilft, ein Auseinanderklaffen der Spaltränder zu verhindern. Der Bereich zwischen der gekürzten Hufwand und dem Eisen sollte täglich gesäubert werden. Bei Vorliegen einer Infektion wird Polyvidon-Jod aufgebracht. Danach wird der Huf mit einem Schutzverband versehen, bis die Infektion unter Kontrolle ist. Eine andere Behandlungsmethode besteht darin, die Spalte mit einer oszillierenden Säge, einem Rinnhufmesser, einem Brenneisen oder einer Handbohrmaschine mit Fräser auf etwa 6 mm zu erweitern und bis an die Lederhaut zu vertiefen (siehe Abb. 8.72, 8.73, 8.77), wobei letztere aber nicht verletzt werden darf. Diese erweiterte Spalte wird dann mit Epoxidharz oder Plastik verschlossen*[9] (siehe Seite 549). Eine Hornspalte, bei der eine derartige Reparatur sinnvoll wäre, wird in Abbildung 8.71 dargestellt. Die Spalte wird auf einen dreieckigen Querschnitt erweitert, wobei die Basis des Dreiecks an die Lederhaut angrenzt. Hierdurch wird die

* Z. B. Technovit, Kulzer & Co. GmbH, Philipp-Reis-Straße 8, 6393 Weinheim 1 (mit Vertrieb über WDT)

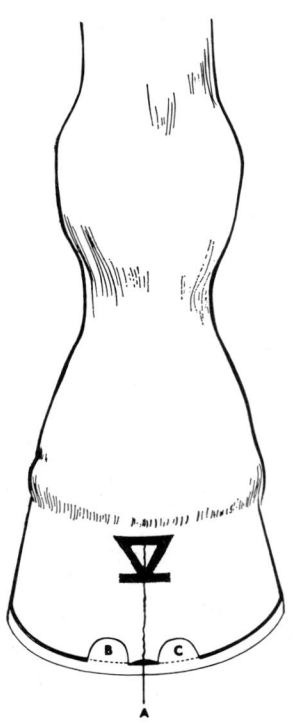

Abb. 8.70: Behandlung einer Vorderwandhornspalte. Eine quer verlaufende sowie drei in Form eines auf der Spitze stehenden Dreiecks verlaufende Rinnen wurden unterhalb des Saumes eingebrannt oder eingeschnitten, um ein weiteres Einreißen der Spalte zu verhindern. Der Tragrand wird an beiden Seiten der Spalte gekürzt, so daß dorsal eine Schwebe zwischen Huf und Eisen entsteht (**A**). **B** und **C** bezeichnen die seitlichen Zehenaufzüge, welche die Hufwand in diesem Bereich fixieren und unter Belastung ein Klaffen der Spaltränder verhindern sollen.

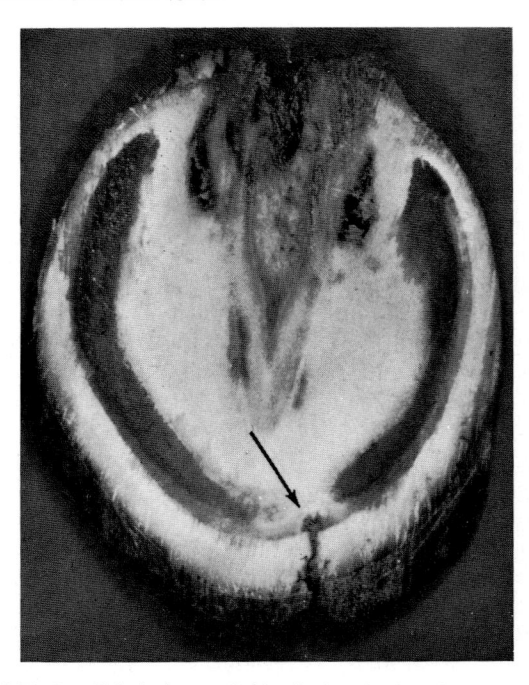

Abb. 8.71: Parallelschnitt zur Sohlenfläche eines Hufes zur Darstellung der Tiefe einer durchdringenden (bis an die Lederhaut reichenden) Hornspalte. In der Umgebung des Defektes hat sich eine lose Wand gebildet (Pfeil). Dies bestätigt die Notwendigkeit, die Hornspalten in einigen Fällen mit Kunststoff auszufüllen, um die Lederhaut zu schützen und die Entwicklung von Hufabszessen zu vermeiden.

Gefahr vermindert, daß der Kunststoff herausbricht. Zusätzlich ist ein sehr guter Erfolg dadurch zu erreichen, daß Löcher durch die Spaltränder gebohrt und diese schnürsenkelartig mit Bühner-Band oder Edelstahldraht verbunden werden. Hierdurch wird eine bessere Fixation der Spaltränder erreicht[2] (Abb. 8.72 bis 8.77). Weiter sollte das Pferd einen orthopädischen Beschlag erhalten (Abb. 8.70). Wenn es nicht beschlagen werden, sondern

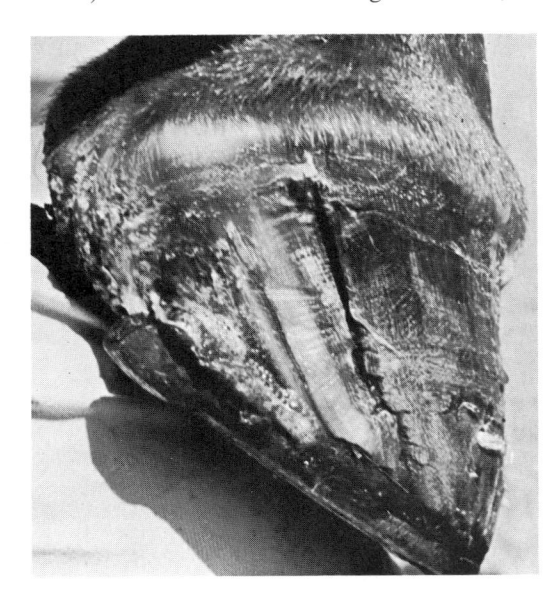

Abb. 8.72: Seitenwandhornspalte vor der Behandlung durch Ausfräsen der Spalte bis an die Huflederhaut und Durchbohren der Spaltränder (aus EVANS, L. H., JENNY, J. J., and RAKER, C. W.: The repair of hoof cracks with acrylic. J. Am. Vet. Med. Assoc., **148**: 355, 1966).

Abb. 8.73: Einsatz einer elektrischen Handbohrmaschine mit Fräser zum Erweitern einer Seitenwandhornspalte bis an die Huflederhaut (aus EVANS, L. H., JENNY, J. J., and RAKER, C. W.: The repair of hoof cracks with acrylic. J. Am. Vet. Med. Assoc., **148**: 356, 1966).

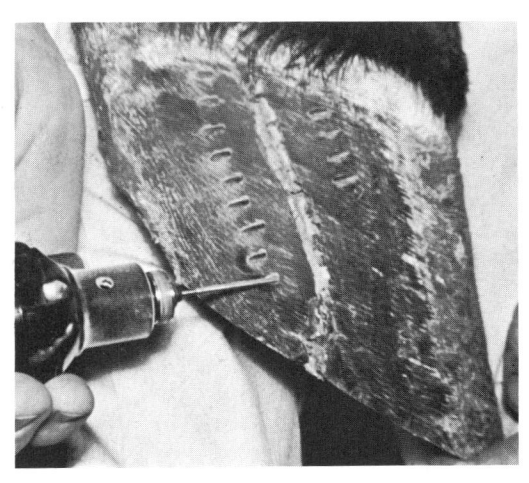

Abb. 8.74: Seitenwandhornspalte nach dem Ausfräsen bis an die Huflederhaut mit Darstellung der Bohrlöcher, durch die das Bühner-Band zur Fixation der Spaltränder gezogen wird (aus EVANS, L. H., JENNY, J. J., and RAKER, C. W.: The repair of hoof cracks with acrylic. J. Am. Vet. Med. Assoc., **148**: 356, 1966).

Abb. 8.75: Bis auf die Huflederhaut erweiterte Seitenwandhornspalte mit Bohrlöchern durch die Spaltränder. Darstellung des Verfahrens zur Fixation der Spaltränder mit gebogener Nadel und Bühner-Band (aus EVANS, L. H., JENNY, J. J., and RAKER, C. W.: The repair of hoof cracks with acrylic. J. Am. Vet. Med. Assoc., **148**: 357, 1966).

Abb. 8.76: Seitenwandhornspalte nach Durchbohren der Spaltränder und Fixation mit Draht oder anderem Nahtmaterial, fertig vorbereitet zum Einbringen eines zur Reparatur von Hornwanddefekten geeigneten Kunststoffes (aus EVANS, L. H., JENNY, J. J., and RAKER, C. W.: The repair of hoof cracks with acrylic. J. Am. Vet. Med. Assoc., **148**: 358, 1966).

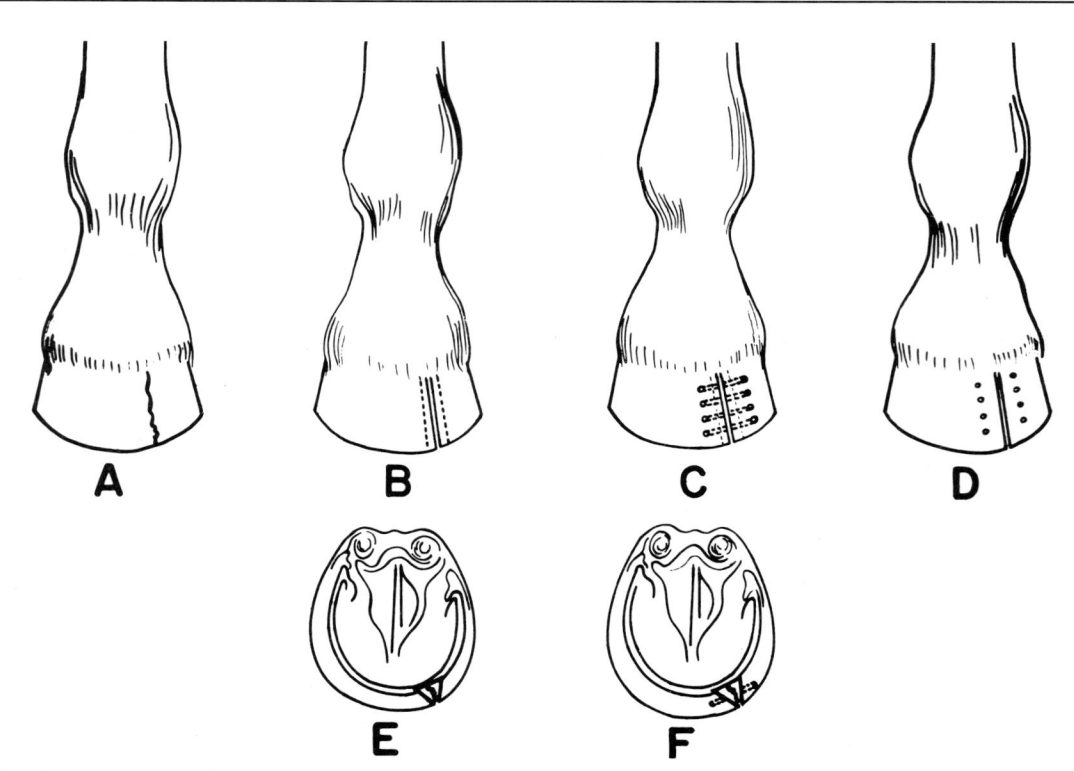

Abb. 8.77: Überblick über die Möglichkeiten zur Reparatur von Hornspalten durch Kunststoffe. **A** Hornspalte. **B** Die Hornspalte ist ausgefräst worden; ihr Querschnitt ist jetzt dreieckig (vgl. **E**). **C** Hornspalte nach Ausfräsen und Anlegen der Bohrlöcher (vgl. **F**). **D** Hornspalte zur Fixation der Spaltränder durch Bühner-Band oder Draht und Kunststoff vorbereitet. **E** In Dreiecksform ausgefräste Hornspalte. Ansicht der Bodenfläche. **F** Hornspalte nach Ausschneiden und Anlegen der Bohrlöcher (gestrichelte Linien). Ansicht der Bodenfläche.

ohne Eisen gehen soll, wird der Tragrand an beiden Spalträndern gekürzt. Wenn eben möglich, sollten unbedingt Rinnen geschnitten oder der Defekt mit Kunststoff ausgefüllt werden, um ein weiteres Einreißen der Hornspalte zu verhindern.

Seitenwandhornspalten. Bei Seitenwandhornspalten sollte der Tragrand kaudal der Spalte gekürzt werden (siehe Abb. 8.78). Ein Eisen mit halbem Steg sollte aufgeschlagen werden, mit dem Steg auf der betroffenen Seite (Abb. 8.79). Dieser Steg sollte sich beim belasteten Huf 3 bis 6 mm tief in den Strahl eindrücken. Hierdurch wird das Gewicht, das normalerweise von dem jetzt gekürzten Bereich der Hufwand getragen würde, auf den Strahl übertragen. Am proximalen Ende der Hornspalte sollten, sofern es sich nicht um eine vom Tragrand bis zum Saumbereich durchlaufende Spalte handelt, Rinnen geschnitten oder eingebrannt werden (Abb. 8.87), um ein weiteres Einreißen der Spalte zu verhindern. Das Spezialeisen kann ferner mit je einem Seitenwandaufzug seitlich der Hornspaltenränder versehen sein. Diese Seitenwandaufzüge haben ebenfalls die Funktion, weiteres Klaffen und Einreißen der Spaltränder zu verhindern. Die Seitenwandhornspalten können, wie für die Vorderwandhornspalten beschrieben, bis an die Lederhaut auf eine Weite von 6 mm erweitert und mit Epoxidharz oder Kunststoff ausgefüllt werden. Die Hufwand kann im Bereich proximal der Hornspalte dünn geraspelt werden, um eine größere Flexibilität zu erreichen. Dies sollte auch zusätzlich zum Aufbringen des orthopädischen Beschlages erfolgen. Wenn das Pferd nicht beschlagen werden soll, sollte die Hufwand palmar bzw. plantar der Hornspalte gekürzt und am proximalen Ende der Hornspalte sollten Rinnen eingeschnitten oder eingebrannt werden, um ein weiteres Einreißen der Spalte zu verhindern, oder die Hornspalte sollte mit Kunststoff ausgefüllt werden.

Trachtenwandhornspalten. Trachtenwandhornspalten werden grundsätzlich wie Seitenwandhornspalten behandelt. Allerdings ist hier der halbe Steg am Schenkelende nicht unbedingt notwendig. Der Tragrand palmar bzw. plantar der Hornspalte sollte gekürzt werden, so daß eine Schwebe zwischen Hufwand und Hufeisen bzw. Hufwand und Boden entsteht.
Jede durch Kürzen des Tragrandes bei der Behandlung von Hornspalten zwischen Huf und Hufeisen entstandene Schwebe sollte täglich gesäubert werden, damit der Raum sich nicht mit Schmutz füllt, weil sonst trotz der angebrachten Schwebe Druck auf die Spaltränder einwirkt. Wenn der Verdacht besteht, daß es durch die Hornspalte zum Eindringen einer Infektion in die Huflederhaut gekommen ist, sollte in jedem Fall Tetanus-Toxoid gegeben werden, wenn das Pferd regelmäßig gegen Tetanus geimpft worden ist. Anderenfalls ist unbedingt zumindest eine Versorgung mit Tetanus-Antitoxin zu empfehlen. Bei Schnittverletzungen im Saumbereich, die Verformungen der heruntergewachsenen Hufwand zur Folge haben, sollte das herunterwachsende Horn alle zwei Wochen beraspelt werden, um eine möglichst regelmäßige Form der Hufwand zu erreichen. Harte, trockene Bereiche des Saumes sollten täglich mit Olivenöl eingerieben werden, damit sie elastisch bleiben.
Sämtliche Hornspalten oder andere Horndefekte können durch Einbringen von Kunststoffen behandelt werden. Epoxidharz, Fiberglas oder Spezialmaterial zur Reparatur von Hufdefekten können verwandt werden. Die Hornspalte muß gründlich gesäubert und bis an die Lederhaut erweitert werden, um eine ausreichende Fixation der Kunststoffmasse zu gewährleisten. Es gibt zahlreiche

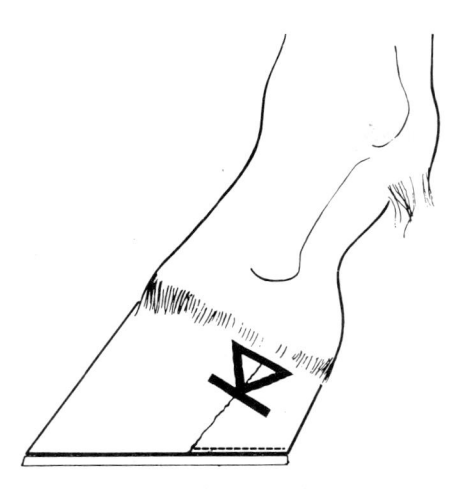

Abb. 8.78: Seitenwandhornspalte und Behandlung. Knapp oberhalb des proximalen Endes der Hornspalte werden eine Querrinne und seitlich zwei weitere Rinnen eingebrannt oder eingeschnitten, so daß ein auf der Spitze stehendes Dreieck entsteht. Die gestrichelte Linie bezeichnet den Teil der Hufwand, der gekürzt werden muß, so daß hier eine Schwebe zwischen Huf und Hufeisen entsteht.

Methoden, die Haltbarkeit dieser Reparaturen zu verbessern. Eine besteht darin, die Hornspalte mit einer kleinen Bohrmaschine mit Fräser oder einer Stryker Verbandschere bis an die Hufiederhaut zu erweitern und horizontal verlaufende Rinnen in die Spaltränder zu schneiden oder zu brennen (Abb. 8.71 bis 8.77). EVANS et al.[2] haben eine Methode beschrieben, bei der die Spaltränder über Kreuz durchbohrt und mit Bühner-Band oder Draht fixiert und anschließend Acrylharz eingebracht werden. Die Hauptsache hierbei ist, einen Ansatzpunkt zu finden, um den Kunststoff an Ort und Stelle zu fixieren. Unabhängig von der Art des verwendeten Kunststoffes wird die Hornspalte immer zuerst mit dem Katalysator ausgestrichen. Dann wird die Spalte mit dem Harz, Fiberglas oder Kunststoff gefüllt. Diese Reparaturmasse muß jeweils zunächst aushärten. Bei Verwendung von Fiberglas kann dieser Vorgang beschleunigt werden, indem eine größere Menge Katalysator zugegeben wird. Nach Aushärten des Materials kann dieses beraspelt werden, damit es mit der Form des Hufes übereinstimmt.

Eine andere Methode zur Reparatur von Hornspalten beruht auf der Verwendung einer Fiberglasplatte und Schrauben.[1] Obwohl diese Technik gute Erfolge bringt, ist sie als Routinebehandlung oft schwierig einzusetzen. In der letzten Zeit ist ein neues synthetisches Material zur Reparatur von Hufdefekten, 10X*, entwickelt worden. Dieses Material ist relativ leicht aufzubringen, haftet sehr gut und ist haltbar genug, intensivere Bewegung zuzulassen.[11]

Ferner ist eine neue Technik zur Fixation der Spaltränder mit Bühner-Band oder Draht beschrieben worden, die eine weitere Schwächung der Hufwand vermeidet (Abb. 8.80).[11] Statt direkt durch die Spaltränder werden die Bohrlöcher knapp außerhalb der Weißen Linie mit einem etwa 2,5 mm starken Bohrer angelegt. Die Länge der Löcher ist von der Länge der Hornspalten abhängig. Ihr Verlauf entspricht dem eines normal eingeschlagenen Hufnagels. Es werden vier Bohrlöcher angelegt und die Ausgangslöcher gegeneinander versetzt, um ein Kreuzen der Fäden zu vermeiden (Abb. 8.80). Das an der Oberfläche liegende Nahtmaterial wird an der Hufwand mit

* IOX. Farriers Inc., Unionville, PA 19375.

Abb. 8.79: Eisen mit halbem Steg zur Behandlung von Seiten- und Trachtenwandhornspalten; Ansicht der Bodenfläche. Der Steg sollte sich beim belasteten Huf 3 bis 6 mm tief in den Strahl eindrücken.

10X-Hufreparaturmasse und an der Hufsohle durch einen Hufschuh oder ein Hufeisen geschützt. Diese Technik wird zur Zeit an der Colorado State University verwandt. Sie ist auch anderweitig zur Behandlung von Rennpferden (Vollblütern und Standardbred-Pferden) erfolgreich eingesetzt worden.[11]

Kunststoffe bieten hervorragende Möglichkeiten bei der Reparatur von Hornspalten, da sie die Hornspalte versiegeln und eine Infektion der Huflederhaut verhindern. Defekte in der Hufwand können ebenfalls mit derartigen Kunststoffen ausgefüllt werden (Abb. 8.81 und 8.82). Ein ernsthaftes Problem bei der Verwendung von Kunststoffen zur Reparatur von Hornwanddefekten ist die beim Aushärten freigesetzte Wärme, die zu Schäden an den darunter liegenden Geweben und dadurch zur Bildung von Hufabszessen führen kann.

Beim Vorliegen infizierter Hornspalten sollte dieser Bereich möglichst offen gelassen werden, damit eine Drainageöffnung bestehenbleibt und eine lokale Behandlung möglich ist. Das Ausfüllen dieser Defekte durch Kunststoffe schließt die Infektion lediglich von der Umgebung ab und verschlechtert den Behandlungserfolg. In Fällen, in denen das Pferd weiterhin turniermäßig eingesetzt werden oder Rennen laufen muß, obwohl eine Instabilität der Hufwand besteht, kann diese allein durch die Versorgung mit Bühner-Band oder Draht zur Fixation der Spaltränder behandelt werden. Eine weitere Möglichkeit besteht darin, daß ein Polyethylenschlauch in die Tiefe der Horn-

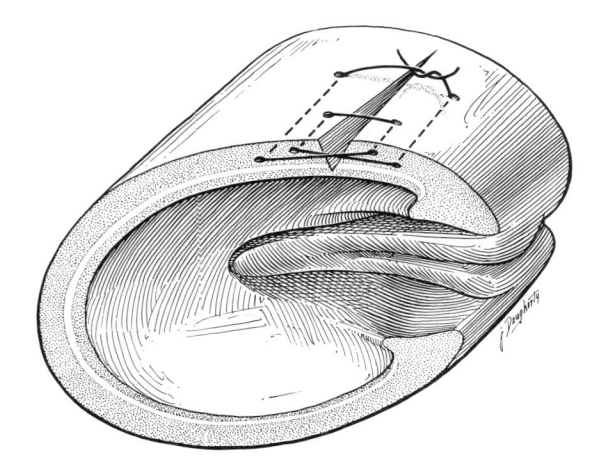

Abb. 8.80: Technik zur Fixation der Spaltränder mit Bühner-Band oder Draht ohne Schwächung der Hufwand. Die vom Tragrand aus in die Hufwand gebohrten Löcher enden gegeneinander versetzt in unterschiedlichen Höhen und sind in verschiedenen Ebenen angelegt.

550　Kapitel 8: Lahmheit

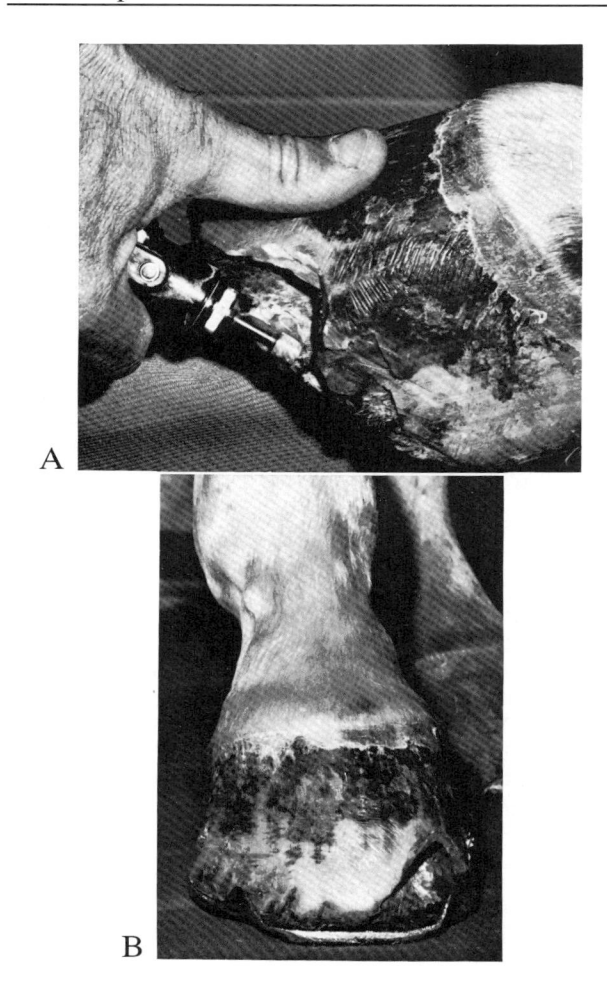

Abb. 8.81: **A** Ausfräsen eines Defektes in der Hufwand bis an die Huflederhaut mittels einer Bohrmaschine mit Fräser. **B** Aussehen des für die Reparatur mit Kunststoff vorbereiteten Defektes. Das Pferd hat einen orthopädischen Beschlag bekommen, der durch zwei seitliche Zehenaufzüge zusätzlichen Halt hat.

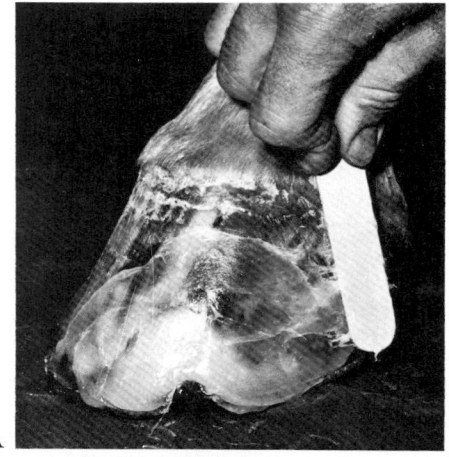

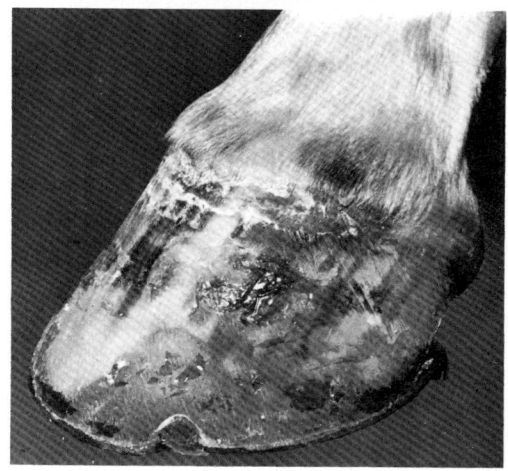

Abb. 8.82: **A** Ausfüllen des Defektes mit Kunststoff. Es handelt sich um denselben Huf wie in Abbildung 8.81. **B** Aussehen des Hufes nach Reparatur des Defektes mit Kunststoff. Die regelmäßige Form des Hufes ist durch Beraspeln der Hufwand und der ausgehärteten Reparaturmasse wiederhergestellt worden.

spalte eingelegt wird, so daß er an der Sohlenfläche des Hufes hervortritt.

Dann wird die Spalte mit der Reparaturmasse gefüllt. Da das Reparaturmaterial keine Verbindung mit dem Polyethylenschlauch eingeht, kann letzterer nach Aushärten der Reparaturmasse entfernt werden, so daß durch den verbleibenden Tunnel eine ausreichende Drainageöffnung zur Verfügung steht.

Prognose

Die Prognose ist bei Tragrandhornspalten günstig, wenn keine Infektion eingedrungen ist. Bei Vorliegen einer Infektion ist die Prognose fraglich. Bei Kronrandhornspalten ist die Ursache häufig nicht zu beseitigen. Daher ist der orthopädische Beschlag möglicherweise für das gesamte Leben des Pferdes erforderlich. Hieraus ergibt sich eine unsichere bis ungünstige Prognose. Das Herunterwachsen von Hornspalten kann beträchtliche Zeit in Anspruch nehmen, da die Wachstumsgeschwindigkeit der Hornwand nur etwa 6 mm pro Monat beträgt.

Infizierte Hornspalten können Hufabszesse verursachen, die im Saumbereich durchbrechen und Fistelgänge unterhalten (siehe auch Seite 534 bis 537).

Ausgewählte Literatur

1. BUTLER, J. L.: The repair of hoof defects using fiberglass and screws. Proc. 22nd Ann. AAEP, 1976, p. 235.
2. EVANS, L. H., JENNY, J. J., and RAKER, C. W.: The repair of hoof cracks with acrylic. J. Am. Vet. Med. Assoc., **148:** 355, 1966.
3. GRAHAM, C. W.: Postoperative results from plastic hoof repair. Proc. 11th Ann. AAEP, 1965.
4. HUTCHINS, D. R.: Acrylics in hoof repair in the horse. Aust. Vet. J., **45:** 159, 1969.
5. JENNY, J.: Application of plaster cast and plastic repair of the hoof. Proc. 9th Ann. AAEP, 1963, p. 237.
6. JENNY, J., and EVANS, L. H.: Self-curing acrylic plastics for hoof repair. Pa. Vet., **6:** 6, 1964.
7. JENNY, J., EVANS, L. H., and RAKER, C. W.: Hoof repair with plastics. J. Am. Vet. Med. Assoc., **147 (12):** 1340, 1965.
8. KEOWN, G.: Quarter cracks. Proc. 8th Ann. AAEP, 1962, p. 143.
9. LUNDVALL, R. L., and JOHNSON, J. H.: Use of plastics in the repair of hooves. Norden News, (Fall): 9, 1967.
10. MOYER, W.: Therapeutic principles of diseases of the foot. Proc. 27th AAEP, 1981, p. 453.
11. MOYER, W.: Hoof wall repair using 10X. J. Eq. Med. Surg., **2:** 165, 1978.

Vertikale Zusammenhangstrennungen in der Verbindungsschicht

Diese sind in manchen Fällen schwierig zu diagnostizieren. Es handelt sich um einen schlecht definierten Sammelbegriff für verschiedene Veränderungen,[1] die besonders an der medialen Seiten- und Trachtenwand vorkommen und durch Ablösung der Hufwand von der darunter liegenden Hufederhaut verursacht werden.

Ätiologie

Die Ursache dieser Veränderungen ist unbekannt. Sie treten meist bei zwei- oder dreijährigen Vollblütern auf, deren Hufe in Relation zu ihrer Körpergröße klein sind. Im allgemeinen haben diese Pferde außerdem lange Zehen, untergeschobene Trachten, dünne Hufwände und flache Sohlen. Bei der Sektion findet sich ein Verlust des normalen Zusammenhangs zwischen den Hornschichten und der Hufederhaut. Diese Zusammenhangstrennung kann so ausgedehnt sein, daß sie an der Sohlenfläche des Hufes in der Weißen Linie zutage tritt. In der Regel liegen gleichzeitig Blutungen vor.[3] Das Bild der Erkrankung ähnelt dem einer lokalisierten akuten Hufrehe ohne Rotation des Hufbeines.[3]

Klinische Symptome und Diagnose

Adspektorisch sind bei hellen Hufen häufig Blutungen durch die Hufwand hindurch festzustellen.[1] Die bestehende Lahmheit ist gering- bis hochgradig. In der Regel ist sie geringgradig, aber deutlich genug, die Leistung des Pferdes zu vermindern. Auf weichem Boden ist die Lahmheit schwächer, beim Vortraben auf hartem Boden aber ist eine deutliche Schrittverkürzung festzustellen. Beim Abtasten mit der Hufuntersuchungszange wird Schmerzhaftigkeit festgestellt. Die Hufwand ist deutlich schwächer als normal.[1] Durch länger anhaltenden Druck mit der Hufuntersuchungszange wird entweder eine Lahmheit ausgelöst oder eine bestehende Lahmheit verstärkt. Durch eine Leitungsanästhesie des entsprechenden Nervus digitalis palmaris werden die Schmerzen und die Lahmheitssymptome in der Regel beseitigt.

Therapie

Der Erfolg der Behandlung zeigt sich häufig erst nach längerer Zeit, da die Trachten im allgemeinen stark untergeschoben sind, der Huf sehr klein und die Hufwand sehr dünn ist. Da die Zusammenhangstrennung so lange bestehenbleibt, bis die Hufwand vollständig heruntergewachsen ist, zielt die erste Behandlung auf die Hufkorrektur und darauf ab, ausreichende Stabilität des Hufes zu erreichen, damit sich das Ausmaß der Zusammenhangstrennung nicht vergrößert.[1,2] Eine Linderung der Schmerzen kann in der Regel durch folgende Maßnahmen erreicht werden:
1. Korrektur eines eventuell unsachgemäßen Beschlages (schlecht gerichtetes oder zu kleines Eisen);
2. Aufschlagen eines Trainingsbeschlages aus Stahl mit Seitenwandaufzügen, um der Hufwand mehr Stabilität zu geben.[1,2] Der Beschlag sollte so flach wie möglich sein, daher werden keine Stollen oder Griffe verwendet.

Prognose

Die Prognose ist günstig, wenn eine sachgemäße Hufkorrektur vorgenommen wird, das Pferd einen zweckentsprechenden orthopädischen Beschlag bekommt und der Besitzer/Trainer die Behandlung konsequent weiterführt.

Ausgewählte Literatur

1. MOYER, W.: Disease of the Equine Heel. Proc. 25th Ann. AAEP, 1979, p. 21.
2. MOYER, W., and ANDERSON, J.: Sheared heels: diagnosis and treatment. J. Am. Vet. Med. Assoc., **166**: 53, 1975.
3. ROONEY, J. R.: Autopsy of the Horse. Baltimore, Williams & Wilkins Co., 1970.

Fessel

Schale

Schale wird definiert als Knochenzubildung, die am Fesselbein, Kronbein oder am Hufbein vorkommen kann. Sie entsteht nach einer Periostitis und kann zu einer Osteoarthritis oder einer Ankylose des Kron- oder Hufgelenkes führen. Dieser Zustand tritt bei Vollblütern selten auf, ist aber unter anderen Rassen relativ verbreitet.
Schale kann in zwei verschiedene Formen gegliedert werden:

Hohe oder tiefe Schale

Hohe Schale. Hierbei tritt eine Knochenzubildung am distalen Ende des Fesselbeines bzw. am proximalen Ende des Kronbeines auf (Abb. 8.83 und 8.85).

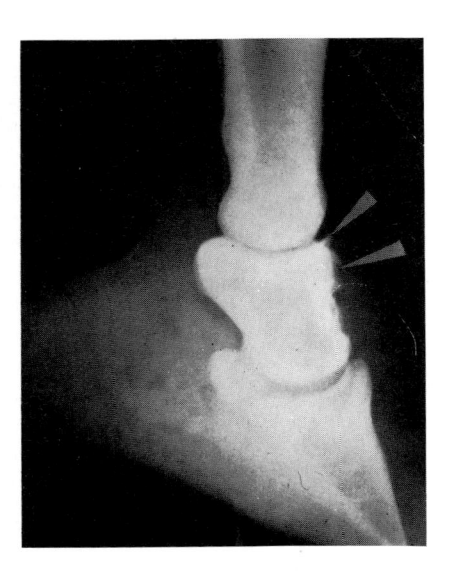

Abb. 8.83: Hohe Schale. Der obere Pfeil zeigt auf eine Knochenzubildung am Rand des Krongelenkes. Der untere Pfeil zeigt auf eine Knochenzubildung am proximalen Ende des Kronbeines. Die Zubildungen entstanden infolge von Zug am Stratum fibrosum der Gelenkkapsel bzw. an der Insertionsstelle der Sehne des gemeinsamen Zehenstreckers.

552 Kapitel 8: Lahmheit

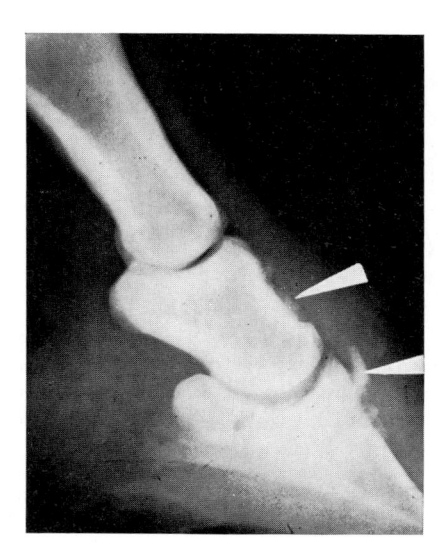

Abb. 8.84: Tiefe Schale. Der obere Pfeil zeigt auf eine Knochenzubildung am distalen Ende des Kronbeines und der untere Pfeil auf einen Abriß eines Teiles des Processus extensorius des Hufbeines. Diese Veränderungen treten als Folge von Zug des gemeinsamen Zehenstreckers auf.

Tiefe Schale. Hierbei tritt eine Knochenzubildung am distalen Ende des Kronbeines bzw. am proximalen Ende des Hufbeines, besonders am Processus extensorius, auf (Abb. 8.84).

Gelenk- oder gelenknahe Schale (artikuläre oder periartikuläre Schale)

Gelenkschale. Bei der Gelenkschale betrifft die Knochenzubildung die Gelenkfläche des Krongelenkes oder die des Hufgelenkes (Abb. 8.86 und 8.87).

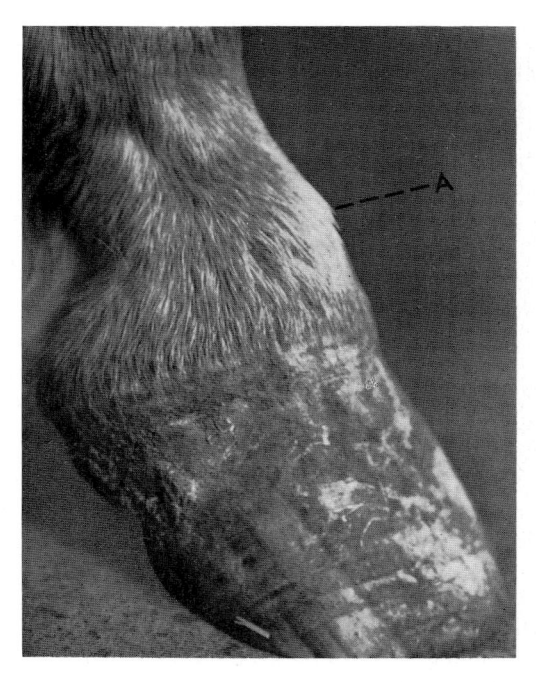

Abb. 8.85: Klinisches Bild einer hohen Schale am distalen Ende des Fesselbeines und am proximalen Ende des Kronbeines. Auffällig ist die Vorwölbung etwa 3 cm oberhalb des Kronrandes (**A**).

Gelenknahe Schale. Bei der gelenknahen Schale liegt die Knochenzubildung zwar in der unmittelbaren Nähe der Gelenke, aber nicht auf der Gelenkfläche. Sie tritt am häufigsten als hohe Schale auf (Abb. 8.88).

Schale kann demnach als gelenknahe hohe Schale, hohe Gelenkschale, gelenknahe tiefe Schale oder tiefe Gelenkschale beschrieben werden.

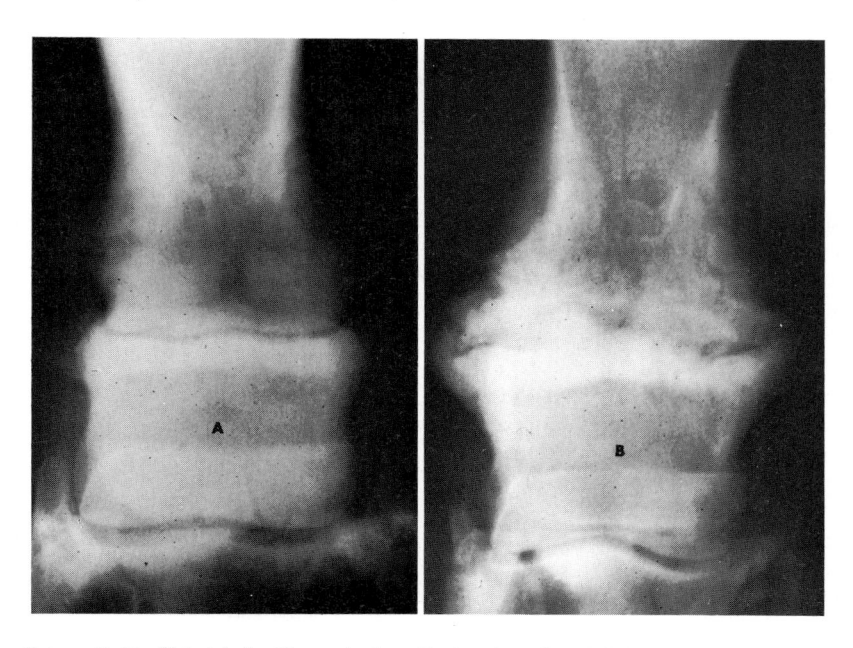

Abb. 8.86: **A** Hochgradige Osteoarthritis (Schale) des Krongelenkes. Zu beachten ist, daß der Gelenkspalt noch zu erkennen ist. **B** Dasselbe Gelenk sechs Monate nach einer chirurgisch durchgeführten Arthrodese. Der Gelenkspalt ist nicht mehr zu erkennen. Das Pferd war wieder voll einsatzfähig.

Ätiologie

Schale, die ohne Beteiligung der Gelenke auftritt, entsteht nach einer Periostitis infolge eines Zuges an den Seitenbändern der betroffenen Gelenke, durch Zug an den Insertionsstellen der Gelenkkapseln, den Insertionsstellen des Zehenstreckers am Fessel-, Kron- oder Hufbein und durch direkt einwirkende Traumata auf die Zehe. Übermäßiger Zug an diesen Strukturen schädigt das Periost mit nachfolgender Periostitis und Knochenzubildung.

Die hohe Schale tritt allgemein bei Pferden auf, die sich in langsamen Gangarten bewegen (Arbeitspferde und Zugpferde). Diese Pferde haben meistens kurze, „grobe" Fesseln.[10] Pferde mit hohen Trachten und kurzen Zehen, die in einer kurzen Art und Weise gehen, wie der Pasofino, sind prädisponiert für eine tiefe Schale.[10]

Tiefe, bis auf das Periost reichende Stacheldrahtverletzungen im Fesselbereich können zu einer Periostitis führen, die dann eine Schale zur Folge hat (Abb. 8.88). Gelenkschale (Osteoarthrose), insbesondere hohe Schale, tritt meistens bei Pferden auf, die schnell gearbeitet werden und von denen schnelle Stopps, enges Drehen und Wendungen auf der Stelle verlangt werden (Westernpferde, Poloponys und einige Springpferde). Die ersten Anzeichen einer degenerativen Gelenkerkrankung sind am dorsomedialen Rand des distalen Fesselbeinabschnittes und der korrespondierenden Gelenkfläche des Kronbeines erkennbar.[10] Ungleiche Abstände der Gelenkflächen des Krongelenkes sowie eine unzureichend ausgebildete Erhöhung in der Mitte der proximalen Gelenkfläche des Kronbeines sind als Ursache einer Gelenkschale in Betracht zu ziehen. HAAKENSTAD[6] untersuchte norwegische Fjordpferde und kam zu dem Ergebnis, daß alle Schalentypen bei diesen Pferden erblich seien.

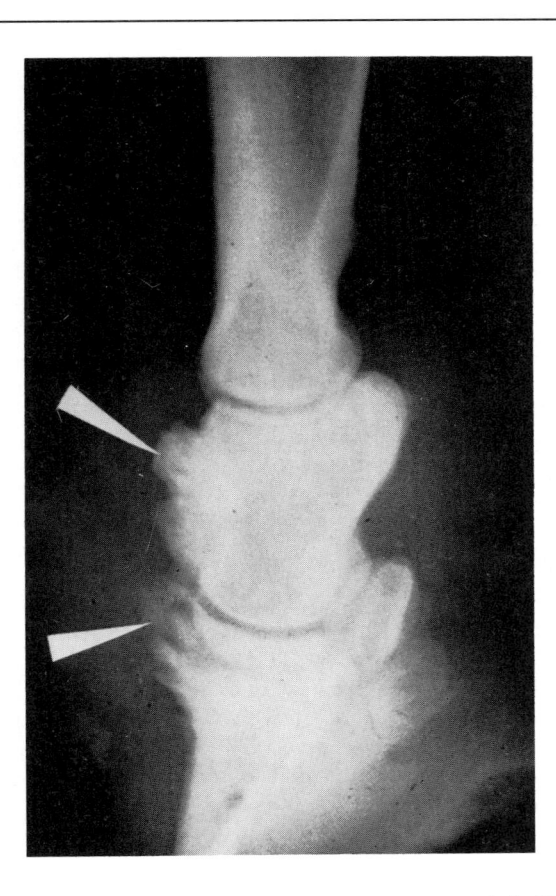

Abb. 8.87: Röntgenologische Darstellung einer Kronbein-Hufgelenkschale („buttress foot"). Der obere Pfeil zeigt auf eine fortgeschrittene Knochenzubildung am Kronbein. Der untere Pfeil zeigt auf eine Knochenzubildung am Processus extensorius des Hufbeines. Es handelt sich um dieselbe Zehe wie in Abb. 8.90. Da das proximale Ende des Kronbeines beteiligt ist, hatte das Pferd sowohl hohe als auch tiefe Schale.

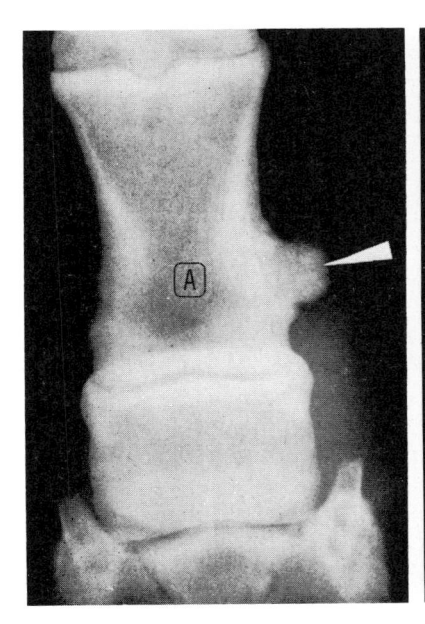

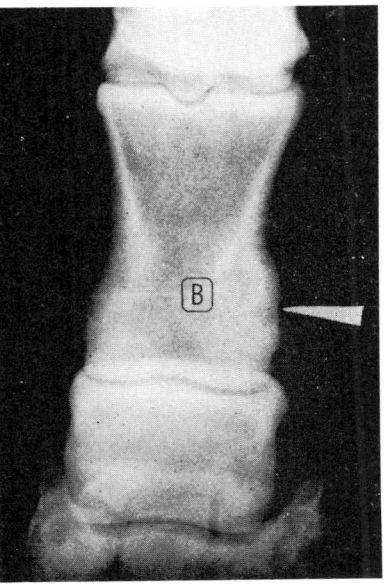

Abb. 8.88: A Hohe Schale am mediodistalen Rand des Fesselbeines infolge einer alten Stacheldrahtverletzung. Eine Periostitis als Folge eines äußeren Traumas führt zu der dargestellten Schale. Die Zubildung wurde, wie in **B** gezeigt, mit Erfolg chirurgisch entfernt. Die Operation war erforderlich, da die Zubildung die oberflächliche Beugesehne reizte und eine chronische Lahmheit bestand.

Eine weitere Ursache für eine hohe Gelenkschale (degenerative Krongelenkerkrankung) bei Pferden unter drei Jahren ist eine Veränderung im Sinne einer Osteochondrose, die am distalen Ende des Fesselbeines besonders ausgeprägt zu sein scheint (Abb. 8.89).[13] Sie kommt am häufigsten an der Beckengliedmaße, oft beiderseits, vor.

In manchen Fällen kann eine Fraktur der Phalangen im Fesselbereich eine Osteoarthritis des Krongelenkes verursachen und eine stark ausgeprägte Schale zur Folge haben. Frakturen des Processus extensorius des Hufbeines entstehen durch den Zug des gemeinsamen Zehenstreckers (Abb. 8.47). Bei der Frakturheilung kann es zu einer ausgeprägten tiefen Schale kommen. Wenn es am Ansatz des gemeinsamen Zehenstreckers zu einer Zerrung kommt, kann auf diese Weise, auch wenn der Processus extensorius keine Fraktur erleidet, eine Periostitis entstehen, deren Ergebnis eine Knochenzubildung im Sinne einer tiefen Schale ist. Das klinische Bild wird gewöhnlich als „buttress foot" bezeichnet (Abb. 8.87 und Abb. 8.90).

Stellungsfehler können zu einer vermehrten Belastung der Seitenbänder, der Gelenkkapsel und der Sehnenansätze führen. Pferde, die bodeneng und zehenweit bzw. zeheneng stehen, sind prädisponiert für eine Schale an der lateralen Seite der Gelenke, während Pferde, die bodenweit und zehenweit bzw. zeheneng stehen, prädisponiert sind, eine Schale an der medialen Seite zu entwickeln, da die Stellung der Gliedmaße größere Belastungen in diesem Bereich verursacht. Schale soll nach der Meinung einiger Autoren erblich sein.[12] Sie ist wahrscheinlich nur insofern vererbbar, daß die Fehlstellung erblich ist. Steile Fesseln haben eine vermehrte Erschütterung im Krongelenk zur Folge. Nicht alle Arten der Schale können auf Erbfaktoren zurückgeführt werden, da einige durch Traumata verursacht werden. Fehlstellungen verstärken die Belastung von Bändern und Sehnenansätzen, wodurch eine Osteoarthritis aufgrund ungleichmäßigen Druckes auf die Gelenkflächen entsteht, die ihrerseits wiederum eine Schale zur Folge hat.

Symptome

Schale kann sowohl an der Schultergliedmaße als auch an der Beckengliedmaße auftreten, wobei die Schultergliedmaße häufiger betroffen ist. Die Ausnahmen hiervon sind die Schalen, die infolge einer Fraktur im Bereich der Zehe oder infolge einer degenerativen Gelenkerkrankung des Krongelenkes im Sinne einer Osteochondrose distal am Fesselbein entstehen und meistens die Beckengliedmaße betreffen.[13]

Die Lahmheitssymptome sind nicht charakteristisch. Eine Lahmheit ist in allen Gangarten zu sehen, ebenso beim Wenden. Der betroffene Bereich ist vermehrt warm und geschwollen. Das Pferd kann eine Abwehrbewegung machen, wenn Druck auf eine Stelle aktiver Knochenzubildung ausgeübt wird. Bei einer tiefen Schale, bei der das distale Ende des Kronbeines und der Processus extensorius des Hufbeines beteiligt sind, stehen die Haare dorsal am Kronrand aufrecht. Anfänglich sind auch vermehrte Wärme und Schmerz in diesem Bereich feststellbar. Im chronischen Zustand verändern Zehe und Hufwand ihre Form (Abb. 8.90). Bei einer beidseitigen degenerativen Erkrankung der Hufgelenke kann das Pferd wie bei der Podotrochlose abwechselnd mit einem Bein ruhen, und der kraniale Teil der Vorführphase kann ähnlich wie bei der Podotrochlose verkürzt sein. Häufiger ist die Bewegung jedoch durch eine ausgeprägte Trachtenfußung gekennzeichnet.

Einige Fälle von Schale verlaufen relativ symptomlos, besonders dann, wenn sie nicht gelenknah sind. In solchen Fällen tritt keine oder nur eine geringgradige Lahmheit auf, und vermehrte Wärme oder Schmerzhaftigkeit sind nach Abheilung nicht feststellbar. Gelenkschale tritt immer zusammen mit einer Arthritis (meistens einer Osteoarthritis) des betroffenen Gelenkes auf, aber es kann auch zu einer Ankylose des Krongelenkes kommen. Bei der Röntgenuntersuchung sind gering- bis hochgradige knöcherne Veränderungen an Fesselbein, Kronbein sowie Hufbein feststellbar.

Akute Fälle von hoher Schale, besonders die mit Veränderungen am proximalen Ende des Kronbeines, zeigen zeitweise eine Schwellung und Lahmheit, die aber bei Ruhe verschwinden.

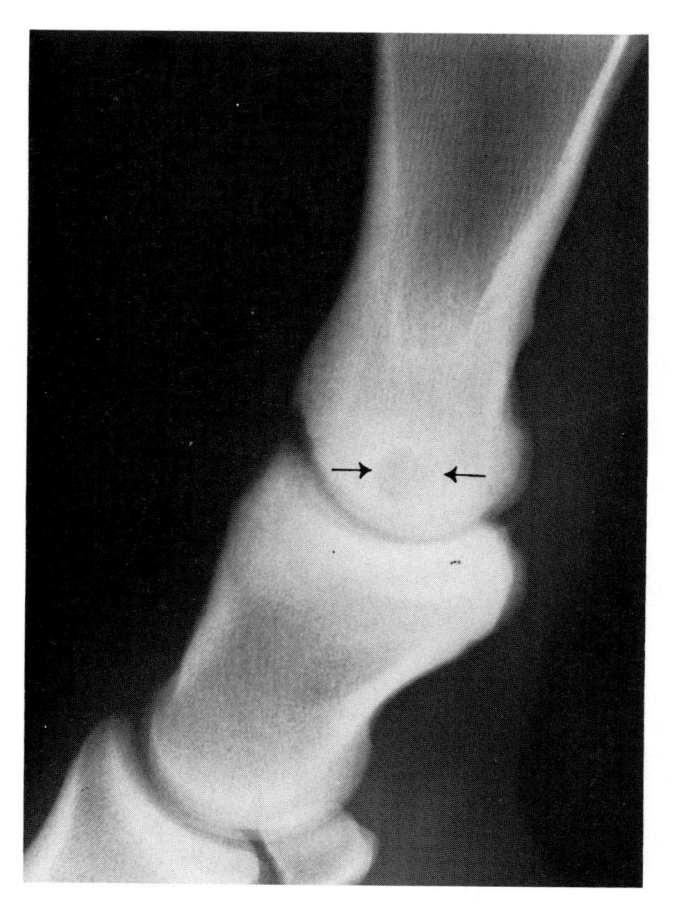

Abb. 8.89: Seitliche Röntgenaufnahme einer degenerativen Krongelenkerkrankung im Zusammenhang mit einer Veränderung im Sinne einer Osteochondrose am distalen Ende des Fesselbeines (Pfeile).

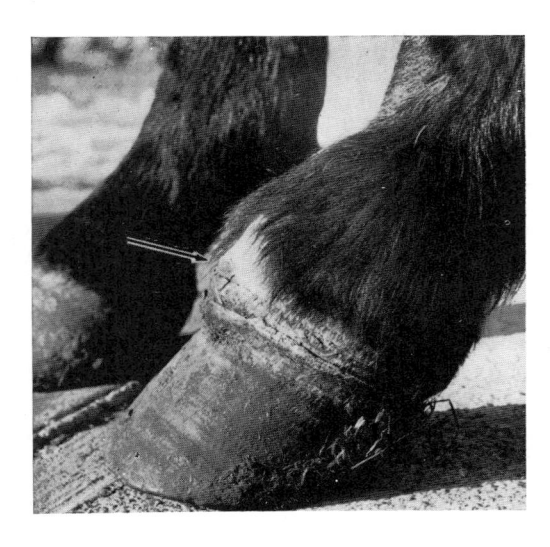

Abb. 8.90: „Buttress foot". Die hochgradige Umfangsvermehrung infolge einer tiefen Schale am dorsalen Rand des Kronsaumes ist deutlich zu sehen. Es handelt sich um dieselbe Zehe wie in Abb. 8.87.

Sowie das Pferd erneut bewegt wird, tritt die Lahmheit wieder auf, bis die derben Schwellungen der Schale als deren Ursache erkannt werden. Knochenzubildungen infolge einer periostalen Reaktion sind dann röntgenologisch feststellbar. Pferde mit diesem Befund haben, ähnlich wie bei der Rehe, eine deutliche Trachtenfußung.

Bei der Palpation sind in akuten und subakuten Fällen vermehrte Wärme und eine derbe Umfangsvermehrung feststellbar. Eine kräftige Palpation kann in einigen Fällen eine Schmerzreaktion auslösen. Im chronischen Verlauf ist die Schwellung derb und nicht vermehrt warm. Beuge- und Rotationsproben der Zehe sind schmerzhaft, und die Beugung ist nur eingeschränkt möglich.

In einigen Fällen ist eine Palmarnervenanästhesie notwendig, um den Anteil der Lahmheit festzustellen, der auf die Schale zurückzuführen ist. Zu diesem Zweck kann auch ein Ringblock proximal des Fesselkopfes durchgeführt werden. Meistens reicht eine Palmarnervenanästhesie an der Gleichbeinbasis nicht aus, um bei einer Arthrose des Krongelenkes die Lahmheit vollständig auszuschalten. Als Alternative bietet sich die intraartikuläre Anästhesie des Krongelenkes bzw. des Hufgelenkes an. Hierbei wird der Schmerz, der infolge einer Gelenkerkrankung entstanden ist, zwar ausgeschaltet, der Schmerz infolge einer Periostitis besteht jedoch weiter. In einigen wenigen Fällen ist eine Palmarnervenanästhesie zusammen mit einer Gelenkanästhesie erforderlich, um eine sichere Diagnose stellen zu können (weitere Einzelheiten siehe Seite 134–139).

Diagnose

Eine definitive Diagnose kann nicht ohne eine Röntgenuntersuchung gestellt werden. In den Anfangsstadien der Krankheit, wenn eine Umfangsvermehrung noch nicht deutlich erkennbar ist, wird die Diagnose aufgrund der vermehrten Wärme und der Schmerzhaftigkeit der betroffenen Region gestellt. Die vermutlich erkrankte Gliedmaße sollte mit der gegenüberliegenden sorgfältig verglichen werden. Vorsicht ist bei den Pferden geboten, bei denen bilaterale nicht vermehrt warme Umfangsvermehrungen auftreten. Eine röntgenologische Untersuchung dieser Pferde zeigt eine vergrößerte distale Epiphyse des Fesselbeines, ist aber sonst ohne pathologischen Befund.

Im frühen Stadium einer artikulären bzw. periartikulären Schale kann eine Weichteilschwellung ohne pathologischen Röntgenbefund vorhanden sein. Hier empfiehlt es sich, die Röntgenuntersuchung nach drei bis vier Wochen zu wiederholen. Zu diesem Zeitpunkt sind seitliche Osteophyten bei einer Gelenkschale bzw. eine Periostitis bei einer gelenkfernen Schale zu sehen. Mit der Zeit schreiten die beiden Prozesse so weit fort, daß es schwierig wird, auf den Röntgenaufnahmen zwischen artikulärer und periartikulärer Schale zu unterscheiden.[10] Röntgenaufnahmen junger Pferde mit einer degenerativen Gelenkerkrankung des Krongelenkes im Zusammenhang mit einer Veränderung im Sinne einer Osteochondrose weisen einen engen Gelenkspalt, seitliche Osteophyten und periartikuläre Knochenzubildungen auf.[13] Außerdem sind diffuse Aufhellungen im subchondralen Bereich distal am Fesselbein erkennbar (Abb. 8.91).[13] Die gegenüberliegende Fessel sollte zum Vergleich geröntgt werden.

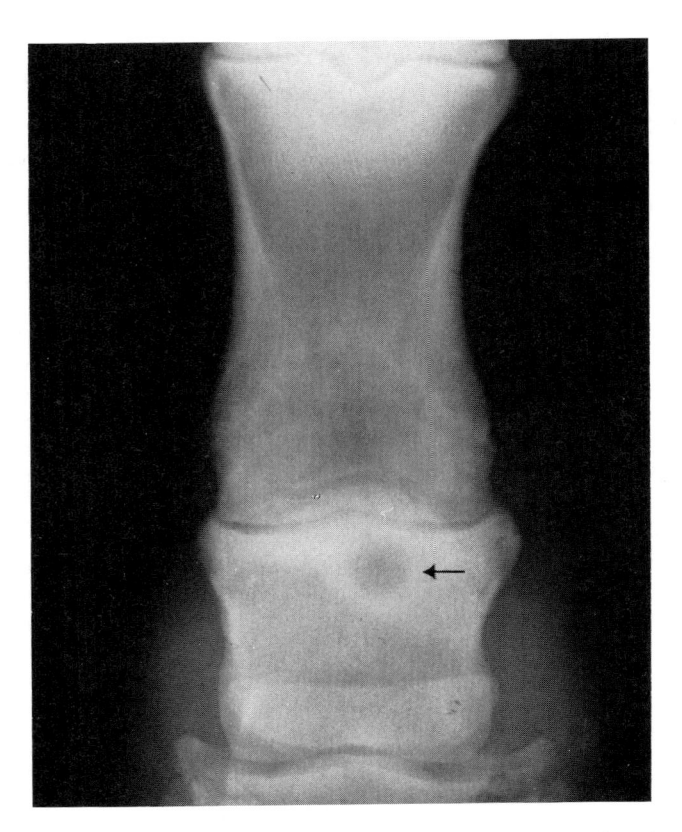

Abb. 8.91: Dorsoplantare Röntgenaufnahme einer Gliedmaße mit einer degenerativen Gelenkerkrankung des Krongelenkes. Der degenerative Prozeß ist durch einen engen Gelenkspalt, subchondrale Aufhellungen und Sklerosierung sowie einen großen Defekt im Sinne einer Osteochondrose am proximalen Ende des Kronbeines gekennzeichnet (Pfeil).

Die Röntgenbefunde bei einer Fesselbeinfraktur sind offensichtlich. Periartikuläre Knochenzubildungen infolge einer Stacheldrahtverletzung beschränken sich auf den Verletzungsbereich, es sei denn, ein Gelenk ist eröffnet, so daß eine degenerative Gelenkerkrankung als Folge einer Infektion besteht.

Therapie

Wird ein Fall sehr früh, d. h. bevor eine Knochenzubildung stattgefunden hat, diagnostiziert, ist die Ruhigstellung der Gelenke durch einen fixierenden Verband, der vom Huf bis distal des Karpus reicht, eine gute Behandlungsmethode. Die Verbandbehandlung sollte wenigstens über vier Wochen aufrechterhalten werden. Danach muß das Pferd mindestens weitere vier Monate Ruhe haben.

Wenn das Krongelenk ankylosiert ist, besteht oft keine Lahmheit mehr. Dies trifft besonders an der Beckengliedmaße zu, an der Zehenknochenfrakturen durch Ankylose des Krongelenkes abheilen können. Bei einer hohen Gelenkschale bleibt das Pferd so lange lahm, bis eine Ankylose des Krongelenkes entstanden ist. Zu oft passiert es aber, daß eine Ankylose unvollständig bleibt, was ausgedehnte Knochenzubildung im Bereich des Gelenkes zur Folge hat, wobei auf Röntgenbildern weiterhin ein haarfeiner Gelenkspalt zu sehen ist.

Die Behandlungsmöglichkeiten der subakuten bis chronischen Schale reichen vom Brennen bis hin zur chirurgisch durchgeführten Arthrodese.[1–5,8,11,14,15] Die meisten konservativen Behandlungsmethoden scheitern, besonders bei der artikulären Schale; aber durch eine Ankylose wird der Schmerz dadurch verringert, daß keine Bewegung des Gelenkes mehr möglich ist.[1,3–5,8,11,14,15] Arthrodesen des Krongelenkes können auf verschiedene Art und Weise durchgeführt werden:

1. Ausbohren des Gelenkspaltes von lateral nach medial mit Entfernung von soviel Gelenkknorpel wie möglich, danach Füllen des Defektes mit Spongiosa eines anderen Knochens;[1]
2. direkte Elektrostimulation nach Ausbohrung des Gelenkspaltes; hierdurch wird die Zeit bis zur Ankylose verkürzt und die periartikuläre Knochenzubildung ist geringer;[7]
3. interne Fixation durch Platten[3] oder Schrauben[5,8,11,14,15] nach Ausbohrung des Gelenkknorpels.

VON SALIS[14] sowie FACKELMAN und NUNAMAKER[3] empfehlen die Spongiosaübertragung zusammen mit der internen Fixation. Die interne Fixation mit oder ohne Spongiosaübertragung ist von den beschriebenen Methoden bei einer Schale mit degenerativer Krongelenkerkrankung die erfolgreichste.[3,5,11] Von guten Ergebnissen wurde bei drei parallel durch das Krongelenk verlaufenden Schrauben berichtet, die beim Anziehen eine Kompression des Gelenkes bewirken (Abb. 8.92). Bei einem Vergleich der Kompression des Krongelenkes durch parallel vorgetriebene Schrauben und sich kreuzende Schrauben zum Zweck der Arthrodese ergab sich, daß die parallel angelegten Schrauben zu einem besseren Ergebnis führten.[5] Mit drei parallelen Schrauben war die Ankylose stabil, die Operationstechnik war einfacher, Fessel- und Kronbein waren gut adaptiert, und bei der Plazierung der Schrauben gab es weniger Fehler.[5] Eine kreuzweise Verschraubung des Krongelenkes kann vorteilhaft sein, wenn eine Fraktur der Kronbeinlehne besteht.[5] Diese Frakturen sind aber auch mit einer Parallelverschraubung erfolgreich behandelt worden.[8]

Obwohl die Operationsmethoden der Arthrodese ausführlich beschrieben worden sind,[2–5,7–9,11,14,15] werden hier zur Vermeidung von Komplikationen einige Hinweise gegeben. Der Operateur sollte es vermeiden, den gemeinsamen Zehenstrecker proximal von der dorsalen Fläche des Kronbeines zu lösen, da bei einer großflächigen Ablösung eine reaktive Knochenzubildung entsteht, die sich bis zum Hufgelenk ausbreiten kann. Das Krongelenk kann freigelegt werden, indem das oben liegende Seitenband so weit eingeschnitten wird, daß das Gelenk gut zugänglich ist. Das Fesselbein-Strahlbein-Hufbeinband sollte jedoch möglichst geschont werden. In einigen Fällen ist die teilweise Desmotomie des unten befindlichen Seitenbandes unabdingbar. Besteht eine hochgradige Knochenzubildung über dem dorsalen Rand des Krongelenkes, muß ein Meißel oder Osteotom zu Hilfe genommen werden, damit das Gelenk entsprechend geöffnet werden kann.

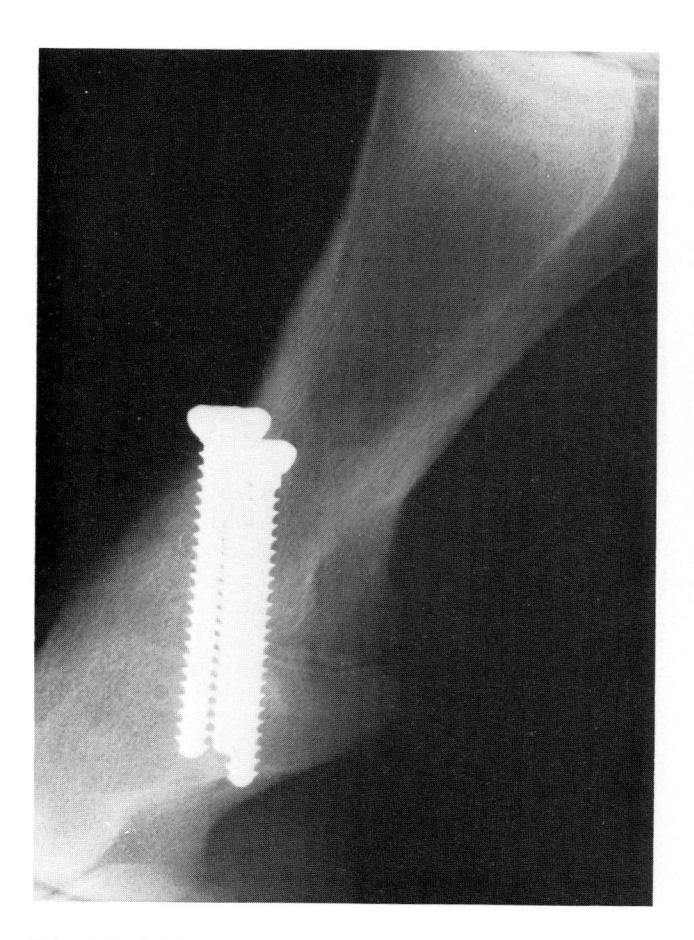

Abb. 8.92: Seitliche Röntgenaufnahme sieben Wochen nach einer chirurgisch durchgeführten Arthrodese des Krongelenkes, das in Abb. 8.89 dargestellt ist. Drei parallele Schrauben sind durch das Krongelenk hindurchgeführt worden, um es zu komprimieren. Der Gelenkknorpel wurde vor dem Einsetzen der Schrauben ausgebohrt. Die Heilung verlief gut.

Das mittlere Bohrloch durch Fessel- und Kronbein wird vor der Entfernung des Gelenkknorpels gebohrt, um eine gute Ausrichtung der Zehe zu gewährleisten. Mit Hilfe von seitlichen Röntgenaufnahmen sollte die Tiefe der Schraubenführung dorsal am distalen Rand des Fesselbeines geprüft werden, damit die Schrauben genügend Knochensubstanz zur Verfügung haben. Zu diesem Zweck kann eine Linie auf einer Klarsichtfolie gezogen werden, die auf ein laterales Röntgenbild gelegt worden ist. Somit kann die richtige Lage und Länge der Schrauben geschätzt werden. Der Gelenkknorpel kann mit einem scharfen Löffel oder aber mit einem Preßluftbohrgerät und einer mittelgroßen kegelförmigen Fräse entfernt werden. Der Chirurg muß darauf achten, daß der Knorpel gleichmäßig bis auf den subchondralen Knochen abgetragen wird. Es passiert nämlich sehr schnell, daß zuviel Substanz mit dem Bohrer entfernt und die Kongruenz des Gelenkes zerstört wird. Der Knorpel im palmaren Bereich des Gelenkes kann mit einer kleineren Fräse entfernt werden. Danach muß das Gelenk mit reichlich balancierter Elektrolytlösung sorgfältig gespült werden. Dann werden die übrigen Löcher entsprechend dem Prinzip der interfragmentären Kompression gebohrt. Während des Bohrens sollte darauf geachtet werden, daß die palmare bzw. plantare Kompakta des Kronbeines nicht durchbohrt wird, damit die tiefe Beugesehne, das Fesselbein-Strahlbein-Hufbeinband oder das Strahlbein selbst nicht beschädigt werden. Die größere Festigkeit der Kompakta im Vergleich zur Spongiosa kann beim Bohren festgestellt werden. Das Kronbein scheint so stabil zu sein, daß die Schrauben halten und eine interfragmentäre Kompression möglich ist, ohne die Kompakta palmar zu durchbohren. Wird bei der Operation ein Esmarchschlauch benutzt, sollte dieser vor dem Verschluß der Wunde gelöst werden.

Nach der Operation wird ein fixierender Kunststoffverband angelegt, der den Huf einschließt und bis zum Karpus bzw. Tarsus reicht. Die Polsterung besteht nur in einer Schlauchbinde und in einem 1 bis 2 cm breiten Schaumgummi- bzw. Filzstreifen am oberen Rand des Verbandes. Die Stellung, in der die Zehe fixiert wird, soll so physiologisch wie möglich sein.

Der fixierende Verband wird bei Bedarf gewechselt. Wenn er gut sitzt, kann er sechs bis sieben Wochen belassen werden, aber in den meisten Fällen wird der Verband einmal, manchmal auch zweimal während dieser Zeit erneuert. Ist die Ankylose röntgenologisch nachweisbar, meistens zwischen der fünften und siebten Woche nach der Operation, wird die Gliedmaße mit einem Polsterverband versehen und das Pferd für weitere acht Wochen aufgestallt sowie täglich an der Hand geführt. Oft können die Tiere schon 16 Wochen nach der Operation frei laufen gelassen werden. Jeder Fall bedarf aber einer individuellen Beurteilung. Im Gegensatz zu anderslautenden Berichten dauert es normalerweise ein Jahr, bis die Pferde wieder voll eingesetzt werden können.[8]

Zu den Komplikationen, die in einer retrospektiven Studie über 21 Fälle von Arthrodese durch interfragmentäre Kompression festgestellt wurden, gehörten: 1. zwei Fälle von Schraubenbrüchen und ein Fall, bei dem die Schrauben sich verbogen zu haben schienen, als der fixierende Verband nach 21 Tagen gewechselt wurde; 2. Frakturen dorsal im distalen Bereich des Fesselbeines, die durch einen technischen Fehler entstanden, da der dorsal der Schrauben befindliche Teil des Fesselbeines zu schmal war, das Körpergewicht zu tragen.[8] Über eine Infektion mit Lockerung der Schrauben wurde ebenfalls in einem von 22 Fällen berichtet.[11]

Ist das Hufgelenk betroffen, besteht wenig Hoffnung, jemals wieder ein gesundes Pferd zu bekommen (Abb. 8.87). Um den Schmerz zu lindern, ist eine Neurektomie möglich. Wird eine bilaterale Neurektomie auf der Höhe der Gleichbeine durchgeführt, sollten die gleichen Vorsichtsmaßnahmen getroffen werden, wie bei der Neurektomie der Nervi digitales palmares bei Podotrochlose beschrieben. Das Ausschuhen ist eine bekannte Komplikation und entsteht wahrscheinlich durch den Verlust der Blutzufuhr und nicht durch den Verlust der Innervation. Der Verlust der Blutversorgung ist vermutlich darauf zurückzuführen, daß die Palmararterien durch sich bildendes Narbengewebe sowie sich regenerierendes Nervengewebe eingeengt und verschlossen werden. In einigen Fällen können der Ramus dorsalis der Nervi digitales palmares lateralis und medialis bzw. diese Nerven selbst zur Schmerzlinderung durchtrennt werden.

Pferde mit Schale erhalten gewöhnlich ein Eisen mit sehr starker Zehenrichtung, das dazu beiträgt, die Bewegung in den betroffenen Gelenken zu reduzieren.

In einigen Fällen von periartikulärer Schale muß die Knochenzubildung entfernt werden, da sie angrenzendes Gewebe beeinträchtigt (Abb. 8.88).

Prognose

Die Prognose in bezug auf den geplanten Einsatz des Pferdes ist bei einer akuten periartikulären Schale, die frühzeitig behandelt wird, günstig. Eine hohe Gelenkschale entwickelt sich unweigerlich zu einer degenerativen Gelenkerkrankung. Wird diese nicht behandelt, ist die Prognose ungünstig zu stellen. Seit der Einführung der chirurgischen Arthrodese mit T-Platten bzw. dem Prinzip der interfragmentären Kompression ist die Prognose wesentlich günstiger geworden.[3,8,11] In einer Studie über die Technik der Arthrodese, mit drei parallel zueinander eingesetzten Schrauben bei klinischen Fällen, erlangten 16 von 22 Pferden wieder ihre volle Leistungsfähigkeit, drei waren in der Zucht verwendbar, und bei weiteren drei war das Ergebnis nicht zufriedenstellend (bei einem Pferd trat eine Infektion auf, bei einem brachen die Schrauben, und bei einem entwickelte sich eine degenerative Hufgelenkerkrankung).[11] Einem anderen Bericht zufolge waren 16 von 21 Pferden nach einer Arthrodese wieder lahmfrei, 4 von 21 Tieren waren nicht einsetzbar, und ein Tier starb an einer anderen Ursache.[8] Im allgemeinen kann bei einer Arthrodese an der Beckengliedmaße mit weniger Komplikationen und einem günstigeren Endergebnis gerechnet werden als an der Schultergliedmaße.[8]

Die Prognose bei einer tiefen periartikulären Schale ist meistens vorsichtig zu stellen, da oft eine mechanische Gangveränderung bestehen bleibt, auch wenn das Pferd schmerzfrei ist. Eine tiefe artikuläre Schale hat im Hinblick auf die Brauchbarkeit des Pferdes eine äußerst ungünstige Prognose. In einigen Fällen kann eine Neurektomie den Zustand verbessern. Natürlich sollten zuerst Leitungsanästhesien durchgeführt werden, damit die Wirkung des Nervenschnittes abgeschätzt werden kann. Nach der Leitungsanästhesie sollten mindestens sieben bis zehn Tage vergehen, bevor eine Neurektomie durchgeführt wird.

Ausgewählte Literatur

1. ADAMS, O. R.: Lameness in Horses. 3rd Ed. Philadelphia, Lea & Febiger, 1974, p. 359.
2. COLAHAN, P. T., WHEAT, J. D., and MEAGHER, D. M.: Treatment of middle phalangeal fractures in the horse. J. Am. Vet. Med. Assoc., **178**: 1182, 1981.
3. FACKELMAN, G. E., and NUNAMAKER, D. M.: Manual of Internal Fixation. New York, Springer-Verlag, 1982, p. 74.
4. FESSLER, J. F., and AMSTUTZ, H. E.: Fracture Repair. *In* Large Animal Surgery. Edited by F. W. Oehme, and J. E. Prier. Baltimore, Williams & Wilkins Co., 1974, p. 260.
5. GENETZKY, R. M., et al.: Comparison of two surgical procedures for arthrodesis of the proximal interphalangeal joint in horses. J. Am. Vet. Med. Assoc., **179**: 464, 1981.
6. HAAKENSTAD, L. H.: Investigations on Ringbone. Nord. Vet. Med., **7**: 1, 1954.
7. JOHONSON, J. E.: Ringbone: treatment by ankylosis. Proc. 20th Ann. AAEP, 1974, p. 67.
8. MARTIN, G. S., et al.: Long-term results and complications of the proximal interphalangeal arthrodesis in horses. J. Am. Vet. Med. Assoc., **184**: 1136, 1984.
9. MILNE, D. W., and TURNER, A. S.: An Atlas of Surgical Approaches to the Bones of the Horse. Philadelphia, W. B. Saunders Co., 1979, p. 31.
10. ROONEY, J. R.: Ringbone vs Pyramidal Disease. Eq. Vet. Sci., **1**: 23, 1981.
11. SCHNEIDER, J. E., CARMINE, B. L., and GUFFY, M. M.: Arthrodesis of the proximal interphalangeal joint in the horse: a surgical treatment for high ringbone. J. Am. Vet. Med. Assoc., **173**: 1364, 1978.
12. STECHER, R. M.: Discussion of osteoarthritis. J. Am. Vet. Med. Assoc., **141**: 1249, 1962.
13. TROTTER, G. W., et al.: Degenerative joint disease with osteochondrosis of the proximal interphalangeal joint in young horses. J. Am. Vet. Med. Assoc., **180**: 1312, 1982.
14. VON SALIS, B.: Arthrodesis of the pastern joint in horses. Tijdschr. Diergenesk., **98**: 1030, 1973.
15. VON SALIS, B.: Internal fixation in the equine: recent advances and possible application in private practice. Proc. 18th. Ann. AAEP, 1972, pp. 193–218

Luxation und Subluxation des Krongelenkes

Luxationen und Subluxationen des Krongelenkes treten selten auf.[1,3] Dabei ist die Subluxation noch die häufigere Erkrankung und wird oft als „Vollblüter-Schale" bezeichnet, da sie häufig Rennpferde betrifft, die zuvor eine Verletzung des stützenden Weichteilgewebes erlitten haben.[2] Luxationen treten meistens in lateromedialer Richtung auf, während Subluxationen gewöhnlich in dorsopalmarer bzw. dorsoplantarer Richtung erfolgen.

Ätiologie

Ein Abriß des lateralen bzw. medialen Seitenbandes kann zu einer lateralen bzw. medialen Luxation führen. Ein solcher Abriß kann entstehen, wenn die distale Zehe fixiert wird (z. B. dadurch, daß das Pferd zwischen zwei feste Stangen oder durch einen Zaun tritt) und das Pferd versucht freizukommen bzw. in dieser Position stürzt. Luxationen können auch bei einer Fraktur des Kronbeines auftreten.[1,4]

Subluxationen entstehen in dorsaler oder palmarer bzw. plantarer Richtung. Eine dorsale Subluxation scheint sich nach einer Verletzung des Fesseltragapparates zu entwickeln, wobei der Bereich des Krongelenkes sekundär betroffen ist (Abb. 8.93).[2] Eine Kontraktur des distalen geraden Gleichbeinbandes kann ebenfalls zu einer Subluxation beitragen. Eine dorsale Subluxation im Krongelenk kann nach einer Desmotomie des Unterstützungsbandes der tiefen Beugesehne entstehen, die wiederum zur Behandlung einer Subluxation im Fesselgelenk infolge einer Beugefehlstellung (Kontraktur der tiefen Beugesehne) durchgeführt wurde.[2] Eine palmare Subluxation wird meistens bei jungen Fohlen beobachtet, die aus einer erhöhten Position herabgesprungen sind (z. B. von der Ladefläche eines Pferdetransporters oder von einem Anhänger) (Abb. 8.94).

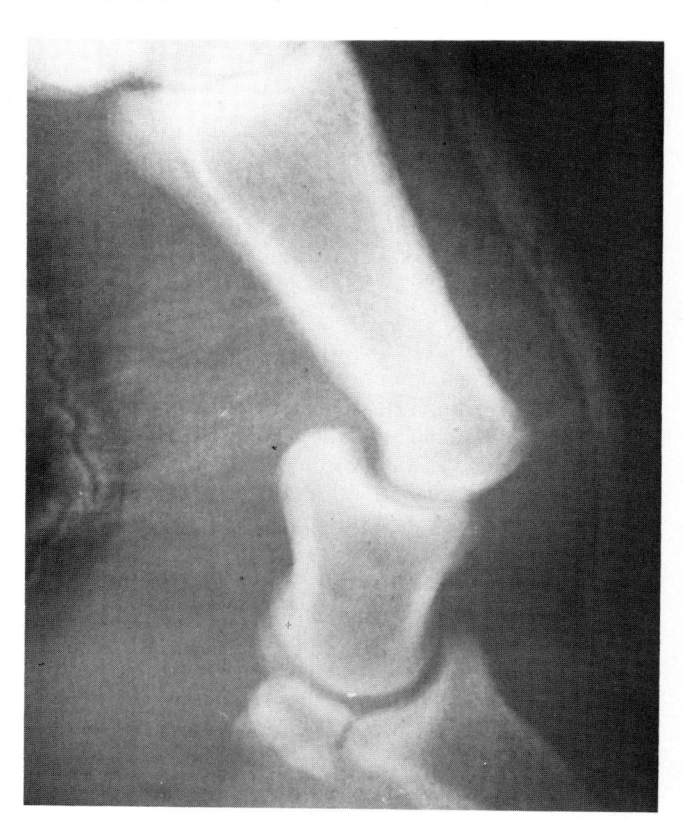

Abb. 8.93: Eine dorsale Subluxation des Krongelenkes.

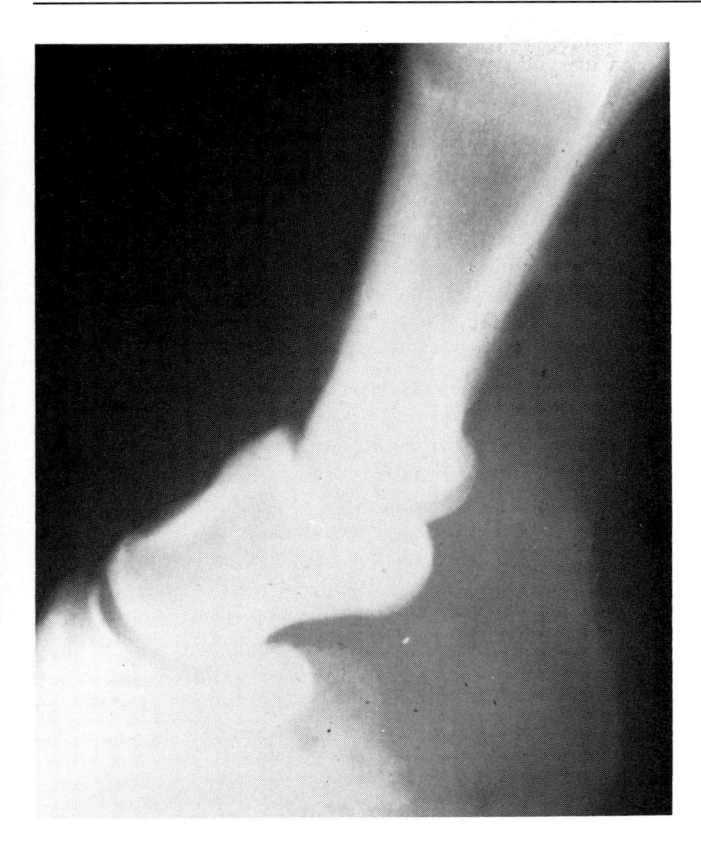

Abb. 8.94: Palmare Subluxation des Krongelenkes.

Offensichtlich reißt dabei der palmare Halteapparat, so daß es zu der palmaren Subluxation des Krongelenkes kommen kann. Bisher ist diese Subluxation nur an der Schultergliedmaße beobachtet worden.

Symptome
Die klinischen Symptome einer Luxation nach einem Abriß des Seitenbandes bzw. nach einer Fraktur sind offensichtlich. Die Gliedmaße wird nicht belastet, und im Fesselbereich ist eine Deformierung zu sehen.

Bei der dorsalen Subluxation kann eine Schwellung am dorsalen Fesselbereich auftreten, und das Fesselgelenk scheint im Vergleich zur kontralateralen nicht verletzten Seite ein wenig weiter gestreckt zu sein (herabzusinken). Im ersten Augenblick kann die dorsale Schwellung einer Schale ähneln, aber bei einer genaueren Betrachtung fällt die abnorme Winkelung zwischen Fesselbein und Kronbein auf. Bei einer palmaren Subluxation ergibt sich in etwa ein umgekehrtes Bild. Der dorsale Rand der Fessel ist konkav und nicht gerade oder konvex wie bei der dorsalen Subluxation. Im Schritt fußt das Pferd auf dem Ballen und zeigt eine Durchtrittigkeit.

Beuge- und Rotationsproben der Zehe sind bei einem Pferd mit einer Krongelenkluxation schmerzhaft. Im akuten Stadium sind vermehrte Wärme und ein abnormer Winkel im Krongelenk feststellbar. Nach einiger Zeit bildet sich Narbengewebe, daß die Stützfunktionen übernimmt, und es wird schwierig, die abweichende Winkelung zu erkennen.

Die Durchführung von Leitungs- oder Gelenkanästhesien ist zur Diagnosestellung nicht erforderlich.

Diagnose
Die klinische Untersuchung reicht meistens zur Diagnosestellung aus. Röntgenaufnahmen sollten angefertigt werden, um mit der Luxation oder Subluxation einhergehende Knochenveränderungen zu erkennen (z. B. degenerative Krongelenkerkrankungen oder Abrißfrakturen). Ist die Entscheidung für eine chirurgische Behandlung gefallen, muß die röntgenologische Untersuchung unter Belastung der Gelenke durchgeführt werden, um das Ausmaß der Subluxation und die Möglichkeit der Einrichtung des Krongelenkes festzustellen.

Therapie
Die Behandlung einer Luxation ist abhängig von der Ursache (z. B. Fesselbeinfraktur mit oder ohne Ruptur des Seitenbandes) und der Dauer der Verletzung. Eine frische Fraktur mit Luxation kann ausschließlich durch einen fixierenden Verband oder chirurgisch z. B. durch eine Verschraubung mit oder ohne Arthrodese behandelt werden.[1,3,4] In eher chronischen Fällen ist es möglich, daß keine Behandlung zum Erfolg führt. Eine Arthrodese kann aber erfolgen, um die Rekonvaleszenz zu verkürzen. Im Gegensatz zu Luxationen des Fesselgelenkes ist der Heilungserfolg bei Luxationen des Krongelenkes mit einem Abriß des Seitenbandes nicht so gut, wenn sie nur mit einem fixierenden Verband behandelt werden. Obwohl das Seitenband heilt, entsteht eine Subluxation, die schließlich eine chirurgisch durchgeführte Arthrodese erforderlich macht.

Bei einer Kontraktur des Ligamentum sesamoideum rectum ist die Durchschneidung dieses Bandes als Therapievorschlag genannt worden.[2] Jedoch war diese Technik in einem chronischen Fall erfolglos. Arthrodesen dagegen sind erfolgreich bei dorsalen und palmaren Subluxationen ausgeführt worden.[3] Ein Behandlungsversuch ist bei der palmaren Subluxation allerdings möglichst früh vorzunehmen, da sonst der Halteapparat narbig verheilt und dadurch etwas zu lang bleibt (Abb. 8.94). Hinzu kommt, daß es bei chronischen palmaren Subluxationen sehr schwierig ist, die Zehenachse wieder auszurichten. In einem Fall einer chronischen dorsalen Subluxation wurde eine Reposition mit Hilfe einer Platte, die dorsal an Fessel- und Kronbein angebracht wurde, durchgeführt. Hiernach wurden drei parallel eingesetzte Schrauben zur interfragmentären Kompression des Krongelenkes verwendet (Abb. 8.95). Der Reponierung des Kron- und Fesselbeines sowie der anschließenden Verschraubung war das Ausbohren des Krongelenkknorpels vorausgegangen.

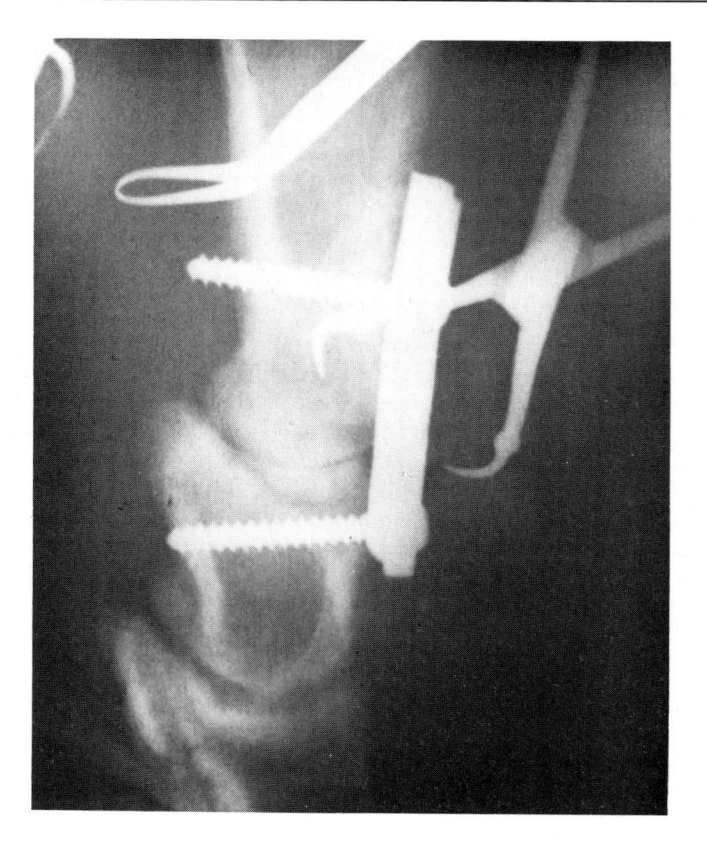

Abb. 8.95: Nach der Entfernung des Knorpels im Krongelenk wurde die chronische dorsale Subluxation aus Abb. 8.93 mit Hilfe einer dorsal auf den Zehenknochen angebrachten Platte eingerichtet. Danach erfolgte die interfragmentäre Kompression des Gelenkspaltes mit drei Schrauben.

Prognose

Die Prognose einer Luxation ist abhängig von deren Ursache und der Zeit, die seit der Entstehung vergangen ist. Früh behandelte Pferde haben eine berechtigte Chance, wieder zu leichter Arbeit oder zur Zucht eingesetzt werden zu können.[1,3,4]

Eine Arthrodese kann die Prognose für die erneute Einsatzfähigkeit günstiger ausfallen lassen, wenn sie früh genug durchgeführt wird. Bisher sind aber zu wenige Fälle behandelt und über eine längere Zeit verfolgt worden, um eine objektive Aussage über die Prognose machen zu können.

Ausgewählte Literatur

1. COLAHAN, P. T., WHEAT, J. D., and MEAGHER, D. M.: Treatment of middle phalangeal fractures in the horse. J. Am. Vet. Med. Assoc., **178**: 1182, 1981.
2. GRANT, B. D.: The Pastern Joint. *In* Equine Medicine and Surgery. 3rd Ed. Edited by R. A. Mansmann, and E. S. McAllister. Santa Barbara, American Veterinary Publications. 1982, p. 1055.
3. MARTIN, G. S., et al.: Long-term results and complications of proximal interphalangeal arthrodesis in horses. J. Am. Vet. Med. Assoc., **184**: 1136, 1984.
4. SCHNEIDER, J. E., CARNINE, B. L., and GUFFY, M. M.: Arthrodesis of the proximal interphalangeal joint in the horse. A surgical treatment for high ringbone. J. Am. Vet. Med. Assoc., **173**: 1364, 1978.

Kronbeinfrakturen

Kronbeinfrakturen treten am häufigsten an den Beckengliedmaßen von Western-Leistungspferden mittleren Alters (vier- bis zehnjährig) auf, die zum ,,Cutting", ,,Roping", ,,Barrel racing", ,,Pole bending" und ,,Reining" eingesetzt werden.[1-4] In einer Studie an 47 Pferden mit einer Kronbeinfraktur, war das Quarter Horse mit 54 % die meistbeteiligte Rasse. ,,Western stock" war die Disziplin, die am häufigsten ausgeübt wurde, als die Verletzung entstand, und die Beckengliedmaße war dreimal so oft betroffen wie die Schultergliedmaße.[3]

Eine Vielfalt von Frakturtypen können am Kronbein auftreten, z. B. Chip-Frakturen (selten), Frakturen der Kronbeinlehne (häufig) und Trümmerfrakturen (am häufigsten).[1-5,6-9] Chip-Frakturen können entweder die proximale oder die distale Gelenkfläche des Kronbeines betreffen, wohingegen Frakturen der Kronbeinlehne bis in das Krongelenk reichen und den Abrißfrakturen zugeordnet werden (Abb. 8.96). Bei Trümmerfrakturen ist meistens das Krongelenk beteiligt, aber sie können sich auch bis in das Hufgelenk ausdehnen.[1-4,7,8] In einer Veröffentlichung wurden Trümmerfrakturen viermal so häufig beschrieben wie Abrißfrakturen der Kronbeinlehne, wohingegen Chip-Frakturen gar nicht erwähnt wurden.[3]

Ätiologie

Chip-Frakturen sind entweder die Folge eines direkten Traumas oder stellen Abrißfrakturen an Insertionsstellen dar.

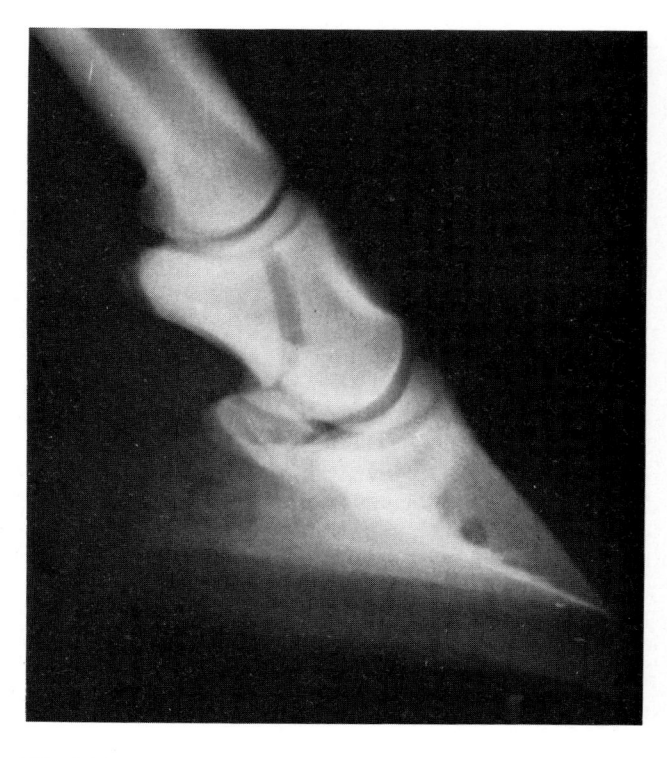

Abb. 8.96: Ausgedehnte Fraktur der Kronbeinlehne.

Frakturen der Kronbeinlehne und Trümmerfrakturen resultieren wahrscheinlich aus Kompression und den Drehkräften, die bei plötzlichem Bremsen und Starten sowie bei kurzen Wendungen entstehen.[1-4] Mit Stollen beschlagene Pferde sind dabei stärker gefährdet, da die Stollen den Huf am Boden fixieren und eine normale Drehung auf der Bodenfläche während eines schnellen Richtungswechsels verhindern.[1,2] COLAHAN berichtete als erster, daß zwar die meisten Kronbeinfrakturen während der Westernarbeit auftreten, aber daß eine beträchtliche Anzahl dieser Frakturen auch bei leichter Arbeit oder beim Freilaufen im Paddock vorkam.[3]

Symptome
Hinweise zur Diagnosestellung sind das laut Vorbericht plötzliche Auftreten einer hochgradigen Lahmheit sowie schmerzhaftes Zurückziehen und Krepitation bei der palpatorischen Untersuchung der Fessel. Im Vorbericht wird oft auch erwähnt, daß direkt vor dem Auftreten der schweren Lahmheit ein „pop" hörbar war. Obwohl die Pferde bei diesen Frakturen die Gliedmaße überhaupt nicht belasten, wird häufig die Fehldiagnose eines Bänderschadens gestellt. In den meisten Fällen wurde keine vollständige klinische Untersuchung durchgeführt.
Adspektorisch ist bei Trümmerfrakturen gewöhnlich im Hufsaumbereich eine Schwellung feststellbar. Bei Frakturen der Kronbeinlehne und bei Chip-Frakturen ist die Umfangsvermehrung geringer oder fehlt. Trümmerfrakturen verursachen eine offensichtliche Lahmheit, und die Pferde sind bestrebt, den Boden mit dem betreffenden Bein nicht zu berühren. Frakturen der Kronbeinlehne gehen zuerst mit einer hochgradigen Lahmheit einher, die sich aber nach Ruhe bessert. Bei Chip-Frakturen kann es erforderlich sein, die Pferde auf einem Kreis vorzutraben, um das Vorliegen einer Lahmheit zu beurteilen. Sie können bisweilen eine diagnostische Herausforderung darstellen.
Bei der Palpation sind unterschiedliche Grade der Umfangsvermehrung fühlbar. Beugung und Rotation der Zehe bewirken bei Kronbeinlehnen- und Trümmerfrakturen Krepitation, vermehrte Beweglichkeit und schmerzhaftes Zurückziehen der Gliedmaße. Frakturen der Kronbeinlehne zeigen eine ähnliche Symptomatik, aber es kommt vor, daß keine Krepitation fühlbar ist. In einigen Fällen läßt sich durch direkte Palpation der frakturierten Lehne eine Bewegung des Frakturstückes und eine Schmerzreaktion auslösen. Die klinische Diagnose von Chip-Frakturen des Kronbeines kann schwierig sein, und im allgemeinen ist eine Leitungsanästhesie des gleichseitigen Nervus digitalis palmaris an der Basis des Gleichbeines und des Nervus metacarpeus palmaris bzw. plantaris nötig, um das Problem zu lokalisieren.

Diagnose
Die endgültige Diagnose erfordert eine Röntgenuntersuchung. Es sollten Aufnahmen mit dorsopalmarem (DPa), lateromedialem (LM) sowie schrägem dorsopalmaren-lateromedialen (DPaLMO) und schrägem dorsopalmaren-mediolateralen (DPaMLO) Strahlengang angefertigt werden, um eine vollständige Übersicht über die genaue räumliche Ausdehnung der Fraktur zu bekommen. Zusätzlich ist es wichtig festzustellen, welche Gelenkflächen betroffen sind.

Therapie
Chip-Frakturen im Bereich des Krongelenkes (Articulatio interphalangea proximalis) können konservativ oder durch chirurgische Entfernung des Bruchstückes behandelt werden. Die Wahl der Therapie hängt von dem zukünftigen Verwendungszweck des Pferdes, dem Ausmaß des Schadens an der Gelenkfläche, der Zeitdauer des Bestehens der Fraktur und der bei der klinischen Untersuchung festgestellten Schmerzhaftigkeit ab. In einigen Fällen kann eine Anästhesie des Gelenkes selbst erforderlich sein, um endgültig zu entscheiden, inwieweit diese Verletzung Ursache einer bestehenden Lahmheit ist. Die erfolgreiche Behandlung einer palmaren zentralen Sagittalfraktur des Krongelenkes wurde bereits beschrieben.[6] Diese Frakturen werden im allgemeinen als Zufallsbefunde angesehen, da sie keine Lahmheit bewirken; aber in diesem Fall konnte durch die Gelenkanästhesie eine bestehende Lahmheit beseitigt werden.[6]
Frakturen, die entweder den lateralen oder medialen Teil oder die gesamte Kronbeinlehne betreffen und eine Gelenkbeteiligung aufweisen, können mit einem fixierenden Kunststoffverband, durch die Fixation mittels Zugschrauben und/oder Arthrodese behandelt werden.[4,7,8] Ein fixierender Verband kann in besonderen Fällen über einen Zeitraum von acht bis zwölf Wochen angelegt werden, wenn das Pferd nur auf der Weide gehen soll oder für Zuchtzwecke verwendet wird. Einige Kliniker bevorzugen für diesen Zweck hohe Verbände über die gesamte Gliedmaße,[4] andere ziehen Zehenverbände vor, die den Huf vollständig einschließen.[7,8] Zusätzlich versuchen manche, die Gliedmaße in möglichst physiologischer Haltung zu fixieren.[4,7,8] Der Zehenverband ist ausreichend. Wenn das Bein in einer annähernd normalen Position fixiert ist, besteht die Gefahr, daß das palmare bzw. plantare Fragment weggedrückt wird, so daß sich der Frakturspalt vergrößert (Abb. 8.96). Aus diesem Grund ist es angezeigt, den Verband bei entspanntem, leicht angebeugtem Fesselgelenk anzulegen. Dies trägt nicht nur dazu bei, den Frakturspalt klein zu halten, sondern es richtet auch die axialen Druckkräfte auf den intakten proximodorsalen Rand des Kronbeines statt auf das Zentrum, in dem die Fraktur liegt. Dieser Verband, der den gesamten Huf einschließt und bis zum proximalen Ende des Metakarpus bzw. Metatarsus reicht, wird nach drei Wochen gewechselt. Danach wird die Fessel ohne Anspannung etwas mehr gestreckt, da die Frakturheilung in dieser Zeit im allgemeinen ausreicht, ein Auseinanderweichen der Bruchstücke zu verhindern. Bei einem weiteren Verbandwechsel nach sechs Wochen werden Röntgenaufnahmen angefertigt, um die Frakturheilung zu kontrollieren. Bis zur vollständigen Heilung nach etwa acht bis zehn Wochen ist ein fixierender Kunststoffverband in nahezu physiologischer Haltung erforderlich. Danach wird für weitere drei Wochen ein Stützverband angelegt, wobei das Pferd entsprechend seinen Möglichkeiten bewegt werden kann.
Dieses Verfahren ist bei einer Anzahl von Zucht- und Weidetieren erfolgreich angewendet worden. In einigen

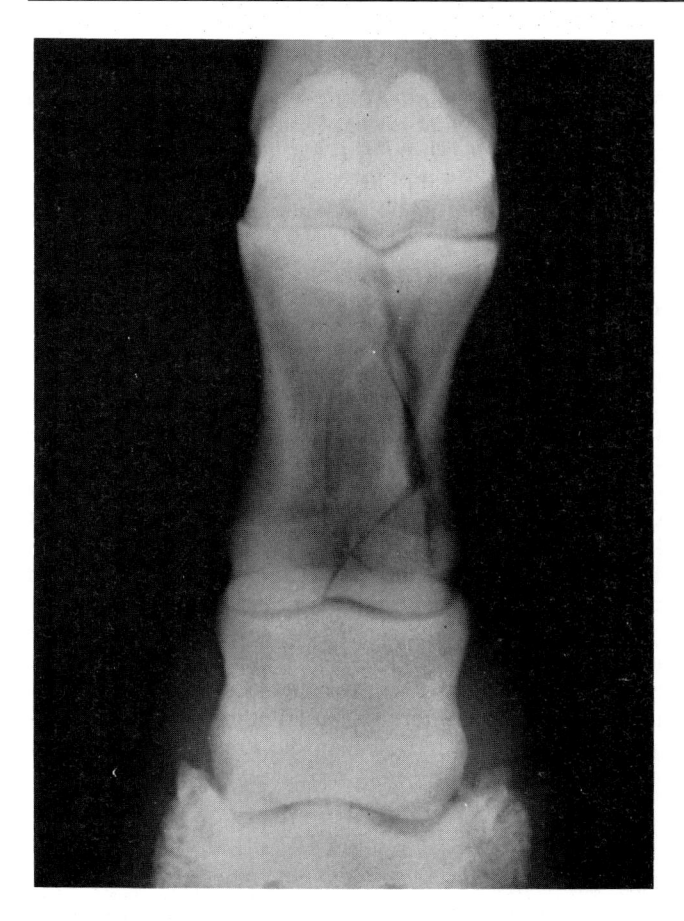

Abb. 8.99: Beispiel einer Trümmerfraktur mit Gelenkbeteiligung sowohl des Fessel- als auch des Krongelenkes. Diese Art der Fraktur ist äußerst schwierig zu therapieren.

Die Fissur kann eine diagnostische Herausforderung darstellen, da die Pferde manchmal nicht den Eindruck machen, frakturlahm zu sein, besonders, wenn sie einige Tage Ruhe hatten. Offene Fesselbeinfrakturen sind selten.[8,10]

Ätiologie

Ursächlich für die Fraktur sind anscheinend Druckkräfte in der Längsachse des Fesselbeines in Kombination mit asynchronen von außen nach innen wirkenden Rotationskräften oder eine Drehung gegen den Metakarpus bzw. den Metatarsus.[1,9] Wahrscheinlich gibt es zwei Möglichkeiten. Während der Stützbeinphase liegt der Sagittalkamm der Gelenkwalze des Röhrbeines in der dazugehörigen Sagittalrinne der proximalen Gelenkfläche des Fesselbeines. Kommt es zu einer Verschiebung, wirkt der Sagittalkamm wie ein Keil und spaltet ein Fragment vom Fesselbein ab. Dies würde zum Beispiel bei schnellen Drehungen der Fall sein. Auch beim Beugen der Gliedmaße findet eine Rotation des Fesselbeines um die Längsachse von lateral nach medial statt.[9] Wenn nun das Rotationsmoment wie beim Wegrutschen beschleunigt wird, kann eine Fraktur entstehen.[9] Auch Faktoren, wie zum Beispiel ein Beschlag mit Stollen, den man bei Pferden für erforderlich hält, die schnelle Wendungen ausführen müssen, wirken bei diesen Mechanismen mit, da die Zehe am Boden fixiert wird, so daß in bezug zur Zehe eine Rotationsbewegung des Röhrbeines erfolgt.[1]

Symptome

Das klinische Bild einer Fesselbeinfraktur ist variabel und hängt von der Art der Verletzung ab. Während bei einer Fissur besonders nach einer Ruhephase nur sehr geringe Symptome vorliegen können, geht eine Trümmerfraktur mit einer höchstgradigen Lahmheit einher. Im allgemeinen lautet der Vorbericht jedenfalls, daß die Lahmheit akut eingesetzt hat. Adspektorisch stellt sich der Fesselbereich bei einer Trümmerfraktur infolge des Weichteilhämatoms und -ödems deutlich geschwollen dar. Diese Schwellung ist bei einer Fissur meistens weniger offensichtlich. Palpatorisch läßt sich im Falle einer Fissur durch Beugung und Drehung eine Schmerzhaftigkeit auslösen. Bei der Trümmerfraktur fallen eine deutliche Krepitation sowie vermehrte Beweglichkeit auf. Wenn ein Fissurverdacht vorliegt, sollten sofort Röntgenaufnahmen angefertigt werden. Diagnostische Injektionen und/oder Belastung zur Verdeutlichung der Lahmheit sind kontraindiziert, da sie zu einer Dislokation der Fragmente führen könnten und dadurch die Prognose für eine Rückkehr in den Sport verschlechtert würde.

Diagnose

Die Art der Fraktur und die Indikation für eine interne Fixation werden durch Röntgenaufnahmen geklärt. Wenn das Pferd zum Röntgen über eine kurze Strecke transportiert werden muß, sollte eine große, gut sitzende Schiene angelegt werden. Die meisten Pferde schonen ihre Gliedmaße aufgrund des starken Schmerzes ausreichend. Falls der Transport länger dauert, ist andererseits ein fixierender Kunststoffverband angezeigt.

Die Röntgenuntersuchung sollte in mindestens vier Ebenen stattfinden, um die Diagnose zu bestätigen und die räumliche Ausdehnung der Fraktur festzustellen. Dazu sind Aufnahmen im dorsopalmaren (DPa), lateromedialen (LM), im schrägen dorsopalmaren-lateromedialen (DPaLMO) und im schrägen dorsopalmaren-mediolateralen (DPaMLO) Strahlengang erforderlich. Es kommt vor, daß eine Duplikatur der Frakturlinie dorsal und palmar oder lateral und medial eine Trümmerfraktur vortäuscht (Abb. 8.98).[4,5]

Kapitel 8: Lahmheit

Therapie

Obgleich bei Fissuren und Sagittalfrakturen eine langfristige konservative Behandlung mit fixierenden Verbänden auch erfolgreich ist,[1] wird die interne Fixation zur Erreichung eines optimalen Ergebnisses bevorzugt.[11] Der Eindruck von einer Fissur kann in gewisser Weise täuschen, da bei makroskopischer Betrachtung nur die Gelenkfläche betroffen zu sein scheint. Histologisch läßt sich feststellen, daß sich die Fissur bis in die Kortikalis fortsetzt und damit die Voraussetzung für die Entstehung einer Dislokation bis zu einer vollständigen Fraktur gegeben ist.[4,5] Bei konservativer Behandlung der Fissur kann das durch den Heilungsprozeß verursachte periostale Knochenwachstum zur Ursache für eine bleibende Restlahmheit werden.[6] Die konservative Behandlung von Sagittalfrakturen führt im allgemeinen zu einer degenerativen Erkrankung des Fesselgelenkes, die das Pferd unbrauchbar macht.[3,6] Die interfragmentäre Kompression bei Sagittalfrakturen und Fissuren wird mittels Kortikaliszugschrauben erzielt.[4,6] Für kleinere Frakturen, die im Fesselgelenk beginnen und proximal des Krongelenkes enden, sind zwei bis drei Schrauben erforderlich. Wenn eine Fraktur in beide Gelenkflächen reicht, muß man vier oder sogar fünf Schrauben verwenden (Abb. 8.100 A und B).

Zur Operation wird das Pferd so in Seitenlage verbracht, daß das kleinere Fragment oben liegt. Die Lage der Schrauben sollte nach sorgfältigem Studium der Röntgenaufnahmen geplant werden, da es keine festgelegte Anordnung gibt. Die Schrauben können durch Stichinzisionen oder längere Schnitte eingeführt werden.[4-6,11] Kanülen in Fessel- und Krongelenk erleichtern die Lokalisation dieser Strukturen. Der Unterstützungsschenkel des Musculus interosseus zur gemeinsamen Strecksehne sowie die proximalen und distalen Bandhöcker des Fesselbeines dienen ebenfalls als Bezugspunkte. Wenn aufgrund der Schwellung die dorsale und palmare Begrenzung des Fesselbeines nicht zu palpieren ist, kann sie durch zwei 40/1,20-mm-Kanülen, die man bis auf die dorsale und palmare Knochenoberfläche einsticht, markiert werden. Die Technik der Fixation mittels einer Zugschraube wurde bereits gezeigt (Abb. 6.8). Im Anschluß an die Operation wird ein fixierender Verband angelegt, um einer Refraktur während der Aufwachphase vorzubeugen. Dieser kann bei Fissuren nach 10 bis 14 Tagen entfernt werden, sollte jedoch bei instabileren Frakturen länger belassen werden.

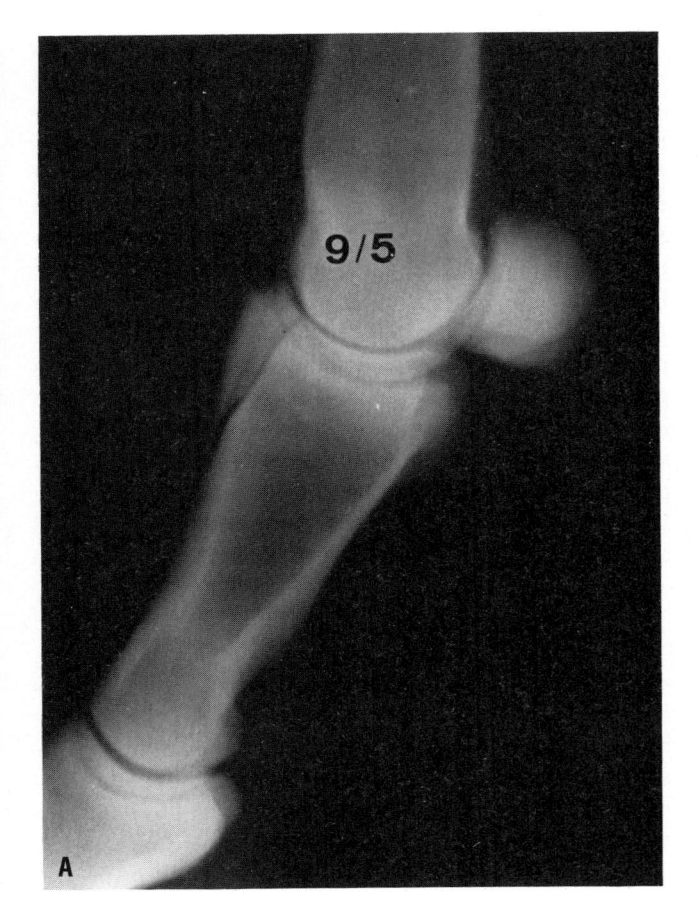

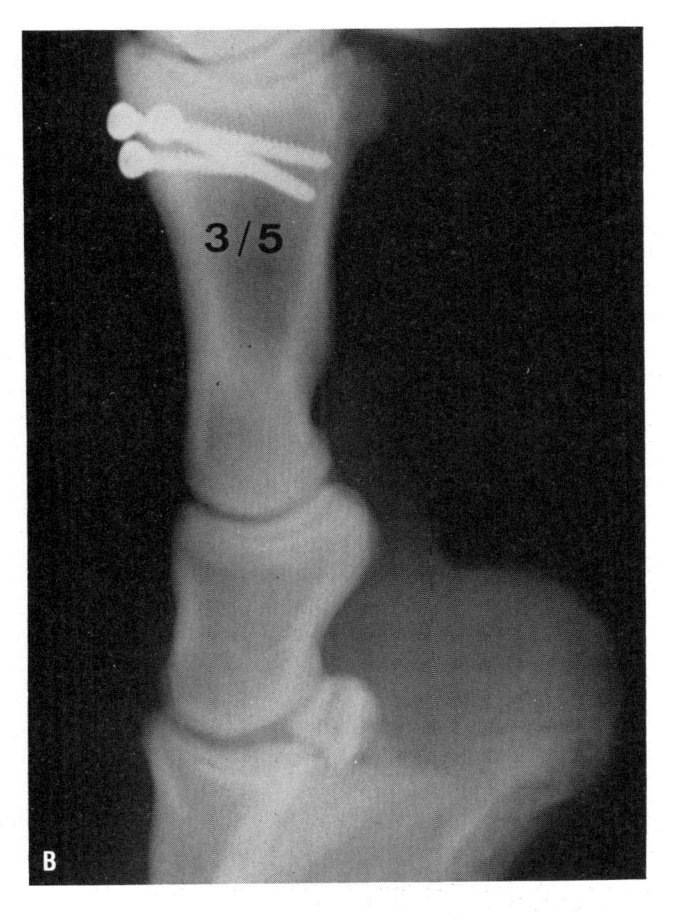

Abb. 8.100: A Eine artikuläre Absprengungsfraktur proximodorsal am Fesselbein. **B** Die Fraktur wurde mit drei Knochenschrauben fixiert.

Die Pferde sollten im Anschluß an die Operation nach sechs Wochen Boxenruhe für weitere sechs Wochen geführt werden. Nach Ablauf dieser zwölf Wochen sollte der Heilungserfolg durch Röntgenaufnahmen kontrolliert werden.[6]

Bei Trümmerfrakturen des Fesselgelenkes ist die interfragmentäre Kompression durch Schrauben zusammen mit einem fixierenden Kunststoffverband die Methode der Wahl.[3,7] Wird ausschließlich mit dem fixierenden Verband gearbeitet, drückt das Röhrbein nicht selten die Bruchstücke des Fesselbeines auseinander, so daß eine langsame und schmerzhafte Sekundärheilung erfolgt. Bei der internen Fixation versucht man, die proximale und distale Gelenkfläche des Fesselbeines wiederherzustellen, und die Frakturmitte wird mit einer T-Platte überbrückt.[7] Wenn eine oder beide Gelenkflächen stark beschädigt sind, sollte eine Arthrodese durchgeführt werden (siehe: Schale und Verletzungsbedingte Ruptur des Fesseltragapparates, Seite 551–558 und 584–587). In jedem Fall sollte ein fixierender Verband unter Einbeziehung des gesamten Hufes bis zum proximalen Ende des Metakarpus bzw. Metatarsus angelegt werden, der erst nach Ablauf von wenigstens acht bis zwölf Wochen, wenn eine Knochenheilung röntgenologisch nachweisbar ist, abgenommen wird.

Prognose

Die Prognose der Fesselbeinfrakturen hängt von der räumlichen Ausdehnung, der Art der Verletzung, der durch die interne Fixation erreichten Stabilität und den Erwartungen des Besitzers ab. Akute Fissuren und Sagittalfrakturen, die sofort durch eine interne Fixation versorgt werden, haben eine günstige bis vorsichtige Prognose, die Rückkehr in den Sport betreffend. Bei den ebenfalls chirurgisch behandelten Trümmerfrakturen ist die Aussicht auf Wiederherstellung der Leistungsfähigkeit gering. Die Prognose für ausschließlichen Weidegang ist jedoch gut.

Ausgewählte Literatur

1. ADAMS, O. R.: Lameness in Horses. 3rd Ed. Philadelphia, Lea & Febiger, 1974, p. 259.
2. BOHN, D., und Waibe, H.: Fesselbeinfrakturen beim Pferd. Berl. Münch. Tierärztl. Wschr., **90**: 273, 1977.
3. BOWMAN, K. F., and FACKELMAN, G. E.: The management of comminuted fractures in the horse. Comp. Cont. Ed., **2**: 98, 1980.
4. FACKELMAN, G. E.: Sagittal fractures of the first phalanx (P1) in the horse. VM/SAC, **68**: 622, 1973.
5. FACKELMAN, G. E., and FRÖLICH, D.: The current status of ASIF techniques in large animals. Proc. 18th Ann. AAEP, 1972, p. 325.
6. FACKELMAN, G. E., and NUNAMAKER, D. M.: First Phalangeal Fractures. In Manual of Internal Fixation in the Horse. New York, Springer-Verlag, 1982, p. 56.
7. FACKELMAN, G. E., and NUNAMAKER, D. M.: Comminuted Fractures of the First Phalanx. In Manual of Internal Fixation in the Horse. New York, Springer-Verlag, 1982, p. 86.
8. FESSLER, J. F., and AMSTUTZ, H. E.: Fracture Repair. In Large Animal Surgery. Edited by F. W. Oehme, and J. E. Prier. Baltimore, Williams & Wilkins Co., 1974, p. 297.
9. ROONEY, J. R.: Biomechanics of Lameness. Baltimore, Williams & Wilkins Co., 1969.
10. TRUM, B. F.: Fractures. Veterinary Bulletin Supplement to The Army Medical Bulletin, **33**: 118, 1939.
11. TURNER, A. S.: Fractures of Specific Bones. In Equine Medicine and Surgery. 3rd Ed. Edited by R. A. Mansmann, and E. S. McAllister. Santa Barbara, American Veterinary Publications, 1982, p. 1011.
12. VON SALIS, B.: Internal fixation in the horse. Proc. 18th Ann. AAEP, 1972, p. 193.

Entzündung der distalen Gleichbeinbänder

Die Desmitis der distalen Gleichbeinbänder wird entweder durch eine Zerrung des distalen oder proximalen Ansatzes oder eine Zerrung im Band selbst verursacht. Wenn die Zerrung einen Bandansatz am Gleichbein betrifft, kann eine Gleichbeinfraktur oder eine Sesamoiditis entstehen (siehe: Gleichbeinfrakturen und Sesamoiditis, Seite 573–584). Betrifft sie die distalen Bandansätze und sind Sharpeysche Fasern zerrissen, ist gewöhnlich ein überschießendes Knochenwachstum an dieser Stelle die Folge (Abb. 8.101). Da das Ligamentum sesamoideum rectum und die Ligamenta sesamoidea obliqua unterschiedliche Ansatzstellen haben, sind auch die jeweiligen Röntgenbefunde unterscheidbar. Gelegentlich reißen alle drei Bänder, so daß der Fesseltragapparat nicht mehr funktionsfähig ist (siehe: Verletzungsbedingte Ruptur des Fesseltragapparates, Seite 584–587). ADAMS beschreibt die Desmitis der distalen Gleichbeinbänder als eine Sekundärerkrankung, die selten als eigentliche Lahmheitsursache anzusehen ist.[1] Dafür spricht auch, daß die Erkennung der Proliferation des Knochens an diesen Ansätzen häufig ein radiologischer Zufallsbefund ist und nicht mit der eigentlichen Lahmheit in Verbindung gebracht werden kann.[1,3] Die Desmitis dieser Bänder kann jedoch auch lahmheitsverursachend sein, wie in immer stärkerem Maß bei Militarypferden und Hindernisrennpferden beobachtet wird.[3] Auch bei Norwegern wird diese Erkrankung mit einiger Häufigkeit festgestellt und wurde als „Palmare Schale" beschrieben.[2]

Ätiologie

Die Ursachen der Entzündung der distalen Gleichbeinbänder entsprechen den bei einer Entzündung des Musculus interosseus medius, einer Sesamoiditis und einer traumatischen Ruptur des Fesseltragapparates beobachteten Ursachen. Tatsächlich liegen diese Erkrankungen häufig gleichzeitig bei einem Pferd vor[1] (siehe: Ätiologie der Sesamoiditis und der verletzungbedingten Ruptur des Fesseltragapparates, Seite 583 und 584).

Kapitel 8: Lahmheit

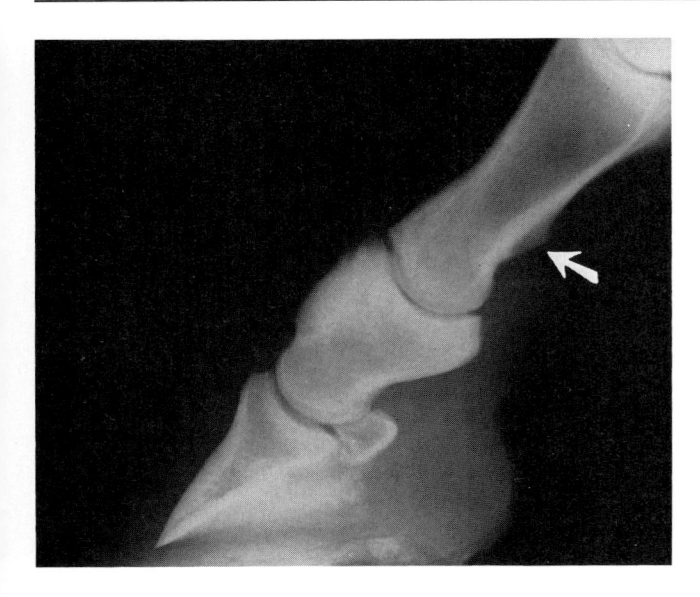

Abb. 8.101: Proliferative Exostose an der Palmarfläche des Fesselbeines durch Zug am Ansatz des Ligamentum sesamoideum rectum. Zusätzlich hat dieses Pferd eine degenerative Erkrankung des Krongelenkes.

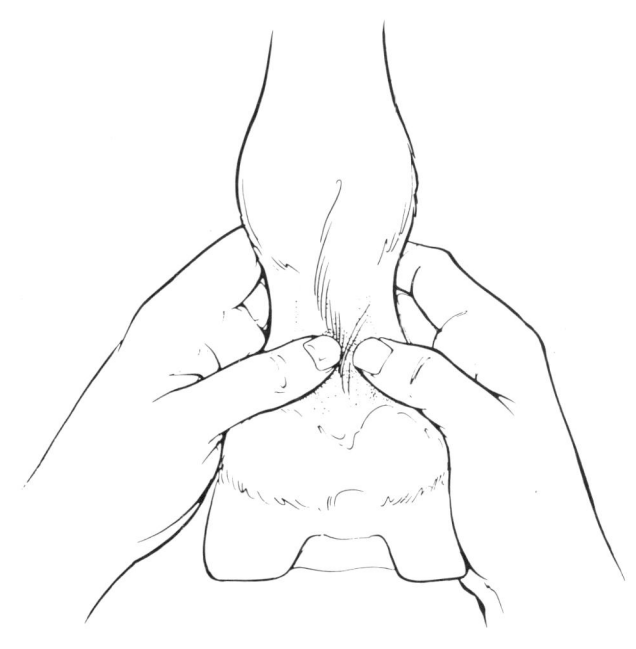

Abb. 8.102: Durch direkte digitale Palpation in der Fesselbeuge in der Mitte zwischen den Ballen und den Gleichbeinen kann bei Pferden mit einer Zerrung der distalen Gleichbeinbänder eine Schmerzreaktion provoziert werden.

Symptome

Bei einer akuten Desmitis tritt die Lahmheit plötzlich auf. Adspektorisch kann eine leichte Umfangsvermehrung des palmaren bzw. plantaren Fesselbereiches als Folge vermehrter Füllung der gemeinsamen Sehnenscheide festgestellt werden. Durch die Palpation dieser Gegend lateral oder medial der Beugesehnen und in der Mitte zwischen den Ballen kann eine Schmerzreaktion ausgelöst werden (Abb. 8.102). Das Bein wird entlastet, so daß die Beugesehnen entspannt sind. Eventuell besteht auch eine leichte Umfangsvermehrung. Durch die Beugung des Fesselgelenkes wird im allgemeinen keine Lahmheitsverstärkung oder Schmerzhaftigkeit ausgelöst, jedoch kann direkter Fingerdruck über eine Minute an der betroffenen Stelle oft eine Verschlechterung der Lahmheit bewirken. Ist der Befund unklar, sollte er mit dem der kontralateralen Gliedmaße verglichen werden.

Meistens reichen die klinischen Befunde zur Diagnosestellung aus. Sollten dennoch Zweifel bestehen, kann eine Leitungsanästhesie des Nervus digitalis palmaris ausgeführt werden, und zwar zuerst so tief wie möglich, um eventuelle Schmerzlokalisationen aus dem Huf unabhängig von den Ansätzen der distalen Gleichbeinbänder ausschließen zu können. Der Bereich der Bandansätze wird durch die Leitungsanästhesie des Nervus digitalis palmaris in Höhe der Gleichbeinbasis erfaßt. Man sollte bedenken, daß auch andere Knochenstrukturen distal der Injektionsstelle desensibilisiert werden (siehe: Leitungsanästhesie, Seite 134–139).

Therapie

In akuten Fällen sind Ruhe, ein Stützverband, eine Abschwellung bewirkende Therapie und eine sehr langsame Aufnahme der Arbeit angezeigt.[3] Liegt eine hochgradige Entzündung vor, sollte für zwei bis drei Wochen ein fixierender Kunststoffverband angelegt und während dieser Zeit auch Phenylbutazon verabreicht werden. Danach wird ein Stützverband angelegt und für weitere sechs Wochen Boxenruhe verordnet. Anschließend können die Pferde mit langsam gesteigerter Zeitdauer geführt werden. Die Fesselbeuge sollte gründlich im Hinblick auf vermehrte Wärme und Schmerzhaftigkeit überprüft werden. Weniger schwere Fälle können mit Stützverbänden und Phenylbutazon behandelt werden. In den meisten Fällen sind sechs bis acht Wochen Boxenruhe nötig. Wenn keine Behandlung stattfindet, ist mit der Bildung von erheblichem Narbengewebe und mit Verkalkungen in den distalen Gleichbeinbändern zu rechnen.[1] In diesen Fällen kann eine Rekonvaleszenzperiode von mehr als einem Jahr erforderlich sein, bevor die Pferde wieder einsetzbar sind. Wie bei jeder Erkrankung des Bewegungsapparates, kann ein gut informierter mitdenkender Besitzer mit diesen Problemen gut fertig werden, wohingegen ein ungeduldiger Besitzer oder Trainer die Pferde zu früh fordert, was dann einen Rückfall zur Folge hat. Gelegentlich kommt es zu einer vollständigen Ruptur der distalen Gleichbeinbänder und dadurch zu einem Funktionsausfall des Fesseltragapparates (siehe: Verletzungsbedingte Ruptur des Fesseltragapparates, Seite 584–587).

Prognose

Die Prognose ist wegen der hohen Wahrscheinlichkeit eines Rückfalles vorsichtig zu stellen.[1] Noch ungünstiger ist es, wenn die Desmitis der distalen Gleichbeinbänder mit anderen Erkrankungen der Zehe kombiniert ist (Schale, Strahlbeinlahmheit, Desmitis der proximalen Gleichbeinbänder).[3]

Ausgewählte Literatur

1. ADAMS, O: R.: Lameness in Horses. 3rd Ed. Philadelphia, Lea & Febiger, 1974, p. 223.
2. HAAKENSTAD, L. H.: Chronic bone and joint disease in relation to conformation in the horse. Eq. Vet. J., 1: 248, 1969.
3. MOYER, W., and RAKER, C. W.: Diseases of the suspensory apparatus. Symposium on Equine Lameness. Vet. Clin. North Am. (Large Anim. Pract.), 2: 61, 1980.

Rachitische Schale

Als rachitische Schale bezeichnet man Zubildungen fibrösen Bindegewebes, die bei jungen Pferden in der Fesselregion vorkommen können. Die Erkrankung entwickelt sich, bevor die Pferde das zweite Lebensjahr erreichen, meistens im Alter von sechs bis zwölf Monaten. Klinisch ähnelt diese Bindegewebshyperplasie der Knochenzubildung bei Schale, aber es sind keine Knochen- oder Gelenkveränderungen im Bereich des Krongelenkes feststellbar, so daß man nicht von einer Schale oder Arthritis im eigentlichen Sinn sprechen kann.

Ätiologie

Als Ursache der rachitischen Schale ist ein Mangel an Kalzium, Phosphor, Vitamin A, Vitamin D und möglicherweise auch Vitamin C anzusehen, wobei das Defizit eine dieser Substanzen oder auch mehrere in Kombination betreffen kann. Meistens sind Mängel oder Imbalancen von Vitamin A, Kalzium und Phosphor beteiligt.

Symptome

Gewöhnlich sind mehr als eine Gliedmaße gleichzeitig betroffen. Bei einigen Fohlen sind beide Schultergliedmaßen, beide Beckengliedmaßen oder alle vier Beine erkrankt. In der Regel ist eine Lahmheit vorhanden und eine Auftreibung der Gelenke offensichtlich, weiterhin kommen als Symptome Umfangsvermehrungen des Karpus, Sprunggelenksgallen und Gliedmaßenverkrümmungen in Frage. Auf Röntgenaufnahmen des Fesselbereiches sind keine Knochenveränderungen, sondern Weichteilschwellungen sichtbar, die, da sie sehr derb sind, bei der Palpation als Knochenzubildungen fehlinterpretiert werden können.

Therapie

Durch Untersuchungen der Blutchemie und eine Analyse der Futterration muß festgestellt werden, welche Mangelerscheinung vorliegt. Ist dies geschehen, muß die Ration dementsprechend korrigiert werden (siehe Seite 271 bis 287). Geschieht dies früh genug, bilden sich die Symptome zurück, und mit zunehmendem Alter sind keine Umfangsvermehrungen mehr sichtbar. Andere Veränderungen jedoch, die die rachitische Schale begleiten, können das Pferd dauerhaft unbrauchbar machen. Frühestens vier bis sechs Wochen nach Korrektur der Ration ist eine Besserung sichtbar.

Prognose

Die Prognose ist vorsichtig zu stellen. Wenn die Diagnose früh genug gestellt wurde und eine Korrektur der Futterration erfolgte, kann das Pferd nach Beendigung des Wachstums gesund sein. Wenn die Gliedmaßenveränderungen zum Zeitpunkt der Untersuchung bereits fortgeschritten sind, ist die Prognose vorsichtig oder ungünstig, bis der Erfolg der Futterumstellung beurteilt werden kann.

Ausgewählte Literatur

1. ADAMS, O. R.: Lameness in Horses. 3rd Ed. Philadelphia, Lea & Febiger, 1974, p. 363.

Fesselgelenk (Articulatio metacarpo- bzw. metatarsophalangea)

Chip-Frakturen (Absprengungsfrakturen) des Fesselbeines im Gelenkbereich

Proximale Chip-Frakturen des Fesselbeines kommen an der Schultergliedmaße des Pferdes relativ häufig vor. In den meisten Fällen liegen diese Frakturen dorsal direkt medial oder lateral des gemeinsamen Zehenstreckers, wobei die mediale Seite häufiger betroffen ist.[1-10] An anderen Lokalisationen sind sie seltener zu finden. Stauchung und Überstreckung des Gelenkes sind ursächlich an diesen Frakturen beteiligt. Chip-Frakturen distal am Röhrbein sind möglich, aber weniger häufig.

Andere seltener festgestellte Frakturen am Fesselbein sind die im Bereich der Tuberositas palmaris medialis bzw. lateralis und Absprengungsfrakturen im Bereich des palmaren Gelenkrandes direkt distal der Gleichbeine.[1,6,8]

Chip-Frakturen am proximalen dorsalen Gelenkrand des Fesselbeines kommen sehr häufig bei den Vollblütern vor, die auf den harten Bahnen im Westen der USA laufen.

Bei den Pferden, die auf den weicheren Bahnen im Osten starten, sind sie seltener.[5]

Ätiologie

Die Chip-Frakturen des Fesselbeines beim Pferd sind traumatischen Ursprungs. Ihr Aussehen deutet darauf hin, daß eine extreme Überstreckung des Gelenkes eine Rolle spielt (Abb. 8.103), die dazu führt, daß der dorsale Gelenkrand des Fesselbeines, der gegen das Röhrbein gepreßt wird, einer besonderen Belastung unterliegt. Ein Faktor hierbei sind Ermüdungserscheinungen der Gliedmaße.[11] Die Ursache dafür, daß die Frakturen meistens medial der Achse auftreten, ist unklar (Abb. 8.104). Möglicherweise liegt es daran, daß medial der Gelenkrand etwas höher ausgezogen ist als lateral.

Symptome

Die Symptome einer Chip-Fraktur ähneln denen einer traumatischen Arthritis des Fesselgelenkes. In den meisten Fällen läßt sich eine Synovialitis mit vermehrter Füllung der Gelenkkapsel zwischen dem Musculus interosseus medius und der Palmar- oder Plantarfläche des Röhrbeines feststellen.

Die Lahmheit, vorwiegend eine Stützbeinlahmheit, ist im Trab am deutlichsten.

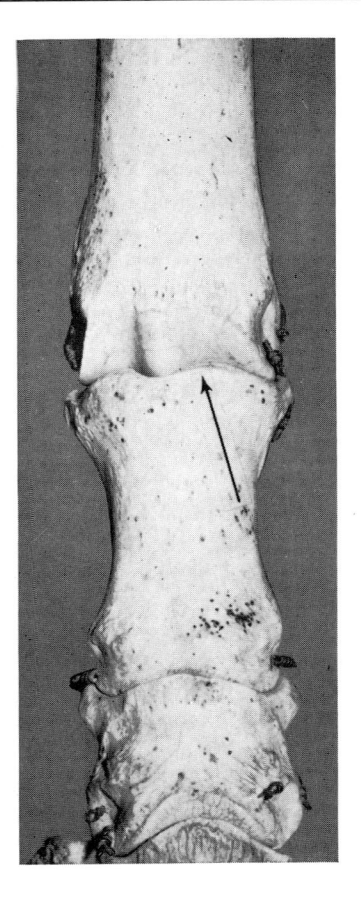

Abb. 8.104: Knochenpräparat des Fesselgelenkes. Der Pfeil deutet auf die Prädilektionsstelle für eine Chip-Fraktur des Fesselbeines medial der Gliedmaßenachse. Lateral der Mittellinie ist diese Fraktur seltener (aus ADAMS, O. R.: Chip fractures into the metacarpophalangeal (fetlock) joint. J. Am. Vet. Med. Assoc., **148:** 360, 1966).

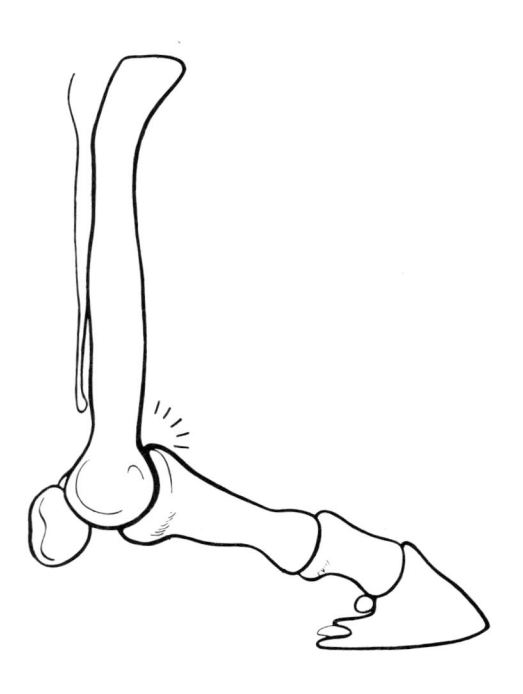

Abb. 8.103: Entstehung einer Chip-Fraktur des Fesselbeines (mit Genehmigung von Dr. W. BERKELEY).

Bei einigen Pferden sind eine undeutliche Bewegungsstörung und eine geringe Umfangsvermehrung die einzigen Hinweise auf das Vorliegen einer Chip-Fraktur. Palpatorisch ist eine fibröse Verdickung der dorsalen Fesselgelenksfläche meistens leicht feststellbar, die jedoch auch bei einer traumatischen Arthritis vorkommen kann. Durch Belastung wird die Lahmheit im allgemeinen verstärkt, so daß sie nach der Arbeit oder nach einem Rennen sehr deutlich sein kann. Eine Schmerzprovokation durch Fingerdruck ist schwierig, aber vermehrte Wärme dorsal auf dem Fesselkopf ist in der Regel feststellbar. Die Beugeprobe des Fesselgelenkes ist oft schmerzhaft. Bei unklarem Ergebnis sollte ein Vergleich mit der anderen Seite erfolgen. Die Beugeprobe wird durchgeführt, indem das Fesselgelenk über eine Minute gebeugt und der Lahmheitsgrad festgehalten wird. Im Anschluß an eine Ruhephase können die Pferde gesund erscheinen, werden jedoch bei Belastung wieder lahm. Gelegentlich kommt es vor, daß eine akute Lahmheit sich plötzlich bessert, weil eine im Gelenk eingeklemmte Gelenkmaus sich wieder verlagert hat.

In den meisten Fällen ist zur Diagnose eines freien Gelenkkörpers im Fesselgelenk keine diagnostische Injektion nötig, sondern bei einem Verdacht sollten Röntgenaufnahmen angefertigt werden. Falls jedoch unklar bleibt, ob die Lahmheit überhaupt aus dem Fesselgelenk kommt, kann entweder eine Gelenkanästhesie oder eine „Vierpunkt"-Leitungsanästhesie der Nervi digitales palmares und der Nervi metacarpei palmares proximal des Fesselkopfes durchgeführt werden (siehe Seite 139).

Diagnose

Die Diagnose kann nur mit Hilfe von Röntgenaufnahmen gestellt werden, da die Chip-Frakturen im Fesselgelenk und die traumatische Arthritis sich klinisch kaum unterscheiden. Üblicherweise werden die erkrankten Pferde gebrannt oder geblistert, wenn keine Röntgenaufnahmen erstellt wurden. Am deutlichsten ist die Veränderung auf der seitlichen Aufnahme zu sehen (Abb. 8.105). Schrägaufnahmen sollten angefertigt werden, um festzustellen, ob der Gelenkkörper medial oder lateral der Mittellinie liegt. Dies ist wichtig, da bei einer Operation der Zugang zum Gelenk direkt über dem Corpus liberum liegen sollte (Abb. 8.106). Das andere Fesselgelenk sollte dabei gleich mitgeröntgt werden, da bilaterale Frakturen nicht selten sind und klinische Erscheinungen möglicherweise erst dann auftreten, wenn das Pferd wieder trainiert wird.[1,7-10]

Therapie

Absprengungsfrakturen proximodorsal am Fesselbein. Bis zu dem Zeitpunkt, als man erkannte, daß viele kleine nicht verlagerte Chip-Frakturen auch nach 120 Tagen angemessener Ruhe einen Heilungserfolg zeigten, waren die Arthrotomie und die chirurgische Entfernung des Gelenkkörpers die Methoden der Wahl,[5,6,9,10] die aber von Komplikationen wie Bildung periartikulärer Schale, Osteoarthrose und geringerer Beweglichkeit des Gelenkes begleitet waren.

Diese Komplikationen treten anscheinend häufiger auf, wenn die Gelenke vorher mit Kortikosteroiden behandelt wurden.[6,9] Nach Schätzung von RAKER zeigten sich bei 50 % der zur Entfernung eines Chips operierten Gelenke innerhalb von drei bis vier Monaten Knochenzubildungen im Operationsbereich.[10] Der Grund hierfür ist unbekannt, und auch andere Operationstechniken konnten das Ergebnis nicht verbessern.[9]

Die chirurgische Behandlung ist angezeigt, wenn größere dislozierte Fragmente vorliegen oder das Fragment Ursache einer rezidivierenden Lahmheit ist[6] (Abb. 8.107 und 8.108). Hat man sich für die chirurgische Entfernung des Knochenfragmentes entschieden, muß seine genaue Lage festgestellt werden (die meisten befinden sich medial der Mittellinie). Das Tier wird in Allgemeinnarkose gelegt und das Operationsfeld unter Beachtung steriler Kautelen vorbereitet. Die Haare werden vom Kronsaum bis zum Karpus geschoren, das Operationsgebiet wird rasiert und gewaschen, und die Haut wird desinfiziert. Am Metakarpus kann ein Stauschlauch angelegt werden, um die Blutung bei der Arthrotomie zu reduzieren. Das Operationsgebiet wird mit einer selbstklebenden sterilen Plastikfolie abgedeckt, die verhindert, daß Flüssigkeit durchweicht und die Wunde kontaminiert. Die weitere Wundumgebung wird mit vier sterilen Tüchern und zwei Mulltupfern abgedeckt.

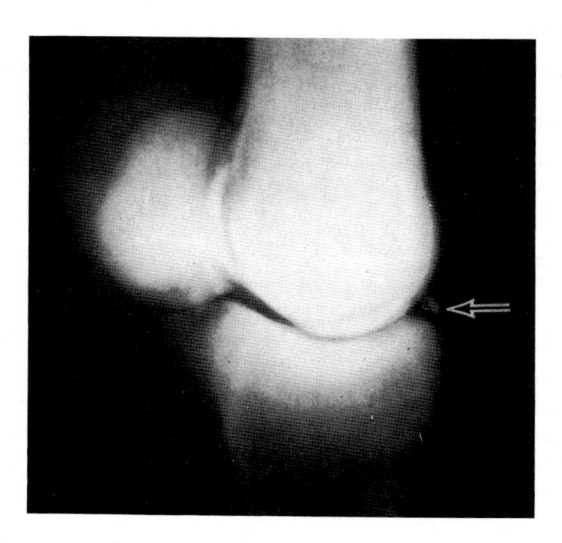

Abb. 8.105: Seitliche Röntgenaufnahme des Fesselgelenkes mit einer Absprengungsfraktur (Pfeil) vom Fesselbein (aus ADAMS, O. R.: Chip fractures into the metacarpophalangeal (fetlock) joint. J. Am. Vet. Med. Assoc., **148:** 360, 1966).

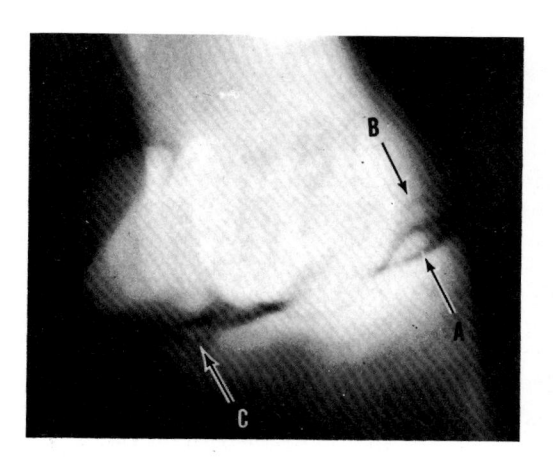

Abb. 8.106: Schrägaufnahme des medialen Fesselgelenkbereiches mit einem Frakturfragment aus dem Fesselbein (**B**). Pfeil **A** zeigt auf die Gelenkfläche des Fesselgelenkes. Zusätzlich ist eine Läsion auf der Palmarseite des Fesselbeines sichtbar (**C**) (aus ADAMS, O. R.: Chip fractures into the metacarpophalangeal (fetlock) joint. J. Am. Vet. Med. Assoc., **148:** 360, 1966).

Kapitel 8: Lahmheit 571

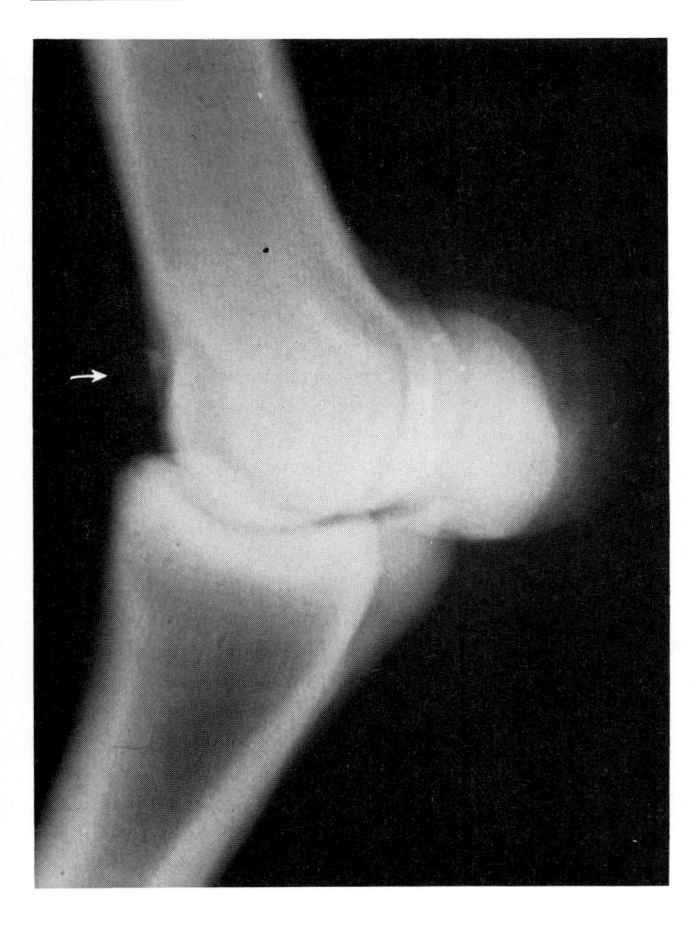

Abb. 8.107: Röntgenaufnahme einer großen proximal verlagerten Absprengungsfraktur vom proximodorsalen Rand des Fesselbeines (Pfeil).

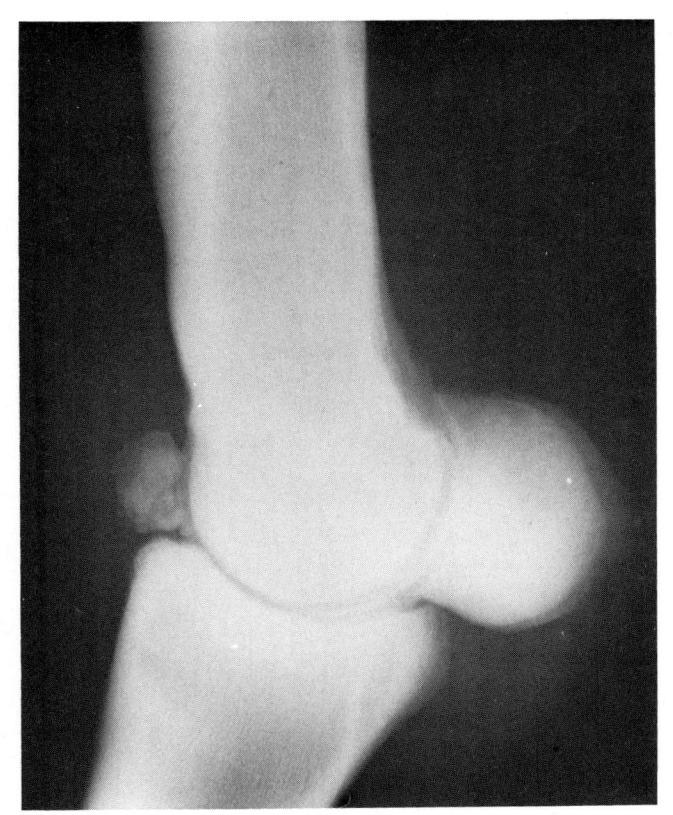

Abb. 8.108: Dieses Pferd entwickelte eine ausgedehnte Osteochondromatose im Fesselgelenk, die eine Lahmheit verursachte. Nach Entfernung der Zubildung konnte es geheilt werden.

Unter Benutzung von sterilen Handschuhen und sterilem Instrumentarium wird der Schnitt neben der gemeinsamen Strecksehne gelegt. Weil die meisten Frakturen medial der Sehne liegen, sind keine anderen Strukturen in der Nähe gefährdet. Befindet sich die Fraktur jedoch lateral, muß der Schnitt zwischen gemeinsamem und lateralem Zehenstrecker geführt werden.

Der Schnitt führt durch Haut, Faszie und durch die Wandschichten der Gelenkkapsel. Die Skalpellklinge wird nach Durchschneidung von Haut und Faszie gewechselt, damit das Gelenk mit einer neuen Klinge eröffnet wird. Es wird leicht gestreckt, damit das Fragment besser zu sehen ist. Wenn der Schnitt an die richtige Stelle gelegt wurde, ist der Freikörper nach Eröffnung des Gelenkes deutlich sichtbar. Das Wundgebiet sollte mit sterilen Tupfern von Synovia und Blut befreit werden, so daß die Frakturlinie im Fesselbein gut zu sehen ist. Das Fragment wird mit einem scharfen Schnitt reseziert. Die Gelenkkapsel wird mit synthetischem resorbierbaren Nahtmaterial 2–0* mit einer traumatischen Nadel und Einzelheften verschlossen. Als nächstes folgt der Faszienverschluß mit Einzelheften oder einer ähnlichen Nahttechnik.

Die Haut wird dann mit einem monofilen Faden 2–0 mit Einzelheften verschlossen. Über einer sterilen Wundabdeckung wird ein stabiler Stützverband angelegt, der den Huf mit einbezieht und bis unter den Karpus reicht. Nach sechs bis acht Tagen wird er gegen einen Druckverband ausgewechselt. Druckverbände werden über wenigstens vier Wochen angelegt, und die Pferde bekommen 30 Tage Boxenruhe. Das Training kann frühestens nach drei bis vier Monaten wiederaufgenommen werden. Zur Zeit wird die Entfernung von Fragmenten mittels Arthroskop empfohlen, da es dabei kaum Schwierigkeiten gibt und die Rekonvaleszenzperiode bis zur Wiederaufnahme des Trainings kürzer ist.

Frakturen der Eminentia palmaris lateralis bzw. medialis des Fesselbeines. Bei Frakturen medial oder lateral am proximalen Palmarrand des Fesselbeines läßt sich eine Heilung häufig durch etwa viermonatige Boxenruhe erzielen. In Fällen, in denen auch weiterhin eine Schmerzhaftigkeit vorliegt oder das Fragment groß genug ist, um mit einer Knochenschraube fixiert zu werden, kann chirurgisch vorgegangen werden (Abb. 8.109 A und B). Wenn das Frakturstück entfernt werden soll, liegt der Zugang direkt darüber. Soll eine Fixation mittels Zugschraube

* Vicryl Ethicon Inc., 2000 Norderstedt.

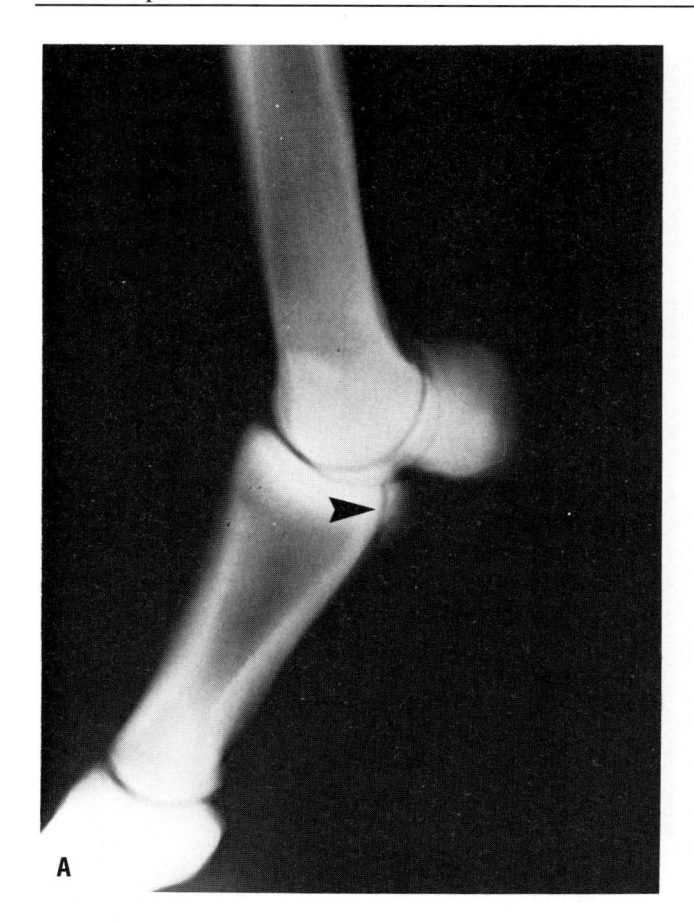

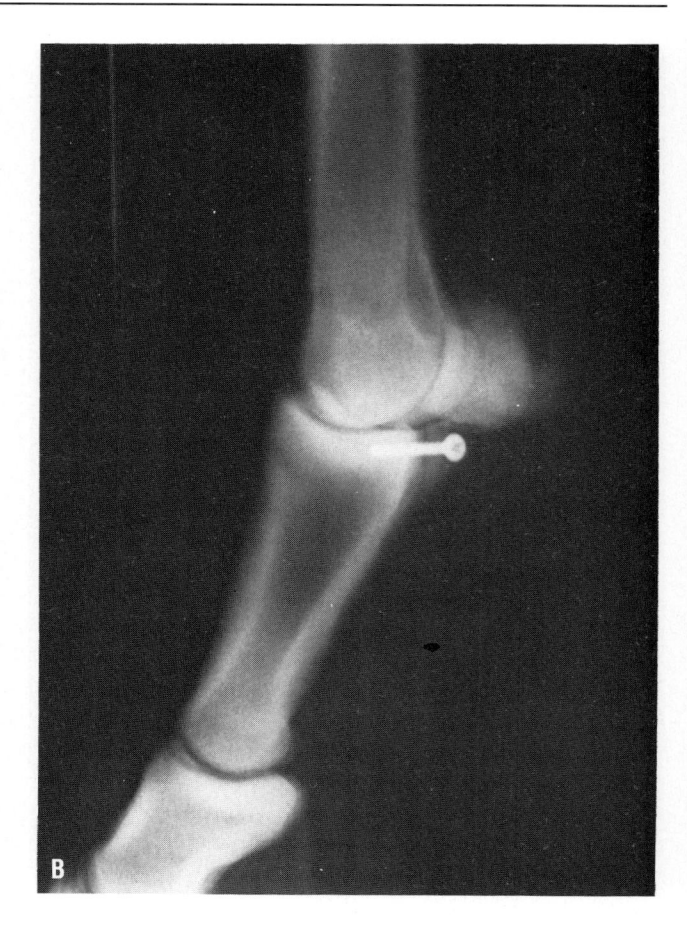

Abb. 8.109: A Artikuläre Absprengungsfraktur von einer Eminentia palmaris des Fesselbeines. **B** Für die Fixierung dieser Fraktur wurde eine Schraube verwendet.

erfolgen, ist eine intraoperative Durchleuchtung für die korrekte Plazierung der Schraube erforderlich.

Nach der internen Fixation sollte für die Aufwachphase aus der Narkose ein fixierender Kunststoffverband angelegt werden. Nach 48 Stunden wird er gegen einen Druckverband ausgewechselt. Die Rekonvaleszenzperiode beträgt sechs Monate. Wurde das Frakturfragment entfernt, ist eine Verbandbehandlung im Anschluß an die Operation ausreichend.

Absprengungsfrakturen des proximalen palmaren Gelenkrandes. Bei den Absprengungsfrakturen des proximalen palmaren Gelenkrandes in Höhe der Basis der Gleichbeine ist häufig die konservative Therapie erfolgreich.[6] Die chirurgische Entfernung kann angezeigt sein, wenn das Fragment erheblich disloziert ist oder andauernden Schmerz verursacht. Die meisten dieser Chips können durch eine Arthrotomie an der Palmarseite der Fesselgelenkkapsel entfernt werden, wobei sie sich durch Beugung des Gelenkes besser darstellen lassen. Obwohl auch ein Schnitt in oder durch das Ligamentum sesamoideum collaterale laterale bzw. mediale das Auffinden des Fragmentes erleichtert, sollte das nur geschehen, wenn es sich absolut nicht vermeiden läßt. Die postoperative Behandlung gleicht der bei Chip-Frakturen des proximalen dorsalen Gelenkrandes.

Prognose

Im allgemeinen ist die Prognose der dorsalen Chip-Frakturen im Fesselgelenk gut, hängt jedoch im einzelnen von Zahl und Größe der Fragmente, der Dauer der Erkrankung, der möglichen Vorbehandlung mit Kortikosteroiden, dem Grad der degenerativen Gelenkerkrankung und der Notwendigkeit einer Operation ab.

Kleine akute nicht dislozierte Corpora libera im Fesselgelenk haben gewöhnlich bei konservativer Behandlung eine gute Prognose. Die Aussicht auf Heilung bei den großen Chip-Frakturen ist abhängig vom Alter, dem Grad der Synovialitis bzw. Capsulitis und der Ausdehnung der degenerativen Gelenkerkrankung mehr oder weniger gut. Zudem ist es schwierig, die Auswirkungen von Knochenzubildungen nach einer Arthrotomie vorherzusagen, besonders wenn intraartikuläre Behandlungen mit Kortikosteroiden durchgeführt wurden.[6,7,9] Wenn möglich, sollten die Fragmente mit Hilfe eines Arthroskops entfernt werden.

Die Prognose der palmaren proximalen Absprengungsfrakturen, die einer Fixation durch eine Schraube bedürfen, hängt von der Größe des initialen Traumas ab. Oft kann dies erst durch Röntgenaufnahmen drei bis vier Monate nach der Operation abschließend beurteilt werden.

Ausgewählte Literatur

1. ADAMS, O. R.: Chip fractures of the first phalanx in the metacarpophalangeal (fetlock) joint. J. Am. Vet. Med. Assoc., **148**: 360, 1966.
2. BIRKELAND, R.: Chip fractures in the first phalanx in the metatarsophalangeal joint of the horse. Acta Radiol. (Suppl.) 319, 1972.
3. CANNON, J.: An investigation of healing following arthrotomy of the equine fetlock. Proc. 15th Ann. AAEP, 1969, p. 233.
4. FESSLER, J. F., and AMSTUTZ, H. E.: Fracture Repair. *In* Textbook of Large Animal Surgery. Edited by F. W. Oehme, and J. E. Prier. Baltimore, Williams & Wilkins Co., 1974, p. 301.
5. GRANT, B. D.: The fetlock joint. *In* Equine Medicine and Surgery. 3rd Ed. Edited by R. A. Mansmann, and E. S. McAllister. Santa Barbara, American Veterinary Publications, 1982, p. 1059.
6. HAYNES, P. F.: Disease of the metacarpophalangeal joint and metacarpus. Symposium on Equine Lameness. Vet. Clin. North Am. (Large Anim. Pract.), **2**: 33, 1980.
7. MEAGHER, D. M.: Joint surgery in the horse: the selection of surgical cases and a consideration of the alternatives. Proc. 20th Ann. AAEP, 1974, p. 81.
8. O'BRIEN, T. R.: Disease of the thoroughbred fetlock joint: a comparison of radiographic signs with gross pathologic lesions. Proc. 23rd Ann. AAEP, 1977, p. 367.
9. RAKER, C. W.: Calcification of the equine metacarpophalangeal joint following removal of chip fractures. Arch. Am. Coll. Vet. Surg., **4**: 66, 1975.
10. RAKER, C. W.: Orthopedic surgery: errors in surgical evaluation and management. Proc. 19th Ann. AAEP, 1973, p. 205.
11. ROONEY, J. R.: Biomechanics of Lameness in Horses. Baltimore, Williams & Wilkins Co., 1969, p. 126.

Gleichbeinfrakturen

Gleichbeinfrakturen sind bei Vollblütern im Renntraining, Standardbred-Pferden und Quarter Horses relativ häufig.[1,7,8,12,15,24] Die verschiedenen Formen sind die apikale Fraktur, die abaxiale Fraktur (mit und ohne Gelenkbeteiligung), die Fraktur des Gleichbeinkörpers (mit und ohne Gelenkbeteiligung) und die Trümmerfraktur (siehe Seite 376).[1,7,12,20] Beim Vollblüter und beim Quarter Horse ist meistens die Vorhand betroffen, beim Standardbred-Pferd eher die Nachhand.[1,11] Die meisten dieser Frakturen sind eine Folge der Zugkraft durch den Musculus interosseus medius von proximal und die distalen Gleichbeinbänder von distal.

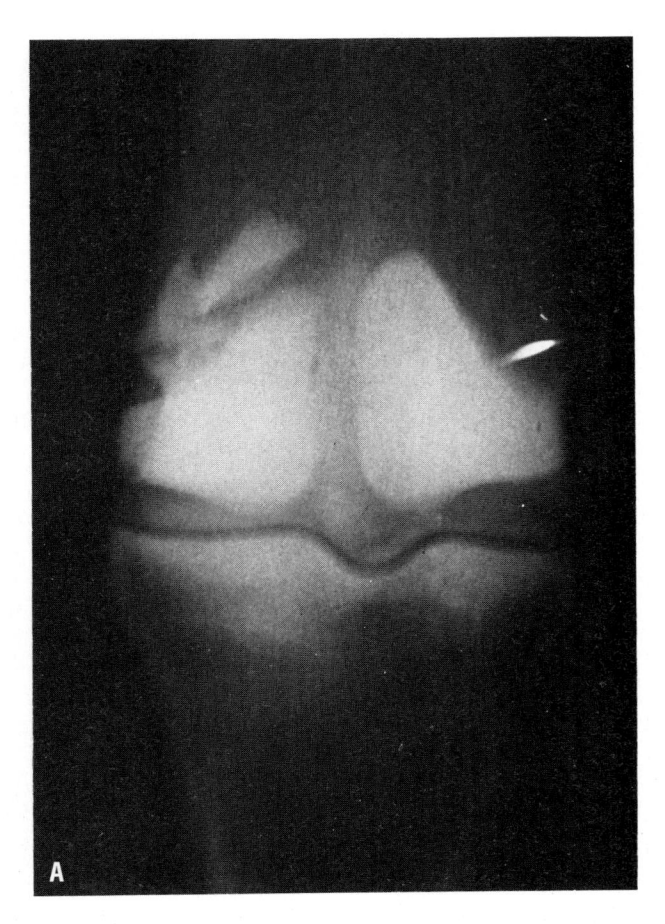

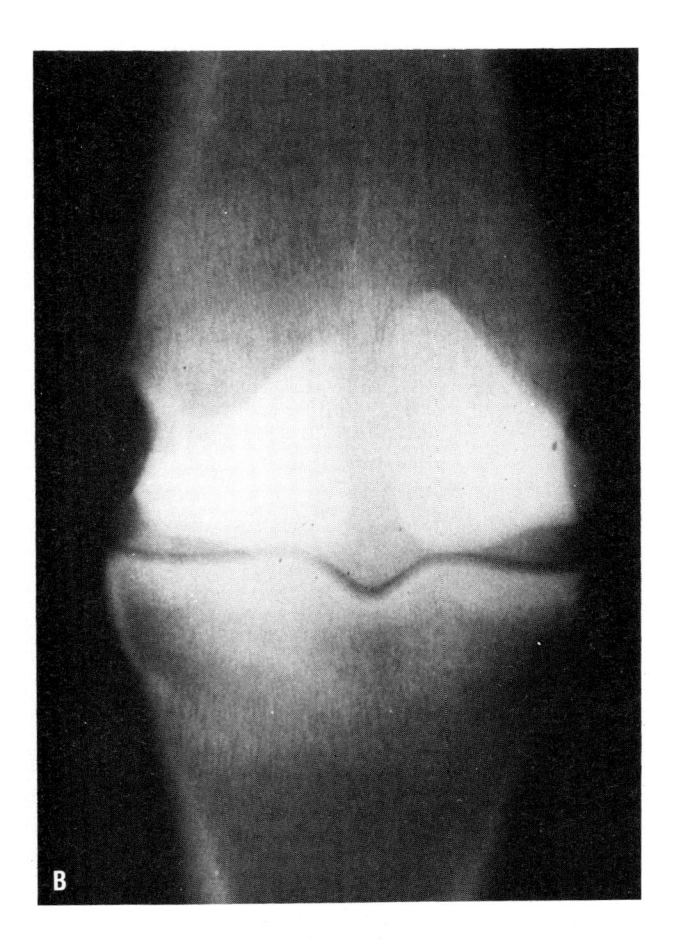

Abb. 8.110: A Eine Trümmerfraktur des apikalen Gleichbeinbereiches. Diese Art der Fraktur ist selten. **B** Dasselbe Gleichbein nach der Entfernung der Fragmente.

Weitaus am häufigsten sind die apikalen Gleichbeinfrakturen.[20,24] Oft ist das Gelenk beteiligt und nur ein Gleichbein betroffen. Es kommt selten vor, daß das Fragment auch noch zertrümmert ist, und meistens ist weniger als ein Drittel des Gleichbeines beschädigt (Abb. 8.110 A und B). Apikale Gleichbeinfrakturen treten beim Standardbred-Pferd meistens hinten rechts lateral auf, bei den Vollblütern ist die Verteilung gleichmäßiger.[20] Im Gegensatz dazu stellten O'BRIEN et al. eine höhere Frequenz von medialen Gleichbeinfrakturen beim Vollblüter fest.[14] Basisnahe Frakturen sind weniger häufig als apikale und stellen Abrißfrakturen der distalen Gleichbeinbänder dar. Meistens sind beide Gleichbeine betroffen. Diese Frakturen sind überwiegend bei Vollblütern zu finden.[20] Sie können klein mit Gelenkbeteiligung (Abb. 8.111), transversal mit Gelenkbeteiligung (Abb. 8.112) oder ohne Gelenkbeteiligung vorliegen. Die Behandlung und der chirurgische Zugang sind von der genauen Kenntnis der Art der Fraktur abhängig.

Die seltenste Form ist die abaxiale Fraktur (Abb. 8.113), die entweder artikulär oder nichtartikulär vorliegen kann.[20] Hier ist die Diagnose manchmal schwierig, und zusätzliche tangentiale Röntgenaufnahmen müssen erstellt werden, um die genaue Lage festzustellen.[15]

Die Transversalfraktur des Gleichbeinkörpers tritt meistens bei Vollblütern und bei Fohlen, die jünger als zwei Monate sind, auf[6,19] (Abb. 8.114). Die Fragmente sind annähernd gleich groß, und das Fesselgelenk ist in jedem Fall mitbetroffen. Durch die Zugkräfte des Musculus interosseus medius proximal und der distalen Gleichbeinbänder distal werden die Bruchstücke auseinandergezogen. In seltenen Fällen geschieht dies erst nach längerer Zeit.[24] Sind beide Gleichbeine frakturiert, weichen sie meistens auseinander, und die Funktion des Fesseltragapparates geht verloren.[12]

Im allgemeinen werden die Gleichbeinfrakturen als eine Berufskrankheit der Rennpferde angesehen.[25,26] Eine Ausnahme bildet die Erkrankung bei den unter zwei Monate alten Fohlen.[6] In dieser Gruppe stellt diese Fraktur eine mangelnde Widerstandsfähigkeit des Knochens gegenüber unphysiologischer Belastung eines oder mehrerer der zahlreichen Bänder dar, die an seiner Oberfläche ansetzen.[7,12,20] Es wurden aber auch andere Faktoren wie Muskelermüdung, ungleichmäßiger Zug an den Gleichbeinen und direktes Trauma für die Entstehung dieser Fraktur verantwortlich gemacht.[1,7,20,24]

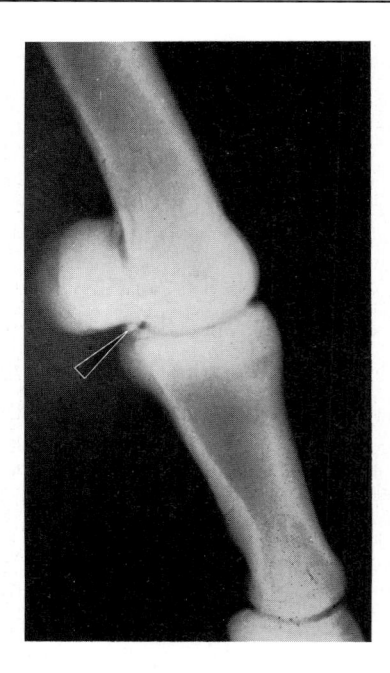

Abb. 8.111: Kleine distal gelegene Gleichbeinfraktur (Pfeil).

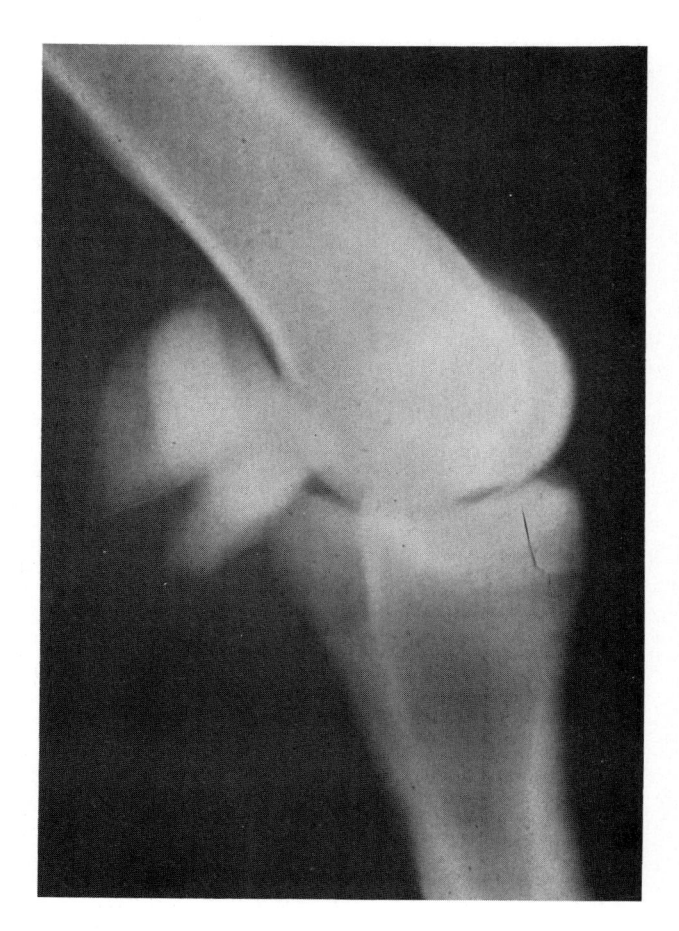

Abb. 8.112: Transversalfraktur mit Gelenkbeteiligung an der Gleichbeinbasis.

Ätiologie

Die Ursachen einer Gleichbeinfraktur sind unterschiedlich.[1,3,4,6,7,12,19,24] Man nimmt an, daß die wiederkehrenden Kräfte, denen die Gleichbeine während anstrengenden Trainings ausgesetzt sind, die Belastbarkeit des Knochens verringern[7,20] und daß die Vergrößerung des inneren Gefäßkanales, die bei einer chronischen Sesamoiditis beobachtet wurde, einen Locus minoris resistentiae darstellt und für eine Fraktur prädisponierend ist.[7,14]

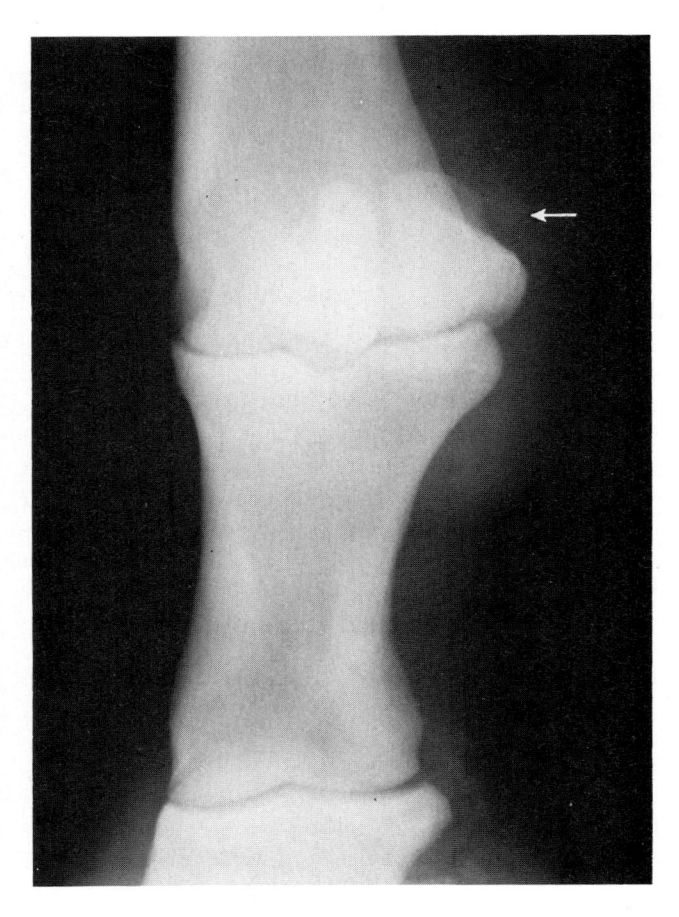

Abb. 8.113: Seitliche (abaxiale) Fraktur des Gleichbeines ohne Gelenkbeteiligung (Pfeil).

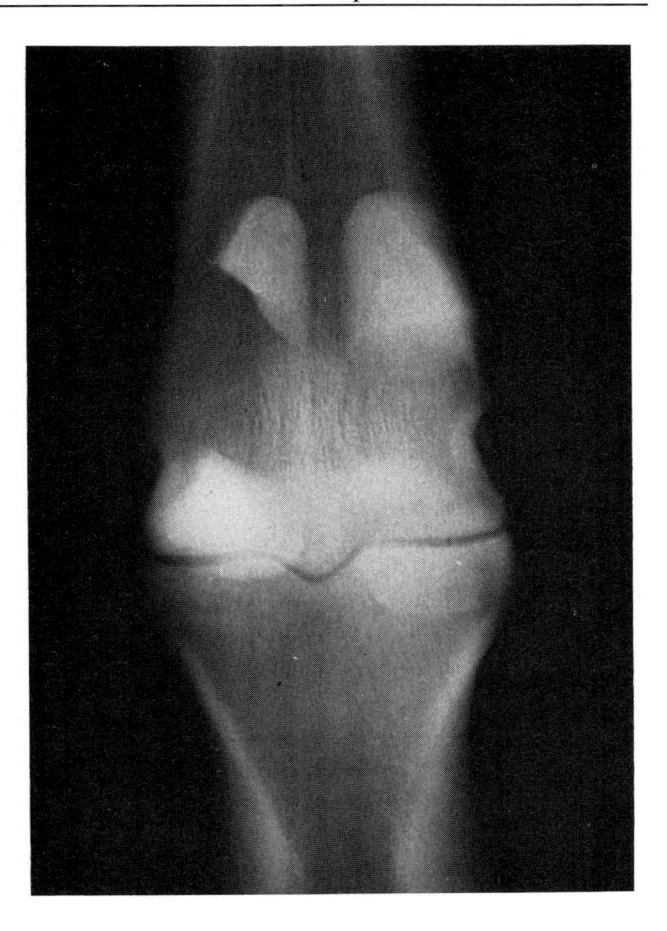

Abb. 8.114: Dorsopalmare Aufnahme des Fesselgelenkes. Dieses Pferd hatte eine Transversalfraktur der Gleichbeine. Die apikalen Fragmente sind proximal disloziert.

Ebenso spielt die Muskelermüdung, wie sie am Ende längerer Rennen entsteht, eine wichtige Rolle,[1,12] da dann der Fesseltragapparat mehr Gewicht aufnehmen muß und das Fesselgelenk stärker überstreckt wird,[20] so daß das Gleichbein den Zugkräften durch den Musculus interosseus medius und die distalen Gleichbeinbänder nicht mehr widerstehen kann und frakturiert.[20] Andere Faktoren, wie schlechte Kondition, schlechte Hufpflege und fehlerhafter Beschlag, belasten die Gleichbeine zusätzlich.[3,4,16,18] Welche Rolle die Ermüdung spielt, wird daran deutlich, daß kleine Fohlen auf der Weide eine Gleichbeinfraktur bekommen, wenn sie versuchen, mit der Mutterstute Schritt zu halten.[6]

Ebenso kann ungleichmäßiger Zug am Gleichbein bei unebenem Untergrund diese Frakturen verursachen.[12,16,24] Es gibt Berichte über Gleichbeinfrakturen nach einfachen Verletzungen, wenn die Pferde zum Beispiel auf einen Golfball oder in ein Loch treten.[24]

Auch direktes Trauma wurde für die Entstehung von Gleichbeinfrakturen verantwortlich gemacht.[1,2] Bei Streichverletzungen ist meistens das mediale Gleichbein betroffen.[1] Es ist jedoch interessant, daß selten ein äußeres Trauma nachweislich eine Gleichbeinfraktur verursacht hat.[24] Auch unkoordinierte Bewegungen des Körpers und der Gliedmaßen sollen als Ursache in Frage kommen.[19]

In einigen Fällen ist die Gleichbeinfraktur anscheinend kongenital und betrifft den proximalen Bereich beider Gleichbeine beider Schultergliedmaßen. Vermehrte Wärme, Schwellung, Schmerzhaftigkeit oder Lahmheit sind nicht feststellbar. Es ist möglich, daß es sich um eine kongenitale Knochenmißbildung, die als „geteilte Gleichbeine" bezeichnet werden kann, handelt oder daß es sich um alte Frakturen mit einem fibrösen Kallus sind.

Symptome

Das mediale, das laterale oder auch beide Gleichbeine können frakturiert sein. Die Lahmheit ist im akuten Stadium sehr deutlich.

Die Pferde belasten ungern und stellen sich in der Fessel steil, wenn sie mit der erkrankten Gliedmaße Gewicht aufnehmen. Der Fesselkopf zeigt eine deutliche Umfangsvermehrung und ist vermehrt warm und schmerzhaft. Eine gleichzeitig vorliegende Tendosynovitis kann die Diagnose verschleiern, falls keine Röntgenaufnahmen angefertigt werden. Durch Druck auf den oder die erkrankten Knochen ist Schmerz auslösbar. Ebenso verursacht das Durchtreten in der Fessel während der Belastung Schmerzen. Bei der Adspektion in der Bewegung ist zu konstatieren, daß die Fessel steil gestellt wird und der Fesselkopf auf der erkrankten Seite sich weniger stark senkt als auf der gesunden. Die Frakturen können an jeder Stelle des Gleichbeines vorkommen, sind aber proximal häufiger als distal, wobei die proximalen Frakturen günstiger auf die Behandlung ansprechen (Abb. 8.110, Abb. 8.113 und Abb. 8.116). Nicht selten geht eine Desmitis des Musculus interosseus medius und der distalen Gleichbeinbänder mit einer Gleichbeinfraktur einher.

Bei Fohlen, die jünger als zwei Monate sind, ergibt sich aus dem Vorbericht oft, daß sie bis zur Erschöpfung galoppierten, um mit der Stute Schritt zu halten, als sie die Gleichbeinfraktur erlitten. Auch Fohlen, die nach mehreren Tagen Boxenruhe mit der Stute laufen gelassen werden, sind häufig betroffen.[6]

Diagnose

Die Diagnose beruht auf der Röntgenuntersuchung des Fesselgelenkes und den beschriebenen klinischen Veränderungen. Bei einer starken Schwellung des Fesselkopfes und Palpationsschmerzhaftigkeit des Gleichbeines oder beider Gleichbeine sollten Röntgenaufnahmen angefertigt werden, um eine Fraktur auszuschließen. Im Fall einer Tendosynovitis ist die Röntgenuntersuchung ebenfalls anzuraten, da eine Gleichbeinfraktur zusätzlich vorliegen könnte. Auch eine Sesamoiditis, die ähnliche Symptome zeigt, kann von einer Fraktur nur röntgenologisch abgegrenzt werden.

Da die Strahlendichte und der Kontrast bei jungen Fohlen aufgrund unvollständiger Ossifikation gering sein können, sind gute Aufnahmen und eine sorgfältige Begutachtung für die Diagnose erforderlich.[6] In einigen Fällen ist es nicht möglich, die Fraktur sofort festzustellen, und es kann einige Wochen dauern, bis sie nachweisbar wird.[6] Dies gilt auch für haarfeine nicht dislozierte Frakturen bei erwachsenen Pferden,[14] die manchmal sehr schwer von vergrößerten Gefäßkanälen, wie sie mit chronischer Sesamoiditis einhergehen, zu unterscheiden sind.[14]

Standardaufnahmen sollten in dorsopalmarem (DPa), lateromedialem (LM) und schrägem Strahlengang angefertigt werden. Manche Befunde sind nur bei eingebeugtem Fesselgelenk in lateromedialem Strahlengang sichtbar.[14] Eine zusätzliche Tangentialaufnahme der abaxialen Fläche des Gleichbeines läßt in manchen Fällen die genaue Lokalisation von hier gelegenen Frakturen erkennen.[14]

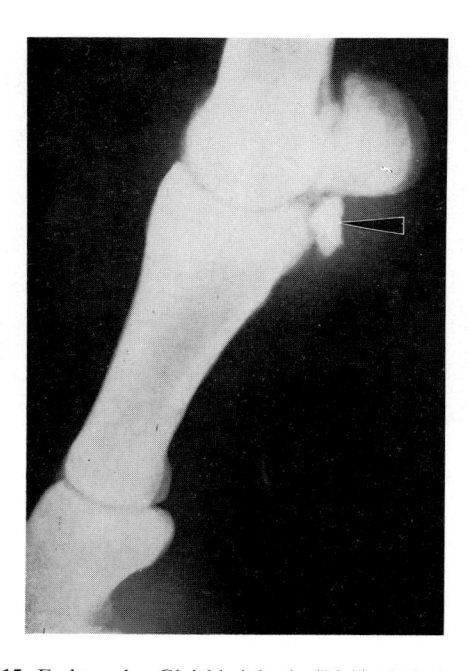

Abb. 8.115: Fraktur der Gleichbeinbasis (Pfeil). Bei einer Fraktur dieser Größe ist die Prognose für eine Entfernung des Fragmentes ungünstig, da die gesamte Basis des Gleichbeines verloren ginge.

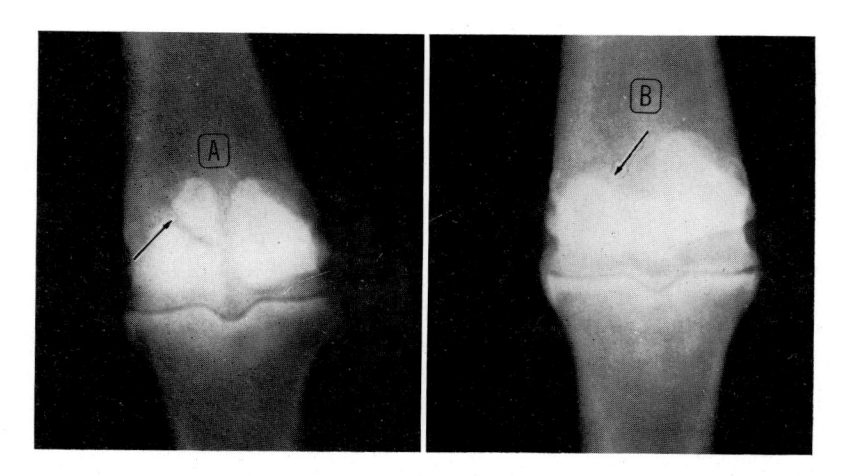

Abb. 8.116: A Fraktur der Gleichbeinspitze (Pfeil). Fragmente, die größer sind als dieses, sollten nicht mehr chirurgisch entfernt werden. Die Prognose ist vorsichtig zu stellen. **B** Der Pfeil zeigt dasselbe Gleichbein im Anschluß an die Resektion des Fragmentes.

Die Begutachtung der Röntgenaufnahmen soll genauestens im Hinblick auf Anzeichen für eine degenerative Fesselgelenkerkrankung und auf unvollständige Frakturen, die mit einem erweiterten Gefäßkanal verwechselt werden können, erfolgen.[9,14] Eine mögliche Fraktur unterscheidet sich von einem Gefäßkanal durch folgende Kriterien: 1. Die Frakturlinie reicht im Gegensatz zum Gefäßkanal gewöhnlich bis zum Rand der abaxialen Fläche des Gleichbeines. 2. Die Fraktur verläuft häufig in einer anderen Richtung oder in einer anderen Ebene als der Gefäßkanal. Falls der Verdacht einer unvollständigen Gleichbeinfraktur bestehen bleibt, sollten nach zwei bis vier Wochen Boxenruhe erneut Röntgenaufnahmen angefertigt werden, da nach dieser Zeit im Fall einer Fraktur bereits eine deutliche Resorptionszone sichtbar ist. Auch der Weichteilschaden ist nach Ablauf dieser Zeit besser zu beurteilen.[14] Es ist noch einmal zu betonen, daß das Risiko einer Dislokation und damit einer schlechteren Prognose sehr groß ist, wenn die Pferde in dieser Zeit bewegt werden.

Therapie
Die Wahl der Behandlungsmethode hängt von der Lokalisation der Gleichbeinfraktur und von der angestrebten Verwendung des Pferdes ab. Mögliche Methoden sind die konservative Behandlung mit fixierenden Kunststoffverbänden, die Resektion, die Fixierung mit einer Zugschraube oder die Knochentransplantation.

Im allgemeinen ist für Patienten, die nicht im Sport gehen sollen, sondern zur Zucht eingesetzt werden, keine chirurgische Behandlung erforderlich, so daß einfache Stützverbände oder fixierende Verbände und Boxenruhe völlig ausreichen.[1,9,12]

Auch bei jungen Pferden mit nicht dislozierten Gleichbeinfrakturen führte die Behandlung mit fixierenden Verbänden über 12 bis 16 Wochen zum Erfolg.[1,12] Diese lange Zeit ist notwendig, da die Knochenheilung bei den Gleichbeinen sehr langsam vor sich geht. Der Grund hierfür könnte in der relativ schlechten Durchblutung, dem begrenzten Vorhandensein von Periost, dem Fehlen eines Markraumes und den ausgedehnten Bandansätzen, die ein Auseinanderweichen der Fragmente und eine gewisse Bewegung verursachen können, liegen.[3,4,12,17,22-24] Die meisten konservativ behandelten Frakturen bilden bei der Heilung nur einen schwachen fibrösen Kallus, und die Frakturlinie ist auf Röntgenaufnahmen noch sehr lange Zeit zu sehen.[1,12,20,22] Es kommt auch vor, daß einige dieser scheinbar geheilten Frakturen zu einem späteren Zeitpunkt refrakturieren.[22] Im allgemeinen sollte die konservative Therapie nur bei Pferden angewendet werden, die in Zukunft nicht im Sport Verwendung finden sollen, und bei kleinen Fohlen, wenn keine Dislokation der Fragmente vorliegt.[12]

Die chirurgische Behandlung ist bei Sportpferden anscheinend günstiger, da sie das Risiko einer sekundären degenerativen Gelenkerkrankung des Fesselgelenkes mindert.

Bei apikalen Frakturen, die weniger als ein Drittel des Gleichbeines betreffen, und bei kleinen basalen Frakturen ist die Entfernung des Fragmentes die beste Methode.[1,3,4,11,12,22] Bei abaxialen Frakturen ohne Gelenkbeteiligung kann die Entfernung erforderlich sein, aber häufig können die Pferde auch ohne chirurgischen Eingriff erfolgreich im Sport eingesetzt werden. Auf der anderen Seite sollten auch in diesen Fällen die Frakturfragmente reseziert werden, um eine sekundäre Fesselgelenksarthrose zu verhindern.[9] Transversalfrakturen des mittleren Gleichbeindrittels und basale Transversalfrakturen werden mit Zugschrauben fixiert (Abb. 8.117).[5,7,11] Schmale Frakturen, die transversal über die gesamte Gleichbeinbasis verlaufen, sind bekanntermaßen immer sehr schwierig zu behandeln (Abb. 8.118). Werden diese Fragmente entfernt, zerstört man die Ansätze der distalen und häufig auch die der kollateralen Gleichbeinbänder.[12] Meistens sind die Fragmente nicht groß genug, um mit einer Schraube fixiert zu werden, ohne daß man das Risiko eingeht, sie dabei in zwei kleinere Teile zu sprengen.[10,12] Sowohl bei Versuchspferden als auch bei einer begrenzten Anzahl von Patienten wurde die autologe Transplantation von spongiösem Knochen zur Behandlung dieser schmalen Frakturen durchgeführt.[12] Autologe Spongiosa wird verwendet, weil sie die größte osteogene Potenz hat.[21] Auch begrenzte Erfahrungen mit dieser Technik an der Colorado State University waren erfolgversprechend. Nach Ablauf von 20 bis 40 Wochen nach der Transplantation kann mit einer guten Heilung des Knochens gerechnet werden.[12]

Ein häufiger Grund für einen Niederbruch bei Rennpferden ist eine Fraktur durch die Körper beider Gleichbeine.[9] Da der Fesseltragapparat zerstört ist, werden diese Tiere meistens euthanasiert. Man kann jedoch Pferde mit einem hohen Zuchtwert oder einem hohen ideellen Wert durch eine Arthrodese des Fesselgelenkes retten[9] (siehe: Verletzungsbedingte Ruptur des Fesseltragapparates, Seite 584-587).

Die Operation ist am besten in Seitenlage unter Allgemeinnarkose durchzuführen. Eine Aderpresse sollte angelegt werden, um die Blutung zu kontrollieren. Wird vorher noch eine Esmarchligatur angelegt, hat man ein fast blutleeres Operationsfeld. Als Esmarchschlauch kann ein etwa 5 cm breites Stück eines Gummischlauches oder ähnliches Material dienen.

Befindet sich das Fragment an der Spitze des Gleichbeines, sollte der Schnitt zwischen dem Musculus interosseus medius und der palmaren bzw. plantaren Fläche des Röhrbeines gelegt werden (Abb. 8.116), und zwar proximal des Gleichbeines beginnend und bis an das Ligamentum collaterale reichend. Wenn nötig, kann der Schnitt auch bis in das Seitenband ausgedehnt werden. Dann sollte das Fesselgelenk etwas gebeugt werden, um die Spannung der Beugesehnen zu verringern, so daß der Fesselträger zur Seite geschoben werden kann und die Gleichbeinspitze sichtbar wird.

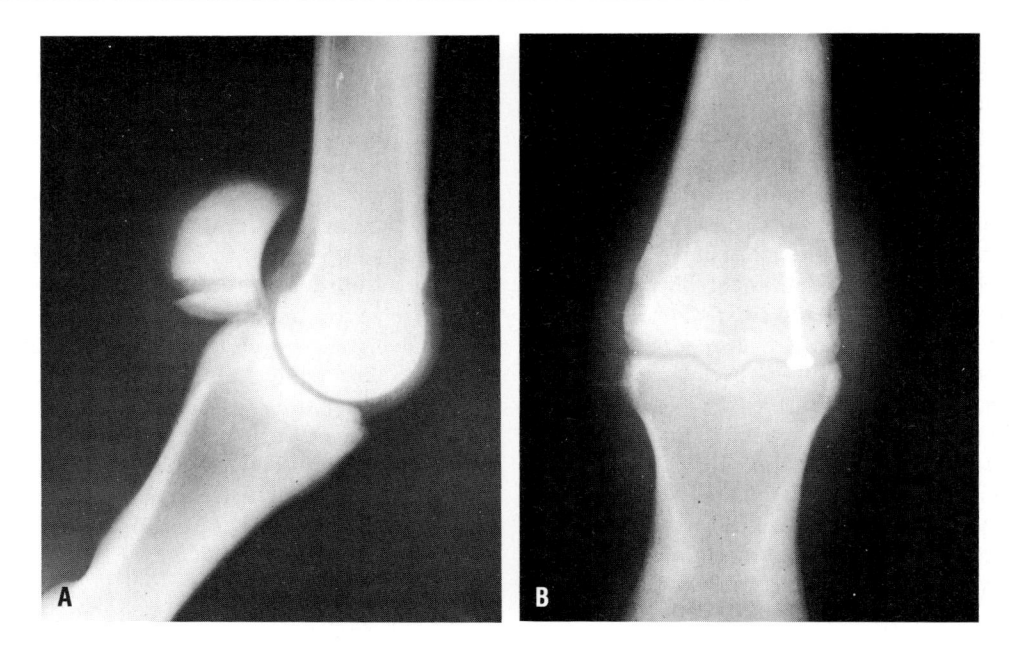

Abb. 8.117: Basale Fraktur des medialen Gleichbeines und Fixation mit einer Zugschraube. **A** Basalfraktur vor dem Einsetzen der Schraube (Ansicht von lateral). **B** Basalfraktur nach der Fixation mit einer ASIF-Kortikalisschraube (Dorsopalmaransicht) (mit Genehmigung von Dr. W. A. AANES).

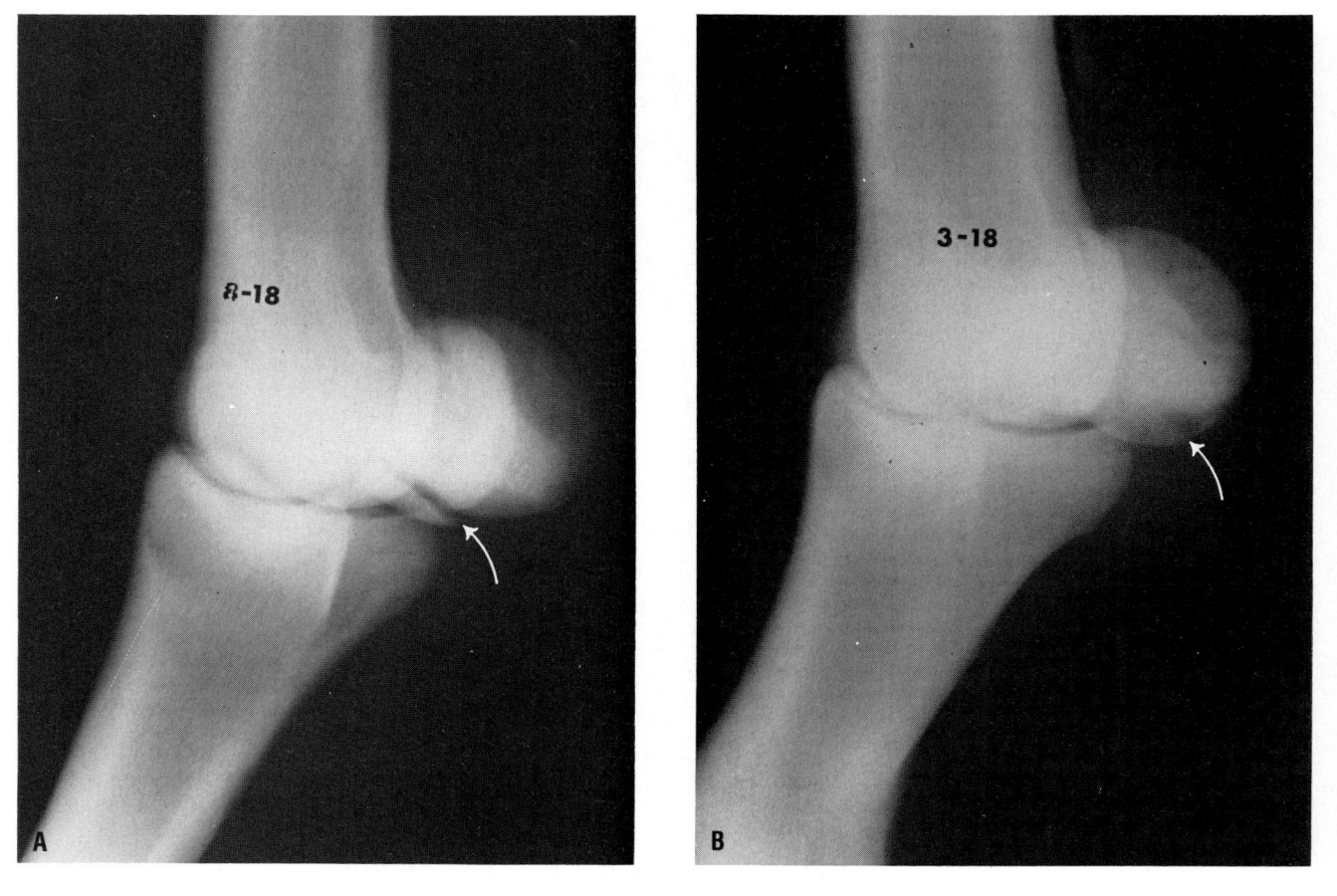

Abb. 8.118: A Eine kleine, transversal verlaufende Fraktur mit Gelenkbeteiligung an der Gleichbeinbasis (Pfeil). Diese Art der Fraktur ist einer autologen Knochentransplantation zugänglich. **B** Dieselbe Fraktur sieben Monate nach der Übertragung von spongiösem Knochen (mit Genehmigung von C. W. McILWRAITH).

Das Fragment sollte vorsichtig, aber scharf vom Rest des Knochens getrennt werden. Zur leichteren Durchschneidung des Bindegewebes kann das Fragment mit einer scharfen Faßzange fixiert werden. Knochenstück und Gewebsfetzen werden entfernt, und die Oberfläche des Gleichbeines wird mit einer Kürette geglättet. Die Gelenkkapsel, der angeschnittene Teil des Seitenbandes und das angrenzende Gewebe werden durch Einzelhefte mit synthetischem resorbierbaren Nahtmaterial der Stärke 2-0 und einer traumatischen Nadel adaptiert. Die Synovialis sollte dabei nicht perforiert werden. Der angeschnittene Teil des Seitenbandes wird, wenn nötig, separat genäht. Mit einer weiteren Schicht einfacher Einzelhefte wird die Unterhaut verschlossen. Die Hautnaht erfolgt mit monofilem nichtresorbierbaren Kunststoffmaterial. Die Operationswunde soll mit einem nicht verklebenden sterilen Wundverband abgedeckt werden, danach wird ein mehrlagiger stabiler Stützverband mit elastischen Bandagen oder ein fixierender Kunststoffverband für etwa zehn Tage angelegt. Ein fixierender Verband ist für diesen Zeitraum besonders angezeigt, wenn ein großes Fragment entfernt wurde. Nach etwa 10 bis 14 Tagen werden die Pferde täglich kurze Zeit geführt. Die Behandlung mit Stützverbänden sollte über mindestens 30 Tage fortgesetzt werden, besonders wichtig ist sie in den ersten zwei Wochen, um ein Anschwellen zu verhindern.

Bei distal gelegenen Fragmenten kann der Hautschnitt direkt über der Fraktur geführt werden und die distalen Gleichbeinbänder mit einbeziehen. Hier ist die Resektion wegen der dort befindlichen Bandansätze schwieriger. Der Schnitt direkt über dem Fragment sollte nach exakter röntgenologischer Lokalisierung erfolgen. Ist das Fragment gefunden, sollten die fibrösen Verbindungen zum größeren Knochenteil und die Bandansätze durchschnitten werden. Nach der Entfernung des Fragmentes wird das Bandgewebe mit resorbierbarem Nahtmaterial der Stärke 2-0 und einer traumatischen Nadel adaptiert. Die Hautnaht erfolgt mit monofilem synthetischen Material, und die Wundversorgung, Verbandbehandlung und Haltungsanweisungen entsprechen dem oben Beschriebenen.

Kleine distal gelegene Fragmente können über den bereits dargestellten Zugang für proximale Frakturen zwischen Musculus interosseus medius und Röhrbein erreicht werden, wenn der Schnitt durch das Seitenband des Gleichbeines distal verlängert wird und die Fraktur glatt durch die Gelenkfläche geht. Wenn das Fragment basal liegt und keine Gelenkbeteiligung aufweist, ist es auf diesem Weg nicht zugänglich. Hier muß der Schnitt direkt über dem Fragment oder wie im folgenden beschrieben durchgeführt werden.

Ein weiterer Zugang bei der Resektion basaler Fragmente liegt palmar bzw. plantar auf dem Fesselkopf medial oder lateral der oberflächlichen Beugesehne je nach Lage der Fraktur. Der Schnitt führt durch das Fesselringband und die gemeinsame Sehnenscheide. Danach werden die Beugesehnen beiseite geschoben. Nun liegen die distalen Gleichbeinbänder frei, die horizontal gespalten werden, so daß man an die Gleichbeinbasis gelangt. Diese Bänder werden später in einer separaten Schicht adaptiert. Das Fesselringband und die Sehnenscheide werden gemeinsam genäht, dann adaptiert man Unterhaut und Haut schichtweise. Bei dieser Technik empfiehlt es sich, für eine Woche nach der Operation einen fixierenden Verband anzulegen.

Wenn die Fraktur der Basis ein Drittel oder mehr des Gleichbeines betrifft, kann sie mit einer ASIF-Kortikalisschraube als Zugschraube fixiert werden. Wenn ein großes basales Fragment in zwei Teile gesprengt wird, können diese manchmal durch Knochenschrauben in der gewünschten Position gehalten werden (Abb. 8.119). Der Hautschnitt befindet sich direkt über dem Bohrloch. Alle in Frage kommenden Gewebe (Fesselringband, distale Gleichbeinbänder) werden durchschnitten, um die Gleichbeinbasis freizulegen. Damit der Verlauf der Operation und die Plazierung der Knochenschrauben eingeschätzt werden können, ist entweder eine kontinuierliche Röntgenkontrolle oder die Eröffnung des Recessus palmaris bzw. plantaris der Gelenkkapsel zwischen Musculus interosseus medius und dem Knochen notwendig. Die Adaptation der Fragmente kann hier von der palmaren bzw. plantaren Gelenkfläche aus adspektorisch und palpatorisch überwacht werden. Ebenso ist die Röntgenuntersuchung hilfreich. Gebohrt werden soll mit niedriger Drehzahl, um eine thermisch bedingte Knochennekrose zu vermeiden. Es muß darauf geachtet werden, nicht durch den proximalen Anteil hindurch in den Musculus interosseus medius zu bohren, da dies zu einer dystrophischen Verkalkung desselben führen könnte. Vor dem Schrauben ist es notwendig, sich über den Zugang klar zu werden und die Anatomie dieses Bereiches genau zu kennen. Ist die Fraktur schon älter, kann das distale Fragment demineralisiert sein, und man sollte beim Anziehen der Schraube besonders vorsichtig sein, damit gesichert ist, daß das Knochenstück nicht infolge exzessiven Druckes oder vorhergegangener Demineralisation splittert. Die Spongiosa der Gleichbeine ist sehr weich, und man muß darauf achten, daß das in die Spongiosa und Kortikalis eingeschnittene Gewinde nicht überdreht wird. Auch die sehr dünne Knochengrenzlamelle kann leicht beschädigt werden. Im Idealfall verwendet man eine ASIF-Kortikalisschraube (Abb. 8.119). Meistens ist eine Kortikalisschraube jedoch zu groß und könnte das Fragment sprengen. Spongiosaschrauben lassen sich, wenn es nach einer gewissen Zeit nötig sein sollte, nur schwer wieder entfernen. Nach der Operation kann ein fixierender Verband bis zum Karpus bzw. Tarsus angelegt werden, damit der Fesselkopf gestützt wird.

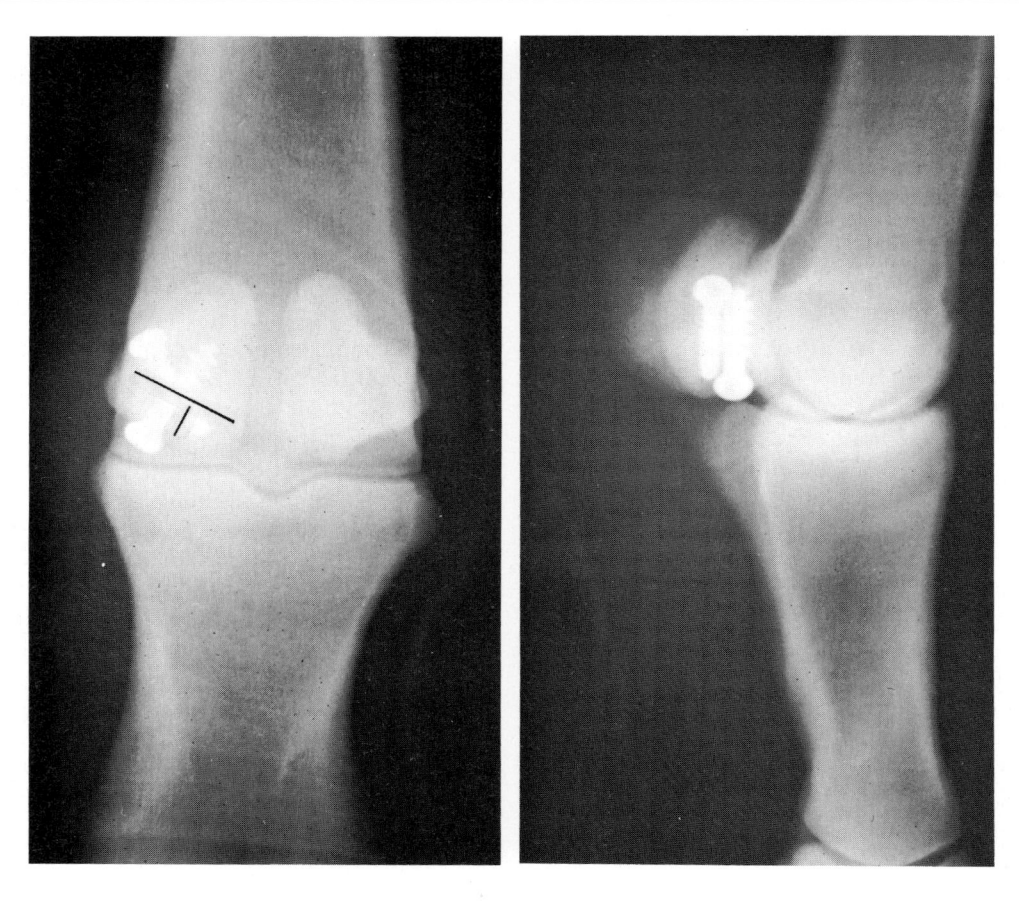

Abb. 8.119: Beispiel für die Verwendung von Schrauben bei einer Fraktur der Gleichbeinbasis mit einem großen Fragment, das auseinandergebrochen ist.

Bevor man mit einer solchen Operation beginnt, sollte man sicher sein, daß alle Voraussetzungen für einen Erfolg gegeben sind. Das Fragment sollte wenigstens 30 % des Gleichbeines beinhalten und im Ganzen vorliegen. Frakturen, die das Gleichbein in etwa halbieren, sind am günstigsten, während gesprengte Fragmente die Prognose verschlechtern und zusätzliche Knochentrümmer die Operation aussichtslos machen können. Eine sorgfältige Röntgenuntersuchung trägt dazu bei, diese Probleme zu klären. Wenn eine Entzündung eines bzw. beider Fesselträgerschenkel vorliegt, kann eine Operation aus diesem Grund angezeigt sein.

Ist eine Fraktur der Gleichbeinbasis zu dünn, um mit einer Schraube fixiert zu werden, und zu groß für eine Resektion, wird die Transplantation von autologem spongiösen Knochen empfohlen (Abb. 8.118).[12] Zur Zeit wird diese Technik auch bei großen Frakturen der Basis und Frakturen der Mitte des Gleichbeinkörpers angewandt. Der Zugang liegt an der palmaren bzw. plantaren Seite des Fesselkopfes 1 cm lateral oder medial des Spornes. Die Inzision führt durch das Fesselringband (Ligamentum anulare palmare bzw. plantare). Wenn die Beugesehnen beiseite gezogen werden, kann der Frakturspalt mit Hilfe einer 0,5 mm starken Kanüle lokalisiert werden. Dies wird durch eine Röntgenaufnahme abgesichert. Das Ligamentum palmare wird mit einem 1 bis 1,5 cm langen Schnitt gespalten. Knochentrümmer im Frakturbereich werden mit einer kleinen Kürette und einer Skalpellklinge Nr. 15 entfernt. Die zu übertragende Spongiosa kann aus dem Tuber coxae, dem Sternum oder einer Rippenfuge entnommen werden.[12,13,21] Der Autor bevorzugt das Tuber coxae, weil es dort weniger postoperative Komplikationen gibt. Nach Gewinnung des Transplantates wird es in den Frakturspalt verbracht. Das Ligamentum palmare bleibt offen, und das Fesselringband wird, wie auch Faszie, Subkutis und Haut, mit nichtresorbierbarem monofilen Nahtmaterial der Stärke 2−0 mit einfachen Einzelheften adaptiert. Dann wird die Wunde steril abgedeckt, und ein mehrlagiger Polsterverband mit einer Schiene wird von unterhalb des Karpus bis unterhalb des Kronrandes angelegt.[12] Dieser Verband wird nach Bedarf etwa vier bis sechs Wochen lang abgenommen und wieder angelegt. In den nächsten vier Wochen wird die Verbandbehandlung mit einer elastischen Bandage und einer Baumwollunterlage fortgesetzt. Boxenruhe sollte eingehalten werden, bis die Knochenheilung röntgenologisch nachgewiesen werden kann. Der Autor bevorzugt während der ersten zwei Wochen einen fixierenden Verband und verwendet danach Stützverbände.

Wenn eine Fraktur beide Gleichbeinkörper betrifft und der Fesseltragapparat nicht mehr funktionsfähig ist, führt nur eine frühzeitige Behandlung zum Erfolg.

Auch wenn die Behandlung früh einsetzt, kann das initiale Weichteiltrauma so groß sein, daß keine Blutversorgung der Zehe mehr besteht.[9,23] Die Versorgung solcher Verletzungen ist auf eine Immobilisierung des Fesselgelenkes über einen Zeitraum gerichtet, der eine bindegewebige Heilung der Weichteilverletzung erlaubt und verhindert, daß die Blutversorgung noch stärker geschädigt wird. Zu diesem Zweck wurden verschiedene Behandlungsmethoden wie das Anlegen fixierender Verbände, die Durchführung einer Arthrodese und die Verbandbehandlung mit Schienen empfohlen.[9,23]

Die Fixation der Gliedmaße in gebeugter Haltung in einem Kunststoffverband für die Dauer von sechs Wochen hat sich in einigen Fällen bewährt, ist jedoch Berichten zufolge mit einer größeren Zahl von Dekubitalstellen auf der palmaren bzw. plantaren Seite des Fesselkopfes verbunden.[23] Zudem erfordert das Anlegen eines Kunststoffverbandes ebenso wie das Wechseln zu einem späteren Zeitpunkt eine Allgemeinnarkose.[23]

Eine Arthrodese des Fesselgelenkes wurde bei diesen Fällen mit Erfolg durchgeführt.[9,23] Die Gliedmaße sollte vor der Operation für vier bis fünf Tage mit einem fixierenden Verband oder mit einer Schiene ruhiggestellt werden. In dieser Zeit kann sich das Pferd an die Immobilisierung des Gelenkes gewöhnen und sich von der Verletzung erholen.[9] Zum Zweck der Arthrodese wird der Knorpel kürettiert und eine interne Fixation durchgeführt. Eine vollständige Abhandlung hierüber findet sich unter der Überschrift „Verletzungsbedingte Ruptur des Fesseltragapparates" (Seite 584–587). Der Nachteil dieser Methode liegt darin, daß der Zugang häufig durch avitales Gewebe führt und daß die Technik schwierig und teuer ist.[23]

Als Alternative ist das Anlegen einer Schiene empfohlen worden.[23] Die Schiene kann aus einem Hartholzbrett bestehen, das an der Sohlenfläche mit Drähten fixiert wird, die durch Bohrlöcher im Huf und im Renneisen befestigt werden. Dieses Brett ist meistens geringfügig breiter als der Huf und reicht bis unmittelbar unter den Karpus bzw. Tarsus, so daß dieser während der Bewegung noch bequem gebeugt werden kann. Man stellt das Pferd auf das Brett und bohrt Löcher durch die Peripherie der Zehenwand, durch das Renneisen und durch das Brett. Danach werden Huf und Brett mit 2,5-mm-Drähten verbunden.[23] Nachdem ein Baumwollschutzverband angelegt wurde, wird die Schiene mit Mullbinden und elastischem Verbandmaterial palmar bzw. plantar am Röhrbein fixiert (Abb. 8.124).[23] Die Schiene kann bei Bedarf gewechselt werden, aber man sollte sie erst nach vier bis sechs Wochen abnehmen, wenn eine ausreichende Heilung des Bindegewebes stattgefunden hat.[23] Danach wird entweder ein Eisen nach ROBERTS oder ein Eisen mit einem erhöhten Quersteg angebracht (Abb. 8.122 und Abb. 8.123), damit der Fesselkopf so lange unterstützt wird, bis er stabil genug ist, das gesamte Gewicht zu tragen. Die Unterstützung durch das Eisen wird nach und nach durch Verringerung der Trachtenerhöhung vermindert.[23] Die Vorteile der Behandlung mit einer Schiene liegen in der einfachen Anwendbarkeit beim stehenden Tier, der Möglichkeit, jederzeit bei Bedarf einen Verbandwechsel vornehmen zu können, der frühen Belastbarkeit und den relativ geringen Kosten.[23]

Die häufigste Komplikation ist eine Belastungsrehe der kontralateralen Gliedmaße. Erstes Anzeichen dafür ist die vermehrte Belastung des verletzten Beines, was fälschlicherweise einem guten Heilungsverlauf zugeschrieben wird. Eine Belastungsrehe entsteht meistens in der dritten bis vierten Woche nach dem Unfall. Um diesem Zustand vorzubeugen, sollte dieser Huf mit einem Eisen mit verbreiterten Schenkeln und untergelegten Keilen beschlagen werden, um die Trachten zu erhöhen, oder mit einem Eisen mit einem V-förmigen Steg, der den Zehenspitzenbereich freiläßt (heart-bar shoe Seite 789).[23] Um eine stärkere Belastung der verletzten Gliedmaße zu erreichen und auf diese Weise die Belastung für die kontralaterale Gliedmaße zu verringern, sollten Analgetika verabreicht werden.

Prognose

Die Prognose ist vorsichtig zu stellen, wenn die Fraktur mehr als ein Drittel des Gleichbeines betrifft, älter ist und keine Behandlung durch einen fixierenden Verband oder eine Operation stattgefunden hat. Kleinere Fragmente können auch nach längerer Zeit erfolgreich entfernt werden, aber je eher nach Abklingen der akuten Entzündung eine Operation stattfindet, desto günstiger sind die Aussichten für den Patienten. Die Prognose bei Resektion kleinerer Fragmente lautet: vorsichtig bis günstig. Wurde sofort nach Auftreten der Fraktur ein fixierender Verband angelegt, können die Pferde häufig wieder in den Rennsport zurückkehren, sofern keine Dislokation vorliegt. Sind beide Gleichbeine gebrochen, ist die Prognose weniger günstig.

Bei den Gleichbeinfrakturen, die zu einem Funktionsausfall des Fesseltragapparates führen, ist die Prognose schlecht, und eine Behandlung sollte nur bei Tieren von hohem Zuchtwert oder hohem ideellen Wert in Erwägung gezogen werden.[9,23]

In jedem Fall kann eine Prognose nur nach eingehender Begutachtung der Röntgenaufnahmen im Hinblick auf das Vorliegen einer degenerativen Fesselgelenkserkrankung und nach Untersuchung des Fesseltragapparates im Hinblick auf eine Schmerzhaftigkeit als Zeichen einer Desmitis erfolgen.

Ausgewählte Literatur

1. ADAMS, O. R.: Lameness in Horses. 3rd Ed. Philadelphia, Lea & Febiger, 1974.
2. BASSINGNANA, G.: The use of neurectomy after fracture of the proximal sesamoids. 5th Ann. Cong. Brit. Eq. Vet. Assoc., 1966, p. 17.
3. CHURCHILL, E. A.: Sesamoid fractures. Proc. 18th Ann. AAEP, 1962, p. 206
4. CHURCHILL, E. A.: Surgical removal of fracture fragments of the proximal sesamoid bone. J. Am. Vet. Med. Assoc., **128**: 581, 1956.
5. COPELAN, R. W.: Bone screws as a method of immobilizing sesamoid fragments. Proc. 16th Ann. AAEP, 1970, p. 207.
6. ELLIS, D. R.: Fractures of the proximal sesamoid bones in thoroughbred foals. Eq. Vet. J., **11**: 48, 1979.
7. FACKELMAN, G. E.: Compression screw fixation of proximal sesamoid fractures. J. Eq. Med. Surg., **2**: 32, 1978.
8. FRASER, J. A.: Some conditions of the proximal sesamoid bones. Eq. Vet. J., **3**: 20, 1971.

9. GRANT, B. D.: The sesamoid bone. *In* Equine Medicine and Surgery. 3rd Ed. Edited by R. A. Mansmann and E. S. McAllister. Santa Barbara, American Veterinary Publications. 1982, p. 1006.
10. HEINZE, C. D.: Fractures of special interest. *In* Equine Medicine and Surgery. 2nd Ed. Edited by E. J. Catcott and J. F. Smithcors, Illinois, American Veterinary Publications, 1972.
11. McKIBBIN, L. S., and ARMSTRONG, K. N.: Bone screws as a method of immobilizing sesamoid fragments. Proc. 16th Ann. AAEP, 1970, p. 203.
12. MEDINA, L. E., et al.: Treatment of basal fractures of the proximal sesamoid bone in the horse using autogenous bone graft. Proc. 26th Ann. AAEP, 1980, p. 345.
13. MILNE, D. W., and TURNER, A. S.: An Atlas of Surgical Approaches to the Bone of the Horse. Philadelphia, W. B. Saunders Co., 1979, pp. 36–46.
14. O'BRIEN, T. R., et al.: Sesamoiditis in the thoroughbred: a radiographic study. J. Amer. Vet. Rad. Soc., **13**: 75, 1971.
15. PALMER, S. E.: Radiography of the abaxial surface of the proximal sesamoid bones of the horse. J. Am. Vet. Med. Assoc., **181**: 264, 1982.
16. PETERS, J. E.: Fractures of the third phalanx and sesamoids in the race horse. J. Am. Vet. Med. Assoc., **114**: 405, 1949.
17. PROCTOR, D. L.: Traumatic injuries and their treatment. *In* Equine Medicine and Surgery. Santa Barbara, American Veterinary Publications, 1963, p. 694.
18. RAKER, C. W.: Surgical treatment of equine osteoarthritis and tendosynovitis. J. Am. Vet. Med. Assoc., **141**: 1273, 1962.
19. ROONEY, J. R.: Biomechanics of Lameness in Horses. Baltimore, Williams & Wilkins Co., 1969.
20. SCHNEIDER, R. K.: Incidence and location of fractures of the proximal sesamoids and proximal extremity of the first phalanx. 25th Ann. AAEP, 1979, pp. 157–158.
21. SEVELIUS, F., and TUFVESSON, G.: Treatment for fractures of the sesamoid bones. J. Am. Vet. Med. Assoc., **142**: 981, 1963.
22. STASHAK, T. S., and ADAMS, O. R.: Collection of bone grafts from the tuber coxae of the horse. J. Am. Vet. Med. Assoc., **167**: 397, 1975.
23. WHEAT, J. D., and PASCOE, J. R.: A technique for management of traumatic rupture of the equine suspensory apparatus. J. Am. Vet. Med. Assoc., **176**: 205, 1980.
24. WHEAT, J. D., and RHODE, E. A.: Surgical treatment of fractures of the proximal sesamoid bones in the horse. J. Am. Vet. Med. Assoc., **132**: 378, 1958.
25. WIRSTAD, H. F.: Fractures of the proximal sesamoid bones. Vet. Rec., **75**: 509, 1963.
26. WIRSTAD, H. F., TUFVESSON, G., and SEVELIUS, F.: Fractures of the proximal sesamoid bones. Nord. Vet. Med., **14**: 33, 1962.

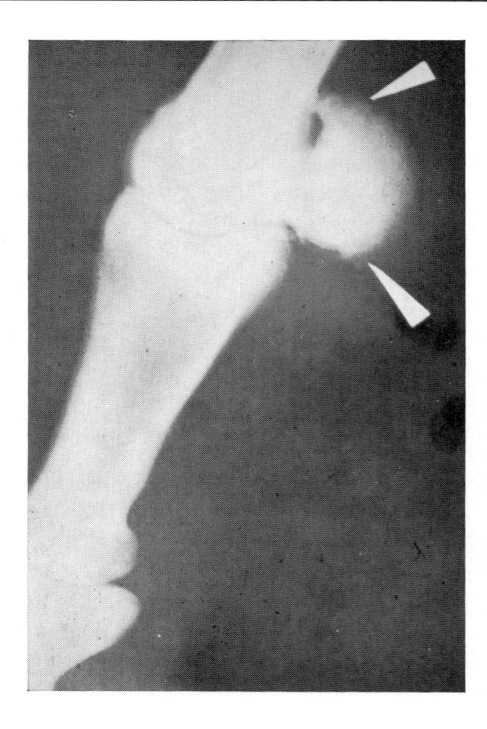

Abb. 8.120: Die Pfeile zeigen Knochenzubildungen bei einer Gleichbeinlahmheit. Die Ursache hierfür ist eine Irritation durch Verletzung der Endschenkel des Musculus interosseus medius zu den Gleichbeinen (Pfeil oben) und der distalen Gleichbeinbänder (Pfeil unten).

Gleichbeinlahmheit (Sesamoiditis)

Die Gleichbeinlahmheit, eine Entzündung der Gleichbeine, wird im allgemeinen von einer Periostitis und Ostitis dieser Knochen begleitet. Auch der Musculus interosseus medius und die distalen Gleichbeinbänder können betroffen sein und weisen dann Kalzifikationsherde auf. Als Folge der Entzündung und der unzulänglichen Blutversorgung kommt es zu einer Demineralisierung des Knochens (Abb. 8.120 und Abb. 8.121).[6]
O'BRIEN et al. teilten die Gleichbeinlahmheiten in eine artikuläre und eine nichtartikuläre Form ein.[6] Die artikuläre Form ist durch die Bildung peripherer Osteophyten apikal und basal am Gleichbein gekennzeichnet und normalerweise die Folge einer Fesselgelenkserkrankung.

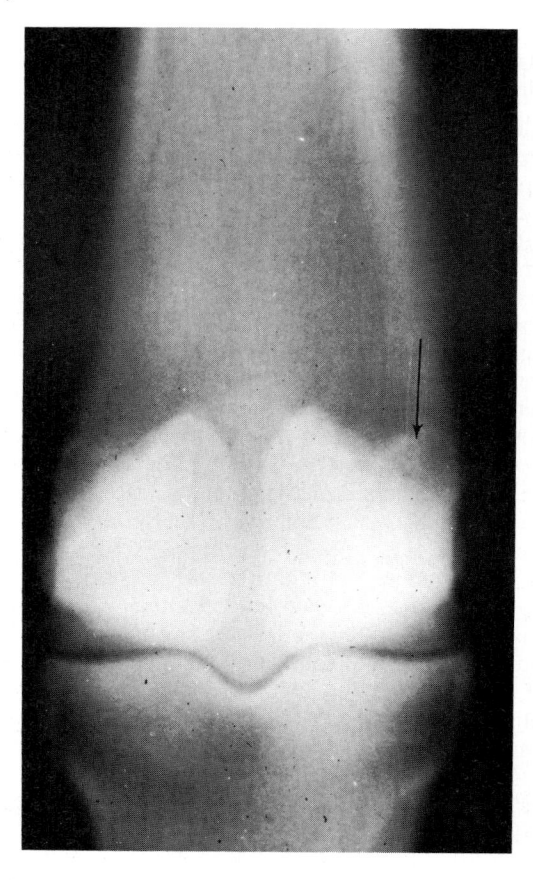

Abb. 8.121: Gleichbeinlahmheit mit Kalzifikationsherd im Endschenkel des Musculus interosseus medius (Pfeil).

Bei der nichtartikulären Form liegt eine Veränderung im Bereich des Fesseltragapparates als Grundkrankheit vor, und vergrößerte Knochenkanäle sowie eine grobmaschige Struktur und ein gesteigerter Knochenaufbau abaxial oder basal am Gleichbein sind hier charakteristisch. Die gesteigerte Knochenproduktion ist wahrscheinlich die Folge einer Entzündung durch Zug an den Ansätzen entweder des Musculus interosseus medius oder der distalen Gleichbeinbänder. O'BRIEN et al. sind der Ansicht, die nichtartikuläre Form sei die eigentliche Gleichbeinlahmheit,[6] auf die sich auch das im folgenden Gesagte bezieht.

Die Gleichbeinlahmheit ist häufig bei Rennpferden, Huntern und Springpferden im Alter zwischen zwei und fünf Jahren zu beobachten.[4-6] Man nimmt an, daß die Schmerzhaftigkeit das Ergebnis von Entzündungen in den Ansatzbereichen des Musculus interosseus medius bzw. der distalen Gleichbeinbänder ist. Eine primäre Erkrankung des Fesselträgers oder der distalen Gleichbeinbänder kann ebenfalls vorliegen.[2]

Ätiologie

Jede ungewöhnliche Belastung der Fesselgelenksgegend kann eine Gleichbeinlahmheit verursachen. Obwohl diese Erkrankung gehäuft bei Rennpferden, Huntern und Springpferden auftritt, kann sie eigentlich jedes Pferd betreffen und ist die Folge einer Verletzung des Ansatzes des Musculus interosseus medius an den Gleichbeinen, die eine schlechtere Blutversorgung der Gleichbeine bewirkt. Auch eine Verletzung der Ansätze der distalen Gleichbeinbänder an der Gleichbeinbasis kann vorkommen. NEMETH vermutet, daß die am abaxialen Rand der Gleichbeine gelegenen deutlichen Gefäßkanäle eine intravasale Thrombose darstellen und daß diese Thrombose durch wandernde Parasiten entstanden ist.[4,5]

Symptome

Die Symptome ähneln denen einer Gleichbeinfraktur.[1] Im Frühstadium ist die zu beobachtende Umfangsvermehrung minimal, aber im Bereich der abaxialen Fläche der Gleichbeine kann vermehrte Wärme festgestellt werden. Mit Fortschreiten der Erkrankung ist eine sichtbare Umfangsvermehrung des Weichteilgewebes palmar bzw. plantar am Fesselkopf festzustellen.

Der Lahmheitsgrad während der Arbeit ist sehr unterschiedlich und hängt davon ab, in welchem Stadium sich die Erkrankung befindet und welcher Krankheitsgrad vorliegt. Im allgemeinen ist die Lahmheit zu Beginn der Arbeit am deutlichsten und wird bei Training auf hartem Untergrund noch verstärkt.[6] Bei genauer Beobachtung läßt sich feststellen, daß das Fesselgelenk weniger als normal gestreckt wird.[1]

Palpatorisch läßt sich durch Druck auf die abaxiale Fläche des Gleichbeines ein schmerzhaftes Zurückziehen der Gliedmaße auslösen. In fortgeschrittenen Fällen ist die Schmerzreaktion gewöhnlich durch Druck auf die Endschenkel des Musculus interosseus medius und in gleicher Weise durch Druck auf die distalen Gleichbeinbänder hervorzurufen. Das Einbeugen des Fesselkopfes verursacht ebenfalls Schmerzen, und Beugeproben verschlimmern die Lahmheit gewöhnlich. Leitungsanästhesien und intraartikuläre Anästhesien werden zur Diagnose dieses Krankheitskomplexes selten herangezogen, jedoch kann die Gelenkanästhesie von Nutzen sein, wenn eine Gelenkbeteiligung vermutet wird.

Diagnose

Die Diagnose kann gewöhnlich nach einer sorgfältigen Untersuchung der Gliedmaße gestellt werden. Röntgenaufnahmen sollten drei Wochen nach Beginn der Erkrankung angefertigt werden, um festzustellen, ob knöcherne Veränderungen an den Gleichbeinen entstehen. Die röntgenologisch sichtbaren Veränderungen einer eigentlichen Gleichbeinlahmheit bestehen in knöchernen Veränderungen an der abaxialen oder basalen Fläche mit verstärkter Sklerosierung, einer vergrößerten Zahl zusätzlicher ungleichmäßiger Gefäßkanäle und darin, daß die Knochenstruktur grobmaschiger und ungleichmäßiger wird.[3] Die Erkrankung kann mit einer Tendosynovitis, einer Gleichbeinfraktur und einer Verletzung des Musculus interosseus medius einhergehen und sollte von diesen unterschieden werden.

Auch sollte die auf dem Röntgenbild sichtbare ungleichmäßige Struktur sorgfältig studiert werden, um eine Fraktur auszuschließen. Unvollständige Frakturen unterscheiden sich von groben Gefäßkanälen dadurch, daß sie im Gegensatz zu diesen normalerweise bis zur abaxialen Fläche reichen. Auch stimmt der Winkel der Frakturlinie auf dem Röntgenbild häufig nicht mit der eigentlichen Fraktur überein.[6]

Therapie

Eine intensive antiphlogistische Therapie ist unbedingt notwendig. Abwechselnd kalte und warme sowie entzündungshemmende Umschläge sollten angewandt werden. Eine der besten Behandlungsmethoden für akute Fälle besteht in der Immobilisierung der Gliedmaße durch einen fixierenden Kunststoffverband von der Hufwand bis direkt unterhalb des Karpus bzw. Tarsus. Nach zwei bis drei Wochen wird der Verband abgenommen und, wenn nötig, durch einen neuen ersetzt. Statt eines Kunststoffverbandes kann auch ein mehrlagiger Stützverband angelegt werden. Chronische Fälle wurden neurektomiert, gebrannt oder geblistert, aber der Erfolg war begrenzt, wobei die Neurektomie bei einem Reitpferd nicht durchgeführt werden sollte. Einige Autoren halten bei dieser Erkrankung und bei der Verknöcherung des Musculus interosseus medius eine Therapie mit Röntgen- oder Gammastrahlen für wertvoll. Eine längere Ruhephase ist notwendig, um einer möglichen Gleichbeinfraktur vorzubeugen.

Prognose

Die Prognose ist vorsichtig bis ungünstig zu stellen, abhängig von dem Grad der periostalen Reaktion und der Knochenzubildung am Gleichbein sowie vom Grad des Schadens am Musculus interosseus medius und an den distalen Gleichbeinbändern.

Ausgewählte Literatur

1. ADAMS, O. R.: Lameness in Horses. 3rd Ed. Philadelphia, Lea & Febiger, 1974.
2. HAYNES, P. F.: Diseases of the fetlock and metacarpus. Symposium on Equine Lameness. Vet. Clin. North Am. (Large Anim. Pract.), **2**: 33, 1980.
3. MORGAN, J. P.: Radiology of the proximal sesamoid bones after trauma. Tijdschr. Diergeneesk., **98**: 988, 1973.
4. NEMETH, F.: Sesamoiditis in the horse. Tijdschr. Diergeneesk., **98**: 994, 1973.
5. NEMETH, F.: The pathology of sesamoiditis. Tijdschr. Diergeneesk., **98**: 1003, 1963.
6. O'BRIEN, T. R., et al.: Sesamoiditis in the thoroughbred: a radiographic study. J. Am. Vet. Rad. Soc., **12**: 75, 1971.
7. REID, C. F.: Radiography and the purchase examination in the horse. Symposium on Equine Lameness. Vet. Clin. North Am. (Large Anim. Pract.), **2**: 191, 1980.

Traumatische Arthritis des Fesselgelenkes („Osselets")

Siehe: Abschnitte über traumatische Synovialitis und Capsulitis (Seite 360–369) und über chronisch proliferative Synovialitis (Seite 369–370).

Verletzungsbedingte Ruptur des Fesseltragapparates

Die verletzungsbedingte Ruptur des Fesseltragapparates mit oder ohne Fraktur beider Gleichbeine ist eine häufige Ursache des akuten Niederbruches bei Galopprennpferden und führt oft zur Euthanasie der Tiere.[3,5,6,10] Die Luxation der Gleichbeine nach proximal, ohne daß eine Fraktur vorliegt, kann durch eine traumatische Ruptur der distalen Gleichbeinbänder verursacht werden. Transversal- oder Trümmerfrakturen der Gleichbeine können zu einem Auseinanderweichen der Fragmente führen. Der apikale Teil wird durch den Zug der proximalen Gleichbeinbänder proximal verlagert, während der basale Teil an den distalen Gleichbeinbändern fixiert bleibt (Abb. 8.114). Gelegentlich entsteht eine offene Luxation des Fesselgelenkes.[5] Hinzu kommt, daß neben dem schweren Knochen- und Weichteiltrauma die in diesem Gebiet verlaufenden Zehenarterien häufig so geschädigt sind, daß eine ischämische Nekrose des Hufes die Folge ist. Die Behandlung einer traumatischen Ruptur des Fesseltragapparates sollte nur zur Rettung von Pferden mit hohem Zuchtwert oder hohem ideellen Wert in Erwägung gezogen werden.[4,5,10]

Ätiologie

Ein möglicher Grund für die Zerreißung des Tragapparates ist die extreme Überstreckung des Fesselgelenkes. Ebenso kann mit gutem Grund angenommen werden, daß eine vorher bestehende Erkrankung der Gleichbeine und der distalen Gleichbeinbänder zur Ruptur beitragen kann. Die unregelmäßige osteoporotische Struktur mit vergrößerten Gefäßkanälen, wie sie bei der chronischen Gleichbeinlahmheit vorkommt, stellt mit größter Wahrscheinlichkeit eine Schwachstelle im Knochen dar.[7] Unerkannte nicht dislozierte Transversalfrakturen sollten ebenfalls als Locus minoris resistentiae für die Entstehung einer vollständigen Fraktur in Betracht gezogen werden.[7] Exostosen am Ansatz der distalen Gleichbeinbänder, wie sie durch Überdehnung entstehen, werden gleichfalls als prädisponierend für eine Ruptur angesehen.[7]

Symptome

Schon bei der allgemeinen Adspektion stellt sich der Fesselkopf deutlich geschwollen dar, und nur die gesunde Gliedmaße wird belastet. Die Lahmheit ist offensichtlich, und wenn das Pferd versucht, mit dem erkrankten Bein Gewicht aufzunehmen, senkt sich der Fesselkopf bis auf den Boden. Palpatorisch läßt sich die proximale Verlagerung der gesamten Gleichbeine oder des apikalen Fragmentes meistens feststellen.[10] In einigen Fällen kann die Kante der Bruchstücke palpiert werden. Man sollte versuchen, sich darüber klarzuwerden, ob die Blutversorgung der Zehe noch gegeben ist. In manchen Fällen ist dies allein durch die Palpation feststellbar, in anderen sind kompliziertere Methoden wie eine Angiographie, eine Ultraschalluntersuchung oder die intravenöse Injektion von 5 g Natriumfluoreszin erforderlich.[5] In letzterem Fall ist eine Woodsche Lampe nötig, um die Fluoreszenz des vitalen Gewebes nachzuweisen.

Diagnose

Die Röntgenuntersuchung zeigt gewöhnlich entweder die Dislokation des gesamten Gleichbeines oder eines apikalen Fragmentes nach proximal (Abb. 8.114). Die zugehörige Weichteilschwellung ist ebenfalls ganz offensichtlich, und bereits früher bestehende degenerative Veränderungen der Gleichbeine und des Fesselgelenkes können zusätzlich vorhanden sein.[10] Um festzustellen, ob noch eine ausreichende Blutversorgung gegeben ist, kann eine Angiographie durchgeführt werden.[5]

Therapie

Eine Behandlung sollte nur bei Tieren mit hohem Zuchtwert oder großem ideellen Wert in Erwägung gezogen werden.[4,10]

Um einen Behandlungserfolg zu ermöglichen, muß die betroffene Gliedmaße sofort ruhiggestellt werden, um die Gefahr einer weiteren Weichteilschädigung ebenso wie die einer Schädigung der Blutversorgung möglichst gering zu halten. Die Ruhigstellung soll sofort nach Eintritt der Verletzung, bevor das Tier transportiert wird, veranlaßt werden. Mit einem Verband mit Schiene, der vier bis fünf Tage bis zur endgültigen Entscheidung über die Behandlung angelegt bleibt, kann sich das Pferd an die Immobilisierung gewöhnen und sich von dem Trauma erholen. Zusätzlich kann sich der Tierarzt ein besseres Bild über die Blutversorgung der Zehe machen. Ist das Ausmaß der Schädigung hier noch unklar, müssen verfeinerte Methoden zur endgültigen Klärung angewendet werden. Bestehen dann immer noch Zweifel über die Vitalität dieser Gewebe, ist es ratsam, erneut einen Verband anzulegen und die Untersuchung nach weiteren fünf bis sieben Tagen zu wiederholen. Zu den verschiedenen erfolgreich angewendeten Behandlungsmethoden gehören das Anlegen fixierender Kunststoffverbände, das Schienen und die Arthrodese.[1,2,4,5,9,10] Die fixierenden Verbände ebenso wie die Verbände mit Schienen sollen bewirken, daß der Fesselkopf so lange ruhiggestellt wird, bis das Weichteilgewebe so weit geheilt ist, daß es seine Haltefunktion wieder aufnehmen kann. Durch die Arthrodese soll in den Fällen eine nicht mehr schmerzhafte feste Ankylose des Fesselgelenkes erreicht werden, in denen weniger invasive konservative Maßnahmen zu keinem Erfolg geführt haben. Da eine Hufrehe mit Rotation des Hufbeines der nicht verletzten kontralateralen Gliedmaße eine häufige Komplikation ist, sollte dort sobald wie möglich ein Eisen mit verbreiterten Schenkeln und einer keilförmigen Einlage oder mit einem V-förmigen und nicht bis zum Zehenspitzenbereich reichenden Steg angebracht werden[10] (s. Abb. 789). Obwohl die Fixation in Beugehaltung mit einem Kunststoffverband den Fesselkopf wirksam unterstützt und immobilisiert, bis die Heilung eingetreten ist, ist mit einer größeren Anzahl von Dekubitalstellen zu rechnen.[10] Zudem ist zum ordentlichen Anlegen eines fixierenden Verbandes eine Allgemeinnarkose erforderlich, und zwar nicht nur beim ersten Mal, sondern auch bei jedem folgenden Verbandwechsel. Die Ruhigstellung mit einem Kunststoffverband ist im allgemeinen über vier bis sechs Wochen erforderlich. Danach bekommt das Pferd einen stabilen Stützverband und ein Spezialeisen, das eine Trachtenerhöhung bewirkt (Abb. 8.122 und Abb. 8.123). Die Trachtenerhöhung wird in den folgenden vier Wochen Schritt für Schritt reduziert, bis schließlich nur noch ein Keil erforderlich ist. Die Behandlung mit einem Stützverband sollte nach Entfernung des Kunststoffverbandes noch weitere drei Wochen fortgesetzt werden. Eine längere Verbandbehandlung kann erforderlich sein, wenn die Dekubitalstellen schlecht heilen.

Es wurde bereits ein praktischer Schienenverband beschrieben, der beim stehenden Pferd angelegt werden kann und zu keiner weiteren Weichteilschädigung führt.[10] Das Ende eines Hartholzbrettes, das etwas breiter als der Huf sein sollte (2,5 x 10 x 40 bis 45 cm), wird am Huf angebracht, indem durch die Peripherie der dorsalen Hufwand und durch ein Renneisen Löcher gebohrt werden und das Brett mit einem Draht der Stärke 2,5 mm dort fixiert wird.[10] Die Schiene wird palmar bzw. plantar am Röhrbein mit einem dicken Baumwollpolster unterpolstert und dort befestigt (Abb. 8.124). Eine Alternative hierzu ist die Hitchcock-Schiene (Abb. 8.125).[4]
Beide Methoden sind wirksam und können leicht für jeden spezifischen Fall modifiziert werden. Sie werden ebenfalls über vier bis sechs Wochen angewendet, und danach bekommen die Tiere ein Spezialeisen zur Trachtenerhöhung und Unterstützung des Fesselkopfes. Die Behandlungsergebnisse nach Schienung entsprechen denen nach Anlegen eines fixierenden Verbandes. Die Vorteile liegen in der einfachen Anwendbarkeit beim stehenden Pferd und dem problemlosen Wechsel.[10]

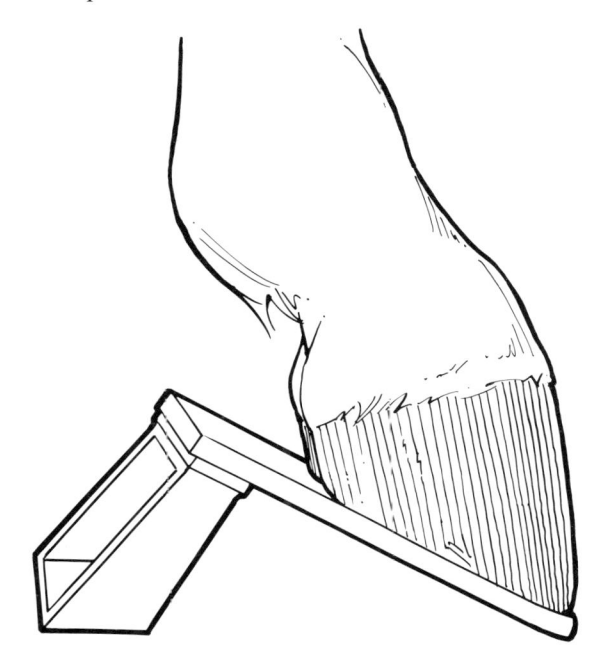

Abb. 8.122: Beispiel für ein Eisen mit einer Trachtenerhöhung. Im Idealfall sollte der Steg verstellbar oder auswechselbar sein, so daß die Höhe mit der Zeit geändert werden kann.

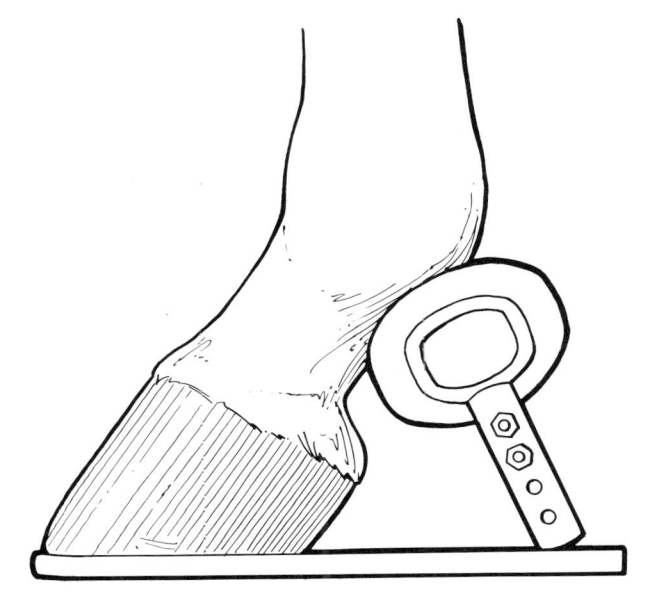

Abb. 8.123: Darstellung eines Eisens nach ROBERTS zur Unterstützung des Fesselkopfes. Die Höhe der Stütze kann verändert werden.

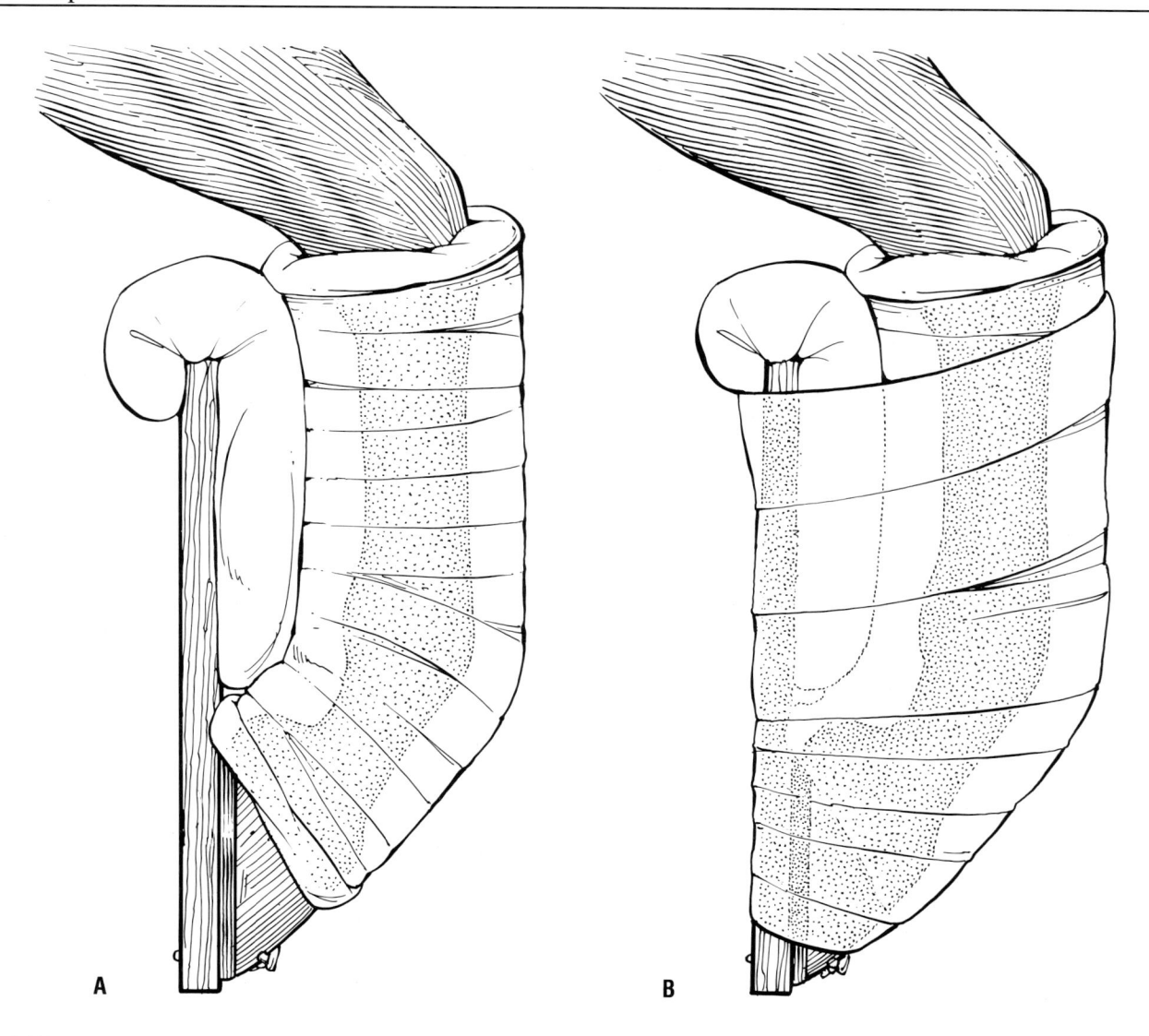

Abb. 8.124: A Die dargestellte Gliedmaße ist dick bandagiert, und die gepolsterte Schiene wird an deren Palmar- bzw. Plantarfläche angelegt. **B** Der vollständige Schienenverband (aus WHEAT, J. D., et al.: A technique for management of traumatic rupture of the equine suspensory apparatus. J. Am. Vet. Med. Assoc., 1981).

Wenn zusätzlich zur ursprünglichen Verletzung eine chronische Luxation des Fesselgelenkes besteht oder sich eine schmerzhafte Arthritis entwickelt hat, sollte eine Fesselgelenksarthrodese in Erwägung gezogen werden,[1,2,10] für die BRAMLAGE eine effektive Technik beschrieben hat.[1,2] Das Pferd wird so in Seitenlage gebracht, daß die betroffene Gliedmaße unten liegt und von medial zugänglich ist. Das Fesselgelenk wird durch einen gebogenen Schnitt freigelegt, der vom Röhrbein bis zur Krone reicht, und das Fesselgelenk wird geöffnet. Eine Platte wird der dorsalen Fläche des Fesselbeines angepaßt und mit vier Schrauben dort fixiert. Zusätzlich wird ein Spanndraht angebracht, indem das Fesselbein von medial nach lateral durchbohrt wird. Die Platte wird zunächst wieder entfernt, und mit einer oszillierenden Säge wird eine Scheibe vom Kondylus abgesägt, die gerade so dick ist, daß sie mit einer Schraube wieder befestigt werden kann. Das Fesselgelenk wird dann luxiert, um die Gelenkfläche freizulegen, und der Knorpel wird mit einem Preßluftbohrer, einer Fräse oder einer Kürette abgetragen. Wird ein Preßluftbohrer benutzt, sollte man darauf achten, daß nicht zuviel vom subchondralen Knochen entfernt wird, damit die Kontur der Gelenkfläche erhalten bleibt.

Danach werden mit einem 2-mm-Bohrer im Abstand von 1 cm Löcher in die distale und proximale Gelenkfläche gebohrt, um die Tätigkeit und Ausbreitung der Osteoblasten, die im subchondralen Knochen vorhanden sind, anzuregen. Das proximale Loch für den Spanndraht wird von medial nach lateral durch das Röhrbein gebohrt.

Der Kondylus wird nun wieder angesetzt und mit einer Zugschraube durch interfragmentäre Kompression unter Verwendung der zuvor gebohrten Löcher fixiert. Die bereits angepaßte Platte wird an der dorsalen Fläche des Fesselbeines und des Röhrbeines angebracht. Der Spanndraht wird palmar bzw. plantar über dem Fesselkopf gespannt.

verwiesen.[1,2] VALDEZ und McLAUGHLIN beschreiben eine Arthrodese des Fesselgelenkes mit Zugang von dorsal.[8] Diese Technik scheint allerdings der vorher beschriebenen unterlegen zu sein, da sie häufiger zu Komplikationen führt.

Prognose

Die Prognose ist anscheinend vorsichtig bis gut, was Zuchttauglichkeit und ausschließlichen Weidegang betrifft. In 11 von 17 Fällen wurde ein Erfolg erzielt, und die Pferde konnten auf der Weide gehen.[1,2] In einer anderen Veröffentlichung wird über fünf Fälle berichtet, bei denen die Arthrodese über einen dorsalen Zugang durchgeführt wurde und die Pferde anschließend zum Weidegang in der Lage waren.[8]

Ausgewählte Literatur

1. BRAMLAGE, L. R.: Arthrodesis of the fetlock joint. *In* Equine Medicine and Surgery. Edited by R. A. Mansmann, and E. S. McAllister. Santa Barbara, American Veterinary Publications, 1982, p. 1064.
2. BRAMLAGE, L. R.: An initial report on surgical technique for arthrodesis of the metacarpophalangeal joint in the horse. Proc. 27th Ann. AAEP, 1981, p. 257.
3. FESSLER, J. F., and AMSTUTZ, H. E.: Fracture repair. *In* Large Animal Surgery. Edited by F. W. Oehme, and J. E. Prier. Baltimore, Williams & Wilkins Co., 1974, p. 299.
4. GRANT, B. D.: The sesamoid bones. *In* Equine Medicine and Surgery. Edited by R. A. Mansmann, and E. S. McAllister. Santa Barbara, American Veterinary Publications, 1982, p. 1066.
5. HAYNES, P. F.: Disease of the fetlock and metacarpus. Symposium on Equine Lameness. Vet. Clin. North Am. (Large Anim. Pract.), **2**: 43, 1980.
6. JENNY, J.: Equine orthopedics. Proc. 9th Ann. AAEP, 1963, p. 69.
7. O'BRIEN, T. R., et al.: Sesamoiditis in the thoroughbred: a radiographic study. J. Am. Vet. Rad. Soc., **12**: 75, 1971.
8. VALDEZ, H. A., and McLAUGHLIN, A. S.: Arthrodesis of the fetlock joint with dynamic compression plates. J. Eq. Med. Surg., **3**: 421, 1979.
9. Von SALIS, B.: Internal fixation in the horse. Proc. 18th Ann. AAEP, 1972, p. 193.
10. WHEAT, J. D., and PASCOE, J. R.: A technique for management of traumatic rupture of the equine suspensory apparatus. J. Am. Vet. Med. Assoc., **176**: 205, 1980.

Laterale bzw. mediale Luxation des Fesselgelenkes

Die laterale bzw. mediale Luxation des Fesselgelenkes ist eine seltene Erkrankung und kann alle Altersgruppen bei sämtlichen Pferderassen betreffen. Im allgemeinen ist entweder das laterale oder mediale Seitenband gerissen, was zu einer Valgus- (Achsenabweichung des Röhrbeines nach distomedial und der Zehe nach distolateral) oder Varusstellung (Achsenabweichung des Röhrbeines nach distolateral und der Zehe nach distomedial) führt.[4] Gelegentlich kann auch eine Abrißfraktur am Ansatz dieser Bänder oder am Ansatz der Gelenkkapsel auftreten.[3] Die Fesselgelenksluxation kann an allen vier Gliedmaßen vorkom-

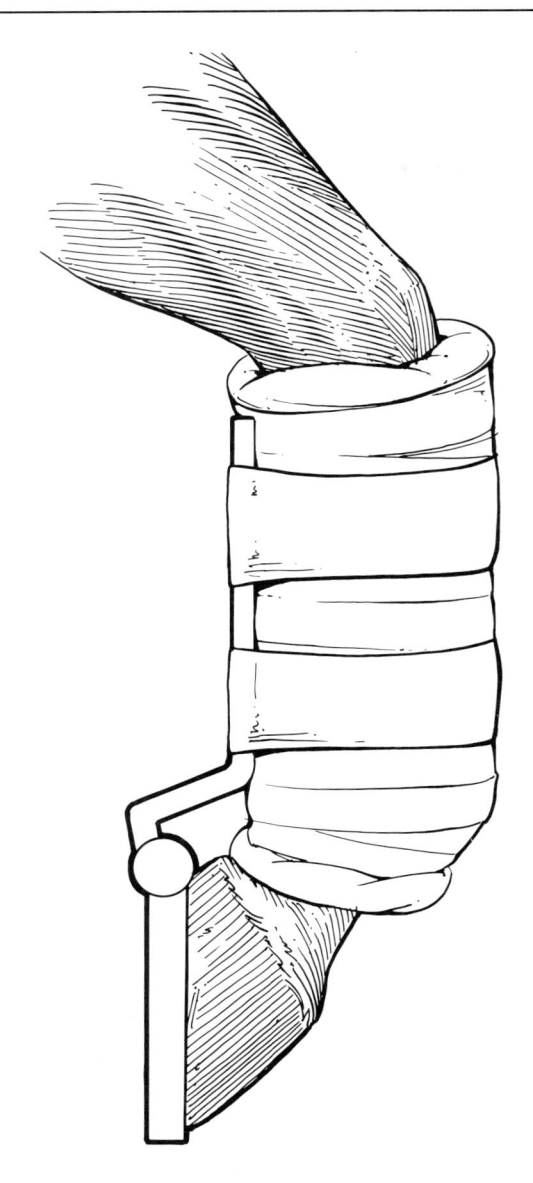

Abb. 8.125: Beispiel für eine Schiene nach HITCHCOCK.

Das Weichteilgewebe wird nach Einlegen einer Saugdrainage adaptiert, und der weitere Wundverschluß wird in üblicher Weise durchgeführt. Ein fixierender Verband, der den Huf einschließt und bis direkt unterhalb des Karpus bzw. Tarsus reicht, wird angelegt. Er kann nach 14 Tagen entfernt werden und wird dann nur bei Bedarf erneuert. Nach Entfernung des Verbandes ist nur noch wenig Kooperation von seiten des Pferdes notwendig, so daß die Nachbehandlung komplikationslos ist. Die funktionelle Länge der Gliedmaße wird durch diese Technik etwas vergrößert, aber die Tiere gewöhnen sich schnell daran. In den meisten Fällen, über die berichtet wird, waren die Pferde schmerzfrei, und die Funktion der Gliedmaße war so weit erhalten, daß die erforderliche Gewichtsbelastung möglich war. Da das Fesselgelenk versteift wird, kann es nicht gebeugt werden. Zur Beschreibung weiterer Details dieser Operationstechnik wird der Leser auf die Veröffentlichungen von BRAMLAGE

men, aber eine offene Verletzung des Gelenkes ist selten. Die Diagnose läßt sich nach der Adspektion stellen, da ein Achsenknick im Fesselgelenk sichtbar ist.
In einigen Fällen, wenn sich die Luxation spontan reponiert, so daß nur noch eine Umfangsvermehrung medial bzw. lateral des Fesselkopfes sichtbar ist, kann die Verdachtsdiagnose durch passive Bewegung des Fesselgelenkes bestätigt werden.
Subluxationen des Fesselgelenkes als Folge von Stellungsanomalien der Gliedmaße werden in dem Abschnitt Stellungsanomalien (Seite 454) behandelt. Fesselgelenksluxationen als Folge einer Ruptur des Fesseltragapparates sind in dem Abschnitt Verletzungsbedingte Ruptur des Fesseltragapparates auf Seite 584-587 zu finden.

Ätiologie

Die Luxation des Fesselgelenkes tritt häufig auf, wenn das Pferd in ein Loch tritt oder wenn der Huf zwischen zwei Weidezaunlatten eingeklemmt ist.[3] In den meisten Fällen führen die Versuche des Tieres, sich zu befreien, zu dieser Verletzung. Die Besitzer berichten oft, daß die Pferde in einer solchen Situation aufgefunden wurden. Gelegentlich kommt es zu Spontanrupturen während sehr schneller Bewegung (z. B. Rennen, Rodeo).

Symptome

Die klinischen Symptome sind im allgemeinen sehr deutlich und tragen zur Abgrenzung dieser Verletzung von einer Fraktur bei.[3] Gewöhnlich ist eine Varusstellung bzw. eine Valgusstellung sichtbar. Es kommt vor, daß die Luxation sich spontan wieder einrenkt, so daß als Symptome nur noch die Lahmheit und eine Umfangsvermehrung über dem rupturierten Seitenband übrig bleiben.
Bei der palpatorischen Untersuchung kann die vermehrte Beweglichkeit des Fesselgelenkes beim Ein- und Ausrenken unter wesentlich weniger Schmerzen provoziert werden als im Fall einer Fraktur, und es ist keine Krepitation auslösbar.[3] In den meisten Fällen ist auch die Schwellung geringer und besteht nur einseitig medial oder lateral. Es kommt zwar selten vor, daß die Gefäßversorgung der Zehe beeinträchtigt ist, jedoch sollte immer eine sorgfältige Untersuchung der Gefäße erfolgen.

Diagnose

Im allgemeinen kann die Diagnose schon durch die klinische Untersuchung gestellt werden. Röntgenaufnahmen sollten jedoch angefertigt werden, um festzustellen, ob eine Abrißfraktur vorliegt und ob Schäden an der Gelenkfläche bestehen, die bis in den subchondralen Knochen reichen. Besonders wichtig sind Röntgenaufnahmen bei jungen Fohlen, um die Möglichkeit eine Epiphysenfraktur als primäre Ursache oder als Zusatzbefund bei der Achsenknickung auszuschließen.[3]

Therapie

Die Therapie einer einfachen Fesselgelenksluxation kann lohnend sein. Meistens beschränkt sich die Verletzung auf das Weichteilgewebe, und wenn die Luxation in Allgemeinnarkose reponiert worden ist, kann eine gerade Gliedmaßenachse durch einen fixierenden Kunststoffverband oder eine Schiene aufrechterhalten werden, bis die Heilung eingetreten ist. Falls ein Hämatom über der Bandabrißstelle vorhanden ist, sollte es vor Anlegen des fixierenden Verbandes durch eine Kanüle entleert werden, um einen besseren Sitz des Verbandes zu gewährleisten. Vor der Punktion der Haut und dem Absaugen sollte geschoren und desinfiziert werden. Obwohl die Punktion des Hämatoms und das Anlegen des fixierenden Verbandes auch am stehenden Pferd geschehen können, wird eine Allgemeinanästhesie in Seitenlage bevorzugt. Das Einrenken der Luxation ist gewöhnlich nicht schwierig. Der Verband sollte beim erwachsenen Pferd den Huf einschließen und bis unterhalb des Karpus bzw. Tarsus reichen. Manche Kliniker bevorzugen hohe Kunststoffverbände,[3] jedoch besteht nach Ansicht des Autors hierfür keine Notwendigkeit. Bei jungen Fohlen reichen Schienenverbände im allgemeinen aus, alternativ kann ein Kunststoffverband, der den Fuß nicht einengt, benutzt werden. Die Behandlung mit fixierenden Verbänden oder Schienen muß über sechs Wochen fortgesetzt werden. Danach werden Stützverbände und dosierte Bewegung empfohlen. Zuerst erscheinen die Pferde steif, aber nach kurzer Zeit beugen sie das Fesselgelenk normal, und nur eine leichte Verdickung über dem rupturierten Seitenband bleibt als Schönheitsfehler bestehen.
Frische offene Luxationen können ebenfalls erfolgreich behandelt werden. Vor der Immobilisierung sollte jedoch ein vollständiges Debridement von avitalem Weichteilgewebe, Knochen und Knorpel durchgeführt werden.[3] Die Gewebetrümmer werden mit reichlich steriler balancierter Elektrolytlösung entfernt, der ein wasserlösliches Antibiotikum zugesetzt werden kann. Es ist wichtig, daß alle Aussackungen der Gelenkkapsel gesäubert und nekrotische Gewebsteile dort ausgespült werden. Ist das Gelenk nur wenig kontaminiert und wurde sofort eine Behandlung eingeleitet, wird eine Primärnaht des Weichteilgewebes empfohlen. Häufig werden ein Latexdrain oder eine Saugdrainage tief in die Wunde eingelegt und die Haut darüber bis auf eine ausreichend große Abflußöffnung verschlossen. Darüber wird ein steriler Verband angelegt, der dick genug ist, um die drainierte Flüssigkeit absorbieren und von der Wundoberfläche fernhalten zu können. Schließlich wird die Gliedmaße durch den oben beschriebenen fixierenden Zehenverband in ihrer Achse stabilisiert. Dieser wird nach vier bis sieben Tagen abgenommen, und die Wunde wird kontrolliert. Zu diesem Zeitpunkt wird auch entschieden, ob der Drain entfernt werden soll, ob eine Sekundärnaht ratsam ist oder ob über einem sterilen Verband erneut ein Kunststoffverband angelegt und der Wundverschluß durch Sekundärheilung abgewartet wird. In den meisten Fällen sind fixierende Verbände über sechs Wochen erforderlich. Während dieser Zeit muß das Pferd in einer trockenen Box stehen und mit entsprechenden Breitspektrumantibiotika und Analgetika behandelt werden.

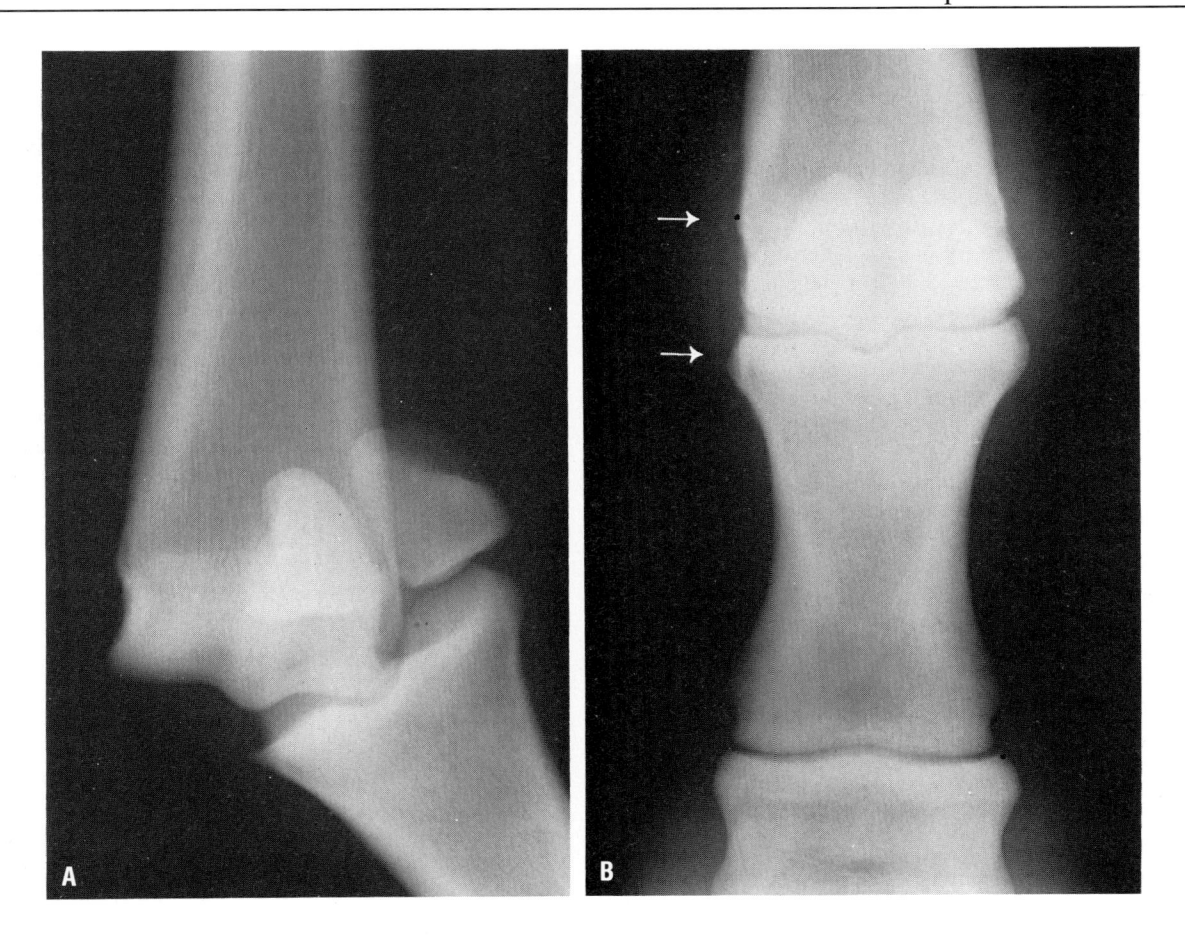

Abb. 8.126: A Subluxation des Fesselgelenkes mit Ruptur des lateralen und medialen Seitenbandes. **B** Kontrollaufnahme nach sechs Wochen im Anschluß an die Abnahme des fixierenden Verbandes. Zu diesem Zeitpunkt waren minimale proliferative Exostosen als Folge der Zugwirkung auf das Seitenband vorhanden (Pfeile).

Für schwerste chronische Verletzungen, wie die traumatische Ruptur des Fesseltragapparates oder eine Luxation in Verbindung mit einer ausgedehnten Fraktur, ist die chirurgisch herbeigeführte Arthrodese die beste Behandlungsmethode (siehe: Verletzungsbedingte Ruptur des Fesseltragapparates auf Seite 584–587).[1,2,4-6]

Prognose

Bei einer einfachen Fesselgelenksluxation ist die Prognose für die Verwendbarkeit in der Zucht gut, für die Verwendbarkeit im Sport eher vorsichtig zu stellen. Die endgültige Entscheidung über den Ausgang sollte jedoch mit Hilfe von Kontrollröntgenaufnahmen nach Ablauf von zwei Monaten getroffen werden. Frische offene Fesselgelenksluxationen sprechen, wie bereits beschrieben, gut auf eine frühzeitige Therapie an; man sollte in der Prognose jedoch zurückhaltend sein, bis eine Gelenkinfektion und eine degenerative Gelenkerkrankung als Folge des direkten Traumas ausgeschlossen werden können. Die langfristigen Aussichten im Hinblick auf die Gebrauchsfähigkeit des Pferdes hängen vollständig vom Grad des initialen Traumas ab, das der Knochen erfahren hat. Kontrollröntgenaufnahmen nach drei bis vier Monaten können eine realistische Prognose erleichtern.

Ausgewählte Literatur

1. BRAMLAGE, L. R.: An initial report on surgical technique for arthrodesis of the metacarpophalangeal joint in the horse. Proc. 26th Ann. AAEP, 1981, p. 257.
2. BRAMLAGE, L. R.: Arthrodesis of the fetlock joint. *In* Equine Medicine and Surgery, 3rd Ed. Edited by R. A. Mansmann, and E. S. McAllister. Santa Barbara, American Veterinary Publications, 1982, p. 1064.
3. FESSLER, J. F., and AMSTUTZ, H. E.: Fracture repair. *In* Large Animal Surgery. Edited by F. W. Oehme, and J. E. Prier. Baltimore, Williams & Wilkins Co., 1974.
4. GRANT, B. D.: The fetlock joint. *In* Equine Medicine and Surgery. 3rd. Ed. Edited by R. A. Mansmann, and E. S. McAllister. Santa Barbara, American Veterinary Publications, 1982, p. 1062.
5. JENNY, J.: Equine orthopedics. Proc. 9th Ann. AAEP, 1963, p. 69.
6. VALDEZ, H., and McLAUGHLIN, S. A.: Arthrodesis of the fetlock joint with dynamic compression plates. J. Eq. Med. Surg., **3**: 421, 1979.

Fehlstellungen im Fesselgelenk

Die Fehlstellung der Gliedmaße kann in einer Abweichung von der geraden Achse nach lateral oder medial bestehen. Die Begriffe *varus* und *valgus* werden benutzt, um die Art und die Richtung der Abweichung zu beschreiben. Die Varusstellung des Fesselkopfes besteht in einem Abweichen des Röhrbeines nach distolateral und der Zehe nach distomedial (Abb. 8.127). Der Begriff Valgusstellung wird für die entgegengesetzte Situation gebraucht, nämlich eine Abweichung des Röhrbeines nach distomedial und der Zehe nach distolateral von der geraden Gliedmaßenachse. Die Varusstellung kommt häufiger vor als die Valgusstellung.[12] In einer neueren Untersuchung, in der 55 Gelenke beurteilt wurden, lag in 24 von 55 Fällen (43,7 %) eine Varusstellung des Fesselgelenkes vor, wohingegen eine Valgusstellung des Fesselgelenkes nicht beobachtet wurde.[6] In anderen Untersuchungen an einer kleineren Zahl von Fällen wurde eine gleichmäßigere Verteilung der beiden Fehlstellungen festgestellt.[10] Die Varusstellung des Fesselgelenkes geht oft mit einer Valgusstellung des Karpalgelenkes einher. In einer retrospektiven Studie über Stellungsanomalien wurde beobachtet, daß in 17 von 33 Fällen Fehlstellungen in mehreren Gelenken bestanden oder daß mehrere Gelenke betroffen waren, wobei die Kombination einer Valgusstellung im Karpalgelenk mit einer Varusstellung im Fesselgelenk die häufigste war.[12]

Zur Zeit treten Fehlstellungen gehäuft bei Fohlen aller Rassen auf,[6,7] wobei Quarter-Horse-Fohlen besonders betroffen sein sollen.[8] Mit Ausnahme einer Arbeit, in der berichtet wird, daß Hengstfohlen häufiger erkranken, gibt es keinen Hinweis auf eine geschlechtsspezifische Disposition.[9] Die Fohlen werden entweder mit einer Gliedmaßenverkrümmung geboren (kongenital), oder sie entwickelt sich kurz nach der Geburt (erworben). In vielen Fällen wird die Gliedmaßenachse nach kurzer Zeit von allein gerade, und eine Behandlung ist nicht erforderlich. In anderen Fällen jedoch verändert sich die Fehlstellung nicht oder verschlimmert sich sogar, so daß eine Therapie erfolgen sollte.[7] Die Fohlen, die mit geraden Beinen geboren werden und die Achsenabweichung während des Wachstums erwerben, müssen meistens durch den Tierarzt behandelt werden. In einigen Fällen sind mehrere Gliedmaßen und Gelenke betroffen, wie zum Beispiel bei einer Valgusstellung im Karpalgelenk und einer Valgusstellung im Tarsalgelenk oder einer Valgusstellung im Karpalgelenk und einer Varusstellung im Fesselgelenk. Unabhängig davon *ist es äußerst wichtig, die Achsenabweichung rechtzeitig vor dem Schluß der Epiphysenfugen zu korrigieren* und durch frühes Eingreifen sekundäre Veränderungen der distal gelegenen Knochen und Gelenke zu verhindern.[5] Eine frühzeitige Behandlung ist besonders beim Fesselgelenk notwendig, da anders als beim Karpalgelenk nur nach einer Behandlung innerhalb der ersten drei bis fünf Wochen ein Erfolg erwartet werden kann. Dafür liegen zwei Gründe vor:

1. Das Wachstum der distalen Röhrbeinepiphyse wird ab dem 90. Tag erheblich langsamer und hört praktisch mit dem 120. Tag ganz auf.[7]
2. Die distale Röhrbeinepiphyse trägt nur 5 % zum Längenwachstum der gesamten Knochens bei.[3] Im allgemeinen ist eine Behandlung innerhalb der ersten 30 Lebenstage am günstigsten, da nach 60 bis 80 Tagen eine Korrektur der Abweichung mit konventionellen Mitteln praktisch nicht mehr möglich ist.[7]

Ätiologie

Die Ätiologie der Gliedmaßenfehlstellungen ist anscheinend vielschichtig und wird von zahlreichen Faktoren beeinflußt. Die morphologischen Veränderungen einer Achsenabweichung im Fesselgelenk bestehen

1. in einem ungleichmäßigen Wachstum der Metaphyse des Röhrbeines,
2. in einer zunehmenden Keilform der Epiphyse,
3. in einem ungleichmäßigen Längenwachstum der Zehen,
4. in einer Instabilität der Gelenke, die besonders bei sehr jungen Fohlen vorhanden sein kann.[1,5]

Zusammen mit diesem ungleichmäßigen Wachstum können in unterschiedlichem Grad Mängel der enchondralen Ossifikation auftreten.[11] Da viele Faktoren dieser Erkrankung denen bei einer Achsenabweichung im Karpalgelenk gleichen, wird der Leser auf den Abschnitt Fehlstellungen im Karpalgelenk auf Seite 624 verwiesen.

Symptome

Die Symptome einer Gliedmaßenfehlstellung sind offensichtlich, jedoch bedarf die genaue Erkennung des Ursachenkomplexes einer Diskussion. Natürlich sind ein vollständiger Vorbericht und eine komplette klinische Untersuchung notwendig. Der Vorbericht sollte folgende Fragen beantworten:

1. Handelte es sich um eine Frühgeburt?
2. War die Fehlstellung zum Zeitpunkt der Geburt vorhanden oder wurde sie erst später erworben?
3. War die Stute während der zweiten Hälfte der Trächtigkeit deutlich übergewichtig?
4. Hat sich die Stellungsanomalie gebessert, blieb sie unverändert oder trat Verschlechterung ein?
5. Zeigten sich an der kontralateralen Gliedmaße Lahmheitserscheinungen?
6. Entwickelte sich die Fehlstellung akut oder langsam progressiv?
7. Welche Mengen welchen Futters wurden verabreicht?

Bei der Adspektion können der Grad der Achsenabweichung und der Drehpunkt (Zentrum der Abweichung) grob geschätzt werden. Das Fohlen sollte bewegt werden, damit eine Lahmheit oder eine besondere Instabilität der Gelenke festgestellt werden kann. Dies kann bei besonders lebhaften Fohlen schwierig sein, und in den meisten Fällen ist es am besten, die Stute langsam vom Fohlen wegzuführen und es zu beobachten, wenn es auf die Stute zutrabt. Wenn eine einseitige Fesselgelenksfehlstellung vorliegt, sollte der Untersucher genau auf die kontralaterale Gliedmaße achten. Das erkrankte Bein wird im Hinblick auf vermehrte Wärme und Druckschmerzhaftigkeit sowie auf Umfangsvermehrungen untersucht. Passive Beugung, Streckung und Drehung sind wichtig, um Schmerzen festzustellen und um zu beurteilen, ob die Gelenke locker sind. Leitungs- und Gelenkanästhesien sind in diesen Fällen selten angezeigt.

Diagnose

Um sich über die Art der Fehlstellung klarzuwerden und um morphologische Veränderungen an Knochen und Weichteilgeweben festzustellen, ist eine sorgfältige Röntgenuntersuchung erforderlich. In den meisten Fällen reichen Aufnahmen in dorsopalmarer (DPa) bzw. dorsoplantarer (DPl) und lateromedialer (LM) Richtung aus, wobei Kassetten der Größe 20 x 40 cm verwendet werden sollten (siehe Seite 161). Der Drehpunkt (die Achsenabweichung) wird bestimmt, indem man eine Kunststoffolie oder einen nichtentwickelten Röntgenfilm auf die dorsopalmare Aufnahme legt und dann eine Gerade zeichnet, die das Röhrbein längs halbiert, sowie eine Gerade, die das Fesselbein längs halbiert. Der Schnittpunkt dieser beiden Linien (die Achsenabweichung) wird als Drehpunkt bezeichnet. Die Bestimmung dieses Punktes ist wichtig, da er Hinweise auf die eigentliche Ursache der Fehlstellung geben kann. Wenn der Drehpunkt nahe der Wachstumszone liegt (proximal oder distal davon), so ist der Grund für die Fehlstellung wahrscheinlich ein ungleichmäßiges Wachstum der distalen Metaphyse des Röhrbeines. Liegt der Drehpunkt näher an der Fessel, kann ein keilförmiges Wachstum der Epiphyse oder ein asymmetrisches Wachstum proximal am Fesselbein der Grund sein (Abb. 8.128). Der Winkel der Achsenabweichung kann mittels eines Winkelmessers ebenfalls vom Drehpunkt aus berechnet oder gemessen werden.

Die normalerweise bei der Röntgenuntersuchung einer Fehlstellung festzustellenden morphologischen Veränderungen sind:
1. Auftreibungen und Sklerosierungen an der Metaphyse,
2. Verbreiterung der Wachstumszone,
3. Zunehmende Keilform der Epiphyse,
4. Unsymmetrisches Wachstum des Fesselbeines meistens zusammen mit einer ähnlichen Veränderung distal am Röhrbein und
5. Osteochondrosisartige Veränderungen an Röhrbein und Fesselbein.[11]

Sowohl die morphologischen Veränderungen als auch die Bestimmung des Drehpunktes spielen bei der Entscheidung über die Therapie und die Prognose eine wichtige Rolle.

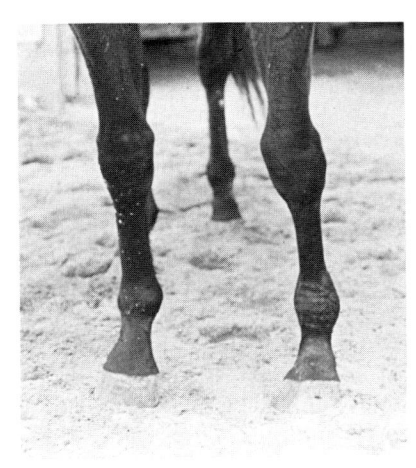

Abb. 8.127: Varusstellung im Fesselgelenk der linken Schultergliedmaße.

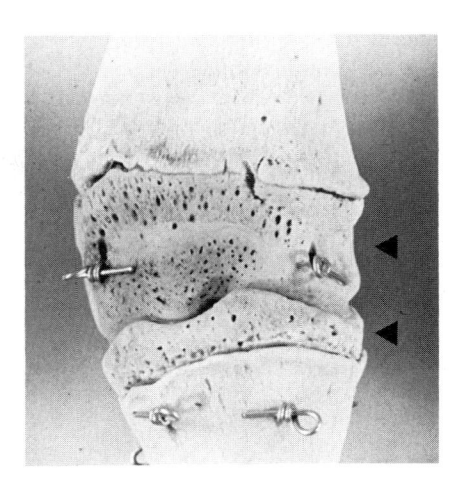

Abb. 8.128: Knochenpräparat des Fesselgelenkes eines drei Monate alten Fohlens. Zu beachten ist die Keilform der distalen Röhrbeinepiphyse (oberer Pfeil) und der proximalen Fesselbeinepiphyse (unterer Pfeil).

Therapie

Die frühzeitige Behandlung einer winkligen Deformation des Fesselgelenkes ist wichtig, da die Phase, in der ein rapides Längenwachstum von der Wachstumszone aus erfolgt, relativ kurz ist[7] und das Längenwachstum insgesamt nur sehr begrenzt ist. Eine Untersuchung an einer Gruppe von Fohlen, bei denen eine Epiphysiodese der distalen Wachstumszone des Röhrbeines durchgeführt wurde, zeigt, daß nach 60 bis 80 Tagen praktisch keine Besserung der Fehlstellung zu erzielen war.[8] Diese Beobachtung steht im Gegensatz zu früheren Annahmen. Weiterhin wurde festgestellt, daß eine maximale Korrektur von zwölf Grad erwartet werden kann, wenn die Epiphysiodese bei Fohlen im Alter von 14 Tagen durchgeführt wurde.[8] Daraus kann geschlossen werden, daß Fohlen mit winkligen Deviationen, die größer als zwölf Grad sind, durch eine Epiphysiodese nicht vollständig korrigiert werden können. Aus diesem Grund ist es von äußerster Wichtigkeit, daß die Fohlen sofort vom Tierarzt untersucht werden, sobald die Fehlstellung erkannt ist.

Die Behandlung ist sowohl konservativ als auch chirurgisch ausgerichtet. Da viele mit einer Fehlstellung geborene Fohlen von allein eine gerade Gliedmaßenachse bekommen, sollte über einen kurzen Zeitraum durchaus ein konservativer Behandlungsversuch unternommen werden. Dieser besteht in Boxenruhe, einer Hufkorrektur, Veränderung der Ernährung der Stute und in einigen Fällen in Schienenverbänden oder fixierenden Verbänden. Die Einhaltung von Boxenruhe soll die axial auf die Wachstumszone wirkenden Druckkräfte vermindern. Bei einer Varusstellung wirken verstärkte Druckkräfte besonders auf der medialen Seite. Wird dieser Druck exzessiv, wie es der Fall ist, wenn die Fohlen auf der Weide laufen, kann das Kompressionstrauma im Medialbereich ausreichend sein, um das Wachstum der Wachstumszone zu verzögern oder völlig zu unterdrücken, was zu einem Bestehenbleiben der Fehlstellung oder sogar zu einer Verschlimmerung führen würde.

Auf der anderen Seite bewirken physiologische Druckkräfte, die auf den medialen Bereich der Wachstumszone wirken, eine Stimulation des Wachstums des langen Röhrenknochens mit einer möglichen Begradigung der Achse. So führt die Stallruhe auch dazu, daß die möglichen pathologisch verstärkten Druckkräfte in physiologische überführt werden (siehe den Abschnitt über Fehlstellungen im Karpalgelenk auf Seite 624–641). Die Hufkorrektur dient zum Ausbalancieren des Hufes und unterstützt die Geradestellung der Gliedmaße. Bei einer Varusstellung des Fesselgelenkes kann eine vermehrte Abnutzung des lateralen (äußeren) Tragrandes, verglichen mit dem medialen (inneren), festgestellt werden. Bleibt dieser Zustand bestehen, werden die Druckkräfte auf den Medialbereich (die Innenseite) der Wachstumszone weiter verstärkt. Wird der Huf korrigiert, bis der Tragrand gleichmäßig hoch ist und der Huf eben steht, führt dies zur gleichmäßigen Verteilung des Druckes auf die Wachstumszone. Das Futter sollte weniger energiereiche Bestandteile, dafür aber gute Luzerne, viel Phosphor und balancierte Mineralstoffe zur freien Verfügung enthalten (siehe Seite 271–276). Wenn das Fohlen schnell auf die Behandlung anspricht und die Gliedmaßenachse in kurzer Zeit gerader wird, sollte die konservative Behandlung bis zur vollständigen Streckung weitergeführt werden. Wenn jedoch nach einer Woche oder mehr keine Besserung eingetreten ist oder sich der Zustand sogar verschlechtert hat, sollte sofort der Tierarzt aufgesucht werden.

Wenn die Untersuchung ergibt, daß lockere Gelenke das Problem sind, können fixierende Schlauchverbände oder Schienenverbände, die in Intervallen von zehn Tagen angelegt werden, oft hilfreich sein. Ein fixierender Kunststoffverband für die gesamte Zehe ist kontraindiziert. Die Zeit von zehn Tagen reicht normalerweise für die Reifung und Stabilisierung des Stützgewebes aus. Wenn aber die Gelenke unauffällig sind und die Fehlstellung die Folge eines asynchronen Wachstums der distalen Röhrbeinmetaphyse mit keilförmiger Deformation der Epiphyse ist, ist eine temporäre Epiphysiodese mit oder ohne Periostotomie angezeigt. Die Epiphysiodese kann entweder mit Klammern oder mit Schrauben und Drähten erzielt werden (vollständige Beschreibung und Vergleich der chirurgischen Techniken erfolgt auf Seite 633–641). Heute wird der Cerclage mit Schrauben und Draht der Vorzug vor dem Klammern gegeben. In jedem Fall wird die Wachstumszone auf der konvexen Seite für eine gewisse Zeit überbrückt, um das Wachstum dort zu stoppen. Auf der konkaven Seite wird das Wachstum nicht beeinträchtigt, so daß die Gliedmaßenachse gerade wird, wenn das Wachstumspotential des langen Röhrenknochens noch ausreicht.

Ist die Gliedmaße gerade, werden die Implantate wieder entfernt. In den meisten Fällen ist es am besten, die fesselgelenksbedingten Fehlstellungen innerhalb der ersten 30 Lebenstage chirurgisch zu korrigieren. Beträgt die Abweichung mehr als zwölf Grad, sollte die Behandlung so früh wie möglich erfolgen, aber selbst dann kann eine vollständige Begradigung möglicherweise nicht erreicht werden. Vor Entfernung der Implantate dürfen die Fohlen auf keinen Fall frei laufen, da ein verstärktes Risiko einer Beschädigung der Wachstumszone mit einem vorzeitigen Schluß der Epiphyse besteht.

Die bereits erwähnte Technik der Periostotomie wurde bei der Behandlung von 17 Fohlen mit einer winkligen Deformation bereits erfolgreich eingesetzt.[1] Bei 17 Fällen, über die berichtet wurde, zeigten vier Gliedmaßen Fehlstellungen im Fesselgelenk, und eine Periostotomie wurde durchgeführt. Kontrollen ergaben, daß eine zufriedenstellende Begradigung der Gliedmaßenachse stattgefunden hatte.[1] Anscheinend bewirkt ein horizontaler Schnitt durch das Periost proximal der Wachstumszone mit oder ohne Zurückklappen eines Periostlappens eine Stimulierung des Längenwachstums des Knochens. Wird das Periost auf der konkaven Seite proximal der Wachstumszone zurückgeklappt, ist eine Begradigung der Gliedmaße zu erwarten.[1] Wird das Periost längs aufgeschnitten und zurückgeklappt, ist keine Änderung des Längenwachstums zu beobachten.[1]

Es besteht die Theorie, daß das Periost einen fibroelastischen Schlauch darstellt, der den Knochen in gewisser Weise einengt und der nicht nur die Diaphyse des langen Röhrenknochens umschließt, sondern auch dazu dient, die proximale und distale Epiphyse miteinander zu verbinden, was eine Zugspannung bewirkt.[4] Damit ein Längenwachstum des Knochens stattfinden kann, muß sich der fibroelastische Schlauch dehnen und synchron mitwachsen. Wird das Periost horizontal halbkreisförmig aufgeschnitten, verringert sich die Spannung im Bereich der Wachstumszone, und ein schnelles Längenwachstum setzt ein.[1,4] Diese Spannungstheorie wird durch die Tatsache erhärtet, daß die Ränder des Periostes bei horizontalem Aufschneiden direkt über der Wachstumszone sofort 5 mm auseinanderklaffen.[1]

Zur Durchführung der Periostotomie wird zuerst ein senkrechter Hautschnitt an der konkaven Seite der winkligen Deformation gelegt, der 4 cm proximal der Wachstumszone beginnt und 2 cm distal davon endet. Haut und subkutanes Bindegewebe werden bis auf das Periost durchschnitten, und mit einer 0,5 mm starken Kanüle wird die Epiphysenfuge lokalisiert. Dann wird das Periost 2,5 cm oberhalb der Wachstumszone parallel zu ihr auf einer Länge von 6 bis 7 cm (3 bis 3,5 cm nach dorsal und 3 bis 3,5 cm nach palmar bzw. plantar des senkrechten Schnittes) scharf durchtrennt. Durch den senkrecht verlaufenden Periostschnitt in der Mitte entsteht ein auf dem Kopf stehendes T. Die beiden rechten Winkel dieses T-förmigen Schnittes werden unterminiert, so daß zwei dreieckige Lappen entstehen. Die vertikale Inzision scheint jedoch beim Pferd keinen Nutzen oder weiteren Vorteil zu bringen.[1] Das Periost bleibt offen, und Haut und Unterhaut werden in gewohnter Weise adaptiert (genauere Beschreibung siehe Seite 639). Eine dünne Bandage wird über dem Operationsgebiet angelegt, die etwa am dritten Tag nach der Operation gewechselt und nach 10 bis 14 Tagen entfernt wird. Boxenruhe ist mindestens für einen Monat erforderlich, um die Belastung der deformierten Gliedmaße zu vermindern. Danach kann das Fohlen bis zur vollständigen Begradigung der Gliedmaßenachse in einen kleinen Auslauf gebracht werden. Während dieser Ruhephase sollte die Hufkorrektur fortgesetzt werden. In den meisten Fällen erfolgt innerhalb von zwei Monaten nach der Operation eine vollständige Geraderichtung. Sollte noch eine nennenswerte Fehlstellung bestehen, kann eine zweite halbkreisförmige Periostotomie durchgeführt werden.[1]

Die Vorteile dieser Technik sind:
1. ein einfacher Zugang,
2. der Verzicht auf orthopädische Implantate,
3. der geringe instrumentelle Aufwand,
4. die Notwendigkeit nur einer Operation in den meisten Fällen, da keine Implantate entfernt werden müssen,
5. der mögliche schnelle Erfolg innerhalb von zwei Monaten,
6. das gute kosmetische Ergebnis und
7. das geringere Infektionsrisiko im Vergleich zu Techniken, bei denen Implantate angewandt werden.[1]

Im Moment erscheint diese Technik sehr reizvoll, jedoch gibt es noch keine Langzeitergebnisse und keine Kontrolluntersuchungen dieser Fälle. Aus diesem Grund wird zu ihrer Anwendung nur bei sehr jungen Fohlen mit einer geringen Achsenabweichung geraten, deren Potential für das Längenwachstum des Knochens noch groß ist. Bei Fohlen mit einer erheblichen Fehlstellung ist es wahrscheinlich am sichersten, eine temporäre Epiphysiodese durchzuführen. Bei sehr ungünstigen Fällen hat der Autor die Periostotomie zusammen mit einer Epiphysiodese angewendet, wobei die Ergebnisse noch abzuwarten sind.

Wenn eine Fehlstellung im Fesselgelenk besteht, nachdem die Epiphysenfugen bereits geschlossen sind, kann zur Begradigung eine keilförmige Osteotomie in Erwägung gezogen werden. In einer Veröffentlichung wird über die erfolgreiche Durchführung dieser Osteotomie distal am Röhrbein bei Varusstellung des Fesselgelenkes berichtet. Der Autor bezieht sich auf fünf Fohlen, die nach dem Epiphysenschluß eine Achsenabweichung von mehr als acht Grad aufwiesen.[8] Aufgrund folgender Kriterien wurde die Indikation zur Operation gestellt:
1. Die Fohlen waren älter als 120 Tage.
2. Die Abweichung von der geraden Gliedmaßenachse betrug acht Grad und mehr.
3. Eine Lahmheit oder eine degenerative Gelenkerkrankung konnten nicht festgestellt werden.

Die keilförmige Osteotomie wurde in allen Fällen auf der konvexen Seite mindestens 4 cm oberhalb der Epiphysenfuge des Röhrbeines durchgeführt, um wichtige zum Gelenk gehörende Strukturen möglichst wenig zu traumatisieren. Auf die Osteotomie folgten eine interne Fixation mit Knochenplatten und das Anlegen fixierender Verbände über einen unterschiedlich langen Zeitraum.[8] Zur vollständigen Beschreibung der chirurgischen Technik wird der Leser auf die Veröffentlichung von FRETZ und McILWRAITH verwiesen.[8]

Prognose

Wenn die Fehlstellung nicht zu erheblich ist (weniger als zwölf Grad) und auf ein ungleichmäßiges Wachstum der distalen Metaphyse des Röhrbeines zurückgeführt werden kann, ist die Prognose bei frühzeitiger Behandlung im allgemeinen gut. Auf der anderen Seite ist sie im Hinblick auf eine vollständige Begradigung vorsichtig bis schlecht, wenn der Winkel der Achsenabweichung mehr als zwölf Grad beträgt oder die Wachstumszone des Fesselbeines betroffen ist oder Veränderungen im Sinne einer Osteochondrose vorliegen. Die weitere Entwicklung der keilförmigen Osteotomie kann die Prognose für die Fohlen etwas günstiger gestalten, die winklige Deformationen der Gliedmaßen aufweisen, deren Epiphysenfugen jedoch schon geschlossen sind. Bevor eine allgemeingültige Aussage gemacht werden kann, sind jedoch Erfahrungen mit weiteren Fällen nötig.

Ausgewählte Literatur

1. AUER, J. A., and MARTENS, R. J.: Angular deformities in young foals. Proc. 26th Ann. AAEP, 1980, p. 81.
2. AUER, J. A., MARTENS, R. J., and WILLIAMS, E. H.: Periosteal transsection for correction of angular limb deformities in foals. J. Am. Vet. Med. Assoc., **181**: 459, 1982.
3. CAMPBELL, J. R., and LEE, R.: Radiological estimation of differential growth rates of the longbones of foals. Eq. Vet. J., **13**: 247, 1981.
4. ILLY, R. G.: Longitudinal overgrowth of chicken radius. J. Anat., **112**: 11, 1972.
5. FACKELMAN, G. E., and NUNAMAKER, D. M.: Manual of internal fixation in the horse. New York, Springer Verlag, 1982, p. 91.
6. FRETZ, P. B., TURNER, A. S., and PHARR, J.: Retrospective comparison of two surgical techniques for correction of angular deformities in foals. J. Am. Vet. Med. Assoc., **172**: 281, 1978.
7. FRETZ, P. B.: Angular limb deformities in foals. Vet. Clin. North Am. (Large Anim. Pract.), **2**: 125, 1980.
8. FRETZ, P. B., and McILWRAITH, C. W.: Wedge osteotomy as a treatment for angular deformity of the fetlock in horses. J. Am. Vet. Med. Assoc., **182**: 245, 1983.
9. HEINZE, C. D.: Epiphyseal stapling – a surgical technique for correcting angular limb deformities. Proc. 15th Ann. AAEP, 1969, p. 59.
10. MASON, T. A.: A high incidence of congenital angular limb deformities in a group of foals. Vet. Rec., **109**: 93, 1981.
11. PHARR, J. W., and FRETZ, P. B.: Radiographic findings in foals with angular limb deformities. J. Am. Vet. Med. Assoc., **179**: 812, 1981.
12. TURNER, A. S., and FRETZ, P. B.: A comparison of surgical techniques and associated complications of transphyseal bridging in foals. Proc. 23rd Ann. AAEP, 1977, p. 175.

Striktur des Fesselringbandes (Ligamentum anulare palmare bzw. plantare)

Ligamenta anularia sind kräftige fibrös verstärkte Teile der Faszie. Sie sind von Synovialis der gemeinsamen digitalen Beugesehnenscheide ausgekleidet und dienen wahrscheinlich dazu, die Sehnen an ihrem Platz zu halten, so daß deren mechanische Funktion erhalten bleibt. Sehnen, die innerhalb eines Ringbandes verlaufen, werden stark geschädigt, wenn dieses als Folge eines Traumas oder einer Infektion an Umfang zunimmt. Durch die Einengung kommt es zu einer Ischämie und schließlich zur Nekrose. Der zerstörte Teil des Sehnengewebes wird durch Narbengewebe ersetzt, das mit der Sehnenscheide verwächst und auf diese Weise eine Kontraktur verursacht.[2]

Die Striktur des Fesselringbandes ist die Folge eines Traumas und/oder einer Infektion. Primär können eine distale Tendinitis, eine Drahtverletzung oder eine Stichverletzung palmar bzw. plantar in dieser Region eine Striktur verursachen.[3] Nach Abheilung des Sehnenschadens bzw. der Infektion kann es zu einer Striktur des Fesselringbandes kommen, das seinerseits die oberflächliche Beugesehne einschnürt und, wenn die Striktur erheblich ist, eine Drucknekrose verursacht. In anderen Fällen nehmen die Strukturen innerhalb des Ringbandes an Umfang zu, so daß der größere Raumbedarf zu der Einengung der Sehne führt. Diese Veränderungen führen zu einer chronischen Lahmheit, die sich erst dann bessern kann, wenn die Einengung chirurgisch beseitigt wird. In vielen Fällen kommt es zu Verwachsungen zwischen der oberflächlichen Beugesehne und dem Fesselringband.

Ätiologie

An der durch eine Tendinitis entstandenen Entzündung und der Narbengewebsbildung ist häufig auch das Fesselringband beteiligt. Im Verlauf der Heilung wird es von dem fibrösen Reparationsgewebe mit eingeschlossen, und dessen narbige Retraktion führt zu einer Einengung und zu Druck auf die oberflächliche Beugesehne. Da das Fesselringband nicht elastisch ist, kann eine Schwellung der oberflächlichen Beugesehne durch eine Tendosynovialitis (Bogen) die gleichen Symptome bewirken wie eine Konstriktion des Ligamentum anulare, und die Sehne wird in gleicher Weise eingeschnürt. Manchmal gibt es palmar bzw. plantar im Bereich des Fesselkopfes Verletzungen durch Draht oder Nagelstiche, die zu einer Beschädigung des Ligamentum anulare palmare bzw. plantare führen, und im Verlauf der Heilung kann es zu einer Konstriktion durch narbige Retraktion kommen.

Symptome

In fast allen Fällen kommt es zu einer vermehrten Füllung der gemeinsamen digitalen Sehnenscheide von oberflächlicher und tiefer Beugesehne proximal des Fesselringbandes. Die oberflächliche Beugesehne ist oft verdickt, und es kann irrtümlich angenommen werden, daß das Primärproblem eine Tendinitis auf der oberflächlichen Beugesehne ist. Wird der Fesselkopf von der Seite betrachtet, ist gewöhnlich eine Art Einziehung („notching") am proximalen Rand des Ligamentum anulare zu erkennen (Abb. 8.129). Diese Einziehung wird durch die Striktur des Fesselringbandes verursacht. Die Lahmheit ist durch ihre Hartnäckigkeit charakterisiert. Auch nach längerer Zeit tritt keine Besserung ein, und bei Bewegung wird sie meistens schlimmer, da die Entzündung erneut aufflackert und die Einschnürung noch stärker wird. Weiterhin ist kennzeichnend, daß die Pferde während der Stützphase im Fesselkopf nicht vollständig durchtreten und daß der kraniale Teil der Vorführphase verkürzt ist. In sehr schweren Fällen belasten die Pferde nur die Zehenspitze und versuchen, dies durch einen verlängerten zweiten Teil der Vorführphase zu kompensieren. Der andauernde Druck auf die oberflächliche Beugesehne führt zu Entzündung und Nekrose. Bei einer sorgfältigen Palpation lassen sich gewöhnlich im Bereich des Eintrittes der Sehne unter das Ligamentum anulare eine Verdickung und Fibrosierung palpieren, die auf eine Beteiligung des Fesselringbandes hinweisen.

Diagnose

Eine chronische Lahmheit zusammen mit der Einziehung am proximalen Rand des Ligamentum anulare palmare bzw. plantare und einer palpatorisch feststellbaren Narbengewebsbildung in diesem Bereich sind die Grundlagen für die Diagnose. Die meisten Tendinitiden zeigen im Gegensatz zur Striktur des Fesselringbandes, bei der eine persistierende Lahmheit besteht, nach einer Ruhephase von einigen Monaten zumindest in Schritt und Trab keine Bewegungsstörung mehr. In allen Fällen, in denen eine Tendinitis der oberflächlichen Beugesehne diagnostiziert wird, sollte in Betracht gezogen werden, daß gleichzeitig eine Striktur des Fesselringbandes vorliegen kann oder daß die Umfangsvermehrung der Sehne zu einer Konstriktion durch das völlig unnachgiebige Band führt.

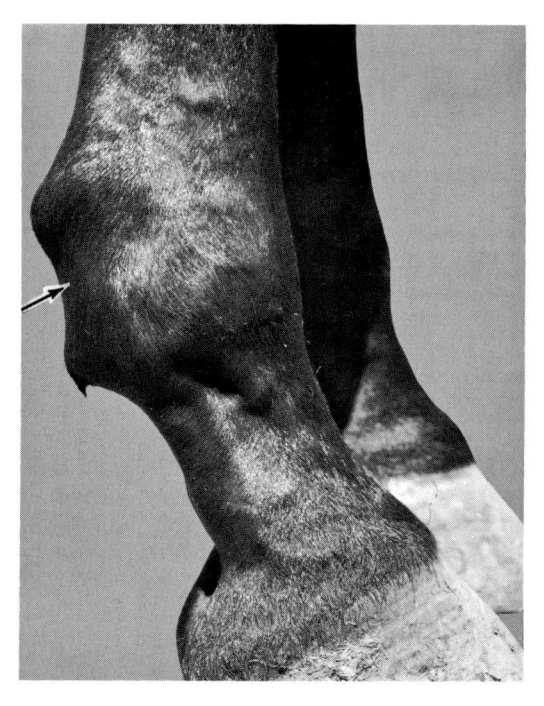

Abb. 8.129: Striktur des Fesselringbandes. Auf die Einziehung palmar am Fesselkopf oberhalb des Spornes ist zu achten. Die Umfangsvermehrung darüber resultiert aus einer vermehrten Füllung der gemeinsamen digitalen Beugesehnenscheide.

Therapie

Die einzige wirksame Behandlungsmethode ist die chirurgische Durchschneidung des Fesselringbandes.[1] Unter Allgemeinnarkose und nach sorgfältiger chirurgischer Vorbereitung des Operationsgebietes wird ein Schnitt an der lateralen Begrenzung der oberflächlichen Beugesehne (Abb. 8.130) palmar bzw. plantar der die Zehe versorgenden Gefäße und Nerven angelegt. Dieser Schnitt wird durch das Fesselringband und durch die gemeinsame digitale Sehnenscheide geführt. Da aufgrund der bestehenden chronischen Entzündung Sehnenscheide und Ringband nicht getrennt werden können, werden auch keine Anstrengungen in dieser Richtung unternommen. Nachdem das Fesselringband in seiner gesamten Breite durchschnitten worden ist, wird die Unterhaut mit synthetischem resorbierbaren Nahtmaterial der Stärke 2-0 adaptiert. Die Hautnaht erfolgt mit nichtresorbierbarem monofilen Material. Ein alternativer Zugang, der etwas einfacher ist, besteht darin, mit einem kurzen Schnitt (2,5 cm lang) am proximalen Rand oder in der Mitte des Fesselringbandes das Band bis auf die Sehne zu durchschneiden und es dann mit einer geraden Mayoschere völlig zu durchtrennen, wobei das darüber liegende Unterhautgewebe und die Haut intakt bleiben. Statt der Mayoschere kann auch ein gebogenes geknöpftes Tenotom verwendet werden. Der Wundverschluß kann bei dieser Methode sehr viel schneller durchgeführt werden, und das Risiko einer Nahtdehiszenz ist geringer. Ein gutsitzender Stützverband mit elastischen Haftbinden oder mit beschichteter Gaze wird angelegt, und nach drei Tagen wird mit dem Führen des Pferdes begonnen. Die Bewegung wird langsam gesteigert, so daß die Schnittränder des Fesselringbandes nicht erneut verkleben und verwachsen. Antibiotika werden wahlweise verabreicht, nichtsteroide Antiphlogistika in den meisten Fällen.

Prognose

Die Prognose ist günstig, wenn die Striktur des Fesselringbandes die primäre Lahmheitsursache ist und keine ausgeprägten Veränderungen der Sehne (Tendinitis) vorliegen. In allen Fällen, in denen die Sehnenveränderungen nicht zu groß sind, ist eine deutliche Besserung zu erreichen, und es besteht die Möglichkeit, daß die Pferde durch die Verwendung der oben beschriebenen Technik lahmfrei werden.

Ausgewählte Literatur

1. ADAMS, O. R.: Constriction of the palmar (volar) or plantar anular ligament in horses. VM/SAC, 69 (3): 327, 1974.
2. BOYES, J. H.: Bunnell's Surgery of the Hand. 4th Ed. Philadelphia. J. B. Lippincott Co., 1964.
3. WHEAT, J. D.: Personal Communication, 1968.

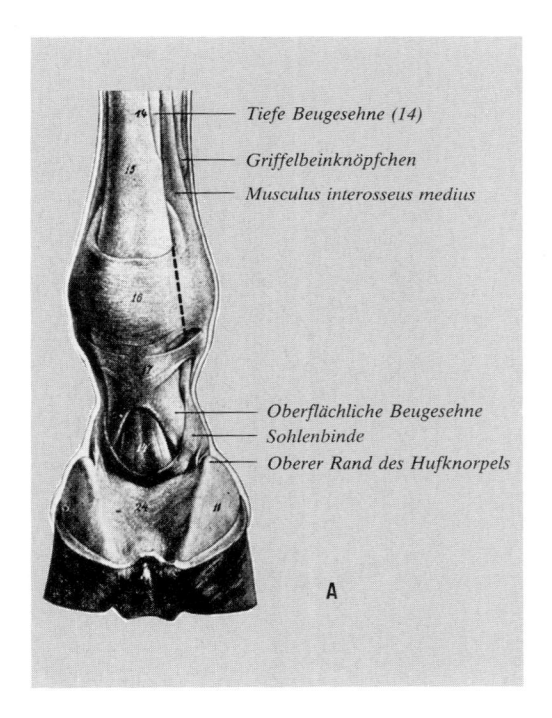

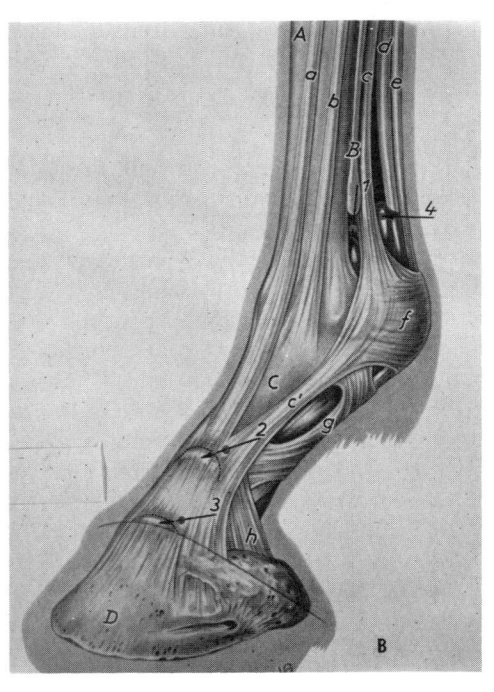

Abb. 8.130: Anatomische Darstellung der Zehenbinde. A 11 Hufknorpel; 14 Sehne des tiefen Zehenbeugers; 15 Sehne des oberflächlichen Zehenbeugers; 16 Fesselringband, Ligamentum anulare digiti; 17 Vierzipflige Fesselplatte (aus: SISSON, S.: Myology. In: Anatomy of Domestic Animals. 4. Auflage, herausgegeben von J. D. GROSSMAN. Philadelphia, W. B. Saunders Co., 1953). Die gestrichelte Linie kennzeichnet die lateral bzw. medial an der oberflächlichen Beugesehne gelegene Einschnittstelle am Fesselringband. B A Os metacarpale III; B Os metacarpale II; C Phalanx proximalis; D Phalanx distalis; a Sehne des gemeinsamen Zehenstreckers; b Sehne des lateralen Zehenstreckers; c, c' Musculus interosseus medius; d Tiefe Beugesehne, e Oberflächliche Beugesehne; f Fesselringband; g Vierzipflige Fesselplatte; h Fesselbein-Hufknorpel-Hufbeinband; 1 Gelenkkapsel des Fesselgelenkes; 2 Krongelenk; 3 Hufgelenk; 4 Fesselbeugesehnenscheide (aus: Anatomische Darstellungen der Injektionstechnik beim Pferd. National Laboratories, Kansas City, Missouri, 1972).

Metakarpus und Metatarsus

Periostitis und Frakturen dorsal am Metakarpus („Bucked shins", „Shin splints") und streßbedingte Frakturen

Periostitiden und streßbedingte Frakturen dorsal am Metakarpus gehören zu einer Gruppe von Erkrankungen, die meistens bei jungen (zwei- bis dreijährigen) Pferden beobachtet werden, die sich vornehmlich in schneller Gangart bewegen.[1,6,9,16,19,20] Obwohl diese Erkrankungen am häufigsten bei jungen Vollblütern festzustellen sind, betreffen sie auch junge Quarter Horses und gelegentlich Traber, wobei sie selten an den Beckengliedmaßen auftreten.[16]

Mit dem Begriff „bucked shins" verbindet sich traditionell ein schmerzhafter Zustand im Dorsalbereich des Metakarpus als Folge von subperiostalen Blutungen und in einigen Fällen von Mikrofrakturen. Kompression, Stöße und äußeres Trauma wurden ursächlich dafür verantwortlich gemacht.[1,12] Man nahm an, daß ein fortgesetzter Zug an den Ansätzen des Mesotendineums des gemeinsamen Zehenstreckers für die Aufrechterhaltung der klinischen Symptome verantwortlich sei.[1]

In den letzten Jahren hat sich ein besseres Verständnis dieser Erkrankung entwickelt. Zur Zeit besteht die Ansicht, daß es wenigstens drei Untergruppen bei diesem Krankheitskomplex gibt, wobei die Unterscheidung vorwiegend auf klinischen Erscheinungen, Röntgenbefunden, dem Alter des Pferdes und der Lokalisation der Veränderungen beruht.

Ätiologie

Obwohl später verschiedene Untergruppen dieser Erkrankung beschrieben werden, hat es den Anschein, als hätten alle die gleiche Pathogenese.

Während des Trainings in einer schnellen Gangart rutscht die Zehe bei der Landung nach vorn, und wenn kein Abrollen möglich ist, wird die dorsale Kortikalis des Röhrbeines einer stärkeren Kompression ausgesetzt als die palmare bzw. plantare.[17] Die Folge davon sind Umbauprozesse, die dazu führen, daß die Dorsalfläche als Reaktion auf diese Belastung langsam an Dicke zunimmt. Wie bei jedem Zylinder ist der Streß an der äußeren Fläche, d. h. an der Peripherie, am größten.[16] Da die Belastung dorsomedial am Röhrbein am größten ist, finden dort auch die meisten Umbauprozesse statt.[16-18] Können die Umbauvorgänge der wiederholten Kompressionsbelastung nicht standhalten, kommt es zur Schädigung des Knochens. Einfach ausgedrückt, entstehen die Schäden an der dorsalen Kortikalis schneller, als sie durch Reparationsvorgänge wieder geheilt werden können, so daß Mikrofrakturen und subperiostale Blutungen die Folge sind.[7,8]

Im akuten Stadium sind diese Frakturen bei jungen Pferden durch die Röntgenuntersuchung selten feststellbar. Es kann sich jedoch mit der Zeit ein deutlicher subperiostaler Kallus entwickeln, wenn das initiale Trauma erheblich war oder wenn das Pferd weiterhin trainiert wird.[15,16] Beim jungen Pferd (zweijährig) entstehen die Mikrofrakturen und der subperiostale Kallus gewöhnlich im Bereich der dorsomedialen Kortikalis, da hier die größte Belastung besteht. Obwohl die Erkrankung meistens beidseitig auftritt, ist die linke Schultergliedmaße häufig am stärksten betroffen (Abb. 8.131).[16]

Gelegentlich entwickelt sich eine deutliche Fraktur in der dorsolateralen Kortikalis des Röhrbeines am Übergang vom mittleren zum distalen Drittel (Abb. 8.132). Dies kommt meistens bei Pferden vor, die älter als zwei Jahre sind, und betrifft in der Regel die linke Schultergliedmaße.[10,16] Man nimmt an, daß die Fraktur eine akute Manifestation der „Erkrankung des dorsalen Metakarpus" ist, die zum Umbau der dorsomedialen Kortikalis geführt hat. Während diese durch die Umbauvorgänge dicker wird, bleibt die dorsolaterale Kortikalis weniger betroffen und ist deshalb dünner und schwächer, so daß sie für eine akute streßbedingte Fraktur eher anfällig ist.[17] Hinzu kommt, daß der dorsolaterale Bereich des Röhrbeines der linken Vordergliedmaße bei den Pferden einem exzessiven Druck ausgesetzt ist, die auf der Rennbahn entgegen dem Uhrzeigersinn trainiert werden und Rennen laufen. Dieser verstärkte Druck zusammen mit einem theoretisch angenommenen Elastizitätsverlust durch die Umbauvorgänge kann ebenso zum Auftreten dieser Fraktur beitragen.[16]

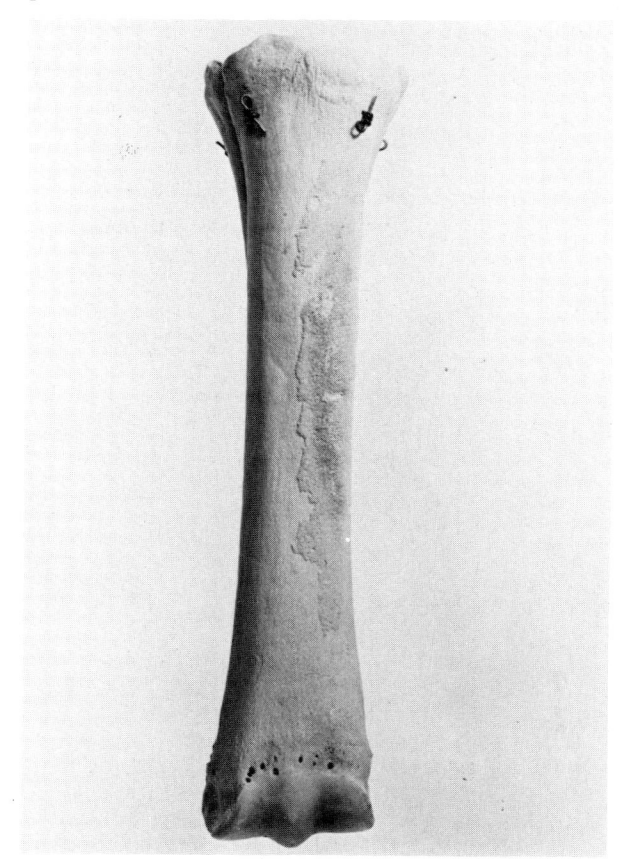

Abb. 8.131: Knochenpräparat des rechten Os metacarpale III mit einem subperiostalen Kallus an der Dorsomedialfläche (mit Genehmigung von Dr. P. F. HAYNES).

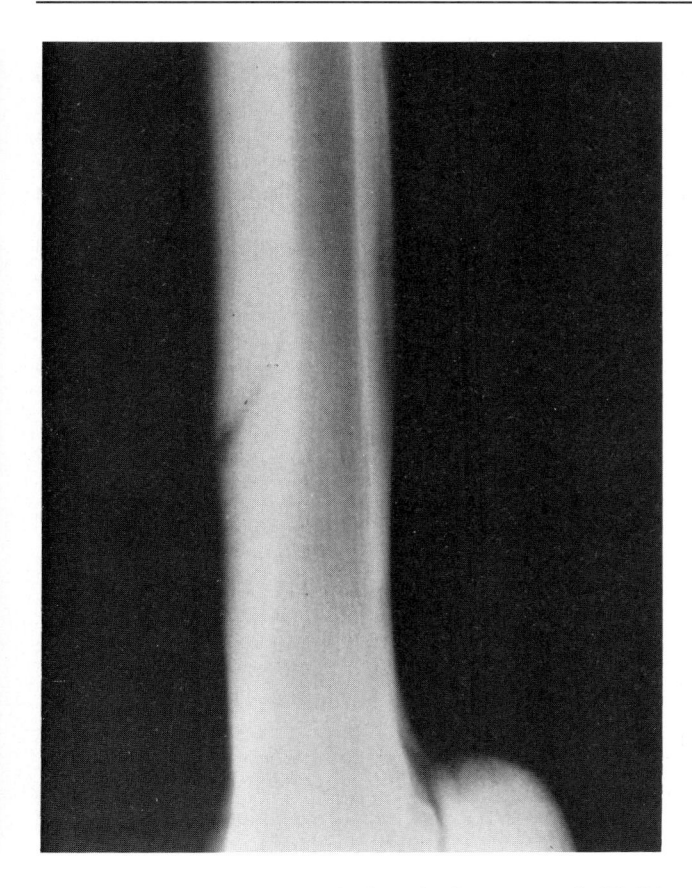

Abb. 8.132: Seitliche Röntgenaufnahme des Os metacarpale III. Die Fraktur betrifft die dorsale Kortikalis und verläuft nach proximal (mit Genehmigung von Dr. P. F. HAYNES).

Da der Winkel dieser Frakturen 35 bis 45 Grad zur Längsachse des Röhrbeines beträgt, ist es logisch anzunehmen, daß sie die Folge von Scherkräften durch eine plastische Deformation des Knochens bei hoher Druckbelastung sind.[4,17] Wenn die Belastung zu hoch ist, sich zu häufig wiederholt oder in einem bestimmten Zeitraum zu lange besteht, ist die Reaktion des Knochens eher eine Fraktur als eine Hypertrophie.

Unabhängig davon, ob die schmerzhafte Schädigung dorsolateral oder dorsomedial lokalisiert ist, kann festgestellt werden, daß der Begriff Belastungs- oder Streßfraktur in beiden Fällen anwendbar ist, da er aussagt, daß eine progressive Schädigung des Knochens als Folge einer wiederholten Druckbelastung die Fraktur verursacht und nicht ein einmaliges traumatisches Ereignis.[16] Man kann behaupten, daß diese Beschreibung am besten auf bilaterale Mikrofrakturen der dorsomedialen Kortikalis zutrifft, es ist jedoch auch möglich, daß die gleichen Vorgänge zu einer fortschreitenden Schädigung der dorsolateralen Kortikalis des Os metacarpale III der linken Schultergliedmaße führen. Diese progressive Schädigung zusammen mit einer Änderung der Elastizität durch Alter und Umbau kann zu einem vollständigen Zusammenbruch, einer Fraktur, führen. Das oben Gesagte soll darauf hinweisen, daß die Entstehung beider Krankheitszustände ähnlich sein kann. Es soll nicht heißen, daß sie nicht voneinander differenziert werden sollten.

Symptome

Die klinischen Symptome wurden in drei Gruppen eingeteilt bzw. die Begriffe erster, zweiter und dritter Grad wurden verwendet.[16] Da aber die jeweiligen Krankheitsgrade nicht mit einer entsprechenden Verschlimmerung der Lahmheit in Einklang stehen, ist statt dessen die Einteilung in drei Kategorien vorzuziehen.

Kategorie 1 der Erkrankungen an der Dorsalfläche des Metakarpus wird gewöhnlich bei jungen Vollblutrennpferden (im Alter von 8 bis 36 Monaten) und gelegentlich auch bei älteren Pferden, die als Zweijährige weniger intensiv trainiert wurden und weniger Rennen gelaufen sind, beobachtet.[16] Die Symptome treten akut auf und sind besonders nach anstrengendem Training deutlich. Die Bewegungsstörung ist, besonders nach kurzen Ruhephasen, nur sehr gering. Bei der Palpation ist die dorsale Kortikalis des Röhrbeines akut druckschmerzhaft, und ein Zurückziehen der Gliedmaße als Folge des Schmerzes ist häufig auslösbar. Auf den zu diesem Zeitpunkt angefertigten Röntgenaufnahmen ist meistens kein pathologischer Befund zu erheben, allerdings können in einigen Fällen auch Frakturen sowie eine geringgradige oberflächliche Osteolyse der Kortikalis festgestellt werden.[14,16]

Kategorie 2 der Erkrankungen an der Dorsalfläche des Metakarpus wird als subakute bis chronische Form dieses Komplexes angesehen. Sie entwickelt sich unweigerlich aus der Kategorie 1, wenn eine Behandlung erfolglos war oder wenn die Erkrankung nicht erkannt wurde. Am stärksten betroffen sind hier die Pferde im Alter von 26 bis 42 Monaten.[16] Während der Bewegung ist nur eine geringgradige Lahmheit sichtbar. Palpatorisch sind Schmerzen in unterschiedlichem Maß auslösbar, aber im Bereich der dorsomedialen Kortikalis ist eine wesentlich deutlichere Umfangsvermehrung zu palpieren. Nach anstrengendem Training ist kennzeichnenderweise eine erheblich schmerzhaftere Reaktion festzustellen. Wie bei der Kategorie 1 und der Kategorie 3 ist meistens die linke Schultergliedmaße stärker betroffen. Röntgenologisch stellt sich gewöhnlich ein subperiostaler Kallus dar (Abb. 8.133).[16]

Kategorie 3 der Erkrankung der Dorsalfläche des Metakarpus entsteht als Folge von Frakturen in der dorsalen oder dorsolateralen Kortikalis und betrifft meistens ältere Pferde im Alter von drei bis fünf Jahren.[5,10] Wie bei Kategorie 1 und Kategorie 2 kann die Lahmheit unauffällig sein, solange das Pferd nicht belastet wird, ist aber nach anstrengendem Training meistens deutlich. Palpatorisch läßt sich an der dorsolateralen Fläche des linken Röhrbeines am Übergang vom mittleren zum distalen Drittel ein ziemlich eng umschriebener schmerzhafter Bezirk feststellen. Die rechte Schultergliedmaße erkrankt nur selten. Auf den Röntgenaufnahmen ist normalerweise eine Fraktur der Kortikalis im dorsolateralen Bereich feststellbar (Abb. 8.132).[16]

Diagnose

Die vorläufige Diagnose einer Periostitis oder einer streßbedingten Fraktur am Os metacarpale III kann aufgrund der klinischen Befunde und des Alters des Pferdes gestellt werden. Die lokale Infiltrationsanästhesie des betroffenen Gebietes ist wenig hilfreich, da die bestehende Lahmheit nur zu 25 % beseitigt wird.[6] Um eine vollständige Lahmfreiheit zu erreichen, sind Leitungsanästhesien des Nervus medianus und des Nervus ulnaris erforderlich, so daß dieses Verfahren nicht besonders selektiv ist.[6]

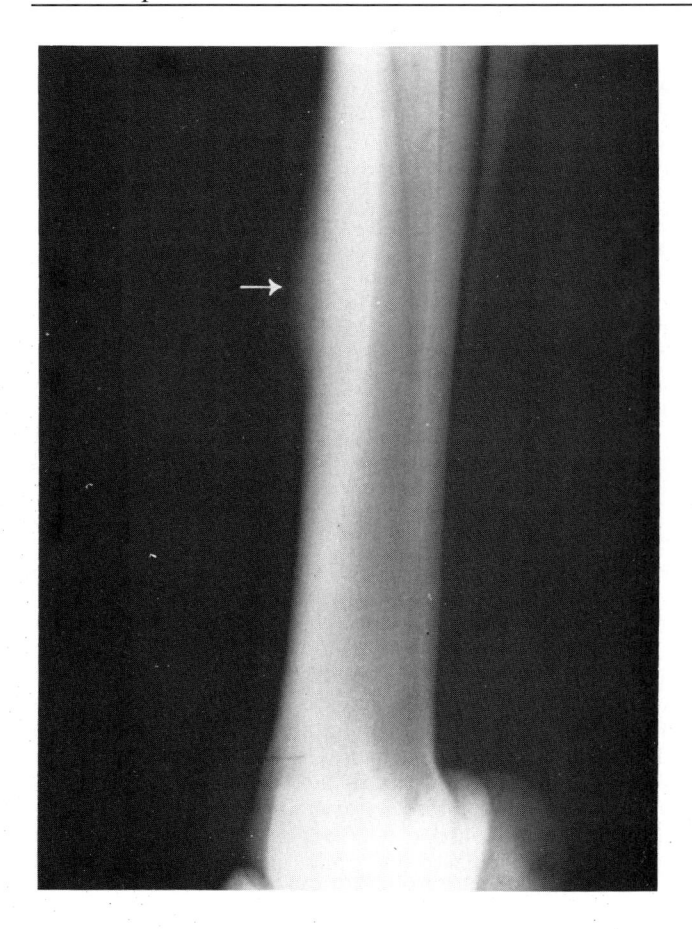

Abb. 8.133: Ein großflächiger subperiostaler Kallus an der dorsomedialen Fläche des Os metacarpale III (Pfeil), wie er für eine Erkrankung der Kategorie 2 typisch ist (mit Genehmigung von Dr. P. F. HAYNES).

Nur mit Hilfe von Röntgenaufnahmen läßt sich genau feststellen, welche Kategorie der Erkrankung vorliegt. Zu diesem Zweck sollten vier Röntgenaufnahmen angefertigt werden, und zwar im dorsopalmaren (DPa), lateromedialen (LM), schräg dorsolateral-palmaromedialen (DLPaMO) und im schräg dorsomedial-palmarolateralen (DMPaLO) Strahlengang. Dorsomedial gelegene Veränderungen lassen sich am besten im schräg dorsopalmar-lateromedialen und im lateromedialen Strahlengang darstellen, dorsolateral gelegene Frakturen der Kortikalis am besten im schräg dorsopalmar-mediolateralen und im lateromedialen Strahlengang.

Bei Erkrankungen der Kategorie 1 sind selten pathologische Röntgenbefunde zu erheben, in der Kategorie 2 können zu einem frühen Zeitpunkt eine subperiostale Osteolyse und später eine Dickenzunahme der dorsomedialen Kortikalis mit Bildung eines subperiostalen Kallus festgestellt werden (Abb. 8.133). In fortgeschrittenen Fällen sind manchmal auch endostale Reaktionen sichtbar.[16] Bei der Kategorie 3 tritt die Fraktur gewöhnlich distal in die Kortikalis ein und setzt sich in einem Winkel von 35 bis 45 Grad proximal fort. Die auf den Röntgenaufnahmen sichtbare Frakturlinie verläuft gerade oder leicht konkav (zungenförmige Fraktur, Abb. 8.132) und tritt in manchen Fällen proximal an der dorsalen Kortikalis wieder aus (untertassenförmige Fraktur).[16] Ein Eintreten der Fraktur in den Markraum ist selten. Es kommt vor, daß mehrere Frakturen an der distalen Eintrittsstelle in die Kortikalis ihren Ursprung nehmen. Infolge der Chronizität bildet sich ziemlich häufig ein subperiostaler Kallus, und gelegentlich kann man auch eine endostale Proliferation von knöchernem Gewebe feststellen.[16] Liegt ein Frakturverdacht vor, konnte dieser aber bei der ersten Röntgenuntersuchung nicht bestätigt werden, müssen in Intervallen von sieben bis zehn Tagen Kontrollaufnahmen angefertigt werden, da innerhalb dieser Zeit die Demineralisation so weit fortgeschritten ist, daß die Frakturlinie deutlich erkennbar wird.[16]

Therapie

Veränderungen der **Kategorie 1** bessern sich normalerweise nach Einhaltung von unterschiedlich langen Ruhephasen. Die Pferde dürfen täglich geführt werden, und die Bewegung wird gesteigert, wenn das Röhrbein nicht mehr schmerzhaft ist. Zusätzlich kann eine lokale Wärmebehandlung zusammen mit der Gabe von Phenylbutazon nützlich sein. MADERIOUS empfahl eine Drainage des möglicherweise vorhandenen subperiostalen Hämatoms vier bis fünf Tage nach der akuten Phase der Erkrankung durch Punktion mit einer sterilen Kanüle und stellte fest, daß nach vollständiger Drainage die Schmerzhaftigkeit deutlich nachließ.[14] Die Rekonvaleszenzperiode beträgt zwischen 30 und 90 Tagen und hängt vollständig von der Ausdehnung der Verletzung ab. Soll das Pferd wieder gearbeitet werden, ist ein langsam aufbauendes Trainingsprogramm wichtig, so daß sich die dorsale Fläche des Os metacarpale III der langsam gesteigerten Druckbelastung durch Umbau anpassen kann. Die Bewegung sollte zuerst nur kurz und leicht sein. Nach und nach kann das Training so lange gesteigert werden, wie keine Schmerzen im Röhrbein auftreten. Das Pferd sollte während dieser Zeit ohne Griffe beschlagen werden. Die Dauer dieser langsam aufbauenden Arbeit variiert und hängt von dem Ausmaß der Erkrankung ab.

Die Veränderungen der **Kategorie 2** können am schwierigsten zu behandeln sein. In einigen Fällen ist überhaupt keine Heilung möglich, andere benötigen ein Jahr oder länger. Wahrscheinlich ist die schlechte Heilung der multiplen Mikrofrakturen die Folge einer mangelnden Blutversorgung des dorsalen Bereiches des Os metacarpale III. In diesen Fällen wird das gleiche kontrollierte Trainingsprogramm empfohlen wie bei Kategorie 1. Es ist möglich, daß pulsierende Magnetfelder bei dieser Art der Erkrankung von Nutzen sind.[2]

Die Frakturen der dorsalen Kortikalis bei jungen Pferden, die unter die **Kategorie 3** fallen, können möglicherweise durch die konservative Therapie, wie oben für Kategorie 1 beschrieben, geheilt werden, wobei die Erholungszeit vier bis sechs Monate betragen kann.[16] Ältere Pferde reagieren jedoch häufig nicht auf eine konservative Therapie, so daß chirurgische Maßnahmen erforderlich werden. In jedem Fall sollte im Abstand von 30 bis 45 Tagen eine Serie von Kontrollröntgenaufnahmen angefertigt werden, um einen Überblick über den Heilungsverlauf zu gewinnen.[16]

Für schlecht heilende Frakturen der Kortikalis wurden verschiedene chirurgische Behandlungsmethoden vorgeschlagen.[2,10,16] Grundsätzlich gibt es zwei Arten der Therapie, nämlich die interne Fixation, entweder unikortikal oder transkortikal,[10,16] oder das unikortikale Anbohren des Fragmentes, wobei wahlweise auch versucht werden kann, mittels eines pulsierenden Magnetfeldes die Knochenheilung zu stimulieren. Im Anschluß an die letzte Methode werden die Pferde kontrolliert bewegt.[2]

Die interne Fixation kann auf zwei Arten geschehen, nämlich transkortikal und unikortikal. Bei der transkortikalen Methode wird das Fragment mittels einer Zugschraube an der palmaren Kortikalis fixiert (Abb. 8.134). Zu diesem Zweck ist das Bohrloch im Fragment und in der dorsalen Kortikalis größer als der Durchmesser der Schraube, und in das Bohrloch in der palmaren Kortikalis wird das Gewinde geschnitten, so daß die Schraube dort faßt und auf diese Weise ein Zug ausgeübt wird. Zur Fixation einer untertassenförmigen Fraktur können zwei Schrauben erforderlich sein (Abb. 8.135). Die unikortikale Methode trägt den physiologischen Gegebenheiten eher Rechnung, da sich dorsale und palmare Kortikalis weiterhin unabhängig voneinander bewegen können. Außerdem besteht nicht die Gefahr einer Verletzung des Musculus interosseus medius durch den Bohrer oder eine

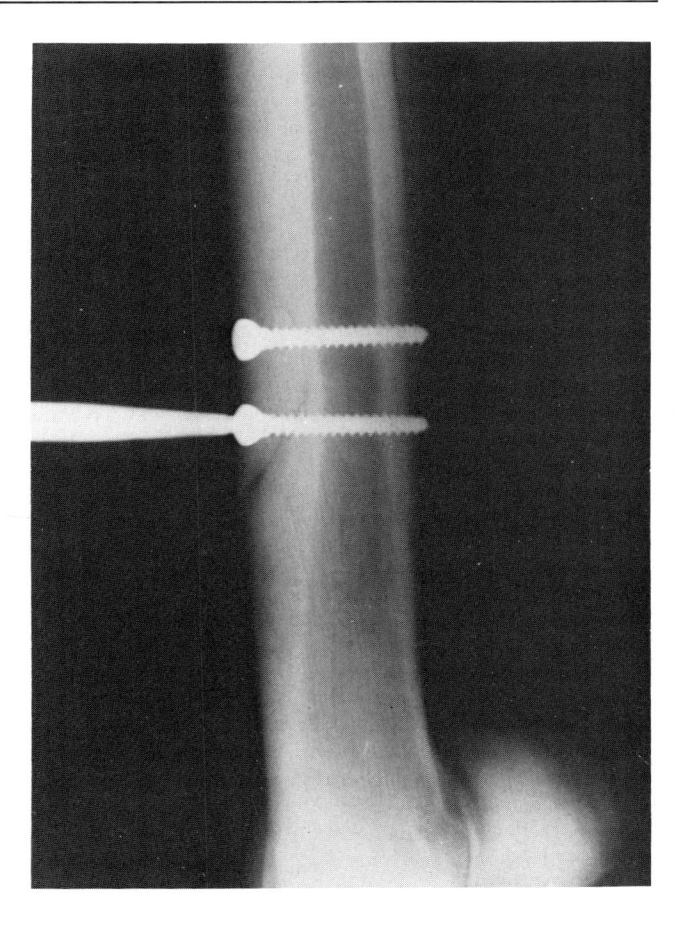

Abb. 8.135: Zur Fixation dieser untertassenförmigen Fraktur wurden zwei Schrauben transkortikal eingesetzt (mit Genehmigung von Dr. P. F. HAYNES).

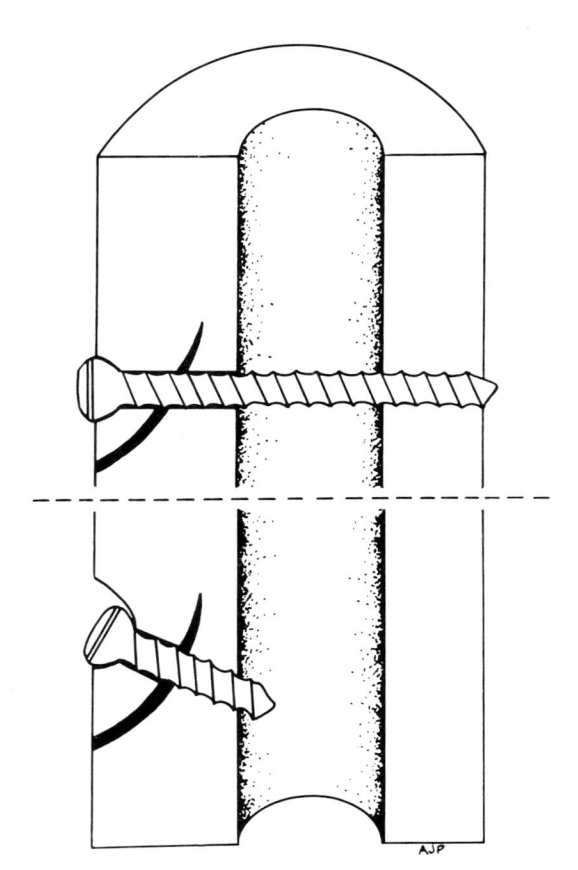

Abb. 8.134: Die obere Darstellung zeigt die transkortikale Methode, die untere Darstellung die unikortikale Methode (mit Genehmigung von Dr. P. F. HAYNES).

Schraube, und das mediale Griffelbein wird in keinem Fall durch eine zu nah eingesetzte Schraube irritiert oder zur Seite gedrückt.[6,10,16] Zusätzlich ist bei der transkortikalen Technik das Risiko einer Refraktur möglicherweise erhöht.[16]

Beide Techniken erfordern eine Allgemeinnarkose und eine genaue Röntgenkontrolle. Zwischen gemeinsamer und lateraler Strecksehne wird in dem Bereich, in dem die Umfangsvermehrung am deutlichsten ist, ein Längsschnitt bis auf das Periost angelegt. Mit Hilfe der vor der Operation angefertigten Röntgenaufnahmen und anatomischer Orientierungspunkte wird die Lage der Läsion abgeschätzt und mit Kanülen für die intraoperative Röntgendokumentation markiert. Ist die Fraktur genau lokalisiert, werden Kortikalisschrauben von 3,5 oder 4,5 mm Stärke verwendet. Bei der unikortikalen Methode wird der äußere dorsale Kortex mit dem inneren dorsalen Kortex unter Zug verbunden (Abb. 8.134). Zu diesem Zweck wird im rechten Winkel zur Frakturlinie gebohrt. Ein Chirurg zieht es vor, die Schraube in Richtung der Winkelhalbierenden zwischen einer senkrecht auf die Kortikalis gefällten Linie und der Frakturlinie einzusetzen.[5]

Der Vorteil hierbei ist, daß der Schraubenkopf weniger weit vorsteht. In den äußeren Teil der dorsalen Kortikalis bis zur Frakturlinie wird ein weiteres Loch gebohrt als in den inneren. Hierzu sind normalerweise Röntgenkontrollaufnahmen notwendig. Das Bohrloch im inneren Teil reicht bis in den Markraum. Hier wird das Gewinde eingeschnitten. Da diese Technik insgesamt schwierig ist, sollte der Sitz der Schrauben durch Röntgenaufnahmen kontrolliert werden.[6,10] Um das Risiko einer Transversalfraktur des Os metacarpale III während des Aufstehens nach der Narkose zu verringern, wird ein fixierender Kunststoffverband, der bis unterhalb des Karpus reicht, angelegt und nach 24 Stunden wieder abgenommen.[10,16]

Im Anschluß an die Operation ist es wichtig, das Training einzuschränken, bis der Wundbereich nicht mehr schmerzhaft ist. Meistens wird eine Ruhephase von sechs Wochen empfohlen, wobei jedoch nach zwei Wochen Boxenruhe mit einem Führprogramm über vier Wochen begonnen wird. Nach sechs Wochen sind Weidegang und/oder leichtes Training hinter einem Führpony möglich. Während dieser Trainingsperiode sollte eine sorgfältige klinische Kontrolle des Frakturbereiches durchgeführt werden. Nach zwölf Wochen werden Röntgenaufnahmen zur Kontrolle des Heilungserfolges angefertigt. Die meisten Untersucher sind der Ansicht, daß die Schrauben entfernt werden sollten, sobald auf den Röntgenaufnahmen eine Heilung feststellbar ist.[6,11] Der Grund hierfür ist, daß die postoperativen Schmerzen, die bei wenigstens 50 % der auf diese Weise behandelten Pferde festgestellt werden, vermieden werden sollen.[5,6] Eine andere Meinung ist, daß die Schrauben nur entfernt werden sollten, wenn Anzeichen für einen schmerzhaften Zustand an dem entsprechenden Bein vorliegen.[10] Etwa zwei Wochen nach Entfernung der Schrauben kann das Training wieder aufgenommen werden.

In letzter Zeit wurde eine neue Behandlungsmethode vorgeschlagen,[2,5,6,13] bei der kleine Löcher durch die Kortikalis des betroffenen Gebietes gebohrt werden. Ist der Abstand zwischen den einzelnen Bohrlöchern mindestens zehnmal so groß wie der Durchmesser des Bohrers, ist die Schwächung der Kortikalis äußerst gering.[2] Man verwendet Bohrer der Größe 2 mm, 2,7 mm, 3,2 mm und 4,5 mm. HAYNES empfiehlt die Bohrung von drei Löchern an der Basis der Fraktur und zwei Löchern in der Nähe ihrer Spitze bei wechselnder Größe der Bohrer.[13] Ein Chirurg hält die Resektion der distalen Frakturspitze am Übergang zum Knochen für nützlich.[3] Im Augenblick ist diese Methode beliebt, da keine zweite Operation zur Entfernung der Schrauben erforderlich ist und die Technik leichter beherrscht werden kann. Auch das Anlegen von Bohrlöchern in Kombination mit einer unikortikalen internen Fixation durch Schrauben wurde empfohlen.[6] Bei einer begrenzten Anzahl von Fällen wurde ein guter Heilungserfolg durch die Behandlung mit einem pulsierenden Magnetfeld über zwei Stunden täglich erzielt.[2]

Andere bereits verwendete Behandlungsmethoden sind die Injektion osteogener Substanzen (Natriumoleat), die Injektion von Kortikosteroiden in die Verletzung, die Behandlung mit einem Thermokauter (Punktbrennen), die chemische Irritation (Blistern), die Punktion des Hämatoms und die Kryotherapie (Kältepunkte). Der Erfolg dieser Therapien ist sehr unterschiedlich, und es gibt keine kontrollierten Untersuchungen. In jedem Fall ist unabhängig von der Behandlungsmethode eine angemessene Ruhephase zusammen mit einem kontrollierten Aufbautraining erforderlich, um eine Regeneration des Metakarpus zu ermöglichen.

Prognose

Die Prognose ist in Abhängigkeit von der Art der Erkrankung des Metakarpus günstig bis vorsichtig zu stellen. Bei **Kategorie 1** sind durch kontrollierte Bewegung meistens gute Ergebnisse zu erzielen. Bei den **Kategorien 2 und 3** sollte eine vorsichtige Prognose gestellt werden. Pferde mit einer Erkrankung der Kategorie 2 bleiben oft lange Zeit lahm. Die interne Fixation der Kortikalisfrakturen der Kategorie 3 ist ebenfalls problematisch. Bei der transkortikalen Methode kommt es oft zu einer Osteolyse im Bereich des Schraubenkopfes.[16] Wird die Schraube entfernt, kann es zu einer komplikationslosen Heilung, aber auch zu einer Refraktur kommen. Bei der unikortikalen Fixation ist das Risiko einer Osteolyse am Schraubenkopf offensichtlich geringer, aber bei etwa 50 % der Pferde müssen die Schrauben entfernt werden, da sie Schmerzen verursachen.[5,6] Auch hier kann es im Anschluß an die Entfernung der Schrauben zu einer komplikationslosen Heilung oder zur Refraktur kommen. BAKER berichtet, daß, obwohl das Anbohren der Kortikalis zu einer röntgenologisch nachweisbaren Heilung führte, bei 50 % der auf diese Weise behandelten Pferde nach zwei bis drei Starts an derselben Stelle erneut Frakturen auftraten, während die anderen 50 % gesund blieben.[3]

Da offensichtlich ist, daß dieser Krankheitskomplex die Behandlung betreffend besondere Schwierigkeiten bereitet, erscheinen einige Bemerkungen zu präventiven Maßnahmen angebracht. Junge Pferde sollten einem wohlüberlegten kontrollierten Trainingsprogramm unterzogen werden, so daß die funktionelle Anpassung der dorsalen Kortikalis möglich ist. Einer Empfehlung zufolge sollen junge Pferde 90 Tage lang ein angemessenes Galopptraining absolvieren, bevor das eigentliche Renntraining beginnt. Auf diese Weise soll die Entstehung von „bucked shins" in den meisten Fällen verhindert werden.[14] Ebenso sind ausreichende Ruhephasen zwischen den einzelnen Abschnitten eines anstrengenden Trainings erforderlich, so daß die funktionelle Anpassung der Kortikalis erfolgen kann. Der Dorsalbereich des Metakarpus sollte täglich auf Schmerzhaftigkeit hin untersucht werden. Sind Entzündungserscheinungen feststellbar, muß das Renntraining unterbrochen werden, bis sie wieder abklingen, und anschließend mit einem kontrollierten Bewegungsprogramm begonnen werden. Obwohl die Mikrofrakturen bei vollkommener Ruhe heilen, erfolgt kaum eine funktionelle Anpassung der dorsalen Kortikalis an die Belastung. Aus diesem Grund sollte ein kontrolliertes Bewegungsprogramm aufrechterhalten werden, so daß das bestmögliche Endergebnis erzielt werden kann. Die Intensität der Belastung sollte den Reaktionen des Pferdes angepaßt werden.[16]

Das Trainings- und Renngeläuf sollte so federnd beschaffen sein, daß der Huf Halt findet und eher normal abrollt als rutscht. Während die Druckbelastung dorsal auf den Metakarpus durch einen federnden Untergrund vermindert wird, verursacht ein harter Boden, auf dem die Pferde rutschen, eine Steigerung dieser Belastung.

Pferde, die auf Turf laufen, erkranken daher seltener, wohingegen Pferde, die auf harten Bahnen starten, zu einem hohen Prozentsatz Schäden davontragen.[16]
Das Anbringen von Griffen und die Gewohnheit, die Trachten zu kürzen, verzögern das Abrollen über die Zehe und erhöhen die Druckbelastung auf den Dorsalbereich des Metakarpus. Die Vermeidung solcher Methoden beim Ausschneiden und Beschlagen kann ebenfalls als Prophylaxe dieser Erkrankung von Nutzen sein.[16]

Ausgewählte Literatur

1. ADAMS, O. R.: Lameness in Horses. 3rd Ed. Philadelphia, Lea & Febiger, 1074, p. 206.
2. AUER, J. A.: Pulsing Electromagnetic Fields in Equine Fracture Treatment. Abstract, V.O.S., 1983.
3. BAKER, R. H.: Personal Communication, 1984.
4. CHAMAY, A. T.: Mechanical and morphological aspects of experimental overload and fatigue in bone. J. Biomech., **3**: 263.1980.
5. COPELAN, R. W.: Personal Communication, 1984.
6. COPELAN, R. W.: Incidence, location and principles of treatment of stress fractures of the third metacarpal bone. Proc. Ann. AAEP, 1972, p. 159.
7. DEVAS, M. B.: Shin splints or stress fractures of the metacarpal bone in horses and skin soreness or stress fractures of the tibia in man. J. Bone Joint Surg., **49 B**: 310, 1967.
8. DEVAS, M. B.: Compression stress fractures in man and the Greyhound. J. Bone Joint Surg., **43 B**: 540, 1961.
9. DIXON, R. T., and BELLINGER, C. R.: Fissure fracture of the equine metacarpus and metatarsus. J. Am. Vet. Med. Assoc., **153**: 1289, 1968.
10. FACKELMAN, G. E., and NUNAMAKER, D. M.: Metacarpal fractures. In Manual of Internal Fixation. New York, Springer-Verlag, 1981, p. 41.
11. FOERNER, J. H.: Personal Communication, 1982.
12. JOHNSON, J. H.: Conditions of the forelimb. In Equine Medicine and Surgery. 2nd Ed. Edited by E. J. Catcott, and J. F. Smithcors, Illinois. American Veterinary Medical Publications. 1972, p. 551.
13. HAYNES, P. F.: Personal Communication, 1984.
14. MADERIOUS, W. E. R.: The bucked shin complex. Proc. 18th Ann. AAEP, 1972, p. 451.
15. NORWOOD, G. L.: The bucked shin complex in thoroughbreds. Proc. 24th Ann. AAEP, 1978, p. 319.
16. NORWOOD, G. L., and HAYNES, P. F.: Dorsal metacarpal disease. In Equine Medicine and Surgery. 3rd Ed. Edited by R. A. Mansmann, and E. S. McAllister. Santa Barbara, American Veterinary Medical Publications, 1982, p. 1110.
17. ROONEY, J. R.: Bucked shin. Mod. Vet. Pract., **59**: 633, 1987.
18. ROONEY, J. R.: Biomechanics of Lameness in Horses. Baltimore, Williams & Wilkins Co., 1969.
19. SMALLWOOD, J. E.: Evaluation of the "bucked shin syndrome" using xeroradiography. Eq. Pract., **1**: 28, 1979.
20. WHEAT, J. D.: Bilateral fracture of the third metacarpal bone of a thoroughbred. J. Am. Vet. Med. Assoc., **140**: 815, 1962.

Kondylusfrakturen des Os metacarpale III bzw. des Os metatarsale III

Kondylusfrakturen des Os metacarpale bzw. Os metatarsale III kommen bei Vollblütern häufig vor, während sie bei Standardbred-Pferden seltener sind und bei Quarter Horses und Polopferden nur gelegentlich festgestellt werden.[5,6,7–9] In einer Veröffentlichung[2] über Röhrbeinfrakturen beträgt der Anteil der Kondylusfrakturen am gesamten Untersuchungsmaterial 64 %. Die männlichen Tiere im Alter zwischen 3,6 und 3,9 Jahren scheinen stärker betroffen zu sein.[6] Die Schultergliedmaßen erkranken zwei- bis dreimal häufiger als die Beckengliedmaßen; zwischen rechtem und linkem Vorderbein besteht kein Unterschied in der Häufigkeit der Verletzung.[2,7] Bei Standardbred-Pferden sollen allerdings die Beckengliedmaßen stärker betroffen sein.[9] Auf jeden Fall entstehen die Frakturen meistens am lateralen Kondylus des Os metacarpale III.[1–10] Jedoch werden gelegentlich auch bilaterale Kondylusfrakturen festgestellt.[6,8]
Die Form dieser Frakturen reicht von der unvollständigen Fissur mit Beteiligung des Fesselgelenkes bis zur vollständigen Dislokation des Fragmentes (Abb. 8.136).[7] Einer Veröffentlichung[8] zufolge ist die vollständig dislozierte Form am häufigsten (53 von 77 Fällen).[6] In einer anderen 91 Fälle umfassenden Untersuchung herrschten die unvollständigen Frakturen vor (63 % der Fälle). Die Dislokation erfolgt in jedem Fall proximal. Die Verlagerung nach lateral kann im proximalen Bereich des Frakturfragmentes unterschiedlich stark sein. Der distale Teil wird durch die dort ansetzenden Seitenbänder weitgehend fixiert.[7] Die Form der Kondylusfrakturen an Metakarpus und Metatarsus ist anscheinend unterschiedlich. Während die Frakturen des Os metacarpale III in jeder erdenklichen Form vorkommen und benachbarte Strukturen mehr oder weniger häufig mitbetroffen sind, besteht am Os metatarsale III meistens eine Fissur, die in unterschiedlicher Ausdehnung proximal verläuft.[9,10] Die Fissuren können bis in das Fesselgelenk reichen, wo sie lateral oder medial, meistens aber lateral des Sagittalkammes des Os metacarpale III eintreten.[7,9,10] Die durchschnittliche Länge und Tiefe dieser Fissuren soll 74 ± 20 mm bzw. 18 ± 3 mm betragen.[2] Vollständige Frakturen der Kondylen sind meistens länger (im Durchschnitt 85 mm) als unvollständige (im Durchschnitt 57 mm).[8] Die unvollständigen Frakturen und besonders die Fissuren sind manchmal schwer als Lahmheitsursache zu erkennen, da die bestehende Lahmheit sehr gering sein kann. Krepitation ist nur sehr wenig oder gar nicht vorhanden, so daß die Diagnose vor der Röntgenuntersuchung völlig unklar sein kann.

Ätiologie

Ursache für die Kondylusfrakturen sind Verletzungen durch eine asynchrone Rotation des Röhrbeines um die Längsachse und durch Arbeit auf unebenem Untergrund.[5,6] Nach ROONEY findet am Ende der Stützbeinphase normalerweise eine synchrone rotierende Bewegung des Röhrbeines und des Fesselbeines von lateral nach medial um ihre Längsachse statt.[9]

Alle vollständigen Kondylusfrakturen, unabhängig von einer möglichen Dislokation, sollten durch die interne Fixation behandelt werden, wenn eine Verwendung der Pferde im Leistungssport angestrebt wird,[3,6,8] da auf diese Weise das bestmögliche Ergebnis erzielt werden kann. Zur Operation wird das Pferd unter Allgemeinanästhesie in Seitenlage verbracht, und zwar so, daß bei einer Fraktur des lateralen Kondylus die erkrankte Gliedmaße oben liegt. Bei einer Fissur ohne Dislokation können die Schrauben durch entsprechend plazierte Stichinzisionen der Haut geführt werden. Die genaue Lage dieser Inzisionen kann zuvor mit Hilfe von Röntgenaufnahmen bestimmt werden. Da nach dem Prinzip der interfragmentären Kompression gearbeitet wird, kann die Tiefe des Gleitloches ebenfalls durch eine Messung der Breite des Fragmentes vor der Operation festgestellt werden (Abb. 8.138). Dabei sollten etwa 5 mm als Ausgleich für die Vergrößerung durch das Röntgenbild einkalkuliert werden.[2] Durch die vorherige Messung wird die Operationszeit deutlich verkürzt. Andere Operateure bevorzugen dagegen die intraoperative Kontrolle. Die zukünftige Lage der Schrauben wird durch Kanülen markiert und mit Hilfe von Röntgenaufnahmen kontrolliert. In jedem Fall sollten auch Aufnahmen des ersten Gleitloches mit inliegendem Bohrer angefertigt werden, so daß die genaue lateromediale Adaptierung der Fraktur und die vollständige Durchbohrung des Fragmentes mit dem 4,5-mm-Bohrer bis über den Frakturspalt gesichert sind.

Einige Chirurgen bevorzugen zu diesem Zweck die Arbeit mit einer C-Klammer. Dazu ist jedoch eine Stichinzision medial an der Gliedmaße erforderlich, die in einigen Fällen schlecht durchzuführen ist. Ist die Fraktur eher lang, kann die erste am weitesten distal gelegene Schraube auf Höhe des lateralen Bandhöckers oder direkt darunter angebracht werden. Ist das Fragment kurz, wird diese Schraube in der Bandgrube lokalisiert.[2,7] Hierzu muß ein Längsschnitt durch das Seitenband geführt werden, damit gebohrt und die Schraube eingesetzt werden kann. In jedem Fall können zwei Kanülen lateral und medial im Fesselgelenk direkt proximal des dorsalen Randes des Fesselbeines zusammen mit der palpatorischen Lokalisierung des medialen Bandhöckers durch die Abdeckung zu einer guten Orientierung des Operateurs über die räumlichen Verhältnisse beitragen, so daß die Richtung der Bohrlöcher stimmt. Liegt die erste Schraube in der Bandgrube, muß darauf geachtet werden, daß sie nicht zu lang ist und auf der medialen Seite den Knochen wieder verläßt, da es so zu einer Reizung des medialen Seitenbandes kommen kann.[3,4,6,8] Einige Chirurgen versuchen, wenn möglich, überhaupt nicht im Bereich der Bandgrube zu schrauben, da diese Technik postoperative Schmerzen verursacht,[2,7,10] während andere diesen Zugang routinemäßig wählen.[3,4,6] Wenn die Schraube in der Bandgrube liegt, wird der Schraubenkopf nicht versenkt. Die erste Schraube wird erst angezogen, wenn die anderen Löcher gebohrt sind und die Schrauben sich an ihrem Platz befinden. Dann erfolgt das Festziehen abwechselnd. Das Überdrehen der Schrauben sollte im proximalen Bereich des Fragmentes vermieden werden, da es dort dünner ist und leichter splittert. Die am weitesten proximal gelegene

Schraube kann mit einer Unterlegscheibe versehen werden, damit die Berührungsfläche größer ist und die Gefahr, daß das Fragment springt, verringert wird. Die Zahl der zu verwendenden Schrauben hängt von der Länge des Fragmentes ab, meistens sind bei Kondylusfrakturen aber nur zwei oder drei erforderlich.[6,8] Bei der Beurteilung der Röntgenaufnahmen sollte besonders darauf geachtet werden, ob die Fraktur spiralförmig verläuft. Dies ist beim Os metatarsale III besonders wichtig.[2,7,10] Verläuft die Fraktur spiralförmig, müssen Schrauben und Bohrlöcher dem angepaßt werden und sich immer in der Mitte des Fragmentes befinden (Abb. 8.139). Wenn alle Schrauben angezogen sind, sollten sofort Röntgenaufnahmen zur Bestätigung ihrer Lage angefertigt werden. Bei dislozierten Kondylusfrakturen ist ein weiterer Schritt erforderlich. Anstelle der Stichinzision wird ein gebogener Schnitt angelegt, der direkt oberhalb der proximalen Begrenzung des Frakturspaltes dorsal am Röhrbein beginnt und unterhalb der distalen Begrenzung des Frakturspaltes endet.

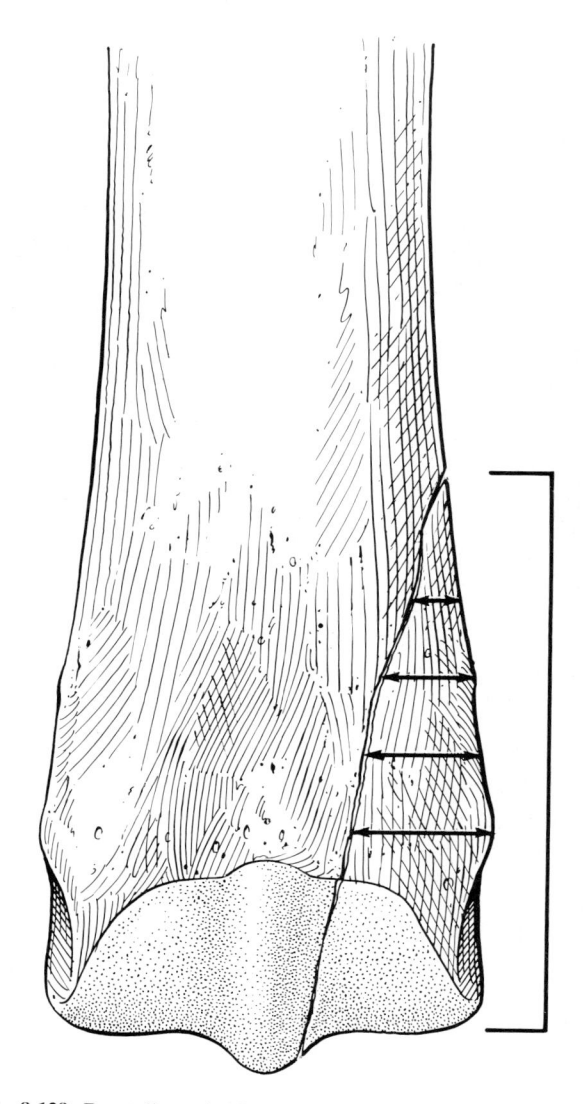

Abb. 8.138: Darstellung der Methode, mit Hilfe einer Röntgenaufnahme die Position der Schrauben, den Abstand zwischen ihnen und die Tiefe der Gleitlöcher vor der Operation zu bestimmen.

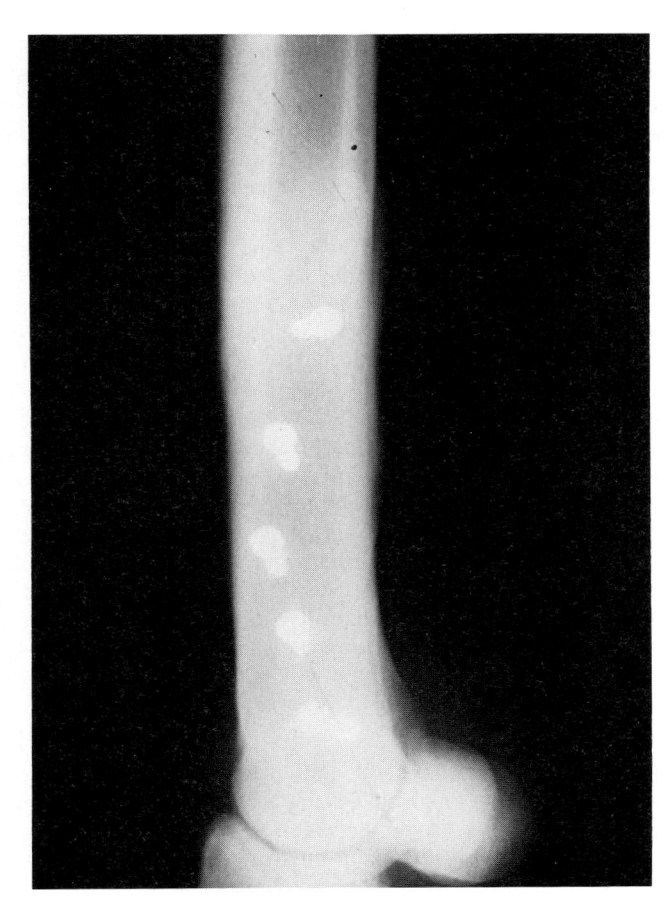

Abb. 8.139: Bei dieser spiralförmig verlaufenden Kondylusfraktur des Metatarsus werden die Schrauben so plaziert, daß sie sich immer in der Mitte des Fragmentes befinden.

Wenn dies geschehen ist, kann eine Arthrotomie des Fesselgelenkes erfolgen, so daß der Chirurg die genaue Reposition der Frakturfragmente kontrollieren und das Frakturhämatom sowie Gewebstrümmer entfernen kann, damit die bestmögliche Adaptierung des Fragmentes an das Röhrbein möglich ist. Das Fragment kann durch Knochenklammern stabilisiert werden, bis die interfragmentäre Fixation erreicht ist. Die Klammern sollten nicht entfernt werden, bevor nicht wenigstens zwei Schrauben eingesetzt worden sind. Zur Zeit wird der mögliche biomechanische Vorteil bei der Verwendung einer schmalen ASIF Dreiloch-Platte untersucht.[3] Um die proximale Spitze des Fragmentes zu stabilisieren, wird die Platte mit zwei Schrauben oberhalb und mit einer Schraube durch diese Spitze fixiert.

Postoperativ sollte, um eine kompliziertere Fraktur während der Aufwachphase zu vermeiden, ein fixierender Verband angelegt werden. Bei Pferden mit einer kurzen schräg verlaufenden Fraktur reichen Verbände bis zum Karpus bzw. Tarsus aus. Sind die Frakturen dagegen lang und schräg verlaufend und reichen bis über die Mitte des Röhrbeines, sollte ein hoher fixierender Verband bis zum proximalen Teil des Radius bzw. der Tibia angelegt werden. Einige Chirurgen ziehen einfache Stützverbände zur Überbrückung der Aufwachphase vor.[2,4] Wenn ein fixierender Verband angelegt wurde, kann er bei kurzen Kondylusfrakturen innerhalb von 48 Stunden, bei langen, schrägen Kondylusfrakturen nach 7 bis 14 Tagen abgenommen werden.[10] In jedem Fall werden nach Entfernung der fixierenden Verbände mehrlagige Stützverbände angelegt. Diese Verbandsbehandlung wird erst bei nachweislich erfolgter Heilung eingestellt. Zeigen die Pferde erhebliche Schmerzreaktionen, kann Phenylbutazon in niedriger Dosierung verabreicht werden. Kleinere Dosen Phenylbutazon können zur Schmerzlinderung nützlich sein, wohingegen es in hoher Dosierung schädlich ist, da die Pferde dann die erkrankte Gliedmaße zu stark belasten.[7] Die antibiotische Behandlung wird vor der Operation eingeleitet und normalerweise über drei bis fünf Tage nach der Operation aufrechterhalten.

Im Anschluß an den chirurgischen Eingriff wird jegliche Bewegung für wenigstens 90 Tage eingeschränkt. In dieser Zeit muß das Pferd im Stall stehen, und nach vier bis sechs Wochen kann mit einem Führprogramm begonnen werden. Gleichzeitig werden Kontrollröntgenaufnahmen erstellt, und wenn der Heilungsverlauf normal ist, kann das Pferd für weitere 90 Tage in einen kleinen Paddock gebracht werden. Ist der Heilungsverlauf gut, kommt es auf die Weide oder in einen großen Auslauf. Mit dem Training wird erst nach sechs bis acht Monaten wieder begonnen, wenn eine Röntgenkontrolluntersuchung erfolgt ist. Auch wenn nach dem Röntgenbild bereits eine Knochenheilung stattgefunden hat, dauert es sechs bis acht Monate, bis der Knorpeldefekt überbrückt ist. In einer großen Reihenuntersuchung (91 Fälle) betrug die Zeitspanne zwischen Operation und erneutem Rennstart im Durchschnitt 10,4 Monate bei einer mittleren Zeit von 10 Monaten und einer Spannweite von 5 bis 24 Monaten.[6]

Grundsätzlich werden die Schrauben nach der Heilung nicht entfernt, es sei denn, sie sind Ursache einer weiterbestehenden Lahmheit. In einer Übersicht über 31 Fälle, in denen Kondylusfrakturen durch interfragmentäre Kompression behandelt wurden, entfernte man die Schrauben nur in neun Fällen, und es gab anscheinend keinen nennenswerten Unterschied in der Leistung dieser Gruppe und der Gruppe, bei der die Schrauben nicht entfernt wurden.[7] Pferde, bei denen die Schrauben nicht entfernt wurden und die zu Beginn der Trainingsperiode einen klammen Gang aufwiesen, zeigten kurze Zeit später häufig keine Lahmheitserscheinungen mehr.[7] Bei Pferden, die auch einige Zeit nach Beginn des Trainings noch lahmen, sollten die Schrauben entfernt werden.[2] Einige Chirurgen bevorzugen grundsätzlich die Entfernung der Schrauben und gegebenenfalls auch der Platte vier bis fünf Monate nach der Operation.[3,6] Die Entfernung der Schrauben unter Allgemeinanästhesie mit Hilfe von Markierungskanülen und Röntgenaufnahmen zu ihrer Lokalisierung bereitet keine Schwierigkeiten. In den meisten Fällen reichen kleine Stichinzisionen für diesen Zweck aus.

Prognose

Im allgemeinen ist die Prognose für eine Rückkehr in den Leistungssport günstig zu stellen, wenn es sich um akute nicht dislozierte Kondylusfrakturen handelt und innerhalb von 48 Stunden eine interne Fixation erfolgt ist.[5,6,8]

Einer Untersuchung zufolge konnten 21 von 27 Pferden mit einer solchen Fraktur wieder im Rennsport eingesetzt werden.[8] Im Fall vollständig dislozierter Frakturen oder wenn Diagnose und Behandlung verzögert wurden und/oder wenn unzureichende Maßnahmen zur Immobilisierung getroffen wurden, muß mit einer vorsichtigen bis ungünstigen Prognose gerechnet werden.[8] In einer entsprechenden Veröffentlichung wird berichtet, daß nur 12 von 38 Pferden wieder Rennen laufen konnten.[8] Die Prognose verschlechtert sich auch, wenn die Gelenkfläche erheblich beschädigt ist, so daß mit einer degenerativen Erkrankung des Fesselgelenkes gerechnet werden muß, und wenn eine Periostreizung zu einer verstärkten Kallusbildung führt.[2] Desgleichen kann selten mit einer Rückkehr in den Rennsport gerechnet werden, wenn eine Trümmerfraktur vorliegt oder wenn die Fesselgelenkfläche des Röhrbeines palmar bzw. plantar subchondrale erosive Veränderungen aufweist.[8]

Ausgewählte Literatur

1. ADAMS, O. R.: Lameness in Horses. Philadelphia, Lea & Febiger, 1974, p. 215.
2. ALEXANDER, J. T., and ROONEY, J. R.: The biomechanics, surgery and prognosis of equine fractures, 1967-1971. Proc. 18th Ann. AAEP, 1972, p. 219.
3. BAKER, R. H.: Personal Communication, 1984.
4. FACKELMAN, G. E., and NUNAMAKER, D. M.: Manual of Internal Fixation in the Horse. New York, Springer-Verlag, 1981, p. 45.
5. FESSLER, J. F., and AMSTUTZ, H. E.: Fracture repair in large animals. In Large Animal Surgery. Edited by F. W. Oehme, and J. E. Prier. Baltimore, Williams & Wilkins Co., 1974.
6. LEETH, S. G.: Personal Communication, 1984.
7. MEAGHER, D. M.: Lateral condylar fractures of the metacarpus and metatarsus in horses. Proc. 22nd Ann. AAEP, 1976, p. 147.
8. RICK, M. C., et al.: Condylar fractures of the third metacarpal bone and third metatarsal bone in 75 horses: radiographic features, treatment and outcome. J. Am. Vet. Med. Assoc., **183**: 287, 1983.
9. ROONEY, J. R.: Distal condylar fractures of the cannon bone in the horse. Mod. Vet. Pract., **52**: 113, 1974.
10. TURNER, A. S.: Surgical repair of fractures of the third metatarsal bones in a standardbred gelding. J. Am. Vet. Med. Assoc., **171**: 655, 1977.

Frakturen des Os metacarpale III bzw. des Os metatarsale III

Frakturen des Os metacarpale bzw. metatarsale III treten nicht selten bei Pferden aller Rassen und Altersgruppen auf.[8] Das Röhrbein scheint aufgrund der Tatsache, daß es zum distalen Teil des Skelettes gehört und durch wenig Weichteilgewebe geschützt ist, besonders gefährdet zu sein.

Obwohl Röhrbeinfrakturen in allen Variationen vorkommen, von der einfachen Fissur bis hin zur vollständigen Trümmerfraktur, scheinen sie bei jungen Pferden oft weniger kompliziert zu sein als bei erwachsenen.[16] Jeder Bereich des Knochens und sowohl Karpal- als auch Fesselgelenk können beteiligt sein. Distal gelegene Frakturen, die bei jungen Pferden auch im Bereich der Wachstumszone liegen, sind häufig vom Salter-II-Typ[14] (siehe Seite 298 und Abb. 8.140). Da wenig Weichteilgewebe vorhanden ist, sind die Frakturen meistens offen bzw. der Knochen perforiert die Haut bald nach Eintritt der Verletzung. Nicht selten sind die Griffelbeine gleichzeitig frakturiert. Frakturen im Zusammenhang mit einer Erkrankung im Dorsalbereich des Metakarpus und Griffelbeinfrakturen werden gesondert in den entsprechenden Abschnitten dieses Kapitels behandelt (siehe Seite 596 bzw. 615). Es ist in diesem Zusammenhang aber einer Bemerkung wert, daß die untertassenförmigen Frakturen der dorsalen Kortikalis im Zusammenhang mit dem „bucked shin"-Komplex (siehe Seite 596) bei fortgesetzter Belastung zu Transversalfrakturen werden können, was besonders bei Vollblutrennpferden eine Rolle spielt.[4] Obwohl diese Frakturen insgesamt schwer zu behandeln sind, haben sie, verglichen mit Frakturen der anderen langen Röhrenknochen, die günstigste Prognose.[7]

Ätiologie

Die Röhrbeinfraktur kann durch ein äußeres Trauma jeglicher Art verursacht werden.[1-7] Unter den häufig genannten Verletzungen befinden sich Schlagverletzungen, Verletzungen durch Zerreißen des Halfters, Verletzungen durch Löcher im Boden, durch Zäune oder Gatter, Verletzungen durch Ausrutschen, auch auf Eis, und Autounfälle.[1-7] Bei Fohlen hat meistens die Stute auf das betreffende Bein getreten und so die Fraktur verursacht. Im Gegensatz dazu kann angenommen werden, daß Fissuren und Transversalfrakturen nach untertassenförmigen Frakturen im dorsalen Bereich des Metakarpus eher die Folge eines internen als eines externen Traumas sind.

Symptome und Diagnose

Fissuren können schwierig zu diagnostizieren sein. Die mit ihnen verbundene Lahmheit ist oft unspezifisch und von unterschiedlichem Grad. Adspektorisch kann das Röhrbein eine geringgradige Umfangsvermehrung aufweisen. Palpatorisch sind gewöhnlich vermehrte Wärme, Schwellung des im Bereich der Fraktur befindlichen Weichteilgewebes und Schmerzhaftigkeit bei tiefer digitaler Palpation feststellbar. Da diese Symptome denen des „bucked shin"-Komplexes ähneln, wird die richtige Diagnose möglicherweise nicht gestellt. Ein Hinweis ist, daß die Schwellung normalerweise mehr diffus verteilt ist als bei der Erkrankung im Dorsalbereich des Metakarpus und daß sowohl die Lahmheit als auch die Palpationsschmerzhaftigkeit länger als fünf Tage anhält.[5]

In anderen Fällen mit Ausnahme der nicht dislozierten Kondylusfrakturen (siehe Seite 601 Kondylusfrakturen des Os metacarpale III bzw. metatarsale III) ist die Diagnose einer Röhrbeinfraktur offensichtlich. Es besteht ein Achsenknick der Gliedmaße zusammen mit einer höchstgradigen Lahmheit.

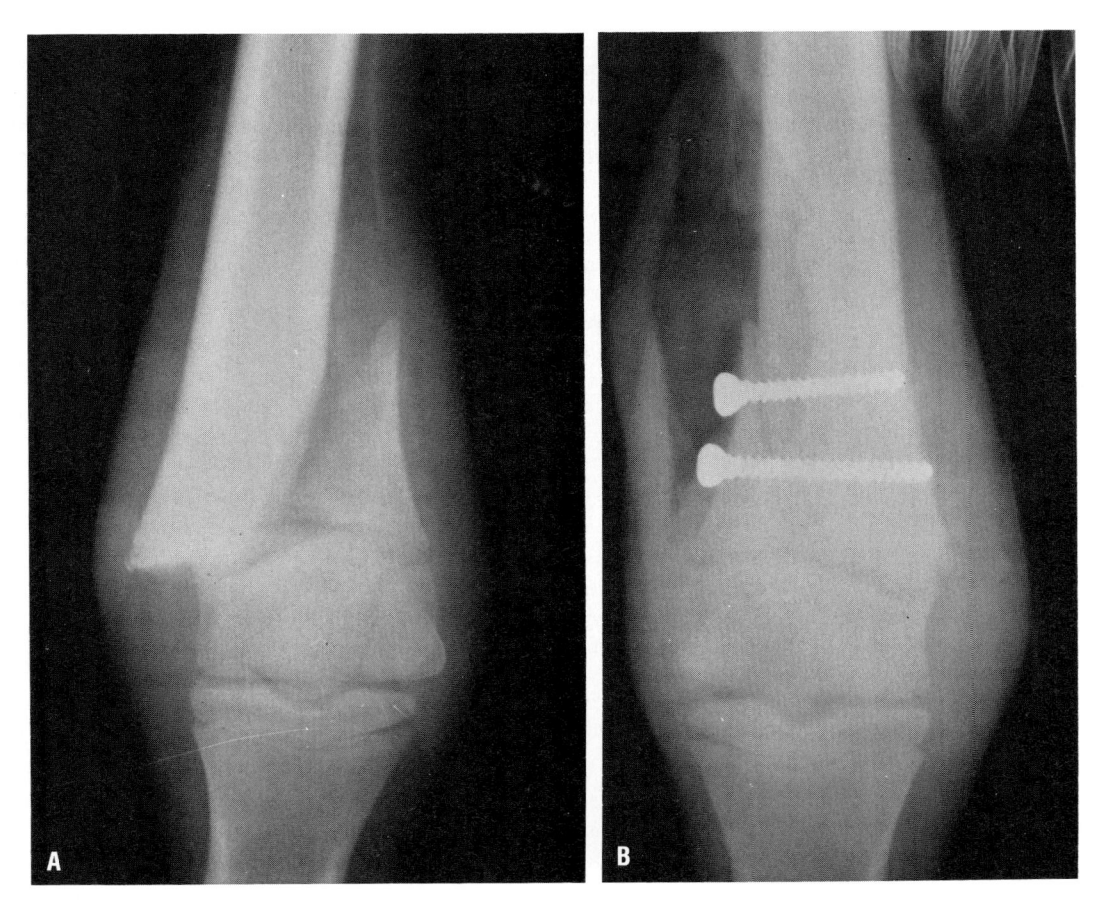

Abb. 8.140: A Beispiel einer Salter-II-Fraktur distal am Metakarpus. **B** Die Fraktur wurde mit zwei Knochenschrauben fixiert (mit Genehmigung von Dr. A. S. TURNER).

In jedem Fall sollte eine Röntgenuntersuchung durchgeführt werden, um die Form der Fraktur (einfach oder zertrümmert) und ihre Lage im Verhältnis zu den Gelenkflächen festzustellen. Exzessive Manipulationen der Gliedmaße während der klinischen Untersuchung sollten vermieden werden, da sie zu einer Perforation der Haut durch ein Knochenfragment führen könnten. Ist zur Röntgenuntersuchung ein Transport erforderlich oder ergibt sich eine Verzögerung, ist es ratsam, einen Schienenverband oder einen fixierenden Kunststoffverband als Stütze anzulegen, so daß das Risiko einer Perforation vermindert wird.

Therapie

Die Behandlung hängt von der Form (offen oder geschlossen, einfach oder zertrümmert) und der Lage (mit oder ohne Gelenkbeteiligung, proximal oder distal) der Röhrbeinfraktur, dem Alter des Tieres, dem zukünftigen Verwendungszweck und von wirtschaftlichen Gesichtspunkten ab.[1,8,16]

Bei vielen Röhrbeinfrakturen war eine Stabilisierung von außen erfolgreich.[4,8] Diese Technik ist wahrscheinlich am günstigsten bei Pferden mit Fissuren und bei ruhigen jüngeren Pferden und Ponys, die eine einfache Transversalfraktur haben. Bei Fissuren wurde die Behandlung mit Stützverbänden erfolgreich angewandt.[5] Wählt man einen fixierenden Kunststoffverband, sollte der gesamte Huf eingeschlossen werden, und proximal sollte er bis zum proximalen Drittel des Radius oder der Tibia reichen. Der Zweck dieses Verbandes ist, eine gerade Gliedmaßenachse zu erhalten und die Drehkräfte im Bereich der Fraktur zu verringern. In den Fällen, in denen die Fraktur leicht einzurichten ist und eine gerade Gliedmaßenachse erhalten werden kann, ist die Fixation in leicht gebeugter Haltung möglich, so daß die axial auf die Fraktur einwirkenden Kräfte und die Drehkräfte im Frakturbereich noch weiter vermindert werden. In den meisten Fällen ist jedoch ein gewisser Zug erforderlich, um die Fraktur einzurichten und eine gerade Achse zu erhalten. Zu diesem Zweck können an dem Sohlenrand Löcher gebohrt werden, durch die Drähte gezogen werden, so daß die Streckung und dadurch auch das Auseinanderziehen der Bruchenden möglich wird. Ist die Fraktur eingerichtet, wird die Gliedmaße unter Zug gehalten, bis der Kunststoffverband angelegt ist. In den meisten Fällen kann durch Palpation der Griffelbeine von außen festgestellt werden, ob das Röhrbein gerade eingerichtet ist. Falls dies nicht sicher ist, sollten nach dem Einrichten Kontrollröntgenaufnahmen angefertigt werden.

In einer begrenzten Zahl von Fällen wurden auch fixierende Verbände mit einer Transfixation erfolgreich kombiniert. Es handelte sich hierbei um Fohlen und erwachsene Pferde, bei denen Trümmerfrakturen so weit proximal lokalisiert waren, daß sie keine Möglichkeit für die übliche interne Fixation durch Platten boten. In den meisten Fällen werden zwei Steinmann-Nägel mit einem großen Durchmesser transversal lateromedial durch das distale Ende des Radius geschlagen und zwei weitere in ähnlicher Weise durch den Metakarpus distal der Fraktur. Dann wird ein fixierender Kunststoffverband angelegt und über sowie um die Nägel gewickelt. Auf diese Weise kann mit dem heute erhältlichen Fiberglasmaterial eine stabile, leichte externe Unterstützung geschaffen werden. Weiterhin werden sehr instabile Trümmerfrakturen mit Hilfe der Nägel stabilisiert. Fohlen können in der Box gehalten werden, während erwachsene Pferde normalerweise in Gurte gehängt werden müssen.

Vorübergehend werden Kunststoffverbände vor der Durchführung einer internen Fixation angelegt, wenn offene Frakturen kontaminiert sind oder wenn ein schweres Weichteiltrauma besteht.[1,10,16] Der fixierende Verband stabilisiert die Fraktur, bis das Weichteilgewebe ausreichend Zeit zur Heilung hatte und die Abwehrreaktionen des Organismus ausreichen, um das Risiko einer sich ausbreitenden Infektion gering zu halten.

Andere Arten der Stabilisierung in Form verschiedener Schienen wurden bei einer begrenzten Anzahl von Röhrbeinfrakturen mit Erfolg angewendet.[8] Möglicherweise besonders geeignet ist eine die Gliedmaße umschließende Schiene mit einer Transfixation durch Nägel.

Die interne Fixation ist in den Fällen angezeigt, in denen die Fraktur sehr schräg verläuft oder das Fragment erheblich disloziert ist. Ebenso ist sie bei Beteiligung eines Gelenkes die Methode der Wahl.[15] Schräg verlaufende und dislozierte Frakturen sind besonders instabil und daher für die ausschließliche Behandlung mit einem fixierenden Verband nicht gut geeignet. Bei geschlossenen Schrägfrakturen gleiten die Fragmente häufig aneinander vorbei und perforieren innerhalb des fixierenden Verbandes die Haut, so daß schließlich doch eine offene Fraktur entsteht.[15] Die stabile interne Fixation einer in das Karpometakarpal- bzw. Metakarpophalangealgelenk reichenden Fraktur verringert das Risiko einer degenerativen Gelenkerkrankung und vergrößert dadurch die Chance, daß das Pferd wieder in den Sport zurückkehren kann.

Wenn die Fraktur frisch ist und die Hautverletzung relativ gering ist und wenn sie dazu noch kaum kontaminiert wurde, kann nach einem entsprechenden Debridement eine interne Fixation stattfinden. Offene Frakturen, die mäßig bis stark verschmutzt sind und bei denen eine stärkere Entzündungsreaktion des Weichteilgewebes besteht, können alternativ dazu über sieben bis zehn Tage vorübergehend unter einen fixierenden Verband gestellt und anschließend der internen Fixation unterzogen werden. Dies ist aber nur zu empfehlen, wenn die Fraktur solange ausreichend stabilisiert werden kann. Wird die interne Fixation verschoben, sollte die initiale Behandlung das Scheren und Rasieren des Wundgebietes, die Entnahme einer Probe aus der Tiefe zur mikrobiologischen Untersuchung, das vollständige Debridement avitalen Weichteilgewebes und Knochens sowie die gründliche Lavage mit einem milden Desinfektionsmittel einschließen. Anschließend wird ein steriler Verband angelegt, dessen Wundauflage dick genug sein sollte, jegliches Exsudat aufzunehmen und von der Wundfläche fernzuhalten. Karpus bzw. Tarsus werden leicht eingebeugt, um die axial wirkenden Druck- und Drehkräfte zu verringern, und ein hoher fixierender Verband wird angelegt. Bis das Ergebnis des Resistenztestes der mikrobiologischen Untersuchung feststeht, wird mit einer Behandlung durch Breitbandantibiotika begonnen. Nach drei bis vier Tagen wird der Verband abgenommen, die Wunde untersucht, erneut eine Probe aus der Tiefe zur mikrobiologischen Untersuchung entnommen und, falls erforderlich, eine weitere Auffrischung und Lavage durchgeführt. Danach wird die Wunde wiederum steril abgedeckt und ein neuer Kunststoffverband angelegt. Wenn das Ergebnis des Resistenztestes es erfordert, wird das Antibiotikum gewechselt. Abhängig vom Zustand der Wunde, wird der Verband nach sieben bis zehn Tagen zum zweiten Mal abgenommen, und die endgültige Entscheidung im Hinblick auf die interne Fixation wird getroffen. Ist die Wunde sauber, kann der Versuch einer internen Fixation gemacht werden, besteht eine offensichtliche Wundinfektion, ist möglicherweise die Euthanasie anzuraten. Durch dieses Abwarten wird genug Zeit gewonnen, um festzustellen, ob die Wundinfektion problematisch wird, bevor für den Besitzer die Kosten für eine interne Fixation entstehen. Vom Gesichtspunkt der Wundheilung her ist es ebenfalls sinnvoll, da günstige Voraussetzungen dafür geschaffen werden, daß das Risiko einer lokalisierten oder generalisierten Infektion möglichst gering ist. Wird die Knochenplatte sofort eingesetzt, vergrößert sich das Risiko einer Ausbreitung der Infektion. Denn obwohl diese Platten relativ inert sind, stellen sie doch einen Fremdkörper dar. Der Autor hat diese verzögerte Methode erfolgreich in drei Fällen angewendet, und in einem weiteren Fall wird darüber berichtet.[10] In jedem Fall, in dem eine Fraktur offen und kontaminiert ist, ist die Aussicht, sie erfolgreich zu behandeln, deutlich herabgesetzt.[8] Wenn die Frakturlinie bis in das Ernährungsloch des Röhrbeines reicht, ist wahrscheinlich jeder Heilungsversuch sinnlos. Bei einer Gruppe von fünf Fällen, in denen die Fraktur so gelagert war, entwickelte sich bei allen fünf Tieren ein Sequester der Kortikalis dorsal am Röhrbein, so daß schließlich die Euthanasie erfolgte.[3]

Der Zugang zum Metakarpus bzw. Metatarsus erfolgt über einen lappenförmigen Hautschnitt.[12] Der Lappen sollte groß genug sein, die Platte zu decken, so daß die Naht nicht darüber liegt. Wenn der Hautlappen tief in der Subkutis präpariert wird, ist eine gute Blutversorgung sichergestellt. Das Periost wird aufgeschnitten und abgehoben, so daß die Platten subperiostal angebracht werden können. Abhängig von Alter und Größe des Tieres werden ein oder zwei dynamische Kompressionsplatten (DCP) verwendet. Eine Platte ist für Fohlen und Ponys unter 200 kg Körpergewicht ausreichend. Für Pferde, die mehr als 200 kg wiegen, werden zwei Platten verwendet.[1,10,16] Die Platten werden entsprechend den Richtlinien der Arbeitsgemeinschaft für Osteosynthesefragen verwendet.[2,13] (Der Leser sollte sich ermutigt fühlen, einen der

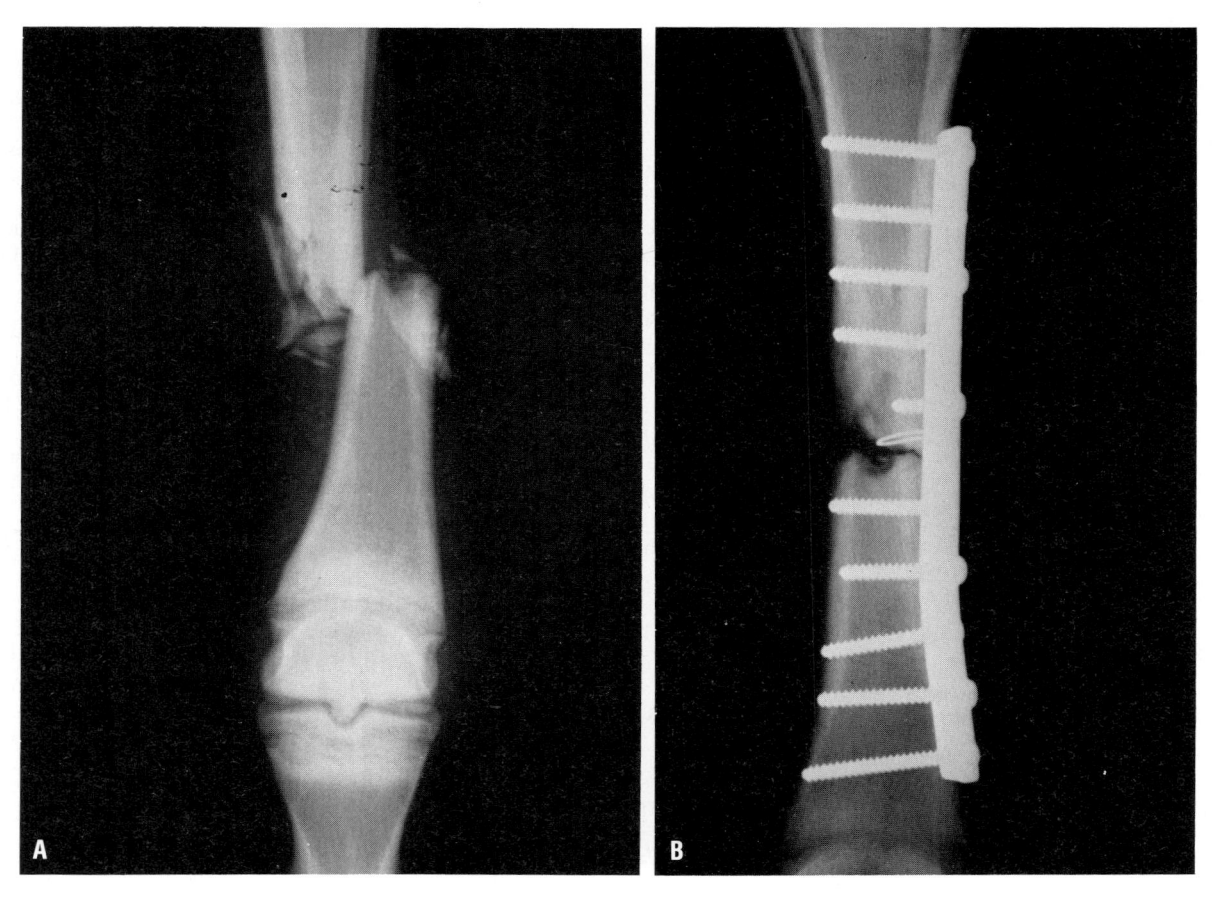

Abb. 8.141: A Beispiel für eine Trümmerfraktur in der Mitte des Metakarpus bei einem jungen Fohlen. **B** Die mit einer ASIF-Standardplatte auf der medialen Seite fixierte Trümmerfraktur. Der Knochendefekt wurde mit einem Spongiosatransplantat ausgefüllt, und im Anschluß an die Operation wurde über sechs Wochen ein fixierender Kunststoffverband zur Unterstützung der Gliedmaße angelegt.

speziellen Kurse über die interne Fixation beim Pferd zu besuchen, bevor er den Versuch einer solchen Operation macht.) In den meisten Fällen ist genug Weichteilgewebe vorhanden, um die Platten zu decken (Abb. 8.141).

Bei jungen Fohlen, bei denen die Frakturen bis in die Wachstumszone reichen, kann es erforderlich sein, diesen Bereich mit einem Implantat zu überbrücken, um die Fraktur zu stabilisieren. Bei sehr jungen Fohlen im Alter bis zu sechs Wochen kann dies das Wachstum der Gliedmaße beeinflussen, so daß das Längenwachstum zu gering ist oder eine Achsenknickung resultiert.[8] Da ein Großteil des von der Wachstumszone ausgehenden Wachstums bis zum Alter von zweieinhalb bis drei Monaten stattfindet, ist das Risiko eines verringerten oder veränderten Wachstums nach dieser Zeit gering.[8]

In allen Fällen, in denen ein Defekt der Kortikalis vorliegt, wird eine autologe Knochentransplantation empfohlen.[1,15,16] Dies ist besonders bei erwachsenen Pferden wichtig, da der Defekt normalerweise sehr langsam heilt und eine Schwachstelle darstellt.[1,16] Die Übertragung von spongiösem Knochen ist außerdem angezeigt, wenn eine interne Fixation durchgeführt wurde und eine lokale Infektion des Frakturbereiches vorhanden ist.[1] Der spongiöse Knochen für die Transplantation kann, wie bereits beschrieben, aus dem Tuber coxae[15] oder dem Sternum gewonnen werden.

Experimentell wurde bereits erfolgreich mit gefrorenem Kortikalisallotransplantat gearbeitet.[11]

Diese Technik der Transplantation wurde entwickelt, um eine sinnvolle Behandlungsmöglichkeit für Pferde mit schweren Trümmerfrakturen der langen Röhrenknochen zu haben. Die knöcherne Durchbauung erfolgte innerhalb von 30 Tagen, nach 180 Tagen hatte die vollständige Heilung stattgefunden, und Kontur sowie Struktur des Knochens waren wiederhergestellt. Es wird vermutet, daß es bis zu einem Jahr dauern kann, bis das Allotransplantat völlig ersetzt ist. Erfahrungen bei klinischen Fällen bestehen bis jetzt noch nicht.

Die Marknagelung wurde ebenfalls als mögliche Behandlungsmethode bei Frakturen des Röhrbeines vorgeschlagen.[6] Eine Anwendung im klinischen Bereich ist bis jetzt jedoch nicht bekannt.

In den meisten Fällen ist es am sichersten, einen hohen fixierenden Verband anzulegen, der den gesamten Huf einschließt und in den Fällen, bei denen sich die Fraktur im mittleren oder oberen Bereich des Röhrbeines befindet, bis zum proximalen Drittel des Radius bzw. der Tibia reicht. Auf diese Weise wird das Risiko einer Refraktur während der Aufwachphase nach der Narkose verringert. Bei Pferden, die lediglich eine Fissur haben, mag ein Schienenverband diesen Zweck erfüllen. Bei jungen Fohlen, die eine in die Wachstumszone reichende Fraktur haben, wird häufig ein fixierender Zehenverband verwendet.[16] Die Dauer der Behandlung mit fixierenden Verbänden variiert abhängig von der Form der Fraktur, dem Alter des Pferdes und der durch die interne Fixation erreichten Stabilität.

Bei Fohlen, bei denen eine Transversalfraktur im mittleren Bereich des Röhrbeines durch eine oder zwei Platten fixiert wurde und die konsequent ruhiggestellt wurden, können die fixierenden Verbände nach zwei bis drei Wochen abgenommen werden, so daß osteoporotische Veränderungen und eine Atrophie der Beuger nicht so ausgeprägt sind wie nach einer längeren Behandlung mit diesen Verbänden. Andere, vor allem erwachsene Pferde benötigen fixierende Verbände bis zu vier Monate lang. Ist eine Stute besonders ungeschickt und mit dem Fohlen zusammen auf engem Raum aufgestallt, sollte ein hoher Verband erst abgenommen werden, wenn die Heilung röntgenologisch nachweisbar ist. Bei erwachsenen Tieren richtet sich der Zeitpunkt der Abnahme des fixierenden Verbandes ebenfalls danach, ob die Heilung des Knochens auf dem Röntgenbild festgestellt werden kann. Wiederum bestimmen die Umstände die Dauer der Verbandbehandlung, und solche bis zu vier Monaten sind in einigen Fällen erforderlich.

Die Entscheidung, ob die Platten entfernt werden oder nicht, hängt vom Alter des Tieres sowie von seiner zukünftigen Verwendung ab und davon, ob eine nässende Fistel besteht. Im allgemeinen werden die Platten bei jungen Pferden, die noch ein gewisses appositionelles Wachstumspotential haben, und bei Pferden, die in den Leistungssport zurückkehren sollen, entfernt.[17] Falls zwei Platten angebracht wurden, sollten sie nicht gleichzeitig, sondern im Abstand von mindestens drei Monaten entfernt werden.[3] Nach der Plattenentfernung ist es wichtig, die betroffene Gliedmaße während der Aufwachphase durch einen Kunststoff- oder Schienenverband zu stützen, der 24 bis 48 Stunden nach dem Aufstehen aus der Narkose im Stehen entfernt werden kann. Wenn eine Fraktur geheilt ist, aber eine Fistel besteht, sollten die vorhandenen Platten entfernt werden. Bei zwei Platten geschieht dies, wie oben beschrieben, nacheinander.

Prognose

Die Aussicht auf eine erfolgreiche Behandlung von Frakturen des Os metacarpale bzw. metatarsale III hängt wiederum von der Art der Verletzung, der Form der Fraktur, ihrer Lokalisation und der Frage, ob sie offen oder geschlossen ist, ab. Die Veranlagung des Pferdes und seine angestrebte Verwendung sind ebenfalls wichtig. Frakturen im Bereich der Schultergliedmaße haben eine günstigere Prognose als solche im Bereich der Beckengliedmaße.[7] Bei Fohlen unter sieben Monaten haben einfache Transversalfrakturen im mittleren Bereich des Röhrbeines eine günstige Prognose.[1,7] Bei älteren Pferden ist die Prognose vorsichtig zu stellen, bei Pferden mit offenen Frakturen oder Trümmerfrakturen vorsichtig bis schlecht. Eine endgültige Vorhersage sollte erst getroffen werden, wenn die Auswirkungen der initialen Behandlung beurteilt werden können.[7,8]

Ausgewählte Literatur

1. ALEXANDER, J. T., and ROONEY, J. R.: The biomechanics, surgery and prognosis of equine fractures. Proc. 18th Ann. AAEP, 1972, p. 219.
2. ALLGÖWER, M., et al.: Die dynamische Kompressionsplatte. Heidelberg, Springer-Verlag, 1973.
3. BRAMLAGE, L. R.: Personal Communication, 1984.
4. BOWMAN, K. F., and FACKELMAN, G. E.: Management of comminuted fractures in the horse. Comp. Cont. Ed., **11:** 298, 1980.
5. DINGWALL, J. S., DUNCAN, D. B., and HORNEY, F. D.: Compression plating in large animal orthopedics. J. Am. Vet. Med. Assoc., **158:** 1651, 1971.
6. DIXON, R. T., and BELLINGER, C. R.: Fissure fracture of the equine metacarpus and metatarsus. J. Am. Vet. Med. Assoc., **153:** 1289, 1968.
7. FACKELMAN, G. E., and FROLICH, D.: The current status of ASIF techniques in large animals. Proc. 18th Ann. AAEP, 1972, p. 325.
8. FESSLER, J. F., and AMSTUTZ, H. E.: Fracture repair. *In* Large Animal Surgery. Edited by F. W. Oehme, and J. E. Prier. Baltimore, Williams & Wilkins Co., 1974, p. 301.
9. GERTSEN, K. E., MONTFORT, T. N., and TILLOTSON, P. J.: Fracture repair in large animals. VM/SAC, **68:** 782, 1973.
10. JOHNSON, J. H., MERRIAM, J. G., and BURWASH, W.: Compression plating of a compound comminuted metatarsal fracture in a foal. VM/SAC, **65:** 341, 1970.
11. JONES, R. D., MILNE, D. W., and FETTER, A. W.: Cortical bone allografting in the horse. J. Vet. Surg., **10:** 1, 1981.
12. MILNE, D. W., and TURNER, A. S.: An Atlas of Surgical Approaches to the Bones of the Horse. Philadelphia, W. B. Saunders Co., 1979.
13. MUELLER, M. E., ALLGÖWER, M., and WILLENEGGER, H.: Manual of Internal Fixation. Berlin, Springer-Verlag, 1970.
14. SALTER, R. B.: Textbook of Disorders and Injuries of the Musculoskeletal System. Baltimore, Williams & Wilkins Co., 1970.
15. STASHAK, T. S., and ADAMS, O. R.: Collection of bone grafts from the tuber coxae of the horse. J. Am. Vet. Med. Assoc., **167:** 397, 1975.
16. TURNER, A. S.: Compression plating in longbone fractures. *In* Equine Medicine and Surgery. 3rd Ed. Edited by R. A. Mansmann, and E. S. McAllister. Santa Barbara, American Veterinary Publications, 1987, p. 1006.
17. VALDEZ, H., MORRIS, D. L., and AUER, J. A.: Compression plating of long bone fractures in foals. J. Vet. Orthop., **1:** 10, 1982.

Gliedmaßenfehlstellungen in der Diaphyse des Os metacarpale III bzw. des Os metatarsale III

Winklige Deformationen der Diaphyse des Röhrbeines stellen eine beim Fohlen seltene kongenitale Mißbildung dar.[7] In den meisten Fällen wird die Achsenabweichung kurz nach der Geburt bemerkt, und obwohl sie eher im mittleren bzw. proximalen Bereich des Röhrbeines als weiter distal liegt, kann das Fesselgelenk sekundär mitbetroffen sein. Beide Arten der Fehlstellung, sowohl *varus* (laterale Verbiegung des Röhrbeines) als auch *valgus* (mediale Verbiegung des Röhrbeines), kommen vor (Abb. 8.142).[7]

Obwohl diese Erkrankung in einzelnen Punkten der beim Menschen beschriebenen kongenitalen Verbiegung der Tibia ähnelt, sind die in Verbindung damit häufig auftretenden fibrozystischen Veränderungen, die Neurofibro-

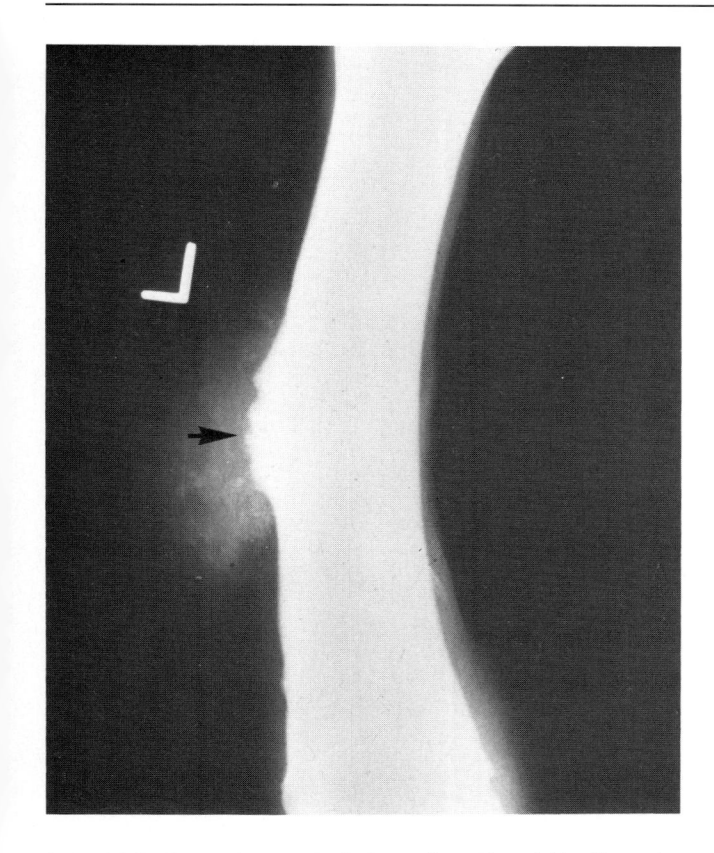

Abb. 8.142: Dorsoplantare Aufnahme einer Varusfehlstellung der Diaphyse des linken Metatarsus. Die proliferative Exostose sowie das dichte Granulationsgewebe auf der lateralen Seite (Pfeil) sind durch eine Dekubitusstelle entstanden, die sich unter einem fixierenden Verband entwickelt hatte. Dieses Pferd wurde zur Behandlung an die Colorado State University überwiesen.

matose und ein abweichendes Muster der Gefäßversorgung beim Pferd nicht beschrieben worden.[3–5,7]

Ätiologie

Die Ätiologie ist unbekannt. Es besteht jedoch die Theorie, daß eine abnorme intrauterine Lage des Fetus eine Fehlentwicklung des knorpeligen Primordialskelettes verursacht.[7] Da die Achsenknickung in der Nähe des Gefäßloches liegt, wird auch eine Abweichung der Gefäßversorgung während einer frühen Phase der Knochenentwicklung diskutiert.[7]

Symptome

Auf den ersten Blick kann die Achsenknickung in der Diaphyse einer Achsenknickung des Fesselgelenkes ähnlich sehen. Bei näherer Betrachtung wird jedoch offensichtlich, daß der Drehpunkt (der Schnittpunkt der divergierenden Achsen) mehr proximal im Bereich der Diaphyse des Röhrbeines liegt. Die Adspektion von oberhalb der Schulter bzw. Hüfte mit Blickrichtung nach unten läßt dies am besten erkennen. Das Fesselgelenk kann sekundär erkrankt sein, was die Diagnose erschwert. Die meisten Fohlen erscheinen sehr vital und zeigen keinerlei Lahmheit. Palpatorisch können Drehung und Beugung des Fesselgelenkes geringgradig schmerzhaft sein.[7] Durch die direkte Palpation des Röhrbeines lassen sich weder vermehrte Wärme noch eine Umfangsvermehrung noch Druckschmerzhaftigkeit feststellen.

Diagnose

Die endgültige Diagnose wird mit Hilfe der Röntgenuntersuchung gestellt. In den meisten Fällen sind je eine Aufnahme in dorsopalmarer (DPa) bzw. -plantarer (DPl) und in lateromedialer (LM) Richtung ausreichend. Meistens ist eine Dickenzunahme der Kortikalis auf der konkaven Seite feststellbar.[7] Der Grund dafür wird im Wolfschen Gesetz über den Knochenumbau vermutet. Der Winkel der Abweichung wird bestimmt, indem eine Folie oder ein nicht entwickelter Röntgenfilm über die dorsopalmare bzw. dorsoplantare Aufnahme gelegt wird. Dann wird je eine Gerade gezogen, die das Röhrbein und das Fesselgelenk halbieren. Der Schnittpunkt dieser Linien ist der Drehpunkt (Schnittpunkt der divergierenden Achsen). Der Grad der Achsenabweichung kann mit einem Winkelmesser bestimmt werden. Diese Information ist besonders wichtig, wenn ein chirurgischer Eingriff erwogen wird.

Therapie

Obwohl der Versuch einer konservativen Behandlung, bestehend aus Boxenruhe und Hufkorrektur, gemacht werden kann, scheint bei dieser Erkrankung keinerlei Erfolgsaussicht zu bestehen. Bei zwei von drei Fällen wurde eine keilförmige Osteotomie mit anschließender interner Fixation mit Erfolg durchgeführt.[7] Ein drittes in gleicher Weise behandeltes Fohlen mußte aufgrund von Komplikationen später euthanasiert werden.
Die Osteotomie wird auf der konvexen Seite durchgeführt. Die genaue Lokalisation und die Größe des zu entfernenden Knochenkeiles werden mit Hilfe von Zeichnungen, die auf einer Kunststoffolie über der DPa- bzw. DPl-Aufnahme erstellt werden, vorher bestimmt. Wenn der Knochen freigelegt und die Stelle für die Osteotomie festgelegt ist, werden Markierungskanülen angebracht und erneut Röntgenaufnahmen angefertigt. Im Idealfall sollte die Osteotomie direkt über dem Schnittpunkt der abweichenden Gliedmaßenachsen erfolgen, wobei jedoch das Foramen nutricium, das die versorgenden Gefäße enthält, geschont werden sollte. Der durch die Osteotomie entstehende Keil muß an der konvexen Seite am breitesten sein, wohingegen von der konkaven Seite am besten kein oder nur sehr wenig Knochen entfernt werden sollte. Zur Durchführung der Osteotomie wird eine oszillierende Säge verwendet. Anschließend werden gemäß den ASIF-Regeln zwei Knochenplatten angebracht.[1,6] Die Immobilisierung der Gliedmaße erfolgt durch einen hohen fixierenden oder mehrlagigen Verband über zwei bis vier Wochen. Die Platten werden in zwei getrennten Operationen entfernt, nachdem eine vollständige Heilung des Knochens röntgenologisch nachweisbar ist.

Prognose

Tatsächlich sind bis jetzt zu wenig Pferde chirurgisch behandelt worden, und es gibt keine Kontrolluntersuchungen über einen längeren Zeitraum, so daß keine umfassende Aussage in bezug auf die Prognose getroffen werden kann. Von den drei veröffentlichten Fällen konnten zwei mit Erfolg behandelt werden. Das dritte Fohlen wurde wegen einer ischämischen Nekrose der Gliedmaße euthanasiert.

Ausgewählte Literatur

1. FACKELMAN, G. E., and NUNAMAKER, D. M.: Manual of Internal Fixation in the Horse. New York, Springer-Verlag, 1982.
2. HEYMAN, C. H., and HERNDON, C. H.: Congenital posterior angulation of the tibia. J. Bone Joint Surg., **31**: 517, 1949.
3. JACOBS, J. E., KIMMELSTEIL, P., and THOMPSON, K. R.: Neurofibromatosis and pseudarthrosis. Arch. Surg., **59**: 232, 1949.
4. McCARROLL, H. R.: Clinical manifestations of congenital neurofibromatosis. J. Bone Joint Surg., **32**: 601, 1950.
5. MOORE, B. H.: Some orthopedic relationships of neurofibromatosis. J. Bone Joint Surg., **23**: 109, 1941.
6. MUELLER, M. E.: Handbuch der internen Fixation. 2. Aufl., Berlin, Springer-Verlag, 1979.
7. WHITE, K. K.: Diaphyseal angular deformities in three foals. J. Am. Vet. Med. Assoc., **182**: 272, 1983.

Überbeine

Besonders bei jungen Pferden entstehen Überbeine und betreffen meistens die Schultergliedmaßen. Häufig befinden sie sich auf der Medialseite zwischen medialem Griffelbein und Röhrbein. Die Entstehung der Überbeine hängt mit hartem Training, Gliedmaßenfehlstellungen, ungenügender Hufpflege oder Fehlernährung beim jungen Pferd zusammen.

Ein kurzer Überblick über die Anatomie soll über Lage und vermutete Funktion der Griffelbeine Auskunft geben. Die Ossa metacarpalia II und IV bzw. die Ossa metatarsalia II und IV werden gewöhnlich als Griffelbeine bezeichnet. Jedes dieser Griffelbeine ist mit dem Metakarpus bzw. Metatarsus durch ein Zwischenknochenband fest verbunden und stützt auf diese Weise den langen Knochen. Bei einem Querschnitt durch den Mittelfuß wird deutlich, daß die Griffelbeine das Röhrbein beträchtlich unterstützen, da die dorsale Kompakta des Röhrbeines wesentlich dicker ist als die palmare bzw. plantare (Abb. 8.143).

Die Terminologie der Erkrankungen der Griffelbeine ist sehr uneinheitlich. Mit „true splint" wird eine Zerrung oder Ruptur des Mittelfußknochenzwischenbandes bezeichnet. Die daraus entstehende Umfangsvermehrung ist meistens 6 bis 7 cm distal des Karpus im Bereich der Verbindung zwischen medialem Griffelbein und Röhrbein zu beobachten (Abb. 8.144). Der Ausdruck „blind splint" bezieht sich auf einen entzündlichen Prozeß des Mittelfußknochenzwischenbandes, der im Verlauf der klinischen Untersuchung nur schwer erkannt werden kann, da die Umfangsvermehrung innen am Griffelbein (axial) zwischen dem kleinen Mittelfußknochen und dem Musculus interosseus medius auftritt. Bei einer Röntgenuntersuchung kann eine Osteolyse zwischen Griffelbein und Röhrbein feststellbar sein.[2] Eine Periostitis der Griffelbeine entsteht durch ein oberflächliches das Periost betref-

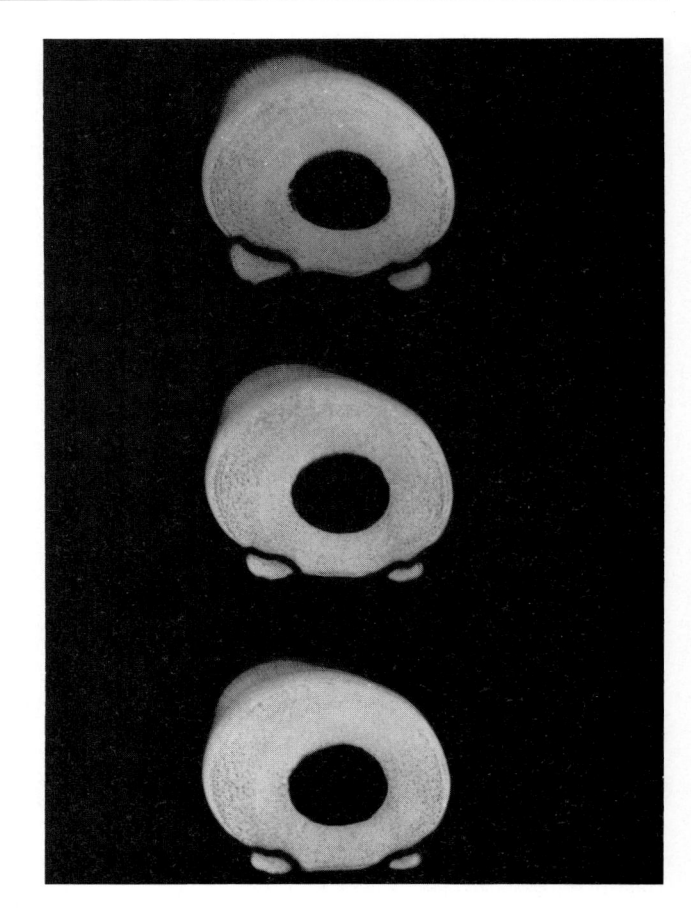

Abb. 8.143: Querschnitt durch den Vordermittelfuß eines Pferdes mit einer Erkrankung des dorsalen Metakarpus. Die dorsale Kompakta ist dicker als die palmare (mit Genehmigung von Dr. P. F. HAYNES).

fendes Trauma, das zu einer proliferativen Periostitis führt (Abb. 8.145). Obwohl eine sichtbare Umfangsvermehrung bestehen bleibt, zeigen die Pferde normalerweise keine Lahmheit. Der Begriff „knee splint" bezieht sich auf eine Verdickung des Griffelbeinköpfchens, die zu einer Osteoarthritis im Karpometakarpalgelenk führen kann.[1,2]

Ätiologie

Die mit dieser Erkrankung einhergehende Verdickung der Griffelbeine entsteht durch Bindegewebeproliferation und Osteoperiostitis. Die Ursachen hierfür sind entweder exzessiver Zug am Mittelfußknochenzwischenband [(Ligamentum metacarpeum bzw. metatarseum interosseum)], das das Griffelbein am Röhrbein fixiert, äußeres Trauma oder der Heilungsprozeß einer Longitudinal- bzw. Transversalfraktur. Ist der entzündliche Zustand im Bereich des Periostes erheblich genug, führt er mit der Zeit zu einer Knochenzubildung am Griffelbein (proliferative Exostose). Die Größe des Überbeines hängt normalerweise von dem Ausmaß der Entzündung und von der Größe des betroffenen Gebietes ab. In jedem Fall hat das Überbein eine langgestreckte Form parallel zur Längsachse des Griffelbeines.[1,5,6]

Kapitel 8: Lahmheit   613

Bei der Sektion stellt sich das Mittelfußknochenzwischenband des betroffenen Griffelbeines häufig durchscheinend mit weißen Streifen dar, während es normalerweise einheitlich grauweiß aussieht. Histologisch besteht ein erkranktes Band überwiegend aus chondroidem Gewebe, ein normales Band vorwiegend aus dichtem weißen fibrösen Bindegewebe.[5] Daher liegt die Vermutung nahe, daß eine chondroide Metaplasie des kollagenen Gewebes als Folge eines Traumas auftritt.[5]

Das mediale Griffelbein ist aufgrund seiner stärkeren Gelenkbeteiligung häufiger erkrankt. Bei Untersuchungen des medialen Griffelbeines wird leicht deutlich, daß die gesamte proximale Fläche des Köpfchens an der Bildung des Karpalgelenkes beteiligt und diese Gelenkfläche flacher ist als die des lateralen Griffelbeines (siehe Seite 212–213 Abb. 4.51 b und Seite 214–215 4.52 b).[1] ROONEY hat zahlreiche Fälle untersucht und stellte zwei verschiedene Arten der Gelenkbildung des medialen Griffelbeines mit den Karpalknochen fest.[5] Bei der Artikulation vom Typ A artikuliert das Os metacarpale II ausschließlich mit dem Os carpale II, das wiederum mit dem Os carpale III zusammen mit den Karpalknochen der antebrachialen Reihe an der Bildung der Articulatio mediocarpea beteiligt ist. Bei der Artikulation vom Typ B artikuliert das Os metacarpale II proximal sowohl mit dem Os carpale II als auch mit dem Os carpale III. Bei mechanischen Belastungstests an Bandpräparaten von Karpus und Metakarpus wurde festgestellt, daß die Karpalgelenkknochen die Griffelbeine nach distal drückten. Zusätzlich wurde bei der Gelenkbildung vom Typ B das mediale Griffelbein auch noch nach mediopalmar vom Röhrbein weggedrückt.[5] Es besteht die Theorie, daß bei einer außergewöhnlichen Belastung das Mittelfußknochenzwischenband im am stärksten strapazierten Bereich gezerrt werden kann.[5] Bei Beachtung dieser Theorie müßte die Zahl von Überbeinen bei Pferden mit Gelenken vom Typ B besonders hoch sein. Es ist allerdings keine Veröffentlichung bekannt, in der eine größere Zahl von Pferden mit Artikulationen vom Typ B im Hinblick auf das Vorhandensein von Überbeinen untersucht worden ist.

Stellungsanomalien, die zu einer stärkeren Belastung der Griffelbeine führen, tragen ebenfalls zu einem häufigeren Vorkommen dieser Erkrankung bei.[1,2] „Bench knees", eine laterale Deviation des Metakarpus im Vergleich zu Karpus und Radius, stellt ein Beispiel einer für Überbeine des medialen Griffelbeines prädisponierenden Stellungsanomalie dar.[1] Auch Pferde mit einer bodenengen und zehenweiten Stellung sind prädisponiert, da sie sich mit der kontralateralen Schultergliedmaße ein Trauma im Bereich des Griffelbeines zuziehen können (Streichen).[1,2] Ebenso können ein fehlerhafter Beschlag und eine falsche Zubereitung der Hufe den Gang so verändern, daß sich die Pferde ebenfalls streichen. Alle diese Faktoren können entweder übermäßige Zugbelastungen des Mittelfußknochenzwischenbandes oder eine proliferative Periostitis des medialen Griffelbeines und/oder des Röhrbeines verursachen. Das laterale Griffelbein kann durch äußere Schlagverletzungen (beim Ausschlagen oder Geschlagenwerden) geschädigt werden. Dies kommt allerdings häufiger an der Beckengliedmaße vor.

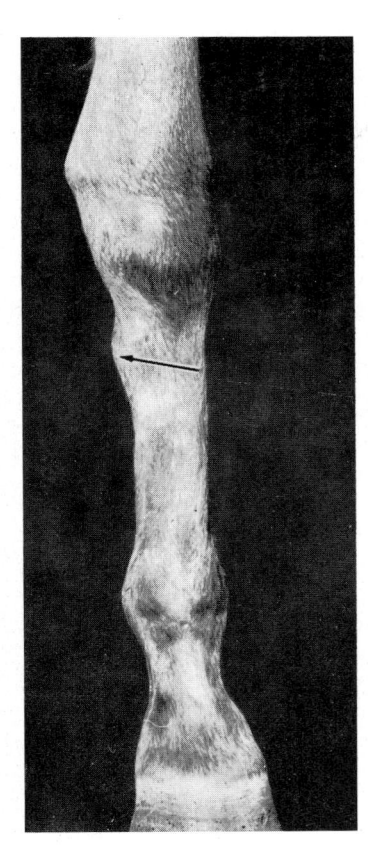

Abb. 8.144: Medial gelegenes Überbein. Zusätzlich ist bei diesem Pferd die Gliedmaßenachse von vorn gesehen gebrochen, da der Metakarpus lateral versetzt ist.

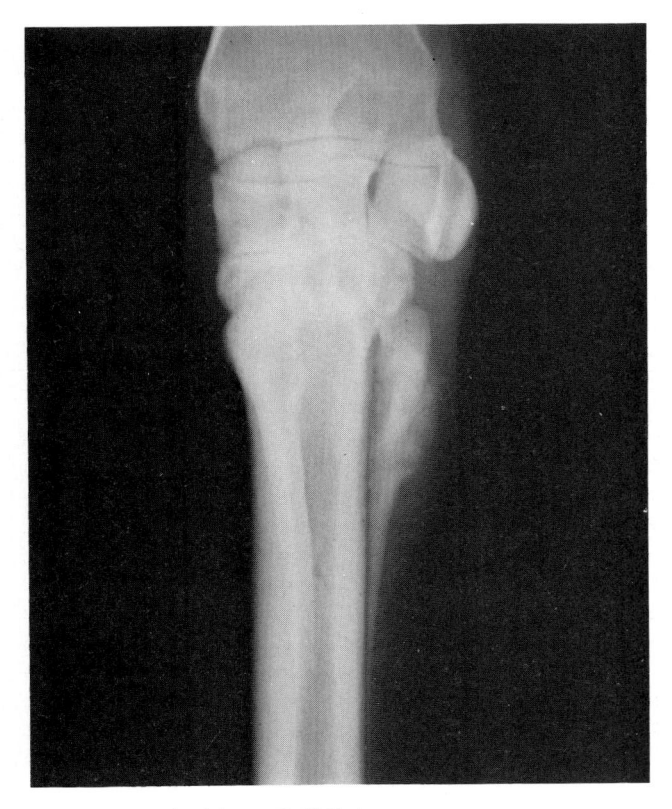

Abb. 8.145: Periostitis am Griffelbein.

Bei jungen Pferden wurde auch eine unausgewogene Fütterung oder eine Überfütterung für die Entstehung von Überbeinen verantwortlich gemacht,[1,2,5] vor allem Imbalancen und Mangelzustände bei Kalzium und Phosphor.[1] Es gibt jedoch keine verläßlichen Studien, die dies beweisen. Häufig wachsen Pferde, bei denen ein Kalzium- und Phosphormangel vermutet wird, auch sehr schnell. Möglicherweise entstehen durch das zunehmende Gewicht ausreichend Druckkräfte, die eher zur Entwicklung von Überbeinen führen als die Imbalance.

Bei jungen Pferden mit einer Fehlstellung, die noch dazu übergewichtig und stark übertrainiert sind, besteht ein größeres Risiko für Zerrungen des Mittelfußknochenzwischenbandes, bevor dieses eine ausreichende Festigkeit erreicht hat.[5]

Symptome

Eine Lahmheit besteht meistens bei zweijährigen Pferden, die intensiv trainiert werden, aber vereinzelt erkranken auch drei- oder vierjährige. Die Überbeine befinden sich überwiegend an der medialen Seite der Gliedmaßen, da das mediale Griffelbein normalerweise mehr Gewicht trägt als das laterale und daher stärker belastet ist. Die Lahmheit ist gewöhnlich im Trab am deutlichsten. Vermehrte Wärme, Schwellung und Schmerzhaftigkeit im betroffenen Bereich können an jeder Stelle des Griffelbeines auftreten, sind jedoch meistens etwa 7,5 cm unterhalb des Karpalgelenkes zu finden (Abb. 8.144). Im Bereich der Verbindung des Griffelbeines mit dem Röhrbein können sowohl an der Schulter- als auch an der Beckengliedmaße eine größere oder mehrere kleinere Umfangsvermehrungen auftreten.

Knochenzubildungen in der Nähe des Karpalgelenkes können eine Arthritis verursachen („knee splint"). Erhebliche Knochenneubildungen am Griffelbein können den Musculus interosseus medius berühren und zu einer Lahmheit führen, die erst beseitigt werden kann, wenn sie entfernt werden. Solche Wucherungen können palpatorisch und mit Hilfe von Röntgenaufnahmen festgestellt werden. Eine durch Überbeine hervorgerufene Lahmheit verstärkt sich bei Bewegung auf hartem Boden. In weniger schweren Fällen ist die Lahmheit nicht im Schritt, sondern nur im Trab zu erkennen. Wenn die initiale Entzündung zurückgeht, werden die Umfangsvermehrungen normalerweise infolge der Ossifikation kleiner und fester. Die Verringerung der Schwellung ist gewöhnlich auf einen Rückgang der bindegewebigen Zubildung, nicht auf eine tatsächliche Verkleinerung der knöchernen Formation zurückzuführen. Zu einem frühen Zeitpunkt ist ein Großteil der Schwellung entzündlich bedingt und geht normalerweise erheblich zurück. Das führt häufig zu dem Trugschluß, daß eine Behandlung, wie Blistern oder Brennen, zur Verminderung der knöchernen Schwellung geführt hat. Diese Annahme ist falsch, und in vielen Fällen sind die wirklichen Knochenzubildungen größer als zu Beginn der Therapie. In einigen Fällen verursachen die Überbeine keine Lahmheit.

Diagnose

Wenn eine genaue Untersuchung der betroffenen Gliedmaße erfolgt, ergibt sich die Diagnose durch die offensichtlichen Symptome. Die vermehrte Wärme sowie die Schmerzhaftigkeit und Umfangsvermehrung im genannten Bereich im Zusammenhang mit einer Lahmheit reichen zur Diagnosestellung aus. Griffelbeinfrakturen werden häufig mit Überbeinen verwechselt. Bei einer Griffelbeinfraktur ist das Gliedmaßenödem normalerweise diffuser verteilt, und die Tiere sind für einen längeren Zeitraum chronisch lahm. In jedem Fall sollten Röntgenaufnahmen angefertigt werden. Ein wichtiger Bestandteil der Diagnose ist festzustellen, ob das Karpalgelenk beteiligt ist oder nicht und ob Knochenzubildungen so weit palmar reichen, daß der Musculus interosseus medius betroffen ist. Knochenzubildungen können auch als Folge eines Traumas am Röhrbein auftreten und dann mit Überbeinen der Griffelbeine verwechselt werden. Palpatorisch und röntgenologisch kann jedoch festgestellt werden, daß diese Umfangsvermehrungen sich dorsal der Verbindung mit den Griffelbeinen befinden. Ursache hierfür sind meistens Streichverletzungen. Mit Hilfe von Röntgenaufnahmen kann diagnostiziert werden, daß das Griffelbein nicht primär betroffen ist und daß die Exostose sich fast vollständig auf dem Röhrbein befindet. Wenn nicht feststeht, ob es sich um ein Überbein als Folge einer Überlastung oder um die Folgen einer Streichverletzung handelt, kann die mediale Hufwand der anderen Seite mit Kreide markiert werden, so daß die Kreidespuren im Bereich der knöchernen Schwellung gegebenenfalls festgestellt werden können.

Therapie

Für die Behandlung von Überbeinen gibt es viele Vorschläge, die grundsätzlich aber alle auf der Verwendung antiphlogistisch wirkender Medikamente und der Einhaltung von Ruhe im akuten Stadium sowie einer Reiztherapie und manchmal auch eines chirurgischen Eingriffes beim eher chronischen Zustand beruhen.[1-6]

In der akuten Phase sind die Entzündung und die Schwellung die untrüglichen Kennzeichen dieser Erkrankung. Die Gabe von Phenylbutazon zusammen mit einer Kältebehandlung sowie mit Druck- und Stützverbänden scheint am besten zur Linderung von Schmerz, vermehrter Wärme und Schwellung beizutragen. Die Kältebehandlung wird entweder mit Eispackungen oder mit Kühlgamaschen durchgeführt, die zweimal am Tag über 30 bis 45 Minuten angelegt werden müssen. Diese Behandlung sollte mindestens über fünf bis sieben Tage fortgesetzt werden. Einige Tierärzte empfehlen nach jeder Behandlung eine zehnminütige Massage mit der Hand, nach der ein Stützverband angelegt wird.[2] Andere ziehen feuchtwarme Verbände mit DMSO (Dimethylsulfoxid siehe Seite 873) und Furacin bzw. mit DMSO und Kortikosteroiden vor. Wenn die Entzündung nach zehn Tagen abgeklungen ist, kann unter dem Stützverband ein mildes Liniment aufgetragen werden. Die erkrankten Pferde sollten für wenigstens 30 bis 45 Tage im Stall gehalten werden. Sobald die akute Entzündung abgeklungen ist, werden sie zweimal am Tag 15 bis 20 Minuten geführt.

Eine weitere Behandlungsmethode ist die lokale Injektion eines Kortikosteroidpräparates an das Überbein. Diese Therapie dämmt die Entzündung ein und kann möglicherweise dazu beitragen, übermäßige Knochenzubildungen zu verhindern. Gleichzeitig sollte durch eine elastische Bandage Druck ausgeübt werden. Hierbei muß das Pferd länger als 30 Tage Ruhe haben und kann nicht so schnell wieder gearbeitet werden wie nach einer Reiztherapie. Allerdings kann die Schwellung auch deutlich geringer ausfallen. Ebenso ist es richtig, daß Überbeine ohne Therapie ausheilen können, wenn den Pferden eine ausreichende Ruhephase gewährt wird.

Wenn das Streichen die Ursache der Überbeine ist, können weitere Verletzungen durch Streichgamaschen verhindert werden. Liegt der Grund für das Streichen in fehlerhafter Zubereitung der Hufe oder in fehlerhaftem Beschlag, muß hier eine Änderung erfolgen. Injektionen von Kortikosteroiden in den Bereich der Verletzung zusammen mit einer systemischen Phenylbutazonbehandlung sind nützlich bei der Eindämmung der akuten Entzündung. Bei frischen Fällen können die Einhaltung von Boxenruhe sowie die Behandlung mit Stützverbänden erforderlich sein. Ist die Knochenzubildung zu groß, ist in einer sehr geringen Zahl von Fällen möglicherweise ein chirurgischer Eingriff angezeigt.

Reiztherapien wie Punktbrennen, lokale Injektion von Irritantien, örtliche Anwendung von Blistern sowie Bestrahlungen werden bei subakuten und chronischen Fällen häufig eingesetzt. Die Wirkung besteht darin, daß eine geringgradige Entzündung aktiviert wird, so daß der Heilungsprozeß schneller vonstatten geht.[2] Wahrscheinlich ist das Punktbrennen heute noch die am häufigsten verwendete Methode. Es ist jedoch für Turnierpferde nicht akzeptabel, da es einen noch größeren Schönheitsfehler verursacht. Auch bei intermetakarpalen Überbeinen („blind splints") bringt es keinen Nutzen, da die betroffene Region dem Brenneisen nicht zugänglich ist. In diesen Fällen kann eher die lokale Injektion von Irritantien nützlich sein.[3] Nach der Behandlung sollten die Pferde für wenigstens 30 Tage Ruhe haben. In keinem Fall darf irgendeine Form der Reiztherapie angewendet werden, wenn nicht wenigstens 45 Tage seit der lokalen Behandlung mit Kortikosteroiden vergangen sind.[2]

In einigen Fällen ist die chirurgische Entfernung der Exostose nötig, da sie eine Reizung des Musculus interosseus medius oder des Karpalgelenkes bewirkt oder so groß ist, daß das Pferd sich dort ständig mit dem anderen Huf streicht. In anderen Fällen wird sie durchgeführt, wenn es sich um Materialpferde handelt und der Besitzer glaubt, daß der Schönheitsfehler die Gewinnchancen des Pferdes verringert. Überbeine sollten jedoch von den Richtern nicht als ernst zu nehmender Fehler bewertet werden, sofern sie nicht mit einer bodenengen, zehenweiten Stellung oder einem Achsenknick im Karpalgelenk einhergehen. Die Entfernung der Exostosen ist nur zu zirka 50 % erfolgreich, da sich etwa bei der Hälfte der Pferde die Knochenzubildung in ungefähr gleicher Größe wieder einstellt. Ist Streichen die Ursache gewesen, führt die chirurgische Entfernung ebenfalls nicht zum Erfolg, es sei denn, die Gangunregelmäßigkeit wird durch einen orthopädischen Beschlag beseitigt.

Prognose

Die Prognose ist in allen Fällen günstig, in denen die Exostose nicht zu groß ist und den Musculus interosseus medius oder das Karpalgelenk nicht irritiert und in denen sie nicht durch Streichen hervorgerufen wurde.

Ausgewählte Literatur

1. ADAMS, O. R.: Lameness in Horses. 3rd Ed., Philadelphia, Lea & Febiger, 1974, p. 207.
2. GOBLE, D. O.: The Small Metacarpal and Metatarsal Bones. *In* Equine Medicine and Surgery. Edited by R. A. Mansmann, and E. S. McAllister. Santa Barbara, American Veterinary Publications, 1982, p. 1110.
3. JOHNSON, J. H.: Conditions of the Forelimb. *In* Equine Medicine and Surgery. 2nd Ed. Edited by E. J. Catcott, and J. F. Smithcors, Illinois, American Veterinary Publications, 1972, p. 552.
4. O'CONNOR, J. P.: Treatment of functional splints. Proc. 8th Ann. AAEP, 1962, p.139.
5. ROONEY, R. R.: Biomechanics of Lameness in Horses. Baltimore, Williams & Wilkins Co., 1969, p. 143.
6. ROONEY, J. R., and PRICKETT, M. E.: Foreleg splints in horses. Cornell Vet., **56:** 259, 1966.

Griffelbeinfrakturen

Griffelbeinfrakturen können an jeder Stelle auftreten, befinden sich aber meistens im distalen Drittel.[2,4,6,8,9,10,11,13] Häufig handelt es sich im distalen Drittel um einfache Frakturen (Abb. 8.146). Im Gegensatz dazu liegen im mittleren und proximalen Bereich oft Trümmerbrüche vor oder werden durch Osteomyelitis und Sequesterbildung kompliziert.[8] (Abb. 8.147).

Frakturen des distalen Drittels treten meistens bei älteren Pferden auf (fünf- bis siebenjährig) und sind nur selten bei Tieren, die jünger als zwei Jahre sind, zu finden.[4,10] Der Grund dafür sind möglicherweise die verminderte Geschmeidigkeit des Mittelfußknochenzwischenbandes und die härteren Trainingsbedingungen für ältere Pferde.[4] Im Gegensatz dazu treten bei jüngeren Pferden eher Schäden am Mittelfußknochenzwischenband, das die Griffelbeine befestigt, auf, die zu den als Überbeine („splints") bezeichneten Veränderungen führen. Die Schultergliedmaßen sind dabei häufiger betroffen als die Beckengliedmaßen und das linke Vorderbein häufiger als das rechte.[4,10] Bei Vollblütern sind meistens der distale Bereich des lateralen Griffelbeines vorn links und des medialen Griffelbeines vorn rechts erkrankt.[4] Während der entgegen dem Uhrzeigersinn laufenden Rennen könnten diese Knochen einer verstärkten Gewichtsbelastung ausgesetzt sein, was die Vermutung nahelegt, daß direkter Druck als Ursache in Frage kommt.

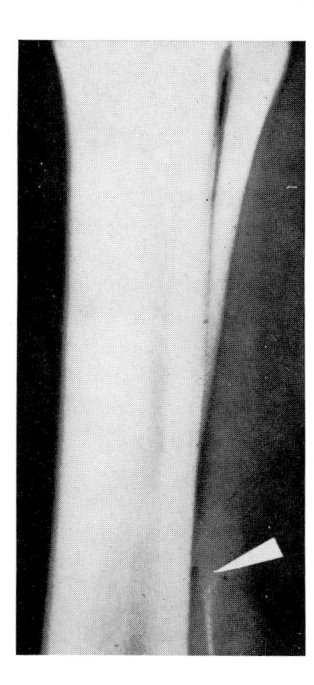

Abb. 8.146: Distal gelegene Fraktur des medialen Griffelbeines an der Schultergliedmaße (Pfeil).

Bei Standardbred-Pferden gibt es bis jetzt keine Veröffentlichung über Prädilektionsstellen für Griffelbeinfrakturen an den Vorderbeinen, jedoch konnte ein gehäuftes Vorkommen hinten links am medialen und hinten rechts am lateralen Griffelbein festgestellt werden.[4,10] Anders als bei den Vorderbeinen sind diese Knochen an der Beckengliedmaße bei der Laufrichtung entgegen dem Uhrzeigersinn einer besonderen Belastung ausgesetzt, so daß hier ein anderer Mechanismus als Ursache des Traumas angenommen werden muß. Auch Tendinitiden des Musculus interosseus medius kommen Veröffentlichungen zufolge an den Schultergliedmaßen älterer Standardbred-Pferde und Vollblüter häufiger vor. Der Zusammenhang zwischen der Erkrankung des Musculus interosseus medius, einer Gleichbeinlahmheit und einer Arthritis bzw. Arthrose des Fesselgelenkes besteht nicht zufällig. Anscheinend wird durch den umfangsvermehrten und fibrosierten Musculus interosseus medius die Fähigkeit des Fesselgelenkes, Stöße zu absorbieren, herabgesetzt, und es entsteht ein erhöhter Platzbedarf, der zur Griffelbeinfraktur und zur Dislokation des Fragmentes führt. Es wird vermutet, daß die eingeschränkte Streckfähigkeit des Fesselgelenkes zur Entwicklung einer Arthrose beiträgt. Frakturen der oberen Hälfte des Griffelbeines sind häufig zertrümmert und durch eine Osteomyelitis, die mit einer Sequesterbildung einhergehen kann, kompliziert. Meistens ist die abaxiale Fläche betroffen, so daß ein direktes Trauma als Ursache anzunehmen ist.[1,5,8]

Ätiologie

Frakturen im distalen Bereich der Griffelbeine können sowohl durch ein äußeres als auch durch ein inneres Trauma entstehen. Als äußeres Trauma kommen Schlagverletzungen durch andere Pferde ebenso in Frage wie

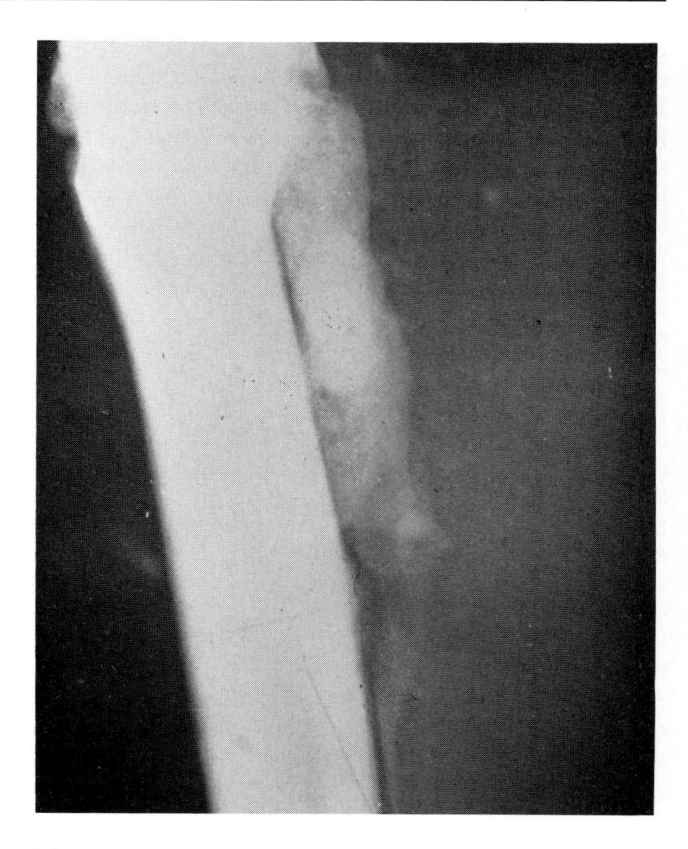

Abb. 8.147: Fraktur im mittleren Drittel des medialen Griffelbeines, die durch eine Osteomyelitis kompliziert ist.

Streichen, Folgen des Ausschlagens, wenn ein Gegenstand getroffen wird, oder Stichverletzungen. Ein inneres Trauma entsteht durch verstärkte axiale Kompressionskräfte, die während des Rennens auf diese Knochen wirken, Druck durch den Musculus interosseus medius oder verstärkten Zug durch Faszienansätze. Es wird angenommen, daß das gehäufte Auftreten von Frakturen am lateralen Griffelbein vorn links und am medialen Griffelbein vorn rechts bei Vollblütern die Folge einer erhöhten Gewichtsbelastung dieser Knochen beim Rennen entgegen dem Uhrzeigersinn ist. Im Gegensatz dazu scheinen die Griffelbeine hinten durch den Musculus interosseus medius und die unterstützenden Faszien unter eine Spannung gesetzt zu werden, die ausreicht, um eine Fraktur zu verursachen.[4,9,11] Da an der Beckengliedmaße gehäuft das linke mediale und das rechte laterale Griffelbein betroffen sind und dieser Bereich hinten besonderer Belastung unterliegt, wenn entgegen dem Uhrzeigersinn gelaufen wird, ist es logisch anzunehmen, daß die Spannung, die durch den Musculus interosseus medius erzeugt wird, oder die verstärkte Spannung der Faszie die Fraktur verursacht.

Es ist schwierig zu entscheiden, ob die Tendinitis des Musculus interosseus medius die Folge einer Reizung durch eine Griffelbeinfraktur ist oder ob im Gegenteil die Schwellung des Musculus interosseus medius so raumfordernd werden kann, daß sie die Fraktur verursacht. Wie auch immer, es kann ein gehäuftes Auftreten einer Tendinitis des Musculus interosseus medius an der Schultergliedmaße im Zusammenhang mit Griffelbeinfrakturen festgestellt werden.[4,9]

Die komplizierteren Frakturen im proximalen Bereich entstehen durch ein direktes Trauma, entweder durch Streichen oder durch einen direkten Schlag. Diese Frakturen sind häufig von Anfang an offen, was in vielen Fällen zu einer Osteomyelitis führt. Manchmal besteht zu Anfang keine Hautverletzung, aber durch Sequesterbildung bei einer Trümmerfraktur entwickelt sich eine Fistel.

Symptome

Adspektorisch ist bei einer proximalen Griffelbeinfraktur besonders die Umfangsvermehrung deutlich, die bei distal gelegenen Frakturen fehlen kann. Im allgemeinen hängt der Grad der Schwellung bei den distalen Frakturen davon ab, wie akut der Zustand ist. Je frischer die Fraktur ist, desto größer die Umfangsvermehrung. Gleichzeitig können auch der Musculus interosseus medius und das Fesselgelenk verdickt sein.

Bei frischen Griffelbeinfrakturen entlasten die Pferde das Bein häufig unabhängig von der Lokalisation des Bruches. Arbeit im Trab verursacht nicht zwangsläufig eine Lahmheit. Ob das Pferd lahm geht, hängt davon ab, wie frisch der Zustand ist und welche Art der Fraktur vorliegt. Es kann erforderlich sein, die Pferde auf einem Zirkel oder in schneller Gangart zu bewegen, um eine erkennbare Lahmheit zu provozieren.

Palpatorisch sind vermehrte Wärme, Schmerzhaftigkeit und Schwellung die Zeichen einer frischen Fraktur, und manchmal besteht auch eine Fistel. Die Schmerzhaftigkeit und die vermehrte Wärme gehen mit der Zeit zurück, jedoch wird die Umfangsvermehrung mit der Zeit größer, da sich bei einer nicht chirurgisch behandelten Fraktur meistens ein Kallus entwickelt. Wenn nur eine geringe Palpationsschmerzhaftigkeit feststellbar ist, das Pferd aber deutlich lahm geht, liegt der begrenzende Faktor für die Rückkehr dieses Pferdes in den Sport möglicherweise in einer Erkrankung des Musculus interosseus medius oder in einer Arthrose des Fesselgelenkes.[4,9,10] Um die Beteiligung der Griffelbeine richtig abschätzen zu können, wird die Gliedmaße gebeugt, damit eine vollständige Palpation dieser Knochen möglich ist. Eine sorgfältige klinische Untersuchung des Musculus interosseus medius sollte ebenfalls folgen. Auf den schmerzhaften Bereich kann für eine Minute direkter Druck ausgeübt werden. Danach wird das Pferd bewegt und der Grad der Lahmheit wird festgehalten. Eine deutliche Lahmheitsverstärkung weist auf eine primäre Beteiligung der Griffelbeine hin, eine geringgradige Verstärkung ist ein Zeichen dafür, daß andere Strukturen an der Lahmheit beteiligt sind.

Diagnose

Eine persistierende Schwellung über dem betroffenen Griffelbein, die vermehrt warm und druckschmerzhaft ist, führt zu der Verdachtsdiagnose einer Griffelbeinfraktur. In manchen Fällen ähneln die Griffelbeinfrakturen Überbeinen. Einzelne heilen spontan, und der knöcherne Kallus wird mit einem Überbein verwechselt. Zur Differenzierung dieser beiden Erkrankungen und für die eindeutige Diagnose einer Griffelbeinfraktur sind Röntgenaufnahmen erforderlich (Abb. 8.144). Wenn gleichzeitig eine Erkrankung des Musculus interosseus medius oder eine Fesselgelenksarthrose vorliegt, kann im Bereich der Fraktur eine Infiltrationsanästhesie durchgeführt werden, so daß festgestellt werden kann, inwieweit die Griffelbeinfraktur eine bestehende Lahmheit mitverursacht. Besonders wichtig ist dies in den Fällen, in denen eine deutliche Lahmheit besteht, aber trotz intensiver Palpation nur eine geringe Schmerzhaftigkeit ausgelöst werden kann. ROONEY betont, daß es wichtig ist, eine Fraktur und die distale Epiphysenfuge des Griffelbeines voneinander zu unterscheiden.[12]

Röntgenaufnahmen sollten in jedem Fall angefertigt werden, sowohl um die Fraktur zu identifizieren als auch ihre Ausdehnung und möglicherweise bei komplizierten Frakturen auch eine Sequesterbildung und eine Osteomyelitis festzustellen[8,9] (Abb. 8.148). In einigen Fällen können proximal gelegene Frakturen bis an das Karpometakarpalgelenk reichen (Abb. 8.149 und Abb. 8.151). Dies festzustellen, ist im Hinblick auf die Prognose besonders wichtig.

Therapie

Traditionell wird die Entfernung des distalen Frakturfragmentes empfohlen. Dies kann jedoch in Fällen, in denen bereits eine gute Heilungstendenz und nur geringe Kallusbildung sowie Lahmheit bestehen, unnötig sein. Bei einigen proximal gelegenen Trümmerfrakturen kann eine Behandlung mit einem hohen fixierenden Verband über vier bis sechs Wochen und einem Stützverband im Anschluß daran erfolgreich sein (Abb. 8.150). Nach der vollständigen Heilung werden die Pferde wieder gearbeitet, und dann wird entschieden, ob ein chirurgischer Eingriff erforderlich ist. Die chirurgische Entfernung ist angezeigt, wenn eine distale Fraktur nicht heilt oder wenn die Heilung einer proximalen Fraktur mit einer übermäßigen Kallusbildung einhergeht. Im Fall einer überschießenden Kallusbildung besteht die Meinung, daß die Entfernung des Fragmentes so bald wie möglich erfolgen sollte, so daß die Rekonvaleszenzzeit kürzer wird und sich das Risiko eines Übergreifens des Kallusgewebes auf den Musculus interosseus medius verringert.[1,5] Der chirurgische Eingriff wird am Pferd in Seiten- oder Rückenlage unter aseptischen Kautelen durchgeführt. Obwohl es Veröffentlichungen über die Griffelbeinresektion am stehenden Tier gibt, spricht im Zeitalter der modernen aseptischen Pferdechirurgie kaum etwas für diese Methode. Das Infektionsrisiko ist größer, und es ist schwierig, unter diesen Bedingungen gegebenenfalls auch das angrenzende Weichteilgewebe mit zu behandeln. Wenn es erforderlich ist, mehr als zwei Drittel des Griffelbeines zu entfernen, muß das verbleibende Stück mittels interner Fixation durch eine Schraube stabilisiert werden (Abb. 8.151 und Abb. 8.152).[1,5,7,8]

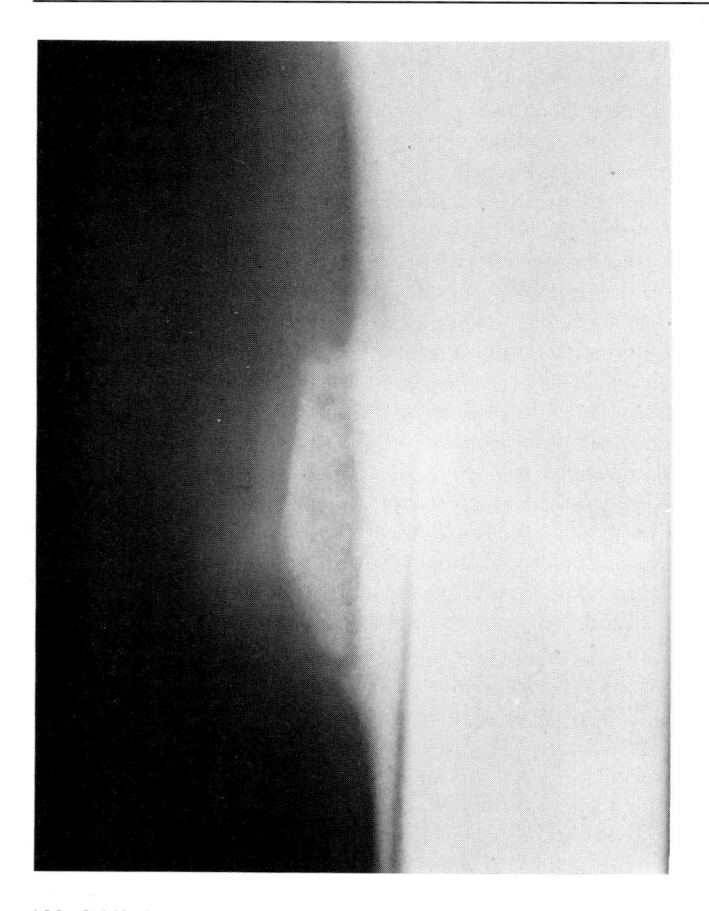

Abb. 8.148: Sequesterbildung am medialen Griffelbein. Die Behandlung kann in einer chirurgischen Entfernung des Sequesters ohne Resektion des verbleibenden distalen Fragmentes bestehen.

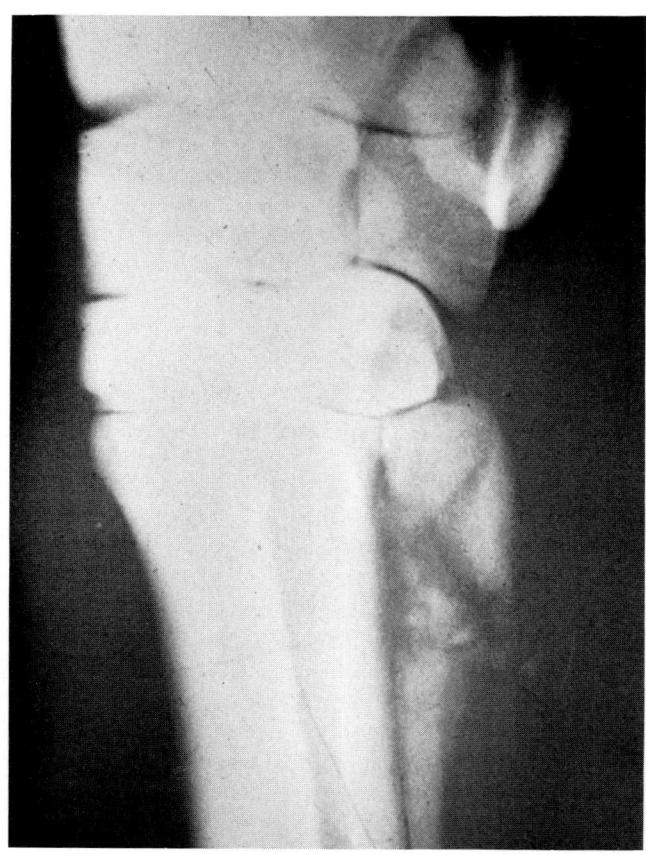

Abb. 8.149: Trümmerfraktur im Proximalbereich des lateralen Griffelbeines. Bei dieser Art der Fraktur ist normalerweise die Fixation durch eine Schraube erforderlich.

Wenn das proximale Fragment nicht befestigt wird, kann es stark beweglich sein, was eine Entzündung des Musculus interosseus medius, eine degenerative Arthritis des Karpometakarpal- bzw. des Tarsometatarsalgelenkes oder einen Abriß des Fragmentes zur Folge haben kann. Der Autor hat bis jetzt nur in einem Fall einen Abriß bei einer Trümmerfraktur des proximalen Teiles des lateralen Griffelbeines an einem Vorderbein gesehen (Abb. 8.153), der später erfolgreich durch eine Schraube fixiert werden konnte (Abb. 8.154). Das laterale Griffelbein scheint für einen Abriß als Folge einer proximalen Fraktur prädisponiert zu sein, da dort der Hauptteil des lateralen Seitenbandes ansetzt.[3] Zumindest ein Chirurg empfiehlt die interne Fixation in jedem Fall, bei dem mehr als 50 % des Griffelbeines entfernt worden sind.[10] Dies ist nach vorliegender Erfahrung nicht notwendig. Im Gegensatz dazu sind einige Operateure der Ansicht, daß die interne Fixation auch dann nicht erforderlich ist, wenn sogar zwei Drittel des Knochens entfernt worden sind. Ob man das proximale Fragment anschraubt oder nicht, bleibt so lange eine persönliche Entscheidung, bis mehr objektive Daten zusammengetragen worden sind. Natürlich wird die interne Fixation in den Fällen angewandt, in denen das Fragment von vornherein instabil erscheint (Abb. 8.151, Abb. 8.152 und Abb. 8.153). Besteht eine Fistel und/oder eine Osteomyelitis, ist es ratsam, durch Anlegen einer Kultur und Durchführung eines Resistenztestes die geeigneten Antibiotika zu bestimmen und bereits einige Tage vor der Operation zu verabreichen. Ist der Eiter zähflüssig und der Abfluß unzureichend, können Wundspülungen mit einem geeigneten antiseptischen Mittel zur Verringerung der lokalen Infektion nützlich sein.

In manchen Fällen sollte im infizierten Bereich chirurgisch ein ausreichender Abfluß geschaffen werden. Vor diesem Eingriff wird das Operationsgebiet geschoren und antiseptisch gereinigt, nach dem Schnitt wird ein steriler Verband angelegt, der dick genug ist, das Wundsekret aufzusaugen.

So lange, bis die Infektion unter Kontrolle ist, können tägliche Verbandwechsel erforderlich sein. Die parenterale Gabe von Phenylbutazon und geeigneten Antibiotika verringert zusammen mit der Verbandbehandlung deutlich die mit dieser Infektion einhergehende Entzündung des Weichteilgewebes.

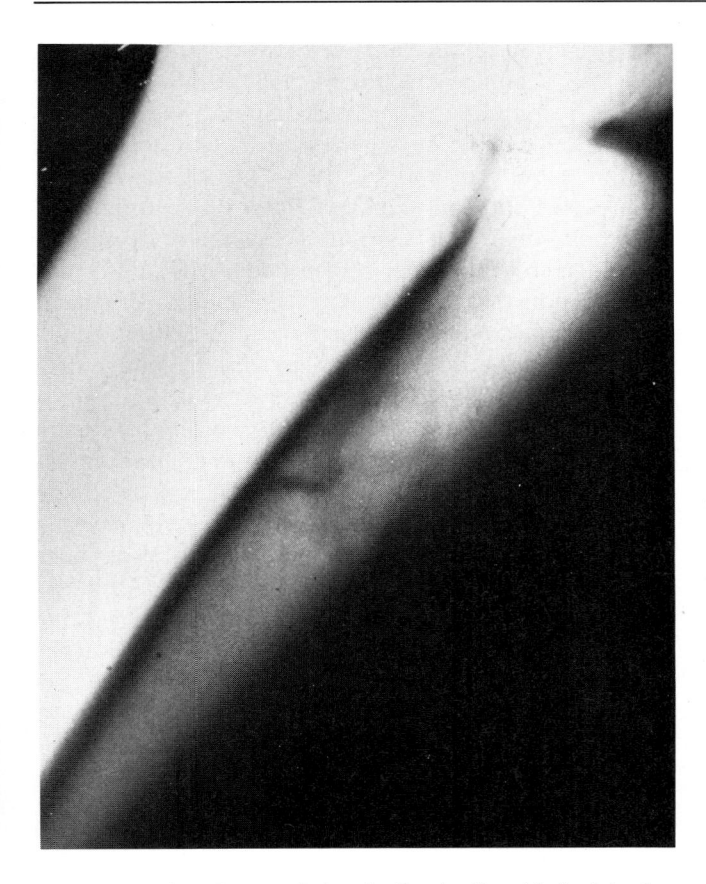

Abb. 8.150: Diese Trümmerfraktur im Proximalbereich des lateralen Griffelbeines der Beckengliedmaße wurde durch die Behandlung mit einem hohen fixierenden Verband über vier Wochen geheilt. Im Anschluß daran wurde für weitere zwei Wochen ein Stützverband angelegt. Nach drei Monaten durfte das Pferd sich frei bewegen.

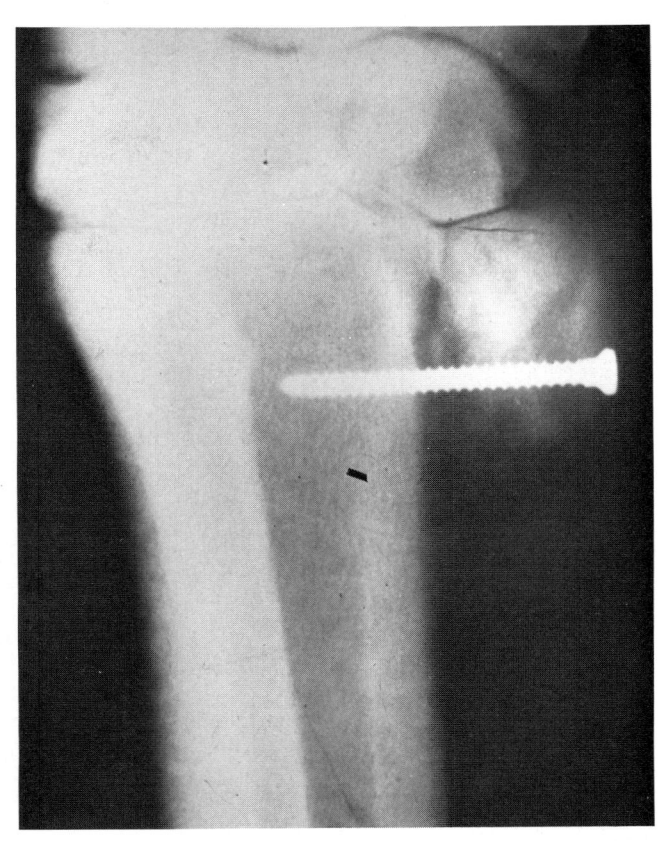

Abb. 8.152: Interne Fixation einer proximalen Trümmerfraktur wie in Abb. 8.149.

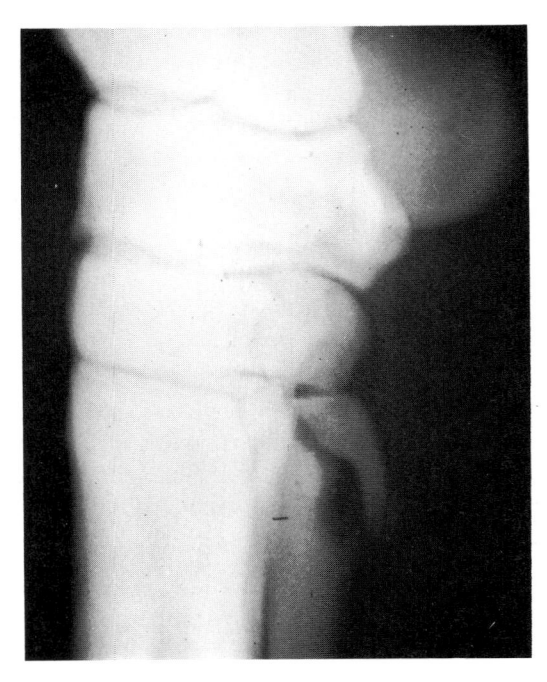

Abb. 8.151: Fraktur des Köpfchens am medialen Griffelbein. Hier ist die Fixation durch eine Schraube erforderlich, um eine Dislokation zu verhindern.

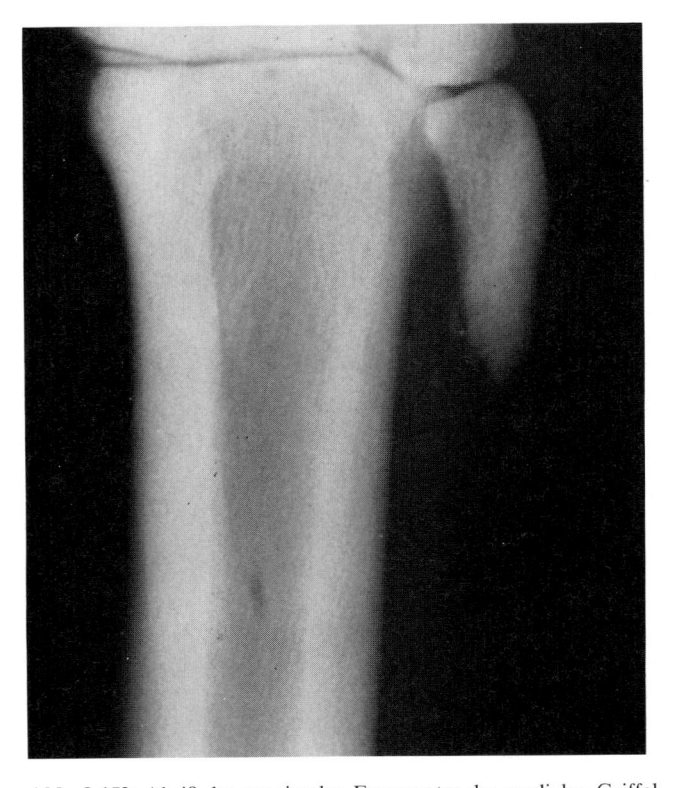

Abb. 8.153: Abriß des proximalen Fragmentes des medialen Griffelbeines nach Resektion des distalen Teiles.

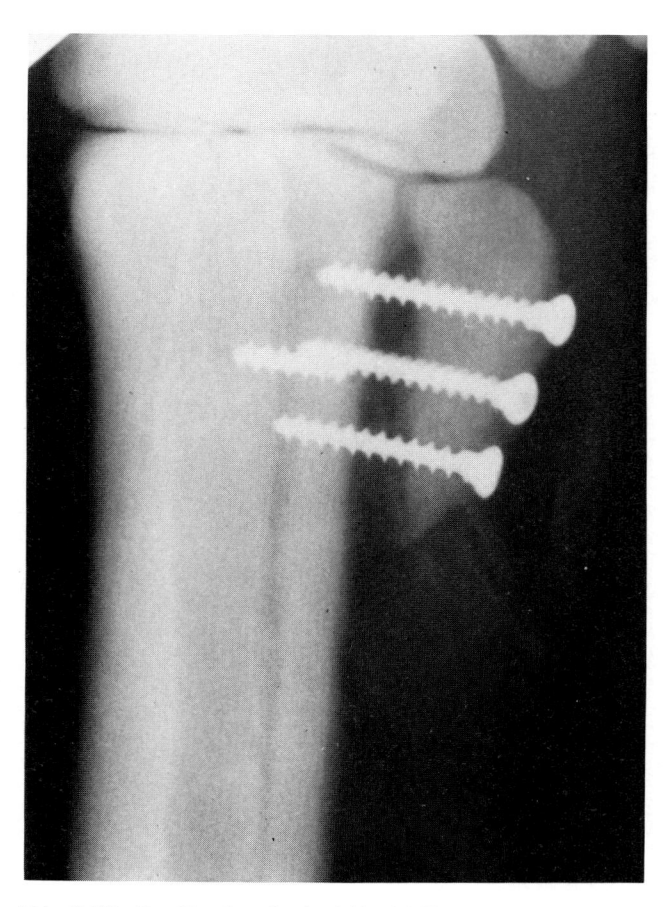

Abb. 8.154: Zur Fixation des in Abb. 8.153 dargestellten Abrisses wurden drei Schrauben verwendet.

Wenn ein chirurgischer Eingriff erforderlich ist, wird das Pferd sediert und niedergelegt. Der Hautschnitt beginnt dorsal des Griffelbeines und wird parallel zu diesem geführt. Ist die dorsale Begrenzung des Griffelbeines festgelegt, kann entweder das Periost zurückgeklappt und der Knochen daraus gelöst werden, oder Knochen und Periost werden als eine Einheit reseziert. Es gibt Gründe für und auch gegen jede dieser Methoden, aber obwohl keine wissenschaftliche Begründung existiert, zieht der Autor die Methode mit Resektion des Periostes vor. Wird diese Totalexzision gewählt, wird das Griffelbeinknöpfchen sowohl scharf als auch stumpf vom umgebenden Weichteilgewebe getrennt. Ein weiterer Schnitt zwischen dem Griffelbein und dem Röhrbein legt den distalen Bereich frei. Nachdem die axiale Seite sorgfältig vom Musculus interosseus medius getrennt wurde, kann das Fragment entfernt werden. Mit einem Knochenmeißel wird das distale Ende des proximalen Fragmentes abgeschrägt. Der Wundverschluß erfolgt in gewohnter Weise. Bei der anderen Methode wird das Periost über dem zu entfernenden Knochenstück längs aufgeschnitten. Ist die Fraktur infiziert oder hat sich ein Sequester gebildet, kann das Periost schwer zu erkennen sein. In diesem Fall sollten das nekrotische Weichteilgewebe und der infizierte Knochen vollständig mit gesonderten Instrumenten und Handschuhen entfernt werden, damit das Risiko einer Ausbreitung der Infektion in angrenzendes gesundes Gewebe verringert wird. Wenn ein distales Fragment entfernt werden soll, wird nun das aufgeschnittene Periost mit einem kleinen Raspatorium beiseite geschoben, so daß nur die mediale Fläche des Knochens mit ihrem Periost und dem Musculus interosseus medius verbunden ist. Das proximale Fragment wird lokalisiert und mit einem scharfen Knochenmeißel angeschrägt. Das distale Fragment wird dann mit einem Hohlmeißel geeigneter Größe aus seinem Bett gelöst. Das Griffelbeinknöpfchen wird am besten scharf mit einer Skalpellklinge Nr. 15 von dem umgebenden Gewebe gelöst. Nach der Entfernung kann es noch einmal erforderlich sein, das distale Ende des verbleibenden Fragmentes mit dem Meißel anzuschrägen. Wenn mehr als zwei Drittel des Knochens reseziert werden und das verbleibende Fragment instabil erscheint, aber keine Infektion besteht, werden mittels eines 3,2-mm-Bohrers das Griffelbein und die Kompakta des Röhrbeines durchbohrt. Die Tiefe des gesamten Bohrloches wird gemessen, dann wird das Gewinde mit einem 4,5-mm-Gewindeschneider geschnitten und eine 4,5-mm-ASIF-Knochenschraube eingesetzt. Die Technik der interfragmentären Kompression wird in diesen Fällen nicht angewendet, da dies die Stellung der Gelenkfläche des Griffelbeines im Karpus bzw. Tarsus verändern könnte. Die interne Fixation sollte normalerweise nicht durchgeführt werden, wenn eine Osteomyelitis des Griffelbeines besteht, da dies zu einer Ausbreitung der Infektion ins Röhrbein führen könnte. Für diesen Fall gibt es unterschiedliche Behandlungsmöglichkeiten. Zuerst sollen ein lokales Debridement und schon einige Tage vorher die Verabreichung eines geeigneten Antibiotikums erfolgen. Diese Therapie wird fortgesetzt, bis die Symptome der Osteomyelitis verschwunden oder zumindest deutlich reduziert sind. Dann können das distale Frakturfragment reseziert und die interne Fixation durchgeführt werden. Falls es möglich ist, werden die Schrauben unabhängig von der Lokalisation des zur Entfernung erforderlichen Hautschnittes über eine zusätzliche Stichinzision eingesetzt. Zudem sollten gesonderte Instrumente verwendet werden, so daß durch alle diese Maßnahmen das Risiko einer Ausbreitung der Infektion verringert wird. Während der Rekonvaleszenz kann es erforderlich sein, die Wunde genau zu beobachten und wiederholt Röntgenaufnahmen anzufertigen.

Ein weiteres erwähnenswertes Thema ist die Teilresektion eines in der Mitte oder proximal gelegenen Griffelbeinfragmentes. Diese ist mit Erfolg durchzuführen, wenn ein oberflächlicher Teil der äußeren Kompakta sequestriert ist und nur wenig Kallusgewebe gebildet wurde. Ein Beispiel dafür zeigt Abb. 8.155.

Wenn eine einfache Fraktur des Griffelbeines ohne Osteomyelitis vorliegt, empfiehlt es sich, das Periost mit synthetischem resorbierbaren Material der Stärke 3–0 zu vernähen (Abb. 8.156). Auf diese Weise wird das Risiko postoperativer Knochenzubildungen durch das freigelegte Periost vermindert. Die Subkutis wird mit synthetischem resorbierbaren Material der Stärke 2–0 einfach fortlaufend adaptiert. Die Hautnaht erfolgt mit einem monofilen nichtresorbierbaren Faden. Wenn eine proximal gelegene Fraktur durch verstärkte Kallusbildung kompliziert wird und möglicherweise auch eine Osteomyelitis vorliegt, kann es schwierig sein, das Periost bei der Resektion zu erkennen. Der Operateur muß sichergehen, daß das gesamte nekrotische Material entfernt und anschließend das, was als Periost erkennbar ist, so gut wie möglich adaptiert wird. Zusätzlich sollte in diesen Fällen ein Penrose-Drain oder eine Spül-Saugdrainage zur wirksamen Ableitung von sich ansammelnder seröser Flüssigkeit oder von Eiter eingelegt werden. In einfachen Fällen, bei denen die Hinweise auf eine Infektion bereits nachgelassen haben, sollte ein Penrose-Drain oder eine Saugdrainage genügen. Liegt dagegen offensichtlich eine ausgedehnte Infektion vor, bei der die Entfernung des gesamten betroffenen Gewebes nicht möglich ist, empfiehlt sich eine Spüldrainage. Der Spülschlauch wird verwendet, um die Wunde mit geeigneten antibiotisch und antiseptisch wirkenden Medikamenten zu spülen, während der Saugschlauch für die effektive Entfernung der anfallenden Flüssigkeit sorgt.

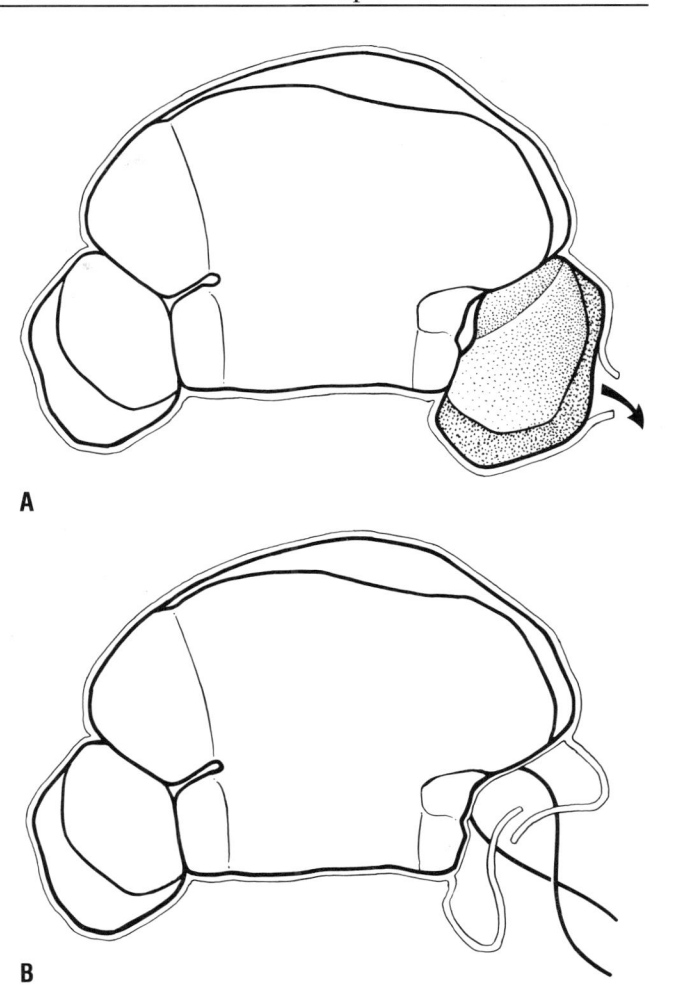

Abb. 8.156: A Darstellung des Periostschnittes. **B** Darstellung der Periostnaht nach Entfernung des Griffelbeines.

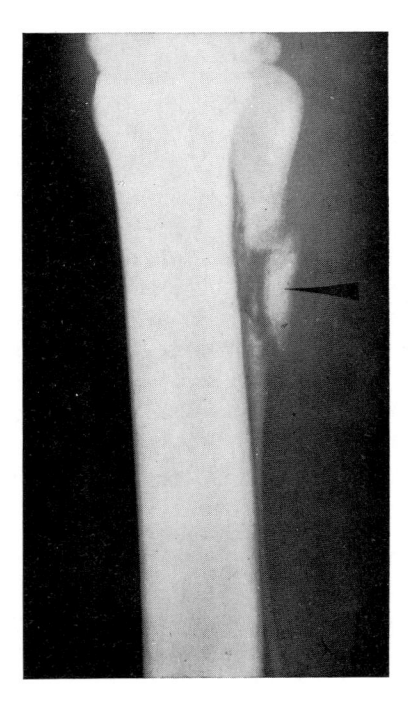

Abb. 8.155: Fraktur des lateralen Griffelbeines, bei der ein Fragment aus dem Knochen herausgebrochen ist (Pfeil).

In jedem Fall sollte der gesamte Wundverschluß mit Einzelheften durchgeführt werden, wenn eine Infektion als postoperative Komplikation erwartet wird, so daß einzelne Hefte bei Bedarf gezogen werden können und ein ausreichender Abfluß von Sekret gesichert ist. Postoperativ wird ein steriler Druckverband angelegt und bei Bedarf gewechselt. Da das Griffelbein in einer Vertiefung hinter dem Röhrbein liegt, entsteht bei seiner Entfernung ein größerer Hohlraum, so daß einige aufgerollte Gazetupfer verwendet werden, um an dieser Stelle direkten Druck auszuüben und die Wundschwellung so gering wie möglich zu halten. Die Penrose-Drains bleiben unter dem sterilen Verband und werden normalerweise zwei bis vier Tage nach der Operation entfernt. Die Spül-Saugdrainagen werden entfernt, sobald die Infektion unter Kontrolle ist, in der Regel innerhalb von vier Tagen. Der Verband muß dick genug sein, das Wundsekret zwischen den Verbandwechseln aufzusaugen. Zur Erzielung eines optimalen kosmetischen Ergebnisses wird die Verbandbehandlung wenigstens noch sechs Wochen nach der Operation durchgeführt. Normalerweise wird in den ersten drei bis sieben Tagen nach der Operation Phenylbutazon verabreicht. Die Fäden werden nach zwei Wochen gezogen. Die Pferde müssen über wenigstens sechs Wochen in der Box bleiben. Zwei Wochen nach der Operation wird mit dem Führen begonnen, nach sechs Wochen können die Pferde frei laufen. Mit dem Training wird meistens nach zwei bis drei Monaten begonnen. Dies ist aber stark abhängig von dem im Zusammenhang mit der Fraktur entstandenen Weichteilschaden. Einige Operateure sind der Ansicht, daß bei Pferden, bei denen mehr als 75 % des Griffelbeines reseziert wurden, zum Aufstehen nach der Narkose vorübergehend ein hoher fixierender Verband angelegt werden muß.[8] Der Grund dafür ist, daß ein Großteil der Unterstützung des Röhrbeines fehlt und auf diese Weise ein erhöhtes Risiko für eine Fraktur des Röhrbeines während des Aufstehens besteht. Dieser Verband wird nach 24 bis 36 Stunden wieder abgenommen. Der Autor konnte nicht feststellen, daß diese Verfahrensweise erforderlich ist, und es entstanden keinerlei Probleme dadurch, daß kein fixierender Verband angelegt wurde. Diese Möglichkeit sollte jedoch berücksichtigt werden, wenn der Patient eine ausgedehnte Fraktur hat und Komplikationen während der Aufstehphase zu erwarten sind.

Prognose

Die Prognose für ein Wiedererlangen der früheren Leistungsfähigkeit scheint bei den Pferden, bei denen eine Fraktur im Distalbereich des Griffelbeines chirurgisch versorgt wurde, davon abzuhängen, ob eine Entzündung des Musculus interosseus medius vorliegt oder nicht.[4,9,11] Bei einer retrospektiven Untersuchung von 34 Fällen wurde festgestellt, daß 75,3 % der Pferde mit einer distal gelegenen Griffelbeinfraktur ohne Tendinitis des Musculus interosseus medius an ihre frühere Leistungsfähigkeit anknüpfen konnten, dagegen war dies nur bei 50 % der chirurgisch behandelten Pferde mit einer Tendinitis des Musculus interosseus medius der Fall.[11] In allen Fällen, in denen eine Tendinitis feststellbar war, wurde im betroffenen Teil des Musculus interosseus medius ein Splitting in Längsrichtung durchgeführt. Bei anderen Reihenuntersuchungen mit einem erhöhten Prozentsatz an Erkrankungen des Musculus interosseus medius erreichten nur 25 % der Pferde ihren früheren Leistungsstand.[4] Hier erfolgte allerdings auch kein Splitting. Daher scheint es, daß ein besserer Erfolg erwartet werden kann, wenn der Musculus interosseus medius von vornherein nicht beteiligt ist. Liegt eine Tendinitis in diesem Bereich vor, können die Erfolgsaussichten verbessert werden, indem der Musculus interosseus medius durch ein longitudinales Splitting im erkrankten Bereich behandelt wird.[11]

Die Prognose bei komplizierten Griffelbeinfrakturen scheint gut zu sein, vor allem, wenn es sich nicht um Rennpferde handelt.[5] Bei Rennpferden empfiehlt sich eine vorsichtige Prognose im Hinblick auf die Wiederherstellung der früheren Leistungsfähigkeit. In einer Veröffentlichung über fünf Fälle behielten zwei Pferde eine Restlahmheit, und drei Pferde erreichten ihre frühere Leistung nicht wieder.[5]

Ausgewählte Literatur

1. ADAMS, O. R.: Lameness in Horses. 3rd Ed. Philadelphia, Lea & Febiger, 1974, pp. 207–213.
2. ALLEN, D., and WHITE, N. A.: Management of proximal splint fractures and exostosis in the horse. Proc. 28th Ann. AAEP 1982, p. 89.
3. BRAMLAGE, L. R.: Personal Communication, 1984.
4. BOWMAN, K. F., EVANS, L. H., and HERRING, M. E.: Evaluation of surgical removal of fractured distal splint bones in the horse. J. Vet. Surg., **11**: 116, 1982.
5. BOWMAN, K. F., and FACKELMAN, G. E.: Surgical treatment of complicated fractures of splint bones in the horse. J. Vet. Surg., **11**: 121, 1982.
6. FESSLER, J. F., and AMSTUTZ, H. E.: Fracture repair. In Textbook of Large Animal Surgery. Edited by F. W. Oehme, and J. E. Prier. Baltimore, Williams & Wilkins Co., 1974, p. 306.
7. FOERNER, J. J.: Personal Communication, 1984.
8. GOBLE, D. O.: The small metacarpal and metatarsal bone. In Equine Medicine and Surgery. 3rd Ed. Edited by R. A. Mansmann, and E. S. McAllister. Santa Barbara, American Veterinary Publications, 1982, p. 1115.
9. HAYNES, P. F.: Diseases of the fetlock and metacarpus. Vet. Clin. North Am. (Large Anim. Pract.), **2**: 33, 1980.
10. HEINZE, C. D.: Fractures of special interest. In Equine Medicine and Surgery. 2nd Ed. by E. J. Catcott, and J. F. Smithcors. Illinois, American Veterinary Publications, 1972, p. 898.
11. JONES, R. D., and FESSLER, J. F.: Observations on small metacarpal and metatarsal fractures with or without associated suspensory desmitis in standardbred horses. Can. Vet. J., **18**: 29, 1977.
12. ROONEY, J. R.: Biomechanics of Lameness in Horses. Baltimore, Williams & Wilkins Co., 1969, p. 150.
13. WINTZER, H. J.: Frakturen der Griffelbeine beim Pferd. Berl. Münch. Tierärztl. Wochenschr., **73**: 244, 1960.

Erkrankung des Musculus interosseus medius in seinem Ursprungsbereich

Lahmheiten, deren Ursachen im Ursprungsbereich des Musculus interosseus medius liegen, werden beim Pferd selten beschrieben.[1,3] Ursächlich kommen eine proximal gelegene Tendinitis, eine Zerrung der Sharpeyschen Fasern am Ursprung des Musculus interosseus medius oder eine Abrißfraktur im Bereich dieses Ursprungs in Frage. Die hohe Tendinitis sowie die Zerrung der Sharpeyschen Fasern können Symptome, wie sie bei intermetakarpalen Überbeinen („blind splints") und der Desmitis des Unterstützungsbandes der tiefen Beugesehne beschrieben werden, aufweisen.[1,2,3] Bei einer chronischen Zerrung des Ursprungsbereiches kann auf Röntgenaufnahmen eine Periostitis festgestellt werden. Bei einer Abrißfraktur am Ansatz des Musculus interosseus medius kann entweder der laterale oder der mediale Schenkel an einer bzw. beiden Schultergliedmaßen betroffen sein (Abb. 8.157).[1] Diese Lahmheiten treten meistens bei Standardbred-Pferden, Jagd-, Springpferden und Poloponys auf, aber auch andere Rassen sind betroffen.[1,3] In einer Übersicht über 1094 Vorderbeinlahmheiten lag bei 36 Fällen die Ursache im Bereich des Ursprungs des Musculus interosseus medius, was 5 % der vorgestellten Fälle entspricht.[3]

Kapitel 8: Lahmheit   623

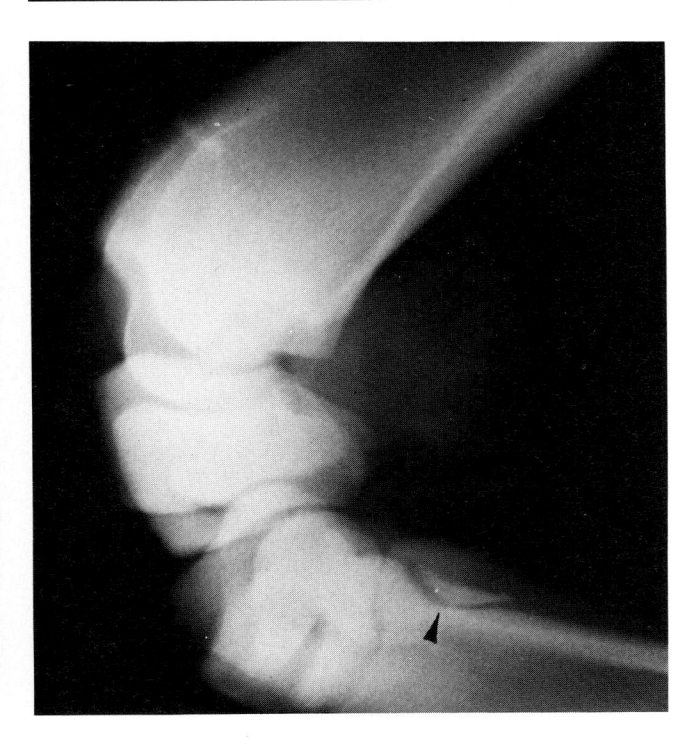

Abb. 8.157: Seitliche Röntgenaufnahme des Karpus und des proximalen Metakarpus. An der Palmarseite proximal am Os metacarpale III befindet sich die untertassenförmige Abrißfraktur (Pfeil) des Ursprungsbereiches des Musculus interosseus medius.

Ätiologie

Der Musculus interosseus medius besteht überwiegend aus dichtem weißen fibrösen Bindegewebe. Proximal entspringt er in zwei palmar gelegenen Vertiefungen direkt distal des Karpometakarpalgelenkes (Abb. 8.158). Eine Überlastung kann an jeder Stelle zur Zerrung führen, und warum diese Verletzung ausgerechnet so weit proximal auftritt, kann nur vermutet werden. Möglicherweise führt eine Hyperextension des Karpalgelenkes zusammen mit einer erheblichen Überstreckung des Fesselgelenkes zu diesem Trauma. Je stärker die Zerrung ist, desto schwerer ist die resultierende Schädigung. Sowohl die Arbeit auf weichen, tiefen Plätzen als auch die Vielseitigkeitsarbeit, bei der es zu besonders ausgeprägten Rotationsbewegungen der Gliedmaßen kommt, sollen an der Entstehung der Erkrankung beteiligt sein.[3]

Symptome

Die meisten Pferde mit einer Tendinitis des Musculus interosseus medius zeigen dem Vorbericht nach seit mehreren Tagen oder Wochen eine intermittierende Lahmheit, die durch anstrengendes Training verschlimmert wird.[4] Bei Pferden mit einer Zerrung der Sharpeyschen Fasern im Ursprungsbereich des Musculus interosseus medius oder mit Abrißfrakturen besteht meistens eine akute mittel- bis hochgradige Lahmheit. Pferde, die sich eine Abrißfraktur zugezogen haben, haben während des Trainings meistens Renngeschwindigkeit.[1]

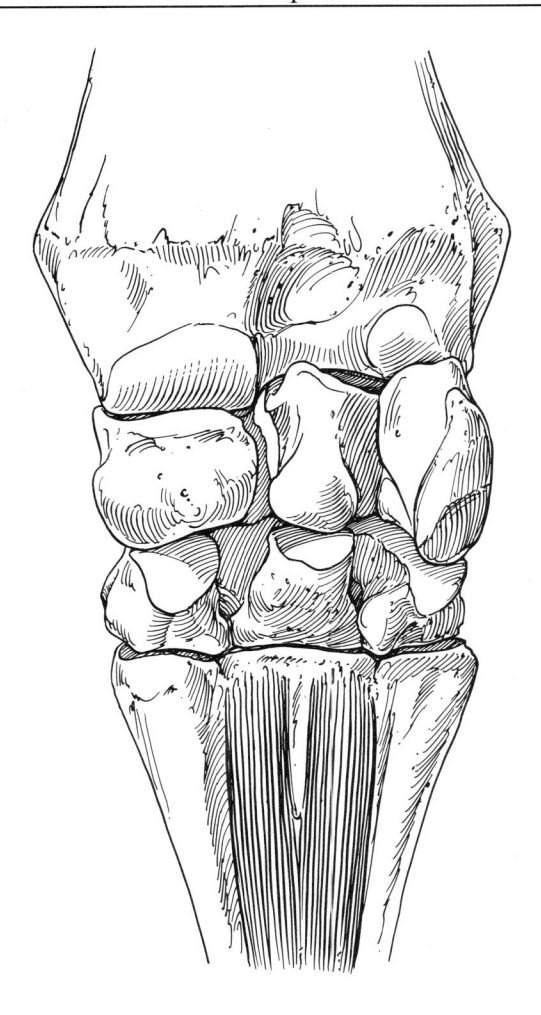

Abb. 8.158: Darstellung der beiden Ursprungsbereiche des Musculus interosseus medius proximal an der Palmarfläche des Os metacarpale III.

Die Adspektion des betroffenen Beines ist häufig wenig hilfreich, da keine sichtbare Umfangsvermehrung vorhanden ist. Nur in einem kleinen Prozentsatz der Fälle kann eine leichte Schwellung proximal zwischen dem Musculus interosseus medius und der tiefen Beugesehne beobachtet werden. Auch vermehrte Wärme ist palpatorisch selten feststellbar, aber die gezielte Palpation des Ursprungs des Musculus interosseus medius zeigt deutliche Schmerzreaktionen und führt anschließend in der Bewegung zu einer Verstärkung der Lahmheit. Um sorgfältig palpieren zu können, sollte die Gliedmaße im Karpus gebeugt werden. In dieser Haltung sind die Beugesehnen locker und können lateral bzw. medial verlagert werden, so daß der Ursprung des Musculus interosseus medius gründlich palpiert werden kann (Abb. 8.159).

Diagnose

Die Diagnose dieses Krankheitskomplexes kann schwierig sein. Das schmerzhafte Zurückziehen der Gliedmaße bei der selektiven digitalen Palpation des Ursprungs des Musculus interosseus medius sollte den Untersucher auf

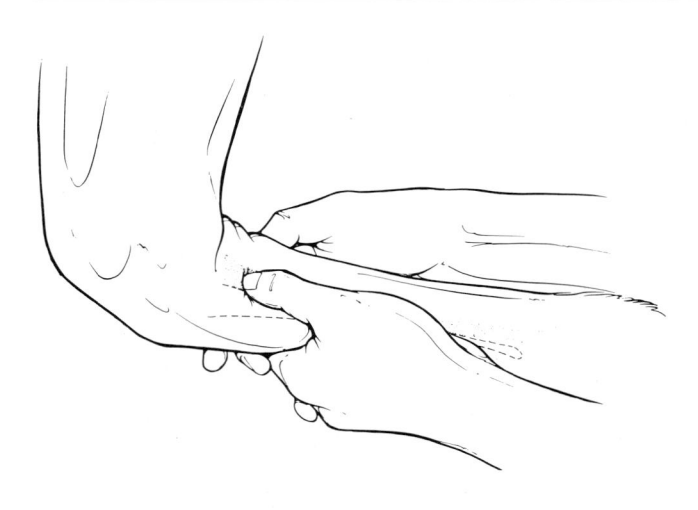

Abb. 8.159: Ort der digitalen Palpation am Ursprung des Musculus interosseus medius.

diese Erkrankung hinweisen. Zur endgültigen Diagnose einer Entzündung des Musculus interosseus medius oder einer akuten Zerrung der Sharpeyschen Fasern ist die direkte lokale Infiltration des Ansatzbereiches erforderlich (siehe Seite 140–141). Eine Alternative ist die hohe Anästhesie der Palmarnerven auf Höhe der Articulatio mediocarpea (siehe Seite 139). Diese Methode ist jedoch weniger selektiv als die direkte Infiltration und daher weniger aussagekräftig.

Bei der Röntgenuntersuchung liefern die Tendinitis und die akute Zerrung der Sharpeyschen Fasern keine Befunde, jedoch bei einer chronischen Zerrung sind periostale Proliferationen im Bereich des Ursprungs des Musculus interosseus medius feststellbar. Eine Fraktur an dieser Stelle ist auf den Röntgenaufnahmen ganz offensichtlich (Abb. 8.157).

Therapie

Zur Behandlung gehört die Einhaltung von Ruhephasen zwischen sechs Wochen und mehreren Monaten Dauer. Absolute Ruhe ist so lange zu empfehlen, bis die akuten Schmerzen nachlassen. In den meisten Fällen sind zwei Monate Ruhe ausreichend.[1,3] Die Gefahr einer sichtbaren Dislokation scheint bei den Abrißfrakturen nicht zu bestehen, und da die Blutversorgung gut ist, heilen sie oft sehr schnell. Phenylbutazon wird aufgrund seiner entzündungshemmenden Wirkung empfohlen. Wenn nach der Bewegung erneut Schmerzen feststellbar sind, muß die Ruhephase verlängert werden. Die direkte lokale Infiltration von Kortikosteroiden wird nicht empfohlen, da sie den Heilungsprozeß verzögern kann.

Prognose

Die Prognose ist, sofern ausreichende Ruhe gewährt wird, gut. In einer Veröffentlichung beträgt die Erfolgsquote 83 %, wobei Erfolg als Rückkehr zur früheren Leistungsfähigkeit definiert war.[3]

Ausgewählte Literatur

1. BRAMLAGE, L. R., GABEL, A. A., and HACKETT, R. P.: Avulsion fractures of the origin of the suspensory ligament in the horse. J. Am. Vet. Med. Assoc., **176:** 1004, 1980.
2. O'CONNOR, J. T.: Clinical briefs; blind splints. Proc. 8th Ann. AAEP, 1962, pp. 138–140.
3. PERSONETT, L.: High suspensory lameness in the horse. Assorted topics in equine lameness: CSU lameness elective. 1980, p. 206.
4. ROONEY, J. R.: Biomechanics of Lameness in Horses. Baltimore, Williams & Wilkins Co., 1979.

Tendinitis des Musculus interosseus medius

Verweis auf Seite 469–470.

Karpus

Fehlstellungen im Karpalgelenk (Valgus- und Varusstellung, mediale und laterale Abweichung des Karpalgelenkes)

Der Ausdruck „winklige Gliedmaßenfehlstellung" bezieht sich auf eine Abweichung von der geraden Gliedmaßenachse in medialer oder lateraler Richtung. Im Gegensatz dazu stehen Beugefehlstellungen durch Ruptur oder Kontraktur einer Sehne, die zu einer Achsenabweichung in kranialer oder kaudaler Richtung führen.[21] Die Begriffe Varus- und Valgusstellung werden gemeinhin benutzt, um die Richtung der Fehlstellung zu beschreiben. Bei einer Valgusstellung im Karpalgelenk (X-Beinigkeit) weicht der Metakarpus mediodistal (außen) und der Radius mediodistal (innen) von der Gliedmaßenachse ab (Abb. 8.160). Bei einer Varusstellung (O-Beinigkeit) verläuft die Abweichung im Metakarpus mediodistal und die im Radius laterodistal (Abb. 8.161).[3] Entstehen können diese Deformationen durch ein asymmetrisches Wachstum der distalen Radiusmetaphyse, der distalen Radiusepiphyse oder durch die unvollständige Entwicklung der Ossa carpalia und der Griffelbeinköpfchen sowie durch lockere Gelenke.[4,5,8,9,19]

Gliedmaßenfehlstellungen werden zunehmend bei Fohlen aller Rassen festgestellt.[7,11,12,16] Quarter-Horse-Fohlen sind Veröffentlichungen zufolge jedoch noch etwas häufiger betroffen als andere.[10] Die Geschlechtsverteilung scheint

Kapitel 8: Lahmheit 625

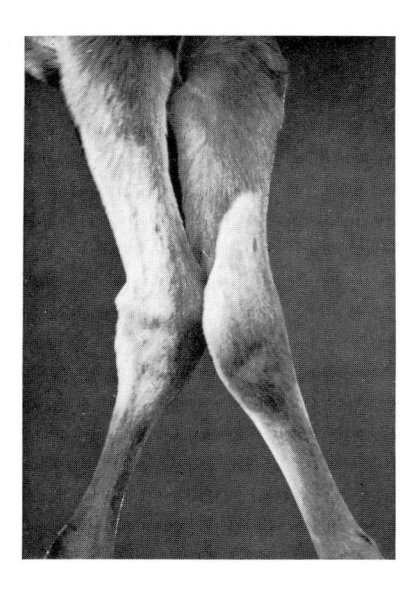

Abb. 8.160: Valgusstellung (X-Beine) bei einem Fohlen.

gleichmäßig zu sein. Nur in einer Untersuchung konnte eine größere Zahl von Erkrankungen bei Hengstfohlen festgestellt werden.[14] Fohlen können entweder mit bereits deformierten Gliedmaßen geboren werden (kongenital) oder entwickeln die Fehlstellung innerhalb einiger Wochen oder Monate nach der Geburt (erworben) (Abb. 8.162). Bei vielen Fohlen mit angeborener Gliedmaßenfehlstellung wird die Gliedmaßenachse innerhalb einer kurzen Zeit von allein gerade, und eine Behandlung ist nicht erforderlich. Bei anderen bleibt die Fehlstellung unverändert bestehen oder verschlechtert sich sogar, so daß sie normalerweise behandelt werden müssen.[9] Fohlen, die mit einer geraden Gliedmaßenachse geboren wurden und die Fehlstellung im Karpus erst während des Wachstums erworben haben, sind meistens behandlungsbedürftig. In einigen Fällen sind mehrere Gliedmaßen und Gelenke betroffen (z. B. Valgusstellung im Karpus und Valgusstellung im Tarsus oder Valgusstellung im Karpus und Varusstellung im Fesselgelenk). Unabhängig von der einzelnen Situation ist es von äußerster Wichtigkeit, die Fehlstellung vor dem Epiphysenfugenschluß und vor der Entstehung von Folgeschäden am Karpalgelenk und den distal davon gelegenen Gelenken zu korrigieren.[9,23]

Ätiologie

Die Ätiologie der Gliedmaßenfehlstellungen scheint komplex und multifaktoriell zu sein.[25,27,31,33] Das eigentliche Problem bei einer Fehlstellung im Karpus liegt wahrscheinlich in einem ungleichmäßigen Wachstum der langen Röhrenknochen, der Karpalknochen und in geringerem Maß auch der Griffelbeine in Zusammenhang mit dem Karpalgelenk. Zusätzlich zu diesem ungleichmäßigen Wachstum spielen in unterschiedlichem Grad auch Defekte der enchondralen Ossifikation eine Rolle. Da viele der Faktoren, die bei diesem Krankheitskomplex zum Tragen kommen, auch bei einer Epiphysitis beobachtet werden, wird auf den Abschnitt über Epiphysitis auf Seite 317 verwiesen.

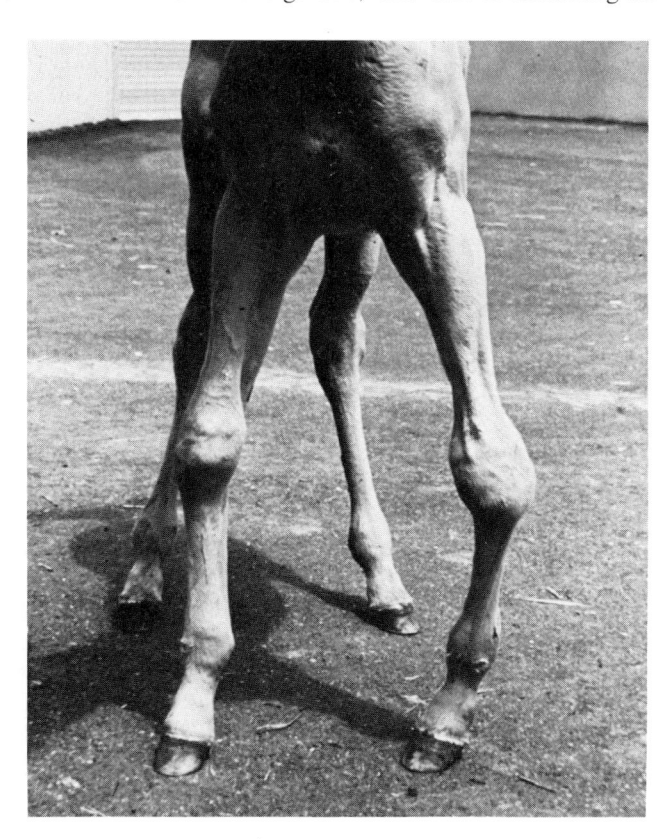

Abb. 8.161: Varusstellung im Karpus bei einem Fohlen.

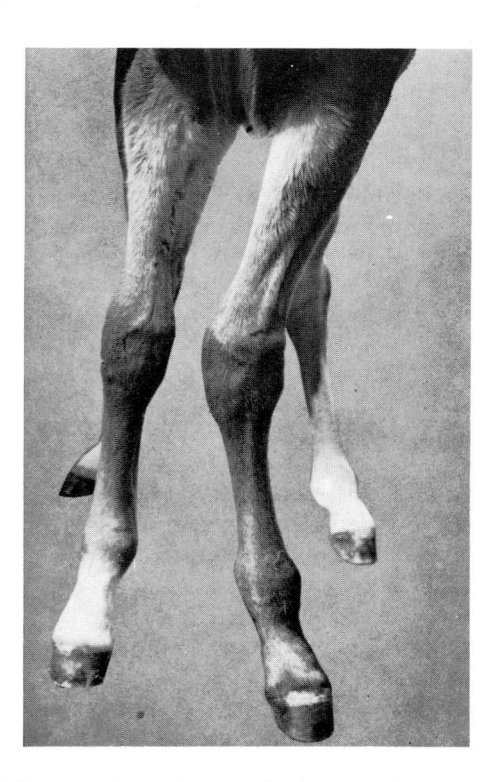

Abb. 8.162: Fehlstellung als Folge einer intrauterinen Fehllage. Das rechte Vorderbein weist eine geringe laterale Achsenabweichung (Varusstellung) im Karpalgelenk auf, das linke Vorderbein zeigt eine erhebliche mediale Achsenabweichung ebenfalls im Karpalgelenk (Valgusstellung). Beide Beine sind in gleicher Richtung verkrümmt.

Bevor eine ausführliche Erörterung der Ätiologie stattfinden kann, ist ein kurzer Überblick über die Knochenentwicklung erforderlich. Vom Epiphysenfugenknorpel geht das Längenwachstum der Metaphyse der langen Röhrenknochen und in geringerem Ausmaß auch das der angrenzenden Epiphyse aus.[12] Das subartikuläre Knorpelgewebe der Epiphyse spielt eine wichtige Rolle bei der Reifung der Epiphysen der langen Röhrenknochen und der Karpalknochen. Der Knorpel in diesem Bereich quillt auf, verfällt und verknöchert enchondral zu Knochenbälkchen. Es gibt anscheinend eine Vielzahl von Faktoren, die die enchondrale Ossifikation verändern oder behindern können. Um einen Überblick über dieses Thema zu erlangen, wird auf den Abschnitt über Ursachen einer veränderten enchondralen Ossifikation auf Seite 276 und den Abschnitt über die postnatale Entwicklung sowie das Wachstum des Bewegungsapparates auf Seite 293 verwiesen. Von den vielen Faktoren, die die enchondrale Ossifikation beeinflussen können, scheint das Kompressionstrauma eine sehr wichtige Rolle bei der Entstehung von kongenitalen oder erworbenen Gliedmaßenfehlstellungen beim Fohlen zu spielen. Kurz gesagt, können axial wirkende Kompressionskräfte physiologisch (im Normalbereich) oder unphysiologisch (über dem Normalbereich) sein. Die physiologische Kompression stimuliert das Wachstum und die Umwandlung des Epiphysenfugenknorpels, des Gelenkknorpels der distalen Radiusepiphyse und des Knorpels der Ossa carpalia zu Knochengewebe. Unphysiologische Druckkräfte unterdrücken die Umwandlung des primordialen Knorpels zu Knochengewebe, was wiederum zu einer Verminderung des Längenwachstums führt.[30] Es wird angenommen, daß die unphysiologischen Kompressionskräfte nicht nur Mikrofrakturen der neu entstandenen Knochenbälkchen verursachen, sondern auch die Blutversorgung im Bereich der Epiphysenkerne (Verkalkungszone am Übergang zwischen Knorpel und Knochen) so stark beeinflussen, daß eine gestörte enchondrale Ossifikation die Folge ist.[9] Das Übermaß an Knorpelgewebe, das entsteht, verursacht seinerseits genug Druck, um die Neubildung von Knorpelgewebe zu hemmen. Zahlreiche Untersucher sind der Ansicht, daß die Entstehung einer gestörten enchondralen Ossifikation eine der Erscheinungsformen einer Osteochondrose ist.[9,22,24,]

Wenn das oben Gesagte auf eine Valgusstellung im Karpus als Folge eines asymmetrischen Wachstums in der distalen Radiusmetaphyse angewandt wird, steht die konkave (laterale) Seite unter einem größeren axialen Druck als die konvexe (mediale). In diesem Fall ist eine asymmetrische axiale Druckbelastung der lateralen Seite der Wachstumszone gegeben. Bleibt diese Belastung in physiologischen Grenzen, wird der Lateralbereich der Wachstumszone zu einem stärkeren Wachstum stimuliert als der mediale, und die Gliedmaße richtet sich von allein gerade. Wenn jedoch diese Druckkräfte nicht physiologisch sind, wird das Wachstum auf der lateralen (konkaven) Seite gehemmt oder unterbrochen, und die Fehlstellung bleibt unverändert oder verschlechtert sich sogar. Je ungleichmäßiger die unphysiologische Kompression wird, desto stärker wird die Fehlstellung. Dies verwirrt in einigen Fällen, wenn man sich fragt, was zuerst da ist, die Veränderung in der enchondralen Ossifikation, die zur Entstehung von asymmetrischen Druckkräften führt, oder der ungleichmäßige Druck, der eine Störung der enchondralen Ossifikation bewirkt. Beides erscheint denkbar. Bei den kongenitalen Fehlstellungen könnte postuliert werden, daß die unvollständige Verknöcherung der Karpalknochen und/oder der Griffelbeine als Folge einer gestörten enchondralen Ossifikation bei der Belastung zu einer ungleichmäßigen Kompression führt. Auf der anderen Seite können bei erworbenen Fehlstellungen ungleichmäßige Druckkräfte eine Störung der enchondralen Ossifikation auf der lateralen Seite der distalen Radiusepiphyse bei einer Valgusstellung im Karpalgelenk bewirken. Diese asymmetrische Belastung, die zur Kompression führt, kann durch erhebliche Fehlstellungen als Folge einer Hypoplasie der Karpalknochen und schwacher Gelenke noch verstärkt werden.[9,19]

Kongenitale Fehlstellung
Wenn ein Fohlen mit verkrümmten Gliedmaßen geboren wird (kongenitale Fehlstellung), kommen eine intrauterine Fehllage, Überfütterung der Stute in der letzten Hälfte der Trächtigkeit, lockere Gelenke, eine gestörte enchondrale Ossifikation, (Hypoplasie) der Ossa carpalia oder eine Fehlentwicklung der Griffelbeine in Frage. Toxische Substanzen sowie andere wenig bekannte mechanische und endokrinologische Einflüsse spielen ebenso eine Rolle.[3,9,19,22]

Bei einer intrauterinen Fehllage kann die Fehlstellung im Karpus das Ergebnis einer unnatürlichen Gliedmaßenhaltung sein. Diese Fehllage kann zu einem ungleichmäßigen Wachstum von Metaphyse, Epiphyse, Karpalknochen und Griffelbeinen führen und schwache Gelenke zur Folge haben. Wenn die Fehlstellung erheblich ist und/oder die Gelenke außergewöhnlich schwach sind, kann der ungleichmäßige Druck bei Belastung der Gliedmaße die Entwicklung in diesem Bereich zusätzlich stören.

Die Überfütterung der Stute in der zweiten Trächtigkeitshälfte kann eine hohe Zahl von einseitigen Fehlstellungen hervorrufen.[20] Es wird angenommen, daß die überfütterten Stuten fett werden und genug intraabdominales Fettgewebe entwickeln, um den Uterus einzuengen, was zu einer Fehllage wenigstens einer Gliedmaße führt. Von 30 Fohlen, die auf einer Farm geboren wurden, zeigten 17 eine einseitige Gliedmaßendeformation. Die einzige Gemeinsamkeit schien die Überfütterung der vorher mageren Stuten in der letzten Trächtigkeitshälfte zu sein.[20]

In unterschiedlichem Maß schwache Karpalgelenke sind bei neugeborenen Fohlen besonders offensichtlich.[19] Das umgebende Weichteilgewebe ist einfach nicht stark genug, den Karpus zu stützen, und gewöhnlich ist eine Valgusstellung im Karpus die Folge. Meistens verbessert Bewegung auf der Weide den Muskeltonus, und das angrenzende Bindegewebe wird ausreichend gefestigt, so daß es zu einer spontanen Korrektur kommt.

Wenn jedoch innerhalb der ersten fünf bis sieben Tage keine Besserung eintritt oder wenn die Abweichung von der geraden Achse mehr als 15 Grad beträgt, muß die Ursache festgestellt werden.[19] Eine unterschiedlich stark ausgeprägte Hypoplasie der Karpalknochen und der Griffelbeine kann an diesem Krankheitskomplex beteiligt sein. Jedoch können auch schwache Gelenke allein zu asymmetrischen unphysiologischen Druckkräften führen, die ein Fortschreiten der Stellungsanomalie bewirken.

Von einer Störung der enchondralen Ossifikation betroffene Karpalknochen sind vor allem das Os carpale III, das Os carpale IV und das Os carpi ulnare, während das Os carpi radiale und das Os carpale II seltener beteiligt sind.[22] Da meistens der laterale Bereich der drei erstgenannten Karpalknochen geschädigt ist, ist eine Valgusstellung im Karpus die Folge. Die eigentliche Ursache für diesen Komplex kann nur vermutet werden, aber traumatische Einflüsse scheinen zumindest am Anfang eine untergeordnete Rolle zu spielen.[22] Grundsätzlich sind zwei Arten von Veränderungen zu beobachten:
1. Sowohl Form als auch Größe der Ossa carpalia sind nicht normal.
2. Der Gelenkknorpel im Bereich dieser Knochen ist hypertrophiert.[22]

Die Form- und Größenänderungen der Karpalknochen stellen eine echte Hypoplasie, keine Degeneration dar.[20] Da die hypoplastischen Knochen zu klein sind, kommt es zu einer Fehlstellung. Morphologisch und auf Röntgenaufnahmen entspricht das Aussehen dieser Knochen fast dem von fetalen Karpalknochen; der Knochenkern ist rundlich und von einem übernormal dicken Knorpel umgeben.[22] Im hypertrophen Knorpel konnten Spalten festgestellt werden, die denen im Zusammenhang mit einer Osteochondrosis dissecans beobachteten sehr ähnlich sehen.[22] Es wird vermutet, daß diese Erkrankung eine Form der Osteochondrose darstellt, da anscheinend eine Störung der normalen Differenzierung dieser Knorpelzellen und der enchondralen Ossifikation besteht, die zu einer Retention des Knorpels führt.[20] Möglicherweise handelt es sich hier um eine normale Variation in der Osteogenese oder um eine relative Unreife oder um eine Störung der enchondralen Ossifikation.[9,19,22] Die Theorie der relativen Unreife ist durch subjektive Beobachtungen entstanden.[19] Jedoch wird die Ansicht, daß es sich um eine Störung der enchondralen Ossifikation handelt, durch die morphologischen und radiologischen Beobachtungen gestützt. Die Schilddrüsenfunktion kann in diesem Zusammenhang ebenfalls eine Rolle spielen, da sie über die Sekretion des Wachstumshormons Einfluß auf die Osteogenese und die Knochenreifung hat. Ein Zusammenhang wurde bis jetzt zwischen kongenitalem Kropf und einer gestörten Ossifikation mit Einbruch des Os tarsi centrale und des Os tarsale III beim Fohlen hergestellt.[28] Der Nachweis einer Verbindung bei diesem Zustand fehlt jedoch bis jetzt. In einigen Fällen können auch frühe Anzeichen einer degenerativen Gelenkerkrankung, manifestiert durch die Bildung peripherer Osteophyten, vorhanden sein.[22]

Die unvollständige Entwicklung des proximalen Teiles der Griffelbeine scheint zu der gleichen Kategorie der unvollständigen Ossifikation zu gehören wie die beschriebenen Defekte der Karpalknochen.[19] Die betroffenen Griffelbeine sind proximal kürzer als das größere Röhrbein, und als Folge dieser Verkürzung ist der Gelenkspalt zwischen der proximalen Gelenkfläche der Griffelbeine und den angrenzenden Ossa carpalia weiter.[19] Das laterale Griffelbein scheint häufiger betroffen zu sein, was zu einer Valgusstellung führt. Bei Beteiligung des medialen Griffelbeines ist eine Varusstellung zu erwarten.

Intrauterine Vergiftungen als Folge einer medikamentellen Behandlung während der Trächtigkeit können die Skelettentwicklung verzögern und zu einer Gliedmaßenverkrümmung führen, was aber beim Pferd bis jetzt nicht nachgewiesen wurde.[3]

Zusammenfassend kann über die kongenitalen Fehlstellungen im Karpus gesagt werden, daß sie sich mit Ausnahme der medikamentellen Vergiftung auf eine anormale intrauterine Lage zurückführen lassen, durch welche der sich entwickelnde Knorpel unphysiologisch belastet und der unterstützende Bandapparat gedehnt wird. Es ist ebenfalls erklärlich, daß die ungleichmäßigen Druckkräfte den bei unreifen Fohlen sich entwickelnden Knorpel deformieren und auf diese Weise zusätzlich die enchondrale Ossifikation verändern, was zu einer kontinuierlichen Verschlimmerung des Zustandes führt. Diese Theorien sind möglicherweise stark vereinfacht, und es kann eine echte Entwicklungsstörung existieren, die durch hereditäre, ernährungsbedingte und hormonelle Faktoren beeinflußt wird.[1]

Erworbene Fehlstellung

Bei einer erworbenen Gliedmaßenfehlstellung ist die Gliedmaßenachse zum Zeitpunkt der Geburt des Fohlens relativ gerade und beginnt erst innerhalb der ersten Lebenswochen oder -monate einen Achsenknick zu zeigen. Als Ursachen kommen eine nicht erkannte geringgradige kongenitale Gliedmaßenfehlstellung, eine Verletzung der Wachstumszone, ausgeprägte einseitige Belastung, Überfütterung, fehlerhaftes Zubereiten der Hufe, exzessive Bewegung, ein asymmetrisches Wachstum der distalen Radiusmetaphyse oder -epiphyse und Stellungsanomalien in Frage.

Man kann mit gutem Grund annehmen, daß einige Fohlen bereits mit einer leichten Fehlstellung im Karpus als Folge schwacher Gelenke, einer Hypoplasie der Karpalknochen bzw. der Griffelbeine oder Veränderungen im Bereich der Epiphyse geboren wurden. Diese Zustände bestehen unerkannt und mit zunehmendem Wachstum, aktiver Bewegung und durch Überfütterung wirken unphysiologische asymmetrische Druckkräfte auf den sich entwickelnden Knorpel. Dies führt dann zu einer Störung der enchondralen Ossifikation und zu einer Deformierung des Knorpels. Im Laufe der Zeit wächst die Zugseite (die konvexe Seite) weiter, wodurch sich die Fehlstellung verschlechtert. Die unphysiologischen Druckkräfte können weiterhin die Entwicklung der distalen Radiusmetaphyse und -epiphyse, der Karpalknochen und der Griffelbeine beeinflussen. In einigen Fällen von Hypoplasie der Ossa carpalia können die unphysiologischen Kompressionskräfte zu einer Fraktur und einem Einbruch der betroffenen Knochen führen.[9,19]

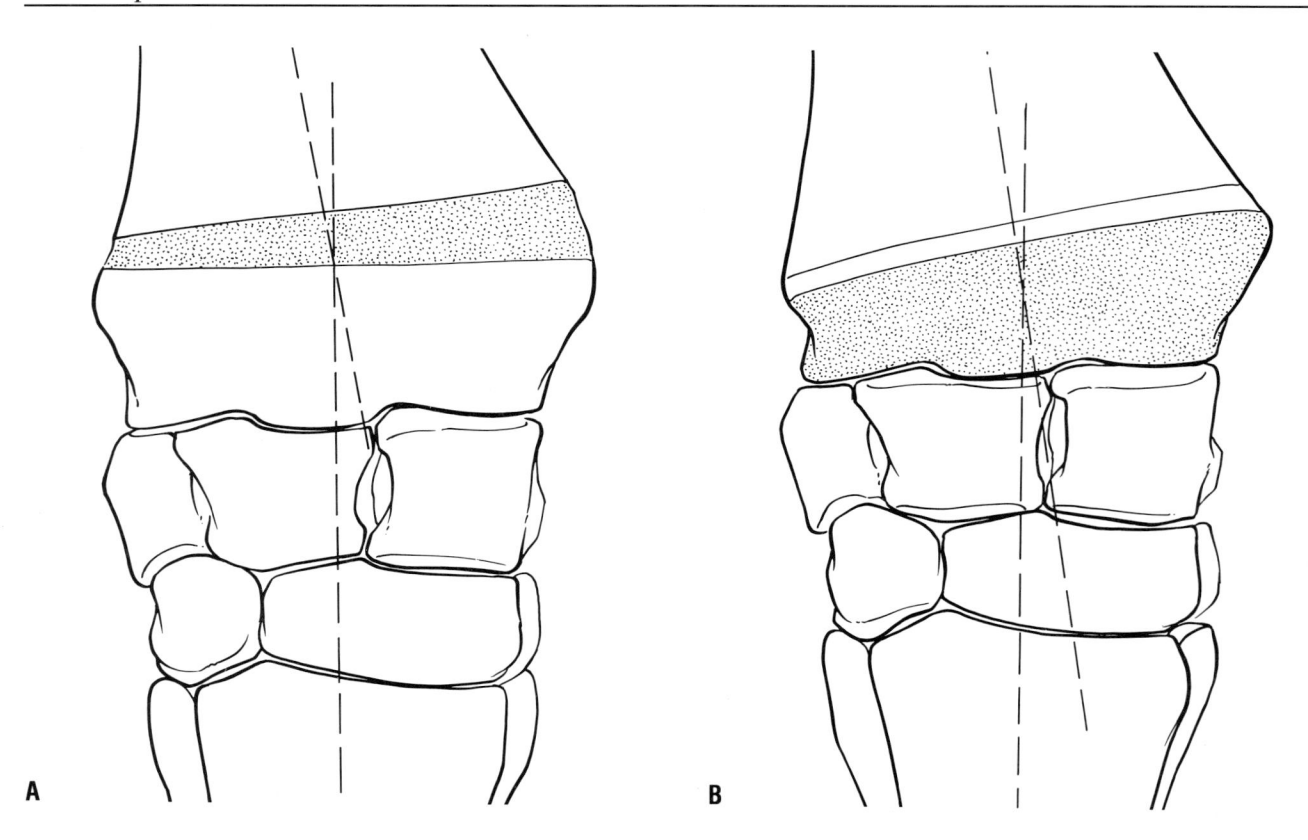

Abb. 8.163: Dorsalansicht des distalen Teiles vom Radius und des Karpus. Im gepunkteten Bereich ist das Problem jeweils lokalisiert. **A** Der Schnittpunkt der abweichenden Achse mit der geraden Gliedmaßenachse befindet sich im Bereich des Epiphysenfugenknorpels. Ein ungleichmäßiges Wachstum der distalen Radiusmetaphyse ist die Ursache. **B** Der Schnittpunkt liegt im Bereich der distalen Radiusepiphyse. Die keilförmige Veränderung der Epiphyse ist dargestellt (gepunkteter Bereich). (Fortsetzung der Abbildung auf der gegenüberliegenden Seite.)

Ein direktes Trauma im Bereich des Epiphysenfugenknorpels (Wachstumszone) kann eine Fehlstellung und ein ungleichmäßiges Längenwachstum verursachen. Ist die Veränderung hochgradig, kann sie zu einem vorzeitigen Epiphysenfugenschluß auf der einen Seite oder sogar der gesamten Wachstumszone führen.[9,19] Die Folge kann eine irreversible Fehlstellung sein, wenn die Schließung einseitig erfolgt. Ist die gesamte Wachstumszone betroffen, kann es zu einer Verkürzung der gesamten Gliedmaße kommen. Der Grad der Veränderung ist abhängig vom Zeitpunkt, in dem das Trauma eingetreten ist.[19] Im Durchschnitt schließt sich die distale Radiusepiphysenfuge beim Pferd mit 22 bis 36 Monaten vollständig.[9] Wenn die Verletzung kurz vor diesem Zeitpunkt erfolgt ist, kommt es nur zu einer geringfügigen Veränderung der Gliedmaßenstellung.[19] Auf der anderen Seite kann ein Trauma, das frühzeitig die Schließung der Epiphysenfuge bewirkt, ein verheerendes Endergebnis zur Folge haben.

Eine exzessive einseitige Belastung kann entstehen, wenn ein Fohlen nach einer Verletzung einer Gliedmaße einen Großteil seines Gewichtes aufgrund von Schmerzen auf die kontralaterale Extremität verlagert. Diese verstärkte Gewichtsbelastung reicht oftmals aus, um eine einseitige Fehlstellung auf der ursprünglich gesunden Seite zu bewirken. Dies wird bei Fohlen mit Verletzungen, die so erheblich sind, daß ein hoher fixierender Verband nötig ist, häufig beobachtet. Ebenso sind Fohlen betroffen, bei denen eine chronische einseitige Lahmheit nicht behandelt worden ist.[8,9,19]

Überfütterung und unausgewogene Ernährung können auf zwei Arten zu einer erworbenen Fehlstellung im Karpus führen. Zuerst kann die verstärkte Gewichtsbelastung durch die Überfütterung die Kompressionskräfte verstärken und, falls bereits eine Deformation vorliegt, die Entstehung unphysiologischer asymmetrischer Druckkräfte bewirken. Weiterhin kann eine unausgewogene Ernährung die enchondrale Ossifikation beeinflussen. Kurz gesagt, ist die Rolle, die eine unausgewogene Ernährung als ätiologischer Faktor bei dem Komplex der Fehlstellungen spielt, unklar. Früher wurden Mängel und Überversorgungen von Kalzium, Phosphor, Vitamin A und Vitamin D für diese Erkrankung verantwortlich gemacht, die fälschlicherweise als Rachitis bezeichnet wurde. Rachitis entsteht durch einen Mangel an Vitamin D, und obwohl einige Anzeichen einer Rachitis auch bei einer Gliedmaßenfehlstellung vorhanden sind, wäre es zu einfach, alles derselben Krankheit zuzuschreiben. Sicherlich ist die genetische Disposition zu schnellem Wachstum zusammen mit einer Überfütterung an der Verstärkung der Kompressionskräfte bis in den unphysiologischen Bereich beteiligt. Bei Rindern spielen auch Spurenelementmängel, vor allem ein Kupfermangel, eine Rolle bei der Entstehung von Gliedmaßenfehlstellungen. Die Bedeutung von Zink, Mangan, Molybdän und anderen Spurenelementen ist unklar und bedarf weiterer Untersuchungen (siehe auch Spurenelemente, im Abschnitt über die Ursachen für Störungen der enchondralen Ossifikation auf Seite 279).

Ein ungleichmäßiges Wachstum der distalen Radiusmetaphyse kann durch ein Trauma, eine Deformierung der

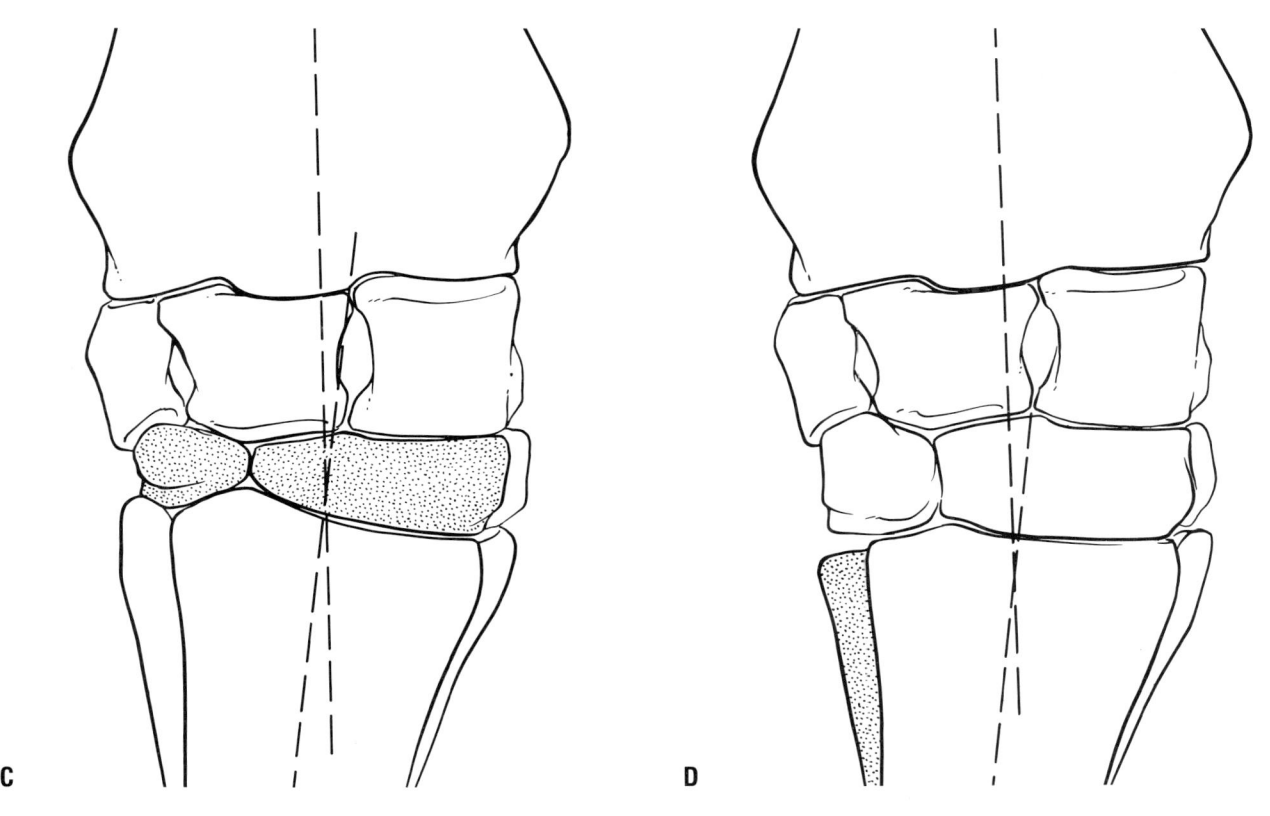

Abb. 8.163 (Forts.): C Der Schnittpunkt befindet sich im Bereich des Karpalgelenkes. Die keilförmige Veränderung des Os carpale III und die Hypoplasie des Os carpale IV sind im gepunkteten Bereich dargestellt. **D** Der Schnittpunkt befindet sich etwa in Höhe des Karpometakarpalgelenkes. Das unvollständig entwickelte laterale Griffelbein ist durch Punkte markiert.

distalen Radiusepiphyse, die unvollständige Verknöcherung der Karpalknochen und der Griffelbeine, schwache Bänder oder fehlerhaftes Ausschneiden der Hufe entstehen. Ein Trauma kann schon allein dadurch entstehen, daß ein übergewichtiges Fohlen sich aktiv auf hartem Boden bewegt.[9] Was auch immer der Grund ist, das ungleichmäßige Wachstum der distalen Radiusmetaphyse führt zu einem Circulus vitiosus, da es eine asymmetrische unphysiologische Gewichtsbelastung einer Seite bewirkt, die die enchondrale Ossifikation und das Wachstum auf dieser Seite wiederum hemmt. Bei der Valgusstellung im Karpalgelenk ist die laterale Seite die Druckseite, während die mediale Seite weiterwächst, so daß es zu einem ungleichmäßigen Längenwachstum kommt.

Eine pathologische Entwicklung der distalen Radiusepiphyse kann angeboren oder erworben sein. Sie wird ebenfalls durch asymmetrische unphysiologische Druckkräfte verstärkt, die wiederum die weitere Entwicklung hemmen und die enchondrale Ossifikation verzögern.[19]

Symptome

Die Symptome einer Gliedmaßenfehlstellung sind klar, jedoch bedarf die genaue Diagnose des gesamten Krankheitskomplexes, der schließlich zur Fehlstellung führt, einer Diskussion. Offensichtlich sind ein ausführlicher Vorbericht und eine genaue klinische Untersuchung erforderlich. Der Vorbericht sollte Antwort auf folgende Fragen geben:

1. War das Fohlen zum Zeitpunkt der Geburt unreif?
2. Bestand die Fehlstellung schon zum Zeitpunkt der Geburt, oder wurde sie erst später erworben?
3. War die Stute während der zweiten Hälfte der Trächtigkeit deutlich übergewichtig?
4. Hat sich die Fehlstellung bisher gebessert, verschlechtert oder ist der Zustand unverändert?
5. Zeigte das Fohlen auf der kontralateralen Seite zu irgendeinem Zeitpunkt Lahmheitssymptome?
6. Entwickelte sich die Fehlstellung im Karpus akut oder langsam progressiv?
7. Wie setzt sich die Futterration des Fohlens zusammen?

Bei der Adspektion sollte der Grad der Achsenabweichung geschätzt und notiert werden. Besteht eine Abweichung von mehr als 15 Grad mit Hypoplasie der Karpalknochen oder einer Störung der enchondralen Ossifikation der Epiphyse, ist die sofortige Behandlung durch einen Tierarzt erforderlich.[19] Gleichzeitig sollte auch geschätzt werden, in welchem Bereich sich die gerade Gliedmaßenachse und die abweichende Achse schneiden. Dies ist besonders wichtig, wenn die Fohlen zum ersten Mal untersucht werden. Liegt dieser Schnittpunkt dem Anschein nach über der distalen Radiusepiphysenfuge oder der distalen Radiusepiphyse, besteht wahrscheinlich ein ungleichmäßiges Wachstum der distalen Radiusmetaphyse oder eine abnorm geformte distale Epiphyse (Abb. 8.163 A und B). Befindet sich der Schnittpunkt im Bereich der Karpalgelenkabteilungen, besteht der Verdacht einer Hypoplasie der Karpalknochen, einer Gelenkschwäche oder einer unvollständigen Entwicklung der Griffelbeine (Abb. 8.163 C und D). Es muß aber daran gedacht werden, daß es sich hier nur um eine Schätzung handelt und Röntgenaufnahmen zur Objektivierung erforderlich sind.

Wenn die Fehlstellung einseitig ist, besteht der Verdacht einer Lahmheit der kontralateralen Gliedmaße, die zu einer verstärkten Gewichtsbelastung dieser einen Seite geführt haben könnte. Auch eine intrauterine Fehllage kommt hier als Ursache in Frage. Wenn eine Umfangsvermehrung des Gelenkes vorliegt und sich der Schnittpunkt der Achsen im Bereich des mittleren Karpalgelenkspaltes befindet, besteht der Verdacht einer Hypoplasie und/oder eines Einbruches der Ossa carpi sowie einer Gelenkschwäche. Zeigt die Gliedmaße, die die Fehlstellung aufweist, eine Lahmheit, muß der Untersucher an ein direktes Trauma im Bereich der Wachstumszone, der Epiphyse oder der Karpalknochen denken. Ebenso kommt eine Infektion (eitrige Arthritis bzw. eitrige Osteomyelitis) in Frage.

Um festzustellen, ob sich die Fehlstellung ändert oder ob Anzeichen einer Lahmheit sichtbar sind, muß das Fohlen bewegt werden. Junge Fohlen mit einer Fehlstellung im Karpus als Folge einer Hypoplasie der Ossa carpi, einer Bänderschwäche oder einer Fehlentwicklung der Griffelbeine weisen häufig während der Belastung eine Verschlimmerung der Fehlstellung auf, während die Gliedmaße etwas gerader wird, wenn sie entlastet ist. In den meisten Fällen besteht bei Fehlstellungen keine Lahmheit; wenn sie vorhanden ist, betrifft sie möglicherweise bei einseitiger Fehlstellung die kontralaterale Gliedmaße. In diesem Fall ist eine genaue Untersuchung und Beurteilung der lahmen Gliedmaße erforderlich.

Palpatorisch werden die betroffenen Gliedmaßen sorgfältig auf vermehrte Wärme, Schmerzhaftigkeit und Schwellungen sowie daraufhin untersucht, ob sie distal des Karpus besonders schwach erscheinen. Vermehrte Wärme und Schmerzhaftigkeit zusammen mit einer Umfangsvermehrung und Lahmheit können auf ein frisches Trauma oder eine infektiöse Gelenkerkrankung als Folge einer Nabelentzündung oder anderer systemischer Krankheiten hindeuten. Eine Umfangsvermehrung des Karpalgelenkes im Zusammenhang mit einer Fehlstellung kann ein Anzeichen für eine Hypoplasie oder einen Einbruch der Ossa carpi sein. Eine Umfangsvermehrung im Bereich der distalen Radiusepiphysenfuge kann auf eine Infektion, ein Trauma oder eine Epiphysitis hindeuten.[9]

Um den Schnittpunkt der abweichenden Achse von der geraden Achse zu bestimmen, können passive Bewegungen des distalen Gliedmaßenbereiches sehr nützlich sein. Eine Instabilität des Karpus in lateromedialer Richtung ist charakteristisch für eine Bänderschwäche, die Hypoplasie der Karpalknochen, einen Einbruch der Karpalknochen oder eine gestörte Entwicklung der Griffelbeine.[19] Eine vermehrte Beweglichkeit in kraniokaudaler Richtung kann bei einem Einbruch oder einer Subluxation der Ossa carpi festgestellt werden.[9] Auf der anderen Seite ist der distale Gliedmaßenabschnitt relativ stabil, wenn ein ungleichmäßiges Wachstum der distalen Radiusmetaphyse und Veränderungen der distalen Radiusepiphyse bestehen. In jedem Fall sollte auf Röntgenaufnahmen der erkrankten Gliedmaße nicht verzichtet werden.

Röntgenuntersuchung. Die Röntgenuntersuchung des Karpus ist zur Erkennung der morphologischen Veränderungen im Weichteilgewebe und im Knochen ebenso außerordentlich wichtig wie zur Bestimmung des Schnittpunktes der Achsen. Nur mit diesen Informationen ist es möglich, einen vernünftigen Therapieplan festzulegen und eine Prognose zu stellen.

Röntgenaufnahmen sollten sowohl in kraniokaudaler als auch in lateromedialer Richtung angefertigt werden. Bei der Betrachtung dieser Aufnahmen ist besonders auf die Morphologie der distalen Radiusmetaphyse, der distalen Radiusepiphyse, der Karpalknochen und des Griffelbeines sowie des umgebenden Weichteilgewebes zu achten. Bei einigen Fohlen liegen multiple morphologische Veränderungen vor. Zu den häufigsten Veränderungen gehören:

1. *Metaphyse:* Verbreiterung des distalen Bereiches der Metaphyse, entwder allein oder zusammen mit einer Verbreiterung proximal an der Epiphyse. Sklerosierung der distalen Metaphyse direkt proximal der distalen Radiusepiphysenfuge, erkennbar durch größere Strahlendichte bei der Röntgenuntersuchung (ebenfalls häufig).[22]
2. *Epiphysenfugenknorpel:* Hierzu gehört eine unscharf begrenzte Epiphysenfuge, die entweder insgesamt oder nur auf der konvexen Seite unregelmäßig verbreitert ist[22] (Abb. 8.164).
3. *Epiphyse:* Die Epiphyse kann keilähnlich verformt sein (Abb. 8.164).
4. *Karpalknochen:* Die Ossa carpi weisen Formveränderungen auf; sie können hypoplastisch sein, Einbrüche zeigen, und in einigen Fällen kann eine Subluxation bestehen (Abb. 8.165).
5. *Mediales und laterales Griffelbeinköpfchen:* Die Griffelbeine erscheinen proximal kürzer als das zugehörige Röhrbein, und der Gelenkspalt zwischen den Griffelbeinköpfchen und den Karpalknochen ist im Vergleich zum Normalzustand weiter.[19]
6. *Kompakta:* Ein Umbau der Diaphyse mit einer unregelmäßig dicken Kompakta ist häufig festzustellen[24] (Abb. 8.164).

Der Schnittpunkt der abweichenden Achse und der geraden Gliedmaßenachse kann bestimmt werden, indem Kunststoffolie oder ein nicht entwickelter Röntgenfilm über die in kraniokaudalem Strahlengang angefertigte Röntgenaufnahme gelegt wird. Dann werden zwei Geraden gezeichnet. Die eine halbiert den Radius und die andere das Röhrbein. Der Schnittpunkt dieser beiden Linien wird als „Knickpunkt" bezeichnet (Abb. 8.163 A–D). Der dadurch entstehende Winkel wird ausgemessen und beschreibt den Grad der Fehlstellung. Wichtig ist, daß dieser Schnittpunkt den Untersucher veranlaßt, die Röntgenaufnahmen erneut auf morphologische Veränderungen hin zu studieren, falls die bereits festgestellten Abweichungen nicht mit der Lokalisation des Schnittpunktes übereinstimmen.[2,15] Ist der Schnittpunkt schwer festzustellen, können Veränderungen an unterschiedlichen Stellen zur Entstehung der Fehlstellung geführt haben (z. B. keilförmige Veränderung der distalen Radiusepiphyse und gleichzeitig Hypoplasie der Karpalknochen).

Wenn der Schnittpunkt im Bereich der distalen Radiusepiphysenfuge liegt, besteht der Verdacht eines ungleichmäßigen Längenwachstums der Metaphyse (Abb. 8.163 A). Befindet er sich direkt distal des Epiphysenfugenknorpels, deutet das darauf hin, daß ein Defekt der distalen Radiusepiphyse an der Entstehung der Fehlstellung beteiligt ist (Abb. 8.163 B).

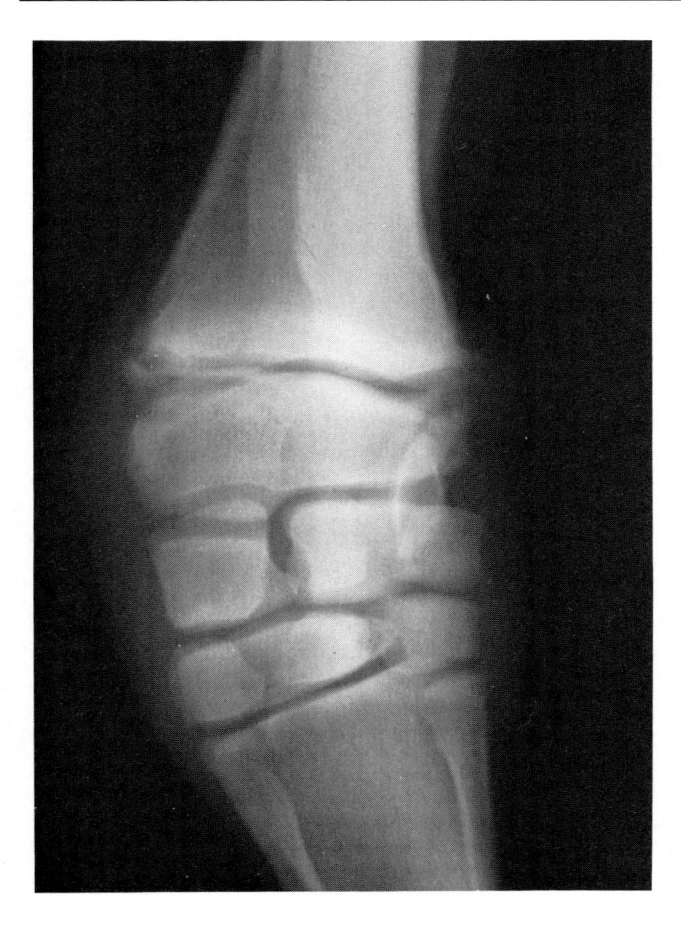

Abb. 8.164: Röntgenaufnahme bei einem Fohlen mit Valgusstellung. Die ungleichmäßige Dicke des Epiphysenfugenknorpels, die keilartige Verformung der Epiphyse und des Os carpale III sowie die Hypoplasie des Os carpale IV und des lateralen Griffelbeines sind zu beachten. Die Kompakta der Diaphyse des Radius ist lateral dicker als medial.

Meistens besteht bei einem ungleichmäßigen Wachstum der distalen Radiusepiphyse gleichzeitig auch ein ungleichmäßiges Wachstum der Metaphyse.[9,24] Die auf diese Weise entstehende Fehlstellung ist größer, als wenn ausschließlich die Radiusmetaphyse betroffen wäre.[24] Bei einer Hypoplasie der Karpalknochen wird der Schnittpunkt distal in den Bereich des proximalen oder mittleren Karpalgelenkspaltes verlagert.[9,24] (Abb. 8.163 C). Entwicklungsstörungen des medialen bzw. lateralen Griffelbeines führen dazu, daß der Schnittpunkt noch weiter distal liegt (Abb. 8.163 D). Es muß aber immer daran gedacht werden, daß die Schätzung des Schnittpunktes der abweichenden Achse mit der geraden Gliedmaßenachse durch die verschiedensten morphologischen Veränderungen beeinflußt werden kann und nur dazu dient, dem Untersucher den Weg zu weiteren diagnostischen Maßnahmen zu zeigen.

Therapie

Die Korrektur einer Fehlstellung ist einerseits wünschenswert, um den Defekt, der sie verursacht hat, zu beseitigen, und andererseits, um die Entstehung sekundärer degenerativer Gelenkveränderungen zu verhindern, die durch die abnormen biomechanischen Belastungen an der betroffenen Gliedmaße entstehen. Ebenso ist die Korrektur der Außenrotation der Gliedmaße distal des Karpus anzustreben. Prinzipiell gibt es fünf verschiedene therapeutische Maßnahmen, die in Frage kommen, wenn dem Tierarzt eine Fehlstellung im Karpus vorgestellt wird. Hierzu gehören:

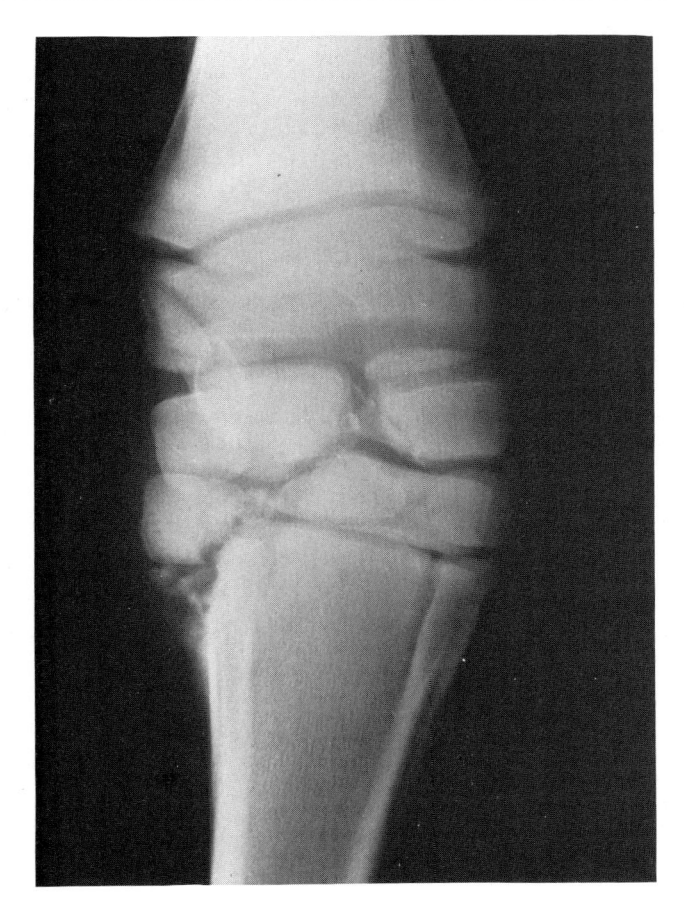

Abb. 8.165: Subluxation und Einbruch des Os carpale IV. Der proximale Bereich des lateralen Griffelbeines ist ebenfalls betroffen.

1. Boxenruhe und eine Umstellung der Fütterung;
2. das Anlegen eines fixierenden Verbandes, um der Instabilität des Gelenkes entgegenzuwirken;
3. eine temporäre Epiphysiodese durch eine Cerclage mittels Schrauben und Draht oder durch Klammern, um das Wachstum auf der konvexen Seite des Epiphysenfugenknorpels zu begrenzen;
4. eine Periostotomie, um das Wachstum auf der konkaven Seite anzuregen;
5. das Anschrauben des Processus styloideus.

Die Wahl einer dieser Behandlungsmethoden hängt davon ab, ob die Fehlstellung angeboren oder erworben ist, ob sie sich bessert, unverändert bleibt oder verschlechtert und welche morphologischen Veränderungen bestehen. Viele Fohlen mit einer geringen Achsenabweichung im Karpus zeigen während der ersten Lebenswochen eine progressive Besserung und bedürfen überhaupt keiner Therapie. Es wird angenommen, daß in diesen Fällen die Druckkräfte im physiologischen Bereich geblieben sind, so daß die entsprechenden Wachstumsveränderungen auftraten, die eine Begradigung der Gliedmaße zur Folge hatten.

Viele Fohlen mit schwachen Gelenken aufgrund noch mangelnder Stützfunktion des Weichteilgewebes reagieren in dieser Weise. Bei anderen Fohlen verbessert sich die Stellung nur langsam. In diesen Fällen bewähren sich häufig die Einhaltung von Boxenruhe, Hufkorrekturen und eine gezielte Fütterung.[1,11,13] Die Boxenruhe ist zu empfehlen, da die Fohlen auf der Weide auf jeden Fall versuchen, mit der Stute Schritt zu halten. Durch diese aktive Bewegung werden die axialen Druckkräfte auf den Epiphysenfugenknorpel, die im Umbau befindliche Epiphyse oder die Karpalknochen verstärkt, was ein verzögertes bzw. ungleichmäßiges Wachstum zur Folge haben kann. Durch Boxenruhe werden die traumatischen Einflüsse in diesem Bereich vermindert. Eine Hufkorrektur (Niederschneiden des höheren Tragrandes) wird durchgeführt, damit das Fohlen plan fußt. Bei einer Valgusstellung im Karpalgelenk ist der mediale Tragrand übermäßig stark abgenutzt, während der laterale gekürzt werden muß. Charakteristisch für diese Fohlen ist auch, daß sie über den dorsomedialen Rand abrollen. Daher ist es sinnvoll, die Zehenspitze stark zu kürzen und bis auf die weiße Linie zu beraspeln, so daß die Fohlen über die Mitte des Zehentragrandes abrollen. Im Ernährungsplan sollte hochwertige Luzerne enthalten sein, und Mineralstoffe mit hohem Phosphoranteil sollten zur freien Verfügung stehen. Mit dem Kraftfutter muß dagegen sehr restriktiv umgegangen werden (siehe Fütterungsmaßnahmen bei Störungen der enchondralen Ossifikation, Seite 280). Fohlen, die nach zwei bis drei Wochen auf diese konservative Therapie nicht ansprechen und bei denen die Fehlstellung unverändert besteht oder sich sogar verschlimmert, müssen sofort durch den Tierarzt untersucht werden. Verschlechtert sich die Stellung im Verlauf der konservativen Therapie sehr schnell, ist die Konsultation auch früher erforderlich. In den meisten Fällen wird eine der später beschriebenen Therapiemaßnahmen erforderlich sein. Eine angeborene oder erworbene Fehlstellung, die auf konservative Maßnahmen nicht anspricht, muß normalerweise entweder mit einem fixierenden Verband oder chirurgisch behandelt werden.

Fixierende Verbände oder Schienen werden dann verwendet, wenn die klinische Untersuchung auf eine Instabilität im Karpalgelenk (normalerweise in lateromedialer Richtung) als Grund für die Fehlstellung hinweist und die Gliedmaße manuell gestreckt werden kann. In der Regel sind auf den Röntgenaufnahmen morphologische Veränderungen der Karpalknochen (Hypoplasie bzw. Einbruch), der Griffelbeinköpfchen und eine Instabilität der Gelenke als Folge mangelnder Unterstützung durch das Weichteilgewebe festzustellen.[9,19] Der Schnittpunkt kann irgendwo im Bereich des Karpalgelenkes liegen. Manchmal bestehen morphologische Veränderungen an verschiedenen Stellen, und sowohl ein chirurgischer Eingriff als auch ein fixierender Verband können erforderlich sein. Meistens wird unter Allgemeinanästhesie ein Verband aus einer Kombination von Gips und einem Kunststoffmaterial vom proximalen Teil des Radius bis zum distalen Teil des Metakarpus angelegt. Fessel und Huf bleiben frei, damit die Gliedmaßen normal axial belastet werden können. Auf diese Weise hat das Karpalgelenk eine feste Unterstützung ohne die Nachteile eines die gesamte Gliedmaße einschließenden Verbandes, wie z. B. bei Osteoporose, Atrophie der Muskulatur und Durchtrittigkeit. Auch Manschetten mit Schienen können verwendet werden (Abb. 8.166).

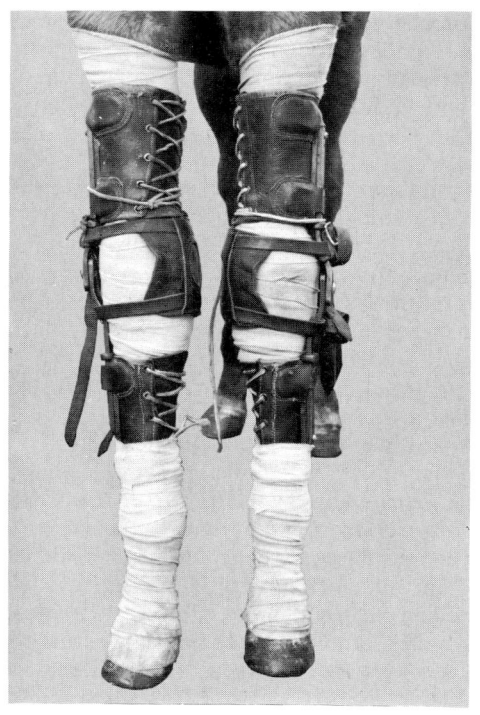

Abb. 8.166: Vorder- und Seitenansicht von kombinierten Manschetten und Schienen zur Begradigung einer geringgradigen Valgusstellung im Karpalgelenk. Diese Manschetten können zur Korrektur einer Varusstellung umgerüstet werden. Ihr Sitz muß täglich kontrolliert werden, um Drucknekrosen zu vermeiden. Da die Manschetten mit den Schienen angeschnallt werden, ist die entstehende Muskelatrophie nur gering.

Während das Fohlen narkotisiert ist, wird eine doppelte Lage eines Strumpfverbandes vom Huf bis zum Ellbogen angelegt. Zur Polsterung des distalen Bereiches am Metakarpus und des proximalen Bereiches am Unterarm wird ein orthopädischer Filz verwendet. Einige Kliniker polstern die Karpalgelenkregion ebenfalls. Unter Zug an der Gliedmaße, um die Fehlstellung soweit wie möglich zu begradigen, werden zwei Gipsbinden spiralförmig vom Proximalbereich des Radius bis zum Distalbereich des Metakarpus angelegt. Bis der Gips getrocknet ist, muß die Gliedmaße ohne Ausübung von Druck ruhig gehalten werden. Ist der Gips fest, werden zwei bis drei Binden des Kunststoffmaterials* angelegt. Nachdem dieses ausgehärtet ist, wird der Strumpfverband nach außen über den fixierenden Verband gerollt, und die innere sowie äußere Lage werden getrennt daran festgeklebt (Abb. 8.167). Das obere und untere Ende des Verbandes wird mit elastischem Klebeband zugeklebt, so daß kein Schmutz von irgendeiner Seite unter den Verband geraten kann. Die Kombination von Gips und Scotchcast vereint die Vorteile beider Materialien. Der Gips paßt sich der Gliedmaße sehr gut an, und das Kunststoffmaterial ist extrem stabil und leicht (siehe auch Beschreibung der neueren Materialien, Seite 847–855). Wenn an beiden Beinen Kunststoffverbände angelegt werden, kann ein Stück Binde proximal und lateral in beide Verbände eingelegt werden. Dieses Bindenstück wird über den Widerrist geführt und hindert die Verbände am Rutschen. Hat nur ein Bein einen Verband, wird ein Ende lateral im Verband fixiert und dann über den Rücken kaudal der Achsel der anderen Schultergliedmaße durchgeführt und proximal an der medialen Seite des Verbandes wieder befestigt. Endgültig fixiert wird diese Aufhängevorrichtung am besten, wenn das Fohlen nach der Narkose wieder steht, da sie dann am besten angepaßt werden kann. Durch die Entwicklung neuer leichterer Materialien ist diese Aufhängung nicht mehr zwingend erforderlich. Fohlen und Stute sollten Boxenruhe haben. Nach 10 bis 14 Tagen wird der Verband abgenommen sowie eine sorgfältige klinische und röntgenologische Untersuchung der Gliedmaße durchgeführt. Die vollständige Entwicklung eines hypoplastischen Karpalknochens und die Stabilisierung des Weichteilgewebes sind normalerweise nach zwei bis vier Wochen abgeschlossen. Nur in seltenen Fällen muß ein weiterer fixierender Verband angelegt werden.

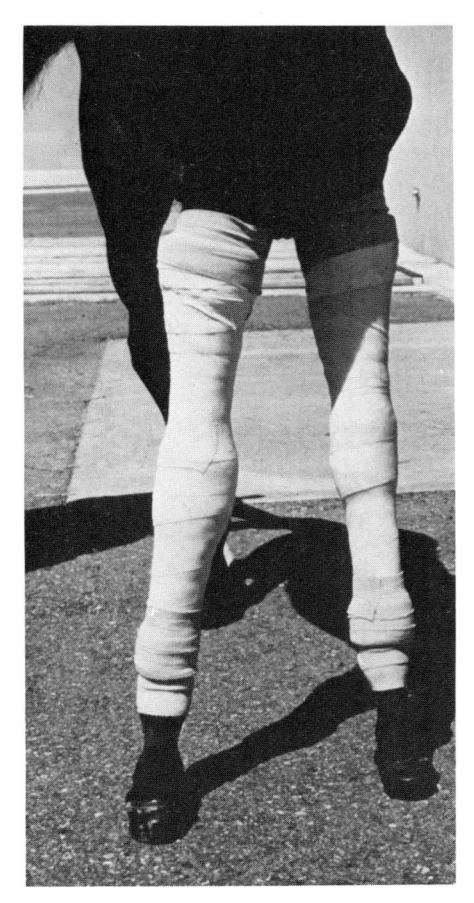

Abb. 8.167: Vorderansicht eines Fohlens mit fixierenden Verbänden an beiden Schultergliedmaßen.

* Scotchcast. 3M, Oldenburger Allee 18, 3000 Hannover

Chirurgische Techniken

Temporäre Epiphysiodese
 – *Klammern*
 – *Schrauben und Draht*
 – *Vergleich der Methoden*

Periostotomie

Anschrauben des Processus styloideus

Die Methode der temporären Epiphysiodese der distalen Radiusepiphysenfuge mit Schrauben und einem Draht bzw. Klammern auf der konvexen Seite und/oder einer Periostotomie an der distalen Radiusmetaphyse auf der konkaven Seite wird in den Fällen angewendet, in denen das ungleichmäßige Längenwachstum von dem Distalbereich der Radiusmetaphyse und/oder der distalen Radiusepiphyse ausgeht. Der theoretische Hintergrund der Epiphysiodese besagt, daß durch die Überbrückung der Epiphysenfuge auf der konvexen Seite das Längenwachstum dort sehr wirksam unterbrochen wird, bis das Defizit auf der anderen (konkaven) Seite ausgeglichen ist. Der Wachstumsdruck, der von innen als Folge der Behinderung des Knorpelwachstums durch die Implantate verursacht wird, begrenzt die Bildung neuer Chondrozyten an der der Metaphyse zugewandten Seite der Wachstumszone.[29] Da in erster Linie die Metaphyse betroffen ist, hat diese Technik die meisten Vorteile, wenn unkomplizierte Fälle von ungleichmäßigem Wachstum der Metaphyse vorliegen. Bei einer primären Beteiligung der distalen Radiusepiphyse ist die Epiphysiodese weniger nützlich, da der größte Teil des Längenwachstums von dem subartikulären Knorpel am distalen Ende der Radiusepiphyse ausgeht und nur ein geringer Teil der distalen Seite der Epiphysenfuge entspringt. Jedoch ist in der Mehrzahl der Fälle ein asymmetrisches Längenwachstum der Epiphyse mit einem ungleichmäßigen Wachstum der Metaphyse unterschiedlichen Ausmaßes vergesellschaftet. Daher ist durch die Epiphysiodese in jedem Fall ein Erfolg zu erwarten. Eine weitere Verbesserung der Stellung des

Gelenkknorpels ergibt sich durch das gleichzeitige Wachstum und die Reifung der Epiphyse.

Bei der klinischen Untersuchung weisen diese Fälle normalerweise keine schwachen Gelenke auf, und die Gliedmaße kann nicht manuell gestreckt werden. Meistens besteht eine nicht schmerzhafte Umfangsvermehrung des distalen Radiusepiphysenfugenknorpels und der Metaphyse. Bei der Röntgenuntersuchung sind die morphologischen Veränderungen häufig im distalen Bereich der Radiusmetaphyse und in der distalen Radiusepiphyse zu beobachten, wobei der Schnittpunkt in sehr vielen Fällen direkt oberhalb bis direkt unterhalb der distalen Radiusepiphysenfuge zu finden ist.[9,24] Je geringer die morphologischen Veränderungen der distalen Radiusepiphyse sind, desto günstiger sind die Heilungsaussichten.

Sowohl die Klammerung als auch die Cerclage mit Schrauben und Draht sind zur Begradigung der Gliedmaßenachse sehr wirksam, sofern das Wachstumspotential des distalen Radiusepiphysenfugenknorpels und des Gelenkknorpels der Epiphyse ausreicht. Die Wahl des richtigen Zeitpunktes ist bei jeder der beiden Behandlungsmethoden wichtig. Obwohl die distale Radiusepiphysenfuge sich, wie Röntgenaufnahmen zeigen, erst mit 22 bis 36 Monaten schließt,[9] wurde bewiesen, daß ein aktives Wachstum nur bis zum Ende des achtzehnten Monats vorhanden ist.[17] Etwa 71 % des Längenwachstums finden während der ersten zwölf Monate statt, und bis zum achten Monat geht es am schnellsten vonstatten.[9] Es ist verständlich, daß die Operation vor dieser Zeit durchgeführt werden sollte. Am besten ist eine Behandlung vor dem zweiten bis dritten Monat, da zu diesem Zeitpunkt eine sekundäre Drehung der Gliedmaßen und eine Osteoarthritis als Folge ungleichmäßiger biomechanischer Belastungen noch verhindert werden können. Auch der Grad der Fehlstellung muß bedacht werden. Bei Fohlen, die eine starke Deformation aufweisen, die sich kontinuierlich verschlechtert, besteht zu diesem Zeitpunkt ganz entschieden eine Indikation für eine temporäre Epiphysiodese.[18] Zum Teil besteht die Ansicht, daß bei jeder Fehlstellung im Karpus, der ein ungleichmäßiges Wachstum des distalen Bereiches der Radiusmetaphyse bzw. -epiphyse zugrunde liegt und die größer als 15 Grad ist, sofort eine Indikation für die Überbrückung der Epiphysenfuge besteht.[19] Der Autor hat diese Operation mit Erfolg bei Fohlen im Alter von zwei Wochen durchgeführt.

Operationsbeschreibung: Der Zugang zur Epiphysenfuge befindet sich auf der konvexen Seite. Es wird ein gebogener Hautschnitt angelegt, dessen Spitze sich kaudal des medialen Knochenvorsprunges befindet. Haut und Unterhaut werden bis auf die kräftige Unterarmfaszie und die Seitenbänder des Karpalgelenkes durchtrennt. Dann wird tief im subkutanen Gewebe ein Hautlappen freipräpariert, bis der mediale Knochenvorsprung zusammen mit der Epiphysenfuge freiliegt. Durch die gebogene Schnittführung und das Belassen einer dicken Schicht subkutanen Gewebes am Hautlappen wird der durch die Implantate und den Verband auf die Schnittlinie wirkende direkte Druck reduziert. Außerdem ist die Gefahr einer Nekrose des Hautlappens geringer, da eine ausreichende Blutversorgung gewährleistet ist. Wenn der Hautlappen zur Seite verlagert ist, werden die Lokalisation und die Breite der Epiphysenfuge mit einer 0,5–0,7 mm starken Kanüle festgestellt (Abb. 8.168). Typischerweise ist sie bei jungen Fohlen (im Alter von zwei bis vier Wochen) und bei Fohlen mit erheblichen Fehlstellungen breiter. Gleichzeitig müssen die Röntgenaufnahmen im Hinblick auf eine distal gerichtete Ausbuchtung der Epiphysenfuge im Bereich des Knochenvorsprunges begutachtet werden (Abb. 8.169). Wenn die Lage der Epiphysenfuge aufgrund der Ausbuchtung zu tief eingeschätzt wird, kann ein Schenkel der Klammer bzw. eine Schraube fälschlich im proximalen Karpalgelenkspalt fixiert werden.

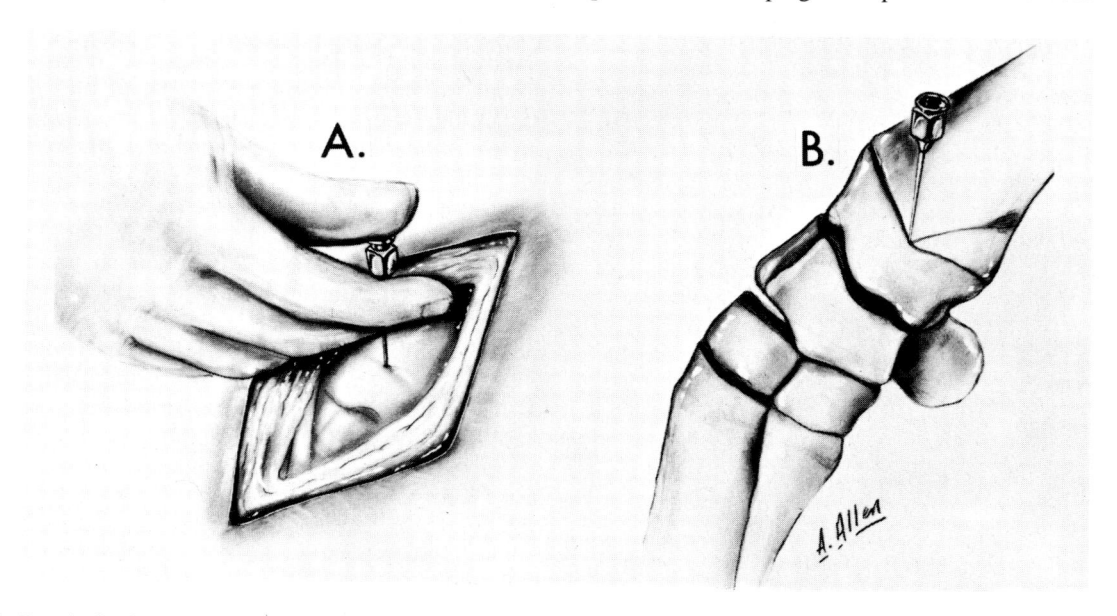

Abb. 8.168: Das Aufsuchen der distalen Radiusepiphysenfuge mittels einer Kanüle. Die Breite der Epiphysenfuge kann bestimmt und die Klammer dementsprechend zentriert werden. **A** Operationssitus. **B** Darstellung am Skelettmodell (aus HEINZE, C. D.: Epiphyseal stapling. A surgical technique for correcting angular limb deformities. Proc. AAEP, 59–73, 1969; mit Genehmigung von Dr. C. D. HEINZE und der American Association of Equine Practitioners).

Kapitel 8: Lahmheit 635

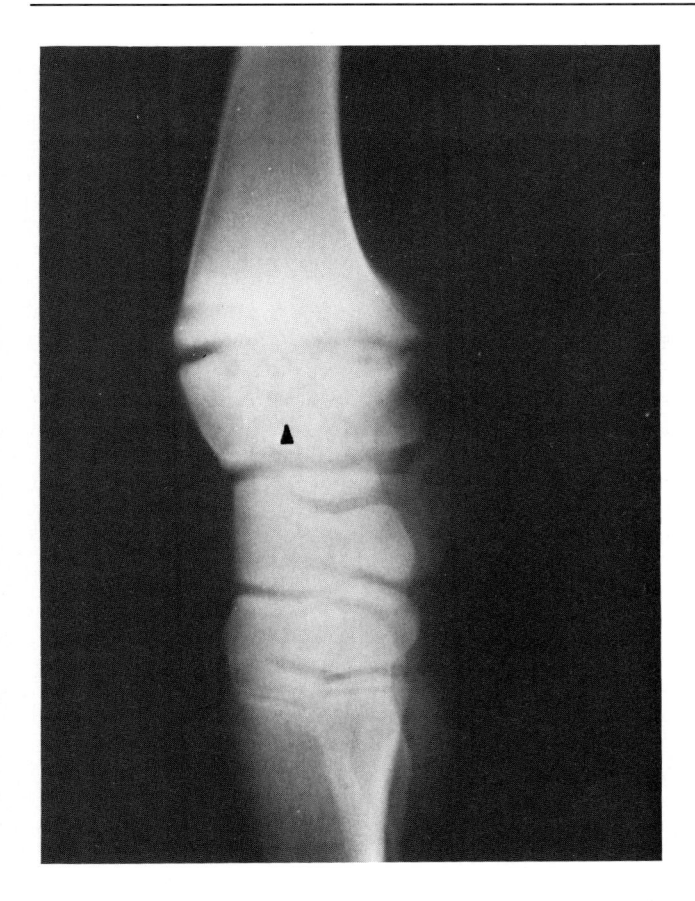

Abb. 8.169: Röntgenaufnahme von einem jungen Fohlen. Zu beachten ist auf der medialen Seite die distal gerichtete Ausbuchtung der Epiphysenfuge (Der Pfeil zeigt in die Richtung).

Aus diesem Grund ist es ratsam, die Lage des proximalen Karpalgelenkspaltes durch Einbeugen des Gelenkes und Palpation der Knochenkante distal am Radius festzustellen.

Klammerung der Epiphyse. Zur Klammerung der Epiphyse werden zwei Klammern aus gehärtetem Vitallium verwendet. Diese Klammern werden in der Längsachse des Radius senkrecht eingesetzt, so daß ihre Schenkel zur Mitte des Knochens zeigen, wobei der Abstand der Schenkel, von denen sich einer in der Metaphyse und einer in der Epiphyse befindet, von der Epiphysenfuge gleich weit sein soll (Abb. 1.170). Die Klammern werden mit einem Klammerhalter eingesetzt. Bevor sie endgültig tief eingeschlagen werden, muß ihr korrekter Sitz mit Hilfe von Röntgenaufnahmen kontrolliert werden. Die Faszie des Karpus sowie die Seitenbänder unter den Klammern werden gerade so weit eingeschnitten, daß die Klammer darunter versenkt werden kann. Dann wird sie mit einem speziellen Gerät bis unter die tiefe Faszie eingeschlagen. Man muß darauf achten, das Periost nicht zu verletzen, aber es ist wichtig, daß die Klammer fest mit dem Knochen verbunden ist. Die darüber liegende Faszie wird in einfachen Einzelheften mit synthetischem resorbierbaren Material adaptiert. Unterhaut und Haut werden routinemäßig mit einfachen Einzelheften verschlossen. Ein Druckverband wird angelegt und bleibt zwei Wochen liegen. Zuviel Druck durch den Verband sollte allerdings vermieden werden, da er zu einer Hautnekrose über dem Knochenvorsprung führen kann. Es ist unbedingt erforderlich, Stute und Fohlen in der Box zu halten, bis die Stellung korrigiert ist und die Klammern entfernt sind (Abb. 8.171).

Epiphysiodese mit Schrauben und Draht. Der Zugang zur Epiphyse und ihre Lokalisation mittels einer 0,5 mm starken Kanüle erfolgen in der gleichen Weise wie zur Klammerung. Einige Kliniker ziehen es vor, zu diesem Zeitpunkt noch einmal Röntgenaufnahmen anzufertigen, um die Lage der Kanüle zu überprüfen.[9] Bei einiger Erfahrung ist dies nicht notwendig, und der Tierarzt kann darauf vertrauen, daß die Lage der Epiphysenfuge richtig festgestellt wurde. Ebenso wichtig ist es, die Breite der Wachstumszone zu bestimmen. Nachdem durch Bewegung der Gliedmaße das distale Ende des Radius lokalisiert wurde, wird mittels eines 3,6-mm-Bohrers und einer Bohrhülse ein Loch in die Mitte der Epiphyse zwischen Epiphysenfuge und proximaler Karpalgelenksabteilung gebohrt.[7] Eine bis auf den Knochen reichende Stichinzision in das Seitenband erleichtert das Bohren. Die Bohrhülse stabilisiert den Bohrer und verhindert, daß beim Bohren Weichteilgewebe mit aufgewickelt wird. Das Loch sollte parallel zur distalen Gelenkfläche des Radius und zur Epiphysenfuge liegen.[6,8] Ein weiteres Loch wird etwa 4 cm proximal der Wachstumszone in die Radiusmetaphyse gebohrt.[7] Beide Löcher sollen etwa 3,5 bis 4 cm tief sein. Zum Herstellen des Gewindes kann ein Gewindeschneider für Spongiosa benutzt werden; nach Ansicht des Autos ist dies in den meisten Fällen jedoch nicht erforderlich. Spongiosaschrauben entsprechender Länge mit einem durchgehenden Gewinde werden eingesetzt, aber nicht fest angezogen, so daß die Schraubenköpfe aus dem Weichteilgewebe herausragen. Eine Schlaufe eines 1,2 mm starken ASIF-Cerclage-Drahtes wird vorbereitet, indem das freie Ende durch die Schlinge im anderen Ende gesteckt wird. Diese Schlinge wird in Form einer Acht gedreht und über die Schraubenköpfe gelegt (Abb. 8.172 A), wobei sich die Schlinge des Drahtes auf der Innenseite und in der Mitte zwischen den Schraubenköpfen befindet (Abb. 8.172 B). Die Verwendung von zwei Drähten ist vorzuziehen, wobei die Drahtschlingen auf unterschiedlicher Höhe plaziert werden. Am freien Ende wird mit einer entsprechenden Zange der Wirbel gedreht und mäßig festgezogen. Danach wird dieses freie Ende im Winkel von 90 Grad umgebogen, so daß es sich hakenförmig um die Schlinge legt. Nun werden die Schrauben angezogen, und der restliche Draht wird abgezwickt. Am Ende soll der Draht in Achtertouren fest gespannt sein, und der bzw. die Wirbel sollen in der Mitte zwischen den Schraubenköpfen liegen. Die freien Enden des Drahtes werden unter der darüberlaufenden Achterschlinge versteckt und sollen nach distal zeigen, damit der Draht über eine proximale Stichinzision leicht zu entfernen ist (Abb. 8.172 B).

Die postoperative Versorgung ist bei der Zuggurtung die gleiche wie beim Klammern, d. h. Boxenruhe und Druckverbände für zwei Wochen. Die Klammern bzw. die Schrauben und Drähte werden entfernt, sobald die Gliedmaße gerade ist.

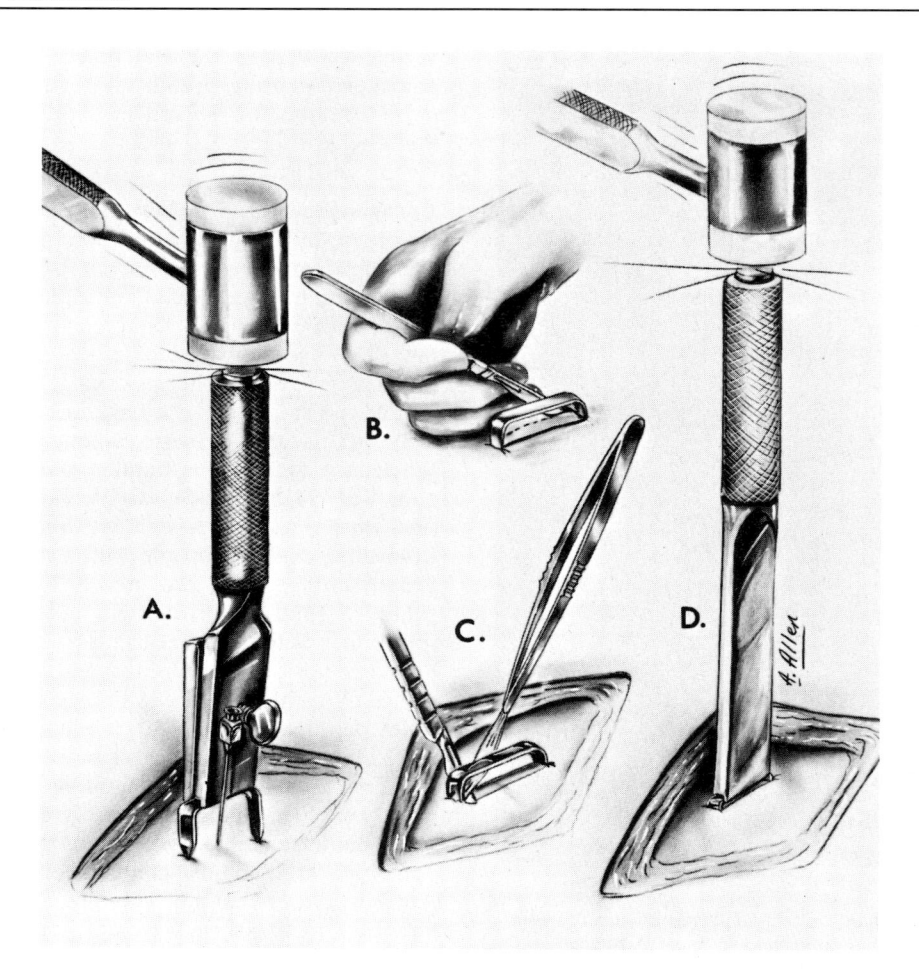

Abb. 8.170: A Einsetzen der Klammer. Die Epiphysenfuge ist durch eine Kanüle markiert. **B** und **C** Einschnitt in das noch unter der Klammer liegende Weichteilgewebe, bei Bedarf kann das Gewebestück entfernt werden (**C**). **D** Die Klammer wird fest in den Knochen eingeschlagen (aus HEINZE, C. D.: Epiphyseal stapling. A surgical technique for correcting angular limb deformities. Proc. AAEP, 59–73, 1969; mit Genehmigung von Dr. C. D. HEINZE und der American Association of Equine Practitioners).

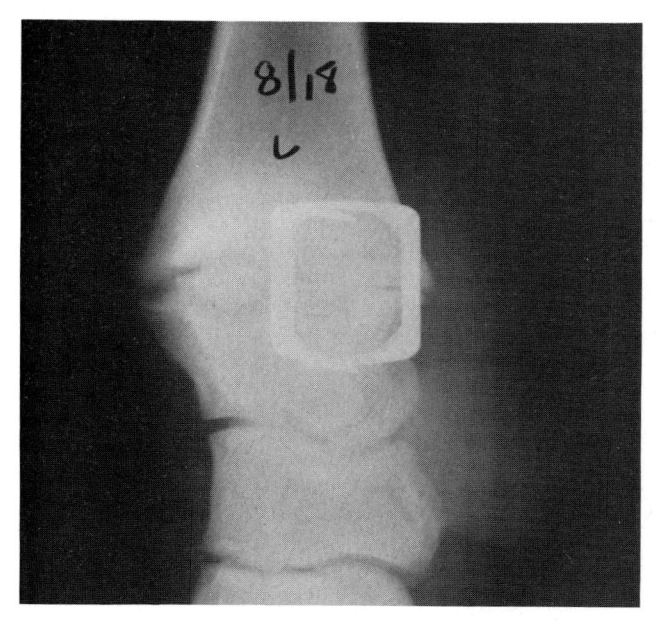

Abb. 8.171: Röntgenaufnahme eines Karpalgelenkes mit zwei korrekt eingesetzten Klammern.

Wurde die temporäre Epiphysiodese an zwei Gliedmaßen gleichzeitig durchgeführt, müssen Schrauben und Drähte jeweils dann entfernt werden, wenn die Gliedmaßenachse gerade ist, d. h. gegebenenfalls zu verschiedenen Zeitpunkten. Die Entscheidung, ob eine korrekte Stellung bereits erreicht ist, kann der Besitzer nur nach umfassender Information durch den Tierarzt treffen, bzw. der Tierarzt muß den Zustand des Fohlens kontrollieren, da es manchmal sehr schwierig ist festzustellen, inwieweit eine Begradigung stattgefunden hat. Um dies genau beurteilen zu können, ist die Adspektion im Stand, in der Bewegung und während physikalischer Manipulationen an der Gliedmaße zu beurteilen. Besonders wichtig ist während der Rekonvaleszenz eine regelmäßige Hufkorrektur der betroffenen Gliedmaßen im Abstand von zwei Wochen, um die Stellungsänderung auszugleichen.

Vergleich der Methoden. Obwohl im Rahmen einer retrospektiven Untersuchung im Endergebnis bei der Verwendung von Klammern gegenüber der von Schrauben und Drähten kein Unterschied festgestellt werden konnte, bestand doch eine Differenz in der Anzahl der chirurgischen Komplikationen.[32] Die durch die Klammern verursachte Weichteilschwellung war im Vergleich zur Technik mit Schrauben und Drähten deutlicher.

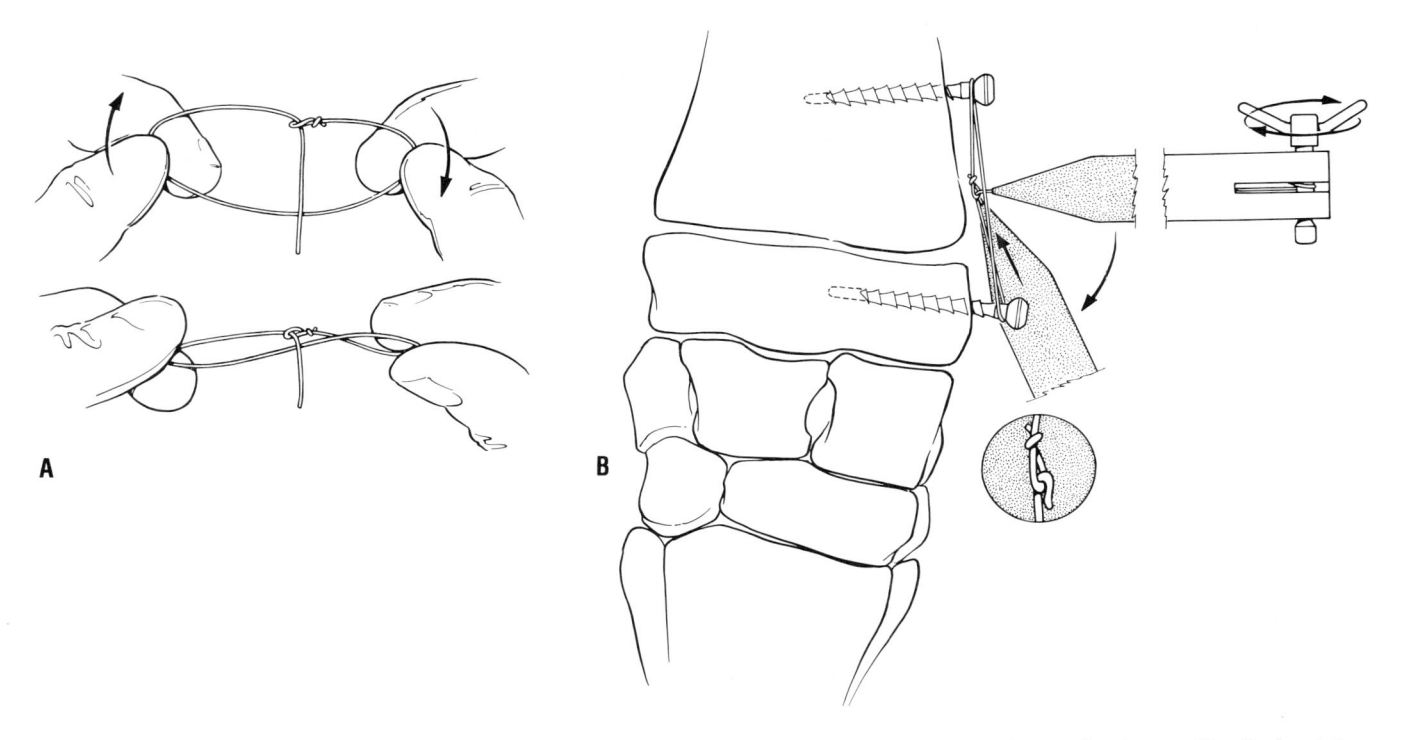

Abb. 8.172: A oben Das freie Ende des Cerclage-Drahtes wird durch die kleine Schlinge am anderen Ende gesteckt. **A unten** Der Draht wird zu einer Acht gedreht. **B** Der Draht wird um die Köpfe der zuvor eingedrehten Knochenschrauben gelegt. Nachdem der Draht festgedreht worden ist, wird das freie Ende distal umgebogen. Auf diese Weise ist die Entfernung über eine proximale Stichinzision leichter.

Ebenso wurden die Lockerung von Klammern und verbogene Klammerschenkel festgestellt. Sowohl die Lockerung der Klammern als auch die Weichteilschwellung kann zum großen Teil verhindert werden, wenn die Klammern unter der tiefen Faszie im Bereich von Epiphyse und Metaphyse versenkt werden. Das Verbiegen der Klammerschenkel kann durch fehlerhaftes Einschlagen entstehen oder die Folge zu starker biomechanischer Kräfte sein, wenn nur eine Klammer verwendet wurde. Um dies zu vermeiden, sollen die Klammern gleichmäßig von oben eingeschlagen werden, so daß beide Schenkel gleich tief eindringen. Der Chirurg sollte darauf achten, daß die Klammer nicht schief liegt und die Schläge nicht nur in der Mitte der Klammer, sondern über die ganze Breite wirken, da beides dazu führt, daß die Schenkel die Tendenz haben zu divergieren. Die Verwendung von zwei verstärkten Vitalliumklammern, eine auf der kraniomedialen und eine auf der kaudomedialen Seite, verhindert die mechanische Überlastung. Die Hauptkomplikation bei der Verwendung von Schrauben und Drähten ist das Reißen des Drahtes (Abb. 8.173). Meistens passiert dies bei älteren Fohlen mit einer erheblichen Fehlstellung. Daher wird in diesen Fällen zumindest die Verwendung von zwei Drähten empfohlen, und manchmal werden auch zwei komplette Sätze von Schrauben und Drähten benötigt (Abb. 8.174).

Eine weitere Komplikation, die bei beiden Methoden auftreten kann, aber bei der Klammerung häufiger ist, besteht darin, daß periostale Knochenzubildungen zur Entstehung einer Knochenbrücke zwischen Epiphyse und Metaphyse führen können, was im Ergebnis einer vorzeitigen Schließung der Epiphyse in diesem Bereich gleich-

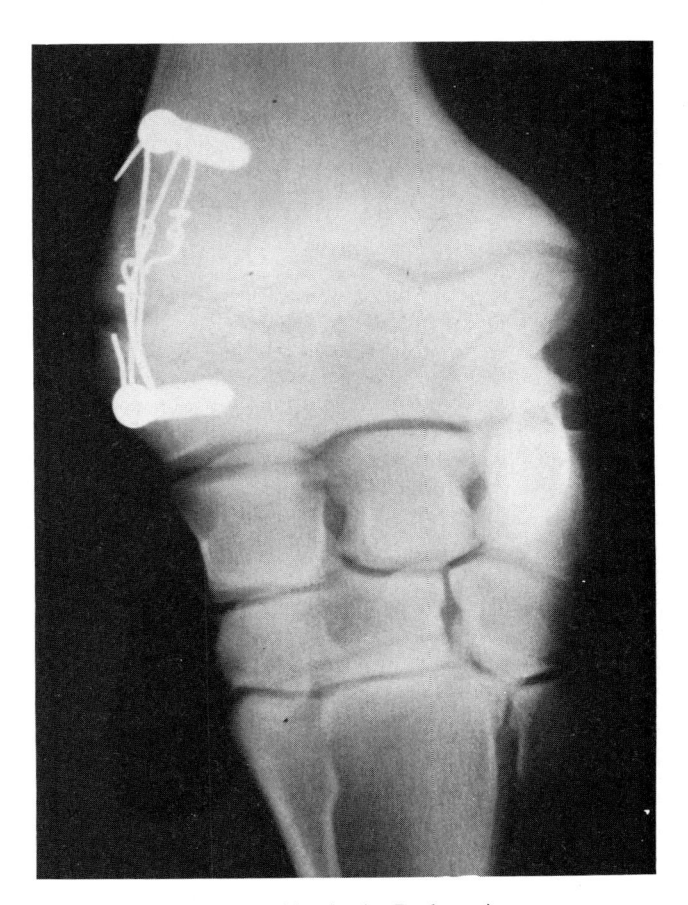

Abb. 8.173: Bei diesem Fohlen ist der Draht gerissen.

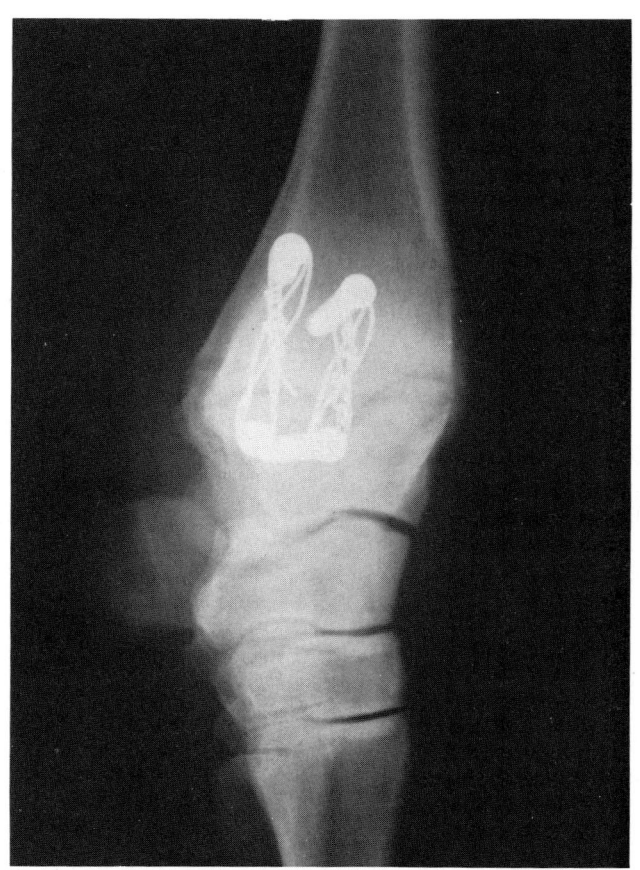

Abb.: 8.174: Röntgenaufnahme eines älteren Fohlens, das mit zwei Sätzen Schrauben und Drähten behandelt wurde.

käme. Dieser Zustand wird als Salter-IV-Typ bezeichnet.[26] Bei beiden Methoden muß sowohl das Einsetzen als auch die Entfernung der Implantate vorsichtig geschehen, damit das Trauma im Bereich des Periostes möglichst gering ist.

Obwohl diese Art der periostalen Zubildung bei Verwendung von Schrauben und Drähten noch nicht beobachtet wurde, konnten unter dem Draht Usuren der Epiphyse und der Metaphyse, die vermutlich aufgrund von Druck entstanden sind, festgestellt werden.

Ein limitierender Faktor im Hinblick auf den Erfolg der temporären Epiphysiodese besteht darin, daß bei einer erheblichen Fehlstellung das Wachstumspotential der langen Röhrenknochen zur Korrektur möglicherweise nicht mehr ausreicht.[9] Offensichtlich reagieren jüngere Fohlen hier besser.[14] Diese Überlegung ist wichtig, wenn die Indikation für den chirurgischen Eingriff gestellt wird. Die durchschnittliche Zeit bis zur Begradigung der Gliedmaßenachse in Relation zum Alter, in dem der chirurgische Eingriff durchgeführt wurde, wurde von HEINZE veröffentlicht und ist in Tabelle 8.1 dargestellt.[14]

Tabelle 8.1: Durchschnittliche Zeitdauer bis zum Erreichen einer geraden Gliedmaßenachse nach der Epiphysiodese mit Klammern

Alter in Monaten	Dauer bis zur Korrektur in Wochen
0–3	5½
6–9	8½
9+	12 und mehr

Zu den Vorteilen der Methode mit Schrauben und Drähten gehört, daß die Schrauben unabhängig voneinander plaziert werden können, daß sofort ein Druck auf die Wachstumszone ausgeübt werden kann, daß die Implantate sich nicht lockern bzw. die Schrauben nicht auseinanderweichen, daß die Wachstumszone selbst nicht beeinträchtigt wird und daß sie wesentlich leichter zu entfernen sind.[30] Die Möglichkeit, den Abstand der Schrauben voneinander variieren zu können, ist nützlich, besonders in den Fällen, in denen osteochondrotische Veränderungen der Metaphyse vorliegen (Abb. 8.175). Ob im Bereich der Wachstumszone sofort Druck ausgeübt werden kann, wurde in einem Vergleich dieser beiden Methoden nicht bewiesen, aber es leuchtet ein, daß durch das Festdrehen der beiden Drähte zusätzlicher Druck ausgeübt werden kann. Ein erheblicher Vorteil der Cerclage ist, daß Schrauben und Drähte ambulant entfernt werden können. In der Nacht vor der Operation werden die Fohlen nicht gefüttert, und unter einer kurzen Allgemeinanästhesie können Schrauben und Drähte schnell durch kleine Stichinzisionen über beiden Schraubenköpfen entfernt werden. Die Drähte werden über den proximalen Schnitt herausgezogen. Es gibt auch Veröffentlichungen über die Entfernung von Schrauben und Drähten beim stehenden Tier.[7,8,32] Dies wird wegen der Schwierigkeiten, Tiere zu fixieren, und aufgrund der mangelnden Asepsis nicht mehr empfohlen.

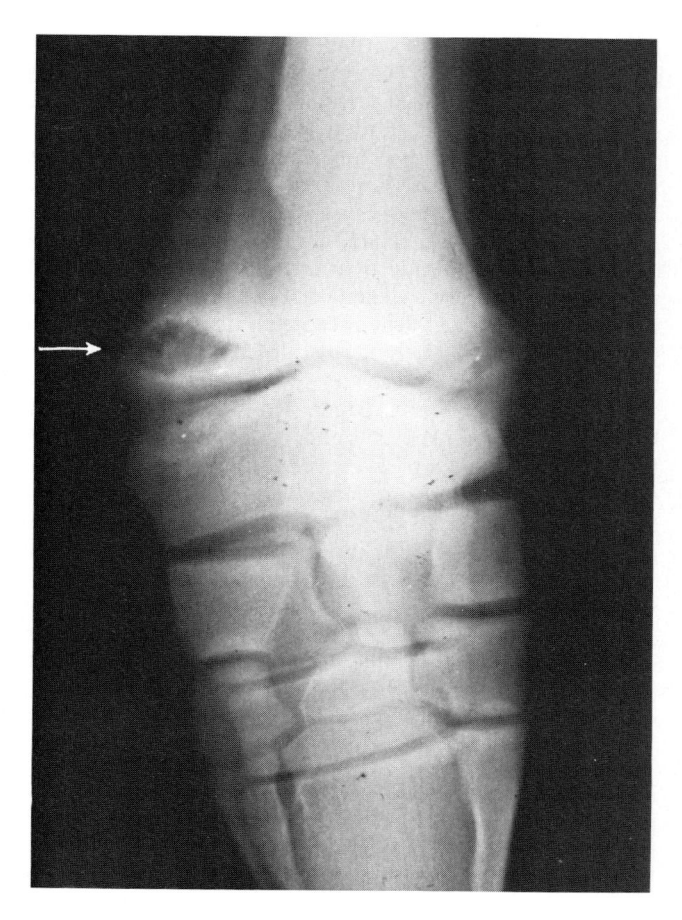

Abb. 8.175: Osteochondrosis im Bereich der Metaphyse (Pfeil).

Kapitel 8: Lahmheit 639

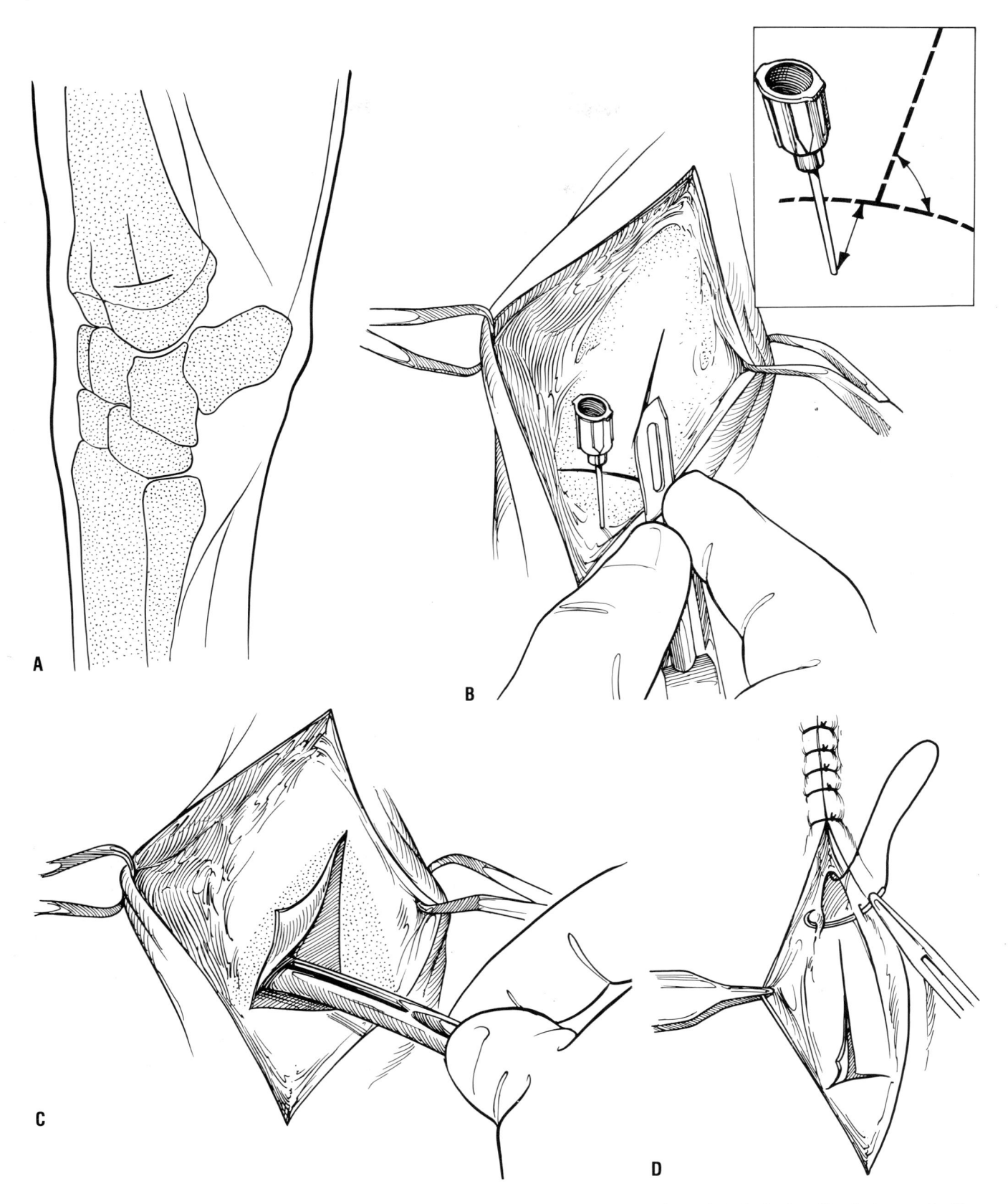

Abb. 8. 176: A Darstellung der Lokalisation für die Periostotomie. **B** Die Lage der Epiphysenfuge wird mittels einer Kanüle festgestellt. Der waagerechte Periostschnitt liegt etwa 2,5 cm proximal der Epiphysenfuge. Durch einen Längsschnitt ins Periost entsteht die Form eines auf dem Kopf stehenden „T". **C** Das Periost wird angehoben. **D** Naht des subkutanen Gewebes. Es ist zu beachten, daß die Periostwunde nicht vernäht wird.

Zur Entfernung der Klammern ist der gleiche Hautschnitt erforderlich wie zu ihrer Anbringung. Da sie unter der Faszie liegen und manchmal auch unter Knochenzubildungen, kann es schwierig sein, sie zu finden und zu entfernen. In diesen Fällen werden 0,5 bzw. 0,7 mm starke Kanülen verwendet, um sie zu suchen. Dann werden sie mit einem speziellen Instrument entfernt.

Bei diesem Vergleich wird klar, daß sowohl die Cerclage als auch die Klammerung die Gliedmaßenfehlstellung wirksam beseitigen kann. Jedoch ist die Verwendung von Schrauben und Drähten weniger kompliziert, und die Entfernung der Implantate ist leichter. Aus diesen Gründen ist diese Technik als Methode der Wahl zu empfehlen.

Periostotomie mit Anhebung des Periostes. Eine weitere chirurgische Behandlungsmethode, die bereits erfolgreich angewandt und veröffentlicht wurde, besteht in der Stimulierung der enchondralen Ossifikation auf der konkaven Seite der Metaphyse durch eine Periostotomie und Anhebung des Periostes.[2] Dieses Verfahren führt zu einer Anregung der enchondralen Ossifikation auf der entsprechenden Seite,[18] wobei der genaue Mechanismus hierfür unbekannt ist. Es wird angenommen, daß die Unterbrechung der Blutversorgung der Metaphyse oder die Entlastung der Wachstumszone durch die Öffnung der Periostmanschette eine Rolle spielt.[2]

Der chirurgische Eingriff ist relativ einfach und mit geringem Aufwand an Instrumenten durchzuführen. Im Bereich der Epiphysenfuge wird auf der konkaven Seite (im Gegensatz zur Epiphysiodese, bei der der Zugang auf der konvexen Seite liegt) ein Längsschnitt angelegt. Die Lage der Epiphysenfuge wird mit einer 0,5 mm starken Kanüle bestimmt. Danach wird etwa 2,5 cm proximal der Epiphysenfuge ein 4 cm langer quer verlaufender Schnitt bis durch das Periost hindurch geführt. Falls sich dieser Schnitt an der lateralen Seite distal am Radius befindet, wird er so weit ausgedehnt, daß der fibröse Ulnarest kaudolateral am Radius reseziert wird. Dies geschieht am besten mit einer gebogenen Skalpellklinge Nr. 12. Proximal des Querschnittes wird in dessen Mitte ein Längsschnitt angelegt, so daß ein auf dem Kopf stehendes „T" entsteht (Abb. 8.176 A und B). Dann wird das Periost kranial und kaudal von Knochen gelöst (Abb. 8.176 C und D). Das gelöste Periost wird nicht genäht. Unterhaut und Haut werden routinegemäß adaptiert. Druckverbände werden für zwei Wochen angelegt, und Boxenruhe wird angeordnet, bis die Gliedmaße gerade ist. Diese Technik wurde allein oder in Kombination mit einer Epiphysiodese durch Cerclage erfolgreich angewendet.

Anschrauben des lateral liegenden Processus styloideus (distaler Ulnarest). Zur Korrektur einer Valgusstellung im Karpalgelenk wurde noch eine weitere Technik vorgeschlagen, nämlich die Verschraubung des Processus styloideus lateralis mit der Epiphyse.[13] Der theoretische Hintergrund hierfür ist, daß der Processus styloideus lateralis noch nicht fest mit dem Radius verwachsen ist, was wiederum dazu führt, daß das Os carpi ulnare seinerseits nur mangelhaft abgestützt wird. Dies kann zu einer Valgusstellung im Karpalgelenk und zu einer Rotation der Zehe beitragen.[13] Fohlen, die auf diese Weise behandelt wurden, zeigten eine Begradigung der Gliedmaßenachse, wobei jedoch bedacht werden muß, daß die Korrektur in vielen Fällen ohne operativen Eingriff spontan stattfindet. Zum jetzigen Zeitpunkt hat sich diese Methode noch nicht etabliert und wird daher nicht empfohlen.

Fohlen, bei denen mehrere Faktoren zu einer Gliedmaßenfehlstellung führen, können mit einer Kombination der Therapiemethoden erfolgreich behandelt werden. So wird bei Fehlstellungen mit morphologischen Veränderungen im Bereich der Epiphyse und der Metaphyse eine temporäre Epiphysiodese durchgeführt und gleichzeitig ein fixierender Verband zur Therapie einer Hypoplasie der Karpalknochen angelegt. Zur Zeit wird die Effektivität einer temporären Epiphysiodese auf der konvexen Seite in Kombination mit einer Periostotomie der Metaphyse auf der konkaven Seite in Fällen mit erheblichen Fehlstellungen überprüft. Es besteht die Hoffnung, daß diese Behandlung die Zeitdauer der Korrektur wesentlich verkürzt, da diese Kombination theoretisch bei älteren Fohlen mit starker Deformation effektiver sein müßte als die Behandlung mit der einen oder anderen Methode allein.

Prognose

Im allgemeinen gilt, daß die Prognose um so schlechter wird, je weiter distal die morphologischen Veränderungen feststellbar sind und je weiter distal sich der Schnittpunkt der Geraden befindet.[9,24] Die vollständige Begradigung der Gliedmaßenachse durch eine temporäre Epiphysiodese ist nicht möglich, wenn eine starke keilförmige Deformation der Epiphyse besteht, jedoch kann der Zustand erheblich gebessert werden.[22] Bei Einbrüchen der Karpalknochen mit Frakturen und zusätzlichen Veränderungen der Wachstumszone vom Salter-IV-Typ ist die Prognose ungünstig zu stellen. Im allgemeinen sind die beschriebenen Behandlungsmethoden sehr erfolgreich, wenn die Fohlen frühzeitig im Verlauf der Erkrankung untersucht und behandelt wurden.

Ausgewählte Literatur

1. ADAMS, O. R.: Lameness in Horses. 3rd Ed. Philadelphia, Lea & Febiger, 1974, p. 171.
2. AUER, J. A., and MARTENS, R. J.: Hemicircumferential transsection of the periosteum and periosteal stripping: Experimental and clinical evaluation of a new method for correction of angular limb deformities in foals. Proc. 17th Ann. Mtg. Am. Coll. Vet. Surg., San Diego, 1982.
3. AUER, J. A., and MARTENS, R. J.: Angular limb deformities in young foals. Proc. 26th Ann. AAEP, 1980, p. 81.
4. CAMPBELL, J. R.: Bone growth in foals and epiphyseal compression. Eq. Vet. J., **9**: 116, 1977.
5. DELAHANTY, D. D., and GIBBEN, R.: Traumatic epiphysitis in a young foal with metacarpus vara. J. Am. Vet. Med. Assoc., **123**: 31, 1953.
6. FACKELMAN, G. E., and FROLICH, D.: The current status of A.S.I.F. technique in large animals. Proc. 18th Ann. AAEP, 1972, p. 325.

7. FACKELMAN, G. E., and NUNAMAKER. D. M.: Manual of Internal Fixation in the Horse. New York, Springer-Verlag, 1982, p. 91.
8. FACKELMAN, G. E., et al.: Angular limb deformities in foals. Proc. 21st Ann. AAEP, 1975, p. 161.
9. FRETZ, P. B.: Angular limb deformities in foals. Vet. Clin. North Am. (Large Anim. Pract.), **2**: 125, 1980.
10. FRETZ, P. B., TURNER, A. S., and PHARR, J.: Retrospective comparison of two surgical techniques for correction of angular deformities in foals. J. Am. Vet. Med. Assoc., **172**: 281, 1978.
11. GUFFY, M. M., and COFFMAN, J. R.: The variability of angular deformity in the carpus in foals. Proc. 15th Ann. AAEP, 1969, p. 47.
12. HAM, A. W.: Histology. 6th Ed. Philadelphia, J. B. Lippincott. Co., 1969.
13 HEINZE, C. D.: Discussion on Dr. Turner's paper. Proc. 23rd Ann. AAEP, 1977, p. 287.
14. HEINZE, C. D.: Epiphyseal stapling a surgical technique for correcting angular limb deformities. Proc. 15th Ann. AAEP, 1969, p. 59.
15. HEINZE, C. D.: Epiphyseal stapling. Proc. 11th Ann. AAEP, 1965, p. 203.
16. HEINZE, C. D.: Orthopedic panel on epiphyseal closure and stapling. Proc. 11th Ann. AAEP, 1965, p. 273.
17. HEINZE, C. D., and LEWIS, R. E.: Bone growth in the horse (Shetland pony). Determined by orthopedic markers. I. Radius and Carpus. Proc. 14th Ann. AAEP, 1968, p. 213.
18. HONGATEN, G. R., and ROOKER, G. D.: The role of the periosteum in growth of long bones. J. Bone Joint Surg. **61 B**: 218, 1979.
19. LEITCH, M.: Angular limb deformities arising at the carpal region in foals. Comp. Cont. Ed. **11**: 39, 1979.
20. MASON, T. A.: A high incidence of congenital angular limb deformities in a group of foals. Vet. Rec., **109**: 93, 1981.
21. McILWRAITH, C. W.: Angular limb deformities in foals. *In* Equine Medicine and Surgery. 3rd Ed. Edited by R. A. Mansmann, and E. S. McAllister. Santa Barbara, American Veterinary Publications, 1982, p. 1098.
22. McLAUGHLIN, B. G., et al.: Carpal bone lesions associated with angular limb deformities. J. Am. Vet. Med. Assoc., **178**: 224, 1981.
23. MYERS, V. S., and EMERSON, M. A.: The age and manner of epiphyseal closure in the forelegs of 2 Arabian foals. J. Am. Vet. Radiol. Soc., **1**: 39, 1966.
24. PHARR, J. W., and FRETZ, P. B.: Radiographic findings in foals with angular limb deformities. J. Am. Vet. Med. Assoc., **179**: 812, 1981.
25. ROONEY, J. R.: Epiphyseal compression in young horses. Cornell Vet. **53**: 567, 1963.
26. SALTER, R. B., and HARRIS, W. R.: Injuries involving the growth epiphyseal plate. J. Bone Joint Surg. **45 A**: 587, 1963.
27. SHAVERS, J. R., et al.: Skeletal manifestations of suspected hypothyroidism in two foals. J. Eq. Med. Surg. **3**: 269, 1979.
28. SIEFFERT, R. S.: The growth plate and its affections. J. Bone Joint Surg., **48 A**: 546, 1966.
29. TRUETA, J., and TRAIS, A.: The vascular contribution to osteogenesis. IV. The effect of pressure upon the epiphyseal cartilage of the rabbit. J. Bone Joint Surg. **43 B**: 800, 1961.
30. TSCHANTZ, P., TAILLARD, W., and DITESHAM, P. J.: Epiphyseal tilt produced by experimental overload. Clin. Orthop. **123**: 271, 1977.
31. TURNER, A. S., and FRETZ, P. B.: A comparison of surgical techniques and associated complications of transphyseal bridging in foals. Proc. 23rd Ann. AAEP, 1977, p. 175.
32. VAUGHAN, L. C.: Growth plate defects in foals. Vet. Rec., **98**: 165, 1976.

Rückbiegigkeit (Beugefehlstellung des Karpus)

Als Rückbiegigkeit bezeichnet man das Abweichen des Karpalgelenkes von der geraden Gliedmaßenachse nach dorsal (von der Seite betrachtet), das zu Veränderungen der Gelenkflächen der Ossa carpi führt und eine andauernde geringgradige Beugung des Karpalgelenkes zur Folge hat.

Ätiologie

An der Entstehung der Rückbiegigkeit können verschiedene Faktoren beteiligt sein. Eine geringgradige Rückbiegigkeit beider Karpalgelenke ist bei vielen Pferden zu beobachten, stellt im allgemeinen keine ernst zu nehmende Erkrankung dar und ist die Folge eines kongenitalen Zustandes, wie z. B. der Lage der Gliedmaßen im Uterus oder eines Mineralstoff- bzw. Vitaminmangels der Stute (siehe Seite 271).

Manchmal entsteht die Rückbiegigkeit durch ein Trauma infolge bestimmter Lahmheiten, die zu einer Inaktivität der Streckmuskulatur führen, wodurch die Kontraktur der Beuger zugelassen wird. Am häufigsten betroffen sind der Musculus extensor carpi ulnaris, der Musculus flexor carpi ulnaris sowie der Musculus flexor digitalis profundus und/oder der Musculus flexor digitalis superficialis. Schmerzhafte Zustände im Bereich des Musculus interosseus medius bzw. der beiden Beugesehnen oder im Trachtenbereich des Hufes führen oft dazu, daß das Pferd die Gliedmaße in leicht gebeugter Haltung entlastet. Besteht dieser Zustand über längere Zeit, kommt es zu einer so ausgeprägten Kontraktur der Muskelfasern, daß der Karpus nicht mehr gestreckt werden kann. In einigen Fällen können auch Erkrankungen des Karpalgelenkes, wie z. B. eine Karpitis, die Beugehaltung im Karpalgelenk verursachen, da das Pferd bestrebt ist, die Gliedmaße zu entlasten. Die Folge ist wiederum eine Muskelkontraktur. Die Rückbiegigkeit als Folge eines Traumas tritt gewöhnlich einseitig auf.

Eine weitere Ursache für die Rückbiegigkeit ist die Ruptur der gemeinsamen Strecksehne in ihrer Sehnenscheide im Bereich des Karpalgelenkes. In einigen Fällen ist aber möglicherweise auch die Rückbiegigkeit des Karpalgelenkes ein Grund für die Ruptur des gemeinsamen Zehenstreckers.

Symptome und Diagnose

Der Grad der Rückbiegigkeit kann sehr unterschiedlich sein. In einigen Fällen ist sie nur gering ausgeprägt, in anderen besteht eine extreme Fehlstellung. Im normalen Stand sind bei dem betroffenen Pferd ein bzw. beide Karpalgelenke unphysiologisch gebeugt. Hierdurch wird eine normale Bewegung verhindert, da sich der kraniale Teil der Vorführphase verkürzt. Der Zustand kann so ausgeprägt sein, daß das Pferd beim Stehen oder im Schritt auf die Karpalgelenke fällt. Das bzw. die betreffenden Gelenke sind unter Umständen nicht in der Lage, ihren Teil der Gewichtsbelastung zu tragen, so daß es zu Schäden an anderen Teilen der Gliedmaße kommen kann. Auch ein Überköten im Fesselgelenk kann als Folge der Beugesehnenkontraktur mit dieser Erkrankung einhergehen (Abb. 8.177).

642   Kapitel 8: Lahmheit

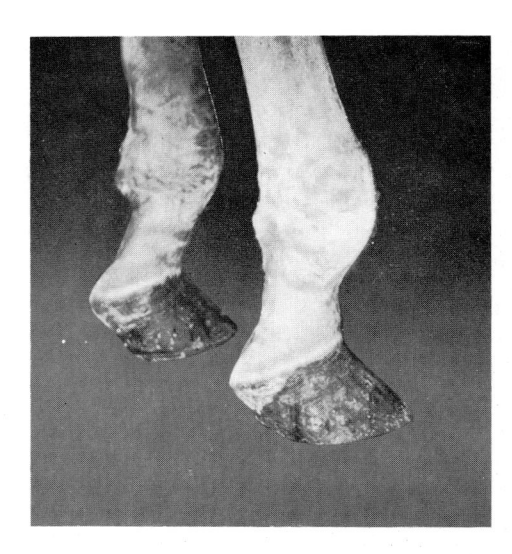

Abb. 8.177: Überköten im Fesselgelenk als Folge einer Beugesehnenkontraktur.

Therapie

Rückbiegigkeit beim Fohlen. Wenn die Fehlstellung nicht zu erheblich ist, d. h., das Fohlen kann noch plan fußen, ohne zu überköten, und wenn Ernährungsfehler korrigiert wurden, ist eine Behandlung häufig nicht erforderlich. Bei vielen Fohlen kommt es bis zum Alter von sechs Monaten zu einer erstaunlich guten spontanen Korrektur. Wenn jedoch zusätzlich zur Rückbiegigkeit eine Varus- (laterale Abweichung) oder Valgusstellung (mediale Abweichung) im Karpalgelenk besteht, können Behandlungsmaßnahmen zur Korrektur erforderlich sein. Ist die Fehlstellung erheblich, können fixierende Verbände angelegt werden.

Zur Korrektur der Rückbiegigkeit kann ein fixierender Verband in folgender Weise angelegt werden. Das Fohlen wird in Allgemeinnarkose gelegt, und die Gliedmaße wird mit Watte oder ähnlichem Material gepolstert. Eine dünne Lage des Kunststoffverbandes wird von der Krone bis zum Ellbogen angelegt, wenn in schweren Fällen das Fesselgelenk ebenfalls betroffen ist. In leichteren Fällen beginnt der Verband oberhalb des Fesselgelenkes. Eine Alternative zum fixierenden Verband ist die Verwendung eines Verbandes mit einer PVC-Schiene (siehe Seite 845).

Der fixierende Verband sollte etwa zehn Tage bis zwei Wochen liegenbleiben. In vielen Fällen ist danach kein weiterer Kunststoffverband nötig, sollte dies doch der Fall sein, wird der zweite Verband erst 10 bis 14 Tage nach Abnahme des ersten angelegt. In dieser Zeit kann sich das Fohlen etwas von der Inaktivitätsatrophie der Muskulatur erholen. Der zweite Verband wird in gleicher Weise angelegt wie der erste und ebenfalls nach 10 bis 14 Tagen abgenommen.

Die Futterration sollte genau kontrolliert werden, und es sollte, falls erforderlich, eine Substitution der fehlenden Bestandteile erfolgen. Besonders wenn sich die Rückbiegigkeit bei Fohlen nach der Geburt entwickelt, ist darauf zu achten, ob die Ernährung unausgewogen ist oder ob die Fohlen überfüttert werden (siehe Seite 276).

Rückbiegigkeit als Folge einer Verletzung. Wenn die Rückbiegigkeit infolge einer Verletzung des Karpus oder anderer Strukturen entstanden ist, muß zuerst die Grunderkrankung behandelt werden. Normalerweise bessert sich die Rückbiegigkeit anschließend von allein. In den meisten Fällen sind Erkrankungen der Beugesehnen, der Strecksehnen, des Musculus interosseus medius, des Karpalgelenkes oder des Hufes für diese Form der Rückbiegigkeit verantwortlich. Besteht die Erkrankung nicht zu lange und wird sie sofort behandelt, nimmt die Kontraktur langsam ab, so daß der Karpus wieder die normale Stellung einnimmt.

Chirurgische Korrektur. Wenn die Rückbiegigkeit beim Fohlen so ausgeprägt ist, daß sie durch fixierende Verbände allein nicht vollständig korrigiert werden kann, bzw. wenn bei einem ausgewachsenen Pferd die rückbiegige Stellung als Folge einer Erkrankung in einem anderen Bereich persistiert, so daß die Aussichten einer spontanen Korrektur gering sind, muß eine Tenotomie der Sehnen des Musculus extensor carpi ulnaris und des Musculus flexor carpi ulnaris durchgeführt werden. Ist die Rückbiegigkeit traumatischen Ursprungs, sind die Erfolgschancen dieser Operation sehr groß, im Gegensatz zur angeborenen Rückbiegigkeit, bei der sie weniger erfolgreich ist, da die Ossa carpi hier oft deformiert sind, während sie bei der erworbenen Erkrankung weitgehend normale Form haben. Zusätzlich besteht bei der angeborenen Rückbiegigkeit nicht nur eine Kontraktur des Musculus extensor carpi ulnaris und des Musculus flexor carpi ulnaris, sondern auch der oberflächlichen und tiefen Beugesehne sowie unter Umständen auch des Musculus interosseus medius.

Der chirurgische Eingriff läßt sich bei einem ruhigen Pferd zwar im Stehen ausführen, aber in der Regel wird eine Allgemeinnarkose vorgezogen. Wird die Operation am stehenden Pferd durchgeführt, ist eine Sedierung erforderlich. Der Operationsbereich befindet sich zwei bis vier Zentimeter über dem Os carpi accessorium an der kaudalen Seite der Gliedmaße.

Der Bereich wird geschoren, rasiert und für eine aseptische Operation vorbereitet. Zusätzlich zur Narkose kann eine Lokalanästhesie durchgeführt werden. Wenn das Pferd liegt, müssen die Sehnen durch Streckung des Karpalgelenkes gespannt werden. Die Vertiefung zwischen den beiden Sehnen wird im kaudalen Bereich der Gliedmaße etwa 2,5 cm über dem Os carpi accessorium lokalisiert. Durch einen 5 cm langen Haut- und Unterhautschnitt wird ein geknöpftes Tenotom seitlich der Sehne des Musculus extensor carpi ulnaris eingeführt, wobei darauf zu achten ist, daß weder der lateral des Schnittes liegende Nervus ulnaris noch die mit ihm verlaufende Arterie und Vene beschädigt werden. Die Schneide des Tenotoms wird nach lateral gedreht und die Sehne durchtrennt, so daß die Schneide des Instrumentes unter der Haut zu fühlen ist. Die Länge des Hautschnittes erlaubt die genaue Identifizierung der zu durchtrennenden Strukturen. Während dieses Vorganges sollte die Gliedmaße gestreckt werden. Anschließend wird das Tenotom gedreht, und die Sehne des Musculus flexor carpi ulnaris wird durchschnitten.

Es darf nicht zu tief geschnitten werden, da sonst Gewebe in der Tiefe unterhalb der Muskeln verletzt werden könnte. Der Hautschnitt wird durch einige Hefte adaptiert, und für mindestens zehn Tage wird ein Verband angelegt. Während der nächsten sechs bis acht Wochen darf das Pferd nicht gearbeitet werden. Kann die Gliedmaße im Anschluß an die Tenotomie noch nicht vollständig gestreckt werden, ist es von Vorteil, einen vom Fesselkopf bis zum Ellbogen reichenden fixierenden Kunststoffverband anzulegen, der nach 10 bis 14 Tagen wieder abgenommen wird.

Prognose

Die Prognose ist bei allen Fällen von erworbener Rückbiegigkeit vorsichtig zu stellen, und es muß damit gerechnet werden, daß einige Pferde nie mehr voll belastbar sein werden. Meistens kann jedoch eine Besserung erzielt werden, so daß einem Zuchteinsatz nichts im Wege steht. Bei geringgradiger angeborener Rückbiegigkeit ist die Prognose günstig zu stellen, sofern die Fütterung ausgewogen ist bzw. eine entsprechende Korrektur durchgeführt wurde. In hochgradigen angeborenen Fällen besteht dagegen ebenfalls eine ungünstige Prognose.

Ruptur der Sehne des Musculus extensor carpi radialis

Die Ruptur der Sehne des Musculus extensor carpi radialis kommt vergleichsweise selten vor. Die Lahmheitssymptome sind sehr charakteristisch, so daß die Diagnose einfach ist.[1,3]

Ätiologie

Die Ursache für diese Ruptur ist ein Trauma. Als logische Schlußfolgerung ergibt sich daraus, daß eine zu starke Beugung der Gliedmaße für die Zerreißung der Sehne verantwortlich ist.[3] In den meisten Fällen ist die tatsächliche Ätiologie unbekannt.

Symptome

Wenn die entgegenwirkende Kraft der Sehne des Musculus extensor carpi radialis fehlt, kommt es durch die Wirkung der Beugesehnen zu einer stärkeren Beugung der Gliedmaße. Bei einer sorgfältigen Beobachtung der Bewegung kann festgestellt werden, daß das Karpalgelenk der betroffenen Gliedmaße deutlich stärker gebeugt wird als das des gesunden Beines. Die Sehnenscheide der Sehne des Musculus extensor carpi radialis ist vermehrt gefüllt.[1,3] Die Streckfunktion wird vollständig vom gemeinsamen und lateralen Zehenstrecker übernommen. Kurze Zeit nach Eintritt der Ruptur beginnt der Muskelbauch des Musculus extensor carpi radialis zu atrophieren. Palpatorisch kann das Fehlen der Sehne auf der Dorsalfläche des Karpalgelenkes festgestellt werden.

Therapie

Bei einer vollständigen Ruptur, die schnell festgestellt wird, kann die chirurgische Vereinigung der Sehnenstümpfe möglich sein. In diesem Fall wird für etwa sechs Wochen ein fixierender Verband angelegt. Besteht die Ruptur länger, ist die Adaptierung der Sehnenstümpfe unmöglich. Eventuell kann eine Anastomose mit Hilfe der Sehne des Musculus abductor pollicis longus zustande kommen. Bei einer partiellen Ruptur der Sehne des Musculus extensor carpi radialis haben sich das Debridement von Verklebungen, die Naht von längs verlaufenden Zusammenhangstrennungen der Sehne und die Naht der zerrissenen Sehnenscheide als günstig erwiesen.[2,3]

Prognose

Bei einer vollständigen Ruptur ist die Prognose ungünstig zu stellen. Sind die Pferde so wertvoll, daß ein chirurgischer Eingriff sinnvoll erscheint, kann der Versuch einer Restitution durch direkte Anastomose oder Substitution durch die Sehne des Musculus abductor pollicis longus gemacht werden.

Bei partiellen Rupturen und längs verlaufenden Zusammenhangstrennungen der Sehne und der Sehnenscheide kann eine günstige Prognose gestellt werden, sofern eine chirurgische Behandlung durchgeführt wird.[2,3]

Ausgewählte Literatur

1. CATLIN, J. E.: Rupture of the extensor carpi radialis tendon. VM/SAC, **59:** 1778, 1964.
2. MASON, T. A.: Chronic tendosynovitis of the extensor tendons and tendon sheaths of the carpal region in the horse. Eq. Vet. J., **9:** 186, 1977.
3. WALLACE, C. E.: Chronic tendosynovitis of the extensor carpi radialis tendon in the horse. Aust. Vet., **48:** 585,587, 1972.

Ruptur der Sehne des gemeinsamen Zehenstreckers, Musculus extensor digitalis communis

Dieser Zustand betrifft gewöhnlich beide Schultergliedmaßen bei jungen Fohlen und besteht meistens schon bei der Geburt oder tritt kurz danach auf.[4,6] Die erkrankten Fohlen können begleitende Mißbildungen wie die Hypoplasie der Karpalknochen, eine mangelhaft entwickelte Pektoralismuskulatur sowie eine Prognathie aufweisen.[4] Das impliziert, daß die Ruptur der Strecksehne zu einem komplexen kongenitalen Defekt gehört. Auch Beugefehlstellungen im Karpus oder im Fesselgelenk können mit der Ruptur einhergehen. In einer Reihe von zehn Fällen hatten vier Fohlen eine erhebliche Beugefehlstellung, drei eine geringgradige. Drei Fohlen wiesen keine Symptome für eine Beugeanomalie auf.[4] Im allgemeinen wird angenommen, daß diese Erkrankung selten ist.[1,2,5] Jedoch wurden in einer Veröffentlichung zehn Fälle innerhalb von vier Jahren diagnostiziert, was darauf hindeutet, daß es sich entweder um Fehldiagnosen handelt oder daß ein geographischer Einfluß besteht. Auch eine gewisse Erblichkeit ist möglicherweise vorhanden, da zwei Stuten in zwei aufeinanderfolgenden Jahren zwei Fohlen hatten, die erkrankt waren.[4,5] Etwas häufiger soll diese Erkrankung bei Arabern, Quarter Horses und bei Kreuzungen aus Arabern und Quarter Horses auftreten.[4]

Ätiologie

Dieser Zustand ist möglicherweise erblich. Es wird angenommen, daß er kongenital ist und zu einer komplexen kongenitalen Fehlentwicklung gehört.[4] In einigen Fällen ist es jedoch schwierig zu entscheiden, ob die Beugefehlstellung zur Strecksehnenruptur führt oder sich tatsächlich durch die Strecksehnenruptur entwickelt. Ebenfalls wird behauptet, daß die Ruptur der Sehne des gemeinsamen Zehenstreckers als Folge einer einmaligen oder wiederholten gewaltsamen Streckung des Karpalgelenkes gegen einen Widerstand entstehen kann. Dies entspricht dem Fall eines 24 Stunden alten Fohlens, das untersucht wurde, da es aufgrund einer beidseitigen Beugefehlstellung nicht stehen konnte. Eine Streckung der Karpalgelenke war nicht möglich (Abb. 8.178). Bei genauer Adspektion fiel gleichzeitig eine vermehrte Füllung der Sehnenscheide des gemeinsamen Zehenstreckers an beiden Schultergliedmaßen auf. Bei der Sektion wurde festgestellt, daß eine Sehne vollständig gerissen war, während die andere deutliche Entzündungssymptome mit Tendenz zur fibrillären Zerreißung aufwies. Histopathologisch zeigte die rupturierte Sehne Bezirke mit normalem Sehnengewebe, unreifem Bindegewebe (als Hinweis auf reparative Vorgänge) und frisch gerissene Fasern mit Blutungen. Werden das Alter des Fohlens und die histopathologischen Befunde berücksichtigt, kann mit gutem Grund angenommen werden, daß der Prozeß bereits im Uterus begonnen und nach der Geburt zur vollständigen Ruptur geführt hat. Möglicherweise hat die Unfähigkeit, das Karpalgelenk im Uterus zu strecken, bereits einen Schaden an der Sehne des gemeinsamen Zehenstreckers verursacht, aber auch schon einen Heilungsprozeß in Gang gesetzt. Nach der Geburt ist es vielleicht bei dem Versuch des Fohlens, die Gliedmaße trotz der Beugedeformation zu strecken, zur vollständigen Zerreißung gekommen.[6]

Symptome

Ein typisches Zeichen für diese Erkrankung ist die Schwellung an der dorsolateralen Fläche des Karpus auf Höhe der distalen Karpalgelenksabteilung (Abb. 8.179). Die Fohlen können möglicherweise normal stehen, aber überköten in der Bewegung häufig im Fesselgelenk. Bei Fohlen, bei denen eine Beugefehlstellung unterschiedlichen Ausmaßes vorliegt, kann die Ruptur des gemeinsamen Zehenstreckers übersehen und die Fehlstellung im Karpalgelenk als primäre Diagnose gestellt werden.[4]

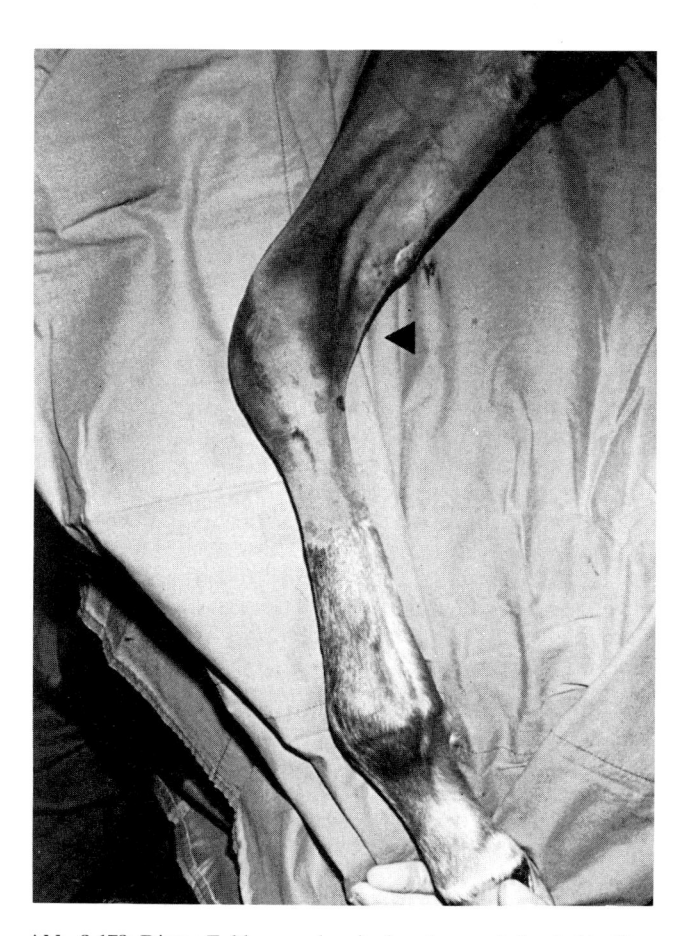

Abb. 8.178: Dieses Fohlen wurde mit einer kongenitalen beidseitigen Beugefehlstellung im Karpus vorgestellt. Eine Streckung der Gliedmaßen war nicht möglich. Links war die Sehne des Musculus extensor digitalis communis rupturiert, rechts wies sie Entzündungserscheinungen auf. Der Pfeil zeigt auf die straff gespannten Beugesehnen.

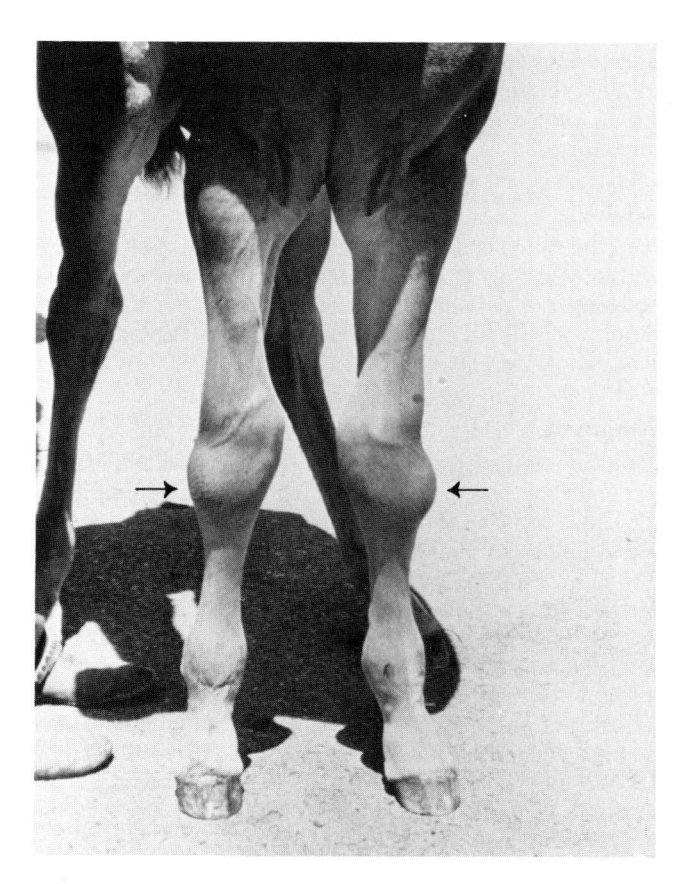

Abb. 8.179: Ein Fohlen mit einer beidseitigen Ruptur der Sehne des Musculus extensor digitalis communis. Die Pfeile zeigen auf die Umfangsvermehrungen dorsolateral im Bereich beider Karpalgelenke.

Palpatorisch kann in der Sehnenscheide des gemeinsamen Zehenstreckers vermehrt Flüssigkeit festgestellt werden. Ob die verdickten Enden der Sehne des Musculus extensor digitalis communis fühlbar sind, hängt ausschließlich von der Menge der synovialen Flüssigkeit in der Sehnenscheide ab. Ist übermäßig viel Synovia vorhanden, kann die Palpation nach der aseptischen Punktion und dem Absaugen der Flüssigkeit besser durchgeführt werden. Die Beugung des Karpalgelenkes ist normalerweise nicht schmerzhaft.

Diagnose
Die Diagnose wird aufgrund der klinischen Untersuchung gestellt und ist eindeutig, wenn die Sehnenstümpfe des gemeinsamen Zehenstreckers palpiert werden können. Um eine Hypoplasie der Ossa carpi auszuschließen, sollten Röntgenaufnahmen des Karpalgelenkes angefertigt werden.

Therapie
Im allgemeinen werden die Fohlen, bei denen keine erhebliche Beugefehlstellung vorliegt, konservativ, d. h. durch Einhaltung von Boxenruhe behandelt. Es ist ratsam, Verbände zur Unterstützung des Karpalgelenkes und zum Schutz der Fesselköpfe vor Abschürfungen anzulegen. Sowohl die Naht der Sehne als auch die Resektion der rupturierten Stümpfe wurde empfohlen,[2,5] jedoch scheint beides für eine Heilung nicht erforderlich zu sein, und die normale Funktion wird im allgemeinen auch ohne diese Behandlungsmethoden wieder erreicht. Es ist nicht wahrscheinlich, daß sich die Sehnenstümpfe wieder vereinigen. Eher verkleben sie mit der Sehnenscheide, und mit der Zeit übernimmt der laterale Zehenstrecker einen Großteil der Funktionen des gemeinsamen Zehenstreckers.
Bei Fohlen, die eine Beugefehlstellung des Karpalgelenkes aufweisen, können fixierende Verbände oder Verbände mit PVC-Schienen angelegt werden, die aber einer sorgfältigen Kontrolle bedürfen.[3] Betrifft die Beugefehlstellung auch das Fesselgelenk und ist sie erheblich, kann eine Desmotomie des Unterstützungsbandes der tiefen Beugesehne zur Begradigung der Gliedmaße erforderlich sein. Nach dieser Operation wird ein PVC-Schienenverband angelegt, um das Bein in Streckstellung zu fixieren.

Prognose
Die Prognose bei unkomplizierten Fällen einer Ruptur der Sehne des Musculus extensor digitalis communis scheint günstig zu sein, und normalerweise kommt es zu einer Heilung, ohne daß erhebliche Schönheitsfehler zurückbleiben. Ein Fall, der nach vier Jahren kontrolliert wurde, zeigte zu diesem Zeitpunkt weder eine Bewegungsstörung noch irgendeine Umfangsvermehrung in Zusammenhang mit der früheren Ruptur.[4]
Besteht zusammen mit der Ruptur noch eine erhebliche Beugefehlstellung im Karpus, ist die Prognose vorsichtig zu stellen.[3]

Ausgewählte Literatur
1. JOHNSON, J. H.: Condition of the forelimb. *In* Equine Medicine and Surgery. 2nd Ed. Edited by E. J. Catcott, and J. F. Smithcors. Santa Barbara, American Veterinary Publications, 1973.
2. JOHNSON, J. H., and LOWE, J. E.: Rupture of the common digital extensor tendon. *In* Textbook of Large Animal Surgery. Edited by F. W. Oehme, and J. E. Prier. Baltimore, Williams & Wilkins Co., 1974.
3. McILWRAITH, C. W.: Tendon disorders of young horses. *In* Equine Medicine and Surgery. 3rd Ed. Edited by J. A. Mansmann, and E. S. McAllister. Santa Barbara, American Veterinary Publications, 1981.
4. MYERS, V. S., and GORDON, G. W.: Ruptured common digital extensor tendon associated with contracted flexor tendons in foals. Proc. 21st Ann. AAEP, 1975, p. 67.
5. STEVENSON, W. L., and STEVENSON, W. G.: Rupture of the common digital extensor in foals. Can. J. Comp. Med., **6**: 197, 1942.
6. YOVICH, J. V., STASHAK, T. S., and McILWRAITH, C. W.: Rupture of the common digital extensor tendon in foals. Comp. Cont. Ed. **6**: 373, 1984.

Sehnenkontrakturen und Beugefehlstellungen
Zu diesem Thema wird auf Seite 451 verwiesen.

Hygrom des Karpalgelenkes
Ein Hygrom ist eine mit seröser Flüssigkeit bzw. Synovia gefüllte Umfangsvermehrung dorsal am Karpus. In den meisten Fällen handelt es sich um eine Bursitis infolge eines Traumas. Normalerweise befindet sich in diesem Bereich kein subkutaner Schleimbeutel, aber ein Trauma kann dort zur Entstehung eines Schleimbeutels führen. Zusätzlich können die Sehnenscheiden des Musculus extensor carpi radialis bzw. des Musculus extensor digitalis communis beteiligt sein. Auch eine synoviale Aussackung der proximalen bzw. mittleren Karpalgelenksabteilung kommt in Frage und kann eine hygromartige Schwellung verursachen, die kaum von einer erworbenen Bursitis zu unterscheiden ist. Bei einer genauen Untersuchung kann allerdings festgestellt werden, daß im Fall einer Gelenkaussackung die Umfangsvermehrung dorsal auf dem Karpalgelenk unregelmäßig begrenzt ist und den Karpus nicht gleichmäßig bedeckt. Bei einer erworbenen Bursitis besteht eine gleichmäßige Schwellung über der Dorsalfläche des Karpalgelenkes.

Ätiologie
Die Genese ist in jedem Fall traumatisch. Pferde, die sich auf hartem Untergrund oft niederlegen und wieder aufstehen, sind sehr häufig betroffen. Auch ein Pferd, das scharrt und mit dem Karpus gegen eine harte Fläche wie z. B. eine Wand schlägt, kann sich ein Hygrom zuziehen.

Symptome
Symptome sind Umfangsvermehrungen unterschiedlicher Form im Bereich der Dorsalfläche des Karpalgelenkes. Ihr Aussehen hängt davon ab, welche Strukturen zusätzlich betroffen sind (Abb. 8.180).

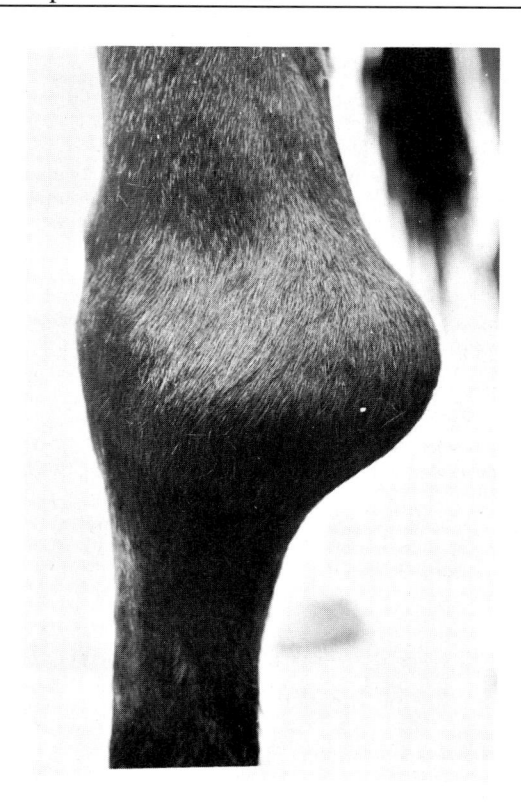

Abb. 8.180: Hygrom des Karpalgelenkes. Die Verteilung der Schwellung weist darauf hin, daß in erster Linie die mittlere Karpalgelenksabteilung betroffen ist.

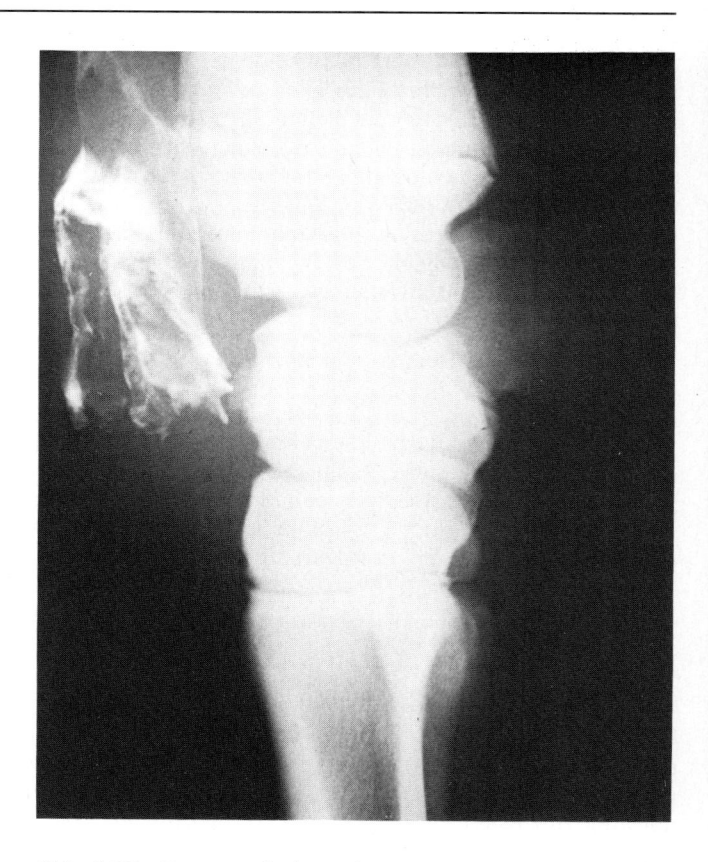

Abb. 8.181: Röntgenaufnahme einer mit Kontrastmittel gefüllten Fistel. Die Art der Füllung weist auf die Beteiligung einer Sehnenscheide hin.

Diagnose

Die Diagnose wird nach Punktion der Umfangsvermehrung mit einer Kanüle und nach zytologischer Untersuchung der drainierten Flüssigkeit gestellt. Bei einem akuten Hygrom liegt eine seröse Flüssigkeit vor, die in chronischen Fällen synoviaartigen Charakter annimmt. Besteht der Verdacht, daß es sich um eine Fistel aus einer Karpalgelenksabteilung oder einer Sehnenscheide handelt, kann ein Kontrastmittel in den entsprechenden Synoviaraum injiziert werden, um gegebenenfalls eine Verbindung mit dem Fistelkanal sichtbar zu machen (Abb. 8.181).

Therapie

Eine effektive Behandlungsmethode ist anscheinend die Injektion von Kortikoiden und das anschließende Anlegen eines Druckverbandes mit einer elastischen Bandage. Die Injektionen sollten drei- bis fünfmal im Abstand von einer Woche wiederholt werden. Der fortgesetzte Druck durch den Verband soll Verklebungen zwischen der gedehnten Haut und dem darunter liegenden Gewebe fördern. Die Haut verdickt sich, und ein Schönheitsfehler bleibt bestehen.

Akute Fälle, die auf die oben beschriebene Behandlung nicht ansprechen, können über einen Hautschnitt drainiert werden. Zu diesem Zweck wird am tiefsten Punkt der Umfangsvermehrung ein 4 cm langer vertikaler Schnitt angelegt. Wenn die Flüssigkeit vollständig abgelaufen ist, werden Fibringerinnsel entfernt, und das Innere des Hygroms wird entweder mit einer großen Kürette ausgekratzt oder mit 3%iger Jodlösung geätzt. Ein Penrose-Drain wird durch den Schnitt eingeführt und proximal mit einer perforierenden Matratzennaht mit monofilem Nylonmaterial fixiert. Die distale Inzision wird bis auf 2,5 cm verschlossen. Eine Seite des Penrose-Drains wird an der distalen Öffnung festgenäht, um zu verhindern, daß er sich in die Wunde hineinzieht. Nach der Abdeckung durch einen sterilen Verband wird palmar am Karpus eine PVC-Schiene zur Streckung angebracht (siehe Seite 845, Schienen, im Abschnitt über Ruhigstellung). Diese Schiene sollte vom proximalen Teil des Unterarmes bis zum distalen Drittel des Metakarpus reichen, wobei besonders auf die sorgfältige Polsterung an den Enden der Schiene und den entsprechenden Gliedmaßenbereichen geachtet werden muß. Der Drain bleibt etwa vier Tage unter dem sterilen Verband und wird dann entfernt. Die Schiene wird nach 10 bis 14 Tagen abgenommen. Dieser Zeitraum reicht normalerweise zur Bildung von Verklebungen innerhalb des Hohlraumes aus. Es ist von äußerster Wichtigkeit, daß die Umgebung des Penrose-Drains steril bleibt, wozu auch der sterile Verband beiträgt. Der Drain hält den Weg in zwei Richtungen offen, und das Risiko einer aufsteigenden Infektion ist immer gegeben. In den meisten Fällen führt diese Behandlungsmethode zu einem guten kosmetischen Ergebnis.

Kapitel 8: Lahmheit 647

Wenn das kosmetische Endergebnis keine große Rolle spielt, besteht eine weitere Möglichkeit darin, das Hygrom zu öffnen und nach dem Ablassen der Flüssigkeit die Höhle mit Jodtinktur zu spülen. Dieses Vorgehen verursacht einen lange anhaltenden Sekretabfluß. Man muß allerdings absolut sicher sein, daß weder eine der Karpalgelenksabteilungen noch eine Sehnenscheide eröffnet ist, wobei bedacht werden muß, daß diese Strukturen im Zusammenhang mit dem Hygrom vergrößert sein können. Die Eröffnung des Gelenkes oder einer Sehnenscheide kann katastrophale Folgen haben. Weitere Behandlungsmethoden, die allerdings nur wenig Erfolg versprechen, sind die Injektion von Lugolscher Lösung in die Bursa sowie das Brennen bzw. Blistern der Region.

Besteht ein Hygrom schon längere Zeit und ist die synoviale Auskleidung verdickt, kann es unter Vollnarkose in toto reseziert werden. Nach Vorbereitung des Operationsfeldes für den aseptischen Eingriff wird das Hygrom sorgfältig herauspräpariert. Dazu wird über der Umfangsvermehrung ein elliptischer Schnitt angelegt, und die Kapsel wird mit einer gebogenen Mayoschere herausgeschält. Meistens gelingt es, die Bursa ohne Eröffnung zu entfernen. Ist sie doch punktiert worden, kann sie herauspräpariert werden, indem man außerhalb der verdickten Wand bleibt. Ist die Gelenkkapsel eröffnet, z. B. wenn eine hygromartige Aussackung besteht, muß sie mit resorbierbarem synthetischen Nahtmaterial verschlossen werden. Normalerweise handelt es sich nur um eine sehr kleine Öffnung. Die Unterhaut wird ebenfalls mit resorbierbarem synthetischen Material adaptiert, und die Hautnaht erfolgt mit einem monofilen Faden durch einfache Einzelhefte bzw. eine vertikale Matratzennaht.

Die Nachbehandlung entspricht der für die akuten Fälle beschriebenen.

Prognose

Die Prognose ist vorsichtig bis günstig zu stellen. Ältere Fälle behalten allerdings durch die Zubildung von Bindegewebe infolge der entzündlichen Reaktion eine deutliche Schwellung zurück. Hier besteht normalerweise eine ungünstige Prognose, da es nach einer Kortikosteroidbehandlung möglicherweise nicht zu Verklebungen kommt und ein chirurgischer Eingriff zu Drainierung oder Resektion erforderlich sein kann.

Karpalgelenksfrakturen

Intraartikuläre Frakturen der Ossa carpi und distal am Radius sind bei Rennpferden, Jagdpferden, Springpferden und anderen Turnierpferden häufig anzutreffen.[1,2,12,17,23,27,30,33] Besonders oft sind junge Vollblüter im Alter von zwei bis vier Jahren betroffen.[9,33] Durch Faktoren wie Geschwindigkeit, Unreife, sehr lange Gliedmaßen, Sitz des Jockeys und lange Distanzen beim Rennen werden gewaltige Erschütterungen produziert, die sich im Bereich der Dorsalfläche der Karpalknochen besonders stark auswirken. Meistens handelt es sich um einfache Chip-Frakturen, aber auch Slab-Frakturen und seltener Trümmer-Frakturen kommen vor.

Chip-Frakturen betreffen immer nur eine Gelenkfläche. Sie variieren in Form und Größe und können entweder fest verankert, leicht beweglich oder frei schwimmend als sogenannte „Gelenkmäuse" vorliegen (Abb. 8.182). Am häufigsten sind das distale Ende des Radius, das Os carpi radiale, das Os carpi intermedium und das Os carpale III von Chip-Frakturen betroffen (Abb. 8.183). Nur in seltenen Fällen gibt es Chip-Frakturen im Karpometakarpalgelenk. Welche Karpalknochen am stärksten frakturgefährdet sind, ist in der Literatur strittig.[12,19,27,33] Allerdings stimmen die meisten Autoren darin überein, daß die mittlere Karpalgelenksabteilung doppelt so oft betroffen ist wie die proximale, wobei die Häufigkeit von Frakturen an bestimmten Lokalisationen auch von der Rasse abhängig ist.[7,18,19,29] Bei Vollblütern kommen Chip-Frakturen meistens distal am Os carpi radiale ver, gefolgt von Frakturen am distalen Ende des Radius. Der proximale Bereich des Os carpale III und das Os carpi intermedium sind weniger häufig betroffen.[9,24] Bei Standardbred-Pferden treten Frakturen gehäuft proximal am Os carpale III und danach am distalen Ende des Radius auf.[27] Die meisten Chip-Frakturen befinden sich am dorsomedialen Rand der Karpalknochen und an der dorsolateralen Fläche des distalen Radiusendes.[10,27] Weder ist es ungewöhnlich, daß mehrere kleine Chip-Frakturen im selben Gelenk bzw. in angrenzenden Gelenksabteilungen auftreten noch daß auch im Karpalgelenk der kontralateralen Gliedmaße intraartikuläre Frakturen zu finden sind.[27] Wenn beide Karpalgelenke betroffen sind, führte die Fraktur auf der einen Seite möglicherweise durch die vermehrte Belastung der anderen Seite dort ebenfalls zur Frakturierung.

Darüber, welche Schultergliedmaße am häufigsten betroffen ist, bestehen unterschiedliche Ansichten. Jedoch scheint die Laufrichtung beim Rennen hier eine entscheidende Rolle zu spielen.[11,19,33]

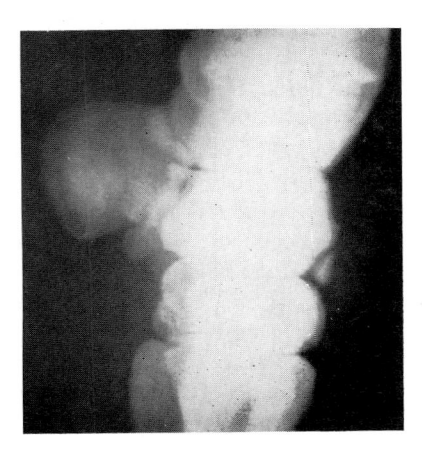

Abb. 8.182: Fraktur des Os carpi radiale in einer seitlichen Röntgenaufnahme des Karpalgelenkes. In diesem Fall mußten Schrägaufnahmen angefertigt werden, um festzustellen, ob die Fraktur das Os carpi radiale oder das Os carpi intermedium betraf.

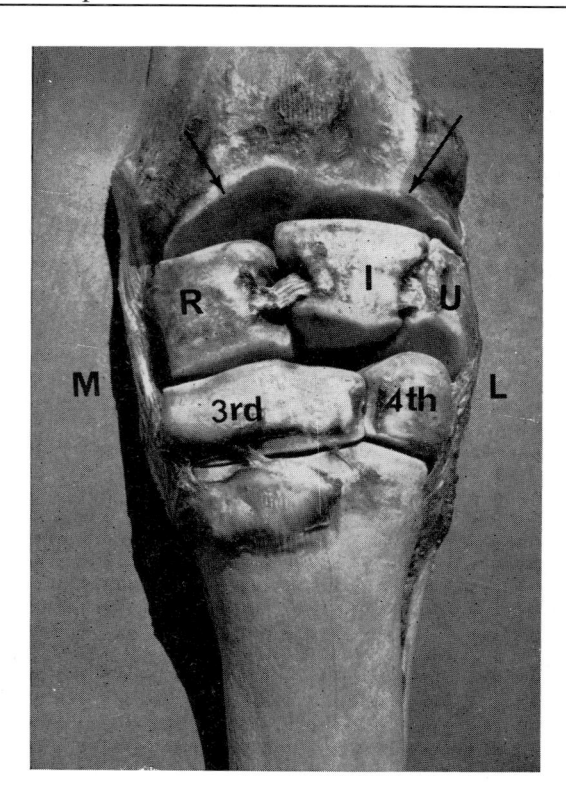

Abb. 8.183: Knochenpräparat eines normalen linken Karpalgelenkes. **U** Os carpi ulnare, **I** Os carpi intermedium, **R** Os carpi radiale, **3rd** Os carpale III, **4th** Os carpale IV. **L** Laterale Seite, **M** mediale Seite. Die Pfeile zeigen, an welchen Stellen des Radius Chipfrakturen vorkommen können. Die Bezeichnung der Gelenkspalten lautet: Articulatio antebrachiocarpea (proximale Abteilung), Articulatio mediocarpea (mittlere Abteilung) und Articulatio carpometacarpea (distale Abteilung).[28]

Bei Pferden, die entgegen dem Uhrzeigersinn laufen, entstehen die Chip-Frakturen häufiger an der rechten Schultergliedmaße,[14,19] wohingegen bei Pferden, die mit dem Uhrzeigersinn laufen, umgekehrt die linke Schultergliedmaße am stärksten betroffen ist.[11] Auf den ersten Blick mag dies ungewöhnlich erscheinen, da man annimmt, daß die größte Belastung von der inneren Schultergliedmaße aufgenommen werden muß. Jedoch sind beim Rennen in den Kurven zwei Faktoren zu beachten, nämlich daß, wie durch Belastungsanalysen festgestellt wurde, in der Kurve stärkere Stoßkräfte an der Lateralfläche der inneren (linken) Gliedmaße und der Medialfläche der äußeren (rechten) Gliedmaße auftreten, und dort entstehen natürlich auch die meisten Karpalgelenksfrakturen. Außerdem versuchen die Pferde möglicherweise in der Kurve, der Zentrifugalkraft durch eine stärkere Belastung der äußeren Gliedmaße entgegenzuwirken.[14] Weiterhin drängen Rennpferde häufig in den Geraden nach rechts und befinden sich auch am Ende des Rennens dort, wodurch die Belastung der rechten Gliedmaße größer wird, wenn das Pferd ermüdet.[2]

Slab-Frakturen betreffen anders als Chip-Frakturen den gesamten Knochen von der proximalen bis zur distalen Gelenkfläche (Abb. 8.184).[2,8,17,20,23,30] Sie können an jedem der Karpalknochen vorkommen, aber sehr oft sind sie am

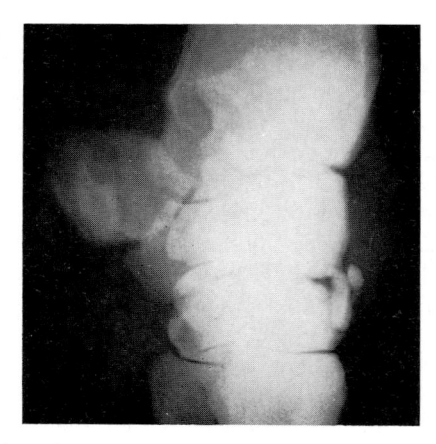

Abb. 8.184: Fraktur des Os carpale III, wobei zu beachten ist, daß es sich um zwei Fragmente handelt, von denen das größere eine typische Slab-Fraktur darstellt.

Os carpale III, gefolgt von Os carpi intermedium und Os carpi radiale zu finden. Meistens ist die Dorsalfläche des Knochens betroffen. Die Größe der Fragmente ist unterschiedlich.[23] Slab-Frakturen treten anscheinend häufiger am Os carpale III der rechten Vordergliedmaße auf, was im Gegensatz zu dem gehäuften Auftreten von Chip-Frakturen am Os carpale III der linken Schultergliedmaße steht.[12] O'BRIEN hat die Slab-Frakturen des Os carpale III nach den röntgenologisch auf einer Tangentialaufnahme feststellbaren Veränderungen klassifiziert (Abb. 8.185).[17]

Trümmerfrakturen können an sämtlichen Karpalknochen auftreten, aber meistens sind das Os carpi radiale (Abb. 8.186), das Os carpi intermedium und das Os carpale IV betroffen, wobei gleichzeitig Slab- oder Chip-Frakturen bestehen können. Im Fall einer Trümmerfraktur kommt es zu einem hohen Maß von Instabilität, dem entgegengewirkt werden muß, wenn eine Behandlung Erfolg haben soll.

Schrägfrakturen des distalen Endes des Radius sind selten, und es wird zu diesem Thema auf den Abschnitt über Frakturen des Radius in diesem Kapitel (siehe Seite 667–670) verwiesen.

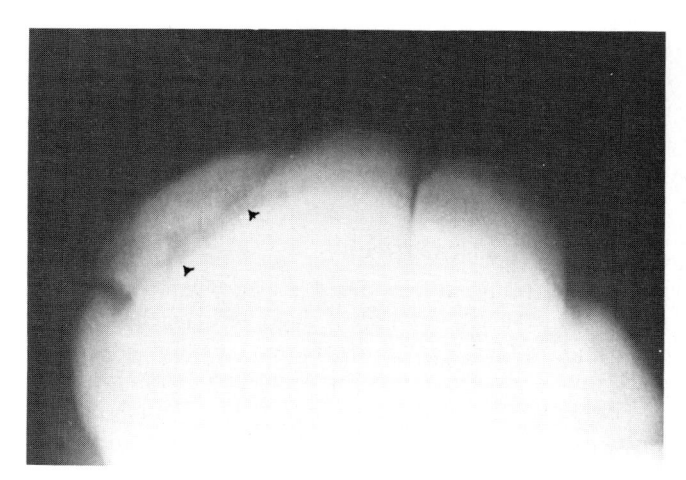

Abb. 8.185: Eine Tangentialaufnahme mit einer Slab-Fraktur des Os carpale III (Pfeile).

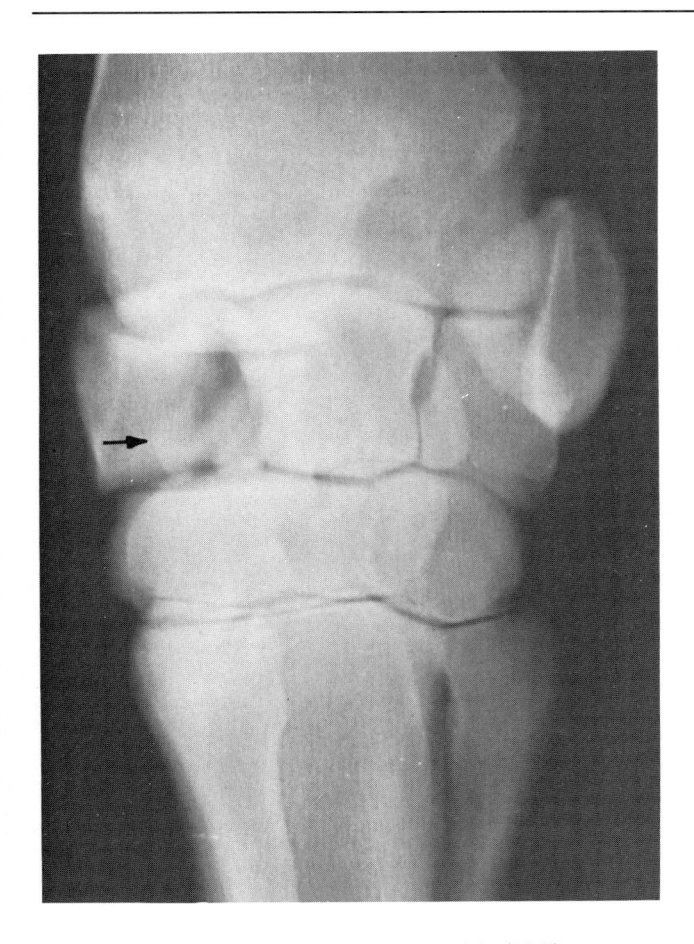

Abb. 8.186: Trümmerfraktur des Os carpi radiale (Pfeil).

Ätiologie

Als Ursache kommen sowohl Schäden durch wiederholte Stöße und Erschütterungen (interne axiale Kompressionskräfte) sowie Scherkräfte als auch Schläge von außen in Frage. Biomechanisch gesehen, ist der Karpus ein ungewöhnliches Gelenk. Während der Vorführphase ist er in dorsopalmarer Richtung frei beweglich, die Karpalgelenksabteilungen öffnen sich während der Bewegung, und die Ossa carpi liegen nicht mehr kongruent aufeinander. Wenn der Huf den Boden berührt, schließen die Gelenkspalten sich wieder, und die Ossa carpi gleiten in ihre normale Position zurück, so daß sie schließlich in der Stützphase vollkommen kongruent aufeinander liegen. Auf diese Weise ist die Gliedmaße völlig gerade, wobei der Karpus zwischen die beiden Röhrenknochen eingeschoben ist.[2,26] Der Karpus ist das einzige Gelenk beim Pferd, das vertikale Kräfte von einem langen Röhrenknochen (Röhrbein) aufnimmt und zu einem anderen (Radius) weiterleitet.[25] Aufgrund dieses Aufbaues ist der Karpus Erschütterungen in besonderem Maße ausgesetzt. Die genau abgestimmte Kongruenz der Karpalknochen kann durch Übermüdung, extreme Geschwindigkeit, schlechte Bodenverhältnisse, ungünstige Neigung der Rennstrecke und fehlerhafte Zubereitung der Hufe gestört werden,[2,26,33] so daß diese Faktoren zu einer ungleichmäßigen Verteilung der im Karpalgelenk wirkenden internen Kräfte führen können. Wird der Karpus voll belastet (durch die maximale Gewichtsbelastung), während die Karpalknochen sich nicht exakt an der richtigen Position befinden, entstehen abnorme Kräfte innerhalb des Gelenkes, die zu einem Trauma führen.[2,26]

Übermüdung verursacht auf zweifache Weise eine abnorme Kompression der Flächen der Ossa carpi. Erstens werden die den Karpus stützenden Weichteilgewebe (Muskeln, Sehnen und Bänder) mit zunehmender Müdigkeit schwächer, so daß es kompensatorisch zu einem unkoordinierten übertriebenen Ausgreifen kommt. Genauer gesagt, fußt das Pferd bei beginnender Ermüdung der Streckmuskulatur, bevor die Gliedmaße vollständig gestreckt ist, was dazu führt, daß die Karpalknochen, statt leicht in ihre Normalstellung zu gleiten, eher nach hinten rutschen oder springen.[2,26] Wenn die Beugemuskulatur ermüdet, ist die palmare Unterstützung des Karpalgelenkes während der maximalen Belastung verringert, und es kommt zu einer Hyperextension des Gelenkes (Abb. 8.187). Beides verursacht verstärkt Schäden im Dorsalbereich der Karpalknochen.

Müssen die Pferde hohe Geschwindigkeitsleistungen erbringen, spielen Fehlstellungen eine entscheidende Rolle. Pferde, die vorbiegig stehen, sind für Karpalgelenksfrakturen besonders prädisponiert.[1,2,27] Die maximale Gewichtsbelastung wirkt sich besonders im dorsalen Bereich der Karpalknochen aus. Diese fortgesetzte ungleichmäßige Belastung führt zu einer progressiven Schwächung des Knochens und schädigt die Gelenkfläche, so daß schließlich eine intraartikuläre Fraktur die Folge ist.[26] Die meisten europäischen Rennpferde stehen leicht rückbiegig; die Mehrzahl der Rennen wird erst im Alter von drei Jahren, nicht mit zwei Jahren absolviert; es wird auf Turf gelaufen; die Kurven sind weit; die Pferde laufen sowohl mit als auch entgegen dem Uhrzeigersinn. Diese Unterschiede sind dafür verantwortlich, daß hier die Chip-Frakturen des Karpalgelenkes seltener sind.[2]

Durch ein fehlerhaftes Ausschneiden und einen unpassenden Beschlag kommt es zu einer Fehlstellung im Huf, die eine ungleichmäßige Verteilung von Kräften in der gesamten Gliedmaße einschließlich des Karpalgelenkes bewirken kann. Das übliche Herunterschneiden der Trachten bei langer Zehe führt ebenfalls zu einer ungleichmäßigen Belastung des Karpalgelenkes.

Obwohl intraartikuläre Frakturen auch als Folge eines einmaligen Insultes auftreten können, entstehen sie wohl eher durch ein fortgesetzt wiederholtes Trauma, das eine Veränderung der Knochenstruktur bewirkt, wodurch die Fraktur verursacht wird.[26] Läuft das Pferd, nachdem die Fraktur eingetreten ist, weiterhin Rennen oder wird es weiterhin trainiert, kann eine schwere degenerative Gelenkerkrankung die Folge sein. Degenerative Gelenkerkrankungen sind jedoch nicht in jedem Fall zu erwarten, und die Indikation für einen chirurgischen Eingriff hängt von Art und Größe der jeweiligen Fraktur ab.

Symptome

Die Symptome einer intraartikulären Chip-Fraktur des Karpalgelenkes manifestieren sich in vermehrter Wärme unterschiedlichen Ausmaßes, Schmerzhaftigkeit, verstärkter Gelenkfüllung sowie Lahmheit.

Abb. 8.187: Entstehung einer Karpalgelenksfraktur. Die starke Hyperextension im linken Karpalgelenk ist besonders zu beachten (mit Genehmigung von Dr. W. BERKELEY).

Bei der adspektorischen Untersuchung weist besonders die vermehrte Synoviafüllung der proximalen bzw. mittleren Karpalgelenksabteilung deutlich auf diese Erkrankung hin. Bei einer frischen Chip-Fraktur besteht zunächst eine relativ diffuse Synovialitis, die das gesamte Gelenk betrifft, schließlich konzentriert sich die Umfangsvermehrung aber mehr auf das Weichteilgewebe im Bereich der Chip-Fraktur. Diese umschriebene Schwellung entsteht durch eine begrenzte Synovialitis, die in den meisten Fällen im dorsomedialen Bereich der Karpalgelenksabteilungen liegt. Bei Slab-Frakturen bleibt die Umfangsvermehrung eher diffus und wird später zu einer organisierten diffusen Verdickung der Gelenkkapsel. Diese Schwellung befindet sich normalerweise im Bereich der mittleren Karpalgelenksabteilung, da die Slab-Fraktur meistens am Os carpale III auftritt.

Der Grad der Lahmheit ist von der Lokalisation, dem Alter der Fraktur und dem Ausmaß der möglicherweise vorhandenen degenerativen Gelenkserkrankung abhängig. Im allgemeinen sind die meisten Pferde mit akuten, kleinen intraartikulären Frakturen kaum lahm. Pferde mit frischen, größeren Chip-Frakturen oder Slab-Frakturen halten im Stand meistens das Karpalgelenk leicht gebeugt. In der Bewegung kann beobachtet werden, daß der kraniale Teil der Vorführphase unterschiedlich stark verkürzt ist und daß die Gliedmaße in einem flacheren Bogen über den Boden geführt wird. Gehen die Pferde auf einem Zirkel, verstärkt sich die Lahmheit normalerweise auf der erkrankten Seite. Besteht die Fraktur schon etwas länger, sind die Pferde während der Arbeit nur undeutlich bis geringgradig lahm. In der Regel gilt, daß es um so leichter ist, eine Schmerzreaktion auszulösen und eine Lahmheit festzustellen, je früher das Problem erkannt wird.

Wertvolle Hinweise bei der Diagnose einer Karpalgelenkslahmheit können dadurch gewonnen werden, daß festgestellt wird, wie weit das Karpalgelenk einbeugbar ist, und daß eine Beugeprobe des Karpalgelenkes durchgeführt wird. Es läßt sich feststellen, ob die Einbeugbarkeit reduziert und ob die Beugung schmerzhaft ist oder nicht. Eine verminderte und schmerzhafte Einbeugbarkeit geht normalerweise mit intraartikulären Frakturen einher. Pferde mit Slab-Frakturen widersetzen sich der Beugung mit aller Gewalt und steigen, um sie zu vermeiden. Ist die Einbeugbarkeit andererseits reduziert, aber nicht schmerzhaft, können eine chronische Karpitis oder alte, bereits verheilte Slab-Frakturen vorliegen. Eine ältere intraartikuläre Chip-Fraktur verursacht nur selten eine Beugebehinderung. Die Beugeprobe des Karpalgelenkes wird durchgeführt, indem man den Karpus über eine Minute beugt und das Pferd anschließend sofort vortraben läßt. Normalerweise sind zwei bis drei unregelmäßige Tritte zu beobachten. Sind es jedoch mehr, kann das ein Hinweis auf eine Erkrankung des Karpalgelenkes sein, besonders, wenn gleichzeitig eine Stützbeinlahmheit besteht (siehe Seite 114–118).

Eine gleichfalls wichtige diagnostische Maßnahme ist die Palpation des dorsalen Randes der einzelnen Karpalknochen in beiden Gelenksabteilungen, wobei die Sehne des Musculus extensor carpi radialis eine gute Orientierungshilfe darstellt. Zu den medial davon liegenden Knochen gehören in der proximalen Reihe das Os carpi radiale und in der distalen Reihe das Os carpale III. Lateral befinden sich in der proximalen Reihe Os carpi intermedium und Os carpi ulnare sowie in der distalen Reihe der laterale Rand des Os carpale III und das Os carpale IV. Die Dorsalflächen aller Karpalknochen werden ebenso palpiert wie der distale Rand des Radius. Mit etwas Übung kann der Untersucher mit einiger Sicherheit die Lokalisation einer Fraktur bestimmen (Seite 119, Abb. 3.28).

Diagnose

Eine Karpalgelenkslahmheit kann mit Hilfe einer Gelenkanästhesie bestätigt werden. Etwa 5 bis 10 ml eines Lokalanästhetikums werden in die proximale bzw. mittlere Karpalgelenksabteilung injiziert, nachdem vorher ungefähr die gleiche Menge Synovia abgelassen wurde. Falls eine homogene dunkelrote Flüssigkeit aspiriert wird, sollte kein Lokalanästhetikum injiziert werden, da mit großer Wahrscheinlichkeit eine intraartikuläre Fraktur besteht. Zwanzig bis dreißig Minuten nach der Injektion wird der Grad der Lahmheit erneut beurteilt. Muß die Möglichkeit einer Fraktur in Betracht gezogen werden, ist die Anfertigung von Röntgenaufnahmen vor der Injektion zu empfehlen. Die intraartikuläre Injektion ins Karpalgelenk wird wahrscheinlich am häufigsten in den Fällen durchgeführt, in denen es dem Untersucher schwerfällt, die Lahmheit zu lokalisieren bzw. festzustellen, in welchem Maß eine Karpalgelenkserkrankung an dem bestehenden Lahmheitsbild beteiligt ist (Seite 147, Abb. 3.60). Röntgenaufnahmen sollten angefertigt werden, um den vermuteten Schaden nachzuweisen. Zu diesem Zweck werden fünf Standardaufnahmen vorgeschlagen: dorsopalmar (DPa), lateromedial (LM), schräg dorsolateral-palmaromedial (DLPaMO), schräg dorsomedial-palmarolateral (DMPaLO) und lateromedial bei gebeugter Gliedmaße (FLM).[31] In ausgewählten Fällen wird auch noch eine Tangentialaufnahme angefertigt, um Tiefe, Länge und genaue Lokalisation einer Slab-Fraktur des Os carpale III festzustellen.[17] Das Karpalgelenk der anderen Schultergliedmaße sollte ebenfalls geröntgt werden, da dort eine ähnliche Chip-Fraktur vorliegen kann, ohne daß das Pferd klinische Symptome zeigt.[1] Die genaue Lokalisation von Chip-Frakturen, die bei der initialen klinischen Untersuchung nicht festgestellt werden konnten, läßt sich manchmal durch sorgfältige Palpation herausfinden, nachdem ihr Vorhandensein durch Röntgenaufnahmen nachgewiesen wurde.

Therapie
Chip-Frakturen. Bei intraartikulären Chip-Frakturen stehen im Prinzip zwei Arten der Therapie zur Wahl, nämlich die konservative Behandlung oder die chirurgische Resektion. Die Entscheidung hängt von den Ergebnissen der klinischen Untersuchung ab, d. h. von der Größe und der Form des Chips und von seiner Lokalisation. Andere Faktoren, die eine Rolle spielen, sind Alter und Geschlecht des Tieres sowie seine zukünftige Verwendung. Ob eine Chip-Fraktur schmerzhaft ist oder nicht, hängt weitgehend davon ab, wie lange die Verletzung besteht, wie groß der Chip ist, wo er liegt und wie weit er disloziert ist. Im allgemeinen können kleine Chip-Frakturen, bei denen das Fragment fest in seinem Bett liegt, konservativ durch eine entsprechend lange Ruhephase behandelt werden. Während der klinischen Untersuchung sind diese Pferde in der Bewegung nur sehr geringgradig bzw. überhaupt nicht lahm, und die Manipulation der Gliedmaße sowie die palpatorische Untersuchung des Frakturbereiches sind kaum schmerzhaft. Auch nicht dislozierte Chip-Frakturen distal am Radius werden häufig auf diese Weise behandelt, und die Pferde haben gute Aussichten, wieder im Rennsport eingesetzt zu werden, vorausgesetzt, ihnen wurde eine ausreichend lange Ruhephase zugebilligt.[10,21] Auf der anderen Seite können große, frische dislozierte Chip-Frakturen an Stellen, die einer Gewichtsbelastung unterliegen oder bei denen die Fragmente frei im Gelenk schwimmen, am besten chirurgisch behandelt werden. Meistens reagieren die Pferde in diesen Fällen mit verstärkter Lahmheit sowie verstärkter Beuge- und Palpationsschmerzhaftigkeit verglichen mit Pferden, die kleinere Chip-Frakturen haben. Die Entfernung dieser Chip-Frakturen sollte so früh wie möglich (innerhalb von 10 bis 14 Tagen) stattfinden, vorausgesetzt, daß die Pferde nicht, um weiter Rennen laufen zu können, einer intraartikulären Kortikosteroidbehandlung unterzogen worden sind. Ist dies der Fall, sollte die Operation etwa 30 bis 45 Tage verschoben werden.[1,2] Während dieser Zeit sollten die Tiere in der Box gehalten werden. Mit Hilfe des Arthroskops können die Chips früher und ohne die mit einer Arthrotomie einhergehenden Komplikationen entfernt werden.[15] Die Entfernung frisch dislozierter Chip-Frakturen wird empfohlen, um weitere degenerative Veränderungen, wie Knorpelerosionen, Osteolyse in den angrenzenden Bereichen, Bildung von Osteophyten und Schäden durch direkte Berührung der gegenüberliegenden Gelenkflächen, zu verhindern.[1,2] Obwohl einige dieser Chip-Frakturen auch durch ausgedehnte Ruhe zur Abheilung gebracht werden können, entstehen doch meistens begleitende degenerative Veränderungen, und nicht selten kommt es zu einer Refraktur dieser Chips, wenn die Pferde wieder trainiert werden. Im allgemeinen wird angenommen, daß frei schwimmende, nicht befestigte oder stark dislozierte Chips größere Probleme aufwerfen als fest in ihrem Mausbett liegende.[10,22] AUER stellt dies allerdings in Frage, zumindest, was das Os carpi radiale betrifft.[2]

PENDERGAST analysierte die Rennleistung von 30 Pferden, die ähnliche Karpalgelenksfrakturen hatten.[20] 15 Pferde wurden chirurgisch durch die Resektion des Chips behandelt, die anderen 15 konservativ. Ein Unterschied in der Rennleistung konnte zwischen diesen beiden Gruppen nicht festgestellt werden. Jedoch sind noch weitere Untersuchungen in dieser Richtung nötig, da gemeinhin weiter davon ausgegangen wird, daß die Resektion einer akuten nicht komplizierten Chip-Fraktur zu einem besseren Endergebnis führt.[1,6,11,12,33] In einer Übersicht über 89 Fälle, bei denen eine Arthrotomie des Karpalgelenkes durchgeführt wurde, wiesen LINDSEY und HORNEY darauf hin, daß ein chirurgischer Eingriff zur Entfernung intraartikulärer Chip-Frakturen des Karpalgelenkes eine günstige Prognose aufweist, da 80 % der Pferde wieder im Sport eingesetzt werden konnten.[12] Nach einer anderen Studie konnten 78 % der Pferde, bei denen eine Arthrotomie des Karpalgelenkes durchgeführt wurde, wieder in Rennen eingesetzt werden. Von den unbehandelten (konservativ behandelten) Pferden waren im Vergleich dazu nur 48 % wieder rennfähig.[33] Andere Autoren geben an, daß bei etwa 75 % der chirurgisch behandelten Pferde eine Rückkehr in den Rennsport erwartet werden kann.[1,11] Jedoch ist es dringend erforderlich, genauere Daten zu sammeln, aus denen nicht nur zu ersehen ist, ob die Pferde wieder in Rennen starten, sondern auch, ob sie an ihre frühere Leistung anknüpfen konnten, ohne eine Lahmheit an der betroffenen Gliedmaße zu zeigen.[20,23] Eine andere wichtige Frage ist, wie viele Starts ein Pferd nach der entweder konservativen oder chirurgischen Behandlung einer Chip-Fraktur im Karpalgelenk noch gehabt hat.

Die konservative Behandlung von Pferden mit nicht dislozierten Chip-Frakturen besteht normalerweise in einer sechs bis zwölf Wochen dauernden Boxenruhe, wobei nach sechs Wochen mit dem Führen an der Hand begonnen wird. Um den dritten bis vierten Monat herum können die Pferde frei laufen, und sechs bis acht Monate nach der Verletzung wird wieder mit dem Training begonnen. Dieser Zeitraum reicht im allgemeinen für eine angemessene Frakturheilung aus. Zu Beginn können nichtsteroide Antiphlogistika appliziert werden, um die Entzündung einzudämmen. Intraartikuläre Injektionen von Hyaluronsäure können dazu beitragen, die Synovialitis, die progressive Zerstörung des Gelenkknorpels sowie die Bildung von Osteophyten zu verhindern.[2] Die intraartikuläre Injektion von Kortikosteroiden wird dagegen nicht empfohlen, da sie den Heilungsprozeß verzögern und die Entzündungssymptome so stark maskieren, daß die Pferde die Gliedmaße zu stark belasten.[16] Zusätzliche Behandlungen, wie die lokale Anwendung hyperämisierender Medikamente und das Anbringen eines orthopädischen Beschlages, werden gelegentlich durchgeführt, sind aber nicht zu empfehlen.

Zur Vorbereitung des Eingriffes wird das Operationsgebiet gegebenenfalls schon am Tag vor der Operation geschoren (nicht rasiert) und mit einer antiseptischen Seife gewaschen. Danach werden sterile Verbände angelegt. Etwa zwei Stunden vor der Narkose wird Penicillin G (20 000 I. E./kg KGW) intramuskulär injiziert. Nach der Einleitung der Allgemeinnarkose wird das Pferd in Seitenlage verbracht, wobei die Seite abhängig von der Lokalisation der Fraktur ist. Die Seitenlage wird meistens dann gewählt, wenn eine Schultergliedmaße betroffen ist, die Rückenlage, bei der die Gliedmaßen an der Decke hängend fixiert sind, wenn die Karpalgelenksfraktur beidseitig besteht (Abb. 8.188). Liegt das Pferd in Rückenlage, muß es nicht im Verlauf der Operation gedreht werden, damit der Chirurg Zugang zur zweiten Chip-Fraktur hat. Auf diese Weise wird nicht nur das Risiko einer Kontamination des Operationsfeldes verringert, sondern auch die Dauer der Operation deutlich verkürzt. Stehen zwei Chirurgen zur Verfügung, kann an beiden Gelenken gleichzeitig gearbeitet werden. Die Rückenlage ist auch von Vorteil, wenn sowohl lateral als auch medial von der Sehne des Musculus extensor carpi radialis eine Arthrotomie durchgeführt werden muß. Für die Chirurgie mittels Arthroskop ist diese Position ebenfalls vorzuziehen. Liegt das Pferd korrekt, wird der Operationsbereich rasiert und aseptisch vorbereitet. Ob Blutleere im Operationsgebiet mit Hilfe eines Esmarch-Schlauches und einer zusätzlichen Aderpresse oberhalb des Karpus bei der Resektion von Chip-Frakturen anzustreben ist, hängt vom jeweiligen Chirurgen ab. Allerdings kann dies bei der Operation von frischen Slab-Frakturen des Os carpale III von Nutzen sein. Der Zugang zu den Frakturfragmenten muß mit Hilfe von Röntgenaufnahmen und durch Palpation genau bestimmt werden. Proximale und mittlere Gelenksabteilung müssen sicher identifiziert werden, so daß sowohl die richtige Gelenksabteilung als auch die richtige Stelle zur Entfernung des Fragmentes gewählt wird. Chip-Frakturen des Os carpi radiale und des Os carpi intermedium können abhängig davon, ob sie sich proximal oder distal am Knochen befinden, sowohl von der proximalen als auch von der mittleren Gelenksabteilung aus reseziert werden. Frakturen des Os carpale III werden über die mittlere Abteilung entfernt, Frakturen des Radius über die proximale Gelenksabteilung direkt über dem Frakturbereich.

Nachdem die Gliedmaße abgedeckt worden ist, wird das Gelenk gebeugt, so daß die proximale und die mittlere Gelenksabteilung sicher identifiziert werden können. Dann wird an der entsprechenden Stelle der Hautschnitt angelegt.[28] Die meisten Frakturen liegen medial der Sehne des Musculus extensor carpi radialis am Os carpi radiale und am Os carpale III. Die Sehnenscheide des Musculus extensor carpi radialis darf dabei nicht eröffnet werden. Normalerweise befindet sich die Sehne des Musculus abductor pollicis longus weit genug medial, so daß sie während der Operation leicht umgangen werden kann. Einige Frakturen des Os carpi intermedium erfordern einen mehr lateral gelegenen Zugang zwischen den Sehnen des Musculus extensor carpi radialis und des Musculus extensor digitalis communis. Von hier aus sind auch die Chip-Frakturen des Radius, die sich zentral am kranialen Rand befinden, zu erreichen.

Die zu durchschneidenden Gewebe sind die Haut, die Unterhaut, das Retinaculum extensorum und die Gelenkkapsel, bestehend aus dem Stratum fibrosum und dem Stratum synoviale. Ist das Stratum synoviale eröffnet, tritt Gelenkflüssigkeit aus. Kleinere Blutungen in Retinaculum extensorum und Gelenkkapsel können mit einem Thermokauter gestillt werden. Durch Beugung des Gelenkes sind die Gelenkflächen der Ossa carpi sichtbar, so daß die Fraktur besser zu erkennen ist. Gleichzeitig kann auch festgestellt werden, wie stark die Gelenkflächen bereits

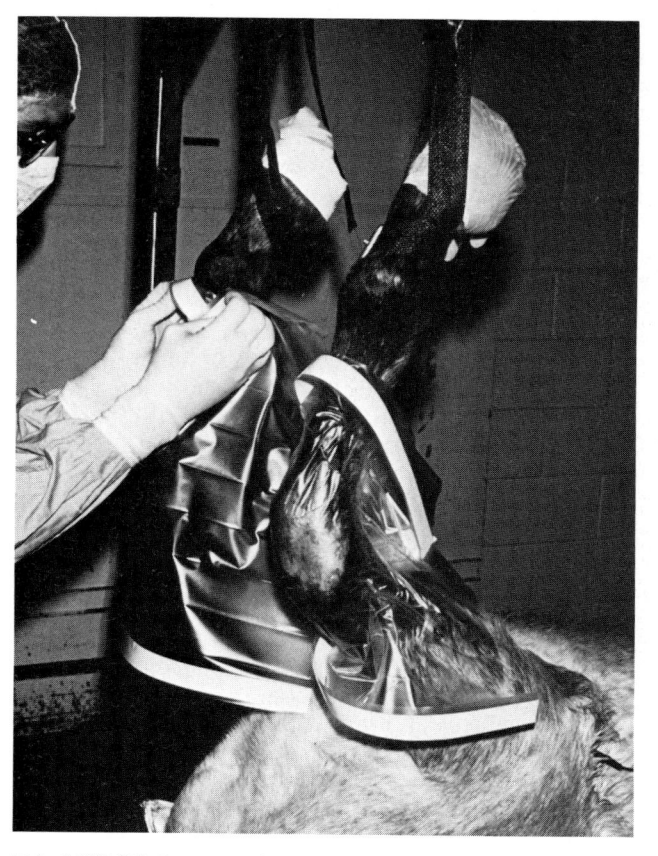

Abb. 8.188: Die Lagerung des Pferdes in Rückenlage zur Entfernung von Chip-Frakturen aus beiden Karpalgelenken (mit Genehmigung von Dr. Ken SULLINS).

Kapitel 8: Lahmheit   653

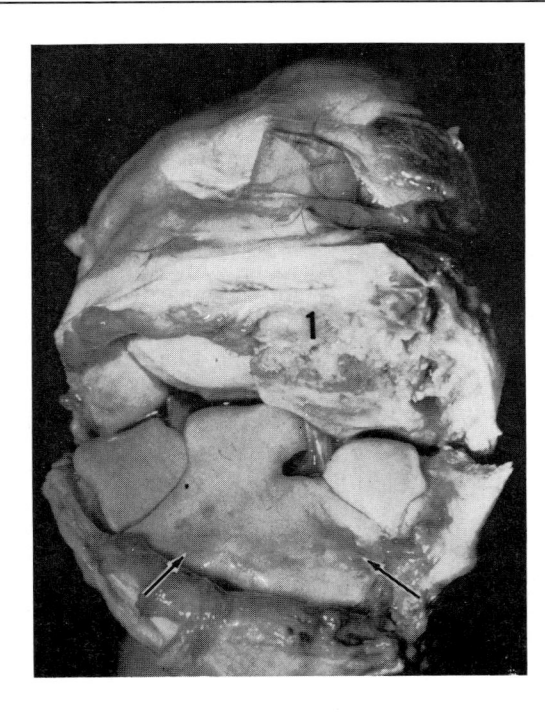

Abb. 8.189: Präparat einer Fraktur des Os carpi radiale. Im freigelegten Bereich (1) befindet sich die Frakturstelle am Os carpi radiale. Die beiden Pfeile deuten auf Erosionen an der Gelenkfläche des Os carpale III.

geschädigt sind, wodurch die Prognosestellung erleichtert wird (Abb. 8.189).

Zu einem gewissen Grad sind die Gelenkflächen infolge der Fraktur immer geschädigt, aber häufig heilen diese Veränderungen so weit aus, daß die Pferde wieder in Rennen eingesetzt werden können. Wenn der Frakturbereich freigelegt wird, ist es oft erstaunlich, wie nahe das Fragment seiner ursprünglichen Position ist, obwohl auf den Röntgenaufnahmen eine erhebliche Dislokation zu sehen war. Weiterhin bestehen oft nicht geringe bindegewebige Verklebungen, die das Fragment fixieren. In einigen Fällen sind die Fragmente vollständig disloziert und mit der Gelenkkapsel verklebt, so daß sie sehr einfach zu resezieren sind.

Mit einem kleinen Raspatorium wird das Fragment vorsichtig vom angrenzenden Karpalknochen gelöst. Verklebungen der Dorsalfläche des Knochens mit der Gelenkkapsel werden mit einem Skalpell getrennt. Dann wird das Fragment entfernt (Abb. 8.190). Palpatorisch wird festgestellt, ob der Frakturbereich zu starke Rauhigkeiten aufweist. Falls dies der Fall ist, wird er vorsichtig mit einer Kürette geglättet, bis er sich eben anfühlt. Beschädigter, ausgefranster Gelenkknorpel wird ebenfalls bis auf den subchondralen Knochen glatt kürettiert. Mit Knorpelveränderungen der gegenüberliegenden Gelenkfläche wird in gleicher Weise verfahren, um die Heilung zu beschleunigen. Der Knorpel wird nach einer gewissen Zeit durch fibröses Bindegewebe ersetzt, daß sich schließlich in Faserknorpel umwandelt und so die Regeneration bewirkt. Wenn das Stratum synoviale der Gelenkkapsel Zotten gebildet hat, werden sie chirurgisch entfernt. Unterbleibt dies, können sie bei Belastung der Gliedmaße in den sich schließenden Gelenkspalt eingeklemmt werden und eine chronische schmerzhafte Gelenkschwellung verursachen. Die Zotten werden mit einer Schere und einer Klemme reseziert. Auf diese Weise wird eine partielle Synovektomie durchgeführt.

Die Gelenkkapsel wird sorgfältig daraufhin kontrolliert, daß keine Fragmente mehr vorhanden sind, und dann gespült, um das Blut zu entfernen. Wenn mehrmals gespült worden ist, werden das Stratum fibrosum der Gelenkkapsel und das Retinaculum extensorum mit synthetischem resorbierbaren Nahtmaterial der Stärke 2−0 und einer atraumatischen Nadel adaptiert. Es muß darauf geachtet werden, daß beim Nähen nicht das Stratum synoviale der Gelenkkapsel perforiert wird.

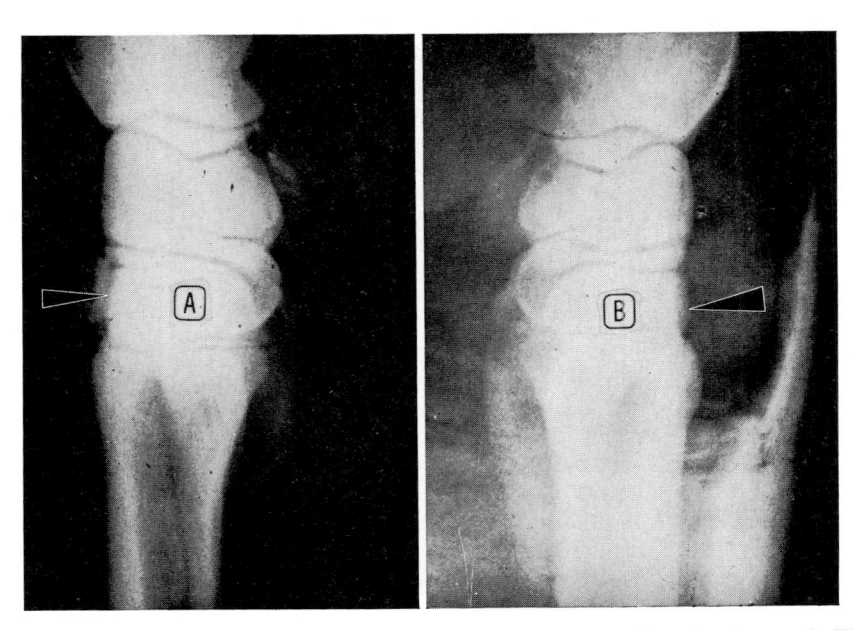

Abb. 8.190: Fraktur des Os carpale III. **A** Der Pfeil zeigt auf die Frakturlinie einer Slab-Fraktur des Os carpale III. **B** Der Pfeil deutet auf dieselbe Frakturlinie im Anschluß an die Resektion des Fragmentes. Die strahlendichten Bezirke um die Gliedmaße herum sind auf einen fixierenden Kunststoffverband zurückzuführen.

Der Abstand der Hefte voneinander beträgt etwa 8 mm. Die intraartikuläre Injektion von Kortikosteroiden und Antibiotika ist zu diesem Zeitpunkt nicht zu empfehlen. Der Verschluß der Unterhaut erfolgt in gleicher Weise. Die Haut wird mit monofilem Nylon und einer gebogenen scharfen Nadel genäht.

Hervorragende Ergebnisse waren Veröffentlichungen zufolge zu verzeichnen, wenn im Anschluß an die Operation 20 mg Hyaluronsäure intraartikulär injiziert wurden.[2] In einer noch unveröffentlichten Studie wurde festgestellt, daß mit Hyaluronsäure behandelte Gelenke 90 Tage nach der Operation keine röntgenologisch feststellbaren Knochenzubildungen im Operationsgebiet aufwiesen, während bei allen nicht auf diese Weise behandelten Gelenken Anzeichen für Knochenzubildungen feststellbar waren. Auch bei Pferden mit ausgedehnten Knorpelerosionen waren gute Ergebnisse zu erzielen.[2]

Im Anschluß an die Arthrotomie zur Entfernung eines Chips aus dem Karpalgelenk muß über drei bis vier Wochen ein Druckverband angelegt werden. Dieser Verband wird zum ersten Mal um den vierten Tag nach der Operation gewechselt. Danach erfolgen Verbandwechsel im Abstand von fünf bis sieben Tagen, sofern der Verband gut sitzt. Im Anschluß an eine Operation mit Hilfe des Arthroskops ist eine deutlich kürzere Verbandbehandlung erforderlich. Nach 12 bis 14 Tagen werden die Fäden gezogen. Normalerweise wird in den ersten drei Tagen nach der Operation Phenylbutazon per os verabreicht, dies kann jedoch auch unterbleiben und wird vom Einzelfall abhängig gemacht. Eine antibiotische Versorgung ist nur in den ersten 48 Stunden nach der Operation erforderlich.

Die Dauer der Ruhephase im Anschluß an die Operation wird von Chirurg zu Chirurg unterschiedlich gehandhabt.[33] Sie variiert zwischen einigen Wochen[25] und einem Jahr.[3] In den meisten Fällen jedoch wird eine Ruhezeit von sechs bis sieben Monaten als erforderlich angesehen, da es vier bis sechs Monate dauert, bis der Knorpeldefekt nach der Kürettage granuliert und durch Faserknorpel ersetzt wird. Aufgrund dieser Tatsache wird die Einhaltung folgender postoperativer Ruhezeit empfohlen: Die Pferde sollten sechs Wochen absolute Boxenruhe haben. Danach kommen sie für weitere sechs bis acht Wochen auf eine kleine Koppel oder in einen Auslauf. Pferde mit viel Nerv sollten geführt oder ruhiggestellt werden, bevor man sie nach draußen läßt. In den meisten Fällen ist diese Ruhigstellung nur in der ersten Zeit erforderlich. Nach vier Monaten können die Pferde auf die Weide gehen, und sechs Monate nach der Operation wird mit leichtem Training begonnen. Einige Chirurgen empfehlen, den Karpus über einen unterschiedlich langen Zeitraum nach der Operation passiv zu beugen.[2,6,10] Es gibt jedoch keine Kontrolluntersuchungen, die beweisen, daß dies von Nutzen ist. Außerdem bewegen sich die meisten Pferde ausreichend in ihrer Box, und daher wird diese passive Beugung der Gliedmaße vom Autor nicht durchgeführt.

In letzter Zeit ist die Resektion der Chip-Frakturen im Karpalgelenk unter arthroskopischer Sichtkontrolle die Methode der Wahl. Die Vorteile scheinen in einer Verkürzung der Operationsdauer zu liegen. Weiterhin ist ein geringerer Aufwand bei der anschließenden Verbandbehandlung erforderlich, die Rekonvaleszenzperiode bis zum erneuten sportlichen Einsatz ist kürzer und der kosmetische Effekt ist besser.[15] Auch große Chip-Frakturen können mit Erfolg entfernt werden (siehe Behandlung intraartikulärer Frakturen, Seite 382).

Slab-Frakturen. Pferde mit Slab-Frakturen im Karpalgelenk sollten so bald wie möglich nach Eintritt der Verletzung operiert werden, auch wenn kurz vorher eine Behandlung mit Kortikosteroiden durchgeführt worden ist. Die Fraktur muß unbedingt stabilisiert werden, um das Risiko weiterer Gelenkschäden bzw. einer degenerativen Gelenkserkrankung möglichst gering zu halten.[13]

Die Tangentialaufnahme der betroffenen Region muß sorgfältig begutachtet werden, um Klarheit über die Art der Slab-Fraktur zu erlangen. Aufnahmen in dieser Richtung enthalten die meisten Informationen über die Lokalisation, die Dicke des Fragmentes, die Länge des Frakturspaltes und darüber, wie viele Fragmente vorhanden sind. Die dorsolateral-palmaromediale Schrägaufnahme (DLPaMO) sollte genau daraufhin betrachtet werden, ob an der dorsalen Fläche der Slab-Fraktur zusätzlich eine Chip-Fraktur in der mittleren Gelenksabteilung besteht, wie sie bei dislozierten Slab-Frakturen des Os carpale III sehr häufig vorkommt. Wenn dieses Fragment bei der Operation entfernt wird, bleibt nach der Fixation durch Schrauben ein Defekt bestehen, von dem man annimmt, daß er die Prognose für den sportlichen Einsatz des Pferdes verschlechtert.[5]

Wenn aufgrund der Tatsache, daß die Slab-Fraktur sehr klein und dünn bzw. zertrümmert ist, oder aufgrund fortgeschrittener degenerativer Gelenkveränderungen keine Reduktion und Stabilisierung mehr möglich ist, sollte sie vollständig entfernt werden.[5,9] Zu diesem Zweck müssen die bindegewebigen Adhäsionen an der Dorsalfläche des Os carpale III, der Kontur des Knochens folgend, scharf durchtrennt werden. Knorpelerosionen an irgendeiner Stelle des Gelenkes werden bis auf den subchondralen Knochen kürettiert.[2,24]

Größere frische Slab-Frakturen können durch interfragmentäre Kompression mittels einer Zugschraube fixiert werden. Da die Slab-Frakturen am häufigsten das Os carpale III betreffen, soll eine solche Fraktur hier als Beispiel dienen.

Die mittlere Karpalgelenksabteilung wird direkt medial von der Sehne des Musculus extensor carpi radialis in der Weise eröffnet, wie sie bereits für die Resektion von Chip-Frakturen aus dem Karpalgelenk beschrieben wurde. Zu diesem Zeitpunkt kann auch eine Synovektomie durchgeführt werden, um einen besseren Zugang zum Gelenkspalt zu haben und die Fraktur besser sehen zu können. Am proximalen Teil des Os carpale III verschafft man sich Klarheit über die genaue Ebene und die Art der Slab-Fraktur. Die distale Gelenkfläche des Os carpi radiale wird im Hinblick auf Vorhandensein und Ausmaß von Knorpelerosionen überprüft. Vorhandene Knochensplitter und Knorpeltrümmer werden entweder mit einem anderen scharfen Instrument oder mit einer Kürette entfernt. Die geeignete Stelle zum Einsetzen der Schraube befindet sich in der Mitte des Frakturfragmentes auf seiner Dorsalfläche in der Mitte zwischen den Gelenkspalten der mittleren und distalen Gelenkabteilungen. Falls die zum Einsetzen der Schraube gewählte Stelle über die Arthrotomiewunde nicht zu erreichen ist, kann ein zusätzlicher kleiner Schnitt angelegt werden. In manchen Fällen befindet sich die Mitte des Fragmentes direkt unter der Sehne des Musculus extensor carpi radialis, so daß die Sehne durch eine kleine Stichinzision (1 cm lang) parallel zum Verlauf der Sehnenfasern gespalten werden muß. Mit Hilfe einer 0,7–0,9 mm starken Kanüle kann das Karpometakarpalgelenk (distale Karpalgelenksabteilung) identifiziert werden, so daß der Chirurg die Dicke des Os carpale III besser einschätzen kann.

Die Schraube wird dem Zugschraubenprinzip entsprechend eingesetzt. Das Karpalgelenk wird gebeugt, und ein 4,5-mm-Bohrer wird durch eine Bohrhülse gesteckt und in der Mitte des Fragmentes von oben und unten sowie von den Seiten aus gesehen angesetzt (Abb. 8.191 A). Dann wird parallel zu den Gelenkflächen ein etwa 12 mm tiefes Gleitloch gebohrt. Diese Tiefe reicht normalerweise aus, um die meisten Fragmente zu durchbohren, und läßt das spätere Versenken des Schraubenkopfes zu. Danach wird mit einer 3,2-mm-Bohrhülse und einem 3,2-mm-Bohrer das etwa 20 bis 25 mm tiefe Gewindeloch gebohrt (Abb. 8.191 B). Der Operateur muß darauf achten, daß der Bohrer nicht palmar aus dem Knochen wieder austritt, da auf diese Weise Strukturen innerhalb des Karpaltunnels beschädigt werden können. Zu diesem Zeitpunkt wird auch das Gleitloch zur Versenkung des Schraubenkopfes ausgefräst, damit die sich an der Basis des Schraubenkopfes konzentrierenden Kräfte beim Anziehen besser verteilt werden. Mit einer Schraubenmeßsonde wird die Tiefe des Bohrloches gemessen, und eine entsprechende 4,5 mm starke Kortikalisschraube wird gewählt. Mit einem Gewindeschneider wird das Gewinde in das Gewindeloch geschnitten. Dann wird die Schraube eingesetzt und so stark angezogen, daß es zu einer wirksamen interfragmentären Kompression der Slab-Fraktur kommt (Abb. 8.191 C).[2,8] Bei einem geringen Prozentsatz von Fällen sind die Fragmente so klein, daß kleinere Schrauben erforderlich sind.[4] In den meisten Fällen werden die Slab-Frakturen durch die Beugung des Karpalgelenkes so eingerichtet, daß Knochen und Fragment passend aneinanderliegen. Ist dies nicht der Fall und sind auch lokale Manipulationen ohne Erfolg geblieben, können als letzter Ausweg die Verbindungen mit der Gelenkkapsel durchschnitten werden.[1,7] Slab-Frakturen an anderen Karpalknochen (z. B. Os carpi radiale) werden in ähnlicher Weise behandelt. Vor dem Wundverschluß sollten Kontrollröntgenaufnahmen angefertigt werden, um Sitz der Schraube und Fixation der Fraktur zu kontrollieren.

Die Wunde wird mit sterilem nicht klebenden Material abgedeckt, und ein vom Huf bis zur Mitte des Unterarmes reichender Verband wird angelegt, der auch aus fixierendem Kunststoffmaterial bestehen kann, das gut stützt. Es muß darauf geachtet werden, daß keine Drucknekrosen am Os carpi accessorium und am Processus styloideus medialis entstehen. Zur Polsterung kann der Verband an diesen Stellen mit orthopädischem Filz bzw. Schaumgummi unterlegt werden (Abb. 8.192). Durch den Verband soll das Gelenk während der Aufwachphase aus der Narkose geschützt werden. Außerdem trägt er während der ersten fünf bis sieben Tage nach der Operation dazu bei, die Schwellung so gering wie möglich zu halten. Nach diesem Zeitraum wird er abgenommen, und häufig kann festgestellt werden, daß das Gelenk nicht stärker geschwollen ist als vor der Operation. Von nun an wird das Gelenk mit gutsitzenden elastischen Verbänden behandelt, und das Pferd muß mindestens 30 Tage in der Box

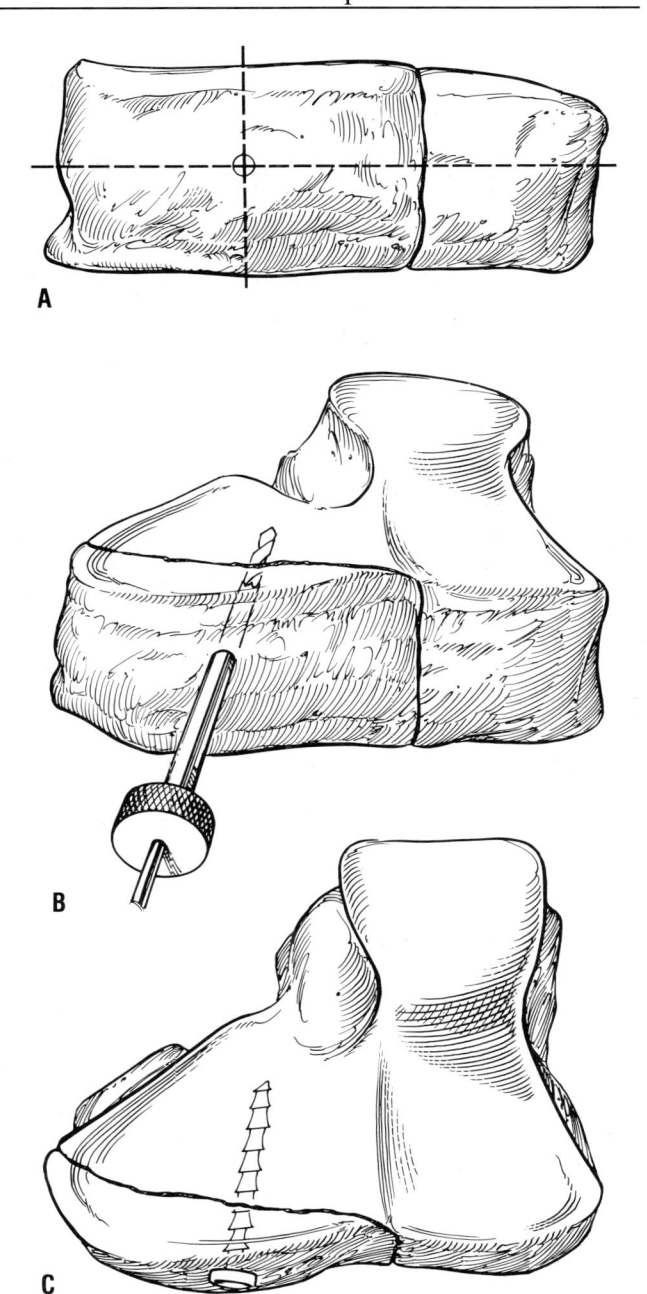

Abb. 8.191: Darstellung der korrekten Lage der Schraube zur Fixierung einer Slab-Fraktur des Os carpale III. **A** Die richtige Stelle für das Gleitloch, das mit dem 4,5-mm-Bohrer durch das Fragment gebohrt wird. **B** Die 3,2-mm-Bohrhülse wird in das Gleitloch gesteckt, und mit einem 3,2-mm-Bohrer wird das Gewindeloch gebohrt. Es muß darauf geachtet werden, daß der Bohrer nicht an der palmaren Seite wieder austritt. **C** Die interfragmentäre Kompression wird mit Hilfe einer 4,5-mm-Kortikalisschraube erzielt.

bleiben. Der Gegendruck durch elastische Verbände und elastisches Klebeband muß nach der Operation mindestens vier Wochen aufrechterhalten werden. Ein fixierender Kunststoffverband kann verwendet werden, wenn ein Gelenk zum zweiten Mal operiert wird oder wenn vor der Operation Kortikosteroide verabreicht wurden. Antibiotika können über fünf bis sieben Tage nach der Operation parenteral gegeben werden. Phenylbutazon wird eingesetzt, um die postoperativen Schmerzen und Umfangs-

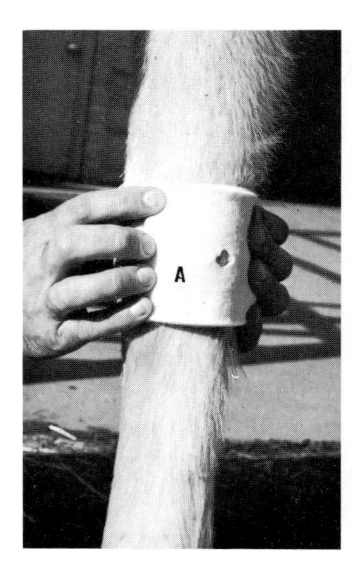

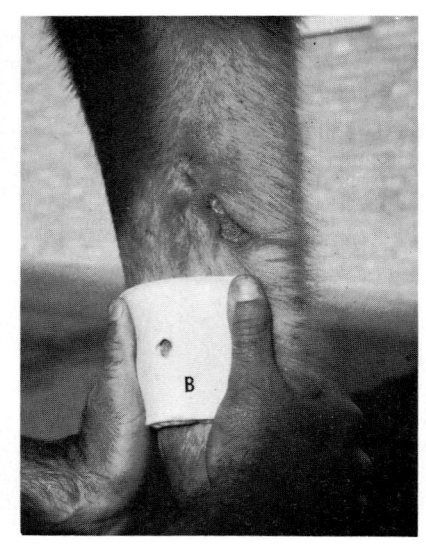

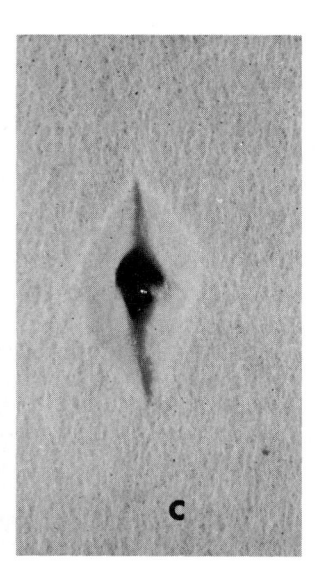

Abb. 8.192: Darstellung einer Möglichkeit, die Haut über dem Os carpi accessorium (**A**) und dem Processus styloideus medialis (**B**) vor einer Drucknekrose zu schützen, wenn im Bereich des Karpalgelenkes ein Verband angelegt werden muß. Zu diesem Zweck wird in einen orthopädischen Filz ein elliptisches Loch geschnitten (**C**). Dieser Filz wird dann über dem Knochenvorsprung angepaßt und befestigt.

vermehrungen zu verringern. Die Boxenruhe sollte nach der Operation sechs Wochen dauern. Danach bleibt das Pferd weiterhin im Stall, wird aber ein- bis zweimal täglich 20 bis 30 Minuten an der Hand geführt.

Der Besitzer wird darauf hingewiesen, das Wegrennen oder Buckeln des Pferdes zu verhindern, da dies zu einer erneuten Verletzung des Gelenkes führen kann. Nach drei Monaten wird eine Röntgenkontrolle der Fixation durch die Schraube und der Knochenheilung durchgeführt. Verläuft die Heilung normal, können die Pferde auf die Weide gebracht werden, wo sie sich frei bewegen können. Mit leichtem Training wird sechs bis sieben Monate nach der Operation begonnen.[1,8]

Slab-Frakturen der Karpalknochen, die in dorsopalmarer Richtung verlaufen, sind nur schwer chirurgisch zu behandeln. Wenn sie keine starke Dislokation aufweisen, können sie konservativ geheilt werden, wobei etwa so vorgegangen wird wie nach der Verschraubung, mit der Ausnahme, daß die Rekonvaleszenz länger dauern kann.

Trümmerfrakturen. Trümmerfrakturen der Karpalknochen sind selten und betreffen dann Renn- oder Springpferde während einer Höchstleistung. Da es zu einem Verlust der Stützfunktion des betreffenden Knochens kommt, entsteht dabei gewöhnlich eine Valgus- oder Varusstellung. Eine Behandlung sollte nur bei Pferden mit außergewöhnlichem Zuchtwert oder außergewöhnlichem ideellen Wert in Erwägung gezogen werden, da sie nur in wenigen Fällen erfolgreich ist.[10] Die Gliedmaße muß umgehend durch einen fixierenden Verband stabilisiert werden, bis die Möglichkeit besteht, das Ausmaß des Schadens mit Hilfe von Röntgenaufnahmen festzustellen. Ist nur ein Knochen betroffen, kann die Fraktur durch Schrauben intern fixiert werden (Abb. 8.193). In einer Veröffentlichung wird über zwei Fälle von Trümmerfrakturen des Os carpale IV berichtet, die auf diese Weise mit Erfolg behandelt wurden.[30] Wenn mehrere Karpalknochen zertrümmert sind und eine größere Zahl von Fragmenten vorhanden ist, kann zumindest der Versuch gemacht werden, durch Schrauben eine gewisse interne Stabilisierung zu erreichen. In besonders ausgewählten Fällen kann es erforderlich sein, das Karpalgelenk durch Überbrückung mit zwei Knochenplatten zu versteifen (pankarpale Arthrodese). Auch die Verwendung eines Knochenersatzes aus Acryl für das Os carpi radiale ist beschrieben worden.[32]

Prognose

Die Prognose für sorgfältig ausgewählte Chip-Frakturen ist günstig zu stellen. Etwa 75 bis 80 % dieser ausgewählten Fälle können wieder mit Erfolg im Sport eingesetzt werden. Sehr große bzw. multiple Frakturen oder solche, die erhebliche Knochenzubildungen besonders in der Nähe der Gelenkflächen aufweisen, beinhalten Risikofaktoren, die die Aussichten einer Operation ungünstig erscheinen lassen. Sehr hoch ist das Operationsrisiko auch, wenn Kortikosteroide intraartikulär injiziert wurde, selbst wenn dies mehrere Wochen zurückliegt.

Bei Slab-Frakturen des Os carpale III, die entweder reseziert oder durch Schrauben fixiert wurden, sind die Aussichten, die frühere Leistungsfähigkeit wiederzuerlangen, ungünstig bis schlecht. Eine günstige Prognose kann jedoch für die Pferde gestellt werden, die nur noch zum Freizeitreiten und zur Zucht verwendet werden sollen.[12]

Bei Trümmerfrakturen muß eine ungünstige Prognose gestellt werden. In gewisser Weise ist sie jedoch davon abhängig, wie viele Karpalknochen betroffen sind, wie stark die Dislokation ist und welche Veränderungen der funktionellen Anatomie verursacht werden. Pferde mit multiplen Trümmerfrakturen sollten nur behandelt werden, wenn sie offensichtlich einen hohen Zuchtwert oder einen erheblichen ideellen Wert haben.[10]

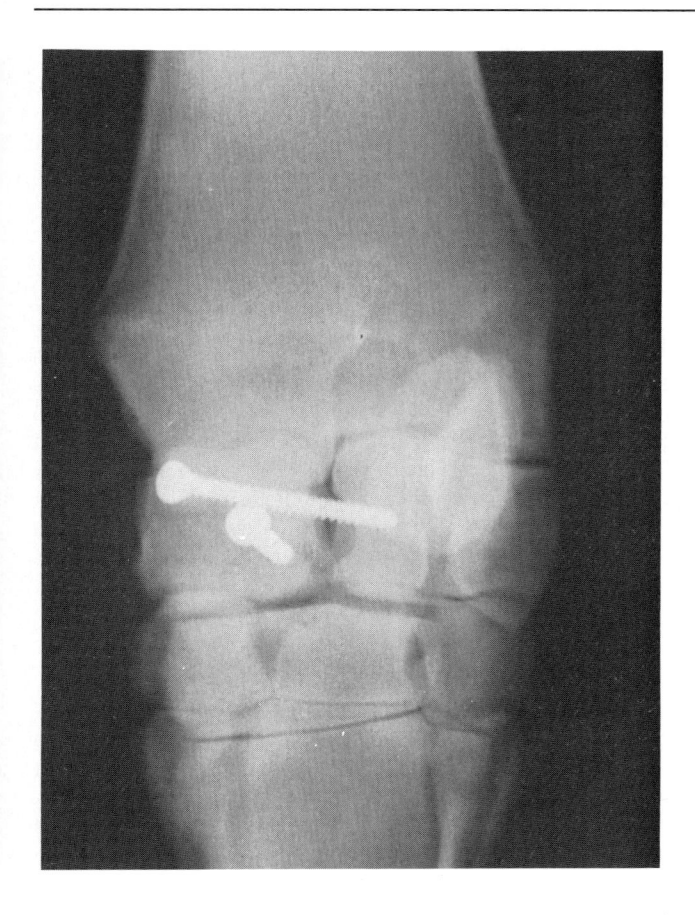

Abb. 8.193: Zur Fixierung dieser Trümmerfraktur des Os carpi radiale wurden zwei ASIF-Knochenschrauben verwendet.

Ausgewählte Literatur

1. ADAMS, O. R.: Lameness in Horses. 3rd Ed. Philadelphia, Lea & Febiger, 1974, p. 187.
2. AUER, J.: Diseases of the carpus. Symposium on equine lameness. Vet. Clin. North Am. (Large Anim. Pract.), **2:** 81, 1980.
3. BACKER, J. W.: Current status of arthrotomie of carpal and fetlock joints. Auburn. Vet., **25:** 108, 1969.
4. BAKER, B.: Personal Communication, 1984.
5. BRAMLAGE, L. R.: Personal Communication, 1984.
6. BRAMLAGE, L. R.: Case presentation and survey results. Proc. 25th Ann. AAEP, 1979, p. 65.
7. DIXON, R. T.: Radiography of the equine carpus. Aust. Vet. J., **45:** 171, 1969.
8. FACKELMAN, G. E., and NUNAMAKER, D. M.: Fractures amenable to treatment by lag screw fixation. In Manual of Internal Fixation in the Horse. New York, Springer-Verlag, 1982.
9. FOENER, J.: Personal Communication, 1984.
10. GRANT, B. D.: The carpus. In Equine Medicine and Surgery. 3rd Ed. Edited by R. A. Mansmann, and E. S. McAllister. Santa Barbara, American Veterinary Publications, 1982, p. 1120.
11. LARSEN, L. H., and DIXON, R. H.: Management of carpal injuries in the fast gaited horse. Aust. Vet. J., **46:** 33, 1970.
12. LINDSEY, W. A., and HORNEY, F. D.: Equine carpal surgery: A review of 89 cases and evaluation of return to function. J. Am. Vet. Med. Assoc., **179:** 682, 1981.
13. MANNING, J. P., and St. CLAIR, L. E.: Surgical repair of the third carpal bone. Ill. Vet. **3:** 106, 1960.
14. MASON, T. A., and BOURKE, J. M.: Closure of the distal radial epiphysis and its relationship to unsoundness in two year old thoroughbreds. Aust. Vet. J., **49:** 221, 1973.
15. McILWRAITH, C. W., and FESSLER, J. F.: Arthroscopy in the diagnosis of equine joint disease. J. Am. Vet. Med. Assoc., **172:** 263, 1978.
16. MEAGHER, D. M.: The effects of intraarticular use of corticosteroids and continued training on carpal chip fractures of horses. Proc. 16th Ann. AAEP, 1970, p. 405.
17. O'BRIEN, T. R.: Radiographic diagnosis of "hidden" lesions of the third carpal bone. Proc. 23rd Ann. AAEP, 1977, p. 343.
18. O'BRIEN, T. R., et al.: Radiography in equine carpal lameness. Cornell Vet., **61:** 646, 1971.
19. PARK, R. D., MORGAN, J. P., and O'BRIEN, T. R.: Chip fractures in the carpus of the horse: a radiographic study for their incidence and location. J. Am. Vet. Med. Assoc., **157:** 1305, 1970.
20. PENDERGAST, K.: An analysis of racing performance of horses following carpal fractures. Aust. Vet. Pract., **9:** 179, 1979.
21. RAKER, C. W.: Orthopedic surgery errors in surgical evaluation and management. Proc. 19th Ann. AAEP, 1973, p. 205.
22. RAKER, C. W., BAKER, R. H., and WHEAT, J. D.: Pathophysiology of equine degenerative joint disease and lameness. Proc. 12th Ann. AAEP, 1966, p. 229.
23. REED, W. O.: Location in incident of slab fracture of the carpus. Proc. 25th Ann. AAEP, 1979, p. 153.
24. RIDDLE, W. E.: Healing of articular cartilage in the horse. J. Am. Vet. Med. Assoc., **157:** 1471, 1970.
25. ROBERTS, E. J.: Carpal lameness. Proc. Br. Eq. Vet. Assoc., 3rd Ann. Congr., 1964, p. 181.
26. ROONEY, J. R.: Biomechanics of Lameness in Horses. Baltimore, Williams & Wilkins Co. 1969.
27. SCHNEIDER, R. K.: Incidence and location of fractures within the carpus. Proc. 25th Ann. AAEP, 1979, p. 145.
28. SHIVELY, M. J.: Correct anatomic nomenclature for joints of the equine carpus. Eq. Pract., **4:** 6, 1982.
29. THRALL, D. E., LEBEL, J. L., and O'BRIEN, T. R.: A five year survey of the incidence and location of equine carpal chip fractures. J. Am. Vet. Med. Assoc., **158:** 1366, 1971.
30. VALE, G. T., WAGNER, P. C., and GRANT, B. D.: Surgical repair of comminuted equine fourth carpal bone fracture. Eq. Pract., **4:** 6, 1982.
31. WATTERS, J. W.: Radiography of the equine carpus. Comp. Cont. Ed., **3:** 248, 1981.
32. WINSTANLEY, E. W., and GLEESON, L. N.: Prosthetic radial carpal bone in a mare. J. Am. Vet. Med. Assoc., **165:** 87, 1974.
33. WYBURN, R. S., and GOULDEN, B. E.: Fractures of the equine carpus: a report on 57 cases. NZ Vet. J., **22:** 133, 1974.

Karpalgelenksluxationen

Beim Pferd sind Luxationen der drei Karpalgelenksabteilungen mit Ruptur des lateralen bzw. medialen Seitenbandes selten.[1-3] Jede der drei Gelenksabteilungen kann betroffen sein, aber von den Bändern scheint das mediale häufiger zu reißen.[1,2] Es kann sich entweder um eine vollständige oder eine partielle Luxation handeln. Die Gelenkflächen bleiben in den meisten Fällen unverletzt, aber bei einem kleinen Prozentsatz kommt es zusätzlich zu Trümmerfrakturen der Karpalknochen.[2,3]

Ätiologie

Jedes schwere Trauma an der lateralen bzw. medialen Fläche des Karpus kann eine Luxation verursachen, wie z. B. bei der Geburt, beim Springen, Fallen oder Wegrutschen. Gelegentlich kommt es dabei auch zu einer Abrißfraktur an einem der Ansätze der Seitenbänder (Abb. 8.194). Mitteilungen zufolge können vollständige Luxationen des Karpus auch die Gefäßversorgung der Zehe beeinträchtigen.[1]

Symptome

In den meisten Fällen haben die Pferde eine Umfangsvermehrung sowie eine Achsenabweichung der betroffenen Gliedmaße und versuchen, sie zu entlasten. Aus dem Vorbericht geht unter Umständen hervor, daß ein erhebliches Trauma dem Zustand vorhergegangen ist. In der Bewegung haben die Pferde offensichtlich Schmerzen, und der distale Gliedmaßenabschnitt ist abnorm beweglich. Dies trifft vor allem auf vollständige Luxationen mit gleichzeitig bestehender Trümmerfraktur von Karpalknochen zu. Palpatorisch sind vermehrte Wärme, Schmerzhaftigkeit und Schwellung sowie eine in unterschiedlichem Ausmaß vermehrte Beweglichkeit der Zehe feststellbar. Bei einer Fraktur der Ossa carpi kann auch Krepitation fühlbar sein. Die Pferde können bei der Manipulation der Gliedmaße sehr heftig reagieren, so daß der Untersucher vorsichtig sein sollte. Möglicherweise ist zu fühlen, daß einige Karpalknochen aus ihrer normalen Position verlagert sind.

Diagnose

Eine deutliche Fehlstellung zusammen mit einer abnormen Lage der Karpalknochen ist ein Zeichen für eine Luxation im Karpalgelenk. Röntgenaufnahmen sind jedoch erforderlich, um das Ausmaß des Schadens, der durch die Luxation am Knochen entstanden ist, feststellen zu können. Sowohl Frakturen der Karpalknochen als auch Abrißfrakturen können mit diesen Luxationen einhergehen.

Therapie

Das Einrenken der Luxation unter Vollnarkose kann versucht werden. Liegt gleichzeitig eine Ruptur des medialen Seitenbandes vor, muß das Pferd so in Seitenlage gelegt werden, daß das betroffene Bein unten ist. Im Gegensatz dazu muß die erkrankte Gliedmaße bei einer Ruptur des lateralen Seitenbandes oben liegen. In dieser Position kann die Gliedmaße leichter manipuliert werden. Zusätzlich trägt, wenn das Einrenken gelungen ist, die Schwerkraft dazu bei, den Karpus in seiner normalen Position zu halten. Nach dem Einrenken wird das Bein vorsichtig mit und entgegen dem Uhrzeigersinn gedreht, um den Grad der Stabilität bei der Rotation festzustellen. Ist das Bein relativ stabil, kann ein fixierender Verband, der vom Proximalbereich des Radius bis zum Distalbereich des Metakarpus reicht, genügen. (Einzelheiten über das Anlegen der fixierenden Verbände können dem Abschnitt über die Behandlung karpalgelenkbedingter Fehlstellungen auf Seite 631 in diesem Kapitel entnommen werden.) Erscheint das Karpalgelenk bei der Rotation sehr instabil, ist das Anlegen eines hohen fixierenden Verbandes, der vom Huf bis zum Ellbogen reicht, zu empfehlen. In den meisten Fällen ist es erforderlich, das Karpalgelenk beim Fohlen für etwa vier Wochen und beim erwachsenen Pferd für etwa sechs Wochen ruhigzustellen. Bei Fohlen können fixierende Schlauchverbände angelegt und während der gesamten Behandlungszeit belassen werden. Wenn ein hoher Verband verwendet wird, sollte er allerdings alle zehn bis zwölf Tage gewechselt werden. Bei ausgewachsenen Pferden kann jedoch ein hoher Verband angelegt und für die Dauer der Behandlung belassen werden. Die Zeit von vier bis sechs Wochen wird gewählt, da sie normalerweise zur bindegewebigen Reparation des stützenden Weichteilgewebes ausreicht.

Wenn im Zusammenhang mit der Luxation gleichzeitig Trümmerfrakturen der Karpalknochen vorliegen, sollte zur Euthanasie geraten werden, falls das Pferd nicht einen besonders hohen ideellen Wert hat oder ein außerordentlich gutes Zuchttier darstellt.

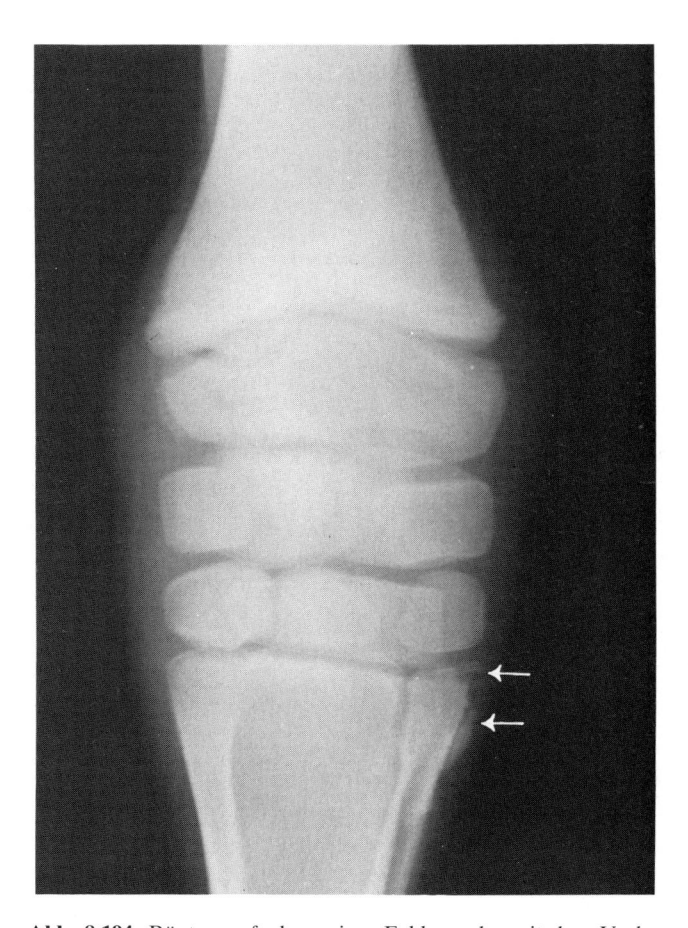

Abb. 8.194: Röntgenaufnahme eines Fohlens, das mit dem Vorbericht einer kurz nach der Geburt festgestellten Subluxation des Karpometakarpalgelenkes vorgestellt wurde. Zur Behandlung wurde ein fixierender Kunststoffverband angelegt. Zu beachten ist die Periostitis im Bereich des medialen Griffelbeinköpfchens (Pfeile), die auf ein früheres Trauma am Ansatz des Seitenbandes hindeutet.

Wenn dies der Fall ist, sollte versucht werden, die frakturierten Karpalknochen einzurichten und mit Knochenschrauben zu fixieren. In besonderen Fällen kann der Gelenkknorpel kürettiert und das betroffene Karpalgelenk mit Platten überbrückt werden (pankarpale Arthrodese). Danach wird für 45 bis 90 Tage bzw. bis zum radiologischen Nachweis der Knochenheilung und der Arthrodese ein hoher fixierender Verband angelegt.

Prognose

Die Aussichten für eine Heilung des stützenden Weichteilgewebes scheinen bei einer Luxation ohne Trümmerfraktur der Karpalknochen gut zu sein, wobei allerdings die Prognose für ein Wiedererlangen der früheren Leistungsfähigkeit vorsichtig bis ungünstig ist. Eine schlechte Prognose muß in allen Fällen gestellt werden, in denen neben einer Ruptur des Seitenbandes noch Trümmerfrakturen der Karpalknochen bestehen.

Ausgewählte Literatur

1. AUER, J.: Diseases of the carpus: symposium on equine lameness. Vet. Clin. North Am. (Large Anim. Pract.), **2:** 81, 1980.
2. FESSLER, J. F., and AMSTUTZ, H. E.: Fracture Repair. *In* Large Animal Surgery. Edited by F. W. Oehme, and J. E. Prier. Baltimore, Williams & Wilkins Co., 1974, p. 306.
3. O'CONNOR, J. J.: Dollar's Veterinary Surgery. 4th Ed. Chicago, Alexander Eger Inc., 1950, p. 830.

Karpaltunnelsyndrom ("Carpal Canal Syndrome")

Über das Karpaltunnelsyndrom beim Pferd gibt es nur wenig Veröffentlichungen.[1-4] Es entsteht durch ein Trauma bzw. raumfordernde Veränderungen innerhalb des Karpaltunnels. Da diese Veränderungen ihrerseits das Weichteilgewebe im unelastischen Lumen des Karpaltunnels komprimieren, kommt es zu einer Lahmheit. Durch die fortgesetzte Reizung verdickt sich das Retinaculum flexorum, was zu einer noch stärkeren Kompression des Weichteilgewebes im Karpaltunnel führt.

Ätiologie

Ein Schaden der Beugesehnen, der zu einer Tendinitis führt, eine Fraktur des Os carpi accessorium, eine Desmitis des Unterstützungsbandes der oberflächlichen Beugesehne oder ein Osteochondrom distal am Radius können zu einer Kompression und einer Reizung des Weichteilgewebes innerhalb des Karpaltunnels führen. Durch die Kompression werden die neurovaskulären Strukturen an ihren Austrittsstellen aus dem Tunnel während der Bewegung abgeschnürt, so daß die Blutversorgung der Zehe reduziert wird. Auf diese Weise entstehen Schmerzen, die eine Lahmheit verursachen.[1-3]

Symptome

Die Pferde werden meistens mit einer geringgradigen chronischen Lahmheit vorgestellt, die in einigen Fällen auch intermittierend sein kann. Intermittierende Lahmheiten sind normalerweise bei den Pferden zu beobachten, die während des Trainings Ruhepausen bekommen und bereits eine verheilte Fraktur des Os carpi accessorium haben.

Adspektorisch ist feststellbar, daß sich der Karpaltunnel, der vermehrt mit Synovia gefüllt ist, kaudomedial im Distalbereich des Radius zwischen den Sehnen des Musculus flexor carpi ulnaris und des Musculus flexor carpi radialis sowie kaudolateral zwischen dem Musculus extensor carpi ulnaris und der Sehne des Musculus extensor digitalis lateralis vorwölbt.

Palpatorisch ist der vermehrt gefüllte Karpaltunnel unterschiedlich stark gespannt. Normalerweise ist die Einbeugbarkeit des Karpalgelenkes vermindert, und eine schnelle Beugung des Karpus ist meistens extrem schmerzhaft, so daß die Pferde steigen, um der Manipulation auszuweichen. In einigen Fällen ist eine Verringerung der Pulsation der Zehenarterien an der Gleichbeinbasis zu fühlen. Eine tiefe Palpation im Bereich des Karpaltunnels bei leicht gebeugtem Karpus ermöglicht es dem Untersucher, Frakturen des Os carpi accessorium sowie Osteochondrome distal am Radius festzustellen. Bei frischen Frakturen des Os carpi accessorium ist Krepitation fühlbar, während bei chronischen Fällen das frakturierte Os carpi accessorium vermehrt seitlich beweglich ist. Die knöcherne Umfangsvermehrung durch ein Osteochondrom ist bei tiefer Palpation kaudomedial distal am Radius zu fühlen. Die palpatorische Untersuchung dieser Veränderungen ist normalerweise deutlich schmerzhaft und verursacht eine Lahmheitsverstärkung in der Bewegung.

Diagnose

Eine vorläufige Diagnose des Karpaltunnelsyndroms kann aufgrund der klinischen Befunde gestellt werden. Hierzu gehören die vermehrte Füllung des Karpaltunnels, die verminderte Beugbarkeit, der Beugeschmerz und die verminderte Pulsation der Zehenarterie. Durch die intrasynoviale Injektion von 5 ml eines Lokalanästhetikums kann der Verdacht, daß die Lahmheitsursache im Karpaltunnel liegt, bestätigt werden. Röntgenaufnahmen sind zur Feststellung von Osteochondromen und Frakturen des Os carpi accessorium als Ursache erforderlich.

Therapie

Die Injektion von Kortikosteroiden in den Karpaltunnel bewirkt nur eine vorübergehende Besserung der Lahmheit.[3]

In den Fällen, in denen eine akute Fraktur des Os carpi accessorium besteht, kann eine interne Fixation der Entstehung des Karpaltunnelsyndroms vorbeugen.[1]

660 Kapitel 8: Lahmheit

Bei unbehandelten Frakturen des Os carpi accessorium kommt es jedoch in einem hohen Prozentsatz der Fälle zu einem Karpaltunnelsyndrom mit chronischer Lahmheit. Da der Schmerz in erster Linie durch die Kompression des Weichteilgewebes innerhalb des Karpaltunnels entsteht, ist eine Verbesserung des Zustandes dadurch zu erreichen, daß das Retinaculum flexorum aufgeschnitten wird, damit es zu einer Druckentlastung kommt.

Osteochondrome distal am Radius können reseziert werden, aber auch hier besteht die Möglichkeit, das Retinaculum flexorum aufzuschneiden. Ist das Osteochondrom groß und gut abgesetzt, ist die Exzision zu empfehlen. Die Technik kann dem Abschnitt über die Behandlung von Osteochondromen distal am Radius entnommen werden (siehe Seite 663–665). Bei kleineren Osteochondromen, die aufgrund der chronischen Reizung zu einer Verdickung des Retinaculum flexorum geführt haben, kann die Resektion eines Teiles des Haltebandes der Beuger Schmerzfreiheit bewirken.

Chirurgische Technik (Teilresektion des Retinaculum flexorum). Das Pferd wird in Seitenlage verbracht, wobei die betroffene Gliedmaße unten liegen muß. Palmaromedial am Karpus parallel zum Ramus palmaris der Vena mediana 5 cm medial dieser Vene wird ein 15 cm langer Hautschnitt gelegt (Abb. 8.195). Auf dieser Höhe wird das Retinaculum flexorum eröffnet, und ein elliptisches etwa 1 cm breites Stück wird zwischen der Vena radialis und dem Ramus palmaris der Vena mediana entfernt, wobei darauf geachtet werden muß, die tief im Gewebe liegenden Gefäße nicht zu beschädigen. Die Länge der elliptischen Exzision sollte etwas größer sein als der verdickte Bereich, reicht aber selten über das ganze Retinaculum flexorum.[2] In den meisten Fällen kann die gemeinsame karpale Beugesehnenscheide verschlossen bleiben. Unterhaut und Haut werden routinegemäß mit einfachen Einzelheften adaptiert. Für die nächsten drei Wochen wird ein Druckverband angelegt. Die Fäden werden nach etwa zwei Wochen gezogen. Die Pferde müssen für sechs Wochen im Stall bleiben, danach kann mit leichter Bewegung begonnen werden. Eine Rekonvaleszenzzeit von sechs bis acht Monaten kann erforderlich sein, wenn das Karpaltunnelsyndrom im Zusammenhang mit einer Fraktur des Os carpi accessorium entstanden ist. Alle Pferde mit einem Karpaltunnelsyndrom zeigen unmittelbar nach der Operation eine deutliche Besserung, und das Karpalgelenk kann in normalem Umfang ohne Schmerzen gebeugt werden.

Prognose

Die Prognose scheint für Pferde mit einem Karpaltunnelsyndrom, bei denen eine Teilresektion des Retinaculum flexorum durchgeführt worden ist, günstig zu sein.

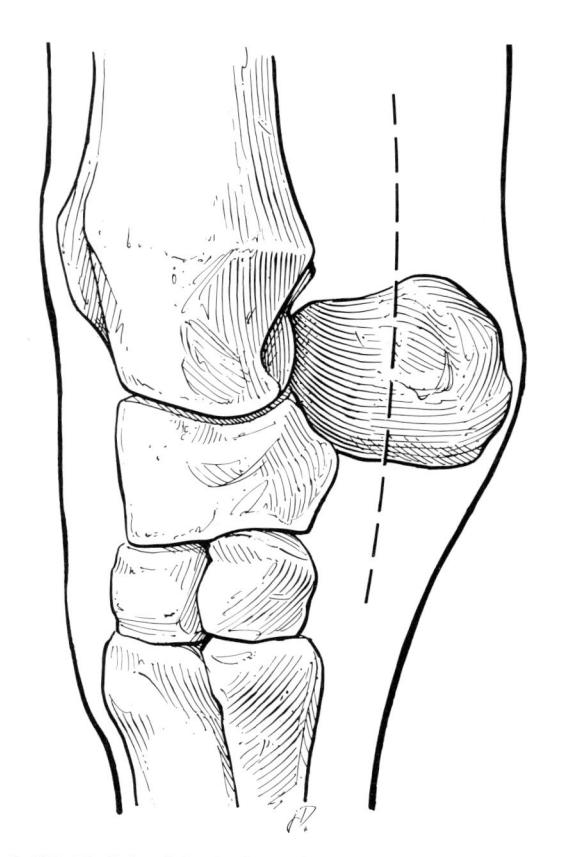

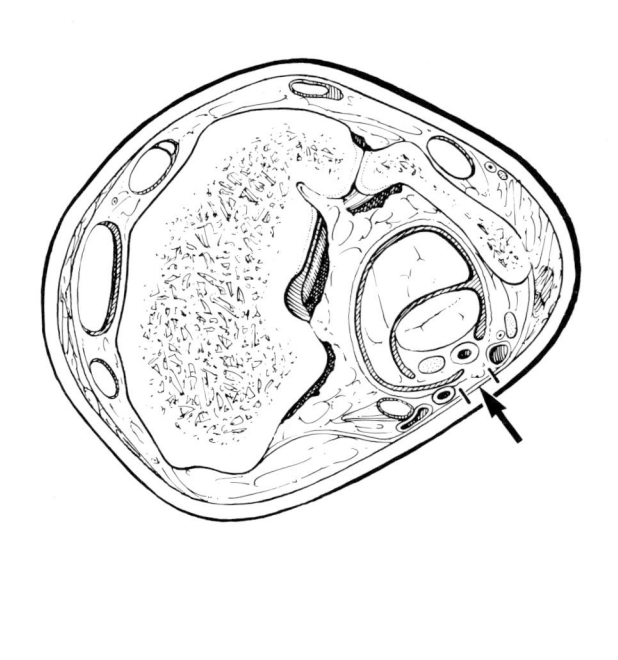

Abb. 8.195: Medialansicht des Karpalgelenkes. Die gestrichelte Linie stellt die Operationsstelle im Bereich des Retinaculum flexorum dar. Der Querschnitt auf Höhe des distalen Endes des Radius zeigt die Operationsstelle am Retinaculum flexorum und die im Karpaltunnel liegenden neurovaskulären Strukturen. Siehe auch Abb. 1.18 auf Seite 22.

Bei einer geringen Zahl von Fällen, bei denen das Karpaltunnelsyndrom aufgrund eines Osteochondroms distal am Radius entstanden ist, muß möglicherweise sowohl die Resektion dieses Osteochondroms als auch die Teilresektion des Retinaculum flexorum durchgeführt werden. In diesen Fällen ist die Prognose dann ebenfalls günstig zu stellen.

Ausgewählte Literatur

1. EASLEY, K. J., and SCHNEIDER, J. E.: Evaluation of a surgical technique for repair of equine accessory carpal bone fracture. J. Am. Vet. Med. Assoc., **178**: 219, 1981.
2. MacKAY-SMITH, M. P., CUSHING, L. S., and LESLIE, J. A.: Carpal canal syndrome in horses. J. Am. Vet. Med. Assoc., **160**: 993, 1972.
3. RADUE, P.: Carpal tunnel syndrome due to fracture of the accessory carpal bone. Eq. Pract., **3**: 8, 1981.
4. RAKER, C. W.: Orthopedic surgery errors in surgical evaluation and management. Proc. 19th Ann. AAEP, 1973, p. 205.

Frakturen des Os carpi accessorium

Frakturen des Os carpi accessorium treten sehr häufig bei Vollblütern, Militarypferden und Jagdpferden auf. Obwohl diese Frakturen in allen möglichen verschiedenen Ebenen des Knochens liegen können, verlaufen sie meistens vertikal durch die Sehnenrinne der Sehne des Musculus extensor carpi ulnaris (Abb. 8.196). Der andauernde Zug des Musculus flexor carpi ulnaris und des als Beuger wirkenden Musculus extensor carpi ulnaris am Fragment führt zu einer Instabilität während der Bewegung, so daß ein fibröses Pseudogelenk entsteht.[3] Dieses muß nicht unbedingt Schmerz verursachen, so daß einige Pferde in diesem Zustand gearbeitet werden können.[1,7] Bei den meisten besteht jedoch eine gering- bis mittelgradige Lahmheit, die durch ein Karpaltunnelsyndrom kompliziert sein kann.[3,4,6]

Ätiologie

Die genaue Ätiologie ist unbekannt, und verschiedene Hypothesen werden aufgestellt. Sicherlich kann ein direktes Trauma durch einen Schlag oder durch hohes Streichen in Frage kommen.[1] Allerdings sind in den meisten Fällen keine Zeichen einer äußeren Verletzung an Haut oder Haaren feststellbar. Auch die Möglichkeit, daß durch asynchrone Kontraktion von Musculus flexor carpi ulnaris und Musculus extensor carpi ulnaris eine Fraktur verursacht wird, wurde in Betracht gezogen,[9] ebenso wie der Bogensehneneffekt von Musculus flexor carpi ulnaris, Musculus extensor carpi ulnaris und den Beugesehnen, der entsteht, wenn das Pferd auf einem nicht vollständig gestreckten Bein landet.[4] Eine weitere Ursache kann darin bestehen, daß das Os carpi accessorium wie in einem Nußknacker zwischen Röhrbein und Radius eingeklemmt wird. Diese Theorie wird dadurch unterstützt, daß Kontaktläsionen kaudal am Radius festgestellt werden konnten.[8] Was auch immer die Ursache für die Fraktur des Os carpi accessorium sein mag, das Endergebnis kann das

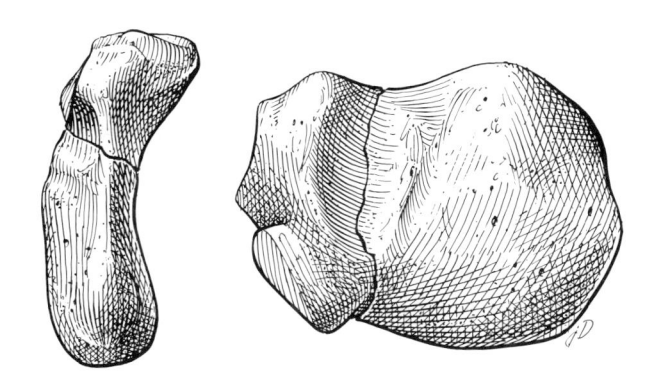

Abb. 8.196: Darstellung der häufigsten Lokalisation der Fraktur des Os carpi accessorium.

Karpaltunnelsyndrom sein, das normalerweise zu einer deutlich geringgradigen chronischen Lahmheit führt.

Symptome

Es handelt sich normalerweise nicht um eine akute Lahmheit. Kurz nach Eintritt der Verletzung wird die Gliedmaße nicht voll belastet, und wenn keine zu starke Schwellung besteht, kann zu einem frühen Zeitpunkt Krepitation feststellbar sein. Bald nach der Fraktur ist das Fragment aber schon so weit disloziert, daß keine Krepitation mehr auslösbar ist. Die deutlichsten Symptome sind eine vermehrte Füllung der gemeinsamen karpalen Beugesehnenscheide (Abb. 8.197) und erhebliche Schmerzen beim schnellen Beugen.

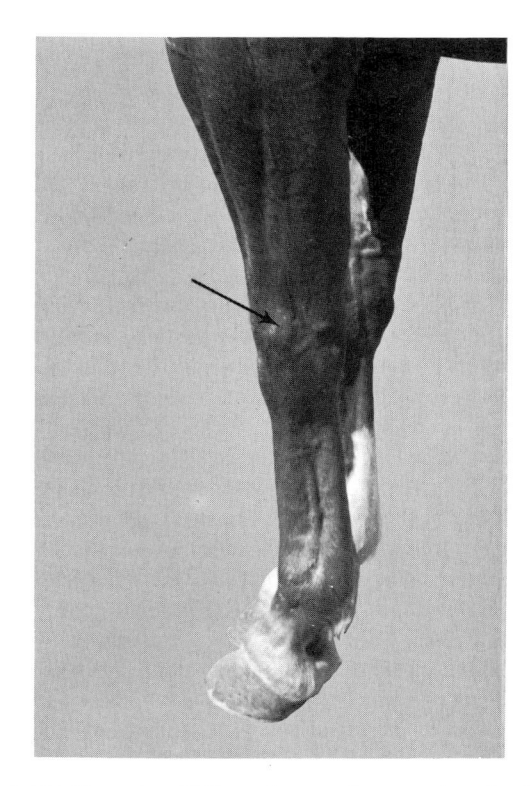

Abb. 8.197: Vermehrte Füllung der gemeinsamen karpalen Beugesehnenscheide (Pfeil) bei einer Fraktur des Os carpi accessorium.

Die Schmerzen können so erheblich sein, daß die Pferde steigen. Sie entstehen sowohl durch die Fraktur des Os carpi accessorium als auch durch die Kompression der Strukturen innerhalb des Karpaltunnels. Bei leicht angebeugter Gliedmaße ist die Spannung des Musculus extensor carpi ulnaris und des Musculus flexor carpi ulnaris verringert, so daß sich palpatorisch eine vermehrte seitliche Beweglichkeit des Os carpi accessorium feststellen läßt. In chronischen Fällen kann die Ursache der Lahmheit ausschließlich das Karpaltunnelsyndrom sein (siehe Abschnitt über das Karpaltunnelsyndrom, Seite 659). Ein diagnostisches Zeichen für diese Erkrankung sind die verminderte Pulsation der Zehenarterien beim Beugen des Karpalgelenkes sowie eine sehr schmerzhafte Reaktion bei schneller Beugung. Wenn nicht sicher festgestellt werden kann, inwieweit das Karpaltunnelsyndrom an der Lahmheit beteiligt ist, kann ein Lokalanästhetikum in den Karpaltunnel injiziert werden. In den meisten Fällen reichen 5 ml eines Lokalanästhetikums aus, um eine deutliche Besserung zu bewirken. Bei einer begrenzten Zahl von Fällen wurde festgestellt, daß die Leitungsanästhesie des Nervus ulnaris diese Lahmheit nicht zum Verschwinden bringt.[6]

Diagnose

Sobald die gemeinsame Beugesehnenscheide im Bereich des Karpalgelenkes umfangsvermehrt ist und eine Beugeschmerzhaftigkeit besteht, sollten Röntgenaufnahmen angefertigt werden. Die Fraktur ist dann auf der seitlichen Aufnahme zu erkennen (Abb. 8.198).

Therapie

Grundsätzlich gibt es drei Möglichkeiten, die zur Behandlung einer Fraktur des Os carpi accessorium in Frage kommen. Die konservative Methode besteht in der Aufstallung des Pferdes in einer Box für drei bis sechs Monate und führt schließlich zur Entstehung eines fibrösen Pseudogelenkes.[3] Danach besteht die Möglichkeit, daß die Pferde wieder leichte bis mittelschwere Arbeit verrichten können.[1,6] Ein gewisser Prozentsatz entwickelt jedoch ein Karpaltunnelsyndrom, so daß die partielle Resektion des Retinaculum flexorum erforderlich wird (siehe Abschnitt über die Behandlung des Karpaltunnelsyndroms, Seite 659).[4,6]

Bei einer frischen Längsfraktur des Os carpi accessorium durch die Sehnenrinne der Sehne des Musculus extensor carpi ulnaris ist theoretisch das beste Ergebnis nach interner Fixation mit einer Zugschraube zu erwarten.[3] Lateral an der Palmarfläche des Karpus wird ein gebogener Hautschnitt gelegt. Eine spezielle C-Klammer für Pferde dient zur Führung des Bohrers[3] und erleichtert es dem Chirurgen, die Schrauben korrekt in das flache, diskusförmige Os carpi accessorium einzusetzen. Die interfragmentäre Kompression erfolgt mit zwei 4,5-mm-ASIF-Schrauben (Abb. 8.199). Details können der Arbeit von EASLEY und SCHNEIDER[3] entnommen werden. Bei experimentell induzierten Frakturen wurde über gute Ergebnisse mit dieser Methode berichtet, und auf Röntgenaufnahmen war etwa 60 Tage nach der Operation ein guter Heilungserfolg feststellbar.[3] Erfahrungen des Autors sowie die Erfahrungen, die BRAMLAGE[2] bei einer begrenzten Zahl von Fällen mit dieser Methode gemacht hat, führten eher zu einer fibrösen als zu der beschriebenen knöchernen Reparation.

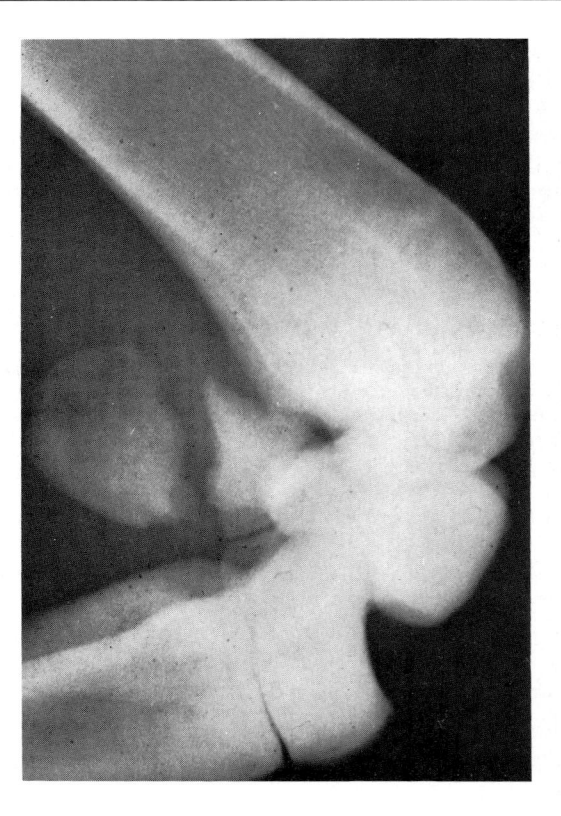

Abb. 8.198: Fraktur des Os carpi accessorium. Zu beachten ist die Dislokation des Fragmentes als Folge des Zuges der Beuger des Karpalgelenkes.

Andere chirurgische Methoden, die erwähnt werden sollen, die sich aber nicht etabliert haben, sind die partielle Resektion des frakturierten Os carpi accessorium und die Neurektomie des Nervus ulnaris. Die Entfernung des Frakturfragmentes ist Veröffentlichungen zufolge bei Längsfrakturen, bei denen das Fragment weniger als die Hälfte des gesamten Knochens ausmacht, günstig. Die Pferde waren nach einer vertretbaren Zeit wieder in der Lage, Rennen zu laufen.[8] Einige interessante Aspekte dieser Methode sind es wert, besprochen zu werden. Zuerst wird das Retinaculum flexorum aufgeschnitten, um das Fragment entfernen zu können, was möglicherweise eine Besserung des schmerzhaften Zustandes bewirkt. Zusätzlich kann aber durch die Entfernung des Knochenstückes ein Spätschaden entstehen, da sowohl der Musculus extensor carpi ulnaris als auch der Musculus flexor carpi ulnaris an Halt verliert. Mit einer ähnlichen chirurgischen Technik wurden experimentell sowohl eine Hyperextension im Karpalgelenk als auch arthrotische Veränderungen ausgelöst.[5] Aus diesem Grund kann diese Methode zur Zeit nicht empfohlen werden.

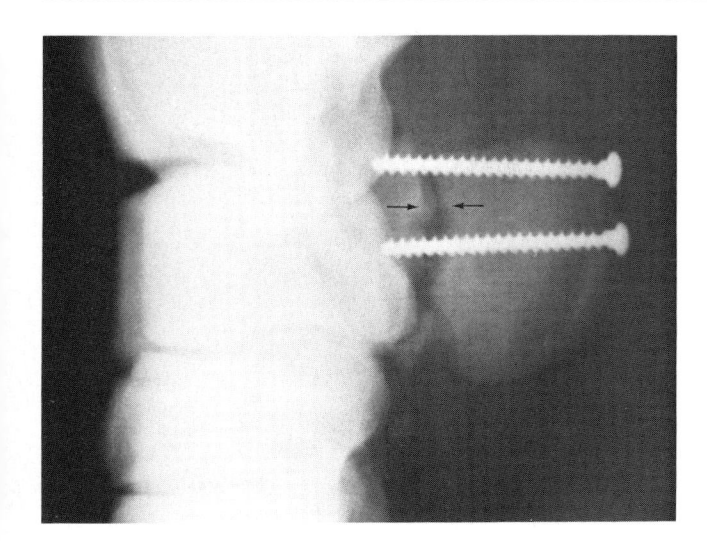

Abb. 8.199: Zur Fixation dieser Fraktur des Os carpi accessorium wurden zwei ASIF-Knochenschrauben verwendet. Die Pfeile weisen auf den breiten Frakturspalt.

Die Neurektomie des Nervus ulnaris soll dazu dienen, die Pferde schmerzfrei zu machen, so daß sie trotz der Fraktur des Os carpi accessorium arbeiten können.[6] Theoretisch wird durch diese Technik nur der Schmerz direkt aus dem Frakturbereich aufgehoben, und der Effekt auf eine chronische Synovialitis oder eine Konstriktion als Folge eines möglicherweise entstehenden Karpaltunnelsyndroms wäre sehr gering. Unglücklicherweise ist bis jetzt noch nicht verfolgt worden, wie oft ein Karpaltunnelsyndrom im Zusammenhang mit einer Fraktur des Os carpi accessorium entsteht, aber auf jeden Fall geschieht dies anerkanntermaßen so häufig, daß diese Technik allein vermutlich keinen großen Wert hat.

Prognose

Die Prognose muß sicherlich vorsichtig gestellt werden, hängt aber in gewisser Weise von der Art der Fraktur, der Dauer ihres Bestehens, der Behandlungsmethode und dem Verwendungszweck des Pferdes ab. Gute Erfolge wurden bei experimentell induzierten Längsfrakturen des Os carpi accessorium beschrieben, die entweder frisch oder innerhalb von 21 Tagen durch interfragmentäre Kompression fixiert wurden.[2] Einigermaßen gute Ergebnisse sind auch zu erwarten, wenn sich ein Karpaltunnelsyndrom entwickelt und eine Resektion des Retinaculum flexorum durchgeführt wird. In einigen Fällen kann Ruhe ausreichen, wenn die Pferde in Zukunft zu Zuchtzwecken oder zu leichter bis mittelschwerer Arbeit verwendet werden sollen.

Ausgewählte Literatur

1. ADAMS, O. R.: Lameness in Horses. 3rd Ed. Philadelphia, Lea & Febiger, 1974, p. 196.
2. BRAMLAGE, L. R.: Personal Communication, 1984.
3. EASLEY, K. J., and SCHNEIDER, J. E.: Evaluation of a surgical technique for repair of equine accessory carpal bone fractures. J. Am. Vet. Med. Assoc., **178:** 219, 1981.
4. MacKAY-SMITH, M. P., CUSHING, L. S., and LESLIE, J. A.: Carpal canal syndrome in horses. J. Am. Vet. Med. Assoc., **160:** 993, 1972.
5. MANNING, J. P., and St. CLAIR, L. E.: Carpal hyperextension and arthrosis in the horse. Proc. 18th Ann. AAEP, 1972, p. 173.
6. RADUE, P.: Carpal tunnel syndrome due to fracture of the accessory carpal bone. Eq. Pract., 3: 8, 1981.
7. RAKER, C. W.: Orthopedic surgery errors in surgical evaluation and management. Proc. 19th Ann. AAEP, 1973, p. 205.
8. ROBERTS, J. E.: Carpal lameness. Proc. of Brit. Eq. Vet. Assoc. Cong., 1964, p. 18.
9. ROONEY, J. R.: Biomechanics of Lameness in Horses. Baltimore, Williams & Wilkins Co., 1969, p. 139.

Antebrachium

Osteochondrome am distalen Ende des Radius

Osteochondrome am distalen Ende der Radiusdiaphyse bzw. -metaphyse stellen eine Lahmheitsursache beim Pferd dar, über die es nur wenige Veröffentlichungen gibt.[2,4,5,6] Radiologisch und histologisch ähneln diese Knochenzubildungen den hereditären multiplen Exostosen. Im Gegensatz zu diesen handelt es sich jedoch um isolierte Veränderungen, die entweder einzeln auftreten oder höchstens einige wenige lange Röhrenknochen betreffen. Die hereditären multiplen Exostosen sollen den Veröffentlichungen zufolge dagegen zahlreiche wachsende Knochen betreffen (siehe Seite 312).

Ätiologie

Für die Entwicklung multipler Exostosen bei Pferden und Menschen ist ein einzelnes dominantes autosomales Gen verantwortlich.[5] Die genetischen Zusammenhänge bei isolierten Osteochondromen sind dagegen unklar. Beim Menschen werden einzelne Osteochondrome nicht als erblich angesehen.[1] Es wird angenommen, daß die metaplastischen Knorpelbezirke im Bereich der Metaphyse und der distalen Diaphyse durch ein abnormes Wachstum des Periostes entstehen. Während der Knorpel wächst, unterliegt er einer enchondralen Ossifikation, ähnlich der, die in der Epiphysenfuge stattfindet.[3] Die sich entwickelnde Exostose, die keinen Übergang zur Kompakta aufweist und eine Knorpelkappe besitzt, wird Osteochondrom genannt.

Symptome

Die gemeinsame Beugesehnenscheide im Bereich des Karpaltunnels ist normalerweise kranial des Musculus extensor carpi ulnaris deutlich verdickt (Abb. 8.200). In der Bewegung zeigen diese Pferde normalerweise eine geringgradige Hangbeinlahmheit. Bei der Palpation kaudomedial am Radius bei im Karpus gebeugter Gliedmaße ist der knöcherne Vorsprung oft fühlbar. Eine intensive tiefe Palpation ist schmerzhaft und führt normalerweise dazu, daß das Pferd das Bein wegzieht und deutlich stärker lahmt.

664 Kapitel 8: Lahmheit

Die Beugbarkeit des Karpalgelenkes ist oft vermindert, und schnelles Beugen ist deutlich schmerzhaft.

Diagnose

Röntgenaufnahmen sind erforderlich, um die Ausdehnung dieser Erkrankung festzustellen. In den meisten Fällen befinden sich die Osteochondrome kaudomedial und distal am Radius, kleinere Osteochondrome wurden jedoch auch kaudolateral und distal am Radius gefunden (Abb. 8.201). Auf den Röntgenaufnahmen stellen sich diese Veränderungen als konische Knochenvorsprünge mit einer Kompakta außen und einem Markraum innen dar (Abb. 8.202).

Therapie

Zwei chirurgische Behandlungsmethoden sind bereits mit Erfolg angewendet worden. Bei kleineren, rundlichen Veränderungen, die mit einer Verdickung im Bereich des Karpaltunnels einhergehen, ist es im allgemeinen ausreichend, einfach kaudomedial eine partielle Resektion des Retinaculum flexorum durchzuführen.

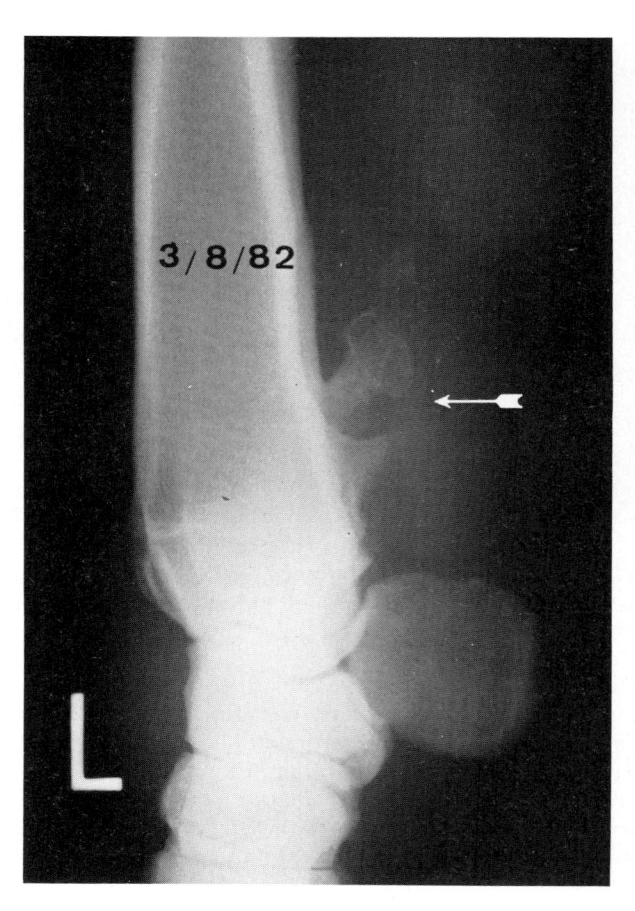

Abb. 8.201: Seitliche Röntgenaufnahme der Schultergliedmaße aus Abb. 8.200 mit zwei Osteochondromen am distalen Ende des Radius (Pfeil), von denen das eine medial und das andere lateral lokalisiert war.

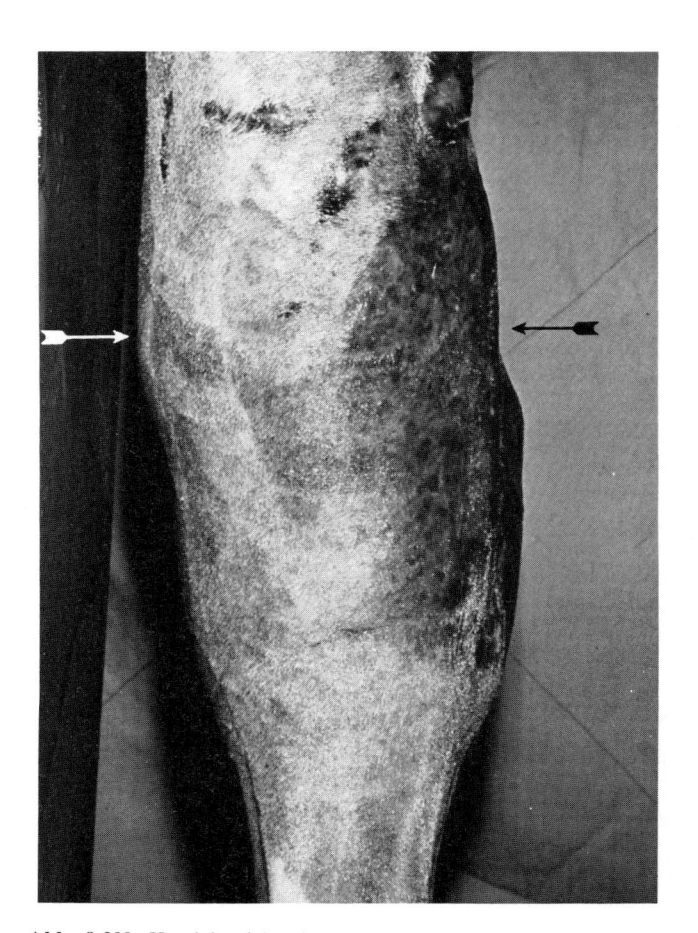

Abb. 8.200: Kaudalansicht eines Karpalbereiches. Diese Umfangsvermehrung im Bereich des Karpaltunnels (Pfeile) kann in Verbindung mit einem Osteochondrom am distalen Ende des Radius festgestellt werden.

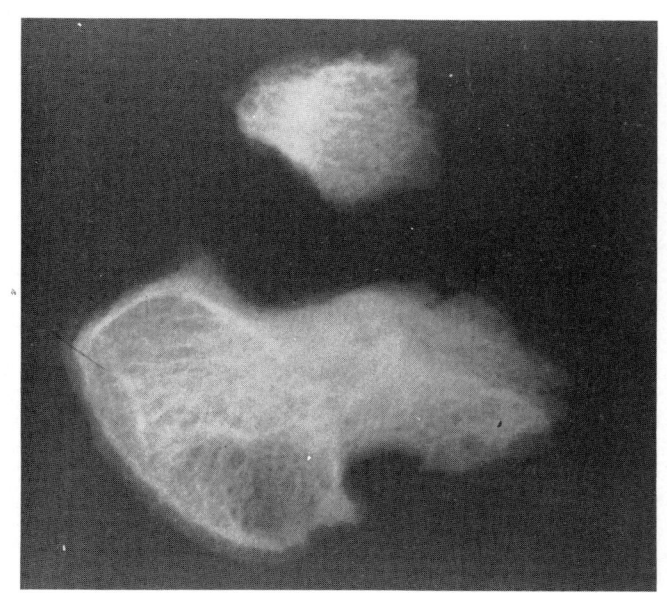

Abb. 8.202: Vergrößerung einer Röntgenaufnahme, auf der die charakteristischen Merkmale eines Osteochondroms zu sehen sind. Besonders zu beachten sind auf dem unteren Stück die deutliche äußere Knorpelkappe, die Kompakta und der Markraum.

Bei größeren Veränderungen ist die Exzision des Osteochondroms zu empfehlen. Große Osteochondrome an der medialen Seite, die nicht mit einer kleineren Veränderung lateral vergesellschaftet sind, werden von medial operiert, wobei der Zugang zwischen der Sehne des Musculus flexor carpi radialis und dem Radius liegt. Der Hautschnitt liegt näher am Radius, und der Operateur geht direkt an dessen Faszie in die Tiefe. Arteria und Vena mediana sowie der Nervus medianus werden kaudal verlagert, so daß das Retinaculum flexorum des Karpus und das Unterstützungsband der oberflächlichen Beugesehne freiliegen. Die gemeinsame Karpalbeugesehnenscheide wird mit einem 5 cm langen Längsschnitt eröffnet.

Wenn eine große isolierte Veränderung lateral vorliegt, kann statt dessen auch ein Zugang von lateral gewählt werden.[2] Die Osteochondrome werden mit einem Meißel entfernt, und der Radius wird mit einem Rongeur und einer Kürette geglättet (Abb. 8.203). Es muß sehr sorgfältig darauf geachtet werden, die Nerven in diesem Bereich nicht zu schädigen. Die Wunde wird routinegemäß verschlossen, und für zwei bis drei Wochen werden feste Stützverbände angelegt. Sechs Wochen Boxenruhe sind zu empfehlen.

Prognose

Bei langfristigen Kontrollen dieser Fälle wurde beobachtet, daß die Prognose günstig ist. Bei zwei Pferden wurde nach vier bzw. zwölf Jahren keine Lahmheit festgestellt, und die Operationsstellen zeigten auf Röntgenaufnahmen keinerlei Reaktionen.

Ausgewählte Literatur

1. JAFFE, H. L.: Tumors and Tumorous Conditions of the Bones and Joints. Philadelphia, Lea & Febiger, 1958, pp. 143–160.
2. LEE, H. A., GRANT, B. D., and GALLINA, A. M.: Solitary osteochondroma in a horse: a case report. J. Eq. Med. Surg., 3: 113, 1979.
3. LICHTENSTEIN, L.: Bone Tumors, 3rd Ed. St. Louis, C. V. Mosby Co., 1965, pp. 17–28.
4. LUNDVALL, R. L., and JACKSON, L. L.: Periosteal new bone formation of the radius as a cause of lameness in two horses. J. Am. Vet. Med. Assoc., 168: 612, 1976.
5. SHUPE, J. L., et al.: Hereditary multiple exostoses: clinicopathologic features of a comparative study in horses and man. Am. J. Vet. Res., 40: 751, 1979.
6. STAHRE, L., and TUFVESSON, G.: Volar supracarpal exostoses as causes of lameness in the horse. Nord. Vet. Med., 19: 356, 1967.

Zerrung des Unterstützungsbandes der oberflächlichen Beugesehne

Das Unterstützungsband der oberflächlichen Beugesehne ist ein starkes fibröses Band, das distal an der kaudomedialen Fläche des Radius entspringt und auf Höhe des Karpalgelenkes in die oberflächliche Beugesehne einstrahlt.[1] Die Zerrung dieses Bandes stellt einen sehr wenig definierten Komplex dar, da viele Erkrankungen im Kaudalbereich des Radius bzw. des Karpus die gleichen klinischen Symptome aufweisen (Verkleinerung des Winkels, den das Os carpi accessorium mit den übrigen Ossa carpi bildet, so daß es distal gerichtet ist, Periostitis kaudomedial distal am Radius, Kranialverlagerung des proximalen Radiusendes, Veränderungen dorsal an der Kapsel der proximalen Karpalgelenksabteilung).[1,4]

Ätiologie

Vermutlich führt eine extreme Überstreckung des Fesselgelenkes zusammen mit einer Hyperextension des Karpalgelenkes zu einer Überdehnung des Unterstützungsbandes der oberflächlichen Beugesehne.[3,4]

Symptome

Charakteristisch bei dieser Erkrankung ist der Vorbericht, daß die Pferde am Beginn des Rennens und während der Arbeit gut laufen, aber daß sie im Sprint nicht ihr Letztes geben und selten ihre frühere Leistung erreichen.[1,4] In einigen Fällen ist eine vermehrte Füllung der gemeinsamen Karpalbeugesehnenscheide feststellbar. Im Schritt ist eine Gangbehinderung zu sehen, die durch ein Zur-Seite-Schleudern des Hufes, kurz bevor er den Boden berührt, gekennzeichnet ist. Zehe und Tracht berühren beim Landen zur selben Zeit den Boden, als wenn das Pferd einen Hang hinuntergehen würde. In einer Übersicht über 30 Fälle wurde diese Gangveränderung sehr häufig im Zusammenhang mit Röntgenbefunden kaudomedial und distal am Radius im Bereich des Ursprungs des Unterstützungsbandes der oberflächlichen Beugesehne gesehen.[1] In akuten Fällen ist die Karpalbeugesehnenscheide vermehrt gefüllt und in unterschiedlichem Maß palpationsschmerzhaft.[1] Ein gleichzeitig bestehendes Trauma der oberflächlichen Beugesehne kann ebenfalls eine schmerzhafte Schwellung im Proximalbereich verursachen.[2]

Abb. 8.203: Osteochondrom nach der chirurgischen Entfernung. Links ist das kleinere Fragment aus Abb. 8.201 und rechts das größere zu sehen.

Diagnose

Bei akuten Fällen kann die Erkrankung nur anhand der klinischen Symptome erkannt werden. Röntgenaufnahmen vom kaudalen Bereich des distalen Radiusendes weisen meistens keine pathologischen Befunde auf. Allerdings können Veränderungen der Winkelung des Os carpi accessorium feststellbar sein (Abb. 8.204). Ist der Zustand chronisch, ist auf den Röntgenaufnahmen vom Distalbereich des Radius eine aktive Periostitis am Ursprung des Unterstützungsbandes der oberflächlichen Beugesehne zu erkennen (Abb. 8.205).

Therapie

Bei akuten Fällen mit vermehrter Füllung der gemeinsamen Karpalbeugesehnenscheide sind die Drainage mittels einer Kanüle und die Injektion eines kurzwirkenden Kortikosteroids zu empfehlen. Es muß allerdings bedacht werden, daß durch das Präparat zwar die Umfangsvermehrung und die vermehrte Synoviafüllung reduziert werden, daß es aber auch den Heilungsprozeß verzögert. Aus diesem Grund sollen die Pferde vier bis sechs Wochen Boxenruhe bekommen. Systemisch wirkende, nichtsteroidale, entzündungshemmende Medikamente werden nach Bedarf verabreicht, und über drei Wochen werden feste Stützverbände angelegt.

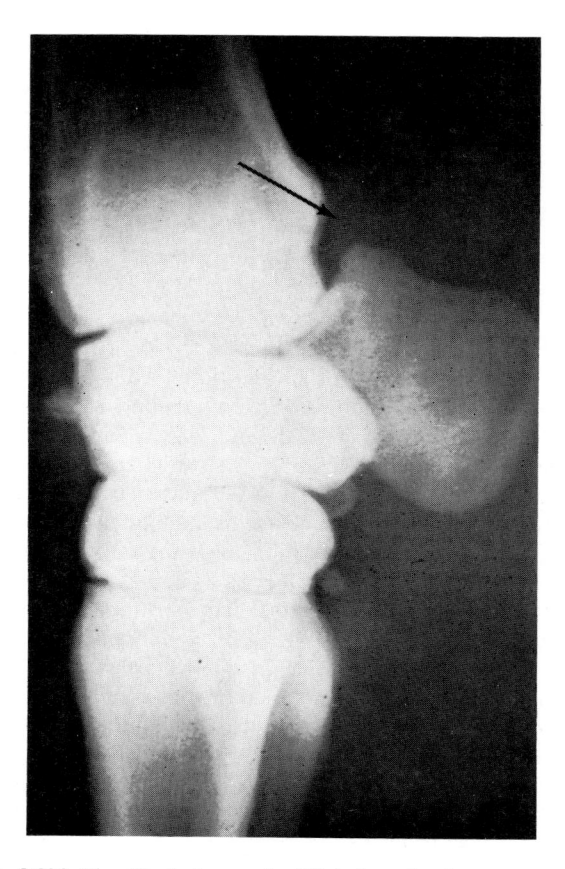

Abb. 8.204: Eine Veränderung der Winkelung des Os carpi accessorium geht möglicherweise mit einer Zerrung des Unterstützungsbandes der oberflächlichen Beugesehne einher.

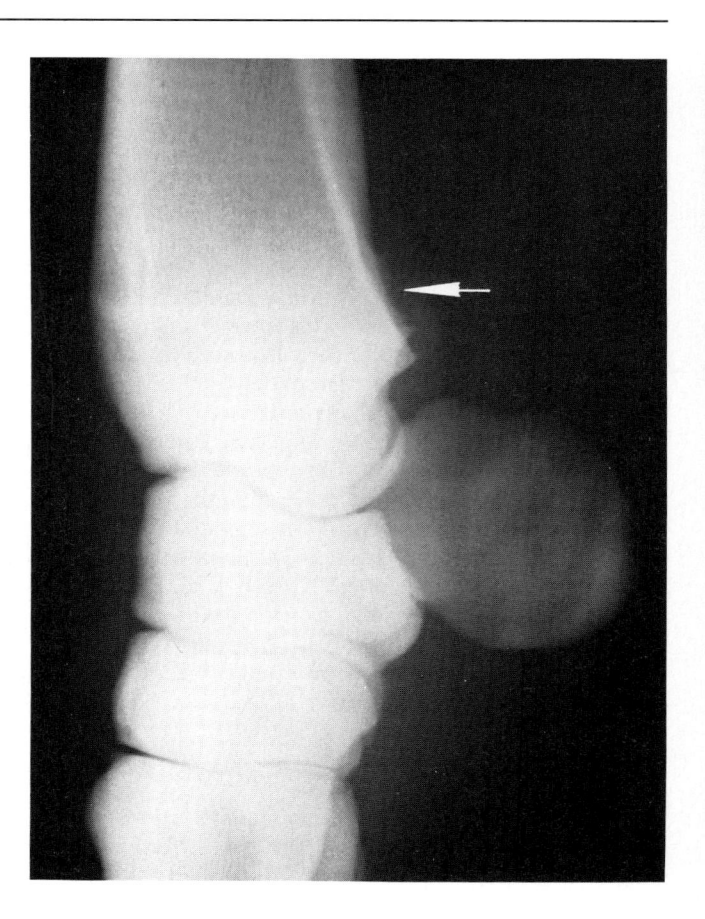

Abb. 8.205: Periostitis distal am Radius in Zusammenhang mit einer Zerrung des Ursprungs des Unterstützungsbandes der oberflächlichen Beugesehne.

Im Anschluß an die Boxenruhe sollten die Pferde für einen weiteren Monat in einen kleinen Auslauf gebracht werden. In chronischen Fällen scheint eine Ruhephase von zwei Monaten auszureichen. Dieser Zeitraum ist normalerweise so groß, daß eine Heilung stattfinden kann.

Prognose

Die Prognose ist normalerweise in allen Fällen günstig zu stellen, hängt aber in einem gewissen Maß davon ab, wie stark die Zerrung war und ob die oberflächliche Beugesehne beteiligt ist oder nicht.

Ausgewählte Literatur

1. GARNER, H. E., St. CLAIR, L. E., and HARDENBROOK, H. J.: Clinical and radiographic studies of the distal portion of the radius in race horses. J. Am. Vet. Med. Assoc., **149**: 1536, 1966.
2. JOHNSON, J. H.: Conditions of the forelimbs. *In* Equine Medicine and Surgery, 2nd Ed. Edited by E. J. Catcott, and J. F. Smithcors, Illinois, American Veterinary Publications Inc., 1972, p. 559.
3. LINGARD, D. R.: Strain of the superior check ligament of the horse. J. Am. Vet. Med. Assoc., **148**: 364, 1966.
4. MANNING, J. P., and St. CLAIR, L. E.: Carpal hyperextension and arthrosis in the horse. Proc. 18th Ann. AAEP, 1972, p. 173.

Radiusfrakturen

Radiusfrakturen beim Pferd sind relativ häufig.[4,9,13] In einer Übersicht über 797 Frakturen bei Militärpferden stellten Radiusfrakturen 14 % aller Brüche dar.[9] In einer anderen Studie über 3000 Fälle standen die Radiusfrakturen an vierter Stelle der Häufigkeit und repräsentierten 8 % aller in die Untersuchung eingegangenen Frakturen.[4] Es kann sich entweder um Transversalfrakturen, Schrägfrakturen (am häufigsten) oder Trümmerfrakturen handeln, die jeweils offen oder geschlossen sein können und überall am Radiusschaft vorkommen.[1–5,10–13] Bei jungen Pferden sind Frakturen im Bereich der proximalen und distalen Epiphysenfuge häufig feststellbar.[2,3] Bei Brüchen im proximalen Teil des Radius ist die Ulna oft gleichzeitig betroffen (Abb. 8.206). Offene Frakturen sind selten. Wenn sie jedoch auftreten, ist der Unterarm meistens medial perforiert.[3] In einer Veröffentlichung wurde allerdings im Gegensatz hierzu beschrieben, daß sieben von zwölf Radiusfrakturen offen waren.[1] Bei Schräg- oder Längsfrakturen können sowohl das Ellbogengelenk als auch die proximale Karpalgelenksabteilung beteiligt sein.

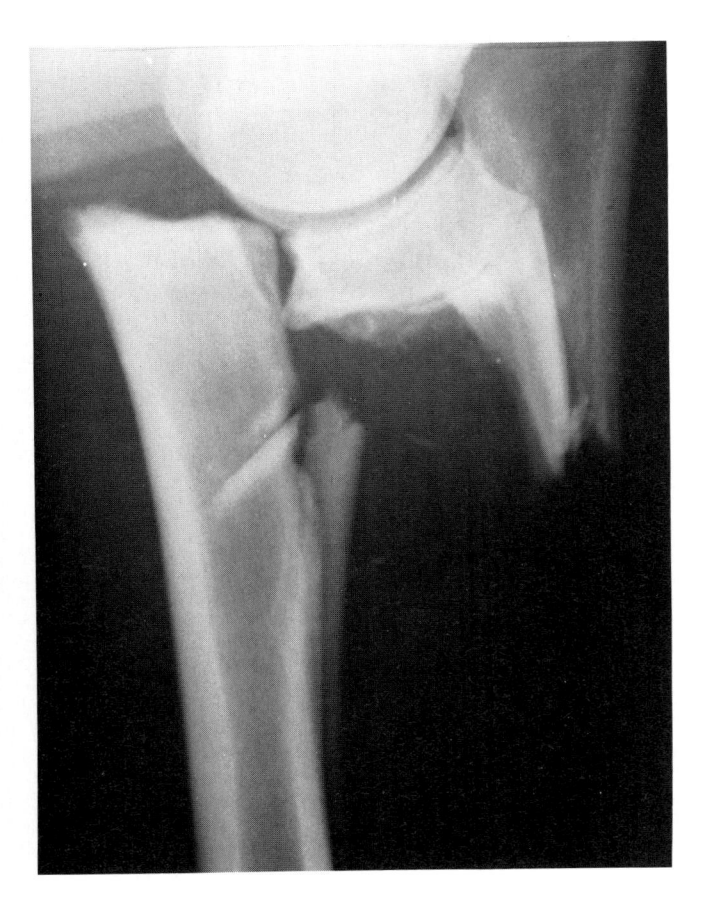

Abb. 8.206: Eine proximal gelegene Fraktur durch die Epiphysenfuge des Radius. Die Ulna ist ebenfalls beteiligt. Diese Art der Fraktur kann schwierig einzurichten und zu fixieren sein.

Ätiologie

In Veröffentlichungen werden traumatische Ereignisse wie Schlagverletzungen, das Verfangen in landwirtschaftlichen Maschinen oder anderen Dingen sowie Unfälle mit Beteiligung von Kraftfahrzeugen genannt. Was immer die Ursache sein mag, nur gewaltige Kräfte sind in der Lage, eine Fraktur des Radius zu bewirken. Gelegentlich wird im Vorbericht angegeben, daß die Pferde auf Eis ausgerutscht seien.

Symptome

Die Pferde zeigen im Zusammenhang mit der Radiusfraktur eine höchstgradige Lahmheit, Schwellungen unterschiedlichen Ausmaßes und Instabilität im Bereich der Fraktur. Palpatorisch ist häufig Krepitation feststellbar, und Manipulationen am distalen Teil der Gliedmaße lösen Schmerzen aus. Offene Frakturen treten medial aus, so daß dieser Bereich besonderer Aufmerksamkeit bedarf. Beim Transport in eine Klinik kann ein proximal angelegter Schienenverband, der soviel wie möglich vom Ellbogen einschließt, hilfreich sein. Je weiter proximal die Fraktur jedoch liegt, desto schwieriger ist sie mit dieser Methode ruhigzustellen. Tatsächlich ist es in einigen Fällen so, daß durch den fixierenden Verband bzw. die Schiene die Instabilität der Fraktur noch erhöht wird, da beide eine gewisse Hebelwirkung ausüben. Bei Fohlen kann diese Fraktur für den Transport mit Hilfe einer Thomasschiene und eines fixierenden Verbandes oft wirksam stabilisiert werden.

Diagnose

Die Diagnose dieser Frakturen ist normalerweise nicht schwierig. Um jedoch einen genauen Überblick über die Ausdehnung mit möglicher Gelenkbeteiligung und die Art der Fraktur, mit der der Untersucher es zu tun hat, zu gewinnen, sollten Röntgenaufnahmen angefertigt werden (Abb. 8.207).

Therapie

Verschiedene Behandlungsmethoden werden vorgeschlagen, und die Basis für die Auswahl sind Größe, Gewicht, Wert und Temperament des Pferdes sowie Art und Lokalisation der Fraktur.

In den meisten Fällen ist das Anlegen eines hohen fixierenden Verbandes kein akzeptables Verfahren, da das Gelenk über der Fraktur (Ellbogengelenk) nicht in adäquater Weise immobilisiert werden kann. Wenn ein fixierender Verband angelegt wird, führt dies häufig zu einer Verstärkung der auf die Fraktur wirkenden Rotationskräfte. Hinzu kommt, daß je weiter proximal die Fraktur liegt, ein desto größeres Risiko besteht, daß der distale Teil der Gliedmaße mit dem fixierenden Verband wie ein Pendel wirkt. Dies führt zu weiteren Weichteilschäden und verhindert die Frakturheilung.[3] Auf der anderen Seite sind hohe fixierende Verbände zusammen mit Thomasschienen und einer Transfixation durch Steinmann-Nägel bereits mit Erfolg verwendet worden.[3,7,13] Das Anlegen eines hohen fixierenden Verbandes zusammen mit einer Thomasschiene eignet sich vielleicht am besten für unkomplizierte Schaftfrakturen in der Mitte des Radius.

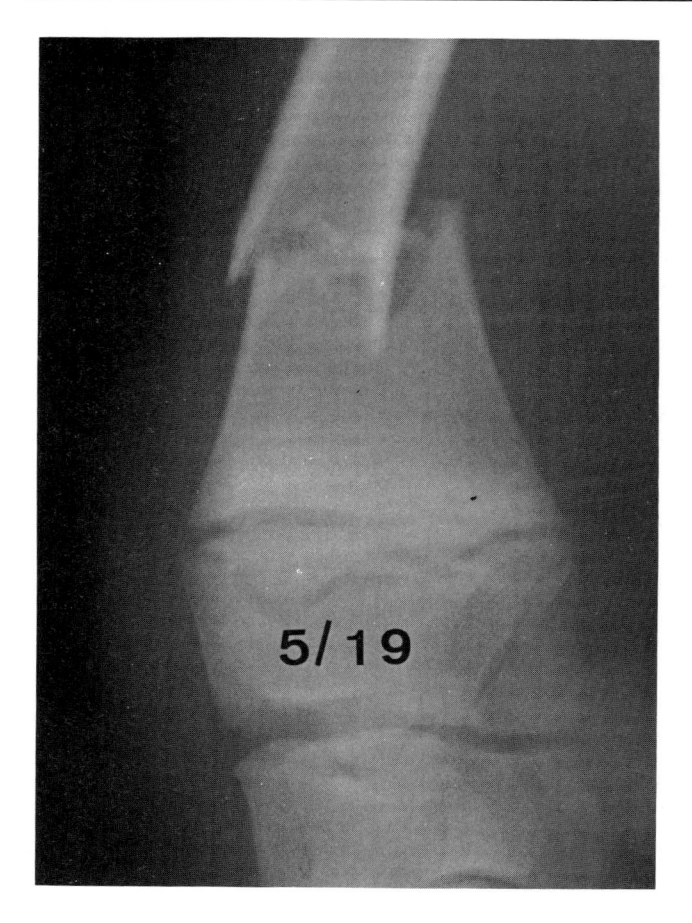

Abb. 8.207: Röntgenaufnahme einer distalen Radiusdiaphyse eines drei Monate alten Quarter-Horse-Hengstes, der zur Behandlung einer Transversalfraktur eingeliefert wurde (mit Genehmigung von Dr. W. A. AANES).

Die Verwendung von transkortikal eingeschlagenen Steinmann-Nägeln eignet sich ebenfalls sehr gut zur Behandlung von Frakturen in der Mitte und im distalen Bereich des Radius. Normalerweise werden zwei Nägel proximal der Fraktur eingeschlagen, in einigen Fällen zwei weitere distal. Verwendet man einen doppelten Satz von Nägeln in dieser Weise, ist sowohl eine bessere axiale Kompression als auch eine größere Stabilität bei der Rotation zu erzielen, als wenn nur mit zwei proximal eingeschlagenen Nägeln gearbeitet wird. Die Röntgenaufnahmen müssen sorgfältig daraufhin betrachtet werden, daß Längsfrakturen nicht proximal oder distal in ein Gelenk eintreten. Ist dies der Fall, sollten in diesem Bereich keine Nägel verwendet werden, da das Risiko besteht, daß sich der Frakturspalt im proximal bzw. distal beteiligten Gelenk weiter vergrößert. Einige Punkte sollten stets bedacht werden, wenn Nägel zur Fixation von Radiusfrakturen verwendet werden:

1. In den meisten Fällen wird ein Steinmann-Nagel mit dem größten Durchmesser (6 mm) gewählt. Die Nagellöcher sollten mit einem kleineren Bohrer vorgebohrt werden.
2. Die Kompakta muß langsam durchbohrt werden, damit sie nicht zu heiß wird und es dadurch zu keiner Knochennekrose kommt.
3. Die Nägel sollten leicht gewinkelt zueinander plaziert werden, da parallel eingeschlagene Nägel die Tendenz haben, sich zusammen von einer Seite zur anderen zu bewegen.
4. Wenn die Nägel korrekt vertikal ausgerichtet sind, kann ein äußerer Spannapparat nach Kirschner angebracht werden.[13]

Dazu werden die Nägel nach dem Einbohren erst mit einer sterilen Binde und dann mit dem Kunststoffmaterial des fixierenden Verbandes umwickelt. Dann kann der Spannapparat nach Kirschner an den Nägeln angeschraubt und entweder in den Kunststoffverband inkorporiert oder extern belassen werden. Das Aufhängen des Pferdes in einem Gurt ist in jedem Fall besonders bei erwachsenen Tieren zu empfehlen. Bei proximal gelegenen Radiusfrakturen und bei ausgewachsenen Tieren hat diese Technik nur geringen Wert.

Bei vielen Radiusfrakturen kann eine starre interne Fixation durch Knochenplatten entweder allein oder in Kombination mit einem fixierenden Verband durchgeführt werden. In den meisten Fällen ist es am besten, zwei Kompressionsplatten anzubringen, von denen sich die eine medial oder kraniomedial und die andere kraniolateral (an der Zugseite) befinden soll.[1,2,5,6,8,11] Werden zwei Platten verwendet, sollten sie in der Höhe versetzt angebracht werden, damit sich die Belastung des Knochens nicht an einem Punkt konzentriert und es zu einer zusätzlichen Fraktur im Bereich der Plattenenden kommt (Abb. 8.208).[11] Außerdem sollen die Platten soweit möglich die gesamte Länge des Knochens überspannen. Da die Fragmente erheblich disloziert sein können, sollte zum Einrichten der Fraktur eine Spannvorrichtung bereitliegen.

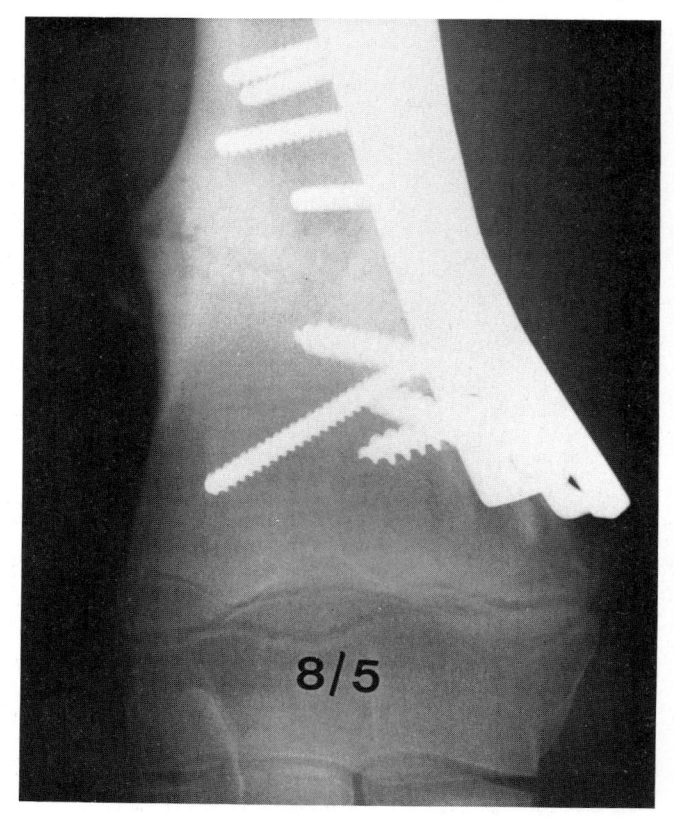

Abb. 8.208: Zur Fixation dieser Transversalfraktur des Radius wurden zwei ASIF-Knochenplatten verwendet. Diese Kontrollaufnahme nach zweieinhalb Monaten zeigt, daß die Fraktur bei minimaler Kallusbildung heilt (mit Genehmigung von Dr. W. A. AANES).

In einigen Fällen kann es erforderlich sein, über 30 bis 45 Minuten Zug auszuüben, um die Frakturenden einrichten und fixieren zu können.

Bei Frakturen an den Radiusenden kann bei erwachsenen Pferden die Verwendung einer Winkelplatte erforderlich sein, um eine adäquate Stabilisierung des kurzen Fragmentes zu erzielen.[1,5] Frakturen im Bereich der distalen Radiusepiphysenfuge können bei jungen Pferden mit einem hohen fixierenden Verband behandelt werden. Zusätzlich können Steinmann-Nägel über Kreuz eingeschlagen werden. Frakturen im Bereich der proximalen Epiphysenfuge, an denen auch die Ulna beteiligt ist, können durch eine Knochenplatte stabilisiert werden (Abb. 8.209).

Abrißfrakturen des lateralen bzw. medialen Processus styloideus, die bis in die proximale Karpalgelenksabteilung reichen, können durch interfragmentäre Fixation mittels Kortikalis- oder Spongiosaschrauben behandelt werden (Abb. 8.210 A und B), so daß eine stabile interne Fixation besteht und auf diese Weise das Risiko, daß sich eine Osteoarthritis entwickelt, geringer ist.

Prognose

Die Prognose für eine erfolgreiche Behandlung von Radiusfrakturen muß bei Pferden von mehr als 300 kg Körpergewicht vorsichtig bis ungünstig gestellt werden,[3] obwohl viel vom Alter des Pferdes sowie seinem Temperament und der Art der Fraktur abhängt. Ruhige Fohlen oder leichte junge Pferde, die unkomplizierte Frakturen im distalen Bereich des Radiusschaftes haben, besitzen im allgemeinen beste Chancen für Wiederherstellung.[2,3,11,12]

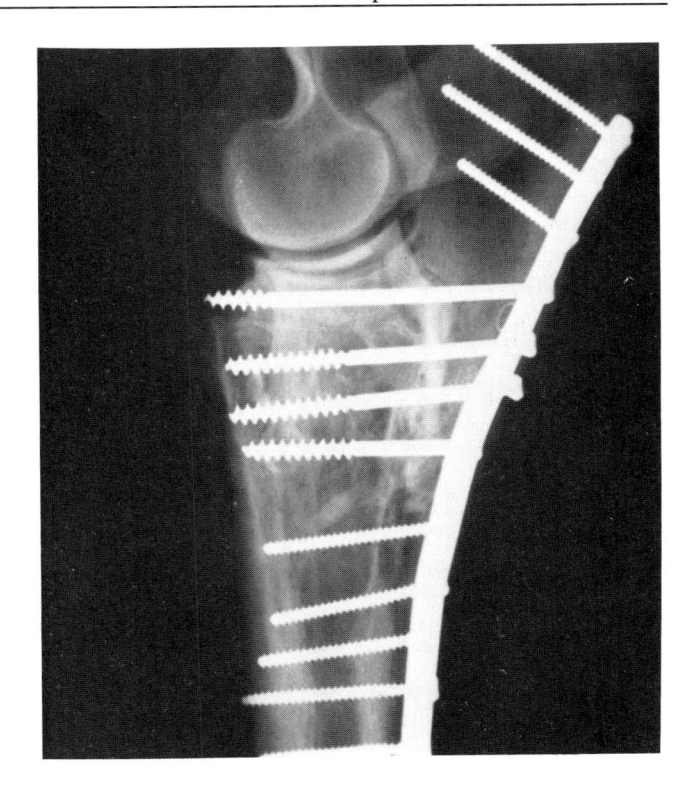

Abb. 8.209: Fixation der Fraktur im Bereich der proximalen Radiusepiphyse mit Beteiligung der Ulna (siehe Abb. 8.206). Diese Art der Fraktur ist durch interne Fixation nur schwer einzurichten und zu stabilisieren.

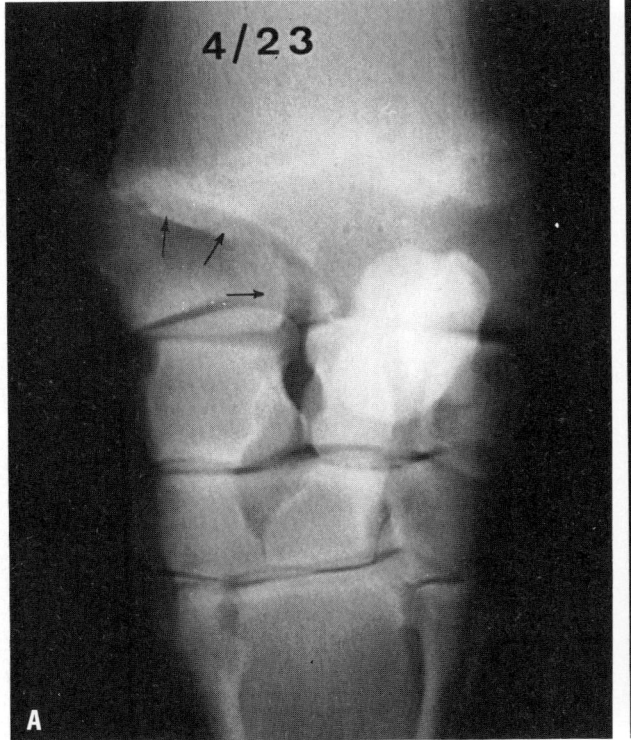

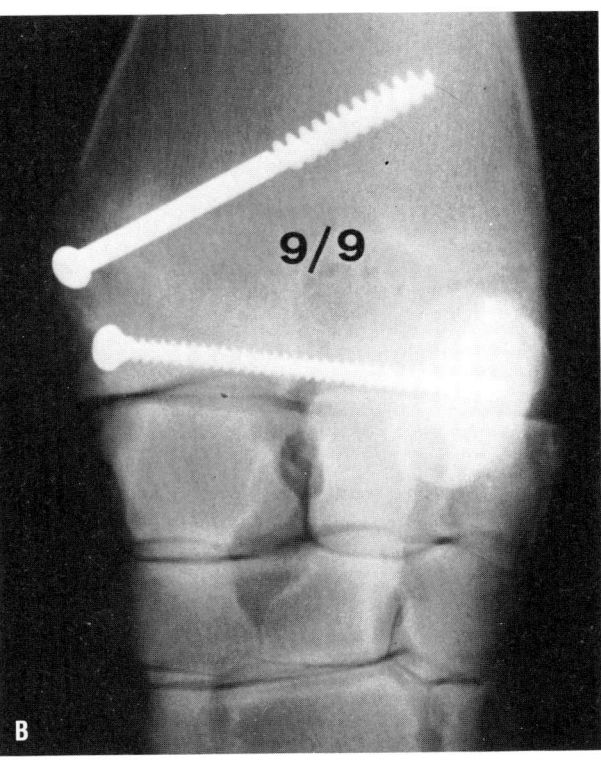

Abb. 8.210: A Schrägfraktur des distalen Radiusendes (Processus styloideus medialis) (Pfeile) mit Beteiligung der proximalen Karpalgelenksabteilung. **B** Diese Fraktur wurde durch zwei ASIF-Knochenschrauben nach dem Prinzip der interfragmentären Kompression fixiert. Kontrollaufnahmen nach viereinhalb Monaten zeigten eine gute Frakturheilung.

Pferde mit offenen Trümmerfrakturen bzw. proximal gelegenen Frakturen mit Beteiligung der Ulna und des Ellbogengelenkes sprechen dagegen kaum günstig auf irgendeine Art der Behandlung an.[3] Es gibt eine Veröffentlichung über eine proximale Trümmerfraktur des Radius, die erfolgreich mit einer Winkelplatte behandelt wurde.[5] In einer weiteren Veröffentlichung über zwölf Radiusfrakturen wurden fünf Pferde aufgrund der ausgedehnten Form der Fraktur euthanasiert. Von den verbleibenden sieben Tieren konnte nur eines mit Erfolg behandelt werden.[1] In einer Übersicht über verschiedene Veröffentlichungen [1,2,5,11,12] konnte festgestellt werden, daß von 25 Radiusfrakturen nur in sieben Fällen ein Behandlungserfolg zu erzielen war.

Ausgewählte Literatur

1. ALEXANDER, J. T., and ROONEY, R. J.: The biomechanics, surgery and prognosis of equine fracture. Proc. 18th Ann. AAEP, 1973, p. 219.
2. DINGWALL, J. S., DUNCAN, D. B., and HORNEY, F. D.: Compression plating in large animal orthopedics. J. Am. Vet. Med. Assoc., **158**: 1651, 1971.
3. FESSLER, J. F., and AMSTUTZ, H. E.: Fracture Repair. In Large Animal Surgery. Edited by F. W. Oehme, and J. E. Prier. Baltimore, Williams & Wilkins Co., 1974, p. 309.
4. FRÖHNER, E.: General Surgery. 3rd Ed. Translated by D. H. Udall, Ithaca, Taylor & Carpenter, 1906.
5. FRAUENFELDER, H. C., and FESSLER, J. F.: Proximal radius fracture in a horse: angle blade plate repair. Vet. Surg., **10**: 96, 1981.
6. GERTSON, K. E., and BRINKER, W. O.: Fracture repair in ponies using bone plates. J. Am. Vet. Med. Assoc., **154**: 900, 1969.
7. KENDRICK, J. W.: Treatment of tibial and radial fractures in large animals. Cornell Vet., **41**: 219, 1951.
8. MILNE, D. W., and TURNER A. S.: An Atlas of Surgical Approaches to the Bones of the Horse. Philadelphia, W. B. Saunders Co., 1979, p. 98.
9. TRUM, B. F.: Fractures. The Veterinary Bulletin Supplement to the Army Medical Bulletin, **33**: 118, 1939.
10. TURNER, A. S.: Further experience with the use of dynamic compression plate in equine long bone fractures. Aust. Vet. J., **9**: 42, 1979.
11. TURNER, A. S.: Long bone fractures. 6th Surgical Forum. Am. Coll. Vet. Surg., Chicago, 1978.
12. VALDEZ, H., MORRIS, D. L., and AUER, J. A.: Compression plating of long bone fractures in foals. J. Vet. Orthop., **1**: 10, 1979.
13. WHEAT, J. D.: Large Animal Surgery Notes. C 221. University of California, Davis, CA, 1970.

Ellbogenbereich

Ulnafrakturen

Ulnafrakturen kommen bei Pferden relativ häufig vor.[4] Bei jungen Pferden treten sie im Bereich der Apophysenfuge des Tuber olecrani auf. Andere Formen sind Frakturen des Olekranons selbst, Frakturen im Distalbereich der Ulna oder Trümmerfrakturen mit kranialer Luxation des Radius (Monteggia-Frakturen).[1] Sie können mit oder ohne Gelenkbeteiligung vorliegen. Das proximale Fragment ist häufig durch den Zug des Musculus triceps brachii dorsal disloziert. Der Grad dieser Dislokation hängt von der Ausdehnung der Fraktur und ihrer Lokalisation an der Ulna ab.

Die Frakturen der Apophysenfuge des Tuber olecrani werden meistens bei jungen Pferden im Alter von weniger als zwölf Monaten festgestellt. Veröffentlichungen zufolge treten sie jedoch bis zum Alter von 36 Monaten auf, da sich die Apophysenfuge spätestens in diesem Alter schließt.[3,4,9] Im allgemeinen können zwei Formen unterschieden werden: zum einen die einfache Zusammenhangstrennung und Dislokation vom Typ einer Salter-I-Fraktur (Abb. 8.211), zum anderen eine Fraktur vom Typ Salter-II durch die kaudale Hälfte der Apophysenfuge, die dann distal verläuft und in der Nähe des Processus anconaeus in die Articulatio cubiti eintritt (Abb. 8.212).[2,4,8]

Olekranonfrakturen werden bei allen Altersgruppen beobachtet und verlaufen gewöhnlich transversal (am häufigsten) oder schräg. Häufig erstrecken sie sich durch die Incisura trochlearis in die Articulatio cubiti (Abb. 8.213).[6] Meistens sind diese Frakturen erheblich disloziert, und die Pferde sind nicht in der Lage, das Gelenk zu strecken, so daß ein der Radialislähmung sehr ähnliches Bild entsteht.[5] Ulnafrakturen mit Beteiligung des Ellbogengelenkes entstehen normalerweise in der Gelenkfläche und verlaufen kaudodistal, um an der kaudalen Seite der Ulna wieder auszutreten (Abb. 8.214).[10]

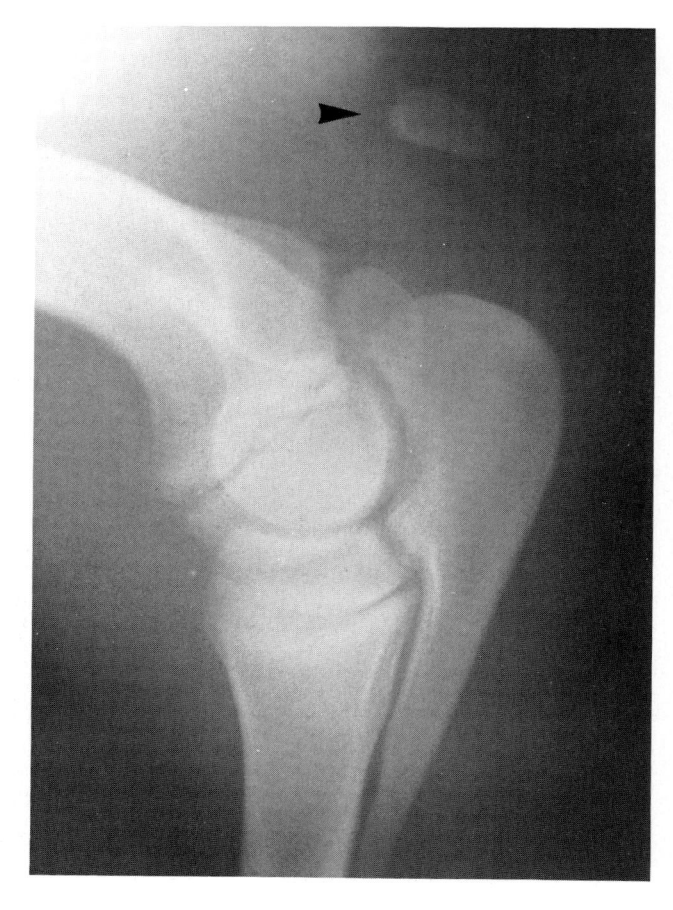

Abb. 8.211: Salter-I-Fraktur durch die Apophysenfuge des Tuber olecrani. Der Pfeil deutet auf die dislozierte Apophyse.

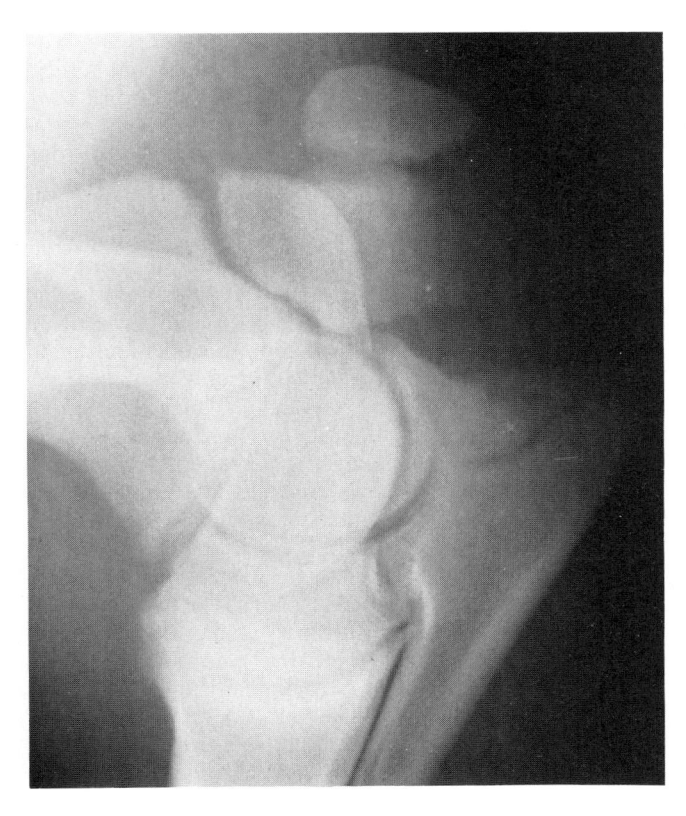

Abb. 8.212: Salter-II-Fraktur des Tuber olecrani, bei der das Olekranon in erheblichem Maße beteiligt ist.

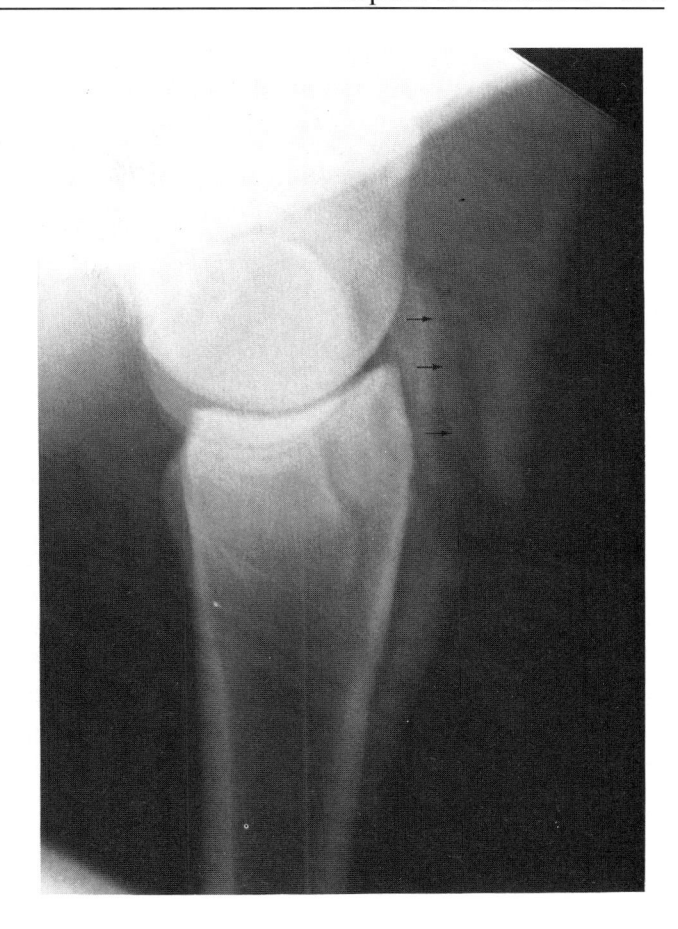

Abb. 8.214: Kaudodistal vom Ellbogengelenk verlaufende Ulnafraktur (Pfeile).

Ätiologie

Ätiologisch ist immer ein Trauma beteiligt, wobei ein Schlag auf den Ellbogenbereich durch ein anderes Pferd die häufigste Ursache darstellt. Weiterhin kommen Autounfälle, Kollisionen mit harten Gegenständen, perforierende Verletzungen oder Stürze in Frage.[1,4,5,10] Ebenso können starke Belastungen sowie Übermüdung zu einer Ulnafraktur ohne Dislokation führen.[7]

Symptome

Als Symptom tritt ein akuter Funktionsausfall der Gliedmaße auf, und fast immer besteht zu einem gewissen Grad das Bild einer Radialislähmung. Die Pferde sind anscheinend nicht fähig, das Ellbogengelenk zu strecken, und können oder wollen die betroffene Gliedmaße nicht voll belasten. Der Ellbogen hängt scheinbar herunter (Abb. 8.220). Durch eine Manipulation der Gliedmaße lassen sich normalerweise Krepitation und Schmerzen auslösen. Wenn eine Gelenkbeteiligung vorliegt, haben die Pferde gewöhnlich stärkere Schmerzen, als wenn nur das proximale Ende des Olekranons betroffen ist. Vermehrte Wärme, Schmerzhaftigkeit und eine Umfangsvermehrung sind in unterschiedlichem Ausmaß feststellbar.

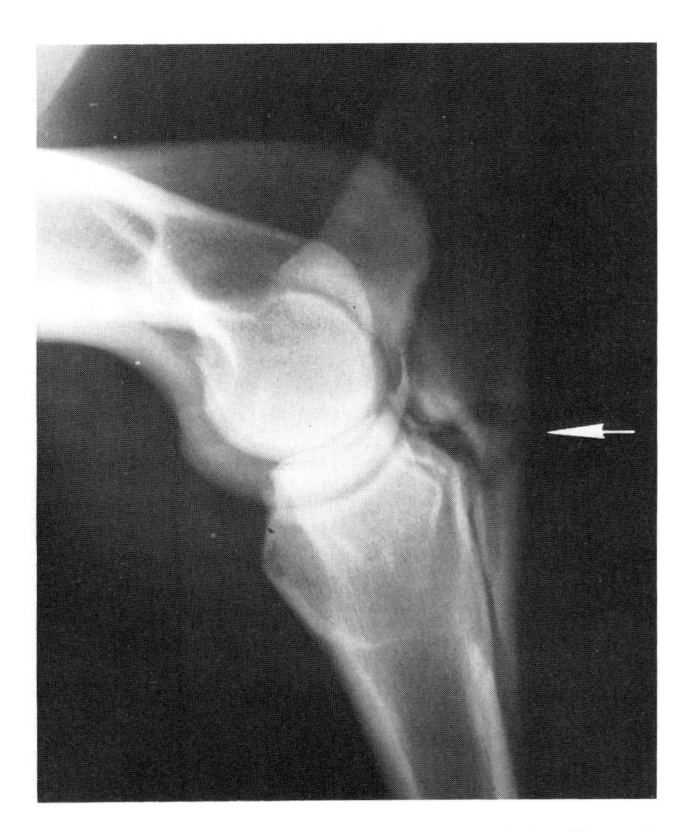

Abb. 8.213: Transversalfraktur des Olekranons mit Beteiligung des Ellbogengelenkes (Pfeil).

Diagnose

Die Diagnose basiert auf dem Aussehen der Gliedmaße, der passiven Bewegung und den Röntgenbefunden. Die Ulnafraktur muß von einer distal gelegenen Humerusfraktur bzw. einer proximal gelegenen Radiusfraktur unterschieden werden, die beide zusammen mit einer Olekranonfraktur auftreten können. Röntgenaufnahmen sind erforderlich, um die Ausdehnung der Fraktur festzustellen.

Therapie

In Abhängigkeit von der Art der Fraktur (mit oder ohne Gelenkbeteiligung), ihrer Lokalisation, davon, ob sie disloziert ist oder nicht, und dem Alter des Pferdes können verschiedene Behandlungsmethoden gewählt werden.[3,4,9,10] Im allgemeinen können Pferde mit nichtdislozierten Ulnafrakturen ohne Gelenkbeteiligung konservativ durch die Einhaltung von absoluter Boxenruhe über sechs Wochen bis zwei Monate behandelt werden. Diese konservative Behandlung ist auch bei bestimmten nichtdislozierten Frakturen mit Gelenkbeteiligung erfolgreich.[7] Einige Komplikationen im Zusammenhang mit einer konservativen Behandlung bestehen bei jungen Pferden in der Entwicklung einer Fehlstellung der kontralateralen Gliedmaße, weiterhin kann es an der betroffenen Gliedmaße zu Beugefehlstellungen, einer Ankylose, Steifheit, chronischen Schmerzen im Ellbogengelenk und als Folge der Dislokation zu einer Pseudarthrose kommen.[11] Das zusätzliche Anlegen einer Thomasschiene bzw. eines Verbandes mit einer PVC-Schiene im Kaudalbereich der Gliedmaße kann dazu beitragen, daß eine weitere Dislokation der Fraktur verhindert wird, da das Ellbogengelenk nicht mehr gebeugt oder gestreckt werden kann.[7] Ebenfalls hilfreich kann es sein, das Pferd in einen Gurt zu hängen, sofern das Temperament des Tieres dies zuläßt. Die betroffene Gliedmaße sollte in regelmäßigen Abständen mit Hilfe von Röntgenaufnahmen im Hinblick auf eine weitere Dislokation des Fragmentes kontrolliert werden. Wenn sich die Frakturteile weiter voneinander entfernen, muß eine interne Fixation in Erwägung gezogen werden. Bei Trümmerfrakturen mit Gelenkbeteiligung und bei dislozierten Frakturen von Ulna und Olekranon ist die Fixation durch Platten und durch eine Zuggurtung am erfolgreichsten.[1,3,4,5,6,10] Die Platten werden kaudal am Olekranon und an der Ulna angebracht, um dem Zug des Musculus triceps brachii entgegenzuwirken.[1,5,10] Bei sehr weit proximal gelegenen Olekranonfrakturen können die Platten so gebogen werden, daß sie dem proximalen Ende anliegen (Abb. 8.215 A und B).[4] Bei ausgewachsenen Pferden sollen die Knochenschrauben proximal der Fraktur im Olekranon liegen und distal der Fraktur bis in den Radius reichen (Abb. 8.216). Der Zugang liegt zwischen den Muskelbäuchen des Musculus extensor carpi ulnaris und des Caput ulnare des Musculus flexor digitalis profundus.[1,5,8,10] Die Knochenplatte wird entsprechend der kaudalen Kontur der Ulna gebogen. Für die meisten Pferde ist eine schmale dynamische Kompressionsplatte (DCP) geeignet. Soll die Platte proximal am Tuber olecrani befestigt werden, kann der dort kaudal befindliche Knochenvorsprung mit einem Meißel geglättet werden, so daß die Platte eine ebene Auflagefläche hat. Das Glätten der kaudalen Fläche des distalen Fragmentes mit einem Osteotom kann in einigen Fällen ebenfalls nützlich sein, da eine glatte Fläche als Auflage für die Platte entsteht.[11] Bei Schrägfrakturen kann durch die Platte eine interfragmentäre Kompression erzielt werden. Bei Transversalfrakturen wird eine dynamische Kompressionsplatte (DCP) oder ein Spannapparat benutzt. Ein genaues Einrichten der Fraktur mit der normalen Anatomie entsprechender Lage des Processus anconaeus führt zum besten Endergebnis. Der Processus anconaeus muß genau mit den Kondylen des Humerus artikulieren. Tut er dies nicht, muß mit einem schlechten Resultat gerechnet werden.[7] Bei einer begrenzten Anzahl von Fällen wurde der Processus anconaeus reseziert, um die Prognose zu verbessern; aber hierüber gibt es noch keine Langzeitergebnisse.[7] Die Schrauben unterhalb des Ellbogengelenkes müssen die kraniale Kompakta des Radius nicht perforieren. Bei jungen Pferden sollten die Schrauben überhaupt nicht im Radius liegen, da das fortgesetzte Wachstum in seinem Proximalbereich zu einer Fehlentwicklung des Ellbogengelenkes mit einer degenerativen Gelenkerkrankung führen würde. Saugdrainagen werden empfohlen, um die postoperative Bildung von Seromen möglichst gering zu halten. Meistens sprechen die Pferde bemerkenswert gut auf diese Therapie an und belasten die erkrankte Gliedmaße häufig schon bei der Rückkehr in die Box. Eine weiter verbesserte Belastung ist normalerweise innerhalb von sieben bis zehn Tagen zu beobachten. Boxenruhe ist jedoch so lange anzuraten, bis auf Röntgenaufnahmen die vollständige Frakturheilung nachgewiesen werden kann. Die Saugdrainage wird normalerweise nach 12 bis 48 Stunden gezogen. Die volle Arbeitsfähigkeit wird meistens nach vier bis sechs Monaten erreicht.

Frakturen im Distalbereich der Ulna, die nur wenig disloziert sind, werden durch Zugschrauben, die sowohl in die kaudale als auch die kraniale Kompakta des Radius geschraubt werden, fixiert. Eine Marknagelung allein hat nur wenig Erfolg, da die Fragmente durch den Musculus triceps brachii auseinandergezogen werden.[7]

Frakturen durch die Apophysenfuge des Tuber olecrani sind ein besonderes chirurgisches Problem, da sie auf die konservative Behandlung nicht gut ansprechen und chirurgisch nur schwer zu behandeln sind.[3,4,9] Konservative Behandlungsversuche führten zu einer Fehlstellung der kontralateralen Gliedmaße, bevor das erkrankte Bein wieder belastet wird. Die interne Fixation mit Platten und Schrauben erscheint nicht geeignet, da das proximale Fragment sehr klein ist.[3,9] Allerdings sind im Proximalteil gebogene Platten, die das Tuber olecrani dorsal einbeziehen, bei fünf bis acht Monate alten Pferden mit Erfolg zur Behandlung dieser Art von Fraktur eingesetzt worden.[7] Die interfragmentäre Kompression durch Schrauben in Verbindung mit einer Zuggurtung in Form einer Acht wurde ebenfalls erfolgreich durchgeführt.[3,9] Der Spanndraht wird am Olekranon um den nach kaudal gerichteten proximalen Schraubenkopf gewickelt, verläuft auf der Kaudalseite und wird distal an einer Schraube, die in der Ulna befestigt ist, fixiert (Abb. 8.217). Um die Oberflächen, auf die die Schraubenköpfe drücken, zu vergrößern, können ASIF-Unterlegscheiben verwendet werden.

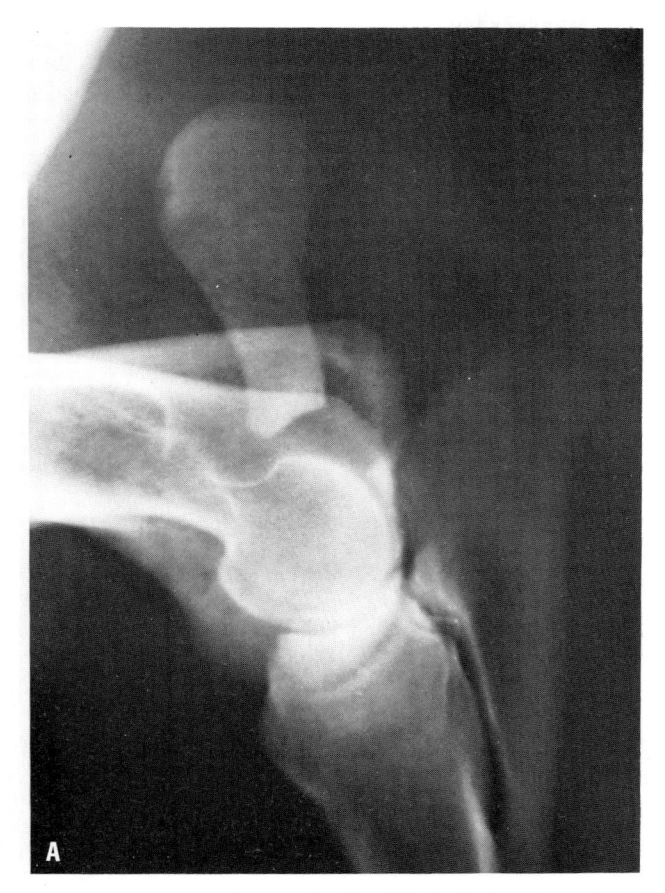

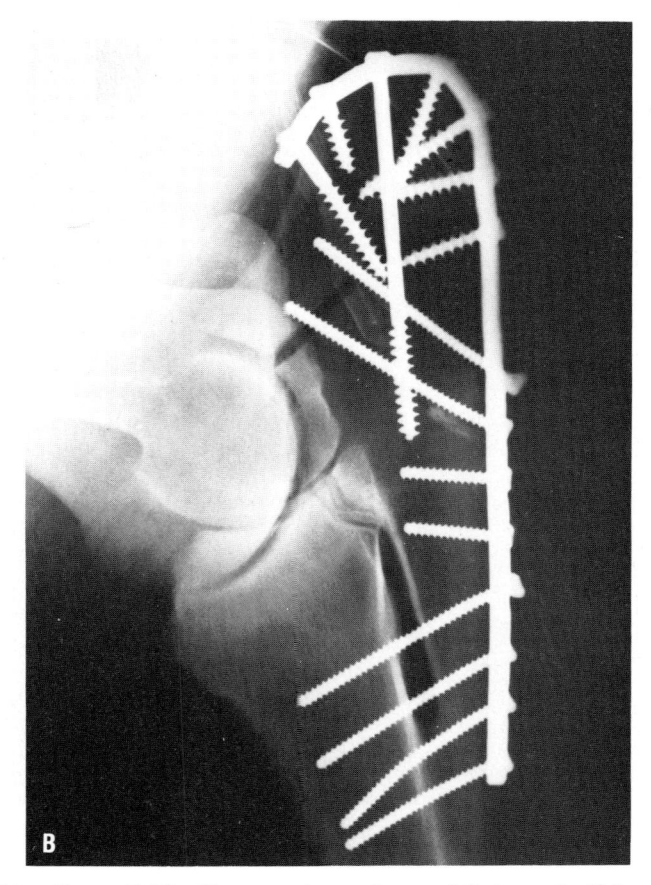

Abb. 8.215: A Fraktur im Proximalbereich des Tuber olecrani mit Gelenkbeteiligung. **B** Eine Platte wurde so gebogen, daß sie um das Tuber olecrani herumreicht. Obwohl die Fraktur gut eingerichtet ist, bleibt ein großer Frakturspalt bestehen.

Auf diese Weise besteht ein geringeres Risiko, daß die Apophyse des Olekranons abreißt bzw. über die Schraubenköpfe gezogen wird. Die Schrauben sollten so lang sein, daß sie in die Kompakta der Ulna reichen.[3] Der Zugang für die Fixation durch Schrauben entspricht dem zuvor beschriebenen mit der Ausnahme, daß die Sehne des Musculus triceps brachii zum Einsetzen der Schrauben längs gespalten werden muß. Diese Technik scheint das Wachstum des Tuber olecrani nicht zu behindern.[9] Bei der Fixation durch eine Platte muß das Caput longum des Musculus triceps brachii vom Tuber olecrani abgehoben werden, damit die gebogene Platte in ihre Position gebracht werden kann.[4] Auch hier ist die Verwendung einer Saugdrainage wichtig, damit sich kein Serom bildet.

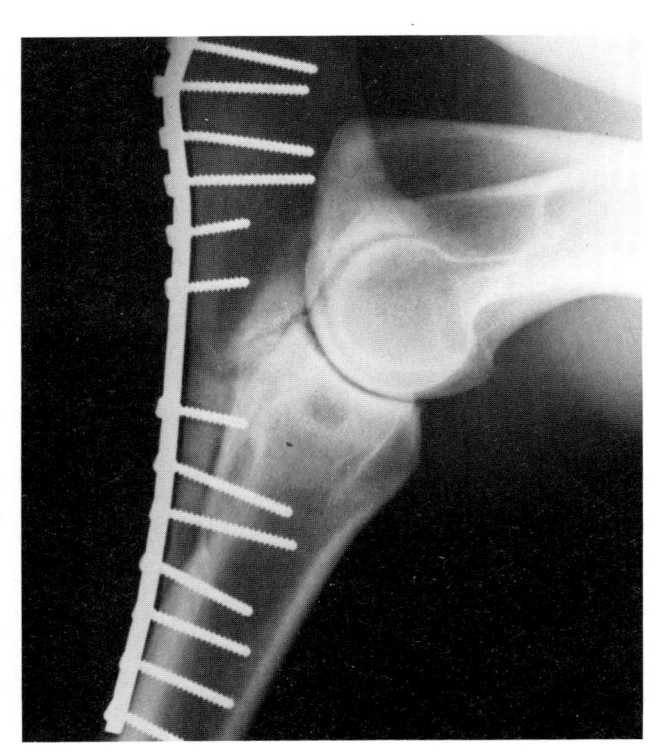

Abb. 8.216: Fixation einer Transversalfraktur des Olekranons mit einer ASIF-Knochenplatte (mit Genehmigung von Dr. A. S. TURNER).

Prognose

Die Prognose bei nichtdislozierten Ulnafrakturen ohne Gelenkbeteiligung wird als günstig angesehen. Nichtdislozierte Frakturen mit Gelenkbeteiligung haben im allgemeinen bei konservativer Behandlung eine vorsichtige Prognose, da das Ausmaß des Knorpelschadens kaum vorherzusehen ist und es bei einigen Frakturen erst später zur Dislokation kommt. Bei der internen Fixation muß eine vorsichtige Prognose gestellt werden, und eine abschließende Beurteilung kann erst getroffen werden,

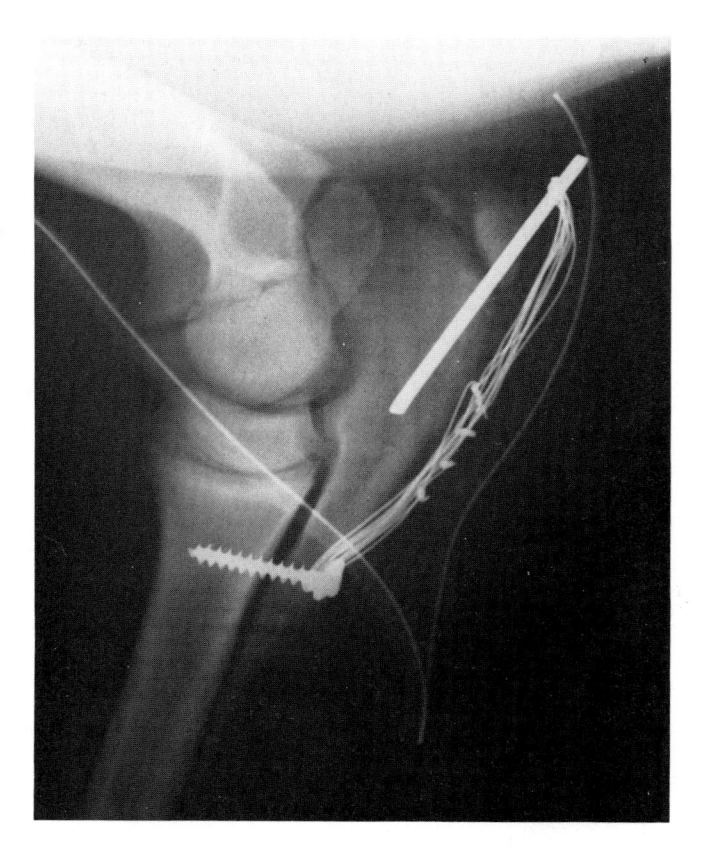

Abb. 8.217: Zur Fixation dieser Fraktur wurde eine Zuggurtung mit Hilfe eines in Form einer Acht gebogenen Drahtes angelegt.

wenn die Funktion des Ellbogengelenkes nach der Operation geprüft worden ist.[7] Bei Frakturen der Apophysenfuge des Tuber olecrani bestehen zwei Kriterien für die Prognosestellung, nämlich die Zeit zwischen Verletzung und Behandlung sowie das Ausmaß der Schäden an der Gelenkfläche und am Weichteilgewebe.[9] Liegen zwischen Verletzung und Operation mehr als fünf Tage, kann der Frakturspalt möglicherweise nicht mehr reduziert werden. Bei den meisten Frakturen, die nicht kompliziert sind und nur den Bereich der Apophysenfuge betreffen, kann eine günstige bis vorsichtige Prognose gestellt werden. Frakturen, die in das Ellbogengelenk reichen und die Epiphysenfuge des Processus anconaeus betreffen, haben dagegen eine vorsichtige Prognose. Nach Ansicht des Autors sind die Epi- bzw. Apophysenfugenfrakturen bei jungen Fohlen (jünger als drei Monate) am schwersten zu behandeln, so daß in diesen Fällen eine vorsichtige bis ungünstige Prognose gestellt wird.

Ausgewählte Literatur

1. ALEXANDER, J. T., and ROONEY, J. R.: The biomechanics, surgery and prognosis of equine fractures. Proc. 18th Ann. AAEP, 1973, p. 219.
2. BROWN, M. P., and MacCALLUM, F. J.: Anconeal process of the ulna: separate center of ossification in the horse. Br. Vet. J., **130**: 434, 1974.
3. BROWN, M. P., and NORRIE, R. D.: Surgical repair of olecranon fractures in young horses. J. Eq. Med. Surg., **2**: 545, 1978.
4. COLAHAN, P. T., and MEAGHER, D. M.: Repair of comminuted fracture of the proximal ulna and olecranon in young horses using tension band plating. J. Vet. Surg., **8**: 105, 1979.
5. DENNY, H. R.: The surgical treatment of fractures of the olecranon in the horse. Eq. Vet. J., **1**: 20, 1976.
6. FACKELMAN, G. E., and NUNAMAKER, D. M.: Manual of Internal Fixation in the Horse. New York, Springer-Verlag, 1982, p. 67.
7. FESSLER, J. F., and AMSTUTZ, H. E.: Fracture repair. *In* Large Animal Surgery. Edited by F. W. Oehme, and J. E. Prier. Baltimore, Williams & Wilkins Co., 1974, p. 312.
8. MILNE, D. W., and TURNER, A. S.: An Atlas of Surgical Approaches to the Bones of the Horse. Philadelphia, W. B. Saunders Co., 1979, p. 912.
9. MONIN, T.: Repair of physeal fractures of the tuber olecrani in the horse, using a tension band method. J. Am. Vet. Med. Assoc., **172**: 282, 1978.
10. SCOTT, E. A.: Tension-band fixation of equine ulnar fractures using semitubular plates. Proc. 21st Ann. AAEP, 1976, p. 167.
11. TURNER, A. S.: Fractures of specific bones. *In* Equine Medicine and Surgery. 3rd Ed. Edited by R. A. Mansmann, and E. A. McAllister. Santa Barbara, American Veterinary Publications Inc., 1982, p. 1003.

Ruptur des Ligamentum collaterale mediale des Ellbogengelenkes

Obwohl diese Ruptur keine häufige Lahmheitsursache darstellt, kommt sie durchaus vor, besonders bei starker Abduktion der Schultergliedmaße, z. B. wenn das Bein in einem Seil oder ähnlichem festhängt. Eine solche Abduktion kann stark genug sein, um eine Ruptur des medialen Seitenbandes des Ellbogengelenkes zu verursachen.[1]

Ätiologie

Normalerweise besteht die Ursache in einer starken Abduktion der Gliedmaße. Wenn ein Pferd mit einem Strick angebunden ist und sich mit einem Bein darin verfängt, kann es in Panik geraten. Dadurch, daß die Gliedmaße in dem Strick oder einem anderen Hindernis hängenbleibt, kann die Belastung durch diese Abduktion ausreichen, um eine Ruptur des medialen Seitenbandes zu verursachen. Dieses kann in gleicher Weise geschehen, wenn die Gliedmaßen unter einem Zaun eingeklemmt sind.

Symptome und Diagnose

Die Lahmheitssymptome sind sehr undeutlich. Sofort nach der Ruptur zeigt das Pferd erhebliche Schmerzen, aber normalerweise verschwindet diese Schmerzhaftigkeit innerhalb von 24 Stunden. Bei der Adspektion in der Bewegung von vorn und von hinten kann vom Ellbogen an nach unten eine Auswärtsbewegung der Gliedmaße zu beobachten sein. Das für diesen Zustand pathognomonische Symptom besteht in einer Erweiterung des Gelenkspaltes auf der medialen Seite, wenn die Gliedmaße abduziert und dabei gleichzeitig das Ellbogengelenk nach medial gedrückt wird. Diese Erweiterung des Gelenkspaltes kann palpatorisch festgestellt werden. Um eine Fraktur ausschließen zu können, sollten Röntgenaufnahmen angefertigt werden.

Therapie

Über vier bis sechs Wochen ist Boxenruhe erforderlich. Wenn das Pferd kooperativ ist, kann dieses Band in einigen Fällen heilen. Bei Pferden mit entsprechendem Temperament ist ein Hängegurt angezeigt.

Prognose

Die Prognose muß vorsichtig bis ungünstig gestellt werden.

Ausgewählte Literatur

1. O'CONNOR, J. J.: Dollar's Veterinary Surgery. 4th Ed. Chicago, Alexander Eger Inc., 1950.

Bursitis am Ellbogenhöcker (Stollbeule)

Die Bursitis am Ellbogenhöcker kommt besonders bei schwereren Rassen vor, während die leichteren Rassen weniger häufig betroffen sind. Die charakteristische Umfangsvermehrung am Tuber olecrani entsteht durch ein Trauma, das zur Bildung eines subkutan gelegenen Schleimbeutels führt. Die kleine Bursa subtendinea unter dem Ansatz des Musculus triceps brachii ist dabei nur selten betroffen.

Ätiologie

Die erworbene Bursitis entsteht durch ein Trauma, das durch die Eisen des Pferdes entweder in der Bewegung oder während das Pferd liegt verursacht wird. Wahrscheinlich entsteht es meistens, während sich die Pferde in Brustlage befinden, dadurch, daß bei angewinkeltem Karpalgelenk der Huf mit dem Eisen unter dem Tuber olecrani liegt. Pferde mit besonderen Gangarten sowie Standardbred-Pferde können sich beim Laufen im Bereich des Ellbogens streichen.

Symptome und Diagnose

Diese Erkrankung ist durch eine deutliche Umfangsvermehrung am Ellbogenhöcker gekennzeichnet, die entweder Flüssigkeit enthalten kann oder im chronischen Stadium vorwiegend aus fibrösem Bindegewebe besteht. Falls überhaupt eine Lahmheit besteht, ist sie normalerweise geringgradig. Röntgenaufnahmen sollten angefertigt werden, um ein Trauma bzw. eine Infektion mit Beteiligung des Tuber olecrani auszuschließen. Besteht eine Fistel, kann sie mit Kontrastmittel gefüllt werden, so daß ihre Ausdehnung sowie mögliche Fremdkörper festgestellt werden können.

Therapie

Im akuten Stadium läßt sich das Problem im allgemeinen beseitigen, indem weitere traumatische Einflüsse auf diesen Bereich verhindert werden. Zu diesem Zweck kann ein Hufschuh bzw. eine gewölbte Einlage im Eisen dienen. In einigen Fällen ist die Injektion von Kortikosteroiden nach Drainage der Flüssigkeit von Nutzen.[1,4] Hierbei ist es erforderlich, sich einer absolut aseptischen Technik zu bedienen. Leider werden die meisten Pferde erst vorgestellt, wenn bereits ein chronisches Stadium erreicht ist. Zu diesem Zeitpunkt ist die Behandlung wesentlich schwieriger. Zur Wahl stehende Behandlungsmethoden sind hier die Injektion von Irritantia wie Jod, die Eröffnung der Bursa und das Austamponieren mit Gaze, die mit Lugolscher Lösung getränkt ist, oder das Einlegen eines Penrose-Drains. Die Drainagen werden für einen Zeitraum von zehn Tagen bis zwei Monaten eingelegt und dienen dazu, die Flüssigkeit aus der Höhle zu entfernen und eine Fibrosierung zu fördern. Als letzte Möglichkeit kann die Exstirpation der Bursa in Betracht gezogen werden. Diese Exstirpation sowie alle Versuche, eine Primärheilung zu erzielen, enden meistens mit einer Nahtdehiszenz unterschiedlichen Ausmaßes. Um diese Nahtdehiszenz zu verhindern, wird empfohlen, im Anschluß an die Operation Entspannungsnähte bzw. Adhäsionspflaster anzulegen und die Pferde seitlich ausgebunden zu fixieren, damit sie sich nicht hinlegen können.

Prognose

Die Prognose ist nur schwer zu stellen, da das Endergebnis, abhängig vom Einzelfall, sehr unterschiedlich aussehen kann.

Ausgewählte Literatur

1. ADAMS, O. R.: Lameness in Horses. 3rd Ed. Philadelphia, Lea & Febiger, 1974, p. 141.
2. O'CONNOR, J. J.: Dollar's Veterinary Surgery. 4th Ed. Chicago, Alexander Eger Inc., 1950, p. 819.
3. OTTAWAY, C. A., and WORDEN, A. N.: Bursa and tendon sheaths of the horse. Vet. Rec., 52: 477, 1940.
4. WHEAT, J. D.: Large Animal Surgery Notes. C 221, University of California, Davis, CA, 1970.

Humerus

Humerusfrakturen

Humerusfrakturen sind beim Pferd relativ selten, da dieser Knochen kurz und dick sowie von viel Muskulatur bedeckt ist.[3] Die meisten Frakturen liegen im mittleren Drittel der Diaphyse und verlaufen entweder schräg oder spiralförmig. Sie sind fast nie offen. Aufgrund der starken Muskelansätze verschieben sich die Frakturenden erheblich gegeneinander, wobei das distale Fragment kaudal und das proximale Fragment kranial disloziert ist.

Gelegentlich gibt es Frakturen des lateralen Epikondylus oder Trümmerfrakturen der Kondylen.[2,3]

Da der Nervus radialis in einer Rinne spiralig außen über den Humerus verläuft, überrascht es nicht, daß er infolge einer Fraktur ebenfalls in unterschiedlichem Ausmaß geschädigt werden kann.[3] Diese Schädigung reicht von einer geringen Neurapraxie (Störung der Nervenleitung ohne deutliche morphologische Schädigung des Nervs) bis zu einer vollständigen Ruptur des Nervs.[3] Da es für die Prognose äußerst wichtig ist, inwieweit eine Nervenschädigung besteht, muß der Tierarzt in der Lage sein, das Ausmaß dieser Störung bereits zu einem frühen Zeitpunkt der Rekonvaleszenz zu erkennen.

Ätiologie

Nur ganz erhebliche Kräfte können eine Fraktur des Humerus bewirken. Häufig wird ein Sturz auf die laterale Schulterfläche für diese Verletzung verantwortlich gemacht. Ungeübte Fohlen, die zu fest angebunden oder zum ersten Mal geführt werden, versuchen oft zu steigen und fallen dann seitlich um, so daß es zu einem direkten Schlag seitlich auf den Humerus kommt. Pferde, die auf Eis laufen und dann ausrutschen, erleiden manchmal ebenfalls diese Art der Fraktur.

Symptome und Diagnose

Die Region des Oberarmes erscheint möglicherweise etwas geschwollen und im Vergleich zur kontralateralen Seite verkürzt. Meistens besteht im Zusammenhang mit der Fraktur eine höchstgradige Lahmheit, wobei der Ellbogen unterschiedlich stark herunterzuhängen scheint und eine mehr oder minder vermehrte Beweglichkeit besteht. Das scheinbare Herunterhängen des Ellbogens ist einerseits dadurch bedingt, daß die Frakturenden aneinander vorbeigleiten, und andererseits durch eine Schädigung des Nervus radialis. Bei der passiven Bewegung der Zehe sind eine stärkere Abduktion und Adduktion möglich. Krepitation ist aufgrund der erheblichen Dislokation der Fragmente sowie des schalldämpfenden Effektes der geschwollenen Muskelmassen nur schwer festzustellen.[3] Möglicherweise läßt sie sich bei der Auskultation mit einem Stethoskop leichter erkennen. Zusätzlich sind alle diese Manipulationen in unterschiedlichem Ausmaß schmerzhaft. Es ist allerdings darauf hinzuweisen, daß übertriebene Manipulationen der Gliedmaße zu einer weiteren Schädigung des Nervus radialis führen können. Die endgültige Diagnose wird mit Hilfe von Röntgenaufnahmen gestellt (Abb. 8.218).

Therapie

Die Wahl der Behandlungsmethode ist von der Art der Fraktur, dem Alter des Pferdes, seiner Größe und seiner angestrebten weiteren Verwendung abhängig. Da die zur Kallusbildung zur Verfügung stehende Fläche bei Spiral- und Schrägfrakturen sehr groß ist und die umgebenden Muskelmassen die Fraktur etwas stabilisieren können, besteht die Möglichkeit einer Spontanheilung. Bei Fohlen im Alter von weniger als sechs Monaten reicht es aus, die

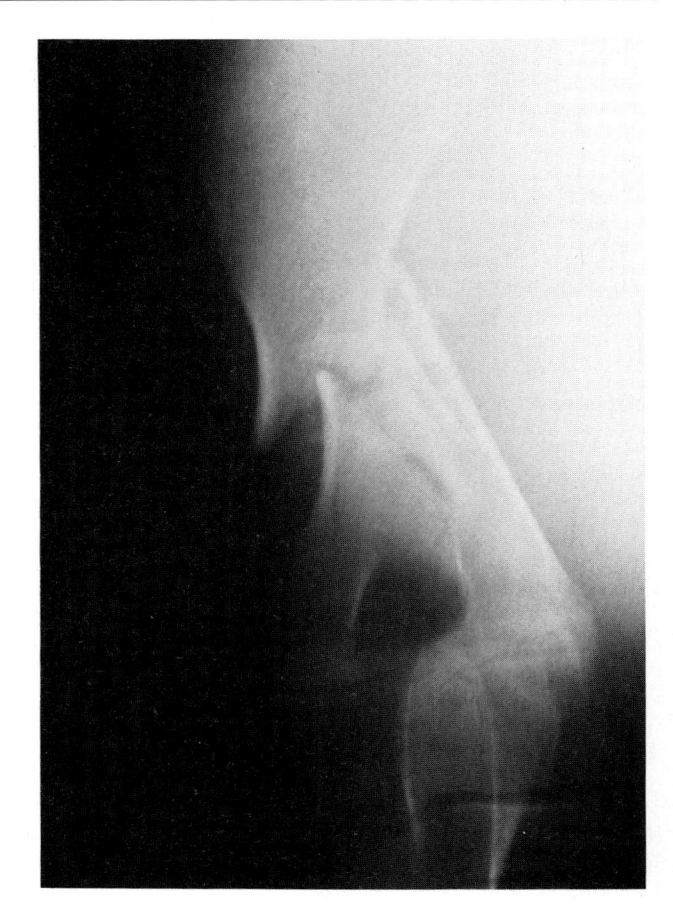

Abb. 8.218: Röntgenaufnahme einer Humerusfraktur beim Pferd (mit Genehmigung von Dr. A. S. TURNER).

Schultergliedmaße mit Binden an der Brustwand zu fixieren und ihnen sechs Wochen Boxenruhe zu gewähren.[3] Jedoch kann ein scheinbar hängender Ellbogen bestehen bleiben, und an der kontralateralen Gliedmaße kann sich eine Fehlstellung entwickeln. Bei älteren Pferden kann nicht in dieser Weise verfahren werden, sondern sie müssen sechs Wochen bis zwei Monate in einem Gurt hängend verbringen. Durch das Anlegen leichtgewichtiger PVC-Halbrohrschienen kaudal an der Gliedmaße kann eine Kontraktur der Karpalgelenksbeuger verhindert werden. Ausgewachsene Pferde, die nicht geschient wurden, können eine Beugekontraktur entwickeln, die eine Gewichtsbelastung der Gliedmaße im Anschluß an die Frakturheilung schwierig machen kann. Meistens können die Pferde dann nur die Zehenspitze belasten, da sie nicht in der Lage sind, die Gliedmaße so weit zu strecken, daß die normale Belastungshaltung entsteht. Eine weitere Komplikation, die während der Rekonvaleszenz im Hängegurt auftritt, ist die Rotation des Hufbeines der ursprünglich gesunden Gliedmaße, von der angenommen wird, daß sie durch die übermäßige Gewichtsbelastung dieses Beines entsteht. Nach Erfahrung des Autors tritt sie meistens zwischen der dritten und sechsten Woche der Rekonvaleszenz auf. Dabei wird festgestellt, daß das Pferd das nicht gebrochene Bein nicht mehr belasten will und versucht, immer mehr Gewicht auf das gebrochene Bein zu verlagern. Zuerst wird dies fälschlich für ein gutes Zeichen gehalten, da das Pferd sein Gewicht abwechselnd von der frakturierten zur nichtfrakturierten Seite verlagert und es den Anschein hat, als bestünde bereits ein Heilungserfolg. Bei Pferden, die eine Belastungsrehe entwickeln, kann normalerweise eine pochende Pulsation der Zehenarterien palpiert werden. Aus diesem Grund sind häufige Kontrollen der kontralateralen Gliedmaße zu empfehlen.

Zusätzlich sollten nur minimale Mengen Kraftfutter und statt dessen gute Luzerne bzw. gutes Heu gefüttert werden. Besteht über den Zustand der gesunden Gliedmaße in irgendeiner Weise Unklarheit, sollten Röntgenaufnahmen angefertigt werden. Ein Eisen mit einem V-förmigen, nicht bis zum Zehenteil reichenden Steg („heart-bar shoe") kann, wenn es frühzeitig angebracht wird, möglicherweise eine Rotation des Hufbeines verhindern. Zusätzlich kann auch eine Einstreu mit Sand oder weicher Erde das Risiko einer Belastungsrehe vermindern.

Bei Fohlen und Ponys wurden sowohl die Marknagelung als auch die Nagelung nach den ASIF-Richtlinien sowie die Verplattung mit Erfolg angewendet.[2,3,5,6] Die Technik der Marknagelung ist der für Kleintiere beschriebenen mit der Ausnahme ähnlich, daß die operationstechnischen Schwierigkeiten wesentlich größer sind, da die Weichteilschäden enorm sind und der Zugang zur Frakturstelle durch die massive Muskulatur begrenzt ist.[3] Die Einrichtung der Fraktur erfolgt zwischen den Muskelbäuchen des Musculus biceps brachii und dem lateralen Kopf des Musculus triceps brachii.[2,4] Der Marknagel bzw. der ASIF-Nagel wird in die Vertiefung medial der Anteile des Tuberculum majus in die Markhöhle eingeschlagen.[2] Bei der Verwendung von Marknägeln ist es günstig, den Markraum mit so vielen Nägeln wie möglich zu füllen. (Diese Technik wird als „stacking" bezeichnet.) Auf diese Weise ist im Normalfall die bestmögliche Stabilität gewährleistet. Der Operateur muß jedoch darauf achten, daß er nicht so viele Nägel einschlägt, daß der Druck von innen weitere Frakturen verursacht. Eine der Komplikationen bei der Marknagelung liegt darin, daß die Nägel proximal wandern. In den meisten Fällen wandern die Nägel einzeln nacheinander. Kommen sie zum Vorschein, sollten sie abgeschnitten oder entfernt werden. So entsteht ein Wettlauf zwischen der Frakturheilung und der Wanderung der Nägel. In den meisten Fällen beginnt die Wanderung der Nägel um die zweite Woche nach der Operation. ASIF-Tibianägel sind mit Erfolg bei Fohlen im Alter bis zu vier Monaten verwendet worden.[2]

Auch Knochenplatten wurden zur Fixation von Humerusfrakturen bei Fohlen und Jährlingen verwendet (Abb. 8.219).[5] Da die Platten an der Lateralfläche des Humerus angebracht werden, muß der Musculus brachialis verlagert und der Nervus radialis geschont werden. Die Platte muß durch ganz erhebliches Biegen der Form des Knochens angepaßt werden. In einer Untersuchungsreihe wurden drei Pferde auf diese Weise behandelt, und eine stabile interne Fixation konnte erreicht werden. Aber innerhalb einiger Wochen nach der Operation starb ein Pferd, ein anderes wurde euthanasiert und beim dritten versagten die Implantate.[5]

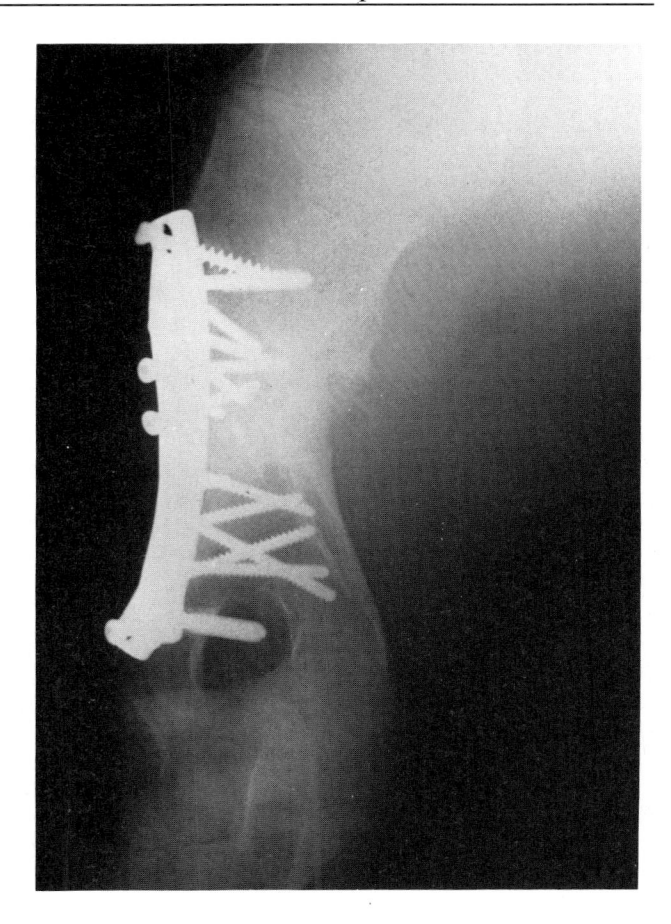

Abb. 8.219: Fixation einer Humerusfraktur durch zwei Platten (mit Genehmigung von Dr. A. S. TURNER).

Prognose

Die Prognose sollte in allen Fällen bis zur Heilung der Fraktur vorsichtig gestellt werden, da zahlreiche Komplikationen auftreten können (Radialislähmung, Belastungsrehe bei älteren Pferden, Beugekontrakturen im Karpalgelenk, Fehlstellungen, Versagen der Implantate und Wanderung der Nägel). Klinisch kann die Funktion des Nervus radialis nach sechs Wochen wieder vorhanden sein. Verschwinden die Symptome der Radialislähmung zu einem frühen Zeitpunkt, kann dies natürlich als gutes Zeichen gewertet werden. Jedoch kann die Radialislähmung in einigen Fällen erst nach neun bis zwölf Monaten wieder verschwinden.[3] Über eine erfolgreiche Naht des Nervus radialis wird in einer Veröffentlichung berichtet.[1]

Ausgewählte Literatur

1. ADAMS, O. R.: Lameness in Horses. 3rd Ed. Philadelphia, Lea & Febiger, 1974, p. 167.
2. ALEXANDER, J. T., and ROONEY, J. R.: The biomechanics, surgery and prognosis of equine fracture. Proc. 18th Ann. AAEP, 1972, p. 219.
3. FESSLER, J. F., and AMSTUTZ, H. E.: Fracture Repair. In Large Animal Surgery. Edited by F. W. Oehme, and J. E. Prier. Baltimore, Williams & Wilkins Co., 1974, p. 314.

4. MILNE, D. W., and TURNER, A. S.: An Atlas of Surgical Approaches to the Bones of the Horse. Philadelphia, W. B. Saunders Co., 1979.
5. VALDEZ, H., MORRIS, D. L., and AUER, J. A.: Compression plating of long bone fractures in foals. J. Vet. Orthop., 1: 10, 1979.
6. VAUGHAN, L. C.: Limb injuries in foals. Eq. Vet. J., 3: 4, 1968.

Radialislähmung

Der Nervus radialis, im allgemeinen der größte Nerv des Plexus brachialis, entstammt hauptsächlich dem achten Hals- und dem ersten Thorakalsegment des Plexus. Der Nervus radialis innerviert die Strecker der Ellbogen-, Karpal- und Zehengelenke. Ein oberflächlicher sensibler Ast zieht als Nervus cutaneus brachii lateralis zur Haut lateral am Oberarm. Ein weiterer Hautast des Nervus radialis versorgt als Nervus cutaneus antebrachii lateralis die Haut lateral am Unterarm. Bei der Radialislähmung sind die oben beschriebenen Muskeln inaktiviert, und im lateralen Bereich von Ober- und Unterarm besteht keine Sensibilität mehr.

Ätiologie

In den meisten Fällen entsteht die Radialislähmung als Folge eines Traumas in dem Bereich, in dem der Nerv in einer Rinne lateral quer über den Humerus verläuft. Ein solches Trauma entsteht oft im Zusammenhang mit einer Humerusfraktur.[5] Der Nerv wird durch die Fraktur geschädigt oder in einigen Fällen durch ein Fragment völlig zerrissen. Auch ein Schlag oder ein Sturz auf die laterale Seite des Humerus kann ausreichen, um eine Radialislähmung hervorzurufen. Liegt das Pferd längere Zeit in Seitenlage auf einem Operationstisch oder auf dem Boden, kann sich an der Gliedmaße, die unten gelegen hat, ein Bild entwickeln, das einer Radialislähmung ähnlich ist.

Es ist schwer zu sagen, ob die Lähmung nach einer Seitenlage die Folge eines direkten Druck- oder Zerrungsschadens im Bereich des Nervus radialis ist oder ob sie durch die Kompression der versorgenden Blutgefäße entsteht, die zu einer Ischämie und Anoxie der Muskulatur führt.[1-3] Es konnte demonstriert werden, daß ein der Radialislähmung ähnliches Syndrom, das über 24 Stunden anhielt, durch eine Kompression der Arteria brachialis erzeugt werden kann.[1,4]

Wenn ein Pferd länger als eine halbe Stunde in Allgemeinnarkose liegt, ist es ratsam, die untenliegende Schulter zu polstern. Gummipolster, halb aufgeblasene Reifenschläuche, Luftkissen oder Wasserbetten sind hilfreich, wenn Schäden an der Schulter oder am Nervus radialis verhindert werden sollen. Eine vorübergehende Radialislähmung tritt manchmal im Anschluß an eine Operation auf, obwohl die Schulter gut gepolstert gewesen ist. In einigen Fällen kann sie von einer Myositis des Musculus triceps brachii begleitet sein. Der Zustand ist normalerweise nicht von Dauer, und die größte Gefahr dabei ist, daß das Pferd sich in der Zeit, in der die Gliedmaße gelähmt ist, eine zusätzliche Verletzung zuzieht.

Ein anderer Grund für die Lähmung kann die Überdehnung des Nervs sein. Der Nervus radialis kann erheblich gespannt werden, wenn die Schultergliedmaße bei gleichzeitiger Adduktion der Schulter überstreckt wird.[3] Es ist vorstellbar, daß in dieser Position ein Trauma im Bereich der Schulter zu einer Kompression des Nervs im Bereich zwischen Schulter und Brustwand führen könnte.[3,4] Dieser Zustand ist auch bei Frakturen der ersten Rippe und bei einer Kompression des Nervs durch Vergrößerung der Achsellymphknoten (Lymphonodi axillares proprii) zu beobachten.[2,4]

Symptome und Diagnose

Die Symptome sind, abhängig von der Ausdehnung bzw. dem Grad und der Lokalisation der Lähmung, etwas unterschiedlich. Ist der Bereich des Nervus radialis betroffen, der die Zehenstrecker innerviert, sind die Symptome sehr typisch. Das Pferd kann die Gliedmaße nicht vorführen, um sie zu belasten. Wird die Gliedmaße passiv in die richtige Stellung gebracht, ist die Gewichtsbelastung ohne weiteres möglich. In den meisten Fällen ist der Ast, der den Musculus triceps brachii versorgt, ebenfalls betroffen, so daß der Ellbogen scheinbar distal verlagert und dabei gestreckt ist, während die Zehe in Beugestellung gehalten wird (Abb. 8.220). Die Muskeln des Ellbogengelenkes sind schlaff, ebenso wie die Zehenstrecker, und die Gliedmaße erscheint länger als normal. In schweren Fällen kann der Fesselkopf dorsal durch das Nachschleifen der Gliedmaße abgeschürft werden. Wenn das Trauma bei der Humerusfraktur auch den Bereich des Buggelenkes betrifft, kann es zu einer Lähmung des Nervus suprascapularis kommen, die eine Atrophie der Musculi supraspinatus und infraspinatus hervorruft. Lateral an Ober- und Unterarm besteht keine Hautsensibilität mehr.

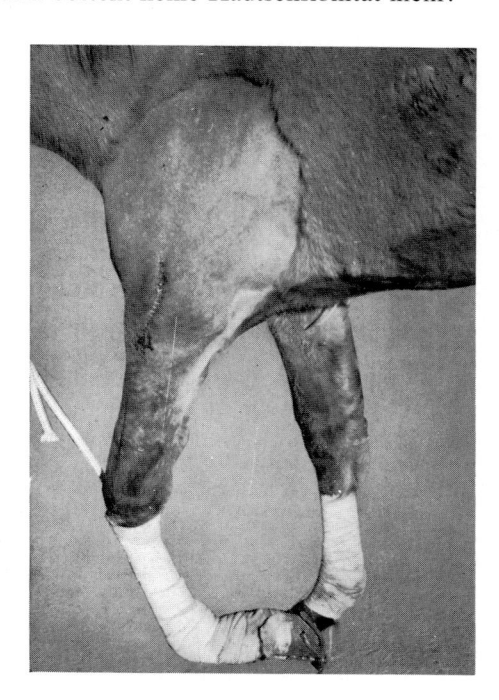

Abb. 8.220: Radialislähmung. Zu beachten sind das scheinbare Herunterhängen des Ellbogens und die Unfähigkeit des Fohlens, die Gliedmaße einschließlich der Zehe zu strecken. Dieses Fohlen zeigte eine fast normale Funktion, nachdem der Nerv operativ von Verklebungen befreit worden war und ein Trauma, das durch ein Fragment des frakturierten Humerus entstand, beseitigt werden konnte.

Gelegentlich tritt die Radialislähmung zusammen mit einer Lähmung des gesamten Plexus brachialis auf. In einem solchen Fall sind sowohl Streck- als auch Beugemuskeln gelähmt, und eine Gewichtsbelastung ist nicht möglich. Der Ellbogen hängt herunter, und die Gliedmaße scheint länger zu sein als die gegenüberliegende. Humerus, Radius und Ulna müssen sorgfältig im Hinblick auf eine Fraktur untersucht werden, wenn eine Radialislähmung besteht, da diese häufig die Folge eines äußeren Traumas durch eine Schlagverletzung sein kann. Die Untersuchung auf Krepitation erfolgt, indem Olekranon und Humerus palpiert werden, während die Gliedmaße bewegt wird. Dieser Bereich wird auch auf abnorme Beweglichkeit hin kontrolliert.

Bei leichteren Fällen von Radialislähmung besteht beim langsamen Schritt kaum eine Lahmheit. Wenn das Pferd aber mit dem Huf an ein Hindernis stößt, kann es stolpern, wenn es mit der Hufspitze hängengeblieben ist und deshalb nicht plan auf der Sohle fußt. Bei unebenem Untergrund sind die zu beobachtenden Schwierigkeiten noch größer.

Die Diagnose wird aufgrund der klinischen Symptome gestellt. Besteht Unsicherheit, kann fünf Tage nach der Verletzung eine Elektromyographie (EMG) der Karpalgelenk- und Zehenstrecker durchgeführt werden.

Therapie

Eine Behandlung ist in den meisten Fällen wertlos, und die Pferde sollten aufgestallt werden, um weitere Verletzungen zu vermeiden. Leichte fixierende Verbände oder Schienenverbände können angelegt werden, um eine Beugekontraktur zu verhindern, und durch dicke Verbände kann die Dorsalfläche des Fesselkopfes vor Abschürfungen geschützt werden. Der fixierende Verband kann alle zwei bis drei Wochen gewechselt werden. Die anderen Verbände werden nach Bedarf gewechselt.

Einer allerdings begrenzten Erfahrung bei Humerusfrakturen zufolge kann die chirurgische Vereinigung des Nervs im Bereich der Frakturstelle nutzbringend sein. Der Nerv wird freigelegt, und alle vorstehenden Knochenstücke werden entfernt, so daß er nicht länger geschädigt wird. Wenn er vollständig durchtrennt ist, muß, falls möglich, eine End-zu-End-Anastomose durchgeführt werden. In anderen Fällen wird der Nerv durch die Fragmente gedehnt, zerrissen oder anderweitig beschädigt. Das Freilegen des Nervs, die Entfernung der Fragmente und die Resektion von Narbengewebe können in einigen Fällen eine teilweise oder sogar vollständige Heilung bewirken. Diese Operation sollte acht bis zehn Wochen nach der Fraktur des Humerus durchgeführt werden, so daß Zeit für eine mögliche Spontanheilung des Nervs vorhanden ist, bevor der chirurgische Eingriff durchgeführt wird. Leider sind die meisten Fälle von Radialislähmung im Zusammenhang mit einer Humerusfraktur permanent, so daß in der Operation die einzige Heilungsmöglichkeit liegt.

Prognose

Bei leichteren Fällen ist die Prognose vorsichtig zu stellen, bei schwereren ungünstig. Bevor eine endgültige Entscheidung getroffen wird, sollten im Anschluß an die Verletzung bzw. die Operation zur Wiederherstellung der Funktion des Nervs sechs Monate vergangen sein. Eine Operation zur Behebung der Lähmung sollte nicht vor Ablauf von acht Wochen und nicht später als zwölf Wochen nach der Verletzung durchgeführt werden.

Ausgewählte Literatur

1. MAROLT, J., et al.: Untersuchungen über Funktionsstörungen des Nervus radialis und des Kreislaufes in der Arteria axillaris beim Pferd. Dtsch. tierärztl. Wochenschr., 69: 181, 1962.
2. PALMER, A. C.: Introduction to Animal Neurology. Oxford, A. R. Mowbrary and Co., Limited, 1965.
3. ROONEY, J. R.: Biomechanics of Lameness in Horses. Baltimore, Williams & Wilkins Co., 1969.
4. ROONEY, J. R.: Radial paralysis in a horse. Cornell Vet., 53: 328, 1963.
5. WHEAT, J. D.: Large Animal Surgery Notes. CS 221, University of California, Davis, CA, 1970.

Schulterbereich

Entzündung der Bursa intertubercularis

Die Bursa intertubercularis, die relativ groß ist, liegt zwischen der Sehne des Musculus biceps brachii und dem Sulcus intertubercularis des Humerus. Die Bewegung der Sehne in dieser Rinne wird durch den Schleimbeutel gepolstert. Die Bursa intertubercularis ist zuweilen akut oder chronisch zusammen mit der Sehne des Musculus biceps brachii entzündet. Bei diesem Zustand wird oft die Diagnose einer Schulterlahmheit gestellt. Obwohl die Schulter häufig für eine Lahmheit verantwortlich gemacht wird, liegt dort selten die Ursache. Früher injizierten die Trainer von Rennpferden Luft unter die Haut im Bereich der Schulter, da sie glaubten, daß sie zu „fest" sei. Diese Prozedur ist lächerlich, da die eigentliche Lahmheitsursache oft im distalen Bereich der Gliedmaße liegt. Lahmheiten im Zusammenhang mit einer Entzündung der Bursa intertubercularis scheinen sehr selten zu sein. Eine Veröffentlichung berichtet über einen Fall in zehn Jahren, eine andere über einen Fall unter 41 untersuchten Lahmheiten.[2,4]

Ätiologie

Der häufigste Grund für eine Entzündung dieses Schleimbeutels ist ein erhebliches Trauma im Bereich des Buggelenkes. Andere Strukturen können ebenso betroffen sein, und es können sogar Frakturen der Skapula und des Humerus vorliegen. Das gleiche Trauma kann auch zu eine Lähmung des Nervus suprascapularis („sweeny") führen. Dieses Aussage wurde allerdings zumindest von einem Autor in Frage gestellt.[5] Er behauptet, daß ein Trauma in diesem Bereich als Lahmheitsursache nur schwer zu akzeptieren ist, da die Sehne des Musculus biceps brachii sowohl kranial als auch lateral durch starke Muskeln bedeckt ist. Eine alternative Theorie zur Entstehung einer Bursitis der Bursa intertubercularis geht davon aus, daß durch einen Sturz oder beim Ausrutschen das Schultergelenk gebeugt und das Ellbogengelenk gestreckt wird, so daß durch diese Haltung eine erhebliche Zugbelastung auf die Sehne des Musculus biceps brachii und ihren Schleimbeutel ausgeübt wird.[5]

Andere Ursachen für die Entzündung des Schleimbeutels sind Infektionen, die entweder durch eine offene Wunde oder hämatogen dorthin gelangen. In zumindest zwei Veröffentlichungen wurde Brucella abortus für die Entstehung der Bursitis verantwortlich gemacht.[2,4] Weiterhin gibt es Berichte über Entzündungen der Bursa intertubercularis nach Ausbrüchen von Influenza oder anderen viralen Erkrankungen des Respirationstraktes.[1]

Symptome

Zu den Symptomen einer Schulterlahmheit gehören:
1. ausgeprägtes Heben des Kopfes während des Vorführens der Gliedmaße, das entsteht, wenn das Pferd versucht, die Gliedmaße bei möglichst geringer Beugung des Schultergelenkes vorzuführen;
2. unvollständige Beugung der Gliedmaße, die dazu führt, daß der Huf nur wenig vom Boden gehoben wird;
3. Verkürzung des kranialen Teiles der Vorführphase;
4. Stolpern durch zu wenig Spielraum des Hufes über dem Boden und durch einen zu kurzen kranialen Teil der Vorführphase, so daß das Pferd zu früh und mit der Zehenspitze zuerst fußt;
5. verminderte Beweglichkeit in der Articulatio humeri, die durch eine Bewegungshemmung im Schultergelenk während des Vorführens festzustellen ist und eines der wichtigeren Symptome einer Schulterlahmheit darstellt;
6. keine Abhängigkeit von der Härte des Bodens; die Lahmheitssymptome unterscheiden sich auf hartem und auf weichem Boden kaum; es ist eher wahrscheinlich, daß sich aufgrund der unregelmäßigen Bodenbeschaffenheit die Lahmheit auf weichem Boden verstärkt;
7. bügelnde Bewegungen, da das Pferd versucht, das schwierige Beugen beim Vorführen der Gliedmaße zu umgehen;
8. hängender Ellbogen bei starker Entzündung bzw. zusätzlicher Verletzung des Nervus radialis.

In der Bewegung beugt das Pferd die Gliedmaße infolge der Schmerzen nur unvollständig ein. In akuten Fällen wird das Bein normalerweise in der Luft gehalten, während das Pferd auf dem gesunden Bein vorspringt. Beim Vorwärtsgehen versuchen die Pferde normalerweise nicht, die Gliedmaße anzuheben, können dies aber beim Rückwärtsrichten tun. In weniger akuten Fällen kann durch die Betrachtung in der Bewegung die verminderte Beweglichkeit des Schultergelenkes festgestellt werden. Im Stand wird die erkrankte Gliedmaße hinter die normale Position zurückgesetzt, und meistens ruhen die Pferde auf der Zehenspitze. In leichten Fällen können die Symptome denen einer Strahlbeinlahmheit ähnlich sein.

Diagnose

Die Diagnose basiert auf den zuvor aufgeführten Symptomen. Eine Umfangsvermehrung der Bursa intertubercularis des Buggelenkes besteht nahezu immer, sollte aber nicht mit einer Atrophie des Musculus supraspinatus und anderer Muskeln in diesem Bereich verwechselt werden. Die Atrophie dieser Muskeln läßt das Schultergelenk nämlich deutlicher hervortreten. Die verminderte Beweglichkeit in der Articulatio humeri ist eins der deutlichsten Symptome bei der Schulterlahmheit. Sie wird sichtbar, wenn sich das Pferd bewegt.

Direkter Fingerdruck über dem Buggelenk ist bei einer akuten Schleimbeutelentzündung schmerzhaft, kann allerdings bei einem eher chronischen Prozeß nur eine geringe Reaktion hervorrufen (Abb. 8.221).

Schmerzhaftigkeit ist normalerweise auslösbar, indem die Gliedmaße passiv nach oben und zurück bewegt wird (Abb. 8.222). Diese Haltung erzeugt eine verstärkte Spannung der Sehne des Musculus biceps brachii und daraus folgend einen verstärkten Druck auf die darunterliegende Bursa intertubercularis. Im akuten Fall ist die Abwehrreaktion des Pferdes erheblich und kann sogar bis zum Steigen gehen. Bei den eher chronischen Zuständen ist eine geringgradige bis mäßige Schmerzreaktion auslösbar. Steht die Erkrankung der Bursa intertubercularis zur Debatte, kann die Schmerzprovokation durch Fingerdruck bzw. die Beugeprobe durchgeführt werden. Bei der Schmerzprovokation durch Fingerdruck wird z. B. mit vier Fingern, einem Daumen bzw. mit den Daumen beider Hände im Bereich der Bursa intertubercularis eine Minute lang direkter Druck ausgeübt (Abb. 8.221). Danach wird das Pferd vorgetrabt, und der Grad der Lahmheitsverstärkung wird bestimmt. Die Beugeprobe wird durchgeführt, indem die Schulter ein bis eineinhalb Minuten lang gebeugt wird. Danach erfolgt ebenfalls die Beurteilung des Grades der Lahmheitsverstärkung beim Vortraben. Eine endgültige Diagnose kann durch die intrasynoviale

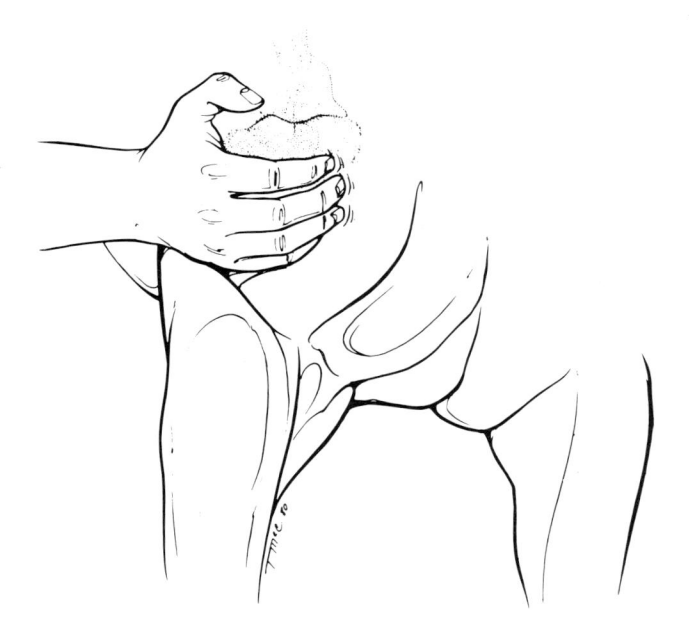

Abb. 8.221: Mit den Fingern wird direkter Druck im Bereich der Bursa intertubercularis ausgeübt.

Anästhesie in den Schleimbeutel (siehe Seite 150) gestellt werden. Nach der Punktion der Bursa intertubercularis wird eine Probe der Synovia entnommen, um die Viskosität zu bestimmen, eine zytologische Untersuchung sowie eine Gramfärbung durchzuführen und eine Kultur anzulegen sowie Resistenzen zu bestimmen. Es muß allerdings darauf hingewiesen werden, daß sich nur selten Kulturen züchten lassen. In jedem Fall kann der Untersucher jedoch durch die Analyse der Synovia feststellen, ob es sich um eine aseptische Bursitis handelt oder ob der Prozeß infektiös ist (nähere Hinweise zur Synoviauntersuchung siehe Seite 352). Falls aus dem Vorbericht hervorgeht, daß die Pferde Kontakt zu Rindern hatten, sollten Serum- und Synoviaproben auf Brucellose-Titer untersucht werden. Typisch für diese Fälle ist, daß die Pferde akut lahm sind und eine Erhöhung der Körpertemperatur aufweisen.[2,4]

Das Schultergelenk sollte geröntgt werden, um eine Fraktur des Tuberculum supraglenoidale und proximal gelegener Bereiche des Humerus sowie Verknöcherungen in der Sehne des Musculus biceps brachii oder eine Osteochondrose im Schultergelenk auszuschließen.

Therapie

Als eine wirksame Methode zur Behandlung einer nichtinfektiösen Bursitis hat sich die Injektion von Kortikosteroiden in die Bursa intertubercularis bewährt.[3] Dabei sind vier bis fünf Injektionen im Abstand von etwa einer Woche erforderlich. Zusätzlich werden nichtsteroide entzündungshemmende Medikamente appliziert, und eine ausreichende Ruhephase muß gewährleistet sein. Reiztherapien wie das Blistern, die Injektion von Irritantia sowie das Brennen wurden ebenfalls eingesetzt, allerdings ohne gute Ergebnisse. Röntgenbestrahlungen könnten nützlich sein. Die Pferde müssen so lange Ruhe haben, bis die Lahmheitssymptome verschwinden.

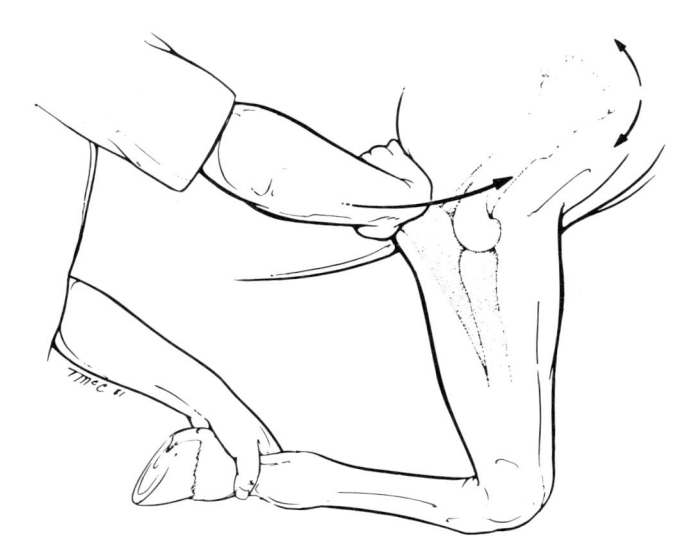

Abb. 8.222: Bei der Beugung der Schulter wird Zug auf die Sehne des Musculus biceps brachii ausgeübt. Hat das Pferd eine Entzündung der Bursa intertubercularis oder eine Ossifikation im Bereich der Sehne des Musculus biceps brachii, kann eine Schmerzreaktion ausgelöst werden. Zur Durchführung der Beugeprobe wird das Schultergelenk über eine Minute gebeugt gehalten.

Scheint die Ursache dagegen in einem infektiösen Prozeß zu liegen, sollte die Möglichkeit erwogen werden, die Bursa intertubercularis zuerst mittels einer Kanüle zu drainieren und zu spülen. Gleichzeitig werden Breitbandantibiotika in hoher Dosierung appliziert. Bei eher chronischen Fällen, die auf die antibiotische Therapie nicht ansprechen, kann die Bursa intertubercularis chirurgisch ausgeschält und eine Saug-Spül-Drainage eingelegt werden.[4]

Prognose

Die Prognose ist vorsichtig bis ungünstig zu stellen. Ist der Prozeß bereits chronisch, wenn der Tierarzt das erste Mal konsultiert wird, muß eine ungünstige Prognose gestellt werden, da schon bleibende Schäden bestehen können.

Ausgewählte Literatur

1. ADAMS, O. R.: Lameness in Horses. 3rd Ed. Philadelphia, Lea & Febiger, 1974.
2. COSGROVE, J. S. M.: Symposium on equine practice 2: clinical aspects of equine brucellosis. Vet. Rec., **73**: 1377, 1961.
3. JOHNSON, J. H., and BARTELS, J. E.: Conditions of the forelimbs. *In* Equine Medicine and Surgery. 2nd Ed. Edited by E. J. Catcott, and J. F. Smithcors. Illinois, American Veterinary Publications, 1972.
4. MASON, T. A.: Bicipital bursitis in a mare. Vet. Rec., **107**: 330, 1980.
5. ROONEY, J. R.: Biomechanics of Lameness in Horses. Baltimore, Williams & Wilkins Co., 1969.

Verknöcherungen in der Sehne des Musculus biceps brachii

Verknöcherungen in der Sehne des Musculus biceps brachii stellen eine seltene Lahmheitsursache bei jüngeren ausgewachsenen Pferden dar.[1] Sie können sowohl unilateral als auch bilateral auftreten, und oft ist die Diagnose schwierig. Es wird angenommen, daß traumatische, entwicklungsbedingte und degenerative Erkrankungen des Schultergelenkes zu einer heterotopischen Verknöcherung in dieser Sehne führen.[1]

Ätiologie

Die Ursache für diese Erkrankung ist nicht bekannt, aber es hat den Anschein, daß entwicklungs- sowie traumatisch bedingte Erkrankungen, die die Articulatio humeri betreffen, zur Verknöcherung der Sehne des Musculus biceps brachii führen können. Diese Sehne hat normalerweise beim gesunden Pferd dort, wo sie im Bereich des Sulcus intertubercularis proximal am Humerus verläuft, zwei spindelförmige Verdickungen. In diesen Verdickungen befinden sich unterschiedliche Mengen von Faserknorpel. Durch ein direktes Trauma im Bereich des Schultergelenkes bzw. die Ausdehnung degenerativer Veränderungen kann es zu einer enchondralen Ossifikation in der Sehne kommen (Abb. 8.223). Durch Bewegung im Bereich des

Sulcus intertubercularis werden die angrenzenden synovialen Einrichtungen und knöchernen Strukturen beschädigt, so daß es zur Lahmheit und zu einer Inaktivitätsatrophie der Schultermuskulatur kommt.[1]

Symptome

Die Diagnosestellung kann schwirig sein und erfordert im allgemeinen eine sorgfältige Untersuchung der gesamten Gliedmaße, bevor sich der Untersucher auf die Schulter konzentrieren kann. Adspektorisch kann bei chronischen Fällen eine leichte Atrophie der Schultermuskulatur und im besonderen des Musculus biceps brachii feststellbar sein. Manchmal haben die Pferde eine kurze Zehenwand und hohe Trachten. In der Bewegung ist normalerweise eine gering- bis mittelgradige Lahmheit feststellbar, die sich in einer Verkürzung des kranialen Teiles der Vorführphase und in einer geringgradig verminderten Beugung im Karpalgelenk manifestiert. Auch wenn die Erkrankung beidseitig besteht, ist meistens ein Bein stärker betroffen als das andere. Eine direkte tiefe Palpation im Bereich der Bursa intertubercularis kann ein schmerzhaftes Zurückziehen der Gliedmaße bewirken. Forciertes Strecken und Beugen des Schultergelenkes können eben-

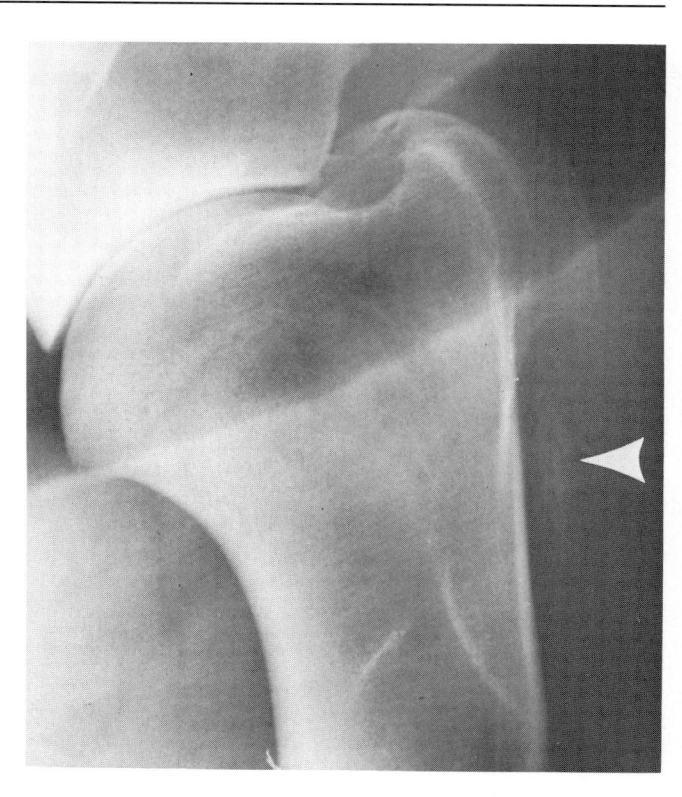

Abb. 8.224: Seitliche Röntgenaufnahme der Schulter eines Pferdes mit einer Verknöcherung in der Sehne des Musculus biceps brachii (Pfeil) (mit Genehmigung von Dr. C. W. McILWRAITH).

falls schmerzhaft sein, so daß die Pferde eine Tendenz zum Steigen zeigen.
In geringgradig schmerzhaften Fällen führt die Beugeprobe des Schultergelenkes im allgemeinen zu einer Lahmheitsverstärkung (Abb. 8.222). Eine Anästhesie der Bursa intertubercularis ist aufgrund der heterotopen Verknöcherung und der degenerativen Veränderungen im Bereich der Bursa intertubercularis praktisch unmöglich. Zur endgültigen Diagnosefindung müssen Röntgenaufnahmen angefertigt werden (Abb. 8.224).

Therapie

Zur Zeit gibt es keine vernünftige Behandlungsmethode. Da diese Pferde jedoch nur geringgradig lahm sind, können sie leicht bewegt werden, bis die degenerativen Veränderungen im Schultergelenk so weit fortgeschritten sind, daß sie eine erhebliche Lahmheit verursachen. Zu diesem Zeitpunkt ist dann die Euthanasie anzuraten, falls die Pferde nicht zur Zucht verwendet werden können. Bis dahin kann die routinemäßige Applikation von nichtsteroiden entzündungshemmenden Medikamenten hilfreich sein.

Prognose

Die Prognose für einen sportlichen Einsatz über eine längere Zeit ist schlecht, für die Verwendung in der Zucht kann sie günstig gestellt werden.

Abb. 8.223: Von der Seite fotografierte Präparate. **Rechts:** Die normale Sehne des Musculus biceps brachii mit ihrem proximalen Ursprung am Tuberculum supraglenoidale. **Links:** Sehne mit einer Verknöcherung (Pfeil).

Ausgewählte Literatur

1. MEAGHER, D. M., POOL, R. R., and BROWN, M. P.: Bilateral ossification of the tendon of the biceps brachii muscle in the horse. J. Am. Vet. Med. Assoc., **174**: 282, 1979.

Entzündung der Bursa subtendinea des Musculus infraspinatius

ROONEY beschrieb eine Lahmheit infolge einer Entzündung des Schleimbeutels unter der Sehne des Musculus infraspinatus.[1] Dieser Schleimbeutel liegt zwischen der Sehne des Musculus infraspinatus und der Pars caudalis des Tuberculum majus humeri. Eine Entzündung dieses Schleimbeutels kommt selten vor, aber wenn sie auftritt, zeigt das Pferd eine Stützbeinlahmheit, bei der die Schultergliedmaße in Abduktionsstellung gehalten wird.[1]

Ätiologie

Als Ursache kommen eine starke Adduktion der Schultergliedmaße sowie die Möglichkeit eines direkten Traumas in diesem Bereich in Frage. Pferde, die in Seitenlage geworfen werden und die untenliegende Gliedmaße nicht bewegen können, entwickeln diese Erscheinung eventuell, während sie kämpfen, um sich zu befreien.

Symptome

Die erkrankte Gliedmaße wird oft abduziert, vermutlich, um den Druck auf den erkrankten Schleimbeutel zu verringern. In der Bewegung ist eine geringgradige Lahmheit feststellbar.[1] Durch die Adduktion der Gliedmaße können meistens eine Schmerzreaktion sowie eine Lahmheitsverstärkung in der Bewegung provoziert werden (Abb. 8.225).

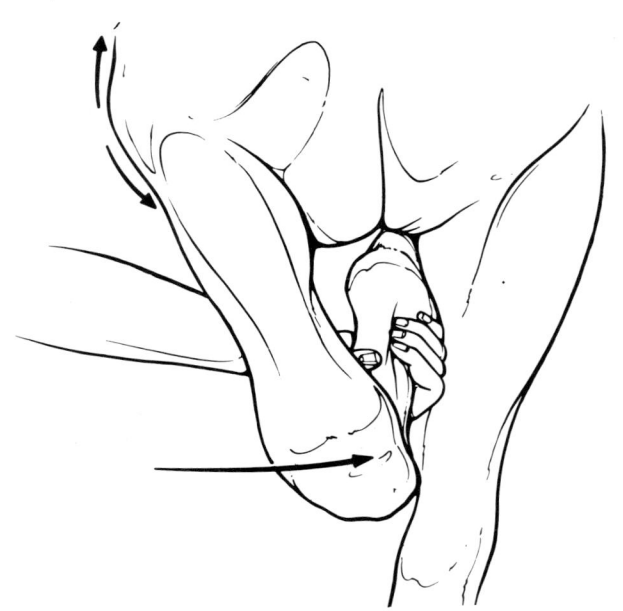

Abb. 8.225: Durch die Adduktion der Gliedmaße kann bei einer Entzündung der Bursa subtendinea des Musculus infraspinatus eine Schmerzreaktion ausgelöst werden.

Therapie

Im akuten Zustand werden die Punktion mit einer Kanüle sowie die intrasynoviale Injektion von Kortikosteroiden in den Schleimbeutel empfohlen. Bei ausreichend langer Boxenruhe (mindestens sechs Wochen) und der parenteralen Gabe von nichtsteroiden entzündungshemmenden Medikamenten kann mit einem guten Ergebnis gerechnet werden. Obwohl diese Therapie auch in chronischen Fällen angewendet werden kann, ist das Endergebnis meistens weniger günstig, und eine Lahmheit unterschiedlicher Stärke bleibt bestehen.

Prognose

In den meisten akuten Fällen kann eine günstige Prognose gestellt werden. Jedoch ist diese Erkrankung so selten, daß nicht genug Fälle gesammelt werden konnten, um dem Leser einen umfassenden Überblick über das zu erwartende Ergebnis zu ermöglichen.

Ausgewählte Literatur

1. ROONEY, J. R.: Biomechanics of Lameness in the Horse. Baltimore, Williams & Wilkins Co., 1969, p. 117.

Osteochondrose des Schultergelenkes

Die Osteochondrose des Schultergelenkes betrifft vorwiegend junge schnell wachsende Pferde. Dies überrascht nicht, da die ursprüngliche Schädigung den wachsenden epiphysären Knorpel betrifft. Der Zusammenhang mit dem schnellen Wachstum ist nicht so deutlich wie bei den Veränderungen der Osteochondrosis dissecans im Kniegelenk, im Sprunggelenk und in den Halswirbelgelenken, spielt aber sehr wahrscheinlich auch hier eine Rolle. Eine anscheinend vernünftige Theorie besagt, daß das schnelle Wachstum entweder durch Überfütterung oder durch eine genetische Disposition bedingt ist.[6] Zur Zeit wird die Osteochondrose im Schultergelenk häufig bei Absatzfohlen und Jährlingen im Alter von fünf bis zehn Monaten festgestellt.[1,3-8] In einer Untersuchung wurde die Osteochondrose des Schultergelenkes bei 54 Gelenken von 38 Pferden beobachtet, die aufgrund einer Erkrankung im Schulterbereich geröntgt wurden.[6] Wird die Erkrankung bei älteren Pferden diagnostiziert, haben sich normalerweise bereits sekundäre degenerative Gelenkveränderungen manifestiert.

Die primäre Knorpelveränderung befindet sich normalerweise am kaudalen Rand des Caput humeri.[6] Dies entspricht der Osteochondrosis dissecans bei anderen Spezies mit der Ausnahme, daß keine Loslösung des demarkierten Gewebes zu beobachten ist.[6] In einem geringen Prozentsatz der Fälle befindet sich die Primärläsion im Bereich der Incisura glenoidalis des Schulterblattes.[6] Unabhängig von der Lage der Primärveränderung ist die sekundäre degenerative Veränderung des Schultergelenkes ein hervortretendes Merkmal dieser Erkrankung.

Ätiologie

Die Osteochondrose des Caput humeri ist durch eine Störung der normalen Zelldifferenzierung im wachsenden epiphysären Knorpel gekennzeichnet. Dies führt wiederum zu einem Zusammenbruch bzw. zu einer Entkoppelung des Systems der enchondralen Ossifikation, so daß es eher zu einer Knorpelretention als zur Knochenbildung kommt. Bei weiterer Knorpelproduktion entsteht eine Chondromalazie (Erweichung) in der Randschicht des epiphysären Knorpels. Daraufhin kann sich kein normal gerundetes Caput humeri entwickeln. Schließlich wird der Knorpel deformiert, da ihm das knöcherne Stützgerüst fehlt. Sekundäre degenerative Gelenkveränderungen entwickeln sich dadurch, daß das Caput humeri abnorm geformt ist und so eine Instabilität des Gelenkes verursacht.[6]

Symptome

Die meisten Fälle haben die Vorgeschichte einer gering- bis mittelgradigen intermittierenden Lahmheit. Zusätzlich kann eine geringgradige Atrophie der Schultermuskulatur auffallen. Die Pferde zeigen oft eine Beugehaltung im Fesselgelenk der stärker betroffenen Gliedmaße. Bei genauer Untersuchung der Hufe kann häufig eine übermäßige Abnutzung der Zehe bei besonders hohen Trachten beobachtet werden. In der Bewegung zeigen die Pferde eine mit Kopfnicken verbundene Lahmheit, die durch eine Verkürzung des kranialen Teiles der Vorführphase gekennzeichnet ist. Bei den sehr stark betroffenen Pferden sind ein deutliches Anheben der Schulter, verringerte Beugung im Karpalgelenk und das Vorführen der Gliedmaße im Bogen feststellbar. Ein kleiner Teil der Fälle weist eine palpierbare vermehrte Füllung des Schultergelenkes auf und reagiert auf eine tiefe Palpation schmerzhaft. Die passive Beugung und Streckung verursachen sehr oft Schmerzen und lösen eine Lahmheitsverstärkung in der Bewegung aus.

Diagnose

Da die klinischen Symptome unspezifisch sind und auch bei vielen anderen Erkrankungen, die eine Schulterlahmheit verursachen, bestehen, sollte die Differentialdiagnose eine degenerative Erkrankung des Schultergelenkes, eine Entzündung der Bursa intertubercularis sowie eine Fraktur der Skapula bzw. des proximalen Teiles des Humerus einschließen. Bei einem neunjährigen Rappschimmel der Rasse American Saddlebred konnten auch Melanome im Bereich von Schulter- und Ellbogengelenk festgestellt werden.[2] Um die Beteiligung des Schultergelenkes an der Lahmheit nachzuweisen, kann eine Gelenkanästhesie durchgeführt werden (siehe Seite 150), die in den meisten Fällen zu einer leichten Besserung, in einigen sogar zu einem völligen Verschwinden der Lahmheitssymptome führt.[6] Der Untersucher muß sich im klaren sein, daß das Problem auf diese Weise nur auf den Bereich der Schulter eingegrenzt wird. Wenn eine beidseitige Schulterlahmheit bei einem Absatzfohlen oder einem Jährling besteht, ist es jedoch wahrscheinlich, daß man es mit einer Osteochondrose zu tun hat.

Obwohl eine Synoviaanalyse durchgeführt werden kann, zeigt sie bei dieser Erkrankung ebenfalls keine spezifischen Ergebnisse. Meistens kann eine größere Menge Synovia gewonnen werden, und die Analyse weist auf degenerative Veränderungen im Gelenk hin.[3,6,8] Im Moment ist es nur mit Hilfe von Röntgenaufnahmen möglich, diese Erkrankung beim lebenden Pferd definitiv zu erkennen. Zu den häufigsten Röntgenbefunden gehören

1. die Abflachung des Caput humeri im kaudalen Bereich (Abb. 8.226),
2. Veränderungen der Kontur der Gelenkpfanne des Schulterblattes (Abb. 8.227),
3. Osteophyten im kaudalen und kranialen Bereich der Gelenkpfanne (Abb. 8.227),
4. die subchondrale Sklerosierung des Knochens und
5. die Umformung der Gelenkpfanne und des Caput humeri (Abb. 8.227).[4]

Zu den selteneren Befunden gehören Osteophyten und subchondrale Knochenzysten im Bereich des Caput humeri und der Gelenkpfanne (Abb. 8.227).[6] Zusätzlich kann eine Arthrographie durchgeführt werden, um die Ausdehnung der Loslösung sichtbar zu machen (Abb. 8.228).

Bei der Sektion sind normalerweise eine verdickte Gelenkkapsel, eine Abflachung des Caput humeri ohne eine Loslösung, periartikuläre Osteophyten und degenerative Veränderungen in der Gelenkpfanne feststellbar. Bei einer histopathologischen Untersuchung sind eine deutliche Verdickung des betroffenen Knorpels, eine Chondromalazie sowie kleine fissurähnliche Knorpelfrakturen im Zusammenhang mit der Osteochondrosis dissecans zu beobachten.[6]

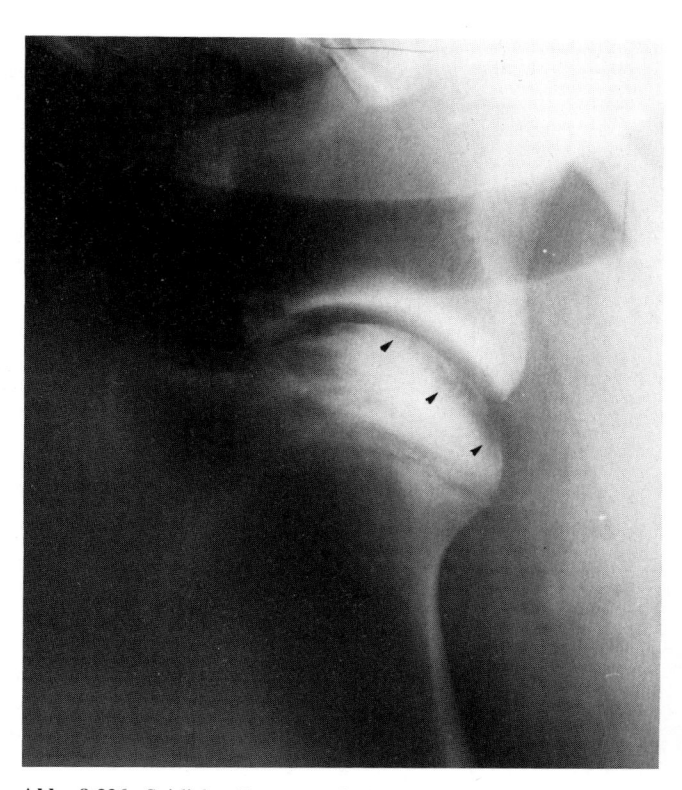

Abb. 8.226: Seitliche Röntgenaufnahme des Schultergelenkes mit einer Abflachung im kaudalen Bereich des Caput humeri und einer subchondralen Osteolyse (Pfeile).

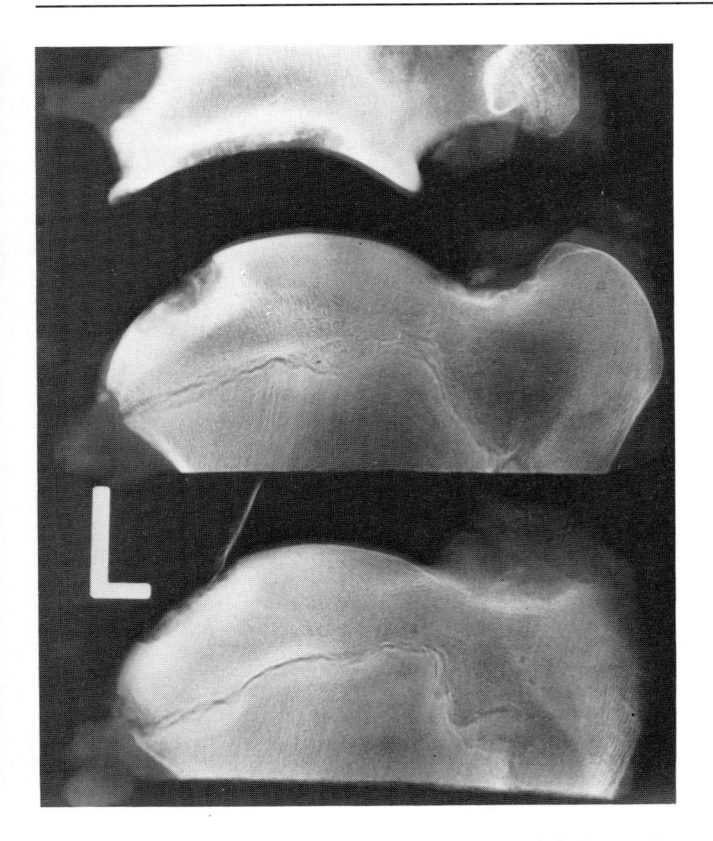

Abb. 8.227: Röntgenaufnahmen von Präparaten, bei denen das Weichteilgewebe entfernt wurde. **Oben:** Osteochondrosis in der rechten Gelenkpfanne. Die Kontur ist nicht normal, und sowohl am kranialen als auch am kaudalen Rand befinden sich Osteophyten. **Mitte:** Osteochondrose im kaudalen Bereich des Caput humeri mit einer subchondralen Sklerosierung. **Unten:** Der kaudale Bereich des Caput humeri des linken Schultergelenkes ist abgeflacht.

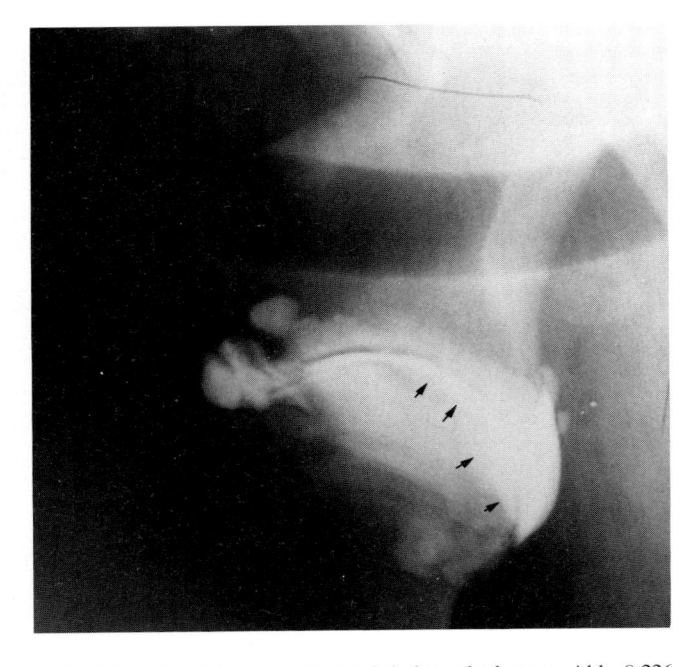

Abb. 8.228: Die Arthrographie des Schultergelenkes aus Abb. 8.226 zeigt eine Osteochondrosis dissecans kaudal am Caput humeri. Die Pfeile deuten auf Kontrastmittel unter dem Gelenkknorpel.

Therapie

Die Behandlungsmöglichkeiten sind Boxenruhe bis zu 16 Monaten, die intraartikuläre Injektion von Kortikosteroiden, die Applikation von systemisch wirkenden Analgetika oder die Operation.[1,5-8]

Boxenruhe ist wahrscheinlich die vernünftigste Behandlungsmethode bei den Fällen, bei denen gering- bis mittelgradige Röntgenveränderungen bestehen. Von 17 in dieser Weise behandelten Pferden war bei sieben Tieren ein mäßiger Erfolg zu verzeichnen, wobei zwei Pferde schließlich aus Freizeitreiten verwendet wurden, ein Pferd Rennen läuft und die anderen zur Zucht benutzt werden.[6] Von diesen sieben Fällen hatten drei minimale röntgenologisch erkennbare Veränderungen, zwei wiesen mittelgradige pathologische Befunde auf und die anderen beiden, die beidseitig erhebliche Läsionen zeigten, wurden der Zucht zugeführt.[6] Bei zehn Pferden war die Lahmheit auch nach der Ruhephase noch erheblich, so daß zur Euthanasie geraten wurde. Alle diese Pferde hatten bereits zum Zeitpunkt der ersten Diagnosestellung erhebliche röntgenologisch erkennbare Veränderungen.[6]

Über eine Operation wurde in drei Fällen berichtet.[3,7] Der Eingriff beinhaltet die Entfernung der periartikulären Osteophyten und die Kürettage des avitalen Gewebes im Bereich der eigentlichen Osteochondrose.[3,7] Bei einer Kontrolluntersuchung nach einem Jahr konnte in einem Fall eine deutliche Besserung des klinischen Bildes festgestellt werden, aber nach intensiver Bewegung bestand immer noch eine geringgradige Lahmheit.[3] Das andere Pferd wurde zwölf Monate nach der Operation wieder trainiert.[7] Wenn eine Operation in Frage kommt, muß bedacht werden, daß zum Zeitpunkt der ersten Untersuchung und Diagnosestellung bereits viele Hinweise auf das Vorliegen sekundärer degenerativer Gelenkveränderungen bestehen. Je ausgeprägter diese degenerativen Veränderungen sind, desto schlechter wird das Operationsergebnis ausfallen.[6]

DE BOWES berichtete über einen modifizierten Zugang zum Schultergelenk über einen Längsschnitt durch die Sehne des Musculus infraspinatus.[1] Mit dieser Technik wird das Schultergelenk ausreichend freigelegt, ohne daß seine seitliche Stabilität beeinträchtigt wird, wie das bei der früher beschriebenen transversalen Tenotomie der Sehne des Musculus infraspinatus der Fall war. Nach Erfahrung des Autors ist bei der longitudinalen Tenotomie der kaudale Bereich des Schultergelenkes nicht genügend zugänglich. In einem Bericht über sechs Fälle wird ein neuer Zugang beschrieben, der den kaudalen Bereich hervorragend freilegt.[5] Anstelle der Tenotomie der Sehne des Musculus infraspinatus wird eine Tenotomie im Bereich des Ansatzes des Musculus teres minor durchgeführt, um das Schultergelenk freizulegen (Abb. 8.229). Durch eine möglichst starke Adduktion im distalen Gliedmaßenbereich wird die Öffnung des Gelenkes erleichtert. Nach der Kürettage werden die Stümpfe mit nichtresorbierbarem Nahtmaterial adaptiert und die anderen Schichten routinemäßig verschlossen. Kontrolluntersuchungen in sechs Fällen, in denen diese Technik verwendet wurde, zeigten eine gute Heilung ohne Verlust der seitlichen Stabilität des Schultergelenkes, und die langfristigen Kontrollen sind ermutigend. Neuerdings wird auch das Arthroskop zur operativen Behandlung dieser Veränderungen eingesetzt.

Kapitel 8: Lahmheit

Hautschnitt

Tuberculum majus humeri

Musculus infraspinatus

Tuberculum majus

Musculus deltoideus kaudal verlagert

Musculus brachiocephalicus

Musculus teres minor (wird abgesetzt)

Inzision in den Musculus deltoideus

Proximaler Stumpf des Musculus teres minor

Musculus infraspinatus kranial verlagert

Ränder der Gelenkkapsel

Gelenkspalt

Ast des Nervus axillaris, der den Musculus deltoideus versorgt

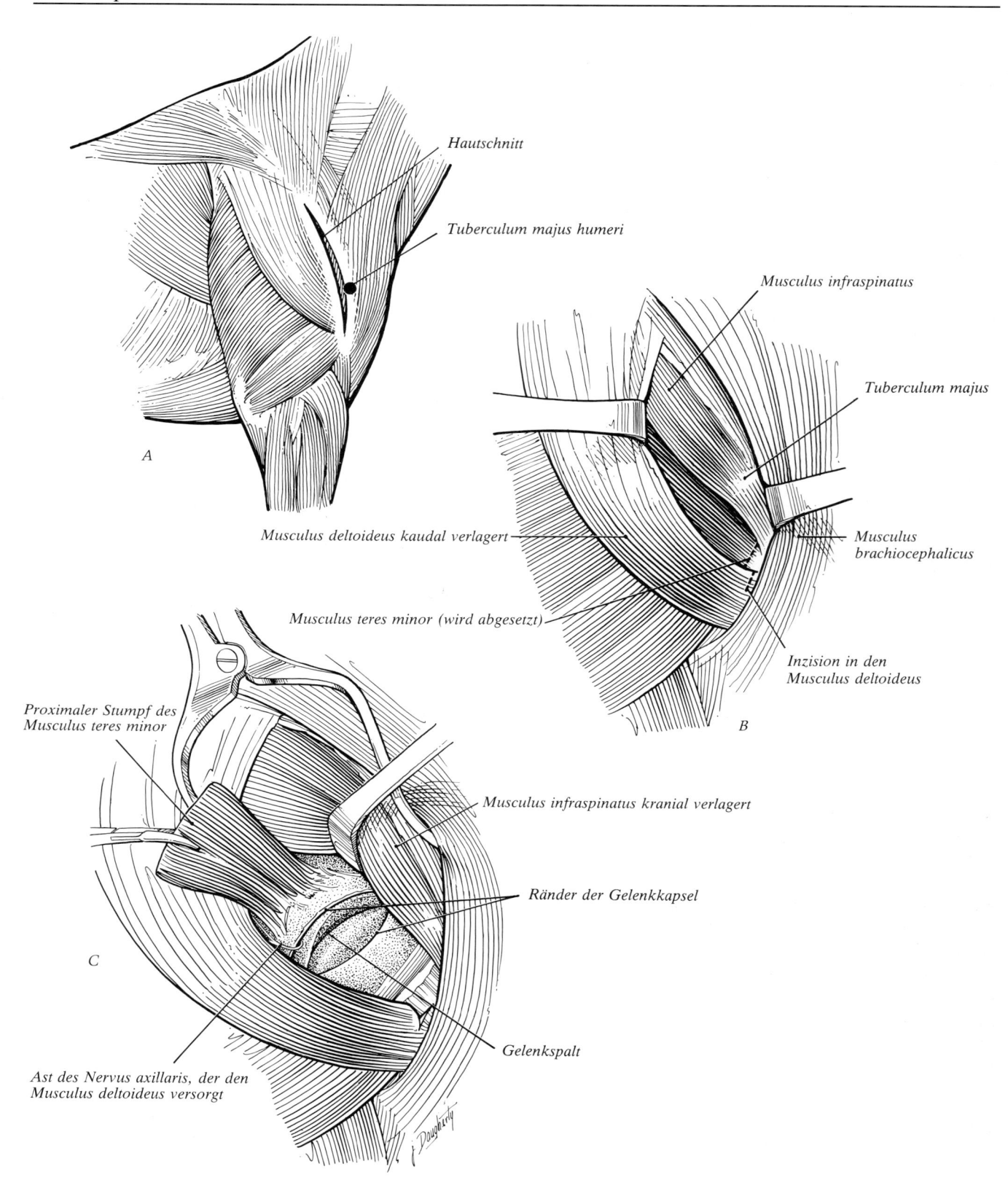

Abb. 8.229: Der Schnitt zur Trennung des kranial gelegenen Musculus brachiocephalicus vom kaudal befindlichen Musculus deltoideus wird direkt kaudal der Spina scapulae und des Tuberculum majus geführt. **B** Um die Musculi infraspinatus und teres minor freizulegen, werden die Musculi brachiocephalicus und deltoideus gespreizt. Die obere gestrichelte Linie zeigt die Stelle für die Tenotomie des Musculus teres minor an, und die gestrichelte Linie unten im Bild kennzeichnet den Bereich für eine Teiltenotomie des Musculus deltoideus. **C** Zur Freilegung des Schultergelenkes wird der Musculus teres minor dorsal verlagert. Ein Transversalschnitt durch die Gelenkkapsel eröffnet das Gelenk. Durch dieses Vorgehen wird der Kaudalteil des Caput humeri sichtbar.

Prognose

Im allgemeinen muß die Prognose als schlecht betrachtet werden. Allerdings ist sie in gewisser Weise vom Verwendungszweck des Pferdes und von dem Ausmaß der Gelenkveränderung durch die Osteochondrose abhängig. Pferde mit gering- bis mittelgradigen Veränderungen können in der Zucht eingesetzt, als Freizeitpferde gehalten und zu einem kleinen Teil auch für Rennen trainiert werden. Pferde mit erheblichen Veränderungen bleiben meistens lahm, aber mit einigen wenigen kann auch gezüchtet werden. Allerdings ist beim Zuchteinsatz dieser Tiere zu bedenken, daß es möglicherweise gekoppelte Gene für ein schnelles Skelettwachstum und die nachfolgende Entwicklung einer Osteochondrose geben kann. Durch einen chirurgischen Eingriff verbessert sich die Situation auch bei erheblichen Veränderungen.[5]

Ausgewählte Literatur

1. DE BOWES, R. M., WAGNER, D. C., and GRANT, B. D.: Surgical approach to the equine scapulohumeral joint through a longitudinal infraspinatus tenectomy. J. Vet. Surg., **11:** 125, 1982.
2. GRANT, B., and LINCOLN, S.: Melanosarcoma as a cause of lameness in a horse. VM/SAC, **67:** 995, 1972.
3. MASON, T. A., and MacLEAN, A. A.: Osteochondrosis dissecans of the head of the humerus in two foals. Eq. Vet. J., **9:** 189, 1977.
4. MEAGHER, D. M., POOL, R. R., and O'BRIEN, T. R.: Osteochondritis of the shoulder joint in the horse. Proc. 19th Ann. AAEP, 1977, p. 247.
5. NIXON, A. J., et al.: A muscle separating approach to the equine shoulder joint for the treatment of osteochondritis dissecans. Vet. Surg., **13:** 247, 1984.
6. NYACK, B., MORGAN, J. P., and POOL, R.: Osteochondrosis of the shoulder joint of the horse. Cornell Vet., **71:** 149, 1981.
7. SCHMIDT, G. R., DUELAND, R., and VAUGHAN, J. T.: Osteochondrosis dissecans of the equine shoulder joint. VM/SAC, **70:** 542, 1975.
8. SCHEBITZ, H.: Degenerative arthritis of the shoulder joint following aseptic necrosis of the humeral head in foals. Proc. 11th Ann. AAEP, 1965, p. 359.

Entzündung des Schultergelenkes (Omarthritis)

Die Entzündung des Schultergelenkes kann zahlreiche Ursachen haben, von denen die meisten im Zusammenhang mit einem Trauma, wie z. B. einer Fraktur, stehen.[1] Am häufigsten sind hier Frakturen des Tuberculum supraglenoidale der Skapula sowie des Tuberculum majus des Humerus zu nennen. Es handelt sich hierbei nur um relativ kleine Fragmente, die abgelöst sind, so daß die Stabilität des Gelenkes erhalten bleibt. Die Irritation, die diese Fraktur verursacht, führt zu einer Arthritis, die wiederum eine persistierende Lahmheit zur Folge hat. Bei jungen Pferden kann eine Osteochondrose zu Veränderungen führen, die eine chronische Osteoarthritis des Schultergelenkes bedingen.[2]

Bei Fohlen kann eine sich ausbreitende Nabelentzündung Ursache einer infektiösen Arthritis sein. Meistens sind dann noch weitere Anzeichen einer systemischen Erkrankung sowie Arthritiden in anderen Gelenken feststellbar.

Ätiologie

In den meisten Fällen entsteht die Erkrankung als Folge eines Traumas. Häufig wurden die Pferde geschlagen, sind gegen ein festes Hindernis gelaufen oder erlitten auf andere Weise eine Verletzung.

Die Ätiopathogenese der Osteochondrose wird in dem entsprechenden Abschnitt über die Osteochondrose des Schultergelenkes auf Seite 684 kurz dargestellt. Weitere Erläuterungen sind Seite 345 ff. zu entnehmen. Bei einer eitrigen Arthritis gelangen die Erreger, ausgehend von einer Nabelentzündung, meistens auf hämatogenem Weg ins Gelenk. Das Immunsystem der Fohlen kann durch eine unzureichende Kolostrumaufnahme oder durch einen primären Immundefekt, wie er bei Arabern auftritt, gestört sein. Bei älteren Pferden können auch perforierende Verletzungen sowie iatrogene Infektionen durch eine Gelenkpunktion in Betracht gezogen werden.

Symptome

Im allgemeinen sind die Symptome für eine Schulterlahmheit typisch, d. h. das Pferd hebt den Kopf, wenn die erkrankte Gliedmaße vorgeführt wird; das Vorführen des Beines erfolgt in einem Bogen, um eine Beugung im Schultergelenk zu vermeiden, und im Stand wird die betroffene Gliedmaße so gehalten, daß sich der Huf hinter dem der kontralateralen Gliedmaße befindet. In einigen Fällen besteht eine Umfangsvermehrung im Bereich der Schulter. Meistens ist zwischen gesunder und erkrankter Seite jedoch nur schwer ein Unterschied festzustellen. Beim Vorführen versucht das Pferd, das Schultergelenk steif zu halten, was zu einer Verkürzung des kranialen Teiles der Vorführphase führt. Passives Beugen, Strecken, Abduzieren und Adduzieren der Gliedmaße sind schmerzhaft, so daß das Pferd sich dem zu entziehen versucht, und verstärken die Lahmheit. Die sorgfältige Beobachtung der Schulter während der Bewegung zeigt, daß gesunde und erkrankte Seite sich unterschiedlich bewegen.

Bei einer Infektion des Schultergelenkes hat das Pferd eine höchstgradige Lahmheit. Die Palpation der Schulter kann schmerzhaft sein, und vermehrte Wärme ist feststellbar. Bei jungen Pferden und mageren älteren Pferden ist auch eine deutliche Umfangsvermehrung zu fühlen.

Diagnose

Da oft keine deutliche Umfangsvermehrung der betroffenen Seite besteht, sind die diagnostischen Injektionen im Bereich der Zehe von Nutzen. Durch Anästhesien des Nervus medianus, des Nervus cutaneus antebrachii medialis sowie des Nervus ulnaris werden Lahmheiten des mittleren Teiles der Gliedmaße ausgeschlossen. Besteht die Lahmheit danach noch immer, sollten Ellbogen- und Schultergelenk einer sorgfältigen Untersuchung unterzogen werden. Wenn möglich, wird eine Röntgenaufnahme der Schulter angefertigt, jedoch ist dazu ein leistungsstarkes Röntgengerät erforderlich. Wenn die Aufnahmerichtung schräg durch das Schultergelenk verläuft, kann man eine brauchbare Röntgenaufnahme erhalten. Sind auf der Aufnahme Gelenkveränderungen im Sinne einer Arthritis feststellbar, besteht kein Zeifel mehr über die Erkrankung. Eine Anästhesie des Schultergelenkes mit 20 bis 30 ml eines Lokalanästhetikums kann zur Diagnosefindung beitragen (siehe Seite 150).

Wenn eine Gelenkinfektion als Lahmheitsursache vermutet wird, kann das Gelenk punktiert werden, damit Synovia für eine Analyse gewonnen werden kann. Ein Überblick über die Synoviauntersuchung ist auf Seite 352 zu finden.

Therapie

Wenn im Gelenk bereits degenerative Veränderungen vorliegen, gibt es keine Behandlung, die helfen könnte. Kleine Chip-Frakturen des Tuberculum majus humeri können jedoch mit Erfolg entfernt werden. Die Injektion eines Kortikosteroids in das Schultergelenk kann vorübergehend eine Besserung bewirken. Die Behandlung der infektiösen Arthritis wird auf Seite 423 erläutert.

Prognose

Die Prognose ist in Abhängigkeit von der Ursache vorsichtig bis schlecht zu stellen. Liegen bereits Knochenveränderungen vor, besteht eine schlechte Prognose.

Ausgewählte Literatur

1. JOHNSON, J. H., and BARTELS, J. E.: Conditions of the forelimb. *In* Equine Medicine and Surgery. 2nd Ed. Edited by E. J. Catcott, and J. F. Smithcors. Illinois, American Veterinary Publishing Inc., 1972.
2. SCHEBITZ, H.: Degenerative arthritis of the shoulder joint following aseptic necrosis of the humeral head in foals. Proc. 11th Ann. AAEP, 1965, p. 359.

Luxation des Schultergelenkes

Eine Luxation des Schultergelenkes kommt sehr selten vor und führt beim Pferd zu einer plötzlich auftretenden Lahmheit. Das Caput humeri ist meistens kranial luxiert, aber in einigen Fällen kann auch eine mediale Luxation bestehen.

Ätiologie

Die Luxation des Schultergelenkes kann entstehen, wenn das Pferd bei fixiertem Huf und gebeugtem Schultergelenk versucht, die eingeklemmte Gliedmaße herauszuziehen und sie dabei noch verdreht. Eine weitere Möglichkeit besteht Veröffentlichungen zufolge in einem Sturz bei gebeugtem Schultergelenk, wie er beim Springen vorkommen kann.[1,2,3] Was auch immer die Ursache ist, die Folge dieses Insultes ist eine kraniale bzw. kraniomediale Verlagerung des Caput humeri.[2]

Symptome

Meistens zeigen die Pferde eine plötzlich auftretende hochgradige Lahmheit. Der distale Teil der Gliedmaße wird in den Fällen, in denen eine kraniale Luxation besteht, meistens adduziert (nach innen gehalten) und in den Fällen, in denen eine mediale Luxation besteht, im Verhältnis zum Körper leicht abduziert (nach außen gehalten). In jedem Fall erscheint die Gliedmaße kürzer als auf der gegenüberliegenden Seite. Bei einer kranialen Luxation können das Tuberculum majus und das Caput humeri vor der Gelenkpfanne der Skapula palpiert werden. Bei einer medialen Luxation ist der laterale Rand dieser Gelenkpfanne zu fühlen.[2] Die Gliedmaße wird normalerweise leicht gebeugt gehalten, und das Pferd ist in der Bewegung höchstgradig lahm. Die passive Bewegung der Gliedmaße führt zu erheblichen Abwehrreaktionen des Tieres.[1,3]

Diagnose

Die klinischen Symptome sind in den meisten Fällen eindeutig. Bestehen Unklarheiten, können nach der Reposition des Humeruskopfes Röntgenaufnahmen angefertigt werden, um eine Fraktur der Skapula oder des Humerus auszuschließen.

Therapie

Die Luxation sollte so schnell wie möglich eingerichtet werden. Zu diesem Zweck ist eine Vollnarkose zu empfehlen und in den meisten Fällen auch erforderlich. Bei jungen Pferden wird an der Gliedmaße gezogen, bis sie gestreckt ist, und gleichzeitig schiebt ein Assistent den Humeruskopf in seine normale Position zurück. Beim ausgewachsenen Pferd wird das Tier festgebunden, und ein Spannapparat wird am Huf oder in der Fesselbeuge befestigt, um Zug auszuüben, während der Chirurg die Schulter zurück in ihre normale Lage drückt. Bei einer medialen Luxation des Caput humeri wirken Beugung und Adduktion des distalen Gliedmaßenbereiches unterstützend.[2] Wenn das Caput humeri in die Gelenkpfanne zurückspringt, ist ein deutliches Klicken zu hören.

Prognose

In den meisten Fällen kann, wenn keine Fraktur vorliegt, eine günstige Prognose gestellt werden. Nach etwa vier bis sechs Wochen haben sich die Pferde wieder vollständig erholt. In den Fällen, in denen innerhalb von zwei Wochen keinerlei Besserung feststellbar ist, besteht eine schlechte Prognose.[2]

Ausgewählte Literatur

1. LITTLEJOHN, A.: Dislocation of the shoulder of a mare. S. Afr. Vet. Med. Assoc., **25**: 46, 1954.
2. O'CONNOR, J. J.: Dollar's Veterinary Surgery. 4th Ed. Chicago, Alexander Eger Inc., 1950, p. 815.
3. WHEAT, J. D.: Large Animal Surgery Notes. University of California, Davis, 1969.

Lähmung des Nervus suprascapularis (Atrophie der Musculi supraspinatus und infraspinatus – „sweeny")

Der Begriff „sweeny" kann für jede Muskelatrophie unabhängig von ihrer Lokalisation verwendet werden. Im allgemeinen wird dieser Ausdruck jedoch für die Atrophie der Musculi supraspinatus und infraspinatus verwendet, die durch eine Lähmung des Nervus suprascapularis entsteht.

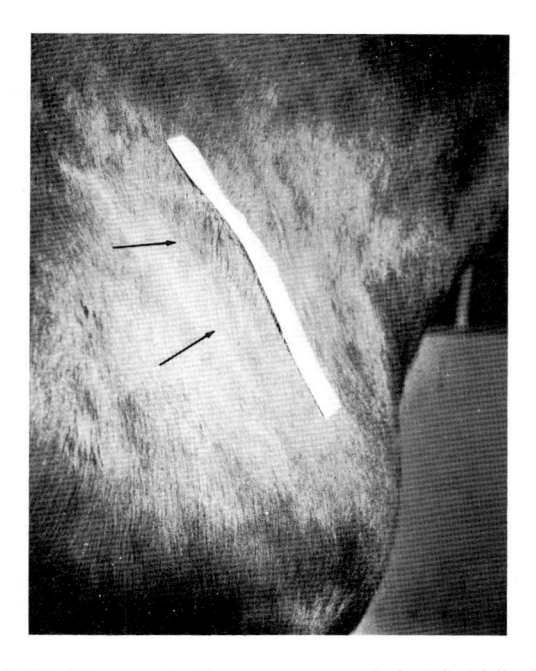

Abb. 8.230: Lähmung des Nervus suprascapularis. Die Pfeile deuten auf den atrophierten Musculus infraspinatus. Der Klebestreifen liegt auf der Schulterblattgräte (Spina scapulae).

Ätiologie

Eine Muskelatrophie kann durch Inaktivität oder den Verlust der Innervation entstehen. Im Fall eines Insultes, der den Nervus suprascapularis betrifft, besteht die Ursache normalerweise in einem Trauma durch einen direkten Schlag auf das Buggelenk oder in einer Überdehnung des Nervs durch ein plötzliches Nach-hinten-Ziehen der Gliedmaße.[1,6,7]
Da der Nerv durch den Musculus brachiocephalicus, den Musculus supraspinatus und den Musculus subclavius ziemlich gut geschützt ist, erscheint die zweite Theorie logisch.[7] Anscheinend wird der Nerv überdehnt, wenn die Schulter gewaltsam nach hinten gerissen wird, z. B. durch einen Zusammenstoß oder beim Ausrutschen.[1,6,7]

Symptome

Die klinischen Symptome, die meistens beobachtet werden, bevor eine Muskelatrophie eintritt, sind eine Stützbeinlahmheit und eine schnelle Auswärtsbewegung der Schulter während der maximalen Gewichtsbelastung, das sogenannte Abblatten („shoulder pop"),[1,6,7] das am besten zu sehen ist, wenn das Pferd im Schritt langsam auf den Untersucher zugeführt wird. Diese Auswärtsbewegung ist leicht zu erklären, da die Musculi supraspinatus und infraspinatus für den größten Teil der lateralen Stabilität der Schulter verantwortlich sind.[7] Beginnt schließlich die Atrophie der Muskeln, die der Spina scapulae kranial bzw. kaudal anliegen, tritt diese deutlicher hervor (Abb. 8.230). Einige Untersucher sind der Ansicht, daß das Abblatten der Skapula während der Belastung eine wiederholte Dehnung des Nervus suprascapularis verursacht, so daß es durch diesen fortgesetzten Insult zu einer Fortdauer der Lähmung kommt.[2]

Diagnose

Die Muskelatrophie ist leicht zu diagnostizieren, aber die Klärung der Ätiologie ist weitaus schwieriger. Der Tierarzt sollte daran denken, daß die Atrophie auch durch Inaktivität der Gliedmaße infolge einer Lahmheit und nicht notwendigerweise durch eine Nervenlähmung verursacht wird. Die Haltung der Gliedmaße in der Bewegung läßt normalerweise erkennen, ob eine Lahmheit besteht oder ob der Zustand tatsächlich durch eine Lähmung entstanden ist. Außerdem kann es zu einer Muskeldystrophie kommen, die von einer Atrophie unterschieden werden muß.

Therapie

In der Vergangenheit schlossen die Behandlungsmethoden die Hydrotherapie, antiphlogistische Umschläge, Ultraschall sowie die Wärmetherapie in akuten Fällen und die Injektion von Irritantia in chronischen Fällen ein, mit dem Ziel, die seitliche Stabilität der Schulter durch die Bildung von Narbengewebe zu unterstützen.[1,7] Im allgemeinen hatten diese Maßnahmen keinen Erfolg. Es gibt zwei chirurgische Methoden, die beide darin bestehen, den Nerv freizulegen und das umgebende Narbengewebe zu entfernen.[3] Da der Nerv während der Belastung jedesmal über dem kranialen Rand der Skapula gedehnt wird, ist auch eine modifizierte Operationsmethode verwendet worden, bei der ein 2,5 cm langes und 1,2 cm breites Stück des Schulterblattes, das unter dem Nerv liegt, reseziert wird.[2] Durch diese Maßnahme wird die Spannung des Nervs dem Operationssitus zufolge anscheinend verringert, und es wird angenommen, daß sie die Druckentlastung fördert und die Möglichkeit der wiederholten Überdehnung des Nervs während der maximalen Ge-

gewichtsbelastung verringert und damit auf lange Sicht auch das Abblatten verhindert. Langzeitergebnisse dieser Techniken sind noch nicht bekannt, obwohl drei von sechs operierten Pferden wieder eine normale Gliedmaßenfunktion und im Bereich der Skapula eine gute Bemuskelung aufweisen.[2,3]

Beim Menschen ist die neurogene Muskelatrophie nur dann reversibel, wenn die Reinnervation innerhalb von 20 Monaten erfolgt.[5,9] Nach diesem Zeitraum kommt es zu irreversiblen Veränderungen, und das Muskelgewebe wird durch fibröses Bindegewebe ersetzt.[5,8,9] Bei Großtieren gibt es keine Untersuchungen darüber, wie lange eine Muskelatrophie reversibel ist, aber ein unbefriedigendes Ergebnis im Hinblick auf die Funktion der Muskulatur ist zu erwarten, wenn die Denervation bereits 10 bis 20 Monate besteht. Daraus folgt, daß die versuchsweise Operation zur Druckentlastung des Nervs einige Zeit nach der Heilung des Weichteilgewebes erfolgen sollte, wobei ein vertretbarer Zeitraum verstreichen muß, um die spontane Regeneration der Axone in den intakten Nervenfasern zu ermöglichen. Ein Operationstermin zwei bis vier Monate nach Auftreten der Symptome scheint hier geeignet. Wenn die Atrophie erst längere Zeit (vier Wochen) nach der Verletzung entsteht, kann eine sekundäre Nervenschädigung durch Überdehnung vermutet werden, so daß sofort ein Operationsversuch unternommen werden sollte.

Operationsbeschreibung: Das Pferd wird in Seitenlage niedergelegt, wobei sich die erkrankte Gliedmaße oben befinden muß. Ein 15 cm langer Hautschnitt wird angelegt, der 4 cm oberhalb des distalen Endes der Schulterblattgräte und 1 cm kranial davon beginnt.[4] Dieser Schnitt wird bis zum Ursprung des Musculus supraspinatus an der Schulterblattgräte vertieft (Abb. 8.231 A). Dieser Ursprung wird 1 cm vor der Spina scapulae durchschnitten, und der Musculus supraspinatus wird kranial ver-

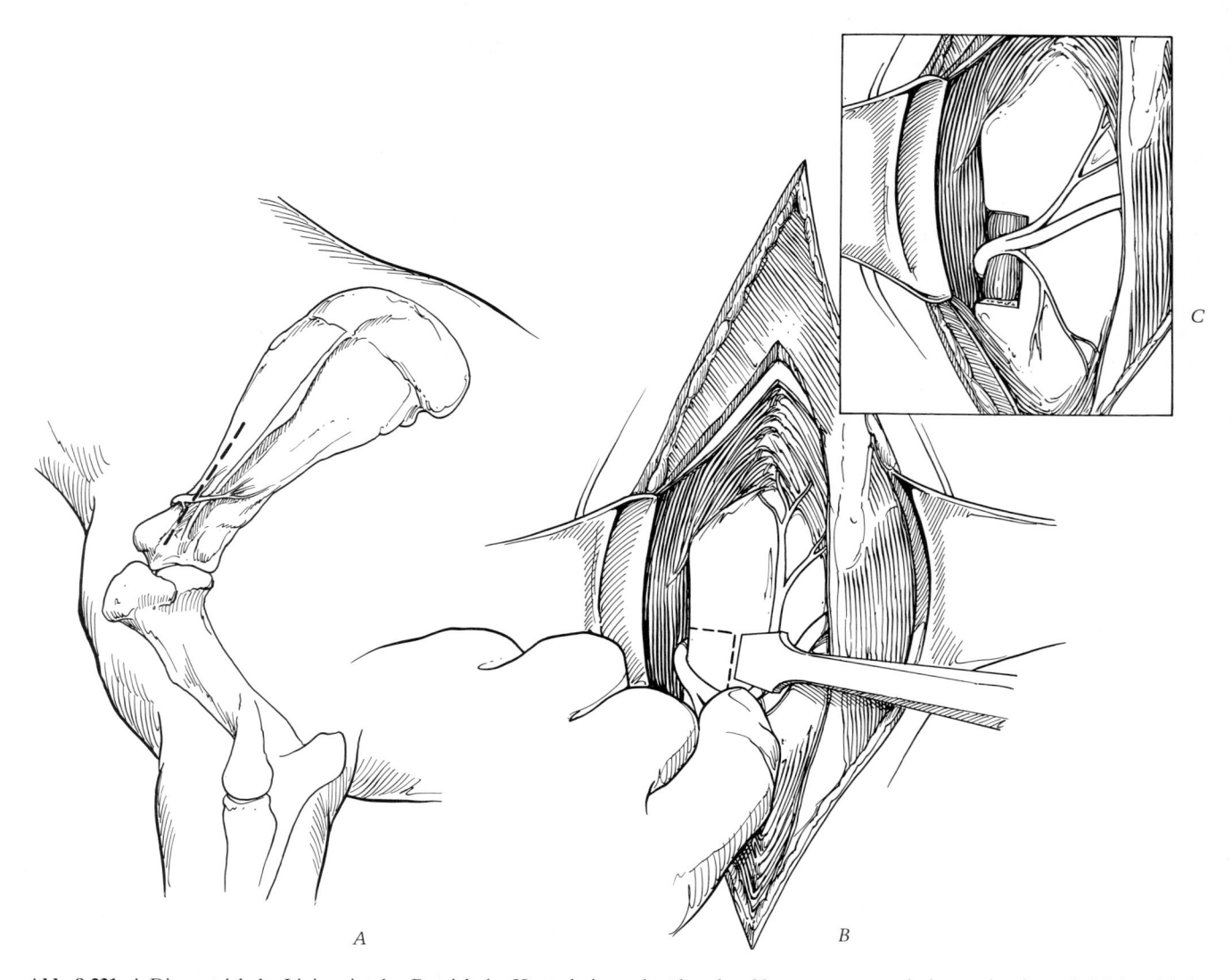

Abb. 8.231: A Die gestrichelte Linie zeigt den Bereich des Hautschnittes, der über dem Nervus suprascapularis zentriert ist und sich kranial der Schulterblattgräte befindet. **B** Der Nervus suprascapularis wird identifiziert, vom ihn umgebenden Narbengewebe gelöst und distal verlagert, so daß der kraniale Rand der Skapula freiliegt. Mit einem Osteotom wird ein 1,2 x 2,5 cm großes Knochenstück, das direkt unter dem Nerv liegt, reseziert. Der distale Schnitt in den Knochen wird zuerst ausgeführt, um eine mögliche Fraktur des Tuberculum supraglenoidale zu vermeiden. **C** Das Knochenstück vom kranialen Rand der Skapula ist reseziert.

lagert. Auf diese Weise wird der Nervus suprascapularis freigelegt (Abb. 8.231 B). Das den Nerv umgebende Narbengewebe wird vorsichtig entfernt. Danach wird der Nerv vorsichtig von der Skapula weggezogen, und ein 1,2 x 2,5 cm großes Knochenstück, das direkt unter dem Nerv liegt, wird mittels eines Osteotoms (Abb. 8.231 B) oder einer Fräse und einer Preßluftbohrmaschine reseziert. Der distale Schnitt in den Knochen wird zuerst durchgeführt, um eine mögliche Fraktur des Tuberculum supraglenoidale zu verhindern. Die Knochenkanten werden mit einer Kürette und einem Rongeur geglättet und abgerundet. Nach Einlegen eines Drains unter den Musculus supraspinatus werden Muskel und der dazugehörige an der Schulterblattgräte verbliebene bindegewebige Ansatz mit einfachen Einzelheften und einem synthetischen resorbierbaren Nahtmaterial adaptiert. Subkutanes Gewebe und Haut werden routinemäßig verschlossen, und ein fester Verband wird über die Operationswunde genäht.

Der Drain wird etwa 24 Stunden nach der Operation entfernt. Nach fünf Tagen wird mit einem Führprogramm begonnen, das entsprechend der Besserung gesteigert wird. Der Beetverband wird nach vier bis fünf Tagen entfernt. Die Hauthefte werden 14 Tage nach der Operation gezogen. Den Pferden sollen sechs Wochen Boxenruhe bei täglichem Führen gewährt werden. Danach können sie sich auf der Weide bewegen. Sechs Monate nach der Operation dürfen sie wieder gearbeitet werden.

Prognose

Die Prognose ist vorsichtig zu stellen. Eine Beurteilung über den Grad der Reinnervation sollte nicht vor Ablauf von wenigstens sechs Monaten abgegeben werden, da dieser Zeitraum für die Regeneration von Nervengewebe erforderlich ist.

Ausgewählte Literatur

1. ADAMS, O. R.: Lameness in Horses. 3rd Ed. Philadelphia, Lea & Febiger, 1974, p. 482.
2. ADAMS, O. R.: Personal Communication, 1974.
3. HOLIDAY, T. A.: Personal Communication, 1981.
4. MILNE, D. W., and TURNER, A. S.: Surgical Approaches to the Bones and Joints of the Horse. Philadelphia, W. B. Saunders Co., 1979, p. 114.
5. MULLIN, S.: Essentials of Neurosurgery. New York, Spainger Pole Co., 1961, p. 548.
6. ROONEY, J. R.: The musculoskeletal system. In Equine Medicine and Surgery. Edited by E. J. Catcott, and J. F. Smithcors. Illinois, American Veterinary Publications, 1972, p. 560.
7. ROONEY, J. R.: Biomechanics of Lameness in Horses. Baltimore, Williams & Wilkins Co., 1969, p. 114.
8. SWAIM, S. F.: Peripheral Nerve Surgery. In Canine Neurology. Edited by B. F. Hoerlein. Philadelphia, W. B. Saunders Co., 1978, p. 296.
9. YOUMAN, J. R.: Neurological Surgery. Philadelphia, W. B. Saunders Co., 1973, p. 1085.

Skapulafrakturen

Skapulafrakturen sind bei Pferden nur selten festzustellen.[1-5] Meistens handelt es sich um einfache Frakturen der Schulterblattgräte, des Tuberculum supraglenoidale, des Schulterblatthalses oder der Gelenkpfanne.[1-5] Es gibt jedoch auch Trümmerfrakturen der Skapula. Bei dislozierten Frakturen der Spina scapulae und in den Fällen, in denen eine perforierende Verletzung zu einer Trümmerfraktur der Skapula geführt hat, ist häufig die Bildung von Knochensequestern feststellbar.[1,5] Bei eher chronischen Fällen kann eine Muskelatrophie zu beobachten sein, die entweder die Folge dauernder Entlastung der Gliedmaße oder einer Schädigung des Nervus suprascapularis ist. Wie auch zu erwarten ist, kommt es bei Frakturen des Schulterblatthalses häufiger zu einer Schädigung dieses Nervs. Schäden am Nervus subscapularis sowie am Plexus brachialis stellen eher seltene Komplikationen im Zusammenhang mit Skapulafrakturen dar. Bei Frakturen des Collum scapulae schiebt sich das proximale Fragment häufig kranial am distalen Bruchstück vorbei.[5]

Ätiologie

Insulte im Bereich der lateralen Fläche der Skapula können Frakturen verursachen. Anscheinend spielt sowohl die Richtung des Traumas als auch die auf das Schulterblatt einwirkende Stoßkraft eine Rolle im Hinblick auf die Art der Fraktur. Frakturen des Tuberculum supraglenoidale entstehen sehr wahrscheinlich durch erhebliche Insulte, die auf den kranialen Bereich der Schulter gerichtet sind. Ein Trauma, das die laterale Fläche der Schulter streift, wie z. B. Schläge durch andere Pferde oder die Kollision mit einem feststehenden Hindernis, führt zu einer Fraktur der Schulterblattgräte. Perforierende Verletzungen verursachen ebenfalls Frakturen der Spina scapulae oder Trümmerfrakturen des Schulterblattes, wenn sie die laterale Fläche betreffen. Ist die Gewalteinwirkung bei einem Trauma ventral der Schulterblattgräte an der Lateralfläche sehr groß, kommt es wahrscheinlich zu einer einfachen Fraktur oder einer Trümmerfraktur des Halses bzw. der Gelenkpfanne. Veröffentlichungen zufolge treten Skapulafrakturen bei jungen Pferden und Poloponys häufiger auf.[1,2] Poloponys sind besonders gefährdet, da es während des Spieles häufig zu Zusammenstößen im Bereich der Schulter kommt. In einigen Fällen werden Pferde mit Skapulafrakturen vorgestellt, die dem Vorbericht nach nicht verletzungsbedingt sind.[4] Hier könnten asynchrone Muskelkontraktionen und Übermüdung eine Rolle spielen.

Symptome

Meistens haben die Pferde dem Vorbericht nach eine Verletzung erlitten und können eine Lahmheit jeden Grades von gering- bis höchstgradig aufweisen. Bei frischen Frakturen der Schulterblattgräte mit geringer Umfangsvermehrung können die Pferde die Gliedmaße belasten und sind auch in der Bewegung nur geringgradig lahm. Die direkte Palpation sowie die genaue Adspektion im Hinblick auf eine Umfangsvermehrung sind der Schlüssel zur Diagnose. Bei Frakturen des Tuberculum supraglenoidale kann das Pferd die Gliedmaße belasten. In der Bewegung ist jedoch eine deutliche Verkürzung des kranialen Teiles der Vorführphase feststellbar. Durch die tiefe Palpation in diesem Bereich kann ein schmerzhaftes Zurückziehen der Extremität ausgelöst werden, und in akuten Fällen ist Krepitation feststellbar. Eine genauere

Beschreibung ist in dem Abschnitt über Frakturen des Tuberculum supraglenoidale auf dieser Seite zu finden. Bei Frakturen des Schulterblattes selbst, des Halses oder der Gelenkpfanne besteht normalerweise eine höchstgradige Lahmheit, wobei die Pferde die Gliedmaße im Schritt nicht vorführen wollen. Bevor der Frakturbereich zu stark anschwillt, kann eventuell die vermehrte Beweglichkeit eines Fragmentes palpiert werden, aber in den meisten Fällen muß die Gliedmaße in alle Richtungen passiv bewegt werden, damit eine Krepitation fühlbar ist.

Häufig ist es von Vorteil, mit der einen Hand den Bereich über der Skapula zu palpieren und die Gliedmaße mit der anderen Hand zu bewegen, um auf diese Weise entweder eine vermehrte Beweglichkeit oder eine Krepitation feststellen zu können. Um außerordentlich leise Krepitationsgeräusche, wie sie bei extrem starker Schwellung auftreten, hören zu können, kann ein Stethoskop benutzt werden. In eher chronischen Fällen können dann die Muskelatrophie sowie Hinweise auf die Bildung von Knochensequestern feststellbar sein.

Diagnose

Die klinischen Symptome, die die Lahmheitsursache auf den Bereich der Schulter eingrenzen, sind sehr wichtig. Im akuten Stadium sind Lahmheiten unterschiedlichen Grades, lokalisierte Umfangsvermehrungen und Schmerzen bei der Palpation und der passiven Bewegung wichtige Hinweise. In eher chronischen Fällen können die Muskelatrophie sowie Lahmheit und das Bestehen von Fisteln als Folge der Sequesterbildung eine Rolle spielen. Um eine endgültige Diagnose stellen zu können, sind Röntgenaufnahmen der Schulterregion erforderlich.

Therapie

Knochensequester als Folge von Frakturen der Schulterblattgräte müssen chirurgisch entfernt werden. In den Fällen, in denen sich kein Sequester bildet, kann mit einer Frakturheilung durch Bildung eines knöchernen Kallus gerechnet werden.[4] Transversalfrakturen des Schulterblattes und des proximalen Halsbereiches können mit Hilfe der internen Fixation bei jungen Tieren mit Erfolg behandelt werden.[2] Eine Halbrohrplatte kann verkehrtherum mit der konvexen Seite zum Knochen angebracht werden. Zu diesem Zweck wird sie in der Rinne plaziert, die durch die Schulterblattgräte und das Schulterblatt selbst gebildet wird. Langzeitkontrollen nach einem Jahr ergaben, daß in einem Fall eine vollständige Heilung mit dieser Methode eingetreten war und das Pferd eine ungestörte Funktion aufwies.[2] Wenn der Versuch einer operativen Heilung gemacht wird, sollte die Gliedmaße so weit abgedeckt sein, daß intraoperative Manipulationen daran möglich sind. In einigen Fällen ist es auch günstig, im distalen Gliedmaßenbereich Zug auszuüben, um der Tendenz der Fragmente, aneinander vorbeizugleiten, entgegenzuwirken.

Trümmerfrakturen, Frakturen im distalen Halsbereich sowie Frakturen mit Gelenkbeteiligung sind nur schwierig chirurgisch zu behandeln. Boxenruhe oder das Aufhängen eines ruhigen Pferdes im Hängezeug können hilfreich sein, sofern keine Gelenkbeteiligung vorliegt. Über derartige Fälle gibt es Veröffentlichungen, in denen über eine knöcherne Heilung nach mehreren Monaten Boxenruhe berichtet wird.[1,3,5] Zur Behandlung von Frakturen des Tuberculum supraglenoidale wird auf den Abschnitt hierüber weiter unten auf dieser Seite verwiesen.

Prognose

Die Prognose bei Frakturen der Schulterblattgräte und bei Transversalfrakturen im Bereich des Schulterblattes selbst und im proximalen Halsbereich bei Fohlen, sofern sie durch eine interne Fixation stabilisiert werden können, ist günstig zu stellen.[1,2] Frakturen mit Beteiligung des Tuberculum supraglenoidale, die bis in das Gelenk reichen, Frakturen im distalen Halsbereich, Frakturen der Gelenkpfanne sowie Trümmerfrakturen haben alle eine schlechte Prognose, was die Wiederherstellung der Funktion betrifft, obwohl es auch hier nach einer ausgedehnten Ruhephase zu einer knöchernen Heilung kommen kann.[1,3]

Ausgewählte Literatur

1. FESSLER, J. F., and AMSTUTZ, H. E.: Fracture Repair. In Large Animal Surgery. Edited by F. W. Oehme, and J. E. Prier. Baltimore, Williams & Wilkins Co., 1974.
2. GOBLE, D. O., and BRINKER, W. O.: Internal fixation of the equine scapula: a case report. J. Eq. Med. Surg., **1**: 341, 1977.
3. JENNY, J.: Repairable fractures in horses. J. Am. Vet. Med. Assoc., **148**: 435, 1966.
4. LEITCH, M.: The Upper Forearm. In Equine Medicine and Surgery. 3rd Ed. Edited by R. A. Mansmann, and E. S. McAllister. Santa Barbara, American Veterinary Publications, 1982, p. 1131.
5. LUNDVALL, R. L.: Fracture repair. In Equine Medicine and Surgery. 2nd Ed. Edited by E. J. Catcott, and J. F. Smithcors. Illinois, American Veterinary Publications Inc., 1972, p. 847.

Frakturen des Tuberculum supraglenoidale

Frakturen des Tuberculum supraglenoidale kommen relativ selten vor. In einer Untersuchung über einen Zeitraum von zehn Jahren war bei 8 von 24 Skapulafrakturen das Tuberculum supraglenoidale betroffen.[1] Es scheint sich hier um eine Fraktur zu handeln, die bevorzugt bei jungen Pferden auftritt, da die Pferde in sieben von acht Fällen jünger als ein Jahr waren.[1]

Ätiologie

Es wird behauptet, daß es sich bei dieser Fraktur um einen Abriß der Apophyse, die das Tuberculum supraglenoidale darstellt, handelt, da die Frakturlinie häufig in der Ebene der Apophysenfuge verläuft.[1] Weiterhin ist bekannt, daß sich diese Apophysenfuge erst im Alter von zehn bis zwölf Monaten schließt.[2,3] Die Ursache der Separation in diesem Bereich kann nur vermutet werden. Wahrscheinlich verursacht ein äußeres Trauma im Bereich dieses Knochenvorsprunges die Fraktur, bzw. durch eine übermäßige Beugung des Schultergelenkes kommt es zu einem verstärkten Zug am Ursprung der Sehne des Musculus biceps brachii und des Musculus coracobrachialis, der zu einer Abrißfraktur führt.

Symptome

In akuten Fällen kann eine deutliche Schwellung am Bug festgestellt werden. Es ist charakteristisch, daß die Pferde in der Bewegung noch die Fähigkeit haben, das Schultergelenk zu strecken. Der kraniale Teil der Vorführphase ist jedoch deutlich verkürzt.[1] Palpatorisch sind im akuten Stadium sowohl Krepitation als auch Schmerz auslösbar. Besteht die Fraktur länger, läßt die Krepitation nach, aber bei der gezielten Palpation kann eine vermehrte Beweglichkeit des Tuberculum supraglenoidale festgestellt werden. Die Frakturen des Tuberculum supraglenoidale führen meistens zu einer kraniodistalen Dislokation und Drehung dieses Knochenvorsprunges.

Diagnose

Diese Art der Fraktur kann leicht übersehen werden; zum ersten, weil sie sehr selten ist, und zum zweiten, weil die Symptome so undeutlich sein können, daß der Tierarzt die Schwellung bzw. die Lahmheit auf eine Weichteilverletzung im Bereich der Schulter zurückführt. Wenn jedoch an eine Fraktur des Tuberculum supraglenoidale gedacht wird, kann dieser Zustand durch die sorgfältige Palpation dieses Knochenvorsprunges erkannt werden. Die eigentliche Ausdehnung der Fraktur läßt sich nur mit Hilfe einer Röntgenaufnahme erkennen (Abb. 8.232).

Therapie

Zum jetzigen Zeitpunkt gibt es anscheinend keine Behandlungsmethode, durch die sich eine vollständige Wiederherstellung der Funktion in diesen Fällen erreichen ließe. Werden sie nicht behandelt, bildet sich zwischen dem Tuberculum supraglenoidale und der Skapula eine Pseudarthrose, so daß die Ansatzstelle des Musculus biceps brachii am Tuberculum supraglenoidale sich nicht allzuweit entfernt von ihrer ursprünglichen Position befindet. Diese geringe Dislokation reicht jedoch aus, um die vollständige Streckung der Gliedmaße mechanisch zu behindern, und führt zu sekundären degenerativen Veränderungen im Schultergelenk. Bei drei Fällen wurde in dieser Weise ohne Behandlung verfahren, was dazu führte, daß die Pferde zwar auf der Weide gehen, jedoch nicht zum Rennen trainiert werden konnten.[1]

Verschiedene chirurgische Methoden, wie die interfragmentäre Kompression, die Zuggurtung und die vollständige Exzision des Tuberculum supraglenoidale, wurden erprobt, aber die Langzeitergebnisse sind nicht ermutigend. Zu den dabei auftretenden chirurgischen Problemen gehört die gewaltige Zugkraft des Musculus biceps brachii, die nicht überwunden werden kann, wobei die Drehung des Tuberculum supraglenoidale, die hingenommen werden muß, zu einer fortgesetzten Schädigung der Gelenkfläche führt.

Prognose

Im Hinblick auf die weitere sportliche Laufbahn des Pferdes muß eine ungünstige Prognose gestellt werden. Falls die Pferde nur noch auf der Weide gehen sollen, sind die Aussichten dafür vorsichtig bis günstig einzuschätzen.

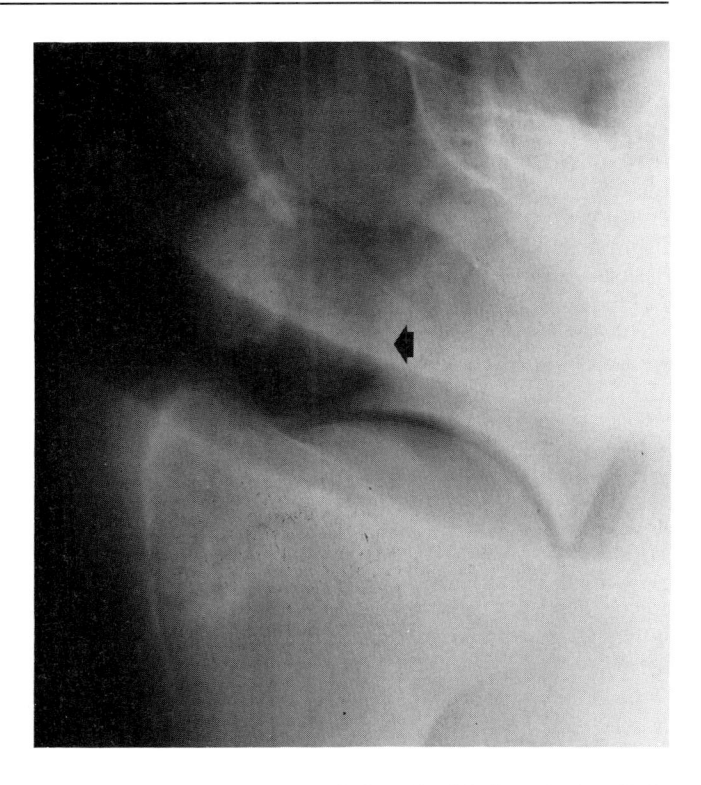

Abb. 8.232: Seitliche Röntgenaufnahme der Schulter mit einer Fraktur des Tuberculum supraglenoidale. Der Pfeil zeigt auf den Frakturspalt.

Ausgewählte Literatur

1. LEITCH, M.: A review of treatment of tuber scapulae fractures in the horse. J. Eq. Med. Surg., **1**: 234, 1977.
2. MYERS, V. S., and BURT, J. K.: The radiographic location of the epiphyseal bone in equine limbs. Proc. 12th Ann. AAEP, 1966, p. 21.
3. ROONEY, J. R.: Disease of Bone. *In* Equine Medicine and Surgery. Edited by J. F. Bone, and J. F. Smithcors. Illinois, American Veterinary Publications, 1963, p. 407.

Ruptur des Musculus serratus ventralis

Über eine Ruptur des Musculus serratus ventralis gibt es beim Pferd kaum Veröffentlichungen.[2,3] Es handelt sich dabei um einen großen, paarigen, fächerförmigen Muskel, der sich im seitlichen Brust- und Halsbereich befindet. Der Halsteil des fächerförmigen Musculus serratus ventralis entspringt jederseits von den letzten vier Halswirbeln, der Brustteil von den ersten acht bzw. neun Rippen. Diese beiden Anteile des Muskels verlaufen konvergierend zu ihren jeweiligen Ansätzen im proximokranialen bzw. -kaudalen Bereich der Facies costalis der Skapula und des Schulterblattknorpels. Diese Ansätze sind mit elastischen Zügen des Ligamentum dorsoscapulare, das zur Fascia thoracolumbalis gehört, durchsetzt. Rechter und linker Musculus serratus ventralis bilden eine elastische Aufhängung des Rumpfes zwischen den beiden

Schultergliedmaßen. Im Stand wird bei Kontraktion der beiden Muskeln der Thorax angehoben. Durch die einseitige Kontraktion des Musculus serratus ventralis wird das Gewicht des Rumpfes auf diese Seite verlagert. Der Hals wird ebenfalls in diese Richtung gezogen bzw. bei beidseitiger Kontraktion gestreckt. In der Bewegung zieht der Halsteil des Musculus serratus ventralis den dorsalen Rand der Skapula kranial, während der Brustteil sie kaudal bewegt (siehe Seite 35).

Bei einer Ruptur sind meistens beide Seiten, sowohl die rechte als auch die linke, des paarigen Musculus serratus ventralis betroffen.[2]

Ätiologie

Ein Schlag von oben im Bereich des Halses oder des Widerristes kann zu einer Ruptur der Musculi serrati ventrales führen.[2,3] Es ist durchaus glaubhaft, daß eine solche Verletzung entsteht, wenn ein Pferd über einen hohen Zaun oder von einer erhöhten Plattform herunterspringt.

Symptome

Nach einer Ruptur dieser Muskeln sinkt der Thorax zwischen den beiden Schulterblättern ab, so daß der dorsale Rand der Schulterblätter höher liegt als die Dornfortsätze der Brustwirbel. Meistens erscheint die Kruppe höher als der Widerrist. Wenn die Pferde direkt nach Eintreten der Ruptur untersucht werden, kann festgestellt werden, daß sie sehr starke Schmerzen haben.[1,2]

Diagnose

Die Diagnose wird anhand des Vorberichtes und der klinischen Symptome gestellt. Im Bereich des Widerristes sollten Röntgenaufnahmen angefertigt werden, um Frakturen der Dornfortsätze der Brustwirbel auszuschließen.

Therapie

Wenn ein Behandlungsversuch vorgenommen wird, muß das Pferd ungefähr 30 bis 45 Tage in einem Hängezeug verbringen. Nichtsteroide Antiphlogistika werden verabreicht, wenn das Pferd akute Schmerzen hat.[1] In jedem Fall bleibt auch nach einer langen Rekonvaleszenz und einer Heilung der Muskulatur das Niveau des Widerristes unterhalb des oberen Randes der Schulterblätter.

Prognose

Bei einer vollständigen Ruptur des Musculus serratus ventralis muß eine schlechte Prognose gestellt werden.[1,2]

Ausgewählte Literatur

1. JOHNSON, J. H., and BARTELS, J. E.: Conditions of the Forelimbs. *In* Equine Medicine and Surgery. 2nd Ed. Edited by E. J. Catcott, and J. F. Smithcors. Illinois, American Veterinary Publications Inc., 1972.
2. JOHNSON, J. H., and LOWE, J. E.: The Musculoskeletal System. *In* Large Animal Surgery. Edited by F. W. Oehme, and J. E. Prier. Baltimore, Williams & Wilkins Co., 1974.
3. O'CONNOR, J. J.: Dollar's Veterinary Surgery. 4th Ed. Chicago, Alexander Eger Inc., 1950.

Tarsus

Knochenspat (Osteoarthritis / Degenerative Erkrankungen der drei distalen Tarsalgelenksabteilungen)

Als Knochenspat („true spavin, jack spavin") bezeichnet man eine Osteoarthritis und Periostitis, die das distale Intertarsalgelenk, das Tarsometatarsalgelenk und gelegentlich auch das proximale Intertarsalgelenk betrifft (Abb. 8.233 und Abb. 8.234).[1-5,7-10,13,14] Die Erkrankung beginnt gewöhnlich an der dorsomedialen Fläche dieser Sprunggelenksabteilungen, aber die krankhaften Veränderungen dehnen sich oft bis zur Dorsalfläche aus. Im Frühstadium sind auf den Röntgenaufnahmen zystoide Defekte mit Beteiligung des angrenzenden subchondralen Knochens zu sehen. Bei Fortschreiten der Erkrankung läßt eine unregelmäßige Atrophie des subchondralen Knochens den Gelenkspalt weiter erscheinen,[11] und eine lokale periostale Reaktion wird sichtbar. Nach einigen Monaten kann es zu einer vollständigen Ankylose kommen. In anderen Fällen stellte sich auch nach längerer Zeit nur eine minimale periostale Reaktion ein.[3] Im Falle einer Ankylose kann die Lahmheit verschwinden.

Die degenerativen Erkrankungen der distalen Gelenksabteilungen gelten als häufigste Ursache für Lahmheiten, die im Sprunggelenk ihren Sitz haben.[14,19] Es wurden jedoch, den unterschiedlichen klinischen Bildern entsprechend, drei Formen beschrieben. GABEL unterscheidet den Knochenspat („true spavin, jack spavin") von der Tendinitis bzw. Bursitis des medialen Schenkels des Musculus tibialis cranialis (Distales Tarsitissyndrom der Traber,[4] siehe Seite 704). Unsichtbarer Spat („occult spavin, blind spavin") ähnelt im klinischen Bild dem Knochenspat, ohne sich röntgenologisch nachweisen zu lassen. Der Sektionsbefund zeigt in solchen Fällen Läsionen des Gelenkknorpels und Anzeichen einer frühen degenerativen Gelenkerkrankung.[1] ROONEY ist der Ansicht, daß verborgener Spat und Knochenspat nicht als getrennte Formen einer Krankheit, sondern als unterschiedliche Entwicklungsstufen desselben Prozesses angesehen werden sollten.[15] Andere Begriffe, die der Erwähnung wert sind, sind Blutspat („blood spavin") und hoher Spat („high spavin"). Der Begriff Blutspat wird benutzt, um eine deutliche Schwellung zu beschreiben, die ein Hervor-

Kapitel 8: Lahmheit 695

treten des Ramus cranialis der Vena saphena medialis bewirkt, der Begriff Hoher Spat bezeichnet eine mehr proximal am Sprunggelenk gelegene Spatveränderung.[1,4]

Ätiologie

An Knochenspat erkranken meistens ältere Pferde, die häufig galoppiert werden, Springpferde und besonders Westernpferde, die für Reining, Roping und Cutting benutzt werden.[1,4] Wiederholte Stauchung und Rotation der Tarsalknochen und exzessiver Zug an den Ansätzen des Ligamentum tarsi dorsale sollen bei der Entstehung des Spates eine besondere Rolle spielen.[16,17] ROONEY ist der Ansicht, daß asynchrone Bewegung der Tarsalgelenksknochen besonders bei Pferden, die Zugleistungen erbringen müssen, die Entstehung von Spat fördert.[15] Knochenspat entsteht häufig in Verbindung mit einer unregelmäßigen Stellung. Säbelbeinigkeit und Kuhhessigkeit prädisponieren ein Pferd für Knochenspat und führen so, da sie häufig auch noch kombiniert auftreten, zu einer gewissen Erblichkeit. Durch diese Fehlstellungen wird der mediale Teil des Sprunggelenkes stärker belastet. Pferde mit schmalen, dünnen Sprunggelenken erkranken häufiger als Tiere mit gutentwickelten, kräftigen Gelenken.
Die sogenannte „Metabolische Knochenerkrankung" beschreibt einen ebenso entwicklungsbedingten wie erworbenen Zustand und kann bei der Entstehung der Osteoarthritis in den distalen Gelenkabteilungen eine wichtige Rolle spielen.[4,6,18] Imbalancen oder Mangel an Mineralstoffen oder Proteinen sowie endokrine Fehlregulierungen wurden für eine gestörte enchondrale Ossifikation verantwortlich gemacht. Mehrere Veröffentlichungen berichten bei Fohlen über einen Hypothyreoidismus in Zusammenhang mit einem Einbruch des Os tarsi centrale und des Os tarsale III.[6,18]

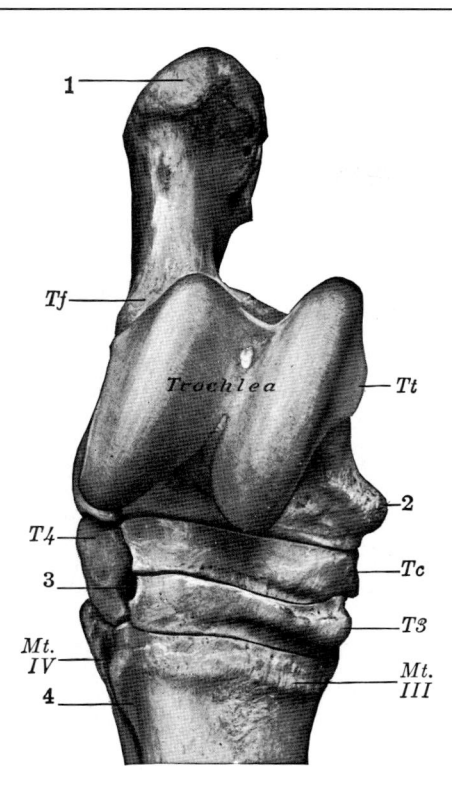

Abb. 8.233: Rechter Tarsus und proximaler Teil des Metatarsus vom Pferd, Dorsalansicht. Tt, Talus; Tf, Calcaneus; Tc, Os tarsi centrale; T3, Os tarsale III; T4, Os tarsale IV; 1, Tuber calcanei; 2, Tuberculum tali; 3, Canalis tarsi; 4, Grube für die Arteria dorsalis pedis; Mt. III bzw. Mt. IV, Os metatarsale III bzw. Os metatarsale IV (laterales Griffelbein). Prädilektionsstellen für Knochenspat sind das distale Intertarsalgelenk zwischen Os tarsi centrale und Os tarsale III und das Tarsometatarsalgelenk zwischen Os tarsale III und Metatarsus. Jede Spaterkrankung, die das proximale Intertarsalgelenk zwischen Talus und Os tarsi centrale betrifft, hat eine ungünstigere Prognose (aus SISSON, S., GROSSMAN, J. D.: The skeleton of the horse. *In:* Anatomy of Domestic Animals. 4th Ed. Edited by J. D. Grossman. Philadelphia, W. B. Saunders Co., 1953).

Symptome

Bei Pferden mit Knochenspat hat sich die Lahmheit im allgemeinen über einen längeren Zeitraum entwickelt. Wenn die Pferde über einige Tage härter gearbeitet werden, verstärkt sie sich. Im Anschluß an eine Ruhephase tritt in der Regel eine Besserung ein. Bei Huntern macht sich der Beginn der Erkrankung dadurch bemerkbar, daß sie schlecht springen oder völlig verweigern,[12] Reining Horses führen aufgrund des Schmerzes nur schlechte Wendungen oder Stopps aus. In manchen Fällen weigern sich die Pferde, auf der erkrankten Gliedmaße zu drehen, und demonstrieren ihren Unwillen, indem sie die Ohren anlegen oder buckeln. Daß die Pferde bei kurzen Stopps oft versuchen, die weniger erkrankte Gliedmaße stärker zu belasten, und sich nicht in den Boden stemmen wollen, führt häufig zu Unsicherheiten. Die Pferde zeigen sich bei Wendungen zur erkrankten Seite hin steif und unwohl und können oft nur schwer zum Handwechsel veranlaßt werden.[12]
Der Beugeschmerz im Sprunggelenk führt dazu, daß der Kreisbogen, den der Huf beim Vorführen beschreibt, flacher wird und sich die Vorführphase verkürzt.

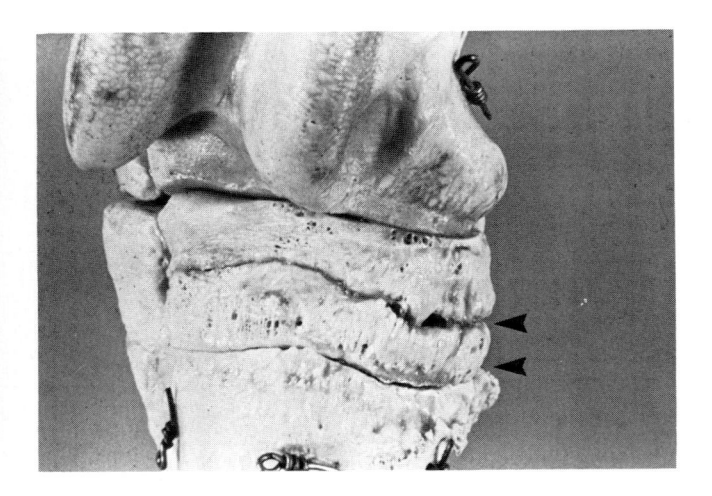

Abb. 8.234: Knochenpräparat eines Pferdes mit erheblichem Knochenspat im Bereich des distalen Intertarsalgelenkes und des Tarsometatarsalgelenkes (Pfeile).

Die Pferde fußen auf der Hufspitze, so daß mit der Zeit die Zehe zu kurz und die Tracht zu hoch wird. Aufgrund des flacheren Vorführens neigen die Pferde dazu, mit der Zehe zu schleifen, so daß die dorsale Zehenwand abgenutzt wird.

Die Knochenspatlahmheit ist oft deutlicher, wenn die Pferde direkt aus dem Stall kommen. Bei leichteren Fällen laufen sich die Pferde dann nach kurzer Zeit ein, in schweren Fällen kann die Lahmheit durch Bewegung verstärkt werden. Knochenspat führt zu einer Umfangsvermehrung an der medialen Seite des Sprunggelenkes, die manchmal schwer zu erkennen ist, besonders wenn die Erkrankung beidseitig vorliegt oder das Pferd große, nicht sehr trockene Sprunggelenke hat (Abb. 8.235). In der Ruhe fallen manche Pferde durch krampfhaftes rhythmisches Beugen des Sprunggelenkes auf. Die meisten Pferde zeigen eine positive Reaktion auf die Spatprobe (Sprunggelenksbeugeprobe). Dazu wird das Sprunggelenk ein bis zwei Minuten gebeugt und das Pferd anschließend sofort vorgetrabt (Abb. 8.236). Die positive Reaktion ist durch eine Lahmheitsverstärkung über mehrere Tritte gekennzeichnet. Diese kann jedoch auch durch andere Erkrankungen ausgelöst werden, wie zum Beispiel eine Arthritis bei älteren Pferden, aber im allgemeinen gilt die Beugeprobe als zuverlässig. Die Probe sollte vergleichend an beiden Gliedmaßen ausgeführt werden, um auch eine beidseitige Spaterkrankung feststellen zu können. Eine Gonitis jeglicher Ursache kann einen positiven Ausfall der Spatprobe verursachen. Ein geringgradig positiver Ausfall sollte mit Vorsicht betrachtet werden, wobei eine genaue Untersuchung des Kniegelenkes nicht versäumt werden darf. Normalerweise wird bei Vorliegen von Spat eine stärkere Reaktion provoziert als bei einer Kniegelenkserkrankung. Aus diesem Grund fordern einige Untersucher, daß die Provokationsprobe für eine Kniegelenkslahmheit vor der Spatprobe durchgeführt wird.[4]

In der Vorführphase der erkrankten Gliedmaße wird das gesunde Bein stärker durchgestreckt, so daß beim Vorführen eine möglichst geringe Beugung beibehalten werden kann. Die Anspannung der Muskeln auf der gesunden Seite läßt das Hüftgelenk dort höher erscheinen, aber das Hüftgelenk der erkrankten Seite wird durch diese kompensatorische Bewegung ebenfalls höher geschoben, als es normalerweise der Fall wäre. Diesen Bewegungsablauf nennt man „hiking". Hierdurch wird dem Pferd ermöglicht, das Bein bei minimaler Beugung vorzuführen. Von hinten läßt sich eine asymmetrische Bewegung der Kruppenmuskulatur feststellen, die auf der erkrankten Seite schneller wieder erschlafft, da das Pferd während der Stützbeinphase nicht die volle Last aufnimmt. Das Eisen oder der Huf sind oft auf der lateralen Seite stärker abgenutzt, da diese Art der Fußung beim Vorliegen einer Spatlahmheit mit den geringsten Schmerzen verbunden ist.

Diagnose

Der flachere Bogen der Vorführphase, die verminderte Beugung des Sprunggelenkes, die Abnutzung der Zehe und die Spatprobe werden zur Diagnosestellung verwendet.

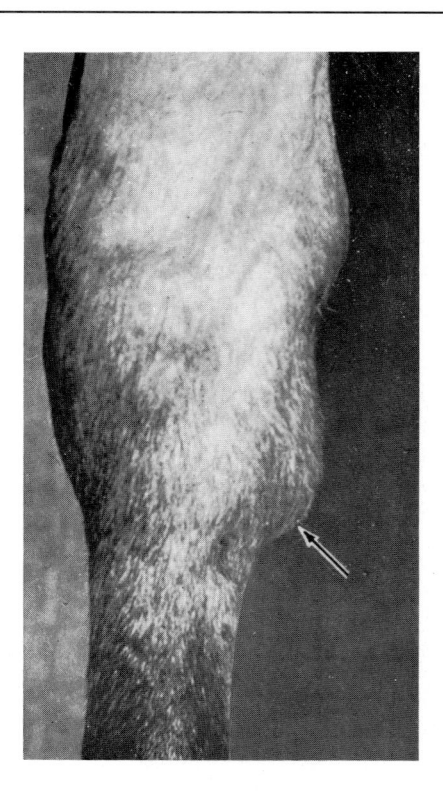

Abb. 8.235: Lokalisation der Knochenspaterkrankung an der rechten Beckengliedmaße. Der Pfeil zeigt auf die Spatexostose (aus Veterinary Scope, **7** (1): 3, 1962; mit Genehmigung der Upjohn Company).

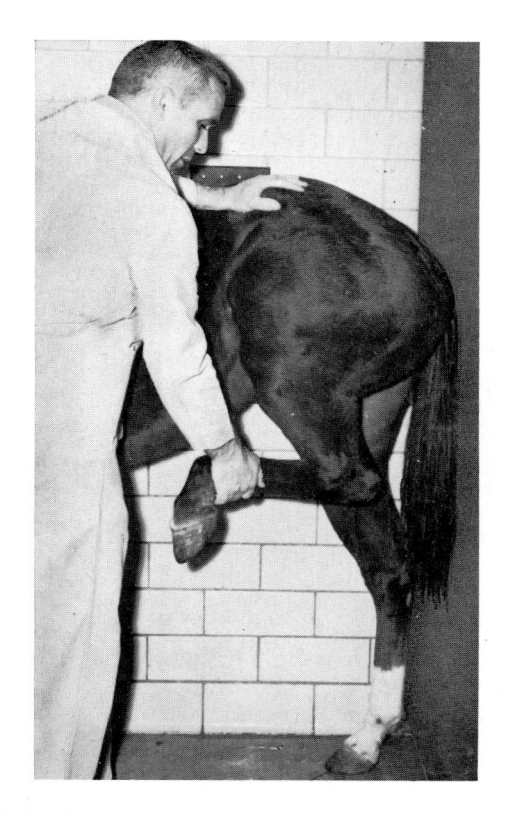

Abb. 8.236: Spatprobe. Die Beckengliedmaße sollte ein bis zwei Minuten in dieser Position gehalten werden. Während der ersten Trabtritte ist auf eine Lahmheitsverstärkung zu achten. Bei Lahmheitsverstärkung gilt das Ergebnis der Spatprobe als positiv.

Die Leitungsanästhesie des Nervus tibialis und des Nervus peroneus (fibularis) mit einem Lokalanästhetikum ist eine brauchbare Methode zur Spatdiagnose. Man sollte jedoch daran denken, daß dabei auch andere Strukturen in diesem Bereich anästhesiert werden. Durch die direkte Anästhesie der distalen Tarsalgelenke können die betroffenen Gelenkbereiche lokalisiert werden (siehe Seite 134 und 151). Die Symptomatik der Lahmheiten des Sprunggelenkes und des Knies kann praktisch die gleiche sein. Deswegen ist es erforderlich, das Knie genauso sorgfältig zu untersuchen wie das Sprunggelenk. Ein großes Köpfchen des medialen Griffelbeines kann eine Spatexostose vortäuschen. Die Unterscheidung erfolgt durch die Lokalisation, die Palpation und mit Hilfe von Röntgenaufnahmen. Die adspektorische Untersuchung sollte vergleichend von vorn zwischen den Vorderbeinen hindurch sowie gerade und schräg von hinten erfolgen. Während einseitige Umfangsvermehrungen auf diese Weise leicht entdeckt werden (Abb. 8.235), kann es bei einer bilateral symmetrischen Verdickung ohne Röntgenaufnahmen schwierig sein zu entscheiden, ob sie normal ist oder nicht. In den meisten Fällen sind auf den Röntgenaufnahmen Veränderungen proximomedial am Röhrbein und medial an Os tarsale III und Os tarsi centrale mit Ankylose des distalen Intertarsalgelenkes und/oder des Tarsometatarsalgelenkes sichtbar (Abb. 8.237, 8.238 und 8.239). Manchmal können auch noch ausgedehntere Bereiche betroffen sein. Die Röntgenaufnahmen sind für eine genaue Diagnose und Prognose unerläßlich und dienen außerdem zur Feststellung möglicher Frakturen der Tarsalknochen (Abb. 8.240). Warmblüter können an einer Bursitis des Schleimbeutels unter dem medialen Schenkel des Musculus tibialis cranialis erkranken, ohne Spatveränderungen zu haben. Die Standardaufnahmen für das Sprunggelenk sollten in dorsoplantarer (DP), dorsolateral-plantaromedial schräger (DL-PlMO), dorsomedial-plantarolateral schräger (DM-PlLO), in lateromedialer (LM) und lateromedialer gebeugter (FLM) Aufnahmerichtung durchgeführt werden. Einige Untersucher fertigen zwei Röntgenaufnahmen in dorsoplantarer Aufnahmerichtung an, und zwar mit dem Zentralstrahl einmal auf den Talus und einmal auf das Os tarsi centrale gerichtet, so daß eine genauere Beurteilung dieser beiden Ebenen möglich ist[14] (siehe Seite 248–253). Die Aufnahmen werden sorgfältig auf das Vorhandensein von zystoiden Defekten, periartikulären Spiculae, Verschmälerung der Gelenkspalten, Sklerose, Ankylose, Einbrüchen des Os tarsi centrale und des Os tarsale III sowie auf Frakturen untersucht. Die auf den Röntgenbildern feststellbaren zystoiden Defekte stellen eine Bindegewebsmetaplasie des subchondralen Knochens als Anzeichen von beginnender degenerativer Veränderung dar[11] (Abb. 8.241).

Therapie

Trotz zahlreicher Behandlungsmöglichkeiten des Spates bleiben viele Pferde lahm, und die gängigen Therapiemethoden haben keinen Erfolg.

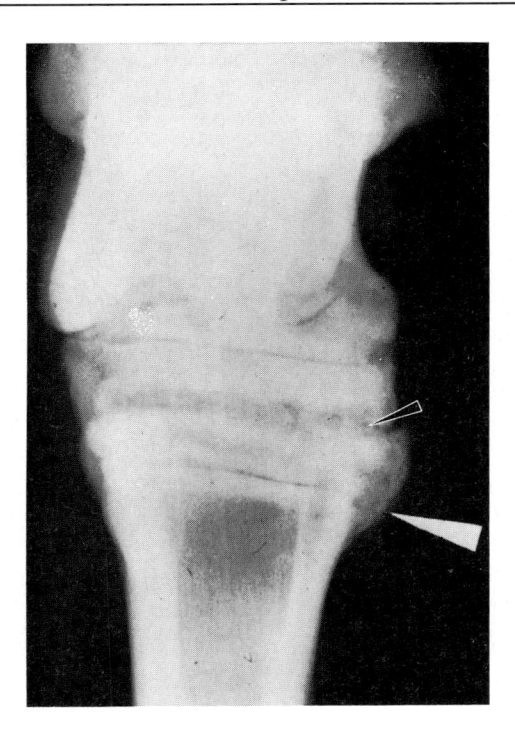

Abb. 8.237: Knochenspat. Der schwarze Pfeil zeigt die Ankylose des distalen Intertarsalgelenkes. Der weiße Pfeil zeigt die Exostosen medial am Os tarsale III und am Röhrbein. Dies sind die typischen Veränderungen beim Knochenspat, jedoch ist das Tarsometatarsalgelenk noch nicht ankylosiert.

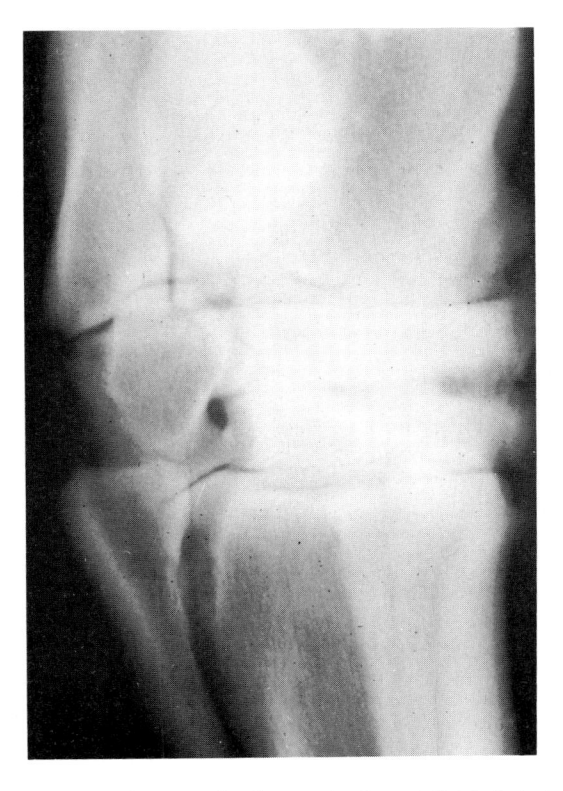

Abb. 8.238: Knochenspat, der das proximale und distale Intertarsalgelenk sowie das Tarsometatarsalgelenk betrifft. Die Beteiligung des proximalen Intertarsalgelenkes verschlechtert die Prognose.

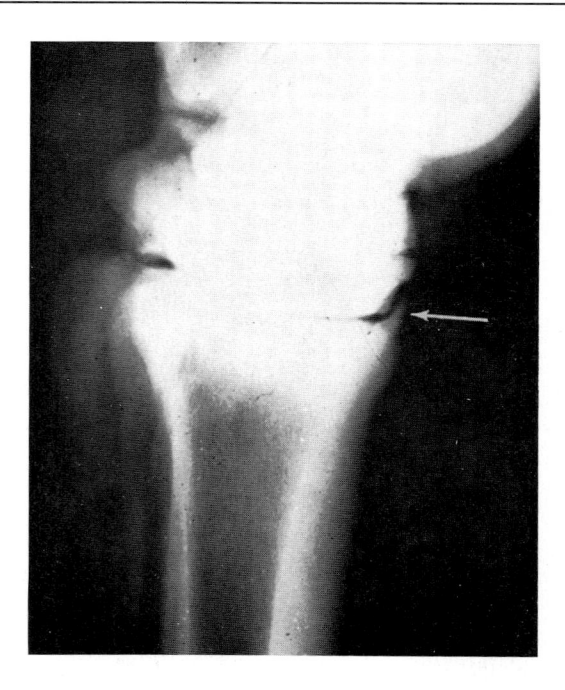

Abb. 8.239: Bei dieser Form des Knochenspates sind die meisten Veränderungen auf der Dorsalseite lokalisiert. Die typische Spatexostose ist dorsomedial noch feststellbar. Der Pfeil zeigt eine vom Röhrbein ausgehende Exostose, die später möglicherweise frakturiert.

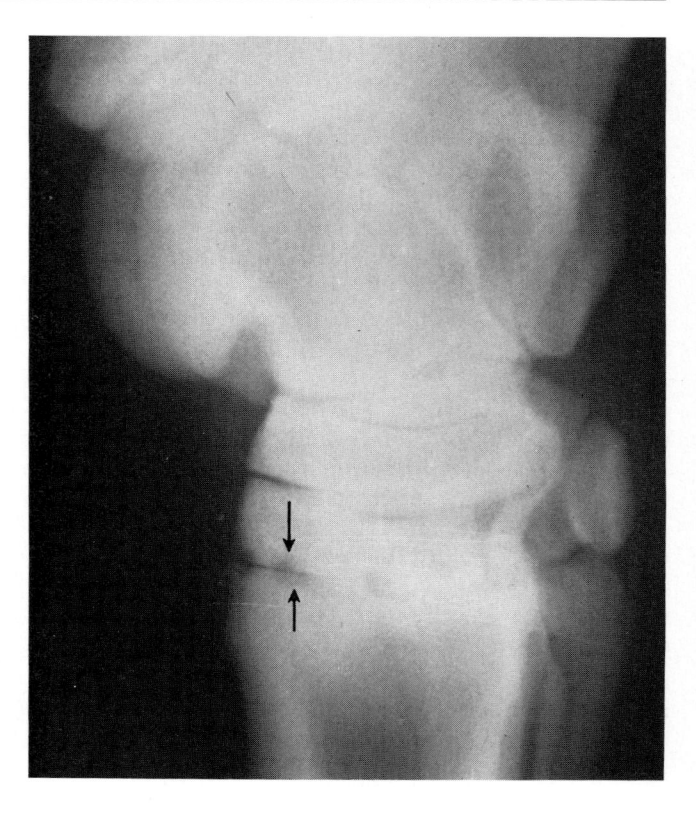

Abb. 8.241: Zystoide Defekte (Pfeile) im Tarsometatarsalgelenk zeigen eine degenerative Gelenkerkrankung an (Knochenspat).

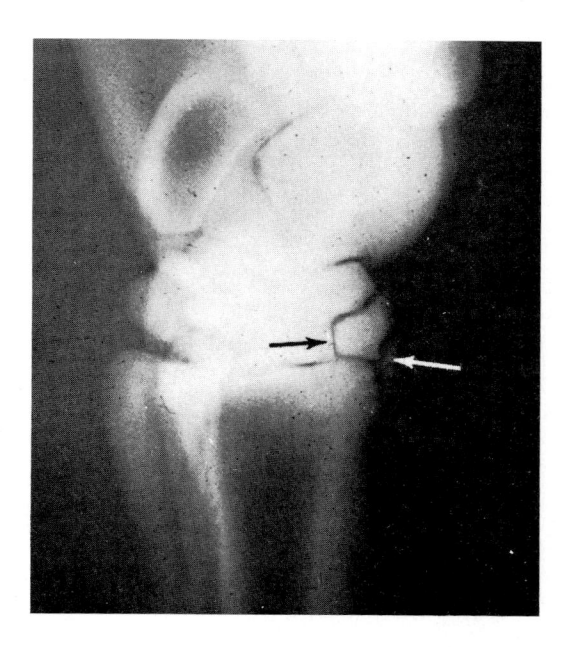

Abb. 8.240: Fraktur des Os tarsale III (schwarzer Pfeil) mit dorsal gelegenem Chip (weißer Pfeil). Die proximal abnorme Form des Os tarsale III ist zu beachten. Das Pferd zeigte klinisch eine Spatlahmheit. Die periostale Zubildung am Os tarsale III verursachte vermutlich durch Druck die Fraktur des Os tarsi centrale. Das Pferd erholte sich, nachdem eine Ankylose des distalen Intertarsalgelenkes und des Tarsometatarsalgelenkes eingetreten war. Wenn die Möglichkeit einer spontanen Ankylose gegeben ist, sollte auf einen chirurgischen Eingriff verzichtet werden.

Behandlungsmethoden sind die Tenektomie des Musculus tibialis cranialis, das Brennen des distalen Tarsalgelenksbereiches mit oder ohne Tenektomie, der Spatschnitt nach WAMBERG, der die Tenektomie, die Inzision des Periostes und theoretisch die Zerstörung der nervalen Versorgung der Spatregion einschließt; das Blistern, die Neurektomie des Nervus tibialis und des Nervus peroneus (fibularis) sowie der orthopädische Beschlag, der dem Pferd die Entlastung des medialen Teiles des Sprunggelenkes erleichtern soll. Trotz dieser Therapiemöglichkeiten spricht etwa die Hälfte der Pferde nicht auf die Behandlung an und bleibt unbrauchbar.

Bei der Tenektomie der Spatsehne wird ein Teil der medialen Endsehne des Musculus tibialis cranialis reseziert. Dies kann sowohl am stehenden als auch am liegenden Pferd geschehen. Zu diesem Zweck soll die Haut im Operationsbereich geschoren, rasiert und desinfiziert werden. Nach einer Lokalanästhesie über der Spatsehne wird ein etwa 4 cm langer Schnitt in ihrer Mitte an der medialen Sprunggelenksfläche angelegt (Abb. 8.242 und Abb. 8.243). Die Inzision folgt entweder dem Sehnenverlauf oder liegt vertikal. Dann wird die Sehne freipräpariert und ein 2 bis 3 cm langes Stück entfernt (Abb. 8.243 und Abb. 8.244). Die Hautnaht mit nichtresorbierbarem monofilen Nahtmaterial wird nach 10 bis 14 Tagen gezogen, und das Pferd soll wenigstens zwei Monate Ruhe haben.

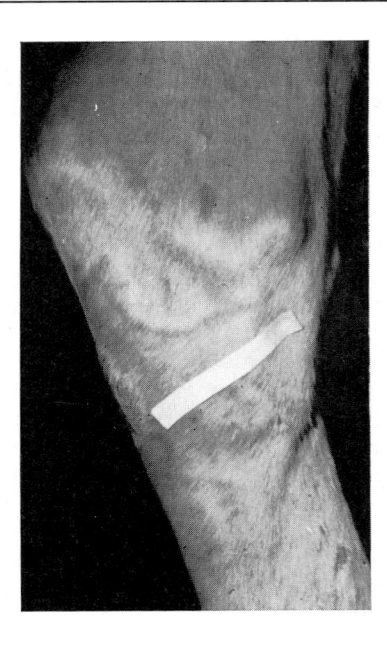

Abb. 8.242: Das weiße Klebeband markiert den Verlauf der Spatsehne medial am Tarsus. Dies ist die Lokalisation des Hautschnittes für die Tenektomie.

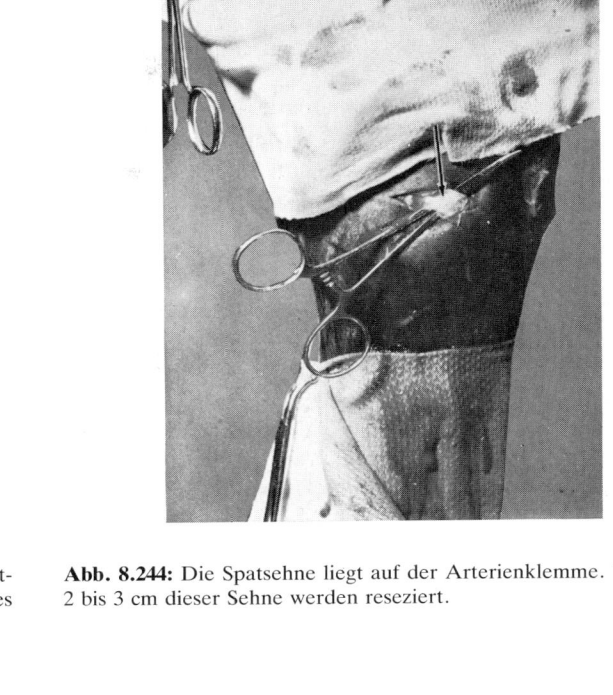

Abb. 8.244: Die Spatsehne liegt auf der Arterienklemme. Ungefähr 2 bis 3 cm dieser Sehne werden reseziert.

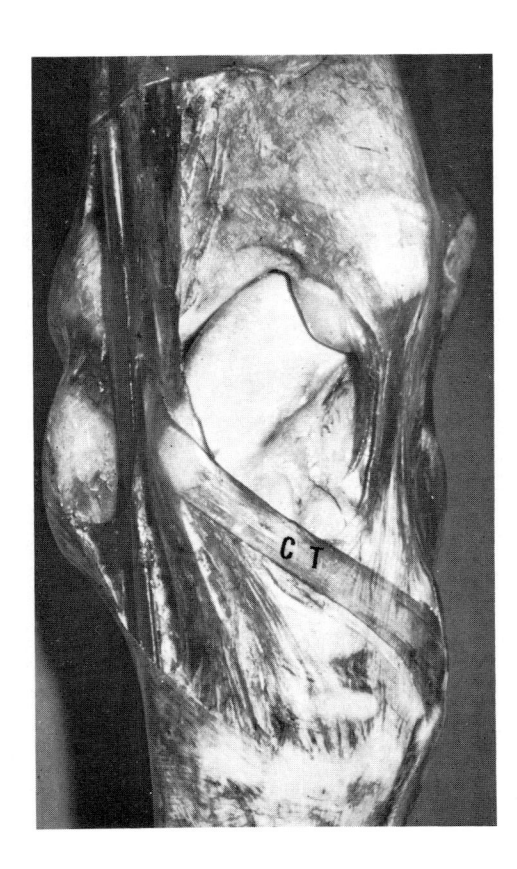

Abb. 8.243: Dorsomediale Ansicht der Spatsehne (CT). Zur Therapie des Knochenspates werden etwa 2–3 cm reseziert.

Die Tenektomie oder Tenotomie der Spatsehne sollte nur dann als alleinige Behandlungsmethode gewählt werden, wenn die Anästhesie der darunter liegenden Bursa subtendinea musculi tibialis cranialis eine deutliche Besserung der Lahmheit bewirkt. Der Erfolg dieser Methode scheint davon abhängig zu sein, daß die Pferde frühzeitig bewegt werden, so daß das Narbengewebe sich anpaßt und keine Retraktion stattfindet.

Diese Operationsmethode beseitigt den Schmerz dort, wo die Sehne im Bereich der Spatregion verläuft, und der Erfolg ist davon abhängig, ob eine Bursitis vorliegt oder nicht. WAMBERG ging nach einer modifizierten Operationsmethode vor, die seiner Ansicht nach der Tenektomie überlegen ist.[21] Er postulierte, daß der Schmerz hauptsächlich aus dem Weichteilgewebe und weniger aus dem Knochen selbst käme. Unter Allgemeinanästhesie wird ein rhombenförmiger Schnitt um die Spatexostose herum angelegt. Die Haut wird mit einer Klemme stumpf von der Unterhaut präpariert, und mit einem geknöpften Messer werden sämtliche Gewebe im Bereich der Spatexostose in einem mehr oder weniger rautenförmigen Muster vollständig bis auf den Knochen durchtrennt. Nach der Theorie von WAMBERG wird auf diese Weise die Innervation der Spatregion zerstört und der Schmerz beseitigt. Im Dorsalbereich der Exostose wird das Messer unter die Vena saphena medialis geführt. Die Subkutis und die Haut werden genäht, das Blut wird durch den Hautschnitt ausmassiert und ein Verband angelegt. Die Pferde werden nach der Operation 30 Tage lang täglich bewegt, wobei Sprints über 40 bis 90 m empfohlen werden, um das Narbengewebe an die Bewegung anzupassen. Die volle Leistungsfähigkeit soll nach WAMBERG schon 18 Tage nach der Operation wiederhergestellt sein.

Bei den vom Autor durchgeführten Operationen zeigte diese Methode keinen größeren Erfolg als die zuvor beschriebene Tenektomie der Spatsehne. Solange das distale Intertarsalgelenk und das Tarsometatarsalgelenk nicht ankylosiert sind, bleibt der Prozeß schmerzhaft. Unabhängig von der gewählten Operation muß erst die Gelenkversteifung in diesem Bereich abgewartet werden, bevor ein Erfolg eintritt.

Weitere Behandlungsmethoden sind Brennen und Blistern, obwohl das Blistern keinen Sinn hat, weil die dadurch hervorgerufene Entzündung nur oberflächlich ist. Durch das Brennen bis direkt in den betroffenen Knochen wird die Ankylose stimuliert. Wenn die Spatsehne nicht bereits durchschnitten wurde, versucht der Operateur, sie mit dem Thermokauter zu zerstören. Nach erfolglosen Tenektomien wird manchmal gebrannt, um doch noch einen Heilungserfolg zu erzielen. Die Neurektomie des Nervus tibialis und des Nervus peroneus (fibularis) profundus ist in einigen Fällen ebenfalls die Ultima ratio zur Beseitigung der Lahmheit. Diese Methode kann jedoch, obwohl manchmal erfolgreich, nicht empfohlen werden.

Wird ein Korrekturbeschlag angebracht, sollte er das Pferd veranlassen, über den medialen Tragrand abzurollen. Zu diesem Zweck können zwei Stollen im Trachtenteil des Eisens und zwei weitere lateral neben der Mitte des Zehenteiles sowie am medialen Schenkel zwischen dem ersten und zweiten Nagelloch angebracht werden. Eine andere Möglichkeit besteht darin, innen an den Schenkeln des Eisens einen runden Stab von etwa 6 mm Durchmesser anzuschweißen, der vom Ende des medialen Schenkels bis zur Mitte zwischen erstem und zweitem Nagelloch reicht und vom Ende des lateralen Schenkels fast bis zur Mitte der Zehe, so daß der mediale Zehenteil frei bleibt und das Abrollen über diesen Bereich erleichtert wird. Bei einem weiteren orthopädischen Beschlag wird der Trachtenteil des Eisens erhöht und eine gute Zehenrichtung angeschmiedet, was dem Pferd einfach seine Art der Fußung erleichtert. Bei Standardbred-Pferden werden zu diesem Zweck meistens die Schenkelenden nach vorn umgebogen und so mit dem Eisen verschweißt, daß der Huf beim Landen oder Drehen nicht abgebremst wird. Die bessere Methode ist, das Eisen mit einer guten Zehenrichtung zu versehen und das laterale Schenkelende etwas nach außen zu biegen. Mit diesem Beschlag können die Pferde leichter abrollen, und eine Rotation der Gliedmaße nach innen wird verhindert.

Um eine zufriedenstellende Gelenkversteifung bei Pferden mit chronischem Spat zu bewirken, entwickelte ADAMS eine chirurgische Technik zur Zerstörung der Gelenkfläche.[1] Diese Technik basiert auf seiner früheren Methode zur Versteifung des Krongelenkes bei Schale. Das Prinzip besteht darin, wenigstens 60 % der Knorpelfläche des distalen Intertarsalgelenkes und des Tarsometatarsalgelenkes zu zerstören, wobei die Arthrodese grundsätzlich an beiden Gelenken durchgeführt wird, auch wenn ursprünglich nur eines erkrankt ist. In den meisten Fällen ist das distale Intertarsalgelenk zuerst betroffen, und das Tarsometatarsalgelenk erscheint bei der röntgenologischen Untersuchung normal (Abb. 8.245). Es kann bis zu einem Jahr dauern, bevor auch hier eine sichtbare Veränderung eintritt. Aus diesem Grund wird die Arthrodese routinemäßig bei beiden Gelenken durchgeführt, sofern nicht bereits eine spontane Ankylose entstanden ist. Auch das proximale Intertarsalgelenk wird, falls erkrankt, zusammen mit den beiden anderen Abteilungen der Gelenkversteifung unterzogen. Die Operation wird nur vorgenommen, wenn die Gelenke bei der Röntgenuntersuchung als nicht fest verwachsen zu erkennen sind. Wenn zum Beispiel das distale Intertarsalgelenk im Röntgenbild bereits ankylosiert erscheint und das Tarsometatarsalgelenk Anzeichen einer frühen Osteoarthritis aufweist, wird die Arthrodese nur bei letzterem durchgeführt. Der eindeutige Beweis, daß die Ursache einer bestehenden Lahmheit im Tarsometatarsalgelenk zu suchen ist, kann hilfreich sein und wird durch die intraartikuläre Anästhesie angetreten (siehe Seite 134 und 151).

Das Pferd wird zur Operation unter Allgemeinnarkose in Seitenlage verbracht, und zwar so, daß die erkrankte Gliedmaße unten liegt. Das Operationsgebiet wird für die aseptische Chirurgie vorbereitet, indem die Haare geschoren werden und die Haut rasiert und mittels antiseptischer Seife oder einem anderen Hautdesinfektionsmittel gewaschen wird.

Im Bereich des distalen Intertarsalgelenkes und des Tarsometatarsalgelenkes wird dorsomedial ein etwa 7,5 cm langer Hautschnitt gelegt, wobei die Vena saphena medialis, die sich im Operationsgebiet befindet, geschont werden muß. Abhängig von der Lokalisation der Vene, wird die Inzision entweder davor oder dahinter, auf jeden Fall aber mehr dorsal als plantar angelegt, da auf diese Weise die betroffenen Gelenkabteilungen besser zu identifizieren sind. Gleichzeitig wird auch routinemäßig die Tenektomie der Spatsehne durchgeführt, falls dies nicht schon früher geschehen ist (Abb. 8.246 und Abb. 8.247).

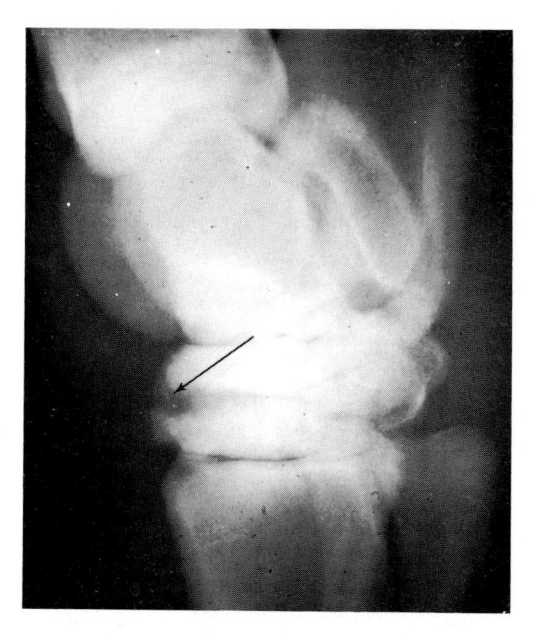

Abb. 8.245: Osteoarthritis des distalen Intertarsalgelenkes (Knochenspat). Der Pfeil deutet auf eine Osteoporose. Wenn das Tarsometatarsalgelenk noch nicht betroffen ist, erkrankt es im allgemeinen später (aus ADAMS, O. R.: Surgical arthrodesis for the treatment of bone spavin. J. Am. Vet. Med. Assoc., **157** (11): 1480, 1970).

Dann wird die Lage der Gelenkspalten, die versteift werden sollen, mit Hilfe von Kanülen lokalisiert (Abb. 8.248, Abb. 8.249 und Abb. 8.250). Wenn bereits eine partielle Ankylose vorliegt, sucht man weiter dorsal nach einer Stelle, wo noch kein knöchernes Gewebe gebildet worden ist. Um die Gelenkspalten erst einmal zu finden, verwendet man eine 0,5 mm starke Kanüle und ersetzt diese dann durch eine 0,9 mm oder 1,2 mm starke Nadel (Abb. 8.250). Um sicherzustellen, daß die Kanüle richtig sitzt, sollte in jedem Fall eine Röntgenkontrolle durchgeführt werden.

Nachdem der Gelenkspalt sicher identifiziert wurde, wird das Gelenk mit einem ca. 4,8- oder 6,5-mm-Bohrer entweder durch eine manuell, elektrisch oder mit Preßluft betriebene Bohrmaschine zerstört, wobei von dorsomedial parallel zur Gelenkfläche gearbeitet wird (Abb. 8.252 bis Abb. 8.256). Zunächst wird ein Loch gebohrt, von dem aus der Bohrer in verschiedene Richtungen bewegt werden kann, so daß mindestens 60 % des Knorpels und des angrenzenden Knochens in jeder Gelenkabteilung zerstört werden. Der Bohrer sollte nicht in irgendeiner Richtung über die Gelenkfläche hinaus bewegt werden, und es sollte darauf geachtet werden, daß er sich nicht zu schnell dreht und dadurch heiß wird, da es sonst zu Knochennekrosen kommen kann, die ihrerseits wieder eine eitrige Arthritis nach sich ziehen können. Der Bohrer kann durch Berieseln mit steriler physiologischer Kochsalzlösung während des Bohrvorganges gekühlt werden. Im Anschluß an das Bohren werden die Löcher ebenfalls mit steriler physiologischer Kochsalzlösung gespült, wobei es nicht zwingend erforderlich ist, sämtliche Knochentrümmer zu entfernen.

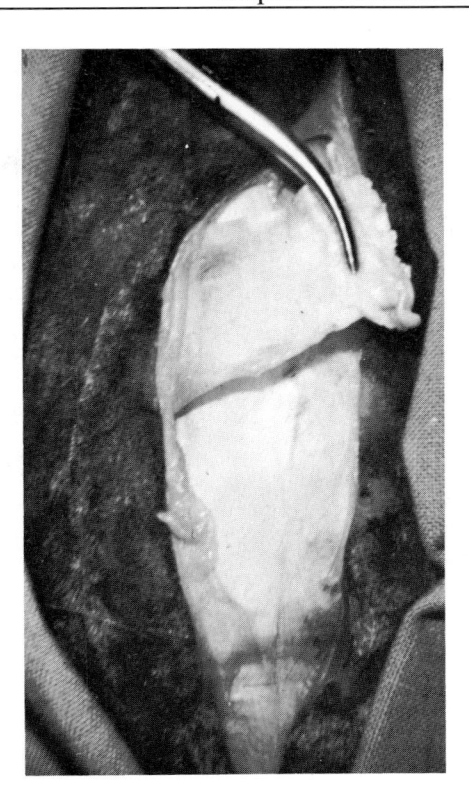

Abb. 8.247: Reseziertes Stück der Spatsehne während der routinemäßigen Tenektomie vor der Arthrodese (aus ADAMS, O. R.: Surgical arthrodesis for the treatment of bone spavin. J. Am. Vet. Med. Assoc., **157** (11): 1480, 1970).

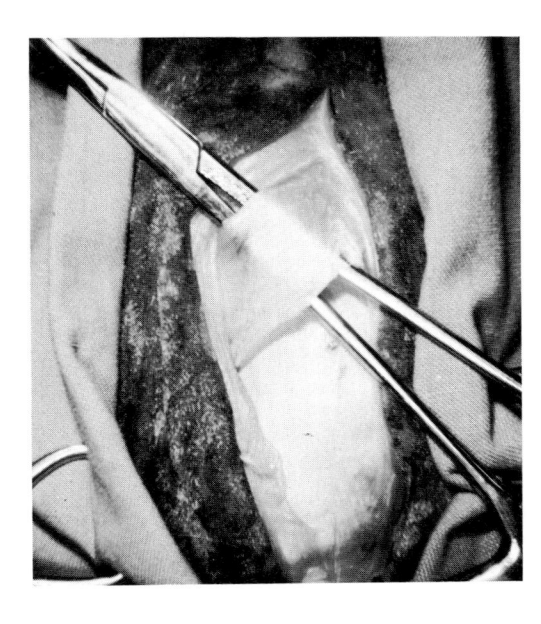

Abb. 8.246: Darstellung der Spatsehne während der routinemäßigen Tenektomie vor der Arthrodese (aus ADAMS, O. R.: Surgical arthrodesis for the treatment of bone spavin. J. Am. Vet. Med. Assoc., **157** (11): 1480, 1970).

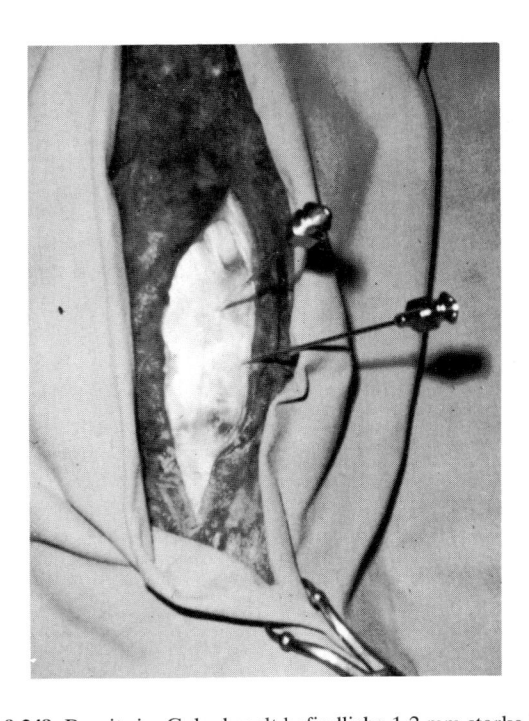

Abb. 8.248: Bereits im Gelenkspalt befindliche 1,2 mm starke Kanülen zur Lokalisation der einzelnen Gelenkabteilungen. Die obere Kanüle befindet sich im distalen Intertarsalgelenk, die untere Kanüle im Tarsometatarsalgelenk (aus ADAMS, O. R.: Surgical arthrodesis for the treatment of bone spavin. J. Am. Vet. Med. Assoc., **157** (11): 1480, 1970).

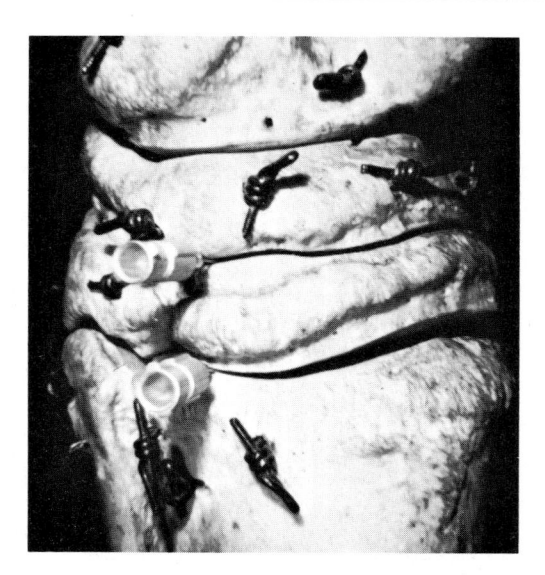

Abb. 8.249: Kanülen der Stärke 0,5 mm im distalen Intertarsalgelenk (obere Kanüle) und im Tarsometatarsalgelenk (untere Kanüle). Diese Abbildung zeigt die Notwendigkeit, im Bereich der dorsomedialen Fläche des Sprunggelenkes zu arbeiten. Befinden sich die Kanülen zu weit plantar, liegen sie zwischen Os tarsale primum et secundum und Os tarsale III bzw. zwischen medialem Griffelbein und Os metatarsale III (aus ADAMS, O. R.: Surgical arthrodesis for the treatment of bone spavin. J. Am. Vet. Med. Assoc., **157** (11): 1480, 1970).

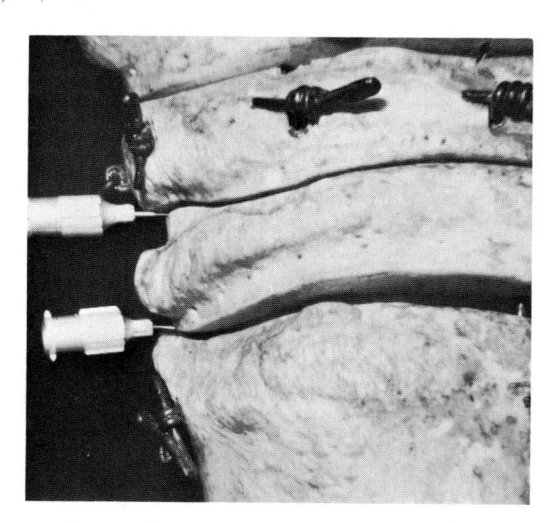

Abb. 8.250: Die obere Kanüle befindet sich im distalen Intertarsalgelenk, die untere im Tarsometatarsalgelenk (aus ADAMS, O. R.: Surgical arthrodesis for the treatment of bone spavin. J. Am. Vet. Med. Assoc., **157** (11): 1480, 1970).

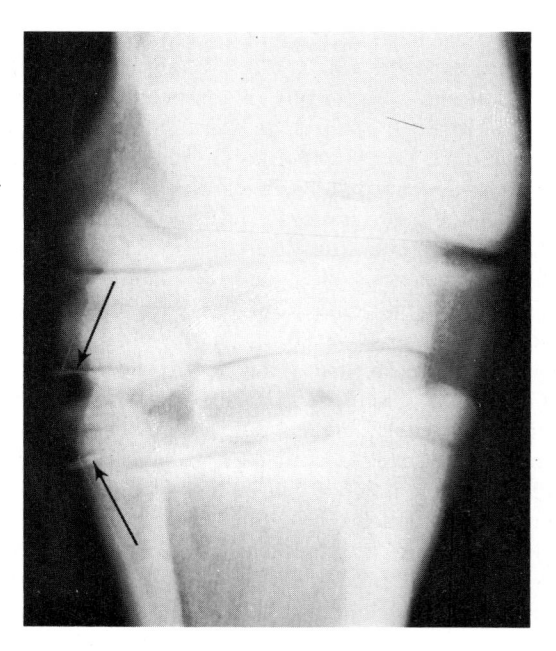

Abb. 8.251: Röntgenaufnahme mit einer 1,2 mm starken Kanüle zur Kennzeichnung der Gelenkspalten (Pfeile). Die heute üblichen Einmalkanülen sind aus Leichtmetall und stellen sich auf dieser Röntgenaufnahme schlecht dar (aus ADAMS, O. R.: Surgical arthrodesis for the treatment of bone spavin. J. Am. Vet. Med. Assoc., **157** (11): 1480, 1970).

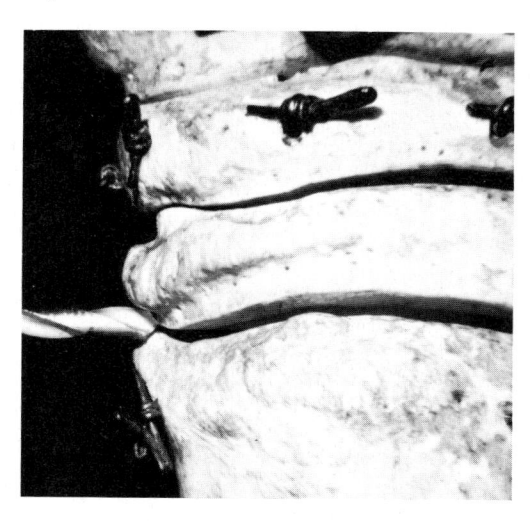

Abb. 8.252: Knochenpräparat mit einem ³⁄₁₆-inch (ca. 4,8 mm) Bohrer an der Stelle, an der mit dem Ausbohren des Tarsometatarsalgelenkes begonnen wird (aus ADAMS, O. R.: Surgical arthrodesis for the treatment of bone spavin. J. Am. Vet. Med. Assoc., **157** (11): 1480, 1970).

Zu diesem Zeitpunkt kann, wenn gewünscht, eine Transplantation spongiösen Knochens aus dem Tuber coxae vorgenommen werden. Das etwa 1,25 x 1,25 x 7,5 cm große Transplantat wird unter sterilen Kautelen aus dem Hüfthöcker entnommen und dann in schmale Teile geschnitten, die durch das Bohrloch mittels eines ³⁄₁₆-inch (ca. 4,8 mm) Steinmann-Nagels, der an beiden Enden glatt abgeschnitten wurde und etwa 10 bis 12,5 cm lang sein sollte, fest an ihren Platz gepreßt werden. Der Nagel wird wie ein Stempel verwendet, und durch leichte Schläge mit einem orthopädischen Hammer können die Knochenstücke fest in den Gelenkspalt bzw. die Gelenkspalten eingekeilt werden. In letzter Zeit benutzt der Autor 3,2-mm-Bohrer und bohrt die Gelenkfläche in drei Richtungen aus. Das Bohrloch befindet sich an der medialen Seite, und von dort aus wird fächerförmig in plantarer, in lateraler und in dorsaler Richtung gebohrt. Die ersten Erfahrungen zeigen, daß die postoperativen Schmerzen bei dieser Technik geringer sind als früher und daß nach drei bis sechs Wochen mit dem Training begonnen werden kann. Langzeitergebnisse liegen zur Zeit noch nicht vor. Die Subkutis wird mit resorbierbarem synthetischen Naht-

Kapitel 8: Lahmheit 703

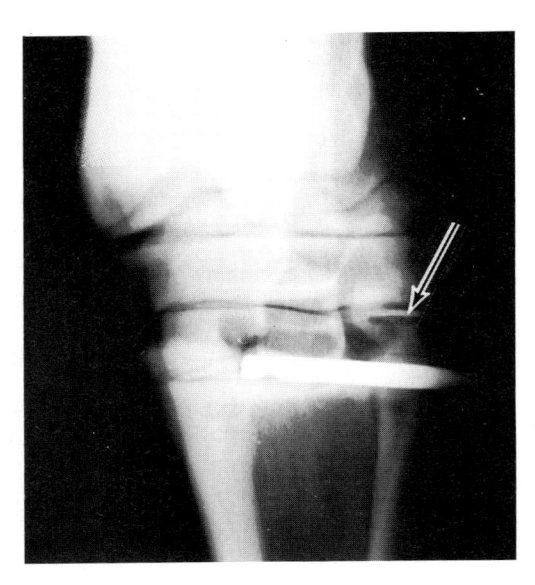

Abb. 8.253: Röntgenaufnahme mit einem ³⁄₁₆-inch (ca. 4,8 mm) Bohrer im Tarsometatarsalgelenk. Eine Markierungskanüle befindet sich im distalen Intertarsalgelenk (Pfeil) (aus ADAMS, O. R.: Surgical arthrodesis for the treatment of bone spavin. J. Am. Vet. Med. Assoc., **157** (11): 1480, 1970).

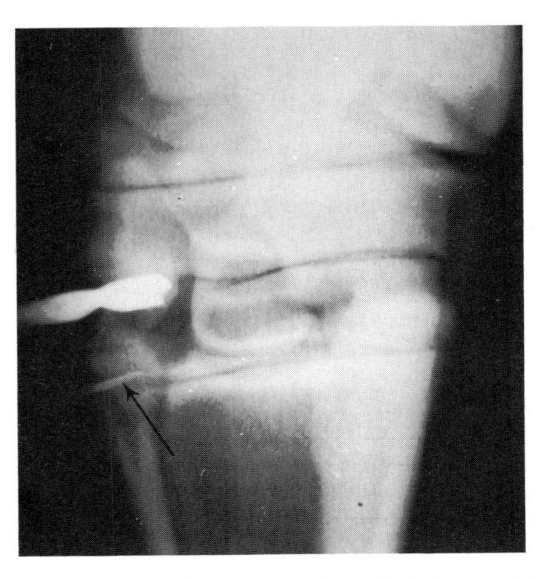

Abb. 8.255: Röntgenaufnahme mit einem ³⁄₁₆-inch (ca. 4,8 mm) Bohrer im distalen Intertarsalgelenk. Die Markierungskanüle befindet sich im Tarsometatarsalgelenk (Pfeil) (aus ADAMS, O. R.: Surgical arthrodesis for the treatment of bone spavin. J. Am. Vet. Med. Assoc., **157** (11): 1480, 1970).

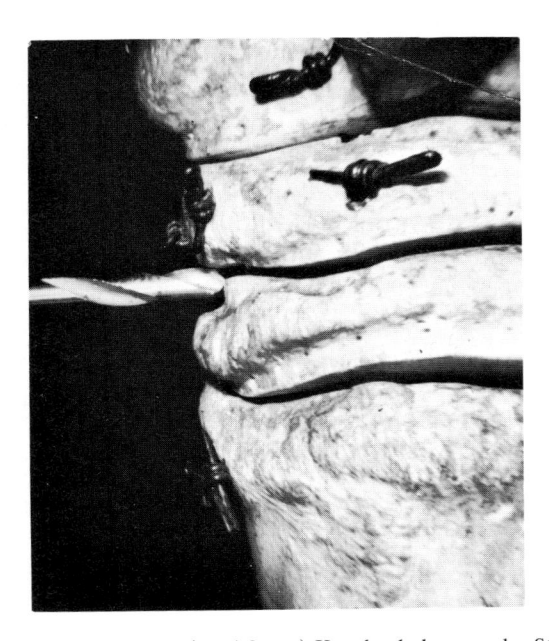

Abb. 8.254: Ein ³⁄₁₆-inch (ca. 4,8 mm) Knochenbohrer an der Stelle, an der mit dem Ausbohren des distalen Intertarsalgelenkes begonnen wird (aus ADAMS, O. R.: Surgical arthrodesis for the treatment of bone spavin. J. Am. Vet. Med. Assoc., **157** (11): 1480, 1970).

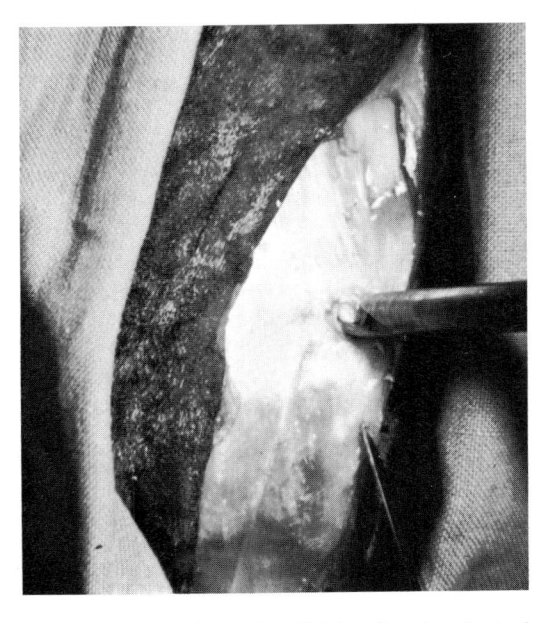

Abb. 8.256: Das Ausbohren des distalen Intertarsalgelenkes mit einem ³⁄₁₆-inch (ca. 4,8 mm) Bohrer während der Arthrodese (aus ADAMS, O. R.: Surgical arthrodesis for the treatment of bone spavin. J. Am. Vet. Med. Assoc., **157** (11): 1480, 1970).

material der Stärke 2–0 durch einfache Einzelhefte adaptiert, wobei darauf zu achten ist, daß die Vena saphena medialis nicht durchstochen wird. Die Hautnaht erfolgt mit monofilem Nylon gleicher Stärke und einer scharfen Nadel mit Öhr in Einzelheften. Die Nähte werden nur so stark angezogen, daß die Hautränder adaptiert sind, da sonst die Gefahr von Hautnekrosen besteht. An der Stelle, an der das Transplantat entnommen wurde, wird das Muskelgewebe durch Einzelhefte mit Nylon, Stärke 1–0, adaptiert. Die Hautnaht erfolgt mit monofilem Nylon, Stärke 2–0, als vertikale Matratzennaht. Pferde, die an beiden Gliedmaßen eine Spaterkrankung haben, können in derselben Sitzung an beiden Sprunggelenken operiert werden. Sie werden dazu auf die andere Seite gerollt, und der Vorgang wird wiederholt.

Die Operationswunde wird mit sterilen Tupfern abgedeckt, und es wird ein Verband aus elastischer Gaze, die mit elastischem Klebeband fixiert wird, angelegt. Sobald das Pferd wieder steht, wird kontrolliert, ob der Verband über der Achillessehne nicht zu straff sitzt.

Gewöhnlich bekommen die Pferde Antibiotika. Ungefähr jeder dritte Patient hat offensichtlich akute postoperative Schmerzen und wird über drei Tage mit Phenylbutazon in geringer Dosierung (1–2 g/Tag) behandelt. Nach dieser Zeit ist der Zustand akuter Schmerzhaftigkeit normalerweise vorbei.

Die Pferde müssen 30 Tage lang Boxenruhe einhalten und werden nur an der Hand geführt. Nach 12 bis 14 Tagen werden die Hauthefte gezogen, danach ist kein Verband mehr nötig. Nach 30 Tagen können die Pferde langsam aufbauend geritten werden. Bewegung scheint für die Entwicklung der erwünschten Arthrodese notwendig zu sein.

Bei manchen Tieren dauert es bis zu einem Jahr, bevor eine vollständige Ankylose der betroffenen Gelenke und damit die Wiederverwendbarkeit erreicht ist, aber in den meisten Fällen, in denen ein genügend großer Anteil der Gelenkfläche zerstört wurde und die Pferde ausreichend bewegt wurden, ist nach vier bis fünf Monaten mit einer vollständigen Erholung zu rechnen. Die Aussichten sind günstiger, wenn nur das distale Intertarsalgelenk und das Tarsometatarsalgelenk betroffen sind. Bei Beteiligung des proximalen Intertarsalgelenkes ist die Prognose ungünstiger, jedoch sollte trotzdem ein Versuch mit dieser Behandlungsmethode gemacht werden, da hierbei die besten Aussichten auf eine vollständige Wiederherstellung bestehen.

Prognose

Die Prognose der Spaterkrankung ist immer vorsichtig zu stellen; liegen Veränderungen im Talokruralgelenk vor, ist sie sogar ungünstig. Im allgemeinen sollte keine Prognose gestellt werden, bevor nicht eine Operation oder andere Therapiemethoden angewandt wurden, besonders in den Fällen, die bereits eine Ankylose in den Intertarsalgelenken bzw. dem Tarsometatarsalgelenk zeigen. Man sollte keine vollständige Heilung erwarten, aber häufig sind die Pferde wieder verwendungsfähig. Eine geringgradige Lahmheit, bevor die Pferde sich eingelaufen haben, bleibt oft besonders bei kalter Witterung bestehen. EDWARDS berichtete über 20 Fälle von Knochenspat, bei denen die Arthrodese des distalen Intertarsalgelenkes und des Tarsometatarsalgelenkes durchgeführt wurde. 17 Pferde waren innerhalb von dreieinhalb bis zehn Monaten nach der Operation wiederhergestellt.[3] Er legte besonderen Wert auf die Auswahl der Fälle, die einfache Methode und den meistens vorhersehbaren Ausgang der Operation. Obwohl diese Pferde geheilt wurden, besteht gewöhnlich eine vorhersagbare Abflachung der Bewegungskurve der Gliedmaße in der Vorführphase, da eine mechanische Änderung des Ganges stattfindet und sich im Bereich der Operationsstelle eine derbe Umfangsvermehrung bildet.

Ausgewählte Literatur

1. ADAMS, O. R.: Surgical arthrodesis for the treatment of bone spavin. J. Am. Vet. Med. Assoc., **157**: 1480, 1970.
2. DYKSTRA, R. R.: Bone spavin. J. Am. Vet. Med. Assoc., **8**: 143, 1913.
3. EDWARDS, G. B.: Surgical arthrodesis for the treatment of bone spavin in 20 horses. Eq. Vet. J., **14**: 117, 1982.
4. GABEL, A. A.: Lameness caused by inflammation in the distal hock. Vet. Clin. North Am. (Large Anim. Pract.), **2**: 101, 1980.
5. GOLDBERG, S. A.: Historical facts concerning pathology of spavin. J. Am. Vet. Med. Assoc., **53**: 745, 1918.
6. LOKAI, M. D., and FORD, J.: Disorders of endochondral ossification. Eq. Pract., **3**: 48, 1981.
7. MACKAY, C. R., and LIDDELL, W. A.: Arthrodesis in the treatment of bone spavin. Eq. Vet. J., **4**: 34, 1972.
8. MANNING, J. P.: Diagnosis of occult spavin. Ill. Vet., **7**: 26, 1964.
9. MARTIN, W. J.: Spavin, etiology and treatment. Am. Vet. Rev. **24**: 464, 1900.
10. McDONOUGH, J.: Hock joint lameness. Am. Vet. Rev., **43**: 629, 1913.
11. MORGAN, J. P.: Radiology in Veterinary Orthopedics. Philadelphia, Lea & Febiger, 1972, p. 194.
12. MOYER, W.: Bone spavin: a clinical review. J. Eq. Med. Surg., **2**, 362, 1978.
13. NORRIE, R. D.: Diseases of the rear legs. In: Equine Medicine and Surgery. 3rd Ed. Edited by R. A. Mansmann, and E. S. McAllister, Santa Barbara, American Veterinary Publications, 1982, p. 1141.
14. O'BRIEN, T.: Radiographic interpretation of equine tarsus. Proc. 19th Ann. AAEP, 1973, p. 289.
15. ROONEY, J. R.: Biomechanics of Lameness in Horses. Baltimore, Williams & Wilkins Co., 1969.
16. SCHEBITZ, H.: Spavin: radiographic diagnosis and treatment. Proc. 11th Ann. AAEP, 1965, p. 207.
17. SCHEBITZ, H., und WILKENS, H.: Spat, Diagnose und Therapie. Berl. Münch. Tierärztl. Wschr., **80**: 385, 1967.
18. SHAVERS, J. R., et al.: Skeletal manifestations of suspected hypothyroidism in two foals. J. Eq. Med. Surg., **3**: 269, 1979.
19. VAUGHAN, J. T.: Analysis of lameness in the pelvic limb and selected cases. Proc. 11th Ann. AAEP, 1965, p. 223.
20. WAMBERG, K.: A new treatment for spavin in horses. Proc. 15th Int. Vet. Congress. Pt. 1, **2**: 371, 1956.
21. WAMBERG, K.: A new treatment for spavin in horses. Proc. 15th Int. Vet. Congress. Pt. 1, **2**: 957, 1953.
22. WATTLES, J. H.: Injection of iodine in bone disease. Am. Vet. Rev., **19**: 51, 1895.
23. ZELLER, R.: Die Spatoperation nach Wamberg. Berl. Münch. Tierärztl. Wschr., **81**: 382, 1968.
24. ZUILL, W. L.: Surgical treatment of diseases of the hock. Am. Vet. Rev., **18**: 247, 1894.

Bursitis bzw. Tendinitis des medialen Schenkels des Musculus tibialis cranialis („Tarsitis-distalis-Syndrom" der Traber)

Diese Erkrankung besteht aus einer Entzündung der Spatsehne, ihrer Bursa und des Weichteilgewebes im Bereich des distalen Intertarsalgelenkes und des Tarsometatarsalgelenkes.[1–4,7] GABEL ist der Meinung, daß dieses Syndrom bei Trabrennpferden die häufigste Lahmheitsursache darstellt.[2] Es soll sich um einen reversiblen Zustand handeln, von dem die meisten Traber irgendwann im Laufe ihrer Rennkarriere betroffen sind. Obwohl häufig die Fehldiagnose einer primären Kniegelenkslahmheit oder einer dorsalen Patellafixation gestellt wird, kann das Knie tatsächlich sekundär erkranken, da es die Entlastung des schmerzhaften Sprunggelenkes übernimmt. Trabrenntrainer und Tierärzte bezeichnen diesen Zustand oft in gleicher Weise als „jacks" oder in einigen Fällen als unsichtbaren Spat („occult bzw. blind spavin"), da keine

Schwellung oder Schmerzhaftigkeit fühlbar ist und normalerweise auch keine krankhaften Befunde auf den Röntgenaufnahmen feststellbar sind. Obwohl die Erkrankung normalerweise an beiden Beckengliedmaßen gleichzeitig vorkommt, ist die Lahmheit meistens erst auf einem Bein sichtbar und springt nach der diagnostischen Injektion auf die andere Gliedmaße um.[2]

Häufig tritt die Lahmheit im Winter und im Frühjahr auf, wenn die zwei- und dreijährigen Traber auf die Rennsaison im Sommer vorbereitet werden. In Nordamerika sind diese Lahmheiten durchschnittlich Anfang März feststellbar, und nur wenige werden im Sommer während der Rennsaison diagnostiziert.[2]

Ätiologie

Die Krankheitsursache scheint in Scherkräften zu liegen, die entstehen, wenn Landungs- und Abfußungswinkel während des Arbeits- oder Renntrabes zu klein sind. Obwohl diese Scherkräfte auf die gesamte Gliedmaße wirken, konzentrieren sie sich meistens auf das Sprunggelenk, da hier ein Winkel von etwa 90 Grad besteht, und führen langfristig zu einer Entzündung.[2]

Auch andere Faktoren wie falsches Training, fehlerhafter Beschlag, Gangunregelmäßigkeiten, „hiking" und gleichzeitig bestehende Vorderbeinlahmheiten spielen wahrscheinlich bei der Entstehung dieses Syndroms eine herausragende Rolle.

Pferde, die zu früh zu schnell trainiert werden, sind besonders gefährdet. Man nimmt an, daß die Weichteilgewebe, die das Sprunggelenk stützen, dann noch nicht weit genug entwickelt sind, um diesen wiederholten Belastungen gewachsen zu sein. Die durchschnittliche Trainingsgeschwindigkeit, bei der sich die Erkrankung entwickelt, liegt bei 2 Minuten 30 Sekunden pro Meile.[2]

Spezielle Hintereisen mit Stollen, Griffen, gerader Zehe, verlängerten Schenkelenden oder Querstegen führen dazu, daß die Gliedmaßen beim Landen und Abfußen stärker gebremst werden, und vergrößern dadurch die Belastungen, die zu dieser Erkrankung führen. Da einige dieser Beschlagstypen bevorzugt bei Trabern angewendet werden, sind diese auch häufiger betroffen. GABEL ist der Ansicht, daß das bei Trabern zu beobachtende Streichen die Folge einer Tarsitis ist, während die Trainer es zum Anlaß für noch einschneidendere Beschlagsmaßnahmen nehmen.[2]

Eine Vorderbeinlahmheit kann dazu führen, daß die Pferde mehr Gewicht mit der Hinterhand aufnehmen und eine Spatsehnenerkrankung entwickeln. Häufig werden die Ostitis des Hufbeines und die Tendinitis der Beugesehnen an der Schultergliedmaße als Ursache beobachtet. Werden diese Erkrankungen behandelt, führt dies oft zu einer Besserung des Zustandes der Sprunggelenke.[2]

Symptome

Im Vorbericht beschreiben die Trainer häufig eine schleichend einsetzende Lahmheit, von der sie annehmen, daß ihre Ursache im Knie, im Rücken oder im Bereich der Bursa über dem Trochanter major zu suchen ist.[6] Obwohl diese Regionen oft schmerzhaft sind, ist der entzündliche Zustand dort wahrscheinlich nur die Folge einer schmerzhaften Erkrankung des Sprunggelenkes. Im Training drehen die Pferde häufig die Hinterhand der dem erkrankten Bein entgegengesetzten Seite des Traberkarrens zu. Sie sind schwierig zu fahren, da sie den Kopf möglichst in Richtung der Lahmheit drehen wollen, können anfangen sich zu streichen oder zu greifen und können nicht schnell gefahren werden. Eine unangenehme Erscheinung in diesen Fällen ist, daß viele Pferde beim Vortraben am Führzügel völlig normal erscheinen.

Die Durchführung von Provokationsproben ist wichtig, um entscheiden zu können, welches Bein betroffen ist und welche Gelenke anästhesiert werden sollten. Folgende Reihenfolge der Provokationsproben ist anzuraten: Provokationsprobe der Kreuzbänder (Abb. 3.42), Provokationsprobe des medialen Seitenbandes des Sprunggelenkes und des Kniegelenkes (Abb. 3.43) und Sprunggelenksbeugeprobe (Spatprobe) (Abb. 3.37). Die häufigste Differentialdiagnose ist die Gonitis, bei der die Pferde nach der Beugeprobe länger lahmen als bei einer Tarsitis.

Diagnose

Die intrasynoviale Anästhesie der Bursa unter der Spatsehne führt ungefähr 20 Minuten nach der Injektion zu einer Besserung der Lahmheit und des Ganges. Innerhalb von 30 Minuten kann mit einer weiteren Besserung gerechnet werden (siehe Seite 151).[2,3]

Im allgemeinen sind auf den Röntgenaufnahmen keine besonderen Befunde sichtbar, aber in etwa 20 % der Fälle sind leichtere Veränderungen wie Spiculae und Exostosen an der Dorsalfläche des Os tarsi centrale und des Os tarsale III festzustellen.[2,3] Eine deutliche Osteoarthritis kommt nur bei älteren Trabern vor und ist ansonsten in dieser Gruppe ungewöhnlich.[2]

Therapie

Wenn die Pferde einige Wochen von schnellem Training zurückgestellt werden, klingt die Entzündung ab, und durch langsame Arbeit über längere Strecken (6 bis 7 Meilen in 4 Minuten pro Meile) wird das Weichteilgewebe gekräftigt. Spezialeisen sollten durch einen glatten Beschlag ersetzt werden, und am besten sollte auf weichen Bahnen trainiert werden.

Die perorale Applikation von 2 g Phenylbutazon pro Tag soll die Entzündung eindämmen und dazu beitragen, daß die Pferde schneller wieder Rennen absolvieren können. GABEL empfiehlt die Gabe von 4 g Phenylbutazon am Tag vor dem Rennen, wenn der Zustand der Pferde den Einsatz erlaubt, während am Renntag selbst nichts verabreicht wird. Zusätzlich können 130 mg Methylprednisolon in das distale Intertarsalgelenk und das Tarsometatarsalgelenk injiziert werden, wobei die Wirkung dieser Injektionen höchstens vier Tage andauert.[2]

Obwohl die Tenektomie der Spatsehne eine verbreitete Behandlungsmethode bei der Bursitis in diesem Bereich ist und gewöhnlich auch eine Besserung der Lahmheit festgestellt wird, wurde ihr Sinn in Frage gestellt, da diese Maßnahme die Belastbarkeit gegenüber den oben erwähnten Scherkräften herabsetzt.[2] Tatsächlich konnte bei einem Vergleich der Rennleistungen zwischen einer Gruppe von 27 operierten und 43 nichtoperierten Pferden kein signifikanter Unterschied festgestellt werden.[4] Für andere Behandlungsmethoden wie Brennen und die Operation nach WAMBERG spricht ohnehin nur wenig.[2]

Prognose

Eine genaue Prognose zu stellen, ist schwierig, da das Training sowie die Haltung und Betreuung eine zentrale Rolle spielen. Ist der Trainer bereit, dem Pferd Ruhe zu geben, es langsam aufbauend zu arbeiten und den Beschlag zu ändern, kann mit einem guten Ergebnis gerechnet werden.

Ausgewählte Literatur

1. ADAMS, O. R.: Lameness in Horses. 3rd Ed., Philadelphia, Lea & Febiger, 1974, p. 331
2. GABEL, A. A.: Lameness caused by inflammation in the distal hock. Vet. Clin. North Am. (Large Anim. Pract.), 2: 101, 1980.
3. GABEL, A. A.: Diagnosis of lameness of Standardbred racehorses due to inflammation of the distal hock. J. Am. Vet. Med. Assoc., 175: 1079, 1979.
4. GABEL, A. A.: Treatment of lameness of Standardbred racehorses due to inflammation of the distal hock. J. Am. Vet. Med. Assoc., 175: 1086, 1979.
5. GABEL, A. A., TOBIN, T., and ROY, R. S.: Phenylbutazone in horses: a review. J. Eq. Med. Surg., 1: 221, 1977.
6. HARRISON, J. C., et al.: Care and Training of the Trotter and Pacer. Columbus, Ohio United States Trotting Assoc., 1968.
7. ROONEY, J. R.: Biomechanics of Lameness in Horses. Baltimore, Williams & Wilkins Co., 1969.

Kreuzgalle (Idiopathische Synovialitis des Tarsokruralgelenkes)

Als Kreuzgalle bezeichnet man eine chronische vermehrte Füllung des Tarsokruralgelenkes, die eine Umfangsvermehrung dorsomedial am Sprunggelenk verursacht. Obwohl es viele Ursachen für diese vermehrte Füllung gibt, ist sie die direkte Folge einer geringgradigen akuten oder chronischen Synovialitis.[2]

Ätiologie

Fehlstellungen. Pferde mit wenig gewinkelten Sprunggelenken sind prädisponiert und entwickeln eine Kreuzgalle entweder in ihrer Jugend oder mit Beginn des Trainings.

Trauma. Kurze Stopps, kurze Wendungen oder andere traumatische Einwirkungen, die eine Verletzung der Gelenkkapsel oder der Bänder des Sprunggelenkes zur Folge haben, verursachen ebenfalls Kreuzgallen.

Osteochondrose. Einseitige Kreuzgallen können durch Chip-Frakturen im Tarsus oder durch eine Osteochondrosis dissecans (OCD) dorsal am distalen Rand der Tibia oder am lateralen Rollkamm des Talus verursacht werden.[1,4,5] Des weiteren kommt eine Osteochondrosis dissecans auch an den Malleoli distal an der Tibia vor. Diese Veränderungen werden mit einer chronischen Zinkintoxikation in Verbindung gebracht.[3]

Mineral- oder Vitaminimbalancen. Ein Mangel an Kalzium, Phosphor, Vitamin A und Vitamin D kann isoliert oder in jeder möglichen Kombination offensichtlich eine Kreuzgalle verursachen. Ebenso wurde eine chronische Zinkintoxikation für deren Entstehen verantwortlich gemacht.[3]

ROONEY beschrieb im Zusammenhang mit der Kreuzgalle vier der üblichsten Veränderungen:

1. Osteochondrosis oder Osteochondritis dissecans des distalen Randes der Tibia;
2. Osteochondrosis des medialen Rollkammes des Talus;
3. Usuren der Gelenkfläche des Tarsokruralgelenkes; Erosionen am dorsalen Rand der medialen und seltener der lateralen Gelenkrinne distal an der Tibia.[5]

Diese Erosionen kommen gewöhnlich zusammen mit einer der drei anderen oben beschriebenen Veränderungen vor. Die Osteochondrosis dissecans läßt sich im Gegensatz zu den Usuren und Erosionen röntgenologisch darstellen.[5]

Die Kreuzgallen stellen einen ernsthaften Mangel dar, wenn sie stellungs- oder ernährungsbedingt sind, was bei einer beidseitigen Erkrankung mit großer Wahrscheinlichkeit der Fall ist. Andererseits kommen Kreuzgallen bei vielen Jährlingen an einem oder beiden Sprunggelenken vor und verschwinden häufig, wenn die Tiere älter werden. Eine Lahmheit wird nur verursacht, wenn die Kreuzgallen traumatischer Genese sind oder die Folge einer Osteochondrosis dissecans darstellen. Die Veränderungen in der Synovialflüssigkeit sind im allgemeinen sehr gering und entsprechen denen einer geringgradigen Synovialitis. Histologisch ist ebenfalls eine geringgradige Synovialitis feststellbar, die aber in den meisten Fällen nicht ausreicht, um Schmerzen zu verursachen.

Symptome

Für die Kreuzgalle sind drei fluktuierende Umfangsvermehrungen charakteristisch. Die größte befindet sich dorsomedial am Sprunggelenk (Abb. 8.257), zwei weitere kleinere jeweils medial und lateral des Kalkaneus und etwas weiter distal als bei der Kurbengalle. Übt man auf eine dieser Umfangsvermehrungen Druck aus, so pflanzt sich dieser auch in den anderen beiden Gelenkaussackungen fort, und auch dort ist die stärkere Spannung der Gelenkkapsel zu fühlen. Wenn eine Lahmheit, die normalerweise nur bei Kreuzgallen traumatischer Genese auftritt, vorhanden ist, lassen sich vermehrte Schmerzhaftigkeit, vermehrte Wärme und eine Schwellung im Sprunggelenksbereich feststellen. Knochenveränderungen sind bei unkomplizierten Kreuzgallen weder palpatorisch noch röntgenologisch nachweisbar. Die Sprunggelenksbeugeprobe verstärkt die Lahmheit nicht in allen Fällen.

Kapitel 8: Lahmheit 707

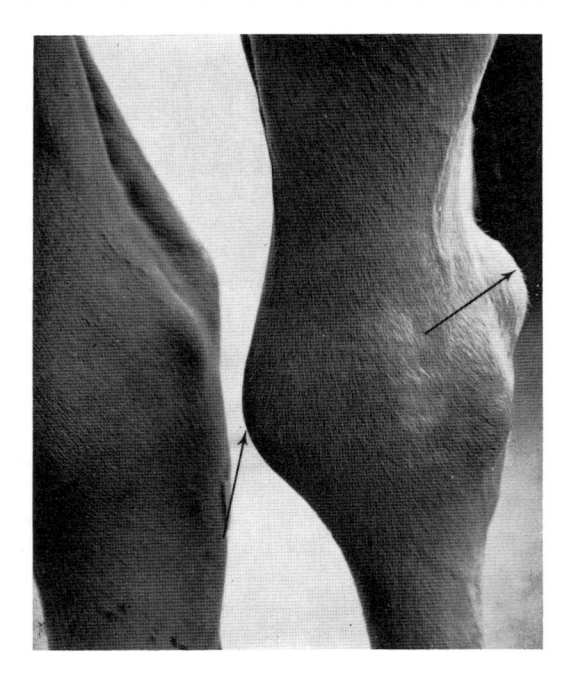

Abb. 8.257: Kreuzgalle. Die Pfeile deuten auf die charakteristischen Umfangsvermehrungen hin, von denen die dorsomedial gelegene die größte ist. Die Umfangsvermehrungen medial und lateral an der Plantarseite des Sprunggelenkes können unterschiedlich groß sein.

Diagnose

Die klinischen Symptome sind eindeutig, und nur die Größe der drei Umfangsvermehrungen variiert. Meistens ist die dorsomediale Schwellung am größten, aber es gibt auch Fälle, in denen die beiden plantar gelegenen deutlicher hervortreten. An diesen drei Stellen hat die Gelenkkapsel am wenigsten Halt durch umgebendes Gewebe. Die Kreuzgalle muß von der Kurbengalle unterschieden werden, bei der die Umfangsvermehrung auf Höhe des Sprunggelenkhöckers und damit proximal der Kreuzgalle zu finden ist. Der wichtigste Punkt bei der Diagnosestellung ist die Klärung der Ätiologie. Man sollte so schnell wie möglich versuchen festzustellen, ob die Erkrankung stellungsbedingt, traumatischer Genese, Folge einer Osteochondrosis dissecans oder ernährungsbedingt ist. Ist eine Lahmheit vorhanden, sollten Chip-Frakturen als Ursache röntgenologisch ausgeschlossen werden.

Therapie

Eine Behandlung ist nur möglich, wenn die Kreuzgalle auf ein Trauma, eine Osteochondrose oder auf Mangelernährung zurückzuführen ist. Ist ein Stellungsfehler die Ursache, ist eine Behandlung außerordentlich schwierig, da die eigentliche Ursache bestehen bleibt. Im Falle eines Traumas werden, sofern keine röntgenologisch feststellbaren Veränderungen vorhanden sind, zwei bis drei intraartikuläre Kortikosteroidinjektionen in wöchentlichem Abstand empfohlen.[6] Dies dämmt die Entzündung der Synovialmembran ein und trägt dazu bei, die überschießende Produktion von Gelenkflüssigkeit zu verhindern. Die Injektion sollte dort vorgenommen werden, wo die dorsomediale Umfangsvermehrung am deutlichsten ist. Das Pferd wird mit einer Oberlippenstrickbremse fixiert, und die Haut wird rasiert und desinfiziert. Mit einer 0,9 mm starken Kanüle wird die gesamte Gelenkflüssigkeit, die leicht abfließt, abgelassen. Dann wird das Kortikosteroid durch dieselbe Kanüle injiziert. Im Anschluß daran sollte ein Druckverband angelegt werden, wobei mit elastischen Bandagen oder Manschetten die besten Ergebnisse erzielt werden, und die Pferde sollten etwa drei Wochen Boxenruhe haben. VAN PELT empfiehlt eine intraartikuläre Injektionsbehandlung mit 6-alpha-methyl, 17-alpha-Hydroxyprogesteronazetat entweder allein oder in Kombination mit Kortikoiden.[7] Nach Erfahrungen des Autors konnte mit dieser Methode bei einer länger bestehenden Erkrankung kein Erfolg erzielt werden.

Andere Injektionspräparate, die hier nützlich sein könnten, sind Orgotein, Ontosein und Arteparon (siehe Seite 359). Eine alternative Behandlung ist die Bestrahlung mit dem Ziel der Synovektomie. Zu diesem Zweck wird bei zwei bis drei Behandlungen im Abstand von zwei bis drei Tagen eine Dosis von jeweils 600 rad appliziert.

Früher wurden Pferde mit chronischer Kreuzgalle häufig gebrannt oder geblistert, oder reizende Medikamente wurden subkutan injiziert. Im allgemeinen haben diese Methoden bis auf wenige Ausnahmen keinen Erfolg. Bei der Injektion von Irritantia ist das Risiko für die Entstehung einer infektiösen Arthritis vergrößert, und eine Reizung der Gelenkkapsel besteht ohnehin, so daß eine weitere Irritation normalerweise keinen therapeutischen Wert hat. Zusammen mit einer Kortikoidbehandlung sollte in keinem Fall geblistert oder gebrannt werden, da diese Therapiemethoden gegensätzliche Wirkungen haben, wodurch Komplikationen verursacht werden können.

Bei Kreuzgallen, die durch Osteochondrosis oder Osteochondritis dissecans verursacht werden, ist die Entfernung des Fragmentes und die Kürettage des veränderten Knorpels die Methode der Wahl. Man hofft, daß neuer Knorpel gebildet und eine normale enchondrale Ossifikation bewirkt wird, was Erfahrungen an der Colorado State University bestätigen. Zur Zeit hat sich das Arthroskop als hervorragendes Werkzeug zur Behandlung von Läsionen im Bereich der lateralen Gelenkwalze des Talus und des kranialen Teiles des Sagittalkammes der Tibia bewährt.

Die Behandlung einer ernährungsbedingten Kreuzgalle ist im allgemeinen sinnlos, solange nicht eine sorgfältige Korrektur der Ernährung durchgeführt wird. Wenn die Ration mit den fehlenden Mineralien und/oder Vitaminen angereichert und die gesamte Ernährung reguliert wird und wenn eine Bekämpfung der Endoparasiten stattfindet, verschwindet die Kreuzgalle normalerweise innerhalb von vier bis sechs Wochen. Diese Erkrankung tritt häufig bei Pferden im Alter zwischen sechs Monaten und zwei Jahren auf und verschwindet manchmal auch ohne Behandlung. Die Synovektomie und die Zerstörung der synovialen Auskleidung der Gelenkkapsel mit flüssigem

Stickstoff hat ADAMS bei Fällen mit hochgradiger lange bestehender Kreuzgalle ohne Erfolg durchgeführt.
Liegt eine vermehrte Füllung des Tarsokruralgelenkes aufgrund einer chronischen Zinkintoxikation vor, scheinen eine Umstellung der Pferde in eine zinkfreie Umgebung und die Fütterung einer balancierten Ration, die mit 60 g Kalziumkarbonat pro Tag angereichert ist, eine Besserung zu bewirken.[3]

Prognose

Die Prognose lautet vorsichtig, wenn die Ursache traumatisch oder ernährungsbedingt ist, und ungünstig, wenn die Kreuzgalle Folge einer Fehlstellung ist, obwohl daran gedacht werden muß, daß die Mehrzahl der Pferde ohne eine offensichtlich schmerzhafte Lahmheit gearbeitet werden kann.

Ausgewählte Literatur

1. BIRKELAND, R., and HAAKENSTAD, L. H.: Intracapsular bony fragments of the distal tibia of the horse. J. Am. Vet. Med. Assoc., 152: 526, 1968.
2. GILL, H. E.: Diagnosis and treatment of hock lameness. Proc. 19th Ann. AAEP, 1973, 257.
3. MESSER, N. T.: Tibiotarsal effusion associated with chronic zinc intoxication in three horses. J. Am. Vet. Med. Assoc., 178: 294, 1981.
4. O'BRIEN, T. R.: Radiographic interpretation of the equine tarsus. Proc. 19th Ann. AAEP, 1973, p. 289.
5. ROONEY, J. R.: Bog spavin and tibiotarsal joint lesions in the horse. Mod. Vet. Pract. 54: 43, 1973.
6. VAN PELT, R. W.: Intra-articular injection of 6-methyl, 17-hydroprogesterone acetate in tarsal hydrarthrosis (bog spavin) in the horse. J. Am. Vet. Med. Assoc., 15 (9): 1159, 1967.
7. VAN PELT, R. W., and RILEY, W. F.: Therapeutic management of tarsal hydrarthrosis (bog spavin) in the horse by intra-articular injection of prednisolone. J. Am. Vet. Med. Assoc., 15 (3): 328, 1967.

Blutspat („Blood spavin")

Der Begriff „Blutspat" hat eigentlich keine Definition. Er wird angewendet, um das Bild einer im Zusammenhang mit einer Kreuzgalle dilatierten Vena saphena medialis zu beschreiben, und soll hier nicht weiter diskutiert werden.

Unsichtbarer Spat („Occult spavin / Blind spavin")

Als unsichtbaren Spat bezeichnet man eine Erkrankung des Sprunggelenkes, die eine typische Spatlahmheit verursacht, aber keine palpatorischen oder röntgenologischen Veränderungen aufweist. Diese Form der Spaterkrankung ist am seltensten, und wahrscheinlich liegt die Lahmheitsursache bei einem Großteil der als unsichtbarer Spat diagnostizierten Erkrankungen im Kniegelenk, da auch bei einer Kniegelenkserkrankung die Sprunggelenksbeugeprobe positiv ausfallen kann. Aus diesem Grund sollte das Knie sorgfältig auf eine vermehrte Füllung oder eine Verdickung der Gelenkkapsel hin untersucht werden, bevor die Diagnose „unsichtbarer Spat" gestellt wird.

Ätiologie

Es wird angenommen, daß fast alle Fälle von unsichtbarem Spat traumatischer Genese sind und in den meisten Fällen die Folge intraartikulärer Läsionen in Form von Knorpeldefekten darstellen. Es können jedoch auch andere pathologische Veränderungen, wie Schäden an den kurzen Fußwurzelbändern, die die Ossa tarsalia verbinden, vorkommen. Diese Veränderungen sind zu gering, um auf den Röntgenaufnahmen darstellbar zu sein. Auch eine Entzündung der Spatsehne und ihres Schleimbeutels soll unsichtbaren Spat verursachen.

Symptome

Die Symptome entsprechen denen einer Knochenspatlahmheit ohne morphologische Befunde. Die Vorführphase ist verkürzt, da aufgrund der mangelnden Beugung im Sprunggelenk die Gliedmaße in einem flacheren Bogen vorgeführt wird. Die schon beim Knochenspat beschriebene eigentümlich rollende Bewegung der Hüfthöcker ist auch hier sichtbar. Die Pferde neigen dazu, mit der Zehe zu schleifen, und nutzen die dorsale Hufwand bzw. den Zehenteil des Eisens übermäßig ab. Die Spatprobe (Sprunggelenksbeugeprobe) fällt positiv aus, und das Bild entspricht insgesamt dem Knochenspat, aber morphologische Veränderungen sind nicht feststellbar. Die Lahmheit kann bis zum Lebensende bestehen bleiben, obwohl es abgesehen von der Lahmheit und dem positiven Ausfall der Spatprobe keine nachweisbaren morphologischen Veränderungen gibt. Es kommt vor, daß röntgenologische Veränderungen im Sinne von Knochenspat zu einem späteren Zeitpunkt auftreten.

Diagnose

Differentialdiagnostisch müssen Knochenspat und eine Gonitis vom unsichtbaren Spat abgegrenzt werden. Eine Anästhesie der distalen Tarsalgelenksabteilungen kann ebenso wie die Anästhesie der Bursa unter der Spatsehne zur Lokalisation der Lahmheitsursache im Sprunggelenk beitragen. Die Röntgenaufnahmen sollten im Hinblick auf erste Anzeichen einer Knochenspaterkrankung genau betrachtet werden.

Therapie

Da die pathomorphologischen Veränderungen schwer zu finden sind, gestaltet sich die Behandlung ebenfalls schwierig. Es kann nur vermutet werden, daß eine Läsion im Sprunggelenksbereich vorliegt, die sich allerdings weder durch die klinische noch durch die röntgenologische Untersuchung nachweisen läßt. Aus diesem Grund sind die Aussichten einer Behandlung ungünstig. Einige Pferde sprechen auf Kortikosteroide oder intravenöse Gaben von Phenylbutazon an. Das Blistern oder Brennen des Gelenkes sowie die Tenektomie der Spatsehne sind in den meisten Fällen nur von begrenztem Wert.
Wenn Sicherheit besteht, daß die Veränderungen im Sprunggelenk zu suchen sind, und vermutet wird, daß es sich um Knochenspat im Frühstadium handelt, lassen sich

durch eine chirurgische Arthrodese des distalen Intertarsalgelenkes und des Tarsometatarsalgelenkes, wie beim Knochenspat beschrieben, in vielen Fällen günstige Ergebnisse erzielen (siehe zu diesem Komplex Bursitis bzw. Tendinitis des medialen Schenkels des Musculus tibialis cranialis – Tarsitis-distalis-Syndrom der Traber – auf Seite 704).

Prognose

Die Prognose ist vorsichtig bis ungünstig zu stellen.

Weiterführende Literatur

ADAMS, O. R.: Surgical arthrodesis for the treatment of bone spavin. J. Am. Vet. Med. Assoc., **157** (11): 1480, 1970.
DYKSTRA, R. R.: Bone spavin. Am. J. Vet. Med., **8**: 143, 1913.
GOLDBERG, S. A.: Historical facts concerning pathology of spavin. J. Am. Vet. Med. Assoc., **53**: 745, 1918.
LUTZ, W. J., and GABLE, A. A.: Spavin in standardbred racehorses. Mod. Vet. Pract., **50** (6): 38, 1969.
MACKAY, R. C. J., and LIDDELL, W. A.: Arthrodesis in the treatment of bone spavin. Eq. Vet. J., **4** (1): 34, 1972.
MANNING, J. P.: Diagnosis of occult spavin. Ill. Vet., **7**: 26, 1964.
MARTIN, W. J.: Spavin, etiology and treatment. Am. Vet. Rev. **24**: 464, 1900.
McDONOUGH, J.: Hock joint lameness. Am. Vet. Rev., **43**: 629, 1913.
SCHEBITZ, H.: Spavin: Radiographic diagnosis and treatment. Proc. 11th Ann. AAEP, 1965.
SCHEBITZ, H., und WILKENS, H.: Spat, Diagnose und Therapie. Berl. Münch. Tierärztl. Wschr., **80** (20): 385, 1967.
VAN PELT, R. W., and RILEY, W. F.: Therapeutic management of tarsal hydrarthrosis (bog spavin) in the horse by intra-articular injection of prednisolone. J. Am. Vet. Med. Assoc., **151** (3): 328, 1967.
VAN PELT, R. W.: Intra-articular injection of 6-methyl, 17-hydroxyprogesterone acetate in tarsal hydrarthrosis (bog spavin) in the horse. J. Am. Vet. Med. Assoc., **151** (9): 1159, 1967.
WAMBERG, K.: A new treatment for spavin in horses. Proc. 15th Int. Vet. Congress. Pt 1, Vol. 2, 1953.
WAMBERG, K.: A new treatment for spavin in horses. Proc 15th Int. Vet. Congress. Pt. 2, p. 371, 1953b.
WATTLES, J. H.: Injection of iodine in bone disease. Am. Vet. Rev., **19**: 51, 1895–1896.
ZELLER, R.: Die Spatoperation nach Wamberg. Berl. Münch. Tierärztl. Wschr., **81** (19): 382, 1968.
ZUILL, W. L.: Surgical treatment of diseases of the hock. Am. Vet. Rev., **18**: 247, 1894.

Osteochondrosis dissecans im Tarsokruralgelenk (Tibiotarsalgelenk)

Pferde mit Osteochondrosis dissecans im Sprunggelenk haben gewöhnlich eine Umfangsvermehrung des Tarsokruralgelenkes (Kreuzgalle). Häufig sind sie nicht lahm und werden meistens vorgestellt, wenn mit der Ausbildung begonnen werden soll. Die Osteochondrosis dissecans wird oft für eine traumatisch induzierte Fraktur gehalten.

Ätiologie

Zur Erläuterung der Ätiologie wird der Leser auf den Abschnitt über Osteochondrose auf Seite 396 verwiesen.

Symptome

Im Gegensatz zu traumatisch induzierten Frakturen des Tarsokruralgelenkes ist bei Pferden mit Osteochondrosis dissecans aus dem Vorbericht kein traumatisches Ereignis bekannt, aber eine deutliche Umfangsvermehrung des Gelenkes ist sichtbar. Werden diese Pferde gearbeitet, sind sie gewöhnlich nicht oder nur sehr geringgradig lahm, und eine hochgradige Lahmheit ist mit dieser Diagnose nicht vereinbar. Die Sprunggelenksbeugeprobe kann zu einer geringen Lahmheitsverstärkung führen. Palpatorisch besteht eine nicht schmerzhafte vermehrte Füllung der Gelenkkapsel.

Diagnose

Bei allen jungen Pferden, die mit einer Kreuzgalle vorgestellt werden, ist eine Röntgenuntersuchung angezeigt. Die Lokalisationen einer Osteochondrosis dissecans im Tarsokruralgelenk sind
1. der Kranialbereich des distalen Sagittalkammes der Tibia (Seite 400 Abb. 7.68),
2. der laterale Rollkamm des Talus (Seite 401 Abb. 7.69),
3. der mediale Rollkamm des Talus und
4. die Malleoli medialis und lateralis der Tibia.[1,3,5]

Therapie

Wenn ein freier Gelenkkörper als Zufallsbefund während einer Röntgenuntersuchung festgestellt wird, besteht wahrscheinlich keine Indikation für einen chirurgischen Eingriff, jedoch ist eine Umfangsvermehrung des Tarsokruralgelenkes ohne Lahmheit ein häufiger klinischer Befund. Wegen des Fehlens von Lahmheitssymptomen wurde die Indikation für eine chirurgische Entfernung in Frage gestellt.[6] Es gibt allerdings Fälle, in denen diese Pferde nach Beginn der Ausbildung lahm wurden, und der Nutzen des chirurgischen Eingriffes wurde in einer vergleichenden Untersuchung über die Rennergebnisse operierter und nichtoperierter Traber bestätigt.[2] Da die operierten Pferde signifikant erfolgreicher waren, sollten Tiere mit einer geringgradigen Lahmheit, einer Umfangsvermehrung des Tarsokruralgelenkes und Veränderungen im Sinne von Osteochondrosis dissecans dem chirurgischen Eingriff unterzogen werden.
Befindet sich die Läsion kranial am Sagittalkamm der Tibia, liegt der Zugang für die Arthrotomie des Tarsokruralgelenkes dorsolateral. Das Fragment kann mit der Tibia durch Bindegewebe fest verbunden sein, so daß die Resektion mit einem scharfen Instrument erforderlich ist. Dann wird die Trennstelle geglättet, und Gewebsreste sowie Knorpelstückchen werden mit physiologischer Kochsalzlösung ausgespült. Die Gelenkkapsel und die Subkutis werden getrennt mit synthetischem resorbierbaren Nahtmaterial der Stärke 2–0 in Einzelheften adaptiert.

Die Hautnaht erfolgt mit nichtresorbierbarem Material, und das Bein wird unter Verband gestellt. Die postoperative Behandlung entspricht der bei einer Arthrotomie des Karpal- oder Fesselgelenkes. Bei einer Osteochondrosis dissecans des lateralen Rollkammes des Talus wird der gleiche Zugang gewählt.[4] Die Fragmente werden entfernt, und der Rollkamm wird mit einer Kürette geglättet. Es kommt vor, daß ein Gelenkkörper vom lateralen Rollkamm in die dorsomediale Gelenksabteilung wandert, so daß ein Zugang von dorsomedial erforderlich ist, um ihn zu entfernen. Aufgrund des fortgesetzten Knorpelwachstums auch nach der Loslösung können diese freien Gelenkkörper ziemlich groß sein. Veränderungen am medialen Rollkamm des Talus sind von dorsomedial zugänglich. Mit wenigen Ausnahmen ist durch die Verwendung des Arthroskops die Notwendigkeit einer Arthrotomie praktisch nicht mehr gegeben.

Prognose

Obwohl die chirurgische Behandlung in Zukunft anscheinend die Prognose verbessern kann, sind weitere Ergebnisse zur Sicherung dieser Annahme nötig.

Ausgewählte Literatur

1. BIRKELAND, R., and HAAKENSTAD, L. H.: Intracapsular bony fragments of the distal tibia of the horse. J. Am. Vet. Med. Assoc., **152:** 1526, 1968.
2. BRAMLAGE, L. R.: Personal Communication, 1984.
3. DE MOOR, A., et al.: Osteochondritis dissecans of the tibiotarsal joint in the horse. Eq. Vet. J., **4:** 139, 1972.
4. MILNE, D. W., and TURNER, A. S.: An Atlas of Surgical Approaches to the Bones of the Horse. Philadelphia, W. B. Saunders Co., 1979, p. 130.
5. O'BRIEN, T. R.: Radiographic interpretation of the equine tarsus. Proc. 19th Ann. AAEP, 1973, p. 289.
6. RAKER, C. W.: Orthopedic surgery, errors in surgical evaluation and management. Proc. 19th Ann. AAEP, 1973, p. 205.

Keilförmige Frakturen (Slab-Frakturen) des Os tarsi centrale und des Os tarsale III

Slab-Frakturen des Os tarsi centrale und des Os tarsale III sind selten und haben in der Literatur kaum Aufmerksamkeit gefunden.[5,6,10,14] In einer Übersicht über etwa 813 Pferde mit einer Hinterhandlahmheit wurden 59 Frakturen diagnostiziert, von denen drei das Tarsalgelenk betrafen.[15] Einbrüche mit Abrissen des dorsalen Teiles des Os tarsale III wurden bei Fohlen beschrieben, wobei jedoch mangelnde Stabilität des Knochens durch eine metabolische oder endokrine Störung als prädisponierend angesehen wird (gestörte enchondrale Ossifikation).[7,8,13]

Ätiologie

Die distalen Knochen des Tarsalgelenkes sind während der Bewegung einer axialen Druckbelastung, Drehkräften und Spannungskräften ausgesetzt. Ihre Hauptfunktion liegt in der Stoßdämpfung und der Neutralisierung dieser Drehkräfte.[12] Wenn die Belastung bei Renngeschwindigkeit größer wird, kann es zu einer Fraktur kommen.[14] ROONEY beschreibt die normale Biomechanik des Sprunggelenkes und ist der Ansicht, daß asynchrone Bewegungen der Sprunggelenkknochen als Folge von Bandschäden oder schnellen Richtungswechseln die Fraktur verursachen.[11] Eine ähnliche Fraktur existiert am rechten Tarsalgelenk bei Greyhounds, die Rennen laufen, und wird auch dort einer Überbelastung zugeschrieben.[2,3] Man nimmt an, daß die außergewöhnliche Belastung, die sich beim Rennen entgegen dem Uhrzeigersinn auf die mediale Seite des Sprunggelenkes konzentriert, zu der Fraktur führt. Obgleich beim Pferd ein ähnlicher Mechanismus in Erwägung gezogen wurde,[6] konnte dies in einer Übersicht über elf Fälle, bei denen rechtes und linkes Sprunggelenk fast gleichmäßig betroffen waren, nicht bestätigt werden.[14] Die meisten dieser Frakturen entstehen bei Rennpferden, während sie Renngeschwindigkeit laufen.

Symptome

Die Diagnose von Frakturen des Os tarsi centrale bzw. des Os tarsale III kann schwierig sein, besonders, wenn nur eine geringe Schwellung besteht und keine Dislokation vorliegt.[14] Wenn jedoch die Fragmente zertrümmert sind, ist eine höchstgradige Lahmheit zu erwarten. Typische Frakturen des Os tarsale III zeigen keine äußerliche Schwellung, obwohl sie oft dorsal disloziert sind. Da das proximale Intertarsalgelenk und das Tarsokruralgelenk miteinander kommunizieren, kann bei Slab-Frakturen des Os tarsi centrale eine vermehrte Füllung des Tarsokruralgelenkes festgestellt werden.[14] Palpatorisch ist vermehrte Wärme zu bemerken, und Fingerdruck dorsomedial auf die distale Reihe der Tarsalgelenkknochen führt zu Schmerzreaktionen.[6] Die Sprunggelenksbeugeprobe fällt gewöhnlich deutlich positiv aus, und die intraartikuläre Anästhesie des Tarsokruralgelenkes sowie des proximalen und distalen Intertarsalgelenkes kann bei der Lokalisation der Frakturen hilfreich sein.[14] Die Aspiration von blutiger Synovia sollte den Untersucher auf eine Fraktur hinweisen.

Diagnose

Zur endgültigen Diagnose ist eine Röntgenuntersuchung erforderlich. Obwohl Aufnahmen in dorsoplantarer und seitlicher Richtung am wichtigsten sind, kann man mit Hilfe von Schrägaufnahmen die besondere Lage und Form dieser Frakturen erkennen (Abb. 8.258).[6,10,14] Weiterhin gibt es bei längerem Bestehen bereits röntgenologisch feststellbare Anzeichen für eine degenerative Gelenkerkrankung.[1,4,8,9]

Therapie

Obwohl nur über wenige Fälle Berichte vorliegen, scheint die Fixation dieser Frakturen mittels Zugschrauben die bevorzugte Behandlungsmethode zu sein, da hier die Aussichten für eine Rückkehr der Pferde in den Sport am größten sind.[6,14] Sowohl eine konservative Therapie als auch die Resektion des Frakturstückes haben kaum Erfolge gezeigt, da die meisten Pferde im Anschluß daran

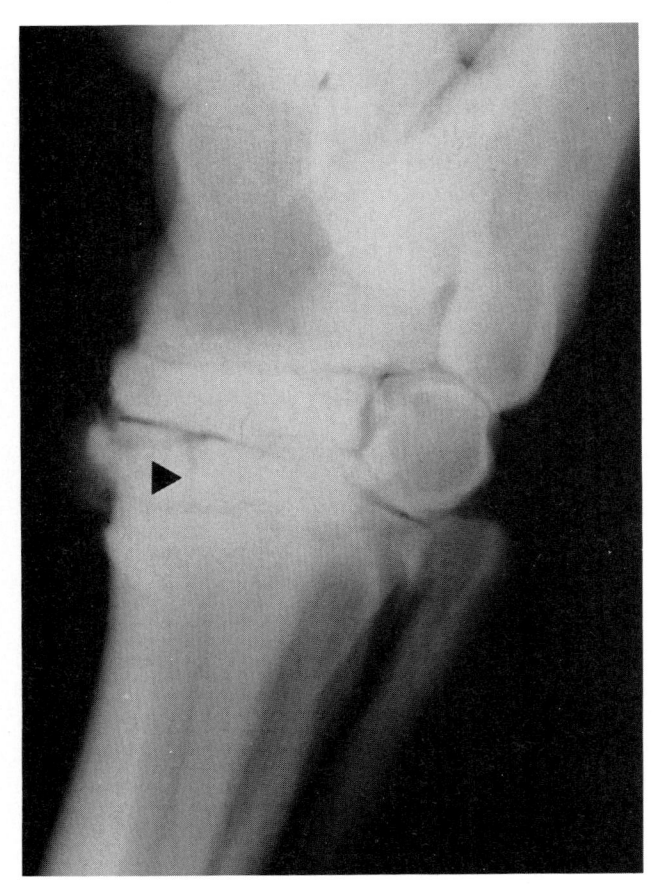

Abb. 8.258: Slab-Fraktur am Os tarsale III. Der Pfeil zeigt auf die Frakturlinie.

eine schwere degenerative Gelenkerkrankung entwickelten.[6,14]

Der Zugang für die Operation einer Slab-Fraktur liegt dorsal über dem distalen Teil des Tarsalgelenkes direkt lateral neben dem langen Zehenstrecker. In diesem Bereich wird die Haut mit einem Längsschnitt durchtrennt. Dieser Längsschnitt wird dann durch den Musculus peroneus (fibularis) tertius und das Ligamentum tarsi dorsale fortgeführt, um das Os tarsi centrale und das Os tarsale III freizulegen. Die Lokalisation der Gelenkspalten erfolgt durch zwei 0,7 mm starke Kanülen, neben die kleine Drähte gesteckt werden, so daß sie auf den Röntgenaufnahmen besser zu erkennen sind. Das erste Loch wird mit einem 2-mm-Bohrer gebohrt und seine richtige Lage durch eine Röntgenaufnahme kontrolliert. Danach wird es mit einem 4,5-mm-Bohrer erweitert. Für das Hauptfragment wird ein 3,2-mm-Bohrer verwendet. Die Tiefe des Loches wird gemessen, das Gewinde wird geschnitten und eine Schraube passender Länge wird eingedreht. In einigen Fällen müssen zwei Schrauben verwendet werden. Nach der Naht wird ein Druckverband angelegt, der bis zum Ziehen der Fäden alle 48 bis 72 Stunden gewechselt werden muß.[6]

Die meisten Trümmerfrakturen lassen sich nur schwer mit einer Zugschraube fixieren und werden deshalb konservativ behandelt, falls die Erhaltung zur Zucht angestrebt wird.[14]

Prognose

Obwohl bei diesen Frakturen durch die Fixation mittels Zugschrauben bereits einige vielversprechende Ergebnisse erzielt wurden, besteht nur eine geringe Aussicht für die Rückkehr in den Rennsport.[14] Da tatsächlich bis jetzt zu wenige Fälle auf diese Weise behandelt wurden, können keine begründeten Vorhersagen über den zu erwartenden Ausgang getroffen werden. Erfolgt keine Behandlung, ist damit zu rechnen, daß die Fraktur persistiert oder daß sich eine Osteoarthritis entwickelt. Bei Stuten, die konservativ behandelt wurden, ist die Funktion im allgemeinen für die Zuchttauglichkeit ausreichend.

Ausgewählte Literatur

1. ADAMS, O. R.: Lameness in Horses. 3rd Ed. Philadelphia, Lea & Febiger, 1974.
2. BATEMAN, J. K.: Broken hock in the greyhound. Repair methods and plastic scaphoid. Vet. Rec., **70:** 621, 1958.
3. DEE, J. F., DEE, J., and PIERMATTEI, D. L.: Classification, management and repair of central tarsal fractures in the racing greyhound. J. Am. Anim. Hosp. Assoc., **12:** 389, 1976.
4. GILL, H. E.: Diagnosis and treatment of hock lameness. Proc. 19th Ann. AAEP, 1973, p. 257.
5. JAKOVLJEVIC, S., et al.: Traumatic fracture of the equine hock: a report of 13 cases. Eq. Vet. J., **14:** 62, 1982.
6. LINDSAY, W. A., McMARTIN, R. B., and McCLURE, J. R.: Management of slab fractures of the third tarsal bone in 5 horses. Eq. Vet. J., **14:** 55, 1982.
7. LOKAI, M. D., and FORD, J.: Disorders of endochondral ossification. Eq. Pract., **3:** 48, 1981.
8. MORGAN, J. P.: Necrosis of the third tarsal bone of the horse. J. Am. Vet. Med. Assoc., **151:** 1334, 1967.
9. MOYER, W.: Bone spavin: a clinical review. J. Eq. Med. Surg., **2:** 362, 1978.
10. O'BRIEN, T.: Radiographic interpretation of the equine tarsus. Proc. 19th. Ann. AAEP, 1973, p. 289.
11. ROONEY, J. R.: Biomechanics of Lameness in Horses. Baltimore, Williams & Wilkins Co., 1967.
12. SCHEBITZ, H.: Spavin, radiographic diagnosis and treatment. Proc. 11th Ann. AAEP, 1965, p. 207.
13. SHAVERS, J. R., et al.: Skeletal manifestations of suspected hypothyroidism in two foals. J. Eq. Med. Surg., **3:** 269, 1979.
14. TULANO, R. M., BRAMLAGE, L. R., and GABEL; A. A.: Fractures of the central and third tarsal bones in horses. J. Am Vet. Med. Assoc., **82:** 1234, 1983.
15. VAUGHAN, J. T.: Analysis of lameness in the pelvic limb and selected cases. Proc. 11th Ann. AAEP, 1965, p. 223

Frakturen im Sprunggelenk

Intraartikuläre Frakturen kommen im Sprunggelenk weniger häufig vor als im Karpal- oder Fesselgelenk und werden nicht selten mit einer Osteochondrosis dissecans verwechselt.[3,4,6] VAUGHAN und MASON stellten in einer Untersuchung von 125 schweren Verletzungen, die während des Rennens auftraten, bei 31 Pferden Frakturen und andere Schäden der Nachhand fest, wobei das Sprunggelenk nur in zwei Fällen betroffen war.[9] BAKER stellte in einer Übersicht über 480 Fälle 35 Frakturen fest, von denen eine im Sprunggelenk lokalisiert war.[2] JAKOVLJEVIC schreibt, daß er im Verlauf einer Untersuchung 13 Fälle von verletzungsbedingter Fraktur im Sprunggelenk diagnostizieren konnte, was einem Prozentsatz von 5,8 % aller Pferde, bei denen Röntgenaufnahmen des Sprunggelenkes erstellt wurden, entspricht.[4] Obwohl alle Knochen des Tarsalgelenkes betroffen sein können, wird in einer Veröffentlichung eine Rangfolge abnehmender Häufigkeit bei 13 Fällen erstellt: distaler Anteil der Tibia fünf Fälle (vier Frakturen des Malleolus lateralis, eine des Malleolus medialis), Kalkaneus vier Fälle (drei Frakturen des Sustentaculum tali, eine des Proximalteils des Kalkaneus), Talus drei Fälle (zwei Frakturen des medialen Rollkammes, eine Fraktur beider Rollkämme) und Os tarsale IV ein Fall.[4] Trümmerfrakturen kommen nur selten vor.

Ätiologie

In den meisten Fällen ist eine außerordentliche Belastung des Sprunggelenkes die Ursache einer Fraktur, in einigen Fällen kann jedoch auch das Vorliegen einer Osteochondrosis dissecans eine Rolle spielen.
Unfälle, die eine Fraktur im Sprunggelenk verursachen, sind unter anderem Schlagverletzungen durch andere Pferde, Verletzungen und Stürze beim Rennen und beim Springen sowie Autounfälle.[4,8]

Klinische Symptome und Diagnose

Adspektorisch fällt bei intraartikulären Frakturen des Tarsokruralgelenkes eine vermehrte Füllung auf. Im Gegensatz zur Osteochondrosis dissecans zeigen die Pferde vorberichtlich eine plötzliche deutliche Lahmheit. Palpatorisch läßt sich eine schmerzhafte vermehrte Gelenkfüllung feststellen, und in der akuten Phase läßt sich bei einer Punktion blutige Synovia gewinnen. Die Spatprobe (Sprunggelenksbeugeprobe) fällt positiv aus.
Die endgültige Diagnose kann im allgemeinen durch die Röntgenuntersuchung gestellt werden, wobei die fünf Standardaufnahmen empfohlen werden. Einige Frakturen an der Plantarseite des Talus können schwierig zu erkennen sein[8] (Abb. 8.259).

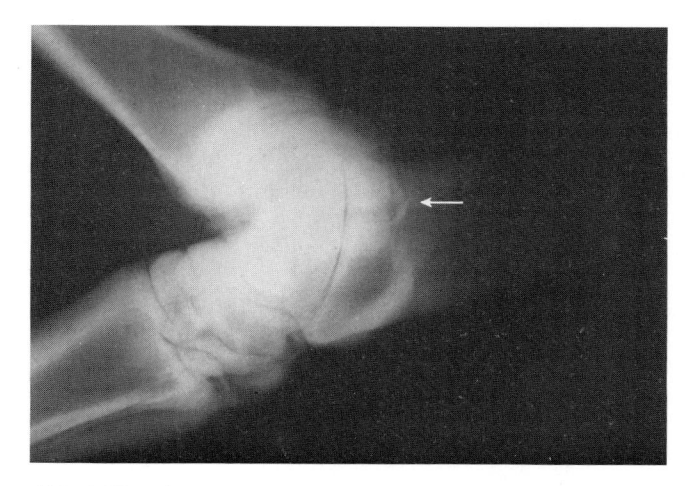

Abb. 8.259: Dieses Pferd wurde mit einer deutlichen Lahmheit, die seit einem Monat bestand, vorgestellt. Die klinische Untersuchung zeigte eine vermehrte Füllung des Tarsokruralgelenkes, in der Bewegung war eine geringgradige Lahmheit sichtbar. Auf der Röntgenaufnahme sind zwei Chip-Frakturen der plantaren Seite des Talus zu sehen (Pfeil).

Therapie

Abhängig von der Lokalisation der Fraktur kann ein chirurgischer Eingriff zur Entfernung des Knochenfragmentes angezeigt sein. Ein großes Fragment nahe dem Distalbereich des Knochens kann in einigen Fällen mit einer Knochenschraube verankert werden.
Chip-Frakturen werden durch eine Arthrotomie des Tarsokruralgelenkes bzw. mittels Arthroskop entfernt[5] (siehe Abschnitt über Osteochondrosis dissecans des Tarsokruralgelenkes auf Seite 709). Frakturen des Sustentaculum tali können zwar schwierig zu entfernen sein, werden in einigen Fällen aber erfolgreich operiert. Bei Frakturen der Malleoli wurden mit konservativer Behandlung eindrucksvolle Resultate erzielt.[4] Komplizierte Trümmerfrakturen mit Beteiligung des Tarsokruralgelenkes erfordern wahrscheinlich die Euthanasie.

Prognose

Obwohl die Langzeitprognose bei Frakturen mit Beteiligung des Tarsokruralgelenkes als ungünstig angesehen wird,[1,7] hängt sie tatsächlich von der Art der ursprünglichen Verletzung, ihrer Lokalisation und der gewählten Behandlung ab. Bei Frakturen der beiden Malleoli an der Tibia ist bei konservativer Behandlung die Aussicht für die Pferde, wieder im Sport verwendet zu werden, gut. Nach der chirurgischen Entfernung von Chip-Frakturen in Bereichen des Talus, die keine tragende Funktion haben, ist die Prognose ebenfalls gut. Sind dagegen Bereiche des Talus betroffen, die eine Gewichtsbelastung aushalten müssen, ist die Prognose für eine vollständige Wiederherstellung der Funktion vorsichtig zu stellen.[8] Dies hängt jedoch auch von der Größe des Fragmentes und seiner Lokalisation ab und davon, ob die Behandlung frühzeitig eingeleitet wurde. Trümmerfrakturen des Talus haben eine ungünstige Prognose, so daß zur Euthanasie geraten werden sollte.

Ausgewählte Literatur

1. ADAMS, O. R.: Lameness in Horses. 3rd Ed. Philadelphia, Lea & Febiger, 1974, p. 342.
2. BAKER, J. R., and ELLIS, C. E.: A survey of post mortem findings in 480 horses 1958–1980. Disease processes not directly related to the cause of death. Eq. Vet. J., **13**: 47, 1981.
3. BIRKELAND, R., and HAAKENSTAD, L. H.: Intracapsular bony fragments of the distal tibia of the horse. J. Am. Vet. Med. Assoc., **152**: 1526, 1968.
4. JAKOVLJEVIC, S., GIBBS, C., and YEATS, J. J.: Traumatic fractures of the equine hock. A report of 13 cases. Eq. Vet. J., **14**: 62, 1982.
5. MILNE, D. W., and TURNER, A. S.: An Atlas of Surgical Approaches to the Bones of the Horse. Philadelphia, W. B. Saunders Co., 1979, p. 130.
6. O'BRIEN; T. R.: Radiographic interpretation of the equine tarsus. Proc. 20th Ann. AAEP, 1974, p. 257.
7. O'CONNOR, J. J.: Dollar's Veterinary Surgery. 4th Ed. London, Balliere, Tindall and Cox, 1950, p. 927.
8. SULLIN, K. E., and STASHAK, T. S.: An unusual fracture of the tibial tarsal bone in a mare. J. Am. Vet. Med. Assoc., **182**: 1395, 1983.

9. VAUGHAN, L. C., and MASON, B. J. E.: A clinicopathologic study of racing accidents in horses. Dorking Surrey Adlard & Son, Ltd., 1975, p. 70.

Frakturen des Kalkaneus

Frakturen des Kalkaneus kommen relativ selten vor.[2] Es handelt sich dabei entweder um einfache Chip-Frakturen der Plantarfläche, um Frakturen der Apophyse bei Fohlen oder um Frakturen des gesamten Kalkaneus bei großen Pferden.[1,4] Chip-Frakturen der Plantarfläche werden leicht übersehen. In einigen Fällen bilden sich allerdings Sequester. Frakturen der Wachstumszone und Frakturen durch den Kalkaneus sind häufig offen und leicht zu diagnostizieren, da die Haltefunktion für die Beugesehnen nicht mehr gegeben ist.[1,4]

Ätiologie

In den meisten Fällen entstehen diese Frakturen durch ein äußeres Trauma, wie den Schlag eines anderen Pferdes, oder dadurch, daß das betroffene Tier selbst gegen einen harten Gegenstand schlägt.

Symptome und Diagnose

Die Diagnose von Chip-Frakturen kann schwierig sein, solange nicht eine deutliche Schwellung oder Sekretspur als Folge einer Sequestrierung feststellbar ist. Auf der anderen Seite sind Frakturen durch die Apophyse oder den Knochen selbst leicht zu erkennen, da der Tendo calcaneus communis einen deutlichen Funktionsverlust erleidet, was zu einer scheinbaren Senkung des Sprunggelenkhöckers führt.[1]
Die endgültige Diagnose ergibt sich nach der Röntgenuntersuchung (Abb. 8.260). Um die Fraktur genau zu lokalisieren und sich über ihre Ausdehnung klarzuwerden, sind Aufnahmen in dorsoplantarer und lateromedialer Aufnahmerichtung sowie Schrägaufnahmen besonders wichtig.

Therapie

Die chirurgische Entfernung des Fragmentes bei einer Chip-Fraktur ist wahrscheinlich erst dann erforderlich, wenn es sich im Tarsokruralgelenk befindet oder wenn es sequestriert und so für eine Resektion zugänglich wird.[3] Mit Apophysenfrakturen bei jungen Pferden hat der Autor wenig Erfahrung. Ein Versuch, eine offene Fraktur zu behandeln, führte zu einer Osteomyelitis (Abb. 8.261 A und B).
Theoretisch entspräche die Behandlung der bei einer Olekranonfraktur, mit dem zusätzlichen Vorteil, daß im Bereich des Sprunggelenkes ein fixierender Verband entsprechender Höhe zur Unterstützung der internen Fixation angelegt werden könnte.

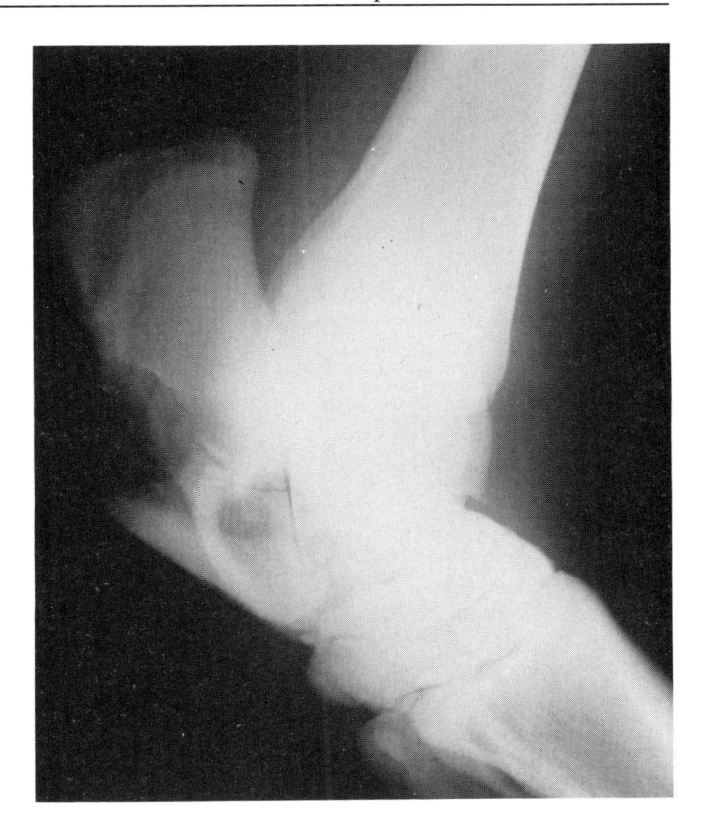

Abb. 8.260: Seitliche Aufnahme des Sprunggelenkes mit einer schrägverlaufenden gedeckten Trümmerfraktur des Kalkaneus.

Obwohl bei Frakturen durch den Körper des Kalkaneus die Adaptierung und die Stabilisierung der Fragmente schwierig sein können, wurden sie erfolgreich durch interne Fixation mittels Platten und Zuggurtung behandelt und bekamen zusätzlich einen hohen fixierenden Verband.[1] Die Platte wird dabei plantar am Knochen angebracht, um die auf das Fragment wirkenden Zugkräfte zu neutralisieren. Da die oberflächliche Beugesehne im Weg liegen kann, ist es nicht immer möglich, die Platte genau plantar anzubringen. In einem solchen Fall ist auch eine Fixation an der plantaromedialen bzw. plantarolateralen Fläche des Kalkaneus möglich. Erfahrungen des Autors beziehen sich auf eine erfolgreich durchgeführte Kombination von interner und externer Fixation (Abb. 8.262 A und B). Die konservative Therapie ausschließlich mit einem fixierenden Verband hat sich als nicht lohnend erwiesen.[2] Bei schweren Trümmerfrakturen des Kalkaneus gibt es keine vertretbare Behandlungsmöglichkeit, so daß zur Euthanasie geraten werden sollte.

Prognose

Bei Chip-Frakturen des Kalkaneus ist die Prognose abhängig von der Lokalisation (mit oder ohne Gelenkbeteiligung) vorsichtig bis günstig zu stellen. Weiterhin spielt eine Rolle, wie groß das Fragment ist und ob sich ein Sequester gebildet hat. Die Aussichten eine völlige Wiederherstellung der Funktion betreffend sind bei Apophysenfrakturen und bei Frakturen des gesamten Kalkaneus schlecht.

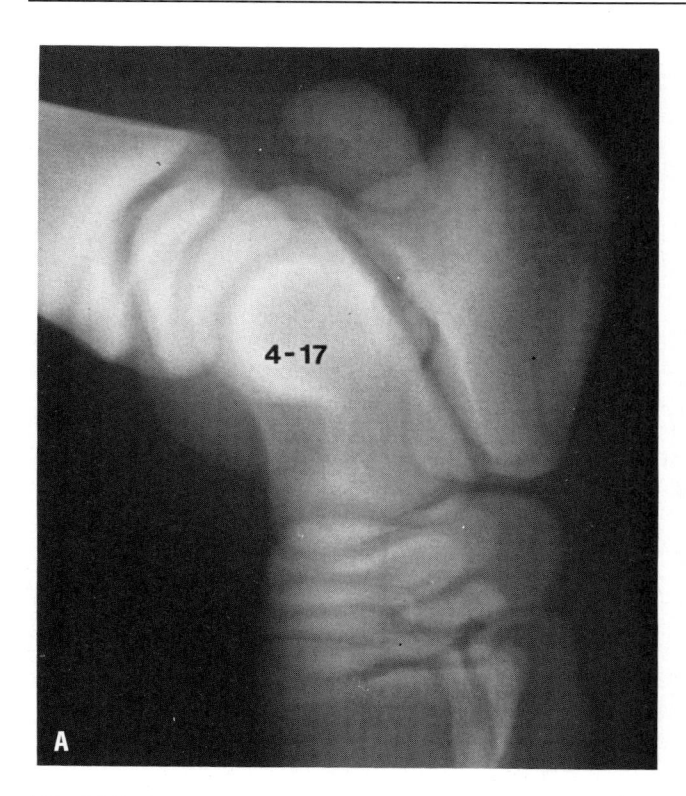

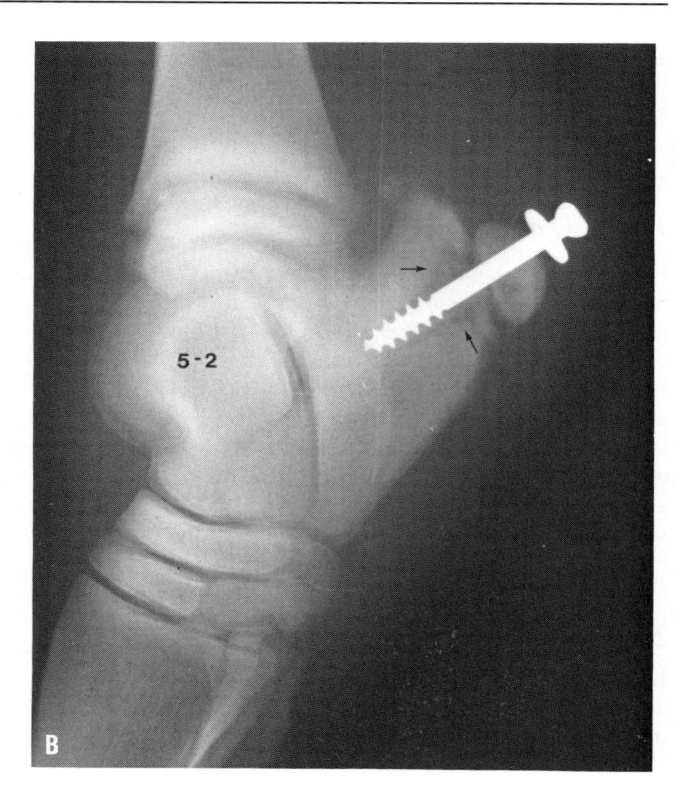

Abb. 8.261: A Röntgenaufnahme einer offenen Fraktur durch die Apophyse des Kalkaneus bei einem jungen Fohlen. **B** Behandlung dieser Fraktur mit einer ASIF-Spongiosaschraube mit einer Unterlegscheibe. Die Osteolyse im Bereich der Schraube (Pfeile) deutet auf eine Knocheninfektion hin (mit Genehmigung von Dr. K. E. SULLINS).

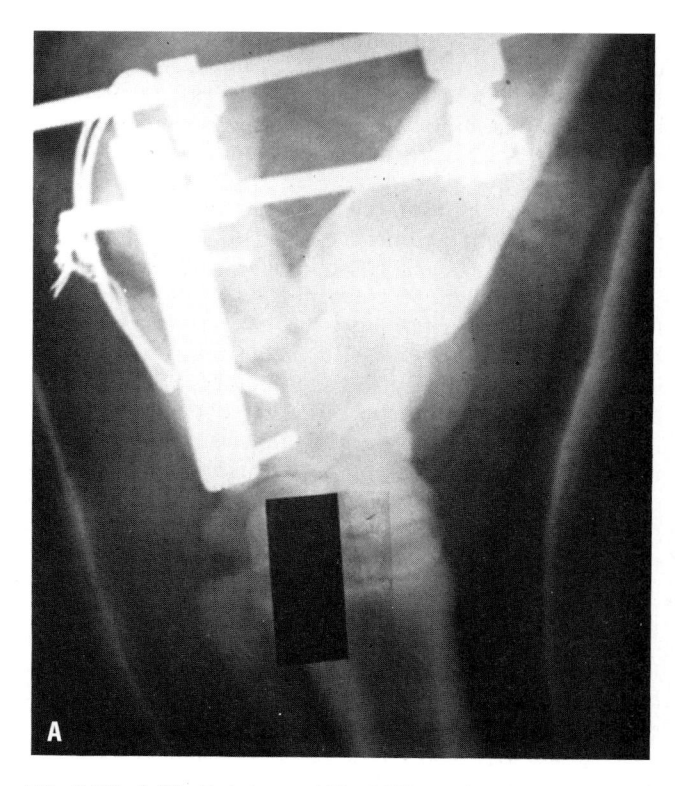

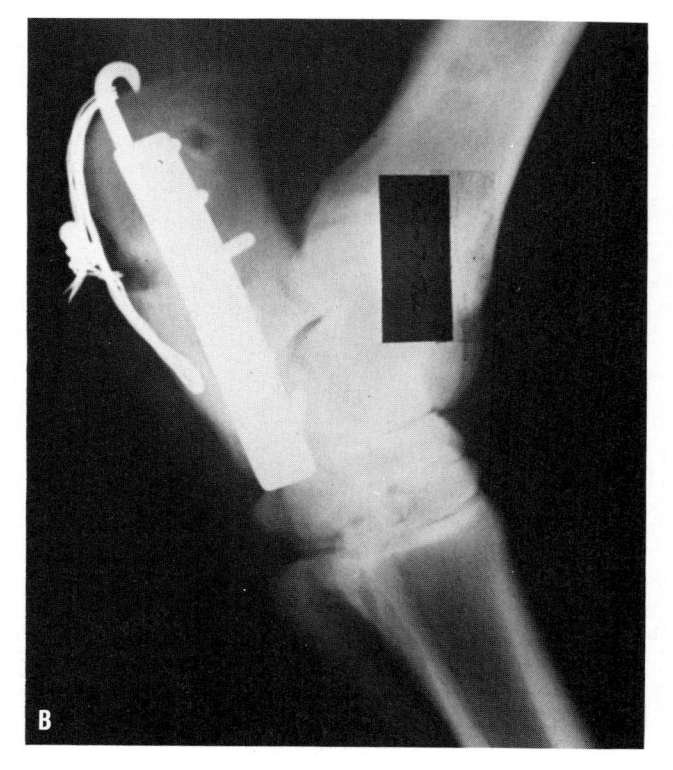

Abb. 8.262: A Die Fraktur aus Abb. 8.259 wurde erfolgreich durch die Kombination einer lateral angebrachten Platte, einer plantar liegenden Zuggurtung und einer Transfixation durch je einen Steinmann-Nagel im distalen Teil der Tibia und im proximalen Teil des Kalkaneus behandelt. Die Steinmann-Nägel wurden durch einen Fixateur externe (ASIF) in ihrer Lage gehalten. **B** Die Kontrollaufnahme nach vier Monaten zeigt die Frakturheilung.

Ausgewählte Literatur

1. FERGUSON, J. G., and PRESNELL, K. R.: Tension band plating of a fractured equine fibular tarsal bone. Can. Vet. J., **17**: 314, 1976.
2. FESSLER, J. F., and AMSTUTZ, H. E.: Fracture repair. *In* Textbook of Large Animal Surgery. Edited by F. W. Oehme, and J. E. Prier. Baltimore, Williams & Wilkins Co., 1974, p. 309.
3. JAKOVLJEVIC, S., GIBBS, C., and YEATS, J. J.: Traumatic fractures of the equine hock: A report on 13 cases. Eq. Vet. J., **14**: 62, 1982.
4. O'BRIEN, T.: Radiographic interpretations of the equine tarsus. Proc. 19th Ann. AAEP, 1973, p. 289.

Luxationen des Sprunggelenkes

Luxationen des Tarsokruralgelenkes, der proximalen und distalen Intertarsalgelenke sowie des Tarsometatarsalgelenkes kommen häufig sowohl bei Pferden als auch bei Rindern vor.[1] Obwohl in vielen Fällen zusätzlich Frakturen eines Tarsalknochens vorliegen, kann eine erfolgreiche Behandlung durchgeführt werden, sofern das Tarsokruralgelenk weitgehend unbeschädigt ist.[1]

Ätiologie

Als Ursache kommen erhebliche Verrenkungen oder Torsionen, wie bei plötzlichem Ausrutschen oder Stürzen, ebenso in Frage wie Schläge von anderen Pferden oder das Festhängen in Weidezäunen.[1,2,3]

Symptome und Diagnose

Die Symptome sind leicht zu erkennen, da eine Achsenabweichung der Gliedmaße im Sprunggelenksbereich zusammen mit einer höchstgradigen Lahmheit vorliegt. Im Falle einer Fraktur kann Krepitation fühlbar sein. Die Ausdehnung der Verletzung muß mit Hilfe von Röntgenaufnahmen festgestellt werden. Am ungünstigsten ist die Luxation im Tarsokruralgelenk, wobei die Tibia meistens kraniodistal verlagert ist, was ein Einrichten schwierig oder sogar unmöglich macht.

Therapie

In den meisten Fällen, in denen eine Subluxation, eine Luxation oder eine unkomplizierte Fraktur mit geringer Instabilität vorliegt, sind das Einrichten und die Immobilisierung mit einem gutsitzenden fixierenden Verband ausreichend (Abb. 8.263).[1] Dieser sollte so weit wie möglich zum Knie reichen, damit er für eine stabile äußere Unterstützung sorgt. Ein zu lockerer Verband führt zu andauernden Schmerzen, und eine Subluxation bleibt bestehen. Wenn die Luxation mit einer Trümmerfraktur der Tarsalknochen einhergeht oder außerordentlich instabil ist, führt die Kombination der internen Fixation mit einem fixierenden Kunststoffverband zum besten Ergebnis (Abb. 8.264 A und B). In den meisten Fällen ist die interne Fixation anzuraten. Luxationen des Tarsokruralgelenkes lassen sich manchmal überhaupt nicht einrichten.

Prognose

Bei einfachen Luxationen der distalen Tarsalgelenksabteilungen ohne begleitende Fraktur ist die Prognose leidlich gut. Sie verschlechtert sich jedoch, sobald eine Fraktur vorliegt, besonders, wenn diese das Tarsokruralgelenk betrifft. Da die Einrichtung von Luxationen des Tarsokruralgelenkes sehr schwierig ist, wird hier von vornherein eine ungünstige Prognose gestellt.

Ausgewählte Literatur

1. FESSLER, J. F., and AMSTUTZ, H. E.: Fracture repair. *In* Textbook of Large Animal Surgery. Edited by F. W. Oehme, and J. E. Prier. Baltimore, Williams & Wilkins Co., 1974, p. 307.
2. GROSS, D. R.: Tarsal luxation and fracture in a pony. Mod. Vet. Pract., **45**: 68, 1964.
3. WHEAT, J. D., and RHOADE, E. A.: Luxation and fracture of the hock of the horse. J. Am. Vet. Med. Assoc., **145**: 341, 1964.

Hasenhacke

Als Hasenhacke bezeichnet man eine Umfangsvermehrung plantar am Kalkaneus als Folge einer Entzündung und Verdickung des Ligamentum plantare longum.

Ätiologie

Prädisponierend für die Entstehung einer Hasenhacke sind die faßbeinige und die kuhhessige Stellung, die zu einer zusätzlichen Beanspruchung des Ligamentum plantare longum führen. Weiterhin kommen eine außergewöhnliche Überanstrengung, Verletzungen durch das Schlagen gegen Wände oder gegen die hinteren Stangen im Anhänger sowie eine gewaltsame Überstreckung des Sprunggelenkes als Ursachen in Frage und können auch bei Pferden mit einer regelmäßigen Gliedmaßenstellung zu einer Hasenhacke führen.
Gelegentlich tritt die Hasenhacke bei Fohlen direkt nach der Geburt auf und ist dann die Folge einer Gliedmaßenfehlstellung im Sprunggelenk, die durch eine mangelhafte enchondrale Ossifikation oder durch einen teilweisen oder vollständigen Einbruch des Os tarsi centrale und des Os tarsale III entsteht, wie bei Fohlen mit Hypothyreoidismus festgestellt werden konnte.[2,3] Zusätzlich zur Hasenhacke kann dann eine Vergrößerung der Schilddrüsen, ein trockenes Haarkleid und eine lockere, weich erscheinende Muskulatur festgestellt werden.[3] Für diese Diagnose sind Röntgenaufnahmen unbedingt erforderlich (Abb. 8.265 A, B und C).

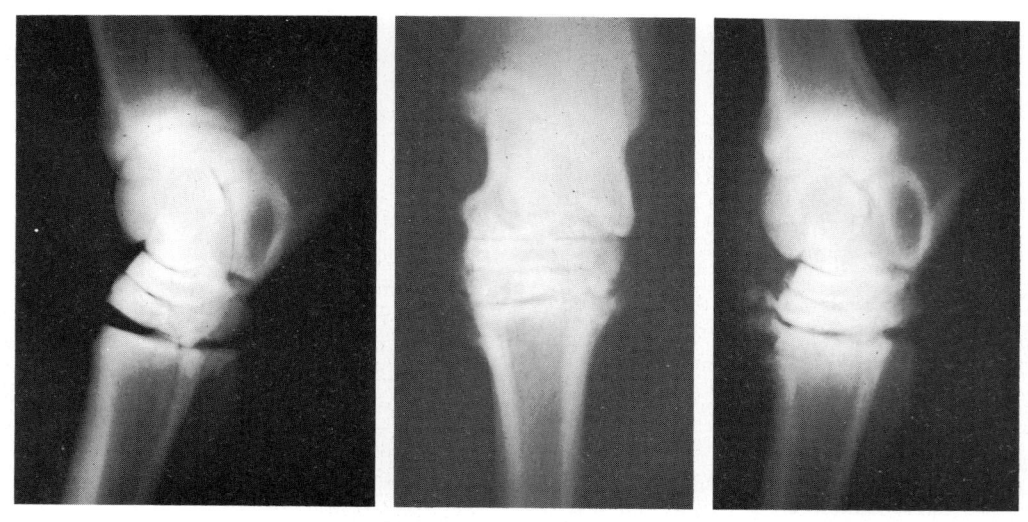

Abb. 8.263: Ankylose der straffen Sprunggelenksabteilungen als Folge eines vollständigen Bänderrisses im Tarsometatarsalgelenk. Die Gliedmaße wurde durch einen Gipsverband, der vom Knie bis einschließlich des Hufes reichte, immobilisiert.

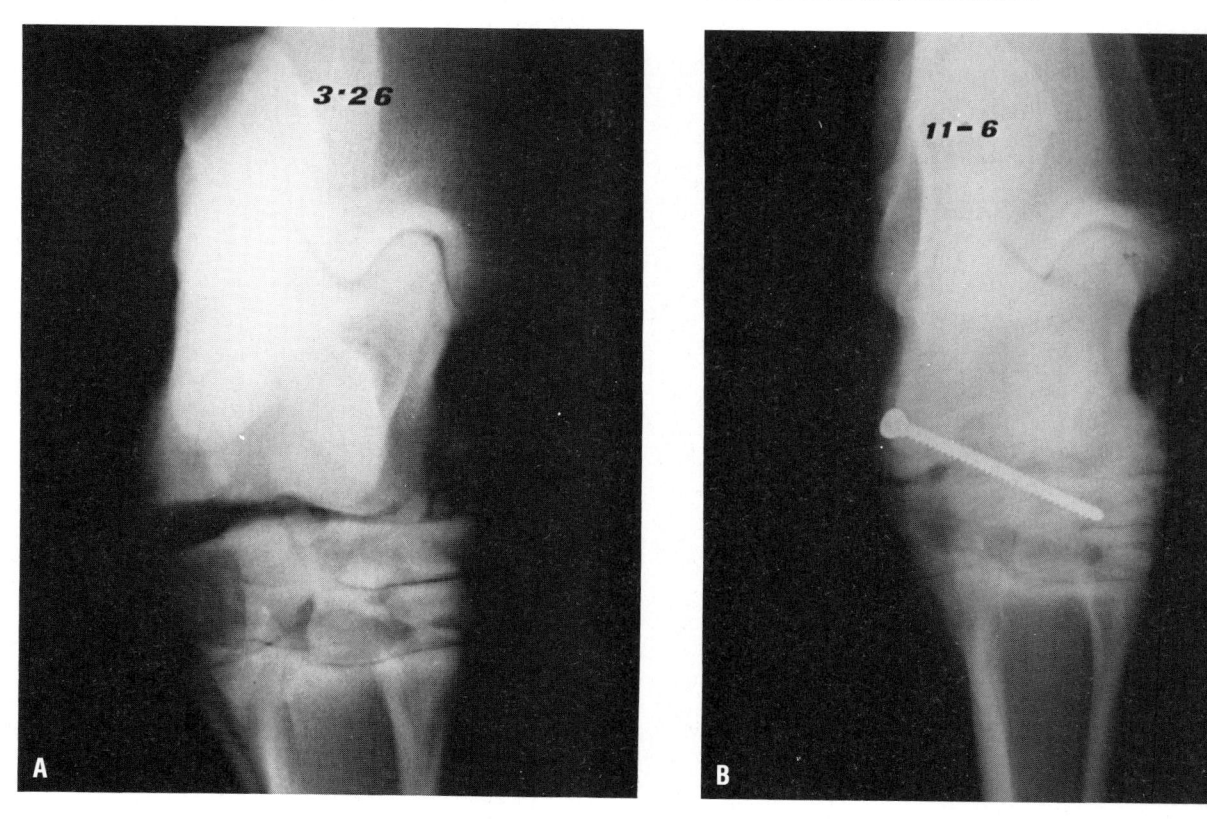

Abb. 8.264: A Dorsoplantare Aufnahme des Sprunggelenkes mit einer Subluxation des proximalen Intertarsalgelenkes. **B** Diese Subluxation wurde erfolgreich durch interne Fixation mit einer ASIF-Knochenschraube und äußere Ruhigstellung durch einen fixierenden Verband behandelt. Die Kontrollaufnahme nach sieben Monaten zeigte einen guten Heilungsverlauf (mit Genehmigung von Dr. C. W. McILWRAITH).

Symptome

Eine Umfangsvermehrung plantar am Kalkaneus ist ein Anzeichen für eine Hasenhacke (Abb. 8.266). Im akuten Zustand gibt es Hinweise auf das Vorliegen einer Entzündung, und eine Lahmheit besteht. Die Pferde schildern in Ruhe, und im betroffenen Bereich sind vermehrte Wärme und eine Umfangsvermehrung palpierbar. Nach Bewegung verschwindet die Umfangsvermehrung normalerweise nicht, aber die Lahmheit ist möglicherweise bei akuter Hasenhacke verstärkt. Ist in einem schweren Fall ein Trauma die Ursache, kann eine Periostitis plantar auf dem Kalkaneus zu Knochenneubildungen führen. Besteht eine Infektion, kann diese eine erhebliche Umfangsvermehrung und Phlegmone verursachen. In chronischen Fällen bildet sich in der Umgebung häufig narbiges Bindegewebe, so daß ein bleibender Schönheitsfehler entsteht,

Kapitel 8: Lahmheit   717

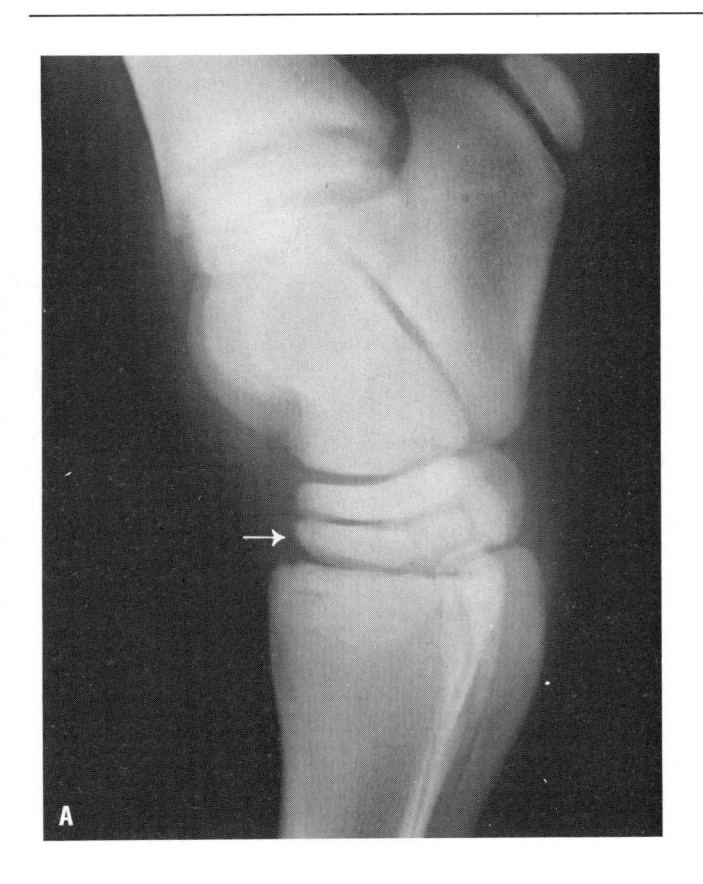

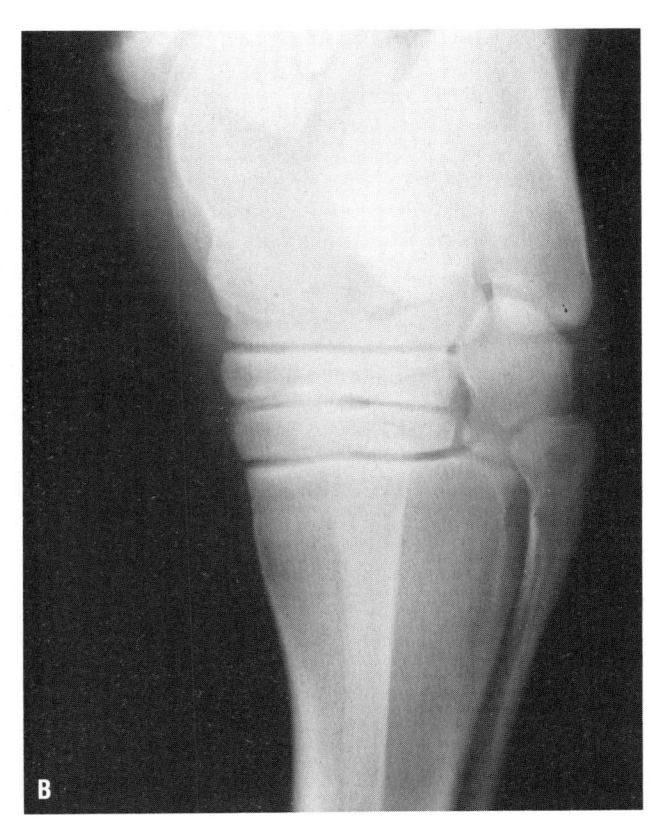

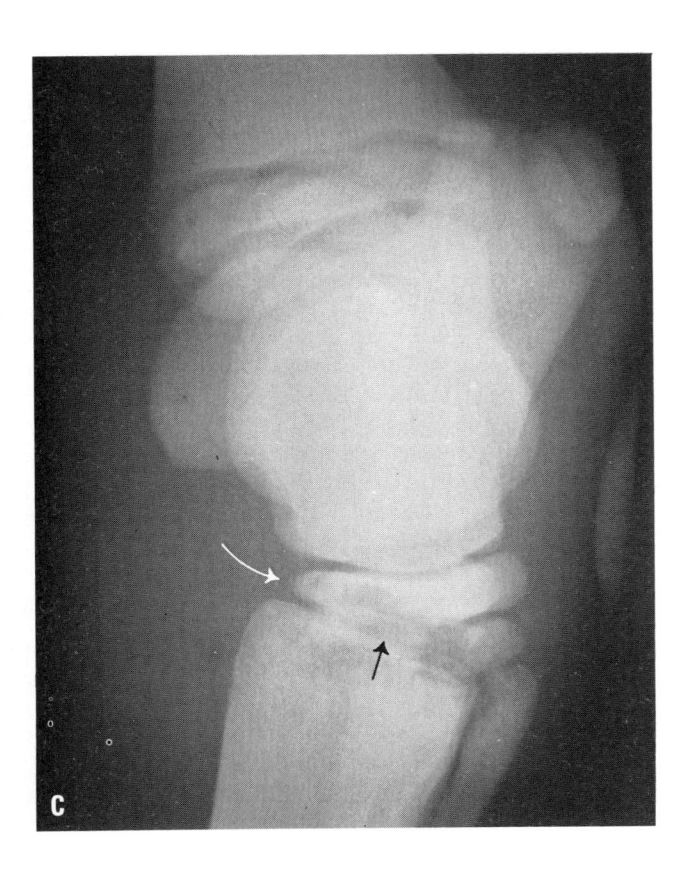

Abb. 8.265: A Seitliche Röntgenaufnahme eines zwei Wochen alten Fohlens mit einer keilförmigen Deformation des Os tarsale III (Pfeil). Bei der adspektorischen Untersuchung war der Plantarbereich des Sprunggelenkes ähnlich einer Hasenhacke deformiert. Zur Behandlung wurde über zwei Wochen ein fixierender Schlauchverband angelegt. **B** Kontrollröntgenaufnahmen zeigten eine Besserung des Zustandes. **C** Diese Schrägaufnahme zeigt einen Einbruch des Os tarsale III (schwarzer Pfeil) und eine keilförmige Deformation des Os tarsi centrale (weißer Pfeil).

der aber, auch wenn er erheblich ist, nicht zwangsläufig mit einer Lahmheit einhergeht. Gelegentlich ist das Köpfchen des lateralen Griffelbeines sehr groß, so daß eine Hasenhacke vorgetäuscht wird. Bei einer genauen Untersuchung stellt sich jedoch heraus, daß die Umfangsvermehrung lateral des Ligamentum plantare longum liegt und das Band selbst nicht betrifft. Falls es erforderlich ist, kann dies durch eine Röntgenaufnahme bestätigt werden.

Therapie

Zu einem frühen Zeitpunkt der Erkrankung, an dem noch akute Entzündungserscheinungen vorhanden sind, werden im betroffenen Gebiet die Haare geschoren. Die Haut wird mit Wasser und Seife gewaschen und desinfiziert. Nach Sedierung und Lokalanästhesie wird der Bereich der Hasenhacke mit einem Kortikosteroidpräparat infiltriert, sofern keine Infektion vorliegt. Dies hat meistens eine deutliche Verringerung der Schwellung zur Folge. Trotzdem kann nach der Heilung eine Umfangsvermehrung durch narbiges Bindegewebe bestehen bleiben. Weiterhin schließt die Behandlung die Ruhigstellung des erkrankten Tieres und die Anwendung von kühlenden Umschlägen zusätzlich zur entzündungshemmenden Therapie ein. Ebenso sind in akuten Fällen Kältepackungen und antiphlogistische Pasten angezeigt. In chronischen Fällen wird oft geblistert oder gebrannt, aber die Wirksamkeit dieser Behandlungsmethoden wird angezweifelt. Auf jeden Fall sollten sie frühestens zehn Tage nach dem Auftreten einer akuten Hasenhacke angewandt werden. GILL ist der Ansicht, daß der Erfolg beim Brennen dauerhafter ist, wenn die Pferde vor Beginn des erneuten Trainings eine ausreichend lange (vier bis sechs Wochen) Ruhephase haben.[1]

Prognose

Wenn die Pferde eine regelmäßige Gliedmaßenstellung haben, ist die Prognose günstig, vorausgesetzt, daß die initiale akute Entzündung durch Kortikosteroide unter Kontrolle gebracht werden kann. Bei Fehlstellungen hingegen bleibt die Ursache der Erkrankung weiter bestehen, und die Prognose ist ungünstig zu stellen. Meistens bleibt nach der Heilung ein Schönheitsfehler zurück, wenn auch die Mehrzahl der Pferde, die eine normale Stellung haben, wieder gebrauchsfähig wird.

Ausgewählte Literatur

1. GILL, H. E.: Diagnosis and treatment of hock lameness. Proc. 19th Ann. AAEP, 1973, p. 257.
2. LOKAI, M. D., and FORD, J.: Disorders of endochondral ossification. Eq. Pract., **3**: 48, 1981.
3. SHAVER, J. R., et al.: Skeletal manifestations of suspected hypothyroidism in two foals. J. Eq. Med. Surg., **3**: 269, 1979.

Piephacke

Zu diesem Thema wird auf den Abschnitt über traumatische Bursitis, Seite 483, verwiesen.

Dislokation der oberflächlichen Beugesehne vom Sprunggelenkhöcker (Luxation der oberflächlichen Beugesehne)

Die Luxation der oberflächlichen Beugesehne kommt beim Pferd nur gelegentlich vor.[1-4] Sie entsteht, wenn einer der Ansätze der oberflächlichen Beugesehne am Tuber calcanei rupturiert. Da es zu einer deutlichen Schwellung im Bereich des Sprunggelenkhöckers kommt, kann leicht die Fehldiagnose einer Piephacke gestellt werden. Wenn die initiale Schwellung jedoch zurückgeht, kann man sofort feststellen, daß die oberflächliche Beugesehne vom Sprunggelenkhöcker abgerutscht ist. Normalerweise besteht eine Dislokation nach lateral,[1] obwohl auch Mitteilungen über mediale Luxationen vorliegen.[1,3,4] Anfangs, direkt nach der Verletzung, zeigen die betroffenen Tiere eine erhebliche Lahmheit, die jedoch mit der Zeit nachläßt, wobei dann deutlich wird, daß die Pferde nicht mehr die vollständige Kontrolle über die entsprechende Gliedmaße haben.[1]

Ätiologie

Die Ursache der Erkrankumg ist ein Trauma, das zur Ruptur entweder des medialen oder lateralen Ansatzes der oberflächlichen Beugesehne am Tuber calcanei führt. Anscheinend treten diese Rupturen immer ungefähr in der Mitte des Ansatzes der oberflächlichen Beugesehne am Tuber calcanei auf, so daß dort möglicherweise ein Locus minoris resistentiae liegt. Eine mediale Luxation

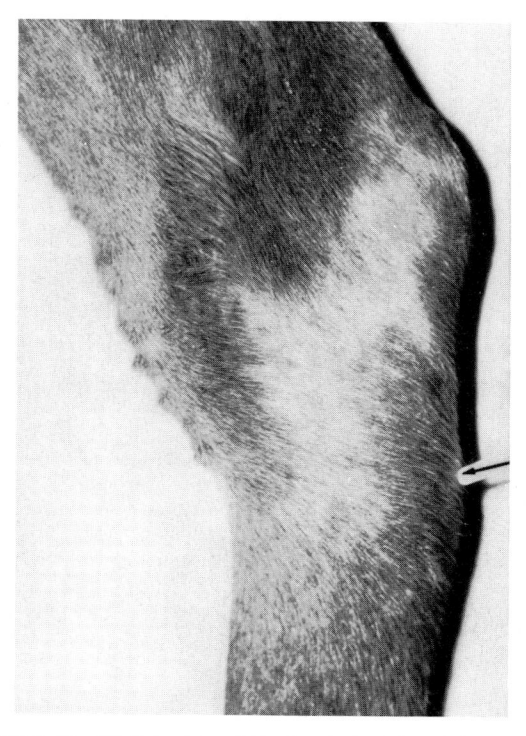

Abb. 8.266: Der Pfeil deutet auf die durch eine Entzündung entstandene Umfangsvermehrung des Ligamentum plantare longum, wie sie für die Hasenhacke typisch ist. In schweren Fällen kann sie sich proximal bis zum Tuber calcanei ausdehnen.

Kapitel 8: Lahmheit 719

trat auch im Zusammenhang mit einer Trümmerfraktur des Tuber calcanei auf.[4]

Symptome und Diagnose

Kurze Zeit nach der Verletzung ist der Bereich des Sprunggelenkhöckers stark geschwollen, so daß der Zustand leicht mit einer Piephacke verwechselt werden kann. Wenn die Umfangsvermehrung nach einiger Zeit zurückgeht, kann die Luxation wesentlich leichter festgestellt werden (Abb. 8.267). Im akuten Stadium besteht eine deutliche Lahmheit, die nach einiger Zeit in einen durch das Pferd nicht vollständig kontrollierbaren Bewegungsablauf übergeht, wobei die Luxation nur noch habituell besteht. Die Spatprobe (Sprunggelenksbeugeprobe) über 1½ Minuten verstärkt die Lahmheit normalerweise, aber auch diese Reaktion läßt mit der Zeit nach. Palpatorisch lassen sich Dislokation und Reposition der oberflächlichen Beugesehne nachvollziehen.

Obwohl die Diagnose ausschließlich aufgrund der klinischen Untersuchung gestellt werden kann, sollten Röntgenaufnahmen angefertigt werden, um die Möglichkeit einer Fraktur auszuschließen.[4]

Therapie

Zur Adaptierung des gerissenen Ansatzes der oberflächlichen Beugesehne wird ein chirurgischer Eingriff empfohlen.[1-4] Am besten geeignet ist vermutlich die Methode, die rupturierten Enden direkt zu adaptieren und durch Implantation eines synthetischen Netzes* über der Naht zusätzlich zu stabilisieren.[3] Unter anderem wird auch vorgeschlagen, die gerissene Stelle zu nähen und die erneute Luxation der Sehne durch die Fixation mit Knochenschrauben oder Steinmann-Nägeln auf der gegenüberliegenden Seite zu verhindern.[2] Leider gibt es keine brauchbaren Kontrolluntersuchungen, mit deren Hilfe die Ergebnisse der einzelnen Methoden verglichen werden könnten.

Der Zugang für die chirurgische Behandlung liegt, abhängig davon, welcher Ansatz gerissen ist, entweder lateral oder medial. Die rupturierte Stelle wird durch einen 15 bis 20 cm langen gebogenen Schnitt freigelegt (Abb. 8.268). Nach einem Debridement werden jeweils etwa 1½ cm von der Rißstelle entfernt Matratzennähte mit Nylon 2 angelegt, die später dazu dienen, das Netz an seinem Platz zu fixieren. Nach Begradigung der Ränder des Risses erfolgt die Apposition durch eine Naht mit doppelter Durchstechung und seitlicher Knüpfung mit der Stichfolge wundrandfern–wundrandnah, wundrandnah–wundrandfern (Abb. 8.269). Ist die Spannung so groß, daß eine Adaptierung des gerissenen Gewebes nicht möglich ist, kann der gegenüberliegende Ansatz teilweise eingeschnitten werden.[3] Ist das Gewebe adaptiert, wird ein synthetisches Netz in doppelter Lage mit den bereits vorher

Abb. 267: Die Pfeile weisen auf die laterale Begrenzung der dislozierten oberflächlichen Beugesehne. Die Verletzung entstand vier Wochen vor der Fotografie.

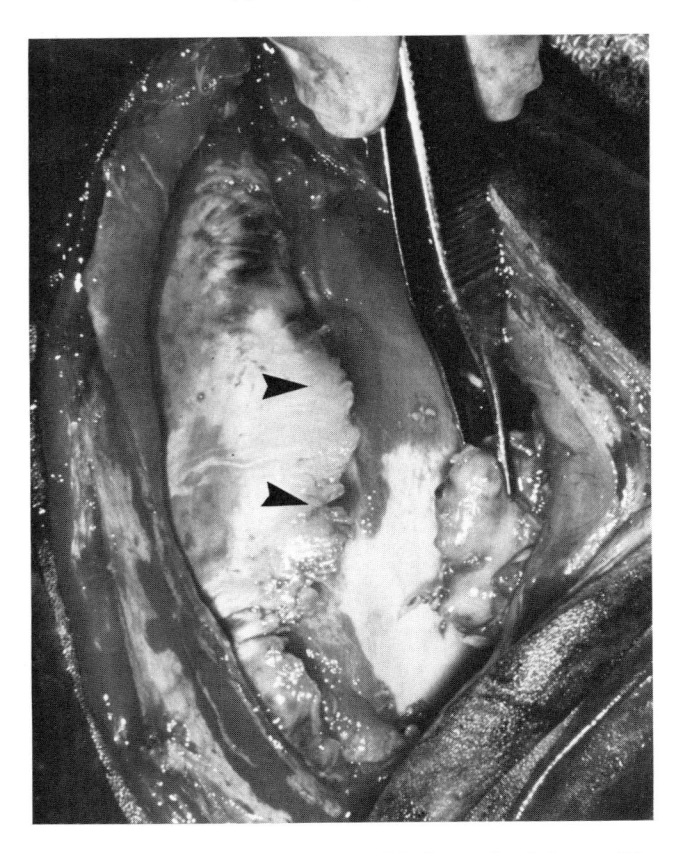

Abb. 8.268: In der Pinzette befindet sich der an der Sehne verbliebene Teil des Ansatzes der oberflächlichen Beugesehne. Der am Tuber calcanei verbliebene Teil ist durch Pfeile gekennzeichnet.

* Marlex Mesh, Cat. No. 011266. Bard Implants Division, Bilerica, MO 01821.

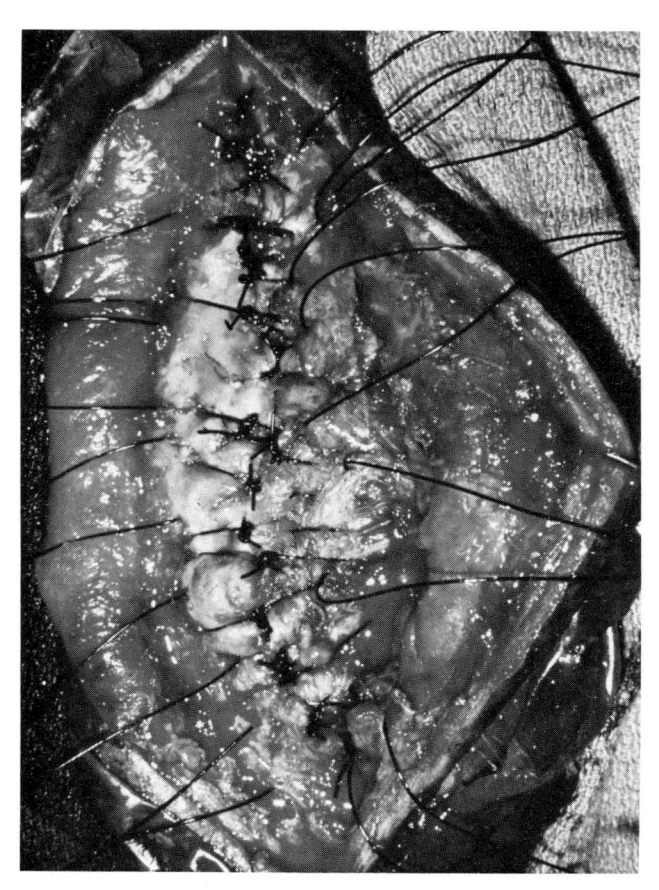

Abb. 8.269: Zur Adaptierung des gerissenen Ansatzes wurde eine Naht mit doppelter Durchstechung und seitlicher Knüpfung verwendet. Die gezeigten Matratzennähte sind bereits gelegt, aber noch nicht geknüpft, und werden später zum Fixieren des Netzimplantates verwendet.

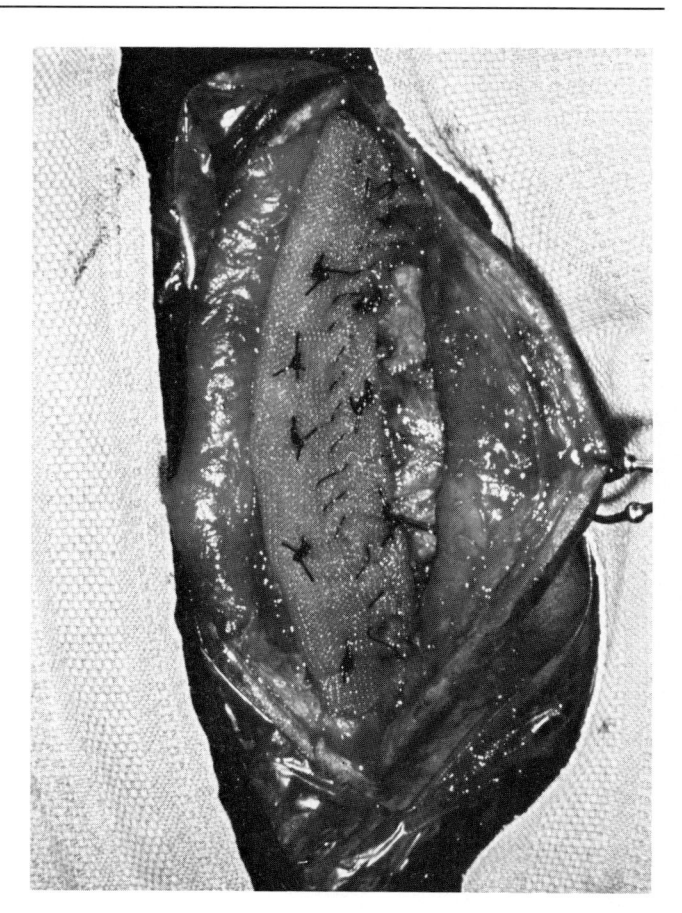

Abb.: 8.270: Die Netzauflage wird durch Einzelhefte in Matratzennahttechnik fixiert. Eine fortlaufende Naht hält die Ränder des Implantates eingeschlagen.

gelegten Matratzennähten darüber geheftet (Abb. 8.270). Unterhaut und Haut werden wie gewöhnlich verschlossen, und ein hoher fixierender Verband wird angelegt.

Die Immobilisation der Gliedmaße durch den Verband sollte mindestens über 30 bis 45 Tage aufrechterhalten werden. Danach wird ein mehrlagiger Stützverband angelegt, der im Verlauf von 30 Tagen nach und nach eine geringere Stützfunktion übernehmen soll. Das Führen an der Hand wird sieben Tage nach Abnahme des fixierenden Verbandes begonnen und über die nächsten 60 Tage fortgesetzt. Etwa vier Monate nach der Operation darf sich das Pferd in einem begrenzten Auslauf frei bewegen.

Prognose

Tatsächlich wurden bis jetzt zu wenige Fälle chirurgisch behandelt und einer langfristigen Verlaufskontrolle unterzogen, als daß eine objektive Aussage über die Ergebnisse möglich wäre. In einem Fall erreichte das Pferd seine frühere Leistungsfähigkeit nicht.[3] In zwei weiteren Fällen, die an der Colorado State University mit der oben beschriebenen chirurgischen Methode behandelt wurden, konnten die Tiere zehn Monate nach der Operation an ihre frühere Leistung anknüpfen. Das eine Tier wurde zum Reiten im Gebirge verwendet, das andere für Farmarbeit.

Ausgewählte Literatur

1. FESSLER, J. F., and AMSTUTZ, H. E.: The musculoskeletal system. *In* The Textbook of Large Animal Surgery. Edited by F. W. Oehme, and J. E. Prier. Baltimore, Williams & Wilkins Co., 1974, p. 249.
2. MEAGHER, D. M.: Tendon injuries and tendinitis caused by trauma and infection. Paper presented at the Annual Conference for Veterinarians, Colorado State University, 1981.
3. SCOTT, E. A., and BREUHAUS, B.: Surgical repair of dislocated superficial digital flexor tendons in a horse. J. Am. Vet. Med. Assoc., 181: 171, 1982.
4. SCOTT, E. A.: Surgical repair of a dislocated superficial flexor tendon and fractured fibular tarsal bone in a horse. J. Am. Vet. Med. Assoc., 183: 332, 1983.

Kurbengalle

Der Leser wird auf den Abschnitt über Tendosynovitis auf Seite 463 verwiesen.

Ruptur des Musculus peroneus (fibularis) tertius

Der Musculus peroneus (fibularis) tertius ist ein starker rein sehniger Muskel, der sich an der Beckengliedmaße zwischen dem Musculus extensor digitalis longus und dem

Musculus tibialis cranialis befindet. Er ist ein wichtiger Teil der sogenannten „Spannsägenkonstruktion", die bewirkt, daß eine Beugung des Kniegelenkes zwangsläufig eine gleichsinnige Bewegung des Sprunggelenkes zur Folge hat. Ist der Musculus peroneus (fibularis) tertius rupturiert, kann das Knie gebeugt werden, während das Sprunggelenk gestreckt bleibt.[1]

Ätiologie

Die Ruptur des Musculus peroneus (fibularis) tertius ist gewöhnlich die Folge einer extremen Überstreckung des Sprunggelenkes, z. B. wenn die Gliedmaße eingeklemmt ist und das Pferd gewaltsam versucht, sich zu befreien, oder wenn während eines besonders schnellen Starts erhebliche Kräfte auf das Bein wirken und eine Überstreckung verursachen. Auch nach Anlegen eines hohen fixierenden Verbandes an der Beckengliedmaße kann es zu einer Ruptur kommen.

Symptome

Die Symptome bei einer Ruptur des Musculus peroneus (fibularis) tertius sind sehr klar. Während das Kniegelenk beim Vorführen gebeugt wird, bleibt das Sprunggelenk fast gerade. Distal des Tarsus erscheint die Gliedmaße schlaff, und das Bild beim Vorführen ähnelt einer Fraktur. In der Stützphase hat das Pferd keine Schwierigkeiten, die Last aufzunehmen, und zeigt kaum Anzeichen einer Schmerzhaftigkeit. Im Schritt dagegen ist die Achillessehne gekräuselt. Wird das Bein angehoben, kann dieses Kräuseln leicht durch Strecken des Sprunggelenkes provoziert werden (Abb. 8.271). Anders als bei einer gesunden Gliedmaße kann das Tarsalgelenk bei gleichzeitiger Beugung des Kniegelenkes gestreckt werden.

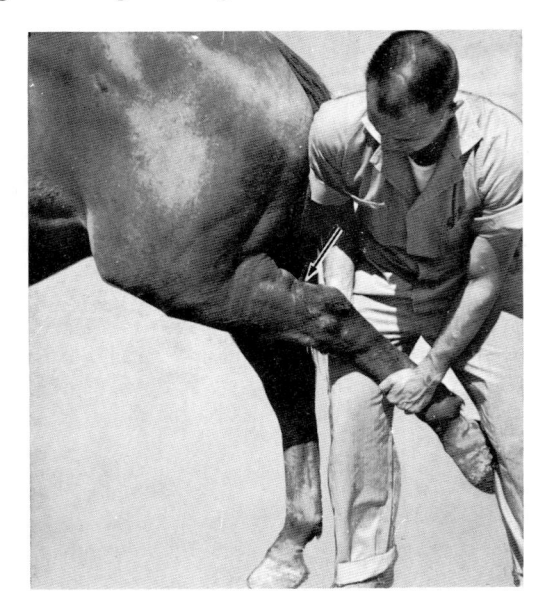

Abb. 8.271: Ruptur des Musculus peroneus (fibularis) tertius. Der Pfeil deutet auf die Kräuselung der Achillessehne bei gestreckter Gliedmaße. Man beachte, daß im Gegensatz zu einer gesunden Gliedmaße eine Streckung des Sprunggelenkes bei gebeugtem Kniegelenk möglich ist.

Diagnose

Die Diagnose ist mit Hilfe der oben beschriebenen Symptome leicht zu stellen.

Therapie

Die beste Behandlungsmethode ist anscheinend vollkommene Ruhe. Das Pferd muß in einer Box für wenigstens vier bis sechs Wochen vollkommen ruhig gehalten werden. In den folgenden zwei Monaten sollte es kontrolliert bewegt werden. Die meisten Fälle heilen aus und zeigen eine ungestörte Funktion, so daß sie bei entsprechender Vorbereitung wieder normal gearbeitet werden können. Ein chirurgischer Eingriff ist nicht zu empfehlen. Wenn mit dem Bewegungsprogramm begonnen wird, ist es ratsam, das Pferd an der Hand zu führen, damit eine kontrollierte Bewegung möglich ist und eine erneute Verletzung vermieden wird.

Prognose

Die Prognose ist vorsichtig bis günstig zu stellen. Bei Einhaltung der Boxenruhe kommt es normalerweise zur Heilung. Gibt es jedoch dafür nach vier bis sechs Wochen keinen Hinweis, sind die Aussichten ungünstig, da es möglicherweise nicht zur Restitution der Sehne kommt. Eine endgültige Beurteilung sollte frühestens drei Monate nach der Verletzung abgegeben werden.

Ausgewählte Literatur

1. SZABUNIEWIEZ, M., and TITUS, R. S.: Rupture of the peroneus tertius. VM/SAC **62:** 993, 1967.

Verkürzung des Musculus peroneus (fibularis) tertius

Die Ursache einer kongenitalen Beugefehlstellung bei einem Fohlen war ein abnorm kurzer Musculus peroneus (fibularis) tertius.[1] Diese Verkürzung führte dazu, daß das Fohlen nicht laufen konnte, da der Zug des Muskels die Streckung des Sprunggelenkes über 70 Grad hinaus nicht zuließ. Der Grund für die Verkürzung war wahrscheinlich eine intrauterine Fehllage des Fohlens. Nach der Resektion des Muskels konnte das Sprunggelenk um weitere 30 Grad gestreckt werden, und weitere zwei Monate später erschienen Beuge- und Streckfunktion im Tarsalgelenk ungestört.

Ausgewählte Literatur

1. TROUT, D. R., and LOHSE, C. L.: Anatomy and therapeutic resection of the peroneus tertius muscle in a foal. J. Am. Vet. Med. Assoc., **179:** 247, 1981.

Ruptur des Fersensehnenstranges

Diese Ruptur betrifft die Sehnen des Musculus gastrocnemius und des Musculus flexor digitalis superficialis sowie den Tendo accessorius. Eine Zerreißung aller Sehnen ist selten; wenn sie auftritt, führt sie zu einer hochgradigen Lahmheit.

Ätiologie

Die häufigsten Ursachen sind eine traumatisch bedingte Überlastung dieser Sehnen oder Rißwunden.

Symptome

Die Symptome einer Ruptur des Fersensehnenstranges sind charakteristisch. Das Sprunggelenk der betroffenen Seite sinkt fast oder sogar ganz bis auf den Boden. Die Winkelung des Sprunggelenkes weicht noch weiter vom Normalzustand ab als bei einer nur den Musculus gastrocnemius betreffenden Ruptur. Das Pferd kann die Gliedmaße nur unter größten Schwierigkeiten vorführen und ist, vor allem wenn die Sehnen beider Beine rupturiert sind, völlig hilflos. Die betroffene Gliedmaße bzw. die betroffenen Gliedmaßen können nicht belastet werden.

Therapie

Zur Behandlung wird empfohlen, einen hohen Verband anzulegen, der den Huf einschließt und so weit wie möglich proximal reicht, d. h. im allgemeinen bis zum Kniegelenk. Anschließend muß das Pferd für sechs bis zehn Wochen in einen Gurt gehängt werden. Toleriert es diese Art der Behandlung nicht, ist die Euthanasie erforderlich. (Zur Diskussion der Naht mit Kohlefasern wird auf den Abschnitt über die Behandlung der Ruptur der Sehne des Musculus gastrocnemius auf dieser Seite verwiesen.)

Prognose

Die Prognose ist in jedem Fall ungünstig zu stellen, da mit einer Heilung nur in Einzelfällen zu rechnen ist (Abb. 8.272).

Ruptur der Sehne des Musculus gastrocnemius

Eine Zerreißung der Sehne des Musculus gastrocnemius kann an einer oder an beiden Beckengliedmaßen auftreten. Sowohl die Sehne des Musculus flexor digitalis superficialis als auch die Sehne des Musculus gastrocnemius (Achillessehne) sind selten gleichzeitig rupturiert. Anscheinend reißt die Sehne des Musculus gastrocnemius vor der des oberflächlichen Zehenbeugers.

Ätiologie

In allen Fällen liegt eine traumatische Genese vor. In einigen Fällen werden die Pferde mit der Ruptur an einer oder beiden Gliedmaßen aufgefunden, ohne daß die Entstehung bekannt ist. Zu den möglichen Ursachen zählen abrupte Versuche, plötzlich anzuhalten, und jede andere Anstrengung, die zu einer erheblichen Belastung des Sprunggelenkes in dem Moment führt, in dem das Pferd versucht, es zu strecken.

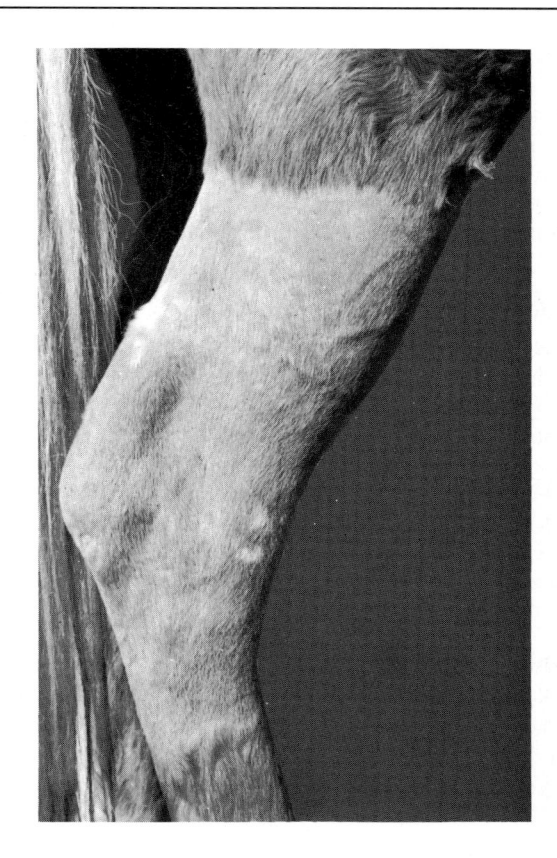

Abb. 8.272: Ausgeheilte Ruptur der Achillessehne. Die bindegewebige Verdickung der geheilten Sehne ist zu beachten. Zur Behandlung wurde die Gliedmaße über sechs Wochen durch einen Gipsverband immobilisiert. Der Verband schloß den Huf ein und reichte bis zum Knie (mit Genehmigung von Dr. J. T. INGRAM).

Symptome

Die Symptome für eine Ruptur des Musculus gastrocnemius sind charakteristisch. Das bzw. die betroffenen Sprunggelenke sinken ab, so daß der Gelenkwinkel extrem klein ist. Bei einer beidseitigen Verletzung scheint das Pferd zu hocken und kann seine Hinterbeine überhaupt nicht strecken. Das Vorführen der Gliedmaße ist möglich, und das Pferd kann sich im Schritt bewegen, aber zu keiner Zeit ist der Sprunggelenkwinkel normal. Bei einer Ruptur des gesamten Fersensehnenstranges kann das betreffende Bein dagegen überhaupt nicht belastet werden.

Therapie

Aufgrund der andauernden Beugestellung im Sprunggelenk weichen die Muskelstümpfe auseinander, so daß eine Heilung schwierig ist. Ein hoher fixierender Verband und ein Hängegurt, die zu einer Verminderung der Spannung der Sehnen des Musculus gastrocnemius und des Musculus flexor digitalis superficialis führen, können dann von Nutzen sein, wenn sie über einen längeren Zeitraum

angewendet werden. Eine modifizierte Thomasschiene aus Kunststoff ist hilfreich, sofern sie vom Pferd toleriert wird.
Über den Gebrauch von flexiblen Kohlefasern zur Fixierung der Sehne des Musculus gastrocnemius bei einem Fohlen berichten VALDEZ et al.[1] Da bei diesem Tier die Sehne im Bereich des lateralen und medialen Ansatzes am Tuber calcanei gerissen war, wurde der Sprunggelenkhöcker von lateral nach medial durchbohrt, um die Kohlefasern distal befestigen zu können. Mit einer Naht nach Bunnell wurden sie proximal an der Sehne fixiert. Nach der Operation bekam das Fohlen einen Kunststoffverband, der nach 60 Tagen durch einen mehrlagigen Stützverband ersetzt wurde.

Prognose

Die Prognose ist im Zusammenhang mit den bei der Immobilisierung der Beckengliedmaße auftretenden Schwierigkeiten ungünstig zu stellen.
Obwohl ein Erfolg in einem Fall keinen endgültigen Schluß zuläßt, scheint die Implantation von Kohlefasern zur Stimulation der Neubildung von Sehnengewebe für die zukünftige Behandlung dieser Verletzungen eine günstige Perspektive zu bieten.

Ausgewählte Literatur

1. VALDEZ, H., COY, H. C., and SWANSON, T.: Flexible carbon fiber for repair of gastrocnemius and superficial digital flexor tendons in a heifer and a gastrocnemius tendon in a foal. J. Am. Vet. Med. Assoc., **181**: 154, 1982.

Hahnentritt bzw. Zuckfuß („stringhalt")

Als Hahnentritt wird eine unwillkürliche Beugung des Sprunggelenkes während der Bewegung bezeichnet, die eine oder beide Beckengliedmaßen betreffen kann.[4] In Nordamerika wird der Hahnentritt als eigenständige Erkrankung betrachtet, bei der zwar im Anschluß an Ruhephasen eine Besserung eintritt, eine Spontanheilung jedoch nicht zu beobachten ist.[4] In Veröffentlichungen aus Neuseeland und Australien wird berichtet, daß dort besonders im Spätsommer und im Herbst, wenn die Sommermonate außergewöhnlich trocken gewesen sind, ein hahnentrittähnliches Syndrom gehäuft festgestellt werden kann.[1-3]

Ätiologie

Die eigentliche Ätiologie dieser Erkrankung ist unbekannt, obwohl nervöse Erkrankungen, degenerative Zustände des Nervus ischiadicus bzw. des Nervus peroneus (fibularis), Erkrankungen des Rückenmarks, Intoxikationen und Gelenkveränderungen des Knie- oder Sprunggelenkes für ihre Entstehung verantwortlich gemacht worden sind.
In einzelnen Fällen wird angenommen, daß der Musculus extensor digitalis lateralis an der Erkrankung beteiligt ist, da sie im Anschluß an ein Trauma im Bereich seiner Sehne auftreten kann und Verklebungen dieser Sehne mit der lateralen Fläche des Sprunggelenkes möglich sind. Meistens bewirkt eine Resektion der Sehne des Musculus extensor digitalis lateralis zumindest eine teilweise Besserung des Zustandes, so daß angenommen werden muß, daß sie zu einem gewissen Grad ursächlich an der Entstehung eines Hahnentrittes beteiligt ist.
Diese Theorie wurde jedoch in Frage gestellt, als CAHILL et al. eine neurogene Muskelatrophie des myektomierten Stumpfes des Musculus extensor digitalis lateralis feststellten.[1] Die Vermutung liegt nahe, daß der Hahnentritt eine neurologische Ursache hat, was auch die unbefriedigenden Ergebnisse der Myektomie und Tenektomie des lateralen Zehenstreckers erklären würde.
Im Gegensatz zu den isoliert auftretenden Fällen spricht das gehäufte Auftreten eines hahnentrittartigen Syndroms für eine Intoxikation als Ursache.[1,3] Besonders viele Fälle wurden im Spätsommer und Herbst bei Pferden beobachtet, die auf Weiden grasten, auf denen Hypochaeris radicata (Löwenzahn) 50 % des zur Verfügung stehenden Futters darstellte. Ebenso können Mykotoxine eine Rolle spielen.[3]

Symptome

Das Erscheinungsbild ist sehr unterschiedlich. Einige Pferde zeigen in der Bewegung nur eine geringgradige zusätzliche Beugung des Sprunggelenkes, während andere die Gliedmaße ruckartig unter den Bauch ziehen, wobei in hochgradigen Fällen die Bauchwand mit der dorsalen Fläche des Fesselkopfes berührt wird. Einige Pferde zeigen diese Symptome bei jedem Schritt, während sie bei anderen in unregelmäßigen Abständen zu beobachten sind. Fast immer ist das Bild deutlicher, wenn die Pferde gedreht oder rückwärts gerichtet werden. Besonders gut erkennbar ist es normalerweise auch im Anschluß an eine Ruhephase. Die Symptome können aber auch wechselnd auftreten und für unterschiedlich lange Zeit ganz verschwinden. Der Hahnentritt kommt bei allen Rassen vor, und in leichten Fällen kann das Pferd weiter genutzt werden. Meistens verbessert sich der Zustand, wenn es warm ist, und verschlechtert sich bei kaltem Wetter. Die meisten betroffenen Pferde haben eine nervöse Konstitution, die bei der Entstehung der Erkrankung vielleicht eine Rolle spielt. Die Art der Lahmheit kann mit der bei einer habituellen Patellafixation verwechselt werden.

Diagnose

Die Lahmheit ist leicht festzustellen, kann jedoch zum Zeitpunkt der Untersuchung völlig fehlen. Der Zustand muß von einer fibrotischen Myopathie abgegrenzt werden, bei der die Gliedmaße vor dem Absetzen ruckartig nach unten und hinten bewegt wird (siehe Seite 730). Auch die habituelle Patellafixation, die dem Hahnentritt stärker ähnelt, muß ausgeschlossen werden. Beim Hahnentritt hakt die Patella nicht fest und rutscht wieder nach unten, und sie kann auch nicht manuell oben und medial auf dem Rollkamm des Femur fixiert werden.

724   Kapitel 8: Lahmheit

Therapie
Bei den isoliert auftretenden Fällen besteht die Behandlung in der Resektion des über den lateralen Teil des Sprunggelenkes ziehenden Sehnenabschnittes des lateralen Zehenstreckers. Dies kann im Stehen geschehen oder, was vorzuziehen ist, in Seitenlage auf dem Operationstisch. Zur Operation im Stehen wird das Pferd sediert, bevor man mit der Vorbereitung des Operationsfeldes beginnt. In Seitenlage sollte sich das erkrankte Bein oben befinden. Die Vorbereitung für den chirurgischen Eingriff besteht in einer Rasur und Desinfektion der Haut. Beim stehenden Pferd wird ein Lokalanästhetikum in den Musculus extensor digitalis lateralis injiziert. Man beginnt mit einer Injektion etwa 2,5 cm oberhalb des Malleolus lateralis der Tibia. Die zweite Injektionsstelle befindet sich über der Sehne kurz vor der Vereinigung mit der Sehne des Musculus extensor digitalis longus unterhalb des Sprunggelenkes.

Auf Höhe des Sprunggelenkhöckers wird über dem Muskelbauch des seitlichen Zehenstreckers ein etwa 10 cm langer Schnitt gelegt (Abb. 8.273). Bevor dieser Muskelbauch zu erkennen ist, müssen erst einige Faszien durchtrennt werden. Direkt über dem seitlichen Zehenstrecker befindet sich ein besonders starker Faszienzug, nach dessen Spaltung der Muskel sichtbar ist. Dann wird er durch Unterschieben eines Instrumentes isoliert und auf Spannung gehalten, so daß durch diese Bewegung der distale Anteil kurz vor dem Eintritt in die Sehne des langen Zehenstreckers lokalisiert werden kann. Über diesem Bereich wird ein etwa 1,5 cm langer Schnitt gelegt. Haut und Unterhaut werden mit einem Skalpell durchtrennt. Unter die Sehne wird ein geknöpftes Tenotom geschoben, und sie wird durchschnitten. In seltenen Fällen gibt es Variationen im Ansatz der Sehne, wie einen doppelten Ansatz oder den Ansatz am Fesselbein. Anschließend wird der Sehnenstumpf aus der proximalen Wunde herausgezogen. Dabei muß manchmal erhebliche Kraft aufgewendet werden, da im Bereich des Sprunggelenkes Adhäsionen des umgebenden Gewebes zerrissen werden müssen. Erscheint der zum Herausziehen des Stumpfes benötigte Kraftaufwand zu groß, muß der proximale Teil der Sehne sorgfältiger von Bindegewebe und Faszien gelöst werden. Hat man den gesamten Stumpf herausgezogen, liegen etwa 18 cm frei (Abb. 8.273). Nun werden der Sehnenstumpf und etwa 7 bis 10 cm des Muskelbauches reseziert. Die Fasziennaht erfolgt mit Einzelheften und synthetischem absorbierbaren Nahtmaterial Nr. 1. Die Hautschnitte werden mit einer horizontalen oder vertikalen Matratzennaht in Einzelheften verschlossen. Das gewählte Nahtmaterial sollte nicht resorbierbar, monofil und stark genug sein, um nicht zu reißen. Anschließend wird für zehn Tage ein Verband angelegt. Die Naht der oberen Wunde reißt, bedingt durch die krampfhafte Beugung der Gliedmaße, manchmal aus und wird dann sekundär genäht. Es ist von besonderer Wichtigkeit, daß die gesamte Operation unter aseptischen Kautelen verläuft, da es sonst zu einer eitrigen Tendosynovitis kommt. In den meisten Fällen ist fast sofort eine Besserung feststellbar, und die endgültige Heilung tritt innerhalb von zwei bis drei Wochen ein. Bei anderen dauert es möglicherweise mehrere Monate, bevor sich der Zustand deutlich verbessert, und wieder andere zeigen überhaupt keinen vollständigen Heilungserfolg. Wenn die Erkrankung nach mehreren Monaten oder nach einem Jahr erneut auftritt, wird ein zusätzliches Stück des Musculus extensor digitalis lateralis entfernt. Zu diesem Zweck wird im Bereich der alten proximalen Operationsstelle erneut ein Schnitt angelegt, der sich 5 cm weiter proximal erstreckt. Der Muskelbauch des lateralen Zehenstreckers wird isoliert, und weitere 7 bis 10 cm des Muskelbauches werden reseziert. Auf diese Weise können die Symptome des Hahnentrittes in manchen Fällen zum Verschwinden gebracht werden. Manchmal wird auch vorgeschlagen, beim Hahnentritt das mediale gerade Kniescheibenband zu durchschneiden. Diese Methode hat nur Erfolg, wenn der Chirurg den Hahnentritt mit einer Patellaluxation verwechselt hat.
In einem Fall wurde über die erfolgreiche Verwendung von Mephenesin zur Therapie des Hahnentrittes berichtet.[3] Das Medikament wurde in Gruppen von je drei Injektionen sowohl intravenös als auch intramuskulär verabreicht. Zwischen der ersten und der zweiten Gruppe

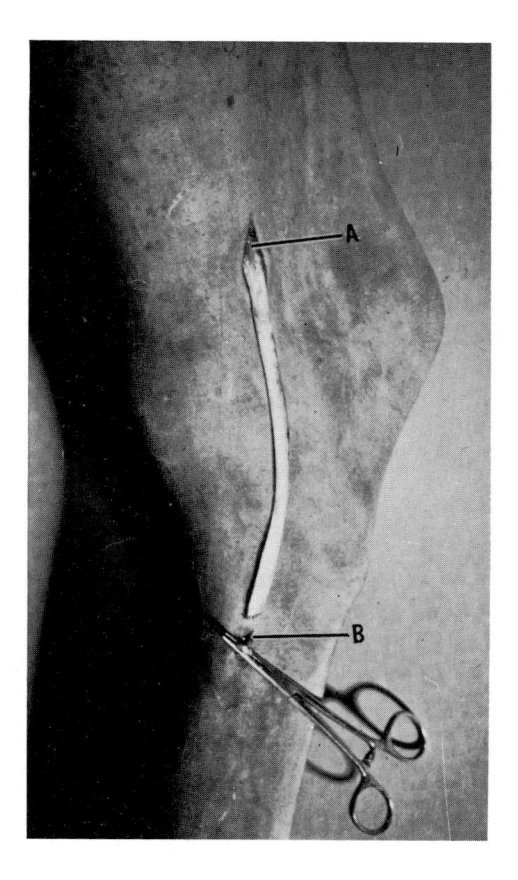

Abb. 8.273: Zu resezierendes Sehnenstück des Musculus extensor digitalis lateralis bei Hahnentritt. **A** Lokalisation des proximalen Hautschnittes direkt über dem Malleolus lateralis der Tibia. **B** Lokalisation des distalen Hautschnittes oberhalb der Vereinigung der Sehnen des Musculus extensor digitalis lateralis und des Musculus extensor digitalis longus.

von Injektionen erlitten die Tiere einen Rückfall. Diese Therapie sollte an einer statistisch verwendbaren Zahl von Fällen weiter geprüft werden.
Bei der Mehrzahl der Pferde, bei denen das hahnentrittartige Syndrom endemisch auftritt, kommt es ohne Behandlung zu einer Spontanheilung, sobald sie keinen Weidegang mehr haben. Der Heilungsverlauf kann sich über mehrere Wochen bis zu zwölf Monaten hinziehen.[1-3]

Prognose

Die Prognose ist vorsichtig bis günstig zu stellen. Der Zustand fast aller einzeln auftretenden Fälle läßt sich durch den chirurgischen Eingriff verbessern, wobei allerdings der Grad der Besserung nicht vorhersagbar ist.
Die Pferde, die unter dem endemisch auftretenden hahnentrittartigen Syndrom leiden, haben anscheinend eine günstige Prognose, da es in den meisten Fällen zu einer Spontanheilung kommt.[1-3]

Ausgewählte Literatur

1. CAHILL, J. I., GOULDEN, B. E., and PEARCE, H. G.: A review and some observations on stringhalt. NZ Vet. J., **33**: 101, 1985.
2. DIXON, R. T., and STEWART, G. A.: Clinical and pharmacological observations in a case of stringhalt. Aust. Vet. J., **45**: 127, 1969.
3. PEMBERTON, D. H., and CAPLE, I. W.: Australian stringhalt in horses. Vet. Ann., **22**: 167, 1980.
4. SEDDON, H. O.: Sudden case of stringhalt in a horse. Vet. Rec., **75**: 35, 1963.

Streukrampf ("shivering")

Definition

Der Streukrampf ist durch unwillkürliche Muskelbewegungen der Gliedmaßen und des Schweifes gekennzeichnet. Im Normalfall sind die Beckengliedmaßen und der Schweif betroffen, in Einzelfällen sind auch die Schultergliedmaßen beteiligt.[1-4]

Ätiologie

Die Ätiologie des Streukrampfes ist unbekannt. Einige Untersucher sind der Ansicht, daß es sich um eine nervöse oder neuromuskuläre Störung als Folge von Influenza, Druse oder anderen systemischen Erkrankungen handelt.

Symptome

In leichteren Fällen sind Symptome nur schwer feststellbar, da sie in unregelmäßigen Intervallen auftreten, aber meistens sind die Anzeichen typisch. Sie fallen normalerweise auf, wenn man versucht, das betroffene Pferd rückwärts zu richten. Dabei hebt das Tier ein Hinterbein ruckartig vom Boden und hält es in gebeugter Haltung seitlich weggestreckt. Die Gliedmaße zittert heftig, während der Schweif hochgetragen wird und ebenfalls zittert. Nach einer kurzen Zeit läßt das Zittern nach, und Gliedmaße und Schweif werden wieder normal gehalten. Diese Symptome wiederholen sich bei einem erneuten Versuch, das Tier rückwärts zu richten. Bei manchen Pferden stellen sich die beschriebenen Erscheinungen ein, wenn sie gedreht oder veranlaßt werden, über ein Hindernis zu treten, oder wenn das Bein mit der Hand hochgehoben wird. Die Lider und die Ohren können dabei zittern, oder die Lippen werden zurückgezogen.
Ist eine Schultergliedmaße betroffen, wird sie bei gebeugtem Karpus nach oben und zur Seite gehalten. Die Muskeln oberhalb des Ellbogens zittern, bis die Symptome wieder verschwinden.

Therapie

Es ist keine wirksame Behandlungsmethode bekannt, aber der Versuch einer intravenösen Therapie mit Mephenesin kann gemacht werden.

Prognose

Die Prognose muß ungünstig gestellt werden, da sich die Symptome normalerweise im Laufe der Zeit verschlechtern. Pferde mit leichten Krankheitserscheinungen können in einigen Fällen weiter gearbeitet werden.

Ausgewählte Literatur

1. DEEN, T.: Shivering, a rare equine lameness. Eq. Pract., **6**: 19, 1984.
2. FRANK, E. R.: Veterinary Surgery, 7th Ed. Minneapolis, Burgess Publishing Co., 1964, p. 333.
3. NEAL, F. C., and RAMSEY, F. K.: The Nervous System. *In* Equine Medicine and Surgery, 2nd Ed. Santa Barbara, American Veterinary Publications, 1972, p. 486.
4. PALMER, A. C.: Introduction to Animal Neurology, 2nd Ed. Oxford, Blackwell Scientific Publications, 1976, p. 88.

Tibia

Frakturen

Es gibt verschiedene Arten der Tibiafraktur, und ihre Häufigkeit entspricht der anderer proximaler Gliedmaßenfrakturen beim Pferd;[12] allerdings wird in einer Veröffentlichung über eine höhere Frequenz dieser Verletzung berichtet.[7] Obwohl vollständige Spiral- und Schrägfrakturen am häufigsten auftreten, werden bei Fohlen im Alter von einem bis zu sechs Monaten auch Frakturen der proximalen und distalen Epiphyse beobachtet.[4,14,15] Tibiafissuren stellen eine diagnostische Herausforderung dar und sind manchmal schwer zu behandeln.[2,4,7] Abrißfrakturen der Tuberositas tibiae sollen bei jungen Pferden ebenfalls vorkommen, aber die Diagnose ist fragwürdig.[4] In einer Veröffentlichung wird eine Abrißfraktur der Tuberositas tibiae bei einem erwachsenen Pferd beschrieben.[5] Schräg- und Spiralfrakturen des Schaftes können unterschiedlich stark zertrümmert sein und sind häufig offen, da die scharfen Fragmente weit aneinander vorbeigleiten.[4,7,12]

Ätiologie

Es gibt zahlreiche Ursachen für eine Tibiafraktur, obwohl meistens ein äußeres Trauma (z. B. eine Schlagverletzung) oder abnorme Belastungen verantwortlich gemacht werden.[1–9,11–15] So wurden Torsions- und Biegekräfte zusammen mit axial wirkenden Druckkräften als auslösende Faktoren beschrieben.[8,9] Weitere Ursachen sind Stürze während eines Rennens; manche Frakturen entstehen auch spontan.[13] Frakturen in der Wachstumszone kommen häufig vor, wenn Halfter reißen, und in einem Fall war der Grund für eine Abrißfraktur der Tuberositas tibiae bei einem dreijährigen Pferd ein Schlag mit einem Poloschläger.[5]

Symptome

Bei einer vollständigen Tibiafraktur ist die Belastung der betroffenen Gliedmaße nicht möglich. Weiterhin bestehen eine deutliche Weichteilschwellung sowie Krepitation im Bereich des Unterschenkels. Das proximale Fragment ist bei offenen Frakturen im Vergleich zum distalen kraniomedial disloziert. Frakturen der proximalen bzw. distalen Wachstumszone sind meistens vom Typ Salter-Harris II (siehe Seite 298) und führen distal von der Bruchstelle zu einer lateralen Achsenabweichung (Abb. 8.274 **A** und **B** und Abb. 8.275 **A** und **B**). Solche Frakturen sind relativ leicht zu diagnostizieren, aber ihre Form kann nur anhand von Röntgenaufnahmen bestimmt werden.
Fissuren können schwer feststellbar sein. Klinische Befunde, die darauf hinweisen, sind unter anderen:
1. der Vorbericht einer plötzlich einsetzenden deutlichen Lahmheit,
2. Palpationsschmerzhaftigkeit im proximalen Bereich des Unterschenkels,
3. eine verzögert einsetzende Weichteilschwellung über dem distalen Teil der Fissur. Die Verzögerung entsteht, da diese Schwellung anscheinend mit der Kallusbildung in Zusammenhang steht.[7] Bei Abrißfrakturen

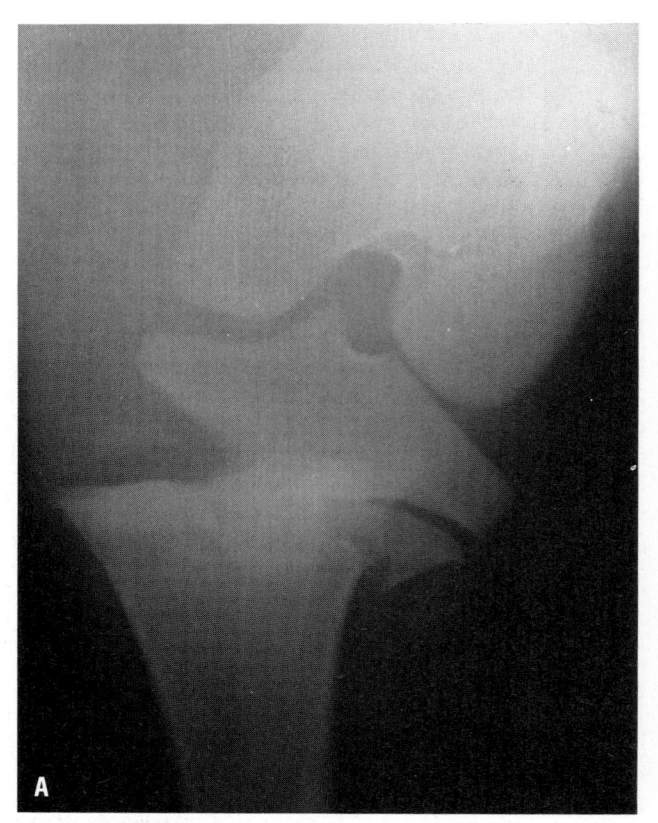

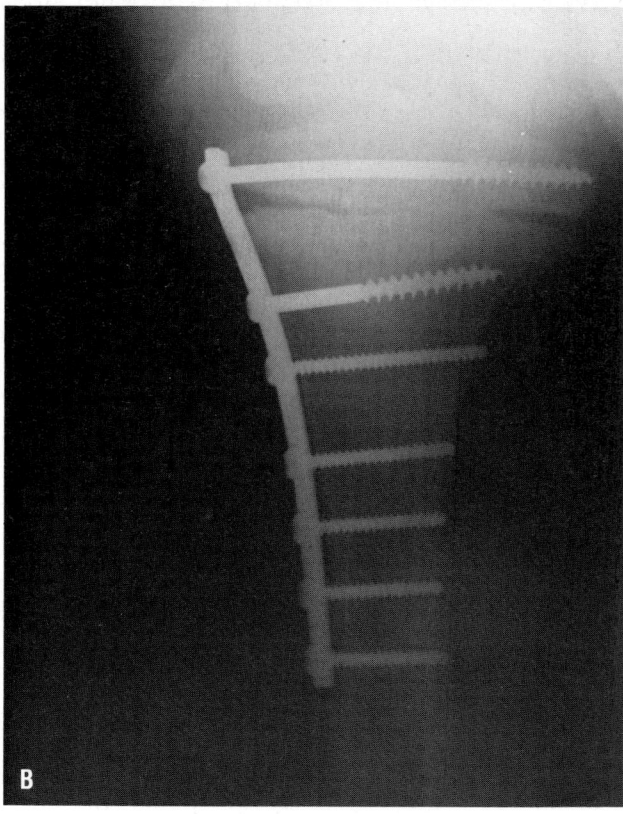

Abb. 8.274: A Salter-Harris-II-Fraktur der proximalen Tibiaepiphyse. **B** Zur Behandlung dieser Fraktur wurde eine Platte medial an der Tibia verwendet (mit Genehmigung von Dr. C. W. McILWRAITH).

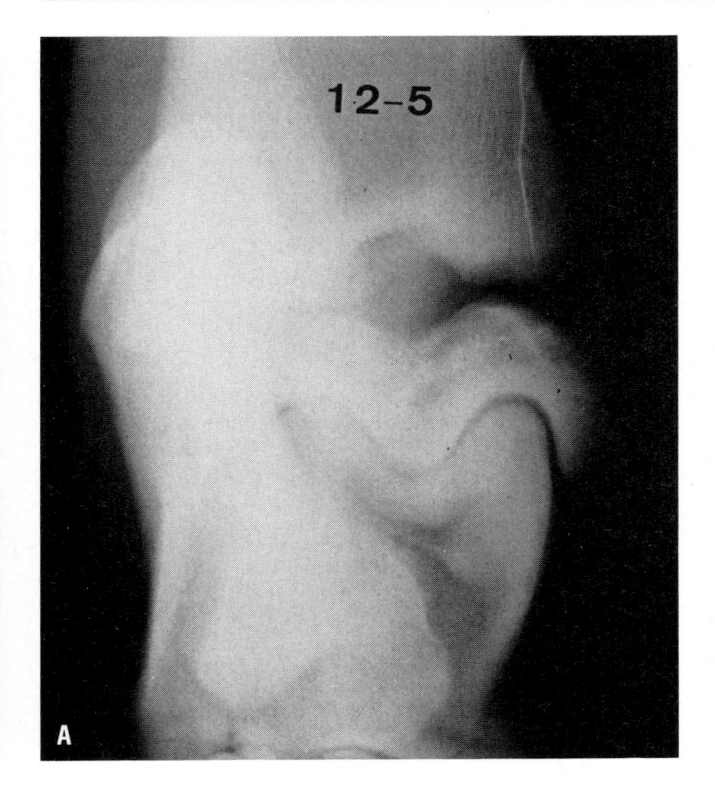

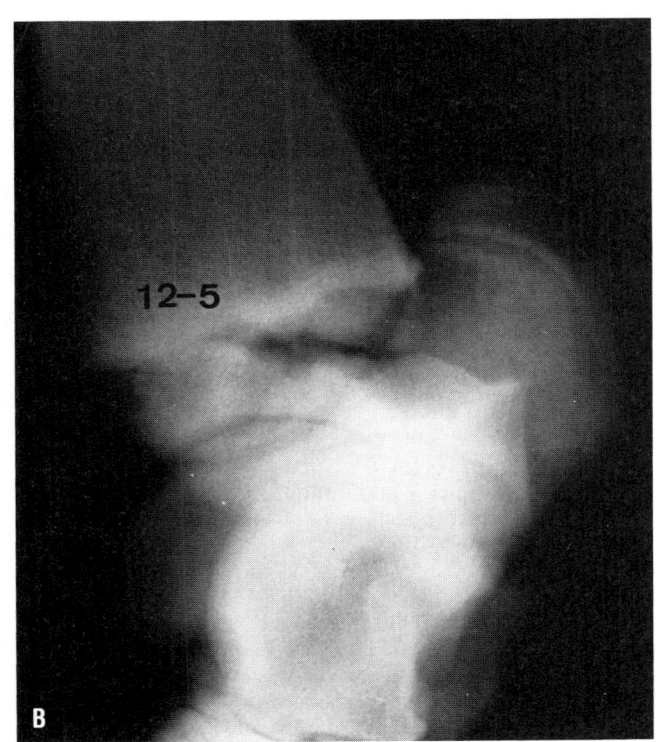

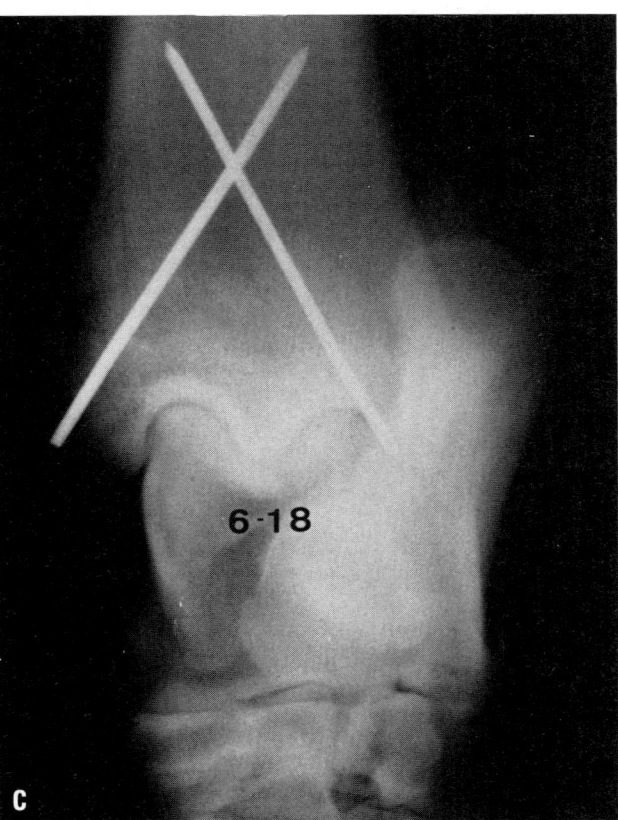

Abb. 8.275: A Kraniokaudale Röntgenaufnahme einer Salter-Harris-I-Fraktur der distalen Tibiaepiphyse. B Lateromediale Aufnahme der in Abbildung A dargestellten Fraktur. C Diese Fraktur wurde mit zwei kreuzförmig eingesetzten Steinmann-Nägeln und einem hohen fixierenden Verband behandelt.

der Tuberositas tibiae besteht eine akute sehr schmerzhafte Lahmheit mit deutlicher Schwellung, Schmerzhaftigkeit und Krepitation bei der Palpation dieses Bereiches.[5]

Diagnose

Abgesehen von den Tibiafissuren bereitet die Diagnose dieser Frakturen kaum Schwierigkeiten. Wenn eine chirurgische Behandlung erwogen wird, sind Röntgenaufnahmen unbedingt erforderlich.

Therapie

Frakturen im Bereich der beiden proximalen Tibiadrittel lassen sich zum Transport und zur Behandlung nur schwer ruhigstellen, da das Knie, ausgenommen bei sehr jungen Fohlen, nicht in einen fixierenden Verband einbezogen werden kann. Tatsächlich ist es so, daß ein Kunststoffverband das Problem noch vergrößert, da das zusätzliche Gewicht durch den Verband distal der Fraktur wie ein Pendel wirkt, bei dem die Frakturstelle der Drehpunkt ist. Frakturen im distalen Drittel der Tibia können durch einen so hoch wie möglich angelegten fixierenden Verband, der das Knie, so gut es geht, einschließt oder der mit einer Thomasschiene kombiniert wird, bis zu einem gewissen Grad stabilisiert werden. Bei Fohlen ist dies allerdings wirksamer als bei erwachsenen Pferden. Wenn die Fraktur offen ist, sollte sich der Tierarzt im allgemeinen Zeit nehmen, den Wundbereich zu scheren und zu desinfizieren, um vor dem Transport einen sterilen Verband anlegen zu können. Außerdem sollten Antibiotika gegeben werden.

Die Behandlung einer vollständigen schrägen Spiralfraktur des Tibiaschaftes ist beim erwachsenen Pferd schwierig und auch beim Fohlen eine Herausforderung. Sie kann bereits beim Einrichten scheitern, besonders wenn das Pferd sehr groß ist und die Fraktur schon einige Stunden besteht. Durch den Winkel des Sprunggelenkes ist die Möglichkeit, Zug auf das distale Fragment auszuüben, begrenzt. Zug am Röhrbein führt meistens nur zu einer weiteren Dislokation des distalen Fragmentes. Beim Fohlen wurden bereits Steinmann-Nägel und ein Distraktor erfolgreich verwendet, bei ausgewachsenen Pferden gibt es hierüber keine Veröffentlichungen. Falls die Fraktur nicht schwer einzurichten ist, hat sich das Anlegen eines fixierenden Verbandes in Kombination mit einer Thomasschiene und der Verwendung eines Hängezeuges bewährt.[11]

Die interne Fixation mit Kompressionsplatten war ebenfalls erfolgreich, besonders bei Fohlen.[2,3,6] BRAMLAGE und HANES berichten über die gelungene Behandlung einer Tibiafraktur bei einem ausgewachsenen Pferd.[2] Von BIGNOZZI et al. und in unserer Klinik wurden bei einer begrenzten Zahl von Fohlen Half-Pins und die Transfixationstechnik mit Erfolg verwendet.[1] Allerdings ist beim erwachsenen Tier hiervon kein Nutzen zu erwarten. Entscheidet sich der Operator für die Verwendung von Platten, weisen die neuesten Ergebnisse darauf hin, daß er am besten durch einen Zugang von kranial zwei Platten anbringt, von denen sich die erste kraniolateral und die zweite kraniomedial befinden soll.[2] Auch lateral kann eine Platte fixiert werden, falls die Form der Fraktur es erfordert. Im Gegensatz zu vorher beschriebenen Operationen wird zum Aufstehen nach der Narkose kein Kunststoffverband angelegt, da dieser durch Änderung der Spannungskräfte am Knochen möglicherweise den Frakturbereich zusätzlich belastet.[2,10] Das heißt allerdings nicht, daß das Pferd beim Aufstehen nicht unterstützt werden soll.

Nicht dislozierte Frakturen der proximalen Epiphyse bei jungen Fohlen können konservativ durch Boxenruhe geheilt werden.[12] Dislozierte Frakturen der proximalen Epiphyse wurden durch transversal angebrachte Steinmann-Nägel und mit Hilfe eines Distraktors zur Einrichtung und Fixation erfolgreich behandelt.[15] Auch die Therapie mit einer einzelnen Knochenplatte ist hier möglich (Abb. 8.274 **B**).[15] Der Vorteil, den die Platte dem Nagel gegenüber hat, ist ihre Abdeckung durch Weichteilgewebe.

Unvollständige Spiral- und Schrägfrakturen der Tibia werden am besten durch die interne Fixation mit interfragmentärer Kompression oder mit Hilfe von fixierenden Verbänden und Thomasschienen behandelt,[7] da bei anderen konservativen Behandlungsmethoden später häufig aus einer Fissur doch noch eine vollständige Fraktur wird.

Frakturen der distalen Epiphyse oder Transversalfrakturen der Tibia können beim Fohlen mit einem fixierenden Verband allein behandelt werden, der so hoch wie möglich reichen und, wenn es geht, das Knie einschließen soll.

Bei dislozierten Epiphysenfrakturen bei Jährlingen können kreuzförmig eingeschlagene Steinmann-Nägel erfolgreich verwendet werden (Abb. 8.275 **C**).
Wenn erwachsene Pferde komplizierte Trümmerfrakturen haben, wird zur Euthanasie geraten, falls keine besonderen Umstände vorliegen. Abrißfrakturen der Tuberositas tibiae sind sehr selten, und nur in einer Veröffentlichung wird über die erfolgreiche Zuggurtung mit einem Spanndraht beim erwachsenen Pferd berichtet.[5]

Prognose

Tibiafrakturen bei ausgewachsenen Pferden haben eine schlechte Prognose. Bei Fohlen ist sie, abhängig von der Art der Fraktur, der Dauer ihres Bestehens und der gewählten Behandlungsmethode, vorsichtig zu stellen. Auch wenn eine interne Fixation mit Erfolg durchgeführt worden ist, empfiehlt es sich, erst nach deutlich fortgeschrittenem Heilungsverlauf eine prognostische Aussage zu treffen.

Ausgewählte Literatur

1. BIGNOZZI, L., et al.: Half pin fixation in two cases of equine long bone fracture. Eq. Vet. J., **13**: 64, 1981.
2. BRAMLAGE, L. R., and HANES, G. E.: Internal fixation of a tibial fracture in an adult horse. J. Am. Vet. Med. Assoc., **180**: 1090, 1982.
3. DINGWALL, J. S., DUNCAN, D. B., and HORNEY, F. D.: Compression plating in large animal orthopedics. J. Am. Vet. Med. Assoc., **158**: 1651, 1971.
4. FESSLER, J. F., and AMSTUTZ, H. E.: Fracture repair. In Large Animal Surgery. Edited by F. W. Oehme, and J. E. Prier. Baltimore, Williams & Wilkins Co., 1974, p. 317.
5. GERRING, E. L., and DAVIES, J. V.: Fracture of the tibial tuberosity in a polo pony. Eq. Vet. J., **14**: 158, 1982.
6. GERTSEN, K. E., MONFORT, T. N., and TILLOTSON, P. J.: Fracture repair in large animals. VM/SAC, **68**: 782, 1973.
7. HAYNES, P. F., et al.: Incomplete tibial fractures in three horses. J. Am. Vet. Med. Assoc., **177**: 1143, 1980.
8. ROONEY, J. R.: Mechanics of bone fractures in horses. Vet. Scope, **8**: 29, 1968.
9. ROONEY, J. R.: The mechanics of humeral and tibial fractures of the horse. Cornell Vet., **55**: 599, 1965.
10. SCHNEIDER, R. K. et al.: Multidirectional in vivo strain analysis of the equine radius and tibia during dynamic loading with and without a cast. Am. J. Vet. Res., **43**: 1541, 1982.
11. SPRINGSTEAD, B. K.: Fracture of the tibia in a horse. J. Am. Vet. Med. Assoc., **155**: 1370, 1969.
12. TURNER, A. S.: Fracture of specific bones. In Equine Medicine and Surgery. 3rd Ed. Edited by R. A. Mansmann, and E. S. McAllister. American Veterinary Publications, 1982, p. 1018.
13. VAUGHAN, L. C., and MASON, B. J. E.: A Clinico-pathological Study of Racing Accidents in horses. Surrey, England Bartholomew Press, 1975, p. 72.
14. WHITE, N. A., BLACKWELL, R. B., and HOFFMAN, P. E.: Use of a bone plate for repair of proximal physeal fractures of the tibia in two foals. J. Am. Vet. Med. Assoc., **181**: 252, 1982.
15. WHITE, N. A., and WHEAT, J. D.: An expansion and compression technique for reducing and stabilizing proximal epiphyseal fractures of the tibia in foals. J. Am. Vet. Med. Assoc., **167**: 733, 1975.

Osteochondrosis (Abrißfraktur) der Tuberositas tibiae

Über das Vorkommen einer Abrißfraktur der Tuberositas tibiae bei Pferden gibt es Veröffentlichungen.[1] Bei Hunden und Menschen kann sie ebenfalls auftreten. Beim Menschen ist sie unter dem Namen „Osgood-Schlattersche Krankheit" bekannt. Anscheinend ist diese Diagnose ähnlich wie die der Fibulafraktur abgeschafft worden, da viele der sogenannten pathologischen Veränderungen, die auf dem Röntgenbild an der Tuberositas tibiae zu sehen sind, bei jungen Pferden einen Normalbefund repräsentieren. Die Tuberositas tibiae hat eine eigene Apophyse, deren Begrenzung oft unregelmäßig ist.

Ätiologie

Ein Trauma der Tuberositas tibiae durch übermäßigen Zug der dort ansetzenden Kniescheibenbänder als Folge des Trainings beim jungen Pferd wurde für diesen Zustand verantwortlich gemacht. Es ist jedoch auch möglich, daß der sogenannte Abriß der Tuberositas tibiae durch eine habituelle Patellaluxation entsteht. Möglicherweise werden leichte Patellaluxationen als Osteochondrose mißgedeutet, da die zur Erkennung einer habituellen Luxation erforderliche sorgfältige Untersuchung nicht erfolgte. Osteochondrosen treten bei Pferden im Alter bis zu drei Jahren auf. Dies ist die Zeit, in der die Tuberositas tibiae die normale Apophysenfuge zeigt, die einen Abriß von der Tibia vortäuscht.

Symptome

Die Symptome dieser Erkrankung sind unklar. Unter anderem lassen sich eine Umfangsvermehrung, Empfindlichkeit und Schmerzhaftigkeit über der Tuberositas tibiae nach einem anstrengenden Training feststellen. Die Pferde traben hundeartig, da die Vorführphase der erkrankten Gliedmaße verkürzt ist. Sind beide Beckengliedmaßen betroffen, ist die Vorführphase beiderseits verkürzt, und der Untersuchende stellt fest, daß aufgrund des flacheren Bogens in der Hangbeinphase die Zehe über den Boden geschleift wird. Die Röntgenuntersuchung zeigt einen partiellen Abriß der Tuberositas tibiae mit Knocheninselchen im Knorpel, die auf ein unvollständiges Abreißen hinzuweisen scheinen. Diese Veränderungen sind nur schwer von der normalen Apophysenfuge der Tuberositas tibiae zu unterscheiden (Abb. 8.276).

Diagnose

Die Diagnose basiert hauptsächlich auf der Röntgenuntersuchung, wobei diese an beiden Beckengliedmaßen vergleichend durchgeführt werden sollte. Obwohl eine Osteochondrose vorkommen kann, sollten andere Lahmheitsursachen durch eine sorgfältige Untersuchung ausgeschlossen werden. Ein Tierarzt, der nicht bereits zahlreiche Röntgenaufnahmen von jungen Pferden untersucht hat, kann durch das Erscheinungsbild der Apophysenfuge leicht in die Irre geführt werden. Ein verstärkter Zug der an der Tuberositas tibiae ansetzenden Kniescheibenbänder kann als Folge einer habituellen Patellaluxation auftreten und ähnliche Symptome verursachen wie die Osteochondrose.

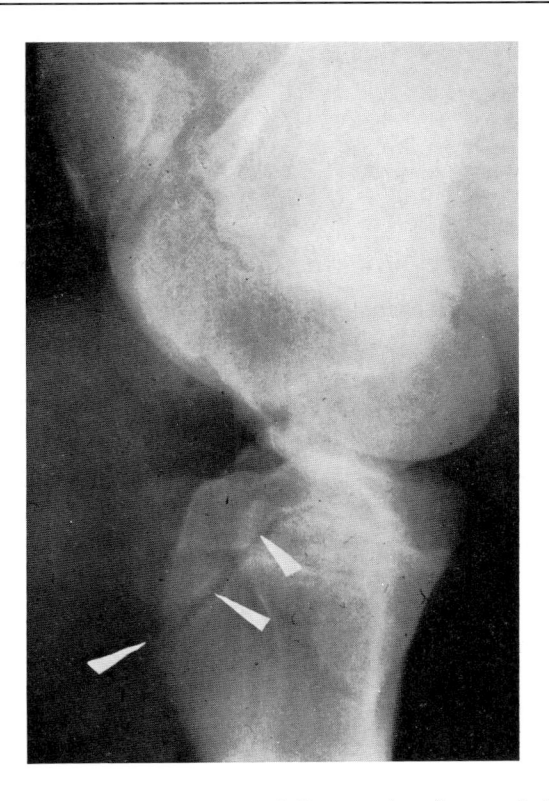

Abb. 8.276: Die Pfeile weisen auf die normale, oft unregelmäßige Apophysenfuge der Tuberositas tibiae hin. Bei mangelnder Vorsicht kann durch dieses Bild die Fehldiagnose einer Osteochondrose gestellt werden. Abweichungen vom „normalen" Verlauf dieser Apophysenfuge sind bei verschiedenen Pferden zu sehen.

Therapie

Um den Heilungsprozeß zu beschleunigen, wurde Lugolsche Lösung im betroffenen Bereich subkutan injiziert. Eine von der Behandlung des Menschen übernommene Methode besteht im Anbohren des Margo cranialis der Tibia, um auf diese Weise eine Entzündung zu provozieren. Eine Behandlung mit Kortikosteroiden zeigt keinen Erfolg, und auch die Behandlung mit Analgetika, wie Phenylbutazon, führt nur zu geringen Reaktionen. Boxenruhe oder Auslauf auf einer kleinen Koppel sind ein wichtiger Bestandteil der Therapie. Die Einhaltung von Ruhe ist wichtig, da eine Anstrengung zum vollständigen Abriß der Tuberositas tibiae führen kann, obwohl dies unwahrscheinlich ist, da ein echter Abriß selbst nach schwerstem Trauma extrem selten zu finden ist. GERRING und DAVIES verwendeten Spanndraht der Größe 8 zur erfolgreichen Behandlung einer Abrißfraktur der Tuberositas tibiae bei einem ausgewachsenen Pferd.[2]

Prognose

Die Prognose ist vorsichtig zu stellen. Anhand der Röntgenaufnahmen wird der Zeitpunkt bestimmt, an dem die Pferde wieder arbeiten dürfen.

Ausgewählte Literatur

1. BAKER, H.: Osteochondrosis of the tibial tuberosity of the horse. J. Am. Vet. Med. Assoc., 137: 354, 1960.
2. GERRING, E. L., and DAVIES, J. V.: Fracture of the tibial tuberosity in a polo pony. Eq. Vet. J., 14: 158, 1982.

Diastasenbildung der Fibula

In der Vergangenheit wurde bei obskuren Hinterbeinlahmheiten gern eine Fibulafraktur diagnostiziert.[3,5,6] Diese Diagnose gab es bei Standardbred-Pferden und Vollblütern häufig, und sie wurde auch häufig irrtümlich gestellt. Ausgedehnte Röntgenuntersuchungen ergaben, daß die scheinbare Fraktur nur einen Defekt in der Vereinigung von proximaler Epiphyse und distaler Diaphyse darstellt[2,7,8] (Abb. 8.277). Es gibt keine bestimmten klinischen Symptome, und von Rückenproblemen bis zu Hinterbeinlahmheiten ohne Diagnose ist alles mögliche als Fibulafraktur bezeichnet worden. Die Diastase wird bei einem hohen Prozentsatz von Pferden beobachtet. Wenn die Fibula der anderen Beckengliedmaße geröntgt wird, stellt man meistens fest, daß dort der gleiche Defekt besteht.[1] Obwohl eine Fibulafraktur als Folge eines direkten Traumas unzweifelhaft auftreten kann, verursacht sie wahrscheinlich nicht diese Lahmheit, und in den meisten Fällen findet man bei einer gründlichen Untersuchung die eigentliche Ursache.

KANEKO et al. wiesen histopathologisch im Bereich der Diastase Bezirke nekrotischen Bindegewebes, Knocheninseln und Knorpelgewebe nach. Gleichzeitig bestanden morphologische Veränderungen der Nervi peroneus (fibularis) und tibialis, die ihrer Meinung nach zu einer geringen Bewegungsstörung der Beckengliedmaße führen könnten.[4]

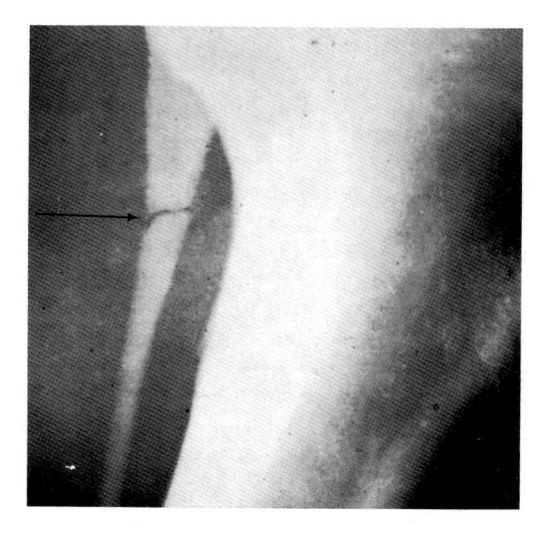

Abb. 8.277: „Fibulafraktur" beim Pferd. Der Pfeil deutet auf die normale bindegewebige Verbindung des Knochens, die bei vielen gesunden Pferden zu finden ist.

Ausgewählte Literatur

1. BANKS, W. C., and SCHULTZ, C. W.: Additional studies of fibular defects in horses. J. Am. Vet. Med. Assoc., 133: 422, 1958.
2. DELAHANTY, D. D.: Defects – not fractures – of the fibulae in horses. J. Am. Vet. Med. Assoc., 133: 258, 1958.
3. Editorial: A phenomenon in equine lameness. J. Am. Vet. Med. Assoc., 130: 51, 1957.
4. KANEKO, M., et al.: Discontinuous conditions in the fibula in the light horse. Reprinted from experimental reports of Equine Health Laboratory, Tokyo, Japan, 12: 1, 1975.
5. LUNDVALL, R. L.: Fracture of the fibula in the horse. J. Am. Vet. Med. Assoc., 129: 10, 1956.
6. LUSK, N. D., and ROSBOROUGH, J. P.: Fibular fracture in a filly. J. Am. Vet. Med. Assoc., 130: 4, 1957.
7. ZESKOV, F.: A study of discontinuity of the fibula in the horse. Am. J. Vet. Res., 78: 852, 1959.
8. ZESKOV, B., et al.: Fracture or congenital discontinuity of the fibula in the horse. Br. Vet. J., 114: 145, 1958.

Fibrosierende und ossifizierende Myopathie

Die fibrosierende und ossifizierende Myopathie tritt meistens an der Beckengliedmaße des Pferdes auf und ist eine Folge alter Verletzungen der Musculi semitendinosus, semimembranosus und biceps femoris. Eine besondere Rolle spielt die fibrotische Veränderung des Musculus semitendinosus, da sie zu Verklebungen mit den Musculi semimembranosus und biceps femoris führen kann. Diese Verklebungen behindern die Bewegung des Musculus semimembranosus, was zu einer Bewegungsstörung führt. Quarter Horses sind, bedingt durch ihre Arbeit, besonders betroffen. Die ossifizierende Myopathie der Beckengliedmaße, die ebenfalls von einer früheren Muskelverletzung herrührt, stellt vermutlich die Verknöcherung einer fibrosierenden Myopathie dar. Die Lahmheitssymptome sind die gleichen wie bei der fibrosierenden Myopathie, da die Verklebungen mit den angrenzenden Muskeln, ausgehend von der Verknöcherung, die gleiche Bewegungseinschränkung der Gliedmaße verursachen. Die ossifizierende Myopathie wurde auch schon an der Schultergliedmaße festgestellt.[1]

Eine kongenitale Form der fibrosierenden Myopathie wurde ebenfalls entdeckt.[2] Die Pferde werden bereits mit der für die fibrosierende Myopathie der Beckengliedmaße charakteristischen Gangveränderung geboren. Palpatorisch läßt sich eine verstärkte Spannung des Musculus semitendinosus feststellen, aber die für diese Erkrankung typische feste Verdickung des Muskels kann nicht gefühlt werden. Da keine fibröse Muskelschwellung vorhanden ist, mag der Begriff kongenitale restriktive Myopathie dieses Syndrom besser beschreiben.

Ätiologie

Die Ursache der fibrosierenden und ossifizierenden Myopathie ist vermutlich ein Trauma, wobei die Ossifikation eine Komplikation des fibrotischen Zustandes darstellt und ebenfalls traumatischer Genese ist. Die betroffenen Muskeln können beim Rutschen während plötzlicher Stops im Verlauf der Rodeoarbeit oder auf andere Weise, z. B. beim seitlichen Ausbrechen oder durch Verfangen im Halfter oder bei intramuskulären Injektionen, verletzt werden.[2] Normalerweise treten die Veränderungen einseitig auf, aber ein Fall von beidseitiger fibrosierender Myopathie als Folge eines Unfalles im Transporter ist ebenfalls veröffentlicht worden.[1] Manchmal ist die eigentliche Ursache der Verletzung unbekannt, da klinische Symptome erst im Zusammenhang mit der Myositis auftreten. Im Verlauf der Heilung der ursprünglichen Verletzung kommt es zu Adhäsionen zwischen den beteiligten Muskeln, und diese verursachen dann die Lahmheit.

Ossifiziert die fibrosierende Myopathie, erfolgt dies wahrscheinlich durch Osteoblasten, die metaplastisch aus Fibroblasten entstanden sind. Die Ätiologie der kongenitalen Form ist nicht bekannt.

Symptome

Die Symptome entstehen durch Verklebungen des Musculus semitendinosus und des Musculus semimembranosus medial bzw. Verklebungen des Musculus semitendinosus und des Musculus biceps femoris lateral (Abb. 8.287). Diese Adhäsionen verhindern die normale Muskelbewegung zum Teil. Während des kranialen Teiles der Vorführphase zuckt das betroffene Bein vor dem Auffußen plötzlich 7 bis 12 cm zurück (Abb. 8.279). Normalerweise ist die Lahmheit im Schritt am deutlichsten. Der kraniale Tei der Vorführphase ist verkürzt, dafür ist der kaudale verlängert. Dieser veränderte Bewegungsablauf ist leicht zu erkennen und kann die Folge einer fibrosierenden oder ossifizierenden Myopathie sein. Im Bereich der betroffenen Muskeln an der kaudalen Seite der erkrankten Gliedmaße ist auf Höhe des Kniegelenkes oder direkt darüber eine Verhärtung zu spüren (Abb. 8.280).

Histopathologisch besteht die fibrosierende Myopathie in einer Hyalinisierung der Muskelzellen mit Verlust der Querstreifung und mittelgradig pyknotischen Kernen. Es gibt keinen Hinweis auf eine Entzündung oder eine Neoplasie. Das knöcherne Gewebe einer ossifizierenden Myopathie zeigt eine normale Struktur.

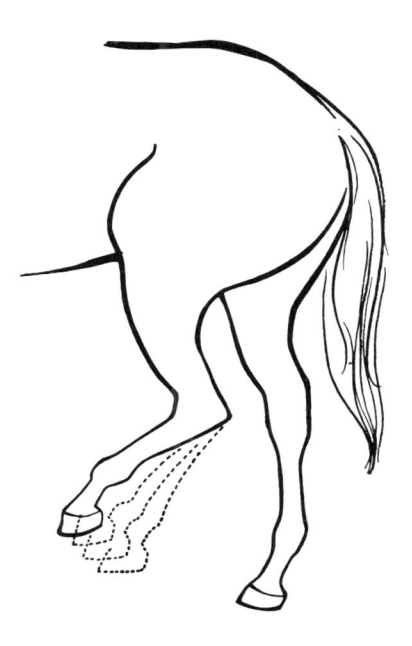

Abb. 8.279: Für die fibrosierende bzw. ossifizierende Myopathie des Musculus semitendinosus typische Bewegung der Beckengliedmaße. Der Fuß zuckt direkt vor dem Auffußen 7 bis 12 cm zurück.

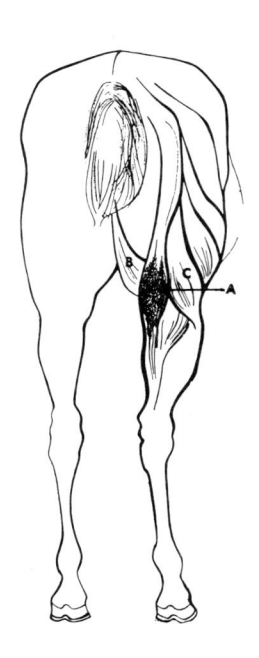

Abb. 8.278: Die an der fibrosierenden Myopathie beteiligten Muskeln. **A** Fibrotisch veränderter Bezirk im Musculus semitendinosus. **B** Musculus semimembranosus. **C** Musculus biceps femoris.

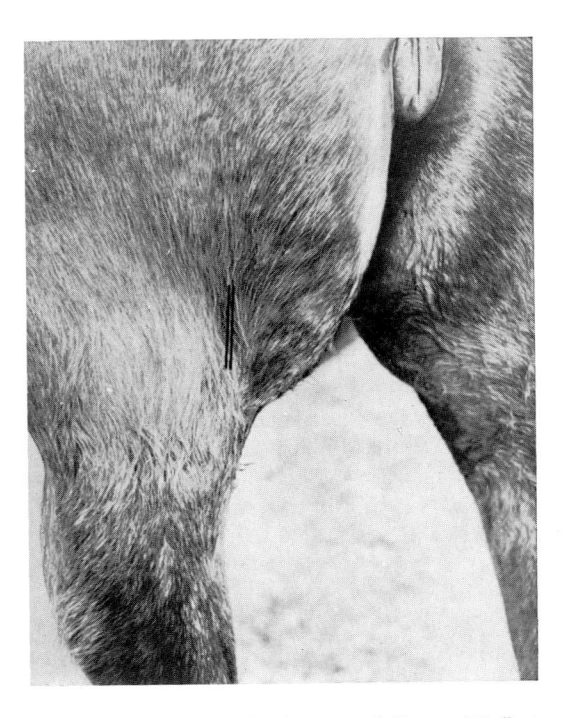

Abb. 8.280: Die beiden Striche deuten auf die am häufigsten von einer fibrosierenden bzw. ossifizierenden Myopathie betroffene Region. An dieser Stelle liegt auch der Hautschnitt bei einer chirurgischen Behandlung.

Diagnose

Die Diagnose basiert auf dem veränderten Gang und der Palpation der Verhärtung an der kaudalen Seite der erkrankten Gliedmaße in Höhe des Kniegelenkes. Bei der Diagnosestellung sollte ebenfalls an einen Hahnentritt gedacht werden. Beim Hahnentritt wird das Bein ruckartig unter den Bauch gezogen, während es bei der fibrosierenden Myopathie direkt vor dem Auffußen nach hinten und unten zuckt. Der kraniale Teil der Vorführphase wird bei der fibrosierenden Myopathie durch die Verklebungen und eine mangelnde Elastizität im betroffenen Bereich des Muskelbauches begrenzt, so daß die Gliedmaße zurückgezogen werden muß, bevor das Vorführen beendet ist.

Therapie

Eine Behandlungsmethode zur Therapie der traumatisch induzierten fibrosierenden Myopathie ist die chirurgische Entfernung eines etwa 10 cm langen Stückes der Sehne des Musculus semitendinosus auf Höhe des Kniegelenkes. Die Resektion erfolgt vor dem Übergang des Muskelbauches in seine Sehne. Gleichzeitig werden die Verklebungen zwischen Musculus semitendinosus und Musculus semimembranosus und zwischen Musculus semitendinosus und Musculus biceps femoris gelöst.

Operationsbeschreibung: Nachdem das Pferd in Allgemeinnarkose liegt, wird die kaudale Seite des Beines über den betroffenen Muskeln in Höhe des Kniegelenkes und etwas darüber zur Operation vorbereitet. Zur Erleichterung des Eingriffes wird die Gliedmaße gestreckt. Ein mindestens 15 cm langer vertikaler Hautschnitt wird kaudal über der Sehne des Musculus semitendinosus angelegt (Abb. 8.280). Wenn diese gefunden ist, werden die Verklebungen mit dem Musculus semimembranosus und dem Musculus biceps femoris gelöst. Der Muskelbauch des Musculus semitendinosus wird isoliert, und ein 10 cm großes Stück wird reseziert, das möglichst aus 5 cm Sehne und 5 cm Muskelgewebe bestehen soll. Nach der Resektion kontrahiert sich der verbliebene Muskel sofort, und es entsteht eine große Höhle. Die Faszie darüber wird mit synthetischem resorbierbaren Nahtmaterial Nr. 2 verschlossen. Die Hautnaht erfolgt mit einfachen Einzelheften und monofilem synthetischen Material geeigneter Stärke. Eine vertikale Matratzennaht mit dem gleichen Material und eingelegten Gummischläuchen dient zur Entlastung der Wundränder (Abb. 8.281). Eine Penrose-Schlauchdrainage wird in den unteren Wundwinkel gelegt, um den Abfluß von Sekret zu gewährleisten. Dieser Drain wird nach etwa sieben Tagen entfernt. Antibiotika sind, sofern unter aseptischen Kautelen gearbeitet wurde, normalerweise nicht erforderlich.

Wenn eine ossifizierende Myopathie vorliegt, ist die Operationsvorbereitung die gleiche, aber nach dem Hautschnitt wird die Haut zur Seite gezogen, und die verknöcherte Auflage auf dem Musculus semitendinosus wird freipräpariert. Die Verklebungen medial und lateral werden gelöst. Der Wundverschluß erfolgt, wie oben beschrieben.

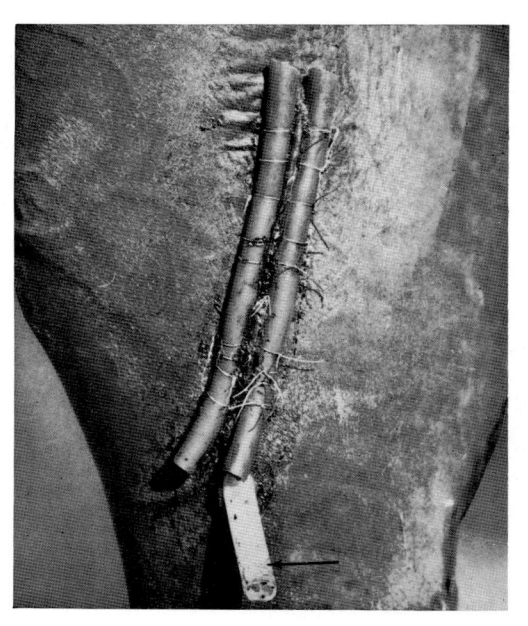

Abb. 8.281: Wundverschluß nach der Operation einer fibrosierenden Myopathie. Eine Entlastungsnaht (vertikale Matratzennaht) unter Verwendung von Gummischläuchen nimmt die Spannung von den Wundrändern, so daß es nicht zu einer Nahtdehiszenz kommt. Ein Plastikdrain wird in die Wunde eingelegt und an der Haut festgenäht, so daß Serum und Blut abfließen können. Obwohl es dadurch nur zu einer Sekundärheilung kommt, geht diese schneller vonstatten, als wenn versucht wird, eine Primärheilung zu erzielen, und es durch einen Sekretstau zur Nahtdehiszenz kommt. Die Drainage wird nach sieben Tagen entfernt, die Entlastungsnaht wird etwa nach zwei Wochen gezogen.

Eine Alternative zur Technik der partiellen Myektomie ist die Durchschneidung des Ansatzes des Musculus semitendinosus kaudomedial am proximalen Ende der Tibia.[2] Diese Operation hat anscheinend die gleiche Wirkung wie die Myektomie, aber die Technik ist einfacher, und es gibt weniger Komplikationen. Mit dieser Methode wurden auch zwei Fälle von kongenitaler fibrosierender Myopathie erfolgreich behandelt, wobei in einem Fall zwei chirurgische Eingriffe erforderlich waren.

Prognose

Nach der partiellen Myektomie ist in allen Fällen eine Besserung feststellbar. Bei einigen Pferden entwickeln sich im Anschluß an die Heilung zwar noch charakteristische, aber weniger ausgeprägte Symptome, wobei die Funktion der Gliedmaße fast normal ist und die Symptome sich nur im Schritt bemerkbar machen. Manchmal dauert es drei bis sieben Tage, bis die endgültige Wirkung der chirurgischen Korrektur sichtbar wird.

In einer Veröffentlichung wird über einen Anteil an Komplikationen von 50 % nach der partiellen Myektomie des Musculus semitendinosus berichtet (Nahtdehiszenz, Veränderung der Gliedmaßenkontur, Bildung von Narbengewebe, erneutes Auftreten der Lahmheit).[3]

Die Prognose bei der Tenektomie im Bereich des Ansatzes des Musculus semitendinosus scheint mindestens ebensogut zu sein wie bei der Myektomie, obwohl bis jetzt nur vier Fälle veröffentlicht sind.

Ausgewählte Literatur

1. ADAMS, O. R.: Fibrotic myopathy in the hindlegs of horses. J. Am. Vet. Med. Assoc., **139**: 1089, 1961.
2. BRAMLAGE, L. R., et al.: Semitendinosus tenotomy for treatment of fibrotic myopathy in the horse. J. Am. Vet. Med. Assoc., **186**: 565, 1985.
3. TURNER, A. S., and TROTTER, G. W.: Fibrotic myopathy in the horse. J. Am. Vet. Med. Assoc., **184**: 335, 1984.

Weiterführende Literatur

ADAMS, R. D., BROWN, D. D., and PEARSON, C. M.: Diseases of Muscle. New York, Harper and Brothers, 1953.
ANDERSON, J. G.: Lameness due to myositis fibrosa. Southwestern Vet., **19** (3): 240, 1966.
ARANEZ, J. B.: Ossifying myopathy in a horse. A. U. Vet. Dig. Philippines, **3** (1): 14, 23, 1969.
BISHOP, R.: Fibrotic myopathy in the gracilis muscle of a horse. VM/SAC, **67** (3): 270, 1972.
LACKEY, S. H.: Myositis fibrosa: case report. Southwestern Vet., **22** (1): 66, 1968.

Knie

Lahmheiten des Kniegelenkes (Gonitis)

Da das Kniegelenk das größte und komplizierteste Gelenk beim Pferd ist, überrascht es nicht, daß dort sehr häufig die Ursache von Lahmheiten der Beckengliedmaße zu suchen ist. Kurz gesagt, besteht das Kniegelenk aus zwei getrennten Gelenkabteilungen, dem Femoropatellar- und dem Femorotibialgelenk mit drei Gelenkaussackungen, nämlich der des Femoropatellargelenkes sowie einer medialen und einer lateralen Aussackung des Femorotibialgelenkes. Die mediale Aussackung des Femorotibialgelenkes und das Femoropatellargelenk kommunizieren häufig miteinander, und gelegentlich besteht auch Verbindung zwischen der lateralen Aussackung des Femorotibialgelenkes und dem Femoropatellargelenk. Zwischen die Gelenkflächen der Femurkondylen und der Tibia sind Menisken aus Faserknorpel eingeschoben. Kreuzbänder kranial und kaudal im Gelenk stabilisieren es in kraniokaudaler Richtung, während lateral und medial Seitenbänder für Stabilität sorgen. Infolge des komplexen Aufbaues werden bei Schäden an einer Stelle des Kniegelenkes häufig auch andere Strukturen in Mitleidenschaft gezogen, was die Diagnose und die Behandlung sehr erschwert.

Obwohl das Knie bei den Lahmheiten eine erhebliche Rolle spielt, gibt es nur wenig Veröffentlichungen über die Häufigkeit dieses Problems. VAUGHAN konnte von 835 Pferden, die Hinterbeinlahmheiten und Rückenprobleme aufwiesen, in 63 Fällen (8 %) eine Beteiligung des Kniegelenkes feststellen.[16] In einer anderen Veröffentlichung betrug der Anteil der Kniegelenkslahmheiten an 5388 aufgeschlüsselten Erkrankungen des Bewegungsapparates 2 % (99 Fälle).[2]

Wie bei jeder Gelenkerkrankung können auch bei den Veränderungen am Kniegelenk Knochen- und Weichteilschäden unterschieden werden.[3,7] In beiden Fällen besteht klinisch häufig eine generalisierte Umfangsvermehrung, die als Gonitis bezeichnet wird. Der Begriff Gonitis ist nur ungenau definiert und beschreibt einen entzündlichen Zustand des Kniegelenkes. Er ist aber keine Diagnose im eigentlichen Sinn, da er sich nur auf die Beteiligung einer bestimmten Region an der Erkrankung bezieht. Es ist jedoch gemeinhin anerkannt, daß Weichteilerkrankungen häufiger vorkommen als Knochenveränderungen.[1,11,16,17] Nur in einer Veröffentlichung wird über ein gehäuftes Auftreten von Knochenschäden (60 % gegenüber 40 % Weichteilveränderungen) berichtet.[5] Möglicherweise liegt der Grund dafür in der Tatsache, daß in diesen Fällen besonders auf die Röntgenuntersuchung zur Diagnosefindung zurückgegriffen wurde.

Ätiologie

Das Kniegelenk kann den unterschiedlichsten schädigenden Einflüssen, wie Traumata, Infektionen, kongenitalen Mißbildungen, gestörter Entwicklung, Durchblutungsstörungen und degenerativen Prozessen, unterworfen sein.[3] Im folgenden werden Gelenkveränderungen beschrieben, die zu einer Gonitis führen können.

Habituelle bzw. stationäre Luxation der Patella nach proximal. Dieser Zustand verursacht häufig eine Gonitis und kann zu Veränderungen am Gelenkknorpel der Patella führen. Durch die ständige Reizung kommt es zu einer Verdickung des Stratum synoviale, und eine Aufrauhung der Patella und des medialen Rollkammes des Femurs kann entstehen.

Zerrung des medialen oder lateralen Seitenbandes. Bei den Seitenbändern des Kniegelenkes kommt jede Art von Zerrung in Frage und verursacht unabhängig davon, ob es sich nur um eine leichte Dehnung oder um eine Ruptur handelt, in jedem Fall eine Gonitis. Meistens ist das mediale Seitenband gerissen (Abb. 8.282). Die Ruptur

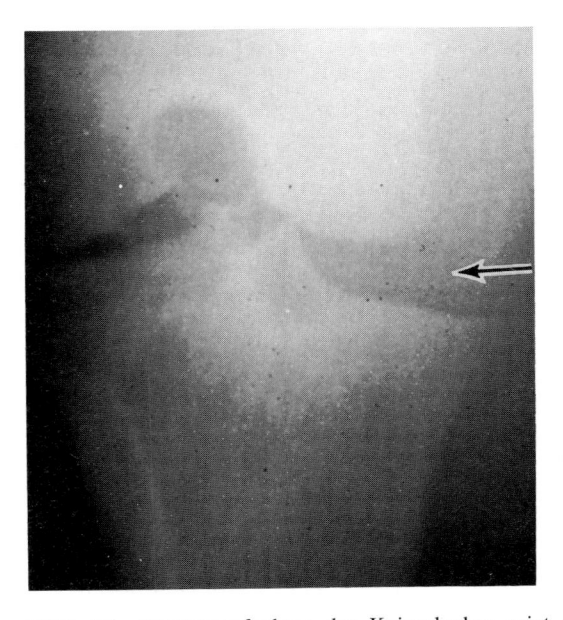

Abb. 8.282: Die Röntgenaufnahme des Kniegelenkes zeigt eine Erweiterung des Gelenkspaltes des medialen Kniekehlgelenkes (Pfeil), wie sie für eine Ruptur des medialen Seitenbandes typisch ist. Des weiteren besteht eine Fraktur des Tuberculum intercondylare laterale, die auf einen Riß des kranialen Kreuzbandes hinweist.

verursacht einen vollständigen Funktionsverlust, da das Gelenk instabil wird und osteoarthritische Veränderungen entstehen. Fast immer kommt es auch zu Schäden am medialen Meniskus, entweder, wenn das mediale Seitenband reißt, oder durch die Instabilität des Kniekehlgelenkes.

Verletzungen des kranialen bzw. kaudalen Kreuzbandes. Zerrungen dieser Bänder kommen in jedem Ausmaß vor, ebenso wie Rupturen, die dann wiederum Frakturen verursachen (Abb. 8.283). Besteht eine Zerrung, aber keine Ruptur, oder eine Fissur infolge einer Zerrung, ist es schwierig, die Diagnose zu stellen. Auf Röntgenaufnahmen kann eine Fraktur der Eminentia intercondylaris erkennbar sein (Abb. 8.283). Meistens ist das kraniale Kreuzband gerissen, manchmal zusammen mit dem medialen Seitenband. Ein Meniskusschaden entsteht medial in jedem Fall entweder bei der Verletzung des kranialen Kreuzbandes oder durch die folgende Instabilität des Kniekehlgelenkes.

Meniskusschäden. Meniskusschäden kommen beim Pferd vor, sind aber schwierig zu diagnostizieren. Meistens ist der mediale Meniskus betroffen. Eine persistierende vermehrte Füllung des Gelenkes sowie eine chronische Lahmheit können die Folge sein (Abb. 8.284 und Abb. 8.285).

Schäden an der Gelenkkapsel. Verletzungen der Gelenkkapsel, unter Umständen mit einem teilweisen Abriß des Stratum fibrosum an seinem Ansatz, sind selten.

Schwere Gelenktraumata. Verletzungen, wie eine Fraktur des Rollkammes oder der Patella (Abb. 8.286), können traumatischer Genese sein. Sie sind ebenfalls selten.

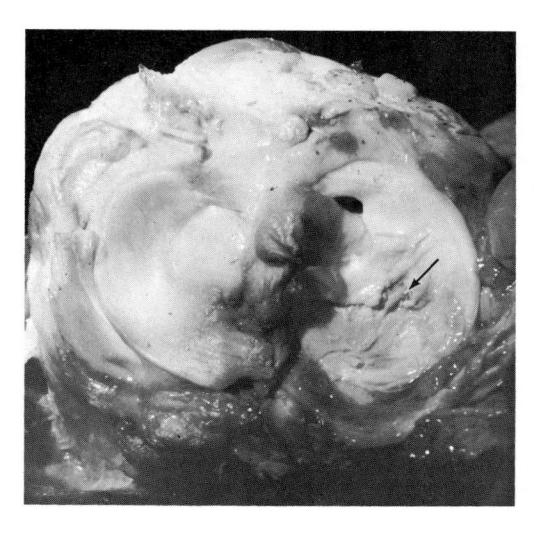

Abb. 8.284: Auffaserungen und Usuren im medialen Meniskus (Pfeil). Dieser Schaden kann auch ohne einen Bänderriß im Knie entstehen. Sind eine Patellaluxation und ein Bänderriß bereits ausgeschlossen, muß bei einer chronischen Gonitis ein Schaden am medialen Meniskus in Betracht gezogen werden.

Obwohl durchaus Frakturen des proximalen Bereiches der Tibia, des Femur oder der Patella vorkommen, sind in den meisten Fällen anscheinend die Rollkämme des Femur betroffen. Gewöhnlich ist ein direktes Trauma die Ursache, und es bestehen sowohl eine deutlich sichtbare Umfangsvermehrung als auch eine Lahmheit. Wenn jedoch ein Trauma aus dem Vorbericht nicht bekannt ist und die Verletzung bereits einige Tage besteht, kann sie einer Osteochondrosis sehr ähnlich sehen.

Chondromalazie der Patella. Obwohl angenommen wird, daß habituelle und stationäre Patellaluxationen zu einer Beschädigung der Gelenkfläche der Patella führen, die wiederum eine Chondromalazie zur Folge hat, ist dieser Zusammenhang nicht vollständig geklärt (siehe Abschnitt über die Chondromalazie der Patella Seite 741).

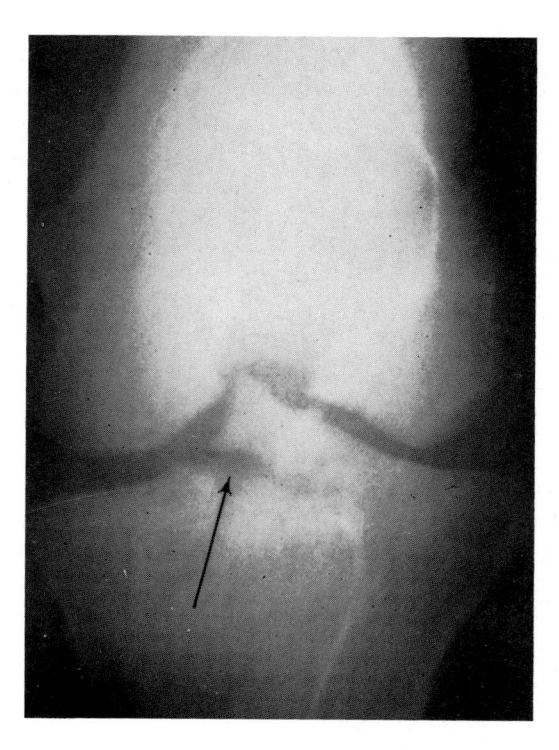

Abb. 8.283: Fraktur der Eminentia intercondylaris in Zusammenhang mit einer Ruptur des kranialen Kreuzbandes beim Pferd. Normalerweise besteht bei einem Kreuzbandriß keine Fraktur der Eminentia intercondylaris.

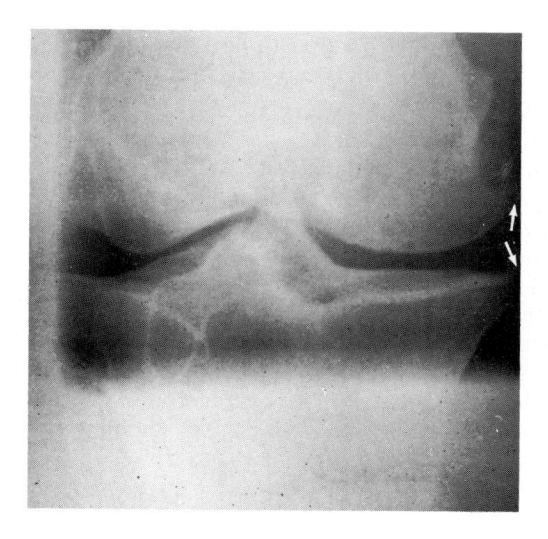

Abb. 8.285: Osteoarthritis des Kniegelenkes als Folge einer chronischen Erkrankung des medialen Meniskus. Die Aufwölbung am medialen Gelenkrand ist zu beachten (Pfeile).

Kapitel 8: Lahmheit 735

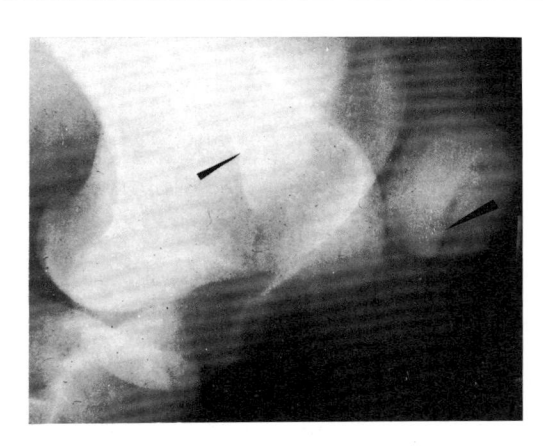

Abb. 8.286: Fraktur der Patella. Ein erhebliches Trauma im Bereich des Kniegelenkes mit einer Fraktur kann zu einer Gonitis führen. In diesem Fall handelte es sich um eine Patellafraktur (rechter Pfeil) und eine Fraktur eines Rollkammes des Femur (linker Pfeil). Ein mechanischer Insult im Kranialbereich des Kniegelenkes verursacht diese Art der Verletzung.

Infektiöse Arthritis. Eine infektiöse Arthritis als Folge einer Septikämie, wie sie besonders beim Fohlen vorkommt, kann einen bleibenden Schaden verursachen, der zutage tritt, wenn das Pferd gearbeitet wird.

Osteochondrosis dissecans und subchondrale Knochenzysten. Bei jungen Pferden im Alter von drei Jahren und darunter stellen die Osteochondrosis dissecans der Rollkämme, vor allem des lateralen, und subchondrale Knochenzysten, vor allem im medialen Rollkamm, häufig die Ursache für eine Gonitis dar (siehe Kapitel 7, Osteochondrosis, Seite 396).[5,6,8,9,11–13]

Osteoarthritis. Eine Osteoarthritis des Kniegelenkes tritt normalerweise bei älteren Pferden auf. Ursachen für diesen Zustand sind eine dauerhafte Instabilität des Gelenkes als Folge einer Zerrung der Seitenbänder bzw. der Kreuzbänder, Chipfrakturen, Frakturen, chronische Entzündungen des Stratum synoviale bzw. der ganzen Kapsel, eine Osteochondrosis dissecans und subchondrale Knochenzysten.

Epiphysitis. Eine Epiphysitis der distalen Femurepiphyse bzw. der proximalen Tibiaepiphyse kann in seltenen Fällen zu einer geringgradigen Kniegelenkslahmheit führen.[5]

Weitere Ursachen. Unterschiedliche Weichteilverletzungen des Musculus quadriceps femoris, der Kniescheibenbänder und weiterer Muskeln im Bereich des Kniegelenkes können ebenso wie die Subluxation und die Luxation der Patella mit den Symptomen einer Gonitis einhergehen.

Aus dem oben Gesagten ist zu entnehmen, daß eine Kniegelenkslahmheit komplexe Ursachen haben kann. Jede der aufgeführten Strukturen kann in jeder möglichen Kombination betroffen sein. Verschiedene Formen der Arthritis können im Kniegelenk vorliegen, eingeschlossen eine seröse Arthritis, eine Osteoarthritis und eine eitrige Arthritis. Die eitrige Arthritis entsteht meistens als Folge einer Nabelentzündung beim Fohlen.

Symptome

Adspektorisch kann bei der Betrachtung des Kniegelenkes von der Seite eine vermehrte Füllung (Gonitis) sichtbar sein (Abb. 8.287). Besteht eine Kniegelenkslahmheit längere Zeit, kann auch eine Atrophie der Glutäalmuskulatur der erkrankten Seite auftreten. Ein weiterer häufiger Befund sind stark abgenutzte Zehenteile des Hufes (Abb. 8.288).

Der Grad der Lahmheit ist entsprechend der Schwere der Erkrankung unterschiedlich. Sind Menisken, Seitenbänder oder Kreuzbänder betroffen, ist die Lahmheit normalerweise erheblich. Eine habituelle oder stationäre Patellaluxation kann ebenfalls eine Gonitis verursachen, aber die Lahmheitserscheinungen sind weniger akut. Wenn die Patella teilweise oder vollständig festgehakt ist, kommt es schließlich zu einer Reizung des Stratum synoviale mit chronisch vermehrter Füllung der Gelenkkapsel und einer persistierenden Lahmheit.

Im allgemeinen ist der kraniale Teil der Vorführphase verkürzt, und der Huf wird flacher über den Boden geführt. Häufig ist im Trab, wenn die Gliedmaße vorgeführt wird, das Schleifen der Zehe zu hören, und in chronischen Fällen ist die Abnutzung der Zehe offensichtlich. Von hinten betrachtet, ist im Trab eine asymmetrische Bewegung der Kruppe festzustellen. Obwohl der Hüfthöcker auf der erkrankten Seite höher gehoben wird als auf der gesunden, ist die Phase, in der sich die Kruppe hebt, kürzer. Dies wird häufig als „hip hike" beschrieben (siehe auch den Abschnitt über Symptome der Spatlahmheit, S. 796).

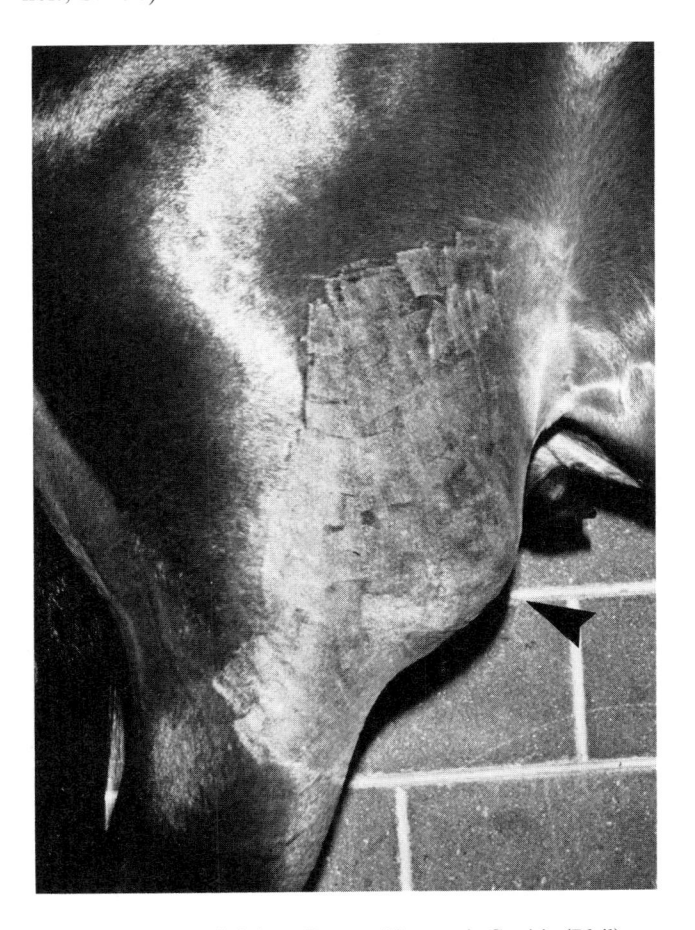

Abb. 8.287: Ein dreijähriges Quarter Horse mit Gonitis (Pfeil) von der Seite betrachtet.

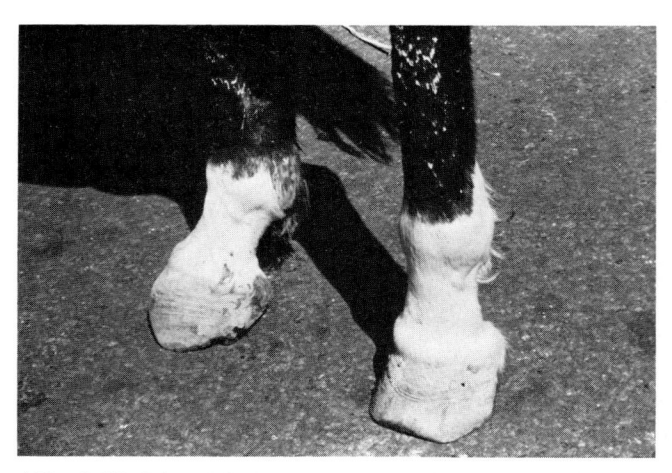

Abb.: 8.288: Dieses Pferd hatte beidseitige chronische Umfangsvermehrungen der Femoropatellargelenke. Zu beachten sind die übermäßig abgenutzten Zehenwände.

Palpatorisch ist sowohl eine vermehrte Füllung als auch eine Verdickung der Kapsel des Kniescheibengelenkes zwischen den Kniescheibenbändern fühlbar. Um den Grad der vermehrten Füllung genau feststellen zu können, sollte sie mit der Gelenkfüllung der anderen Beckengliedmaße verglichen werden. Bei einem ruhigen Pferd können beide Kniegelenke gleichzeitig von hinten palpiert werden. Bei weniger ruhigen Tieren müssen sie einzeln untersucht werden. Nur im günstigsten Fall kann unter Schwierigkeiten die vermehrte Füllung der lateralen oder medialen Abteilung des Kniekehlgelenkes palpatorisch erfaßt werden. Der kaudale Bereich entzieht sich dieser Untersuchung völlig, da er von großen Muskeln und starken Faszien bedeckt wird.

Diagnose

Die Diagnose einer Kniegelenkslahmheit wird durch sorgfältige Beobachtung des Ganges, palpatorische Untersuchung des Gelenkes und den Ausschluß anderer Lahmheitsursachen gestellt. Der Untersucher muß sich ein Gefühl für die normale Gelenkfüllung, wie sie zwischen den Kniescheibenbändern zu palpieren ist, aneignen und beide Kniegelenke sorgfältig vergleichen. Es kann schwierig sein, die an der Erkrankung beteiligten Strukturen festzustellen, aber es sollte in jedem Fall versucht werden. Besteht eine Schmerzhaftigkeit bei der Palpation der Rollkämme und ist durch Manipulation der Patella ebenfalls eine Schmerzreaktion sowie Krepitation auszulösen, weist dies auf eine bestehende Synovialitis und Capsulitis hin. Die Patella sollte proximolateral geschoben werden, um ein Festhaken des medialen Kniescheibenbandes über dem medialen Rollkamm zu provozieren. Haben die Pferde dabei erhebliche Schmerzen, versuchen sie zu schlagen. Zur Unterstützung dieser Manipulation werden die Pferde am Schweif in Richtung des Untersuchers gezogen oder dorthin geschoben. Wenn die Kniescheibe über dem Rollkamm fixiert wird und die Pferde beim Antreten die Gliedmaße nicht beugen, liegt das Problem in einer proximalen Patellaluxation. Auf der anderen Seite besteht der Verdacht einer habituellen Patellaluxation, wenn eine Krepitation und Schmerzreaktionen durch die Manipulation auslösbar sind und die Patella die Tendenz zeigt, während der ersten Tritte bei verstärkter Lahmheit festzuhaken (siehe Abschnitt über die proximale Patellafixation in diesem Kapitel).

Die Beugeprobe der oberen Gelenke (Sprunggelenk, Kniegelenk und zu einem gewissen Grad Hüftgelenk) bewirkt häufig eine Lahmheitsverstärkung, die aber in der Regel weniger ausgeprägt ist als bei Sprunggelenkserkrankungen. Besteht ein erheblicher Schaden an den Gelenkflächen, Bändern oder Menisken, kann eine hochgradige Lahmheit ausgelöst werden.

Die Kreuzbänder sollten im Hinblick auf eine Zerrung oder eine Ruptur untersucht werden. Am einfachsten geschieht dies, indem der Untersucher die Handfläche auf das proximale Ende der Tibia legt. Während er mit der freien Hand den Schweif in seine Richtung zieht, drückt er die Tibia kaudal und übt danach weniger Druck aus, so daß sie sich in kranialer Richtung bewegt. Krepitation, Schmerzhaftigkeit und vermehrte Beweglichkeit während der Vorwärtsbewegung des Gelenkes sind Hinweise für eine Ruptur des kranialen Kreuzbandes. Treten diese Symptome auf, während die Tibia kaudal geschoben wird, besteht der Verdacht einer Ruptur des kaudalen Kreuzbandes (Abb. 3.41). In beiden Fällen zeigen die Pferde eine erhebliche Lahmheit. ADAMS beschreibt eine andere Technik, bei der der Untersucher direkt hinter dem Pfed steht und die Tibia proximal mit beiden Händen nach hinten zieht. Obwohl ein Kreuzbandriß auch auf diese Weise festgestellt werden kann, ist diese Untersuchungsform durch den Charakter des Pferdes eingeschränkt, und eine Zerrung kann möglicherweise nur schwer erkannt werden. Aus diesen Gründen ist die zuvor beschriebene Methode vorzuziehen. Wenn weder Schmerz noch vermehrte Beweglichkeit noch Krepitation auszulösen ist, kann die Tibia etwa fünfundzwanzigmal kaudal geschoben und wieder losgelassen werden. Tritt danach in der Bewegung eine Lahmheitsverstärkung auf, ist dies ein Hinweis für eine Zerrung der Kreuzbänder.

Eine Zerrung der Seitenbänder wird durch Abduktion und Adduktion der Gliedmaße festgestellt. Das mediale Seitenband ist leicht zu untersuchen, indem man die Schulter lateral an das Knie legt und den distalen Teil der Beckengliedmaße vom Pferd weg nach außen zieht (Abb. 3.43). Im Fall einer Zerrung kann sowohl eine Schmerzreaktion als auch eine Lahmheitsverstärkung festgestellt werden. Bei einer Ruptur ist die Schmerzhaftigkeit so stark, daß das Pferd bei dem Versuch, sich der Manipulation zu entziehen, umkippen kann. Obwohl die Gliedmaße zur Diagnose eines Schadens am lateralen Seitenband nach innen gezogen werden kann, sind Erkrankungen hier äußerst selten.

Eine intraartikuläre Anästhesie kann aufgrund der unterschiedlichen Gelenkabteilungen von Nutzen sein (Einzelheiten über diese Technik sind Seite 149 zu entnehmen).

Eine vollständige Serie guter Röntgenaufnahmen ist zur Beurteilung des Kniegelenkes erforderlich. Hierzu gehören Aufnahmen in kaudokranialer (CaCr) und lateromedialer (LM) Richtung (Abb. 4.73 D und Abb. 4.74 D) sowie in lateromedialer Richtung bei gebeugter Gliedmaße (gebeugt LM), in kraniolateral-kaudomedialer (LM schräg) sowie in gebeugt kranioproximal-kraniodistaler (tangentialer) Aufnahmerichtung in einigen Fällen zur Darstellung der Patella und der Rollkämme.[4,11] Manchmal kann eine Doppelkontrastarthrographie von Wert sein, da sie die Vorzüge der negativen und der positiven Kontrastdarstellung in Kombination aufweist. Bei diesem Verfahren überzieht ein dünner Film des positiven Kontrastmittels die Gelenkflächen, während der Kontrast durch insufflierte Luft als negatives Kontrastmedium verbessert wird.[10] NICKELS und SANDE empfehlen 35 ml Luft und 7 bis 8 ml eines wasserlöslichen Kontrastmittels für die Abteilungen des Kniekehlgelenkes und 200 ml Luft sowie 20 ml des Kontrastmittels für das Kniescheibengelenk[10] (Einzelheiten die Injektionstechnik betreffend sind auf Seite 149—150 und Einzelheiten der Röntgenuntersuchung sind auf Seite 256—259 zu finden).

Zur direkten Sichtbarmachung der intraartikulären Strukturen des Kniegelenkes kann die Arthroskopie eingesetzt werden. Mit einiger Übung können das Fettpolster, die synoviale Auskleidung, die Gelenkflächen, die Menisken und die intraartikulären Bänder relativ gut sichtbar gemacht werden.[10] Zusätzlich erleichtert die Arthroskopie nicht nur die Durchführung einer Biopsie, sondern bietet auch die Möglichkeit, pathologische Veränderungen im Gelenk fotografisch festzuhalten.[10]

Therapie

Die Behandlung hängt natürlich von der Art der Kniegelenkserkrankung ab. Zur empfohlenen Therapie bei Patellaluxation, Patellafraktur, Osteochondrosis dissecans sowie bei subchondralen Knochenzysten oder Frakturen wird der Leser auf die entsprechenden Abschnitte in diesem Kapitel verwiesen.

Wenn es sich um die Ruptur eines der Seiten- oder Kreuzbänder des Gelenkes oder um einen Schaden am medialen Meniskus handelt, ist jede Behandlung vergeblich, da eine chronische Lahmheit zurückbleibt. VALDEZ und ADAMS beschreiben eine chirurgische Methode für die mediale Meniskektomie beim Pferd,[14] die jedoch wenig verbreitet ist und zur Zeit zur Behandlung von Meniskusschäden nicht empfohlen werden kann. Wenn auf den Röntgenaufnahmen Hinweise auf osteoarthritische Veränderungen im Zusammenhang mit intraartikulären Frakturen vorhanden sind, sind die Erfolgsaussichten bei einer Behandlung ebenfalls gering (Abb. 8.282, Abb. 8.283 und Abb. 8.285). Geht man davon aus, daß die Gonitis infolge einer Zerrung oder Verletzung der Gelenkkapsel bzw. der Bandansätze ohne eine Ruptur entstanden ist, muß dem Pferd über einen langen Zeitraum absolute Ruhe gewährt werden, d. h. wenigstens 45 Tage Boxenruhe und danach wenigstens zwei Monate Bewegung nur in einem kleinen Auslauf. In einigen Fällen können auch drei Monate Boxenruhe erforderlich sein. Weitere angewandte Behandlungsmethoden sind Brennen, Blistern und intraligamentäre Injektionen von Irritantien. Die Ergebnisse beim Brennen sind unterschiedlich. Bei Standardbred-Pferden werden Irretantia wie Natriummorhuat in die Seitenbänder, die Kniescheibenbänder und in das laterale Seitenband des Kniekehlgelenkes injiziert. Eine Kortikosteroidbehandlung sollte nicht mit einer entzündungsfördernden Behandlung kombiniert werden.[15] Bei einer eitrigen Arthritis sollte eine intraartikuläre Lavage der Gelenkabteilungen durchgeführt werden, nachdem die Empfindlichkeit der Erreger durch einen Resistenztest ermittelt wurde. Gleichzeitig sollten parenteral Breitspektrumantibiotika gegeben werden (s. Seite 423, infektiöse Arthritis).

Prognose

Bei einer Gonitis als Folge einer Patellaluxation oder einer leichten Bänderzerrung sind die Aussichten für eine Heilung günstig, solange die Knorpelveränderungen nicht zu erheblich sind. Bei den anderen Ursachen, die zu einer Gonitis führen, ist die Prognose vorsichtig bis ungünstig zu stellen. Wenn röntgenologisch Anzeichen für eine Osteoarthritis vorhanden sind, werden die Pferde nicht lahmfrei.

Ausgewählte Literatur

1. ADAMS, O. R.: Differential diagnosis of stifle lameness in horses. Proc. 19th Ann. AAEP, 1973, p. 263.
2. ANON.: British equine veterinary association survey of equine diseases. 1962—1963. Vet. Rec., **77**: 528, 1965.
3. COCHRAN, D.: Stifle lameness. Am. Vet. Rev., **42**: 308, 1912—1913.
4. JEFFCOTT, L. B., and KOLD, S. E.: Radiographic examination of the equine stifle. Eq. Vet. J., **14**: 25, 1982.
5. JEFFCOTT, L. B., and KOLD, S. E.: Stifle lameness in the horse: a survey of 86 referred cases. Eq. Vet. J., **14**: 31, 1982.
6. JEFFCOTT, L. B., and KOLD, S. E.: Clinical and radiological aspects of stifle bone cysts in the horse. Eq. Vet. J., **14**: 40, 1982.
7. MACKAY-SMITH, M. P., and RAKER, C. W.: Mechanical defects of the equine stifle: diagnosis and treatment. Sci. Proc. 100th Mtg. Am. Vet. Med. Assoc., 1964.
8. MEAGHER, D. M.: Some conditions of the equine stifle which cause lameness. Proc. 28th Ann. AAEP, 1982, p. 281.
9. MOORE, J. N., and McILWRAITH, C. W.: Osteochondrosis of the equine stifle. Vet. Rec., **100**: 133, 1977.
10. NICKELS, F. A., and SANDE, R.: Radiographic and arthroscopic findings in the equine stifle. J. Am. Vet. Med. Assoc., **181**: 918, 1982.
11. O'BRIEN, T.: Radiology of the equine stifle. Proc. 19th Ann. AAEP, 1973, p. 271.
12. STEWART, B., and REID, C. F.: Osseous cyst-like lesions of the medial femoral condyle in the horse. J. Am. Vet. Med. Assoc., **180**: 254, 1982.
13. STROMBERG, B.: Osteochondrosis dissecans of the stifle joint in the horse. A clinical, radiographic and pathologic study. J. Am. Vet. Radiol. Soc., **17**: 117, 1976.
14. VALDEZ, H., and ADAMS, O. R.: Surgical approach for medial meniscectomy in the horse. J. Am. Vet. Med. Assoc., **165**: 92, 1978.
15. VAN PELT, R. W., et al.: Stifle disease (gonitis) in horses. Clinicopathologic findings and intraarticular therapy. J. Am. Vet. Med. Assoc., **157**: 1173, 1970.
16. VAUGHAN, J. T.: Analysis of lameness in the pelvic limb and selected cases. Proc. 11th Ann. AAEP, 1965, p. 223.
17. WHEAT, J. D.: Conditions of the hind limb and lower back. *In* Equine Medicine and Surgery. 2nd Ed. Edited by E. J. Catcott, and J. F. Smithcors. American Veterinary Publications, 1972, p. 563.

Proximale Patellafixation (Patellaluxation)

Bei der proximalen Patellafixation hakt die Patella über dem medialen Rollkamm des Femur fest. Fixiert wird sie dabei vom mittleren und medialen Kniescheibenband (Abb. 8.289). Durch das Festhaken der Patella über dem medialen Rollkamm des Femur wird die Beugung der betroffenen Beckengliedmaße verhindert. Der Begriff Patellaluxation beschreibt diesen Zustand eigentlich nicht korrekt.

738 Kapitel 8: Lahmheit

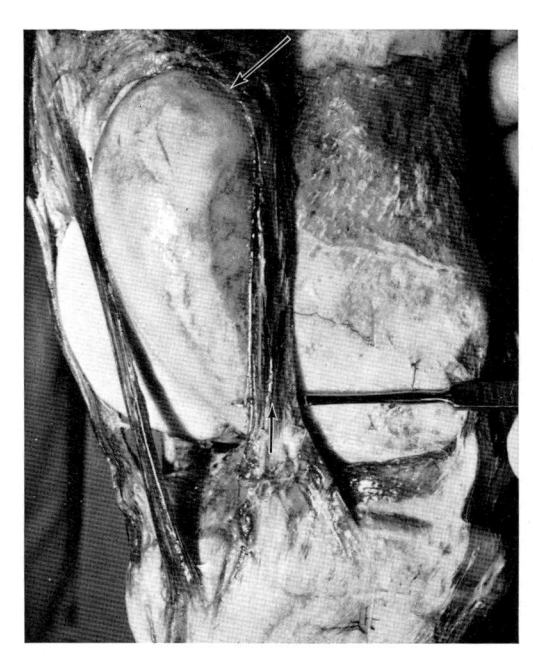

Abb. 8.289: Proximale Patellafixation, Medialansicht einer linken Beckengliedmaße. Der untere Pfeil deutet auf die Stelle, an der das mediale Kniescheibenband durchschnitten wird. Der obere Pfeil zeigt, wie das mediale Kniescheibenband über dem medialen Rollkamm des Femur festhängt. Um das Festhaken der Patella zu reproduzieren, muß sie proximal und lateral geschoben werden.

Die Bezeichnung Patellaluxation bzw. laterale Patellaluxation sollte für dieses Krankheitsbild nicht verwendet werden, da es auch eine echte Luxation der Patella gibt, die allerdings zu völlig anderen Symptomen führt.

Ätiologie

Es wird im allgemeinen davon ausgegangen, daß eine erbliche Disposition für die proximale Patellafixation besteht, die durch eine bestimmte Stellung bedingt ist. Ein Pferd mit einem sehr großen Winkel zwischen Femur und Tibia, einer sogenannten geraden Beckengliedmaße, sowie einer eher langen Tibia ist stärker prädisponiert für diesen Zustand als ein Pferd mit einer normalen Stellung. In einigen Fällen kann die proximale Patellafixation die Folge eines Traumas durch eine Überstreckung der Gliedmaße sein. Pferde mit langen geraden Gliedmaßen sind für eine traumatisch bedingte proximale Patellafixation prädisponiert. Schwäche sowie eine ungenügende Kondition können ebenfalls prädisponierend wirken. Untrainierte Pferde mit einer schlechten Bemuskelung im Bereich des Knies sind ebenfalls gefährdet. Auch bei Pferden, die abrupt aus dem Training genommen und in den Stall gestellt werden, ist manchmal eine proximale Patellafixation zu beobachten. Offensichtlich wird der Bewegungsspielraum der Patella durch die schnelle Verringerung der Muskelmasse und der Spannung der Bänder vergrößert, so daß ein Festhaken möglich ist. Dieser Zustand bessert sich normalerweise schnell, wenn das Pferd wieder bewegt wird.[1] Hat einmal eine proximale Patellafixation stattgefunden, können die Bänder gedehnt sein, so daß es häufig zu Rezidiven kommt. Die Erkrankung tritt manchmal nur einseitig auf, doch bei genauer Untersuchung sind oft beide Beckengliedmaßen verdächtig. Die wahrscheinlich am häufigsten erkrankte Rasse sind Shetlandponys.

Symptome

Bei der akuten proximalen Patellafixation wird die Beckengliedmaße in Streckstellung fixiert (Abb. 8.290). Eine Beugung ist zwar im Fesselgelenk, nicht aber in Knie- und Sprunggelenk möglich. Die Patellafixation verschwindet manchmal von allein, um dann nach nur wenigen Schritten wieder aufzutreten, oder sie bleibt Stunden und sogar Tage bestehen. In einigen Fällen hakt die Kniescheibe beim Gehen nur kurz über dem Rollkamm fest, so daß die Beckengliedmaße nicht wirklich in Streckstellung fixiert wird. Dieses kurze Festhaken ist besonders gut zu sehen, wenn das Pferd in einem kleinen Kreis um die betroffene Beckengliedmaße gedreht wird. Eine solche habituelle proximale Patellafixation kann dazu führen, daß die Lahmheit mit einem Hahnentritt verwechselt wird, und erfordert deshalb eine sorgfältige klinische Untersuchung.

Ein anderes diagnostisches Hilfsmittel besteht darin, das Pferd eine Steigung hinauf- und hinunterzuführen. Pferde mit einer habituellen proximalen Patellafixation vermeiden bergauf die völlige Streckung des Kniegelenkes und scheinen in gewisser Weise zu kriechen. Die Bewegung der Knie nach kaudal während der Streckphase ist ihnen unangenehm. Bergab ist als Folge der unvollständigen Streckung ein unsicherer Gang zu sehen. Wird das Kniegelenk doch einmal vollständig gestreckt, kommt es in einigen Fällen zu einem Festhaken der Patella, was dazu führt, daß das Pferd die Zehe nachschleift.

Palpatorisch sind die Kniescheibenbänder straff gespannt, wenn die Gliedmaße in Streckstellung fixiert ist, und die Kniescheibe hakt über dem medialen Rollkamm des Femur fest (Abb. 8.289). Wenn das Pferd zwangsweise mit dem in Streckstellung fixierten Bein vorwärts bewegt wird, schleift die dorsale Zehenwand über den Boden. Manchmal ist ein schnappendes Geräusch zu hören, wenn die Patella vom Rollkamm rutscht.

Diagnose

Die Symptome sind charakteristisch, und die Diagnose ist leicht zu stellen, wenn die Gliedmaße in Streckstellung fixiert ist. In den Fällen, in denen der Besitzer beschreibt, daß die Gliedmaße nachgezogen wird oder in der Bewegung hakt, sollte das Bein untersucht werden, indem die Kniescheibe mit der Hand nach oben und außen gedrückt wird. Läßt sich dadurch die Fixierung in Streckstellung für einen oder mehrere Schritte auslösen, ist das Pferd prädisponiert für eine proximale Patellafixation. In einigen Fällen ist dieser Zustand chronisch und führt zu einer Entzündung des Kniegelenkes. Der Entzündungszustand kann auch bestehen bleiben, wenn die Patellafixation behoben ist. Durch Palpation zwischen lateralem und mittlerem sowie zwischen mittlerem und medialem Kniescheibenband wird die Gelenkkapsel im Hinblick auf eine vermehrte Füllung untersucht. Eine vermehrte Füllung sowie eine Verdickung der Gelenkkapsel deuten auf eine Gonitis hin.

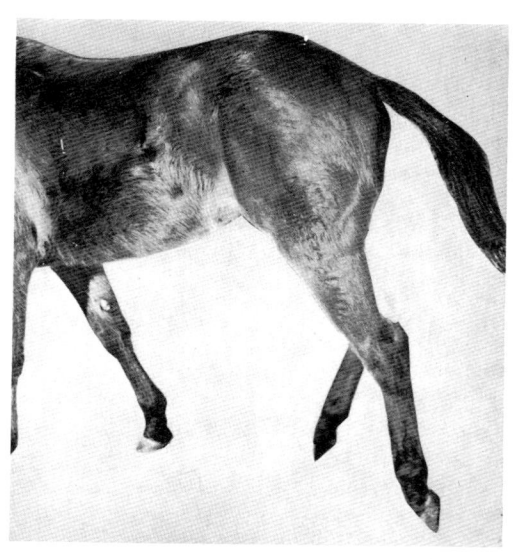

Abb. 8.290: Proximale Patellafixation. Die Gliedmaße ist in Streckstellung fixiert, während das Pferd versucht, sie vorzuführen. Zu beachten ist, daß Fessel-, Kron- und Hufgelenk gebeugt sind, während Knie- und Sprunggelenk in Streckstellung fixiert werden.

Die habituelle Patellafixation wird manchmal mit dem Hahnentritt verwechselt. In diesen Fällen kann durch sorgfältige Beobachtung des Ganges und des Kniegelenkes festgestellt werden, ob die Patella hakt. Sie sollte nach oben und außen über den Rollkamm des Femur geschoben werden, damit zu sehen ist, ob sie dabei zeitweilig über dem Rollkamm fixiert wird. Dies kann dazu beitragen, einen Hahnentritt auszuschließen.
Die Patellafixation tritt im allgemeinen beidseitig auf, obwohl sie auch nur an einer Seite ausgeprägt sein kann. In einigen unklaren Fällen kann festgestellt werden, daß die Pferde dazu neigen, die Zehe beim Vorführen über den Boden zu schleifen. Der Bogen, den der Fuß beim Vorführen beschreibt, ist niedrig, und der kraniale Teil der Vorführphase ist kurz. Eventuell kann die Patellafixation in einem solchen Fall manuell herbeigeführt werden. Ist dies möglich, muß eine chirurgische Behandlung empfohlen werden. Bei Pferden, die jünger sind als drei Jahre, sollten Röntgenaufnahmen des Knies angefertigt werden, um die Möglichkeit auszuschließen, daß gleichzeitig eine Osteochondrosis dissecans des Rollkammes bzw. subchondrale Knochenzysten im Bereich des medialen Kondylus bestehen.

Therapie

Es gibt unterschiedliche Behandlungsmethoden, die von dem Grad der Erkrankung abhängen. Bei einer akuten proximalen Patellafixation kann an der betroffenen Gliedmaße ein Strick angebracht werden, um, während das Bein nach vorn gezogen wird, die Kniescheibe gleichzeitig medial und distal drücken zu können, was häufig zum Zurückrutschen der Kniescheibe in ihre normale Position führt. Einige Autoren sind dafür, das Pferd mit einer Peitsche zu erschrecken, damit die Kniescheibe durch einen plötzlichen Sprung vom medialen Rollkamm gelöst wird. In anderen Fällen reicht es aus, das Pferd zurückzurichten und dabei gleichzeitig die Kniescheibe nach innen und unten zu drücken, während es auch Tiere gibt, bei denen eine Desmotomie des medialen geraden Kniescheibenbandes erforderlich ist.

Vor dem chirurgischen Eingriff (Desmotomie des medialen geraden Kniescheibenbandes) wird der Bereich über dem mittleren und dem medialen geraden Kniescheibenband geschoren und zur Operation vorbereitet. Das Pferd wird sediert, und der Schweif wird ausgebunden, damit es mit ihm nicht in das Operationsgebiet schlägt. Mit einer 0,5/15 mm Kanüle wird ein Lokalanästhetikum subkutan über dem mittleren geraden Kniescheibenband injiziert. In die Quaddel wird eine 0,9/50 mm Kanüle eingestochen, und die Subkutis über dem medialen geraden Kniescheibenband sowie das Band selbst direkt über seinem Ansatz an der Tibia werden infiltriert. Es muß darauf geachtet werden, daß dabei der Knochen nicht beschädigt wird, da sonst das Risiko einer Periostitis besteht. Die Injektion von 5 bis 8 ml des Lokalanästhetikums ist ausreichend.
Der Operateur sollte sterile Handschuhe tragen und sterile Instrumente verwenden. Im Bereich über dem mittleren geraden Kniescheibenband nahe dem Ansatz an der Tibia wird ein 1 bis 1,5 cm langer Hautschnitt angelegt. Ein gebogenes geknöpftes Tenotom wird flach unter das *mediale* gerade Kniescheibenband geschoben und soll sich nahe dem Bandansatz an der Tibia befinden (Abb. 8.289 und Abb. 8.291). Dann wird das Instrument gedreht, so daß der Anschliff der Klinge zum Band zeigt, und mit sägenden Bewegungen wird das Band durchtrennt, wobei mit dem Zeigefinger durch die Haut palpiert wird. Alle Fasern des Bandes müssen durchschnitten werden, dabei sollte der Chirurg jedoch nicht zu weit nach kaudal gehen. Wenn das Band durchtrennt ist, kann mit dem Zeigefinger eindeutig eine Delle palpiert werden. Die Haut wird mit ein bis zwei Heften adaptiert.
Eine verbesserte Methode der Desmotomie des medialen geraden Kniescheibenbandes wird wie folgt durchgeführt: Nach der Vorbereitung des Operationsgebietes und der lokalen Infiltration mit einem Anästhetikum wird direkt medial des mittleren geraden Kniescheibenbandes ein etwa 0,5 bis 1 cm langer Hautschnitt angelegt. Mit einer gebogenen Mosquitoklemme wird die dicke Faszie neben dem medialen geraden Kniescheibenband durchstoßen. Dabei wird sichergestellt, daß die gebogenen Schenkel der Klemme vollständig unter dem gesamten Band hindurchgeschoben werden (Abb. 8.291**A**). Auf diese Weise entsteht ein Riß in der Faszie, so daß ein großes Tenotom unter das Band geschoben werden kann (Abb. 291**B**). Ohne die Klemme kann das geknöpfte Tenotom nicht durch die dicke Faszie geführt werden. Die Schneide des Tenotoms wird dann nach außen gedreht, und das Band wird durchschnitten (Abb. 8.291**C**). Es muß sorgfältig kontrolliert werden, ob alle Fasern des medialen geraden Kniescheibenbandes durchschnitten worden sind. Am häufigsten bleiben einige Fasern in der Nähe des mittleren geraden Kniescheibenbandes stehen. Dies passiert nicht, wenn die Klemme und das Tenotom richtig benutzt werden. Die Vorteile des großen Tenotoms liegen darin, daß weniger Blutungen entstehen und daß das Band mit einem Schnitt durchtrennt werden kann. Dadurch ist das Operationstrauma und damit die postoperative Schwellung geringer. Zum Schluß wird die Haut mit ein oder zwei Heften verschlossen.

740 Kapitel 8: Lahmheit

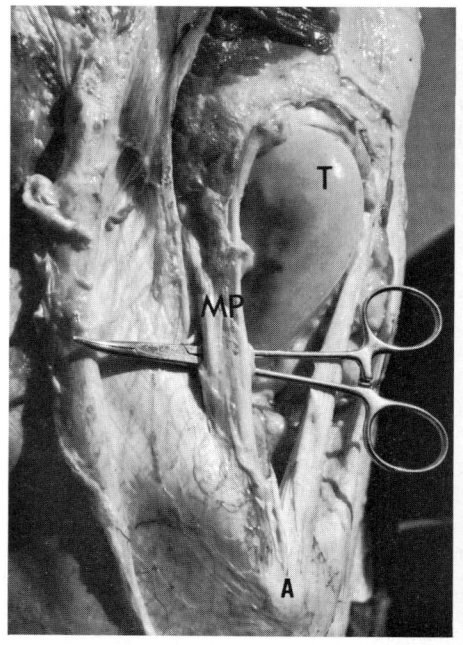

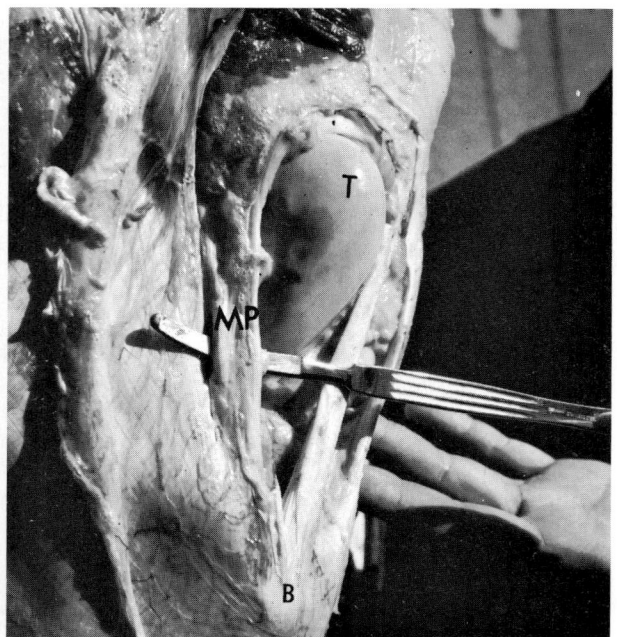

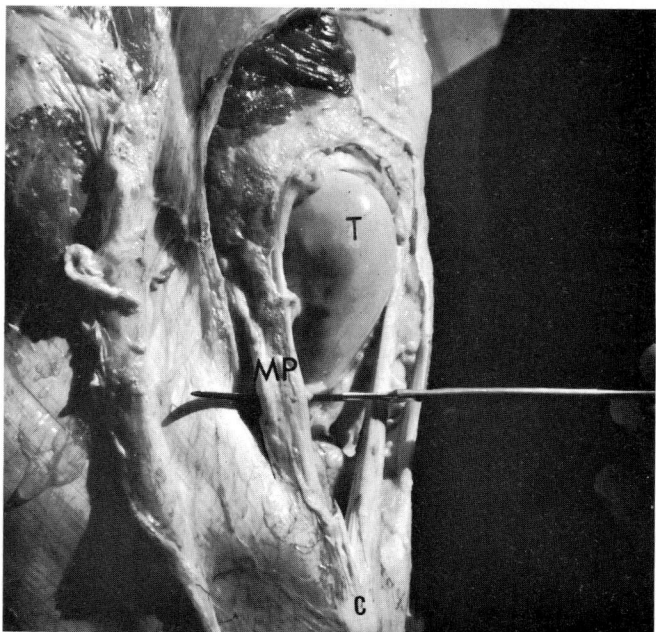

Abb. 8.291: A Eine gebogene Mosquitoklemme wird unter dem medialen geraden Kniescheibenband (MP) hindurchgeschoben, um für das Tenotom eine Öffnung zu schaffen; (T) medialer Rollkamm des Femur. **B** Ein großes, gebogenes geknöpftes Tenotom befindet sich unter dem medialen geraden Kniescheibenband (MP), (T) medialer Rollkamm des Femur. **C** Die Schneide des Tenotoms wird zur Durchtrennung des medialen geraden Kniescheibenbandes (MP) gedreht; (T) medialer Rollkamm des Femur.

Die Pferde sollten etwa sechs Wochen nicht geritten bzw. trainiert werden, damit eine funktionelle Anpassung an den Verlust des Bandes erfolgen kann, bevor das Gelenk belastet wird. Falls erforderlich, kann die Operation an beiden Gliedmaßen gleichzeitig durchgeführt werden. Wird der Eingriff vorgenommen, bevor eine Gonitis oder Schäden am Gelenkknorpel der Patella feststellbar sind, ist der Heilungserfolg in vielen Fällen gut.

Wenn die proximale Patellafixation bei Jährlingen auftritt, sollte mit dem operativen Eingriff abgewartet werden, bis entschieden ist, ob es mit weiterem Wachstum zu einer Spontanheilung kommt. Wenn allerdings eine bzw. beide Gliedmaßen in Streckstellung fixiert sind, muß die Operation sofort durchgeführt werden. Abwarten ist nur bei den jungen Pferden sinnvoll, die lediglich eine habituelle Patellafixation zeigen, da diese sich bessern kann, bevor sie zweijährig sind.

Eine alternative Behandlungsmethode bei Pferden mit habitueller Patellafixation, die keine fühlbare Umfangsvermehrung des Kniescheibengelenkes aufweisen, ist die Injektion von Irretantia in das mittlere und mediale gerade Kniescheibenband.[1] Diese Injektionen werden normalerweise am stehenden Pferd unter leichter Sedierung und mit Bremse durchgeführt. Die meisten verwendeten Medikamente enthalten Jod. Etwa 1 bis 2 ml werden an sechs gleichmäßig über die Länge des medialen geraden Kniescheibenbandes verteilten Stellen injiziert (insgesamt 6 bis 12 ml). Ungefähr die Hälfte dieser Menge wird ins mittlere gerade Kniescheibenband injiziert. Die meisten Pferde sind einige Tage nach diesen Injektionen etwas steif und weisen leichte Schwellungen der Kniegelenke auf. Tägliche leichte Bewegung wird empfohlen, damit der Muskeltonus weitgehend erhalten bleibt. Die meisten Fälle sprechen gut auf diese Behandlung an, jedoch ist bei einigen eine Wiederholung erforderlich. Schlägt diese Behandlung überhaupt nicht an, ist die Desmotomie des medialen geraden Kniescheibenbandes angezeigt.

Prognose

Die Prognose ist unter der Voraussetzung, daß die Operation vor der Manifestation einer Gonitis durchgeführt wurde, günstig. In seltenen Fällen kann sich das Band regenerieren, so daß eine zweite Desmotomie erforderlich wird.

Ausgewählte Literatur

1. NORRIE, R. D.: Diseases of the rear leg. *In* Equine Medicine and Surgery. 3rd Ed. Edited by R. A. Mansmann, and E. S. McAllister. Santa Barbara, American Veterinary Publications, 1982, p. 1137.

Weiterführende Literatur

COCHRAN, D.: Stifle lameness. Am. Vet. Rev., **42**: 308, 1912–1913.
DELAHANTY, D. D.: Medial patellar desmotomy in a pony. Sci. Proc. Am. Vet. Med. Assoc., 1963, p. 81.
HICKMAN, J.: Upward retention of the patella. Vet. Rec., **76** (43): 1199, 1964.
RAO, S. V.: Hey-Grove's knife for patellar desmotomy in the bovine. Nord. Vet. Med., **17**: 172, 1965.

Chondromalazie der Patella

Die Chondromalazie der Patella wurde als eine Degeneration des Gelenkknorpels der Kniescheibe definiert, die wahrscheinlich infolge einer Entzündung des Kniegelenkes, möglicherweise zusammen mit einer Druckbelastung der Patella durch eine habituelle bzw. stationäre Patellafixation, entsteht. Es gibt jedoch kaum klinische Hinweise darauf, daß diese Erkrankung ausschließlich in diesem Zusammenhang auftritt.

Ätiologie

Beim Menschen manifestiert sich diese Erkrankung durch Schmerzen, vermehrte Gelenkfüllung und Krepitation. Risse und Erweichungen der Gelenkfläche der Patella gehen der Zerfaserung des Knorpels voraus. Als Ursache wird ein wiederholtes Trauma durch eine dislozierte Patella angesehen. Aufgrund dieses Wissens ist die Versuchung groß, die Erkrankung auf die sogenannte „lose" Kniescheibe beim Pferd zu übertragen. Es gibt jedoch keine Veröffentlichungen über das klinische Bild der Erkrankung, und die Veränderungen kommen auch an den Gelenkflächen klinisch gesunder Pferde vor. Möglicherweise stellen sie eine Form der Osteochondrose dar. WYBURN[1] fand ähnliche Veränderungen an der Gelenkfläche der Patella, die wahrscheinlich sekundär durch Schäden am lateralen Rollkamm entstanden waren.

Ausgewählte Literatur

1. WYBURN, R. S.: A degenerative joint disease in the horse. NZ Vet. J., **25**: 321, 1977.

Umschriebene Verkalkung

Siehe Seite 327, Umschriebene Verkalkung.

Osteochondrose im Kniegelenk

Siehe Seite 396, Osteochondrose.

Distale Patellaluxation

McILWRAITH beschreibt einen Fall von distaler Patellaluxation, bei dem die Kniescheibe im kranialen Spalt zwischen den Femurkondylen eingeklemmt war (Abb. 7.38).[1] Obwohl die Ursache hierfür nicht bekannt ist, wurde vermutet, daß ein zumindest teilweiser Abriß vom Ansatz des Musculus quadriceps femoris proximal an der Patella erfolgte, woraufhin sie in diese abnorme Position rutschen konnte, während der Muskel über dem Rollkamm festhing. Klinisch war die Gliedmaße in Beugestellung fixiert, während der Musculus quadriceps femoris über den Rollkamm des Femur gespannt war. Diese Haltung war stationär und konnte auch durch Manipulationen nicht verändert werden. Erst in Vollnarkose war es möglich, die normale Situation wiederherzustellen, und das Pferd erholte sich ohne Zwischenfall. Am Musculus quadriceps femoris konnte keine Schädigung festgestellt werden, aber nach etwa sechs Monaten angefertigte Röntgenaufnahmen zeigten, daß es Zerrungen am Ansatz des Muskels an der Patella gegeben hatte.

Ausgewählte Literatur

1. McILWRAITH, C. W., and WARREN, R. C.: Distal luxation of the patella in a horse. J. Am. Vet. Med. Assoc., **181**: 67, 1982.

Patellasubluxation und -ektopie

Obwohl die Ektopie der Patella in der Literatur gut dokumentiert ist, wird sie immer noch als seltenes Vorkommnis betrachtet.[1-8] Sie ist normalerweise kongenital und wird kurz nach der Geburt festgestellt. Der Untersucher wird durch unterschiedliche Veränderungen in der Bewegung auf das Problem hingewiesen. Da die Erkrankung kongenital ist, sind einige Untersucher der Meinung, daß die Anlage dazu rezessiv vererbt wird.[4] Bei älteren Pferden gibt es auch eine erworbene Ektopie der Patella, die aber noch seltener diagnostiziert wird.[4,5] Es werden Ektopien nach lateral und medial sowohl an einer als auch an beiden Beckengliedmaßen beschrieben. Aber in den weitaus meisten Fällen besteht die Ektopie nur einseitig und lateral.[4] Vor kurzem wurde über eine erworbene einseitige distale Patellaluxation berichtet.[5] Diese Ektopien können von einer einseitigen geringgradigen Subluxation bis zur vollständigen Ektopie reichen, die nur schwer manuell zu reponieren ist.

Ätiologie

Obwohl die Ursache für die kongenitale Ektopie der Patella nicht genau bekannt ist, kommen eine Hypoplasie der Rollkämme des Femur (primäre Knochendeformation) sowie eine Hypoplasie der stabilisierenden Bänder in Frage.[6,8] Beim erwachsenen Pferd wird ein Trauma als Ursache angenommen. Des weiteren kann sie auch im Zusammenhang mit einer Fehlentwicklung des lateralen Rollkammes durch eine Osteochondrosis dissecans entstehen.[7]

Symptome

Die Symptome sind, abhängig von Ausmaß und Art der Verlagerung, unterschiedlich. Eine vollständige Ektopie der Patella führt normalerweise dazu, daß das Knie nicht mehr gestreckt werden kann. Bei einer vollständigen Ektopie beider Kniescheiben kann das Pferd oft nicht mehr stehen und nimmt eine typische hockende Haltung ein. Bei einer persistierenden Subluxation nach lateral zeigt das Pferd Symptome, die einer proximalen Patellafixation sehr ähnlich sind.[2] Die Gliedmaße wird in Streckstellung kaudolateral gehalten. Beim Vorführen zeigt das Pferd einen pathologischen schwingenden Gang mit dem typischen Schleifen der Zehe. Pferde mit einer intermittierenden einseitigen Subluxation der Patella, die sich spontan reponiert, bewegen sich oft ziemlich normal, um dann plötzlich einzuknicken, da die Streckfunktion durch die Verlagerung der Kniescheibe nicht mehr gegeben ist. Da einige dieser Tiere kaum eine Bewegungsstörung zeigen, wird der Zustand oft erst erkannt, wenn ernsthafte degenerative Veränderungen im Gelenk bestehen.[4]
Palpatorisch ist eine Verlagerung der Patella unterschiedlichen Ausmaßes und eine vermehrte Gelenkfüllung feststellbar. Während vollständige Ektopien manchmal schwer zu reponieren sind, läßt sich die Patella bei intermittierenden Subluxationen meistens leicht in ihre normale Lage reponieren.

Diagnose

Um die Diagnose bestätigen und das Ausmaß degenerativer Gelenkschäden erkennen zu können, sollten Röntgenaufnahmen angefertigt werden. Besonders in der tangentialen Aufnahmerichtung ist der Grad der Verlagerung gut zu erkennen. Beim Neugeborenen dürfen die unregelmäßigen Begrenzungen der subchondralen Ossifikation nicht mit degenerativen Veränderungen der Patella und der Rollkämme verwechselt werden (Abb. 8.292).

Therapie

Das vernünftigste Behandlungsprinzip besteht in der Reposition und der Stabilisierung der Patella in gerader Ausrichtung auf die Gelenkvertiefung der Trochlea ossis femoris. Es gibt Beschreibungen verschiedener Repositionstechniken.[2,4] Die Kombination eines Entlastungsschnittes auf der einen Seite mit der Raffung der Faszie auf der anderen Seite verspricht die besten Ergebnisse.[4] Bei dieser Technik wird der Entlastungsschnitt auf der Seite angelegt, zu der die Patella verlagert ist. Die lockere Seite (der verlagerten Patella entgegengesetzt) wird gerafft, so daß die Kniescheibe mehr Halt hat. Bei einer persistierenden Verlagerung scheint diese Methode am besten geeignet zu sein.

Prognose

Die Prognose gilt in allen Fällen als vorsichtig und ist ungünstig, wenn die Erkrankung beidseitig auftritt und eine degenerative Gelenkerkrankung besteht.

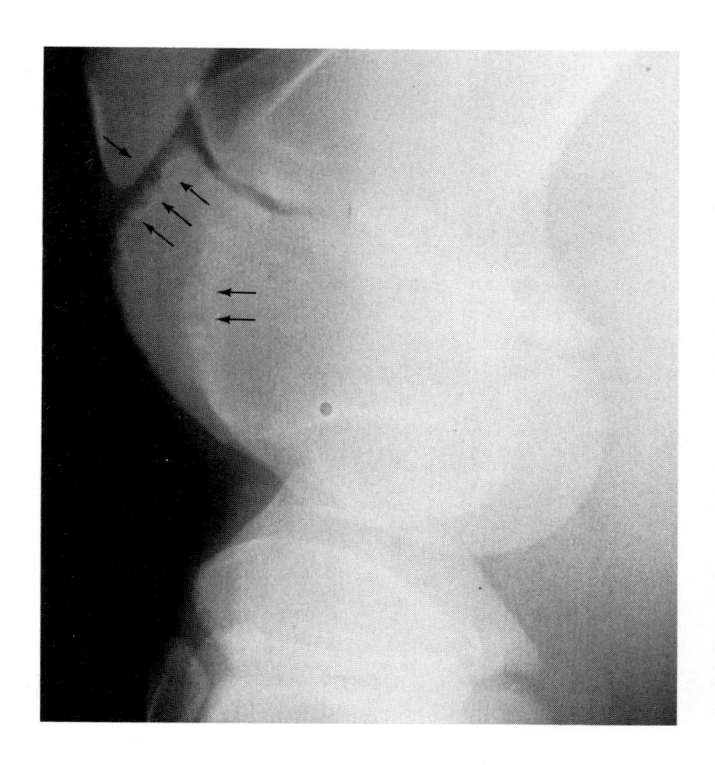

Abb. 8.292: Seitliche Röntgenaufnahme eines Kniegelenkes bei einem jungen Fohlen. Die unregelmäßige Begrenzung der Patella und des Rollkammes (Pfeile) ist normal und darf nicht mit degenerativen Veränderungen verwechselt werden.

Außerdem sollte der Besitzer auf die mögliche Erblichkeit bei der kongenitalen Form deutlich hingewiesen werden.

Ausgewählte Literatur

1. FINOCCHIO, E. J., and GUFFY, M. M.: Congenital ectopia in a foal. J. Am. Vet. Med. Assoc., **156:** 222, 1970.
2. JONES, R. D., et al.: Medial imbrication of the stifle to release lateral subluxation of the patella in a miniature horse. Eq. Pract., **3:** 19, 1981.
3. La FRANCE, N. A., LERNER, D. J., and O'BRIEN, T. R.: Bilateral congenital lateral patellar luxation in a foal. Can. Vet. J., **12:** 119, 1971.
4. LEITCH, M., and KOTLIKOFF, M.: Surgical repair of congenital lateral luxation of the patella in the foal and calf. Vet. Surg., **9:** 1, 1980.
5. McILWRAITH, C. W., and WARREN, R. C.: Distal luxation of the patella in a horse. J. Am. Vet. Med. Assoc., **181:** 67, 1982.
6. ROONEY, J. R., RAKER, C. W., and HARMONY, K. J.: Congenital lateral luxation of the patella in the horse. Cornell Vet. **61:** 670, 1971.
7. STROMBERG, B., and REJNO, S.: Osteochondrosis in the horse. A clinical and radiologic investigation of osteochondritis dissecans of the knee and hock joint. Acta Radiol. ‹Suppl.›, **358:** 140, 1978.
8. Van PELT, R. W., KEAHEY, K. K., and DALLEY, J. B.: Congenital bilateral patellar ectopia in a foal. VM/SAC, **66:** 445, 1971.

Fraktur der Patella

Eine Fraktur der Patella beim Pferd gibt es relativ selten, was möglicherweise mit der Größe der Kniescheibe, ihrer in gewisser Weise geschützten Lage und ihrer großen Beweglichkeit zusammenhängt.[1-3] Ein direkt auf die Patella wirkendes Trauma führt normalerweise eher zu einer Verlagerung als zu einer Fraktur. Falls es einmal zu einer Fraktur kommt, geschieht dies gewöhnlich in Zusammenhang mit einer erheblichen Weichteilverletzung, die auch die Bänder und die Kapsel des Kniegelenkes betrifft.[3] Transversal- und Längsfrakturen wurden gleichermaßen beschrieben.[1,2]

Ätiologie

Die am ehesten in Frage kommende Ursache ist ein direkt auf die Patella wirkendes Trauma bei halb gebeugtem Kniegelenk.[2] In dieser Position ist die Beweglichkeit der Kniescheibe durch die Rollkämme des Femur eingeschränkt. Weitere Ursachen, die beschrieben wurden, sind Schläge durch andere Pferde und Kollisionen mit einem festen Hindernis.

Symptome und Diagnose

Die Pferde zeigen eine plötzlich auftretende Lahmheit und eine deutliche schmerzhafte Schwellung im Kranialbereich des Kniegelenkes. Palpatorisch sind Schmerzhaftigkeit und manchmal auch Krepitation feststellbar. Durch Beugung des Kniegelenkes läßt sich die Lahmheit verstärken und eine Schmerzreaktion auslösen. Um die Art der Fraktur festzustellen, sind Röntgenaufnahmen erforderlich (Abb. 8.293).

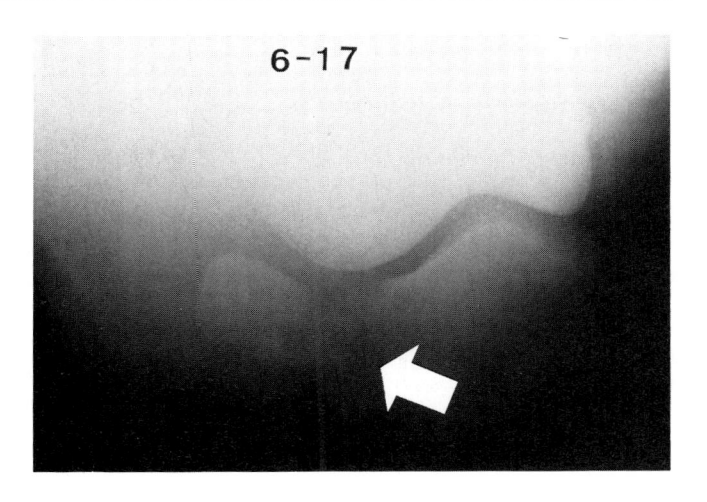

Abb. 8.293: Tangentialaufnahme eines Kniegelenkes mit einer Patellafraktur (Pfeil).

Therapie

Bei nichtdislozierten Frakturen können ausgedehnte Stallruhe sowie die Verwendung einer Thomasschiene von Nutzen sein.[3] Bei auseinandergezogenen bzw. dislozierten Frakturen sollte eine interne Fixation in Erwägung gezogen werden, da es Veröffentlichungen über die erfolgreiche Behandlung von auseinandergezogenen Transversal- und dislozierten Longitudinalfrakturen gibt.[1,2] Dabei ist die Longitudinalfraktur leichter einzurichten und zu stabilisieren, und das Risiko eines postoperativen Auseinanderweichens der Fragmente ist geringer. Transversalfrakturen dagegen sind schwieriger erfolgreich zu behandeln, da das proximale Fragment durch den Zug des Musculus quadriceps femoris die Tendenz hat, in proximaler Richtung verlagert zu werden. In jedem Fall kann ein unvollständiges Einrichten der Fragmente degenerative Veränderungen im Femoropatellargelenk verursachen.

Prognose

Die Prognose ist von der gemeinsamen Beurteilung der Patellafraktur und der Weichteilverletzung abhängig. Das Ergebnis der konservativen Behandlung ist normalerweise weniger als zufriedenstellend, ausgenommen Frakturen, bei denen keine Gelenkfläche betroffen ist, sowie Frakturen mit Gelenkbeteiligung, die nicht disloziert sind. Bei dislozierten Frakturen bietet die interne Fixation die besten Voraussetzungen für einen günstigen Ausgang.

Ausgewählte Literatur

1. ALDRETE, A. V., and MEAGHER, D. M.: Lag screw fixation of a patellar fracture in a horse. Vet. Surg., **10:** 143, 1981.
2. De BOWES, R. M., et al.: Fractured patella in a horse. Eq. Pract., **2:** 49, 1980.
3. FESSLER, J. F., and AMSTUTZ, H. E.: Fracture repair. *In* Textbook of Large Animal Surgery. Edited by F. W. Oehme, and J. E. Prier. Baltimore, Williams & Wilkins Co., 1974, p. 321.

Femur

Frakturen

Femurfrakturen kommen beim Pferd relativ häufig vor.[1,3,4] Bei jungen Pferden sind oft die proximalen und distalen Epiphysen betroffen. Frakturen der Diaphyse sind meistens einfache Schrägfrakturen. Andererseits erleiden ausgewachsene Pferde in der Regel Trümmerfrakturen des Femurschaftes. In jedem Fall schieben sich die Bruchenden oft erheblich aneinander vorbei, was dazu führt, daß das intraoperative Einrichten der Fraktur Schwierigkeiten bereitet.

Ätiologie

Bei Fohlen kommt es oft zu Femurfrakturen, wenn sie den Umgang mit dem Menschen lernen sollen, z. B., wenn dabei das Halfter reißt. Gelegentlich tritt die Stute auf das Fohlen, oder das Fohlen liegt unter einem Zaun fest, was auch zur Entstehung einer Femurfraktur führen kann. Beim ausgewachsenen Pferd sind erhebliche Kräfte erforderlich, um eine Femurfraktur zu verursachen.

Symptome

Pferde mit einer Femurfraktur haben dem Vorbericht zufolge ein erhebliches Trauma erlitten, das eine höchstgradige Lahmheit zur Folge hatte. Von der Seite betrachtet, scheint die betroffene Gliedmaße etwas kürzer zu sein, das Sprunggelenk wird etwas höher gehalten als auf der anderen Seite und die Muskulatur im Frakturbereich kann etwas wellig aussehen (Abb. 8.294). Manchmal ist eine deutliche Schwellung zu beobachten. In der Bewegung wird die Gliedmaße nicht belastet. Palpatorisch ist eine vermehrte Beweglichkeit des distalen Gliedmaßenbereiches feststellbar. Bei jungen Pferden sind eine Umfangsvermehrung sowie Krepitation im Bereich der Fraktur vorhanden. In einigen Fällen ist es nützlich, den Frakturbereich mit Hilfe des Stethoskopes zu auskultieren. Bei ausgewachsenen Pferden sind die Krepitationsgeräusche jedoch stark durch die Muskelmassen in dieser Region sowie die zusätzliche Schwellung, die das Frakturhämatom verursacht, gedämpft. Dadurch, daß sich die Bruchenden aneinander vorbeischieben, fühlt sich die Patella oft locker an und kann leicht in medialer oder lateraler Richtung bewegt werden.

Eine Fraktur im Bereich der proximalen Femurepiphyse bei jungen Pferden kann schwierig zu diagnostizieren sein und muß von einer Hüftgelenksluxation abgegrenzt werden. Häufig sind diese Fohlen imstande, die Gliedmaße zu belasten, und aufgrund der Lage der Fraktur ist eine Schwellung im akuten Stadium nicht ohne weiteres feststellbar. Hier ist eine Auskultation über dem Trochanter major bei gleichzeitiger passiver Bewegung der Gliedmaße oft von Nutzen. Frakturen im Bereich der distalen Femurepiphyse sind normalerweise aufgrund der Umfangsvermehrung und der Verlagerung in der Kniegelenksgegend leicht zu erkennen.

Abb. 8.294: Pferd mit einer Femurfraktur. Es ist zu beachten, daß die linke Beckengliedmaße kürzer erscheint als die rechte. Der Sprunggelenkhöcker wird höher gehalten, und die Muskulatur über dem Femur sieht wellig aus.

Diagnose

Obwohl die klinischen Symptome mit Ausnahme der Frakturen der proximalen Femurepiphyse weitreichende Hinweise geben, sind Röntgenaufnahmen zur Erstellung der endgültigen Diagnose und zur genauen Lokalisierung des Frakturspaltes wichtig. In den meisten Fällen, ausgenommen Frakturen der distalen Femurepiphyse und des distalen Schaftbereiches, müssen die Pferde dazu in Seitenlage gebracht werden. Leider verfügen viele in der Praxis gebräuchliche transportable Röntgengeräte nicht über eine ausreichende Leistung, so daß sie die massive Muskulatur, die beim ausgewachsenen Pferd den Femur bedeckt, nicht durchdringen können.

Therapie

Die Behandlung einer Fraktur des Femurschaftes ist abhängig vom Alter des Tieres und von der Art sowie der Lokalisation der Fraktur. Im allgemeinen sollten ausgewachsene Pferde sowie Jährlinge mit einer Femurschaftfraktur euthanasiert werden, sofern keine außergewöhnlichen Umstände vorliegen. Obwohl Behandlungsversuche unternommen werden können, sind sie meistens vergeblich. Gelegentlich können Femurfrakturen bei wachsenden Pferden nur durch die Einhaltung von Boxenruhe heilen, allerdings kann die Gliedmaße durch die Verschiebung der Bruchenden verkürzt sein. Weiterhin kann eine dauerhafte Lahmheit bestehen bleiben. Ein hoher Zuchtwert kann jedoch in einigen Fällen erhalten werden. Beim ausgewachsenen Pferd ist Boxenruhe allerdings kaum ausreichend.

Bei Fohlen sind zur Behandlung von Frakturen des Femurschaftes Marknagelungen entweder mit ganzen Bündeln von Nägeln oder mit einem einzigen großen Nagel mit einem Durchmesser von 1,2 cm erfolgreich durchgeführt worden.[5] Es muß jedoch damit gerechnet werden, daß die Nägel wandern. Diese Technik verspricht den meisten Erfolg bei kleinen, ruhigen Fohlen (Abb. 8.295 **A** und **B**). Bei sehr kleinen Fohlen mit Frakturen des Femurschaftes ist wahrscheinlich die Fixation mit einer Kompressionsplatte die Methode der Wahl, da nur auf diese Weise eine gute Stabilisierung der Fraktur während der Heilung sichergestellt werden kann. Falls möglich, sollten zwei Platten verwendet werden. Da es im allgemeinen wenig Zweck hat, distal an der Gliedmaße zu ziehen, muß lokal am Knochen ein Distraktor mit Bolzen befestigt werden. Große Repositionszangen sind ebenfalls zur Einrichtung dieser Frakturen sehr nützlich. Saugdrainagen sollten eingelegt und erst wieder entfernt werden, wenn die Sekretion aufhört (in den meisten Fällen nach vier bis fünf Tagen).[6]

Obwohl Frakturen der distalen Epiphyse schwer zu behandeln sind, kann erwogen werden, sie mit gekreuzt eingeschlagenen Steinmann-Nägeln oder Rushpins zu stabilisieren (Abb. 8.296 **A** und **B**). Frakturen des distalen Femur vom Salter-IV-Typ (siehe Seite 298) wurden bei einem Jährling erfolgreich mit subchondral in lateralem und medialem Rollkamm sowie in der Trochlea ossis femoris eingesetzten Spongiosaschrauben stabilisiert.[2] Wenn sich die Schrauben subchondral befinden, kann die Patella unbehindert gleiten, und kleinere osteochondrale Defekte heilen komplikationslos. Frakturen der proximalen Femurepiphyse ohne Dislokation wurden durch direkte Nagelung des Femurkopfes mit Knowles-Nägeln unter sorgfältiger intraoperativer Durchleuchtung fixiert.[7] Bei dislozierten Frakturen müssen Femurkopf und -hals vor der Nagelung operativ eingerichtet werden.[7] Die Osteotomie des Caput ossis femoris ist bei drei Fohlen beschrieben worden, die später, obwohl eine permanente Lahmheit bestand, so weit schmerzfrei waren, daß sie zu Zuchtzwecken eingesetzt werden konnten.[4]

Prognose

Die Prognose einer Femurfraktur hängt weitgehend von dem Alter des Pferdes, der Lage und Art der Fraktur sowie von der angestrebten Verwendung ab. Bei jungen Pferden mit einfachen Schrägfrakturen in der Mitte des Femurschaftes, die durch interne Fixation stabilisiert wurden, sind die Heilungsaussichten am besten. Bei Frakturen sowohl der proximalen als auch der distalen Epiphyse ist die Prognose im Hinblick auf eine ungestörte Funktion vorsichtig zu stellen. Eine Osteotomie des Femurkopfes kann als Maßnahme zur Erhaltung des Zuchtwertes angesehen werden. Im allgemeinen ist die Prognose der Femurfrakturen bei Jährlingen und ausgewachsenen Pferden im Hinblick auf einen erfolgreichen Ausgang außerordentlich ungünstig zu stellen.

Ausgewählte Literatur

1. CLAYTON-JONES, D. C.: The repair of equine fractures 1843–1975. Vet. Rec. **97**: 193, 1975.
2. De BOWES, R. M., GRANT, B. D., and MODRANSKY, P. D.: Lag screw stabilization of Salter type IV fracture in a young horse. J. Am. Vet. Med. Assoc., **182**: 1123, 1983.
3. DENNY, H. R.: The surgical treatment of equine fractures. Vet. Rec., **102**: 273, 1978.
4. FESSLER, J. F., and AMSTUTZ, H. E.: Fracture Repair. *In* Large Animal Surgery. Edited by F. W. Oehme, and J. E. Prier. Baltimore, Williams & Wilkins Co., 1974, p. 321.

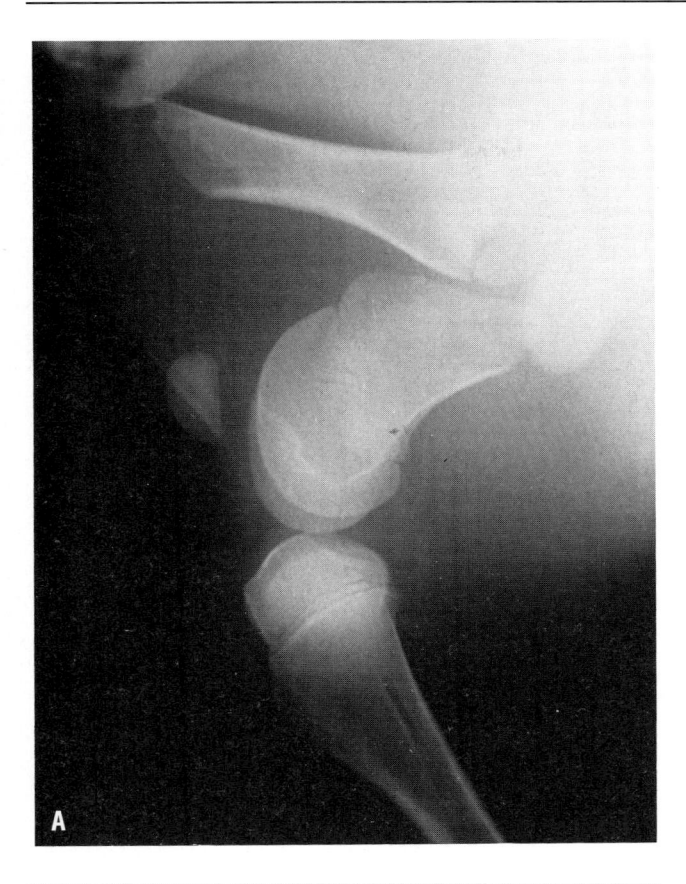

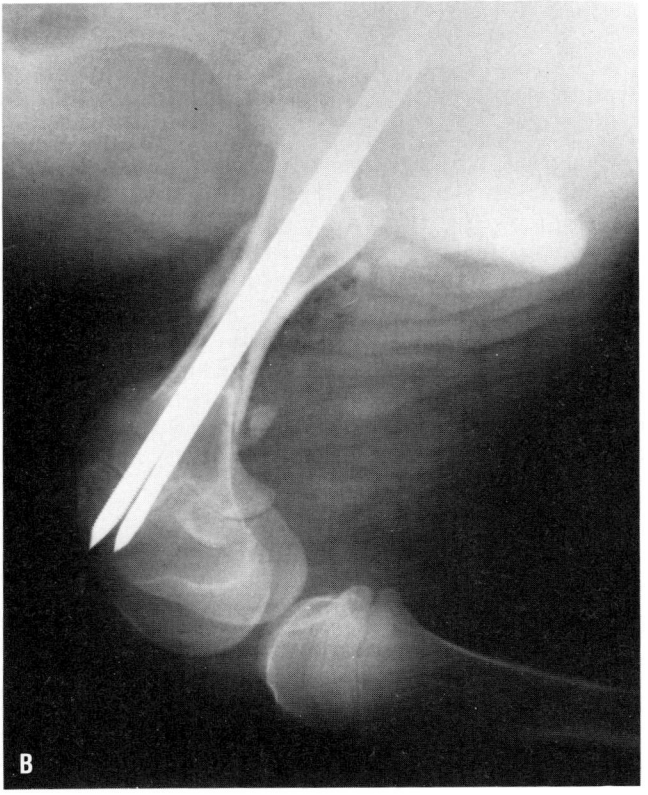

Abb. 8.295: **A** Gedeckte Schrägfraktur im Bereich des distalen Femurdrittels bei einem Fohlen. **B** Diese Fraktur konnte mit Erfolg durch große Steinmann-Nägel fixiert werden.

5. STICK, J. A., and DERKSEN, F. J.: Intramedullary pinning of a fractured femur in a foal. J. Am. Vet. Med. Assoc., **176**: 627, 1980.
6. TURNER, A. S.: Surgical repair of a fractured femur in a foal: a case report. J. Eq. Med. Surg., **1**: 180, 1977.
7. TURNER, A. S., et al.: Surgical repair of fractured capital femoral epiphysis in three foals. J. Am. Vet. Med. Assoc., **175**: 1198, 1979.

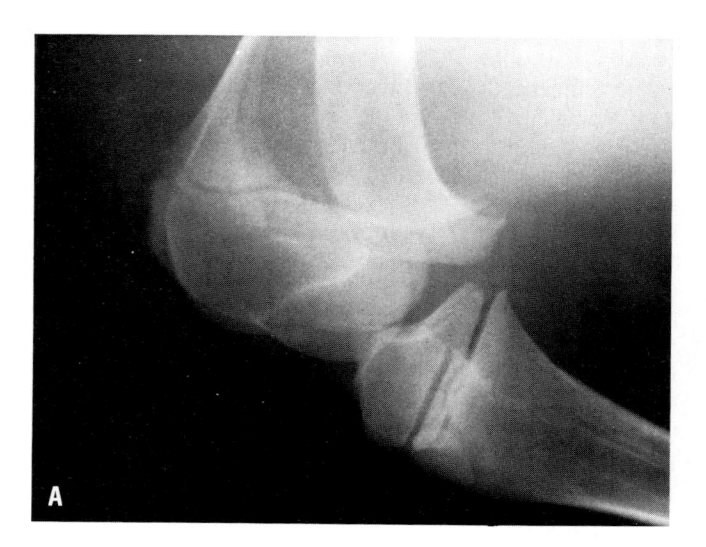

Abb. 8.296: **A** Fraktur vom Salter-Harris-II-Typ im distalen Bereich des Femur. **B** Gekreuzt eingeschlagene Steinmann-Nägel dienten zur Fixation dieser Fraktur. Unglücklicherweise trat die Stute drei Wochen nach der Operation auf das Fohlen, und es erlitt proximal der Operationsstelle eine weitere Fraktur.

Lähmung des Nervus femoralis

Eine Lähmung des Nervus femoralis betrifft die Muskelgruppe, die zusammen den Musculus quadriceps femoris bildet. Zu dieser Gruppe gehören der Musculus rectus femoris, der Musculus vastus lateralis, der Musculus vastus medialis sowie der Musculus vastus intermedius. Diese starke Muskelmasse bedeckt die Kranialfläche und die Seitenflächen des Os femoris. Ihrer Endsehne ist die Patella eingelagert.

Ätiologie

Eine Lähmung des Nervus femoralis kann durch ein Trauma oder andere unbekannte Ursachen entstehen und mit einem Kreuzverschlag einhergehen. Der Nerv kann durch ein Überstrecken der Gliedmaße bei Überanstrengung, beim Schlagen, beim Ausrutschen oder beim Ausbinden des Pferdes in Rückenlage geschädigt werden.

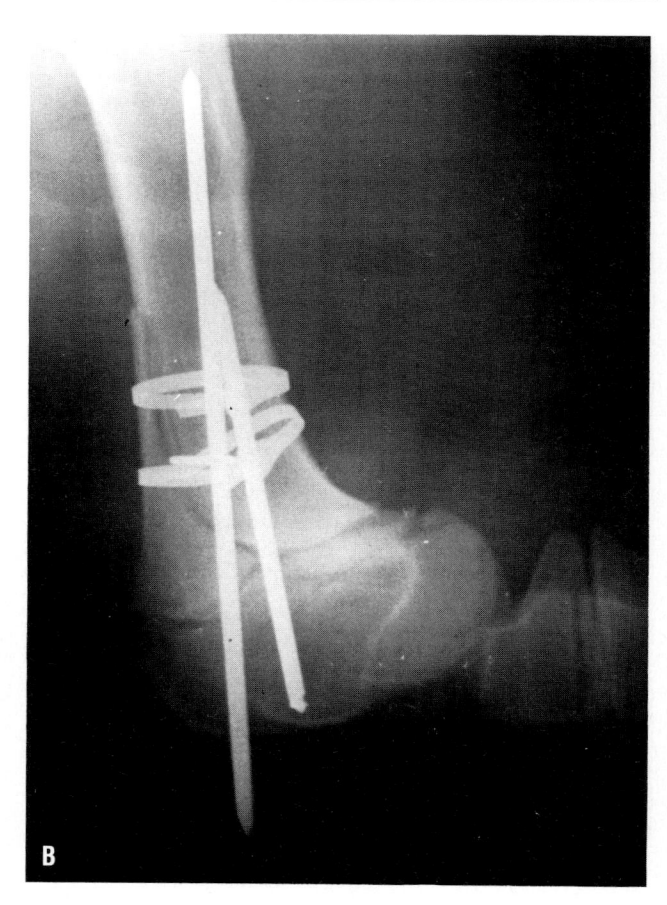

Symptome

Das Pferd kann die betroffene Gliedmaße nicht belasten. Im Stand sind als Folge dieses Zustandes alle Gelenke auf der erkrankten Seite gebeugt. Das Vorführen der Gliedmaße ist schwierig, aber das Pferd ist dazu in der Lage, da das Sprunggelenk so weit gebeugt werden kann, daß ein Vorführen möglich ist. In der Bewegung kann die Gliedmaße nicht belastet werden, was durch einen entsprechend veränderten Gang kompensiert werden muß. Wenn dieser Zustand einige Zeit bestanden hat, kommt es zu einer Atrophie des Musculus quadriceps femoris, so daß die einzelnen Bäuche nicht mehr normal weich sind, sondern zu eher sehnigen Strukturen werden.

Diagnose

Die oben beschriebenen Symptome sind charakteristisch und dienen zur Diagnosestellung. Der Zustand muß von einer lateralen Patellaluxation, einer Ruptur des Musculus quadriceps femoris, einem Abriß der Tuberositas tibiae und einer distalen Patellaluxation abgegrenzt werden. Jede dieser Erkrankungen könnte ein ähnliches Krankheitsbild hervorrufen; jedoch sind sie alle sehr selten. Die laterale Patellaluxation kann mit Hilfe der Palpation der verlagerten Patella diagnostiziert werden. Ebenso ist eine Ruptur des Musculus quadriceps femoris fühlbar. Ein

Abriß der Tuberositas tibiae im Bereich der Ansatzes der Kniescheibenbänder kann durch eine Röntgenuntersuchung festgestellt werden. Eine Elektromyographie des Musculus quadriceps femoris fünf Tage nach Auftreten der ersten Symptome der Femoralislähmung ermöglicht eine definitive Diagnose.

Therapie

Eine Behandlungsmöglichkeit der Femoralislähmung ist nicht bekannt. Ist der Zustand die Folge einer Nervenschädigung, muß das Tier für lange Zeit Boxenruhe haben. Die Muskulatur muß so oft wie möglich massiert werden. Falls die Funktion sich wenigstens teilweise bessert, muß das Pferd bewegt werden, damit es nicht zu einer Atrophie kommt. Wenn die Ursache in einer Azoturie liegt, stellt die Bewegung einen wichtigen Teil der Behandlung dar. Weiterhin sind Injektionen von Kombinationspräparaten, die Selen und Vitamin E enthalten, sowie von Thiamin angezeigt.

Prognose

Die Prognose muß vorsichtig bis ungünstig gestellt werden. Eine endgültige Aussage kann erst gemacht werden, wenn genügend Zeit verstrichen ist, so daß beurteilt werden kann, ob die Lähmung reversibel ist. Bis zur vollständigen Wiederherstellung der Funktion sind wenigstens dreißig Tage erforderlich.

Bursitis des Schleimbeutels über dem Trochanter major

Bei dieser Lahmheit, die meistens bei Standardbred-Pferden auftritt, handelt es sich um eine Entzündung des Schleimbeutels zwischen der Sehne des Musculus glutaeus accessorius und dem Trochanter major des Femur. Die über diesen Schleimbeutel verlaufende Sehne kann ebenfalls betroffen sein, desgleichen der Knorpelüberzug des großen Umdrehers. Der in der Tiefe verlaufende Musculus glutaeus accessorius ist von dem oberflächlicheren Musculus glutaeus medius nur schwer zu trennen. Er hat eine starke, breite Sehne, die über dem kranialen Teil der Wölbung des Trochanter major liegt und an der Crista intertrochanterica des Femur ansetzt. Der Trochanter major ist von Knorpel bedeckt, und der Schleimbeutel liegt zwischen diesem Knorpel und der Sehne.

Ätiologie

Die Lahmheit entsteht durch eine Verletzung nach einem Sturz auf die betreffende Seite, durch eine Zerrung der Sehne während des Rennens bzw. Trainings oder durch einen direkten Schlag auf den Trochanter major. Außerdem wurde sie nach einer Druse festgestellt. Meistens besteht an der betroffenen Seite auch noch Knochenspat, so daß die Sprunggelenkslahmheit zu der Schleimbeutelentzündung führt.
Eine Entzündung des Schleimbeutels über dem Trochanter major kann ebenfalls entstehen, wenn die Pferde auf kleinen Bahnen mit engen Kurven laufen oder wenn sie bei der Arbeit die Beckengliedmaßen stark belasten und häufig auf weichem tiefen Boden trainiert werden. Des weiteren scheinen niedrige Trachten und lange Zehen der Hinterhufe prädisponierend für diese Art von Lahmheit zu sein.

Symptome

Bei Druck im Bereich des Trochanter major kann eine Schmerzreaktion ausgelöst werden. Diese Schmerzprobe muß sehr sorgfältig durchgeführt werden, da viele Pferde bei Druck auf das Hüftgelenk zum Ausweichen neigen. Im Stand ruhen die Pferde mit der erkrankten Gliedmaße, und wenn sich das Pferd bewegt, wird der innere Tragrand des Hufes mehr belastet, so daß er stärker abgenutzt wird als der äußere. Diese Ganganomalie kann am besten von hinten beobachtet werden. Das Pferd führt die erkrankte Gliedmaße nach innen und fußt auf einer Linie, die zwischen den Schultergliedmaßen liegt. Es bewegt sich „hundeartig" schief, nämlich mit der Hinterhand in Richtung der gesunden Seite. Der Grund hierfür liegt darin, daß die Vorführphase der erkrankten Gliedmaße kürzer ist als die der gesunden. Hat die Erkrankung bereits einige Zeit bestanden, kommt es zu einer Atrophie der Glutäalmuskulatur. In den Fällen, in denen ein erhebliches Trauma wie ein Schlag die Ursache ist, kann der Knorpel beschädigt oder der Trochanter major gebrochen sein, so daß eine bleibende Lahmheit die Folge ist.

Diagnose

Die obengenannten Symptome werden zur Diagnosestellung verwendet. Die Erkrankung ist nur schwer von einer Arthritis im Hüftgelenk oder von einer Fraktur durch das Azetabulum des Beckens, die keine Krepitation aufweist, zu unterscheiden. Weiterhin kann diese seltene Erkrankung mit einer Spatlahmheit verwechselt werden. In manchen Fällen wird eine Lahmheit unbekannter Ursache als Bursitis des Schleimbeutels über dem Trochanter major bezeichnet. Die Injektion eines Lokalanästhetikums in den Bereich der Bursa kann zur Differenzierung der Diagnose beitragen (siehe Seite 150).

Therapie

Die Injektion von Kortikosteroiden in den Schleimbeutel ist anscheinend die wirksamste Behandlungsmethode. Eine andere Maßnahme ist die Reiztherapie durch Injektionen von Lugolscher Jodlösung in oder um den Schleimbeutel herum. Wärmepackungen in der betroffenen Region lindern die Schmerzen im akuten Stadium ebenso wie orale Gaben von Phenylbutazon. Wenn der Knorpel beschädigt oder der Knochen frakturiert ist bzw. wenn eine Periostitis besteht, ist die Behandlung schwierig. Eine Operation oder die Injektion von Irritantia kann in diesen Fällen angezeigt sein.

Prognose

Die Prognose muß vorsichtig bis ungünstig gestellt werden. Wenn das Pferd innerhalb von vier bis sechs Wochen auf eine Behandlung anspricht, ist eine Heilung möglich.

Hüftgelenk

Ruptur des Ligamentum capitis ossis femoris

Das Hüftgelenk des Pferdes wird durch zahlreiche Bänder stabilisiert. Das größte und stärkste ist das Band zwischen dem Caput ossis femoris und dem Azetabulum. Gelegentlich kommt es zu Belastungen, die eine Ruptur des Ligamentum caput ossis femoris, jedoch keine Hüftgelenksluxation verursachen. In diesen Fällen hat der Kopf des Oberschenkelbeines dann einen größeren Bewegungsspielraum, der zu einer degenerativen Gelenkerkrankung führt.

Ätiologie

Die Ursache für eine Ruptur des Ligamentum capitis ossis femoris liegt in einem Trauma. Die gleichen Belastungen, die zu einer Hüftgelenksluxation führen, können auch eine Ruptur ohne Luxation verursachen.

Symptome

Die Symptome einer Ruptur des Ligamentum capitis ossis femoris sind denen einer Hüftgelenksluxation sehr ähnlich. Die einzige Abweichung liegt darin, daß beide Beckengliedmaßen gleich lang erscheinen. Charakteristisch für eine Ruptur des Ligamentum capitis ossis femoris ist, daß Zehe und Knie des betroffenen Beines nach außen, das Sprunggelenk aber nach innen gedreht sind. Das gleiche Erscheinungsbild besteht auch bei der Hüftgelenksluxation, bei der die Beckengliedmaßen jedoch zusätzlich unterschiedlich lang sind (Abb. 8.297). Krepitation im Bereich des Gelenkes kann aufgrund der vermehrten Beweglichkeit des Os femoris infolge der Ruptur oder aufgrund von in diesem Zusammenhang entstehenden Gelenkveränderungen im Rahmen der Osteoarthritis entweder von außen oder durch das Rektum palpierbar sein. Bei einem Vergleich der Beckengliedmaßen zeigt sich, daß sie von gleicher Länge sind, wenn es sich um eine Ruptur des Ligamentum capitis ossis femoris handelt und keine Hüftgelenksluxation vorliegt. Besteht die Erkrankung längere Zeit, muß sie durch eine Röntgenuntersuchung von einer Hüftgelenksluxation abgegrenzt werden.

Diagnose

Die Diagnose wird aufgrund der Außenrotation von Knie- und Zehengelenken und des nach innen gerichteten Sprunggelenkes bei gleich lang erscheinenden Gliedmaßen gestellt. Wird das Pferd in Narkose auf den Rücken gelegt, kann eine Röntgenaufnahme des Hüftgelenkes angefertigt werden. Besteht die Erkrankung schon länger, sind auf der Röntgenaufnahme Anzeichen von erheblichen degenerativen Gelenkveränderungen zu erkennen. Andernfalls ist die abnorme Lage des Femurkopfes im Azetabulum feststellbar.

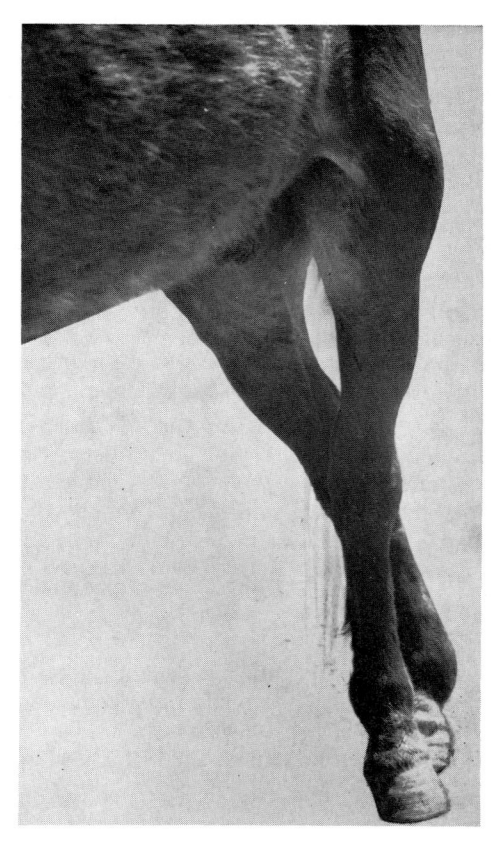

Abb. 8.297: Ruptur des Ligamentum capitis ossis femoris. Das Kniegelenk und die Zehengelenke zeigen nach außen, das Sprunggelenk nach innen. Diese Stellung ist für eine Ruptur dieses Bandes ebenso wie für eine Hüftgelenksluxation charakteristisch. Wenn das Ligamentum capitis ossis femoris gerissen, das Hüftgelenk aber nicht luxiert ist, sind die Beckengliedmaßen gleich lang.

Therapie

Es gibt mit Ausnahme der Stabilisierung des Gelenkes mit einem Implantat keine wirksame Behandlungsmethode. Diese Art der Behandlung ist beim Pferd jedoch praktisch nicht durchführbar, da der Zustand des Gelenkes danach niemals ein Galoppieren zuläßt. Bei Rindern wird diese Methode mit Erfolg eingesetzt, da diese Tierart sich selten schneller als im Schritt bewegt.

Prognose

Die Prognose muß ungünstig gestellt werden, da der vergrößerte Spielraum des Femurkopfes im Azetabulum normalerweise erhebliche degenerative Gelenkveränderungen hervorruft.

Luxation des Hüftgelenkes

Obwohl eine Luxation des Hüftgelenkes bei Pferden nicht häufig vorkommt, sind, wenn sie auftritt, meistens junge Pferde und Ponys betroffen. Bei Pferden kommt es eher zu einer Fraktur des Os ilium als zu einer Hüftgelenksluxation, bei Rindern ist es umgekehrt. In jedem Fall sollte die Hüftgelenksluxation jedoch in Betracht gezogen werden, wenn eine Hüftlahmheit vorliegt.

Ätiologie

In den meisten Fällen geht die Erkrankung auf ein Trauma zurück. Eine gewaltsame Überstreckung sowie Stürze auf das Knie bei vertikaler Position des Oberschenkels führen in manchen Fällen zu einer Fraktur und/oder einer Luxation im Bereich des Hüftgelenkes. Ein angebundenes Pferd, das sich mit dem Fuß in einem Strick verfängt, kann bei dem Versuch, sich zu befreien, eine Hüftgelenksluxation erleiden. Auch das Durchbrechen einer Bahnbegrenzung sowie weitere Insulte ähnlicher Art können eine Hüftgelenksluxation zur Folge haben. Das Azetabulum ist beim Pferd sehr tief, und der Femurkopf ist groß, so daß ein erhebliches Trauma erforderlich ist, um diese Art der Verletzung zu verursachen.

Weil das Azetabulum tief ist, treten im Zusammenhang mit einer Hüftgelenksluxation häufig Frakturen des dorsalen Pfannenrandes auf.[3] Des weiteren können Veränderungen im Zusammenhang mit dem Fehlen oder mit einer Ruptur des Ligamentum capitis ossis femoris bzw. des Ligamentum accessorium ossis femoris prädisponierend für eine Subluxation bzw. eine Luxation des Hüftgelenkes sein, wobei ein Trauma nicht unbedingt vorliegen muß.[1,3,4] Hüftgelenksluxationen werden häufig durch proximale Patellafixationen kompliziert.[5]

Symptome

Da Pferde sowohl ein Ligamentum capitis ossis femoris als auch ein Ligamentum accessorium ossis femoris haben, müssen beide Bänder reißen, bevor es zu einer Hüftgelenksluxation kommen kann. Der Femur ist dabei gewöhnlich kraniodorsal verlagert (Abb. 8.298). Zu den Symptomen, die meistens bei einer Hüftgelenksluxation bestehen, gehören eine Einschränkung des kranialen Teiles der Vorführphase, da die Gliedmaße deutlich verkürzt ist, sowie ein stärkeres Hervortreten des Trochanter major des Os femoris. Im akuten Stadium kann dies allerdings infolge der bestehenden Weichteilschwellung schwer zu erkennen sein. Eine im Bereich des Gelenkes bestehende Krepitation, die durch das Reiben des Os femoris an der Darmbeinsäule hervorgerufen wird, kann zu dem Trugschluß veranlassen, daß es sich um eine Beckenfraktur handelt. Um diese Möglichkeit auszuschließen, sollte eine rektale Untersuchung durchgeführt werden. Legt man die Hand auf den kaudalen Bereich des Trochanter major und schiebt das Pferd vorwärts, kann der Femur im Fall einer Dislokation häufig stärker als normal bewegt werden. Die Gliedmaße scheint, da sie verkürzt ist, zu „baumeln". Zehengelenke und Kniegelenk zeigen nach außen, das Sprunggelenk dagegen nach innen (Abb. 8.297).

Therapie

Bei Pferden ohne Fraktur des dorsalen Randes der Hüftgelenkpfanne kann die Luxation in Vollnarkose bei ausreichender Muskelrelaxation durch direkten Zug und direkte Manipulationen eingerenkt werden.[3,6] Manuelles Schieben am Trochanter major ist dabei häufig von

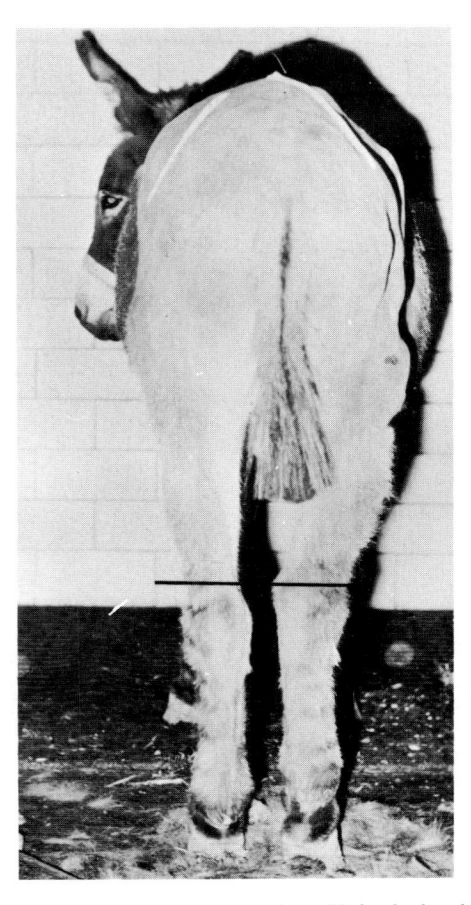

Abb. 8.298: Dorsale Luxation des rechten Hüftgelenkes bei einem Esel. Zu beachten ist die Verkürzung der rechten Beckengliedmaße, die daran zu erkennen ist, daß der Sprunggelenkhöcker rechts höher liegt als links.

Nutzen. Wenn der Femurkopf an seinen Platz zurückschnappt, ist das Hüftgelenk wieder eingerenkt. Ist das Einrenken auf konservativem Weg nicht möglich, kann chirurgisch vorgegangen werden. In den Fällen, in denen die Hüftgelenksluxation rezidiviert, kann eine chirurgische Verlagerung des Trochanter major in Erwägung gezogen werden (Abb. 8.299). Durch dieses Verfahren wird die Belastung der dorsal befindlichen Stützstrukturen verstärkt, so daß der Femurkopf im Azetabulum gehalten wird. Diese Technik ist bereits mit Erfolg bei einem Kalb verwendet worden.

Operationsbeschreibung: Das Pferd wird in Allgemeinnarkose gelegt und der Bereich über dem Trochanter major wird für den chirurgischen Eingriff vorbereitet. Kranial des großen Umdrehers wird ein 20 cm langer Schnitt angelegt, und die Muskulatur wird stumpf durchtrennt. Mittels eines Flaschenzuges oder eines Geburtshelfers für Kälber wird die Gliedmaße nach unten gezogen, bis der Femurkopf im Azetabulum liegt. Ob dies der Fall ist, wird durch Palpation des Femurkopfes und des Azetabulums durch die Operationswunde hindurch kontrolliert. Diese Operation sollte bald nach Auftreten der Luxation durchgeführt werden, da sonst die Kontraktion der Muskeln das Einrenken erschwert. Zusätzlich neigt das Azetabulum dazu, sich mit Bindegewebe zu füllen, so daß es

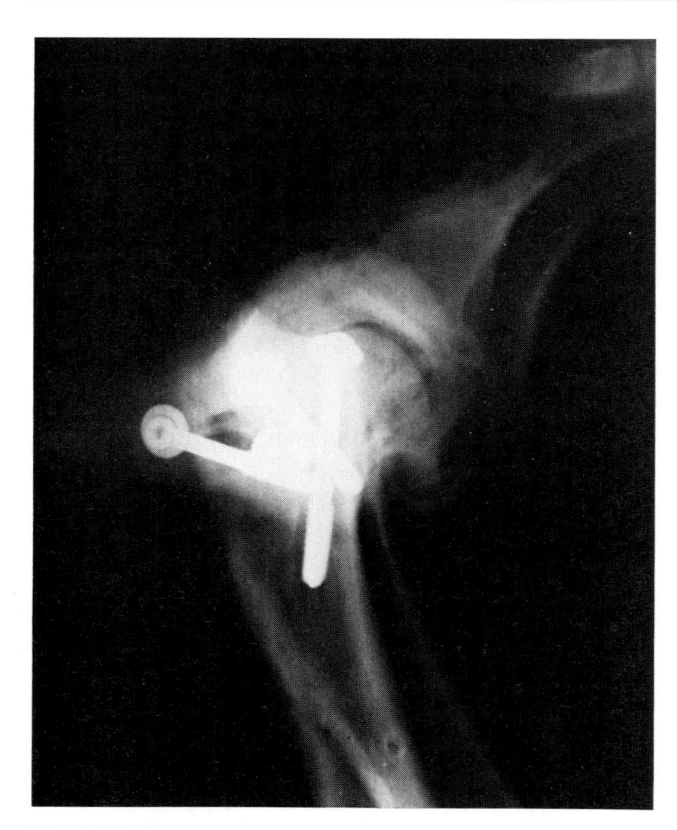

Abb. 8.299: Laterodistale Transposition des Trochanter major zur Verhinderung einer rezidivierenden Luxation des Femurkopfes. Diese Technik wurde mit Erfolg bei einem Kalb angewandt.

dann nur noch schwer aufzufinden ist. In einigen Fällen kann die Muskulatur durchtrennt werden, um die Reposition des Femurkopfes zu erleichtern.

Bei Rindern sind die Aussichten, daß der Femurkopf nach der Reposition in der Gelenkpfanne bleibt, sehr gering. Beim Pferd ist die Wahrscheinlichkeit hierfür sehr viel größer. Wenn sich der Femurkopf nicht innerhalb von drei Monaten wieder verlagert, wird er meistens durch die Muskulatur in seiner Position gehalten. Eine Operation, wie sie bei Rindern durchgeführt wird, bei der ein Implantat eingesetzt wird, um den Femurkopf in der Gelenkpfanne zu fixieren, ist auch beim Pferd möglich.[1]

Wenn der dorsale Pfannenrand bei einer Hüftgelenksluxation frakturiert ist, bleibt das einfache Einrenken des Femur vergeblich. Bei jungen Tieren kann eine Resektion des Femurkopfes und -halses sowie des dorsalen Pfannenrandes, die zur Entstehung einer Pseudarthrose beiträgt, in Erwägung gezogen werden.[3,6]

Prognose

Die Prognose muß vorsichtig bis ungünstig gestellt werden. Die Pferde können nach der Reposition des Femurkopfes wieder vollständig gesund werden. Dies ist jedoch die Ausnahme und nicht die Regel. In den meisten Fällen können die Pferde allerdings so weit wiederhergestellt werden, daß sie zu Zuchtzwecken einsetzbar sind. Wenn es sich um ein wertvolles Tier handelt, ist eine chirurgische Korrektur angezeigt und sollte auch durchgeführt werden. In allen anderen Fällen kann die Tötung erforderlich sein.

Ausgewählte Literatur

1. ADAMS, O. R.: Preliminary report on repair of coxofemoral luxation and coxofemoral subluxation in cattle. J. Am. Vet. Med. Assoc., **130:** 515, 1957.
2. DAVIDSON, P. J.: Coxofemoral subluxation in a Welsh pony. Vet. Rec., **80** (14): 141–144, 1967.
3. FESSLER, J. F., and AMSTUTZ, H. E.: Fracture Repair. In Large Animal Surgery. Edited by F. W. Oehme, and J. E. Prier. Baltimore, Williams & Wilkins Co., 1974, p. 325.
4. JOGI, P., and NARBERG, I.: Malformation in the hip joint of a standardbred horse. Vet. Rec., **74:** 421, 1962.
5. MACKAY-SMITH, M. P.: Fracture and luxation of the femoral head. J. Am. Vet. Med. Assoc., **145** (3): 248–251, 1961.
6. NYACK, B., et al.: Non-surgical repair of coxofemoral luxation in a quarterhorse filly. Eq. Pract., **4:** 11, 1982.
7. ROTHENBACHER, H., and HOKANSON, J. F.: Coxofemoral joint luxation in a quarterhorse. J. Am. Vet. Med. Assoc., **147:** 148, 1965.
8. WHEAT, J. D.: The diagnosis of hip lameness. Proc. 20th Ann. AAEP, 1974, p. 301.

Hüftgelenksdysplasie

Siehe Seite 437.

Becken

Intermittierendes Hinken (Thrombose der Aorta abdominalis oder der Arteriae iliacae externae)

Thromben in der Aorta abdominalis, den Arteriae iliacae externae oder der Arteria femoralis, die eine Folge von Endothelschäden durch Larven von *Strongylus vulgaris* sind, können beim Pferd gelegentlich eine Lahmheit der Beckengliedmaßen verursachen. Diese Lahmheit ist eine Folge der gestörten Durchblutung im betroffenen Bereich (Abb. 8.300). In der Arteria brachialis an der Schultergliedmaße wurde ebenfalls über die Bildung von Thromben berichtet, die eine Lahmheit verursachten. Desgleichen gibt es auch eine Veröffentlichung über eine Thrombophlebitis der Vena iliaca externa.[4]

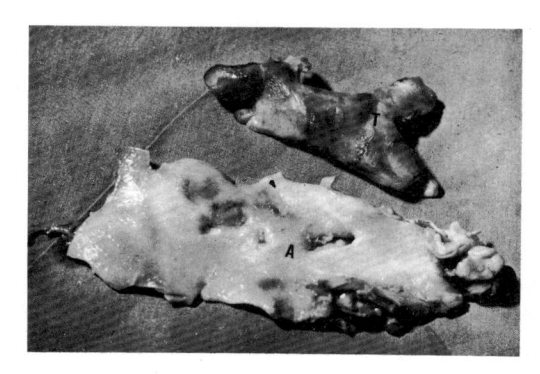

Abb. 8.300: Teil der Aorta (A) mit darin eingeschlossenem Thrombus (T). Die Teilung des Thrombus auf der rechten Seite zeigt, daß nicht nur die Aorta selbst, sondern auch ihre Aufzweigung in die Arteria iliacae verschlossen waren. Das Pferd, von dem dieses Präparat stammt, konnte sich nur wenige Schritte bewegen, bevor sich Anzeichen von Inkoordination und Schmerz zeigten. Die Gliedmaßen waren kalt. Die Diagnose wurde mit Hilfe der rektalen Untersuchung gestellt, bei der nur eine sehr schwache Pulsation in den Arteriae iliacae externae palpiert werden konnte.

Ätiologie

Es wird im allgemeinen angenommen, daß die Thromben durch Larvenstadien von *Strongylus vulgaris* verursacht werden, die die Intima der Arterien beschädigen, so daß es nachfolgend zur Thrombenbildung kommt. Auf der Basis der Untersuchung von 38 Fällen ist AZZIE der Meinung, daß Strongyliden nicht an der Entstehung von Thrombosen der Aorta abdominalis und der Arteriae iliacae externae beteiligt sind.[1] Es sollte jedoch daran gedacht werden, daß Larven die Intima dieser Gefäße beschädigen und dann resorbiert werden können. Jeder Intimaschaden in diesen Gefäßen, und sei er auch noch so gering, kann eine Adhäsion von Thrombozyten und eine Thrombenbildung verursachen. AZZIE schlägt vor, daß ein Trauma im Bereich der Aorta abdominalis sowie der Arteriae iliacae externae als Folge anderer Ursachen sowie hormonelle Faktoren in Betracht gezogen werden sollten.
MAYHEW und KRYGER halten eine disseminierte intravasale Koagulopathie für eine mögliche Ursache, da in einem Fall Fibrinspaltprodukte und erniedrigte Fibrinogenspiegel festgestellt wurden.[3] Es ist jedoch nur schwer zu erklären, warum sich die Koagulopathie nur lokal manifestiert und ihre Folgen nicht auch in anderen Organen festgestellt werden können.

Symptome

Die Symptome sind abhängig von der Größe des Thrombus und davon, wie groß der verschlossene Anteil des Gefäßlumens ist. Die Pferde müssen auch unterschiedlich lange bewegt werden, bis die ersten Anzeichen der Erkrankung feststellbar sind. Sind der Thrombus klein und das Gefäßlumen nur wenig eingeengt, kann das Pferd sehr intensiv gearbeitet werden, bevor Lahmheitserscheinungen auftreten. In den meisten Fällen fangen die Pferde jedoch kurz nach Beginn der Arbeit an zu lahmen, so daß eine Verwechselung mit einem Kreuzverschlag möglich ist. In der Ruhe kann die Blutversorgung der Muskulatur ausreichend sein, aber einige Pferde beginnen auch schon im Schritt zu lahmen.
Wenn die Pferde trotz beginnender Lahmheit weiter bewegt werden, zeigen sie Schweißausbruch, Anzeichen für Schmerzen und sind zunehmend ängstlich. Die betroffene Gliedmaße ist kälter als die kontralaterale, und die Arteria femoralis weist eine schwächere Pulswelle auf, sofern nicht beide Beckengliedmaßen betroffen sind. Besonders typisch für diese Erkrankung ist das intermittierende Auftreten der Lahmheit, die bei Bewegung sichtbar wird und in der Ruhe wieder verschwindet. Wenn eine Thrombose in der Aorta abdominalis beide Beckengliedmaßen betrifft, kann das Pferd in der Hinterhand zusammenbrechen.
Die Venen der betroffenen Gliedmaße sind mehr oder weniger kollabiert, während sie an der gesunden Seite gut gefüllt sind. Weiterhin kann bei einer einseitigen Erkrankung festgestellt werden, daß nur die gesunde Gliedmaße schwitzt, während die erkrankte trocken ist.

Diagnose

Die Diagnose wird mit Hilfe der rektalen Untersuchung der Aorta abdominalis und der Arteriae iliacae externae gestellt. Wenn die Pulswelle der Arteria iliaca externa der erkrankten Gliedmaße deutlich schwächer ist oder wenn ein Fremitus festgestellt werden kann, muß eine Thrombose vermutet werden. In einigen Fällen ist sogar der Thrombus direkt fühlbar. Die Pulsation der Arteria femoralis an der Innenseite des Schenkels kann vergleichend an beiden Gliedmaßen palpiert werden, was in einigen Fällen die Diagnosestellung erleichtert. Die erkrankte Gliedmaße fühlt sich kalt an, während sich beim Kreuzverschlag der Musculus quadriceps hart anfühlt und kaffeefarbener Harn zu beobachten ist.

Therapie

In der Literatur erscheinen zwei Fälle, die erfolgreich mit Natriumglukonat behandelt worden sind.[2,5] Beide Autoren betonen, daß das Medikament in einer Dosierung von 500 bis 600 mg/kg KGW langsam intravenös verabreicht werden muß. Während der Infusion können Komplikationen auftreten, daher muß die Infusionsgeschwindigkeit niedrig sein (2½ Stunden für die Infusion von 1,5 l einer 20%igen Natriumglukonatlösung). Das Ergebnis dieser Veröffentlichungen ist ermutigend, und die Methode ist einen Versuch wert, besonders, da andere Behandlungen im allgemeinen ohne Erfolg bleiben. Zusätzlich sollten die Pferde mit Thiabendazol* (0,1 g/kg KGW) entwurmt werden, und zwar wöchentlich in drei aufeinanderfolgenden Wochen. Auf diese Weise sollen wandernde Strongylidenlarven vernichtet werden. Zu diesem Zweck kann auch Ivermectin** verwendet werden.
Wenn keine Behandlung stattfindet, können sich nach einer gewissen Zeit Kollateralgefäße bilden, so daß eine ausreichende Zirkulation wiederhergestellt wird. Bei einigen Pferden verschlechtert sich der Zustand jedoch progressiv, so daß die Tötung erforderlich ist.

Prognose

Die Prognose muß in jedem Fall vorsichtig gestellt werden. Ungünstig sind die Aussichten zu beurteilen, wenn beide Beckengliedmaßen betroffen sind oder wenn der Zustand sich fortgesetzt verschlechtert.

Ausgewählte Literatur

1. AZZIE, M. A. J.: Aortic iliac thrombosis of thoroughbred horses. Eq. Vet. J., **1** (3): 113, 1969.
2. BRANSCOMB, B. L.: Treatment of arterial thrombosis in a horse with sodium gluconate. J. Am. Vet. Med. Assoc., **152** (11): 1643, 1968.
3. MAYHEW, I. G., and KRYGER, M. D.: Aortic-iliac-femoral thrombosis. VM/SAC, **70**: 1281, 1975.
4. MILLER, R. M.: Thrombophlebitis of the external iliac vein in a horse. VM/SAC, **65**: 153, 1970.
5. TILLOTSON, P. J.: Treatment of aortic thrombosis in a horse. J. Am. Vet. Med. Assoc., **149** (6): 766, 1966.

* z. B. Thibenzole, MSD AGVET, Grünwald
** z. B. Ivomec P, MSD AGVET, Grünwald

Beckenfrakturen

Beckenfrakturen kommen beim Pferd relativ häufig vor.[1,2,3] Meistens betreffen sie die Darmbeinflügel und die Darmbeinsäulen, aber es werden auch Frakturen des Hüfthöckers, der Schambeinfuge des Foramen obturatum, des Azetabulums und des Sitzbeines diagnostiziert. Frakturen der Darmbeinflügel betreffen normalerweise Pferde, die älter als sechs Jahre sind, und entstehen, wenn diese Pferde aus hoher Geschwindigkeit springen und stürzen. Dagegen sind Frakturen des Schambeines, des Azetabulums und des Sitzbeines eher bei jungen Pferden zu beobachten.

Ätiologie

Die Ursache ist in jedem Fall ein Trauma. Beckenfrakturen können entstehen, wenn die Pferde ausrutschen und auf die Seite stürzen. Auch, wenn die Pferde versuchen, trotz einer Begrenzung seitlich auszubrechen, oder wenn sie kämpfen, während die Hinterbeine mit einem Wurfzeug eingefesselt sind. Eine Hüftgelenksluxation kommt beim Pferd aufgrund der hohen Stabilität dieses Gelenkes selten vor. Statt dessen entsteht eine Fraktur des Iliums oder des Azetabulums. Zu einer Fraktur des Azetabulums kommt es oft, wenn die Pferde ausrutschen oder grätschen.

Symptome

Die Symptome einer Beckenfraktur können sehr unterschiedlich sein und hängen davon ab, an welcher Stelle die Fraktur entstanden ist (Abb. 8.301). Jedoch werden die Pferde häufig nach einem Sturz oder einem anderen Trauma vorgestellt, das eine einseitige Lahmheit und unter Umständen auch eine Muskelatrophie an der betroffenen Seite zur Folge hatte. Bei einer Fraktur des Hüfthöckers ist die Lahmheit nur gering. Wird das Pferd jedoch von hinten betrachtet, erscheint die Hüfte auf der Seite der Fraktur flacher als auf der anderen (abgeschlagene Hüfte). In einigen Fällen entstehen aus abgebrochenen Knochenstücken Sequester, die chirurgisch entfernt werden müssen. In schwereren Fällen kann die Hüfthöckerfraktur offen sein, so daß das Ilium im Bereich des Hüfthöckers hervorschaut.

Ist die Darmbeinsäule gebrochen, kann dies vor, hinter oder im Azetabulum der Fall sein. Schieben sich die Bruchstücke aneinander vorbei, scheint die Gliedmaße auf der betroffenen Seite kürzer zu sein als auf der anderen. Das Pferd hat eine hochgradige Lahmheit und setzt den Huf der erkrankten Seite oft nicht auf den Boden auf. Das Bild ähnelt im Schritt sehr stark einer Hüftgelenkslahmheit, besonders, wenn die Frakturlinie durch das Azetabulum geht. Der kraniale Teil der Vorführphase ist kurz, und bei Belastung der erkrankten Gliedmaße ist zu sehen, daß das Pferd Schmerzen hat.

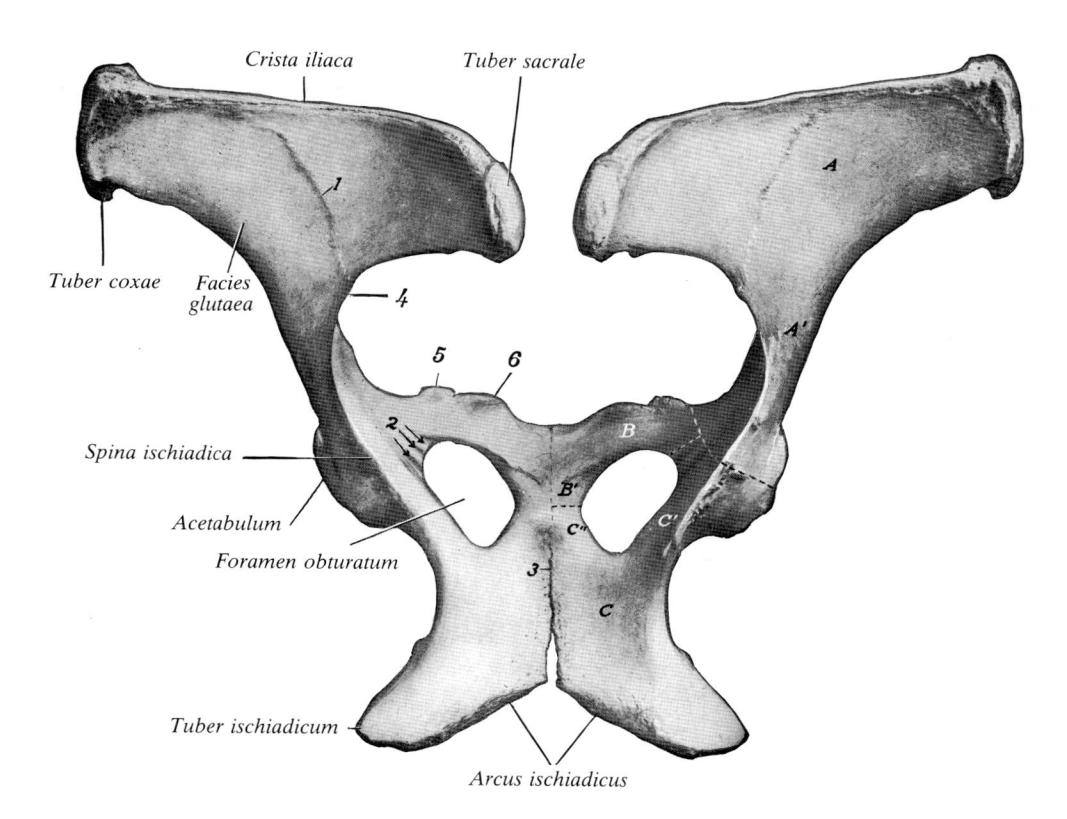

Abb. 8.301: Beckengürtel eines Pferdes, Dorsalansicht. A, Ala ossis ilei; A', Corpus ossis ilei; B, Ramus cranialis ossis pubis; B', Ramus caudalis ossis pubis; C, Tabula ossis ischii; C', Corpus ossis ischii; C'', Ramus ossis ischii; 1, Linea glutaea; 2, Sulci des N. obturatorius und der Begleitgefäße, 3, Symphysis ischiadica, 4, Incisura ischiadica major, 5, Eminentia iliopubica, 6, Pecten ossis pubis. Die gestrichelten Linien zeigen die ursprünglichen Knochennähte, die Prädilektionsstellen für Frakturen darstellen (aus: Sisson, S.: Anatomy of Domestic Animals. 4th Ed. Edited by J. D. Grossman, Philadelphia, W. B. Saunders Co., 1953).

Wenn die Frakturlinie durch die Schambeinfuge oder das Foramen obturatum geht, scheint die Lahmheit beide Beckengliedmaßen zu betreffen, und die Pferde zeigen einen zögernden Gang mit einem verkürzten kranialen Teil der Vorführphase. Bei weiblichen Tieren kann zusätzlich eine Schwellung im Bereich der Vulva bzw. der Vagina durch ein Ödem oder Hämatom bestehen.

Mit Ausnahme von Frakturen des Hüfthöckers ist die passive Bewegung der Gliedmaße der betroffenen Seite schmerzhaft, und Krepitation kann fühl- oder hörbar sein. Diese Symptome verschwinden allerdings mit der Zeit.

Diagnose

Die Diagnose basiert auf den Ergebnissen der klinischen und der rektalen Untersuchung. Die beste Methode, zu einer Diagnose zu kommen, besteht darin, das Pferd zu bewegen, während der Untersucher mit einer Hand das Becken durch das Rektum palpiert. Wenn das Pferd sich bewegt, ist Krepitation fühlbar, und häufig kann die Frakturstelle selbst ertastet werden. Bei einigen Iliumfrakturen bilden sich große Hämatome, die ebenfalls leicht zu fühlen sind. Es kann auch vorkommen, daß durch die Iliumfraktur eine der Arteriae iliacae rupturiert, so daß das Pferd kurz nach Eintritt der Verletzung an einer inneren Blutung stirbt. Frakturen der Schambeinfuge und des Foramen obturatum gehen nicht unbedingt mit der Bildung von Hämatomen einher und müssen durch die rektale Palpation der beweglichen Knochenfragmente festgestellt werden. Es kann hilfreich sein, wenn versucht wird, den Hüfthöcker mit der einen Hand zu bewegen, während mit der anderen Hand im Rektum im Fall einer Fraktur Verschiebungen der Beckenteile gegeneinander sowie Krepitation zu fühlen sind. Die Krepitation ist nicht in allen Fällen deutlich, so daß zu einer genauen Diagnose sorgfältige wiederholte Untersuchungen erforderlich sind. Differentialdiagnostisch ist eine Luxation des Kreuzdarmbeingelenkes in Erwägung zu ziehen.

Bei Stuten sollte immer eine vaginale Untersuchung durchgeführt werden, da sie zur Erkennung von Frakturen des Schambeines und des Sitzbeines beitragen kann.

Gibt es die Möglichkeit, Röntgenaufnahmen vom Becken anzufertigen, besteht die aussagekräftigste Technik darin, das Pferd in Allgemeinanästhesie in Rückenlage zu verbringen. Seitliche Aufnahmen haben außer bei Kreuzbeinfrakturen kaum einen Wert. Allerdings hat diese Art der Diagnostik den Nachteil, daß sich die Fraktur in der Aufwachphase nach der Narkose verschlimmern kann. Eine mögliche Dislokation von scharfkantigen Fragmenten kann schließlich auch zu einer Zerreißung von großen Gefäßen in der Beckenregion, z. B. den Arteriae iliacae, führen (siehe Seite 260–263).

Therapie

Zum jetzigen Zeitpunkt gibt es keine chirurgische Behandlungsmethode für Beckenfrakturen beim Pferd. Die beste Behandlung besteht anscheinend darin, das Pferd in einer Box aufzustallen und seine Bewegungsmöglichkeit einzuschränken. Die Heilung des Beckens kann in manchen Fällen vom Zeitpunkt der Verletzung an bis zu einem Jahr in Anspruch nehmen. Wenn der Besitzer den Wert des Pferdes hoch einschätzt, sollte es daher nicht vor Ablauf eines Jahres getötet werden, vorausgesetzt, es leidet keine großen Schmerzen. Es ist über lange Zeit erforderlich, das Pferd an exzessiver Bewegung zu hindern, so daß höchstens ein kleiner Auslauf in Frage kommt. Die Aufstallung in einer Box für mindestens drei Monate ist jedoch vorzuziehen. Wenn sich bei Frakturen des Hüfthöckers bzw. des Sitzbeinhöckers Sequester gebildet haben, müssen diese chirurgisch entfernt werden. In einigen Fällen kann es hilfreich sein, das Pferd für einen Zeitraum von sechs bis acht Wochen durch ein Hängezeug zu unterstützen.

Prognose

Obwohl die Prognose in allen Fällen vorsichtig gestellt werden muß, hängt sie doch zum Teil von der Lokalisation der Fraktur und vom Alter des Pferdes ab. Im allgemeinen geht die Frakturheilung bei jüngeren Pferden schneller vonstatten, und die knöcherne Durchbauung ist besser als bei älteren Pferden. Frakturen des Hüfthöckers, des Sitzbeinhöckers und des Kreuzhöckers weisen eine bessere Prognose im Hinblick auf eine vollständige Heilung auf, wobei die chirurgische Entfernung von Sequestern erforderlich sein kann. Frakturen durch die Ala ossis ilii und das Corpus ossis ischii haben eine einigermaßen günstige Prognose, während die Heilungsaussichten bei Frakturen des Corpus ossis pubis, des Corpus ossis ilii und des Azetabulums schlecht sind. Frakturen durch das Azetabulum haben häufig eine degenerative Erkrankung des Hüftgelenkes (Coxitis) zur Folge. Andere mögliche Komplikationen sind Rupturen großer Gefäße mit Todesfolge und die Bildung eines großen knöchernen Kallus mit Verlagerung der Fraktur, so daß der Beckendurchmesser so weit verkleinert wird, daß eine Verwendung des Tieres als Zuchtstute nicht mehr in Frage kommt.

Ausgewählte Literatur

1. COCHRAN, D.: Lameness of the hip joint. Am. Vet. Rev., **43**: 491, 1913.
2. JEFFCOTT, L. B.: Pelvic lameness in the horse. Eq. Pract., **4**: 21, 1982.
3. WHEAT, J. O.: Lameness of the hip. Proc. 19th Ann. AAEP, Dec., 1973.

Subluxation des Kreuzdarmbeingelenkes

Das Kreuzdarmbeingelenk beim Pferd ist ein straffes Gelenk zwischen den Gelenkflächen von Kreuzbein und Darmbeinflügeln (Abb. 8.302 und 8.303).[9] Die Gelenkflächen sind beim ausgewachsenen Tier nicht glatt, sondern mit zueinander passenden Vorsprüngen und Vertiefungen bedeckt, die von einer dünnen Knorpelschicht überzogen werden. Die Gelenkhöhle selbst ist nur ein Spalt und wird häufig von Bindegewebszügen überbrückt. Die Gelenkkapsel ist sehr eng und setzt an den Rändern der Gelenkflächen an. Zur Verstärkung an der ventralen Seite dienen die ventralen Kreuzdarmbeinbänder (Abb. 8.302 und 8.303). Diese sind dort, wo sie den Raum zwischen Darmbein und Kreuzbein überbrücken, sehr stark und bestehen zum größten Teil aus fast vertikal verlaufenden Fasern. Eine Bewegung des Gelenkes, dessen Aufgabe die Herstellung einer festen Verbindung und nicht Beweglichkeit ist, kann beim ausgewachsenen Pferd nicht wahrgenommen werden. Zusätzlich zu den ventralen Kreuzdarmbeinbändern gibt es noch dorsale Kreuzdarmbeinbänder, Ligamenta sacroiliaca dorsalia, die ebenfalls stark sind und deren Pars brevis zwischen Kreuzhöcker und den freien Enden der Dornfortsätze verläuft, während ihre Pars longa am Kreuzhöcker und dem angrenzenden Teil des medialen Randes des Iliums dorsal der Incisura ischiadica major sowie am lateralen Rand des Kreuzbeines ansetzt. Im dorsalen Bereich vereinigen sich beide Teile, im ventralen Bereich besteht Verbindung mit dem Ligamentum sacrotuberale latum und kaudal mit der Schwanzfaszie. Da das Kreuzdarmbeingelenk nicht darauf ausgerichtet ist, beweglich zu sein, können Belastungen, die in dieser Richtung wirken, zu einer Subluxation führen. Wenn dann das Gelenk nicht mehr in Kongruenz liegt, können durch die teilweise Verlagerung und die Instabilität chronische Schmerzen entstehen. Die Folge ist ein reflektorischer Spasmus der Muskulatur, der so lange bestehen bleibt, bis die Narbengewebsbildung ausreicht, eine weitere Bewegung im Gelenk zu verhindern. Bandschäden werden durch Narbengewebe repariert und stellen dadurch einen Locus minoris resistentiae für erneute Verletzungen dar.

Ätiologie

Die Ursachen für diese Art der Lahmheit sind Stürze, Ausrutschen sowie jedes andere Trauma, das eine erhebliche Belastung des Kreuzdarmbeingelenkes mit sich bringt. ROONEY ist der Ansicht, daß die Arthrose und die Subluxation dieses Gelenkes eher auf ein wiederholtes Trauma als auf einen einmaligen Insult zurückzuführen ist und eine möglicherweise bei Trabern in ihrer Bedeutung erheblich unterschätzte Erkrankung darstellt.[7] Weiterhin sind Pferde gefährdet, die in erster Linie in anderen Gangarten als im Galopp arbeiten (Zugpferde und Distanzpferde).

Symptome

Die klinischen Symptome einer Subluxation des Kreuzdarmbeingelenkes sind sehr variabel. Im allgemeinen sind Steifheit und Schmerzen in der Hinterhand in sehr unterschiedlicher Ausprägung vorhanden. Durch Druck auf den Hüfthöcker können Schmerzen auslösbar sein, da auf diese Weise eine Rotation des Beckens mit Bewegung im Kreuzdarmbeingelenk provoziert werden kann.[1] Oft ist auch die umgebende Muskulatur schmerzhaft, da sie sich bei dem Versuch, die Stabilität des Kreuzdarmbeingelenkes aufrechtzuerhalten, verspannt. Die Erkrankung ist meistens chronisch, und das Tuber sacrale kann abhängig davon, ob eine oder beide Seiten betroffen sind, ein- oder beidseitig deutlicher hervortreten (Abb. 8.304 und 8.305). Dieses stärkere Erscheinen der Kreuzhöcker ist die Folge einer Subluxation eines oder beider Kreuzdarmbeingelenke. Durch Finger- und Daumendruck über dem Bereich des Kreuzdarmbeingelenkes wird das Pferd veranlaßt, den Rücken nach unten durchzubiegen (Lordose); in einigen Fällen ist dadurch Krepitation auslösbar.
ROONEY et al. beschreiben zwei akute Fälle, in denen die Pferde niederbrachen und getötet wurden.[5,6] Von ihnen erwähnte Symptome sind weiterhin eine verkürzte Vorführphase, eine Einschränkung der Beweglichkeit der Beckengliedmaßen und Widersetzlichkeit beim Springen. Die Lahmheit kann abhängig davon, ob eine oder beide Seiten betroffen sind, ein- oder beidseitig auftreten. Bei Jagd- und Springpferden klagen die Besitzer meistens darüber, daß die Pferde steif sind und nicht oder nur schlecht springen. Offensichtlich wird die Lahmheit bei einer Subluxation des Kreuzdarmbeingelenkes durch die Entzündung als Folge der Instabilität dieses Gelenkes und

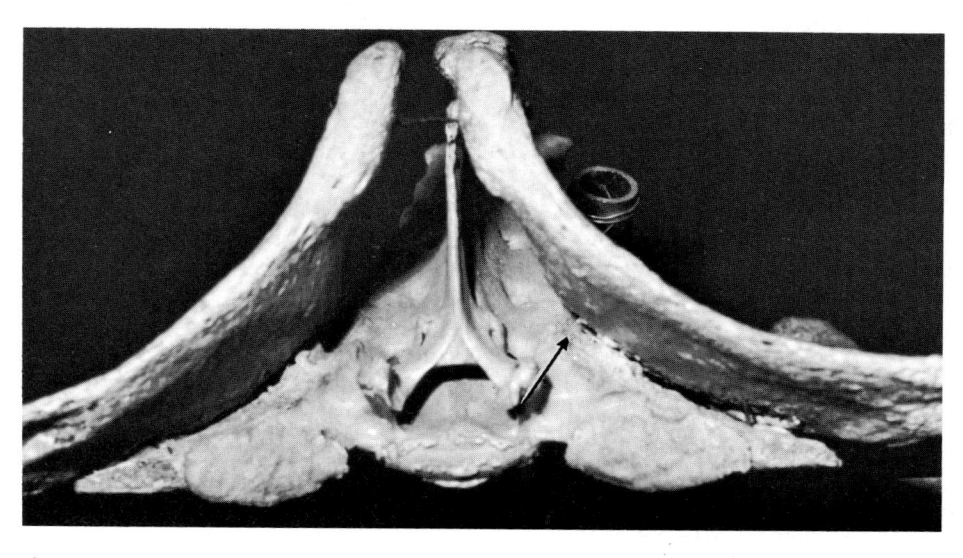

Abb. 8.302: Präparat eines Kreuzdarmbeingelenkes. Der Pfeil weist auf den Raum zwischen Kreuzbein und Darmbein (aus: ADAMS, O. R.: Subluxation of the sacroiliac joint in horses. Proc. 15th Ann. AAEP, 1969, p. 191).

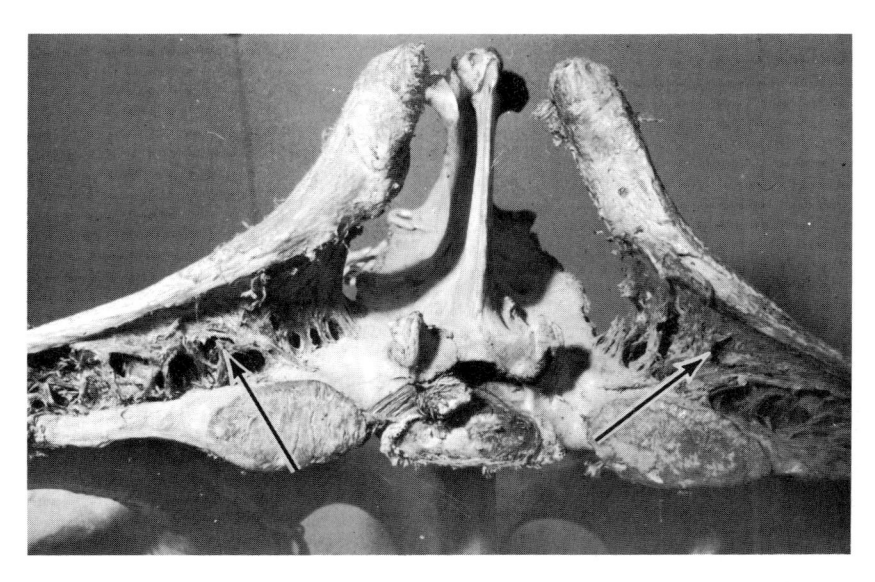

Abb. 8.303: Präparat eines Kreuzdarmbeingelenkes. Der Pfeil weist auf die ventralen Kreuzdarmbeinbänder (aus: ADAMS, O. R.: Subluxation of the sacroiliac joint in horses. Proc. 15th Ann. AAEP, 1969, p. 191).

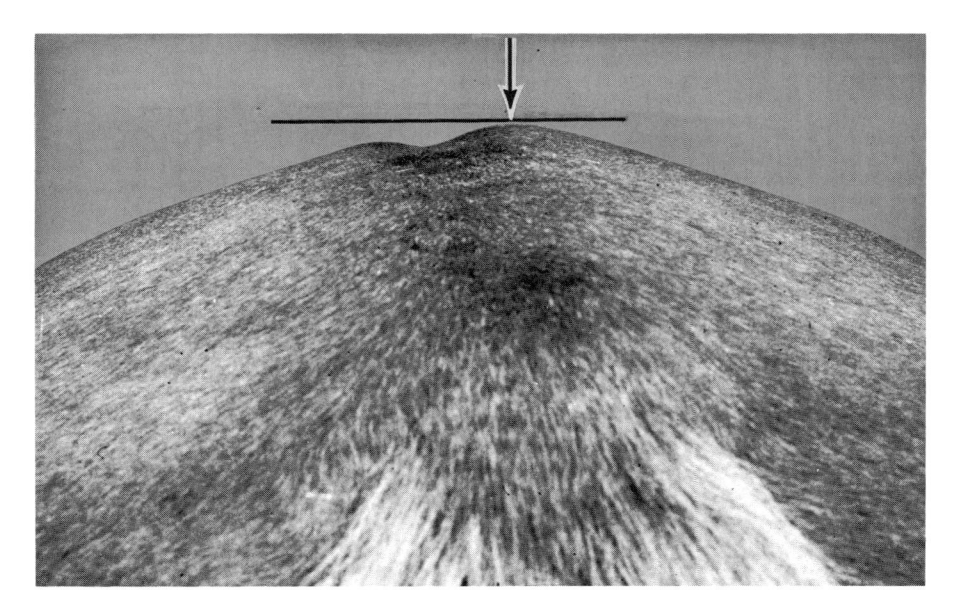

Abb. 8.304: Der Pfeil zeigt auf den hervortretenden Kreuzhöcker. Die Blickrichtung geht von hinten nach vorn über den Rumpf des Pferdes. In diesem Bereich können im Schritt eine Beweglichkeit und eine ein- oder beidseitige Verlagerung feststellbar sein, wenn eine Subluxation des Kreuzdarmbeingelenkes besteht.

durch einen Spasmus der Muskulatur verursacht. Auch bei Pferden, die zum Zeitpunkt der Untersuchung keine Krankheitserscheinungen zeigen, kann eine Asymmetrie oder ein Hervortreten eines oder beider Kreuzhöcker festzustellen sein (Abb. 8.304). In diesen Fällen sind Verletzungen zu einem früheren Zeitpunkt entstanden und bereits stabil ausgeheilt, so daß keine Beweglichkeit mehr in den Kreuzdarmbeingelenken besteht.

Die klinischen Symptome einer Arthrose im Kreuzdarmbeingelenk sind bei Rennpferden, die angespannt werden, am besten im Trab oder im Paß zu sehen, während sie im Schritt kaum feststellbar sind. Am günstigsten ist es, die Pferde nach einem schnellen Training zu beobachten. Zu den typischen Symptomen gehört, daß die betroffene Beckengliedmaße eine verlängerte Stützbeinphase hat, um dann plötzlich nach vorn gezogen zu werden.[4] Normalerweise fußen die Pferde zuerst mit den Beckengliedmaßen und dann mit den Schultergliedmaßen. Bei einer Luxation im Kreuzdarmbeingelenk jedoch wird zuerst mit den Schultergliedmaßen gelandet, da das Vorziehen der Beckengliedmaße verzögert ist. Eine stärkere Bewegung der erkrankten Hüfte nach oben und unten ist meistens zu einem frühen Zeitpunkt beim Arbeiten auf einem Zirkel zu beobachten. Später ist sie auch zu sehen, wenn die Pferde auf einer geraden Bahn vorgetrabt werden.

ROONEY ist der Ansicht, daß der Gaenslen-Test, den humanmedizinische Orthopäden verwenden, zur Feststellung einer Arthrose im Kreuzdarmbeingelenk beitragen

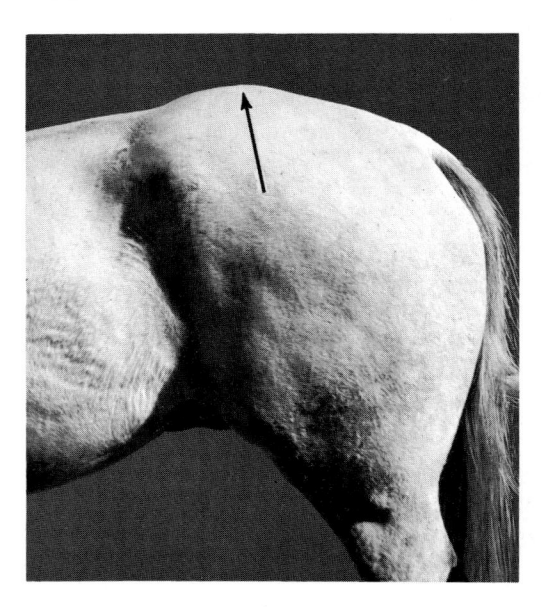

Abb. 8.305: Seitenansicht, auf der die Lage des Tuber sacrale dargestellt wird (Pfeil). Diese Stelle sollte beim Vorführen im Schritt genau daraufhin beobachtet werden, ob sie sich bewegt. Bei älteren Fällen muß auf Anzeichen einer einseitigen oder beidseitigen Verlagerung geachtet werden (aus: ADAMS, O. R.: Subluxation of the sacroiliac joint in horses. Proc. 15th Ann. AAEP, 1969, pp. 191–207).

kann.[8] Diese Provokationsprobe wird wie eine Spatprobe ausgeführt. Allerdings wird dabei nicht die erkrankte, sondern die gegenüberliegende Gliedmaße eineinhalb bis zwei Minuten lang gebeugt. Anschließend wird das Pferd vorgetrabt. Dabei ist auf Steifheit und eine abnorme rollende Bewegung der Kruppe der erkrankten Seite zu achten. Wir sind ebenfalls der Ansicht, daß diese Provokationsprobe nützlich ist.

Die Ergebnisse der rektalen Untersuchung sind bei einer Subluxation des Kreuzdarmbeingelenkes wenig hilfreich, sofern das Gelenk nicht so stark bewegt wird, daß es zu Krepitation kommt. Der genaue Ursprung einer Krepitation ist im Becken nur schwer festzustellen, da sie durch den Knochen fortgeleitet wird. Während der rektalen Untersuchung sollte das Pferd langsam im Schritt geführt werden, und durch Druck auf den Hüfthöcker muß versucht werden, eine Rotation des Beckens zu erreichen, so daß Krepitation entsteht. Durch Vor- und wieder Zurückschieben des Pferdes wird es veranlaßt, das Gewicht von einer Beckengliedmaße auf die andere zu verlagern, was wiederum die Krepitation auslöst, durch die diese Erkrankung dann diagnostiziert werden kann. Die Hand im Rektum wird von unten so nah wie möglich am Kreuzdarmbeingelenk an das Kreuzbein gehalten. Im Schritt kann die Bewegung eines oder beider Kreuzhöcker sichtbar sein. In den Fällen, in denen kein akuter Krankheitszustand mehr besteht, kann eine ein- oder beidseitige nicht mehr bewegliche Verlagerung des Kreuzhöckers bestehen.

Differentialdiagnose

Zu den Differentialdiagnosen bei einer Subluxation im Kreuzdarmbeingelenk gehören die Thrombose der Aorta abdominalis bzw. einer oder mehrerer Arteriae iliacae, der Kreuzverschlag, die Iliumfraktur, die Myositis der Lendenmuskulatur, die Bursitis des Schleimbeutels über dem Trochanter major, hormonelle Dysregulationen und das gegenseitige Berühren der Dornfortsätze im Bereich der Lendenwirbelsäule.

Bei Rindern ist die Erschlaffung der Bänder, die zum Auseinanderweichen der Schambeinfuge und/oder zu einer Subluxation im Kreuzdarmbeingelenk führt, offensichtlich durch den Einfluß von Hormonen bedingt. Das Hormon Relaxin, das vom Gelbkörper produziert wird, sowie Östrogene werden für diesen Zustand verantwortlich gemacht. Möglicherweise gibt es das gleiche Syndrom, das zu einer Erschlaffung der Bänder, die das Kreuzdarmbeingelenk stabilisieren, führt, auch bei älteren Pferden. In diesen Fällen ist nicht immer eine eindeutige Diagnose zu stellen, aber die Möglichkeit muß als Differentialdiagnose in Erwägung gezogen werden.

Das gegenseitige Berühren der Dornfortsätze verursacht einen außerordentlich variablen Komplex klinischer Symptome, der von ROBERTS beschrieben wurde und zu einem späteren Zeitpunkt (Seite 760) in diesem Kapitel behandelt wird.[3]

Diagnose

Die Diagnose einer Subluxation im Kreuzdarmbeingelenk basiert darauf, daß alle beschriebenen Differentialdiagnosen sowie auch noch einige andere als Krankheitsursache ausgeschlossen wurden. In einigen Fällen ist eine leichte Bewegung eines bzw. beider Kreuzhöcker im Schritt feststellbar, und diesem Punkt sollte besondere Aufmerksamkeit gewidmet werden. Wenn die Kreuzhöcker asymmetrisch aussehen oder besonders hervortreten, sollte in Betracht gezogen werden, daß zumindest zu einem früheren Zeitpunkt eine Beweglichkeit und eine Subluxation bestanden haben können (Abb. 8.304).

Für Röntgenaufnahmen ist eine große Anlage erforderlich; sie können aber durchaus informativ sein. Eine geringgradige Rotation des Beckens oder des Kreuzbeines sowie eine Erweiterung des Gelenkspaltes des Kreuzdarmbeingelenkes und in einigen Fällen auch degenerative Gelenkveränderungen sind auf diese Weise feststellbar.[2]

Therapie

Da eine Subluxation im Kreuzdarmbeingelenk entsteht, wenn der Bandapparat verletzt wird, muß genügend Zeit zur Heilung zur Verfügung gestellt werden. Das heißt, die Pferde sollten wenigstens 30 bis 45 Tage völlige Boxenruhe haben. Der Bandapparat muß ausheilen, und nach erheblichen Verletzungen kann der Gelenkknorpel so stark beschädigt sein, daß es zu einer Arthrodese kommt. Wiederholte Insulte können dazu führen, daß der Bereich chronisch geringgradig beweglich bleibt, so daß eine andauernde Lahmheit entsteht. ADAMS war der Ansicht, daß es in chronischen Fällen dieser Art nützlich sei, eine Verstärkung der Bänder durch Narbengewebe anzustreben. Zu diesem Zweck schlug er vor, Irritantia lokal in den Bereich der ventralen Kreuzdarmbeinbänder und, wenn möglich, in das Kreuzdarmbeingelenk zu injizieren. Nur durch eine Stabilisierung des Gelenkbereiches kann die Lahmheit gebessert werden. Injektionen dieser Art sollten unter streng aseptischen Kautelen vorgenommen werden, da eine Infektion in dieser Gegend eine Katastrophe darstellen kann.[1]

Prognose

Die Prognose ist in jedem Fall vorsichtig zu stellen. In den Fällen, in denen es zu wiederholten Insulten gekommen ist und die Bandansätze geschwächt sind, erfolgt möglicherweise nie eine Heilung. Pferde, die offensichtlich eine Subluxation im Kreuzdarmbeingelenk überstanden haben und bei denen die Gelenke wieder stabil erscheinen, haben eine günstige Prognose, sofern keine Lahmheit besteht. Allerdings ist bei solchen Pferden das Risiko einer erneuten Verletzung und eines erneuten Schadens vermutlich größer als bei Pferden mit nicht vorgeschädigten Gelenken, und die Besitzer sollten darauf hingewiesen werden, solche Verletzungen, wenn möglich, zu vermeiden.

Ausgewählte Literatur

1. ADAMS, O. R.: Subluxation of the sacroiliac joint in horses. Proc. 15th Ann. AAEP, 1969, p. 191.
2. JEFFCOTT, L. B.: Pelvic lameness in the horse. Eq. Pract., **4:** 21, 1982.
3. ROBERTS, E. J.: Resection of thoracic or lumbar spinous processes for the relief of pain responsible for lameness and some other locomotor disorders of horses. Proc. 14th Ann. AAEP, 1968, p. 13.
4. ROONEY, J. R.: Biomechanics of Lameness in Horses. Baltimore, Williams & Wilkins Co., 1969.
5. ROONEY, J. R., et al.: Sacroiliac luxation in the horse. Proc. 15th Ann. AAEP, 1969, p. 193.
6. ROONEY, J. R., et al.: Sacroiliac luxation in the horse. Eq. Vet. J., **1** (6): 287, 1969.
7. ROONEY, J. R.: Sacroiliac arthrosis and stifle lameness. Mod. Vet. Pract., **58:** 138, 1977.
8. ROONEY, J. R.: The horse's back: biomechanics of lameness. Eq. Pract. **4:** 17, 1982.
9. SISSON, S.: Anatomy of Domestic Animals. 4th Ed. Edited by J. D. Grossman. Philadelphia, W. B. Saunders Co., 1953.

Brust- und Lendenwirbelsäule

Rückenbeschwerden

Es gibt kaum einen Zweifel, daß Rückenprobleme im Bereich der Brust- und Lendenwirbelsäule eine wichtige Ursache für die Leistungsminderung beim Pferd darstellen. Zwei Feldstudien in Großbritannien zeigen, daß die Rückenprobleme zwischen 0,9 % in der Allgemeinpraxis und 94 % in spezialisierten Überweisungspraxen ausmachen.[1,5] In höherem Maße treten Rückenschwierigkeiten bei Spring- und Vielseitigkeitspferden sowie bei Dressurpferden auf.[4]
Obwohl im Bereich von Brust- und Lendenwirbelsäule zahlreiche Probleme bestehen können, sind drei Hauptgruppen zu unterscheiden:
1. angeborene Mißbildungen der Wirbelsäule,
2. Weichteilschäden und
3. Veränderungen an den Wirbeln.

Zu den angeborenen Mißbildungen der Wirbelsäule gehören Veränderungen ihrer Krümmung (Skoliose, Lordose) und die Verwachsung von Wirbeln (Synostose). Die Weichteilveränderungen schließen Muskelzerrungen, Bänderzerrungen, Erkrankungen im Zusammenhang mit den Zwischenwirbelscheiben und Hautverletzungen durch Satteldruck oder Knötchen im Bereich der Sattellage ein. Zu den Veränderungen an den Wirbeln gehören die ossifizierende Spondylose, die Spondylosis deformans, das gegenseitige Berühren der Dornfortsätze, die Arthrose der Gelenkfortsätze sowie Frakturen der Dornfortsätze, der Gelenkfortsätze des Wirbelbogens und der Wirbelkörper.[4,5] Die Frakturen, die häufig zu Rückenmarksschäden führen, werden im Abschnitt über spinale Ataxie in diesem Kapitel (siehe Seite 772) behandelt.
Obwohl sich sowohl Tierärzte als auch Besitzer vollkommen darüber im klaren sind, daß Rückenprobleme existieren, und obwohl der Rücken häufig bei der Suche nach einer Lahmheitsursache untersucht wird, ist es nach wie vor problematisch, zu einer endgültigen Diagnose zu kommen. Die Diagnosestellung ist schwierig, weil das Krankheitsbild sehr unterschiedlich ausfallen kann. Auch die verschiedenen Temperamente der Pferde spielen eine Rolle, ebenso die Tatsache, daß die Wirbelsäule in diesem Bereich nicht direkt palpiert und nicht passiv bewegt werden kann und daß die Ausrüstung, die erforderlich ist, wenn in dieser Region Röntgenaufnahmen angefertigt werden sollen, sehr teuer ist. Hinzu kommt, daß sich haut- und rückenempfindliche Pferde (Sattelzwang) grundsätzlich gegen die Palpation im Rückenbereich wehren, was als Rückenerkrankung fehlinterpretiert werden kann. Rückenempfindliche Pferde, die permanent hypersensibel reagieren und jedesmal, wenn der Reiter aufsitzt, den Rücken durchdrücken und sich steif machen, zeigen auf Röntgenaufnahmen selten pathologische Befunde. Wenn sich die anfängliche Steifheit gelegt hat, ist keine Veränderung ihrer Leistungsfähigkeit zu bemerken. Die Frage, ob diese Erscheinungen die direkte Folge eines Schmerzes bzw. eine Abwehrreaktion auf einen früheren Schmerz sind oder einfach im Temperament des Pferdes begründet liegen, ist nicht zu beantworten. Die Möglichkeit der Schädigung peripherer Nerven, wie sie beim Menschen vorkommt, ist beim Pferd bis jetzt nicht untersucht oder kritisch beurteilt worden.[6]

Ätiologie

Obwohl es verschiedene Ursachen für Rückenschwierigkeiten gibt (direktes Trauma, schlecht passende Sättel, falscher Sitz des Reiters sowie Verrenkungen der Wirbelsäule), besteht anscheinend ein Zusammenhang zwischen der Gliedmaßenstellung des Pferdes, dem Geschlecht, der Verwendung, der Rasse und der erlittenen Verletzung.[4–6] Im allgemeinen erkranken Pferde mit einem kurzen, begrenzt beweglichen Rücken eher an Wirbelveränderungen, während Pferde mit einem langen, flexiblen Rücken häufiger Zerrungen der Muskulatur und der Bänder aufweisen. Stuten sind häufiger von einer ossifizierenden Spondylose betroffen, während sich berührende Dornfortsätze eher bei Wallachen zu beobachten sind.[5] Zerrungen im Bereich des Kreuzdarmbeingelenkes kommen in größerem Maß bei Pferden vor, die aus hoher Geschwin-

Therapie

Es gibt eine Anzahl von konservativen Behandlungsmethoden für Erkrankungen im Thorakolumbalbereich. Zu den physikalischen Therapien gehören die Kurzwellendiathermie, die Faradaysche Elektrostimulation, die Thermographie, der Ultraschall, die Tiefenmassage durch Zyklotherapie und die Anwendung pulsierender Magnetfelder. Weiterhin wurde empfohlen, die Pferde schwimmen zu lassen. Auch umstrittene manipulative Techniken (Chiropraxis u. a.) haben einige Aufmerksamkeit erregt. Ebenso sind Antiphlogistika sowie Analgetika zur parenteralen Langzeitbehandlung verwendet worden, und auch Akupunkturen wurden durchgeführt. Allen diesen Behandlungsmethoden ist gemeinsam, daß es keine Kontrolluntersuchungen gibt, die ihre Wirksamkeit beweisen könnten. Anscheinend ist zur Zeit eine ausgedehnte Ruhephase von bis zu sechs Monaten Dauer die beste Behandlungsmethode, unabhängig davon, welche anderen Therapien unterstützend eingeleitet wurden.[4-6]
Die Resektion von sich chronisch berührenden Enden der Dornfortsätze wurde bei dieser speziellen Erkrankung mit Erfolg durchgeführt (siehe Seite 761).[5]

Prognose

JEFFCOTT berichtet darüber, daß sich 57 % von 190 Pferden, die mit Rückenschwierigkeiten vorgestellt wurden und zu einer Kontrolluntersuchung zur Verfügung standen, unabhängig von der Diagnose und der eingeschlagenen Therapie wieder erholten. Tatsächlich jedoch hängt die Prognose von der Art der erlittenen Verletzung ab.[6] Günstige Heilungsaussichten können in den meisten Fällen von Verletzungen im Bereich des stützenden Weichteilgewebes erwartet werden. In einer Veröffentlichung wird über eine Heilungsrate von 73 % gesprochen, von denen nur 27 % einen Rückfall erlitten. Die schlechteste Prognose besteht bei einer Spondylose, bei der über rezidivierende Rückenschmerzen in 91 % der Fälle berichtet wurde.[6] Selbstverständlich sind die Heilungsaussichten bei Frakturen der Rückenwirbel ebenfalls sehr schlecht.

Ausgewählte Literatur

1. ANON.: British equine veterinary association survey of equine disease 1962–1963. Vet. Rec., **77:** 528, 1965.
2. CROWHURST, R. C.: Symposium on back problems. Eq. Vet. J., 7: 66, 1975.
3. JEFFCOTT, L. B.: Diagnosis of back problems in the horse. Comp. Cont. Ed., **3:** 134, 1981.
4. JEFFCOTT, L. B.: Disorders of the thoracolumbar spine of the horse – A survey of 443 cases. Eq. Vet. J., **12:** 197, 1980.
5. JEFFCOTT, L. B.: Guidelines for the diagnosis and treatment of back problems in horses. Proc. 26th Ann. AAEP, 1980, p. 381.
6. JEFFCOTT, L. B.: Back problems in the horses – A look at past, present and future progress. Eq. Vet. J., **11:** 129, 1979.
7. JEFFCOTT, L. B., et al.: Effects of induced back pain on gait and performance of Trotting horses. Eq. Vet. J., **14:** 129, 1982.
8. ROONEY, J. R.: The horse's back: Biomechanics of lameness. Eq. Pract. **4:** 17, 1982.

Kontakt der Dornfortsätze der Brust- bzw. Lendenwirbel miteinander

ROBERTS beschrieb Lahmheiten infolge Berührung der Dornfortsätze der Brust- und/oder Lendenwirbel.[3,4] Die Lahmheitserscheinungen sind die Folge einer Druckschmerzhaftigkeit der Dornfortsätze, die durch Umfangsvermehrungen der Dornfortsatzenden entsteht.

Ätiologie

Meistens haben die erkrankten Pferde eine Rückenverletzung erlitten, obwohl dies aus dem Vorbericht nicht immer klar hervorgeht. Ursachen einer solchen Verletzung sind das Überschlagen nach hinten, Stürze oder Abwehr gegen das Wurfzeug, wobei die Krankheitssymptome möglicherweise erst zwei bis drei Jahre nach der Verletzung auftreten können.
ROONEY vertritt die Ansicht, daß das Überlappen bzw. die Berührung der Dornfortsätze sekundär nach einer Spondylosis deformans auftritt.[5] Dabei werden seiner Ansicht nach die ventral und ventrolateral gelegenen Stützstrukturen des Anulus fibrosus zerrissen, was dazu führt, daß die Wirbelgelenke zusammengepreßt werden, was wiederum zur Folge hat, daß sich die Dornfortsätze gegeneinander neigen.

Symptome

Häufig erscheinen die Pferde im Verhalten und im Temperament verändert. Sie widersetzen sich beim Satteln und Putzen. Gelegentlich buckeln sie nach dem Auflegen des Sattels oder werfen sich hin. Wenn der Gurt angezogen wird, stöhnen sie oder äußern auf andere Weise ihr Unwohlsein. Durch Druck auf den Rücken sind in einigen Fällen Schmerzsymptome auslösbar, und es gibt noch zahlreiche andere Variationen dieser Symptomatik.[3,4] Die Erkrankung scheint vorwiegend Jagd- und Springpferde zu betreffen, wobei die Pferde in der Regel das Springen verweigern.

Diagnose

Palpatorisch können Unregelmäßigkeiten in der Größe der Dornfortsatzenden der Brust- oder Lendenwirbel feststellbar sein. In den meisten Fällen sind diese Veränderungen nur bei einer tiefen digitalen Palpation zu bemerken. Die Untersuchung beginnt vorn am Widerrist und wird nach hinten fortgesetzt, wobei zwischen der Widerwilligkeit, die einige Pferde dieser Untersuchung gegenüber zeigen, und einer Schmerzreaktion als Folge eines pathologischen Zustandes unterschieden werden muß. Provokationsproben, die einen Mangel an Beweglichkeit im Bereich der Wirbelsäule zeigen, können von Nutzen sein (siehe Seite 130 ff.). Ein Pferd, bei dem sich die

Dornfortsätze berühren, zeigt bei diesen Provokationsproben nur wenig bzw. gar keine Bewegung der Wirbelsäule. Wenn brauchbare Röntgenaufnahmen von den Dornfortsätzen angefertigt werden können, sind sie bei der Diagnostik eine große Hilfe.
JEFFCOTT stellte fest, daß die direkte Infiltration von Lokalanästhetikum zwischen die sich berührenden Dornfortsätze und darum herum die Schmerzen verringert und zur Diagnosefindung beiträgt.[2]
Die oben genannten Symptome sind aber in keiner Weise spezifisch und können auch bei anderen Lahmheitsursachen, wie vor allem bei der Subluxation des Kreuzdarmbeingelenkes, auftreten. Ebenso kann eine Überanstrengung (,,Tying-up") oder eine Arthritis im Bereich der Wirbelsäule ähnliche Symptome hervorrufen. Des weiteren gibt es Pferde, die entdeckt haben, daß sie sich durch Widersetzlichkeiten, wie Niederwerfen beim Satteln, erfolgreich dem Gerittenwerden entziehen können. Am besten ist die Diagnose durch einen passenden Vorbericht und durch pathologische Befunde bei der passiven Bewegung, der Palpation und den Röntgenaufnahmen abzusichern. Entsprechende Röntgenbefunde sind verringerte Zwischenräume bzw. ein Überlappen oder gegenseitiges Berühren der betroffenen Dornfortsätze.
Allerdings stellte JEFFCOTT fest, daß die Röntgenbefunde bei einem Überlappen der Dornfortsätze nicht in jedem Fall mit der Schwere der klinischen Symptome korrelierten und daß viele Pferde mit Röntgenveränderungen zufriedenstellende Leistungen erbringen konnten.[1]

Therapie

Obwohl JEFFCOTT keine deutlichen Vorteile einer chirurgischen Behandlung über die konservative Therapie (Ruhe) beobachten konnte, zeigten die chirurgisch behandelten Pferde, die am schwersten erkrankt waren, die Tendenz, sich schneller zu erholen und früher wieder vollständig leistungsfähig zu sein.[1] Daher sollte in besonders schweren Fällen auf die Operation zurückgegriffen werden.
Wenn die Diagnose richtig gestellt wurde, führt die chirurgische Behandlung in den meisten Fällen zu befriedigenden Ergebnissen.[2,4] Das Ende des betroffenen Dornfortsatzes wird dabei durch den Zugang über einen paramedianen Hautschnitt reseziert. Sind drei Dornfortsätze betroffen, werden die Symptome in der Regel durch die Resektion des mittleren gemildert. Das Ligamentum supraspinale wird vom Processus spinosus abpräpariert, aber nicht durchtrennt. Im Operationsfeld befindet sich der Musculus longissimus dorsi, der das vollständige Freilegen des Dornfortsatzes erschwert. Das resezierte Fragment ist nur so groß, daß keine Berührung der Processus spinosi mehr möglich ist. Es kann mit einer Knochensäge bzw. einer Drahtsäge abgesetzt werden. Die detaillierte Operationsbeschreibung kann der Leser der Originalliteratur entnehmen.[2,4]
Nach der Operation bekommen die Pferde zwei bis drei Monate Boxenruhe und werden einen Monat lang geführt, bevor sie wieder geritten werden. In einigen Fällen stellt sich der Operationserfolg erst nach mehreren Monaten ein.

Prognose

Die Prognose muß vorsichtig gestellt werden. Die Diagnosestellung gestaltet sich oft schwierig, da zur Anfertigung verwendbarer Röntgenaufnahmen sehr leistungsstarke Röhren erforderlich sind und nicht alle Pferde mit einer auf den Röntgenbildern erkennbaren Berührung von Dornfortsätzen auch klinisch erkranken. Aus diesem Grund muß die klinische Relevanz der Röntgenbefunde sorgfältig überprüft werden, bevor die Entscheidung für eine Operation getroffen wird.

Ausgewählte Literatur

1. JEFFCOTT, L. B.: Back problems in the horse – A look at past, present and future progress. Eq. Vet. J., **11**: 129, 1979.
2. JEFFCOTT, L. B., and HICKMAN, J.: The treatment of horses with chronic back pain by resecting the summits of impinging dorsal spinous processes. Eq. Vet. J., **7**: 115, 1975.
3. ROBERTS, E. J.: Amputation of a lumbar spinous process in the horse. Proc. 14th Ann. AAEP, 115–117, 1968.
4. ROBERTS, E. J.: Resection of thoracic or lumbar spinous processes for the relief of pain responsible for lameness and some other locomotor disorders of horses. Proc. 14th Ann. AAEP, 13–30, 1968.
5. ROONEY, J. R.: The horse's back: biomechanics of lameness. Eq. Pract., **4**: 17, 1982.

Muskelschäden

Myositis der Musculi psoas major und minor sowie des Musculus longissimus dorsi

Nach erheblichen Anstrengungen, wie z. B. nach Rennen oder anderen Tätigkeiten, die ein schnelles Starten erforderlich machen, kann sich eine Myositis des Musculus longissimus dorsi sowie der Musculi psoas major und minor entwickeln. Da die durch diese Myositis verursachten Schmerzen die Lendenregion betreffen, nimmt der Besitzer häufig an, daß das Pferd eine Nierenerkrankung hat.

Ätiologie

Die Ursache dieser Erkrankung liegt in einer Überanstrengung der Muskulatur. Die Musculi psoas major und minor sind in erheblichem Maß an der Entwicklung der Schubkraft der Beckengliedmaßen beteiligt und bei schlecht trainierten Pferden besonders verletzungsgefährdet. Weiterhin spielen sie auch eine Rolle beim Vorliegen einer Azoturie sowie beim Kreuzverschlag, und eine Myositis kann die Folge einer dieser Erkrankungen sein.

Symptome

Der Rücken des Pferdes erscheint steif. Die Beckengliedmaßen werden nicht normal vorgeführt, und der Lendenbereich ist druckschmerzhaft, so daß das Pferd stöhnt und den Rücken bei intensiver manueller Palpation wegdrückt. Die rektale Palpation der Musculi psoas major und minor ist ebenfalls schmerzhaft. Die Bewegung der Beckengliedmaßen ist dahingehend verändert, daß beide Hinterbeine steif zu sein scheinen. Der Bauch ist in einigen Fällen aufgezogen, als hätten die Pferde Schmerzen in der Abdominalregion. Die Muskelenzyme im Serum, Aminoaspartattransferase und Kreatinin, sind im akuten Stadium erhöht.

Diagnose

Die Diagnose wird aufgrund der Reaktion des Pferdes auf den manuell ausgeübten Druck im Bereich der Lendengegend und auf die rektale Palpation der Musculi psoas major und minor gestellt. Mögliche Differentialdiagnosen sind Verletzungen im Bereich des Kreuzdarmbeingelenkes, im Bereich der Verbindung des Kreuzbeines mit dem letzten Lendenwirbel sowie der Dornfortsätze der Brust- und/oder Lendenwirbel. Schäden an den Zwischenwirbelscheiben kommen beim Pferd sehr selten vor, müssen jedoch, wenn ein Verdacht in dieser Hinsicht besteht, ebenfalls in Betracht gezogen werden. Die zuletzt genannten Erkrankungen sprechen nur selten über längere Zeit auf eine Behandlung an. Die Symptome bleiben mehrere Tage oder sogar Wochen bestehen, was diese Erkrankungen vom Kreuzverschlag unterscheidet.

Therapie

Ausreichende Ruhe und ein angemessenes Training sind in jedem Fall notwendig. Die Dauer der Ruhephase ist vom Schweregrad der Erkrankung abhängig. Meistens sind wenigstens 30 Tage erforderlich. Zusätzlich können Injektionen von Vitamin E und Selen (1 ml/50 kg KGW), die, falls nötig, in wöchentlichem Abstand drei- bis viermal wiederholt werden können, hilfreich sein. In einigen Fällen kann auch Natriumbikarbonat in Pulverform (60 bis 120 g/Tag) die Krankheitserscheinungen mildern. Manchmal tritt der Behandlungserfolg nicht sofort ein, und bei einigen Pferden dauert es sechs Wochen, bis Anzeichen einer Besserung feststellbar sind. Nichtsteroide entzündungshemmende Medikamente sind ebenfalls von Nutzen. Die Pferde sollten erst wieder trainiert werden, wenn Anzeichen von Schmerzen drei Wochen nach Absetzen jeglicher Behandlung nicht mehr festzustellen sind.

Prognose

Die Prognose ist vorsichtig zu stellen, da die Möglichkeit eines Rezidives besteht. Die meisten Pferde sind jedoch wieder uneingeschränkt einsetzbar.

Muskeldystrophie

Eine Muskeldystrophie ist bis jetzt in zwei Fällen beobachtet worden. In einem Fall war nur der Musculus semitendinosus betroffen, in einem anderen der rechte Musculus masseter sowie der linke Musculus semitendinosus. Die Muskeldystrophie unterscheidet sich von einer einfachen Atrophie dadurch, daß der Muskel vollständig verschwindet.

Ätiologie

Die Ätiologie der Muskeldystrophie ist unbekannt.

Symptome

Das vollständige Fehlen der Muskulatur ist offensichtlich. Eine Lahmheit wurde nicht beobachtet. In dem Fall, in dem das Pferd eine Dystrophie des rechten Musculus masseter aufwies, war auf der betroffenen Seite nur Knochen zu palpieren. Der Musculus semitendinosus der linken Beckengliedmaße fehlte vollständig. In einem anderen Fall war der Musculus semitendinosus der rechten Beckengliedmaße nicht vorhanden. Die Dystrophie führt zu einer Deformierung der Gliedmaße mit einer tiefen Rinne an der Stelle, wo sich der Muskel befand. Auch eine beidseitige Dystrophie der Masseteren wurde beobachtet.

Therapie

Für die Muskeldystrophie ist keine Behandlungsmethode bekannt.

Prognose

Die Prognose ist ungünstig zu stellen, und wenn die Dystrophie Muskeln in anderen Regionen betrifft, kann sie eine Lahmheit und eine dauernde Unbrauchbarkeit verursachen.

Weiterführende Literatur

CECIL, R. L., and LOEB, R. F.: A Textbook of Medicine. 11th Ed. Philadelphia, W. B. Saunders Co., 1963, p. 1451.

Sehnen

Anatomie und Heilung der Sehnen

Sehnen bestehen aus dichtem, weißem, fibrösem Bindegewebe, das in parallelen, dicht gepackten Bündeln liegt. Das Peritendineum umhüllt diese Bündel, und das Epitendineum umhüllt die gesamte Sehne. Jede dieser beiden bindegewebigen Strukturen enthält Blutgefäße zur Versorgung der inneren Sehnenbereiche. An den Stellen, an denen die Sehnen über Gelenke verlaufen, gibt es Sehnenscheiden. Sie bestehen aus zwei Schichten, der äußeren Pars parietalis und der inneren Pars tendinea. Die Sehnenscheiden produzieren Synovia, um das Gleiten der Sehne zu erleichtern (Abb. 8.309 **A**). Das Mesotendineum enthält die äußeren Blutgefäße (Abb. 8.309 **B**) der Sehne. Dort, wo die Sehnen keine Sehnenscheide haben, werden sie von Bindegewebe (Paratendineum) eingehüllt. Durch dieses kann die Sehne gleiten, und es enthält die äußeren Blutgefäße (Abb. 8.310).

Kapitel 8: Lahmheit   763

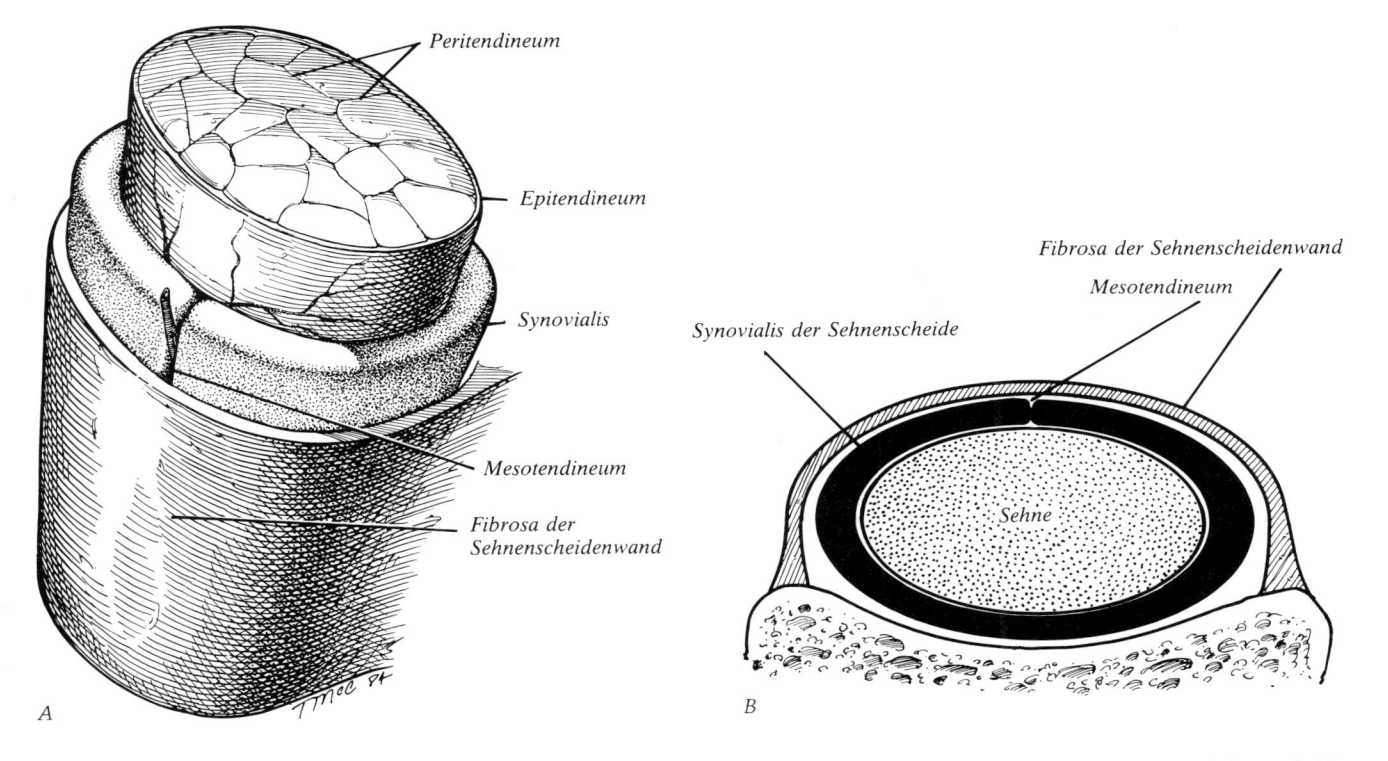

Abb. 8.309: A. Schematische Darstellung eines Teils einer Sehne mit Sehnenscheide. **B.** Querschnitt durch eine Sehne mit Sehnenscheide.

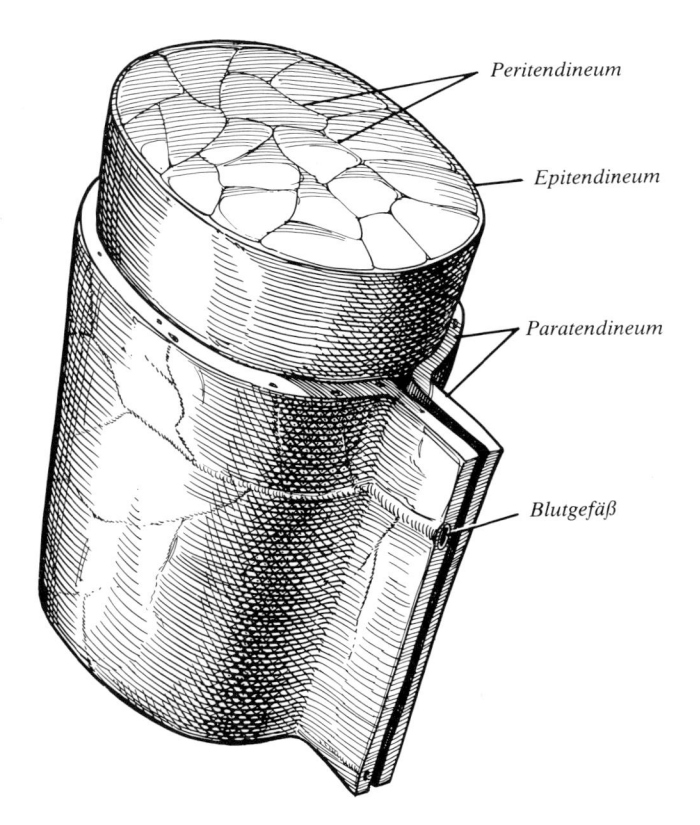

Abb. 8.310: Schematische Darstellung eines Teils einer Sehne mit Paratendineum.

Die Heilung von Sehnen erfolgt sowohl von innen als auch von außen. Die Heilung von innen geht mit Hilfe der wenigen inneren Blutgefäße vonstatten, die ungefähr ein Viertel des gesamten Sehnenvolumens versorgen. Der Nachweis hierfür sind ein zentrifugales sowie ein zentripetales Wachstum der Zellen des Epitendineums. Die Heilung von außen entsteht durch eine Stimulation des die Sehne umgebenden Gewebes, die bewirkt, daß dieses Gewebe proliferiert und die zur Heilung erforderlichen Zellen und Kapillaren bildet. Dieser Prozeß ist für die Entstehung von Verklebungen der Sehne mit umgebenden Strukturen verantwortlich. Das oben Gesagte ist als das Konzept „eine Wunde – eine Narbe" bekannt. Im Experiment konnte gezeigt werden, daß die innere Blutversorgung für eine Primärheilung der Sehne nicht ausreicht.

Die Heilung verläuft wie folgt:

1. *Die entzündliche Phase* (0 bis 10 Tage). Der biologische Ablauf entspricht dem jeder anderen Wunde mit der Ausnahme, daß er im Fall der Sehne langsamer fortschreitet. Fünf bis sieben Tage nach der Verletzung ist die Sehne schwächer als in der ersten reparativen Phase.
2. *Die proliferative Phase* (4 bis 21 Tage). Ein fibrovaskulärer Kallus wird gebildet, der die Sehne umgibt und alle Strukturen im Bereich der Wunde miteinander verbindet.
3. *Die Reifungsphase* (28 bis 120 Tage).
   Die Längsorientierung der Fibroblasten und Fasern beginnt. Nach 45 Tagen befinden sich Kollagenabbau und -bildung im Gleichgewicht. Nach 90 Tagen ist die erste Bildung von Kollagenbündeln zu beobachten, und nach 120 Tagen unterscheiden sich diese Bündel sich kaum von denen einer unbeschädigten Sehne.

Ruptur der Sehnen der Zehenstrecker von Schulter- bzw. Beckengliedmaße

Eine Ruptur der Sehne des Musculus extensor digitalis communis und/oder der Sehne des Musculus extensor digitalis lateralis der Schultergliedmaße bzw. der Sehne des Musculus extensor digitalis longus und/oder der Sehne des Musculus extensor digitalis lateralis der Beckengliedmaße kommt beim Pferd relativ häufig vor. An der Beckengliedmaße befindet sich die Rupturstelle meistens direkt distal des Sprunggelenkes und ist die Folge einer Stacheldrahtverletzung. An der Schultergliedmaße kommt es, wiederum durch Drahtverletzungen, am häufigsten zwischen Fesselkopf und Karpalgelenk zu Zerreißungen. Befindet sich der Insult an der Beckengliedmaße distal der Mitte des Metatarsus, haben sich die Sehnen des Musculus extensor digitalis longus und des Musculus extensor digitalis lateralis bereits vereinigt, so daß eine einheitliche Sehne durchschnitten ist.

Ätiologie

In jedem Fall ist ein Trauma, meistens durch eine Stacheldrahtverletzung, die Ursache.

Symptome

Das Pferd kann die Zehe nicht strecken. Beim Landen kann die Zehenspitze hängenbleiben, und das Gewicht des Pferdes kann zur Fußung auf der dorsalen Zehenwand führen. Wenn die Gliedmaße jedoch in Normalstellung plaziert wird, ist eine vollständige Gewichtsbelastung möglich. Eine Ruptur der Sehne des Musculus extensor digitalis lateralis kann sowohl an der Schulter- als auch an der Beckengliedmaße ohne deutliche Begleitsymptome bestehen, da diese Symptome in erster Linie durch die Zerreißung der Sehnen des Musculus extensor digitalis communis bzw. des Musculus extensor digitalis longus hervorgerufen werden. Weitere Symptome sind der Ausdehnung der Verletzung zuzuschreiben, die zur Ruptur der Sehnen geführt hat.

Diagnose

Die Diagnose ist in den meisten Fällen offensichtlich, jedoch sollte der Tierarzt durch sterile Palpation bzw. Sondierung genau feststellen, welche Strukturen von der Verletzung betroffen sind.

Therapie

Die Wunde wird gesäubert, und die Haut wird geschoren, rasiert und genäht. Normalerweise wird kein Versuch unternommen, die Sehnenstümpfe wieder zu vereinigen, es sei denn, es handelt sich um eine glatte saubere Schnittverletzung. Die Heilungsaussichten der Strecksehnen sind besser als die der Beugesehnen, und mit der Zeit entwickelt sich wieder eine ungestörte Funktion der Gliedmaße. Besteht ein scharfer sauberer Schnitt, wird die Sehne genäht. Nach der Hautnaht wird ein fixierender Verband angelegt, der den Huf und das Karpalgelenk einschließt, wobei sich die Zehe möglichst in ihrer normalen anatomischen Stellung befinden sollte. Antibiotika werden parenteral verabreicht.

Im Bereich des Tarsus läßt sich ein hoher Verband wegen der Spannsägenkonstruktion nur unter Schwierigkeiten anlegen. Aus diesem Grund wird an der Beckengliedmaße ein fixierender Verband angebracht, der direkt distal des Tarsalgelenkes endet. Auf diese Weise wird die Zehe zu jeder Zeit in normaler Stellung gehalten. Der fixierende Verband sollte vier bis sechs Wochen liegen bleiben. Gegebenenfalls kann er zwischendurch gewechselt werden, z. B. wenn er bricht oder wenn eine zunehmende Entlastung der betroffenen Gliedmaße auf eine mögliche Hautnekrose hinweist.

Nach Abnahme des fixierenden Verbandes, oder falls die Ruptur bei der ersten Untersuchung schon längere Zeit bestanden hat, muß ein orthopädischer Beschlag angebracht werden. Dazu wird ein Eisen verwendet, bei dem der Zehenteil etwa 7 cm verlängert ist. Eine Metallschiene, die der dorsalen Kontur des Metakarpus bzw. Metatarsus angepaßt ist, wird an die Verlängerung geschweißt. Das Röhrbein wird dorsal gepolstert, und die Schiene wird dort mit Klebeband oder elastischen Bandagen fixiert, so daß die Zehe gestreckt gehalten wird. Hat sich der Zustand gebessert, kann die Metallschiene dorsal am Röhrbein abgenommen werden. Der verlängerte Zehenteil wird belassen, bis die Funktion der Gliedmaße annähernd normal zu sein scheint. Zur vollständigen Heilung kommt es meistens innerhalb von vier Monaten, und die Pferde können die Zehe dann normal strecken.

Prognose

Die Prognose kann, abhängig von der Ausdehnung und der Dauer der Verletzung, vorsichtig bis günstig gestellt werden. Die Wunde selbst kann so ernst sein, daß die Euthanasie angezeigt ist. In einigen Fällen kann durch die Stacheldrahtverletzung das Sprunggelenk eröffnet sein, so daß eine infektiöse Arthritis besteht, die eine Euthanasie ratsam erscheinen läßt. In anderen Fällen kann der Knochen so stark beschädigt sein, daß eine Prognose erst nach eingehender Abwägung gestellt werden sollte.

Ruptur der Sehnen der Zehenbeuger von Schulter- bzw. Beckengliedmaße

Die Ruptur der Sehnen des Musculus flexor digitalis superficialis und des Musculus flexor digitalis profundus befindet sich meistens zwischen dem Karpalgelenk und dem Fesselkopf bzw. zwischen dem Tarsalgelenk und dem Fesselkopf.

Die größte Schwierigkeit bei der Adaptierung von Sehnen besteht in der Wiederherstellung einer glatten Gleitfläche. Eine Ruptur der Beugesehnen innerhalb ihrer Sehnenscheiden stellt ein im Hinblick auf die Heilung gesondertes Problem dar.

Ätiologie

In jedem Fall ist ein Trauma die Ursache, das durch zahlreiche unterschiedliche Unfälle ausgelöst werden kann, die hier nicht alle aufzuzählen sind. Die Verletzung kann dadurch entstehen, daß das Pferd rückwärts in einen scharfen Gegenstand hineinläuft bzw. hineinschlägt oder daß es durch ein von hinten kommendes Pferd während des Rennens umgelaufen wird. In diesen Fällen wären die Beckengliedmaßen betroffen. Die Ruptur kann auch verursacht werden, indem das Pferd sich beim Rennen im Bereich der Beugesehnen der Schultergliedmaße mit den am Hintereisen der gleichseitigen Beckengliedmaße befestigten Griffen selber greift.

Symptome

Verletzungen jeder Art und jeden Ausmaßes sind zu beobachten. Die oberflächliche Beugesehne kann allein betroffen sein, während in anderen Fällen auch die tiefe Beugesehne gerissen ist. Manchmal sind beide Beugesehnen sowie der Musculus interosseus medius rupturiert. Liegt die Verletzung proximal der Mitte des Metakarpus bzw. des Metatarsus, kann das Unterstützungsband der tiefen Beugesehne ebenfalls zerrissen sein. Ist nur die oberflächliche Beugesehne betroffen, senkt sich der Fesselkopf, jedoch ohne den Boden zu berühren. Bei der Ruptur beider Beugesehnen senkt sich bei Belastung der verletzten Gliedmaße der Fesselkopf, und die Zehe klappt nach oben und berührt den Boden nicht mehr. Sind beide Beugesehnen und der Musculus interosseus medius rupturiert, sinkt der Fesselkopf bis auf den Boden. Befindet sich die Verletzung unterhalb des distalen Endes des Fesselbeines, sind nur die tiefe Beugesehne und die gemeinsame digitale Sehnenscheide betroffen.

Wenn die Verletzung schon eine Zeitlang bestanden hat, kann diese Sehnenscheide infiziert sein, so daß eine eitrige Tendosynovitis besteht, die zu einer unterschiedlich starken Schwellung der Gliedmaße führt. Die Infektion bewirkt eine vermehrte Narbengewebsproliferation und verringert die Chance einer vollständigen Heilung. Die bestehende Lahmheit ist immer hochgradig und hängt im Einzelfall von der Ausdehnung und dem Alter der Verletzung ab. Manchmal sind die Wunden ausgedehnt und zerrissen, in anderen Fällen sehen sie aus, wie mit dem Messer geschnitten.

Diagnose

Die Diagnose ist offensichtlich. Jedoch sollte durch Beobachtung der Haltung des Hufes und der Fessel sowie durch eine sterile Palpation und Sondierung der Wunde genau festgestellt werden, welche Strukturen zerrissen sind.

Therapie

Es gibt keine Routinebehandlung, die auf jede rupturierte Sehne gleichermaßen angewendet werden könnte, aber einige allgemeine Hinweise können gegeben werden. In jedem Fall sind die chirurgischen Kautelen im Hinblick auf eine sorgfältige Säuberung und Auffrischung der Wunde zu beachten. Wenn ein Gewebeverlust oder eine Infektion besteht, sollte eine Wundheilung per secundam abgewartet werden. Gegebenenfalls kann später eine Sekundärnaht durchgeführt werden. Im allgemeinen ist das Ergebnis bei Rupturen der Beugesehnen weniger gut als bei Rupturen der Strecksehnen. Wenn sowohl beide Beugesehnen als auch der Musculus interosseus medius betroffen sind, kann die Euthanasie angezeigt sein, sofern die Besitzer nicht daran interessiert sind, ein wertvolles Tier zu Zuchtzwecken zu retten. Es sollte jedoch daran gedacht werden, daß der Wert dieser Pferde keinen Einfluß auf die Heilungstendenz der Sehnen hat. Normalerweise muß bei einer frischen, sauberen und glatten Wunde eine primäre Sehnennaht durchgeführt werden. Die Nahttechnik der Wahl ist die Sehnennaht nach PENNINGTON[3] (Abb. 8.311). Diese Technik ist auch als Kessler-Naht bekannt. Zu den Vorteilen dieser Technik gehört, daß sie die Blutversorgung der Sehne kaum beeinträchtigt, stark genug ist, um ein Auseinanderweichen der Stümpfe zu verhindern, den geringsten Schaden am Epitendineum verursacht und sich kaum Nahtmaterial an der Sehnenoberfläche befindet.[3] Diese Faktoren fördern einerseits die Heilung der Sehne und verursachen andererseits die geringstmögliche Reaktion am Peritendineum, so daß es weniger Verklebungen gibt. Diese Verklebungen stellen ein erhebliches Problem im Anschluß an eine Beugesehnenruptur dar. Bei der experimentellen Anwendung dieser Technik zerriß das Nahtmaterial, während das Sehnengewebe standhielt.[2,3] Zu empfehlen ist monofiles Nylon der Stärke No. 2.

Wenn die Sehne innerhalb der Sehnenscheide reißt, ist es äußerst wichtig, daß die Stümpfe aneinanderliegen, da es sonst nicht zu einer Heilung kommt. Der Versuch einer Primärnaht wird in diesen Fällen auch dann unternommen, wenn die Wunde kontaminiert ist, aber die Prognose verschlechtert sich entsprechend. Wenn ein erheblicher Teil des Sehnengewebes fehlt, ist die Durchführbarkeit einer Naht in Frage gestellt. Innerhalb der Sehnenscheiden heilen die Sehnen langsamer. Aus diesem Grund sollte die Sehnenscheide offen gelassen werden, so daß die Blutversorgung von außen sowie die von außen induzierten Heilungsvorgänge zum Tragen kommen. Dabei wird die Sehnenscheide im palmaren bzw. plantaren Bereich zur Unterstützung der Sehne vernäht, während medial und lateral rechtwinklige Öffnungen angelegt werden, so

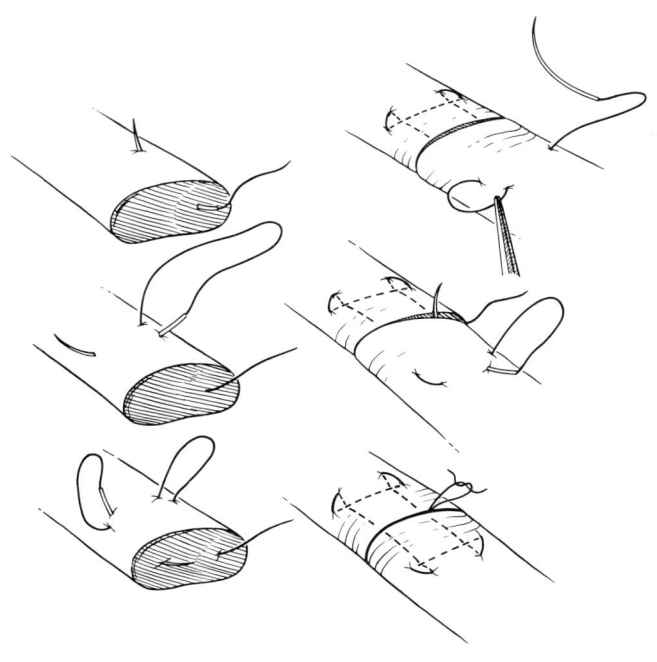

Abb. 8.311: Darstellung einer Sehnennaht nach PENNINGTON.

daß Sehne und umgebendes Gewebe sowie Gefäße freigelegt werden. In der Folge heilten diese Sehnen, aber narbige Verwachsungen führten zu einer mechanischen Veränderung des Ganges (reduziertes Streckvermögen der Gliedmaße und Verkürzung des kaudalen Teiles der Vorführphase).

Obwohl das Einlegen von Kohlefasern bei Beugesehnenrupturen befürwortet wurde,[4] zeigt die neuere Forschung, daß Sehnen, bei denen die Heilung auf diese Weise erzielt wurde, nach sechs Monaten nur 60 % der Festigkeit aufweisen, wie sie Sehnen haben, bei denen eine Primärnaht mit Nylon durchgeführt wurde.[2] Aus diesem Grund ist die primäre Naht mit Nylon zu empfehlen.

Nach der Operation wird ein fixierender Verband angelegt, der von der Hufwand bis zum Karpal- bzw. Tarsalgelenk reicht. Dieser Verband bleibt etwa sechs Wochen liegen und wird nur bei Bedarf gewechselt. Beim Anlegen sollte die Fessel leicht gebeugt sein, damit die Heilungsmöglichkeit der Sehne besser ist. Es gibt verschiedene Arten der Schienung, die in Kombination mit einer Trachtenerhöhung verwendet werden. In einigen Fällen sind sie zufriedenstellend, aber ein fixierender Verband ist dieser Technik normalerweise überlegen. Die verschiedenen Arten von Schienen und orthopädischen Beschlägen sind dann nützlich, wenn der fixierende Verband abgenommen wird. Die kontralaterale Gliedmaße muß durch einen Stützverband stabilisiert werden, da es sonst dort zu einem Niederbruch kommen kann.

Wenn die Sehne nicht genäht wurde, muß die Gliedmaße, nachdem sie sechs Wochen in einem fixierenden Verband lag, einen Stützverband erhalten, und der Huf kann mit einem Eisen, das den Fesselkopf unterstützt, beschlagen werden (Abb. 8.312). Bei diesem Eisen ruht der Fesselkopf auf einem Ledergurt, so daß er nicht unter seine normale Position absinken kann. Dieses Eisen kann auch verwendet werden, wenn nur die oberflächliche Beugesehne rupturiert ist. Es sollte, abhängig von der Besserung des Zustandes, in dem sich das Pferd befindet, insgesamt drei bis sechs Monate verwendet werden, wobei alle vier bis sechs Wochen ein Beschlagswechsel durchgeführt werden muß. Danach bekommt das Pferd ein Eisen mit einer Schenkelverlängerung von 5 bis 8 cm, bis der Fesselkopf schließlich keiner Unterstützung mehr bedarf. An den Vordereisen muß die Schenkelverlängerung kürzer ausfallen, um das Abtreten des Eisens mit dem Hinterhuf zu verhindern. Wenn die Sehne genäht und über sechs Wochen ein fixierender Verband angelegt wurde, ist lediglich ein Eisen mit verlängerten Schenkelenden erforderlich. Dieses Eisen sollte aufgeschlagen werden, sobald der fixierende Verband abgenommen wird.

Wie bei jeder Wunde sollten Antibiotika gegeben werden. Wenn ein Versuch gemacht wurde, die Stümpfe der Beugesehnen durch eine Naht zu adaptieren, sollte mindestens sieben Tage lang eine parenterale antibiotische Behandlung durchgeführt werden.

Prognose

Die Prognose ist, abhängig davon, welche Strukturen zerrissen sind, vorsichtig bis ungünstig zu stellen. Wenn sowohl beide Beugesehnen als auch der Musculus interosseus medius durchtrennt sind, muß eine ungünstige Prognose gestellt werden. Besteht eine eitrige Tendinitis, verschlechtert sich die Prognose weiter. Ist die Blutversorgung zerstört, kann eine Nekrose entstehen. Wenn eine Sehne bei einer stumpfen Verletzung angerissen oder beschädigt ist, schwillt sie an und wird weicher, so daß sie durch den normalen auf ihr lastenden Zug noch einige Tage und sogar drei Wochen später reißen kann.[1]

Die Prognose kann bei sauber durchtrennten Beugesehnen im Paratendineum, die genäht wurden, günstig gestellt werden, aber die Rekonvaleszenzdauer bis zur völligen Wiederherstellung beträgt ein Jahr. Die Aussichten für Beugesehnenrupturen, die innerhalb der Sehnenscheide genäht werden mußten, sind vorsichtig bis ungünstig zu beurteilen. Allerdings sind die Aussichten, eine Verwendbarkeit in der Zucht betreffend, gut.

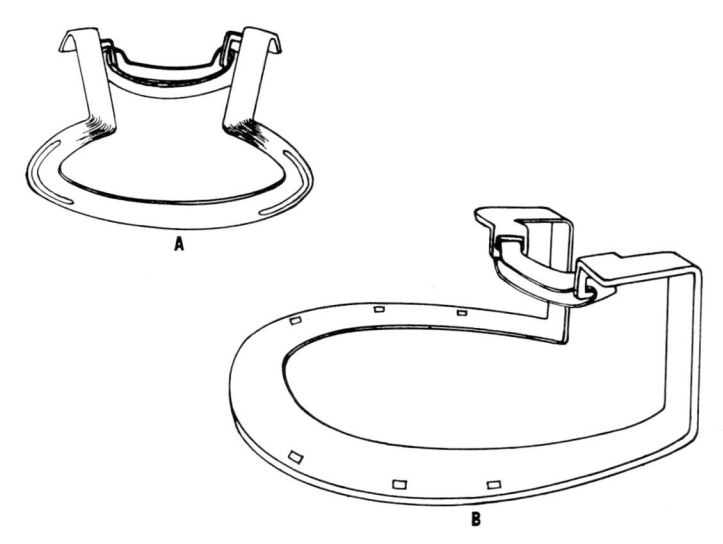

Abb. 8.312: Orthopädischer Beschlag bei einer Durchtrennung der Beugesehnen. **A** Hinteransicht eines Eisens mit einem Ledergurt, der den Fesselkopf daran hindert, abzusinken. **B** Seitenansicht dieses Eisens, die zeigt, wie der Ledergurt eingehängt ist, um den Fesselkopf zu stützen. Außerdem ist zu beachten, daß die Schenkelenden 7 bis 8 cm länger sind als bei normalen Eisen, damit der Fesselkopf zusätzlich unterstützt wird.

Ausgewählte Literatur

1. BOYES, J. H.: Bunnell's Surgery of the Hand. 4th Ed. Philadelphia, J. B. Lippincott Co., 1964.
2. NIXON, A. J., et al.: Comparison of carbon fiber and nylon suture for repair of transsected superficial digital flexor tendons in the horse. Eq. Vet. J., **16:** 93, 1984.
3. PENNINGTON, D. G.: The locking loop tendon suture. Plast. Reconstr. Surg., **63:** 648, 1979.
4. VALDEZ, H., COY, C. H., and SWANSON, T.: Flexible carbon fiber for repair of gastrocnemius and superficial digital flexor tendons in a heifer and gastrocnemius tendon in a foal. J. Am. Vet. Med. Assoc., **181:** 154, 1982.

Idiopathische Synovialitis

Gallen („windpuffs, windgalls")

Als Galle wird eine vermehrte Füllung einer Gelenkkapsel, einer Sehnenscheide oder eines Schleimbeutels bezeichnet, die keine Lahmheit verursacht. Weitere Einzelheiten sind den Seiten 357 und 447 zu entnehmen.

Ätiologie

Junge Pferde, die ein hartes Trainingsprogramm absolvieren müssen, entwickeln fast immer Gallen des Fesselgelenkes, der Sehnenscheiden im Bereich des Tarsalgelenkes sowie der Beugesehnenscheiden. Stellungsanomalien spielen ebenfalls eine Rolle. Rennpferde, Rodeopferde und sogar Wagenpferde, die hart arbeiten müssen, entwickeln bis zu einem gewissen Grad Gallen als Folge eines wiederholten Traumas. Hat sich an einer Stelle eine Galle gebildet, kann sie ein Leben lang bestehen bleiben. Obwohl es nicht bewiesen ist, sollten Mängel in der Fütterung als mögliche Ursache für die Bildung der Gallen bei jungen Pferden, die keinem anstrengenden Training unterliegen, als ätiologischer Faktor in Betracht gezogen werden. Die Futterration sollte bei jedem jungen Pferd genau überprüft werden, um sicher zu sein, daß Fütterungsfehler keine Rolle spielen.

An eine Osteochondrosis dissecans besonders im Bereich des Sagittalkammes des Röhrbeines muß gedacht werden, wenn junge Pferde mit Fesselgelenksgallen vorgestellt werden.

Symptome

Eine pralle, fluktuierende Umfangsvermehrung direkt proximal und dorsal der Gleichbeine zwischen Musculus interosseus medius und Röhrbein weist auf eine Fesselgelenksgalle hin. Gallen der Beugesehnenscheiden bilden sich zwischen Musculus interosseus medius und den Beugesehnen direkt proximal der Gleichbeine. Auch eine vermehrte Füllung von Schleimbeuteln und geringgradig vermehrte Füllungen anderer Gelenke oder der Sehnenscheiden im Bereich des Tarsalgelenkes können auftreten und werden manchmal als Gallen bezeichnet. Normalerweise bezieht sich dieser Name jedoch auf Erkrankungen unterhalb von Karpal- und Tarsalgelenk. Bestehen die Gallen lange, können sie sich als Folge einer Fibrose in diesem Bereich verhärten. Die Gallen selbst verursachen keine Lahmheit. Wenn sie jedoch mit einer Arthritis, Bursitis oder Tendinitis einhergehen, sollten sie behandelt und als Symptom der genannten Krankheiten betrachtet werden.

Therapie

Im allgemeinen ist eine Behandlung nicht wirksam und auch nicht erforderlich, wenn keine Lahmheit besteht. Die Behandlung einer serösen Arthritis und Tendosynovitis wird in anderen Abschnitten dieses Buches beschrieben und sollte zur Anwendung kommen, wenn die Gallen auf eine dieser Erkrankungen hinweisen (siehe Idiopathische Synovialitis – Kreuzgalle und Gelenkgallen –, Seite 359, sowie Tendosynovitis, Seite 467). Wenn keine Lahmheit zu sehen ist, werden die Pferde weiter gearbeitet. Das Pensum wird jedoch bei den ersten Anzeichen einer Galle reduziert. Die Gallen bleiben meistens ein Leben lang bestehen. Solange keine Lahmheit besteht, ist keine Behandlung zu empfehlen. Wenn eine Lahmheit auftritt, müssen die Pferde Boxenruhe bekommen. Die Behandlung ist dem Abschnitt über Arthritis und Tendosynovitis (Seite 339–485) zu entnehmen.

Prognose

Wenn keine Lahmheit besteht, ist die Prognose günstig zu stellen. Ist eine Lahmheit vorhanden, müssen die Aussichten des Pferdes vorsichtig beurteilt werden. Weiterhin muß festgestellt werden, welche pathologischen Veränderungen die Gallen verursacht haben.

Verletzungen

Offene Verletzungen

Schnittwunden. Schnittwunden werden durch scharfe Gegenstände verursacht. Dadurch sind die Schäden am Gewebe gering. Tiefer liegende Strukturen sind nur wenig beschädigt, und wenn kein großes Gefäß durchschnitten wurde, besteht nur eine geringe Blutungsneigung. Die Wundränder sind meistens nicht weit voneinander entfernt, es sei denn, die Wunde ist sehr tief oder der Schnitt befindet sich in einem Bereich, der unter Spannung steht. Der Wundschmerz ist gering, und die Hauptgefahr besteht darin, daß tiefliegende lebenswichtige Strukturen zerstört sind.

Rißwunden. Rißwunden werden durch unregelmäßig begrenzte Objekte verursacht, wie Stacheldraht, feste Metallgegenstände (Haken etc.), sowie durch Hornstöße und Bisse. Für diese Art von Verletzungen sind ausgedehnte Schäden an tiefer liegenden Gewebsschichten (Sehnen und Sehnenscheiden, Bänder, Gelenkkapseln, Gefäße und Nerven) ebenso wie an Haut und Unterhaut charakteristisch. Sie können mit Abschürfungen und Quetschungen einhergehen. Entstehende Blutungen sind meistens nicht erheblich, obwohl Arterien und Venen meistens auch zerrissen sind, es aber zu einer deutlichen Konstriktion der Arterien kommt, sofern nicht große Gefäße betroffen sind,. Diese Wunden sind im allgemeinen schmerzhaft. Das größte Risiko stellen Infektionen dar, wobei sich mit Eiter gefüllte Taschen bilden können. Ein weiteres Risiko sind Gewebsnekrosen, wenn Gewebeteile von ihrer Blutversorgung abgetrennt sind.

Stichwunden. Stichwunden werden durch scharfe Gegenstände verursacht, deren Länge größer ist als ihr Durchmesser. Sie sind dadurch charakterisiert, daß die äußere Wundöffnung sehr klein ist, wobei die Verletzungen in der Tiefe ganz erheblich sein können. Sie entstehen durch Bisse, Hornstöße, Nagelstiche und Gegenstände wie Mistgabeln.

Stichwunden werden weiterhin eingeteilt in:

1. *penetrierende* (dringen in eine Körperhöhle ein),
2. *perforierende* (dringen in eine Körperhöhle ein und treten wieder aus),
3. *einfache* (dringen nur in Gewebe ein).

Brandwunden. Brandwunden werden in diesem Zusammenhang nicht dargestellt.

Gedeckte Verletzungen

Gedeckte Verletzungen weisen eine in allen Schichten unbeschädigte äußere Haut auf. Sie werden durch Insulte verursacht, die Schäden im Gewebe bewirken, ohne daß die Kontinuität der äußeren Haut verlorengeht. Zu einem späteren Zeitpunkt kann es dann zu Nekrosen bzw. zur Ablösung der Haut kommen. Zu den gedeckten Verletzungen gehören:

Quaddeln. Quaddeln entstehen durch eine intradermale Schwellung ohne Blutaustritt aus dem Gefäßlumen.

Abschürfungen. Abschürfungen betreffen oberfläche Haut- oder Schleimhautschichten. Lediglich das Epithel ist beschädigt. Alle anderen Schichten der Haut bzw. der Schleimhaut sind unbeschädigt. Dies führt zu einem Austritt von Serum und zu einer geringen Blutung. Über dem abgeschürften Bereich bildet sich ein Schorf, so daß es zu einer Art von Sekundärheilung kommt.

Quetschungen. Quetschungen entstehen durch einen Insult, der zur Ruptur subkutaner oder tiefer gelegener Blutgefäße führt. Die Haut ist nicht beschädigt, aber es kommt zu einer subkutanen Blutung. Die Quetschungen werden wiederum wie folgt eingeteilt:

Quetschung 1. Grades. Es kommt zu einem Blutaustritt unter und in die Haut, der zu einer Verfärbung führt, jedoch ist das dabei entstehende Hämatom gering.

Quetschung 2. Grades. Hierbei handelt es sich um ein Hämatom, das, wenn es klein ist, möglicherweise resorbiert werden kann. Ist es ausgedehnt, kann es zur Bildung von Narbengewebe führen, so daß ein Schönheitsfehler entsteht. Weiterhin kann, wenn die Blutzellen aus dem Gerinnungsthrombus absorbiert worden sind und das Serum zurückbleibt, ein Serom entstehen. Diese Art der Quetschung entsteht meistens durch Schlagverletzungen im Bereich der Hüfte und der Gluäalmuskulatur sowie durch das Scheuern im Bereich der Brustmuskulatur. Es besteht ein gewisses Risiko, daß sich aus dem Hämatom auf hämatogenem Weg ein Abszeß entwickelt.

Quetschung 3. Grades. Diese Quetschungen sind so erheblich, daß das beschädigte Gewebe nicht mehr heilen kann. Die Haut wird durch den ursprünglichen Schlag nicht beschädigt, aber durch die in den Gefäßen unter der Haut entstehenden Thrombosen kommt es zu einer Ablösung der oberflächlichen Gewebeschichten.

Diagnose

Die Diagnose ist bei einer gedeckten Verletzung im allgemeinen relativ leicht zu stellen. In einigen Fällen kann sie jedoch mit einer Hernie oder einem Abszeß verwechselt werden, so daß die Umfangsvermehrung in jedem Fall mit einer sterilen Kanüle unter aseptischen Kautelen punktiert werden sollte, um festzustellen, welcher Art der Inhalt ist. Dies ist besonders wichtig bei Hämatomen der Bauchwand, die auf diese Weise von einer Hernie unterschieden werden.

Die Hauptgefahr bei allen Verletzungen liegt in der Beschädigung und/oder der Infektion weiter innen befindlicher Strukturen, wie sie z. B. Gelenkkapseln, empfindliche Teile des Hufes, Sehnen und Sehnenscheiden sowie Blutgefäße und Nerven darstellen. Das Fehlen einer Abflußmöglichkeit für das Wundsekret sowie die Ausbreitung einer Infektion können diese Gefahr noch vergrößern. Weitere Folgen von Verletzungen können Pararauschbrand und Tetanus sein, so daß bei Verletzungen, die ein anaerobes Milieu schaffen, für eine Prophylaxe gegen diese Erkrankungen gesorgt werden sollte. Wenn die Wunde äußerlich zuheilt, obwohl im Inneren der Verletzung noch eine Infektion besteht, kann sich ein Abszeß oder ein entzündliches Ödem bilden. In anderen Fällen können sich Fremdkörper unentdeckt in der Wunde befinden, die dann Ursache für Abszesse und Fisteln sind.

Wundheilungsstörungen

Störung der Durchblutung. Die Durchblutung in der Nachbarschaft der Verletzung kann durch die Schwellung, durch schnürende Bandagen, dadurch, daß die Wunde sehr zerrissen ist, und durch eine langanhaltende Infektion gestört werden.

Infektion. Eine Infektion, die eine Phlegmone oder ein entzündliches Ödem verursacht, behindert die Heilung. Wenn eine Infektion besteht, muß immer für einen Abfluß des Sekretes gesorgt werden. Die Ursache dieser Art von Wundinfektion kann darin liegen, daß der Wundverband nicht steril angelegt werden kann.

Gewebstod. Wenn Wunden klaffen, trocknet das Gewebe aus und wird avital. Jedes Gewebe, das von seiner Blutversorgung abgeschnitten ist, wird ebenfalls nekrotisch. Ein dreieckiges Gewebestück, bei dem die Spitze in Richtung des Eintrittes der versorgenden Gefäße zeigt, heilt meistens unter Verlust dieser Spitze an, da sie nicht ausreichend mit Blut versorgt ist.

Mangelhafter Sekretabfluß und dadurch Ansammlung von Blut und Abbauprodukten in der Wunde. Ein mangelhafter Sekretabfluß beeinträchtigt die Durchblutung und führt zur Entstehung eines idealen Bakteriennährbodens. Eine bestehende Blutung sollte durch eine Ligatur zum Stehen gebracht werden, und ein Sekretstau ist mit Hilfe von Penrose-Drains zu vermeiden.

Fremdkörper. Jeder Fremdkörper in einer Wunde verhindert die Wundheilung und führt zur Fistelbildung.

Andauerndes Trauma im Wundbereich. Ein solches Trauma entsteht meistens, wenn das Pferd nicht entsprechend ruhiggestellt wird, so daß es sich an derselben Stelle wiederum verletzen kann. Im Idealfall wird der Wundbereich völlig immobilisiert, um die Heilung zu fördern. An den distalen Gliedmaßenabschnitten kann dies durch einen Schienenverband, einen fixierenden Verband oder durch einen orthopädischen Beschlag geschehen.

Gasansammlungen in der Unterhaut. Gasansammlungen in der Unterhaut führen zu einer Nekrose, da das Gewebe von seiner Unterlage abgehoben wird. Bei Wunden im Achselbereich kommt es besonders leicht zu einem Unterhautemphysem. In manchen Fällen sind Mikroorganismen für die Gasbildung verantwortlich, wie z. B. *Clostridium septicum* beim Pararauschbrand (malignes Ödem). Diese Erkrankung stellt eine besonders schwere Komplikation dar.

Auswirkungen der medikamentellen Wundbehandlung. Die medikamentelle Wundbehandlung kann im Hinblick auf den Heilungsverlauf mehr schaden als nützen. Reizende Antiseptika und Irritantia sollten in jedem Fall vermieden werden. Kupfersulfat, Antimoniumtrichlorid und Alaun wirken gewebsreizend. Obwohl sie die oberflächliche Hypergranulation beseitigen, reizen sie auch die tiefer liegenden Gewebsschichten, so daß sich schließlich mehr subkutanes Bindegewebe bildet, als wenn die Wunde ordnungsgemäß behandelt würde. Besteht eine Granulationsgewebehyperplasie, sollte sie chirurgisch mit einem Kauter oder einem Skalpell entfernt werden. Danach werden bis zur Heilung kortikosteroid- und antibiotika-haltige Salben appliziert und ein Druckverband angelegt. Die Verbände müssen so häufig gewechselt werden, daß die Wunde nicht gereizt wird. Durchweichte Binden, die sich voll Wundsekret gesaugt haben, können die Heilung verzögern. Meistens müssen die Verbände alle drei Tage gewechselt werden, wobei während des Verbandwechsels darauf geachtet werden muß, daß die Wunde nicht erneut kontaminiert wird.

Fütterung. Eine mangelhafte Fütterung kann die Wundheilung verzögern. Parasitenbefall, Zahnfehler und nicht angemessenes Futter können zu einer Wundheilungsstörung beitragen. Alle diese Faktoren müssen berücksichtigt werden, wenn der Zustand des Pferdes schlecht ist.

Behandlung von Riß- und Schnittwunden

Beim Pferd ist es noch wichtiger als bei anderen Tierarten, daß Verletzungen in angemessener Weise behandelt werden. Fehler in der Therapie führen zu überschießender Granulation, vermehrter Narbengewebebildung, Schönheitsfehlern und manchmal auch zu chronischen Erkrankungen. Wunden unterhalb von Karpus bzw. Tarsus bedürfen einer sorgfältigen Behandlung, damit Komplikationen vorgebeugt wird.

Blutungen müssen durch Ligaturen und/oder Zudrehen der Gefäße mittels einer Klemme gestillt werden, und die Wunde muß sorgfältig gereinigt werden. Nach dem Scheren der Wundumgebung werden die Haare an den Wundrändern in der Breite von etwa einem Zentimeter rasiert. Anschließend werden sie mit einem Antiseptikum gewaschen und mit balancierter Elektrolytlösung gespült. Mit einem Lokalanästhetikum kann der Wundbereich betäubt werden, wobei der distale Teil der Wunde kaum anästhesiert werden muß, da er sowieso keine Nervenversorgung mehr besitzt. Der proximale Teil ist jedoch sehr sensibel.

Gleichzeitig mit der Lokalanästhesie kann das Pferd zur Vereinfachung der Behandlung auch sediert werden. Alternativ kann in einigen Fällen eine Allgemeinanästhesie erforderlich sein.

Ein sorgfältiges Debridement muß bei allen Wunden erfolgen. Schmutz, Haare und Gewebeteile, die keine Blutversorgung mehr besitzen, müssen aus dem Wundbereich entfernt werden. Zur Spülung wird eine balancierte Elektrolytlösung empfohlen. Mit sterilen Gazetupfern sollte die Wunde sorgfältigst gereinigt werden, so daß eine frische Wundoberfläche vorhanden ist. Eine weitere Möglichkeit ist die Waschung der Wunden mit 1%iger Polyvidonjodlösung. Gegebenenfalls können die Wundspülungen zur besseren Reinigung auch unter Druck erfolgen.[2] In allen Fällen muß darauf geachtet werden, eine weitere Kontamination der Wunde zu vermeiden. Aus diesem Grund werden sterile Handschuhe benutzt. Eine lokale Antibiose, z. B. mit Penicillin zur intramuskulären Behandlung, in Form einer Infiltration der Wunde selbst oder der Wundumgebung kann erfolgen. Noch besser sind wasserlösliche Antibiotika geeignet.

Jede frische Schnitt- bzw. Rißwunde sollte, wenn möglich, genäht werden. Dies gilt besonders für Verletzungen unterhalb des Karpus bzw. Tarsus. Frische Wunden heilen oft erstaunlich gut, wenn ein sorgfältiges Debridement erfolgt ist und sie genäht wurden. Das heißt auf jeden Fall, daß die Wundversorgung ordnungsgemäß erfolgen muß. Tiefe Schichten werden mit synthetischem resorbierbaren Material adaptiert, während die Haut mit monofilem nichtresorbierbaren Faden genäht wird. Allgemein gilt, daß nichtresorbierbares Material nur für oberflächliche Nähte verwendet werden soll. Wenn die Haut besonderer Belastung unterliegt, können Entspannungsnähte zur Verstärkung angelegt werden. Rißverletzungen treten häufig in Form dreieckiger Lappenwunden auf. Wenn die Spitze des Hautlappens in Richtung der versorgenden Gefäße zeigt, wird sie oft nekrotisch und geht verloren. Trotzdem sollte eine Naht erfolgen, um den Gewebeverlust so gering wie möglich zu halten. Lokalanästhetika, die Epinephrin enthalten, sollten zur örtlichen Betäubung bei Hautlappenwunden unterhalb von Karpal- bzw. Tarsalgelenk nicht verwendet werden, da die Möglichkeiten der Blutversorgung in diesem Bereich begrenzt sind und das Epinephrin zu Nekrosen führen kann.

Wenn offensichtlich ist, daß die Wunde eine Tasche bilden wird, in der sich Wundsekrete ansammeln können, muß am tiefsten Punkt eine Drainage angelegt werden. Bestehen Zweifel darüber, ob eine ausreichende Abflußmöglichkeit vorhanden ist, oder ist mit einer Wundinfektion als Folge der Kontaminierung der Wunde zu rechnen und somit vermehrt Sekret zu erwarten, sollte ein Penrose-Drain oder eine Saugdrainage verwendet werden. Bei großen Wunden, die genäht wurden und sich in einer Region befinden, in der sich nur schwer ein Sekretabfluß schaffen läßt, kann mittels einer Redon-Drainage für den Abtransport der Sekrete gesorgt werden. Dies ist in einigen Fällen erforderlich, wobei die Wunde jedoch stets genäht werden sollte. Ist die Adaptierung der Wundränder nicht möglich, weil zuviel Gewebe verlorengegangen ist oder weil die Verletzung schon längere Zeit besteht, so daß die Schwellung die Apposition der Wundränder nicht mehr zuläßt, muß ein Debridement erfolgen und ein Druckverband mit einem geeigneten Medikament zur

Abdeckung der Wundfläche angelegt werden. Der Druckverband trägt dazu bei, daß die Wundränder nicht zu weit auseinanderweichen. Er sollte so lange angewendet werden, bis die Wunde fast vollständig geheilt ist, besonders bei Verletzungen, die sich unterhalb des Karpal- bzw. Tarsalgelenkes befinden. Wenn auf eine Wunde kein Druck mehr ausgeübt wird, besteht eine Tendenz zur Bildung von überschießendem Granulationsgewebe. Die Verbände müssen so oft gewechselt werden, daß sich kein Sekret stauen und das Wundgebiet reizen kann.

Wunden mit einer großen Granulationsfläche müssen geschützt und abgedeckt werden. Zu diesem Zweck können Spalthauttransplantate[3,5] oder Schweinehaut[4] dienen. Bei der Verwendung von Schweinehaut werden Verband und Hautabdeckung alle 24 bis 48 Stunden gewechselt. In einigen Fällen ist es möglich, die Schweinehaut unter einem fixierenden Verband sieben bis zu zehn Tage liegen zu lassen. Abdeckungen dieser Art verringern den Wundschmerz durch Schutz der Nervenendigungen und fördern in großem Maß die Heilung. Obwohl die Verwendung der Schweinehaut nachgewiesenermaßen die Wundheilung beschleunigt, werden autoplastische Transplantationstechniken vorgezogen. Zu diesen Techniken gehören die Braunsche Pfropfung, die Transplantation von Hautinseln nach Reverdin, die Tunnelplastik, die Spalthauttransplantation, Netzplastiken und Vollhauttransplantationen.

Wundsalben, die Insulin enthalten (10 I. E. Zinkprotamin-Insulin in 1 g Salbengrundlage) wurden zur Abdeckung kleinerer Granulationsflächen empfohlen.[1]

Zu Beginn sollte die Behandlung der Wunde unter dem Verband mit einer nichtreizenden antibiotikahaltigen Salbe erfolgen. Oft verwendet werden z. B. Eutersalben und Nitrofurazonpräparate. Wenn sich eine Granulationsfläche gebildet hat, kann eine kortisonhaltige Salbe bei Wunden unterhalb des Karpus bzw. Tarsus nützlich sein, da sie zusammen mit dem Druckverband die überschießende Bildung von Granulationsgewebe behindert. Die Verbände müssen mit der Zeit dünner werden, damit Luft an die Wunde gelangen kann.

Wunden, die manchmal schlecht zu nähen sind, wie z. B. proximal am Unterarm, wo die Hefte ausreißen, können sehr gut behandelt werden, indem man sie rasiert und säubert sowie täglich eine beruhigende reizfreie Wundsalbe aufträgt.

Wunden distal des Karpus bzw. Tarsus, die so klein sind, daß kein Verband erforderlich ist, werden häufig am besten überhaupt nicht behandelt.

Verletzungen des Kronsaumes oder der Fesselbeuge heilen am besten, wenn nach der Hautnaht ein fixierender Verband angelegt wird. Da die Ruhigstellung des Wundgebietes bei der Wundbehandlung von besonderer Wichtigkeit ist, schafft ein fixierender Verband sehr gute Voraussetzungen für eine Primärheilung. Solange die Naht hält, entsteht nur sehr wenig Sekret, vorausgesetzt, die Wunde wurde sorgfältig vorbereitet. Der fixierende Verband sollte nach zehn bis 14 Tagen abgenommen werden, damit der Heilungserfolg beurteilt und, wenn nötig, ein neuer fixierender Verband angelegt werden kann.

Bei Drahtverletzungen des Kronsaumes müssen die Wundränder dicht aneinanderliegen, da es sonst zur Bildung von Granulationsgewebe kommt und der Kronsaum keine Tendenz zur Vereinigung mehr hat. Kronsaumverletzungen müssen entweder genäht oder unter einen Druckverband gestellt werden, oder es muß beides erfolgen, bis sie fast vollständig geheilt sind. Ein fixierender Verband ist zur Ruhigstellung der Wunde am besten geeignet. Unter dem Verband kann die Wunde mit einer antibiotikahaltigen Salbe abgedeckt werden. Ein in die Zehenwand geschlagener Hufnagel kann dazu dienen, die Gazebinde zu befestigen, so daß ein wirksamer Druck auf das verletzte Gewebe ausgeübt werden kann.

Wenn bei einer Verletzung eine Gelenkkapsel oder eine Sehnenscheide eröffnet ist, muß das Infektionsrisiko durch äußerste Sorgfalt bei der Wundversorgung möglichst gering gehalten werden. Eine kristalline Penicillinlösung kann in das Gelenk bzw. die Sehnenscheide injiziert werden. Bei einer frischen Verletzung können Gelenkkapsel bzw. Sehnenscheide sowie die darüberliegenden Gewebsschichten genäht werden. Danach sollte ein gutsitzender Schienenverband bzw. ein fixierender Verband angelegt werden. Eine Versorgung mit Breitbandantibiotika sollte über sieben bis zehn Tage erfolgen.

Falls unklar ist, inwieweit die Wunde kontaminiert ist, sollte sie nicht genäht werden. Nach einer sterilen Wundversorgung und einer Lavage wird ein steriler Verband angebracht. Dieser Verband muß täglich unter streng aseptischen Kautelen gewechselt werden. Die Wunde wird gesäubert, mit einer sterilen Lösung gespült und erneut verbunden. Abhängig von der Art der Verletzung kommt es entweder zu einer verzögerten Primärheilung oder zu einem Wundverschluß durch Sekundärheilung.

Zu den häufigsten Fehlern bei der Wundbehandlung gehören, daß die Heilung bei Verletzungen unterhalb des Karpal- bzw. Tarsalgelenkes ohne Gegendruck durch einen Verband bzw. durch einen chirurgischen Wundverschluß erfolgen soll, ungenügende Säuberung der Wunde, Belassen von Haaren an den Wundrändern und Anwendung von Irritantia. In keinem Fall sollten Wunden bei Pferden mit ätzenden oder reizauslösenden Medikamenten behandelt werden. Ätzende Medikamente beseitigen die oberflächliche Granulation, aber zur gleichen Zeit reizen und stimulieren sie das darunterliegende Gewebe, was innerhalb kurzer Zeit wiederum ein Überschießen der Granulation zur Folge hat. Eine andauernde Reizung kann dazu führen, daß die Wunde überhaupt nicht mehr heilt, daß sich übermäßig viel Granulationsgewebe bildet oder daß es zu einer übermäßigen Narbengewebebildung kommt und ein bleibender Schönheitsfehler entsteht. Die lokale Anwendung von Salben, die Kortison enthalten, ist wesentlich besser geeignet, da sie zum Abklingen der Entzündung beitragen und zusammen mit Druckverbänden oder einem fixierenden Verband der Bildung von Caro luxurians entgegenwirken. Kortisonhaltige Salben werden nicht verwendet, solange die Wunde akut infiziert ist. Muß Granulationsgewebe in größerem Maß entfernt werden, geschieht dies am besten chirurgisch. Nach der Operation sind die lokale Behandlung mit antibiotikahaltigen Salben sowie das Anlegen eines Druckverbandes oder eines fixierenden Verbandes zu empfehlen.

Behandlung von Stichverletzungen
Stichverletzungen bei Pferden sind gefährlich, da sie durch Pararauschbrand, eine Phlegmone oder Tetanus kompliziert werden können. Weiterhin können bei einer solchen Verletzung Sehnenscheiden oder Gelenkkapseln perforiert sein. Der Bereich der Wundöffnung muß sorgfältig gereinigt und rasiert werden. Die Wunde selbst wird täg-

lich mit antibiotikahaltigen Lösungen, wie z. B. kristalliner Penicillinlösung, gespült, und, falls erforderlich, weiter geöffnet.

Stichverletzungen im Bereich des Unterarmes bzw. oberhalb des Sprunggelenkes führen häufig zu einer ödematösen Schwellung des distalen Teiles der Gliedmaße. Diese ödematöse Schwellung kann durch ein Versacken von Sekret bzw. Gewebsflüssigkeit infolge der Schwerkraft oder durch eine beginnende Phlegmone zustande kommen. Handelt es sich um ein Senkungsödem, müssen Druckverbände angelegt werden. Dazu können elastische Gazebinden, elastische Klebebinden oder ein mehrlagiger Polsterverband dienen. Umschläge bzw. entzündungshemmende Pasten oder Salben, die Dimethylsulfoxid (DMSO) und Furazin enthalten, können unter dem Verband zur Anwendung kommen. Steroidfreie entzündunghemmende Medikamente sind ebenfalls angezeigt. Eine parenterale und lokale Antibiose muß so lange aufrechterhalten werden, bis deutlich erkennbar ist, daß die Wunde gut heilt. In manchen Fällen muß an der tiefsten Stelle der Versackung eine Drainage geschaffen werden.

Lange fistelnde Wunden im Gliedmaßenbereich sind bei Pferden häufig die Folge von versteckten Fremdkörpern oder Sequestern nach Stichverletzungen. Eine solche Möglichkeit muß ausgeschlossen werden. Mit Hilfe von Röntgenaufnahmen sind Fremdkörper aus Holz oder anderen weichen Materialien nicht immer zu erkennen. Durch eine Kontrastmittelaufnahme der Wundhöhle bzw. des Fistelkanales sind die Umrisse dieser Gegenstände jedoch oft feststellbar.

Therapie gedeckter Verletzungen

Kleinere gedeckte Verletzungen, wie Quaddeln, erfordern selten eine Behandlung. Sie entstehen meistens durch Insektenstiche bzw. -bisse und werden gewöhnlich mit entzündungshemmenden Medikamenten behandelt. Bei **Abschürfungen** wird die Wunde mit balancierter Elektrolytlösung und antiseptischen Seifen gereinigt. Eine feuchte antiseptische Wundabdeckung, meistens in Form einer Salbe, wird aufgetragen. Diese Salbenbehandlung wird fortgesetzt, damit der Schorf im Verlauf der Heilung weich bleibt. Falls sich unter dem Schorf eine Infektion entwickelt, wird er entfernt und eine antibiotische Wundsalbe appliziert.

Quetschungen 2. und 3. Grades bedürfen meistens einer Behandlung. Quetschungen 2. Grades werden mit Kühlpackungen behandelt, damit die Blutung aufhört und das Hämatom nicht zu groß wird. Die lokale Anwendung von Dimethylsulfoxid kann zum Abklingen der Schwellung durch Serome und Hämatome beitragen, bevor chirurgisch ein Abfluß geschaffen wird. Nach der Bildung des Gerinnungsthrombus kann das Serum abgelassen werden. Auf diese Weise soll eine Verklebung von Haut und Unterhaut erreicht werden. Dies gelingt in vielen Fällen jedoch nicht, so daß zu diesem Zweck durch einen Hautschnitt ein dauernder Abfluß geschaffen werden muß. Eine Spülung der Höhle des Hämatomes mit Jodlösung kann zur Irritation der beiden Wundflächen verwendet werden. Der Abfluß muß unbedingt am tiefsten Punkt der Läsion liegen und bis zur Heilung bestehen bleiben, damit eine dauernde Trennung von Haut und Unterhaut durch die Ansammlung von Serum verhindert wird. Penrose-Schlauchdrainagen können dabei von Nutzen sein.

Bei **Quetschungen 3. Grades** stirbt meistens ein begrenztes Gewebestück ab. Die einzig möglichen therapeutischen Maßnahmen sind die Entfernung von nekrotischem Gewebe, das Sauberhalten der Wunde und die antibiotische Versorgung, um Wundinfektionen zu verhindern.

Ausgewählte Literatur

1. BELFIELD, W. O., et al.: The use of insulin in open-wound healing. VM/SAC, **65:** 455, 1970.
2. INGRAM, J. T.: The pulsating irrigator in the treatment of wounds. Proc. 18th Ann. AAEP, 1972, pp. 153–166.
3. MEAGHER, D. M., and ADAMS, O. R.: Split thickness skin autologous transplantation in horses. J. Am. Vet. Med. Assoc., **159** (1): 55, 1970.
4. SNYDER, C.: Personal Communication, 1971.
5. STASHAK, T. S.: Skin grafting in horses. Cont. Ed. Symposium on Large Animal Dermatology, **6:** 215, 1984.

Weiterführende Literatur

American College of Surgeons: Care of Soft Tissue Injuries. Philadelphia, W. B. Saunders Co., 1960.

BEEMAN, G. M.: A surgical approach to the repair of equine wounds. Proc. 18th Ann. AAEP, 1972, pp. 163–171.

BOYD, C. L.: Skin autotransplants for wound healing. J. Am. Vet. Med. Assoc., **151** (12): 1618, 1967.

BRITTON, J. W.: Wound management in horses. J. Am. Vet. Med. Assoc., **157** (11): 1585, 1970.

BULLARD, J. F.: Adjustable suture for large lacerations. J. Am. Vet. Med. Assoc., **151** (6): 718, 1967.

DAVIS, L.: Christopher's Textbook of Surgery. 7th Ed. Philadelphia, W. B. Saunders Co., 1960.

DELAHANTY, D. D., et al.: Wound treatment – Panel discussion. Proc. 14th Ann. AAEP, 1968, pp. 185–211.

DIXON, R. T., and LARSEN, L. H.: Gamma-ray therapy for granulating wounds. Aust. Vet. J., **41** (10): 310, 1965.

DOUGLAS, D. M.: Wound Healing and Management. Baltimore, Williams & Wilkins Co., 1963.

FORMSTON, C.: Wound management. 3rd Ann. Cong. Br. Eq. Vet. Assoc., 1964, p. 3.

FRANK, E. R.: Veterinary Surgery. 7th Ed. Minneapolis, Burgess Publishing Co., 1964.

GUARD, W. F.: Surgical Principles and Techniques. Columbus, Ohio, Published by author, 1953.

HANSELKA, D. V.: Use of autogenous mesh grafts in equine wound management. J. Am. Vet. Med. Assoc., **164** (1): 35, 1974.

JOHNSON, J. H.: Puncture wounds of the foot. VM/SAC, **65** (2): 147, 1970.

JOHNSON, J. H.: Septic conditions of the equine foot. J. Am. Vet. Med. Assoc., **161** (11): 1276, 1972.

KRAEMER, D. C: Skin autotransplant for granulating wounds. Southwest Vet., **19** (3): 236, 1966.

MACKAY-SMITH, M. P., and MARKS, D.: Pinch technique for skin grafting. J. Am. Vet. Med. Assoc., **152** (11): 1633, 1968.

MEAGHER, D. M.: Skin transplantation in horses: Techniques and results. Proc. 16th Ann. AAEP, 1970, pp. 171–184.

NEAL, P. A.: The treatment of wounds of the lower parts of horses limbs. Vet. Rec., **89** (5): 132, 1971.

ROBERTS, W. D.: Equine wound management. Vet. Med., **57:** 773, 1962.

ROBERTS, W. D.: Wound management in ranch horses. Proc. 8th Ann. AAEP, 1962, p. 33.

WALKER, E. R.: The treatment of acute and chronic wounds below the carpal and tarsal areas. Proc. 17th Ann. AAEP, 1971, pp. 49–52.

Spinale Ataxie („Wobbler") (A. J. NIXON)

Viele Erkrankungen des Rückenmarkes verursachen Bewegungsstörungen, die ein ähnliches klinisches Bild aufweisen. Die Symptome reichen von Lahmheitserscheinungen und Leistungsschwäche bis zu offenkundig neurologischen Veränderungen. Gemeinhin hat es sich eingebürgert, diese Pferde als „Ataktiker (Wobbler)" zu bezeichnen, wenn sie Anzeichen einer Ataxie, einer Rückenschwäche oder einen spastisch gestörten Bewegungsablauf zeigen. In letzter Zeit wird jedoch mehr darauf hingearbeitet, eine neurologisch-anatomische sowie eine ätiologische Diagnose zu stellen, da auf diese Weise genauere Aussagen über die Prognose und die geeignete Behandlungsmethode gemacht werden können.

Zu den häufigeren Ursachen für eine Ataxie beim Pferd gehören Veränderungen an den Halswirbeln, die degenerative Myeloenzephalopathie des Pferdes, die protozoenbedingte Myeloenzephalitis, die durch das equine Herpesvirus-I verursachte Myeloenzephalitis und ein Trauma im Bereich der Wirbelsäule. Weniger häufig sind eine Osteomyelitis der Rückenwirbel, Neoplasien, Infarkte des Faserknorpels, Bandscheibenvorfälle, Vergiftungen mit Sudangras, die equine infektiöse Anämie und die Nematodiasis des Rückenmarks.

Fehlentwicklung der Halswirbel

Veränderungen an den Halswirbeln (cervical vertebral malformation CVM) gehören zu den häufigsten Ursachen einer spinalen Ataxie bei schnell wachsenden Pferden, die jünger als vier Jahre sind.[32,33,37,41] Zu dieser Gruppe gehören nicht nur Veränderungen der Form der Halswirbel und ihrer Gelenke, sondern auch Veränderungen der Gelenkwinkel und degenerative Gelenkerkrankungen. Bei Vollblütern und Quarter Horses sind die männlichen Tiere am stärksten betroffen, aber die Erkrankung kommt bei allen Rassen und beiden Geschlechtern vor.[18,32,33,41]

Zwei Untergruppen der CVM (Fehlentwicklung der Halswirbel) sind beschrieben worden.[33,41,49,54] Die statische Stenose des Zervikalkanales auf der einen Seite (cervical static stenosis CSS) ist eine Einengung des Rückenmarkskanales, die bei allen Bewegungen des Halses bestehen bleibt.[41,49] Die Instabilität der Halswirbelsäule (cervical vertebral instability CVI) auf der anderen Seite führt nur beim Beugen des Halses nach ventral zu einer Einengung des Rückenmarkskanales. In gerader oder überstreckter Haltung ist diese Einengung kaum noch feststellbar. Die Instabilität der Halswirbelsäule betrifft in erster Linie die mittleren Halswirbel, während die statische Stenose meistens im kaudalen Halsbereich anzutreffen ist.[37,40,41,49]

Ätiopathogenese

Die Pathogenese der Halswirbelsäulenerkrankung ist wahrscheinlich multifaktoriell. Es gibt jedoch deutliche Hinweise dafür, daß Störungen der Knochenentwicklung, wie Osteochondrosen und Osteosklerosen des Skelettes des Stammes, primär beteiligt sind.[33,42,60] Eine genetische Prädisposition für schnelles Wachstum und erhebliche Körpergröße zusammen mit Überfütterung und unausgewogener Ernährung können zu einer Veränderung des Knochenmetabolismus und des Knochenwachstums führen.[32,33,42] Weiterhin spielen übermäßige biomechanische Kräfte und traumatische Einflüsse auf die in der Entwicklung befindlichen Wirbel eine Rolle. Alle diese Faktoren führen zu Deformationen der Wirbelmetaphysen und -epiphysen sowie der Wirbelbögen und der zugehörigen Gelenkfortsätze. Die nachfolgende Verdickung der Gelenkkapseln und der Ligamenta flava trägt oft noch erheblich zur Kompression des Rückenmarks bei.[59]

Die Instabilität der Halswirbelsäule ist meistens bei Pferden im Alter zwischen sechs und zwölf Monaten zu beobachten. Dabei sind die mittleren Halswirbel (C 3-4 bis C 5-6) betroffen, die häufig mehrere Arten der Fehlentwicklung aufweisen. Oft besteht eine Einengung des Rückenmarkskanales an der kranialen oder kaudalen Eintrittsstelle in den jeweiligen Wirbel, so daß der Rückenmarkskanal sich von Wirbel zu Wirbel verbreitert und verschmälert (Abb. 8.313 A und B). Entwicklungsbedingte Defekte im Bereich der Epiphysenfugen und der verknöcherten Epiphysen mit einer „champignonartigen" Auftreibung der Metaphyse führen dazu, daß der Rückenmarkskanal ungleichmäßig ist und daß es beim Beugen des Halses leichter zu Subluxationen mit Kompression des Rückenmarks kommen kann. Veränderungen und Asymmetrien der Gelenkflächen sind häufig zu finden, und oft weisen diese Gelenke auch Veränderungen im Sinne einer Osteochondrosis dissecans (OCD) auf (Abb. 8.314).

Die statische Stenose des Zervikalkanales tritt charakteristischerweise bei etwas älteren Pferden auf, die meistens zwischen einem und vier Jahren alt sind. Dabei ist fast ausschließlich der weniger bewegliche kaudale Teil der Halswirbelsäule (C 5-6, C 6-7) betroffen.[36,40,49] Die knöchernen Veränderungen betreffen eher die Gelenkflächen und die Laminae arcus vertebrae als die Wirbelkörper. Eine degenerative Gelenkerkrankung, möglicherweise unterstützt durch eine Osteochondrosis dissecans, manifestiert sich in Knorpelerosionen, der Bildung periartikulärer Osteophyten, subchondraler Sklerose des Knochens sowie in einer Hypertrophie und vermehrten Füllung der Gelenkkapsel. Das Ligamentum flavum, das den dorsalen Bereich des Canalis vertebralis überspannt, verdickt sich und wölbt sich in den Rückenmarkskanal vor. Dadurch trägt es ebenfalls zur Kompression des Rückenmarks bei.[37] Eine Verdickung der Lamina arcus vertebrae aufgrund einer Osteopetrose wird auf eine verminderte Osteoklastentätigkeit zurückgeführt, die eine der metabolischen Störungen in schnell wachsenden Knochen darstellt.[9,33]

Obwohl in den ersten Veröffentlichungen angenommen wurde, daß die Fehlentwicklung der Halswirbelsäule erblich sei,[12-14,17] konnten in späteren Untersuchungen keine genetischen Faktoren nachgewiesen werden,[25,27,50] und eine kürzlich durchgeführte Heritabilitätsstudie an 67 Pferden mit spinaler Ataxie widerlegte die Annahme, daß die Fehlentwicklung der Halswirbelsäule vererbt wird.[18] Nichtsdestoweniger spielt die genetische Veranlagung zu schnellem Wachstum zusammen mit der Überfütterung eine entscheidende Rolle bei der Erklärung der Entstehung einer Osteopetrose sowie einer Osteochondrose des Skelettes des Stammes.[32,33,42,51] Daher kann die Fehlentwicklung der Halswirbelsäule beim Pferd am besten als eine Aufzuchterkrankung betrachtet werden, ähnlich wie die Osteochondrosis dissecans bei Ferkeln und Küken.

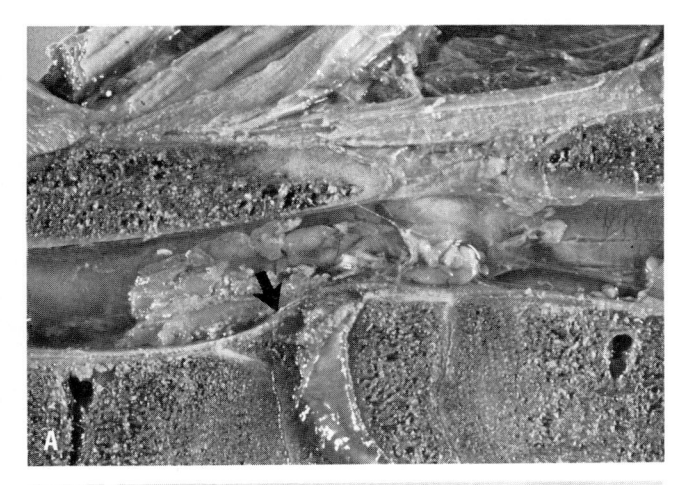

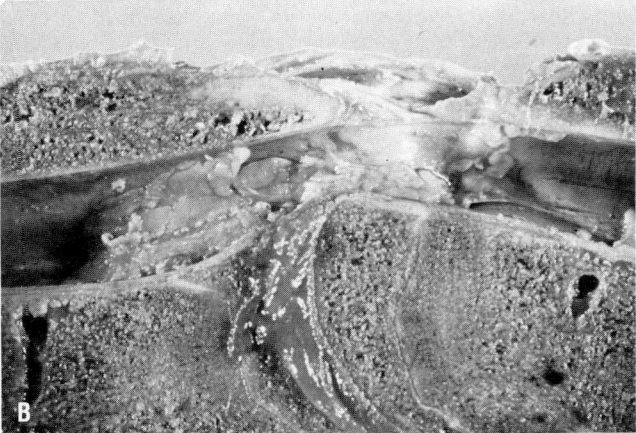

Abb. 8.313: Instabilität der Halswirbelsäule zwischen C 3 und C 4. **A** Normale Haltung. Die kaudale Austrittsöffnung des Wirbelkanales ist durch die Auftreibung der Metaphyse und der Epiphyse enger als normal (Pfeil). **B** Gebeugte Haltung. Der kaudal gelegene Halswirbel ist im Vergleich zum kranial gelegenen subluxiert, was zu einer Einengung des Canalis vertebralis führt.

Abb. 8.314: Osteochondrosis dissecans in der Gelenkfläche eines Processus articularis cranialis. Es handelt sich um denselben Fall wie in Abb. 8.313.

Symptome

Viele Pferde sind für ihr Alter und ihre Rasse sehr groß und werden mit dem Vorbericht vorgestellt, daß die Anzeichen von Schwäche und Ataxie nach einem Trauma auftraten. Bei einigen Tieren stabilisiert sich der Zustand, während er sich bei anderen zuerst bessert und dann, wahrscheinlich infolge der wiederholten Kompression des Rückenmarks bei Bewegungen der Halswirbelsäule, verschlechtert.

Die Pferde erscheinen, abgesehen von Hautabschürfungen, klinisch unauffällig. Die Veränderungen der Wirbelsäule können kaum so ausgeprägt sein, daß sie von außen sichtbar oder fühlbar sind. Häufig besteht eine Schmerzhaftigkeit bei der Palpation, und die Pferde wehren sich dagegen, den Hals zur einen oder anderen Seite zu biegen. Manchmal sind vermehrte Füllungen von Knie- und Sprunggelenken zu beobachten, die möglicherweise auf das Vorliegen einer Osteochondrosis dissecans auch an anderen Lokalisationen hindeuten.

Die Veränderungen des Ganges sind in der Hauptsache Inkoordination, Schwäche, spastische Bewegungen und Dysmetrie. Anfangs sind eine oder beide Beckengliedmaßen betroffen, dann schreitet die Erkrankung bis zu den Schultergliedmaßen fort. Häufig besteht eine geringgradige, manchmal eine deutliche Asymmetrie der Symptome. Außergewöhnlich schwere Krankheitserscheinungen an den Schultergliedmaßen treten gewöhnlich im Zusammenhang mit erheblichen Veränderungen im Bereich von C 6-7 oder C 7-Th 1 auf, die zusätzlich zu einer Kompression der Intumescentia cervicalis sowie austretender Nervenwurzeln führen. Als Folge von synovialen Zysten oder Stenosen der Foramina intervertebralia wurden schon Symptome einer Atrophie der Pektoralis- und Schultermuskulatur beobachtet. Dies wird jedoch als untypisch bei der Fehlentwicklung der Halswirbel angesehen.

Diagnose

Die Röntgenuntersuchung ist die wichtigste diagnostische Maßnahme, um bei Pferden eine Ataxie infolge einer Fehlentwicklung der Halswirbelsäule von einer Ataxie infolge anderer Rückenmarkserkrankungen zu unterscheiden.[32,40] Obwohl einfache Röntgenaufnahmen angefertigt werden, um eine Einengung des Rückenmarkskanals und degenerative Erkrankungen der Gelenkfortsätze zu erkennen, ist ihr Wert doch in subtileren Fällen begrenzt, da Veränderungen des Weichteilgewebes oder die Auswirkungen von Bewegungen der Wirbelsäule im Hinblick auf eine Kompression des Rückenmarks nur zum Teil feststellbar sind. Einfache Röntgenaufnahmen des mittleren Bereiches der Halswirbelsäule werden daraufhin betrachtet, ob der Canalis vertebralis Einengungen aufweist, abnorme Winkel zwischen den einzelnen Wirbeln vorhanden sind, eine Instabilität der Gelenke mit Subluxation bei Beugung vorliegt oder ob im Bereich der Gelenkfortsätze eine Osteochondrosis dissecans bzw. seltener eine degenerative Gelenkerkrankung vorliegt (Abb. 8.315). Die Messung des Durchmessers des Canalis vertebralis an seiner schmalsten Stelle ergibt oft einen Wert von weniger als 16 mm. Damit wird der bekannte Grenzwert für den normalen Durchmesser des Rückenmarkskanales unterschritten.[7,32,33]

Der kaudale Teil der Halswirbelsäule wird auf zusätzliche im Röntgenbild erkennbare Hinweise für eine Fehlentwicklung untersucht. Osteophyten und die Sklerosierung des subchondralen Knochens der Gelenkfortsätze deuten auf eine degenerative Gelenkerkrankung hin (Abb.

774 Kapitel 8: Lahmheit

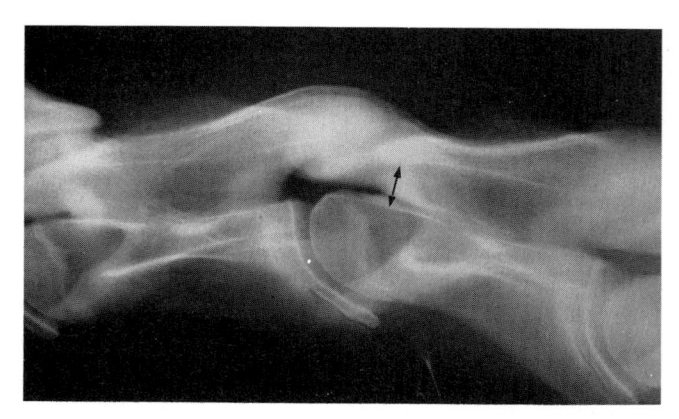

Abb. 8.315: Seitliche Röntgenaufnahme der mittleren Halswirbel eines Pferdes mit einer Fehlentwicklung der Halswirbelsäule. Zu beachten ist die Verlagerung der Wirbel, die zu einer Einengung des Canalis vertebralis an der kranial gelegenen Eintrittsstelle in den rechts abgebildeten Wirbel führt (Pfeil).

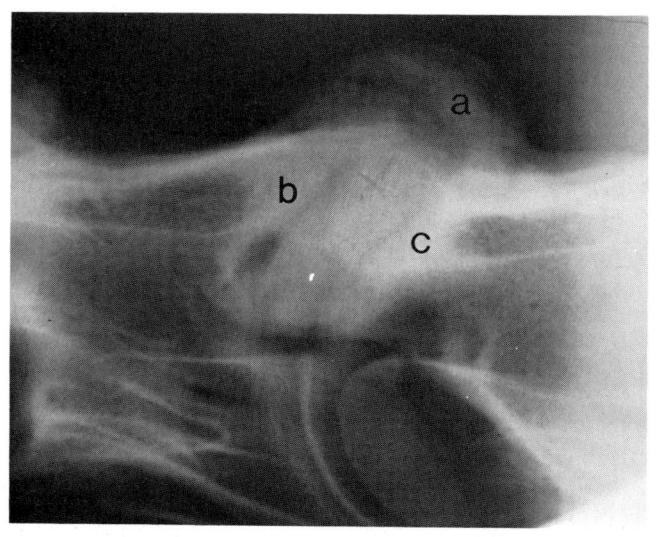

Abb. 8.316: Seitliche Röntgenaufnahme der kaudalen Halswirbel eines Pferdes mit einer statischen Stenose des Canalis vertebralis. Die degenerative Gelenkerkrankung manifestiert sich in der Bildung von Osteophyten (a) und in der subchondralen Sklerosierung des Knochens (b). Außerdem ist eine Osteosklerose der Lamina arcus vertebrae sichtbar (c).

8.316). Eine Sklerose und eine Verdickung der Lamina arcus vertebrae sind häufig festzustellen, während eine verminderte Beweglichkeit sowie eine Versteifung gelegentlich auftreten.

Der Durchmesser des Rückenmarkskanals wird zur Objektivierung der Diagnose selten gemessen, da eine Myelographie relativ einfach und sicher durchzuführen ist und sich als verläßlichste diagnostische Maßnahme erwiesen hat.[40]

Wenn auf einfachen Röntgenaufnahmen verdächtige Bezirke zu erkennen sind, ist eine positive Kontrastmyelographie angezeigt, besonders in den Fällen, die möglicherweise chirurgisch behandelt werden sollen. Durch die Myelographie wird nicht nur die Diagnose gesichert, sondern auch geklärt, wie stark die Kompression des Rückenmarks ist, in welchem Maß eine Proliferation von Weichteilgewebe daran beteiligt ist und ob mehrere Bereiche betroffen sind.

Die Techniken der klinischen Myelographie beim Pferd sind ausgiebig beschrieben worden.[4,37,38,40] Die Aufnahmen werden mit geradem und gebeugtem Hals durchgeführt und umfassen routinemäßig den kranialen, mittleren und kaudalen Teil der Halswirbelsäule. Gelegentlich ist zusätzlich die Anfertigung von Aufnahmen bei gestrecktem Hals oder in dorsoventraler bzw. schräger Richtung angezeigt. Da die Instabilität der Wirbelgelenke bei Aufnahmen mit normal gehaltenem Hals oft nicht zu sehen ist, werden Aufnahmen bei gebeugtem Hals angefertigt, um die Instabilität darzustellen (Abb. 8.317 **A** und **B**). Es ist zu beachten, daß es auch bei gesunden Pferden im Bereich der Zwischenwirbelscheiben zu einer Kompression der ventralen Kontrastmittelsäule kommt, wenn der Hals bei der Aufnahme gebeugt wird.

Die dorsale Kontrastmittelsäule eines solchen normalen Myelogrammes bleibt jedoch im Bereich der Wirbelgelenke vom ersten bis zum sechsten Halswirbel gleichmäßig breit und verengt sich erst unter den Laminae arcus vertebrae von siebtem Hals- und erstem Brustwirbel.[32,37,38] Nur wenn sowohl die ventrale als auch die dorsale Kontrastmittelsäule eine Einengung aufweist, gilt dies als fokale kompressive Schädigung, wobei eine Einengung der Kontrastmittelsäule von 50 % ausreichen soll, um auf eine signifikante Kompression hinzuweisen.[33,40]

Bei der Myelographie im kaudalen Teil der Halswirbel-

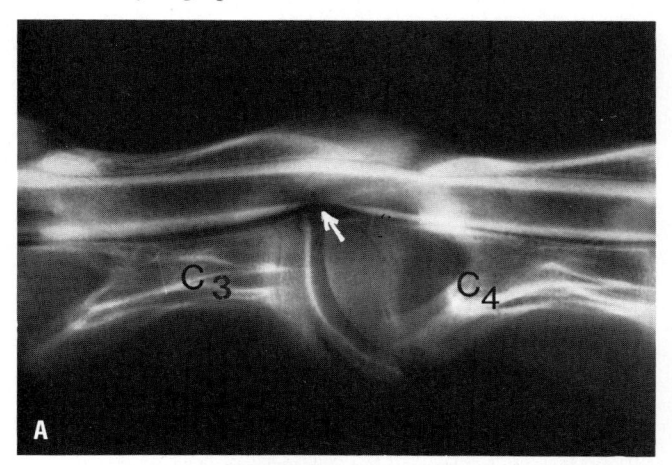

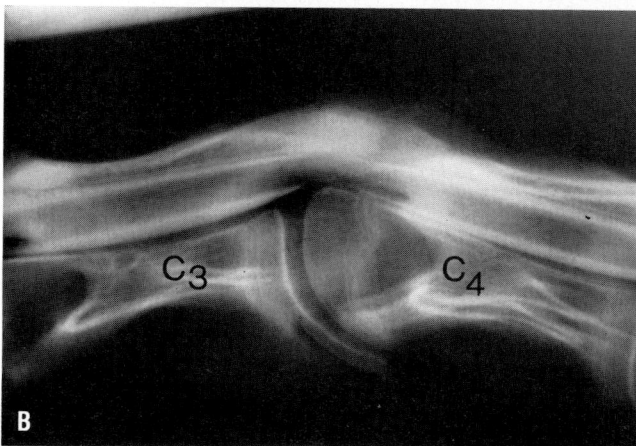

Abb. 8.317: Myelogramm eines Pferdes mit einer Instabilität der Halswirbelsäule. **A** Bei normal gehaltenem Hals zeigt sich die physiologische Einengung der ventralen Kontrastmittelsäule im Bereich der Zwischenwirbelscheibe zwischen C 3 und C 4 (Pfeil). Die dorsale Kontrastmittelsäule ist in diesem Bereich weiter. **B** Bei der Beugung subluxiert das kraniale Ende des vierten Halswirbels in dorsaler Richtung und komprimiert das Rückenmark, so daß sowohl die ventrale als auch die dorsale Kontrastmittelsäule schmaler wird.

säule stellt sich häufig in den Bereichen eine Einengung des Rückenmarkskanals dar, in denen auf den einfachen Röntgenaufnahmen bereits auf degenerative Gelenkerkrankungen der Gelenkfortsätze oder eine Verdickung der Lamina arcus vertebrae zu erkennen war. Die Kompression wirkt hier auf den dorsalen oder lateralen Bereich des Rückenmarks. Ist sie in erster Linie auf Druck durch die Gelenkkapseln und das Ligamentum flavum zurückzuführen, verringert sie sich bei Beugung des Halses (Abb. 8.318 **A** und **B**). Mit Fortschreiten der Erkrankung nimmt die Proliferation im Bereich der Wirbelgelenke zu, die Laminae arcus vertebrae werden strahlendichter und dikker, und die Ankylose der Wirbel geht so weit, daß die dorsale Kompression des Rückenmarks permanent ist (Abb. 8.319 **A** und **B**). Daher wird diese Form der Fehlentwicklung der Halswirbel „statische Stenose des Zervikalkanales" genannt. Sie betrifft meistens den sechsten und siebenten Halswirbel, gelegentlich den fünften und sechsten und sehr selten den siebenten Halswirbel und den ersten Brustwirbel.

Weiterführende Untersuchungen

Untersuchung des Liquor cerebrospinalis. Die Technik zur Gewinnung des Liquor wurde bereits an anderer Stelle beschrieben.[31,32] Liquor, der durch Lumbosakralpunktion und gelegentlich auch durch Punktion im Bereich des Atlantookzipitalgelenkes gewonnen wird, wird routinemäßig untersucht. Der Liquor cerebrospinalis weist bei Pferden mit einer Fehlentwicklung der Halswirbel kaum abweichende Befunde auf.[8,32,33,41] Die am häufigsten feststellbaren Veränderungen sind eine leichte Xanthochromie und ein erhöhter Proteingehalt (70 bis 130 mg/dl). Veränderungen des Liquor im Zusammenhang mit anderen neurologischen Erkrankungen, die differentialdiagnostisch von Bedeutung sein können, werden später beschrieben.

Laboruntersuchungen. Der Blutstatus von Pferden mit einer Fehlentwicklung der Halswirbel zeigt kaum pathologische Befunde, kann aber Hinweise auf eine endogene Kortisonausschüttung oder eine Kortisontherapie enthalten. Blutchemie und Enzyme weisen häufig ebenfalls

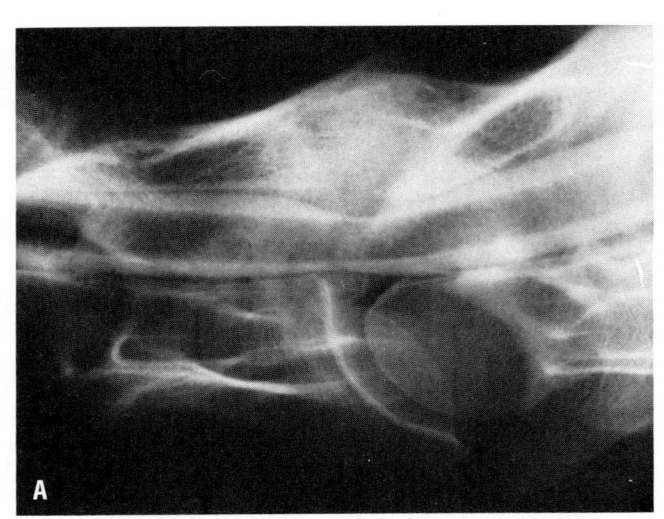

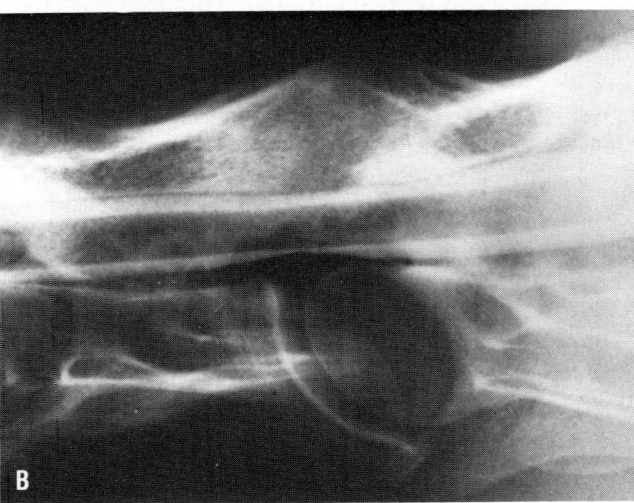

Abb. 8.318: Myelogramm eines Pferdes mit einer statischen Stenose des Zervikalkanales. Die Kompression geht vorwiegend von dem Ligamentum flavum und den Gelenkkapseln aus. **A** Bei normal gehaltenem Hals sind die dorsale und die ventrale Kontrastmittelsäule im Bereich des Wirbelgelenkes eingeengt. **B** Bei Beugung verringert sich die Kompression des Rückenmarks von dorsal.

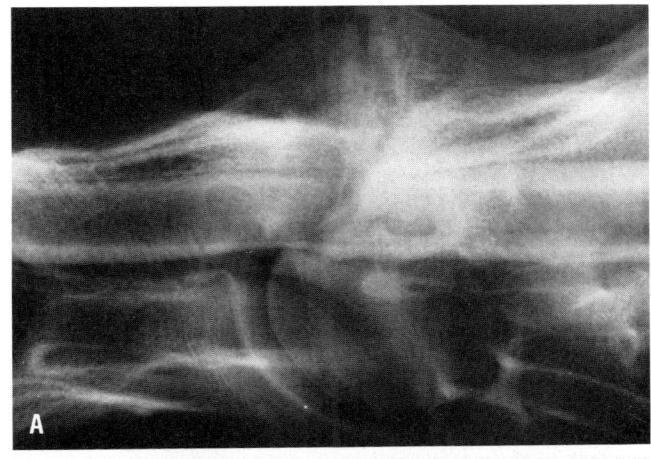

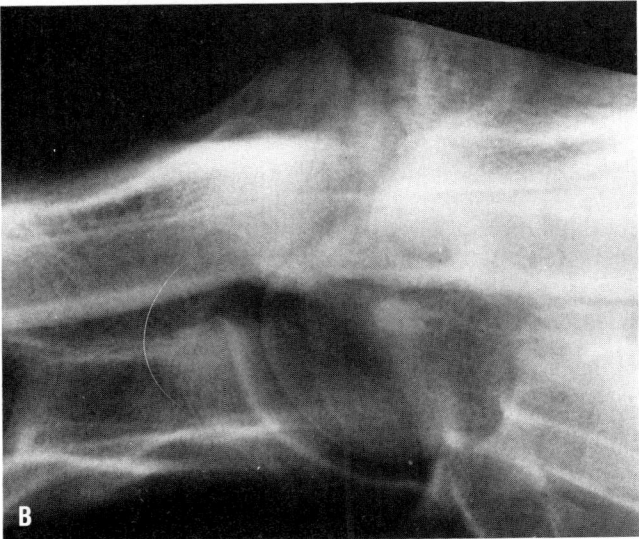

Abb. 8.319: Myelogramm eines Pferdes mit einer statischen Stenose des Zervikalkanales. Die knöchernen Wirbelveränderungen führen zu einer andauernden Kompression des Rückenmarks. **A** Bei normal gehaltenem Hals sind sowohl die dorsale wie die ventrale Kontrastmittelsäule eingeengt. **B** Auch bei gebeugtem Hals wird die Kompression nicht verringert.

keine Abweichungen von den Normalbefunden auf, können allerdings bei erheblich erkrankten Pferden Hinweise auf die Schwere der selbstverursachten Insulte geben. Gepaarte Serum- und Liquorproben werden routinemäßig auf Antikörper gegen das equine Herpesvirus I untersucht, vor allem, wenn es Anzeichen für eine Myelopathie des Halsmarks gibt, die Myelographie aber keine pathologischen Befunde aufwies.

Elektromyographie. Das Elektromyogramm (EMG) bei Pferden mit Symptomen einer Erkrankung des Halsmarks soll der Erkennung anderer Erkrankungen als der Fehlentwicklung der Halswirbel dienen. Gelegentlich sind die bei diesem Krankheitszustand auftretenden gelenknahen Osteophyten, Proliferationen der Gelenkkapsel oder synovialen Zysten jedoch so ausgeprägt, daß ihr Druck auf die austretenden Nervenwurzeln ausreicht, um mit Hilfe des Elektromyogramms feststellbare verminderte Leistungen der motorischen Neurone zu erzeugen.

Therapie

Viele Jahre wurde eine medikamentelle Therapie durchgeführt, die die Bekämpfung der Rückenmarksentzündung zum Ziel hatte. Obwohl diese Therapie lediglich palliativ wirkt, ist eine langdauernde Stabilisierung des Zustandes nicht selten. Eine permanente Besserung gibt es jedoch kaum. Häufig kommen Dexamethason und andere Steroide zur Anwendung. Phenylbutazon hat ebenfalls einen positiven Effekt, besonders, wenn Arthritiden der Wirbelgelenke vorhanden sind. Die Reaktion auf die Behandlung ist abhängig von der verwendeten Dosis sowie der Dauer und Schwere der zu behandelnden Ataxie. Wenn die medikamentelle Behandlung abgebrochen wird, muß mit einer Rückkehr der Symptome gerechnet werden. Die intravenöse Gabe von Dimethylsulfoxid (DMSO) ist bei Verletzungen des Rückenmarks mit Erfolg durchgeführt worden.[10,44] Die klinischen Wirkungen beim Pferd sind jedoch in erster Linie empirisch festgestellt worden, und weitere Untersuchungen sind notwendig. Um die Schäden am Rückenmark so gering wie möglich zu halten, wird die Einhaltung von Boxenruhe zusammen mit einer entzündungshemmenden Behandlung empfohlen.

Durch die chirurgische Behandlung bei der Fehlentwicklung der Halswirbel hat sich die ehemals schlechte Prognose dieser Erkrankung gebessert. Die Stabilisierung durch Fusion der Wirbelkörper ist bei Pferden mit einer Instabilität der Halswirbelsäule indiziert. Diese Technik ist eine Modifikation der Cloward-Methode zur Stabilisierung der Halswirbelsäule beim Menschen. Bei den auf diese Weise operierten Pferden wurde über eine Verbesserung des Zustandes in 90 % der Fälle berichtet.[55,56] Da die statische Stenose des Zervikalkanales eine persistierende Kompression im dorsalen und lateralen Bereich des Rückenmarks erzeugt, ist hier die Hemilaminektomie die Methode der Wahl. Diese Technik wird in verschiedenen Veröffentlichungen beschrieben.[35,37,49,55]

Zur ventralen Stabilisierung durch Fusion der Wirbelkörper gehört die Resektion des größten Teiles der Zwischenwirbelscheibe und der Epiphysen der Wirbel in diesem Bereich.[57] Ein geringfügig zu großer allogener Knochenpfropfen wird in das entstandene Loch gedrückt, damit es zu einer sofortigen Stabilisierung kommt und die endgültige knöcherne Vereinigung der beiden Wirbel gefördert wird.

Operationsbeschreibung der ventralen Stabilisierung: Das Pferd wird in Rückenlage gelegt. Eine Manschette unter dem Hals dient dazu, die Halswirbelsäule dort gestreckt zu halten, wo die Fusion der beiden Wirbel stattfinden soll. Die Musculi sternothyreoideus, sternohyoideus und omohyoideus werden durch einen ventral in der Medianen verlaufenden 30 cm langen Hautschnitt freigelegt. Die Muskeln werden in Längsrichtung getrennt, und die Trachea wird sichtbar. Nach Spaltung der tiefen Halsfaszie werden die Trachea nach links und die rechte Arteria carotis communis sowie der rechte Truncus vagosympathicus nach rechts verlagert. Die Ventralfläche des kranial an der Bildung der instabilen Zwischenwirbelverbindung beteiligten Wirbels wird vom Ansatz des Musculus longus colli befreit und mit einem Osteotom geglättet, damit eine ebene Fläche zum Aufsetzen der Bohrhülse entsteht. Es wird eine 18-mm-Bohrhülse verwendet, die genau über der kaudalen Epiphysenfuge des kranialen Wirbels angesetzt wird (Abb. 8.320), und ein Loch, dessen erforderliche Tiefe zuvor gemessen wurde, wird gebohrt. Wenn dieses Führungsloch genau auf die Zwischwirbelscheibe stößt, wird eine 25-mm-Bohrhülse angesetzt und das endgültige Loch mit einem 25-mm-Gewindebohrer gebohrt. Stößt das Führungsloch nicht genau auf die Zwischenwirbelscheibe, wird die Position der 25-mm-Bohrhülse korrigiert. Nach Entfernung der Knochenreste aus dem Bohrloch wird ein knöcherner Pfropfen in das Loch gedrückt, bis er fest im Wirbelknochen verankert ist. Hat das Transplantat abgeschrägte Enden, wird eine Kunststoffplatte mit Spongiosaschrauben über dem Loch befestigt. Es ist jedoch ratsam, zylinderförmige Transplantate zu verwenden, da sie nicht so leicht brechen oder wandern; eine Komplikation, die diese Operation mit sich bringen kann. In neuerer Zeit wurden hohle, mit Löchern versehene Zylinder aus chirurgischem Stahl, die mit autogenem Knochen gefüllt waren, anstelle der allogenen Transplantate verwendet, was dazu führte, daß es weniger Komplikationen gab.

Der Musculus longus colli wird über dem Transplantat wieder durch einige Hefte adaptiert, und eine Saugdrainage, die ventral der Vena jugularis externa an die Oberfläche kommt, wird zwischen diesen Muskel und die Trachea gelegt. Die Musculi sternothyreoideus, sternohyoideus und omohyoideus sowie die Unterhaut und die Haut werden genäht und ein fester Wundverband wird angelegt. Im Anschluß an die Operation werden über drei bis fünf Tage Antibiotika und Phenylbutazon verabreicht. Der Drain und der Wundverband werden nach vier bis fünf Tagen entfernt. Die meisten Pferde werden nach der Operation acht Wochen im Stall gehalten, danach gehen sie auf die Weide. Die Ergebnisse der Versteifung zweier Wirbelkörper sind ermutigend.[37,55-56] Die neurologischen Symptome bessern sich bei den meisten Pferden innerhalb von 15 Monaten, und viele Tiere können wieder eingesetzt werden.

Die Hemilaminektomie ist angezeigt, wenn eine Kompression von den Laminae arcus vertebrae und dem Ligamentum flavum ausgeht. Sie bietet auch den Zugang zu den inneren Bezirken des Rückenmarkskanals, wenn vergrößerte Gelenkkapseln, deformierte Gelenkflächen und periartikuläre Knochenzubildungen entfernt werden sollen.[36]

Operationsbeschreibung der Hemilaminektomie: Nach Einleitung der Allgemeinanästhesie wird das Pferd schräg

sion verursachen, werden entfernt. Ein Stück Fettgewebe vom Nackenfett wird dann über die Dura mater gelegt. Die Musculi multifidi werden vernäht, so daß das Fett-Transplantat nicht verrutscht. Über diesen Muskeln wird eine perforierte Saugdrainage eingelegt, die seitlich am Hals nach außen geführt wird. Der Funiculus nuchae und die Unterhaut werden mit resorbierbarem synthetischen Material Nr. 2 adaptiert. Die Hautnaht erfolgt mit Nylon, und ein Beetverband wird über die Wunde genäht. Die Pferde erholen sich im allgemeinen zwar langsam, aber ohne Komplikationen aus der Narkose.

Antibiotika und Phenylbutazon werden über drei bis fünf Tage nach der Operation verabreicht. Die Drainage und der Beetverband werden nach fünf bis sieben Tagen entfernt.

Die Ergebnisse der Hemilaminektomie bei neun gesunden Pferden und 35 klinischen Fällen zeigen, daß eine vollständige Erholung zwar möglich, jedoch nicht in jedem Fall zu erwarten ist.[36,37] Alle vor der Operation gesunden Pferde zeigten auch nach der Operation keine Krankheitserschei-

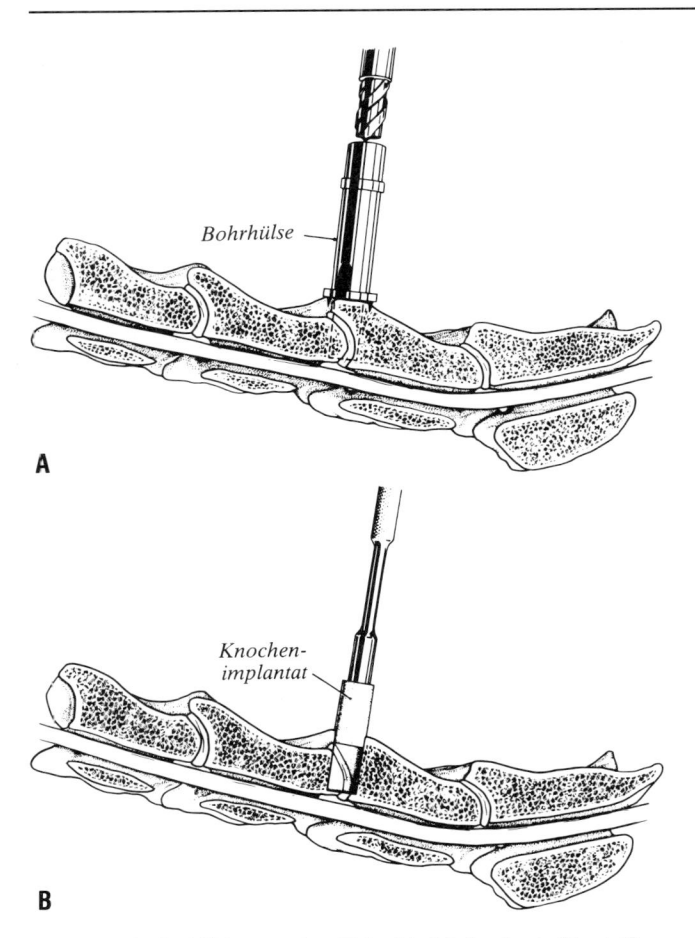

Abb. 8.320: Stabilisierung der Halswirbelsäule durch Versteifung zweier Wirbel. **A.** Für die Entfernung eines Großteils der Zwischenwirbelscheibe und der benachbarten Epiphysen wird ein Spinalbohrer verwendet. **B.** Ein allogenes Knochentransplantat wird in das Bohrloch gedrückt, so daß sofort eine Stabilisierung erfolgt. Die Verwachsung der Wirbel erfolgt langsam im Verlauf mehrerer Monate (Abbildung mit Genehmigung von W. B. Saunders).

auf die linke Seite gelegt, wobei die dorsale Seite des gebeugten Halses über die Kante des Operationstisches hinausragen sollte. Ein 35 bis 40 cm langer Hautschnitt wird dorsal in der Medianen angelegt und reicht bis kranial des Widerristes. Das Nackenfett wird durchtrennt. Der Funiculus nuchae und die Lamina nuchae werden isoliert und zur Seite verlagert, so daß die Musculi multifidi sichtbar werden, die auf den Laminae arcus vertebrae liegen (Abb. 8.321). Der siebente Hals- und der erste Brustwirbel sind an der Länge ihrer Dornfortsätze zu erkennen. Die Musculi multifidi und das Ligamentum nuchae werden von den Dornfortsätzen der Wirbel getrennt, um die Spannung zu vermindern. Die Musculi multifidi und die Gelenkkapseln werden mit einem Raspatorium zurückgeschoben und verlagert, so daß die Laminae arcus vertebrae der betroffenen Wirbel freiliegen (Abb. 8.322). Das Ligamentum flavum wird mit einer Schere reseziert, und die Laminektomie wird durchgeführt, indem mittels eines Preßluftbohrers ein Tunnel durch die Lamina arcus vertebrae gebohrt wird. Das auf diese Weise freigelegte Knochenstück wird von Weichteilgewebe befreit und entfernt. Wenn eine seitliche Kompression offensichtlich ist, werden Dura mater und Rückenmark vorsichtig zur Seite verlagert, und die Gewebszubildungen, die die Kompres-

Abb. 8.321: Zugang von dorsomedian zur Hemilaminektomie. **a** Subkutanes Nackenfett. **b** Lamina nuchae. **c** Musculi multifidi. **d** Tiefe Halsgefäße. (Mit Genehmigung von „Veterinary Surgery".)

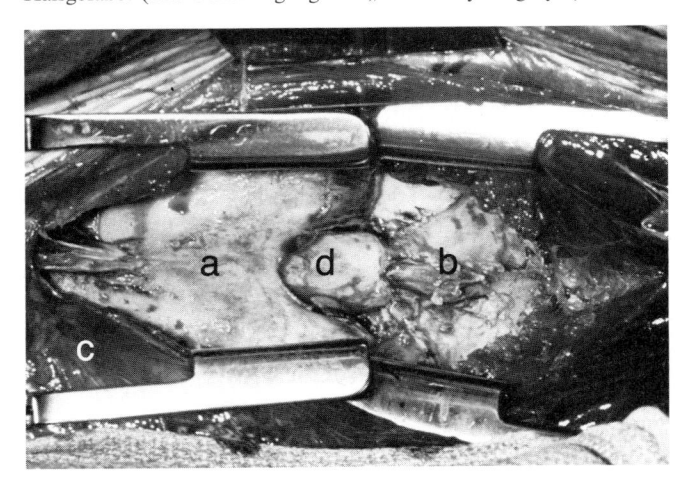

Abb. 8.322: Zur Hemilaminektomie freigelegte Laminae arcus vertebrae. Die Musculi multifidi (c) sind verlagert, so daß die Lamina des betroffenen kranial gelegenen Wirbels (a) und der Dornfortsatz sowie die Lamina des kaudal gelegenen Wirbels (b) zu sehen sind. Das Ligamentum flavum wurde reseziert, um die Dura mater (d) freizulegen.

nungen; von den 35 klinisch kranken Tieren war der neurologische Status bei 31 Pferden innerhalb von zwölf Monaten deutlich gebessert, wobei viele wieder sportlich einsetzbar waren. Das Ergebnis hängt bei beiden Operationen weitgehend davon ab, wie deutlich die Symptome vor dem Eingriff waren, wie lange das Tier erkrankt war, ob alle veränderten Wirbel erkannt wurden und ob die Kompression durch die Operation dauerhaft und wirksam behoben werden konnte.

Prognose

Die Prognose ist bei Pferden, bei denen eine Fehlentwicklung der Halswirbelsäule festgestellt werden konnte, davon abhängig, wie stark die neurologischen Ausfallserscheinungen sind, wie lange das Tier krank ist, wie das Pferd in Zukunft eingesetzt werden soll und ob ein chirurgischer Eingriff durchgeführt wird. Im allgemeinen sind die Aussichten für die Pferde am besten, die nur kurze Zeit leicht erkrankt sind und operiert werden. Ohne die Operation stabilisiert sich der Zustand bei einigen Pferden so, daß sie erfolgreich in der Zucht eingesetzt werden können. In den meisten Fällen verläuft die Erkrankung jedoch progressiv. Bei chirurgisch behandelten Tieren sind die Aussichten für ein Wiedererlangen der Zuchttauglichkeit einigermaßen günstig zu beurteilen. Die Prognose für einen erneuten sportlichen Einsatz muß vorsichtig gestellt werden, ist aber wiederum abhängig von der Dauer der Erkrankung, vom Grad der Ausfallserscheinungen und davon, ob nach der Operation keinerlei Kompression des Rückenmarks mehr besteht. Unsere Erfahrungen mit diesen Operationsmethoden sind dahingehend ermutigend, daß einige Pferde wieder ihre volle Leistungsfähigkeit, auch auf der Rennbahn, erreicht haben.

Durch Protozoen bedingte Myeloenzephalitis

Die durch Protozoen verursachte Myeloenzephalitis des Pferdes (equine protozoal myeloencephalitis, EPM) ist eine fokale bis multifokale asymmetrische nichteitrige Entzündung der weißen und grauen Substanz des Rückenmarks und des Hirnstammes.[5,15,32] Die Erkrankung ist durch einseitige Lahmheit, Schwäche und Ataxie gekennzeichnet. Symptome, die auf Schäden an den motorischen Neuronen des Rückenmarks schließen lassen, wie Muskelatrophie, sensorische Störungen und Störungen spinaler Reflexe, kommen häufig vor und geben Hinweise darauf, in welchen Bereichen die graue Substanz geschädigt ist. Die Asymmetrie, die Symptome, die auf eine multifokale Erkrankung hindeuten, die Muskelatrophie und die progressive Natur der Erkrankung sind von besonderer Bedeutung bei der Differenzierung von anderen Rückenmarksleiden. Gelegentlich führt die Beteiligung des Hirnstammes zu Symptomen wie Kreisbewegungen und Depression, die auf höhergelegene neurologische Störungen hinweisen.

Diese Erkrankung betrifft meistens Pferde verschiedener Rassen, die jünger als sechs Jahre sind, wobei in besonderem Maße Vollblüter und Standardbred-Pferd betroffen sind. Im allgemeinen gehen die Pferde in der einen oder anderen Form lahm. Dabei sind besonders eine oder beide Beckengliedmaßen betroffen. Die Erkrankung verschlechtert sich im Verlauf einiger Tage oder Wochen progredient, und einige Pferde kommen zum Festliegen. Es gibt keine spezifische Untersuchungsmethode beim lebenden Tier, aber die klinischen Symptome sind ziemlich vielsagend, und die Untersuchung des Liquor cerebrospinalis sowie die Elektromyographie sind häufig hilfreich. Die Veränderungen im Liquor können unterschiedlicher Art sein; möglich sind eine Xanthochromie, ein mäßig erhöhter Proteingehalt und ein Anstieg mononuklearer Zellen.

Die einzige definitive Möglichkeit für eine Diagnose besteht in der Sektion und der histologischen Feststellung des Erregers im Zentralnervensystem. Aber auch dann können die verursachenden Protozoen nur bei etwa der Hälfte der Pferde mit den typischen histologischen Veränderungen nachgewiesen werden, und nach wie vor sind sie nicht identifiziert worden. Die Mikroorganismen sind eng mit den Sarcocystis-Spezies verwandt.[32] Sie scheinen nicht kontagiös zu sein, obwohl häufig Fälle aus denselben Beständen vorgestellt werden. Der Versuch einer Behandlung mit Medikamenten gegen Protozoeninfektionen ist mit unterschiedlichen Ergebnissen vorgenommen worden. In einigen Fällen scheinen sich die Pferde zunächst fast vollständig zu erholen, erleiden dann aber nach Beendigung der Therapie einen Rückfall.

Degenerative Myeloenzephalopathie

Die degenerative Myeloenzephalopathie des Pferdes (equine degenerative myeloencephalopathy, EDM) ist eine diffuse degenerative Erkrankung des Rückenmarks und des Hirnstammes, die bei jungen Pferden und Zebras auftritt.[32,34] Die Ursache dieser Krankheit ist nicht bekannt, jedoch sind toxische, metabolische, ernährungsbedingte und erbliche Genesen in Betracht gezogen worden.

Zu den klinischen Erscheinungen, die meistens im Alter von weniger als sechs Monaten auftreten, gehören symmetrische Ataxie, Schwäche sowie spastische Bewegungen. Die Symptomatik verschlechtert sich in der Regel progressiv und ähnelt der bei einer Fehlentwicklung der Halswirbel zu beobachtenden. Allerdings sind Schulter- und Beckengliedmaßen gewöhnlich in sehr viel unterschiedlicherem Maß betroffen. Normalbefunde bei der Röntgenuntersuchung und der Myelographie sowie in vielen Fällen Normalbefunde beim Blutbild und bei der Blutchemie, keine Abweichungen bei der Untersuchung des Liquor cerebrospinalis und unauffällige EHV-1-Titer führen zu der Verdachtsdiagnose der degenerativen Myeloenzephalopathie. Eine definitive Diagnose kann erst nach der Sektion des Tieres gestellt werden. Da die Erkrankung in der Regel trotz einer symptomatischen Therapie fortschreitet, werden viele Pferde mit einer degenerativen Myeloenzephalopathie euthanasiert.

Equines Herpesvirus 1 (EHV-1)

Das equine Herpesvirus 1 verursacht beim Pferd vier Hauptkrankheitskomplexe, von denen sich einer in zentralnervösen Symptomen infolge einer Myeloenzephalitis manifestiert. Obwohl die neurologischen Symptome weniger häufig die Folge einer EHV-1-Infektion sind als eine Rhinopneumonitis, ein Abort oder die Geburt lebensschwacher Fohlen, kann die Morbidität Veröffentlichungen zufolge 100 % erreichen.[32] Dem perakuten Auftreten von Parese und Ataxie, vor allem der Beckengliedmaßen, gehen häufig andere Symptome einer EHV-1-Infektion, wie Fieber, Husten und seröser Nasenausfluß, voran. Sehr häufig bestehen eine Harninkontinenz mit vermehrter Füllung der Blase, eine schlaffe Penislähmung und ein verminderter Tonus von Schweifrübe und Musculus sphincter ani. Es kann innerhalb von 24 Stunden zum

Festliegen kommen, doch die meisten Pferde stabilisieren sich nach dem Einsetzen der Symptome schnell. Bei der Mehrzahl der Pferde, die nicht festliegen, tritt eine langsame Besserung ein, und schließlich erholen sie sich vollständig. Sogar bei festliegenden Pferden sind Fälle von vollständiger Heilung bekannt, wenn sie sorgfältig gepflegt und in ein Hängezeug gebracht wurden.

Die endgültige Diagnose basiert auf einem Anstieg des Antikörpertiters im Serum akut erkrankter und rekonvaleszenter Tiere. Die Antikörpertiter in der Zerebrospinalflüssigkeit können ebenfalls bestimmt werden, sind allerdings selten erhöht. Der Liquor cerebrospinalis zeigt häufig eine Xanthochromie bei normalen Zellzahlen, aber deutlich erhöhtem Eiweißgehalt.

Die genaue Pathogenese ist nicht vollständig geklärt. Die Forschungsergebnisse deuten zur Zeit darauf hin, daß es sich um eine immunvermittelte Erkrankung handelt, bei der es zur Fällung von Antigen-Antikörperkomplexen im Bereich kleinster Gefäße des Zentralnervensystems kommt.[28] Direkte virale Einflüsse können jedoch nicht ausgeschlossen werden. Viren bzw. Einschlußkörperchen lassen sich aber nur in seltenen Fällen aus Rückenmark oder Gehirn der betroffenen Tiere isolieren.

Die Behandlung besteht in einer symptomatischen Versorgung, wobei der Entleerung von Darm und Blase besondere Beachtung geschenkt werden muß. Weiterhin müssen bakterielle Sekundärinfektionen der Blase sowie respiratorische Erkrankungen unter Kontrolle gehalten werden. Kortikosteroide wirken sich möglicherweise günstig aus.

Vergiftungen mit Sorghum-Spezies (Sudangras)

Eine Vergiftung mit Sorghum-Spezies führt zu Harninkontinenz, Ataxie und Paresen. Sie entsteht, wenn Pferde auf der Weide Sorghumhybriden bzw. Sudangras aufnehmen.[1] Die ersten Anzeichen bestehen in einer Harninkontinenz und der dadurch entstehenden Dermatitis im Bereich der Beckengliedmaßen sowie einer Zystitis. Später leiden die Pferde an Ataxie und an Paresen der Becken- und Schultergliedmaßen. Die bestehende Degeneration der weißen Substanz ist vermutlich die Folge einer chronischen geringgradigen Zyanidvergiftung. Wenn die Symptome deutlich feststellbar sind, ist jede Behandlung erfolglos. Werden die Pferde zu einem frühen Zeitpunkt an der Aufnahme der Giftpflanze gehindert und auf eine andere Weide gebracht, können sie sich erholen.

Osteomyelitis der Wirbel und Eiterungen im Epiduralraum

Eine bakteriell bedingte Osteomyelitis kann zur Eiterbildung im Epiduralraum führen oder pathologische Frakturen zur Folge haben, die in einigen Fällen zu einer Kompression des Rückenmarks führen können. Meistens handelt es sich bei diesen Osteomyeliditen um seltene Folgeerscheinungen einer bakteriellen Septikämie, wobei in erster Linie Fohlen erkranken. Direkte perforierende Verletzungen der Wirbel oder des Rückenmarkskanals kommen ebenfalls nur selten vor. Zu den an diesen Infektionen beteiligten Bakterienarten gehören *Actinobacillus equuli*, *Escherichia coli*, Streptokokkenarten, Staphylokokkenarten, Salmonellen und *Corynebacterium equi*.[32] Ausgewachsene Pferde können das gleiche Erregerspektrum aufweisen. Des weiteren konnten auch *Mycobacterium bovis* und *Brucella abortus* isoliert werden.[11,26]

Den neurologischen Erscheinungen gehen oft andere Symptome einer Bakteriämie voraus, wie eine Diarrhoe, eine Polyarthritis, ein Hypopyon oder Abszeßbildungen in der Lunge. Anzeichen von Ataxie, Schwäche und spastischen Bewegungen treten in einigen Fällen extrem einseitig auf, was auf eine einseitig im Wirbelkanal bestehende Läsion hindeutet. Die erkrankte Seite kann vermehrt warm, schmerzhaft und geschwollen sein.

Die Diagnose wird im allgemeinen mit Hilfe einfacher Röntgenaufnahmen und der Myelographie gestellt. Da die Infektion sich meistens nur bis in den Epiduralraum ausbreitet, verwundert es nicht, daß die Befunde bei der Untersuchung der Zerebrospinalflüssigkeit innerhalb der Norm liegen. In einigen Fällen weisen eine Xanthochromie und eine geringgradige Erhöhung des Proteingehaltes und des Gehaltes an mononuklearen Zellen auf eine Kompression hin. Anzeichen für eine Infektion sind nur selten zu finden. Wenn dies trotzdem der Fall ist, sollten mit dem Liquor cerebrospinalis Kulturen für Anaerobier und Aerobier angelegt werden. Ist der Wirbelkörper betroffen, kann eine direkte Nadelbiopsie hilfreich sein. Ausstriche dieser Biopsie sollten einer Gramfärbung, einem Kulturversuch, einem Resistenztest und einer zytologischen Untersuchung unterzogen werden.

Die Behandlung schließt die Langzeittherapie mit einem geeigneten Antibiotikum ein. Die chirurgische Eröffnung zur Materialgewinnung für eine Kultur, die Kürettage des infizierten Bereiches und das Einlegen eines Drains sind besonders in den Fällen angezeigt, in denen die Schäden am Zentralnervensystem ein erhebliches Ausmaß annehmen. Die Prognose muß vorsichtig gestellt werden. Wenn es jedoch möglich ist, einen ausreichenden Sekretabfluß zu erzielen, und wenn eine antibiotische Langzeittherapie aufrechterhalten werden kann, besteht die Möglichkeit einer Heilung.

Spinale Nematodiasis

Wandernde Parasiten dringen gelegentlich in das Rückenmark ein und verursachen variierende neurologische Ausfallserscheinungen, deren Ausprägung von der Anzahl, der Größe und der Art der Parasiten sowie von ihrer Lokalisation im Rückenmark abhängt. Im Zentralnervensystem des Pferdes sind *Strongylus vulgaris*, *Micronema deletrix*, *Drachia megastoma*, *Setarien* und *Hypodermaarten* gefunden worden.[2,20,23,27,30,52]

Die klinischen Erscheinungen ähneln häufig den Symptomen anderer Ursachen für Ataxien und Paresen der Gliedmaßen beim Pferd. Ein deutlicher Hinweis auf eine spinale Nematodiasis ist gegeben, wenn eosinophile Granulozyten im Liquor cerebrospinalis zu finden sind, obwohl diese Eosinophilen auch bei der durch Protozoen bedingten Myeloenzephalitis gelegentlich feststellbar sind. Die Behandlung mit larvizid wirkenden Anthelminthika ist beschrieben worden, wobei vor allem Ivermektine, Diäthylkarbamazinzitrat und Organophosphate eine Rolle spielten.[30,32]

Wirbelfrakturen

Wirbelfrakturen mit oder ohne gleichzeitige Verletzung des Rückenmarks kommen besonders bei Fohlen und Absetzern relativ häufig vor. Von 125 Pferden, die in Großbritannien auf Rennveranstaltungen wegen Frakturen getötet werden mußten, hatte etwa ein Viertel Wirbelfrakturen erlitten.[53] Die Hälfte davon waren Halswirbelfrakturen. Dies stimmt mit anderen in der Literatur beschriebenen Fällen überein, bei denen es sich ebenfalls überwiegend um Halswirbelfrakturen handelt.[3,19,21,22,24,29,39,48,53]

780 Kapitel 8: Lahmheit

Halswirbelfrakturen

Halswirbelfrakturen treten häufiger bei Fohlen auf und manifestieren sich oft als Abriß einer Epiphyse vom restlichen Wirbelkörper. Läsionen im Bereich der Okzipito-atlantoaxialregion, und hier vor allem des Dens, sind in der Literatur am häufigsten vertreten.[3,21,22,29,39,48] Bei einer Fraktur des Dens kann der Axis sich in ventraler Richtung verlagern und so das Rückenmark komprimieren (Abb. 8.323). Bei einer erheblichen Schädigung des Rückenmarks kann sofort der Tod eintreten. Die meisten Fohlen zeigen jedoch das Bild einer Ataxie sowie einer Parese bzw. Paralyse sämtlicher Gliedmaßen und liegen häufig fest, wobei sie Kopf und Hals nicht heben können. Die Sensibilität kann deutlich vermindert sein, und in vielen Fällen ist sowohl eine Krepitation als auch eine Umfangsvermehrung im Halsbereich feststellbar. Zur Bestätigung der Diagnose kann eine Röntgenaufnahme dienen. Frakturen durch zu starkes Beugen bzw. Strecken im Bereich vom zweiten bis sechsten Halswirbel entstehen häufig durch Stürze und führen in vielen Fällen zu einem Abriß der Epiphyse vom Wirbelkörper. Dieser Zustand wird oft durch eine Ruptur der Gelenkkapseln als Folge der Dislokation oder Frakturen der Gelenkfortsätze kompliziert. Diese Faktoren können gemeinsam Subluxationen oder Achsenknickungen zwischen den einzelnen Wirbeln verursachen und auf diese Weise zu einer Quetschung des Rückenmarks führen (Abb. 8.324 **A** und **B**). Durch ein Trauma im mittleren Halsbereich kann es zu einer Ataxie, einer Tetraparese und gelegentlich auch zum Festliegen kommen. Die Innervation der Halsmuskulatur bleibt meistens erhalten, und die Hautsensibilität ist uneingeschränkt vorhanden. Umfangsvermehrungen, Achsenknickungen und Absplitterungen im Halsbereich sind häufig festzustellen.

Sowohl bei Fohlen als auch bei ausgewachsenen Tieren sind zahlreiche Kombinationen von Frakturen der Wirbelkörper bzw. der Gelenkfortsätze und Luxationen zu beobachten. Unglücklicherweise gibt es bei den hierdurch verursachten neurologischen Symptomen erhebliche Unterschiede. Die mehrfache Fraktur eines Wirbels, die bei einem Pferd zur Tetraplegie führt, kann bei einem anderen Tier paradoxerweise nur sehr geringgradige oder gar keine neurologischen Symptome auslösen (Abb. 8.325). Es ist allerdings möglich, daß zum Zeitpunkt der Röntgenaufnahme kaum noch nachzuvollziehen ist, welche Ver-

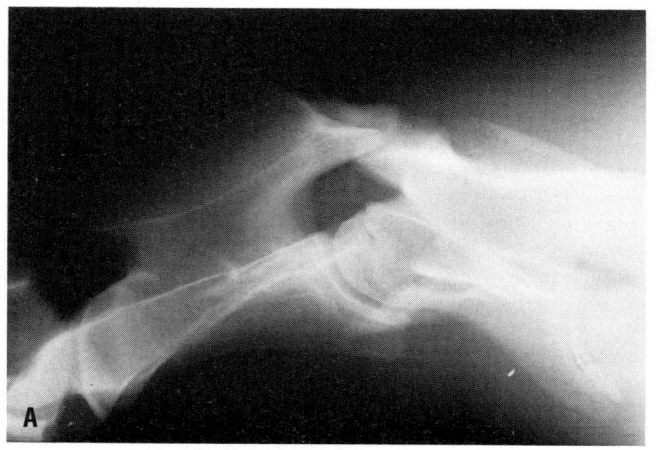

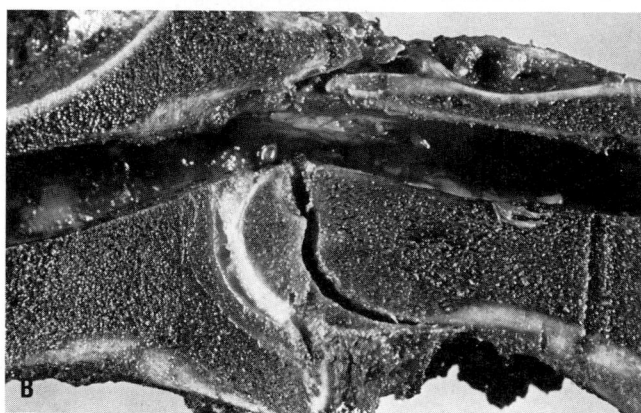

Abb. 8.324: Abriß der kranialen Epiphyse des dritten Halswirbels mit dorsaler Ruptur der Gelenkkapsel und daraus folgender Achsenknickung der Wirbel mit Quetschung des Rückenmarks. **A** Am stehenden Pferd angefertigte Röntgenaufnahme der Halswirbelsäule. **B** Sektionspräparat.

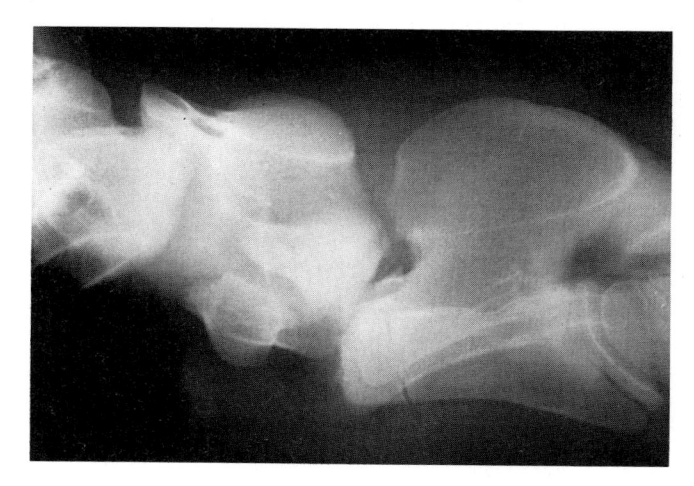

Abb. 8.323: Fraktur des Axis durch die kaudale Knorpelfuge des Dens, die eine ventrale Verlagerung des Axis und damit eine Kompression des Rückenmarks ermöglicht.

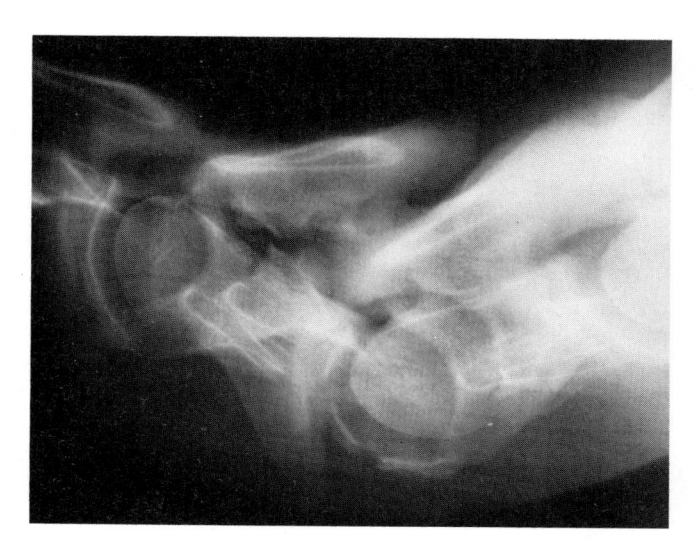

Abb. 8.325: Mehrfache Fraktur des fünften Halswirbels, die nur geringfügige neurologische Symptome verursachte. Paradoxerweise leiden andere Fälle mit ähnlichen auf dem Röntgenbild feststellbaren Veränderungen häufig unter einer Tetraplegie.

schiebungen der Wirbel zum Zeitpunkt der Verletzung stattgefunden haben.
Bei den meisten Tieren ist die sofortige Gabe von Diuretika, Antiphlogistika und Analgetika angezeigt. Dexamethason kann abhängig von der Reaktion des Tieres alle acht Stunden in einer Dosis von 1 bis 2 mg/kg KGW intravenös verabreicht werden. Weiterhin wird die Verabreichung hyperosmolarer Lösungen, wie 20%ige Mannitollösung (1 bis 2 g/kg KGW intravenös) oder Glycerol in Wasser gelöst (1 g/kg KGW zweimal täglich per os), vorgeschlagen. Des weiteren kann die Ruhigstellung mit Acepromazin, Chloralhydrat oder Diazepam dazu beitragen, daß es nicht durch Unruhe und aussichtslose Aufstehversuche zu weiteren Schäden am Rückenmark kommt. Zur Schmerzbekämpfung dient Phenylbutazon (6 mg/kg KGW intravenös) oder Meperidinhydrochlorid (1 mg/kg KGW intravenös). Auch Dimethylsulfoxid (DMSO, 1 g/kg KGW) kann intravenös als 40%ige Lösung in einer 5%igen Dextrose-Wasserlösung verabreicht werden.[32] Die beim Pferd vorliegenden Erkenntnisse sind jedoch weitgehend empirisch, und experimentelle Untersuchungen bei anderen Spezies stimmen nicht mit ihnen überein. Wird das DMSO stärker verdünnt (10 bis 20 %), verursacht es eine geringere intravasale Hämolyse. Es ist unbedingt erforderlich, ständig zu kontrollieren, ob die Pferde auf die Therapie ansprechen. Eine Verschlechterung des klinischen Bildes weist in der Regel auf ein wiederholtes Trauma im Bereich des Rückenmarks hin, das die Folge einer Instabilität der Halswirbelsäule, progressiver Blutungen oder sich selbst unterhaltender Gefäßreaktionen in der Medulla spinalis ist, die durch den initialen Insult ausgelöst wurden. Eine chirurgische Behandlung ist angezeigt, wenn eine progressive Verschlechterung offensichtlich ist und die Verletzung den Röntgenaufnahmen nach eine Stabilisierung der Halswirbelsäule oder eine Druckentlastung des Rückenmarks zuläßt.
Die externe Manipulation mit einer externen oder internen Fixierung kann erforderlich sein. Die chirurgische Versteifung der Wirbelsäule bzw. die Dekompression der Medulla spinalis kann ebenfalls angezeigt sein, wird aber nur selten durchgeführt. Viele nicht dislozierte Frakturen des Wirbelbogens oder der Gelenkfortsätze führen nicht direkt zu einer Einengung des Rückenmarkskanales, sondern gehen mit einem epiduralen Hämatom einher, das akut in einem großen Bereich auf das Rückenmark drückt (Abb. 8.326). Viele dieser Pferde zeigen eine progressive Verschlechterung ihres neurologischen Status und bedürfen einer sofortigen Druckentlastung, um die ausgedehnten Schäden an der Gefäßversorgung der Medulla spinalis, die zu einer progressiven Myelomalazie führen, zu verhindern.[6,16,45] Bei einigen Pferden bleibt die chirurgische Behandlung erfolglos, weil diese sich selbst unterhaltende Kaskade von Gefäßschäden nicht unterbrochen werden kann. Durch eine sorgfältige Manipulation in Vollnarkose können einige frakturbedingten Luxationen wieder reponiert und mehrfache Wirbelfrakturen besser eingerichtet werden. Dieser Eingriff zusammen mit einem fixierenden Halsverband ist sicherlich der konservativen Behandlung eines sich konstant verschlechternden Tieres vorzuziehen. Zur Behandlung von Frakturen mit Luxation vorderer Halswirbel sind Fiberglas-Hartschalenverbände mit Erfolg verwendet worden.[46]
Des weiteren ist die chirurgische Behandlung von durch Frakturen des Dens bedingten Luxationen des Axis beschrieben worden. Eine solche Fraktur konnte bei einem Fohlen erfolgreich fixiert werden.[39] Der Autor

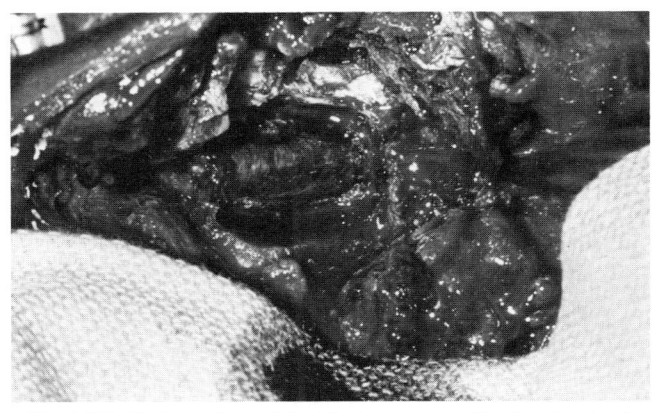

Abb. 8.326: Fraktur eines Gelenkfortsatzes und Ruptur des Anulus fibrosus des Discus intervertebralis, die zu einem epiduralen Hämatom mit progressiver Verschlechterung der neurologischen Symptome geführt hatten. Es wurde eine Hemilaminektomie im Bereich des dritten Halswirbels durchgeführt, um das Hämatom freizulegen und auf diese Weise eine Druckentlastung zu bewirken.

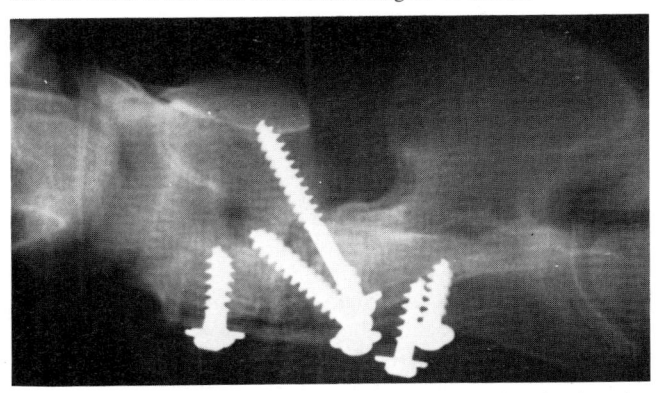

Abb. 8.327: Röntgenaufnahme im Anschluß an die Fixation der Fraktur aus Abb. 8.323. Durch einen ventralen Zugang wurden der Dens reseziert und die Verbindung zwischen Atlas und Axis mit Zugschrauben wiederhergestellt. Zur äußeren Stütze diente ein Halsverband aus Kunststoff.

führte in einem ähnlichen Fall über einen Zugang von ventral eine chirurgische Versteifung des Atlantoaxialgelenkes mit Zugschrauben und der Transplantation spongiösen Knochens durch (Abb. 8.327).
Bei einem ausgewachsenen Pferd mit einer Ruptur der linken Gelenkkapsel zwischen zweitem und drittem Halswirbel und einer lateralen Luxation mit Tortikollis wurde eine erfolgreiche Operation durchgeführt, indem die Luxation offen eingerenkt wurde und eine Fixation der betroffenen Gelenkflächen mit Zugschrauben erfolgte.[43]
Es gibt wenig Literatur über die chirurgische Fixation von Frakturen im mittleren und kaudalen Halsbereich. In vielen Fällen zeigen diese Pferde keine neurologischen Symptome oder verbessern sich bei konservativer Therapie langsam, so daß sie am besten medikamentell behandelt werden. Nach der Heilung solcher Frakturen bleibt häufig eine Fehllage von Wirbeln zurück, und gelegentlich rezidivieren die neurologischen Symptome als Folge einer progressiven Kallusbildung im Rückenmarkskanal.
Allerdings kann dies günstiger sein, als Pferde mit einer möglicherweise instabilen Wirbelfraktur in Vollnarkose zu legen, da der Kallus die Fraktur stabilisiert und die Einengung, die er verursacht, später sicherer durch eine Hemilaminektomie beseitigt werden kann.[35] Bei einem Pferd mit einer lateralen Subluxation des fünften und sechsten

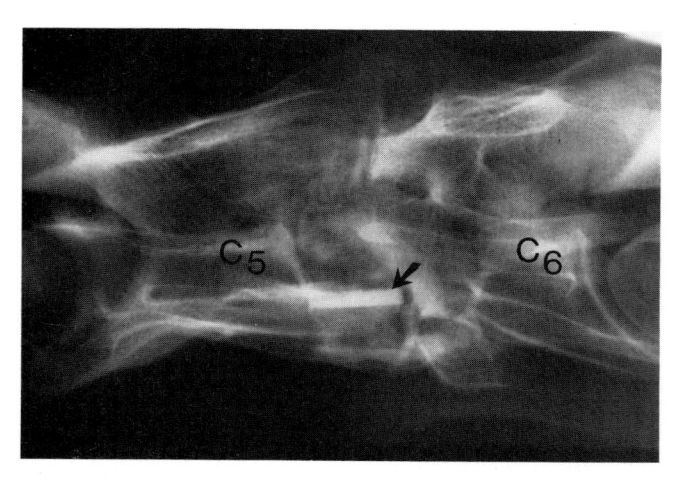

Abb. 8.328: Seitliche am stehenden Pferd durchgeführte Röntgenaufnahme ein Jahr nach der Versteifung zweier Wirbel zur Stabilisierung einer Fraktur des Wirbelbogens und eines Gelenkfortsatzes des fünften Halswirbels. Der Kortikalisanteil des ursprünglichen Knochentransplantates ist noch im Bereich des Zwischenwirbelraumes zwischen fünftem und sechstem Halswirbel zu sehen (Pfeil).

Halswirbels als Folge der Fraktur eines Wirbelbogens und eines Gelenkfortsatzes wurde zur Stabilisierung der Wirbelsäule eine Versteifung dieser beiden Wirbel durchgeführt (Abb. 8.328).
Andere Techniken, wie die Verplattung von Wirbeln, die Verwendung von Zugschrauben oder die Zuggurtung, sind theoretisch zwar durchführbar, in der Praxis ist ihre Anwendung jedoch durch die mangelnde Festigkeit des weichen Wirbelknochens begrenzt. Ein Kirschner-Ehmer-Apparat könnte hier eine nützliche Alternative darstellen.

Frakturen der Brust- und Lendenwirbel

Frakturen der Dornfortsätze der Brustwirbel entstehen relativ häufig, wenn die Pferde sich überschlagen. Sie verursachen keine neurologischen Krankheitserscheinungen und heilen meistens komplikationslos.
Frakturen der Brust- und Lendenwirbelkörper sind relativ selten. Wenn sie jedoch auftreten, betreffen sie meistens die kranialen und mittleren Brustwirbel (erster bis dritter und neunter bis sechzehnter Brustwirbel) sowie den ersten bis sechsten Lendenwirbel.[24] Ursachen für eine Fraktur in Brust- und Lendenwirbelbereich sind unter anderem Unfälle beim Springen, Stürze während eines Rennens, Stromschläge, Blitzschlag und Tetanus. In der Regel zeigen die Pferde eine plötzliche Ataxie sowie eine Paraparese bzw. Paraplegie. Die Dislokation eines Fragmentes führt häufig zu einer morphologisch nachweisbaren bzw. funktionellen Unterbrechung der Leitung im Rückenmark. Die Reflexe im Bereich der Beckengliedmaßen bzw. der Perinealregion sind erhalten. In seltenen Fällen ist beim Pferd auch das Schiff-Sherrington-Phänomen mit Starre der Streckmuskulatur der Schultergliedmaßen zu beobachten. Die Prognose muß ungünstig gestellt werden. In manchen Fällen besteht keine Dislokation, und bestehende Anzeichen einer Ataxie und Parese sind auf raumfordernde Blutungen und Ödembildungen zurückzuführen. Solche Pferde können sich bei Einhaltung von Boxenruhe stabilisieren und schließlich völlig genesen. Sogar im Fall einer vollständigen Paraplegie sollte dem Pferd, sofern noch Tiefensensibilität vorhanden ist, eine Frist von 24 Stunden bei intensiver medikamenteller Behandlung gewährt werden, bevor die Entscheidung für eine Euthanasie getroffen wird. Die Fraktur eines Lendenwirbels ist unter Umständen mit Hilfe der rektalen Untersuchung festzustellen. Wird eine dislozierte Fraktur vermutet, läßt sich die Diagnose mit Hilfe von Röntgenaufnahmen untermauern. Die Auswahlmöglichkeiten bei der medikamentellen Therapie entsprechen den bei einer Halswirbelfraktur beschriebenen (siehe Seite 781).

Frakturen des Kreuzbeines und der Schwanzwirbel

Frakturen des Kreuzbeines und der Schwanzwirbel kommen zustande, wenn die Pferde sich nach hinten überschlagen und diese Knochen gestaucht werden. Die Symptome, die durch die Schädigung der Cauda equina entstehen, treten kurz nach der Verletzung auf und sind davon abhängig, welcher Wirbel betroffen ist.[58] Frakturen des Kreuzbeines können zu Bewegungsstörungen, Kot- und Harninkontinenz sowie einer Atrophie der Glutäalmuskulatur führen. Das klinische Bild einer Neuritis caudae equinae ist sehr ähnlich, so daß diese Erkrankung differentialdiagnostisch berücksichtigt werden muß. Weiter im kaudalen Bereich gelegene Frakturen des Kreuzbeines und der Schwanzwirbel führen zu einem Verlust des Schweiftonus, einer Blasen- und Analsphinkterlähmung, einem Verlust der Sensibilität und gelegentlich auch einer Hyperästhesie in der Perinealregion. Um die Lokalisation der Fraktur feststellen zu können, sind sowohl die rektale Untersuchung als auch Röntgenaufnahmen von Nutzen. Eine Elektromyographie der Muskeln der Schwanz-, der Glutäen- und der Perinealregion, die nach einer Woche durchgeführt wird, kann bei der Erstellung von Diagnose und Prognose sowie bei der Beurteilung eines möglichen Therapieerfolges von Nutzen sein. Eine positive Kontrastepidurographie sowie eine Phlebographie der Wirbelgefäße im Bereich des Kreuzbeines und der Schwanzwirbel können in einigen Fällen zur Beurteilung des Ausmaßes der Kompression beitragen, vor allem, wenn eine chirurgische Druckentlastung in Betracht gezogen wird. In der Regel sind eine antiphlogistische und eine analgetische Medikation angezeigt. Gleichzeitig muß das Rektum ausgeräumt und die Harnblase über einen Katheter entleert werden. Tritt innerhalb einer Woche keine Besserung ein, ist die Prognose im Hinblick auf eine vollständige Heilung schlecht. Die chirurgische Druckentlastung der Sakrokozygealregion ist möglich, allerdings ist der Zugang zum Kreuzbein kraniodorsal durch den Kreuzhöcker begrenzt.

Ausgewählte Literatur

1. ADAMS, L. G., et al.: Cystitis and ataxia associated with sorghum indigestion by horses. J. Am. Vet. Med. Assoc., **155:** 518, 1969.
2. ALSTAD, A. D., BERG, I. E., and SAMUEL, C.: Disseminated *Micronema deletrix* infection in the horse. J. Am. Vet. Med. Assoc., **174:** 264, 1979.
3. BAKER, G. J.: Comminuted fracture of the axis. Eq. Vet. J., **2:** 37, 1970.
4. BEECH, J.: Metrizamide myelography in the horse. J. Am. Vet. Rad. Soc., **20:** 22, 1979.

5. BEECH, J., and DODD, D. C.: Toxoplasma-like encephalomyelitis in the horse. J. Vet. Path., **11:** 87, 1974.
6. BRAUND, K. G.: Acute Spinal Cord Traumatic Compression. *In* Pathophysiology in Small Animal Surgery. Edited by M. J. Bojrab, Philadelphia, Lea & Febiger, 1981, p. 220.
7. De LAHUNTA, A.: Diagnosis of equine neurologic problems. Cornell Vet., **68** (Suppl. 7): 122, 1978.
8. De LAHUNTA, A.: Veterinary Neuroanatomy and Clinical Neurology. 2nd Ed. Philadelphia, W. B. Saunders Co., 1983.
9. De LAHUNTA, A., et al.: Overnutrition and skeletal disease: An experimental study in growing Great Dane dogs. Part VII, Cervical vertebrae and spinal cord. Cornell Vet., **64** (Suppl. 5): 58, 1974.
10. De la TORRE, J. C., et al.: Pharmacologic treatment and evaluation of permanent experimental spinal cord trauma. Neurology, **25:** 508, 1975.
11. DENNY, H. R.: A review of brucellosis in the horse. Eq. Vet. J., **5:** 121, 1973.
12. DIMOCK, W. W.: "Wobbles", an hereditary disease in horses. J. Hered., **41:** 319, 1950.
13. DIMOCK, W. W.: Incoordination of horses (Wobbles). Bull. Kentucky Agriculture Exp. Station, **551:** 1, 1950.
14. DIMOCK, W. W., and ERRINGTON, B. J.: Incoordination of equidae: Wobblers. J. Am. Vet. Med. Assoc., **95:** 261, 1939.
15. DUBEY, J. P., et al.: Equine encephalomyelitis due to a protozoan parasite resembling *Toxoplasma gondii*. J. Am. Vet. Med. Assoc., **165:** 249, 1974.
16. DUCKER, T. B., KINDT, G. W., and KEMPE, L. G.: Pathological findings in acute experimental spinal cord trauma. J. Neurosurg., **35:** 700, 1971.
17. ERRINGTON, B. J.: Causes of "Wobbles". Vet. Bulletin, Suppl. Army Med. Bull., **32:** 152, 1938.
18. FALCO, M. J., WHITWELL, K., and PALMER, A. C.: An investigation into the genetics of "Wobbler" disease in Thoroughbred horses in Britain. Eq. Vet. J., **8:** 165, 1976.
19. FESSLER, J. F., and AMSTUTZ, H. E.: Fracture Repair. *In* Textbook of Large Animal Surgery. Edited by F. W. Oehme, and J. F. Prier. Baltimore, Williams & Wilkins Co., 1974, p. 328.
20. FRAUENFELDER, H. C., KAZACOS, K. R., and LICHTENFELS, J. R.: Cerebrospinal nematodiasis caused by a filariid in a horse. J. Am. Vet. Med. Assoc., **177:** 359, 1980.
21. FUNK, K. A., and ERICKSON, E. D.: A case of atlanto-axial subluxation in a horse. Can. Vet. J., **9:** 120, 1968.
22. GUFFY, M. M., COFFMAN, J. R., and STRAFUSS, A. C.: Atlantoaxial luxation in a foal. J. Am. Vet. Med. Assoc., **155:** 754, 1969.
23. HADLOW, W. J., WARD, J. K., and KRINSKY, W. L.: Intracranial myiasis by *Hypoderma bovis* (Linnaeus) in a horse. Cornell Vet., **67:** 272, 1977.
24. JEFFCOTT, L. B., and WHITWELL, K. E.: Fractures of the thoracolumbar spine of the horse. Proc. 22nd Ann. AAEP, 1976, p. 91.
25. JONES, T. C., DOLL, E. R., and BROWN, R. G.: The pathology of equine incoordination (ataxia or "Wobbles") of foals. Proc. 91st Am. Vet. Med. Assoc., 1954, p. 139.
26. KELLY, W. R., et al.: Vertebral osteomyelitis in a horse associated with mycobacterium tuberculosis var. bovis *(M. bovis)*. J. Am. Vet. Rad. Soc., **13:** 59, 1972.
27. LITTLE, P. B.: Cerebrospinal nematodiasis of equidae. J. Am. Vet. Med. Assoc., **160:** 1407, 1972.
28. LITTLE, P. B., and THORSEN, J.: Disseminated necrotizing myeloencephalitis: a herpes associated neurological disease of horses. J. Vet. Path., **13:** 161, 1976.
29. LUNDVALL, R. L.: Ataxia of colts as a result of injuries. Norden News, Summer, 1969, p. 6.
30. MAYHEW, I. G., et al.: Migration of a spiruroid nematode through the brain of a horse. J. Am. Vet. Med. Assoc., **180:** 1306, 1982.
31. MAYHEW, I. G.: Collection of cerebrospinal fluid from the horse. Cornell Vet., **65:** 500, 1975.
32. MAYHEW, I. G., and MacKAY, R. J.: The Nervous System. *In* Equine Medicine and Surgery. 3rd Ed. Edited by R. A. Mansmann, and E. S. MacAllister. Santa Barbara, American Veterinary Publications, 1982, p. 1214.
33. MAYHEW, I. G., et al.: Spinal cord disease in the horse. Cornell Vet., **68** (Suppl. 6): 1, 1978.
34. MAYHEW., I. G., et al.: Equine degenerative myeloencephalopathy. J. Am. Vet. Med. Assoc., **170:** 195, 1977.
35. NIXON, A. J., and STASHAK, T. S.: Dorsal laminectomy in the horse, I: Review of the literature and description of a new procedure. J. Vet. Surg., **12:** 172, 1983.
36. NIXON, A. J., STASHAK, T. S., and INGRAM, J. T.: Dorsal laminectomy in the horse, III: Results in horses with cervical vertebral malformation. J. Vet. Surg., **12:** 184, 1983.
37. NIXON, A. J., STASHAK, T. S., and INGRAM, J. T.: Diagnosis of cervical vertebral malformation in the horse. Proc. 28th Ann. AAEP, 1982, p. 253.
38. NYLAND, T. G., et al.: Metrizamide myelography in the horse: clinical, radiographic and pathological changes. Am. J. Vet. Res., **41:** 204, 1980.
39. OWEN, R. ap R., and SMITHMAXIE, L. L.: Repair of fractured dens of the axis in a foal. J. Am. Vet. Med. Assoc., **173:** 854, 1978.
40. RANTANEN, N. W., et al.: Ataxia and paresis in horses, Part II: Radiographic and myelographic examination of the cervical vertebral column. Comp. Cont. Ed., **3:** S 161, 1981.
41. REED, S. M., et al.: Ataxia and paresis in horses, Part I: Differential diagnosis. Comp. Cont. Ed., **3:** S 88, 1981.
42. REILAND, S.: Morphology of osteochondrosis and sequelae in pigs. Acta Radiol. (Suppl.), **385:** 45, 1978.
43. ROBINSON, P. A., and CURRAL, J. H. S.: Surgical repair of a cervical fracture-dislocation in a mature horse. NZ Vet. J., **29:** 28, 1981.
44. RUCKER, N. C., LUMB, W. V., and SCOTT, R. J.: Combined pharmacologic and surgical treatments for acute spinal cord trauma. Am. J. Vet. Res., **42:** 1138, 1981.
45. SANDLER, A. N., and TATOR, C. H.: Review of the effect of spinal cord trauma on the vessels and blood flow in the spinal cord. J. Neurosurg., **45:** 638, 1976.
46. SCHNEIDER, J. E.: Immobilizing cervical vertebral fractures. Proc. 27th Ann. AAEP, 1981, p. 253.
47. SCHULZ, L. C., et al.: Zur Pathogenese der spinalen Ataxie des Pferdes. Spondylarthrosis. Pathologisch-anatomische Untersuchungen. Dtsch. tierärztl. Wochenschr., **72:** 502, 1965.
48. SLONE, D. E., BERGFELD, W. A., and WALKER, T. L.: Surgical decompression for traumatic atlantoaxial subluxation in a weanling filly. J. Am. Vet. Med. Assoc., **174:** 1234, 1979.
49. STASHAK, T. S.: The Nervous System; Specific Procedures. *In* Practice of Large Animal Surgery. Edited by P. B. Jennings. Philadelphia, W. B. Saunders Co., 1984, p. 1023.
50. STEEL, J. D., WHITTEM, J. H., and HUTCHINS, D. R.: Equine sensory ataxia ("Wobbles"). Aust. Vet. J., **35:** 442, 1959.
51. STROMBERG, B.: A review of the salient features of osteochondrosis in the horse. Eq. Vet. J., **11:** 211, 1979.
52. SWANSTROM, O. G., RISING, J. L., and CARLTON, W. W.: Spinal nematodiasis in a horse. J. Am. Vet. Med. Assoc., **155:** 748, 1969.
53. VAUGHAN, L. C., and MASON, B. J. E.: A clinico-pathological study of racing accidents in horses. Surg. Dept. Royal Vet. College, North Mymms, Hatfield Herts, England, 1976.
54. WAGNER, P. C.: Diseases of the Spine. *In* Equine Medicine and Surgery. 3rd Ed. Edited by R. A. Mansmann, and E. S. MacAllister. Santa Barbara, American Veterinary Publications, 1982, p. 1145.
55. WAGNER, P. C., et al.: Ataxia and paresis in horses, Part III: Surgical treatment of cervical spinal cord compression. Comp. Cont. Ed., **3:** S 192, 1981.

56. WAGNER, P. C., et al.: Evaluation of cervical spinal fusion as a treatment in the equine "wobbler" syndrome. J. Vet. Surg., **8**: 84, 1979.
57. WAGNER, P. C., et al.: Surgical stabilization of the equine cervical spine. J. Vet. Surg., **8**: 7, 1979.
58. WAGNER, P. C., et al.: Traumatic injury of the cauda equina in the horse: A case report. J. Eq. Med. Surg., **1**: 282, 1977.
59. WHITWELL, K. E.: Causes of ataxia in horses. In. Pract., **2**: 17, 1980.
60. WRIGHT, F., REST, J. R., and PALMER, A. C.: Ataxia of the Great Dane caused by stenosis of the cervical vertebral canal: comparison with similar conditions in the Basset Hound, Doberman Pinscher, Ridgeback, and the Thoroughbred horse. Vet. Rec., **92**: 1, 1973.

Weiterführende Literatur

Die folgenden Literaturhinweise beziehen sich auf verschiedene Lahmheiten, wurden aber nicht in die Liste der speziellen Literaturhinweise am Ende eines jeden Abschnittes aufgenommen. Aus Gründen der Vollständigkeit und um dem Interesse des Lesers entgegenzukommen, werden sie hier aufgelistet. Literaturhinweise, die sich auf spezielle Lahmheiten beziehen, sind am Ende der jeweiligen Abschnitte zu finden.

ADAMS, O. R.: Local anesthesia as an aid in equine lameness diagnosis. Norden News (Jan), 1966.
ADAMS, O. R.: Veterinary Notes on Lameness and Shoeing of Horses. Published by the author, 1957.
ALGER, C.: Clinical study of lameness. Am. Vet. Rev. **28**: 806, 1904–1905.
ANON.: Lameness in the horse. Mod. Vet. Pract. **47** (5): 51, 1966.
ARANEZ, J. B., et al.: Preliminary observations on the incidence of leg ailments among race horses in the Philippines. Philippines J. Vet. Med., **1** (2): 123–132, 1962.
AXE, J. W.: The Horse in Health and Disease. London, Gresham Publishing Co., 3 Vols., 1900.
BAIRD, J.: Lameness and its treatment in the horse. J. Am. Vet. Med. Assoc., **83**: 39, 1933.
BELL, R.: Shoulder lameness in the horse. Am. Vet. Rev., **23**: 477, 1899.
BLOOD, D. C., and HENDERSEN, J. A.: Veterinary Medicine. 2nd Ed. Baltimore, Williams & Wilkins Co., 1963.
BRENNAN, B. F.: The veterinarian in race track practice. Vet. Med. Scope 3 (summer), 1958.
CAMPBELL, D. M.: Shifting lameness in the horse. Vet. Med., **29**: 29, 1934.
CARLSON, W. D.: Veterinary Radiology. 2nd Ed. Philadelphia, Lea & Febiger, 1967.
CRAWLEY, A. J.: Radiology V. Can. Vet. J., **12**: 554, 1960.
CHAPMAN, T.: Lameness in the Horse. New York, W. R. Jenkins, 1901.
CHURCHILL, E. A.: Care and Training of the Trotter and Pacer. Columbus, Ohio, U. S. Trotting Association, 1968.
CHURCHILL, E. A.: The causes of lameness. Blood-horse, **85**: 602, 1963.
CHURCHILL, E. A., et al.: Panel on orthopedic surgery. Proc. 5th Ann. AAEP, 1959.
COCHRAN, D.: Lameness of the hip joint. Am. Vet. Rev., **44**: 491, 1914.
COCHRAN, D.: Stifle lameness. Am. Vet. Rev., **42**: 308, 1912–1913.
CRAWFORD, H. C.: Equine lameness: A brief resume. N. Am. Vet., **12**: 29, 1932a.
CRAWFORD, H. C.: Radiography: Its limitations as an aid to the diagnostician of lameness. N. Am. Vet., **13**: 29, 1932b.
DANKS, A. G.: William's Surgical Operations. Ithaca, New York, published by the author, 1943.

DAUBIGNY, F. T.: Halting or lameness in the horse. J. Am. Vet. Med. Assoc., **19**: 648, 1916.
DAVIDSON, A. H.: Generalization about equine lameness. Iowa Vet. **38** (6): 9–11, 1967.
DAVIDSON, A. H.: Equine lameness. MSU Vet., **25** (3): 123, 1965.
DAVIDSON, A. H.: Lameness. Lexington, Kentucky, Fourth Annual Stud Managers Course, 1954.
DAVIDSON, A. H.: Lameness, Firing, Etc. Lexington Kentucky, Third Annual Stud Managers Course, 1953.
DELAHANTY, D. D., et al.: Orthopedic surgery in the horse – A panel discussion. Proc. 4th Ann. AAEP, 1958.
DIXON, R. T.: The nature of injuries causing foot lameness in fast-gaited horses. Aust. Vet. J., **39**: 177, 1963.
DYKSTRA, R. R.: Anatomical changes in lameness of the horse. J. Am. Vet. Med. Assoc., **71**: 425, 1927.
Equine lameness review: Vet. Med., **56**: 165, 1961.
Equine Medicine and Surgery: Santa Barbara, C. A., American Veterinary Publishers Inc., 1961 (68 Autoren).
FOWLER, W. J. R.: Diagnosis and treatment of lameness. Can. J. Comp. Med., **4**: 249, 1940.
FOWLER, W. J. R.: Diagnosis and treatment of lamenesses. Can. J. Comp. Med., **3**: 91, 1939.
FOWLER, G. R.: Diseases of the foot of the horse. Vet. Med. **33**: 216, 1938.
FRANK, E. R.: Veterinary Surgery. 7th Ed. Minneapolis, Burgess Publishing Co., 1964.
FRANK, E. R.: Obscure lameness. N. Am. Vet., **18**: 39, 1937.
GERSTEN, K. E., and BRINKER, W. O.: Bone plates for fracture repair in ponies. J. Am. Vet. Med. Assoc., **154** (8): 900, 1969.
GIBSON, S. J.: Lameness in horses. Can. J. Comp. Med., **9**: 103, 1945.
GRAY, T. E.: Foot lameness in the horse. Mod. Vet. Pract., **42**: 38, 1961.
GRENSIDE, F. C.: Why horses are oftener lame in front than behind. Am. Vet. Rev., **35**: 43, 1909.
GUARD, W. F.: Surgical Principles and Techniques. Columbus, Ohio, Published by the author, 1953.
HANSEN, J. C., et al.: Panel – Chronic lameness. Proc. 17th Ann. AAEP, 1971, pp. 279–292.
HANSHEW, E. Jr.: Dropped elbow in the horse. Am. Vet. Rev., **21**: 411, 1897–1898.
HAYES, I. E.: Shoulder lameness in the horse. Vet. Med., **42**: 249, 1947.
HICKMAN, J.: Veterinary Orthopaedics. Philadelphia, J. B. Lippincott Co., 1964.
HOARE, W. E.: Discussion of ephemeral (transient) lameness. J. Am. Vet. Med. Assoc., **9**: 113, 1914.
HUME, W.: Neurectomy in foot lameness. J. Am. Vet. Med. Assoc., **8**: 115, 1913.
JENNY, J.: Bone and joint injuries. Mod. Vet. Pract., **46** (3): 49, 1965.
JENNY, J.: Hoof repair with plastics. Proc. 9th Ann. AAEP, 1963, p. 137.
JENNY, J.: Management of bone and joint injuries in the horse. Vet. Scope 6, 1961.
JOHNSON, L. E., et al.: Equine radiology: A panel discussion. 6th Ann. AAEP, 1960, pp. 35–64.
JUBB, K. V. F., and KENNEDY, P. C.: Pathology of Domestic Animals, Vols. 1 and 2. New York, Academic Press, 1963.
KIERNAN, J.: Hints on Horseshoeing. Washington D. C., Office of the Library of Congress, 1894.
LAMBERT, F. W.: Some problems of the hoof in the modern harness horse. VM/SAC, **62**: 903, 1967.
La CROIX, J. V.: Lameness of the horse. Vet. Pract., Ser. No. 1, Am. J. Vet. Med., 1916.
LIAUTARD, A.: Lameness of Horses. New York, W. R. Jenkins Co., 1888.

LUNDVALL, R. L.: Lameness of the upper hind leg. Iowa State Univ. Vet., **29:** 7, 1961-1962.

LUNDVALL, R. L.: Problems in a pony practice. Proc. 5th Ann. AAEP, 1959.

MACKAY-SMITH, M. P., and RAKER, C. W.: Mechanical defects on the equine stifle – Diagnosis and treatment. Sci. Proc. 100th Ann. Meeting AVMA, 1963, pp. 80–85.

MAQSOOD, M.: Thrombosis of the iliac arteries in race horses. Indian Vet. J., **20:** 133, 1944.

McCUNN, J.: Lameness in the horse with special reference to surgical shoeing. Vet. Rec., **63:** 629, 1951.

McDONOUGH, J.: Lameness and its most common cause. J. Am. Vet. Med. Assoc., **49:** 653, 1916.

McDONOUGH, J.: Hock joint lameness. Am. Vet. Rev., **43:** 629, 1913.

McGEE, W. R.: Veterinary Notebook. Lexington, Kentucky, Blood-horse, 1958.

McKINNEY, W. J.: Mechanical lameness. Am. Vet. Rev., **39:** 288, 1911.

MEGINNIS, P.: Myositis in race horses. J. Am. Vet. Med. Assoc., **130:** 237, 1957.

MERCK & Co.: The Merck Veterinary Manual. 3rd Ed. Rahway, New Jersey, 1967.

MILCH, R. A. G., BURKE, J., and FROCK, I. W.: Surgical management of degenerative joint disease in the race horse. J. Am. Vet. Med. Assoc., **141:** 1276, 1962.

MILNE, F. J., et al.: Panel on lameness. Proc. 10th Ann. AAEP, 1964, p. 259.

O'CONNOR, J. J.: Dollar's Veterinary Surgery. 4th Ed., London, Balliere, Tindall and Cox, 1952.

O'CONNOR, J. J.: Standardbred lameness. Proc. 4th Ann. AAEP, 1958.

PAATASAMA, S., et al.: Lameness due to lesions of the radius. Eq. Vet. J., **2** (3): 121, 1970.

PETERS, J. E.: Lameness incident to training and racing of the thoroughbred. J. Am. Vet. Med. Assoc., **96:** 200, 1940.

POPE, G. W.: The diagnosis and treatment of lameness. Am. Vet. Rev., **28:** 952, 1908.

PRITCHARD, G. C.: Mechanical treatment of lameness. Am. Vet. Rev., **21:** 25, 1898.

RAKER, C. W.: Clinico-pathologic conference. J. Am. Vet. Med. Assoc., **143:** 1115, 1963.

REED, W. O., et al.: Panel on equine lameness. Proc. 8th Ann. AAEP, 1962, p. 191.

REEKS, H. C.: The Horse's Foot. Chicago, Alexander Eger Inc., 1918.

ROBERTS, E. J.: Some considerations of the problems of equine orthopaedic surgery. Proc. 5th Ann. Conf. Brit. Eq. Vet. Assoc., 1966, pp. 37–45.

ROBERTS, E. J.: Carpal lameness. 3rd Ann. Conf. Brit. Eq. Vet. Assoc., 1964, p. 18.

ROONEY, J. R.: Biomechanics of Lameness in Horses. Baltimore, Williams & Wilkins Co., 1969.

ROONEY, J. R.: Biomechanics of equine lameness. Cornell Vet., **58** (Suppl. Eq. Bone Joint Dis.): 49, 1968.

ROONEY, J. R.: Congenital contracture of limbs. Cornell Vet., **56** (2): 172, 1966.

ROONEY, J. R.: Pathology of equine lameness. Proc. 9th Ann. AAEP, 1963, p. 45.

SISSON, S.: Anatomy of Domestic Animals. 4th Ed. Edited by J. D. Crossman. Philadelphia, W. B. Saunders Co., 1953.

SMITH, H. A., JONES, T. C., and HUNT, R. D.: Veterinary Pathology. 4th Ed. Philadelphia, Lea & Febiger, 1972.

SMYTHE, R. H.: Clinical Veterinary Surgery. Vol. 1. London, C. Lockwood & Son, 1959.

SMYTHE, R. H.: Clinical Veterinary Surgery. Vol. 2. Springfield Illinois, Charles C. Thomas, 1960.

STAHRE, L., and TUFFVESSON, G.: Supracarpal exostoses as causes of lameness. Nord. Vet. Med., **19** (7–8): 356, 1967.

STURGE, E.: Penetrant cauterization in the treatment of lameness from ostitis. Am. Vet. Rev., **18:** 205, 1894.

TEIGLAND, M. B., et al.: Orthopedic surgery. 6th Ann. AAEP, 1960.

VAUGHAN, J. T.: Analysis of lameness in the pelvic limb and selected cases. Proc. 11th Ann. AAEP, 1965.

WALKER, E. R., et al.: Lameness symposium. Proc. 12th Ann. AAEP, 1966, pp. 329–343.

WHEAT, J. D.: Limb disorders of the race horse. Vict. Vet. Proc. (Aust.) **27:** 29–31, 1968-1969.

WHEAT, J. D., and RHODE, A.: Luxation and fracture of the hock of the horse. J. Am. Vet. Med. Assoc., **145:** 341, 1964.

WHEAT, J. D.: Trochlear fractures of the tibiotarsal bone. Proc. 9th Ann. AVMA Convention, pp. 86–87, 1963.

WHEAT, J. D.: Hypertrophy of synovial membranes. Proc. 8th Ann. AAEP, 1962, p. 208.

WHITE, G. R.: Shifting lameness. Am. Vet. Rev., **34:** 482, 1908.

WILLIAMS, W.: The Principles and Practice of Veterinary Surgery. New York, W. R. Jenkins, 1891.

WRIGHT, J. G., and HALL, L. W.: Veterinary Anesthesia, 5th Ed. Baltimore, Williams & Wilkins Co., 1961.

WYMAN, W. E. A.: Diagnosis of Lameness in the Horse. New York, W. R. Jenkins, 1898.

Hufeisen und Hufnägel

Ted S. Stashak

Hufeisen

Beschläge werden nach verschiedenen Gesichtspunkten eingeteilt. Auch die Größenbezeichnungen bei den einzelnen Arten der Hufeisen sind unterschiedlich. Bei der Einteilung können Beschläge aus Eisen, Aluminium, Gummi und Plastik unterschieden werden. Hufeisen im eigentlichen Sinne sind alle Beschläge, die aus Eisen oder Stahl hergestellt und für Gebrauchspferde verwendet werden, einschließlich der sehr leichten Stahlbeschläge für Rennpferde. Aluminiumbeschläge werden vorwiegend für Rennpferde angefertigt.

Hufeisen gibt es in verschiedenen Gewichtsklassen: extrem leicht, extraleicht und leicht. In der Regel werden die extraleichten Eisen verwendet. Hufeisen sind unter anderem als glatte Hufeisen, Cowboy-Hufeisen, Ponyhufeisen, Fabrikhufeisen und Maultierhufeisen im Handel. Ferner können Hufeisen mit einer Vielzahl verschiedener Stollen an den Schenkelenden oder dem Vorderteil sowie mit Griffen am Vorderteil fertig gekauft oder später damit versehen werden. Sie können in jeder beliebigen Form für Spezialbeschläge handgeschmiedet werden. Cowboy-Hufeisen und glatte Hufeisen sind in der Regel in die Größen 00 bis 8 eingeteilt. Für Reitpferde werden in der Regel die Größen 00, 0 und 1 benötigt. Fabrikhufeisen werden in verschiedenen Größen vorgefertigt und kalt angepaßt, während das Anpassen und Kürzen der Schenkelenden bei den meisten anderen Eisen mit Ausnahme der Stahl- und Aluminiumbeschläge für Rennpferde und der Poloeisen warm erfolgt. Fabrikhufeisen sind als glatte Eisen sowie mit Stollen an Vorderteil und Schenkelenden erhältlich. Beispiele der handelsüblichen Hufeisen sind in Tabelle 9.1 zusammengestellt.

Poloeisen sind aus Eisen hergestellt und haben eine eigene Größeneinteilung von 00 bis 3. Ein Poloeisen (Abb. 9.1) hat einen erhöhten Innenrand auf der Bodenfläche, wodurch das Abrollen in jede Richtung erleichtert wird. Pferde, die für Roping eingesetzt werden, sollten nicht mit Poloeisen beschlagen werden, da der erhöhte Innenrand an der Bodenfläche den Huf bei einem Sliding Stop abrupt bremst. Dies kann zu Verletzungen im Bereich der Zehe und des Fesselkopfes führen. Bei den Aluminiumbeschlägen für Rennpferde wird eine eigene Größeneinteilung (Größe 2–7) verwendet (Abb. 9.15 und 9.21). Stahlbeschläge für Rennpferde werden ebenso bezeichnet. Ponyhufeisen sind in den extra Ponygrößen 00 bis 4 im Handel. Außerdem gibt es Maultierhufeisen, die der speziellen Form des Maultierhufs angepaßt sind. In Tabelle 9.2 sind die bei verschiedenen Herstellern verwendeten Größenbezeichnungen einander zum Vergleich gegenübergestellt.

Tabelle 9.1: Beispiele für in den USA erhältliche Hufeisen.*

Hersteller	Art der Hufeisen

Diamond Tool and Horseshoe Co., Duluth, Minn.	Stahlbeschlag
	  glatt
	  mit Griff (am Vorderteil) und Stollen (an den Schenkelenden)
	  mit Stollen (an den Schenkelenden)
	  Hufeisen für Ponys
	  Hufeisen für Maultiere
	  Hufeisen für Wagenpferde

Victory Racing Plate Co., Baltimore, Md.	Stahlbeschlag für Rennpferde Aluminiumbeschlag für Rennpferde

Russell Breckenridge Co., Mt. Clemens, Minn.	Stahlbeschlag
	  glatt
	  Springpferdebeschlag
	  Rennpferdebeschlag
	  Eisen mit halbrunder Bodenfläche (half-rounds)
	  Titan-Beschlag

Nordic Forge, Guttenburg, Iowa	Stahlbeschlag
	  glatt
	  mit Stollen (an den Schenkelenden)

Izumi, Japan	Stahlbeschlag
	  glatt
	  Falzeisen
	  Trainingsbeschlag

Benjamin Baker, Ltd., England	Stahlbeschlag
	  glatt
	  Falzeisen
	  mit oder ohne Aufzüge
	  Hufeisen für Wagenpferde

Thoro'Bred Racing Plate Co., Anaheim, Calif.	Stahlbeschlag
	  Trainingsbeschlag
	  Rennpferdebeschlag
	Aluminiumbeschlag für Rennpferde
	  glatt
	  mit erhöhtem Außenrand an der Bodenfläche (outside rim)
	  mit Vierkantstollen

* Die Auflistung der Hersteller und der Hufeisentypen ist nicht vollständig.

Verschiedene Beschläge aus Plastik und Gummi sind entwickelt worden und werden wohl weite Verbreitung finden. Plastikbeschläge sind leicht und können mit Kunstharzklebern statt mit Nägeln befestigt werden. Beispiele für Plastikbeschläge sind der französische Chiriacos-Beschlag für Standardbred-Pferde und Beschläge der Balanz Racing Plate Corporation, New Orleans. In der letzten Zeit ist ein aus Metall und Urethan bestehen-

Kapitel 9: Hufeisen und Hufnägel

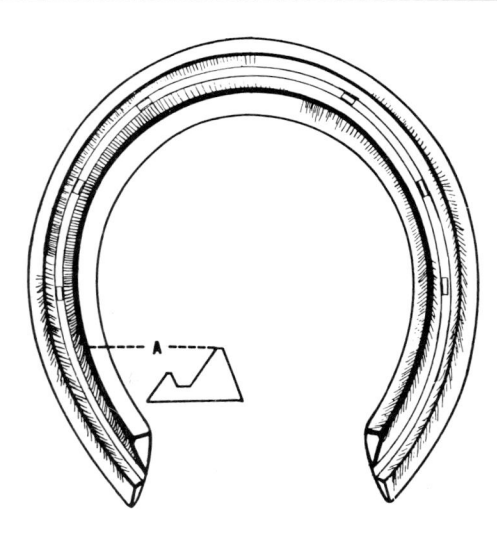

Abb. 9.1: Bodenfläche eines Poloeisens. Das Eisen erleichtert durch den durchgehenden, erhöhten Innenrand an der Bodenfläche (A) das Abrollen in jeder beliebigen Richtung. Die schematische Darstellung innen zeigt einen Querschnitt durch den Eisenschenkel.

Tabelle 9.2: Vergleichende Größenangaben für in den USA erhältliche Hufeisen.

Diamond (Bronco)	Izumi	Nordic	Baker	Thoro'Bred
00	4	00	00	4
0	5	0	0	5
1	6–7	1	1	6
2	8	2	2	7

der Beschlag mit Aufzügen von Maclan Corporation, Lakeland, Florida, auf den Markt gebracht worden.

Das „natürliche" Hufeisen (Abb. 9.2) stellt eine geradlinige Fortsetzung der Hufwand dar und konzentriert das Gewicht und die Bewegung auf die äußere Wand des Hufes. Seine Wirkung entspricht weitgehend der eines Eisens mit durchgehendem, erhöhtem Außenrand. Es handelt sich nicht um einen orthopädischen Beschlag; das Eisen hat sich am besten bei Pferden mit nahezu regelmäßiger Stellung bewährt. Die Ausführung des Beschlages ist nicht einfach und sollte Schmieden überlassen bleiben, die mit dieser spezifischen Problematik vertraut sind. Adams ist der Ansicht, daß diese Eisen den Bewegungsablauf weniger beeinträchtigen als ein Eisen mit einem Griff am Vorderteil.

Ein Hufeisen kann einen mehr oder weniger ausgeprägten Falz (Rinne) aufweisen, in welchen die Nagelköpfe eingetrieben werden. Manche Eisen besitzen überhaupt keinen Falz, während andere mit einem durchgehenden Falz versehen sind (Falzeisen). Die Schenkel des Eisens werden unterteilt in Vorderteil, Seitenteil und Schenkelenden, ein weiteres Merkmal ist die Breite der Bodenfläche (Abb. 9.3 und 9.4).

Hufnägel

Hufnägel werden in der Regel in den Größen 2½ (kleinste Größe) bis 12 (größte Nägel) angeboten (Capewell Mfg. Co. – Abb. 9.5 und Tab. 9.3). Nägel der Größen 3½ bis 6 (Capewell) werden am häufigsten verwandt.

Hufnägel unterscheiden sich ferner durch die Form ihres Kopfes. Der Kopf eines Hufnagels ist größer als der Kopf

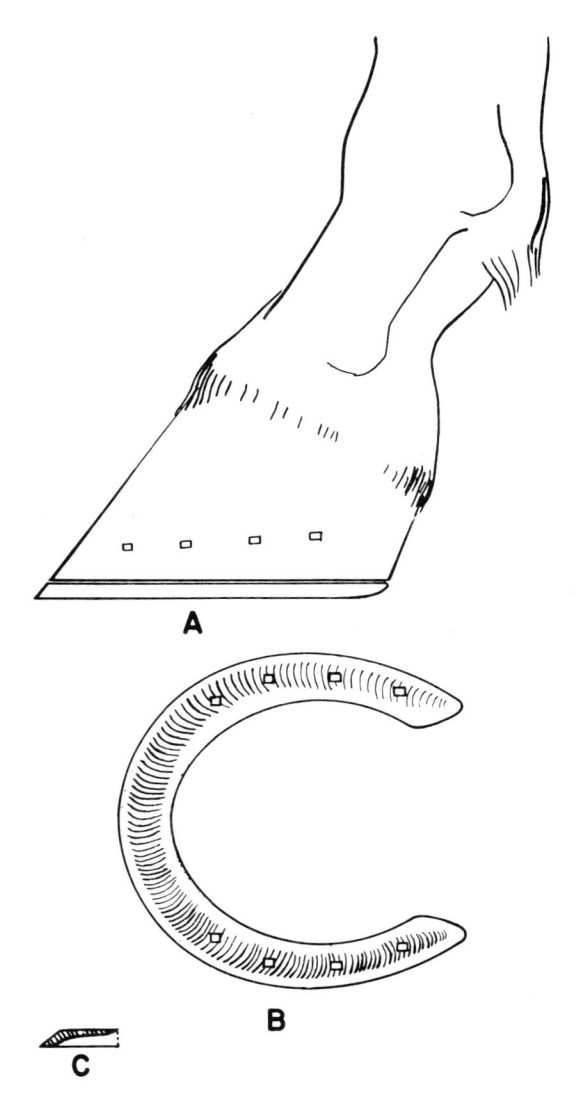

Abb. 9.2: „Natürliches" Hufeisen. **A** Der Außenrand des Hufeisens verläuft als geradlinige Fortsetzung der dorsalen Hufwand. **B** Bodenfläche des Eisens. Schematische Darstellung der Abdachung; das Gewicht wird bei diesem Beschlag nur auf die äußere Hufwand übertragen. **C** Querschnitt des Hufeisens mit Abdachung der Bodenfläche. Der schraffierte Bereich kennzeichnet das Hufeisen. Der helle Bereich wurde entfernt.

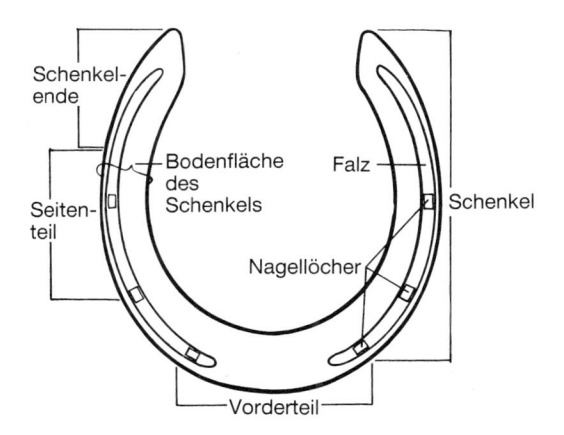

Abb. 9.3: Ansicht der Bodenfläche eines Vorderhufeisens mit Benennung der einzelnen Teile.

eines sogenannten Klauennagels (eigentlich für den Beschlag von Rindern gedacht). Der Kopf des Klauennagels ist klein genug, um vollständig im Falz des Eisens versenkt zu werden, was für das Beschlagen der Rennpferde von Interesse ist. Weiterhin gibt es Eisnägel mit meißelförmig angeschliffenem Kopf, um im Winter einen genügenden Gleitschutz zu gewährleisten. Rennpferde werden in der Regel mit Klauennägeln der Größen 3½ bis 4½ beschlagen. Für Reitpferde werden im allgemeinen Klauen- oder Hufnägel der Größen 5 und 6 verwendet. Die Größe des Falzes bestimmt dabei die Art der zu verwendenden Nägel. Der Kopf des vollständig eingetriebenen Nagels sollte etwa 1,5 mm über die Bodenfläche des Eisens vorragen.

Einfluß des Beschlaggewichtes

Das Anbringen zusätzlicher Gewichte beeinflußt den Bewegungsablauf besonders in schnelleren Gangarten. Gewichte werden hauptsächlich beim Beschlag von Gangartenpferden und Trabern benutzt. Gewichte am Vorderteil des Eisens, die den Raumgriff des Ganges fördern, werden in der Regel in Verbindung mit einer angeschliffenen Zehenrichtung verwendet. Gewichte an den Schenkelenden bedingen eine höhere Aktion des Pferdes. Traber werden manchmal mit bis zu 140 oder 280 g zusätzlichen Gewichtes am Vorderteil des Eisens beschlagen, um den Raumgriff extrem zu steigern.

Das Anbringen von Gewichten an den Eisenschenkeln zur Korrektur einer unregelmäßigen Gliedmaßenführung kann das Anschlagen fördern, zu dessen Korrektur der Beschlag eigentlich gedacht ist. Das Anbringen zusätzlicher Gewichte auch auf der richtigen Seite des Eisens kann die Abweichungen von der regelmäßigen Gliedmaßenführung verstärken. Zusätzliche Gewichte verringern die Schnelligkeit und die Wendigkeit und führen zu stärkerer Ermüdung der Muskulatur. Daher sollte jeweils das leichteste Eisen gewählt werden, das den Anforderungen bei der zu leistenden Arbeit genügt.

Spezialbeschläge/orthopädische Beschläge

Zur Beschreibung der Spezialbeschläge ist eine Vielzahl von Begriffen üblich:

Hufeisen mit angeschliffener Zehenrichtung. Am Vorderteil des Eisens ist der Außenrand der Bodenfläche rund geschliffen, um das Abrollen über die Mitte der Zehenwand zu erleichtern (Abb. 9.6 B).

Hufeisen mit geradem Vorderteil. Der Vorderteil des Eisens ist gerade gehalten und gegenüber der Zehenwand des Hufes zurückgelegt, um das Abrollen zu erleichtern (Abb. 12.16). Diese Technik wird bei Hintereisen angewandt, um das Abtreten der Vordereisen zu verhindern.[1]

Hufeisen mit durchgehendem, erhöhtem Innenrand an der gesamten Bodenfläche. Für die Ausführung dieses Beschlages gibt es mehrere Möglichkeiten: die Verwendung eines Poloeisens, das grundsätzlich schon in dieser Art gefertigt ist, das Aufschweißen eines Runddrahtes von etwa 6 mm Durchmesser oder das Abschleifen des Außenrandes an der gesamten Bodenfläche des Eisens, bis der Außenrand niedrig genug ist (Abb. 9.1; 9.6 C; 9.7). Das Abschleifen des Außenrandes oder die Verwendung eines Poloeisens ist die einfachste und gebräuchlichste Methode. Eine ähnliche Beeinflussung des Bewegungsablaufes bieten Eisen mit halbrunder Bodenfläche.[1]

Geschlossene Hufeisen/Stegeisen. Es gibt eine Vielzahl von Stegeisen: geschlossene Eisen mit geradem Steg zwischen den Schenkelenden (Abb. 9.8); „diamond-bar"- (rautenförmige, geschlossene) Eisen; ovale, geschlossene Eisen; Eisen mit Stegen zur Unterstützung des Strahles, die von den Eisenschenkeln bis zum Vorderteil des Hufeisens (Eisen mit V-förmigem Steg – „v-bar shoe") oder nur bis zur Strahlspitze (herzförmiges Hufeisen = „heart-bar shoe") reichen können, sowie Eisen mit einem halben Steg, der also nur an einer Seite Kontakt zum Eisen hat. Im allgemeinen sind die typischen Eigenschaften der Stegeisen folgendermaßen zu charakterisieren:

1. Stegeisen vergrößern die Unterstützungsfläche des Hufes.
2. Sie verteilen die Belastung auf eine größere Unterstützungsfläche.
3. Sie dienen dem Schutz spezifischer Bereiche des Hufes.
4. Sie können selektiv Druck auf bestimmte Bereiche ausüben.

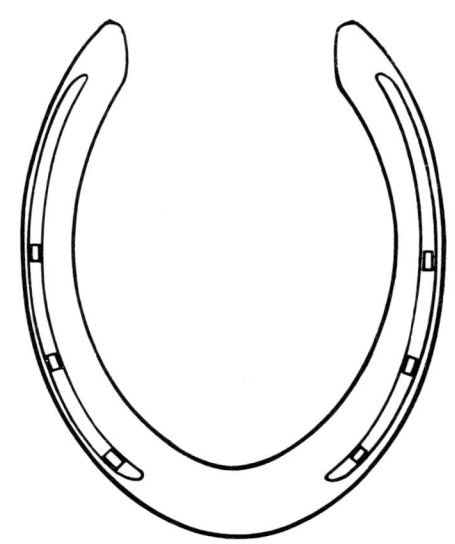

Abb. 9.4: Bodenfläche eines glatten Hintereisens. Charakteristisch für das Hintereisen ist der relativ spitze Vorderteil.

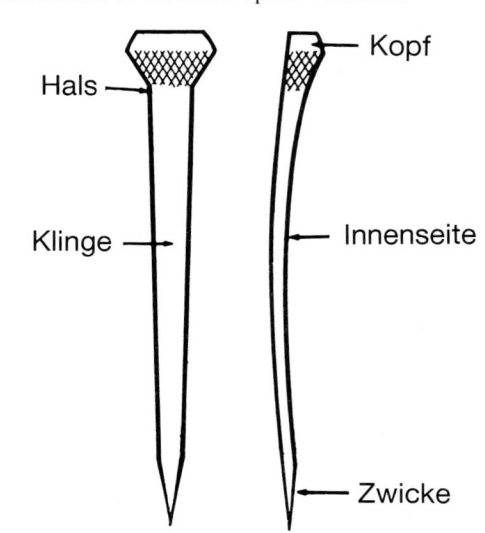

Abb. 9.5: Hufnagel mit Benennung der einzelnen Teile.

Tabelle 9.3: Größenangaben für in den USA erhältliche Hufnägel.

Mustad / Cooper / Capewell	Multi-Products / Izumi
3½, 4, 4½, 5, 6	1, 2, 3, 4, 5

Kapitel 9: Hufeisen und Hufnägel   789

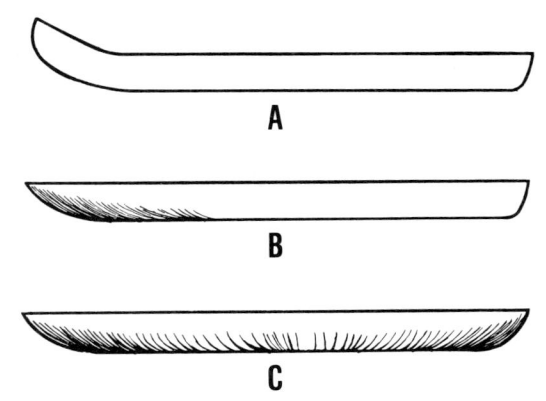

Abb. 9.6: A Seitenansicht eines Hufeisens mit angeschmiedeter Zehenrichtung. Die Hufwand muß im Zehenspitzenbereich gekürzt werden, damit der Huf und das Eisen zusammenpassen. Dieser Beschlag erleichtert das Abrollen über die Mitte der Zehenwand. **B** Seitenansicht eines Hufeisens mit angeschliffener Zehenrichtung. Auch dieser Beschlag ermöglicht dem Pferd leichteres Abrollen über die Mitte der Zehenwand. **C** Vorderansicht eines bodeneng geränderten Hufeisens mit durchgehend rund geschliffener Außenkante an der Bodenfläche.

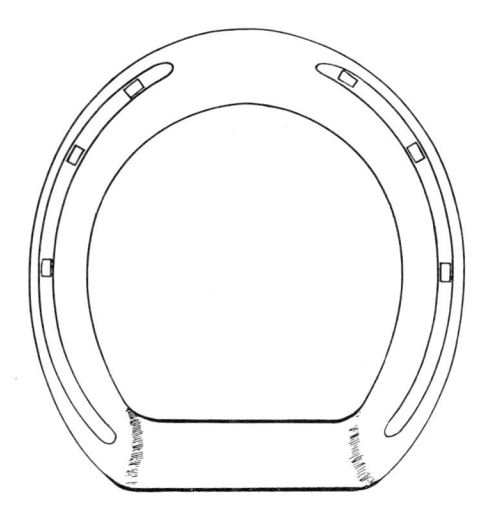

Abb. 9.8: Bodenfläche eines geschlossenen Hufeisens mit geradem Steg zwischen den Schenkelenden. Dieses Hufeisen kann genutzt werden, um den Strahl vermehrt zu belasten (Hufeisen mit nach oben durchgekröpftem Steg) oder um den Strahl zu entlasten (Hufeisen mit nach unten durchgekröpftem Steg).

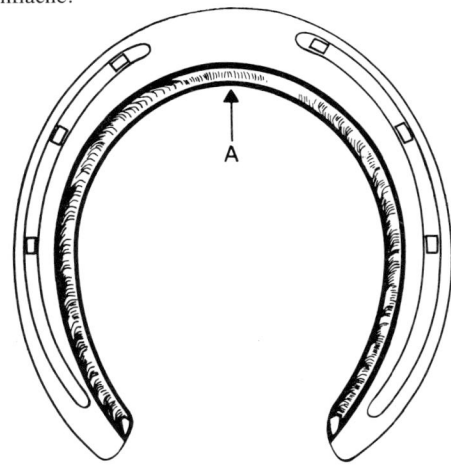

Abb. 9.7: Eisen mit durchgehendem, erhöhtem Innenrand an der Bodenfläche. Ein Runddraht von etwa 6 mm Durchmesser ist unter die innere Kante des Eisens geschweißt worden. **A** Der Pfeil macht deutlich, daß die Erhöhung nicht nur an den Eisenschenkeln angebracht, sondern auch am Vorderteil des Eisens durchgehend ist. Dieses Hufeisen erleichtert dem Pferd das Abrollen in jeder beliebigen Richtung.

5. Da geschlossene Hufeisen mehr Stabilität besitzen als einfache, sind sie von Vorteil für die Behandlung vieler Veränderungen, die durch erhöhte Stabilität günstig beeinflußt werden (d. h. Hufbeinfrakturen, Hornspalten, geringere Belastung eines veränderten Bereiches). Das „diamond-bar-" und das ovale, geschlossene Eisen (Abb. 9.9) haben dem geschlossenen Eisen mit geradem Steg gegenüber den Vorteil, daß sie eine größere Unterstützungsfläche bieten, wodurch die Erschütterung verringert wird. Sie können außerdem leicht länger (bis hinter die Trachten) gelegt werden, um einem Pferd mit langen Zehen und untergeschobenen Trachten mehr Unterstützung zu bieten. Das ovale, geschlossene Eisen ist außerdem bei der Behandlung des einseitigen Trachtenzwanges mit gegeneinander verschobenen Ballen sehr wirksam.[2]
Das Eisen mit V-förmigem Steg dient besonders dem Schutz der Strahlgegend (Abb. 9.10), während das herzförmige, geschlossene Eisen Gegendruck auf den Strahl

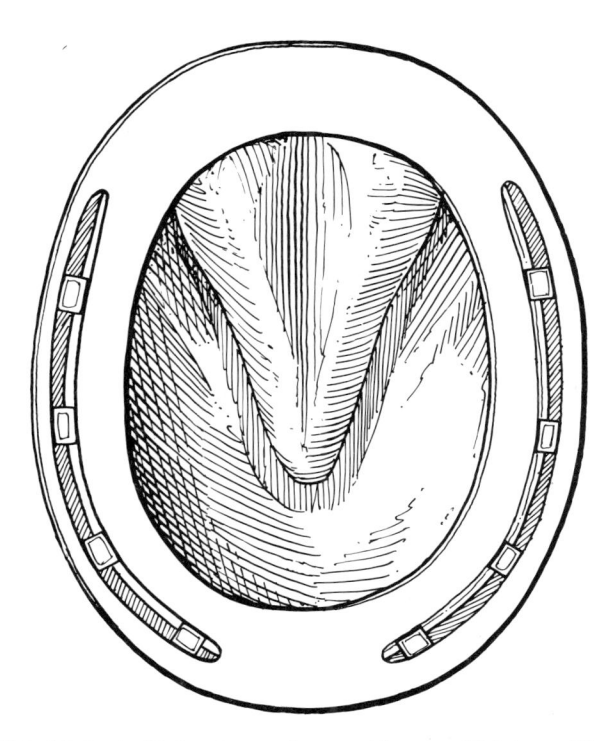

Abb. 9.9: Bodenfläche eines ovalen, geschlossenen Hufeisens. Dieser Beschlag hat den Vorteil, daß er die Stabilität für den Huf erhöht, ohne die Unterstützungsfläche zu verkleinern. Das Eisen kann problemlos länger gelegt werden, um einem Pferd mit untergeschobenen Trachten bessere Unterstützung zu bieten.

ausübt, wodurch bei Pferden mit Hufrehe das Hufbein wirksam unterstützt wird (Abb. 9.11). Der Gegendruck kann, wenn er früh genug einsetzt, eine Hufbeinrotation verhindern. Außerdem bewirkt er eine Erleichterung für das Pferd, da die Zehenspitze und der Sohlenbereich entlastet werden.
Ein Eisen mit halbem Steg kann zum Schutz einer Trachte benutzt werden. Wenn der Steg genügend stark umge-

790 Kapitel 9: Hufeisen und Hufnägel

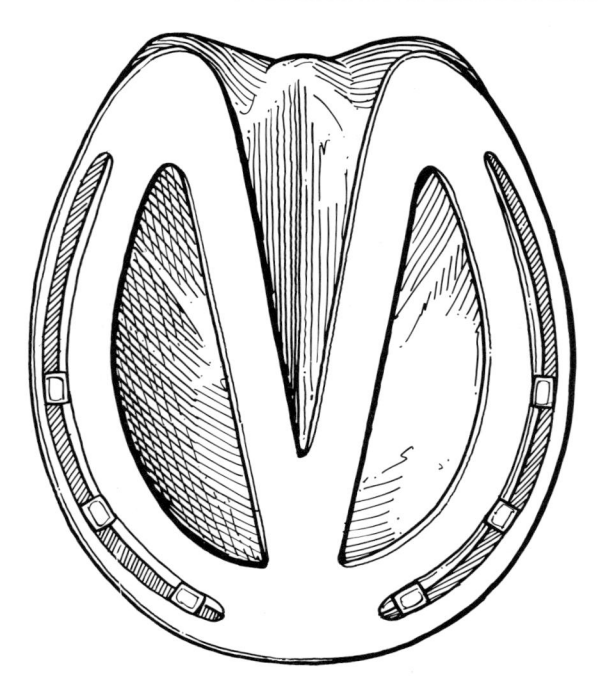

Abb. 9.10: Eisen mit V-förmigem Steg. Es bietet der Strahlgegend guten Schutz.

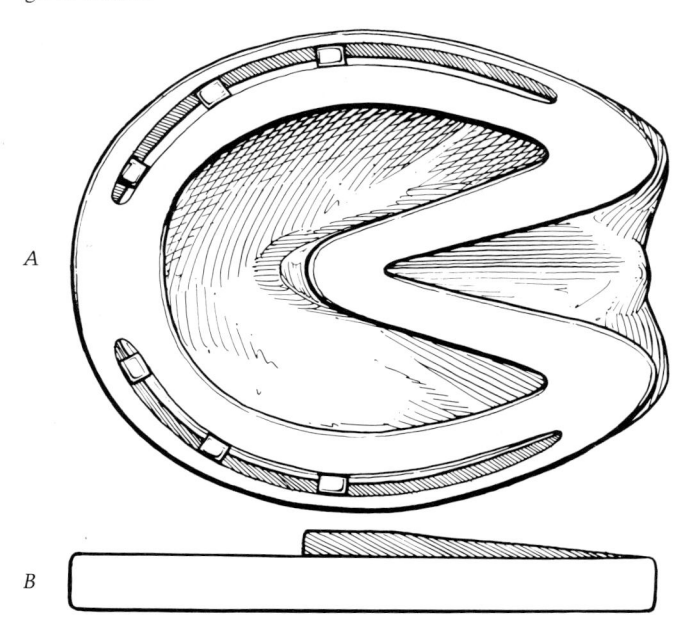

Abb. 9.11: Herzförmiges, geschlossenes Eisen. Dieses Eisen bietet bei Pferden mit Hufrehe Gegendruck gegen eine Hufbeinrotation. Es kann auch nach Beginn der Hufbeinrotation sinnvoll eingesetzt werden, um eine weitere Rotation des Hufbeines verhindern zu helfen und um die Schmerzen zu verringern, die mit den Zerrungen der Lederhaut verbunden sind. **A** Bodenfläche des Hufeisens. Der Steg sollte Kontakt zum Strahl haben. **B** Seitenansicht. Wichtig ist, daß der Steg des Hufeisens schräg nach oben verläuft und daß seine Spitze, die am Strahl anliegt, abgeflacht ist.

bogen ist, kann das Eisen außerdem verwendet werden, um Druck auf den Strahl auszuüben.

Eisen mit angeschmiedeter Zehenrichtung (Abb. 9.6 A). Die angeschmiedete Zehenrichtung soll das Abrollen über die Mitte der Zehenwand erleichtern. Die Hufwand muß

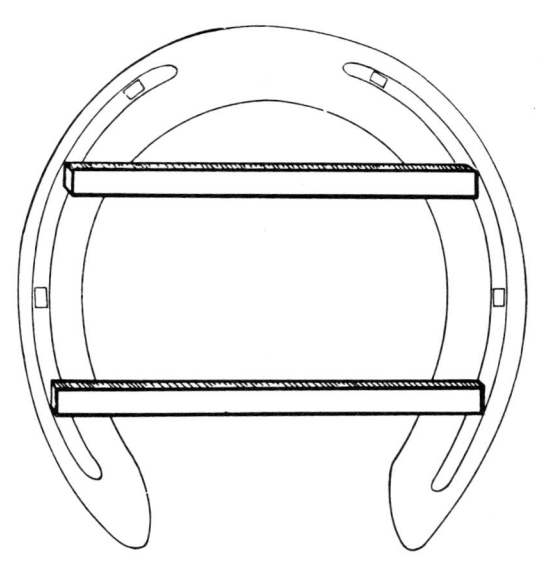

Abb. 9.12: Memphis-Hufeisen mit zwei auf die Bodenfläche des Eisens zwischen den Eisenschenkeln aufgeschweißten Querstegen. Hierdurch wird das gerade Abrollen über den Vorderteil des Eisens erleichtert.

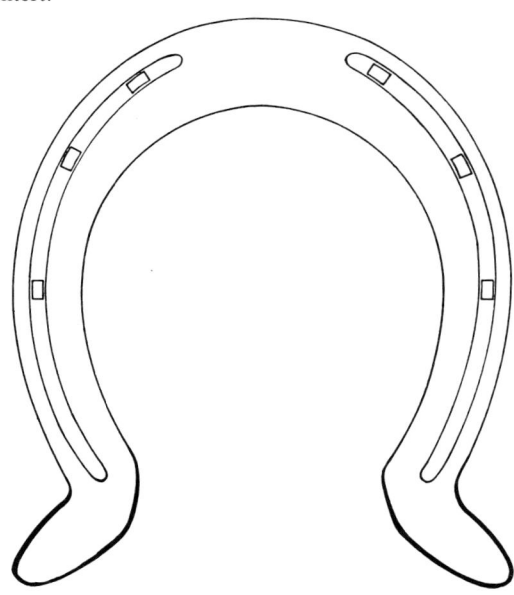

Abb. 9.13: Glattes Hufeisen mit Trailern an beiden Schenkelenden. Die Schenkelenden können unterschiedlich weit verlängert sein. Im allgemeinen sind die Trailer in einem Winkel von 30 bis 45 Grad nach außen gerichtet. Zusätzlich können an einem oder an beiden Schenkelenden Stollen angebracht werden.

im Zehenspitzenbereich gekürzt werden, damit dieses Eisen paßt.

Memphis-Hufeisen. Hier sind zwei Querstege auf die Bodenfläche des Eisens zwischen den Schenkeln aufgeschweißt, um das Abrollen über den Vorderteil des Eisens zu erleichtern (Abb. 9.12).

Hufeisen mit Trailer*. Bei diesem Hufeisen sind aus orthopädischen Gründen ein oder beide Schenkelenden verlängert (Abb. 9.13 und 12.17). Verlängerte Schenkelenden (Trailer) können an einem oder an beiden Eisenschenkeln verwandt werden. Statt gerade nach hinten zu

* Trailer = lyraförmige Verlängerung der Eisenschenkel.

verlaufen, können die Trailer auch nach außen umgebogen werden. Bei Pferden, die dazu neigen, sich in der Bewegung anzuschlagen, ist Vorsicht geboten, wenn Trailer am Ende des inneren Eisenschenkels angebracht werden sollen. Hierbei besteht die Gefahr, daß durch den Trailer Verletzungen der gegenüberliegenden Gliedmaße hervorgerufen werden. Auch das Anbringen von Trailern an einem Vorderhuf ist problematisch, da das Pferd mit dem Hinterhuf hineintreten und so das Eisen abreißen kann. Die Länge eines Trailers sollte in der Regel etwa 1,5 cm nicht überschreiten. Trailer beeinflussen den Bewegungsablauf in manchen Fällen günstiger, wenn sie nicht auf der ursprünglich geplanten, sondern auf der gegenüberliegenden Seite angebracht werden. Vor dem endgültigen Festnageln der Eisen ist es daher durchaus sinnvoll, die Hufeisen auszutauschen und die Auswirkungen auf die Gliedmaßenführung zu überprüfen.

Eisen mit erhöhtem Außenrand an der Bodenfläche (Abb. 9.14 und in anderen Kapiteln; 9.19). Dieser Beschlag kann verwendet werden, um den Gleitschutz zu erhöhen oder Unregelmäßigkeiten auszugleichen. Der erhöhte Außenrand kann durchgehend oder nur an einem Teil der Bodenfläche angebracht sein. Ein Eisen mit durchgehendem, erhöhtem Außenrand an der Bodenfläche wird oft bei Standardbred-Pferden verwendet, um den Gleitschutz zu erhöhen; auch bei Vollblütern kommt es in zunehmendem Maße zur Anwendung (Abb. 9.14 und 9.19). In vieler Hinsicht ist die Wirkung des Eisens mit durchgehendem, erhöhtem Außenrand ähnlich der des „natürlichen" Hufeisens (Abb. 9.2). Allerdings besitzt das Hufeisen mit durchgehendem, erhöhtem Außenrand eine senkrechte Ränderung, während das natürliche Hufeisen bodenweit gerändert ist und in geradliniger Fortsetzung der Hufwand verläuft. Viele der handelsüblichen Hufeisen mit durchgehendem, erhöhtem Außenrand sind zusätzlich mit einem Griff am Vorderteil ausgerüstet (Abb. 9.19). Nach detaillierter Beobachtung der Hufabdrücke auf einer präparierten Bahn kam ADAMS zu dem Schluß, daß ein Griff den physiologischen Bewegungsablauf der regelmäßigen Gliedmaße auf gepflegtem Rennbahngeläuf beeinträchtigt. Griffe am Vorderteil des Hufeisens sowie Vierkant- oder Meißelstollen an den Schenkelenden können bei ungünstigen Bodenverhältnissen von Vorteil sein. Ihre Anwendung sollte aber jeweils sorgfältig überlegt werden, da der normale Bewegungsablauf der Gliedmaßen dem Pferd in den meisten Situationen voll genügt.

Falls Griffe verwendet werden, sollten sie niedrig sein, da Griffe an sich das Einsinken der Zehenspitze in den Boden verhindern, wodurch die Dorsalflächen von Fessel- und Krongelenk vermehrt belastet und die Vorderhufe in einer schaufelnden Bewegung angehoben werden. Diese schaufelnde Bewegung bedingt, daß nur die Zehenspitze ihre Funktion beim Abstemmen der Gliedmaße erfüllt. So werden die vollständigen, nützlichen Bewegungsabläufe am Huf, die bei der Vorwärtsbewegung des Pferdes normalerweise feststellbar sind, beeinträchtigt. Zusätzlich erfordert die schaufelnde Bewegung eine vermehrte Beugung des Karpus. Außerdem wird der Raumgriff der Bewegungen durch diesen Beschlag gesteigert. Insgesamt wird dann aller Wahrscheinlichkeit nach mehr Energie zum Vorführen der Gliedmaße benötigt. Dadurch beschleunigt diese Beschlagausführung höchstwahrscheinlich die Muskelermüdung, was bei Rennpferden berücksichtigt werden sollte. Aluminiumbeschläge für Rennpferde werden ebenfalls mit durchgehendem, erhöhtem Innenrand an der Bodenfläche und mit einem Griff am Vorderteil hergestellt. Dieser Beschlag entspricht in seiner Wirkung weitgehend dem Poloeisen, der Griff kann aber den Bewegungsablauf unter bestimmten Bedingungen beeinträchtigen.

Hufeisen für Barrel Race. Dieses Hufeisen hat einen durchgehenden, erhöhten Außenrand, besitzt aber auch einen etwas niedrigeren Rand an der Innenkante der Bodenfläche. Es ist als ein Gegenstück zum Poloeisen bezeichnet worden, welches einen hohen Rand an der Innenkante und einen niedrigen Rand an der Außenkante der Bodenfläche aufweist (Abb. 9.1). Ein Nachteil dieses Eisens ist, daß es das Abrollen in jeder Richtung behindert und so die Belastung der Gliedmaße erhöht. Bei den meisten Pferden ist der gewünschte Gleitschutz auch durch Verwendung eines Poloeisens gewährleistet, wobei dann das Abrollen erleichtert ist.

Griff am Vorderteil des Eisens. Hier handelt es sich um einen am Vorderteil des Eisens quer zur Bewegungsrich-

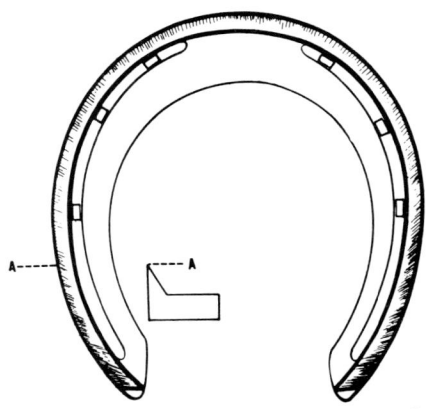

Abb. 9.14: Eisen mit durchgehendem, erhöhtem Außenrand an der Bodenfläche. Dieser Beschlag wird besonders bei Standardbred-Pferden verwendet, um den Gleitschutz zu verbessern. Die schematische Darstellung innen zeigt einen Querschnitt des Eisenschenkels mit dem erhöhten Rand (A) an der Außenkante.

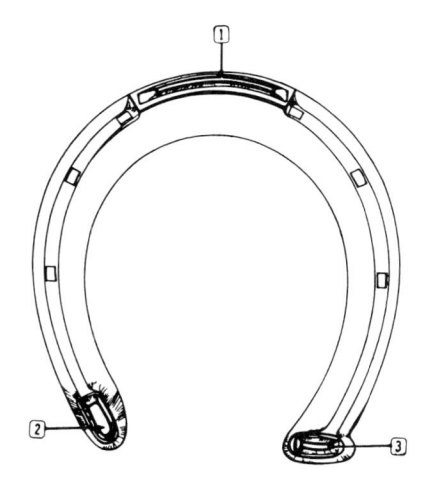

Abb. 9.15: Diagramm eines Aluminiumbeschlages für Rennpferde. 1. Griff am Vorderteil. 2. Vierkantstollen am Schenkelende. 3. Meißelstollen, quergestellt, am Schenkelende. Stahlbeschläge für Rennpferde sind in entsprechenden Formen im Handel. Vordereisen verfügen in der Regel nur über einen Griff und eventuell über einen zusätzlichen Meißelstollen am Schenkelende. Hintereisen besitzen oft einen Griff am Vorderteil sowie jeweils einen Vierkantstollen an beiden Schenkelenden. Manchmal sind sie mit einem Vierkantstollen an einem und einem Meißelstollen am anderen Schenkelende versehen, um den Gleitschutz weiter zu verbessern.

792 Kapitel 9: Hufeisen und Hufnägel

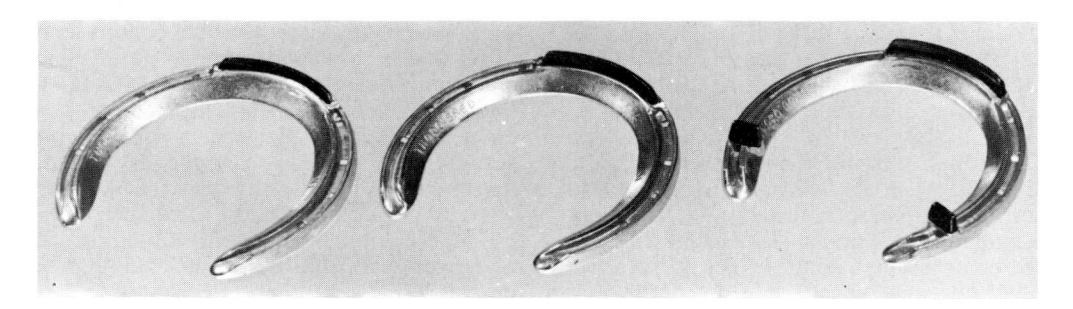

Abb. 9.16: Aluminiumbeschlag für Rennpferde, Vordereisen. *Links* Eisen mit niedrigem Griff. *Mitte* Eisen mit Standardgriff. *Rechts* Eisen mit quergestellten Meißelstollen knapp hinter dem jeweils letzten Nagelloch an den Schenkeln; Beschlag für schlammigen Boden oder Rasen (mit Genehmigung der Thoro'Bred Racing Plate Co.).

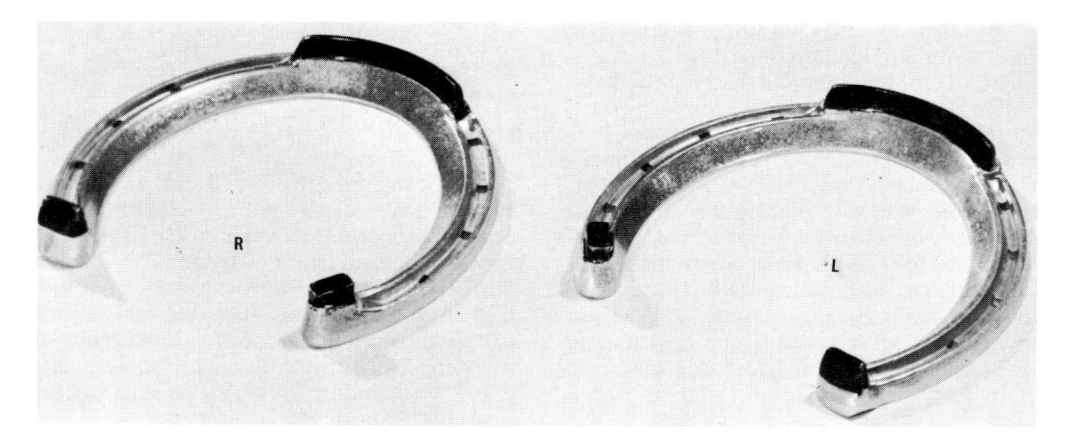

Abb. 9.17: Aluminiumbeschlag für Rennpferde, Hintereisen mit Griff am Vorderteil und je einem Vierkant- (am Innenschenkel) und einem quergestellten Meißelstollen (am Außenschenkel) (mit Genehmigung der Thoro'Bred Racing Plate Co.).

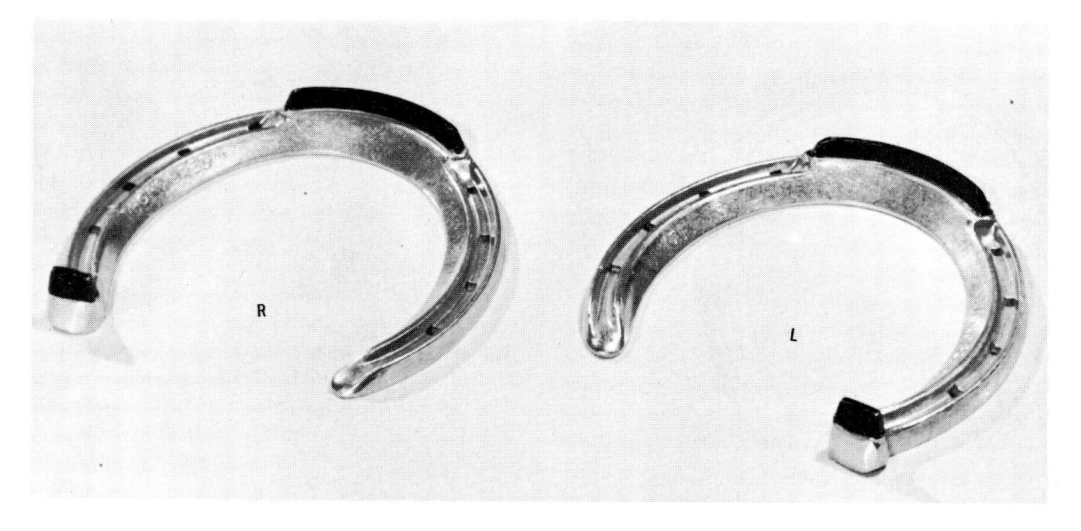

Abb. 9.18: Aluminiumbeschlag für Rennpferde, Hintereisen jeweils mit Griff am Vorderteil und mit quergestelltem Meißelstollen am Außenschenkel (mit Genehmigung der Thoro'Bred Racing Plate Co.).

Abb. 9.19: Aluminiumbeschlag für Rennpferde, Vordereisen mit durchgehendem, erhöhtem Außenrand an der Bodenfläche und einem flachen Griff (mit Genehmigung der Thoro'Bred Racing Plate Co.).

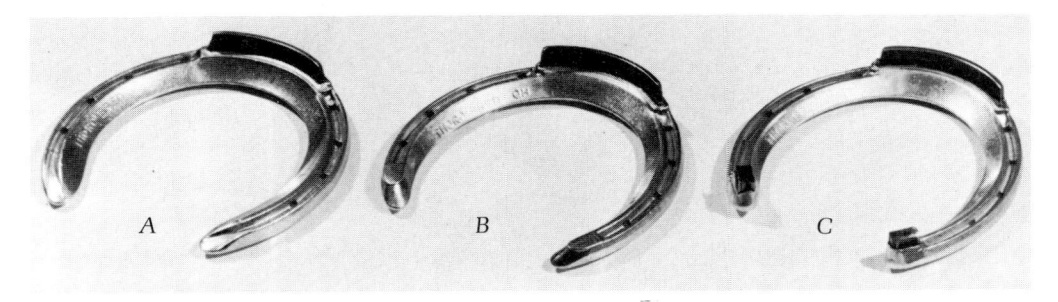

Abb. 9.20: Aluminiumbeschlag für Quarter Horses bei Rennen. **A** Vordereisen mit Griff. **B** Glattes Hintereisen mit Griff. **C** Hintereisen mit Griff und mit Vierkantstollen an beiden Schenkelenden (mit Genehmigung der Thoro'Bred Racing Plate Co.).

tung liegenden keilförmigen Steg, der den Gleitschutz verbessern soll. Griffe werden hauptsächlich bei Beschlägen für Rennpferde verwendet (Abb. 9.15).

Stollen an den Schenkelenden. Stollen sind Vorsprünge verschiedener Form an der Bodenfläche der Schenkelenden; sie werden in Abhängigkeit von ihrer Form und Lokalisation als Meißelstollen knapp hinter dem letzten Nagelloch am Schenkelende („jar calks"), Stollen an den Schenkelenden, Vierkant- oder Meißelstollen an den Schenkelenden bezeichnet (Abb. 9.15).

Seiten- und Zehenaufzüge. Aufzüge (Kappen) werden verwendet, um die Zehen- oder Seitenwand des Hufes bei Vorliegen von Hornspalten zu schützen, sowie zur Befestigung des Eisens bei einer schwachen Hufwand.[1] Seitenaufzüge finden außerdem Verwendung, um eine infolge einer Hufbeinfraktur mögliche Erweiterung der Hornkapsel zu verhindern oder um stärkere Vorwölbungen der Hufwand zu begrenzen. Sie wirken sich außerdem förderlich auf das gerade Herunterwachsen der Hornwand aus.[1]

Die Abbildungen 9.16 bis 9.21 zeigen verschiedene Aluminium-Spezialbeschläge für Rennpferde, die Abbildungen 12.6 und 12.7 einen keilförmigen Aluminiumbeschlag, der ein sehr geringes Gewicht hat, einfach aufzubringen und leicht anzupassen ist. Abbildung 9.22 zeigt ein Deckelhufeisen zur Behandlung von Nageltrittverletzungen oder anderen Veränderungen, die auf Schutz der Sohle angewiesen sind.

Es gibt noch viele weitere Formen von Hufeisen. Eine vollständige Beschreibung ist aber hier nicht durchführbar.

Im Hufbeschlag verwendete Einlagen

Der Grundgedanke bei der Verwendung von Einlagen ist der Schutz des Hufes. Einlagen werden aus Leder, Plastik oder Gummi hergestellt. Sie sollen die Erschütterung an der Bodenfläche des Hufes vermindern und die Irritation einer empfindlichen Sohle verhindern. Die Einlagen können als ganze Einlagen oder in Form eines Hufeisens zugeschnitten sowie als ebene oder keilförmige Einlagen verwendet werden. Eine ganze Einlage bedeckt die gesamte Sohle des Hufes, während die in Form des Hufeisens zugeschnittene Einlage nur zwischen Hufeisen und Hufwand mit aufgenagelt wird, wobei die Hufsohle frei bleibt. Seit einiger Zeit ist ein Mittelding zwischen einer ganzen Einlage und der in Hufeisenform zugeschnittenen Einlage im Handel. Es handelt sich um eine in Hufeisenform zugeschnittene Einlage mit einem an ihrer Innenkante befestigten Gummi- oder Plastikschlauch. Nach Aufnageln des Beschlages liegt dieser Schlauch direkt an der Innenkante des Eisens an und schützt so den am häufigsten von Quetschungen betroffenen Bereich der Sohle, während die Mitte der Sohle offen bleibt.* Diese Art der Einlage verhindert auch das Einballen von Schnee oder anderen Substanzen im Hufeisen. Keilförmige Einlagen werden meist zum Erhöhen der Trachten verwendet, um eine regelmäßige Stellung des Hufes zu erreichen. Sie sind in verschiedenen Stärken als ganze Einlagen oder als keilförmige Einlagen in Form der Eisenschenkel (mit einem Steg verbunden und in der Mitte offen) im Handel. Weiche Gummieinlagen können aus Silikonkautschuk

---

* Huf-Grip, im Handel erhältlich (Schweizer Patent);
Vertreter: Dipl.-Ing. H. Barth, 8205 Kiefersfelden.

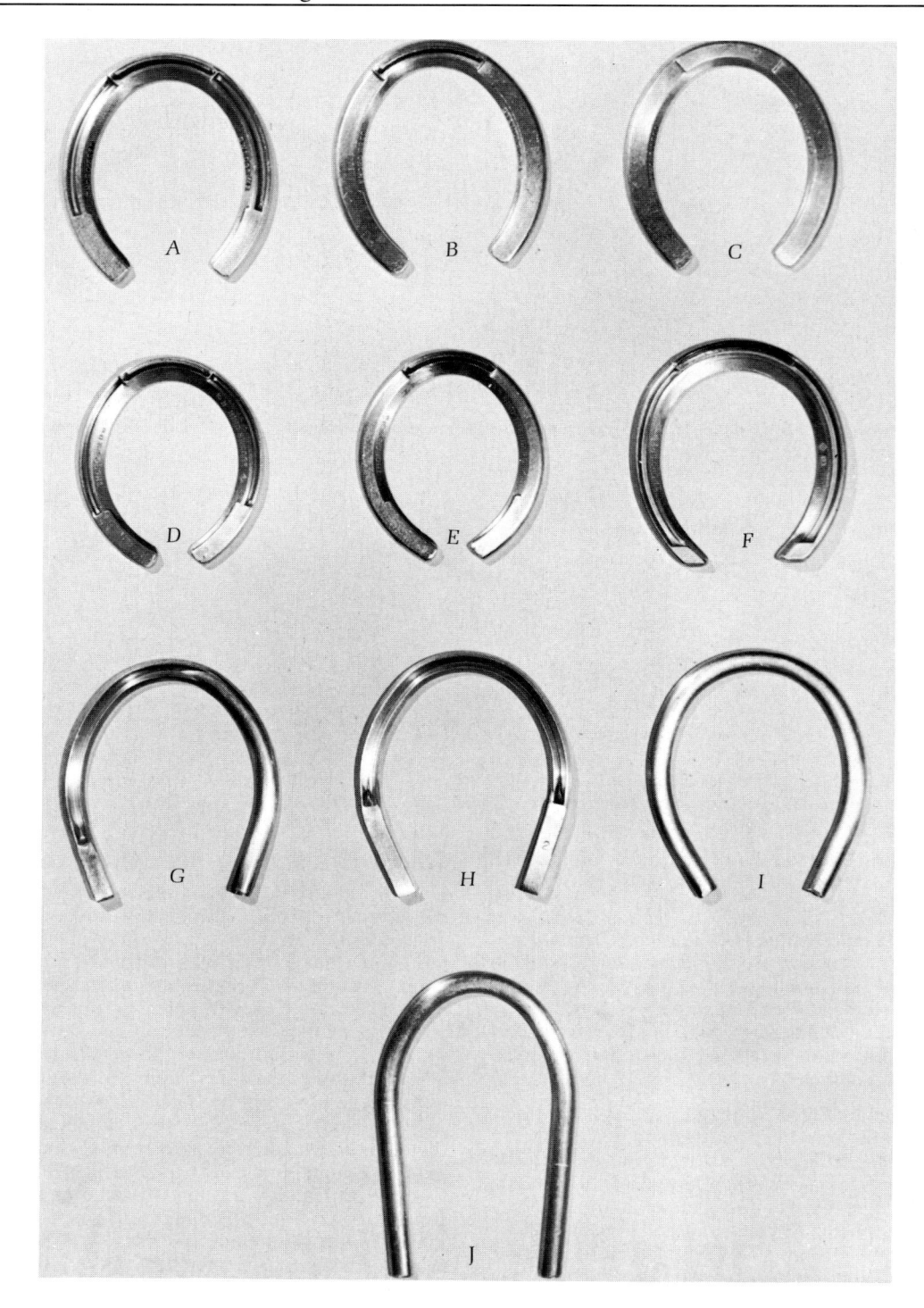

Abb. 9.21: Aluminiumbeschlag für Standardbred-Rennpferde. **A** Falzeisen mit Griff („swedge shoe"). **B** Glattes Eisen mit Griff („standard plate"). **C** Glattes Eisen mit flachem Griff („standard toeless plate"). **D** Falzeisen Nr. 5 mit Griff (No. 5 „swedge shoe"). **E** Glattes Eisen Nr. 5 mit Griff (No. 5 „standard"). **F** Hufeisen mit durchgehendem, erhöhtem Außenrand an der Bodenfläche und mit Griff („full-rim shoe"). **G** Eisen mit halbrunder Bodenfläche an einem Schenkel und Falz am anderen Schenkel („half-round/half-swedge shoe"). **H** Eisen mit durchgehendem Falz („full-swedge shoe"). **I** Eisen mit halbrunder Bodenfläche („half-round shoe"). **J** Eisen mit halbrunder Bodenfläche zur Anfertigung eines geschlossenen Eisens („half-round bar shoe"), Steg nicht fertig geschmiedet (mit Genehmigung der Thoro'Bred Racing Plate Co.).

Abb. 9.22: Zwei Fotos eines Deckelhufeisens, das bei Nageltrittverletzungen oder zum Schutz der Sohle aus anderen Gründen Verwendung finden kann. Das linke Foto zeigt die Bodenfläche des Beschlages mit den Köpfen von zwei Schrauben, die eine galvanisierte Stahlplatte am Eisen festhalten. Die Stahlplatte kann zur Behandlung des Hufes durch Lösen der Schrauben entfernt werden. Das rechte Foto zeigt die Tragfläche des Beschlages. Der Tragrand des Hufes muß im Zehenspitzenbereich gekürzt werden, damit die Klammer am Vorderteil der Stahlplatte zwischen Zehenteil des Hufes und Vorderteil des Eisens geschoben werden kann.

hergestellt werden, dessen Komponenten unmittelbar vor Gebrauch gemischt werden können, oder aus Gummi, das für die Runderneuerung von Autoreifen gedacht ist. Dieses kann der Bodenfläche des Hufes gemäß zugeschnitten werden. Beide Arten der Gummieinlagen müssen mit einer zusätzlichen Einlage aus Leder oder Plastik abgedeckt werden. Die weichen Gummieinlagen sind am besten als stoßdämpfendes Material mit einer darüberliegenden Einlage zu beschreiben. Hartgummieinlagen von etwa 3 mm Stärke sind auch zur alleinigen Verwendung erhältlich. Plastikeinlagen aus Neolite oder Polyvinyl sind relativ hart und fest. Ledereinlagen sind anfälliger für Beschädigung durch Feuchtigkeit.

Silikonkautschuk wird zwar routinemäßig im Hufbeschlag verwendet, wird aber im allgemeinen als zu weich beurteilt, um die bei den Erschütterungen auftretenden Kräfte genügend abzufangen. Einige Schmiede versuchen, die Eigenschaften dieses Werkstoffes zu verbessern, indem sie dem Silikonkautschuk Härtungsmittel zugeben. Sinnvoller ist es vermutlich, Polstermaterial aus Akryl in größeren Mengen zu erwerben*. Zur Zeit gibt es dieses Material in drei verschiedenen Härtegraden: Grad 1 entspricht in der Konsistenz in etwa dem Silikonkautschuk, Grad 2 etwa dem Horn des Strahles, und Grad 3 hat eine ähnliche Konsistenz wie die Hufwand.[3]

* Plasticraft, Denver, Co.

Ausgewählte Literatur

1. KLIMESH, R. P.: Personal Communication, 1986.
2. MOYER, W., and ANDERSON, J. P.: Lameness caused by improper shoeing. J. Am. Vet. Med. Assoc., **166**: 47, 1975.
3. PERCE, R. B.: Personal Communication, 1983.

Weiterführende Literatur

ASMUS, R. A.: Horseshoes of Interest to Veterinarians. Plant. City, Florida, Ken Kimbel Book Co., 1946.

AXE, J. W.: The Horse in Health and Disease. Vol. 3. London, Gresham Publishing Co., 1900.

HOLMES, C. M.: The Principles and Practice of Horse Shoeing. Leeds, The Farriers Journal Publishing Co., Ltd., 1949.

RICHARDSON, C.: Practical Farriery. London, Putman Publishing Co., 1950.

SIMPSON, J. F.: The theory of shoeing and balancing. *In* Care and Training of the Trotter and Pacer. Columbus, Ohio, U.S. Trotting Association, 1968, p. 293.

SPARKS, J.: New horseshoe approximates the unshod equine foot. VM/SAC, **66**: 110, 1971.

War Department: The Horseshoer. Tech. Man. TM 2-220. Washington, D.C., 1941.

Zubereitung und Beschlag des regelmäßigen Hufes

Ted S. Stashak

Zubereitung des regelmäßigen Hufes

Das Ausschneiden sollte bei Pferden, die unbeschlagen gehen, alle vier bis sechs Wochen erfolgen. Bei mit Hufeisen beschlagenen Pferden sollte der Beschlagwechsel ebenfalls alle vier bis sechs Wochen durchgeführt werden. Rennpferde werden alle zwei bis vier Wochen umbeschlagen. Ziel des korrekten Ausschneidens ist, eine möglichst regelmäßige Hufform, Winkelung der Hufstellung und Tragrandebene (Abb. 10.1) zu schaffen und zu erhalten. Dennoch ist ein überenthusiastisches Ausschneiden bis zu einer absolut regelmäßigen Fesselachse unsinnig, da jedes Pferd seine eigene physiologische Stellung von Huf und Fessel hat. Radikale Korrekturen können hier zu pathologischen Veränderungen führen.

Der Huf sollte so beschnitten werden, daß eine in der Längsachse von Huf und Fessel verlaufende Linie nicht gebrochen ist. Selbst wenn ein Pferd unregelmäßige Stellungen der Gliedmaßen zeigt, sollten keine drastischen Veränderungen vorgenommen werden, solange die Achsen von Fessel und Huf im gleichen Winkel verlaufen. Das Pferd sollte im Stand und in der Bewegung beobachtet werden. So wird die Entscheidung erleichtert, welche Stellung der Hufe für dieses Pferd am günstigsten ist.

Das Ziel dieser Untersuchung ist eine Abschätzung der Hufform und deren Beziehung zur Gliedmaße in Ruhe und Bewegung. Des weiteren ist darauf zu achten, ob die Stellung der Gliedmaße, von vorn und von der Seite betrachtet, regelmäßig ist. Für diese Beurteilung sollte die Gliedmaße im Stand und in der Bewegung von vorn, von der Seite und von hinten beobachtet werden. Im Stand wird die Stellung des Fußes beurteilt. Von vorn betrachtet, sollte eine imaginäre Linie, die durch die Krone gezogen wird, etwa parallel zur Bodenfläche und senkrecht zur Gliedmaßenachse laufen, wenn der Fuß regelmäßig steht (Abb. 10.2). Unregelmäßige Abnutzung der Zehenwand, eine eventuelle Vorwölbung der Hufwand und die Stellung der Seitenwände werden ebenfalls festgestellt.

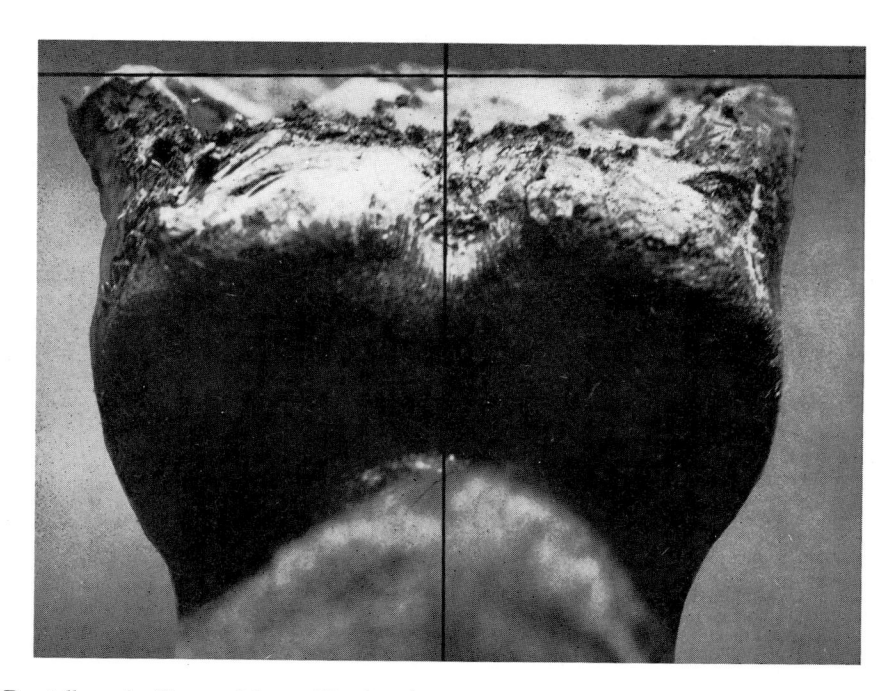

Abb. 10.1: Graphische Darstellung der Tragrandebene. Eine imaginäre Linie, die Gliedmaßenachse, welche die Gliedmaße der Länge nach teilt, und eine im Trachtenbereich quer über die Sohlenfläche des Hufes verlaufende Linie sollten sich in zwei rechten Winkeln schneiden. Wenn die Querlinie nach einer Seite geneigt ist, ist der Huf unregelmäßig.

Kapitel 10: Zubereitung und Beschlag des regelmäßigen Hufes   797

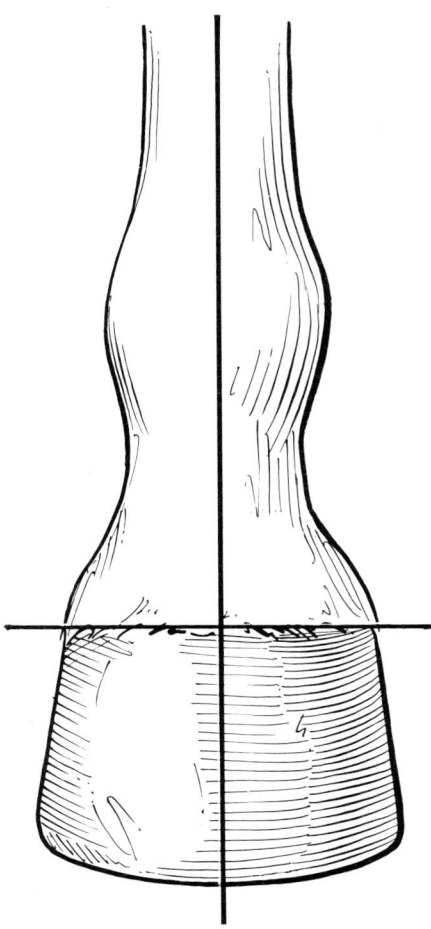

Abb. 10.2: Stellung des Hufes zum Fesselstand, Betrachtung von vorn. Der Huf wird als regelmäßig bezeichnet, wenn eine durch die Krone gezogene Linie parallel zur Bodenfläche und senkrecht zu einer Linie (Gliedmaßenachse) steht, welche die Gliedmaße in Längsrichtung teilt.

Von der Seite aus werden Vorwölbungen (konvex) oder Einziehungen (konkav) der Vorderwand (Rücken) des Hufes, eventuell vorhandene Ringbildung und die Stellung des Hufes zum Fesselstand beurteilt. Von hinten werden die Trachten auf Symmetrie, Größe, Höhe und Vorliegen von Trachtenzwang (zu eng zusammenstehende Trachten) untersucht. In der Bewegung wird der Huf auf ähnliche Art überprüft. Das Augenmerk sollte sich hierbei auf den Huf beim Abheben, beim Vorführen und beim Fußen richten. Diese Bewegungen sind am besten auf festem, ebenem Untergrund, wie z. B. Asphalt, zu beobachten. Der Huf erweist sich hierbei als regelmäßig, wenn die Trachten gleichzeitig auf dem Boden aufsetzen, der Fuß so unter das Pferd gestellt wird, daß eine gleichmäßige Gewichtsverteilung gegeben ist und das Abrollen über die Mitte der Zehenwand erfolgt. Der Huf paßt zum Fesselstand, wenn die Linien, die, von der Seite her betrachtet, an Zehenrückenteil (Zehenwand) und Trachtenwand angelegt sind, zu der durch die drei Zehenknochen laufenden Achse parallel sind (Abb. 10.3). Gleichermaßen bedeutend ist die Wiederholung dieser Untersuchung nach dem Ausschneiden der Hufe und nach dem Beschlag. Es ist zu bedenken, daß jedes Pferd seine individuelle Art der Gliedmaßenführung hat, welche direkt in Relation zu der besonderen Gliedmaßenstellung steht. So ist einleuchtend, daß die allgemeinen Grundregeln für die

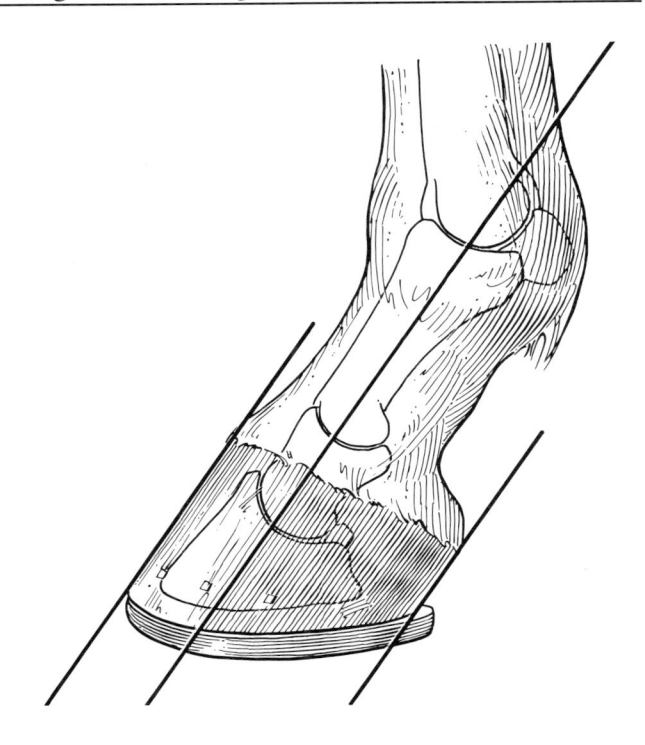

Abb. 10.3: Lateralansicht. Die Linien bezeichnen die regelmäßigen Achsen von Huf und Fessel, das Passen des Hufes zum Fesselstand.

Zubereitung und den Beschlag des Hufes in jedem Einzelfall auf diesen abgestimmt und demgemäß abgewandelt werden müssen.
Nach der Beobachtung sollte der Huf mittels eines Hufräumers sorgfältig ausgekratzt werden. Tote Anteile von Sohle und Strahl sollten mit einem Rinnhufmesser entfernt werden. Dieses Ausschneiden erfolgt nur oberflächlich, da am normalen Strahl oder von schützenden Schichten der Sohle kein Horn unnötig entfernt werden sollte. Unter Berücksichtigung der für das jeweilige Pferd optimalen Winkelung wird der Tragrand mit einer speziellen Zange gekürzt (Abb. 10.4). Hiermit wird in der Regel im Trachtenbereich begonnen und die Wand dann fortlaufend bis zum Trachtenbereich der anderen Seite gekürzt

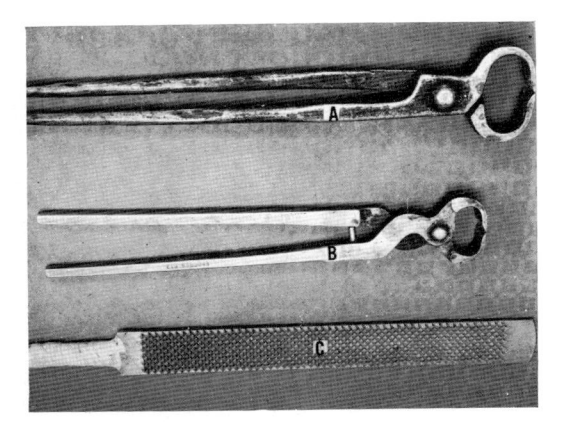

Abb. 10.4: Hufbeschlaggerät. **A** Abnehmzange. Charakteristisch ist der größere Raum zwischen den Backen dieser Zange im Vergleich zum Instrument B. **B** Spezialzange zum Kürzen des Tragrandes („hoof nipper"). Die Schneiden dieser Zange sind zum Kürzen des Tragrandes länger als die der Abnehmzange. **C** Hufraspel mit Griff.

Abb. 10.5: Kürzen des Tragrandes. Auf diesem Foto ist eine Seite des Tragrandes vom Trachtenbereich zur Zehenspitze hin bereits gekürzt worden; danach sollte das Kürzen der anderen Seite erfolgen.

oder zunächst der Tragrand auf beiden Seiten im Trachtenbereich und dann in Richtung der Zehenspitze gekürzt (Abb. 10.5). Wenn der Tragrand ganz bis auf das Niveau der Sohle heruntergeschnitten wird, ist er im Bereich der Seitenwand konkav. Daher sollte an dieser Stelle im Vergleich zum Zehenrücken (Zehenwand) und zur Trachtenwand mehr Wandhorn stehenbleiben, welches dann teilweise über die Sohle vorragt.

Obwohl diese Technik empfohlen worden ist und obwohl sie zur Zeit von vielen Schmieden genutzt wird, ist es nach Ansicht des Autors besser, mit dem Kürzen des Tragrandes an der Zehenspitze zu beginnen. Erst nach genügendem Kürzen in diesem Bereich und Kontrolle der Stellung werden dann die Seiten- und Trachtenwände gekürzt (Abb. 10.6). Der Vorteil hierbei ist, daß nicht der ganze Tragrand gekürzt werden muß, bevor die optimale Stellung und Form des Hufes abzuschätzen sind. Um den Zehenspitzenbereich im richtigen Maße zu kürzen, wird er heruntergeschnitten, bis die weiße Linie feucht und gummiartig erscheint und sich gegenüber den umliegenden trockeneren Bereichen leicht vorwölbt. Nach Kürzen der Zehenwand wird der Huf auf den Boden gesetzt. Jetzt wird entschieden, wie weit die Trachten gekürzt werden und wie die Stellung weiter korrigiert werden muß.

Abb. 10.7: Kürzen des Tragrandes mit der Spezialzange. Die Zange ist unbedingt so anzusetzen, daß die tragenden Anteile der Hufwand nach dem Kürzen flach sind. Es kann sonst leicht geschehen, daß die Wand von innen nach außen schräg geschnitten wird.

Der Tragrand sollte normalerweise etwa bis auf das Niveau des Strahles gekürzt werden, die Sohle darf aber nicht über den Tragrand vorstehen. Bei Verwendung der Spezialzange zum Kürzen des Tragrandes muß der Ansatzwinkel genau beobachtet werden, damit keine Unregelmäßigkeiten im Niveau des Tragrandes entstehen (Abb. 10.7). Die Eckstreben sollten nur dem Niveau der Sohle angeglichen und nicht radikal weggeschnitten werden.

Eine Hufraspel (mit Griff) (Abb. 10.4) sollte verwendet werden, um den Huf nach korrektem Ausschneiden und Kürzen zu glätten und zu ebnen. Die Raspel sollte flach und eben gehalten werden, so daß nicht eine Wand stärker gekürzt wird als die andere (Abb. 10.8). Das „Öffnen" der Trachten oder Wegschneiden der breiten Anteile des Strahles zwischen den Eckstreben und dem Strahl ist durchaus zulässig. Beschneiden des Strahles in diesem Bereich ist notwendig, um dem Strahl die Möglichkeit zur „Selbstreinigung" zu geben, was zur Vorbeuge gegen Strahlfäule hilfreich ist.

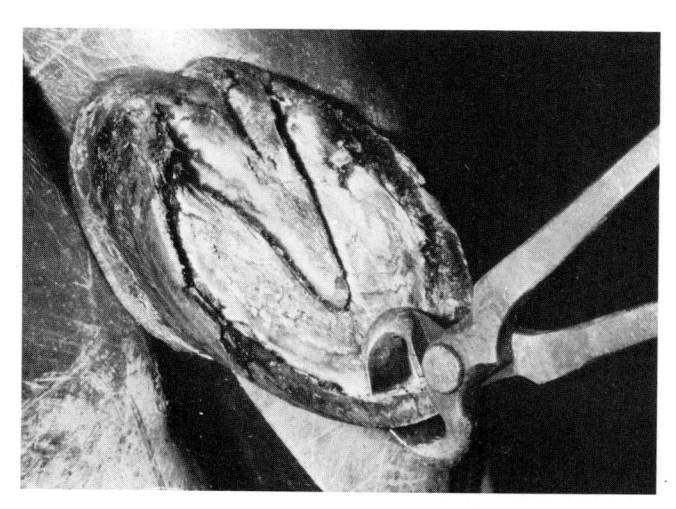

Abb. 10.6: Kürzen des Tragrandes. Von Vorteil ist, erst die Zehenwand zu kürzen. Am belasteten Huf werden dann die Stellung des Hufes und das Passen zum Fesselstand überprüft und danach wird der Huf zum Trachtenbereich hin weiter gekürzt.

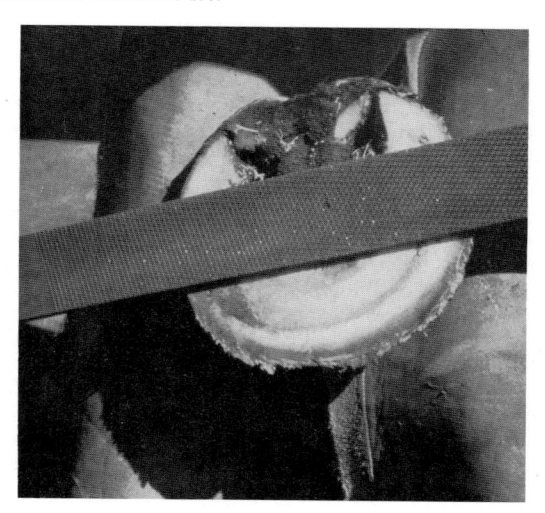

Abb. 10.8: Letztes Glätten des Hufes mit der Raspel bei der Vorbereitung zum Beschlag. Die Raspel muß so angesetzt werden, daß der Tragrand an beiden Seiten des Hufes gleichmäßig gekürzt wird.

Da die Begriffe *Kürzen* (Abraspeln) der Zehenwand („lowering") und *Beraspeln* der Zehenwand („shortening") nicht eindeutig definiert sind, soll die Bedeutung erklärt werden, in der sie hier verwendet werden. *Kürzen* des Hufes ist das Verringern der Entfernung von der Krone zum Boden durch Entfernen von Hufhorn an der Sohlenfläche. *Beraspeln* der Zehenwand ist das Abraspeln von Horn am Zehenrücken (Zehenwand) des Hufes, wodurch der Abstand zwischen dem Zehenrücken und der Trachtenwand, von der Seite gesehen, geringer wird. Das Entfernen von Horn am Zehenrücken bis zum Stratum medium ist dazu bestimmt, abnorme Vorwölbungen der Wand zu korrigieren, überschüssiges Wandhorn in diesem Bereich zu entfernen und eine normale Gestalt der Hufwand zu erreichen. Manch einer wird jetzt annehmen, daß dieses Beraspeln nachteilig ist, da es die äußere Schutzschicht entfernt, die physiologischerweise höhere Flüssigkeitsverluste verhindert. Es ist dennoch eine der wirksamsten Methoden für den Schmied, die natürliche Form einer verformten Hufwand wiederherzustellen.

Wenn das Pferd unbeschlagen gehen soll, sollte der Tragrand im Trachten- und Zehenspitzenbereich etwa 6 mm über die Sohle vorstehen. Scharfe Außenkanten der Wand sollten bis zum Stratum medium oder sogar bis zum Außenrand der weißen Linie abgeschrägt werden, um die Gefahr des Ausbrechens oder von Spaltenbildungen in der Hornwand zu verringern. EMERY et al. fordern, auf etwa 8 cm Breite das Horn im Zehenspitzenbereich von der Außenkante der weißen Linie an im Winkel von 45 Grad aufwärts abzuraspeln.[1] Sie meinen, daß dies hilft, die Abnutzung auf diese Stelle zu konzentrieren; es erleichtert das Abrollen, hilft beim Erhalten der korrekten Stellung der Gliedmaße und die Hufe müssen weniger häufig ausgeschnitten werden. Außerdem wird diese Methode mit der Begründung empfohlen, daß freilebende Pferde ihre Hufe im Zehenspitzenbereich in ähnlicher Weise abnutzen. Wenn das Pferd beschlagen werden soll, sollte die Wand im Zehenspitzenbereich auf das Niveau der Sohle und an Seiten- und Trachtenwand demgemäß so weit gekürzt werden, daß der Huf zum Fesselstand paßt.

Einer der häufigsten Irrtümer beim Beschlag ist das Herunterschneiden der Trachten, um eine „normale" Winkelung der Zehenwand zu erreichen. Dadurch wird die Fesselachse gebrochen (Abb. 10.9). Der Huf sollte auch dann zum Fesselstand passend belassen werden, wenn das Pferd sehr steile Fesseln hat. Die beschriebene Veränderung dieser Winkelung steigert nämlich den Druck zwischen tiefer Beugesehne und Strahlbein, was das Risiko der Entwicklung des Podotrochlose-Syndroms erhöht.

Besondere Aufmerksamkeit erfordert auch die Länge der Hufwand (Abb. 10.10). Die Länge der Zehenwand sollte genau in der Mitte mit einem Zirkel oder einem Maßband gemessen werden, von der Krone bis zu dem Punkt, wo die Zehenwand den Boden berührt. Diese Länge wird dann mit einem Lineal festgestellt. Mit diesem Hilfsmittel kann die Länge der Zehenwände an den einander gegenüberliegenden Schulter- oder Beckengliedmaßen gleichgehalten werden. Die Überprüfung dieser Maße ist besonders bei Pferden mit ein oder zwei weißen Hufen oder weißen Abzeichen an den Fesseln von Bedeutung. Aus irgendwelchen Gründen, möglicherweise einer optischen Täuschung zufolge, kommt es recht häufig vor, daß Besitzer und Schmiede diese Hufe etwa 1,5 bis 2,5 cm länger

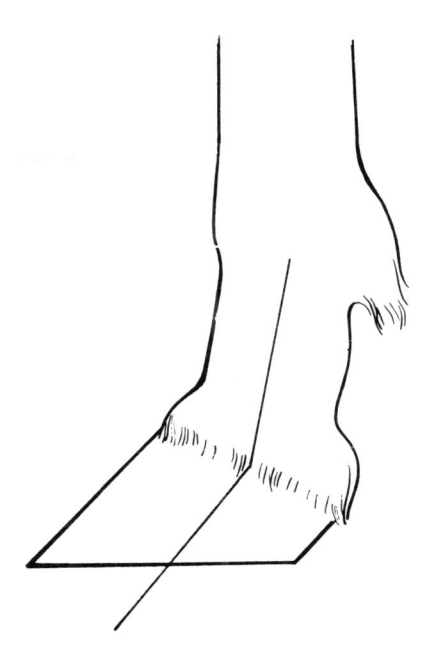

Abb. 10.9: Lange, steile Fessel; Brechung der Zehenachse durch Herunterschneiden der Trachtenwand in dem Versuch, eine normale Winkelung der Hufwand zu erreichen. Dies führt zu größerer Belastung des Hufrollenschleimbeutels, da die tiefe Beugesehne fester gegen das Strahlbein gepreßt wird. Ein häufiges Beispiel unsachgemäßer Zubereitung eines Hufes, wodurch eine regelmäßige Winkelung der Fessel erzwungen werden soll.

lassen als die dunklen Hufe. Bei einigen Rassen, z. B. bei den Standardbred-Pferden, kann die Länge der Zehenwand ein Streitpunkt sein. In jedem Fall muß aber auch hier der Verlauf der Zehenachse erhalten bleiben.[6]

Sobald ein Huf fertig ausgeschnitten und die Stellung bei der Betrachtung von vorn und hinten regelmäßig ist, wird das Pferd vorgeführt, um zu beobachten, wie es fußt. Der Huf ist passend ausgeschnitten, wenn das Pferd den Huf gleichmäßig und gerade aufsetzt. Beim korrekten Fußen ist ein einziger, klarer Schlag zu hören. Wenn eine Seite des Hufes früher fußt als die andere, so ist ein Doppelschlag wahrzunehmen.

Beschlag des regelmäßigen Hufes

Ein Pferd sollte beschlagen werden, wenn dies für den Gleitschutz notwendig ist, wenn die Verwendung des Pferdes eine übermäßige Abnutzung der Hufe bedingt oder wenn die Notwendigkeit besteht, den Gang zu verbessern oder zu korrigieren. Pferde mit regelmäßigen Hufen sollten alle vier bis sechs Wochen umbeschlagen werden. Nach korrektem Ausschneiden und Korrigieren des Hufes, wie oben beschrieben (Abb. 10.11), sollte das gewünschte Eisen in der passenden Größe ausgewählt werden. Ein Eisen hat dann die passende Größe, wenn es den Konturen des Tragrandes folgt und die Schenkel des Eisens etwa 6 mm länger sind als die Trachten des Hufes. Das Eisen sollte zum Huf passend gewählt bzw. gemacht werden, nicht umgekehrt (Abb. 10.12). Die Eisenschenkel sollten im Bereich der Seiten- und Trachtenwand etwa 1,5 mm über die Hufwand überstehen, um auch bei Erweiterung der Hornkapsel durch den Hufmechanismus noch

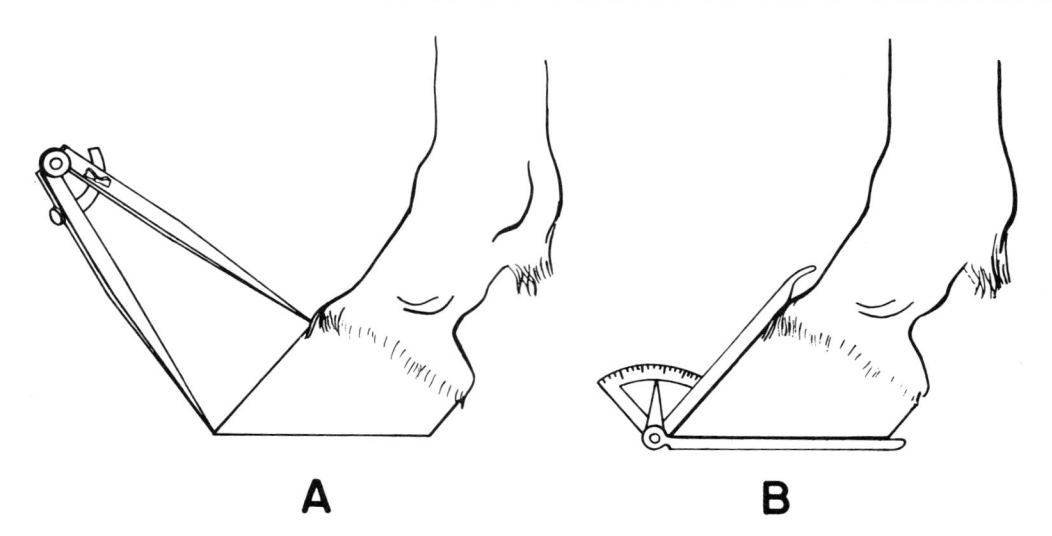

Abb. 10.10: **A** Meßzirkel zum Messen und Vergleichen der Länge der Zehenwand des Hufes. **B** Verwendung eines Winkelmessers zum Bestimmen der Winkelung des Hufes.

Abb. 10.11: Zum Beschlag vorbereiteter Huf nach Ausschneiden und Beraspeln.

Abb. 10.12: Hufeisen in passender Größe für diesen Huf. Die Mitte des Hufeisens wird bei einem regelmäßigen Huf in Verlängerung der Strahlspitze ausgerichtet. Das Eisen ist im Bereich der Seitenwand etwa 1,5 mm weiter als der Tragrand.

volle Unterstützung zu gewährleisten. Der letzte Nagel sollte nicht hinter der weitesten Stelle des Hufes oder um mehr als zwei Drittel der Gesamtlänge des Hufes nach hinten gesetzt werden. Der Hufmechanismus wird behindert, wenn hinter der weitesten Stelle des Hufes genagelt wird. Das Eisen sollte genau auf dem Huf ausgerichtet werden (Abb. 10.12). Bei Pferden mit regelmäßigen Hufen kann das Eisen ausgerichtet werden, indem die Strahlspitze als Orientierungspunkt dient. Bei Pferden mit zehenenger oder zehenweiter Stellung zeigt die Strahlspitze in der Regel nicht in die Mitte des Hufes, so daß das Eisen nicht auf diese Weise ausgerichtet werden kann.

Es gibt einen Warm- und einen Kaltbeschlag; der Warmbeschlag wird bevorzugt, da ein heißgemachtes Eisen wesentlich besser der Hufform anzupassen ist. Auch beim Warmbeschlag muß das Eisen sorgfältig von Hand zum Huf passend gemacht werden, statt einfach, um Zeit zu sparen, das Eisen durch stärkeres Aufbrennen (und somit durch Entfernen von Hufhorn) passend zu machen. Das genaue Anpassen von Fabrikhufeisen kann in der Regel durch Zurechtbiegen des kalten Eisens mit Hilfe des Hammers erfolgen. Für die meisten Pleasure*-Pferde sind glatte Eisen, wie z. B. flache, glatte Eisen, solchen mit Stollen an den Schenkelenden vorzuziehen. Hufeisen mit Stollen an den Schenkelenden sind für das durchschnittliche Reitpferd nicht notwendig und nicht sinnvoll, da sie die korrekte Stellung von Huf und Fessel stören und die Unterstützungsfläche des Eisens verkleinern.[2-5] Falls Stollen an den Schenkelenden Verwendung finden, muß ein Griff gleicher Höhe am Vorderteil des Eisens angebracht werden, um das Passen von Huf und Fesselstand zu gewährleisten. Diese Kombination von Stollen und Griff hindert, von ganz rauhem Gelände einmal abgesehen, den Strahl, einen Teil der Belastung zu übernehmen. Stollen an den Schenkelenden sollten nicht bei Pferden verwendet werden, von denen bei der Arbeit viele schnelle Wendungen verlangt werden. Cutting, Barrel Race, Pole Bending und Reining gehören in diese Kategorie. In diesen Disziplinen wendet das Pferd oft blitzschnell, wobei das gesamte Körpergewicht auf nur einer Gliedmaße, meist

---

* Pleasure = Dressurprüfung mit Augenmerk auf bequeme Grundgangarten am angemessen losen Zügel und ohne stärkere Hilfengebung des Reiters.

einer Beckengliedmaße, lastet. Wenn der Huf dabei durch die Stollen an den Schenkelenden abrupt gebremst wird, kann es zu Frakturen des Fesselbeines oder des Kronbeines kommen.

Weiterhin konzentrieren Stollen an den Schenkelenden die Stöße beim Auftreten auf einen relativ kleinen Bereich, wenn die Pferde auf hartem Boden laufen.[3] Bei Verwendung von Stollen am Innenschenkel der Eisen von Rennpferden in Flachrennen führen diese häufig dazu, daß sich die Pferde anschlagen. Eventuell könnten hier die Stollen an den Schenkelenden durch Eisen mit durchgehendem, erhöhtem Außenrand an der Bodenfläche oder durch Eisen mit durchgehendem Falz ersetzt werden. Wenn allerdings Stollen am Schenkelende notwendig sind, bieten niedrige Stollen am Innenrand der Bodenfläche guten Gleitschutz ohne die unerwünschten Nebenwirkungen, die mit höheren Stollen verbunden sind.

Wenn der Huf an einer Seite infolge unregelmäßiger Stellung extrem abgenutzt ist, kann es u. U. unmöglich sein, ihn durch Ausschneiden in eine regelmäßige Form zu bringen. In diesem Fall sollte der Eisenschenkel an der Seite, wo der Huf niedrig ist, durch einen Leder- oder Plastikkeil erhöht werden, damit der beschlagene Huf dann eine regelmäßige Stellung erhält.

Nach dem Anpassen des Eisens werden die Nägel eingetrieben. Die Nägel sollten so ausgewählt werden, daß der Kopf des vollständig eingetriebenen Nagels jeweils etwa 1,5 mm über die Bodenfläche des Eisens vorragt. Wenn der Kopf zu klein ist, zieht er sich zu tief in den Falz hinein und das Eisen lockert sich. Die Nagellöcher sollten durch die gesamte Hufwand gehen; die Nägel werden am Außenrand der weißen Linie angesetzt (Abb. 10.13). Es bestehen verschiedene Ansichten bei den Fachleuten, welcher Nagel zuerst eingeschlagen werden sollte; einige fordern, daß der hintere rechte Nagel zuerst eingeschlagen werden sollte, während andere für den vorderen rechten Nagel plädieren. Die Entscheidung, welcher Nagel zuerst eingeschlagen werden sollte, ist nicht von allerhöchster Bedeutung, solange das Eisen so ausgerichtet ist, daß es nicht zu weit nach medial oder lateral oder von seiner Position an der Zehenspitze verrutscht ist, nachdem der erste Nagel eingeschlagen wurde. Der Hufbeschlaghammer wird verwendet, um das Eisen nach Eintreiben des ersten Nagels erneut auszurichten. Wenn die hinteren Nägel zuerst eingeschlagen wurden, sollten danach direkt die vorderen Nägel folgen und umgekehrt; erst dann werden die weiteren Nägel eingeschlagen. Die Zwicke des

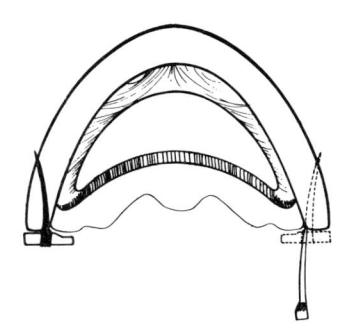

Abb. 10.13: Schematische Darstellung eines Hufnagels in korrekter Position. Der Nagel sollte in der weißen Linie eindringen und etwa 2 cm oberhalb des Tragrandes oder auf einem Drittel der Höhe der Hufwand (zwischen Hufsaum und Bodenfläche) austreten.

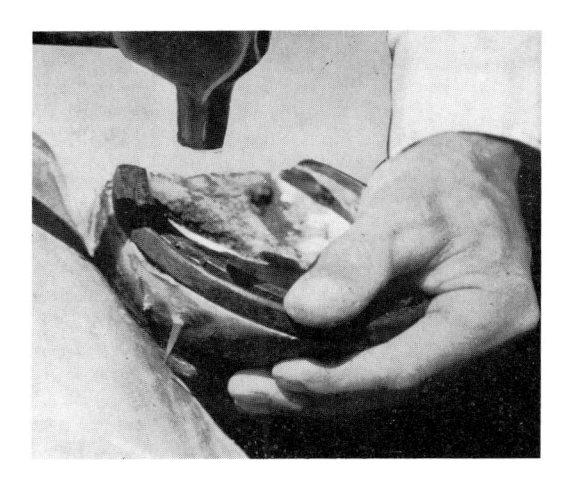

Abb. 10.14: Austrittstelle des eingeschlagenen Hufnagels. Die Nägel sollten in einer möglichst geraden Linie austreten.

Nagels muß beim Nageln nach innen gerichtet sein, damit die Nagelspitze beim Eintreiben des Nagels nach außen abgelenkt wird. Die richtige Lage der Zwicke kann mit Hilfe der rauhen Stelle am Nagelkopf kontrolliert werden, da sich beide an derselben Seite des Nagels befinden. Der Nagel sollte gerade angesetzt und seine Richtung etwa auf seine gewünschte Austrittstelle an der Hufwand gerichtet werden (Abb. 10.13 und 10.14). Im allgemeinen sollte der Nagel etwa 2 cm oberhalb des Tragrandes oder auf etwa einem Drittel der Höhe der Hufwand austreten. Wenn der Nagel zu niedrig oder zu hoch austritt, sollte er herausgezogen und es sollte neu genagelt werden.

Wenn das Pferd während des Eintreibens des Nagels merklich zuckt, können die sensiblen Schichten der Hufwand verletzt worden sein. In diesem Fall sollte der Nagel herausgezogen werden. In den Stichkanal wird Jodtinktur eingebracht. Der Nagel kann weggelassen oder es kann ein neuer Nagel an der richtigen Stelle eingeschlagen werden. Ein ausreichender Tetanus-Impfschutz des Pferdes ist sicherzustellen, und das Pferd sollte auf Zeichen einer möglicherweise auftretenden Infektion an diesem Huf genau beobachtet werden.

Da eine direkte Vernagelung eine heikle Angelegenheit ist, hierzu einige Bemerkungen. Zunächst ist es wichtig, sich klarzumachen, daß eine Vernagelung viele Ursachen haben kann und nicht immer auf sorgloses Ansetzen der Nägel durch den Schmied zurückzuführen ist. Die Ursache kann bei fehlerhaften Nägeln, schlecht gefertigten Eisen oder schlechter Lochung der Eisen liegen. Die Form der Hufwand sowie ihre Dicke können mitbestimmend sein. Pferde mit dünnen und vorgewölbten Hufwänden sind stärker gefährdet als Pferde mit dicken, gut gebauten Hufwänden. Bei unruhigen Pferden, die den Huf unerwartet wegziehen, ist die Gefahr einer versehentlichen Vernagelung ebenfalls groß. Unabhängig von der Ursache können die Folgen eines falsch plazierten Nagels von überhaupt keinem Schaden bis zu einer leichten chronischen Lahmheit oder einer ernsthaften Infektion reichen. Daher ist es äußerst wichtig, bei Verdacht auf eine Vernagelung die Besitzer zu informieren, damit sie auf das eventuelle Auftreten einer progressiven Lahmheit achten, die für die Entwicklung eines Abszesses sprechen könnte. Der Weg, den ein Hufnagel beim Eindringen in die Hornstrukturen der Wand nimmt, sollte parallel zu den Hornröhrchen verlaufen, so daß der Nagel diese nicht zerschneidet oder auf andere Art beschädigt. Die Spitze des Nagels dringt parallel zu den Hornröhrchen ein, wenn der Beschlaghammer mit wenig Kraft benutzt wird. Um den Nagel an der gewünschten Stelle durch die äußere Wandschicht zu treiben, sollte der Schmied ihn mit leichten Schlägen einschlagen, bis er etwa auf zwei Dritteln der gewünschten Höhe ist, dann sollte durch starke, kräftige Schläge auf den Nagelkopf die Nagelspitze an der gewünschten Stelle durch die oberflächliche Hornschicht vorgetrieben werden. Die Zwicke an der Nagelspitze sorgt dafür, daß der Nagel dabei nach außen von seiner bisherigen Richtung abweicht. Diese Wirkung der Zwicke ist besonders deutlich, wenn der Nagel schnell durch das Horn getrieben wird. Das Austreten auf gleicher Höhe rundet das gute Bild des Beschlages ab; wenn allerdings ein Nagel nur in der Nähe der gewünschten Stelle austritt, ist es ratsam, ihn dort zu belassen, vorausgesetzt, das Horn ist gesund. Wenn der Nagel entfernt und durch einen anderen in optisch besserer Lage ersetzt wird, kann das zusätzliche Nagelloch die Wand schwächen und den Verlust des Eisens verursachen.

Unter normalen Umständen reichen drei Nägel auf jeder Seite aus. Die meisten Fabrikhufeisen besitzen zwar vier Nagellöcher an jedem Eisenschenkel, es müssen aber nicht alle vier benutzt werden. Nach dem Einschlagen sollte jeder einzelne Nagel sofort umgebogen werden, damit die Nagelspitze den Aufhalter nicht verletzt, wenn das Pferd den Huf wegzieht (Abb. 10.15). Der Nagel kann mit den Klauen des Hufbeschlaghammers umgebogen werden. Nach Eintreiben und Umbiegen aller Nägel werden sie umgenietet, indem ein kleiner Stahlblock (USA) oder die Nietvorrichtung der Hufbeschlagzange (BR Deutschland) gegen das umgebogene Ende des Nagels gesetzt und einige Schläge mit dem Hufbeschlaghammer auf den Nagelkopf geführt werden (Abb. 10.16). Die Nägel sollten fest angezogen werden, nicht aber so fest, daß es zu Nageldruck und klammem Gang kommt. Die Spitzen werden abgezwickt, so daß jeweils ein Stumpf von ungefähr 3 mm Länge stehen bleibt (Abb. 10.17). Dann wird mit der Raspel (USA) oder mit dem Unterhauer (BR Deutschland) unter jedem Nagelstumpf durch Entfernen von Hufhorn die Hufoberfläche geglättet bzw. werden einzelne Nietbetten geschaffen (Abb. 10.18). Mit Hilfe einer speziellen Nietzange ("clincher", USA) bzw. der Nietvorrichtung der Hufbeschlagzange (BR Deutschland) wird der Nagel flach gegen den Huf umgenietet. Die Niete werden leicht beraspelt, und die Hufwand wird an ihrer Tragrandkante zum Hufeisen hin abgerundet (Abb. 10.19).

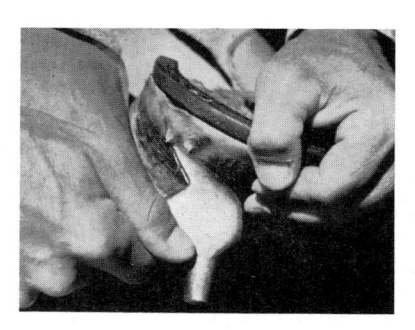

Abb. 10.15: Umbiegen der Nägel mit den Klauen des Hufbeschlaghammers, damit der Aufhalter nicht verletzt wird, wenn das Pferd den Fuß wegzieht.

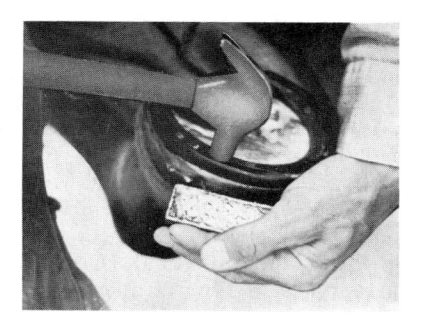

Abb. 10.16: Umnieten der Nägel unter Verwendung eines Nietblocks und des Hufbeschlaghammers. Der Nietblock wird gegen den umgebogenen Teil des Nagels gehalten und der Hammer schlägt auf den Nagelkopf, um den Nagel fest umzunieten.

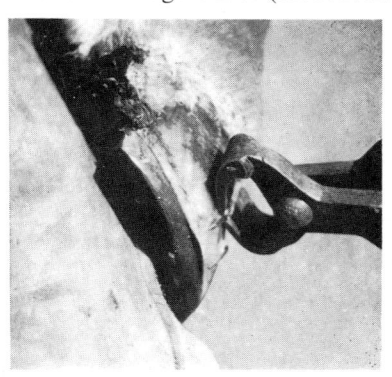

Abb. 10.17: Die Nagelenden werden abgezwickt, so daß Stümpfe von etwa 3 mm Länge stehen bleiben.

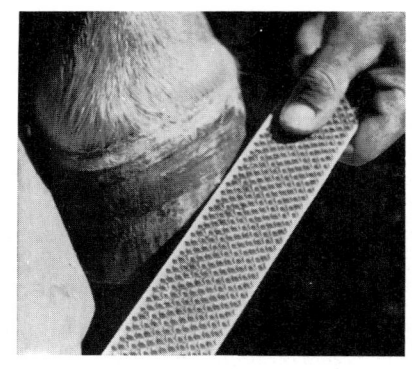

Abb. 10.18: Mit der Raspel wird das Hufhorn unter jedem Nagelstumpf entfernt, so daß der Nagel flach umgenietet werden kann.

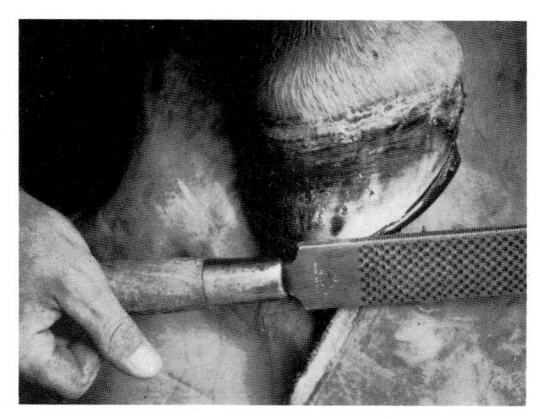

Abb. 10.19: Letztes leichtes Beraspeln der Nagelniete und Beraspeln der Tragrandkante am Hufeisen.

Hierbei sollte möglichst wenig von der Raspel Gebrauch gemacht werden. Die Form des Hufeisens sollte der Form des Tragrandes so genau entsprechen, daß der Huf kaum mehr durch Beraspeln zum Eisen passend gemacht werden muß. Nach dem Beschlagen sollte das Pferd im Stand und in der Bewegung beobachtet werden, um zu beurteilen, ob das Eisen gut paßt.

Überprüfen des neuen Beschlages

Folgende Dinge sollte der Pferdebesitzer kontrollieren, wenn sein Pferd frisch beschlagen ist:

Fesselstand / Zehenachse

1. Eine imaginäre Linie durch die Krone sollte annähernd parallel zur Bodenfläche und senkrecht zur Längsachse der Gliedmaße verlaufen (Abb. 10.2).
2. Von der Seite betrachtet, sollte die Zehenachse nicht gebrochen sein. Der Rückenteil (Zehenwand) des Hufes sollte in etwa parallel zur Trachtenwand verlaufen (Abb. 10.3).
3. Die Ballen sollten bei Betrachtung von hinten etwa auf gleicher Höhe liegen.
4. Imaginäre Linien durch die Ballen bzw. auf der Sohlenfläche des Hufes sollten parallel zueinander und senkrecht zur Längsachse der Gliedmaße verlaufen.
5. Die Hufe sollten einander bezüglich Größe und Form ähnlich sein. Hier sind jeweils die Vorder- bzw. die Hinterhufe miteinander zu vergleichen.
6. Der Tragrand oder das Eisen sollte eben sein und auf seiner gesamten Fläche Kontakt zum Boden haben.

Ausführung des Beschlages

1. Das Eisen sollte im Bereich der Seiten- und der Trachtenwand etwas weiter gelegt sein, um auch bei Erweiterung der Hornkapsel durch den Hufmechanismus noch volle Unterstützung zu gewährleisten, und es sollte etwas über die Trachten hinausreichen (etwa 1,5 bis 6 mm) (Abb. 10.20). Dies ist besonders bei Pferden mit schwacher Hufwand, mit unregelmäßiger Hufstellung und mit Seitenwand- und Trachtenzwanghuf wichtig.

2. Überstehendes Hufhorn, besonders im Zehenspitzenbereich, wird abgeraspelt, so daß eine regelmäßigere Hufform erreicht wird (Abb. 10.21).
3. Die Nägel sollten etwa 2 cm oberhalb der Tragrandebene aus der Wand austreten, und die Nieten sollten beraspelt werden. Die letzten Nägel sollten nicht hinter der weitesten Stelle des Hufes eingetrieben werden (Abb. 10.22). Eine Ausnahme bildet hier der Rennpferdebeschlag mit glatten Hufeisen.

Abb. 10.21: Überschüssige Anteile der Hufwand werden durch Beraspeln entfernt. Dadurch wird die regelmäßige Form des Hornschuhes wiederhergestellt.

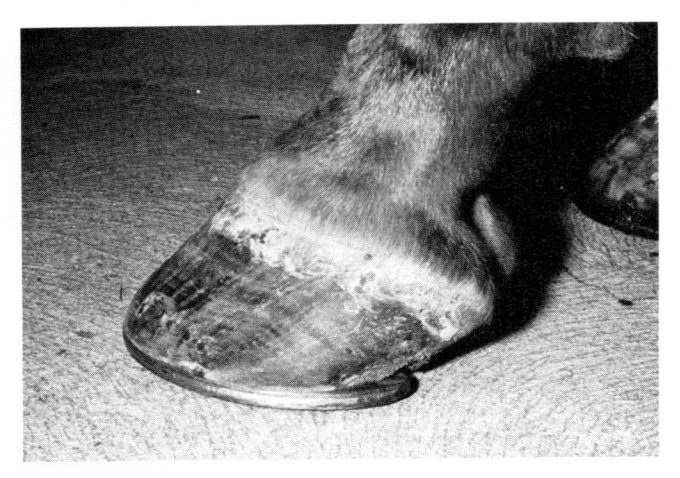

Abb. 10.20: Die Eisenschenkel sind etwas weiter gelegt als normal, um die Erweiterung der Trachten zu fördern. Die Schenkelenden sind lang gelegt und überragen die Trachten-Eckstreben-Winkel um ca. 6 mm nach hinten.

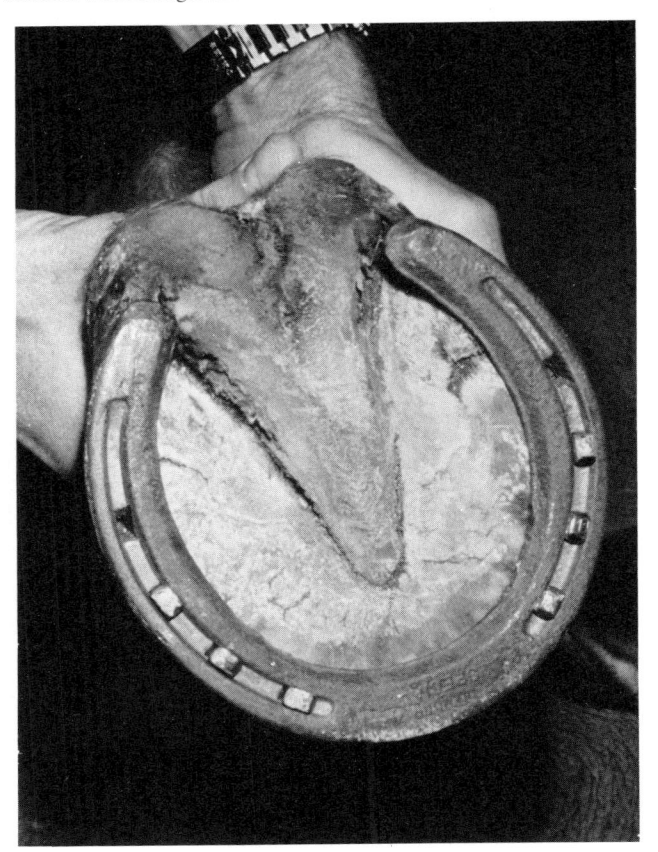

Abb. 10.22: Hinter der weitesten Stelle des Hufes wird nicht mehr genagelt. Es fällt auf, daß die letzten Nagellöcher aus diesem Grund hier nicht benutzt werden.

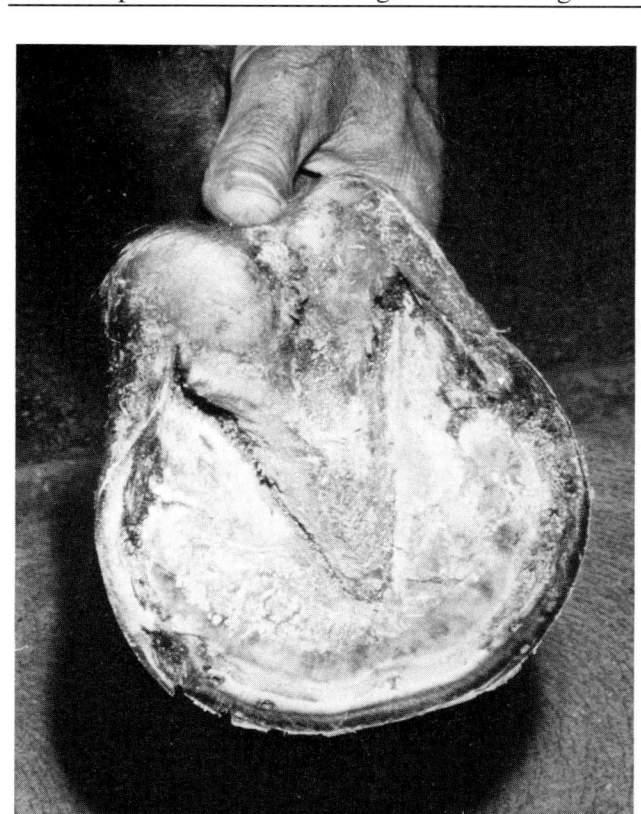

Abb. 10.23: Der Huf ist für den Beschlag fertig zubereitet. Hierbei sind loses Horn am Strahl und alles bröckelige Zerfallshorn von der Sohle entfernt worden. Die Strahlfurchen sind so weit ausgeschnitten, daß sie, außer im Trachtenbereich, offen sind.

4. Die Sohle sollte von allem bröckeligen Zerfallshorn gesäubert und der Strahl bis auf gesundes Gewebe heruntergeschnitten werden, wobei die Strahlfurchen offen sein sollen, außer im Trachtenbereich, um das

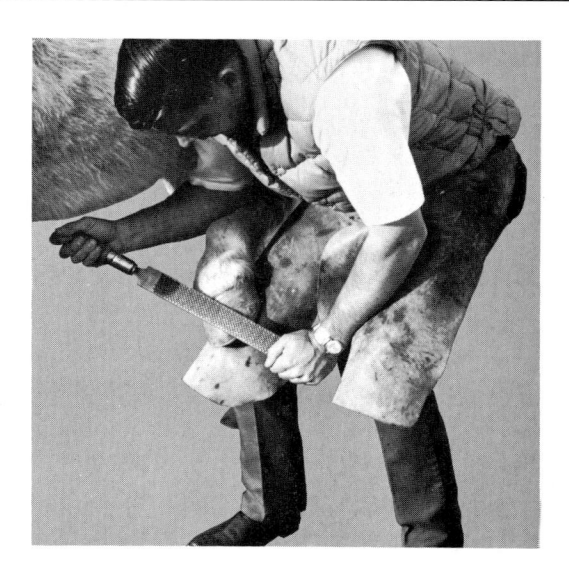

Abb. 10.25: Entfernen der Nagelniete an einem Hinterhuf mit einer Hufraspel (mit Genehmigung von Dr. Mike KIRK).

Festsetzen von Schmutz und Dreck zu verhindern (Abb. 10.23).
5. Der Strahl sollte den Boden nicht berühren.

Abnehmen von Hufeisen

Zum Abnehmen der Hufeisen werden die umgenieteten und in der Hornwand versenkten Nagelenden mit der Nietklinge aufgenietet oder mit der Hufraspel abgefeilt (Abb. 10.24 bis 10.26). Der Huf wird dann aufgehoben und zwischen den Knien fixiert, damit eine Abnehmzange angesetzt werden kann (Abb. 10.27). Eine Hand umfaßt den Huf des Pferdes im Zehenspitzenbereich, damit das Fesselgelenk keinen Schaden nimmt. Die Backen der Abnehmzange werden zunächst im Trachtenbereich unter das Eisen geschoben, die Griffe werden dann zusammengedrückt und vom Körper weg auf die Mitte der Zehenwand zu gedrückt (Abb. 10.28). Nach Lüften eines Eisen-

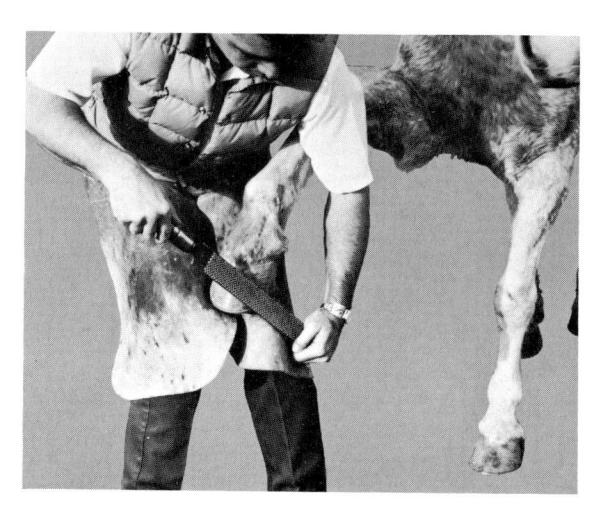

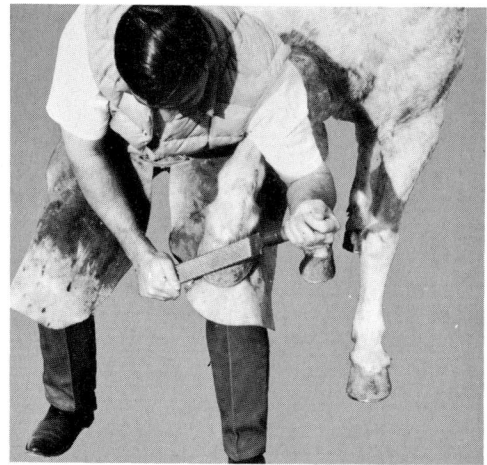

Abb. 10.24: Entfernen der inneren (*links*) und äußeren (*rechts*) Nagelniete mit einer Hufraspel zum Abnehmen des Eisens (mit Genehmigung von Dr. Mike KIRK).

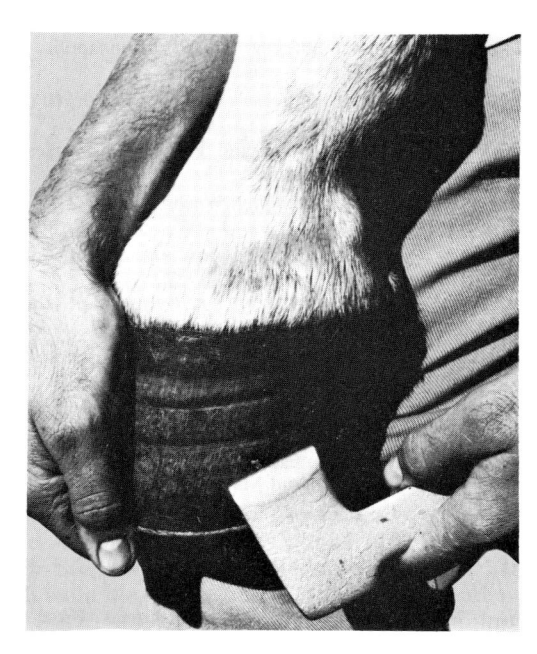

Kapitel 10: Zubereitung und Beschlag des regelmäßigen Hufes 805

Abb. 10.26: Öffnen der Niete mit der Aufnietklinge.

Abb. 10.27: Ansetzen einer Abnehmzange unter einem der Eisenschenkel.

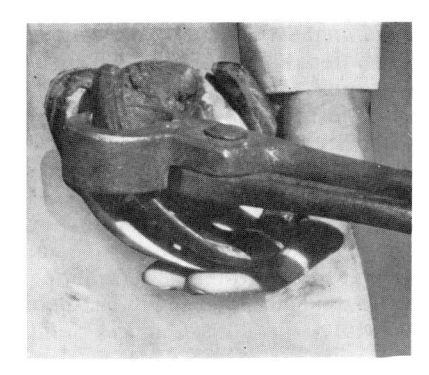

Abb. 10.28: Lüften des Eisens durch vom Schmied weg und auf die Mitte des Hufes zu gerichtete Hebelkraft.

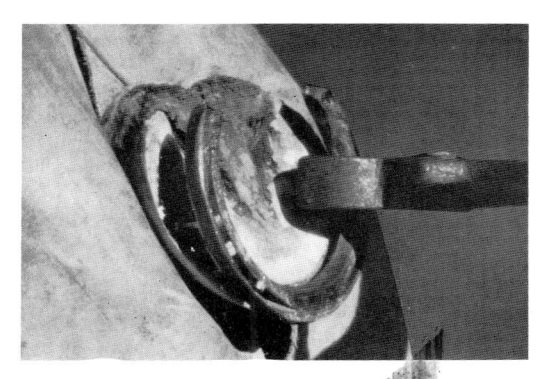

Abb. 10.29: Lüften des Eisens. Endphase beim Lüften des inneren Eisenschenkels, während der äußere Eisenschenkel bereits gelüftet ist. Nach vollständigem Lockern wird das Eisen mit der Abnehmzange entfernt.

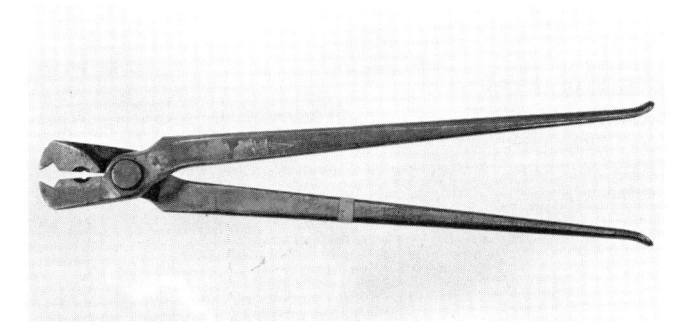

Abb. 10.30: Spezialzange zum Herausziehen einzelner Nägel („nail pullers").

hierbei so dosiert werden, daß kein unnötiger Schmerz hervorgerufen und keine Zerrung verursacht wird. Nach Abnehmen des Eisens werden alle in der Hufwand zurückgebliebenen Nagelstücke entfernt und der Huf dann ausgeschnitten, wie oben beschrieben.
Eine andere Möglichkeit besteht darin, nach Abfeilen oder Abzwicken der Niete die Nägel mittels einer Spezialzange einzeln herauszuziehen (Abb. 10.30). Der Vorteil dieser Methode ist, daß bei Verdacht auf Nageldruck oder auf einen Nagelstich ein einzelner Nagel leicht entfernt werden kann. Die Zange ist weiterhin recht hilfreich bei Pferden, die beim Abnehmen der Eisen mittels der Abnehmzange deutliche Schmerzen zeigen, oder bei Pferden, denen die Rotation der Zehengelenke Schmerzen bereitet (z. B. bei Frakturen der Zehenknochen). Mit dem im Falz des Eisens angesetzten Maul der Spezialzange wird der Nagelkopf erfaßt. So kann der Nagel problemlos herausgezogen werden.

schenkels sollte der andere Schenkel gelüftet werden. Die Abnehmzange darf dabei nicht verdreht werden. Auf diese Weise wird das Eisen entlang beider Schenkelenden weiter gelüftet (Abb. 10.29). Die eingesetzte Kraft sollte

Ausgewählte Literatur

1. EMERY, L., MILLER, J., and VAN HOOSEN, N.: Horseshoeing Theory and Hoof Care. Philadelphia, Lea & Febiger, 1977.
2. FRANDSON, R. D., et al.: Effect of slope of equine hoof on concession and phalangeal angulation. American Farriers Journal, 1978, p. 73.
3. MOYER, W.: Therapeutic principles of diseases of the foot. Proc. 27th Ann. AAEP, 1981, p. 453.

rend die umgebenden Bereiche ausgedehnt werden. Hier soll als Beispiel ein Pferd betrachtet werden, bei dem die innere (mediale) Seiten- und Trachtenwand des Hufes länger belassen wurde als die äußere (laterale) Seite (Abb. 11.2). Das Pferd zeigt bei Betrachtung von vorn und von hinten eine unregelmäßige Stellung des Hufes zum Fesselstand. In der Bewegung berührt die mediale Trachten- und Seitenwand den Boden, bevor die laterale Seite fußt. Aufgrund des selektiven lokalen Druckes, der hierbei auf die mediale Trachten- und Seitenwand wirkt, wird der Huf an seiner medialen Seite zusammengedrückt, während die laterale Seite durch den Druck ausgedehnt wird. Zusätzlich wird die mediale Seite der Gliedmaße größeren Kompressionskräften ausgesetzt sein, während die laterale Seite der Gliedmaße geringere Druck- und in manchen Fällen stärkere Zugbelastung auszuhalten hat. Im Laufe der Zeit wird die Hufwand an der medialen Seite gerader und steiler gestellt werden, während die laterale Seite beginnen wird, sich vorzuwölben. Bei Betrachtung von vorn wird die Hufkrone nicht mehr parallel zum Dorsalteil des Tragrandes verlaufen (die mediale Seite ist höher). Bei Betrachtung von hinten wird der mediale Ballen höher liegen als der laterale. Aufgrund der ungleichmäßigen Gewichtsverteilung kommt es außerdem zu Scherkräften zwischen den Trachten, wodurch wiederum eine mechanische Zerstörung des Ballenpolsters erfolgt. Dadurch sind die Ballen dann relativ leicht gegeneinander nach vorn oder hinten zu verschieben; diese Manipulation ist aber schmerzhaft (siehe Seite 516, Abb. 8.28 und 8.29). Diese Veränderung wird im allgemeinen als einseitiger Trachtenzwanghuf mit Verschieben der Ballen gegeneinander bezeichnet. Die ungleichmäßig einwirkende Belastung kann ebenso zu chronischer Empfindlichkeit im Trachtenbereich, zu tiefer Strahlfäule in der mittleren Strahlfurche oder im Trachtenbereich, zu Seiten- oder Trachtenwandhornspalten, Hufknorpelverknöcherung oder Hufbeinastfrakturen führen. Diese Veränderungen zeigen nicht nur gleichartige Symptome, wie sie beim Podotrochlose-Syndrom auftreten, sondern derartige Veränderungen gelten ebenfalls als Prädisposition für diese Erkrankung.[5] Eine Lahmheit kann auch von anderen Strukturen im proximalen Bereich der Gliedmaße ausgehen. Wenn diese Veränderung nicht erkannt und korrigiert wird, kann sich im Laufe der Zeit ein schiefer Huf entwickeln (Abb. 8.27). Hierbei wird die mediale Hufwand sehr steil, und der Tragrand rollt sich ein, während die laterale Hufwand sich immer mehr von der betroffenen Seite weg vorwölbt. Auch der Strahl verliert dabei seine zentrale Lage. In diesem Stadium ist die Korrektur der Stellung schwierig (siehe Seite 515 bis 517).

Unsachgemäße Zubereitung des Hufes und unsachgemäßer Beschlag sind die Ursachen für unregelmäßige Stellung des Hufes zum Fesselstand bei Betrachtung von vorn oder von hinten. Das Horn der Trachtenwand ist weicher, und die Trachtenwand ist dünner als die Wand im Zehenspitzenbereich. So wird häufig der Trachtenbereich des Hufes mit der Raspel stärker gekürzt als der Bereich der Zehenwand. Ebenso wird ein Rechtshänder beim Kürzen der lateralen Trachtenwand der linken Schultergliedmaße sowie der medialen Trachtenwand der rechten Schultergliedmaße stärkeren Druck auf die Raspel ausüben. Das Ergebnis ist eine niedrigere Trachtenwand auf der entsprechenden Seite. Wenn dies nicht beachtet wird, ergibt sich eine ungleichmäßige Belastung. Wenn der Huf nicht durch Beraspeln der äußeren Wandschicht in eine regelmäßige Form gebracht wird, kann ein Problem entstehen oder bestehenbleiben. Wenn beispielsweise ein Huf an einer Seite vorgewölbt ist, wird das Pferd dazu neigen, über den Bereich abzurollen, wo die Wand am steilsten steht (gegenüber der vorgewölbten Stelle), da es dazu weniger Kraft aufwenden muß. Auch wenn Pferde mit symmetrisch weiten Hufen in der Regel keine Probleme mit dem Abrollen haben, wird die Hufwand bei dieser Stellung häufig weiter geschwächt, und es wird schwieriger, Nägel korrekt einzutreiben und zu befestigen.

Stellung des Hufes zum Fesselstand: Betrachtung von der Seite

Im Idealfall paßt der Huf bei Betrachtung von der Seite zum Fesselstand, wenn die Zehenwand (Rückenteil) und die palmar bzw. plantar gelegene Trachtenwand parallel zueinander und in gleicher Richtung mit der durch die Zehenknochen verlaufenden Achse liegen (siehe Seite 797, Abb. 10.3). Bei Pferden, die eine nicht dieser Beschreibung entsprechende Stellung aufweisen, wird von einer Brechung der Zehenachse oder einer unregelmäßigen Stellung des Hufes zum Fesselstand bei Betrachtung von der Seite gesprochen. FRANDSON et al. fanden, daß die Winkelung des Hufes einen bedeutenden Einfluß auf die Winkelung der Zehenknochen und die auf diese Knochen einwirkende Erschütterung hat. Pferde, bei denen die Zehenwand erhöht und der Trachtenbereich erniedrigt wurde, zeigen die steilste Winkelung in der Fessel und sind so der stärksten Erschütterung ausgesetzt. Beim Kürzen der Zehenwand oder bei der Erhöhung der Trachten

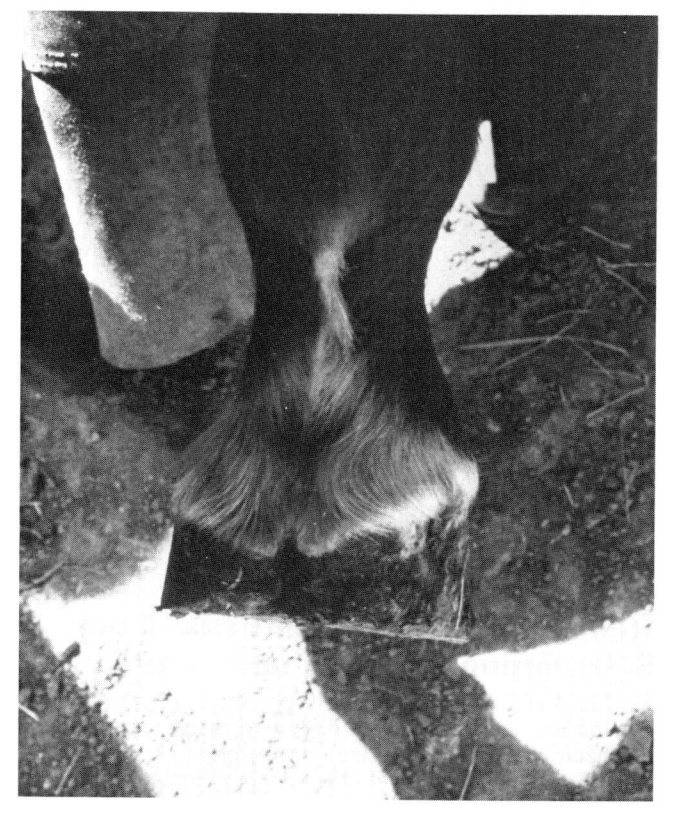

Abb. 11.2: Einseitiger Trachtenzwang mit Verschieben der Ballen gegeneinander. Ansicht von hinten, linke Gliedmaße. Die Krone im Bereich von Trachten- und Seitenwand ist an der medialen Seite höher als an der lateralen Seite. Die mediale Hufwand steht außerdem steiler als die Wand an der lateralen Seite.

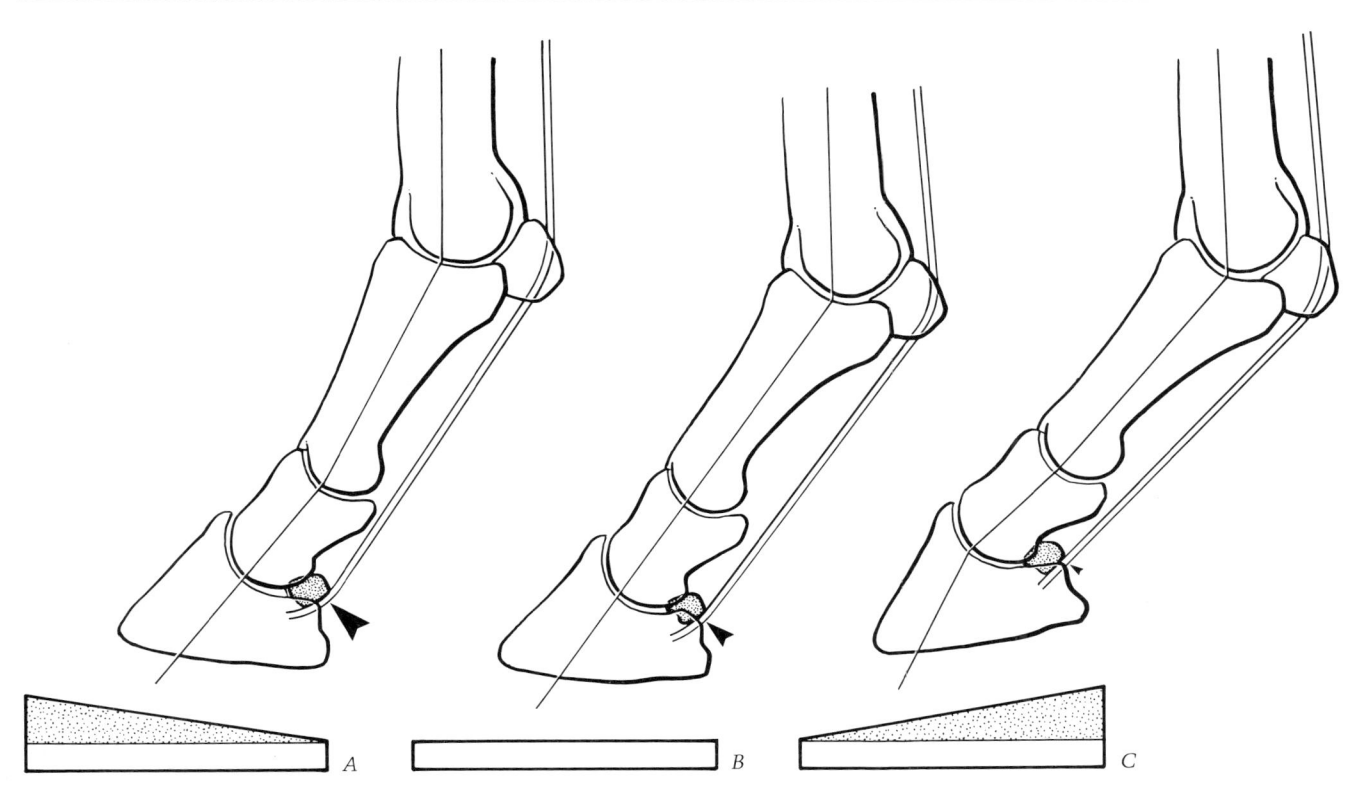

Abb. 11.3: Einfluß der Winkelung der Hufwand. **A** Die Erhöhung des Hufes im Zehenspitzenbereich und das Kürzen der Trachten bedingen eine steilere Winkelung der Zehenknochen und eine Brechung der Zehenachse im Krongelenk. Der schwarze Pfeil bezeichnet den verstärkten Druck auf die Strahlbeinregion infolge der stärkeren Spannung der tiefen Beugesehne. Der Huf absorbiert in dieser Stellung stärkere Erschütterungen, da der Winkel im Krongelenk steil ist. **B** Regelmäßige Winkelung von Huf und Fessel. Der schwarze Pfeil bezeichnet den physiologischerweise auf die Strahlbeinregion einwirkenden Druck. **C** Kürzen der Zehenwand und Erhöhung der Trachtenwand führen zu flacherer Winkelung der Fessel und Brechung der Zehenachse im Hufgelenk. Während der Druck auf die Strahlbeinregion infolge der geringeren Belastung der tiefen Beugesehne vermindert wird, kommt es zu vermehrter Belastung der Strecksehne. Der Huf muß in dieser Stellung weniger Erschütterung auffangen.

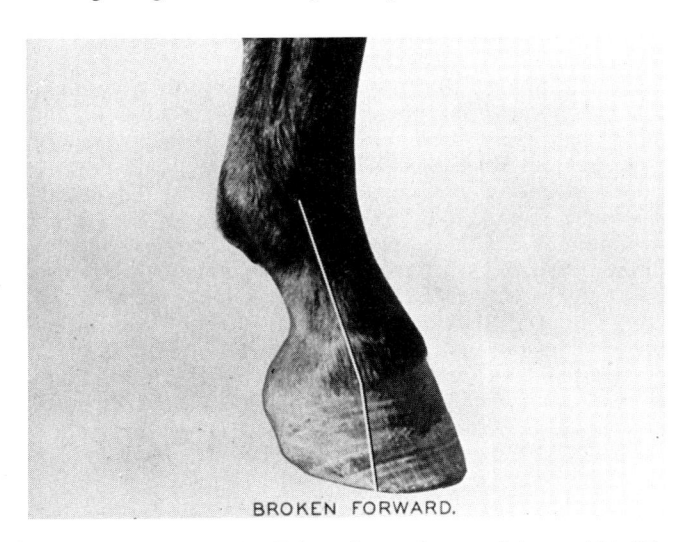

Abb. 11.4: Brechung der Zehenachse nach vorn, Seitenansicht. Die langen Trachten sind typisch für diese Stellung.

wird die Winkelung der Fessel flacher, und die Erschütterung, der die Zehenknochen ausgesetzt waren, wird vermindert (Abb. 11.3).[2]
Obwohl dies nicht üblich ist, werden manche Pferde so ausgeschnitten und beschlagen, daß die Trachten lang belassen werden und die Zehenwand steil und kurz ist. Diese Pferde wirken so, als ob sie einen Bockhuf hätten. In der Regel nehmen sie dann eine Stellung mit nach vorn gebrochener Zehenachse an. Während diese Stellung die Winkelung der Fessel abflacht und die Erschütterung für die Zehenknochen vermindert, wird die Belastung der Strecksehnen und des Musculus interosseus medius gesteigert. Die Brechung der Zehenachse erfolgt bei diesen Pferden meist im Hufgelenk (Abb. 11.3 C und 11.4).

Weit häufiger ist die Tendenz, den Trachtenbereich zu stark zu kürzen und den Huf im Zehenspitzenbereich zu lang zu belassen, was eine Brechung der Zehenachse nach hinten bedingt (Abb. 11.3 A und 11.5). Dies kann bei der Zubereitung des Hufes leicht geschehen, da viele Schmiede zunächst die gesamte Hufwand kürzen und dann die Trachten beraspeln, um eine regelmäßige Stellung des Hufes zu erreichen. Außerdem ist das Horn im Bereich der Trachten wesentlich weicher als im Zehenspitzenbereich, so daß beim Beraspeln mit jedem Strich der Raspel mehr Horn entfernt wird. Weiterhin wird beim Beraspeln der Trachten häufig mehr Druck aufgewandt als beim Beraspeln des Zehenspitzenbereiches, und wenn die Rinnen der Raspel mit Hornspänen gefüllt sind, wird die Wirkung der Raspel schwächer. Einige Schmiede versuchen außerdem, die Seitenwand dem Niveau der Sohle anzugleichen. Dies zwingt dazu, im Trachtenbereich mehr Horn zu entfernen, um einen ebenen Tragrand zu erhalten.

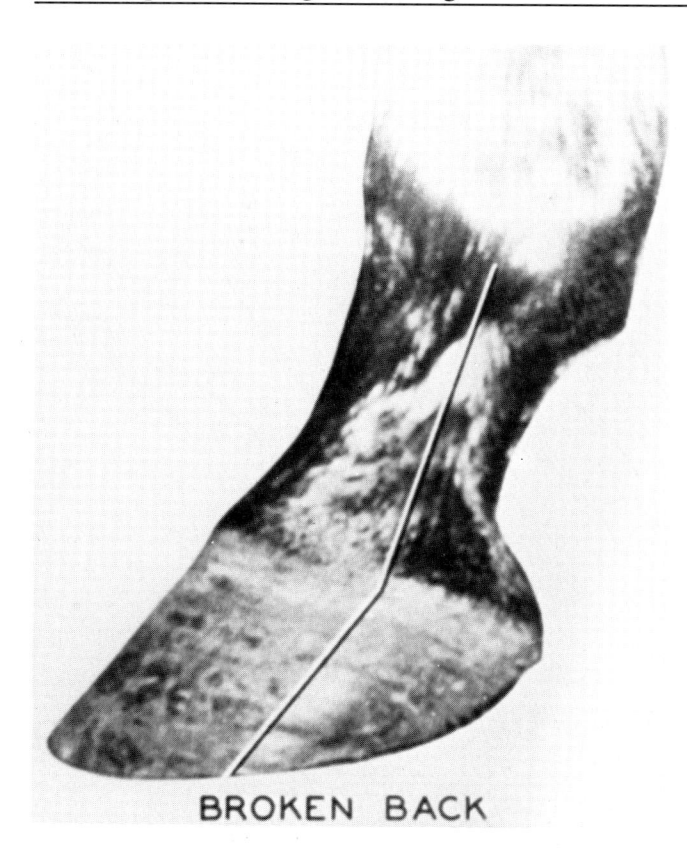

Abb. 11.5: Brechung der Zehenachse nach hinten, Seitenansicht. Huf mit niedrigen, untergeschobenen Trachten und langer Zehe.

Eine weitere nicht sinnvolle Praxis ist das Wegschneiden der Eckstreben, was die Trachten weiter schwächt.

Einige Pferde, besonders Vollblut-Rennpferde, werden auf diese Weise ausgeschnitten und beschlagen, in der Hoffnung, den Raumgriff und die Schnelligkeit zu steigern. Es gibt keine objektiven Daten zur Bestätigung oder Widerlegung dieser These. Dagegen liegen genügend Beweise vor, daß diese Veränderung der regelmäßigen Stellung aus biomechanischer Sicht abzulehnen ist. MOYER[3] und EMERY et al.[1] haben eine Zusammenfassung der mechanischen Nachteile der langen Zehe und der untergeschobenen Trachten gegeben:

1. Durch diese Stellung bedingt, fußt das Pferd vor der idealen vertikalen Achse. Hierdurch wird eine Überstreckung in Fesselgelenk und Vorderfußwurzelgelenk bewirkt. Degenerativen Erkrankungen und Chip-Frakturen in diesen Bereichen wird Vorschub geleistet.
2. Die niedrigen, untergeschobenen Trachten verringern nicht nur die Unterstützungsfläche, welche die Erschütterung aufnimmt. Sie werden außerdem unphysiologisch belastet, weil der Unterstützungspunkt der jeweiligen Gliedmaße nach vorn verlagert wird.
3. Mit vermehrtem Auftreten von Podotrochlose und von chronischer Empfindlichkeit im Trachtenbereich ist zu rechnen.
4. Im Laufe der Zeit verändern sich die Form und die Ausrichtung der Hornröhrchen, wodurch die Trachten geschwächt werden und die Entwicklung der Hufwand beeinträchtigt wird (Abb. 11.6).
5. Die längere Zehenwand bedingt einen längeren Hebelarm, wodurch das Abrollen erschwert wird. In der Folge werden die Beugesehnen und ihre Unterstützungsbänder deutlich vermehrt belastet. Die stärkere Anspannung der tiefen Beugesehne führt dann direkt zu stärkerem Druck auf das Strahlbein.
6. Die längere Zehe bedingt stärkeren Zug am Aufhängeapparat des Hufbeines am Rückenteil des Hufes. Dies kann zu einer Belastungsrehe führen.[3] Extremes Kürzen der Trachten bewirkt außerdem eine steilere Stellung der Fessel, und die auf die Zehenknochen einwirkende Erschütterung kann um mehr als das Dreifache erhöht werden.[2]

Unsachgemäßer Beschlag

Unsachgemäße Ausführung des Beschlages ist ebenfalls eine sehr bedeutende Lahmheitsursache und häufig die Folge eines unregelmäßigen Hufes. Zunächst ist zu bedenken, mit wieviel Nägeln ein Eisen befestigt wird. Vorgefertigte Fabrikhufeisen sind grundsätzlich mit acht Nagellöchern ausgestattet, die zu dicht beieinander und zu weit hinten am Eisenschenkel angebracht sind. Je größer die Anzahl der Nägel ist, besonders derjenigen, die hinter der weitesten Stelle des Hufes eingeschlagen sind, desto mehr wird der Hufmechanismus behindert. Wenn das Pferd fortwährend in dieser Art beschlagen wird, ist es kein Wunder, daß das wiederholte Beschlagen zur Bildung eines Trachtenzwanghufes und zur Schrumpfung der Ballen führen kann. Ferner wird durch die geringere Erweiterung des Hufes der stoßbrechende Mechanismus der Hufwand in seiner Wirkung beeinträchtigt. Im Idealfall sollten nur so viele Nägel verwandt werden, wie nötig sind, um das Eisen am Huf zu befestigen. Aus diesem Grund ziehen einige Schmiede handgeschmiedete Eisen vor, bei denen die Löcher für den Einzelfall passend gestanzt werden. In manchen Fällen werden die vorgestanzten Löcher verschlossen und neue Löcher an besser geeigneten Stellen eingestanzt. Andere Schmiede ziehen Aufzüge aus, um dem Eisen mehr Stabilität am Huf zu geben, so daß eine geringere Zahl von Nägeln ausreicht.

Die Stelle, wo der Nagel aus der Hufwand tritt, verdient ebenfalls Beachtung. Nägel, die weit oben an der Hufwand austreten, geben dem Eisen mehr Halt, es besteht aber auch ein höheres Risiko, daß sie nahe an der Wandlederhaut zu liegen kommen. Schon der auf die Wandlederhaut einwirkende Druck kann zu chronischer, intermittierender Lahmheit führen. Eine selektive Untersuchung durch Abdrücken mit der Hufuntersuchungszange über den einzelnen Nägeln kann für die Diagnose hilfreich sein. Andererseits bewirken Nägel, die sehr weit unten aus der Hufwand austreten, unbedingt eine Spaltung der Wand, und das Eisen lockert sich häufig. Das Eisen kann sich dann auf der Hufsohle verschieben, oder es kann abgerissen werden. Im letzteren Fall ist oft das Befestigen eines neuen Eisens problematisch, da die Hufwand an dieser Stelle beschädigt ist.

Bei der Auswahl eines Hufeisens müssen die Größe, das Gewicht, die Dicke und die Breite der Eisenschenkel bedacht werden. Häufig wird ein kleines Eisen statt eines etwas größeren gewählt, da es einfacher ist, den Huf dem Eisen anzupassen als umgekehrt. Leider vermindert die geringere Größe des Hufeisens auch die Unterstützungsfläche des Hufes und vergrößert so die Erschütterung pro Quadratzentimeter. Kurze Hufeisen begünstigen außerdem die Ausbildung untergeschobener, schwacher Trachten. Enge Hufeisen beeinträchtigen in der Regel die physiologische Ausdehnung des Hufes im Bereich der Seiten-

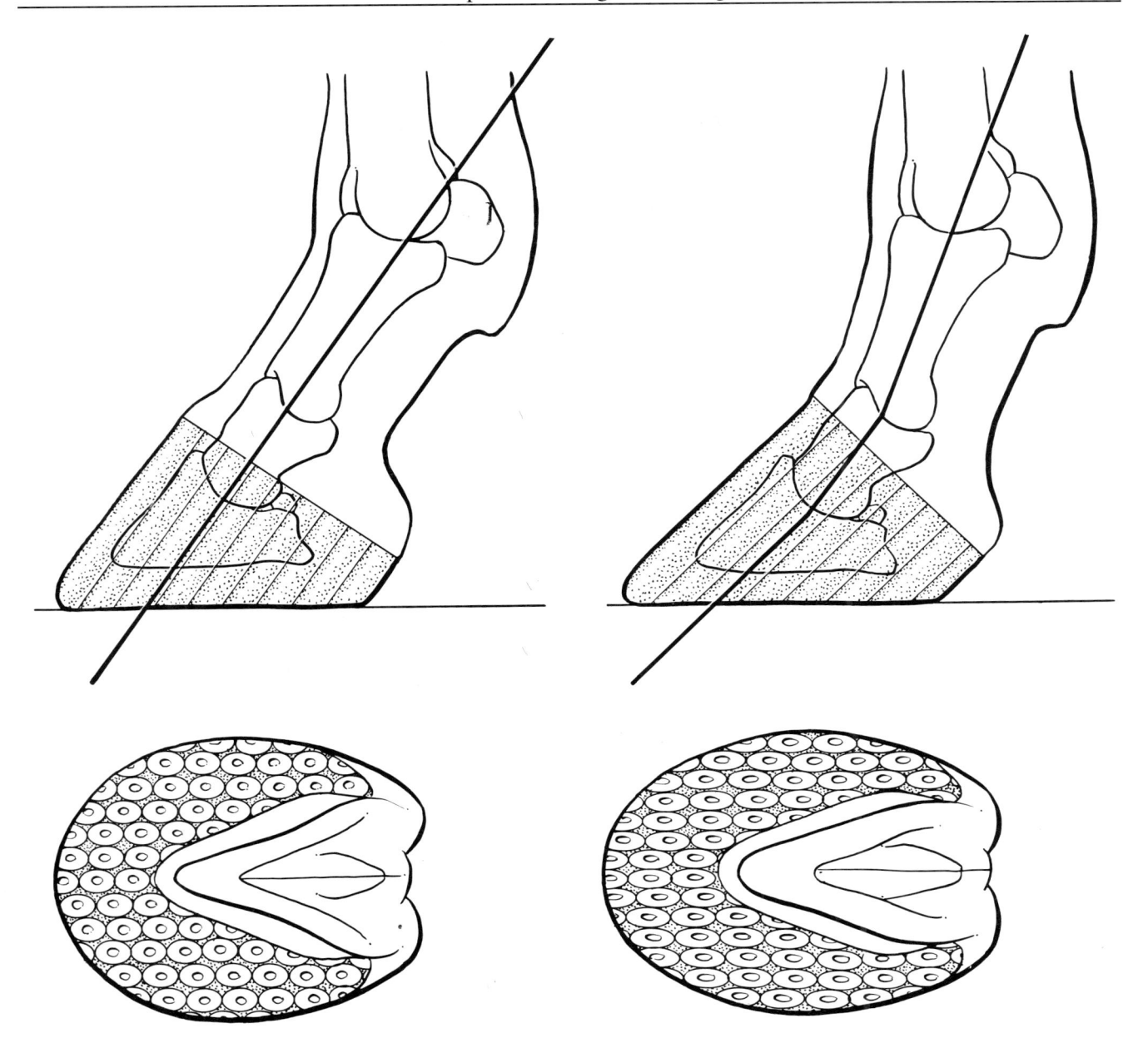

Abb. 11.6: Veränderung der Hornröhrchenform, wenn die Trachten gekürzt werden und die Zehenwand lang belassen wird. Diese Veränderungen entwickeln sich langsam. Während die Hornröhrchen eine mehr elliptische Form annehmen, werden die Hufwand und die Sohle schwächer.

wand. Es ist in jedem Fall besser, das größere Eisen zu wählen, das im Bereich der Seitenwand etwas weiter ist als der Huf.

Je höher das Gewicht des Eisens ist, desto stärker wird die Aktion der Gangart betont und die Ermüdung beschleunigt. Häufig werden schwerere Eisen gewählt, weil sie weniger rasch abgelaufen werden, und in der Annahme, daß sie dem Huf mehr Stabilität geben. Obwohl dies stimmt, sollte stets das Eisen gewählt werden, das für den beabsichtigten Gebrauch gerade schwer genug ist. Extrem schwere Eisen können die Ursache dafür sein, daß sich das Pferd anschlägt, besonders wenn es müde wird.

Die Dicke des Eisens ist ebenfalls sorgfältig zu bedenken. Je dicker das Eisen ist, desto mehr wird die Unterstützungsfläche verkleinert, wenn das Eisen nicht ganz korrekt angepaßt ist. Wenn ein dickeres Eisen verwendet wird, sollte es etwas weiter gelegt werden als ein dünneres, kleineres Hufeisen. Eine nennenswerte Verkleinerung der Unterstützungsfläche bedingt eine stärkere Beugung des Hufgelenkes und eine stärkere Streckung des schon in Hyperextension befindlichen Fesselgelenkes.

Die Breite der Eisenschenkel ist ebenfalls von Bedeutung. Während ein Eisen mit schmalen Schenkeln die Kompressionskräfte auf die Hufwand verteilt, schützt es die Sohle nicht. Ein Eisen mit breiten Schenkeln dagegen verteilt die Kompressionskräfte gleichmäßiger und schützt außerdem den Sohlenbereich. Wenn aber einem Pferd mit Flachhufen Breitschenkelhufeisen aufgeschlagen werden, kann es zu chronischen Quetschungen der Sohle kommen,

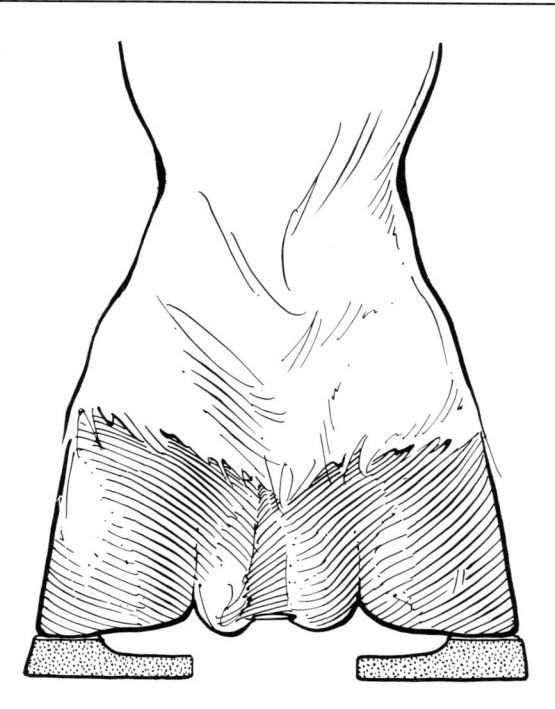

812 Kapitel 11: Folgen unsachgemäßer Zubereitungdes Hufes

Abb. 11.7: Breitschenkelhufeisen mit Abdachung der Bodenfläche. Dieser Beschlag schützt die Sohle, ohne Druck auf sie auszuüben.

die zu Lahmheit führen. Daher ist es üblich, bei Breitschenkelhufeisen eine Abdachung der Sohlenfläche anzulegen (Abb. 11.7).

Das Anbringen von Griffen am Vorderteil des Eisens beeinflußt nicht nur die Gliedmaßenführung. Es verändert auch die Winkelung der Fessel und bedingt stärkere Erschütterung.[2] Gleichzeitig mit der Erhöhung des vorderen Hufabschnittes wird hier die funktionelle Unterstützungsfläche reduziert, und die Kompressionskräfte wirken lokal ein. Griffe im Vorderteil beeinflussen außerdem das Abrollen sowie die Höhe und die Richtung des Bogens, den die Gliedmaße beim Vorführen beschreibt. Da das Abrollen im Bereich der Griffe behindert wird, ist leicht einzusehen, daß das Pferd dann dazu neigt, entweder medial oder lateral des Griffes abzurollen. Griffe begünstigen außerdem Stolpern, Anschlagen, Einhauen („speedy cutting") und Anschlagen mit dem Vorderhuf an die Dorsalfläche der gleichseitigen Beckengliedmaße („scalping"). Durch die Erhöhung des Zehenspitzenbereiches wird die Hyperextension des Fesselgelenkes größer, und die Erschütterung kann um das Dreifache erhöht werden, besonders bei Pferden, die im Training oder in Rennen auf hartem Boden laufen.[2]

Stollen an den Schenkelenden bereiten ein weiteres Problem. Obwohl sie die Trachten erhöhen, eine flachere Winkelung der Fessel bedingen und unter Umständen die auf die Zehenknochen einwirkenden Erschütterungen reduzieren können, vermindern sie auch die Unterstützungsfläche des Eisens und konzentrieren die Druckkräfte lokal, statt sie gleichmäßig zu verteilen. Besonders gefährlich ist die Verwendung von Stollen bei Pferden, von denen schnelle Wendungen verlangt werden. Da die Stollen den Huf und das von diesem umschlossene Hufbein gegenüber dem sich wegdrehenden Kron-, Fessel- und Röhrbein fixieren, kann es zu Frakturen kommen. Das Anbringen eines Stollens am Ende des medialen Hufeisenschenkels führt bei Rennpferden oft zu Anschlagen.[4]

Das genaue Ausrichten des Eisens auf dem Huf ist wichtig. Der häufigste Fehler ist hier seitliches Verdrehen des Eisens von seiner idealen Ausrichtung weg.[4] Dies führt nicht nur zu Abrollen an einer anderen als der physiologischen Stelle, sondern wird auch mit der Entwicklung des einseitigen Trachtenzwanges, mit Steingallen, Ostitis oder Frakturen des Hufbeines, Hufknorpelverknöcherung und Hornspalten in Verbindung gebracht. Die bodenenge Ränderung des inneren Eisenschenkels mit dem Ziel, das Greifen zu vermeiden, ist allgemein üblich. In Verbindung damit treten aber auch ziemlich regelmäßig Steingallen, Hornwandspalten, Empfindlichkeit im Trachtenbereich und einseitiger Trachtenzwang auf. Im Hinblick auf korrekte Beschlagausführung sollte dieses Vorgehen besser aufgegeben werden.

Der Pferdebesitzer sollte auf folgende Punkte achten:

1. Paßt der Huf zum Fesselstand (Betrachtung von vorn und von hinten)? Gibt es Anzeichen für einseitigen Trachtenzwang mit Verschieben der Ballen gegeneinander oder für die Entstehung eines schiefen Hufes?
2. Ist die Stellung des Hufes zum Fesselstand bei Betrachtung von der Seite regelmäßig, oder ist die Zehe zu lang und sind die Trachten untergeschoben?
3. Ist die Hufwand auf eine regelmäßige Form gebracht worden, oder ist sie asymmetrisch?
4. Wie viele Nagellöcher sind vorhanden? Sitzt der letzte Nagel hinter der weitesten Stelle des Hufes?
5. Sind die Nagellöcher tief oder flach?
6. Ist das Eisen zu schmal oder zu kurz für den Huf?
7. Wenn schwere Eisen aufgeschlagen wurden, verändern diese die Aktion der Gliedmaße beim Vorführen?
8. Wenn dicke Eisen aufgeschlagen wurden, passen diese richtig?
9. Sind Eisen mit breiten oder schmalen Schenkeln aufgeschlagen worden? Wenn Breitschenkelhufeisen aufgeschlagen wurden, hat das Pferd Flachhufe?
10. Bei Verwendung von Stollen an den Schenkelenden und Griffen am Vorderteil: Sind diese hoch oder niedrig? Niedrige, symmetrisch angebrachte Stollen sind hohen Stollen vorzuziehen. Ist die Stellung des Hufes zum Fesselstand bei Betrachtung von der Seite durch die Griffe oder Stollen stark verändert?
11. Stimmt die Ausrichtung des Eisens auf dem Huf?
12. Ist das Schenkelende des Eisens kurz und eng gelegt?
13. Ist die Sohle konkav ausgeschnitten?
14. Sind die Eckstreben weggeschnitten?

Ausgewählte Literatur

1. EMERY, L., MILLER, J., and VAN HOOSEN, N.: Horseshoeing Theory and Hoof Care. Philadelphia, Lea & Febiber, 1977
2. FRANDSON, R. D., et al.: Effect of slope of equine hoof on concussion and phalangeal angulation. American Farriers Journal, 1978, p. 73.
3. MOYER, W.: Therapeutic principles of diseases of the foot. Proc. 27th Ann. AAEP, 1981, p. 453.
4. MOYER, W., and ANDERSON, J. P.: Lameness caused by improper shoeing. J. Am. Vet. Med. Assoc., 166: 47, 1975.
5. MOYER, W., and ANDERSON, J. P.: Sheared heels: diagnosis and treatment. J. Am. Vet. Med. Assoc., 166: 53, 1975.

Hufkorrektur und orthopädischer Beschlag

Ted S. Stashak

Hufkorrektur und orthopädischer Beschlag sind wichtige Faktoren bei der Behandlung der meisten Lahmheiten. Eine unregelmäßige Gliedmaßenführung oder ein nicht zum Fesselstand passender Huf (von vorn und hinten bzw. von der Seite betrachtet) müssen nicht unbedingt die direkte Ursache des Problems sein. Dennoch verdienen diese Faktoren unbedingt Aufmerksamkeit, da sie an der Entstehung der Lahmheit beteiligt sein können. Wenn diese Fakten nicht beachtet werden, kann möglicherweise der volle Erfolg der Therapie nicht erreicht werden. Obwohl unsachgemäße Ausführung von Hufkorrekturen oder eines orthopädischen Beschlages Ursache einer unregelmäßigen Gliedmaßenführung sein können, ist diese vermutlich in aller Regel auf unregelmäßige Stellungen der Gliedmaßen zurückzuführen (d. h. bodenenge oder bodenweite Stellungen und Veränderungen in der Winkelung der Gliedmaße). Umgekehrt ergeben sich die meisten Fehlstellungen (unregelmäßige Stellung des Hufes zum Fesselstand bei Betrachtung von vorn und hinten in Verbindung mit einer gebrochenen Zehenachse) durch unsachgemäße Hufzubereitung und unsachgemäßen Beschlag; entsprechende Veränderungen können aber auch Folge unregelmäßiger Gliedmaßenstellungen sein. Das Ziel bei der Behandlung beider Probleme ist, Huf und Fesselstand zueinander passend zu machen. Wenn die unregelmäßige Gliedmaßenführung auf eine unregelmäßige Stellung der Gliedmaße zurückzuführen ist, liegt allerdings das Augenmerk hauptsächlich darauf, die Stelle zu ändern, auf der das Pferd auftritt, damit das Gewicht gleichmäßiger über den gesamten Huf verteilt wird, sowie in der Veränderung des Bogens, den die Gliedmaße beim Vorführen beschreibt, um das Risiko des Anschlagens zu vermindern. Bei Unregelmäßigkeiten in der Gliedmaßenstellung ist besonders die Wiederherstellung der passenden Stellung zu fördern. Einfacher ausgedrückt, gilt es, genetisch bedingte Unregelmäßigkeiten bei der Gliedmaßenführung, die durch unregelmäßige Stellung der Gliedmaßen bedingt sind, zu korrigieren. Ferner müssen bei unregelmäßiger Form und Stellung des Hufes die fehlerhaften Praktiken in Hufkorrektur und Hufbeschlag geändert werden, die zu diesen Veränderungen geführt haben.
Unabhängig von der jeweiligen Situation, hat sich der Tierarzt folgende Fragen zu beantworten, bevor er Anweisungen für den Beschlag gibt:

1. Welcher Art ist das vorliegende Problem? Handelt es sich um eine primäre Unregelmäßigkeit in der Gliedmaßenführung, die zu unregelmäßiger Form und Stellung des Hufes geführt hat oder umgekehrt.
2. Zu welchem Verwendungszweck wird das Pferd eingesetzt? (Schwere, geschlossene Eisen sind von sehr geringem Nutzen für ein Vollblutpferd, das für Flachrennen eingesetzt wird.)
3. Auf welchem Boden wird das Pferd gearbeitet? Jede Art des Beschlages (Stahl, Aluminium, Kunststoff) hat spezifische Eigenschaften in bezug auf Gleitschutz und Haltbarkeit.
4. Welche Charakteristika hat der Huf: weich, bröckelig, dünne Wände, flache Sohle? Welche Winkelung zeigt der Huf? Diese Faktoren erfordern spezielle Überlegungen bei der Auswahl und dem Aufbringen des geeigneten Beschlages.
5. Welche Möglichkeiten hat der Schmied? Kann er die Anweisungen problemlos verstehen, und ist die Ausrüstung für das Anfertigen und Aufbringen des Beschlages vorhanden?

Korrekturmöglichkeiten bei unregelmäßiger Gliedmaßenführung

Für einen regelmäßigen Bewegungsablauf müssen die Hufe des Pferdes zum Fesselstand passen, und sie müssen im Moment des Abrollens in einer geraden Linie mit dem Körper sein. Unregelmäßigkeiten in der Gliedmaßenführung können auf Unfähigkeit des Reiters oder auf nicht passende Ausrüstung des Pferdes zurückzuführen sein. Der Schmied hat sicherlich nicht die Kontrolle über alle diese Faktoren, ein guter Schmied kann aber die Position des Hufes im Stand und in der Bewegung überprüfen. Der Schmied muß in der Lage sein, die Struktur des Hufes und der gesamten Gliedmaße des Pferdes sowie die Bewegungen von Gliedmaße und Huf während der Bewegung zu beurteilen, bevor er erfolgreich orthopädische Maßnahmen durchführen kann. Jedes Pferd muß einzeln beurteilt werden, um den für die Korrektur von Unregelmäßigkeiten bei der Gliedmaßenführung optimalen Beschlag und die für die Zubereitung des Hufes erforderlichen Maßnahmen auswählen zu können. Auch wenn zwei oder mehr Pferde die gleiche unregelmäßige Gliedmaßenführung zeigen, kann jedes dieser Pferde einen anderen orthopädischen Beschlag benötigen.
Weiter ist von Bedeutung, sich zu vergegenwärtigen, daß Unregelmäßigkeiten in der Gliedmaßenführung beim erwachsenen Pferd kaum vollständig korrigiert werden können. In diesen Fällen wird lediglich versucht, die Unregelmäßigkeiten durch geeignete Hufkorrektur und geeigneten Beschlag zu beeinflussen und zu verbessern. Im Laufe längerer Zeit können diese jeweils nur geringfügigen Veränderungen bei regelmäßiger Durchführung das Pferd bis zu seiner vollen Leistungsfähigkeit bringen.
In den meisten Fällen müssen bei Pferden mit unregelmäßiger Gliedmaßenstellung und -führung, auch wenn sie beschlagen gehen, die Hufe bei jedem Ausschneiden korrigiert werden. Dies ist darauf zurückzuführen, daß die Erschütterung und die ungleichmäßige Gewichtsverteilung die Geschwindigkeit des Hornwachstums so stark beeinflussen können, daß es zu einem Ungleichgewicht kommt. Ein gutes Beispiel hierfür ist ein Pferd mit boden-

enger Stellung: Selbst wenn der Huf in eine regelmäßige Form gebracht worden ist, wird das Pferd dazu neigen, die laterale Hufwand mehr zu belasten. Diese Seite der Hufwand wird in der Folge langsamer wachsen als die mediale Seite. Folglich wird eine erneute Korrektur des Hufes bei jedem Ausschneiden notwendig sein.

Ein Beschlag allein wird nicht immer in der Lage sein, Unregelmäßigkeiten in der Gliedmaßenführung vollständig zu beheben; der Beschlag wird aber häufig die nachteiligen Folgen einer solchen Unregelmäßigkeit verringern. Einige Pferde allerdings, die Unregelmäßigkeiten in der Gliedmaßenstellung aufweisen, passen nicht in das übliche Schema. Beispielsweise kann ein Pferd mit zehenweiter Stellung mit dem inneren Zehenspitzen- und Seitenwandbereich oder aber mit der lateralen Hufwand zuerst aufsetzen, je nachdem, ob es bodenweit oder bodeneng steht. Daher ist es unbedingt notwendig, den Bewegungsablauf bei dem jeweiligen Tier genau zu beobachten, damit eine sachgemäße Korrektur stattfinden kann. Die Wirkung des neuen Beschlages sollte beobachtet werden, und nötigenfalls sollten mehrere Beschlagarten ausprobiert werden, um festzustellen, welcher Beschlag die beste Wirkung zeigt.

Der Tierarzt ist durch seine Kenntnis der Anatomie und Physiologie der Gliedmaße in aller Regel gut qualifiziert, Anweisungen für einen orthopädischen Beschlag zu geben, auch wenn er selbst nicht über große Erfahrung im Beschlagen von Pferden verfügt. Das Studium der Grundprinzipien des Hufbeschlages in Zusammenhang mit der Anwendung physikalischer Gesetze wird in der Regel eine wirksame Methode zur Korrektur der meisten Unregelmäßigkeiten bei der Gliedmaßenführung aufzeigen. Obwohl der Tierarzt die Kenntnisse besitzt, um Anweisungen für den orthopädischen Beschlag zu geben, sollte er versuchen, sich mit dem Schmied zu verständigen. So kann die einfachste, wirtschaftlichste Methode gewählt werden. Die Verwendung eines Verschreibungsformulars ist zu empfehlen (Abb. 12.1).

Obwohl die Kunst der Herstellung handgeschmiedeter Hufeisen in den meisten Gemeinden verlorengegangen ist, können orthopädische Beschläge mit Hilfe der Schweißtechnik und einiger Erfindergabe aus einfachen, glatten Hufeisen hergestellt werden. Viele Spezialbeschläge können durch einfaches Aufschweißen von Metall auf ein glattes Hufeisen erstellt werden. Das Eisen sollte für das Pferd passend gemacht und dann zum Schweißen gebracht werden, um die entsprechenden Vorrichtungen anzubringen. Zum Beispiel können Hufeisen mit einem lateralen Fortsatz am Vorderteil durch Anschweißen eines runden Stahldrahtes hergestellt werden. Halbe oder durchgehende Stege können angeschweißt und geformt werden. Seiten- oder Zehenaufzüge aus 3 mm starkem Stahl können an das Eisen angeschweißt oder aus dem erhitzten Hufeisen gezogen werden.

Obwohl die verschiedenen Korrekturmöglichkeiten alle ihren speziellen Verwendungszweck haben, werden im Einzelfall oft verschiedene Methoden ausprobiert, bevor die optimale Methode gefunden wird. *Als allgemeine Regel sollte gelten, die einfachste und wirtschaftlichste Korrekturmethode zu wählen, die eine funktionale Gliedmaßenführung erzielt.* Radikale Maßnahmen können pathologische Veränderungen an der Gliedmaße verursachen. Der orthopädische Beschlag folgt physikalischen Gesetzen, und sorgfältige Beobachtung des Bewegungsablaufes und der Gliedmaßenführung des Pferdes liefern die notwendigen Hinweise für die Korrektur der Unregelmäßigkeiten. Einige Defekte allerdings sind so schwerwiegend, daß sie nicht korrigiert werden können. Die Korrektur der Gliedmaßenstellung und -führung sollte nach Möglichkeit mit der Hufkorrektur beim jungen Pferd beginnen. Die unregelmäßige Gliedmaßenführung bei erwachsenen Tieren kann nicht mehr vollständig korrigiert werden; sie kann nur begrenzt und verbessert werden.

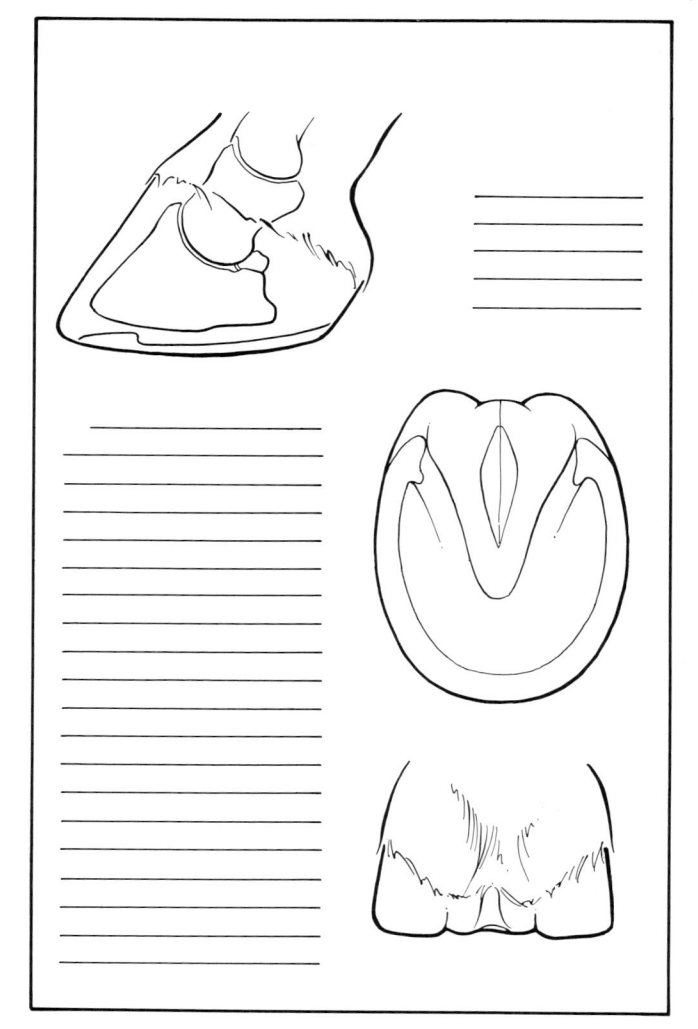

Abb. 12.1: Formblatt zur Verschreibung eines Beschlages (mit Genehmigung von Dr. B. PERCE).

Im allgemeinen ist bezüglich des orthopädischen Beschlages zu bedenken, daß das Pferd sich am besten bewegt, wenn bei der Hufzubereitung und beim Beschlag die Winkelung der Hufwand und die Länge des Hufes im Zehenbereich so belassen werden, daß die Zehenachse nicht gebrochen wird. Dies ist von Pferd zu Pferd unterschiedlich und muß im Einzelfall genau bedacht werden, selbst wenn Abweichungen von der regelmäßigen Gliedmaßenstellung und -führung bestehen. Manche Pferde schlagen sich in der Bewegung an (Greifen oder Anschlagen mit dem Vorderhuf an die Dorsalfläche der gleichseitigen Beckengliedmaße – „scalping"). Hier ist für die Korrektur eine Veränderung in der Winkelung des Hufes erforderlich. Die Winkelung kann bei diesen Korrekturversuchen um bis zu zwei Grad verändert werden. Veränderungen der Winkelung in diesem Rahmen führen im allgemeinen nicht zu Schäden an der Gliedmaße. Beim nächsten Beschlag können weitere Veränderungen der Winkelung um bis zu jeweils zwei Grad erfolgen.

Bei der Entscheidung für einen orthopädischen Beschlag ist unbedingt zu bedenken, daß eine Steigerung des Gewichtes am distalen Gliedmaßenende bei einem Pferd mit unregelmäßiger Gliedmaßenführung häufig die Unregelmäßigkeiten betont. Dies kann möglicherweise zu größeren Schäden führen und die Ermüdung steigern.

Hufkorrektur durch Ausschneiden

Bei dieser Art der Hufkorrektur ist es manchmal unnötig, den abgelaufenen Huf zu kürzen. Lediglich die Bereiche, die infolge der unregelmäßigen Stellung zu lang geworden sind, müssen auf ihre korrekte Länge gebracht werden. Aufgabe der Hufkorrektur ist, den Huf so zu beschneiden, daß er eben ist und daß die Stellung des Hufes und der Fessel zueinander und zum Pferd paßt.

Einige Autoren fordern, den Huf so zu beschneiden, daß er flach aufgesetzt wird. In den USA wird dies als „landing level" bezeichnet. Ein Pferd, das dieser Forderung entsprechend ausgeschnitten wird, hat häufig keinen regelmäßig geformten Huf (siehe Seite 796, Abb. 10.1). Die Forderung, die Hufe so auszuschneiden, daß das Pferd seinen Huf oder sein Eisen gleichmäßig abläuft, verfolgt das Ziel, ungleichmäßige Erschütterungen des Hufes zu vermindern. Ein Pferd mit bodeneng-zehenenger Stellung zum Beispiel fußt zuerst auf der Außenwand des Hufes. Wenn die Außenwand nun gekürzt wird, bis der Huf plan aufsetzt, erhält der Huf eine deutlich unregelmäßige Form (niedrige Außenwand). ADAMS[1] behauptet, daß die laterale Seite des Fesselgelenkes vermehrt belastet wird, wenn die Hufe derart ausgeschnitten werden. Das laterale Seitenband des Fesselgelenkes wird ebenfalls vermehrt belastet, und die Winkelung der Gelenkoberflächen wird verändert, so daß die Wahrscheinlichkeit für das Auftreten von Schäden größer wird (Kompression der medialen Seite des Gelenkes). ADAMS meint, daß die Belastung, die im Extremfall zu Lahmheit führt, im allgemeinen geringer ist, wenn der Huf in regelmäßige Form gebracht und nicht so beschnitten wird, daß das Pferd den Huf absolut eben aufsetzt.

Einige andere Autoren stimmen dem allerdings nicht zu. Sie meinen, daß gerade das Gegenteil eintreten könne.[2,6] Mit Sicherheit kann vorausgesetzt werden, daß der Huf über eine gewisse Elastizität verfügt, daß er sich unter Druck komprimieren läßt und sich dabei an der gegenüberliegenden Seite ausdehnt. Daraus ergeben sich komplexe Vorgänge, die die unregelmäßige Form des Hufes weiter fördern und der Entwicklung eines einseitigen Trachtenzwanghufes mit gegeneinander verschobenen Ballen Vorschub leisten. Wenn der Huf des Pferdes nicht flach auf den Boden aufsetzt (eine Seite fußt zuerst), werden beim Übergang zur vollen Belastung größere Kompressionskräfte auf diejenige Seite ausgeübt, die den Boden zuerst berührt hat. Diese setzen sich an dieser Seite der Gliedmaße entlang proximal fort. Genau das Gegenteil gilt für die Seite, die beim Fußen der Gliedmaße den Boden zuletzt berührt.

Obwohl diese Ansichten auf den ersten Blick gegensätzlich erscheinen, spricht jede ein separates Problem an, und beide sind richtige und sinnvolle Grundprinzipien für die Korrektur von Unregelmäßigkeiten. ADAMS[1] bezieht sich auf die Korrektur unregelmäßiger Hufformen, die auf unregelmäßige Stellung der Gliedmaße zurückzuführen sind. MOYER[5-7] und EMERY et al.[2] dagegen gehen von einer unregelmäßigen Hufform aus, die auf unsachgemäße Hufzubereitung und unsachgemäße Beschlagausführung zurückzuführen ist und eventuell auf abnorme Abnutzung. Da diese Situationen eine unterschiedliche Behandlung erfordern, werden sie in diesem Kapitel einzeln angesprochen. Die Gliedmaßen sollten während der Vorführphase von vorn sowie von hinten beobachtet werden, um zu entscheiden, ob der Huf plan aufsetzt. Die Wand, mit der der Huf zuerst aufsetzt, wird schon niedrig sein. Die gegenüberliegende Wand wird dann gekürzt, um den Huf ins Gleichgewicht zu bringen (siehe Seite 796, Abb. 10.1, und Abb. 12.2). Der Huf sollte so gekürzt werden, daß die Zehenachse nicht gebrochen wird.

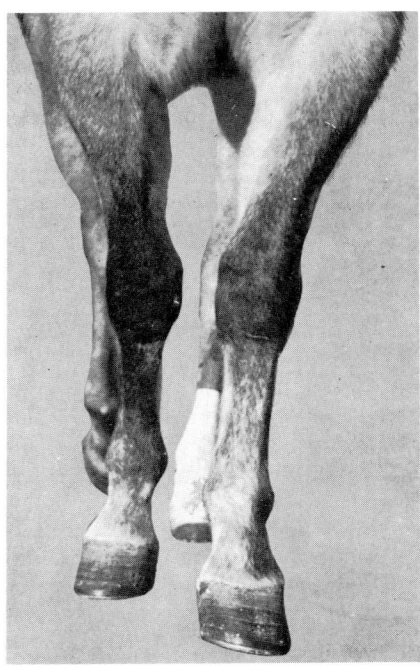

Abb. 12.2: Bodeneng-zehenweite Stellung. Das Pferd fußt zunächst auf der Außenwand. Charakteristisch ist die zehenweite Stellung der rechten Schultergliedmaße, während die linke Schultergliedmaße auf der Außenwand fußt. Durch diese Art des Fußens wird die Außenwand niedriger als die Innenwand, wenn nicht bei jedem Ausschneiden die Hufform korrigiert wird.

Bei einem Pferd mit bodeneng-zehenenger oder bodeneng zehenweiter Stellung sind in der Regel die Hufe an der Außenseite im Bereich von Wand und Trachten zu stark abgelaufen, und die Innenwand ist nun vom Zehenspitzen- bis zum Trachtenbereich zu kürzen, um den Huf ins Gleichgewicht zu bringen. Wenn das Pferd bodenweit und zehenweit steht, werden die Innenwand und der innere Trachtenbereich zu stark abgelaufen und die Außenwand muß gekürzt werden, um den Huf in eine in etwa regelmäßige Form zu bringen. Es ist wichtig, den Bewegungsablauf im Einzelfall genau und sowohl von vorn als auch von hinten zu beobachten. Hier ist festzustellen, wo der Huf landet, bevor entschieden werden kann, wo der Huf zur Korrektur gekürzt werden muß. Anraspeln einer Zehenrichtung und Kürzen des Hufes auf eine regelmäßige Form helfen jungen Pferden, über die Mitte der Zehenwand abzurollen. Wenn ein Pferd in „Halter"-Klassen* vorgeführt wird, kann die angeraspelte Zehenrichtung den Richter allerdings veranlassen, das Pferd schlechter zu bewerten. Durch Beobachten des Pferdes im Schritt kann entschieden werden, wie der Huf aufgesetzt wird. Wenn der Huf nicht gleichmäßig aufsetzt, wird derjenige Bereich der Wand, der beim Fußen das meiste Gewicht aufnimmt,

---

* „Halter"-Klasse: Vorstellung eines Pferdes am Halfter im Stand und in der Bewegung.

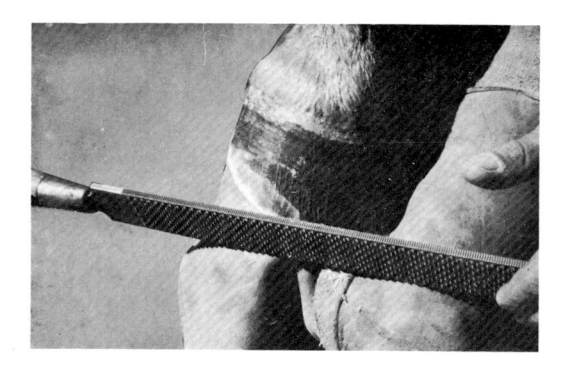

Abb. 12.3: Beraspeln der Außenwand einer nach außen vorgewölbten Hufwand. Im Laufe der Zeit kann der Huf durch jeweiliges Zurückschneiden und Beraspeln der vorgewölbten Anteile in eine regelmäßigere Form gebracht werden.

niedrig sein, während andere Bereiche der Wand hoch sein werden und daher gekürzt werden müssen (Abb. 12.2). Jeder Teil der Wand, der infolge unregelmäßiger Stellung begonnen hat, sich vorzuwölben, muß an der Außenseite der Wand beraspelt und auf regelmäßige Form zurückgeschnitten werden (Abb. 12.3). Wenn die Außenseite der Hufwand an der Tragrandkante beraspelt wird, wächst die Hufwand in regelmäßigerer Form nach.

Spezialbeschläge/orthopädische Beschläge

Bei der Durchführung eines orthopädischen Beschlages bestehen im Prinzip nur zwei Möglichkeiten (ausgenommen die Verwendung von Gewichten zur Korrektur der Auftrittstelle und des Bogens, den die Gliedmaße beim Vorführen beschreibt): Entweder wird eine Vorrichtung hinzugefügt, die den bestehenden unregelmäßigen Bewegungsablauf behindert, oder es wird ein Hindernis entfernt, das einen regelmäßigen Bewegungsablauf gestört hat. Durch die erste Methode wird das Abrollen erschwert oder das Abrollen über die Stelle, wo das Pferd dies bisher zu tun pflegte, verhindert. Das Entfernen eines Hindernisses erleichtert das Abrollen entweder allgemein oder an einer bestimmten Stelle.

Hufeisen mit geradem Vorderteil oder mit angeschliffener Zehenrichtung

Eisen mit geradem Vorderteil oder mit angeschliffener Zehenrichtung werden verwendet, um ein leichtes und schnelles Abrollen zu ermöglichen. Sie geben dem Pferd einen mechanischen Vorteil. Da sie ein schnelles Abrollen durch Verkürzen des Hebelarmes bedingen, werden die Beugestrukturen in der Bewegung einer geringeren Belastung ausgesetzt. Daher sind diese Eisen äußerst vorteilhaft bei der Behandlung des Podotrochlose-Syndroms, bei Beugesehnenproblemen und Veränderungen an den Sesambeinbändern. Ebenso fördern diese Eisen das Abrollen über die Mitte der Zehenwand, wenn das Eisen auf die Mitte des Zehenteiles ausgerichtet wurde. Daher sind diese Eisen auch von guter Wirkung bei der Behandlung von Unregelmäßigkeiten in der Gliedmaßenführung (d. h. Bügeln, Greifen, Streichen). Eine angeschliffene Zehenrichtung an einem Hintereisen ist ferner positiv bei der Behandlung von Spat oder einer habituellen dorsalen Patellafixation.

Geschlossene Hufeisen/Stegeisen

Diese Eisen können verwendet werden, um einen bestimmten Bereich des Hufes zu schützen, um selektiv Druck auszuüben, um einem bestimmten Bereich Unterstützung zu bieten oder um dem Huf mehr Stabilität zu gewähren. Glatte, geschlossene Eisen (siehe Seite 789, Abb. 9.8) werden in der Regel benutzt, um einen bestimmten Bereich vor Quetschungen zu schützen (z. B. Steingallen, Podotrochlose-Syndrom). Geschlossene Eisen mit herzförmigem Steg werden verwendet, um selektiv Druck auf die Strahlregion auszuüben und das Risiko einer Hufbeinrotation bei Hufrehe zu vermindern (siehe Seite 790, Abb. 9.11). Das ovale, geschlossene Eisen ist ein hervorragender Beschlag. Er bietet nicht nur dem Huf vermehrte Stabilität, sondern gibt auch der Gliedmaße mehr Halt. Durch seine Ausdehnung bis hinter die Trachten vergrößert das Eisen außerdem die Unterstützungsfläche des Hufes, wodurch die Erschütterung, die auf den Huf einwirkt, vermindert wird (Abb. 9.9). Das „Diamond-bar"-Hufeisen entspricht in vieler Hinsicht dem ovalen, geschlossenen Hufeisen, überragt die Trachten aber nicht so weit. Geschlossene Hufeisen sind unschätzbar für die Behandlung des einseitigen Trachtenzwanges mit gegeneinander verschobenen Ballen.

Aufnageln von Hufeisen in Gegenrichtung
(Abb. 12.4)

Das Aufnageln eines Hufeisens in Gegenrichtung kann das Abrollen über die Mitte der Zehenwand wirksam beschleunigen. Es schützt ferner die Trachten, vergleichbar dem „Diamond-bar"-Eisen. Diese Beschlagausführung wird häufig in Verbindung mit Einlagen bei der Behandlung des Podotrochlose-Syndroms eingesetzt. In manchen Fällen können hiermit gute Erfolge erzielt werden. Allerdings sind die Nachteile dieses Beschlages zu bedenken. Hier sind unter anderem zu nennen:

1. Da das Eisen im Zehenspitzenbereich offen ist, gewährt es nicht die Stabilität, die ein geschlossenes Eisen bieten könnte. Die Stabilität wiederum kann zur Verminderung der Vibration und der Scherkräfte, die auf die Strahlbeinregion einwirken, von Bedeutung sein.
2. Wenn keine neuen Nagellöcher im hinteren Bereich der Eisenschenkel gestanzt, sondern sämtliche fabrikmäßig vorgestanzten Löcher genutzt werden, wird die physiologische Ausdehnung der Hufwand behindert.
3. Die Pferdebesitzer sind häufig wegen der ungewohnten Lage und des Aussehens des Eisens gegen diesen Be-

Abb. 12.4: Das Eisen ist in Gegenrichtung aufgenagelt.

schlag voreingenommen. Außerdem zieht dieser Beschlag häufig beträchtliche Aufmerksamkeit der Umgebung auf sich, und es kommt zu langwierigen Diskussionen.

Aufzüge/Kappen

Aufzüge, die aus Stahlbeschlägen gezogen werden können, sind in vielen Punkten von Vorteil (Abb. 12.5). Sie können die abnorme Ausdehnung der Hornkapsel bei Pferden mit einer Hufbeinfraktur verhindern. Zu diesem Zweck werden sie in der Regel einander direkt gegenüber angebracht, um die Ausdehnung der Hufwand zu verhindern. Sie können auch die Behandlung von Hornspalten unterstützen, da sie die Ränder der Spalten wirksam stabilisieren können, bis die Heilung erfolgt. In allen diesen Fällen wird die beste Stabilisierung erreicht, wenn die Aufzüge aus dem Eisen selbst gezogen und in Verbindung mit einem geschlossenen Eisen verwandt werden. Aufzüge können auch verwendet werden, um einem Eisen an der Hufwand Halt zu geben. Ein Eisen mit durchgehendem, erhöhtem Außenrand an der Tragfläche kann als Extremform dieses Beschlages aufgefaßt werden.

Trailer (lyraförmige Verlängerungen der Schenkelenden)

Trailer werden am Eisen angebracht, um Drehbewegungen des Hufes zu vermindern, um die Beugeseite der Gliedmaße zu unterstützen oder um eine verdreht stehende Gliedmaße gerader zu richten. Trailer, die von den Eisenschenkeln aus gerade nach hinten verlaufen, vermindern das Drehmoment des Hufes bei Fußen und Abschwingen.[7] Eine gerade Verlängerung des lateralen Eisenschenkels verhindert wirksam das Verdrehen im Sprunggelenk bei Pferden mit Spat. Diese Maßnahme hat sich in Verbindung mit einer angeschliffenen Zehenrichtung bei Spat sehr bewährt. Dieser Spezialbeschlag eignet sich auch für Springpferde und für Pferde, die sich mit den Beckengliedmaßen häufig streichen.[7] Durch diesen Beschlag werden die Gliedmaßen weiter außen vorgeführt, und so wird das Risiko des Anschlagens vermindert. Bei Verwendung von zwei Trailern in Verlängerung der Eisenschenkel bis hinter die Trachten wird die Beugefläche der Zehe unterstützt. Dieser Beschlag ist erfolgreich bei der Behandlung von Erkrankungen der Beugesehnen, des Musculus interosseus medius und bei untergeschobenen Trachten eingesetzt worden. Wenn einer der Trailer vom Schenkelende des Eisens weggebogen ist (d. h., der Trailer am lateralen Schenkelende ist nach außen umgebogen), wird der Huf dadurch leicht in die entsprechende Richtung gedreht. Dieser Beschlag wird häufig für Pferde mit zehenweiter oder zehenenger Stellung empfohlen.

Erhöhung der Eisenschenkel

Die Erhöhung der Eisenschenkel verringert die Spannung der tiefen Beugesehne und vermindert die Erschütterung, die auf die Zehenknochen einwirkt. Daher ist dieser Beschlag von Bedeutung für die Behandlung des Podotrochlose-Syndroms und von Erkrankungen mit Beteiligung der tiefen Beugesehne. Die Erhöhung der Eisenschenkel kann auf verschiedene Arten erfolgen. Hufeisen mit keilförmig verdickten Schenkelenden, keilförmige Einlagen in Verbindung mit glatten Hufeisen oder Stollen können verwendet werden. Eisen mit sich allmählich verdickenden Schenkeln sind vermutlich die beste Lösung. Es sind Aluminiumbeschläge dieser Art im Handel, die besonders für Springpferde geeignet scheinen (Abb. 12.6 und 12.7). Leider erfordern einige der handgeschmiedeten Beschläge mit verdickten Schenkelenden einige Erfahrung bei der Herstellung, da sie sonst recht schwer werden können. Keilförmige Einlagen sind ebenfalls im Handel (Abb. 12.8). Sie werden zwischen dem Eisen und dem Huf aufgenagelt, um die Trachten zu erhöhen und die Sohle des Hufes zu schützen. Diese Einlagen sind besonders dann nützlich, wenn Quetschungen der Sohle oder eine Ostitis des Hufbeines dorsal der Strahlspitze in Verbindung mit dem Podotrochlose-Syndrom vorliegen. Stollen am Schenkelende haben zwar nur ein geringes Gewicht, verringern aber die Unterstützungsfläche des Hufes. Der lokal einwirkende Druck ist einem Pferd, das an Podotrochlose leidet, unangenehm.

Breitschenkelhufeisen

Das Breitschenkelhufeisen vergrößert die Unterstützungsfläche des Eisens und schützt die Sohlenfläche des Hufes. Es ist von Vorteil für den Beschlag von Pferden mit druckempfindlicher Hufsohle. Außerdem ist es vielseitig verwendbar, da Schraubstollen je nach Bedarf eingesetzt und wieder entfernt werden können. Das Breitschenkelhufeisen ist das Eisen der Wahl für die Behandlung von Sohlenquetschungen bzw. Steingallen.

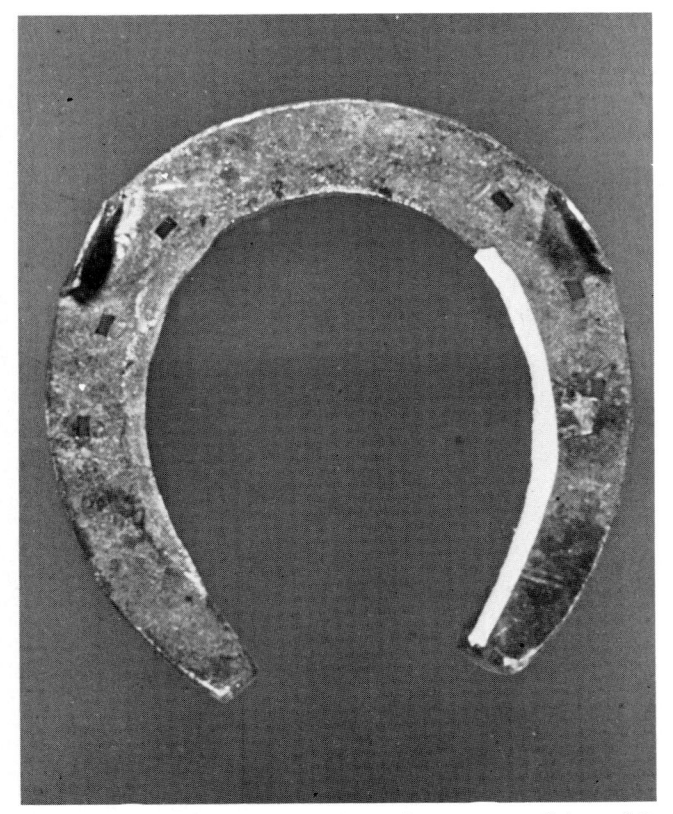

Abb. 12.5: Hufeisen mit aus dem Eisen selbst gezogenen Seitenaufzügen, Ansicht der Tragfläche.

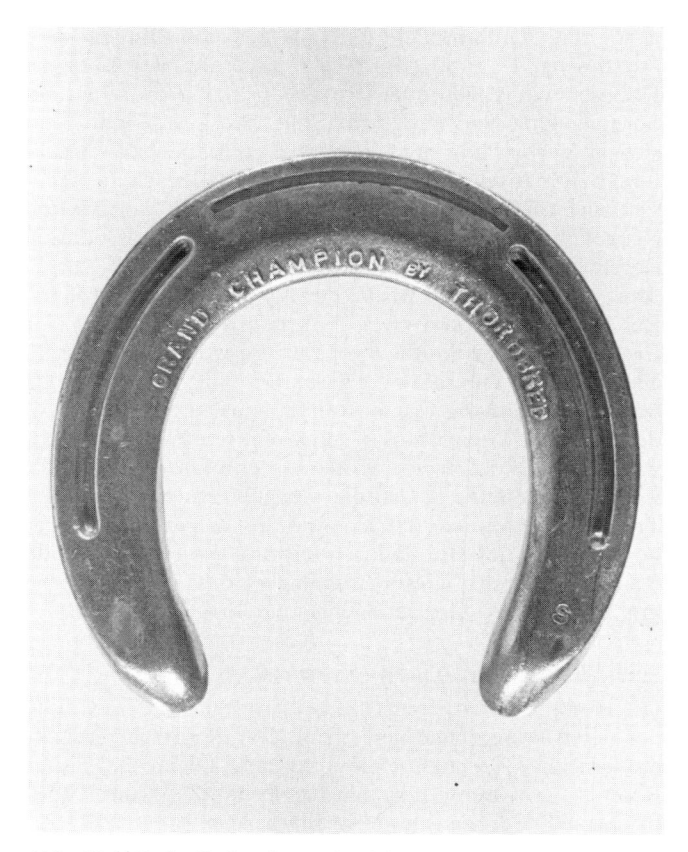

Abb. 12.6: Bodenfläche eines Aluminiumbeschlages mit verdickten Schenkelenden.

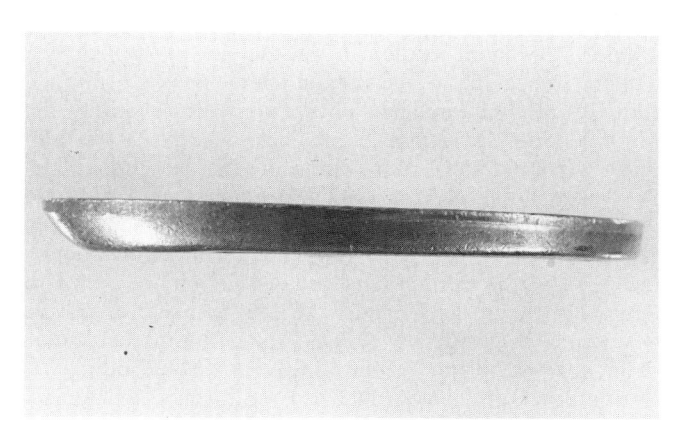

Abb. 12.7: Seitenansicht eines Aluminiumbeschlages mit verdickten Schenkelenden. Der Vorderteil des Eisens (rechts) ist dünner als die Schenkelenden.

Abdachung der Sohlenfläche
(siehe Seite 812, Abb. 11.7)

Eine Abdachung der Tragfläche des Eisens, die Kontakt zur Sohlenfläche des Hufes hat, beseitigt bei Pferden mit Flachhufen oder mit lokalen Quetschungen der Sohle den auf die Sohle des Hufes einwirkenden Druck. In der Regel werden Breitschenkeleisen von mindestens 6 mm Dicke verwendet. Die Abdachung wird durch Abschleifen angelegt, dies ist besser als ein Anschmieden zusätzlichen Materials. Die Abdachung kann lokal in einem vor Druck

Abb. 12.8: Keilförmige Kunststoffeinlagen.

zu schützenden Bereich (z. B. bei einer lokalen Sohlenquetschung) oder entlang des ganzen Eisens angelegt werden, um den gesamten Randbereich der Sohle zu entlasten.

Beschläge zum Aufkleben

In der letzten Zeit werden auch Beschläge zum Aufkleben angeboten. Sie werden aus Kunststoff hergestellt, liegen nicht nur an der Sohlenfläche des Hufes, sondern umgeben teilweise auch den Tragrand und werden durch ungiftige Epoxidverbindungen befestigt. Sie haben mehrere Vorteile:
1. Sie sind sehr leicht und haltbar.
2. Sie werden ohne Nägel befestigt.
3. Sie bieten guten Gleitschutz.
4. Ihre Ausdehnbarkeit entspricht in etwa derjenigen der Hufwand.
5. Der Gleitschutz kann durch viele kleine Stollen erhöht werden, die zweckentsprechend auf der Bodenfläche des Beschlages verteilt werden.

Da die Ausdehnbarkeit dieses Beschlages in etwa der Ausdehnbarkeit der Hufwand selbst entspricht, wird er als besser den physiologischen Gegebenheiten angemessen beurteilt und wird wahrscheinlich die Beschlagart der Zukunft sein. Aufgrund seiner speziellen Eigenschaften ist der Beschlag äußerst vielseitig verwendbar und kann erfolgreich für die Behandlung des Podotrochlose-Syndroms sowie bei Hufrehe und Sohlenquetschungen eingesetzt werden.

Umverteilung der Belastung an der Bodenfläche des Eisens

Bei der Behandlung vieler Probleme kann es sinnvoll sein, die Belastung der Bodenfläche zu verändern. Im Grundsatz berührt dabei der Beschlag nicht da den Boden, wo der Tragrand des Hufes ist, sondern dort, wo er sein sollte. Dieses Prinzip ist gut wirksam bei der Behandlung eines schiefen Hufes, wenn dieser so verformt ist, daß er nicht mehr gerade unter der Gliedmaße steht (Abb. 12.9). Das Eisen wird hierbei entweder lateral oder medial weiter gelegt als die Hufwand, um den betroffenen Bereich unterstützen zu helfen und das Wachstum zu fördern.

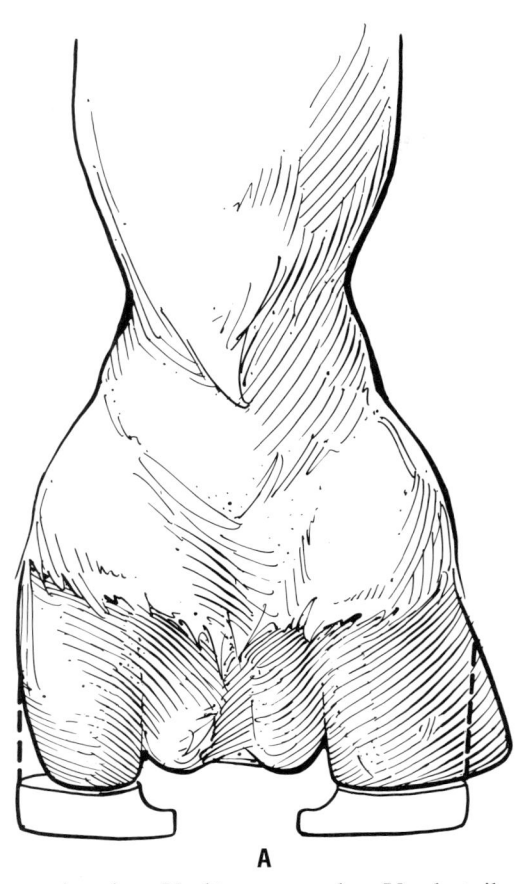

Abb. 12.9: Beschlag eines schiefen Hufes. **A** Das Eisen ist nicht der tatsächlichen, sondern der gewünschten regelmäßigen Position des Hufes entsprechend aufgeschlagen worden. **B** Die gestrichelte Linie gibt an, bis wohin der überstehende Teil der Hufwand abgeraspelt wird.

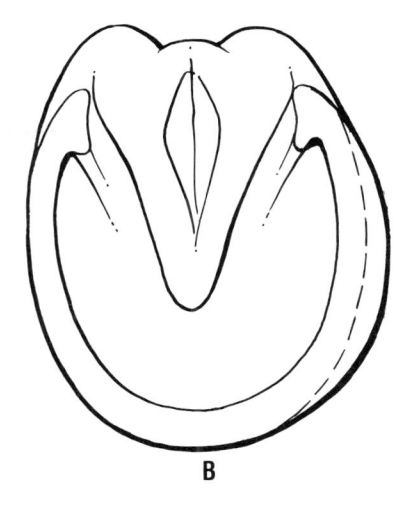

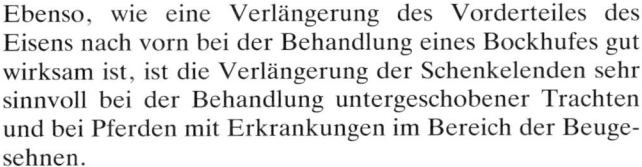

Ebenso, wie eine Verlängerung des Vorderteiles des Eisens nach vorn bei der Behandlung eines Bockhufes gut wirksam ist, ist die Verlängerung der Schenkelenden sehr sinnvoll bei der Behandlung untergeschobener Trachten und bei Pferden mit Erkrankungen im Bereich der Beugesehnen.

Veränderungen, die Hufkorrekturen oder orthopädischen Beschlag erfordern

Ein orthopädisches Eisen sollte grundsätzlich erst aufgenagelt werden, wenn der Huf zum Fesselstand passend ausgeschnitten worden ist. Erst dann wird durch das Eisen eine zusätzliche Korrektur bewirkt. Ferner kann eine Ledereinlage unter einem der Eisenschenkel verwendet werden. In jedem Fall sollte der Huf in eine regelmäßige Form gebracht werden, bevor das Eisen aufgenagelt wird. Obwohl die orthopädischen Beschläge nicht in der Reihenfolge vom einfachsten zum kompliziertesten aufgeführt werden, ist hier unbedingt erneut zu betonen, daß die einfachste und wirtschaftlichste Methode gewählt werden sollte. Tierärzte und Trainer fordern oft einen bestimmten Spezialbeschlag, welcher den gewünschten Effekt erzielt. Dabei vergessen sie aber den Zeitaufwand oder die Kosten, die durch die Herstellung dieser Beschläge entstehen. Diese Situation ist häufig unerfreulich für den Schmied, da er nicht die Möglichkeit bekommt, einfachere oder wirtschaftlichere Möglichkeiten zu diskutieren. Wenn er den Anweisungen folgt, wird der Besitzer manchmal wegen der Kosten verärgert; dem Schmied wird dann vorgeworfen, daß er teuer sei. Wenn er eine andere Methode ohne Erfolg versucht, wird der Schmied möglicherweise dafür verantwortlich gemacht. Daher ist es unbedingt empfehlenswert, intensive Kontakte zwischen Tierarzt, Trainer und Schmied aufzubauen, so daß alle Beteiligten die Möglichkeit haben, die Behandlungsmaßnahmen zu beeinflussen.

Bodenweit-zehenweite Stellung der Schultergliedmaßen und möglicher Korrekturbeschlag

Bei dieser Stellung ist der Huf, von vorn und von hinten betrachtet, nicht regelmäßig geformt, da das Pferd die Innenwand auf ihrer gesamten Länge vermehrt abläuft. Das Abrollen erfolgt über den medialen Teil der Zehenwand, das Fußen auf der inneren Trachten- und Seitenwand sowie medial im Zehenspitzenbereich. Soweit möglich, sollte die Korrektur dieser Veränderung durch Niederschneiden der Außenwand auf ihrer gesamten Länge erfolgen, um den Huf in eine regelmäßige Form zu bringen. Selbst wenn ein solches Pferd unbeschlagen geht, sollte im Anschluß an diese Korrektur in der Mitte des Hufes eine Zehenrichtung angeraspelt werden. Die Hufe von Fohlen können regelmäßig auf diese Weise beraspelt werden, wodurch sich die Stellung während des Heranwachsens des Fohlens bessert. Nach dem Ausschneiden können verschiedene orthopädische Maßnahmen getroffen werden. Wenn der Huf bei Betrachtung von vorn und von hinten eine extrem unregelmäßige Form hat, kann der Eisenschenkel unter der niedrigeren Wand durch einen Lederkeil erhöht werden.

Kapitel 12: Hufkorrektur und orthopädischer Beschlag

Grundsätzlich wird dabei versucht, den Huf und die Gliedmaße in eine regelmäßige Stellung unter den Körper des Pferdes zu bringen, so daß die Belastung gleichmäßiger verteilt wird. Dadurch kommt das Pferd dem Ideal näher, genau über die Mitte der Zehenwand abzurollen; auch beim Vorführen der Gliedmaße wird der Bewegungsablauf regelmäßiger.

Hufeisen mit erhöhtem Außenrand an der Bodenfläche eines Schenkels (Abb. 12.10 und 12.11)

Dieses Eisen hat einen erhöhten Außenrand an der Bodenfläche des inneren Eisenschenkels vom Schenkelende bis etwa zum ersten Nagelloch. Dieser Beschlag erhöht die Innenwand des Hufes, wenn der Huf auf den Boden aufgesetzt wird; er erschwert das Abrollen, außer genau über der Mitte der Zehenwand. Ein am Außenrand des inneren Eisenschenkels aufgeschweißter Draht von etwa 6 mm Durchmesser erfüllt den gleichen Zweck (Abb. 12.11).

Nachteilig ist bei diesem Beschlag, daß die Unterstützungsfläche des Eisens verringert wird und daß seine Herstellung relativ zeitaufwendig ist. Daher kann in Fällen, in denen nur leichte Korrekturen erforderlich sind, als Alternative eine Ledereinlage in Form des Eisenschenkels zwischen dem inneren Eisenschenkel und der Hufwand mit aufgenagelt werden. Hierbei wird ein Eisen mit offenem oder mit geradem Vorderteil oder ein Eisen mit angeschliffener Zehenrichtung aufgeschlagen. Ebenso kann ein Eisen mit dünn geschliffenem Außenschenkel verwendet werden.

Hufeisen mit erhöhtem Innenrand an der Bodenfläche und mit offenem Vorderteil (Abb. 12.12)

Bei diesem orthopädischen Beschlag wird ein Draht von etwa 6 mm Durchmesser auf der Innenseite der Bodenfläche an beiden Schenkelenden jeweils vom Schenkelende bis zum ersten Nagelloch aufgeschweißt. Dies erleichtert das Abrollen über die Mitte der Zehenwand. Den gleichen Erfolg hat ein am Außenrand der Schenkel unter Aussparung des Vorderteiles aufgeschweißter Draht, nur ist hier das Abrollen schwieriger (Abb. 12.13). Einfacher ist es, eine Zehenrichtung anzuschleifen, ein Eisen mit gerade gehaltenem Vorderteil oder ein Poloeisen mit offenem Vorderteil zu verwenden. Auch bei dem Eisen mit erhöhtem Innenrand besteht das Problem, daß die Herstellung des Beschlages Zeit und Geld kostet. Außerdem ist es schwerer als ein glattes Eisen.

Beschlag mit vier Stollen (Abb. 12.14)

Bei diesem Beschlag wird je ein Stollen an den Schenkelenden und je ein Stollen auf Höhe des ersten Nagelloches an beiden Schenkeln angebracht. Diese Stollen erfüllen den gleichen Zweck wie der etwa 6 mm dicke Draht, der bei dem oben genannten Beschlag mit erhöhtem Innenrand an der Bodenfläche und mit offenem Vorderteil (Abb. 12.12) verwendet wurde: Das Pferd wird gezwungen, über die Mitte der Zehenwand abzurollen.

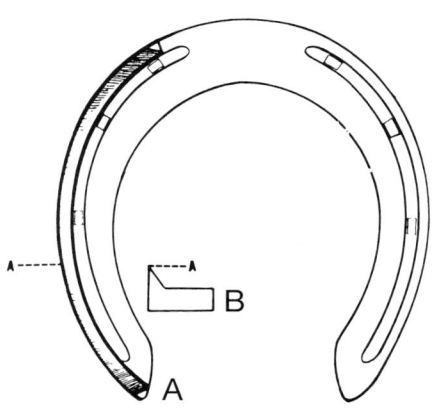

Abb. 12.10: A Eisen mit erhöhtem Außenrand an der Bodenfläche eines Schenkels. Dieses Eisen kann bei zehenenger oder zehenweiter Stellung verwendet werden, um die niedrigere Seite des Hufes zu erhöhen und das Abrollen über die Mitte der Zehenwand zu begünstigen. **B** Querschnitt des Eisenschenkels mit erhöhtem Außenrand (A) an der Bodenfläche.

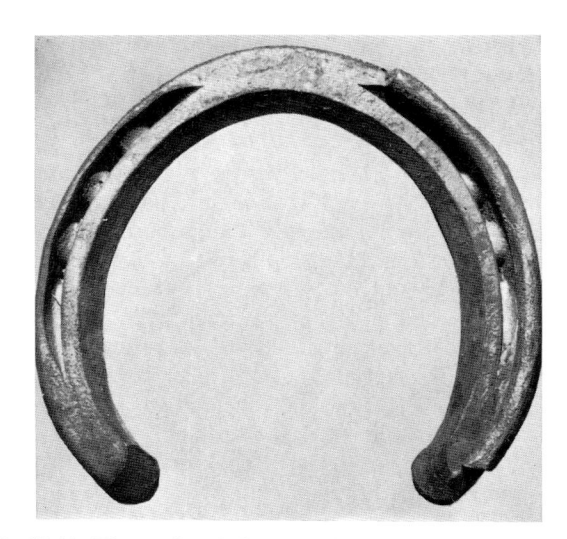

Abb. 12.11: Eisen mit erhöhtem Außenrand an der Bodenfläche eines Schenkels, hergestellt durch Aufschweißen eines etwa 6 mm dicken Runddrahtes aus Stahl vom ersten Nagelloch bis zum Schenkelende. Dieser Spezialbeschlag wird mit Erhöhung des äußeren Eisenschenkels für Pferde mit bodeneng-zehenweiter oder bodeneng-zehenenger Stellung verwendet. Wenn die Erhöhung am inneren Eisenschenkel angebracht ist, kann ein solcher Beschlag für Pferde mit bodenweiter Stellung eingesetzt werden.

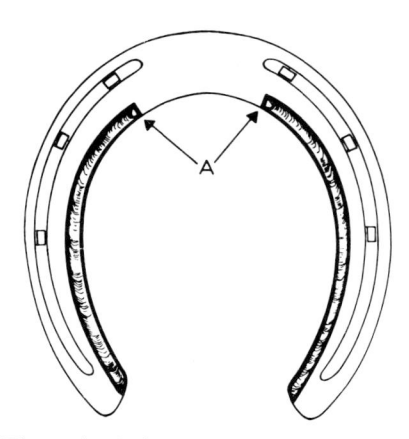

Abb. 12.12: Eisen mit erhöhtem Innenrand an der Bodenfläche und mit offenem Vorderteil. Dieser Beschlag unterstützt das Abrollen über die Mitte der Zehenwand (A) bei zehenenger oder zehenweiter Stellung. Das Abrollen wird durch die Erhöhung des Innenrandes erleichtert.

Kapitel 12: Hufkorrektur und orthopädischer Beschlag 821

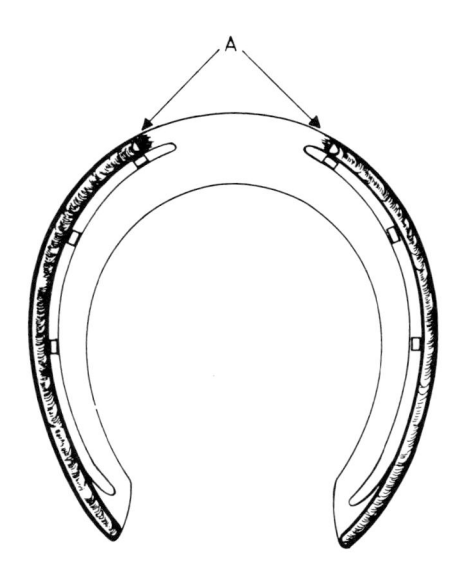

Abb. 12.13: Eisen mit erhöhtem Außenrand an der Bodenfläche und mit offenem Vorderteil. Der erhöhte Außenrand wird durch Unterschweißen eines etwa 6 mm dicken Stahldrahtes am äußeren Rand der Eisenschenkel hergestellt. Dieser Beschlag fördert das Abrollen über die Mitte der Zehenwand (A); im Vergleich zum Eisen mit erhöhtem Innenrand an der Bodenfläche der Schenkel ist aber hier stärkere Hebelkraft zum Abrollen notwendig.

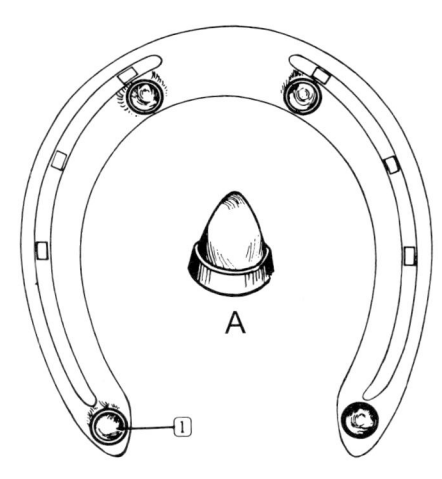

Abb. 12.14: Verwendung von Stollen (1), um bei zehenenger oder zehenweiter Stellung das Abrollen über die Mitte der Zehenwand zu erzwingen. Diese Stollen sind etwa 1,5 cm hoch und verjüngen sich bodenwärts. **A** Stollen in Nahansicht.

Ein größerer Nachteil dieses Beschlages ist eine beträchtliche Verkleinerung der Unterstützungsfläche, wenn das Pferd auf festem Boden bewegt wird. Diese Verkleinerung der Unterstützungsfläche führt zu einer deutlichen Steigerung der Erschütterungskräfte pro Flächeneinheit.

Stahlsteg im Abrollbereich (Abb. 12.15)

Hier wird ein Stück Stahl von etwa 4 cm Länge und etwa 0,6 bis 1,0 cm Durchmesser am Vorderteil des Eisens dort aufgeschweißt, wo das Pferd, durch seine unregelmäßige Gliedmaßenführung bedingt, abrollt. Der Steg behindert das Abrollen über diesen Bereich und zwingt das Pferd, über die Mitte der Zehenwand abzurollen.

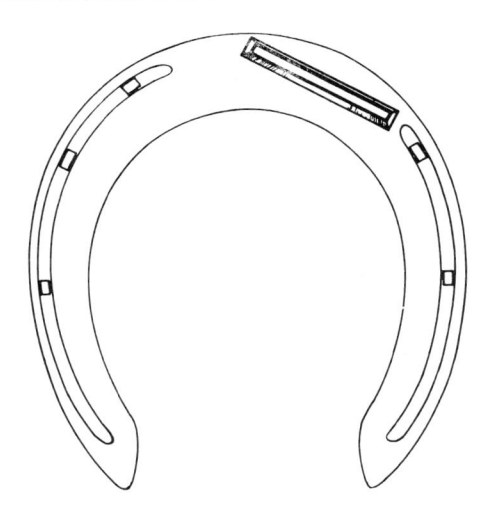

Abb. 12.15: Kleiner Stahlkeil im Abrollbereich, der das Abrollen des Hufes über die Mitte der Zehenwand erzwingen soll. Dieser Steg sollte dort angebracht werden, wo das Pferd abrollt.

Hufeisen mit gerade gehaltenem Vorderteil
(Abb. 12.16)

Dieses Eisen ist in vielen Fällen von geringgradig zehenweiter Stellung hilfreich. Wenn der Huf sich anschickt, abzurollen, erzwingt der gerade gehaltene Vorderteil des Eisens das Abrollen über die Mitte der Zehenwand. Das Eisen sollte so aufgepaßt werden, daß sein gerade gehaltener Vorderteil mit der Zehenwand des Hufes abschließt. Ein gerader Vorderteil kann mit einem erhöhten Außenrand an der Bodenfläche eines Schenkels und einem kurzen Trailer am Innenschenkel kombiniert werden.

Hufeisen mit kurzem Trailer am Innenschenkel
(Abb. 12.17)

Dieser Trailer dient dazu, ein gerades Fußen in der Bewegungsrichtung zu erzwingen. Während der Huf aufsetzt, faßt der Trailer in den Boden und dreht den Huf einwärts. Solch ein Trailer kann in einem Winkel von 30 bis 45 Grad

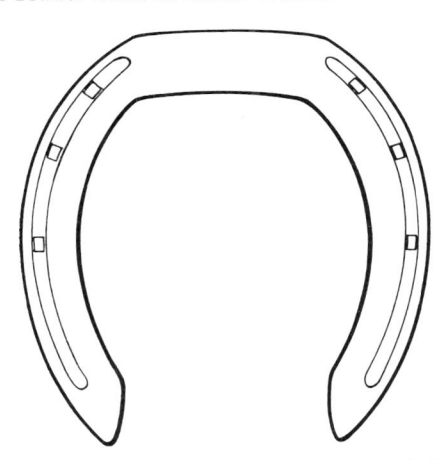

Abb. 12.16: Bodenfläche eines Eisens mit gerade gehaltenem Vorderteil. Dieser Beschlag ist bei zehenenger oder zehenweiter Stellung der Schulter- oder Beckengliedmaßen sinnvoll. Wenn der gerade Vorderteil mit der Spitze der Zehenwand abschließt, unterstützen die Ecken am Übergang vom Vorderteil des Eisens zu den Eisenschenkeln während des Abhebens der Gliedmaße den Zwang zum Abrollen über die Mitte der Zehenwand.

nach außen gerichtet sein und sollte in der Länge 1,5 cm nicht überschreiten. Wenn das Pferd die Gliedmaße beim Vorführen in stärkerem Ausmaß nach innen führt („wing-in"), ist Vorsicht geboten, damit der Trailer nicht an der gegenüberliegenden Gliedmaße Verletzungen hervorruft. Das Anbringen eines niedrigen Stollens am Trailer kann dessen Wirkung unterstützen. Ein Trailer kann in Verbindung mit den orthopädischen Beschlägen in Abb. 12.10, 12.11, 12.12, 12.15, 12.16, 12.18 und 12.20 verwendet werden. Stollen von 2,5 cm Höhe können auf etwa 6 mm heruntergeschliffen werden.

Hufeisen mit medialer Verbreiterung des Vorderteiles bzw. mit vorn an der Innenseite angeschweißtem Winkel (Abb. 12.18)

Eine aus dem Eisen ausgezogene Verbreiterung oder ein angeschweißter Winkel im Zehenbereich des inneren Eisenschenkels unterstützen den Zwang zum Abrollen über die Mitte der Zehenwand. Die Verbreiterung des Eisenschenkels erschwert das Abrollen über die Innenseite des Vorderteiles. Die Verbreiterung sollte vorn mit dem Vorderteil des Hufeisens abschließen und bis zum zweiten Nagelloch nach hinten reichen. Dies kann bei einem Pferd mit bodenweit-zehenweiter Stellung gefährlich sein, da die meisten dieser Tiere dazu neigen, beim Vorführen mit der Gliedmaße einen Bogen nach innen zu beschreiben, wobei dann die Verbreiterung des Eisenschenkels zu Verletzungen der gegenüberliegenden Schultergliedmaße führen kann.

Halbes Hufeisen (Abb. 12.19)

Eine Hälfte eines glatten Eisens oder eines Stahlhufeisens für Rennpferde wird auf der Innenseite des Hufes aufgeschlagen, wo sich die Wand extrem stark abnutzt. Dies hilft, den Huf in eine regelmäßige Form zu bringen und die übermäßige Abnutzung der inneren Hufwand zu verhindern. Nur am vorderen oder an beiden Enden des Eisens fällt die Tragfläche kurz schräg zur Bodenfläche hin ab und ist in den Tragrand eingelassen.

Glattes Eisen mit sich verjüngendem Außenschenkel (Abb. 12.20)

Dieses Eisen verjüngt sich vom ersten Nagelloch des Innenschenkels bis zum Ende des Außenschenkels. Die normale Dicke des Innenschenkels in Verbindung mit dem geringen Gewicht des sich verjüngenden Außenschenkels bewirkt, daß die Zehenspitze nach vorn gedreht und ein Abrollen des Hufes über die Mitte der Zehenwand erreicht wird. Manchmal wirkt dieser Beschlag besser, wenn der sich verjüngende Schenkel an der Innenseite des Hufes angebracht wird.

Bodeneng-zehenweite Stellung der Schultergliedmaßen mit Fußen auf der äußeren Hufwand und möglicher Korrekturbeschlag

Dies ist eine nachteilige Stellung. Manchmal wird hier aufgrund der zehenweiten Stellung ein Beschlag wie bei der bodenweit-zehenweiten Stellung aufgebracht. Dieser verschlimmert die Situation. Die äußere Hufwand ist niedrig, da das Gewicht des Pferdes auf diesen Bereich fällt (Abb. 12.2). Das Abrollen erfolgt über die Außenseite der Zehenwand, die Gliedmaße schwingt beim Vorführen nach innen, das Fußen erfolgt auf der äußeren Hufwand. Sämtliche Beschlagausführungen für die bodenweit-zehenweite Stellung können verwendet werden, indem

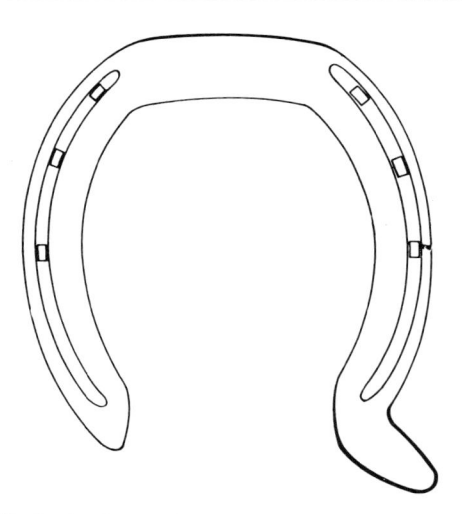

Abb. 12.17: Bodenfläche eines Hufeisens mit gerade gehaltenem Vorderteil und mit Trailer. Wenn das Hufeisen mit gerade gehaltenem Vorderteil (Abb. 12.16) allein nicht ausreicht, kann zusätzlich ein Trailer angebracht werden. Bei Pferden mit bodenweit-zehenweiter Stellung wird der Trailer am Ende des inneren Eisenschenkels, bei Pferden mit bodeneng-zehenenger Stellung am Ende des Außenschenkels angebracht.

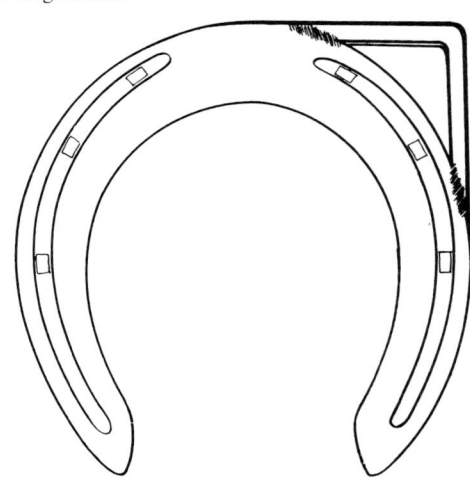

Abb. 12.18: Bodenfläche eines Eisens mit im Zehenbereich seitlich angeschweißtem Winkel. Diese seitliche Verbreiterung des Vorderteiles wird angebracht, um das Pferd zum Abrollen über die Mitte der Zehenwand zu zwingen. Die Verbreiterung wird bei Pferden mit bodenweit-zehenweiter Stellung an der Innenseite des Vorderteiles, bei Pferden mit bodeneng-zehenenger oder bodeneng-zehenweiter Stellung an der Außenseite des Vorderteiles angebracht.

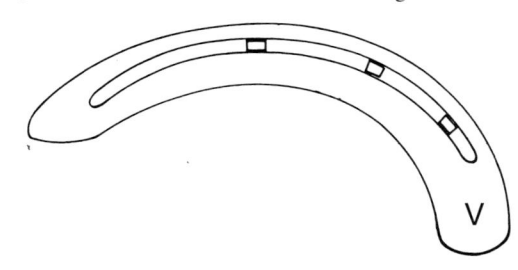

Abb. 12.19: Bodenfläche eines halben Hufeisens. Ein halbes Hufeisen kann auf den Bereich der Hufwand aufgeschlagen werden, wo der Huf bei zehenenger oder zehenweiter Stellung am stärksten abgenutzt wird. Bei bodenweit-zehenweiter Stellung sollte das halbe Eisen an der Innenseite des Hufes, bei bodeneng-zehenweiter oder bodeneng-zehenenger Stellung an der Außenseite des Hufes aufgeschlagen werden. Am vorderen Ende des Eisens (V) fällt die Tragfläche kurz schräg zur Bodenfläche hin ab und ist in die Hufwand eingelassen.

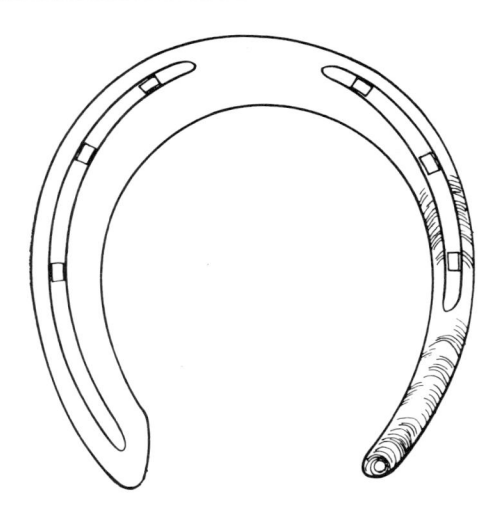

Abb. 12.20: Bodenfläche eines glatten Hufeisens mit sich verjüngendem Schenkel. Letzterer kommt beim Beschlag von Pferden mit bodenweit zehenweiter Stellung an der Außenwand, bei Pferden mit bodeneng-zehenenger oder bodeneng-zehenweiter Stellung an der Innenwand zum Einsatz. Manchmal ist der Erfolg besser, wenn der sich verjüngende Schenkel nicht nach diesen Regeln, sondern genau auf der jeweils anderen Seite des Hufes liegt.

man die Korrekturmaßnahmen jeweils umkehrt; die folgenden Beschlagausführungen scheinen jedoch die erfolgreichsten zu sein.

Hufeisen mit erhöhtem Außenrand an der Bodenfläche des Außenschenkels (Abb. 12.10 und 12.11)

Hufeisen dieses Typs haben einen erhöhten Außenrand an der Bodenfläche des Außenschenkels vom Schenkelende bis zum ersten Nagelloch. Dieser Beschlag erhöht die Außenwand des Hufes, wenn das Pferd den Huf auf den Boden setzt, und läßt das Abrollen nur über die Mitte der Zehenwand zu. Ein etwa 6 mm dicker runder Stahldraht, der unter die Außenkante des äußeren Eisenschenkels geschweißt wird, erzielt denselben Erfolg (Abb. 12.11). Dies ist eine der erfolgreichsten Beschlagausführungen für Pferde mit bodeneng-zehenweiter Stellung.

Hufeisen mit erhöhtem Außenrand an der Bodenfläche beider Schenkel und mit offenem Vorderteil (Abb. 12.13)

Bei dieser Art der Korrektur wird ein etwa 6 mm dicker Stahldraht an der Außenkante beider Eisenschenkel von den Schenkelenden bis jeweils zum ersten Nagelloch aufgeschweißt. Dies erleichtert dem Pferd das Abrollen über die Mitte des Vorderteiles. Einfacher ist es, den Vorderteil eines Polo- oder Barrel-Race-Eisens durch Abschleifen der Zehenregion zu erniedrigen (zu „öffnen").

Hufeisen mit gerade gehaltenem Vorderteil (Abb. 12.16)

Dieser Beschlag wird bei vielen Fällen geringgradig zehenweiter Stellung hilfreich sein. Wenn der Huf anfängt abzurollen, erzwingt der gerade gehaltene Vorderteil des Eisens das Abrollen über die Mitte der Zehenwand. Das Eisen sollte so aufgepaßt werden, daß der gerade Teil seines Vorderteiles mit der Zehenwand abschließt. Der Beschlag mit geradem Vorderteil kann mit Erhöhung des Außenrandes an der Bodenfläche des Außenschenkels oder mit einem kurzen Trailer am Außenschenkel kombiniert werden.

Hufeisen mit kurzem Trailer am Außenschenkel (Abb. 12.17)

Der Sinn dieses Trailers ist es, den Huf zum Landen in anfängt gerader Richtung zu zwingen. Beim Fußen hakt der Trailer in den Boden und dreht den Huf einwärts. Der Trailer sollte in einem Winkel von 30 bis 40 Grad nach außen gerichtet sein. Er sollte nicht mehr als 1,5 cm lang sein, um ein Streichen zu vermeiden. Ein niedriger Vierkantstollen am Trailer kann sinnvoll sein. Solch ein Trailer kann in Verbindung mit einer Erhöhung des Außenrandes an der Bodenfläche des Außenschenkels und beim Beschlag mit geradem Vorderteil verwendet werden. Bei dieser Stellung hat der Trailer die beste Wirkung, wenn er am Innenschenkel des Eisens angebracht ist; diese Alternative sollte bedacht werden.

Halbes Hufeisen (Abb. 12.19)

Eine Hälfte eines glatten Eisens oder eines Stahlhufeisens für Rennpferde wird auf der Außenseite des Hufes aufgeschlagen, wo sich die Wand extrem stark abnutzt. Dies hilft, den Huf in eine regelmäßige Form zu bringen und die übermäßige Abnutzung der Hufwand auf der Außenseite zu verhindern. Am vorderen Ende des Eisens fällt die Tragfläche kurz schräg zur Bodenfläche hin ab und ist in den Tragrand eingelassen.

Verbreiterung des Vorderteiles (Abb. 12.18)

Eine aus dem Eisen gezogene oder angeschweißte Verbreiterung steht an der Außenseite des Vorderteiles vor, um das Abrollen über die Mitte der Zehenwand zu erzwingen. Diese Verbreiterung des Vorderteiles behindert ein Abrollen über die Außenseite der Zehenwand. Die Verbreiterung sollte mit dem vordersten Punkt des Vorderteiles abschließen und bis zum zweiten Nagelloch nach hinten reichen. Dieser Beschlag kann zusätzlich mit einem kurzen Trailer am Außenschenkel versehen werden.

Bodeneng- zehenenge Stellung der Schultergliedmaßen und möglicher Korrekturbeschlag

Bei der zehenengen Stellung liegt in der Regel auch eine unregelmäßige Hufform vor. In diesem Fall neigt das Pferd dazu, die äußere Hufwand vom Zehenspitzenbereich an vermehrt abzunutzen, da das Abrollen über die Außenseite der Zehenwand und das Fußen auf der äußeren Hufwand erfolgt. Die Hufkorrektur besteht darin, daß an der Innenwand so viel Horn abgetragen wird, bis der Huf eine möglichst regelmäßige Form hat. Wenn der Huf eine extrem unregelmäßige Form aufweist, wird ein Lederkeil unter den Außenschenkel des Eisens gelegt, um eine regelmäßige Stellung des Hufes zu erreichen. Bei der Korrektur der zehenengen Stellung können vielfach dieselben Methoden wie zur Korrektur der bodeneng-zehenweiten Stellung eingesetzt werden. Vor- und Nachteile dieser Beschlagarten sind dieselben, wie oben besprochen.

Hufeisen mit erhöhtem Außenrand an der Bodenfläche des Außenschenkels (Abb. 12.10 und 12.11)

Die Erhöhung des Außenrandes an der Bodenfläche des äußeren Eisenschenkels kann durch Unterschweißen eines etwa 6 mm dicken Drahtes vom Schenkelende bis zum ersten Nagelloch des Außenschenkels erfolgen. Diese Erhöhung soll das Abrollen über die Mitte der Zehenwand erzwingen.

Erhöhung des Außenrandes beider Eisenschenkel an der Bodenfläche um etwa 6 mm (Abb. 12.13)
Das Aufschweißen eines Drahtes jeweils von den Schenkelenden bis zum ersten Nagelloch unterstützt das Abrollen über die Mitte der Zehenwand.

Beschlag mit vier Stollen (Abb. 12.14)
Jeweils ein Stollen an beiden Schenkelenden sowie jeweils ein Stollen am Außenrand der Bodenfläche auf Höhe des ersten Nagelloches an beiden Schenkeln erzwingen das Abrollen des Hufes über die Mitte der Zehenwand.

Stahlsteg im Vorderteil des äußeren Eisenschenkels (Abb. 12.15)
Das Aufschweißen eines 0,6 bis 1,0 cm breiten und hohen Stahlsteges von etwa 4 cm Länge quer über den Abrollbereich an der Außenseite der Zehenwand behindert das Abrollen an dieser Stelle und bewirkt ein Abrollen mehr in der Mitte der Zehenwand.

Hufeisen mit kurzem Trailer am Außenschenkel (Abb. 12.17)
Dieser Beschlag ist manchmal wertvoll, indem der Trailer beim Fußen zuerst aufsetzt und den Huf in die Bewegungsrichtung dreht, wodurch ein Fußen in zehenenger Position vermieden wird. Ein niedriger Vierkantstollen kann an der Bodenfläche des Trailers angebracht werden. Ein solcher Trailer kann in Verbindung mit den orthopädischen Beschlägen in den Abbildungen 12.10, 12.11, 12.15, 12.16, 12.18 und 12.20 verwendet werden.

Hufeisen mit gerade gehaltenem Vorderteil (Abb. 12.16)
Dieser Beschlag erfüllt hier denselben Zweck wie bei der zehenweiten Stellung: Er erzwingt das Abrollen über die Mitte der Zehenwand. Dies ist eine der besten und mildesten Korrekturmethoden. Der gerade Vorderteil sollte mit der Außenkante der Zehenwand abschließen.

Hufeisen mit lateraler Verbreiterung des Vorderteiles (Abb. 12.18)
Die Verbreiterung wird außen am Vorderteil des Eisens angebracht und sollte bis zum zweiten Nagelloch nach hinten reichen. Dies erzwingt das Abrollen über die Mitte der Zehenwand. Bei zehenenger Stellung besteht kaum eine Gefahr des Streichens, da die Gliedmaße in den allermeisten Fällen in einem auswärts gerichteten Bogen abhebt.

Halbes Hufeisen (Abb. 12.19)
Eine Hälfte eines glatten Eisens oder eines Stahlhufeisens für Rennpferde wird auf der Außenseite des Hufes aufgeschlagen. Dies hilft, den Huf in eine regelmäßige Form zu bringen und die übermäßige Abnutzung der Außenwand zu verhindern. Am vorderen Ende des Eisens sollte die Tragfläche kurz schräg zur Bodenfläche hin abfallen und in den Tragrand eingelassen werden.

Glattes Eisen mit sich verjüngendem Innenschenkel (Abb. 12.20)
Dieses Eisen verjüngt sich vom ersten Nagelloch des Außenschenkels bis zum Ende des Innenschenkels. Die normale Dicke des Außenschenkels in Verbindung mit dem geringeren Gewicht des sich verjüngenden Innenschenkels bewirkt, daß die Zehenspitze nach vorn gedreht und ein Abrollen des Hufes über die Mitte der Zehenwand erreicht wird. Unter Umständen läßt sich mit diesem Beschlag auch ein Erfolg erreichen, wenn der sich verjüngende Schenkel an der Außenseite des Hufes aufgeschlagen wird.

Bodenweit-zehenenge Stellung der Schultergliedmaßen mit Fußen auf der inneren Hufwand und möglicher Korrekturbeschlag

Dies ist eine nachteilige Stellung. Manchmal wird hier aufgrund der zehenengen Stellung ein Beschlag wie bei der bodeneng-zehenengen Stellung aufgebracht. Dieser verschlimmert die Situation. Die Innenwand ist niedrig, weil das Gewicht des Pferdes hierauf landet. Die Hufe sollten so ausgeschnitten und beschlagen werden, daß der innere Eisenschenkel sowie die innere Hufwand und die Innenseite der Zehenwand etwas erhöht sind. Zur Erhöhung des Innenschenkels wird ein Stück etwa 6 mm dicken Stahldrahtes unter die Außenkante des inneren Eisenschenkels vom Schenkelende bis zum ersten Nagelloch geschweißt (Abb. 12.10 und 12.11). Wenn nötig, können Lederkeile unter dem inneren Eisenschenkel verwendet werden. Hierdurch wird eine regelmäßigere Gliedmaßenführung und ein Abrollen über die Mitte der Zehenwand erreicht. Diese Art der unregelmäßigen Stellung ist schwierig zu korrigieren.

Lange Zehe mit untergeschobenen Trachten und möglicher Korrekturbeschlag

Die lange Zehe in Verbindung mit untergeschobenen Trachten ist eine der häufigsten unregelmäßigen Hufformen, die in der Pferdepraxis zu beobachten sind. Zu Rennen eingesetzte Vollblüter werden häufig derart ausgeschnitten und beschlagen, daß diese Hufform gefördert wird. Dies geschieht gemäß den Forderungen der Trainer, die fälschlicherweise annehmen, daß die lange Zehe wie auch die niedrigen Trachten den Raumgriff und die Schnelligkeit des Pferdes steigern. Mit dieser Hufform gehen aber mechanische Nachteile für das Pferd einher, welche größer sind als die eventuellen Vorteile. Während sich diese unregelmäßige Hufform entwickelt, wird der Huf im Verhältnis zum Röhrbein weiter nach vorn gestellt, was zu größerer Überstreckung (Dorsalflexion) des Fesselgelenkes und zu verstärkter Belastung der Beugesehnen und des Fesseltragapparates führt. Zusätzlich erfordert der längere Bogen beim Vorführen der Gliedmaße (siehe Seite 94) mehr Muskelkontrolle, um den Karpus entsprechend zu beugen, was wiederum unausweichlich zu frühzeitiger Ermüdung im Rennen führt. Ferner ist bei dieser Stellung das Abrollen mit größerem Arbeitsaufwand verbunden. Die Entwicklung von langen Zehen und untergeschobenen Trachten wird dadurch begünstigt, daß beim Ausschneiden die Zehen lang belassen und die Trachten gekürzt werden. Häufig wird von den Schmieden ein zu kleines Eisen aufgeschlagen, damit das Risiko vermindert wird, daß sich das Pferd ein Eisen abtritt.

Neben der Verringerung der effektiven Unterstützungsfläche begünstigt dieses Vorgehen die Entwicklung einer derartigen unregelmäßigen Hufform. Junge Pferde, die unbeschlagen lange Zeit auf üppigen Wiesen grasen, entwickeln ebenfalls oft diese Hufform.

Die mechanischen Nachteile, die durch diese Hufform bedingt werden, sind zahlreich und schließen unter anderem ein:
1. Verstärkte Überstreckung von Fessel- und Vorderfußwurzelgelenk, da der Huf vor der idealen vertikalen Achse aufsetzt.
2. Die niedrigen, eingezogenen Trachten verringern die Fähigkeit zur Stoßbrechung erheblich.
3. Die lange Zehe erschwert das Abrollen und begünstigt Spaltenbildungen in der Hufwand.
4. Im Laufe der Zeit wird der hintere Bereich der Hufwand geschwächt, da es zu Veränderungen im Wachstum der Hornröhrchen und zur Verkleinerung der Eckstreben kommt.
5. Die Belastung der Zehenknochen kann bis auf das Dreifache gesteigert werden, weil die Fessel eine steilere Stellung annimmt.

Zur Korrektur dieser Veränderung sollte der Huf im Zehenspitzenbereich gekürzt und die Zehenwand im distalen Bereich beraspelt werden, die Trachten werden höher belassen und es wird ein etwas größeres Eisen verwendet als normal. Das Eisen sollte an den Trachten lang gelegt sein (Abb. 12.21, 12.22). Wenn die Formveränderung des Hufes schwerwiegend ist, ist ein ovales, geschlossenes Eisen mit angeschliffener Zehenrichtung recht gut wirksam. Da es schwierig ist, einen Trainer von Vollblütern zur Verwendung eines ovalen, geschlossenen Hufeisens zu überzeugen, ist ein Aluminiumbeschlag mit leichter keilförmiger Erhöhung der Schenkelenden und lang gelegten Schenkeln eine mögliche Alternative. MOYER empfiehlt ein ovales, geschlossenes oder ein lang gelegtes, geschlossenes Eisen mit gerade gehaltenem Vorderteil für die Hinterhufe von Standardbred-Pferden, die zu Rennen eingesetzt werden.[4] Keinesfalls sind bei diesem Beschlag Stollen an den Schenkelenden oder Griffe am Vorderteil zu verwenden.

Beschlag bei Trachtenzwanghuf

In der Vergangenheit war die Behandlung des Trachtenzwanghufes auf der These aufgebaut, daß der Gegendruck durch den Strahl für die Erweiterung der hinteren Abschnitte des Hufes (Hufmechanismus) und für das Heraufpumpen des Blutes aus dem Huf notwendig sei. Durch die praktische Erfahrung und aufgrund besserer Kenntnis der Physiologie des Hufes wird aber offensichtlich, daß der Gegendruck durch den Strahl für die Erweiterung der Trachten und der Seitenwände nicht notwendig ist.

Hier ist zunächst zu berücksichtigen, wie es zur Verengung der Trachten und der Seitenwände kommt. Ein Trachtenzwanghuf findet sich meist im Zusammenhang mit einem unregelmäßigen Huf, einem nicht ausgeschnittenen Huf, bei langen Zehen und untergeschobenen Trachten oder bei Pferden mit chronischer Lahmheit aufgrund von Problemen im Hufbereich (z. B. Podotrochlose-Syndrom). Ebenso kann es zur Verengung des Hufes kommen, wenn eine höchstgradige Lahmheit ohne Belastung der Gliedmaße besteht (z. B. Fraktur, septische Veränderungen, hochgradige Sehnenprobleme) oder wenn sich der untere Gliedmaßenabschnitt für längere Zeit in einem Gips-, Fiberglas- bzw. Kunststoffverband befindet. Trachtenzwang wird auch bei Pferden mit einem vollen, elastischen Strahl beobachtet. Daher kann mit Sicherheit gesagt werden, daß es zur Bildung eines Trachtenzwanghufes entweder aufgrund einer unregelmäßigen Form und Stellung des Hufes kommt oder aufgrund einer Lahmheit bzw. wenn sich der Huf in einer abnormen Umgebung befindet. Der Trachtenzwang ist selten Ursache einer Lahmheit.

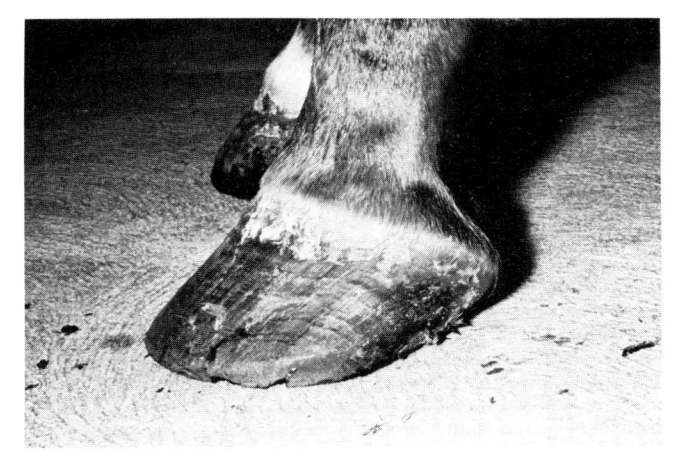

Abb. 12.21: Vor dem Ausschneiden und Beschlagen; Pferd mit langer Zehe und untergeschobenen Trachten.

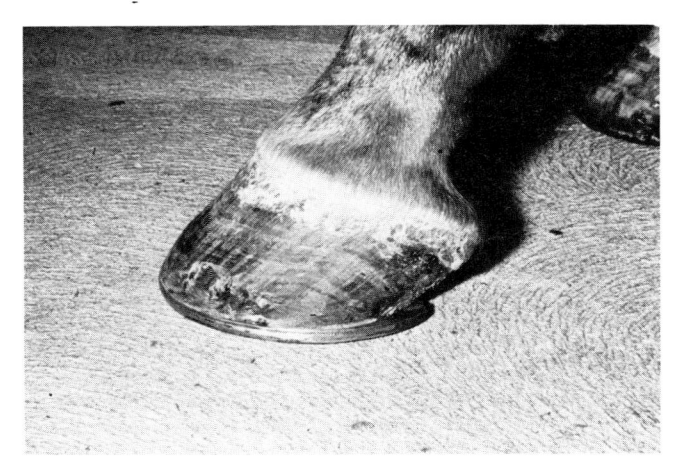

Abb. 12.22: Die Zehenwand ist gekürzt und im unteren Teil beraspelt worden, die Trachten wurden länger belassen. Das Eisen ist im Zehenspitzenbereich relativ weit nach hinten und über die Trachten hinaus lang gelegt.

Die klinische Situation bestätigt ebenso neue Gedanken in bezug auf den Hufmechanismus. Während der Belastung werden Sohle und Strahl distal gedrückt, und bei einer normalen konkaven Sohle entsteht hierdurch eine Kraft, welche die Hufwand nach außen bewegt (Abb. 12.23). Wenn die Belastung endet, kontrahiert sich die Hufkapsel aufgrund ihrer elastischen Natur. Während dieses Kreislaufes, so wird die Behauptung aufgestellt, dehnt sich der Huf während der Belastungsphase aus, das Blut strömt in den Huf; wenn der Huf sich kontrahiert, wird das Blut herausgedrückt.[2,3] Obwohl dies einen Sinn ergibt, gibt es keine wissenschaftlich bewiesenen Daten, die diese Behauptungen stützen oder widerlegen. In manchen Fällen kann der direkte Druck durch den Strahl die Erweiterung der Trachten bei normalen Pferden unterstützen. Wenn aber der Huf so ausgeschnitten wird, daß der Strahl zum Tragen herangezogen wird, bilden sich oft schwache, untergeschobene und flache Trachten. Wenn diese

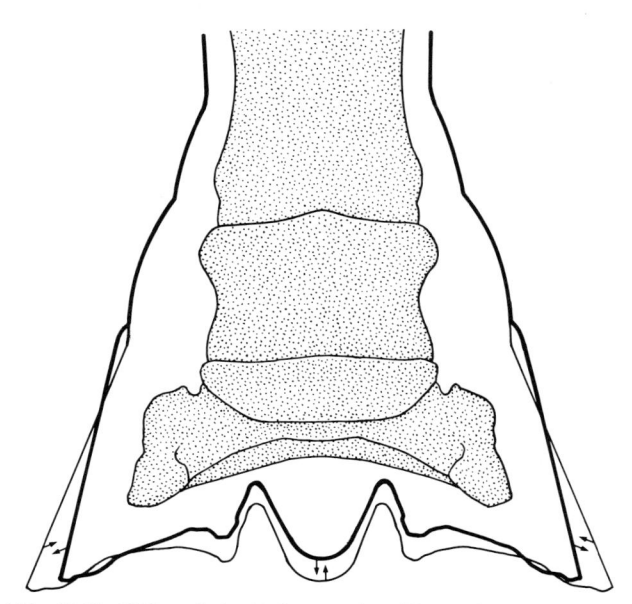

Abb. 12.23: Während der Belastung der Gliedmaße werden Strahl und Sohle nach unten gedrückt. Dies führt zu einer Erweiterung der Hufwand. Während der Entlastungsphase geschieht das Gegenteil.

Theorie über die Wirkung des Strahles einen Schritt weitergeführt und auf solche Pferde angewandt wird, die klinisch einen Trachtenzwanghuf aufweisen, zeigt sich, daß diese Annahme nicht logisch haltbar ist. Als Beispiel soll ein Pferd dienen, das mit nach palmar gebrochener Zehenachse (zu spitze Stellung des Hufes zum Fesselstand, siehe Seite 93, Abb. 2.39 A, sowie Seite 810, Abb. 11.5) und Trachtenzwanghuf vorgestellt wird. Die Entwicklung dieses Trachtenzwanghufes ist wahrscheinlich ein Ergebnis von Quetschungen der Hufslederhaut infolge der unregelmäßigen Stellung. Diese Quetschungen der Hufslederhaut wiederum veranlassen das Pferd zu Veränderungen in der Belastung der Gliedmaße. Wenn nun die Trachten so zurückgeschnitten werden, daß der Strahl einen Teil des Druckes übernehmen kann, wird hierbei die Brechung der Zehenachse weiter verstärkt. Dies ist offensichtlich nicht richtig. Hier ist die Frage zu stellen: „Warum hat ein Pferd mit langem, unbeschnittenem Huf häufig Trachtenzwanghufe?" Dies kann einfach ein Ergebnis der veränderten Ausdehnung der Hufwand infolge der übermäßigen Länge des Hufes sein. In aller Regel liegt gleichzeitig hiermit ein kleiner, atrophierter Strahl vor und es gibt keine Möglichkeit, die Hufwand genügend zu kürzen, um wirksamen Druck des Strahles zu erreichen. Dennoch wird bei sachgemäßem Ausschneiden und Beschlag, der eine Erweiterung der Trachten während der Belastung ermöglicht, der Huf sich im Laufe von einer oder zwei Beschlagperioden auf eine normale Form ausdehnen. Am Beispiel eines Pferdes mit Podotrochlose-Syndrom wird angenommen, daß der Zwanghuf sich deshalb ausbildet, weil das Pferd aufgrund der Schmerzen den Trachtenbereich nicht belasten will. Auch hier ist es nicht sinnvoll, die Trachten zu kürzen, um Druck durch den Strahl zu erreichen. Erhöhen der Trachten, Anbringen einer guten Zehenrichtung und Schutz der Oberfläche des Strahles werden häufig die Schmerzen vermindern. Wenn die Schmerzen so weit reduziert werden, daß die normale Belastung wieder ermöglicht wird, kann sich der Trachtenzwanghuf bis zu einem gewissen Maße zurückbilden. Ebenso hat man jahrelang angenommen, daß ein geschlossenes Eisen die Trachten an ihrer normalen Bewegung hindern würde. Heute ist bekannt, daß dies einfach nicht wahr ist. Wenn die Nägel so gesetzt werden, daß die Ausdehnung des Trachtenbereiches nicht behindert wird, kommt es bei normaler Belastung hier zu einer Erweiterung der Wand. Deshalb kann durch vermehrte Belastung des Strahles keine wirksame Behandlung des Trachtenzwanghufes durchgeführt werden.

Die Prinzipien für die Behandlung des Trachtenzwanghufes beruhen im Grundsatz auf Ermittlung der Ursache, Behandlung des Problems und – durch sachgemäßes Ausschneiden und sachgemäßen Beschlag – Schaffen einer Situation, welche die Erweiterung der Trachten fördert. In den meisten Fällen besteht der erste Schritt darin, den Huf in eine möglichst regelmäßige Form zu bringen und die Stellung des Hufes zum Fesselstand passend zu machen. Wenn das Pferd nicht unter schmerzhaften Prozessen im Bereich der Hufe leidet, reicht es in der Regel aus, das Eisen so anzupassen, daß es an Seiten- und Trachtenwand etwas weiter und über die Trachten hinaus etwas länger als gewöhnlich gelegt wird. Der letzte Nagel sollte nicht hinter der weitesten Stelle des Hufes eingeschlagen werden. In manchen Fällen sind mehrere Beschlagwechsel erforderlich, bis die Veränderung korrigiert ist. Der Huf mit langer Zehe und untergeschobenen Trachten wird ähnlich behandelt, wobei hier allerdings größerer Wert auf das Kürzen und Beraspeln der Zehenwand, das Belassen möglichst langer Trachten und die Unterstützung der hinteren Anteile des Hufes durch verlängerte Eisenschenkel oder ein ovales, geschlossenes Hufeisen gelegt wird. Der Beschlag für ein Pferd mit Podotrochlose-Syndrom wird auf Seite 827 besprochen. Vielfach werden dabei dieselben Grundsätze angewandt, abgesehen davon, daß versucht wird, die Schmerzen zu verringern, um eine regelmäßigere Belastung der Gliedmaße zu ermöglichen.

Andere Verfahren, um die Erweiterung der Seitenwände zu unterstützen, bestehen in der Schwächung der Seitenwände durch Beraspeln. Am stärksten wird die Wand etwa 1,5 cm unterhalb des Hufsaumes im Bereich der Trachten verdünnt. Nach vorn und nach unten läßt man auf etwa 6,5 bis 7,5 cm Länge allmählich zunehmend

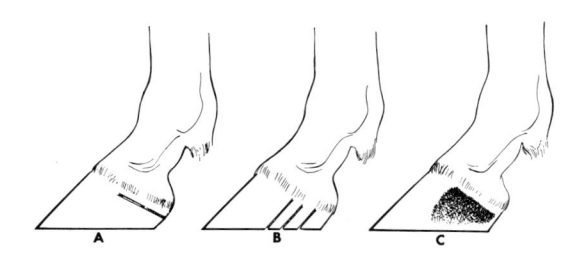

Abb. 12.24: Methoden zur Steigerung der Flexibilität und Ausdehnung der Hufwand. **A** Zur Unterstützung der Ausdehnung der Trachten wird 1,5 bis 2,0 cm unter dem Hufsaum eine etwa 6 mm breite Rinne angelegt. Die Rinne reicht bis an die Lederhaut, ohne deren Nerven- oder Blutversorgung zu beeinträchtigen. **B** Drei senkrechte Rinnen in der Seitenwand des Hufes zur Förderung der Ausdehnung des Hufes. Auch diese Rinnen reichen bis an die Lederhaut. **C** Beraspeln der Seitenwand des Hufes. Am tiefsten wird im Bereich 1,5 bis 2,0 cm distal des Hufsaums geraspelt, am wenigsten Horn wird im Bereich des Tragrandes entfernt. Der beraspelte Bereich reicht von den Trachten aus etwa 6,5 bis 7,5 cm nach vorn. Alle diese Methoden unterstützen die Erweiterung der Seitenwände. Sie werden bei hochgradigem Trachtenzwang, bei Hufknorpelverknöcherung und manchmal bei Hufrehe angewandt. Bei einem chronischen Rehehuf können die Rinnen am Zehenrücken (Zehenwand) und an der Sohle statt an den Seitenwänden angebracht werden.

etwas mehr von der Wand stehen, bis am Tragrand die normale Dicke der Hufwand erhalten bleibt (Abb. 12.24 C). Der Huf sollte mit einem geschlossenen Eisen beschlagen und täglich mit einem Hufpräparat behandelt werden, um Rißbildungen in der Hornwand zu vermeiden.

Eine andere Methode, die Ausdehnung der Hufwand zu fördern, besteht darin, im Bereich der Seiten- und Trachtenwand eine Anzahl vertikaler Rinnen zu schneiden (Abb. 12.24 B), oder einfach nur eine Rinne etwa 2,0 cm unterhalb des Hufsaumes und parallel zu diesem (Abb. 12.24 A). Diese Rinne sollte von den Trachten aus etwa 7,5 bis 10,0 cm nach vorn reichen (siehe Seite 826). Nach jeder dieser Methoden des Rinnenschneidens in der Hufwand sollte ein geschlossenes Eisen aufgeschlagen werden. Die Rinnen in der Hufwand, welche die Erweiterung der Trachten unterstützen, können mittels Stryker Verbandschere (oszillierende Säge), eines Hufrinnenmessers oder eines Brenneisens in der Hufwand angelegt werden. Rinnenschneiden in der oben genannten Form gibt der Hufwand die Möglichkeit zur Ausdehnung. Wenn eine einzelne Rinne parallel zum Hufsaum angelegt wird, kann sich der proximale Anteil der Hufwand während des Herunterwachsens allmählich ausdehnen und über die weiter distal gelegene Hufwand vorragen. Diese letztgenannten Methoden werden in der Regel nur in Fällen hochgradigen Trachtenzwanges angewandt.

Beschlag bei Schale

Nähere Angaben zur Klinik der Schale finden sich auf den Seiten 551 bis 560. Die Korrekturmaßnahmen bestehen im Kürzen des Zehenspitzenbereiches und Aufschlagen eines Eisens mit durchgehend erhöhtem Innenrand an der Bodenfläche, um die Bewegung von Kron- und Hufgelenk auf das Eisen zu übertragen. Wenn das Pferd eine regelmäßige Gliedmaßen- und Hufstellung aufweist, reicht es, eine gute Zehenrichtung am Eisen anzubringen, anderenfalls sollte ein Eisen mit durchgehend erhöhtem Innenrand an der Bodenfläche verwendet werden.

Beschlag bei Hufknorpelverknöcherung

Nähere Angaben zur Klinik der Hufknorpelverknöcherung finden sich auf den Seiten 537 bis 538. Die orthopädischen Maßnahmen beziehen sich in der Regel darauf, den Huf oder das Eisen auf der betroffenen Seite bodeneng zu rändern, um das Abrollen zu erleichtern. Die betroffene Seite des Eisens wird bodeneng gerändert, indem die Außenkante des Eisenschenkels rund geschliffen wird. Es können auch Eisen mit durchgehender Erhöhung des Innenrandes an der Bodenfläche verwendet werden (Abb. 9.1, 9.6, 9.7).

Bei Pferden, die auf weichem Boden arbeiten, kann ein Eisen mit zur Bodenfläche umgebogenen und keilförmig nach vorn auslaufend angeschmiedeten Schenkeln und angeschliffener Zehenrichtung (Abb. 12.15) verwendet

werden, da in diesem Fall ein Eisen mit durchgehend erhöhtem Innenrand an der Bodenfläche seine Wirksamkeit durch Einsinken in den lockeren Boden verlieren kann.

Beschlag beim Podotrochlose-Syndrom

Nähere Angaben zur Klinik des Podotrochlose-Syndroms finden sich auf den Seiten 499 bis 514. Ein orthopädischer Beschlag kann hier die Notwendigkeit einer Neurektomie der Nervi digitales palmares herausschieben oder ausschließen, wenn die Pferde nicht zu Rennen eingesetzt werden. Eine angeschliffene Zehenrichtung, zur Bodenfläche hin umgebogene und keilförmig nach vorn auslaufend angeschmiedete Eisenschenkel (Abb. 12.15), ein gerader Steg (Abb. 9.8) und nach außen abfallende Tragflächen an den Schenkelenden (Abb. 12.26) werden verwendet. Die Erhöhung der Trachten und die Zehenrichtung erleichtern es dem Pferd, so abzurollen und zu fußen, daß die mechanische Beanspruchung der tiefen Beugesehne und des Strahlbeines vermindert wird. Die Erhöhung der Trachten vermindert außerdem den Druck auf den Strahl, und der gerade Steg über dem mittleren Drittel des Strahles schließt traumatische Schäden in diesem Bereich und die damit einhergehenden Schmerzreaktionen aus. Die nach außen abfallenden Tragflächen an den Schenkelenden begünstigen die Ausdehnung der Hufwand und wirken so der bereits im Anfangsstadium befindlichen Zwanghufbildung entgegen. In manchen Fällen ist es außerdem sinnvoll, zusätzlich die Hufsohle mit Gummi oder Silikonkautschuk auszufüllen und eine Einlage über die gesamte Bodenfläche zusätzlich zu dem orthopädischen Beschlag zu verwenden.

Beschlag bei Hufrehe

Siehe Seite 486 bis 499.

Einseitiger Trachtenzwang
Siehe Seite 515 bis 517.

Beschlag bei kuhhessiger Stellung

Bei Roping-Pferden mit kuhhessiger Stellung rutschen bei Stops die Hinterbeine auseinander. Dies wird durch die Verwendung eines niedrigen Stollens am inneren Eisenschenkel der Hinterhufe verhindert. Wenn das Pferd nun in den Stop rutscht, zwingt der Stollen die Beckengliedmaßen, gerade in der Bewegungsrichtung zu gleiten. Pferde mit kuhhessiger Stellung, die zu anderen Arbei-

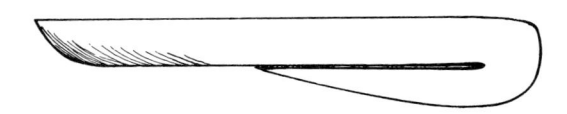

Abb. 12.25: Seitenansicht eines Hufeisens mit zur Bodenfläche hin umgebogenen und nach vorn keilförmig auslaufend angeschmiedeten Schenkeln und angeschliffener Zehenrichtung. Diese Beschlagausführung beschleunigt das Abrollen von Vorder- bzw. Hinterhuf. Der Beschlag wurde bei Pferden mit Podotrochlose-Syndrom eingesetzt, um den Strahl vor Druck zu schützen. Er wird manchmal als Spatbeschlag bei Standardbred-Pferden verwendet.

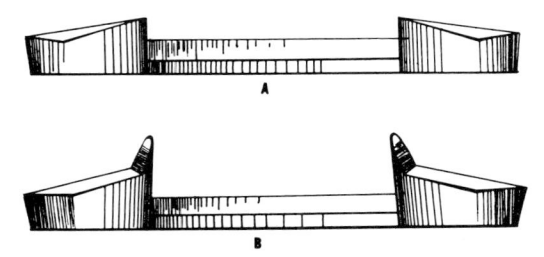

Abb. 12.26: A Hufeisen nach BROUÉ mit nach außen abfallenden Tragflächen an den Schenkelenden; Ansicht von hinten. Dieser Beschlag läßt die Trachtenwände nach außen gleiten, wenn der Huf auf den Boden aufgesetzt wird, wodurch die Ausbildung eines im Trachtenbereich weiteren Hufes gefördert wird. B Hufeisen nach EINSIEDEL mit nach außen abfallenden Tragflächen an den Schenkelenden und mit Eckstrebenaufzügen. Die Eckstrebenaufzüge an der Innenseite der Eisenschenkel hindern die Trachtenwände, sich über ein bestimmtes Maß hinaus zusammenzuziehen, während die schräg nach außen abfallenden Tragflächen die Ausdehnung der Trachten unterstützen, während der Huf aufgesetzt wird.

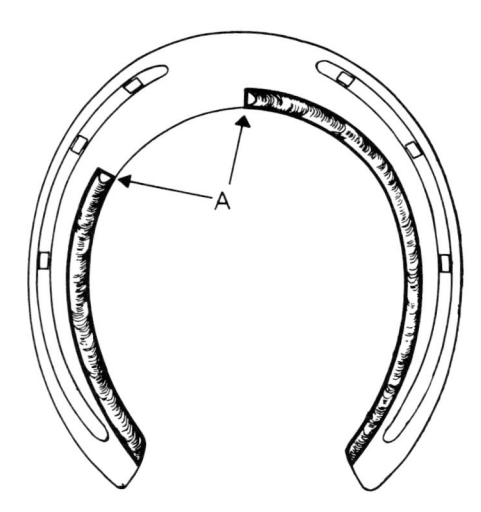

Abb. 12.27: Bodenfläche eines Spatbeschlages, welcher das Abrollen über die Innenseite des Hufes (A) fördert. Die Erhöhungen an der Bodenfläche werden durch Unterschweißen von etwa 6 mm dickem, rundem Stahldraht erreicht, wobei die Innenseite des Vorderteiles ausgespart wird. Bei dem abgebildeten Eisen handelt es sich um ein Eisen für den linken Hinterhuf.

ten verwendet werden, können mit einem kleinen Trailer am inneren Schenkel der Hintereisen und in manchen Fällen mit einem zusätzlichen sehr niedrigen (6 mm) Stollen an diesem Trailer beschlagen werden. Beim Fußen hält der Stollen den Huf einwärts gerichtet und erzwingt damit das Abrollen in der Bewegungsrichtung. Wenn das Pferd zum Streichen neigt, kann der Trailer Verletzungen der gegenüberliegenden Gliedmaße verursachen. Manchmal ist ein Trailer am äußeren Eisenschenkel wirksam, dieser ist aber nicht für Roping-Pferde zu verwenden. Vor dem endgültigen Aufnageln der Eisen kann die Wirkung eines solchen Trailers am äußeren Schenkelende erprobt werden, indem man die Eisen gegeneinander austauscht. Ein gerade gehaltener Vorderteil am Eisen unterstützt das Abrollen über die Mitte der Zehenwand. Nötigenfalls kann auch ein Trailer mit Stollen am inneren Eisenschenkel verwendet werden (Abb. 12.17).

Beschlag bei Spat

Nähere Angaben zur Klinik siehe Seite 694 bis 704. Beim Spatbeschlag sollte der Trachtenbereich erhöht und ein kurzer, gerader Trailer am äußeren Eisenschenkel angebracht werden. Bei Pferden, die in hohem Tempo gearbeitet werden, können die Schenkelenden nach unten umgebogen und flach angeschmiedet werden, um so einen flachen Stollen zu formen, der ein Gleiten erlaubt (Abb. 12.25). Bei diesem Vorgehen wird allerdings die effektive Unterstützungsfläche verringert. Bei Trabern und Paßgängern wird manchmal ein geschlossenes Memphis-Eisen (Abb. 9.12) oder ein ovales, geschlossenes Eisen, das den Trachtenbereich noch unterstützt, verwendet. Eine zweite Methode ist, an den Schenkeln, unter Aussparung eines Teilstückes innen im Zehenspitzenbereich, einen etwa 6 mm dicken Stahldraht unter die gesamte Innenkante der Bodenfläche zu schweißen (Abb. 12.27). Dies beeinflußt das Pferd, über die Innenseite der Zehenwand abzurollen, was beim Spatbeschlag in aller Regel bewirkt werden soll. Dieser Bewegungsablauf vermindert die Belastung im durch den Spat veränderten Bereich. Der orthopädische Beschlag bringt allerdings nur teilweise den gewünschten Erfolg; am besten ist diese Veränderung chirurgisch zu behandeln (siehe Seite 694 bis 704).

Diagonales Einhauen und möglicher Korrekturbeschlag

Diagonales Einhauen ist eine Störung im Bewegungsablauf, bei der die Innenseite der Hufspitze oder die innere Seitenwand des Hinterhufes an der inneren Seitenwand des Hufes oder der Bodenfläche des inneren Eisenschenkels der gegenüberliegenden Schultergliedmaße anschlägt. Dies kommt am häufigsten bei Paßgängern vor, besonders hier bei Pferden mit zehenweiter Stellung der Schulter- und zehenenger Stellung der Beckengliedmaßen. Bei dieser Stellung ist der Bogen, den der Vorderhuf beim Vorführen beschreibt, in seiner ersten Hälfte nach vorn innen gerichtet. Ebenso ist die zweite Hälfte des Bogens, den die Hinterhufe beim Vorführen beschreiben, jeweils nach vorn innen gerichtet. Hierdurch schlägt ein Huf an den anderen an. Der orthopädische Beschlag zielt darauf ab, ein möglichst geradliniges Vorführen der Vorder- und Hinterhufe zu erzwingen und die Unregelmäßigkeiten während des jeweiligen Vorführens der Gliedmaßen zu korrigieren. Wenn der Huf durch die Korrekturmaßnahmen genau gerade in der Bewegungsrichtung fußt und das Abrollen wiederum etwa über die Mitte der Zehenwand erfolgt, so ergibt sich eine regelmäßigere Gliedmaßenführung. Außerdem bedient man sich spezieller Beschlagausführungen, damit das Pferd in der Bewegung mit den Beckengliedmaßen weiter nach außen tritt.

Beschlag der Vorderhufe

1. Da die meisten Pferde, die das diagonale Einhauen zeigen, vorn zehenweit stehen, wird der dieser Stellung angemessene Beschlag angewandt. Die Beschlagausführungen der Abbildungen 12.10, 12.11, 12.12, 12.16 und 12.18 können verwendet werden. Zusätzlich sollte der innere Schenkel des Eisens bodeneng gerändert werden, so daß, wenn sich das Pferd anschlägt, die Haut nicht verletzt wird.
2. Am inneren Eisenschenkel kann bei jedem der genannten Spezialbeschläge ein 0,6 bis 2,0 cm langer Trailer angebracht werden. So berührt der innere Eisenschenkel den Boden kurz bevor der äußere Eisenschenkel auftritt und dreht dadurch die Zehenspitze einwärts.
3. Ein Pferd, das zum diagonalen Einhauen neigt, sollte zum Schutz immer Springglocken tragen.
4. Der Vorderteil des Eisens wird bei Trabern und Paßgängern oft gerade gehalten, um das gerade Abrollen in der Bewegungsrichtung zu fördern.

Beschlag der Hinterhufe

1. Kurzer Trailer am äußeren Eisenschenkel.
2. Der innere Eisenschenkel wird kurz gehalten und verjüngt sich auf seiner ganzen Länge bis zum Schenkelende hin.
3. Der Außenrand der Bodenfläche am inneren Eisenschenkel sollte abgeschrägt oder abgerundet werden (bodenenge Ränderung). Diese Beschlagausführung wird bei Trabern und Paßgängern verwendet und als Eisen mit bodenenger Ränderung des Innenschenkels und keilförmiger Erhöhung des Außenschenkels bezeichnet. Die Verdickung des Außenschenkels dient bei Paßgängern dazu, daß sich die Gliedmaße weiter außen vorführen. Eine entsprechende Verdickung des Innenschenkels kann bei Trabern Verwendung finden, um eine engere Gliedmaßenführung im Bewegungsablauf der Nachhand zu erreichen.

Andere Methoden des orthopädischen Beschlages, besprochen in den Abschnitten über die bodenweit-zehenweite Stellung der Schultergliedmaßen (siehe Seite 819 bis 822) und die bodeneng-zehenweite Stellung der Schultergliedmaßen mit Füßen auf der Außenseite der Hufwand (siehe Seite 822 bis 823) können für den Beschlag der Vorderhufe ebenfalls verwendet werden. Andere Beschlagausführungen für die Hinterhufe werden bei der bodeneng-zehenengen Stellung (siehe Seite 823 bis 824) besprochen.

Greifen und möglicher Korrekturbeschlag

Greifen in die Sohlenfläche („forging") ist eine Unregelmäßigkeit im Bewegungsablauf im Trab, wobei der Hinterhuf ungewöhnlich weit vortritt und mit seiner Zehenspitze die Bodenseite des gleichseitigen Vorderhufes in dem Moment trifft, wo dieser abschwingt (siehe Seite 105). Die Bewegung des Vorderhufes beim Abrollen und Abheben ist zu langsam, um dem bei der Vorwärtsbewegung weit vorgreifenden Hinterhuf zu entgehen.

Ähnliches geschieht beim Greifen in die Tragfläche des Eisens oder in die Ballen („overreaching"), wobei hier aber der Hinterhuf schneller nach vorn kommt als beim Greifen in die Sohlenfläche. Dies bedeutet, daß der Hinterhuf den Trachtenbereich des gleichseitigen Vorderhufes trifft, bevor oder während dieser abhebt. In diesem Fall wird das Vordereisen oft abgetreten, da die Spitze des Hinterhufes auf die Schenkelenden des Vordereisens tritt. Beide Formen des Greifens können auf Fehler im Körperbau, Müdigkeit der Gliedmaßen, einen falsch verpaßten Sattel, unsachgemäße Reitweise oder unsachgemäßen Beschlag zurückzuführen sein. Fehler im Körperbau, die u. U. das Greifen verursachen, sind u. a. ein kurzer Körper mit relativ langen Gliedmaßen, zu weit unter dem Körper stehende Schulter- oder Beckengliedmaßen, kurze Schultergliedmaßen und lange Beckengliedmaßen. Müdigkeit der Gliedmaßen, die zum Greifen führt, kann auf Kraftlosigkeit oder auf Erschöpfung zurückzuführen sein. Unsachgemäßes Ausschneiden der Hufe oder ein unsachgemäßer Beschlag können das Abrollen der Vorderhufe verlangsamen, die Höhe des Bogens vermindern, den diese beim Vorführen beschreiben, und auf diese Weise das Greifen verursachen. Junge Pferde mit gutem Körperbau und regelmäßiger Stellung und Form der Hufe neigen oft während des Trainings und im Laufe ihrer Entwicklung zum Greifen. In diesem Fall ist das Greifen durch die Ermüdung der nicht genügend entwickelten Muskeln bedingt.

Grundlagen für den Greifbeschlag

Die Korrekturmaßnahmen sollten sich nach der Ursache des Greifens und nach der von dem Pferd zu leistenden Arbeit richten. Das Pferd sollte im Schritt und Trab vorgeritten werden, um das Tempo festzustellen, in dem das Greifen am deutlichsten wird. Hierbei ist auf Koordinationsstörungen zwischen Schulter- und Beckengliedmaßen während der Vorwärtsbewegung zu achten. Ferner ist festzustellen, ob eventuell vorliegende Unregelmäßigkeiten in der Bewegung durch irgendwelche äußeren Umstände verschlimmert werden, ob der Körperbau korrekt oder fehlerhaft ist, ob die Form und Stellung der Gliedmaßen von der Hufspitze bis zu den Trachten regelmäßig ist und ob die Hufeisen korrekt angepaßt sind und ihr Gewicht angemessen ist. Drei Prinzipien sind bei der Korrektur des Greifens zu berücksichtigen:

1. Der *Vorderhuf* muß den Boden schneller verlassen, um nicht von dem vorschwingenden Hinterhuf getroffen zu werden.
2. Der *Hinterhuf* muß etwas kürzer treten, damit er den Vorderhuf nicht trifft.
3. Die Schenkelenden des Vordereisens und der Vorderteil des Hintereisens müssen gekürzt werden, um das Anschlagen zu vermeiden.

Ausführungen des Greifbeschlages

1. Die *Vorderhufe* sind auszuschneiden, in eine regelmäßige Form zu bringen und mit zwei gleich leichten Eisen mit angeschmiedeter oder angeschliffener Zehenrichtung zu beschlagen. Dann werden die *Hinterhufe* ausgeschnitten und in eine möglichst regelmäßige Form gebracht, wobei der Huf etwas länger belassen wird als normal. Die Hinterhufe werden mit leichten Eisen beschlagen. Das Eisen wird dabei jeweils relativ weit vorn aufgeschlagen, so daß es mit der Spitze der Zehenwand abschließt; es wird lang gelegt, so daß die Schenkelenden etwa 1,5 bis 2,0 cm über die Trachten-Eckstreben-Winkel vorragen. Die Schenkelenden werden weit gelegt.
Hierdurch wird das Abrollen der Vorderhufe beschleunigt und das Abrollen der Hinterhufe verlangsamt. Die Schenkel der lang gelegten Hintereisen bremsen den Hinterhuf beim Auftreten ab.
2. Die *Vorderhufe* werden ausgeschnitten, in eine regelmäßige Form gebracht und mit zwei gleich leichten Eisen mit angeschmiedeter oder angeschliffener Zehenrichtung beschlagen. Die *Hinterhufe* werden ebenfalls ausgeschnitten und in eine regelmäßige Form gebracht. Der Beschlag erfolgt hier mit 1,5 cm hohen, etwa 6 mm in Längsrichtung und 3 mm quer zum Eisen messenden Stollen an den Schenkelenden sowie mit angeschmiedeter Zehenrichtung. Diese Beschlagausführung führt zu stärkerer Beugung der Sprunggelenke beim Anheben der Hinterhufe, dabei aber zu geringerem Raumgewinn nach vorn. Daher ist der Abstand zwischen den Vorder- und Hinterhufen in der Bewegung größer. Die Stollen fangen die Vorwärtsbewegung des Hinterhufes ab, bevor er auf den Vorderhuf trifft.
3. Die *Vorderhufe* werden ausgeschnitten, in eine regelmäßige Form gebracht und mit zwei gleich leichten Eisen mit angeschmiedeter oder angeschliffener Zehenrichtung beschlagen. Die *Hinterhufe* werden ausgeschnitten und ins Gleichgewicht gebracht, der Huf dabei ein wenig länger belassen als normal. Die *Hinterhufe* werden mit einem Eisen mit gerade gehaltenem Vorderteil beschlagen, die Eisen werden lang und weit gelegt, wobei die Schenkelenden etwa 1,5 bis 2,0 cm hinter den Trachten-Eckstreben-Winkeln enden. Der gerade Vorderteil des Eisens sollte etwa 6 mm gegenüber der äußeren Tragrandkante an der Zehenwand zurückgelegt werden. Der Anteil der Hufwand, der über das Eisen vorsteht, sollte nicht entfernt werden.
Diese Beschlagausführung beschleunigt das Abrollen der Vorderhufe und führt zu höherer Aktion. Die spezielle Zubereitung der Hinterhufe, unterstützt durch die größere Länge der Eisen, verzögert das Abrollen der Hinterhufe. Hierdurch gewinnen die Vorderhufe so viel Zeit, daß sie bereits hoch genug gehoben werden können, um einen Kontakt mit den Hinterhufen zu vermeiden. Das Zurücklegen der Hintereisen verhindert das metallische Klingen beim Anschlagen des Hinterhufes an das Vordereisen. Die lang belassenen Schenkelenden der Hintereisen bremsen den Hinterhuf schneller ab und helfen somit das Anschlagen an den Vorderhufen zu vermeiden.
4. Die *Vorderhufe* werden ausgeschnitten, in eine regelmäßige Form gebracht und mit zwei gleich leichten Eisen mit angeschmiedeter oder angeschliffener Zehenrichtung beschlagen. Die *Hinterhufe* werden ausgeschnitten und in eine regelmäßige Form gebracht, der Rücken (Zehen-

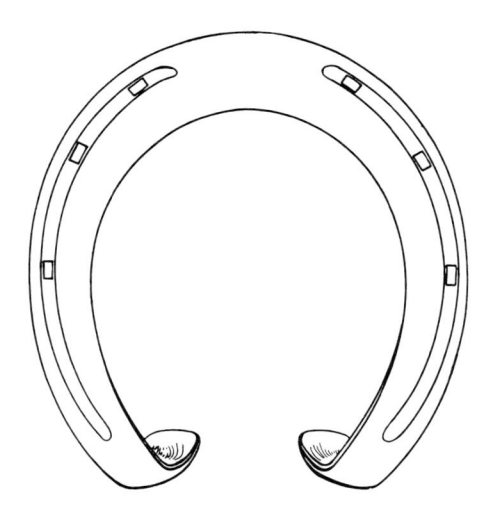

Abb. 12.28: Bodenfläche eines Eisens mit lang gelegten und nach oben gebogenen Schenkelenden („spoon shoe"; andalusischer Beschlag). Die nach oben gebogenen Schenkelenden bedecken die Hufballen; sie müssen dicht an den Trachten anliegen, wodurch das Abreißen des Eisens verhindert wird, wenn sich das Pferd greift.

wand) dabei kurz gehalten; der Beschlag der Hinterhufe erfolgt mit einem Eisen mit gerade gehaltenem Vorderteil. Dies erlaubt dem Hinterhuf ein schnelles Abrollen, bedingt eine höhere Aktion der Beckengliedmaße und ermöglicht dem Vorderhuf, auszuweichen.

Ein Eisen mit durchgehend erhöhtem Innenrand an der Bodenfläche (Abb. 9.1, 9.6, 9.7) kann als Ersatz für ein Eisen mit angeschliffener oder angeschmiedeter Zehenrichtung beim Vordergreifbeschlag dienen. Ein Poloeisen kann die dem Eisen mit erhöhtem Innenrand entsprechende Wirkung bieten, wenn kein anderes Eisen verfügbar ist oder keine Möglichkeiten bestehen, ein anderes anzufertigen. Der erhöhte Innenrand an der Bodenfläche erleichtert das Abrollen in jeder Richtung.

Wenn es im Einzelfall nicht möglich ist, das Greifen abzustellen, können die Schenkelenden des Vordereisens lang gelegt und nach oben gebogen werden („spoon shoe"; andalusischer Beschlag), damit sich das Pferd das Eisen nicht lostreten kann. Die hochgebogenen Schenkelenden schließen genau an die Trachten an und bedecken die Ballen, wodurch das Hintereisen das Vordereisen nicht mehr losziehen kann (Abb. 12.28). Derartige Eisen müssen häufig umgeschlagen werden, da sie sonst leicht die Bildung von Steingallen verursachen.

Anschlagen im Ellbogenbereich und möglicher Korrekturbeschlag

Wenn ein Pferd sich in der Bewegung im Ellbogenbereich anschlägt, so rollt es schnell ab und das Vorderfußwurzelgelenk beugt sich leicht, wenn der Fuß abhebt. Es gibt zwei Möglichkeiten, diese Beugung zu vermindern:

1. Die Trachten können erniedrigt werden, wodurch die Winkelung in den Gelenken verändert und das Abrollen etwas verzögert wird. Die Winkelung sollte nicht um mehr als 2 Grad vermindert werden, um jegliche große Veränderungen in der Huf- und Fesselstellung zu vermeiden. Wenn die Länge der Zehenwand nicht von vorrangiger Bedeutung ist, kann das Schonen des Zehenspitzenbereiches beim Ausschneiden der Hufe ebenfalls eine Verzögerung beim Abrollen bewirken.

2. Da diese Veränderung in aller Regel bei Trabern vorliegt, können möglicherweise die bei diesen Pferden verwendeten Eisen mit halbrunder Bodenfläche, die wie ein Eisen mit durchgehend erhöhtem Innenrand an der Bodenfläche das Abrollen in jede beliebige Richtung vereinfachen, das leichte und schnelle Abschwingen des Hufes fördern. Dies kann der Grund für das Anschlagen am Ellbogen sein. Manchmal kann durch den bloßen Wechsel zu einem glatten Hufeisen der Huf genügend gebremst werden, so daß das Anschlagen im Ellbogenbereich aufhört. Außer dem glatten Hufeisen kann auch ein Eisen mit Falz verwandt werden, um das Abrollen etwas zu verzögern. Wenn dies gewünscht wird, kann auch ein Eisen mit durchgehendem Falz aufgeschlagen werden. Wenn der Gang als nahezu perfekt angesehen wird und das Anschlagen im Ellbogenbereich nur gering ist, liegt es nahe, Ellbogenschoner zum Schutz dieses Bereiches zu verwenden.

Streichen und möglicher Korrekturbeschlag

Beim Streichen besteht eine Beeinträchtigung im Bewegungsablauf, die dazu führt, daß das Pferd sich mit der Innenseite eines Hufes oder Hufeisens irgendwo an der Innenseite der gegenüberliegenden Gliedmaße anschlägt. Die Verletzung kann an der Schultergliedmaße an jeder Stelle vom Saumbereich bis zum Vorderfußwurzelgelenk auftreten. Die Verletzungen liegen häufiger an den Schulter- als an den Beckengliedmaßen und in der Regel am Fesselkopf oder am inneren Griffelbein. Zeitweilig auftretende Ursachen des Streichens umschließen u. a. Ermüdung, unsachgemäßes Ausschneiden der Hufe und unsachgemäßen Beschlag. Fehler im Körperbau können die Ursache für permanentes Streichen sein. Solche Pferde stehen entweder bodenweit-zehenweit oder bodeneng-zehenweit. Sie sind oft engbrüstig, oder, wenn das Streichen die Beckengliedmaßen betrifft, kuhhessig.

Grundlagen für den Streichbeschlag

Bei Streichen aufgrund äußerer Ursachen sind alle offensichtlichen Fehler bezüglich des Beschlages oder des Ausschneidens zu korrigieren. Es ist sicherzustellen, daß die Eisen das richtige Gewicht haben und richtig angepaßt sind.

Wenn das Streichen durch den Körperbau bedingt ist, sind die Korrekturmaßnahmen davon abhängig, ob das Pferd erwachsen oder noch im Wachstum befindlich ist. Wenn die Korrekturmaßnahmen bei einem Fohlen frühzeitig einsetzen, kann die orthopädische Hufkorrektur das Streichen möglicherweise durch allmähliches Geraderichten der Hufe verhindern. Vor dem Aufschlagen des orthopädischen Beschlags sollte das Pferd im Schritt und Trab beobachtet werden, um den Schweregrad des Streichens zu beurteilen. Wenn das Streichen bei der klinischen Untersuchung gar nicht sichtbar ist, kann Kreide auf Hufwand und Eisen aufgebracht werden, um festzustellen, wo sich das Pferd streicht und ob eine oder beide Gliedmaßen betroffen sind.

An den Vorderhufen sind die meisten Beschlagausführungen, die zur Korrektur bei bodeneng-zehenenger oder bodenweit-zehenenger Stellung üblich sind, einzusetzen, um dem Streichen vorzubeugen. An den Hinterhufen werden die meisten Beschlagarten für die kuhhessige Stellung auch als Streichbeschlag wirksam sein.

Schultergliedmaßen

1. Wenn das Pferd sich an der Innenseite des Fesselkopfes an den Schultergliedmaßen streicht, sind die Hufe auszuschneiden, in eine regelmäßige Form zu bringen und mit

einem Eisen mit gerade gehaltenem Vorderteil zu beschlagen. Der gerade Vorderteil des Eisens sollte bis zur Spitze der Zehenwand reichen, mit deren Außenkante abschließen und an beiden Seiten etwas über die Zehenwand im Zehenspitzenbereich des Hufes vorstehen. Die Außenkante der Bodenfläche am inneren Eisenschenkel sollte auf dessen gesamter Länge rund geschliffen und geglättet werden, damit es nicht zu einer offenen Verletzung kommt, wenn sich das Pferd streicht.

2. Ein Pferd mit bodenweit-zehenweiter Stellung kann mit einem zur medialen Seite des Eisens hin verbreiterten Vorderteil am Eisen beschlagen werden, wie dies für die bodeneng-zehenweite Stellung beschrieben wurde (siehe Seite 822, Abb. 12.18). Dieser Beschlag eignet sich häufig gut für Pferde, bei denen Huf- und Fesselstand deutlich voneinander abweichen. Die Eisen werden so angepaßt, daß sie mit der Spitze der Zehenwand abschließen. Am Übergang von den ovalen zu den geraden Anteilen dieses Eisens wird das Eisen etwa 6 mm weiter gelegt als die Hufwand. Von hier bis knapp hinter das zweite Nagelloch des Hufeisens nimmt die Verbreiterung des Eisens bis auf Null ab. Von diesem Punkt hinter dem zweiten Nagelloch bis einschließlich zum Eisenschenkel sollte das Eisen exakt der Hufwand angepaßt sein. Der äußere Anteil des Vorderteiles sollte genau der Hufwand folgen, von der weitesten Stelle des Hufes bis zum Schenkelende aber wird der äußere Eisenschenkel weit gelegt (etwas weiter als beim Normalbeschlag eines regelmäßigen Hufes). Die Außenkante der Bodenfläche am inneren Eisenschenkel sollte rund geschliffen und geglättet werden (bodenenge Ränderung).

Die mediale Verbreiterung des Vorderteiles zwingt den Huf, genau über die Mitte der Zehenwand abzurollen. Dies trägt dazu bei, den einwärts gerichteten Bogen zu vermindern, den die Gliedmaße beim Vorführen beschreibt. Die Verbreiterung des Eisens am natürlichen Abrollpunkt des Hufes innen im Zehenbereich wirkt als Hebel, der den Huf gerade in die Bewegungsrichtung dreht, während die Trachten abheben. Handgeschmiedete Eisen sind hier den vorgefertigten Eisen vorzuziehen.

3. Ein Pferd mit bodeneng-zehenweiter Stellung kann mit einem Eisen mit erhöhtem Außenrand an der Bodenfläche des äußeren Eisenschenkels beschlagen werden. Die Erhöhung reicht vom ersten Nagelloch bis zum Schenkelende (Abb. 12.10, 12.11). Weiter kann ein kurzer Trailer am inneren Eisenschenkel verwendet werden. Der Huf sollte immer in eine regelmäßige Form gebracht werden, bevor ein solches Eisen aufgeschlagen wird. In manchen Fällen bedeutet dies, daß die äußere Hufwand durch einen Lederkeil erhöht werden muß. Andere Methoden des orthopädischen Beschlages werden auf den Seiten 822 bis 823 beschrieben (bodeneng-zehenweite Stellung der Schultergliedmaßen mit Fußen auf der äußeren Hufwand).

4. Wenn sich das Pferd an der Innenseite des Hufes im Saumbereich streicht und die Ursache in einer engen Brust und einer zu engen Stellung der Schultergliedmaßen liegt, sollten die Hufe in eine regelmäßige Form gebracht, zum Beschlag vorbereitet und dann mit extra leichten Eisen mit angeschmiedeter Zehenrichtung versehen werden. Der innere Schenkel des Eisens sollte genau der Hufwand folgen, die Außenkante dieses Schenkels sollte rund geschliffen und geglättet werden (bodenenge Ränderung). Es ist ratsam, Streichkappen zu benutzen, wenn das Pferd für lange Ritte eingesetzt wird; Ermüdung der Gliedmaßen fördert in aller Regel diese Beeinträchtigungen.

Beckengliedmaßen

1. Wenn das Pferd sich an der Innenseite des Fesselkopfes an den Beckengliedmaßen streicht und die Ursache in unregelmäßiger Stellung der Gliedmaßen liegt, weil das Pferd O-beinig steht, so steht dieses Pferd bodeneng. Die Hufe sollten ausgeschnitten, in eine regelmäßige Form gebracht und dann mit extra leichten Eisen mit gerade gehaltenem Vorderteil und einem Trailer am äußeren Schenkelende beschlagen werden (Abb. 12.17). Der Trailer sollte nicht länger als 2,0 cm sein, mit einem angebogenen Stollen von etwa 1,0 cm Höhe. Wenn der Stollen am Ende des Trailers nicht angebogen ist, kann er auf die Bodenfläche aufgeschweißt werden. Der innere Eisenschenkel sollte genau mit der Hufwand abschließen, dieser von der Seitenwand bis zum Trachten-Eckstreben-Winkel folgen und glattgeraspelt und -geschliffen sein. Am inneren Eisenschenkel sollte kein Stollen angebracht werden. Solch ein Eisen kann, wenn es korrekt angepaßt ist, den Huf ins Gleichgewicht bringen und den einwärts gerichteten Bogen reduzieren, den die Gliedmaße beim Vorführen beschreibt.

2. Wenn das Pferd sich an der Innenseite des Fesselkopfes der Beckengliedmaßen streicht und die Ursache in einer unregelmäßigen Stellung der Gliedmaßen (kuhhessig und zehenweit) liegt, so sollten zunächst die Hufe ausgeschnitten und in eine regelmäßige Form gebracht werden. Der Beschlag erfolgt dann mit Verbreiterung des Vorderteiles nach medial und mit einem Trailer am inneren Eisenschenkel, aber ohne Stollen (Abb. 12.18). Der Trailer sollte etwa 1,5 cm lang und in einem Winkel von 30 bis 45 Grad nach außen gerichtet sein. Der innere Eisenschenkel sollte genau der Hufwand angepaßt, beraspelt und geglättet sein. Diese Art des Beschlages soll das Abrollen des Hufes über die Mitte der Zehenwand erzwingen und verringert den einwärts gerichteten Bogen beim Vorführen der Gliedmaße. Ein Eisen mit geradem Vorderteil und Trailer am inneren Schenkel kann ein Eisen mit Verbreiterung des Vorderteiles nach medial ersetzen. Der gerade Vorderteil sollte mit der Vorderkante der Zehenwand abschließen.

3. Die meisten Traber und Paßgänger streichen sich an den Schultergliedmaßen, in der Regel in Höhe des Vorderfußwurzelgelenkes. Pferde, die sich auf einer Bahn von 1 Meile Länge nicht streichen, schlagen sich u. U. auf einer Bahn von ½ Meile Länge an. Hier wird jede Anstrengung unternommen, um eine Korrekturmöglichkeit zu finden, welche die Bewegung der Gliedmaßen nicht verlangsamt. Manchmal wird ein Eisen mit in Längsrichtung angebrachten Stollen verwendet. Diese Stollen sind 5,0 bis 7,5 cm lang, etwa 3 mm breit und 6 mm hoch. Sie werden an die Innenseite der Nagellöcher an den Eisenschenkeln gesetzt, beginnend am ersten Nagelloch.

Beschlag bei Steingallen

Siehe Seite 538 bis 540.

Beschlag bei Zehen- und Seitenwandhornspalten

Der orthopädische Beschlag bei Zehen- und Seitenwandhornspalten wird auf den Seiten 544 bis 551 besprochen.

Beschlag bei Saumbereichverletzungen

Hier wird ein Eisen mit halbem Steg oder ein geschlossenes Eisen verwendet. Die Hufwand wird auf der betroffenen Seite im Bereich unterhalb der Verletzung gekürzt.

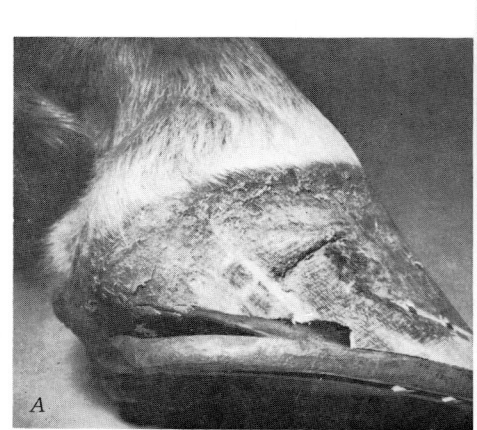

Abb. 12.29: Einsatz eines Hufeisens mit halbem Steg bei einem Defekt in der Hornwand bzw. einer Seitenwandhornspalte. **A** Schwebe vom Bereich des Defektes über den Trachten-Eckstreben-Winkel hinweg bis zum Strahl. **B** Ansicht des Beschlages von der Bodenfläche. Die Belastung wird durch den Steg auf den Strahl übertragen.

Die Wand wird so beschnitten, daß sie kein Gewicht trägt. Das Gewicht, das normalerweise von diesem Bereich der Wand getragen würde, wird durch Verwendung eines Steges auf den Strahl übertragen. Dies dient der Ruhigstellung des verletzten Gebietes und fördert die Heilung (Abb. 12.29).

Beschlag bei Entzündungen oder Verletzungen der Beugesehnen

Bei einer Verletzung der tiefen Beugesehne werden die Trachten erhöht, um die Belastung zu verringern. Schon das bloße Kürzen des Zehenspitzenbereiches kann hier von Vorteil sein. Die korrekte Stellung und Winkelung wird beim Ausschneiden erhalten, die Trachten werden durch den Beschlag erhöht. Bei einer Verletzung der oberflächlichen Beugesehne werden die Eisenschenkel extrem lang gelegt, um mehr Unterstützung zu bieten. Auch ein ovales, geschlossenes Eisen ist in diesem Fall recht erfolgreich.

Beschlag beim Flachhuf

Beim Ausschneiden des Hufes sollten Sohle und Strahl geschont werden. Die Wand wird nur so weit gekürzt, daß sie plan genug zum Aufschlagen eines Eisens ist.
Das Eisen sollte mit einer leichten Abdachung versehen sein, um beim Fußen nicht zuviel Druck auf die Sohle auszuüben. Wenn die Abdachung zu stark ist und nur die Wand allein das Gewicht trägt, wird sie weiter nach außen gedrückt und die Sohle sinkt noch weiter ab. Umgekehrt wird, wenn der Schenkel des Eisens zu breit, die Abdachung nicht ausreichend und somit die Belastung der Sohle zu stark ist, der Druck auf die Sohle zu groß und es kommt zu Quetschungen der Sohlenlederhaut mit Lahmheit. Das Eisen sollte die Hufwand und die weiße Linie bedecken, sollte aber die Sohle nur berühren. Die Eisenschenkel sollten lang gelegt werden, um nicht Ursache für das Entstehen einer Steingalle zu sein. Zusätzlich können elastische Einlagen aus Leder oder Neolite notwendig sein. Ein Breitschenkeleisen mit ausgehauener Sohlenfläche eignet sich für diese Fälle gut (siehe Seite 812, Abb. 11.7).

Beschlag beim Vollhuf

In geringgradigeren Fällen kann ein orthopädischer Beschlag in der Art, wie er für die Flachhufe besprochen worden ist, sinnvoll sein. Ein Breitschenkelhufeisen, welches den Druck auf die Hufwand überträgt und zusätzlich die weiße Linie schützt, um ein weiteres Absenken der Sohle zu verhindern, ist indiziert. Wenn eben möglich, sollte vermieden werden, Druck auf die Sohle zu bringen. Elastische Einlagen aus Leder oder Neolite können notwendig sein. In vielen Fällen ist die weiße Linie sehr breit. Manchmal besteht eine mit lockerem Horn gefüllte Verbreiterung der weißen Linie (lose Wand) als Ergebnis der Zusammenhangstrennung zwischen der Lederhaut und den Hornblättchen der Hufwand. Es kann eine Hufbeinrotation vorliegen. Weitere Korrekturmaßnahmen werden im Zusammenhang mit der Therapie der Hufrehe (siehe Seite 493 bis 498) besprochen.

Ausgewählte Literatur

1. ADAMS, O. R.: Lameness in Horses. 3rd Ed. Philadelphia, Lea & Febiger, 1974, p. 403.
2. EMERY, L., Miller, J., and VAN HOOSEN, N.: Horseshoeing Theory and Hoof Care. Philadelphia, Lea & Febiger, 1977.
3. LAMBERT, F., JR.: The role of moisture in the physiology of the hoof of the harness horse. VM/SAC, **61**: 342, 1966.
4. MOYER, W.: Therapeutic principles of diseases of the foot. Proc. 27th Ann. AAEP, 1981, p. 453.
5. MOYER, W.: Corrective shoeing. Vet. Clin. North Am. (Large Anim. Pract.), **2**: 3, 1980.
6. MOYER, W.: The basics of corrective shoeing. Cont. Ed., **2**: Sonderheft 193, 1980.
7. MOYER, W., and ANDERSON, J. P.: Lameness caused by improper shoeing. J. Am. Vet. Med. Assoc., **166**: 47, 1975.

Weiterführende Literatur

ADAMS, O. R.: Corrective shoeing for common defects of the forelimb. Proc. 11th Ann. AAEP, 1965.
ARMISTEAD, W. W., and PATTERSON, C. M.: Care of Horses' Feet. Texas Agr. Exp. Sta. Misc. Publ. MP–198, 1957.
ASMUS, R. A.: Horseshoes of Interest to Veterinarians. Plant City, Florida, Ken Kimbel Book Company, 1946.
BRITT, O. K.: Corrective shoeing. Southeastern Vet., **2**: 49, 1959.

CHURCHILL, E. A.: Care and Training of the Trotter and Pacer. Columbus, Ohio, U.S. Trotting Association, 1968.

CHURCHILL, F. G.: Practical and Scientific Horseshoeing. Wheaton, Illinois, Kjellberg and Sons, 1912. (Facsimile reprint, 1964.)

DOLLAR, J. A. Handbook of Horseshoeing. New York, W. R. Jenkins, 1898.

GRAHAM, C. W.: Care of the horse's foot. VM/SAC, **60**: 255, 1965.

HOLMES, C. M.: The Principles and Practice of Horseshoeing. Leeds, The Farriers Journal Publishing Co., Ltd., 1949.

LaCROIX, J. V.: Lameness of the Horse. Vet. Pract. Ser. No. 1, Am. J. Vet. Med., 1916.

LAMBERT, F., JR.: An experiment demonstrating rapid contraction of a standardbred horse hoof from moisture loss during flooring. VM/SAC, **63**: 878, 1968.

LUNGWITZ, A., and ADAMS, J. W.: A Textbook of Horseshoeing. 11th Ed. Philadelphia, J. B. Lippincott Co., 1897.

MARKS, D., et al.: Use of an elastomer to reduce concussion to horses' feet. J. Am. Vet. Med. Assoc., **158 (8)**: 1361, 1971.

McCUNN, J.: Lameness in the horse, with special reference to surgical shoeing. Vet. Rec., **63**: 629, 1951.

NORBERG, O. K.: Silicone rubber hoof pad. Proc. AAEP, 1968, pp. 336–337.

OWEN, D., et al.: Farrier science for the general practitioner. Proc. AAEP, 1970, pp. 43–52.

REEKS, H. C.: Diseases of the Horse's Foot. Chicago, Alexander Eger, 1918.

RICHARDSON, C.: Practical Farriery. London, Pitman and Sons, 1950.

RUSSELL, W.: Scientific Horseshoeing. Cincinnati, C. J. Krehbiel and Co., 1907.

SIMPSON, J. F.: Care and Training of the Trotter and Pacer. Columbus, Ohio, U.S. Trotting Association, 1968.

U.S. Department of Agriculture: Diseases of the Horse. Bureau of Animal Industry, Washington, D. C., U.S. Government Printing Office, 1942.

War Department: The Horseshoer. Tech. Man. TM 2-220, Washington, D. C., 1941.

Die vier Grundgangarten

O. R. Adams
Überarbeitet von PD Dr. E. Isenbügel, Zürich

Die natürlichen vier Grundgangarten der Wildequiden und der aus ihnen erzüchteten Pferde, Esel und ihrer Kreuzungen sind Schritt, Trab und Galopp und der seitensynchrone oder gebrochene Paß. Unter den Gangartenpferderassen der Welt sind sagittale Fußungsfolgen bekannt, die als Modifikation der Schrittfußfolge eine Phasenvarianz vom reinen Viertakt des Schrittes bis zum Zweitakt des sagittalen Synchronismus des Rennpasses reichen.
Diese Gangarten sind je nach Rasse unterschiedlich stark genetisch fixiert und werden durch Ausbildung gefestigt.
Der Canter ist ein langsamer Galopp mit erhöhter Versammlung des Pferdes.
Dreigängerrassen zeigen die Gangarten Schritt, Trab und Galopp. Vier- oder Fünfgangrassen zeigen zusätzlich eine rassetypische Variation des Schrittes oder Passes in Phasenfolge, Takt und Tempo.
Zur Beschreibung des Bewegungsablaufes werden die Fußfolgen hinten links – hinten rechts – vorn links – vorn rechts verwendet. Die Begriffe Trittlänge und Schrittlänge bezeichnen die beim Fußen zurückgelegte Distanz. Eine Trittlänge ist der Abstand zwischen den Trittsiegeln der beiden Vorder- oder Hinterhufe, eine Schrittlänge der Abstand der Trittsiegel der gleichseitigen Vorder- und Hinterhufe. Je weiter der Hinterhuf die Trittsiegelspur des gleichseitigen Vorderhufes übergreift, desto größer ist die Schrittlänge.

Schritt (Abb. 13.1)

Der Schritt ist ein Viertaktablauf mit der Fußfolge hinten links – vorn links – hinten rechts – vorn rechts. Jede Gliedmaße durchläuft die Funktionen Heben – Vorführen – Stützen – Stemmen.
Gliedmaßenkonstruktion, Ganggeschwindigkeit und Aktion können den Bewegungsablauf beeinflussen. Die regelmäßige Aufeinanderfolge der vier Hufschläge in gleichmäßigen Abständen muß erhalten bleiben. Die Schrittfolge ist gleichseitig, da die Hufe einer Seite fußen, bevor die Hufe der Gegenseite aufsetzen.
Der Vorwärtsschub erfolgt primär aus der Hinterhand mit Nachfolgen der Vorhand. Die Trittlänge ist rasseabhängig und beträgt bei mittelgroßen Warmblutrassen ca. 84 bis 99 cm.
In der Phasenfolge des Schrittes wechseln Dreibeinstützen mit diagonalen und sagittalen Zweibeinstützen ab. Schwebephasen und Einbeinstützen kommen beim Schritt nicht vor.
Verschiedene Gangartenpferderassen zeigen Schrittvariationen, in denen der klare Viertakt des Auffußens und die Ganggeschwindigkeit, nicht aber die Fußfolge moduliert werden.

Flat-Foot Walk
(Tennessee Walking Horse, USA)

Der „Flat-Foot walk" ist eine angeborene Schrittvariante dieser Rasse, die durch besonders raumgreifende Bewegungen in der Schrittfußfolge eine schnellere Fortbewegung erzielt.

Running Walk
(Tennessee Walking Horse, USA)

Bei dieser charakteristischen Gangart des Tennessee Walkers wird der reine Viertakt des Schrittes leicht verändert. Die Fußungsabstände derselben Seite sind verkürzt, eine leichte Verschiebung zum Paß wird sichtbar. Der Hinterhuf tritt bis zu 46 cm über die Siegelmarke des gleichseitigen Vorderhufes, es entsteht eine gleitende, schnelle, für den Reiter angenehme Gangart, die von einem rhythmischen Kopfnicken begleitet wird.

Tölt (Islandpferd)

Der Tölt hat die gleiche Fußfolge wie der Schritt mit sagittalen und diagonalen Zweibeinstützen. Die Dreibeinstütze des Schrittes wird durch eine Einbeinstütze ersetzt. Nach jeder Zweibeinstütze fußt der im Fußungsablauf der Schrittfußfolge nächstfolgende Huf einzeln ab, bevor die nächste Zweibeinstütze aufsetzt. Je schneller und taktklarer das Pferd töltet, desto kürzer werden die Zweibeinstützen und um so länger die Einbeinstützen.

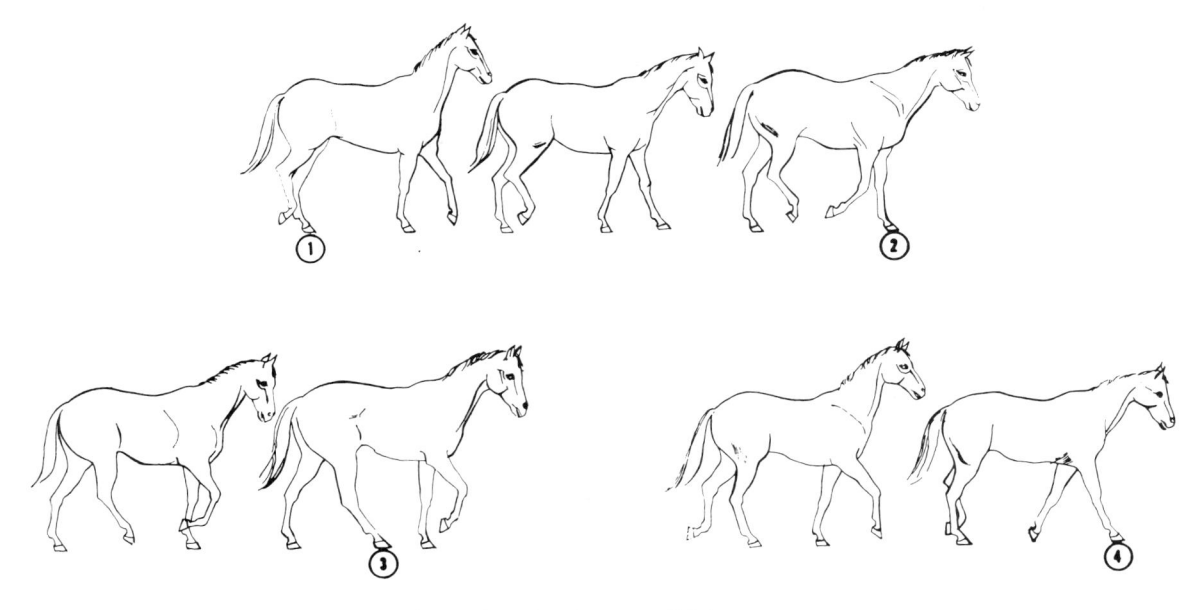

Abb. 13.1: Schritt. Die Zahlen bezeichnen die Fußfolge der Viertaktgangart Schritt.

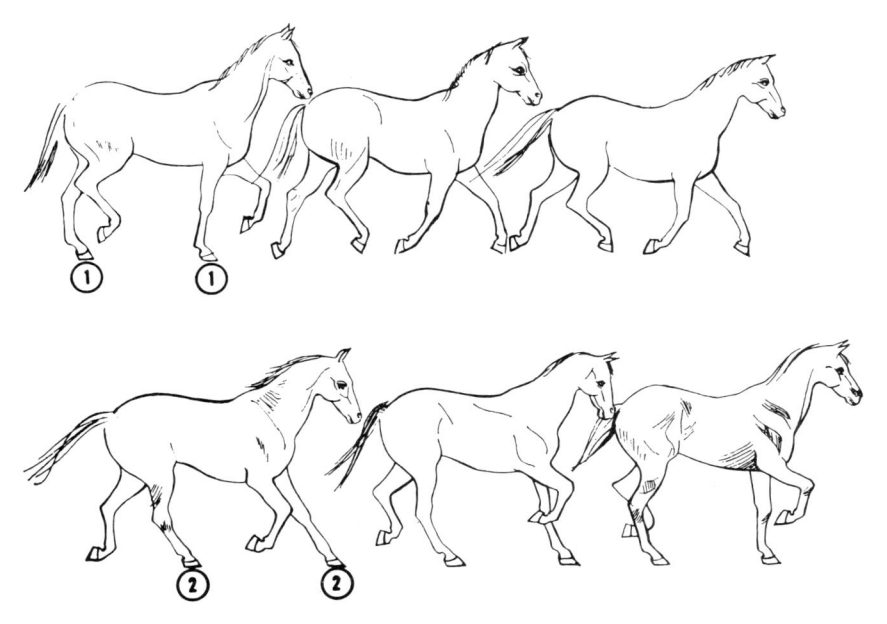

Abb. 13.2: Trab. Durch gleichzeitiges Vorführen der diagonalen Becken- und Schultergliedmaßen entsteht der Zweitakt des Trabes. Die Zahlen 1 und 2 bezeichnen das paarweise Vorführen der Gliedmaße.

Durch Verschiebung der Auffußungsabstände kann der klare Viertakttölt zum Paß oder Trab tendieren.

Ähnliche Schrittgangartenvarianten sind bei einer Vielzahl asiatischer, südamerikanischer und afrikanischer Pferderassen bekannt.

Rack oder Singlefoot

Hierbei handelt es sich um eine Schaugangart im Viertakt der Fußungsfolge des Schrittes, der jedoch in höherer Geschwindigkeit und auffallender Kadenz ausgeführt wird. In der Fußfolge der Einbeinstützen gleicht der Rack dem Tölt und ist wie dieser für den Reiter sehr angenehm zu sitzen, erfordert aber vom Pferd Flexibilität und hohe Aktivität.

Vom Running Walk unterscheidet sich der Rack durch die akzentuierte Gliedmaßenaktion und das weniger ausgeprägte Übergreifen der Hinterhufe.

Trab (Abb. 13.2)

Der Trab ist eine gesprungene Gangart im Zweitakt, bei der die diagonal gegenüberliegenden Vorder- und Hinterhufe gleichzeitig fußen.

Bei taktreinem Trab fußt das diagonale Beinpaar – linke Beckengliedmaße / rechte Schultergliedmaße – rechte Beckengliedmaße / linke Schultergliedmaße gleichzeitig auf und ab. Die Dauer der Sprungphase ist abhängig von Geschwindigkeit und Ausführungstempo des Trabens, bei denen freies, Arbeits-, mittleres und starkes Tempo unterschieden werden.

Bei übereiltem Vorführen der Beckengliedmaßen wird der Trabtakt gestört. Die Schrittlänge beträgt bei Warmblutrassen ca. 2,70 m und kann bei Traberrassen 5,20 m erreichen.

Beim gerittenen Pferd wird die Trabbewegung nicht nur von den Tempi, sondern auch vom Grad der Versammlung beeinflußt. Eine starke Versammlung mit extremer Winkelung der Karpal- und Kniegelenke ist für die Trabmanier der Hackneyrasse typisch. Der amerikanische Standardbred-Traber wird auch als Paßgänger (Line gaited Trotter) gefahren mit synchronem Vorführen der gleichseitigen Gliedmaßen.

Foxtrott

Der Foxtrott ist ein langsamer, wenig raumgreifender, gebrochener Trab. Pferde, denen diese Gangart eigen ist, wie der Missouri Foxtrotter, setzen bei der diagonalen Fußung den Hinterhuf jeweils kurz vor dem diagonalen Vorderhuf auf und begleiten jeden Schritt mit einem bewegungssynchronen Kopfnicken.

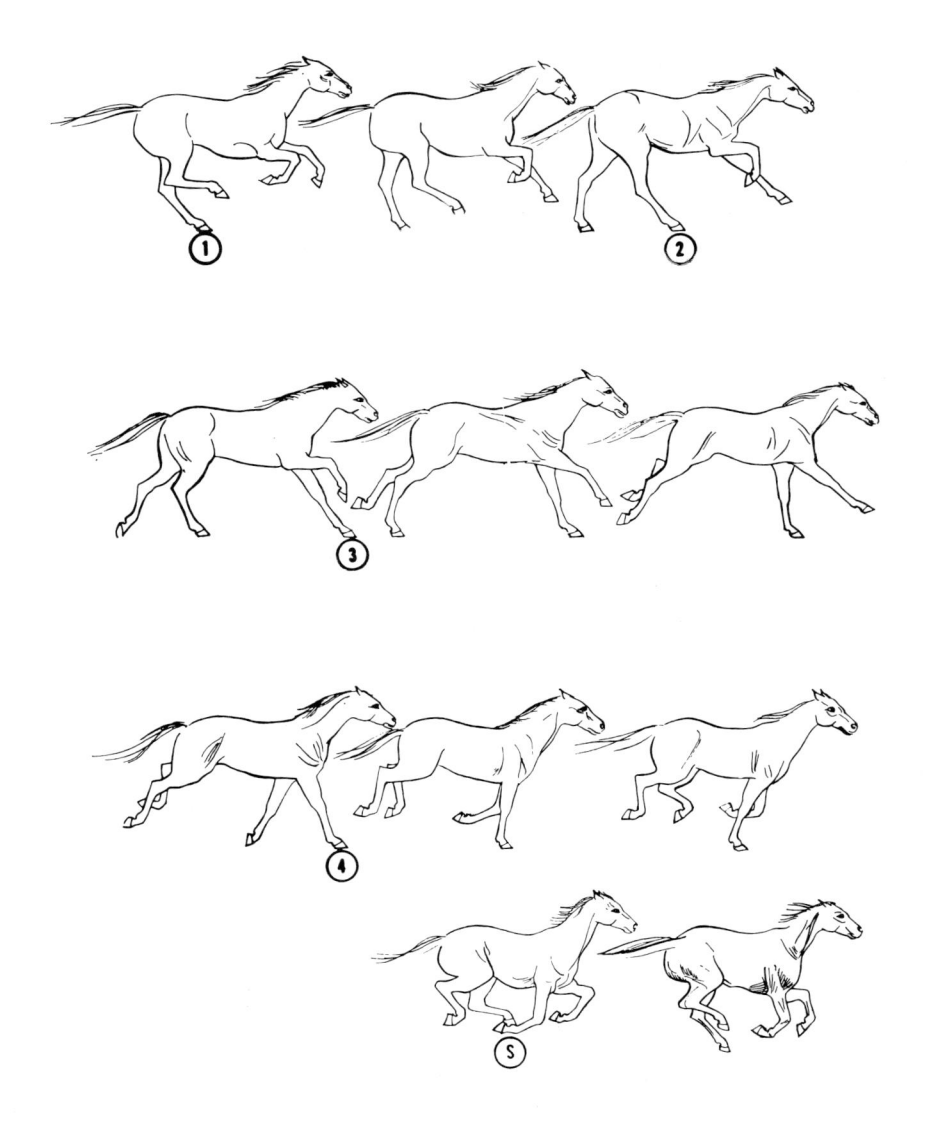

Abb. 13.3: Galopp. Die Abbildung zeigt die Fußungsfolge im Rechtsgalopp in der Reihenfolge der Numerierung. Die Schwebephase ist mit S bezeichnet.

Abb. 13.4: Korrekter Galoppwechsel im Canter. Die erste Fußungsfolge zeigt einen Rechtsgalopp. In der mit S bezeichneten Schwebephase führt das Pferd einen korrekten Galoppwechsel zum Linksgalopp aus, den die zweite Fußungsfolge zeigt.

Galopp (Abb. 13.3)

Der Galopp ist die schnellste Gangart des Pferdes und wird als Rechts- oder Linksgalopp ausgeführt, je nachdem, ob das Pferd im Bewegungsablauf eine Rechts- oder Linksbiegung besitzt.

Im Linksgalopp bewegt die aus der rechten Beckengliedmaße entwickelte Schubkraft das Pferd mit Dreibeinunterstützungen und diagonaler Zweibeinstütze über die Diagonale auf die linke Schultergliedmaße. Die folgende Sprungphase läßt das Pferd wieder auf der weit unter dem Körper vorgeführten rechten Beckengliedmaße landen. Im Rechtsgalopp erfolgt die Phasenfolge analog: Einbeinstütze hinten links, Dreibeinstütze hinten rechts, vorn beiderseits, Einbeinstütze vorn rechts, Sprungphase.

Aus Entlastungsgründen wechseln Pferde im freien Galopp zwischen Links- und Rechtsgalopp. Der Galoppwechsel erfolgt in der Sprungphase und sollte bei Schulter- und Beckengliedmaße gleichzeitig ablaufen. Nicht selten erfolgt ein Wechsel nur in der Schultergliedmaße, die Pferde zeigen Kreuzgalopp.

Die Länge der Sprungphase ist abhängig von der Taktreinheit, der Geschwindigkeit und den gerittenen Tempi, bei denen man Arbeits-, mittleren, starken Galopp und Renngalopp unterscheidet.

Der Galopp ist eine gestreckte Gangart mit maximaler Schrittlänge, die bei Warmblutrassen in der Regel zwischen 4,60 und 6,70 m liegt.

Die impulsgebende Beckengliedmaße und die zugehörige diagonale Schultergliedmaße ermüden rascher als das nichtführende Beinpaar. Im Renngalopp tendiert das Pferd durch leicht vorzeitiges Auffußen des Hinterhufes vor dem diagonalen Vorderhuf in der diagonalen Zweibeinstütze zum Vierschlag.

Canter (Abb. 13.4 und 13.5)

Der Canter ist ein Galopp in langsamerem Tempo und zeichnet sich durch zwei diagonale Zweibeinstützen aus. Der Canter wird je nach Biegung des Pferdes wie der Galopp auf der rechten oder linken Hand ausgeführt. Wie bei diesem ist die impulsgebende Beckengliedmaße und

Abb. 13.5: Canter. Bewegungsablauf des Canter im Dreitakt mit der Ziffernbezeichnung der Fußfolge. S bezeichnet die Schwebephase.

die korrespondierende diagonale Schultergliedmaße stärker belastet. Im Rechtscanter ist die Fußfolge wie folgt: hinten links – hinten rechts / vorn links – vorn rechts – Sprungphase – hinten links.
Die Schrittlänge beträgt bei Warmblutrassen um 2,95 bis 3,55 m. Bei nicht gleichzeitigem Auffußen der diagonalen Beinpaare kann, wie im Renngalopp, ein Viertakt auftreten, dies kann bei sehr hoher Versammlung im Canter der Fall sein. Der Fußwechsel hat wie beim Galopp in der Sprungphase gleichzeitig für Becken- und Schultergliedmaße zu erfolgen, es kommen auch hier die gleichen Unregelmäßigkeiten vor.

Paß (Abb. 13.6)

Im Paß werden die Gliedmaßen einer Seite weitgehend gleichzeitig abgehoben, vorgeführt und aufgesetzt. Aus der Tatsache der Gleichseitigkeit, der häufig aber nicht vorliegenden Gleichzeitigkeit des Auffußens ergibt sich die große Variabilität der weltweit verbreiteten Gangart Paß. Mit Ausnahme des sagittalen Synchronismus des Rennpasses, wie bei Islandpferden oder American Standardbred Pacern, fußt in der Regel der Hinterhuf zeitlich versetzt vor dem gleichseitigen Vorderhuf auf.
Der fließende Übergang zum Tölt des Isländers oder Running Walk des Tennessee Walkers hat vor allen Dingen in der Literatur historischer und ausländischer Gangartenpferderassen zu Unklarheiten geführt.
Der Paß ist ein Zweitakt mit einer deutlichen Schwebephase. Je langsamer der Paß ausgeführt wird, desto mehr besteht die Tendenz, daß der Paß gebrochen wird und zwischen Auffußen der gleichseitigen Becken- und Schultergliedmaße eine Verzögerung eintritt.
Im langsamen Paß erfährt der Pferdekörper eine schwankende Seitwärtsbewegung.
Der synchrone Paß ist schneller als Trab und bei auf Paß selektionierten Rassen (American Standardbred Pacern) schneller als Galopp.
Amerikanische Traberrassen führen den Paß als Renngangart im Sulky aus. Europäische Traberrassen mit amerikanischer Blutführung zeigen häufig Paßtendenzen. Die Schrittlänge im Paß liegt zwischen 3,65 und 4,25 m bei American Standardbred Pacern.

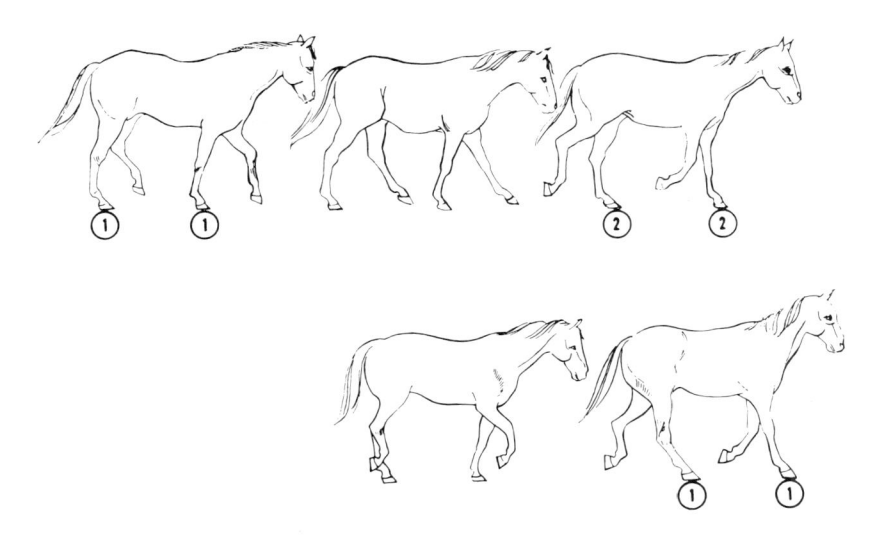

Abb. 13.6: Paß. Der Paß ist ein Zweitakt, bei dem die sagittalen Gliedmaßenpaare in gezeigter Weise vorgeführt werden.

Amble

Diese im älteren Schrifttum als Halbpaß bezeichnete Reisegangart, die bis zur Mitte des 18. Jahrhunderts auch in Europa weit verbreitet war, unterscheidet sich vom Paß durch das Fehlen einer Schwebephase und das zeitlich frühere Auffußen des Hinterhufes vor dem gleichseitigen Vorderhuf, ohne daß es zum Viertakt des Tölts oder Racks kommt.

Die Übergänge sind fließend und ohne technische Hilfsmittel optisch und akustisch nicht leicht abgrenzbar.

Rückwärtsrichten

Das Rückwärtsrichten erfolgt im diagonalen Zweitakt wie beim Trab. Die Beckengliedmaße und die diagonale Schultergliedmaße werden beim Rückwärtsrichten synchron zurückgesetzt.

Ausgewählte Literatur

1. SIMPSON, J. F.: The theory of shoeing and balancing. *In* Care and Training of the Trotter and Pacer. Columbus, Ohio, U. S. Trotting Association, 1968, p. 293.

Weiterführende Literatur

AXEM, J. W.: The Horse in Health and Disease. Vols. 1 and 3. London, Gresham Publishing Co., 1900.

HILDEBRANDT, M.: Symmetrical gaits of horses. Science, **150:** 701, 1965.

HILDEBRANDT, M.: How animals run. Sci. Am., 202 (5): 148, 1960.

HILDEBRANDT, M.: Motion of the running cheetah and horse. J. Mammal., **40** (4): 481, 1959.

SELF, M.: The Horseman's Encyclopedia, New York, A. S. Barnes and Co., 1946.

SMITH, F.: A Manual of Veterinary Physiology. 5th Edition, Chicago, Alexander Eger Inc., 1921.

TAYLOR, B. M., et al.: Action of certain joints in the leg of the horse recorded electrogoniometrically. Am. J. Vet. Res., **27:** 85, 1966.

WYNMALEN, H., and LYNE, M.: The Horse in Action. New York, A. S. Barnes and Co., 1954.

Therapieverfahren

Ted S. Stashak

Physikalische Therapie

Ziele der physikalischen Therapie sind die Wiederherstellung der Funktion und die Förderung der Gewebeheilung durch die Unterstützung physiologischer Prozesse. Zu den physikalischen Therapieverfahren gehören Kälte, Wärme, Massage, Bewegung, Licht, Elektrizität, Manipulationen und mechanische Einrichtungen. Dabei sind nicht alle aufgeführten Methoden auch beim Pferd anwendbar. Die physiologischen Wirkungen einer physikalischen Therapie betreffen die Vaskularisation, was wiederum zu entsprechenden Reaktionen in tieferliegenden Geweben führt.

Kälte

Kälte wird bei der Behandlung von akuten und perakuten Entzündungsprozessen angewendet. Sie unterstützt die Schmerzlinderung und verhindert Ödembildung sowie Weichteilschwellungen. Es kommt zur Einschränkung des Gewebestoffwechsels und wahrscheinlich zu einer Anästhesiewirkung. Am besten wird die Kälteanwendung mit Druckverbänden kombiniert, um weitere Schwellungen zu verhindern. Die Kältetherapie ist während der ersten 24 bis 48 Stunden nach einem Trauma angezeigt, danach besitzt sie geringeren Wert. Die Kälteapplikation erfolgt über 20 bis 40 Minuten mit einer anschließenden wenigstens einstündigen Pause vor der erneuten Anwendung.
Die Kälte kann dabei durch kaltes Wasser erzeugt werden, das über einen Schlauch an die entsprechende Stelle gespritzt oder mittels eines Plastikbehälters an die Gliedmaße verbracht wird. Aufwendige Whirlpoolsysteme können ebenfalls für eine Hydrotherapie genutzt werden. Allerdings muß vor längerer Anwendung dieser Therapieform gewarnt werden, denn es ist unnatürlich, Pferde ein bis zwei Stunden täglich ins Wasser zu stellen. Die Hufe weichen und quellen auf und werden für Huf- bzw. Sohlenabszesse anfällig. Bei dieser Art von Behandlung wirkt sich die lokale Applikation von jodhaltigen Medikamenten verbessernd aus. Inzwischen gibt es auch neue Kühleinrichtungen[*], die direkt an der Gliedmaße angewendet werden können, ohne den Huf zu wässern. Feuchte Kälte sollte nicht in Verbindung mit offenen Wunden eingesetzt werden. Eisbeutel oder Eis in Plastikbehältern sind bei akuten, nichtinfektiösen Entzündungen sinnvoll. Aufgrund ihrer vasokonstriktorischen Wirkung begrenzt die Therapie die entstandene Schwellung und verkürzt die Genesungsperiode. Bei zu langer Kälteanwendung kommt es zur reflektorischen Vasodilatation, ebenso wie nach Entfernung der Kühlvorrichtung eine Vasodilatation möglich ist. Dies sind zusätzliche Gründe für den gleichzeitigen Einsatz eines Druckverbandes. Abwechselnd Wärme und Kälte werden häufig 24 Stunden nach der Schädigung bei akuten nichtinfektiösen Entzündungen, wie z. B. Verstauchungen, eingesetzt. Bei Verletzungen der Muskeln, Sehnen, Bänder und Gelenke sowie bei Verbrennungen kann mit Kälte behandelt werden. Insbesondere ist Kälte im Anschluß an jedes Training wirkungsvoll.

Wärme (Thermotherapie)

Wärme kann mittels Strahlung, Leitung und Konvektion übertragen werden.[29] Die Wirkungen dieser drei Verfahren sind grundsätzlich gleich. Infrarotlicht erzeugt Strahlungswärme. Heißwassergefäße, elektrische Heizkissen, heiße, feuchte Umschläge und Packungen leiten die Wärme. Bei der Konvektion werden hochfrequente elektrische Energien (Diathermie) oder Schallwellen (Ultraschall) aufgrund des Gewebewiderstandes in Wärme umgewandelt.
Die Thermotherapie soll die Resorption von blutigen oder serösen Schwellungen anregen. Wärme verursacht Vasodilatation mit Zunahme der Phagozytose und Verbesserung der Sauerstoffversorgung. Außerdem kommt es durch die Vasodilatation zur Erhöhung des lokalen Zellstoffwechsels, zu vermehrtem Lymphfluß und lokalem Temperaturanstieg. Ferner muß bei der Anwendung von Wärme eine erhöhte Gefäßpermeabilität berücksichtigt werden, die zu einer vermehrten Toxinabsorption oder ödematösen Schwellung im Anschluß an die Behandlung führen kann. Wärme wird im allgemeinen im Zusammenhang mit aktiver oder passiver Bewegung, in Form eines Trainings oder manuell, angewendet. Bakterien oder Toxine können bei Wärme tiefer ins umgebende Gewebe vordringen, so daß Wärme nicht bei frischen Infektionen eingesetzt werden sollte, sondern erst nachdem die Infektion unter Kontrolle ist. Ferner sollte eine Wärmebehandlung nicht vor 24 bis 48 Stunden nach einer Verletzung beginnen.

---

[*] Z. B.: Bioclimatic, Kälte-Druck-System, Frigomed, Rodenberger Allee 30, 3052 Bad Nenndorf.

Oberflächenwärme

Manche Formen der Wärmeapplikation, wie Heißwasserpackungen, Wärmekissen, Whirlpools und UV-Licht, verursachen nur eine oberflächliche Reizung, die tiefere Gewebe nicht erreicht. Heißwasserpackungen und Whirlpools bedienen sich der feuchten Wärme, deren Eindringen durch Medikamente erleichtert werden kann. Für diesen Zweck werden im allgemeinen Magnesiumsulfat oder milde Lösungen mit Liniment benutzt. Dabei vermindert Magnesiumsulfat aufgrund seines höheren osmotischen Drucks auch eine Gewebeschwellung. Die in diesen Fällen anzuwendende Dosis sollte etwa einen halben Meßbecher pro 1 l Wasser (2 cups per gallon) betragen. Im Whirlpool wird während der Einwirkung des heißen Wassers der betroffene Körperteil zusätzlich massiert, indem mittels eines durch Motor angetriebenen Verfahrens Turbulenzen um den entsprechenden Körperabschnitt hervorgerufen werden. Diese Methode ist teuer und beinhaltet das Risiko des Stromschlages. Durch umgekehrte Nutzung eines Staubsaugers, d. h. durch Ausstoßen anstatt Ansaugen von Luft, können weniger teure Wasserwirbel erzeugt werden. Wird der Staubsaugerschlauch tief ins Wasser neben die Gliedmaße gehalten, so bildet die durch den Schlauch ausströmende Luft die gewünschten Turbulenzen. Diese Wärmebehandlungen werden häufig mit Massagen kombiniert. Dabei wird im Anschluß an eine der oben beschriebenen Wärmeanwendungen der entsprechende Körperteil nach Auftragen von Alkohol oder von anderen milden, hyperämisierenden Lösungen massiert. Die Lösungen besitzen keinen speziellen therapeutischen Wert, aber erleichtern die Massage und rufen ein oberflächliches Hauterythem hervor. Häufig wird das Liniment für die Besserung der behandelten Teile verantwortlich gemacht, obwohl die Genesung tatsächlich die Folge der Wärme und der Massage ist.

Etwas tieferes Eindringen der Wärmewirkung erlaubt die Infrarotbestrahlung. Infrarotlampen werden häufig zur Lufterwärmung in Ferkel- oder Kälberställen benutzt. Sie können aber auch bei Erfrierungen oder zur Abszeßreifung angewendet werden. Da die Gefahr einer thermischen Verbrennung durch Infrarotlicht besteht, sollte die Lampe mindestens 46 cm vom behandelten Körperteil entfernt angebracht werden. Da zu Beginn kein Schmerz auftritt, werden die Verbrennungszeichen erst später sichtbar. Die Dauer einer Behandlung, die im Bedarfsfalle stündlich wiederholt wird, liegt zwischen 20 und 40 Minuten. Infrarotlicht kann auch von einer aufgeheizten Metallspule ausgestrahlt werden, was den Vorteil hat, daß keine Lampen zerbrechen können. Aus diesem Grund ist letzteres die bessere Form zur Erzeugung von Infrarotstrahlung.

Tiefenwärme

Diathermie. Die Thermopenetration erfolgt bis in etwa 5 cm Tiefe. Allerdings besteht bei der Behandlung von Tieren die Gefahr des Auftretens eines elektrischen Kurzschlusses. Kurzwellen-Diathermie-Geräte arbeiten mit Frequenzen von mehreren Millionen Hertz. Da die Wärme durch den Gewebewiderstand entsteht, geht keine Wärme verloren. Diathermische Behandlungen können bei Bedarf zweimal täglich erfolgen.

Wärmeerzeugung durch hochfrequente elektrische Energie wird durch die Einbeziehung des Gewebes in den Stromkreis erreicht. Dabei durchquert die hochfrequente elektrische Energie von einer Elektrode ausgehend die Gewebe und gelangt zu einer zweiten Elektrode. Abhängig vom unterschiedlichen Ausmaß des Gewebewiderstandes wird ein variabler Temperaturanstieg hervorgerufen. Entsprechend findet sich nicht in allen Geweben die gleiche Wärmeentwicklung, d. h., in Geweben mit hohem Wassergehalt wird ein großer Temperaturanstieg registriert. Da Fettgewebe einen besonders hohen Widerstand aufweist, wird es vor anderen Geweben geschädigt. Knochen und Sehnen mit ihrem geringeren Wassergehalt erwärmen sich weniger als die umgebenden mehr Wasser enthaltenden Gewebe. Diathermie ist eine wenig praktikable Therapie bei Pferden. Die Schwierigkeit, die Spulen fest an das entsprechende Körperteil zu verbringen, mögliche Bewegungen des Pferdes und eventuelle Beschädigungen der Ausrüstung im Zusammenhang mit der Gefahr, einen Kurzschluß mit Stromschlag zu erzeugen, machen dieses allgemein nur wenig genutzte Therapieverfahren zu schwerfällig. Bei Vorhandensein von Knochenschrauben oder -stiften kann es aufgrund der dort entstehenden hohen Temperaturen zu Knochennekrosen kommen.

Ultraschall. Ultraschall besteht aus Schallwellen mit extrem hohen Frequenzen, die durch Umwandlung von hochfrequenter elektrischer Energie in einem Kristall innerhalb des sogenannten Schallkopfes gebildet werden.[30] Diese Schallwellen erzeugen mechanische Schwingungen. Die Einheit für die Schallintensität wird in Watt pro cm^2 der Schallkopfoberfläche angegeben. Der Gewebewiderstand gegenüber den fortgeleiteten Ultraschallwellen (über 20 000 Hz) erzeugt Wärme, die bis zu den knöchernen Strukturen oder Gelenken der Gliedmaßen vordringt. Ultraschall eignet sich besonders gut für die Erzeugung von Tiefenwärme bei Myositis, Nervenschädigungen, Sehnenverletzungen, Bindegewebsentzündungen, Bursitis und Narbenkontrakturen. Andere Erkrankungen, die auf eine Ultraschalltherapie ansprechen, sind Überbeine, Spat und die chronisch proliferative Synovialitis villosa. In einigen Fällen kann die Kombination mit Kortikosteroiden erfolgen. Ultraschallanwendungen bewirken durch die Wärmeerzeugung eine Schmerzlinderung und führen so zur Wiederherstellung der Funktion. Die Ultraschalltherapie ist wenig sinnvoll bei Knochenveränderungen, da es unter Umständen sogar zur Knochenzerstörung durch die entstehende Wärme kommen kann. Einige Autoren beschreiben sogar die Entfernung von Chips im Bereich der Sesambeine oder von anderen kleinen Knochenstücken durch die Benutzung von Ultraschall. Trotzdem erscheint das nicht empfehlenswert, da durch die bei dieser Behandlung hervorgerufene Entzündung gesunde Knochen entmineralisiert werden können.

GRANT empfiehlt die routinemäßige Anwendung von Ultraschall nach Griffelbeinexstirpation und Beseitigung von Exostosen, um eine übermäßige dystrophische Verkalkung, wie sie hierbei häufig auftritt, zu verhindern.[24]

Ultraschall trägt außerdem zur Verbesserung der Heilungsfähigkeit nach perkutanem Sehnensplitting bei. Dabei werden vermehrte Vaskularisation, Förderung der Narbenbildung und vollständigerer Abbau von nekrotischen Zelltrümmern beobachtet.[24,48] Die Behandlung beginnt gewöhnlich drei Tage nach dem Sehnensplitting und wird mindestens 18 Tage lang fortgesetzt.

Verglichen mit der Diathermie oder den anderen beschriebenen Verfahren der Wärmebehandlung, dringt Ultraschall tiefer, ungefähr 7 bis 13 cm, ins Gewebe ein. Zusätzlich kommt es zur Gewebsmikromassage. Grundsätzlich sollte das Gerät geerdet sein, um Unfälle durch Stromschläge zu vermeiden.

Für die Behandlung von oberflächlichen Geweben und Sehnen reichen Schallintensitäten von 0,5 Watt pro cm^2 Schallkopfoberfläche aus, während für eine größere Eindringtiefe 1 bis 2 Watt pro cm^2 Schallkopfoberfläche benötigt werden. Der Schallkopf sollte während der Behandlungsdauer von fünf bis zehn Minuten ständig bewegt werden und muß einen guten Hautkontakt aufweisen. Da Ultraschallwellen nicht durch Luft oder Haare dringen können, müssen der zu behandelnde Körperteil geschoren sowie rasiert sein und die Verwendung eines der im Handel erhältlichen Kontaktgele oder von Mineralöl eine ausreichende Ankopplung des Schallkopfes an die Haut gewährleisten. Hohe Ultraschalldosen verursachen einen Anstieg der Gewebewärme bis auf etwa 42 °C.[9] Diese hohen Temperaturen können Knochen- oder Gewebeschäden hervorrufen, so daß Vorsicht geboten ist, um nicht zu hohe Dosen über zu lange Zeit anzuwenden. Aus diesem Grund sollten therapeutischer Ultraschall auch nicht direkt im Bereich des Rückenmarkes benutzt und der Schallkopf in Bewegung gehalten werden, um eine Wärmeakkumulation in den Geweben zu vermeiden. Für effektive Ergebnisse ist eine Ultraschallbehandlung über mindestens zehn Tage und anschließend unter Umständen jeden zweiten Tag sinnvoll.

In den ersten 48 bis 72 Stunden nach einer Verletzung darf mit Ultraschall nicht therapiert werden, da Hämatome oder Serome verursacht werden können. Außerdem ist eine derartige Therapie bei Vorliegen oder Verdacht auf Tumorerkrankungen nicht angezeigt, da Ultraschallbehandlungen zur Verbreitung von Tumorzellen beitragen können. Gebiete, in denen eine Lokalanästhesie vorgenommen ist, sollten nicht mit Ultraschall behandelt werden, da die Pferde aufgrund der Schmerzunempfindlichkeit kein Unbehagen äußern und die Wärmeentwicklung nicht beurteilt werden kann. Ebenso sind infizierte Gebiete von der Therapie auszunehmen, da eine Infektionsausbreitung gefördert wird. Innerhalb von 14 Tagen post operationem kann die direkte Anwendung von therapeutischem Ultraschall zu Nahtdehiszenzen führen. Schließlich sollte keine Behandlung bei Vorhandensein von Metallimplantaten erfolgen, da die entstehende Wärme zu ihrer Lockerung beiträgt.

Bis zu zehn Tagen vor und frühestens zwei Monate nach einer Strahlentherapie darf Ultraschall angewendet werden, da die Bestrahlungen verlängerte Entzündungsreaktionen hervorrufen.[17] Insgesamt sind die Erfolge bei der Ultraschalltherapie am besten, wenn keine Knochenschäden, sondern nur Weichteilveränderungen vorliegen.

Massage

Massage kann bei subakuten und chronischen Schwellungen auch in Verbindung mit einem Liniment eingesetzt werden. Obwohl die Verbesserung der Gleitfähigkeit durch das Liniment die Massage unterstützt, liegt die Hauptwirkung doch in der Massage selbst. Viele Linimente werden für wirksame Medikamente gehalten, obwohl tatsächlich die Massage die Umfangsvermehrung bzw. den Schmerz einer verletzten Sehne oder eines geschädigten Gelenkes vermindert. Da die Wirkung nur vorübergehend ist, muß die Behandlung mehrmals täglich wiederholt werden. Massage unterstützt die Verringerung von Gewebeödemen oder die Lösung von narbigen Adhäsionen der Haut mit darunterliegenden Geweben.

Induktionsstrom

Die Behandlung mittels Induktionsstrom ist von STRONG beschrieben worden[61]. Induktionsstrom stellt intermittierenden Wechselstrom dar, der von der Sekundärwindung einer Induktionsspule abgegeben wird. Die Stromschläge können Muskelkontraktionen hervorrufen. Durch Veränderung der Stromstärke und der Zeit kontrahieren und erschlaffen die Muskeln abwechselnd, was eine Atrophie verhindert und die Gelenkbewegung fördert. Eine Therapie mit Induktionsstrom verhindert Verklebungen und hilft aufgrund einer gesteigerten Durchblutung, entzündliche Exsudate oder Hämatome abzutransportieren. Außerdem ist die Entfernung von Stoffwechselendprodukten aus den Muskeln möglich. Diese Therapieform findet vorwiegend bei Gelenkverstauchungen oder Muskelzerrungen Anwendung, indem die Heilung bei diesen Verletzungen beschleunigt und der Muskelschmerz gelindert werden.

Bewegung

Abhängig von der Kondition des Pferdes wird die Bewegungstherapie häufig im Rahmen einer Rehabilitation eingesetzt. Sie wird in erster Linie zur Verminderung von Schwellungen bei subakuten und chronischen Fällen angewendet, z. B. bei Stichverletzungen an den Gliedmaßen, nach Eröffnungen in der Linea alba und nach Kastrationen. Wenn möglich, erfolgt eine Kombination mit Massagebehandlungen und Linimenten. Außerdem fördert Bewegung die Wiederherstellung und Stärkung der Gliedmaße nach Sehnen- oder Bandverletzungen. Auf jeden Fall muß die Bewegung sinnvoll und vorsichtig erfolgen, da Pferde dazu neigen, sich zu überfordern, wenn sie im Auslauf oder auf der Weide frei laufen gelassen werden. Ruhige Bewegung an der Longe ist gewöhnlich die beste Möglichkeit, Pferde nach chirurgischer Behandlung einer Karpus- oder Sesambeinfraktur bzw. nach ähnlichen Eingriffen zu bewegen. Nach einigen Tagen der Longenarbeit, wenn sich die erste Aufregung gelegt hat, können die Pferde, je nach Zustand der Gliedmaße, in kleine Ausläufe und später auf eine Weide gebracht werden. Soweit es die Gegebenheiten zulassen, stellt Schwimmen eine ausgezeichnete Möglichkeit dar, ohne Gewichtsbelastung die Funktion der Muskulatur der Gliedmaße wiederherzustellen und zu kräftigen. Außerdem kann Schwimmen nach einer chirurgischen Behandlung die Gliedmaßenfunktion vor der Aufnahme des regulären Trainings verbessern. Dabei besitzt das Wasser nicht nur einen Massageeffekt, der zur Verkleinerung von Ödemen beiträgt, sondern scheint auch den Grad einer Gelenkkapselfibrose herabzusetzen. Die Rekonvaleszenzperiode wird um wenigstens ein bis zwei Monate verkürzt, wenn zwei bis fünf Wochen nach einer Operation mit der Bewegung, d. h. mit dem Schwimmen, begonnen werden kann. Außerdem stellt Schwimmen ein ausgezeichnetes Training für junge Pferde dar, die sich noch in der Knochenentwicklung befinden. Diese Bewegungsart verhindert nämlich zu einem großen Teil die Entstehung von frühen degenerativen Veränderungen, wie sie häufig mit dem Training von jungen Pferden vergesellschaftet sind. Allerdings ist es in keinem Fall ratsam, Pferde, die ausschließlich durch Schwimmen trainiert wurden, Rennen laufen zu lassen. Obwohl die Muskeln beim Schwimmen arbeiten, ist es nicht das gleiche wie beim Rennen, und außerdem sind die Knochen weicher, da sie nicht mit dem Körpergewicht belastet werden, was eine unbedingte Voraussetzung für die Aufrechterhaltung ihrer Festigkeit bildet. Wichtig ist also, das Lauftraining in die Arbeit vor dem Rennen zu integrieren.

Weitere Therapieverfahren

Ruhigstellung

Für die Behandlung von Skelett-Muskel-Verletzungen bildet die Ruhigstellung eines der wichtigsten und erfolgreichsten Therapieverfahren, da dem verletzten Gebiet ohne die Gefahr erneuter Schädigungen ausreichend Genesungszeit gewährt wird. Dabei ist die Dauer der Boxenruhe bzw. Bewegungseinschränkung, häufig ein bis sechs Monate, abhängig von der Heilung und Behandlung des verletzten Gewebes. Während der Boxenruhe sind sorgfältige Futterzusammenstellung, Fütterungspläne, Überwachung des Endoparasitenbefalles und Hygiene wichtige Faktoren. Qualitativ hochwertiges Heu oder Luzerne sollten ausgewählt werden. Hohe Kraftfutterrationen wirken sich dagegen ungünstig aus, da sie zu Übergewicht führen können und unruhige Pferde eventuell den bereits geschädigten Bereich zusätzlich belasten. Während der gesamten Zeit sollte Mineralstoffergänzungsfutter ad libitum angeboten werden (siehe Seite 271 ff.). Befinden sich die Pferde in Ställen mit viel Durchgangsverkehr, besteht eine erhöhte Anfälligkeit gegenüber respiratorischen Erkrankungen, so daß ein regelmäßiges Impfprogramm berücksichtigt werden sollte. Kreuzweise oder normale Kettenanbindung sowie Befestigung an einem über dem Kopf verlaufenden Seil verringern die Bewegungsmöglichkeiten der Pferde noch weiter. Dabei führt die kreuzweise Anbindung, besonders wenn sie mit dem Verbringen in einen engen Ständer verbunden ist, zur stärksten Bewegungseinschränkung. Grundsätzlich muß sichergestellt sein, daß das Pferd in der Lage ist, Futter und Wasser aufzunehmen, das unter Umständen aus der direkten Reichweite entfernt werden sollte. Die Anbindung der Pferde an einem über dem Kopf verlaufenden Seil ermöglicht eine gewisse Bewegung innerhalb des Stalles, verhindert aber bei richtiger Anwendung das

Abb. 14.1: Pferd, das an einem über dem Kopf angebrachten Seil läuft. Die Führungskette sollte kurz genug sein, um das Niederlegen zu verhindern, aber lang genug, um ausreichende Bewegung entlang dem Seil zu ermöglichen.

Niederlegen (Abb. 14.1). Obwohl diese Form der Bewegungseinschränkung bei einer Vielzahl verschiedener Erkrankungen indiziert ist, wird sie am häufigsten verordnet, wenn die Bewegung im Stall und/oder das Hinlegen unerwünscht sind. Da die sich langweilenden Pferde häufig Untugenden wie Koppen oder Weben entwickeln, sollten entfernbare Futterkrippen und Wassereimer verwendet werden. Junge Pferde bis zum Alter von einem Jahr reagieren zu Anfang schlecht auf diese Form der Bewegungsbeschränkung. Aber bei ruhigem Umgang und reduzierter Kraftfutteraufnahme gewöhnen sie sich im allgemeinen daran. Akzeptieren die Pferde die Maßnahmen nicht, müssen entsprechende Konsequenzen gezogen werden.

Bei Standschwierigkeiten ermöglichen Tragevorrichtungen das Aufheben und Fixieren der Pferde, vorausgesetzt die Tiere dulden es. Allerdings muß betont werden, daß es oft wenig sinnvoll ist, Pferde, die nicht selbst stehen können, künstlich hinzustellen. Tragevorrichtungen können unter Umständen zu weiteren Verletzungen oder auch zum Ersticken führen. Außerdem akzeptieren – sehr zum Unglauben der Besitzer – nicht alle Pferde das Aufheben. In einigen Fällen beunruhigt diese Zwangsmaßnahme die Tiere derart, daß sie versuchen, sich mit allen Mitteln zu befreien. Zahlreiche Hebevorrichtungen sind erhältlich, die alle einen ähnlichen Aufbau aufweisen. Sie bestehen aus vier Löchern für die Gliedmaßen und einem großen Bauchgurt, der durch Lederriemen fixiert werden kann und das Gewicht trägt. Mittels eines Flaschenzuges wird diese Vorrichtung an der Decke befestigt. Als Gegengewicht kann ein mit Wasser zu füllender Behälter dienen, der ein einfaches und schnelles Aufheben des Tieres ermöglicht (Abb. 14.2). Aufgrund der seltenen Anwendung ist jedoch der Wert der hier beschriebenen Apparatur nicht endgültig abzuschätzen. Besonders bei Ataxien und während der Ausheilung einiger proximal gelegener Gliedmaßenfrakturen ist es angebracht, die Pferde hinzustellen und im Stand zu unterstützen. Allerdings akzep-

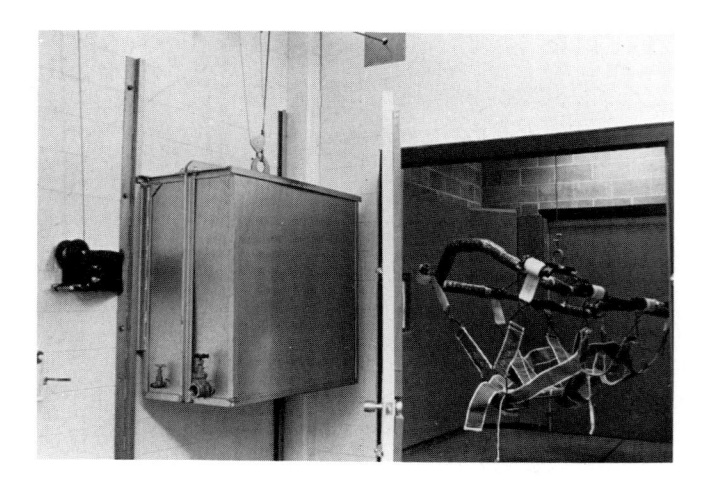

Abb. 14.2: Flaschenzugsystem zum Hinstellen der Pferde. Der Metallbehälter links im Bild wird mit genügend Wasser gefüllt, um als Gegengewicht beim Anheben und Fixieren des Tieres zu dienen.

tieren Fohlen oder Jährlinge das Aufstellen mit einer Tragevorrichtung schlecht.

Ruhigstellung einzelner Gliedmaßenabschnitte

Obwohl das Ruhigstellen einzelner Gliedmaßenabschnitte aufgrund des Widerstandes mancher Pferde schwierig auszuführen ist, stellt es eine wichtige Behandlungsmöglichkeit bei akuten Entzündungen dar. Es hilft, die Entzündungsausbreitung zu verhindern, reduziert Umfangsvermehrungen und vermindert die Belastung durch Bewegung. Zusätzlich erfolgt die Heilung mit einem Minimum an Narbenbildung. Die Stützfunktion der ruhigstellenden Verbände wirkt sich besonders positiv bei Sehnen- und Bandverletzungen aus. Zur Immobilisation eignen sich Gips-, Fiberglas- bzw. Kunststoffverbände, Druckverbände, Watteverbände oder Schienen. Solange die Infektion nicht unter Kontrolle ist, sollten Druckverbände nicht bei akuten infektiösen Entzündungen angewendet werden, da die Gefahr besteht, Bakterien und Toxine tiefer ins Gewebe einzumassieren. Selten sollte ein Druckverband länger als drei Tage nicht gewechselt werden, da bei fehlender Beobachtung Hautnekrose oder Wirkungsverlust durch das Lockern des Verbandes auftreten kann. Starke Linimente sollten ebenfalls nicht im Zusammenhang mit Druckverbänden angewendet werden, da sie eventuell zu einem Bliester-Effekt führen.

Unbedingt zu beachten ist, daß normale Mullbinden absolut unelastisch sind und bereits nach 24 Stunden Hautnekrosen verursachen. Wenn Gazebinden bei einem Druckverband benutzt werden, sollten deshalb immer elastische Gazebinden* angewendet werden, da sie sich nicht so fest ziehen und sich weniger aggressiv gegenüber dem Gewebe verhalten. Aus demselben Grund sollte auch

---

* Z. B. von Johnson & Johnson Medical GmbH, Oststraße 1, 2000 Norderstedt.

bevorzugt elastisches und nicht normales Klebeband verwendet werden.+

Watteverbände

Watteverbände verschiedener Stärke dienen zur Stabilisierung einer Gliedmaße während des Transportes oder nach der Entfernung eines Gips-, Fiberglas- bzw. Kunststoffverbandes. Der am stärksten stützende Verband dieser Art ist der Robert-Jones-Verband, bei dem für einen Verband der gesamten Gliedmaße sechs bis acht Rollen mit je 450 g Watte benötigt werden. Obwohl es mehrere Möglichkeiten für das Anlegen des Verbandes gibt, hat es sich als praktikabel erwiesen, nach zwei Watterollen eine Lage Mullbinden anzubringen. Dabei sind die Binden mit beachtlichem Zug zu wickeln, um die Watte ausreichend zu fixieren. Dieses Verfahren wird wiederholt, bis alle Watterollen verbraucht sind. Die letzte Verbandlage bildet schließlich eine 15 cm breite elastische Bandage (Abb. 14.3). Nach Fertigstellung des Verbandes sollte er beim Draufklopfen mit den Fingern wie eine reife Melone klingen. Besenstiele oder andere Holzteile können mit

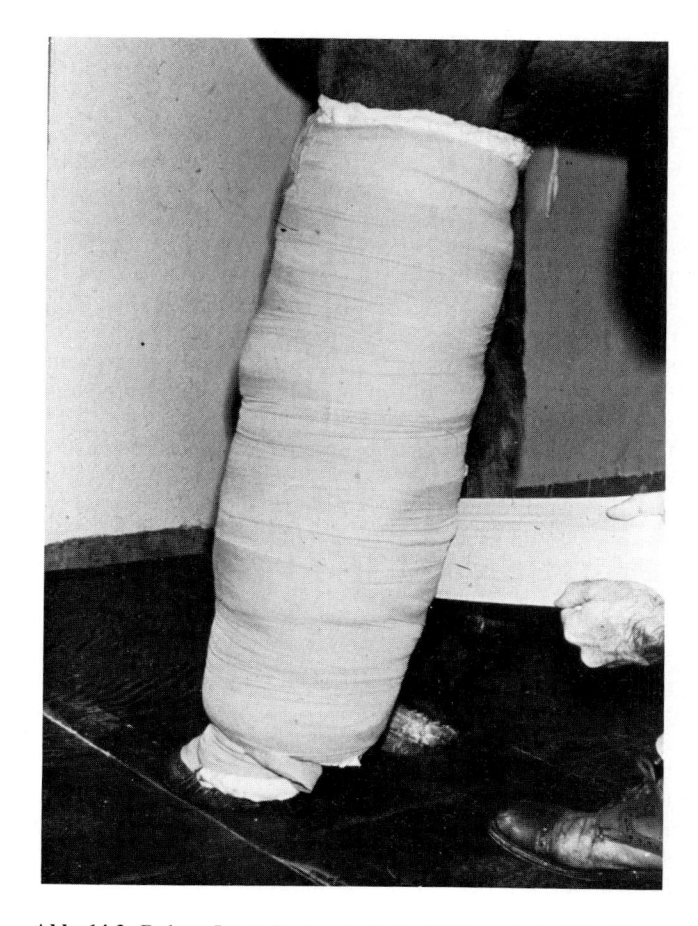

Abb. 14.3: Robert-Jones-Verband. Sechs Rollen mit je 450 g Watte werden für die gesamte Gliedmaße benötigt. Die Befestigung der Watte erfolgt mit elastischen Gazebinden und einer 15 cm breiten elastischen Bandage.

+ Z. B. Porelast von Lohmann GmbH & Co. KG, 5440 Neuwied 12.

Kapitel 14: Therapieverfahren 845

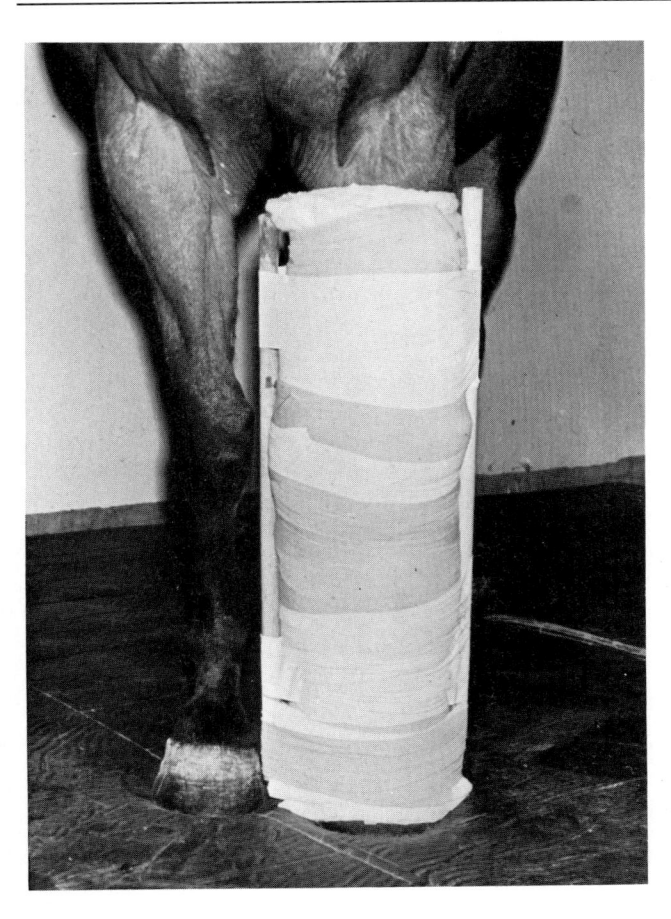

Abb. 14.4: Kranialansicht eines Robert-Jones-Verbandes mit medial und lateral angelegten Schienen, die mit 5 cm breitem Klebeband fixiert sind.

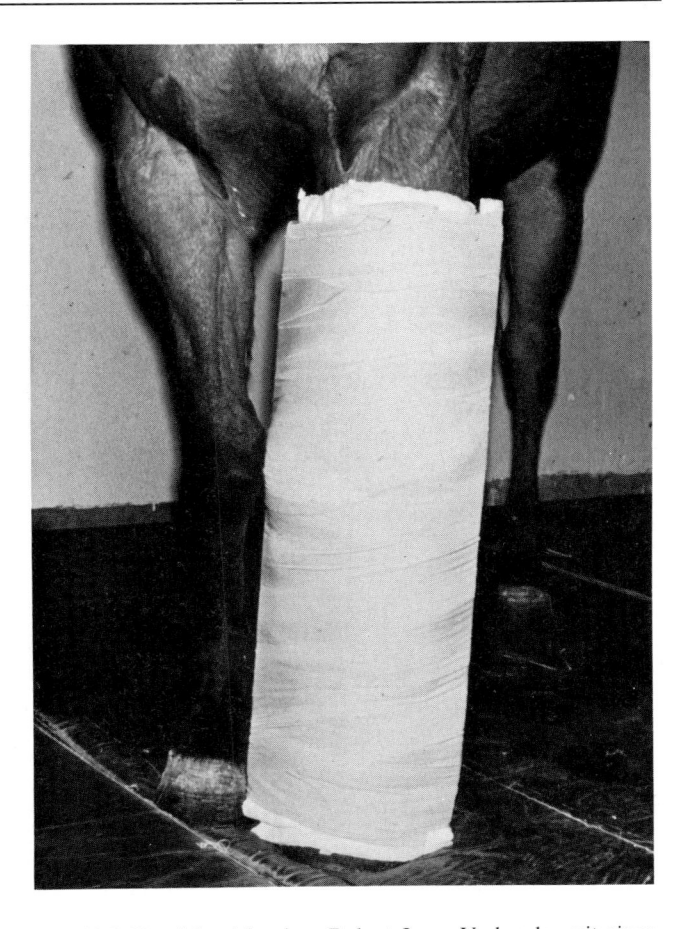

Abb. 14.5: Kranialansicht eines Robert-Jones-Verbandes mit eingelegten Schienen.

Klebeband außen an dem Verband angebracht werden, um der Gliedmaße zusätzliche Stabilität zu verleihen (Abb. 14.4 und 14.5). Obwohl der Robert-Jones-Verband sehr aufwendig ist und einen hohen Materialverbrauch bewirkt, sollte er aufgrund seiner großen Stützwirkung beim Transport von Pferden mit Frakturen angewendet werden. Da dieser Verband gut toleriert wird, kann er bei besonders ängstlichen und hysterischen Pferden vor einem Gips-, Fiberglas- bzw. Kunststoffverband angelegt werden, um die Tiere an die absolute Ruhigstellung der Gliedmaße zu gewöhnen. Außerdem scheint dieser Verband Pferde, die aus der Narkose aufwachen, weniger zu beunruhigen als andere Stützverbände.

Schienen

Schienen dienen zur Verhinderung der Beugung, zur Streckung einzelner Gliedmaßenabschnitte oder zur Stabilisierung von Frakturen distal an den Extremitäten während des Transportes. Sie können aus Holz, z. B. Besenstielen, Yuccabrettern oder Holzstöcken, thermoplastischem Material* oder aus Polyvinylchlorid-Rohren (PVC-Rohren) angefertigt werden.

* Z. B. Orthoplast von Johnson & Johnson Medical GmbH, Oststraße 1, 2000 Norderstedt.

Holzschienen werden in der passenden Länge zugeschnitten und in die Verbände eingelegt, während thermoplastisches Material im Anschluß an die Erweichung im heißen Wasser nach dem entsprechenden Körperteil geformt wird. PVC-Rohre werden gewöhnlich in Längsrichtung geviertelt oder gedrittelt und die Enden abgerundet. Um eine größere Festigkeit zu erlangen, können zwei Rohrstücke ineinandergeklebt werden. Zur Vermeidung von Druck- und Scheuerwunden ist die vollständige Polsterung des PVC-Rohres möglich (Abb. 14.6). Die Anbringung von Polstern an den proximalen und distalen Enden ermöglicht es, die Gliedmaße tiefer in die Schiene hineinzudrücken (Abb. 14.7).

Von den drei hier beschriebenen Materialien ist das PVC-Rohr das vielseitigste. Es ist fest, leicht und ausreichend biegsam, was das Befestigen an der Gliedmaße erleichtert und die Gefahr des Herumrutschens vermindert. PVC-Rohre können an der Palmarseite des Karpus oder des Fesselgelenkes angebracht werden, um die Beugung dieser Gelenke einzuschränken. Um eine ausreichende Wirkung auf das Karpalgelenk zu erzielen, sollte sich die Schiene vom proximalen Drittel des Radius bis zum distalen Drittel des Metakarpus ausdehnen (Abb. 14.8). Zur Fixierung des Fesselgelenkes sollte die Schiene im palmaren Bereich von Fesselgelenk und -bein mit zusätzlichen Polstern versehen werden, um die Fessel etwas palmar

846 Kapitel 14: Therapieverfahren

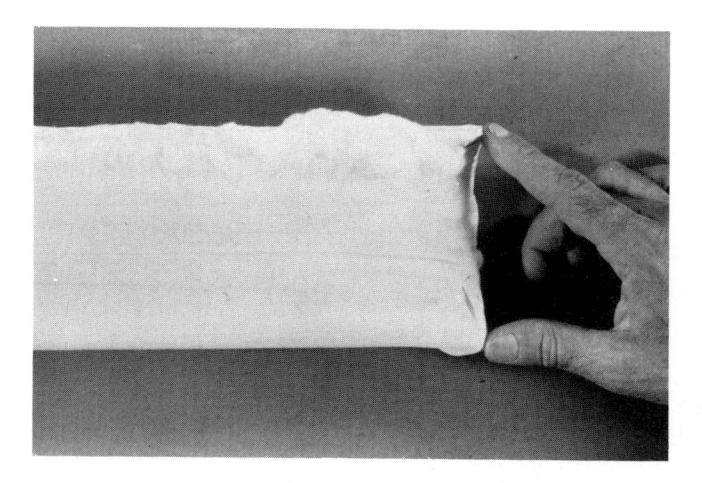

Abb. 14.6: Der innere, dem Verband anliegende Bereich der Schiene ist mit Watte gepolstert. Die Befestigung der Watte erfolgte mit 5 cm breitem Klebeband.

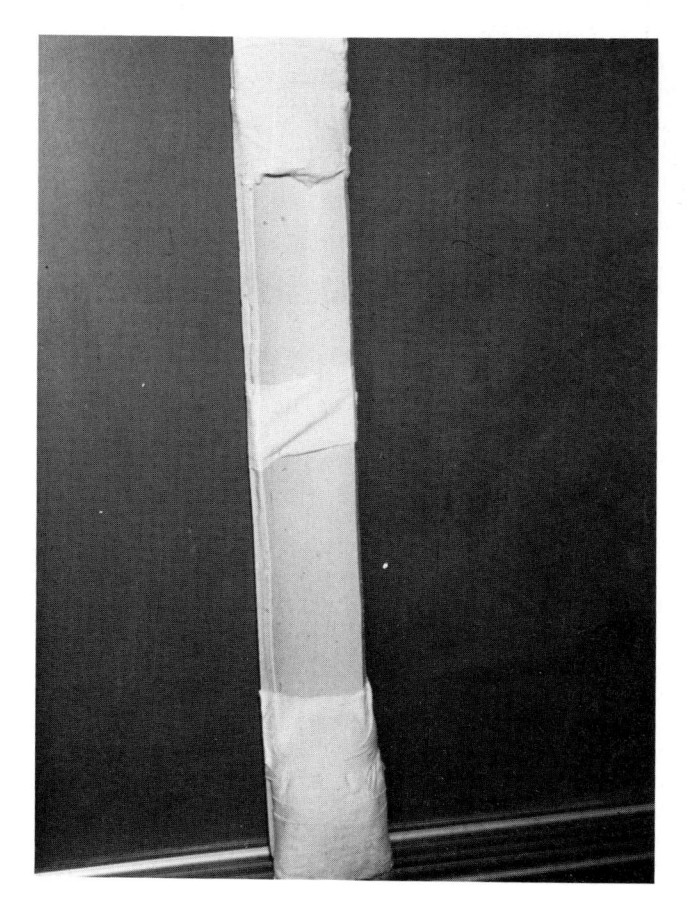

Abb. 14.7: An proximalem und distalem Ende gepolsterte PVC-Schiene, z. B. zur besseren Streckung des Karpalgelenkes. Diese Schiene kann bei Beugeveränderungen im Karpalbereich angelegt werden.

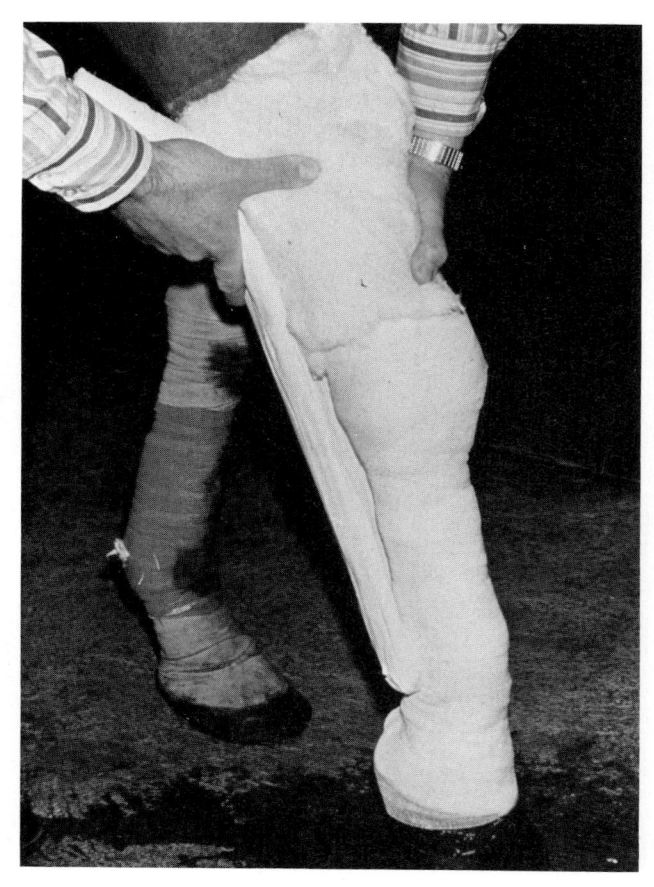

Abb. 14.8: Gepolsterte PVC-Schiene bei der Anbringung an der Kaudal- und Palmarseite der Schultergliedmaße. Um die Beugung des Karpalgelenkes zu verhindern, sollte die Schiene vom proximalen Drittel des Unterarmes bis zum distalen Drittel des Mittelfußes reichen.

ziehen zu können. Durch diese Form der Polsterung paßt sich die gerade Schiene dem eingezogenen Fesselbereich an und verhindert so das Beugen des Gelenkes (Abb. 14.9). Die Verwendung von Schienen kann auch bei der Therapie eines Karpalgelenkhygromes oder der Behandlung von Wunden an der Dorsalfläche des Karpalgelenkes sowie im Mittelfuß- oder Fesselbereich nützlich sein. Bei der vollständigen Durchtrennung der Strecksehnen ist eine Schiene, die sich über die gesamte Gliedmaße erstreckt, besonders wirkungsvoll. Entsprechende Schienen können auch erfolgreich bei der Behandlung von Stellungs- und Beugeanomalien von Fohlen angewendet werden (Abb. 14.7 und 14.9). In diesen Fällen wird durch den Zug gegen die stabile Schiene der entsprechende Gliedmaßenteil gestreckt. Bei Bandschwäche mit Valgusfehlstellung im Karpus erfolgt die Anbringung der Schiene lateral, so daß der verstellte Teil nach außen gegen die Schiene gezogen wird. Daneben ermöglichen PVC-Schienen in Verbänden die vorübergehende Fixierung einer Fraktur während des Transportes zur endgültigen Behandlung. Schienen können überall an der Gliedmaße befestigt werden (Abb. 14.10). Zur Erzielung eines guten Erfolges sollten sie sorgfältig gepolstert und richtig angebracht werden. Zusätzliche Polsterung ist am proximalen und distalen Schienenende sowie im Bereich der Dorsalfläche von Karpal- und Fesselgelenk angezeigt. Ständige Beobachtung und eventuelle Neuanpassung der Schiene sind zur Vermeidung von Drucknekrosen an vorstehenden Körperteilen oder zur Verhinderung des Verrutschens der

Kapitel 14: Therapieverfahren 847

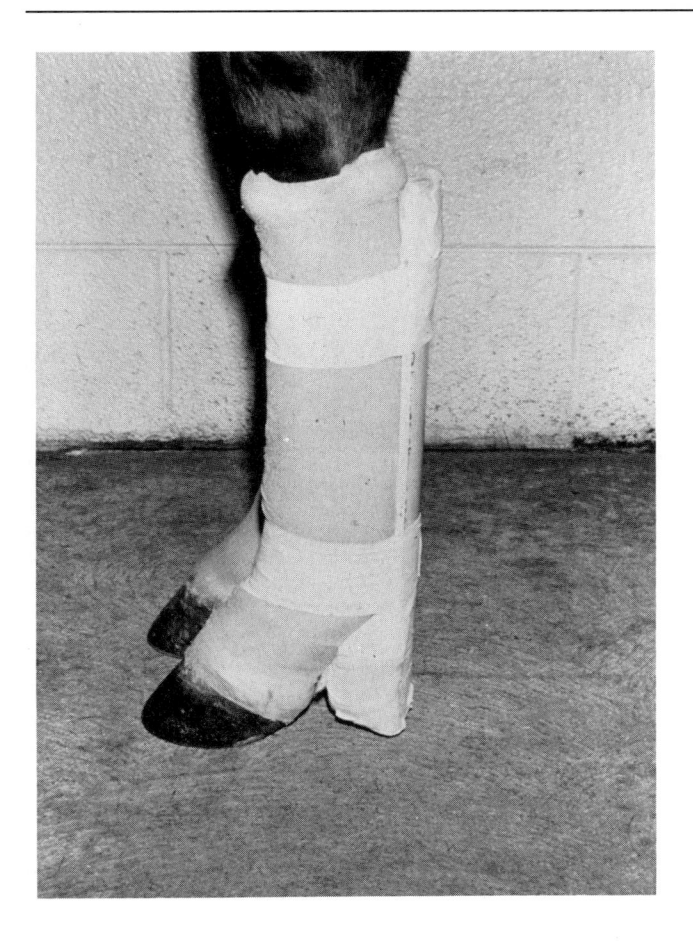

Abb. 14.9: Verstärktes Wattepolster im palmaren Bereich der Fessel für eine bessere Paßform und zur Verhinderung der Beugung im Fesselgelenk. Diese Polsterung eignet sich gut für Fohlen mit Beugeanomalien im Fesselgelenkbereich.

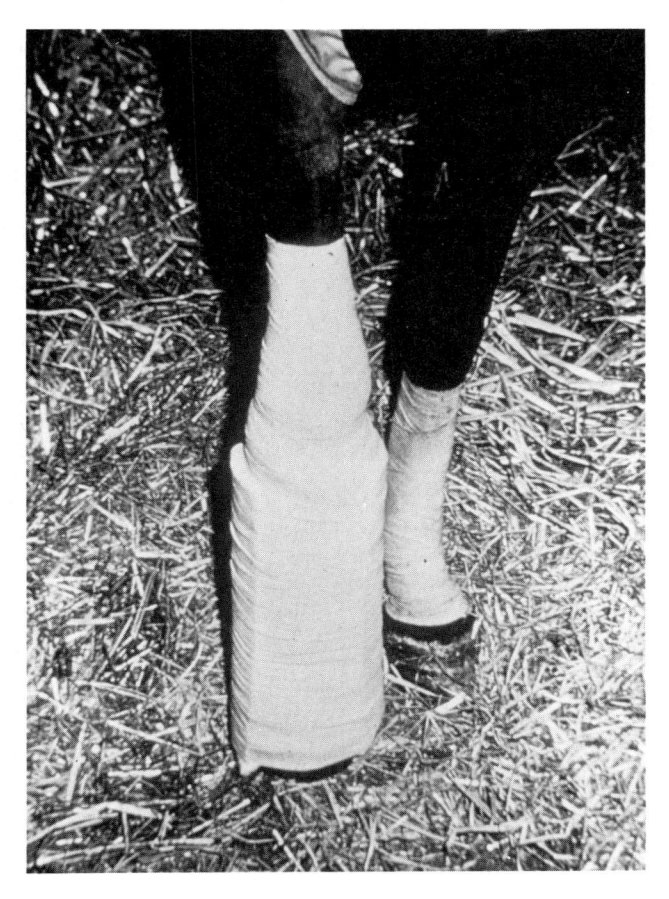

Abb. 14.10: Zwei medial und lateral in den Verband eingelegte PVC-Schienen, die die Gliedmaße bei einer Fesselgelenkluxation während des Transportes des Pferdes stützen.

Schiene notwendig. Der Ballenbereich muß gut gepolstert und laufend überprüft werden, da hier durch die Bewegung häufig Schürfwunden entstehen. Zur exakten Fixierung der Schiene ist ein Verband aus elastischer Gazebinde und Bandage unter dem Wattepolster der Schiene erforderlich, weil die Watte bei Fehlen eines derartigen Verbandes die Tendenz hat, um die Gliedmaße herumzurutschen und damit die Schiene zu verschieben. Durch die zusätzliche Befestigung der Schiene mittels unelastischem Klebeband an dem Verband wird eine selbständige Rotation der Schiene verhindert (Abb. 14.4 und 14.9). Den äußeren Abschluß bildet eine hochelastische Bandage. Um das Herabrutschen der Schiene zu unterbinden, sollte zusätzlich das distale Ende der Schiene mittels einer elastischen Binde fixiert werden.

Gips-, Fiberglas- bzw. Kunststoffverbände

Gips-, Fiberglas- bzw. Kunststoffverbände sind bei richtiger Anbringung die stabilsten, am stärksten fixierenden Stützverbände, die der Gliedmaße am besten angepaßt werden können. Nicht nur die dafür benutzten Materialien, wie z. B. Gips, Gips mit Klebstoffzusatz, Fiberglas und Polyester, bedingen den therapeutischen Wert, sondern auch ihre richtige Anwendung. Erwähnenswert erscheinen einige Materialien, z. B. Scotchcast[*] oder Hexelite[+], die extrem fest (fast zehnmal so fest wie Gips), leicht, sehr unempfindlich, einfach aufzutragen sind und keine der Gliedmaße angepaßte Gipsform benötigen. Bei der Verwendung von älteren Fiberglas- bzw. Kunststoffmaterialien lag dagegen ein Nachteil in der Erstellung einer Gipsform vor dem Aufbringen dieser Substanzen vor, d. h., diese Substanzen konnten nicht allein benutzt werden. Dabei wurden einige mit Klebstoff imprägnierte Gipsbinden unter diesen Materialien auf die Gliedmaße als Gipsmodell verbracht und anschließend, nachdem der Gips abzubinden begann, das Kunststoffmaterial straff darumgewickelt.

Im allgemeinen lassen sich fixierende Stützverbände bei Pferden in Vollnarkose am besten anbringen. Trotzdem gibt es Umstände, die das Anlegen eines Stützverbandes am stehenden Tier erfordern. Bevor mit dem Stützverband begonnen werden kann, müssen zahlreiche Faktoren

[*] 3M Deutschland GmbH, Carl-Schurz-Straße 1, 4040 Neuss 1.
[+] Albrecht GmbH & Co. KG, Hauptstraße 8, 7960 Aulendorf.

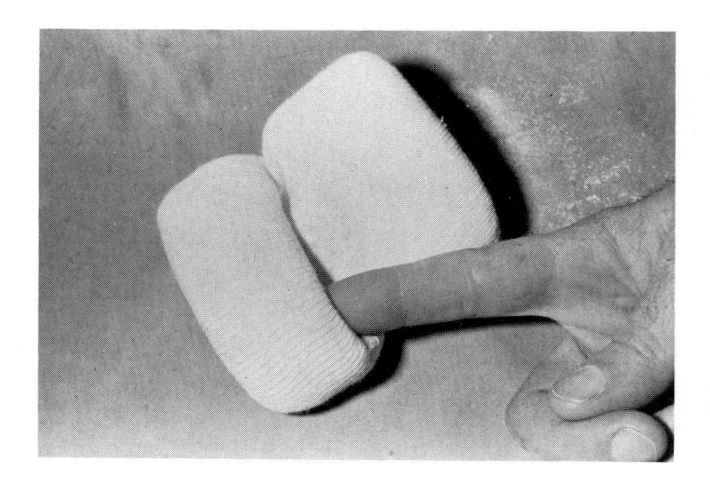

Abb. 14.11: Gegensinnig, doppelt aufgerollter Trikotschlauch. Um die Gliedmaße mit zwei Schlauchschichten überziehen zu können, wird die eine Hälfte der vorher ausgemessenen Länge nach innen ein- und die andere Hälfte nach außen aufgerollt. Der Finger befindet sich unter der auswärts aufgerollten Lage, die zuerst übergestreift wird.

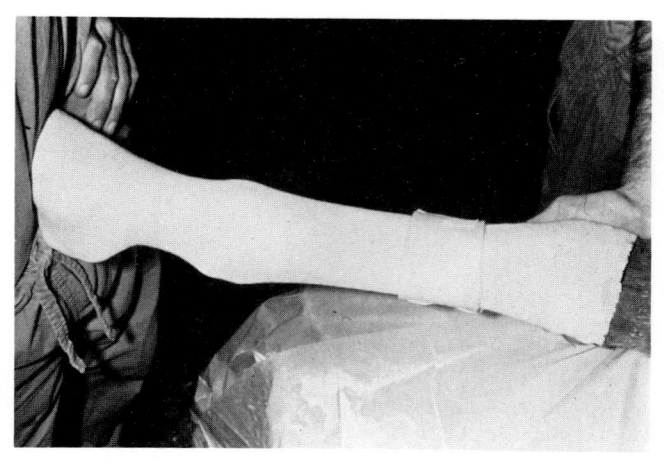

Abb. 14.12: Anlegen einer Filzmanschette am proximalen Ende des Stützverbandes zur Polsterung des Metakarpus. Das Fesselgelenk wird gestreckt, indem der Operator mit dem Bauch gegen die Hufsohle drückt, während der Assistent Druck auf die Dorsalseite des Karpalgelenkes ausübt.

berücksichtigt und Gliedmaße sowie Huf entsprechend vorbereitet werden. Es sollte sichergestellt sein, daß die benötigten Materialien, wie z. B. Gips und/oder Kunststoff, orthopädischer Filz bzw. selbstklebendes Schaumgummi, Binden und Gehbügel, vorhanden sind. Bei der Benutzung von Gips können die Packungen geöffnet werden, um später Zeit zu sparen. In den meisten Fällen reichen acht Rollen mit Klebstoff versehene Gipsbinden für einen Verband im distalen Gliedmaßenbereich bei einem 500-kg-Pferd aus. Bei Benutzung eines Gehbügels oder bei besonders großen und unruhigen Pferden werden zehn bis elf klebstoffimprägnierte Gipsbinden benötigt. Soll die gesamte Gliedmaße eingegipst werden, kommen ca. 16 bis 20 Rollen zur Anwendung. Der abgemessene Trikotschlauch sollte gegensinnig aufgerollt werden, damit er später in Form einer doppelten Lage die Gliedmaße überzieht (Abb. 14.11). Zusätzlich ist es ratsam, die Innenseite des Trikotschlauches mit Borsäurepuder, das austrocknend und bakterizid wirkt, einzustreuen. Der Huf sollte sauber und ausgeschnitten sein. Bei bestehender Strahlfäule kann Mull, der mit einer Polyvidon-Jod-Lösung* getränkt wird, in die Strahlfurchen gedrückt werden. Die Hufbearbeitung ist besonders wichtig, wenn der Stützverband eine längere Zeit (vier bis sechs Wochen) liegen bleibt. Bei langem Fesselbehang müssen die Haare abgeschnitten werden. Für die Behandlung von Wunden ist ein Verband aus sterilen, nichthaftenden Kompressen, elastischen Gazebinden und in einigen Fällen zusätzlich aus elastischen Bandagen sinnvoll. Danach wird der Trikotschlauch an den Trachten beginnend bis zum Karpalgelenk ausgerollt, anschließend die Rolle umgelegt und in gleicher Form distal gerollt, so daß zwei Schlauchlagen die Gliedmaße umgeben. Der Trikotschlauch sollte der Gliedmaße eng angepaßt, nicht zu locker, nicht faltig und nicht zu stramm sein.

---

* Braun Melsungen AG., Carl-Braun-Straße 1, 3508 Melsungen.

Eventuell bestehende Falten müssen geglättet werden. Im allgemeinen wird am proximalen Ende des Stützverbandes eine Filzmanschette mit 2,5 cm breitem Klebeband oder vorübergehend mit Tuchklammern befestigt (Abb. 14.12). Die einzelnen Materialien weisen unterschiedliche Verarbeitungsvorschriften auf. So müssen einige bis zu ihrem Gebrauch fest verschlossen bleiben, da sie sofort bei Luftkontakt abbinden. Bei der Verwendung von Gips erhöhen Schienen die Festigkeit des Verbandes. Dabei werden die Entfernung zwischen dem oberen Ende des Verbandes und dem unteren Rand gemessen und anschließend die zur Fertigung der Schienen bestimmten Gipsbinden vollständig ausgerollt und in zwei Hälften für Vorder- und Hinterseite geteilt. Alternativ können Gipsschienen verwendet werden, die die Gliedmaße umschließen und auch die Sohlenfläche des Hufes bedecken. Für einen Gipsverband der gesamten Gliedmaße ist jeweils eine Gipsbinde für die vordere und die hintere Schiene notwendig. Werden die neuen Kunststoffmaterialien benutzt, sind die hier beschriebenen Arbeitsgänge nicht mehr notwendig. Allerdings sollten die unterschiedlichen Gebrauchsanweisungen der Materialien beachtet werden. Die meisten dürfen nur mit Handschuhen aufgetragen werden.

Als nächstes muß die Position der einzugipsenden Gliedmaße festgelegt werden. Zerreißungen der Beugesehnen, Gleichbeinbrüche, Fessel- oder Kronbeinbrüche sowie schwere Verletzungen im Ballenbereich benötigen für die Adaptation der Nähte beachtlichen Druck, so daß die Gliedmaße am besten mit entspanntem, d. h. leicht gebeugtem Fesselgelenk eingegipst wird. Bei anderen Erkrankungen kann die Gliedmaße in gebeugter Haltung mit einem fixierenden Verband versehen werden. Um das zu erreichen, wird Druck auf die Phalangen und die Dorsalfläche des Karpalgelenkes ausgeübt. Eine Streckung der Zehengelenke ist möglich, indem der Operator mit dem Körper (Abb. 14.12) oder ein Assistent mit den Händen (Abb. 14.13) Druck auf die Hufsohle ausübt. Je

Kapitel 14: Therapieverfahren 849

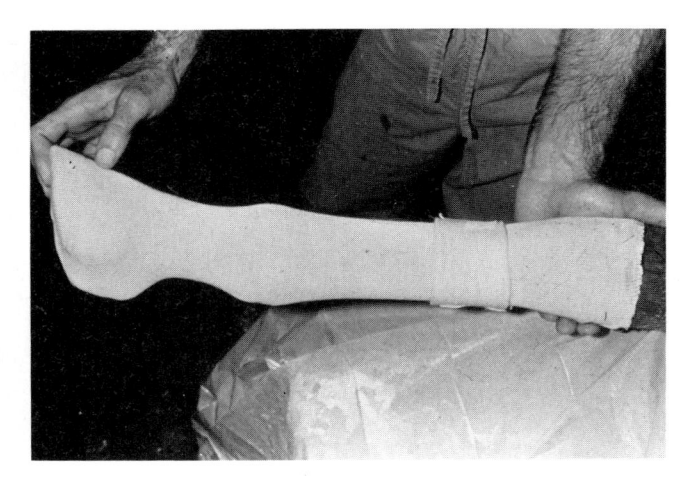

Abb. 14.13: Streckung des Fesselgelenkes durch einen Assistenten.

Plantarseite der Fessel und den palmaren bzw. plantaren Vertiefungen des Metakarpus bzw. Metatarsus angepaßt. Die zweite Rolle beginnt dort, wo die erste aufhört. Mehrere Lagen, die am oberen Verbandende angebracht werden, dienen als Anhaltspunkt für die Dicke des Verbandes im Bereich der übrigen Gliedmaße. Bei Gipsverbänden werden nach der dritten Binde die Schienen an der Vorder- und Rückseite angebracht. Anschließend kommen drei bis vier 15 cm breite Rollen, die über die Schienen gewickelt werden. Manchmal ist es sinnvoll, den Huf in die Eingipsung der Gliedmaße nicht miteinzubeziehen. Dies kann dann besser anschließend, unabhängig davon, mit einer 15 cm breiten Gipsbinde geschehen. Dabei werden ein Drittel der Binde für den Bereich der Hufwand und zwei Drittel für die Hufsohle verwendet (Abb. 14.15). Das Ende der Rolle kann dazu benutzt werden, Wand- und Sohlenfläche des Hufes gemeinsam einzudecken, um eine glatte Oberfläche zu erzielen. Zu diesem Zeitpunkt sollte auch bei Bedarf ein Gehbügel oder keilförmiger Absatz angebracht werden.

weniger die Gliedmaße bewegt wird, um so fester und besser sitzen die Verbände. Bei Benutzung von Gips sollten die Binden in Abhängigkeit von der Erfahrung des Operateurs in warmes oder heißes Wasser getaucht werden. Nach einem heißen Wasserbad bindet der Gips schneller ab. Grundsätzlich sollte der Gips so lange im Wasser verbleiben, bis er vollständig durchtränkt ist. Unangebracht ist das Auswringen der nassen Gipsbinden, da sich die einzelnen Lagen der Binden bei größerer Trockenheit schlechter voneinander trennen lassen und dadurch das Entrollen und Auftragen schwieriger werden. Außerdem verlieren sie an Festigkeit, da ein Teil des Gipses mitausgepreßt wird. Gewöhnlich werden zuerst zwei bis drei 10 cm breite Rollen genommen, da sie sich besser als 15 cm breite Binden für die Anpassung an die Gliedmaße eignen. Im Idealfall schmiegt sich der Verband der Gliedmaße so gut an, daß diese vollständig immobilisiert wird. Um dies zu erreichen, muß der Gips nach jeder Lage modelliert werden. Zwei Punkte sollten erwähnt werden:
1. Wunden unter dem Verband entwickeln sich in den meisten Fällen aufgrund von Bewegung und nicht durch Druck. Um dies zu verhindern, sollte der Verband so fest und so gut wie möglich der Gliedmaße angepaßt sein.
2. Die Vorstellung „je mehr Polsterung, um so besser" ist nicht richtig, da sich das Polstermaterial in die Innenseite des Gipsverbandes drückt und so eine größere Beweglichkeit hervorruft. Aus diesem Grund ist die routinemäßige Polsterung des Fesselgelenkes und des Kronrandes nicht unbedingt empfehlenswert.

Das Anbringen der Binden kann von distal oder proximal aus geschehen. Letzteres wird bevorzugt. Am besten wird dabei das Material in sich überlappenden Bahnen fest um die Gliedmaße herum ausgerollt. Die Überlappung sollte mindestens die Hälfte der Breite einer Binde betragen, und die ersten Lagen sollten ohne jeden Zug gewickelt werden. Bei einer unbedingt notwendigen Richtungsänderung bildet eine große Falte das geringere Übel gegenüber vielen kleinen (Abb. 14.14). Sobald eine Binde vollständig verbraucht ist, wird sie modelliert, d. h. der Palmar- bzw.

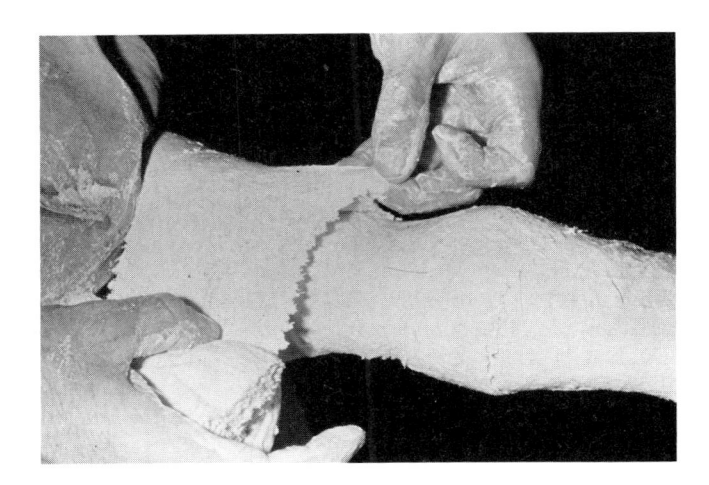

Abb. 14.14: Eine große Falte ermöglicht eine Richtungsänderung beim Auftragen der Gipsbinde.

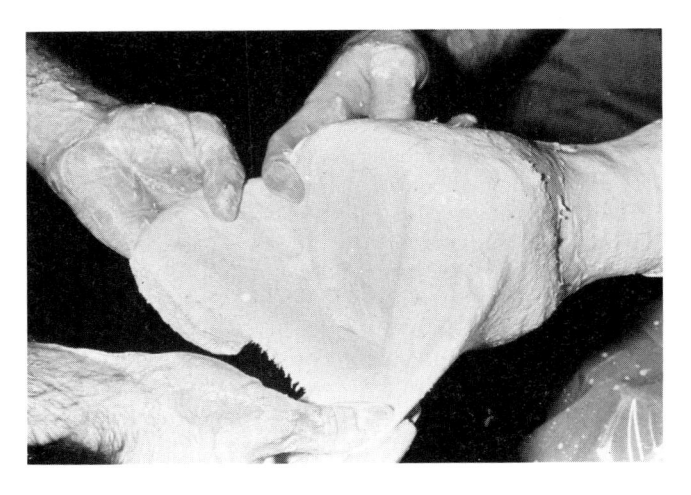

Abb. 14.15: Technik zur Anbringung von Gipsverbänden an der Hufsohle.

850　Kapitel 14: Therapieverfahren

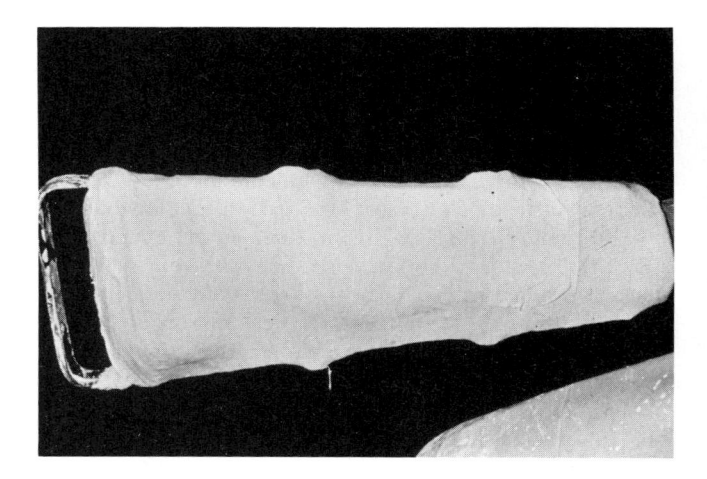

Abb. 14.16: In die äußere Schicht des Verbandmaterials eingelegter Gehbügel.

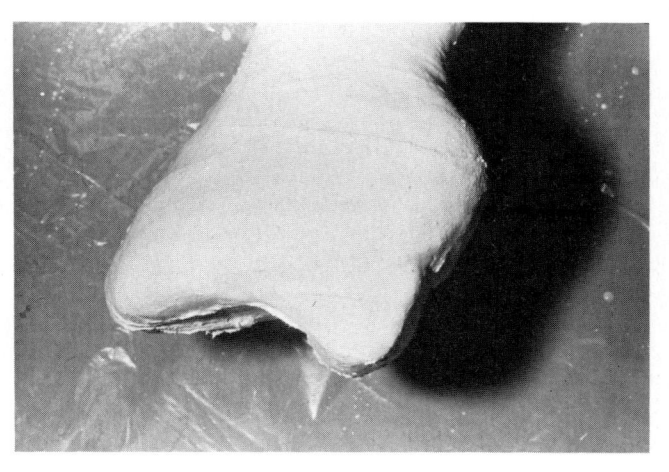

Abb. 14.17: Keilförmiger Absatz, der aus einem Drittel bis der Hälfte einer 10 cm breiten Gipsbinde geformt wird. Die restliche Länge der Gipsrolle dient zur Befestigung des Absatzes an der Sohlenfläche des Verbandes.

Ein Gehbügel, der in das Verbandmaterial eingelegt wird, ist zur absoluten Ruhigstellung von Frakturen und bei einigen schweren Sehnenverletzungen angebracht (Abb. 14.16). Gehbügel schützen die Unterseite des Verbandes, indem sie den Kontaktbereich mit dem Boden verkleinern. Dadurch kommt es gleichzeitig zur Abnahme von Biegekräften, die zu Brüchen im Gips oder Kunststoff führen können. Außerdem wird das Gewicht an den Rand des Verbandes verlagert und erlaubt so dem Pferd, den Huf in verschiedenen angenehmen Stellungen aufzusetzen. Ein keilförmiger Absatz kann im Bereich der Hufsohle aus Gips geformt werden (Abb. 14.17). Eine entsprechende Höheneinstellung ermöglicht dem Pferd, leichter zu gehen, und setzt die Kräfte, die während der Bewegung zum Brechen des Verbandes führen können, herab. Außerdem kommt es aufgrund der mehr axialen Gewichtsverteilung innerhalb des Gipszylinders zur Verminderung des Druckes, den das proximale Verbandende auf die Dorsalfläche des Metakarpus bzw. Metatarsus ausübt. Bei Vernachlässigung der hier beschriebenen Möglichkeiten entwickeln die meisten Pferde Scheuer- bzw. Druckwunden am oberen Rand des Verbandes. Für einen Keilabsatz werden ein Drittel bis zwei Drittel einer 10 cm breiten Gipsbinde benötigt. Diese wird aufgerollt, in Wasser getaucht, zu einem Keil geformt und anschließend mit dem restlichen Gips an der gewünschten Stelle befestigt. Bei Verwendung eines Fiberglas- bzw. Kunststoffmaterials kann dieses auf die Unterseite des Gipskeiles verbracht werden. Der Trikotschlauch im oberen Bereich des Verbandes wird individuell unterschiedlich, entweder durch Ankleben oder durch Einlegen in den Gips, befestigt. Elastisches Klebeband dient abschließend dazu, die obere Öffnung des Verbandes zu verschließen (Abb. 14.18). Ein gut angebrachter Gips-, Fiberglas- bzw. Kunststoffverband ist nicht nur der Gliedmaße exakt angepaßt, sondern erscheint auch bei der Betrachtung von vorn und hinten gleichmäßig dick (Abb. 14.19). Die Unterseite des Stützverbandes kann auf verschiedene Arten geschützt werden. Zwei Lagen eines dicken Gummischlauches verhindern die Abnutzung und wehren

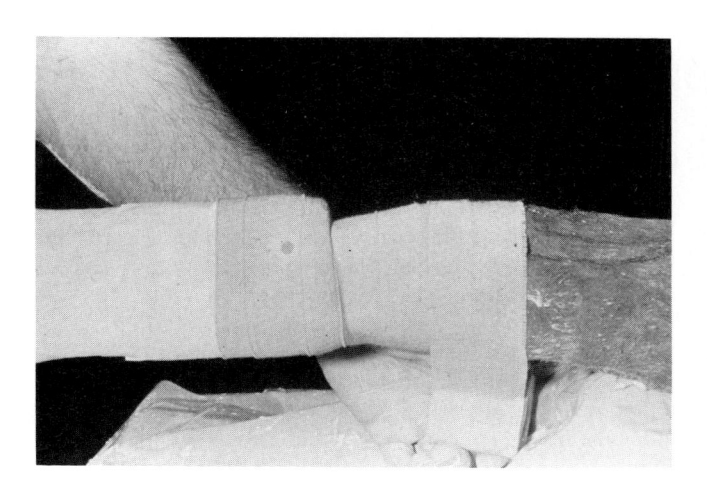

Abb. 14.18: Elastische Bandage, die die proximale Öffnung des Verbandes verschließt.

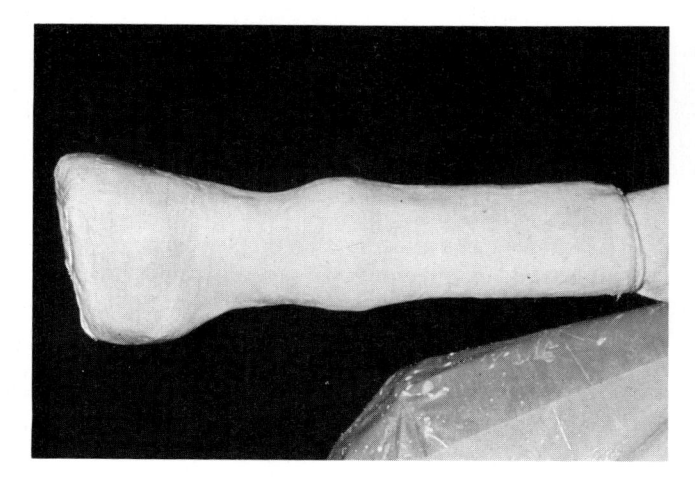

Abb. 14.19: Ein richtig angelegter Gipsverband sollte der Form der Gliedmaße exakt angepaßt und von gleichmäßiger Stärke sein.

Feuchtigkeit ab. Erfolgt kein Schutz vor Feuchtigkeit, wird der Boden des Gipsverbandes aufgeweicht und bricht gewöhnlich im Spitzenbereich der Zehe. Manche Operateure bevorzugen das Anbringen eines Gehbügels. Schutzmaßnahmen bei den neuen Kunststoffmaterialien sind meist unnötig, vorausgesetzt, das Material weist eine ausreichende Stärke im Zehenbereich auf. Das Aufbringen der Fiberglas- bzw. Kunststoffverbände ist prinzipiell gleich, allerdings werden nur ungefähr halb so viele Rollen benötigt. Jedes Material weist eine andere Abbindezeit auf, doch sollte sicherheitshalber jede Form von Bewegung wenigstens 20 Minuten nach Anlegen des Verbandes unterbunden werden. Dies setzt die Gefahr von Verbandbrüchen während der Aufwachphase herab.

Die Technik bei einem hohen Gips- oder Kunststoffverband, der über die gesamte Gliedmaße geht, entspricht derjenigen bei einem kurzen Stützverband, mit der Ausnahme, daß streifenförmig geschnittener orthopädischer Filz bzw. selbstklebendes Schaumgummi über das Os carpi accessorium und den Processus styloideus medialis des Radius gelegt und zusätzlich eine entsprechende Manschette über den Unterarm gezogen wird (Abb. 14.20). In den meisten Fällen wird ein derartiger hoher Verband zur Unterstützung der Adaptation im Rahmen von Frakturheilungen gewählt. Daneben ist ein Gips- oder Kunststoffverband, der vom proximalen Bereich des Radius bis zum distalen Drittel des Metakarpus reicht, bei der Behandlung von Fehlstellungen der Gliedmaßenachse infolge Bandschwäche und/oder Hypoplasie der Karpalknochen (siehe Seite 633, Abb. 8.167) angezeigt. Obwohl in den meisten Fällen das Karpalgelenk völlig gestreckt eingegipst wird, kann es unter Umständen auch leicht gebeugt, d. h. entspannt, fixiert werden. Die gebeugte Haltung erhöht die Stabilität bei komplizierten Splitterfrakturen des dritten Metakarpal- bzw. Metatarsalknochens. Leichte Flexion im Karpal- bzw. Tarsalgelenk setzt die Rotationskräfte im Bereich der Fraktur sowie den axialen Druck herab. Dadurch kann sich das Pferd leichter bewegen.

Obwohl dies an der Schultergliedmaße nicht so entscheidend wie an der Beckengliedmaße ist, stellt es doch eine Haltbarkeitsverbesserung der Gipsverbände im proximalen Bereich der Vorderextremität dar. Der Druck auf die Schultermuskulatur bei in Seitenlage abgelegten Pferden bedingt Formveränderungen im distalen Gliedmaßenbereich. Letzteres führt dazu, daß der Stützverband nach dem Aufwachen nicht richtig sitzt und von den Pferden als unangenehm empfunden wird. Die Konsequenz besteht in der vorzeitigen Abnahme des Verbandes.

Beim Eingipsen der Beckengliedmaße wird orthopädischer Filz bzw. selbstklebender Schaumgummi manschettenartig um den Unterschenkel und streifenförmig über den Fersenhöcker und die Dorsalfläche des Sprunggelenkes gelegt (Abb. 14.21). Der Verband sollte sich in den meisten Fällen mindestens bis zum proximalen Drittel des Unterschenkels ausdehnen, zur Stabilisierung von distalen Tibiafrakturen sogar bis zur Tuberositas tibiae. Bei jungen Pferden kann dies erreicht werden, indem zuerst der Gips bzw. der Kunststoff so weit proximal wie möglich aufgebracht und nach teilweisem Abtrocknen weitere Binden proximal der bereits erhärteten angelegt werden, um so den gesamten Unterschenkel bis zur Tuberositas tibiae mitzuerfassen. Bei Seitenlage darf nicht die untenliegende Gliedmaße eingegipst werden, da der Druck auf die Muskulatur eine Streckung des Kniegelenkes bewirkt, was zu erheblichen Formveränderungen im distalen Bereich der Gliedmaße führen kann. Pferde, die so eingegipst wurden, lassen deutliche Unbehaglichkeitszeichen nach der Behandlung erkennen, und ein Verbandwechsel ist bereits kurze Zeit später erforderlich. Um dies zu verhindern, sollte ein Verband nur angelegt werden, wenn die Gliedmaße oben liegt. Obwohl dieser Punkt für die Schultergliedmaße eine geringere Bedeutung besitzt, sollte er ebenfalls beim Eingipsen der Vorderextremität berücksichtigt werden, sogar wenn das Pferd dafür umgedreht werden muß. Auch zum Aufwachen sollte die Gliedmaße mit dem Gips-, Fiberglas- bzw. Kunststoffverband

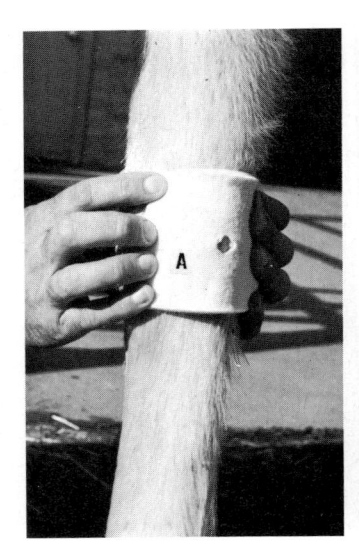

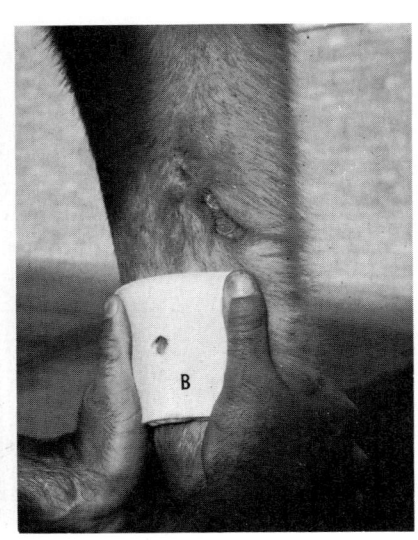

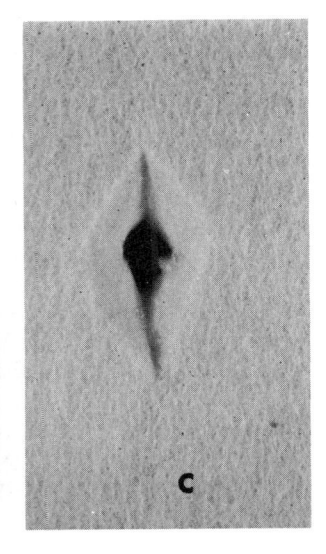

Abb. 14.20: Polsterungsmethoden zum Schutz der Haut über dem Os carpi accessorium (**A**) und dem Processus styloideus medialis (**B**). Dabei wird ein elliptisches Loch (**C**) in den Filz geschnitten, der über die Knochenvorsprünge gelegt werden soll.

852 Kapitel 14: Therapieverfahren

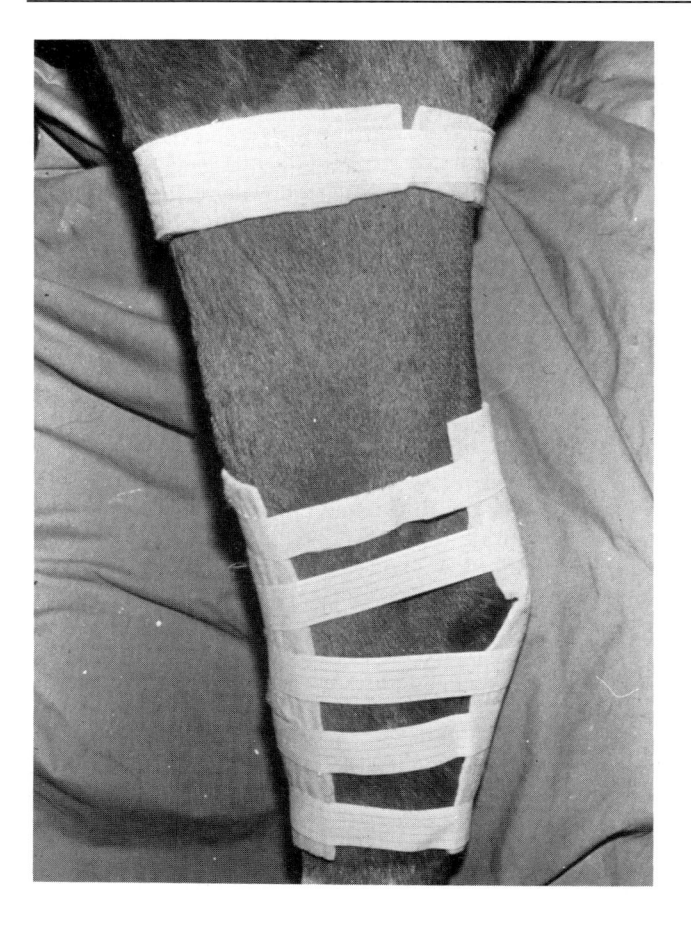

Abb. 14.21: Filzpolsterung bei einem den gesamten freien Teil der Beckengliedmaße betreffenden fixierenden Verband. Der Filz muß in diesem Fall unter dem Trikotschlauch liegen.

maße bei normaler Gewichtsbelastung eingegipst. Einwegplastiktüten, die unter den Huf gelegt werden, halten den Boden sauber. Auch bei diesem Verfahren sollten mindestens 20 Minuten bis zur Bewegung des Pferdes vergehen.

Abhängig von der zu behandelnden Ursache, verbleiben die Gips-, Fiberglas- bzw. Kunststoffverbände unterschiedlich lange am Bein. Bei sauberen, genähten Verletzungen werden sie gewöhnlich zehn bis 14 Tage, in einigen Fällen 21 Tage liegengelassen. Bei Sehnenrissen oder -zerreißungen sowie Gelenkluxationen wird eine Verweildauer von vier bis sechs Wochen, bei Frakturen oder nach einer Arthrodese eine von sechs bis acht Wochen gewählt. In einigen Fällen werden zwölf Wochen benötigt. Nur selten ist ein längerer Zeitraum vorgesehen.

Die wichtige Entscheidung, den Verband abzunehmen, ist von mehreren Kriterien abhängig: dem Verhalten des Pferdes gegenüber dem Verband, der zu behandelnden Erkrankung sowie dem Heilungsstand, der es dem Pferd erlaubt, ohne die Gefahr einer erneuten Verletzung die Gliedmaße zu belasten. Pferde mit Gips- oder Kunststoffverbänden sollten in einem sauberen, trockenen Stall gehalten und jeden Tag eingehend kontrolliert werden. Die tägliche Beurteilung beinhaltet die Beobachtung der

ebenfalls oben liegen. Dadurch kann die untere, gesunde Gliedmaße zum Aufstehen benutzt werden. Grundsätzlich müssen Pferde mit einem vollen Gliedmaßengips beim Aufwachen genau beobachtet werden.

Das Anbringen eines Stützverbandes an der ganzen Gliedmaße bzw. ihrem distalen Anteil ist am stehenden Pferd nur bei sehr ruhigen oder sedierten Tieren möglich. Obwohl die Prinzipien beim Anlegen eines derartigen Verbandes denjenigen beim narkotisierten Pferd entsprechen, kann das Eingipsen des Hufes unter Umständen mehr Probleme bereiten. Aus diesem Grund sollte der Verband am Huf angefangen und anschließend proximal an der Gliedmaße fortgeführt werden. Dieses Vorgehen erfordert zum Eingipsen des Hufes kein Anheben der Gliedmaße nach dem Fertigstellen des Verbandes im proximalen Gliedmaßenbereich, der dabei brechen und sich zusammenschieben kann.

Zum Eingipsen des Hufes wird dieser, um die Sohlenfläche freizulegen, angehoben, die Länge zwischen Fessel und Zehenspitze gemessen, dreiviertel einer 15 cm breiten Binde auf die Sohlenfläche gelegt und anschließend durch Umwickeln mit dem Restmaterial an Hufwand und -sohle befestigt (Abb. 14.22 und 14.23). Sobald der Huf eingegipst ist, wird dieser abgesetzt und die übrige Glied-

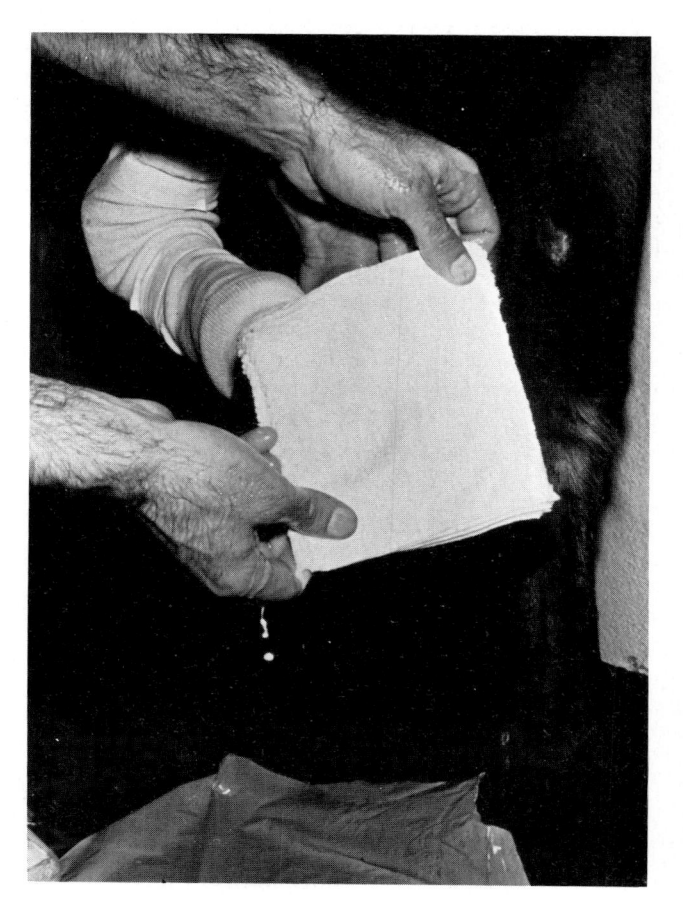

Abb. 14.22: Dreiviertel einer 15 cm breiten Gipsbinde werden in Form einer Gipsplatte auf die Hufsohle verbracht.

Kapitel 14: Therapieverfahren 853

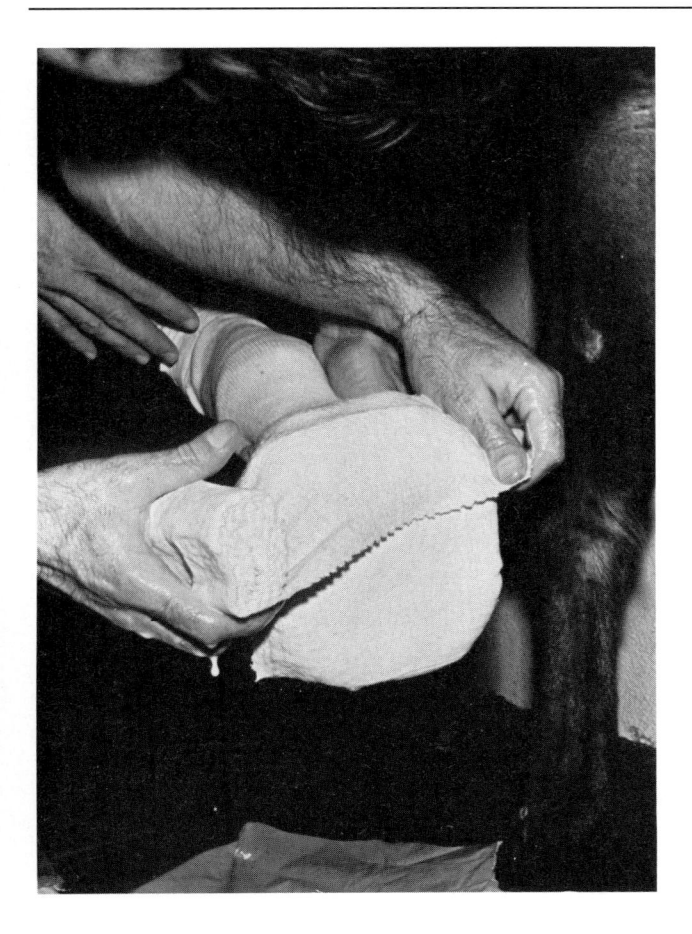

Abb. 14.23: Die Befestigung der Gipsplatte an der Hufsohle erfolgt mit weiterem Gipsmaterial.

Bewegung des Pferdes, die Messung der Rektaltemperatur, die palpatorische Überprüfung des Verbandes sowie der Gliedmaße am oberen Verbandende auf Scheuerwunden, Feuchtigkeit, schlechten Geruch und Schwellungen. Der Gips wird auf Brüche und im Bereich des Hufes auf übermäßige Abnutzung untersucht.

Erste Hinweise, daß die Pferde den Verband als unangenehm empfinden, bestehen in einer gegenüber vorher vermehrten Entlastung der betroffenen Gliedmaße, im Aufsetzen auf die Hufspitze, in wiederholtem Scharren, im Reiben des Verbandes an festen Gegenständen oder im Hineinbeißen. Umfangsvermehrungen oberhalb des Verbandes deuten auf das Vorliegen einer Entzündung. Feuchtigkeit am oberen Rand des Gips-, Fiberglas- bzw. Kunststoffverbandes kann bei Vorhandensein von offenen Wunden erwartet werden, während sie bei genähten Wunden Hautnekrosen, Infektionen oder eventuelle Nahtdehiszenzen anzeigt. Schlechter Geruch, der oben am Verband ausströmt, Feuchtigkeit und erhöhte Rektaltemperatur sind Zeichen für Hautnekrosen und Infektionen. Am besten sollte der Verband bereits bei den ersten Unbehaglichkeitsäußerungen des Pferdes abgenommen werden. Es ist günstiger, den Verband vorzeitig zu entfernen, als zu warten, bis die Schäden durch fortschreitende Hautnekrosen oder Nahtdehiszenzen schlimmer geworden sind als das mit dem Gips-, Fiberglas- bzw. Kunststoffverband behandelte Grundleiden.

Die Abnahme des Verbandes ist sowohl in Narkose als auch am stehenden Pferd möglich. Bei Frakturen oder Arthrodesen sollte die Verbandentfernung in Vollnarkose vorgenommen werden, um die Heilung röntgenologisch beurteilen und im Bedarfsfalle einen neuen Gips-, Fiberglas- bzw. Kunststoffverband anlegen zu können. Dies findet routinemäßig drei bis vier Wochen post operationem statt. Andererseits erfolgt die endgültige Entfernung eines derartigen Verbandes am besten am stehenden, sedierten Pferd, da bei richtiger Abnahme eine erneute Verletzung der behandelten Gliedmaße weniger wahrscheinlich ist. In Fällen, bei denen ein Vorgehen am stehenden Tier nicht durchführbar ist, sollte der Gips exakt halbiert werden, um ihn vorübergehend, während der Aufwachphase nach der Narkose, wieder anlegen zu können.

Obwohl es verschiedene Tricks gibt, um die Abnahme eines Gips-, Fiberglas- bzw. Kunststoffverbandes zu erleichtern, z. B. die mediale und laterale Einlage von Kunststoffdrähten bei bestimmten Kunststoffmaterialien, genügt doch in den meisten Fällen eine normale Gipsschere für die problemlose Verbandentfernung. Allerdings sollten dabei einige Faktoren beachtet werden:

1. Es bedarf einiger Übung, um einen Gipsschneider richtig zu benutzen.
2. Bei anästhesierten Tieren ist besondere Vorsicht angebracht, da ein derartiges Instrument auch Haut und Weichteilgewebe bis auf den Knochen durchschneiden kann.
3. Die empfindlichsten Bereiche am stehenden Pferd sind bei einem distalen Gliedmaßenverband das Fesselgelenk und die Hufkrone und bei einem hohen der Processus styloideus medialis des Radius bzw. der Malleolus medialis der Tibia an der Schulter- bzw. Beckengliedmaße.

Entsprechend vorsichtig sollte in diesen Bereichen vorgegangen werden, da hastige Bewegungen der Pferde zu Verletzungen führen können.

Abnahme von Gips-, Fiberglas- bzw. Kunststoffverbänden am stehenden Pferd. 2 ml Xylazin*, eventuell kombiniert mit L-Methadon+, werden für die Sedierung der stehenden Tiere benötigt. Zuerst wird der Verband über die gesamte Länge medial und lateral mit der Gipsschere eingeritzt. Dies dient als Führungslinie für eine gerade, gleichmäßige Halbierung. Anschließend wird der Gips im oberen Bereich, wo sich die Filzmanschette als schützende Unterlage befindet, durchschnitten. Dies erfolgt zur Feststellung der Verbandstärke. Wenn das Pferd bei der vollständigen Durchtrennung des Gipses unruhig wird, ist es oft sinnvoll, vorab lateral und medial nur zwei Drittel der Stärke zu durchtrennen und erst anschließend den Verband endgültig zu perforieren. Häufig muß dabei eine Oberlippenbremse benutzt werden. In den meisten Fällen ist allerdings nur ein Arbeitsgang nach dem Durchschneiden des oberen Gipsrandes nötig. Wenn die am weitesten innen liegende Schicht durchtrennt wird, sind ein Nachlassen der benötigten Kraft und ein typischer leichter Widerstand durch den Filz bzw. das Schaumgummi an der

---
* Rompun®, Bayer AG, 5090 Leverkusen 12.
+ Polamivet®, Hoechst AG, Brüningstr. 50, 6230 Frankfurt (Main).

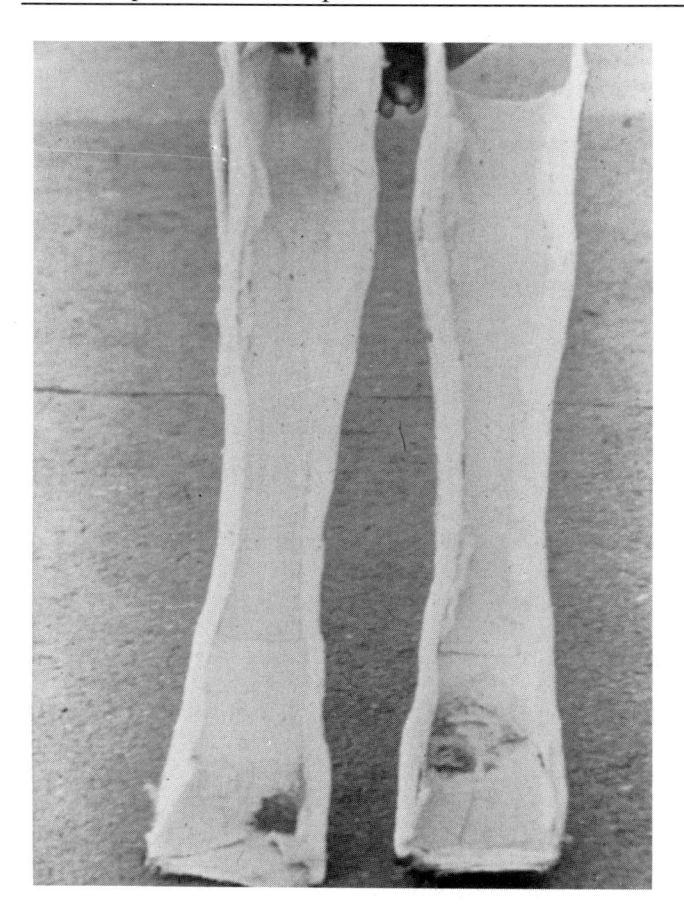

Abb. 14.24: Zwei exakt geschnittene Gipshälften. Das richtige Zerteilen erleichtert die Abnahme des Verbandes, dessen Hälften sich dann einfach trennen lassen.

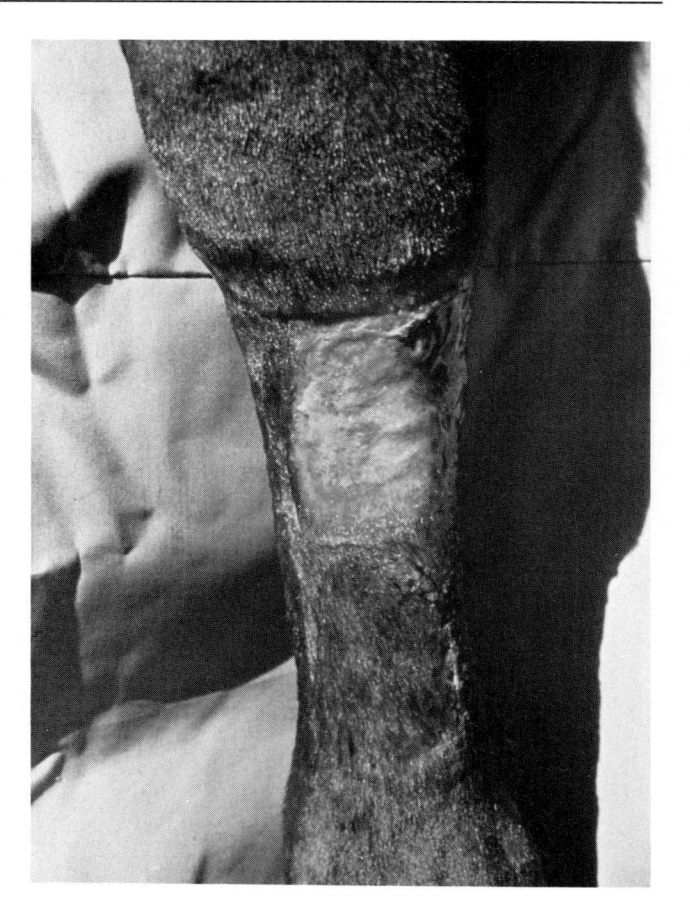

Abb. 14.25: Beispiel für eine Scheuerwunde proximodorsal am Metakarpus. Wenn die Pferde nicht täglich genau untersucht werden, können diese Wunden bedenklich werden und sogar die darunterliegende Sehne miteinbeziehen.

Messerschneide zu bemerken. Besondere Vorsicht ist beim Durchtrennen des Verbandes über den empfindlichen Bereichen, wie Fesselgelenk, Kronrand, Processus styloideus medialis des Radius und Malleolus medialis der Tibia, geboten. Aufmerksames Vortasten ist nötig, um den Unterschied zwischen der Dichte des Gipses und der des Hufes zu erkennen. Bei einem distalen Gliedmaßenverband werden dann das Bein gebeugt und der Bereich über der Hufsohle mit der Gipsschere durchtrennt. Ist der Gips-, Fiberglas- bzw. Kunststoffverband vollständig und richtig auf beiden Seiten durchschnitten, so können die beiden Teile leicht mit einem Gipsspreizer voneinander getrennt werden (Abb. 14.24). Danach werden der Trikotschlauch mit einer Schere auf beiden Seiten zerteilt und der Gips vollständig abgenommen. Nach dem Reinigen der Gliedmaße mit Wasser und Seife wird ein Watte-Stützverband angelegt.

Obwohl die Abnahme des Gips-, Fiberglas- bzw. Kunststoffverbandes beim narkotisierten Pferd entsprechend verläuft, ist sie doch aufgrund der fehlenden Bewegung häufig einfacher. Allerdings muß die Lage der Schneideblätter laufend kontrolliert werden. Beispielsweise passiert es Studenten oder Ungeübten recht häufig, daß sie zu tief schneiden und nicht nur die Haut, sondern manchmal auch die Knochen spalten. Aufgrund dieser Tatsache ist es unumgänglich, ein Gefühl für die Schnittiefe zu entwickeln, so daß zwar alle Schichten des Verbandes zerteilt, aber die Gliedmaße nicht angeritzt werden. Scheuerwunden durch die Bewegung entwickeln sich vorwiegend proximodorsal am Metakarpus bzw. -tarsus unter dem oberen Ende des Verbandes (Abb. 14.25). Dies kann zu einem großen Teil durch die Anwendung eines keilförmigen Absatzes verhindert werden, indem der Druck in diesem Bereich herabgesetzt und eine bessere axiale Ausrichtung von Gliedmaße und Verband erzielt wird. Andere Stellen, an denen bei längerem Liegenlassen des Gipses häufig Scheuerwunden auftreten, sind die Palmarfläche über den Gleichbeinen sowie die Ballen. Allerdings sind diese Scheuerwunden bei sorgfältiger Beobachtung des Verbandes meist nur oberflächlich und von geringer Bedeutung. Trotzdem können manche Wunden extrem tief werden, wenn der Verband nicht richtig angebracht wurde oder die ständige Kontrolle fehlt. Die Behandlung der Scheuerwunden ist in den meisten Fällen problemlos. Nach Entfernung der Haare um die Wunde erfolgen die Reinigung mit antiseptischer Seife und die Spülung mit einer bilanzierten Elektrolytlösung. Anschließend werden die Wunde mit antibiotischer Salbe bestrichen und die Gliedmaße mit einem Stützverband versehen. Spezielle Polsterung oder ein Filzkissen ist nicht nötig. Muß die Gliedmaße erneut eingegipst werden, findet eine entsprechende Behandlung statt, mit der Ausnahme, daß ein Vliesstoff und elastische Gazebinden angelegt und oben mit einer elastischen Klebebinde befestigt werden. Obwohl auch andere spezifische Polsterungsverfahren beschrieben werden, ist die hier angegebene Technik am einfachsten durchzuführen und ermöglicht doch eine ausreichende Polsterung, um eine normale Heilung zu gewährleisten.

Modifizierte Thomas-Schiene. Gelegentlich ist das Anlegen einer modifizierten Thomas-Schiene indiziert. Sie kann in Verbindung mit Gips-, Fiberglas- bzw. Kunststoffverbänden oder nach interner Fixierung von Radius- und Tibiafrakturen angewendet werden. Obwohl Thomas-Schienen vorwiegend bei Fohlen benutzt werden, sind sie auch für ruhige ausgewachsene Pferde geeignet, die eine Trümmerfraktur im distalen Radius- bzw. Tibiabereich erlitten haben. Gewöhnlich wird dabei eine interne Fixierung vorgenommen, aber aufgrund der Konfiguration des Bruches keine ausreichende Stabilität erzielt. Ein Gips-, Fiberglas- bzw. Kunststoffverband bis zum Ellbogen oder proximal zur Tibia verändert die Zug- und Druckverhältnisse am Knochen und führt zu einem Drehmoment im Frakturbereich. In diesen Fällen kann eine Thomas-Schiene angelegt werden, um den erwähnten Kräften entgegenzuwirken.

Gewöhnlich nimmt ein erfahrener Schweißer oder Schmied die Konstruktion vor. Der Huf wird am Distalende der Schiene befestigt, um den Fuß zu stabilisieren und gleichzeitig eine Zugwirkung ausüben zu können. Der gepolsterte Bügel soll zwar der Axial- bzw. Inguinalregion angepaßt sein, darf aber nicht so fest sitzen, daß er die Blutversorgung beeinträchtigt. Die Schiene wird gewöhnlich außen am Gips-, Fiberglas- bzw. Kunststoffverband angebracht. Da die modifizierte Thomas-Schiene im allgemeinen etwas länger als die Gliedmaße ist, behindert sie das Pferd erheblich. Außerdem kann es Probleme geben, wenn sich das Pferd in Seitenlage mit untenliegender geschienter Gliedmaße befindet und nicht lernt, sich auf die andere Seite zu rollen und sich selbst aufzurichten. Aufgrund dieser Tatsache werden die Pferde häufig in Tragevorrichtungen verbracht. Eine besondere modifizierte Thomas-Schiene ist in den Abbildungen 14.26 und 14.27 dargestellt. Der Vorteil dieser Schiene liegt in der Metallplatte, die zur Unterstützung des Brustbeines dient.

Gips- oder Kunststoffschienen. Neben der wirkungsvollen Verhinderung der Sprunggelenksbeugung können Gips-, Fiberglas- oder Kunststoffschienen auch einen entsprechenden Zweck im Bereich von Karpal- und Fesselgelenk erfüllen. Allerdings werden für die letztgenannten Bereiche wegen der Materialkosten und aus Bequemlichkeitsgründen häufig PVC-Rohre benutzt. Bei dem gewinkelten Sprunggelenk dagegen sind PVC-Rohre unpraktisch. Die Gipsschiene wird aus vier bis fünf 15 cm breiten Gipsbinden hergestellt, indem diese ausgemessen, auf die richtige Länge ausgerollt und über einem Verband an der Kaudal- bzw. Plantarseite angepaßt werden. Weniger Rollen benötigen die Schienen aus den neuen Fiberglas- bzw. Kunststoffmaterialien. Zuerst wird die Gliedmaße bandagiert und anschließend mit wasserundurchlässigem Pla-

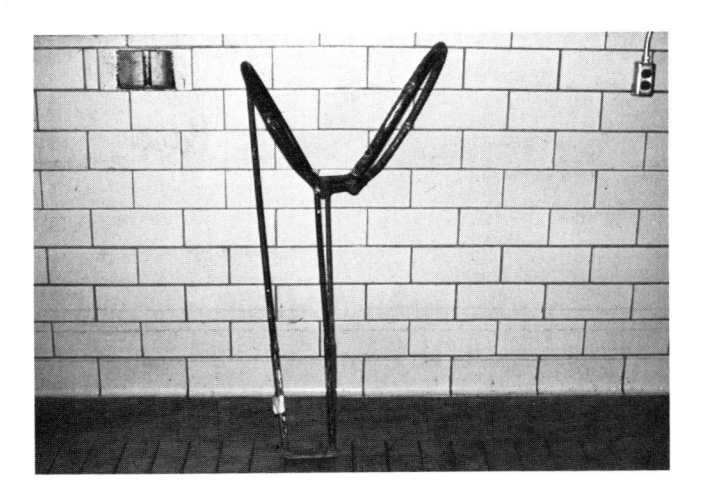

Abb. 14.26: Modifizierte Thomas-Schiene mit Metallplatte zur Unterstützung des Sternum (mit Genehmigung von Dr. W. A. AANES).

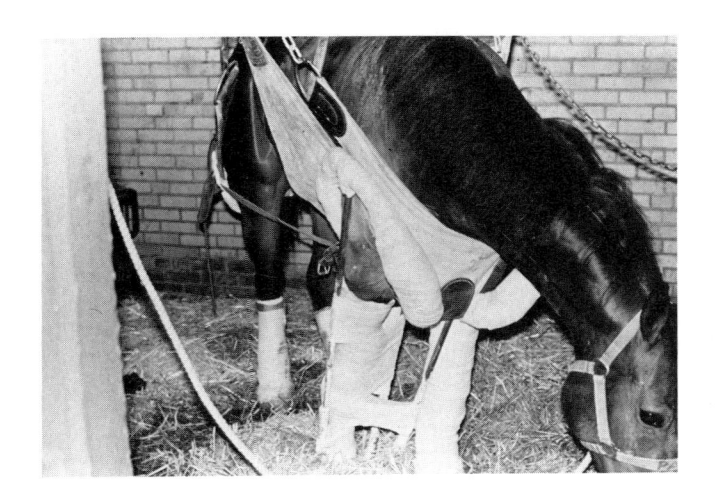

Abb. 14.27: Angepaßte modifizierte Thomas-Schiene (mit Genehmigung von Dr. W. A. AANES).

stikmaterial, z. B. langen Einmalplastikhandschuhen, umwickelt (Abb. 14.28). Die Gipsbinde wird daraufhin in Wasser getaucht, überschüssiges Wasser abgestreift und die Binde der Kaudalseite der Gliedmaße angelegt. Danach erfolgen das Modellieren durch Reiben mit den Händen und die Fixierung mit elastischer Gaze (Abb. 14.29). Nach zweiminütigem Abbinden des Gipses wird dieser durch die Zerschneidung der elastischen Gaze und des Plastikmaterials abgenommen (Abb. 14.30). Durch Reiben wird das Verkleben der einzelnen Schichten gefördert. Anschließend sollte die Schiene vor ihrer Anbringung an der Gliedmaße vier Stunden trocknen. Werden die neuen Fiberglas- bzw. Kunststoffmaterialien verwendet, so können diese angelegt werden, sobald sie dafür stabil genug sind. Die Befestigung der Schiene erfolgt mit normalen Verbänden (Abb. 14.29 und 14.31). Die Anbringung einer Gips-, Fiberglas- bzw. Kunststoffschiene ist in den Abbildungen 14.32 und 14.33 dargestellt.

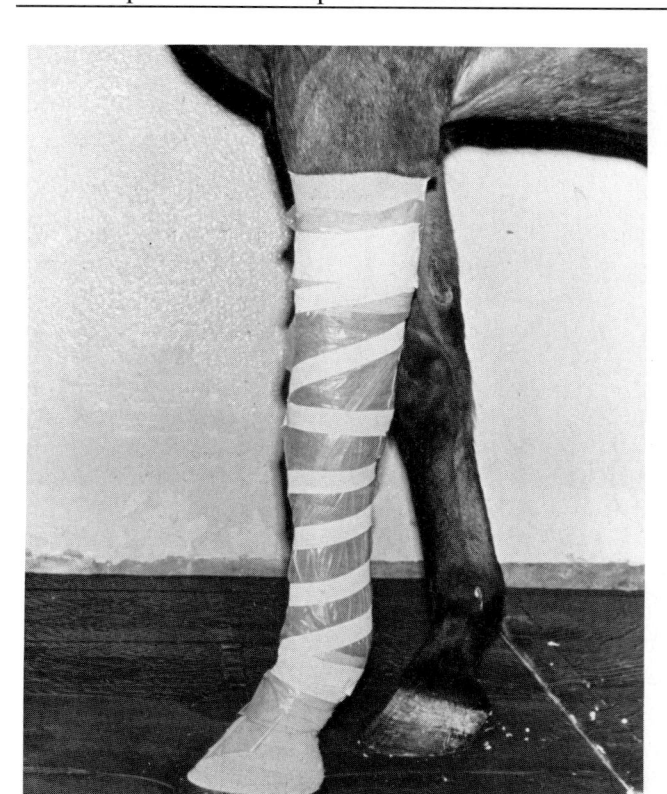

Abb. 14.28: Über eine Bandage wird ein Einmalplastikhandschuh gewickelt und mit Klebeband befestigt.

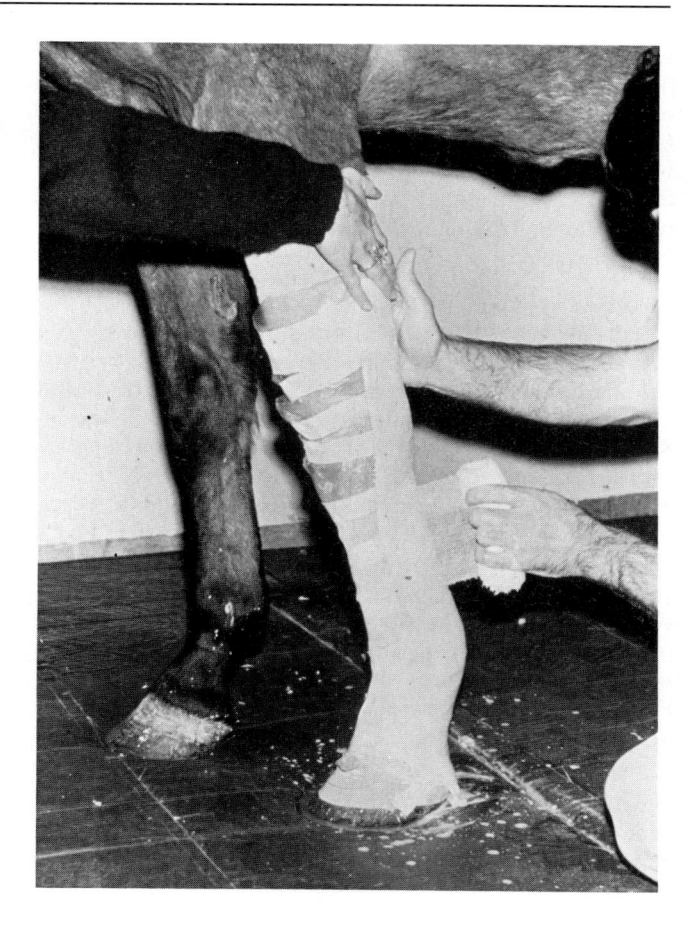

Abb. 14.29: Die frisch angepaßte Gipsschiene verbleibt mindestens zwei Minuten am Bein. Die Befestigung erfolgt mittels elastischer Gaze.

Reiztherapie

Die Reiztherapie dient dazu, eine subakute oder chronische Entzündung in eine akute umzuwandeln, in der Hoffnung, daß nach Abklingen der Entzündung eine Heilung einsetzt.[1]

Obwohl unspezifische Reizbehandlungen, z. B. mit sklerosierenden Mitteln, mit innerlich und äußerlich angewendetem Blister oder in Form von therapeutischem Brennen, seit vielen Jahren bei Pferden genutzt werden, liegen doch nur wenige Ergebnisse vor, durch die sich die Wirkungen dieser Verfahren exakt einschätzen lassen. Deshalb können erfolgreiche Behandlungen nur von umsichtigen Tierärzten, die ausreichend Kenntnisse im Umgang mit diesen Methoden besitzen, vorgenommen werden. In unerfahrenen Händen führt die Reiztherapie zu weiteren Schäden.

Hyperämisierende Medikamente

Diese Mittel erzeugen vermehrte Vaskularisation, Rötung und leichte Wärmeentwicklung. Sie liegen in Form von Tinkturen vor, die als Liniment, abschwellende, gewebsstraffende oder schweißtreibende Mittel bezeichnet werden können.

Tatsächlich gibt es nur geringe Unterschiede zwischen den hyperämisierenden Medikamenten.

Linimente bestehen aus verschiedenen Kombinationen hyperämisierender Mittel, z. B. aus Kampfer und Baumwollkernöl, als Kampfer-Seifen-Liniment aus fester Seife, Kampfer, Rosmarinöl und Alkohol oder als Chloroform-Liniment aus Chloroform, Kampfer und Seife.

Gewöhnlich enthält das Liniment ein oder mehrere ätherische Öle. Die Anwendung an den Gliedmaßen von Pferden kann zu deutlichen Ödemen und Hautreaktionen, in schweren oder verschleppten Fällen sogar zur Narbenbildung und zu partieller Hautablösung führen. Die Pferde sollten bei bestehenden Ödemen oder Hautwunden nicht geritten werden. Der Blistereffekt des Linimentes wird durch Bandagieren des behandelten Bezirks verstärkt.

Unter abschwellenden Mitteln („*tightener*") werden verschiedene Medikamentenkombinationen verstanden, die die Rückbildung von Ödemen oder von vermehrter Gelenk- bzw. Sehnenscheidenflüssigkeit unterstützen. Es kommt dadurch scheinbar zur Straffung des Gewebes, und die Beugesehnen sowie der Musculus interosseus medius sind besser tastbar.

In den meisten Fällen allerdings ist die Wirkung nicht von dem Mittel abhängig, sondern beruht auf der mit der medikamentösen Behandlung einhergehenden Massage und auf dem angelegten Verband. Folgende Mischung wirkt ebenfalls abschwellend: 113,4 g (4 oz) Belladonna-Tinktur (nicht in Ansätzen verwenden, die auf der Rennbahn verordnet werden), 56,7 g (2 oz) Gerbsäurepuder, 56,7 g (2 oz) kristallines Menthol, 28,4 g (1 oz) kristalliner Kampfer sowie Alkohol quantum satis, d. h. ungefähr 1 l (1 qt). Diese Mischung sollte fünf Tage lang täglich, aber nicht bei bestehenden Hautverletzungen, angewendet werden. Der behandelte Bereich wird mit Watte und einer Bandage versehen.

Schweißtreibende Mittel, die fast alle Alkohol enthalten, erzeugen Flüssigkeitsansammlungen auf der Haut, die in der Lage ist, bei Entzündungen ein Exsudat abzusondern. Neben einer reinen Alkohollösung werden Lösungen aus gleichen Teilen Alkohol und Glyzerin sowie Furazinsalbe allein oder in Kombination mit DMSO als schweißtreibende Mittel verwendet. Weiterhin sind zahlreiche Fertigarzneimittel erhältlich.

Die auf die Gliedmaße aufgetragene Mixtur kann mit Plastik, geölter Seide oder Wachspapier zur Erhöhung des „Schwitzeffektes" abgedeckt und mit einer Bandage versehen werden.

Eine gewebsstraffende Mixtur („brace") kann routinemäßig nach der Arbeit angewendet wird. Die Gliedmaßen werden damit abgerieben und über Nacht bandagiert. In den meisten Fällen stellt sich dabei der erwünschte Erfolg auch ausschließlich durch Massieren und Bandagieren ein, denn die ist häufig wirkungsvoller als das Medikament selbst. Sinn der Behandlung ist, einer übermäßigen Sehnenscheiden- bzw. Gelenkkapselfüllung entgegenzuwirken. Im allgemeinen erfüllt Ethyl- oder Isopropylalkohol diese Aufgabe zufriedenstellend. In Amerika sehr populär und auch hier verbreitet ist ein Fertigarzneimittel* aus Wermut, Thymol, Dimethylchlorphenol, Menthol und Azeton, das ebenfalls als abschwellendes oder schweißtreibendes Mittel benutzt werden kann.

Zwischen den beschriebenen Medikamentengruppen bestehen fließende Übergänge, und die einzelnen Mischungen gleichen einander sehr. Häufig sind die sogenannten Geheimrezepte nur unterschiedliche Zusammenstellungen aus den üblichen Medikamenten, wie Kampfer, Ammoniak, Alkohol, Methylsalizylat (Wintergrünöl),

Abb. 14.30: Abnahme der Gipsschiene durch Zerschneiden der elastischen Bandage und des Plastikhandschuhs. Die einzelnen Gipslagen werden durch Reiben verbunden.

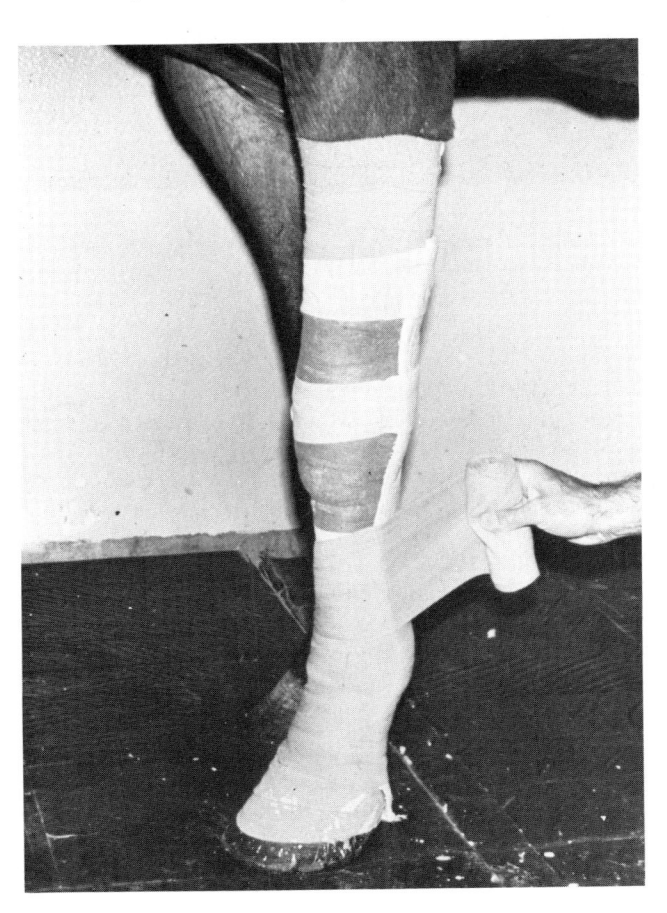

Abb. 14.31: Befestigung der Gipsschiene mittels elastischer Gazebinde an der Gliedmaße.

* Absorbine. Hersteller: Jr. W. F. Young Inc., Springfield, MA. Vertrieb in Deutschland: TAD Pharmazeutisches Werk GmbH, Heinz-Lohmann-Straße 5, 2190 Cuxhaven 1.

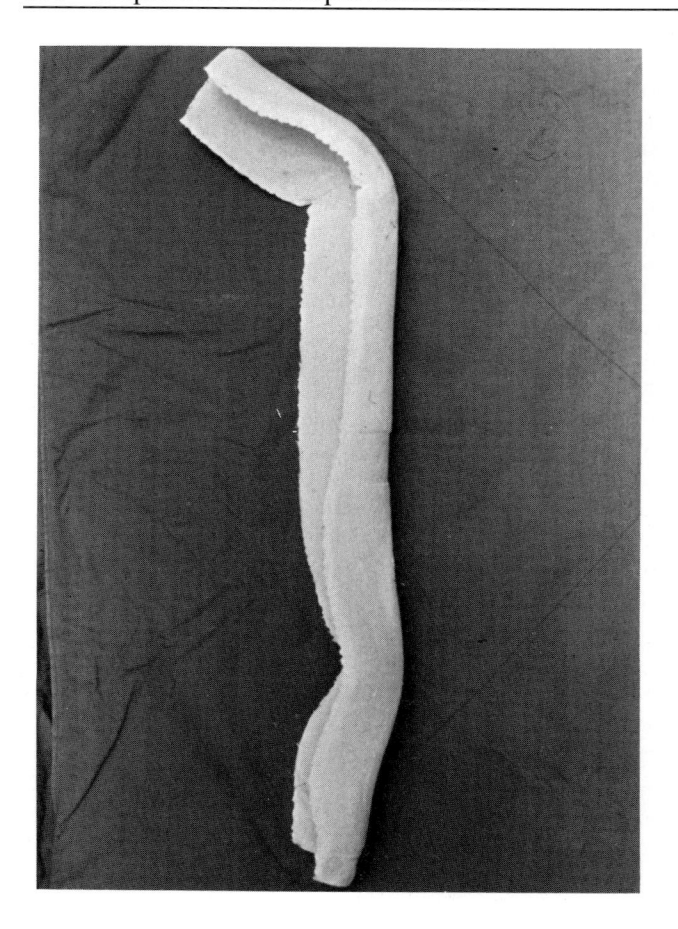

Abb. 14.32: Abgebundene Kunststoffschiene, fertig zum Anbringen an die Beckengliedmaße.

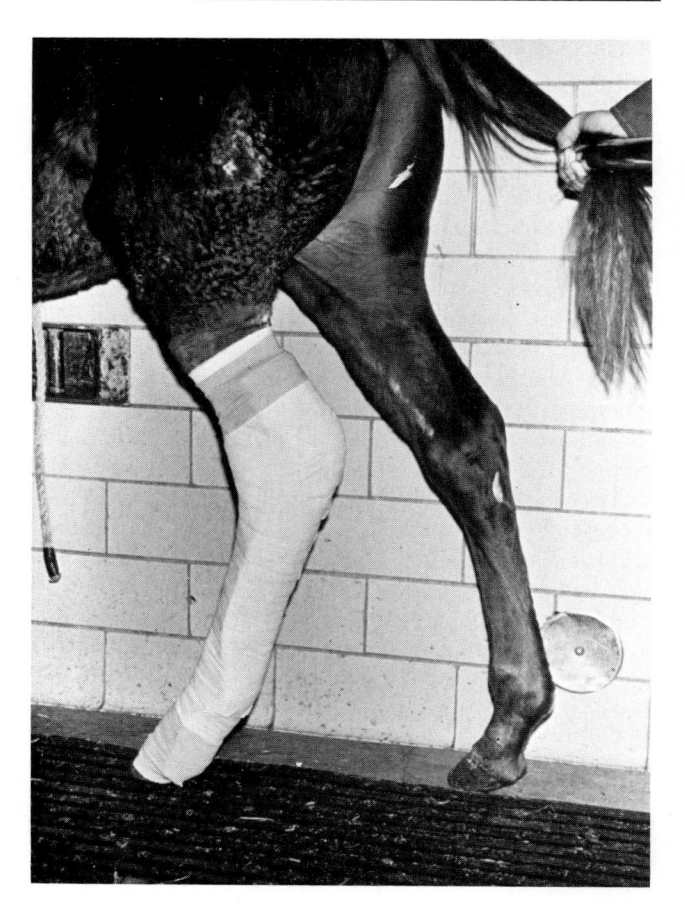

Abb. 14.33: Kunststoffschiene zur Stützung der Beckengliedmaße ab Unterschenkel. Bei richtiger Konstruktion und Anbringung verhindert diese Schiene wirkungsvoll das Beugen von Sprung- und Fesselgelenk.

Terpentin, Glyzerin, Azeton, Menthol und Thymol. Abhängig von der Zusammensetzung und der Konzentration der einzelnen Anteile, können diese mehr oder weniger schwere Entzündungen hervorrufen, wenn die Gliedmaße nach der Behandlung bandagiert wird. Einige Tinkturen enthalten Jod, das bei mehrtägiger Anwendung unter Verbänden eine Blisterwirkung besitzt. Ein Beispiel dafür stellt die Mixtur aus 120 ml einer 7%igen Jodlösung, 30 ml Terpentin und 30 ml Glyzerin dar. Allerdings sollte nach Applikation dieser oder entsprechender Tinkturen kein Bandagieren erfolgen, da sonst schwere Hautschäden auftreten können.

Zusammenfassend kann gesagt werden, daß die meisten der hier aufgeführten Mittel keinen echten eigenen Effekt besitzen, sondern vorwiegend durch die Massage und das Bandagieren die gewünschte Wirkung erzielen. Solange die Medikamente nicht zu Hautläsionen führen und den Pferden keine Schmerzen bereiten, können sie keine Schäden verursachen. Die Hyperämie ist nur vorübergehend, und für einen tatsächlichen Erfolg muß die Behandlung ein- oder zweimal täglich wiederholt werden. Bei Muskel- oder Gelenkverletzungen zeigt sich nach dem Auftragen der Mittel eine deutliche Schmerzlinderung, die allerdings ebenfalls nur kurz anhält. Durch das Umwickeln mit Plastik wird die Wirkung der Medikamente erhöht, daneben aber auch die Reizwirkung und die Gefahr von Gewebeschädigungen.

Blister und Zugpflaster

Diese Mittel, zu denen rotes Quecksilberjodid und Kanthariden (spanische Fliege) gehören, führen zu Blasenbildung und Hautentzündungen bis in die Unterhaut.
Drei Grundtypen können unterschieden werden:
1. Blister-Tinkturen (z. B. Reducine), die wie hyperämisierende Medikamente angewendet werden, aber aggressiver sind,
2. salbenförmige Blister (z. B. rotes Quecksilberjodid), die sehr stark reizend wirken und für eine längere Zeit auf der Haut verbleiben,
3. innerlich zu applizierende Blister (z. B. McKay's Jod), die in Weichteilgewebe injiziert werden und eine entzündliche Reaktion mit vermehrter Hyperämie und folgender Narbenbildung hervorrufen.

Blistern führt zu schweren Haut- und Gewebeveränderungen sowie unter Umständen zu Nekrosen in tiefergelegenen Geweben. Die Gliedmaße kann für acht bis zehn Tage bandagiert werden, was allerdings bei übermäßigen Gewebereaktionen unterbrochen werden sollte.

Allgemeine Regeln für das Auftragen von Blister:
1. Die Haare müssen in dem Gebiet rasiert werden.
2. Der Blister wird mit einem Korkstück oder Spatel, nicht mit den Händen aufgetragen.
3. Er wird fünf Minuten lang unter Benutzung von Handschuhen eingerieben.
4. Der untere Rand des geblisterten Bereiches wird mit Vaseline abgedeckt, um beim Herabrutschen der Salbe die darunterliegenden gesunden Hautbezirke zu schützen.
5. Das Entfernen des Blisters erfolgt entsprechend den Vorschriften frühestens nach sechs bis acht Stunden und spätestens nach 24 Stunden.

Vorsichtsmaßregeln beim Blistern von Pferden:
1. Während der Einwirkzeit müssen die Pferde kreuzweise eng angebunden sein, damit sie den behandelten Bereich nicht ablecken oder anknabbern können; denn das kann zu erheblichen Schäden an Lippen, Zunge oder Schleimhäuten führen. Nach der Entfernung des Blisters ist manchmal ein Halskragen notwendig.
2. Aufgrund der entstehenden, überaus schweren Entzündungen darf rotes Quecksilberjodid (rote Salbe) nicht bei sehr jungen Pferden angewendet werden.
3. Medikamente wie rotes Quecksilberjodid verhindern wegen der Verschattungen durch das auf der Haut abgelagerte Jod die Beurteilung von Röntgenaufnahmen. Das bedeutet, der behandelte Bezirk muß vor der Erstellung von Röntgenaufnahmen gründlich gereinigt werden.
4. Eine Tetanusprophylaxe ist empfehlenswert.
5. Im allgemeinen sollten Pferde für mindestens zwei bis vier Wochen nach der äußeren Applikation von Blister bzw. vier bis sechs Wochen nach innerer Anwendung nicht gearbeitet werden.

Erkrankungen, vorwiegend subakute und chronische Entzündungen, bei denen die Behandlung mit Blister angezeigt ist:
1. chronische Gelenkentzündungen im Bereich des Knie-, Sprung-, Vorderfußwurzel- und Fesselgelenkes,
2. chronische Knochenveränderungen, wie Schale, Kreuzgalle, Exostosen oder Hufknorpelverknöcherungen,
3. Sehnenentzündung,
4. Sehnenscheidenentzündung,
5. Synovialitis,
6. Hasenhacke,
7. Abszeßreifung.

Kontraindikationen für das Blistern:
1. akute und perakute Entzündungen,
2. offene Wunden,
3. die Beugeflächen mit Ausnahme der des Fesselgelenkes,
4. die Nähe von Schleimhäuten,
5. geschwächte Pferde in schlechtem Allgemeinzustand,
6. eine Kortikoidinjektion in das zu behandelnde Gebiet (innerhalb von 30 Tagen).

Ergebnisse des Blisterns:
Die Wirksamkeit des Blisterns der Haut ist fraglich, besonders bei Vorliegen von Knochenveränderungen. Allgemein kann gesagt werden, daß Blistern eine wenig effektive, aber schmerzhafte Therapiemethode darstellt, deren Wert wahrscheinlich in der erzwungenen Ruhigstellung des Pferdes zu suchen ist.

Therapeutisches Brennen (Kauterisation)

Das Brennen stellt die stärkste Form einer Reiztherapie dar. Häufig erfolgt die Anwendung, wenn andere weniger aggressive Methoden versagt haben. In Bereichen, die oft Probleme bereiten, wie z. B. am Metakarpus, Karpal-, Fessel- oder Sprunggelenk, wird die Kauterisation manchmal auch im Rahmen der Prophylaxe genutzt. Allerdings gibt es keinen Beweis für eine prophylaktische Wirkung des Brennens.[1]

Ziel. Durch diese Therapie wird eine subakute oder chronische Entzündung in eine akute umgewandelt, so daß es im Anschluß an diese zur Besserung kommen kann. Das Grundprinzip besteht in der Erzeugung einer verstärkten Hyperämie in dem vorgeschädigten Gewebe, so daß die Heilung beschleunigt wird. Dabei bildet sich aber letztendlich gering vaskularisiertes Narbengewebe, das die Bewegung behindern kann, wenn es sich über einem Gelenk befindet.
Beim Brennen werden zwei Formen unterschieden, das Punkt- und das Strichfeuer. Während das Punktfeuer unterschiedlich tief ausgeführt wird, in einigen Fällen bis zu den Sehnen oder Knochen, wird beim Strichfeuer die Haut nie vollständig perforiert, so daß die Wirkung fraglich ist. Manche glauben, daß die daraufhin entstehende vermehrte Hautdicke zur Stützung des darunterliegenden Gewebes dient.

Indikationen. Das Brennen ist eine der am häufigsten mißbrauchten Methoden in der veterinärmedizinischen Therapie. Es wird oft in gesunden Geweben oder bei kontraindizierenden Erkrankungen angewendet. Als vermeintliche Gründe für eine derartige Nutzung werden folgende Faktoren aufgeführt: Verbesserung der Heilung, Kalziumresorption, Bildung von Narbengewebe, um den Bereich zu stützen, lokale Desensibilisierung und die Beschleunigung der Arthrodese in den kleinen Gelenken des Sprunggelenkes. Wahrscheinlich ist aber der wichtigste Aspekt dieser Therapie die erzwungene Ruhe.[1]
Erkrankungen, bei denen die Kauterisation befürwortet werden kann, sind im folgenden aufgelistet. (*Vorsicht: Vor jeder Therapie sollten die erkrankten Gelenke geröntgt werden.*)
1. Weichteilschäden, besonders im Bereich der Gelenke, Bänder und Sehnen.
2. Karpitis. In diesem Fall ist es am besten, wenn keine periostale Knochenneubildung besteht.
3. Chronische Arthritis.
4. Traumatische Arthritis des Fesselgelenkes. Bei dieser Veränderung ist das Brennen sinnvoll, da durch die Erzeugung einer akuten Entzündung bei Einsetzen der Heilung die Rückbildung der chronischen serösen Arthritis erfolgen kann. Außerdem ist es nach dem Brennen leichter, die Pferde für vier bis sechs Monate

ruhigzustellen. Weniger Erfolg besitzt diese Therapie, wenn das Gelenk von den periostalen Knochenneubildungen mitbetroffen ist.
5. Sehnen- und Sehnenscheidenentzündungen. Obwohl häufig bei diesen Erkrankungen gebrannt wird, gibt es nur wenig echte Indikationen, da eine zu starke Entzündungsreaktion auftritt und anschließend zu viel Narbengewebe entsteht.
6. Gleichbeinentzündung. Bei dieser Veränderung ist das Brennen von zweifelhaftem Wert. Es wird zwar häufig angewendet, führt aber nur selten zur Heilung.
7. Knochenspat. Hierbei wird in dem Bestreben gebrannt, die Ankylose im Bereich der beiden distalen Gelenkabschnitte des Tarsalgelenks zu unterstützen. Allerdings wäre es auch ohne Brennen zur Ankylose gekommen. Außerdem ist die chirurgische Arthrodese eindeutig besser.
8. Überbeine. Überbeine werden gebrannt, obwohl sie ebenso ohne Therapie heilen, vorausgesetzt, es erfolgt eine ausreichende Ruhigstellung der Pferde, die durch das Brennen erzwungen wird.
9. Periostitis dorsal am Metakarpus. Häufig werden junge Pferde prophylaktisch im dorsalen Bereich des Metakarpus gebrannt, um der Entstehung einer Periostitis vorzubeugen. Entsprechend wird das Brennen als Therapie nach Auftreten der Veränderungen angewendet.

Kontraindikationen für das Brennen:
1. Fast offene Wunden.
2. Gebiete mit Dermatitiden oder Infektionen.
3. Akute Entzündungen. Jeder zu brennende Bereich sollte so lange ruhiggestellt werden, bis die akute Entzündung abgeklungen ist.
4. Beugeflächen der Gelenke, besonders diejenige des Karpalgelenkes, die starke Hautfaltenbildung zeigt.
5. Gesundes Gewebe. In einigen Gebieten Amerikas ist es üblich, Pferde vor dem Anreiten zu brennen; angeblich, um damit entsprechende Körperabschnitte zu stärken. Tatsächlich ist aber das entstehende Narbengewebe empfindlicher als normales Gewebe, so daß in diesen Fällen das Brennen nicht sinnvoll ist.
6. Sehr junge Pferde.
7. Geschwächte Tiere in schlechtem Allgemeinzustand.
8. Aktive Knochenneubildung. Brennen führt zum Ansteigen der Knochenaktivität, so daß die Knochenneubildung stärker als sonst ausfällt.
9. Gebiete, in die innerhalb der letzten 30 Tage Kortikoide injiziert wurden.

Instrumentarium zum Brennen:
1. Mit Ether beheiztes Brenneisen. Dieses Gerät macht unangenehmen Lärm und zeigt das Ausgehen der Flamme mit einem Ton an, der Pferde beunruhigt.
2. Brenneisen ohne automatische Heizvorrichtung. Die Brennstifte werden dabei über ein großes Stück Eisen, mit dem sie verbunden sind, heißgehalten.
Im allgemeinen können so vier bis fünf Punkte vor einem erneuten Aufheizen, z. B. mit einer Lötlampe, gebrannt werden.
3. Ersatzmaterialien. Früher wurden beispielsweise heiße Nägel verwendet. Dieses Verfahren ist kontraindizierend.
4. Elektrische Brennapparate. Dies ist bei weitem das beste Verfahren. Verschieden große Brennspitzen, die sowohl zum Brennen als auch zum Entfernen von Granulationsgewebe geeignet sind, werden mitgeliefert (Abb. 14.34). Die Geräte arbeiten leise und sind tragbar. Die Auswahl der Brennpunktgröße setzt die Gefahr einer Gelenkkapselpunktion herab. Für das Fesselgelenk sollten kleinere Punkte als für das Karpalgelenk verwendet werden.
5. Instrumentarium für das Strichfeuer. Dafür wird im allgemeinen eine flache Spitze, die nicht breiter als 3 mm ist, benutzt. Die Haut darf nicht vollständig durchtrennt werden. Die einzelnen Linien sollten nicht enger als ca. 13 mm beieinander liegen. Die Erstellung verschiedener Muster hängt ausschließlich von den künstlerischen Fähigkeiten des Operateurs ab. Grundsätzlich ist das Strichfeuer wenig empfehlenswert und entspricht einer Blisterbehandlung. Demgegenüber ist ein Punktfeuer deutlich effektiver.

Punktfeuer. Wenn möglich, sollte das Pferd im Stehen gebrannt werden. Dazu können nervöse Pferde sediert werden. Die meisten, auch brave Pferde, werden unruhig, wenn sie nach zwei bis drei Brennpunkten die verbrannte Haut riechen. Durch kurzes Unterbrechen nach zwei bis drei Ansätzen, noch bevor der Rauch die Nüstern erreicht, kann die Erregung umgangen werden. Pferde, die im Liegen gebrannt werden, zeigen ausnahmslos ein unregelmäßiges Muster.

Das Vorgehen beim Brennen wird im folgenden beschrieben:
1. Das zu brennende Gebiet wird rasiert.
2. Die Hautoberfläche wird mit antiseptischer Seife sowie Wasser gereinigt und anschließend desinfiziert. Alle Hautabschilferungen müssen entfernt werden.
3. Durchführung einer Lokalanästhesie.
 a) Karpalgelenk. Für die Lokalanästhesie des Karpalgelenkes gibt es zwei Möglichkeiten:
 – Direkte subkutane Infiltrationsanästhesie im Dorsalbereich des Karpus mit einem Lokalanästhetikum. Dabei wird ein Querriegel über das Karpalgelenk gelegt und dann durch langsames seitliches Herabwandern mit der Injektion die gesamte Haut dorsal des Karpalgelenkes mit dem Lokalanästhetikum unterspritzt, so daß in diesem Bereich ein Flüssigkeitskissen entsteht. Diese Form der Anästhesie führt zu einer guten Schmerzfreiheit und schützt gleichzeitig die Gelenkkapsel durch das Kühlen der Brennpunkte.
 – Eine Leitungsanästhesie der Nervi medianus, ulnaris und cutaneus antebrachii medialis kann vorgenommen werden, was ebenfalls zur vollständigen Schmerz-

Kapitel 14: Therapieverfahren 861

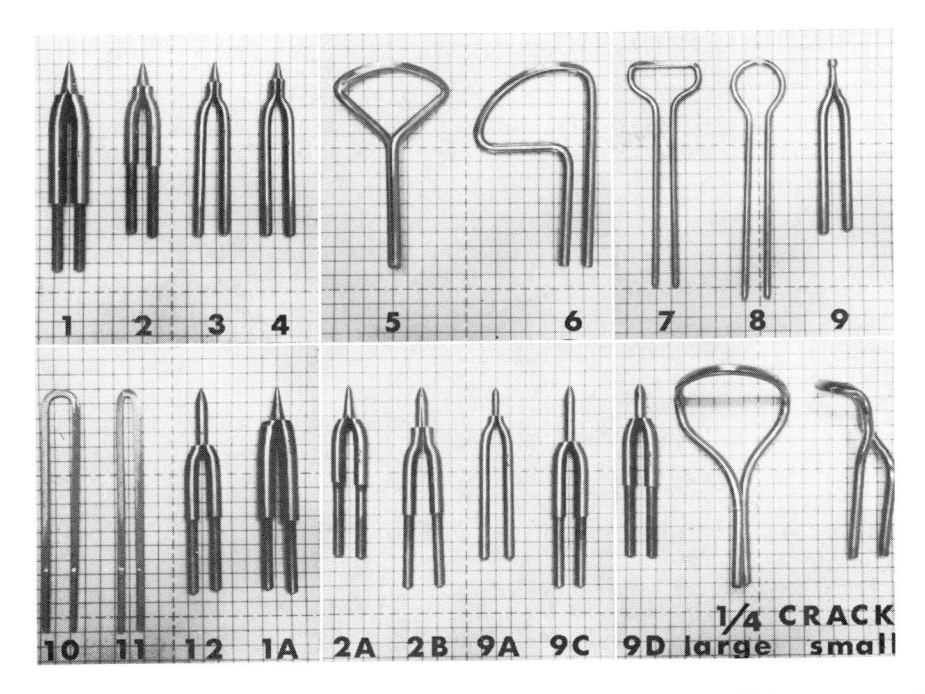

Abb. 14.34: Zubehör für ein elektrisches Brenneisen. Das Instrumentarium zum Punkt- und Strichbrennen, zum Kautern sowie für die Entfernung von Granulationsgewebe ist dargestellt (mit Genehmigung der Nicholson Manufacturing Company, Chicago, IL.).

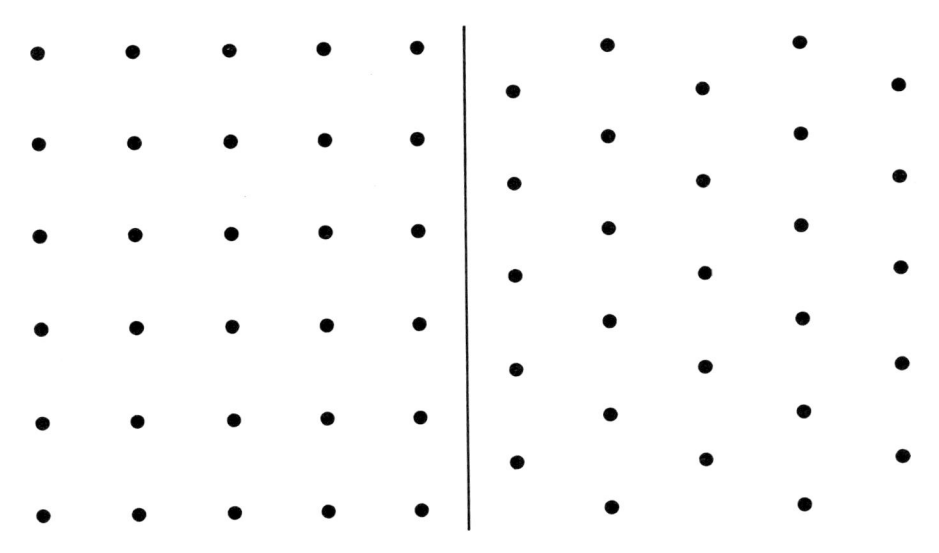

Abb. 14.35: Punktfeuer in rechteckiger und schräger Anordnung. Die einzelnen Punkte des Musters sollten nicht enger als 1,0 bis 1,2 cm beieinander liegen.

ausschaltung im Karpalgelenkbereich führt, jedoch keine Schutzwirkung für die Gelenkkapsel besitzt. Beim Fehlen eines schützenden Flüssigkeitskissens kann aber die Gelenkkapsel versehentlich punktiert werden, wenn das Pferd plötzlich ins Brenneisen springt.

b) Fesselgelenk. Die Nervi palmares liegen seitlich im Bereich zwischen dem Musculus interosseus medius und der tiefen Beugesehne. In diesem Gebiet, in Höhe der Griffelbeinknöpfchen, werden sowohl der mediale als auch der laterale Nervus palmaris erreicht. Die Nervi metacarpei palmares werden ebenfalls in Höhe der Griffelbeinknöpfchen anästhesiert. Zusätzlich muß eine subkutane Infiltrationsanästhesie zur vollständigen lokalen Schmerzausschaltung in dem Gliedmaßenbereich gesetzt werden (siehe Seite 134 bis 140 und Seite 145).

c) In anderen Bereichen wie bei Knochenspat oder Überbeinen erfolgt eine subkutane Infiltrationsanästhesie über den zu brennenden Teilen.

Beim Punktbrennen kann ein rechteckiges oder diagonales Muster verwendet werden (Abb. 14.35). Es ist sinnvoll, vor dem Brennen das Muster aufzuzeichnen, denn denn bei ungenügend tiefen Löchern kann so eventuell nachgebrannt werden, bis die gewünschte Tiefe erreicht ist. Die einzelnen Punkte sollten nicht enger als 10 bis 12 mm beieinander liegen.

Verschiedene Faktoren müssen beim Punktbrennen beachtet werden:
1. Die Temperatur des Brenneisens. Ein kirschrot glühendes Eisen besitzt die richtige Temperatur. Ein heißeres Eisen hat exzessive Gewebsverbrennungen zur Folge.
2. Die Aufsetzdauer des Eisens auf die Haut. Dabei ist es besser, die Haut zweimal kurz zu berühren als einmal zu lange; denn bei zu langem Ansetzen oder zu dicht gelagerten Punkten können die entstehenden Hautnekrosen verschmelzen und Hautablösungen verursachen.
3. Übermäßiger Druck. Dieser führt zu Verbrennungen der Synovialstrukturen oder der Knochen. Letztere können mit einer Osteomyelitis oder lokalen Knochennekrosen reagieren.
4. Plötzliche Bewegungen der Pferde. Ein Arm des Operateurs sollte immer am Pferd liegen, um Bewegungen rechtzeitig zu registrieren.
5. Durchtrennen von Arterien oder Venen. Besonders beim Brennen des Fesselgelenkes ist Vorsicht geboten, um die seitlich an den Gleichbeinen verlaufenden Arteriae und Venae digitales palmares bzw. plantares nicht zu durchtrennen. Obwohl dies gewöhnlich nicht ernst ist, sieht es doch unschön aus und kann einfach verhindert werden, indem die Brennpunkte in diesen Bereichen die Haut nicht vollständig perforieren.

Strichfeuer. Strichfeuer werden gewöhnlich entlang der Palmar- bzw. Plantarflächen der Sehnen angewandt. Sie erfolgen unter Lokalanästhesie, und die Spitze des Instrumentes sollte nicht breiter als 3 mm sein. Da Strichfeuer keine stärkere Entzündung als normales Blistern hervorruft, erfolgt hier keine eingehendere Betrachtung.

Nachbehandlung im Anschluß an das Brennen. Manche Tierärzte verwenden nach dem Brennen Quecksilberjodid. Dies ist nicht unbedingt zu empfehlen, da bei ausreichend tiefen Brennpunkten Blistern schwere subkutane Nekrosen mit umfangreichem, häßlichem Hautverlust verursacht, die eine lange Heilungsdauer benötigen. Besser ist eine Salbe für die Gliedmaßen, die sowohl die Reizung verlängert und daneben noch anästhesierend wirkt. Eine derartige Mixtur kann aus zwei Teilen 7%iger Jodtinktur, einem Teil Glyzerin und einem Teil Phenol bestehen. Der Alkohol aus der Jodtinktur verdünnt das Phenol, so daß keine Nekrosen entstehen. Daneben scheint Phenol einen anästhesierenden Effekt zu besitzen. Bei Verwendung dieser Mixtur knabbern die Pferde selten am Verband. Das Mittel wird 21 Tage lang täglich mit einer weichen Bürste in die Wunden eingerieben. Anschließend wird die Gliedmaße zum Schutz mit einem weichen, nicht ausfasernden Gazeverband bandagiert. Die Mixtur wirkt schmerzlindernd und keimtötend bei gleichzeitiger Verlängerung der Reizung. Nach ungefähr zehn Tagen lösen sich als Folge der Mixtur die oberflächlichen Hautlagen ab. Diese Reaktion ist nicht schwer und betrifft nicht die tieferen Hautschichten. Nach 21 Tagen erfolgt die Absetzung der Mixtur. Dagegen bleibt der Verband eine unterschiedlich lange Zeit an der Gliedmaße. Im Anschluß an das Brennen sollten dem Pferd vier bis sechs Monate Ruhe gewährt werden.

Komplikationen nach dem Brennen:
1. Hautablösungen,
2. Tetanus,
3. Wundinfektion und Septikämie,
4. Rehe als Folgeerscheinung der Entzündung durch das Brennen,
5. septische Arthritis und Synovialitis nach Perforieren einer Synovialmembran mit dem Brenneisen.

Allgemeine Bemerkungen zum Brennen. Röntgenaufnahmen sind für eine richtige Beurteilung der Knochen und eine wohlfundierte Entscheidung hinsichtlich des Brennens unbedingt notwendig. Die Röntgenuntersuchung schließt das Vorliegen von Chip-Frakturen oder anderen kontraindizierenden Erkrankungen aus. Brennen ist sinnvoll im Rahmen der Behandlung von chronischen oder subakuten Weichteilveränderungen und bei periostalen Knochenneubildungen, aber erst nach Beendigung des aktiven Stadiums. Keinen Wert besitzt die therapeutische Kauterisation, wenn auch Gelenkflächen von den periostalen Knochenneubildungen betroffen sind.

Andere Methoden zur Erlangung einer Reizwirkung

Ätzmittel führen ebenfalls zu einer Gewebereizung, sind aber nicht empfehlenswert. Das Auftragen von Säure über ein mit Löchern versehenes Plastikstück verursacht Hautnekrosen an entsprechenden ungefähr 13 mm großen Punkten. Es ist aber weniger wirkungsvoll als das Brennen.

Die Injektion von reizenden Stoffen wurde beschrieben.[45] Diese Methode führt zu effektiveren Entzündungen als Brennen oder Blistern. Sowohl 1:2 bis 1:20 verdünnte Lugolsche Lösung als auch eine 5%ige wäßrige Jodlösung kommen für diesen Zweck in Frage. Jeweils 1 bis 1,5 ml des Reizmittels werden entlang der Sehnen mit einem Abstand von ungefähr 2,5 cm nebeneinander injiziert. Insgesamt werden 10 bis 15 ml des Reizmittels benötigt. Anschließend wird die Gliedmaße bandagiert und die Pferde fünf bis sechs Wochen lang nur leicht gearbeitet. Allerdings hat sich bei den meisten Sehnenentzündungen schon zu viel Narbengewebe gebildet. Die hier beschriebene Therapie unterstützt, entsprechend der Forderung bei der Asheim-Operation, die Auflösung von Sehnenscheidenentzündungen durch vermehrte Blutversorgung (siehe Seite 463 bis 478). Diese Injektionen setzen eine sorgfältige Vorbereitung der Haut in Form von Rasieren, Reinigen und Desinfizieren zur Verhinderung eventueller Infektionen und Hautablösungen voraus.

Kryotherapie

Obwohl die Kryotherapie bereits große Beachtung bei der Behandlung von Tumoren erlangt hat, findet sie erst seit kurzem Verwendung bei Skelett-Muskel-Erkrankungen. Das Vorgehen entspricht ungefähr demjenigen beim Brennen, aber anstatt der Wärme wird hier extreme Kälte in Form von flüssigem Stickstoff appliziert. Genutzt wird die Kryotherapie bei einer Art Kryoneurektomie der Nervi digitales palmares/plantaris und im Rahmen der Kryochirurgie bei der Periostitis dorsal am Metakarpus.[43,47] Weitere Erkrankungen, bei denen die Kryotherapie erfolgreich sein kann, stellen Überbeine, Bursitis bzw. Tendinitis der medialen Sehne des Musculus tibialis cranialis, Hasenhacke sowie der Bogen über der oberflächlichen Beugesehne bei einer Tendosynovialitis dar.[46]

Die Möglichkeit, durch extreme Kälte eine Art Kryoneurektomie ohne Hautschnitt zu erreichen, wird für eine Kurzzeittherapie der Podotrochlose genutzt. Dabei wird der Nerv palpatorisch aufgesucht und anschließend so lange der Kälte ausgesetzt, bis er vollständig im gefrorenen Gewebe fixiert ist (siehe Erkrankungen des Strahlbeines, Seiten 508 und 509). Folgende Nachteile besitzt diese Behandlung:

1. Gewöhnlich treten Hautnekrosen auf, und die nachwachsenden Haare sind weiß.
2. Der Erfolg fällt unterschiedlich aus.
3. Die Schmerzleitung innerhalb der Nervi digitales palmares wird individuell unterschiedlich lange unterbunden.
4. Der Behandlungserfolg besteht nur vorübergehend. Die Kombination von konventioneller Neurektomie und Kryochirurgie setzt das Auftreten von Neuromen herab.

MONTGOMERY berichtet über gute Resultate bei der Behandlung von akut entzündlichen Typ-I- und den Knochen mitbetreffenden Typ-II-Periostitiden dorsal am Metakarpus. Dagegen scheint die Kryotherapie bei Vorhandensein von flachen, zungenförmigen Frakturen kontraindiziert zu sein.[47] Nach der Sedation wird der zu behandelnde Bereich rasiert, desinfiziert und eine Lokalanästhesie in Form einer ringförmigen Infiltrationsanästhesie oberhalb des entsprechenden Gebietes vorgenommen. Auf die Applikationsstelle kommt ein Tropfen eines wasserlöslichen Gleitmittels. Nach dem Vorkühlen wird das Kühlmittel über sechs bis zwölf Sekunden oder bis zur Bildung einer Eisschicht, die mit dem darunterliegenden Periost verklebt, aufgetragen. Das wasserlösliche Gleitmittel gefriert gewöhnlich in der Gestalt eines Rettungsringes. Drei bis vier Längsreihen solcher Gefrierpunkte werden über die Dorsalfläche des Metakarpus verteilt. Liegt die Strecksehne unter dem zu behandelnden Gebiet, wird letzteres mit dem Daumen der freien Hand zur Seite gezogen. Anschließend erfolgt das Bandagieren mit einem Vaseline-Gazeverband, der bis zum Abfallen des Schorfes über allen Gefrierpunkten an der Gliedmaße verbleibt. Das in diesen Bereichen nachwachsende Haar ist gewöhnlich weiß.

Die Ergebnisse bei der Kryotherapie von Skelett-Muskel-Erkrankungen sind bisher nicht genug bekannt, um diese Behandlung zur Zeit empfehlen zu können.

Strahlentherapie

Die Strahlentherapie eignet sich ebenfalls zur Erzeugung von tiefen Entzündungen. Entgegen einigen Meinungen, daß die Strahlentherapie eine entzündungshemmende Wirkung besitze, führt sie tatsächlich zu einer bis zu sechs Wochen andauernden Entzündungsreaktion.[17] Das allgemein auftretende Phänomen der sofortigen Verbesserung von Lahmheiten nach der Bestrahlung ist wahrscheinlich die Folge von Nervenendschädigungen. Nach der Behandlung sind zur Erzielung der besten Ergebnisse wenigstens 90 Tage Ruhe nötig.

Die Bestrahlungen können auf viele verschiedene Arten durchgeführt werden. Die geeignetsten Verfahren sind therapeutische Röntgengeräte und Kobalt-60-Nadeln mit Gammastrahlung. Letztere sind relativ einfach zu handhaben und stellen die beste Bestrahlungsmethode dar. Bei Verwendung von Radium im Rahmen einer Strahlentherapie kann durch die Beschädigung des Aufbewahrungsbehälters Radiumpulver freiwerden und für viele Jahre das Gebiet kontaminieren. Aus diesem Grunde sollte Radium nicht in der Nähe von Pferden eingesetzt werden. Kobalt-60 wird in Form von Drähten hergestellt, und bei Zerbrechen des Containers lassen sich diese mit Hilfe eines Zählrohres wiederfinden. Gasförmiges Radon, das in Glaskapillaren aufbewahrt wird, hat den Vorteil, daß es eine sehr kurze Halbwertszeit aufweist. Es ist aber teuer, da nur eine einmalige Verwendung möglich ist. Auch beim Umgang mit Radon müssen die gleichen Sicherheitsvorschriften eingehalten werden wie bei anderen radioaktiven Stoffen. Caesium-137 kann ähnlich wie Kobalt-60 eingesetzt werden. Die Strahlenquelle ist zur Erzielung einer optimalen Wirkung in einer Platinhülse angeordnet. Gebündelte Kobalt-60-Nadeln können direkt über dem zu behandelnden Bereich befestigt werden. Dies stellt einen wichtigen Vorteil gegenüber der Röntgenbestrahlung dar, bei der bereits kleine Bewegungen des Pferdes zu Intensitätsänderungen in dem zu bestrahlenden Gebiet führen. Auf jeden Fall sollte die Strahlentherapie nur von Personen ausgeführt werden, die die nötige Erfahrung im Umgang mit radioaktiven Stoffen bzw. Röntgenstrahlen besitzen. Grundsätzlich müssen dabei die Strahlenschutzverordnung und entsprechende Vorsichtsmaßregeln beachtet werden, um den Patienten und die Personen, die mit dem Pferd in Kontakt kommen, nicht zu gefährden. Die Anwendung von anderen Behandlungsverfahren (z. B. Ultraschall), die ebenfalls tiefe Entzündungen erzeugen, ist gewöhnlich nach einer Strahlentherapie nicht angezeigt. So kann die durch die Bestrahlung hervorgerufene langandauernde Entzündung durch therapeutischen Ultraschall derart verschlimmert werden, daß es zu unerwünschten Schädigungen von Weichteilgeweben oder Knochen kommt.

Die Strahlendosis und -energie müssen zur Erlangung gleichmäßiger Ergebnisse sorgfältig berechnet werden. Bei Verwendung von Kobalt-60 sollte die Anzahl der Nadeln ausreichen, um eine Ionendosisleistung von zwölf bis 20 Röntgen pro Stunde auf das Gewebe einwirken zu lassen. Versuche zeigten, daß nach einer derartigen Behandlung die Entzündung sechs Wochen und länger andauerte und eine aktuelle Verringerung der Knochendichte auftrat.[17] Letztere ist die Folge der Entzündung und wird innerhalb von ungefähr 40 Tagen behoben. Diese verringerte Knochendichte kann theoretisch bei ungenügender Ruhigstellung der Pferde zu Frakturen führen.

Vor jeder Strahlentherapie muß das veränderte Gelenk geröntgt werden, um sicherzustellen, daß die Lahmheit nicht durch kleine Chipfrakturen oder andere Erkrankungen, die besser operativ angegangen werden, verursacht ist. Bei zerstörtem Gelenkknorpel können Bestrahlungen nur palliativ wirken. Ebenso wird bei Gelenkeinengungen, -sklerosen oder Zystenbildungen nur ein mäßiger Therapieerfolg beobachtet werden.

Die folgenden Erkrankungen erlauben eine Strahlentherapie: chronische, traumatische Arthritis und Osteoarthritis des Karpal- und Fesselgelenkes, periostale Knochenneubildung im Bereich der Karpalknochen sowie alle weiteren Schäden, die durch eine langanhaltende, tiefe Entzündungsreaktion verbessert werden können. Bei ausschließlich periartikulären Veränderungen der Weichteile und/oder fortschreitenden Knochenzubildungen scheinen Bestrahlungen besonders wirkungsvoll zu sein. Die Ionendosis bei diesen Erkrankungen sollte 750 bis 1000 Röntgen betragen.

Daneben ist der Einsatz einer Strahlentherapie beim Pferd im Rahmen der Behandlung von Sarkoiden, Fibrosarkomen und Plattenepithelkarzinomen sinnvoll. In diesen Fällen wird eine Ionendosis zwischen 4500 und 6000 Röntgen gewählt, um oberflächliche und tiefe Tumorzellen abzutöten. Bei der Bestrahlung eines Sarkoids im Karpalgelenkbereich sollte aufgrund der Nähe der Karpalknochen die Ionendosis 2000 Röntgen nicht überschreiten, um eine mögliche Knochenentmineralisierung zu vermeiden.

Röntgenbestrahlung

Die gezielte Behandlung mit harten Röntgenstrahlen ist möglich, benötigt aber eine anspruchsvolle Ausrüstung, um weiche Röntgenstrahlung herauszufiltern. Die hohen Gerätekosten für eine sichere Röntgentherapie stellen den Hauptnachteil dieses Verfahrens dar. Die Röntgenbestrahlung verursacht eine Irritation, die eine verbesserte Blutversorgung erzeugt und damit die Möglichkeit schafft, den Schaden zu heilen. Bei der Behandlung mit ionisierenden Strahlen treten Endothelnekrosen an den kleineren Blutgefäßen auf, die zu einer reflektorischen Hyperämie und einer Art Wundtoilette mit Abräumen der Zelltrümmer führen. Zwei bis drei solcher Behandlungen in einem Abstand von jeweils 30 Tagen müssen durchgeführt werden, bevor es zu einem Säuberungseffekt mit verbesserter Heilung kommt.

Röntgenbestrahlungen sind bei der Behandlung zahlreicher Skeletterkrankungen erfolgreich angewendet worden, aber es fehlen weitere Kontrolluntersuchungen.[18,24] Die Röntgentherapie findet bei degenerativen Gelenkerkrankungen zur Durchführung einer Synovektomie oder bei Sehnenentzündungen Anwendung. Aufgrund der Knochenschädigung im Behandlungsgebiet und der reduzierten Osteoblastentätigkeit über drei bis sechs Monate sollten die Pferde nach einer Röntgenbestrahlung nicht trainiert werden und keine Rennen laufen, um mögliche Frakturen zu verhindern.

Bei Pferden, die auf Ausstellungen vorgeführt werden, sollte eine Röntgentherapie, die das Wachstum von weißen Haaren fördert, unterbleiben. Da Bestrahlungen die Ausbreitung von Infektionserregern und Toxinen unterstützen, sollten sie bei infektiösen Prozessen vermieden werden.

Akupunktur

Die Akupunktur gewinnt immer mehr Beachtung für die Behandlung vieler Erkrankungen verschiedener Organsysteme.[8,14,24] Allerdings sind die Wirkungen zur Zeit noch wenig bekannt, und solange noch Veröffentlichungen über Kontrolluntersuchungen fehlen, ist der Wert der Akupunktur nicht vollständig einzuschätzen.

Lasertherapie

Die Infrarot-Lasertherapie erregt in letzter Zeit vermehrt die Aufmerksamkeit zahlreicher Tierärzte und findet auch hierzulande weitere Verbreitung. Die Lasertherapie ist zur Behandlung von Sehnen- und Bandverletzungen, Gelenkentzündungen, zur Verminderung von Entzündungen sowie von Narbenbildungen, zur Verbesserung der Wundheilung und bei Verbrennungen angezeigt. Die durch die Behandlung hervorgerufene Schmerzlinderung ist wahrscheinlich die Folge einer Veränderung in der Prostaglandinsynthese. Außerdem bestehen Hinweise, daß die Anwendung von Laser das Immunsystem stimuliert, so daß diese Therapie auch bei der Tumorbehandlung eingesetzt werden kann. Aber zur Zeit sollte die direkte Tumorbestrahlung mit dem Laser noch unterbleiben, da im Augenblick nur wenig fundierte Erkenntnisse vorliegen. Während der Behandlung darf auf keinen Fall direkt in den Laserstrahl geschaut werden. Grundsätzlich sollten die Lasertherapie und die Akupunktur mit Vorsicht genutzt werden, solange die Wirkungen dieser Behandlungsmethoden nicht durch kritische Untersuchungen bestätigt wurden.

Elektrostimulation, elektromagnetische Felder und Magnettherapie

Seit kurzem finden die Elektrostimulation, die elektromagnetische Feld-Therapie und die Magnettherapie vermehrt Anhänger für den Einsatz im Rahmen der Frakturheilung. Über entsprechende Behandlungen bei Pferden mit verzögerter oder fehlender Knochenheilung, Überbeinen, Periostitiden dorsal am Metakarpus, Sehnenentzündungen, degenerativen Gelenkerkrankungen und Bandentzündungen wurde berichtet.[11,20] Die Magnettherapie scheint außerdem bei Erkrankungen anderer Organsysteme erfolgreich zu sein. Obwohl alle drei Methoden bei ähnlichen Erkrankungen eingesetzt werden, sollen sie aufgrund ihrer verschiedenen Applikationsformen und Wirkungsmechanismen einzeln besprochen werden. Gemeinsam ist allen Verfahren die Erzeugung von lokalen Gewebeveränderungen durch eine vermehrt leitende Umgebung mit folgendem Heilungsbeginn. Die direkten Wirkungen beinhalten Änderungen der intrazellulären Ladungen, des piezoelektrischen Charakters der Knochen, der Temperatur, der Blutversorgung sowie des Sauerstoffpartialdruckes.[6,11,20,70]

Elektrostimulation

Die direkte Elektrostimulation mit kleinen Stromstärken von fünf bis 20 Mikroampere wird erfolgreich bei verzögerter oder fehlender Knochenheilung nach Frakturen bei Labortieren, Pferden und Menschen eingesetzt. Dem Grundsatz entsprechend, daß Knochenbildung nur an der Kathode stattfindet, gibt es zur Zeit zwei Apparaturen: einen semiinvasiven und einen vollständig zu implantierenden Stimulator für die Knochenbildung. Die semiinvasive Methode beinhaltet das Einsetzen der Kathode in den Frakturbereich unter Röntgenkontrolle und die äußere Anbringung der Anode. Dabei muß die Kathode die Frakturstelle und, für einen ausreichenden Halt, wenigstens eine Substantia corticalis des Knochens durchdringen. Die externe Anode wird mit einem sterilen Verband fixiert, der alle 48 Stunden gewechselt werden sollte. Die Vorteile dieses Verfahrens liegen
1. in der einfachen Implantation,
2. in der relativ geringen Invasivität,
3. in der Tragbarkeit und
4. in der Unabhängigkeit von anderen chirurgischen Implantaten.

COLLIER fand bei der Anwendung dieser Methode beim Pferd zwei Nachteile:
1. die Schwierigkeit, eine auftretende Infektion an der Hautperforationsstelle der Kathode unter Kontrolle zu bringen, und
2. das häufige Zerbrechen des Kathodenstiftes im Frakturbereich.[11]

Das invasive System wird in die Weichteilgewebe implantiert und überbrückt mit einer oberflächlich angelegten Rinne die Fraktur. Obwohl die Operation länger dauert und zuerst ein größeres Infektionsrisiko besteht, besitzt dieses Verfahren Vorteile gegenüber der semiinvasiven Technik.[11] Allerdings dürfen die Einrichtungen der invasiven Elektrostimulation nicht mit anderen Implantaten in Berührung kommen. Weitere Nachteile dieser Methode bestehen in der schwierigen Überwachung des Stromflusses und in der Gefahr des unbemerkten Zerbrechens der Kathode.

Obwohl die bisherigen Ergebnisse vielversprechend sind, ist eine weite Verbreitung der direkten Elektrostimulation im Rahmen der Knochenheilung bei Pferden zur Zeit nicht zu erwarten, da Arbeiten zur Beurteilung dieser Methode und für den Vergleich mit anderen nichtinvasiven Verfahren, wie z. B. mit pulsierenden elektromagnetischen Feldern oder mit der Magnettherapie, noch ausstehen.

Elektromagnetische Felder

Die Applikation von pulsierenden elektromagnetischen Feldern ist eine nichtinvasive Methode, die bewiesenermaßen die Behandlung bei fehlender Knochenheilung nach Frakturen, bei fehlgeschlagener Arthrodese und bei der menschlichen kongenitalen Pseudoarthrose fördert. Elektromagnetische Felder mit bestimmten Pulscharakteristiken scheinen außerdem bei frischen Frakturen sinnvoll zu sein.[6]

BASSETT et al. fanden, daß bestimmte Wellenformen, die chronische Probleme beheben können, nicht zwangsläufig bei akuten Veränderungen helfen.[6] Andere Untersuchungen zeigten, daß verschiedene Pulscharakteristiken unter Berücksichtigung der betrachteten Gewebeart und des Funktionszustandes unterschiedliche Reaktionen hervorrufen. Zum Beispiel können in Abhängigkeit der Pulsform Kalziumionen in den Chondrozyten vermehrt oder vermindert werden. Weiterhin nimmt die Wellencharakteristik Einfluß auf den Kollagengehalt, die Proteoglykane und die DNA-Synthese.[6] Es ist einleuchtend, daß unterschiedliche Wellenformen und Frequenzmuster die biologische Antwort verändern können. Dies ist für den Tierarzt wichtig zu wissen. Spezielle elektromagnetische Wellen, die sich als Therapie bei verzögerter Knochenbruchheilung, Tendinitis oder Bänderentzündung bewährt haben, müssen nicht unbedingt bei der Reparation von frischen Knochenfrakturen wirkungsvoll sein. Weitere Arbeiten sind nötig, um den Einfluß verschiedener Wellenformen auf die biologischen Systeme genau zu definieren. Untersuchungen, die nur ganz bestimmte individuelle Fragestellungen berücksichtigen, sind zwar wichtig, verzögern aber manchmal die Grundlagenforschung. Erst wenn entsprechende Basisergebnisse vorliegen, kann der therapeutische Wert der elektromagnetischen Felder eingeschätzt und eine endgültige Stellung bezogen werden.

Magnettherapie

Obwohl die Magnettherapie bereits seit Jahren angewendet wird, ist sie erst seit kurzem Gegenstand kritischer Untersuchungen geworden.[70] Diese Methode soll bei der Behandlung verschiedener orthopädischer Probleme erfolgreich einsetzbar sein. Allerdings gibt es bisher nur wenige Kontrollstudien. Die Hauptwirkung bei sehr niedrigen Frequenzen liegt in der Verbesserung der Blutversorgung und in der Steigerung des Sauerstoffpartialdruckes in dem zu behandelnden Gebiet. Zusätzlich scheint es zu Ladungsänderungen in und zwischen den Zellen zu kommen, die die Heilung fördern. Wahrscheinlich werden auch lokale Enzyme beeinflußt. Obwohl zahlreiche Einzelbeschreibungen den therapeutischen Wert dieser Methode aufzeigen, fehlen doch weitere objektive Untersuchungen, um dieses Verfahren empfehlen zu können.

Packungen oder Kataplasmen

Diese Mittel entziehen aufgrund ihres hohen osmotischen Druckes den Geweben Flüssigkeit. Beispiele für derartige Medikamente sind Denver Mud, Magnesiumsulfat, Fullererde (nicht reines Aluminiumsilikat), Salbe aus Borsäure, Packungen aus Porzellanerde (Kombination aus Porzellanerde, Glyzerin, Wasser und Eisenhut) sowie Unnas Salbe. Packungen begrenzen sowohl nichtinfektiöse als auch infektiöse Entzündungen. In einigen Fällen werden sie bei Stichwunden angewendet. Manche dieser Mittel dürfen nicht direkt mit der Haut in Kontakt kommen, da sie übermäßigen Flüssigkeitsaustritt verursachen. Andere Mittel, wie z. B. Denver Mud, können ohne negative Wirkungen auf die Haut appliziert werden. Die Packung wird mit einem Verband abgedeckt und bleibt gewöhnlich zwölf bis 48 Stunden auf der Gliedmaße und kann mehrmals wiederholt werden. Durch Auflegen von Plastikfolie wird die Wirkung der Packung verstärkt.

Die Anwendung von Unnas Salbe als Antiphlogistikum ist in anderen Ländern sehr populär.[32] Sie wird außerdem für die Herstellung von Stützverbänden benutzt. Unnas Salbe besteht aus folgenden Stoffen: 150 g Zinkoxid, 150 g Gelatine, 350 ml Glyzerin, 350 ml Wasser. Zuerst werden die festen Bestandteile vermischt und danach die Flüssigkeiten hinzugegeben. Anschließend wird die Masse verrührt und in einem Wasserbad erhitzt, bis sie die Konsistenz einer zähen, gebrauchsfähigen Paste aufweist. Beim Erkalten erhält die Paste eine elastische, schaumgummiähnliche Konsistenz. Abgekühlte, bevorratete Unnas Salbe wird zum Auftragen im Wasserbad erneut erhitzt und die benötigte Menge abgenommen. Die Paste wird mittels einer 5 cm breiten Bürste dick auf der gesamten ausgerollten elastischen Bandage ausgestrichen. Nur genügend dick aufgetragene Paste gewährleistet, daß jede Verbandlage an der vorherigen kleben bleibt. Knoten, Klammern oder andere Befestigungseinrichtungen sind nicht nötig. Innerhalb der ersten 20 Minuten müssen die Pferde von Staub und Einstreu ferngehalten werden, um das Abbinden der Paste zu ermöglichen. Ein derartiger Verband ist fest, aber doch flexibel und kann mehrere Tage an der Gliedmaße verbleiben. Zur Abnahme wird der Verband in Längsrichtung der Gliedmaße durchgeschnitten und dann abgezogen. Bandagen mit Unnas Salbe werden als Sehnenstützverbände, als Druckverbände auch über Wunden zur Vermeidung von übermäßigem Granulationsgewebe oder zur Verhinderung von Gliedmaßenschwellungen bei Boxenruhe verwendet. Außerdem kann die Salbe anstelle von Fichtenteer oder Werg bei Nageltritten während der Rekonvaleszenzperiode genutzt werden.

Beschichtete Gazebinden, die einen entsprechenden Zweck wie ein Verband mit Unnas Salbe erfüllen, sind im Handel erhältlich. Sie dienen ebenso wie Packungen als Stützverbände.

Applikation entzündungshemmender Mittel

Die Anwendung von entzündungshemmenden Mitteln hat sich inzwischen in der Veterinärmedizin durchgesetzt. Die heute im Handel erhältlichen Präparate werden in Steroide und nichtsteroidale Medikamente eingeteilt. Zu den Steroiden mit entzündungshemmender Wirkung zählen die Glukokortikoide. Neben der antiinflammatorischen Hauptwirkung weisen die Glukokortikoide zum Teil ähnliche Wirkungen wie die Mineralokortikoide auf. Die Gruppe der nichtsteroidalen Entzündungshemmer führt zu ähnlichen Reaktionen wie die Steroide.

Steroide mit antiinflammatorischer Wirkung

Entzündungshemmende Steroide werden für die Behandlung von zahlreichen Skelett-Muskel-Erkrankungen eingesetzt und ermöglichen vielen Pferden, trotz der bekannten ungünstigen Nebenwirkungen, die Rückkehr in den Sport.[43,50,52] Diese Medikamente können systemisch oder lokal nach intraartikulärer Gabe und nach Applikation auf bzw. neben die Verletzungen wirken.

Es wird angenommen, daß die Steroide bei der Entfaltung ihrer Wirkung in die Zellen eindringen, sich mit dem Zellkern verbinden und neue Proteine synthetisieren. Diese neu gebildeten Proteine setzen den Zellstoffwechsel herab, was die gewünschten pharmakologischen Effekte hervorruft.[62,64] Da die Aufnahme der Kortikoide in die Zellen unbedingt notwendig ist, vergehen im allgemeinen mehrere Stunden bis zum Wirkungseintritt.

Die Steroide greifen an verschiedenen Stellen in das Entzündungsgeschehen ein:
1. Sie stabilisieren indirekt die Lysosomenmembranen.
2. Sie unterdrücken die Prostaglandin- und Kollagenasefreisetzung.
3. Sie hemmen die Leukozytenwanderung sowie deren Anheftung an die Wände von Mikrogefäßen und verringern die Peroxidbildung in den Leukozyten.
4. Sie blockieren die Kininaktivität in normalen Leukozyten.
5. Sie verringern während der Heilung Entzündungserscheinungen, die zu Fibrosen führen können.
6. Sie verhindern die Kapillardilatation, die Ödembildung und Fibrinablagerungen.[2]

Der antiinflammatorische Effekt der Glukokortikoide scheint mit den Wirkungen auf den Glukose-, Lipid- und Proteinstoffwechsel eng verbunden zu sein. Die Steroide beheben nicht die die Entzündung hervorrufende Noxe, sondern unterdrücken das Entzündungsgeschehen unabhängig von der Ursache. Aufgrund der Fähigkeit der Steroide, Immunreaktionen zu verhindern, erhöhen sie die Anfälligkeit der Tiere gegenüber Infektionen. Diese Tatsache muß in erster Linie bei systemischer Gabe über einen längeren Zeitraum sowie bei häufigen intrasynovialen Applikationen beachtet werden.

Allgemein kann davon ausgegangen werden, daß eine einmalige hochdosierte Applikation von Kortikosteroiden ohne schwere Nebenwirkungen bleibt, während eine langandauernde Glukokortikoidtherapie über zwei oder mehr Wochen gefährlich ist. Eine Ausnahme von dieser Regel bilden Triamcinolon und Dexamethason, bei denen sowohl hohe Einzel- als auch Mehrfachdosen Rehe erzeugen können.[58]

Da die Steroide entscheidend in den Glukose-, Lipid- und Proteinstoffwechsel eingreifen, führt ihre längere Anwendung zu Abbauvorgängen, die durch Muskelschwund und Wachstumshemmungen jüngerer Pferde charakterisiert sind. Daneben kommt es zu Veränderungen im Knochenstoffwechsel mit Osteoporose sowie zur Immunsuppression und zur Beeinträchtigung der Nebennierenrinde. Letzteres führt beim plötzlichen Absetzen nach langandauernden Kortikoidgaben zur Nebennierenrindeninsuffizienz. Als weitere sytemische Nebenwirkungen der Kortikosteroide, die eine Reheprädisposition zur Folge haben, müssen der Effekt auf das Gefäßsystem und die Mineralokortikoidwirkung berücksichtigt werden.[48] Es wurde gezeigt, daß die Kortikosteroide die Vasokonstriktion, die durch die sympathikomimetischen Katecholamine Adrenalin und Noradrenalin hervorgerufen wird, verstärken und so zu einer Verminderung der Kapillardurchblutung im Huf beitragen. Die Mineralokortikoidwirkung der Kortikosteroide steigert die Natriumretention, was Gefäßödeme zur Folge hat und außerdem den hypertonen und vasokonstriktiven Zustand unterstützt. Zusätzlich können die Pferde aufgrund der Nebennierenrindensuppression anfälliger gegenüber einer Endotoxinfreisetzung werden. Diese drei Faktoren stellen die wichtigsten Ursachen für die Entstehung einer steroidinduzierten Rehe dar (siehe Seite 486 bis 499).

Intraartikuläre Injektion. Beim Pferd erfolgen Kortikoidinjektionen in die Gelenke im allgemeinen zur Verminderung von Entzündungen und zur Schmerzlinderung bei degenerativen und traumatischen Arthritiden. Diese Behandlung ermöglicht es, das Training fortzusetzen und an Wettkämpfen teilzunehmen. Die Risiken bei einer derartigen Therapie sind bereits beschrieben worden, und auf spezielle Probleme wird später nochmals eingegangen. Zur Anwendung kommen bevorzugt Medikamente mit Langzeitwirkung, wie z. B. Methylprednisolon-21-acetat (z. B. Depo-Medrate®H); denn der Abbau von Kurzzeitmedikamenten, wie z. B. Hydrocortisonacetat, erfolgt in den Gelenken bereits innerhalb von Stunden. Neben der antiphlogistischen Wirkung auf die Synovialmembran verringern Kortikosteroide allerdings auch die Proteoglykan- und Hyaluronsäureproduktion innerhalb der Gelenke. In-vitro-Untersuchungen an Gelenkknorpel-Gewebekulturen von Pferden, die mit Methylprednisolon versetzt und anschließend mit Safranin O gefärbt wurden, zeigten nach dreitägiger Behandlung eine deutliche Abnahme der Proteoglykane, nicht aber nach siebentägiger Therapie.[52] In-vivo-Studien an Kaninchen ergaben ähnliche Ergebnisse, mit der Ausnahme, daß nach Absetzen der Steroidinjektionen die Syntheserate der Proteoglykane sowie des Kollagens um 90 % anstieg. Trotzdem dauerte es sechs Monate bis zur vollständigen Wiederherstellung des ursprünglichen Zustandes.[6] Bei der histologischen Untersuchung der Karpalknochen nach vorheriger intraartikulärer Kortikosteroidinjektion fand POOL vermehrte Knorpelproliferation und enchondrale Ossifikation im Bereich der aus Faserknorpel bestehenden Anheftung der Weichteilgewebe an der Knochenoberfläche.[52] Die beschleunigte Knorpelproduktion und die verstärkte enchondrale Ossifikation sind wahrscheinlich für die vermehrte Osteophytenbildung in Gelenken verantwortlich, die häufig mit Steroiden behandelt wurden. Die Abnahme der Hyaluronsäure aufgrund der geringeren Synthese durch die Synoviozyten beeinträchtigt die Gleitfähigkeit.[3] Zusätzlich erkannte MANKIN, daß die Chondrozyten im Knorpel von mit Steroiden behandelten Gelenken weniger Glykosaminoglykansulfat produzieren, was zu einer verminderten Wasserbindungsfähigkeit der Knorpelmatrix führt.[38–40] Dadurch verliert die Gelenkoberfläche an Elastizität und wird gegenüber mechanischen Insulten verletzlicher.[40] POOL fand außerdem, daß die Weichteilgewebe, die das Gelenk stabilisieren, ihre Geschmeidigkeit einbüßen und so die Stützkraft der Gelenkbänder teilweise verlorengeht.[52]

Kontrolluntersuchungen von MEAGHER zeigten, daß Kortikoidinjektionen in das Karpalgelenk bei bestehenden Frakturen oder bei anschließender Arbeit der Pferde nachteilig und kontraindiziert sind.[44] Unter diesen Voraussetzungen führt die Injektion eines Langzeitkortikoides zur Demineralisation des Knochenfragmentes und zu Knorpelläsionen. Nach einer Osteosynthese treten Nahtdehiszenz und Infektionen der Operationswunde auf. Dies scheint das Ergebnis der schnellen Kortikoidaufnahme mit anschließender langsamer Abgabe durch die Synovialmembran zu sein.[67] Bei bestehenden Frakturen im Karpalgelenk ohne gleichzeitige intraartikuläre Gabe von Kortikosteroiden finden sich die Veränderungen nicht. MEAGHER zog daraus den Schluß, daß Kortikoide nicht bei vorhandenen Frakturen verwendet werden sollen und daß den Pferden nach einer Kortikoid-Gelenkinjektion mindestens 30 Tage Ruhe gewährt werden muß.

Kortikoide werden häufig völlig falsch eingesetzt. Ohne vorherige Röntgenuntersuchung sollte keine Gelenkinjektion erfolgen, da die Pferde nach Kortikoidgabe auch bei schweren pathologischen Veränderungen das Gelenk normal benutzen und so weitere degenerative Schäden auftreten können. Bei bestehenden Frakturen darf ebenfalls keine Gelenkinjektion vorgenommen werden, wenn die Pferde auf lange Sicht wieder eingesetzt werden sollen. Eine unbesonnene Kortikosteroidinjektion bei potentiell heilbaren Frakturen führt häufig zu einer derartig schnellen Gelenkzerstörung mit ausgedehnten degenerativen Veränderungen, daß eine chirurgische Behandlung erfolglos bleibt. So werden oft nach Kortikosteroidbehandlung absolut hoffnungslose Fälle zur Operation vorgestellt, bei denen bei sofortiger chirurgischer Therapie gute Ergebnisse zu erwarten gewesen wären.[44] Die Osteosynthese bei Gelenkfrakturen im Anschluß an eine Kortikoidinjektion kann problematisch sein. Soll das Pferd allerdings nur noch kurze Zeit im Sport eingesetzt werden, ist die Kortikoidgabe auch bei Frakturen zu überlegen. Wiederholte Kortikoidgelenkinjektionen können Gelenkzerstörungen durch Knorpeldegeneration verursachen.[44] Dieses Phänomen tritt auch bei der Injektion unter sterilen Kautelen auf. Die Kombination von Hyaluronsäure mit Kortikoiden kann die Ergebnisse verbessern, indem die Gleitfähigkeit des Gelenkes aufrechterhalten und damit die Wahrscheinlichkeit von Knorpelschäden herabgesetzt wird.[57]

Die entzündungshemmende Wirkung der Kortikoide nach intraartikulärer Injektion scheint die Synovialmembran zu betreffen. Durch die Unterdrückung der Entzündung ist eine normale Zellfunktion möglich. Die Synoviamenge wird verringert und ihre Viskosität verbessert. Zur Erzielung optimaler Ergebnisse sollte die Injektion direkt in den Gelenkspalt erfolgen. Ist eine langanhaltende Wirkung gewünscht, muß ein Langzeitkortikoidpräparat gewählt werden. Allerdings führen diese Medikamente in Weichteilgeweben oft zu Verkalkungen (Abb. 14.36).

Der genaue antiphlogistische Wirkungsmechanismus der Kortikosteroide nach Gelenkinjektion ist unbekannt, aber es wird angenommen, daß die Kortikoide als Puffer oder Schild zwischen der Noxe und den empfänglichen Zellen agieren. Andere Theorien besagen, daß die Aktivitäten der geschädigten Zellen herabgesetzt und so weniger entzündungsspezifische Faktoren produziert werden. Dadurch kommt es zu einer schwächeren entzündlichen Reaktion auf entsprechende Reize. Gleichzeitig wird aufgrund der herabgesetzten Mesenchymzell-, d. h. Fibrozytenproliferation eine Fibrose verhindert.

Kortikoide verzögern durch die Beeinträchtigung der Hyaluronidaseaktivität und die Hemmung der Fibrozytenproliferation die Heilung. Zusätzlich ist der Barriereeffekt des Gewebes gegenüber Infektionserregern herabgesetzt. Jedoch scheinen Steroide die „Schädigungsschwelle" der Zellen heraufzusetzen und damit die normale Zellfunktion auch unter ungünstigen Umständen aufrechtzuerhalten. Unabhängig von ihrem Wirkungsmechanismus haben sich die Kortikosteroide bei der Behandlung von Gelenkentzündungen in der Veterinärmedizin durchgesetzt. Ausreichende Ruhigstellung der Tiere sollte mit einer Kortikoidtherapie einhergehen, denn diese verringert lediglich die Entzündungen während der Heilung. Zu oft werden Kortikoide zur Überdeckung von Symptomen angewendet, mit der Folge, daß es zu weiteren Veränderungen im vorgeschädigten Gebiet kommt.

Allgemeines Vorgehen. Vor der Injektion in die Gelenkhöhle müssen die Haare geschnitten, rasiert, die Haut gründlich gewaschen und das Injektionsgebiet entsprechend chirurgischen Grundsätzen vorbereitet werden. Bakterien, die von außen in die Gelenkhöhle eingeschleppt werden, verringern die Wahrscheinlichkeit einer befriedigenden Wiederherstellung und können sogar zu einer Verschlimmerung der bestehenden Schädigung führen. Aseptische Kautelen sollten auch bei der subkutanen Applikation der Kortikosteroide bei lokalen Entzündungen, wie bei Überbeinen, beachtet werden.

Eine Kanüle mit 0,9 mm Durchmesser reicht für die meisten Injektionen aus. Die gewählte Nadellänge ist vom Injektionsgebiet abhängig. Bei empfindlichen oder nervösen Tieren kann vor der Gelenkinjektion eine lokale Infiltrationsanästhesie unter Verwendung einer 0,5 mm starken Kanüle notwendig werden. Für die Kortikoidinjektion wird die Kanüle ohne aufgesetzte Spritze schnell in den entsprechenden Bereich eingestochen, um das Brechen der Nadel unter der Haut bei plötzlichen schnellen Bewegungen des Pferdes zu verhindern.

Der richtige Sitz der Kanüle in der Gelenkhöhle kann durch das Aufziehen von Synovia mit der Spritze überprüft werden. Leicht gewinnbare Gelenkflüssigkeit sollte vor der Injektion entnommen werden. In einigen Fällen fließt die Synovia ohne Aspiration selbständig ab, manchmal kann leichter Druck von außen auf das Gelenk hilfreich sein. Bei richtiger Lage in der Gelenkhöhle oder in der Sehnenscheide ist die Kanülenspitze frei beweglich, und die Injektion läßt sich einfach, ohne übermäßigen Druck ausführen. Gelegentlich ist es allerdings schwierig, selbst geringe Flüssigkeitsmengen abzuziehen. Die Ursache hierfür ist nicht immer erkennbar, aber möglicherweise verstopfen Zotten die Kanüle. In solchen Fällen sollte die Injektion ohne weitere Versuche der Flüssigkeitsentnahme fortgesetzt werden.

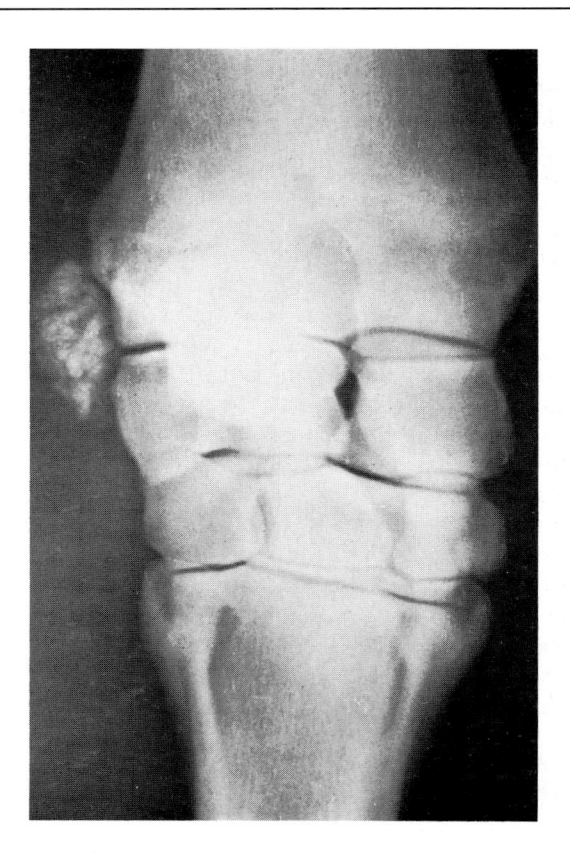

Abb. 14.36: Verkalktes Hämatom als Folge einer Kortikoidinjektion in das Karpalgelenk. Beim Einstechen der Kanüle in das Gelenk besteht die Gefahr, Blutgefäße zu verletzen. Das entstehende Hämatom kann, wie hier gezeigt, verkalken. Zur Vermeidung dieser Komplikation sollten eine dünne Kanüle benutzt und alle Hautgefäße möglichst umgangen werden. Kalzifikationen, die vermutlich durch die verzögerte Resorption der Stoffe hervorgerufen werden, können auch nach der Injektion von Langzeitkortikoiden in Weichteilgeweben auftreten.

Da die Menge des zu injizierenden Kortikoides von der Gelenkausdehnung und dem Ausmaß der Entzündung abhängt, können die folgenden Dosierungen nur Richtwerte darstellen:

Hydrocortisonacetat: 50 bis 100 mg pro Gelenk. Eine höhere Dosis kann in größere Gelenke oder subkutan über einem Entzündungsprozeß injiziert werden. Hydrocortisonacetat war eines der ersten Medikamente aus dieser Steroidgruppe und wird jetzt nur noch selten verwendet, da andere Mittel bei geringeren Nebenwirkungen länger und effektiver wirken.[1]

Prednisolon-21-acetat: (z. B. Deltacortil® von Pfizer, Hostacortin H® von Hoechst). 50 bis 100 mg, abhängig von der Gelenkgröße. Eine höhere Dosis kann in größere Gelenke oder subkutan über einem Entzündungsprozeß injiziert werden.[1]

Prednisolon-21-dimethylbutyrat: (z. B. Hydeltra-T.B.A.®H von MSD Sharp & Dohme. 50 bis 100 mg, abhängig von der Gelenkgröße. Eine höhere Dosis kann in größere Gelenke oder subkutan über einem Entzündungsprozeß injiziert werden.[1]

Isoflupredonacetat: (z. B. Predef 2X®H von Upjohn/Belgien). 5 bis 20 mg, abhängig von der Gelenkgröße. Eine höhere Dosis kann in größere Gelenke oder subkutan über einem Entzündungsprozeß injiziert werden.[1]

Triamcinolon-16α, 17α-acetonid. Synthetisches Kortikosteroid (z. B. Volon A® von Albrecht). 5 bis 15 mg, abhängig von der Gelenkgröße. Eine höhere Dosis kann in größere Gelenke oder subkutan über einem Entzündungsprozeß injiziert werden.[1]

Methylprednisolon-21-acetat (z. B. Depo-Medrate®H von Upjohn). 40 bis 80 mg für große Gelenke. Dieses Langzeitkortikoid ist bei der intraartikulären Injektion besonders wirksam.[1]

Flumethason (z. B. Cortexilar® Lösung von Grüntex). Die Dosierungen bei Pferden liegen für die intramuskuläre oder intraartikuläre Injektion zwischen 1,5 und 2,5 mg. Dieses Langzeitmedikament ähnelt dem Dexamethason, kann aber im Gegensatz zu diesem intraartikulär appliziert werden.[1]

Prednisolon-21-hydrogensuccinat-Natrium (z. B. Solu-Decortin-H®H von Merck). Dieses Medikament wird in erster Linie intravenös appliziert, um schnell einen ausreichend wirksamen Steroidspiegel zu erzielen.[1]

Betamethason-21-dihydrogenphosphat, Dinatriumsalz und Betamethason-21-acetat (z. B. Celestan Depot®H von Essex Pharma). Dieses Medikament ist ein Depotpräparat mit Langzeitwirkung, das intraartikulär und intramuskulär injiziert werden kann. Die Dosierung für große Gelenke beträgt 1 bis 2 ml bei einer Konzentration von 4 mg Betamethason-21-dihydrogenphosphat Dinatriumsalz (entspricht 3 mg Betamethason gelöst) und 3 mg Betamethason-21-acetat (entspricht 2,9 mg Betamethason mikrokristallin) pro Milliliter.[1]

Für die intraartikuläre Injektion sind weder Kortison noch Prednison geeignet, da sie erst in der Leber zu den eigentlich wirksamen Substanzen Kortisol und Prednisolon umgewandelt werden müssen.[27,42]

Bei neuentwickelten Kortikoidpräparaten sind für eine langanhaltende, gute Wirkung kleinere Dosierungen ausreichend. Diese Kortikoide sind an langkettige Fettsäuren gebunden und bilden Liposomen, die einfach von den Synoviozyten phagozytiert werden können. Erste Versuche mit diesen Medikamenten zeigten eine große Wirksamkeit bei der frühen Behandlung von akuten Gelenkentzündungen.[16,49]

Alle obengenannten Kortikoide sind beim Vorliegen von Infektionen kontraindiziert. Die hier angeführte Liste ist nicht vollständig, gibt aber einen Einblick in die erhältlichen Produkte. Grundsätzlich sollte ein Medikament nur dann intraartikulär injiziert werden, wenn es auch für diesen Zweck hergestellt worden ist.

Die Intervallänge zwischen den Injektionen hängt von der Schwere der Erkrankung und von der Reaktion auf die vorherige Gabe ab. Bei einigen schweren Entzündungen sollte das Medikament alle zwei bis drei Tage appliziert werden, während bei geringeren Veränderungen die Injektionen weniger häufig erfolgen müssen. Nach der Kortikoidgabe in ein Gelenk oder eine Sehnenscheide sollte der Bereich bandagiert werden, um einen Gegendruck zu erzeugen und die Resorption von überschüssiger Flüssigkeit zu unterstützen.

Einige Produkte verursachen Gelenkschwellungen mit vermehrter Wärme und Schmerz post applicationem. Diese Reaktionen können einige Stunden bis mehrere Tage anhalten. Es wird angenommen, daß es sich dabei um eine Synovialitis handelt, die durch die Kristalle aus der injizierten Kristallsuspension hervorgerufen wird. Gewöhnlich kann die Wirkung des Medikamentes aber nach 24 bis 72 Stunden, nach Verschwinden der Gelenkschwellung festgestellt werden. Präparate, die durchweg nach der Injektion Schwellungen hervorrufen, sollten abgesetzt werden. Alle obenerwähnten Medikamente können nach der intraartikulären Applikation zusätzlich in der gleichen Dosierung intramuskulär appliziert werden, um eine bessere Wirkung zu erzielen.

Neben den beschriebenen Schwellungen post applicationem werden folgende **Nebenwirkungen** nach intraartikulärer Steroidgabe beobachtet:

1. Metaplastische Knochenbildung nach versehentlicher Injektion eines Langzeitsteroides in die periartikulären Weichteilgewebe. Diese Knochenablagerungen entwickeln sich über mehrere Monate und führen manchmal zur Lahmheit.
2. Zwei Wochen andauernde periphere Eosinopenie nach der intraartikulären Injektion von Betamethason-21-dihydrogenphosphat, Dinatriumsalz, Betamethason-17,21-dipropionat.[49,68]
3. Die septische Arthritis ist eine der schwersten Folgeerscheinungen nach einer intraartikulären Kortikoidinjektion. Dabei kann die Gelenkinfektion entweder direkt über die Injektionsstelle oder hämatogen erfolgen. In jedem Fall tragen die Steroide dazu bei, daß die für eine Infektion benötigte Erregerzahl herabgesetzt wird.
4. Die Steroidarthropathie als Folge von wiederholten Kortikoidinjektionen ist durch eine beschleunigte Gelenkzerstörung und röntgenologische Hinweise auf eine fortschreitende degenerative Gelenkerkrankung gekennzeichnet. Es wird vermutet, daß die Kortikosteroide die Arthropathie primär durch ihre Wirkungen auf den Knorpelstoffwechsel hervorrufen.

Die Häufigkeit dieser Veränderungen kann merklich herabgesetzt werden, wenn die Behandlung ausschließlich bei Fehlen von gelenknahen Knochenschäden durchgeführt und den Pferden nach der Injektion ausreichend Ruhe gewährt wird.[43,50]

5. Eine Prädisposition zu Trümmerfrakturen im Karpalgelenkbereich tritt auf, wenn die Pferde unter der Kortikoidtherapie gearbeitet werden.[8]

Nach der Injektion sollte das Gelenk bewegt werden, um Synovia und Kortikoidsuspension gut zu durchmischen. Zur Bekämpfung von subklinischen bakteriellen Infektionen ist die routinemäßige Kombination eines Antibiotikums mit dem Kortikoid ratsam. Diesem Zweck können kristallines Penicillin oder kristallines Chloromycetin dienen. Als Anschlußbehandlung nach Kortikoidinjektionen ist die Gabe von adrenokortikotropem Hormon (ACTH) zur Anregung der Hydrokortisonsekretion in der Nebennierenrinde sinnvoll. Die übliche intramuskuläre Applikation erfolgt in drei- bis siebentägigen Intervallen in einer Dosierung von 200 bis 400 Einheiten.

Spezielle Injektionsstellen beim Pferd. Entsprechende Angaben finden sich unter der Überschrift „Gelenkanästhesie" (siehe Seite 145 bis 155).

Kortikoidtherapie bei Sehnenschäden. Die Tendosynovialitis und Tendinitis der oberflächlichen und tiefen Beugesehnen sowie Entzündungen des Musculus interosseus medius werden häufig mit der Applikation von Steroiden in den geschädigten Bereich behandelt. Allerdings scheint diese Therapieform aufgrund der relativ häufigen Entwicklung von dystrophischen Verkalkungen an der Injektionsstelle fraglich. POOL berichtet über klinische Untersuchungen, bei denen jeweils 25 mg Methylprednisolon in Abständen von 2,5 cm in die oberflächliche Beugesehne zwischen der proximalen und distalen gemeinsamen Sehnenscheide der oberflächlichen und tiefen Beugesehne injiziert wurden.[52] Anschließend erfolgte drei bis 14 Tage post injectionem die histologische Untersuchung der Applikationsstellen. Nach drei Tagen zeigten sich Nekrosen mit Zentrum an der Injektionsstelle sowie periphere Hyperämie und Gefäßthrombosen. Nach zwei Wochen fand sich ein Exsudat, das vorwiegend aus lymphoiden Zellen, Makrophagen und einigen neutrophilen Granulozyten zusammengesetzt war. POOL schloß daraus, daß die Methylprednisolongabe bei Tendosynovialitiden (Bogen über den Beugesehnen, Wade) kontraindiziert ist, da die degenerativen Prozesse, die zu einer dystrophischen Verkalkung führen, beschleunigt und außerdem die Schädigung verstärkt sowie die bindegewebige Heilung verzögert werden. Aufgrund dieser Ergebnisse sollten Steroide, soweit sie bei der Behandlung von Sehnenschäden eingesetzt werden, nur systemisch appliziert werden. Die Injektion von Kortikoiden in eine Sehnenscheide zur Therapie der Tendosynovialitis wird genutzt und ist empfehlenswert.

Subkutane Injektion von Kortikoiden. Vor der Applikation von Kortikoiden in subkutanes Gewebe muß der Bereich sorgfältig rasiert, gereinigt und desinfiziert werden. Erfolgt die Injektion nicht unter sterilen Kautelen, kann es zu purulenten Inflammationen kommen. Kortikosteroide können subkutan bei den meisten akuten, nichtinfektiösen Entzündungen angewendet werden. Manchmal wird nach einer parenteralen oder lokalen Kortikoidgabe eine Blisterbehandlung vorgenommen. Diese Therapie ist aber absolut kontraindiziert. Während die Kortikoide antiphlogistisch wirken, unterstützt Blistern die Entzündung. Mindestens 30 Tage sollten zwischen dem Einsatz dieser beiden Methoden liegen. Langzeitkortikoide verursachen Kalzifikationen in Weichteilgeweben.

Nichtsteroidale Antiphlogistika

Nichtsteroidale Medikamente mit entzündungshemmender Wirkung gehören zu einer chemisch uneinheitlichen Gruppe, die aber ähnliche biologische Reaktionen hervorruft. Es handelt sich um schwache organische Säuren, die in Enolsäuren (Phenylbutazon und Metamizol) oder Karboxylsäuren (Flunixin, Naproxen, Meclofenaminsäure und Azetylsalizylsäure) eingeteilt werden können. Alle nichtsteroidalen Antiinflammatorien haben einen ähnlichen Wirkungsmechanismus, sowohl hinsichtlich ihrer gewünschten therapeutischen als auch ihrer toxischen Effekte. Sie hemmen die Prostaglandinsynthese und die Bildung von Entzündungsprodukten, den cyclooxygenaseabhängigen Arachidonsäurederivaten, indem sie am Enzym Cyclooxygenase angreifen.[36] Dieser Effekt ist für die antiphlogistische, antipyretische und analgetische Wirkung verantwortlich. Da nichtsteroidale Entzündungshemmer fertig gebildetes Prostaglandin unbeeinflußt lassen, setzt die Wirkung dieser Antiphlogistika verzögert ein. Obwohl Flunixin und Phenylbutazon mit 1,6 bzw. 4,5 Stunden relativ kurze Halbwertszeiten haben, hält ihre therapeutische Wirkung nach einmaliger Gabe mehr als 24 Stunden oder nach mehrmaliger Behandlung drei Tage an.[36] Verschiedene Erklärungen für diese Diskrepanz zwischen kurzer Halbwertszeit und Wirkungsdauer lassen sich anführen. Da viele nichtsteroidale entzündungshemmende Medikamente (mit Ausnahme von Oxyphenbutazon) irreversibel an Cyclooxygenase gebunden werden, muß für das Auftreten von Entzündungsprodukten zuerst neues Enzym gebildet werden. Ferner zeigten pharmakokinetische Untersuchungen, daß die Konzentration von Phenylbutazon und Flunixin nach 24 Stunden in entzündlichen Exsudaten auf einem höheren Niveau geblieben ist als im Plasma. Das bedeutet, daß bei Zugrundelegung der Plasmakonzentration diejenige im Entzündungsgebiet unterschätzt wird.[36] Die Plasmakonzentration der Medikamente ist also kein geeignetes Maß für die therapeutische Wirkung dieser nichtsteroidalen Entzündungshemmer.

Ungeachtet ihrer geringen Toxizität, können diese nichtsteroidalen Medikamente doch mit gastrointestinalen Ulzera, Nekrosen der Nierenpapillen, verzögerter Geburt sowie verzögertem Schluß des Ductus arteriosus und der Nabelarterie einhergehen.[2]

Die Entstehung von Magendarmgeschwüren scheint die Folge der verminderten Prostaglandinbildung zu sein. Obwohl eine endgültige Klärung noch aussteht, wird angenommen, daß Prostaglandine auf verschiedene Weise als Zytoprotektiva der gastrointestinalen Mukosa wirken:

1. Sie stabilisieren die Permeabilität der Magendarmschleimhaut gegenüber H$^+$-Ionen, indem sie eine unverletzte Schleimhautbarriere erhalten.
2. Sie stimulieren die Schleim- und Bikarbonatsekretion im Magen.
3. Sie verbessern die Blutversorgung der Magenschleimhaut.[28,66]

Da die Prostaglandine den medullären Blutfluß der Niere kontrollieren, ist es nicht erstaunlich, daß die nichtsteroidalen Entzündungshemmer allein oder in Verbindung mit anderen Medikamenten das Nierenmark angreifen und es nach einer gewissen Zeit zur Nierenpapillennekrose kommen kann. GUNSON wies allerdings darauf hin, daß bei Verwendung der nichtsteroidalen Antiphlogistika in den empfohlenen Dosierungen keine Nierenpapillennekrosen auftreten, vorausgesetzt die Pferde verlieren nicht übermäßig Flüssigkeit.[27]

Da Prostaglandine ebenfalls für die Geburtseinleitung und während des frühen postnatalen Zeitraumes für den Schluß der Nabelarterie und des Ductus arteriosus verantwortlich sind, wird angenommen, daß nichtsteroidale entzündungshemmende Medikamente entsprechende Wirkungen in diesem Bereich zeigen und diese Vorgänge verzögern. Allerdings liegen Beobachtungen dazu bei Pferden nicht vor.

Phenylbutazon-Natrium. Phenylbutazon ist auch heute noch das am meisten gebrauchte nichtsteroidale antiphlogistische Analgetikum in der Pferdepraxis.[33] Es wird für verschiedene mit Lahmheit einhergehende Veränderungen im Bereich der distalen Gliedmaßenabschnitte sowie der Gelenke, Knochen, Sehnen und Muskeln eingesetzt. Die wohlbekannten analgetischen, antiphlogistischen und antipyretischen Wirkungen erlauben mit diesem Medikament eine effektive Behandlung von zahlreichen Erkrankungen beim Pferd und bei anderen Tierarten. Phenylbutazon kann intravenös oder oral appliziert werden. In der Bundesrepublik Deutschland werden von den Herstellern[1] für die langsame intravenöse Injektion bei ausgewachsenen Pferden 20 und 30 ml, maximal 40 ml einer 20%igen Phenylbutazonlösung empfohlen. In Amerika variieren die Empfehlungen für die Dosierungen je nach Hersteller. Während ein amerikanischer Hersteller° maximal 2 g (4,4 mg/kg) Phenylbutazon täglich über fünf Tage mit eventueller anschließender oraler Fortsetzung empfiehlt, werden für ein anderes Phenylbutazon+ 8,8 mg/kg über zwei Tage angegeben. Grundsätzlich beträgt die maximale orale Dosis (im allgemeinen in Pulverform) 4 g für ein 450-kg-Pferd mit einer Neufestsetzung nach fünf Tagen. Üblicherweise wird mit einer hohen Initialdosis über mehrere Tage begonnen und anschließend mit einer Dosierung von täglich 2 g fortgefahren. Bei leichten Entzündungen genügt gewöhnlich die Medikation jeden zweiten Tag. Diese Dosierung wird auch über längere Zeit gut vertragen. In mehreren Untersuchungen[19,22] wurde erwachsenen Pferden 2 g Phenylbutazon über drei bis sechs Monate verabreicht, ohne daß sich klinische oder hämatologische Nebenwirkungen entwickelten. In einem anderen Versuch trat nach der 15tägigen Gabe von Phenylbutazon an fünfjährige Vollblüter und Hunter eine Verringerung des Plasmaproteinspiegels von durchschnittlich 16 % auf. (Die genauen Dosierungen hierbei betrugen: vier Tage lang 8,8 mg/kg/Tag, anschließend vier Tage lang 4,4 mg/kg/Tag und die letzten sieben Tage 2,2 mg/kg/Tag).[35] Andere Autoren[43,59] berichten, daß hohe Phenylbutazongaben von 8 bis 30 mg/kg zu Vergiftungen und zum Tod führen können. Die ersten Zeichen der beginnenden Phenylbutazonvergiftung sind Anorexie und Depression. Der Tod der Pferde kann bei Dosierungen von 15 bis 30 mg/kg innerhalb von vier bis sieben Tagen nach der Behandlung eintreten. Veränderungen der Blutparameter betreffen eine Leukozytopenie mit toxischer Linksverschiebung, einen progressiven Abfall der Serumproteine und einen Anstieg von Harnstickstoff und Kreatinin im Blut. Hochdosiertes Phenylbutazon verursacht außerdem gastrointestinale Ulzera, Nekrosen der Nierenpapillen und Gefäßthrombosen. Die Beziehung zwischen dem Auftreten von Magendarmgeschwüren und der Applikation von nichtsteroidalen Antiphlogistika an gesunde bzw. an schwer erkrankte Fohlen wurde beschrieben. Die Bildung dieser gastrointestinalen Ulzera ist die Folge der verminderten Prostaglandinsynthese. Die Nierenveränderungen scheinen in direktem Zusammenhang mit der Medikamentendosis sowie deren Wirkungsdauer und einer Dehydrierung zu stehen. Offensichtlich steigen die Harnstickstoff- und die Kreatinkonzentration im Blut bei schweren Schäden an. Ebenso ist die lokale, unter Umständen auch von der Injektionsstelle weiter entfernt auftretende Thrombophlebitis nach der intravenösen Injektion von Phenylbutazon wohl bekannt.

ROSE untersuchte die Bioverfügbarkeit von Phenylbutazon nach oraler Gabe von Paste oder Pulver vor oder nach der Mahlzeit.[56] Er fand eine 100%ige Resorption von Phenylbutazon bei Applikation vor dem Füttern und eine größere Variabilität sowie abnehmende Resorption bei der Phenylbutazongabe nach der Mahlzeit. Danach sollte für eine optimale Behandlung das Medikament vor dem Fressen verabreicht werden. Allerdings fehlen Untersuchungen über die Toxizität des Medikamentes bei den zeitlich unterschiedlichen oralen Applikationen. Phenylbutazon kann exakt dosiert und sicher appliziert werden. Alternativ kann Pulver, das in Wasser aufgelöst wird, mit einer Spritze oder mit Melasse oral verabreicht werden. Bei Fohlen wurde eine erhöhte Unverträglichkeit von Phenylbutazon bei der Einnahme von unter Melasse gemischten, zerdrückten Tabletten beobachtet. Unzerkleinerte Tabletten dagegen, die mit einem Applikator verabreicht wurden, wiesen eine geringere Toxizität auf.[65] Es wird angenommen, daß durch die Melasse das Phenylbutazon länger mit der Maul- bzw. Magendarmschleimhaut in Kontakt kommt und so die toxische Wirkung verstärkt wird.

Ungeachtet der Tatsache, daß Phenylbutazon in den empfohlenen niedrigen Dosierungen von gesunden Pferden gut vertragen wird, geht aus den hier aufgeführten Studien hervor, daß es zu toxischen Wirkungen auf die Nieren kommen kann, die unbedingt berücksichtigt werden sollten. Auch bei Beachtung der empfohlenen Dosierungen können gegenseitige Medikamentenbeeinflussungen, Rasseunterschiede, Medikamentenüberdosierungen durch Fehleinschätzung der Lebendmasse oder durch überhöhte Applikationsfrequenz zu einer größeren Toxizität führen.

---

[1] Z. B. Phenylbutazon 20 % Lsg. von Animedica (Bahnhofsplatz 20, 7240 Horb) oder Vetripharm (Hauswiesenstraße 3, 8912 Kaufering).
° Butazolidin. Jensen Salsbury, Kansas City, MO 64141.
+ Phenylbutazone Injection, 200 mg/ml. Med Tech Inc., Elwood, KS 66024.

Bei jedem Pferd, bei dem die oben aufgezeigten Veränderungen auftreten, sollte Phenylbutazon nicht weiter zur Behandlung eingesetzt werden.

Oxyphenbutazon. Oxyphenbutazon scheint ein recht wirksames Antiphlogistikum zu sein, das nach einem Gelenkeingriff bei Chipfrakturen den postoperativen Schmerz und die Schwellung verhindert. Pferde sollten nicht länger als zehn Tage mit dem Medikament unter gleichzeitiger Antibiose behandelt werden. Die übliche tägliche orale Dosis beträgt 2 bis 5 g mit einer allmählichen Reduktion nach vier Tagen.

Meclofenaminsäure. Eine Untersuchung über die Anwendung dieses Medikamentes bei verschiedenen Lahmheiten liegt vor.[54] Die verwendete Dosierung betrug 2,2 mg/kg per os über sieben und 21 Tage. Toxische Wirkungen traten nicht auf, und die Autoren fanden Verbesserungen bei einer signifikanten Anzahl von Fällen. In einer anderen Arbeit wurde Schmerzabnahme bei der Demineralisation des Hufbeines als Entzündungsfolge sowie bei Rehe beschrieben. Dagegen blieb die Behandlung bei der Osteoarthritis erfolglos.[69] Ein mittlerer Abfall der Plasmaproteinkonzentration von 18 % bei Ponys, die die empfohlene Dosis Meclofenaminsäure von 2,2 mg/kg täglich zehn Tage lang erhielten, wurde in einer anderen Studie festgestellt.[36]

Flunixin-Meglumin (Finadyne®).* Bei diesem Medikament handelt es sich um ein wirksames Nikotinsäurederivat, das nach intravenöser Applikation gut resorbiert wird und sich schnell im Körper verteilt. Es scheint eine höhere Wirksamkeit als Phenylbutazon zu besitzen, denn 0,5 mg Flunixin-Meglumin weisen bei einem 450 kg schweren Pferd den gleichen antiphlogistischen Effekt wie 2 g Phenylbutazon auf.

Flunixin-Meglumin wird in einer Dosierung von 1,1 mg/kg Lebendmasse verabreicht und ist nach intravenöser Injektion zu 100 % und nach oraler Aufnahme zu 80 % bioverfügbar.[10] Spitzenkonzentrationen finden sich drei Minuten nach intravenöser und 30 Minuten nach oraler Applikation. Als einziges Medikament unter den nichtsteroidalen Antiphlogistika benötigt es für eine ausreichende Wirkung nur eine relativ geringe Plasmakonzentration. Obwohl die Halbwertszeit mit ungefähr 1,6 Stunden kurz ist, bleibt die pharmakologische Wirkung bis zu 30 Stunden nach nur einer Applikation bestehen, und das Medikament kann 15 Tage lang im Urin nachgewiesen werden.

Obwohl Flunixin-Meglumin häufig anstelle von Phenylbutazon bei der Therapie von verschiedenen Skelett-Muskel-Erkrankungen eingesetzt wird, eignet es sich auch für die Kolikbehandlung und ist erwiesenermaßen gegen Endotoxine wirksam.

Naproxen (Equiproxen®). Naproxen stellt ein nichtsteroidales antiphlogistisches Analgetikum dar, das besonders für die Schmerzlinderung und Entzündungsbekämpfung bei Myositis und anderen Weichteilerkrankungen empfohlen wird.

Die tägliche Gabe von Naproxen während des Trainings und des Rennens verminderte bei den behandelten Pferden das Auftreten von Skelett-Muskel-Erkrankungen im Vergleich zu einer Kontrollgruppe. Dagegen scheint das Präparat bei der Therapie von Gelenkveränderungen beim Pferd nicht erfolgversprechend zu sein.[41] Die empfohlene Dosierung für Pferde beträgt täglich 10 mg/kg bei einer Behandlungsdauer von maximal 14 Tagen.[36] Nach den vorliegenden Angaben scheinen Pferde einen bemerkenswerten Toleranzspielraum gegenüber Naproxen aufzuweisen. Auch bei einer 42tägigen oralen oder intravenösen Applikation von Naproxen mit der dreifachen Menge der empfohlenen Tagesdosis traten keine Vergiftungserscheinungen beim Pferd auf.[63] SNOW dagegen berichtet über Veränderungen in der Plasmaproteinkonzentration nach 14tägigen Naproxengaben in der empfohlenen Dosierung und einer anschließenden siebentägigen, zweimal täglich durchgeführten Behandlung mit jeweils gleichhoch dosierten Applikationen.[60]

Adenosin-5-Monophosphat. Von diesem nichtsteroidalen Antiphlogistikum wird behauptet, daß es bei der Therapie der akuten Arthritis, Bursitis, Tendinitis und anderer Bindegewebserkrankungen erfolgreich sei. Es soll bei der Wiederherstellung der normalen Muskelfunktion behilflich sein und als Ersatz für das körpereigene Koenzym Adenosin-5-Monophosphat dienen. Die Meinungen über die Nutzung dieses Medikamentes bei Pferden gehen auseinander. Die analgetische Wirkung scheint nur vorübergehend zu sein.

Indometacin (z. B. Amuno®H). Indometacin ist ebenfalls ein nichtsteroidales, antiphlogistisches, antipyretisches und analgetisches Medikament, dessen Wirkungsmechanismus demjenigen der anderen Mittel dieser Gruppe entspricht. Es scheint besonders bei Arthritiden angezeigt zu sein. Allerdings ist die Anwendung bei Pferden noch nicht eingehender beschrieben. Der Hersteller betont, daß es kein einfaches Analgetikum ist und daß es aufgrund zum Teil schwerer Nebenwirkungen nur mit Vorsicht benutzt werden darf. ROBERTS beschrieb unerwünschte Reaktionen auf Indometacin bei Pferden. Einzelne orale Dosen zwischen 3 und 9 mg/kg Lebendmasse führten zu Teilnahmslosigkeit, Desorientierung, Parese, Neutropenie und okkultem Blut in den Fäzes.[55] In anderen Versuchen verursachten tägliche Gaben von 2,5 mg/kg Indometacin keine Toxikosen beim Pferd.[31,51] Nach diesen letzten Arbeiten muß die Signifikanz der Angaben von ROBERTS in Frage gestellt werden.

Azetylsalizylsäure (z. B. Aspirin®H). Azetylsalizylsäure stellt zwar ein wirkungsvolles Antiphlogistikum dar, besitzt aber bei den Pflanzenfressern eine sehr kurze Plasmahalbwertszeit und wird deshalb nicht häufig angewendet. Azetylsalizylsäure hemmt die Cyclooxygenase und somit die Prostaglandinbildung.

Thiosalizylsäuren sind nahe Verwandte der Azetylsalizylsäure und aufgrund ihrer längeren Halbwertszeit beim Pferd wirksamer als Aspirin.

Weitere Medikamente mit antiphlogistischer Wirkung

Orgotein (Palosein®). Hierbei handelt es sich um ein kupfer- und zinkhaltiges Enzym, das aus der Rinderleber isoliert wird. Nach der parenteralen Applikation verteilt es sich schnell im gesamten Körper. Es wird behauptet,

---

* Z. B. Finadyne®. TAD Pharmazeutisches Werk GmbH, Heinz-Lohmann-Straße 5, 2190 Cuxhaven 1.

daß Orgotein neben seiner antiphlogistischen Wirkung auch vor Schockreaktionen bei Antigenexposition nach vorheriger Sensibilisierung schützt. Aufgrund dieser Tatsache kann das Medikament besonders für allergische Erkrankungen interessant werden, und außerdem sind wiederholte Injektionen ohne eventuelle allergische Reaktionen möglich. Die empfohlene Dosis liegt bei 5 mg Palosein intramuskulär jeden zweiten Tag zwei Wochen lang und anschließend zweimal wöchentlich vier bis fünf Wochen lang bei insgesamt 15 bis 17 Applikationen. Klinische Untersuchungen, die vom Hersteller unterstützt wurden, ergaben gute Ergebnisse bei vielen verschiedenen Knochen-, Gelenk- und Weichteilerkrankungen.

Orgotein ist eine Peroxiddismutase, deren antiphlogistische Wirkung auf der Verminderung von Peroxidradikalen beruht. Peroxidradikale werden von Zellen aus Entzündungsgebieten und von Leukozyten freigesetzt. Physiologischerweise kommt Peroxiddismutase in der Zelle zur enzymatischen Verringerung der intrazellulären Effekte des Peroxidions vor. Peroxidionen werden in großer Menge von der Leber, den Erythrozyten, den Makrophagen und den neutrophilen Granulozyten produziert. In entzündeten Gelenken besitzen die hochreaktiven Peroxidradikale die Fähigkeit, Proteoglykane, Kollagen und Hyaluronsäure im Gelenkknorpel zu vermindern.[26,42] Die Wirkung der Peroxiddismutase besteht in der geringeren Auflösung von neutrophilen Granulozyten und der verminderten Freisetzung von Lysozymen. Peroxiddismutase greift aber nicht im Bereich der Phagozytose durch die neutrophilen Granulozyten ein. Es beseitigt außerdem extrazelluläre Peroxidionen und setzt so die Wahrscheinlichkeit für weitere Schädigungen herab.

Peroxiddismutase wirkt nicht antipyretisch, nicht immunsuppressiv, führt zu keiner Infektionsausbreitung, weist keine Wechselwirkungen mit anderen Medikamenten auf und ruft auch bei wiederholter Anwendung keine Nebenwirkungen hervor. Es besitzt eine direkte antiphlogistische Wirkung und hat sich beim Pferd bei der Behandlung von Gelenkerkrankungen sowohl nach systemischer als auch intraartikulärer Applikation als brauchbar erwiesen.[4,13]

Dimethylsulfoxid (DMSO). Dimethylsulfoxid entsteht bei der Zellstoffherstellung als Oxidationsprodukt von Dimethylsulfid. Es wurde und wird als Protektivum für verschiedene Zellen und Gewebe genutzt. DMSO stellt ein Lösungsmittel dar, das mit vielen anderen üblichen Lösungsmitteln oder Wasser gemischt werden kann. Es ist so hygroskopisch, daß es bei entsprechender Temperatur und Feuchtigkeit Wasser bis zu 70 % seines Eigengewichtes aus der Luft aufnehmen kann. Aufgrund dieser hygroskopischen Eigenschaft erfolgt die Aufbewahrung von DMSO obligatorisch in wasser- und luftdicht verschlossenen Flaschen. Die Hautpenetration des Medikamentes erreicht nach Zugabe von 10 % Wasser ihr Maximum.

Nur DMSO in medizintauglicher Qualität, als 70- bis 90%ige Lösung oder Gel, sollte verwendet werden. Der Deckel muß die Flasche fest verschließen, denn durch Wasserabsorption kann das hygroskopische DMSO leicht verwässern.

Der Penetrationsvorgang bei DMSO ist nicht vollständig geklärt,[15] aber er scheint in der Fähigkeit des Mittels begründet zu sein, sich mit intrazellulärem Wasser zu verbinden. Verschiedene Medikamente, wie Steroide, Chloramphenicol und Tetrazykline, werden nach der Kombination mit DMSO ebenfalls von der Haut resorbiert.

DMSO, das oft zur Eindämmung von Entzündungen eingesetzt wird, besitzt folgende Eigenschaften:

1. Es führt zu einer forcierten Diurese durch vermehrte Natrium- und Kaliumausscheidung.
2. Es hemmt die Prostaglandinsynthese.
3. Es unterdrückt die Thrombozytenaggregation.

Weitere nicht antiphlogistische Wirkungen betreffen den bakteriostatischen Charakter und die Fähigkeit, die Kollagenauflösung herabzusetzen. Es erhöht die Geschmeidigkeit der Haut und wirkt lokal anästhesierend. Daneben scheint es ein Muskelrelaxans und Synergist zu zahlreichen Antibiotika zu sein.

Verschiedene, allerdings noch nicht bewiesene Angaben wurden zu diesem Medikament gemacht. Am häufigsten wird es zur Verringerung von akuten Schwellungen in nichtinfizierten Bereichen eingesetzt. Serome, Hämatome und traumatische Ödeme bei unverletzter Haut reagieren positiv auf eine DMSO-Behandlung. Bei offenen Wunden ist eine derartige Therapie nicht angezeigt.

DMSO dient als Schleppersubstanz für verschiedene Medikamente, deren Penetrationsfähigkeiten allerdings von ihren Molekülgrößen abhängen. Die erfolgreiche Behandlung der Trichophytie mit Thiabenzol, dem DMSO zum besseren Eindringen in die Haut zugesetzt wird, ist beschrieben worden. Da DMSO auch die Resorption von Reizstoffen ermöglichen kann, sollte es nur mit äußerster Vorsicht in solchen Bereichen verwendet werden, auf denen sich vorher starke entzündungsfördernde Stoffe, wie jod-, terpentin-, kampferhaltige oder ähnliche Medikamente, befunden haben. Durch das tiefe Eindringen dieser letztgenannten Mittel können schwere Gewebsreaktionen auftreten. Auch Kortikoiden wird DMSO zur besseren Penetration zugesetzt. Allerdings liegen keine experimentellen Beweise über positive Reaktionen vor.

Beim Menschen wurde DMSO in den letzten Jahren vermehrt für die Behandlung von Kopf- und Rückenmarksverletzungen sowie von therapieresistenten Zystitiden eingesetzt. Eine entsprechende Nutzung erfolgte auch beim Pferd, aber über die Ergebnisse gibt es kaum Angaben. GOROG berichtete dagegen über eine erfolgreiche DMSO-Therapie bei verschieden schweren Gelenkerkrankungen beim Pferd. Deutliche Verbesserung der Lahmheit zeigten 80 % der Tiere.[23]

Häufig kommt es nach lokaler Applikation von DMSO zu einer vorübergehenden Hautreizung, die die Pferde dazu verleitet, in den behandelten Bereich zu beißen. Das Medikament sollte nicht mit bloßen Händen aufgetragen werden.[15]

DMSO hat sich bei der Behandlung von akuten Schwellungen, besonders im distalen Gliedmaßenbereich, bewährt. Gelförmiges DMSO kann einfach, mit oder ohne Verband, aufgebracht werden. Die Kombination mit

Furazin als schweißtreibendem Mittel ist möglich, ebenso der Zusatz von Kortikosteroiden zur Verstärkung der antiphlogistischen Wirkung. DMSO kann in Bereichen, die nicht bandagiert werden, zwei- bis dreimal täglich lokal appliziert werden. In Amerika wird das Medikament routinemäßig in Kombination mit Steroiden auf Rennbahnen verwendet. GRANT berichtete über Spontanrupturen der oberflächlichen Beugesehne bei fünf von elf Pferden, die täglich mit einer Mixtur aus DMSO und Dexamethason behandelt wurden.[24] In einer anderen Studie an Mäusen wurde festgestellt, daß die lokale Applikation von DMSO allein die mittlere Zugfestigkeit der Sehnen herabsetzte.[5] Die größte, 20%ige Verringerung der Zugfestigkeit wurde bei Mäusen aus einer sieben Tage lang behandelten Gruppe beobachtet. Obwohl die Sehnen anschließend, vom 7. bis 22. Tag, mit einer Erhöhung ihrer Festigkeit reagierten, kam es zwischen dem 22. und 28. Tag zu einem erneuten Nachlassen der Festigkeit.[5] Aufgrund dieser Beobachtungen sollte eine starke Muskelaktivität unter der DMSO-Therapie unterbleiben.

Ein weiteres Problem bei der DMSO-Behandlung stellt der Haarverlust dar, der Pferde gegenüber Oberflächeninfektionen anfälliger macht. Diese Wirkung kann etwas durch die Kombination mit Furazin in einer 50:50-Mixtur abgeschwächt werden. Weiterhin ist es wichtig, die genauen Applikationsvorschriften zu beachten. Reaktionen auf DMSO beim Menschen beinhalten lokalen Ausschlag, erhöhte Empfindlichkeit gegenüber Antibiotika, Kopfschmerzen, Schwindel und generalisierte Dermatitis. Die letzten drei Folgeerscheinungen treten äußerst selten auf. Nach dem Kontakt mit DMSO riecht der Atem gewöhnlich nach Austern, was von dem Dimethylsulfid herrührt, das im Körper beim Abbau von DMSO entsteht. Der lokale Ausschlag wird oft durch Bläschenbildung an der Berührungsstelle mit dem Medikament eingeleitet. Aufgrund der guten Hautpenetration von Antibiotika bei ihrer Kombination mit DMSO können die Personen, die diese Medikamente auftragen, Antibiotikaüberempfindlichkeiten entwickeln. Das Tragen von Handschuhen ist in jedem Fall bei der Applikation von DMSO erforderlich, aber auch dann ist es nicht ungewöhnlich, daß ein Austerngeschmack auftritt. Besondere Vorsicht ist bei schwangeren Frauen geboten. GRANT fand die DMSO-Anwendung bei tragenden Tieren kontraindiziert.[24]

Ausgewählte Literatur

1. ADAMS, O. R.: Lameness in Horses. 3rd Ed. Philadelphia, Lea & Febiger, 1974.
2. AUER, J. A., and FACKELMAN, G. E.: Treatment of degenerative joint disease of the horse: A review and commentary. Vet. Surg., **10**: 80, 1981.
3. AUER, J. A., et al.: Effect of hyaluronic acid in naturally occurring and experimentally induced osteoarthritis. Am. J. Vet. Res., **41**: 568, 1980.
4. AHLENGARD, S., et al.: Treatment of traumatic arthritis in the horse with intraarticular orgotein (Palosein). Eq. Vet. J., **10**: 122, 1978.
5. ALBRECHTSEN, S. J., and HARVEY, J. S.: Dimethyl sulfoxide. Biomechanical effects on tendons. Am. J. Sports Med., **10**: 177, 1982.
6. BASSET, C. A. L., VALDEZ, M. G., and HERNANDEZ, E.: Modification of fracture repair with selected pulsing electromagnetic fields. J. Bone Joint Surg., **64 A**: 888, 1982.
7. BEHRANS, F., SHEPARD, N., and MITCHELL, N.: Metabolic recovery of articular cartilage after intraarticular injections of glucocorticoids. J. Bone Joint Surg., **58**: 1157, 1976.
8. BOWMAN, F., and FACKELMAN, G. E.: Management of comminuted fracture in the horse. Comp. Cont. Ed., **2**: 98, 1980.
9. Burdick Corporation: Ultrasonic Therapy Abstracts from Current Literature. Milton, Wisconsin, 1961.
10. CHAY, S., et al.: The pharmacology of non-steroidal antiinflammatory drugs in the horse: flunixin meglumine (Banamine). Eq. Pract., **4**: 16, 1982.
11. COLLIER, M. A., et al.: Electrostimulation of bone production in the horse. Proc. 27th Ann. AAEP, 1981, p. 71.
12. CUSHING, L. S., et al.: Treatment of Orthopedic Disorders in Horses by Palosein. Mountain View, California, Diagnostic Data Inc., 1972.
13. DECKER, W. E., et al.: Local administration of orgotein in horses. Mod. Vet. Pract., **55**: 773, 1974.
14. DEGROOT, A., and BRESLER, D. E.: Acupuncture – a pilot program in the horse. Proc. 19th Ann. AAEP, 1973, p. 213.
15. Diamond Labs. Inc.: Questions and answers DOMSO. Des Moines, Iowa, 1972.
16. DINGLE, J. T.: Articular damage in arthritis and its control. Ann. Intern. Med., **88**: 821, 1978.
17. DIXON, R. T.: Some effects of cobalt 60 gamma irradiation of the equine carpus. Thesis, Colorado State University, 1965.
18. DIXON, R. T.: Radiation therapy in horses. Aust. Vet. J., **43**: 508, 1967.
19. DUNN, S. P.: A clinician's views on the use and misuse of phenylbutazone. Eq. Vet. J., **4**: 63, 1972.
20. FLYNN, D. V.: Enhancement of osteogenesis by electrostimulation – non-invasive technique. Proc. 27th Annu. AAEP, 1981, p. 91.
21. GABEL, A. A.: Corticosteroids – side effects and toxicity. Proc. 23rd Annu. AAEP, 1977, p. 393.
22. GABEL, A. A., et al.: Phenylbutazone in horses. A review. J. Eq. Med. Surg., **1**: 221, 1977.
23. GOROG, P.: Anti-arthritic and anti-thrombotic effects of topically applied dimethyl sulfoxide. Ann. NY Acad. Sci., **243**: 91, 1975.
24. GRANT, B. D.: Principles of therapy, orthopedic surgery. In Equine Medicine and Surgery. 3rd Ed. Edited by R. A. MANSMANN, and E. S. McALLISTER, Santa Barbara, American Veterinary Publications, 1982, p. 983.
25. GRANT, B. D.: Repair mechanism of osteochondral in equidae. A comparative study of untreated and x-irradiated defects. Proc. 21st Annu. AAEP, 1975, p. 94.
26. GREENWALD, R. A., and MOY, W. W.: Effects of oxygen-derived free radicals on hyaluronic acid. Arthritis Rheum., **23**: 455, 1980.
27. GUNSON, D. E., and SOMA, L. E.: Renal papillary necrosis in horses after phenylbutazone and water deprivation. Vet. Pathol., **20**: 603, 1983.
28. HAWKEY, C. J., and RAMPTON, D. S.: Prostaglandins and the gastrointestinal mucosa: Are they important in its function, disease, treatment? Gastroenterology, **89**: 1162, 1985.
29. HICKMAN, J.: Veterinary Orthopaedics. Philadelphia, J. B. Lippincott, 1964.
30. HOLLANDER, J. L.: Intrasynovial corticosteroid therapy. In Arthritis and Allied Conditions. 8th Ed. Edited by J. L. HOLLANDER, Philadelphia, Lea & Febiger, 1972.
31. HUNT, J. P., HAYWOOD, P. E., and MOSS, M. S.: A gas chromatographic screening procedure for the detection of non-steroidal anti-inflammatory drugs in the horse urine. Eq. Vet. J., **11**: 259, 1979.

32. IRWIN, D. H. G., and HOFMEYR, C. F. V.: Unna's sticky paste as a practical aid to bandaging. J. S. Afr. Vet. Assoc., **32** (3): 431, 1961.
33. JEFFCOTT, L. B., and COLLES, C. M.: Phenylbutazone and the horse – a review. Eq. Vet. J., **9**: 105, 1977.
34. JUDSON, D. G., and BARTON, M.: Effect of aspirin on haemostasis in the horse. Res. Vet. Sci., **30**: 241, 1981.
35. LEES, P., et al.: Biochemical and hematologic effects of phenylbutazone in horses. Eq. Vet. J., **15**: 158, 1983.
36. LEES, P., and HIGGINS, A. J.: Clinical pharmacology and therapeutic uses of nonsteroidal anti-inflammatory drugs in the horse. Eq. Vet. J., **17**: 83, 1985.
37. LANG, D. C.: Ultrasonic treatment of musculoskeletal conditions in the horse, dog and cat. Vet. Rec., **106**: 427, 1980.
38. MANKIN, H. J., and CONGER, K. A.: The acute effects of intraarticular hydrocortisone on articular cartilage in rabbits. J. Bone Joint Surg., **48 A**: 1383, 1966.
39. MANKIN, H. J., and LIPPIELLO, L.: The turnover of adult rabbit articular cartilage. J. Bone Joint Surg., **51 A**: 1591, 1969.
40. MANKIN, H. J., ZARINS, A., and JAFFEE, W. L.: The effects of systemic corticosteroids on rabbit articular cartilage. Arthritis Rheum., **15**: 593, 1972.
41. MAYLIN, G. A.: Nonsteroidal antiinflammatory drugs. Proc. 23rd Annu. AAEP, 1977, p. 401.
42. McILWRAITH, C. W.: Current concepts in equine degenerative joint disease. J. Am. Vet. Med. Assoc., **180**: 239, 1982.
43. McKAY, R. J., et al.: Effects of large doses of phenylbutazone administration to horses. Am. J. Vet. Res., **44**, 774, 1983.
44. MEAGHER, D. M.: The effects of intra-articular corticosteroids and continued training on carpal chip fractures of horses. Proc. AAEP, 1970, p. 405.
45. MILNE, F. J.: Subcutaneously induced counterirritation. Proc. 6th Annu. AAEP, 1960, p. 25.
46. MONTGOMERY, T. C.: Applied cryogenics in equine medicine. Eq. Pract., **2**: 49, 1980.
47. MONTGOMERY, T. C., et al.: Cryotherapy of dorsal metacarpal disease. Mod. Vet. Pract., **62**: 219, 1981.
48. MORCOS, M. B., and ASWAD, A.: Treatment of two clinical conditions in racehorses by ultrasonic therapy. Eq. Vet. J., **10**: 267, 1978.
49. NIZOLEK, D. J. H., and WHITE, K. K.: Corticosteroids and hyaluronic acid treatments in equine degenerative joint disease. Cornell Vet., **71**: 355, 1981.
50. OWEN, R. H.: Intraarticular corticosteroid therapy in the horse. J. Am. Vet. Med. Assoc., **177**: 710, 1980.
51. PHILLIPS, M. W., SOLYER, G., and RAY, R. S.: Equine metabolism and pharmacokinetics of indomethacin. Eq. Pract., **2**: 45, 1980.
52. POOL, R. R., WHEAT, J. D., and FERRARO, G. L.: Corticosteroid therapy in common joint and tendon injuries of the horse. Part I: Effects on Joints. Proc. 26th Annu. AAEP, 1980, p. 397. Part II: Effects on Tendons. Proc. 26th Annu. AAEP, 1980, p. 407.
53. READ, W. K.: Renal medullary crest necrosis associated with phenylbutazone therapy in horses. Vet. Pathol., **20**: 662, 1983.
54. RILEY, W. F., et al.: Preliminary report on a new non-steroidal anti-inflammatory agent in the horse. Proc. 17th Annu. AAEP, 1971, pp. 293–308.
55. ROBERTS, M. C.: Adverse effects of indomethacin in the horse. J. Vet. Pharmacol. Ther., **5**: 83, 1982.
56. ROSE, R. J., KOHNKE, J. R., and BAGGOT, J. D.: Bioavailability of phenylbutazone preparation in the horse. Eq. Vet. J., **14**: 234, 1982.
57. RYDELL, N. W., et al.: Hyaluronic acid in synovial fluid. Acta Vet. Scand., **11** (F2): 139, 1970.
58. SLOAN, D. E., PUROHIT, R. C., and GANJAM, V. K.: Effects of dexamethasone and triamcinolone that may predispose to laminitis in horses. Proc. 27th Annu. AAEP, 1981, p. 469.
59. SNOW, D. H., et al.: Phenylbutazone toxicity in ponies. Vet. Rec., **105**: 26, 1979.
60. SNOW, D. H., et al.: Effects of nonsteroidal anti-inflammatory agents on plasma protein concentration of ponies. Vet. Res. Commun., **7**: 205, 1983.
61. STRONG, C. L.: Horse's Injuries. London, Faber and Faber, 1967.
62. TOBIN, T.: Pharmacology review: the corticosteroids. J. Eq. Med. Surg., **3**: 10, 1979.
63. TOBIN, T.: Pharmacology review: the nonsteroidal antiinflammatory drugs. II. Equiproxen, meclofenamic acid, flunixin and others. J. Eq. Med. Surg., **6**: 298, 1979.
64. TOBIN, T., and NUGENT, T.: Pharmacology of corticosteroid therapy in the horse. Proc. 26th Annu. AAEP, 1980, p. 411.
65. TRAUB, J. L.: Phenylbutazone toxicosis in the foal. Am. J. Vet. Res., **44**: 1410, 1983.
66. TRAUB-DARGATZ, J. L.: Personal Communication, 1985.
67. UVAROV, O.: Corticosteroids in equine practice. 2nd Annu. Congr. Br. Eq. Vet. Assoc., 1963, pp. 29–35.
68. VERNIMBE, G. D., VAN, L. M., and HENNESSEY, P. W.: Equine arthropathies. VM/SAC, **72**: 241, 1977.
69. VOSS, J.: Personal Communication, Colorado State University, 1973.
70. WARNKE, U.: Infrared Radiation and O_2 Partial Pressure in Human Surfacial Tissues as Indicators of Therapeutic Effects of Pulsating Magnetic Field of Extremely Low Frequency. 2nd Internat. Congr. Magnetomed., 1980.

Weiterführende Literatur

ALEXANDER, J. T.: The application of a fiberglass cast to the equine forelimb. Proc. 17th Annu. AAEP, 1971, p. 269-278.
BRACKEN, F.: Physical therapy in veterinary medicine. Ann. Conf. Vet., Colorado State University, 1965.
BRONEMARK, P. I.: Observation on the action of intra-articularly administered prednisolone, tertiary butyl acetate (Codelcortone) and methyl prednisolone acetate (Depomedrove) in the normal rabbit knee joint. Acta Orthop. Scand., **38** (2): 247, 1967.
BUNIM, J. J. (ed.): A decade of anti-inflammatory steroids, from cortisone to dexamethasone. Ann. NY Acad. Sci., **82**: 797, 1959.
BUNN, C. E. E., and BURCH, J. E.: Hydrocortisone in the treatment of traumatic arthritis in thoroughbreds. N. Am. Vet., **36**: 458, 1955.
BUSCHKE, F.: Progress in Radiation Therapy. New York, Grune & Stratton, 1958, pp. 16, 17, 20.
CARLSON, W. D.: Veterinary Radiology. 2nd Ed. Philadelphia, Lea & Febiger, 1967.
CHARYLULU, K. K. N.: Recent advances in radiation therapy. J. Vet. Rad. Soc., **5**: 70, 1964.
CLAPP, N. K., CARLSON, W. D., and MORGAN, J. P.: Radiation therapy for lameness in horses. J. Am. Vet. Med. Assoc., **143** (3): 277, 1963.
DAVIDSON, A. H., and FRANK, W. C.: Anti-inflammatory agents in equine surgery. Mod. Vet. Pract., **47**: 46, 1966.
DENNY, B.: Short wave radiotherapy in veterinary practice. Br. Vet. J., **115**: 341, 1959.
DILLON, R.: Corticosteroids in the treatment of certain equine lamenesses. Vet. Med., **51**: 191, 1956.
EBERT, E. F.: Clinical use of phenylbutazone in large animals. Vet. Med., **57**: 33, 1962.
FARQUHARSON, B.: Lameness symposium. Proc. AAEP, 1966, p. 329.
FRANK, E. R.: Veterinary Surgery. 7th Ed. Minneapolis, Burgess Publishing Co., 1964.
FRASER, A. C.: The treatment of lameness by faradism. Vet. Rec. **73** (5): 94, 1961.
GARMER, L.: Corticosteroid injection for the treatment of leg injuries. Nord. Vet. Med., **17** (10): 516, 1965.

GARMER, L.: Osseous metaplasia, a complication of local corticosteroid treatment in the horse. Nord. Vet. Med., 17 (10): 529, 1965.

GARNER, H. E., St. CLAIR, L. E., and HARDENBROOK, H. J.: Clinical and radiographic studies of the distal portion of the radius in race horses. J. Am. Vet. Med. Assoc., 149 (12): 1536, 1969.

GAUNT, R., et al.: The adrenal cortex. Ann. NY Acad. Sci., 50: 509, 1958.

GILLETTE, E. L.: Radiation therapy. Ann. Conf. Vet., Colorado State University, 1965.

GILLETTE, E. L., and CARLSON, W. D.: An evaluation of radiation therapy in veterinary medicine. J. Am. Vet. Rad. Soc., 5: 58, 1964.

GORMAN, H. A., et al.: The effect of oxyphenylbutazone on surgical wounds. J. Am. Vet. Med. Assoc., 152 (5): 487, 1968.

GUARD, W. F.: Surgical Principles and Techniques. 2nd Ed. Ann. Arbor, Michigan, Edwards Brothers, Inc., 1953.

HANSELKA, D. V., et al.: External fixation of a large animal fracture with a resin-bonded fiberglass cast. VM/SAC, 67: 519, 1972.

HAYES, I. E.: Treatment of equine coxitis with intra-articular hydrocortisone. N. Am. Vet., 35: 673, 1954.

HOLLANDER, J. L. (ed.): Arthritis. 8th Ed. Philadelphia, Lea & Febiger, 1972.

HOPES, R.: Uses and misuses of anti-inflammatory drugs in race horses. I. Eq. Vet., 4 (4): 66, 1972.

HOUDESHELL, J. W.: The effect of a corticosteroid on blood and synovial fluid in horses. VM/SAC, 65: 963, 1970.

HUNT, M. D.: The role of corticosteroids in equine practice. 2nd Annu. Congr. Br. Eq. Vet. Assoc., 1963, pp. 25–28.

JACOB, S.: Dimethyl sulfoxide. Paper presented at Washington State Veterinary Conference, 1964.

JOHNSON, L. E., et al.: Panel on equine radiology. Proc. 6th Annu. AAEP, 1960, p. 35.

KATTMAN, J., and KRUL, J.: Intra-articular injection of penicillin and streptomycin. Vet. Med., 5: 55, 1960.

LEWIS, R. E.: Radiation therapy of sarcoids and carcinomas. Mod. Vet. Pract., 46 (1): 37, 1965.

MacKAY, A. G.: Articular cartilage erosion. Can. Vet. J., 8 (6): 134, 1967.

McCARTY, D. J.: Arthritis and Allied Conditions. 10th Ed. Philadelphia, Lea & Febiger, 1985.

McGINNIS, P. J.: Further clinical experience with radiation therapy in race horses. N. Am. Vet., 35: 431, 1954.

McGINNIS, P. J., and LUTTERBECK, E. F.: Roentgen therapy of inflammatory conditions affecting the legs of thoroughbred horses. N. Am. Vet., 32: 540, 1951.

MERCK & Co.: Merck Veterinary Manual. 3rd Ed. Rahway, NJ, 1967.

MINER, R. W., et al. (ed.): Hydrocortisone, its newer analogs and aldosterone as therapeutic agents. Annu. NY Acad. Sci., 61: 281, 1955.

MOSS, M. S.: Uses and misuses of anti-inflammatory drugs in race horses – II. Eq. Vet. J., 4 (2): 69, 1972.

MURRAY, D. M.: Current concepts on intra-articular infections of corticosteroids. 28th Annu. Conf. Vet., Colorado State University, 1967.

NORDENSSON, L. G.: Intermittent ultrasonic treatment of certain forms of lameness in horses. Svensk. Vet., 17: 165, 1965.

O'CONNOR, J. T.: Avoiding and treating the untoward effects of the corticosteroids. Proc. 15th Annu. AAEP, 1969, pp. 75–83.

OHME, F. W.: Phenylbutazone in the treatment of soft tissue reactions of large animals. Vet. Med., 57: 229, 1962.

OWEN, D.: Arthrocentesis techniques in treating equine joint disease. Proc. 17th Annu. AAEP, 1971, pp. 263–267.

Panel Report: Corticosteroid therapy. Mod. Vet. Pract., 48 (8): 54, 1967.

Panel Report: Use of firing. Mod. Vet. Pract., 44 (3): 54, 1963.

QUINLAN, J.: Intra-articular and intra-thecal prednisolone in the treatment of traumatic inflammation of synovial structures in equines. J. S. Afr. Vet. Med. Assoc., 30 (3): 235, 1959.

RAKER, C. W.: Injection and radiography of movable joints. Norden News, 37 (4): 6, 1962.

RILEY, W. F., Jr.: Corticosteroids in the treatment of certain equine lamenesses. Vet. Med., 51: 191, 1956.

SILVER, I. A., and CATER, D. B.: Radiotherapy and chemotherapy for domestic animals: I. Treatment of malignant tumors and benign conditions in horses. Acta Radiol. (Ther.), 2: 226, 1964.

SIMKIN, B.: Corticosteroids in clinical practice. Eye Ear Nose Throat Mon., 43: 47, 1964.

SISSON, S.: Anatomy of Domestic Animals. 4th Ed. Edited by J. D. Grossman. Philadelphia, W. B. Saunders Co., 1953.

STEVENSON, A. C., et al.: Chromosome findings in horses treated with phenylbutazone. Eq. Vet. J., 4 (4): 214, 1972.

STIHL, H. G., und LEUTHOLD, A.: Subkutane Jodtherapie der chronischen Tendinitis beim Pferd. Schweiz. Arch. Tierheilk., 106: 218, 1964.

TEMPLE, J. L.: Fluoprednisolone in race horse practice. J. Am. Vet. Med. Assoc., 137: 136, 1960.

THOM, M.: Some indications for x-ray and radium therapy in large animal practice. Proc. 87th Annu. Meet. AVMA, 1950, p. 63.

THOM, M.: Radiation therapy of joint and tendon lesions. Proc. AAEP, 1966, pp. 325–327.

THOM, M.: Equine Medicine and Surgery. Santa Barbara, American Veterinary Publishers Inc., 1963, p. 513.

THOM, M.: Radiation therapy, using x-ray. N. Am. Vet., 36: 111, 1955.

THOM, M., et al.: Panel on equine radiology. Proc. 6th Annu. AAEP, 1960, p. 35.

TIEGLAND, M. B., and SAURINO, V. R.: Clinical evaluation of dimethyl sulfoxide. Ann. NY Acad. Sci., 141 (1): 471, 1968.

TRUSSELL, W. E.: Clinical response to intrasynovial injection of flumethasone in a horse. Vet. Med., 60: 60, 1965.

TRUSSELL, W. E.: Intrasynovial injection of flumethazone. VM/SAC, 60: 610, 1965.

VAN KRUININGEN, H. J.: Practical techniques for making injections into joints and bursae of the horse. J. Am. Vet. Med. Assoc., 143 (10): 1079, 1963.

VAN PELT, R. W.: Changes in blood and synovia in bog spavin. Am. J. Vet. Res., 29 (3): 369, 1968.

VAN PELT, R. W.: Characteristics of tarsal synovial fluid. Can. J. Comp. Med. Vet. Sci., 31 (12): 342, 1967.

VAN PELT, R. W.: Intra-articular corticosteroid therapy in bog spavin. J. Am. Vet. Med. Assoc., 151 (9): 1159, 1967.

VAN PELT, R. W.: Arthrocentesis and injection of the tarsus. J. Am. Vet. Med. Assoc., 148 (4): 367, 1966.

VAN PELT, R. W.: Clinical and synovial fluid response to intrasynovial injection of a 6α-methylprednisolone acetate into horses and cattle. J. Am. Vet. Med. Assoc., 143 (7): 738, 1963.

VAN PELT, R. W.: Intra-articular injection of the equine carpus and fetlock. J. Am. Vet. Med. Assoc., 140 (11): 1181, 1962.

VAN PELT, R. W.: Properties of equine synovial fluid. J. Am. Vet. Med. Assoc., 141 (9): 1951, 1962.

VAN PELT, R. W.: Equine intra-articular injections. Mich. State Univ. Vet., 21: 54, 1961.

VAN PELT, R. W.: Arthrocentesis of the equine carpus. Vet. Med., 55: 30, 1960.

VAN PELT, R. W.: The role of intra-articular adrenocortical steroids. Mich. State Univ. Vet., 20: 68, 1960.

VAN PELT, R. W., and RILEY, W. F.: Prednisolone therapy for bog spavin. J. Am. Vet. Med. Assoc., **151** (3): 328, 1967.

VAN PELT, R. W., et al.: Effects of intra-articular injection of flumethasone suspension in joint diseases of horses. J. Am. Vet. Med. Assoc., **159** (6): 739, 1971.

VAN PELT, R. W., et al.: Intra-articular betamethasone in arthritis. J. Am. Vet. Med. Assoc., **156** (11): 1589, 1970.

VIGUE, R. F.: Clinical evaluation of prednisolone trimethylacetate in arthritis and general inflammatory conditions of horses. Southwestern Vet., **13**: 103, 1960.

VM/SAC Staff Report: Dimethyl sulfoxide (DMSO). VM/SAC, **65**: 1051, 1970.

WHEAT, J. D.: The use of hydrocortisone in the treatment of joint and tendon disorders in large animals. J. Am. Vet. Med. Assoc., **27**: 64, 1955.

Sachverzeichnis

Seitenzahlen in *Kursivschrift* bezeichnen Abbildungen; Seitenzahlen mit nachfolgendem *T* verweisen auf Tabellen.

A

Abblatten 689
Abdachung der Sohlenfläche des Eisens, Verwendung 812, *812*, 818
Abnehmzange *797*, 804, *805*
Abraspeln der Zehenwand, Definition 799
Abschürfung:
    Definition 768
    Therapie 771
Absorbine als schweißtreibendes Mittel 857
Abszeß, Huf. *Siehe* Hufabszeß 534
Acepromazin, Anwendung:
    Belastungsmyopathie 333
    Frakturen der Halswirbelsäule 781
    Generalisierte Myopathie nach Narkose 335
    Hufrehe:
        Akutes Stadium 494
        Chronisch 495
        Frühstadium 494
Achillessehne *722*. *Siehe auch* Sehne des Musculus gastrocnemius 722
Achsel, Palpation 118
ACTH:
    Hufrehe, akutes Stadium 494
    Kortikoidtherapie 870
Actinobacillus equuli, Osteomyelitis der Wirbel und Eiterungen im Epiduralraum 779
Actinobacillus, infektiöse Arthritis 423
Addison-Krise. *Siehe* Nebennierenrindeninsuffizienz 867
Adduktoren 56, *58*, *59*, *64*, *66*
Adenosin-5-Monophosphat 872
Adequan®, Mucopolysaccharidpolyschwefelsäureester 394
Adrenokortikotropes Hormon. *Siehe* ACTH 494, 870
Agropyron, Selenvergiftung 288
Akupunktur, therapeutische Anwendung 864
„Alkali disease". *Siehe* Selenvergiftung, chronisch 287, 542
Alkalische Phosphatase, Analyse von Synovia 356
Alkohol in schweißtreibenden Mitteln, therapeutische Anwendung 857
Aluminium-Stufenkeil 161, *163*
Aluminiumbeschlag für Rennpferde 786, 786T:
    Beispiele 791, *791–794*
Aluminiumbeschlag mit verdickten Schenkelenden, Verwendung 817 *818*
Aluminiumsilikat, als Packung 866
Amble 839
Amipaque-3,75 174
Amphiarthrosen, Definition 339
Amuno®, therapeutische Anwendung 872
Anämie und Osteopetrosis 311
Anästhesie:
    Lahmheitsdiagnostik:
        Direkte Infiltrationsanästhesie sensibler Gebiete 145
        Intraartikuläre Injektionen 145, 145T
        Leitungsanästhesien 135
        Lokal 134
        Lokalanästhetika für diagnostische Anästhesien 134
        Ringblocks 145
        Sehnenscheiden und Schleimbeutel 146T
        Synoviale Strukturen 145, 145T, 146T
Nervi digitales palmares an der Basis der Gleichbeine *137*, 138
Nervi digitales plantares an der Basis der Gleichbeine *137*
Nervus medianus, Nervus ulnaris und Äste des Nervus cutaneus antebrachii medialis 141, *143*
Punktfeuer 860
Synoviale Strukturen 145, 145T:
    Beckengliedmaße 148
    Bursa intertubercularis 148, *150*
    Bursa podotrochlearis 146, 504, *505*
    Bursa subcutanea olecrani 147, *149*
    Bursa trochanterica musculi glutaei medii 150
    Ellbogengelenk 147, *149*
    Fesselgelenk 146, *146*
    Hüftgelenk 150, *152–153*
    Hufgelenk 146, *146*
    Intraartikuläre Anästhesien 145T
    Karpalgelenk 147, *147*
    Kniegelenk 149, *152*
    Krongelenk 146, *146*
    Lahmheitsdiagnostik 145
    Schleimbeutel unter dem medialen Endschenkel des Musculus tibialis cranialis 149, *151*
    Schultergelenk 148, *150*
    Schultergliedmaße 146
    Sehnenscheiden und Schleimbeutel 146T
    Sprunggelenk 148, *151*
Siehe auch bei den einzelnen Gelenken; Muskeln; Nerven
Anatomie des Bewegungsapparates 1:
    Anteil des Rumpfes an der Bewegung 70
    Beckengliedmaße 38:
        Hinterfußwurzelbereich 43
        Kniebereich 56
        Mittelfußbereich 42
        Oberschenkel- und Hüftgelenkbereich 60
        Unterschenkelbereich 51
        Zehe und Fesselgelenkbereich 38
    Nomenklatur 1, *2*
    Schultergliedmaße 1:
        Ellbogengelenkbereich 31
        Epiphysenfugenschluß 38, 38T
        Fesselgelenkbereich 12
        Halteapparat der Schultergliedmaße 37
        Huf 1. *Siehe auch* Zehenendorgan 1
        Krongelenkbereich 10
        Lymphabfluß 37
        Mittelfußbereich 18
        Oberarm- und Schulterbereich 31, *32*, *34*
        Unterarmbereich 24
        Vorderfußwurzelbereich 21, *21–25*
    Zehenendorgan 1
    Zehe und Fesselgelenkbereich 1
Anatomie und Heilung von Sehnen 762
Anatomische Nomenklatur 1, *2*
Angeborene Gelenkmißbildungen 435, *436*:
    Arthrogryposis 435
    Dorsale Fixation der Patella 436
    Fehlen der Patella 436
    Gleichbeine, Zweiteilung 437
    Hüftgelenkdysplasie 437
    Laterale Luxation der Patella 436, *436*
    Strahlbein, Dreiteilung 437
Angiographie, in der Lahmheitsdiagnostik 153
Angußverband bei akuter Hufrehe. *Siehe* Hufrehe, heiße und kalte Umschläge 494
Anheben der Kruppe 106:
    Gonitis 735
    Spat 696
Ankylose bei degenerativen Erkrankungen von Gelenken, röntgenologische Darstellung 392, *393*. *Siehe auch* Arthrodese 392, 556, 700
Anschlagen:
    an den Gliedmaßen, Lahmheitsdiagnostik 105, *105*
    im Bereich des Karpalgelenks, Definition 105
    im Ellbogenbereich:
        Definition 105
        Hufkorrektur und möglicher Korrekturbeschlag 830
    mit dem Vorderhuf an den gleichseitigen Hinterfuß, Definition 105, *105*
Antebrachium. *Siehe* Unterarmbereich 24
Anteil des Rumpfes an der Bewegung 70
Antibiotikabehandlung:
    Hämatogene Osteomyelitis der Neugeborenen 305
    Hufrehe:
        Chronisches Stadium 495
        Frühstadium 493
    Infektiöse Arthritis 428
    Infektiöse Ostitis 304
    Wundversorgung 769, 771
Antihistaminika, Anwendung bei Hufrehe im akuten Stadium 494
AO-ASIF System, Implantate in der Orthopädie 302, *303*
Aorta abdominalis:
    Pulsation, rektale Untersuchung 132
    Thrombose 750, *750*
Apophysitis und erworbener Sehnenstelzfuß 455
Apirel®. *Siehe* Meclofenaminsäure 367, 872
Apophyse, Definition 293
Arachidonsäurederivate, Wirkung der entzündungshemmenden Mittel 870
Arcus palmaris profundus distalis 13
Arcus palmaris profundus (proximalis) 19, *20*, 21, 24
Arcus palmaris superficialis 13, *20*, 21
Arcus plantaris profundus (proximalis) 43, 46

Arcus proximalis 13
Arcus terminalis des Hufbeins *14*, 15
Arsen-Gabe bei Selenvergiftung 289, 543
Arteria axillaris *34*, 36
Arteria bicipitalis 37
Arteria brachialis 30, 36, *26*
Arteria caudalis femoris *56*, 65, 67
Arteria cervicalis profunda 37
Arteria cervicalis superficialis 37:
 Ramus deltoideus 27
Arteria circumflexa femoris lateralis 65
Arteria circumflexa femoris medialis 65
Arteria circumflexa humeri caudalis 31, 36, 37
Arteria circumflexa humeri cranialis 37
Arteria circumflexa scapulae 37
Arteria collateralis ulnaris *20*, 24, 30, 37
Arteria coronalis 13, *14*
Arteria digitalis lateralis. 13, *14*, 17, *20*, 42
Arteria digitalis medialis *16*, 20, *41*, 42
Arteria digitalis palmaris communis II 13, 24
Arteria digitalis palmaris communis III 13, 19, *20*, 21, 30
Arteria digitalis plantaris communis III 40, 42, 43
Arteria dorsalis pedis 43, *44*, 46
Arteria epigastrica caudalis 65
Arteria femoralis 58, 64, 65, *66*
 Pulsqualität, Palpation 128
Arteria genus descendens 60, 65
Arteria glutaea caudalis *63*, 64
Arteria glutaea cranialis *63*, 64
Arteria iliaca externa:
 Intermittierendes Hinken 328
 Thrombose 128, 750, *750*
Arteria iliacofemoralis *63*
Arteria iliolumbalis *63*, 64
Arteria interossea caudalis 30
Arteria interossea communis 30
Arteria interossea cranialis 21, 30
Arteria malleolaris caudalis lateralis 45
Arteria marginis solearis 15
Arteria mediana *20*, 30
Arteria metacarpea dorsalis lateralis 18, 21
Arteria metacarpea dorsalis medialis 18, 21
Arteria metacarpea palmaris lateralis (III) *20*, 21
Arteria metacarpea palmaris medialis (II) 21
Arteria metatarsa dorsalis II 42
Arteria metatarsa dorsalis III 40, *40*, 42, *44*, 46
Arteria nutricia:
 Femur 64, 65
 Humerus 37
 Os metacarpale III *20*, 21
 Skapula 37
Arteria obturatoria 65, *66*
Arteria poplitea *56*, 58
Arteria profunda femoris 65
Arteria pudenda externa 65
Arteria pudenda interna 64
Arteria radialis 19, *20*, 22, 23
Arteria radialis proximalis *20*, 24, 30
Arteria saphena 45, 48, 53, 58, 64, 65
Arteria subscapularis *34*, 37
Arteria suprascapularis 36, 37
Arteria tarsea lateralis 46
Arteria tarsea medialis 46
Arteria tarsea perforans 46
Arteria thoracica externa 37
Arteria thoracodorsalis 36
Arteria tibialis caudalis 45, 48, *56*, 58, 67

Arteria tibialis cranialis 46, 53, *56*, 58
Arteria transversa cubiti 30, 31, 37
Arteria(e) metacarpea(e) palmare(s) 19
Arterien:
 Huf 7, *8*
 Zehe und Fesselgelenkbereich 13, *14*, *16–17*
 Siehe auch bei den einzelnen Arterien
Arthritiden:
 Chronisch proliferative 369
 Definition 339
 Gonitis 735
 Infektiöse 423:
  Ätiologie 423
  Diagnose 424, *425–430*
  Osteomyelitis 306
  Pathogenese 423, *424*
  Röntgenologisch sichtbare Veränderungen 185, 185
  Schultergelenk 687
  Serofibrinös oder fibrinopurulent bei Fohlen 424
  Synovia, Leukozytenzählung 356
  Synovialitis villosa 369
  Therapie 428, *430–432*
  Traumatisch. *Siehe* traumatische Arthritis 360, 370
  Überbeine 612
  Unterschenkel-Hinterfußwurzelgelenk 120, 121
Arthritis. *Siehe* Arthritiden
Arthritis-Osteomyelitis-Syndrom der Fohlen. *Siehe* Arthritiden, serofibrinös oder fibrinopurulent 424
Arthrodese:
 Ankylose bei degenerativen Erkrankungen von Gelenken, röntgenologische Darstellung 392, *393*
 Degenerative Gelenkerkrankungen 396
 Gleichbeinfrakturen 581
 Kronbeinfrakturen 560
 Krongelenkluxation 558, 560, *560*
 Ruptur des Fesseltragapparates, verletzungsbedingt 584
 Schale 556, *556*
 Spat 700, *700–703*
 Unsichtbarer Spat 708
Arthrographie 171, *172–173*:
 Röntgenkontrastdarstellung bei Gelenkerkrankungen 348
Arthrogrypose 452
Arthroskop 349, *349*
Arthroskopie 349:
 Allgemeine arthroskopische Anatomie und Pathologie 351, *350*, *351*
 Ausführung 349, *349–351*
 Ausstattung 349, *349*
 Besondere Indikationen 352
 Technik für die chirurgische Behandlung von Gelenkfrakturen 383
Articulatio antebrachiocarpea. *Siehe* Karpalgelenk 21, 23; Unterarm-Vorderfußwurzelgelenk 21, 23
Articulatio centrodistalis. *Siehe* distales Hinterfußwurzel-Mittelgelenk 51; unteres Hinterfußwurzel-Mittelgelenk 148
Articulatio coxae. *Siehe* Hüftgelenk 66
Articulatio cubiti. *Siehe* Ellbogengelenk 31, 675
Articulatio femoropatellaris. *Siehe* Kniescheibengelenk
Articulatio femorotibialis. *Siehe* Kniekehlgelenk

Articulatio genus. *Siehe* Kniegelenk *47*, 56
Articulatio humeri. *Siehe* Schulter 31, *32*, 34; Schultergelenk *32*, 33
Articulatio humeroradialis. *Siehe* Ellbogengelenk 31
Articulatio humeroulnaris und Articulatio humeroradialis, röntgenologische Darstellung:
 Kraniokaudal *234–235*
 Mediolateral *232–233*
Articulatio interphalangea distalis manus/pedis. *Siehe* Hufgelenk 9, *10*
Articulatio interphalangea proximalis manus/pedis. *Siehe* Krongelenk 10, *10*
Articulatio mediocarpea:
 Anästhesie 147, *147*
 Arthroskopie 350, *350*, 352
 Siehe auch Vorderfußwurzel-Mittelgelenk 24
Articulatio metacarpophalangea. *Siehe* Fesselgelenk *10*, 13; Fesselgelenkbereich 1
Articulatio metatarsophalangea. *Siehe* Fesselgelenk *10*, 13; Fesselgelenkbereich 38
Articulatio radiocarpea. *Siehe* Unterarmbereich 24;
 Vorderfußwurzelgelenk 24;
 Vorderfußwurzelbereich 21, 24, 118
Articulatio sacroiliaca. *Siehe* Kreuzdarmbeingelenk 67, *68*, 753, *754–755*
Articulatio talocalcaneocentralis et calcaneoquartalis. *Siehe* oberes Hinterfußwurzel-Mittelgelenk 51, 148
Articulatio tarsocruralis. *Siehe* Unterschenkel-Vorderfußwurzelgelenk 43:
 Arthroskopie 350, *350*, 352
Articulatio ulnocarpea 24
Articulationes carpometacarpeae. *Siehe* Vorderfußwurzel-Mittelfußgelenke 24
Articulationes intertransversariae *68*
Articulationes tarsometatarseae. *Siehe* Hinterfußwurzel-Mittelfußgelenke 48
 Anatomie 43
Aspartat-Aminotransferase. *Siehe* GOT 330, 356

Aspirin®:
 Hämatogene Osteomyelitis 306
 Therapeutische Anwendung 872
 Traumatische Synovialitis und Kapsulitis 366
Aster xylorrhiza, Selenvergiftung 288
Astragalus sp., Selenvergiftung 288, 542, *542*
Ataktische Parese. *Siehe* Spinale Ataxie 133, *134*, 772
Ataxie, „Sway response" 133, *134*
Atemfrequenz nach Belastung 284
Atriplex, Selenvergiftung 288

Atrophie:
 Musculus infraspinatus 689
 Musculus supraspinatus 689
Aufbelichtungssystem für die Kennzeichnung von Röntgenaufnahmen 164, *165*
„Aufgesetztes" Vorderfußwurzelgelenk. *Siehe* lateraler Versatz der Metakarpalknochen 85, 91
Aufnageln von Hufeisen in Gegenrichtung, Verwendung 816, *816*
Aufnietklinge. *Siehe* Nietklinge 804
Aufsetzen des Hufes auf den Boden, Hufkorrektur 815

Aufzüge an Hufeisen:
    Seitenwandaufzüge 793
    Verwendung 817, *817*
Ausdauer:
    Muskelfasertypen 324
    Siehe auch Kondition und Myopathie 332
Ausschuhen, Neurektomie der Nervi digitales palmares 510, *510*
Auswahl des Untergrundes für die Lahmheitsuntersuchung 104
Automatische Entwicklung von Röntgenfilmen 167, *168*
Axilla. *Siehe* Achsel 118
Azetabulum 67:
    Frakturen:
        Lahmheitsdiagnostik 128
        Luxation des Hüftgelenkes 748, 752
    Os coxae 67
Azetylsalizylsäure. *Siehe* Aspirin® 306, 366, 872
Azoturie 282, 331:
    Klinische Symptome 332

B
Bacteroides, infektiöse Arthritis 423
Bänder:
    Strahlbein. *Siehe* Ligamenta sesamoidea collateralia 9, *11*, 14
    Siehe auch bei den einzelnen Bändern
Bakteriell bedingte Myositis 328
Ballen:
    Anatomie *4*
    Schrumpfung, unsachgemäßer Beschlag 810
Ballonartige Erweiterung der Gefäßlöcher 501, 505. *Siehe auch* Podotrochlose-Syndrom 499
Bearbeitungsfehler der dorsalen Hufwand. *Siehe* „Bull-nosed foot" 97
Becken:
    Lahmheit 750. *Siehe auch* bei den einzelnen Erkrankungen:
        Frakturen 752, *752*
        Subluxationen des Kreuzdarmbeingelenkes 753
        Thrombose der Aorta abdominalis oder der Arteriae iliacae externae 750, *750*
    Palpation und Provokationsproben bei der rektalen Untersuchung 128, 132, *133—134*
    Röntgenologische Darstellung:
        Ventrodorsal *260—261*
        Ventromedial-dorsolateral obliquus *262—263*
Beckengliedmaße 38, *39*:
    Adspektion in der Bewegung 105
    Epiphysenfugenschluß 68, 68T
    Extreme Winkelung. *Siehe* Säbelbeinigkeit 89, 91
    Fehler in der Stellung 88:
        Beurteilung unter Berücksichtigung gutachterlicher Fragestellung 90
        Bodeneng 88, *88*
        Bodeneng distal des Fesselgelenkes 89
        Bodenweit 88, *89*
        Hasenhacke 715
        Kreuzgalle 358
        Rückständigkeit 90, *90*
        Säbelbeinigkeit 89, *89*
        Spat 694
        Übermäßig steile Stellung 90
        Überstreckte 89
        Vorständigkeit 90, *90*
        X-Beinigkeit 89, *89*. *Siehe auch* kuhhessige Stellung 89, 91
    Frakturen des Os femoris 744
        Ätiologie 744
        Bursitis des Schleimbeutels über dem Trochanter major 747
        Diagnose 744
        Lähmung des Nervus femoralis 746
        Palpation 128
        Prognose 745
        Symptome 744, *744*
        Therapie 744, *745*, *746*
    Halteapparat 68, *69*
    Hinterfußwurzelbereich 43
    Kaudalansicht 88
    Kniegelenk 56
    Knochen *39*
    Lateralansicht 88
    Lymphabfluß 66, 68
    Mittelfußbereich 42
    Oberschenkel und Hüfte 60
    Palpation und Provokationsproben 120
    Steile Stellung. *Siehe* überstreckte Stellung 89
    Stellung 87, 88
    Tarsus 43
    Unterschenkel 51
    Zehe und Fesselgelenkbereich 38, *39*
    Siehe auch bei den einzelnen Regionen der Beckengliedmaße
Beckensymphyse:
    Anatomie 68
    Fraktur, Palpation 129
Begleitende Lahmheit, Definition 100
Belastungsmyopathie 282, 332
Belastungsrehe 487
Belichtungszeit bei Röntgengeräten 158
„Bench knees". *Siehe* lateraler Versatz der Metakarpalknochen 85, 91
Beraspeln der Zehenwand des Hufes, Definition 799
Beschlag:
    bei Saumbereichverletzungen 831
    Unsachgemäß 810
    Siehe auch Eisen, Hufbeschlag, Hufeisen
Beschläge zum Aufkleben 818
Beta-Karotin, im Futter 287
Betamethason:
    Intraartikuläre Injektion, Dosierung 869
    Synovialitiden und Kapsulitiden 366
Betriebsdaten für röntgenologische Untersuchungen bei Pferden 169, *170*, 170T:
    Anlegen von Tabellen 169
    Tabellen 169
Beugeprobe der oberen Gelenke der Beckengliedmaße. *Siehe* Spatbeugeprobe 122, 696
Beugeproben:
    Entzündung der Bursa intertubercularis 679, *681*
    Fesselgelenk 111, *113*
    Gonitis 736
    Rücken 131, *132—133*
    Schultergelenk 118, *122*
    Sprunggelenk 122, *125*
Beugesehnen:
    Ruptur 764:
        Ätiologie 764
        Diagnose 765
        Prognose 766
        Symptome 765
        Therapie 765, *765—766*
    Siehe auch bei den einzelnen Beugesehnen
    Schwäche 450, *450*

Bewegung:
    als Therapie 842
    Hufrehe:
        Akutes Stadium 494
        Frühstadium 493
Bikarbonat-Substitution bei Belastungsmyopathie 333
„Bighead disease". *Siehe* Osteodystrophia fibrosa 284, 314
Bildgebende Verfahren 174
Bioclimatic, Kälte-Druck-System 840
Bindegewebe aktivierendes Peptid 396
Bleilamellen bei der Anfertigung von Röntgenaufnahmen 163, *164*
Bleischürze und -handschuhe, Strahlenschutz 168, *168*
„Blind splint" 612. *Siehe auch* Überbeine 113, 612
„Blind staggers". *Siehe* Selenvergiftung, subakut 287, 542
Blister:
    Degenerative Gelenkerkrankungen 395
    Kniescheibenbänder, Schwäche 373
    Spat 700
    Therapeutische Anwendung 858
    Siehe auch roter Blister 395, 858
Blutgefäße:
    Epiphysenfuge 294, *295*
    Synovialmembran 340
    Siehe auch bei den einzelnen Arterien; Venen
Blutspat 708:
    Definition 694
Blutversorgung, Störungen, in der Muskulatur 328
„Bob-tail Krankheit". *Siehe* Selenvergiftung, chronisch 287, 542
Bockhuf 98:
    Unsachgemäßer Beschlag 809
Bodeneng-zehenenge Stellung 79, 80:
    Hufkorrektur und möglicher Korrekturbeschlag 815, 823
    Schultergliedmaßen, Beurteilung bei gutachterlicher Fragestellung 91
Bodenenge Stellung:
    Beckengliedmaßen 88, *88*:
        Bodeneng distal des Fesselgelenkes 89
    Schultergliedmaßen 77, *77*
Bodeneng-zehenweite Stellung 80, *80—81*:
    Hufkorrektur und möglicher Korrekturbeschlag 815, *815*, 822
    mit Füßen auf der äußeren Hufwand 822
    Schultergliedmaßen, Beurteilung bei gutachterlicher Fragestellung 90
Bodenweite Stellung 77, *78*, 88, *89*
Bodenweit-zehenenge Stellung 79, 81:
    Hufkorrektur und möglicher Korrekturbeschlag 824
Bodenweit-zehenweite Stellung 80, *80*:
    Hufkorrektur und möglicher Korrekturbeschlag 819, *820—823*
    Schultergliedmaßen, Beurteilung bei gutachterlicher Fragestellung 91
Bodenweite Stellung:
    Beckengliedmaßen 88, *89*
    Schultergliedmaßen 77, *78*
Bogen in der Sehne:
    Beugesehnen, Palpation 114, *116*
    Striktur des Fesselringbandes 593
Bohrmaschine zur Versorgung von Hornspalten *547*
Borsäure-Salbe, Packungen 866
„Brace" 857
Braunol 2000® 520

Breitschenkelhufeisen 817:
    Flachhuf 811, *812*
    Steingallen 539
Brennen 859:
    Allgemeine Bemerkungen 862
    Degenerative Gelenkerkrankungen 395
    Elektrisch 860
    Indikationen 859
    Instrumentarium 860, *861*
    Kontraindikationen 860
    Nachbehandlung 862
    Punktfeuer 860, *861*:
        Fesselgelenk 861
        Karpalgelenk 860
        Muster 861, *861*
        Spat 700
    Strichfeuer 862
    Tendinitis 467
    Therapeutisches Brennen 859, *861*
    Überbeine 615
    Ziel 859
Brodie-Abszeß, Osteomyelitis 306
Broué, Hufeisen für Trachtenzwanghuf 827
Brucella abortus, Entzündung der Bursa subligamentosa supraspinalis 484
„Brushing". *Siehe* Anschlagen 105
Brust- und Lendenwirbelsäule:
    Frakturen 782
    Kontakt von Dornfortsätzen der Brust- oder Lendenwirbel 760
    Lahmheit 757
    Muskeldystrophie 762
    Myositis der Musculi psoas major et minor und des Musculus longissimus dorsi 761
    Rückenbeschwerden:
        Ätiologie 757
        Diagnose 759, *759*
        Hauptgruppen 757
        Prognose 760
        Symptome 758, *758*
        Therapie 760
        Vorkommen 757
„Bucked shins". *Siehe* Metakarpus, Periostitis und Frakturen, dorsal 596
„Budding", Muskelregeneration 326
Bügeln 78, *79*
Bühner-Band, Fixation der Spaltränder bei Hornspalten 547, *547−548*
Buggelenk. *Siehe* Schultergelenk 32, 33
„Bull-nosed foot" 97, *97*
Bursa intertubercularis 33:
    Anästhesie, Lahmheitsdiagnostik 148, *150*
    Entzündung 679:
        Ätiologie 679
        Diagnose 680, *680−681*
        Prognose 681
        Symptome 680
        Therapie 681
        Vorkommen 679
Bursa podotrochlearis:
    Anästhesie 146, 504, *505*
    Beschreibung 9, *10*
    Entzündung, septisch 484, 531
Bursa subcutanea olecrani:
    Diagnostische Anästhesie 147, *149*
Bursa subligamentosa supraspinalis 29. *Siehe auch* Widerristschleimbeutel 484
Bursa subtendinea des Musculus infraspinatus, Entzündung 683, *683*
Bursa trochanterica des Musculus glutaeus medius 62:
    Lahmheitsdiagnostik 128

Bursa(e). *Siehe* Schleimbeutel 145, 147, 481, *482*
Bursitis 483:
    Bursa intertubercularis 679, *680−681*:
        Palpation 118, 120, *121−122*
    Bursa trochanterica des Musculus glutaeus medius (Schleimbeutel über dem Trochanter major) 747:
        Lahmheitsdiagnostik 128
    Ellbogenhöcker 675
    Hygrom. *Siehe* Hygrom 645
    Olekranon, Lahmheitsdiagnostik 118
    Septisch 484, *484−485*
    Stollbeule 675
    Traumatisch 483, *484*
Bursitis und Tendinitis des medialen Schenkels des Musculus tibialis cranialis 704
Butazolidin. *Siehe* Phenylbutazon 871
„Buttress foot". *Siehe* Exostosen am Processus extensorius des Hufbeines 97, 528

C

Cäsium-137, therapeutische Anwendung 863
Calcinosis circumscripta. *Siehe* tumoröse Kalzinose 314
Canalis carpi 23:
    Palpation 115, *117*
Canalis femoralis 64
Canter 837, *837−838*. *Siehe auch* Galopp 837, *836−837*
„Capture myopathy" 331
Carpus valgus. *Siehe* Karpalgelenk 82, 624;
    Valgusstellung 82, 624;
    X-Beinigkeit 82, 624
Carpus varus. *Siehe* Karpalgelenk 82, 624;
    O-Beinigkeit 82, 624;
    Varusstellung 82, 624
Cartilago ungularis. *Siehe* Hufknorpel 8
Castilleja, Selenvergiftung 288
Celestan Depot® 869
Celestovet®. *Siehe* Betamethason 366
„Cervical statical stenosis" (CSS). *Siehe auch* Fehlentwicklung der Halswirbel 772
„Cervical vertebral instability" (CVI). *Siehe* Instabilität der Halswirbelsäule 772
„Cervical vertebral malformation" (CVM). *Siehe* Fehlentwicklung der Halswirbel 772
Cestrum diurnum, Vitamin-D-Vergiftung. *Siehe* Vitamin D, Toxizität 286
Chip-Frakturen. *Siehe* bei den einzelnen Knochen
Chlamydien, infektiöse Arthritis 423
Chloralhydrat, Anwendung bei Frakturen der Halswirbelsäule 781
Chloroform, in Linimenten, therapeutische Anwendung 856
Chondroitin-4-sulfat, Gelenkknorpel 342, *343*
Chondroitin-6-sulfat, Gelenkknorpel 342, *343*
Chondroklasten in der Epiphysenfuge 294
Chondromalazie:
    Patella 741:
        Degenerative Gelenkerkrankungen 391
    Schultergelenk, Osteochondrose 683
Chondrosarkom, Fesselgelenk 437
Chondrozyten in der Epiphysenfuge 294, *295*
Chronisch proliferative Synovialitis (Synovialitis villosa) 369, *370*

Clostridienmyositis 328
Cloward-Methode, Modifikation zur Halswirbelversteifung 776
„Cold water ingestion". *Siehe* Hufrehe, Aufnahme von Wasser 487
„Colorado leg paint" 395
Comandra, Selenvergiftung 288
Combelen®, Anwendung 283
Condylus lateralis ossis femoris 56
Condylus lateralis tibiae 39
„Contracted foals syndrome". *Siehe* kongenitale Gelenkkontrakturen 436
Corpus adiposum infrapatellare (Kniefettkörper) 47, 56:
    Röntgenologische Darstellung 177
Corynebacterium equi:
    Infektiöse Arthritiden 423
    Osteomyelitis der Wirbel und Eiterungen im Epiduralraum 779
Corynebakterien:
    Immunvermittelte Gelenkerkrankungen 435
    Osteomyelitis 306
Coumadin®-Tabletten bei Podotrochlose 509
Cowboy Hufeisen, Einteilung 786, *786T*
CPK. *Siehe* Kreatin-Phospho-Kinase
Crista iliaca 39
Crus. *Siehe* Unterschenkelbereich 45, 47, 51
CSS. *Siehe* Fehlentwicklung der Halswirbel 772
CTAP. *Siehe* Bindegewebe aktivierendes Peptid 396
„Cunean bursa". *Siehe* Schleimbeutel unter dem medialen Endschenkel des Musculus tibialis cranialis 45, 149
Cuneus ungulae. *Siehe* Strahl 4−5, 7
„Curby conformation". *Siehe* Hasenhacke 89, 715
CVI. *Siehe* Instabilität der Halswirbelsäule 772
Cyclooxygenase, nichtsteroidale Antiphlogistika 870

D

Dantrolen:
    Belastungsmyopathie 333
    Generalisierte Myopathie nach Anästhesie 335
Debridement (Wundtoilette) 608, 769
Deck- oder Glasurschicht 2, 4, *6*
Deckelhufeisen, bei Hufrehe 498
Degeneration:
    Fettige 325
    Muskulatur 325
Degenerative Gelenkerkrankungen 384:
    Arthroskopie 352
    Beziehung zwischen pathologischen Veränderungen und klinischen Symptomen 388
    Biochemische Vorgänge 389
    Definition 384
    Diagnose 391, *392−393*
    Distale Sprunggelenksabteilungen. *Siehe* Spat 694
    Fehlentwicklung der Halswirbel 772, *774*
    Hüftgelenk, in der Lahmheitsdiagnostik 128
    Klinische Formen 384, *384T*
    Kniegelenk, Gonitis 735
    Kortikosteroidbehandlung 365
    Leukozytenzählung, Synovia 356
    Pathogenese 388, *389*

Pathologische Veränderungen 385, 385–388
Röntgenologische Veränderungen 185, 185
Schale 551
Statische Stenose des Zervikalkanales 772
Therapie 393:
  Arthrodese 396
  Chirurgische Kürettage von Knorpel und Knochen 395
  Dimethylsulfoxid (DMSO) 394
  Förderung der Knorpelheilung 396
  Gelenkspülung 394
  Glykosaminoglykan 394
  Grundlagen 393
  Injektion von Kortikosteroiden 394
  Natriumhyaluronat 394
  Nichtsteroidale Antiphlogistika 394
  Osteophyten, Entfernung 396
  Reiztherapie 395
  Ruhigstellung 394
  Strahlentherapie 396
  Synovektomie 395
  Tinkturen 395
Degenerative Myeloenzephalopathie des Pferdes. *Siehe* Myeloenzephalopathie, degenerative 778
Degenerative Verfettung. *Siehe* Degeneration, fettige 325
Dehnung. *Siehe* Distorsion 370
Dens, Abtrennung vom Axis, Frakturen der Halswirbelsäule 780, *780*
„Denver Mud", therapeutische Anwendung 866
Depo-Medrate®, Therapie bei Kreuzgalle 359
Dermis, Huf. *Siehe* Lederhaut 7
Desmitis:
  Definition 464
  Unterstützungsband der tiefen Beugesehne, bei Griffelbeinfrakturen 622
  Desmotomie des Ligamentum accessorium der tiefen Beugesehne 460, 498.
  Siehe auch tiefe Beugesehne, Tenotomie 460, 498
Dexamethason:
  Fehlentwicklung der Halswirbel 776
  Frakturen der Halswirbelsäule 781
  Osteochondrose, Pathogenese 399
Diagnose von Gelenkerkrankungen:
  Analyse der Synovia 352, *353, 355, 357*
  Arthroskopie 349, 351, *349–351*
  Klinische Untersuchung 347, *348*
  Röntgenuntersuchung 348
  Siehe auch Synovia, Analyse 352, 362, 426, 477
Diagonales Einhauen:
  Definition 105, *105*
  Hufkorrektur und möglicher Korrekturbeschlag 828
„Diamond-bar-"Eisen:
  Beschreibung 789
  Verwendung 816
„Diaphyseal aclasis". *Siehe* Exostosen, multiple kartilaginäre 312
Diarthrosen, Gelenke, Definition 339
Diathermie 841:
  Degenerative Gelenkerkrankungen 395
Diazepam®, bei Frakturen der Halswirbelsäule 781
Dibenzyran®H:
  bei chronischer Hufrehe 494
  im Frühstadium der Hufrehe 493

Dikumarol, Podotrochlose-Syndrom 509
Dimethylsulfoxid (DMSO) 614:
  Degenerative Gelenkerkrankungen 394
  Fehlentwicklung der Halswirbel 776
  Frakturen der Halswirbelsäule 781
  Salben zur Wundbehandlung 771
  Tendinitis 467
  Therapeutische Anwendung 873
  Traumatische Synovialitis und Kapsulitis 363
Diskoidale Epiphysenfuge, Beschreibung 293
Dislokation. *Siehe* Luxation 371
Distales Hinterfußwurzel-Mittelgelenk (Articulatio centrodistalis) 51:
  Intraartikuläre Anästhesie 148, *151*
  Siehe auch unteres Hinterfußwurzel-Mittelgelenk 148
Distale Sesambeinbänder (Gleichbeinbänder) 10, *13*, 25:
  Desmitis 566, *567*
    Ätiologie 566
    Gleichbeinfrakturen 573
    Prognose 568
    Symptome 567, *567*
    Therapie 567
  Palpation, Lahmheitsdiagnostik 109, *111*
  Podotrochlose-Syndrom 499
  Traumatische Rupturen 471
  Zerrung, Desmitis 566, *567*
Distale Sprunggelenksabteilungen, degenerative Gelenkerkrankungen. *Siehe* Spat 694
Distale Strahlbeinarterie, Thrombose, Podotrochlose-Syndrom 500, 501
Distales Querband 40, *41, 42*, 50
Distorsion 370:
  Behandlung mit Induktionsstrom 842
DMSO. *Siehe* Dimethylsulfoxid 614
Dolantin® bei Myositis 283, 333, 335
Domoso. *Siehe* Dimethylsulfoxid 614
Dornfortsätze, Überlappen, Rückenbeschwerden 760
Dorsal, Definition 1, *2*
Dorsales Venennetz in der Wandlederhaut 15
„Dorsal metacarpal disease". *Siehe* Metakarpus, Periostitis und Frakturen, dorsal 596
Drachia megastoma, Nematodenbefall des Rückenmarkes 779
Drainage:
  Kreuzgalle 359
  Wundbehandlung 769
  Wundheilung 768
Drehpunkt:
  Gliedmaßenfehlstellungen:
    Bestimmung 591
    Karpus und Radius 628–629, *630*
    Röntgenaufnahmen 323
Dreigängerrassen:
  Anforderungen 834
„Dropped elbow". *Siehe* Ellbogen, Entlastungshaltung (ungewöhnlich tief liegender) 103
Druck, Epiphysenfuge:
  Auswirkungen 319, *320*
  Entwicklung 296
  Gliedmaßenfehlstellungen 322
Druckstellen durch verschiedene Verbände 854, *854*
Druckverband. *Siehe* Verband 769, 844
Dunkelkammereinrichtung 166, *167–168*:
  Zeit- und Temperaturkontrolle 166, *167,*

167T
Durchtrittigkeit. *Siehe* Hufbeschlag, orthopädisch, Fesselkopf-Unterstützung durch Spezialbeschläge 585, 766
Dynamographie 154
Dyschondroplasie. *Siehe* Osteochondrose 396
Dysplasie der Epiphysenfuge 317. *Siehe auch* Epiphysitis 317
Dystrophische Muskeldegeneration 334

E
E-Z-boots bei Hufrehe 498
Echte Gelenke:
  Allgemeine Anatomie 339, *339*
  Aufbau und Funktion der synovialen Membran 340, *340–341*
  Definition 339
  Gleitfähigkeit und Stoßdämpfung 343
  Prä- und postnatale Entwicklung 344, *344–345*
  Röntgenologische Darstellung 182, *184–185*
  Stabilität 340
Echter Spat. *Siehe* Spat 694
Eckstrebe *4*:
  Unsachgemäßes Beschneiden 809
Einhauen, Definition 105
Einlagen für Hufeisen:
  Beschreibung 793:
    Podotrochlose-Syndrom 508
Einschnürung des Röhrbeines:
  Dorsodistal vom Karpus 85, *85*
  Palmarodistal vom Karpus 85, *85*
Einsiedel-Hufeisen für Trachtenzwanghuf 827
Eisen (Hufeisen):
  mit erhöhtem Außenrand an der Bodenfläche, Beschreibung 791, *791*, 793
  mit erhöhtem Innenrand an der Bodenfläche und mit offenem Vorderteil 820, *820–821*, 823
  mit halbem Steg, Beschlag bei Hornspalten 548, *549*
  mit Stahlsteg im Abrollbereich 821, *821*, 824
  mit Verbreiterung des Vorderteiles, orthopädischer Beschlag 822, *822*
  nach Roberts zum Unterstützen der Fessel (Spezialeisen) 585, *585*
  Siehe auch Hufbeschlag; Hufeisen
Eisen (Fe):
  Epiphysitis 320
  Injektionen, Myositis 328
Eisenschenkel, Definition 787
Ektopische Patella 436
Elastisches Fesselbein-Hufknorpel-Hufbeinband 11
Elastische Gazebinden 844
Elastisches Klebeband 844
Elektrisches Brennen 861. *Siehe auch* Brennen 860
Elektrogoniometrie 154
Elektrolytbehandlung, Belastungsmyopathie 333
Elektrolytlösung 283
Elektrolytmangel:
  beim ausgewachsenen Pferd 281
  Kondition und Myopathie 332
Elektromyographie 330:
  Fehlentwicklung der Halswirbel 776
Elektrostimulation, Anwendung 865
Ellbogen:
  Anatomie 31
  Bursitis 675

Entlastungshaltung (ungewöhnlich tief
    liegender) 103:
        Humerusfrakturen 675
        Radialislähmung 678, *678*
    Lahmheit:
        Ellbogenhöcker 675
        Ruptur des Ligamentum collaterale
            mediale 674
        Ulnafrakturen 670
    Melanom 437
    Osteochondrosis dissecans, Sektion
        399, *402*
    Palpation und Provokationsproben 118,
        119, *121*
    Röntgenologische Darstellung:
        Kraniokaudal *234—235*
        Mediolateral *232—233*
    Stollbeule 675
Ellbogenbeule. *Siehe* Stollbeule 483, 675
Ellbogengelenk (Articulatio cubiti;
        Articulationes humeroradialis und
        humeroulnaris):
    Anästhesie, diagnostische 147, *149*
    Anatomie 31
    Gelenkkapsel 31
    Röntgenologische Darstellung:
        Kraniokaudal *234—235*
        Mediolateral *232—233*
Eminentia intercondylaris, Fraktur 734
Emphysem, Weichteilgewebe (Gaseinschluß)
    178, *179*
Enchondrale Ossifikation:
    Fehlerhaft:
        Gliedmaßenfehlstellungen 320
        Osteochondrose 396, *398*
        Kongenitale Fehlstellungen 627
    Ossifikationszentrum, Trauma 277
    Störungen:
        Fütterung 280
        Ursachen 276
Endarteriitis obliterans, Podotrochlose-
    Syndrom 500, 501
Endochondromatose. *Siehe* Exostosen,
    multiple kartilaginäre 312
Endokrines System, Hufrehe 489, *489*
Endometritis, Hufrehe 487
Energiedefizit, beim ausgewachsenen
    Pferd 281
Energiegehalt des Futters:
    Enchondrale Ossifikation 277
    Osteodystrophie 311
Enolsäuren 870
Entlastungshaltung der Schultergliedmaße.
    Siehe Ellbogen, Entlastungs-
    haltung 103
Entwicklerlösungen:
    Arbeiten in der Dunkelkammer 167
    Überprüfen durch Vergleich entwickelter
        Test-Filmstreifen 167
Entzündliche Phase bei der Heilung von
    Sehnenschäden 763
Entzündung:
    Behandlung durch Kälte 840
    Muskulatur. *Siehe* Myositis 282
Entzündungshemmende Mittel 866. *Siehe
    auch* bei den einzelnen Wirkstoffen;
        Kortikosteroide 866
Entzündungshemmende Mittel mit Aus-
    nahme der Steroide:
    Azetylsalizylsäure 872
    Adenosin-5-Monophosphat 872
    Degenerative Gelenkerkrankungen 394
    Flunixin Meglumin 872
    Indomethacin 872

Meclofenaminsäure 872
Naproxen 872
Nebenwirkungen 870
Oxyphenbutazon 872
Phenylbutazon-Natrium 871
Podotrochlose-Syndrom 508
Synovialitiden und Kapsulitiden 366
Tendinitis 467
Therapeutische Anwendung 870
Wirkungsmechanismus 870
Siehe auch bei den einzelnen Wirkstoffen;
    nichtsteroidale Antiphlogistika 870
Entzündungshemmende Wirkstoffe:
    Belastungsmyopathie 333
    Dimethylsulfoxid (DMSO) 873
    Generalisierte Myopathie, nach einer
        Narkose 335
    Nichtsteroidale Antiphlogistika 870
    Orgotein 872
    Steroide 866
    Therapeutische Anwendung 866
    Traumatische Arthritiden 363
    Siehe auch bei den einzelnen Wirkstoffen
Enzyme:
    Belastungsmyopathie 332
    Muskelerkrankungen 330
    Synovia 356
    Synovialitis 346
Epicondylus lateralis humeri 3
Epicondylus lateralis ossis femoris 39
Epidermis:
    Huf, Schichten 2, 5—6
    Saum, Beschreibung 5, *5*
Epiduralraum, Eiterungen, und Osteo-
    myelitis der Wirbel 779
Epiphyse:
    Verknöcherung 295, 344, *345*
    Verletzungen 297, *298*
Epiphysenarterie 295
Epiphysenfugen:
    Biomechanische Vorgänge 296, *320*
    Dysplasie 317.
    Siehe auch Epiphysitis 317
    Erworbene Gliedmaßen-
        fehlstellungen 627
    Fehlentwicklung der Halswirbel 772
    Gliedmaßenfehlstellungen durch
        Druckauswirkungen im Uterus 626
    Folgen 319, *320*
    Hämatogene Osteomyelitis der Neu-
        geborenen 306
    Heuter-Volkman Gesetz 296, *320*
    Metaphysen, Entwicklung 293, *293*
    Morphologie 294, *294—295*
    Os femoris, Frakturen 744, *746*
    Schluß der Epiphysenfugen,
        Zeitpunkt 297
        Beckengliedmaße 68, 68T
        Schultergliedmaße 38, 38T
    Typen 293
    Überbrückung 634, *634—638*:
        Gliedmaßenfehlstellungen 323:
            Fehlstellungen im Fesselgelenk 591
            Fehlstellungen im Karpal-
                gelenk 633, *634—638*
    Verletzungen:
        Einteilung 297, *298*
        Auswirkungen 297, *299*
Epiphysenknorpel, Entwicklung 344, *345*
Epiphysenverletzungen, Einteilung nach
    Salter-Harris 297, *298*
Epiphysiodese:
    Karpalgelenk, Zerreißen der Drähte
        637, *637*

    mit Schrauben und Draht:
        Überbrückung der Epiphysenfugen am
            Karpus 635, *637*
                Vergleich: Klammerung 636,
                    637—638
    Siehe auch Epiphysenfugen, Über-
        brückung 323, 634
Epiphysiolyse des Femurkopfes,
    Behandlung 297
Epiphysitis 317, *318—321*:
    Ätiologie 319, *319*
    Klinisches Erscheinungsbild 318,
        318—319
    Kniegelenk, Gonitis 735
    Osteochondrosis 397
    Röntgenologische Untersuchung
        320, *321*
    Sekundärer Hyperparathyreoidismus 285
    Therapie 280, 320
    und erworbener Sehnenstelzfuß 455
Epiphysitis-Syndrom. *Siehe* Dysplasie der
    Epiphysenfuge 317; Epiphysitis 280,
    317
Epitendineum:
    Anatomie 763, *763*
    Beschreibung 448
Equines Herpesvirus 1 (EHV-1), Myelo-
    enzephalitis 778
Equipalazone®, Anwendung 283
Equiproxen®, Anwendung 366, 508, 872
Erguß im Tarsokruralgelenk, idiopathische
    Synovialitis. *Siehe* Kreuzgalle 357, 706
Erhöhte Dichte der markhaltigen Spongiosa
    im Strahlbein 506, *507*
Ernährung:
    Akute Hufrehe 495
    Bedeutung für Entwicklung und
        Erkrankungen von Skelett und
        Muskulatur 271:
            Erwachsenes Pferd 280
            Pferd im Wachstum 276
            Stute und Fohlen 271
    Degenerative Gelenkerkrankungen,
        Pathogenese 389
    Enchondrale Ossifikation während des
        Wachstums 277
    Erworbener Sehnenstelzfuß 454
    Fehlentwicklung der Halswirbel 772
    Fohlen:
        Epiphysitis 318, 320
        Erworbene Gliedmaßen-
            fehlstellungen 628
        Jodversorgung, Imbalancen 275
        Manganmangel 273
        Milchmenge, Verringerung der
            Produktion 272
        Mineralstoffgehalt der Milch 273
        Mineralstoffversorgung, Imbalancen
            (USA) 273, *274*
        Proteinmangel 272
        Selenmangel 274, *274*
        Vitaminmangel 276
    Generalisierte Osteoporose 308, *309*
    Gliedmaßenfehlstellungen 323, 626
    Osteochondrose, Pathogenese 397
    Osteodystrophie 310
    Rachitische Schale 568
    Ruhigstellung 843
    Stute:
        Hypokalzämische Tetanie 275
        Hypomagnesämische Tetanie 275
        Kongenitale Gliedmaßen-
            fehlstellungen 626
        Proteinversorgung, Imbalancen 272

Übermäßige Futteraufnahme 271
Unzureichende Futteraufnahme 271
Überbeine 612
Wundheilung 769
Erosionen der Kortikalis 180, *182*
Erschöpfung:
    beim ausgewachsenen Pferd 284
    nach Belastung 284
Erschütterung:
    Degenerative Gelenkerkrankungen, Pathogenese 388
    Hufrehe 487
    Podotrochlose-Syndrom 499
Erweiterung der Gefäßkanäle, Podotrochlose-Syndrom 500
Erysipelothrix rhusiopathiae, infektiöse Arthritis 423
Erythrozytenzahl in der Synovia 355
Escherichia coli:
    Infektiöse Arthritis 423
    Osteomyelitis 306
    Osteomyelitis der Wirbel und Eiterungen im Epiduralraum 779
Esmarch-Schlauch, bei infektiöser Ostitis 305
Ethylendiaminhydrojodid, Toxizität von Jod 275
Exostosen:
    am Processus extensorius des Hufbeines („Buttress foot") 97, *97–98*, 528, *528–529*:
        Ätiologie 528
        Prognose 529
        Schale 551, *555*
        Symptome 529
        Therapie 529
    Akute Karpitis 361, *361*
    Fluorose 312
    Multiple kartilaginäre 312, *313*:
        Diagnose 314
        Symptome 312
        Therapie 314
    Zehengelenke. Siehe Schale 551
    Zehenknochen. Siehe Schale 551
Exterieur und Lahmheit 71:
    Beckengliedmaßen 87, 88. *Siehe auch* Beckengliedmaßen 38, *39*:
        Fehler in der Stellung 88
            Hasenhacke 715
            Spat 695
    Beurteilung 90
    Definition 71
    Gliedmaßen 75:
        Beurteilung 75
    Hasenhacke 89, 715
    Huf 91. *Siehe auch* Huf 1:
        Abweichungen 95, *96–99*
        Einfluß auf den Schritt 93, *94*
        Huf und Fesselstand 91, *92–93*
        Standfläche 93, *94*
        Vorderhuf 94, *95*
        Hinterhuf 95, *95*
    Körperbau 72, *72–73*
    Regelmäßigkeit 72, *72–73*
    Schwerpunkt des Pferdes 74, *74*
    Schultergliedmaßen 75. *Siehe auch* Schultergliedmaßen 1:
        Fehler in der Stellung 77
        Frakturen der Karpalknochen 649
    Stellung, unregelmäßig. *Siehe auch* Huf 91; Schultergliedmaßen; Beckengliedmaßen; bei speziellen Erkrankungen oder unregelmäßigen Stellungen:

Hufknorpelverknöcherung 537
Kreuzgalle 706
Podotrochlose-Syndrom 499
Schale 554
Überbeine 613

F

Fabrikhufeisen 786, 786*T*
Facies flexoria des Strahlbeines, *Siehe* Sehnengleitfläche 506, *507*
Falz, Definition 787
Faradischer Strom. *Siehe* Induktionsstrom 842
Fascia antebrachii 27
Fascia cruris 53:
    Oberflächliches Blatt *54*
    Siehe auch intermuskuläre Septen der Beckengliedmaße 53
Fascia dorsalis pedis 43
Fascia femoralis 53
Fascia glutaea 61
Fascia lata *61*, 62, *62*
Faserknorpel 342
„Fast twitch"-Fasern 324, *324*:
    Belastungsmyopathie 331
Fehlentwicklung der Halswirbel 772:
    Ätiopathogenese 772
    Definition 772
    Diagnose 773, *774–775*
    Prognose 778
    Symptome 773
    Therapie 776, *777*
Feiertagskrankheit. *Siehe* Belastungsmyopathie 282, 332
Femoralislähmung. *Siehe* Nervus femoralis, Lähmung 65, 746
Femur (Osfemoris) 39:
    Frakturen 744:
        Ätiologie 744
        Diagnose 744
        Palpation 128
        Prognose 745
        Symptome 744, *744*
        Therapie 744, *745–746*
    Lahmheit 744:
        Bursitis des Schleimbeutels über dem Trochanter major 747
        Frakturen 744
        Nervus femoralis, Lähmung 746
        Ligamentum capitis ossis femoris 66
        Palpation und Provokationsproben, Lahmheitsdiagnostik 128
Fersensehnenstrang *41*:
    Traumatische Ruptur 471. *Siehe auch* Fesseltragapparat 13
Fessel:
    Bärentatzigkeit 99, *99*
    Bockhuf 98
    Funktion 18
    Kurz, steil 86, *86*
    Lahmheit 551:
        Desmitis der distalen Gleichbeinbänder 566
        Fesselbeinfraktur 563
        Kronbeinfraktur 560
        Luxation des Fesselgelenkes *371*
        Luxation des Krongelenkes 371, *372*, 558
        Rachitische Schale 568
        Schale 551
    Lang, abfallend 86, *87*, 92
    Lang, steil 86, *86–87*

Palpation und Provokationsproben in der Lahmheitsdiagnostik 109, *110–111*, 112, *114*
Schleimbeutelfistel 485
Schultergliedmaße:
    Nerven, Fuß *16–17*
    Stellung 86, *87*, 91, *92–93*
    Subchondrale Knochenzysten im Krongelenk, pathologische Befunde 401, *403*
    Überprüfen des neuen Beschlags 803
    Unsachgemäße Hufzubereitung 807, *809–811*
    Siehe auch Krongelenk 10, 12
Fesselachse. *Siehe* Stellung des Hufes zum Fesselstand 807
Fesselbein 3, 12, *39*:
    Chip-Frakturen im Fesselgelenk 568:
        Ätiologie 569, *569*
        Diagnose (Röntgen) 570, *570*
        Prognose 572
        Röntgenaufnahmen 570, *571*
        Symptome 569
        Therapie 570, 572
    Sagittal- und Trümmerfrakturen 563, *563–564*:
        Ätiologie 564
        Diagnose 564
        Prognose 566
        Symptome 564
        Therapie 565, *565*
    Zysten 409, *413*
Fesselbein-Strahlbein-Hufbeinband 11, *14*:
    Knöcherne Metaplasien 506, *507*
Fesselbeugesehnenscheide *Siehe* gemeinsame digitale Sehnenscheide 11, 19
Fesselgelenk (Articulatio metacarpophalangea bzw. Articulatio metatarsophalangea):
    Anlegen eines Gips-, Fiberglas- bzw. Kunststoffverbandes, Position der Gliedmaße 848, *848–849*
    Arthroskopie 350, *350*
    Beckengliedmaße (Articulatio metatarsophalangea):
        Intraartikuläre Anästhesie 146, *146*
        Luxation 587
    Beugeprobe 111, *113*
    Chip-Frakturen des Fesselbeines 568
    Chronisch proliferative Synovialitis 369, *370*
    Fehlstellungen 590
    Fesselträger (Schultergliedmaße) 38
    Frakturen 375, 376*T*, 568, 573, 584
    Gallen 357, *359*
    Gelenkkapsel 10, 13
    Gleichbeinfrakturen 573
    Gleichbeinlahmheit 582
    Hämatom 437, *437*
    Intraartikuläre Anästhesie 139, 146, *146*
    Luxation 371, *371*, 587
    Palpation 111, *112*
    Schultergliedmaße (Articulatio metacarpophalangea):
        Arthroskopie 350, *350*
        Chronisch proliferative Synovialitis 369, *370*
        Intraartikuläre Injektion 146, *146*
        Luxation 587, *589*
        Röntgenologische Darstellung:
            Dorsolateral-palmaromedial obliquus *206–207*
            Dorsoproximal-palmarodistal *204–205*

Lateromedial *200–201*
Lateromedial, gebeugt *202–203*
Sehnenstelzfuß:
  Klinik 456, *457–458*
  Therapie und Prognose 459, *462–463*
Striktur des Fesselringbandes
  (Ligamentum anulare palmare bzw.
  plantare) 593
Synovialfistel zwischen einem Schleim-
  beutel und einem Gelenk oder einer
  Sehne 485
Traumatische Arthritis, Podotro-
  chlose 138, 504
Traumatische Synovialitis und
  Kapsulitis 360
Varusstellung, Frakturheilung 300, *300*
Verletzungsbedingte Ruptur des
  Fesseltragapparates 584
Winkelung, dorsal 18
Siehe auch Fesselgelenkbereich 1, 38;
  Fesselkopf
Fesselgelenkbereich:
  Beckengliedmaße:
    Anatomie 38, *39*
    Blutgefäße 40, *40–41*
    Nerven 40, *40–41*
    Funktionen 18
  Schultergliedmaße:
    Anatomie 1
    Blutgefäße 13, *16–17*. *Siehe auch*
      Vorderzehe, Blutgefäße 14
    Funktionen 18
    Nerven 15, *16–17*
    Strukturen 1
Fesselkopf:
  Anlegen eines Gips-, Fiberglas- bzw.
    Kunststoffverbandes, Position der
    Gliedmaße 848, *848–849*
  Blutgefäße *16–17*
  Palpation und Provokationsproben,
    Lahmheitsdiagnostik 109, *112–114*
  Subchondrale Knochenzysten:
    Therapie 520
Fesselplatte, vierzipfelige 10, *11*, 12, 40
Fesselringband 12, *40*, 448:
  Konstriktion 468, *469*
  Palpation, Lahmheitsdiagnostik 111
  Striktur 593, *594–595*:
    Ätiologie 594
    Diagnose 594
    Prognose 595
    Symptome 594, *594*
    Therapie 595, *595*
Fesselringblock 138
Fesselstand/Zehenachse 803
Fesseltragapparat 13:
  Fesselgelenk 13
  Traumatische Ruptur 471, 584:
    Ätiologie 584
    Diagnose 584
    Prognose 587
    Symptome 584
    Therapie 584, *585–587*
Festliegen, Myopathie 334
Fettleibigkeit, Hufrehe 487
Fiberglas, Therapie von Hornspalten 549
Fibrocartilago parapatellaris 57, 59
Fibrome:
  Kniescheibengelenk 437, *437*
  Sehnen 478
Fibrosarkom, Strahlentherapie 864
Fibula 51, 53, *56*:
  Caput fibulae *39*
  Diastasenbildung 730, *730*

Fraktur 730, *730*
Film, Röntgen- 160
Filterung der Primärstrahlung,
  Strahlenschutz 169
Filz/Polstermaterial in der Orthopädie 848,
  848
Finadyne® 335, 494, 508. *Siehe auch*
  Flunixin Meglumin 335, 367, 494, 498,
  872
Fistel:
  Röntgenologische Untersuchung 170,
    171–172
  Schleimbeutel 485:
    Synovialfistel 433
Fistelkanal, röntgenologische Unter-
  suchung 170, *171–172*
Fixation durch interfragmentäre
  Kompression:
  Frakturen der Halswirbel 781, *781*
  Frakturen des Processus extensorius des
    Hufbeines 526, *528*
  Keilförmige Frakturen der Tarsalknochen.
    Siehe bei den einzelnen Gelenken;
    Fixation durch interfragmentäre
    Kompression 710;
  Slab-Frakturen 710
  Schale, Prognose 557
  Slab-Frakturen der Tarsalknochen 710
  Strahlbeinfrakturen 514, *514*
  Vorbohren von Löchern für die
    Schrauben 304
  Siehe auch bei den einzelnen Gelenken;
    Epiphysiodese 637; interne Fixation
Fixierender Verband bei Luxationen des
  Karpalgelenkes 658
Flachhuf 95:
  Beschlag 832
Flat-Foot Walk 834
Flumethason, intraartikuläre Injektion,
  Dosierung 869
Flunixin Meglumin:
  Erkrankung des Muskel-Skelett-
    systems 367
  Generalisierte Myopathie nach einer
    Narkose 335
  Hufrehe, Frühstadium 494, 498
  Therapeutische Verwendung 872
  Siehe auch Finadyne® 335, 494, 508
Fluorose 289, 311, *312*:
  Hypertrophische Osteopathie 317
Fohlen:
  Dysplasie der Epiphysenfuge 317
  Epiphysitis 317, *318–320*
  Ernährung, Entwicklung und Krankheiten
    des Bewegungsapparates 271
  Ernährungsbedingte Myopathie 334
  Fluorose 289
  Generalisierte Osteoporose 308, *309*
  Gliedmaßenfehlstellungen aufgrund von
    Störungen im Längenwachstum der
    Knochen 320, *322*
  Hyperextension 451, *451*
  Hypothyreoidismus, Hasenhacke 715
  Osteomyelitis, hämatogene, der Neu-
    geborenen 305
  Rückbiegigkeit der
    Schultergliedmaßen 641:
      Therapie 642
  Schwache Beugesehnen 450, *450*
  Selenvergiftung 288
Fokus-Film-Abstand, Röntgentechnik 158,
  158–159
Folie, Kontakt zum Film, Beurteilung 161,
  162

Foramen nutricium (Os femoris) 64
Fossa infraspinata 3
Fossa olecrani 3
Fossa supraspinata 3
Fossae synoviales, Beschreibung 387, *388*
Foxtrott 836
Frakturen:
  Abrißfrakturen, Sehnen 470
  Frakturheilung, therapeutische
    Maßnahmen 864
  Heilung 300
  Interne Fixation. *Siehe* interne Fixation
  Intraartikulär 375:
    Arthroskopie, chirurgische
      Eingriffe 382, *383–384*
    Arthrotomie 382
    Diagnose 377
    Kompressionsosteosynthese 301
    Lokalisationen 375, 376T, *376*
    Pathogenese 375
    Pathophysiologie 377, *377*
    Postoperative Versorgung 382
    Symptome 377
    Therapie 378, *378–384*
    Siehe auch bei den einzelnen Frakturen
  Kompressionsosteosynthese 300,
    301–304
  Lahmheitsursache 299, *300*
  Osteodystrophia fibrosa 316
  Osteomyelitis 306, *307*
  Periostitis und Frakturen dorsal am Meta-
    karpus und streßbedingte
    Frakturen 596, 597
  Sagittalfrakturen, Fixation durch
    interfragmentäre Kompression 301,
    302. *Siehe auch* bei den Frakturen der
    einzelnen Knochen
  Verletzungen der Epiphysenfugen,
    Einteilung 297, *298*
  Wirbelsäule 780, *780–782*:
    Brustwirbel 782
    Halswirbel 780, *780–782*
    Kreuzwirbel 782
    Lendenwirbel 782
    Schwanzwirbel 782
Fremdkörper:
  Wundbehandlung 771
  Wundheilungsstörungen 768
Fünfgangrassen 834
  Ausführung des Hufbeschlages 807
Fütterung:
  Einfluß auf:
    Erwachsene Pferde 280
    Heranwachsende Pferde 276
    Stute und Fohlen 271
  Fluorose 289
  Selenvergiftung 288
  Vitamin A 287
  Siehe auch Ernährung
Fütterungsrehe durch Getreide 486:
  Symptome 490
„Fuller's earth". *Siehe* Aluminium-
  silikat 866
„Full roller motion shoe". *Siehe* Eisen mit
  durchgehender bodenenger Ränderung
  und rund geschliffenem Außenrand an
  der Bodenfläche 529, 537
Funktionsprobe des medialen Seitenbandes
  des Kniekehlgelenkes 127, *128*:
    Bursitis bzw. Tendinitis des medialen
      Schenkels des Musculus tibialis cranialis
      („Tarsitis-distalis-Syndrom" der
      Traber) 704
Furazin-Gabe bei DMSO-Behandlung 874

Fusobacterium necrophorum,
    Strahlfäule   540
Fußung, Hufkorrektur   815
Fußungsfläche:
    Beurteilung   796, *796*
    horizontal   93, *94*
    Hufkorrektur   815

G

Gaenslen-Test, Arthrose im
    Kreuzdarmbeingelenk   755
Gallen   357, *359*, 767:
    Palpation   111, *112*
    Siehe auch idiopathische Synovialitis
        357, 767
Galopp   837, *836—837*
Gangarten   834:
    Amble   839
    Canter   837, *837—838*
    Flat-Foot Walk   834
    Foxtrott   836
    Galopp   837, *836—837*
    Paß   838, *839*
    Rack   835
    Renngalopp   837
    Rückwärtsrichten   839
    Running Walk   834
    Schritt   834, *835*
    Singlefoot   835
    Tölt   834
    Trab   *835*, 836
    Unregelmäßige Gliedmaßenführung,
        Grundlagen für die Korrektur   813
    Siehe auch Grundgangarten   834
Gasbildung in Weichteilgeweben:
    Darstellung im Röntgenbild   178, *179*
    Subkutan, Wundheilung   769
Gastrointestinale Ulzera durch nicht-
    steroidale Antiphlogistika   870
Gastroknemius-Sehne. Siehe Tendo gastro-
    cnemius   48, 55, 470, 722
Gazebinden für Druckverbände   844
Gedeckte Verletzung:
    Definition   768
    Therapie   771
„Gedrosseltes" Vorderfußwurzelgelenk.
    Siehe Einschnürung des Röhrbeines
        palmarodistal vom Karpus   85
Gefäßlöcher, Podotrochlose-Syndrom   501,
    505, *506—507*
Gefäßverbindungen über die Epiphysenfuge
    hinweg   296
Gehbügel für Gips-, Fiberglas- bzw.
    Kunststoffverbände   850, *850*
Gelenke:
    Anästhesie, Lahmheitsdiagnostik   134.
        Siehe auch Anästhesie synovialer
        Strukturen   145, 145T
    Anatomie und Physiologie   339:
        Echte Gelenke   339, *339*:
            Röntgenologische Darstellung   182
        Gelenkknorpel, Bau und
            Funktion   342, *342—343*
        Gleitfähigkeit und Stoßdämpfung   343
        Prä- und postnatale Entwicklung   344,
            344—345
        Synovialmembran, Struktur und
            Funktion   340, *340—341*
    Einteilung   339
    Erkrankungen. Siehe auch bei den
        einzelnen Krankheiten:
        Angeborene Gelenkmißbildungen   435
        Chronisch proliferative
            Synovialitis   369

Degenerative Erkrankungen der
    Gelenke   384
Diagnose   347:
    Arthroskopie   349, *349—351*
Distorsionen und Luxationen   370
Idiopathische Synovialitis   357,
    358—359
Immunvermittelte Erkrankungen   435
Infektiöse Arthritiden   423
Intraartikuläre Frakturen   375
Meniskusschäden, mechanisch   374
Mißbildungen, angeboren   435
Osteochondromatosis   422
Osteochondrose   396
Synovialfistel   433
Synovialhernie   433
Traumatische Arthritis   360
Traumatische Synovialitis und
    Kapsulitis   360
Tumoren   437, *437*
Unvollständige oder fehlerhafte
    Ossifikation der Karpal- oder
    Tarsalknochen   419
Gleitfähigkeit und Stoßdämpfung   343:
    Pathogenese degenerativer Gelenk-
        erkrankungen   388
Kortikosteroidbehandlung bei geräumigen
    Gelenken   869
Osteomyelitis   306, 307
Pathophysiologie und Reaktionen auf
    Verletzungen   345:
    Gelenkkapsel   345
    Gelenkknorpel   346
    Synovialitis   345
Röntgenologische Darstellung:
    Echte Gelenke   182, *184—185*
    Krankheiten   183, *184—185*
    Normale Gelenkstrukturen   182
Schwäche:
    Kongenitale Fehlstellung   626
    Reparation von Frakturen   299
    Steifheit nach Frakturheilung   299
Stellungsänderungen, Interpretation der
    Röntgenbefunde   185
Winkelung, in der Lahmheits-
    diagnostik   102
Siehe auch bei den einzelnen Gelenken
Gelenkanästhesien. Siehe auch
    intraartikuläre Anästhesien   145T
Gelenkchondromatose   422
Gelenkerkrankungen. Siehe
    Arthritiden   339
Gelenkfrakturen. Siehe intraartikuläre
    Frakturen   375
Gelenkkapsel:
    Articulatio radiocarpea   24
    Faserschicht (Stratum fibrosum)   339, *339*
    Schultergelenk   35
    Tarsokruralgelenk, intraartikuläre
        diagnostische Anästhesie   148, 151
Gelenkknorpel:
    Arthroskopische Untersuchung   351, *351*
    Bau und Funktion   342, *342—343*
    Förderung der Heilung   396
    Kittlinie, basophile Trennungslinie
        zwischen der Radiärzone und dem
        mineralisiertem Knorpel   342, *342*
    Losgelöste Knorpelfragmente in der
        Synovia   357, *357*
    Morphologische und biochemische
        Reaktionen auf eine Schädigung   346
    Pathologische Veränderungen bei
        degenerativen Gelenk-
        erkrankungen   385, *385—388*

Reparation   347
Zerstörung, durch infektiöse
    Arthritis   424, *424*
Gelenkspalt, Interpretation von Röntgen-
    befunden   183, 184, *185*
Gemeinsame digitale Sehnenscheide   *10*, 11,
    19:
    Palpation, Lahmheitsdiagnostik   111, *112*
Gemeinsame Karpalbeugesehnen-
    scheide   19, *22*, 30:
    Fraktur des Os carpi accessorium   661,
        661
Gemeinsame Sehnenscheide der Musculi
    flexor digitalis lateralis und tibialis
    caudalis   *41*
Gemischte Lahmheit, Definition   100
Generalisierte Muskelatrophie   326
Gerader Vorderteil. Siehe Hufeisen, gerade
    gehaltener Vorderteil   816
Geschlossene Hufeisen:
    mit diagonalem Steg   517
    mit geradem Steg, Verwendung   788, *789*:
        für einseitigen Trachtenzwang   517, *517*
    mit Seitenwandaufzügen für
        Hufbeinfrakturen   523, *524*
    Orthopädische Beschläge   816, 827:
        Beschreibung   788, *789—790*, *794*
        Steingallen   539
    Siehe auch bei den einzelnen Hufeisen
    Verwendung   816
Getreide, toxische Mengen, Hufrehe   486
Gewebstod, Wundheilung   768
Gewichte an Hufeisen   788
Gips-, Fiberglas- bzw. Kunststoffverband:
    Abnahme   853, *854*
    Angeborener Sehnenstelzfuß   453
    Anlegen   847, *848—853*
    Anlegen am stehenden Pferd   852,
        852—853
    Behandlung von Stichverletzungen   770
    Behandlungsdauer   853
    Fehlstellungen im Karpalgelenk   632, *633*
    Fesselbein:
        Sagittal- und Trümmerfrakturen   563
    Fesselgelenkluxation   577
    Frakturen des Os metacarpale III   606
    Gehbügel   850, *850*
    Gleichbeinfrakturen   577
    Kronbeinfrakturen   561
    Muskelatrophie   326
    Osteomyelitis-Behandlung   307
    Osteoporose infolge Inaktivität   309
    Radiusfrakturen   667
    Rückbiegigkeit der Schultergliedmaßen
        beim Fohlen   642
    Ruhigstellung   847, *848—858*:
        Gips-, Fiberglas- bzw. Kunststoff-
            verband der gesamten Gliedmaße
            847, 851, *851—854*
        Hoher Gips-, Fiberglas- bzw.
            Kunststoffverband   851, *851—854*
        Modifizierte Thomas-Schiene   855, *855*
        Position der Gliedmaße bei der
            Fixierung   848, *848—849*
        Schienen   855, *856—858*
        Vorbereitung   847
    Ruptur des Fesseltragapparates   584
    Scheuerwunden   854, *854*
    Sehnendurchtrennungen   474, *475*
    Tendinitis   463
    Überwachung   852
Glatte Eisen   786, 786T:
    mit sich verjüngendem Außenschenkel,
        orthopädischer Beschlag   822, *823*

mit sich verjüngendem Innenschenkel, orthopädischer Beschlag 824
Gleichbeine:
  Anatomie 10, 12
  Entzündung 582, 582
  Frakturen 573:
    Ätiologie 574
    Arten 573, 573–576
    Behandlung 379, 380–381
    Diagnose 576
    Generalisierte Osteoporose 308, 309
    Prognose 581
    Symptome 575, 576
    Therapie 577, 578, 580
    Geteilte 575
    Kongenitale Frakturen 575
  Palpation, in der Lahmheitsdiagnostik 111, 112
Gleichbeinlahmheit 582, 582:
  Brennen 860
Gleitfähigkeit:
  in echten Gelenken 343
  Knorpel auf Knorpel 344
Gleitkörper, mittlerer 11:
  Krongelenk 12
Gleitloch, Bohrloch für intrafragmentäre Kompression 301, 302
Gliedmaßen. Siehe Beckengliedmaßen; Schultergliedmaßen
Gliedmaßenfehlstellungen:
  Carpus valgus 82, 624
  Carpus varus 82, 624
  Dysplasie der Epiphysenfuge 317
  Epiphysitis 317, 320
  Fesselgelenk 590, 591:
    Ätiologie 590
    Diagnose 591, 591
    Prognose 593
    Symptome 590
    Therapie 591
  Humerusfrakturen 675
  Hypothyreoidismus 272, 275
  Karpalgelenk 624:
    Ätiologie 625
    Angeboren 626
    Erworben 627
    Häufige Formen 624, 625
    Prognose 640
    Symptome 629, 628–629, 631
    Therapie 631, 632–639
    Vorkommen 624
  Störungen im Längenwachstum der Knochen 320, 322:
    Ätiologie 321
    Röntgenaufnahmen 323
    Therapie 323
  Unvollständige Ossifikation:
    Behandlungsverfahren 280
    Diaphyse des Os metacarpale III 610, 611
    Karpal- oder Tarsalknochen 419, 419–422
    Osteodystrophie 311
    Schienen 846
    Ulnafrakturen, konservative Behandlung 672
    Wachstum im Bereich der Epiphysen 296
  Siehe auch Stellung der Gliedmaßen; Störungen im Längenwachstum der Knochen 320, 322
Gliedmaßenführung:
  Betrachtung von der Seite:
    Einfluß von Stellung und Form des Hufes auf die Schrittlänge und die Art der Schrittführung 93, 94
    Lahmheitsdiagnostik 101, 101
    Beurteilung in der Lahmheitsdiagnostik 101, 101
    Definition 834
    Hufform 93, 94
    Phasen 101, 101
    Trittlänge 834
Gliedmaßenstellung, gutachterliche Fragestellung 90
Glukokortikoid-Behandlung. Siehe Kortikosteroide
Glutamat-Oxalazetat-Transaminase. Siehe GOT 330, 356
Glykogen:
  Belastungsmyopathie 331
  Muskelfasertypen 324
Glykosaminoglykane 342, 365, 389, 394:
  Abnahme bei Kortikosteroidbehandlung 365
  Infektiöse Arthritis 424
  Polysulfate:
    Degenerative Gelenkerkrankungen 394
    Traumatische Synovialitis und Kapsulitis 368
Gonitis. Siehe Kniegelenk 56
GOT:
  Muskelerkrankungen 330
  Synovia 356
Granuläre Degeneration 325
Granularzell-Myoblastom, hypertrophische Osteopathie 316
Granulationsgewebe, Wundbehandlung 770
Gras:
  Oxalatgehalt, Osteodystrophia fibrosa 315
  Ursache der Hufrehe 487
Greifen:
  Ätiologie 829
  Definition 105, 105
  Hufkorrektur und orthopädischer Beschlag 829, 830
Griff am Vorderteil des Eisens:
  Beschreibung 791, 791–793
  Unsachgemäße Verwendung 812
  Siehe auch Hufeisen
Griffelbeine 18:
  Frakturen 615:
    Ätiologie 616
    Diagnose 617, 618–619
    Lokalisationen 615, 616
    Prognose 622
    Symptome 617
    Therapie 617, 619–621
  Siehe auch Os metacarpale II 18, 113; Os metacarpale IV 3, 18, 24
Griffelbeinknöpfchen, Anatomie 18
Grindelia squarrosa, Selenvergiftung 288
Grundgangarten 834
Guaifenesin, Myopathie nach Anästhesie 335
Gummieinlagen, Stoßdämpfung im Hufeisen. Siehe Hufeisen, Einlagen
Gutierrezia, Selenvergiftung 288

H

Hämangiosarkome, in Sehnenscheiden 478
Hämatogene Osteomyelitis. Siehe Osteomyelitis
Hämatom:
  Fesselgelenk 437, 437
Karpus 115
Hahnenkamm 5
Hahnentritt bzw. Zuckfuß („Stringhalt") 723:
  Ätiologie 723
  Diagnose 723
  Prognose 725
  Symptome 723
  Therapie 724, 724
  Vorkommen 723
Halbeng-halbweiter Huf. Siehe schiefer Huf 818, 819
Halbes Hufeisen 822, 822
Halbrohrschienen bei Humerusfrakturen 676
Hals, Regelmäßigkeit 72, 74
Halswirbelsäule, Fehlentwicklung 772
Halteapparat der Schultergliedmaße 25, 37:
  Fesselträger 38
Haltevorrichtungen zur Ruhigstellung 843, 844
Hangbeinlahmheit, Definition 100
Hasenhacke 89, 715:
  Ätiologie 715, 717
  Definition 715
  Palpation 122, 124
  Prognose 718
  Symptome 716, 718, 718
  Therapie 718
Hautabschürfung. Siehe Abschürfung 768, 771
Hauttransplantation, Wundbehandlung 770
„Heart bar shoe". Siehe herzförmiges, geschlossenes Eisen
Heilung von Sehnen 763
Hemilaminektomie bei Fehlentwicklung der Halswirbel 776, 777
Heparinbehandlung bei Hufrehe:
  Frühstadium 493
Heparinoid 368
Hereditäre multiple Exostosen. Siehe Exostosen, multiple kartilaginäre
Herzförmiges, geschlossenes Eisen:
  Beschreibung 789, 790
  Verwendung 816
Heuter-Volkmann-Gesetz, Knochenwachstum in den Epiphysen 296, 320
Hexelite 847
Hilfseinrichtungen der Sehne 448
Hinterfußwurzel-Mittelfußgelenk (Articulatio tarsometatarsea) 43, 48:
  Degenerative Gelenkerkrankungen 386:
  Palpation 122, 123
Hinterfußwurzel-Mittelgelenke (Articulatio talocalcaneocentralis et calcaneoquartalis und Articulatio centrodistalis) 48. Siehe auch oberes (proximales) 148 bzw. unteres (distales) Hinterfußwurzel-Mittelgelenk 148
Hinterhuf 95, 95. Siehe auch Huf 1
Hinterröhre. Siehe Os metatarsale III 42
„Hip hike". Siehe Anheben der Kruppe 106
Hitchcock-Schiene 585, 587
Hohe Anästhesie der Nervi palmares und der Nervi metacarpei palmares 139, 140
Hohe Vierpunkt-Anästhesie 139, 140
Hoher Spat, Definition 694
Holzschienen 845
Hoof cushion 508
„Hoof nipper". Siehe Spezialzange zum Kürzen des Tragrandes 797
Hormone, Hufrehe 487

Hornkapsel, Verlust:
   Podotrochlose 510
Hornsäule 541
Hornspalten, Fixation der Spaltränder durch
   Bühner-Band 547, *547—548*
   Siehe auch Seitenwandhornspalten 548;
      Trachtenwandhornspalten 548;
      Vorderwandhornspalten 544
Hüfte:
   Anatomie 60, *62*
   Hüftgelenksluxation 748
   Intraartikuläre Injektion 150, *152—153*
   Kraniale Ansicht 65
   Laterale Ansicht 60, *62, 63*
   Luxation 374
   Mediale Ansicht 64
   Palpation und Provokationsproben,
      Lahmheitsdiagnostik 128
Hüftgelenk (Articulatio coxae):
   Azetabulum 67
   Bänder *66*
   Beugung 67
   Bewegungen 67
   Degenerative Gelenkerkrankungen,
      Pathogenese 390
   Gelenkkapsel *66*, 67
   Intraartikuläre diagnostische Anästhesie
      150, *152—153*
   Luxation 378, 748:
      Ätiologie 749
      Prognose 750
      Symptome 749, *749*
      Therapie 749, *750*
   Provokationsproben, Lahmheits-
      diagnostik 128
   Ruptur des Ligamentum capitis ossis
      femoris 748, *748*
   Streckung 67
Huf:
   Abweichungen in der Hufform 95:
      Bärentatzigkeit 99, *99*
      Bockhuf 98
      „Bull-nosed foot" 97, *97. Siehe auch*
         Beraspeln der Zehenwand *799;*
      „Buttress foot" 97, *97—98*, 799
      Dünne Hufwand und dünne Sohle 98
      Exostose am Processus extensorius des
         Hufbeines 97, *97—98*
      Flachhuf 95
      Ringe in der Hufwand 96, 98
      Sprödes Hufhorn 97
      Vollhuf 95, *96*
      Zwanghuf bzw. Trachtenzwang 96, *96*
   Anatomie 1
   Anlegen eines Gips-, Fiberglas- bzw.
      Kunststoffverbandes 849, *849—850*
   Bogen beim Vorführen 79
   „Buttress foot" 97, *97—98*
   Defekte, Reparatur mit 10 X 549
   Flachhuf 95:
      Beschlag 832
      Gliedmaßenführung, Lahmheits-
         diagnostik 101
      Gliedmaßenstellung 77
      Größe 107
      Hufbeschlaggerät 797
   Hufform, Huf- und Fesselstand 91:
      Einfluß auf den Schritt 93, *94*
      Huf passend zum Fesselstand 86, *87,
         91, 92—93*
      Idealer Hinterhuf 95, *95*
      Idealer Vorderhuf 94, *95*
      Standfläche 93, *94*
      Stellung zum Fesselstand:
         Betrachtung von der Seite 808
         Betrachtung von vorn und von
            hinten 807
   Lahmheit:
      Exostosen am Processus extensorius des
         Hufbeines 528
      Frakturen des Processus extensorius des
         Hufbeins 526
      Hornspalten 544
      Hufabszeß 534
      Hufbeinfrakturen 521
      Hufknorpelfistel 532
      Hufknorpelnekrose 532
      Hufknorpelverknöcherung 537
      Hufkrebs 540
      Hufrehe 486
      Keratom 541
      Lose Wand/getrennte Wand im
         Trachtenbereich 543
      Nageltrittverletzungen 529
      Ostitis des Hufbeins 517
      Penetrierende Verletzungen 529
      Podotrochlose-Syndrom 499
      Selenvergiftung 541
      Steingallen 538
      Strahlbeinfrakturen 514
      Strahlfäule 540
      Subchondrale Knochenzysten im
         Hufbein 519
      Trachtenzwang, einseitig 515
      Vertikale Zusammenhangstrennungen
         in der Verbindungsschicht 551
   Nageltrittverletzungen 529
   Palpation und Provokationsproben 107,
      108—110
   Regelmäßig, Zubereitung 796
   Schief 818, *819*
   Selenvergiftung 287
   Sohlenfläche/Bodenfläche, Anatomie 1,
      4
   Stellung zum Fesselstand:
      Betrachtung von der Seite 808
      Betrachtung von vorn und von
         hinten 807
   Strukturen 1
   Spröde 97
   Trachten-Eckstrebenwinkel, Definition 2
   Trockenheit, Folgen 97
   Umverteilung der Belastung 818, *819*
   Vollhuf 95:
      Beschlag 832
   Zwanghuf 96, *96*
      Podotrochlose-Syndrom 502, *503*
   Siehe auch Hufwand
Hufabszeß 529, 534:
   Ätiologie 535
   Diagnose 108, *110*, 535
   Prognose 536
   Symptome 535, *536*
   Therapie 536, *536*
Hufbein *3, 39*:
   Frakturen 97, 98, 521:
      Ätiologie 521
      Aufzüge 817, *817*
      Diagnose 523
      Klinische Symptome 523, *523*
      Prognose 525
      Therapie 523, *524—527*
      Typen 521, *521—523*
      Vorkommen 521
   Hufknorpel, medial und lateral *8*:
      Verknöcherung 537
   Hufrehe:
      Pathologie 488, *489—490*
      Sohlendurchbruch 491, *492*
   Ostitis 517:
      Ätiologie 517
      „Buttress foot" 97, 528
      Nageltrittverletzungen 524, *524*
      Prognose 519
      Symptome und Diagnose 518, *518*
      Therapie 518
   Processus extensorius des Hufbeins,
      Frakturen 526:
      Ätiologie 526, *526*
      Diagnose 527, *527*
      Klinische Symptome 526, *526—527*
      Prognose 528
      Therapie 527, *528*
      Vorkommen 526
   Rotation 95, 96, 491, *491*:
      Beurteilung des Grades 492
      Humerusfrakturen 676
      Orthopädischer Beschlag 816
      Röntgenologische Darstellung 492,
         493
      Stadien 496, *496*
   Röntgenologische Darstellung:
      Dorsomedial-palmarolateral
         obliquus *198—199*
      Dorsoproximal-palmarodistal
         obliquus *190—191, 192—193,
         196—197*
      Lateromedial *188—189*
      Palmaroproximal-palmarodistal
         obliquus *194—195*
   Subchondrale Knochenzysten 519:
      Ätiologie 519
      Diagnose 520, *520*
      Prognose 521
      Symptome 519
      Therapie 520
Hufbeschlag:
   Abnehmen von Hufeisen 804
   Ausführung 803
   Beschlaggewicht 788
   Hufbeschlaggerät 797
   Orthopädisch:
      Chronische Hufrehe 495, 497, *497*
      Einseitiger Trachtenzwang 517, *517*
      Entzündung oder Verletzung der
         Beugesehnen 832
      Fesselkopf-Unterstützung durch
         Spezialbeschläge 585, *585*, 766, *766*:
         Durchtrennung der
            Strecksehnen 764
      Flachhuf 832
      Hufknorpelverknöcherung 827
      Hufrehe 486
      Kuhhessige Stellung 827
      Lange Zehe und untergeschobene
         Trachten 824
      Podotrochlose-Syndrom 508, 827
      Saumbereichverletzungen 831
      Schale 827
      Spat 700, 828
      Trachtenzwanghuf 825
      Traumatische Ruptur der Beuge-
         sehnen 766, *766*
      Vollhuf 832
   Regelmäßiger Huf 799:
      Ausrichten des Eisens 800, *800*
      Beschlag 799, 803
      Größe, Auswählen 799, *800*
      Nageln 801, *801—802*
      Stollen an den Schenkelenden 800
      Überprüfen des neuen Beschlages 803,
         803—804

Vernagelung, direkte 801
Unsachgemäß:
  Auswirkungen 810, *812*
  Bursitis und Tendinitis des medialen Schenkels des Musculus tibialis cranialis 704
  Podotrochlose-Syndrom 499
Ursache einer Hufknorpelverknöcherung 537
Verschreibungsformular, Hufbeschlag 814, *814*
Zubereitung des Hufes 796
Siehe auch Eisen; Hufeisen

Hufeisen:
  Abnehmen der Hufeisen 804, *805*
  Ausrichten 800, *800*:
    Unsachgemäß 812
  Breite der Eisenschenkel 811
  Dicke, falsche Auswahl 810
  Einteilung 786, 786T–787T
  für Barrel Race, Beschreibung 791
  Gerade gehaltener Vorderteil:
    Beschreibung 788
    Orthopädische Verwendung 816, 821, *821*, 823
  Gerader Vorderteil. *Siehe* gerade gehaltener Vorderteil
  Gewicht 810:
    Einfluß des Beschlaggewichtes 788
  Größe, falsche Auswahl 810
  Größe, passend 799, *800*
  Hersteller 786T
  Hufkorrektur 816
  mit durchgehendem, erhöhtem Innenrand an der gesamten Bodenfläche:
    Beschreibung 788, *789*
  mit durchgehender bodenenger Ränderung und rund geschliffenem Außenrand an der Bodenfläche, Behandlung bei: „Buttress foot" 529
  Hufknorpelverknöcherung 537
  mit erhöhtem Innenrand an der Bodenfläche eines Schenkels, orthopädischer Beschlag 820, *820*
  mit Griffen 786
  mit Trailer:
    Beschreibung 790, *790*
    am Innenschenkel des Eisens 821
    am Außenschenkel des Eisens 823, 824
    Verwendung 817
  mit V-förmigem Steg, Beschreibung 789, *790*
  Orthopädisch 788, *789–795*, 816:
    Abdachung der Sohlenfläche 812, *812*, 818
    Angeschliffene Zehenrichtung 816
    Aufnageln in Gegenrichtung 816, *816*
    Aufzüge 817, *817*
    Beschlag bei Nagelrittverletzungen 795
    Beschlag zum Aufkleben 818
    Breitschenkelhufeisen 817
    Erhöhung der Eisenschenkel 817, *818*
    Gerader Vorderteil 816
    Geschlossenes Hufeisen 816
    Trailer 817
    Umverteilung der Belastung an der Bodenfläche des Eisens 818, *819*
  Schenkel 787, *787*
  Spezialbeschläge 788, 816:
    Abdachung der Sohlenfläche 818
    Aufnageln in Gegenrichtung 816, *816*
    Aufzüge 817

Barrel Race 791
Beschläge zum Aufkleben 818
Breitschenkelhufeisen 817
Erhöhung der Eisenschenkel 817
Geschlossene Hufeisen 788, 816
Griff am Vorderteil 791
Memphis-Hufeisen 790
mit angeschliffener Zehenrichtung 788
mit angeschmiedeter Zehenrichtung 790
mit Aufzügen 793
mit durchgehendem, erhöhtem Innenrand an der gesamten Bodenfläche 788
mit erhöhtem Außenrand an der Bodenfläche 791
mit geradem Vorderteil 788
mit geradem Vorderteil oder mit angeschliffener Zehenrichtung 816
mit Trailer 790, 817
Stegeisen 788, 816
Stollen an den Schenkelenden 793
Umverteilung der Belastung an der Bodenfläche 818
Steingallen 538
Stollen an den Schenkelenden. *Siehe* Stollen 820
und Hufnägel 787, 788, 788T
Vergleichende Größenangaben 787T
Vorderteil. *Siehe* Hufeisen, gerade gehaltener Vorderteil
Warm- und Kaltbeschlag 800
Zehenrichtung, angeschliffen:
  Beschreibung 788, *789*
  Verwendung 816
Zehenteil. *Siehe* Hufeisen, gerade gehaltener Vorderteil
zur Unterstützung des Fesselkopfes 585, *585*, 766, *766*
Siehe auch Eisen

Hufgelenk (Articulatio interphalangea distalis manus bzw. pedis):
  Arthritis, Podotrochlose-Syndrom 136, 502, 503
  Beschreibung 9, *10*
  Gelenkkapsel 10
  Intraartikuläre diagnostische Anästhesie 146, *146*
  Laterales Seitenband 9
  Nageltrittverletzungen, Therapie 529, *532*
  Palpation und Provokationsproben, Lahmheitsdiagnostik 112, *114*
  Schale, Therapie 556
  Sehnenstelzfuß:
    klinische Anzeichen 456, *456–457*
    Therapie 459, *459–461*
Hufgeschwür. *Siehe* Hufabszeß
Huf-Grip 793
Hufknorpel:
  Beschreibung 8
  Verknöcherung 537
Hufknorpelfistel. *Siehe* Hufknorpelnekrose 532, *533–536*
Hufknorpelnekrose 532, *533*:
  Ätiologie 532
  Diagnose 533, *534*
  Prognose 534
  Symptome 533
  Therapie 533, *534–536*
Hufknorpelverknöcherung 8, 537, *537–538*:
  Beschlag 827, *827*
Hufkorrektur durch Ausschneiden 815

Hufkrebs 540
Hufkrone. *Siehe* Krone; Saumbereich
Hufnägel 786, 788T. *Siehe auch* Nagel (Nägel) 787, 801, 810
Hufpolster 8, *10*:
  Zwanghuf 96
Hufraspel mit Griff *797*:
  Entfernen der Nagelniete 804, *805*
  Zubereiten des Hufes 798, *798*
Hufrehe 486:
  Abweichungen in der Hufform 95, *96*
  Ätiologie 486:
    Aufnahme großer Mengen kalten Wassers 487
    Belastungsrehe („Road founder") 487
    Endometritis 487
    Fettleibigkeit 487
    Fütterungsrehe:
      Getreide („Grain founder") 486
      Gras („Grass founder") 487
    Hormonelle Beeinflussung 487
    Systemische Infektionen 487
    Viruserkrankungen des Respirationsapparates 487
  Desmotomie 497
  Diagnose 492, *493*
  Geburtsrehe 487
  Grad der Veränderungen 490
  Heiße und kalte Umschläge 494
  Histopathologie 488
  Kortikosteroidbehandlung 867
  Pathogenese 488, *489–490*
  Prognose 498
  Rehering 96, 98
  Rotation des Hufbeines 95–96, 491, *490*, *492*:
    Beurteilung des Grades 492
    Humerusfrakturen 676
    Orthopädischer Beschlag 816
    Röntgenologische Darstellung 492, *493*
  Stadien 496, *496*
  Stadien 486
  Symptome 490, *491–492*
  Systemische Veränderungen 489
  Therapie 493:
    Akutes Stadium 494
    Bewegung 842
    Chronisches Stadium 495
    Frühstadium 493
  Vorkommen 486
Hufrollenentzündung. *Siehe* Bursa podotrochlearis 9, *10*; Podotrochlose-Syndrom 499
Hufrollenschleimbeutel. *Siehe* Bursa podotrochlearis 9, *10*
Hufsaum 6
Hufschuhe. *Siehe* E-Z-boots 498
Hufuntersuchungszange 107, *109*:
  Podotrochlose-Syndrom 501, *502*
Hufwand:
  Angleichen an die Sohle, unsachgemäße Hufzubereitung 809
  Anteile 1, *4–5*
  Ausschuhen, Neurektomie der Nervi digitales palmares 510, *510*
  Beraspeln:
    Trachtenzwanghuf 826, *826*
    Verformung der Wand 816, *816*
  Dünne 98
  Erweiterung der Hufwand, Hufmechanismus 825, *826*
  Hornspalten 107, 544:
    Ätiologie 544

Aufzüge 817, *817*
  Diagnose 545
  Prognose 550
  Symptome 545
  Therapie 545, *546–550*
  Siehe auch
    Seitenwandhornspalten 544;
    Trachtenwandhornspalten 544;
    Vorderwandhornspalten 545
  Kürzen 798, *798*, 800
  Lahmheitsdiagnostik 108
  Lose Wand/getrennte Wand im
    Trachtenbereich 543, *544–546*
  Ringe *96*, 98, 107:
    Hufrehe 95, *96*
  Rinnen schneiden, bei
    Trachtenzwanghuf *826*, 827
  Schichten, Beschreibung 2, 4, *4–6*
  Sprödes Hufhorn 97
  Veränderungen bei Frakturen des Processus extensorius 526, *527*
  Vertikale Zusammenhangstrennungen in der Verbindungsschicht 551
  Wachstum 5
  Winkelung *93*:
    Hufkorrektur und orthopädischer Beschlag 813
    Unsachgemäße Hufzubereitung 808, *809–811*
  Siehe auch Huf
Hufwandäste der Zehenarterien 13, *14*
Hufwinkelmesser 92, *93*, 800
Humerus *3*, 31:
  Frakturen 675:
    Ätiologie 676
    Lokalisationen 675
    Palpation und Provokationsproben 118, *122*
    Prognose 677
    Radialislähmung 678
    Symptome und Diagnose 676, *676*
    Therapie 676, *677*
  Stellung der Schultergliedmaßen 76, *76*
Hyaluronat. *Siehe* Hyaluronsäure
Hyaluronsäure:
  Chip-Frakturen im Karpalgelenk, operative Behandlung 654
  Degenerative Gelenkerkrankungen 394
  Gleitfähigkeit der Gelenke 343
  Kortikosteroidbehandlung 867
  Pharmakologischer Wirkungsmechanismus 367
  Synovia 352
  Synovialitiden und Kapsulitiden 367, *367*
  Viskosität der Synovia 354
Hydroarthrose des Sprunggelenkes. *Siehe* idiopathische Synovialitis; Kreuzgalle
Hydrocortisonacetat, Dosierung für intraartikuläre Injektion 869
Hydrostatische Schmierung von Gelenken 344
Hydrotherapie (Whirlpoolsysteme) 840:
  Synovialitis und Kapsulitis 363
Hygrom des Karpalgelenkes 645:
  Ätiologie 645
  Diagnose 646, *646*
  Lahmheitsdiagnostik 115, *117*, 118
  Schienen 846
  Symptome 645, *646*
  Therapie 646
  Siehe auch Karpalhygrom 483
„Hylartin". *Siehe* Hyaluronsäure
Hyperämisierende Medikamente 856:
  Degenerative Gelenkerkrankungen 395

Hyperextension des Fesselgelenkes bei Fohlen, hochgradige 451, *451*
Hyperlipidämie, unzureichende Futteraufnahme 271
Hyperostotische Veränderungen, Fluorose 312, *312*
Hyperparathyreoidismus:
  Osteodystrophie 311
  Primär, Ursachen 284
  Sekundär, ernährungsbedingt 284. *Siehe auch* Osteodystrophia fibrosa 314, *315–316*
Hyperthermie:
  Lahmheitsdiagnostik 133
  Maligne 333
Hypertonie, Hufrehe 489, *489*
Hypertrophische Osteopathie 316, *317–318*
Hypertrophische pulmonale Osteoarthropathie 316
Hypochaeris radicata, Löwenzahn, Hahnentritt 723
Hypoderma-Arten, Nematodenbefall des Rückenmarks 779
Hypokalzämie 275:
  beim ausgewachsenen Pferd 281
Hypomagnesiämische Tetanie 275
Hypothyreoidismus:
  Belastungsmyopathie 331
  Ernährung 272, 275
  Fohlen, Hasenhacke 717, *717*
  Hufrehe 487
  Proteinmangel in der Trächtigkeit 272

I
Idiopathische Synovialitis 357, *358–359*, 767:
  Diagnose 358
  Gallen („Windpuffs", „Windgalls") 767
  Klinische Anzeichen 358, *358–359*
  Pathogenese 358
  Prognose 360
  Synovia, Leukozytenzählung 356
  Tarsokruralgelenk, Erguß. *Siehe* Kreuzgalle
  Therapie 359
Idiopathische Tendosynovitis 475, *476*
Immunvermittelte Gelenkerkrankungen 435
Inaktivitätsosteoporose, lokalisiert, durch Implantate 310. *Siehe auch* Osteoporose 308
Indikatorpflanzen für stark selenhaltige Böden 288, 542, *542*
Indocin. *Siehe* Indometacin 872
Indometacin, therapeutische Anwendung 872
Induktionsstrom, Therapie 842
Infektion:
  Systemisch, Hufrehe 487
  Wärme, Thermotherapie 840
  Wundheilung 768
Infektiöse Arthritis 423. *Siehe auch* Arthritiden, infektiöse 423
Infektiöse Ostitis 304:
  Definition 304
  Therapie 305
Infiltrationsanästhesie: direkte Infiltration sensibler Gebiete, Lahmheitsdiagnostik 145
Infrarotlampen, Wärmebehandlung 841
Infrarotthermometer, Temperaturmessung in der Lahmheitsdiagnostik 152
Instabilität der Halswirbelsäule, Definition 772. *Siehe auch* Fehlentwicklung der Halswirbel 772

Insulin-haltige Salben, Wundbehandlung 770
„Interfering". *Siehe* Streichen
Interfragmentäre Kompression. *Siehe* Fixation durch interfragmentäre Kompression
Intermittierendes Hinken, Thrombose der Arteria iliaca externa 328
Intermuskuläre Septen der Beckengliedmaße 53
Interne Fixation:
  Fesselbeinfrakturen 565, *565*:
    Chip-Frakturen 570, *572*
  Frakturen des Os carpi accessorium 662, *663*
  Frakturen des Os metacarpale III 606, *607–609*:
    Kondylusfrakturen des Os metacarpale bzw. metatarsale III 603, *604–605*
  Frakturen dorsal am Metakarpus 599, *599*
  Gleichbeinfrakturen 577, *578*, *579*, *580*
  Griffelbeinfrakturen 617, *619–620*
  Humerusfrakturen 677, *677*
  Kalkaneusfrakturen 713, *714*
  Kronbeinfrakturen 562, *562*
  Osteomyelitis 307, *307–308*
  Skapulafrakturen 692
  Slab-Frakturen im Karpalgelenk 654, *655*
  Tibiafrakturen *726–727*, 728
  Transkortikal 599, *599*
  Trümmerfrakturen im Karpalgelenk 656, *657*
  Ulnafrakturen 672, *673–674*
  Unikortikal 599, *599*
  Siehe auch Kompressionsosteosynthese 300
Intima der Synovialis 340
Intraartikuläre Frakturen 375. *Siehe auch* bei den einzelnen Frakturen; Gelenken; Gelenkfrakturen
Intramedulläre Frakturnagelung. *Siehe* Marknagelung bei Humerusfraktur 677
Intrazelluläre hyalin(schollig)e Degeneration 325
„Involucrum", Entstehung bei infektiöser Ostitis 305
Ischämie:
  Ausschuhen, Neurektomie der Nervi digitales palmares 510, *510*
  Beugesehnen 465
  Epiphysenfuge 296
  Hufbein, Hufrehe 488, *489*
  Muskulatur 328
  Strahlbein, Podotrochlose-Syndrom 500, *501*
Ischämische Paralyse 329
Islandpferd, Tölt 834
Isoflupredonacetat, Dosierung für intraartikuläre Injektionen 869
Isoxsuprin-Hydrochlorid, Anwendung bei Podotrochlose 509
Ivermectin, Anwendung bei Thrombose 751
Ivomec P® bei intermittierendem Hinken 751

J
Jod:
  Hyperämie, Medikamente 858
  Lugolsche Lösung, Injektion 862
  Mangel 275

Therapeutische Anwendung 858
Toxizität 275
Juncturae synoviales. *Siehe* echte Gelenke 339

K

Kälte, Therapie 840:
    Tendinitis 467
Kältebehandlung von Überbeinen 614
Kaliumchloridsubstitution bei chronischer Hufrehe 495
Kaliummangel, Erschöpfung nach Belastung 284
Kalkaneus 39, 43:
    Frakturen 713, *713–714*
Kalkgicht. *Siehe* Kalzinose, tumoröse 314
Kalzinose, tumoröse 314:
    Kniekehlgelenknähe 438
Kalzium-Wolframat-Verstärkerfolien 161, 163*T*
Kalzium:
    Absorption, Fütterung 278:
        Ernährungsbedingter sekundärer Hyperparathyreoidismus 284
    Fütterung:
        Enchondrale Ossifikation 278
        Osteodystrophia fibrosa 314
        Überbeine 614
    Mangel, Kreuzgalle 706
Kamera, Arthroskopie 349
Kampfer, in Linimenten, therapeutische Anwendung 856
Kanthariden, therapeutische Anwendung 858
Kappen. *Siehe* Aufzüge an Hufeisen 793, 817
Karboxylsäuren 870
Karpal-Fettpolster *178*
Karpalgelenk (Articulationes antebrachiocarpea, radiocarpea, ulnocarpea, mediocarpea, carpometacarpeae):
    Einschnürung des Röhrbeines 85, *85*
    Frakturen 647
    Gelenkkapsel 21
    Intraartikuläre diagnostische Anästhesie 147, *148*, 147
    Laterales Seitenband *22*
    Luxationen 657:
        Ätiologie 658
        Diagnose 658
        Prognose 659
        Symptome 658
        Therapie 658
    O-Beinigkeit 82, *84*
    Rückbiegigkeit 82, *82*, 91, 641:
        Beurteilung 91
        Überköten im Fesselgelenk 641, *642*
    Subluxation 658
    Unregelmäßiges Profil 83, *84*
    Versetzt 85, *85*
    Vorbiegigkeit 81, *82–83*, 91:
        Beurteilung 91
    X-Beinigkeit 82, *84*, 624, *625*
    Siehe auch Gliedmaßenfehlstellungen; Karpus; Unterarm-Vorderfußwurzelgelenk; Vorderfußwurzel-Mittelfußgelenk; Vorderfußwurzel-Mittelfußgelenk
Karpalhygrom 483, *484*, 645
Karpalknochen *3*:
    Gliedmaßenfehlstellungen 322, 627
    Palpation 117, *119–120*
Karpaltunnel. *Siehe* Canalis carpi 23
Karpaltunnelsyndrom 468, 659:
    Ätiologie 659

Diagnose 659
Lahmheitsdiagnostik 115, *117*
Prognose 660
Symptome 659
Therapie 659, *660*
Karpitis, Definition 360. *Siehe auch* traumatische Synovialitis und Kapsulitis 360
Karpus:
    Anatomie 21, *21–25*
    Beugeprobe, Lahmheitsdiagnostik 117, *118*
    Chip-Frakturen:
        Chirurgische Behandlung 652, *652–653*
        Häufige Lokalisationen 375, 376*T*, 647, *647–648*
        Konservative Behandlung 651
    Dorsale Ansicht 21, *21*
    Dorsale Umfangsvermehrung, Drainage mittels einer Kanüle 115
    Fehler in der Stellung der Schultergliedmaße 77
    Fehlstellungen 624
    Frakturen:
        Chirurgische Behandlung mit Hilfe des Arthroskops 382, *383*
        Fixation durch Schrauben 378, *378, 380*
        Indikationen für chirurgische Behandlung 378
        Kortikosteroid-Therapie 867
        Os carpi accessorium 661
        Pathogenese 375
        Pathophysiologie 377, *377*
        Siehe auch bei den einzelnen Frakturen des Karpus
    Gips-, Fiberglas- bzw. Kunststoffverband für die gesamte Gliedmaße 851, *851*
    Hygrom. *Siehe* Karpalhygrom 483
    Karpalgelenksfrakturen 647:
        Ätiologie 649, *650*
        Diagnose 650
        Häufige Lokalisationen 647, *647–649*
        Prognose 656
        Symptome 649
        Therapie 651, *652–653, 655–657*
    Laterale Ansicht *22–23*, 23
    Lokalanästhesie, für Punktfeuer 860
    Mediale Ansicht 23, *24*
    Palmare Ansicht 23
    Palpation und Provokationsproben, Lahmheitsdiagnostik 114, *117–120*
    Röntgenologische Darstellung:
        Dorsopalmar *220–221*
        Dorsomedial-palmarolateral obliquus *224–225*
        Dorsolateral-palmaromedial obliquus *222–223*
        Gebeugt dorsoproximal-dorsodistal obliquus (distale Karpalknochen) *230–231*
        Gebeugt dorsoproximal-dorsodistal obliquus (distales Ende des Radius) *226–227*
        Gebeugt dorsoproximal-dorsodistal obliquus (proximale Karpalknochen) *228–229*
        Gebeugt lateromedial *218–219*
        Lateromedial *216–217*
    Rotationsprobe, in der Lahmheitsdiagnostik 117, *119*
    Splitter- oder Trümmerfrakturen 379, *379–380*

    Häufige Lokalisationen 648, *649*
    Behandlung 656, *657*
    Slab-Frakturen:
        Häufige Lokalisationen 648, *648*
        Behandlung 654, *655–656*
    Traumatische Synovialitis und Kapsulitis. *Siehe* traumatische Synovialitis und Kapsulitis 360
    Unvollständige Ossifikation 419, *419–422*
    Zysten, subchondral:
        Symptome und Diagnose 402, *410–412*
        Behandlung 417
Kassetten, Röntgen- 161
Kassettenhalterung 164, *165–166*:
    Strahlenschutz 168
Kastanie 27, 48
Kataplasmen, therapeutische Verwendung 866
Kathepsin, degenerative Gelenkerkrankungen 390
Kaudal, Definition 1, *2*
Kaustik, therapeutisch. *Siehe* Brennen 859
Kauterisation, therapeutisch. *Siehe* Brennen 859
Keilförmige Einlagen für Hufeisen, Verwendung 817, *818*
Keilförmiger Absatz, bei Gips-, Fiberglasbzw. Kunststoffverbänden 850, *850*
Kennzeichnung von Röntgenaufnahmen 164, *165*
Keratinisation. *Siehe* Verhornung der Hufwand 5
Keratinsulfat im Gelenkknorpel 342, *343*
Keratome 541
Kessler-Naht 765, *765*
    Sehnenschäden 473, *474*
Kies- bzw. Sandboden für die Lahmheitsuntersuchung 104
Kinematographie, Lahmheitsdiagnostik 154
Kirschner-Apparat für Radiusfrakturen 668
Kittlinie („Tide line") des Gelenkknorpels 342
Klammerung, Technik:
    Überbrückung von Epiphysenfugen am Karpus 635, *636*:
    Vergleich: Epiphysiodese mit Schrauben und Draht 636, *637–638*, 638*T*
Klebeband, elastisch 844
Klebsiella sp., infektiöse Arthritis 423
Kleeheu, Hufrehe 487
Kniegelenk (Articulatio genus) 58:
    Anästhesie 149, *152*
    Anatomie 56
    Bewegungsmöglichkeiten 60
    Dorsale Ansicht *47*
    Fraktur der Eminentia intercondylaris *734*
    Frakturen, Behandlung 381
    Gonitis:
        Ätiologie 733, *733–735*
        Definition 733:
        Diagnose 736
        Prognose 737
        Symptome 735, *735–736*
        Therapie 737
        Vorkommen 733
    Kaudale Ansicht 55, *56, 58*
Kniekehlgelenk (Articulatio femorotibialis) 59. *Siehe auch* Kniekehlgelenk
Kniescheibengelenk (Articulatio femoropatellaris) 58. *Siehe auch* Kniescheibengelenk

Sachverzeichnis

Kraniale Ansicht 56
Kreuzbandschäden 734
Lahmheit 733:
    Chondromalazie der Patella 741
    Gonitis 733
    Patellafraktur 743, *743*
    Patella-Luxation 741
    Proximale Patellafixation (Patellaluxation) 737
Laterale Ansicht *54, 57, 57, 61*
Luxation 371, *374*
Mediale Abteilung, Kapsulitis 125
Mediale Ansicht *58, 59*
Mediales Seitenband, Ruptur *733*
Osteochondrosis dissecans, Symptome und Diagnose 402, *403*
Palpation und Provokationsproben, Lahmheitsdiagnostik 125, 126, *126–129*
Patellaluxation. Siehe Patella 371, 737, 741
Proximale Patellafixation. Siehe Patella 737
Röntgenologische Darstellung:
    Kaudokranial 258–259
    Lateromedial 256–257
Ruptur des kranialen Kreuzbandes *733–734*
Ruptur des medialen Seitenbandes *733*
Traumatische Arthritis, Diagnose 362
Verletzungen des kranialen bzw. kaudalen Kreuzbandes 734
Kniekehl- und Kniescheibengelenk (Articulatio femorotibialis und Articulatio femoropatellaris):
Röntgenologische Darstellung:
    Kaudokranial 258–259
    Lateromedial 256–257
Siehe auch Kniegelenk
Kniekehlgelenk (Articulatio femorotibialis) 59:
    Anästhesie 149, *152*
    Gelenkkapsel 59
    Kalzinose, tumoröse 438
    Laterales Seitenband 58
    Ligamentum collaterale laterale *57*:
        Zerrung 733
    Ligamentum collaterale mediale *59*:
        Zerrung 733
    Meniskusschäden infolge von Bänderdehnungen 374
    Röntgenologische Darstellung 256–259
Siehe auch Kniegelenk
Kniescheibenbänder, Schwäche 373
Kniescheibenband, mittleres *47, 57*
Kniescheibengelenk (Articulatio femoropatellaris):
    Arthroskopie 349, *351*
    Fibrom 437, *437*
    Gelenkkapsel 58
    Intraartikuläre Anästhesie 149, *152*
    Kapsulitis, Palpation 125
    Osteochondrosis dissecans:
        Pathologische Manifestationen 399, *400*
        Symptome und Diagnose 402, *403*
        Therapie 411, *413–418*
    Palpation, bei Gonitis 736
    Patellafixation, proximal 737
    Patellaluxation 737
    Röntgenologische Darstellung 256–259
    Subchondrale Zysten 408
        Röntgenaufnahmen 408, *410*
        Sektionsbefunde 401, *402–403*
    Therapie 418, *418*
    Traumatische Arthritiden, Diagnose 362
Siehe auch Kniegelenk
Knochen:
    Ernährungsbedingter sekundärer Hyperparathyreoidismus 285
    Frakturen. Siehe bei den einzelnen Knochen
    Knochenheilung und Reparation von Frakturen 299
    Krankheiten 293, 304. Siehe auch bei den einzelnen Erkrankungen:
        Dysplasie der Epiphysenfuge 317
        Epiphysitis 317, *318–320*
        Exostosen, multiple kartilaginäre 312, *313*
        Fluorose 311, *312*
        Gliedmaßenfehlstellungen bei Fohlen 320, *322*
        Infektiöse Ostitis 304
        Kalzinose, tumoröse 314
        Osteodystrophia fibrosa 314, *315–316*
        Osteodystrophie 310
        Osteomyelitis 305, *307–308*
        Osteopathie, hypertrophische 316, *317–318*
        Osteopetrosis 311
        Osteoporose 308, *309–310*:
            Generalisiert 308
            Lokalisiert 309
    Längenwachstum 293
    Prä- und postnatale Entwicklung 344, *345*
    Reaktionen bei Erkrankungen:
        Grundsätze 178
        Periost 179, *180, 184*
        Osteomyelitis 181, *184*
        Substantia corticalis (compacta) 179, *180–183*
        Röntgenologische Darstellung 178, *180–184*
Siehe auch bei den einzelnen Knochen
Knochendichte, Interpretation von Röntgenbefunden 180, *182*
Knochenkern der Epiphyse *295*
Knochensequesterbildung bei infektiöser Ostitis 305
Knochenspat. Siehe Spat 122, 694, 859
Knochenstoffwechsel, Kortikosteroid-Behandlung 867
Knochentransplantation:
    Fehlentwicklung der Halswirbel, Halswirbelversteifung 776
    Gleichbeinfrakturen 577, *578*
    Os metacarpale III- bzw. Os metatarsale III-Frakturen, 606, *609*
    Osteomyelitis 307, 308
    Spat, Arthrodese 700
Knochenzysten:
    Strahlbein-Gefäßlöcher, erweiterte 505, *506*
    Subchondraler Knochen. Siehe Subchondrale Knochenzysten 396
Knöcherne Metaplasie, Podotrochlose-Syndrom 500
Knorpel:
    Artikulär. Siehe Gelenkknorpel 342
    Lateraler Hufknorpel 9
    Metabolismus, Kortikosteroid-Behandlung 867
    Ossifikation, Epiphysenfuge 294, *295*
    Skapula 3
Knorpelusuren am Strahlbein 500
Knospung, Muskelregeneration 326
Koagulopathie, Hufrehe 488, *489*
Kobalt-60-Nadeln, therapeutische Verwendung 863
Kohlenstoffaserimplantate für Sehnenschäden 468, 723, 766
Kollagenase, degenerative Gelenkerkrankungen 390
Kollimator, regulierbarer 158, *158*:
    Strahlenschutz 168
Kolostrum, Produktion, unzureichende Futteraufnahme 271
Kompakta. Siehe Substantia corticalis 179
„Kompression" der Epiphyse, Auswirkungen 319, *320*
Kompression des Rückenmarks im Bereich der Halswirbelsäule, Myelographie 174, 774, *775*
Kompressionsosteosynthese 300, *301–304*:
    Osteomyelitis 307
Siehe auch interne Fixation
Kompressionsschrauben. Siehe Zugschrauben 301
Kompressionsstenose des Halsmarks. Siehe Fehlentwicklung der Halswirbelsäule 772
Kompressionsverband. Siehe Verband (Verbände)
Kondition und Myopathie 332
Kondylus des Os femoris 60
Kondylusfrakturen. Siehe bei den einzelnen Knochen
Kongenitale Gelenkkontraktionen 436
Konstriktion:
    Fesselringband (Ligamentum anulare palmare) 468, *469*
Kontaktwärme. Siehe Leitungswärme 840
Kontrastmittel, für röntgenologische Untersuchungen 170, 171T
Kontusion. Siehe gedeckte Verletzung 768, 771
Konvektion, Wärmeerzeugung, Definition 840
Kopf:
    Nicken:
        Nachhandlahmheit 106
        Vorhandlahmheit 104
    Regelmäßigkeit des Körperbaus 72, 74
Korium des Hufes. Siehe Lederhaut 7
Kortikalis. Siehe Substantia corticalis 179
Kortikalisschraube, interfragmentäre Kompression 301, *302–303*
Kortikosteroide:
    Antiinflammatorische Wirkung 866
    Belastungsmyopathie:
        Therapie 333
        Ursache 331
    Degenerative Gelenkerkrankungen:
        Therapie 394
        Ursache 365
    Dimethylsulfoxid (DMSO) 873
    Entzündung der Bursa intertubercularis 679
    Entzündungshemmende Wirkung 364, 866
    Falscher Einsatz 867
    Fehlentwicklung der Halswirbel 776
    Glykosaminoglykane, Verlust 365
    Hufrehe 488:
        Akutes Stadium 494
    Hygrom 646
    Hypokalzämische Tetanie 281
    Immunsuppression 867

Intraartikuläre Injektion:
    Dosierung 869
    Infektiöse Arthritiden 423
    Kontraindikation 867
    Nebenwirkungen 867, *868*
    Vorgehen, allgemein 868
    Karpaltunnelsyndrom 659
    Kontraindikationen 365, 366
    Kreuzgalle 359, 707
    Nebenwirkungen 867, 869
    Osteochondrose, Pathogenese 399
    Piephacke 718
    Podotrochlose-Syndrom 508
    Richtlinien für die Anwendung 365
    Sehnenschäden 870
    Subkutane Injektion 870
    Traumatische und degenerative Gelenk-
      erkrankungen 364
    Überbeine 614
    Unsichtbarer Spat 708
    Wundsalben 770
    Siehe auch bei den einzelnen Arzneimitteln
Körperbau 71
Kreatin-Phospho-Kinase, Werte bei:
    Belastungsmyopathie 332
    Muskelerkrankungen 330
Krepitation, Diagnose von Becken-
    frakturen 133
Kreuzbandprobe 126, *127–128*:
    Bursitis bzw. Tendinitis des medialen
      Schenkels des Musculus tibialis
      cranialis 704
Gonitis 733
Kreuzbeinfrakturen 782
Kreuzdarmbeingelenk (Articulatio
    sacroiliaca):
    Anatomie 67, 68, 753, *754–755*
    Subluxation 753:
      Ätiologie 754
      Diagnose 756
      Differentialdiagnose 756
      Prognose 757
      Symptome 754, *755–756*
      Therapie 756
Kreuzen. *Siehe* Schnüren 81
Kreuzgalle 357, *358*, 706:
    Ätiologie 706
    Diagnose 707
    Palpation, Lahmheitsdiagnostik 121, *123*
    Prognose 708
    Symptome 706, *707*
    Therapie 707
    Siehe auch idiopathische Synovialitis 357
Kreuzverschlag 332. *Siehe* Tying-up-
    Syndrom 274, 283, 332
Kreuzweises Anbinden, Ruhigstellung 843
Kronbein 3, *39*:
    Frakturen 109, 560, *560*:
      Ätiologie 560
      Diagnose 561
      Prognose 562
      Symptome 561
      Therapie 561
Kronbeinschenkel der tiefen Beugesehne,
    Beschreibung 9, *10*
Krone 6:
    Trachtenzwang 96:
      Einseitig 808, *808*
    Zwanghuf 96
Krongelenk (Articulatio interphalangea
    proximalis manus/pedis):
    Beschreibung 10
    Degenerative Erkrankungen 386
    Gelenkkapsel *10, 12*

    Gliedmaßenstellung 76, *76*
    Intraartikuläre Anästhesie 146, *146*
    Luxation 371, *372*, 558, *558–559*:
      Ätiologie 558
      Diagnose 559
      Prognose 560
      Symptome 559
      Therapie 559, *560*
Krongelenkbereich 10
Kronlederhaut 5:
    Papillen 6
    Siehe auch Fessel 18
Kronpolster 8
Kronrinne 5
Kronsaum. *Siehe* Saumbereich 108
Kropf, Auftreten bei:
    Angeborenen Beugeanomalien 452
    Stute oder Fohlen 275
Kruppenbewegung:
    Spat 694
    Symmetrie der Kruppenmuskulatur
      102, 106
Kryochirurgie 863
Kryoneurektomie 863
Kryotherapie 863
Kuhhessige Stellung 89, *89*, 91:
    Hasenhacke 715
    Spat 695
Kunststoff. *Siehe* Plastik, Reparation von
    Hornspalten 545, *550*
Kupfer, Fütterung:
    Epiphysitis 320
    Gliedmaßenfehlstellungen 323:
      Enchondrale Ossifikation 279
      Osteodystrophie 311
Kurbengalle 475, *476*
Kurze laterale Seitenbänder des Tarsal-
    gelenkes 50
Kurze mediale Seitenbänder des Tarsal-
    gelenkes 51

L

Labrum acetabulare 67
Lacertus fibrosus 25, *26*, 27, 31
Lähmung:
    Nervus femoralis 746
    Nervus suprascapularis 689. *Siehe auch*
      „Sweeny" 120, 326, 689
Lagerungshilfsmittel für Röntgenunter-
    suchungen 164
Lahmheit:
    Art 100
    Begleitende 100
    Definition 100
    Diagnose 100. *Siehe auch* unter
      Lahmheitsdiagnostik
    Gemischt 100
    Gliedmaßenführung 101, *101*
    Hangbeinlahmheit 100
    Huf 486
    Lahmheitsgrade 106
    Stützbeinlahmheit 100
Lahmheitsdiagnostik:
    Adspektorische Untersuchung 103
    Alter des Pferdes 102
    Anamnese 102
    Angiographie 153
    Beschlag 102, 103
    Bestehen der Lahmheit, Zeitraum 103
    Bewertung spezifischer Untersuchungs-
      befunde 133
    Bodenbeschaffenheit 102
    Diagnostische Anästhesien 134
    Dynamographie 154
    Elektrogoniometrie 154

    Infrarotthermometer, tragbares 152
    Kinematographie 154
    Knochen-Szintigraphie 154
    Krankheitsgeschichte 102
    Lokalisation der Lahmheitsursache,
      Häufigkeit 102
    Muskulatur, Ermüdung 102
    Palpation und Provokationsproben 107
    Röntgenologische Untersuchung 151
    Stolpern 103
    Telemetrie 153
    Thermographie 151
    Untersuchungsmethoden 103
    Verwendung des Pferdes 102
Lahmheitsgrade 106
Laktat-Dehydrogenase (LDH):
    Muskelerkrankungen 330
    Synovia 356
Laktationstetanie. *Siehe* Tetanie bei
    laktierenden Tieren 275
Lamina(e):
    Epidermis, Beschreibung 4, *4–7*
    Hufrehe, Pathogenese 488
    Insensitive Laminae, Definition 4
    Lederhaut 7:
      Beschreibung 4, 6
    Sensitive Laminae, Definition 4:
      Vernagelung 801
    Verhornung, Wachstum des
      Hornschuhes 5
Lange weiche Fessel. *Siehe* Fessel, lang,
    abfallend 86
Langer, lateraler Schenkel des Musculus
    biceps brachii. *Siehe* Lacertus
    fibrosus 27, 31
Langsam kontrahierende Muskel-
    fasern 324, *324*
Lasertherapie 864
Lasix® (Phenoxybenzamin) bei chronischer
    Hufrehe 495
„Lateral deviation of metacarpal bones".
    Siehe lateraler Versatz der Metakarpal-
    knochen 85, *85*, 91
Laterale Zehenarterie 13, 15
Laterale Zehenvene 15, *17*
Lateraler Schenkel des Musculus peroneus
    (fibularis) tertius 43
Lateraler Versatz der Metakarpalknochen,
    Stellung 85, *85*, 91:
    Überbeine (am Metakarpus) 612, *613*
Laterales Kniescheibenband *47*, 57
Laterales Seitenband:
    Ellbogengelenk 28, 31
    Hufgelenk 9
    Karpalgelenk 22
    Kniekehlgelenk, 57, 58:
      Bänderzerrung 733
    Krongelenk 9
    Tarsalgelenk 48
Laterales seitliches Sesambeinband *11*
LDH. *Siehe* Laktat-Dehydrogenase 330,
    356
Lederhaut:
    Arterielle Versorgung 7, 8
    Periost 8
Leitungsanästhesie:
    Hufrehe 492:
      Akutes Stadium 494
    Lahmheitsdiagnostik 235:
      Anästhesie der Nervi digitales
        palmares 135, *137*, 138T
      Anästhesie der Nervi digitales palmares
        an der Basis der Gleichbeine *137*,
        138, 138T

Anästhesie des Nervus medianus, des Nervus ulnaris und der Äste des Nervus cutaneus antebrachii 141, *143*
Anästhesie des Nervus palmaris lateralis auf Höhe des Vorderfußwurzel-Mittelgelenkes 141, *141*
Beckengliedmaße 142
Beurteilung 135
Fesselringblock 138
Hohe Anästhesie der Nervi palmares und der Nervi metacarpei palmares 139, *140*
Nervus peroneus (fibularis) profundus und Nervus peroneus (fibularis) super ficialis 144, *144*
Nervus tibialis 142, 144, *144*
Schale 555
Schultergliedmaße 135
Sitz der Anästhesie, Überprüfung 135
Tiefe Anästhesie der Nervi palmares und der Nervi metacarpei palmares 139, *139*
Ursprung des Musculus interosseus medius 140, *141*
Leitungswärme, Definition 840
Leukozytenzählung, Synovia 355
Ligamenta carpometacarpea palmaria 24
Ligamenta glenohumeralia 35
Ligamenta intercarpea dorsalia *23*
Ligamenta intercarpea palmaria 24
Ligamenta patellae 69
Ligamenta radiocarpea palmaria 24
Ligamenta sacroiliaca dorsalia, Subluxation 754, *754—755*
Ligamenta sesamoidea brevia *11*, 12
Ligamenta sesamoidea collateralia, Beschreibung 9, *11*
Ligamenta sesamoidea cruciata *11*, 12
Ligamenta sesamoidea distalia. *Siehe* distale Sesambeinbänder (Gleichbeinbänder) *10*, 11
Ligamenta sesamoidea obliqua *11*, 12
Ligamentum accessoriocarpoulnare 23, *23*
Ligamentum accessoriometacarpeum 23, *23*
Ligamentum accessorioquartale 23, *23*
Ligamentum accessorioulnare 23, *23*
Ligamentum accessorium des Musculus flexor digitalis profundus. *Siehe* Unterstützungsband der tiefen Beugesehne 19, 24, *25*, 43, 51, 68, *69*, 113
Ligamentum accessorium des Musculus flexor digitalis superficialis 24, *25*, 30:
   Desmotomie 461
   Karpaltunnelsyndrom 659
   Zerrung 665, *666*
Ligamentum accessorium ossis femoris 66, 67
Ligamentum anulare. *Siehe* Fesselringband 12, *595*
Ligamentum anulare digiti distale. *Siehe* Sohlenbinde 8
Ligamentum anulare palmare bzw. plantare *11*, 12. *Siehe auch* Fesselringband 12, *595*:
   Striktur 468, *469*, 593, *594—595*
Ligamentum capitis ossis femoris 66:
   Ruptur 748, *748*, 749
Ligamentum carpometacarpeum dorsale *23*
Ligamentum collaterale carpi laterale 23, *23*:
   Ruptur, Luxation des Karpalgelenkes 658
   Siehe auch laterales Seitenband, Karpalgelenk 22

Ligamentum collaterale carpi mediale 21, 23, *24*:
   Ruptur 658
Ligamentum collaterale laterale des Kniekehlgelenkes *57*
Ligamentum collaterale laterale des Ellbogengelenkes *28*
Ligamentum collaterale mediale des Ellbogengelenkes *26*, 31:
   Ruptur 674
Ligamentum collaterale mediale des Kniekehlgelenkes *59*
Ligamentum collaterale tarsi laterale breve *49—50*, *50*. *Siehe auch* kurzes laterales Seitenband des Tarsalgelenkes 51
Ligamentum collaterale tarsi laterale longum *49*, 50
Ligamentum collaterale tarsi laterale. *Siehe* laterales Seitenband, Tarsalgelenk 48
Ligamentum collaterale tarsi mediale breve *46*, *49*, 51. *Siehe auch* kurzes mediales Seitenband des Tarsalgelenkes 51
Ligamentum collaterale tarsi mediale longum 45, *46*, *49*, 51
Ligamentum cruciatum caudale genus *56*, *59*:
   Kniegelenk, Zerrung 734
   Palpation und Provokationsproben, Lahmheitsdiagnostik 126, *127—128*
Ligamentum cruciatum craniale und caudale genus *59*:
   Palpation und Provokationsproben, Lahmheitsdiagnostik 126, *127—128*
   Verletzungen 734, *734*
Ligamentum dorsoscapulare *29*, 36
Ligamentum femorapatellare mediale *58*, *59*
Ligamentum femoropatellare laterale *57*, *57*
Ligamentum interosseum antebrachii 31
Ligamentum longitudinale dorsale 70
Ligamentum meniscofemorale *56*, 60
Ligamentum metacarpeum interosseum, Überbeine 612
Ligamentum metacarpointersesamoideum 12
Ligamentum palmare des Krongelenkes *11*
Ligamentum patellae mediale. *Siehe* mediales Kniescheibenband *47*, *57*, *59*, 60, 733
Ligamentum plantare longum *48*, *50*:
   Hasenhacke 715, *718*
   Palpation 122, *124*
Ligamentum radiocarpeum palmare 24
Ligamentum radioulnare 31
Ligamentum sacroiliacum dorsale *63*, 64
Ligamentum sacroiliacum ventrale 67
Ligamentum sacrotuberale 63, *63*
Ligamentum sesamoideum distale impar, Beschreibung 9, *14*
Ligamentum sesamoideum rectum *11*, 11
Ligamentum tarsi dorsale *49*, 51
Ligamentum transversum acetabuli *66*, 67
Ligamentum(a). *Siehe* bei den einzelnen Bändern; Bänder
Lincomyzin, Toxizität 307
Linimente:
   Degenerative Gelenkerkrankungen 396
   Massage 842
   Therapeutische Anwendung 856
   Thermotherapie 841
Liquor cerebrospinalis, Untersuchung bei Fehlentwicklung der Halswirbel 775
„Lite" salt. *Siehe* Salzmischung 281
„Lockeres" Vorderfußwurzelgelenk. *Siehe*

unregelmäßiges Profil des Karpus 83
Löwenzahn. *Siehe* Hahnentritt 723
Lokalanästhesie:
   Anästhesie durch Umspritzung 145
   Fixation des Patienten 134
   Infiltrationsanästhesie 145
   Lahmheitsdiagnostik 134
   Leitungsanästhesien 135
   Synoviale Strukturen 145, 145T
   Verwendete Wirkstoffe 135
   Vorbereitung des Patienten 134
   Siehe auch bei den einzelnen Anästhesien
Lokalisierte Muskelatrophie des Musculus triceps brachii 326, *327*
„Lollipop lesions", Podotrochlose-Syndrom 501, 505, *506*
„Loose" Patella. *Siehe* Kniescheibenbänder, Schwäche 373
Lose Wand:
   bei Hufrehe 491
   im Trachtenbereich 543
„Lowering of toe" (Abraspeln der Zehenwand) 799
Lugolsche Lösung, Injektion 862
Lumbalnerven 60
Lungenerkrankungen, hypertrophische Osteopathie 316, *318*
Luxation 371, *371—374*. *Siehe auch* bei den einzelnen Gelenken
Lymphabfluß, Schultergliedmaße 37
Lymphonodi axillares primae costae 37
Lymphonodi axillares proprii *34*, 37
Lymphonodi cervicales profundi caudales 37
Lymphonodi cervicales superficiales *29*, 37
Lymphonodi cubitales *34*, 37
Lymphonodi inguinales profundi 64, *66*, 68
Lymphonodi poplitei *55*, 68
Lysosomale Enzyme bei degenerativen Gelenkerkrankungen 390

M

Machaeranthera, Selenvergiftung 288
Magendarmgeschwüre durch nichtsteroidale Antiphlogistika 870
Magnesiumsulfat:
   Hypomagnesiämie 275
   Oberflächenwärme, Tiefenwärme 841
   Packungen 866
Magnetfeldtherapie, therapeutische Anwendung 865
Maligne Hyperthermie:
   Myopathie nach Anästhesie 334:
   Therapie, Belastungsmyopathie 333
Malleolus lateralis der Tibia 49
Malleolus medialis der Tibia *46*, 49
Manganmangel 273
Mannitol, Anwendung bei Frakturen der Halswirbelsäule 781
Marginale Osteochondrose. *Siehe* Osteochondrosis dissecans 396, 400
„Marie's disease". *Siehe* hypertrophische Osteopathie 316
Marknagelung bei Humerusfrakturen 677
Massage, Therapie 842
Matratzennaht bei fibrosierender oder ossifizierender Myopathie 732, *732*
Maultierhufeisen 786
McArdle-Syndrom, Belastungsmyopathie 332
Meclofenaminsäure 367, 872:
   Synovialitiden 367
   Therapeutische Anwendung 872
Mediale Zehenarterie 13
Mediale Zehenvene. *Siehe* Vena digitalis

medialis 15, 19
Medialer Schenkel des Musculus tibialis cranialis *41*, *43*, *44*, *46*, 48
Mediales Kniescheibenband *47*, *57*, *59*, 60:
  Desmotomie 739, *740*
  Durchtrennung, bei Hahnentritt 724
  Festhaken, bei dorsaler Fixation der Patella 737, *738*, *739*
  Ruptur *733*
  Untersuchung 736
  Zerrung 733
Medikamente in der Wundbehandlung 770
Medroxyprogesteronacetat, Anwendung:
  Kreuzgalle 359
  Synovialitiden und Kapsulitiden 366
Melanome des Ellbogen- und des Schultergelenkes 437
Membrana interossea cruris 53, *56*
Memphis-(Huf)Eisen:
  Beschlag bei Spat 828
  Beschreibung 790, *790*
Meniscus lateralis 56
Meniscus medialis *56*, *59*:
  Verletzung 734, *734*
  Operative Entfernung 374
Meniskus:
  Kniekehlgelenk 59
  Schädigung 374
  Entfernung 375
Meperidin, Behandlung bei:
  Belastungsmyopathie 333
  Frakturen der Halswirbel 781
  Generalisierte Myopathie nach Anästhesie 335
Mephenesin, Anwendung bei:
  Hahnentritt 724
  Streukrampf 725
Mesotendineum:
  Anatomie 762, *763*
  Beschreibung 448
Metabolische Knochenerkrankung, Spat 694
Metakarpalknochen:
  Anatomie 18
  Lateraler Versatz der Metakarpalknochen 85, *85*, 91
  Siehe auch bei den einzelnen Metakarpalknochen
Metakarpus:
  Anatomie 18
  Dorsale Ansicht 18
  Lahmheit:
    Dorsal, Periostitis und Frakturen 596
    Frakturen des Os metacarpale III 606
    Gliedmaßenfehlstellungen 610
    Griffelbeinfrakturen 615
    Kondylusfrakturen des Os metacarpale III 601
    Musculus interosseus medius 622
    Periostitis und Frakturen dorsal am Metakarpus 596
    Überbeine 612
  Mediale und laterale Ansicht 19
  Palmare Ansicht 19
  Palmarfläche 19
  Palpation und Provokationsproben, Lahmheitsdiagnostik 112, *115*
  Periostitis und Frakturen, dorsal 596, *596–599*:
    Ätiologie 596, *596–597*
    Brennen 860
    Diagnose 597
    Kryotherapie 863
    Palpation 113, *115*

Prognose 600
Symptome 597, *598*
Therapie 598, *599*
Röntgenologische Darstellung:
  Dorsolateral-palmaromedial obliquus *214–215*
  Dorsomedial-palmarolateral obliquus *212–213*
  Dorsopalmar *210–211*
  Lateromedial *208–209*
Metaplasie, Podotrochlose 500
Metaphysäre Osteochondrose 320
Metaphysäre Wachstumszonen, Vitamin D 286
Metatarsus:
  Anatomie 42
  Lahmheit. *Siehe* Metakarpus, Lahmheit
  Röntgenologische Darstellung:
    Dorsolateral-plantaromedial obliquus *240–241*
    Dorsomedial-plantarolateral obliquus *242–243*
    Dorsoplantar *238–239*
Methionin-Therapie, bei chronischer Hufrehe 495
Methocarbamol, Anwendung bei Belastungsmyopathie 333
Methylprednisolon:
  Bursitis und Tendinitis des medialen Schenkels des Musculus tibialis cranialis 705
  Intraartikuläre Injektion, Dosierung 869
Metritis, Hufrehe, Symptome 490
Metrizamidum, Myelographie 174
Micronema deletrix, Nematodenbefall des Rückenmarks 779
Milch. *Siehe* Stutenmilch 273
Milchsäure, Belastungsmyopathie 282, 331
Mineralöl-Applikation, Hufrehe durch Getreidefütterung 493
Mineralokortikoide, Behandlung 866. *Siehe auch* Kortikosteroide
Mittelfußbereich 18, 42. *Siehe auch* Anatomie des Bewegungsapparates; Metakarpus; Metatarsus
Molitrans® zur Knorpelheilung 396
Monteggia-Fraktur 670
Morbus Marie-Bamberger. *Siehe* hypertrophische Osteopathie 316
MPQ, Synovia 355
Mucopolysaccharidpolyschwefelsäureester 368, 394. Siehe auch Glykosaminoglykane, Polysulfate 364, 394
Mukopolysaccharide. *Siehe* Proteoglykane 342, 347, 365, 368, 389, 424
Musculi gemelli 63
Musculi lumbricales 43
Musculi serratus ventralis cervicis und thoracis:
  Anatomie 25, *34*, 35
  Ruptur 693
Musculus adductor brevis und Musculus adductor magnus. *Siehe* Adduktoren 58, 64
Musculus anconeus 31
Musculus articularis coxae 63, *63*, 65, 67
Musculus articularis humeri 35
Musculus biceps brachii 25, 31, *34*:
  Verknöcherung 327
Musculus biceps femoris 57, 58, 60, *61–63*, 65:
  Fibrosierende und ossifizierende Myopathie 730, *731*
Musculus brachialis 31

Musculus brachiocephalicus 36
Musculus cleidobrachialis (Teil des Musculus brachiocephalicus) 29, 31, *32*, 36
Musculus cleidomastoideus (Teil des Musculus brachiocephalicus) 36
Musculus coracobrachialis 33, *34*
Musculus cutaneus omobrachialis 28, 31
Musculus cutaneus trunci *34*, 35
Musculus deltoideus *32*, 33
Musculus extensor carpi radialis 21, *21*, 22, 28:
  Sehne 21, *21*, 22
  Faszie, 26
Musculus extensor carpi ulnaris 22, 28, 30
Musculus extensor digitalis brevis 40, 42, 50
Musculus extensor digitalis communis 21, *21*, 22, 27, 28
Musculus extensor digitalis lateralis 53:
  Beckengliedmaße 40, 50
  Schultergliedmaße 22, 27, 28
Musculus extensor digitalis longus 40, 50, 57
Musculus flexor carpi radialis 29, *34*:
  Faszie 26
Musculus flexor carpi ulnaris 22, 30, 34
Musculus flexor digitalis lateralis 41
Musculus flexor digitalis medialis 41, 55, *55*
Musculus flexor digitalis profundus:
  Beckengliedmaße 53, 55, *56*
  Sehnenscheide 48:
    Tendosynovitis 475
  Schultergliedmaße 22, 28, 30
Musculus flexor digitalis superficialis:
  Beckengliedmaße 51, *52*, 55, *56*, 58, *69*
  Schultergliedmaße 30
Musculus gastrocnemius 58:
  Caput laterale 47, 53, *54–57*
  Caput mediale 55, *55–56*
  Ruptur 328, *329*
  Verschluß der Venen 329
Musculus glutaeus accessorius 62
Musculus glutaeus medius 61, *62*:
  Biopsie, Leistungsphysiologie 330
Musculus glutaeus profundus 62, *63*
Musculus glutaeus superficialis 61, *62*
Musculus gracilis 58, *59*, 64, 65, *66*:
  Verknöcherung 327
Musculus iliacus *63*, 65
Musculus iliocostalis, Fortbewegung 70
Musculus iliopsoas 65
Musculus infraspinatus *32*, 33:
  Atrophie 689. *Siehe auch* „Sweeny" 120, 326, 689
Musculus interosseus lateralis:
  Beckengliedmaße 43
  Schultergliedmaße 19
Musculus interosseus medialis:
  Beckengliedmaße 43
  Schultergliedmaße 19
Musculus interosseus medius *11*, 19, *20*, *25*:
  Abrißfraktur 622, *623*
  Bockhuf 98
  Dehnung/Zerrung der Sharpey-Fasern 622
  Desmotomie 461, 469:
    Gleichbeinfrakturen 576
    Griffelbeinfraktur 615, 622
    Sehnensplitting 467, 470
    Sehnenstelzfuß 451, *463*
  Halteapparat der Beckengliedmaße *69*:
    Palpation 623, *624*:
      Lahmheitsdiagnostik 111, 113, *116*
  Siehe auch Musculus interosseus medius 111, 623

Infiltrationsanästhesie am Ursprung 140, *141*
Lahmheit aus dem Bereich des Ursprungs des Musculus interosseus medius 622, *623–624*
Traumatische Ruptur 471
Unterstützungsast an die gemeinsame Strecksehne *11*, *12*, *25*
Zehenbeugesehnen, Ruptur 765
Musculus latissimus dorsi 33, *34*, 36
Musculus longissimus:
  Fortbewegung 70
  Myositis 332, 761
Musculus masseter, Muskeldystrophie 762
Musculus obturatorius externus 63, *66*
Musculus obturatorius internus 63
Musculus omohyoideus 33
Musculus omotransversarius 36
Musculus pectineus 64, *66*
Musculus pectoralis descendens 36
Musculus pectoralis profundus 29, 33, *34*, 36
Musculus pectoralis transversus *26*, *31*, 36
Musculus peroneus (fibularis) tertius 44, 47, *51*, *52*, 53, *69*:
  Endsehne *43*, *44*, *45*
  Ruptur, Palpation und Provokationsprobe *124–126*
  Verkürzung 721
Musculus popliteus *55*, *56*, 58
Musculus psoas major 65
  Myositis 761
Musculus psoas minor 65
  Myositis 761
Musculus quadratus femoris 63
Musculus quadriceps femoris 58, 65, *69*
Musculus rectus femoris *59*, *63*, 65
Musculus rhomboideus cervicis 35
Musculus rhomboideus thoracis 35
Musculus rhomboideus, Insertionsstellen *34*
Musculus sartorius 58, *59*, 64, 65, *66*
Musculus semimembranosus *59*, 65:
  Fibrosierende oder ossifizierende Myopathie 730, *731*
  Palpation 128
Musculus semispinalis capitis *29*
Musculus semitendinosus:
  Anatomie 58, *59*, *60*, *61–63*, 65
  Fersenbeinsehne *53*
  Fibrosierende oder ossifizierende Myopathie 327, 328, 730, *731*
  Muskeldystrophie 762
  Palpation 128
  Verschluß der Venen *329*
Musculus serratus dorsalis cranialis *29*
Musculus serratus ventralis cervicis *29*
Musculus serratus ventralis thoracis *29*
Musculus soleus 53, *54*
Musculus splenius *29*
Musculus subclavius *29*, *32*, 36
Musculus subscapularis 33
Musculus supraspinatus *32*, 33:
  Atrophie 689. *Siehe auch* „Sweeny" 120, 326, 689
Musculus tensor fasciae antebrachii *31*, *34*, 35
Musculus tensor fasciae latae *61*, *61–62*, *69*
Musculus teres major 33, *34*, 35
Musculus teres minor *32*, 33:
  Tenotomie bei Osteochondrose des Schultergelenkes 685, *686*
Musculus tibialis caudalis *55*, 55

Musculus tibialis cranialis *44*, *47*:
  Lateraler (dorsaler) Endschenkel, Sehne *41*
  Medialer Endschenkel *44–45*
Musculus transversospinalis, Fortbewegung 70
Musculus trapezius 35
Musculus triceps brachii *25*, *28*, *32*:
  Atrophie, Olekranonfraktur 326, *327*
Musculus vastus intermedius 65
Musculus vastus lateralis 65
Musculus vastus medialis *59*, 65
Muskeln:
  Anfärben der Muskelfasertypen 324, *324*
  Atrophie 326, *327*
  Biopsie 330:
    Fasertypen 325
    Degeneration 325
    Entzündung 328
  Erkrankungen 324:
    Belastungsbedingt 331
    Diagnostik 330
    Ernährungsbedingt 334
    Fasertypen 324, *324*
    Myotonia congenita 336
    nach Narkose oder Festliegen 334
    Reaktion auf Verletzungen 325
    Systemisch 331
  Fasern:
    Belastungsmyopathie 331:
      Typen 324, *324*
    Hernien 328
    Physikalische Schädigungen 328, *329*
    Regeneration 326
    Ruptur 328, *329*
    Störungen der Blutversorgung 328
    Verkalkung 327
    Verknöcherung 327
  Siehe auch bei den einzelnen Muskeln
Muskeldegeneration 325
  bei Fohlen, ernährungsbedingt 334
Muskeldystrophie 762
Muskelrelaxantien, Anwendung bei Belastungsmyopathie 333
„Muskelzittern". *Siehe* Streukrampf 725
Muskulatur. *Siehe* bei den einzelnen Muskeln
Muzin-Klümpchen in der Synovia 355
Myektomie, partiell, bei fibrosierender oder ossifizierender Myopathie 732, *732*
Myeloenzephalopathie, degenerative 778
Myeloenzephalitis:
  Denervationsatrophie 326
  Degenerative Myeloenzephalopathie 778
  Equines Herpesvirus 1 778
  Protozoen 778
Myelographie 174:
  Fehlentwicklung der Halswirbel 774, *775*
Mykoplasmen, infektiöse Arthritis 423
Myoglobinurie. *Siehe* Belastungsmyopathie 282, 332
Myopathien:
  Belastungsmyopathie 331:
    beim erwachsenen Pferd 282
  Diagnose 333
  Klinische Symptome 332
  Pathogenese 331
  Therapie 333
  „Capture myopathy" 331
  Ernährungsbedingt 334
  Fibrosierende und ossifizierende 327, 730:
    Ätiologie 730
    Diagnose 732

Häufige Lokalisationen 730, *731*
    Prognose 732
    Symptome 731, *731*
    Therapie 732, *732*
  Kongenitale restriktive Myopathie 730
  Narkose 334
Myositis 282:
  Bakteriell 328
  Definition 328
  Musculus longissimus 332
  Viral 328
  Siehe auch Belastungsmyopathie 282, 332; Myopathien
Myotonia congenita 336

N

Nachgeburtsverhaltung. *Siehe* Hufrehe, Geburtsrehe 487
Nachhandschwäche. *Siehe* Ataxie, „Sway response" 133
Nagel (Nägel):
  Anzahl, unsachgemäßer Beschlag 810
  Korrekter Sitz 801, *801*, 803, 810
  Größen 787, 788T
Nageldruck 103
Nageln, Technik 801, *801–802*
Nagelstich. *Siehe* Vernagelung, direkte 801
Nageltrittverletzungen:
  Huf 529
    Diagnose 530, *531–532*
    Hufbeinfraktur 524, *525*
    Prognose 532
    Symptome 529
    Therapie 530
  Therapie 770
  Siehe auch Stichwunden 768
Nahttechnik:
  Bühner-Band 547, *547*, 549, *549*
  Hornspalten 547, *547*, 549
  Kessler-Naht 765, *765*
  Wundbehandlung 769
„Nail puller". *Siehe* Spezialzange zum Herausziehen einzelner Nägel 805, *805*
Naphthalin, Behandlung bei Selenvergiftung 289, 543
Naproxen:
  Behandlung bei Synovialitiden und Kapsulitiden 366
  Therapeutische Anwendung 872
Narkose, Myopathie 334
Natriumglukonat bei Thrombose 751
Natriumhyaluronat. *Siehe* Hyaluronsäure
„Natürliches" Hufeisen 787, *787*
„Nature plate shoe". *Siehe* „natürliches" Hufeisen 787
Nebenniereninsuffizienz nach Kortikosteroidgabe 867
Nematodenbefall des Rückenmarks 779
Neoplasma, hypertrophische Osteopathie 316
Neostigmin®, Anwendung 289
Nerven. *Siehe* bei den einzelnen Nerven
Nervi metacarpei palmares, Anästhesie 139, *139–140*
Nervi palmares, Anästhesie für Punktfeuer 861
Nervus axillaris *27*, *32*, *34*, 36
  Rami brachiales *31*
Nervus cutaneus antebrachii caudalis *27*, *31*, *32*, *34*, *37*
Nervus cutaneus antebrachii cranialis *27*, *32*
Nervus cutaneus antebrachii lateralis *21*, *21*, *27*, *32*, *37*

Nervus cutaneus antebrachii medialis 15, 16, 19, 21, *21*, 23, *26*, 27, *34*, 36:
  Anästhesie 141, *143*
  Punktfeuer 860
Nervus cutaneus femoris caudalis 57, 60, *61*, *63*, 64, 65
Nervus cutaneus femoris lateralis 56, 58, 64
Nervus cutaneus surae caudalis 40, 42, 46, 53, *54*, *55*, 57, 58
Nervus cutaneus surae lateralis 57, *61*
Nervus digitalis palmaris lateralis 15, *17*
Nervus digitalis palmaris medialis 15, *16*
Nervus digitalis palmaris:
  Anästhesie 135, *137*, 138*T*:
    an der Basis der Gleichbeine *137*, 138, 138*T*
    Hufrehe 492
    Podotrochlose-Syndrom 501, 503
  Kryotherapie 863
  Neurektomie 509, *510*, 512–513:
    Degenerationsbedingte Sehnenruptur 471
    Hufbeinfrakturen 514
    Komplikationen 509, *510*
    Strahlbeinfrakturen 515
    Technik 511
    Umhüllung des Nervenstumpfes mit epineuralem Gewebe 511, *512–513*
  Regeneration 510, 512, *513*
Nervus digitalis plantaris 40:
  Anästhesie *137*, 142
Nervus digitalis plantaris medialis *41*
Nervus femoralis 65:
  Lähmung 746
Nervus fibularis communis. Siehe Nervus peroneus (fibularis) communis 47, 53, *54*, *55*, *57*, 58, 64
Nervus genitofemoralis 64
Nervus glutaeus caudalis *63*, 64
Nervus glutaeus cranialis *63*, 64
Nervus iliohypogastricus 57, 60, 64
Nervus ilioinguinalis 57, 60, 64
Nervus intercostobrachialis 31
Nervus ischiadicus *63*, 64
Nervus medianus 20, *26*, 30, 31, *34*, 36:
  Anästhesie 141, *143*
  Punktfeuer 860
Nervus metacarpeus palmaris lateralis 15, *17*, 19, *20*:
  Anästhesie in Höhe des Ursprungs des Musculus interosseus medius 140, *141*
Nervus metacarpeus palmaris medialis 15, *16*, 19
Nervus metatarseus dorsalis II. Siehe Nervus metatarseus dorsalis medialis 40, 42
Nervus metatarseus dorsalis lateralis 40, *40*, 42, *44*:
  Anästhesie *137*, 142
Nervus metatarseus dorsalis III. Siehe Nervus metatarseus dorsalis lateralis 40, 42
Nervus metatarseus dorsalis medialis 40, *41*, 42, *44*:
  Anästhesie *137*, 142
Nervus metatarseus plantaris medialis 40
Nervus metatarseus plantaris lateralis 40, 43
Nervus metatarseus plantaris medialis 40, 43
Nervus musculocutaneus 33, *34*, 36
Nervus obturatorius 64, *66*
Nervus palmaris lateralis 15, *17*, 19, *20*, 22, 23, 30:
  Anästhesie auf Höhe des Vorderfußwurzel-Mittelgelenkes 141, *141*
Nervus palmaris medialis 15, *16*, 19, *20*, 22, 24

Nervus peroneus (fibularis) communis 47, 53, *54*, *55*, *57*, 58, 64
Nervus peroneus (fibularis) profundus 42, 44, 47, *54*, 57:
  Anästhesie 144, *144*
  Neurektomie, bei Spat 700
Nervus peroneus (fibularis) superficialis 40, 42, 43, 46, 47, 53, *54*, 57:
  Anästhesie 144, *144*
Nervus plantaris lateralis 40, 42, 45, 48, 55
Nervus plantaris medialis *41*, 42, 45, 48, 55
Nervus plantaris, Anästhesie 142
Nervus radialis 30, *34*, 37:
  Humerusfraktur 675
  Nervi cutanei brachii 31
  Radialislähmung 678, *678*:
    Generalisierte Myopathie 334
    Muskelatrophie 326
Nervus rectalis caudalis 65
Nervus saphenus *41*, 42, 48, 53, 58, 64, *66*
Nervus subscapularis 34
Nervus suprascapularis 33, *34*, 36:
  Lähmung 678, 689. Siehe auch „Sweeny" 120, 326, 689
Nervus thoracicus lateralis *34*, 36
Nervus thoracodorsalis *34*, 36
Nervus tibialis 45, 48, 53, *55*, 58, 64:
  Anästhesie 142, 144, *144*
  (Doppel-)Neurektomie bei Spat 700. Siehe auch Nervus peroneus (fibularis) profundus 42
Nervus ulnaris 20, 30, 31, *34*, 37:
  Anästhesie 141, *143*:
  Punktfeuer 860
  Ramus dorsalis 15, *17*, 19, *20*, 21, 22
Netzimplantat, bei Dislokation der oberflächlichen Beugesehne vom Sprunggelenkhöcker 719, 720
Neurektomie:
  Nervi digitales palmares, Umhüllung des Nervenstumpfes mit Epineurium 511, *512, 513*
  Siehe auch bei den einzelnen Nerven oder Erkrankungen
Neurogene Muskelatrophie 326
Neurombildung:
  Neurektomie, Umhüllung des Nervenstumpfes mit epineuralem Gewebe 511, *512*
  Neurektomie der Nervi digitales palmares 509, *513*
Nichtmarginale Osteochondrose. Siehe subchondrale Knochenzysten (Osteochondrose) 396
Nichtsteroidale Antiphlogistika 870. Siehe auch entzündungshemmende Mittel mit Ausnahme der Steroide
Nierenerkrankungen:
  Hufrehe 489
  Hyperkalzämie 284
Nieten. Siehe Umnieten der Hufnägel 802
Nietklinge 804, *805*
Nietvorrichtung *802*
Nikotinamid-Adenin-Dinukleotid-(NADH)diaphorase, Muskelfärbung 324
Nomenklatur, anatomische 1, *2*
NSAIDS (Nonsteroidal antiinflammatory drugs). Siehe entzündungshemmende Mittel mit Ausnahme der Steroide; nichtsteroidale Antiphlogistika 870
Nuklearmedizin, Szintigraphie 176, *177*

O

O-Beinigkeit 82, *84*:
  Definition 624, *625*
  Karpalgelenk 82, *84*, 624, *625*
  Störungen im Längenwachstum der Knochen 321, *322*
  Siehe auch Stellung der Gliedmaße
Oberarmbereich, Anatomie 31, *32*, *34*
Oberes Hinterfußwurzel-Mittelgelenk (Articulatio talocalcaneocentralis et calcaneoquartalis), intraartikuläre diagnostische Anästhesie 148, *151*
  Luxation 371, *373*
  Siehe auch proximales Hinterfußwurzel-Mittelgelenk 51
Oberflächliche Beugesehne:
  Anatomie:
    Beckengliedmaße 40, *41*, 43, 48, *50*, 55
    Schultergliedmaße 10, *10–11*, 19, 22, 24, 30
  Bockhuf 98
  Dislokation vom Sprunggelenkhöcker 718:
    Ätiologie 718
    Prognose 720
    Symptome und Diagnose 719, *719*
    Therapie 719, *719–720*
  Kontraktur der Beugesehnen 461
  Kontrakturen, klinische Befunde 456, *457–458*
  Luxation 478
  Palpation, in der Lahmheitsdiagnostik 109, 111, 113, *116*, 122
  Rückbiegigkeit der Schultergliedmaßen 641, *642*
  Ruptur 470, 764
  Sehnenschäden 472, *473–475*
  Striktur der Ligamenta anularia 468, *469*, 594, *594*
  Tendinitis:
    Diagnose 466, *467*
    Pathogenese 464
Oberschenkel *62*:
  Anatomie 60
  Gefäßversorgung 65
  Kaudale Ansicht 65
  Kraniale Ansicht 65
  Laterale Ansicht 60, *61*, *62*, *63*
  Mediale Ansicht 64
Östrogene:
  Hufrehe 487
  Hypertrophische Osteopathie 316
Östrus, Hufrehe 487
Olekranonfrakturen. Siehe Ulna, Frakturen 670
Omarthritis 687
Oonopsis, Selenvergiftung 288
„Open knees". Siehe unregelmäßiges Profil des Karpus 83, *84*
Orgotein, Anwendung bei:
  Kreuzgalle 359
  Podotrochlose-Syndrom 508
  Synovialitiden und Kapsulitiden 367
  Siehe auch Palosein® 508; Peroxiddismutase 346, 367
Orthopädische Implantate, AO-ASIF System 302, *303*:
  Osteomyelitis 307, 308
  Osteoporose 310
  Überbrückung von Epiphysenfugen 323
  Siehe auch interne Fixation; Platten, Osteosynthese
Orthoplast als Schiene 845

Os carpale. *Siehe auch* Karpalknochen 3, 117, 322
Os carpale II 23
Os carpale III 23, *24*:
   Slab-Frakturen in Karpalbeugehaltung 117, *118*
Os carpi accessorium 21, *24*:
   Frakturen 661, *661*:
     Ätiologie 661
     Diagnose 115, *117*, 662, *662*
     Karpaltunnelsyndrom 659
     Prognose 663
     Symptome 661, *661*
     Therapie 662, *663*
   Palpation, Lahmheitsdiagnostik 118, *120*
Os carpi intermedium *24*
Os carpi radiale 23, *24*
Os femoris. *Siehe* Femur 744
Os metacarpale II 18:
   Erkrankungen. *Siehe* Überbeine 612
   Palpation und Provokationsproben, Lahmheitsdiagnostik 113, *115*
   Siehe auch Griffelbeine 18
Os metacarpale III 3, 18, *24*:
   Frakturen *140*, 606:
     Ätiologie 606
     Arten 606, *607*
     Prognose 610
     Symptome und Diagnose 606
     Therapie 607, 609
   Kondylusfrakturen 601:
     Ätiologie 601
     Arten 601, *602*
     Diagnose 603, *603*
     Prognose 605
     Symptome 602
     Therapie 603, *604*–*605*
     Vorkommen 601
   Läsionen, palmar 397:
     Klinische Symptome 407, *409*
   Osteochondrosis dissecans:
     Klinische Symptome 405, 407, *409*
     Pathologische Veränderungen 400, *401*
     Therapie 417, *417*
   Palpation und Provokationsproben, Lahmheitsdiagnostik 112, *115*
   Periostitis und Frakturen. *Siehe* Metakarpus, Periostitis und Frakturen, dorsal 596
   Stellung der Schultergliedmaßen 77
Os metacarpale IV 3, 18, *24*:
   Siehe auch Griffelbeine 18
Os metatarsale II. *Siehe* Griffelbeine 18; Os metatarsale IV 39, 42, *50*
Os metatarsale III 39, 42, *49*:
   Frakturen. *Siehe* Os metacarpale III 18
   Kondylusfrakturen. *Siehe* Os metacarpale III 18
Os metatarsale IV 39, 42, *50*. *Siehe auch* Griffelbeine 18
Os pedis. *Siehe* Hufbein 3, 39
Os pubis 39
Ossa carpi. *Siehe* Karpalknochen 3, 117, 322
Ossa metacarpalia. *Siehe*
   Metakarpalknochen 18, 85, 91; Metakarpus 18
„Osselets". *Siehe* Fesselgelenk, traumatische Arthritis 138, 504
Os tarsale III 39, *49*:
   Frakturen, Spat 697, *698*
   Slab-Frakturen 710, *711*
Os tarsale IV 39

Os tarsi centrale 39, *49*:
   Slab-Frakturen 710
Ossa tarsalia. *Siehe* Tarsalknochen 43
Ossifikation:
   Enchondrale. *Siehe* Enchondrale Ossifikation 276, 320, 396, 627
   Karpalknochen, unvollständig oder fehlerhafte Ossifikation 419
   Knochen 344, 345
   Muskulatur 327
   Proteinmangel während der Trächtigkeit 272
   Sehnen 478, *479*, 681
   Tarsalknochen 419
Ossifizierende und fibrosierende Myopathie 327, 328
Osteoarthritis. *Siehe* degenerative Gelenkerkrankungen 384
Osteoarthrose. *Siehe* degenerative Gelenkerkrankungen 384
Osteoblasten, in der Epiphysenfuge 294
Osteochondrosis dissecans:
   Klinische Symptome 405, 407, *409*
   Kniegelenk 126
   Pathologische Veränderungen 400, *401*
   Röntgenologische Untersuchung 405, *408*–*409*
   Sprunggelenkbeugeprobe 124
   Therapie 417, *417*
Osteochondromatosis der Synovialmembran 422
Osteochondrome:
   am distalen Ende des Radius. *Siehe* Radius 663
   Einzelne Osteochondrome, multiple kartilaginäre Exostosen 313
Osteochondrose 396:
   Arthroskopie 352
   Brodie-Abszeß 306
   Degenerative Gelenkerkrankungen 391
   Epiphysitis 319
   Frühe Fallbeschreibungen 397
   Idiopathische Synovialitis 767
   Instabilität der Halswirbelsäule 772, 773
   Kniegelenk, Gonitis 735
   Kreuzgalle 358, 706, 707
   Lokalisationen 399, 399*T*, 402*T*, *400*–*403*
   Metaphysäre 320
   Pathogenese 397, *398*
   Pathologische Manifestationen 399, *400*–*403*
   Röntgenologische Veränderungen *185*, 185
   Schulter 683
   Symptome und Diagnose 402, *403*–*413*
   Synovia, Leukozytenzählung 356
   Tarsokruralgelenk 709
   Therapie:
     Chirurgisch 411, *413*–*418*
     Konservativ 411
   Tuberositas tibiae 729, *729*
Osteodystrophia fibrosa 314, *315*–*316*:
   Ätiologie 314
   Ernährungsbedingt 284
   Subklinische Form 315
   Symptome 314, *315*–*316*
Osteodystrophie 310:
   Definition 310
   Kupfer 279
   Zink 279
Osteomalazie, Fluorose 311
Osteomyelitis 305, *307*–*308*:
   Definition 304

der Neugeborenen. *Siehe* Osteomyelitis, hämatogen 305, 306
   Epiphysenfuge 296
   Griffelbeinfrakturen 616, 618, 620
   Hämatogen 305:
     Klinische Symptome 306
     Therapie 306
     Veränderungen im Röntgenbild 306–307
   Infektiöse Arthritis beim Fohlen 424
   Nach offenen Frakturen oder Verletzungen 306, *307*
   Nach Osteosynthese 307, *308*
   Veränderungen im Röntgenbild 181, *184*
   Wirbel, Eiterungen im Epiduralraum 779
Osteonekrose, Vitamin-D-Toxizität 286
Osteoperiostitis 304:
   Kryotherapie 863
Osteopetrosis 311:
   Vitamin-D-Toxizität 286
Osteophyten:
   Degenerative Gelenkerkrankungen:
     Diagnose 391
     Entfernung 395
   Interpretation der Röntgenbefunde 184, *184*
Osteoporose 308, *309*–*310*:
   Definition 308
   Fluorose 311
   Generalisiert 308, *309*
   Inaktivität 309, *310*
   Inaktivitätsosteoporose durch Implantate 310
   Interpretation der Röntgenbefunde 180, *183*
   Lokalisierte 309, *310*:
     durch Implantate 310
     Inaktivität 310
Osteosynthese. *Siehe* interne Fixation
Osteotomie:
   bei Frakturen des Femurkopfes 745
   Keilförmige, bei Gliedmaßenfehlstellungen in der Diaphyse des Os metacarpale III 611
Ostitis, infektiöse 304
Oszillierende Säge zum Abnehmen von Gips-, Fiberglas- bzw. Kunststoffverbänden 857
Ovales, geschlossenes Hufeisen:
   Beschreibung 789, *789*
   Spat 828
   Verwendung 788, 816
Oxalate, Fütterung:
   Osteodystrophia fibrosa 314
   Sekundärer Hyperparathyreoidismus 285
Oxyphenbutazon 872
Oxytetrazykline, Behandlung bei angeborenem Sehnenstelzfuß 453

P

Packungen:
   Heißwasserpackungen 841
   Porzellanerde 866
   Therapeutische Anwendung 866
Palmar, Definition 1, *2*
Palmares venöses Sohlennetz 15
Palmarnerven. *Siehe* Nervi palmares 861
Palosein® bei Podotrochlose 508
Palpation und Provokationsproben. *Siehe* Untersuchung
Pantothensäure, Behandlung bei Belastungsmyopathie 283
Paralyse des Nervus femoralis. *Siehe* Nervus femoralis 65, 746

Paralyse:
    Ischämisch 329
    Muskelatrophie 326, *327*
Paralytische Myoglobinurie. *Siehe*
    Belastungsmyopathie 282, 332;
    Myopathien
Paratendineum, Beschreibung 448, *448*
Parathormon, Osteodystrophia fibrosa 314
Parese, ataktische. *Siehe* spinale
    Ataxie 133, 772
PAS-Reaktion, Glykogen des Muskels 324
Paß, Beschreibung 838, *839*
Patella 39, 58:
    Bänderschwäche 373
    Chondromalazie 741
    Degenerative Gelenkerkrankungen 391:
        Gonitis 733
    Distale Patellaluxation 741
    Ektopie, nach lateral und medial 741
    Fixation 738, 739
    Fraktur 743, *743*:
        Gonitis 733, *735*
        Therapie 381
    Luxation 371, *374*, 741
    Osteochondrosis dissecans 402, *406*
    Palpation und Provokationsproben,
        Lahmheitsdiagnostik 126, *127*
    Proximale Patellafixation 737:
        Ätiologie 738
        Diagnose 738
        Gonitis 733
        Luxation 371, 373
        Orthopädischer Beschlag 816
        Prognose 741
        Symptome 738, 739
        Therapie 739, *740*
    Subluxation 741
Penetrierende Verletzungen. *Siehe*
    Nagelttrittverletzungen 529, 770
„Pennington locking loop". *Siehe* Kessler-
    Naht 765
Perforierende Verletzungen. *Siehe*
    Nagelttrittverletzungen 529, 770
Periartikuläre subchondrale Knochenzysten.
    Siehe Knochenzysten 505;
    subchondrale Knochenzysten 396
Periost 7:
    Exostosen am Processus extensorius des
        Hufbeines 528
    Griffelbeine 612, *613*
    Hemicircumferentiale Durchtrennung.
        Siehe Periostotomie 639, 640
    Knochen, Längenwachstum in den
        Epiphysenfugen 296
    Reaktionen bei Erkrankungen,
        Interpretation von
        Röntgenbefunden 179, *180*, 184, *185*
    Zurückklappen und Vernähen bei der
        chirurgischen Entfernung der Griffel-
        beine 620, 621, *621*
Periostitis:
    Griffelbeine *613*
    Siehe auch Schale 551
Periostotomie *639*, 640:
    Korrektur von
        Gliedmaßenfehlstellungen 296, 324,
        591
Perioststripping 324, 633, *639*
Periphere Ablösungen. *Siehe*
    Osteochondrosis dissecans 400
Peritendineum:
    Anatomie 762, *763*
    Beschreibung 448

Peroxid-Radikal:
    Degenerative Gelenkerkrankungen 390
    Synovialitis 346
Phagozytose, Synoviozyten 341
Phalanx (Phalanges):
    Frakturen:
        Arthroskopie, Technik in der
            chirurgischen Versorgung 384, *384*
        Chirurgische Behandlung 380, *382*
        Fixation durch interfragmentäre
            Kompression 301, *301*
        Röntgenologische Darstellung, dorso-
            medial-palmarolateral
            obliquus 198–199
        Siehe auch Fesselbein; Hufbein; Kronbein
Phalanx distalis. *Siehe* Hufbein 3, 39
Phalanx media. *Siehe* Kronbein 3, 39
Phenoxybenzamin, Hufrehe 493
Phenylbutazon 494:
    Belastungsmyopathie 332
    Fehlentwicklung der Halswirbel 776
    Frakturen der Halswirbel 781
    Generalisierte Myopathie nach
        Anästhesie 335
    Hufrehe:
        Akut 494
        Chronisch 495, 498
        Frühstadium 493
    Hypothyreoidismus 487
    Synovialitiden und Kapsulitiden 366
    Tendinitis und Bursitis des medialen
        Schenkels des Musculus tibialis
        cranialis 704
    Therapeutische Anwendung 871
    Überbeine 614
Phosphat, Fluorose 289
Phosphor, Fütterung:
    Absorption 278
    Enchondrale Ossifikation 278
    Kreuzgalle 706
    Osteodystrophia fibrosa 314
    Sekundärer Hyperparathyreoidismus 285
    Überbeine 614
Physikalische Therapie 840:
    Bewegung 842
    Induktionsstrom 842
    Kälte 840
    Massage 842
    Wärme 840
Physis. *Siehe* Epiphysenfugen 294
Piephacke 483:
    Palpation 122
Pilzförmig erweiterte Gefäßlöcher,
    Podotrochlose-Syndrom 505, *506*
Plantar, Definition 1, *2*
Plastik, Reparatur von Hornspalten 546,
    550
Plastikbeschlag 786
Platten, Osteosynthese:
    Femurfrakturen 744
    Humerusfrakturen 675, *677*
    Kalkaneusfrakturen 713, *714*
    Metakarpusfrakturen 606, *609*
    Radiusfrakturen 667, *667–669*
    Skapulafrakturen 691
    Tibiafrakturen 726, 728
    Ulnafrakturen 670, *673–674*
Plattenepithelkarzinom, Strahlen-
    therapie 864
Pleasure-Dressurprüfung und Beschlag 800
Pododermatitis purulenta.
    Siehe Hufabszeß 534
Podotrochlosis. *Siehe* Podotrochlose-
    Syndrom 499

Podotrochlitis. *Siehe* Podotrochlose-
    Syndrom 499
Podotrochlose-Syndrom 499:
    Ätiologie und Pathogenese 499:
        Pathogenese 500
        Pathologie 500, *500*
    Diagnose 502, *502*, *504*
    Differentialdiagnose 507
    Einseitiger Trachtenzwanghuf 808
    Erosionen am Strahlbein 500
    Erweiterung der Gefäßlöcher 505
    Hufkorrektur und möglicher Korrektur-
        beschlag 816, 827, *827*
    Prognose 512
    Provokationsproben 108
    Röntgenologische Darstellung 504,
        506–507
    Symptome 501, *502–503*
    Therapie:
        Chirurgisch 509, *510*, *512*
        Gründe für Mißerfolge bei der
            Neurektomie 136, 138
        Konservativ, medikamentell 508
        Kryoneurektomie der Nervi digitales
            palmares 509
        Neurektomie der Nervi digitales
            palmares 509, *510*, *512–513*
Polamivet®, Verbandwechsel 853
Poloeisen 786, *787*
Polymyositis 334
Polyvidon-Jod-Lösung 520, 848
Polyvinylchlorid-(PVC) Rohr, Ruhig-
    stellung 845, *846–847*
Ponyhufeisen 786, 786T
Porelast, elastisches Klebeband 844
Postanästhetische Myopathie 334
Postnatale Entwicklung und Wachstum von
    Skelett und Muskulatur. *Siehe* Skelett
    und Muskulatur 293
Prednisolon, intraartikuläre Injektion,
    Dosierung 869
Primäre Spongiosa in der Epiphysen-
    fuge 294, *295*
Processus extensorius des Hufbeines:
    „Buttress foot" *528*
    Exostosen 528, *528*
    Fraktur, Diagnose 108, *110*:
        Prognose 528
        Therapie 527, *528*
Processus styloideus lateralis 3:
    Fixation durch Schrauben, bei
        Gliedmaßenfehlstellungen 640
Progesteron, Anwendung bei akuter
    Hufrehe 495
Proliferative Heilungsphase bei
    Sehnenschäden 763
Prostaglandin:
    Degenerative Gelenkerkrankungen 390
    Synovialitis 346
    Wirkung entzündungshemmender Mittel
        mit Ausnahme der Kortiko-
        steroide 366
Prostaglandin $F_{2\alpha}$, Behandlung bei akuter
    Hufrehe 495
Protein:
    Fütterung:
        Trächtigkeit und Laktation 272:
            Enchondrale Ossifikation 278
    Synovia, Analyse 354
Proteoglykane 342, 347, 365, 368, 389, 424:
    Degenerative Gelenkerkrankungen 389
    Gelenkknorpel 342, *342*:
        Reparation 347
    Infektiöse Arthritis 424

Synthese, Kortikosteroidbehandlung 867
Prothrombinzeit, Dikumarol-Therapie bei Podotrochlose-Syndrom 509
Protozoen-bedingte Myeloenzephalitis des Pferdes 778
Proximale Strahlbeinarterien 13, 14
Proximales Hinterfußwurzel-Mittelgelenk (Articulatio talocalcaneocentralis et calcaneoquartalis) 51:
    Intraartikuläre Anästhesie 148, 151
    Siehe auch oberes Hinterfußwurzel-Mittelgelenk 148
Proximales Querband 40, 41, 44, 50
Pseudomonas sp., infektiöse Arthritis 423
Pulmonale hypertrophische Osteoarthropathie 316. Siehe auch hypertrophische Osteopathie 316
Pulsfrequenz nach Bewegung 284
Pulsierendes elektromagnetisches Feld für die Behandlung von Frakturen dorsal am Metakarpus 600:
    Therapeutische Anwendung 865
Pulsqualität, Arteria femoralis, Palpation 128
Punktbrennen. Siehe Brennen, Punktfeuer 860, 861, 861
"Pyramidal disease". Siehe Exostosen am Processus extensorius des Hufbeines 97, 528, 551

Q

Quaddel:
    Definition 768:
    Therapie 771
Qualität von Röntgenfilmen, Auswertung von Röntgenaufnahmen 176
Quetschung. Siehe gedeckte Verletzung 768, 771
Quetschungen der Sohlenlederhaut 538

R

Rachitis:
    Epiphysitis 318
    Gliedmaßenfehlstellungen 323
    Osteodystrophie 311
Rack 835
"Radial check ligament". Siehe Ligamentum accessorium des Musculus flexor digitalis superficialis 24, 30
Radiärzone des Gelenkknorpels 342, 342
Radialislähmung 678
Radiologische Untersuchungen 157:
    Aufnahmerichtungen, Bezeichnungen 186, 186
    Betriebsdaten 169, 170, 170T
    Darstellung normaler anatomischer Verhältnisse 186, 186–269. Siehe auch bei den einzelnen Gelenken; Knochen
    Intraartikulär, Frakturdiagnose 377
    Nomenklatur 186, 186
    Prinzipien der Interpretation röntgenologischer Darstellungen, 176:
        Echte Gelenke 182, 184–185
        Grundlagen 176
        Knochen 178, 180–184
        Weichteilgewebe 177, 178–179
    Röntgengeräte 157:
        Dunkelkammer 166
        Röntgengeräte 157, 157–160
        Röntgenzubehör 159
    Spezielle Untersuchungen 170:
        Arthrographie 171, 172–173
        Kontrastmittelinjektionen über einen Drainage- oder Fistelkanal 170, 170–171
        Myelographie 174
        Sehnendarstellung, röntgenologisch 172
        Strahlenschutz 168, 168
        Wasserbadtechnik 505, 506
    Weitere bildgebende Verfahren 174:
        Szintigraphie 176, 177
        Thermographie 175, 175
        Sonographie 175, 176
        Xeroradiographie 174, 174
Radius 3, 21, 22, 26:
    Frakturen 667
        Ätiologie 667
        Diagnose 667, 668
        Schienung zum Transport 667
        Symptome 667
        Therapie 667, 668–669
        Vorkommen 667, 667
    Gliedmaßenstellung 77
    Osteochondrome, Entstehung 663:
        Ätiologie 663
        Diagnose 664, 664
        Karpaltunnelsyndrom 117, 659
        Lahmheitsdiagnostik 115, 117
        Prognose 665
        Symptome 663, 664
        Therapie 664, 665
    Palpation, in der Lahmheitsdiagnostik 118
Radon, therapeutische Verwendung 863
Radon-Gas, therapeutische Verwendung 863
Rami dorsales der Sakralnerven 60
Ramus dorsalis des Nervus digitalis palmaris medialis 15, 16
Ramus dorsalis des Nervus ulnaris 15, 17
Ramus dorsalis des Nervus digitalis palmaris lateralis 15, 17
Ramus dorsalis phalangis proximalis der Arteria digitalis lateralis 13, 14
Ramus intermedius des Nervus digitalis palmaris 15
Ramus palmaris der Arteria mediana 22
Ramus palmaris der Vena mediana 22
Ramus palmaris phalangis distalis der Arteria digitalis lateralis 13, 14
Ramus palmaris phalangis intermediae der Arteria digitalis lateralis 13, 14
Ramus palmaris phalangis proximalis der Arteria digitalis lateralis 13, 14
Ramus tori digitalis 13, 14
Ranviersche Zone 294
Reducine:
    Therapeutische Anwendung 858
    Therapie bei degenerativen Gelenkerkrankungen 395
Redundanz der Synovialmembran 341, 341
Regelmäßigkeit des Körperbaues 72, 73
Regenerierung von Entwicklerlösungen 167
Reheringe. Siehe Ringbildung in der Hufwand 95, 96, 98, 107
Reifungsphase bei der Heilung von Sehnenschäden 763
Reining und Muskelverkalkung 327
Reiztherapie 856:
    Blister 858
    Brennen, therapeutisch 859
    Degenerative Gelenkerkrankungen 395
    Hyperämisierende Medikamente 856
    Injektion reizender Stoffe 862
    Kauterisation 859
    Scharfe Einreibungen 858
    Tinkturen. Siehe Tinkturen für die Gliedmaßen 395, 858
Überbeine 615
Rektale Untersuchung, in der Lahmheitsdiagnostik 132, 133–134
Relative Viskosität 354
Renngalopp 837
Rennpferdebeschlag, Beispiele 791, 791–794
Reparation von Hornspalten 546
Resorption, Knochenabbau 294
Rete carpi dorsale 21, 24
Retinacula, Definition 448
Retinaculum extensorum 21, 21, 22
Retinaculum extensorum distale. Siehe distales Querband 40, 41, 42, 50
Retinaculum flexorum 22, 23:
    Beckengliedmaßen 48
    Karpaltunnelsyndrom 468
    Resektion, Osteochondrome 660, 660
Rhabdomyolyse nach Belastung, Belastungsmyopathie 282, 332
Rheumatoide Arthritis 435
Richtungsbezeichnungen 1, 2
Ringbildung in der Hufwand, Lahmheitsdiagnostik 95, 96, 98, 107
Ringblock 145. Siehe auch zirkuläre Umspritzungen 135, 139, 145
Ringe in der Hornwand. Siehe Ringbildung in der Hufwand 95, 96, 98, 107
Riß des kranialen Kreuzbandes 126
Robaxin® bei Myositis 333
Robert Jones-Verband 844, 844–845
Röhrchenhorn:
    Form und Ausrichtung, unsachgemäße Ausführung des Beschlages 810, 811
    Sohle 7, 7
    Stratum medium 6
    Verlaufsrichtung 2, 6
Röntgenaufnahmen:
    Hilfsmittel für die Betrachtung 165, 166
    Prinzipien der Interpretation 176
Röntgenausrüstung 157
Röntgenbestrahlung, therapeutische Anwendung 864
Röntgengeräte 157, 157–160:
    Belichtungszeit 158
    Betriebsdaten 169
    Dunkelkammereinrichtung 166, 167–168
    Fokus-Film-Abstand 158, 158–159
    Ideale Voraussetzungen 158
    Röntgenzubehör 159:
        Bleilamellen 163, 164
        Film 160
        Kassettenhalter 164, 165–166
        Kassetten 161
        Kennzeichnung von Röntgenaufnahmen 164, 165
        Kennzeichnungssysteme 164, 165
        Lagerungshilfsmittel 164
        Raster 163
        Röntgenbetrachtungsgeräte 165, 166
        Verstärkerfolien 161, 162–163, 163T
    Schalttisch 157, 157
Röntgenkontrastmittel 170, 171T:
    Injektion:
        in Gelenke; Arthrographie 171
        über einen Drainage- oder Fistelkanal 170, 171–172
Röntgenologische Untersuchungen:
    Degenerative Gelenkerkrankungen, charakteristische Merkmale 392, 392–393
    Fehlentwicklung der Halswirbel 773, 774–775

Gelenke 182
Gelenkerkrankungen 348
Gleichbeine 576
Gliedmaßenfehlstellungen im Karpalgelenk 630, *631*
Gonitis 735
Hufknorpelnekrose, -fistel 533, *534*
Knochen 178
Kondylusfrakturen des Os metacarpale III 603, *603*
Lahmheitsdiagnostik 151
Metakarpus, Periostitis und Frakturen, dorsal 596
Myelographie 174
Nagelstrittverletzungen 529, *531–532*
Schale 551, *551–555*
Sehnen 172
Spat 697, *697–698*
Strahlbein 504, *506–507*
Weichteilgewebe 177
Röntgenzubehör. Siehe Röntgengeräte 157, *157–160*
„Roller motion shoe". Siehe Hufeisen mit durchgehendem, erhöhtem Innenrand an der gesamten Bodenfläche 788
Rompun®:
  Podotrochlose 508
  Sedierung 853
Rosse, Hufrehe 487
Rotation des Hufbeins. Siehe Hufbein; Hufrehe
Rote Muskelfasern 324
Roter Blister (Rotes Quecksilberjodid):
  Therapeutische Anwendung 858
  Therapie bei degenerativen Gelenkerkrankungen 395
Rotes Quecksilberjodid. Siehe roter Blister 395, 858
Rückbiegigkeit 82, *82*:
  Karpalgelenk 82, *82*, 91, 641:
    Ätiologie 641
    Beurteilung 91
    Prognose 643
    Symptome 641, *642*
    Therapie 642
  Schultergliedmaße 82
Rücken, Untersuchung, Palpation und Provokationsproben 130, *130–133*
Rückenbeschwerden, Myositis des Musculus longissimus dorsi 332
Rückenmark:
  Erkrankungen. Siehe spinale Ataxie 133, 772
  Kompression, Vitamin A, Imbalanzen in der Versorgung 287
Rückständigkeit:
  Beckengliedmaße 90, *90*
  Schultergliedmaße 85, *86*
Rückwärtsrichten 839
Ruhigstellung mittels Anbinden an ein Laufseil 843, *843*
Ruhigstellung:
  Gliedmaßenabschnitte 844:
    Gips-, Fiberglas- bzw. Kunststoffverbände 847, *848–858*
    Schienen 845, *846–847*
    Watteverbände 844, *844–845*
  Muskelatrophie 326
  Pferd, gesamter Körper 843, *843–844*
  Synovialitiden und Kapsulitiden 363
Running Walk 834
Rupturen. Siehe bei den einzelnen Muskeln; Sehnen

S

Saddlebred-Pferd, gebräuchliche Beschlagsausführungen 807, *807*
Säbelbeinigkeit (Beckengliedmaße) 89, *89*, 91:
  Hasenhacke 715
  Spat 695
Salben in der Wundbehandlung 770
Salmonellen:
  Infektiöse Arthritis 423
    Fohlen 424, 426, *429*
  Osteomyelitis 306
  Wirbel 779
Salter-Harris, Einteilung der Epiphysenverletzungen 297, *298*
Salvana Fohlenmilch 273
Salzarme Fütterung bei chronischer Hufrehe 495
Salzmischung 281
Sandeinstreu bei akuter Hufrehe 494
Sarkoid, Strahlentherapie 864
Sarkoplasma:
  Degeneration 325
  Regeneration 326
Saum 2
Saumband 7
Saumbereich:
  Beschreibung 7
  Hufabszeß 534
  Lahmheitsdiagnostik 108
  Lose Wand/getrennte Wand im Trachtenbereich 543, *546*
  Verletzungen:
    Hufkorrektur und orthopädischer Beschlag 831, *832*
    Wundbehandlung 769
Saumlederhaut 5:
  Beschreibung 5, *5–6*
  Hornproduktion 4, *5–7*
Saumpolster 8
„Scalping". Siehe Anschlagen mit dem Vorderhuf an den gleichseitigen Hinterfuß 105
Schale 551:
  Ätiologie 553, *553*
  Artikulär 552, *552–553*
  Beschlag 827
  Degenerative Gelenkerkrankungen 386
  Desmitis der distalen Gleichbeine 566
  Diagnose 555, *555*:
    Palpation und Provokationsproben 109, *110*
  Hufgelenk 552, *552*:
    Exostosen am Processus extensorius des Hufbeines 528, *528–529*
  Krongelenk 551, *551–552*
  Pathogenese 390
  Periartikulär 552, *553*
  Prognose 557
  Rachitische Schale 568
  Symptome 554, *555*
  Therapie 556, *556*
Scharfe Einreibungen 858:
  Degenerative Gelenkerkrankungen 395
  Siehe auch Blister 373, 395, 700, 858;
    Roter Blister 395, 858
Schenkel des Hufeisens, Definition 787, *787*
Schiefer Huf, Hufkorrektur und orthopädischer Beschlag 818, *819*
Schienen 845, *855, 856–858*:
  Angeborene Beugeanomalien 452, *454–455*

für Fehlstellungen im Karpalgelenk 632, *632*
Ruhigstellung 844, *844–847*
Thomas-Schiene für Radiusfrakturen 667
Transport von Fohlen mit Radiusfraktur 667
Schienung und Verband:
  Gleichbeinfrakturen 581
  Ruptur des Fesseltragapparates 584, *586*
Schilddrüsenhormone, Applikation bei:
  Belastungsmyopathie 333
  Hufrehe 495
Schleimbeutel:
  Anatomie 481, *482T, 482*
  Erworben 481
  Krankheiten 481
  Lage, Einteilung 481, *482T, 482*
  Lokale Anästhesie. Siehe Anästhesie, synoviale Strukturen 145
  über dem Tuber olecrani. Siehe Bursa subcutanea olecrani 147, *149*
  unter dem medialen Endschenkel des Musculus tibialis cranialis 45:
    Anästhesie, diagnostische 148, *151*
  Siehe auch bei den speziellen Bursae
Schleimbeutelfistel 485
Schmid-Pearson-Syndrom. Siehe Belastungsmyopathie 282, 332;
  McArdle-Syndrom 332
Schmierung von Grenzflächen 344
Schnell kontrahierende Muskelfasern 324
Schnelligkeit und Stellung 71
Schnittwunden 767:
  Therapie 769
Schnüren 81, *81*
Schock, bei Belastungsmyopathie 283
Schrauben, Fixation durch interfragmentäre Kompression 301, *301–304*:
  mit eigenem Gewindeschneider 304
  ohne eigenen Gewindeschneider 304
  Osteomyelitis 308, *308*
Schritt 834, *835*
Schrittlänge 834, *835*
Schulter:
  Anatomie 31, *32, 34*
  Beuger *32, 33, 34*
  Epiphysenfugenschluß 38
  Gefäße 36
  Gelenkkapsel *32*, 35
  Lahmheit 679. Siehe auch bei den einzelnen Erkrankungen:
    Arthritis des Schultergelenkes 687
    Entzündung der Bursa intertubercularis 679
    Entzündung der Bursa subtendinea des Musculus infraspinatus 683
    Fraktur des Tuberculum supraglenoidale 692
    Lähmung des Nervus suprascapularis 689
    Luxation des Schultergelenkes 688
    Osteochondrose des Schultergelenkes 683
    Ruptur des Musculus serratus ventralis 693
    Skapulafrakturen 691
    Verknöcherung der Sehne des Musculus biceps brachii 681
  Luxation 688
  Nerven 36
  Osteochondrosis dissecans:
    Klinische Symptome 405
    Pathologische Veränderungen 400, *401*

Röntgenologische Untersuchung 405,
 403–408
Therapie 414, *417*
Osteochondrose 683:
 Ätiologie 684
 Diagnose 684, *684–685*
 Häufige Lokalisationen 681
 Prognose 687
 Symptome 684
 Therapie 685, *686*
 Vorkommen 681
Palpation und Provokationsproben,
 Lahmheitsdiagnostik 118, *121–122*
Röntgenologische Darstellung, medio-
 lateral *236–237*
Stellung 76, *76*
Schultergelenk (Articulatio humeri):
 Anatomie *32, 33*
 Diagnostische Anästhesie 148, *150*:
Schultergliedmaßen:
 Antebrachium 24
 Ellbogen 31
 Entlastungshaltung. *Siehe* Ellbogen, Ent-
  lastungshaltung (ungewöhnlich tief
  liegender) 103
 Halteapparat 37
 Karpus 21, *21–25*
 Knochen 1, *3*
 Kraniale Ansicht 75
 Laterale Ansicht 76
 Luxation 688
 Lymphabfluß 37
 Metakarpus 18
 Oberarm und Schulter 31
 Stellung 75
 Zehe und Fesselkopf 1
 Siehe auch bei den einzelnen Knochen;
  Muskeln
Schultergürtel, Anatomie *34, 35*
„Schulterlahmheit" 679
Schutzschicht der Hufkapsel 2, 4, *4–6*:
 Pigmentierung 5
Schutzverband. *Siehe* Verband (Verbände)
Schwanzwirbelfrakturen 782
Schweißtreibende Mittel, therapeutische
 Anwendung 857
Schwellung:
 Behandlung durch Kälte 840
 Lahmheitsdiagnostik 134
 Weichteilgewebe, Interpretation von
  Röntgenbefunden 177, *178*
Schwerpunkt des Pferdes 74, *74*
Schwimmen:
 als Therapie 842
 Traumatische Synovialitis und
  Kapsulitis 363
Scotchcast 633, 847
Scutum proximale 12
Sehne des lateralen Zehenstreckers:
 Beckengliedmaßen 42, *44*, 48
 Ruptur 764
 Schultergliedmaßen 12, 19, 22, 23
Sehne des Musculus biceps brachii 33:
 Verknöcherung 478, *479*, 681:
  Ätiologie 681, *682*
  Diagnosestellung 682
  Prognose 682
  Symptome 682, *682*
  Therapie 682
 Palpation und Provokationsproben,
  Lahmheitsdiagnostik 118, *121–122*
Sehne des Musculus biceps femoris 47, 48,
 53, *54–55*, 58

Sehne des Musculus extensor carpi
 radialis 19, *22, 25*:
 Ruptur 470, 643
Sehne des Musculus extensor carpi
 ulnaris *22, 23*:
 Rückbiegigkeit der
  Schultergliedmaßen 641
Sehne des Musculus extensor digitalis
 communis. *Siehe* Strecksehne, gemein-
 same 9, 12, 19, 21, 29:
 Ruptur 643
Sehne des Musculus extensor digitalis
 longus *41, 47*, 69:
 Ruptur 764
Sehne des Musculus flexor carpi radialis *22,
 23*
Sehne des Musculus flexor carpi ulnaris *23*:
 Rückbiegigkeit 641
Sehne des Musculus flexor digitalis
 medialis 43, *45–46*, 48
Sehne des Musculus gastrocnemius,
 Ruptur 722. *Siehe auch*
 Achillessehne 722
Sehne des Musculus glutaeus
 accessorius 62:
 Bursitis des Schleimbeutels über dem
  Trochanter major 747
Sehne des Musculus gracilis 59
Sehne des Musculus interosseus medius *16,
 17*
Sehne des Musculus peroneus (fibularis)
 tertius *41, 43, 47*:
 Ruptur 470, *471*, 720, *721*
Sehne des Musculus popliteus 57
Sehne des Musculus semitendinosus 48
Sehne des Musculus tibialis cranialis 43
Sehnen:
 Anatomie 447, *762, 763*:
  Blutversorgung 448
  Hauptbestandteile 447
  Hilfseinrichtungen 448, *448*
 Definition 447
 Entwicklungsstörungen 450:
  Erworbener Sehnenstelzfuß 454,
   456–463
  Angeborener Sehnenstelzfuß 451,
   452–455
  Hyperextension der Zehe 451, *451*
  Schlaffe und schwache Beuge-
   sehnen 450, *450*
 Heilung 449, 466, 763
 Kortikoidtherapie 870
 Lahmheit:
  Durchtrennung der Beugesehnen 764
  Durchtrennung der Strecksehne 764
  Idiopathische Synovialitis 767
  Siehe auch bei den einzelnen
   Erkrankungen
 Luxation 478, 718
 Mechanische Eigenschaften 449, *449*
 Ossifikation 478, *479*, 681
 Reaktionen auf Verletzungen 449
 Ruptur:
  Degenerativ 471, *472*
  Traumatisch 470, *471*
  Zehenbeuger 764
  Zehenstrecker 764
 Sehnenschäden 472:
  Diagnose 472, *473–474*
  Pathogenese 472
  Therapie und Prognose 472, *474–475*
 Transplantation bei Tendinitis 468
 Traumatische Veränderungen 463
 Siehe auch bei den einzelnen Sehnen

Sehnendarstellung, röntgenologisch 172
Sehnengleitfläche des Strahlbeines,
 Veränderungen, Podotrochlose-
 Syndrom 506, *500–507*
Sehnenscheide:
 Anatomie 762, *763*
 Fistel 479
 Ganglion 479
 Hernie 479
 Musculus flexor digitalis profundus 48:
  Tendosynovitis 475, *476*
 Ruptur, Behandlung 765
 Synovialfisteln 479
 Wundbehandlung 770
 Wunden 477
Sehnensplitting, bei Tendinitis 467:
 Ultraschall-Therapie 841
Sehnenstelzfuß, Definition 451
Sehnenstelzfuß:
 Angeboren 451:
  Klinik 452, *452–454*
  Pathogenese 451
  Therapie und Prognose 452, *454–455*
 Definition 451
 Epiphysitis 319, 320
 Erworben 454:
  Klinik 456, *456–458*
  Pathogenese 454, *455*
  Therapie und Prognose 459, *459–463*
Seitenbänder:
 Fesselgelenk 13
 Kniegelenk:
  Ruptur *374*
 Zehengelenke:
  Palpation, Lahmheitsdiagnostik 109,
   111
  Ruptur *372*
Seitenwandaufzüge, Beschreibung 793
Seitenwandhornspalten:
 Beschlag 831
 Therapie 547, 548, *549*
Seitenteil der Hufplatte, Anatomie 1, *4*
Seitwärtszieher des Rumpfes 70
Sekundäre Spongiosa, Epiphysenfuge 294,
 295
Selen, Speicherung in Pflanzen 542, *542*
Selen-Indikatorpflanzen. *Siehe*
 Indikatorpflanzen für stark selenhaltige
 Böden 288, 542
Selen:
 Behandlung bei:
  Belastungsmyopathie 283
  Myositis 274
 Mangel 274, *274*:
  Myopathie 334
 Vergiftung 287, 541, *542–543*:
  Chronisch 287, 288, 541
  Subakut 287, 288, 541
Selenium und Vitamin E bei Selen-
 mangel 274, 283
Seltene Erden–Verstärkerfolien 161, 163*T*
Septische Arthritis. *Siehe* Arthritiden,
 infektiöse 423
Septische Entzündung der Bursa calcanea des
 Musculus flexor digitalis super-
 ficialis 484, *484*
Sesambeinbänder *11*
Sesambeinfrakturen:
 Lokalisationen 375, *376*
 Pathogenese 375
Setaria-Arten, Nematodenbefall des
 Rückenmarks 779
„Sheared heels". *Siehe* Trachtenzwang,
 einseitig 515

„Shin splints", Erkrankungen dorsal am Metakarpus 596
„Shivering". *Siehe* Streukrampf 725
„Shortening of toe" (Beraspeln der Zehenwand) 799
Sideranthus, Selenvergiftung 288
Silikonkautschuk-Einlagen bei Podotrochlose 508
Singlefoot 835
Skapula *3*, 31:
    Frakturen 691:
        Palpation und Provokationsproben 120, *121–122*
    Schultergelenk 35
    Stellung der Schultergliedmaßen 76, *76*
Skelett und Muskulatur:
    Entwicklung und Wachstum, postnatal 293:
        Biomechanische Vorgänge an der Epiphysenfuge 296
        Ende der Wachstumsphase 297
        Morphologie der Epiphysenfuge 294, *294–295*
        Verletzungen der Epiphysen 297, *298*
Slab-Frakturen:
    Karpalknochen 117, 648, 654
    Tarsalknochen 710
„Slipper shoe". *Siehe* Trachtenzwanghuf 96
„Slow twitch" Muskelfasern. *Siehe* langsam kontrahierende Muskelfasern 324
Sohle:
    Beschreibung *4*, 6
    Definition 1, 7
    Dünne 98
    Dunkle Verfärbungen, Nageltrittverletzungen 530
    Eckstrebe 4
    Erweiterung der Hufwand 826, *826*
    Innere Oberfläche der Sohle 5
    Konkave Sohlenfläche 97
    Lahmheitsdiagnostik 107, *108–109*
    Quetschung der Sohlenlederhaut, Podotrochlose-Syndrom 501, 504:
        Beschlag 538
    Sohlenfläche 4
    Vollhuf 95, *96*:
        Hufkorrektur und orthopädischer Beschlag 832
    Zerfallshorn, loses, Entfernung beim Zubereiten des Hufes 804, *804*
Sohlenbinde *11*, 40:
    Beschreibung 8, *11*
Sohlenlederhaut 5, 7, *7*
Sohlenwinkel 4
Sonnenbestrahlung, Vitamin D 285
Sonographie, Diagnostik 175, *176*
„Sore back syndrome". *Siehe* Rückenbeschwerden 332
Sorghum-Vergiftung 779
Spanische Fliege, therapeutische Anwendung 858
Spannsägenkonstruktion 51, *52*:
    Halteapparat der Beckengliedmaße 68
Spat:
    Ätiologie 695
    Brennen 859
    Degenerative Gelenkerkrankungen 384
    Diagnose 696, *696–698*
    Häufige Lokalisationen 694, *695*
    Hufkorrektur und orthopädischer Beschlag 816, 828, *828*
    Palpation 122, *123*
    Prognose 704
    Symptome 695, *696*
    Therapie 697, *699–703*:
        Arthrodese 700, *700–703*
        Brennen und Blistern 700
        Orthopädischer Beschlag 700
        Spatoperation, Sehnenschnitt 698, *699*
        Spatschnitt nach Wamberg 699
    Spatbeugeprobe 122, *125*, 696, *696*:
        Bursitis und Tendinitis des medialen Schenkels des Musculus tibialis cranialis 704
        Unsichtbarer Spat 708
Spatprobe. *Siehe* Spatbeugeprobe 122
Spatschnitt nach Wamberg 699
Spatsehne 43
„Speedy cutting" (Einhauen), Definition 105
Speicherpflanzen, Selen. *Siehe* Selen 274, 283, 542
Spezialzange zum Herausziehen einzelner Nägel 805, *805*
Spezialzange zum Kürzen des Tragrandes 797, *797–798*
Sphärische Epiphysenfuge, Beschreibung 293
Spina cunei. *Siehe* Hahnenkamm 5
Spina ischiadica 39
Spinale Ataxie („Wobbler") 133, *134*, 772:
    Degenerative Myeloenzephalopathie des Pferdes 778
    Epiphysitis 319
    Equines Herpesvirus I 778
    Fehlentwicklung der Halswirbel 772
    Frakturen der Wirbelsäule 780:
        Brust- und Lendenwirbel 782
        Halswirbel 780
        Kreuz- und Schwanzwirbel 782
    Lahmheitsdiagnostik 133, *134*
    Myeloenzephalitis des Pferdes durch Protozoeninfektion 778
    Nematodenbefall des Rückenmarks 779
    Osteomyelitis der Wirbel und Eiterungen im Epiduralraum 779
    Sorghum sp.-Vergiftung 779
    Siehe auch bei den einzelnen Erkrankungen
Spondylosis deformans, Berührung der Dornfortsätze 758, 760
Spongiosa, in der Epiphysenfuge 294, *295*
Spongiosaschrauben, Fixation durch interfragmentäre Kompression 301, *303*
Sprödes Hufhorn 97
Sprunggelenk. *Siehe* Tarsus
Sprunggelenkbeugeprobe. *Siehe* Spatbeugeprobe 122
Sprunggelenkshydrops 358. *Siehe auch* idiopathische Synovialitis 357;
    Kreuzgalle 357
Spülung von Gelenken:
    Degenerative Gelenkerkrankungen 394
    Infektiöse Arthritiden 423, *430*
    Synovialitis 364, *364*
Spurenmineralien:
    Fütterung, enchondrale Ossifikation 279
    Gliedmaßenfehlstellungen 323
Stahlbeschlag für Rennpferde 786, 786T
Stanleya sp., Selenvergiftung 288, 542, *542*
Staphylococcus aureus, infektiöse Arthritis 423
Staphylokokken, Osteomyelitis 306:
Stegeisen. *Siehe* geschlossene Hufeisen
Steile Stellung der Beckengliedmaße. *Siehe* Beckengliedmaße, Fehler in der Stellung, überstreckte Beckengliedmaße 89, *90*
Steingallen 538:
    Beschlag 831
Steinmann-Nagel:
    Extensionsbehandlung bei Osteomyelitis 308
    Femurfrakturen 744, *745*
    Radiusfrakturen 668
    Tibiafrakturen 727, *728*
Stellung der Gliedmaßen:
    Adspektion in der Bewegung 104, *105*
    Fehler in der Stellung der Beckengliedmaße 88:
        Beurteilung 91
        Bodeneng 88, *88*
        Bodeneng distal des Fesselgelenkes 89
        Bodenweit 88, *89*
        Hasenhacke 715
        Kreuzgalle 358
        Rückständigkeit 90, *90*
        Säbelbeinigkeit 89, *89*
        Spat 695
        Übermäßig steile Stellung 90
        Überstreckte Stellung 89
        Vorständigkeit 90, *90*
        X-Beinigkeit 89, *89*. *Siehe auch* kuhhessige Stellung 89, 91
    Fehler in der Stellung der Schultergliedmaße 77:
        Beurteilung 90
        Bodeneng 77, *77*
        Bodeneng-zehenweit *79*, 80
        Bodeneng-zehenweit 80, *80*
        Bodenweit 77, *78*
        Bodenweit-zehenweit *79*, 81
        Bodenweit-zehenweit 80, *80*
        Einschnürung des Röhrbeines 85, *85*
        Kurze, steile Fessel 86, *86*
        Lange, abfallende Fessel 86, *87*, 92
        Lange, steile Fessel 86, *86*, 87
        Lateraler Versatz der Metakarpalknochen 85, *85*
        O-Beinigkeit 82, *84*
        Rückbiegigkeit des Karpalgelenkes 82, *82*
        Rückständigkeit 85, *86*
        Schnüren 81, *81*
        Unregelmäßiges Profil des Karpus 83, *84*
        Vorbiegigkeit 81, *82–83*
        Vorständigkeit 86, *86*
        X-Beinigkeit 82, *84*
        Zeheneng 78, *78–79*
        Zehenweit 78–80, *79*
    Kraniale Ansicht 75, *75*
    Laterale Ansicht 75–76, *76*
    Palpation und Provokationsproben 107
    Siehe auch bei den einzelnen Gelenken; Knochen; Muskeln; Sehnen
Stellung des Hufes zum Fesselstand 79, 86, 807:
    Betrachtung von vorn und von hinten 807, *808*
    Überprüfen des neuen Beschlags 803
    Unsachgemäße Hufzubereitung oder unsachgemäßer Beschlag 807, *807*
Stellung und Form des Hufes, Beurteilung 796, *797*
Stellung 75:
    Bärentatzigkeit 99, *99*
    Vorbiegigkeit, Schultergliedmaßen:
        Karpalgelenksfrakturen 649
        Stellung 81, *82–83*, 91

Sachverzeichnis 905

Stichverletzungen, Definition 768. *Siehe auch* Nageltrittverletzungen 524, 529; Stichwunden 767
Stichwunden 767:
 Behandlung 770
 Definition 768
Störungen des Zentralnervensystems, Lahmheit. *Siehe* bei den einzelnen Erkrankungen; spinale Ataxie 133, 772
Störungen im Längenwachstum der Knochen 321, *322*
Stollbeule 483, 675
Stollen:
 am Vorderteil des Eisens. *Siehe* Griff 791, 812
 an den Schenkelenden:
  Beschreibung 791, *791*
  Fabrikhufeisen 786
  Steingallen 538
  Unsachgemäßer Beschlag 810
  Verwendung 800, 817
  Verwendung beim orthopädischen Beschlag 820, *821*, 824
Stolpern, Lahmheitsdiagnostik 103
Strahl:
 Beschneiden 804, *804*
 Beschreibung 4–5, *7*
 Druck, Erweiterung des Hufes 825, *826*
 Lederhaut *5*
 Spitze *4*
 Strahlfäule 540
Strahlbein:
 Akzessorische Nervenversorgung, Anästhesie der Nervi digitales palmares 503, *504*
 Bänder. *Siehe* Strahlbein, Unterstützungsband *11, 14*
 Beschreibung 9, *10*
 Erkrankungen. *Siehe* Podotrochlose-Syndrom 499
 Erosionen, Podotrochlose-Syndrom 500
 Frakturen 514, *514*
 Innervation. Nervus digitalis dorsalis 503, *504*
 Röntgenologische Darstellung:
  Dorsoproximal-palmarodistal obliquus *190–193*
  Lateromedial *188–189*
  Palmaroproximal-palmarodistal obliquus *194–195*
 Unterstützungsband *11, 14*:
  Knöcherne Metaplasien 506, *507*
Strahlen-Dosimeter. *Siehe* Strahlenüberwachungssysteme 168
Strahlenschäden, chronisch 168
Strahlenschutz bei Röntgenuntersuchungen 168, *168*
Strahlentherapie 863:
 Degenerative Gelenkerkrankungen 396
 Ultraschall als Nachbehandlung 842
Strahlenüberwachungssysteme 168
Strahlfäule 540:
 einseitiger Trachtenzwang 808
Strahlungswärme, Definition 840
Stratum basale 2
Stratum corneum 2
Stratum fibrosum 339, *339*:
 Wundbehandlung 770
 Siehe auch Gelenkkapsel
Stratum germinativum 2
Stratum spinosum 2
Stratum synoviale 340. *Siehe auch* Gelenkkapsel; Synovialis 340

"Strawberry lesions", Podotrochlose-Syndrom 500
Strecksehnen:
 Durchtrennung, Schienen 846
 Ruptur 764
 Verletzung 472
Strecksehne, gemeinsame:
 Anatomie 9, *9–10*, 12, 19, 21, *22*, *25*, 29
 Frakturen des Processus extensorius des Hufbeines 526
 Ruptur 463, 643, *464–465, 463*:
  Ätiologie 644, *644*
  Diagnose 645
  Palpation 115, *117*
  Prognose 645
  Symptome 644, *644*
  Therapie 645
  Vorkommen 643
Streichen 79:
 Definition 105
 Hufkorrektur und möglicher Korrekturbeschlag 830:
  Beckengliedmaßen 831
  Schultergliedmaßen 830
Streichgamaschen 615
Streptococcus equi, Myositis 328
Streptokokken:
 Immunvermittelte Erkrankungen der Gelenke 435
 Infektiöse Arthritis 423
 Osteomyelitis 306:
  Wirbel 779
Streukrampf („Shivering") 725
Strichbrennen. *Siehe* Brennen, Strichfeuer 862
Striktion des Fesselringbandes 468
Striktur:
 Fesselringband 593, *594–595*:
  Ätiologie 594
  Diagnose 594
  Prognose 595
  Symptome 594, *594*
  Therapie 595, *595*
Strongylus vulgaris:
 Nematodenbefall des Rückenmarks 779
 Thrombosen, Entstehung 750
Stützbeinlahmheit, Definition 100
Stute:
 Belastungsmyopathie 331
 Ernährung während der Trächtigkeit und der Laktation 271
 Fluorose 289
 Gewichtsreduktion, Zeitpunkt 272
 Selenvergiftung 288
 Übergewicht 271
Stutenmilch:
 Milchaustauscher 273
 Milchmenge 273
 Mineralstoffgehalt 273
Subchondrale Knochenplatte, Beschreibung 293
Subchondrale Knochenzysten 396:
 Frühe Fallberichte 397
 Hufbein. *Siehe* Hufbein *3, 39*
 Klinische Symptome und Diagnose 408, *410–413*
 Kniegelenk, Gonitis 735
 Lokalisationen 401, *402T*
 Pathogenese 397, *398*
 Pathologische Veränderungen 401, *402–403*
 Therapie 417, *418*
 Siehe auch Osteochondrose 396

Subchondrale Lysis bei degenerativen Gelenkerkrankungen, röntgenologische Merkmale 392, *393*
Subchondraler Knochen, Podotrochlose-Syndrom 500:
 Interpretation von Röntgenbefunden 184, *185*
Subintima der Synovia 340
Subluxation:
 Kreuzdarmbeingelenk 753
 Siehe bei den einzelnen Gelenken; Luxation 371
Substantia compacta. *Siehe* Substantia corticalis 179
Substantia corticalis (compacta), pathologische Veränderungen, Interpretation von Röntgenbefunden 179, *180–183*
Sudangras-Vergiftung 779
Sukzinatdehydrogenase, Färbung für Muskeln 324
Superoxiddismutase:
 Synovialitiden und Kapsulitiden 367
 Synovialitis 346
„Suspensory ligament". *Siehe* Musculus interosseus medius *11*, 19
Sustentaculum tali 48
„Sway response". *Siehe* spinale Ataxie 133, 772
„Sweeny" (Lähmung des Nervus suprascapularis) 689:
 Ätiologie 689
 Diagnose 689
 Lahmheitsdiagnostik 120
 Muskelatrophie 326
 Prognose 691
 Symptome 689, *689*
 Therapie 689, *690*
Synarthrosen, Definition 339
Synchondrosen 339
Synchrones Zwerchfellflattern 281
Syndesmosen, Definition 339
Synovektomie:
 Bestrahlung, Kreuzgalle 359, 707
 Degenerative Gelenkerkrankungen 394
 Infektiöse Arthritis 431
 Traumatische Synovialitis und Kapsulitis 363, 369
Synovia:
 Analyse 352:
  Infektiöse Arthritis 426, *430*
  Septische Tendosynovitis 477
  Traumatische Synovialitis und Kapsulitis 362
 Aussehen 353, *353*
 Bestandteile, Synoviozyten 341
 Eiweißgehalt 354
 Enzyme 356
 Kulturen 356
 Menge 354
 MPQ, Muzinpräzipitatqualität 355
 Partikel, Analyse 357, *357*
 Probenentnahme 353, *353*
 Viskosität 354, *355*
 Zytologische Untersuchung 355
Synoviale Gelenke. *Siehe* echte Gelenke 339
Synoviale Osteochondromatose. *Siehe* Gelenkchondromatose 422
Synovialfistel 433
Synovialhernie 433, *433–434*
Synovialis:
 Adhäsionen, Reparatur des Gelenkknorpels 347

Arthroskopie 351, *351*
Aufbau und Funktion 340, *340—341*
Biopsie 357
Entzündung, Folgen 345
Kortikosteroidbehandlung, Auswirkungen 868
Regeneration 341
Synovialitis:
  Chronisch proliferative 369, *370*
  Folgen 346
  Idiopathische. *Siehe* idiopathische Synovialitis 357, 767
  Traumatische. *Siehe* traumatische Synovialitis und Kapsulitis 360
  villosa 369, *370*
Synovialmembran. *Siehe* Synovialis 340, *340—3431*
Synoviozyten, Struktur 340, *340*
Synthetisches Netz bei Sehnenruptur 719
Systemischer Lupus erythematosus 435
Szintigraphie 176, *177*:
  Lahmheitsdiagnostik 154

T

Talus 39, 43:
  Trochlea 49
Tangentialzone des Gelenkknorpels, oberflächliche 342, *343*
Tanzmeisterschritt. *Siehe* Schnüren 81
Tarsalgelenk. *Siehe* Tarsus
Tarsalknochen 43
„Tarsitis-distalis"-Syndrom der Traber 704
Tarsus:
  Anatomie 43, 45, 49:
    Dorsale Ansicht 43, *44, 47*
    Kurze laterale Seitenbänder 51
    Kurze mediale Seitenbänder 51
    Laterale Ansicht 46, *50, 54*
    Mediale Ansicht *46, 48*
    Plantare Ansicht 48
  Diagnostische Anästhesien 148, *151*
  Extreme Sprunggelenkwinkelung 89, *89, 91*
  Gelenkkapsel 51
  Lahmheit 694. *Siehe auch* bei den einzelnen Erkrankungen:
    Blutspat 708
    Bursitis und Tendinitis des medialen Schenkels des Musculus tibialis cranialis 704
    Dislokation der oberflächlichen Beugesehne vom Sprunggelenkhöcker 718
    Frakturen im Sprunggelenk 711
    Hahnentritt 723
    Hasenhacke 715
    Kalkaneusfrakturen 713
    Keilförmige (Slab-) Frakturen des Os tarsi centrale und des Os tarsale III 710
    Knochenspat 694
    Kreuzgalle 706
    Kurbengalle 463
    Luxationen des Sprunggelenkes 715
    Osteochondrosis dissecans im Tarsokruralgelenk 709
    Piephacke 483
    Ruptur:
      der Gastrocnemiussehne 722
      des Musculus peroneus (fibularis) tertius 720
      des Fersensehnenstranges 722
    Slab-Frakturen des Os tarsi centrale und des Os tarsale III 710
    Spat 694
    Sprunggelenkfrakturen 711
    Streukrampf 725
    Unsichtbarer Spat 708
    Verkürzung des Musculus peroneus (fibularis) tertius 721
  Palpation und Provokationsproben, Lahmheitsdiagnostik 120, *123—126*
  Röntgenologische Darstellung:
    Dorsolateral-palmaromedial obliquus *250—251*
    Dorsomedial-palmarolateral obliquus *252—253*
    Dorsoplantar *248—249*
    Dorsoplantar, gebeugt *254—255*
    Lateromedial *244—245*
    Lateromedial, gebeugt *246—247*
  Subchondrale Knochenzysten, klinische Symptome und Diagnose 408
  Subluxationen 715, *716*
  Umfangsvermehrung, Arten 121
  Unvollständige Ossifikation der Tarsalknochen 419, *421—422*
  Valgusstellung 89, *89*, 91
  Varusstellung 89
Technetium 99, Szintigraphie 176, *177*
Technovit bei Hornschuhdefekten 546, 548
Telemetrie, Zerrungen von Knochen und Hufkapsel, Lahmheitsdiagnostik 153
Tendinitis:
  Brennen 860
  Definition 463
  Diagnose 466, *467*
  Einteilung 464
  Pathogenese 464
  Pathophysiologie 466
  Prädisponierende Faktoren 465
  Therapie 467
Tendo calcaneus communis. *Siehe* Fersensehnenstrang *41*, 471
Tendo gastrocnemius:
  Anatomie 48, 55, *55*, 58:
    Ruptur 470, 722
Tendo symphysialis 66, 67
Tendosynovitis. *Siehe* Tendovaginitis 464
Tendovaginitis:
  Akut 476
  Brennen 860
  Chronisch 477
  Definition 464
  Einteilung 464
  Idiopathisch 475, *476*
  Sehnenscheide des Musculus flexor digitalis profundus am Sprunggelenk 475, *476*:
    Palpation 122, *123*
  Septisch 477, *478*:
    Sehnenruptur 471
Tennessee Walking Horse:
  Beschlagsausführung 807
  Gangarten 834
Tenotomie:
  Sehne des Musculus infraspinatus bei Osteochondrose des Schultergelenkes 685
  Spatsehne:
    Bursitis und Tendinitis des medialen Schenkels des Musculus tibialis cranialis 704
    Spat 698, *699*
Tiefe Beugesehne:
  bei Hufrehe 498
  bei Kontraktur der Beugesehnen 460, *460—461*
„Terrible triad" 127
Tetanie bei laktierenden Tieren 275
Tetanie, hypokalzämische:
  Arbeit 281
  Ernährung 275
Tetracyclinbehandlung bei Osteomyelitis 307
Therapieverfahren 840:
  Akupunktur 864
  Brennen, therapeutisch 859
  Elektromagnetische Felder 865
  Elektrostimulation 865
  Entzündungshemmende Mittel 866. *Siehe auch* bei den einzelnen Wirkstoffen:
    Dimethylsulfoxid (DMSO) 873
    Nichtsteroidale Antiphlogistika 870:
      Adenosin-5-Monophosphat 872
      Azetylsalizylsäure 872
      Flunixin-Meglumin 872
      Indometacin 872
      Meclofenaminsäure 872
      Naproxen 872
      Oxyphenbutazon 872
      Phenylbutazon-Natrium 871
    Orgotein 872
    Steroide mit antiinflammatorischer Wirkung 866:
      Betamethason-21-acetat 869
      Betamethason-21-dihydrogenphosphat 869
      Dinatriumsalz 869
      Flumethason 869
      Hydrocortisonacetat 869
      Isoflupredonacetat 869
      Methylprednisolon-21-acetat 869
      Prednisolon-21-acetat 869
      Prednisolon-21-dimethylbutyrat 869
      Prednisolon-21-hydrogensuccinat-Natrium 869
      Triamcinolon-16-alpha-17-alpha-acetonid 869
  Kataplasmen 866
  Kryotherapie 863
  Lasertherapie 864
  Magnettherapie 865
  Packungen 866
  Physikalische Therapie 840
  Reiztherapie 856:
    Blister/scharfe Einreibungen 858
    Hyperämisierende Medikamente 856
    Kauterisation (Brennen) 859
    Röntgenbestrahlung 864
  Ruhigstellung 843:
    Gliedmaßenabschnitte 844
    Pferd, gesamter Körper 843, *843—844*
  Strahlentherapie 863
  Siehe auch bei den einzelnen Methoden
Thermographie 175, *175*:
  Diagnose von Gelenkerkrankungen 347, *348*
  Lahmheitsdiagnostik 151
Thermokauterisation bei degenerativen Gelenkerkrankungen 395
Thermometer, Dunkelkammereinrichtung 166, *167, 167T*
Thermotherapie 840:
  Diathermie 841
  Oberflächenwärme 841
  Tiefenwärme 841

Ultraschall 841
Whirlpool 841
Thiabendazol, *Strongelidenlarven* 751
Thiamin-Behandlung bei
 Belastungsmyopathie 283
Thibenzole® bei intermittierendem
 Hinken 751
Thomas-Schiene, modifizierte 855, *855*
Tibia 39, *45*, 51, 53:
 Frakturen 726:
  Ätiologie 726
  Diagnose 727
  Palpation 124
  Prognose 728
  Symptome 726, *726–727*
  Therapie 727
  Vorkommen und häufige
   Frakturen 726
 Lahmheit 726. *Siehe auch* bei den
  einzelnen Erkrankungen:
  Fibrosierende und ossifizierende
   Myopathie 730
  Fibulafrakturen 730
  Osteochondrose der Tuberositas tibiae,
   Abrißfraktur 729, *729*
 Palpation und Provokationsproben,
  Lahmheitsdiagnostik 124
„Tide line" (Kittlinie) des Gelenkknorpels
 342, *342*
Tiefe Beugesehne:
 Beckengliedmaße 43, *46*, 48, *69*
 Bockhuf 98
 Desmotomie des Unterstützungsbandes
  bei Hufrehe 498. *Siehe auch* tiefe
  Beugesehne, Tenotomie 489
 Durchtrennung 472, *473–475*
 Kontraktur, Klinik 456, *456–457*
 Palpation:
  Lahmheitsdiagnostik 109, 111, *111*,
   112, 113, *116*
  Kurbengalle 122, *123*
 Podotrochlose-Syndrom, Ätiologie und
  Pathogenese 499, *500*
 Rückbiegigkeit 641, *642*
 Ruptur 764:
  Degenerationsbedingt 471, *472*:
   Neurektomie der Nervi digitales
    palmares 510
 Schultergliedmaße 8, *11*, 12, 19, *22*, 24
 Tendinitis:
  Diagnose 466
  Pathogenese 464
 Tenotomie, bei Hufrehe 498. *Siehe auch*
  tiefe Beugesehne, Desmotomie des
  Unterstützungsbandes 498
Tiefe Anästhesie der Nervi palmares und der
 Nervi metacarpei palmares 139, *139*
Tiefe Vierpunktanästhesie 139, *139*
„Tightener", therapeutische
 Anwendung 857
Tinkturen für die Gliedmaßen:
 Degenerative Gelenkerkrankungen 395
 Nachbehandlung im Anschluß an das
  Brennen 862
 Therapeutische Anwendung 858
Tölt 834
Topographische Bezeichnungen 1, *2*
TPX-Röntgen-Sofortbild-System 167
Trab *835, 836*:
 Lahmheitsdiagnostik 104
Trachten:
 Anatomie 2, *4*

Erhöhung, bei Gips-, Fiberglas- bzw.
 Kunststoffverbänden. *Siehe* keilförmiger
 Absatz 850
Erhöhung der Eisenschenkel 817, *818*
Lose Wand/getrennte Wand 543,
 544–546
Strahlfurchen, Eckstreben,
 Freischneiden 798
Trachtenzwanghuf 825, *826*
Untergeschoben 824, *825*
Zubereiten des Hufes 798, *799*
Trachten-Eckstreben-Winkel *4*
Trachtenwandhornspalten 543, *544–546*:
 Therapie 548
Trachtenzwang, einseitig 515:
 Ätiologie 515
 Klinische Symptome und Diagnose 516,
  516
 Orthopädischer Beschlag 816
 Prognose 517
 Therapie 517, *517*
 Unsachgemäße Zubereitung des Hufes
  und unsachgemäßer Beschlag 807, *808*
Trachtenzwanghuf 96, *96*:
 Ätiologie 96, 825, *826*
 Beschlag 825, *827*:
  Podotrochlose-Syndrom 500
 Hufkorrektur und orthopädischer
  Beschlag 825, *826*
Tragbares Infrarotthermometer in der
 Lahmheitsdiagnostik 152
Training:
 Muskelfasertypen 325
 Schwimmen 843
Tranquilizer-Einsatz bei
 Belastungsmyopathie 333
Transfixation, Knochennagelung bei
 Frakturen des Os metacarpale III 608
Transplantate. *Siehe*
 Hauttransplantation 770;
 Knochentransplantation
Traumatische Arthritis 360:
 Chronisch proliferative Synovialitis
  (Synovialitis villosa) 369, *370*
 Dehnungen 370
 Intraartikuläre Frakturen 375.
 Luxationen 371, *371–374*
 Meniskusschäden 374
 Synovia, Leukozytenzählung 356
 Synovialitis und Kapsulitis 360. *Siehe
  auch* traumatische Synovialitis und
  Kapsulitis 360
 Typ 1 360
 Typ 2A 370
 Typ 2B 374
 Typ 2C 375
 Fesselgelenk:
  Brennen 859
  Definition 360
 Siehe auch traumatische Synovialitis und
  Kapsulitis 360
Traumatische Synovialitis und
 Kapsulitis 360:
 Definition 360
 Degenerative Gelenkerkrankungen,
  Pathogenese 389
 Diagnose 362
 Klinische Symptome 361, *361–362*
 Pathogenese 360
 Therapie 363:
  Dimethylsulfoxid 363
  Entzündungshemmende Mittel mit
   Ausnahme der Steroide 366
  Gelenkspülung 364, *364*

Hyaluronat 367, *367*
Intraartikuläre Applikation von
 Kortikosteroiden 364
Mucopolysaccharidpolyschwefelsäure-
 ester 368
Orgotein 367
Physikalische Therapie 363
Ruhe und Ruhigstellung 363
Superoxiddismutase 367
Synovektomie 368, *369*
Triamcinolon 366
Zusammenfassung 369
Triamcinolon, Anwendung bei traumatischer
 Synovialitis und Kapsulitis 366
Triamcinolonacetonid, Dosierung für intra-
 artikuläre Injektionen 869
„Triangulation", Definition 383. *Siehe auch*
 Arthroskopie 349
Trikotschlauch, orthopädischer, Anlegen
 848, *848*
Trisetum flavescens, Hypervitaminose D 286
Trittlänge, Definition 834
Trochanter major 39, 61:
 Messungen bei der Untersuchung auf
  Hüftgelenksluxation 128
 Operative Transposition bei
  Hüftgelenksluxation,
  Operationsbeschreibung 749, *750*
Trochanter tertius 39
Trochlea ossis femoris 39, 59
„True splint", Definition 612
Trübe Schwellung 325
Truncus costocervicalis 37
Truncus pudendoepigastricus 65
Tuber calcanei 39
Tuber coxae 39:
 Fraktur, in der Lahmheitsdiagnostik 128
Tuber ischiadicum 39:
 Lahmheitsdiagnostik 128
Tuber olecrani 3
Tuber sacrale 39:
 Dislokation, Luxation des
  Kreuzdarmbeingelenkes 754, *755–756*
 Untersuchung auf Asymmetrie bei Hüft-
  gelenksluxation 128
Tuberculum intercondylare laterale,
 Fraktur 733
Tuberculum majus 3
Tuberculum supraglenoidale 3, *25*:
 Frakturen 692, *693*:
  Palpation und Provokations-
   proben 120, *122*
Tuberositas deltoidea 3
Tuberositas ossis metacarpalis III 3, *25*
Tuberositas supracondylaris lateralis 39
Tuberositas tibiae 39, *47*:
 Abrißfraktur 729
 Apophysenfuge *729*
Tumoren:
 Gelenke 437, *437*
 in Sehnen 478
 Keratome 541
Tumoröse Kalzinose 314:
 Articulatio femorotibialis 438
Turbulenzen durch Motoren, Thermo-
 therapie 841
„Tying-up-Syndrom" 274, 283, 332

U

Überbeine 612, *612–613*:
 Ätiologie 612
 Brennen 860
 Definition 612
 Diagnose 614
 Griffelbeinfrakturen 617

Palpation 113
Prognose 615
Symptome *613*, 614
Terminologie 61
Therapie 614
Übergangszone des Gelenkknorpels 342, *342*
Überlagerung, Röntgenbefunde 180, *180*
Überstreckte Stellung der Beckengliedmaßen 89, *90*:
　Beurteilung 91
Ulna *3*:
　Frakturen 670:
　　Ätiologie 671
　　Atrophie des Musculus triceps brachii 326, *327*
　　Diagnose 672
　　Häufige Frakturen 670, *670–671*
　　Konservative Behandlung 672
　　Lahmheitsdiagnostik 118
　　Prognose 673
　　Radialislähmung 678
　　Symptome 671
　　Therapie 672, *673–674*
　Gliedmaßenstellung 77
Ultraschall:
　Degenerative Gelenkerkrankungen 395
　Strahlentherapie 863
　Thermotherapie 841
Ultraviolettes Licht. *Siehe* UV-Licht 841
Umfangsvermehrung der Metaphyse bei Dysplasie der Epiphysenfuge 318
Umfangsvermehrung der Metaphyse bei Epiphysitis 318, *318–319*
Umnieten der Hufnägel 802, *802*
Umspritzung 145. *Siehe auch* zirkuläre Umspritzung 145
Unna-Paste, Zubereitung und Anwendung 866
Unregelmäßiges Profil des Karpus 83, *84*
Unsachgemäße Hufzubereitung 809, *810*. *Siehe auch* Stellung des Hufes zum Fesselstand *86*, 807 *809*
Unsichtbarer Spat 708
Unterarm. *Siehe* Unterarmbereich 24
Unterarm-Vorderfußwurzelgelenk (Articulatio antebrachiocarpea):
　Kapsel 23
Unterarmbereich:
　Anatomie 24
　Beziehungen zwischen Radius und Ulna 31
　Blutgefäße:
　　Oberflächliche *26*, 27
　　Tiefe 30
　Faszien und Muskeln 27
　Lahmheit 663:
　　Osteochondrome am distalen Ende des Radius 663
　　Radiusfrakturen 667
　　Ulnafrakturen 670
　　Zerrung des Unterstützungsbandes der oberflächlichen Beugesehne 665
　Muskeln 27:
　　Beuger 29
　　Strecker 27
　Nerven:
　　Oberflächliche *26*, 27
　　Tiefe 30
　Palpation, Lahmheitsdiagnostik 118
Unterarmfaszie, oberflächlicher Anteil 27
Unteres Hinterfußwurzel-Mittelgelenk (Articulatio centrodistalis):
　Degenerative Erkrankungen 386

Degenerative Gelenkerkrankungen, Palpation 122, *123*
Intraartikuläre diagnostische Anästhesie 148, *151*
Siehe auch distales Hinterfußwurzel-Mittelgelenk 51
Unterschenkel. *Siehe* Unterschenkelbereich
Unterschenkelbereich (Regio cruris):
　Anatomie 51, 53
　Ansicht von kaudal *55*, 55
　Ansicht von kranial *47*, 53
　Ansicht von lateral 53, *54*
　Ansicht von medial *45*, 53
　Definition 51, 53
Unterschenkel-Hinterfußwurzelgelenk (Articulatio tarsocruralis) 43, 48:
　Arthritis 121
　Arthroskopie 350, *350*, 352
　Frakturbehandlung 381
　Gelenkkapsel 48:
　　Dorsomediale Aussackung *46*
　Interartikuläre Frakturen 711, *712*
　Kapsulitis 121
　Kreuzgalle *123*, 357, *358*
　Luxation 371
　Osteochondrosis dissecans 709:
　　Klinische Symptome 403, *406*
　　Röntgenologische Darstellung 404, *406–407*
　　Therapie 412, 414, *415–417*
　Septische Arthritis 121
　Synovialitis, Palpation 121, *123*
　Traumatische Arthritiden, Diagnose 362
Unterstützungsband der tiefen Beugesehne 19, 24, *25*, 43, 51, 68, *69*:
　Desmotomie 459, *459*, 462, 498
　Palpation 113, *116*
　Ruptur 765
Untersuchung:
　Adspektorisch 103:
　　in der Bewegung 104, *105*
　　in Ruhe 103
　auf Patelladislokation 126, *127*
　Infrarotthermometer bei Gelenkerkrankungen 347, *348*
　Muskelerkrankungen 330
　Palpation und Provokationsproben 107:
　　Becken 129
　　Beckengliedmaße 120
　　Beugesehnen 113, *116*
　　Ellbogen 118, *121*
　　Fessel 109, *110–111*
　　Fesselgelenk 109, *112–114*
　　Fesselkopf 109
　　Hüfte 128
　　Huf 107, *108–110*
　　Karpus 114, *117–120*
　　Kniegelenk 125, *126–129*
　　Metakarpus 112, *115*
　　Musculus interosseus medius 113, *116*
　　Oberschenkel 128
　　Rektale Untersuchung 132, *133–134*
　　Rücken 130, *130–133*
　　Schulter 118, *121–122*
　　Schultergliedmaße 107
　　Sehnenstelzfuß 458, *458*
　　Skapula 120
　　„Sway response" 133, *134*
　　Tarsus 120, *123–126*
　　Tibia 124
　　Unterstützungsband der tiefen Beugesehne 113
　　Unterarm (Antebrachium) 118
　　Rektal 132, *133–134*

Untersuchungsmethoden 103
Unvollständige oder fehlerhafte Ossifikation der Karpal- oder Tarsalknochen 419
Uridindiphosphat (UDP), Knorpelheilung 396
Urtica. *Siehe* Quaddel 768
UV-Licht, Therapie 841

V

Valgusstellung:
　Ätiologie 321
　Definition 82, 321
　Karpalgelenk 82, 624
　Tarsus 89, *89*, 91. *Siehe auch* kuhhessige Stellung 89, *89*, 91
Varusstellung:
　Ätiologie 321
　Definition 82, 321
　Fesselkopf 300, *300*
　Karpalgelenk 82, 624
　Tarsus 89. *Siehe auch* Säbelbeinigkeit 89, *89*, 91
Vasoplex® bei Podotrochlose 509
Vena axillaris 37
Vena bicipitalis 37
Vena brachialis 26, 27, 36
Vena caudalis femoris 53, *56*
Vena cephalica 26, 27, 37
Vena cephalica accessoria 26, 27
Vena circumflexa humeri caudalis 31, 37
Vena circumflexa humeri cranialis 37
Vena circumflexa scapulae 37
Vena collateralis ulnaris 20, 30, 37
Vena digitalis dorsalis communis II *41*, 42
Vena digitalis lateralis 15, *17*
Vena digitalis medialis 15, *16*, 19, *41*
Vena digitalis palmaris communis II *16*, 19, 23
Vena digitalis palmaris communis III *17*, 30
Vena digitalis plantaris communis II 40
Vena digitalis plantaris communis III 40, *40*
Vena dorsalis pedis 44
Vena femoralis 58, 64, *66*
Vena glutaea caudalis *63*, 64
Vena glutaea cranialis *63*, 64
Vena iliacofemoralis 63
Vena iliolumbalis *63*, 64
Vena mediana 20
Vena mediana cubiti 26, 27
Vena metatarsea dorsalis II 42
Vena obturatoria *66*
Vena poplitea *56*, 58
Vena saphena lateralis 40, 50, 53, *54*, 58
Vena saphena medialis 43, 48, 53, 58, 64, 65:
　Ramus cranialis *41*, *44*, *46*
Vena subscapularis 36
Vena suprascapularis 36, 37
Vena thoracica externa 37
Vena thoracica superficialis 37
Vena thoracodorsalis 36
Vena tibialis caudalis *56*, 58
Vena tibialis cranialis 43, *44*, 48, *56*, 58
Vena transversa cubiti 37
Venae coronales, Venennetz der Saum- und Kronlederhaut 15, *16–17*:
　Beschreibung 8
Venen. *Siehe* bei den einzelnen Venen
Venennetz der Kronlederhaut 15
Venöse Äste des Strahlbeines 15
Venöse Plexus der Zehe 14, 15, *16–17*
Veränderung der Substantia corticalis, Interpretation von Röntgenbefunden 180, *183*

Veränderungen, die Hufkorrekturen oder orthopädischen Beschlag erfordern 819:
　Anschlagen im Ellbogenbereich 830
　Bodeneng-zehenenge Stellung 823
　Bodeneng-zehenweite Stellung 822
　Bodenweit-zehenenge Stellung 824
　Bodenweit-zehenweite Stellung 819, 820–823
　Diagonales Einhauen 828
　Flachhuf 832
　Greifen 829, *830*
　Hufknorpelverknöcherung 827, *827*
　Kuhhessige Stellung 827
　Lange Zehe und untergeschobene Trachten 824, *825*
　Podotrochlose-Syndrom 827, *827*
　Saumbereichverletzungen 831, *832*
　Schale 827
　Spat 828, *828*
　Streichen 830
　Tendinitis der Beugesehnen 832
　Trachtenzwang 825, *826*
　Vollhuf 832
Verband (Verbände):
　Abnahme 853
　Desinfizierend, Hufrehe 495
　Druckverband:
　　Ruhigstellung 844
　　Wundbehandlung 769
　Polsterung 849
　Robert-Jones-Verband 844, *844–845*
　Watteverbände 844, *844–845*
　Wundheilung 769
Verbindungsschicht des Hufes 2, 4, 6
Verdickte Schenkelenden/Stollen an den Schenkelenden:
　Beschreibung 791, *791*
　Fabrikhufeisen 786
　Steingallen 538
　Unsachgemäßer Beschlag 810
　Verwendung 800, 817
Verdickte Schenkelenden und angeschliffene Zehenrichtung, orthopädischer Beschlag 827, *827*
Verhornung der Hufwand 5
Verkalkung:
　Epiphysenfuge 294
　Kortikosteroid-Therapie bei Gelenk-erkrankungen 869, *868*
　Muskulatur 327
　Weichteilgewebe, Interpretation von Röntgenbefunden 177, *179*
Verknöcherung. *Siehe* Ossifikation
Verletzungen 767:
　Ätiologie 767
　Arten 767
　Beeinträchtigung der Wundheilung 768
　Diagnose 768
　Gedeckt 768
　Offen 767
　Therapie:
　　Gedeckte Verletzung 771
　　Rißwunden 769
　　Schnittverletzungen 769
　　Stichverletzungen 770
　Siehe auch bei den einzelnen Verletzungen
Verletzungen der Muskulatur, z. B. durch Draht 328, *329*
Verletzungsbedingte Ruptur des Fesseltragapparates 584
Verlust der unterschiedlichen Struktur von Kompakta und Spongiosa im Strahlbein 506, *507*

Vernagelung, direkte 801
Verstärkerfolien, Röntgentechnik 161, *162–163*, 163T
Vertebrae. *Siehe* Wirbel 70, 779; Wirbelsäule, röntgenologische Darstellung *264–269*
Vetalog. *Siehe* Triamcinolonacetonid 869
Vetranquil®:
　Chronische Hufrehe 495
　Myositis 333
Vicryl als Nahtmaterial 571
Vierpunkt-Anästhesie, tiefe 139, *139*
Vierpunktanästhesie oberhalb des Fesselkopfes (hohe) 139, *140*
Vierschlag, Renngalopp 837
Viral bedingte Myositis 328
Viskosität der Synovia 354, *355*
Vitamin A:
　Imbalancen in der Vitamin-A-Versorgung des erwachsenen Pferdes 287
　Mangel:
　　Kreuzgalle 706
　　Stute oder Fohlen 276
Vitamin-B-Gruppe in der Ernährung des Fohlens 276
Vitamin C in der Ernährung des Fohlens 276
Vitamin D:
　Funktionen 285
　Hypokalzämische Tetanie beim erwachsenen Pferd 281
　Imbalancen in der Versorgung 285
　Mangel:
　　Erwachsenes Pferd 286
　　Kreuzgalle 706
　　Stute oder Fohlen 276
　Metabolismus, Osteochondrose 399
　Toxizität 286
　Toxizität beim erwachsenen Pferd 286
Vitamin E:
　Ernährung des Fohlens 276
　Injektionen bei Myositis 762
　Mangel:
　　Myopathie 283, 333, 334
Vitamin K in der Ernährung des Fohlens 276
Vitaminmangel bei Stute oder Fohlen 276
Vollhuf 95, *96*:
　Korrekturmaßnahmen und orthopädischer Beschlag 832
Volon A®. *Siehe* Triamcinolonacetonid 869
Vorbiegigkeit der Schultergliedmaßen 81, *82–83*
Vorderfußwurzel-Mittelfußgelenke (Articulationes carpometacarpeae) 24
Vorderfußwurzel-Mittelgelenk (Articulatio mediocarpea) 24:
　Gelenkkapsel 24
Vorderfußwurzelgelenk (Articulatio carpi) 24:
　Intraartikuläre Anästhesie, Lahmheitsdiagnostik 147, *147–148*
　Intraartikuläre Frakturen 647
　Palpation, Lahmheitsdiagnostik 118
　Siehe auch intraartikuläre Frakturen; Karpalgelenk; Karpus
Vorderhuf, ideal 94, *95*. *Siehe auch* Huf 1
Vorderröhre. *Siehe* Os metacarpale III 3, 18, *24*
Vorderwandhornspalten 544, *546–550*
Vorderzehe, arterielle Versorgung 14
Vorführen des Pferdes bei der Untersuchung 104

Vorgefertigte Hufeisen. *Siehe* Fabrikhufeisen 786, 786T
Vorhandlahmheit nach Anästhesie 334
Vorsetzen 81, *81*
Vorständigkeit:
　Schultergliedmaße 86, *86*
　Beckengliedmaße 90, *90*

W
Wachstum des Pferdes:
　Ernährung 276
　Osteochondrose, Pathogenese 397
　Schnell, Störungen der enchondralen Ossifikation 277
Wachstumszone. *Siehe* Epiphysenfugen 293
Wandlederhaut 5, 6
Warfarin-Natrium. *Siehe* Dikumarol, Podotrochlose-Syndrom 509
Wasser- und Elektrolytmangel 281
Wasserbadtechnik für Röntgenaufnahmen 505, *506*
Wassermangel beim erwachsenen Pferd 281
„Water founder" 487. *Siehe auch* Hufrehe nach Aufnahme großer Mengen kalten Wassers 487
Wärmekissen 841
Weichteilgewebe, Beurteilung im Röntgenbild 177, *178–179*
Weidetetanie 275
Weiße Linie:
　Hufwand, Beschreibung 4, 6
　Nagelrittverletzungen. *Siehe* dort
Weiße Muskelfasern 324
Weißmuskelkrankheit 334:
　Selenmangel 274
Whirlpool, Therapie 840, 841
„Whorlbone disease". *Siehe* Bursitis trochanterica 128, 747
Widerristfistel 484, *485*
Widerristschleimbeutel, Entzündung, 484, *485*
Windrisse. *Siehe* Hornspalten; Hufwand
„Winging" 77. *Siehe auch* Streichen 79, 105, 830
Winkelung der Gelenke. *Siehe* Gelenke, Winkelung 102
Wirbel 779:
　Fortbewegung 70
　Frakturen 779
Wirbelsäule, röntgenologische Darstellung, laterolateral:
　Kaudaler Abschnitt *268–269*
　Kranialer Abschnitt *264–265*
　Mittlerer Abschnitt *266–267*
Wirbelversteifung, bei Fehlentwicklung der Halswirbel 776, *777*
Wobbler Syndrom. *Siehe* spinale Ataxie 133, 772
Wunden 767:
　Muskulatur 328, *329*
　Myositis 328
　Therapie 769
Wundtoilette. *Siehe* Debridement 608, 769

X
X-Beinigkeit 82, *84*:
　Beckengliedmaße 89, *89*
　Definition 624, *625*
　Schultergliedmaße 82, *84*, 624, *625*
　Störungen im Längenwachstum der Knochen 321, *322*
Xeroradiographie 174, *174*

Z

Zahn (Zähne):
    Fluorose 289, 312
    Osteodystrophia fibrosa 315
Zehe:
    Anatomie 1, *4*:
    Anraspeln einer Zehenrichtung 815
    Beckengliedmaße, Anatomie 38, *39*:
        Blutgefäße 40, *40–41*
        Nerven 40, *40–41*
    Beraspeln 803, *802*, 816
    Funktion 18
    Kürzen 798
    Lang, Hufkorrektur und orthopädischer Beschlag 810, *810*, 824, *825*
    Quetschungen im Zehenspitzenbereich, Podotrochlose-Syndrom 138
    Schultergliedmaße, Anatomie 1
    Blutgefäße 13, *14, 16–17*
    Funktion 18
    Nerven 15, *16–17*
    Strukturen 1. *Siehe auch* bei den einzelnen Abschnitten
    Winkelung, Schultergliedmaße 2
Zehenarterien 13, *14*:
    Pulsation, Karpaltunnelsyndrom 659, 662
Zehenaufzüge:
    Beschreibung 791
    Vorderwandhornspalten 544, *546*
Zehenbeugesehnen, Ruptur 765
Zeheneng 78, *78–79*. *Siehe auch* bodenenge und bodenweite Stellung
Zehengelenke. *Siehe* Fesselgelenk; Hufgelenk; Krongelenk
Zehenrichtung, angeschmiedet 789, *789*
    Siehe auch Hufeisen
Zehenwand, Beraspeln 799, *802*
Zehenwandhornspalten. *Siehe* Vorderwandhornspalten 544, *546–550*
Zehenweite Stellung 78–80, *79*
Zeitschaltuhr:
    Dunkelkammereinrichtung 166, *167*, 167T
    Röntgengeräte 157
Zellulitis, infektiöse Ostitis 305
Zenkersche Degeneration 325
Zentrale Knochenzysten. *Siehe* Knochenzysten 505; subchondrale Knochenzysten 396
Zerebrospinalflüssigkeit. *Siehe* Liquor cerebrospinalis 775
Zerrung, Definition 463:
    Behandlung mit Induktionsstrom 842
Zink in der Ernährung 279:
    Enchondrale Ossifikation 279
    Kreuzgalle 706, 708
Zinkleimverband. *Siehe* Unna-Paste 866
Zirkuläre Umspritzungen 135, 139, 145. *Siehe auch* Ringblock 139, 145
Zonen, Chondrozyten in der Epiphysenfuge 294, *295*
Zubereitung des Hufes:
    Chronische Hufrehe 495, 497, *497*
    Einseitiger Trachtenzwang als Folge von Fehlern 515:
        Hufkorrektur 517, *517*
    Hufbeschlaggerät 797
    Korrektur durch Ausschneiden 815, *815*:
        Podotrochlose-Syndrom 508
    Regelmäßiger Huf 796
    Technik 797, *798*
    Unsachgemäß, Folgen 807, *807–811*:
        Podotrochlose-Syndrom 499
Zucht, Körperbau 71
Zuckfuß. *Siehe* Hahnentritt 723
Zuggurtung:
    Abrißfrakturen der Tuberositas tibiae 729
    Ulnafrakturen 672, *674*
Zuggurtungsplatte:
    für Ulnafrakturen 672
    Interfragmentäre Kompression 301
Zugkräfte an der Epiphysenfuge, Entwicklung der Knochen 296
Zugschrauben, Prinzipien für die Verwendung 301, *301–304*
Zwerchfellflattern, synchrones 281:
    Belastungsmyopathie 332
Zwischenröhrchenhorn:
    Bildung 4, *6*
    Schutzschicht 6
    Sohle 7
Zystoide Defekte bei Spat 697, *698*